赣榆县志

（上册）

连云港市赣榆区地方志编纂委员会 编

GANYU

XIANZHI

1990~2009

方志出版社

图书在版编目（CIP）数据

赣榆县志. 1990～2009 / 连云港市赣榆区地方志编纂委员会编. --北京：方志出版社，2018. 4
ISBN 978-7-5144-2302-0

Ⅰ. ①赣… Ⅱ. ①连… Ⅲ. ①赣榆县－地方志－1990～2009 Ⅳ. ①K295.34

中国版本图书馆CIP数据核字（2016）第320388号

赣榆县志（1990～2009）

编　　者：连云港市赣榆区地方志编纂委员会
责任编辑：陈　菁
出 版 人：冀祥德
出 版 者：方志出版社
地址　北京市朝阳区潘家园东里9号（国家方志馆4层）
邮编　100021
网址　http://www.fzph.org
发　　行：方志出版社图书经销中心
电话（010）67110500
经　　销：各地新华书店
印　　刷：南京凯德印刷有限公司
开　　本：889毫米×1194毫米　1/16
印　　张：74
字　　数：2100千字
版　　次：2018年4月第1版　2018年4月第1次印刷
印　　数：5000册
ISBN 978-7-5144-2302-0　定价：980.00元（上、下册）

《赣榆县志（1990~2009）》编纂机构、人员及评审单位

一、历届赣榆县地方志编纂委员会名单

赣榆县地方志编纂委员会

（2010年3月）

主任委员：曹卫东

副主任委员：孙　海　朱兴波

委　　员：王　超　王永光　张文岳　刁　群　杨宝发　陆建国　徐长平
刘希军　张永信　王学济　熊传清　吕成宏　王召涛　卜庆平
苏海涛　殷古健　庄士勇　刘希聪　来凤彬　徐　健　陆振杰
周明东　王祥德　李太平　陆　杰　陈继运　李启文　刘家和
瞿世强　陈开东　韩宝东　孙　华　苏仕希　姜坤先　潘庆礼
秦泗洲　苗运超　马济明　韩守銮　谢春娟　刘世学　刘延乐
郑智群　张家从　杜　杰　董自芳　姚开忠　刘入兵　侯　琴
杨卿云　胡明辉　赵家仁　唐维模　邢映江　刘富军　仲新明
范　晔　施　强　仲亚军　朱崇迎　白文连　单立声　伏新军
房　强　王其珊　张　波　王黎青　王维锡　邵　胤　李家全
欧　伟　刘永全　李　军　曹明丽　相振满　李家华　杜厚岭
韦典余　鲍俊霞　马秀云　徐允锋　杨恒祥　董恕志　刁长城

赣榆县地方志编纂委员会

（2013年4月）

连云港市赣榆区地方志编纂委员会

（2016年9月）

委　　员：王　超　瞿世强　李　康　郑世彬　刘亚明　王　淙　赵敏涛
胡　勇　张永信　王济富　李家华　张定民　鲍俊霞　李金斗
杜厚岭　房　强　卜庆平　苏海涛　刘延乐　杨恒祥　张文岳
谢春娟　徐　健　魏本明　刘炳海　刘　波　薄红旗　闫志勇
韦典余　李启文　李　军　张雷远　孙传思　黄兵叶　李入洋
李　安　李运昌　萱　平　王维锡　周家山　王传苏　闫德壮
顾绍波　来凤彬　萱自芳　许　进　程怀考　周　洁　尹　君
王　红　程付玲　唐维模　朱贵涛　袁　飞　曹春生　范　晔
施　强　周桂芳　伏新军　雷恩民　于　健　李道江　张　军
庞　博　陈昌江　李　杰　李冬明　沈庆敏　卢　玮　王卫东
李超凡　仲　翠　詹　磊　金　耀　宓守峰

连云港市赣榆区地方志编纂委员会
（2017年11月）

主任委员：唐光普

副主任委员：毛太乐　许思文

委　　员：徐　健　张永信　李　康　王布昌　郑世彬　胡　勇　王济富
赵敏涛　刁长城　唐　珂　章取云　刘炳海　车莲珠　董自芳
房　强　李金斗　杨恒祥　庄国翠　王　淙　鲍俊霞　苏海涛
刘延乐　刘永全　来凤彬　李家华　徐允锋　周　洁　张宜梅
尹　君　许　进　董恕志　张文岳　吴　军　相振满　谢春娟
陆建国　薄红旗　韦典余　李超凡　李入洋　张雷远　李　安
黄兵叶　周家山　李运昌　董　平　孙传思　王维锡　李　军
王传苏　闫德壮　顾绍波　朱贵涛　程付玲　万素杯

施　强　曹春生　范　晔　袁　飞　王　强　周桂芳　伏新军
于　健　庞　博　董淑省　王维志　詹　磊　卢　玮　陈昌江
李道江　李　振　王卫东　张　波　董　琦　仲　翠　宓守峰
沈庆敏

二、编纂人员

主　　编：王　淙

执行主编：徐学鸿

副 主 编：王洪德　葛均坡　陈博林

编　　辑：王铜起　戚贵森　葛永明　王诵诗　何宜隆　吴茂祥　庄　青
徐宝田　祝新华　陈　艳　王贤华　尚衍壮　朱落心　刘传贤
王秋艳　王　英　王　帆　夏彩玲　王　霞

三、主要供稿人员

文字供稿人员：丁沙沙　丁新华　卜连祥　于宏伟　万　振　万诚绪　万绪彬　王　川
王　娇　王　艳　王　涛　王　斌　王　雷　王力群　王长年　王从文
王永诚　王华洲　王如解　王其东　王明芝　王统山　王建生　王锡宏
王鹏起　韦庆英　龙文芳　卢　红　卢　磊　申利静　冯桂梅　成　英
朱孔娟　仲　亮　仲冬明　仲向东　仲玲玲　任成书　刘　宇　刘　波
刘　敏　刘　涛　刘乃光　刘入兵　刘小茜　刘明方　刘桂玲　刘家献

刘登富　祁明利　许新军　孙　勇　孙　娟　孙月轩　孙成强　杨泗振

杨绪华　苏　宁　苏仁剑　李　伟　李　艳　李　健　李小宁　李宝勇

李兆荣　李家君　杜厚奎　吴绿叶　佘　梅　汪　杰　宋　倩　宋廿乾

宋秋忙　宋佳佳　张　宁　张　静　张　拦　张广利　张广鑫　张书宁

张永进　张永华　张自军　张冬梅　张红轮　张诗文　张峥嵘　张家椿

陈　刚　陈　昱　陈　艳　陈　晓　陈永奎　陈晓善　孟康奇　范茜茜

尚积友　侍　伟　周　玉　周录江　周振林　郑典萍　胡继玥　相恒让

姜　俭　姜守怀　顾春雷　顾延苍　徐　平　徐　宁　徐　宾　徐允仁

徐宏斌　徐坡德　徐恒东　高同毅　唐建勇　涂英剑　曹晓东　谌廷纯

董方晓　董作明　董洪松　董洪铭　董洪章　董淑松　董淑旺　董淑超

韩爱春　韩淑华　曾　庆　蔡　妍　裴青松　樊继凯　瞿侠宗

图片供稿人员：张　杰　殷维浩　朱代桂　司　伟　田锦岭　宋浩学　邵世新　周　灵

四、《赣榆县志（1990~2009）》终审人员

陆瑞萍　连云港市地方志办公室副主任

姜龙才　连云港市地方志办公室方志年鉴处处长

郭　云　连云港市地方志办公室方志年鉴处副处长

张守忠　东海县党史工办副主任

杨培军　灌南县史志办副主任

江尧运　灌云县史志办志鉴科科长

戚贵森　赣榆县党史工委原主任

葛永明　赣榆县史志办方志科原科长

五、《赣榆县志（1990~2009）》验收单位

连云港市地方志办公室

六、《赣榆县志（1990~2009）》审核单位

江苏省地方志编纂委员会办公室

七、《赣榆县志（1990~2009）》批准出版单位

江苏省地方志编纂委员会办公室

中共连云港市赣榆区委员会

连云港市赣榆区人民政府

一、历史文化

二、非遗传承

三、山海风光

四、基础设施

五、城乡建设

六、经济发展

七、社会生活

文峰塔（清）

刑徒瓦文（秦 复制品）

铜鋗（汉）

鱼纹铜盆（汉）

铺首双耳铜盆（汉）

齐鲁会盟遗址（春秋）

四系釉陶罐（汉）

玉剑格（汉）

双耳釉陶壶（汉）

石造像（明）

淳于光铜印（汉）

端木书台遗址（春秋）

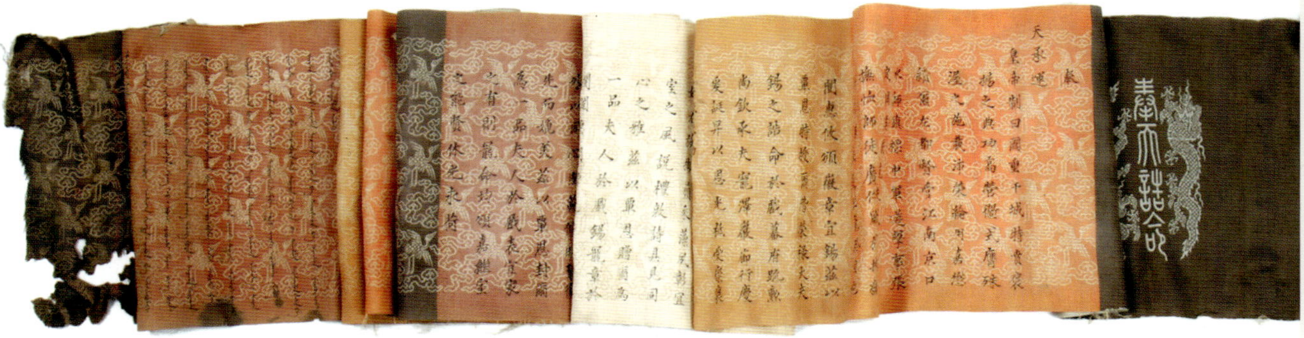

康熙圣旨（清）

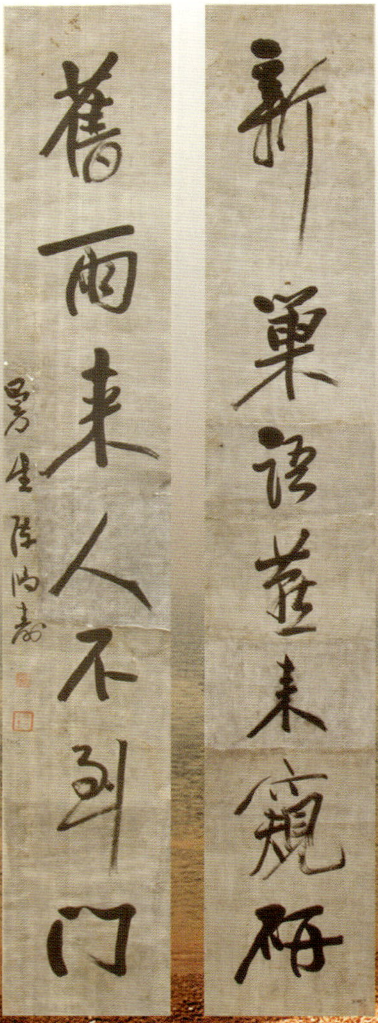

陈鸿寿字联（清）

姚士璋字联（清）

博山炉钮铜镜（汉）

卧兽铜席镇（汉）

双耳铜壶（汉）

铜鼎（战国）

《万里长城》（刻纸）

根雕

木雕

贝雕

石雕

布贴画

柳编（2013 年摄）

做虎头鞋（2005年摄）

织蓑衣（2006年摄）

打草鞋（2006年摄）

面塑

制泥盆（2006 年摄）

黑陶展厅（2011 年摄）

和安湖风景区（2015年摄）

将军石（2009 年摄）

神路（2016

码头（2009 年摄）

徐福井（2016 年摄）

秦山岛（2016 年摄）

秦山岛风景区（2012 年摄）

三八水库（2012年摄）

抗日山（2005年摄）

夹谷休闲观光园（2014年摄）

塔山湖 · 吴山风景区（2016年摄）

海州湾沙滩（2004 年摄）

滨海新城（2015 年摄）

海州湾观光马车（2004 年摄）

青口生态公匠（2016年摄）

连临高速公路赣榆城南互通（2009 年摄）

赣榆西高速出口（2009 年摄）

新 204 国道赣榆段（2010 年摄）

八条路水库（2000 年摄）

塔山水利枢纽（2016 年摄）

饮用水水源地——小塔山水库（2014 年摄）

丘陵灌溉水系（2015 年摄）

红领巾水库（2009 年摄）

建设中的高铁（2016 年摄）

沿海大道（2015 年摄）

赣榆汽车客运站（2015 年摄）

海头污水处理厂（2011 年摄）

检修供电设备（2004 年摄）

赣榆港区（2012 年摄）

青口镇下口渔港（2009 年摄）

连云港港赣榆港区（2013年摄）

赣榆老城区（2016 年摄）

赣榆新城区（2015 年摄）

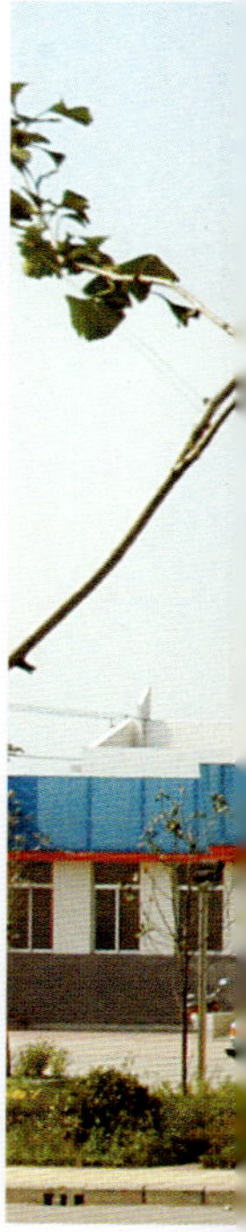

赣榆新城夜景（2016 年摄）

赣榆城北汽车客运站（2006 年摄）

赣榆老街（2015 年摄）

黑林镇旦头河风光（2014 年摄）

塔山镇计斤

年摄）

赣马镇黑坡村服务中心（2008年摄）

青口镇下口村（2008年摄）

江苏新海石化有限公司（2012 年摄）

收麦（2000年摄）

割稻

摘瓜（2009 年摄）

江苏雅仕农场有限公司（2011 年摄）

厉庄镇谢湖樱桃园（2009 年摄）

石桥镇苹果园（2008 年摄）

石桥镇芦阳春茶园（2015 年摄）

班庄镇山楂园（2009 年摄）

石桥镇黄桃园（2016 年摄）

塔山镇草莓大棚（2014 年摄）

赣马镇黑坡生态园（2014 年摄）

紫菜养殖（2004 年摄）

对虾养殖（2003

墩尚镇泥鳅产业园（2009 年摄）

远洋捕捞（2008 年摄）

海参养殖（2012 年摄）

梭子蟹养殖（2003 年摄）

SIEMENS
Partner of A&D
西德电梯
SIEMENS

江苏西德电梯有限公司（2013年摄）

中国文联·视协慰问演出（2015 年摄）

文化广场（2009

沙河二小在央视录制节目（2013 年摄）

文艺晚会（2009 年摄）

国际女子排球赛（2010 年摄）

晨练（2014

全国拔河比赛（2014 年摄）

老年人体育节开幕式（2015 年摄）

半程马拉松比赛（2016 年摄）

革命传统教育（2015 年摄）

关爱老人（2016 年摄）

免费体检（2009 年摄）

义工（2013 年摄）

缅怀先烈（2015 年摄）

赣榆锣鼓（2009年摄）

序　言

地方志书，是一方之全史，民族之国粹，文明之根脉，通过它可以观兴废，知得失，通古今，察未来。因其全面系统地记述本行政区域自然、政治、经济、文化和社会之历史与现状，因此又有“地方百科全书”之美誉。

赣榆位于江苏省东北部海州湾畔。这里资源丰富，区位优越，自古“享山川之饶，受渔盐之利”，是中国东部沿海最早开发沿海疆土、利用海洋资源和发展近海交通的区域之一，也是中国乃至世界上最早生成海洋文化的重要海滨城市之一，江苏沿海开发、长三角一体化、山东蓝色半岛经济圈三大国家战略，在这里交汇融合。这里人文荟萃，开放包容，山海文化、徐福文化、红色文化在这里交相辉映，特别是历经千年孕育于赣榆大地的徐福文化，已成为凝聚东亚文化共识、增进国际文化交流的重要载体。

编史修志是中华民族的优良传统。赣榆编修县志，始于明代万历年间，迄于上个世纪九十年代，共编修县志七部。历代先贤的智慧结晶，已成为今日赣榆的宝贵遗产。

本部志书，作为1997年版《赣榆县志》的续志，系统地记述了赣榆县1990～2009年间经济与社会的历史发展状况。这二十年，正是我国改革开放和社会主义现代化建设事业承前启后、继往开来的重要时期，赣榆人民在党和政府的坚强领导下，高举中国特色社会主义伟大旗帜，以邓小平理论和“三个代表”重要思想为指导，贯彻落实科学发展观，始终以经济建设为中心，坚持工业立县、工业强县战略，按照“城市东进，拥抱大海”思路，以“万众一心、负重俱进、海纳百川、敢写第一”的拼搏精神，解放思想，苦干实干，经历了波澜壮阔的改革与发展历程。这二十年，赣榆人民擂动“大开发、大发展、大跨越”战鼓，精彩八方绘宏图，巧把山水重安排，高起点、高标准、高品位规划建设了省级赣榆经济开发区、省级海洋经济开发区、海州湾生物科技园、柘汪临港产业区等沿海四大园区，构建起沿海百里工业长廊，实现了经济与社会事业的持续快速发展，人民生活水平显著提高。这二十年，赣榆历史上的“四个百年梦想”，由梦想化为蓝图，又从蓝图变为现实：

百亿园区、百亿产业、百亿企业，相继矗立于赣榆大地；赣榆港开港运营；连盐铁路赣榆段规划建设即将建成通车；亲海近海的滨海新城，拥抱大海，初展绰约风姿。百万赣榆人民以顽强的意志、豪迈劲健的步伐，阔步跨入了“逐梦海州湾，扬帆赣榆港”的海港新时代。

二十年砥砺发展，可歌可颂；二十年辉煌成就，亦应始终铭记。2007年，中共赣榆县委、赣榆县人民政府顺应时势，启动第二轮修志工作。编修新方志，既是一项功在当代、益泽后世的文化基础工程，也是一项为党立德、为民立言、为国立功、为时代立鉴的德政工程。区史志办集各方之力，经广征博采，历时十年，数易其稿，终付梓问世。新编《赣榆县志（1990～2009）》共三十六篇，两百余万字。统观全志，述、记、传、图、表、录等诸体并用，融区域性、连续性、广泛性、科学性于一体，具有鲜明的时代和地方特色，有着极其重要的社会、文学、历史价值，不愧为存史之书、教化之篇、资政之册。在此，谨向所有关心、支持、从事县志编修工作的同志，表示崇高敬意与衷心感谢！

鉴古可知今，继往为开来。当前，我国已开启“圆梦”新时代、踏上全面建设社会主义现代化国家新征程。作为连云港市三个主城区之一的赣榆区正抢抓新的发展机遇，加快推进更高水平全面小康社会和“强富美高”新赣榆建设。诚望广大干群充分发挥地方志以史鉴今、资政育人作用，借鉴历史经验，科学运筹决策，不忘初心，勇立潮头，共同谱写新时代更加壮丽的赣榆发展新篇章！

是为序。

中共赣榆区委书记 孙爱华

赣榆区人民政府区长 唐之青

2018年1月8日

凡　例

一、本志以马克思列宁主义、毛泽东思想、邓小平理论、“三个代表”重要思想、科学发展观和习近平新时代中国特色社会主义思想为指导，遵循“求实存真”原则，系统记述赣榆县1990～2009年间的自然、经济、政治、文化、社会等各方面的历史发展状况，力求思想性、科学性和资料性相统一，为社会主义物质文明、精神文明、政治文明和生态文明建设服务。

二、本志系1997年版《赣榆县志》的续志。记述断限上起1990年，下迄2009年。为与前志保持衔接，部分内容适当上溯。序前图照内容延至2016年年底。

三、本志记述的地域范围为2009年赣榆县的行政区域范围。

四、本志纪年，中华人民共和国成立前用朝代或民国纪年，并在括号内加注公元纪年，中华人民共和国成立后一律使用公元纪年。记载历史上的地名用当时名称，记载现地名以赣榆县人民政府地名办公室核准者为准。

五、本志由总述、大事记、专志、附录等组成，以概述和大事记总摄全书，各专志为全书主体，记述以类系事，以时为序，横分纵述。述、记、志、传、图、表、录等诸体并用。全志共设36篇专志，专志内设章、节、目，目下根据需要设子目。

六、本志人物篇分人物传略、人物简介、人物表三部分。本志人物收录坚持生不立传的原则，对本县社会发展有重大建树的已故人物予以立传，排列以辞世时间为序，时间相同者以姓氏笔画为序。人物简介记载对社会发展有重大贡献或影响的在世人物，以出生年月排序。人物表以事分类，以时为序，收录二等功以上人员、教授级人员、受省级以上表彰人员、厅（师）级以上人员、在赣榆副处级离退休人员。

七、本志除引用历史文献外，一律用语体文、简化字。数字书写和标点符号的使用，以2011年国家质量监督检验检疫总局、国家标准化管理委员会发布的《出版物上数字用法》（GB/T15835-2011）和《标点符号用法》（GB/T15834-2011）为准。

八、本志记述涉及的组织机构、会议、文件等名称，采用全称或者规范性简称。凡未用全称的“省”“市”“县”，分别指“江苏省”“连云港市”“赣榆县”。

九、本志采用的统计数据，凡列入统计部门统计的，以统计部门公布的为准。未列入统计部门统计的，采用业务部门提供的统计数据。表格中的空格表示无统计、未发生或查无实据，“—”表示未发生。

十、本志索引按汉语拼音编制，以备查询。

总 目 录

上 册

下　　册

目　录

上　册

第一篇　政区　资源　环境

第二篇　人　口

第三篇　城乡建设与管理

第四篇　交　通

第五篇　水　利

第六篇　经济综述

第七篇　开放型经济

第八篇　农　业

第九篇　海洋经济

第十篇　工　业

第十一篇　盐　业

第十二篇　建筑与房地产业

第十三篇　商贸服务

第十四篇 旅 游

第十五篇 信息产业

第十六篇 金融业

第十七篇 财政 税务

第十八篇 综合经济管理

第十九篇　中共赣榆县委员会

总述

赣榆荣誉

全国粮食生产先进县

全国商品粮基地

全国特殊教育先进县

全国群众体育先进单位

全国首批沿海防护林工程建设重点县

国家级生态示范区

全国村镇建设先进单位

全国万里边疆文化长廊建设先进单位

中国100个农林牧渔业总产值最高县

全国森林防火先进单位

全国水土保持生态环境建设示范县

全国无公害农产品（蔬菜）出口示范基地达标单位

全国科技进步考核先进县

全国科技工作先进县

全国星火计划管理先进工作集体

全国民政工作先进县

全国农村社区建设实验县

全国计划生育优质服务先进单位

全国婚育新风进万家活动先进县（市、区）

全国农村部分计划生育家庭奖励扶助制度和“少生快富”工程试点工作先进县

全国新型农村合作医疗先进试点县

全国婚姻登记规范化建设先进单位

全国最具投资潜力中小城市百强

一

赣榆县位于江苏省东北端，苏鲁交界处。东濒黄海，西、北与山东省临沭县、莒南县、日照市接壤，南隔新沭河，与连云港市新浦区、东海县为邻。境域南起北纬34° 40′ 39″，北至北纬35° 07′ 39″，南北最长处约49千米；西起东经118° 45′ 39″，东至东经119° 18′ 00″，东西最宽处约39.5千米；中心地理座标北纬34° 50′，东经119° 07′，总面积1427.27平方千米，其中耕地面积6.69万公顷。境内地形西北部高，东南部低，山区、平原、沿海约各占三分之一。山区盛产茶果和非金属矿产；平原盛产小麦、稻谷、玉米、花生和蔬菜瓜果；沿海盛产鱼、虾、蟹、贝、藻和日晒原盐。

赣榆属暖温带海洋性季风气候，年均气温13.6℃，降雨量905.9毫米，日照时数2495.4小时，无霜期213.9天，风力2～4级。冬无严寒，夏无酷暑，光照充足，雨量充沛，四季分明，气候宜人。

赣榆地处新亚欧大陆桥东方桥头堡，位于中国东部沿海南北大通道和国际海陆运输东西总干线的枢纽部位，公路、铁路、港口、民航交通均十分便捷。县城南距陇海铁路35千米，北离兖石铁路50千米，正在兴建的赣榆火车站是连盐铁路的北部起点站；柘汪港是连云港港的重要港区之一；距连云港机场30千米；同三高速纵穿全境，连临高速横贯东西；204、310、327国道和242省道及县乡公路主干衔接，已形成高速、国道、省道、县、乡、村四通八达的六级公路网络，每平方千米公路密度1.68千米，位居全省前列。

二

赣榆县历史悠久，文化底蕴丰厚。秦时已置赣榆县。历史上，赣榆屡历兴废更替。民国时期，赣榆县隶属于江苏省。民国29年（1940年），赣榆县抗日民主政府成立，隶于山东省滨海专署。民国34年（1945年），中共滨海区党委、滨海专署决定划赣榆、莒南、日照3县边沿地区成立芦山县，后芦山县撤销。为纪念牺牲在赣榆的抗日名将符竹庭，1945年11月，赣榆县改名竹庭县。1950年10月，复名为赣榆县，隶于临沂专署。1953年1月，赣榆县由山东省划归江苏省，隶于徐州专署。1983年3月，江苏省实行市管县体制，赣榆县划归连云港市。

赣榆境内石器时代文化遗址有：夹山汪于旧石器时代文化遗址，后大堂、青墩庙、庙台子、大台子、苏青墩新石器时代文化遗址。商周时代文化遗址有：茅墩圈商周时代文化遗址、茅子庵、大辛庄、黑林河西西周时代文化遗址，赣马刘庄周代文化遗址，秦山岛东周文化遗址。春秋夹谷会盟和端木书台遗址以及秦代徐福种药处、造船处、出海处文化遗址。古城址有：春秋莒国都城、纪鄣城、祝其匡城，汉代盐仓城、祝其县城、计斤县城，萧梁怀仁县城，元魏义塘郡城、洛要县城，隋唐怀仁县城，宋至民国赣榆县城。古墓葬有：下庄村汉画像石墓群、庄留村汉画像砖墓群，大温庄、单集村、寺后村、三里墩汉墓群，南宋参知政事单公选墓，明光禄寺卿裴天佑、工部郎中刘守良、中宪大夫朱梓墓，清仪封、谷城知县倪长犀墓葬等遗址。新民主主义时期革命故址和纪念建筑物有：赣榆县第一个共产党组织成立旧址，中共赣榆县总支部旧址，抗日民主政府旧址，中共赣榆县第一届委员会旧址，抗日山烈士陵园，抗日山革命烈士纪念馆，刘少奇纪念室，民族英雄纪念碑，符竹庭烈士殉国处，朱爱周烈士殉国处，十八勇士、小沙东海战、赣榆战役等纪念地。

赣榆人文荟萃，是中国有文字记载的东渡日本第一位使者秦代方士徐福的故里；孔子曾印屐夹谷山，成就了历史上著名的齐鲁夹谷之会；秦始皇两度莅境，有鞭石成路登秦山岛之传说；宋代科学家沈括登赣榆之山，东望大海，观“天地日月之游动出没”。赣榆是革命老区，刘少奇、陈毅、罗荣桓等老一辈无产阶级革命家都曾在此战斗、工作过。境内的抗日山是全国唯一一座以“抗日”冠名的英雄山脉，坐落于此的抗日山烈士陵园是全国重点烈士纪念建筑物保护单位、全国青少年教育基地、全国爱国主义教育示范基地。

三

1990年后，赣榆县历届县委、县政府加大交通、供电、供水、通信、城市建设等基础设施投入。尤其是2005年后，结合新农村建设，紧紧围绕“出门有公交，居住有楼房，干活有工厂，家家有存款，上学有学校，就医有保险，人老有供养，休闲有地方，困难有人帮，办事有规章”的“十有”建设目标和“农业产业化、农村工业化、经济民营化、就业多元化、乡村城镇化、生活现代化”的“六化”发展方向，以地域环境、经济基础、产业结构、人文条件为新农村建设的着力点，精心组织，扎实推进，初显水乡湿地型、特色产业型、城郊社区型、园区依托型、边际闪亮型、老区开发型、滨海风光型等七大类型新农村亮点。

海滨城市快速成长。2005年后，赣榆县大力推进“城市东进、拥抱大海”战略，滨海新城区规划面积14平方千米，“六横八纵”路网框架全面拉开。2009年，建成核心区7平方千米，县城建成区面积扩大到26平方千米，城区人口增加到23万人，城市化水平达到38%。行政中心、教育大厦、农林大厦、三兴大厦等12座公共高层建筑拔地而起，观澜国际等9个小区计划建筑面积26万平方米的小高层和高层住宅开工建设。青口生态公园二期、市民广场、青龙河绿化等重点生态绿化工程基本完成。

镇区建设快速推进。20世纪90年代，赣榆县建立健全乡镇建设管理所，沙河、海头等乡镇被命名为省级“新型示范小城镇”。2000年后，赣榆县深入开展“小城镇建设年”和“星级小城镇”创建活动，逐年增加投入，不断完善城镇功能，努力增强其辐射带动能力，民众的居住与生活环境焕然一新。2009年，全县完成投入18亿元。整体修编小城镇总体规划8个，镇域控规5个，硬化道路9万平方米，修建排污沟2.8万米，安装路灯1080盏，续建、开工建设农民公寓、小区20个，新建、扩建农贸市场15个，新增休闲、健身广场12个，完成创建市级环境优美镇2个，生态示范村3个。

交通、通信、电力等基础设施日趋完善。20世纪90年代，赣榆县开工建设204、310、327国道、汾灌高速公路、苏220省道等一大批干线公路，进行县乡道路改造，实现县乡道路灰黑化、乡村道路砂石化目标。2003年始，相继开通农村客运班线26条，日发车班次670个，于2009年提前实现了“村村通”目标。2009年，全县投入资金21亿元，推进“港、公、铁”等综合运输体系建设。港区总体规划和起步区航道、防波堤科研成果通过专家评审。连盐铁路完成现场勘探和初步设计。全县公路通车总里程达2400千米，其中高速公路53.6千米，每百平方千米公路密度达到168千米。全年完成邮电业务总量3.69亿元。其中邮政业务总量0.48亿元，电信业务总量3.21亿元。柘汪、罗阳等13个镇建成信息化示范镇。全年用电量突破10亿千瓦时，达11.88亿千瓦时。

四

1990年后，赣榆县以经济建设为中心，经济呈现出平稳较快的发展态势，荣获全国最具投资潜力中小城市百强、全国粮食生产先进县、全国科技工作先进县、全国民政工作先进县等诸多荣誉称号，连续两届获得长三角最具投资价值县市“最具投资潜力奖”。2009年，全县实现地区生产总值182.44亿元，是1990年的17.56倍；全县人均地区生产总值为18718元，是1990年的16.64倍；全年完成全社会固定资产投资

178.88亿元，是1990年的310倍；注册外资实际到账1.58亿美元；引进内联客方到位资金60亿元；完成社会消费品零售总额70.42亿元；城镇居民人均可支配收入为12731元；农民人均纯收入继续保持较高增长态势，达到6599元；完成财政一般预算收入11.7亿元、财政总收入25.2亿元；财政一般预算收入占地区生产总值比重为6.7%；税收占财政一般预算收入比重为71%，位居连云港市第一；全面小康综合实现程度达87.7%。产业结构进一步优化。全年第一产业增加值32.84亿元，第二产业增加值84.22亿元，第三产业增加值65.38亿元；三类产业结构为18：46.2：35.8，非农产业占比达到82%，一产占比是连云港四县中唯一低于20%的县。

1990年后，赣榆县始终把"三农"工作放在突出位置，积极推进农村改革，不断加大农业投入，大力调整农业产业结构，努力改善农业生产条件，经济作物和农、林、牧、渔、副业得到稳步快速发展。尤其是积极整合国家、省、市财政支农资金，对优势产业发展进行扶持，不断加大对设施蔬菜、畜禽养殖、海洋开发等特色产业培育力度，规模不断扩大，效益不断提升。20世纪90年代，全面推进农村经济体制改革，完善土地承包制，生态农业、农业化工作被列入全省试点县。21世纪后，不断推进农业规模化、标准化水平，重抓农产品质量建设，大力发展农民专业合作经济组织。2009年，全年实现农林牧渔业总产值75.05亿元，是1990年的7.3倍。其中农业产值24.73亿元，是1990年的5倍；林业产值2.74亿元，是1990年的14.47倍；牧业产值11.79亿元，是1990年的5.26倍；渔业产值35.79亿元，是1990年的26.12倍。全年共完成成片造林2500公顷，新建、完善农田林网1.13万公顷，建设绿色通道93千米。出栏肉猪60.98万头，出栏家禽619.37万羽。整合投入资金2.3亿元支持高效农业发展，新流转土地5400公顷，新增高效农业面积4500公顷，设施农业面积增加到1.1万公顷。水产品总量37.5万吨，居全省首位。海州湾现代渔业园区、石桥生态果蔬园区、赣马现代农业示范园区等特色基地建设加快推进。全年投入扶贫资金7276万元，发放扶贫小额贷款3120万元，兴办扶贫项目949个，帮扶2.5万人实现脱贫致富。

1990年后，赣榆县坚持"工业立县、工业强县"战略，把工业经济发展当做重中之重。20世纪90年代，通过企业经营机制改革、企业改制等多种举措，增强企业活力。重点培育和扶持高效复合肥、甲醛、饲料、小型联合收割机等一批产销对路产品。21世纪后，启动编制县域产业发展规划，全力推进县经济开发区、县海洋经济开发区、柘汪临港产业区和海州湾生物科技园区建设，努力壮大工业主体经济。2009年，全县实现全部工业增加值61.68亿元，占地区生产总值的比重为33.8%。全年实现规模以上工业增加值49.35亿元，占全部工业增加值的比重为80%。全年规模以上工业企业总数达317家，其中销售收入过亿元企业30家。全县实现工业投入128.6亿元，其中亿元以上项目35个，华禹焊管二期、新海石化二期、中钢石英材料、金信利不锈钢、兴怡紧固件等重大项目快速推进。完成全社会用电量11.88亿千瓦时，其中工业用电量7.8亿千瓦时，全社会用电量、工业用电量均居全市首位。实现工业税收4.5亿元，其中纳税过千万元的企业7家。二、三产业从业人员约占从业人员总数的66%。四大园区实现产值占全县规模以上工业总产值的54.9%。新海石化实现销售收入35亿元，位居连云港市工业企业第5位。金山光伏产业园、六里桥民营创业园等特色园区竞相发展。

1990年后，赣榆县的旅游业得到快速发展，完成《赣榆县旅游发展总体规划》《徐福泊船山风景区建设规划》《赣榆夹谷圣境旅游开发规划》《连云港桃花岛生态旅游度假村总体规划》等多个大型旅游规划的编制工作。同时，罗阳湿地旅游度假区建设规划、欢墩镇滨湖旅游开发规划、厉庄乡村旅游发展规划、小塔山水利风景区发展规划、秦山岛海上高端旅游规划等专项规划编制和海州湾旅游度假区建设规划修订工作先后启动。在完善提升原有的徐福泊船山景区、罗阳休闲垂钓中心等4家AA级以上景区和4家全国农业旅游示范点的基础上，开发建设了青口生态公园、厉庄新坝农家乐、夹谷圣境、桃花岛生态旅游度假村、城西花卉农庄、欢墩滨湖旅游区等一大批新的旅游景点。谢湖有机茶果基地、门河万亩药用植物园、宋口村、徐福生态园、石桥果蔬生态园等5个国家级农业旅游示范点进一步提升，构成了“一桃一花一渔一果一茶”的赣榆乡村旅游“五朵金花”。抗日山风景区被国家旅游局列入全国十二大红色旅游景区之一的“苏鲁皖红色旅游景区”，纳入全国30条“红色旅游精品线路”，2008年，被国家旅游局评定为国家AAAA级旅游景区。赣榆先后承办“2009连云港市第二届乡村旅游节启动仪式”和“江苏省第二届钓鱼大赛”，举办“谢湖樱桃熟了”大型文艺演出暨樱桃采摘节、秦山岛海上垂钓比赛、石桥果蔬生态园开园仪式暨苹果采摘节等系列节庆活动，还精心编制红色革命圣地游、绿色田园采摘游、蓝色海滨风光游、徐福文化体验游等赣榆一日游、二日游旅游线路，吸引了众多游客前来旅游观光。2009年，全县共接待游客246.12万人次，实现旅游总收入16.65亿元。

1990年后，随着经济发展的突飞猛进和人民生活水平的显著提高，全县商贸服务业得到不断的繁荣发展。商业企业市场化步伐不断加快，私营企业迅速崛起，新建、改建东方市场、赣榆商城等一批商贸流通市场，国有商业、物资、供销、粮食四大流通行业改制工作相继完成，个体私营商贸服务业呈现出遍地开花的发展局面，以批发零售贸易、餐饮业等为代表的传统服务业得到较快发展，超市、专卖店等新型市场大量涌现，市场体系不断健全和完善。2009年，全县实现服务业增加值65.38亿元；住宿餐饮业市场持续火爆，全县住宿餐饮业实现零售额10.14亿元；全年新增限额以上贸易企业数17家，新增数在连云港市四县居首位，限额以上占全部零售额的比重为8.8%。培育农民专业合作组织426个，培训农民5.6万人次，新增劳动力转移1.67万人。扶持引导全民创业，全年新增个体工商户9455户，私营企业962家，注册资本达15.5亿元。

五

1990年后，赣榆县科技、教育、文化、卫生事业蓬勃发展，社会就业更加充分，社会保障日趋完善，社会民生大为改善，“三个文明”建设协调发展，全县社会稳定，人民群众安居乐业。

科技事业成果丰硕。20年间，赣榆县启动并拓展“百名教授兴百村”活动，实施“千名专家教授兴千村”小康工程，先后建立柘汪蓝狐养殖基地专家工作站、门河中药材基地专家工作站和青口镇畜禽改良基地专家工作站。高新技术产业得到推进，2家企业获得省高新技术企业认定，4家企业获市高新技术企业认定，分别有6个和3个产品被省、市认定为高新技术产品。仅2009年，就完成专利申请量262件，授权量82件，其中发明专利72件；获得市科技进步奖2项，有2家企业获得江苏省重大成果转化立项；春生超声电机有限公司经省科技厅认定成立江苏省企业院士工作站，全市仅此一家；获全国科技进步先进县称号。

教育事业成就喜人。20世纪90年代初，赣榆县实施初等义务教育，并被定为江苏省农村教育综合改革试验县。90年代中后期，赣榆县进行全县中小学布局调整，优化办学资源。2000年后，中小学全面推行教职工全员聘任制，鼓励兴办民办教育，中小学“六有”工程和“校校通”工程通过省验收，实施建设新城区高中、特教校迁建、青口黄海路小学迁建等教育“十大重点工程”。2009年，赣榆县高考本科上线人数在全市“十一连冠”。赣榆县先后荣获“江苏省教育工作先进县”“江苏省规范教育收费示范县”“江苏省师资队伍建设先进县”“江苏省幼儿教育先进县”“江苏省第四批城市语言文字评估达标县”（优秀级）等多项殊荣。

文体事业亮点纷呈。20年间，赣榆县共向山区小学等下乡送图书2.8万多册，送电影5040场，送戏220场；举办“赣榆风情”广场文化活动147场；建成达标文化室、“农家书屋”354个，完成行政村文化室、“农家书屋”全覆盖目标；先后实施体育“四个一”和“三送”工程，完成体育馆主体工程建设；启动“全民健身月”及四届老年体育节、六届农民运动会；先后承办两届全国农民拔河比赛，共荣获金牌4枚、银牌6枚。残疾人运动员先后参加全国、亚洲及残奥会，获金牌20枚、银牌15枚、铜牌18枚。成功举办七届中国赣榆徐福文化节，“徐福故里”品牌走向了世界；《徐福传说》等3项非物质文化遗产列入省级名录，申报国家级非物质文化遗产保护。赣榆县被评为全国群众性体育先进县、全省“农家书屋”建设先进县、全省“扫黄打非”工作先进县。

卫生事业快速发展。20世纪90年代，赣榆县大力实行计划免疫、传染病防治、地方病防治等工作，积极创建全市卫生城镇活动，妇幼保健工作成绩全省领先，并在全县各医疗卫生单位实施全员竞争上岗的人事分配机制。以初级卫生保健为龙头，全面实施全民健康工程，县、乡、村三级医疗预防保健网进一步巩固。2000年后，建立健全三级预防保健网络，开展医疗产权制度改革，率先在国内建立了妇幼卫生网络信息化管理系统，实施并完善新型合作医疗制度，建设中医院综合楼和妇幼保健所病房楼，建成并投入使用开发区医院、传染病医院。2009年，全县有医疗卫生机构640个，公立医疗卫生机构职工2797人，技术人员2185人，其中高级职称124人，中级职称832人，初级职称1229人，每千人拥有医疗卫生技术人员3.7人；全县共有病床1912张，每千人拥有床位1.78张。先后有260家社区卫生服务站得到改扩建或新建，基本实现行政村全覆盖。参合农民达到80.6万人。赣榆县先后获得全国人口和计划生育优质服务先进单位、全国新型农村合作医疗试点先进县、省农村卫生工作先进集体等荣誉。

社会保障不断完善。20世纪90年代，赣榆县完善乡镇中心敬老院建设，实施农村最低生活保障制度，并开展城镇低保工作，初步建立县属企业下岗职工基本保障制度。2000年后，赣榆县实施农村“五保”老人“关爱工程”，对全县草危房实行改造，完成重点优抚对象医疗保障体系，设立大病救助基金。2009年，城镇职工基本养老、医疗保险覆盖率均达到95%以上。城镇居民基本医疗参保人数达到6.1万人。在苏北首家开展新型农村养老保险整村推进，新增参保人数10439人。“五保户”集中供养率达75%。发放廉租住房补贴70万元；筹建廉租住房120套，开工建设经济适用房358套。为465户特困职工、劳模和145名贫困大学生发放资助金60余万元。实施农村学校留守少年儿童食宿条件改善工程，解决8000余名留守少年食宿问题。发放职教助学金975万元、普通高中助学金323万元。为4664名大学生办理生源地助学贷款2308万元。免费对104名6岁以下残疾儿童进行抢救性康复训练，为576名贫困白内障患者实施复明手术，被评为“全省白内障无障碍县”。

居民生活不断提升。20年间，居民消费结构实现由温饱型向小康型的转变，吃讲营养、穿讲品牌、用讲美观、住讲舒适。食品支出占生活消费支出的比重有所下降，衣着、文化娱乐、教育、医疗支出比重有所上升，特别是教育、医疗支出的上升幅度较大。彩电、冰箱、洗衣机进入寻常百姓家，并得到普及，电脑、手机、汽车等高档消费品也开始走入农家。20年间，民办学校、医院飞速发展，商品房开发迅猛，企业改制全面完成，看病难、上学难、就业难、住房难等逐步缓解。尤其是全面推行新型农村合作医疗制度，采取滚动筹资方式，受到国务院副总理吴仪和卫生部的表彰与肯定，赢得全国10多个省80多个县市前来学习取经，新华社、《人民日报》《农民日报》、央视等几十家媒体纷纷予以报道推广。

江苏沿海地区发展规划进入国家战略层面使赣榆面临着千载难逢的发展机遇，作为连云港市“一体两翼”“一心三极”“T”型产业战略布局的关键节点，赣榆正抢抓这一难得的历史机遇，以“工业经济主攻临港产业、城市建设主攻滨海新城、农村经济主攻富民增收、基础设施主攻综合集疏运、社会事业主攻城乡统筹”为方向，攻坚克难，开拓创新，努力把赣榆建设成为江苏沿海工业的新高地、连接长三角与环渤海的重要枢纽、环境优美生态宜居的现代化海滨新城。

大事记

大事记

1990年

3月7日　赣榆县机关110名干部到基层，以“局包村”形式帮助后进村工作。

3月14日　赣榆县人民政府驻北京办事处成立。

3月24～28日　政协赣榆县第四届委员会第一次会议召开，选举宋世亮为政协主席，司增艳、蒋祚安为副主席。

3月25～28日　赣榆县第十一届人民代表大会第一次会议召开，选举刘一亭为赣榆县第十一届人民代表大会常务委员会主任（免去县委副书记职务），李传润、殷虎元、何昆曙为副主任；朱选成为县人民政府县长，袁泉、朱学余、冯其湘、周诗泉为副县长；刁金岭为县人民法院院长，杨友珍为县人民检察院检察长。

4月24日　辽宁电影制片厂在赣榆拍摄2集电视剧《子孙乐》。

4月30日～5月1日　浙江、江苏、安徽3省籼粳“亚优2号”杂交稻育种现场会在赣榆县召开。

5月14日　赣榆县食品公司生产的分割肉被指定为亚运会专供食品。

5月28日　赣榆县人民广播站改建为赣榆县人民广播电台。

6月13日　县委办公室发出《关于认真做好稳定和完善农村土地承包、专业承包工作的通知》，严禁随意调整承包土地。

6月28日　宋庄乡汪庄村2艘远洋渔轮首航。

7月1日　日本佐贺市友好访华团和该市诸富町代表访问赣榆。

7月21日　赣榆县160吨冻草莓出口日本，出口量居全国各县首位。

7月29日　土城乡倪林联中13岁女生张玉洁，勇救落水女童张丽，不幸牺牲。

8月1日　副省长凌启鸿到沙河镇视察。

8月3～6日　全县普降大暴雨，48小时降雨量高达324毫米，在田作物严重受灾，直接经济损失3000万元以上，死亡2人，伤119人。

8月10～12日　县委七届六次全委（扩大）会议召开，在赣榆视察的中顾委委员、江苏省委原书记江渭清到会讲话。

8月18日　赣榆县人民政府法制局成立。

8月20日　抗日山烈士陵园“全国重点烈士纪念建筑物保护单位”标志碑建立。

8月22日　赣榆县私营企业协会成立。

10月19日　赣榆县名列国家统计局农村调查总队排名的全国百名油料生产大县第22位。

10月29日　石桥、黑林、墩尚3乡撤乡建镇，金山乡改为徐福镇。

11月15日　徐福雕像在青口镇落成。

△　连云港徐福研究会秘书处成立。

11月25日　巴拿马“肯特·光辉号”货轮在连云港东7海里处撞沉赣榆县盐业公司轮船队9号驳船。

12月5～7日　赣榆县举办中国·赣榆首届徐福节。

12月6日　连云港徐福研究会举行“纪念徐福东渡2200周年学术讨论会”。

12月26日　县委、县政府召开庆功大会，庆贺勇斗歹徒、保护人民生命财产安全的厉庄乡司法干事杜厚岭、盛赤涧村治安调解主任盛贵德分别被省司法厅记二等功和授予一等奖。

是年　赣榆县夏粮生产受到国务院表彰，被授予“粮食生产先进县”称号。

△　赣榆县中学通过省级验收，确定为省级重点中学。

1991年

1月4日　县委下达《关于加强全县各级领导班子建设的意见》，强调领导班子要加强马克思主义理论学习，忠诚于马克思主义，坚持德才兼备的原则，增强团结和统一。

1月20～21日　县委七届七次全委（扩大）会议召开，会议确定1991年全县工作总的指导思想是：认真贯彻执行党的基本路线和中共十三届七中全会精神，以经济建设为中心，继续实施抓"三点"、带全局的经济发展战略，不断深化改革，合理调整结构，开拓进取，为振兴赣榆而努力奋斗！

1月29日　千名农村保健医生评定技术职称。

3月5日　全县计划生育三级干部会议召开，会议表彰奖励25个计划生育先进单位，并与30个乡镇签订1991年计划生育目标管理责任合同书。

3月10日　县委、县政府下发《关于控制和减轻农民负担的通知》，要求切实抓好农民负担清理整顿工作，严控负担总量，加强民主监督管理，制止各种形式的"三乱"，并要求把能否控制和减轻农民负担作为考评干部的重要内容。

3月13日　县委施行新的党建机制，把党建与扶贫工作结合起来，开展"三包"活动，即:县、乡两级党委包贫困村，村党支部包贫困党员，党员包贫困户。

3月21～24日　水利部淮河水利委员会在赣榆县召开小流域水土流失综合治理现场会。

3月25～27日　政协赣榆县第四届委员会第二次会议召开，增补王胜德、胡森为县政协副主席。

3月26～28日　赣榆县第十一届人民代表大会第二次会议召开，补选王明田为县人大常委会副主任。

4月1日　赣榆县人民政府驻青岛办事处成立。

4月5日　日本友人金野博纪念碑在抗日山举行揭碑仪式。

4月10日　县委召开全县农村社会主义教育工作会议。会后抽调第一批130多名机关干部到农村帮助开展此项工作。

5月13日　城东乡李沙村69岁的台胞万维兰回乡探亲，为家乡捐款1.2万元人民币兴办教育事业。

5月28日　赣榆县获农业部授予的"1990年农业基点调查工作先进单位"称号。

6月11日　赣榆县农业资源综合开发利用管理局成立。

6月21日　赣榆县文学艺术界联合会成立。

6月22日　赣榆县盐化厂万吨烧碱扩建工程竣工。

7月1日　符竹庭将军牺牲处、朱爱周将军牺牲处等5座纪念碑建成。

7月9日　赣榆县邮电局程序控制电话工程开工，设计装机容量市话4000门、长途210路。

7月17～27日　全县共捐款20余万元，粮食67.5吨，麻袋、塑料编织袋24.5万条，支援本县海头镇等灾区。

8月10日　县委副书记、县长朱选成离职；鹿崇友任赣榆县人民政府副县长主持政府工作；袁泉任赣榆县委副书记；陈学文任赣榆县人民政府副县长。

8月21日　日本京都府大学农学博士高高久到城南乡四沟村考察水稻。

9月11日　赣榆县土地管理局与日照、莒南、临沭3市县共同确定边界土地权属界线。

10月4日　赣榆县公安局、赣榆影剧院和赣榆县中学被省委、省政府命名为1988～1990年度省级文明单位。

10月5日　国家土地管理总局把赣榆县列入全国土地总规划试点和土地复垦试点县。同时认定赣马镇的土地利用总体规划为国内首创，在全国推广。

10月8日 厉庄乡吴家林村百亩丘陵区旱稻通过省验收，平均亩产372公斤，最高亩产450公斤，达到全省最高水平。

10月14～18日 水利部治淮委员会在赣榆县召开苏、鲁、豫、皖四省水土保持现场会。

11月3日 省人大常委会副主任张跃华到赣榆县视察工作。

11月14～16日 中共赣榆县第八次代表大会召开，选举李训章、鹿崇友、袁泉、李吉、于京翠（女）、刘洪伟、张怡山、刘宜存为县委常委，李训章为县委书记，鹿崇友、袁泉为县委副书记，于京翠为县纪律检查委员会书记。

11月24～26日 赣榆县举办中国·赣榆第二届徐福节。

11月30日 青口镇工业产值完成1.0065亿元，成为全市第一个亿元镇。

12月13日 赣榆县被确定为全国农业服务体系示范县。

1992年

1月16日 水利部淮河水利委员会等8单位通过对赣榆县新沭河西赤金段退堤工程检查验收。

1月26日0时 赣榆县开通程序控制电话。

2月14日 县委决定，县计经委、乡镇企业局、农机管理公司、供销总社、建设局、商业局、水产局、多管局、交通局、物资局、教育局、卫生局、粮食局等13个单位撤销党组，建立党委。

3月25日 赣榆县被林业部批准为首批沿海防护林工程建设重点县。

3月25～27日 赣榆县第十一届人民代表大会第三次会议召开，鹿崇友当选为县人民政府县长。

3月31日 抗日山烈士陵园整修工程竣工。

是月 商业部在赣榆县召开农业社会化综合示范县座谈会。

5月14日 副省长俞兴德到赣榆县检查工作，视察省水利重点工程——新沭河西赤金段退堤工程、塔山水库防洪保安工程和沿海堤防工程。

5月16日 赣榆县配合饲料厂生产的“东蓬”牌对虾配合饲料，在全国饲料工业新技术、新产品交流会上获“金杯奖”。

6月26日 省委、省政府、省军区发出《关于表彰民兵工作先进单位的通报》，赣榆县沙河镇人武部受到表彰。

7月3日 赣榆县1530公顷沿海防护林通过林业部验收。

7月27日 县委召开乡镇机构改革工作会议，推广城南乡试点经验，并在全县普遍推开。

△ 春、夏，持续干旱，全县受旱农田面积达4万余公顷，3250余公顷颗粒无收，4600余公顷淡水鱼死光。

8月11日 中国工会第十次代表大会代表、赣榆县化肥厂厂长卢西朋等5名劳动模范、先进工作者赴朝鲜参观访问。

8月20日 赣榆县人大代表对县“一府两院”和乡镇部门工作进行评议。

9月12日 赣榆县和四川省南江县缔结友好县签字仪式在赣榆县举行。

10月3～5日 “代民储粮现场论证会”在赣榆县召开，农业部原部长边疆、原副部长刘锡庚等出席会议。

10月6日 “刘少奇同志纪念室”在黑林镇大树村建成，张爱萍上将题词，王光美专函致谢。

10月8日 赣榆县经济技术开发区管理委员会成立。

10月29日　赣榆县东线调水工程开工。

11月10日　赣榆县与徐州师范学院签订“产、学、研合作协议”。

11月13日　赣榆县龙泉河小流域治理通过省级鉴定。

11月20日　赣榆县东线调水工程全线竣工。该工程南起青口河，北至石桥大温庄龙北干渠，全长29.7千米，工程总投资4000余万元。

11月24日　中国·赣榆第三届徐福节开幕。

11月28日　日本新宫市西冈针灸整骨院西冈正浩赠给徐福镇中心小学10万日元，设立“正浩蓬莱”奖学金基金会。

12月8日　赣榆县被评为“全国水土保持先进县”。

12月19日　县委书记李训章离职，鹿崇友任中共赣榆县委书记（同时免去县长职务），顾绍平任中共赣榆县委常委。

12月24日　李洁任中共赣榆县委副书记、代县长；杨少华任中共赣榆县委常委、副书记；徐征、屠新明任副县长；副县长陈兆祥离职。

12月30日　塔山水库管理处划归县水利局管理，原管理处所辖陡沟村、小庄村划归徐山乡，后太平村、探马村划归土城乡，凤凰岭村划归吴山乡。

1993年

1月8日　徐州医学院教学医院在赣榆县人民医院挂牌。

2月8日　县委、县政府制定下发《关于加快赣榆县沿海经济发展的意见》和《关于加快赣榆县山区经济发展的意见》。

2月11日　赣榆县被省委、省政府、省军区授予“人民武装工作达标先进单位”。

△　顾绍平任中共赣榆县委组织部部长，免去刘洪伟中共赣榆县委组织部部长职务。

2月21～24日　政协赣榆县第五届委员会第一次会议召开，经过全体委员酝酿协商，宋世亮为政协赣榆县第五届委员会主席，王胜德、胡森、蒋祖安为副主席。

2月22～26日　赣榆县第十二届人民代表大会第一次会议召开，选举袁泉为赣榆县第十二届人民代表大会常务委员会主任，殷虎元、何昆曙、朱学余为副主任；选举李洁为赣榆县人民政府县长，刘洪伟、杨莉（女）、陈学文、汪善法、徐征、王昭宪为副县长；选举张庆爱为赣榆县人民法院院长，杨友珍（女）为赣榆县人民检察院检察长。

3月3日　赣榆县纪委、县监察局合署办公。

3月12日　赣榆县文学艺术界联合会首届代表会议召开。

3月23日　县委办公室发出《关于转发县委农工部〈关于完善1993年农业承包合同的意见〉的通知》，指出完善农业承包合同是深化农村改革，促进农村经济健康发展的关键措施。

4月1日　停止粮食计划供应，取消粮票，放开粮食价格。

4月29日　赣榆县邮电局建立党委，同时撤销党组。

5月3日　省政府、省军区授予赣榆县民兵训练基地“先进民兵军事训练基地”称号。

5月16日　县委决定县委机关报——《赣榆报》复刊。《赣榆报》创刊于1956年，1961年因三年自然灾害，地方财政困难而停刊。

5月20日　省委表彰农村党建工作先进县和先进基层党组织，赣榆县委、海头镇党委、青口镇河南村党支部榜上有名。

5月22日 国家击剑队赣榆籍队员许学宁获第七届全国运动会男子重剑冠军。

7月9日 赣榆县关心下一代工作委员会成立。

7月15日 欢墩镇新桥小学12岁女学生薛倩为抢救落水儿童英勇献身。连云港市教委授予薛倩“赖宁式的好学生”称号。

8月20日 省委组织部、省科委、省科干局表彰科技副县长，赣榆县副县长封昌邓受表彰。

10月8日 赣榆籍书画家方敬捐赠人民币3万元，在宋庄中学设立景清奖学金基金会。

10月10日 县委、县政府发出《关于切实减轻农民负担的通知》。

10月20日 中国徐福会成立大会在赣榆县召开。

10月21日 省委常委、组织部部长许仲林到赣榆县检查工作。

11月10日 海头镇被省科委确定为“省社会发展综合实验区”。

12月8日 赣榆县被省政府、省军区授予“双拥模范县”称号。

12月9日 全省优抚对象脱贫致富经验交流会在赣榆县召开。

12月14日 省政府批准赣榆县经济开发区为省级开发区。

1994年

1月15日 赣榆县与无锡县结为友好县。

2月12日 中共中央政治局常委、全国政协主席李瑞环接见全国拥军特邀代表城东乡下口村祁德林。

2月25日 中共中央总书记江泽民等党和国家领导人接见祁德林。

3月22～26日 江苏省整顿后进村和经济薄弱村党支部工作座谈会在赣榆县召开，赣榆县委书记鹿崇友在会上作《适应市场抓关键，整顿后进促发展》的专题发言。

4月18日 赣榆县磷肥厂技术改造工程竣工投产。

4月22日 220千伏申城变电所建成运行。

4月29日 赣榆县被省政府命名为第二批群众文化先进县。

5月23日 赣榆县妇女儿童工作委员会成立。

6月1日 县委、县政府、县关工委举行“毛主席为红领巾水库批示纪念碑”揭碑仪式。

是月 墩尚镇在日本堺市兴建的堺连青果蔬菜批发市场开业。

7月8日 赣榆县与浙江省岱山县缔结友好县。

9月23日 班庄乡古城村老年协会被省政府评为“江苏省老龄工作先进集体”。

9月26日 赣榆县地方税务局成立。

10月1日～11月15日 赣榆县开展以“扫黄打恶、治乱除霸”为重点的严打整治斗争。

10月10日 中共赣榆县代表会议召开，选举产生出席中共连云港市第八次代表大会代表38名。

10月22日 赣榆县国家税务局成立。

是年 赣榆县水产品总量7.2万吨，跻身全国水产百强县，居全国第60位，居全省第3位。

1995年

1月8日 位于县城文化西路的赣榆县人民法院审判庭落成，投资100多万元，建筑面积1580平方米。

1月11日 赣榆县乡镇党委换届工作圆满结束。乡镇党委、政府和经委中，年满53周岁的领导成员转任为调研员。

2月25日 由国家科委、计委、外经贸部、国家海洋局、国务院发展研究中心等部门组成的国家新亚欧大陆桥开发项目考察团，到赣榆县考察沿海开发情况。

2月28日 赣榆县公安消防大队成立。

3月6～9日 政协赣榆县第五届委员会第三次会议召开。增选涂兆才为县政协副主席。

3月7～10日 赣榆县第十二届人民代表大会第三次会议在县影剧院召开。

4月28日 赣榆县机关、事业单位实行社会养老保险制度。

5月19日 赣榆县捕捞公司两对渔轮赴贝劳发展金枪鱼延绳吊钩作业。

6月12日 省委、省政府扶贫工作队进驻徐山乡，开始为期一年的扶贫工作。

6月21日 全国政协副主席万国权一行到赣榆县视察，并亲笔题写“黄海明珠”。

7月2日 省人大常委会主任沈达人到赣榆县视察。

7月7日 赣榆县第十二届人大常委会举行第十九次会议，任命卢西举为赣榆县人民政府副县长。

8月2日 赣榆县继1993年被省政府、省军区命名为“双拥模范县”之后，再度获此殊荣。

8月22日 省委副书记许仲林到赣榆视察。

8月28日 夹山乡王洪爽村“活烈士”王继贵出席在北京举行的全国抗战胜利50周年大型纪念活动。

8月30日 国家统计局中国农村评价中心通过对全国县（市）农村社会经济统计资料排序，首次排出了中国农业生产百名大县，赣榆县以农业增加值16.1亿元的实绩，跻身百名大县行列，位居第50位。

9月13日 国务委员、国家科委主任宋健到赣榆县视察。

9月20日11时34秒 山东苍山县与费县交界地区（北纬34.58°，东经118.15°），发生5.2级地震，震区烈度为7度。赣榆县属有感地区。

9月22日 赣榆县水土保持监督执法试点工作达到水利部提出的各项标准，正式通过国家验收，为江苏省唯一一家。

9月26日 由江苏省地方志办公室组织召开的中华人民共和国成立后首轮《赣榆县志》评审会，在赣榆县政府招待所开幕。省市地方志办公室领导，南京大学、河海大学及部分市县地方志办公室的40多位专家、学者参加会议。会议认为，《赣榆县志》“政治观点正确，资料较为丰富翔实，体例科学合理，地方特色鲜明，文字表述畅达，具备良志基础，是一部较为成功的县志稿”。

9月28日 赣榆县人民检察院反贪污贿赂局成立。

10月19日 国家计生委主任蒋正华到赣榆县视察计划生育工作。

10月19～21日 全省淮北乡镇企业工作座谈会在赣榆县召开。

11月10日 赣榆县被省政府授予“建筑之乡”称号。

11月27日 省委副书记顾浩到赣榆县视察。

12月10日 青口地区泄洪排污主干河道沙汪河清淤工程结束。工程共投入5万民工，疏浚河道4千米，完成土方量80万立方米。

12月26日 赣榆县第十二届人大常委会举行第二十二次会议，任命周成柱为赣榆县人民政府科技副县长。

1996年

1月 赣榆县农贸市场被国家工商行政管理局授予“全国文明市场”称号。

2月1日 赣榆县文化局、文联组织排演的大型京剧《徐福》,作为江苏省首届戏曲节选定剧目,在南京江苏省人民剧院演出。该剧获得省文化厅颁发的剧目奖。

3月5～8日 政协赣榆县第五届委员会第四次会议召开,增选朱孔岗为副主席。

3月6～9日 赣榆县第十二届人民代表大会第四次会议召开。补选杨少华为县长,补选刘宜存为县人大常委会副主任。

3月22日 赣榆水政监察大队在县水利局挂牌成立。

是月 赣榆县三兴建筑安装工程有限公司(原县第一建筑安装工程公司)经国家建设部审核批准,晋升为国家工业与民用建筑工程施工一级企业。

△ 徐山乡桑行村被林业部授予"全国绿化造林千佳村"荣誉称号。

△ 国家"九五"重点通信建设项目,沿海光缆工程赣榆段60.7千米工程开工。

4月9日 副省长姜永荣视察秦山岛。

4月10～11日 江苏省水产工作会议在赣榆县召开。省委副书记许仲林、副省长姜永荣出席会议。来自全省11个市、35个县及省直机关近200名代表参加了会议。

是月 班庄乡古城村化工厂第二次被化工部和农业部评为全国乡镇先进企业。

5月9日 著名影视演员刘晓庆在赣榆影剧院举办"刘晓庆专场文艺晚会"。

6月5日 日本友人西冈正浩被赣榆县人民政府授予"荣誉市民"称号。西冈正浩自1990年后,为徐福镇徐福小学多次捐赠钱物达70多万日元,并设立"正浩蓬莱奖",对品学兼优学生予以奖励。

6月30日 国家科委社会发展司司长王志雄、火炬办副主任刘振堂率领的海洋经济考察团,考察赣榆县沿海地区。

7月12日 中组部原常务副部长、时任全国关工委常务副主任王照华到赣榆县西北部地区,参观红领巾水库、抗日山烈士陵园、刘少奇故居和徐福祠,为抗日山烈士陵园题字留念。

7月16日 经省体改委、省工商局批准,江苏东蓬集团有限公司在赣榆县成立,这是继宝发集团后赣榆县组建的第二家省级企业。集团成员包括:赣榆县配合饲料厂、县饲料公司、县新纪元肉鸡冷藏厂、县金鸡湖种鸡厂、县家禽孵化厂、连云港榆昌塑料编织有限公司。

7月24日 赣榆县人民政府重新界定抗日山烈士陵园保护区,即:东西以环山路为界,南到广场水库东西堤坝中心,北至园艺场山林边界。在此保护区内,严禁放炮采石、砍伐树木、违章建筑。

7月25～26日 共青团江苏省委全省农村基层团组织建设暨"服务万村行动"推进工作会议在赣榆县召开。

8月6日 赣榆县企业股份合作制试点工作在青口镇确定的10家企业单位进行。

8月14日 赣榆县1996年度房改方案获省批准。主要内容为:调整住房公积金缴交基数。住房公积金由在职职工个人及其所在单位按照5%缴交率逐月交纳,归个人所有。缴交基数按职工本人1995年月均工资核定。

8月26～28日 中国共产党赣榆县第九次代表大会在县影剧院召开。会议选举产生中共赣榆县第九届委员会委员25名,候补委员5名;选举产生中共赣榆县纪律检查委员会委员12名。

8月28日 中共赣榆县第九届委员会第一次全体会议举行。会议选举产生中共赣榆县第九届常务委员会委员和书记、副书记。其中,鹿崇友任中共赣榆县委书记;杨少华、顾绍平任中共赣榆县委副书记。

△ 中共赣榆县纪律检查委员会举行第一次全体会议。会议选举于京翠为书记,顾介法、李夫君为副书记。

8月31日 省委书记陈焕友到赣榆县视察。

9月1日 副省长王荣炳到赣榆县视察，对小口海滨旅游开发提出指导性意见。

9月11日 全国政协常委王光美"祝赣榆人民生活美满幸福"的手书寄到赣榆。

9月26日 副省长陈必亭带领省计经委有关负责人到赣榆县沿海地区考察；在常州市武进展览馆举办的"96中国专利及新产品博览会"上，赣榆县植物油厂50吨/日色拉油工艺与设备、连云港兆丰塑料制品有限公司双降地膜同获博览会金奖，县福发木器机械厂多用制杆机获科技创新奖。

是月 江苏省水产局受国家农业部农业技术推广总站委托，组织专家对"全国对虾养殖病害防治宋庄示范区"500亩养殖对虾进行验收。验收组专家对宋庄自主创新和实施的"养虾三法"（对虾养殖两茬法，适时适量换水法，鲜活饵料投喂法）予以充分肯定，认为宋庄"养虾三法"从点上突破，打时间差，养两茬虾，闯出了一条切实可行的对虾养殖新路。

△ 赣榆县1996年度高考，共录取1424人，占全市录取总数的32%。高考本科上线553人，比上年增加44%，创历史最高纪录，仍居全市领先地位。

△ 赣榆县第一艘千吨级海运驳船投入运营，该船为县盐务局所属盐业海运公司投资200万元，从山东引进，可航行B类海区，从事国内海上运输业务。

10月1日 赣榆县交通局水上稽查大队成立。

10月9日 赣榆县第十二届人大常委会召开第二十七次会议。会议根据县长杨少华提请，决定任命黄树根为县政府副县长，慕新民为县政府科技副县长；会议决定免去汪善法县政府副县长职务。

10月11日 赣榆县党政机构改革全面展开。根据连云港市委市政府批准的方案，县级党委政府机构共设37个，其中党委机构6个，政府机构31个；另设部门管理机构4个。

10月19日 中国农业发展银行赣榆县支行成立。

10月30日 江苏省水产局与赣榆县东方对虾养殖场联合投资1000万元，在海头镇建设苏北地区最大的海珍品试验基地，形成1.5万立方米水体育苗能力和80亩养殖试验场。主要从事鲷鱼、鲍鱼、裙带菜、牙鲆鱼、太平洋牡蛎等海珍品的育苗、养殖试验，以在苏北沿海大面积推广。

是月 江苏省农林厅"旱三熟"高产试验项目（"旱三熟"是指小麦、春玉米、夏玉米三熟套种），在赣榆县殷庄乡陈顶村百亩实验田获得成功，小麦单产320公斤，春玉米单产410公斤，夏玉米单产超过400公斤，亩产突破1130公斤。

12月2日 赣榆县年度最大水利工程——青龙河引水工程全线完工。

12月4日 江苏省建设"海上苏东"首批项目——赣榆县海头镇浅海域千亩立体养殖示范区项目进入实施阶段。

12月6日 赣榆县建筑安装工程公司260名工人，分期赴缅甸蒂拉洼集装箱码头施工。这是该公司继上年参加澳门国际机场建设后，承接的又一项涉外综合性工程项目。

12月28日 青口镇与上海市立鹤有色金属铸造厂联合创办的全省最大铜冶炼厂，在青口镇公园路东侧奠基，取得了全县有色金属冶炼加工业零的突破，同时填补了苏北地区该行业的空白。

△ 赣榆县汽车综合性能检测站成立，该检测站投资300万元，设计年检测能力10万辆次，是苏北鲁南地区规模最大、功能最完备的一家。

1997年

1月1日 赣榆县冬季水利建设工程全面完工。共新开、疏浚大沟36条，完成配套建筑物1950处，改造中低产田4000余公顷，动用土石方1850万立方米。

△ 第一次全国农业普查赣榆县现场调查登记工作全面展开。

1月3日 赣榆首家股份制万头笼式温圈养猪场在殷庄乡李村建成。

1月8日 赣榆县技术监督局挂牌。

1月20日 中共赣榆县第九届委员会第二次全体（扩大）会议在县供电局礼堂召开。会议讨论通过了《赣榆县社会主义精神文明建设“九五”规划》。

1月22日 赣榆县第十二届人大常委会召开第二十九次会议，决定任命岑俊忠为赣榆县人民政府副县长；决定免去徐征的县政府副县长职务。

2月19日 省委副书记许仲林到赣榆县视察罗阳、宋庄、青口、城东、海头等5个乡镇。

2月25日 赣榆县开始对县境内国有资产的单位进行登记，并核发“中华人民共和国国有资产产权登记证”（境内企业）。

是月 欢墩镇欢南村凤墩古墓出土汉代铜兽镇、铁剑、铜镜、陶印等文物，考证为东汉墓葬。

3月8日 赣榆县塔青复线输水工程开工。工程告竣后，可满足县城及周边地区用水之需。

△ 赣榆县政府召开推行国家公务员制度动员大会，人员过渡工作正式开始。

3月17～20日 政协赣榆县第五届委员会第五次会议在县政府招待所举行。会议增选董淑玉为副主席。

3月18～20日 赣榆县第十二届人民代表大会第五次会议在县影剧院举行。会议补选李方任为县十二届人大常委会副主任。

3月19日 海州湾旅游度假区开工建设。

是月 宋庄乡继上年被农业部确定为全国18个对虾养殖病虫害综合防治示范区之一并顺利通过验收后，再度被农业部确定为全国10个“丰收计划”示范区之一，为全省唯一一个列入对虾丰收计划的单位。

4月2日 抗日山烈士陵园被确定为江苏省全民国防教育基地。

4月4日 副省长姜永荣到赣榆县考察欢墩、班庄、青口、城东等乡镇企业，并就乡镇企业如何适应经济体制和经济增长方式两个转变进行座谈。

4月18～21日 赣榆县玉米晶、紫菜、粉丝等绿色食品，在内贸部等六部委和天津市人民政府联合举办的1997年天津春季全国商品交易会上参展。3天时间里，赣榆县11万元参展商品抢购一空，还与中外客商签订4300多万元的代销合同。

4月22日 赣榆县残疾农民——赣马镇大高巅村“养狐大王”顾绍发在全国特种养殖扶贫开发研讨会作学术发言。顾绍发饲养蓝狐及探讨养狐技术始于1985年，10多年来在国家级权威杂志发表论文7篇，推出北极狐养殖实用技术20讲，先后到四川、河北、河南、安徽、山东和江苏50多个市县讲学传经。

4月23日 日本政府专家考察团一行3人到赣榆县实地考察妇幼保健工作，并实施妇幼保健援助项目，包括救护车、B超、X光机、婴儿用器械在内的价值150万元的先进日产医疗设备和人员培训。

4月30日 赣榆县在全市率先完成现有机关工作人员向公务员过渡培训考试。

是月 赣榆县按期完成国家第三期黄淮海农业综合开发工程，通过省农业资源综合开发管理局、省财政厅、省水利厅联合验收。

△ 青口镇芦庄村建成全县首家村级骨灰堂。

5月1日 赣榆县第三期黄淮海农业综合开发项目，通过由国家土地局、农业开发办、水利部、林业部组成的验收小组验收。

5月8日 赣榆县客运总公司成立。

5月9日 雷锋生前战友乔安山到赣榆做先进事迹报告。

5月18日 “97中国·赣榆经贸洽谈会”在深圳举行。

5月21～23日 赣榆县农村初级卫生保健工作通过省级验收。

是月 赣榆县出台《1997年度深化城镇住房制度改革调整方案》。

△ 墩尚法庭被江苏省高级法院评为全省10个“最佳人民法庭”之一。

△ 城东乡下口村两渔民姜杭、张振奎承担江苏省建设“海上苏东”首批试验示范项目《红鳍东方豚工厂化育苗》获得成功，年可育苗60万尾。

△ 罗阳乡海孚公司龙虾加工系列产品，顺利通过国家商检总局和欧洲共同体的验收，卫生标准达到国际标准，首批龙虾系列产品出口欧美，成为全市两家龙虾加工出口企业之一。

6月11日 赣榆县第十二届人大常委会举行第三十二次会议。会议根据县长杨少华提请，决定任命王友胜为赣榆县人民政府副县长。

6月18日 赣榆县东线调水骨干工程——大温庄翻水站建成提水。该站将南来江淮水提升14米，送入龙北干渠，为石桥、马站、九里、柘汪4个乡镇4000公顷农田灌溉提供充足水源。

6月28日 江苏省抗旱工作组到赣榆，察看全县抗旱工作。春夏以来，赣榆遭受多年不遇的严重旱灾，尤以龙河、石桥、金山、厉庄、马站等乡镇灾情最为严重。

是月 母亲为赣榆籍的世界长跑冠军王军霞，穿上故乡赣榆鞋厂生产的“郎蒂斯”跑鞋，参加香港至北京的长跑拉力赛。

△ 赣榆经济技术开发区与青口镇实行区镇合一联合办公正式启动。

7月8日 江苏最大的预混合饲料生产企业——中外合资普乐维美赣榆特种饲料有限公司在县饲料厂举行签约仪式。

7月10日 海州湾旅游度假区正式开放。

7月15日 赣榆县公安局公路巡逻民警大队挂牌成立。

7月16日 中共江苏省委副书记顾浩到赣榆视察。

△ 中科院海洋研究所在海头镇建立紫菜示范场，推行紫菜双季养殖，建立中间产业，提高紫菜产量，增加经济效益。

7月19日 赣榆县人民医院引进钴—60肿瘤治疗机系统，并正式投入使用。

△ 县文化局在赣马镇发现一处时期约公元前2500年～前2000年的龙山文化遗址，该遗址位于赣马中学校园内古县衙后大堂，面积为6000平方米，在江苏考古史上尚为首次发现。

7月25日 首次从日本引进的蔬菜新品种紫粟，在墩尚镇试种成功。

是月 赣榆县高考成绩公布，全县本科上线人数634人，高居全市之首，创下恢复高考以来最高纪录。

8月6日 省长郑斯林率领参加全省徐连经济带建设工作会议以及全省农业产业化经营工作会议的与会人员，参观海州湾旅游度假区。

8月14～15日 全省生态农业工作会议在赣榆县召开。

8月18～19日 时值大汛潮，11号台风影响赣榆县沿海。风力达10级以上，普降雨160毫米，局部245.4毫米。海州湾旅游度假区海堤被海水漫过，海堤向西推移了5米；海头镇北朱皋段、新河段海堤决口；九里乡海堤8处决口，长度千余米；城东乡被冲开（毁）海堤5千米；柘汪乡海堤决口37处，石墙倒塌6920米，土堤冲垮8335米；城东、海头、九里、柘汪4个乡镇万亩鱼虾塘池和万亩盐田被毁，原盐淡化7500吨，毁坏育苗场20多个，13艘渔船破碎，一艘8马力渔轮沉没。全县大片农田被淹，玉米倒伏，民房倒塌，企业、公用设备被毁。

9月30日 赣榆县塔青复线引水工程、华中南路拓宽工程、首期安居工程同时竣工。

10月6日 赣榆县政府成立企业制度改革指挥部，并召开工作会议全面部署企业改制工作。

10月16日 赣榆县第十二届人大常委会召开第三十五次会议，决定新一届县级人民代表大会代表选举工作从1997年10月开始，到年底选出代表，新一届县人民代表大会第一次会议于1998年1月上旬召开。

10月30日 经国家粮食储备局正式批准命名，赣榆县粮食局直属库为江苏赣榆国家粮食储备库。

11月3日 赣榆县公安局110报警服务台正式开通。

11月21日 赣榆县人民政府驻上海办事处与县建委三兴建工集团驻上海办事处正式合署办公。至此，县政府6个驻外办事处与县建委相应驻外办事处全部合署办公，实行两块牌子，一套班子。

12月18日 赣榆县第十二届人大常委会召开第三十七次会议，决定任命邸占山为县政府副县长；决定免去黄树根县政府副县长职务。

12月31日 赣榆县第十二届人大常委会召开第三十八次会议。会议根据县长杨少华提请，决定任命张明丰为县政府科技副县长；决定免去慕新明县政府科技副县长职务。

是月 赣榆县首宗国有土地使用权拍卖成功。墩尚镇原农具厂旧址一处207平方米地皮，公开拍卖，运输大户文以生以7.4万元竞价，一次买断70年使用权。

1998年

1月5～9日 政协赣榆县第六届委员会第一次会议召开。会议选举宋仕亮为主席，选举王胜德、涂兆才、朱孔岗、蒋祖安、胡森、吴生林为副主席。

1月7～10日 赣榆县第十三届人民代表大会第一次会议召开。会议选举袁泉为主任；选举杨少华为县长；选举朱学余、何昆曙、刘宜存、李方任、董淑玉为县人大常委会副主任；选举卢西举、陈学文、钟克柱、岑俊忠、王友胜、邸占山为县政府副县长；张明丰为县政府科技副县长 张庆爱为县法院院长，唐来库为县检察院检察长。

1月8日 赣榆县第一家县属企业——惠农肥料有限责任公司改制完成。该公司前身是县农业局科力配肥站，37名职工一次买断全站127万元净资产，并成立董事会。

△ 城头镇苏青墩村沙滩土地复垦，被江苏省国土局列为“省国土局苏北土地复垦示范区”。

△ 赣马镇中心小学基建工地出土一柄战国青铜剑，该处曾出土原始社会末期三足陶鬲。

2月6日 经江苏省体改委批准，江苏三兴建工集团在赣榆县城挂牌成立。

2月8日 副省长姜永荣到赣榆察看九里、柘汪段海堤达标工程和西北丘陵地区小流域综合治理工程情况。

是月 赣榆县被省科委确立为全省两个“科技兴海”示范县之一。

3月2日 赣榆县第十三届人大常委会召开第一次会议。会议根据县长杨少华的提请，决定任命单新中为县政府副县长；会议同意接受杨少华因工作变动辞去赣榆县人民政府县长职务的请求，决定副县长单新中代理县政府县长，报县十三届人民代表大会备案。

3月15～17日 国家卫生部麻风病防治工作复核验收组到赣榆，复核确认赣榆县达到了“基本消灭麻风病县”标准。

3月16日 日本“南日本放送摄制组”到赣榆，实地拍摄徐福村、徐福像、徐福祠。

3月17～18日 江苏省国土管理系统“三五”法制宣传教育工作会议在赣榆县召开。

3月26日 赣榆县第十三届人大常委会召开第二次会议。会议根据代县长单新中提请，决定任命新一届县人民政府31名组成人员。

3月30日 赣榆县第一条县乡广播电视光纤传输干线开工建设。该线始于县城，止于石桥、柘汪，全线38千米，实现204国道沿线6个乡镇有线电视联网。

4月5日 赣榆县自2月1日至4月5日，全县平均降雨量184.6毫米，为常年同期的3倍，为近30年来少有春汛，在田作物受渍严重。

△ 抗日山烈士陵园、徐福祠被江苏省委宣传部命名为省爱国主义教育基地。

4月18日 赣榆县人民医院120急救中心全线开通。

4月28日 赣榆县第十三届人大常委会召开第三次会议。鉴于副县长岑俊忠工作变动，会议根据代县长单新中提请，决定免去岑俊忠县政府副县长职务。

△ 江苏宏安集团有限公司挂牌成立。

△ 赣榆县被团中央、农业部确定为全国农村共青团推广实用科技示范县。

5月4日 赣榆县11.9千米海堤加固护坡工程全线开工。

5月9日 赣榆县第一套防洪抗灾气象卫星云图接收处理系统，在县水利局防汛调度中心安装调试并投入使用。

5月12日 两项国家“863计划”科研成果多倍体对虾养殖、河蟹雌性化育苗，在城东乡榆城育苗场进行产业化生产试验，中科院海洋研究所7名科技人员在现场具体组织实施。

5月15日 建设部原副部长、著名书法家萧桐到赣榆视察建筑业。

是月 赣榆县人民政府首次设立政府文学艺术奖，并规定，政府文学艺术奖每三年评选一次。

6月9日 连云港神仙紫菜有限公司董事长、日本人白羽清，被省政府授予“江苏省荣誉公民”称号。白羽清自1992年到赣榆投资兴建神仙紫菜公司以来，一直致力于中日经济文化技术交流与合作。

6月10日 赣榆县城华中路水泥路面拓宽改建工程全线完工。

△ 由江苏省财政厅、水利厅组成的省防汛检查组到赣榆，视察九里、柘汪等地海堤加固护坡工作，对赣榆海堤按50年一遇潮位、10级风浪爬高的实施标准，予以高度评价。

6月17日 连云港市友好城市——陕西省宝鸡市代表团一行20人到赣榆县参观访问。

6月28日 青口镇后陈庄村被中共中央组织部授予“全国农村基层组织建设工作先进党支部”。

是月 中国中药脑病治疗权威机构——中国中医药学会癫痫治疗中心在赣榆县康复医院设立分诊部，这是该中心在全国设立的第七个分诊部。

△ 江苏省土地复垦开发示范项目——赣榆县400公顷废河滩开发一期工程结束，已开发的66.7公顷土地全部承包到农户。

7月1日 赣榆县住房改革实施新举措：停止福利性分房，实行住房货币化分配，加快现有公房改革，开放住房二级市场，发展住房金融。

7月14日 在第81届广州出口商品春季交易大会上，连云港兴榆工艺品有限公司组织参展的上千个品种的柳编工艺品受到外商青睐，西班牙、美国、意大利等10多个国家和地区客户签订了30多万美元供货合同。至此，该公司的柳编工艺品已直接出口欧美亚25个国家和地区。

7月24日 因上游山东境内连降暴雨水库开闸泄洪，引发龙河水位暴涨，洪水以每秒300立方流量下泄。赣马镇城里村万善彩、周庚军等8位农民驾乘的农用三轮车被困龙河水漫桥洪水中，情况万分紧急。中国人民解放军驻赣海训部队某部团长卢成、政委傅根辉、参谋长李鸾鸣率部救援未果，紧急报告驻海头镇师部，调来冲锋舟并工兵营舟桥分队战士，于翌日凌晨3时30分，成功将8位被困群众救出。

7月28日 赣马镇古河套村农民徐德乾，将一只汉代釉陶罐捐献县博物馆。该罐为土黄色，高32厘米，口径5厘米，腹径14厘米，形制为四系釉陶罐。据鉴定，该物为汉代陪葬之器。

8月6日 赣榆县利用世界银行贷款加强灌溉农业二期项目在城南乡项目区动工实施。该项目投资6000万元，从1998年至2002年结束，共计改造中低产田13333公顷，涉及西部、中南部13个乡镇，135个行政村，17.33万人，是赣榆县农业利用外资最大项目。

8月8日 国家大型企业江苏东蓬集团有限公司与法国国际大型农产品加工公司艾登娜——贝根塞集团共同投资700万美元兴建的普乐维美（赣榆）饲料发展有限公司在赣榆县城奠基。

8月20日 享誉海内外的美籍华人植物病理专家张宗仁，水利专家罗建国，种子、食品专家刘克顺，水产食品加工、水果蔬菜保鲜专家洪延康一行4人到赣榆考察交流，并作专业技术讲座。

8月23日 副省长金忠青到赣榆视察文化经济政策落实情况。

8月28日 原赣榆县房产管理所更名为房产管理处，由过去单一公房管理转变为对全县房地产进行行政管理的政府职能部门。县房地产交易大厅同日开业。

8月30日晚6时左右 班庄、夹山、大岭、门河等乡镇突降暴雨，狂风、大雨夹裹着冰雹，时间持续半小时。全县农作物损坏3800公顷，其中水稻损坏1000公顷，平均减产三～五成；民房毁坏2500多间，其中倒塌140多间；7000多棵树木被风刮倒，5千米电力通信线路遭到破坏。

8月31日 赣榆县第十三届人大常委会召开第五次会议。会议根据代县长单新中提请，决定任命施炎为县政府副县长。

9月5日 赣榆县村级干部缩编减员、规范管理工作取得成效。全县29个乡镇的村级干部已由6497人，减少至4993人，精减1504人，每年可减轻农民负担420多万元。

9月8日 标志着对虾复产工程取得突破性进展的高产健康养虾试验，在国家级对虾养殖病害防治示范区宋庄乡获得成功。

9月10日 著名农学家、中国工程院院士卢良恕到赣榆县考察在土城乡试种的国家“863”计划两系杂交稻65002、65396生长情况。

△ 赣榆县邮政、电信两大专业分营方案出台，新成立的县邮政局、县电信局同日分别挂牌运营。

9月18日 赣榆县外出施工管理局挂牌成立。

9月19日 赣榆县建委驻兰州、西宁施工办事处挂牌成立。

9月21日 赣榆县与陕西省麟游县缔结友好县。

9月25～29日 亚洲防盲基金会、香港盲人辅导会组织医务人员到赣榆实施光明行动，先后为29名白内障眼疾患者做义诊手术。

9月27日 赣榆县城环城南路全线贯通。该路东起青罗公路，西至环城西路，全长2030米，为沥青混凝土面层。

10月6～7日 江苏省丘陵山区农业开发流动现场会在赣榆县召开。全省9个市、23个山区县市领导及有关部门负责人出席会议。

10月11日 参加国家教委中央教科所素质教育理论与实践研讨会的90多位专家和教师到赣榆进行教育考察，先后观摩了龙河小学、海头中学、城头小学校园和快乐体育教学现场、科技活动教学现场和艺术教育教学现场。

11月7日 赣榆县人民医院引进中美合资生产高频80千瓦大型遥控X光机及数字图像系统，并正式投入使用。

△ 省委副书记顾浩到赣榆视察海堤加固工程、城乡建设等工作。

11月8日 占地面积1.3万平方米的县城东方市场，在东关路建成开业。

11月10日 赣榆县第一台智能式无人值守公用电话亭在县招待所门前开通启用。

11月13日 江苏省山丘区水土保持小流域综合治理现场会在赣榆县召开。与会人员先后参观了海堤加固和马站、石桥、厉庄等小流域综合治理现场。

11月17日 苏鲁边界赣榆段勘定工作历时8个月，全线贯通。从石梁河上游临沭、东海、赣榆两省三县交会点到绣针河口，苏鲁两省边界赣榆段全长153.5千米，涉及赣榆9个乡镇48个行政村，山东11

个乡镇56个自然村。

△　赣榆县建委驻三峡施工办事处成立。

△　经对外贸易经济合作部发文批准，三兴建工集团公司获得对外签约权。

11月26日　赣榆县人民医院投资460万元购置的日产全身CT扫描机和美产增强型彩超投入临床使用。

是月　赣榆建筑工人在大庆承建的油田矿区工程和市政建设工程，经大庆石油管理局质量监督部门评定，共获优质金牌工程奖28项，银牌工程奖20项，在江苏省赴大庆施工8市27县中名列第一。

12月29日　县政府在赣马中学隆重举行朱智贤诞辰90周年纪念活动。朱智贤（1908年12月31日—1991年3月5日），赣马镇城里村人，中国现代著名心理学家、教育家，曾任人民教育出版社副总编辑。

1999年

1月1日　《赣榆报》改刊为《赣榆日报》。

1月10日　赣榆经济开发区一纵一横两条总长6千米主干道竣工使用。

1月12日　赣榆县第十三届人大常委会召开第九次会议。会议根据代县长单新中提请，决定任命董淑石为县政府副县长。

1月13日　副省长姜永荣到赣榆视察海堤达标工程。

1月20～23日　赣榆县第十三届人民代表大会第二次会议召开。代县长单新中作《政府工作报告》。会议以无记名投票方式，补选单新中为赣榆县人民政府县长，张怡山为县人大常委会副主任。

1月26日　金山镇筹资108万元修建的金龙大桥建成通车。金龙大桥的建成，结束了龙河下游近20千米无桥的历史。

1月27日　省委副书记、代省长季允石到赣榆考察农村工作，先后察看九里段海堤达标工程、海头镇对虾高产养殖示范基地、城东乡里沙村幼蟹培育区和宋口村。

3月1日　柘汪港投入使用，结束了该乡有海无港的历史。

3月18日　赣榆县精神文明建设指导委员会办公室成立。

3月30日　赣榆县第十三届人大常委会召开第十次会议。会议决定，因工作变动，免去邸占山县政府副县长职务。

是月　江苏省水利厅对全省已建成的江海堤工程进行检查验收，赣榆县海堤达标一期工程获得全省唯一工程优胜奖。

4月5日　赣榆县驻缅甸施工办事处成立。

4月10日　赣榆县举行《江苏人民革命斗争群英谱·赣榆分卷》首发式。该书收录文章300余篇，25万字，均为县内老党员、老民兵、老干部、老军人和普通群众的亲历亲见亲闻。

4月20日　赣榆县举行新修《赣榆县志》首发式。

4月30日　中保人寿保险公司赣榆县支公司，改建为中国人寿保险公司赣榆县支公司。

是月　海头镇与浙江、山东客商联合投资，在浅海域建成万亩贝类混合养殖场，投放毛蛤、牡蛎和杂色蛤幼苗。

5月10日　省人大常委会原副主任张耀华到赣榆考察村委会建设情况。

5月19～20日　省人大常委会副主任俞敬忠到赣榆察看农业、水产、多种经营情况。

5月26～27日　全省水稻旱育秧和商品化供秧现场会在赣榆县召开。

是月　省政府召开农业产业化经营龙头企业工作会议，赣榆县金五综合食品有限公司、金城食品有限公司、城东水产育苗公司等3家企业，被列入全省140家重点龙头企业行列。

△ 占地600亩、投资600万元，集水产养殖示范、垂钓、休闲为一体的苏北最大的观光旅游休闲中心，在罗阳乡万亩滩涂破土动工。

6月20日 中保财产保险公司赣榆支公司正式恢复中国人民保险公司赣榆支公司称谓。

6月25日 总长53.6千米的汾灌高速公路赣榆段开工建设。

是月 赣榆县精简村组干部工作取得实效。全县村级干部由上年6497人精减到4078人；合并250人以下村民小组270个，精减组级干部1780人。全县每年减少村组干部报酬支出1037.5万元。

7月7日 204国道海头至山东边界段水泥路面改造工程竣工。

7月8日 赣榆县第十三届人大常委会第十二次会议审议了《关于罢免鹿崇友连云港市第十届人民代表大会代表职务的议案》，决定罢免鹿崇友连云港市第十届人民代表大会代表职务。

7月10日 赣榆海头籍中国武术前卫队86公斤级散打队员苏士刚，在美国夏威夷州体育馆，迎战号称"无敌手"的美国散打高手哈兰利。苏士刚三拳败敌，取得中美武术自由搏击大赛86公斤级冠军。

7月16日 赣榆高级中学开工建设。高级中学占地10公顷，办学规模48个教学班，总建筑面积3.9万平方米，建设总造价6000万元。

7月21日 赣榆县召开停止和取消达标升级活动会议。会议根据省政府要求，对农村用电标准化、计划生育服务站建设、农村中小学等级建设、科技先进乡镇创建、农村户口城市化管理、省级双拥模范乡镇、体育先进乡镇、创建县级新型城镇、农村改厕和除四害先进乡镇、广播电视先进乡镇、电话乡镇、农村派出所建设、乡镇财政所建设、乡镇敬老院建设、先进乡镇文化站建设、保险先进单位和报刊征订等17项创建达标活动，全部停止和取消。

7月25日 全国人大常委会副委员长许嘉璐到赣榆视察。

7月29日 赣榆县3418名参加高考考生，本科上线达881人，居四县四区之首。

8月10日 连云港市清理乡镇机关、事业单位编外人员会议在赣榆召开。赣榆县全面开展清理编外人员工作自5月始，3个月时间，共清退编外人员4345人，占编外人员81%，基本完成了清理清退工作。

8月15日 殷庄乡组建起江苏省第一支大型农民锣鼓队。

8月21日 沙河镇联合村昌盛酿造厂与法国莫埃特·香东酒类有限公司的注册商标纠纷，经国家工商行政管理局商标局依法裁定：昌盛酿造厂的注册商标"山盾"，与莫埃特·香东酒类有限公司注册的外文商标"CHANDON"（中译文"香东"），未构成近似商标。因此，作为异议人的莫埃特·香东酒类有限公司所提异议不能成立，昌盛酿造厂的"山盾"商标准予核准注册。

8月26日 赣榆县建材装饰城在县城华中南路与环城南路交汇处开工建设。建材装饰城占地17.34公顷，总投资3000万元，分6个经营区域，是具有较强集散功能和辐射能力的大型建材及装饰材料专业市场。

△ 受水利部、财政部委托，淮河水利委员会处长周虹、江苏省水利厅处长刘复新率达标验收组一行7人到赣榆县对被列入全国水土保持生态环境"十百千"示范工程的厉庄龙泉河小流域进行达标验收，厉庄龙泉河小流域工程通过了验收。"十百千"示范工程是由水利部、财政部组织实施项目：在全国范围内建10个水土保持生态环境建设示范城市、100个水土保持生态环境建设示范县、1000个水土保持生态环境建设示范小流域。赣榆县被列入100个水土保持生态环境建设示范县；龙泉河小流域列入1000个水土保持生态环境建设示范小流域。

是月 由赣榆县妇联、县人大法制委员会、县法院、县检察院、县公安局、县报社及法律事务所共同组建的妇女权益援助中心成立。

△ 赣榆县对中小学布局进行调整：4万人口以下乡镇办1所中学，4万人口以上乡镇可办2所中

学；每乡镇建1所规模较大的中心小学，5000左右人口建1所完全小学。全县现有401所小学，调整规划为265所；67所初中调整为42所；13所完中调整为9所；2所职中调整为3所。

△ 赣榆县卫生防疫站通过国家县级一等站评审。

9月15日 赣榆县预备役57高炮营成立。

9月16日 柘汪乡撤乡建镇，其原辖区域不变，实行镇管村体制。

△ 城东乡宋口村被表彰为全国创建文明村镇工作先进村。

9月22日 宋庄乡“全国对虾精养健康养殖示范区”通过由农业部全国水产技术推广总站专家组的验收。

9月29日 坐落在教师新村东侧占地2万平方米、县城最大的农副产品综合交易市场开工建设。

是月 赣榆县公布实施政府采购方案，并成立政府采购监督委员会。

△ 中国医科大学血栓病医院赣榆县分院在县人民医院正式挂牌。

10月13日 副省长姜永荣带领省政府发展海洋经济领导小组第4次会议暨科技兴海现场会与会人员到赣榆，参观发展海洋经济部分现场。

11月19日 赣榆县首届政府文学艺术奖颁奖大会在县招待所召开。

11月26日 陕西省宝鸡市常务副市长孟祥义带领代表团到赣榆，考察了宋口村、榆城育苗场、殷庄万亩大蒜科技示范区和沙河日光温室蔬菜基地。

是月 全县沿海130多家育苗场，85%以上都与外省建有股份养殖联合体和养殖基地。共有1000多位农民分赴皖、浙、鄂、粤等省，以技术、蟹苗入股，与当地农民或法人结成千余个股份养殖联合体，养殖河蟹。养殖面积达1万多公顷。

12月6日 江苏三兴建工集团有限公司通过ISO9002国际质量体系认证，获得北京世标质量体系认证中心颁发的认证证书。

12月22日 赣榆县首家股份合作制卫生院——欢墩镇卫生院成立。

12月24～26日 赣榆县第十二次妇女代表大会召开。选举产生了41名县妇联十二届执委。

是月 江苏省人大代表连云港第一小组视察赣榆县部分乡镇的财政收入、农民草危房改造、乡村公路、海堤达标工程建设及石梁河污染治理等工作。

△ 江苏省海洋渔业开发项目——九里乡梭子蟹养殖示范基地，在该乡上套、下套、九里、韩口、小沙等村全面开工。工程投资755万元，分两期跨年度实施。

2000年

1月6日 罗阳乡撤乡建镇。

1月16日 宋庄乡撤乡建镇。

1月23～26日 政协赣榆县第六届委员会第三次会议在县政府招待所召开。

1月24～27日 赣榆县第十三届人民代表大会第三次会议在县影剧院召开。

2月7日 赣榆县640万元体育彩票有奖销售活动在黄海东路举行。

是月 赣榆县图书馆继1994年被国家文化部命名为首批“国家二级馆”后，再次被文化部评定为“国家二级馆”。

△ 赣榆县土肥站被农业部授予“全国土肥测试体系综合考评优秀单位”。

△ 班庄乡古城村被中国社会经济调查中心确定为“全国小康示范村”。

3月3日 赣榆县规划建设委员会被建设部评为“全国村镇建设先进单位”。

3月9日 赣榆县第十三届人大常委会召开第十八次会议。会议根据县长单新中提请，决定任命葛百权为县政府副县长，任命沈德刚为县政府科技副县长。

3月12日 日本新南株式会社社长齐藤恭平等到赣榆参加中日友好科技交流植树活动。

3月22日 赣榆县标准计量局改称为连云港市赣榆质量技术监督局。

3月24日 赣榆县第四期（1997～1999年）国家立项的农业综合开发项目，含土地治理项目、现代化示范园项目和多种经营项目，通过省农业局、省财政厅检查验收。

3月30日 江苏省最大的丰年虫生产基地——青口镇镇西冷冻厂与澳大利亚澳尔逊国际集团共同投资兴办的连云港澳尔逊水产饲料有限公司建成投产。

△ 赣榆县通达工程青班、青抗公路建设全线开工。青班线全长25.5千米，建成水泥混凝土路面宽9米、路基全宽12米的二级公路；青抗线全长22.5千米，建成水泥混凝土路面宽7米、路基全宽8.5米的三级公路。

△ 马站乡200多名青年通过北京公安保安学校系统专业训练，已在中央国家机关担任保安工作。

△ 赣榆县电力史上投入最多、规模最大、覆盖面最广的农村电网改造工程全面竣工。

4月15日 中央电视台与无锡市政府在中央电视台外景地——无锡水浒城内举办国内最大规模的锣鼓盛会——“中华鼓王大会”，赣榆锣鼓队代表连云港市参会。在20多天大会期间，赣榆锣鼓队与安塞腰鼓、开封盘鼓、兰州太平鼓、广西铜鼓、山西关公锣鼓等国内13支著名锣鼓队同台竞技，荣膺“中华鼓王”桂冠。中央电视台专门为赣榆锣鼓拍摄了专题片。

4月16日 由省水利厅批准实施的小塔山水库溢洪道度汛应急加固工程施工建设。

4月24日 赣榆县第一个“双推直选”村支部班子在门河乡东芮湖村产生。

4月27日 江苏省政协原主席孙颔和一批担任过省政协领导职务的老同志戴顺智、徐英锐、沙人麟、戴树和、吴鎔、管仲伟等到赣榆县沿海考察。

5月4～6日 江苏省县级田径比赛在仪征市举行，赣榆县派出8位选手，共获5枚金牌，2枚银牌，4枚铜牌，夺得团体总分第2名、奖牌总数第4名好成绩。

5月8日 江苏省第四届农民运动会在无锡举行。青口镇新庄村男子拔河队获得冠军。

5月20日 连云港市克立林实业有限公司赣榆饮用水分公司正式挂牌运营。

5月24日～6月5日 省市考古专家组在赣榆境内大河东遗址、青墩庙遗址以及后大堂遗址调查并首次试掘，发掘出距今大约4200～4600年的龙山文化遗址，并于堆积层上方发现西周时期文化堆积层，出土了一批西周遗物。后大堂遗址发现古城垣遗迹。据专家勘测，后大堂遗址是一处文化堆积较厚、遗址现象复杂、出土遗物丰富的不可多得的史前遗迹。

6月6日 荷兰普乐维美控股有限公司在中国投资的第一家企业——普乐维美（赣榆）饲料发展有限公司开业。

6月10日 省委书记回良玉到赣榆调研，在肯定赣榆所取得成绩的同时，强调指出要时刻关心群众利益，要有创新精神。

6月14日 宝鸡市副市长刘忠率代表团到赣榆考察。在参观了沿海文明村建设和海产育苗、养殖后，两地就进一步拓宽合作领域、促进共同发展做了广泛探讨。

△ 九里乡梭子蟹养殖基地和柘汪镇三倍体太平洋牡蛎养殖通过省专家评审，并被省政府列入当年全省海洋专项开发项目。

7月29日 柘汪镇经由响石村直通山东岚山港的水泥大道开工建设。

8月9日 赣榆县教育局下发《赣榆县中小学全员聘任制实施意见》，确定39所中小学为全员聘任制实施单位。

8月22日 赣榆县以150家育苗场，18万立方米水体，年育苗量突破6万公斤，成为全国规模最大、年产量最高的中华绒螯蟹人工繁育基地。

8月31日 夹山乡的夹谷春芽、榆山春、榆山毛峰三种茶品分别获得中国第二届国际名茶银奖，夹谷春获得优质奖。

△ 220省道青口至黑林段全长32千米水泥混凝土路面改建工程全线告竣，通过市验收。

9月6日 山东省人大常委会副主任李文全到赣榆考察海州湾旅游度假区、城东乡宋口村等地。

9月8日 22时25分，海头镇马庄村03518号渔船在北纬34° 38′、东经120° 29.8′作业时，被巴拿马籍一艘大轮船撞翻，船上5人，1人获救，4人失踪。

9月9日 中国联通赣榆营业厅开业运营。

9月12日 上海华联超市赣榆连锁店开业。

10月10日 204国道海头至墩尚段全长31.54千米水泥混凝土路面改建工程全线开工。

10月12日 农业部对虾健康养殖宋庄示范区，通过了由国家水产技术推广总站、江苏省海洋渔业局、青岛海洋大学、浙江省海洋水产研究所专家教授组成的验收组的验收。

10月18日 赣榆日报社报业大楼竣工使用。

10月20日 历时3个多月、演出近80场的赣榆县第二届文化广场活动结束。

10月26日 中央电视台纪录片部《祖国》摄制组到赣榆，在海州湾旅游度假区海滩拍摄专题片《赣榆铜锣》，《赣榆铜锣》系《祖国》第一部《丝路・海疆》中的一集。

△ 赣榆县新华书店营业大楼落成开业。

11月14日 省长季允石到赣榆调研青口镇榆城集团、九里梭子蟹基地、金山镇葡萄园等现场，对赣榆城乡变化予以充分肯定和高度评价。

12月1日 赣榆县再次被江苏省人民政府命名为"建筑之乡"，三兴集团被评为省优秀建筑企业。

12月5日 全国人大代表连云港市代表组视察石梁河水库污染问题，并将水库污染作为重大问题形成议案，提交全国人大会议。

12月11～12日 中共赣榆县委九届九次全体（扩大）会议在县招待所大会议室召开。会议审议并通过了《中共赣榆县委关于制定赣榆县国民经济和社会发展第十个五年计划的建议》。

12月26日 赣榆县体育总会成立。

2001年

2月6日 赣榆县2000年耕地占补平衡项目顺利通过省国土资源厅的验收。全县8个土地复垦开发和整理项目，全部列入省耕地占补平衡项目库，土地复垦开发和整理面积275公顷，净增耕地58.38公顷。

2月19～21日 政协赣榆县第六届委员会第四次会议召开。在闭幕日召开的政协赣榆县第六届委员会第十五次常委会议上，同意王胜德、涂兆才因年龄原因辞去副主席职务。

2月20～23日 赣榆县第十三届人民代表大会第四次会议召开。大会讨论通过了《赣榆县国民经济与社会发展第十个五年计划及2010年规划纲要草案》的决议；大会通过接受袁泉辞去县十三届人大常委会主任职务，刘宜存、张怡山辞去县十三届人大常委会副主任职务的决定；通过陈学文辞去县政府副县长职务的决定。会议补选杨少华为赣榆县第十三届人大常委会主任，陈学文为县第十三届人大常委会副主任。

是月 青口镇下口村2000多名船员，选举产生了下口村渔业船员工会联合会。据报载，成立村级船员工会，在全国尚为首次。

3月10日 全县农村税费改革工作全面启动。

3月26日 就农村税费改革工作，中共赣榆县委员会、赣榆县人民政府《致全县广大农民群众的一封信》公开发表。

4月10日 罗阳镇1400多位棉农在8位能人带领下，分别赴山东、安徽、河北等省承包连片棉田730多公顷。年可增创产值1600万元，户均收入5万元。

4月11日 县城全长1800多米的华中路改造工程全面启动。

△ 赣榆县首次成功拍卖破产企业土地使用权。赣榆县国土资源局授权钰源拍卖行，将江苏宝友油脂集团有限公司2439.31平方米国有土地拍卖，起拍价为178万元，县邮政局以232万元竞得。

4月29日 全国政协副主席孙孚凌到赣榆视察。

5月10日 赣榆县农村居民生活用电与城区居民生活用电实行同价。

5月11日 昆明军区原司令员张铚秀一行7人到赣榆视察。

5月13日 国家烟草专卖局局长倪益瑾到赣榆视察烟草专卖工作，并观看了由县烟草局集体创作、县农民普法说唱团许家昌夫妇演出的宣传《中华人民共和国烟草专卖法》的文艺节目。

5月21～22日 赣榆丘陵山区暨国家农业综合开发项目通过省级验收。"九五"期间，赣榆县丘陵山区列入省级治理项目17个，年度国家立项项目6个。

5月29日 由全国政协经济委员会和国务院发展研究中心共同组织的全国第三次农村剩余劳动力转移与劳动力市场调查工作在赣榆县全面展开。赣榆县是此次参与调查工作的江苏省3个县市之一。调查工作延续到9月底。

6月13日 国家防总指挥部、水利部淮委、省水利厅专家组成的国家防总水库检查组到赣榆，检查小塔山水库安全度汛情况。

6月15日 中共赣榆县第九届委员会举行第十次会议。会议通过《关于召开中国共产党赣榆县第十次代表大会决议》，确定县第十次党代表大会筹备工作领导小组和工作机构以及第十届县委委员、候补委员和纪律检查委员会委员名额。

6月28日 "1941年中共赣榆县委驻地——厉主镇杨家岭村"纪念碑落成。

6月30日 中共赣榆县委在县影剧院召开大会，纪念中国共产党成立80周年。

7月11日 26家法律服务所全面实施脱钩改制，在人员、服务、业务等各方面与原组建单位脱钩。

7月15日 赣榆县第十三届人大常委会举行第二十九次会议。会议根据县长单新中提请，决定任命吴立生、耿婷芳、胡明生为赣榆县人民政府副县长，免去卢西举县政府副县长职务。会议决定接受单新中辞去赣榆县人民政府县长职务的请求，根据县人大常委会主任杨少华的提请，决定吴立生为县政府代理县长。

7月17日 赣榆县国家水土保持债券项目建设顺利通过省水利厅验收。该项目包括厉庄吴林、金山神泉河、班庄泉坡、石桥官庄、夹山响石等5个小流域综合治理任务。

7月28～29日 中共赣榆县第十次代表大会在县影剧院召开。大会以无记名投票方式差额选举出中共赣榆县第十届委员会委员25名，候补委员5名；中共赣榆县纪律检查委员会委员15名，出席中共连云港市第九次代表大会代表42名。

7月29日 中共赣榆县第十届委员会召开第一次全体会议。孙荣章当选为书记，吴立生、黄贵华、卢西举、杨淑之当选为副书记。

8月11日 抗日山烈士陵园改、扩建工程正式启动。

8月19日 日本八女市友好访问团一行42人到赣榆参观金山镇，拜谒徐福祠。

9月2日 县委、县政府召开行政审批制度改革工作会议。会议决定，通过一个月左右时间，全县将审批总事项减少三分之一以上，审批核准事项减少40%以上，凡不属于政府职能以及不应由政府直接管理的事项，各部门自行确定的审批、核准事项等坚决取消；清理收费项目要与清理审批项目同步进行，法律、法规、规章中没有明确规定收费的审批事项一律不得收费，要坚持能减则减、能免则免的原则。县里成立行政审批中心，以规范运作，提高效率。

9月29日 《赣榆县国家级生态示范区建设总体规划》评审会在南京举行。通过听汇报、看文本、现场答辩，专家组通过此方案，并建议提交县人大通过后尽快实施。

9月30日 连云港国际展览中心赣榆厅开馆。

10月9日 意大利华侨总商会副会长王文钤，在中国民主同盟中央委员、民盟江苏省委常委阮懋昭陪同下到赣榆考察。

10月11日 赣榆县委组织部发布通告，在全县公开选拔县招商局副局长3名。

10月12日 日本佐贺市友好访华团拜谒金山镇徐福祠。

10月16~17日 江苏省副省长姜永荣到赣榆，先后视察墩尚、金山农副产品加工，黑林、夹山草危房改造，县海洋经济开发区及沿海水产养殖现场。

10月21日 在济南举办的第四届全国拔河比赛中，赣榆拔河队获得冠军。

10月25~26日 中国驻格鲁吉亚大使馆商务参赞周继胜到赣榆考察访问。考察期间，双方就赣榆承担中格合作项目及相关问题达成一致，并签订了备忘录。

10月31日 赣榆县41名农村党支部书记参加农业部河北省廊坊全国乡镇企业培训中心培训学习。

是月 县物价检查所被国家计委命名为“国家级规范化物价检查所”。

11月3日 赣榆县国有土地储备中心成立。

11月5日 在江苏省卫生厅行风建设领导小组对全省33家医院进行出院病人问卷函调综合满意度考评中，县人民医院名列全省第二名。

11月12日 受赣榆县委、县政府邀请，参加江苏农业国际研讨会来自加拿大、澳大利亚、新加坡等国家和中国香港等地区的部分华侨到赣榆参观考察。

12月2日 赣榆县机构改革与乡镇行政区划调整全面启动。机构改革方案为：县委部门设14个机构，县政府部门由原来28个调整为25个，乡镇事业单位总数由16个调整为8个；乡镇区划调整为18个镇，乡镇平均人口5.83万人，平均面积为77.9平方千米。

2002年

1月4日 美国洛杉矶达柯拉国际有限公司投资1200万元在金山镇兴建的独资企业达柯拉海藻工业（连云港）有限公司揭牌开业。

1月8日 省委书记回良玉到赣榆实地调研，肯定赣榆县“一线工作法”，并对海洋经济开发区建设、乡镇企业发展等作出指示。

1月21~24日 赣榆县第十三届人民代表大会第五次会议召开。大会补选孙荣章为县人大常委会主任，吴立生为县长。

1月24日 中共江苏省委扶贫工作队进驻赣榆。

1月28日 青口港入海口围堰工程合龙。

1月30日 赣榆—温州航线开通，周二、周五两个班次。

2月12日 农历大年初一，赣榆县在县城华中路、黄海路、文化路举办大型“庆新春民舞沿街表演”。

2月22日 中国人民解放军63军副军长陈建到赣榆考察。

2月23～24日 县委、县政府组织有关部委办局主要负责人和部分乡镇党委书记，赴建湖、射阳、阜宁考察。

2月26日 由省外经贸厅、省海洋局等部门组成的省海洋开发调研组到赣榆，就江苏海洋经济开发区规划建设等情况进行调研。

2月28日 赣榆县十三届人大常委会召开第三十七次会议。会议任命黄东为县政府副县长，凌耀初、李国威为县政府科技副县长。会议决定免去沈德刚县政府科技副县长职务。

3月4日 县城城区学校布局开始实施大调整，主要内容为：实施县电大、职中、农校、商校、卫校、建校和教师进修学校七校联动，易地组建占地面积47公顷的职业教育中心；扩建江苏省赣榆高级中学，使之最终达到90个班的办学规模；迁建县实验中学，争取更大发展空间，实现80个班的容量；创建民办外国语学校，实施48个班规模的初中教育；在青口河以南新建容纳120个班的青口镇中心小学。整个工程将新划拨土地面积80公顷，总投资超亿元。

3月14日 赣榆县承担的省水产三项更新工程项目，即：缢蛏苗种引进繁育及养殖、海水优良品种高效养殖技术、三疣梭子蟹苗种繁育养成综合技术开发，通过了省海洋与渔业局组织的专家组的鉴定验收。

3月19日 副省长姜永荣到赣榆，视察范河调尾工程、青口港建设工地和沙河蔬菜基地。

△ 由市政府办、市财政局等24个单位组成的市委扶贫工作队进驻赣榆，对柘汪、塔山、厉庄、金山4镇挂钩帮扶。

3月22日 赣榆县投资恳谈会在青岛海天大酒店举行，县海洋经济开发区管委会、青口镇及有关部门领导参加，这次恳谈会共签约项目11个，协议利用外资1.82亿美元。

3月31日 连云港日报社赣榆记者站挂牌成立。

4月5日 赣榆县社会各界10余万人，在抗日山烈士陵园隆重举行公祭活动。

4月6日 赣榆代表团在第六届中国东西部合作与投资贸易洽谈会上，签约外引内联项目24个，总投资额1.85亿元；签订贸易合同7份，贸易额1.2亿元。

4月7日 香港超固集团总裁施教明捐资20万元，用于城头镇黄草沟小学校舍改造。

4月10日 赣榆县召开海洋经济开发区总体规划评审会议。与会代表认为，总体方案可以确定。开发区总体规划定位为具有海洋经济特色、以海洋产业为主、生态型的专业化经济开发区，规划范围东至秦山岛以东20米等深线海域，西至204国道、海城路，北起兴庄河南岸，南至朱稽河南岸，规划期限从2001年至2020年。

4月13日 两集电视剧《乡里乡亲》在赣榆开拍。

4月15日 赣榆县国土资源局确定石桥芦山、黑林大吴山、小吴山、抗日山烈士陵园、秦山岛等5处为山林保护区。

4月18日 赣榆县首家县属企业赣榆县陶瓷厂破产清偿安置工作基本结束。431名固定工、合同制工人解除劳动关系，并领取清偿费、安置费和养老保险金，清偿安置率达95%以上。

4月19日 赣榆县利用世界银行贷款加强农业灌溉二期项目通过省检查验收。该项目自1998年实施，已完成中低产田改造1.18万公顷，投入资金4981万元，项目涉及行政村135个，受益人口17万人。

4月28日 赣榆县总工会法律援助中心成立。

△ 赣榆县在新世纪大酒店举行"赣榆—南通崇川区经贸洽谈说明会"，会上共签约项目6个，协议引进资金2.9亿元。

△ 赣榆县文华园文体大楼、县职业教育中心、青口中心小学新校、县公用客运站迁建工程同时举行工程奠基仪式。

△　青口镇两大商贸市场——环东市场、新世纪市场和10万平方米现代化社区——东大花园举行工程奠基仪式。

是月　赣榆高级中学升格为国家级示范性普通高中。

△　考古发现夹山汪于村北三里处葫芦山下，为旧石器时代晚期遗存。

5月6日　赣榆时代广场奠基开工。

5月11日　赣榆县首家国有企业七二化工厂破产。

5月13日　省环保专家调研组一行4人到赣榆，就龙王河严重污染情况进行实地调研。龙王河发源于山东省莒南县五莲山，是赣榆境内主要水系。由于莒南县工业及生活污水倾泻于龙王河，造成河水严重污染。

5月18日　青口镇28个新项目同日开工，总投资2.14亿元，其中外资项目2个，投资220万美元；内资项目26个，投资1.96亿元；三兴建工集团举行揭牌仪式，其业务总部进驻市区。

5月19日　赣榆县外国语学校举行揭牌仪式。县外国语学校是由县教育局通过招商引资与县万隆房地产开发有限公司在县实验中学原址上创办的连云港市首家县级外国语学校。

5月20日　湖北省人大环境与资源保护委员会主任徐子伦一行3人到赣榆，对班庄镇古城村秸杆气化工程、欢墩镇农户沼气利用和县城生活污水净化装置运行情况参观考察。

5月24日　赣榆县组团在上海中土大厦酒店举办经贸合作说明会。共签订合作项目20个，总投资人民币2.92亿元。

6月6日　县城新东方农贸综合市场开工建设。市场占地面积17.7万平方米，总投资4800万元，建筑面积2.7万平方米。

6月13日　欢墩—黑林公路开工建设。全长约21千米，南接327国道，北连220省道，设计为二级公路，路基宽12米，混凝土路面宽9米。

6月17日　第一所希望小学——京沪抗日山希望小学动工兴建。

6月25日　日本前首相羽田孜携次子羽田次郎到赣榆寻访徐福故里。

6月28日　以省政协副主席吴冬华为组长的省政协调研组到赣榆，就改进涉外工作、应对加入世贸组织相关问题进行调研。

6月29日　以《决策参考》杂志社总编高翔为团长的新华社江苏分社各驻地记者一行16人专程到赣榆调研。

7月6日　中大海藻工业有限公司开业。

7月8日　加拿大驻上海总领事贝思德一行到赣榆考察访问。

7月17日　著名作家、山东省文联名誉主席、青岛市政协副主席冯德英到赣榆抗日山，缅怀革命先烈，考察史迹，实地创作采风。

7月18日　青口港码头、赣榆大酒店暨华中商贸中心开工建设。

7月19日　中央电视台摄制组到赣榆拍摄黄海街“夕阳红”义务联防队事迹，节目在央视播出。

7月22日　海头港建设工程开工。

7月29日　赣榆高级中学在2002年全国高校统一招生考试中，本科上线607人，其中重点本科上线425人，总分600分以上118人，有8人跻身全市前10名。本科、重点上线数、高分率高居全市同类学校之首。县政府向赣榆高级中学发出贺信表示祝贺。

7月31日　全国双拥模范代表、海头镇王统美赴京参加建军75周年招待会，并受到江泽民总书记的亲切接见。

8月4日　省政协副主席、省工商联会长李仁到赣榆，对海洋经济、民营经济发展情况进行调研。

8月12日 中共赣榆县委组织部、赣榆县人事局发布《关于公开选拔优秀大学毕业生到农村担任村干部的公告》，公开在大学毕业生中选拔29名村干部。公告对选拔范围、条件、程序、待遇、管理等作了具体规定。

8月13日 班庄初级中学丹徒实验楼奠基开工，9月中旬建成使用。总投资100万元，其中，驻赣榆省委扶贫帮扶单位丹徒区帮扶20万元。

8月19日 日本佐贺县《我们的徐福》摄制组一行到赣榆，实地拍摄徐福遗迹。

8月22～31日 赣榆县组织首批经贸洽谈、交流考察团赴台湾进行项目洽谈和交流考察。

是月 经省环保厅批准立项，全国首家海水养殖有机食品示范基地在宋庄镇开工兴建。

△ 国土资源部国家投资土地开发整理项目踏勘组一行3人到赣榆，对石桥镇荒山整治项目区进行现场踏勘。石桥镇荒山整治国家投资项目总投资999.37万元，可新增耕地72.80公顷，年创产值764.4万元，人均纯收入可达3270元，净增438元。该项目为全省8个被列为国家投资中央承担土地开发整理项目之一，实行全成本投资。

9月2日 塔山镇团委被团中央评为"全国五四红旗团委"。

9月3日 赣榆海洋经济开发区海水养殖示范园项目通过省海洋与渔业局组织的专家组的论证。

9月8日 赣榆县隆重举行集会，纪念抗日山烈士陵园建园60周年。

9月9日 由韩国贸易株式会社董事长崔炳梁独资80万美元在罗阳镇兴建的连云港八马高强度建筑材料有限公司举行揭牌仪式。

9月10日 赣榆县首家股份制幼儿园——东方幼儿园开园。

9月15日 新组建的连云港徐福酒厂在沙河镇剪彩开业。

9月18日 由市建设局投资的黑林镇大树村刘少奇纪念广场开工建设。

9月24日 省作协、县委、县政府联合在影剧院广场举办"走进赣榆"大型广场诗会。

9月26日 北京志鸿教育研究中心、山东天鸿书业有限公司在赣榆高级中学举行"爱心万里行——走进校园，关注教育"图书捐赠活动，捐赠10万元图书。

9月28日 上海农工商超市赣榆店开业运营。

△ 赣榆县首期92名农村党支部书记大专学历函授班开学。

是月 柘汪镇被国家体育总局授予"全国群众体育工作先进镇"称号。

△ 宋庄、海头等镇海蜇试养获得成功，从而结束了全省无人工养殖海蜇的历史。

10月11日 赣榆县第十三届人大常委会召开第四十二次会议。会议讨论通过《赣榆县人民代表大会代表换届选举的决定》及设立选举委员会、代表名额分配、选民登记等相关决议。

△ 农工党中央副主席、农工党江苏省委主委、江苏省政协副主席、中科院院士朱兆良率领江苏旅游调研专家组到赣榆，进行旅游调研活动。

10月17日 小塔山水库除险加固工程开工。

10月21日 江苏省发展海洋经济工作会议在赣榆县召开。省委副书记、省长季允石，省委副书记、常务副省长梁保华出席会议。

10月30日 国家关心下一代工作委员会副主任闵振环到抗日山，为小沙东烈士冢、解放赣榆功臣刘连成墓冢敬献花圈。

是月 赣榆县对确诊肺结核病人的诊断、治疗和管理全面给予免费。

△ 青口镇荣获全国精神文明创建先进镇称号。

11月11日 赣榆县国土资源局发布"关于划定全县开山采石禁采区的公告"，公告划定：一、石桥芦山禁采区：北至山东省界，南至南环山路，西至山东省界，东至环山路东100米处。二、黑林镇大吴山禁采区：北至羊栏，南至天文台门前路，西至西环山路八间屋，东至东环山路饮牛泉。三、黑林镇小吴山禁采区：北至望哨，南至珠山前，西至虎头沟，东至二龙山东。四、抗日山禁采区：北至抗日山水库，南至“三八”、“八一”水库大坝，西至歇马台路（西大塘），东至夹班公路。五、秦山岛禁采区：秦山岛四周一海里范围内。

11月18日 县城万隆步行街竣工。

11月19日 青（口）沙（河）线殷庄至沙河段路面改造工程开工。该段路面按照省级三级公路标准设计施工。

11月22～23日 省中小学无危房县检查验收组到赣榆，对抽选的班庄、黑林等6个镇的中小学进行拉网式检查，认定赣榆县符合省中小学无危房县验收标准。

11月29日 黑林镇大树村在刘少奇纪念广场隆重举行刘少奇同志塑像揭幕仪式。

△ 全县教师医疗保险会议召开。经过劳保、财政、教育、卫生部门共同努力，全县近1.1万名中小学教师住院统筹、大病救助的医疗保险制度全面实施。

△ 中国人口福利基金会与赣榆县签订协议，在赣榆县设立县级人口福利基金。

12月3日 抗日山烈士陵园被共青团江苏省委授予“江苏省青少年教育基地”称号。

12月4日 204国道赣榆段部级文明样板路工程通过国家交通部验收组验收。204国道赣榆段北起绣针河大桥，南至新沭河漫水桥，文明创建主要内容为路肩边坡整治、绿化达标、集镇段整治、公路环境综合治理和养护工区改造。

12月5日 县政府与浙江康乐药业有限公司举行年产万吨扑热息痛项目签字仪式。该批药品由在县经济开发区兴建的连云港嘉榆药业有限公司生产。

12月6日 赣榆县十三届人大常委会召开第45次会议，决定任命徐丙超为县政府副县长，免去葛百权、耿婷芳的县政府副县长职务。会议接受张庆爱因工作变动辞去县法院院长职务的请求；接受唐来库因工作变动辞去县检察院检察长职务的请求；会议通过赵伦同代理县法院院长的决定；通过刘建斌代理县检察院检察长的决定。

△ 省委常委、省委政法委书记孙安华到赣榆，视察政法和社会治安综合治理工作。

12月6～9日 赣榆县百名农村党支部书记参观考察江都市、镇江市、丹徒区、宜兴市等地的一些镇村和企业。

12月11日 国家环保总局副司长张力威率领检查组到赣榆，视察龙王河污染情况。

12月12日 县海洋渔业局与台湾大东海渔业科技有限公司签订项目合作协议。台湾公司租赁赣榆水产养殖场工厂化养殖区近2万平方米设施、池塘，从事工厂化养殖。

12月14日 经国家环保总局检查组分别对赣榆和山东莒南县进行实地调查，就如何促进双方尽快解决龙王河污染问题达成有关协议。该协议直接由国家环保总局监督实施。

12月16日 青班公路改造工程竣工通车。

12月24日 赣榆县卫生监督所和疾病预防控制中心挂牌成立。

是月 赣榆县农机安全监理所荣获全国文明监理所称号。

2003年

1月3日 中共赣榆县委十届三次全体（扩大）会议召开。

1月5～8日 政协赣榆县第七届委员会第一次会议召开。会议选举黄贵华为政协赣榆县第七届委员会主席，钟克柱、李大河、张文习、王永波、朱崇珍为副主席。

1月6～9日 赣榆县第十四届人民代表大会第一次会议召开。会议选举孙荣章为赣榆县第十四届人大常委会主任，卢西举、何昆曙、张庆爱、苏民为副主任；选举吴立生为县政府县长，王友胜、胡明生、胡英浦、徐丙超、孙海、孙玉为副县长。

1月19～21日 全省海洋与渔业工作会议在赣榆新世纪大酒店召开。

2月9日 全县第一家进入经济开发区的千万元项目——赣榆新锐鞋业有限公司开工奠基。

2月16日 省委第二批扶贫工作队进驻赣榆。

2月20日 韩国忠清北道清州市延兴株式会社董事长延圭式、清州市福利院院长崔顺德一行到赣榆考察社会福利事业。

3月5日 中共赣榆县委召开统战暨民族宗教会议。

3月10日 国家农业部渔业局副局长张合成一行3人到赣榆，调研伏季休渔工作。张合成一行察看了青口港、下口村、榆城集团的产业发展和村民生活情况。

3月21～22日 全省有关市县台资企业协会会长和省市台办领导一行50余人到赣榆考察。

4月9日 赣榆县十四届人大常委会召开第2次会议。会议根据县长吴立生的提请，决定任命陈良灵为县政府副县长；王世成为县政府副县长。会议通过关于接受吴立生辞去赣榆县人民政府县长职务请求的决定，报县十四届人民代表大会备案。会议通过关于陈良灵代理赣榆县人民政府县长职务的决定。

4月10～11日 全省扶贫工作现场会在赣榆县召开。省扶贫领导小组常务副组长王宏民，省委副秘书长、省扶贫办主任胥爱贵等参加会议。

4月12日 省委书记李源潮到赣榆县调研。

4月22日 中共赣榆县委追授徐利生为“优秀共产党员”。

4月28日 连云港市商业银行赣榆支行开业运营。

5月18日 由上海旭雍置业发展有限公司、潮州云海房地产开发有限公司和海头镇海后村共同出资2500万元兴建的海头镇海产品综合市场举行奠基仪式。

5月26日 赣榆县总投资56634万元人民币、330万美元的121个招商引资项目同时开工建设。

6月1日 赣榆县十四届人大常委会召开第3次会议，决定任命宋世敏为县政府副县长。

6月6日 省人大常委会副主任、省总工会主席张艳到赣榆视察。

6月21日 省委副书记冯敏刚到赣榆调研。冯敏刚先后察看了榆城集团、宋口村、时代广场、经济开发区和青口镇。

6月29日 水利部部长汪恕诚到赣榆视察水利工作。

6月30日 赣榆报社举办庆典仪式，庆祝《连云港日报·赣榆新闻》（原《赣榆日报》）复刊十周年。

7月17～18日 省政协副主席、省委统战部部长林祥国携同省九届政协常委、香港超固集团有限公司总裁、舜天国际集团创业有限公司董事长施教明，香港永兴集团副总裁马忠礼，福建省政协委员、香港晋江同乡会会长颜乾成，江苏舜天国际集团创业有限公司总经理刘爱民，湖南省政协委员、香港伟盈集团公司主席、香港超骏投资集团有限公司主席吴太和，江苏省九届政协委员、香港江陵贸易有限公司董事、总经理陈炳霖等到赣榆县视察。施教明再次向城头明丽小学捐资20万元和100套智能玩具。

7月25日 赣榆县人民政府与浙江瑞邦药业有限公司就兴建江苏瑞邦药业有限公司生物制药项目达成协议。

7月26日 赣榆（青岛）招商说明会在青岛黄海饭店举办，来自台北、黑龙江、青岛、长春等省市地区及韩国的50多位客商应邀参加。赣榆县分别与韩国韩美工业株式会社、青岛海洋水产品开发公司等8家国内外企业就海产品养殖加工保鲜、房地产开发等8个项目签订投资协议，达成6500多万元的投资意向。

8月2日　安徽省委副书记兼安徽省预备役师第一政委王昭耀、安徽省军区司令员王贺文一行到赣榆慰问安徽预备役师海训部队。

8月4日　省委原书记、省人大常委会原主任陈焕友到赣榆县视察。

8月30日～9月1日　苏鲁结合部13县（市、区）政协协作会第十九次会议在赣榆县召开。出席会议的有苏鲁结合部13县（市、区）政协的主席或副主席、秘书长（办公室主任）。

8月31日　省人大常委会副主任柏苏宁到赣榆，就人大换届选举、乡镇人大工作和人大代表工作等情况进行视察。

9月10日　在第六届全国残运会自行车比赛中，赣榆籍选手姜启花夺得首枚金牌，此后和队友再得3枚银牌、3枚铜牌。

9月19日　赣榆县召开第五次归侨侨眷代表大会，选举县侨联第五届委员会成员，并举行县侨联第五届委员会第一次会议，选举主席、副主席、秘书长。

9月21～22日　应赣榆海洋经济开发区管委会邀请，挪威王国驻华使馆渔业参赞福世博，在农业部信息中心处长陈述平陪同下到赣榆进行投资考察。

9月29日　江苏舜天国际集团赣榆服装工业园一期工程举行奠基仪式。

10月2日　赣榆高级中学80周年校庆新闻发布暨校庆纪念封、纪念明信片、纪念画册、校友通讯录首发式在赣中小报告厅举行。

10月21～23日　赣榆县组织50名工业先进村支部书记赴山东日照、青岛、临沂等地工业强村进行为期3天的考察学习。

10月23日　参加2003年江苏农业国际合作洽谈会的韩国农业代表团、香港代表团一行20余人，到赣榆县就海产品养殖与加工、农业种植与深加工等涉农产业进行考察。

10月24日　赣榆县、临沭县、莒南县、岚山工委共建边界地区稳定协作会议在赣榆县召开。

10月25日　“康缘”杯第六届全国拔河锦标赛在赣榆高级中学操场举行开幕式。

10月27日　第六届全国拔河锦标赛中，赣榆县参加的6支代表队，分别获得两项冠军、四项亚军。

11月6日　赣榆县举行海洋经济开发区海珍品工厂化养殖苗种投放暨市海洋与渔业局科研示范基地揭牌仪式。

12月17日　中共赣榆县第十四届委员会第四次（扩大）会议召开。

12月18日　省委副书记张连珍一行到赣榆，调研农业、农民和农村工作。

12月26日　青口渔港成为全省首家镇级开发建设的一级渔港。

2004年

1月5～8日　政协赣榆县第七届委员会第二次会议在县政府大会议室召开。会议补选杨淑之为政协赣榆县第七届委员会主席。

△　赣榆县第十四届人大常委会召开第八次会议，根据代县长陈良灵提请，决定任命高庆法为县政府副县长；决定免去王友胜县政府副县长职务。

1月6～9日　赣榆县第十四届人民代表大会第二次会议召开，会议补选陈良灵为县长。

2月6日　省委第三批扶贫工作队进驻赣榆县。

3月1日　全国首届河蟹育苗交易大会在赣榆召开。

3月3日　全国人大环资委领导到赣榆视察石梁河水库水质情况。

3月8日　省、市检察院督察小组到赣榆督察县检察机关处理涉法上访案件落实情况。

3月25日 香港协鑫集团董事长朱共山考察赣榆县经济开发区连云港协鑫环保生物质热电等建工程。

4月1日 赣榆县农民教育培训中心举行揭牌仪式。

4月3日 “全国青少年教育基地——抗日山烈士陵园”揭牌仪式在抗日山烈士陵园举行。

5月15日 副省长吴瑞林到赣榆，调查研究食品生产安全和国土资源管理工作。

5月25日 江苏省第二大人工水库小塔山水库除险加固工程主坝溢洪闸水下工程通过省市水利专家组验收。

5月28日 副省长黄莉新到赣榆慰问省委扶贫工作队并视察全县农业和农村经济发展情况。

6月9日 省长助理陈宝田到赣榆调研督查农村五件实事落实情况。

6月10日 青口港被农业部正式批准为国家级中心渔港。

6月13日 河北省黄骅市党政代表团到赣榆考察县域经济发展情况。

6月15日 台湾“海州同乡会”考察团孙北亮一行38人到赣榆县参观考察。

7月21日 宋口村被命名为全国农业旅游示范点。

8月9日 赣榆县北部石桥、柘汪、黑林、厉庄、金山等镇遭受强暴雨、暴风袭击，3小时内平均降雨164毫米。2名儿童在黑林镇阚岭村遭雷击，经医院抢救无效死亡。

8月11日 赣榆县投资3000万元以上在建重大项目建设调度会召开。

9月18日 全省全民健身运动会拔河比赛在赣榆县举行。

10月20日 投资2000万元的连云港榆嘉药业一期技改项目在赣榆县经济开发区竣工投产。

10月23日 中国·赣榆第四届徐福故里海洋文化节在金山镇隆重开幕。

10月30日 省军区政治部主任苏俊同少将到赣榆县视察人武部工作。

12月13日 赣榆县与新疆维吾尔自治区托里县签订缔结友好县协议书。

12月30日 赣榆县被省委、省政府评为社会治安安全县。

2005年

1月2～3日 中共赣榆县委第十届六次全体（扩大）会议召开。

1月9日 政协赣榆县第七届委员会第三次会议在县政府招待所召开。

1月10日 赣榆县第十四届人民代表大会第三次会议在县影剧院召开。

1月25日 赣榆县第一批保持共产党员先进性教育活动开始全面启动，共涉及县直机关73个单位、258个党（总）支部、4813名党员。

2月28日 赠送给日本的徐福雕像在连云港码头装箱东运日本。雕像高2.7米，基座高75厘米，两侧配有两座石灯笼，基座上“徐福”两字是著名书法家赵朴初生前所书。整个雕像总重10多吨。

3月28日 副省长王湛、省长助理陈宝田、卫生部新型农村合作医疗专家组组长李长明、省卫生厅厅长郭兴华一行到赣榆考察新型农村合作医疗和农村卫生改水工作。

3月30日 全国水产苗种管理工作会议在赣榆召开。

4月8日 由省委农工办、省委扶贫办、赣榆县委牵头组织的赣榆县“五方挂钩”帮扶协调小组会议在省交通控股有限公司召开。省委农工办、扶贫办等部门领导，省交通控股有限公司、省核电有限公司、交行江苏分行、南京玻璃纤维研究院、淮海工学院、太平洋财保、人寿公司、镇江丹徒区等帮扶单位负责人，赣榆县委、县政府相关领导及班庄、欢墩、石桥、黑林等被帮扶镇负责人参加了会议。

4月18日 农业部批准实施的连云港市近海渔业资源增值放流仪式在宋庄镇三洋港举行。此次活动共放流杂色蛤、花蛤、兰蛤、毛蛤等品种117吨，放流中华对虾500多万尾。

4月19日 全省新型农村合作医疗现场观摩会议在赣榆县召开。

4月24～25日 罗阳等镇受冰雹袭击，水产育苗、蔬菜塑料大棚、小麦等遭受不同程度的损失。全县受灾房屋19间，受灾农作物面积1715.30公顷，直接经济损失1000多万元。

5月14日 日本横滨·江苏赣榆经贸合作恳谈会在赣榆县举行。华通贸易有限公司会社、东芝株式会社、JR东海铁道会社、水田茶叶公司等多家日本横滨企业客商参加恳谈会。

5月21日 省委书记李源潮考察榆城集团和赣榆新城区建设。

6月8日 中共中央保持共产党员先进性教育活动督导六组一行在组长刘是龙的带领下到赣榆调研。

6月12日 赣榆县食品监督管理局和赣榆县食品安全委员会办公室成立。

6月28日 赣榆县行政中心开工兴建。

8月4日 赣榆县在柘汪镇举行连云港临港产业区（柘汪）开工典礼。

8月7～8日 受9号台风“麦莎”外围影响，沿海地区有2666.7公顷玉米倒伏，丘陵地区有1333.4公顷玉米倒伏，直接经济损失3000多万元。

9月7日 青口镇司法所被司法部评为全国先进司法所。

9月12～13日 15号台风“卡努”在减为热带风暴后影响县境，使近海滩涂养殖、浅海养殖和浅海吊养的各种贝类大批死亡；在田农作物损失严重。

9月13日 中化集团领导一行考察柘汪港和海头港。

9月26日 连云港海头港区建设指挥部举行揭牌仪式。

9月30日 中国·赣榆第五届徐福节开幕。

10月22日 厉庄镇谢湖有机果林、门河镇万亩药用植物园检查验收，享受国家AAAA级风景区待遇和国家旅游开发建设专项资金扶持。

10月25日 柘汪镇、县国家税务局、石桥镇东温庄村分别被中央文明委授予“全国文明镇”“全国精神文明建设工作先进单位”“全国创建文明村镇工作先进村镇”荣誉称号。

11月8日 省人大代表连云港团在省人大常委会副主任李佩佑带领下到赣榆县视察。

12月31日 中共赣榆第十次代表大会第二次会议召开。县委书记孙荣章在会议上作《三年再造新赣榆，五年冲刺百强县，多快好省建设“六化”新农村》的报告，同时就《中共赣榆县委关于制定赣榆县国民经济和社会发展第十一个五年规划的基本思路》作了说明。会议通过《关于实行党代表大会常任制的决定》。

2006年

1月17～18日 省科技强警示范建设工作经验交流会在赣榆县召开。

1月18日 中央巡回检查组孙小江一行到赣榆检查第三批先进性教育活动开展情况。

4月5日 来自全县及周边地区的10多万干部群众在抗日山烈士陵园隆重集会，凭吊忠魂，缅怀先烈。

4月6日 赣榆县在昆山举办赣榆—昆山经贸合作洽谈会，在昆山投资兴业的台商、日商、韩商及昆山、苏州、无锡40多名企业家，与赣榆县招商团进行经贸合作交流。

4月15日 全国政协委员、香港扶轮社董事长云大棉与市县领导为落户赣榆的全国第116所“扶轮育才学校”揭牌。

4月27日 抗日山烈士陵园举行“全国爱国主义教育示范基地”揭牌仪式。

5月15日 由省文化厅、财政厅联合开展的“送科普、送电影、送戏下乡”工程启动仪式在县影剧院广场举行。

5月18日 全市最大的农机生产企业连云港光成农业机械有限公司在欢墩镇正式投产。

5月19日 副省长黄莉新一行80多人到赣榆县参观考察海堤达标工程建设。黄莉新指出：赣榆海堤达标工程建设做法和经验值得全省推广借鉴。

5月24日 省委常委、政法委书记林祥国、省委政法委秘书长吴乐勇到赣榆县考察调研政法工作。林祥国一行先后考察了柘汪临港产业区、赣马镇政法工作区、新城区、检察院、经济开发区、法院、青口派出所。

5月28日 全县最大的招商引资项目——新海石化有限公司开工奠基。

5月28～29日 农业部领导一行5人到赣榆县调研新农村建设情况。

5月29日 在第三届全国体育大会上，代表江苏省参赛的赣榆县宏安女子拔河队夺得亚军。

6月12日 全省"万名科技专家兴农富民工程"推进会在赣榆召开。

6月20日 "国际华商500强"新奥集团董事局主席王玉锁一行8人到赣榆县考察柘汪临港产业区。

6月21日 中国化工集团副总经理范小森一行4人到赣榆县考察临港化工项目。

6月29日 县十四届人大常委会举行第二十四次会议，会议通过关于接受陈良灵辞去赣榆县人民政府县长职务请求的决定、关于王加培代理赣榆县人民政府县长职务的决定。

7月1日 中共赣榆县第十一次代表大会在县影剧院召开。

7月12日 南京"老红领巾"探访红领巾水库仪式在班庄镇举行。

7月16日 赣榆榆城集团承担的国家级中华绒螯蟹良种场建设项目通过省海洋与渔业局专家组验收。

7月21日 参加苏台（连云港）经贸洽谈会的80多名台商到赣榆县，先后考察柘汪临港产业区、赣榆新城及经济开发区，并观看《赣榆发展战略规划》专题片。

7月30日 全国政协社会法制委员会副主任齐景发到赣榆县调研海洋经济发展情况。

8月15～16日 省总工会副主席张洪生一行到赣榆，对工会工作进行调研。

8月16日 司法部副部长赵大程一行10余人，到赣榆县调研基层法律服务工作。

8月22日 全市"强化农村基层党组织建设，拓展为农服务平台"工作推进现场会在赣榆县召开，总结推广赣榆县试点工作的经验做法，对全市开展该项工作进行动员和部署。

8月26日 福建台商考察团到赣榆县考察。

9月30日 赣榆县广电局举行庆祝赣榆广播电视发展50周年活动。中央电视台、中央人民广播电台等70多家媒体发来贺电、贺信。

10月17日 驻赣榆部队官兵、公安干警、中小学生及当地群众数千人在全国爱国主义教育示范基地、江苏省国防教育基地——抗日山烈士陵园隆重集会，纪念红军长征胜利70周年。

10月20日 国务院国资委机关服务局局长张东泉及中国国际热能工程公司相关负责人到赣榆县考察硅资源开发与利用项目。

10月23日 国家药监局中药GAP认证组一行，对门河镇中药材基地的芍药、桔梗药材进行GAP认证。

10月25日 省委驻赣榆扶贫工作队邀请南京农业大学、南京林业大学的专家、教授，就班庄镇村庄规划建设、产业发展方向进行实地考察调研。

10月27日 省政府整顿和规范矿产秩序第三督查组一行到赣榆县检查指导矿产工作。

10月28日 中国·赣榆第六届徐福节在新城区开幕。

11月7～9日 全省社区矫正年度工作推进会暨评估体系理论成果汇报会在赣榆县召开。

11月15日 新奥柘汪新能源化工区项目签约仪式在市云台宾馆举行。

11月17日 全市社会主义新农村建设现场会在赣榆县召开。与会人员参观了沙河镇颜庄村"猪—

沼—菜”生态农业、墩尚镇泥鳅养殖基地和青口镇宋口村农民新村等社会主义新农村建设现场。

11月26日 以国家环保总局生态司副司长李远为组长的国家级生态示范区考核验收组到赣榆县，对赣榆县创建国家级生态示范区进行考核验收。

12月1日 由中科院院士石万玉带队的国家农林滩涂资源和水利课题组专家一行20多人到赣榆县考察。

12月2日 由中国农业大学教授、农业秸秆利用与生物质能源课题组组长程序带队的专家组一行，到赣榆县考察协鑫热电能源利用工作。

12月3日 全国政协常委、中国西部研究和发展促进会会长黄璜一行到赣榆县考察。

12月9~10日 赣榆县在北京举行“情系海州湾，共建新赣榆”恳谈会。

12月20日 全省首家农业信息化平台在海头镇启用。

2007年

1月2日 省委常委、常务副省长赵克志一行专程到赣榆县，就海洋经济等进行专题调研。

1月6日 中共赣榆县委第十一届委员会二次全体（扩大）会议在县政府招待所大会议室召开。

1月12日 省人大常委会副主任、省总工会主席张艳一行到赣榆县调研，对赣榆县经济和社会发展的良好态势表示肯定，并深入特困职工家庭，送上食品、棉被、慰问金。

1月15~17日 政协赣榆县第七届委员会第五次会议在县政府大会议室召开。来自全县各行各业的215位县政协委员出席会议。会议通过《中国人民政治协商会议赣榆县第七届委员会第五次会议决议（草案）》。

1月16~18日 赣榆县第十四届人民代表大会第五次会议在县影剧院召开。来自全县各条战线的309名人大代表出席会议。大会补选王加培为赣榆县人民政府县长；补选顾长洲为赣榆县人民法院院长；补选李开球为赣榆县人民检察院检察长。大会通过《关于赣榆县人民政府工作报告的决议》《关于赣榆县2006年国民经济、社会发展计划执行情况和2007年国民经济、社会发展计划报告的决议》《关于赣榆县2006年财政预算执行情况和2007年财政预算报告的决议》《关于赣榆县人大常委会工作报告的决议》《关于赣榆县人民法院工作报告的决议》《关于赣榆县人民检察院工作报告的决议》。

1月29日 赣榆县在县影剧院召开全县机关干部返乡回村参与社会主义新农村建设动员大会。

△ 协鑫环保生物质热电有限公司全国首个生物质直燃锅炉技改工程举行开工仪式。

3月26日 中央电视台《新闻联播》播放了赣榆县新型农村合作医疗工作的做法和经验。

4月11日 连云港中能半导体硅材料项目在赣榆经济开发区举行开工仪式。

△ 江苏网和赣榆网合作建立的中国江苏网赣榆频道开通。

4月14日 华康国际集团投资2.5亿美元的江苏嘉宝科技制管有限公司在赣榆经济开发区开工奠基。

4月26日 黄蓓佳、苏童、叶兆言、储福金等10余位江苏省著名作家到赣榆县采风。

4月28日 “和谐赣榆万家乐”第九届“赣榆风情”广场文化活动暨赣榆县首届“芍药节”在全国农业旅游示范点门河镇隆重举行启动仪式。

4月29日 总投资13.21亿元的25个项目集中开工，其中超5000万元项目12个。

5月1日 原国家和军队领导人谭震林、江华、陈光、孙继先等的子女一行7人到赣榆县参观考察抗日山烈士陵园和刘少奇纪念室等红色景点。

5月3日 中国建材集团董事长宋志平一行到赣榆县考察。

5月10日 由日本佐贺市市长秀岛敏行、议长福井久南率领的综合代表团一行45人到赣榆县参观访问。

5月19日 以太田圭一为团长的日本兵库县书法代表团一行25人到赣榆县开展中日书法交流活动。

△ 江苏省县区政府教育工作督导组教育督导评估汇报会在赣榆县政府招待所召开。

△ 在第七届全国残疾人运动会上，以赣榆县残疾人运动员邱斐斐、庄娟、张海燕为主力队员的江苏省女子坐式排球队在比赛中获得金牌，以赣榆县残疾人运动员成昌杰为主力队员的江苏省男子射箭队获得团体金牌。

5月25日 赣榆县第二届政府文学艺术奖举行颁奖仪式。

5月28日 赣榆县召开加快农业产业化发展暨推进新农村建设工作大会。

6月4日 江苏红宝集团董事长朱玉宝一行到赣榆县，对投资环境、园区相关配套设施建设等方面进行考察。

6月11日 宿迁市委书记张新实率领宿迁市党政考察团到赣榆县，就经济社会发展及重大项目引进和建设情况进行考察。

6月12日 由"亚太水产养殖技术培训班"组织的来自26个国家的46名外国学员到赣榆县考察海洋经济发展情况。

6月30日 242省道临洪河特大桥举行开工仪式。

7月2日 宿迁市副市长田洪率领沭阳县、泗阳县、宿豫区及城管、建设等单位和部门负责人到赣榆县考察城市规划建设管理工作。

7月6日 徐福庙在徐福故里金山镇举行开工奠基仪式。

7月8日 江苏省全民健身运动会"赣榆农信"杯健身秧歌比赛圆满落下帷幕。赣榆县代表队获得青年组二套规定动作、青年组三套规定动作、青年组自选动作3项第一名。

7月16日 由宁波控股集团股份有限公司董事长徐灵祥带队的考察组一行10余人到赣榆县考察新城区规划、工业项目、临港产业区等情况。

7月18日 中共赣榆县委十一届三次全体（扩大）会议在县政府招待所大会议室召开。

7月21日 深圳侨商国际联合会组团到赣榆县考察访问。

7月27日 省新闻出版（版权）局农家书屋捐书援建仪式在塔山镇举行。

8月10日 上海何济置业发展有限公司投资68亿元人民币的工业城项目在赣榆宾馆举行签约仪式。

8月13日 江苏省整体推进"八有"建设现场交流会在赣榆县召开。

8月21日 两岸农业福祉协会会长、商圣实业股份有限公司董事长廖富国一行到赣榆县，就农业项目投资事宜进行考察。

8月28日 省委常委、常务副省长赵克志到赣榆县考察。

9月13日 第二届"长三角投资发展论坛"在上海举行，同时揭晓了10个综合实力奖、10个最具投资潜力奖和2个特别奖，赣榆县入选最具投资潜力奖。

9月20日 中华全国供销总社副主任赵显人一行视察赣榆县供销合作总社、农村社区服务中心建设情况。

9月21日 副省长张九汉带领参加江苏省社区建设暨第八届村委会换届选举工作会议的人员，到赣榆县参观农村社区建设现场。

9月22日 在北京人民大会堂召开的2007年度中国中小城市科学发展评价体系研究成果发布暨第四届全国中小城市可持续发展高峰论坛上，由国务院发展研究中心、建设部、国土资源部、国家环保总局、国家信息中心等多家权威专家综合审核，评选出"2007全国最具投资潜力中小城市百强"中，赣榆县入选，位列第29位。

9月26日 青岛美高集团董事长李永兆一行到赣榆县考察投资环境，商洽投资项目。

10月26日 中国·赣榆第七届徐福节开幕。日本前首相、众议院议员羽田孜出席。

10月30日 242省道赣榆段开工。

11月10日 省人大常委会副主任李明朝到赣榆县视察指导工作。

11月22日 副省长张桃林带领省政府副秘书长唐健、省科技厅副厅长杨锐等到赣榆县调研。

11月28日 日本驻上海总领事限丸优次参观金山镇泊船山风景区、徐福庙等景点。

△ 赣榆县新型农村合作医疗的经验被编入义务教育课程标准实验教科书九年级全一册《思想品德》一书。

12月19日 中国共产党赣榆县第十一次代表大会第二次会议在县影剧院召开。县委常委、县委委员、候补委员和267名党代表参加会议。

12月22日 中国舞蹈家协会名誉主席贾作光一行到赣榆县就"新农村少儿舞蹈美育"工程实施情况进行调研。

12月27日 政协赣榆县第八届委员会第一次会议在县影剧院开幕。因年龄或工作变动等原因，会议决定免去钟克柱、李大河、王永波副主席职务，增选宋世敏、汪晓峰为副主席。

12月28日 赣榆县第十五届人民代表大会第一次会议在县影剧院开幕。因年龄或工作变动等原因，会议决定免去卢西举、何昆曙、张庆爱、宋世敏副主任职务，增选李大河、王永波为副主任。

2008年

1月20日 青口镇创建全国环境优美乡镇工作通过验收。

1月23日 农业部副部长牛盾到赣榆视察渔业发展情况并走访慰问渔民。

是月 三套远程医疗视讯系统在赣榆安装完毕并开通运行。

2月28日 赣榆县第十五届人大常委会召开第一次会议，会议决定任命庄小涛为县政府副县长；会议同时任命李冰等27名政府组成人员。

是月 青口、塔山、城头、厉庄4镇跻身江苏省首批"体育强镇"。

△ 青口镇下口村被司法部、民政部联合授予"全国民主法制示范村"称号。

△ 赣榆籍残疾运动员成昌杰在泰国曼谷举行的国际残奥会和大洋洲射箭比赛中，获得金、银、铜牌各一枚，并凭借积分获得2008北京奥运会参赛权。

3月4日 赣榆县第十五届人大常委会召开第二次会议。会议通过关于接受孙荣章辞去市县人大代表、县人大常委会主任等职务的决定。

3月10日 市教育局发文同意撤销赣榆中英文学校，原中英文学校并入赣榆县外国语学校。

3月11日 2008～2009年度市委扶贫工作队进驻赣榆。扶贫工作队由48个后方单位和52名队员组成。

3月27日 赣榆县旅游发展规划通过了由苏州大学、东南大学、省社科院组成的专家组评审。

3月28日 省委常委、省军区司令员陈一远到抗日山烈士陵园凭吊革命先烈。

3月31日 副市长徐开信兼任中共赣榆县委书记。

是月 由国家投资的赣马镇万亩基本农田土地整理项目开工建设。

△ 赣榆县特教校选送的《半夜鸡叫》课本剧，获教育部、文化部、广电总局、中国残联联合举办的第五届"全国盲、聋培智学校学生艺术汇演"优秀奖。

△ 班庄镇古城村入选省首批“康居示范村”。

△ 圣安医院董事长苏仕春当选北京奥运火炬手。

4月13～16日 江苏省第六届农民运动会暨全民健身运动会拔河比赛在赣榆举行。赣榆县农民男子拔河队勇夺冠军，摘得金牌。

4月15日 山东临沂市委书记、市人大常委会主任连承敏率党政代表团一行70余人到赣榆考察。

4月19日 山东济宁市副市长、兖州市委书记江成、市长张胜明率团到赣榆参观考察。

4月24日 省海堤达标建设现场会在赣榆召开。

4月26日 中组部副部长、中央深入学习实践科学发展观活动试点工作领导小组成员兼办公室主任欧阳淞一行到赣榆调研。

是月 班庄镇地热钻井RCBI井位通过了由北京地热开发研究中心、省国土资源厅、河海大学、省地质学会等单位组成的专家组评审。RCBI井位可望达到水温40℃以上、水量200方/日以上的预期目标。

△ 海头镇入选由国家发改委公布的全国第二批发展改革试点小城镇。

5月3日 投资亿元的佳宇电子材料有限公司在金山镇投产运营。

5月8日 海头中学晋升为江苏省四星级普通高中。

5月19日 赣榆县卫生监督所监督员姜东、县疾控中心预防员周振涛，受省卫生厅派遣，前往四川安县参加食品、饮用水卫生和环境卫生垃圾消毒救援工作。

5月21日 国家发改委所属咨询公司专家组一行20多人到赣榆，对新建港区配套铁路项目进行现场评估。此次调研评估，旨在确定石桥至柘汪段铁路是否纳入连盐铁路一并立项实施。

5月23日 日本佐贺市市长秀岛敏行率代表团到赣榆参观访问，并在金山镇徐福广场与市县领导共同为佐贺市樱花友谊林揭牌。

5月24日 赣榆县外国语学校北校区举行揭牌仪式。

5月30日 赣榆县第十五届人大常委会召开第四次会议。会议决定任命姜宏运为县政府副县长（扶贫）。

5月31日 江苏新海石化有限公司一期各装置主体工程施工完毕。

△ 经国家海洋局和省政府审批同意，海州湾生态与自然遗迹被批准建立国家级海洋特别保护区。

是月 赣榆援川建造的抗震过渡房成为样板工程。赴四川地震灾区执行救援任务的县卫生监督员姜东，由于表现突出，在救灾第一线被吸收加入中国共产党，并先后三次受到省总队表扬。

△ 赣榆高考成绩实现独占全市鳌头“十连冠”。2008年全县各类本科上线3233人，普通类本科上线2301人，应届普通类本科上线1745人，实现了历史性突破。

△ 全县机关事业单位养老保险于7月1日起全面实施社会化发放。

6月5日 日照市经济开发区组团到赣榆参观考察新农村建设工作。

6月12日 赣榆县面向全国招聘硕士生见面会召开，来自全国各地的20多名硕士生分别接受面试。

6月18日 赣榆县纪委、赣榆县监察局5个派出纪工委、监察分局分别在青口、沙河、城头、厉庄、海头正式挂牌工作。

7月4日 日照市委书记杨军、代市长赵效为率党政代表团到赣榆考察。

7月8日 赣榆（台湾）农业合作示范区落户金山镇泊船山风景区。

7月11日 新海石化一期工程转入开车生产阶段。

7月20日 抗日山风景区通过国家旅游局旅游景区等级评定小组AAAA级评审验收。

7月24日 省军区科学管理暨武器装备管理信息化现场会在赣榆县人武部召开。

7月26日 赣榆县首届“海鲜节”在海州湾旅游度假区举行。

8月7日 以中科院院士孙义燧为组长、李大潜为副组长的调研组一行到赣榆县作教育工作专题调研。

8月19日 国家统计局江苏调查总队设立赣榆调查队，揭牌仪式在县城举行。

8月21日 省委副书记、省长罗志军到赣榆县视察县域经济发展情况。

9月1日 省委常委、副省长黄莉新到赣榆县调研新农村建设和现代农业发展情况时指出，要在全省范围学习推广赣榆两个先进经验，一是渔船远航双模系统建设经验，二是村级服务中心建设经验，特别是服务中心建设和村部建设、基层组织建设结合起来，改善百姓的生活条件，提高农民的生活质量，应该好好总结推广。

9月8日 赣榆运动员董静萍在北京残奥会女子自行车决赛中，摘得铜牌，成为港城首位在残奥会夺牌运动员。

9月22日 台湾农商界考察团一行6人到赣榆考察墩尚泥鳅养殖、海头梭子蟹养殖、柘汪贝类养殖和金山台湾农业合作示范区等项目。

9月28日 青口镇生态公园建成开园。

是月 由国务院扶贫办和中国农业电影电视中心共同组织，由14名开国元勋子女和老红军后代参与的大型公益活动——“情系三农·革命老区扶贫行”抵达赣榆。主要成员有：周恩来总理侄子周秉和，徐海东大将之女徐文慧，黄克诚大将之女黄楠，博古之子秦铁等。

10月1日 县委、县政府东迁新区。县委部门和工作机构，县政府在原办公楼办公的部门机构同时东迁。

10月8日 《赣榆县县城总体规划》纲要论证会在赣榆县召开。

10月10日 县人大、县政协及其工作机构同时东迁。

10月25日 沈阳市副市长王翔坤率党政代表团一行20多人到赣榆考察高效农业发展情况。

是月 赣榆县承担的国家标准化管理委员会“对虾、缢蛏混养标准化示范区”项目通过验收。

11月4日 中国·赣榆徐福节成功入围“2008年度全国节庆百强”，同时获得中国释迦文化节提名奖和中国节庆年度大奖。

11月5日 台湾《工商时报》大陆新闻中心主任李道成一行到赣榆县采访。

11月6日 在第六届全国农民运动会上，代表江苏省参赛的柘汪镇男女拔河队分别获得男子680公斤级银牌，女子560公斤级铜牌。

11月8日 在第十届上海国际艺术节长三角地区锣鼓邀请赛总决赛上，海头镇海州湾锣鼓队在13支锣鼓队中，以总分第四名的好成绩获得大赛银奖。

11月26日 赣榆县第十五届人大常委会召开第七次会议。会议决定任命茅中余为县政府副县长、公安局局长。

12月17日 福建经纬集团董事长林海灼，江苏镔鑫特钢董事长林金良一行7人到赣榆，就镔鑫特钢项目建设情况进行考察。

12月20日 以中纪委监察部驻科技部纪检组组长吴忠泽为组长的中央扩大内需促进经济增长政策落实检查组一行到赣榆县监督检查工作。省政府副秘书长徐立及市县领导陪同。检查组对赣榆新增9个中央预算内投资项目建设情况进行了检查。

△ 县委、县政府选派100名机关干部深入农村一线开展帮扶工作。

2009年

1月1日 赣榆县取消涉及本县的79项行政事业性收费，并在新闻媒体上予以公布。

1月6～8日 县第十五届人民代表大会第二次会议选举徐开信为县人大常委会主任。

1月6日 县城镇西路全线贯通。

1月9日 由铁道部组织的专家组一行40余人，到柘汪临港产业区和柘汪港口，对连盐铁路赣榆段线路进行现场勘察。连盐铁路项目获国家发改委批复，设计标准为双线电气化铁路，时速200千米。赣榆石桥至柘汪段全长11.15千米，总投资6亿元，纳入连盐铁路整体项目，施行整体投资，统一设计施工。

1月19日 某集团军政委苗华、副军长杨茂明一行到赣榆走访。

2月14日 省委常委、副省长黄莉新到赣榆县视察抗旱和春季农业工作。

2月16日 赣榆县第十五届人大常委会召开第九次会议。会议决定任命卢西村为县政府副县长、免去徐丙超县政府副县长职务。

2月18日 由香港华润电力控股有限公司执行副总裁卜繁、华东首席代表王林等组成的企业高层考察团到赣榆，就4×100万千瓦时发电机组项目选址进行实地考察。

2月20日 新城区新城高级中学、中澳国际广场、青龙河绿化、供电公司生产调度综合楼、体育公园等5项重点工程集中开工。

2月26日 县经济开发区和18个镇共25个工业项目同日开工建设，项目计划总投资24.6亿元，其中投资过亿元的项目6个，5000万至1亿元的项目8个。

是月 金山职中晋升为国家级重点中等职业学校。

3月21日 日本国樱花友谊林保存协会秘书长名村一宏一行30余人，到金山镇徐福庙亲手种植33棵樱花树，并继续捐助资金建设日中樱花友谊林。

是月 黑林镇国家级土地整理项目通过验收。

4月14日 总投资1.68亿元的鹏程化工项目签约落户柘汪。

4月29日 刘少奇女儿刘爱琴、刘少奇研究院院长沃宝田（刘少奇女婿）一行到黑林镇大树村，缅怀和追思革命先辈，向“刘少奇纪念室”捐款赠书，并在纪念厅内题字留念。

是月 赣榆城北污水处理厂一期管网完善工程、柘汪污水厂、海头污水厂、县农村安全饮用水工程等4个项目获批2009年中央预算内资金扶持，资金总额3290万元。

△ 县发改委组织申报的江苏金茂源生物化工有限责任公司年产6万吨丁醇丙酮高技术产业化示范工程项目获批中央专项资金1000万元。

5月19日 赣榆与镇江市南北劳动力对口交流招聘会在县人力资源市场举行。镇江市向赣榆县提供38家企业的1200个岗位，加上本地28家企业，共有3200个岗位供农民挑选。

5月26日 总投资2亿元的连云港江龙酒业有限公司开工。

是月 塔山水厂成为全国农村饮水安全工程首家通过验收的水厂。

△ 赣榆县筹集资金630.18万元，对口支援四川省绵竹市什地镇灾后恢复重建工作。

6月20日 赣榆县盐业有限公司成立。

△ 赣榆县的徐福传说、柳编技艺入选江苏省第二批非物质文化遗产名录。

6月21日 亚洲木薯资源控股有限公司董事局主席朱铭泉、香港雅禾企业集团山东公司总经理王东岱等一行到赣榆县参观考察。

7月6日 代表江苏省参加全国农民拔河邀请赛的柘汪镇农民拔河队荣获680公斤级金牌和560公斤级银牌。

7月11日 省人大常委会副主任柏苏宁带领调研组在市人大领导陪同下到赣榆县调研人大代表工作。

7月24日 省政协副主席陈凌孚到赣榆县视察沿海开发工作。

7月30日 赣榆县第十五届人大常委会举行第十二次会议，听取和审议县政府关于2009年财政预算调整情况的报告、2009年上半年财政预算执行情况的报告、2008年财政预算执行及其他财政收支情况的审计报告、关于《中华人民共和国土地管理法》贯彻实施情况的报告。会议还以无记名投票的方式通过了有关人事任命事项。

8月3日 赣榆县政府第十八次常务会议审议并原则通过《高层次人才引进工作实施意见》《赣榆县绿化管理办法》《赣榆县城市绿化管理规定》《关于在小塔山和夹谷山实施封山育林的通告》等法规文件。

8月18日 省人大常委会原副主任、党组成员李佩佑率领省人大代表考察组一行20余人，到赣榆县视察经济与社会发展情况。

8月21日 省委常委、政法委书记林祥国、公安部边防局副局长吴建森少将，带领全省公安边防派出所工作会议与会人员200余人，到赣榆县视察公安边防建设工作。

△ 赣榆县第十五届人大常委会召开第十三次会议，讨论通过《关于接受王友胜辞去连云港市第十二届人大代表职务的决定》和《关于接受王友胜辞去赣榆县第十五届人大代表职务的决定》。

8月28日 赣榆县第十五届人大常委会举行第十四次会议。会议决定：接受徐开信因工作变动辞去赣榆县第十五届人民代表大会常务委员会主任职务的请求，报县第十五届人民代表大会备案；接受王加培因工作变动辞去赣榆县人民政府县长职务的请求，报县第十五届人民代表大会备案；任命曹卫东为赣榆县人民政府副县长。会议决定：副县长曹卫东代理赣榆县人民政府县长职务，报县第十五届人民代表备案。

是月 赣榆县2008年度丘陵山区农业综合开发项目通过由省农业资源开发局、省农林厅和省财政厅等部门组成的验收组验收。

△ 江苏宏安集团有限公司入围2009年全国煤炭企业100强，名列第86位。

9月3日 连云港市城市管理依法行政经验交流现场会在赣榆县召开。与会人员参观五里墅摊点群、镇海路垃圾中转站及环卫所新址、新城区等地。

9月9日 赣榆县首家私营律师事务所——邱斌律师事务所正式挂牌成立。

9月19日 青口镇宋口村村史馆开馆。

9月20日 江苏省食品药品监督管理局“药品快检车”首次亮相赣榆，开展药品快速检验。

9月22日 经过5个多月的紧张施工，在新城区兴建的博物馆、图书馆、档案馆和规划展示馆“四馆”全部封顶。

9月28日 总投资4.6亿元的连云港健坤实业有限公司在赣榆经济开发区举行开工奠基仪式。

10月17日 《赣榆县县城总体规划（2008—2030）》成果评审会在赣榆宾馆举行，以东南大学博导、教授级高级规划师孔令龙为组长的专家组通过认真评议，一致同意原则通过评审。

10月17～19日 第25届江苏省钓鱼比赛在罗阳镇艾塘湖生态园举行，共有来自全省10个市13支代表队的98名运动员参加比赛。经过激烈角逐，连云港、徐州、南通代表队分获团体前三名。

10月23日 赣榆县公开选拔领导干部暨推荐后备干部工作动员会议召开，面向社会公开选拔10名副科级干部。

10月27日 赣榆县第十五届人大常委会召开第十六次会议，会议讨论并通过《关于接受杨少华辞去连云港市第十二届人大代表职务的决定》。

11月19日 县委常委会讨论并原则通过赣榆县第十五届人民代表大会第三次会议、政协赣榆县第八届委员会第三次会议、中共赣榆县第十一次代表大会第四次会议的召开时间及主要日程，讨论并原则通过2010年相关专项工作计划、《关于成立三支队伍到农村开展支教送医扶贫工作的实施意见》。

11月22日 赣榆县首家小额贷款公司——荣丰村小额贷款公司举行开业庆典仪式。

12月28日 连云港市首家农村商业银行——江苏赣榆农村商业银行举行开业典礼仪式。

第一篇　政区　资源　环境

第一篇 政区 资源 环境

赣榆县位于江苏省东北部、苏鲁交界处，地理坐标北纬34°40′39″～35°07′39″，东经118°45′39″～119°18′00″。秦置赣榆县，隶琅琊郡。汉承秦制。隋、唐、宋朝，赣榆地称怀仁县，隶于海州。金大定七年（1167年），改怀仁县为赣榆县，此后从元、明、清直至民国，均称赣榆县。民国34年（1945年），为纪念在赣榆抗日牺牲的符竹庭将军，改赣榆县为竹庭县。1950年恢复赣榆县名，隶属于山东省临沂专署；1953年划归江苏省，隶属于徐州专区。1983年划归连云港市管辖。

赣榆县地处秦岭褶皱系苏胶隆起带，东临黄海，西枕沂蒙，北接齐鲁，南邻连云港市东海县和新浦区。境内地形西北高东南低，由西向东依次为低山、丘陵、平原、滩涂，总面积1427.27平方千米。境内有山37座，主要河流18条，河流多自西北向东南流入海。海岸线总长62.5千米，沿海滩涂面积1.53万公顷，浅海域7.2万公顷，近海渔场7000平方千米。

境内气候属暖温带海洋性季风气候，冬季带有大陆性气候特征，全年多风，以偏东风为主。四季分明，光照充足。主要土壤为棕壤，非金属矿产资源储量丰富；植物资源以人为植被为主，动物资源以水生动物与家畜禽为主。

20世纪90年代初期，环境质量较好。随着工业化进程日益加快，企业污染日趋严重，经政府强有力整治，大气污染、水污染等得到有效遏制，环境质量指数均在国家规定标准内。

第一章　建置　区划

第一节　地理位置

赣榆县位于江苏省东北端海州湾畔，隶属江苏省连云港市，总面积1427.27平方千米，县城青口镇。东临黄海，与日本、朝鲜半岛隔海相望；西接山东省临沂市的临沭县；南与连云港市东海县、新浦区毗邻，紧靠陇海铁路和连云港港口；北与山东省临沂市的莒南县和日照市的岚山区接壤，是江苏沿海经济带和东陇海产业带东部交汇处。县境南起北纬34° 40′ 39″，北至北纬35° 07′ 39″，西起东经118° 45′ 39″，东至东经119° 18′ 00″。

第二节　建置沿革

赣榆县历史悠久，虞夏时地属东夷；殷商时地属人（夷）方；西周时为莒国、祝其国境域；战国时期，先后归属齐国、越国、吴国、楚国等。秦时置赣榆县，隶属琅琊郡。西汉时，今赣榆县境内有赣榆、祝其、利城三县，分属琅琊、东海二郡，汉平帝刘衎封大司徒马宫为扶德侯，置国于赣榆，赣榆县移治郁洲（今连云港市云台山）。东汉建安三年（198年），曹操废赣榆县，以地归利城郡。西晋太康元年（280年），复置赣榆县，移治艾不城，不久复治郁洲，仍隶于东海郡。南北朝时，赣榆兴废多变。南北朝宋泰始六年（470年），宋侨立青、冀二州于赣榆县（郁洲），后又侨置齐郡治赣榆县。东魏武定七年（549年），侨置郡县，置义塘郡治义塘县，领义塘、归义、怀仁三县；置东海郡治赣榆（郁洲），后移治临海镇，领赣榆、安流、广饶、下密四县；置武陵郡治上鲜（今沙河镇城子村），领上鲜、洛要二县。隋开皇三年（583年），废武陵、义塘二郡及上鲜、洛要、义塘、归义四县，以怀仁县隶于海州。自此，隋、唐、宋，赣榆均称怀仁县，隶于海州。金大定七年（1167年），改怀仁县为赣榆县，此后历元、明、清直至民国，均称赣榆县。民国元年（1912年），废海州直隶州，赣榆县直属江苏省。民国23年，隶属东海专署。民国28年，侵华日军置赣榆县伪政府隶伪淮海特别区(后改为淮海省)。民国29年11月30日，赣榆县抗日民主政府成立，隶山东省滨海专署。民国30年1月，国民党赣榆县政府流亡外地，不久解体，民国33年12月，在新浦重新成立。民国34年1月，中共滨海区党委、滨海专署决定划赣榆、莒南、日照3县边沿地区成立芦山县；8月，日本投降，伪县政府解体，赣榆县抗日民主政府进驻青口镇，自此作为县治，芦山县撤销，属区归还原建制；11月26日，赣榆县改名竹庭县。民国36年2月，国民党赣榆县政府移驻墩尚镇。民国37年5月14日，流亡新浦，11月7日解体。1950年10月，竹庭县复名为赣榆县，隶属于临沂专署。1953年1月，赣榆县由山东省划归江苏省，隶于徐州专署。1983年3月，赣榆县划归连云港市。

第三节　区划调整

1990年，全县共有10个镇、19个乡、1个乡级塔山水库管理处、1个省属青口盐场，761个行政村村民委员会，8个街道、4个工区，858个自然村，3064个生产队。

1992年12月，塔山水库管理处归口县水利局，其所属村庄分别并入土城、徐山、吴山三个乡，区划上不再单列。

因行政区划调整，部分乡镇合并，至2009年年底，全县有18个镇，430个村民委员会，33个居民委员会。

一、撤乡建镇

1990年10月，撤销墩尚乡设墩尚镇，撤销金山乡设徐福镇，撤销石桥乡设石桥镇，撤销黑林乡设黑林镇。全县共置青口、赣马、海头、石桥、徐福、黑林、城头、欢墩、沙河、墩尚等10个镇，城东、龙河、九里、柘汪、马站、官河、厉庄、土城、吴山、徐山、夹山、班庄、大岭、门河、殷庄、朱堵、城南、罗阳、宋庄等19个乡。1995年，撤销大岭乡设大岭镇，撤销厉庄乡设厉庄镇。1998年，徐福镇更名为金山镇。1999年，撤销柘汪乡设柘汪镇，撤销罗阳乡设罗阳镇，撤销宋庄乡设宋庄镇。2001年，撤销马站乡设马站镇，撤销班庄乡设班庄镇，撤销土城乡设土城镇，撤销龙河乡设龙河镇，撤销朱堵乡设城西镇，撤销门河乡设门河镇。

二、乡镇合并

2000年，城东乡并入青口镇，官河乡并入赣马镇，吴山乡并入黑林镇。2001年，城南乡并入青口镇，大岭镇、殷庄乡并入沙河镇，夹山乡并入班庄镇，徐山乡与土城镇合并为塔山镇，马站镇并入柘汪镇，九里乡并入石桥镇，龙河镇并入海头镇。

2001年年底，行政区划调整，部分乡镇合并，乡镇数由29个减至18个，分别为：青口镇、柘汪镇、罗阳镇、石桥镇、金山镇、海头镇、墩尚镇、塔山镇、赣马镇、班庄镇、城头镇、门河镇、城西镇、欢墩镇、宋庄镇、沙河镇、厉庄镇、黑林镇。

三、村（居）民委员会调整

20世纪90年代始，赣榆县根据经济社会发展情况，陆续进行行政村调整。其中，2001年，赣榆县进行较大规模的村组合并，县城地区村委会调整为居委会，全县撤销553个行政村。2009年，全县共有430个行政村，33个居民委员会。

1990～2009年赣榆县村（居）民委员会变动一览表

表1-1

时间	所属乡镇、管理处、场	设立、调整范围
1992.12.30	塔山水库管理处	所辖的五个行政村划归周边相关乡镇。其中，陡沟村、小庄村划属徐山乡，后太平村、探马村划属土城乡，凤凰岭村划属吴山乡。
1997.06.01	宋庄镇	新康邑村划至青口镇
1997.06.01	城南乡	小荒村划至青口镇
2000.11.30	青口镇	杨坨村、柴荡村并入宋口村
		增设文化路居民委员会
2001.10.15	青口镇	大盘村、小盘村合并成大小盘村
		新康邑村并入河南村
		孙沙村、白庄村、丁庄村并入下口村
		大梁庄村、小梁庄村合并成梁庄村
		小沙村、老埃村、八总村并入宋口村
		卢庄村、王庄村、刁庄村合并成镇东村
	厉庄镇	东刘村、西刘村、后湖村并入厉庄村
		前小山村、万赤涧村合并成山涧村
		河北尚庄村、吴林村合并成北林村
		河南尚庄村、河西尚庄村合并成双河村
		河东尚庄村、墩上村合并成河墩村
		坝东村、坝西村、上小山村合并成新坝村

续表 1-1

时 间	所属乡镇、管理处、场	设立、调整范围
2001.10.15	厉庄镇	车赤涧村、张赤涧村合并成赤涧一村
		仲赤涧村、顾赤涧村合并成赤涧二村
		徐店村、谷店村、点马厂村、汤元岭村合并成岭南村
	墩尚镇	墩一村（1、2、3、4组）、墩三村合并成新生村
		墩一村（5、6、7、8组）、墩四村、墩五村合并成新城村
		卢园村、小道口村合并成青园村
		大潘庄村、许顶村、宋桥村合并成三兴村
		张王村、南朱汪村合并成科园村
		芦河村、演马四村合并成莓园村
		朱田湖村、谷集村、瓦屋基村合并成灯塔村
		穆庄村、演马一村合并成新庄村
		胡桥村、演马三村合并成金桥村
		演马二村、新安村并入武强山村
		南徐庄村、东颜庄村合并成银河村
	柘汪镇	大新庄村并入东柘汪村
		秦河村并入秦家沙村
	班庄镇	班西村、班东村、东班庄村、孟班庄村合并成班庄村
		小半路村、三角庄村并入曹顶村
		贺闫庄村、于闫庄村、曹闫庄村、黄泥沟村合并成前闫庄村
		刘闫庄村、陈闫庄村合并成上闫庄村
		新东村、新西村合并成新集村
		小河村并入古城村
	龙河镇	徐莒州村、马朱孟村并入大官庄村
		王场村、匡湖村合并成龙南村
		大站村、大朱尹村并入龙河村
		莫村并入大岗村
		义合村、房家村、墩头村合并成义合村
		穆朱尹村、陈朱尹村合并成朱尹村
		倪家村、尚家村合并成龙北村
		东胡村、西胡村合并成胡村
		盐仓城村、西城村合并成盐仓城村
		高村、大吕村合并成城西村
		东王村、西王村合并成王村
	马站镇	盘古岭村、葛埠村合并成盘古岭村
		东吴公村、西吴公村合并成吴公村
		唐疃村、田家庄村、王家庄村合并成田唐村
		仲家湖村、张家湖村、董家湖村、陈家湖村合并成四湖村
		东夏家沟村、大夏家沟村、西夏家沟村合并成夏家沟村
		姜斗沟村、魏斗沟村、宋家岭村合并成陡岭村
		李斗沟村、韦家岭村合并成韦岭村
	土城镇	土城村、后岭村、北邵庄、小官庄合并成土城村
		墩前村、大洼村合并成墩前村

续表 1-1

时　间	所属乡镇、管理处、场	设立、调整范围
2001.10.15	土城镇	张大庄村、王庄村、前太平村合并成大庄村
		小莒城村、西岭乡村合并成小莒城村
		大莒城村、东岭村合并成大莒城村
		枣行村、杨村合并成枣行村
		王坡村、孙坡村、韩坡村合并成三坡村
		徐庄村、七里亭村合并成徐庄村
		刘岭村、小毛庄村合并成刘岭村
		大林头村、蒋河村合并成大林头村
		后太平村、大探马村合并成太平村
	赣马镇	大湾子村、杨庄村、左庄村合并成杨庄村
		西上堰村、张村、卢上堰村合并成西上堰村
		东吴村、西吴村、小庄村合并成吴庄村
		柏藕埃村、玉兰庙村、于顶村合并成玉兰庙村
		官庄村、林庄村、大石桥村合并成东官庄村
		吴黑坡村、仲马村、刘黑坡村合并成黑坡村
		仲官河村、董官河村、周宅村合并成官河村
		祁湾子村、尚湾子村、焦湾子村合并成西湾子村
		丁湾子村、于湾子村、王湾子村、张湾子村合并成东湾子村
		董大园村、林头村、汪庄村、杜高村合并成新合村
		五里墅村、代岭村、许南庄村、徐南庄村合并成五里墅村
		司坞村、南庵村合并成司坞村
		顾庄村、陈三村合并成顾庄村
		绍林村、刘庄村合并成邵林村
		鱼落村、克桥村合并成鱼落村
		张藕埃村、徐藕埃村合并成藕埃村
		小伞庄、大伞庄合并成伞庄村
		李宅村、孙桥村合并成李宅村
		冲田汪村、柳树村合并成柳树村
		李官庄村、匡林村合并成西官庄村
		大高巅村、高巅庄村合并成大高巅村
		仲庄村、居庄村合并成仲庄村
		大上堰村、中上堰村合并成东上堰村
		城里村、西关村合并成城里村
		张园村、冯顶村合并成张园村
	海头镇	兴前村、兴后村、三合村、新河村合并成兴前村
		李巷村、赵沙村合并成李巷村
		海前村、芦沟村合并成海前村
		北朱皋村、董庄村合并成北朱皋村
		马庄村、马台村合并成马庄村

续表 1-1

时　间	所属乡镇、管理处、场	设立、调整范围
2001.10.15	沙河镇	前堆村、后堆村、合并成后堆村
		前朱圩村、西朱圩村合并成朱圩村
		大口村、高园村合并成大高村
		邱庄村、辉埠村合并成邱埠村
		戚园村、解放村合并成解放村
		蒋庄村、郑巷村合并成郑巷村
		南庄村、城子村合并成城子村
		范庄村、汤庄村合并成汤庄村
		渊头村、彭口村合并成彭口村
		楼子村、掘河村合并成掘河村
		老庄村、西颜庄村合并成西颜庄村
	沙河子园艺场	沙墩村、单留村合并成沙墩村
	城头镇	城一村、城二村、城三村合并成城头村
		大黄墩村、皮黄墩村、沟西村合并成大黄墩村
		后黄墩村、中黄墩村、王黄墩村合并成后黄墩村
		王青墩村、樊青墩村、青墩岭村合并成王青墩村
		朱村店村、后店子村、邵庄村合并成朱村店村
		王坨沟村、方坨沟村、胡坨沟村合并成东坨沟村
		前海子村、后海子村、西竹园村合并成小海村
		大河东村、后河东村合并成河东村
		东刘夫村、徐青墩村合并成东刘夫村
		顾青墩村、董青墩村合并成中青墩村
		杨村、青墩店村合并成南杨村
		程坨沟村、潘坨沟村合并成西坨沟村
		大沟头村、小沟头村合并成大沟头村
		东大坊村、穆新庄村合并成东大坊村
	黑林镇	温旦头村、芦草沟村合并成兴林村
		马旦头村、陈旦头村合并成富林村
		大树村、范良庄村合并成大树村
		尹良庄村、朱良庄村合并成镇东村
		阎康邑村、陶店村合并成东康邑村
		邵埠地村、李埠地村合并成新埠地村
		沟屋村、申疃村合并成青河村
		一村、二村、三村、土屋村合并成黑林村
		兴隆集村、界河子村合并成兴隆村
		赤涧一村、赤涧二村、赤涧三村合并成大赤涧村
		阚家岭村、凤凰岭村合并成阚家岭村
		东石沟村、西石沟村合并成石沟村
		吴山村、半路村合并成吴山村
		芦山村、单家店村合并成芦山村

续表 1-1

时　间	所属乡镇、管理处、场	设立、调整范围
2001.10.15	金山镇	后远庄村、沙上村、前远庄村合并成远庄村
		马集前村、港西村合并成马集前村
		西河北村、东河北村合并成河北村
		后赵湖村、前赵湖村、王家岭村、董家沟村合并成赵湖村
		前石堰村、周庄村合并成前石堰村
		后石堰村、平子埃村合并成后石堰村
		前徐福村、后徐福村合并成徐福村
		石埠村、韦家湖村、徐家湖村合并成石埠村
	罗阳镇	吴公村、大朱庄村、南夏庄村合并成新合村
		前罗阳村、后罗阳村、董家湾村合并成罗阳村
		双槐村、张朱孟村合并成双槐村
		刘口村、蛮湾村合并成刘湾村
		朝阳村、孟岭村合并成朝阳村
	宋庄镇	东郑村、西郑村合并成郑庄村
		汪庄村、孟庄村合并成三洋港村
		四新村、三坨村合并成四新村
		沙口村、头坨村合并成沙口村
		孙店村、吴店村、范店村合并成三店村
	石桥镇	大龙头村、小龙头村合并成龙头村
		石桥村、石东村合并成石桥村
		娄官庄村、朱官庄村、曹岭村合并成官庄村
		王集村、于家沟村合并成王集村
		杨家洼村、窦沟村合并成杨家洼村
		沟头村、石岭村合并成石岭村
		东拱齐村、西拱齐村合并成拱齐村
	欢墩镇	欢东村、欢西村、欢北村、欢新村合并成欢墩埠村
		李朱孟村、朱朱孟村合并成朱孟村
		瓦屋村、西河洼村合并成河洼村
		黄泥沟村、河北村合并成黄泥沟村
		闫介沟村、臧介沟村、刘介沟村合并成介沟村
		演马村、东朱范村、姚朱范村合并成朱范村
		石门头二村、石门头三村、石门头四村合并成石门村
		三角汪村、太平村、爱国村合并成太平村
	大岭镇	徐屯村、肖岭村合并成徐屯村
		刘头河村、大站北村、大站中村、大站南村合并成大站村
		东赤金村、后赤金村、西赤金村合并成赤金村

续表 1-1

时 间	所属乡镇、管理处、场	设立、调整范围
2001.10.15	九里乡	新宅村、白石头村合并成白石头村
		大路旁村、上木套村合并成木套村
		下木套村、九里七村合并成九里村
	殷庄乡	殷庄村、塘沟村合并成殷庄村
		三合村、卢圩村合并成圩合村
		李庄村、闫庄村合并成新兴村
		陆庄村、南万庄村、圩桥村合并成东盛村
		陈顶村、李村合并成富强村
		欧口村、李圩村合并成和平村
		南官庄村、何家庄村合并成同兴村
		张家庄村、刘庄村、朱桥村合并成新合村
		桥头村、南邵庄村合并成泰和村
		胜利村、西单村合并成西胜村
		坡里村、舍庄村合并成前进村
	夹山乡	陈洪爽村、时洪爽村合并成南洪爽村
		于沟村、于岭村合并成于洪爽村
		陈接庄、王接庄合并成西接驾庄村
		郑接庄村、徐接庄村合并成东接驾庄村
		韩洪爽村、刘洪爽村、杨洪爽村合并成刘洪爽村
		董沟村、吴沟村、廖沟村合并成山西村
		庙前村、庙东村、庙后村合并成洪爽村
	朱堵乡	仙一村、仙二村、仙三村合并成仙丘铺村
		寺后村、旱立王村、朱庄村合并成寺后村
		高岭村、单集村合并成高岭村
		半埠店子村、小官湖村合并成店子村
		前滕村、后滕村、澎湖村合并成滕庄村
		东大里村、西大里村、程圩村合并成大里村
		东十里村、西十里村合并成十里店铺村
		大曲坊村、东曲坊村、西曲坊村合并成曲坊村
		小埠子村、龙窝村合并成龙窝村
		岗东村、岗西村、后岗村合并成岗尚村
		后东朱堵村、前东朱堵村合并成东朱堵村
		后西朱堵村、前西朱堵村合并成西朱堵村
		望仙河东村、望仙河中村、望仙河西村合并成望仙河村
		全岭村、三高庄村合并成新合村
		二高庄村、大高庄村合并成高庄村
	徐山乡	大葛埠村、樊葛埠村合并成大葛埠村
		郭葛埠村、管葛埠村合并成新葛埠村
		官庄村、孙家岭、小探马村合并成官庄村
		桑行村、汪头村、高庄村合并成桑行村
		徐新庄村、草场村合并成草场村
		徐康邑村、宋家岭合并成徐康邑村

续表 1-1

时 间	所属乡镇、管理处、场	设立、调整范围
2001.10.15	门河乡	张望河村、左湾村合并成新河村
		柳沟村、陈庄村合并成翠竹村
		宋庄村、河东村合并成兴河村
		河西村、尚门河村合并成玉河村
		三庙村、旺河头村合并成富河村
		相李村、鲍门河村合并成旺河村
		刘门河村、官庄村合并成祥河村
		东茼湖村、西茼湖村合并成茼湖村
		李瓦沟村、陆瓦沟村合并成银河村
		赵圩村、彭瓦沟村合并成金河村
		季瓦沟村、朱岔汪村合并成润河村
		三墩村、董湾村合并成仙墩村
	城南乡	徐朱孟村、徐官庄村合并成六里桥村
		万庄村、吕庄村合并成西河村
		乔庄村、董大庄村、董小庄村、碱滩村合并成大庄村
		一沟村、太平村、富园村、殷宅村、鲁王村合并成新城村
		三沟村、城新村合并成三新村
		官庄顶村、城建村合并成城官村
		东四沟村、西四沟村、圈子村合并成四沟村
2002.04.03	青口镇	赣马镇大朱旭村整建制划归青口镇
2003.03.22	石桥镇	钱疃村、拱齐村合并成拱齐村
		将石桥村分为石桥村与东石桥村
2003.06.30	青口镇	新庄村、大朱洲村、王楼村合并成新庄村
		小荒村、申城村、六里桥村合并成小荒村
		河南村、新城村合并成河南村
2003.10.14	青口镇	镇东社区居委会、梁庄村合并成镇东社区居委会
		狮子口村、谷沙村合并成狮子口村
2009.04.08	宋庄镇	青口镇小荒村、徐朱孟村、殷宅村、鲁王村、富元村划归宋庄镇

2009年赣榆县村（居）委会一览表

表1-2

所属镇、场	村（居）委会个数（个）	行政村（社区）
青口镇	54	河南社区、镇西社区、后陈社区、新庄社区、中心社区、青下社区、东关社区、镇东社区、东南庄社区、南街社区、跃进社区、工业社区、繁荣社区、前进社区、解放社区、胜利社区、黄海社区、文化社区、工农社区、团结社区、狮子口社区、丁庄社区、白庄社区、孙沙社区、八总社区、柴荡社区、东沙社区、王庄社区、谷沙社区、梁庄社区、刁庄社区、老埃社区、杨坨社区 、宋口村、下口村、大朱旭村、竹园村、李城村、陈沟南村、大沟南村、城官村、大庄村、西河村、贺岗村、新村、四沟村、三新村、二沟村、安庄村、墩后村、大小孟村、里沙村、新城村、六里桥村
柘汪镇	24	响石村、东林子村、中林子村、西林子村、甘县村 、东柘汪村、西柘汪村、秦家沙村、大王坊村、小王坊村、马站村、东棘荡村 、西棘荡村、盘古岭村、吴公村、田唐村、四湖村、侍庄村、花埃头村、下驾沟村、霍官庄村、四草城村、陡岭村、韦岭村
海头镇	29	大兴庄村、李巷村、匡口村、梁沙村、海脐村、海前村、海后村、小口村、大岗村、南朱皋村、北朱皋村、马庄村、龙三庙村、龙北村、胡村村、吴家村、盐仓城村、城西村、王村村、白石头村、宅基村、垒堆村、埝上村、朱尹村、王朱尹村、龙河村、义合村、龙南村、大官庄村
罗阳镇	11	新合村、郑庄村、河口村、岭灶村、罗阳村、东关村、刘湾村、河疃村、双槐村、大沙村、朝阳村
石桥镇	23	龙头村、石东村、石桥村、六庄村、范庄村、芦阳村、官庄村、王集村、杨洼村、石岭村、拱齐村、大温庄村、东温庄村、小沙村、大沙村、潮河口村、韩口村、新韩口村、九里村、木套村、苏家岭村、白石头村、柳树底村
宋庄镇	18	范口村、郑庄村、三店村、柳杭村、宋庄村、任庄村、三洋港村、刘郭村、郑园村、邵庄村、四新村、沙口村、鲁王庄村、徐朱孟村、殷宅村、新康邑村、小荒村、富园村
赣马镇	36	城里村、张园村、马厂村、兰路村、邵三庄村、顾庄村、邵林村、东上堰村、西上堰村、司坞村、古河套村、五里墅村、柏南庄村、新合村、大高巅村、陈高巅村、东湾子村、西湾子村、杨庄村、木头沟村、仲庄村、东官庄村、玉兰庙村、藕埃村、伞庄村、卜邨村、李宅村、柳树村、黑坡村、西官庄村、大毛庄村、官河村、赵官河村、柳湖村、鱼落村、吴庄村
墩尚镇	18	新城村、新生村、南街村、岳韩村、牛河村、王疃村、西韩村、大口村、青园村、三兴村、科园村、莓园村、灯塔村、新庄村、金桥村、武山村、银河村、刁疃村
沙河镇	52	刘庄村、联合村、解放村、横街村、西北村、郑巷村、城子村、新建村、友谊村、竹林村、楼河村、吴村村、丁巷村、陈巷村、何元村、蒋宅村、双堆村、朱圩村、颜主村、新庄村、下河口村、大高村、团结村、八里场村、官庄村、殷庄村、东盛村、新兴村、西胜村、富强村、刘圩村、和平村、圩合村、邓宅村、同兴村、泰和村、东单村、前进村、新合村、徐屯村、朱屯村、小站村、大站村、北朱果村、小埠村、大岭村、孟曹埠村、刘曹埠村、李曹埠村、山岭房村、赤金村、张庄村
城头镇	26	城头村、官路村、河东村、西刘村、白石头村、万桥村、谢圩村、黄草沟村、大沟头村、塔林村、赵顶村、小海村、东刘村、王青墩村、柏坨沟村、东坨沟村、西坨沟村、苏青墩村、中青墩村、南杨村、王朱孟村、矢村店村、大黄墩村、后黄墩村、东大坊村、西大坊村
塔山镇	30	土城村、前进村、城前村、墩前村、太平村、大庄村、瞿沟村、大莒城村、小莒城村、庄留村、王留村、枣行村、三坡村、徐庄村、倪林村、刘岭村、大林头村、小林头村、建新村、刘沟村、徐康邑村、驻驾庄村、草场村、店子村、桑行村、官丘村、大葛埠村、新葛埠村、姚葛埠村、陡沟村
门河镇	17	新河村、翠竹村、兴河村、玉河村、富河村、旺河村、祥河村、杨门河村、河洼村、苘湖村、堰水房村、银河村、金河村、大瓦沟村、曹瓦沟村、润河村、仙墩村
城西镇	21	大里村、马朱孟村、袁望河村、望仙河村、朱岔汪村、西朱堵村、东朱堵村、良尚村、龙窝村、曲坊村、沙河子村、葛湖村、十里村、滕庄村、黄庄村、店子村、高岭村、寺后村、仙丘铺村、新合村、高庄村

续表 1-2

所属镇、场	村（居）委会个数（个）	行政村（社区）
班庄镇	28	古城村、演马场村、前集村、三清阁村、前闫村、曹顶村、泉子坡村、黄班村、新河东村、上闫村、赵班庄村、新集村、大沟埃村、班庄村、马圩村、西响石村、横山村、西接驾庄村、洪爽村、刘洪村、于洪爽村、王洪爽村、山西村、窦洪爽村、圈洪爽村、南洪爽村、东接驾庄村、汪于村
厉庄镇	16	厉庄村、山涧村、杨岭村、双河村、河墩村、新坝村、北林村、谭湖村、谢湖村、东斗岭村、西斗岭村、赤涧一村、赤涧二村、赤涧三村、岭南村、翔凤岭村
欢墩镇	16	欢墩埠村、孙净埠村、东方红村、朱孟村、董净埠村、河洼村、黄泥沟村、介沟村、坡石桥村、朱范村、李小湾村、石门头村、东窝子村、石沟埃村、太平村、马朱孟村
金山镇	21	西张夏村、东张夏村、红庄村、远庄村、夏庄村、丁庄村、仲集前村、马集前村、朱汪村、大港头村、河北村、赵湖村、前石堰村、后石堰村、徐福村、八条路村、石埠村、小河埃村、黄泥埃村、佃马场村、临马疃村
黑林镇	21	兴林村、富林村、秦埠地村、新埠地村、青河村、河西村、兴隆村、汪子头村、南康邑村、北康邑村、黑林村、镇东村、李良庄村、大树村、东康邑村、石沟村、吴山村、大赤涧村、山前村、阚家岭村、芦山村
沙河子园艺场	1	沙墩村
青口盐场	1	黄沙村

第四节　区域界线

图 1-1　赣榆县与临沭县省级边界桩（1998年摄）

图 1-2　赣榆县与莒南县省级边界桩（1998年摄）

一、省级边界线

江苏省、山东省行政区域界线（以下简称“苏鲁线”）赣榆段涉及赣榆县与山东省临沂市（临沭县、莒南县）、日照市（岚山区）2市3县（区），边界线自西向东从临沭县大兴镇盐店官庄起到岚山区安东卫街道荻水村与赣榆县柘汪镇响石村陆海边界线交界处止，全长147.098千米，行政区域界线代号为3237，共埋设界桩12根，属赣榆县管理维护的有6根，即3237049、3237051、3237053、3237055、3237056A、3237057A号桩，属山东省管理维护的有6根，即3237048、3237050、3237052、3237054、3237056B、3237057B号桩。界桩类型为双面大理石岩石界桩。具体分布如下：

临沭县与赣榆县的行政区域界线　从临沭县大兴镇盐店官庄村起至赣榆县黑林镇沟屋村边界线止，全长约70千米，共埋设界桩3根（不含三交点界桩）。涉及双方6个乡（镇）41个村，其中，临沭县3个镇27个村，赣榆县3个镇14个村。

莒南县与赣榆县的行政区域界线　从山东省莒南县、临沭县与江苏省赣榆县三县（区）交会点起至山东省莒南县、日照市岚山区和江苏赣榆县三县（区）交会点止，全长约56.4千米。共埋设界桩4根。涉及双方6个乡（镇）40个村，其中莒南3个乡镇28个村，赣榆3个镇12个村。

岚山区与赣榆县的行政区域界线　从山东省莒南县、日照市岚山区和江苏省赣榆县三县（区）交会点起至岚山区安东卫街道荻水村与江苏省赣榆县柘汪镇响石村陆海边界线交界处止，全长约20.7千米。共埋设界桩5根，其中单立双面界桩1根，双立单面界桩4根。涉及双方3个镇（街道）27个村，其中岚山区2个镇（街道）15个村，赣榆县1个镇12个村。

图 1-3　沙河镇与东海县县级边界桩（1998年摄）

图 1-4　墩尚镇与新浦区县级边界桩（1998年摄）

二、县级边界线

赣榆县与东海县、新浦区边界线自西向东从苏鲁行政区域界线上的3237048号界桩起（位于山东省临沭县大兴镇盐店官庄与江苏省赣榆县欢墩镇太平村交会点）到新浦区浦南镇太平村的5051006B号界桩止，全长约56.43千米，行政区域界线代号为5051，共埋设界桩7根（不含三交点界桩），界桩类型为双面大理石岩石界桩。共涉及三方7个乡镇44个村，其中赣榆县4个镇28个村，东海县、新浦区3个乡镇16个村。

赣榆县与连云区无陆地边界线，双方以临洪河为界，水上界线为临洪河航道的中心线，自北向南由临洪河入海口至赣榆县罗阳镇小东关村东部的太平闸止。其中，赣榆县青口盐场、罗阳镇分别与连云区临港产业区、猴嘴街道隔河相对。

第二章　地　质

第一节　地　层

赣榆县处于中国I级大地构造单元秦岭褶皱系武当、大别隆起的东延部分苏胶隆起带上。基底主要为晚太古代变质岩和侵入岩浆岩，出露250平方千米，其余部分被第四纪松散堆积物覆盖。

一、上太古界东海群

主要分布于夹谷山、大吴山、卢山与摩天岭、塔山、雹神庙岭等低山丘陵、残丘中。为中深区域变质岩，厚度大于12675米，同位素年龄24.38亿～26.18亿年。主要岩性为变质岩、大理岩、石英岩、花岗片麻岩等。

二、上元古界石桥组

在石桥镇东南部有零星出露，推测厚300余米，呈微角度不整合于东海群之上，为一套浅变质岩。主要岩性为变质含砾砂岩、变质二云长石石英砂岩、含钾二长千枚岩、变质白云长石砂岩等。

三、中生界白垩系

分为上统王氏组和下统青山组。

王氏组　在沙河、赣马、罗阳等镇钻孔中有揭露，区域上厚大于580米，为一套紫红色陆相沉积砂砾岩，呈角度不整合于东海群之上。主要岩性为紫红色砂砾岩、砂岩、砂质页岩等，局部见含铜砂岩。

青山组　零星出露在班庄镇新集村、欢墩镇石沟埃村，另在石沟埃村钻孔中有所揭露。主要岩性为紫灰色安山岩、安山角砾熔岩、凝灰岩、灰白、灰绿色绿泥石化安山岩等。

四、岩浆岩

岩浆岩主要为侵入岩，地表出露约80平方千米，按侵入时代不同，可分为晚太古代和中生代燕山晚期两个侵入期。

晚太古代侵入岩　原岩为花岗岩、二长花岗岩和基性—超基性岩，均已遭受区域变质作用。主要岩性为东海群中二长花岗片麻岩、含黑云或白云二长花岗岩、花岗片麻岩、榴辉岩、蛇纹岩等。花岗岩、二长花岗岩分布在县西、北部低山丘陵区；榴辉岩分布在石桥镇—柘汪镇、欢墩镇—门河镇—沙河镇。蛇纹岩分布在黑林镇牛王山和青口镇东南庄—城西镇岗尚村，呈带状向西南与东海县蛇纹石矿相接。

燕山晚期侵入岩　为中酸性侵入岩，侵入东海群变质岩中。主要分布在抗日山—黑林镇—九泉山—卢山一线。岩性为石英闪长岩、闪长岩、花岗闪长岩、石英二长岩、二长花岗岩、花岗斑岩等。

五、新生界第四系

赣榆县第四系地层广泛发育，东南部较厚，主要为海积相；西部山区较薄，以冲坡积为主，次为冲积相。

上更新统冲积、洪冲积相　厚1～25米，为棕黄色砂黏土，含钙质结核，底层为砂层、砾石层。

中更新统残坡积、坡洪积相　厚0.5～3米，为棕黄色砂黏土，含铁锰结核和碎石层。

全新统冲积相　厚1～34米，为灰色砂黏土，褐黄色含砾中粗砂、土黄或黄褐色粉砂、黏砂土、红褐色砂黏土，局部互层、夹砂层，产螺化石。

全新统海积相　最厚达45.95米，为灰黑色砂黏土和淤泥质砂黏土，局部夹薄层粉砂，含海螺化石。

第二节　构　造

赣榆县地质构造是郯—庐大断裂的分支构造线、低次序构造线组成的联合构造形式。现已探明断裂构造线8条、褶皱构造线2条，未探明断裂构造线2条。

黑林—柘汪断裂　走向65°～75°，倾向北西，县内长40千米，宽30～500米，具有多期活动性，为充水断裂，有矿泉水，其中九泉山矿泉水已开采。

新集—温旦头断裂　南起班庄镇新集村，北至黑林镇温旦头村，走向30°，倾向北西，倾角60°～70°，长约20千米，宽100～600米，带内构造岩蚀变明显，局部有方铅矿化，见有金矿显示，富含地下水。

陈洪爽—西陡岭断裂　南起班庄镇陈洪爽村，中经车辐山，东至厉庄镇西陡岭村，长约25千米，走向35°，倾向北西，倾角40°～70°，构造岩发育，火成岩侵入前后都有活动，中经断裂切割错移，产状变化较大。

车辐山—塔山断裂　西起车辐山，中经小塔山，东至厉庄镇汤元岭村，长约13千米，走向60°，近于直立，局部地段微向南倾，南盘上冲形成山脊，北盘俯冲为水库积水所漫，断裂带内除硅化外，皆为泥质胶结，火成岩脉强烈穿插，结构面具水平及斜向擦痕，挤压扁豆体及阶步较多，具有多期活动性，现仍在活动中。

城头—大河东断裂　西起城头镇驻地，东至大河东村，长约2千～3千米，走向320°，倾向南西，倾角60°～70°，构造角砾岩及擦痕清楚，有裂隙上升泉。

郭塌桥—仲官河断裂　起于东海县郭塌桥村，至赣马镇驻地，长约85千米，县境内长20余千米，走向50°～60°～30°，东南—倾，断裂被第四系地层埋复，两盘上下比差较大，断层角砾岩较厚，沿线白垩系砂砾岩有多处沉积。

杜沟—堰水房断裂　起于临沭县杜沟村，至门河镇堰水房村，长约35千米，县境内长约10余千米，走向45°～60°，东南倾，倾角75°以上，宽200米左右。构造岩发育，结构面可见斜向、波状擦痕，较均匀硅质胶结。火成岩侵入体较多，矿物具有重晶定向排列，北侧有裂隙上升泉出露。

中村—小站断裂　起于沙河镇中村，至小站村，长约2.5千米，走向320°，倾向南西，倾角60°～70°，构造角砾岩及擦痕清楚，有裂隙上升泉。

羽山—大吴山斜背　西起东海县羽山，中经抗日山，东至大吴山，走向70°～50°～30°，长60余千米，县境内长25千米，宽约300米，两翼见大理岩透镜体，带内见硅化、重晶石化、萤石化、方铅矿化、黄铜矿化等，富含地下水。

罗阳—曾庄向斜　起于罗阳镇驻地，至东海县曾庄村，长55千米，县境内长10余千米，走向0°～40°，倾向东，倾角40°～55°。核部由含磷组地层组成。

大岭—海头断裂　起于沙河镇，至海头镇，长约36千米，被第四系地层埋覆，未探明。

岚山—云台断裂　起于日照市岚山，至云台山，大部在海底，未探明。

第三节　水文地质

赣榆县地下水主要储于第四系孔隙、基岩裂隙和风化孔隙中，地下径流方向自北、西流向东，靠降水补给，平均总储量2.94亿立方米/年，允许开采量1.85亿立方米/年，其中淡水允许开采量1.3亿立方米/年。地下水矿化度在低山丘陵区一般为0.1克/升，滨海地区高达18.97克/升，以柘汪—海头—刁庄—武强山—墩尚一线为咸淡水分界线。高氟水主要分布在殷庄、沙河、城南、青口、柘汪等乡镇的148个村庄，其中含氟化物2～4毫克/升的有25个村，大于4毫克/升的有12个村。

一、第四系孔隙水

第四系孔隙水分布在更新统晚期洪—冲积含水层、全新统冲积含水层、全新统海积含水层和古砂堤淡水体4个含水层组。

更新统晚期洪—冲积含水层组　山丘之沟谷至山前平原、海滨皆有分布，岩性以中、粗砂为主，夹黏性土透镜体。基底随基岩而起伏，自北西向南东厚度增大，层次变多，粒度渐细，厚度1～25米，一般厚10米左右，承压水头2米左右。

该含皮层组厚度稳定，补给条件良好，水量丰富，其中古老基底的洼谷形尤优，单井出水量可达60～150吨/时。

全新统冲积含水层组　沿河流分布，近河道砂粗，远河道砂细，逐渐变为黏性土。厚度由5米左右逐渐变薄以至尖顶，局部有黏性土覆盖。一般含潜水，局部含微承压水，受降水影响很大，单井出水量每日数十吨至数百吨。

全新统海积含水层组　呈条带状沿海岸线分布，北窄南宽，岩性以细、中砂为主，局部粉细砂。厚度自南东向北西渐薄，厚度0.5～3米，最大8米。含水层不稳定，水量变化很大，单井出水量每日由数十吨至数千吨不等。

古砂堤淡水体　沿海有10余条古砂堤，平行海岸相间排列，一般长500～1000米，宽100～300米，呈梭状、新月状，厚1～8米，剖面呈馒头形。组份以中、粗砂为主，含有大量海贝壳碎屑。含孔隙水，靠降水补给，水量、水质受季节性影响明显，单井出水量一般为每小时5～20吨，埋深10米以上。

二、基岩裂隙水

有岩脉穿插带控水和断层及旁侧裂隙带控水两类。

岩脉穿插带　有煌斑岩脉、石英岩脉和榴辉岩脉3种，煌斑岩脉一般长百余米，宽数百米，单井出水量可达每日数百吨。

断层及旁侧裂隙带　有7条控水。

杜沟—堰水房断裂，断层内无水，水富集于北侧下盘，有矿泉水分布。

陈洪爽—西陡岭断裂，水富集于上盘两侧，有矿泉水分布。

新集—温旦头断裂，水富集于下盘，有矿泉水分布。

黑林—柘汪断裂，水富集于下盘，有矿泉水分布。

中村—小站断裂，水富集于断裂带中。

城头—大河东断裂，水富集于断裂带中。

车辐山—塔山断裂，水富集于断裂带中。

三、风化孔隙—裂隙带控水

出露地表的更新统早、中期基岩上部风化破碎，含孔隙—裂隙水，大理岩溶蚀裂隙带含裂隙水，皆零星分布。出水量差异甚大，条件较好地区单井出水量每小时可达10吨以上。

第三章　地　貌

赣榆县处沂蒙山脉东南麓，东濒海州湾，西、北高东南低，地貌可分为剥蚀低山丘陵区、剥蚀陇岗洼地、山前河湖堆积平原、近代海积平原四种类型。

剥蚀低山丘陵区，一般高程75米（废黄河零点，下同）以上，少部分在35米以上，有山37座、岭61座。覆盖物为酸性至中性风化岩、砂土和黄黏土，土层厚度0.5～1.5米左右。

剥蚀陇岗洼地，一般高程10～35米，覆盖物为酸性至微碱性砂土、黄黏土和黑黏土地，土层厚度约1～1.5米。

山前河湖堆积平原，地面高程3～10米。覆盖物为中性、轻碱性砂土、黄黏土、黑黏土，厚度约20米以上。

近代海积平原，高程0.5～3米。覆盖物为碱性砂土、砂壤土、砂黏土和灰黑色黏土，厚度可达30米以上。

第一节　山　岭

赣榆县境内有山37座，主要分布在北部、西部10个镇内，以大吴山最高。

大吴山　在黑林镇驻地东，面积7平方千米。又名吴凤山，主峰位置：北纬35°00′19″，东经118°57′32″，高程364.69米，为赣榆县最高山。

抗日山　在班庄镇官庄村南，面积2.57平方千米。主峰位置：北纬35°53′33″，东经118°51′03″，高程167.1米。本名马鞍山，因山顶有石如马鞍得名。1942年7月7日，抗日烈士纪念塔建成后，改称抗日山。

卢山　在石桥镇范庄村西北，旧名青山，以山色青黑得名。主峰位于北纬

图 1-5　大吴山（2007年摄）

35° 04′ 16″，东经 119° 06′ 49″，高程 195.2 米。其南麓 2.6 平方千米在县境内，余属莒南县。

高家山 在卢山之西，旧名蒿子山、鸡山。主峰位置：北纬 35° 03′ 26″，东经 119° 06′ 02″，高程 91 米。东南麓 0.69 平方千米在县境内，余属莒南县。

怀仁山 又名宿山。在高家山西南 1.2 千米，面积 0.61 平方千米。山下有北周怀仁县城遗址，故名。主峰位置：北纬 35° 02′ 49″，东经 119° 05′ 31″，高程 75.3 米。

龟山 在怀仁山东南 1.6 千米，面积 1.49 平方千米。主峰位置：北纬 35° 02′ 30″，东经 119° 06′ 33″，高程 92.9 米。山半有 2 石似龟，因而得名。有石如船，两列白石如锦缆，又名泊船山、石缆山，为赣榆八景之一。

玫瑰山 在八条路水库大坝南端，面积 1.03 平方千米。主峰位置：北纬 35° 01′ 48″，东经 119° 02′ 46″，高程 55.9 米。

马子山 又名马家山、马鞍山，在厉庄镇西陡岭村北 1.7 千米，面积 0.46 平方千米。主峰位置：北纬 35° 02′ 17″，东经 118° 58′ 22″，高程 102.1 米。

两狼山 又名狼山，在厉庄镇上小山村东北 500 米，面积 1.65 平方千米。主峰位置：北纬 35° 00′ 29″，东经 119° 01′ 01″，高程 92.8 米。

人山 又名银山，在两狼山西 500 米，面积 1.21 平方千米。主峰位置：北纬 35° 00′ 25″，东经 119° 00′ 39″，高程 112.5 米。

九泉山 在厉庄镇东陡岭村南 1 千米，面积 4.9 平方千米。主峰位置：北纬 35° 01′ 17″，东经 118° 59′ 46″，高程 135.7 米。

东山 又名转山、平山、东屏山，在九泉山南 1.5 千米，面积 1.35 平方千米。主峰位置：北纬 35° 00′ 31″，东经 118° 59′ 48″，高程 124 米。

图 1-6 二龙山（2007 年摄）

龙山 又名二龙山，在黑林镇大赤涧村北 2 千米，面积 0.9 平方千米。主峰位置：北纬 35° 01′ 18″，东经 118° 53′ 29″，高程 190 米。

小吴山 又名后小吴山，在大吴山东北 2 千米，面积 1.92 平方千米。主峰位置：北纬 35° 01′ 20″，东经 118° 58′ 11″，高程 222.5 米。

猪山 又名前小吴山、蜘蛛山，在龙山南 500 米，为龙山余脉，面积 0.61 平方千米。主峰位置：北纬 35° 00′ 58″，东经 118° 58′ 21″，高程 159.8 米。

芦山 又名楼山，在大吴山东南 1.7 千米，为大吴山余脉。面积 0.31 平方千米。主峰位置：北纬 35° 59′ 33″，东经 118° 58′ 00″，高程 100 米。

小塔山 旧名塌山，因山如坍塌状而得名。在小塔山水库主坝东端，面积 1.07 平方千米。主峰位置：北纬 34° 56′ 37″，东经 118° 58′ 47″，高程 69.5 米。

子贡山 在小塔山水库主坝西端，面积 0.085 平方千米。旧名青松山，有子贡晒书台、端木书院遗址。主峰位置：北纬 35° 55′ 33″，东经 118° 56′ 48″，高程 47.7 米。

车辐山 在塔山镇姚葛埠村南，面积 2.24 平方千米，主峰位置：北纬 34° 54′ 42″，东经 118° 53′ 47″，高程133米。

小徐山　又名小龙山，在姚葛埠村北1.4千米，面积1.31平方千米。主峰位置：北纬34°56′19″，东经118°54′01″，高程159米。

大徐山　在班庄镇横山官庄东南1千米，面积1.65平方千米。主峰位置：34°56′34″，东经118°53′32″，高程256.2米。

太平山　在横山官庄南1千米，面积0.921平方千米。主峰位置：北纬34°56′26″，东经118°52′16″，高程134米。

椰头山　又名狼子山，在班庄镇西响石村东1千米，面积3.21平方千米。主峰位置：34°56′06″，东经118°3′21″，高程202米。

祝其山　又名竖旗山，在西响石村西1千米，面积0.85平方千米。主峰位置：北纬34°55′50″，东经118°51′53″，高程224米。

夹谷山　在祝其山西南，面积1.93平方千米。主峰位置：北纬34°55′34″，东经118°51′15″，高程304.9米。山上有圣化亭、夹谷书院、奎星阁等古迹，为赣榆八景之一。

葫芦山　在夹谷山东，面积1.75平方千米。主峰位置：34°55′34″，东经118°51′44″，高程229米。

金牛山　又名金山、溠金山，在夹谷山东南，面积0.6平方千米。主峰位置：34°55′09″，东经118°51′27″，高程185米。

双山　一山双峰，又名双峰山、葫头山，在祝其山西1千米。主峰位置：北纬34°56′20″，东经118°51′16″，高程221米。

马山　在班庄镇吴沟村东南750米，面积3.38平方千米。主峰位置：北纬34°55′03″，东经118°50′50″，高程261米。

廖山　在班庄镇廖沟村东南1.5千米，面积1.47平方千米。主峰位置：北纬34°53′42″，东经118°50′25″，高程143米。

刘家山　旧名留驾山，在班庄镇泉子坡村北1千米，面积1.2平方千米。主峰位置：北纬34°53′10″，东经118°49′48″，高程139米。

葛家山　与刘家山一山双峰，面积0.8平方千米。主峰位置：北纬34°53′11″，东经118°49′49″，高程115米。

横山　在班庄镇西响石村北1.4千米，面积1.56平方千米。主峰位置：34°53′11″，东经118°52′35″，高程194米。

朱雀山　在班庄镇横山官庄村北1.3千米，面积2.61平方千米。主峰位置：34°57′48″，东经118°52′57″，高程91米。

牛王山　在黑林镇申疃村西800米，面积1.66平方千米。主峰位置：北纬35°01′33″，东经118°52′00″，高程86米。

武强山　在墩尚镇武强山村旁，面积0.06平方千米，峰顶高23.7米。主峰位置：北纬34°44′11″，东经119°04′34″，高程23.7米。

秦山　详见本篇第三章第五节《岛屿》。

第二节　河　流

赣榆县境内河流纵横密布，主要有跨境排洪河4条、运河1条、排涝河13条。大多数的河流源自西、北部山区，东流直接入海。

绣针河　又名袖珍河、荻水河、汾水河，为赣榆县与日照市界河。源出莒南县五莲山东麓，在柘汪镇西棘荡村入境，至荻水口入海，全长46千米，在赣榆县境内河长9千米，流域面积4平方千米。流域地势西北高东南低，流域内岩石多为花岗石，少部分为石灰岩，土壤大部分为砂壤土，局部有黄土。主要支流有牛庙河、温家村河、坪上河、团林河等。流域内有岚济公路、兖石铁路等交通设施。入海口西岸为赣榆县临港工业园区，入海口东4.5千米处左岸有岚山港。

绣针河属季节性河流，受海洋性气候影响较大，降水量年际变化大，年内分配不均，汛期洪水暴涨暴落，枯水期河水断流，径流年内随季节变化明显，6～9月径流量占全年的87.2%，有连续干旱、连续丰水的特点，多年平均年径流量7668万立方米，枯水年为2450万立方米。

响石河　源出柘汪镇盘古岭村北，至柘汪镇响石村北入海。河长6.7千米，底宽3～5米，流域面积6.5平方千米，排涝流量10立方米/秒。1990年建成挡潮闸一座。

石羊河　因河上有石羊桥而名。源出柘汪镇江南岭，至柘汪镇西林子、甘县2村间入海，河长6.5千米，流域面积13.94平方千米，高差46米。

柘汪河　源出柘汪镇韦家岭村，至柘汪村东南入海，流域面积34.26平方千米，河长11千米，高差75米。

石桥河　源出卢山东麓，经石桥镇驻地东流，至石桥镇柳树底村东北入海，长13.5千米，流域面积31.89平方千米，河道高差195米，下游河道窄而弯曲，堤高1米左右。

木套河　源出石桥镇木套西岭，经木套村东流入海，长2.3千米，流域面积5.53平方千米，流域面积5.53平方千米，建挡潮闸、公路桥各一座。

韩口河　源于龟山东麓，至潮河口入海，长13千米，流域面积42.76平方千米。原名潮口河，漫滩行洪，与木套河相通。1993年东线调水工程竣工，与通榆河接通。

小沙河　在石桥镇小沙村南，原为排淡引卤晒盐的小沟，长3.5千米，流域面积4.17平方千米，建挡潮闸、公路桥各1座。

小口河　源自海头镇马庄村南，东流至北朱皋村盐田折而南，至小口村东经挡潮闸入龙河口，长7.2千米，流域面积6.2平方千米。

龙王河　有大支流6条。主流源于莒南县五莲山南麓，称络车河；至金山镇石埠与小河埃两村间入赣榆县境，经金山镇朱汪村向东南流，称朱汪河；又经海头镇龙王庙村南，称龙王庙河；至海头镇梁东沙村东入海，海口称朱蓬口。龙王河为防洪、灌溉、调蓄、水产养殖等多功能的河道，河道全长75千米。流域面积554.5平方千米；赣榆县境内长27.5千米，流域面积123.5平方千米。河底高程19.1～3.5米，河底宽140～400米。龙王河流域属暖温带季风区半湿润过渡性气候。地势北高南低，上游大部分为山区，主要以花岗岩为主，中游缓丘，沿河流向中间低，两侧高，下游为冲洪积平原。龙王河属季节性河流，支流陡，干流缓，汛期上冲下淤，水土流失较重。河底均为岩石埋藏由东向西倾斜，深度由东岸向西在河中伸展，岩石高程由13米变化到0.8米，河系中泓部分岸石以上有少量淤泥及带泥质的砂。石堰漫水桥以下河床宽300～400米，深3～4米，多积砂，弯多而大，易受海水顶托。龙王河东南约12千米左岸处有盐仓城遗址，入海口处有海头港。流域内有岚济公路及兖石铁路等交通设施。

官庄河　原名芦沟河，源自海头镇王场村，源头延至金山镇红庄村，成官庄河，在海脐村东入龙河，河道全长12千米，流域面积27.5平方千米。排涝流量64.9立方米/秒，长12千米。

兴庄河　源自大吴山东麓，经厉庄村内东南流，至海头镇新河村东南经兴庄口入海，长27.5千米，流域面积188平方千米。原为大石桥河、木头沟河、小泥河3条小河经3次整治而成。有塔山河、黄庄河、上庄河、木头沟河等支流。

图 1-7　沙汪河（2009年摄）

图 1-8　青口河（2009年摄）

图 1-9　朱稽河（2006年摄）

沙汪河　源于塔山镇大莒城村，沿塔青干渠向东，至青口镇小沙村东入海，长16千米，流域面积41.3平方千米。

青口河　旧名小沙河、洙水，有支流18条。主流源出莒南县，至青口镇下口村东南入海，全长64千米，境内长47.54千米。全部流域面积493平方千米，境内267平方千米。

朱稽河　全长35千米，流域面积175平方千米，最大排洪能力246立方米/秒。

范河（白马河）　原为朱稽河第5沟。发源于门河镇堰水房、三里墩一带丘陵区，经范河挡潮闸注入临洪口入黄海。全长30千米，干河长19.75千米，流域面积280平方千米。

新沭河　其旧名为大沙河，又名庙湾子河。上源有南北2支，北支源自马山，南支源自郯城县大沙河镇，在石梁河村东北汇合东流，至沙河镇东又分为南北2派，至临洪镇东合而为五龙河入临洪口，全长50千米，流域面积620平方千米。

通榆运河　为（南）通（赣）榆运河新沭河以北段，全长420千米。1977年12月～1983年年初经3期施工，自新沭河北堤挖至青口河，长15.4千米，每年引江淮水1亿立方米灌溉赣榆县农田。1985年开始通航，为6级航道。2007年，实施通榆河北延送水工程。通榆河北延送水工程全长190千米，南起盐城市滨海县，北至连云港市赣榆县柘汪工业园区。其中赣榆县境内长59千米，从沭北闸经沭北航道入朱稽河、青口河，经过青龙大沟、龙北干渠至赣榆县柘汪工业园区。2008年12月，开工建设青口河引水闸土建施工及安装工程、沭北航道改道段河道工程及龙北干渠扩浚工程。2009年5月，龙北干渠扩浚工程完成全部合同工程项目；11月，青口河引水闸、沭北航道改道工程完成全部合同工程项目。

第三节　水　库

图 1-10　石梁河水库大闸（2006年摄）

赣榆县境内共有水库89座，其中石梁河水库、小塔山水库为大型水库，八条路水库为中型水库，其余86座为小型水库。

一、大型水库

（一）石梁河水库

石梁河水库位于新沭河中游，赣榆县沙河镇孟曹埠村西。水库上游与山东临沭县接壤，库区横跨赣榆、东海两县，主坝北起赣榆县沙河镇，南至东海县石梁河镇。副坝在赣榆县欢墩镇，集水面积5573平方千米，总库容5.31亿立方米，水库面积90.9平方千米，是一座以防洪为主，结合灌溉、养殖、发电、旅游等综合利用的大（二）型水库。

水库南侧的石梁河镇盛产葡萄，地下有水晶石、石英砂等矿藏。水库周边有历史悠久的磨山和羽山，有丰富的生物种群，动植物有280多种。

（二）小塔山水库

小塔山水库为江苏省第二大水库，位于赣榆县西北塔山镇，距离县城17千米，主坝建于小塔山与子贡山之间，水库因地命名。

图 1-11　小塔山水库泄洪闸（1998年摄）

小塔山水库库区，地表为起伏不等的丘陵、岗地、坡地，库区高程（废黄河零点，下同）20米左右。库区上游地形较高。下游青口河、旦头河、汪子头河河床部位较低。

小塔山水库集水面积386平方千米，兴利水位32.8米，兴利库容1.16亿立方米，50年一遇洪水位34米，相应库容1.68亿立方米，2000年一遇校核洪水位为37.31米，总库容2.82亿立方米，防洪库容2.4亿立方米。

水库枢纽由主坝、东副坝、西副坝、主坝溢洪闸、东分洪闸、主坝涵洞和西副坝涵洞等建筑物组成。主坝东起小塔山，西至子贡山，长2303米，顶宽10米，坝顶高程38.5米，最大坝高22.5米。

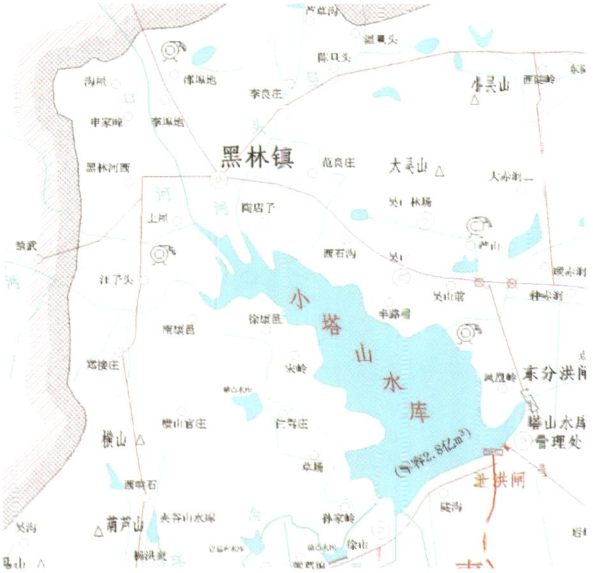

图 1-12　2009年小塔山水库位置图

小塔山水库下游建设大型灌区一座，总面积374.7平方千米。灌区有耕地2.1万公顷，人口41.6万，实际灌溉面积1.73万公顷。灌区内盛产水稻、小麦、花生及蚕桑等。灌区内现有总干渠1条，与小塔山水库输水涵洞相接，干渠10条，支渠152条；配套机井1560眼；斗渠以上建筑物6350座，电灌站256座，装机容量8380千瓦。

水库泄洪闸正面“小塔山水库泄洪闸”八个字由著名书法家舒同题写。山下建有中科院紫金山天文台观测站。

小塔山水库水质优良，黄砂及渔业资源丰富，盛产鲤、鲫、鲢、鳙等鱼类。

小塔山水库水域面积40平方千米，岸长约30千米，平均水深7米，最深处达15.5米。2007年4月，江苏省水利厅批复为省级水利风景区。

二、中型水库

八条路水库，位于江苏省赣榆县西北部低山丘陵区谢湖河下游，金山镇境内。集水面积32平方千米，总库容2143万立方米，是一座以防洪为主，结合灌溉、供水、水产养殖等功能综合利用的中型水库。

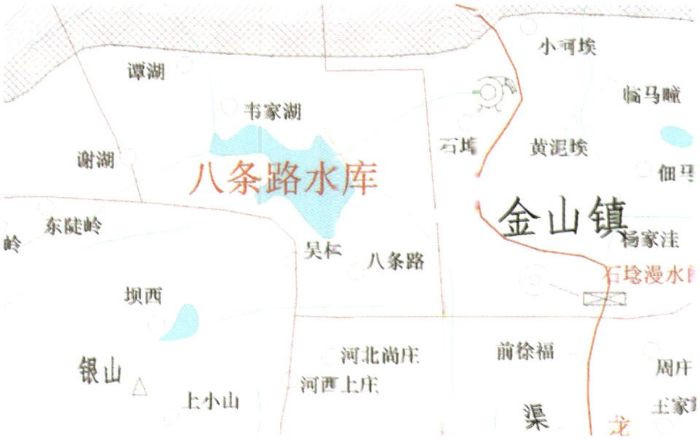

图 1-13　2009年八条路水库位置图

图 1-14　八条路水库（2004年摄）

三、小型水库

全县共有小水库86座（其中登记在册70座），小（1）型12座，小（2）型74座，总集水面积138.2平方千米，总库容5348万立方米。小型水库采用均质土坝，明渠式溢洪道，块石护坡、放水涵洞有闸阀式、提升式、凡尔式。

其中，全县兴建的第一座小水库是夹谷山水库。最具盛名的小水库则是红领巾水库。红领巾水库是新集河上游的一座小型水库，位于赣榆县班庄镇西北。建于1958年3月，水库集水面积10.55平方千米，总库容370万立方米；兴利水位58.5米，库容309万立方米；死水位51米。水库大坝长830米，坝顶高程60.9米，顶宽5米，最大坝高14.8米，设内外肩坎，高程49.5米，内肩坎宽1米，外肩坎宽2米，背水坡为1∶2.5，设计最高洪水位59.5米。水库设东西两座放水涵洞，明渠式溢洪道，实际灌溉面积800公顷。

1957年，南京雨花台区中心小学449名少先队倡议，用当年零用钱支援苏北修建一座“红领巾水库”。共青团江苏省委、江苏省教育厅决定号召全省少先队员和少年儿童都来参加这项活动，并将“红领巾水库”修建在革命老区赣榆县。12月30日《新民报》晚刊刊登《江苏红领巾支援四十条》一文，毛泽东阅此文后，亲笔批示“红领巾新闻可阅，并可参看江苏报纸，由新华社写一条新闻播发”。全省少先队员积极响应，捐款7万元，赣榆县又筹集3万元，计10万元。1958年3月至7月，赣榆县政府组织班庄乡民工3673人在前集村北、新沭河支流—新集河上游建成红领巾水库。

图 1-15　2009年红领巾水库位置图

水库运行至2008年，一直未进行较大规模的维修。坝顶挡墙、迎水坡护砌损坏，部分坝段无护砌。背水坡局部渗水、排水设施损坏。两座灌溉涵洞结构老化，洞身漏水，溢洪道无护砌，缺乏必要的管理设施等。2008年，被省水利厅评定为三类坝。2009年，实施小水库除险加固工程。

图 1-16 红领巾水库（2008年摄）

第四节 海 域

一、海州湾

赣榆段海底地形西、南部高，东、北部低。潮间带以下浅滩呈南西至北东向倾斜，平均坡降0.37‰，最大水深10米，沉积物以粉砂质淤泥为主，近岸处厚约5米，随水深的增大而逐渐变薄。水深13～27米间为冲蚀平原，呈东偏北方向倾斜，平均坡降0.15‰。沉积物以细砂为主，富含水生动物壳体碎屑，厚1～2米。冲蚀平原上密布流蚀洼地，深1～4米，宽0.4千米～1千米，长1千米～15千米，轴线与地形、潮流方向一致。水深19～22米间，有1条与地势走向垂直的砂堆链，高1～3米。临洪口外有1条陆架谷，呈南西至北东走向，与临洪河走向一致，其起点在10米等深线附近，平均谷深5～10米，深潭最大水深25米。

海水温度2月最低，平均近岸表层水温4.18℃，底层水温4.29℃，极值为2℃；8月最高，平均近岸表层水温26.7℃，底层24.2℃，极值28.4℃。平均年温较差，表层22.52℃，底层19.91℃。水温随水深和距岸远近而变化，秋、冬两季近岸水温低，远岸水温高，春、夏两季相反，其等值线分布与等深线基本一致。

溶解氧含量与水温有关，2月和11月溶解氧含量平均为6毫升/升，8月平均含量4.6毫升/升。磷酸盐含量2月最高，8月最低，表层平均每原子升含0.3微克；硝酸盐、亚硝酸盐含量则相反，2月低，8月高。氯化钠含量与水温、降水有关，一般在29.53‰～32‰之间，近河口处最低为26‰。泥沙含量与距岸远近、滩涂地质、风浪大小有关，秦山岛外海水澄清，附近一般含砂量低于0.2克/升。海水比重一般在1.106左右。

二、海岸

赣榆县海岸线南起临洪口，北至绣针河，长约62.5千米，总走向北高南低。其地貌特征以兴庄河口为界，分为南北两种类型，南部为粉砂淤泥质海岸，北部为砂质海岸。绣针河至龙王河口间为冲刷退蚀型海岸；兴庄河口至临洪河口之间为沉积外延型海岸；龙王河口至兴庄河口之间则是两种类型海岸的交变段。

绣针河口至兴庄口海岸长约30.7千米，以山前河湖堆积平原为主，间有风化基岩和海相沉积，地面高程2～3.7米。海岸被冲刷侵蚀速度以绣针河口至柘汪河口之间为最。

海岸有自然砂堤，因河流切割而成断断续续之状。柘汪镇段自然砂堤堤顶高程2.6米左右；石桥镇段高程3～3.8米左右；海头镇段高程4～4.4米左右。宽数米至数十米不等，向海坡5°左右，向陆坡25°～30°。其构成主要是石英质粗砂，含泥甚少，富含贝壳碎屑。再西有两道古砂堤，各间隔1千米～2千米。第1条古砂堤北端在海头镇北朱皋村后，经南朱皋、海脐、匡口、新河等村，迄于青口镇李沙村，形成年代约在2500年前。第2条古砂堤北端在海头镇董庄村，经海头镇义合村东，迄于赵家沙村，形成年代约在7600年前。古砂堤因河流切割而间断，或呈扇形分布，其间地表多为海相沉积，厚3～5米不等，其下则为陆相黏土，一般厚10米，再下为陆相砂层，厚1～3米不等，厚者富含淡水。基岩埋深，北部较小，南部较大，龙王河口至兴庄河口间埋深约25～30米。

近海岸土地，临近绣针河口处和龙王河口北至马庄村东为砂壤土，含盐量不高，其余为灰黑色粉砂质淤泥，浅表地下水含盐1%～3%，多辟为鱼塘。

兴庄口至临洪口段海岸长约16.5千米，为近代海积平原，地面高程2.5～4米。表层以褐黑色砂黏土为主，全盐含量2%以上；中层为灰黑色淤泥质黏土、砂黏土、黄砂层；底层为黄褐色亚黏土、灰白黏土、砂层；基底为片麻岩风化壳，埋深约20～30米。近岸地下有第三纪红层，主要组成物质为黏土夹风化砾石，走向近于北南，宽度3千米～6千米，埋深30～35米。

此段海岸线的外延速度，南部大于北部。明末以来，兴庄口附近海岸外延约1.2千米，临洪口附近外延约6千米。石梁河、小塔山等大小水库建成后，河流输砂量减少，海岸外延速度减缓。

海岸内有4条近于北南向的古砂堤。黄沙村古砂堤形成于800年前；头圪村古砂堤形成于2500年前，北端在李沙村，向南经宋庄、罗阳两镇境内，直抵海州洪门；郑园村古砂堤形成于7600年前；徐朱孟村古砂堤形成于近4万年前。古砂堤横剖面多呈馒头状，主要成分为石英质黄砂，富含贝壳碎屑，有淡水发育，靠降水补给。

三、滩涂

全县滩涂面积共9766.7公顷，其中海堤至平均高潮位线之间1273公顷，平均高潮位线以下8493.7公顷。其地貌类型、土质也以兴庄口为界分为两类，其北为板砂浅滩，以南为淤泥质浅滩。

兴庄口以北潮间带宽度，以绣针河口处最大，约4千米～5千米，柘汪口处约3千米，龙王河口处宽度不足千米。其构成成分，除石桥镇白石头村东海滩上分布风化基岩砾石外，其余皆以中径1毫米以下石英质砂为主要成分，含泥率一般在10%左右，含盐量1%左右，质地致密坚实。板沙滩上有许多砂头、洼地（套口），走向与地势、潮流一致。绣针河口、龙王河口外各有1条砂嘴。绣针河口外砂嘴古称龙尾砂，自东岸向海中延伸，长3.5千米，走向南西，近岸处为中、高潮位浅滩，尾部则为低潮位河口区。龙王河口北岸砂嘴长2.5千米，北南走向，河口南岸砂嘴为北南向羽状砂嘴，俗称老虎砂。在海头镇马庄村正东海中有蛎滩，宽0.5千米，长2千米。由牡蛎壳多年堆积岩化而成，富含钙质结核，滩顶水深3米左右，5月间遇西南大风潮退可出露水面。

兴庄口以南潮间带宽度北小南大，兴庄口至青口河口间约2.5千米～3千米；临洪口附近宽5千米～6千米，宽阔平坦。海滩物质，近岸500～1500米为浮泥滩，北窄南宽；浮泥滩外为500～1500米宽的板沙滩，北宽南窄；沙滩外又为浮泥滩。浮泥滩为黏性重盐土，主要物质为青灰色、褐黑色淤泥，夹少量细砂，含盐量0.8%～4.3%，稀疏黏稠，厚数十厘米，沟河入海口处厚可数米。

四、潮汐

潮期　一般情况下，潮汐平均历时12小时25分，其中：涨潮历时4个多小时，落潮历时7个多小时，高潮憩流15～30分钟，低潮憩流30多分钟，两个潮期等于1个太阴日。

潮汐的月度内变化　在农历每月朔、望日，潮位、潮差在半月内最大，称大潮，过此即逐渐减小，至上、下弦约达最低值，称小潮，过此又逐渐增大，周而复始。

日潮　不等在一个潮日内，潮汐各要素均不相等，高高潮、高低潮、低高潮、低低潮的出现受多种因素制约。

潮汐的年度内变化　潮位在一年中，一般以冬至至雨水间最低，立秋至秋分间最高。春分、秋分时日潮不等现象最显著，春季高高潮一般出现在白天，秋、冬季则多在夜间。夏至、冬至时日潮不等现象最小。

潮水时刻 因潮流、地形等多种因素影响，赣榆县沿海各港口间潮水时刻不同，一般情况下，范河闸比海头港晚半小时。同一港口，各年度潮水时刻也不相同。

气象对潮汐的影响 风、降水、水温、蒸发量、气压等对潮汐皆有影响。但最易观察到的是风的影响，在东北风7、8级时，海头港提前半小时满潮，潮位增高0.3～0.5米，西南大风则相反。

潮流 黄海潮流在东经120°为东西向，至平山岛（北纬34° 52′东经119° 50′）西改为北东至南西向，至秦山岛（北纬34° 52′，东经119° 14′）西又改为北南向抵近临洪口。潮流冲刷北部海滩，夹带泥沙南下，刮东北大风时尤甚，到南部海岸因流速减小而沉积。

波浪 赣榆县累年平均沿海海面偏北浪向频率为68%；主浪向东北东，频率14%；强浪向北东。夏季偏东浪向频率80%；主浪向东北东，频率35%；强浪向北东。秋季偏北浪向频率75%；主浪向北东，频率27%；强浪向北东、北北东。冬季偏北浪向频率78%；主浪向北东，频率34%；强浪向北北东。春季偏东浪向频率74%；主浪向东，频率28%；强浪向北西、北东东。

影响波浪大小的主要因素是风向、风力、风的吹程和水深。赣榆县沿海在北东风7～8级时，波浪高度约为水深的1/3～1/2，水深3米，浪高1.5～2米；水深5米，浪高2～2.5米；水深10米，浪高3米左右。风力10级时，水深10米，浪高可达3～5米。当12级台风中心在千米外时，长浪即以70千米～80千米时速先期到达，近岸水位壅高1米以上。水深时浪型长而圆，水浅时浪型短而陡峭。

第五节 岛 屿

秦山岛位于黄海海域，距赣榆县境内最近海岸约8千米，面积约0.14平方千米，有东、中、西3峰。东峰为主峰，位置为北纬34° 52′ 13.5″，东经119° 16′ 50.3″，高程57米，西峰高程36.6米。旧传秦始皇曾登此岛求仙，海神赐其一珠，岛上遗有秦始皇授珠台，因名秦山。山形东大西小，宛若一张横卧海天之间的瑶琴，又名琴山。海域时现海市蜃楼，奇丽壮观，故又名神山。

山体由石英岩、大理岩、片麻岩构成。岩层走向北西，倾向北，倾角40°～50°，呈单斜构造。岩层均厚，层坚硬，多断裂构造，含裂隙淡水，靠雨水补给。周围岩层受海蚀多沿节理面裂开，成巨大的岩块崩落，海蚀岩高20～50米，岩滩宽150～200米。东部滩上有2石笋似人形，高15米，渔民呼为将军石，现一块将军石已倒卧海中。岛上片麻岩深度风化，成松散的红、黄土状风化壳，厚14米。

山前棋子湾，有海积石坝防浪，为天然港池，平日泊渔船，稍浚可泊大轮。西端有2.6千米的海积石英卵石“神路”，呈多链“S”形蜿蜒向陆。2009年，岛上建有环岛公路、临时码头、徐福井等。

图 1-17 秦山岛全景（2009年摄）

第四章 气候 物候

赣榆县属暖温带南缘湿润性季风海洋性气候，处于暖温带和北亚热带过渡地带，兼有暖温带和北亚热带并略有海洋性气候特征。四季分明，光照充足，雨量适中，雨热同步，气候资源比较丰富，适于农业生产，有利于水稻、小麦、玉米、棉花和水果、蔬菜等作物生长。

第一节 气 候

一、气候特征

春季　春季起讫时间，平均在3月28日至6月1日。其特点是温度回升缓慢，且不稳定，相比同纬度徐州地区略晚。日平均气温介于10℃～22℃之间，气温平均每天升高0.17℃，进入5月气温才能稳定上升。春季阳光和煦，少雨干燥，春旱较为突出，5、6月间北方冷空气频频南下与暖湿空气交汇，有时会出现冰雹天气。

夏季　夏季起讫时间，平均在6月2日至9月17日。其特点是炎热多雨，日平均气温在22℃以上，受东南季风影响全县进入雨季。处于西太平洋副热带高气压控制时，天气炎热。副高的进退，加上北方小股冷空气的切入，时常酿成暴雨；中后期有时受台风影响，也会带来大量降水和风灾。夏季降雨量约占全年总降水量的61%。

秋季　秋季起讫时间，平均在9月18日至11月14日，为全年最短季节。其特点是秋高气爽，风微天晴，气候宜人。日平均气温介于10℃～22℃之间，昼夜温差大，有利于秋熟作物生长成熟和秋收秋种，也有利于盐业生产，但也有少数年份秋雨连绵影响农业生产。

冬季　冬季起讫时间，平均在11月15日到翌年3月27日，是一年中最长的季节。其特点是天气较冷，日平均气温在10℃以下，雨雪不多，处于强大而单一的冬季风控制下，大陆高压稳定，相比同纬度徐州严寒期偏短。

二、气候要素

日照　1990～2009年，年平均日照时数2367.2小时，年日照百分率56%，呈“春多冬少”型分布。春天3月至5月日照时数累计665.4小时，冬天12月至次年2月日照时数累计503.7小时，春天比冬天多161.7小时。一年中5月日照时间最长，为242.5小时，日均7.8小时；2月日照时间最短，为166.2小时，日均5.9小时。

气压　赣榆县气压变化特点表现出明显的季节性，即冬季高、夏季低，年际变化较小。年平均气压1015.9百帕。1月平均气压最高，为1026.7百帕，7月平均气压最低，为1003.2百帕。

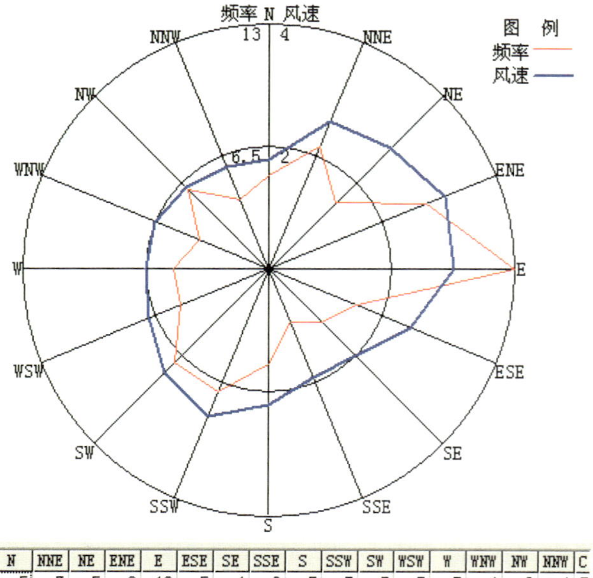

风向	N	NNE	NE	ENE	E	ESE	SE	SSE	S	SSW	SW	WSW	W	WNW	NW	NNW	C
频率	5	7	5	9	13	5	4	3	5	7	7	5	5	4	6	4	7
风速	1.8	2.6	2.8	3.1	3.0	2.5	2.0	1.9	2.2	2.6	2.4	2.1	2.0	2.0	1.9	1.8	0

图 1-18　2000～2009年赣榆县全年风向频率及平均风速玫瑰图

气温　赣榆县年平均气温13.9℃，常年最冷月为1月，月平均气温0℃，极端最低气温-13.8℃，出现在1990年2月1日。常年最热月为7月，月平均气温26.5℃，极端最高气温39.5℃，出现在2002年7月15日。

降水　赣榆县处于季风气候带，雨量充沛，年平均降水量913.5毫米。年极端最多降水量1435.8毫米（1990年），年极端最少降水量674.5毫米（1997年）。一日最大降水量219.9毫米（1990年8月4日）。

风　赣榆县由于海陆的共同作用，夏季盛行东南风，冬季盛行偏北风，年平均风速2.6米/秒，年有效风时2483小时，年有效风功率密度25.4瓦/平方米。赣榆县历年最多风向为东风，其次是东北风。

湿度　（1）水汽压　赣榆县年平均水汽压为13.9百帕，一年中7月水汽压最大，平均为28.9百帕，1月最小，平均为4.2百帕。（2）相对湿度　年平均相对湿度为72%。一年中各月相对湿度变化较大，以7、8月相对湿度为最大，平均约为84%，以1、2、3、4、12月为最小，平均约为66%。

蒸发　赣榆县是多日照地区，蒸发量比较大，全年蒸发量平均为1497.1毫米。历年总蒸发量年际之间变化不是很大，但一年中各月蒸发量变化较大，一般5月蒸发量最大，月平均193.2毫米；1月蒸发量最小，平均46.2毫米。

1981～2009年赣榆县各月平均蒸发量一览表

表1-3　　单位：毫米

月份项目	1	2	3	4	5	6	7	8	9	10	11	12
蒸发量	46.2	61.2	111.7	162.1	193.2	190.4	173.1	168.1	145.8	118.[illegible]	75.8	51

三、天气现象

大风　大风是较常见的气象灾害之一，气象学上定义瞬时风速达17米/秒（风力达8级）以上为灾害性大风。一般风力达7级时，就有摧毁农作物和农业设施的危险。农作物生长季的大风往往是毁灭性的。大风的季节特征明显，春季大风日最多，占全年的41%，夏季次之，冬季、秋季大风依次减少。赣榆县全年平均大风日数11.7天。

暴雨　暴雨是地区的主要灾害性天气之一。不同量级、不同范围的暴雨，其灾害程度不同。根据国家气象局的有关规定，按雨量对暴雨的量级作如下划分：暴雨日雨量（20时～20时，下同）≥50毫米；大暴雨日雨量≥100毫米；特大暴雨日雨量≥250毫米。赣榆县全年暴雨日数3.9天。

第二节　物　候

县境内四季分明，无论动物、植物还是非生物表现都较为明显。

一、生物物候

1月，室内迎春花开放。

2月，春梅开放。

3月上旬，荠菜萌发、冬小麦返青；中旬，柳树发芽；下旬，蚂蚁出穴，喜鹊筑巢，丁香、毛白杨开花，杏树现蕾。

4月上旬，青蛙始鸣，燕子归来，杏树开花，刺槐开花、法国梧桐发芽，小麦拔节，野草返青；中旬，冬眠动物出蛰，桃树开花，桑、槐等树发芽；下旬，青蛙产卵，春蚕孵化，苹果树开花，春播作物下种。

5月上旬，黄鹂、杜鹃、伯劳等候鸟飞回，蝎子交尾，冬小麦抽穗，枣树发芽，梧桐、刺槐、牡丹、芍药等开花；中旬，鱼类、麻雀产卵，金龟子危害作物，冬小麦扬花，樱桃、草莓成熟；下旬，野兔交配，春蚕成茧，桑椹成熟，夏玉米播种，石榴树开花。

6月上旬，蚊蝇开始繁殖，冬小麦、大蒜、杏成熟；中旬，蝉类始鸣，马铃薯成熟；下旬，燕子孵卵，李子成熟，荷花始开。

7月下旬，扁豆、葫芦等开花坐果，桃子成熟。

8月，老蝉疲而落地，俗谓“不秋不落”；核桃成熟，春玉米收获。

9月上旬，黄鹂、杜鹃等候鸟南飞，蟋蟀始鸣，萤火虫飞舞，高粱、稻谷、梨成熟；中旬，鸟类停止产卵，花生、大豆、夏玉米成熟，冬小麦下种；下旬，燕子南迁，板栗、大枣、芝麻成熟。

10月上旬，柿子成熟，枣叶变黄；中旬，地瓜、芋头成熟、刺槐叶变黄；下旬，树叶飘落，野草发黄，大雁南飞过境，鸡换羽，蛙潜藏。

11月上旬，萝卜、大葱等晚秋蔬菜成熟，冬眠动物渐下蛰；中旬，树叶落光，草木凋零；下旬，大白菜成熟。

12月，越冬作物停止生长。

二、非生物物候

1月，县内土壤冻结约20厘米，俗语“大雪不封地，不过两三日”。河水结冰厚约1～4厘米。

2月下旬至3月上旬，地面雪融化，土壤冰面开始解冻。

3月下旬，水面停止结冰。

4月上旬，山阴积雪化完。

5月，干热风危害小麦严重。

6～7月，强对流天气多发，降水集中，时有冰雹。

8～9月，常有大风。

10月，秋高气爽。

11～12月，大雾较多，降雨较少。

第五章　土壤　植被

第一节　土　壤

一、土壤分类系统

全县可利用土壤分为4个土类、9个亚类、16个土属、33个土种。

赣榆县可利用土壤面积分类系统一览表

表1-4

土类		亚类		土属			土种	
名称	占可用面积（%）	名称	占可用面积（%）	名称	占可用面积（%）	占其土类（%）	名称	占其土类（%）
棕壤	42.7	粗骨棕壤	12.21	酥石岭砂土	12.21	28.59	砾石土 岭砂土 岭砂堆迭土	7.19 21.16 0.24

续表1-4

土类 名称	土类 占可用面积（%）	亚类 名称	亚类 占可用面积（%）	土属 名称	土属 占可用面积（%）	土属 占其土类（%）	土种 名称	土种 占其土类（%）
棕壤	42.7	棕壤（白浆化棕壤）	21.33	白浆土	11.6	27.17	白浆土	26.27
							炉底白浆土	0.9
				包浆土	9.73	22.76	包浆土	20.38
							黄泥土	1.9
							黄泥堆叠土	0.48
		潮棕壤	9.16	板土	9.16	21.46	板土	12.55
							黑板土	7.29
							白板土	1.64
砂姜黑土	13.15	砂姜黑土	12.82	湖黑土	11.54	87.74	黑土	84.98
							中位砂姜黑土	2.76
				岗黑土	1.28	9.77	岗黑土	9.77
		盐碱化砂姜黑土	0.33	盐碱化砂姜黑土	0.33	2.49	盐化黑土	2.49
潮土	38.11	棕潮土	34.41	黄砂土	8.54	22.4	黄砂土	19.76
							砂漏土	2.54
				黄土	16.78	44.04	黄土	32.36
							腰黑黄土	8.18
							底黑黄土	2.36
							砂心黄土	1.14
				老黄土	9.09	23.84	老黄土	15.88
							腰黑黄土	7.96
		盐碱化棕潮土	3.7	盐碱化黄砂土	0.89	2.34	盐化黄砂土	2.34
				碱碱化黄土	1.23	3.22	盐化黄土	1.81
							碱化黄土	1.41
				盐碱化老黄土	1.58	4.16	盐化老黄土	4.16
盐土	6.04	潮盐土	4.39	砂质潮盐土	0.68	11.26	砂质脱盐土	10.48
							砂质轻盐土	0.78
				黏质潮盐土	3.71	61.47	黏质轻盐土	41.26
							黏质中盐土	12.03
							黏质重盐土	8.17
		草甸盐土	1.65	黏质草甸盐土	1.65	27.27	黏质草甸盐土	27.28

说明：全县可利用土壤面积，简称可用面积

二、土壤分类与分布

棕壤　是全县唯一的地带性土壤。

粗骨棕壤亚类：包括酥石岭砂土1个土属的3个土种。分布在夹谷山、佘山、吴山、卢山等低山及其附近的岗岭中上部，高程50米以上，地形较复杂，坡度较大，砾石较多，土层浅薄。

棕壤（亦称白浆化棕壤）亚类：分白浆土、包浆土2个土属5个土种。分布在西部、北部的丘陵岗岭地区，高程20～50米，地形为缓坡（3°～5°），砾石较少。其中白浆土多分布岗岭上部或岭间小平原，包浆

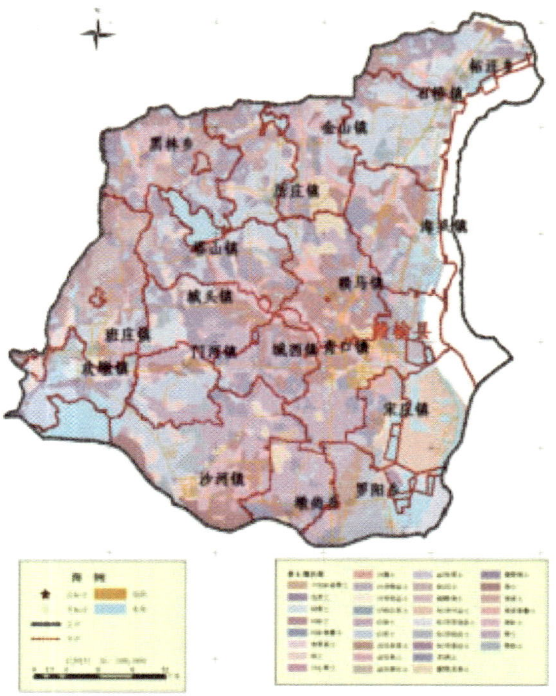

图 1-19　赣榆县土壤分布图

土地势稍高于白浆土，但地形是较缓的坡地或小平川。包浆土中一部分土地，表层长期被冲刷以后，露出黏土层，经耕种的称为黄泥土。

潮棕壤亚类：有1个板土土属，分3个土种，分布在西北部低山、岗岭向中部平原的过渡地带，高程在10～20米的缓坡地段，或低岭之间的小平原。

砂姜黑土　砂姜黑土亚类主要分布在五大洼湖地区，即四沟湖（在青口镇四沟村附近4个乡的洼地）、小站湖（沙河镇小站村附近4个乡的洼地）、黄墩湖（城头镇黄墩村附近3个乡洼地）、曹顶湖（班庄镇曹顶村附近3个乡的洼地）、伞庄湖（官河乡大伞庄村附近4个乡的洼地）。城西、沙河、门河、塔山、赣马等镇境内有小块湖黑土分布，高程在5～20米之间，多数在河流两岸较远的地方。砂姜黑土亚类中的岗黑土，分布在欢墩、班庄、城头、石桥、海头、柘汪等镇境内，地势为岭间平原或岗间洼地，高程在20～30米之间，呈连片或小块状分布。

盐碱化砂姜黑土：有1个土属1个土种。分布在宋庄、青口、罗阳、墩尚等镇境内，即四沟湖中最低洼的小地块，高程5米左右。

潮土　是近代河流冲积物演变发育成的土壤，有两个亚类。

棕潮土亚类：包括3个土属8个土种，分布在沭河、青口河、龙河、绣针河两岸的平原地区。由于河流泛滥时"紧出砂"作用，近岸为质地较粗的黄砂土土属；"慢出淤"作用，在远离河岸的地方，淤积了质地较细的老黄土土属；"不紧不慢两合土"，在离岸不近不远的地段，则形成质地适中的黄土土属，它是理化性状及肥力水平均较好的土壤。

盐碱化棕潮土亚类：是沿海的次生盐碱化棕潮土。其中盐碱化黄砂土分布在河流入海口附近。盐碱化黄土的两个土种，多分布在青汾公路、青罗公路两侧，在沙河、墩尚等内地镇亦有零星小块分布。盐碱化老黄土分布在沿海7个镇境内，其中海头镇、罗阳镇面积较大，呈长条状分布。

盐土　是沿海地区的主要土壤，有两个亚类。

潮盐土亚类中的砂质潮盐土：分布于古海堤附近，北起城东乡李沙村经孙沙村、宋庄镇沙口村、汪庄村、柳杭村，南至罗阳镇大沙村、前罗阳村、刘口村、东关村，呈带状分布，高程5米左右。黏质潮盐土则分布在古海堤线以西的低洼小平原，呈南北长、东西窄的块状分布，高程4米左右。另外，柘汪、石桥等镇境内亦有零星小块分布。

草甸盐土亚类：有1个土属1个土种。分布在临洪河、范河入海口西侧。

三、主要土类特点

岭砂土　俗称岭土、蚂蚁砂等，是棕壤土类酥石岭砂土土属中的主要土种。可利用面积占全县可利用土壤面积的9.04%，占棕壤土类的21.16%。有效土层厚30厘米左右，表层、亚表层质地较粗，含有砾质和砾石，养分含量低，下层是半风化母岩，无心土发育层。地势高亢，水土流失严重，土壤保水保肥性能较差，多无水源灌溉，易旱易涝。主要熟制为二年三熟，以小麦、山芋、花生为主，少数能灌溉的梯田，为一年两熟，稻、麦轮作，年亩产225千克～500千克。岭砂土经过深翻整平、修建梯田、施用有机肥、水旱轮作等一系列综合治理后，变成岭砂堆迭土，是山岭地的高产土壤。

白浆土　是棕壤土类白浆土土属中面积最大的一个低产土种。可利用面积占全县可利用土壤面积的11.22%，占棕壤土类面积的26.27%。白浆土有效土层表层厚度25厘米，养分含量低，中层是白土层，厚度25～42厘米，质地紧实，铁锰结核含量较多，影响水分下渗和农作物根部下扎；下层有42～100厘米厚的紫泥层，黏重紧实，也是阻碍水分下渗的障碍层。雨季土壤常常包浆滞水，发生渍害，而旱季地下水不能上升补给表层，造成干旱危害。白浆土主要熟制为二年三熟，小麦、山芋、花生轮作，部分熟制为一年两熟稻麦轮作，年亩产250千克～500千克。

包浆土　是棕壤土类包浆土土属中的主要土种。可利用面积占全县可利用土壤面积的8.71%，占棕壤土类面积的20.38%，与白浆土交错分布，紧密相连。包浆土表层有机质含量在0.85%左右，氮、磷、钾均较缺乏，代换量也较低，保墒供肥能力差，既易包浆滞水受涝渍，又易干枯死苗，作物产量低而不稳。熟制与轮作方式与白浆土相同，年亩产300千克～500千克。包浆土表层被冲刷后，露出紫泥层，经耕作、施肥熟化后变成黄泥土。包浆土、黄泥土经过修建梯田，人工深翻，打破障碍层，加上施肥等措施改良，土壤理化性状改善，肥力提高，经长期种植水稻，变成岭地较高产的黄泥堆叠土。

板土　俗称堰土或青砂土等。可利用面积占全县可利用土壤面积的5.36%，占棕壤土类面积的12.54%。板土的表土是岭坡上冲刷下来的细土，表层、亚表层厚度40厘米左右，为质地紧实灰黄色的中壤，无新生体和石灰反应，土体结构为碎粒、碎屑状；心土层、底土层厚度50～60厘米，为质地极紧实的暗黄棕色与青灰棕色的重壤，有轻度锈斑与铁锰结核，无石灰反应，土体结构为棱状和块状。有机质含量1%左右，磷、钾含量较少，保水保肥性能和物理性状较好。熟制为二年三熟或一年两熟，年亩产325千克～550千克。

黄砂土　可利用面积占全县可利用土壤面积的7.53%，占潮土土类面积的19.75%。黄砂土由河流近岸冲积物发育而成，1米深土层质地为砂土或砂壤，易耕易耙，适耕期长。有机质含量0.78%左右，磷、钾含量较低，保水性能和保肥性能均较差。作物易受旱，后期易脱肥，产量低而不稳，年亩产325千克～600千克。

黄土　可利用面积占全县可利用土壤面积的13.85%，占潮土土类面积的32.36%，是河流多次洪水不紧不慢时沉积物发育形成的土壤。土层深厚，有不同质地的土层，表层多为轻壤或中壤，质地适中，适耕期长，易耕易耙，保水保肥性能较好，容重较小，土壤毛管孔隙度较大，在地下水位较高的田块，常能上升供作物吸收，俗称为"夜潮地"，种旱作物不怕旱，但怕涝渍。有机质含量1%左右，氮、磷、钾含量较低。熟制多为一年两熟，稻、麦或薯、麦或玉米、小麦轮作，少部分为两年三熟水旱轮作，年亩产325～750千克。有的黄土经过20～30年种植水稻，长期铁锰淋溶，耕层中出现锈斑锈纹或银灰色胶膜，有机质含量明显增高，已初具江南渗育型水稻土的基本特征。

老黄土　可利用面积占全县可利用土壤面积的6.05%，占潮土土类面积的15.88%。是河流泛滥时，离河堤较远处的静水沉积物发育形成。表层、亚表层质地为重壤至轻黏土，适耕性较差，适耕期较短，有机质含量1.36%～1.65%，速效氮、磷供给性较差，保水保肥性能较好。底土层是黑黏土，排水通气性能较差，易受涝渍危害，但耐旱性较好。熟制多为一年两熟，稻、麦或薯、麦轮作，年亩产500～750千克。

黑土　可利用面积占全县可利用土壤面积的11.17%，占砂姜黑土土类面积的84.98%。是由古老的黄土性母质，经沼泽化等过程发育形成的，表层覆盖很薄的河流冲积物，经耕作后表层土壤颜色变成灰黑色，质地变成轻黏土；亚表层及心土层颜色为灰黑色，质地为中黏至重黏土，为紧实的块状结构，底土层为黄灰的重黏土，软烂无结构。黑土的有机质含量为1.5%。速效钾、碱解氮含量较高，代换量较高，但速效磷缺乏。黑土的缺点是由于质地黏重，非毛管孔隙度小，具有干硬湿黏的特性，难耕难耙，适耕期短，透气性和排水降渍能力较差，旱作物易受涝渍。但在冬季耕翻后，垡块容易风化，土壤变得疏松细散，有利种植。黑土经过农田水利配套建设，耕翻施肥等措施改良，熟制一年两熟或三年五熟，水旱粮油作物轮作，年亩产500千克～750千克。

盐土　总面积占全县可利用土壤面积的10.07%。其中原生盐土土类中有潮盐土、草甸盐土两个亚类；次生盐土有盐碱化棕潮土、盐碱化砂姜黑土两个亚类，共7个土属11个土种：潮盐土有2个土属5个土种。其中砂质潮盐土有砂质脱盐土和砂质轻盐土2个土种，面积分别占盐土土类的10.48%和0.78%。1米深土层平均含盐量分别为0.037%和0.1%～0.2%。脱盐土已基本脱盐，pH酸碱度7.7～8.5，碱性较强，轻盐土尚未脱盐。黏质潮盐土有3个土种，均含有较高的有机质，速效钾含量特别高，速效磷含量中等，质地黏重，通气性差，全盐含量，轻盐土0.1%～0.2%，中盐土0.2%～0.4%，都是向脱盐方向发展的耕地；重盐土含盐量仍在0.4%以上，为垦殖过的撂荒地。轻、中、重3种黏质盐土面积分别占盐土土类的41.27%、12.03%和8.17%。草甸盐土有1个土属土种，即黏质草甸盐土。面积占盐土土类的27.27%，为非耕地，生长芦苇、盐蒿等盐生植物。盐碱化棕潮土有3个土属4个土种。其中：盐化黄砂土全盐含量0.167%，pH酸碱度8.5左右；盐化黄土和碱性黄土两个土种，全盐含量分别为0.1%～0.2%和小于0.1%，pH酸碱度均为8左右；盐化老黄土全盐含量大于0.1%，有的达0.3%，pH酸碱度在8左右。4个土种的理化性状和养分含量均与未盐碱化的棕潮土亚类中相应的土种大体相同。盐碱化砂姜黑土有盐化黑土1种，面积占本土类的2.49%，全盐含量平均为0.2%，个别高达0.5%，以氯化物为主。

四、土壤肥力

2005年，作为农业部确定的第一批全国测土配方施肥补贴资金项目200个试点县的赣榆县，按照农业部和江苏省测土配方施肥补贴资金项目实施方案《测土配方施肥技术规范》和《测土配方施肥项目资金管理暂行规定》要求，紧紧围绕“测土、配方、配肥、供肥、施肥指导”五个环节，按照“五个一”的推广模式（一个耕地资源管理信息系统、一幅施肥分区图、一张施肥推荐表、一张施肥建议卡、一次供齐配方肥料），在全县全面推广测土配方施肥技术。到2009年，共检测5889个土壤样本、76500多个项次。

（一）土壤有机质

赣榆县地形地貌复杂，土种繁多，土壤养分含量差异大。全县土壤有机质含量平均为17.7克/千克，含量范围在1.13～32.39克/千克之间。按照第二次土壤普查养分的划分标准，全县达一级标准的有1742个样品，占29.53%；达二级标准的有2295个样品，占17.44%；达三级标准的有1662个样品，占12.94%；达四级标准的有187个样品，占8.57%；达五级标准的有13个样品；占4.02%。水田土样中，盐化黑土有机质含量最高，平均为24.22克/千克，岗黑土有机质含量最低，平均为14.21克/千克。主要土种间有机质含量顺序为包浆土＜板土＜黄砂土＜白浆土＜中位砂姜黑土＜岭砂土＜腰黑黄土＜腰黑老黄土＜黄土＜老黄土＜黑土。

赣榆县土壤有机质分级状况一览表

表1-5　　单位：克/千克

含量分级	含　量	样　次	频　率	平均值
一级	＞20	1742	29.53	23.52
二级	15.1～20	2295	38.9	17.44
三级	10.1～15	1662	28.17	12.94
四级	6.1～10	187	3.17	8.57
五级	≤6	13	0.22	4.02

赣榆县不同土种土壤有机质含量一览表

表 1-6　　　　单位：克 / 千克

土壤类型	含量范围	平均值	样品个数
白板土	6.04 ~ 24.59	17.59	181
白浆土	4.99 ~ 26.43	15.82	262
板土	1.13 ~ 29.69	15.23	719
包浆土	2.34 ~ 26.11	14.64	482
底黑黄土	9.84 ~ 19.21	15.05	38
岗黑土	8.53 ~ 19.07	14.21	63
黑板土	7.32 ~ 24.52	16.05	156
黑土	6.38 ~ 32.39	19.62	1009
黄砂土	7.12 ~ 32.15	15.75	234
黄土	7.11 ~ 32.11	18.52	1417
碱性黄土	7.32 ~ 21.86	15.12	13
老黄土	7.42 ~ 30.67	18.85	379
岭砂土	9.68 ~ 24.06	17.38	22
盐化黑土	18.57 ~ 29.87	24.22	24
砂漏土	8.69 ~ 23.7	15.64	76
砂心黄土	9.83 ~ 26.9	17.04	62
砂质脱盐土	16.52 ~ 24.38	19.83	11
盐化黄砂土	8.22 ~ 26.21	18.05	36
盐化老黄土	14.49 ~ 31.69	22.58	63
腰黑黄土	7.91 ~ 26.35	17.85	142
腰黑老黄土	8.89 ~ 32.08	18.16	175
黏质草甸盐土	16.47 ~ 30.29	23.02	59
黏质轻盐土	7.98 ~ 30.58	20.51	158
黏质中盐土	11.3 ~ 24.94	19.39	22
中位砂姜黑土	7.99 ~ 23.72	16.07	96

（二）土壤全氮含量

土壤全氮是土壤肥力的重要标志。全县土壤全氮含量平均为1.07克/千克，含量范围在0.27～1.66克/千克。根据第二次土壤普查养分分级标准划分，达一级标准的土样有1373个，占总采样数的23.28%；达二级标准的有2088个土样，占总采样数的35.4%；达三级标准的有2154个，占总采样数的36.51%；四级标准的有268个，占总采样数的4.54%。五级标准的有16个，占总采样数的0.27%。可见，赣榆县土壤全氮含量大部分在2～3级之间。

赣榆县土壤全氮含量分级状况一览表

表 1-7　　　　单位：克／千克

含量分级	含量	样次	频率	平均值
一级	≥ 1.5	1373	23.28	1.59
二级	1.5 ～ 1	2088	35.4	1.15
三级	1 ～ 0.75	2154	36.51	0.89
四级	0.75 ～ 0.5	268	4.54	0.64
五级	＜ 0.5	16	0.27	0.38

不同土种之间全氮含量也不相同。黑土全氮含量最高，其平均值为1.19毫克/千克。岭砂土最低，其平均值为0.52毫克/千克。主要土种含量趋势为黑土＞岗黑土＞腰黑老黄土＞老黄土＞黏质草甸盐土＞黄土＞板土＞包浆土＞黄砂土＞岭砂土。

赣榆县不同土壤类型全氮含量一览表

表 1-8　　　　单位：毫克／千克

土种名称	样品数	变　幅	平均值
白板土	181	0.7 ～ 1.09	0.95
白浆土	262	0.27 ～ 1.01	0.79
板土	719	0.55 ～ 1.24	0.87
包浆土	482	0.57 ～ 0.93	0.82
底黑黄土	38	0.63 ～ 1.38	0.96
岗黑土	63	0.76 ～ 1.4	1.17
黑土	156	0.67 ～ 1.76	1.19
黑板土	1009	0.65 ～ 1.1	0.91
黄土	234	0.5 ～ 1.34	0.95
黄砂土	1417	0.44 ～ 1.02	0.78
碱性黄土	13	0.8 ～ 1.02	0.96
老黄土	379	0.69 ～ 1.53	1.12
岭砂土	22	0.46 ～ 1	0.52
砂漏土	24	0.48 ～ 0.91	0.69
砂心黄土	76	0.52 ～ 1.04	0.68
砂质脱盐土	62	0.57 ～ 1.37	0.97
盐化黑土	11	0.61 ～ 1.32	0.91
盐化黄砂土	36	0.29 ～ 0.81	0.62
盐化老黄土	63	0.77 ～ 1.13	0.94
腰黑黄土	142	0.51 ～ 1.18	0.99
腰黑老黄土	175	0.7 ～ 1.66	1.17
黏质草甸盐土	59	0.80 ～ 1.23	1.08
黏质轻盐土	158	0.62 ～ 1.21	0.97
黏质中盐土	22	0.75 ～ 1.03	0.84
中位砂姜黑土	96	0.76 ～ 1.39	0.96

（三）土壤有效磷含量

赣榆县土壤有效磷含量差异较大，其中黑土类有效磷含量最高，平均值34.07毫克/千克；其次为老黄土，岭砂土有效磷含量最低，平均值为14.04毫克/千克。主要土种有效磷含量趋势为黑土>老黄土>黄土>板土>垛田黏土>包浆土>岭砂土。

赣榆县不同土壤类型有效磷含量一览表

表 1-9　　　　单位：毫克 / 千克

土壤类型	含量范围	平均值	样品个数
白板土	15.81 ～ 42.87	23.96	181
白浆土	11.63 ～ 36.65	16.43	262
板土	13.71 ～ 40.6	24.57	719
包浆土	12.42 ～ 37.26	18.37	482
底黑黄土	12.41 ～ 46.04	29.93	38
岗黑土	14.45 ～ 42.89	31.1	63
黑板土	14.75 ～ 41.85	26.78	156
黑土	18.41 ～ 46.65	34.07	1009
黄砂土	10.24 ～ 36.59	15.24	234
黄土	15.65 ～ 47.9	28.49	1417
碱性黄土	11.11 ～ 43.79	27.19	13
老黄土	16.15 ～ 47.65	32.07	379
岭砂土	8.04 ～ 31.33	14.04	22
盐化黑土	15.99 ～ 42.06	28.33	24
砂漏土	12.74 ～ 35.71	15.38	76
砂心黄土	10.29 ～ 45.74	21.53	62
砂质脱盐土	12.5 ～ 38.75	22.44	11
盐化黄砂土	10.22 ～ 35.26	14.06	36
盐化老黄土	16.84 ～ 43.95	26.14	63
腰黑黄土	11.93 ～ 45.4	25.19	142
腰黑老黄土	13.13 ～ 46.4	28.57	175
黏质草甸盐土	14.49 ～ 43.99	24.89	59
黏质轻盐土	12.22 ～ 46.9	20.1	158
黏质中盐土	10.63 ～ 41.68	22.65	22
中位砂姜黑土	15.73 ～ 44.07	32.69	96

（四）土壤有效钾含量

2000年后，赣榆县土壤有效钾含量较低。全县平均为92.4毫克/千克，范围在17～480毫克/千克之间。根据第二次土壤普查养分划分标准，达一级标准的土样有305个，占5.17%；达二级标准的229个，占3.89%；达三级标准的2811个，占47.66%；达四级标准的1922个，占32.58%；达五级标准的有632个，占10.70%。可见，全县土壤有效钾含量大部分为三、四级之间，占80%。

赣榆县土壤有效钾含量分级状况一览表

表 1-10　　　　单位：毫克 / 千克

含量分级	含量	样次	频率	平均值
一级	＞150	305	5.17	173.51
二级	100～150	229	3.89	115.37
三级	50～100	2811	47.66	82.19
四级	30～50	1922	32.58	44.68
五级	≤30	632	10.70	26.42

在全县土壤中，盐土类有效钾含量最高，平均值在150毫克/千克以上；棕壤类土壤有效钾含量最低，平均值在70毫克/千克以下。

赣榆县不同土壤类型有效钾含量一览表

表 1-11　　　　单位：毫克 / 千克

土壤类型	含量范围	平均值	样品个数
白板土	21.95～133.19	62.39	181
白浆土	17.24～116.35	59.48	262
板土	26.77～136.05	77.67	719
包浆土	20.04～125.99	63.38	482
底黑黄土	43.64～111.21	74.12	38
岗黑土	53.65～107.64	65.94	63
黑板土	25.54～137.95	70.24	156
黑土	39.24～206.61	90.18	1009
黄砂土	20.94～167.29	55.75	234
黄土	31.89～154.59	88.42	1417
碱性黄土	51.35～97.35	81.04	13
老黄土	39.15～477.15	96.21	379
岭砂土	22.51～116.57	38.37	22
盐化黑土	75.54～149.07	111.22	24
砂漏土	18.38～167.58	60.68	76
砂心黄土	27.71～158.59	77.53	62
砂质脱盐土	148.29～378.64	228.84	11
盐化黄砂土	107.71～368.09	167.52	36
盐化老黄土	71.34～223.68	146.11	63
腰黑黄土	36.75～232.67	76.28	142
腰黑老黄土	37.53～158.55	85.8	175
黏质草甸盐土	310.66～419.66	290.74	59
黏质轻盐土	107.28～422.65	241.14	158
黏质中盐土	263.79～337.14	300.21	22
中位砂姜黑土	35.54～121.65	80.63	96

（五）土壤有效硅含量

硅素能提高农作物抗逆性，提高经济效益。全县土壤硅素含量下降较快，有效硅平均含量为76.9毫克/千克，变幅在36.2～213.7毫克/千克之间。不同土壤类型之间有效硅含量差异不大，全县约有70%土壤的有效硅含量接近临界值。

（六）土壤有效镁含量

赣榆县土壤耕层有效镁含量平均值为0.78毫克/千克，变幅在0.26～1.67毫克/千克之间。

（七）土壤有效硼含量

赣榆县土壤耕层有效硼平均含量为0.32毫克/千克，变幅在0.11～1.74毫克/千克之间。根据第二次土壤普查养分分级标准，达一级标准的有3个土样，占0.88%；达二级的有12个，占3.51%；达三级的87个，占25.44%；达四级的179个，占52.34%；达五级的61个，占17.84%。以0.5作为缺硼临界值，有70.18%的土壤低于硼临界值。

赣榆县土壤耕层有效硼含量分级一览表

表1-12　　　　单位：毫克/千克

级　别	标　准	样　次	频　率	平均值
一级	＞1.5	3	0.88	1.54
二级	1～1.5	12	3.51	1.19
三级	0.5～1	87	25.44	0.71
四级	0.2～0.5	179	52.34	0.32
五级	＜0.2	61	17.84	0.17

（八）土壤有效铜含量

赣榆县土壤有效铜含量平均值为2.80毫克/千克，其变幅在0.19～5.46毫克/千克之间。全县土壤有效铜含量均在三级以上，其中94.03%达一级标准。

赣榆县土壤耕层有效铜含量分级一览表

表1-13　　　　单位：毫克/千克

级　别	标　准	样　次	频　率	平均值
一级	＞2	4589	77.79	3.19
二级	1～2	1077	18.26	1.55
三级	0.2～1	231	3.92	0.79
四级	0.1～0.2	2	0.03	0.19
五级	＜0.1	0	0	—

（九）土壤有效锌含量

赣榆县土壤有效锌平均含量为0.67毫克/千克，其变幅在0.15～3.67毫克/千克之间。不同土壤类型差异较大。盐土类有效锌含量最高，其次是质地比较黏重的土壤类型，岭地土壤及砂壤土含量最低。主要土壤有效锌含量趋势是：黏质草甸盐土＞黏质中盐土＞黏质轻盐土＞盐化黑土＞塿黑老黄土＞老黄土＞黄土＞板土＞包浆土＞岭砂土。全县土壤普遍缺乏锌元素，且地区间不平衡。

赣榆县不同土壤类型有效锌含量一览表

表 1-14　　单位：毫克 / 千克

土壤类型	含量范围	平均值	样品个数
白板土	0.24 ～ 1.47	0.61	181
白浆土	0.2 ～ 1.16	0.37	262
板土	0.15 ～ 1.37	0.51	719
包浆土	0.17 ～ 1.57	0.43	482
底黑黄土	0.25 ～ 1.19	0.64	38
岗黑土	0.21 ～ 1.16	0.76	63
黑板土	0.21 ～ 1.49	0.52	156
黑土	0.18 ～ 1.71	0.69	1009
黄砂土	0.2 ～ 1.86	0.68	234
黄土	0.23 ～ 2.31	0.74	1417
碱性黄土	0.2 ～ 2.54	0.81	13
老黄土	0.25 ～ 2.25	0.77	379
岭砂土	0.18 ～ 1.36	0.38	22
盐化黑土	0.29 ～ 3.14	1.02	24
砂漏土	0.21～1.22	0.47	76
砂心黄土	0.23～2.51	0.66	62
砂质脱盐土	0.27～3.07	1.06	11
盐化黄砂土	0.25～2.87	0.83	36
盐化老黄土	0.3～3.11	0.89	63
腰黑黄土	0.24～2.64	0.85	142
腰黑老黄土	0.22～2.49	0.94	175
黏质草甸盐土	0.33～3.67	1.28	59
黏质轻盐土	0.3～3.32	1.11	158
黏质中盐土	0.34～3.48	1.17	22
中位砂姜黑土	0.21～2.86	0.8	96

（十）土壤有效锰含量

赣榆县土壤有效锰平均含量为58.3毫克/千克，变幅在15.2～99.8毫克/千克之间。不同土壤类型有效锰含量差异较大，底黑黄土含量最高，为80.39毫克/千克，中位砂姜黑土含量最低，为34.8毫克/千克。

赣榆县不同土壤类型有效锰含量一览表

表 1-15　　单位：毫克 / 千克

土壤类型	含量范围	平均值	样品个数
白板土	52.3 ～ 89.3	69.9	181
白浆土	25.7 ～ 99.8	63.73	262

续表 1-15

土壤类型	含量范围	平均值	样品个数
板土	22.3 ～ 97.9	65.5	719
包浆土	26.6 ～ 96.3	70.2	482
底黑黄土	68.3 ～ 94.7	80.39	38
岗黑土	25 ～ 69.6	46.69	63
黑板土	22.3 ～ 99.3	76.8	156
黑土	20.3 ～ 99.5	49.26	1009
黄砂土	15.2 ～ 91.4	57.29	234
黄土	21 ～ 81.17	57.4	1417
碱性黄土	32.3 ～ 47.2	40.6	13
老黄土	22.2 ～ 93	48.2	379
岭砂土	65.1 ～ 94.4	75.6	22
盐化黑土	40.8 ～ 59.9	51.51	24
砂漏土	22.3 ～ 96.6	63.64	76
砂心黄土	21.2 ～ 86.5	43.19	62
砂质脱盐土	20.6 ～ 93.9	65.23	11
盐化黄砂土	21.1 ～ 57.6	35.59	36
盐化老黄土	26.6 ～ 91.82	76.08	63
腰黑黄土	23.1 ～ 76.38	38.71	142
腰黑老黄土	21.7 ～ 88.65	62.16	175
黏质草甸盐土	27.3 ～ 89.69	73.51	59
黏质轻盐土	35.2 ～ 62.5	50.88	158
黏质中盐土	23.1 ～ 84.77	55.7	22
中位砂姜黑土	19.6 ～ 62.6	34.8	96

（十一）土壤有效铁含量

赣榆县土壤有效铁平均含量为23.7毫克/千克，变幅在8.1～55.1毫克/千克之间。不同土壤类型有效铁含量差异较大，老黄土含量最高，平均为29.8毫克/千克，岗黑土含量最低，平均为21.4毫克/千克。赣榆县属不缺铁地区。

赣榆县不同土壤类型有效铁含量一览表

表 1-16　　单位：毫克/千克

土壤类型	含量范围	平均值	样品个数
白板土	10.8 ～ 38.6	23.2	181
白浆土	9 ～ 46.8	26.1	262
板土	8.5 ～	24.9	719
包浆土	8.1 ～ 44.2	27.3	482
底黑黄土	9.6 ～ 53.3	22.5	38

续表 1-16

土壤类型	含量范围	平均值	样品个数
岗黑土	8.8 ～ 43.6	21.4	63
黑板土	8.6 ～ 49.5	28.6	156
黑土	10.7 ～ 47.9	25.7	1009
黄砂土	9.3 ～ 36.7	23.9	234
黄土	9.6 ～ 50.2	29.8	1417
碱性黄土	8.3 ～ 46.6	27.5	13
老黄土	9.9 ～ 55.1	29.4	379
岭砂土	11.2 ～ 43.8	24.4	22
盐化黑土	10.4 ～ 48.8	22.3	24
砂漏土	8 ～ 42.5	21.7	76
砂心黄土	10.7 ～ 45.9	25.4	62
砂质脱盐土	11.1 ～ 44.7	26.1	11
盐化黄砂土	8.3 ～ 41.2	23.3	36
盐化老黄土	9.8 ～ 46.1	27.1	63
腰黑黄土	11.6 ～ 42.5	28.4	142
腰黑老黄土	10.1 ～ 47.7	29.6	175
黏质草甸盐土	8.2 ～ 39.6	28.1	59
黏质轻盐土	8.8 ～ 44.8	29.9	158
黏质中盐土	9.5 ～ 47.1	30.6	22
中位砂姜黑土	10.3 ～ 44.9	24.2	96

五、土壤酸碱度

赣榆县土壤pH酸碱度一般在6.4～7.5之间。西北部土壤大部分由酸性花岗岩，片麻岩风化而成，因此土壤偏酸。东南沿海地区为黄淮冲积海相沉积的盐渍土，碳酸钙含量在1% ～6%，土壤偏碱，pH酸碱度大于8。在土体构型上，全县大部分土壤pH酸碱度下层高于上层。

赣榆县不同类型土壤酸碱度一览表

表 1-17

土　种	变　幅	平均值
岭砂土	5.6 ～ 6.9	6.4
包浆土	5.2 ～ 7.7	6.4
白浆土	4.6 ～ 8.1	6.5
板土	5.4 ～ 7.8	6.3
黑板土	5.6 ～ 6.9	6.4
白板土	5.8 ～ 7.9	6.6
黄砂土	5.4 ～ 7.7	6.4

续表 1-17

土　种	变　幅	平均值
砂漏土	5.8 ～ 6.9	6.4
黄土	4.9 ～ 7.9	6.6
腰黑黄土	5.1 ～ 8	6.5
砂心黄土	5.9 ～ 7	6.7
老黄土	5.3 ～ 8.6	6.8
腰黑老黄土	5.43 ～ 8	6.4
盐化黄砂土	6.4 ～ 8	7.2
碱性黄土	6.9 ～ 8.1	7.5
黑土	6.8 ～ 8.3	7.4
中位砂姜土	6 ～ 8.3	7
岗黑土	6.3 ～ 8.4	7.4
盐化黑土	5.9 ～ 7.5	6.8
砂质脱盐土	7.6 ～ 8	7.8
黏抽轻盐土	7.1 ～ 8.5	7.9
黏质中盐土	8.1 ～ 8.4	8.3
黏质草甸盐土	7.8 ～ 8.4	8.2

六、土壤容重与土壤孔隙度

据剖面（n=135）样品测定，赣榆县土壤耕层平均容重为1.41克/立方厘米；总孔隙度平均为47.48%，不同的土壤也孔隙度不同，老黄土和中位砂姜黑土的容重较低，耕层容重小于1.3克/立方厘米，其总孔隙度都高于50%，而其余土种的总孔隙度都较低，如岭砂土，耕层容重达1.6克/立方厘米，总孔隙度只有41%。

土壤中各层孔隙度的大小，影响着土壤中空气、水分的状况和土壤的松紧度。处于地形位置较高的岭砂土各层的毛管孔隙度占总孔隙度百分数分别是：0～20厘米为70%，20～55厘米为80%，其田间持水量占饱和持水量的百分数分别为58%和64%，加上地下水位低，这种土壤常年含水量较低，包浆土中存在着黏重紧实的不透水层，在土体垂直方向上水文循环相当微弱。如剖面26-5-8，其第二层（20～35厘米）、第三层（35～120厘米）的毛管孔隙占总孔隙度的79%和87%，田间持水量与饱和持水量的百分数分别为70%和89%。这种土壤在降水较多时，出现包浆滞水现象。而处于地形位置较低，地下水位较高（一般在70厘米左右）的老黄土和砂姜黑土，各层非毛管孔隙度都很少，心土层、底土层都在5%左右，这些土壤易发生明涝暗渍，雨季应该及时排除地面积水和土壤根系活动层过多的水分，否则影响作物正常生长。

赣榆县典型剖面物理测定结果一览表

表 1-18

土壤名称	深度（厘米）	田间含水量（百分比）	土壤容重（克/立方厘米）	毛管孔隙度（百分比）	总孔隙度（百分比）
岭砂土	0 ～ 20	6.3	1.6	29.2	41
	20 ～ 55	12.5	1.51	35.2	44.1

续表 1-18

土壤名称	深度（厘米）	田间含水量（百分比）	土壤容重（克/立方厘米）	毛管孔隙度（百分比）	总孔隙度（百分比）
白浆土	0～25	4.1	1.3	39.9	48.08
	25～42	13.6	1.49	35.9	44.79
	25～42	25	1.42	40	47.09
包浆土	0～20	14	1.52	36.6	43.6
	20～35	16.3	1.53	34.5	43.6
	35～120	25	1.42	40.8	46.9
板土	0～22	9.9	1.46	34.6	45.8
	22～40	13.6	1.42	36.3	47.1
	40～66	21	1.45	38.1	45.3
黄砂土	66～95	23.5	1.53	34.5	43.5
	0～17	20.5	1.27	40	51
	17～26	21.7	1.47	39	45.2
	26～52	20.5	1.46	36	45
老黄土	52～83	25	1.49		
	0～15	25	1.17	46.8	5.54
	15～26	22	1.43	39.7	46.76
中位砂姜黑土	26～100	22	1.33	45.7	50.06
	0～18	37	1.31	45.7	50.72
	18～51	37	1.34	46.7	49.73
	51～100	37	1.3	45.5	51.2

七、耕地地力等级及肥料使用

1990年，赣榆县有耕地面积5.8万公顷。1995年，耕地面积缩减为3.85万公顷。随着土地复垦进程的加快，2009年，全县耕地面积达6.7万公顷。

（一）耕地地力等级

根据农业部耕地地力等级划分方案，赣榆县耕地分为五个等级。其中一级地129公顷，占总面积的0.17%；二级地3.52万公顷，占45.75%；三级地1.59万公顷，占28.42%；四级地2.19万公顷，占20.67%；五级地4509公顷，占4.99%。

赣榆县耕地地力等级面积汇总一览表

表 1-19　　　　单位：公顷

土种名称		地力等级					合　计
省分类系统	县分类系统	1	2	3	4	5	
酥石土	砾石土	0	0	72	63	598	733
岭砂土	岭砂土	0	0	0	1439	3044	4483

续表 1-19

土种名称		地力等级					合 计
省分类系统	县分类系统	1	2	3	4	5	
砾质岭砂土	岭砂堆叠土	0	0	0	2	27	29
棕白土	白浆土	0	245	4181	6018	9	10453
炉底棕白土	炉底白浆土	0	0	14	346	8	368
包浆土	包浆土	0	237	1561	346	132	2276
包浆黄紫泥	黄泥土	0	0	6	624	25	655
包浆黄紫泥	黄泥堆叠土	0	0	49	439	0	488
板土	板土	0	756	3370	873	1	5000
黑板土	黑板土	0	879	2332	432	0	3643
板土	白板土	0	75	234	5212	0	5521
棕砂土	黄砂土	0	2424	2020	873	0	5317
漏砂土	砂漏土	0	546	82	23	0	651
棕黄土	黄土	124	8438	1420	2923	0	12905
腰黑棕黄土	腰黑黄土	1	2367	217	0	0	15490
底黑棕黄土	底黑黄土	5	522	55	0	0	582
砂心棕黄土	砂心黄土	0	323	0	0	0	323
老黄土	老黄土	0	4647	278	0	0	4925
腰黑老黄土	腰黑老黄土	0	1844	115	0	0	1959
砂性轻盐土	盐化黄砂土	0	144	85	0	0	229
壤性轻盐土	盐化黄土	0	379	67	0	0	446
壤性轻盐土	碱性黄土	0	376	4	0	0	380
黏性轻盐土	盐化老黄土	0	1063	162	0	0	1195
湖黑土	黑土	0	9134	2583	1	0	11718
姜心湖黑土	中位砂姜黑土	0	166	0	0	0	166
岗黑土	岗黑土	0	216	1086	6	0	1308
盐黑土	盐化黑土	0	236	0	0	0	236
砂性轻盐土	砂质脱盐土	0	84	210	0	0	294
砂性轻盐土	砂质轻盐土	0	6	37	0	0	43
黏性轻盐土	黏质轻盐土	0	122	1342	49	0	1513
黏性中盐土	黏质中盐土	0	2	321	0	0	323
黏性重盐土	黏质重盐土	0	0	11	0	0	11
黏性沼泽盐土	黏质草甸盐土	0	0	21	0	0	21

说明：按粮食单产分

（二）肥料使用

20世纪90年代初，有机肥与无机肥施用比例约为3∶7。2005年，有机肥与无机肥施用比例为

1.4∶8.6。随着平衡配套施肥技术、测土配方施肥技术的推广应用，增肥补钾工程的实施等，化肥种类由单一施用氮肥转向氮磷钾肥配合施用；肥料品种出现多样化，特别是复合（混）肥料品种增多，如磷酸铵、磷酸二铵、复合（混）肥料、掺混肥料（BB肥）、多效锌肥、硼肥、钼肥、多效硅肥等；氮磷钾复合（混）肥料由施用低浓度品种向高浓度品种发展，由施用通用型肥料品种向作物专用型肥料品种发展。这种肥料结构的变化对农业生产持续稳定发展有重要作用。同时，由于增肥补钾工程的实施，复合（混）肥和钾肥用量开始有较大幅度上升。微量元素肥料逐渐被农民所认识和施用。

1991～2005年赣榆县化学肥料施用情况一览表

表1-20

年份	实物量（吨）					折纯量（吨）				
	氮肥	磷肥	钾肥	复合肥	合计	氮肥（N）	磷肥（P_2O_5）	钾肥（K_2O）	复合肥（$N+P_2O_5+K_2O$）	合计
1991	86586	24771	2614	20347	134318	21787	3740	1317	5102	31946
1992	92386	28526	4157	27432	152501	23232	3937	2089	7544	36802
1993	96757	26727	3348	30992	157824	43717	3849	1678	8667	57911
1994	98011	29168	4739	38207	170125	44274	4317	2376	10688	61655
1995	102774	30844	5102	41256	179976	46433	4349	2561	11887	65230
1996	102434	30917	5994	46269	185614	46282	4699	2999	13882	67862
1997	96017	26906	5769	46564	175256	43376	3901	2893	14900	65070
1998	99906	26883	6114	47014	179917	45128	4300	3057	15515	68000
1999	98400	26562	6186	47298	178446	12015	4064	3099	16564	35742
2000	95486	27447	7215	49276	179424	43143	4134	3612	19191	70080
2001	98293	26981	7062	43412	175748	44421	4182	3538	16907	69048
2002	89794	25050	7182	54074	176100	40576	3958	3595	21060	69189
2003	84062	22801	6156	43163	156182	40066	3420	3081	17589	64156
2004					176797					
2005					171388					

说明：资料来源于《赣榆县统计年鉴》

第二节　植　被

一、低山丘陵区

低山残存的自然植被　主要分布在低山中上部，有3个层次：上层是乔木，自然建群种是长绿针叶树赤松、黑松、侧柏和落叶阔叶树麻栎、槲栎等。人工栽培的树种多分布在缓坡土层深厚处，以洋槐为主，余为臭椿、白榆、榉、朴、构、青檀、苦楝、刺楸、皂荚、棠梨等；中层是灌木和藤本植物，灌木有野蔷薇、山胡椒、花楸、柘树、冬青茶、酸枣、君迁子、枸杞、野山楂、胡枝子、紫穗槐等；藤本有野葛、金银花、白前、铁线莲、菝葜、南蛇藤、金刚藤等，森林覆盖率为9.7%；林下阴湿处有宝铎草、鹿药、夏水仙、北黄花菜、吉祥草、翠云草和附生的蜈蚣兰、鳞毛蕨、紫萁、日本金星蕨等蕨类；在岩石隙缝中有全缘贯众、禾旱蹄盖蕨、骨碎补等蕨类；坡下泉流处有沼泽蕨；林下草丛中的树根、朽木上，有灵芝、紫芝、茯苓、松蕈等珍稀真菌植物。

图 1-20 丘陵植被（2008年摄）

山岭疏林草丛植被 主要分布在低山中、下部和丘陵坡地，植被多为两个层次：上层为稀疏的赤松、洋槐、麻栎等乔木，下层为草丛或间作、单作农作物。草丛植物有野谷草、黄背草、马唐、香茅、狗尾草等，以禾本科杂草为优势种，余为兔儿伞、白鼓钉、霞草、地榆、鸡眼草、绵枣儿、桔梗、败酱、东亚唐松草、红柴胡等草本植物；向阳坡有海金沙等蕨类；裸露的岩石上，有壳状、枝状地衣、石花等；岩石缝隙中有卷柏、黄精等。林下坡地的农作物，春夏季以花生、山芋为主，余为谷、黍、穇子、马穇等，冬季多休闲裸露。20世纪70年代开始扩种冬小麦后，70%为小麦所覆盖。

低湿地的草甸植被 主要分布在水库、塘坝的入口处及河流的滩地，植被多为一层草本植物，优势种为禾本科马唐、狗尾草、夏枯草，耐涝的莎草科飘浮草，蓼科的扁蓄、水蓼、扛板归等，淹水的地方有芦苇、荻、水烛等高大草本植物。

二、平原栽培区

农田人工植被 冬季农田植被覆盖率达80%以上，冬闲田不到20%，植被以小麦为主。夏季植被覆盖率100%，植被以水稻、花生、山芋、玉米等作物为主，禾本科、莎草科、菊科等百余种杂草为次。

农田林网植被 全县农田林网化已达65%，林网绿化率85%，沟、渠、路的植被有上、中、下3层，或上、下两层。上层乔木树种，有泡桐、意杨、悬铃木、水杉、柳杉、池杉等。中层灌木主要是紫穗槐，其次是杞柳、白蜡条。下层为野生草本植被，春季优势种有泽漆、地锦、鹅冠草、早熟禾、燕麦草、紫花地丁、堇菜、播娘蒿、碎米荠、泥湖菜、蒲公英、小蓟、大丁草等；夏季优势种有禾本科、莎草科、菊科、蓼科、苋科、马齿苋科、毛茛科、石竹科等杂草近200种。

图 1-21 农田林网（2009年摄）

河堤库坝滩地植被 多为两层，河堤上层植物有洋槐、枫杨、意杨、白榆等乔木，库坝上多为固土的草本植物，以马唐、狗尾草、结缕草、扁蓄等为优势种，余为问荆、狗牙根、鸡眼草、蛇莓、菱陵菜、大蓟、飞蓬、车前、牛繁缕、麦瓶草等。

洼地沟塘沼泽植被 低洼湿地以禾本科的稗草、千金子、游草和莎

图 1-22　林网植被（2006年摄）

草科的异型莎草、碎米莎草、萤蔺、牛毛毡等为建群优势种，其次为鸭舌草、鳢肠、节节菜、水蓼等。沟塘植被分为3层，上层为植株高大的出水植物芦苇、菰、芒、荻、香蒲、水烛等，植株中等直立的沼生植物泽泻、野慈菇、花蔺、黑三棱等。中层有浮水植物青萍、紫萍、槐叶萍等，半浮水半沉水的水鳖、野菱及竹叶眼子菜、光叶眼子菜。下层有沉水植物黑藻、水筛、水车前、菹草、轮叶孤尾藻等。

三、海岸带

海岸带植被分海岸带砂生植被和滨海盐土植被两种类型。

（一）海岸带砂生植被主要分布在兴庄口以北的砂质海岸上，由砂生和耐砂生植物组成，可分为下列基本类型：

1. 草本砂生植被　基本建群有：砂引草群落是沙滩裸地的先锋群落，常伴生肾叶天剑、匍匐苦荬菜，群落盖度80%以上；矮生苔草、肾叶天剑群落，分布于砂引草群落内缘，常伴生砂引草、匍匐苦荬菜、苍耳子等，群落盖度35%～60%；筛草、珊瑚菜群落，常伴生软毛虫实、毛鸭嘴草、猪毛菜等；白茅群落，伴生矮生苔草、香附子、达乌里胡枝子。

2. 灌木砂生植被　基本建群为单叶蔓荆群落，见于土壤含盐量0.01%、有机质含量0.075%的沙滩高地，伴生矮生苔草、软毛虫实和柘刺、酸枣等，此群落自然发展，可以进入乔木阶段。在龙河以北砂堤上，1964年冬，开始营造紫穗槐灌木林带和刺槐乔木林带，长15千米，约700公顷。

（二）滨海盐土植被主要分布在兴庄口至临洪口盐土海岸上，由专性盐生植物和兼性盐生植物组成，可分为3种基本类型：

1. 陆生盐土植被　基本建群有盐蒿群落，普遍分布于海堤内外，是盐渍裸地上的先锋群落，群落盖度50%～60%；碱蒿群落，见于新筑海堤、河岸，为次生盐渍裸地的先锋群落，群落度可达90%；盐角草群落，零星分布，群落盖度20%；大穗结缕草群落，主要分布在海堤外滩地，取代盐蒿，群落盖度可达80%；獐毛群落，主要分布在海堤内盐渍土上，以零星小块出现；取代盐蒿，群落盖度70%～80%；茵陈蒿群落，呈零星小块状分布在海堤内盐化潮土荒地，群落盖度60%～90%，种类组成复杂，常伴生白茅；白茅群落，有大面积分布，取代大穗结缕草群落和茵陈蒿群落，群落盖度70%～80%；此外，呈零星小块分布的还有拂子茅群落、东尾草群落和中华补血草群落。

2. 沼生盐土植被　主要建群有：大米草群落，1974年开始引种，主要分布在朱稽河与青口河之间的潮间带上部，面积约300公顷，群落盖度90%以上；糙叶苔群落，常见于海堤外滩涂洼地，群落盖度50%～70%；扁杆藨草群落，主要分布在河道入海口两侧，群落盖度30%～70%；芦苇群落，分布于低湿洼地及河流、溪沟、池塘边，常与碱蓬伴生，范河以南有1000多公顷，群落盖度60%～70%；水烛群落，分布于低洼湿地或溪沟边，零星分布或小块镶嵌在海堤内芦苇群落内，群落盖度90%。

3. 盐水生植被　主要建群有：川蔓藻群落，主要分布在0.5米以上水深，含盐量1.8%的海滩、池塘、溪沟中，群落盖度可达90%以上；狐尾藻群落，见于含盐量0.35%的海堤内溪沟、池塘中，群落盖度可达80%以上；菹草群落见于含盐量甚少、水深1米以上的溪沟内，群落盖度可达80%以上。

第六章　自然资源

第一节　植物资源

一、植物种类

高等植物　赣榆县维管束植物种类有169科657属1062种（含变种与变形），种类较多的有22科：禾本科65属122种，菊科54属118种，莎草科13属71种，豆科36属64种，蔷薇科20属60种，百合科22属47种，唇形科21属40种，十字花科19属38种，蓼科4属27种，伞形科16属20种，玄参科15属23种，大戟科13属22种，葫芦科10属21种，石竹科13属18种，毛茛科10属14种，茄科8属23种，藜科8属17种，旋花科8属17种，木樨科8属15种，石蒜科7属13种，芸香科7属12种，天南星科7属1□种，锦葵科6属14种。种类不多（2～5属10种以内的）但经济价值较高的有桔梗科、芸薹科、杨柳科、胡桃科、壳斗科、榆科、葡萄科、鼠李科、山茶科、松科、杉科、柏科、忍冬科、卫茅科等20余科。

低等植物　菌类：细菌门有根瘤菌、寄生菌、酵母菌、乳酸菌等，放线菌门有药用的青霉素、链霉素、土霉素、氯霉素、“5406”“720”等抗生菌，真菌门有使农作物发病的多种寄生、腐生菌、食用菌、药用菌较大形的有伞菌类。藻类：在河流、沟塘、稻田中，有蓝藻门鱼腥属的固氮蓝藻，在湿地里有发菜、地耳，绿藻门的小球藻、衣藻，水绵属的双星藻等丝状藻类。在近海的浮游藻类中以硅藻门的骨条藻、角毛藻、圆筛藻、双尾藻、海线藻、盒形藻等属为主要优势种，甲藻门的角藻属次之。近海的大型经济藻类植物，有褐藻门的海带和红藻门的紫菜两种。在南段的粉砂淤泥海滩，有少数底栖硅藻和浒苔，生长在船底等物体上。在秦山岛岩壁上，生长马尾藻目的海蒿子等底栖植物。地衣类：山岭地区的岩壁、地表、树干枝上，生长着许多壳状、叶状、枝状地衣，梅花衣科的石花。

二、种类资源

粮食、淀粉、糖料植物资源　人工种植的有大麦、小麦、元麦、粳稻、糯稻、玉米、高粱、大豆、绿豆、蚕豆、小扁豆、豌豆、马铃薯、胡萝卜、山芋、山药等。野生的有狗尾草、雀稗、芒稷、筛草、荆三棱、山慈菇、石蒜、百合、姜芋、野慈菇、菱、麻栎、槲树、棠梨、野葛等。

图 1-23　赣榆小麦（2009年摄）

油脂与芳香油植物资源　人工栽培的油脂植物主要是花生，其次为芝麻、蓖麻、向日葵、油菜、油莎豆、大豆、大蔗、茴蔗、芜青等50余种。野生和半种半野生的木本植物有：赤松、黑松、槐树、紫穗槐、麻栎、胡桃、化香、苦楝、野葛、苦皮藤、金银花等；草本植物有马蔺、律草、焊菜、播娘蒿、大青、松兰、菟丝子、红花、苍耳、车前、盐蒿、碱蒿等。芳香油植物50种，人工种植的有薄荷、留兰香、薰衣草、墨红、玫瑰、毛鞘草、晚香玉、鸢尾、除虫菊等。野生的芳香油草本植物有：石菖蒲、香附子、荆三棱、香茅、光浮草、白莲蒿、紫苏、白苏、土荆芥等。木本芳香油植物有桂、柳杉、香柏、玉兰、辛夷、含笑、蜡梅、月季、木香、紫藤、紫穗槐、单叶蔓荆、芸花、盐肤木、栀子花等。

纤维及编织、造纸植物资源　人工栽培的有中棉、陆地棉、黄蔗、大蔗、苘蔗、红麻、高粱秸、稻草、麦草、玉米苞皮、马穆秸和大米草等10余种。野生的有芦苇、紫穗槐、杞柳、红柳、白蜡、野葛、淡竹、黄茅草、白茅草、野谷草、狼尾草、萤蔺、鹿草、荻等百余种。

蔬菜、食用菌、藻类植物资源　人工栽培的蔬菜植物有葫芦科21种、十字花科15种、豆科10种、茄科果薯类4种、伞形科5种、菊科5种。野生的蔬菜植物有马齿苋、荠菜、小蓟、苦荬菜、鸡儿肠、遏兰菜、诸葛菜、盐蒿、碱蒿等10余种。食用菌类有黑木耳、毛木耳、茯苓、灵芝、松口磨、野蘑菇等13科24种。藻类有人工养殖的海带、紫菜2种。

图 1-24　赣榆大樱桃（2009年摄）

林木、水果、瓜果植物资源　林木、果树种类有35科63属83种，主要的科有：蔷薇科16种，豆科11种，松科、壳斗科各5种，榆科、桑科各4种，柏科3种。按用途分类：用材林、防护林类树木35种，竹类2种，经济果木类21种，灌木类7种。成片林主要树种有赤松、黑松。洋槐、山槐、槐树、麻栎、槲栎、白榆、琅榆、榉树、朴树、臭椿、苦楝等。四旁绿化的主要树种有加杨、意杨、悬铃木、泡桐、水杉、合欢、紫穗槐、银杏、柿等。规模种植的果树有樱桃、石榴等。经济树木有桑、茶、竹等。瓜果类有西瓜、甜瓜、草莓、黄瓜、梢瓜、丝瓜、南瓜、苦瓜、佛手瓜等。

观赏植物资源　全县花卉、花木共有72科157属246种以上，主要有菊科、蔷薇科、仙人掌科、百合科、石蒜科、木樨科、豆科、大戟科、马鞭草科、鸢尾科、石竹科、兰科、锦葵科、海棠科、忍冬科等。

绿肥、牧草、饲料植物资源　绿肥植物32种，旱生豆科绿肥植物有田菁、柽麻、草木栖、苕子、紫云英、箭舌豌豆。水生绿肥植物有水浮莲、水葫芦、水花生、绿萍。全县有天然草场6267公顷，人工草场120公顷，牧草类植物51科183种，主要有50余种。其中一级优等牧草有禾本科的马唐、狗尾草、虎尾草、狗牙根、雀稗、尽草、画眉草、牛筋草等；豆科的野大豆、鸡眼草、野豌豆、野花生等。二级良等牧草有野青茅、知亿草、金茅、结缕草、鸭嘴草、假俭草等；豆科的草木樨和槐树、合欢、葛藤的枝叶；菊科的蒲公英、蒿、飞蓬、鬼针草等。三级中等牧草有禾本科的野谷草、针芒、白茅、黄背草等；莎草科的莎草、荆三棱；豆科的胡枝于、锦鸡儿、山豆花、杭子梢；蔷薇科的地榆、萎陵菜、龙茅草、蛇莓等；菊科的蓟、野菊、一年蓬等。四级的低等牧草有野艾、艾蒿（菊科）、飘浮草（莎草科）、射干（百合科）、瞿麦（石竹科）、盐蒿、碱蒿（藜科）、大米草（禾本科）等。

中草药及土农药植物资源　全县中草药植物有6门96科277种，其中被子植物门有82科219种，裸子植物门有4科5种，藻类、真菌、地衣、蕨类4门低等植物合计有14科17种。种类较多的科（含10～25种）有菊科、蔷薇科、百合科、唇形科、毛茛科、茄科等，其次（含6～8种）有葫芦科、蓼科、十字花科、藜科、大戟科等。人工栽培的药材有玄参、北沙参、太子参、薏苡、白芍、麦冬、延胡索、地黄、姜、海带等24种。家种野生皆可的药材有桔梗、丹参、金银花、槐米、薄荷等30种。野生药材有葶苈子、白薇、蒲草、苍黄、苍耳、扁蓄、地榆、苦参、茵陈蒿、紫花地丁、蛇床子、瞿麦、南沙参等62种，合计116种，占全国普查中草药种类的30%。全县土农药植物有60种，常见的有石蒜、半夏、白菖蒲、天南星、百部、贯众、扁蓄、红蓼、扛板归、酸模、茴茴、蒜、毛茛、鸡血藤、苦楝、泽漆、黄连木、苦皮藤、芫花、羊蹢躅、醉鱼草、夹竹桃、龙葵、烟草、苍耳、艾蒿、青蒿、黄花蒿、除虫菊、苦荬菜等。

保土防沙及抗污染植物资源　全县保持水土、防止风沙、护堤护坡能力较强的植物在68种以上，以禾本科为最多，豆科为次。乔木有：垂柳、旱柳、枫杨、赤杨、水杉、洋槐等；藤本、灌木有：野葛、锦鸡儿、紫穗槐、山豆花和美丽、达呼里、多花3种胡枝子及单叶蔓荆等；草本有：结缕草、双穗雀稗、鸭嘴草、白茅、假俭草、拂子茅、野谷草、沙引草、筛草、芦苇、大米草、荻等。全县抗有毒气体污染的植物在32种以上，其中绿化树种有：合欢、槐树、悬铃木、苦楝、臭椿、泡桐、白榆、白栎、构、朴、楸树、海桐、梧桐等，抗污染的观赏花木有荷花玉兰、玉兰、石南、白杜、冬青卫矛、女贞、夹竹桃、木槿、棕榈等。

其他有经济价值的植物　全县可作饲料、染料的植物有40种以上；土茯苓、油松、柳杉、菰、菝葜、榛、化香、板栗、栓皮栎、石栎、槲栎、麻栎、白栎、红蓼、扛板归、虎杖、菘蓝、大青、火棘、石南、豆梨、棠梨、缫丝花、木香、云实、乌桕、黄连木、构骨、冬青、石榴、茜草、栀子等。可采收树脂、树胶的植物有9种：马尾松、火炬松、油松、枫香、杜仲、桃、臭椿、杠柳等。蜜源植物有洋槐、紫穗槐、槐树、桃、苹果、枣、白梨等。山岭地区的麻栎、白栎、槲栎等壳斗科阔叶树是养柞蚕的好植物，壳斗科树根、木段是培养香菇的好原料，赤松、马尾松的根茎是培养茯苓、松草等食用、药用菌类的原料。田菁种子可作黏合剂和提炼石油的催化剂。

第二节　动物资源

腔肠动物　主要有海蜇、海葵、水螅等。

环节动物　主要有日本蚂蟥、宽体金线蛭等。

软体动物　主要有中国圆田螺、梨形环棱螺、平盘螺、大马蹄螺、湖北钉螺、扁玉螺、脉红螺、香螺、纵肋织纹螺、泥螺、野蛞蝓、灰巴蜗牛、黄褐巴蜗牛、泥蚶、毛蚶、贻贝、栉孔扇贝、紫扇贝、杂色蛤仔、文蛤、青蛤、西施舌、四角蛤蜊、缢蛏、大竹蛏、兰蛤、背角无齿蚌、三角帆蚌、河蚬和乌贼类、长蛸、短蛸等。

图 1-25　海淡水养殖鱼虾贝类（2005年摄）

棘皮动物　主要有棘刺海参、海地瓜、沙海星等。

节肢动物　甲壳纲：东方对虾、鹰爪糙对虾、周氏新对虾、哈氏仿对虾、脊尾白虾、葛氏长臂虾、戴氏赤虾、日本沼虾、罗氏沼虾、鳌虾、中华绒螯蟹、梭子蟹、日本大眼蟹、宽身大眼蟹、天津厚蟹、日本蟳。多足纲：蜈蚣、马陆、蚰蜒。昆虫纲：已知1200余种，主要有短额负蝗、长额负蝗、中华稻蝗、棉蝗、大垫尖翅蝗、花胫绿纹蝗、东亚飞蝗（已绝见）、中华剑角蝗、北京油葫芦、大棺头蟋、斗蟋、单刺蝼蛄、东方蝼蛄、薄翅树螽、广露螽、日本绿树螽、鸡须角鸟虱、牛鸟虱、驴血虱、猪血虱、瘤突血虱、稻褐飞虱、白背飞虱、灰飞虱、中国梨木虱、稻蓟马、花蓟马、烟蓟马、蟪蛄、蚱蝉、蒙古寒蝉、黑圆角蝉、斑衣蜡蝉、黑尾叶蝉、二点叶蝉、柳叶蝉、小绿叶蝉、葡萄斑叶蝉、大青叶蝉、板栗大蚜、柳瘤大蚜、柳黑毛蚜、桃粉大尾蚜、玉米蚜、禾谷缢管蚜、麦二叉蚜、梨二叉蚜、绣线菊蚜、豆蚜、棉蚜、藜蚜、甘蓝蚜、萝卜蚜、桃蚜、樱桃瘿瘤头蚜、蓼钉毛蚜、麦长管蚜、月季白轮盾蚧、长白盾蚧、桑盾蚧、矢尖盾蚧、榴绒粉蚧、长仁蚧、伪角蜡蚧、日本蜡蚧、龟蜡蚧、角蜡蚧、草履蚧、金绿宽盾蝽、硕蝽、小皱蝽、斑须蝽、麻皮蝽、广二星蝽、尖角二星蝽、菜蝽、稻绿蝽、茶翅蝽、珀蝽、瓦同缘蝽、点蜂缘蝽、小长蛾、地红蝽、娇驼缘蝽、梨冠网蝽、甘薯盲跳蝽、绿盲蝽、中黑盲蝽、大田鳖、沟叩头虫、细胸叩头虫、六星吉丁虫、苹小吉丁虫、灰龙虱、大水龟、黑毛皮蠹、大谷盗、赤绣扁介盗、锯谷盗、沙潜、绿豆象、豌豆象、蚕豆象、合欢豆象、长竹蠹、谷蠹、茄二十八星瓢虫、阔胸犀金龟、大云斑鳃金龟；华北大黑鳃金龟、暗黑鳃金龟、黑绒绢金龟、褐绒玛绢金龟、铜绿丽金龟、翼翅丽金龟；深绿丽金龟、浅褐彩丽金龟、琉璃弧丽金龟、棉弧丽金龟、小青花金龟、白星花金龟、褐绣花金龟、桑粒肩天牛、桃红颈天牛、星天牛、云斑天牛、刺槐绿虎天牛、曲牙土天牛、顶斑筒天牛、家茸天牛、草莓跳甲、枸杞毛跳甲、黄曲条跳甲、黄直条跳甲、小猿叶甲、印度黄守瓜、褐背小萤叶甲、菱小叶甲、柳国叶甲、柳十八斑叶甲、皱背叶甲、榆隐头叶甲、斑腿隐头叶甲、枸杞负泥虫、枸杞龟甲、榛卷象、栎长颈象、蒙古土象、波纹斜纹象、大灰象、稻象、玉米象、芳香木蠹蛾、柳干木蠹蛾、咖啡豹蠹蛾、金纹细蛾、甘薯麦蛾、花生麦蛾、黑星麦蛾、麦蛾、棉褐常卷蛾、苹小卷蛾、棉双斜卷蛾、后黄卷蛾、茶长卷蛾、草莓镰翅小卷蛾、冷杉芽小卷蛾；杨柳小卷蛾、梨小食心虫、豆小卷蛾、二化螟、条螟、三化螟、印度谷螟、米缟螟、紫斑谷螟、甜菜白带野螟、棉卷叶野螟、稻纵卷叶野螟、花生蚀叶野螟、桃蛀野螟、三条蛀野螟、瓜绢野螟、豆荚野螟、亚洲玉米螟、松果斑野螟、松梢野螟、葡萄透翅蛾、梨叶斑蛾、葡萄叶斑蛾、大叶黄杨斑蛾、黄纹竹斑蛾、大窠蓑蛾、黄刺蛾、扁刺蛾、褐边缘刺蛾、白眉刺蛾、贝刺蛾、褐刺蛾、榆风蛾、赤松毛虫、黄褐天幕毛虫、李枯叶蛾、芝麻鬼脸天蛾、葡萄天蛾、榆绿天蛾、豆天蛾、甘薯天蛾、小豆长喙天蛾、枣桃六点天蛾、霜天蛾、雀纹天蛾、家蚕蛾、绿尾大蚕蛾、樗蚕、大造桥虫、槐尺蠖、桑褶翅尺蛾、杨二尾舟蛾、杨扇舟蛾、栗纷舟蛾、腰带燕尾舟蛾、苹掌舟蛾、槐羽舟蛾、刺槐掌舟蛾、白雪灯蛾、人纹污灯蛾、星白雪灯蛾、红缘灯蛾、广鹿蛾、梨剑纹夜蛾、桑剑纹夜蛾、斜纹夜蛾、贪夜蛾、棉铃实夜蛾、烟实夜蛾、小地老虎、大地老虎、黄地老虎、红棕灰夜蛾、黏虫、丽木冬夜蛾、坑翅夜蛾、稻螟蛉夜蛾、变色夜蛾、旋目夜蛾、肖毛翅夜蛾、石榴巾夜蛾、玫瑰巾夜蛾、毛胫夜蛾、小造桥夜蛾、桥夜蛾、苹梢鹰夜蛾、乌咀壶夜蛾、旋波夜蛾、银纹夜蛾、银锭夜蛾、黑点丫纹夜蛾、稻金斑夜蛾、长须夜蛾、舞毒蛾、肾纹毒蛾、杨雪毒蛾、榆黄足毒蛾、侧板毒蛾、盗毒蛾、紫闪蛱蝶、裴豹蛱蝶、老豹蛱蝶、柑橘凤蝶、玉带凤蝶、金凤蝶、碧凤蝶、麝凤蝶、斑缘豆粉蝶、东方脉粉蝶、东方菜粉蝶、宽边小黄粉蝶、豆灰蝶、红灰蝶、直纹稻异蝶、花异蝶、按蚊、伊蚊、家蝇、大头金蝇、大麻蝇、碧伟蜓、黄新叶箭蜓、红蜻、低斑蜻、白尾灰蜻、黄蜻、玉带蜻、中华真地鳖、中华螳螂、大刀螳螂、广腹螳螂、薄翅螳螂、蠼螋、塔六点蓟马、微小花蝽、黄足猎蝽、暴猎蝽、华姬猎蝽、尺蝽、水黾、云纹虎甲、多型虎甲、金星步甲、锹步甲、赤背步甲、逗斑青步甲、爪哇屁甲、耶屁甲、七星瓢虫、龟纹瓢虫、异色瓢虫、二星瓢虫、多异瓢虫、十三星瓢虫、十五星瓢虫、中华草蛉、丽草蛉、大草蛉、褐树蚁蛉、追击大蚁蛉、家蚕、松毛虫赤眼蜂、玉米螟赤眼蜂、夜蛾瘦姬蜂、黏虫绒黄蜂、纵卷叶螟绒黄蜂、螟蛉瘤姬蜂、凹缘胡蜂、亚非马蜂、澳门马蜂、稻包虫赛寄蝇、横斑截腹寄蝇等。蛛形纲：主要有棉红叶螨、二斑叶螨、麦爪叶螨、麦岩叶螨、板栗湖北瘿螨、苜蓿苔螨、大腹圆蜘蛛、八斑球腹蛛、四斑锯螯蛛、草间小黑蛛、黄褐祈园蛛、粽管巢蛛、鞍形花蟹蛛、蝇虎、蝎等。

脊椎动物　鱼纲：鲤、鲫、鲢、鳙、草鱼、青鱼、团头鲂、梭鱼、鳗、鳜、鳝、泥鳅、乌鳢、银鱼、鲈鱼、黄鲫、棘头梅童鱼、银鲳、灰鲳、刀鲚、兰点马鲛、虾虎鱼、青鳞鱼、鲥鱼、带鱼、河鲀、鲨。

两栖纲：中华大蟾蜍、黑斑蛙、泽蛙、金线蛙。爬行纲：龟、海龟、鳖、玳瑁、蜥蜴、壁虎、水游蛇、赤链蛇、竹叶青蛇、蝮蛇、海蛇。鸟纲：家鸡、家鸭、家鹅、鸽、鸬鹚、苍鹭、鸿雁、豆雁、绿头鸭、鹌鹑、画眉、八哥、黄雀、猫头鹰、小黄鹰、啄木鸟、海鸥、海燕、灰鹤、白鹤、家燕、金腰燕、鹈鹕、普通燕行鸟、黑尾鸥、山斑鸠、灰斑鸠、火斑鸠、四声杜鹃、纵纹腹小鸮、短耳鸮、大斑啄木鸟、沙百灵、云雀、白头鹎、小太平鸟、红尾伯劳、牛头伯劳、黑枕黄鹂、三宝鸟、北椋鸟、灰椋鸟、松鸦、灰喜鹊、喜鹊、秃鼻乌鸦、兰矶鸫、大苇莺、黄腰柳莺、戴菊、戴胜、寿带鸟、大山雀、沼泽山雀、暗绿绣眼、麻雀、黑头蜡咀雀、三道眉草鹏等。哺乳纲：黄牛、水牛、马、驴、骡、猪、山羊、绵羊、家狗、猫、家兔、野兔、貂、蓝狐、鹿、蝙蝠、褐家鼠、小家鼠、仓鼠、豚鼠、刺猬、黄鼬、獾、狐、狸、狼、海狗、海豚、鲸等。

第三节　矿产资源

赣榆县有大小山头37座，蕴藏丰富的矿产资源。据地质资料统计，截至2009年，县内共发现矿产23种，矿床、矿点、矿化点170余处。其中：大理石、花岗石、蛇纹石、石英、矿泉水、黄砂、黏土、地下水等已被开发利用。大理石、花岗石、黄砂不仅储量大、品种多，而且质量好，纯白如玉的“雪花白”大理石被国家选入石材样品库，黑色、红色花岗石引起诸多投资者兴趣。瓷石、金红石、石榴子石等矿产也有较大资源优势和广阔的开发前景。

赣榆县矿产资源及（预测）储量一览表

表1-21

分类	矿种		矿产地总数	矿床规模			储量					单位
				大型	中型	小型	C	D	E	F	合计	
优势矿产	大理石		11	4		7	431.35	1923.16	46077.19		48431.7	万立方米
	花岗石	灰色花岗石	16	16					156.62		156.62	亿立方米
		黑色花岗石	9	9					18.14		18.14	亿立方米
		红色花岗石	1	1					0.17		0.17	亿立方米
	黄砂	现代河床、海深砂	14	7	5	2		2221.31	25757.6		27978.91	万立方米
		古河床砂	3	3					204504.85		204504.85	万立方米
	蛇纹石		3	2	1			71680	69230.02		140910.02	万吨
潜在优势矿产	榴辉岩型	石榴子石	15	2	5	8			8604.28		8604.28	万吨
		金红石	10	1	2	7			242.50		242.5	万吨
	硅石	伴生绿辉石	15	2	2	11					6939.68	万吨
		脉石英	5		3	2			25.94	535.35	561.29	万吨
		石英碎石	5		3	2				824.15	824.1	万吨
		石英砾石	9	1	2	6			3423.47		3423.47	万吨
		石英岩	5	2	2	1			51947.02		51947.02	万吨
	瓷石、瓷土		13	9	2	2		180.02	18871.06		19051.08	万吨

续表1-21

分类	矿种	矿产地总数	矿床规模			储量					单位
			大型	中型	小型	C	D	E	F	合计	
潜在优势矿产	陶土	3		3				1268.75		1268.75	万吨
	矿泉水	4									万吨
一般矿产	黏土	16	7	2	7			152255		152255	万立方米
	水晶	6							1650	1650	吨
	云母	4			4			87.76		87.76	万吨
	钾长石	1			1						万吨
	重晶石	1			1			145.96		145.96	万吨
	含钾千枚岩	1			1			78.78		78.78	万立方米
	铁矿	4			4			4.87		4.87	万吨
	稀土矿	2			2		298.92	185.08		484	吨
	地下水	6	3	1	2					6917	万吨/年

优势矿产：主要有大理石、花岗石、黄砂、蛇纹石等四种。

潜在优势矿产：主要有石榴子石、金红石、硅石、瓷石、陶土、矿泉水等六种。

一般矿产：主要有黏土、水晶、云母、钾长石、重晶石、含钾千枚岩、铁矿、稀土矿、地下水等九种。

其他矿产：仅表现为矿点、矿化点。主要有金、银、铜、铅、锌、滑石、石墨、石棉、蓝晶石、铀矿等。

一、优势矿产

（一）大理石

赣榆县大理石矿是由含镁的碳酸盐经区域变质作用而形成，赋存于东海群地层中。大理石资源量约4.8亿立方米。根据矿床的分布和矿石特征可分为西、东两个成矿带。

西成矿带　分布于黑林镇的牛王山，班庄镇的吴沟、董沟、三清阁、贺闫庄、泉子坡等地。从矿床规模来看，班庄三清阁大理石矿规模相对较大，均以白色（雪花白）大理石为主，少量浅绿（班绿）和浅灰（班灰）大理石，均可用作板材加工和米石加工等建筑装饰材料。大理石资源量约7506.2万立方米。经过近20年开采，2009年估算保有储量5000万立方米。

东成矿带　分布于秦山岛、武强山、罗阳、小东关一线，呈北东—南西方向展布。远景储量约40925.5万/立方米，截至2009年尚未开采。

赣榆县大理石分布、规模、储量一览表

表 1-22

矿带	名称	矿体规模（米）形态	长	宽	深	赋存状况	矿石工艺类型	矿石成分（%）	远景储量（万立方米）	备注
西带	泉子坡大理石矿	Ⅰ号矿体 透镜状	198	55.5	99	产于东海群地层中，呈北东向展布，倾向南西和南东，倾角 32°～ 78°。埋深 2 ～ 4 米。	雪花白班灰	CaO 30.04 MgO 21.35 Fe_2O_3 0.07 SiO_2 3.38 Al_2O_3 0.18 Na_2O 0.34 K_2O 0.06	36.3	
西带	泉子坡大理石矿	Ⅱ号 透镜状	283.5	56	142	呈北东向展布，倾向南东，倾角 30°～ 50°。埋深 2 米。	雪花白		75.1	
西带	泉子坡大理石矿	Ⅲ号 透镜状	284	56.5	142	矿体走向 50°，倾向南东，倾角 35°～ 55°。埋深 3 米。	雪花白		76	
西带	贺闫庄矿点	透镜状	365	22	183	矿体走向北东—南西，倾向南东，倾角 45° ±，埋深 3.14 ～ 5.10 米	班灰 雪花白		49	
西带	吴沟矿点	透镜状	210	28	105	北北西向展布，倾向 260°左右，倾角 30°左右。埋深 0.80 ～ 2.35 米	班灰		20.6	
西带	董沟矿点	透镜状	70	60	35	走向 293°，倾向 208°，倾角 30°。埋深 0.5 米	雪花白		4.9	
西带	黑林矿点	透镜状 薄层状	85	4	43	北东向展布，倾向南东，埋深 4 米。	雪花白		0.5	
西带	马站矿点	透镜状 薄层状	130	20	65	走向北东，倾向北西，倾角 30°～ 70°，埋深 2.54 ～ 4.25 米	班灰		5.6	
东带	秦山岛大理石矿	层状 ①	250	40	30	倾向 123°，倾角 49°	班灰		30	计算深度为海平面以下
东带	秦山岛大理石矿	层状 ②	300	65	30	倾向 123°，倾角 49°	班灰		58.5	
东带	秦山岛大理石矿	层状 ③	700	70	30	倾向 123°，倾角 49°	班灰		147	
东带	武强山大理石矿	层状	4000	350	268	埋深 32 米	班灰 雪花白		18760	
东带	牛河大理石矿	层状	4000	300	265	倾向南东，倾角 35°～ 40°，埋深 35 米	班灰 雪花白		15900	
东带	双槐树—罗阳大理石矿	层状	3000	150	268	倾向南东，倾角 25°，埋深 32 米	班灰 雪花白		6030	

（二）花岗石

赣榆县花岗石资源极为丰富，分布在全县多数乡镇。花岗石储量约175亿立方米。厉庄九泉山、黑林东平山、塔山车辐山、狼子山、班庄窦洪北山、祝其山、金山八条路等地已被开采利用，估算保有储量约120亿立方米。

赣榆县花岗石分布、储量一览表

表 1-23

产　地	面积（平方千米）	平均深度（米）	矿石工艺类型、储量（亿立方米）				备　注
			小芦花	狼山黑	卢山红	大芦花	
小王坊—响石	2	200				4	
雹霁庙岭	1.5	230	3.45				
宋家岭—滕官庄	8.75	250	19.69			2.19	
卢山	0.3	330	0.82		0.17		禁采区
龟山—怀仁山	4.25	250	10.63				
平山	0.7	250	1.75				
九泉山—东平山	7.75	270	18.84	2.09			
小吴山—猪山	3	350	9.45	1.05			禁采区
大吴山	3	400	10.8	1.2			禁采区
孙家岭	1.6	260	3.74	0.42			
车辐山—大墩	4.38	270	9.46	2.37			
徐山—狼子山	4.5	350	12.60	3.15			
横山	1.5	320	4.32	0.48			
双山—夹山—马山	7.88	350	24.82	2.76			
抗日山—刘山	8.25	280	18.48	4.62			禁采区
沙河镇大官庄	0.75	210				1.58	
合　　计			148.85	18.14	0.17	7.77	

（三）黄砂

赣榆县黄砂资源丰富，主要分布于青口河、龙王河、绣针河、新沭河、石桥河等现代河床中。

赣榆县河床冲积型黄砂资源一览表

表 1-24

地理位置	长（米）	平均宽（米）	平均厚（米）	储量（万立方米）		规　模
				D 级	E 级	
青口河黑林段	7500	450	4.39	1481.36		大
青口河塔山段	12000	310	9.38		3489.36	大
青口河赣马段	10000	140	5		700	中
旦头河黑林段	7000	125	3		262.5	中

续表 1-24

地理位置	长（米）	平均宽（米）	平均厚（米）	储量（万立方米）		规　模
				D 级	E 级	
龙王河金山段	11000	400	7.28		3203.2	大
龙王河龙河段	14000	300	5		2100	大
福泉河金山段	4000	150	5.8		348	中
石桥河	4000	100	4.6		184	小
新沭河大岭段	8000	580	7		3248	大
新沭河砂河段	8000	400	5		1600	大
新沭河墩尚段	5000	440	3		660	中
锈针河马站段	6000	230	5.36	739.68		中
朱范河欢墩段	3500	50	3		52.5	小
合　　计				2221.04	15847.56	

（四）蛇纹石

赣榆县蛇纹石矿资源主要分布于城西镇岗尚、青口镇丁庄、下口一带和黑林镇牛王山一带。1976～1978年江苏省第六地质大队对岗尚蛇纹石矿进行了以找铬铁矿为目的的普查评价，求得蛇纹石矿D级储量71680万吨。另外除黑林牛王山、青口丁庄、下口曾做过较详细的物探工作。其他均未做地质工作。

赣榆县牛王山、丁庄—下口蛇纹石矿规模、储量一览表

表 1-25

名　称	矿体规模（米）			赋存状况	矿石成分（%）	储量（万吨）	备　注
	平面形态	长	宽				
牛王山蛇纹石矿	Ⅰ号 矿体椭圆形	235	78	倾向 140°～170°，倾角 45°～55°，埋深 0.5 米，风化层 2～3 米。	MgO 37.7 Al_2O_3 1.98 CaO 0.075 SiO_2 39.50 TiO_2 0.075 Fe_2O_3 6.45 FeO 0.95 MnO 0.09 Na_2O 0.03	183.07	体重参照岗尚蛇纹石矿 2.55 吨 / 立方米 牛王山总量 3038.02 万吨
	Ⅱ号 透镜状	316	135	倾向 160°～190°，倾角 38°～70°。埋深 0.5 米，风化层厚 2～3 米。		572.92	
	Ⅲ号 透镜状	340	110	倾向南东，倾角 50°～60°。埋深 0.5～1 米，风化层厚 2～3 米。		540.43	
	Ⅳ号 透镜状	560	93	倾向 130°～160°，倾角 24°～70°。埋深 0.5～1 米，风化层厚 2～3 米。		1239.5	
	Ⅴ号 椭圆透镜状	130	60	倾向南，倾角 50°左右。		43.1	
	Ⅵ号 椭圆状	300	120	倾向 17°，倾角 72°。埋深 0.5～1 米，风化层厚 2～3 米		459	

续表1-25

<table>
<tr><th rowspan="2">名　称</th><th colspan="3">矿体规模（米）</th><th rowspan="2">赋存状况</th><th rowspan="2">矿石成分（%）</th><th rowspan="2">储量（万吨）</th><th rowspan="2">备　注</th></tr>
<tr><th>平面形态</th><th>长</th><th>宽</th></tr>
<tr><td rowspan="3">丁庄—下口蛇纹石矿</td><td>Ⅰ号葫芦状</td><td>1800</td><td>350</td><td>埋深约40米</td><td></td><td>13923</td><td rowspan="3">丁庄—下口总量55471万吨</td></tr>
<tr><td>Ⅱ号马鞍状</td><td>2300</td><td>600</td><td>埋深约40米</td><td></td><td>30498</td></tr>
<tr><td>Ⅲ号椭圆状</td><td>1000</td><td>500</td><td>埋深约40米</td><td></td><td>11050</td></tr>
</table>

二、潜在优势矿产

（一）石榴子石

石榴子石资源丰富，主要贮存在榴辉岩体中，与金红石、绿辉石矿相伴生，属榴辉岩型原生矿。县内已发现榴辉岩体40余个，主要分布于柘汪、石桥、厉庄、塔山、门河、欢墩、沙河、墩尚等镇，石榴子石约8604.28万吨。

（二）金红石

赣榆县金红石矿资源较为丰富，为榴辉岩型原生金红石矿，与石榴子石矿、绿辉石矿伴生。主要分布在厉庄毛石垛、门河堰水房、河洼、三里墩、欢墩孙净埠、石桥范庄等。其中：厉庄毛石垛金红石矿：估算金红石TiO_2储量0.28万吨，为一小型矿床。门河堰水房金红石矿：估算金红石TiO_2储量199.69万吨。

（三）硅石

赣榆县硅石矿资源丰富，但都未做较深入的地质工作。主要分布在石桥、黑林、城头、沙河、墩尚及秦山岛等地。根据矿石类型和地质条件，可分为脉石英、石英碎（砾）石、石英岩三种类型。

赣榆县石英脉储量估算一览表

表1-26

<table>
<tr><th rowspan="2">测区名称</th><th>面　积</th><th>预测脉数</th><th>总资源量</th><th>已采储量</th><th>E级储量</th><th>F级储量</th></tr>
<tr><th>平方千米</th><th>条</th><th colspan="4">万吨</th></tr>
<tr><td>石桥地区</td><td>36</td><td>425</td><td>164.48</td><td>8.5</td><td>14.2</td><td>141.78</td></tr>
<tr><td>黑林地区</td><td>56</td><td>622</td><td>240.71</td><td>13</td><td>4.5</td><td>223.21</td></tr>
<tr><td>塔山（徐山）—城头地区</td><td>27</td><td>135</td><td>52.25</td><td>10.4</td><td>1.5</td><td>40.45</td></tr>
<tr><td>班庄（夹山）—抗日山地区</td><td>12</td><td>60</td><td>23.22</td><td>5</td><td>2.74</td><td>15.48</td></tr>
<tr><td>欢墩—沙河（大岭）地区</td><td>58</td><td>290</td><td>112.23</td><td>5</td><td>3</td><td>104.23</td></tr>
<tr><td>合　　计</td><td>189</td><td>1532</td><td>592.89</td><td>41.9</td><td>25.94</td><td>252.15</td></tr>
</table>

（四）瓷石（土）

赣榆县瓷石（土）资源比较丰富，主要分布于石桥、金山、柘汪、欢墩、塔山、班庄一带。其中：班庄瓷石，求得D级储量180.02万吨。石桥范庄瓷石，求得333资源储量为59.4万吨。

赣榆县瓷石分布情况一览表

表 1-27

地理位置	规模（米）		矿脉数（条）	估算储量（万吨）	备注
	长	宽			
柘汪镇霍官庄—八间屋一带	200～450	10～30	15	2526.42	
柘汪镇魏陡沟	350～1000	20～40	2	1087.32	
柘汪镇花崖头	300～900	20～60	4	2334.54	
石桥镇范庄	250～750	10～80	4	2094.69	
石桥镇滕官庄	700	30	1	671.58	
石桥镇王集（瓷土）	50	10	1	0.25	其中已采0.15万吨
金山镇龟山—临马疃	200～700	30～80	3	2510.43	
塔山镇草场—管葛埠	500～2000	20～50	3	4157.4	
塔山镇徐康邑	500	30	1	479.7	
班庄镇葫芦山—祝其山	100～500	10～30	3	787.2	其中D级180.02万吨
欢墩镇爱国	2500	30	1	2398.5	
班庄镇贺阎庄	50	20	1	3.2	

班庄瓷石矿和石桥范庄瓷石矿，因无市场，尚未开采。

（五）陶瓷黏土

赣榆县陶土资源种类较多，主要有赭红、灰白、土黄、紫红等各色黏土，分布于塔山、班庄、欢墩一带。估算储量1268.75万吨。

（六）饮用天然矿泉水

赣榆县饮用天然矿泉水（以下简称矿泉水）比较丰富。已发现矿泉水点多处，其中厉庄龙泉山、班庄廖沟、金山龟山深井已做过水文地质工作和分析研究工作，均属偏硅酸型饮用天然矿泉水，已被开采利用。另外黑林单店、石桥范庄、黑林陈旦头等深井出水量310～960吨/日，水质较好，尚未开采。

三、一般矿产

（一）黏土

赣榆县黏土资源较为丰富，但分布不均衡。主要分布于中部、东部和东南部的平原地区，即城头、城西、罗阳、青口、赣马、海头等乡镇。全县黏土矿分布面积约371平方千米，经估算黏土矿资源量约15立方亿米。

（二）水晶

赣榆县水晶资源分布零散，地质工作程度低，没有探明储量。主要分布于东海群变质岩地区，与石英脉共生。县内门河镇三里墩，沙河镇后赤金、孟曹埠，塔山镇姚葛埠，石桥镇西扶产及秦山岛等地均有发现。

（三）云母

赣榆县云母已发现的矿产地4处，均为碎片云母型。分布于班庄镇的三清阁、沙河镇大岭村的摩天岭、墩尚镇的武强山和秦山岛。除摩天岭云母矿做过普查外，其他均未做地质工作。

（四）钾长石

赣榆县钾长石主要分布于柘汪、石桥、金山、城头、塔山、黑林等地。矿石杂质少，质地纯，是陶瓷工业的较好原料。本县钾长石矿规模小，储量尚未估算。

（五）重晶石

重晶石主要作为石油、天然气钻井泥浆的加重剂使用。全县仅班庄镇有储量，塔山有矿化。①夹山重晶石矿位于班庄镇车辐山西坡。矿体呈脉状、细脉状，主矿脉长563米，平均厚2米，最大厚4米；支矿脉计有7条，分布于主矿脉两侧，长50～156米，平均厚0.2～0.3米。估算储量146万吨。②塔山重晶石矿化点位于塔山水库东分洪闸西。

（六）含钾千枚岩

赣榆县含钾千枚岩矿仅分布于石桥镇石东村南及其附近小土包上。估算储量78.78万立方米。

（七）铁

赣榆县铁矿点较多，但规模不大。主要分布在墩尚武强山、石桥西拱齐、黑林山前村东岭、欢墩董净埠、班庄窦洪爽。曾零星开采过，估算资源量4.87万吨。赣榆县铁矿点只有墩尚武强山做过地质工作。

（八）稀土

赣榆县稀土有原生矿与砂矿两种，原生矿分布于柘汪—石桥一带，砂矿仅见于石桥。未做地质工作。稀土原生矿以柘汪褐帘石稀土矿工作程度较高，曾求得矿石量6049.18吨。

（九）地下水

赣榆县地下水资源丰富，其类型有松散岩类孔隙水和基岩裂隙水两大类，并可划分成8个含水岩组。

四、其他矿产

其他矿产有金、铅、锌、银、铜、石墨、石棉、蓝晶石、滑石、铀矿等。其中仅对金做了较多的工作，发现了多处矿化点，但尚未发现有工业利用价值。

第七章　自然灾害

第一节　气象灾害

一、干旱

1992年入夏后，全县旱情严重，自5月25日至7月8日，干旱持续44天，其间降水量仅13.3毫米，而历史同期降水量为170.4毫米，仅占7.2%。

1994年5月后，全县大部分地区遭受严重旱灾。大、中型水库储水量锐减，沟河水位急剧下降，岗岭地区大、中、小沟及水库大部分干涸。

1995年10月25日～12月13日连续50天无降水，为1950年有降水记录以来最少值，是近50年来最严重的秋冬连旱天气。冬小麦生长严重受影响，濒临枯萎。森林火险等级较高。

1997年8月下旬至10月底72天时间内，降水量只有16.0毫米，较常年偏少9成多，为历史同期最少值，严重影响秋播秋种。西部河库见底，水源枯竭，根本无法抗旱。

2001年12月11日～20日72天仅有0.2毫米降水量，冬季作物干旱严重。

2008年12月～2009年3月，赣榆县出现40年一遇旱情，降水量相比历史同期偏少7成，西部及北部丘陵山区出现重旱，对冬季作物造成较为严重影响。

二、雨涝

1990年7月24日，徐福镇遭受强龙卷风和大暴雨袭击。

1990年8月3～6日，赣榆县出现区域性暴雨，4日降特大暴雨，日降水量219.9毫米。全县在田农作物受淹2267公顷，成灾面积1000公顷，房屋进水45369户，倒塌5415间，死亡2人，伤119人，牲畜伤亡5369头，损坏涵洞、桥梁393座，冲毁河堤17602米、道路202千米，直接经济损失3003万元。

1991年7月15日，海头镇降大暴雨，同时出现3.5米以上的高潮位，梁东沙排水涵塌陷，造成30米海堤塌方，1000米海堤石墙出现裂缝，海堤在危急中，对4个村5000多人的生命财产安全和200公顷对虾塘、130公顷盐田构成严重威胁。海头镇出动2000名民工连续奋战4个海潮跌落间隙时间，动用草包2万只、麻袋1.2万条、化纤袋2.2万条、无纺布300平方米，完成土方3000立方米，至7月17日晚，海堤险工段抢修完成。

1993年6月24日，徐福镇遭受强龙卷风和冰雹、大暴雨袭击。

1998年2月1日～4月5日，全县平均降雨量184.6毫米，为常年同期的3倍，为近30年少有春汛，在田作物受渍严重。

1998年8月30日18时左右，班庄、夹山、大岭、门河等乡镇突降暴雨，狂风、大雨夹裹着冰雹，持续半小时。全县农作物损坏3800公顷，其中水稻损坏1000公顷，平均减产三～五成；民房毁坏2500多间，其中倒塌140多间；7000多棵树木被风刮倒，5千米电力通信线路遭到破坏。

2003年6～8月，出现连续暴雨天气过程，赣榆县累积降水量785.9毫米，全县连续降水，加之上游客水压境，形成外洪、内涝双重影响，大部分地区受灾严重。

2008年8月21日，赣榆县遭受龙卷风和暴风雨袭击，最大降雨量达160毫米。其中塔山镇8月21日晚20点30分左右受龙卷风袭击，并伴有强降雨，短时最大风力12级以上，雨量120毫米，造成供电、供水、通信中断16小时以上。塔山、柘汪、班庄、沙河、墩尚、城头、欢墩等镇受灾严重。全县受灾人口31070人，紧急转移人口171人，总经济损失890万元，其中农业损失662万元。

三、冰雹

赣榆县境内春夏之交和夏末秋初，易发生雹灾，主要集中在5月中下旬，对三麦、玉米、棉花等农作物有较大影响。

1992年7月2日18：30～20：30，厉庄、夹山、班庄、欢墩、门河及抗日山园艺场遭到特大风暴和冰雹的袭击，风力达10～12级，冰雹直径大的8厘米、小的3厘米，损坏房屋26910间，倒塌621间，损坏水稻510公顷，花生、山芋、玉米、大豆等旱作物1557.4公顷，刮倒树木100210棵、电杆189棵，毁坏果园447公顷，毁坏渡槽一座，损失水泥原料100吨、砖坯28000立方米，刮起麦草70万千克，砸伤5人，直接经济损失700余万元。

1993年6月24日13时20分～13时45分，赣榆西起厉庄乡东至海头镇的7个乡镇遭大风和冰雹袭击，风力最大达10级，徐福、龙河等乡镇冰雹持续时间最长30分钟，最大冰雹如拳头大，一般直径约30～40毫米，有的地方冰雹厚度达25厘米，历史上罕见。全县农作物受灾9133公顷，其中4133公顷绝收，果园60%～70%落果落枝，损坏房屋1.2万间，砸死伤牲畜家禽5.6万头（只），刮倒电线杆40根，损坏供电线路2460米，变压器1台，受伤群众10余人，直接经济损失高达9000多万元。

2000年8月28日～31日，受12号强热带风暴派比安的影响，连降大暴雨，平均降雨量350毫米，局部高达516毫米，近海风力10级以上。强热带风暴影响时，正值农历八月初三大汛潮，潮水位高达3.9米，风、暴、潮三灾碰面。降雨强度之大，持续时间之长，为赣榆县20年来所罕见。全县海堤决口6处，冲毁海堤880米，造成堤顶漫潮8处，总长5050米。全县11千米砂堤平均蚀退8～12米。

2002年5月26日16时15分～27日1时左右，全县境内自北向南先后出现雷雨、大风、冰雹等强对流天气，最大风力达9级，瞬时风速24米/秒，冰雹直径达到9毫米以上。6月14日，赣榆出现冰雹雷雨大风，受灾面积2479公顷，农业经济损失700万元。

2003年6月13日，赣榆出现冰雹，12时30分到13时，沙河、厉庄、石桥、柘汪和金山等乡镇受袭，冰雹平均直径20毫米，最大直径30毫米。给在田作物造成不同程度灾害，其中春花生面积约267公顷，地膜破坏，部分叶片脱落；春玉米133公顷，90%的叶片破碎，100公顷瓜果蔬菜受不同程度破坏。经济损失达400多万元。

2004年6月26日，赣榆出现冰雹、雷雨大风，未造成较大损失。

2005年4月25日15时28分～17时30分，由于受冷空气影响出现冰雹、雷雨大风等强对流天气，降雹时间5～15分钟，冰雹最大直径10毫米。青口、赣马、墩尚、宋庄、班庄、黑林、沙河、城头等镇受灾。农作物受灾7080公顷，成灾6693公顷，经济损失达1100万元。

2005年6月14日18时40分开始，赣榆出现冰雹等强对流天气，冰雹最大直径20毫米。石桥有一部分玉米、大豆叶片被砸坏。其中柘汪、欢墩等镇降雹直径最大20毫米，平均直径10毫米。有733公顷花生被砸叶片15%，大豆被砸叶片50%以上；玉米267公顷被砸叶片30%；1500棵树被风刮断；房屋瓦片被揭100间，其中因树刮倒砸塌房屋一间；果树67公顷被砸叶片10%；133公顷菜园不同程度被损。此次灾害经济损失约1000万元。

2005年6月18日19时，由于受东北冷涡后部不断南下的冷空气影响，先后出现雷雨、大风天气，部分乡镇出现冰雹，最大直径40毫米；部分乡镇受灾。

2007年5月4日16时～17时，受东北冷涡和暖湿气流共同影响，赣榆县出现大风冰雹天气，由于县人工影响天气办公室及时实施人工消雹作业，全县无雹灾。

2008年5月11日，墩尚、城西、青口等5个镇遭受风雹灾，降雹持续近5分钟，冰雹最大直径6毫米，风速16.8米每秒。风雹灾造成在田农作物1288公顷受灾，直接经济损失127万元。

四、风灾

1990年8月21日，受12号台风影响，海堤决口7处，长300余米，北部8500米土堤和砂堤被冲倒80%，2500米石墙基础被掏空，冲走土方40万立方米。

1991年11月23日15时10分，出现海上大风，最大风速15.7米/秒，赣榆10余人失踪。

1994年4月28日20时30分，龙卷风袭击厉庄、徐福、龙河、石桥等乡镇，暴风来势快，风力猛，阵风10级以上，并伴有阵雨及少许冰雹，厉庄乡的河北尚庄、河西尚庄等6个村受灾较严重，损失房屋340间，春花生地膜153公顷，塑料大棚4公顷，刮断大小树木1500棵，电话线和高压线20余处1000余米，厉庄乡供电中断5小时，电话中断24小时，造成经济损失70余万元。

1997年8月18～19日，时值大汛潮，11号台风影响赣榆沿海。强风力达10级以上，普降雨160毫米，局部245.4毫米。海州湾旅游度假区海堤被海水漫过，海堤向西推移5米；海头镇北朱皋段、新河段海堤决口；九里乡海堤8处决口，长度千余米；城东乡海堤被冲开（毁）5千米；柘汪乡海堤决口37处，石墙倒塌6920米，土堤冲垮8335米；城东、海头、九里、柘汪4个乡镇万亩鱼虾塘池和万亩盐田被毁，原盐淡化7500吨，毁坏育苗场20多个，13艘渔船破碎，一艘8马力渔轮沉没。全县大片农田被淹，玉米倒伏，民房倒塌，企业、公用设备被毁。是年11月县政府调集柘汪、九里、石桥、官河、马站5个乡镇3万多民工抢修被毁海堤。次年11月县政府立碑纪念。

2001年8月1日，受台风“桃芝”外围影响，日降水量达102.4毫米，风力9级以上，全县无经济损失。

2005年，9号台风“灿鸿”造成居民房屋倒塌538间，不同程度受损房屋733间，倒断树木78320

棵，倒断“三杆”（通信、广电、电力杆线）20棵，紧急转移安置人口627人，农作物受灾面积1万公顷，损坏温室大棚85个；成灾农作物面积6000公顷，其中玉米4667公顷、水稻667公顷，由于风力大，玉米等高杆农作物普遍倒断，夏玉米正值灌浆期，粮食减产很大。冲毁潮间带667公顷、鱼塘2.7公顷，冲毁生产桥37座、水闸及放水涵洞41座，电排站6座，河道护坡及防渗渠道被冲毁6790米。其中沙河、墩尚、罗阳等镇南部地区受灾最为严重，花生、地瓜等低秆作物全部没入水中，烂果严重，倒损房屋也较多。灾害给全县造成直接经济损失3640万元，其中农业经济损失1900万元、水利工程经济损失达840万元。受同年第15号台风“卡努”影响，赣榆县普降暴雨，最大降雨量达63.1毫米，最大风力10至11级，全县普遍受灾，损失较严重。灾害造成居民房屋倒塌113间、不同程度受损房屋120间，倒断树木3910棵、倒断“三杆”10棵；农作物受灾面积2894公顷，其中花生600公顷、玉米803公顷、水稻1424公顷、其他经济作物67公顷；成灾农作物面积2733公顷，其中玉米733公顷，水稻1400公顷、其他农作物600公顷；受灾人口达44200人，成灾人口43100人。由于风力大，玉米、水稻等高杆农作物普遍倒断，粮食减产很大。冲毁生产桥1座、潮间带667公顷、鱼塘20公顷。其中柘汪、城西、墩尚、赣马等镇受灾最重，花生、地瓜等低秆作物全部没入水中，烂果严重。初步统计，灾害造成直接经济损失2915万元，其中农业经济损失2100万元。

2005年9月21日，沿海出现7～8级大风，一艘赣榆渔船沉没，9名船员落水，导致1人死亡，1人下落不明。

2007年9月18日晚～20日6时，受13号强台风“韦帕”影响，造成居民房屋倒塌122间、树木倒断8405棵，紧急转移安置人口520人，农作物受灾面积3.3万公顷，农作物成灾面积6.4万公顷，其中玉米0.8万公顷、水稻4733公顷、其他农作物8667公顷，倒塌温室大棚50个、损坏温室大棚7个；冲毁鱼虾塘552公顷，冲毁生产桥37座、水闸及放水涵洞50座、电排站6座，河道护坡及防渗渠道被冲毁4500米、跌水等田间配套建筑物520座，林果减产达2100吨，沿海受损船只91只，经济损失140万元。

五、雷击

2002年9月27日，赣马镇一妇女遭雷击身亡，海头镇一妇女在田间遭雷击身亡。

2004年8月9日5～8时，黑林、厉庄、金山、石桥等镇出现雷暴、暴雨天气，3小时内平均降水量达164毫米。黑林镇阚岭村两小孩遭雷击死亡。

2005年8月17日下午2时15分，塔山镇土城村村委会办公室附近遭受雷击，其中一名农妇被雷击死亡。另有一村妇被雷击昏。村委办公室4间房屋门窗玻璃被击碎，3家农户房顶被掀翻。雷击还造成部分供电线路中断，电器被击毁。

第二节 生物灾害

一、林业灾害

20世纪90年代初，发生松材线虫病危害针叶树种。2000年，发生草履蚧，大面积危害杨树。

二、农作物灾害

赣榆县农作物病虫害每年都有不同程度发生。

水稻迁飞性害虫褐飞虱　1992年、2006年为大发生年，造成部分田块水稻形成“冒穿”，影响产量。

纵卷叶螟　1995年为大发生年，2003年为特大发生年。2龄幼虫可将叶尖卷成小虫苞，然后吐丝纵卷稻叶形成新的虫苞，幼虫潜藏虫苞内啃食。幼虫蜕皮前，常转移至新叶重新作苞，形成“白叶”影响产量。

水稻条纹叶枯病　1997～2004年，由于耕作制度、气候条件、水稻品种等变化，导致水稻条纹叶枯病暴发成灾，并逐年加重，一般田减产10%～20%，严重田减产30%～40%，甚至绝收。2004年后，采取以“种植抗性品种为基础，适期用药为关键，治虫防病与肥水管理相结合”为主要技术特征的全程防控技术，该病得到有效控制。

水稻白叶枯病　2003年为大发生年份。

小麦赤霉病　1993年、2002年为大发生年份，发病小麦籽粒干瘪并伴有白色至粉红色霉。小穗发病后扩展至穗轴，病部枯竭，使被害部以上小穗形成枯白穗，影响小麦产量和品质。

玉米粗缩病　1993年后，玉米粗缩病的发生具有明显上升之势，给玉米生产造成极大的损失。1996年大发生时，一般病田病株率达40%，平均减产10%～30%。2000年后，推广玉米播期“春提早、夏推迟”技术。春玉米播期提前到3月底至4月5日，夏玉米播期推迟到6月25日左右，以避开灰飞虱危害，防止玉米粗缩病。

加拿大一枝黄花　原产于北美，又名北美一枝黄花。2006年，发现并采取扑灭措施。

第三节　地质灾害

赣榆县西邻郯庐断裂带仅20千米。1990～2009年，未发生破坏性地震，监测到周边或县境有震感的情况如下：

1. 1992年1月23日5时41分，黄海海底地震，震中位置：北纬35° 6′，东经121° 6′，5级。

2. 1995年9月20日11时34秒，山东苍山县与费县交界地区（北纬34° 34′ 48″，东经118° 9′），发生5.2级地震，极震区烈度为7度。赣榆属有感地区。

3. 1998年1月13日7点25分34秒，赣榆夹山等西部地区有震感，震中位于赣榆县西北方向，距县塔山地震测报台35.9千米，震级为ML2.2。

4. 2006年1月8日13时43分，在连云港东部海域（北纬34° 32′ 24″，东经121° 18′ 36″，距赣榆地震台220.4千米）发生ML4.9级地震。

5. 2006年2月8日14时21分，在山东省莒南县（北纬35° 16′ 48″，东经119° 13′ 12″，距赣榆地震台51.3千米）发生ML3.5级地震。

6. 2006年8月21日19时35分，在山东省青岛市附近海域（北纬35° 55′ 48″，东经120° 52′ 48″，距赣榆地震台208.5千米）发生ML4.1级地震。

7. 2006年7月26日5时18分，在安徽省定远县（北纬32° 28′ 48″，东经117° 18′，距赣榆地震台306.8千米）发生ML4.5级地震。

8. 2009年7月13日19时3分，在山东省莒县境内（北纬35° 38′，东经118° 55′，距赣榆地震台73.5千米）发生ML3.1级地震。

9. 2009年10月20日17时31分，在连云港市辖区与东海县交界地区（北纬34° 34′，东经119° 06′，距赣榆地震台43.7千米）发生ML3.0级地震。

第八章　环境质量与环境保护

20世纪80年代，赣榆环境质量较好。20世纪90年代，环境污染日益严重。2000年后，随着产业结构的调整，特别是全面关停小化工，环保力度加大，环境质量下降趋势得到遏制。从监测情况看，2009年年底，地表河流水质的各项指标均符合地表水环境功能区划要求，县城大气、噪声等主要环境质量指数均在国家规定标准内。

第一节 环境质量

一、大气环境质量

赣榆县地处淮河以北，冬季居民取暖、澡堂开业，燃煤量增加，春季受北方沙尘暴和高空浮尘、扬尘影响，冬、春两季空气质量不稳定，夏、秋两季空气质量良好。20世纪90年代，全县工业形成以化工为龙头的工业体系，尤其是县盐化厂、县酒厂、县磷肥厂等企业的废气排放，城区环境空气质量较差。2000年后，随着工业结构调整，县经济开发区和县海洋经济开发区相继建立，县酒厂、粮食加工厂、县磷肥厂等重点污染源从县城区中心搬出，政府以优惠的政策鼓励企业开展清洁生产、发展循环经济，逐步淘汰生产工艺落后、生产率低下、污染严重的企业，加强烟控区建设，县城区环境空气质量进一步好转。

自1991年对环境空气质量监测以来，除1993年、1996年、1997年二氧化硫、总悬浮颗粒物超标外，其余年份二氧化硫、氮氧化物、总悬浮颗粒物均达到空气质量二级标准。2009年，县城空气中二氧化硫、二氧化氮、总悬浮颗粒物3项指标年日均浓度分别为0.018毫克/标立方米、0.019毫克/标立方米、0.171毫克/标立方米，降尘年均值为18.1吨/平方千米·月，符合国家要求的北方城市标准。

二、水环境质量

（一）河流水质

赣榆境内开展监测的主要河流有龙王河、兴庄河、沙汪河、青口河、朱稽河、范河、新沭河、朱范河共8条，沙汪河下游为县城区的纳污河流。20世纪90年代后，城区人口增加，城镇建设加快，工业企业发展，废水排放量随之增大，部分河流水质受到不同程度污染，河流水质不稳定。2003年年底至2004年上半年，赣榆县开展青口河中上游清淤疏浚整治工程，对部分河堤路面进行硬化，加强河两岸绿化美化，青口河水质得到一定改善。2005年，随着赣榆新城污水处理有限公司的建成和污水输送管网的配备，工业废水和县城区生活废水得到集中控制和处理。青口河、新沭河、范河、朱稽河、兴庄河等河流水质达到相应水域功能区划标准。“九五”期间，龙王河受上游山东省莒南县工业废水和生活污水影响，水质变为劣Ⅴ类水。“十五”期末，水质有一定改善，但仍不能满足水域功能要求。2009年，河流监测共24项指标，用参与评价的18项指标年均浓度值来统计污染指数，全县河流的综合污染指数为5.1，均值型污染指数为0.28。青口河、兴庄河的水质较好，其综合污染指数分别为4.3、4.7，水质属尚清洁级。其次是新沭河、范河、朱稽河，其综合污染指数分别为5.4、5.4、5.8，水质属尚清洁级。石门头河、朱范河水质较差，综合污染指数分别为13、10.4，不能满足水域功能要求。

（二）水库水质

境内水库主要为石梁河水库和小塔山水库。石梁河水库位于江苏、山东两省交界处，最大库容量5.3亿立方米，属于淮河流域主要湖库之一，是赣榆、东海两县工、农、渔业生产的重要水源，在赣榆境内主要有石门头河、朱范河两条入库河流。自20世纪90年代初，石梁河水库上游屡次遭受山东省临沭县等地区工业废水污染，水质日益变差。2000年前后，临沭县山芋制粉规模扩大，大量未经处理的山芋制粉废水经石门头河、朱范河等进入石梁河水库，成为重要污染源。2003年后，秋季山芋制粉废水的季节性污染是影响水库水质不可忽视的因素之一。2009年，石梁河出库口监测数据表明，年均浓度值符合《地表水环境质量标准》（GB3838-2002）Ⅲ类水标准（Ⅲ类水域），综合营养指数为58，水质营养状态为轻度富营养，水质状况为轻度污染。

20世纪90年代前期，小塔山水库水质较好。90年代中后期，水库网箱养鱼引发夏季蓝藻疯长，水质恶化，影响饮用。1997年，关闭黑林酒精厂和淀粉厂，拆除库区内2000余个养鱼网箱，投放大量的鲢鳙鱼。2006年后，小塔山水库水质相对较好，仅在每年的丰水期内，出现蓝藻繁殖上升趋势，总体水质能够达到《地表水环境质量标准》（GB3838-2002）中Ⅲ类水标准。

（三）饮用水水质

县城地面水厂1988年建成投产，水源以小塔山水库为主，日供水能力4万立方米。1990～2009年，县城饮用水源水质良好，历年来各监测指标年均值均符合《地表水环境质量标准》（GB3838-2002）Ⅲ类水标准。2009年，饮用水源水质共监测30个理化和生物指标。统计结果表明，污染物年平均浓度符合城市环境综合整治定量考核标准，水质达标率为100%，属尚清洁级。

三、声环境质量

（一）道路交通环境噪声

1990年，县城区监测8条道路。1990～1999年，随着各种机动车辆逐年增多，县城区道路交通噪声污染程度较重。1990年、1991年、1995年、1996年、1997年、1998年这6年道路交通环境噪声等效声级超过70分贝，不符合《声环境质量标准》（GB3096-2008）标准中4类区标准。其余年份道路交通环境噪声平均等效声级均未超出标准。2000年后，县城区城市化规模扩张迅速，204国道、242省道、城区道路扩建、新建和维修，机动车禁行、禁鸣路段由环城路改为外环路，近郊公交车以及轿车出租车的开通，私家车的快速发展，淘汰污染严重机动客运三轮，声环境质量有所改善。1990～2009年，道路交通环境噪声均值为67.3分贝。2009年，县城区监测14条道路，布设52个监测点位；道路交通环境噪声等效声级66.1分贝，交通干道平均车流量为851辆/小时。

（二）区域环境噪声

县城区范围内采用250*250米网格布点，由1992年的100个到2009年的203个，网格覆盖人口9.93万人，18年区域环境噪声平均值为54.0分贝。县城区历年环境噪声平均等效升级均符合《声环境质量标准》（GB3096-2008）标准中2类区标准。赣榆县2009年区域环境噪声等效声级为54.5分贝，等效声级年均值符合国家标准。根据声源结构分析，交通噪声占34.0%，生活噪声占53.2%。

（三）功能区环境噪声

赣榆县城市功能区环境噪声从2001年开始监测，分4个区共布设5个监测点位。2009年，1类区昼间噪声年平均值为50.7分贝，夜间为39.9分贝；2类区昼间噪声年平均值为55.1分贝，夜间为43.4分贝；3类区昼间噪声年平均值为58.9分贝，夜间为48.6分贝；4类区昼间噪声年平均值为63.9分贝，夜间为49.4分贝。各季度4个区等效声级均符合相应的功能区标准。至2009年，功能区环境噪声值均符合相应的功能区标准。

第二节　环境污染治理

一、水污染治理

（一）工业废水及生活污水治理

1990年，城镇建设快速发展导致城镇人口快速增长，造成生活污水量剧增，全年生活污水排放203万吨。县盐化厂、磷肥厂、七二化工厂、化肥总厂、玻璃厂5家重点污染企业，由于生产工艺落后，设备陈旧，环保设施不完善，企业废水多数不能达标排放，严重污染水体环境，直接影响到周围居民的身体健康，年排放废水334吨、化学需氧量481吨。

2000年后，随着老国有企业转产改制，一大批新兴工业项目，特别是酒精、海藻酸钠、食品加工等行业销售行情好转和生产规模扩大，使得赣榆县排污总量不断增加。县继续加强建设工业项目管理、工业污染源治理和总量控制工作，拒批小化肥和土炼焦等“十五小”“新五小”企业，关停并转地条钢等国家禁止类企业。随着县经济开发区和县海洋经济开发区建立，一大批新建项目集中建设，县酒厂、磷肥厂、七二化工厂、玻璃厂等老工业项目搬迁改造，同时建设污水处理厂和配备污水输送管网，工业污染状况得到集中控制和处理。2005年，以BOT形式建成投运赣榆县新城污水处理厂，日处理废水2万吨，采用脱氮除磷工艺，极大削减了废水污染物对环境的污染。2008年，金山镇自筹资金，率先建成第一家镇级污水处理厂，日处理能力7000吨，为镇工业园区的发展及环境保护工作提供有力保障。2009年，赣榆县生活污水排放总量为1974万吨，生活污水化学需氧量排放6481吨。县重点污染企业23家，废水排放量635.28万吨，其中化学需氧量排放692.67吨。是年，新城污水处理厂污水处二期工程新增污水处理能力2万吨/天，海头镇污水处理厂污水处理能力2万吨/天，柘汪镇污水处理厂污水处理能力2万吨/天，金山镇污水处理厂二期工程污水处理能力7000吨/天，极大提高工业废水和生活污水的处理率，更大限度地削减排放的污染物总量。

（二）水污染专项行动

为加强地瓜淀粉生产废水、塑料颗粒加工废水管理，2009年，县成立综合治理领导小组，加强赣榆县地瓜淀粉生产废水、塑料颗粒加工废水的长效管理，禁止地瓜淀粉、塑料颗粒无序生产加工，预防水污染事故发生，切实保护广大人民群众的切身利益。县政府与各镇政府签订管理责任状，明确责任人及奖惩措施，建立完善预防长效管理办法。由县政府办牵头，环保、工商、公安、水利、海洋渔业、农林部门共同参与，开展拉网式排查，对涉嫌加工点坚决取缔。同时加强对全县重点河流水域、水库、地下水及跨界河流水库水质等监测点位的监测力度，严厉打击违法违规项目，禁止违法超标排污行为。

（三）跨界水污染防治

发源于莒南县的龙王河，是赣榆县6个镇20余万群众生产、生活的主要水源。2003年，在龙王河上下游水污染纠纷历时2年多后，县政府、县环保局主动与上游地区对接，协商跨界水环境保护问题，探讨解决机制。2006年，赣榆县环保局与日照市岚山区环保分局共同协商，正式签订《日照市岚山区与连云港市赣榆县鲁苏边界环境保护联席会议制度》文件，并根据文件精神，又签订《日照市岚山区与连云港市赣榆县鲁苏边界环境污染联合处置机制》，进一步完善跨界水污染的上下游联防机制，有效推进龙王河水污染防治工作。

二、大气污染治理

（一）工业废气治理

20世纪90年代初，老工业企业污染治理设施不完善，污染应急措施不到位，县盐化厂多次发生氯气泄漏事故，县磷肥厂二氧化硫直接排放，县酒厂酒糟发酵臭气熏天，严重危害周围居民身体健康，群众意见很大。县环保部门依法对企业的违法排污行为进行处罚，同时责令其限期整改，减少污染事故危害。2006年，由县磷肥厂改制的江苏金山肥业有限公司迁至海头镇海州湾产业科技园，县酒厂迁至县经济开发区，困扰县城居民多年的大气环境污染问题得到彻底解决。

（二）烟控区建设

为改善县城居住环境，2009年，赣榆县大力加强烟控区建设，加大建设项目管理和环境监察的执法力度，烟控区内禁止新上燃煤锅炉项目，并对已上的锅炉实施改造，安装除尘装置，淘汰落后产品及工艺，同时积极推广燃油、燃气炉灶的使用，烟控区建设取得很大成效，削减了大气污染物排放量。

（三）清洁燃气推广和集中供热工程

2005年，香港汇德海外投资有限公司投资1.33亿元建设年产燃气1365万立方米的城市管道燃气工程和香港协鑫集团投资5000万美元的生物质环保热电项目顺利投产，项目建成后拔掉城区及周边地区近百只烟囱，同时集中供热覆盖区域禁止使用燃煤锅炉，空气质量明显改善。

三、固体废物治理

固体废弃物主要包括工业固体废弃物、生活垃圾等。赣榆县年均产生工业固体废弃物约10万吨，

2009年约为30万吨，主要有炉渣、粉煤灰、原料渣等。炉渣、粉煤灰等主要用于生产建筑材料或铺设道路。工业原料渣全部回收进入循环生产程序。酒精行业产生的酒糟，通过清洁生产管理，主要用于发展沼气供热，供生产使用。固体废物综合利用既节能降耗，又减少了环境污染。

第三节　环境监测

经江苏省编委苏编80（83）号文批准，赣榆县环境监测站于1980年10月成立，位于县城青口镇文化路32号，为全民所有制社会公益性科学技术事业单位，行政上隶属于县环保局，业务和技术上受连云港市环境监测中心站指导。县环境监测站下设4个科室：技术质量室、综合信息室、分析测试室、现场监测室。1995年，县环境监测站获得省计量认证合格证书，2005年，取得国家认可委员会中国合格评定中心实验室认可资质（CNAS L2018）。2009年，共有工作人员61人，其中技术人员53人；拥有1100平方米监测工作用房，环境监测车一辆；配有气相色谱仪、原子吸收分光光度计、极谱仪、原子荧光光度计、紫外分光光度计、大气采样器等仪器设备140余台（套），有水、气、声、生物四大类65项监测能力。新增环境空气自动监测站一座。

1990年后，赣榆县环境监测站开展地表水、地下水、海水、环境空气、降水、区域环境噪声、功能区噪声、道路交通噪声等环境质量要素监测，到2009年，共布设监测断面、监测点289个，其中地表水省控断面7个，市控断面8个。

根据全县河流分布情况，赣榆县环境监测站对境内8条主要河流、2座水库共计13个监测点位进行地表水环境质量监测，河流水监测项目共25项，饮用水源监测项目共30项，水库监测项目共26项。结合县城总体布局，县城区环境空气监测共设置三个监测点，大气监测实现自动化，监测项目均为二氧化硫、二氧化氮、总悬浮颗粒物（后调整为可吸入颗粒物）、降水和降尘。全县建成环境噪声达标区12.69平方千米。

第四节　环境管理

一、管理机构

赣榆县环境保护局成立于1981年，1984年5月与县基本建设局合并，更名为赣榆县城乡建设环境保护局，1989年3月恢复县环境保护局，为政府一级局建制，是县政府的职能部门，内设四个科室：人秘股、环境管理股、计划财务股、科技宣传教育股，下辖两个事业单位：环境监测站、环境监理大队。2001年，设办公室、污染控制建设管理科、自然生态保护科、科技法制宣教科。2009年，增设综合科。县环境保护局主要负责环保目标责任状工作，组织进行分解检查和考核；编制全县环境保护中、长期规划和年度计划及总结；参与编制全县可持续发展纲要、区域经济发展规划、环保基础设施建设和环境污染综合治理项目计划等工作，编制全县环境功能区划、环境保护规划；参与协调、审核环境保护专项规划。

二、执法机构

赣榆县环境监察局前身为赣榆县环境监理站。1995年，经县编委会批复，核定编制8人，下设青口、班庄、马站、厉庄、墩尚五个环境监理站，各站核定编制3人。1998年，经县机构编制委员会批准，更名为赣榆县环境监理大队。2006年，更名为赣榆县环境监察局。2009年，经批准，成立柘汪临港产业区、青口、赣榆县经济开发区、班庄四个分局。

三、环保法规宣传

1990～2009年，每年“六・五”世界环境纪念日举办内容丰富的主题日宣传活动，每年举办一次县重点企业座谈会，并开展环保知识更新培训，培训内容有环保面临的新形势、新任务、科学发展与产业升级换代以及新出台的环境法规、政策、标准等，如《中华人民共和国环境影响评价法》《建设项目环境管理条例》《中华人民共和国清洁生产促进法》等。利用党校培训镇、村干部及新入党的积极分子之际，定期不定期进行环保有关法律法规的授课，年均培训上万人次。

20世纪90年代，环保教育逐步向全县各学校展开。2002年，在海头中学、县幼儿园等5所学校开展"绿色学校"创建。2008年，县环保局同青口镇中心小学、联合举办环保小制作比赛。2009年，县教育局等8家单位联合举办"塔山"杯环保知识竞赛。到2009年年底，全县有4所省级"绿色学校"，20所市级"绿色学校"。

四、规费征收与利用

依据国务院《征收排污费暂行办法》，1990年，县城乡建设环保局共对全县企业征收超标排污费12万元。1995年，成立环境监理站，全县企业增至110家，共征收排污费45万元，征收范围涉及水、气、噪声等方面。1999年，开始对固体废弃物及放射性污染征收排污费。2009年，对全县630家企业征收排污费达700万元。1990～2009年，共对全县95家企业补助环保治理资金1300万元，用于企业环保治理，保证环保工作良性发展。

第五节　生态建设与保护

一、国家级生态示范区建设

图 1-26　赣榆县环境保护工作汇报会（2009年摄）

2000年，赣榆县被国家环境保护总局列为第五批国家级生态示范区建设试点县。县委、县政府下发《关于开展创建生态示范区建设工作的实施意见》，成立由县长为组长、各有关部门和各镇主要负责人为成员的生态示范区建设领导小组，统筹指导全县创建工作。2001年，委托南京林业大学编制《赣榆县生态示范区建设总体规划》，经县人大审议批准实施，并纳入国民经济发展"十五"计划。按照规划要求，投资17.18亿元先后组织实施25项重点生态建设工程。2005年11月，省环保厅对赣榆县国家级生态示范区创建工作组织调研。2006年11月，国家环保总局验收组对赣榆县国家级生态示范区建设情况进行考核验收，确认赣榆已达到国家考核验收标准，通过考核验收。2007年1月，赣榆县被国家环保总局命名为第五批"国家级生态示范区"。

二、国家生态县建设

2007年年初，县委、县政府委托南京林业大学专家编制《赣榆县生态建设规划》（以下简称《规划》），10月，《规划》通过江苏省环保厅组织的专家评审。2007年12月，经赣榆县第十四届人大常委会第34次会议审议通过，正式实施。

《规划》以2006年为基准年，规划期分为近期（2007～2010年）、中期（2011～2015年）、远期（2016～2020年）三个阶段，提出全县社会经济、环境发展的指导思想和建设目标，对生态工业建设、生态农业建设、海洋生态经济建设、生态旅游业建设、生态型第三产业发展、自然资源与生态环境体系建设、生态人居体系建设、生态文化体系建设、能力保障体系建设等作了全面规划；规划设计了碧水、蓝天、宁静、绿化、生态家园、生态海洋、生态修复、生态产业、生态安全、生态文明等十大工程，53个具体工程项目，累计投资总量1617883.35万元。

2007年2月，县委、县政府成立由县委书记为组长，县委副书记、县长为副组长，县委办、政府办、环保局、水利局、农业局、建设局等各部门主要负责人为成员的赣榆县国家生态县建设领导小组和办公室，统筹指导全县生态县创建工作。县政府每年召开全县环保大会，部署环保工作及生态建设工作任务，印发《关于创建国家生态县的实施意见》《赣榆县2009～2010年度国家生态县建设任务》等文件，推进国家生态县建设。

三、环境优美镇、生态村建设

（一）环境优美镇建设

1996年11月，沙河镇被确定为“江苏省环境与经济协调发展示范镇”创建试点。2001年12月，获省环委会命名。2003年5月，县政府在全县下发《关于在全县开展环境优美村镇创建活动的通知》，在全县开展创建环境优美镇活动。2005年4月，青口、海头、沙河和柘汪4个镇被命名为首批市环境优美乡镇。2006年，青口镇启动国家级环境优美镇创建工作。2007年1月，墩尚和金山2个镇被命名为第二批市环境优美乡镇。2008年12月，厉庄、班庄、塔山、罗阳和门河5个镇被命名为第三批市环境优美乡镇；金山镇启动创建“省级环境优美镇”。2009年4月，下发《县政府关于积极开展创建环境优美镇生态村活动的意见》，12月，欢墩和赣马2个镇被命名为第四批市环境优美乡镇。

（二）生态村建设

2001年7月，厉庄镇坝西村、大岭镇后赤金村被省环保厅、农林厅授予“百佳生态村”称号。2003年5月，县政府下发《关于在全县开展环境优美村镇创建活动的通知》，2009年4月，下发《县政府关于积极开展创建环境优美镇生态村活动的意见》，在全县开展生态村创建活动。

1. 县级生态村创建　2009年，开展县级生态村创建活动，县政府下发《赣榆县生态村考核标准》，青口镇大盘村、金山镇红庄村、柘汪镇西棘荡村、海头镇小口村、石桥镇新韩口村、罗阳镇新合村、宋庄镇郑庄村、厉庄镇谭湖村、班庄镇横山官庄村、城西镇小官湖村、城头镇白石头村、墩尚镇岳韩村、赣马镇卜都村、黑林镇镇东村、塔山镇太平村、沙河镇刘圩村、欢墩镇坡石桥村、门河镇金河村18个村被授予“县级生态村”称号。

2. 市级生态村创建　2005年4月，青口镇宋口村、厉庄镇谢湖村2个村被命名为首批市生态村。2007年1月，金山镇赵湖村、石桥镇东温庄村、沙河镇颜庄村、墩尚镇银河村、青口镇下口村4个村被命名为第二批市生态村。2008年12月，宋庄镇沙口村、金山镇小河埃村、黑林镇富林村、赣马镇黑坡村、城头镇后黄墩村、欢墩镇黄泥沟村、班庄镇古城村、班庄镇窦洪爽村、海头镇马庄村、门河镇仙墩村、罗阳镇岭灶村11个村被命名为第三批市生态村。2009年12月，厉庄镇赤涧一村、石桥镇石东村、门河镇金河村、欢墩镇石沟埃村、宋庄镇范口村、城西镇店子村、柘汪镇西林子村7个村被命名为第四批市生态村。

3. 省级生态村创建　2005年4月，青口镇宋口村被命名为首批省生态村。2006年4月，厉庄镇谢湖村被命名为江苏省生态村。2007年8月，金山镇赵湖村、石桥镇东温庄村2个村被命名为江苏省生态村。2008年10月，罗阳镇岭灶村被命名为江苏省生态村。2009年9月，班庄镇古城村、海头镇马庄村2个村被命名为第五批江苏省生态村。

四、重要生态功能区保护

2006年，赣榆县列入《江苏省重要生态功能保护区区域规划》的保护区域，有五个重要生态功能区：（一）塔山水库饮用水源保护区：位于塔山镇西北部与黑林镇东南部。北以李埠地村—大树村—小吴山的道路为界，南以小探马村—店子村的村庄道路为界，南北长约12.5千米；西以申家疃村—黑林河西村—兴隆集村—徐接庄村—樊葛埠村等的村庄道路为界，东到黑林镇的边界，东西长约9.5千米。区内有塔山水库，40多个村庄。保护区总面积103平方千米，其中禁止开发区面积34平方千米，限制开发区面积69平方千米。主要生态功能为饮用水源地保护。（二）神龙泉水源涵养区：位于金山镇和厉庄镇的北部，北与山东省接壤，南以西子埃—尖岭村的村庄道路为界，东至龙王河西岸，西至黑林镇，南北长约4.5千米，东西长约10千米。区内有3个小水库及13个村庄。保护区总面积41平方千米，其中限制开发区面积41平方千米。主要生态功能为水源涵养、生物多样性保护。（三）石梁河水库洪水调蓄区：位于赣榆县西南部，北临欢墩镇，东临沙河镇，南靠东海县石梁河镇，西接山东省。保护区总面积36平方千米，其中限制开发区面积36平方千米。主要生态功能为洪水调蓄、生物多样性保护。（四）大夹山生态公益林区：位于班庄镇境内，西与山东省接壤，东以大沟埃—庙后的公路为界，北以庙东—窦洪爽的公路为界，南以大沟埃—小河村的灌渠为界，南北长约4.2千米，东西长约5千米。区内有3个水库、抗日山园艺场、抗日山烈士陵园及9个村庄。禁止开发区：以抗日山为主体，南北长约2千米，东西长约1千米。生态公益林区总面积21平方千米，其中禁止开发区面积2平方千米，限制开发区面积19平方千米。主要生态功能为湿地保护、自然与人文景观保护。（五）怀仁山生态公益林区：位于金山镇北部，北与山东省接壤，东与石桥镇相邻，南至金石公路，西至龙王河。南北长约3千米，东西长约4千米。保护区总面积11平方千米，其中限制开发区面积11平方千米。主要生态功能为湿地保护、生物多样性保护。

图 1–27　城头镇白石头村大口井生态创建（2008年摄）

第二篇 人口

第二篇 人口

赣榆县是连云港市人口大县。1990年，第四次全国人口普查，全县总人口951016人，占全市总人口27.65%，出生人口48786人，出生率为22.65‰，自然增长人口44030人，人口自然增长率为17.50‰。1992年始，计划生育政策的实施力度加大，是年，人口自然增长率为6.56‰。2000年，第五次人口普查结果显示，人口自然增长率为7.17‰，较前期有明显下降。截至2009年年末，全县总人口为1108016人，占全市总人口22.58%，出生人口14133人，人口出生率12.8‰，人口自然增长率为3.67‰。1990～2009年，全县净增人口15.7万人，年均净增人口7850人，增长率8.58%。全县人口总数增长呈由快到慢的趋势。

境内人口以汉族为主，主要分布在农村，其中东部沿海地区人口密度大，西部山区人口密度小。随着城镇化进程的逐步推进，农村人口向城镇集聚，城乡人口分布状况发生变化。

第一章 人口状况

第一节 人口总量

1990年，境内人口总户数为247730户，总人口951016人，其中男性487889人，女性463127人，非农业人口61992人。至2009年年底，全县人口总户数340544户，总人口1108016人，其中男性580906人，女性527110人。

1990～2009年赣榆县人口数量一览表

表2-1

年　份	总户数（户）	总人口数（人）			总人口数中：非农业人口（人）
		合　计	其　中		
			男	女	
1990	247730	951016	487889	463127	61992
1991	254777	967620	497887	469783	63102
1992	256043	972659	500716	471943	64978
1993	260765	982430	507169	475261	67522
1994	262899	990393	511719	478674	71941
1995	265738	998878	517443	481435	76466
1996	273238	1008863	520968	487895	81825
1997	276130	1015827	519299	496528	84931
1998	282951	1025598	530887	494711	88672
1999	293497	1036620	535473	501147	93178
2000	301460	1048801	541328	507473	161380
2001	304433	1058326	546481	511845	176816
2002	308093	1068289	550445	517844	212896
2003	310630	1079115	555841	523274	356001
2004	324780	1070886	557362	513524	取消户口性质
2005	334180	1076919	561637	515282	取消户口性质
2006	335353	1081815	563484	518331	取消户口性质
2007	337558	1089568	569118	520450	取消户口性质
2008	339851	1099490	575525	523965	取消户口性质
2009	340544	1108016	580906	527110	取消户口性质

第二节 人口分布

1990年之前，全县人口分布主要集中在农村。1990年第四次人口普查时，全县非农业人口51992人，占人口总数的6.52%。1991年以后，随着城镇化进程的逐步推进，农村人口向城镇集聚，非农业人口呈逐年增加趋势，2000年第五次人口普查时，全县非农业人口为175384人，占总人口的16.97%，比1990

年提高8.87%个百分点。2004年起，赣榆县取消农业与非农业户口性质，全部转为居民户口。

全县区域人口分布中，东部沿海地区人口密度大，西部山岭地区人口密度小。1990年第四次人口普查时，全县总人口为947520人，境内平均人口密度为每平方千米675.59人，东部沿海地区人口密度为每平方千米1015.28人，西部山岭地区人口密度为每平方千米555.25人；2000年第五次人口普查时，全县总人口为1048801人，境内平均人口密度为每平方千米748人，对比1990年增加70人，东部沿海地区人口密度为每平方千米1099.47人，西部山岭地区人口密度为每平方千米578.46人。2001年以后，随着新农村建设，城镇化进程步伐的调整，城镇化、产业化水平的不断提高，至2009年末，全县总人口为1108016人，境内平均人口密度为每平方千米776人，东部沿海地区人口密度为每平方千米1129.77人，西部山岭地区人口密度为每平方千米612.17人。

第三节　人口变动

一、自然变动

20世纪90年代初，赣榆县进入第三次生育高峰。1990年，全县人口出生率和自然增长率分别达22.65‰和17.50‰，1991年更是分别高达24.41‰和19.19‰，1992年以后，人口出生率和自然增长率开始呈回落趋势。到2004年，出生率下降到8.88‰，人口自然增长率为2.03‰；2009年人口出生率为12.50‰，自然增长率为3.67‰。

1990～2009年赣榆县人口自然变动情况一览表

表2-2　　单位：人；‰

年　份	出生人数	出生率	死亡人数	死亡率	自然增长率
1990	48786	22.65	4756	5.15	17.5
1991	23420	24.41	5009	5.22	19.19
1992	11723	12.08	5356	5.52	6.56
1993	13512	13.82	5096	5.21	8.61
1994	12076	12.98	5275	5.35	7.63
1995	12916	12.99	5367	5.4	7.59
1996	11160	15.85	5485	5.46	10.39
1997	10811	11.81	5117	5.05	6.76
1998	12007	11.76	5012	4.91	6.85
1999	12895	12.51	4940	4.79	7.72
2000	13050	12.52	5580	5.35	7.17
2001	10940	10.38	4881	4.63	5.75
2002	9842	9.25	4982	4.69	4.56
2003	9653	8.99	5060	4.71	4.28
2004	9546	8.88	7367	6.85	2.03
2005	14724	13.71	6914	6.44	7.27
2006	12248	11.35	7474	6.92	4.42
2007	15056	13.87	19946	18.37	-4.5
2008	13570	12.40	9402	8.59	3.81
2009	14133	12.50	10087	9.14	3.67

二、机械变动

1990年后，由于子女顶替、招工招干、学生录取后户口变迁和小城镇户口办理“农转非”、职工居民家属“三投靠”（夫妻投靠、子女投靠、父母投靠）等方面的户口变动，境内人口机械变动总趋势为迁入人数多于迁出人数。1990年迁入14640人，迁出8488人；2000年迁入12428人，迁出9300人；2005年迁入10152人，迁出9250人；2009年迁入6684人，迁出9107人。

第二章 人口结构

第一节 民族结构

1990年，第四次全国人口普查结果显示，境内总人口中，汉族947160人，占99.962%；蒙古族7人，占0.001%；回族223人，占0.024%；藏族等其他18个少数民族共130人，占0.014%。

2000年，第五次全国人口普查结果显示，境内总人口中，汉族1042982人，占99.903%；蒙古族216人，占0.021%；回族252人，占0.024%；藏族等其他26个少数民族共490人，占0.097%。

从两次人口普查结果中看出，赣榆县境内少数民族的个数和人口数量呈上升趋势，增加8个少数民族，人数也有原来的360人增加到958人，其中，蒙古族人口数量增加迅猛，增加209人。

第二节 性别结构

1990年，第四次人口普查时，境内总人口中，男性484800人，占51.17%；女性462720人，占48.83%；男女性别比为104.77（以女性为100），性别差数为22080人。

2000年，第五次人口普查时，境内总人口中，男性543238人，占52.04%；女性500702人，占47.96%；男女性别比为108.50，性别差数为42536人。

两次人口普查结果显示，全县人口男女性别比有所加大，性别差数在拉大。

第三节 年龄结构

2000年，第五次人口普查中，境内各年龄段人口占总人口比重与1990年第四次人口普查相比，变化较为明显，主要是14岁以下儿童、15～29岁青年人比重下降，中、老年人比重上升。

1990年、2000年赣榆县各年龄段人口变化情况一览表

表2-3

	1990年		2000年		变化情况
	人口数（人）	比重（%）	人口数（人）	比重（%）	
0～14周岁少年儿童	289426	30.55	303510	29.07	下降
15～29周岁青年人	270412	28.54	218878	20.97	下降
30～44周岁中青年	198023	20.9	250248	23.97	上升
45～59周岁中年人	107213	11.32	161761	15.5	上升
60～74周岁老年人	64217	6.78	83459	7.99	略升
75周岁以上老人	18229	1.92	26084	2.5	略升

第四节 文化结构

1990年，境内具有小学及以上文化程度人口共584799人，占总人口的61.49%。2000年，具有小学及以上文化程度人口共971932人，占总人口的92.67%。2000年对比1990年小学文化程度以上提高31.18个百分点。

1990年、2000年赣榆县人口文化程度及性别比例一览表

表2-4　　单位：人；%

年份	文化程度	各类文化程度			男性所占比例（%）	女性所占比例（%）
		小计	男性	女性		
1990	大学本科	580	506	74	87.24	12.76
	大学专科	2629	2143	486	81.51	17.49
	中专	5478	3856	1622	70.39	29.61
	高中	35088	25181	9907	71.77	28.23
	初中	212894	139220	73674	65.39	34.61
	小学	328130	152902	175228	46.6	53.4
	合计	584799	323808	290991	55.37	44.63
2000	研究生	57	39	18	68.42	31.58
	大学本科	2306	1779	527	77.15	22.85
	大学专科	9685	6635	3050	68.51	31.49
	中专	15075	8363	6712	55.48	44.52
	高中	61431	42639	18792	69.41	30.59
	初中	380383	217494	162889	57.18	42.82
	小学	395329	184799	210530	46.75	53.25
	合计	971932	496975	474957	51.13	48.87

第五节 职业结构

1990年，第四次全国人口普查结果显示，全县在业人口达542332人，其中男性290645人，占53.59%，女性251687人，占46.41%。从事农林牧渔水利业的人口475290人，所占比重高达87.64%；工业32580人，占6.01%；商业10484人，占1.93%；国家机关、政党机关和社会团体5639人，占1.04%。

2000年，第五次全国人口普查结果显示，国家机关、党群组织、企事业单位负责人占从业人口的0.97%；专业技术人员占4.19%；办事人员和有关人员占1.12%；商业、服务业人员占4.98%；农林牧渔水利业生产人员占76.86%；生产、运输设备操作人员及有关人员占11.87%。较第四次人口普查结果，从事第一产业的人口占从业人口的比重有所下降，而从事商业、服务业等第三产业人口比重明显上升。

第六节 婚姻结构

1990年，第四次人口普查结果显示，15岁以及15岁以上人口中，未婚的156456人，占23.77%；有配偶的459312人，占69.8%；离婚的1834人，占0.28%；丧偶的40473人，占6.15%。

2000年，第五次人口普查结果显示，15岁以及15岁以上人口中，未婚的占18.33%；有配偶的占75.56%；离婚的占0.41%，丧偶的占5.73%。相比第四次人口普查结果，结婚率、离婚率都明显上升。

第七节　家庭结构

1990年，第四次人口普查时，全县总户数为244410户，家庭户243845户，集体户565户。从家庭规模看，一人户占6.32%，二人户占11.54%，三人户占19.17%，四人户占31.90%，五人户占20.74%，六人户占6.92%，七人户占2.33%，八人及以上户占1.08%。

2000年，第五次人口普查时，全县总户数为283723户，其中家庭户280911户，占总户数的99.01%；集体户2812户，占0.99%。从家庭户的规模看，一人户占家庭户的5.93%，二人户占14.89%，三人户22.71%，四人户占30.89%，五人户占16.98%，六人户占6.44%，七人户占1.7%，八人及以上户占0.46%。

两次普查结果比较，全县家庭结构规模日渐趋向小型化结构发展。

第三章　人口控制

第一节　管理服务机构

一、管理机构

（一）人口与计划生育领导小组

1992年，根据中共中央、国务院《关于加强计划生育工作严格控制人口增长的决定》精神，赣榆县成立由县委书记、各乡（镇）长和各村党支部书记分别担任组长的县、乡（镇）、村三级计划生育领导小组，后根据人事变动和工作需要对各级计划生育领导小组成员适时进行调整充实。2008年8月，县人口与计划生育领导小组重新调整，改为由县委书记任组长、县长及分管副县长任副组长、28个主要部委办局负责人为成员的新的县人口与计划生育领导小组。

（二）人口和计划生育委员会

1991年，县计划生育委员会设人秘、财会、宣传、政策规划4个科室，列为行政编制，编制12人。1997年，县计划生育委员会机构调整，内设人秘、政策法规、计划统计、科学技术、宣传教育5个职能股，编制15人。2001年，赣榆县计划生育委员会更名为赣榆县计划生育局，派驻纪检组监察室。2005年8月，赣榆县计划生育局更名为赣榆县人口和计划生育委员会，其主要工作职责发生相应转变：一是从原来的控制人口数量，向稳定低生育水平、统筹解决人口问题，包括人口数量、素质、结构、分布和安全等转变；二是从单一行政手段转向运用经济、行政、科技、法律和社会保障等综合手段解决人口问题。

2009年，县计生委下设办公室、规划统计科、科学技术科、政策法规科、宣传科、协会、监察大队、城区办和纪检室，下属事业单位有计划生育指导站。

二、服务机构

（一）计划生育指导站

1990年，赣榆县计划生育宣传技术指导站更名为赣榆县计划生育指导站。其工作职责有提供婚前咨询、保健及医学检查和新婚保健等方面的服务，负责避孕药具的管理与供应，提供避孕咨询、避孕节育技术指导、避孕方法的使用与知情选择等方面的服务，并负责对计划生育技术人员与婚前保健服务人员的培训及进行计划生育科学的研究。

图 2-1 赣榆县计划生育指导站世代服务中心（2008年摄）

1999年，县计划生育指导站搬迁至新业务楼，工作职责增加对全县各镇计划生育服务站业务进行指导，开展生殖感染综合防治、优生优育指导、出生缺陷干预等职责。

2008年，完成世代服务体系转型，树立以人为本，以服务对象为中心的服务理念，提升服务内涵，增加孕前保健、婴儿早期发育等职责。

2009年，县计生指导站有职工53人，其中在编职工40人，临时聘用人员13人，行政管理人员5人，卫生技术人员16人，8人具有执业医师资格。站内设置妇科、乳腺科、内科、中医科、男性科、化验室、B超室等门诊科室，主要开展避孕节育技术服务、孕前优生健康检查、药具发放、男女不孕不育诊疗、妇科疾病诊疗、家庭保健和儿童早期教育等服务。业务用房3500平方米。设有孕前优生健康检查服务区、避孕节育技术服务区、生殖健康服务区、家庭保健服务区、婴幼儿早期教育服务区、人员培训和行政办公区等6个功能区。

（二）乡（镇）计划生育服务站

20世纪90年代初期，赣榆县计生委根据上级精神，下发《关于加强乡（镇）计划生育服务站建设的意见》，开始组建乡（镇）计划生育服务站，全县30个乡镇和塔山水库管理处的计划生育服务站全部组建完成。计划生育服务站的工作职责主要有开展人口管理，计划生育方针政策、避孕节育和优生优育科普知识的宣传教育，负责避孕药具的计划编报、发放管理以及使用技术的指导和效果调查，负责尿试、查环等早孕检查和上门访视以及动员落实补救措施等。1996年，全县各乡镇均加大对各自乡镇计划生育服务站的资金和人才的投入，部分乡（镇）筹建的示范和甲级服务站，通过市计划生育委员会验收。

2003年6月，各镇计划生育中心服务站增挂赣榆县计划生育指导站分站的牌子。2004年，海头镇、柘汪镇、厉庄镇、城头镇和沙河镇5个镇计划生育指导站分站建立紧急避孕援助中心，并通过市人口与计生委的验收。2006年后，县人口与计划生育委员会在全县展开星级服务站创建工作，青口、海头、沙河、厉庄4个镇计生服务站被市人口计生委命名为三星级计生服务站，石桥、墩尚、城西、门河、欢墩、赣马、塔山、黑林、柘汪、城头等10个镇计生服务站被市人口计生委命名为二星级计生服务站。

至2009年，全县18个镇服务站全部完成世代服务改建工作。

（三）村级计划生育服务室

20世纪90年代初，赣榆县部分村建立计划生育服务室。1998年起，村计划生育服务室与村卫生室“两室合一”。2003年，县计生局和卫生局为225个村级计划生育服务室统一配备B超床、体重秤、宣传牌等必要的宣传服务设施，并组织召开村级计划生育服务室建设和服务经验现场会，使全县广大已婚育龄妇女不出村就可以享受到优质的计划生育服务。至2008年年底，全县442个行政村已全部建成计划生育服务室。

（四）计划生育协会

1988年5月，赣榆县第一个乡镇计划生育协会在柘汪乡成立。1989年9月，成立赣榆县计划生育协会。1991年，全县30个乡镇计划生育协会全部建立完毕，766个行政村及200人以上的企事业单位也相应建立计划生育协会组织，同时建立会员小组和会员联系户制度。2001年，受撤乡并镇、村组合并影响，村计划生育协会被打乱。2001年年底，385个行政村完成计划生育协会的恢复整建，占全县行政村的87%，累计发展协会会员94810名，占全县总人口的8.96%，建立会员小组7483个，建立会员联系户4581个。柘汪、金山、罗阳等8个乡镇在村和厂办起“会员之家”，其中金山镇计划生育协会被授予“全国先进集体”，柘汪和罗阳计划生育协会被授予“全省先进集体”。2005年，县计划生育协会建立4874人的计划生育志愿者队伍，开展计划生育“零距离”服务活动，是年，被省计划生育协会评为“全省计划生育志愿者‘零距离’服务活动先进集体”。2007年，县计划生育协会被中国计划生育协会授予“全国计划生育协会先进集体”称号。

第二节　政策法规

一、生育规定

1990年后，赣榆县依据省委、省政府和省计生委关于计划生育的政策规定，提倡一对夫妇只生育一个孩子，并严格执行省14条二胎生育政策，凡符合政策并有生育二胎要求的，一律采取由本人申请，群众评议，乡（镇）人民政府或街道办事处审核，县人民政府批准的方式，照顾再生育一个孩子。

1996年8月起，赣榆县强化对照顾生育二胎的管理，对照省14条生育政策，由要求生育二胎的个人向村委或单位提出书面申请，然后张榜公布，征求群众意见；再由乡镇计生部门到夫妇所在地召开群众座谈会，听取群众意见；之后经乡镇分管领导审核签字上报，由县计生委政策领导小组集体讨论予以审批，乡镇在接到批准通知后，再予以公布，病残儿童还应公布诊断结果，在无异议的情况下，由县统一编号，发放照顾二胎生育证。

2001～2009年，赣榆县人口自然增长率总体保持下降趋势，计划生育率达90%以上。2009年年末，全县常住总人口1108016人，人口出生率（包括往年补报）12.50‰，计划生育率92.49%以上，独生子女户奖励政策兑现率100%，流动人口免费服务率98%以上。

二、节育规定

1986年，县政府转发《省委办公厅、省政府办公厅关于认真抓好计划生育工作的通知》，对全县节育技术和工作做明确的规定。

1991年2月，县政府推行以结扎、放环为主的综合性避孕节育措施。1996年6月，县人民政府颁发《赣榆县控制人口增长暂行办法》，强调坚持推行计划生育，提倡晚婚晚育，推广产后42天上环做法。

2002年，县计生局、卫生局联合下发《关于做好避孕节育知情选择及凭证定点引产等工作的通知》，在全县推行避孕节育政策，对提高综合避孕率和避孕有效率起到促进作用。2004年12月，又下达《向农村育龄夫妻发放免费技术服务补助经费》的通知。

三、奖励与限制规定

（一）鼓励一对夫妇只生育一个孩子的有关规定

20世纪90年代，赣榆县开始实行颁发“独生子女证”政策，对独生子女家庭给予相应的奖励，对独生子女在入托、入园、入学、就医、招工、招生、城市住房和农村宅基地分配等方面，给予适当照顾。2002年10月，根据《江苏省计划生育条例》精神，对独生子女奖励的有关规定又作进一步完善，机关、团体、企事业单位人员的独生子女奖励金不再由政府承担，由其所在单位支付；农村居民由乡镇财政支付，县财政给予适当补助。2005年，赣榆县在按国家规定的对持有“独生子女父母光荣证”且年满60周岁的农村居民，发放每人每年不低于50元的奖励扶助金以外，扩大奖励扶助对象的范围，规定对持有“独生子女父母光荣证”且年满50周岁只有一个女孩的农村居民，发放每人每月不低于50元的奖励扶助金，直至亡故为止。至2006年，赣榆县符合条件的奖励扶助对象达1687人，累计发放奖励扶助金525.8万元。2009年，赣榆县符合计生条件奖励对象1885人，发放奖励扶助金132万元。

（二）鼓励晚婚、晚育和关爱女孩的有关规定

1990年～2002年9月，赣榆县依据《中共中央、国务院关于进一步做好计划生育工作的指示》精神，明确按法定年龄推迟三年以上结婚为晚婚（即男25周岁、女23周岁）和妇女24周岁以上生育为晚育，并制定鼓励晚婚、晚育和关爱女孩的有关规定。2002年10月，《江苏省计划生育条例》颁发后，赣榆县对鼓励晚婚、晚育和关爱女孩的有关规定作进一步的完善，对晚婚者，延长婚假十天，夫妻双方晚婚的，双方享受；一方晚婚的，一方享受；对晚育者，延长女方产假三十天，给予男方护理假十天。并明确规定农村居民及城镇无业人员晚婚、晚育的，由户籍所在地人民政府给予表扬和奖励。

（三）限制无计划生育的有关规定

1. 对无计划生育者

1990年～2002年9月，赣榆县对计划外生育进行必要的限制。2002年10月，依据《江苏省计划生育条例》，开始征收社会抚养费，并明确为城镇居民以孩子出生前一年城镇居民年人均可支配收入为计征的基本标准；农村居民以孩子出生前一年乡（镇）农村居民年人均纯收入为计征的基本标准。

2. 对违纪与破坏计划生育者

1990年，赣榆县没有相关规定和机构对党员、干部违规进行整治和惩罚，致使部分党员、干部带头违反国家及省市有关计划生育政策。

1997年，省纪委、省计生委、省监察厅下发《关于清理党员、干部违反计划生育的通知》，县纪委、县监察局、县计生委成立清理领导小组，组织人员对全县违反计划生育政策的党员干部进行清理，并核查其经济处罚、党纪政纪处分及节育措施的落实情况。

1998年6月，赣榆县惩治腐败廉政建设领导小组办公室和计生委联合下发《关于对党员、干部执行计划生育政策法规方面的有关规定》，规定党员干部（副科级以上）需照顾生育二胎的，除坚持群众评议、张榜公布接受群众监督外，均需由计生委派员参加座谈调查，并由乡（镇）政府集体研究后上报；凡群众举报党员干部在计划生育政策上有弄虚作假行为的，一律立案调查，情况属实的，视情节轻重给予党纪政纪处分；凡党员干部已造成违反计划生育问题事实的，各地应在三个月内全部处理到位（包括党纪、政纪、经济和节育措施）。

2002年5月15日，赣榆县制定《关于进一步落实党风廉政建设工作责任制的意见》，对违反计划生育政策的党员、干部作出更加严厉的处罚规定。是年，县计生局联合县卫生、药监部门多次对全县各卫生机构、计划生育服务机构执行严禁非医学需要的胎儿性别鉴定、非医学需要的选择性别的人工流产引产情况，各医药零售单位出售终止妊娠药物的情况进行专项查处。

2005年，县计生局、卫生局、药监局联合下发《关于严禁非医学需要的胎儿性别鉴定和选择性别的人工终止妊娠的意见》。

截至2009年，全县共接到群众举报线索18例，查处非法鉴定胎儿性别和选择性别引产案件4起，开除3人，吊销执业证书1人，罚款5.5万元，取缔26家无证经营的非法诊所。

第三节　宣传教育

一、宣传阵地

（一）人口学校

1990年，赣榆县在县委党校投资15万元建立人口理论培训基地。是年年底，县人口学校成立。乡

镇一级人口学校在马站乡进行试点，后逐步推开。1991年，全县30个乡镇和塔山水库管理处都相继成立人口学校。1997年，全县推行《乡（镇）人口学校建设规范》。2000年年底，各乡镇人口学校都拥有专用教室，配齐电视机、录音机、照相机、录像机、影碟机等必要宣传设施，并配有计划生育、生殖保健等内容的录像带、录音带和生殖健康知识系列VCD碟片、婚育直通车等音像教学资料。2002年后，各乡镇人口学校又增设图书角，配置婚育系列丛书、婚育新风知识传递夹、知识折页、"五期"（青春期、新婚期、孕产期、避孕期、更年期）教育资料及各类育儿资料等图书资料。同时，各乡镇人口学校采取镇、村结合，集中与分散结合的方式，每年举办6期有关人口理论、"五期"知识和婚育新风等方面的理论培训班。乡（镇）计生部门每年指派计生服务站人员分赴各村人口分校办班授课4期。

（二）新闻媒体

1991年，县计生委在《赣榆报》开设计生知识专栏，介绍政策法规、优生优育优教、避孕节育等各类知识，共播出54期。1995年1月，县计生委在县电台开办"计生之窗"专题节目，每半月播发1档，每档15分钟，早晚各播1次，定期邀请计生专家做客节目现场，宣传人口理论、人口形势和计生政策，共播出100多期。2000年8月，县计生委、计生协会、县人保公司和赣榆报社联合开展"人保"杯国策在心中征文活动，至年底，共征集稿件40多篇。2001年，县计生委、县广电局联合下发《关于进一步搞好人口与计划生育广播电视宣传的通知》，要求各乡镇有线广播每周要有一档5分钟左右的人口与计划生育专题节目，并要求有固定的节目名称、播出的时段和播出的日期。同年起，赣榆电视台开办"婚育新风"专题栏目，将优生优育优教、少生快富的带头人等先进典型拍摄成专题片，每月一档，每档时间10～15分钟，共播出10多期。同年，赣榆人民广播电台开设"婚育新风"专题节目，每月一档。2002年，制作播出"男性生殖健康"和"生殖道感染综合防治知识"系列讲座，并在线回答听众提问，共播出10期的《婚育新风扑面来》专题广播节目荣获市级"好新闻"和"好栏目"评比一等奖。2002年7月，县计生局根据上级要求，做好《新甜蜜的事业》影片的宣传放映工作，于8月9～11日在县影剧院组织广大干部职工观看。2005年4月，在全县开展"树立'大人口'观念，搞好'大宣传'"活动"。2006～2009年，建立赣榆县"大宣传、大联合、出精品"的计划生育宣传教育工作机制，健康宣传资料户覆盖率达90%以上，群众卫生健康知识知晓率达85%以上。

（三）其他阵地

1. 学校课堂　乡镇计生服务站每年派专人到所在地学校为应届初中毕业生上一堂人口国情和青少年青春期知识方面的理论课。各级党校、成人学校每年将人口理论和人口与计划生育方面的法律法规等内容纳入教学计划。2002年起，县委党校在村会计培训班上将《江苏省人口与计划生育条例》列为培训内容。

2. 计划生育网站　2005年年初，县计生局建立赣榆县计划生育网站，设立政务公开、政策法规、生殖保健、宣传教育等栏目，重点宣传避孕节育、生殖保健、人口与计划生育方面的法律法规等知识；是年10月，网站增加婚育新风、计生相册、热线咨询、人口学校等栏目，同时建立网上视频点播系统。截至2009年，计生网站信息发布达3000余条，点击达2万多人次。

二、宣传活动

（一）纪念性宣传

1. 纪念中央《公开信》发表

1980年9月25日，中共中央发表《关于控制我国人口增长问题致全体共产党员、共青团员的公开信》。此后，赣榆县在每年的"9·25"期间均开展纪念性宣传活动。2000年，全县各级计生部门开展街头宣传服务咨询、文艺演出等纪念活动。活动期间，全县共接待群众咨询1.01万人次、义诊2444人次，发放宣传资料26种，共计6万余份。

2003年，县计生委为各乡镇配置一套以“关爱女孩”为主要内容的宣传展板，开通热线问答的形式，加强以关爱女孩为主题的宣传教育。向群众免费发放计划生育法律法规、避孕节育、优生优育、生殖保健等各类宣传资料，帮助群众测血压、量身高、称体重。2005年，县计生委开展以“关爱新市民、共建和谐赣榆”为主题的计生宣传进社区活动，宣传计生方面的法律法规，生殖保健等计生科普知识以及艾滋病预防知识等，免费发放避孕工具。2009年9月25日，在县影剧院广场举行“纪念《公开信》发表29周年暨计划生育家庭帮扶仪式”，启用计划生育公益金37.05万元，对计生困难家庭进行奖励、救助。

2. 纪念中国计划生育协会成立

中国计划生育协会于1980年5月29日成立。此后，每年“5·29”期间，赣榆县计生部门均开展举办“人口家庭社会”知识竞赛、“美在农家”“同在蓝天下，共建美好家园”文艺汇演等丰富多彩的纪念宣传活动。至2009年，共举办20多次活动。

3. 其他纪念性宣传活动

1991年后，县计生委开展学习中共中央、国务院《关于加强计划生育工作严格控制人口增长的决定》和《江苏省计划生育条例》纪念宣传月活动。2004年10月12日，县计生局、县计生协会举办“世界60亿人口日”座谈会，县广播电台、电视台对“世界60亿人口日”进行专题宣传。

至2009年，全县共举办培训班1000余期，培训基层计生骨干5000余人次；各乡镇举办人口与计生基础知识教育培训班240余期。

（二）开展婚育新风进万家活动

2001年，县委宣传部、计生委等15个部门联合下发《关于广泛深入开展婚育新风进万家活动的意见》，多次举办以婚育新风为主要内容的书法比赛。以赣榆电视台为阵地，联合举办“人口家庭社会”知识竞赛活动，参赛人数达4246人。2001年10月，赣榆县被中共中央宣传部、国家计划生育委员会授予“全国婚育新风进万家活动先进县（市、区）”称号。

2001～2005年，县计生委编印6种30万张精美的婚育新风进万家系列知识折页等宣传资料，免费发送给每一个家庭；编印5万册图文并茂的《人口与计划生育实用手册》，发放给已婚育龄妇女；编印5000张宣传婚育新风明信片，寄送社会各界人士。征订16万张年历画免费发放给独生子女家庭；征订《人口家庭社会》墙报8400份发放到各乡（镇）、村、组及单位；征订《人口与计划生育》杂志和《人口理论与实践》的知识挂图、计生宣传台历等免费发送给各乡（镇），推动婚育新风进万家活动的开展。其中，2004年12月，县计生局被省委宣传部、省计划生育委员会授予“全省婚育新风进万家活动先进单位”。

2006～2009年，赣榆电视台开辟“人口天地”专题栏目，赣榆县人民广播电台开设“婚育新风”专题栏目，县计划生育指导站下乡村开展“为母亲幸福——计划生育‘三进三送’”活动，全县广大群众避孕节育意识增强，意外怀孕率逐年下降，全县人口自然增长率连续四年保持下降趋势。

第四节　避孕节育

20世纪90年代，赣榆县对已婚育龄夫妇仍推行已生育一孩者采取以宫内节育器为主的节育措施，已生育二孩及其以上者则以绝育为主，辅以药品避孕的节育措施。

1992年，赣榆县推广官河乡与育龄夫妇签订生育节育合同的试点经验。至年底，全县签订生育节育合同书148683份，签约率达80%以上。合同主要规定政府要提供优质技术服务，落实奖励、优待政策；育龄夫妇要自觉执行计划生育政策，接受计生部门的技术指导，落实有效节育措施等内容。至年底，全县有3.3万个家庭坚持只生一个孩子，其中有60多对符合照顾二胎生育条件的夫妇自愿放弃生育二胎计划。

1993年，全县基本淘汰带环、脱环怀孕率较高的O型环，普遍采用节育效果较好的T铜环和宫型环。同年，县计划生育指导站积极推行产后42天上环等节育新技术；举办7期避孕节育、优生优育知识讲座，接受教育的达258人次，试行胎教器胎教582例。

1994年6月，县计生委、县卫生局联合成立计划生育技术指导小组，加强对避孕节育新技术的推广和指导。9月，县政府批转县计生委《关于制止早婚早育与落实期内节育措施的意见》，要求凡已生过孩子的夫妇，都要在三个月内采取以上环、结扎为主的综合节育措施，以减少妇女哺乳期怀孕而造成的人流引产，确保妇女的身心健康。县计生委和各乡（镇）计生部门开展期内节育（指妇女在产后3个月内落实综合避孕措施）的宣传动员活动。县计生指导站还派员分别到10个乡镇的计划生育服务站具体指导工作，为3万多名育龄妇女进行避孕节育的检查，其中查出早孕200多例，妇女病900多例，环门下移和带环怀孕300多例。此外，县医院及乡（镇）卫生院的医务工作者也都配合计生部门落实期内节育措施，全县期内节育措施落实率达60%以上。

2000年，赣榆县计划生育领导小组下发《关于在全县继续开展严格制止早婚早育与落实节育措施的宣传教育集中活动的意见》，推行避孕节育服务和生殖保健服务。县计生委组织印发避孕节育科普材料，全面开展生殖保健知识的宣传咨询活动，并在部分乡（镇）和村级计生部门试点开展避孕节育全程服务和生殖保健服务的规范化工作，然后在全县全面推开。

2003年，县政府办公室印发《赣榆县育龄妇女生殖道感染综合防治工程规划》，规划用2年的时间为全县已婚育龄妇女进行一次RTI的普查普治，以降低RTI对育龄妇女生殖健康的危害，提高生殖健康水平。为此，县计生委和卫生局联合成立育龄妇女生殖道感染综合防治工程领导小组，多层次、多渠道地进行宣传、发动、培训和落实。各乡镇也根据县工程领导小组的要求，制订工程规划，组建由计生、卫生两部门成员组成的工作班子，落实工程经费，扎实开展防治工作。

2004年，县计生局与县卫生局、教育局联合推出“避孕节育服务和生殖健康促进”系统工程。内容包括避孕节育知情选择工程、避孕节育随访服务与监测工程、生殖道感染综合防治工程和出生缺陷一级干预工程等。新婚夫妇婚前教育和怀孕妇女的宣传咨询服务得到进一步加强，育龄妇女在新婚期、孕产期、避孕期均可享受避孕节育知情选择服务。同年，县计生指导站和5个镇的计生中心服务站在全市率先建立紧急避孕援助中心，带动其他镇开展紧急避孕服务。各紧急避孕援助中心当年为168人提供紧急避孕援助服务；在各乡（镇）卫生院设立避孕节育知情选择宣传教室，拓展避孕节育宣传服务阵地。

2005年8月，县政府办公室印发《赣榆县避孕节育知情选择工程规划》，经过在海头镇试点取得初步成效后，在全县范围内推广展开。

2006～2009年，镇、村计生部门每月为落实各类避孕措施的对象进行B超检查及测血压、称体重、上门访视等服务；为到期需更换措施对象进行相关检查，指导其变更措施或签署“避孕措施到期更换知情书”；指导已绝经的妇女终止措施；对有避孕节育不良反应的对象，及时对症处理；为不孕不育夫妇建立档案，加强随访，提出治疗建议。全县年均随访服务率、避孕措施及时终止更换率、避孕节育不良反应防治率均达80%以上。同时推广孕前孕后三个月服用斯利安等叶酸增补剂，在各乡（镇）计生服务站均设立叶酸供应点，叶酸服用率逐年递增。全县年均出生缺陷一级干预率达75%。

2006年11月20日，赣榆县被确定为江苏省已婚妇女宫颈癌筛查项目县。经过周密部署，于12月13日在罗阳镇启动宫颈癌筛查项目，用20天时间完成4031例筛查，超额完成2006年工作任务。此后三年，又分别在海头镇、石桥镇、柘汪镇开展筛查和复查，共计为23654名已婚妇女免费筛查，查出宫颈癌11人。是月，在县计生指导站成立母婴孕育健康发展中心，开展0～5岁早期教育暨独生子女培养工作。

2007年8月，按照省世代服务中心建设的要求，在市人口计生委的指导下，改建赣马镇世代服务中心。

2008年，母婴孕育健康发展的主要做法和经验编入全国人口早期教育暨独生子女培养工作经验交流材料；在全市首家改建完成县级世代服务中心；全县除金山、罗阳、塔山三个镇准备新建站而未改建外，其余15个镇全部完成世代服务改建工作。

第五节　生育管理

一、常住人口生育管理

20世纪90年代初，赣榆县计划外一孩率（未到法定婚龄生育）高达6.5%，早婚早育现象严重，加大第三次人口生育高峰期的人口控制难度。1990年，赣榆县常住人口为951016人。是年，出生48786人，出生率22.65‰，自然增长率17.50‰，乡（镇）计划外怀孕和计划外生育情况比较严重，计划生育率不足60%，“八五”期间被省列为计划生育重点管理县。县委、县政府为解决生育失控问题，于1991年2月举办乡（镇）计生干部统计业务培训班，提高统计业务水平。是年年底，县计生委配合县委、县政府组成5个检查组，对1991年10个文明乡（镇）和“四普”出生率高于20‰的22个乡（镇）进行检查核实，通过核查，取消3个文明乡（镇）和文明单位称号。

1992年起，赣榆县层层实行人口与计划生育目标管理责任制，加强对村一级计划生育的管理。每年年初，县长分别与各乡镇政府主要领导和机关各部门主要负责人签订人口与计划生育目标管理责任状，对出生人数、出生率、计划生育率、计划外怀孕率等控制指标提出具体要求。各乡镇政府与各村、企事业单位主要负责人也签订人口与计划生育目标管理责任书；并把人口计划的完成情况和计生工作的好坏列为考核各级党委、政府和领导干部政绩的一项重要内容。在评选表彰中，实行计划生育“一票否决权”。

1993年，生育证改由县计生委发放管理，实行凭证生育。全县推行村级计划生育规范化管理，总体上要求达到“三有”“四无”“五好”。“三有”指有计划生育领导小组、有计划生育协会、人口学校和计划生育服务室、有健全的村组网络队伍，“四无”指无计划外怀孕、无大月份引产、无无措施怀孕、无早婚早育，“五好”指宣传教育好、执行政策好、技术服务好、信息管理好、干群关系好。各乡镇首先选择一个村进行村级计划生育规范化管理试点，逐户逐人进行核查清底，上墙公布出生计划、生育和节育措施落实情况，做到入账月月清。全县有300个村达到计划生育规范化管理标准，占村总数的40.5%。

1994年，县政府提出“八五”期末争创全省计划生育合格县目标，并下发《关于争创计划生育十佳乡（镇）、先进乡（镇）的意见》及人口出生率、计划生育率、独生子女率等八项考核标准。县人口与计划生育领导小组印发《关于在全县继续开展制止早婚早育与落实节育措施的意见》。全县各地集中开展制止早婚早育与落实节育措施活动。依法结婚、生育的观念逐步为广大群众所接受。

1995年，全县围绕争创全省计划生育合格县的目标，强化计划生育工作举措，加大宣传力度，提高计划生育工作质量，31个乡（镇）计生服务站定期开展对已婚育龄妇女孕情、环情、妇女病检查和术后妇女随访工作。全县出生婴儿（含往年出生）12916人，出生率12.99‰，计划生育率80%以上，期内节育措施落实率达85%以上，计划外怀孕率在2.5%以下，居全市领先地位。赣榆县走出全省计划生育重点管理县行列。

1996～2000年，全县继续坚持党政一把手亲自抓、负总责，层层实行计划生育目标管理责任制的做法，强化村级规范化管理，严格制止早婚早育。赣榆县委、县政府下发《关于切实抓紧抓好计划生育工作的意见》，县计生委为进一步加强对育龄妇女的婚育、节育管理，加强人口与计划生育的预测和考核评估，在全县各乡镇开展建立育龄妇女管理信息系统工作，制定印发《赣榆县乡（镇）人口与计划生育工作规范》，对乡（镇）计划生育工作目标、任务、制度、阵地、队伍、实绩和组织领导作明确规定。全县所有乡镇计生服务站达到省甲级、乙级站要求。

2001～2005年，赣榆县在努力加快经济社会发展的同时，始终把人口计生工作放在突出位置。县委常委会定期听取人口计生工作专题汇报，针对工作中的难点问题，先后制定出台多个政策性文件，为人口计生工作的深入开展提供政策保障，并强化财政支持，在“九五”期末人均投入4元的基础上，按年递增超1.2元的标准投入，2005年达10.17元，超过省先进县考核要求的“十五”期末人均10元的指标，五年累计投入计生经费4586万元。县委、县政府出台《关于进一步加强人口与计划生育工作稳定低生育水平的意见》，完善并落实计划生育目标管理责任制度。县计生委按照省调查方案的要求，抽样分类对5个村（居）委进行村级定量、镇级定性调查，定量调查采用现场入户登记、核对有关资料相结合的方法，进一步完善和促进全县的计划生育工作，提高全县人口与计划生育整体水平。2005年，年均计划生育率达98.5%，年均期内综合避孕率达82%，年均避孕节育全程服务和生殖保健服务率在80%以上，群众满意率达95%。是年，赣榆县被省委、省政府命名为“‘两个转变’人口与计划生育工作合格县”，被省人民政府评为“全省计划生育工作合格县”。

2006～2009年，赣榆县全面实施“生产发展有扶持、生活困难有救助、生殖健康有服务”的“家庭幸福指导工程”，开展以关怀计划生育困难家庭、育龄群众生殖健康、独生子女为主的“生育关怀零距离服务行动”，落实农村一女户和符合生育政策的二女户其女参加高考且被高等院校本科正式录取的给予2000元奖励的制度；落实农村部分计划生育家庭奖励扶助制度、特殊家庭扶助制度和城镇企业退休职工一次性奖励制度，累计发放奖扶金337.23万元；深入推进“独生子女户帮扶基金工程”，共发放帮扶基金贷款7940万元，帮助7100个计生家庭致富；深入推进生育关怀保险工程，累计为10850人次的农村独生子女及其父母办理1025万元的生育关怀保险，为1429人次的独生子女及其父母理赔117.6万元。赣榆县被授予全国农村部分计划生育家庭奖励扶助工作先进县、全国计划生育优质服务先进单位称号。

二、流动人口生育管理

1991年，国家颁发《流动人口计划生育管理办法》，赣榆县认真贯彻执行，加强对流动人口的生育管理。1993年，根据省计生委《关于做好流动人口计划生育证明发放及管理工作的通知》，全县全面调查流动人口的情况，逐一登记造册，发放流动人口计划生育证明1.5万份，对其无计划怀孕对象及时采取相应的补救措施。1994年年底，登记在册的流动人口数为4万多人，其中男性占80%，以打工形式流进为主，流进人员大多来自山东、安徽、河南等10多个省、市、地区。1996年9月起，根据中央和国家八个部委（局）《关于流动人口计划生育管理工作座谈会纪要》》精神，赣榆县对流入的育龄群众实行计划生育合同管理。每年三、四月，各乡镇组织人员，深入村、组，对流入人员逐一摸底、登记，查验流动人口计划生育证明，签订计划生育合同，并与常住人口一样纳入常规管理，接受宣传教育、定期孕检、透环和妇女病查治。对外出经商、务工及从事其他职业的育龄妇女在调查摸底的基础上建

图 2-2　独生子女帮扶行动（2008年摄）

好台账，落实避孕节育措施，实行“四定”：即定外出联系地点、定孕检反馈时间、定担保联系人、定保证金，并签发流动人口计划生育证明。

2001年，县政府颁发《关于加强城区人口与计划生育管理的意见》，要求建立健全“单位负责，条块保证，以块为主，条块结合”的城区计划生育管理体制。明确500人以上的企事业单位、城区的街道办事处和各居委会、县级机关各部门和县各直属系统要配备专（兼）职计生干部，并明确一名分管领导；500人以下的企事业单位、外资企业，规模较大的私营企业确定兼职计生管理人员；公安、工商、建设、交通等部门在办理各种证件时，必须查验婚育证明，签订《计划生育工作责任书》，并与计生部门建立协查、通报制度，或采取联合办公的形式，及时沟通情况，协调行动。是年3～10月，全县各乡（镇）分两次对所辖区域内居住的成年流动人口尤其是已婚育龄流动人口逐一登记、清理、查验婚育证明，签订流进的已婚流动人口计划生育合同，基本摸清流动人口基本情况，建立流动人口管理台账，并落实相应管理措施。经过两次集中清理，登记流动人口89264人（其中已婚育龄妇女24085人）、流出人口4981人（其中已婚育龄妇女2384人），查验流进人口婚育证明37043份，发放流出人口婚育证明3684份，累计签订流动人口计划生育合同31950份。

2002年，县政府出台《关于进一步加强流动人口计划生育管理的实施意见》，制定流动人口计划生育管理与服务制度，在全县层层落实流动人口计划生育管理目标责任制，并具体落实计生、公安等8个部门综合治理流动人口计划生育的职责。

2003～2005年，全县各乡镇与公安派出所协调配合，实现资源共享，对在本地居住3个月以上的外来已婚育龄妇女填写计划生育登记卡，建立流进已婚育龄妇女信息管理档案，并根据登记卡对外来已婚育龄妇女逐个查验婚育证明，对无相关证明的外来已婚育龄妇女教育她们及时向其户籍地计生部门申请办理。对本地外出经商、务工的人员也逐村排查，做好流动人口婚育证明的发放登记工作，并建立完善的流出人员管理档案。

2006～2009年，赣榆县进一步加强对流动人口计划生育的规范化管理和人性化服务工作，在流动人口达50人以上的各类企业、市场或暂住人员生活区聘请257名流动人口担任计划生育兼职管理员；实施“关爱农民女工生殖健康综合防治工程”，针对外来流动人口育龄妇女忙于工作、健康保健意识较差、妇科病多发这一问题，县计生委组织人员主动深入到流动人口较为集中的企业及居住地，为3000余名外来农民女工提供生殖道感染综合防治服务，并为患病对象提供转诊和回访服务；开展“流动人口计划生育宣传服务月”活动，县、镇两级计生部门深入到基层为流动人口提供宣传、咨询、义诊服务，免费发放避孕工具和有关计生宣传品。同时，开展为流动人口提供“五个一服务”：即见一次面，送一份宣传资料，查验一次婚育证明，提供一次B超检查或孕检服务，开展一次帮扶救助活动。

2009年，县人口与计划生育委员会被省人口计生委授予“江苏省人口和计划生育信息化建设先进单位”称号。

图 2-3　计划生育流动人口服务活动（2009年摄）

第三篇　城乡建设与管理

第三篇　城乡建设与管理

1990～2009年，根据县城总体规划和社会发展的需要，县委、县政府组织编制各类城乡建设规划，明确城乡建设的范围、性质、发展规模和推进步骤。在城市建设上，按照目标要求，重点抓好城市道路、绿化、标志性工程的建设，采取开发建设新城区、改造提升老城区、集中建设工业园区和稳步进行房地产开发等措施，加快推进城市建设，人居环境得到相应改善。按照新型工业化、城镇化"双轮"驱动战略，大规模组织城乡基础设施会战，集中实施一大批重点工程，拉开"一城四区"发展框架。同时，通过城乡联创，以城带乡，推进小城镇建设，重点加强中心镇、中心村建设，全县镇村面貌得到改观。至2009年年底，城镇化率达到40%，城区面积达到24平方千米。

1999年，赣榆县被建设部评为全国村镇建设先进单位，2008～2009年，赣榆县城管局先后获省"行政执法队伍规范化建设达标单位"和省"行政执法队伍规范化建设先进单位"称号。

第一章　城乡规划

第一节　城市规划

一、县城总体规划

1991年10月，赣榆县城总体规划编制工作开始进行。1993年，赣榆县完成《赣榆县城总体规划（1993～2010）》编制工作。1996年，完成《赣榆县城抗震减灾规划》。2001年，编制《赣榆海洋经济开发区总体规划》。2002年，编制《赣榆海洋经济开发区起步区控制性详细规划》。2004年，根据国家新农村建设的要求，编制《赣榆县社会主义新农村建设纲要》。2007年，编制《赣榆县人防总体规划》《绿地系统规划》《赣榆县城中心片区控制性详细规划》。

2003年，委托江苏省城市规划设计研究院编制《赣榆县城总体规划（2004～2020）》，是年7月，连云港市规划局和赣榆县人民政府召开专家评审会进行审议。2008年，进行《赣榆县县城总体规划》修编工作，并于是年10月8日，市规划局组织省、市相关专家，召开《赣榆县县城总体规划（2008～2030）》论证会，2009年10月17日，市规划局组织召开《赣榆县县城总体规划（2008～2030）》成果评审会，专家组原则上通过该规划，并对规划内容提出具体修改意见和建议。

二、新城区规划

2003年，新城规划工作开始启动。2006年，编制《赣榆县滨海地区发展战略规划》和《赣榆县滨海新城控制性详细规划及城市设计》。2007年，编制《黄海西路城市设计》《连云港赣榆东部新城控制性详细规划》。2008年，编制《赣榆县行政中心广场景观设计》《赣榆滨海新城海岸地带景观建设及影响研究》。2009年，编制《赣榆县新城公共轴带规划设计》。

第二节　镇村规划

20世纪90年代初期，全县29个乡镇的集镇控制性总体规划全部完成，制订赣榆县乡（镇）域规划编制工作方案，举办技术培训班，乡镇编制工作有条不紊地推进。在房屋建设方面，按照《中华人民共和国城乡规划法》要求，对农村建设实行“一书两证”（镇区）、“一书一证”（村庄）发放政策，规范农村建设管理，基本实现房屋成排，街道宽敞，配有供水、排水、供电等设施。

20世纪90年代中后期，完成12个乡镇和3个集镇的规划现场会及海头、徐福、沙河3个乡镇的省、市级规划试点工作。1995年5月，赣榆县成立乡镇建设管理所，对村镇规划建设加强管理。1998年，沙河、海头成为全市仅有的两个省级新型示范小城镇；石桥镇、罗阳镇、金山镇、赣马镇被市政府命名为市级新型小城镇，并完成230个村庄规划和乡镇驻地详细规划。

21世纪初期，海头镇、沙河镇、墩尚镇被列入省重点中心镇，编制金山镇总体规划，编制小城镇详细规划23个，编制门河银杏翠竹风情园、塔山工业小区、居住小区等专项规划13个及中心村建设规划35个。2006年，编制12个镇总体规划和141个村庄规划。沙河镇完成镇区及52个行政村、82个自然村的村庄建设规划，欢墩镇完成镇区总体规划及15个村庄规划。沙河镇、欢墩镇实现规划全覆盖，还建起镇区规划沙盘，绘成各村现状图、规划图等。至2009年，修编完成全县全部城镇总体规划、海头东部新区、沙河镇新区控制性详细规划等13个控制性详细规划，修编完成赣榆夹谷圣境旅游区规划、石桥湖景区规划、罗阳镇镇区绿地系统规划。

第二章　市政建设

第一节　拆迁改造

20世纪90年代初期，赣榆县城市化进程较为缓慢，拆迁改造规模较小。

1990～1998年，实施华中路建设、后宫路改造建设、青口河两岸整治等工程，拆迁260户，拆除房屋建设面积2.9万平方米。

1999年，实施河滨广场拆迁改造，拆迁248户，拆除房屋建筑面积1.95万平方米。

2000年，实施华中路中段拓宽改造工程，拆迁157户，拆除房屋建筑面积1.27万平方米。

2001年，县城零星拆迁改造，拆迁31户，拆除房屋建筑面积0.5万平方米。

2002年，在大招商、大开发、大建设的形势下，赣榆县加大拆迁规模，拆迁540户，拆迁房屋建筑面积12.09万平方米，时代广场商业步行街、锦绣江南小区、华中商贸城、万隆步行街、东大花园、文华园、新东方市场等旧城改造项目得以顺利实施。

2003年，实施外国语学校学生公寓、深港商业总汇、商贸大厦等3个项目的拆迁，拆迁408户，拆除房屋建筑面积3.92万平方米，补偿资金2793万元。配合宋庄镇完成开发区环东路四新村的拆迁，拆除房屋建筑面积3103平方米，补偿资金108.74万元。

2004年，实施黄海西路改造、时代广场三期工程2个项目，拆迁412户，拆除房屋建筑面积5.4万平方米，为建成赣榆县大型步行街打下良好基础，提升赣榆整体形象。

2005年，实施中心步行街、华中北路项目，拆迁56户，拆除房屋建筑面积0.77万平方米。

2006年，实施镇海西路、老沙汪河西段、华中北路、上海路、东关北路交叉口、黄海东路、黄海西路、沿河路、公园路交叉口、21世纪大道等拆迁改造项目，拆迁441户，拆除房屋建筑面积8.57万平方米，拆迁补偿资金1.11亿元。

2007年，实施黄海东路孙沙段两侧、镇海西路与204国道交叉口、公园路二期工程、黄海西路与204国道交叉口、上海路、城西生态园、镇海东路东延等迁改造项目，拆迁780户，拆除房屋建筑面积16.47万平方米，拆迁补偿资金1.82亿元。

图 3-1　锦绣江南小区建设（2006年摄）

2008年，实施鼎城花园（原磷肥厂宿舍区）、西关蔬菜批发市场、环城北路东延、老食品厂地块（城中苑）、园西公寓小区、俊景花园城、沙汪河两岸整治等拆迁改造项目，拆迁486户，拆除房屋建筑面积11.2万平方米，拆迁补偿资金2亿元。

2009年，实施鼎城公寓、迎祥苑商住楼、西关批发市场、原康复医院地块、原克立林纯净水公司地块等项目，拆迁348户，拆除房屋建筑面积13.2万平方米，拆迁补偿资金0.25亿元。

1990～2009年，全县共拆迁4167户，拆除房屋建筑面积77.42万平方米，有效地改变城市面貌，改善居民的居住环境，为城市建设打下良好基础。

第二节　道路建设

1990年，赣榆县城区有路、街、巷206条，道路长度22千米，道路面积26.34万平方米。20世纪90年代初，县城市政道路建设主要是完成环城北路、环城西路、环城南路的环路建设。20世纪90年代中后期，拓宽改造城区内文化路、华中路、黄海路等主次干道，主次干道两侧配套铺设彩色人行道板。

图 3-2　华中路道路改造（1995年摄）

2002～2004年，建成经二路、经三路、经四路、开发大道、纬三路、纬一路、华南路、华南二路，形成四横四纵的经济开发区路网。环城路及环城北路东延，县城五横四纵路网全线贯通。

2005～2009年，新城区先后建成黄海东路、时代路、金海路、时代东路、盛世路、文化东路、青龙路、滨河路、鸥翔路、银滩路、秦山路、金陵路、将军街、琴岛街、圣棋街，徐福路路基、242省道新城区段，形成六横八纵的新城区路网，新城区道路长度达26千米，道路面积达118万平方米。

在建设新城区的同时，老城区基础设施建设也稳步推进，建设改造黄海西路、镇海西路。新建义塘路（南至宁海路，北至徐福路），接通环北二路（徐福路）至怀仁路、镇海东路、青年路。对怀仁路、金海路老城区段、东关北路、文化路、西关路、宁海路、镇海西路人行道、排水、绿化等进行综合整治建设，对东关北路与204国道交叉口、镇海路与华中路交叉口、镇海西路与204国道交叉口、金海路与东关路交叉口等进行改造美化，使车辆及行人通行更加科学合理。年均整治10条以上小街小巷。

至2009年，已建设完工城区主要道路和社区、小区、市场、学校、生态园等内路163条，道路总长达194千米，道路面积达402万平方米，人均道路面积24.57平方米，远超省人均12平方米小康指标。城区小街小巷全部硬化、美化。

主要道路建设工程如下：

黄海东路新建工程　黄海东路西起海城路东至海边，全长3.6千米，设计道路宽76米，双向8车道，中间15米绿化带。2004年开工建设，2005年铺设最东端900米混凝土路基、路面工程，是年12月竣工。

景观大道改建工程　景观大道西起汾灌高速出入口，东至204国道，与镇海西路相接，全长1200米，红线宽60米。2004年6月一期工程开工建设，在原14米主车道基础上两侧各加5米混凝土路面和5米绿化带，北侧修建排水。2005年完成两侧混凝土路面的浇筑。

高速入口改造工程　高速入口改造工程设计全长280米，2003年开工建设，在原有道路基础上两侧各加5.5米快车道、排水圆管涵、29米宽绿化带和喇叭口改造等工程。2004年4月竣工。

图 3-3　高速入口改造竣工（2004年摄）

义塘路工程　义塘路北起204国道北段，南至宁海路，横跨沙汪河、青口河，全长3.75千米，设计红线宽40米，总投资1.6亿元，实施征地、拆迁，建设道路、桥梁、排水、绿化、亮化等配套工程。2009年6月竣工。

盛世路工程　盛世路（原21世纪大道）工程，北起徐福路，南至秦山路，总长2.38千米，红线宽60米，是纵贯新城区中心的南北主干道，2006～2007年完成中间时代路至金海路段工程，2008～2009年南延至秦山路，北延至徐福路。

2009年赣榆县城区1000米以上主要道路情况一览表

表3-1

序　号	道路名称	道路长度（米）	车行道面积（平方米）	人行道面积（平方米）	道路面积合计（平方米）	起　点	终　点
1	怀仁路	6010	144240	54090	198330	徐福路	朱稽河
2	宁海路	3700	81400	37000	118400	祝其路	怀仁路
3	金海路	7980	191520	55820	247340	祝其路	海边
4	祝其路	4750	116375	0	116375	五里墅	朱稽河
5	徐福路（204段）	6300	123180	0	123180	五里墅	盛世路
6	华中路	5400	153520	38050	191570	金海路	金三角
7	文化路	5065	96765	36790	133555	西关路	银滩路
8	义塘路	3750	67500	18750	86250	徐福路	宁海路
9	青年路	1900	39900	11400	51300	金海路	河滨路
10	黄海路	8230	251060	64400	315460	祝其路	海边
11	东关路	5220	104200	22950	127150	金海路	朱稽河
12	西关路	1800	28800	12600	41400	金海路	青口河
13	红旗路	1490	17880	7450	25330	东关路	怀仁路
14	时代路	4700	103220	28150	131370	华中路	银滩路
15	健康路	1150	8050	4600	12650	沙汪河	黄海路
16	园西路	1640	8200	6560	14760	红旗路	青口河堤
17	镇海路	4940	98520	22400	120920	祝其路	怀仁路
18	河滨路	9030	89100	2400	91500	204国道	海边
19	沿河路	2720	19040	10880	29920	祝其路	东关路
20	西关南路	1508	18096	0	18096	沿河路	宁海路
21	跃进路	1600	16000	6400	22400	祝其路	华中路
22	牛市街	1320	15840	3000	15840	华中路	向阳路

续表 3-1

序　号	道路名称	道路长度（米）	车行道面积（平方米）	人行道面积（平方米）	道路面积合计（平方米）	起　点	终　点
23	海城路	1850	38850	0	38850	沙汪河	时代路
24	青下路	2900	34800	0	34800	黄海路	河滨北路
25	后陈巷	3200	11200	0	11200	西关路	华丰路
26	文化巷	2124	7434	0	7434	文化路	黄海路
27	珠江路	2010	56280	12060	68340	华中南路	东关南路
28	深圳路	3517	98476	21102	119578	怀仁路	204 国道
29	香港路	3570	85680	28560	114240	204 国道	怀仁路
30	滨河路	1340	28140	8040	36180	时代东路	金海东路
31	秦山路	1400	23900	5400	29300	东关路	鸥翔路
32	镇南路	1780	21360	0	21360	沿河路	香港路
33	深港街	1460	14600	14600	29200	新建路	东关路
34	梁庄南北街	1124	13488	4496	17984	时代路	红旗路
35	香港路	3570	85680	28560	114240	204 国道	怀仁路
36	滨河路	1340	28140	8040	36180	时代东路	金海东路
37	青龙路	1370	24660	5480	30140	时代东路	金海东路
38	盛世路	2480	59520	14880	74400	秦山路	徐福路
39	鸥翔路	1750	38500	8750	47250	沙汪河	时代东路
40	银滩路	1270	25400	7620	33020	金海东路	时代东路

第三节　广场　公园

1990年，县城地区广场公园有：老汽车站转盘，绿化面积2200平方米，工程造价约40万元。

1991年，实施河滨广场一期工程建设，新铺繁荣路混凝土路面6000平方米，硬化铺地11980平方米，绿化2.5万平方米，安装路灯、草坪灯230盏，安装主体雕塑《扬帆》。

1998年，在东关路与环城北路交汇处建成小广场，广场内竖立《起锚》雕塑。2007年5月，将雕塑搬迁到清华园学校。

图 3-4　起锚广场（2006年摄）

2000年，在青口桥—水漫桥段青口河北岸建设休闲广场河滨广场，占地面积5公顷。分为5个广场，一号广场有主题雕塑《扬帆》、十二生肖雕塑等园林景观，是河滨广场的主题广场。二号广场为休闲娱乐广场，种植休闲草坪、景观花木。三号广场为旱喷泉广场，背景为日晷石刻。四号广场为小型休闲广场。五号广场有小型雕塑，象征着团结、友爱、互助的主题。

2001年，在一期工程的基础上，实施河滨广场二期工程建设，配套新建两座公共厕所，设置20个石坐椅，建成一外旱喷泉，在广场东部设置两座小型雕塑。

2002年，实施黄海路广场、河滨五号广场、文化路小广场建设，对起锚小广场和县城南北入口进行改造处理。

2006～2009年，在西部老城区建成黄海西路沿河生态景观公园、黄海西路与204国道交叉口广场、青口生态公园，在东部新城区建成市民广场、体育公园、青龙河公园、环城北水系景观带。

至2009年年底，主要广场公园有：

青口生态公园　青口生态公园是赣榆县历史上第一个生态公园，由江苏省建筑园林设计院设计，公园总投资1.4亿元，总用地面积为28万平方米，绿地覆盖率为73.6％，2007年9月开工建设。共开挖湖面4.6万平方米，建设广场8000平方米，架设廊桥亭榭14座，铺装公园路8500平方米，绿化20万平方米，建成游乐场、玉皇阁、茶街、儿童乐园、小桥流水等景点，2008年10月1日建成开园，为市民提供一个优美的休闲娱乐场所。

图 3-5　青口生态公园（2009年摄）

青龙河公园　赣榆县青龙河公园依河而建，呈南北走向，北起沙汪河，南至青下路，全长1780米，总面积为28.65万平方米，其中绿地约21.69万平方米，有城市林带、休闲广场、水体廊道、疏林草地等景观。2009年4月开工建设，2009年年底，基本完成时代东路至金海东路段占地27万平方米的景观绿化建设。

体育公园　体育公园东至盛世路，西至金陵路，南至秦山路，北至时代东路，位于赣榆县新城区，是集体育竞赛、健身运动、文体娱乐、生态休闲为一体的开放式城市公共文体设施，占地13.4万平方米，总建筑面积28764.96平方米，总投资1.3亿元，其中体育馆建筑面积1.13万平方米，全民健身中心（含游泳馆）1.12万平方米，田径场建筑面积6000平方米。

新城区北环城水系工程　北环城水系，该工程全长2100米，占地面积约15万平方米，总造价约11220万元，2008年5月开工建设，由西向东划分为A、B、C、D四个景观区，起点从青龙河横跨沿河桥，A、B区间隔金陵路，B、C区间隔盛世路，C、D区间隔鸥翔路，终点到242省道。有小型建筑、厅廊花架、铺装及花池、钓鱼台、景观桥、台阶水景、园林小路等景点，给水、排水、照明等配套设施齐备。2009年年底竣工。

第四节 桥 梁

1990年，对青口桥进行扩建，建成青口大桥复桥。同年建成环城西路大桥。

2002年，环城东路跨青口河大桥主体工程完工。2006～2009年，先后建成华中北路跨沙汪河桥、怀仁路跨沙汪河桥、时代路跨青龙河桥、金海东路跨青龙河桥、青口大桥扩建、义塘路跨青口河桥、义塘路跨沙汪河桥7座大中型桥梁，另外建成青口生态园内清风桥、折桂桥等9座景观小桥，其中1座大理石栈桥和1座木栈桥。

截至2009年年底，县城共有桥梁24座，其中大中型桥梁15座，景观小桥9座。

图 3-6 青口河大桥（2008年摄）

2009年赣榆县城区大中型桥梁情况一览表

表 3-2

序 号	名 称	分 类	桥 址	结 构	桥体长×宽（米）	设计荷载	修建时间
1	青口大桥	大	华中路跨青口河	"T" 梁	100×35	城—B 级	1990 年扩建，2008 年再扩建
2	怀仁大桥	大	怀仁路跨青口河	上部：10*20M 预应力装配式空心板梁。下部：钻孔灌注桩	200×24	城市 B 级	2002 年 9 月
3	东关路沙汪河桥	中	东关路跨沙汪河	实心板梁	35×17	汽 -20 挂 -100	1966 年建造，1997 年改扩建
4	华中路沙汪河桥	中	华中北路跨沙汪河	浆砌石平板桥	20×30.5	城—B 级	2006 年
5	怀仁路跨沙汪河桥	中	怀仁路跨沙汪河桥	简支梁桥	39×31	城—A 级	2007 年
6	时代路跨青龙河桥	中	时代路跨青龙河桥	简支梁桥	60×34	城—B 级	2008 年
7	金海路跨青龙河桥	中	金海路跨青龙河桥	简支梁桥	60×29	城—B 级	2008 年
8	义塘大桥	大	义塘路跨青口河桥	简支梁桥	124×40	城—B 级	2008 年
9	义塘路跨沙汪河桥	中	义塘路跨沙汪河桥	简支梁桥	30×33	城—B 级	2008 年

续表 3-2

序号	名称	分类	桥址	结构	桥体长×宽（米）	设计荷载	修建时间
10	青口河建新生产桥	大	生产路跨青口河	圬工双曲拱	117×4	汽-15	1974年
11	五里墅桥	中	242省道跨沙汪河	实心板梁	36×32	汽-20	2000年
12	朱稽河桥	中	204国道跨朱稽河	实心板梁	86×16	汽-20	2001年
13	赣榆大桥	大	204国道跨青口河	"T"梁	115×12	汽-20 挂-100	1990年
14	青口漫水桥	中	东关路跨青口河	实心板梁	63×12	汽-20挂	1985年
15	青口河坝头桥	大	青口河下游下口村南	双曲拱桥	210×5	汽-10挂	1984年

第三章　公用事业建设

第一节　供　电

1990年，赣榆县用电总量18747万千瓦时，其中农业用电5815万千瓦时，工业用电12075万千瓦时，市政生活用电1604万千瓦时，实现全县村村通电。

1991年，对10千伏两线一地式线路进行改造，恢复三线运行。

1992年，全县国民经济步入快车道，乡镇企业、村办工业、个体企业、"三资"企业快速发展，电力建设的步伐加快。

1993年年初，赣榆县供电局根据县政府制定的"七五"计划发展纲要，重新调整电网布局，把以建设220千伏变电所作为电力发展的重点，形成以220千伏变电所为枢纽的县域电网中心，提高全县的供电能力和安全供电可靠性。

1993年3月，由徐州电力设计院设计，省送变电工程公司安装、投资1260万元、地方自筹640万元的赣榆县220千伏申城变电所，于1994年4月22日建成投运。

1995年，为支持西北山区的开发，改善西北山区用电短缺问题，县政府集资1591万元资金，在金山镇建设110千伏变电所，于1996年11月建成投运。

1996年，为改善西北地区用电结构，县供电局及时抓住江苏省实施扶贫通电工程的有利时机，向上级争取资金220万元，地方自筹310万元，建成35千伏吴山变电所。

1999～2001年，由国家拨款1.84亿元对全县的10千伏农网和城网进行改造，进一步提高全县电网的可靠性。

2000年，由江苏省电力公司投资377.64万元，在赣马镇官河建成一座35千伏变电所，优化中西部地区的电网结构。

2001年，县供电局争取上级资金1026.54万元，在城区北郊建设一座110千伏变电所，使城区的用电难问题得以解决。在建设好以220千伏、110千伏为主骨架网络的同时，全县35千伏网络结构日趋合理。

2002年，赣榆县供电局更名为江苏省电力公司赣榆县供电公司，5月29日，由国家投资5000万元的220千伏申城输变电扩建工程投入运行，赣榆县电网从此结束单电源供电的历史。此后，35千伏墩尚变

图 3-7　220千伏申城变电站（2009年摄）

电所和35千伏开发区新康邑变电所相继投入运行，赣榆县东南部和开发区的用电有可靠的电力能源。

2007年5月25日，投资1490万元的35千伏欢墩输变电工程投入运行。12月9日，投资2000万元的110千伏石桥变电站投入运行。

2009年6月5日，投资1.5亿元的220千伏龙河变电站投入运行，赣榆县结束长期以来220千伏单电源供电的历史，缓解赣榆主电网在县东北地区的电力调度难题，解决柘汪临港产业区用电问题。

至2009年年底，全县拥有220千伏变电站2座，110千伏变电站9座，35千伏变电站7座。全县拥有总营业户数为39.56万户，其中大工业用户172户，非普工业1.41万户，农业生产用户1.02万户，商业照明用户1.67万户，城镇居民生活用户4.07万户，农村居民生活用户29.68万户。全社会用电量118770万千瓦时，人均用电量达1071千瓦时。

1990～2009年赣榆县35千伏及以上变电站一览表（不含用户变电站）

表 3-3

变电所名称	总容量（千伏安）	主变压器			进出线回路数				投运日期	变电所所址
		编号	容量（千伏安）	电压等级（千伏）	220千伏	110千伏	35千伏	10千伏		
城东变电所	16000	1#	8000	35			3	6	1995.10.19	青口镇
		2#	8000	35					1996.10.19	
罗阳变电所	10000	1#	5000	35			2	5	1987.05.16	罗阳镇
		2#	5000	35					1997.05.20	
墩尚变电所	6300	1#	6300	35			2	4	2002.11.29	墩尚镇
殷庄变电所	11300	1#	6300	35			3	9	1999.04.24	沙河镇
		2#	5000	35					1988.04.20	
班庄变电所	14300	1#	6300	35			3	5	2000.06.24	班庄镇
		2#	8000	35					1995.02.10	

续表 3-3

变电所名称	总容量（千伏安）	主变压器			进出线回路数				投运日期	变电所所址
		编号	容量（千伏安）	电压等级（千伏）	220千伏	110千伏	35千伏	10千伏		
吴山变电所	10000	1#	5000	35			2	3	2002.02.11	黑林镇
		2#	5000	35					2000.10.06	
官河变电所	5000	2#	5000	35			1	4	2000.08.16	赣马镇
柘汪变电所	10000	1#	5000	35			2	5	1998.10.11	柘汪镇
		2#	5000	35					1997.10.05	
海头变电所	11300	1#	6300	35			1	6	1999.12.06	海头镇
		2#	5000	35					1999.08.16	
赣榆变电所	63000	1#	31500	110		2	1	7	1991.10.03	青口镇
		2#	31500	110					1986.12.31	
北郊变电所	31500	2#	31500	110		1	4	6	2001.07.04	赣马镇
城头变电所	36500	1#	31500	110		1	3	7	1995.03.01	城头镇
		2#	5000	110					1986.12.06	
金山变电所	63000	1#	31500	110		1	4	7	1996.11.28	金山镇
		2#	5000	110					1996.11.28	
申城变电所	240000	1#	120000	220	2	6	6		1994.04.24	青口镇
		2#	120000	220					2002.05.29	
盐场变电所	2500	1#	2500	35					2002.08.14	青口盐场（自备）
欢墩变电所	10000	1#	10000	35			1	6	2007.05.25	欢墩镇
龙河变电所	180000	1#	180000	220	2	7	3		2009.07.19	石桥镇

第二节　供　水

1990～2002年，赣榆县自来水公司主要承担县城供水。赣榆县自来水公司原有地下水井6眼，日供水能力9600立方米。

1989年，筹资650万元，建成城西水厂，日供水能力达到15000立方米。

1992年，筹资550万元。

1993年6月建成日供水能力2.5万立方米的城南水厂，两厂水源源于小塔山水库，源水输送管道长16.4千米。

1994年，赣榆县自来水公司投资245万元，延伸城南线、宋庄线、城东线、盐场线和下口紫菜厂供水专线，使第二水厂供水量基本达到设计能力，日供水能力达到5万立方米。投资40万元，兼并赣马水厂，供水量比上年增长10.1%。1995年，完成供水产值380.78万元，发展用水户111户，铺设供水管网33千米。

图 3-8　赣榆供水大楼落成典礼（1993年摄）

1997年，完成供水产值434.75万元。是年3月起，投资1500万元的21千米塔青输水管道工程开始实施铺设工作，是年10月，21千米管线工程全线贯通，投入运行，实现城南水厂、城西水厂并网供水。

1998年10月，投资500万元，在县城东关路1号建成面积4220平方米的供水大楼。

2000年，完成供水产值545.38万元，总收入623万元。

2002年5月，赣榆县自来水公司进行企业改制，连云港市自来水总公司与县自来水公司合资经营，成立连云港市青源水务有限公司，注册资金2142万元，其中连云港市自来水总公司投资1500万元，控股70%。改制后公司经营决策、人事、业务管理等，隶属于连云港市自来水公司。新发展用户4300户，铺设供水管道21千米，改造老化腐蚀管道17千米，全年供水量583.2万立方米。

2005年，实现售水量565万吨，其中生活用水335.1万立方米，工业用水76.7万立方米，商服用水153.2万立方米，全年投资360万元，完成生态大道、华南二路、维多利亚新城部分供水主管道通水任务。

2009年年底，赣榆县城供水由城南水厂和城西水厂承担，其中城南日供水能力2.5万立方米，城西水厂日供水能力1.5万立方米。赣马水厂承担镇区及部分村庄供水，设计日供水能力1440立方米，实际日供水约500立方米。2009年度公司全年完成售水量697万立方米，总收入1808万元。

至2009年年底，公司拥有DN100以上供水管网298千米，DN200以上供水管网240千米，服务供水区域人口约21万人，管网通达罗阳镇、赣马镇、宋庄镇、经济开发区、新城区、海洋经济开发区。

第三节　排　水

1990年，县城下水道日排水能力26210立方米，排水管道27.66千米。20世纪90年代主要修建城区红旗路、文化路、西关路、东关路、华中路、新建北路道路两侧排水管道，20世纪90年代末，共有排水管道37千米。2000年后，实施新建或改建道路工程，道路全部配套建设排水管道，但老城区所有排水管道雨、污混流。

随着生活水平的提高及工业企业的发展，城市污水处理需求日益迫切。2004年，占地4公顷，污水处理能力为2万吨/日的污水处理厂动工建设，经济开发区至污水处理厂第一条长4.2千米污水管道建成。2005年，污水处理厂竣工，年底投入试运行，年处理污水达550万立方米，污水处理率达60%。二期工程在一期工程东侧，占地面积27013平方米，采用A2/O工艺，出水达到一级A标准，污水处理能力为2万吨/日，于2009年10开工建设。新城区及经济开发区的排水全部进行雨污分流，老城区采用截留措施，减小污水对环境的污染。

至2009年年底，城区共有排水管道172千米，其中污水管道40千米，污水提升泵站3座。

第四节　供　热

图 3-9　协鑫热电厂（2009年摄）

2005年，赣榆县政府通过招商引资，引进连云港协鑫环保生物质热电有限公司，在县经济开发区建成赣榆县第一家热电厂，厂区占地面积10.5公顷，一期工程投资2.4亿元，建设两炉两机，于2005年10月底投入运行。二期工程又投资约8000万元，新建3号秸秆全燃生物质锅炉，同时将2号物质循环流化床锅炉改造为掺烧80%秸秆混燃锅炉，于2007年9月移交生产。2009年又对1号、2号锅炉进行全燃生物质改造，专业从事生物质能直燃发电，并为开发区中大海藻有限公司、瑞邦药业有限公司、华杰学校等众多企业、学校提供热力。2009年，拥有供热主管道4.2千米，供热支管5千米，每小时供热达到20吨蒸汽，年燃烧稻麦秸秆、玉米秸秆、棉花秸秆、树枝条、稻壳、花生壳、木屑等种类生物质燃料30万吨以上，少消耗标煤10万吨以上，年减少二氧化碳排放22万吨以上，年减少二氧化硫排放220吨以上，有效地降低环境污染，年实现税收800万元以上，变废为宝的秸秆带动当地生物质加工收购产业的发展，促进农民就业，新增社会就业岗位1200个以上。

第五节　燃　气

20世纪90年代，赣榆城区没有管道燃气。2002年，赣榆县政府引进京融管道燃气有限公司，厂区位于赣榆区怀仁路西侧、时代路南侧，占地2.4公顷，建设规模按12万户投入设计，全部工程完成后可供40万人口的城镇商业、工业和居民用气。一期工程于2005年7月1日正式投产运行。截至2009年，该公司已建设LNG、CNG天然气双向供气气化站一座，铺设燃气主管网120千米，发展居民用户约3.2万户，年用气量280万标立方米。

图 3-10　京融管道燃气有限公司（2009年摄）

第六节 园林绿化

1990年，重点实施老汽车站转盘绿化工程，绿化面积2200平方米，工程造价约40万元，绿化设计以低矮植物为主。是年10月，为迎接中国·赣榆首届徐福节，在青口河两岸的青口桥至水漫桥之间，在河滨公园建京式四角亭1座、苏式六角亭1座、古式围墙98米、石凳50个、石椅四套，总投资17.8万元，人均公共绿地由原来的0.5平方米增加到1平方米左右。

1993年，全年完成绿化面积9.66万平方米，城建苗圃完成培育各类苗木22万余株，苗木对外销售收入1.8万元。

1994年，赣榆县城绿化工作稳步推进，共有绿化面积103.6万平方米，新增绿化面积13.5万平方米。全年繁殖垂柳5千多株、紫薇1千多株、木槿6千多株、月季1万多株，龙柏、雪松、瓜子黄杨19万株，制作盆景50盆。

1995年，绿化面积达130.07万平方米，其中公共绿地面积为5.3万平方米，县城树种主要有法桐、国槐、女贞、合欢、广玉兰、大叶黄杨、瓜子黄杨、垂柳、水杉、碧桃、红枫、白玉兰等，形成春有花、秋有果的基本格局。赣榆县城绿化覆盖率达到30%，人均绿地面积3平方米，城市绿地占城市建设用地14%，其中人均公共绿地面积6平方米。新增绿化用地面积（包括居住区、经济技术开发区）不低于总用地面积30%，旧城绿化用地改造（包括成片改造、道路改造）不低于总用地的15%。

1996年，完成环城北路—东关北路转盘建设，绿化面积达1962平方米，工程造价约60万元，该转盘中间雕塑为起锚，象征赣榆作为沿海县的经济腾飞，四周绿化以常绿草坪、金叶女贞、红花酢浆草组成模纹图案，与主题雕塑和谐统一。该转盘标志性强，起到疏导交通的作用。

1998年，全年新增绿化面积4.5万平方米，其中绿地面积2万平方米，新增庭院绿化达标单位4个。是年底，县城绿化面积已达到153万平方米，绿化达标单位14个。县城新增一家省级园林式单位，2家市级园林式单位，在全市4县中处于领先地位。

1999年，新增绿化面积5万平方米，其中绿地面积3万平方米，新增绿化达标单位2个。完成华中南路两侧2000米长、4米宽的绿地建设，绿地主要以马尼拉草坪为主，栽植7000株丰花月季，2000株美人蕉，3万株万寿菊，600株丝兰。

2000年，投资600万元完成河滨广场一期工程，建设县城第一处大型公共绿地。

2001年，投资92万元进行河滨广场二期工程建设，拆除原有旧厕所，新建两座与广场环境协调的公共厕所。在五号广场附近添置20个石座椅，广场堤坡新栽草坪1.2万平方米，新栽各种花灌木和乔木6万株。建设一处喷泉，在广场东部设置两座小型雕塑。

2002年，是赣榆县城大拆迁、大建设、大发展的一年，全年新增公共绿地8万平方米。为纪念抗日山烈士

图 3-11 河滨广场绿化（2001年摄）

陵园建园60周年，投入109万元，完成抗日山5万平方米的绿化工程。

2003年，投入280万元完成环城北路、环城东路、环城南路3条道路的绿化，完成绿化面积5万平方米。引种南方树种作行道树获得成功，在黄海路栽植180株香樟，黄海路广场栽植色块600平方米，新增草坪面积700平方米，完成环城东路、环城南路、环城北路的绿化带建设，栽植行道树栾树1100株、合欢450株、紫叶李990株、各类灌木32万株。新增绿地面积6万平方米。完成开发区大道的绿化带土方工程，在黄海路大花盆及河滨广场、黄海路广场栽植及更换草花3.6万余棵。

2004年，新增绿化面积5万平方米，其中公共绿地面积3万平方米。

2005年，投入210万元，新增景观大道绿化带2万平方米。投入120万元，新增黄海东路绿化面积3.5万平方米。投入133万元，完成高速公路入口绿化面积2万平方米。此外，完成开发区经三路、华南路二路绿化面积约2.6万平方米、开发大道及纬三路北侧绿化面积约7.2万平方米。

2007年，投入1439万元，新增老城区绿化面积27.07万平方米。投入1009万元，新增新城区绿化面积22.54万平方米。

2008年，赣榆县绿化投入实现跨越式增长，全年共完成投入1.8亿元，新增绿化面积209万平方米。重点实施青口生态园建设工程，2008年年初招标建设，2008年10月建成并开园，占地20公顷，总投资1.4亿元。整个生态园有小桥、溪水、池塘、假山、亭台阁楼、曲桥、茶街、回廊、雕塑、儿童乐园等园林配套设施，古典与现代相结合，极具生态和人性气息的大型公园绿地。公园建成，为赣榆市民提供一处休闲娱乐的生活空间。至2008年年底，赣榆县城建成区绿化覆盖率达到39.17%，公园绿化面积116.7公顷，人均公共绿地面积达7.8平方米。

2009年，新增公共绿地面积62万平方米，改造原有广场绿地12.70公顷，道路补植行道树3650株。建成区绿化覆盖面积达897.8公顷，绿化覆盖率39.1%；绿地面积达787.8公顷，绿地率达34.25%；公园绿地面积达144.72公顷，人均公园绿地达9.46平方米。

第四章　城市管理

第一节　管理机构

一、赣榆县城市管理局

2001年年底成立，为赣榆县人民政府直属事业单位，辖6个职能科室（局办公室、环卫科、市容科、广告亮化科、执法科、督查科），1个直属单位（县城市管理监察大队），2个下属单位（县环境卫生管理所、县路灯管理所）。

二、赣榆县城市管理监察大队

1989年6月1日，赣榆县城镇管理监察中队成立，隶属于赣榆县城乡建设委员会，主要职能是管理占道经营、流动摊贩、市场秩序以及抗击自然灾害，完成上级安排突击任务等。2002年2月26日，赣榆县城管监察大队成立，全民股级事业单位，核定事业编制40名，经费来源财政拨款，隶属于赣榆县城市管理局，主要职能是城区市容秩序管理，户外广告管理，违章建筑查处等。2003年，成立城管应急分队，积极参与全县防治“非典”工作。2009年在编职工55人。

三、赣榆县路灯管理所

1988年12月成立，时有9名在编职工，全额拨款事业单位，隶属于县财政局。1993年，路灯所从县财政局划出，归县建设委员会管理。1997年，县路灯所与县房管所是一套班子两块牌子，是年8月，经县编委同意，将县路灯管理所从县房管所中分出，编制为9人。2002年，县路灯管理所划归县城管局管理。2009年，有19名在编职工。

四、赣榆县环境卫生管理所

原为赣榆县青口环境卫生管理所，隶属于赣榆县青口镇、赣榆县爱国卫生委员会，后划归赣榆县城乡建设环境保护局，1988年更名为赣榆县环境卫生管理所，2001年12月划入赣榆县城市管理局，为全额拨款事业单位。

第二节　市容管理

赣榆县城市管理部门坚持创新、创优，取缔城区各主干道、窗口地区的占道摊点，规范城区各背街小巷的占道摊区和市场，重点解决非机动车辆乱停乱放问题。全面落实“门前四包”为载体的市容环卫责任区制度，创建黄海中路为省级市容管理示范路，科学规范摊点群，实行全方位、错时段的管理和服务，市容管理逐渐从突击型被动型向制度化、规范化、人性化、长效化的管理转变，并由粗线条、低水平的方式转向注重打造精品、塑造形象的管理新阶段。赣榆县城管局加强队伍管理，规范执法行为，打造和谐城管。每年至少开展一次大的市容整治活动，先后开展市容环境综合整治、重大节日和重要活动市容整治、车辆乱停乱放专项整治、春季环境综合整治等活动。

1991年，开展市容市貌、环境卫生、非机动车停放、清理乱搭乱建、查处非法广告等工作，新建黄海路美食街，创建城管示范路，规范依法行政工作，完善执法案卷归档，严格按程序执法，实行人性化执法。

1998年至2001年，华中路、黄海路实行“门前三包”，规范户外广告管理，城区悬挂户外广告管理工作步入正轨，对乱搭建、店外店进行清理，对华中路、黄海路、西关路进行综合整治。

2002年，破损广告及“三位一体”广告杆全部拆除，提高夜景亮化品位，户外广告牌无破损和画面空置现象，城区内主要亮化设施、大型户外广告设施亮化率达到95%以上。

2003年，县政府成立集中整治乱张贴、乱涂写、乱刻画户外广告工作领导小组，采取一手抓查处一手抓清理的办法来治理“三乱”小广告。开展爱国卫生活动月活动。城区市容管理推行“亮化、净化、规范化”，对城区各主次道路的市容秩序进行清理整治，开展“自行车停放”和“三乱”小广告专项治理活动，对违章搭建和违法建设的管理实行分片负责，开始创建华中路和黄海路两条城管示范路，建立执勤日记制度。为促进招商引资工作，根据上级政策，鼓励在岗职工离岗创业。

2004年，开展由县政府办公室牵头、城管等部门参与的市容环境综合整治活动，加大对“三乱”小广告的治理和制售假证人员的打击力度，明确岗位职责。在城区开展“周末卫生大扫除”活动，在黄海路、华中路设置10处自行车停放栏，完成5处摊点群集中，整治5条背街小巷。吸纳社会资金400多万元，建城区主干道“过街天桥”19座。对口帮扶欢墩镇石沟埃村。

2005年，利用“徐福海洋文化节”、全市工业流动现场会及重大节日等重要活动，对县城市容秩序进行集中整治，查处违法建设200余起，创建黄海路为市级城管示范路，巩固华中路、黄海路车辆停放示范路管理，规范繁荣路车辆停放管理，完成400个摊点的规范管理，规范整治4条背街小巷。

2006年，在全市独创“局长当路长打包管路”做法，全面整治市容秩序。取缔城区各主干道、窗口地区的占道摊点，规范城区各背街小巷的占道摊区和市场，维护市容秩序，重点解决非机动车辆乱停乱放问题，继续加强清理夜间烧烤店的管理工作，做好查违禁违工作，坚持每日不间断清理小广告，全面落实“门前四包”为载体的市容环卫责任区制度，创建1条省级市容管理示范路华中路。科学规范摊点群，实行全方位、错时段的管理和服务。积极参与县政府环境综合整治活动，坚持每月不定时对10余条主要干道的“六乱”违规现象进行两次集中整治，查处违章建设1000余起，完成200个摊点的规范管理工作，市容秩序明显好转。

2007年，开展非机动车、机动车乱停放专项整治活动，与交警大队联合对机动车乱停放开展集中治理活动，加大对违法建设的查处力度，排查面积344039平方米，治理破损广告牌面积7000余平方米。购置清洗机对“三乱”广告进行清理，清理“三乱”广告1.88万处。落实“门前四包”责任，签订“门前四包”责任书3000余份。创建环城北路1条城管示范路。配合靓城公司规范自行车停放秩序，设置10处自行车停放架，设置4处摊点群，规范50个摊点，设置5处信息张贴栏。

2008年，开展非机动车专项整治活动，查处违章建筑620余处，“三乱”小广告实行24小时管理，《市容环卫责任区责任书》签订率100%，处罚不履行市容环卫责任区制度的案件21起。开始创建黄海中路1条省级市容管理示范路。东关路设置15处自行车停放架，规范提档两处摊点群。清理小广告5.24万条（张）。推行“说理式”执法，依据《江苏省城市市容和环境卫生管理条例》，启动城管系统行政执法队伍规范化建设工作。

2009年，落实县政府春季环境综合整治活动，对违规设置的户外广告进行重点整治，设立夜间中队，违章建筑查处实行全年全时段覆盖，拆除违法建筑94300多平方米。每周两次对10条主次路进行整治，彻底清理影响市容的“六乱”现象。设置10处自行车停放架、20处规范摊点群，清理违法小标签10万余份、乱贴乱画4万余处，清除商户门窗乱张贴1万余处，刷新楼体2万平方米左右，通过蹲点守候等办法抓获乱张贴、乱喷涂小广告人员近百名，进行相应处理。6月，全市规范摊点群现场会在赣榆县举行。处理各类投诉案件，办结人大建议政协提案，办结率达100%。建立海头镇、宋庄镇两个市容管理示范镇。

第三节　照明亮化

赣榆城管局坚持亮化美化照明多元化发展，通过路灯照明、广告亮化、刷新美化，全力打造靓丽赣榆。老城区主干道亮灯率保持在95%以上，节日期间亮灯率达100%，路灯设施完好率保持在90%以上。完善路灯防盗设备功能，全部使用微电脑经纬控制仪，并选择黄海路为路灯“三遥”控制试点，防盗设备已基本覆盖所有路灯，电缆被盗现象得到有效的遏制。城区沿街店字招牌在审批上不断提档，全部采用铝塑板、亚克力吸塑等优质材料、立体镶嵌字体，辅以霓虹灯或LED灯进行亮化，城区内主要亮化设施、大型户外广告设施亮化率达到95%以上。

1990年，维护保养城区黄海路、东关路等道路和背街小巷3000余盏路灯，安装西关路拉杆式路灯46套，改善该路段的照明环境。

1991年6月，完成华中路（青口桥—金海路）路段路灯安装工作，配合市政道路提档改造，城区第一次在华中路安装钢杆路灯28套。

1992年，实施黄海路路灯安装工作。完成9条背街小巷路灯安装，并及时做好其他道路路灯维修保养工作。为城郊东关村、东南庄安装路灯65套。

1993年，华中路南段道路拓宽改造后，在该路段安装独立杆路灯120套。对城区各道路及背街小巷4000余盏路灯进行维修养护，确保路灯照明正常运行。

1994年，实施镇海路、文化路等道路路灯安装工作，不断改善道路的出行环境。在城区黄海路和西关路交叉口、镇海路和华中路交叉口安装12米水泥杆五火花灯12套。逐步淘汰第一代光源白炽灯，使用第二代光源高压汞灯和第三代光源高压钠灯。

1995年，购置第一台杭州“爱知”牌路灯专用维修工程车，完成2000多米长的东关路路灯安装工作。路灯控制方式开始使用时间控制仪，淘汰手控方式。

1996年，华中北路道路拓宽改造工程开始实施，安装独立杆路灯38套。完成5条背街小巷路灯安装工作。配合农村环境改造，为城郊刁庄村、大高村安装路灯45套。

1997年，为海州湾度假区安装庭院灯、草坪灯和单臂灯等100余盏。为配合县城主干道之一的华中南路道路拓宽改造工程，新安装双挑路灯110多套，20米的高杆灯1盏。为海头镇主大街安装独立杆路灯102套。

1998年，对华中南路（青口桥）至环城南路实施路灯安装工程，第一次安装不锈钢豪华路灯60套。完成东关路路灯改造工程，新安装80余套双挑路灯。加强城区各道路路灯的维护和管理，确保6000余盏路灯正常照明。

1999年，在华中路与黄海路交叉处安装外形美观的锥形18火自动升降高杆灯。配合黄海路道路改造，完成东关路至青年路段60套四叉五火路灯安装工作。路灯光源提升改造，淘汰第一、第二代光源，全部使用第三代光源高压钠灯。

2000年，为县政府年度重点工程的河滨广场安装路灯、水晶灯、观赏灯、单柱灯和花灯等各类灯饰。县城主干道黄海路中段新安装豪华不锈钢五火灯70套。为黄海路东段安装锥形杆双挑路灯43套。对文化路、新建路等7条道路路灯进行更新改造。

2001年，更新改造老旧的华中路路灯，新安装豪华不锈钢五火灯105套。对东关路路灯进行改造，安装双悬飞碟灯118套。黄海广场安装花灯和草坪灯等20套。安装文化东路钢杆单臂灯44套和起锚转盘不锈钢单灯8套。支援新农村建设，为朱堵乡朱庄村义务安装单臂路灯13套。

2002年，为县城黄海广场二期工程、黑林镇刘少奇故居广场、海洋经济开发区通海大道、榆城大道、环城北路、环城南路安装路灯，对文化路、华中南路路灯进行更新改造，实施起锚转盘路灯改造工程。是年，新安装路灯820套，路灯工程总投入660万元。

2003年，在开发区大道、经三路等路灯，改造文化路、水漫桥、红旗路、镇南路等安装路灯183套，维修保养城区各道路及背街小巷路灯4000余盏，市场化运作巨型高架广告。

2004年，完成环城东路路灯安装工程，安装环城西路、青年路、华中路北段、镇海路西段、迎宾大道、东关南路等360套路灯的安装，维修保养城区各道路及背街小巷路灯7220余盏。

2005年，坚持亮化美化照明多元发展，通过路灯照明、广告亮化、刷新美化，老城区主干道亮灯率保持在95%以上，节日期间亮灯率达100%，路灯设施完好率保持在90%以上。

2006～2009年，完成新硬化道路亮灯工作，积极实施“民心”工程，并选择黄海路为路灯“三遥”控制试点，各种防盗设备覆盖所有路灯，电缆被盗现象得到有效遏制。

至2009年年底，县城路灯从1988年的900多盏增加到1.4万盏，总功率达1645千瓦，供电线路382千米。现拥有箱变（台变）9台，控制箱127台，监控设备86台，高空作业车2台，工具车1台。亮灯率99%以上，设施完好率90%以上，报修率100%，均达到或超

图 3-12　黄海路灯光夜景（2005年摄）

过建设部规定的标准。

第四节 环卫管理

一、卫生保洁工作

1990～1998年，城区道路保洁面积逐步扩大，保洁水平进一步提升，卫生费收入逐年增加。在原环卫所场地的大沟里填埋垃圾。其中，1990年，城区道路保洁面积10万平方米，保洁人数为20人；1994年，城区道路保洁面积19.8万平方米，保洁人数为30人；1997年，城区道路保洁面积28.7万平方米，保洁人数为48人。

1999年，城区道路保洁面积31万平方米，垃圾点642个，打扫厕所223座，其中公共水冲式厕所15座，卫生费收入38.4万元。在城西垃圾场填埋处理生活垃圾。

2000年，城区华中路等8条主干道保洁时间从上午7点至晚上7时，红旗路等次干道做到每日两清扫。新上1辆10吨洒水车。环卫所更新三轮车50辆，添置其他打扫工具。居民卫生费在城区各自来水收缴点设立收费窗口，居民户在农行办理金穗卡，卫生费也可通过农行金穗卡按月扣费。单位卫生费通过银行代理托收。

2001年，购置道路清扫车一辆，配置25辆平板车，每天用平板车将1250个小型垃圾点垃圾运到垃圾中转站，再由垃圾车运至垃圾处理场。投资20万元，购置大型垃圾清运车一辆，用于日常垃圾清运。

2002年，环卫所划入县城管局，城区保洁面积96万平方米，日保洁时间16小时，在夏季爱国卫生运动积分评比中居全市第一。改造华中路公厕。成立突击队，专门负责清理城郊结合部的垃圾死角。由11个人组成的掏粪组，管理县城大小厕所232座，日清理粪便近6吨，清理大小化粪池近60座次。

2003年，城区日处理生活垃圾120吨，小型垃圾点1285个，中小型垃圾中转站9个，大型垃圾中转站6个。投资100余万元，先后购进道路清扫车、垃圾清运车3辆、摇臂式垃圾车2辆、洒水车1辆、吸粪车1辆、垃圾吊斗13个，增建垃圾池110个、吊斗池16个，改造后宫路垃圾中转站。购置电脑一套，用于收费和办公管理。道路清扫面积达98万平方米，扫路工人增至81人。

2004年，环卫所筹资30万元，建成四个液压式、地埋式地下中转站，分别位于卫校、青口一中、一小区、新东方市场。修建、改建菜市场南公厕及河南向阳巷公厕。新建8个彩钢瓦垃圾房，新购置10辆人力三轮车，更换果皮箱200个。

图 3-13 环卫设施（2007年摄）

2005年，环卫所投资2.4万元，新建、维修小水泥垃圾池60个。投资4万元，新购置50辆人力三轮车。投资8万元，添置吸粪车一辆。居民生活垃圾处理费实现电脑收费。

2006年，改建后陈庄公厕、文化路小学门东公厕。改建后宫路垃圾中转站。筹资70万元，购买压缩式垃圾车、高压冲洗车各一辆。添置200个果皮箱。城西垃圾场改建成青口生态园，租用城南一沟村场地填埋生活垃圾，同年在赣马镇马厂村建设赣榆县生活垃圾综合处理厂。

2007年，改建（旱改水）公厕3座：县医院公厕、青口一中对面公厕、后宫路中转站后公厕。新建2座垃圾中转站：锦绣江南垃圾液压式中转站，清华园学校摇臂式垃圾中转站。投入27万元，购买1辆5吨垃圾压缩车。

2008年，新建文化路水冲式公厕1座，改建（旱改水）公厕3座：县中医院公厕、解放街公厕、七二化工厂公厕。新建垃圾转运站2座：镇海西路液压式垃圾中转站，河南批发市场摇臂式垃圾中转站。投入300万元，购买8吨垃圾压缩车1辆、5吨垃圾压缩车1辆、封闭垃圾车3辆、农用垃圾车3辆、铲车1辆、洗地车1辆、扫地车1辆。

2009年，在青口镇小盘村建成赣榆县小盘生活垃圾卫生填埋场。环卫所新建水冲公厕2座：新城区1座、华中北路1座。改建公厕2座：河滨广场公厕、青口漫水桥公厕。新建垃圾转运站2座：新城区压缩式中转站、华中北路压缩式中转站。

至2009年年底，环卫基础建设不断提升，环卫作业机械化水平全面提高，道路清扫保洁面积221万平方米，道路保洁工人210名，根据工作量分成老城区69个工作段，新城区20个工作段，工作质量做到“五无五净”，道路清扫机械化率达到30%以上，清运作业机械化率70%。城区按3000～3500人密度规划设置1座水冲式公共厕所，粪便无害化处理率100%。部颁标准二类以上水冲式公厕比例达32%。生活垃圾中转站按400～1000米服务半径设置，每年设置3座，综合处理生活垃圾、医疗垃圾、工业垃圾及粪便。垃圾清运率达到100%。建立和完善资源回收系统，逐步实行城市垃圾分类收集、运输和处理。同时，按0.8万～1.2万人设置1个环卫工人休息处，与垃圾中转站设置相配。实施城乡垃圾统筹，实现城乡一体化管理，有2个镇建成生活垃圾压缩式中转站，建设示范镇5个。

2009年赣榆县垃圾中转站一览表

表3-4

序　号	名　称	地　址	占地面积（平方米）	中转形式
1	后宫路	后宫路中转站	30	压缩式
2	河滨路	河滨广场	16	液压式
3	深港步行街东	一号小区		液压式
4	红旗路	二号小区	16	液压式
5	环城北路	金叶绿地	16	液压式
6	文化东路	实验中学	16	液压式
7	镇海路	青口一中	16	液压式
8	华中路	开发区	16	液压式
9	东关路	东关路	16	吊臂式
10	健康路	卫校	16	吊臂式
11	环城北路	建校	16	吊臂式
12	环城北路	高级中学	16	吊臂式
13	园西路	园西路	16	吊臂式

续表 3-4

序　号	名　称	地　址	占地面积（平方米）	中转形式
14	环城南路	青口一中高中部	16	吊臂式
15	环城北路	中英文学校	16	吊臂式
16	锦绣江南	锦绣江南小区内	16	吊臂式
17	中英文学校	北外环	16	吊臂式
18	华杰双语学校	华杰双语学校	20	吊臂式
19	东方市场	东方市场	16	吊臂式
20	水果批发市场	水果批发市场	20	吊臂式
21	镇海西路	镇海西路	55	压缩式

2009 年赣榆县环卫专用车辆一览表

表 3-5

序　号	名　称	载重量（吨）	数　量（辆）
1	解放（CA-141）	5	2
2	小霸王吸粪车	3	1
3	东风摆背（EQ-140）	4	1
4	扫地王（五十铃）	2	1
5	压缩车（平头东风）	8	1
6	压缩车（平头东风）	5	1
7	洒水车（平头东风）	8	1
8	福田农用车（568 型）	2.5	2
9	福田农用车（598 型）	3	2
10	装载机（ZLM50E）	5	1
11	东风摆背吊装车	4	1
12	封闭车	4.5	3
13	压缩车	8	1
14	洗路车	6	1
15	扫地车	2	1
合　计			20

二、生活垃圾处理

垃圾处理主要以生活垃圾为主，日产日清。1990年，处理生活垃圾0.9万吨。1994年，处理生活垃圾2.4万吨。2000年，处理生活垃圾3.7万吨。随着城市化进程的加快，生活垃圾和建筑垃圾明显增多。2006年，处理生活垃圾5.8万吨，建筑垃圾2000吨。2009年，处理生活垃圾6.6万吨，建筑垃圾6000吨。

第五章　镇村建设

第一节　管理机构

1990年前，乡镇一直没有建设管理机构。

1991年起，赣榆县成立青口、海头、九里、黑林、厉庄、大岭、城头、罗阳、欢墩等9个乡镇建设管理所，进行管理试点。

1995年，全县29个乡镇建设管理所全部成立，在编人员153名，为全县小城镇建设健康有序发展提供组织保障。

2001年2月，县城规划区外的乡镇建管所划给所属乡镇。虽隶属关系发生变化，但管理职能未发生变化。同年12月2日，经省政府批准，赣榆县乡镇行政区划全面调整，全县共设18个乡镇，调整的乡镇有：撤销城南乡，并入青口镇；撤销大岭镇、殷庄乡，并入沙河镇；撤销夹山乡，并入班庄镇；撤销土城镇、徐山乡，合并后组建塔山镇；撤销马站乡，并入柘汪镇；撤销九里乡，并入石桥镇；撤销龙河镇，并入海头镇；保留城头镇、罗阳镇、宋庄镇、赣马镇、黑林镇、金山镇、厉庄镇、欢墩镇、墩尚镇、朱堵乡（后改称城西镇）、门河乡（后改称门河镇）。

至2009年年底，全县共有18个乡镇，430个行政村村民委员会，保持乡镇建设管理机构。

第二节　新农村建设

2000年后，赣榆县根据省、市部署，结合本县具体情况，出台《赣榆县建设社会主义新农村工作意见》，成立由县委书记任组长，副书记、县长、县委常委、副县长等任副组长，县直机关相关部门主要负责人为组员的赣榆县建设社会主义新农村工作领导小组，领导小组下设办公室，具体负责新农村建设的指导、督查等日常工作。各镇也成立相应组织。按照“坚持政府主导、突出农民主体”的创建要求，全县新农村建设工作扎实推进。

2006年，赣榆县建设局和深圳城市规划设计研究院投资500余万元编制《赣榆县社会主义新农村建设纲要》，该纲要围绕社会主义新农村建设目标要求，结合县情，提出“出门有公交、居住有楼房、干活有工厂、家家有存款、上学有学校、就医有保险、人老有供养、休闲有地方、困难有人帮、办事有规章”和“农业产业化、农村工业化、经济民营化、就业多元化、

图 3-14　青口镇宋口村新农村建设（2007年摄）

乡村城镇化、生活现代化”等“十有”目标和“六化”方向，明确新农村建设的三步走战略：第一阶段是试点示范，第二阶段是全面发展，第三阶段是提高发展。制订东部综合城区，东部海洋新技术产业区，东北部临港产业区，南部生态、观光农业区，中部平原生态农业观光区，北部丘陵林果旅游产业区，西部建材、农业及旅游产业区等项目规划。各镇以行政村为单位，编制村庄规划、产业规划，实现规划全覆盖。县新农办组织由涉农部门、镇村干部、致富能手、普通群众参加的“话说新农村”大型访谈录，在省、市、县电视台播放，专辟《赣榆新农村》简报，宣传全县典型，介绍外地经验，剖析存在问题，指导具体工作。利用党员冬训，重点宣讲新农村建设。县新农村建设领导小组组织县四套班子领导、县直机关相关部门负责人、镇党委书记、镇长、分管领导、村支部书记赴山东乐陵、章丘、临沂等新农村建设先进典型参观学习。县委组织部筹措资金989万元，帮助新建改建村服务中心420个，村级服务中心建设全部完成。县公安局以保民生、促稳定为出发点，投入资金160万元，帮助26个村建成电子监控室。海头镇与武警边防所联手共建马庄“爱民固边模范村”。全县共完成行政村“村村通”水泥路720千米，完成村庄河塘清淤共1456条（个），完成清淤土石方1161万立方米，新修村庄下水道20万米。成片造林1480公顷，农田林网新建完善7937公顷，四旁植树完成280万株。完成改厕2.3万座。

从2007年起，县委、县政府从财政拨出专项资金，对县处级领导干部每人每年发给150吨水泥，县直机关正科正职干部每人每年发给100吨水泥，用于本人所在村新农村建设。2007年5月，县新农办、县电信局、县文化局在县影剧院广场联合举办“电信”杯新农村、新信息、新文化大型图片展暨农民书画展活动。县文化局送科普书籍、送电影、送戏、送体育器材下乡，共送科普书籍2万册、电影17500场、戏550场、体育器材1284件。县农业局依托县职教中心、镇成教校、村农民致富学校等载体，大力实施农民教育工程，组织“百名教授科教兴百村”活动，实施科技力量下沉，选派500名技术过硬的农业科技人才，与农民结对帮教，共帮教农民2500户，印发各类技术宣传材料2.5万份。县劳保局进行农民工返乡创业培训，出台鼓励农民创业的优惠政策，开展“乡村学华西，乡村书记学吴仁宝”的活动，把新农村建设内容、环保知识、科技知识、生活常识、农村政策等用图画的形式建成文化墙。

2008年，赣榆县获全国文明创建先进镇2个，全国文明镇1个，全国文明村2个；省级文明村、镇红旗标兵村2个，省级创建文明村工作先进村5个，省级文明创建先进镇2个；市级文明镇7个，市级文明村20个。

截至2009年，全县共建设村庄街道水泥路达61.95万平方米，整修下水道23.39万米，新栽绿化树木8万多棵，新安路灯2598盏，新建垃圾池、垃圾箱480个，新建桥涵闸235处，清理河塘淤泥47.2万立方米，新建水厂一座，自来水改造入户11802户，改厕572户，新建沼气池200个，改造农户照明1240户，改建、新建村服务中心13个；形成以罗阳镇为中心的3万亩淡水养鱼基地；以墩尚镇、罗阳镇为中心的2万亩泥鳅养殖基地；以欢墩镇为中心的石梁河万只网箱养鱼基地；以海头镇、石桥镇、宋庄镇为中心的万亩对虾、万亩梭子蟹、万亩贝类、万亩紫菜养殖基地；以海头镇、城头镇为中心的万亩蚕桑基地；以厉庄镇、黑林镇为中心的万亩杂果基地；以金山镇、厉庄镇、班庄镇为中心的万亩茶叶基地；以青口镇、沙河镇、石桥镇为中心的万亩蔬菜基地；以塔山镇、黑林镇、班庄镇为中心的万头养牛基地；以金山镇为中心的50万羽鹌鹑养殖基地；以城西镇为中心的万亩花卉基地等。其中，沙河镇推广的“猪—沼—菜”生态蔬菜经营模式，受到省、市专家的好评。

第三节　特色镇村建设

20世纪90年代初，部分中心镇驻地道路开始铺设沥青和混凝土路面，至2009年，18个建制镇镇驻地道路全部硬化，路面结构为混凝土或沥青混凝土路面，道路总长559千米，道路面积559.51万平方米，道路沿街两边铺设新砖，安装路灯4644盏，建设桥梁220座，铺设排水管道总长267千米新型示范小城镇，通过树立典型带动其他乡镇建设。在新型小城镇建设中，部分乡镇先后获得市级、省级表彰。沙河镇1997年被命名为全市唯一一家“连云港市新型小城镇”，赣榆县建设局被命名为“全国村镇建设先进单位”。

2002年，黑林镇大树村作为村镇建设发展的一个特色示范点，市建设局投资52万元，兴建刘少奇纪念广场。海头镇、沙河镇、墩尚镇等三个镇被省政府命名为“省级重点中心镇”。全县村镇建设总投资4.5亿元。到2004年年底，全县乡镇已建自来水厂149座，其中农村134座，供水能力达600万立方米，受益人口达62万人，镇区道路黑（灰）化率达92%。修建水泥路已达到610千米，村村通公路的目标基本实现。海头镇投入8664万元开发新区，改造旧区，建设道路和广场，并进行美化、亮化、硬化。

至2005年年底，18个镇建成小区总面积167.9平方千米，小区总人口22.75万人，公共建筑面积144.5万平方米，住宅总面积达478.81万平方米，生产性建筑总面积为92.15万平方米，自来水普及率96.5%，有线电视入户率90%，固定电话入户率85%，燃气普及率80%，绿化覆盖率35%，生活垃圾处理率85.2%，公共厕所50座，乡镇驻地文化站内设图书馆、乒乓球室、象棋室等活动场馆，有的配建影剧院、卫生室。

2006年年初，赣榆县政府召开两次新农村建设推进会，选择50个村作为社会主义新农村建设示范村，“以六化示范新农村、富民产业示范村、组织建设示范村、文明创建示范村、村庄整治示范村”五个大类型为标准，选择其中的20个村，作为市级社会主义新农村示范，重点抓好19个综合整治村和居住示范点的规划建设工作。2007年，重点选择21个村开展环境整治试点，其中黑林镇大树村、金山镇小河埃村、班庄镇古城村、柘汪镇中林子村、沙河镇城子村等5个村为省级环境整治村。县委组织部对65个新建村服务中心提供图纸、规划，对工程质量进行巡查及阶段检查，使工程质量和安全得到保障。新农村办公室抓好57个经济薄弱村扶贫工作，以扶贫工作的开展推动新农村规划建设。

2005～2009年，海头镇海后村、金山镇后石堰村、黑林镇富林村、沙河镇城子村等19个省级环境整治村、77个市级环境整治村，按照要求，已全部完成村内道路硬化、排水、绿化等基础设施建设。班庄镇古城村、城头镇后黄墩村、柘汪镇西林子村等3个村被评为省级康居示范村。沙河镇颜庄村、墩尚镇金桥村、金山镇后石堰村、罗阳镇岭灶村、青口镇下口村等40个村被评为市级康居示范村。

图 3-15　青口镇下口渔村（2008年摄）

第四篇 交通

第四篇 交 通

20世纪90年代初，全县有各级公路27条，总长453千米，其中，柏油路80.5千米，县、乡道路等级低、路况差，专业营运公司共有营运车辆146辆，其中客车35辆，货车111辆，运输能力较低。

1996～2000年，开工建设了汾灌高速赣榆段，修建、改建204、310、327等3条国道赣榆段及220省道赣榆段等一批干线公路，实现了县、乡道路黑灰化、乡村道路砂石化。2001～2005年，赣榆县公路建设实现跨越式发展，累计完成投资25.1亿元，新建、改建公路总里程1273千米，完成投资超过前50年交通建设投资总和。2007年，赣榆县实现高速公路、国道、省道、县道、镇道、村道六级公路联网畅通。截至2009年年底，全县等级公路总里程2418.6千米，其中高速公路53.6千米，二级公路493.9千米，三、四级公路1871.1千米。一个以高速公路为快速通道，国道、省道为主骨架，县镇村公路为补充，干支衔接、四通八达的县内半小时交通网基本形成。全县客货营运车辆达10536辆，其中营运货车10184辆，营运客车352辆，其中出租车103辆，公交车48辆，客运班线车144辆，全县46条中长途班线、9条农班线及7条公交班线相继开通。水路交通和建设得到新发展，海头港、青口中心渔港等港口、码头建设成绩显著，全县航道总里程117.5千米，连云港赣榆港区起步工程前期准备工作基本完成。交通管理进一步法制化、规范化、科学化，规费征收、交通安全和驾培管理等都取得了新进展、新成绩。

第一章　公路建设

第一节　高速公路建设

一、汾灌高速公路赣榆段

汾灌高速公路赣榆段全长53.6千米，起于苏鲁界绣针河，止于新沭河大桥，途经柘汪、石桥、海头、赣马、青口、墩尚、罗阳等7个镇84个村，全线按全封闭、全立交、双向四车道标准建设，设计车速120千米/小时，桥涵设计荷载汽车-超20级，挂车-120，路基顶宽28米。设立马站平交道口、海头、新沭河互通立交3处和赣马服务区1处，工程总投资17.8亿元。

图 4-1　汾灌高速公路赣榆段（2009年摄）

1998年，完成征地工作，新沭河大桥比原计划提前一个月于1999年8月28日竣工通车。

1999年8月，汾灌高速公路赣榆段顺利完成征地、拆迁等前期工作，全线6个合同段自9月开始施工。

2001年，完成路基及桥涵工程并开始进行路面基层铺筑和防护工程。

2002年10月22日，全线实现竣工通车，结束赣榆县没有高速公路的历史。

二、连临高速公路赣榆段

西起班庄镇古城村附近，与连临高速公路山东段相连，经班庄、城头、门河、城西、沙河、青口、宋庄、罗阳等8个镇，东至宋跳立交桥，与宁连高速公路相接，同时在宋庄镇分支线，与242省道相连，全长47.16千米（含港区连接线3.32千米），按路基宽34.5米，120千米/小时的六车道标准建设。全线设班庄、殷庄、城南、宋庄等7处互通及主线收费站、服务区各1处。

2007年7月，全面启动，到年底完成沿线房屋及三杆拆迁工作。

2008年，主线特殊地基处理全部完成，小型构造物除设计变更部分外已基本完成，桥梁下部结构及路基土方工程基本结束。

2009年，全线路基、桥梁及涵洞、通道等小型构造物全部完成；路基排水与防护工程完成约90%；改沟、改路、改桥等线外工程完成约85%；路面工程建设已全面铺开，路面底基层已全部完成，路面基层完成约90%。累计完成投资13.3亿元，占总投资的54.5%。

第二节　国道建设

一、204国道赣榆段

204国道赣榆段起于苏鲁交界处绣针河，止于新沭河漫水桥，全长约53千米，途经柘汪、石桥、海头、

图 4-2 204国道赣榆段（2009年摄）

赣马、青口、墩尚、罗阳等镇，是贯穿县东部沿海地区的交通主动脉。

1990年，完成九里至汾水大桥的路基拓宽工程。

1992年，完成城南至四沟段5千米的油路铺筑工程。

1993～1995年，投资1亿多元，完成了58.6千米的路基拓宽、补强、小桥涵接长等工程，新修超二级、14米宽油路28.6千米，并于1994年11月8日建成收费站收费。

1996年，投资2600万元，实施了海头至墩尚27.5千米沥青下封闭工程。

1999年，投资1600万元，完成海头以北段21千米水泥混凝土路面改造工程。2000年，完成部分桥梁及海头以南段水泥路改建工程，并开工建设县城环城北路线段。

2001～2002年，完成环城北路改线段3.9千米水泥路面工程，实施路肩土方和绿化工程。其中，2002年创建成为全国文明样板路，达到了“畅、洁、绿、美”的要求。

2005年，204国道墩尚段及绣针河大桥西桥，经济开发区经三路、镇南路、华南四路及柘汪临港产业区大连路、岚山大道等工程相继完工。

2007年，全面启动204国道一级公路改扩建工程，当年完成204国道赣榆县城以南段14.5千米的施工图设计、征地拆迁，2千米的路基、中小桥涵工程及6.7千米的面层工程。

2008年，全线征地工作基本完成，共完成征地210公顷。

2009年，投资约5.2亿元，完成青口至罗阳段、柘汪段约18千米的石灰土底基层、水稳碎石基层、沥青混凝土下面层及桥涵工程；完成青口至柘汪段约26千米的路基、石灰土底基层及中小桥涵工程，其中半幅水稳碎石基层及沥青下封层完成14千米；龙王河大桥完成下部构造，上部构造完成75%。

二、310国道赣榆段

310国道赣榆段东起新沭河漫水桥，西至沙河蒋庄闸，与东海县相接，全长11.6千米。在“八五”期间县境内12千米改建成为“GBM”工程。

1996年，墩尚至沙河段9.7千米实施了喷油罩面工程。

1997年，完成10千米油面摊铺工程。

1998年，投资200万元，完成墩尚至沙河段12.06千米路基拓宽工程，拓宽至18米。

2001年，全线改建为路基宽17米、路面宽14米的二级沥青混凝土路面。

2004年，310国道成功创建为省级文明样板路。

三、327国道赣榆段

327国道赣榆段起点为沙河镇南大街，终点至班庄镇古城村，全长21.145千米，砼路面，宽14米，道路技术等级二级。沿线桥梁5座，其中中桥2座，小桥3座。

1990年，完成沙河至大岭6千米石灰土基层。

1993年，实施大岭至临沭段10.5千米拓宽改造工程。

1994年，完成欢墩段20.5千米改线油路工程，结束了赣榆县国道砂石路面的历史。

图 4-3　327国道赣榆段（2005年摄）

1994～1995年，投资1000多万元，将16.5千米三级砂石路改建为二级油路，其中6千米为欢墩至山东段新建工程。

1996年，投资258万元，完成6.5千米沥青路面工程。

1997年，实施8.45千米喷油罩面工程。

1998年，实施大岭至欢墩段9.3千米沥青混凝土路面工程，将沙河至山东省界段20.5千米路基拓宽至18米。

2000～2001年，完成墩尚至山东省界段32.5千米沥青混凝土路面工程，并建站收费。

2003年，全线创建成为省级文明样板路。

第三节　省道建设

一、苏220省道赣榆段

苏220省道赣榆段北起黑林镇与山东省交界处，经黑林、厉庄、赣马，至青口镇与204国道县城外环处相交。

1998年，完成官河至黑林段22千米石灰土基层和沥青表面处治工程。

1999年，投资2000万元，完成30千米水泥混凝土路面改造工程。

2000年，完成改线段水泥路和桥涵改造工程。

2001～2002年，实施全线路肩土方和绿化工程，2002年，全线建成绿色通道。

2005年，苏220省道连接并入242省道，原名称不再使用。

二、苏242省道赣榆段

苏242省道赣榆段起于赣马镇戴岭村、汾灌高速与苏242省道相交处，向东经赣马镇大高巅村、陈高巅村，青口镇大朱旭村、宋口村，在杨圪村东折向南，在新城区新、老海堤间布线，向南跨越青口河，经青口盐场，在老朱稽河处跨越临洪河，赣榆境内全长约19.9千米。

2005年，实施苏242省道赣

图 4-4　242省道赣马段（2009年摄）

榆段调研、征地拆迁等前期准备工作。

2006年，先期实施吴山段改线及赣马段拓宽等工程。

2007年10月，全线正式开工建设。

2009年，完成投资1.9亿元，完成青龙大沟以西段5千米沥青下封层工程，青龙大沟以东段5千米完成路基及涵洞工程，沙汪河桥已建成。

第四节 农村公路建设

1990年，完成沙河镇和大岭乡大街石灰土工程。

1991年，实施厉庄至黑林16千米、徐山到夹山7.6千米的山区开发路工程。

1993年，县政府提出要“办好大交通”，走“全民发动，多方支持，多渠道投入，多层次发展”的交通建设新路子，完成全长18.4千米的青罗线、4.9千米的班庄至临沭线和3.72千米的夹山至郑黄峪路基拓宽工程。

1994年，开工墩尚大道口至山东演马的路基拓宽工程，全长43千米，路基拓宽至15~25米，共投资2374万元；自筹资金390万元，完成沙河、大岭、朱堵、殷庄、城头等乡镇联办油路13千米，新建、改建乡村二级砂石路70.2千米，新修村道33.5千米。

1996年，投资500万元，改造乡村二级砂石路成三级沥青路面；路面宽7米。投资90万元，完成青班公路28千米新填路基碾压和门河以西段桥涵配套工程。

1997年，全县改建乡村砂石路50千米。

1998年，厉庄、吴山、黑林、马站4个乡镇通油路，乡村砂石化道路建成51千米，折合投资约2500万元。

1999年，实施县乡道路黑灰化工程，开工建设九金线白石头至石桥段4.7千米、青口至城东段2.3千米，官壮线4.2千米。乡村道路砂石化建成93千米，投资1480万元，使81个行政村通上了砂石路，全县764个行政村实现晴雨通车。

2000年，实施县乡村通达工程，完成的沥青路面工程有青沙线青口至殷庄段11千米，赣门线赣马至土城、徐山至城头18千米，青抗线27千米，青班线28千米，全县26个乡镇全部实现灰黑化目标。投资6000多万元，完成通达联网黑灰化工程100多千米。

2001年，新建、改建县镇村公路143千米，完成投资3915万元，先后完成了青班线、青抗线55千米的沥青表处、宋口至三洋港段8千米水泥路面、代盘线石桥至马站段4千米沥青表处、海堤公路柘汪九里段7千米砂石路面、沿海公路下口南段6千米水泥路面及63千米扶贫道路等建设工程。

图 4-5 县级农村公路青班线（2005年摄）

图 4-6　镇级农村公路吴塔线（2005年摄）

2002年，实施23.1千米的欢林公路、25.82千米的青班公路、2千米的海龙公路改建工程，均改建为水泥路面宽9米的二级公路。完成青沙公路殷庄段10千米改建工程，改建为三级水泥路。实施18.7千米的青罗公路改建工程，改建为三级沥青路面。其中，欢林公路改建荣获全省“扬子”杯优质工程称号。

2003年，全省实施包括农村公路在内的“五件实事”工程，全县农村公路建设进入大规模的建设和发展时期。是年，新建、改建县镇村公路113.61千米，完成投资3020.25万元。其中三级公路海远公路海垒段7.2千米；四级公路24个项目总建设里程106.41千米。

2004年，新建、改建县镇村公路220.29千米，完成投资8536.5万元。其中二级公路青罗公路青罗段14.54千米，青抗公路青抗段17.15千米，青塔公路青塔段8.7千米；四级公路58个项目总建设里程179.9千米。

2005年，新建、改建县镇村公路341.58千米，完成投资12383.2万元。其中二级公路青沙公路青沙段29千米，壮官公路壮官段14.47千米；三级公路九金公路九金段16.67千米；四级公路73个项目总建设里程281.44千米。

2006年，新建、改建县镇村公路348.76千米，完成投资20234.05万元。其中二级公路盘戴公路盘戴段32.25千米，青罗公路罗东段5.1千米，青抗公路城班段11千米，青抗公路班莒段16千米，青罗公路赣临段28.04千米，厉大公路大殷段8.1千米，厉大公路殷城段10.9千米，厉大公路城塔段5.5千米，厉大公路塔厉段6.94千米，盘戴公路石桥段5.4千米；三级公路赣门公路赣门段26.32千米，徐夹公路徐夹段9.52千米，厉阚公路厉阚段5.15千米，青殷公路青殷段9.1千米，赣东公路赣东段1.99千米；四级公路73个项目总建设里程167.45千米。

2007年，新建、改建县镇村公路267.62千米，完成投资10350.4万元。其中二级公路厉山公路厉山段2.41千米，海塔公路海塔段19.88千米，盘戴公路盘岚段3.33千米，青沙公路殷宋段12.36千米；三级公路柘汪公路柘汪段16.67千米；四级公路103个项目总建设里程214.64千米。实现了所有行政村、30%的自然村以及行政村之间、行政村与自然村之间通水泥路。

2008年，新建、改建县镇村公路324.31千米，完成投资11772.4万元。其中二级公路青班公路塔徐段6.8千米，城三公路城三段8.76千米；三级公路柘汪公路柘汪段14.66千米；四级公路142个项目总建设里程294.09千米。

2009年，新建、改建县镇村公路95.64千米，完成投资3272.4万元。其中二级公路厉黑公路厉黑段15.79千米；四级公路77个项目，总建设里程79.74千米。

2003～2009年，全县农村公路建设速度、质量、管理及廉政建设在省市名列前茅，连续五年荣获全市农村公路建设一等奖，四次荣获全省农村公路建设工作先进单位奖。

第五节　公路桥梁建设

1996年，完成戴盘线木头沟桥及青罗线小河口桥拓宽改造工程。

1997年，完成204国道新沭河漫水桥两端弯道拓宽及桥面改造、韩口桥、兴庄桥、沙汪河桥、范河桥等维修、加固及拓宽改造工程。积极配合做好汾灌高速公路新沭河大桥征地、拆迁等前期工作，并正常开工建设。

1998年，汾灌高速公路新沭河大桥主体工程提前完成，连接线路面基层施工。

1999年，汾灌高速公路新沭河大桥建成通车。

2004年，投资450万元，进行部分危桥改造。

2005年，投资710多万元，先后完成了石埠桥、远庄桥、刘黑坡桥、谢湖桥、田疃桥、河西桥、朱稽河桥等7座危桥改造任务。

2006年，完成危桥改造31座，完成投资4520万元。其中，黑林河大桥、小岗桥、大沟南桥、张夏庄南桥4座县道危桥改造，改造面积约3430平方米，完成投资约620万元；改造城西一级翻水站桥等27座农村公路大中桥梁改造，改造面积20800平方米，完成投资3900万元。

2007年5月中旬，开工建设青抗公路青口河大桥，工程总投资约400万元。10月16日竣工通车。农村公路大中危桥已开工建设朱稽河大桥、青龙大沟桥等9座，完成青口河大桥等6座，完成投资1150万元。

图 4-7　青抗公路青口河大桥竣工通车（2007年摄）

2008年，完成青罗公路河疃桥，赣门公路北干渠桥、西大坊桥、徐山南桥，戴盘公路草城生产桥、东吴公桥及塔徐公路塔青干渠桥、子成干渠桥、金赣公路平子埃桥、厉大公路范河桥及青抗公路徐南庄桥等农村公路桥梁48座，完成投资约3500万元。

2009年，204国道赣榆段龙王河大桥完成下部构造，上部构造完成75%。农村公路共开工建设桥梁19座，建成15座，完成投资3750万元。

第二章　公路运输

第一节　公路客运

1990年，全县专业运输公司共有汽车35辆，其中江苏省第105车队33辆，赣榆县第一汽车运输公司1辆、第二汽车运输公司1辆。截至2009年年底，全县有公共客运企业5家，营运客车352辆；二级汽车客运站2个，四级客运站5个。

一、班线车

县经营班线车的客运企业共有两家，分别为连云港汽车运输总公司赣榆分公司和赣榆客运总公司。

（一）连云港汽车运输总公司赣榆分公司

1991年，撤销江苏省汽车运输公司连云港分公司赣榆站队，建立连云港汽车运输总公司赣榆分公司。

1992年，江苏省第105车队二届一次职代会召开。4月17日，105车队实行内部制度改革，改革人事制度，破除“铁交椅”；改革分配制度，破除“铁工资”；改革用工制度，破除“铁饭碗”。开辟赣榆至南京、赣榆至青岛班线。8月，公司实行单车承包经营，随后实行承包责任制，独立核算，自负盈亏。

1993年11月16日，原江苏省汽车运输公司连云港分公司更名为江苏省连云港汽车运输总公司。

1995年，公司实行改革，对油库、招待所、车间等实行切块分包。职工集资在候车室北沿街盖门面房出租。实行全员劳动合同制，与244名职工签订劳动合同。

1996年5月，36辆客车、4辆货车全面实行资产转移租赁承包制度。

1997年，新开辟赣榆至苏州、天津、灌南三条班线。5月，开设赣榆至新浦、沙河两条专线。

1998年1月5日，转让黑林汽车站。8月1日，恢复赣榆至淮阴班车。站务实行副经理代职承包，形式为“二包一挂”。

1999年，开通赣榆至新浦依维客快客班车。

2000年4月，欢墩汽车站转让。开通赣榆至盐城班线，恢复赣榆至胶州班线。6月，开通赣榆至温州班线。11月，开通赣榆至如东班线。从12月1日起，公司离、退休、退职人员的养老金实行社会发放。

2002年，连云港汽车运输总公司赣榆分公司四届二次职工代表大会召开。公司推行ISO9001：2000质量管理体系标准。

2003年1月17日，赣榆至嘉兴班线正式开通营运。

2004年9月8日，专线发车道工程正式开工。9月24日，连云港汽车运输总公司安全管理工作现场会在赣榆分公司召开。11月11日，赣榆至莒南班线恢复营运。12月2日，新增苏州两班豪华中巴正式通车。12月16日，总投资达100余万元的专线发车区建成并正式投入启用。

2005年3月1日起，新浦专线实行电脑售票。10月18日，赣榆至宿迁班线正式运营。12月，对原候车室进行装修。同月，赣榆至南京班线正式实行公车公管。

2006年9月10日，赣榆至济南增开2班客车。9月12日，分公司西广场水泥场地开工建设，9月底前完工。10月1日，谢湖至新浦班线正式开通。

2007年2月3日，开通赣榆至启东、青岛、常州、城阳四条线路。7月2日，公司实施新岗位竞聘机制。8月2日，连云专线6台公司化车辆正式营运。11月1日，赣榆至东海8辆公司化改造车辆正式营运。与邮政部门联手在各乡镇设立了24个联网售票点。

2008年2月9日，赣榆至温州班线正式运营。9月，对盐城、淮安、扬州、徐州等班线进行公司化改造。

2009年，更新赣榆至南京、济南、苏州、淮安、临沂、温州等7台客车，并实行公司化运营方式；赣榆至盛泽班线正式营运。

2002～2009年连云港汽车运输总公司赣榆分公司经营状况一览表

表4-1

经营指标 年 份	客运量（万人次）	周转量（万人千米）	营业收入（万元）	营业利润（万元）
2002	104	10128	167.9	13.18
2003	105	10915	185.77	13
2004	128	12600	217	23.15

续表4-1

经营指标 年　份	客运量（万人次）	周转量（万人千米）	营业收入（万元）	营业利润（万元）
2005	141	13000	285	65
2006	141	14000	387.5	41
2007	150	15000	217	23.15
2008	175	15900	1670	401
2009	180	20400	2024	401

（二）赣榆县客运总公司

1992年，在赣榆县第三运输公司基础上成立赣榆县交通客运公司。

1996年，赣榆县交通客运公司与原赣榆县第二、三汽车运输公司调整合并，成立新的客运公司和公用客运站，地址迁至赣榆县青口镇西关路79号。是年，公司拥有职工58人，固定资产235万元，占地面积6100平方米，平均日进站车辆80台，经营青口至金山、徐山、夹山、黑林、土城、城头等乡镇农公班线以及赣榆至上海、青岛、句容、海安等中长途班线。

1997年，经县交通局批准同意，赣榆县客运总公司正式成立，下辖公用客运站、汽车出租公司、旅游公司，成为集客运班线、包车、停车等多项服务于一体的专业客运企业。是年，被连云港市交通局确定为全市交通系统文明示范窗口单位。

1998年，公司投放新车2台，增开杭州、无锡2条班线。

1999年，公司与连云港市汽车运输总公司合作投放15台依维柯车，开通赣榆至新浦快客班线。

2000年，赣榆县客运总公司推行班线招标制，新浦快客班线及农公专线的营运车辆，分批实施统一车型，实行招投标，在全省率先完成10条农公班线103辆客车更新改造。在全省首次开通农村公交车。

2000年5月，公司与连云港市汽车运输总公司合作投放7辆快客，充实到赣榆至新浦快客班线。统一购进24台友谊牌中巴车，更新改造青口至黑林、金山、徐山3条线路，实行统一经营，流水发车。

2001年，吸纳民资1000多万元，投放86台豪华中客，统一车型，统一标志，统一管理；开通上海、无锡、墟沟、连云港、临沂等多条客运班线，恢复射阳、青岛班线。

2002年，公司对上海、南京、徐州、青岛、射阳、无锡、沭阳等长途班线进行更新改造，申报并通过三级客运企业经营资质评定。

2003年6月，公司投放11辆豪华金龙车，开通了赣榆至连云港市区快客班线；8月，开通海州湾至海州班线、恢复赣榆至无锡班线；9月，赣榆县客运总公司北站工程筹建处成立。投资580万元，完成赣榆城北新客运站征地、场地回填、停车场、生活用房及附属工程、候车综合楼桩基及一层主体工程。

2004年12月18日，赣榆城北汽车客运站落成启用，公司同时迁至新客运站办公。新客运站占地22000平方米，总建筑面积7800平方米，拥有站前广场6000平方米，标准停车位100个，发车位12个，候车厅、售票厅、综合服务厅按标准建设，并配备了LED电子显示系统，场地绿化、亮化、形象识别设施完善。年底，开通青口至马站农公班线。

2005年，公司对赣榆至南京客运班线实施车辆更新和公司化改造。12月，投放30台牡丹牌豪华小客，对黑林、徐山、金山三条农公班线进行更新改造。是年，公司荣获“省级青年文明号”称号。

2006年，公司分批对青口至黑林、金山、徐山、柘汪、石桥、夹山、欢墩、沙河、马站、龙河9条农公班线104辆客车进行更新改造，并对各条农公班线线路进行适当延伸或绕行，全县行政村客运班车通达率达95%；年底完成赣榆至南京、射阳、市区线路、各乡镇至市区及港口班线车辆公司化改造，更新车辆14台，公司化经营车辆达28台；实现全省联网售票。

图 4-8　赣榆诚北汽车客运站（2006年摄）

2007年，公司采取出资收购、评估入账、风险抵押的形式将挂靠车辆产权转为公司所有，完成赣榆至无锡、徐州、淮安、常州客运班线改造，实现公司化经营车辆32台，更新车辆15台。

2008年4月，江苏省总工会授予公司“江苏省五一劳动奖状”。9月，新开通赣榆至昆山客运班线。10月，投资48万元对停车场地进行水泥硬化，同时完成车辆例保、车间规划设计。

2009年，公司投资500多万元进行车辆更新改造，市区班线新上11台金龙车辆，赣榆至连云港港口、黑林至连云港市区班线车辆全部更新为高等级车辆。投资50多万元安装了一台X射线安检仪，投资30万元，为全县102台农公班线车辆安装了GPS卫星定位装置。4月，公司城北汽车客运站顺利通过站级验收，成功升级为二级客运站。

截至2009年年底，县客运总公司共有营运客车144辆。

1996～2009年赣榆县客运总公司经营状况一览表

表 4-2

年　份	客运量（万人次）	周转量（万人千米）	运营班线（班线/车辆）			营业收入（万元）	营业利润（万元）
			省际	市际	县际		
1996	11.3	2700	2/4	2/3	1/2	31	−4
1997	32	3100	2/4	4/5	1/2	43	−4
1998	42	3900	2/4	6/7	1/2	14	−23
1999	80	5660	2/4	6/7	1/2	28	10
2000	208	10420	2/5	6/7	3/7	41	12
2001	219	10650	2/5	6/7	5/10	185	19
2002	227	10990	2/5	6/7	5/10	216	111
2003	227	12600	2/5	6/7	10/25	240	111

续表4-2

年 份	客运量（万人次）	周转量（万人千米）	运营班线（班线/车辆）			营业收入（万元）	营业利润（万元）
			省际	市际	县际		
2004	240	13300	2/5	6/7	10/28	262	130
2005	249	13700	2/5	6/7	10/28	297	54
2006	267	31600	2/5	6/7	10/28	605	191
2007	485	40390	2/5	7/8	10/28	707	207
2008	664	48777	2/5	8/9	10/28	781	280
2009	628	48091	2/5	8/9	10/28	916	229

二、公交车

2000年4月28日，赣榆县客运总公司与温州客商合作成立赣榆县华盛公交有限公司，实行自主经营、独立核算、自负盈亏。

2000年5月，投放30辆6600型豪华中型友谊客车开通了1路、2路、3路、4路四条城区公交班线。

2000年8月，投放18辆6600型豪华中型友谊客车，开通5路、6路两条公交线路。

2004年，赣榆县华盛公交有限公司对48台公交车进行更新，5月，投放30台19座牡丹牌客车，8月，投放18台19座中通牌客车，营运线路不变。

截至2009年年底，全县共有公交车48辆。

三、出租车

2004年4月，赣榆县金发出租车有限公司成立，同年9月，投放50台小羚羊出租车开始运营，车辆采取挂靠经营的方式，开启了赣榆出租车市场。

2006年，赣榆县客运总公司投入500余万元，新增53台桑塔纳出租车投入赣榆出租客运市场，车辆采取公车全额抵押承包经营方式，经营期限6年，全县出租车数量由2004年的50辆增加到103辆。

图 4-9 赣榆城区公交班线运营（2000年摄）

图 4-10 赣榆县金发出租车客运启用（2004年摄）

2008年3月，为进一步规范出租客运市场，赣榆县客运总公司出资60万元收购赣榆县金发出租车有限公司，全县103辆出租车纳入客运总公司统一规范管理。

截至2009年年底，全县共有出租车103辆。

第二节　公路货运

1990年，全县专业运输公司共有货车96辆计917.5吨位，其中，赣榆县交通局系统拥有货运汽车60辆，共计365吨位，货运挂车47辆，共计235吨位。县交通局系统全年公路货运量10.5万吨，公路货运周转量1356万吨千米。

1995年，县交通局系统拥有货运汽车44辆，共计355吨位，载货挂车21辆，共计105吨位，交通局系统全年公路货运量14.7万吨，公路货运周转量2002万吨千米。

1998年，县交通局系统拥有货运汽车34辆，共计335吨位，载货挂车19辆，共计95吨位，交通局系统全年公路货运量6.3万吨，公路货运周转量1014万吨千米。

2000年，县交通局系统拥有货运汽车16辆，共计160吨位，交通局系统全年公路货运量5.1万吨，公路货运周转量1134万吨千米。

2003年，赣榆县全社会拥有货运汽车2383辆，共计9361吨位，其中交通部门拥有货运汽车27辆，计138吨位，全社会全年公路货运量586万吨，其中，汽运总公司全年货运量3.6万吨；全社会公路货运周转量63771万吨千米，其中，汽运总公司638万吨千米。

2005年，赣榆全社会拥有货运汽车7150辆，共计32034吨位；全社会公路货运量733万吨，公路货运周转量84633万吨千米。

2009年，赣榆全社会拥有货运汽车8814辆，共计46360吨位，货运能力是2003年的5倍。

赣榆县主要运输企业（公司、车队）有：

一、赣榆县汽车运输总公司

亦称赣榆县第一汽车运输公司。1990年，有客运汽车1辆计30座，大货车32辆计320吨，小货车2辆计30吨。1996年3月，赣榆县汽车运输公司兼并赣榆县第二汽车运输公司和第三汽车运输公司，更名为赣榆县汽车运输总公司。2002年5月，县政府同意县汽车客运总公司申请破产。2007年，县汽车运输总公司破产工作终结。

图 4-11　赣榆县汽车运输总公司（2000年摄）

二、赣榆县第二汽车运输公司

前身为赣榆县海运公司汽车队。1990年，公司有客运汽车1辆计12座，大货车33辆计330吨，另有吊车3辆。1996年3月，赣榆县第二汽车运输公司被赣榆县汽车运输总公司兼并。

三、赣榆县第三汽车运输公司

前身为成立于1982年的赣榆县海运公司汽车队。1990年，以海运公司汽车队为基础，组建赣榆县第三汽车运输公司，有货运车辆5辆计50吨。1996年3月，赣榆县第三汽车运输公司被赣榆县汽车运输总公司兼并。

第三章　水上交通建设

第一节　内河航道建设

1990年，新建40米内河粮食码头工程大部分完成。

1991～1995年，投资15万元，完成朱篷口北段330米的航道疏浚及桥闸改建工程；投资21万元，完成朱篷口、韩口、绣针河口三座示位标的改建工作，进一步完善赣榆县助航体系。

1996年，投资150万元，完成殷庄码头建设并疏浚航道1.5千米，开挖土方13万立方米。

1996～2000年，先后完成石羊河口、响石河口、三洋港3座航标改建，清障河床117.5千米，完成殷庄、柘汪码头建设和朱篷口码头疏浚工程。

至2009年年底，全县内河航道总里程共117.5千米，其中五级航道25.5千米，六级航道92千米，沿海内河码头6个，码头泊位5个，码头总长200米。

第二节　港口建设

1991年，完成海头朱篷口码头的考察论证、钻探及设计工作。

1992年，完成朱篷口码头土方工程6000立方米。

1994年7月，朱篷口码头建成并交付使用，共投资120万元、全长58米、可停靠500吨级船舶、货场2500平方米。朱篷口码头时为赣榆县唯一的海港码头，结束了县内没有海港码头的历史。

1991～1995年，投资100多万元，实施了青口码头扩建和货场、吊机等设施配套工程。

2001年，青口中心渔港一期工程开工建设。

2002年7月22日，赣榆县海头港建设工程开工，工程计划投资1.02亿元，港区全长3300米，建成后可容纳2000艘船舶停靠，载重1500吨的船只可自由出入。

2005年，青口中心渔港为国家中心渔港，二期工程开工建设。

2007年4月10日，交通部专家调研连云港“北翼”港区规划建设情况。

2009年，连云港港赣榆港区总体规划获交通部、江苏省政府联合批复，起步工程前期准备工作基本完成。

第四章　水路运输

第一节　内河运输

因内河运输事业发展需要，1986年8月，经赣榆县人民政府批准，成立赣榆县内河航运公司。1996年3月，赣榆县内河航运公司更名为赣榆县航运实业总公司。赣榆县航运实业总公司因严重亏损，无力偿还到期债务，经赣榆县人民法院批准，于1998年12月依法破产。

第二节 海洋货运

1990年8月16日，县计经委（91号文）批准，县海运公司车队为独立核算单位。1994年，县海运公司与胜利油田、黄岛发电厂等单位联手经营，实现年利润20多万元，扭转了多年亏损局面。1996年3月，赣榆县海运公司更名为赣榆县海运总公司。1996年9月，赣榆县第一艘千吨级海推驳船投入运营，该船为赣榆县盐务局所属盐业海运公司投资200万元，从山东引进，可航行B类海区，从事国内海上运输业务。2002年3月，赣榆县海运总公司经赣榆县人民政府批复（赣政发〔2002〕30号），依法破产。

第五章 交通管理

第一节 管理机构

1990年6月24日，经县政府批准，赣榆县交通局下属单位县公路管理站、县航道管理站、县港航监督所机构升级为副科级。

1991年，根据《关于清理整顿道路检查站的通知》（苏政发〔1991〕136号）等文件精神，全县保留赣榆县墩尚、柘汪、黑林等3个检查站。5月，县交通局设立企业管理股。

1992年，根据连云港市中级人民法院、市交通局有关文件精神，经县人民法院和有关部门协商，于12月26日成立赣榆县交通巡回法庭，历行一年的机构职能后，又根据上级有关文件精神撤销巡回法庭机构。

1993年8月11日，赣榆县交通道路稽查队成立，属交通局股级事业单位，编制5人，经费自筹，所需人员内部调整。

1996年10月赣榆县交通局水上稽查大队成立。

1997年，县编委〔1997〕17号文批复成立赣榆县汽车综合性能检测站。

2000年4月，赣榆县交通道路稽查队更名为赣榆县交通局运政稽查大队，与赣榆县运输管理所一套班子。

2001年，乡镇交管所由原来的15个合并为11个。

2003年5月3日，经县编委〔2003〕3号文批复，原马站交管站并入柘汪交管站；原九里、石桥、龙河交管站并入海头交管站；原土城、徐山、官河交管站并入赣马交管站；原吴山交管站并入黑林交管站；原城东、青口盐场交管站并入宋庄交管站；原城南、朱堵交管站并入青口交管站；原大岭、殷庄交管站并入沙河交管站；原夹山交管站并入班庄交管站；原欢墩交管站并入城头交管站。金山、门河、厉庄、罗阳、墩尚5个交管站保留不变。

2004年6月，经江苏省交通厅海事局苏交海〔2004〕6号文批复，赣榆县港监所移交给江苏海事局。7月9日，经江苏省交通厅航道局交航政〔2004〕255号文件批复，赣榆县航道站移交给上海海事局连云港航标处管理。12月31日，赣榆县车辆购置附加费办公室移交赣榆国税局管理。

2005年5月1日，县交通局搬迁到新大楼办公，办公地点位于县城环城南路75号。

2009年6月，县汽车检测站顺利通过省级计量认证评审。

2009年7月8日，县公安局驻交通局警务室正式挂牌成立。

第二节 规费征收

1992年，强化源头管理，全年征收交通规费实际收入为35.12万元。

1997年，全县交通规费收入2891.8万元，其中运管规费为1355.8万元，公路养路费为1536万元。

1999年，全县交通部门规费收入2883万元，其中，客票附加费220万元、货物附加费310万元、运管费1080万元、“五小”养路费320万元；养路费1695万元；车辆购置附加费108.7万元。

2000年，健全车辆台账，进一步强化源头管理，加大稽征力度，较好地完成目标任务。征收交通规费1155万元，其中，“五小”车辆养路费412万元，运管费241万元，货物附加费280万元；收费站征收通行费2258万元；公路站征收养路费1900万元。

2001年，实征养路费2337万元，运管规费1200万元。

2002年，实征养路费2841万元，运管规费1301万元。

2003年，认真抓好“两证”换审工作，强化了源头管理。加大稽征力度，做到交通规费应征不漏、应征不减、应征不免。养路费3035万元，运管规费1285.4万元。

2004年，交通规费征收取得新突破，实征交通运管规费1596万元，首次突破1500万元大关；实征公路养路费4249万元，首次突破4000万元大关。

2005年，进一步加大交通规费稽征力度。运管规费首次突破2000万元大关，实征2068万元，公路养路费首次突破6000万元大关，实征6500万元。

2006年，加大外挂车辆的治理，40辆外挂重型货车主动回迁赣榆。运管规费实征2293万元，其中“五小”车辆养路费实征793万元，同比增幅达35%；公路养路费实征6638万元，同比增幅2%；代征税收253万元，超年计划68.7%。

2007年，通过发放材料、媒体宣传、服务上门、刷卡缴费、发放服务卡、“掌中宝”稽征及开展稽征百日会战等手段，不断加大稽征力度，全年实征运管规费2640万元，公路养路费首次实征8300万元。

2008年，在执法征收窗口单位全面实行执法执收政策、依据、项目、标准、办事程序“五公开”及“两卡四上墙”，主动接受社会监督；推行“四制三服务”，即服务承诺制、首问负责制、365天值班制、AB角服务制，微笑服务、延时服务、预约服务，全方位地搞好各项服务。实征运管规费2734万元，其中运输管理费560万元、货物附加费955万元、客票附加费309万元、“五小”车辆养路费910万元；养路费8650万元。

图 4-12 赣榆县交通局养路费征稽所（2009年摄）

自2009年1月1日起，赣榆县停征交通规费，实行燃油税改革；2月25日，根据苏政发〔2009〕37号文通知，取消政府还贷二级公路收费；3月26日，江苏省人民政府发布关于成品油价格和税费改革以及取消政府还贷二级公路收费的实施意见(苏政发〔2009〕57号),赣榆县遵照执行。

1999～2008年赣榆县交通规费征收一览表

表4-3　　单位:万元

年　份	运管规费	公路养路费	合　计
1999	1080	1695	2775
2000	933	1900	2833
2001	1200	2337	3537
2002	1301	2841	4142
2003	1285	3035	4320
2004	1596	4249	5845
2005	2068	6500	8568
2006	2293	6638	8931
2007	2640	8300	10940
2008	2734	8650	11384

第三节　交通安全管理

1990年,对全县经营运输的各种车辆营运证进行换发,并对车辆进行审验,全县共有客货汽车1477辆,机动三轮车和拖拉机7184辆,共换发营运证7253台,换发率达85%以上;审验车辆4585台,审验率达60%以上,查处违章营运车辆41台,取缔8台不符合条件的出租三轮车;检查车辆1.5万台,查处违章行为2348车次。

1991年,赣榆县交通局颁发《关于禁止无证、无照船舶参加运输的通知》,加强水上交通安全管理。

1993年,县交通局通过建立企业安全基础台账、车船技术安全状况台账、在岗人员的技术素质台账和各项安全例会制度等加强交通安全管理。是年,运管、路政、港监等部门上路上线2000多次,纠正违章车辆、船舶1500多次。全年共审验汽车1200余辆,各类拖拉机6000余台,三轮车2500余辆,审验率分别达95%,68%和63%。办理维修卡1670份。

1994年,赣榆县交通局安全办公室与运管、港监所等部门密切配合,完善安全管理制度。

1995年,根据省交通厅苏交运〔1994〕78号文件精神,在全县范围内开展公路运输经营许可证、道路运输运输证审验工作,从1月23日～3月31日结束。

1996年6月,由县政法委牵头,公安、交通、城建、工商、物价等部门共同派员参加组成专项治理班子,开展以整顿城区道路客运秩序为重点的专项活动。

1998年,县交通局积极推行安全管理新机制,落实各级安全管理责任制,强化安全综合管理。举办安管人员培训班、安全知识讲座、案例分析会,加强安全宣传和教育,积极组织开展"安全月"及"安全百日竞赛活动",加大安检频率和力度。各基层单位自查自纠,消除车辆、船舶、库区、施工现场、电气线路等事故隐患130余起，全系统安全生产无一事故发生。集中力量对“三无”车辆管理，查处“三无”车辆36辆、清理外挂车辆22辆、扣报废车辆11辆、查处违章出租车213辆。对城区客运秩序及中长途班线进行集中整顿，重点检查无证、无费、乱停车辆，清理私设停靠站点及售票点，共查处违章违规中巴车、面的车26辆，清理私设售票点5个，净化交通运输市场。

1999年，县交通局在全县范围内开展重点打击无证串线经营、打击黑车、严肃查处违章经营、保障旅客合法权益的“道路运输市场秩序百日整治”活动。

2000年，全县开展交通安全宣传教育，召开动员会议50场次，县交通局抽调10名人员，组成水上检查组、施工检查组、运输检查组3个检查组深入船泊、码头、渡口和施工现场进行安全检查。客运公司对挂靠中长途车辆进行彻底检查，使车辆隐患及时得到整改，累计出动检查车28辆次，检查136人次，查堵车辆130辆，整改隐患57处，投入整改资金4万元。全年安全生产无一事故发生。

2001年，全县开展路政管理年和水上运输管理年活动，确保公路河道安全畅通。全面加强安全管理，重点加强春节、“五一”“十一”节期间安全管理工作。开展安全生产月、水上运输安全管理年及夏季百日安全竞争等活动。8月，按照省交通厅、市交通局的要求，对全县所有从事道路化学危险品运输的经营户检查，加强对化学危险货物运输管理。10月，对线路进行调整，避免城市公交与农村班线重复运行，站点重复设立，维护客运市场秩序。

2002年，开展“安全生产月”“水上运输市场安全管理年”活动。组织运管、稽查、交管等执法人员实行联合执法，集中开展客货运输市场秩序整治100天活动，重点打击乱停乱放、占道经营超员超载、甩客宰客、无证经营等各类违章经营行为600余起，维护客货运输市场秩序。是年8月22日，在海头镇境内发生一起重大交通事故，共死亡7人。县交通局以此为鉴，及时调整安全生产委员会成员，并成立危货运输专项整治工作领导小组，加强对危货运输专项整治工作的组织领导，规范危货运输管理。

2003年，建立赣榆交通局安全生产责任网络体系，明确交通局局长为全县交通系统安全生产的第一责任人，各分管领导为各自分管工作范围的安全生产直接责任人，局安全办公室主任负责指导组织协调全县交通系统的安全生产工作。县交通局每月定期召开一次安全生产工作会议，检查全县交通安全生产工作。

2004年，围绕“平安赣榆”创建目标，县交通局贯彻《中华人民共和国安全生产法》，大力开展“安全生产月”“百日安全竞赛”等活动，加强安全管理工作。

2004年9月，开展客运市场整治活动，重点打击“黑车、黑线、黑班”、超载和“倒客、甩客、宰客”等严重扰乱运输市场秩序，危害旅客利益的违章经营行为。

2005年，贯彻《中华人民共和国行政处罚法》《中华人民共和国行政许可法》《道路运输条例》等法律法规，加大对16家维修企业和全县驾校的监管力度。办理交通行政许可689件，实施交通行政处罚（处理）案件642件，罚款47.98万元，补缴交通规费26.91万元，收取赔（补）偿费6.58万元，无一行政复议撤销、诉讼败诉案件发生；赣榆县交通局对全县危险品货运车辆全部安装了GPS卫星定位系统，提高了安全监控水平，全系统安全生产无一责任事故发生。

2006年，深入开展“三查一打击”稽查行动，重点打击非法营运、串客、倒客等违章经营行为；全面开展“安全生产月”及“安全生产基础年”活动，开展危险化学品运输专项整治活动，加大安全检查力度，强化事故隐患的排查整改，重点对客运车辆、危货车辆及险桥险段事故隐患的排查整改，查出安全隐患50余次，不符合资格的从业人员16人次，强行停运整改营运客车20辆次，消除事故隐患，做到“四个不”，即不安全不发车、不安全不生产、不安全不施工、不安全不渡运。

2007年，重点加强客运车辆、危货车辆、施工现场及险桥险段的安全检查，及时排查整改事故隐患。客运公司在60辆中长途班车上安装了GPS卫星定位监控系统，提高安全监管水平。施工企业在各项目部配备专职安管人员，现场跟班作业，避免各类施工事故发生。全系统组织安全大检查26次，查出车辆存在安全隐患42辆次，强行停运整改20辆次，查出驾驶员不符合资质的16人次。查处非法营运、串客倒客、超员超载等各类违章经营行为134件。

图 4-13　“公路法规宣传月”活动启动仪式（2007年摄）

2008年，坚持“安全第一、预防为主”的方针，对203辆营运客车驾乘人员进行反恐防暴安全培训教育，增强安全意识。加大安全检查的力度和频率，重点强化奥运安保工作，检查客运车辆、危货车辆、危桥险段及各施工现场，查出各类安全隐患74起，全部落实整改，全年无一责任事故发生。运政、路政执法人员，与公安部门联手，加强省际卡口客运、危货等出入境车辆安全及超限超载的查处，有效预防重特大事故发生。

2009年，交通与公安、城管等部门联合执法，在全县范围内集中开展了打击“黑车”专项行动，共查处违章车辆804辆次，其中“黑车”363辆次，罚款120余万元，净化全县客运市场环境，维护了运输市场秩序。赣榆县客运总公司投资21.5万元，在旅客进站口安装了一台X射线安检仪，加大了车站危险品查堵力度；在长途班线、市区班线车辆全部配备GPS卫星定位装置的基础上，投资31.2万元，为全县104辆农公班线车辆全部安装了GPS卫星定位装置，加强对班线车安全运行监管。赣榆县交通工程公司、赣榆金泰公路养护公司等施工企业投入70余万元，制作警示标牌400多块，设置警示桩1000多根，购置安全生产标志服及劳动防护用品100多套，提高道路施工安全保障。全年共组织安全大检查75次，纠正安全生产违章行为159次，整改各类安全隐患上百起。

第四节　路政管理

1990年，为进一步加强路政管理工作，县政府发文，同意县公路管理站升级为副科级单位。

1991年，县政府为县公路管理站集体记大功1次。1991年上半年，县公路管理站完成养路费收入364万余元。规费征收做到应征不漏、应免不征。

2001年，为全省路政管理年，重点整治县内干线集镇段乱搭乱建、摆摊设点、马路市场乱设广告牌等。是年5月，全省“统一执法，集中整治”现场会在赣榆召开，204国道赣榆段九里、海头两乡镇段整治工作经验在全省推广。

2002年，根据连云港交通局《关于进一步做好查处货运车辆超限工作的通知》，赣榆县公路管理部门要求对超限运输严格审批，严查超载，对超载货物进行驳载。

2005年，全县投资1000多万元，实施公路环境综合整治，顺利通过交通部全国干线公路养护与管理检查验收。

图 4-14　赣榆县集中开展超员超载及车辆外挂等专项整治活动（2006年摄）

2006年，集中开展超员超载及车辆外挂等专项整治活动。

2007年，赣榆县墩尚治超检测站顺利建成投入启用，对于抗拒卸驳载检查的车辆实施重点打击，罚款万元以上案件5起，查处超限车辆174辆次，卸驳载2986.7吨，保护了公路和桥梁安全使用。赣榆县公路站顺利移交县级地方管理，相继成立镇路政中队及农村公路管理养护站，农村公路管理养护体制改革全面启动。是年，赣榆县公路站通过省级"优胜公路站"验收。

2008年，路政管理创新，推行"一个分离、两个一体化"新模式，即巡查和查处分离，路政巡查和养护巡查一体化、查处超限运输和稽查养路费一体化，共查处侵犯路产路权案件465起，清除障碍物6057立方米，清理公路摊点417个，清除公路活动非标1327块。"五个结合"治理超限，即源头管理与路面治超相结合、治理超限运输与稽查养路费相结合、治超与维护收费站秩序相结合、苏鲁两省联手治超相结合、路政、运管、公安联合治超相结合，共检测车辆465台次，卸、驳载超限货物8056吨，案件查处率达100%，有力维护了路产路权。在赣榆召开的江苏徐淮宿连四市及山东日照市区域治理超限运输联席会议上，"五个结合"治超法受到了与会人员的广泛好评。

2009年，乡镇交管所全部纳入公路站统一管理，路政大队增设8个农村公路路政中队，具体负责农村公路路政案件查处和交管所人员路政业务指导，较好地解决了乡镇交管所无路政管理执法权问题。在全省创新推行路政巡查、养护巡查与许可服务"一体化"管理模式，党委、政府各部门联合执法，齐抓共管，强化路政管理，全年共依法清除干线公路路面障碍物6357余立方米，清理公路摊点457个，清除公路活动非标1200多块，实现国、省、县道无非标，依法拆除违法建筑39处计290余平方米，检测超限车辆300余辆次，处理超限运输车辆158辆次，依法实施处罚20.3万元，卸驳载货物3361.7吨，维护了路产路权，确保道路安全畅通。

第五节　汽车维修行业管理

1990年，加强对汽车维修行业管理，查处违章经营行为15起，分别给予警告和罚款处理。对汽车维修行业组织四次技术练兵和竞赛。

1991年，赣榆县汽车维修所通过三类企业年审，在全县汽车维修行业推行新的维修价格，汽车维修行业实行亮牌经营。完成汽车维修人员上岗证书和维修卡制度前期准备工作。

1996年6月4日，赣榆县汽车综合性能检测站成立，该汽车检测站投资300万元，设计年检测能力10万辆次。

1999年，县交通局加强车辆技术管理、技术评定、二级维护及车辆检测工作，严把各项工作技术质量关，及时排除隐患，杜绝事故。全年共检测车辆4120辆次（不含农用车），检测收入98.3万元。

2000年，认真抓好“两证”年审及车辆检测工作，严把车辆“两证”审验关、签证关，“两证”审验率高达98%以上，全年共检测车辆8824辆次，技术评定检测3152辆次，二级维护检测5672辆次。

2001年，强化维修行业管理，重点加强技术等级评定及二级维护管理。共检测车辆9700辆次，其中技术等级评定检测3500辆次，二级维护检测6200辆次，检测收入130万元。投资20多万元改造设置，建造驾驶员休息室，安装监控系统，为创建省级文明站打下基础。

2005年，顺利完成检测站升级改造，成为全市首家通过省级计量认证验收的县级站。加大对16家维修企业和汽车综合性能检测站的监管力度，在全市率先实行维修企业末位淘汰制。全年检测车辆9541辆，对4432辆营运车辆进行了技术等级评定。是年，检测站顺利通过省级计量认证，并连续四年蝉联省市检测员换证考试第一。

2007年，县汽车检测站完成控制系统升级改造，并顺利通过市级计量认证监督评审、省级技术评审现场检测考核和设备年度检定。检测人员换证考试五次蝉联全市第一，检测水平在全市处于领先地位。

2008年，赣榆县汽车维修企业加入96520维修救援网，开展汽车维修“放心消费”创建活动，为用户提供及时周到的维修服务。汽车检测站顺利完成质量体系文件换版工作，全年共检测车辆9994辆次，技术等级评定4443辆次，荣获A级质量信誉等级称号，并成为全县交通事故责任认定首选评定机构和大型变拖车年审检测唯一定点单位。

2009年，加强维修企业及汽车检测站监管，举办首期汽车维修人员培训班，来自全县汽车维修行业的电器、机修、钣金、涂漆4个岗位共计200人集中参加了培训学习，经培训考核合格后，全部持证上岗，提升了汽车维修从业人员维修质量和服务水平；县汽车检测站共出具异地检测委托书26份，新受理二、三类维修企业各1家，变更4家，检测车辆10055辆次，二级维护6434辆次，技术维修3621辆次，通过了省级计量认证，并荣获全省机动车综合性能检测信誉等级A级站。截至2009年年底，全县共有汽车维修企业40家，汽车综合性能监测站1家。

第六节　驾培管理

1990～2004年4月，驾培行业由公安部门管理。

2004年5月，驾培行业管理工作由公安部门移交到交通部门管理。

2005年，县交通部门全面贯彻《中华人民共和国行政处罚法》《中华人民共和国行政许可法》《道路运输条例》等法律法规，加大了对全县驾校的监管力度。

2006年，交通部相继出台《机动车驾驶员培训管理规定》（2号令）、《从业人员管理规定》（9号令），修改《机动车驾驶员培训教学大纲》及部编统一教材《安全驾驶从这里开始》，使运输管理部门有法可依、执法有据。是年，县交通运输管理部门进一步加大对全县驾校的监管力度，在全市率先实行了驾校企业末位淘汰制。

2007年，完成全县驾校计算机管理软件及教练员IC卡安装工作，实现了驾培工作智能化。强化驾校信誉考核，督促驾校认真落实驾驶员培训计划和教学大纲，进一步规范了驾培市场秩序，6家驾校进档人数为10678人，科目一合格率为63.7%，科目二合格率为62.2%。

2008年，全县驾校全部安装了智能化管理系统，235名教练员全部持IC卡教学，177辆教练车全部安装IC卡计时器，驾校智能化管理系统实施率达到了100%，全年共培训学员11399人。

2009年，全县驾校进一步完善驾培智能化管理系统，推行学员网上报名、计时培训服务，教练员IC卡制作235人，教练车安装IC卡计时器173辆。驾校新增84辆桑塔纳教练车，2家驾校新增教学教练场地，提升驾培能力。是年，全县共培训学员10283人。

2009年赣榆县驾校基本信息一览表

表 4-4

校　名	校　　址	建校时间
赣榆县东风机动车驾驶员培训有限公司	赣榆县青口镇环城南路东段	2004 年 7 月
赣榆县交通安全服务有限公司华东驾驶员培训中心	赣榆县青口镇香港路 26 号	2004 年 12 月
赣榆县五星机动车驾驶员培训有限公司	赣榆县青口镇大新庄村	2005 年 6 月
连云港海新交通职业技术培训有限公司	赣榆县青口镇南街社区祝其路 7 号	2005 年 6 月
赣榆县八方驾驶员培训有限公司	赣榆县沙河镇联合村	2006 年 3 月

第五篇　水　利

第五篇 水利

赣榆河流纵横、沟渠密布，有主要河道18条，水库89座，其中大型2座、中型1座、小型86座。

1990～2009年，赣榆县水利事业全面发展，管理机构不断健全完善，防汛抗旱、工程建设，工程管理等各项事业稳步开展，有效抵御干旱和洪涝等各类自然灾害，全面实施海堤达标工程、通榆河北延送水工程、农村饮水安全工程。完成沭北航道改道段、龙北干渠扩浚工程建设和青口河引水闸主体工程等工程建设。对县乡河道实行统一规划治理并完成疏浚。2003～2009年，全县淤积的大沟全部疏浚一遍，7年共投入资金23991万元，有效地疏通了农村水系，提高了引排能力。对县境各类水库进行除险加固维修，充分发挥了水库在蓄水、灌溉、抗旱、防洪以及工农业生产、居民生活等方面的作用。不断完善各灌区灌溉设施，综合开发治理小流域，并摸索创建了脱贫型、生态农业型、致富小康型等不同的小流域综合治理模式。

第一章　水利机构

第一节　管理机构

图 5-1　赣榆县水利局办公区（2009年摄）

赣榆县水利局是全县水利工程主管部门，主要职责：负责贯彻实施国家、省、市有关水利方面的法律、法规和方针政策；负责制定和组织实施开发利用水资源和防治水害的综合规划与水利工程基本建设专业规划；负责水资源和水利工程的管理，水利工程的维修和养护；负责防治水旱灾害，组织、协调、监督、指挥全县防汛、防旱、防台工作；组织、指导全县水政监督和水政执法工作；组织、指导全县水土保持工作；制定和执行水情调度方案，保证工程设施正常运行，为工农业生产以及城乡人民生活服务。

1990年，县水利局机关共有7个股（站）34人。水利局直管的水利工程管理、水利事业及渔业生产单位共18个，包括小塔山水库管理处，八条路水库管理所，小塔山灌区管理处，石梁河灌区管理处，龙北灌区管理处，新沭河河道管理所，古城翻水站，朱堵一、二、三级翻水站，范河闸管理所，下口三闸管理所，兴庄河闸管理所，移民办公室，打井办公室，水利工程队，塔山鱼种场、夹谷山水土保持试验站。1990年，水利局下设乡镇水利站29个。水利系统共有职工585人。

1991年1月16日，县水利局成立水利执法队伍。

1992年12月30日，小塔山水库管理处划归水利局管理，为正局级事业单位。

1995年10月26日，成立赣榆县水政监察大队，负责水政执法和水资源管理工作。

1997年，经省水利厅批复成立赣榆县海堤管理处，为股级事业单位。

2009年，县水利局内设职能科室7个，全局有职工898人。水利局直属单位有16家事业单位、2家企业单位。其中，机电排灌管理站、海堤管理处、小塔山水库管理处等7个管理机构，属于分片设置的地区性水利工程管理机构，分别管理全县重点骨干水利工程设施。

2009年，18个乡镇水利站，接受县水利局和镇政府的双重领导，以县水利局领导为主，主管该镇农田水利的建设和管理。

第二节　施工机构

1990～2009年，赣榆县水利工程队作为县境水利施工常设单位，主要承担县内水利工程、民用建筑工程建设，外接水利及民用建筑工程，并曾派员支援连云港港口建设，创造一定的经济效益和社会效益。

针对县内重大水利工程设施，赣榆县还成立临时性的水利工程领导机构，负责指挥、督促具体的重大水利工程项目实施、建设。

1992年，县委、县政府成立东线调水工程指挥部，具体负责组织青龙大沟工程施工。

2000年，县水利局成立范河调尾土方工程建设处，负责组织实施范河调尾工程施工。

2002年，县水利局、青口镇联合成立青口河整治土方工程建设处，负责组织实施青口河整治工程建设。

2005年，县委、县政府成立海堤达标工程建设处，负责组织实施2003年度、2005年度海堤达标工程；县水利局成立小型水库除险加固工程建设处，负责组织实施红领巾等49座小型水库除险加固工程；县政府成立农村饮水安全工程建设处，负责组织实施全县农村饮水安全工程；县委、县政府成立灌区改造工程建设处，负责组织实施塔山、石梁河灌区续建配套及节水改造项目。

2006年10月，县委、县政府成立连云港市海堤达标工程建设处赣榆县项目部，负责组织实施境内2006年度海堤护坡及兴庄河新闸等建筑物工程，全县海堤全线达标。

2008年，县委、县政府成立连云港市通榆河北延送水工程建设处赣榆项目部，负责组织实施通榆河北延送水工程赣榆境内工程。

2009年，县水利局成立农村饮水安全项目建设管理处，负责组织实施2009年度第二批及规划剩余人口的农村饮水安全项目建设；是年10月，经江苏省水利厅批准，县水利局成立八条路水库除险加固工程建设处，负责组织实施八条路水库除险加固工程建设。

第二章　工程建设

第一节　海堤建设

1990年，县水利局改变以往海堤防护主要采用干砌石直墙、砂浆勾缝的结构形式，与河海大学共同设计出二级消浪复式护坡形式。

图 5-2　海堤建设达标工程（2002年摄）

1990～1997年，县境共新建二级消浪复式护坡海堤3500米，堤顶高程6.50米。这种形式的护坡，成功抗御1997年11号台风和天文大潮的袭击，保护海堤的安全。

根据省委、省政府提出用5年左右时间完成海堤重点部位达标的总体规划，赣榆县自1998年全面开始海堤达标工程建设，至2007年，共建成标准海堤56.715千米、改建穿堤建筑物33座，加固挡潮闸2座、堤顶道路71.6千米，完成投资42525万元，全面完成省级海堤达标工程任务。

第二节　河道治理

一、新沭河

1991～2005年，新沭河主要实施7处续建加固工程，具体是：

西赤金退堤工程　1991年11月10日开工，11月30日竣工，工期20天，动员6000名民工，完成投资266万元，完成工段长1984米、土方40万立方米。护坡工程于1992年3月开工，5月底竣工，核定投资22.742万元，完成护砌石方1万立方米，是年6月，通过淮河水利委员会和省重点工程指挥部的验收，工程质量为全优。

桥梁工程　兴建石梁河水库石门头跨河桥，1992年1月3日开工，5月30日竣工，核定投资74万元。桥面净宽7米、单孔跨度13米，共5孔，设计荷载汽–20级，墩台为重力式，桥面为空心板。1996年4月24日～10月15日，石门头三村生产桥施工，5孔平板，投资108.4万元，完成土方5.8万立方米、混凝土533立方米、干砌块石1165立方米。

新沭河海口段左堤筑堤工程　1993年12月31日开工，1994年5月20日竣工。工程总经费590.61万元，其中以工代赈547.61万元，省补25.80万元、县自筹17.2万元，后追加经费72.37万元。堤长2489.84米，土方33万立方米，投资412.6万元。

张庄涵洞　1997年4月30日开工，8月29日竣工。核定工程经费158万元，省级135万元，省级配套14万元、市配套5万元、县配套4万元，包干使用。涵洞底板高程9.0米、洞身长38米，为双孔钢筋混凝土箱涵，堤顶宽8米，修建简易上堤路两条，总长1200米、宽4.5米。工程由县水建公司承建施工，工程获1998年度连云港市优质工程银质奖。

新沭河20年一遇剩余工程　1999年1月6日开工，9月底全部完成。主要有太平庄闸上堤防护坡、险工处理（灌浆）、太平庄闸下滩石清障、罗阳涵洞拆建、海浮涵洞、公兴闸、元宝港闸加固5个单位工程。

堤防防渗处理工程　机械垂直铺膜工程，分3个标段，2000年3月8日开工，7月28日完工，完成铺膜面积38.26万平方米；人工坡面铺膜及块石护坡工程，2000年3月15日开工，9月15日完工；铧膜施工及涵洞接头处理工程，2000年6月2日开工，10月18日完工。

劈裂灌浆工程　共分3个标段，2000年5月28日开工，11月4日完工，完成净灌浆面积92496平方米。

二、青口河

1992年5月1日～5月20日，青口河第三次疏浚，共用11万工日，完成土方5.2万立方米。

2001～2007年，整治青口河小塔山水库主坝溢洪闸至入海口段，全长28.2米，分上中下三段：上游段从主坝溢洪闸至邵庄陡坡，长9.18千米；中游段从邵庄陡坡至赣榆大桥，长10.04千米；下游从赣榆大桥至入海口，长9千米。工程批复投资3500万元，实际完成投资5453万元。全部工程共完成土方430万立方米，砌石3.39万立方米，混凝土1.19万立方米。治理后的青口河防洪标准达到城市防洪五十年一遇标准，河道设计流量400立方米/秒，校核流量500立方米/秒。

三、龙王河

1990年前，苏鲁两省先后在龙王河上游兴建中小型水库48座，控制集水面积194.5平方千米，总库容1.1亿立方米。

1990～2009年，国家补助经费609万元对此河治理共做土方527.5万立方米、石方17.6万立方米、混凝土0.81万立方米，河道排洪能力可达2000立方米/秒。陆续建成中型水库2座，小型水库45座，防洪闸坝9座，抽水站60座，能灌溉农田8000公顷。入海口无控制工程，海头港可泊50吨～400吨级船舶，为连云港“一体两翼”北翼港口群。其中，2009年3月28日，市水利局组织对石埵漫水闸进行安全鉴定，评定三类水闸，并进行除险加固。

四、绣针河

1990～2009年，柘汪镇曾5次修复堤防，共做土方38.4万立方米、石方16万立方米。

因涉及2省3县，淮河水利委员会水政水资源处及江苏、山东两省水利部门于1996年11月29～30日在山东日照市岚山召开绣针河治理规划协商会，达成“统一标准、统一规划、统一治理”的意见。赣榆县水利局1997年对绣针河治理编制可行性报告，按5年一遇除涝标准设计河道中泓断面、按20年一遇防洪标准确定滩面宽度、堤顶高程。治理规划范围，从最西部的两省交界处至海口，长8.1千米。土方工程341.8万立方米、工日2843273个，配套及影响建筑物工程计12项，概算总值4800万元。但因资金无从筹措，未能及时实施。

五、范河

2001年11月28日，范河调尾土方工程开工，2002年10月通过验收，共完成土方173.7万立方米，完成投资860.5万元。范河调尾土方工程河道底宽62米、河底高程-2.0～1.8米,设计滩面宽15米、边坡1/4～1/5渐变。河线布置基本为东西走向，西起通榆运河，起点中心为通榆运河黄沙桥北160米，东至范河新闸，全长3.2千米。核定工程总投资1950.52万元，其中中央投资990.36万元，省级配套593.89万元、县级配套366.27万元。

六、朱稽河

1990～2009年，经四期疏浚整治后，朱稽河全长35千米、流域面积175平方千米，河底高程15～-2.0米、河底宽10～20米、堤顶宽4～20米、堤顶高程21～5米，国家投资经费715万元，完成土方1491万立方米，建闸形成10个梯级。

七、沙汪河

20世纪90年代前期，青口地区工业废水由沙汪河下泄，淤塞严重，水质严重污染，两岸农田和河内鱼虾均受危害，排涝功能有所下降。1990年，县水利规划局对沙汪河下游河道整治，设计10年一遇流量49.1立方米/秒、20年一遇校核流量52.41立方米/秒。1995年，对河道进行局部清淤治理，工程长3.67千米，投入劳动力3万人，完成土方30.5万立方米。

第三节　水库建设

一、石梁河水库

1990年，设立连云港市石梁河水库管理处，为市水利局直属正科级事业单位。2001年9月，经连云港市人民政府批准，石梁河水利管理处明确为副处级单位。

石梁河水库枢纽工程主要包括主坝一座，副坝两座，泄洪闸两座，灌溉输水涵闸四座，发电站一座。

1990～1998年，石梁河水库经过4期除险加固和1次抗震加固，投资559.12万元。

1999年8月，石梁河水库溢洪闸加固工程开工。2001年7月26日，通过竣工初验，2002年6月30日，通过竣工总验。老泄洪闸加固工程包括：闸室改原实用堰为宽顶堰，15孔堰闸改30孔涵闸，单孔净宽4米；新建加固工作桥排架、更换工作桥、拆建公路桥及人行便桥；改建桥头堡及启闭机房；上游铺盖检修、上下游一字墙拆建、下游翼墙减载、岸墙加固；泄洪闸的北涵洞加固、消力池末端地基防液化处理。主副坝加固工程包括：老副坝加固、新建新副坝、南干渠退水闸拆建、孟曹埠涵洞加固、北干渠进水闸拆建等工程。2007年1月15～16日，石梁河水库加固工程顺利通过省水利厅主持的竣工验收。

二、小塔山水库

小塔山水库枢纽工程由主坝、东西副坝、主坝泄洪闸、输水涵洞等建筑物组成。1990年，修建主坝泄洪闸10孔，每孔净宽4.0米，闸底高程30.3米，设计泄洪量400立方米/秒。修建东副坝泄洪闸56孔，每孔5.4米，总长302.4米，闸底高程32.5米。最大泄洪流量4600立方米/秒。

1989年12月～1991年1月，县水利部门开挖东分洪闸至切岭段，长3.1千米,沿线建佃马庄生产桥、盛赤涧渡槽，谷店涵洞，西副坝坝顶加高，核定工程总经费833.5万元，并将工程分两期进行。其中，一期工程1989年12月20日～1990年1月30日实施，工段长2320米；二期工程1990年11月15日～1991年1月16日实施，工段长780米；两期共完成工段长3.1千米、土石方138.9万立方米。

1990年，建成朱堵一级站、城头二级站、城头三级站翻水站，经朱稽河调长江水补库，缺水状况有所改善。1992年，进行首次除险加固工程。并于1997、1999、2001年进行3次维修加固。

2003～2005年，完成小塔山水库整体加固工程。工程投资1.07亿元，加固内容为水库枢纽和青口河整治两部分。水库枢纽概算投资7200万元，完成土石方55万立方米，混凝土2.65万立方米，浆砌块石3.7万立方米。溢洪闸控泄流量设计400立方米每秒，共4孔，每孔净宽8米。采用分汛期限水位：6、9月起调为32.8米，7、8月起调为32米。

2008年，国家水利部门对小塔山水库除险加固工程进行竣工验收。

三、八条路水库

1990～1991年，投资40万元对大坝护坡进行翻修。

1998～1999年，投入70万元，增做坝后倒渗排水系统，修复坝顶路面，兴建水雨情自动测报系统。

2001年，新建八条路水库引水涵洞,位于水库主坝北侧。工程于是年10月13日开工，2002年3月15日竣工。核定工程经费60万元，其中中央特大防汛经费40万元，其余自筹。设计为单孔，现浇钢筋混凝土箱涵、三级建筑物，全长98米、断面1.0×0.8米,共分8节，现浇混凝土栈桥、砖混启闭机房、铸铁闸门、1×5T手电两用螺杆启闭机，设计流量3立方米/秒。

2007年6月，江苏省水利厅对水库进行安全鉴定，2008年3月，经水利部大坝安全管理中心核查定为三类坝。

2008年11月～2009年2月，对水库进行除险加固，工程批复概算总投资2681万元。加固主要工程量约为土方11.72万方、石方2.6万立方米、混凝土及钢筋混凝土8000立方米、钢筋363.8吨。

2009年2月，实施八条路水库除险加固工程，投资2273.43万元，水库加固后总库容达2201万立方米，大坝、溢洪闸及灌溉涵洞等主要建筑物级别为Ⅲ级，次要建筑物级别为Ⅳ级。挡、泄、防水建筑物设计洪水标准为50年一遇，校核洪水标准为1000年一遇，消能防冲建筑物按30年一遇洪水标准设计。地震设防烈度为Ⅶ度。

四、小型水库

1990年，全县共有小水库86座，总集水面积138 .2平方千米、总库容5348万立方米，灌溉面积达1万余公顷。小型水库均采用土坝，明渠式溢洪道，块石护坡、放水涵洞有闸阀式、提斗式、无尔式。21世纪初期，有些病险水库不能达到设计防洪标准，汛期需提前放水，降低水位减轻水库压力。

2005年始，全县一期49座病险小水库纳入全面除险加固的规划，设计用5年时间全部完成。2009年年底，全县已完成横山、三八、怀仁山、红领巾、大庄2号、三里庙等20座小型水库的除险加固任务。

第四节 挡潮工程

一、范河挡潮闸

1998年，水利部批复在范河调尾入海口兴建范河新闸。工程于1999年1月开工，10月完工。工程共挖填土6.5万立方米、砌石3600立方米，浇筑混凝土3900立方米，完成投资1195万元。其排涝设计标准按10年一遇设计，设计流量208立方米/秒，单孔净宽5米，闸长116.4米，宽41.4米，闸身部分一、四、七孔为平板基础，二、三、五、六孔岸墙采用沉井基础，闸底板高程-2.0米，闸室为钢筋混凝土结构，闸室顺水流方向长11.5米。钢筋混凝土结构，闸底板高程-2.0米，交通桥和引桥总长116.4米、桥面宽45米，荷载设计标准为汽-10级。

二、朱稽河挡潮闸

1999年，省水利厅批复对朱稽河闸进行除险加固。2001年，市水利局批复其初步设计及概算。按二级水工建筑物加固设计，挡潮设计标准按100年一遇高潮位设计、200年一遇高潮位校核，按地震烈度7度设防。2002年3月4日开工，2003年5月25日竣工。概算投资364万元，其中省以上补助182万元，其余县自筹解决。在除险加固工程施工中，2002年受汛期台风大潮的影响，进行了三次上、下游围堰抢险加固，动用预备费17.2万元。

三、朱稽河排涝通航闸

此闸位于新沭河左堤，1995年3～12月建成。闸单孔净宽6米，工程总投资197.37万元，县水建公司施工，完成土方17.9万立方米、混凝土与水泥制品1822立方米、干砌块石699立方米。2000年3～5月，投资100余万元，完成该闸机电设备配套工程，解决了范河以北、朱稽河以南25平方千米的排水，沟通了内河同外海的通航通道。

四、韩口河挡潮闸

2003年，石桥镇自筹资金，在原挡潮闸上游350米处新建3孔，每孔净宽4米的挡潮闸。新闸建成后老闸拆除。

五、官庄河挡潮闸

2001年，市水利局批复14.5万元，对此闸进行维修。2003年，市水利局批复经费10万元，更换闸门。2009年9月，省水利厅批复新建官庄河新闸，共2孔，单孔净宽5米，批复概算经费为712万元。

六、青口河挡潮闸

1997年，省水利厅批复，同意对此闸水上部位进行加固处理，并将北侧两孔节制孔改造为一孔通航孔。通航孔采用升卧式钢闸门结构形式，通航净宽5.0米，以满足80吨级渔船进出闸孔。工程总投资196万元。2001年，水利部批复，同意在青口河下游入海处建设青口一级渔港。

七、沙汪河新闸

2007年11月批复，同意移址新建沙汪河新闸工程，2008年1月30日开工，是年10月30日竣工。批复概算投资1290万元，其中省补助903万元，地方配套387万元。沙汪河新闸，主要完成工程量为挖填土方5.91万立方米、石方3940立方米、混凝土5871立方米。

八、兴庄河新闸

2007年10月，省水利厅批复，同意移址新建兴庄河新闸，工程于2008年1月8日开工，9月30日竣工。概算投资2443万元，其中省补助1710万元、地方配套733万元。主要完成工程量为挖填土方7.5万立方米、石方1700立方米、混凝土8500立方米。

图 5-3　兴庄河新闸（2008年摄）

第五节 涵闸工程

1990～2009年，全县共新建和改建32座小型穿堤建筑物工程，其中1998年度完成6座、1999年度完成10座、2005年度完成2座、2006年度完成9座、2007年度完成1座、2008年度完成4座，共完成投资3000万元。

2007～2009年度，涵闸工程项目主要有大辛庄排水涵洞，位于柘汪镇大辛庄南，1孔净宽2米、高2.2米、洞长22.5米；柳树底排水涵洞，位于柘汪闸南，1孔净宽1.5米、高2.2米、洞长22米、闸底板高程1米；秦沙北排水涵闸，位于柘汪镇秦沙村北，2孔、每孔净宽1米、高2.4米、洞长39米、闸底板高程1米；秦沙南排水涵洞，位于柘汪镇秦沙村南，2孔、每孔净宽1米、高2.4米、沿长22.8米、闸底板高程1米；木套河排水水涵洞，位于原九里乡木套河北岸，1孔、净宽2米、高2.2米、洞长185米。

第六节 水土保持

赣榆县坚持以小流域为单元、以经济效益为中心，对山水田林路全面规划、综合治理，水土保持生态环境建设取得显著成效。龙泉河、怀仁山、红领巾、神泉河4条小流域被水利部、财政部命名为全国水土保持生态环境建设"十百千"示范小流域；2003年8月，赣榆县被水利部、财政部命名为"全国水土保持生态环境建设示范县"。

1990年后，全县累计投入2676万个工日，完成土石方4266万立方米，先后完成64条小流域综合治理，治理水土流失面积300平方千米，综合治理程度达到72.4%，25度以上坡耕地已逐步退耕还林还草，林草保存面积占宜林宜草面积的89%，山区生态环境发生了可喜的变化，实施生态修复面积3700公顷。

第七节 饮水安全

1990～2000年，全县有县属自来水厂1座，部分乡镇为保障群众饮水安全陆续兴办乡镇水厂。

2004年，全县共有农村人口85.45万人，建水厂117座，其中地表水水厂10座、地下水水厂107座，分别占水厂总数8.55%和91.45%；有净化设施的正规水厂13座、无净化设施的简易水厂104座，分别占水厂总数12.15%和87.85%。全县农村饮用自来水人口38.92万人（包括县自来水厂5.4万人），其中饮用正规自来水厂的人数13.44万人、饮用简易自来水的人数25.48万人，分别占水厂饮水总人数的34.53%和65.47%。是年年底，全县省核定的饮水不安全人口29.2万人，占全县农村人口的34.17%，其中氟超标5.42万人、占饮水不安全人口18.56%，苦咸水10.60万人、占饮水不安全人口36.3%，细菌指标严重超标7.65万人、占饮水不安全人口26.2%，污染严重0.4万人、占饮水不安全人口1.37%，其他饮水水质问题4.69万人、占饮水不安全人口16.06%，水量不达标0.257万人、占饮水不安全人口0.88%，水源保证率不达标0.183万人、占饮水不安全人口0.63%，全县农村自来水普及率43.44%，农村自来水普及率超过80%的镇只有宋庄镇1个镇、占乡镇总数的5.67%，自来水普及率低于60%的镇14个、占总数的77.8%。

2004～2009年，全县建设农村饮水安全工程24处，解决173个村29.2万人的饮水安全问题，其中降氟34个村5.42万人、苦咸水54个村10.6万人、其他饮水不安全问题85个行政村13.18万人，完成省核定的县境29.2万人农村人口饮水不安全人口的建设任务。

第八节　机电排灌

1990年，全县有机电排灌站995座、装机容量37710千瓦，其中装机容量100千瓦以上的机电排灌站38座，有效灌溉面积4.89万公顷、排涝面积0.15万公顷。

到2009年，全县有中型泵站6座，分别为古城站、朱堵一级站、朱堵二级站、朱堵三级站、阚岭站以及大温庄站；县境共有小型泵站1499座，合计设计流量329.44立方米/秒，设计排涝面积0.38万公顷、灌溉面积4.72万公顷，实际排涝面积0.24万公顷、灌溉面积2.66万公顷。至2009年，全县共有水泵1685台，设计流量329.44立方米/秒，电动机总台数1580，总功率41946千瓦，变压器总台数88台，总容量79158千伏安，72%机电排灌站，多分布于石梁河、小塔山、龙北3大灌区的沿海地区，抽引江淮水、沟河水、灌区回归水直接灌田；县境重点泵站主要有塔山泵站，位于小塔山灌区，由6座中型泵站组合而成，分别为古城站、朱堵一级站、朱堵二级站、朱堵三级站、阚岭站以及大温庄站，主要承担县境中部地区灌溉任务。泵站总装机69台（套），总装机容量10575千瓦，设计流量33.3立方米/秒。

塔山泵站设计灌溉面积1.66万公顷，受益区面积951平方千米，受益人口62.3万，改善生态面积40平方千米，到2009年有效灌溉面积仅1.26万公顷，实际流量仅30.8立方米/秒；大温庄站位于石桥镇大温庄村，1992年动工兴建，以通榆河北延工程作为提水水源，1997年竣工并投入运行，站房总长36米、安装6台（套）24HB-30型混流泵、配JS138-10-180千瓦电动机、总装机容量1080千瓦，设计扬程14米、设计流量6立方米/秒，提水进入龙北干渠，并配用S7-35/1600变压器1台，可灌溉石桥、柘汪镇农田0.3万公顷、改善灌溉面积0.4万公顷，并利用冬春季节为石桥、柘汪镇的小水库补水提供了水源，缓解龙北灌区0.4万公顷耕地用水矛盾。

第九节　灌区建设

一、石梁河水库灌区

1990年，灌区有总渠3条，长33.4千米，砌石防渗渠6千米，排水大沟9条，长147.5千米，农渠1121条，长920千米，农用道路总长896千米斗渠、中沟以上建筑物4718座，电灌站471座，装机容量15419千瓦，国家资助资金400万元。

图 5-4　石梁河水库泄洪闸（2008年摄）

2008年，灌区新增续建配套与节水改造第一期工程项目，完成包括孟曹总渠8.4千米、朱南干渠8千米和10条共20千米孟曹总渠上的支渠防渗衬砌；建筑物为孟曹总渠上拆建13座干、支渠进水闸，维修肖岭水电站节制闸和山岭房泄洪闸；朱南干渠上拆建朱南干渠渠首进水闸、11座支渠进水闸和1座泄洪闸。

2009年，石梁河灌区以石梁河水库为水源，控灌青口、沙河、城头等8个镇，总面积495平方千米、耕地面积3.02万公顷、有效灌溉面积2.7万公顷、实际灌溉面积2.33万公顷，总人口52.69万人、其中农业人口38.11万人，农业总产值23.8万元、粮食总产量21.3万吨、人均纯收入5894元。灌区有灌溉总渠3条，分别为孟曹总渠、北干渠和沭北总渠，骨干渠道501千米，完好长度175千米，其中已经衬砌36.4千米、大沟10条、中沟191条、小沟1121条、排水沟总长1507千米，完好长度603千米，灌区道路896千米，拥有斗渠以上配套建筑物4222座，其中总干渠进水闸、节制闸、泄洪闸43座，支渠闸191座、斗渠闸487座、机井1452眼、电灌站471处，总装机容量15419千瓦。

二、小塔山水库灌区

1990年，全灌区建有总渠1条、泄洪长4.41千米；干渠10条，计长128.55千米；支、斗渠1742条，计长1620千米；农渠1506条，计长930千米；排水系统有青口河、沙汪河、兴庄河、官庄河4条干河；有6条大沟，长83.9千米；119条中沟，长295千米；1560条小沟，长1200千米；斗渠、中沟以上建筑物6350座，电灌站256座、机井792眼，农用道路1370千米；共挖、筑土1964.5万立方米，完全由受益社队投工，国家补助资金245万元。

县水利局委托河海大学分别在2000年编制《江苏省小塔山水库灌区续建配套与节水改造规划报告》和2002年编制《江苏省小塔山水库灌区续建配套与节水改造可行性研究报告》，委托市水利规划设计院编制2005、2006、2007、2008年度《实施方案》，2009年，各年度《实施方案》全部实施完毕。

2004年，灌区利用抗旱应急经费改造塔总干渠部分骨干工程，主要工程分为塔总干渠防渗护砌工程，邵庄节制闸改建工程，南一、三、支渠和北一、二、三支渠的进水闸改建工程，南二支渠闸新建工程，环岭节制闸改建工程，南二支渠改变输水线路新开挖1000米工程，共完成投资225万元。

2005年，主要完成的工程有护砌干渠1条长4.5千米、支渠1条长2.153千米，改造维修干渠节制闸5座，支渠节制闸2座、维修干渠生产桥3座、拆建干渠生产桥1座，共投资750万元。

2006年，主要完成的工程有塔总干渠南二支、南三支、南四支及北四支渠道衬砌，塔青干渠邵庄节制闸—韩坡节制闸段的北二支、北三支、北四支及南四支渠道衬砌，共投资750万元。

2007年，主要完成的工程有护砌赣西干渠7千米，拆除重建大林头倒虹吸，维修改造仲马、东张夏渡槽，维修改造黑坡节制闸，增设赣西干渠进水闸的电气部分，维修改造北干渠尾水闸，拆除重建、新建过路涵洞10座，拆除重建、新建过路闸涵9座，共投资1800万元。

2008年，完成追加实施的灌区续建配套与节水改造工程，分为赣西干渠渠道防渗衬砌和建筑物改造2个部分，共衬砌赣西干渠3千米、龙南干渠5千米、兴北干渠6千米，拆除重建进水闸12座、节制闸6座、过路涵12座，维修改造干渠跌水1座，总投资3600万元。

2009年，小塔山灌区以塔山水库为水源，控灌范围包括青口、赣马、塔山、海头、柘汪、厉庄、金山、石桥8个镇的全部或局部，耕地面积2.1万公顷、设计灌溉面积2.02万公顷、实际灌溉面积1.6万公顷，总人口47.8万人、其中农业人口34.3万人，农业总产值18.6亿元、粮食总产量11.5万吨、人均纯收入5901元；灌区内有主

图 5-5 小塔山水库（2008年摄）

送水总干渠1条、干渠10条、支渠152条，总长度521千米，共配套斗渠以上建筑物6350座、抽水站18座、装机15台、容量3966.7千瓦，配套总排水干沟9条、排水干沟6条、排水支沟119条、排水斗沟1560条、总长1200千米；共配套排水建筑物6130座、配套补水抽水站4座、装机49台、容量6630千瓦。

第十节　河塘整治

1990～2002年，各乡镇的河塘整治与河道治理都是各乡镇组织人力，筹集资金进行梳理整治。

2003年以后，在各级政府的补助下，村庄河塘与乡镇河道疏浚工程步入了统一化、正规化、专业化的道路。

图 5-6　柘汪镇清淤后的河塘（2008年摄）

2003～2009年，全县农村河道疏浚共投入资金2.4亿元，疏浚整治县级河道17条，长132.25千米，完成土方771.36万立方米；疏浚整治乡级河道209条，长871千米，完成土方2159.72万立方米；疏浚整治村庄河塘2657条（个），长1003.81千米，完成土方1891.31万立方米；配套建筑物718座，实施绿化植树586.08万株，共争取省级土方资金补助6000多万元，市、县财政投入1400多万元，镇、村自筹和群众投入达16200多万元。

县委、县政府坚持水利先行、综合整治，结合农村公路建设、土地复垦、绿化造林等工作，采取“先急后缓，分期治理”的办法实施疏浚整治，并坚持“一建就管、建管并重”，按照“谁主管、谁负责，谁受益、谁管理”的原则，全面落实推动农村河道管护工作，从2006年起，结合农村环境整治，加大河塘整治工作，涌现出一大批河塘整治示范村。

2006年年底，金山镇赵湖村对村庄进行整治，共完成河塘清淤面积4公顷、河道清淤4条、总土方5.88万立方米，投资19.91万元。施工中，动用挖掘机4台、推土机2台，历时3个月，并建成村中农民公园。

2009年11月，赣马镇实施厉庄河疏浚工程，疏浚长4.9千米、河道底宽22米、河口宽31米，疏浚前平均淤积深度近2米、排涝能力仅20立方米/秒，疏浚后恢复到原设计排涝能力40立方米/秒，工程共完成土方22.65万立方米，植树3000株，增加耕地13.34公顷，并通过增建拦水坝，增加了河道蓄水量，可改善灌溉面积200公顷、改善排涝面积33.34公顷、控制水土流失面积8.3平方千米。

第三章　工程管理

第一节　水库管理

一、小塔山水库

1995年5月，小塔山水库领取了国有土地证，土地使用权面积4049.7公顷。

2005年，管理处公开向社会招标，由投资人先后投入花鲢鱼、白鲢鱼苗10万千克“以鱼养水”，既保护了水质，又为水库带来约40万元的收入；管理处与县水政大队联合，对库区黄砂资源进行总体规划、合理开采。

小塔山水库水域面积40平方千米、岸长约30千米、平均水深7米、最深处达15.5米，2007年被省水利厅批复为省级水利风景区，2009年申报国家级水利风景区。

二、八条路水库

1990年，水库直属县水利局领导，其管理所作为水利局直属单位。

1995年5月，县国土部门为水库颁发国有土地使用证，土地总面积464.7公顷，其中耕地面积26.7公顷。

2006年12月，县编制委员会明确管理所机构和编制，并定性为公益性事业单位。

2009年，在确保防洪灌溉的前提下，利用库区水土资源，大力发展种植业、林业和水产养殖业，其中培植了多种大坝护坡草皮和各类松柏，开发鱼种池2公顷，水库135公顷水面放养各类大规格鱼种，回捕成鱼7.5万千克。

三、小型水库

1990年，全县在丘陵山区共建有蓄水塘坝823座、小型水库70座，其中小（1）型水库11座、小（2）型水库59座，总库容5434万立方米，集水面积151.2平方千米。

2005年，横山等49座经鉴定属三类坝，已纳入省除险加固总体计划。

2008年12月底完成15座小水库初步设计，2009年3月完成12座初步设计上报；其余22座水库也存在病险隐患，已基本完成安全评价工作，自评为三类坝，是年年底组织专家鉴定。

2005～2009年，省水利厅批复实施横山等8座小水库除险加固。另有红领巾、车赤涧、抗日山和大赤涧4座水库于2008年接受省水利厅审查，有尖岭、大庄3号和群英3座水库上报等待省水利厅审查；有7座水库经市设计院完成初步设计后，上报市水利局接受审查。

2009年，全县共有在册70座小水库，分布于10个镇。小型水库不设专业管理机构，按受益范围大小，由乡（镇）村（队）分级管理，受益范围超过2个村以上由乡镇水利站管理，受益范围在1个村以内由村（队）自管；管理规范由县水行政主管部门统一制定；防汛、蓄水灌溉分别由乡镇负责；水利站具体组织汛前、汛后工程检查，乡镇管理的小型水库的维修加固，由县水利局统一编制预算报请上级水利部门核批，水利站具体实施。库区水面养殖及滩地种植，多由水利站组织，对外承包，签订承包合同，合同条款规定承包人对所承包水库的工程设施负责日常检查看护，发现问题及时上报水利站处理。

第二节　河道堤防管理

一、河堤

县水利局先后于1991年、1998年、2002年制定下发专门管理文件，禁止在河道工程管理范围内设障、种植、盖房、埋坟、圈圩等违法活动，开发利用河道工程管理范围内土地须报经县水利局审批并办理“河道工程占用证”等相关手续，其他单位和个人均无权发包或承包，否则属违法行为。

1990～2009年，河堤每年都要进行检查观测，个别堤段做必要的维修工程，灌浆加固、整理护坡等，维护经费由县水利局上报上级主管部门下拨。

新沭河左堤为赣榆县管辖。1990年，已有新沭河堤防管理所，隶属县水利局领导，股级事业单位，编制6人，人员工资从水利工程水费中列支。管理者主要负责河床滩面及45千米河堤管理，管理范围主要为堤顶、堤坡及背水坡堤脚外20米。

其他河道无专管机构，由所在乡镇水利站负责。平时所在村在堤上驻有看管人员，看管河堤并植树造林，收益归村或承包人。河道清障，疏浚和堤防维修，由乡镇水利站报请所在乡镇组织施工，较大的工程或跨乡镇堤段由县水利局报请主管部门批准后组织实施，国家给予部分补助或全额拨款。

二、海堤

1997年，经县编制委员会批复成立赣榆县海堤管理处，编制17人，地址设在海头镇小口开发区，下设海头、九里、柘汪3个管理所。2006年，县编制委员会将沿海闸坝管理处并入海堤管理处，编制98人。海堤管理处主要负责范河新闸、朱稽副河闸、青口河闸、朱南闸、朱北闸、青龙大沟进水闸、兴庄闸、官庄闸、沙汪河闸、范河闸、朱稽河通航闸、相关河道和海堤管理范围内水利工程及其附属设施的管理，保证工程安全完好和正常运行。此后，全县沿海堤防管理、维修和养护，以及为已建水利工程正常运行提供保障等，走上了正轨。

第三节　挡潮工程管理

1990～2006年，范河闸管理所主要负责范河挡潮闸工程管理及朱稽河排涝通航闸管理；兴庄闸管理所管辖兴庄闸、沙汪河闸和官庄闸；下口三闸管理所主要管辖青口河闸、新朱稽河闸和范河新闸，担负排涝、防潮、拦蓄灌溉及通航等，同时管理朱南闸和朱北闸通航以及开发滩涂，发展水产养殖。

3个管理所均为水管事业单位，隶属于县水利局领导。日常工作按规范进行管理、维修、养护，确保工程安全运行，并对潮水位、内河水务进行观测、记录、上报。工程维修和技术改造由县水利局负责，具体方案上报省市水利部门，经费由省水利厅拨给。其余各闸均有专人管理，进行检查、养护、维修和闸门启闭。其管理规划、制度和工程管理范围均有明确规定，工程维修经费均由水利局统一上报主管部门审批、安排。

为加强海堤统一管理，实行管养分离，2006年12月6日，赣榆县水利局发文，将沿海闸坝管理处下口三闸管理所、兴庄闸管理所、范河闸管理所作为分支机构并入县海堤管理处，不再保留独立事业法人资格。

第四节　灌区管理

1990～2009年，石梁河灌区、小塔山灌区、龙北灌区均设有专管机构，属县水利局直接领导，股级事业单位，编制分别为32人、45人和10人，工资从水利工程水费中列支。

全县水利工程管理实施细则具体规定了灌区工程管理范围：干渠背水坡堤脚外10米，支、斗渠背水坡堤脚外5米。禁止侵占管理范围内的土地、水面及附属物，禁止损坏涵闸、抽水站等各类建筑物及机电设备，水文、通信、供电、供水、观测等设施。禁止在堤坝渠道上扒口、取土、毁坏石护坡，不得擅自在水利工程管理范围内盖房、圈围墙、取土、打井、放牧、铲草、破坏林木及危害工程安全的活动，不得在沟渠等水域炸鱼、毒鱼、电鱼和倾倒垃圾、废渣、农药等。

县境实行统一管理和分级管理相结合、专业管理和群众管理相结合，各管理单位在管好用好水利工程的前提下，实行有偿供水、计划用水，充分发挥工程效益，因地制宜地开展多种经营、增加经济收入，在自给能力、自身发展方面均得到较大提升。

第五节 水费征收

1990年，全县实收各项水费214万元，各乡镇提留20%，上缴县水利局80%。

1997年，县编委发文同意成立赣榆县水利局水费管理办公室，为全民事业单位，相当股级，隶属于县水利局领导，编制4名，所需人员从现有水利事业人员中调整，人员经费开支纳入按规定收到的水费中。

2000年，对水费标准又作了调整：全县水库供水自流灌溉稻麦每公顷225元、旱田每公顷60元、经济作物（不含棉花）每公顷135元，其他稻麦田每公顷180元、经济作物每公顷135元、旱田每公顷45元，池塘养殖每公顷375元、湖泊及河沟养殖每公顷112.5元，自来水厂（地表水）每立方米4分，农业用水从是年9月1日执行，其他用水价格从是年6月1日执行。

2001年5月，县水利局增设水费办，负责全县水费征收和管理。是年，全县水利工程水费全部转为经营性收费，统一使用税务发票，水费收入纳入水利经营管理单位的财务统一核算，不再纳入财政部门预算外资金专户管理。

2002年，全县农业用水量水设施完善的以支渠口门为计量点，实行按方收费；农业用水量水设施不完善的实行按亩收费。

2003年，县委出台《关于涉农税费征收违规违纪处理决定》，县政府下发《关于进一步加强农村水利工程水费管理的通知》，县水利局出台《水利工程供水专用票据管理办法》和《水利工程水费收缴管理暂行办法》等一系列文件，进一步严格规范用水及水费征收。

2009年，赣榆县均以实际自流灌溉面积为收费范围，规定：凡在县境内取用具有供水作用的河道、堤防、水库、涵洞、抽水站、灌区、沟渠、塘坝等的水，农业（含驻赣榆部队等所属农、茶、林、盐场）、工矿企业（含外商投资企业，乡镇、村企业）和其他一切用水用户，都应按规定向水行政主管部门或水利工程单位交付水费，水费列入生产成本。

收费标准为水田每公顷6元、旱田每公顷3元，由各乡镇具体收缴，92%上交县水利部门，提留8%。全县的水利工程水费一律由县水行政主管部门组织收缴，专户专存，专款用于水利工程的运行、管理、维修，任何镇、任何部门不得以任何借口挤占挪用水利工程费。其收缴任务，年初由县水行政主管部门根据上年度作物面积、工业用水量、水产养殖面积、城镇生活用水量、水力发电电价等下达，各镇水利站与各村收费管理员按照作物布局面积、工业用水量、水产养殖面积、城镇生活用水量、水力发电电价等将收缴任务落实到户，填入物价部门监制的水费公示卡，严禁按人头均摊水费；农业水费一般在秋后收缴，有条件的可以在夏收和秋收后两次收缴；工业用水水费、水产养殖水费、水力发电水费视情况适时收取；城镇生活供水水费实行按月收取。

第六节 水政执法

1995年，经县编委批准成立赣榆县水政监察大队，为股级全民事业单位，编制10人，集水行政执法、行政性费用征收、水资源管理于一体，业务受上一级水政监察队指导。

经市水利局2000年批准后，2003年7月，县水利局在海堤管理处、石梁河灌区、塔山灌区、龙北灌区又分别成立了水政监察中队，名称依次为赣榆县水政监察大队第1、2、3、4中队。水政监察中队系县水政监察大队的派出机构，行政、业务上受水政监察大队直接领导，负责各自辖区范围内的水政监察工作。

县水政监察大队成立后，水政执法成效显著。其中，1996年，完成取水许可证审验工作，换证1068个，占应换审验100%；黄砂管理、水资源费征收进一步规范化，收取水资源费25.1万元、河道黄砂收费达160万元（含乡镇收入）；查处案件128起，其中3起移交县法院，结案125起、结案率为100%。2002年，全县共发放取水许可证838份，取水许可证年审率为100%，计划用水率达100%。2003年8月，成立海头、徐山、罗阳、大岭4个水政监察中队，是年，共审批建设项目10项，调处水事纠纷17起，查处水行政违法案件42起，立案查处9起。2006年7月，经县公安局批准，大队成立公安驻水利局警务室，设民警1名、辅警4名，与县法院、公安等部门建立水行政联合执法机制，多次开展联合执法行动，涉水案件结案率达98%。2007年，大队依法审批和审验取水许可证，共安装智能水表50余户，涉水案件结案率达98%；是年，水政执法大队加大水土流失的跟踪监督，强化水土保持审批管理，已审批水土保持项目46个，有效防止了新的水土流失。

2008～2009年，对非法圈地、种植、非法采砂、取土等违法活动进行清理打击，共拆除违章建筑16间、180平方米，清理违章建筑16处、网箱230平方米，取缔非法采砂点6处、非法采砂船只16条，清除非法圈围3处、土方5000立方米，查处非法取土行为4起，关闭排污口2处。

第七节　库区移民后扶工程

图 5-7　移民后扶工程欢墩移民园（2009年摄）

2006年下半年，赣榆县成立大中型水库库区移民后期扶持领导小组和移民调查机构，全面开展移民后扶工程。

全县纳入本次移民后期扶持范围包括石梁河水库、小塔山水库2座大型水库和1座中型水库八条路水库的库区移民，涉及全县18个镇169个行政村（223个自然村），移民人口超过9.9万人。其中，石梁河水库涉及移民56092人、小塔山水库涉及移民37367人、八条路水库涉及移民4758人，三座水库共有原迁移民29098人，其中石梁河水库17835人、小塔山水库9836人、八条路水库1427人。

2007年7月，县政府牵头对14个镇的44810户村民，其中移民22059户、原居住村民22751户进行了调查，拟定原迁扶持资金发放到人、移民后代实行移民村项目扶持方式，并于当月报市审批实施。是年，全县大中型水库库区移民为97525人，省核实给赣榆人数为62099人，其中原迁移民27435人，后代人口数为34664人。原迁移民采用“一折通”的方式将直补资金直接打到移民的卡上。2007年8月～2009年，共发放3年半的原迁移民直补资金（2006年下半年～2009年）：2007年8月原迁移民人口为27396人，发放直补资金1681.44万元；2008年12月原迁移民人口为27035人，发放直补资金1622.22万元；2009年12月原迁移民人口为26589人，发放资金1601.82万元。

为解决移民生产、生活中的难题，赣榆县还采取项目扶持。其中2006年下半年及2007年帮扶的项目建设，在2008年开始实施，共实施项目1697项，资金2544万元；2008、2009年的帮扶项目建设，在

2009年实施，共实施项目345项，资金4203万元；到2009年年底，所有项目均完成，并通过验收。

第四章 防汛抗旱

第一节 组织机构

1990～2009年，赣榆县防汛抗旱工作由县防汛防旱指挥部统一领导，具体由县长兼任指挥，县委书记兼任政委，实行首长负责制，公安、武装、驻军、交通、邮电、水利、商业、物资、供销等部门负责人为指挥部成员。指挥部下设办公室、财务、宣传、保卫、工程等科室，其办公场所、人员配备、所需经费等，均由县水利部门统筹安排。

第二节 经费 物资

一、经费

防汛抗旱经费来源有省、市主管部门拨款，县财政拨款和受益单位自筹三条渠道。县防汛防旱指挥部办公费主要由省、市主管部门每年拨付；重点工程汛前抢修、维修，由省、市主管部门实报实销；县管大型翻水站电费，由国家补助20%～30%；各乡（镇）抗旱油电费，由省、市主管部门酌情补助、县财政拨款和受益单位自筹等渠道解决。

二、物资

所有常备防汛物资，在汛期抢险需要时，须由县防汛抗旱指挥部同意，必要时报请上级主管部门批准后方可动用。除此之外，赣榆县每年向商业、供销、粮食、物资等部门防汛物资，定品种、定数量、定保管地点、定联系人员，确保及时供应。

1990～2009年，县境重点河道、水库、海堤每年均由国家拨款购置块石、木材等常备物资。其中，小塔山水库常年备有块石2100吨、编织袋5.8万只、木材40.1立方米、铅丝2吨；新沭河北堤备块石1.3万吨，分放在大岭西赤金段7000吨、沙河吴村段3000吨、墩尚岳韩庄段3000吨；绣针河备块石6500吨；海堤海头段备块石1400吨、九里段1000吨。

1998年，在新沭河及海头、九里段海堤储备防汛块石6000吨；1999年，全县共储备草包55.17万只，编织袋75.29万条，竹、木棒10.11万根，铁丝28.4吨；2003年，全县共储备编织袋74.76万条、草包25.92万只、毛竹1.87万棵、木棍6.04万根、铁丝18.25吨、块石3.36万吨，其中市级储备编织袋10.6万条、县级储备编织袋12万条，省级储备块石1.35万吨、市级储备块石2.01万吨。

2006年，全县共储备编织袋64.5万条、草包28万只、毛竹2.35万棵、木棍6.38万根、铁丝19.5吨、块石2.45万吨、木棒1003根、铁丝2吨。

2009年，全县共储备草包3.5万只、编织袋37.9万只、木材144.3立方米、毛竹1.3万棵、木棍5万根、铁丝9.2吨、元钉3.9吨、柴油60吨。

第三节 抗灾自救

一、抗旱

1991年，赣榆发生夏旱、秋旱，水库蓄水严重不足，小塔山水库蓄水量仅1000万方。旱灾导致在田小麦受灾面积达2万公顷，损失粮食1.58万吨。为抗旱救灾，赣榆通过通榆运河北调淮水，至3月底，通过朱堵一、二、三级翻水站向小塔山水库补水4191万立方米；1～9月石梁河灌区放水5757万立方米、小塔山灌区放水4249.9万立方米、四大翻水站翻水7088万立方米。

1997年，全县1～2月降雨量不足9毫米、仅为常年同期的30%，3～5月中旬，降雨量持续偏少，全县河库、塘坝蓄水量较常年同期少六成。自5月26日～6月25日，个别乡镇仅降雨0.2～1.9毫米，大部分地区滴雨未降（常年同期降雨量为105.2毫米，上年同期259.1毫米），干旱少雨给水稻栽插和旱作物播种带来极大困难。年初，小塔山水库水位27.87米、库容3940万立方米，八条路水库水位27.30米、库容241万立方米，较常年同期蓄水量减少1200万立方米。面对旱情，各级领导精心组织，全县干群不畏艰难，共投入抗旱用柴油1200吨、电2000万千瓦时、经费1500万元，各水库灌区、翻水站放水、引水、翻水2.6亿立方米，灌溉三麦3.33万公顷，完成水稻栽插2.36万公顷。

1998年冬到1999年2月底，连续4个月干旱少雨，形成秋冬春连旱。1999年6月初夏旱，正值水稻栽插盛期，水源紧缺，部分地区栽插期延至7月上旬，工农业生产和城乡居民生活用水告紧。全县及时发动抗旱，高峰时出动20万人，投入抗旱柴油820吨、电780万千瓦时，经费933.6万元。

2000年2月26日～5月7日，全县降雨量仅为5.4毫米，其中3月降雨量只有1.8毫米，不足常年同期的6.9%，进入6月全县降雨量仅有11毫米，仅为常年同期的10.5%。6月初，石梁河水库、小塔山水库、八条路水库和全县86座小水库蓄水量较常年同期少蓄1.1亿立方米。6月中旬，小塔山水库蓄水量只有1400万立方米。长时间干旱少雨，致使全县三麦受灾严重，成灾面积达1.67万公顷；部分稻田因无水源无法栽插，水稻栽插面积由2.46万公顷压缩至1.8万公顷；已播种的2万公顷旱作物，大面积出现枯萎，卷叶、死苗现象；全县在田作物受灾4.6万公顷，有0.67万公顷水田改种旱作物，其中有0.46万公顷无法播种，直接经济损失5000万元。严重的干旱还影响到水产养殖和果品林业生产，全县0.2万公顷稻田养蟹有300余公顷无法放养、100公顷推迟放养，长时间的干旱少雨还导致300余公顷对虾塘无法放苗，0.2万公顷虾塘放苗后生长受到严重抑制，全县有3500个幼蟹养殖大棚受到影响，0.26万公顷淡水养殖中有0.13万公顷受到影响，直接经济失2030万元。据测算，全县因干旱造成的经济损失高达1.3亿元。各乡镇在抗旱工作中，积极发动群众广挖水源，充分发挥提水、喷灌等抗旱机械的作用，采用机抽、人挑、车拉等形式全力抗旱。同时，及时调整种植结构，合理安排作物布局。旱情严重时，全县每天出动30万劳力，动用各类抗旱机械1.5万台（套）。

2001年，县境从3月开始持续干旱少雨，3月降雨20毫米、4月降雨76.5毫米、5月降雨15.8毫米，3个月的降雨量不足常年同期的四分之一。进入6月后，旱情持续发展，长时间的干旱少雨，致使土壤含水率极低，给水稻栽插和旱作物播种带来极大困难。水稻栽插面积减至1.46万公顷。入夏后，降雨量仍然稀少，加之气温高、蒸发量大，发生了较为严重的伏旱。9月1日～10月25日，降雨量仅有6.7毫米、较常年同期偏少95%，再加上受台风影响，三麦播种原计划为3万公顷，实际只播种了2.53万公顷。全县共投入抗旱用柴油700吨，用电900万千瓦时，经费650万元，各水库灌区、翻水站放水、翻、调、引水2.45亿立方米，灌溉农作物面积2.67万公顷、水稻栽插面积1.46万公顷。

2002年，赣榆经历50年一遇的旱灾，1～2月，滴雨未下。同时，由于长时间干旱少雨，河床水源得不到及时补充，河床水量严重不足，全县河库蓄水量仅有4800万方，不足常年的70%。加之入冬后雨雪天气极少，土壤水分散失严重，致使全县在田作物普遍受旱，部分田块表层土壤含水量低于需水临界。据农业部门统计，全县2.73万公顷三麦普遍受旱，其中轻旱地1.6万公顷、重旱地0.8万公顷、死苗地0.33万公顷，严重的干旱还直接影响到蚕桑、蒜薹等经济作物和林果业的生产。入夏后，降雨仍然稀少，发生较为严重的伏旱。进入秋收秋种后，旱情持续发展，8月，降雨量只有119.1毫米，而常年同期降雨量为347.8毫米，8、9、10三个月降雨量比常年同期少227.9毫米。严重的秋旱，使全县秋播进度十分缓慢，部分田块因旱而无法播种。据统计，2002年的旱灾给赣榆县造成的经济损失高达1.16亿元。旱情严重时，全县每天出动劳力20多万人，动用各类抗旱机械达1.5万台（套），投入抗旱用柴油700吨、电900万千瓦时，经费850万元。各水库灌区、翻水站放水、翻、调、引水2.52亿立方米，灌溉三麦2.7万公顷、完成水稻栽插面积1.5万公顷。

2005年入春，县境出现少见的长时间高温干旱少雨天气。据统计，1～6月全县平均降雨量170.8毫米，仅为常年同期的65%，全县在田作物受旱面积达2万公顷。由于持续高温干旱少雨，加之前期抗旱水源消耗很大，直接影响到水稻栽插用水。缺水地区主要分布在县内西、北部的丘陵山区，东北部的石桥、柘汪及沿海各镇。面对严重的旱情，全县每天出动10万人，机抽、人挑、车拉全力以赴进行抗旱，动用各类机械5000多台（套），投入抗旱经费500多万元。全县共放、调、引水17224.12万立方米，灌溉三麦2.71万公顷、完成水稻栽插面积2.4万公顷。

2006年5～6月、9～10月，全县由于持续高温少雨，发生旱情，给水稻栽插和三麦播种带来一定的影响。缺水地区主要分布在县内的西、北山区和东北部的石桥、柘汪及沿海各镇，受旱面积达2万公顷。全县共放、调、引水23274万立方米，灌溉三麦2.16万公顷、完成水稻栽插2.67万公顷。

2008年，由于长时间干旱少雨，全县共放、调、引水17964万立方米，灌溉三麦3.77万公顷、完成水稻栽插2.7万公顷。

图 5-8 全县抗旱暨脱贫攻坚工作推进会（2009年摄）

2009年，由于持续干旱，全县受旱面积达2.33万公顷，其中死苗0.33万公顷。丘陵山区因无水灌溉，有0.13万公顷小麦长时间无法播种，林木果园受旱达0.33万公顷，经济损失达1000多万元；全县共放、调、引水25495万立方米，灌溉三麦3.66万公顷、完成水稻栽插2.62万公顷。中央下达特大抗旱补助经费100万元、省级下达特大抗旱补助经费130万元。

二、抗洪

1991年7月15日，海头镇降大暴雨，出现3.5米以上高潮位。暴雨大潮的袭击，致使梁东沙排水涵塌陷，30米海堤塌方、1000米海堤石墙出现裂缝，对周边4个村5000多人的生命财产安全和200公顷对虾塘、130公顷盐田构成严重威胁。险情出现后，市委督导组冒雨赶到现场，会同县委、县政府一起研究布置抢险应急措施。海头镇党委紧急动员，出动2000名民工连续奋战了4个海潮跌落间歇时间，动用草包2万只、麻袋1.2万条、编织袋2.2万条、无纺布300平方米，完成土方3000立方米，至7月17日晚，海堤险工段抢修脱险。

1997年8月18～20日，赣榆遭受第11号强台风袭击，全县平均降雨量210毫米、局部地区276毫米，给全县尤其是沿海地区造成巨大损失：共有27550米海堤遭受不同程度破坏，其中砂土堤漫堤过顶21691米，倒塌石墙8482米，海堤决口63处、长8420米，冲走土方101.5万立方米；全县有9家乡镇企业停产、35家企业处于半停产状态；冲毁盐田591公顷、损失原盐5000吨，死亡家禽2.5万只，受灾果林0.6万公顷、落果达60%，刮断树木19万棵，冲毁桥、涵、闸325座，损坏水利管理设施99处；全县29个乡镇764个行政村全部受灾，其中柘汪、九里、海头、城东、宋庄5个乡镇受灾严重。灾情发生后，县委、县政府主要领导亲自督阵，各镇、各部门迅速抽调精干人员组成抢险队奔赴相关镇村、企业，组织群众开展抗洪救灾、生产自救。

1998年年初至10月上旬，全县平均降雨量965.7毫米。其中，1～5月为534毫米，是常年同期的3.8倍，发生30年来罕见春汛。8月12～13日，石梁河水库库区普降大暴雨，库水位陡涨，13日上午泄洪流量加大至1500立方米每秒，县防汛防旱指挥部紧急通知新沭河河道管理所、沿堤的大岭、沙河、墩尚、罗阳、宋庄5个乡镇以及交通、公安部门，组织河内滩地从事生产及其他人员迅速撤离，下午本次大流量行洪借新沭河安然入海。15日15时50分，石梁河水库再次泄洪2000立方米每秒，赣榆县接通知后，立即组织沿堤5个乡镇抢险队1470人上堤巡查守堤，并在各险工险段堆放铁丝5吨、杉木20方、编织袋10万条、块石5000吨。

2000年8月28～31日，受12号强热带风暴派比安的影响，县境连降大暴雨。全县平均降雨量达350毫米、局部高达516毫米，近海风力10级以上，给全县工农业生产及人民群众财产造成严重损失，水利工程受到严重破坏：其中全县海堤决口126处，冲毁海堤880米，11千米砂堤平均蚀退8～12米；县境小水库大坝护坡损坏28座，溢洪道冲刷严重43座，涵洞漏水15座；冲毁小型桥涵闸207座，面上小型水利建筑物损失1040座；县境河道、渠道护岸冲刷、坍塌共计5200米，损失土方3.7万立方米；全县经济损失总计4.98亿元，其中水利工程损失约5225万元。面对灾情，县镇领导坐镇一线，现场调度，组织3万多干群、调配价值3800多万元的物资，全力抗灾。

2005年7月后，由于连降大暴雨，全县所有大中小水库蓄水量锐增。小塔山水库水位从7月1日的27.46米上升到10月10日的33.05米。县水利人员坚守在库区，巡防堤坝、监测水位、适时泄洪，确保平安度汛。

2007年6月、8月，县境两次遭遇短时大暴雨袭击。6月21日最大点降雨量127.5毫米、8月11日最大点降雨量124.4毫米。由于降雨历时短、雨量大，部分地区积涝成灾，尤其是青口镇部分街道积水严重。灾情发生后，县委、县政府主要领导迅速赶赴一线，带领有关部门人员会同青口镇领导研究对策，组织党员干部2次集中抢险排涝。

2008年7月中旬，县境再度遭遇2次大暴雨袭击。由于降雨量大，致使部分地区积涝成灾，有1750公顷鱼塘及200公顷农作物受灾，尤其是青口镇部分街道积水严重。8月21日4时8分～22日8时，全境遭受龙卷风和暴雨袭击，降雨量达270毫米，其中塔山镇在8月21日　晚8时30分，受龙卷风袭击，并伴有强降雨，短时最大风力12级以上，造成供电、供水、通信中断16小时以上；塔山、柘汪、班庄、沙河、墩尚、城头、欢墩等镇受灾严重，经济损失达3000万元。面对灾情，县镇联动，组织抢险队火速赶往现场，与当地干群一道抢险救灾。

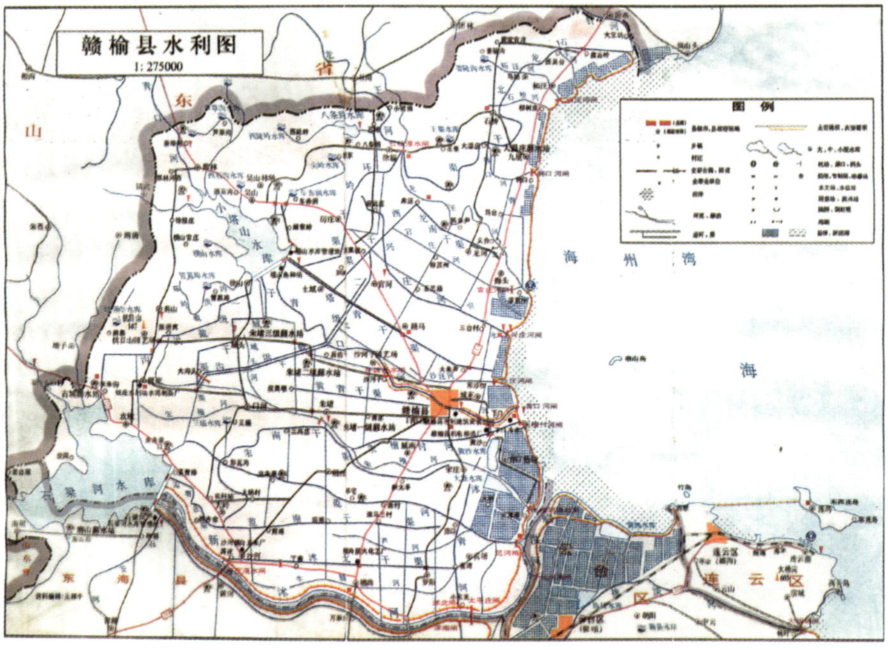

图 5-9　1990年赣榆县水利图

第六篇　经济综述

第六篇　经济综述

1990～2009年，全县综合经济实力增长迅速。1990年，全县实现地区生产总值10.39亿元，财政总收入4456万元，全社会固定资产投资1.19亿元，全县骨干大中型县属企业有20多家。到2009年，全县地区生产总值增至182.44亿元，财政总收入增至25.2亿元，全社会固定资产投资增至178.88亿元，全县规模以上工业企业总数达317家，分别是1990年的17.56倍、56.55倍、150.31倍、15倍。

20年间，全县国民经济发展中的产业结构得到不断优化。1990年，第一产业占绝对优势，处于主导地位。到2005年，全年完成地区生产总值（GDP）74.8亿元。其中，第一产业增加值23.02亿元，第二产业增加值26.98亿元，第三产业增加值24.8亿元。三次产业结构调整为30.8∶36.1∶33.1，第二产业开始占主导地位。到2009年，三次产业结构调整为18∶46.2∶35.8，二、三产业占比达到82%，全年第一产业增加值32.84亿元，第二产业增加值84.22亿元，第三产业增加值65.38亿元。

第一章　经济结构

第一节　所有制结构

赣榆县所有制结构所发生的变化，主要体现在工业经济和服务业所有制结构的变化。非公有制经济不断发展，所占比重不断上升，国有企业和集体企业所占比重逐渐下降。

分为两个阶段。第一阶段，1990～2002年，非公有制经济快速成长。非公有制经济开始逐步走上历史舞台，打破了单一的全民所有制和集体所有制两种主要形式的所有制结构。其间，县内公有制经济，尤其是国有经济比重逐渐下降，非公有制经济比重不断上升，迅速发展。但这一阶段，公有制经济仍然占据主导地位。1990年，国有企业和集体企业的工业产值，占工业总产值的97.6%，非公有制占2.4%。1992年，公有制经济占93.7%，非公有制占6.3%。

从1993年开始，非公有制经济快速发展。所有制结构呈现多元性和多样性的特色，成为全县经济社会发展的重要力量。1995年，以乡镇企业为主体的农村非农产业继续快速增长。全县农村工业、建筑业、运输业和批发零售贸易、餐饮业等非农产业经济实现产值65.27亿元，增长52.7%，占农村经济的比重由上年的61.3%提高到62.9%。2000年，全县的工业总产值中，国有经济和集体经济分别只占17.2%、55.7%，二者加起来占比为72.9%。而与此同时，非公有制经济的占比达到了27.1%。

第二阶段，2002～2009年，非公有制经济迅猛发展。随着国有企业改制和国有经济战略布局的调整，公有制企业在整个国民经济中所占比重大幅下降。2002年，县内国有资产管理体制改革得到推进，企业改革进一步深化。县瓷厂、新潮家具厂等8家企业破产退出，磷肥厂、七二化工厂、酒厂等8家企业破产重组，县自来水公司顺利完成股份制改造。通过加强对工业结构调整的规范引导，产业结构、行业结构和产品结构调整取得阶段性成果，县内全部国有及年销售收入500万元以上的非国有工业企业实现产品销售收入47.53亿元，实现利税1.9亿元。是年，在服务业领域，私营个体经济成为商品交易市场的主体。年末，全县个体工商户达9284户，私营企业919家，私营个体经济实现商品销售收入75.6亿元。

2009年，全县工业经济中，公有制经济所占比重不足30%。截至2009年，全县共有个体工商户20801户，从业人员24219人，注册资金93603万元；有私营企业3516家，从业人员56930人，注册资金693133万元。

第二节　产业结构

1990～2004年，第一产业占主导地位、占比最高，但第一产业所占比重呈逐年下降的趋势。

1990年，全县实现地区生产总值10.39亿元，其中第一产业6.23亿元、第二产业2.06亿元、第三产业2.1亿元，农业占主导地位，约占地区生产总值的60%，三次产业比为60∶19.8∶20.2，而后，农业在地区经济结构中所占比重逐年减少。1995年，全县三次产业增加值在地区生产总值中的比重为：第一产业50.2%、第二产业29.7%、第三产业20.1%。1998年，三次产业结构由上年的40.6∶35.4∶24调整为37.4∶38.4∶24.2。到2004年，全县三次产业之比为34.4∶32.8∶32.8。

2005～2009年，第二产业占主导地位、占比最高，全县加大第二产业和第三产业的发展力度，第二产业和第三产业的增加值渐渐赶超第一产业，二、三产业比重逐年上升，产业结构不断优化。

2005年，全县完成地区生产总值74.8亿元。其中，第一产业增加值23.02亿元，第二产业增加值26.98亿元，第三产业增加值24.8亿元。三次产业结构调整为30.8∶36.1∶33.1，二、三产业所占比重比上年提高3.6个百分点。2009年，全县产业结构得到进一步优化，全年第一产业增加值32.84亿元，第二产业增加值84.22亿元，第三产业增加值65.38元，三次产业结构由上年的20.4∶45∶34.6调整为18∶46.2∶35.8，二、三产业占比达到82%、提高2.4%。

1990～2009年赣榆县三次产业分布表

表6-1　　单位：亿元

类别 年份	地区生产总值	第一产业增加值	第二产业增加值	第三产业增加值	三次产业比例
1990	10.39	6.23	2.06	2.1	60 ∶ 19.8 ∶ 20.2
1991	10.93	6.52	2.21	2.2	59.7 ∶ 20.2 ∶ 19.7
1992	12.87	7.62	2.77	2.48	59.2 ∶ 21.5 ∶ 19.3
1993	16.34	9.85	3.39	3.1	60.3 ∶ 20.7 ∶ 19
1994	21.7	12.43	4.15	5.12	57.3 ∶ 19.1 ∶ 23.6
1995	28.83	15.68	5.28	7.87	54.4 ∶ 18.3 ∶ 27.3
1996	36.45	19.78	6.56	10.11	54.3 ∶ 18 ∶ 27.7
1997	40.54	20.59	8.07	11.88	50.8 ∶ 19.9 ∶ 29.3
1998	44.36	21.33	9.62	13.41	48 ∶ 21.7 ∶ 30.2
1999	47	20.81	11.53	14.66	44.3 ∶ 24.5 ∶ 31.2
2000	49.38	20.45	13.48	15.45	41.4 ∶ 27.3 ∶ 31.3
2001	54.21	21.68	15.85	16.68	40 ∶ 29.2 ∶ 30.8
2002	59.58	21.68	18.51	19.39	36.4 ∶ 31.1 ∶ 32.5
2003	60.67	21.48	19.09	20.1	35.4 ∶ 31.5 ∶ 33.1
2004	64.01	22.02	21.00	20.99	34.4 ∶ 32.8 ∶ 32.8
2005	74.8	23.02	26.98	24.8	30.8 ∶ 36.1 ∶ 33.1
2006	91.82	23.95	37.28	30.59	26.1 ∶ 40.6 ∶ 33.3
2007	113.34	25.39	50.09	37.86	22.4 ∶ 44.2 ∶ 33.4
2008	153.89	31.37	69.3	53.22	20.4 ∶ 45 ∶ 34.6
2009	182.44	32.84	84.22	65.38	18 ∶ 46.2 ∶ 35.8

第三节　劳动力结构

赣榆县从业的劳动力，人数总体呈现为平稳增长态势，结构变化明显，表现为城镇私营个体从业者越来越多，农林牧渔业从业者日趋减少，各类专业技术人员由迅猛增长到保持相对稳定。

一、劳动力从业总人数变化

1990～2005年，全县劳动力就业人数均保持在44万～49万人之间。1990年，从业劳动力总人数为46.08万人。其中，乡村从业人员占绝大多数，为41.59万人；城镇私营个体从业者为800人；各类专业技术人员有7800人。是年，全县行政机关人员2140人。其中，县级机关1261人，乡镇机关879人；事业单位766个，共有11962人，包括行政管理人员456人、业务技术人员9119人、工人1446人、后勤人员941人。是年，有206名大中专毕业生分配到赣榆。其中：本科26人、大专36人、中专144人。另有职业大学毕业生27名。是年，全县有全民所有制固定工16382人，集体所有制固定工14665人。2005年，从业劳动力总人数为48.59万人。其中，城镇私营个体从业者为1.95万人，乡村从业人员人数为39.3万人，各类专业技术人员数为15807人。

2006～2009年，全县劳动力就业总人数年均超50万人。其中，2006年，全县劳动力总数为52.65万人，2009年为55.29万人。

二、劳动力从业行业变化

全县城镇私营个体从业人数　1990～2003年，总人数每年都在万人以内。2004～2009年，城镇私营个体从业者人数急剧增加，2004年为1.04万人，2005年为1.95万人，2006年达到3.04万人，2007年为3.84万人，2009年达5.7万人。

全县农林牧渔业从业数　1990～2009年，基本呈递减趋势。1990年最高，达31.22万人，2008年最低，为19.18万人，2009年稍有增加，为20.33万人。

全县各类专业技术人员数　总体上呈现增长态势。其中，1990年为7800人，到1993年，为9400人。从1994年起，全县各类专业技术人员数量一直维持在万人以上，其中最高年份为2001年，达到20977人，2009年为16062人。

1990～2009年赣榆县劳动力结构分布情况一览表

表6-2　　单位：万人；人

指　标	1990	1991	1992	1993	1994	1995	1996	1997	1998	1999
年末从业人员	46.08	46.94	47.39	47.55	49.13	47.21	47.84	47.19	46.36	45.81
城镇私营个体	0.08	0.08	0.11	0.29	0.44	0.48	0.7	0.69	0.62	0.71
乡村从业人员	41.69	42.54	43.01	42.41	43.91	42.05	42.06	42.24	42.24	42.24
农林牧渔业	31.22	31.92	30.13	28.95	29	26.86	27.03	25.81	27.68	27.55
各类专业技术人员数	7800	8400	9100	9400	10600	12300	13416	15345	15702	18330
指　标	2000	2001	2002	2003	2004	2005	2006	2007	2008	2009
年末从业人员	45.69	44.89	44.64	45.21	47.33	48.59	52.65	53.48	54.2	55.29
城镇私营个体	0.82	0.91	0.96	0.58	1.04	1.95	3.04	3.84	4.69	5.7
乡村从业人员	41.78	41.13	38.88	39.2	39.59	39.3	39.75	40.59	41.01	42.55
农林牧渔业	26.18	25.81	23.93	23.35	22.39	20.42	19.26	19.26	19.18	20.33
各类专业技术人员数	18578	20977	17753	16706	15750	15807	15819	15638	15963	16062

第二章 经济发展

第一节 固定资产投资

1990～2009年间，赣榆县固定资产投资总体呈增长态势。

1990～2002年，稳增长阶段。

1990年，全社会固定资产投资总额11947万元。其中，全民所有固定资产投资额3237万元，城镇集体固定资产投资693万元，房地产开发投资378万元。

1993年，全县着力于结构调整，努力改善投资结构，全年城镇集体以上固定资产投资总额1.5亿元，增长87%。其中，第二、第三产业投资分别完成6340万元、5635万元，分别增长52.5%和3.1倍。农村集体固定资产投资发展较快，全年投资额达到3.53亿元，较上年增长3.2倍。

1995年，全县固定资产投资规模继续扩大。全年城镇集体以上完成固定资产投资3.91亿元，增长49.8%。其中，国有基本建设和更新改造完成投资3.15亿元，增长52.9%；城镇集体完成投资0.6亿元，增长20.7%；农村集体全年完成固定资产投资9.96亿元，增长106.6%。投资结构进一步优化，在城镇集体以上固定资产投资总额中，第三产业投资2.63亿元，增长53.8%，所占比重较上年增加1.8个百分点。基础设施建设得到加强，一批重点项目进展顺利，全年共投入交通建设资金0.4亿元，完成204、327国道部分路段和一批县乡公路的拓宽改造工程；农村电话彻底告别了“手摇把”，农话装机发展速度位列全省第一；扶贫通电提前完成任务，在连云港市率先实现全县户户通电，被电力部授予“农村电气化县”“三为达标县”称号；县植物油厂、盐化厂、七二化工厂和江苏金五综合食品有限公司等一批重大项目实现了当年建设、当年投产，取得了较好的经济效益。

1998年，全县固定资产投资总量平稳增长，全年全社会固定资产投资10.83亿元，增长8%。城镇集体以上单位完成投资4.52亿元，增长3.5%。其中，基本建设投资2.77亿元，下降7.2%；更新改造投资1.2亿元，增长34.3%。农村集体、城乡个人及零星投资6.31亿元，增长11.5%。是年，投资结构调整取得明显进展。在农村集体以上投资中，农林牧渔及水利完成投资2.11亿元，增长16.8%，所占比重由上年的24.1%上升为28%；交通邮电业完成投资1.15亿元，增长37.5%，比重由14.3%上升为15.2%；科教文卫投资0.65亿元，增长37.5%，比重由6.3%上升为8.6%。房地产开发以城镇住宅为重点，加快经济适用房建设，全年房地产开发完成投资0.22亿元，增长1.8倍；教师新村、安居工程建成交付使用。是年，基础设施日趋完善，城镇建设步伐加快，是赣榆县历史上基础设施建设投入最多的一年。年内先后完成204国道、220省道部分路段水泥路面铺设和327、310国道路基拓宽工程，完成华中南路、东关路、环城南路等县城道路的改造，完成11.9千米海堤达标建设任务，完成汾灌高速公路赣榆段的征地工作，重点项目新沭河大桥顺利合拢，小城镇建设成绩显著，沙河镇、海头镇被命名为省级“新型示范小城镇”。农村电气化县通过华东电网复验，新建金山至海头35千伏电力线路工程。

2003～2009年，快速增长阶段。

赣榆县全社会固定资产投资增长迅猛，年均增长39.3%。其中，2009年，全县新开工规模以上项目296个，投产项目269个，累计完成投资1644316万元，是年，完成投资1386863万元；全社会固定资产投资总额1788839万元，同比增长29.1%，其中全部工业投资130.07亿元，增长28.3%，规模以上投资154.74亿元，增长29.7%。在规模以上投资中，工业投资124.83亿元，增长40.9%，城镇投资109.54亿元，增长37.4%。全年新竣工3000万元以上项目141个，总数在四县保持领先。全县规模以上在建项目共

336个，较上年增加33个，计划投资过亿元的新开工工业投资项目17个，较上年同期增加4个，计划总投资约50亿元。全年总量比1990年增加了177.69亿元，20年间总量增长148.7倍。

1990～2009年赣榆县全社会固定资产投资情况一览表

表6-3　　单位：万元

指　标	1990	1991	1992	1993	1994	1995	1996	1997	1998	1999
全社会固定资产投资	11947	14106	22604	76833	92130	145373	120500	101218	108318	139176
指　标	2000	2001	2002	2003	2004	2005	2006	2007	2008	2009
全社会固定资产投资	165218	176793	192875	244380	327407	501304	701722	1065641	1385318	1788839

第二节　地区生产总值

1990～2009年间，赣榆县地区生产总值呈现为逐年递增态势。

1990～2002年，呈现出稳步增长态势，年均增长9.95%。

1990年，全县实现地区生产总值10.39亿元。1994年，增至21.7亿元。1995年，全县实现地区生产总值40.03亿元，增长18%。其中，第一产业20.11亿元，增长1.7%；第二产业11.88亿元，增长37.1%，第三产业8.04亿元，增长41.2%。三次产业增加值在国内生产总值中的比重为：第一产业50.2%、第二产业29.7%、第三产业20.1%；人均地区生产总值达到4024元，较上年增长17.1%。

1998年，全县实现地区生产总值56.98亿元，增长15.2%。其中，第一产业21.33亿元，增长1.9%；第二产业21.87亿元，增长28.3%；第三产业13.78亿元，增长14.3%。

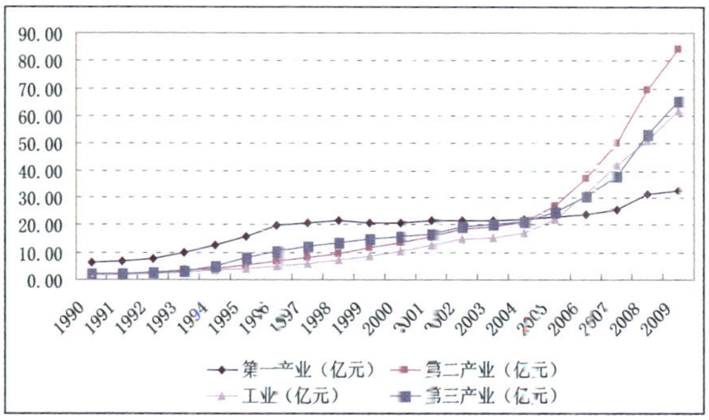

图6-1　1990～2009年赣榆县地区生产总值变化图

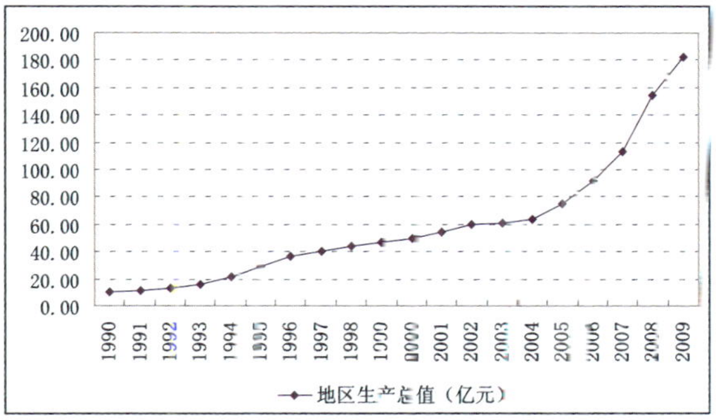

图6-2　1990～2009年赣榆县地区生产总值变化图

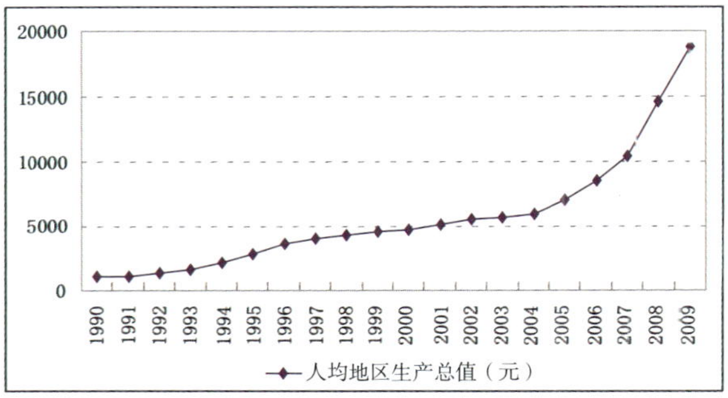

图6-3　1990～2009年赣榆县人均地区生产总值图

2000年，赣榆县推动工业向园区集中，项目向城郊聚集，依托沿海、沿路、沿边和四大经济园区，全县工业经济发展迅猛，地区生产总值达到61.99亿元。

2003～2009年，赣榆县地区生产总值进入迅猛增长时期，年均增长11.3%。

2005年，全年完成地区生产总值74.8亿元，增长14.2%。

2009年，全县实现地区生产总值182.44亿元，增长15.1%。其中，第一产业增加值32.84亿元，第二产业增加值84.22亿元，第三产业增加值65.38亿元，总量比1990年增长172.05亿元，20年间总量增长16.6倍。

第三节 产业发展

赣榆县第一产业，一直呈相对平稳态势发展。1990年，第一产业增加值为6.23亿元，到1999年，发展至20.81亿元，2005年达到23.02亿元。之后，第一产业进入较快发展时期，2009年增至32.84亿元，增长5.1%，总量比1990年增加了26.61亿元，20年间增长4.3倍。

赣榆县第二产业，20年间发展变化较大。1990年，全县第二产业增加值2.06亿元，工业为1.73亿元。1999年始，全县第二产业增加值发展较快，但不稳定。1999年为11.53亿元，2002年为18.51亿元，2003年则降至19.09亿元，2004年为21亿元，2005年为26.98亿元，2006年增至37.28亿元，2007年猛增到50.09亿元。2009年，第二产业增加值84.22亿元，增长16.9%，其中工业为61.68亿元。第二产业增加值比1990年增加了82.16亿元，20年间增长40倍，其中工业增加值比1990年增长59.95亿元，20年间增长34.7倍。

赣榆县第三产业发展速度，呈现为快速增长态势。1990年，全县第三产业增加值为2.1亿元。1996年始，县内第三产业增加值实现跨越式发展，均超10亿元。其中，1999年为14.66亿元，2003年增至20.1亿元，2006年则达到30.59亿元。2009年，第三产业增加值65.38亿元，增长18.5%，总量比1990年增长63.28亿元，20年间增长30倍。

第四节 财政收入

1990～2002年，赣榆县财政总收入和一般预算收入呈现出稳步增长的发展态势。

1990年，赣榆县财政总收入0.45亿元。

1995年，全县深化财税改革，预算管理和地方税制建设得到加强，财政收支基本平衡，出现了财政收入增长快于财政支出增长的良好势头。全县完成财政总收入1.32亿元，其中工商税收1.01亿元。

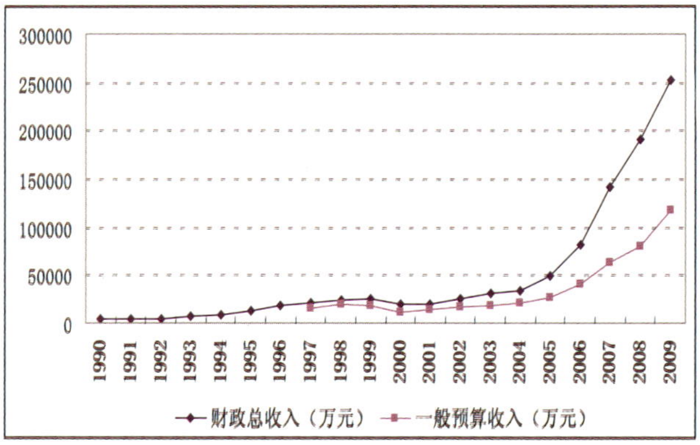

图 6-4 1990～2009年赣榆县财政总收入与一般预算收入变化图

1997年，财政总收入2.12亿元，一般预算收入1.58亿元。

2000年，由于遭受特大洪涝灾害，财政面临着巨大的减收增支的压力，收支矛盾十分突出。是年，全县完成财政总收入1.97亿元，下降20.2%；一般预算收入完成1.18亿元，下降33.5%

2003～2009年，赣榆县财政收入进入快速增长期，财产总收入平均增长42.4%，一般公共预算收入平均增长35.7%。

2005年，财政职能得到强化，财政收入持续增长，全年实现财政总收入4.88亿元，较上年增长57.1%。其中，地方一般预算收入2.61亿元，增长43.6%；增值税0.27亿元，增长57.5%；营业税0.66亿元，增长14.2%；企业所得税0.13亿元，增长81.8%。

2009年，随着经济运行质量的不断提升和内在增长动力的持续增强，全县财政收入实现较快增长。全年完成财政总收入25.2亿元，增长32.3%，一般预算收入11.71亿元，增长46.1%。全县税收占一般预算收入的比重为71%。全县财政总收入比1990年增加了247564万元，20年间增加了55.6倍。

第五节 在全省经济发展位次排名

赣榆县在江苏省及连云港市的经济发展排名，主要按地区生产总值、人均地区生产总值、工业及规模以上工业增加值、地方财政收入、城镇固定资产投资、工业用电量、进出口总额等经济指标进行排序。

1990～1999年，省市统计部门对县域经济发展没有进行综合排序。

2000～2009年，连云港市在全省经济发展综合排名，大都居于13个地级市中的第11、12位。这期间，赣榆县地区生产总值、人均地区生产总值、财政收入、规模以上工业增加值等项指标，虽均在连云港市四县中排名第一，但在全省的位次一直处于中下游行列。其中，2003年 在全省54个参加排序的县（市）中，赣榆县各项主要经济指标的排名情况是：地区生产总值60.67亿元，列第38位；人均地区生产总值5754元，列第41位；城镇固定资产投资8.95亿元，列第43位；财政总收入3.02亿元，列第44位；人均财政收入281元，列第46位；规模以上工业利税总额0.60亿元，列第54位；社会消费品零售总额19.29亿元，列第36位；出口总额1369万美元，列第41位；实际利用外资2510万美元，列第37位；农民人均纯收入3360元，列第42位。

2005年，在全省52个参加排序的县市中，赣榆县各项主要经济指标的排名情况是：地区生产总值74.80亿元，列第41位；人均地区生产总值6965元，列第44位；规模以上工业增加值7.16亿元，列第49位；工业用电量3.27亿千瓦时，列第41位；城镇固定资产投资23.17亿元，列第31位；财政一般预算收入2.61亿元，列第39位；人均财政一般预算收入243元，列第41位；社会消费品零售总额34.88亿元，列第24位；出口总额0.21亿美元，列第40位；农民人均纯收入4178元，列第40位。

2007年，在全省14个沿海县（市）中，赣榆县地区生产总值113.3亿元，排第10位；人均地区生产总值10419元，排名第11位；规模以上工业增加值20.1亿元，排名第12位；全社会固定资产投资106.5亿元，排名第7位；社会消费品零售额47.7亿元，排名第7位；外贸出口0.53亿美元，排名第11位；一般预算收入6.30亿元，与东海并列排名第8位；财政收入（以财政一般预算收入计算）占地区生产总值的比重5.56%，排名第3位；农民人均纯收入5212元，排名第10位。

2008年，按地区生产总值、财政一般预算收入、农民人均纯收入等指标计算，赣榆县分别以153.89亿元、8.02亿元和5887元，位列全省第35位、37位、40位。人均地区生产总值14222元，全省排名第41位。

2009年，赣榆县各主要经济指标在全省51个参加排序的县（市）中 地区生产总值182.44亿元、增长15.1%，总量为37位，增幅居第8位；人均地区生产总值18718元，增长16.4%，分别为第40位和第9位；全部工业增加值61.68亿元，增长17.3%，分别为第37位和第4位；规模以上工业增加值49.35亿元、增长20.1%，分别为第40位和第14位；地方财政一般预算收入11.71亿元，增长45.1%，分别为第30位和第14位；城镇固定资产投资109.54亿元，增长37.4%，分别为第20位和第14位；工业用电量7.76亿千瓦时，增长37.5%，分别为第35位和第2位；消费品零售总额70.42亿元，增长18.3%，分别为第23位和第41位；出口总额0.8亿美元，增长9.5%，分别为第41位和第11位；实际外商直接投资1.61亿美元，增长14.7%，分别为第21位和第26位。

第六届徐福节
大型文艺演出

第七篇　开放型经济

第七篇　开放型经济

20世纪90年代后，赣榆县以提高外贸经济效益为中心，加快传统外贸体制向符合市场经济发展需要和国际贸易规范要求的新型外贸体制转变，加快外贸增长方式从粗放型向集约型转变，对外贸易渠道不断拓宽，品种逐年增多，范围逐年扩大。出口产品从传统粗加工向科技含量高、附加值高的产品发展。20年间，全县累计完成进出口总额43247万美元，出口总额39787万美元。

赣榆县重视投资软环境建设，出台多项政策营造招商引资氛围，强化招商环境综合整治，提高办事效率，对损害客商的行为严格问责。2000年后，赣榆县先后成立县外来投资者服务中心、县外商投诉调解中心，推行重点项目会商会办制、行政部门服务承诺制、外商评议制，并为重点客商发放“客商直通卡”，项目审批实行全程代办服务，在其子女入学、医疗保健、邮政通讯、文化娱乐、生活服务等方面提供便利和优惠服务。

劳务输出是对外经济合作的重要内容。赣榆县劳务输出劳动力类型主要有清洁工、建筑工、服装工、船员、厨师等。1993～2009年，全县累计派遣各类出境劳务人员34972人次，营业额37852万美元。

第一章　对外经济贸易体制改革

第一节　管理体制改革

1988年4月，赣榆县成立赣榆县对外经济合作委员会，简称县外经委，为县政府职能机构，主要承担全县外经、外资、外贸的管理职能。2001年，更名为赣榆县对外贸易经济合作局。是年，成立赣榆县招商局，将原赣榆县对外贸易经济合作委员会招商职能划给县招商局。2004年，赣榆县招商局更名为赣榆县投资促进局。2009年，全县对外经济贸易管理机构为赣榆县对外贸易经济合作局和赣榆县投资促进局。

第二节　经营体制改革

1990年，除少数几家“三资”企业自营出口外，全县对外经济贸易业务主要由县对外经济贸易公司具体负责。县对外经济贸易公司内设有工业一股、工业二股、人秘股、畜产股、土产品股、储运股、门市部、财会股等职能股室。

1992年，全县新发展“三资”企业31家，“三资”企业累计41家。新成立的榆和公司、榆成鞋厂、神仙紫菜等一批中外合资企业取得自营出口权，对外贸易发展良好。

1993～1995年，由于国内生产资料市场价格上涨，国际市场价格疲软，产品出口难度加大，县对外经济贸易公司管理薄弱，加之因历史亏空严重，无足够资金保证对相关出口企业正常结算，出口企业与县对外经济贸易公司逐渐脱离产销关系，与省、市等相关出口公司直接结算。出口商品或由省外贸公司统一代为出口，或者合资企业自行出口，或者转由省外出口。县对外经济贸易公司对全县出口贸易的具体管理职能消失，转化为自负盈亏的纯企业单位。

90年代中后期，赣榆县外贸经营主体不断壮大，“三资”企业、自营进出口企业不断增多，由外商投资企业直接出口成为赣榆县外贸出口的重要组成部分。

2000～2009年，累计批准“三资”企业337家，合同利用外资1[illegible].3亿美元，实际利用外资5.92亿美元，基本形成了以“三资”企业、自营进出口生产企业为主体的全方位、多层次、多渠道的外贸经营格局。

第二章　招商引资

第一节　优惠政策

20世纪90年代，赣榆县鼓励外商投资的优惠政策主要有：一、产品出口企业和先进技术企业所得利润分成，客方投资额占比例50%以上的，中方可从分得的利润中让出10%给客方。若发生亏损，视其实际情况，对客方承担部分可低于投资比例。二、外商投资兴办在30年以上的产品出口企业和先进技术企业，免缴土地使用费10年。经营期在10年以上的免交土地使用费5年。满5年后从第6～10年按本县规定标准减半收缴。但每年每平方米最低不少于1元，其他外商投资企业经营在10年以上的免交土地使用费5年；凡属农、林、牧、渔开发性外商投资企业在土地使用费上可以给更多的优惠。三、外商投资经营

10年以上的企业凡按照国家规定享受免征企业所得税的，免税期满后，在县开发区内的企业减按15%的税率征收企业所得税。

2000年以后，赣榆县进一步细化招商优惠政策，主要从税收优惠、收费优惠和土地优惠这三个方面来进行。

2000年，赣榆县招商引资的优惠政策主要有：一、外商在赣榆县新办独资、合资企业，老企业利用外资嫁接改造，原有外商投资企业增资扩投，自纳税年度起，以上年实际纳税为基数，当年新增的增值税、营业税和所得税，本县地方留成部分，前5年由同级财政全额返还，后3年减半返还。外商投资企业的外方人员缴纳的个人所得税，由同级财政减半返还。二、外商投资企业用地，使用集体耕地的，可通过先征用后出让的方式获得使用权，其费用除给足农民的，交够省、市的，属县本级的免收。使用国有土地的，可通过直接出让方式获得使用权，出让金按最低限收取，属县财政的减免50%；一交性支付有困难的，可分期支付。采取租赁方式使用土地的，租金县留成部分减半收取。外商投资企业取得土地使用权的，前5年免缴土地使用费，后5年减半征收。三、对外商投资企业所需缴纳的行政性费用，分别采取：①凡属行政机关收取的各项费用，一律按下限或低于下限的标准执行；②凡属有偿服务性收费，属于县政府权限内的，一律减半收取；③具有代理或承担政府职能的中介机构，对外商投资企业提供中介服务的收费，必须严格执行政府制定的收费标准或指导价格；④项目建设的各种城建配套费（所有规划建设方面的收费）按现行标准的30%收取。四、外商来赣榆县新办合资、合作企业的，可享受高于其投资比例10%～15%的税后利润分成，也可按协议分成。五、外商收购、入股、承包、租赁赣榆县停产、半停产企业，可采取一厂一策的办法处理。六、对总投资200万美元以上的项目，或科技含量较高的项目，或大公司、大集团、跨国公司投资项目，或农业开发项目，以及基础设施建设等项目，在财政返还、土地使用和各项费用收取上，按照更优惠的原则，采取“项目带政策”“一事一议”的办法，个案处理。

2001年，赣榆经济开发区招商优惠政策主要有：一、在原批准企业的生产经营范围内进口国内不能生产或性能不能满足需要的自用设备及其配套的技术、配件、备件，可按规定免征进口关税和进口环节税。对外商投资企业在投资总额内采购国产设备，如该类进口设备属免税目录范围，可全额退还国产设备增值税，并按规定抵免企业所得税。二、鼓励外商及国内企业或个人兴办农业创汇项目。外商投资企业自收入之日起，三年内免征农业税和农业特产税，按有关规定享受免税、减税待遇期满后，由企业申请，税务部门批准，在以后的10年内可以继续按应纳税额减征15%～30%的企业所得税。三、外商投资的工农业生产型项目，经营期在10年以上的，从获利年度起，前2年免征企业所得税，第3～5年减半征收企业所得税；在开发区内兴办的生产型外商投资企业，所得税税率按15%缴纳。四、外商投资的产品出口企业，在依法免征、减征企业所得税期满后，凡当年出口产品产值达到年企业产品产值70%以上的，可按现行税率减半征收企业所得税，减半后的税率低于10%的，按10%征收。五、外商投资企业的外国投资者，如将从企业分得的利润直接再投资于该企业，增加注册资本或者作为资本投资开办其它外商投资企业，经营期不少于5年的，经投资者申请，税务机关批准，退还其再投资部分已缴纳所得税的60%税款，对出口创汇型和技术先进型企业可全额返还，追加投资所产生的利润可分开计算，5年内适当返还属于地方财政收入的企业所得税。六、对嫁接先进技术型和出口型外商投资企业的水电配套建设费、增容费、城市基础设施配套费等附加费用，经企业申请，有权部门批准，可予以部分返还，返还部分用于老企业发展。七、项目投资在1000万美元（含）以上项目，投资者可在2年内分期缴付除土地综合补偿费以外的价款。八、外商投资企业可按照出让、划拨方式依法取得土地使用权，按出让方式取得土地使用权的，可依法转让、出租或抵押。外商投资企业用地，使用集体耕地的，可通过先征用后出让的方式获得使用权，其费用除给足农民的、交够中央和省、市的，其余免收。使用国有土地的，可通过直接出让方式获得使用权。外商投资我省鼓励类项目或产品出口企业和技术先进企业，其项目建设用地经企业申请，国土部门批准，自企业取得使用权之日起，5年内免缴土地使用费。第6～10年减半收取。九、凡是利用外资兴办的高新技术企业，减半征收城市基础设施建设配套费，免征建设项目地方教育附加费。外商投资兴办的先进技术企业依照税法规定免征、减征企业所得税期满后，经认定仍为先进技术企业的，可以依照税法规定的税率延长3年减半征收企业所得税。外商来开发区新办合资、合作企业的，可享受高于其投资比例的10%～15%税后利润分成，重大项目也可按协议分成。十、外商投资新增加非农业建设用地，工业项目在20公顷以上，商业、金融、娱乐、旅游、服务、房地产开发、交通、能源项目在13.33公顷以上的，除享受国家规定的优惠政策外，在地价、土地使用费上给予特殊的优惠。

2002年，赣榆县招商引资优惠政策主要有：一、税收优惠政策：①新办工业企业，自投产之日起，3年内增值税地方留成部分由同级财政返还40%。认定为国家级高新技术项目的，3年内增值税地方留成部分由同级财政返还。②新办工业企业，自盈利之日起，前3年所得税（企业所得税和从事生产经营所得的个人所得税，下同）地方留成部分由同级财政返还，后2年按50%返还；认定为省级以下高新技术项目的，5年内所得税地方留成部分由同级财政返还。③新办工业企业，自投产之日起，2年内城建税、房产税、车船税、土地使用税、印花税地方留成部分由同级财政返还。④兼并或投资原有工业企业的，扣除原有企业上年税收基数后新增税收部分，享受第①、②、③款规定的优惠政策。⑤新办的商业、服务业、娱乐业等项目，固定资产投资在200万元以上，自盈利之日起，前3年所得税地方留成部分由同级财政返还，后2年返还50%；固定资产投资在1000万元以上，且年营业额在2000万元以上的，自经营之日起，所缴营业税、增值税地方留成部分，5年内返还30%。⑥新办年营业额在1000万元以上的贸易型企业，自生产经营之日起，5年内增值税地方留成部分返还40%；自盈利之日起，5年内所得税地方留成部分返还40%。⑦出口商品额占全部销售额80%以上的贸易型企业，自盈利之日起，所得税地方留成部分3年内由同级财政返还。⑧开发建设工业标准厂房，建成后5年内出卖的，土地增值税地方留成部分返还50%。⑨投资建设的专业批发市场投用后，投建单位缴纳的所得税地方留成部分3年内由同级财政返还。⑩投资电力、水利、港口、码头、公路和桥梁等基础设施项目，自盈利之日起，所得税5年内地方留成部分由同级财政返还，第6～10年返还50%。二、收费优惠政策：①投资新建项目，行政性收费、事业性收费减半征收；投资建设专业批发市场，免收建设配套费。②对新设立的外来投资企业，自投资之日起10年内，国家和省规定的收费项目按最低限征收。三、用地优惠政策：①在海洋经济开发区和县工业园区内投资新建的工业项目：固定资产投资在1000万元（含1000万元）至3000万元的项目，用地在2公顷以内部分；固定资产投资在3000万元（含3000万元）至5000万元的项目，用地在3.33公顷以内部分；固定资产投资在5000万元（含5000万元）至1亿元的，或经认定的固定资产投资在1000万元以上的高新技术项目，用地在6.67公顷以内部分，免收50%以上政府收取的土地出让金。超出用地限额的，可适当提高政府收取的土地出让金比例。固定资产投资在1亿元（含1亿元）以上，需新增用地的，可根据投资者要求，经协商给予特殊优惠。②利用县内企业划拨土地投资兴办企业的，可将土地使用权依法转让给新建企业，政府可按不超过地价的40%收取土地出让金。③投资建设公用设施项目的，按划拨方式提供用地；BOT、TOT方式合作项目，按合作时间提供划拨用地。④开发土地从事种植业、林果业、畜牧业、水产育苗养殖业的：土地使用年限一般为10年，最长可达到30年；通过出让方式取得土地使用权，一次性缴清土地出让金的，优惠20%；分期缴纳的，定金可按出让金总额的10%缴纳，出让金其余部分从合同生效第3年起，每年按30%比例连续3年内缴清。租赁国有荒地、浅海、滩涂的，根据投资规模和租赁期限，政府可适当减收租金或海域使用费；对投资特别大的项目，或科技含量较高的项目，或大公司、大集团、跨国公司投资项目，以及其他对赣榆经济发展具有重要意义的项目，在财政返还、土地使用和各项费用收取上，按照更加优惠的原则，采取“项目带政策”“一事一议”的办法，个案处理。

2005年，赣榆县招商引资优惠政策主要有：一、土地政策：在江苏省赣榆经济开发区、江苏省赣榆海洋经济开发区、西关民营工业园区和连云港临港产业区（柘汪）（以下通称开发区）内投资兴办工业企业，按《江苏省建设用地指标体系》确定项目用地规模，原则上固定资产投资要求在1000万元（100万美元）以上，投资强度1500万元/公顷以上，以项目开工之日起计算，亿元投资周期为一年，以土地使用权出让的形式为企业办理土地使用证（工业用地使用期50年），根据企业固定资产投资规模、投资强度、结合税收贡献确定土地出让价格：①一次性固定资产投资1亿元（1000万美元，含）以上，投资强度超过3000万元/公顷的企业由县政府提供项目建设用地；固定资产投资1亿元以上、投资强度在3000万元/公顷以下的，土地基本价格不低于15万元/公顷。②一次性固定资产投资5000万元（含）～1亿元的，土地基本价格不低于270万元/公顷。③一次性固定资产投资2000万元（含）～5000万元的，土地基本价格不低于420万元/公顷。④一次性固定资产投资2000万元以下的，土地基本价格不低于570万元/公顷。⑤凡固定资产投资强度超过300万元/公顷的企业，土地出让价格还可享受其与固定资产投资规模相对应的土地基本价格50%的优惠。二、在开发区外兴建固定资产投资500万元（含）以上工业项目的用地，可按最低出让价收取土地出让金。三、房地产项目、商贸流通及娱乐等经营性项目，土地一律实行挂牌出让。四、外来客商投资建设公益事业项目（如学校、医院等），土地可按划拨价使用。二、收费政策：①开发区的工业项目，县级城市建设行政性收费先征后奖。②房地产项目，商贸流通、娱乐等经营性项目，各类建设规费按赣政发〔2004〕37号文件规定收取。③省以上法律、法规、文件规定应收取的费用，按相关最下限收取；服务性收费按规定最低标准的30%收取。三、财政补贴政策：企业所得税：①开发区内新办工业企业，凡固定资产投资2000万元（含）以上的，自投产之日起，上缴企业所得税地方财政留成部分，按前5年全额、后5年减半的方法，由受益财政补贴给企业；投资2000万元以下的，自投产之日起，上缴企业所得税地方财政留成部分，按前3年全额、后2年减半的方法，由受益财政补贴给企业。②开发区外的新办工业企业，固定资产投资在500万元以上的，自投产之日起，上缴企业所得税地方民部分按照前3年全额、后2年减半的方法，由受益财政补贴给企业。③投资固定资产超过1000万元的商贸流通、服务、娱乐等经营性企业，年缴纳企业所得税地方留成超30万元以上部分，3年内由受益财政按超过部分的20%给予奖励。增值税：①开发区内的新办工业企业，固定资产投资2000万元以上的，上缴增值税的地方留成部分按第1年全额、后2年减半的办法，由受益财政补贴给企业；2000万元以下的，3年内地方财政留成部分的40%，由受益财政补贴给企业。②开发区外投资500万元以上的新办工业企业，第1年按上缴增值税地方留成部分的40%、后2年按20%由受益财政补贴给企业。

2009年，赣榆县深入贯彻科学发展观，为加快全县工业化又好又快发展，赣榆县政府出台《赣榆县重大项目准入及政府投资项目预核准实施意见》，对准备落户赣榆的重大项目及政府投资项目准入条件、办事程序进行规范。

第二节　招商服务

20世纪90年代，赣榆县对外商投资项目，简化手续，及时呈报、审批，凡在本县权限内要办的手续，15天之内办理完毕。外商投资企业除按法律、法规规定缴纳各种税、费外，任何单位不得向外商投资企业摊派和乱收费用。

2000～2009年，赣榆县先后成立县外来投资者服务中心、赣榆县外商投诉调解中心，推行行政部门服务承诺制，建立外商评议制度，强化综合整治，提高办事效率。采取多种形式，大张旗鼓地宣传“人人都是投资环境，利用外资人人有责”的浓厚招商氛围，对在招商引资工作中取得突出成绩的单位和个人，给予表彰奖励。各相关部门进一步减少审批环节，简化审批手续。项目审批实行一条龙服务，一个窗口对外；当场不能办理的必须在5日内办理完毕或给予明确的说明、答复；需要到上级主管部门办理手续的，均由县相关部门负责协调办理。合资的中方、独资企业所在的乡镇、主管部门负责协调办理。合资的中方、独资企业所在的乡镇、主管部门要根据外商提供的基础资料，指派专人全程服务，免费代办手续；县相关部门主动衔接好审批环节，积极服务、协调到位。县里建立重点项目会商、会办制度，对重大项目，县领导实行跟踪落实。同时，每年定期或不定期在全县外商投资企业、规模较大的内联企业中进行问卷调查，对涉外单位进行测评，公布评议结果。测评结果要与干部述职、干部考核任用结合起来。凡是外商评议差的单位，经核查确定的，不得评为先进单位，不得享受年度奖励，主要负责人要自动引咎辞职。所有机关工作人员，凡是在招商引资和涉外管理服务过程中违法违纪、推诿扯皮、刁难设卡，谋取私利或干扰外商投资企业正常经营的，一经查实，是领导干部的予以免职，一般工作人员调离原单位，并根据情节给予纪律处分，直至开除公职。管理权限不在本县，但应给予必要处罚的干部，由县委、县政府向其上级主管部门提出给予相应处罚的建议。以权谋私、索贿受贿构成犯罪的，依法追究刑事责任。各乡镇、各部门擅自出台的收费项目一律取消。国家允许的收费项目，各收费单位必须公开收费标准，并实行收费许可证、付费登记证和统一票据制度。对重点外引内联企业实行挂牌保护，由县政府颁发“企业合法权益重点保护单位”牌子，明确保护措施。对于违反规定向企业乱收费、乱罚款、乱集资、乱摊派和乱检查的，企业有权拒绝，并积极向县财政、监察、物价等部门或县外商投诉调解中心举报，有关部门必须及时作出答复和处理。加强社会治安综合治理，对强买强卖、无理扰乱企业正常生产经营的行为坚决打击，对非法侵犯外商人身安全和合法权益的犯罪活动依法严惩，切实保障外商的人身和财产安全。

第三节　招商活动

20世纪90年代初期，赣榆县招商活动，特别是到境外招商活动较少。1992年，应香港时源等几家实业公司邀请，以县长为团长的赣榆县人民政府赴香港经济考察团一行4人，赴港进行考察和交流活动，并与香港慧储实业公司就桐木加工及黄砂出口达成协议。

1995～1999年，赣榆县细化招商目标，层层落实招商责任，并定期或不定期进行考核检查，先后组团参加连云港军转民洽谈会、中国投资贸易洽谈会、春季广交会、哈尔滨经贸洽谈会等十多个大型商贸会。同时，赣榆县利用在美国的境外企业为窗口，组团到美国招商；通过日本白羽家族以及赣榆县在日本堺市的境外企业和日本商社的关系，分别在日本的名古屋市、堺市、佐贺市召开招商洽谈会，选出一批合资、合作和贸易项目发布；在烟台开发区举办对韩国招商小型经贸洽谈会，并组团赴韩国进行招商引资；在深圳举办赣榆经贸洽谈会；充分利用与锡山市结为友好县的条件，推出300余个特色招商项目，组织招商小分队，开展对口招商洽谈活动。

2000～2005年，赣榆县组团赴欧洲、美国、日本、韩国，赴香港、泉州、深圳、南京、上海等地开展大型招商活动，组团参加省农洽会、苏北投资贸易洽谈会，举办境内外大型招商活动40次以上。

2006～2009年，赣榆县开展“春季突破”“百日招商暨首季开门红”“六月攻坚”“冲刺四季度、确保再夺冠”等主题招商活动，组团参加广交会、华交会、乌洽会、江苏沿海开发恳谈会、连云港沿海开发合作

图 7-1　徐福节经贸洽谈会（2007年摄）

（深圳）说明会、连云港沿海开发合作（绍兴）说明会、苏北投资发展推介会、西洽会、台湾江苏周、苏北经贸洽谈会、苏台经贸洽谈会、江苏国际农洽会、中国国际投资贸易洽谈会等大型推介会，成功举办上海华商会·江苏赣榆联谊会、第6～7届徐福节等活动。招商活动对接的主要地区有宁波、杭州、青岛、郯城、临沂、南京、常熟、苏州、无锡、南通、上海、福州等地。并邀请日本、韩国、印度尼西亚、马来西亚等国家和山东、上海、广东、浙江、苏南等地区的客商到赣榆县考察、洽谈达300多批次。

第四节　招商成果

一、引进内资

1990～1992年，赣榆县引进内资约为1000万元。

1993年，赣榆县横向经济技术联系扩展，协作领域拓宽。全县年内办成内联项目52项，引进资金1750万元。

1994年，内联工作进展较快，协作领域不断拓宽。全县年内新办项目89个，引进资金2338万元，引进各类人才855人，南北挂钩工作开始起步。

1995年，全年新办内联企业140家，总投资2.18亿元。县开发区立足实际，广泛招商引资，周边乡镇积极参与，实现进区项目50个。

1998年，新签内联项目68个，投产开业66个，客方到位资金7368万元。

1999年，经济技术协作继续发展，全年共签内联项目68个，投产开业80个，客方到位资金8376万元。

2000年，组织赴温岭、厦门、上海招商活动，建立50多个委托招商关系。内联项目开工投产78个，客方到位资金1.3亿元。

2001年，县招商局成立，组建招商网站。县委、县政府组织赴泉州、深圳、南京、香港、上海等地开展大型招商活动。新签内联项目91个，客方到位资金1.57亿元，增长20.8%。

2002年，新签内联项目209个，客方到位资金6.2亿元。

2003年，全年内联客方实际到位资金10.5亿元，新增内联项目650个，比上年分别增长67.7%和192.8%。新上1000万元～5000万元项目45个，5000万元～10000万元项目9个。亿元以上项目有瑞邦药业、舜天服装、聚酯薄膜、英民电脑等7个。

2005年，实施“三百项目会战”和“决战八九十，项目大推进”等专项活动，组织参加省农洽会和苏北投资贸易洽谈会，先后举办大型招商活动16次。全年引进内联资金到位26亿元，比上年增长23.8%。新开工2000万元以上项目47个，投产2000万元以上项目26个。

2006年，举办第六届徐福节，实施“大干100天，提前过半年”和“决战120天，提前进入2007年”等各类招商活动，继续推进全民招商、专业招商、着力招引重大项目，全年引进内联资金到位31.9亿元，比上年增长35.3%。

2009年，强推招商引资，组团参加西洽会、“台湾江苏周”、江苏国际农洽会，深入开展“百日招商暨首季开门红”等系列招商活动，成功落户一批产业链项目，全年引进内联项目238个，其中过亿元项目28个，内联到位资金60亿元。

二、引进外资及港澳台资

1991～1992年，全县实际利用外资及港澳台资456万美元。

1993年，全县利用外资及港澳台资规模进一步扩大。全年新批“三资”企业73家，比上年增长82.5%；合同利用外资及港澳台资2812.5万美元，实际利用外资及港澳台资748万美元。在“三资”企业个数大幅度增加的同时，项目的规模、档次和水平也相应提高。

1994年，全县利用外资继续保持良好势头。全年新批“三资”企业52家，合同利用外资及港澳台资1156万美元，实际利用外资及港澳台资562.4万美元。

1995年，全年新批“三资”企业60家，合同利用外资及港澳台资1885万美元，比上一年增长63.1%；实际利用外资及港澳台资846万美元，增长50.4%。

1998年，全县克服亚洲金融危机蔓延、国际市场需求萎缩等不利影响，坚持把发展外向型经济作为一项重点工作抓紧抓好。全年新批“三资”企业26家，实际利用外资及港澳台资1035万美元，比上年增长13.1%。

1999年，利用外资及港澳台资有所增长。全年共批“三资”企业15家，开业投产5家，实际利用外资及港澳台资1008万美元。

2000年，新批“三资”企业18家，开业投产10家，实际利用外资及港澳台资553.4万美元。

2001年，全年新批“三资”企业13家，开业投产8家，合同利用外资及港澳台资751.48万美元。实际利用外资及港澳台资663.8万美元，比上年增长19.9%。

2002年，积极组织赴欧洲、美国、日本、韩国、上海等地开展招商活动，广泛吸引外商投资。全年新批“三资”企业29家，开业投产10家。合同利用外资及港澳台资1878万美元，比上年增长1.5倍。实际利用外资及港澳台资1060万美元，比上年增长59.8%。

2003年，全年新批“三资”企业38个，协议注册外资及港澳台资8334万美元，注册外资及港澳台资实际到账额2510万美元，比上年分别增长342%和137%。

2005年，全年新批“三资”企业71个，协议注册外资及港澳台资1.6亿美元，比上年分别增长29.1%、45.5%；注册外资及港澳台资实际到账3530万美元。

2006年，全年新批“三资”企业41个，协议注册外资及港澳台资1.82亿美元，增长13.9%；注册外资及港澳台资实际到账额6449万美元，比上年增长82.7%。

2009年，全年新批“三资”企业21个，注册外资及港澳台资实际

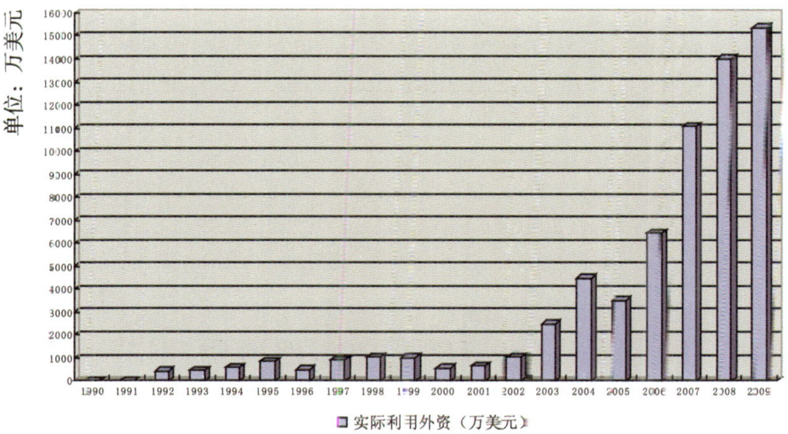

图 7-2　1990～2009年赣榆县实际利用外资及港澳台资总额统计图

到账额1.58亿美元。

第三章 对外贸易

第一节 进出口贸易

1990年，全县外贸收购额完成7274万元。其中：粮油食品类964万元，土产类1338万元，畜产品类1017万元，服装类433万元，丝绸类64万元，轻工业类227万元，工艺类663万元，化工类771万元，医药类149万元，五金矿产类1226万元，设备类154万元，机械类129万元，冶金类109万元，包装类32万元。

1991年，全县外贸收购额完成7283.5万元。其中：粮油食品类14.8.52万元，土产品类1336.68万元；畜产品类655.16万元，比上年下降34.9%；轻纺、化、医、工艺类2159.68万元，比上年下降3.64%；五矿冶金设备包装类完成1445.31万元，比上年下降10.70%；鲜茧收购完成137吨，调拨干茧54.8吨，比上年增长12.76%；兔毛收购完成47610千克，比上年增长759.88%。销售总额完成1719.11万元，比上年下降51.68%。

1993年，全县进一步加快对外开放步伐，外向型经济又上新台阶，市政府同意赣榆县对外贸易公司以市对外贸易公司名义自营出口业务，赣榆县对外经济贸易公司成立具有法人资格的5个分公司和2个加工厂，即：外贸粮油食品公司、外贸土畜产品公司、外贸工业品公司、外贸丝绸公司、外贸茂源开发公司、外贸兔毛加工厂、外贸冷冻加工厂。

1998年，全县实现自营出口1830万美元，其中地方外贸自营出口306万美元；完成外经营业额768万美元，比上年增长52.7%。

1999年，全县对外贸易势头良好。全年地方自营出口创汇总额2000万美元，其中“三资”企业出口创汇1900万美元。新签外经合同额608万美元，完成营业额802万美元。

2000年，全年地方自营出口创汇729万美元，实现外经营业额890.2万美元。

2001年，全县积极应对世界经济全球化和加入世界贸易组织所面临的严峻形势，加强外经外贸工作，坚持市场多元化、以质取胜和“科技兴贸”战略，外贸出口保持一定增长。全年地方自营出口总额943.4万元。

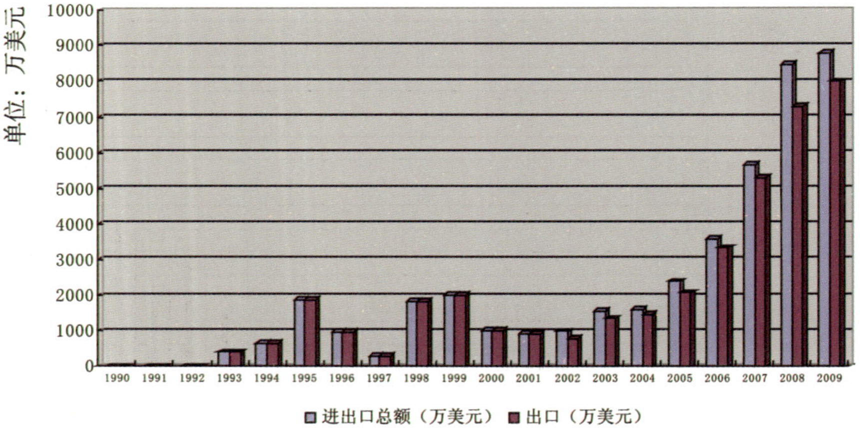

图 7-3 1990～2009年赣榆县进出口总额统计图

2002年，全县开放型经济快速发展。全年进出口总额1000.34万美元，实现进口总额的零突破。地方自营出口总额783万美元。

2003年，全县开放型经济保持发展，进出口总额大幅增长。全年进出口总额1560万美元，比上年增长56%。地方自营出口总额1369万美元，增长74.7%。

2005年，全县开放型经

济稳步发展，进出口总额大幅增长。全年进出口总额2406万美元，比上年增长50.7%，其中出口总额2086万美元，比上年增长42.1%；外经营业额3329万美元，比上年增长58%。

2006年，全县进出口总额3613万美元，其中出口总额3356万美元。

2007年，开放型经济迅速发展。全年进出口总额5678万美元，比上年增长57.2%，其中出口总额5303万美元，比上年增长58%。

2009年，进出口总额8811万美元，完成自营出口达8011万美元。

第二节　外资、外贸企业选介

连云港永盛艺术品有限公司　成立于2004年，位于赣榆县石桥镇石东村，主要产品为布、毛绒玩具系列产品。截至2009年，公司固定资产500万元，完成产值3亿元，有员工500余人，内设业务部、行政部、采购供应部、开发部、技术部、品管部、生产部。拥有国内比较先进的各类激光裁床、缝纫设备、松棉机、打棉机、检测设备等270余台（套），具备年生产出口各种布、毛绒玩具50万打的生产能力。产品远销欧、美、澳20余个国家和地区，其中美国占60%，欧洲占30%，澳洲以及加拿大等国占10%。

连云港高发玩具礼品企业　成立于2004年，位于赣榆经济开发区内，是集研发、生产、出口为一体的综合性玩具礼品公司，公司属于外商独资企业，产品主要出口欧美市场，年出口额近1000万美元。截至2009年，公司有员工450多人，下设设计部、工艺部、采购部，生产部质量部，人事部和财务部等部门。工厂拥有多台全自动激光布料裁剪机，500台电动缝纫机，检测精细的检针机2台，拥有化学和物理实验室，以及符合各出口国标准的相关监测仪器设备。产品主要出口欧洲和美国，玩具设计按照西方的传统理念共分为四个系列：圣诞节系列、情人节系列、复活节系列、常规动物，与WAL-MART，SEARS，D.G等世界著名连锁超市建立了长期、稳定的业务合作伙伴关系，并拥有BV、ITS等公司的良好工厂检验记录，公司获ISO9001：2008质量管理体系认证以及国际玩具业协会ICTI认证。

图 7-4　高发玩具生产车间（2007年摄）

连云港明均食品有限公司　成立于2004年，位于墩尚镇驻地，由墩尚镇泥鳅养殖大户乔宗礼和韩国清水水产养殖公司老板曹炯武合资240万美元投资兴建。2009年，连云港明均食品有限公司开发养殖水面达200公顷，并配套建设饲料厂和冷藏厂，采用现代化的管理模式，实行工厂化、产业化经营，育苗、养殖、加工销售一条龙作业，所繁育的泥鳅全部销往韩国，年产量1.2万吨，产值3亿元，成为苏鲁边界地区最大的泥鳅养殖基地。

江苏金茂源生物化工有限责任公司　成立于2006年，位于赣榆县海州湾生物科技园，公司注册资金14800万元，是一家集生物化工研发、设计、生产、销售于一体的民营企业，拥有总资产6亿余元。公司主要从事生物化工和精细化化工生产，重点生产以木薯、玉米为原料的深加工系列产品。主要项目有6万吨/年混合溶剂、20万吨/年醋酸乙（丁）酯和10万吨/年酒精及配套建设6兆瓦热电联产发电机组、日处理2万立方米污水处理厂等装置。截至2009年，企业有员工400人，企业先后获连云港市工业投资“十强”企业、连云港市纳税“二十强”企业、赣榆县纳税“十强”企业等荣誉称号。

连云港兴怡紧固件有限公司　成立于2008年，位于赣榆县海州湾产业集聚区，占地面积约12公顷，是一家专业从事紧固件制造和销售的中型企业。其生产、技术、设备、管理团队、营销网络依托原浙江省宁波兴怡紧固件有限公司，公司可根据DIN（德标）、ANSI（美标）、BS（英标）、JIS（日标）、AS（澳标）等标准生产内六角和外六角螺栓，主要生产8.8级、10.9级、12.9级，直径在6～64毫米，长度在50～1500毫米的内六角螺栓和外六角螺栓，产品销售地区主要定位在美国、加拿大、日本、韩国等，2009年年底还未投产达效。

第四章　经济技术交流与合作

第一节　国际经济技术交流

20世纪90年代中后期，赣榆县逐步围绕全县重点产业发展的技术创新需求，不断深化国际产学研合作和跨国技术转移，主动加大利用全球科技创新资源的力度，促进更多的海外创新成果和科技人才集聚赣榆，提升赣榆国际科技合作的层次和水平。其中，1999年，组织参加河南省郑州国家外事局举办的引进外国智力、技术展览会。

2000年后，赣榆县国际经济技术交流明显加快，多项经济技术合作得到国家及省科技部门的立项扶持。

2001年，通过国家外事局，邀请日本板栗专家到赣榆县夹山、城头、石桥等乡镇板栗产地进行现场高产栽培技术指导和培训，并引进了银寄、利平、苏波等四个板栗优良品种45株。

2004年，连云港金海岸海洋开发公司与英国一家科技公司签订“欧盟海产品加工技术引进”协议。

2007年，连云港中大海藻工业有限公司与南非合作“巨藻新品种和巨藻深度开发技术引进”项目。

2008年，连云港天天海藻工业有限公司与韩国合作“淀粉醚生产技术引进与开发”项目；连云港倍特金属磨料有限公司引进留日博士孟令光开展技术创新，获得省委组织部和科技厅100万元高层次创新创业人才引进专项资金资助。

2009年，连云港百鲜屋食品有限公司与日本合作“生冻即食江珧贝的研究与开发”项目。

截至2009年，全县共组织25项国际合作与交流项目，引进新技术新成果22个，引进博士以上创新型科技人才6名。

第二节　区域经济技术交流

1992年，建立与大专院校、科研单位的技术协作关系22项。

1993年，海头镇与江南无锡县华庄镇（全国第一个国家级社会发展综合实验区）正式签署了结为友好镇协议。

1996年，组织化肥厂、农机厂和乡镇企业47家参加苏北四市科技成果巡回洽谈会，达成意向合同66项，签订技术服务合同1项，确定合作关系18项。组织工业企业参加北方技术市场和江苏技术市场举办的供需洽谈会。

1997年，科委组织有关企业参加省科委在扬州举行的科技洽谈会。举办科技信息发布会，有150人参加，发布科技信息50项。建立"企业商情库"和"技术难题需求数据库"。

1998年，县科委在淮阴科技成果转化洽谈会上与省蔬菜研究所、南农大、省海洋研究所等6家单位签订16项科技与经济对接项目。

1999年，县科委组织有关单位20人参加市科委举办的科技信息发布会；组织25人参加99中国苏州科技成果交易会，全县21家单位参加，与19所大学、科研院所签约或达成合作意向、长期合作、技术转让、人才培训等、洽谈合作项目38项；组织参加青岛海洋技术与海产品加工机械洽谈。

2000年，县科委派人参加在北京举办的全国专利展示会，在苏州举办的全省科技成果洽谈会，引进最近两年全国最新研发的新专利、新成果、新技术2000余项。

2002年，邀请9名省"333工程"专家到赣榆县委党校及塔山、墩尚、黑林等镇授课，听课人数达1200人。

2003年，县科协聘请南农大、中国农科院的22名专家教授担任赣榆县18个镇22个村的科技经济发展顾问，新上科普示范基地22个。其中，投资千万元以上大项目4个，500万元～1000万元6个。宋口村的大鲮鲆鱼工厂化育苗、门河的药材生产基地、欢墩的无公害芦笋生产基地、黑林的肉牛养殖示范基地、墩尚的泥鳅养殖等为区域性经济发展提供了良好的典型。

2004年，南京农业大学等高等院校22名专家教授与全县18个镇22个村对接，为基层提供技术指导、项目编报等无偿服务。专家现场指导180人次，举办专题讲座12期，培训农民技术员1.5万人次，带来农民增收致富信息300条，引进新品种20个，新技术33项。其中，门河口药材、厉主大樱桃、茶叶、墩尚泥鳅、赣马牧草养鹅等5个大项目已由南农大编报省政府。中央电视台、《人民日报》等国家级6个新闻媒体进行报道。

2005年，全县16家相关企业与中国海洋大学、中科院海洋研究所、江南大学、南农大等10多家高校、科研院所建立长期科技合作关系，签订科技合作协议16项，引进新技术、新品种、新成果17项。

2006年，南农大、市淮海工学院等22名专家教授对赣榆县18个镇22个村制定经济发展规划。南农大在柘汪镇共建"专家工作站"，兴建赣榆县特种经济动物改良场。

图 7-5 塔山镇出口的柳编制品（2007年摄）

2008年，中科院海洋研究所、青岛黄海研究所、国家海洋局一所、江苏农科院、扬州大学、南京农业大学等高校院所16名专家分别与金山、柘汪等9个镇17个特色专业村实行对接挂钩，产业涉及海水养殖、果树栽培等8个专业门类。

2009年，上海海洋大学7

名专家教授在赣榆举办科技成果发布会，发布20项先进适用的科技成果，有7家企业与上海海洋大学签订科技合作协议，引进科技成果10个，共同申报5项省科技项目，引进1名高层次创新人才；江苏第二届产学研合作成果展示洽谈会，赣榆县组织海洋渔业、光伏产业等行业的30多家企业100多人参会，收集600多条科技成果信息并向全县发布；江苏榆城集团有限公司引进中科院海洋所刘鹰博士，开展工厂化养殖创新工作，获得省委组织部和科技厅100万元高层次创新创业人才引进专项资金资助；南农大、省海洋水产研究所等专家教授与全县200个行政村进行对接、挂钩，产业涉及果树栽培、畜牧养殖等十大专业技术人才，引进新品种6个、新技术4项。

1990～2009年，赣榆县共举办或组织参加各类科技交流活动15次，有100多家企业参加各类对接活动，与淮海工学院、苏州大学、中国水产科学院东海水产研究所三家高校院所合作建立3个产业技术创新战略联盟，全县40多家企业与中国海洋大学、中国科学院海洋研究所等20多所高校院所签订各类科技合作协议90多项，引进新技术新成果90多个，共同实施科技合作项目90多项，引进各类高层次创新型科技人才26名。江苏春生超声电机有限公司被批准创建江苏省首批院士工作站，连云港金康医药科技有限公司、江苏中大生物科技有限公司等6家企业与高校院所联合建立研发机构或试验基地。

第三节　劳务输出

1993年，赣榆县开展对外劳务输出，全年对外劳务输出200多人，完成对外承包金额175万美元。

1994年，全年对外劳务输出686人，实现营业额227万美元。

1995年，全年对外劳务输出累计1024人次，新签对外承包工程和劳务合作项目金额410万美元，完成营业额378万美元。

1998年，劳务输出年末在外人数1022人。

1999年，劳务输出年末在外人数1211人。

2003年，赣榆县印发《关于进一步加强施工企业埠外注册管理工作的通知》，加强建筑施工企业埠外注册登记等有关事项的管理；转发《关于清理整顿对外劳务市场的工作方案》，规范对外劳务市场，打击和取缔非法对外劳务经营活动，规范对外劳务经营行为，减少对外劳务纠纷，切实维护劳务人员合法权益和对外劳务市场正常的经营秩序。是年，新发展境外劳务907人，增长7.5%。年末在外1426人，增长9.2%。

2005年，赣榆县印发《关于印发赣榆县劳务输出培训券制度实施意见的通知》，加强农村劳动力转移，提高农民就业能力，年末在外劳务人数2414人。

2006年，劳务输出年末在外人数3503人。

2009年，劳务输出年末在外人数3900人。是年，赣榆县印发《关于印发赣榆县清理整顿外派劳务市场秩序专项行为工作方案的通知》，规范各镇、各相关部委办局外派劳务健康发展，对非法经营、无证经营、超范围经营、发布虚假外派劳务广告的企业和个人、媒体依法处理。

1993～2009年，全县累计派遣各类出境劳务人员34972人次，营业额达37852万美元。

第八篇 农业

第八篇 农业

20世纪90年代后，赣榆县全面推进农村经济体制改革，进一步完善土地承包经营责任制，完善土地流转制度，引导农村土地向规模经营集中；规范农村财务管理制度，推进农村税费改革，减轻农民负担；加大农业投入，改善农业生产条件；加快农业产业基地建设，提高农业规模化、标准化、机械化、科技化水平，加大品牌建设，推进农业产业化；加大对种植业、林业、畜牧业的技术服务与指导，积极防治病虫草害，不断引进和推广新品种、新技术。

20年间，赣榆农业经济迅猛发展。1990年，全县农业总产值115998.48万元，粮食总产量527936吨，油料总产量50359吨，大牲畜年末存栏量2.28万头，生猪年末存栏量32.9万头，木材年末采伐量16.96万立方米，农业机械总功率30.14万千瓦。到2009年，全县农业总产值759478万元，粮食总产量504028吨，油料总产量69243吨，大牲畜年末存栏量6.77万头，生猪年末存栏量41.58万头，木材年末采伐量6.2万立方米，农业机械总功率85.5万千瓦，并发展成为全国农业综合实力百强县。

第一章 农村经济体制改革

第一节 完善土地承包制度

一、土地确权发证

1996年，县委、县政府印发《关于进一步稳定和完善农村土地承包制做好延长土地承包期工作的通知》，对全县农村土地二轮承包工作作了具体规定。县里先后在城南乡大朱洲村和门河乡进行土地二轮承包工作试点，成效显著。在总结试点经验基础上，县委、县政府制定出台《关于当前农业和农村经济发展若干政策的规定》，对稳定和完善家庭承包责任制做进一步要求，明确提出第一轮承包到期后，再延长30年不变。

1997年年初，全县全面推开土地二轮承包工作，共核实耕地面积51806公顷，包括多年生植物面积2520公顷，用于延包调整面积49287公顷。其中，延包到户面积46606.67公顷，预留地面积380公顷，机动地面积2300公顷。在地块、面积、合同到户基础上，向承包农户颁发了由县政府统一印制的农村土地承包经营权证，直接确权到户。土地二轮承包后，在承包期内实行"增人不增地、减人不减地"的承包政策，稳定农村土地承包关系。因修建同三高速公路、204国道、327国道等原因征占土地，涉及的柘汪、赣马、马站、欢墩、门河等镇的部分村，经县批准后，进行了适当规模的土地调整。

2001年，农村税费改革工作中，以土地二轮承包面积为依据，对农村土地面积重新进行了核实，确定了农业税计税面积。县委办、县政府办转发市《关于稳定当前和完善土地承包关系妥善解决当前农村土地承包纠纷的意见》文件，进一步规范了农村土地承包管理工作，及时解决了一批农村土地承包纠纷案件。

2004年年底，县委、县政府对全县农村土地承包中存在的问题进行整改，先后出台《关于印发〈稳定和完善农村土地承包经营制度工作中有关问题的处理意见〉的通知》《关于进一步做好农村土地承包工作的决定》《关于转发〈关于对我县土地承包问题整改操作程序及有关问题的处理意见〉的通知》等指导性文件，对全县农村土地二轮承包后续工作进行了完善，及时纠正和查处了一些镇村违法收回和调整农户承包地等问题，有效地化解了农村土地承包中存在的一些矛盾和问题。

二、土地流转管理

1990～1996年，农户间土地的变化主要通过土地调整解决。1997年，土地二轮承包后，主要通过土地流转解决。

2008年，县委农工办印发《赣榆县农村土地承包经营权流转合同示范性格式文本》，对全县农村土地流转进行全面规范。

2009年年底，全县累计流转土地面积10130公顷。其中，流入农业企业2573公顷，流入种养大户6460公顷，流入城镇居民及其他组织1100公顷，农户间的流转价格一般每公顷在5000～6000元，镇村组织协调流转的流转价格每公顷0.9万元～1.2万元。

三、土地承包合同管理

1990年，分田到户后，各镇按照增加集体积累、壮大集体经济的要求，以开发利用自然资源为基础，积极发展多种经营。是年，承包土地主要由各村根据人口、耕地面积自我掌握，自行确定。

1991～2007年，随着山林、鱼塘等多种经营承包逐步增多，合同逐渐增多，并呈现为由口头向书面、由简单向复杂，包括违约责任等形式转变，合同管理日趋完善。

2008年，全县印发统一的专业承包合同示范文本，明确了承包合同管理的范围、内容、要求和责任以及监管职能。

2009年，全县各类专业承包合同3万多份，全部达到规范管理。

四、土地规模经营

20世纪90年代末期，家庭承包经营出现效益下降、弃田增多、生产资源闲置等现象。

图 8-1　门河镇中药材种植（2006年摄）

2005年，县委农工办出台《关于加快农村土地承包经营权流转促进规模经营的意见》等政策性文件，引导农村土地向规模经营集中。是年，全县土地开始逐步向规模化经营转变，全年累计规模经营土地800公顷。

2007年，县委、县政府引导工商资本进军农业，参与土地规模经营，发展镇村特色农业，全年流转土地1200公顷，累计规模经营土地4800公顷。

2009年，全县累计规模经营土地面积5600公顷。其中，土地租赁型5200公顷，农民合作型400公顷，从事种植业3430公顷，从事畜牧业267公顷，从事水产养殖业400公顷，从事林业1467公顷。是年9月，县工商、农业、农工部等部门，指导成立了班庄镇黄班土地股份专业合作社和墩尚镇银河土地股份专业合作社2家土地股份合作社，土地入股农户数195户，土地入股面积31公顷，入股分红金额34.1万元。

第二节　农村财务管理改革

1990年，县政府对村级财务制度进行系统修订，建立健全村级财务管理10项制度。

1993年8月，对全县村会计进行培训、考试与考核，向全县1805名村会计颁发会计证，实行持证上岗。

1995年12月～1996年2月，在班庄乡进行农村集体资产管理试点。

1996年10月，对全县村会计进行账改培训。

1997年1月1日，全面进行账改，实现村级核算、管理与《会计准则》《财务通则》的接轨。是年，为适应农村集体资产管理的形势，根据《关于设立赣榆县农村会计师事务所的批复》，在县委农工部内设赣榆县农村会计师事务所，建制为股级全民事业单位，编制8人，经费自收自支，并由江苏省农村集体资产管理办公室授予资产评估资格，承担全县乡镇企业改革资产评估，后于2001年3月撤销。

1997年9月～12月，按照制订方案、清产核资、处理问题、界定产权、搞好登记等5个步骤，在全县组织农村集体资产清产核资，共落实清产核资单位1750个。其中，行政事业单位442个，乡镇企业286个，村及村办企业1022个，共清理农村集体资产总额达19亿元。

1998年，在全县推行村会计到乡镇经管站集体办公和财务档案统一由乡镇管理。

1999年，确立以行政村为核算单位的模式，统一和规范全县村级的会计核算。

2000年10月，全县统一实行村会计由镇统一委派，实行村账由镇经管站代记。

2001年，全县由765个核算单位变为454个，保证全县合村并组工作的进行。

2005年年底，全县18个镇农经中心和13个行政村初步具备电算化的条件。

2006年1月1日，全面实施新会计制度。

2007年，重点开展财务混乱村清理整顿工作，有效制止财务混乱现象。

2008年，对全县630名农经人员定期进行培训，对于2006～2007年度农村会计《上岗证》进行年检。

2009年，开展财务管理薄弱村整治工作，全县24个财务管理薄弱村转化22个。

第三节　农村税费改革

1990～2000年，赣榆县坚持"定项限额，总量控制"的原则，按照乡统筹、村提留不超过上年农民人均纯收入的5%的标准收取税费，控制一切要农民出钱、出物、出工的活动。

20世纪90年代中后期，很多镇村为完成上级下达的税费任务，对农民乱收费、乱摊派、乱罚款，造成农民税收负担过重，干群矛盾突出，上访、群访事件时有发生。

2001年，县内全面实施农村税费改革，成立县委农村税费改革办公室，因地制宜组织实施以"四取消、两调整、一改革"为主要内容的农村税费改革。其中，"四取消"就是取消乡统筹费、取消农村教育集资等面向农民的行政事业性收费、政府性基金和涉及农民的集资项目，取消屠宰税，逐步取消劳动积累工和农村义务工。"两调整"就是调整农业税收政策，调整农业特产税政策。"一改革"就是改革村提留使用方法。

2002年，为保证农村税费改革顺利进行，县里成立专门领导小组和办公机构，召开全县三级干部动员大会，抽调县直机关和乡镇干部1500余人，组成26个农村税费改革工作指导团，县四套班子领导成员和有关部门负责人每人带一个团驻乡进村，指导税改工作。是年，劳动积累工和农村义务工（简称"两工"）减至18个工日。

2003年，"两工"减至16个工日；2004年，"两工"全部取消。

2004年，县境实行对农民的粮食生产直接补贴政策，实行农民种粮直接补贴、杂交水稻良种补贴，统一按种植面积每公顷补贴300元。

2005年始，全县取消农业税。是年，采用"一折通"方式发放粮食直补资金774.4万元，发放小麦良种补贴250万元，水稻良种补贴120万元。

2006年起，全面建成涉农补贴发放平台，全年采用"一折通"发放水稻、小麦良种补贴410万元，发放农资增支综合补贴和水稻直补资金2149万元，受益农民23万户。

2007年，建成启用农民补贴网，对粮食直补、农资综合直补、良种补贴、退耕还林粮食补助、能繁母猪保险和补贴、大中型水库后期移民补助等各项涉农补贴，实行"指标统一下、资金一户管、服务一站办、收支一本账、补助一折（卡）发"的"五个一"管理办法，完善了"一折通"涉农补贴发放平台，全年共发放粮食直补资金891万元、农资增支综合补贴2150万元，受益农户21万户；争取机动渔船柴油价格补贴7139万元，涉及机动渔船1963艘。

2009年，发放农资综合补贴和水稻直补资金5833万元；水稻、小麦、玉米良种补贴1314.5万元，受益农民73万人；发放1953艘渔船油价补贴5129万元，惠及渔民1866户；发放农机购置补贴918万元，全县新增各类农机具2207台。

第二章　农业产业化

第一节　产业基地建设

图 8-2　沙河镇设施蔬菜基地（2004年摄）

1990～1999年，赣榆县农业产业化发展处于起步阶段。县境实行农户、企业、政府三方联手，以市场为导向，围绕主导产业，优化生产组合，把农产品生产、加工、销售有机结合起来，形成农工贸一体化经营格局。1999年年底，全县共培育5家农业主导产业基地，面积为180公顷。

2000～2005年，围绕“一镇一品”，发挥各镇优势，在全县打造出沙河蔬菜、欢墩芦笋、门河药材等十大特色产业基地，形成351家专业经济小区。期间，全县相继投入资金逾千万元，大力实施龙头带动战略，共培育农业龙头企业61家，创省级龙头企业5家，形成了“基地+企业+农户”的互动良性发展格局，年直接为农增加收入逾亿元。

2006～2008年，县内坚持7大区域拓展新农村发展空间和5大行动推进新农村建设。即：重点规划建设东部综合城区、海洋高新技术产业区、东北部临港产业区、南部生态观光农业区、中部平原生态农业观光区、北部丘陵林果旅游产业区、西部建材及旅游产业区等7大经济区。并积极开展规划下乡、百村美化、村村通、一村一业、“三园”式（美丽公园、幸福家园、富裕庄园）新农村行动。

2009年，全县已培育沙河镇、欢墩镇、黑林镇等13个市级特色乡镇，培育各类种养专业村210个；连片超万亩的特色种植业生产基地8个，超过100万头的特色养殖基地2个，规模种养大户4500户，35公

图 8-3　欢墩镇蛋鸡养殖场（2009年摄）

图 8-4　欢墩镇芦笋基地（2004年摄）

顷以上规模种植大户1300余户，1000只（羽）养殖大户2400余户；建成包括塔山无公害特用粮，金山、石桥无公害蔬菜，门河绿色食品银杏叶茶等无公害基地66个；畜牧业认定基地30个，认证规模1350万头（只）；全县共建农业产业化标准示范区7个，辐射面积1334公顷。

第二节 农业综合开发

1990～2009年，全县共改造中低产田40667公顷，扶持龙头企业项目50多个，修建水利配套建筑物2万多座，修建衬砌渠道300多千米、生产路500多千米，植树30多万株。

1991年年底，成立了县农业资源开发局，建立了专职的农业综合开发办公单位，配备了水利、农业、林业、农机等专项人员，改造中低产田面积近4200公顷。

1999年，全县完成农业综合开发项目总资金3085.73万元，其中财政资金1813.9万元；开发面积6867公顷，其中山区小流域项目3个，总资金255.1万元，财政资金180万元，开发面积800公顷。

2000年，全县共完成农业综合开发项目37个，总投资3079.05万元，其中财政资金1959.62万元，开发面积4130公顷。

2005年，全县共完成农业综合开发项目42个，总投资2561.37万元，其中财政资金1927.456万元，开发面积3130公顷。

2008年，全县共完成农业综合开发项目68个，总投资9085.441万元，其中财政资金4911.756万元，开发面积3700公顷。

2009年，共完成农业综合开发项目63个，总投资6494万元，其中财政资金3198万元，开发面积3334公顷。是年，项目区粮食作物与经济作物比例调优到6∶4，每公顷粮食产量为12750千克。

第三节 农业机械化

一、农机装备

1990年，全县农机总动力31.55万千瓦，以小型农机为主。其中，大中型拖拉机553台，手扶拖拉机9794台，配套机具免耕条播机1786台，开沟机1270台，割晒机1245台，拥有半复式脱粒机4295台，包括5TS-50型脱粒机3775台，黄海-100型脱粒机76台，联合收割机10台，化肥深施器5701部。

1991年，县内的农机修造厂开始生产小型农机具。全年共生产各类粉碎机4800台，碾米机40台（出口20台），开沟机486台，免耕条播机2650台，5TS-50型脱粒机547台，割晒机100台。

2004年始，实施中央、省级财政农机购置补贴政策。是年，使用财政补贴9万元。

2009年，全县使用中央、省级财政补贴资金达910万元，拉动农机投入近3000万元，购置补贴机具2247台（套）。是年，全县农机总动力达85.6万千瓦。其中，大中型拖拉机保有量1319台，小型拖拉机14435台，变拖4267台，大中型拖拉机配套机具5115部，小拖29187部。

二、农机推广

20世纪90年代，农机推广以“四机一器”（5TS-50型脱粒机、割晒机、免耕机、开沟机、化肥深施器）为主，结合农机科技入户工程等农机科技项目对口实施。

2006年，农机职业技能鉴定工作与管理、监理、推广有效结合，全年申请技能鉴定2543人，完成技能鉴定2059人，取得历史性突破，创全省县级第一，并获全市农机职业技能培训鉴定工作先进单位年度第一名。

2007年，赣榆县农机职业技能培训鉴定工作，被列为该年全省农机化工作会议典型经验交流。

2009年，全县农机推广主推6大技术，它们是：水稻插秧机械化技术、秸秆还田机械化技术、草帘机械编织技术、玉米生产机械化技术、高效植保机械化技术、现代高效农业配套机械化技术；主推9大机具，分别是：水稻插秧机、秸秆还田机、草帘编织机、玉米播种及收获机、高效植保机、大棚卷帘机、增氧机、投饵机。是年，全县3000多农机手，尤其是跨区作业的1200名农机手，均得到系统培训，并拿到作业证。

三、农机作业

1990年，全县农业生产从种、管到收以分段机械作业为主，三麦生产从播种、灌溉、植保、开沟、收割、脱粒基本实现机械操作。

1996年，赣榆县被省农机局确定为全省13个农机化示范县之一。

1998年，赣榆县被省农机局确定为全省3个玉米生产示范县之一，通过实施“富民兴机村村响”等工程，推进农机装备结构优化、水平提升。

图 8-5　班庄镇联合收割机收割小麦（2007年摄）

2009年，全县主要农作物生产机械化水平突破80%。三麦生产基本实现了全程机械化，其中三麦精少量播种机械化技术的推广应用名列全省前列；秸秆综合利用机械化技术的普及应用在全国处于领先地位，形成亿元秸秆综合利用产业的“秸秆经济”。是年，全县拥有草帘加工机械达2300台，全年加工稻草100万吨，实现销售收入3亿元，纯利润4000多万元。

四、农机服务

1990～2009年是全县农机快速发展的20年。农机管理服务体制、社会化服务体系机制发生了重大变革，农机装备结构日趋完善，农机化水平快速提升，为农服务能力不断增强。其中，1990年年底，全县基本形成县、乡、村三级农机服务网络，初步形成农机生产、供应、推广、培训、维修等系列服务，乡镇实现了农用柴油分、管、供、节一条龙服务，30个乡镇农机管理服务站有配件门市27个、修理门市24个、农机供油点2个、站办农机专业服务队6个、村级农机服务队792个，其中规范化服务队244个。

图 8-6　沙河镇机械插秧（2007年摄）

2000年起，赣榆县连续多年荣获省农机优质服务活动优胜单位和全国“铁牛”杯竞赛优胜奖。

2002年，县农机局获农业部“打击黑机非驾”先进单位和“全国文明监理优质服务示范窗口”称号。

2006年9月12日，县政府组织召开县综治、安监、公安、交通、工商、农机等6个部门协调会议，制定《关于开展创建“农机安全镇”活动的意见》。

2007年4月29日，连云港市农机专业服务合作组织建设现场会在赣榆县召开，并为苏北唯一的一家“全国农机社会化服务组织联系点”——赣榆县新河农机服务社举行了授牌仪式。

2009年，全县每个乡镇基本建成1个农机专业合作社，全县共发放维修技术合格证98家，其中一级点1家、二级点2家、三级点81家、专项点14家，罗阳镇河疃农机维修站被确认为从事农机报废更新企业。是年，青口、城头、墩尚、沙河、海头、赣马、门河、金山、欢墩、石桥共10个镇通过平安农机示范镇验收，赣榆县达到“平安农机示范县”创建标准。

第四节　农产品质量建设

1990～1999年，赣榆县开始重视农产品质量建设，并采取多种措施加快推进镇村发展特色农产品，如欢墩、沙河镇的优质芦笋种植，墩尚镇的泥鳅养殖，班庄、厉庄等镇的茶叶种植与加工，金山、石桥等镇的鹌鹑、蛋鸡养殖，厉庄、黑林等镇的大樱桃、板栗种植，门河、殷庄等乡镇的银杏、大蒜种植。

2000年后，赣榆县坚持“质量兴农”方针，重点突出无公害农产品生产基地建设，实行农业标准化，创建名牌产品，提升农产品质量及产品市场竞争力，一批农业生产企业开始申报无公害农产品、绿色食品、有机食品。

2002年，全县创“赛福”牌草莓、“神仙”牌紫菜等无公害农产品品牌8个，在塔山等镇新建666.67公顷特用粮等标准化示范区3个。

2003年，赣榆县被确定为“全国创建无公害蔬菜产品出口示范基地县”。全县认定芦笋、草莓、马铃薯等无公害蔬菜基地面积7000公顷，认证“欢墩”牌芦笋、“颜河”牌马铃薯、“赛福”牌洋葱等6个无公害品牌。

2004年，连云港谊多食品有限公司的“土城”牌稻米等6个产品获无公害认证。

2005年，建设无公害农产品基地546667公顷，新创无公害、绿色农产品品牌11个，被评为全国无公害农产品出口示范基地县达标单位，“启迪”牌鸡蛋首获江苏食品质量安全食品。

2006年，全县通过认定的无公害农产品25个，其中大米7种、蔬菜9种、畜产品3种，获无公害农产品产地8个，厉庄大樱桃、金山茶叶获“有机食品”称号，为全县获得的第一批有机食品，实施出口芦笋标准化示范区建设，建设地点在欢墩镇。

2007年，全县通过认定的无公害农产品7个，主要为大米、蔬菜、茶叶等。到期复查换证农产品7个、产地33个，复查换证率100%；争创国家级农业标准化示范区1个、省级2个；狠抓产品质量和食品安全，创建“全省农村食品‘三网’建设示范县”。

2008年，全县通过认定的无公害农产品10个，主要为蔬菜、大米、畜产品；连云港启迪禽业发展有限公司的鸡蛋与连

图 8-7　石桥镇‘启迪’鸡蛋（2006年摄）

图 8-8　墩尚镇泥鳅养殖（2008年摄）

云港市谊多食品有限公司的大米创建绿色食品，沙河镇蔬菜专业协会的“颜河”牌蔬菜创建为省名牌农产品，并申报省级无公害农产品标准化示范基地，面积3340公顷；开展农业标准化蔬菜基地建设9个，示范区农户户平均增收2000余元，带动周围农户增收500余元。

2009年，通过认定的省名牌农产品示范基地8个，省级无公害农产品示范基地17个，获出口企业标准化资格认证7个，新建1个国家级农业标准化示范区和2个省级标准化示范区，新增无公害农产品、绿色食品和有机食品20个，发展无公害农产品基地面积达到73340公顷，拥有无公害、绿色品牌19个。

第五节　农民专业合作经济组织

2002年，县境开始出现农民专业合作经济组织，全年共发展2家。其中，黑林镇板栗合作社为全县第一家农民专业合作经济组织，另外一家是赣榆县谢湖农工商协会。

2003年，全县仅新增1家，即沙河镇蔬菜专业协会。

2004年，新成立赣榆县芦笋业协会等5家农民专业合作经济组织。

2005年，新增赣榆县黑莓业协会等12家农民专业合作经济组织，全县总数达到20家。

2007年，全县共有农民专业合作经济组织380家，涉及登记注册经纪人4218人。

2009年，全县累计发展各类农民合作组织461家。其中，农民合作社381家，专业协会80家。入社成员总数22737人，年销售收入10亿多元，带动10万农户共同致富。其中，6家农民合作社被评为省级“四有”合作组织，8家合作社被评为市级“四有”合作组织。是年，全县农村经纪人持证人数已达5000余人，其中党员经纪人1930人，行业协会党支部3个，全年达成农产品成交额13.8亿元。

第三章　种植业

第一节　农业区划

1990～2009年，县境的农业区划主要分为3个部分，即低山丘陵区、平原稻麦区和沿海湖洼区。

低山丘陵区主要位于县域西部和北部，包括欢墩、班庄、黑林、厉庄、金山等5个镇的全部及柘汪、石桥、塔山、城头、沙河等镇的一部分，地面高程20米以上，总面积485平方千米，耕地面积占全县耕地面积的40%。常年复种面积4.4万公顷，复种指数151%，以种植旱粮、花生为主，其中，花生种植面积占全县的80%，水稻种植面积在6.7万公顷；区内有大小岭头60处，用材林地面积占全县用材林地总面积的84%，果园占全县果园总面积的83%。

平原稻麦区位于县域东、南部，南依新沭河、东靠沿海渔盐区，包括赣马、青口、城西、墩尚、门河、海头等6个镇和塔山、沙河、城头的一部分，耕地面积占全县耕地面积的47%；区内地势西高东低，以种植业为主，粮食经济作物布局相对稳定，以稻麦两熟制为主并兼种花生、玉米、马铃薯、草莓、蔬菜、芦笋等粮油经济作物。

沿海湖洼区位于县域东部沿海，包括罗阳、青口、海头、石桥、柘汪5个镇及军垦农场，以稻麦两熟制为主。

第二节　耕作制度

1990～2009年，县境的耕作制度主要是二年三熟制和一年二熟连作制。

二年三熟制　全县种植面积年均14540公顷，占耕地面积21.58%，分为旱作、水旱轮作两类。旱作有5种，种植面积6540公顷，占耕地面积的9.7%。其中，春花生—小麦—夏山芋—冬闲，面积4000公顷；旱谷、小杂粮—小麦—夏山芋—冬闲，面积1670公顷；小麦—夏花生—冬闲—春玉米，面积540公顷；瓜类—小麦—夏山芋或黄豆—冬闲，面积340公顷。水旱轮作有2种，面积合计8000公顷，占耕地面积的11.88%。其中，稻茬春花生面积4340公顷，水稻—小麦—水稻—冬闲，面积3667公顷。

一年二熟连作制　最主要的是稻麦两熟制，全县作物种植面积年均53487公顷，占耕地面积的78.4%，连作方式有5种，稻麦连作面积25340公顷，玉米、小麦连作面积7340公顷，山芋、小麦连作面积2667公顷，大豆、小麦连作面积2487公顷，花生、小麦连作面积15000公顷。

第三节　农作物种植结构

1990～1999年，赣榆县推广高产作物，以种植稻、麦为主，粮食与经济作物种植面积比例为86.2：13.8。三麦年均种植面积41980公顷，占耕地面积的62.35%，秋熟作物年均52400公顷。其中，水稻23914公顷，占秋熟作物种植面积的45.6%；山芋8940公顷，占17.1%；花生12294公顷，占23.5%；其他作物占10.88%。

2000～2009年，粮食与经济作物种植面积比例为79.96：20.04，三麦年均种植32487公顷，占耕地面积的48.2%。在年均50514公顷的秋熟作物中，水稻种植面积年均21760公顷，占秋熟作物种植面积的43.08%；山芋3617公顷，占7.15%；花生15520公顷，占30.7%；玉米6980公顷，占13.8%；其他作物占5.27%。

第四节　粮食作物

一、水稻

县境主要种植水稻品种为粳稻、糯稻、杂交水稻。1990～1996年，糯稻的主要种植品种为双城糯，种植面积为糯稻面积的95%以上，7年累计种植27867公顷，成为当家品种；杂交水稻种植面积占水稻面积的45%左右，7年累计种植73334公顷以上，其中汕优63为当家品种。1997年后，双城糯被逐步淘汰，由引进推广的91-1代替；实行压籼扩粳，杂交水稻种植面积逐年减少，汕优63被淘汰，引进推广的特优559为当家品种，搭配种植汕优559。2005年后，杂交水稻主要种植Ⅱ优084等组合。2009年，全县糯稻种植面积不足1400公顷，杂交水稻种植面积在2000公顷左右。

1990年，全县水稻种植面积26580公顷，总产量215328吨，平均每公顷产量8100千克。1990～1994年，全县推广水稻旱地全部机械灭茬、开沟、整地、播种配套技术，培育长秧龄多蘖大苗。1995年，推广水

图 8-9　赣榆县农田水稻（2008年摄）

稻肥床旱育秧，用水稻种衣剂—旱育保姆包衣，结束水稻催芽的历史。1997年，进行水稻塑料秧盘抛秧育秧技术试验与示范。2005年，水稻机插秧育秧，推广“高产水稻间歇灌溉法”和“测土配方施肥法”。2009年，全县水稻种植面积26554公顷，总产量236963吨，平均每公顷产量8925千克。

二、小麦

1990~2009年，全县小麦主体品种平均5年更新一次。其中，1990~1994年，全县小麦以引进推广冀麦5418为主，搭配种植7859、济南13号；引进示范推广的烟农2149、鲁麦14。1995~1996年，以烟农2149为主，搭配种植陕农7859和鲁麦21，烟农2149种植面积占小麦面积的46%以上，成为当家品种。1997~1998年，以鲁麦21为主，搭配种植烟农2149、陕229，引进示范推广强筋小麦济南17。1999~2002年，以济南17为主，搭配种植烟农2149，同时引进示范推广强筋小麦烟农19。2003~2005年，以强筋小麦烟农19为主，搭配种植济南17、烟95-9，苏徐2号，其中烟农19种植面积占小麦面积的85%以上，成为当家品种。2006~2009年，仍以烟农19为主，搭配种植淮麦19、济麦22等品种。

赣榆县小麦实施高产栽培新技术，包括合理控制群体质量、免耕轻简栽培、优质无公害标准化栽培、全程化控、配方施肥，有效预防冻害和病虫草害防治等。通过适当压缩小麦面积，主攻单产，有效增加总产，改善品质以达到提高效益的目标。1990年，全县小麦种植面积43820公顷，总产量203164吨，平均每公顷产量4635千克。1996年，全县小麦种植面积44730公顷，总产量208336吨，平均每公顷产量4680千克。2006年，全县开始全面推广稻套麦“四套”技术。2009年，全县秋播小麦面积5.4万公顷，总产量29.16万吨。其中，夏粮总面积4万公顷，总产达24.64万吨。是年，全县有5家规模型龙头面粉加工企业，年加工能力50万吨，有“晶贵”“陆富”2个无公害面粉品牌。

三、玉米

1990~1991年，全县玉米以丹玉13号为当家品种，搭配种植引进推广的掖单2号、掖单4号、掖单13号和苏玉4号。1992~1997年，丹玉13号逐渐淘汰，以掖单2号为当家品种，搭配种植掖单4号、掖单13号。1998~2000年，以紧凑型掖单13号为主，搭配种植掖单4号、掖单2号，引进示范推广鲁单50、农大108。2001~2005年，以农大108、鲁单50为主，其中农大108种植面

图 8-10　赣榆县农田玉米（2009年摄）

积占玉米面积的60%以上，成为当家品种。2006～2009年，全县仍以农大108为当家品种，种植面积占玉米面积的70%以上，搭配种植郑单958、金海5号。

1990年，赣榆县玉米种植面积7300公顷，实现总产4599万千克，单产420千克。2000年后，玉米生产受到灰飞虱影响，粗缩病发生情况日趋严重，制约产量提高。2009年，全县玉米种植面积6412公顷，实现总产40734千克，单产430千克。

1995年，县作栽站承担省吨粮田建设"小麦—夏玉米高产群体质量栽培"示范项目，经过试验示范，集成了一套高产栽培技术，在大田生产上推广应用，取得显著效果。是年，赣榆县被确定为省"多元多熟轻型高效农作制开发与推广"项目示范县，承担以"麦/玉/芋"为主的旱作三熟制超吨粮高产配套技术的试验、示范和推广任务，主要示范应用小麦/春玉米/夏玉米、草莓/春玉米/夏玉米和马铃薯/春玉米/蔬菜等5种高效种植模式。2008年12月，赣榆被定为国家玉米产业技术体系江苏示范县，以产业技术体系为平台推广玉米生产新品种及"一增四改"高产栽培技术，其核心内容是：合理增加种植密度，改种耐密型品种，改套种为直播，改粗放用肥为配方施肥，改人工种植为机械作业。

四、山芋

1990年，全县山芋生产坚持高垄双行，种植面积3800公顷，实现总产26790万千克，单产470千克。主要品种是徐薯18，但此品种易感染病毒退化，限制山芋产量。1991年，县农业部门配合徐州甘薯研究中心在石桥镇进行徐薯18脱毒薯苗与普通薯苗的对比试验，增产290千克，增产率为17.8%。1992年，从徐州引进4000株徐薯18脱毒薯苗在欢墩镇进行小面积示范繁殖，收到每公顷产量58425千克的高产，比普通苗增产50%以上。1993～1994年，继续在欢墩、夹山等镇小面积示范，增产15%～20%。1995～1996年，在厉庄、石桥、马站等乡镇进行大面积示范推广，均表现增产，幅度12%～50%。1997年后，全县大面积种植脱毒薯徐薯18，面积稳定在1400公顷。2009年，全县薯类种植面积达2338公顷，实现总产16355千克，单产466千克。

第五节　经济作物

一、花生

1990～1998年，县境内花生品种以鲁花9号为主，搭配种植徐系1号、徐州684。鲁花9号种植面积占花生面积的65%以上，成为当家品种。1999～2005年，以鲁花9号、海花1号为主，搭配种植花37和引进示范推广的丰花1号。2005～2009年，以丰花1号为主，搭配种植鲁花9号、海花1号。其中，2008年，丰花1号种植面积占花生面积的60%以上，成为当家品种；2009年，全县春花生丰花1号种植面积占90%以上，夏花生丰花1号种植面积占50%，花育22、16号，鲁资101等占30%。

1990年，全县种植花生12800公顷，实现总产4384万千克。1991～1999年，全县年种植花生1.2万公顷。其中春花生6667公顷，夏花生5334公顷，夏花生中每年麦棵套播1334公顷。1993年，全县12067公顷花生受低温、多雨、少光照影响，平均每公顷产荚果3578千克。1994年，花生生育期受高温、多日照作用，全县12954公顷花生，平均每公顷产荚果4479千克。2000～2009年，全县花生种植16667公顷。其中，春花生8667公顷，夏花生8000公顷，夏花生中大麦茬1334公顷，小麦茬66667公顷。不同年际间产量水平受天气因素中温度、光照、雨水变化影响大。其中，2003年、2005年、2007年，因花生生育期受多雨天气影响，平均每公顷产荚果分别为2502千克、3415.5千克、3700.5千克。2009年，全县种植12734公顷花生，平均每公顷产荚果3420千克。

二、蔬菜

1990～2009年，县境蔬菜种植种类多、分布广、面积大，既有露地栽培也有设施栽培，全县蔬菜种类主要有叶菜类、茄果类、瓜类、豆类、根茎类等5大类，150多个品种。其中，1991年，全县蔬菜种植面积为8800公顷，产量为36.3万吨，到2009年，就分别达到31067公顷和95万吨。是年，全县蔬菜设施栽培面积已达1334公顷。

1995年，赣榆县“日光温室高效节能蔬菜栽培技术”获省农林厅科技进步二等奖。

1997年，成立赣榆县蔬菜技术指导站。是年，“蔬菜高产优质新品种及增产配套技术”获省农林厅农业丰收三等奖。

图 8-11 沙河镇生态蔬菜示范区（2009年摄）

1998年，赣榆县“设施蔬菜栽培配套新技术推广”获省政府农业技术推广一等奖。

1999年，赣榆县“日光温室高效节能蔬菜栽培技术应用”获省政府一等奖。

2000年，全县蔬菜设施栽培面积已达到5266.67公顷。

2002年，全县首个无公害产地——金山、石桥无公害洋葱产地被农业部认定。

2003年，“连云港无公害蔬菜生产技术与产业化开发”获省政府农业技术推广三等奖。

2005年，赣榆县被农业部认定为全国无公害农产品（蔬菜）出口示范基地县达标单位。

2006年，“连云港市无公害蔬菜生产技术推广”获省农林厅农业丰收一等奖。

2009年，全县蔬菜面积9733.33公顷。其中，日光温室2066.67公顷，大棚5266.67公顷，中小棚2400公顷。设施蔬菜主要有日光温室、大棚、中小棚等。是年，省科技厅又将赣榆设施蔬菜列为“苏北科技特色产业”，并成为“全国蔬菜标准园创建县”之一。是年，全县已认定蔬菜无公害产地13个，总面积达8000公顷，认证无公害蔬菜产品6个，总产量40万吨。

第六节　作物保护

一、主要农作物病虫草害

（一）水稻病虫害

水稻病害主要有稻瘟病、白叶枯病、恶苗病、稻粒黑粉病、纹枯病、稻曲病、条纹叶枯病、黑条矮缩病、干尖线虫病等。1991年始，水稻条纹叶枯病开始发病并逐年加重。2005年，县境发现黑条矮粗病，到2009年，呈逐年加重趋势。

水稻虫害主要有白背飞虱、褐飞虱、稻纵卷叶螟、灰飞虱、稻黏虫、二化螟、叶蝉。20世纪90年代中期以后，中华稻蝗成为主要食叶咬穗害虫。期间稻飞虱发生很轻，以白背飞虱为主。褐飞虱1996年后开始，发生量逐年上升。1992年、1998年、2003年，白背飞虱大发生。褐飞虱，1994年、2000年、2002年大发生，2003年特大发生。灰飞虱，从20世纪90年代中期开始逐年加重，2004年、2005年大发生，2006年特大发生。稻纵卷叶螟，在20世纪90年代中期以后危害逐年加重，1991～1995年，属中等发生，1996年、2003年，为大发生至特大发生。二化螟，经过世代演变，到20世纪90年代以后成为取代大螟和三化螟的主要虫种，一代幼虫造成枯心苗，重害田达30%以上，二代幼虫造成枯孕穗与白穗，甚至引起倒伏；二代幼虫为害孕穗期水稻，发生遍及全县；2000～2009年，各类水稻虫害、病灾发生比较平稳。

（二）三麦病虫害

三麦病害主要有麦类锈病、黑穗病、麦白粉病、麦赤霉病、纹枯病等。麦类锈病（条锈、秆锈、叶锈），到20世纪90年代以后随着抗病品种的推广，麦类锈病逐渐减轻。麦纹枯病，20世纪90年代中期，随着小麦栽培密度的增加发病率有逐渐增大趋势。麦白粉病，20世纪90年代逐渐加重，1996～1999年，中等发生，2001年，大发生，80%小麦感病。麦赤霉病，20世纪90年代初中等发生，1996年后渐重，1998年、2002年轻发生。

三麦虫害主要有麦蚜虫、灰飞虱、麦蜘蛛、麦黏虫、蝼蛄、蛴螬、金针虫等。麦黏虫，20世纪90年代后大发生，年份有1992年、1996年、1999年，平均约2～3年大发生一次，2000～2009年，均呈中等至偏轻发生。麦蜘蛛，2001年大发生，2002～2006年，偏轻发生。

（三）玉米病虫害

主要有玉米粗缩病、黑粉病和玉米螟、灰飞虱。玉米粗缩病是由灰飞虱传播的病毒病，21世纪初发病较重，个别田块因病造成绝收，是玉米生产上的重要病害。玉米黑粉病，危害大苗期至抽穗期，可寄生玉米的所有幼嫩部位，严重时减产2～3成。玉米螟造成常年损失2～3成，重时5成。

（四）花生病虫害

主要有花生倒秧病、根结线虫病、叶斑病、花生疮痂病、蛴螬和蚜虫等。花生倒秧病（茎腐、根腐、白绢、青枯病）2008年发生较重，病株率1.5%～6.3%，重的达15%；缺株率10%左右，重的达30%，局部成片死亡。花生根结线虫病，从山东省运进带病种子传播发病，后期旺长，只开花，不结果，或结果极少。到20世纪90年代以后，植保部门推广花生包衣技术，使其危害逐年减轻。花生叶斑病，主要有褐斑病和黑斑病，还有炭疽病和锈病等，前两种发病普遍，现花期至成熟期盛发，造成大量落叶减产。蛴螬，是花生的主要害虫，20世纪90年代后发生逐渐加重，1996年大发生。90年代后期，虫口密度逐年下降，每平方米有虫1头左右，有逐年加重趋势。

二、防治措施

（一）预测预报及植物检疫

1990～2009年，县植保站在病虫害发生期间，结合黑光灯诱虫定时定田搞好系统调查，组织技术人员到各镇下村进田进行病虫普查和防治指导。针对小麦白粉病、赤霉病、蚜虫、水稻两病毒病、水稻纹枯病及稻纵卷叶螟、稻飞虱等病虫害，每年发放《植保信息》25期左右，向省、市业务部门汇报病虫信息120次以上，农作物病虫草鼠预测预报准确率达95%以上；植保站每年对种子繁殖田进行产地检疫，种子产地检疫覆盖率达95%以上，并开展植物调运检疫，使植物调运检疫带证率达90%以上；对外来有害生物实施监测，在石桥、海头、青口、墩尚、欢墩镇设立疫情监测点，对三叶斑潜蝇、稻水象甲、苹果棉蚜等10个监测对象进行监测并及时向省市汇报监测结果；在全县开展疫情普查，摸清境内加拿大一枝黄花发生、分布情况，对发现的疫情采取综合防控措施，确保防治效果，实现“零星区扑灭，成片区不扩散”目标；承担国家、省、市级农业技术研究、推广项目10余项，获科技成果奖8项，全县植保专业化防治工作处于连云港市前列。

（二）化学除草

1990年，稻田除草主要使用除草醚，但在土壤中残留大、降解慢，造成环境污染重。20世纪90年代中期后，主要推广使用膘马、使它隆、异丙隆等药剂，防治看麦娘、猪殃殃、泽漆等杂草，除草效果90%左右，每公顷增产小麦525～975千克。1998～2009年，县内示范推广使用14%苄・乙、50%神锄（二氯喹啉酸）可湿性粉剂、30%秧田一次净（二氯・苄）、36%水旱灵（丁・恶）乳油、10%千金乳油、56%二甲四氯钠可溶性粉剂等除草剂，效果明显，取得良好经济和社会效益；全县有三麦播种面积约3.7万公顷，杂草发生面积约3.7万公顷次，化学除草约3.4万公顷次。

（三）主要农作物病虫草害防治办法

1. 水稻病虫害防治　全县水稻病虫害常年发生面积2.8万公顷，一般年份减产3%～10%。重发生年份个别田块减产30%左右，少数田块颗粒无收。20世纪90年代中期，开展病虫害综合防治。2000年后，推广抗条纹叶枯病的徐稻3号、徐稻4号、盐粳7号组合，淘汰了不抗条纹叶枯病的早丰9号、泗稻7号、武育粳3号等，控制了条纹叶枯病的危害。对于稻飞虱等迁飞性害虫，使用治沿海保内地、治前控后的对策，即8月初防病兼治稻飞虱、稻纵卷叶螟、二化螟、纹枯病等多种病虫，穗期打好病虫害总体防治战。大力推广高效低毒生物农药，减少化学农药用量，禁止使用高毒农药，减少污染提高粮食品质。到2009年，累计综合防治水稻53.2万公顷，占水稻种植面积的96.2%。

2. 三麦病虫害及防治　小麦病虫害常年发生3.4万公顷左右，防治面积3万公顷以上，由于采取建立示范区、制定综合防治技术规程，加大培训及专业化统防统治力度，防效率达90%以上。

3. 玉米病虫害防治　主要采取推广种植抗耐病品种，调整播种期避开传毒感病高峰期，种子药剂处理、实施全程药控等措施。

4. 花生病虫害防治　主要是推广抗病品种、种衣剂包种和适时用药防治。

第七节　农田基本建设

1990年，全县通过农田水利、平整土地与土壤改良，以及增施农田肥料等，实施农田基本建设。是年，共整修水渠320千米、改造低产田780公顷。

进入21世纪后，县境通过中低产田改造、整理，加快项目区建设，并逐步建成田平成方、沟渠成网、建筑物配套齐全、排灌科学的高产出、高收入、高效益的“三高”现代生态农业示范区，以推动全县现代农业示范区的建设。其中，1999～2009年，共实施土地复垦开发补充耕地项目库项目217个，复垦开发土地总面积7365公顷，新增耕地2555公顷。其间，共实施省以上投资土地开发整理项目17个，总投资2.334亿元。其中，国家土地开发整理项目5个，建设规模2990公顷，新增耕地295公顷，批准资金6406万元；省投资项目12个，建设规模7795公顷，新增耕地962公顷，批复资金16933.7万元。

2000年始，赣榆县在项目区建设中，为改变原来水利设施体系不配套、道路建设滞后、田块零星破碎、土地产出率低下的状况，实行统一规划、统一组织、合理布局；并因地制宜对田、水、路、林、村等进行综合整治，对桥、涵、闸、站实行全面配套，达到田块方整化、农田林网化、作业机械化、渠道防渗化、灌溉技术科学化、主要道路硬化。

2002年，赣榆县成立基本农田保护工作领导小组，严格执行基本农田保护“五不准”，以督促检查落实基本农田保护工作。

2003年，县国土部门选择在赣马镇张元村进行试点，通过对照土地利用总体规划图与土地利用现状图，实地调查核实确定基本农田块数、面积等，建立统计台账，签订基本农田保护责任书，把基本农田保护工作落实到村组、落实到农户。

2004年开始，沙河等镇连片化护地，在全镇划定120个基本农田保护区，在保护区内完善各项保护制度，建立基本农田保护标志牌120块，签订基本农田保护责任书，镇、村、组签订基本农田保护责任书426份；确保全镇基本农田数量不减少，保护面积达7267公顷，守住基本农田这条“红线”。

2006年，赣榆县被江苏省人民政府确定为“基本农田保护示范县”。

2007～2009年，全县就实施城乡建设用地增减挂钩复垦项目30个，项目建设规模3006公顷，新增耕地174公顷。其中，2008年，全县最大的土地整理项目在赣马镇，涉及黑坡村、柳树村等6个行政村，2.1万人口。由国家投资，由国土资源部审批实施，总投资2300万元，项目区规划整理面积1318公顷、净增耕地79公顷。是年，厉庄镇土地整理后项目区种植的农作物，小麦平均每公顷产量达6000千克以上，花生达到7500千克以上，玉米达到7500千克以上，每公顷土地收益在37500元左右，比开发整理前收益增加了两倍多。

2009年，全县主要有两个农田整理项目。其中，沙河镇基本农田整理项目，规划建设规模为929公顷，项目区基本农田面积675公顷，项目总投资1922万元，建设完成后新增土地面积33公顷。门河镇省级以上基本农田整理示范项目，涉及门河镇银河、金河等6个行政村，项目区总面积为712公顷，建设规模为607公顷，其中基本农田面积497公顷，项目总投资1826.21万元。土地整理后，增加耕地面积19公顷，新增耕地率3.03%，惠农人口10544人。是年，青口盐场大新片土地复垦项目获省土地整治项目科技创新一等奖。

第八节　农业科技推广

1990～2009年，赣榆县的农业科技推广，除选派农业技术骨干现场指导、培训农民，更重要的是举办专题培训班，培养越来越多的技术型农民。其间，全县共举办各类农业科技培训班298期，累计培训时间2350天、培训人员17万余人次，推广各类农业技术580多项。

1990年，赣榆县的农业科技推广工作，主要有县、乡镇两级网络。其中，县有农科所、良种繁育场、植保站、种子公司、农业服务公司等；乡镇主要是农科站、植保队、农技员等；担任农业科技推广人才培训、培养的主阵地则是赣榆县农业干部学校。是年，全县共推广小麦、水稻、蔬菜等实用技术18项。

1991年，县级农业科技推广部门有农科所、良种繁育场、农业干部学校等。其中，县农干校主要担负全县乡村农业干部和农业技术员培训工作。并不断创新办学模式，实行联合办学，先后与县委农工部、水利局、多管局、邮电局、土管局等单位联合办学，开设了土地管理、水利、林果、畜牧兽医、会计与审计、市场营销等专业。其中，1996年，与南京金陵职业大学、扬州大学农学院联合办学，开设经济管理、现代园艺、农田水利等专业大专班。学校累计培养中专毕业生1038人、大专毕业生354人。

1994年，县级农业科技推广部门有蔬菜研究所、农干校等。

2003年，县农干校增挂“赣榆县农民科技教育培训中心”牌子，主要面向农村、农业、农民实施大中专学历教育、农村干部与后备干部科技教育培训、农民科技教育培训、农村劳动力转移培训、农民职业技能鉴定和县镇（乡）农业技术员继续教育培训等。是年，全县推广农业技术21项。

2009年，全县共举办各类农业科技培训班18期，累计培训时间160天、培训人员2000多人次。全年推广农业实用技术32项。

图 8-12　石桥镇农技员指导农户西红柿种植技术（2007年摄）

第九节　农业执法

1990年～1998年11月，赣榆县无专职农业执法队伍，农业执法属于临时性，在农资销售旺季由县农业局科教股、植保站、县种子公司等股站抽调人员对市场进行常规性检查。1998年12月，县农业局正式成立农业执法大队。1999年，县农业执法大队共出动检查186次，查获劣质肥料32吨、假冒种子1800千克。2003年4月，县农业、林业执法大队合并成立农林执法大队。2004年6月，县农林执法大队解散，成立农业执法大队，定为全民股级事业单位，核定全额财政拨款事业编制10人，负责本行政区域内的农业行政综合执法工作。

2001～2009年，县农业执法部门累计发放种子生产许可证216份、种子经营许可证605份、种子质量合格证2万余份；查处违法生产经营单位和个人86个，查处各类农作物假冒伪劣种子10余万千克。县农业局被省农林厅评为“全省农业行政综合执法规范化建设单位”。

第四章　林　业

第一节　林业资源

1990年，全县有林地面积7200公顷，其中，西部山岭地区以防护林和经济林为主，平原和东部沿海地区以用材林和防护林为主。

1993年，全县林地面积13623公顷，其中经济林面积8233公顷。

2000年，全县林地面积11065公顷。其中，黑松、赤松主要分布在国营吴山林场、夹谷山、横山、祝其山、马山及黑林、班庄、厉庄、柘汪、石桥、金山、城头、塔山等镇；意杨主要分布在平原乡镇，黑林、塔山、柘汪、石桥、金山等镇也有成片分布；苦楝、刺槐主要分布在吴山林场、沿海等镇；板栗主要分布在黑林、厉庄、金山、柘汪等镇；桑园主要分布在海头、城头、金山等镇；茶园分布在吴山林场和班庄、金山、黑林、厉庄、石桥等镇，竹园主要分布在门河、班庄、柘汪等镇及吴山林场。

2006年，全县有林地面积15124公顷，其中特灌林地1882公顷、四旁树折算面积2448公顷，森林覆盖率13.56%。

2007年，全县林业用地面积25489公顷，其中有林地面积16454公顷、灌木林地2571公顷，森林覆盖率15.81%。

2008，全县林业用地面积27870公顷，其中有林地19492公顷、特灌林地3945公顷、四旁树折算面积5496公顷，森林覆盖率17.97%，扣除不宜造林面积，全县林木覆盖率24.14%。

2009年，全县有林地面积19492公顷，其中特灌林地3945公顷、“四旁”树折算面积5496公顷，森林覆盖率20.27%，县境共有湿地面积45826公顷。

第二节　植树造林

1990年，赣榆县有苗圃面积145公顷，品种以杨树为主，杨树品种主要以69、72杨为主。

1994年，全县育苗面积达到236公顷。以沙河子园艺场为主，从各地不断引进中林46、美洲黑杨、南抗1号、74杨、35杨、95杨、895杨、丹红杨、2025杨等杨树新品种。

1997年，厉庄镇与中科院植物研究所合作从美国引进"圆蓝""粉蓝""灿烂"高丛蓝莓3个品种和兔眼蓝莓2个品种，示范种植面积0.33公顷。2000年，开花结果，2002年，单株产量达5.2千克，并繁育蓝莓苗木5600株。

进入21世纪后，县境林业育苗面积得到较快发展。其中，2000年，面积为370公顷，品种主要有黑松、刺槐、紫穗槐、榆树、苦楝、枫杨、槐树、椿树、水杉、国外松、实生桑等；扦插育苗的有加杨、杂交杨、法桐、水杉、雪松、黄杨、冬青、紫穗槐、蜡条、杞柳、柳树；压条育苗有桑树等；嫁接育苗的有湖桑、毛白杨，果树，根插的有刺槐、泡桐等。

2001～2004年，全县共完成成片造林13226.67公顷，其中用材林4646.67公顷、防护林2333.33公顷、经济林6246.67公顷；农田林网建设29600公顷、"四旁"植树859.7万株，绿色通道建设530.5千米。其中，2002年，全县林业育苗面积为412公顷、林木种子采集量2.5吨。是年，沙河子园艺场从河南省林科所引进26A、4A、8B、白花、毛白33、苏桐3号、苏桐19号、苏桐70号、9501、9504等11个泡桐品种，并建设了1.33公顷泡桐品种采穗圃、2公顷繁育基地。

2005～2009年，全县累计造林10033.33公顷，新建农田林网控制面积23200公顷，"四旁"植树1738万株，建设绿化合格村514个，全县森林覆盖率由13.1%提高到20.27%，增加了7.17%。其中，2006年3月，被全国绿化委员会授予"全国绿化模范县"称号。2007年，全县林业育苗面积高达1200公顷。是年，罗阳镇与南农大联手攻克耐盐碱苗木花卉培育技术难题，选育出紫叶李、紫薇、高杆女贞等十余个耐盐碱苗木花卉品种，兴建起33.33公顷的耐盐碱苗木花卉基地。

2009年，全县林业育苗面积最高，达到2267公顷。是年，全县苗木产量30.1万株。

第三节 林木保护

一、病虫害防治

1990～2009年，对全县杨树危害最大的害虫是草履蚧和杨扇舟蛾，草履蚧每年春季在部分乡镇均有不同程度的发生。2008～2009年，杨扇舟蛾在部分乡镇发生。县林业部门每年均及时发布虫害信息，并与有关镇农技中心联动，及时帮助林木承包户进行害虫防治，未造成严重灾害。

人工防治 冬季翻土，冻杀土壤害虫；春季设置阻隔离带，防止草履蚧上树，挖排水沟改善小环境，降低树林潮湿度；夏秋季夜间设置篝火，采取让飞蛾扑火等防治措施。

药物防治 注干—主要采用注干机对树木进行药物注射；涂干—主要采用刮老皮方法，后在新皮上涂上药液；喷药—主要采用高压喷雾器对树冠进行喷药。

二、护林

随着改革步伐的不断深入，林地的权属也在不断地完善，除了国有和集体的林地外，大部分林地已被个人承包或买断，护林任务和责任也在起着相应的变化。到2009年，除了吴山和抗日山配有12名专职护林员和10间护林房外，护林重点已转向森林防火。2009年8月，县人民政府发布公告，对夹谷山、大金山、小塔山、大吴山、小吴山、二龙山等山岭实行封山育林。每年清明节、春节、其它民俗祭日及干旱季节，县林业部门都要组织专门队伍和各镇农技中心联动，对重点林区进行重点防范。

第四节 主要林木品种

一、茶叶

1990年，全县茶园面积76公顷，主要品种有小叶茶等，主要分布在班庄、金山、厉庄、黑林、石桥等乡镇。

图 8-13 金山镇茶叶采摘（2008年摄）

1994年，全县茶园有了一定的发展，面积达165公顷，品种没有变化，分布地区依然是班庄、金山、厉庄、黑林、石桥等丘陵山区乡镇。

1998年，金山镇佃马厂茶园在县农林部门的支持下，一次性建了4个温室大棚茶园（面积0.3公顷），茶叶在春节前上市，效益高出普通茶园两倍。

2000年，全县茶园有了较大发展，面积达到392公顷，并出现10多家茶叶加工企业，注册“夹谷春”“徐福春”等5个品牌。

2007年始，全县茶叶得到较快发展。到2009年，茶园面积达869公顷。茶叶品种新增福鼎大叶白、翠峰等，注册商标新增“凯碧”“金山毛峰”“芦山春”等10个品牌茶叶。欢墩镇还依托当地的4000公顷芦笋，发展了芦笋茶。

二、果树

1990年，全县果园面积4300公顷，主要品种有苹果、中华寿桃、梨等。其中，苹果主要分布在石桥、柘汪、海头、班庄、门河、塔山等乡镇，桃主要分布在石桥、柘汪、门河、城头等乡镇，梨主要分布在赣马、班庄、门河、柘汪等乡镇。

1992~1994年，全县果园有了一定的发展，面积达6035公顷，主要品种新增山楂、柿、葡萄、板栗、木瓜、银杏等。其中，山楂主要分布在徐福、石桥等镇，木瓜主要分布在土城乡，板栗主要分布在徐福、柘汪、黑林、厉庄、班庄、石桥等乡镇，银杏主要分布在门河乡。

1995~2000年，因老果园逐年淘汰，果园面积逐年减少。其中，1999年，果园面积降至3137公顷。

2001~2003年，全县果园有了较快的恢复性发展。其中，2003年，达到高峰，面积为10841公顷。其间，水果的主要品种有较大更新，如苹果，新增富士、金帅等；桃，新增黄桃、油桃、美国大红桃等；梨，新增黄梨、慈梨等，并引种成功大樱桃、黑莓等。其中，苹果主要分布在石桥、柘汪、海头、班庄等镇；桃主要分布在石桥、门河、城头等镇；梨主要分布在赣马、班庄、门河等镇；大樱桃主要分布在厉庄镇；黑莓主要分布在欢墩、黑林等镇。

2004~2009年，进入调整期。其间，全县的黑莓有了较大发展。其中，2008~2009年，黑莓市场不稳，果园面积减至7388公顷。

2009年，丘陵山区主要以发展小杂果为主，厉庄镇的大樱桃、石桥镇的黄桃等都达到上万亩规模。其中，厉庄大樱桃种植基地，先后引进美国大樱桃新品种16个，发展种植面积667公顷，种植户2000多户，并被国家旅游局认定为全国农业生态旅游示范点。

三、蚕桑

1990年，全县蚕桑发展处于起步阶段，面积只有220公顷，品种有湖桑32号、湖桑7号等，主要分布在龙河、金山等乡镇。

1992~1994年，全县蚕桑得到了较快发展，面积达1155公顷，并形成一定规模的养蚕业。其中，蚕品种主要有苏菊×明虎、苏镇×春光等；桑品种新增湖桑711、育2号、新一之赖等；主要分布在龙河、城头、金山3个乡镇。

1995～1996年，县境蚕桑市场开始滑坡。其中，1996年，全县桑园面积减至676公顷，品种与分布地区没有大的变化。

1997～2001年，县境蚕桑市场进入较稳定时期。2001年，全县桑园面积达1432公顷。蚕品种新增春雷×锡方、青松×皓月等；桑品种新增新一之赖、农桑12号、农桑14号等；主要分布地为龙河、城头、金山3个乡镇，城西、赣马、班庄、柘汪等镇也有少量种植、饲养。

2002～2009年，县境蚕桑进入市场调整时期。其中，2009年，全县桑园面积减至834公顷。品种没有变化，分布地主要集中于海头、城头、金山3个乡镇。

四、花卉

1990～1999年，县境花卉业发展缓慢，全县花卉总面积不到100公顷，而且不成规模，无连片发展。

2000～2006年，县境花卉业得到较快发展，全县发展苗木花卉面积达到630公顷。其中，鲜切花的主要品种有唐菖蒲、非洲菊、郁金香和百合等，主要分布在金山、石桥、沙河、城西等镇。观赏苗木的主要品种有中山杉、广玉兰、梅花、紫叶李、雪松、女贞、紫薇等，主要分布在城西、罗阳、门河等镇。

图 8-14 金山镇鲜切花基地（2008年摄）

2007～2009年，县境花卉苗木业发展进入繁荣时期。2007年，全县发展苗木花卉面积728公顷。其中，金山镇50公顷，金山镇赵湖村发展花卉苗木31公顷，包括鲜切花24公顷，主要品种为百合、郁金香、非洲菊和马蹄莲等，并成立赵湖花卉专业合作社。

2009年，全县花卉苗木总面积达到901公顷，包括保护地栽培64公顷，共发展鲜切花48公顷、盆栽植物9公顷、观赏苗木840公顷、种苗用花卉5公顷。其中，城西镇有613公顷，包括花卉苗木220公顷，拥有苗木花卉25个系列100多个品种，被评为连云港市"花卉之乡"、江苏省"重点苗木基地"。是年，罗阳镇建成面积为68公顷的耐盐苗木繁育中心。其中，植物组织培养室一座，面积为2000平方米，连栋温室4座，面积为1.3万平方米。

第五节 服务体系

一、林业服务体系

1990年，县蚕果技术指导站作为主要服务机构，对林、蚕桑、果、茶、花卉等进行技术指导、技术服务，新品种、新技术引进与推广，以及病虫害测报；乡镇主要以林业站为服务机构，县乡两级共有30个单位。

1998年始，乡镇机构改革，撤乡建镇，服务单位整合，林业站并入镇农技中心，镇级服务机构由29个减至18个。

2000年，县蚕果技术指导站更名为县林业科技推广中心。

2009年，县镇两级服务单位共19个。

二、蚕桑服务体系

1990年，县蚕果技术指导站作为主要服务机构，主要职能包括蚕种催青在内的一系列技术服务，乡级主要是蚕桑重点乡的林业站，主要包括龙河、城头、官河、徐福等乡镇。

1995年，金山蚕茧站与林业站分离单列。

1998年，县蚕果技术指导站从省蚕种公司引进苏菊×明虎、苏镇×春光、春雷×锡方、871×872、54×24.46共5对新蚕品种，推广苏菊×明虎、苏镇×春光、春雷×锡方3对新蚕品种。

1998～2002年，乡镇机构改革，林业站并入农技中心，蚕茧站单列。

2003～2004年，县内蚕茧站逐步由个人承包。

2009年，全县主要有海头、城头、金山、赣马、城西共5个镇蚕茧站。

第六节　国营场圃

一、吴山林场

1990年，吴山林场拥有土地面积400公顷，其中林地面积373.33公顷，主要树种为赤松、刺槐、麻栎；果园面积20公顷，主要品种巴梨、黄梨、山楂、葡萄；茶园3.33公顷。

1992～1995年，林场从南京植物研究园引进黑莓，种植2.66公顷。

2003～2004年，种植茶叶2.66公顷，茶园面积达8公顷。

2009年，林场有在职职工46人，退休职工27人。

图 8-15　吴山林场（2005年摄）

二、抗日山园艺场

1990年，抗日山园艺场拥有土地面积92公顷，其中林地面积48公顷，主要树种是黑松、刺槐；果园面积42.66公顷，主要品种为巴梨、茄梨。

1995～1996年，园艺场引进金太阳杏、凯特杏，种植2公顷。

2009年，全场有在职职工30人、退休职工24人、离休1人。

三、沙河子园艺场

园艺场带村2个，拥有土地面积206.67公顷。其中，场部40公顷，沙墩村114.67公顷，单留村52公顷。

1991年，场部产业结构开始调整，果园开始淘汰，主业转向花卉苗木。

1996年，成立花木公司。1998年，建花卉大棚460平方米。

2000年，建一个60平方米的组培室。至2009年，场部花木面积达38.66公顷，有在职职工53人，退休职工35人；沙墩村花木面积12公顷，果园面积7.33公顷，在册人口1980人；单留村果园面积13.33公顷，在册人口942人。

四、黄墩苗圃场

原名黄墩蚕桑场，土地面积73.33公顷。

1990年时，拥有桑园面积14.66公顷，蚕室2000平方米，贮桑室400平方米，烘茧土灶一副，与镇江蚕种场联合制一代杂交种1.2万张。

1993年，桑园面积达12公顷。

1994～1996年，桑园淘汰。

2001年，场名更为黄墩苗圃场，主业转向苗木。

2006～2007年，苗木发展加快。

2009年，苗木面积达13.33公顷，有在职职工30人，退休职工16人。

第七节 林政执法

1990～1994年，县内无专职农林执法队伍，整个林业执法属于临时性。

1995年3月，江苏省人民政府批准建立县木材检查站。2000年4月28日，赣榆县编委批复成立，站址设在赣榆县墩尚镇。2005年，省政府下文把赣榆木检站的站址由墩尚镇调整到欢墩镇，主要负责县域内林业资源运输的执法监督工作，依法对违法林业运输行为实施林业行政处罚。

2001～2003年，县内森林及野生动物执法，呈现空白期。

2004年，经县编委批准成立赣榆县林业执法大队，全县森林和陆生野生动植物资源保护，有了专门的行政执法队伍。

2004～2009年，全县共查处林业行政案件1034起。其中，无证采伐及毁林624起，无证运输208起，非法占用林地57起，非法收购贩卖滥捕野生动物案件145起，放生青蛙蟾蜍12万只，救护猫头鹰、白鹭、朱鹮、苍鹰等野生动物150余只。

第五章 畜牧业

第一节 畜牧生产

1990年，赣榆县畜牧业由千家万户的小生产向主导产业转变，畜禽饲养专业户、畜禽规模养殖场、畜禽养殖企业不断发展壮大，畜牧业经济发展迅速。畜禽种类主要有猪、禽（鸡、鸭、鹅）、牛、羊、兔和马、骡、驴等。年末，全县生猪饲养量30.9万头，大牲畜饲养量22847头，羊105476只，兔95528只，家禽3949036只。

1991年，鹌鹑、水貂等特种经济动物发展迅速，由农户零星养殖逐步向规模化发展。其中，徐福、石桥2个乡镇鹌鹑饲养最为集中，饲养量达120万羽，成为全省最大的养殖基地。

1992年，青口镇碱滩村首次引进蓝狐，试养成功后，蓝狐养殖逐步发展到赣马、夹山、城头、门河等乡镇。1994年，全县蓝狐饲养量达到20万只。

1995年，全县开展优质三元杂交猪工程建设，发展优质三元商品猪生产，生猪产肉率逐年提高，是年，生猪产肉率为50%。

图 8-16　金山镇鹌鹑养殖基地（2005年摄）

1996年后，连云港金成食品有限公司、赣马镇肉类加工厂相继建成，全县生猪屠宰加工产业链形成。

1998年，连云港金成食品有限公司获“江苏省农业产业化加工龙头”称号。是年，实施国家级秸秆养畜项目，县政府提出“秸秆过腹还田、大力发展草食动物”的畜牧业发展思路，全县掀起利用青贮氨化秸秆育肥肉牛的高潮。

2000年，产蛋鸡品种完成以海兰、罗曼等专用品种的全部更新，专业户基本实施笼养规模养殖，使用全价配合饲料喂养，每只鸡年产蛋280枚左右，蛋鸡在500~550天淘汰。

2009年，全县鹌鹑已发展到年饲养量2000万羽的规模，以水貂、蓝狐为主要品种的毛皮动物年饲养量突破200万头，成为全国著名的鹌鹑、毛皮动物等特种经济动物养殖基地。是年，全县养殖肉牛6万头，生猪产肉率提高到67%。

第二节　疫病防治

一、兽医

1990~1999年，全县各乡镇都设有畜牧兽医站。

2000年，农业部发文，批准在县畜牧兽医站建设国家级动物疫情测报站。国家拨经费25万元，地方政府配套经费25万元，测报站建设实验室面积140平方米，配置了疫情测报车、电脑、传真机、立式冰箱、卧式冰柜、电泳仪、酶标仪、荧光显微镜、多头移液器、冷冻切片机和组织切片机等仪器设备。能正常开展病理解剖及血清学、细菌学和寄生虫病学的监测。

2002年，各乡镇畜牧兽医站合并到镇农业技术服务中心。

2009年，县畜牧兽医站共有技术人员19人，技术工人7人。其中，高级兽医师7人，畜牧兽医师12人，中级技工7人；镇级有兽医技术人员83人。其中，高级兽医师1人，畜牧兽医师21人，技术员60人。

二、疫病

传染病、共患病：牲畜口蹄疫、狂犬病、巴氏杆菌病、沙门氏杆菌病、链球菌病、大肠杆菌病、破伤风、结核病、布鲁氏杆菌病、钩端螺旋体病等。

牛病：牛流行热、牛放线菌病。

猪病：猪瘟、猪高致病性蓝耳病、猪丹毒、猪气喘病、仔猪副伤寒、猪肺疫、仔猪白痢和猪流感。2002年后，传入猪高致病性蓝耳病、猪细小病毒病、猪伪狂犬病、圆环病毒病等。

禽病：鸡新城疫、鸡传染性法氏囊炎、鸡霍乱、鸡白痢、鸡霉形体病、鸡传染性支气管炎、鸡传染性喉气管炎、鸡传染性鼻炎、鸡马立克氏病、鸭瘟、鸭病毒性肝炎、小鹅瘟等。

兔病：兔瘟、兔霉毒病。

水貂病：水貂犬瘟热、病毒性肠炎、阿留申病。

狗病：犬瘟热、犬细小病毒病、犬冠状病毒病、犬疱疹病毒感染、皮肤真菌病、深部真菌病。

寄生虫病：牛和羊的寄生虫有肝蛭虫、双口吸虫、蛔虫、肺丝虫。猪的寄生虫以蛔虫、肺丝虫、结节虫最为常见。2001年传入血虫病（附红细胞体）。鸡的寄生虫有球虫、蛔虫和肺丝虫。其它有鹅的绦虫，猪、牛、羊、狗的虱子、疥螨等。

中毒病和其他群发病：常见中毒的有农药中毒、食盐中毒、雏鸡一氧化碳中毒、杀鼠药中毒等。

三、防治

1990～2003年，赣榆县开始推广春季突击防疫行动和秋冬季突击防疫行动，结合“阉防”，以猪瘟、口蹄疫、鸡新城疫为防疫重点。

2004年，增加高致病性禽流感（H5N1亚型Re–5株禽流感灭活苗）和牛、羊亚洲Ⅰ型口蹄疫防疫。

2005年，增加高致病性蓝耳病防疫。是年5月，县境开展“犬类狂犬病防治突击月”活动，11月，开展“狂犬病补防突击月”活动。

2006年夏季，全县开展猪链球菌病防控。是年开始，每年的5月都开展犬类狂犬病防治突击月活动。

2008年年初，开展变异毒株禽流感（重组禽流感H5N1亚型Re–4株+Re–5株）二价苗防疫。

2009年，开展A型口蹄疫防疫。

图 8–17　沙河镇开展春季动物防疫（2009年摄）

第九篇　海洋经济

第一章　海洋与渔业管理
第二章　海洋捕捞
第三章　海淡水育苗
第四章　海淡水养殖
第五章　水产品市场
第六章　渔　港
第七章　渔业企业与园区

第九篇　海洋经济

赣榆县地处海州湾脐部，拥有6个沿海镇，1个省级海洋经济开发区，31个渔业村，6万多渔民。海岸北自锈针河口，南至临洪口，全长62.5千米，滩涂面积1.53万公顷，10米等深线以内浅海域面积7.2万多公顷，近海渔场7000平方千米。

赣榆以建设海洋经济强县为目标，以海洋渔业增效、渔民增收为宗旨，加快海洋经济发展步伐，海洋捕捞养殖规模、产业结构、产业特色得到逐步扩展和提升。1990年，全县水产品产量3.34万吨，被评为全国十省百县渔业先进县。1996～2000年，海洋经济各项指标均超历史水平。2003年，全县水产品产量达21万余吨，实现产值22.5亿元，占全县农业总产值的44%；在宋庄镇建成全国第一家"万亩海水有机食品生产示范基地"，在全省率先突破浅海域鲍鱼养殖难题，工厂化养殖面积达3.5万平方米，建成全省最大的南美白对虾工厂化养殖基地。2006～2009年，全县完成水产品总量217.9万吨，实现渔业经济总产值223.2亿元，水产养殖面积达4万公顷；先后制定《墨西哥蓝对虾人工育苗技术规范》等10个省级水产品地方标准；全县32个水产品拥有自己的注册商标，年创汇3000多万美元；全县有80%的水产养殖水域通过了省级无公害产地认定，墩尚泥鳅园成为国家级出口示范区；建起为捕捞渔船、水产养殖及海产品加工业服务的专业合作社17家。海洋经济已成为县域经济发展的重要支柱。

第一章　海洋与渔业管理

第一节　管理机构

1990年，赣榆县水产局负责全县海洋与渔业管理，水产局下设水产供销企业2个、海洋捕捞公司1个、水产养殖企业2个、水产加工企业1个、造船厂1个、鱼苗鱼种站2个、水产科研和技术指导单位各1个、渔政管理机构1个、渔船渔港监督站1个，共有全民所有制职工1090名。

1994年5月，赣榆县渔船渔港监督站更名为中华人民共和国赣榆渔港监督站，由海头镇搬迁至青口镇办公。是年，江苏省赣榆县渔船检验站更名为中华人民共和国赣榆渔船检验站，与新搬迁的县渔港监督站合署办公，一套班子两块牌子，原隶属关系性质均不变。

2000年4月，渔船检验站更名为中华人民共和国江苏省渔船检验局赣榆检验站。

2002年，县水产局更名为赣榆县海洋与渔业局。是年，《中华人民共和国海域法》实施后，赣榆县成立海域使用项目审核委员会，负责海域使用项目审核。

2009年，县海洋与渔业局内设5个职能科室，即办公室、财务审计科、海域管理科、渔业科、海监渔政科。下设海监大队、渔政站、电台、船检站4个海洋渔业执法单位和海洋渔业技术指导站、水产研究所2个技术指导单位。

第二节　渔政管理

1990年，全县在册渔船800艘，多为8.8千瓦～58千瓦小型木质渔船。县水产局渔政股配有20名渔政执法人员，拥有13千瓦木质渔政执法船一艘，负责全县渔政管理，依法管理海州湾渔场和县内淡水渔业水域的渔业资源等。

1995年，全县拥有渔船近1000艘，县境海洋捕捞业进入高峰期。小型渔船逐步更新改造为88千瓦～110千瓦木质渔船，渔政管理也进入新的发展时期。

1997年，县渔政监督管理站成立，编制25人，拥有350马力钢质渔政执法船一艘。

2005年，新增添352千瓦钢质渔政执法船一艘，并经县编委批准，在渔政监督管理站内增挂“赣榆县

图 9-1　渔船停靠海头渔港（2007年摄）

水生动物卫生监督所”牌子，增加苗种执法、水产质量安全等管理业务。

2007年，赣榆县根据实际用海情况，对涉及境内的海洋功能区划进行了调整，将柘汪、石桥的部分养殖功能区调整为港口航运区，为连云港市“一体两翼”规划建设北翼港区提供用地保障，并新增新城区城镇建设用海，为县城建设提供了发展空间。

2009年，赣榆县采取日常巡查和重点检查相结合的工作方式，对所属岸线实施巡查，对用海活动频繁地区实施重点监控，有效提高了巡查效果。全年实施岸线巡查24次，出动执法人员116人次。

第三节　渔船渔港监督管理

1990年，赣榆县渔船渔港监督站具体负责全县的渔船渔港监督管理。

1994～2000年，赣榆县全面开展渔业安全生产大检查，倡导渔民自愿组合，实施渔船编队出海，编队渔船配有“双模”、防碰撞系统、手机、对讲机，形成完善的海上通讯网络，随时与岸台保持联系，指挥中心实行24小时值班制。2000年，排查渔船一般隐患95项，其中救生、消防、通信设备不齐的渔船75艘，到期需上坞台维修的渔船20艘。

2005～2009年，每年休渔季节，赣榆县即将应休渔船1500余艘，统一安排至县境60千米范围的5个渔港及6个河汊港湾。针对时间节点多、伏休范围广、应休渔船数量大、港口码头分散等情况，渔政执法人员深入沿海各镇、渔村、码头进行宣传检查，免费发放宣传材料，保持伏休态势基本稳定。2005年，全县启动政策性渔业互助保险工作，对44.1千瓦以上渔船船员全面实行“整船满额不记名”方式投保，对44.1千瓦以下渔船船员和其他下海人员采用实名制方式投保。2009年，全县在册渔船2000余艘，总功率达18万千瓦，1.5万名船员基本达到每人保险金额为20万元；争取国家无偿资金95万元，加大对柘汪、海头、木套、青口渔港航标、渔港消防设施等配套设施的建设维护，提升渔港的安全保障能力。

第四节　海域管理

1990～2001年，赣榆县在海域使用中存在无序、无度、无偿的“三无”现象，因而造成了局部海域生态环境恶化、海域权属不清、用海矛盾突出及国有海域资源性资产大量流失。

2002年，《中华人民共和国海域法》实施后，县里制定相关配套制度，成立海域使用项目审核委员会，严把海域使用项目审核关。

2005年，为进一步推进养殖用海科学化、规范化发展，赣榆县建立了养殖用海专项执法长效管理机制，每月派专人出海检查3～4次，对养殖海域实施执法检查，对新增的养殖用海实施重点检查。

2009年6月，成立赣榆县海域使用动态监视监测中心，运用遥感监测、GPS定位、地理信息管理等现代技术，能在第一时间掌握海域动态使用状况，实现了海域资源的有效整合。是年，全县征收海域使用金56.13万元，其中新增用海项目三宗，面积708.18公顷，征收海域使用金金额10.62万元；对县域108宗养殖用海实施了执法检查，累计检查面积13586公顷，检查覆盖率100%。其中一起非法占用海域从事养殖案被依法查处，收缴罚款3.04万元。

第五节　海洋执法

2004年，经赣榆县编制委员会批准，中国海监赣榆县大队正式成立，依法管理所属海域，隶属于县海洋与渔业局，与渔政合署办公，编制10人。2006年，赣榆县编委批准中国海监赣榆县大队独立设置，单位性质为自收自支事业单位。

2007～2009年，中国海监赣榆县大队共组织开展各类执法检查行动670次，立案查处各类海洋违法行为48起，收缴罚款131万元，催缴海域使用金91万元。

2009年，县编委批准中国海监赣榆县大队为全额财政拨款事业单位，执法经费纳入同级财政预算；是年，大队的达标创建工作通过中国海监江苏省总队的验收，成为全省首个"二级达标大队"，在全省率先跨入达标大队行列；大队拥有列入中国海监执法装备序列的中国海监5011执法艇1艘、中国海监执法车1辆、亚米级GPS定位仪1台、手持GPS定位仪1台、"差分" GPS定位仪1台，以及数码摄像机、数码照相机、望远镜、手持式对讲机等，执法装备建设达到了一级达标大队的装备要求。

第二章　海洋捕捞

第一节　方式与范围

赣榆县传统的捕捞方式为定置网（主要是大网）和拖网。1990年，引进流刺网捕捞技术，经过多年的实践及不断完善，到2009年，形成以流刺网为主、定置网为辅的多种渔业捕捞作业方式并存的局面。

赣榆县捕捞作业范围，由海州湾渔场扩大到渤海渔场、石岛渔场、吕泗渔场、舟山渔场、沙外、江外、舟外渔场等。中日、中韩渔业协定分别于2000年6月1日、2001年7月1日生效，赣榆县渔船进入中日韩暂定海域捕捞。

第二节　品种与产量

赣榆县海洋渔业主要捕捞品种有：鲳鱼、梭鱼、鮸鱼、鳓鱼、小黄鱼、黄姑鱼、白姑鱼、鲈鱼、带鱼、对虾、毛虾、黄鲫、鲅鱼、鲬鱼、比目鱼、金乌贼、梭子蟹等。

1990年，全县渔业产量3.33万吨，其中海洋捕捞产量2.43万吨，占总产量的72.9%。

1998年，连云港市政府提出，动员组织捕捞渔民转产、转业，从事养殖业、运输业或旅游业，全年海洋捕捞产量9.2万吨。

1999年，市政府提出渔业生产结构调整方案，压缩捕捞船只，严格控制海洋捕捞强度，大力发展海水养殖业，全年海洋捕捞产量9.1万吨。

2005年，全县海洋捕捞产量首次突破10万吨。

2009年，全县渔业产量35.95万吨，其中海洋捕捞产量11.39万吨，占总产量的31.7%。

第三章　海淡水育苗

第一节　虾类育苗

一、中国对虾育苗

1990年，全县对虾育苗产量达45.5亿尾，虾苗远销全国各地。1993年爆发虾病后，对虾养殖陷入低谷，

图 9-2 青口镇下口对虾育苗厂培殖大眼幼苗成功（2006年摄）

虾苗需求量下降。1996年，全县育苗量达到75.2亿尾，为历史最高峰。2009年，全县育苗量25亿尾左右，除满足县境养殖需要，主要销往山东、天津、浙江及省内盐城、南通等地。对虾育苗，一直是赣榆县水产育苗的重要支柱。

二、南美白对虾育苗

1995年，县水产技术人员引进南美白对虾进行试养殖，随后进行人工育苗试验，获得成功。由于南美白对虾海水、淡水均能养殖，育苗得到迅速发展。2009年，全县育白对虾苗20.8亿尾，除满足县境养殖需要，还销往山东、安徽、河南、新疆等地。

三、日本对虾育苗

20世纪90年代，县内日本对虾养殖面积小，对虾苗需求量小。2006年后，县内日本对虾养殖进入快速发展时期，对虾苗需求量大，促进育苗业的大发展。2009年，全县从事日本对虾育苗的企业16家，育苗水体1.6万立方米，年育苗量4.8亿尾，主要满足本地需要。

第二节　鱼类育苗

1990年，县内育苗品种主要有：青鱼、草鱼、鲢鳙鱼、鲤鱼、鲫鱼、武昌鱼、梭鱼、乌鳢、黄颡鱼、大银鱼、泥鳅等，主要育苗企业有：赣榆县水产养殖场、赣榆县鱼种场、赣榆县欢墩渔场、赣榆县塔山水库鱼种场。是年，全县育苗量约为8000万尾，实现销售收入1000多万元。2000年，鱼类育苗逐年增加，比较效益明显。2005年，全县育苗量超过1亿尾，销售收入达9000多万元。2009年，全县育苗量约为2.5亿尾，实现销售收入1.5亿元，其中海淡水育苗之比约为1∶9。

第三节　贝类育苗

1990年，赣榆县继成功繁育贻贝苗、四角蛤苗后，开始海湾扇贝育苗试验，育贝苗5万粒。1991年，县内开始太平洋牡蛎育苗试验，育出贝苗3万粒。1997年，进行青蛤土池育苗试验，在约6公顷土池中，共培育出贝苗10亿粒。2004年，进行泥蚶育苗试验，3家育苗场共育出贝苗220千克。2005年，青蛤土池大规格苗种培育试验成功，共培育出2厘米贝苗8000万粒。2007～2009年，由于县内贝类育苗与贝类养殖衔接不好，育出的贝苗销售不畅，县境贝类养殖所用贝苗，主要来自山东。

第四节　藻类育苗

1990年，赣榆县的藻类育苗，主要是紫菜育苗，是年，全县育苗面积300平方米。2006年，进入快速发展时期，全年育苗面积2800平方米。2009年，全县拥有紫菜育苗企业32家，育苗面积达36000平方米，除满足本县养殖需求外，也为外地养殖户提供育苗服务。

第五节　海珍品育苗

图 9-3　海头镇海参育苗成功（2009年摄）

2003～2004年，赣榆县开始进行鲍鱼人工育苗，全县共有3家企业，育苗水体3000平方米，共培育鲍鱼苗300万粒，转移到南方进行越冬。2009年，全县鲍鱼育苗量稳定在280万～300万粒左右。

2008年，赣榆县开始海参人工育苗。是年，县境只有柘汪镇1家企业生产育苗。2009年，县内海参人工育苗企业发展到3家，育苗水体2万平方米，共培育海参苗2.4亿头。

第六节　蟹类育苗

一、河蟹育苗

1990年，赣榆县攻克中华绒螯蟹天然海水工厂化育苗技术难关，生产河蟹苗（大眼幼体）2万千克，实现销售额3000万元。1990～1992年，江苏省淡水水产研究所和赣榆县水产苗种场攻克了河蟹幼体饵料难关。1993年，县水产局及时调整产业发展方向，制定了发展河蟹育苗产业的优惠政策，包括鼓励科技人员到基层开展河蟹工厂化育苗的示范、推广和技术服务。1994年，组织实施江苏省星火计划项目——中华绒螯蟹全人工工厂化育苗技术开发，其间，水产局渔技站、水科所科技人员纷纷到基层签订技术合同，开展技术服务。1995年，县境河蟹育苗，基本形成产业化规模。2009年，全县育河蟹苗8.1万千克，产值7000万元。

二、梭子蟹育苗

1995年，赣榆县开始进行梭子蟹人工育苗，全年育苗120千克。1998年，县内梭子蟹育苗进入快速发展期，全年共繁育苗种2800多千克。2009年，全县从事育苗企业42家，育苗水体4万立方米，年育梭子蟹苗6000千克，所育梭子蟹苗主要满足本地需求。

图 9-4　海头镇梭子蟹养殖（2005年摄）

第四章 海淡水养殖

第一节 虾蟹类养殖

一、中国对虾养殖

中国对虾，又名东方对虾。1990年，全县养虾面积达2267公顷，产虾3149吨，在全国68个对虾养殖县中，属6个盈利县之一。1993年5月，养殖虾塘暴发病毒性白斑病，发病后短时间内，对虾大量死亡，并蔓延迅速，危及全县，减产达85%，引起了省市领导的高度重视。9月，市政府专门在赣榆召开对虾、紫菜疾病防治研讨会，聘请国内著名海洋水产专家教授，对对虾病暴发的病因、对策和紫菜疾病的预防等问题进行专题研讨，提出改善水质是预防对虾病毒性白斑病的重要措施。1994年，宋庄乡在实践中摸索总结出防治虾病的三种方法，简称“宋庄三法”，即对虾养殖两茬法（避开夏季高温发病期，高温前养一茬，高温后养一茬）、适时适量换水法（保持水质良好）、鲜活饵料投喂法（饵料适口、适量，减少剩饵）。“宋庄三法”在全县推广后，虾病逐步得到缓解，产量逐步回升，后又逐步改进了养虾模式，变对虾单品种精养为虾、鱼或虾、贝、鱼、蟹等多品种混养，既减少了单位水体投放虾苗的数量，降低了成本，又有鱼、贝、蟹等吃掉部分残饵，减轻了污染程度，起到了生物共存、良性循环的作用，对虾养殖产量逐年恢复。2009年，东方对虾依然是县内主要的海水养殖品种之一，其养殖面积为2333公顷，产量2235吨。

二、日本对虾养殖

日本对虾，俗称车虾。1990年，赣榆县从日本引进，在城东乡下口村3公顷池塘中试养成功；县水产局从日本九福公司养殖的日本对虾中选留1000尾，进行越冬试养也取得成功；县水产局技术人员利用20立方水池，育出虾苗165万尾，在国内首次育苗获得成功，让日本对虾在中国扎根。2009年，全县日本对虾养殖面积140公顷，产量140吨。

三、南美白对虾养殖

南美白对虾，学名凡纳对虾。1995年，宋庄乡养殖场从青岛引进20万尾虾苗，成功进行养殖试验，并在全县逐步推广，同时进行了淡化养殖喜获成功，这是淡水养殖对虾的新突破。2001年，赣榆县水产养殖场进行了南美白对虾工厂化养殖试验，在6个总面积为497平方米的水泥池中，放养规格为0.8厘米的虾苗30万尾，收获成虾2250千克，平均单产每平方米4.5千克，对虾体长9.3厘米，成活率66.5%。折合每公顷3.5万千克、产值108万元、纯利63万元，赣榆南美白对虾工厂化养殖技术渐趋成熟。2003年，为预防对虾流行病、减少防病成本，赣榆县对虾育苗场都是采取从海南、福建、广东等地购买SPF（无特定病原体）和SPR（抗病原体）的南美白对虾无节幼体和仔虾回来继

图 9-5 南美白对虾（2005年摄）

续培育、淡化，满足淡水养殖苗种的需求，提高商品虾的质量。2007年，全县海水养殖南美白对虾面积仅为65公顷，占全县南美白对虾总面积的5.5%，产量802吨。2009年，全县南美白对虾养殖面积1033公顷，产量6370吨。

四、南美蓝对虾养殖

南美蓝对虾，俗称墨西哥蓝对虾，为广盐性热带虾种，原产于拉丁美洲的太平洋沿岸。2002～2003年，赣榆县水产苗种场进行了墨西哥蓝对虾的引进繁育及养殖，取得成功，增加了县内对虾养殖新品种。2005年，赣榆县海洋渔业技术指导站从湛江蓝对虾育种基地引进蓝对虾苗500万尾，分别在青口盐场养殖4公顷，青口镇杨圪村养殖约3公顷，宋庄镇海水养殖示范区内养殖8公顷，总产蓝对虾80吨。

五、脊尾白虾养殖

脊尾白虾，俗称为小白虾。脊尾白虾自然繁殖能力很强，中国对虾的养殖过程中，虾塘吸纳海水时，脊尾白虾自繁苗，随海水进入虾塘，等中国对虾收获后，通过纳苗或亲体自繁获取的白虾苗种，养至春节前后活体出售。这种养殖模式具有成本低、周期短、易管理、效益高等特点，在群众对虾养殖中普遍推广。1990～2009年间，全县脊尾白虾的产量，稳定在年产量400吨左右。

六、三疣梭子蟹养殖

三疣梭子蟹，俗称彤蟹、梭子蟹。1994年，为应对东方对虾病毒性病害的侵袭，赣榆县积极探索新路，大力搞好产业结构调整，改变原有养殖模式，积极发展梭子蟹养殖。2000年，县内开展了三疣梭子蟹苗种繁育、养成综合技术开发。2001年，全县91家育苗场，育梭子蟹幼蟹1.3亿只。是年，海头镇建成了"万亩梭子蟹养殖基地"。2009年，全县梭子蟹与鱼、虾、贝混养面积达751公顷，其中三疣梭子蟹产量约为1100吨。

第二节 鱼类养殖

一、梭鱼养殖

梭鱼是自然生长在海州湾渔场海、淡水交界处河口的常见品种，养殖方式多采用梭鱼与对虾或与其他鱼混养。1993年，对虾发生病害后，梭鱼成为对虾塘中主要混养品种，此后梭鱼养殖发展迅速。2009年，全县养殖梭鱼333公顷，年产量达2000吨。

二、大黄鱼养殖

1998年，赣榆县进行大黄鱼人工育苗试验，经三次试验育苗获得成功，繁育鱼苗50万尾。2009年，全县混养面积达2000公顷，产量为1500吨。

三、河鲀养殖

1990年，赣榆县海珍品试验场从青岛海洋学院引进红鳍东方鲀2万尾试养获得成功，但由于商品鱼没有销路，终止继续养殖。1997年，城东乡下口村培育河鲀鱼苗获得成功，填补了江苏省的空白，年产河鲀苗40万尾，在全国占领先地位。1998年，开始河鲀商品鱼养殖，养殖面积约为12公顷，产量约为2吨。2007年，养殖产量55吨。2009年，全县养殖产量约为40吨左右。

四、鲆类、鲽鳎鱼类养殖

主要是牙鲆、大菱鲆、半滑舌鳎、漠斑牙鲆、星斑川鲽等的养殖。1997年，九里试验场牙鲆鱼工厂化养殖试验获得成功。2003年，宋庄镇新建育苗场利用工厂化育苗设施进行了牙鲆、漠斑牙鲆、大菱鲆、半滑舌鳎等海水珍品鱼类养殖试验，确立了以大菱鲆为主养品种的工厂化海水鱼类养殖模式。2004～2005年，赣榆县海洋渔业技术指导站进行"工厂化育苗设施综合利用技术推广"获得成功，推动了县内海水鱼

图 9-6　墩尚镇工厂化泥鳅养殖（2005年摄）

类工厂化养殖业的发展。2009年，全县养殖鲆、鲽鱼产量2526吨。

五、四大家鱼养殖

1990年，全县淡水池塘养殖面积5556公顷，主要养殖青、草、鲢、鳙四大家鱼，搭配鲤、鲫、鳊、梭鱼等，产量约为4万吨。2009年，池塘养殖面积6667公顷，产量约为6万吨。另外，白斑狗鱼、乌鳢、杂交鲟等特种水产品养殖，发展迅速，逐渐形成养殖面积600公顷、产量达4500吨的规模。

六、泥鳅养殖

2001年，墩尚镇开始规模养殖泥鳅。2002年，"泥鳅大王"乔宗礼和韩国客商曹炯武，在徐庄村共同建立了第一个面积为13公顷的规模化泥鳅养殖园区。2005年前，泥鳅养殖主要集中在墩尚镇，总面积超过1000公顷，并成立了第一家泥鳅养殖协会，发展泥鳅养殖户2000多户。2006年开始，罗阳、沙河等镇也纷纷开发泥鳅养殖项目。2009年，全县泥鳅养殖户7200户，养殖池塘9180个，养殖面积超过1600公顷，全年创产值8.2亿元，成为全国最大的泥鳅养殖基地，墩尚镇被誉为"泥鳅养殖之乡"。

第三节　贝类养殖

一、蓝蛤养殖

蓝蛤，俗称海沙子，赣榆县沿海滩涂自然生长着大量蓝蛤。蓝蛤是对虾、梭子蟹的上好饵料，随着对虾、梭子蟹养殖的迅速发展，渔民争相采捕蓝蛤，无序采捕致使蓝蛤资源逐年减少。为保护和合理利用蓝蛤资源，1990年，赣榆县水产局规定每年4～7月为禁捕期，并划分区域，交由乡镇、村管理，乡镇、村又承包到户，各户打桩围网护养蓝蛤，于是护养蓝蛤氛围逐渐形成。是年，全县沿海护养蓝蛤400公顷，护养3个月，蓝蛤增重6～7倍，获得较好的效果。2000年后，蓝蛤生产走上了有序健康发展轨道，产量逐年上升。2009年，县内沿海滩涂养殖面积达1200公顷。

图 9-7　青口镇杂色蛤（2005年摄）

二、杂色蛤养殖

杂色蛤，是赣榆县沿海沙质滩涂中自然生长的贝类之一，在虾塘中比较常见，多是随海水进入虾塘。1990年，县内沿海开始小规模养殖。1996年后，在全县推广"宋庄三法"，杂色蛤多与对虾、蟹混养。2009年，县内混养面积达800公顷，另有县内沿海养殖户到连云、响水、浙江等地，租塘混养，面积有500公顷。

三、菲律宾蛤养殖

20世纪90年代，县水产局技术人员在所属养殖场下辖池塘开始小规模试养，面积0.2公顷。2005年4月，赣榆县在海州湾渔场109海区3小区的人工鱼礁区，人工放流菲律宾蛤仔120吨，规格0.9～1.55厘米。2009年，县内青口、宋庄、柘汪等镇小有养殖，面积为2～3公顷。

四、青蛤养殖

青蛤，是县境北部沿海泥沙滩中自然生长的常见贝类，是优良的海产贝类之一。1990年，由于人为及自然等因素的影响，青蛤资源严重衰退。1997年，县水产研究所及有关生产单位开始对青蛤进行立项研究。2000年，实行青蛤人工育苗、增养殖技术与产业化开发，先后完成了人工育苗和大规格苗种培育，解决了青蛤养殖的苗种来源。1997～2000年，共培育蛤苗2亿粒。2002年，利用废弃盐田、低产虾塘等养殖青蛤，面积达280公顷，是年，共产商品蛤852吨，贝苗、商品蛤销往浙江、山东、南通等地，柘汪镇也因此被连云港市政府命名为“贝类养殖之乡”。2009年，全县青蛤养殖面积1940公顷，产量达16多万吨。

五、魁蚶养殖

1991年3月，赣榆县水产局科技人员，从青岛引进魁蚶稚贝，在县海珍品试验场进行池塘试养，是年，养成单枚壳长51毫米、体重34.2克商品贝。2009年，县内青口、宋庄、柘汪等镇小有养殖，面积约为5～8公顷。

六、毛蚶养殖

临洪河口周围、秦山岛海域底质泥沙中，自然生长的毛蚶资源量较大。1990年起，由于鱼虾资源衰退，大批渔民转为捕捞沿岸的毛蚶，渔政部门派船出海管理，采取投放浮标、标明界线、派人看护等形式护养毛蚶，使资源得到保护。2009年，全县混养面积约为650公顷，产量约为5000吨。

七、泥蚶养殖

2001年，青口镇水产站实行泥蚶中间培育试验获得成功，是年，泥蚶与对虾混养面积达207公顷。2009年，全县养殖蚶类933公顷，产量6748吨。

八、缢蛏养殖

1999年，赣榆县渔业技术指导站，从浙江省乐清市引进优质缢蛏苗种2600万只，进行育苗、虾蛏混养的试验取得成功，并在全县沿海乡镇的对虾养殖户中进行推广。2003年，解决了缢蛏干加工技术难题，虾蛏混养规模迅速扩大，全县虾蛏混养面积670公顷，产对虾780吨、缢蛏3150吨。2009年，全县蛏类养殖面积达1350公顷，产蛏类7570吨。

九、牡蛎养殖

海州湾沿岸潮间带的礁石上，自然生长着褶牡蛎、太平洋牡蛎，俗称海蛎子，每逢落潮后，渔民带着采蛎工具，在礁石上采集蛎肉，上市销售。1990年时，沿海只是采集自然生长的海蛎。到2003年时，全县已人工养殖牡蛎122公顷，产量2150吨。2009年，全县牡蛎养殖面积为576公顷，产量5690吨。

十、贻贝养殖

贻贝，俗称海红，干品称淡菜。1990年，赣榆县水产局相继从青岛、烟台引进贻贝苗，在秦山岛周围试验养殖获得成功后，又进行贻贝人工育苗，开始小规模养殖。2004年，海头镇进行了面积为13公顷的贻贝推广养殖，并示范带动县境沿海形成一定的养殖规模。2009年，全县养殖面积7533公顷，产量35656吨。

十一、泥螺养殖

2002年，宋庄镇在潮间带滩涂围养泥螺，进行泥螺增养殖，建成了67公顷的高产滩涂泥螺养殖示范园。2009年，养殖面积为142公顷，产量1270吨。

第四节　藻类养殖

一、海带养殖

1990年，全县养殖海带0.7公顷，产量2吨。2007年，柘汪、石桥、海头、宋庄等镇在秦山岛附近养殖海带330公顷，总产干海带1850吨，总产值1110万元。2009年，因效益比较低，全县养殖面积仅为100公顷左右。

二、紫菜养殖

图 9-8　石桥镇木套村紫菜养殖区（2005年摄）

1990年，因从日本进口紫菜加工机，加工出高质量的紫菜出口创汇，经济效益好，县内紫菜养殖业的蓬勃发展。是年，县内沿海养殖面积约为600公顷。2005年，赣榆县成立紫菜交易所，为全县紫菜的养殖、加工和销售发挥了服务、沟通、协调的作用。2009年，全县紫菜养殖面积1600公顷，产量1204吨，产值约8500万元。

三、江蓠养殖

江蓠，俗称龙须菜。2002年，赣榆县水产部门从福建引进细质江蓠，进行养殖及越冬试验获得成功。2004年，青口养殖户在秦山岛海域养殖江蓠0.8公顷，收获成品江蓠720吨。2009年，因秦山岛发展海上旅游所需，江篱几乎绝养。

第五节　海珍品养殖

一、鲍鱼养殖

2003年，赣榆县水产研究所在秦山岛海域养殖鲍鱼，是年7、8月间，先后从青岛、荣城等地购买皱纹盘鲍苗种50万粒试养。2004年1月，收获商品鲍鱼15.6吨，3、4月间，又分四批从福建购鲍鱼苗50万粒养殖，6月收获商品鲍鱼21吨。是年，为满足鲍鱼饵料所需，还配套养殖海带120台、江篱24架，并在养殖鲍鱼海区同时增养殖底栖贝类46.7公顷、养殖贻贝80台，年底收获杂色蛤718吨、贻贝162吨。2009年，秦山岛开始发展海上旅游，鲍鱼停养。

二、海参养殖

2005年，连云港海前水产品有限责任公司在柘汪镇试养了6.7公顷海参，投放海参苗110万头，共收获海参20吨。2007年，连云港海前水产品有限责任公司又养殖海参14公顷，放养海参苗203万头。2009年，全县海参养殖面积66.7公顷，产量104吨。

三、海蜇养殖

2002年，县境沿海乡镇的渔民，从辽宁购进幼蜇，进行海蜇池塘养殖获得成功。2003年，宋庄镇较大规模养殖海蜇，面积达12公顷，每公顷平均产量22.5吨，平均个体达3千克，最大的达到7.5千克。

2009年，全县养殖面积约为20公顷。

第五章　水产品市场

第一节　连云港市海头水产品批发市场

连云港市海头水产品批发市场，位于海头镇海前村（204国道西侧），与改建的新204国道贯通，在原金海岸商贸城的基础上兴建，是全县唯一的大型水产品批发市场。其东侧是国家级中心渔港——海头港，市场距沿海高速4千米，连云港港口40千米，连云港机场40千米，青岛260千米。

图 9-9　海头水产品批发市场（2008年摄）

2008年7月，市场经省、市、县发改委立项批准建设，占地总面积7.5公顷，总投资1.5亿元，并在工商部门登记注册。市场基本形成四区三中心一平台，即：海产品展示交易区、淡水产品展示交易区、冷冻产品展示交易区、渔需产品交易区、物流配送中心、仓储中心、产品检验检疫中心及电子信息平台。市场可接纳各种经营户500余家，实现从业人员2000余人。

2009年，市场实现水产品交易量50万吨，销售收入35亿元。

第二节　连云港苏鲁海产品综合批发市场

连云港苏鲁海产品综合批发市场，位于海头镇海后村境内，地处同三高速公路出入道口、204国道与海后村相接处。其地理位置条件优越，是苏北鲁南两省交界最大的海产品批发市场。

2001年，苏鲁海产品综合批发市场开始动工兴建，占地总面积6.7公顷，分海产品区及农贸市场区两大区位。海产品区占地2公顷、农贸市场区占地2.3公顷，市场总投资6000万元。是年，首期工程海产品区内建大棚4座、商住楼28幢、经营门面小平房40幢，市场大棚内能容纳摊位500个，首期海产品市场经营区总投资2600万元。

2002年，二期农贸市场建商住楼64栋、农产品经营场地空间2公顷，总投资3600万元。平日除正常经营农产品外，海头镇五天一次的集市也集中在这里。市场内建有海产品配货站一座，每天发往全国各地的客车都在这里配装货源。市场内设有发往西安、上海、青岛、徐州、南京等地的专线海鲜直通车数十辆，市场内及周边设有高低温冷库11座、水产品冷冻加工厂8家、专业制冰厂3家，市场内水、电、停车场、消防等基础设施配套齐全，并设有专业网站，电脑大显示屏设备齐全，每天定期发布各类海产品信息，使信息网络平台充分发挥作用。

2003年，市场全面启动营运后，每天客流量近万人，实行24小时全天候交易。主要经营干、鲜及淡水等水产品。水产品货源5%供应本地区，35%供应省内市场，60%的货源发往全国各地。市场货源的来源有：本镇近2000艘渔船的自捕、全镇400多公顷的梭子养殖基地、200公顷的对虾养殖基地、80公顷的贝类养殖基地，以及客商从上海吴淞码头运来的水产品。水产品发往北京、天津、济南、福建、杭州、南京、西安、青岛等各大城市，产品交易品种达90多种，其中“海头”牌梭子蟹被评为江苏省名牌产品、国家级无公害农产品。

2009年，市场已形成了陆运有主道、水运有深港的便捷式交通网，被江苏省工商管理局评为省级重点市场、优秀龙头企业。是年，市场实现交易额30亿元，海产品交易量25.6万吨，带动周边3000多农户致富，户均增收8000多元。

第三节　墩尚四季田园泥鳅交易市场

图 9-10　墩尚四季田园泥鳅交易市场（2007年摄）

墩尚四季田园泥鳅交易市场，作为省级现代农业示范区——赣榆县“四季田园”现代农业示范区的一个重要组成部分，已成为集泥鳅苗种、饲料、药品、检测、技术服务为一体的综合交易平台，取得了显著的经济和社会效益。

2009年，为提升泥鳅产业发展水平，规范泥鳅苗种及投入品管理，墩尚镇在四季田园功能中心建设了四季田园泥鳅交易市场。按功能分为两大部分：一是泥鳅苗种交易中心。投入360万元，铺设水泥地坪3000平方米，建设水泥周转池8个，配套建设了看护房、机井、下水道等设施；二是泥鳅产品服务交易中心。投入320万元，对原交易大厅进行了改造，隔出18个交易单元，水、电、网线等基础设施完备，年内已进驻商户18家；市场年仓储交易量可达10万吨以上，成交额12亿元。

第四节　海州湾·九里海产品大市场

海州湾·九里海产品大市场，位于石桥镇韩口港北侧、204国道东侧，占地面积6.7公顷。2006年10月，由连云港客商仇洪涛投资1.2亿元兴建，2007年年底，市场建成运营。

市场共建设两层至三层以上商住楼200幢，建筑面积6万平方米，分为食品区、鞋帽区、布匹区、水产区等。新建的5000平方米钢结构大棚，为海产品批发市场，共提供海产品交易摊位500个。大棚北1万平方米空地，分为服装区、针织区、蔬菜区；大棚南3000平方米空地，分为瓜果区、粮油区，与海产品大市场相匹配，形成规模配套效应。市场内专门建造了225平方米楼房一套，作为市场管理办公用房。

2009年，市场实现交易额3亿元，实现利税3000万元，并安置约1000人就业。

第六章　渔　港

第一节　国家级中心渔港

青口中心渔港为国家级中心渔港。位于青口河下游，东濒黄海、西与国道204、301、省道242及南北通道“同三”高速公路相连。从入海口通航闸向上至县城区漫水桥，全长6100米，过闸吨级为500吨。2005年，经农业部批准，将青口港建设为国家中心渔港，总投资4195万元。

图 9-11　青口中心渔港（2009年摄）

2001年，一期建设开挖港池2050米，改建通航桥闸一座；建成码头两座，码头总长660米，干砌石护坡长3440米。

2005年，二期工程动工，新开挖总长1500米的港池，并在两岸新建码头三座，总长1200米，使渔港形成围绕青口河、朱稽河两个出入海口，并与通榆运河相连成“U”字形港口。

2009年，港区水域面积25万平方米，陆域面积35万平方米，航道长3000米，宽120米，平均水深3米。

第二节　重点渔港

图 9-12　海头渔港（2009年摄）

一、海头渔港

国家一级渔港。位于县内沿海中心位置的海头镇东侧、龙王河下游，港区东至梁沙村至东黄海边，西至海头桥（204国道），南至海前村，北至海州湾旅游度假区。2002年7月，海头镇对建成使用长达47年之久的渔港进行重建。2005年，海头渔港建设，总投资3760万元。其中，中央财政预算内专项资金安排1800万元，地方配套资金1960万元。

港区水域面积67万平方米，陆域面积150万平方米，航道长6000

米，宽300米，平均水深3米，可容纳2000艘船舶停靠。每年水产品产销总量2.76万吨，从业人员2万人，其中专业捕捞人员6500人。

2008年，农业部对海头中心渔港建设项目设计予以批复：建设码头600米，护岸210米，综合执法办证中心1000平方米，港区道路及场地20100平方米，港池、锚地及航道开挖93.03万立方米，配套给排水、供电、通讯导航、监控、消防等设施。

2009年，港区有油库12座，总容量2万吨；水塔3座，供淡水能力1.8万吨/日，供电能力80万千瓦；渔船修造企业2个，最大年造船能力110千瓦以下木质渔船30艘，最大年修船能力198千瓦以下钢、木质渔船60艘次；海产品加工企业10家，年加工水产品总量1.7万吨；冷冻厂4个，冷藏能力2000吨，速冻能力250吨/日，制冰80吨/日；渔货贸易集市2个，海产品批发市场1个。

二、柘汪渔港

国家二级渔港。位于柘汪镇，与山东省日照市接壤，紧靠204国道和同三高速公路。2000～2001年，柘汪镇对渔港进行重新修建。修建后，港区水域面积10万平方米，陆域面积15万平方米，航道长500米，宽100米，平均水深3米。

图 9-13 柘汪渔港（2009年摄）

2008年3月，经交通部和江苏省人民政府联合批复，按照“一体两翼”战略布局，连云港港共分为五大港区，其中位于连云港北侧海州湾内的赣榆港区，是连云港港“一体两翼”发展规划中的重要“北翼”。

2009年，柘汪渔港连同海头港被重新定位成连云港港赣榆港，并顺利通过交通部和省政府联合批复。规划：北起绣针河口南至龙王河口，占用自然岸线20.3千米，形成码头岸线44.2千米，170个泊位，未来将形成双口门双环抱的两大作业区，造地面积80平方千米。作为苏北地区及周边部分省市发展外向型经济，加快工业化进程的重要依托。赣榆港区，主要为液体化工品泊位和通用散杂货泊位，远期预留集装箱发展功能，并将逐步发展成为为腹地经济发展和后方临港工业服务的综合性港区。

图 9-14 韩口渔港（2009年摄）

三、韩口渔港

国家二级渔港。位于石桥镇，北临柘汪港，南靠海头港。1995年，兴建并使用。2002年，石桥镇投资2000多万元，先后进行港区扩建、堤防加固、航道疏浚、港池拓宽，建造码头、增设泊位和配套服务设施等。

2009年，扩建后的韩口港，港区水域面积10万平方米，陆域面积35万平方米，航道长1200米，宽180米，平均水深3米，可停泊渔船500多艘。港口两岸有加冰、加水站点10多家，有专用渔船加油站6家，基本达到了集停泊、修造、加冰、加水、加油、海运、商贸、服务为一体的功能较为齐全的渔港。

四、木套渔港

赣榆沿海新开发的重要渔港。位于石桥镇木套村，距县城20千米，204国道穿村而过，紧靠同三高速公路进出口和县内东西大通道——石林公路，交通方便，区位优越。2009年，仍在使用。

图 9-15　木套渔港（2006年摄）

五、三洋渔港

国家二级渔港。位于临洪河的入海口处，港区东至临洪河的东海堤，西至临洪河的西海堤，南至付河翻水站，北至三洋翻水站，与连云港市区隔河相望。渔港原由国家拨款37万元、地方自筹23万元建设完成，有宽长为8×30米浮码头两个。港区总面积75万平方米。其中，水域面积35万平方米，陆域面积40万平方米。航道总长2500米，宽100米，无障碍物。大潮最大水深7米、最小水深3米，常年由临洪河的排淡水冲淤，是赣榆县唯一的航道不涸、船舶不搁浅的深水渔港。2009年，仍正常使用。

图 9-16　三洋渔港（2007年摄）

第三节　自然渔港

一、东林子渔港

位于柘汪镇境内，渔港避风安全，船只进出自如，一直是本地及附近船只避风、装运的重要渔港。

二、石羊渔港

位于柘汪镇境内，自然条件比较优越，港区呈梯形，港池宽阔，避风安全，船只进出自如。

三、兴庄渔港

位于海头镇境内，水陆交通方便，具有得天独厚的自然条件，港区不受风浪影响，水域地质为泥沙质，港池宽且河床稳定，有利于渔船抛锚，且紧靠204国道，境内公路全部为混凝土路面。

四、沙口村渔港

位于宋庄镇境内，是一小型自然渔港。

五、范河闸渔港

位于罗阳镇范河闸东首，是一小型自然渔港。

第七章 渔业企业与园区

第一节 渔业企业

20世纪90年代，随着渔业经济体制逐步向市场化转轨，赣榆县渔业生产企业亦逐渐呈现为私营化，并从简单的水产品加工企业向规模型、科技型、集团化方向渐次发展。1990年，全县有从事水产品简单加工、冷藏的渔业冷库30座，冷藏能力4900吨，日制冰能力20吨，加工水产品13600吨。1992年，县内出现中外合资的紫菜加工企业。进入2000年后，县境渔业企业开始向水产育苗、养殖、加工等产业化方向迈进。2009年，全县有一定规模的各类渔业企业305家。其中，重点骨干型渔业企业6家；从事水产品加工企业93家，年加工各类水产品3.4万吨，部分产品出口20多个国家和地区；工厂化育苗企业110家，育苗总水体12.6万立方米，海水育苗产量约占全省总产量的50%，占全国总产量的30%，生产规模居全国县级之首。

一、连云港神仙紫菜有限公司

1992年，由日本紫菜经营业中最大的公司小浅商事株式会社和雅玛珂株式会社与海头镇海产公司，共同投资120万美元兴建，是国内紫菜行业中首家中日合资企业。公司地处江苏北戴河度假区——海州湾畔，占地面积1.2万平方米。公司选取江苏省五大"无公害农产品基地"之一的海头镇海区为加工基地，采用全套日本进口设备、日本加工工艺，产品在日本国海苔产品展示会上获得很高的声誉，远销欧美、东南亚十几个国家和地区。

2002年8月，投资方在连云港神仙紫菜有限公司的基础上，又追加投资60万美元成立了连云港白羽神仙海苔有限公司，财务独立核算，并由日方派出总经理常驻经营管理。

图 9-17 神仙紫菜生产车间（2007年摄）

2007年9月，连云港神仙紫菜有限公司成功改制为外商独资企业。

2008年，新建现代化二次紫菜加工车间一座，二次加工机组增至3台套。

2009年，公司拥有160公顷紫菜养殖基地一个，年产原藻1300吨，一次加工机3台套，年加工干紫菜一亿多张。是年，公司顺利通过"ISO9001国际质量体系认证""HACCP体系认证"，并荣获"江苏省著名商标""江苏名牌产品""江苏省首批无公害农产品""江苏省质量信用产品"等称号；公司生产的"神仙""你口"两大系列紫菜在国内外客户中享有很高的声誉。

二、江苏榆城集团

1999年，江苏榆城集团兴建，占地面积33公顷，是全省唯一一家水产育苗集团企业。拥有育苗水体3万立方米，下设3家育苗有限公司和2家水产冷冻加工有限公司，是全国最大的苗种集团公司，注册商标“榆城”牌，母子公司注册资金1.057亿元；其工厂化养殖的成功示范，带动了全县5个沿海乡镇工厂化养殖的快速发展。

2002年，集团先后投资2.2亿元建起八大基地；选择150户有一定基础的养殖户，采取入股和合作的方式，启动民间资金300万元，建成40公顷高标准幼蟹暂养大棚作为养殖示范，以此带动沿海2000户农民发展河蟹育苗；全国第一、第二届河蟹苗种会议在赣榆召开，此后，赣榆享有“河蟹育苗之乡”的美誉。

2003～2004年，集团争取农开项目财政扶持资金1300多万元。

2004年后，为进一步改善投资环境，集团先后从日本、韩国及中国香港、台湾引进资金84万美元和220万人民币的生产实验设备，用于企业发展和承担国家科委“863”计划中的中国东方对虾攻关项目。

2006年，集团又争取农开项目投入财政扶持资金480万元，并通过对生产规模小、科技含量低的育苗企业实行购买兼并和资产重组，不断扩大规模强化龙头带动功能；“榆城”牌水产苗种在全国的市场占有率由13%猛增到35%，极大拉动了区域经济的快速增长。

2009年，已在集团落户的中外合资企业有连云港喜乐食品有限公司、长江水产养殖有限公司、竹亭酿酒有限公司。

三、连云港富裕食品有限公司

1991年投资兴建，该公司是江苏省农业产业化重点龙头企业、江苏省民营科技型企业，占地面积6公顷，实行“公司+基地+农（渔）户”的生产经营模式，拥有2000吨冷藏库、1000吨恒温库和规模为400平方米的实验室。

1995年，公司总经理宋世宣被国务院发展研究中心评为“创业之星”。

1996年，公司总经理宋世宣被选为江苏省工商联执委、赣榆县政协常委、工商联副主席。

1997年，公司被省、市、县政府评为“百强私营企业”“私营企业纳税大户”“重合同、守信用企业”。是年，公司成为美国食品和药品监督管理局（FDA）在中国首批HACCP体系认证注册的出口食品生产企业。

1998年，公司又在欧盟注册，HACCP卫生注册号为：水产品类3200/02328，蔬菜类3200/08199。是年，公司与连云港市质量技术监督局共同建立市海（水）产品加工检验中心，并拥有无公害农产品出口标准基地1467公顷、无公害水产品养殖基地1200公顷，从事种植、养殖的农（渔）户1.2万余户，农民户均增收3600元，养殖户户均增收6300元。

1999年，公司承担实施省级“星火计划”项目冻鳕鱼片产品深加工（BX99243）。

2000～2009年，公司认真实施“星火计划”项目，先后开发各种鱼、虾、蟹、贝新产品共计34个、农副产品18个，为

图 9–18 富裕食品加工车间（2007年摄）

企业创造了可喜的经济效益和社会效益。2002年、2003年、2004年分别承担实施三个省级“星火计划”项目，分别是：浓缩分离调味品项目（X2002132）、南美白对虾深加工技术及产品开发（X2003168）和蝤蛑系列休闲食品加工（X2004165）。南美白对虾调理食品与蝤蛑系列休闲食品通过省经贸委省级新产品鉴定。2009年，公司创汇1200多万美元。

四、连云港海德益食品有限公司

2009年，山东客商与秘鲁麦浪有限公司投资成立的连云港海德益食品有限公司，位于柘汪临港产业区内，是江苏省农产品加工龙头企业，注册资本为6000万元，占地面积14.7公顷，是一家集海产品研发、加工、冷藏、销售于一体的大型海产品加工出口外向型企业，也是江苏省唯一一家通过卫生注册的鱿鱼丝加工出口企业。公司以海产品精深加工、销售为主要经营业务，产品主要有鱿鱼丝、墨鱼丝、烤黄花鱼、章鱼足片、鱿鱼圈、马面鱼干、明太鱼片等八大系列，70多种口味；主要出口韩国、日本、俄罗斯、乌克兰、泰国等10余个国家和地区。

是年，企业拥有职工1000人左右，建有出口韩国和东南亚的干制海产品加工车间2座，面积1.2万平方米及4个冷藏冷冻车间，同时建有出口日俄的配套车间7000多平方米和3万吨低温冷藏库、1万吨的恒温库，全年实现创汇2000万美元。公司先后获得省“科技星火龙头企业”“渔业产业化重点扶持企业”等称号。

五、连云港中润佳食品有限公司

2007年，由青岛客商刘世友投资兴建的连云港中润佳食品有限公司，位于石桥镇海洋食品加工区，占地面积约2.7公顷，总投资1亿元。公司主要生产保鲜罐装蟹肉、虾姑肉、速冻肉、腌制鳕鱼片、烤红虾、速冻星鳗鱼片等产品，主要销往欧美、日韩等国家和地区。公司建有3000吨冷库1座，海产品保鲜、烘干加工车间各一栋及建筑面积为18900平方米的办公大楼，并依托本地的海产品资源优势，新上梭子蟹块深加工、烘干虾加工、鳗鱼烤片等三条水产品加工流水线。

2009年，公司采用先进技术，对原有的厂房设备进行了升级改造，既提高了产量又节约了原材料，全年深加工水产品3000吨，创产值3000万美元，实现利税2600万元，并带动近千人就业，经济效益和社会效益非常显著。是年，公司已拥有自营进出口权，并通过了国家商检局CIQ的卫生注册和美国、日本、韩国、俄罗斯、东南亚等国家和地区的商检注册。

六、连云港金水湾食品有限公司

2001年，连云港金水湾食品有限公司兴建，坐落于罗阳镇，占地面积11137平方米，生产厂房总面积6000平方米，低温冷藏能力500吨。

图 9-19　罗阳金水湾食品包装车间（2008年摄）

2004年，公司被评为省农业科技型企业、市农业龙头企业，并顺利通过国家水产品QS认证及ISO9001认证、美国FDA的HACCP认证，在俄罗斯等国家注册。公司是一家集外贸、内贸为一体的多元化、多产品的加工、销售企业。经营范围从国内扩展至国外，国内市场有即食海鲜品、调味即食淡水鱼、鱼（贝）类罐头、烘干食品等，国外市场有活水产品、冻水产品、冰鲜水产品、腌制水产品，主要销往韩、美、日等国。

2009年，公司已形成较为完备的养

殖—加工—销售一条龙经营模式；并拥有先进的水产品加工生产线5条，化验室1个，拥有贝类养殖基地4个，面积347公顷，其中经CIQ备案的海水贝类养殖基地1个，面积达100公顷，全年加工、销售产品6500吨，实现出口销售额近400万美元。是年，公司通过国家水产品QS认证及ISO9001认证、HACCP国际食品管理体系认证，并在俄罗斯等国家注册，成为全县通过卫生注册的贝类冻、活出口的重点外向型企业，产品主要是海洋贝类、虾类等，出口韩国、日本、俄罗斯等国家，全年完成出口3914吨。

第二节　渔业园区

进入21世纪后，县内石桥、海头等镇农民开始大面积养殖梭子蟹，并逐步发展为"万亩养殖示范园"；墩尚镇农民摸索出池塘高密度暂养泥鳅，并得到迅猛发展；罗阳镇依托丰富的滩涂资源，发展2000公顷淡水养殖，成为全市最大的淡水养殖基地，被市政府命名为"淡水鱼养殖之乡"；青口镇围海"造田"，投资1.6亿元，在海洋经济开发区上马高滩蓄水项目，打造青口蓝湾现代渔业园区。2009年，赣榆县依托科技进步，大力发展优质高效渔业园区，高效特色渔业呈现出"产业规模化、布局区域化、生产专业化、经营产业化、市场外向化"的良好发展态势，渔业经济总量跃居全省前列。是年，全县发展各具特色的渔业园区6家，其中有2家被评为省级现代渔业园区。

一、墩尚泥鳅养殖示范园区

园区于2002年开始兴建，是省级现代农业示范区——赣榆县四季田园现代农业示范区的一个重要组成部分。2009年，园区有泥鳅养殖户7000余户，养殖池塘9000多个，养殖面积达1533公顷，全年实现销售收入8亿元，泥鳅销售网络遍及韩国及内地市场。是年，出口量达1万余吨，占全国70%的出口份额，占韩国市场份额的90%以上，创汇3400万美元。泥鳅产业已经成为墩尚镇富民产业和支柱产业，人均增收8400元，泥鳅养殖收入约占全镇收入的70%，成为全国最大的泥鳅养殖基地。

图 9-20　墩尚泥鳅园区（2009年摄）

二、海州湾现代渔业示范园

2008年，投资1.2亿元的海州湾现代渔业示范园在海头镇兴建，该园区是省级重点现代农业产业园区。是年，一期建设面积达5万平方米，全年实现销售收入5000多万元，利税1800万元。

2009年，二期建设面积6000平方米，园区形成拥有10万平方米工厂化海珍品养殖车间、1万平方米海珍品生态养殖场的养殖规模；园区吸纳"失海"渔民近百人，养殖的半滑舌鳎、星斑川鲽、大菱鲆等海珍品，畅销韩国及广东、上海等地，效益是传统池塘养殖的50倍。

图 9-21　海州湾现代渔业园区海珍品生态园区（2009年摄）

第十篇 工 业

第十篇 工业

1990～1998年，是赣榆县工业发展的振兴、扩张阶段。这一阶段的工业企业，从生产型转变为生产经营型，涉及机械、化工、纺织、陶瓷、建材、电子、食品、服装等行业。1990年，全县拥有国有、集体企业386家，实现工业总产值6.33亿元；全县独立核算工业企业实现利润总额1487万元，上缴利税1058万元。1998年，全县工业在宏观经济环境趋紧、市场需求趋淡的困难条件下，通过企业改制及各项改革的全面深化，保持了良好的发展势头，实现了提速增效。全年完成工业增加值19.6亿元，增长29.4%，完成工业总产值160.69亿元，增长26.7%，其中全部国有及年销售收入500万元以上非国有独立核算工业企业完成产值32.63亿元，增长9.7%。

1999～2005年，是赣榆县工业发展的创新优化阶段。这一时期，县内工业企业进行体制改革，并以逐步转变增长方式为抓手，优化结构、降低消耗、降低成本、着力提高产品质量和经济效益。2005年，全县实现工业增加值26.98亿元，增长26.1%。

2006～2009年，是赣榆县工业发展转型提升阶段，也是全县工业经济迅猛发展的关键时期。县内工业历经规模发展、增速提质、结构转型、集约经营、可持续性科学发展等不同的阶段，开始迈入工业经济中期起步的发展新时期。尤其是临港工业强势崛起，初步形成了酒精化工、海洋化工、服装玩具、食品、制药、建材六个工业板块雏形。规模工业企业发展迅速，2006年全县规模以上工业企业有165家；到2009年，总数达到317家，其中亿元以上企业37家。园区经济增效明显，2009年，四大园区实现产值占全县规模以上工业总产值的54.9%，实现工业税收4.5亿元，其中纳税过千万元的企业7家；新海石化实现销售收入35亿元，位居全市工业企业第5位，拉动全县规模以上工业增长25%。

第一章　工业体制改革

第一节　管理体制改革

1990～1993年，赣榆县工业经济的主管部门为县计划经济委员会。其间，主要由县计划经济委员会采取指令性与指导性计划相结合的方式，调节企业生产经营、加强工业管理。所有县属企业均实行厂长（经理）任期目标管理责任制。

1994年，赣榆县计划经济开始向市场经济转轨，县计经委分为计划委员会、经济委员会两个单位，工业管理体制逐渐放活、放宽。

1997年10月，赣榆县政府成立企业制度改革指挥部，并召开专题会议全面部署企业改制工作。要求全县各行各业的企业都要改制。改制的方法、形式、措施，要因厂制宜，一厂一策。保证国有、集体资产不流失，有利于企业效益和职工收入的提高，有利于企业活力的增强，有利于社会稳定，有利于培植扩大新税源。

2000年，随着市场经济体制的逐步建立与发展，赣榆县计划委员会改为县发展计划局，具体负责全县国民经济和社会发展战略、中长期规划和年度计划的拟订及组织实施等。

2001年，赣榆县经济委员会，改为县经济贸易局，简称县经贸局，主要负责监测、分析全县经济运行态势等。

2005年，县发展计划局，更名为县发展和改革委员会，简称为县发改委，具体负责全县经济、社会总需求和总供给等重要经济总量的平衡和重大比例关系的综合协调，研究县域宏观经济运行、产业布局、总量平衡等。

2000～2009年，工业企业主要以市场为导向，全县工业管理遵循市场法则，全面引入市场机制。

第二节　经营机制改革

1990年，赣榆县按照“一要稳定，二要鼓劲，三要发展”的方针，顺利实现县属企业第一轮承包向第二轮承包的过渡。第二轮承包经营责任制的承包形式主要有上缴利润递增包干、基数包干超收分成、定额包干超收全留、亏损包干等。同时，全面推行共保合同制度，推进和鼓励企业兼并，组建纺织、工艺陶瓷、铸造、碳化硅等一批企业集团。通过《中华人民共和国企业法》和国务院《全民所有制工业企业转换经营机制条例》的贯彻落实，把竞争、风险和社会保障等配套机制引入企业，加快经营机制转换。

1991年7月，县政府经济主管部门推行厂长（经理）任期目标责任制，确定4项主要指标：工业总产值、产品销售收入、实现利润、上缴利税，目标期限为两年。

1992年，县委、县政府确定在县酒厂进行转换企业经营机制试点。试点内容是“劳动制度、分配制度、人事制度”三个方面改革。试点成功后，年末在全县工业企业推广。

1994年，县城各系统工业企业均进行以“三项制度”改革为主要内容的经营机制转换工作。是年，县政府对县属各企业进行“利改税”，主要是将企业利润分配制度改为征收所得税和调节税，税后利润企业自主分配。通过“利改税”，赣榆工业企业基本完成了企业的收入上缴由利润形式向税收过渡，初步稳定了政府与企业在利润分配上的关系，进一步扩大了企业财权。

从1995年开始，县内工业企业逐步转向以市场为导向，实行更加灵活多样的经营机制，企业产销有了大幅度的增长。

2000年始，通过产权制度改革，股份制经营方式在赣榆开始陆续发展起来。

到2009年，全县工业企业已建立起包括竞争上岗、激励约束等在内的多种经营机制，并成为具有自主经营、自负盈亏、自我发展、自我约束能力的工业品生产者。是年，全县拥有规模以上股份有限公司14家，全年实现工业总产值40.14亿元。

第三节　产权制度改革

1990年，赣榆县企业自主权很少，工业企业都由主管部门来管理，全县分为计委口、粮油口、供销口、物资口、商业口五大主管部门。

1993年，赣榆县工业企业开始实行股份制改造。

1994年8月，县政府确定县印刷厂为试点企业。是年年底，县印刷厂完成股份制改造，组建成为赣榆县彩印有限公司。

1996年，赣榆县总结试点企业产权制度改革经验后，向县内工业企业推广其改制做法。

1997年，赣榆县开始对县内占有国有资产的企业进行登记，并核发《中华人民共和国国有资产产权登记证》。

1998年，受国际、国内市场经济大环境影响，县属工业在资金严重紧缺、产品价格下降、债务包袱沉重等诸多困难情况下，开始转入改制态势。县委、县政府提出“退二进三”（退出二产进入三产）的方针，重点扶持东蓬、宝发集团和化肥厂、磷肥厂、酒厂、肉联厂、粮食加工厂等企业，组建三兴等5家企业集团，优化生产要素。但仍有三分之一企业停产一年以上，还有三分之一企业处于半停产状态。是年，县农业局科力配肥站被全站37名职工一次性买断127万元净资产，成立惠农肥料有限责任公司。

1999年，全县独立核算的县属工业企业47家，其中正常生产的13家，艰难维持生产的6家，半停产的14家，全部停产的14家。县里为做好国企解困工作，对企业实行分类指导，“抓大放小”。其中，列入第一批“抓大”扶优的企业有化肥厂、磷肥厂等6家，“放小”的企业有织布厂、经纬编厂等5家。是年，第二批试点企业县陶瓷厂、工艺美术厂、铸造厂等也进行股份制改造，这些试点工业企业产权制度改革均以职工出资参股形式组建股份制企业。

图 10-1　赣榆县磷肥厂（2002年摄）

2000年，赣榆县全面启动企业改革，县矿产公司宣告破产。紧接着长期资不抵债的企业县陶瓷厂、植物油厂、新潮家具厂、县轻工机械厂等依法破产。全县企业在产权制度改革方面开始积极探索。

2001年，县委第10次党代会提出实施“工业立县”战略，从抓改革、保稳定、上项目、促发展入手，打造工业经济主体地位，建设工业经济强县。按照这一要求，县经贸局加快推进企业产权制度改革，提出完成“两个到位”，即国有资本退出到位、职工身份转变到位。是年，国有企业改革工作全面展开。全县共有县属工业企业51家。其中停产半停产企业8家，进入破产程序10家。企业资产负债总额8.23亿元，资产负债率达98.5%。随后，对七二化工厂等有一定发展前景和市场潜力的破产企业采取公开拍卖的方式，实现企业由国有性质过渡为民营经济的转变。对启动难度大、市场开拓有一定困难的破产企业，给予适当优惠，确保增加税收，着眼企业发展，采取协议转让的办法，整体转让给客商。县磷肥厂按照该方法转让给山东金沂蒙集团，成立股份制金山肥业有限公司，县酒厂转让后成立连云港易达酒业有限公司。

2002年，全县列入改制计划的县属工业企业共有44家，已基本完成改制任务41家。其中，破产退出16家，破产重组14家，资产转让6家，股份制改造5家。改制面达93%，置换职工身份13824人，企业资产负债率由改制前的23.6%下降到20%。是年，全县列入改制计划的乡镇规模以上工业企业共有36家。县供销系统、粮食系统、乡镇企业等也着手进行“国有资本退出，职工国有身份退出”为核心内容的企业产权制度改革。

到2003年年底，全县基本完成企业改制任务，企改覆盖面100%。其中纳入改制计划的44家县属工业企业中，破产退出18家，破产重组15家，资产转让6家，股份制改造5家，置换职工身份1.4万人。36家乡镇工业企业全部实行民营化。是年，通过对破产企业存量资产进行盘活和重组，县属企业共引进资金5亿元，盘活存量资产3.2亿元，安置职工再就业4000人。全年工业完成增加值16.4亿元，同比增长11%，完成利税6150万元，同比增长14.9%。

图 10-2　赣榆县化肥总厂（2002年摄）

2004年，赣榆县以产权制度改革为抓手，推进现代企业制度建立。班庄水泥、金山化工等公司将现代管理手段引入企业，建立计算机信息管理系统，对生产、经营全过程实施现代化管理。

2005年，邯郸钢铁总厂“模拟市场核算，强化成本管理”的经验，在全县得到推广，县酒厂、玻璃厂等企业推行市场成本管理取得明显成效。

2006～2009年，全县工业企业逐步建立产权明晰的现代企业制度。中大海藻、金山肥业、文峰木业、赣马福利通信电缆等10多家企业还推行ISO9000系列质量管理体系。

第四节　用工制度改革

1990年，赣榆县国有、集体所有制企业职工主要由政府调配、分配、退伍安置、转业以及企业职工退休顶替构成。同时，各全民所有制企业和集体所有制企业经县劳动部门批准，可在城镇和农村招用部分合同工，企业根据岗位和季节不同可以自聘临时工。1995年，《中华人民共和国劳动法》颁布实施，工人与企业是劳动者和用人单位的劳动关系，之前的管理、工资福利及奖惩办法，被以劳动合同为中心的权利义务关系代替。

2002年，围绕工业企业国有资本、职工国有身份双“退出”为核心内容的企业转制，明确各企业按资金状况制定置换职工身份及补偿方案。县内各工业企业较多采用现金补偿方式，直接补偿给职工个人。股份制改造的企业按照置换职工身份补偿额，直接转给职工个人，作为其入股股金。置换后，原企业解除与每个职工劳动关系，其档案交至县社保中心托管。

到2009年，全县工业企业用工由企业自行安排，劳动部门备案。

第五节　劳动制度改革

1995年始，县内工业企业逐步实行劳动合同制，各工业企业根据不同情况，与职工签订1年、2年或3年劳动合同并报县劳动部门备案。合同条文确立企业与职工的责权利，使企业及职工合法权益的保障有章可循。从而打破正式工与合同工的身份界限，合同制工人与国家全民职工实现同工同酬同福利。

2000~2009年，随着企业市场化程度的提高，为适应劳动力流动的新形势，县内各工业企业在改革中摸索出切实的优化劳动力组合方式，各工业企业多实行"三制"：一是择优上岗制，在对企业各部门、各车间班组、各道工序进行定岗定员的基础上，选用业务技术熟练、工作积极、责任心强的职工上岗，部门车间与上岗人员签订上岗合同，明确责、权、利，劳资部门负责鉴定；二是待岗培训制，优化组合中落聘的职工，集中教育培训后，备下次竞聘上岗；三是内退病退制，对年龄大，但未达到法定退休年龄的下岗职工实行内退，长期患病、身体较弱、不能胜任工作的职工实行病退，内退、病退的职工据其工龄对照相应的生活费标准享受生活补助。

第六节　分配制度改革

1990~1994年，赣榆县属各工业企业干部、职工工资由劳动部门核定，干部职工按级别和工龄及技术等级的不同对应不同的工资、福利，其收入多少与岗位职责和劳动强度基本不挂钩。

1995~2000年，企业分配制度进行改革。县内各工业企业主要是打破原来的工资制，将原来职工的等级工资作为档案工资，实行收入看贡献、报酬看成果、与企业的经济效益挂钩、能高能低的浮动工资制，较为普遍的工资制是采用岗位（技能）工资加效益工资、计件工资、联产计酬工资制等分配形式，工业企业管理人员多实行联产计酬，销售人员实行联销联益计酬，生产一线人员实行联产联质计酬。

2001~2009年，县内工业企业分配制度改革得到进一步深化。许多改制为民营的工业企业开始采取技术入股的方式，给管理、专业人才分红。连云港中大海藻有限公司认购了破产的县七二化工厂，择优聘用了原厂200多名职工，被聘人员带资入股，公司与职工实行同股同利，利益共享，风险共担。

第七节　人事制度改革

1990~1991年，赣榆县全民所有制和集体所有制工业企业领导班子成员由县委、县政府或企业主管部门任命，其工资及相关福利待遇按职级与同级行政干部相当。

1992年，县委、县政府按照"抓班子、立柱子、理路子、创牌子"的要求，对县属各工业企业干部人事制度开始改革，破除任命制，引入竞争机制，实行聘任制。厂长（经理）自己选聘管理人员，同时在部分企业内破除干部与工人身份界限，干部下车间、工人甚至农民做厂长（经理）已屡见不鲜。这一能上能下的用人机制，使一批懂生产、会管理、善经营的人才逐步进入企业管理层。

2000~2009年，随着国有资本退出各工业企业，县内企业管理层人员的选配完全由企业自主决定。完成股份制改造和股份合作制的企业，均按照《中华人民共和国公司法》规定，选举产生董事长及董事会成员。

第二章 工业经济构成

第一节 国有企业

1990年，赣榆县国有企业平稳发展。全县51家全民所有制工业企业，实现工业总产值2.87亿元。

1991年，全县国有工业企业生产销售收入稳步提高，县属工业20个系统有12个系统增长，其中轻工公司、乡镇局、粮食局、水产局、物资局、县社、教育局、卫生局等8个系统增幅在10%以上。

1992年，企业内部改革逐步推进，全县98家县属企业有87家程度不同地实施了工业品产销的市场化转变。生产要素供应得到较好的保证，全年完成供电量2.45亿千瓦时，增长14%，原材料消费量明显增加。

1994年，县属工业克服增本减利、部分企业由暗亏转为明亏等不利因素，仍完成工业总产值5.68亿元，较上年增长32.83%。

1995年，全县国有工业产销基本平衡，并保持较大增长。县属工业完成工业总产值7.26亿元，较上年增长32.1%，县属工业15个系统保持生产增长。其中，增幅30%以上的有轻工（增长114.1%）、农机局（增长102.9%）、县联社（增长54.5%）、教育局（增长53.6%）、多管局（增长37.7%）；增幅较大的企业有酒厂（增长200.4%）、农机厂（增长102.9%）、标准件厂（增长66.8%）、供销食品酿造厂（增长58.3%）、配合饲料厂（增长30.7%）等。

从1996年开始，全县国有工业企业盈利水平下降，流动资金出现短缺，经济效益不高，停产、半停产企业有所增加，县属工业亏损企业增多。

1997年，县属工业完成工业总产值6.85亿元，销售收入6.91亿元，实现利润-1695万元，呈亏损状态。

1998年，县属工业企业因受国际金融风暴影响，面临资金严重紧缺、产品价格下降、债务包袱沉重等诸多困难，开始转入改制态势。县委、县政府重点扶持了东蓬、宝发集团和化肥厂、磷肥厂、酒厂、肉联厂、粮食加工厂等国有企业，组建了三兴等5家企业集团，使企业生产要素得到优化。但仍有三分之二的县属工业企业处于停产、半停产状态。

2000年，县委、县政府以产权制度改革为突破口，推动县属工业企业破产重组、起死回生。

2003年，县属企业实现销售收入1.35亿元，增长150.8%，实际入库税收535.2万元，工业用电量1708万千瓦时，增长51.8%。其中经贸局系统引进资金4亿元，盘活存量资产2.2亿元，安置职工再就业3000人。

2004～2009年，全县国有企业继续推进资产重组，采取公开拍卖、协议转让、退二进三、分流重组等方式，逐步实现县属骨干大企业由国有性质过渡为民营经济的历史性转变。2009年，全县仅有江苏省宏安集团公司、江苏省三兴建筑工程有限公司2家国有性质的工业企业。

第二节 集体企业

1990年，赣榆县集体企业快速发展，全县332家集体工业企业，实现工业总产值3.38亿元，增长14.8%。县城有织布厂、连云港市经纬编二厂、工艺美术厂、标准件厂等集体企业。

1992年，全县集体企业加快改革、开放、发展，开始尝试走向市场，计划指标开始放活、放宽。全县工业经济各项指标在此推动下均有较大增幅，其中县、乡独立核算集体工业实现销售收入5.45亿元，增长18.6%，实现利润1805万元，增长50.5%，全员劳动生产率提高15.1%。

1993年，全县集体工业完成产值21.96亿元，增长69.8%。石桥、赣马、城南、班庄、土城等12个乡镇产值超亿元。固定资产投资显著增加，全年共投入5.7亿元用于工业技改和新上项目，全县批准实施的固定资产投资项目共计91个。

1994年，赣榆积极实施"三线牵动，四面展开"（"三线牵动"战略：拓展沿海线、搞活交通线、开发边界线；"四面展开"战术：夯实基础、增大总量，建设工业金字塔；面向市场、优化结构，形成农业十条龙；外向开拓、借梯登高，演活三外重头戏；配套建设、改善环境，拓展三产新领域）的经济发展战略及"3125"（到1996年年底，全县确保10个年工农业产值过亿元的村，100家年产值过千万元的乡镇办工业企业，1000个年产值过百万元的个体私营企业或种养大户，5个年工农业总产值过8亿元的乡镇，5家年利税过千万元的县属企业）工程，全县共完成集体工业总产值41.98亿元，增长91.02%。

1995年，全县集体工业产销平衡，并保持一定的增长。

1996年，县政府继续推进"三线牵动，四面展开，五点突破"（实现工业、农业、海洋渔业、个私经济和三产新突破）战略，全县集体工业企业出现技术改造明显加快，乡镇工业发展明显好于县属工业的状况。

1998年，县委、县政府提出"退二进三"的方针，即由第二产业转向第三产业，县城地区的县属集体工业企业，根据各自的情况采取有针对性的措施，正常生产的企业继续生产，停产、半停产的企业，筹划进行房地产开发。乡镇农具厂、粮食加工厂等困难企业，大都实行"腾笼换鸟"，利用原有厂房上马新项目。

2000年，县委、县政府正式全面开始企业改革，在产权制度改革方面大胆探索。

2001年，在国有企业全面改革的形势下，县内集体企业也开始改革。

2002年，全县集体工业企业加快推进产权制度改革，加大资产重组力度，36家乡镇工业企业全部实现民营化，从而使得主要工业产品、产量保持双增长。是年，在列入统计的26种主要工业产品中，保持增长的就有18种。

2009年，全县无一家集体工业企业，至此，不再统计集体工业企业经济发展指标。

第三节　"三资"企业

1990年，赣榆县"三资"企业仅有3家。1992年，县内"三资"企业快速发展，全县新成立中外合资企业40家，投资总额6557万美元，注册资本4956万美元，合同利用外资2259万美元，"三资"企业年内出口创汇872万美元。其中榆和、海孚、溢盛等企业创汇超过200万美元。是年，全县完成全社会出口商品交易总额1.66亿元，外贸商品收购值1.3亿元，增长27%。

1993年，全县新批"三资"企业68家，增长70%，项目总投资5700万美元。其中，合同利用外资2772万美元，实际利用外资748万美元。开业投产24家，外贸出口商品供货值2亿元，增长20.5%，"三资"企业出口创汇475万美元，全年完成出口商品供货值1.75亿元，较上年增长5.3%。为打造"三资"企业集聚地，赣榆积极争取使县经济技术开发区顺利通过省验收，成为全市唯一的省批县办开发区。

1994年，全县新批"三资"企业57家，其中投产开业27家，总投资2859.7万美元，注册资本2246.01万美元，合同利用外资1222.33万美元，实际利用外资562.4万美元，实现出口创汇894万美元，境外劳务输出人数686人；全社会出口商品供货总值3.2亿元，增长82.9%，新增县外内联项目达89个，引进到位资金2338万元；引进各类专业人才855人，"南北挂钩"工作开始起步。

1998年，赣榆县"三资"企业发展趋缓，全年新开工项目10家。

进入21世纪后，赣榆县"三资"企业得到较快较好发展。2005年，实施"三百项目会战"（即"百亿企业、百亿产业、百亿园区”）和“夏秋招商攻坚战”，推进专业招商、节会招商，举办境内外大型招商活动16次，成功举办第五届徐福节，组织参加省农洽会、上海农交会和苏北投资贸易洽谈会，实现内联到位资金26亿元，新批外资项目71个、协议注册外资1.6亿美元、注册外资实际到账额3480万美元，实现外贸出口创汇2000万美元、外经营业额3329万美元。2009年，全县新批外资项目21个，其中协议利用外资21100万美元，实际利用外资15377万美元，全县拥有规模以上“三资”工业企业31家，全年实现工业总产值17.78亿元，出口交易额1.95亿元。

第四节　民营企业

1990～2002年，赣榆县民营企业发展缓慢，小规模民企仅有14家。

2003年，随着县属企业改制大部分完成，县里积极营造私营个体经济发展的良好环境，通过招商引资，全县落户了一批民营企业，形成了鼓励全民经商办企业的浪潮。是年，全县新发展个体工商户1876户，私营企业382家，民营经济实现税收6924万元。

2004年，民营企业逐步向外向型发展，全县民营工业企业出口交货值1.53亿元，增长31.68%，出口的产品主要有海藻酸钠、甘露醇、玩具、服装、食品、石材工艺品、柳编织品等。其中出口产品交货值过百万元的有：保利盈塑料、惠丰服装、康康海苔、创兴海藻、兴达铸造、鸿美食品等7家企业。

2005年，赣榆县民营经济对工业经济增长的贡献率达到90%以上，占全县GDP比重达到53.9%。全年新增私营企业580家，新增个体工商户5571户，新增注册资本6.8亿元，新注册商标67件，入库税收2.4亿元。民营企业形成了产业集群，其中金山镇民营产业集聚区、罗阳镇民营产业集聚区、石桥镇硅资源产业集聚区已初具规模。赣马镇古河套村瓶盖产业、柘汪镇西棘荡村塑料加工产业、班庄镇板材加工产业、城头镇杨木加工产业等迅速扩张。是年，民营企业对外合作与交流得到空前加强。全年共组织20余家民营企业参加了全省“欧洲招商团”“牡丹江对俄经贸洽谈会”“广州中小企业博览会”等经贸活动，累计签订合作项目13项，协议项目投资4亿元，签订产品购销订单1000万元，推动了民营外向型经济的发展。

2006年，全县累计新增私营企业898家，新增个体工商户7389户，新增个私注册资金17.57亿元。民营经济实现了跨越发展，总量已连续三年在全市保持第一。

2007年，民营经济发展继续飙升，年末全县个体工商户达21786户，私营企业总数为2997户。是年，全县新增私营企业991家，新增个体工商户达10027家，新增注册资本达29.9亿元。

2009年，全县个体工商户已发展到3.9万户，因部分私营企业经营、管理不善倒闭，县境总数下降明显，仅为1347家。是年，全县民营经济总注册资金6.5亿元，吸收从业人员8万人，创产销总值84亿元，上缴税金过亿元，占全县财政收入的40%，农民人均纯收入过半数来自民营经

图 10-3　舜天（赣榆）工贸有限公司（2009年摄）

济。是年，全县拥有规模以上私营企业295家，全年实现工业总产值132.8亿元、出口交易额4.34亿元。

第三章　工业产业

第一节　传统工业

一、酒精加工

全县酒精行业由过去单一的白酒生产，先后经历了生产大曲酒、各类白酒、酒精、啤酒等不同产品类别阶段。1990年，全县酒精产能6500吨，重点企业有赣榆县酒厂。2001年，赣榆县酒厂等3个小酒精厂总生产能力不足1.5万吨。2002年，县酒厂改制后成立连云港易达酒业有限公司，投入启动和技改资金1100万元，扩大了生产规模，酒精产量由改制前的1.2万吨扩大到2009年的10万吨。2005年，全县酒精产量16万吨，实现税收4000万元，占工业入库税收的25%，纳税超过千万元的工业企业有3家，赣榆县金山化工有限公司年纳税1754万元，连云港市易达酒业有限公司年纳税1030万元，连云港东成生化有限公司年纳税1025万元。到2006年，全县酒精企业已达到8家，在建项目5家，平均单体规模5万吨，年底全县酒精产能达到55万吨，约占全国酒精产量的1/10。2007年，全县酒精生产企业10家，设计产能达到80万吨，实现工业税收9852.3万元，占工业入库税收的28%，酒精产业成为全县发展最快的产业之一。2008年，由于受市场等因素影响，全县只有6家酒精生产企业坚持正常生产，共实现产值8.5亿元，税收5878.1万元，工业用电量约2000万千瓦时。2009年，金茂源、东成生化、易达酒业等6家企业正常生产，苏北酒业、华盛化工、三新化工、圣鑫实业4家企业一直停产，全县酒精行业实现规模工业产值18.36亿元，已成为带动赣榆经济发展的支柱产业。

二、食品加工

食品加工行业作为赣榆县传统产业，在工业发展历程中具有举足轻重的作用，产品类型主要包括粮油食品加工、肉类加工、水产品加工、蔬果加工、制糖工业、方便食品、特色休闲食品、功能性食品、酿酒制造、调味品、饮料制造、食品机械制造等。县内农业、渔业等产生的丰富原料资源，支撑行业不断做大做强，成为全县最大的产业之一。1990年，全县有食品加工企业62家，实现产值7769万元，占到全县工业产值的27.58%，企业有粮油加工厂、油厂、酒厂、食品厂、酿造厂、冷冻厂、食品公司、养殖公司、墩尚米厂、城头米厂等，产品主要为米面、植物油、白酒、啤酒、海产品等。2005年，全县食品加工业拥有企业47家，按1990年不变价格计算，实现产值60139万元。2009年，全县食品加工行业规模不断壮大，有规模以上食品加工企业74家，实现产值43.01亿元，占到全县规模工业产值的21.99%。其中，农副食品加工61家，实现产值26.57亿元；食品制造5家，实现产值1.25亿元；饮料制造企业8家，实现产值15.19亿元。

三、服装玩具加工

1990年，全县19家服装玩具企业实现工业产值725万元，仅占全县工业产值的2.57%。到2005年，全县12家服装企业，按1990年不变价格计算，实现产值1.03亿元，企业数量减少了7家，年产值却是15年前全县服装玩具加工业总产值的14倍。2009年，全县服装玩具行业规模以上企业38家，实现产值11.96亿元，占全县规模工业产值的6.11%。其中，纺织企业7家，实现产值2.58亿元；服装、鞋帽制造企业26家，实现产值7.87亿元；工艺品及其他制造企业5家，实现产值1.51亿元。产品由过去单一的棉纺、服装鞋帽扩展为各式玩具、工艺品等，但从品牌看，县内服装玩具企业缺乏自主品牌，仍以贴牌加工为主。全县规模较大的服装玩具企业有：连云港东霞制衣有限公司、舜天（赣榆）工贸有限公司、连云港华洋玩具有限公司、连云港富华工艺品有限公司、连云港兴泰工艺品有限公司、连云港兴塔玩具有限公司、赣榆富利来纺织有限公司等7家，职工总数近5000人。

图 10-4　东霞制衣厂制衣车间（2007年摄）

四、煤炭生产

赣榆县煤炭开采主要在江苏省徐州市和贵州省安顺市境内。赣榆在徐州市的煤矿，主要有马庄煤矿、瓦庄煤矿、唐庄煤矿等。1990年，煤炭产量为25.99万吨；1991年，实现煤炭产量27.60万吨；1992年为29.60万吨。到2001年，煤炭产量已达57.47万吨，2006年为77.64万吨，2007年为40.08万吨，2008年为39.68万吨，2009年为39.58万吨。

五、海藻酸钠生产

县内海藻酸钠生产企业，最早是1972年兴建的县属企业七二化工厂。1990年，全县海藻酸钠生产共实现产值26066万元。到1995年，按1990年不变价格计算，全县海藻酸钠生产实现产值3664万元。2009年，全县共有中大海藻、天天海藻、洁晶生化、达柯拉海藻、丰泰海藻、隆源海藻、德方化工等7家从事海藻生产的企业，主要产品海藻酸钠也由年初4.7万元/吨降至4万元～4.4万元/吨，增加了企业运转难度，全年全县海藻酸钠企业共实现产值8.7亿元。其中，连云港中大海藻有限公司、连云港天天海藻工业有限公司跻身全县用电量20强企业，年工业用电量分别为55万千瓦时和47万千瓦时。连云港丰泰海藻有限公司成为全县主营业务收入20强企业，实现主营业务收入14821.7万元。

图 10-5　中大海藻工业有限公司（2003年摄）

六、化肥生产

1990年，全县独立核算的化肥生产企业主要有县属化肥厂、磷肥厂、盐化厂等，全年共实现产值5395万元。2005年，全县拥有化学原料及化学品制造企业22家，按1990年不变价格计算，共实现产值1.66亿元，年产值为15年前全县化肥生产企业生产总值的3倍。2009年，全县共有规模以上化肥生产企业11家。其中，嘉特利肥业、红太阳肥业、欧美特肥业、菲帝亚饲料、艳青肥料保持正常运转；东方红肥业、中农化肥等企业等均出现生产下降。是年，全县化肥生产企业共实现产值7.9亿元。

第二节　现代工业

一、石油化工

2008年，江苏新海石化有限公司的建成投产，标志着县内临港化工的重大突破。是年，全县石化行

图 10-6 新海石化有限公司（2008年摄）

业共有规模以上企业1家，实现产值6.14亿元。2009年，赣榆县石化产业正处于起步阶段，发展空间较大。柘汪产业区基础配套设施健全，具备布局建设1000万吨炼油和100万吨乙烯一体化大型石化基地条件。是年，新海石化有限公司产能逐步释放扩大，全年实现工业产值33.8亿元，产品主要有汽油、柴油、蜡油、石油焦、液化石油气、固体硫磺等。二期工程于2009年7月1日开始建设，主要包括300万吨/年原料油预处理、120万吨/年重油催化制烯烃、30万吨/年气分以及5万吨/年MTBE等装置和该期工程配套的辅助公用工程设施和储运罐区，其中120万吨/年重油深加工为完整采用FDFCC-Ⅲ专利技术的装置。

二、医药行业

2003年，赣榆县开始入驻医药企业，并逐步成为县境新兴行业，主要企业有连云港榆嘉药业有限公司、连云港瑞邦药业有限公司2家浙江客商投资企业，融入全市新医药板块。另外，还有连云港金康医药科技有限公司、连云港市龙珠化工有限公司、赣榆县明珠制剂厂等生产医药中间体企业。2009年，全县医药行业实现规模工业产值3.52亿元。

（一）连云港榆嘉药业有限公司

坐落于县经济开发区，一期土建项目于2003年1月破土动工，2004年10月全面竣工，12月份开始试生产，主要产品为扑热息痛原料药，生产规模为年生产6000吨。2009年7月，在确保一期年产能基础上，利用一期厂房及生产线改造与增加部分生产设备，技扩改后预计年生产扑热息痛1.2万吨，上缴税款870余万元，成为全县主营收入20强企业，实现主营收入14902.3万元。

（二）连云港瑞邦药业有限公司

坐落于县经济开发区，企业于2004年开始建设，2007年年底建成投产，主要产品为年产3000吨葡萄糖酸钙、30吨洛伐他汀、10吨辛伐他汀，2007年年底先期投产葡萄糖酸钙产品。2009年，连云港瑞邦药业有限公司跻身全县用电量20强企业，年工业用电量为48万千瓦时。

图 10-7 瑞邦药业有限公司（2008年摄）

三、钢铁及机械制造

1990年，全县钢铁及制造行业拥有企业43家，全年实现工业产值1673万元，占全县年工业总产值的5.94%。其中，全民所有制企业5家，实现产值399万元，农村乡（社）办工业企业35家，实现产值704万元，重点企业有农机厂、农机站、电机厂、造船厂等。2000年后，钢铁及机械制造行业逐渐成为赣榆的新兴工业，其发展由最初的机械制造企业，增加了钢铁、镍铁合金等一批规模较大的冶金企业，行业不断发展壮大。到2005年，全县拥有金属制品企业19家，普通机械制造企业26家，按1990年不变价格计算，分别实现产值2292万元和1.23亿元。虽然企业总数只增加了2家，但是年产值却是15年前全县钢铁及制造行业总产值的9倍多。2009年，全县有规模以上钢铁及机械制造企业61家。其中，冶金企业9家，机械制造企业50家，造船企业2家。实现规模以上工业产值38.7亿元，增长53.65%，占全县规模以上工业产值的10.68%。全县最大的钢铁企业是江苏镔鑫特钢材料有限公司，总投资10亿美元，2009年，生产钢铁125万吨，实现工业产值100亿元。

第三节　名特优产品

一、神仙紫菜

1992年6月，海头镇与日本小浅商事株式会社、日本YAMAKO株式会社三方共同出资在南矢皋村兴建的连云港神仙紫菜有限公司，总投资241万美元，注册资本180万美元，日方股份占三分之二，合资期限25年，是国内紫菜行业中成立的首家日资企业。公司实行日方总经理常驻管理，所产各种规格的“神仙”品牌干紫菜、烤紫菜和调味紫菜，除少部分在国内销售，绝大多数销往北美、东南亚、澳大利亚、西欧等国家和地区。1993年，公司通过ISO9001国际质量体系认证。1995年，公司通过HACCP体系认证，是年，“神仙”紫菜产品被评为“江苏省名牌产品”。1998年，公司主产品“神仙”牌紫菜，荣获“江苏省著名商标”。2003年，公司产品通过美国OCIA有机食品认证，“神仙”牌紫菜作为江苏省首批无公害农产品，顺利通过农业部认证。2009年，公司主营产品为干紫菜、烤紫菜、调味紫菜、紫菜丝、海苔粉、青海苔等，有“神仙”“你口”两大系列，带动当地沿海紫菜养殖400公顷。

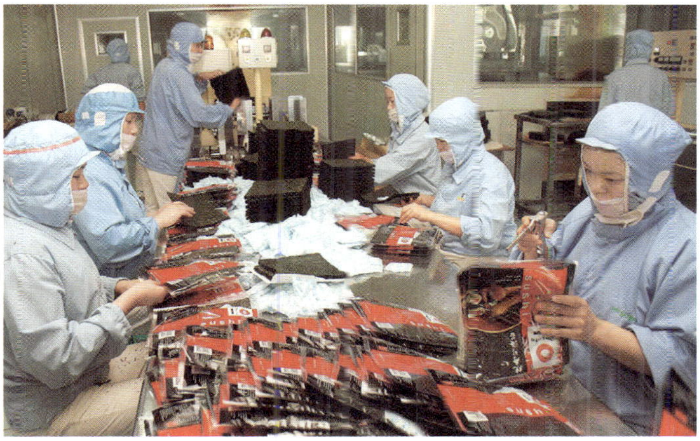

图 10-8　神仙紫菜有限公司包装车间（2009年摄）

二、金韩食品

1997年，韩国客商与金山镇共同投资兴建的江苏金五食品有限公司，在金山工业园投运，生产淀粉、粉丝、粉皮等产品，主要出口韩国。1998年，金五粉丝、粉皮被评为连云港市知名品牌产品。2000年，其出口量占到韩国市场的30%。2002年4月，金山镇私营企业金韩食品加工厂注册94万元挂牌成立，主要从事分割肉生产，水产品收购、加工、冷冻、销售，各类畜禽皮蛋加工、销售等。2004年，其主产品金韩分割肉、鹌鹑皮蛋等，被评为市优产品。

图 10-9　金五食品有限公司粉丝加工车间（2007年摄）

图 10-10　富安紫菜机械有限公司生产的原味紫菜即食紫菜——即食海苔（2009年摄）

三、富安紫菜

2004年，投资2000万元的连云港富安紫菜机械有限公司，在赣榆海洋经济开发区内建成，其主营产品为FAY20型紫菜原生饼加工机组、FA-20超大规模双步进全自动紫菜一次加工机组、纯净紫菜片张加工装备。是年，公司成功研发出利用“介质传热干燥”技术原理的“紫菜干燥装置”，这一被业界称为“富安快8帘”的新型紫菜加工机组问世，将每张紫菜的干燥能耗成本从4分钱降至0.7分钱，一台机组仅能源一项一年就节省40多万元，机组价格也由260万降到120万元，从而掀起了全国紫菜加工行业第一次技术革命，是年，富安机械卖出4台。2005年，公司生产的紫菜干燥装置机械获国家专利。次年，其实用新型专利“紫菜干燥装置”获“第六届江苏省专利奖优秀奖”。2006年，公司成功研发出FADR8WL型和FA-16型全自动紫菜加工机组。2007年，FADR8WL型全自动紫菜加工机组，被江苏省科技厅认定为“江苏省高新技术产品”。是年，公司销售富安机械55台，几乎独占全国市场。是年，针对福建等地紫菜纯手工制饼生产效率低、卫生差的状况，公司再次研发成功“条状菜制饼装置”专利技术。新型机械一出，掀起了新的行业革命，全国紫菜产区用上了富安新型机械，告别纯手工操作。2008年，公司在紫菜主产区福建省漳浦，斥资500多万元，异地兴建富安紫菜机械分公司。是年，公司被认定为国家火炬计划重点高新技术企业。2009年12月，公司被市科技局认定为“连云港市农业科技型企业”。

四、柳美酱菜

1993年成立的赣榆县柳美酱制品厂，位于宋庄镇柳杭村，占地面积7200平方米，其前身是与市酿化厂合资的村办企业。1998年，改制成为私营独资企业，注册资金30万元，注册商标“柳美”牌，主要从事酱油、食醋、酱菜等生产与销售。1999年，产品由原来的几个品种增加到20多个。“头道鲜”酱油、“柳美香醋”，分别被评为省市优质产品。是年，柳美酱制品厂被市工商部门评为四星级“消费者信得过单位”。2000年，柳美酱制品厂通过国家QS认证。2005年，主产品“柳美”牌酿造酱油和酿造食醋等，被评为连云港市知名商标产品。2007，柳美酱制品厂为传承甜闷瓜生产传统工艺，联合周边村庄10余种植户，成立了柳美瓜蔬种植专业合作社，建立了20公顷生产基地，高薪聘请原县酿造厂的退休师傅传帮带。是年，生产优质甜闷瓜2万多千克，并销售一空。2009年，“柳美”牌甜闷瓜被列入“连云港市非物质文化遗产保护名录”，被评为“连云港市十大旅游纪念品”，厂长徐广伟被授予“连云港市非物质文化遗产甜闷瓜制作技艺传承人”，柳美企业被市文广新局定为“甜闷瓜制作技艺传承基地”。是年，柳美酱制品厂成为赣榆县调味品生产龙头企业。

五、徐福酒

1998年，连云港徐福酒厂因经营困难实行改制。2002年，酒厂正式改制成民营企业。是年，酒厂投入200多万元添置了气相色谱、微机控制等一套酿酒新设备，又从四川、贵州等酿酒之乡高薪聘请了酿酒师和勾兑师，采用国内最新酿酒技术，把白酒中高级醇等杂物含量降到了最低限度，使其不仅保留了原有的独特风味，又新增了健康保健的新特点，产品质量在短时期内得到显著提高。2004年，酒厂产品由4个品种增加到80多个品种，主要有徐福、四川宜宾两大系列，分为高、中、低三个档次，基本上能满足各类消费群体的需求，销售市场也由县内扩展到苏北、鲁南地区。是年，在江苏省农业洽谈会上，徐福酒被日本客商选中，并走俏山东、安徽、江苏等国内市场。2007年，酒厂被江苏省食品职业技术学院定为教学培训基地。2009年，赣榆县徐福酒厂生产的“徐福”“秦山”“圣人泉”“嬴皇”四大系列产品，先后通过ISO9001国际质量和ISO14001国际环境体系认证，并相继获得省质量诚信产品、连云港市名牌产品等称号。

六、赣马瓶盖

1990年，赣马镇古河套村拥有家庭作坊式瓶盖加工厂100多家，主要靠手工操作，产品销往全国各地的酒类生产企业。2000年，瓶盖加工业升级换代，村里出现16家规模型企业，其中5家企业的瓶盖有国家专利。到2009年，全村拥有注塑瓶盖加工企业85家，各类生产设备960多台套，自动化流水线50多条。是年，加工生产各类酒瓶盖9亿多只，实现销售收入5.2亿元，在全国市场占有份额超过65%，被誉为“全国瓶盖第一村”，并吸纳3000多外来农民进厂打工。是年，已有20多家企业与国内30多家高等院校、科研院所的专家教授合作搞研发，并有30余项瓶盖外观设计获得国家专利，填补国内同类产品市场空白，另有10多项瓶盖设计申报实用新型专利技术。

图 10-11　赣马镇瓶盖加工生产车间（2008年摄）

七、海头紧固件

紧固件制造与生产，是海头镇的一个特色工业产品，主要生产企业有3家。2002年7月，赣榆县赣金紧固件制造厂在海头镇注册成立，主要从事标准紧固件制造与销售。2004年，其产品被评为市优质产品。2005年，由美国客商与宁波平鑫紧固件有限公司合资兴建的连云港市平鑫紧固件有限公司，落户海头镇海州湾生物科技园，总投资120万美元。公司拥有喷沙机、拉丝机、多工位冷镦成型机、热打成型机、搓丝机数台，以及网带式热处理电炉、表面处理（电镀/热镀）等生产线。主要生产螺丝、螺栓、地脚螺栓、U型螺栓以及非标五金紧固件等产品，销往国内外市场。其中，外销占90%，内销占10%。2006年，其主产品地脚螺栓、U型螺栓被评为省优质产品。是年，共生产紧固件8000吨。1998年，在海头镇工业集聚区成立的连云港兴怡紧固件有限公司，总投资2亿余元，主要根据DIN（德标）、ANSI（美标）、BS（英标）、JIS（日标）、AS（澳标）等标准生产内六角和外六角螺栓，生产8.8级、10.9级、12.9级，直径在20～64毫米，长度在50～2000毫米以上的外六角螺栓和8.8级、10.9级、12.9级，直径为20～64毫米，长度为50～2000毫米的内六角螺栓。2000年，公司通过了CQC（中国质量认证中心）的ISO9001：2000质量体系认证。2007年，公司导入6S管理，并在行业内率先建立ISO/IEC17025标准的实验室。2009年，公司发展成为一家大规模的紧固件专业出口基地，并从最初紧固件行业的加工配套企业逐步发展成为中国最大的红打紧固件生产企业之一。

八、班庄石材制品

班庄镇拥有大小山头36座，地下石材资源丰富，处于县境非金属矿中心地带，境内各类大理石、花岗岩储量达40亿立方米，主要品种有炭色花岗石、绿色花岗石、白色大理石等，占全县花岗岩总储量的

图 10-12 班庄镇大理石石材制品（2009年摄）

图 10-13 班庄镇花岗岩石材制品（2009年摄）

82%。1990年，全镇拥有各类石材加工作坊100多家，主要加工制作石材公墓、套墓、凉亭、栏杆、路沿石、火烧板、盲道板，以及石狮、人物雕像和各种石材工艺品。2003年，班庄镇被市政府命名为“石材之乡”。2009年，全镇拥有石雕、石刻等加工企业60多家，全年出口各类石材工艺品65万件（套），创产值3亿多元。产品分石板加工、雕刻等。其中，石材雕刻制品有石雕壁炉、凉亭、古建凉亭；动物石雕有麒麟、大象、石狮子、老虎、飞禽走兽；大型栏板柱头，抽象石雕，东方、西方人物石雕；风水球、仿古石雕、石雕观音、佛像、历史英雄人物、伟人像，现代西方人体；花卉雕塑，石碑牌楼、罗马柱、栏板、凉亭等；并承揽各种石艺雕刻、城市雕塑、园林造景、石材建筑等雕刻工艺工程。

九、富娃家具

2001年，民营企业赣榆县富娃家具厂创立。2008年，更名为江苏省富娃家具有限公司，并成为一家拥有固定资产上千万元，集设计、制造、研发、营销为一体的现代化大型家具生产加工企业，主要产品为“富娃”牌床垫、沙发、软床等系列产品。拥有国内同行业最先进的生产设备和全套生产流水线，产品生产全面实现了机械化、规模化。2009年，公司全面通过ISO9001：2008国际质量管理体系认证，并荣获“江苏省著名商标”“江苏省消费者协会诚信单位”“中国质量万里行推荐品牌”等荣誉称号，是全国大型的软体家具生产企业之一。是年，“富娃”牌床垫被评为全国“十佳床垫品牌”。

第四章 工业园区

赣榆县工业园区起步较早。1993年12月14日，全县第一家省级经济开发区经省政府批准成立。2003年，经省政府批准，赣榆县规划建设了全省首家省级海洋经济开发区，为连云港市唯一一家海洋经济开发区。2005～2009年，赣榆县相继规划建设了柘汪临港产业园区和海州湾生物科技园区。

至2009年，全县已形成经济开发区、海洋经济开发区、海州湾生物科技园、柘汪临港产业区为核心的县域园区经济产业群，石油化工、钢铁机械、生物化工、新能源等四大支柱产业在园区内快速发展，成为县域经济重要的支撑力量。四大园区实现产值占全县规模以上工业总产值的54.9%，新海石化实现销售收入35亿元，位居全市工业企业第5位，拉动全县规模以上工业产值增长25%。

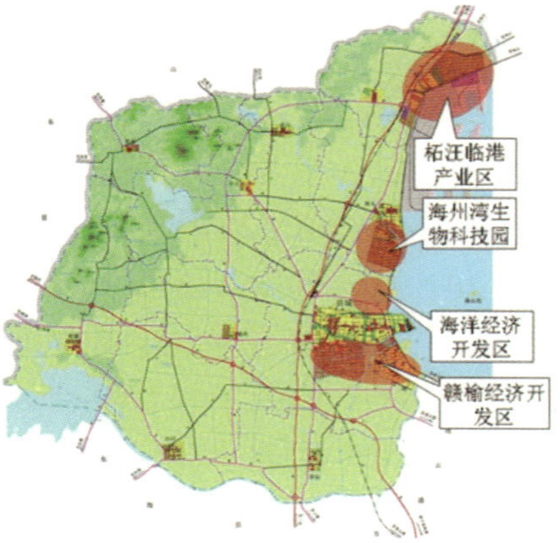

图 10-14 沿海四大工业园区规划示意图

第一节 江苏省赣榆经济开发区

一、基本概况

位于县城南侧，东临黄海海州湾，西邻同三高速公路，204国道贯穿其中，总体规划面积73.8平方千米。2005年，通过国家发改委审核保留。是一家以都市工业为主的复合型工贸园区，是串连赣榆县城和连云港滨海新区的中间节点、工业长廊、城市组团和生态风光带，是连云港"一体两翼"发展战略和"T"型产业布局的重要组团之一，先后荣获首届长三角最具投资价值开发区"最具投资潜力奖"等多项荣誉。

图 10-15 赣榆经济开发区（2006年摄）

二、管理体制

2005～2008年，开发区单列，为正科级建制。2009年3月25日，开发区升格为副处级建制。县委、县政府按照"区域统一规划、产业统一定位、资源统一整合、整体统一开发"的要求，对开发区管理体制进行调整，将宋庄镇整体并入赣榆经济开发区，实行"以区带镇、区镇合一"发展模式和党工委、管委会、开发总公司、宋庄镇"四位一体"的管理体制，开发区主要以招商引资、项目建设为主，宋庄镇以社会事业、农村工作为主。2009年，县委、县政府抽调了18名机关干部充实到开发区，在原有建制的基础上，新成立5个招商分局和项目发展推进办公室、人力资源办公室、效能监察室。县公安局在开发区成立派出所。开发区设有一级财政体制，实行一级财政、独立预决算。2009年，实现财政总收入5.69亿元，财政一般预算收入2.09亿元。

三、基础设施

2005～2009年，赣榆加大开发区建设力度，先后投资4亿元，建成道路50千米，绿化面积120万平方米，建成新康、申城110千伏变电所2座，新开工220千伏三洋港变电所1座，日处理2万吨的工业污水处理厂一家。并形成六横四纵道路框架，雨污分流排水系统，供水、双回路供电、通信、燃气、热力均已覆盖全区。

四、重大项目

2005～2009年，赣榆经济开发区实施"强工兴区、城建兴区、三产兴区和创业兴区"四大战略，先后开发面积16.8平方千米，引进中钢集团、好孩子集团、光明家具、江苏舜天、香港保利集团、晨乐药业等知名企业，同时还吸引投资2.5亿美元的嘉宝科技制管、投资10亿元的金信利不锈钢、投资9.2亿元的键坤实业等一批重大项目落户园区。2009年，区内共有注册企业503家。其中，内资企业442家，外资企业61家。并培育机械制造、生物医药、服装玩具三大传统产业。

第二节 江苏省赣榆海洋经济开发区

一、基本概况

位于县城东部，傍临赣榆新城，临海而建，规划面积约16.8平方千米，围海4平方千米。2003年1月

图 10-16　赣榆海洋经济开发区（2009年摄）

28日，经江苏省人民政府批准，成为全省首家省级海洋经济开发区。到2009年，基本形成海州湾高新技术产业园、高涂蓄水养殖产业园“一区两园”整体格局。

二、管理体制

2003～2009年，开发区单列，为副处级建制。开发区管委会内设办公室、经济和社会发展局、招商局、国土规划建设局、财税局5个副科级职能机构。实行单列一级财政体制。

三、基础设施

累计投入6亿元用于基础设施建设。其中，投资1.2亿元围海4平方千米，并流转土地用于项目建设；投资3.8亿元共建设道路5横4纵，总长度30千米、排水管道18千米、绿化面积1.1平方千米、安装路灯1000盏、架设双回路供电线路15千米、铺设给水管道8千米、建成污水处理场1座；投资1亿元，为高级人才建筑面积约1万平方米的20幢别墅楼；实施兴庄河南堤路建设工程，2009年，实现简易通车。

四、重大项目

已开发面积15平方千米，先后进区投资项目71个，总投资约55亿元。其中高新技术企业2家，重点发展汽车电子设备、仪器仪表、电子元器件等精密设备产业以及海洋食品产业，逐步形成以高科技产业为主的专业化产业集群。华坤纳米科技、兴乐实业、怡和家居、宏利水产、天边水产、盛禾水产、博来顿汽车电器、金航置业公路物流园项目等一批体量大、科技含量高的项目相继落户园区。2008年，全国高科技产业化创新委员会在赣榆海洋经济开发区设立“全国高科技产业化海州湾基地”。2009年，全区实现业务总收入31.4亿元，税收2.29亿元，一般预算收入8983万元，外贸出口额1699万美元，实际到账外资4082万美元。

第三节　柘汪临港产业区

一、基本概况

位于柘汪镇境内、苏鲁两省沿海交界处，北与山东省日照、临沂两市接壤。2005年8月，正式启动建设，规划总面积42.1平方千米，起步区14.8平方千米，东至滨海海岸线、西至同三高速公路，南至柘汪河，北至绣针河，分为临港工业区、综合加工区、生活配套区、旅游休闲区等四个功能区。

二、管理体制

2005～2009年，临港产业区单列，设园区管委会，为县政府派出机

图 10-17　柘汪临港产业区（2006年摄）

构，副处级建制。园区设有“一办四局”，即：办公室、安监环保局、经发局、建设规划局、招商局。财政采取独立运作方式。

三、基础设施

2006年3月，成立了柘汪临港建设开发有限公司。2009年8月，成立了连云港金东方港口投资有限公司。主要借助市场化机制推进基础设施建设。到2009年，园区内已实现“七通二化”，绿化、亮化、给排水、消防、供电、通信等相关配套设施不断完善；“四横四纵”道路全线贯通，总投资近200亿元。区内建有消防特勤站及集中供热、自来水厂、污水处理厂、220千伏变电所、110千伏开关站等。

四、重大项目

区内先后落户企业35个，其中规模以上企业21家。2009年，园区完成工业投资25亿元，销售收入60亿元，工业入库税收10033万元，工业用电量2.5亿千瓦时，实际利用外资1200万美元，出口创汇600万美元，并形成以石化、钢铁两大产业为主体的产业格局。是年，投资90亿元的新海石化、投资60亿元的镔鑫特钢等项目全面投产，完成销售收入35亿元。

第四节　海州湾生物科技园区

一、基本概况

位于海头镇，紧临沿海高速、204国道。园区规划面积10.3平方千米，土地多为低产盐田和沟塘等可建设用地。2006年，正式开工建设，是连云港市摆布重大项目的片区之一。

二、管理体制

2007～2009年，海州湾生物科技园区单列，设园区管委会，为县政府派出机构，正科级建制。财政采取独立运作方式。

三、基础设施

先后投资4亿元完善水电路等基础设施。2008年，投资7000多万元，建成日处理污水2万立方米的通海污水处理一期工程，并配套建设污水处理附属设施及覆盖园区的污水管网19千米。2009年，投资1.2亿元加快实施园区标准化厂房建设工程，修建污水管网5000多米，架设输电线路2000多米，并铺设高等级水泥路面3000多米。

四、重大项目

北港镍业、金茂源二期以及兴怡紧固件等20多家投资过亿元项目相继建成投产，园区初步形成生物化工、新材料和机械加工产业集聚地。到2009年，园区入驻规模以上工业企业26家，如总投资20亿元的江苏金茂源生物化工有限公司，投资2.5亿元的连云港鑫平无缝钢管制造有限公司，投资420万美元的恩那社水务有限公司，投资18亿元的青岛碱业，投资5亿元的北港镍业等，初步形成了生物化工、新材料产业和机械加工3大板块。

图 10-18　金茂源生物化工有限公司（2009年摄）

第五章　规模以上工业企业

1990年，全县有全民与集体所有制规模以上工业企业20多家，主要集中于酒精、食品加工、服装玩具、煤炭、化肥和海藻酸钠等行业企业，规模工业产值约占到全县工业总产值的20%左右。2000年，赣榆县以产权制度改革为突破口，逐步加大工业投入，并开始向医药、钢铁、石油化工等新兴行业发展。2009年，全县新增规模以上工业企业61家，规模以上工业企业总数达317家。其中，有37家企业产值过亿元，新海石化、镔鑫特钢和东成生化3家企业产值超10亿元；有石油化工、农副食品加工、化学原料及化学制品制造业、非金属矿物制品业、通用设备制造业、饮料制造业和黑色金属冶炼及压延加工业7个行业，产值超过10亿元，共完成产值136.04亿元，占全部规模以上工业产值的比重为69.5%。

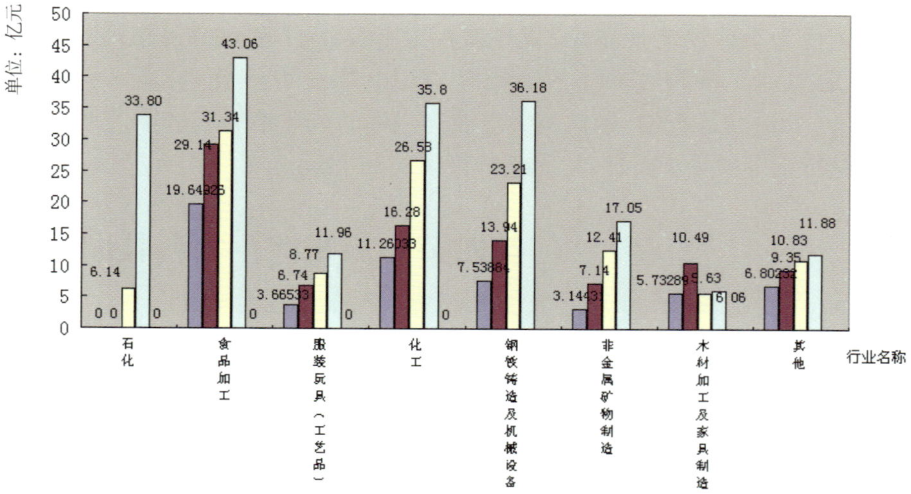

图 10-19　2006～2009年赣榆县规模企业分行业产值情况变化图

第一节　国有规模以上企业

一、江苏宏安集团有限公司

原名赣榆县煤炭工业公司，属国有地方煤炭生产企业。1990年，公司仅有唐庄煤矿和瓦庄煤矿两对矿井，全年实现产值分别为1060万元和917万元。1995年，增加了马庄煤矿，是年，3对矿井按1990年不变价格计算共实现产值2588万元。1998年4月，成立江苏宏安集团有限公司。进入2000年后，公司拥有5对矿井，分布在江苏、贵州两省，即徐州市境内的唐庄煤矿、瓦庄煤矿、马庄煤矿和贵州省安顺市境内的春阳煤矿、莆河煤矿，另有煤炭销售公司、实业开发公司、物资供应公司等四家分公司和一个工业园，为连云港市前20名大型企业之一。2009年，公司名列全国煤炭企业百强第86位，江苏地方国营煤矿仅此一家，宏安集团连续4年入围全国煤炭企业100强。

二、江苏三兴建工集团有限公司

1998年2月，经省体改委批准，江苏三兴建工集团有限公司正式挂牌成立，公司由26个全资、控股、参股、协作企事业单位组成，集设计、桩基、土建、安装、装饰、市政、水建及建材购销、机械制造、砼构件加工、工民建专业人才培训等为一体，是一家跨地区、跨行业、跨所有制的省级企业集团。公司拥有资产总额1.85亿元，在册职工1.2万人，各类专业技术人员965人，大中型机械设备2860余台（套），总股本4078.3万元。公司核心企业是三兴建筑工程有限公司，是经建设部批准的国家一级建筑施工企业。是年11月，经对外贸易经济合作部批准，集团公司获得对外签约权。1999年，公司拥有6万外出施工人员，设立24个驻外施工办事处，施工领域遍布北京、上海等国内20多个省、市、自治区，并跻身缅甸、俄罗斯、新加坡、毛里求斯、美国关岛等国际市场，全年实现建安产值18.7亿元、建筑业增加值4.8亿元。是年4月，公司驻缅甸施工处成立，12月，公司顺利通过RS09002国际质量体系认证。2000年后，公司连续多年被评为“江苏省建筑业综合实力20强企业”。2002年2月，公司被建设部评定为房屋建筑总承包一级资质；5月，公司总部进驻市区，三兴建工大厦开工建设；6月，公司以综合实力全省第9被省政府评为“建筑业20强”。2009年，随着外地建筑企业进入赣榆，全县房地产行业蓬勃发展，三兴建工集团有限公司所占市场份额下降。是年，实现建筑业增加值3.29亿元。

图 10-20　江苏三兴建工集团（2002年摄）

三、江苏东蓬饲料集团

县属工业企业，位于青口镇西关路。1996年，经省体改委、省工商局批准成立，是赣榆县组建的一家省级企业。集团成员包括：赣榆县配合饲料厂、县饲料公司、县新纪元肉鸡冷藏厂、县金湖种鸡场、县家禽孵化场、连云港榆昌塑料编织有限公司。1997年7月，江苏东蓬饲料集团有限公司与法国国际大型农产品加工公司艾登娜——贝根赛集团签约，兴建全省最大预混合饲料生产企业——中外合资普乐维美赣榆特种饲料有限公司。1998年8月，投资700万美元、注册资金350万美元的普乐维美（赣榆）饲料发展有限公司，在赣榆县城奠基。2000年6月，普乐维美（赣榆）饲料发展有限公司，正式开业运营。

图 10-21　连云港中大海藻有限公司（2009年摄）

四、赣榆县七二化工厂

县属工业企业，位于青口镇东关路，占地面积394[illegible]7平方米。1990年，拥有职工773人。1991年，被国家农业部列为定点海藻加工企业，是年，拥有固定资产1000万元。1994年，实现工业总产值3300万元、销售收入2800万元。1995年，实现产值3580万元。2002年5月，化工厂破产，财产整体拍卖，被连云港市和南通市4家客商联手以1200万元买断；6月，组建全县第一家由国有企业改制的股份制民营企业——连云港中大海藻有限公司。2009年，连云港中大海藻有限公司跻身全县资产20强工业企业和用电量20强工业企业，是年，资产总额达14.92亿元，工业用电量55万千瓦时。公司主要产品有海藻酸钠、碘、甘露醇、氧化钾、强力碘消毒剂。其中，年产海藻胶700吨，甘露醇300吨，碘15吨，均为省优、部优产品。

五、赣榆县玻璃厂

始建于1971年，县属工业企业。1990年，有固定资产240万元，职工356人，各种工程技术人员29人，设有两个主车间，双线生产玻璃瓶罐和彩色玻璃马赛克，2个辅助车间、8个职能科室，全厂占地24336平方米，建筑面积4880平方米，全年实现工业产值453万元。主要产品有异型瓶、特异瓶、汽水瓶、果茶瓶、农药瓶等数十个品种。1995年，按1990年不变价格计算，实现工业产值826.4万元。2003年改制，地块用于房产开发。

六、赣榆县磷肥厂

成立于1970年11月，原为县属企业。1990年，实现产值735万元，其中硫酸钾复合肥为江苏省新产品，其年产值占全厂产值的70%以上，是年，完成了国家级磷酸一铵项目建设。1995年，按1990年不变价格计算，实现产值2299.5万元。2002年，按照公开拍卖的方式转让给山东金沂蒙集团，成立了股份制金山肥业有限公司，合同总投资4600万元，其中1400万元为转让费，其余资金用于启动生产和技改。改制后的企业逐渐发展为国家中型企业，拥有固定资产5500万元，职工1200余人，其中专业技术人员150余人。2003年，实现产值8000多万元，创利税500多万元。主要装置有：4万吨/年硫酸钾高效复合肥、5万吨/年硫酸、5万吨/年复混肥、6万吨/年普钙。2009年，企业整体搬迁至海头工业园区。

七、赣榆县化肥总厂

建于1966年，国有中型二类化工企业。占地面积74936平方米，职工1388人，主要产品碳酸氢铵、液氨、甲醇等。1990年，实现产值3229万元。1995年，按1990年不变价格计算，实现产值3602.9万元。2003年，改制为民营企业金山化工有限公司，开始转产从事酒精生产。2009年，成立江苏金茂源生物化工有限公司，并跃居全县纳税20强企业第二位，上缴税金2548万元。是年，公司整体搬迁至海州湾生物科技园区。

第二节　集体规模以上企业

一、赣榆县织布厂

隶属于县经贸局，始建于1952年，位于青口镇公园路7号，占地面积11200平方米。1990年，职工309人，全年实现工业产值173万元。1995年，按1990年不变价格计算，实现产值453万元。2003年改制，宣布破产后，实现“退二进三”，利用原有地块开发房地产。

二、连云港市经纬编二厂

县属集体小型工业企业，位于青口镇黄海路75号，占地面积1.6万平方米，1990年，有职工155人，全年实现工业产值259万元。1995年，按1990年不变价格计算，实现产值1012.3万元。2003年改制，宣布破产后，实现“退二进三”，利用原有地块开发房地产。

三、赣榆县工艺美术公司

中型集体工业企业，位于青口镇镇海路20号，占地面积8934平方米。1990年，有职工388人，全年实现工业产值121万元。1995年，按1990年不变价格计算，实现产值171.3万元。2003年改制，宣布破产后，实现“退二进三”，利用原有地块开发房地产。

四、赣榆县标准件厂

县属集体工业企业，位于青口镇黄海路，占地面积13400平方米。1990年，有职工634人，全年实现工业产值351万元。1995年，按1990年不变价格计算，实现产值1812.4万元。2003年改制，宣布破产后，实现“退二进三”，利用原有地块开发房地产。

第三节 新兴规模以上企业

一、江苏新海石化有限公司

位于柘汪临港产业区。2007年，公司注册设立，注册资本6.5亿元，员工1000余人，占地面积100万平方米，规划面积200万平方米，是苏北大型石油化工企业集团。公司主要产品有丙烯、丙烷、高标号汽油等。共有主要加工装置16套，其中，120万吨/年FDFCC重油制烯烃为国内首套完整采用FDFCC–Ⅲ专利技术的装置。2009年，公司以32.11亿元的主营业务收入、20.15亿元的总资产和1347万千瓦时的年用电量位居全县主营业务收入20强、资产20强和年用电量20强工业企业之首。

二、江苏镔鑫特钢材料有限公司

位于柘汪临港产业区，是一家由福建经纬集团投资兴建的特种钢铁联合企业，总投资额65亿元，占地面积200万平方米。2007年12月，投资30亿元的一期项目正式破土动工，2008年投产。2009年2月，二期年产200万吨建筑用材生产线，顺利完成。一、二期合计生产钢材能力达到500万吨，产品主要有碳素钢、合金钢、模具钢等各类高附加值特钢材料，广泛应用于机械、汽车、火车、船舶、石化、军工等行业。其中精品钢生产能力达到150万吨。2009年，公司共生产钢铁125万吨，实现工业产值100亿元。是年，公司以10.31亿元的主营业务收入、15.86亿元的总资产和690人的从业人员，分别位列全县主营业务收入20强工业企业第3位、资产20强工业企业第2位和从业人员20强第4位。

三、连云港协鑫环保生物质热电有限公司

位于县经济开发区，为保利协鑫能源控股有限公司（香港联合交易所主板上市）下属全资子公司，属于专业从事生物质能直燃发电并供热的综合利用热电联产企业。2007年11月，投资兴建，公司占地面积11万平方米，总投资5000万美元，总装机容量为2×15兆瓦抽凝式汽轮发电机组。2008年完成一期工程，共建设三台75t/h次高压循环流化床锅炉和一台12兆瓦抽气凝汽式汽轮机配15兆瓦发电机组，投资额为3000万美元，注册资本金1200万美元。公司是热电联产项目，以供热为主、供电为辅，既解决全县包括海洋经济开发区和经济开发区及城区的供热问题，还实现并网发电。热电厂供热规划区域（半径5千米）之内已有工业、民用（采暖）的热用户40多家，以常年的工业热负荷为主。2009年，公司以2.59亿元的总资产和777万元的纳税额，位列全县资产20强工业企业第6位和全县纳税20强工业企业第11位。

四、江苏金茂源生物化工有限责任公司

位于海头镇海州湾生物科技园，2006年7月投资兴建，主要从事生物化工和精细化工生产，是金沂蒙集团与香港曙光贸易有限公司合资创办的一家民营企业。公司占地面积133.4万平方米，注册资本金1.07亿元，规划总投资20亿元。主要从事生物化工和精细化工生产，以木薯、玉米为原料进行深加工，重点生产丁醇系列产品、丙酮、乙酸乙（丁）酯，DDG蛋白饲料等。“十一五”期间，投资10亿元完成了两期工程项目建设。公司拥有省级工程技术研究中心、省级企业技术中心和高技术产业化实验室，是“省级安全标准化企业”。正丁醇、乙酸乙酯等产品被认定为“江苏省高新技术产品”。公司三期工程建成投产后，年可实现产值36亿元、利税过3亿元，成为全国一流丁醇生产基地。2009年，公司以4.14亿元的主营业务收入、6.62亿元的总资产、295人从业人员和2548万元的纳税额，分别位列全县主营业务收入20强工业企业第4位、全县资产20强工业企业第4位、全县从业人员20强工业企业第18位和全县纳税20强工业企业第2位。

第十一篇 盐 业

第十一篇 盐业

1990～1999年，赣榆县盐业生产平稳发展。这一阶段，全县盐业生产不断进行技术革新，海盐生产机械化程度逐年提高，盐产品品种呈现多样化，盐业资源得到综合利用。但由于沿海滩涂开发、海水养殖业的蓬勃兴起，县内盐业生产的场地与空间受到很大限制。

2000～2009年，赣榆盐业呈现萎缩状态。2002年，全县仅剩盐田100公顷，主要分布于沿海北部的石桥镇与柘汪镇。2004年6月，境内民营盐田全部退盐还农、退盐转养，结束了全县民营盐业的生产历史。是年，赣榆"退盐返农工程"项目得到了世界卫生组织和联合国儿童基金会的肯定。2009年，全县生产原盐3430吨，比1990年减少22560吨。

20年间，赣榆县盐务管理、盐业体制以及盐业企业，按国家政策要求及随经济发展所需，进行了相应的改革，以适应不断发展的市场经济要求。2009年5月，省盐业集团公司与赣榆县盐业公司进行资产重组，成立赣榆县盐业有限公司，标志着赣榆县在推进全省盐业一体化进程中又迈出了坚实的一步。

第一章　盐务管理

第一节　管理机构

1990～2002年，负责全县盐业行业管理的机构为赣榆县盐业公司。

2003年1月，成立赣榆县盐务管理局，与赣榆县盐业公司合署办公，两块牌子，一套人马，正科级建制，负责全县盐业行业管理、食盐专营和盐政稽查工作，为省盐务管理局垂直管理单位，隶属于连云港市盐务管理局。其内设机构为办公室、盐政科（稽查大队）、业务科（物流配送中心）、财务科等8个部门，下设青口、九里、班庄3个中心盐务所及9个基层所（队）和城南盐库。县盐业公司下属企业有赣榆县盐场、韩口育苗场、盐业工贸公司、盐业运输公司、盐业物资公司、盐业服务公司。

2009年5月，省盐业集团有限责任公司和赣榆县政府对县盐业公司进行资产重组，成立赣榆县盐业有限公司，并继续增挂赣榆县盐务管理局牌子。赣榆县盐业有限公司设董事会、监事会，董事长由省盐业集团有限责任公司委派，监事会主席由县政府委派；内设综合管理部、财务管理部、人力资源部、市场营销部、审计监察部、盐政科等7个职能部门；并根据区域分布成立了青口、九里、沙河、塔山4个盐务所。公司拥有总资产（不含土地）1548万元、土地总面积223公顷、职工总人数417人。

第二节　盐政管理

1990～1995年，赣榆县盐政管理，主要由县盐业公司组织缉私人员对县境私盐进行重点打击。县盐业公司主要采取“点、线、面”结合的方式，强化市场管理。点，就是端窝点，查处私盐制销老窝，连根拔掉；线，就是设内线，在管理区域设立线人，通过激励政策，让他们及时提供信息，做到精准缉私；面，就是面上查，对各销售网点及其用盐户，在建立健全规范的记录台账的同时，实行定期不定期检查，及时掌握市场动态，摸清私盐来源，一查到底，特别是对沿海村庄、农贸市场、集市重点检查，对周边地区、边远地带，与邻县盐政部门联手检查，对宾馆、饭店、商店经常检查，从而使盐政管理实现全方位、深层次、多渠道，并且灵活多变、行之有效。

1996年始，县盐业公司对碘盐和工业盐销售上采取“四定”措施，即：碘盐营销实行定线、定时、定点、定量配送；工业盐销售实行定用途、定用量、定品种、定价格。

2003年12月，县盐务局增设公安办公室，公安干警依法参与盐政管理，对屡教不改和重大私盐案件予以刑事打击。是年，共查获案件20起，收缴私盐25吨，罚没金额8300多元。

2004年，全县基本建成市场经销网络，县城城区零售店、超市等由青口盐务所直接配送货，农村17个镇各设立1个特许经销处，碘盐由县盐业公司直供。是年，查获案件71起，收缴私盐约2吨，罚没金额5万元。

2005年，县盐务局开展“食盐安全健康访万家行动”活动，走访城乡居民10491户，用合格碘盐更换居民家庭的劣质食盐126千克，没收私盐约4吨，罚没金额近3万元，并有3人被处以刑罚。是年，经县行政审批办公室批准，县盐务局保留“食盐转批零售许可证”“制盐许可证”2个审批项目。

2006年3月，县盐务局开展盐政管理“百日会战”，将全县划分为3个责任区，全面开展入户调查宣传、查端私盐窝点、打击贩运贩卖私盐者、建立健全信息网络及配合镇村创建食盐安全村等活动。会战期间，共查获各类案件292起，没收私盐13吨，罚款近5万元，1人被判刑。是年，成立了县、镇、村三级创建食盐安全领导小组，其中县级由分管副县长任组长，成员单位涉及盐业、卫生、食品药品、工商、公安、教育、技术监督等部门；镇级领导小组共与118个行政村签订《创建食盐安全村工作责任书》，村级领导小组共与57460户签订安全承诺书，全县首批五分之一的行政村完成食盐安全村创建。全年查获案件87起，收缴私盐49吨，罚没金额约3万元，3人被处以刑罚。

2007年1月19日～2月11日，开展"迎春净化行动"，对餐饮、食品加工、销售网点及边界地段检查，保证节日安全。3月23日～6月30日，开展盐政管理"百日会战"活动。全年查获案件56起，收缴私盐9吨，罚没金额6万元，2人被处以刑罚。

2008年3月，开展盐政管理突击月专项活动，全年查获案件90起，收缴私盐9吨，罚没金额8万元，5人被处以刑罚。

2009年，开展春季盐业市场管理整治专项活动及夏季净化食盐市场专项行动。全年共查处涉盐违法案件421起，没收私盐51吨，罚款12万元，查处非法私盐车辆3辆，捣毁私盐窝点6个。

第二章　盐业体制改革

第一节　管理体制改革

2000年，赣榆县盐业公司干部实行聘用制，职工实行双向选择。是年，县盐业公司设3科1室，即财务科、业务科、盐政科、办公室，另设3个缉私中队，并在原有4个沿海盐务所的基础上，增设赣马、班庄、石桥、黑林、城南、墩尚、城头等7个盐务所，恢复盐业工贸公司。

2001年，盐业公司成立缉私大队，下设6个缉私中队，并成立青口、石桥、厉庄、城头、墩尚5个盐务所。

2002年，撤销青口、墩尚、城头、厉庄、石桥等5个盐务所，成立沿海盐务所，办公地点设在柘汪镇。

2003年，缉私大队进行扩编，缉私中队增至8个，新设门河、厉庄、九里3个送销站。

2004年1月，撤销门河、厉庄、九里3个送销站，成立盐务管理局物流配送中心，并将缉私大队改建为8个盐务所，分别为青口、赣马、沙河、墩尚、厉庄、门河、九里、班庄盐务所，增设清欠办、城南盐库。是年年底，保留青口盐务所，撤销其他7个盐务所，成立墩尚、班庄、厉庄、九里4个盐政稽查中队。

2005年11月，成立城头盐政稽查中队。

2006年，撤销青口盐务所及农村17个镇的特许经销处，成立青口、九里、班庄3个中心盐务所，赣马、宋庄、柘汪、厉庄、城头、沙河6个盐务所和青口、九里、班庄3个稽查中队。每个中心盐务所下辖2个盐务所、1个稽查中队，另设监察室。

第二节　经营体制改革

1990～1994年，赣榆县盐业经营体制分为国有、集体两种。其中，属于国有性质的有省金桥盐业公司青口盐场，隶属省盐业公司，拥有盐田3000公顷，年均产盐8万多吨；属于集体性质的有1个县办集体盐场、1个柘汪乡办盐场，以及分布于柘汪、九里、海头、城东4个乡镇的33个村办盐场。县内集体盐场，在内部管理上，实行滩组承包方式，所产原盐由县盐业公司按核定价格公开收购。

1995年，县内盐业经营体制开始改革，其中主要集中于村办盐场，实行家庭联产承包责任制。是年，全县共有村属盐田879公顷交由盐民个人经营，虽其生产自主性较强，但管理比较松散，加上受市场行情影响，从业人数和生产面积难以保证。

1998年，柘汪乡办盐场解体，其盐田大都为个人承包，用于育苗、养殖。

2000年，全县32个产盐村仅剩19个，盐田面积由1995年的1113.3公顷减至333.3公顷，而用于盐业生产的只有146公顷，其他抛荒废弃，在滩劳力由2362人减至320人。是年，金桥盐业有限公司青口盐场进行企业管理机构改革。是年年底，企业盐田全部废除，从此结束了产盐历史。

图 11-1 盐业经营体制下的盐田管理（1990年摄）

2003年，青口盐场下口工区378公顷盐田整体被赣榆县征用。是年，县盐业公司全面启动盐业经营体制改革，对设施落后、效益低下的低产民营盐田，由所在乡镇负责，并全部予以转产。全县民营盐田仅剩100公顷，分布于柘汪、石桥两个镇的12个村庄。唯一能够正常生产的是县属柘汪盐场，经营体制实行与民营盐场相同的联产承包责任制。之后，体制上没有发生新的变化。

2004年，县内民营盐田全部退盐还农、退盐转养，铲除了私盐生产的源头，结束了赣榆县民营盐业生产的历史，响石、林子等村坨地及建筑物划归当地村庄使用。是年，县政府常务会议决定，将县盐场海堤纳入县海堤达标范围，县盐业物资公司全部资产以18.5万元永久性转让，产权归个人所有。

赣榆县的盐业经营体制改革，还涉及县盐业公司所属6家企业及餐饮、运输、育苗、制盐等小企业。其中，县盐业海运公司因亏损严重，已于2001年6月被赣榆县法院裁定破产。盐业物资公司、盐业运输公司、盐业服务公司、韩口育苗场4家企业虽进入改制程序，但没有具体实施。2009年，原有资产仍处于闲置状态。县盐场由于地处柘汪临港产业区，2005年，已作为重大项目储备用地交与县政府统一支配，后因进展缓慢，处于搁置状态，直到2009年，每年生产的原盐仍作为县内部分工业企业用盐供应。

第三章 盐业生产与销售

第一节 原盐产销

1990年，全县拥有盐田面积1073公顷，由于连续遭受台风、暴雨、大潮等严重自然灾害，生产原盐11076吨，销售10663吨。是年，县内生产的原盐为普通二级品标准，销售价格工业盐167.2元/吨、食用盐229.8元/吨，实现销售收入220万元，但因国家核定售价低于成本，净利润亏损近9万元。是年，县内生产的原盐，主要销往山东的临沭县、费县、沂南县、临沂市、郯城县、莒南县、苍山县、枣庄市，河南省虞城、汝阳、开封、商丘、霍邱，本县及省内的丰县、铜山县。

1991年，盐业生产再次遭受台风、暴雨重创，造成直接经济损失397万元，全年仅生产原盐18631吨，日晒精盐质量为GB5461-92二级品标准，销售原盐达2.3万吨，净利润亏损6300多元。

1992年，盐业生产效益出现近10年来未有的转机，全年生产原盐46221吨，完成国家计划的131%，

图 11-2 盐业工人推运食盐（1990年摄）

销售原盐21573吨，全年实现纯利润11000多元。原盐除县内销售外，主要销往山东、安徽等地。

1995年，全县盐田面积达到1130多公顷。其中，县办盐场213公顷，柘汪乡办盐场40公顷，村办民营盐田879公顷。是年，是全县食盐加碘消除碘缺乏危害的第一年，全年共生产原盐16807吨，销售价格为工业盐156.2～186元/吨、食盐600～969.2元/吨，加碘盐市场销售价格为1050元/吨，全年实现销售收入550万元、净利润近9万元，但县内销售原盐不到5%。

1998年，全县盐业生产走向低谷，主要是民营生产盐田所剩无几，且私产私销现象严重，是年，生产原盐3077吨，销售价原盐为150～270元/吨、工业盐516.1元/吨、碘盐1000～1050元/吨，全年净利润亏损25万多元。

2000年，全县仅剩民营盐田面积334公顷，用于盐业生产约147公顷，其他抛荒废弃，全年共产原盐9143吨，日晒精盐1057吨，实现销售收入470万元，上缴税金38万元，实现净利润5200多元。

2009年，全县生产原盐3430吨，实现销售收入1000万元，上缴利税80余万元，实现纯利润9000多元。

2000～2009年，原盐主要销往连云港市、安徽、河南、山东等地。

第二节　加碘盐产销

1995年，为消除碘缺乏危害，县境开始在食盐中加碘。是年，经县计划经济委员会同意，兴建九里碘盐加工厂和青口碘盐加工厂，加碘原料盐从淮安粉洗盐厂调入后，分到2家加碘盐厂加碘分装，并由县委农工部牵头，乡镇经管站具体实施，实行碘盐“送销到户”。其中，九里碘盐加工厂半年加工碘盐841吨、实现销售收入90多万元；青口碘盐加工厂半年加工碘盐446吨、实现销售收入近50万元。

1996年11月，召开全县加碘盐供应工作会议，对加碘盐“送销到户”进行部署。县内2家碘盐加工厂实行以销定产。其中，九里碘盐加工厂生产碘盐647吨，青口碘盐加工厂生产碘盐430吨。

2002年，全县共销售复合膜加碘盐1100吨，实现销售收入350万元，上缴税金60万元，净利润亏损近39万元。是年，县内碘盐厂停止加工碘盐，所销碘盐从省公司定点生产厂直接购进。

2003年4月29日，受“非典”影响，由山东波及，县内刮起碘盐抢购风，一时间人心慌恐。县盐业公司及时组织货源500吨，调车分运，5日后，抢购风平息。

2004年，加碘盐品种升级为纸塑，由省盐业公司统一配送，县盐业公司成立了物流中心，并在全县农村分设17个食盐特许经销处，辐射3000多个零售点，全年净利润亏损22万元。

2006年，取消特许经销处，由盐务所直接送盐到店。是年，全县销售纸塑加碘盐1718吨，实现销售收入420万元。

2009年，全县销售加碘盐2594吨，实现销售收入700万元。

1990～2009年赣榆县盐产品生产、销售情况一览表

表11-1

年份	产品种类	产量（吨）	销售量（吨）	价格（元/吨）	销售区域	主要流向单位	企业利润（元）	备注
1990	原盐	11076	10663	食盐279.8 工业盐167.2	山东 河南 江苏 安徽	临沂果品盐业公司、临沭果品盐业公司、莒南县果品公司、费县土产杂品盐业公司、莒南果品盐业公司、郯城果品盐业公司、枣庄市盐业公司，商丘副食品盐业公司、开封市副食品公司、焦作副食品公司、新乡副食品公司，宿县地区盐业公司	−89913.46	
1991	原盐	18631	23019	食盐279.8 工业盐167.2	山东 河南 江苏	临沂果品盐业公司、临沭果品盐业公司、莒南县果品公司、费县土产杂品盐业公司、莒南果品盐业公司、郯城果品盐业公司、枣庄市盐业公司，商丘副食品盐业公司、开封市副食品公司、焦作副食品公司、新乡副食品公司	−6304.42	
1991	日晒精盐	389		640	县内			
1992	原盐	46221	21573	食盐229.8 工业盐167.2	山东 河南 江苏	临沂果品盐业公司、临沭果品盐业公司、莒南县果品公司、费县土产杂品盐业公司、莒南果品盐业公司、郯城果品盐业公司、枣庄市盐业公司，商丘副食品盐业公司、开封市副食品公司、焦作副食品公司、新乡副食品公司	11246.67	
1993	原盐	16845	14997	食盐279.8～446 工业盐67.2～207.6	安徽 河南 山东 江苏	临沂果品盐业公司、临沭果品盐业公司、莒南县果品公司、费县土产杂品盐业公司、郯城果品盐业公司、枣庄市盐业公司，商丘副食品盐业公司、开封市副食品公司、焦作副食品公司、新乡副食品公司	−504244.14	

续表 11-1

年份	产品种类	产量（吨）	销售量（吨）	价格（元／吨）	销售区域	主要流向单位	企业利润（元）	备注
1994	原盐	23964	17790	食盐 279.8 ～ 446 工业盐 67.2 ～ 207.6	山东 河南 江苏		−741438.99	
1995	原盐	9745	22186	工业盐 156.2 ～ 186 食盐 600	河南 安徽 湖南	郑州市盐业公司、商丘地区副食品盐业公司、开封蔬菜盐业公司、信阳地区盐业公司、周口地区盐业公司、驻马店地区盐业公司，宿县地区盐业公司、蚌埠地区盐业公司，常德市盐业公司	87535.38	
	加碘盐		2300	1050	县内			
1996	原盐	9543	11126	原盐 126～270 工业盐 380	山东 江苏 安徽	临沂果品盐业公司、临沭果品盐业公司、莒南县果品公司、费县土产杂品盐业公司、郯城果品盐业公司、枣庄市盐业公司，丰县、东海、铜山、邳县、沛县、新沂，宿县、蚌埠地区盐业公司	1475060.46	加工碘盐销售
	日晒精盐	1000			县内			
	加碘盐		623	1050	县内			
1997	原盐	15275	13900	原盐 126～190 工业盐 476.1	江苏 安徽 河南	丰县、东海、铜山、邳县、沛县、新沂盐业公司，宿县地区盐业公司、蚌埠地区盐业公司、郑州市盐业公司、商丘地区副食品盐业公司、开封蔬菜盐业公司、信阳地区盐业公司、周口地区盐业公司、驻马店地区盐业公司	−1526315.23	加工碘盐销售
	日晒精盐	1000						
	加碘盐		1100	1050				

续表11-1

年份	产品种类	产量（吨）	销售量（吨）	价格（元/吨）	销售区域	主要流向单位	企业利润（元）	备注
1998	原盐	3077	6422	150～270	江苏	沭阳盐业公司、县内用盐户	−257141.88	
	加碘盐		1500	1000～1050				
1999	原盐	7118	10611	150～516.1	江苏安徽	县内渔业、小工业用盐单位；固镇盐业公司	−1424450.64	
	加碘盐		340	1050	县内			
2000	原盐	9143	16520	180～516.1	江苏山东	宿迁市盐业公司；县内小工业、渔业用盐；费县、郯城、临沂盐业公司	5235.73	
	日晒精盐	1057						
	加碘盐		2090	1050～1720	县内	县内用盐户		
2001	原盐	8526	16892	220～516.1	连云港市	德邦化工厂	0	
	日晒精盐	229			县内			
	加碘盐		1088	1050～1720	县内			
2002	原盐	9340	7912	220～516.1	江苏	徐州市盐业公司、邳州市盐业公司	−389473.97	
	加碘盐		1100	1050～1720	县内	县内批发、零售店		
2003	原盐	6780	9175	516.1	江苏	新沂、邳州市盐业公司；县内小工业、渔业用盐	1065.14	
	加碘盐		1900	1050～1720	县内	县内批发、零售店		
2004	原盐	5500	8371.7	556～700	县内	县内小工业、渔业用盐单位	−218203	
	复合膜加碘盐		966.25	1720	县内	县内批发、零售店		
	纸塑加碘盐		590.4	2400	县内	县内批发、零售店		

续表11-1

年份	产品种类	产量（吨）	销售量（吨）	价格（元/吨）	销售区域	主要流向单位	企业利润（元）	备注
2005	原盐	5200	3756	516.1	县内	本县内小工业用盐、渔业用盐单位	-100725.73	
	纸塑加碘盐		1718	2400	县内	县内批发、零售店		
	日晒腌制盐		1717	800	县内	县内批发、零售店		
	50千克非碘精制盐		1003	1000	县内	县内批发、零售店		
2006	原盐	3010	4154	516.1	县内	县内小工业用盐、渔业用盐单位	28656.09	
	纸塑加碘盐		1994	2400	县内	县内批发、零售店		
	日晒腌制盐		1619	800	县内	县内批发、零售店		
	50千克非碘精制盐		895	1000	县内	县内批发、零售店		
2007	原盐	2840	3413	556～800	县内	县内小工业用盐、渔业用盐单位	-582828.92	
	纸塑加碘盐		2483	2400～2750	县内	县内批发、零售店		
	营养盐		84	4600～5600	县内	县内批发、零售店		
	日晒腌制盐		1426	800～1500	县内	县内批发、零售店		
	50千克非碘精制盐		1407	1000	县内	县内批发、零售店		
	畜禽盐		7.8		县内	县内批发、零售店		
2008	原盐	2301	2299	556～800	县内	县内小工业用盐、渔业用盐单位	-212221.51	
	纸塑加碘盐		2560	2400～2750	县内	县内批发、零售店		
	营养盐		13.7	4600～5600	县内	县内批发、零售店		
	日晒腌制盐		367	800～1500	县内	县内批发、零售店		
	50千克非碘精制盐		15	1000	县内	县内批发、零售店		
	畜禽盐		20.9		县内	县内批发、零售店		

续表 11-1

年份	产品种类	产量（吨）	销售量（吨）	价格（元/吨）	销售区域	主要流向单位	企业利润（元）	备注
2009	原盐	3430	4436	556～800	县内	县内小工业用盐、渔业用盐单位	9192.14	
	纸塑加碘盐		2284	2400～2750	县内	县内批发、零售店		
	营养盐		9	4600～5500	县内	县内批发、零售店		
	日晒腌制盐			800～1500	县内	县内批发、零售店		
	50千克非碘精制盐		614	1000	县内	县内批发、零售店		
	畜禽盐		15		县内	县内批发、零售店		
	元明粉			520～530	县内	县内批发、零售店		
	印染助剂		158	560	县内	县内批发、零售店		

第三节　盐业生产企业

1990年，赣榆县盐业生产企业有国有盐业公司青口盐场、集体盐场赣榆县盐场、乡镇村办盐场等共计35个。到2009年，盐业生产企业只有青口盐场和县盐场。

一、青口盐场

是江苏八大盐场之一，因原场部机关驻地在青口镇繁荣街大鱼市而得名，后迁黄沙坨。

1990年，青口盐场隶属江苏省盐业公司，全场共设25个部门和单位，编制总数104人。是年，青口盐场产盐8.4万吨，总面积31278公顷，生产总面积已达3054公顷，其中直接生产面积2766公顷。职工1169人，辖大新、三洋、黄沙、下口4个工区及34个生产小组。

1992年，盐场第一个“非盐”项目果茶饮品开工建设，由企业投资100万余元，引进天津食品研究所技术，建设果茶厂，后改建成中美合资金三洋食品有限公司。

1995年，场区中小学纳入地方学区系统管理。是年，盐场成立农工贸公司、三洋实业公司、金三洋食品有限公司、生活服务公司、基建工程公司、机电安装工程公司、水产养殖公司、物资供应公司等。

1998年，青口盐场更名为江苏

图 11-3　青口盐场（2009年摄）

省金桥盐业有限公司青口盐场。

1999年，青口盐场营业执照被新成立的金桥公司依法注销，以没有企业法人资格的国有企业内部单位存在。

2000年，企业管理机构改革，由原来的10余个科室精简为“三部一室”，大幅裁员。全场管理及二、三线人员减至54人，占职工总数的5%。

2001年，改革青口盐场教育机构设置，盐场中小学教育实行九年一贯制。

2002年，企业公安派出所建制移交赣榆县公安局。是年年底，企业盐田全部废除，从此结束了产盐历史。

2003年，企业办学移交赣榆县教育局。

2008年，青口盐场正式更名为江苏省金桥盐化集团有限责任公司青口盐场，下属大新服务区、黄沙服务区、三洋服务区、科技推广站、水电管理站、泰祥建筑公司、盐场家园项目部、三洋实业公司、社区管委会办公室、黄沙村。机关设立3部1室，分别是资产经营部、综合管理部、政治工作部、党政办公室。

2009年，盐场东南距三洋港6千米、西北距青口镇10千米，场域面积为40.71平方千米。

二、赣榆县盐场

位于柘汪镇东南部、绣针河下游南岸，是隶属于县盐务管理局的集体所有制独立法人企业。

1990年，盐场土地总面积213公顷。其中，盐田面积90公顷，养殖面积44公顷，以生产原盐为主，年生产能力5000～7000吨。所产原盐由县盐务局定价公开收购，基本可以满足县内小额工业用盐和渔业腌制用盐需求。是年，盐场工人63人，主要是经县劳动部门批准招收的亦工亦农工和计划内临时工。

1994年，由江苏盐校分配中专及大专（含自学考试）学历学生3人，盐工中女性职工占8.5%，招收的工人为劳动合同制工人，户口粮食性质不变，仍为农村户口，但年龄满55周岁可以向社会劳动保障局审批办理退休。

2002年，盐场因处于柘汪临港开发区，被作为重大项目储备用地，交与县政府统一支配。

2004年，民营盐田转产后，县盐场是全县唯一一家盐业生产企业。

2005年，县政府将县盐场西半部105公顷正在生产的盐田，无条件退出转让给帝华特钢招商项目用地。东半部每年生产的原盐供应县内小额工业用盐，全年生产原盐5200吨。

2009年，盐场有在册职工50人，全年生产原盐3430吨。

第四章　盐田与配套工程建设

第一节　盐田建设

1990年后，因收益较低，从事盐业生产的民众开始逐渐退盐转养，盐田面积因而逐年递减，盐田建设投资呈现下降趋势。是年，全县累计投资243万元，挖土200万平方米，安装柴油机、水泵66台（套）573.3千瓦，共改造盐田50个单元，占盐田总数的35%。

1995年，盐民年产盐收入不足1000元，盐田出现严重抛荒，全县在滩盐业民众减少到780人，盐田建设全年投资不到50万元。

2000年，全县盐田面积仅剩334公顷，其中用于盐业生产的147公顷，其他抛荒废弃。

2002年，县盐务局用挖掘机对石桥镇韩口村的2公顷小盐田进行铲除。

2003年，赣榆县对设施落后、效益低下的低产民营盐田，由所在乡镇负责予以全部转产。是年，全县民营盐田100公顷，主要分布于柘汪、石桥2个镇的12个村庄。县盐务局投入100万元，分两期先后对石桥、柘汪镇的民营盐田彻底进行铲除。

2004年6月，全面完成民营盐田改产工程，结束了全县民营盐业生产历史。至此，县内制盐企业仅剩县盐场一家。

图 11-4 夕阳下的盐田（2001年摄）

2005年10月，为支持县重大项目建设，县盐务局将县属盐场西半部105公顷盐田交县政府统一安排，并由帝华公司开发使用，拟建大型钢铁厂。东半部90多公顷盐田继续维持生产，其原盐主要供应县内工业企业。

2006年，生产原盐3010吨。

2009年，县属盐场虽仍有小部分盐田产盐，但盐田建设基本没有资金投入。

第二节 配套工程建设

1990年，县境盐业遭受台风、暴雨、大潮等自然灾害。是年，投资17万元，改造更新盐业通信专线30千米，投资80万元、加固维修了县盐场（西场）海堤1380米。

1991年，因上年自然灾害严重，经县税务局报请国家税务总局批准，对地方集体盐场免税45万元，用于投入盐田配套工程建设，帮助盐民灾后恢复生产。

1992年，受16号热带风暴影响，赣榆县盐业再度遭受暴风、暴雨、大潮的袭击，全县平均降雨量120毫米，北部盐区高达173毫米，盐业海堤被冲毁11处，长达2800米，其中决口11处、长达358米，892公顷盐田淹没过流，淌化盐斤9960吨、三级卤水87228立方米和大量的原料水，并损坏了塑苫池、桥涵闸和机电设备，直接经济损失达416万元。盐业投入抗灾抢险的麻袋3万余条、帆布17块、塑布3万平方米、水泥110吨、块石300余立方米，挖土5.2万立立方米，出动劳动力3500多人。是年，全县盐业部门筹措资金100多万元，重点投入到盐田"制、保、排"工程上，修滩土方22万立方米，增加扬水动力设备82台（套），新建、更新塑苫、塑垫结晶面积30万平方米；投资3万元，整改了场区供电线路。

1994年，全县又投入10余万元，改造盐田结晶区，保证11万平方米塑苫池的正常生产。

1995～1996年，投资80万元，兴建了九里、青口2处碘盐加工厂，新上塑垫结晶面积3.2万平方米，推广日晒精盐生产新工艺、新技术。

1997年，受11号台风影响，县盐场海堤和盐业码头出现决口、塌陷险情，县盐务局组织抢救，投入麻袋3200条、塑编袋5000条、帆布1500平方米、草包2000只、土方2000立方米，折款近20万元。

1998年，赣榆县将盐场海堤和盐业码头建设纳入全县海堤达标工程，进行统一规划、全面改造。

2002年，县内实行农村电网改造，在县镇两级供电部门大力支持下，投资15万元，更新了县盐场4.5千米10千伏安的高压线路，投资6万元，为县盐场安装了自来水。

2003年，投资19.5万元，对县盐场进行水系改造和海堤维修。

2004年10月3日，县盐场东大堤纳排闸突然塌陷，经向县政府申请，取得县财政拨款20万元，并自筹11万余元进行重建和海堤维修。

2005～2009年，县盐场每年均筹资3万至5万元，加固维修海堤，确保盐场安全。

图 11-5 青口盐场街区（2005年摄）

第十二篇　建筑与房地产业

第十二篇　建筑与房地产业

20世纪90年代，赣榆县委、县政府出台一系列鼓励支持建筑业健康发展的政策性文件，每年都召开年度建筑业工作总结表彰大会，重奖建筑业有功人员。1995年、2000年、2007年，赣榆县三次被省政府命名为“建筑之乡”。至2009年，县内共有建筑安装企业53家，其中县属集体企业2家。获得一级施工企业资质等级3家，二级施工企业资质等级12家，三级企业资质等级20家，劳务建筑资质18家。建筑施工总人数达8.6万人，其中外出施工人数5万人；全县建筑施工面积650万平方米，完成总产值70亿元，其中外出施工产值49.3亿元。

赣榆县房地产管理工作突出体制创新和机制创新，强化房产行政管理职能，为民办实事工程稳步推进。县房产管理处加快廉租住房和经济适用住房建设，同时采取廉租住房租赁补贴等方式，立体式推进住房保障工作，低收入家庭住房保障受益面不断扩大，对低收入住房困难家庭逐步实现“应保尽保”。县房产管理处获得省、市、县住房保障先进集体、房产管理先进集体、县级“青年文明号”等荣誉，连续获得县政务中心“红旗窗口”称号。

至2009年，赣榆县拥有工程师、会计师、水电技师和各类物业管理专业人员238人，取得连云港市项目经理执业注册证23人，从业服务人员510余人。在建小区实行前期物业管理达100%，物业管理用房配置落实100%。

第一章 建筑业

第一节 管理机构

1990年，赣榆县建筑业管理机构为赣榆县建设局，内设办公室、财务股、城乡建设股、建筑施工管理股。1992年2月，赣榆县建设局更名为赣榆县城乡建设委员会，内设办公室、财务科、城乡建设科、建筑施工管理科。1996年12月，赣榆县城乡建设委员会更名为赣榆县规划建设委员会，内设秘书股、人事股、计财审计股、城市规划建设股、村镇规划建设股、建筑施工管理股、拆迁办公室等科室。2001年12月，赣榆县规划建设委员会更名为赣榆县建设局，内设办公室、监察室、财务科、城建规划科、村镇科、建筑施工管理科、拆迁科。至2009年，内设办公室、监察室、财务科、建筑规划科、用地规划科、建设科、建筑施工管理科、法制科、拆迁科、村镇科。

图 12-1 赣榆县城乡建设委员会（1995年摄）

第二节 建筑市场开发

20世纪90年代，全县有赣榆县建筑安装工程公司、赣榆县第一建筑安装工程公司、赣榆县第二建筑安装工程公司、赣榆县市政工程公司、侨兴建筑安装工程公司等5个县属建筑企业，31个乡镇建筑企业，建筑人员5万余人。全县有3万余建筑工人在外地承接建筑业务，开辟上海、吉林、新疆、宁夏、青海、东北“三河”（绥芬河、七台河、黑河）等建筑市场，在大庆油田、胜利油田、中原油田、吉林、新疆、上海、内蒙古、连云港等地设立建筑办事处。1991年，开辟大庆建筑市场，完成施工面积139.2万平方米，建筑业总产值14126万元，年收入1775.8万元。1994年，承揽大庆市老年公寓工程和大庆百货公司扩建工程，全年完成施工面积150万平方米，建安产值9亿元，经济总收入2.5亿元。1995～1998年，建筑业市场陆续向各省市延伸，先后开辟新疆、甘肃、宁夏、河北、辽宁、山东、黑龙江、吉林、上海等省、自治区建筑市场，建成日照、青岛、唐山、大连、李家峡、石家庄等7个施工点。1999年，建筑业市场逐步扩大至缅甸、老挝、新加坡、马来西亚、几内亚、毛里求斯、俄罗斯等周边国家，承接工程21万平方米，输出劳务人员1300多人，完成施工产值1.2亿元，劳务收入6000多万元。全县成建制施工人数6.6万人，完成建安产值27亿元，竣工面积330万平方米，实现经济总收入约8亿元。2001年，江苏三兴建工集团有限公司在几内亚注册成立连科公司，外出施工人员10万人，完成县外工程建设面积390万平方米，实现建筑业总产值32亿元，承接跨年度工程60万平方米。2002年，全县报建工程项目92个，建筑面积56.79万平方米，投资额6.99亿元。其中正式开工76项，建筑面积53.54万平方米，投资额2.43亿元。形成以大庆、吉林、长春、内蒙古为中心的东北基地，以上海、南京为中心的华东基地，以西宁、兰州、西安为中心的西北基地，以北京、天津、石家庄为中心的华北基地等四大基地。2006年，全县建筑安装企业53家。全年共办理施工许可手续70项，建筑面积约51.4万平方米，造价约2.9亿元，城区施工许可证领取达到100%。

2009年，全县建筑总产值达740亿元，建筑面积达703平方米。江苏三兴建工集团有限公司与中冶成工上海五冶建设有限公司签订阿联酋帝国大厦工程项目。

第三节　建筑业技术改造

20世纪90年代初，赣榆县的建筑业主要以小型窑厂烧制的红砖为主，配合黄砂和水泥为原料的普通混凝土。自1999年开始，加快建筑业技术改造步伐，推广应用普通混凝土小型空心砌块、轻集料混凝土小型空心砌块、蒸压加气混凝土砌块、粉煤灰小型空心砌块、混凝土多孔砖、蒸压粉煤灰砖等新墙材。新建第一条非黏土类新型墙材生产线。至2002年年底，全县共新建上规模生产线11条，年生产能力达到70万立方米，新墙材产品品种丰富，规格齐全，有蒸压加气混凝土砌块、普通混凝土小型空心砌块、混凝土多孔砖、混凝土普通砖、FGC五防轻质隔墙板等，基本满足全县建筑市场需要。

2003年，全县开展砖瓦窑业整治工作。至2006年，拆除18门以下黏土砖窑29座，完成技术改造23家，由黏土实心砖转产黏土多孔砖，逐步淘汰黏土实心砖，黏土实心砖年产量由1997年的6.28亿块下降到2006年的2.46亿块。

2006年，新型墙材产量3.12亿块，占墙材总量比例为61%。其中，非黏土类新型墙材产量1.46亿块，黏土实心砖产量2.2亿块，新墙材建筑竣工面积28万平方米，占房屋竣工总面积87%。节能建筑竣工面积3.8万平方米，新建非黏土类生产线16条，新增生产能力1.6亿块（折标砖）。

2007年，新型墙体材料产量达到3.36亿块，占墙材总量比例为67%，非黏土新墙材占墙材比例为32%。新建非黏土墙材项目3个，新增生产能力0.5亿块。黏土实心砖限制在1.68亿块内，年下降22%。完成窑业专项整治工作，无新建、扩建、迁建砖瓦窑厂，关停以毁田、毁地方式生产的砖瓦窑厂3个。新墙材建筑竣工面积32万平方米，占总建筑竣工面积比例100%。

2008年，全县新型墙体材料产量4.8亿块，占墙材总量比例为71.2%，其中非黏土墙材产量2.3亿块。新墙材竣工面积62万平方米，占建筑竣工总面积的98%，其中节能建筑竣工面积33.5万平方米，占建筑竣工总面积的53%。

2009年，墙改办坚持以新型墙体材料发展和应用工作为重点，全年墙材产量5.01亿块（折标砖），新型墙体材料产量2.21亿块（折标砖），占墙材比例的44%。新墙材建筑竣工面积15万平方米，占墙材竣工面积比例的43%。节能建筑竣工面积35万平方米，占房屋竣工面积的100%。全年生产的新墙材可节约土地38.5公顷，节约标准煤2.17万吨，减少废气排放1.0307万吨。新上符合国家标准的非黏土墙材项目1个，新增生产能力0.3亿块（折标砖）。关停窑厂2个。

第四节　建筑市场管理

一、招投标管理

1989年3月，赣榆县建设工程招投标管理办公室成立，为全民事业单位（股级），隶属于县建设局领导，编制4人。1999年，赣榆县建设局批准设立赣榆县建设工程交易市场服务部，由赣榆县招投标管理办公室领导。2001年，赣榆县招投标管理办公室成立连云港阳光招标代理咨询有限公司。是年，赣榆县建设工程交易市场服务部改名为赣榆县建设工程交易中心。2003年8月，连云港阳光招标代理咨询有限公司脱离赣榆县招投标管理办公室，独立运营。2009年，赣榆县建设工程招投标管理办公室改名为赣榆县建筑工程招投标办公室。

1990～2009年，招投标办公室共受理发包登记项目966个，投资总额达145亿元。其中，1991年，受理发包登记项目3个，投资总额0.68亿元；1995年，受理发包登记项目11个，投资总额1.89亿元；2000年，受理发包登记项目58个，投资总额6.47亿元；2008年，受理发包登记项目86个，投资总额20.51亿元；2009年，受理发包登记项目76个，投资总额28.76亿元。

二、工程质量管理

1989年，赣榆县建筑工程质量监督站成立，为全民事业单位（股级），隶属于县建设局领导，编制5人。1991年7月1日，江苏省建设委员会颁发《建设工程质量监督站证书》。赣榆县规划建设委员会授权委托县建筑工程质量监督站负责全县行政区域内的新建、扩建、改建等建设工程质量监督管理工作。

20世纪90年代初期，赣榆县建筑工程质量监督站创优良工程61项，获金杯（牌）48枚。2001年，获5项“扬子杯奖”。2003年，7项工程被评为市级文明工地，农机花园综合楼工程被评为连云港市优质工程，共有9项工程被评为市优质结构工程，1项被评为“玉女峰”杯奖。2006年，获市文明工地3个、市优装饰工程奖1项，创市优工程“玉女峰”杯奖4项。2007年，共有27项工程被评为市优质结构工程，4项获市“玉女峰”杯优质工程，县人民法院审判综合楼被评为“扬子”杯工程。2008年，获市“优质结构”工程16项。2009年，获市“优质结构”工程39项，获4项“扬子”杯奖。

三、工程安全管理

1990～2003年，赣榆县没有专门的工程安全管理机构。2004年，赣榆县安监站成立，成员4名。组织安全监督员进行业务培训，提高监管水平，制定安全生产行政执法责任规定、行政过错责任追究制度以及安全生产执法“六不准”等。在加强隐患排查治理、安全生产专项整治、执法监督、队伍建设、宣传教育等方面加大力度，连续4年无较大生产安全事故。

2006年，广泛开展安全生产宣传教育，开办宣传专栏，宣传安全生产法律法规和安全常识。在时代广场开展安全生产月咨询活动，使用安全宣传车30余台（次），循环播报安全生产法律法规，发放安全宣传资料2万余份，放映电影45场，发放专家课碟145张，安全宣传册3000本。依据《中华人民共和国行政许可法》《中华人民共和国安全生产法》等行政法规，按程序办理许可事项。

2007年，加强安全生产事故应急救援队伍建设，依托县公安消防大队组建安全生产应急救援队，进行专业培训，组织非煤矿山、危险化学品事故应急救援演练。推行高危行业生产企业风险抵押金和安全生产责任保险制度，高危行业生产企业足额缴纳安全生产责任保险金和风险抵押金，责任保险金和风险抵押金缴纳率100%。

2009年，继续强化安全生产行政首长负责制、修订和完善安全生产目标管理责任制。开展建筑施工专项整治，采取集中时间、集中人力物力、重拳出击的方法，对全县所有在建工程的施工现场管理、施工人员安全防范措施、配置机械使用等进行整治，查找整改问题2000多条。

第五节 主要建筑企业

一、江苏三兴建工集团有限公司

1995年6月2日，由赣榆县第一建筑安装工程公司等8家建筑施工企业共同入股，组建连云港市三兴建筑工程有限公司，后更名为江苏三兴建工集团有限公司。

至2009年，企业拥有国家房屋建筑工程施工总承包一级和市政公用工程总承包、钢结构工程、装饰装潢工程专业承包二级资质，并拥有国际工程承包和对外劳务输出经营签约权。企业注册资本金5700万元，

图 12-2　三兴建工集团三兴大厦开工典礼（2008年摄）

图 12-3　玉龙建筑公司（2008年摄）

净资产2.2亿元，各类大中型机械设备3000台（套），各类技术职称人员600多人。其中，高、中级技术职称人员238人，一、二级建造师43人，小型项目管理师93人，安全员261人。年完成施工面积300万平方米以上，产值30多亿元，下设18个区域性分公司和6个专业公司，具有承担各类工业与民用建筑项目施工、装饰装潢、市政工程、园林绿化、设备安装、建筑劳务、房地产开发等多元经营综合能力。施工领域遍布20多个省、市、自治区，并跻身缅甸、俄罗斯、新加坡、科威特、毛里求斯、美国关岛等国际市场。

公司先后创建市级以上优质工程600余项，荣获“鲁班”奖“扬子”杯、“白玉兰”杯及省级以上“优质工程”“用户满意工程”“安全文明工地”等奖项100余项。连续多年被评为“江苏省建筑业质量管理先进单位”“江苏省建筑施工安全生产先进集体”“江苏省建筑业技术进步先进单位”。

二、江苏玉龙建设工程有限公司

1990年7月14日，赣榆县城东建筑安装工程公司成立。2003年11月，改制为股份有限公司。2006年，晋升为二级资质。2009年12月，更名为江苏玉龙建设工程有限公司，并晋升为一级资质。至2009年年底，企业净资产7494.3万元，下辖23个项目部，施工人员3060人，有各类专业技术职称人员300余人。其中，工程技术人员190人（高级职称13人，中级职称72人），经济管理人员210人；一级资质项目经理18人，二级资质项目经理32人，安全员91人，小型项目管理师18人。工人上岗持证率达90%以上。企业资质主项为房屋建筑施工总承包一级，增项为市政公用工程、起重设备安装工程、地基与基础工程、建筑装修装饰工程专业承包三级，企业注册资金5066万元。

三、江苏苏港工程有限公司

1990年5月14日，赣榆县第二建筑安装工程公司成立。2004年11月，赣榆县第二建筑安装工程公司改制并更名为江苏苏港工程有限公司，具有一级资质的房屋建筑工程施工总承包资质，公司产业涉及房屋建筑工程、市政公用工程、建筑装饰装修、起重设备安装、金属门窗、钢结构、地基与基础、消防设施工程、混凝土预制构件、建筑劳务等领域。2005年，通过ISO9001质量、ISO14001环境和GB/T28001-2001职业健康安全三合一管理体系认证。至2009年，公司有员工3000余人，各类工程技术和经济管理人员526人，具有国家注册建造师资格的人员61人。设有多个驻外分公司。获得省、市优质工程及文明工地奖300多项，其中赣中体育馆工程名列全省质量安全大检查通报表彰十项工程之一。公司先后获得“江苏省建筑业最佳企业”“江苏省建筑业十佳企业”“江苏省建筑业优秀企业”“江苏省建筑业安全生产先进单位”“江苏省AAA级重合同、守信用企业”“连云港先进建筑企业”等多项荣誉。

四、赣榆县市政建筑园林总公司

1990年，赣榆县城镇修建工程公司更名为赣榆县市政工程公司。2003年5月，赣榆县市政工程公司更名为赣榆县市政建筑园林总公司。至2009年，公司有职工650人，其中有职称人员146人(高中级以上职称人员55人)，拥有资产总额5782万元，企业资本金2045万元，机械247台(套)，机械设备总功率4759千瓦，具有市政二级施工企业主项资质和城市园林绿化二级资质。设有第一分公司、第二分公司、机械化分公司、青城园林绿化分公司、厉庄建筑分公司、门河建筑分公司、市政维护公司等7家分公司。建设华中路、黄海路、环城南路、环城北路、环城东路、青抗线改造等建设工程，建设海州湾旅游度假区、河滨广场、抗日山等园林绿化工程。其中，河滨广场工程和市经济开发区西入口广场工程被评为市"玉女峰"杯优质工程，赣榆高级中学园林绿化工程荣获市2004"华航"杯园林绿化优秀工程金奖。新建工程合格率100%。

五、赣榆县建筑安装工程有限公司

1990年5月18日，赣榆县建筑安装工程有限公司成立，拥有二级施工总承包资质，公司注册资金2882.9万元，资产总额11669.7万元，机械设备912台(套)，员工3600人，技术工人持证率97%。获得各类"省优""市优"工程奖293项，被授予"省建筑安全生产先进单位""省建筑机械设备管理先进单位""市建筑业优秀企业"等荣誉称号。参加过北京人民大会堂、毛主席纪念堂、澳门国际机场、缅甸蒂拉注码头、缅甸海军码头等建设，工程合格率100%。

六、赣榆县青口建筑安装工程有限公司

1990年5月18日，赣榆县青口建筑安装工程有限公司成立，2003年8月改制，赣榆县青口镇建筑安装总公司更名为赣榆县青口建筑安装工程有限公司。至2009年，拥有房屋建筑施工总承包二级和地基与基础工程专业承包三级施工资质，一级建造师、二级建造师20多人，小型项目管理师10人，具有大中专学历各种专业技术职称人员156人，技术工人持证率95%。先后被市工商局、市人民政府授予"重合同守信誉"企业，AAA级信用企业，获各类优质工程奖项几十项。承建青河丽景小区、东成凯亚国际住宅小区商业街等工程，合格率及合同履约率均为100%。

七、赣榆县惠隆建筑安装工程有限公司

1995年4月27日，赣榆县惠隆建筑安装工程有限公司成立，1995年10月，被批准为工民建四级企业，2002年晋升为三级。至2009年，有职称的技术人员163人，其中中高级以上职称32人。特殊工种持证上岗人数228人，技术工人持证上岗率达100%。有项目部16个，建筑施工人员2200多人，施工机械400余台套，建筑总面积280万余平方米，合格率100%。先后承建乌鲁木齐粮食储备库、新疆国税大厦、山西省体委游泳馆等工程。在黑龙江大庆设立分公司，承揽各项工程30余万平方米，获得优质结构和建筑施工文明工地等荣誉。

八、江苏大力建设集团有限公司

2009年4月29日，江苏大力建设集团有限公司成立，企业注册资金5000万元，现有净资产合计6342.5万元，下辖7个分公司，5个控股子公司，30个直属项目部，施工队伍2526人，有各类专业技术职称人员319人，国家注册一级建造师12人，工人上岗持证率达98%以上。先后在连云港、新疆、山东、内蒙古、南京等地承建房屋建筑安装施工。2009年，承建施工面积12万平方米，完成建安产值3800万元。被工商局、消费者协会评为"消费者信得过单位"，并获得AAA级资信企业和重合同、守信用单位、江苏省十佳文明施工单位、江苏省重质量守信誉诚信施工单位、市级文明工地等荣誉称号。

九、江苏金鹏建筑工程有限公司

2002年7月，赣榆县金鹏建筑工程有限公司成立，后更名为江苏金鹏建筑工程有限公司。2009年，有房屋建筑施工总承包二级和地基与基础专业承包三级资质，注册资本金2000万元，资产总额7390万元，净资产2746万元。下设6个项目部，员工1570人，三级以上项目经理20人，其中二级建造师13人，技术工人持证上岗率98%。公司先后承建东大花园、赣榆县全民健身中心、东海美麟城市丽景小区一期、二期等标志性建筑工程，工程合格率100%。

十、江苏宝隆建设工程有限公司

2008年3月3日，江苏宝隆建设工程有限公司成立，注册资本5016万元，设8个基本职能部门，拥有员工360余人，各类经济技术职称人员200人。其中，中级以上技经职称人员50人，国家一、二级建造师51人，小型项目管理师14人，安全员88人。2009年，承接房屋建设工程50余个，总面积约120万平方米；道路建设工程30余个，总里程约140千米；水管线工程15个，总里程约80千米，所有承建工程质量全部合格，2009年，郑东新苑二期8～9号楼，郑东新苑二期14～15号楼获江苏省“扬子”杯工程。

第六节 县内标志性建筑

图 12-4 赣榆维多利亚商业街（2007年摄）

1990年11月，徐福雕像在青口镇落成。

1991年10月，赣榆县综合通讯大楼建成。

1992年3月，抗日山烈士陵园整修工程竣工。

1997年7月，海州湾旅游度假区建成开放。

1998年6月，县城华中路水泥路面拓宽改建工程全线完工。

2000年8月，江苏省赣榆高级中学一期工程告竣；10月，赣榆县新华书店营业大楼落成。

2002年11月，县城万隆步行街竣工。

2006年8月，新城区第一个商业街维多利亚商业街竣工。

2008年4月，新城区城管110指挥中心落成，后更名为苏海大厦；10月，青口生态公园开园；新城区创联大厦落成。

2009年1月，县城青口镇镇西路全线贯通；2月，新城区赣榆第一中学、中澳国际新城区教育大厦、农林大厦、财税业务楼、海洋科技大厦、卫生局大楼等先后落成。

第二章 房地产业

第一节 房地产开发

1990年，赣榆县没有正式的房地产公司。1993年，赣榆县兴泽房地产开发公司成立，开发建设镇海大厦项目。2002年初期，以个人名义开发建设河滨广场商住楼项目。是年，招商引资成立赣榆县锦泰房

图 12-5　赣榆新城区房地产开发（2009 年摄）

地产开发公司并开发锦绣江南小区、连云港赣榆县嘉利房地产开发公司并开发时代广场商住小区项目。

2003年，全年房地产开发项目39项，面积44.88万平方米，造价2.08亿元。其中，当年新开工19项，面积14.0439万平方米，造价7665.87万元；是年，竣工房地产开发项目27项，面积26.3万平方米，造价1亿元。

2006年，加快普通商品住宅建设力度，投入8.8亿元，完成建筑面积50余万平方米，开发房地产项目20个。

2007年，全县新开工工程108项，建筑面积83.8万平方米，造价3.9亿元；竣工工程43项，建筑面积28.4万平方米，造价1.6亿元。

2008年，全县新开工工程43项，建筑面积54万平方米，造价3.5亿元；竣工工程44项，建筑面积38.3万平方米，造价2.2亿元。

2009年，全县新开工工程64项，建筑面积76万平方米，造价4.6亿元。工程竣工60项，面积63万平方米，造价3.8亿元。

第二节　房地产市场管理

1990年9月，赣榆县房屋租赁管理所成立，对公私房屋办理租赁证。至年底，办理房地产交易110起，成交额180万元，房地产交易和房屋租赁监理共收税4万元，对房屋所有权证每本收5元印花税。

2003年，完成房产交易近1500户，27万平方米，房屋确权发证1651户，37万平方米。

2005年，完成房产交易2635户，面积32万平方米，房屋确权证2905户，面积33.7万平方米，房屋抵押1417户，房屋租赁360户，面积12万平方米，收缴公共维修基金510万元，完成契税800余万元。

2007年，全年完成房屋确权发证3582户，面积约83.59万平方米；房屋租赁738户，面积约11.98万平方米；商品房预售备案3800份，面积约46万平方米；房屋抵押3860户。收缴公共维修基金1278万元，配合财政部门完成契税征收1900余万元。

2008年，完成房屋登记12461件（其中房屋所有权登记6861件，面积75万平方米；房屋抵押5600户，面积65万平方米）；房屋租赁830件，面积11.51万平方米；办理商品房预（销）售许可审批36件，批准预售面积47.88万平方米；归集房屋权属档案6800余卷，归集物业专项维修资金1139万元。

2009年，完成房屋登记发证6283件，面积约76.9万平方米（其中新建商品房3700件，面积45.25万平方米）；房屋抵押8120件（其中现房抵押3966件，预购房抵押4154件）；房屋租赁备案1038户，面积约14.77万平方米；办理商品房预（销）售许可审批48件，批准预售面积65.47万平方米；归集整理房屋权属档案7880余卷，完成抵押注销1350户；归集物业专项维修资金1753万元。

第三节 公共住房制度改革

一、房改政策方案

1993年4月，赣榆县开始实施住房制度改革。1998年12月1日起，赣榆县停止住房实物分配，逐步实行住房分配货币化。组织集资建房和合作建房，坚持个人出资、单位资助、政府扶持的原则，实行统一规划。扩大个人住房贷款的发放范畴，所有商业银行在城镇均可发放个人住房贷款，取消对个人住房抵押贷款的规模限制，适当放宽个人住房贷款期限。

到2000年，住房租金占双职工家庭平均工资的15%，每年上升2个百分点，逐渐向成本租金过渡。

2003年7月，赣榆县人民政府根据相关文件精神，出台《关于调整2003年度房改有关政策的意见》，提出房改政策对住房公积金、公房租金及售房成本价及住房货币补贴比例进行调整，即公有住房售房成本价上调4%。

二、公有住房出售

1995年6月，赣榆县人民政府下发相关公有住房出售通知，城镇公有住房，除列入旧城改造规划地段、地处临街宜改造为营业用房的住房、平房、别墅、庭院或住房、代管房、产权尚有争议、具有历史意义和县人民政府认为不宜出售的住房外，均可向职工出售。

职工购买公有住房坚持自愿和先评估后出售原则，新建公有住房和腾空的成套旧住房实行先售后租，优先出售给住房困难户。旧住房出售前，产权单位应进行安全检查，以保障职工购房居住安全。

职工购买已使用的公有住房，可适当给予折扣，1995年工龄折扣额为每平方米建筑面积2.7元，离退休职工按在职工龄计算。折扣率为成本价的5%，以后每年减少一个百分点，2000年全部取消。职工购买公有住房，可以一次付款，也可以分期付款。职工以市场价购买的公有住房，产权归个人所有，可依法进入市场，按规定缴纳有关税费后，收入归个人所有。职工以成本价购买的公有住房，产权归个人所有，一般居住5年后可依法进入市场，在补交土地使用权出让金或所含土地收益，按规定缴纳有关税费后，收入归个人所有。

第四节 房屋产权产籍管理

1989年年底，赣榆县房屋权属登记发证工作在赣榆县青口镇繁荣街试点，共发放房屋所有权证50多件，登记面积4800平方米。此后全县房屋所有权登记发证工作全面展开，1990年，重点对全县企事业单位的办公用房和工业厂房进行登记发证，登记面积约为150万平方米。1992年，对青口镇8个街道、9个自然村的私有房产进行收件、测量、登记发证，共完成房屋发证8000余户，登记面积80万平方米。1993～1997年，对全县企事业单位的房改房和集资建房进行登记发证，共发放房屋所有权证7000余件，登记面积51万平方米。

1998年，县房管所更名为县房管处，是年6月，成立房地产交易大厅，实行房屋产权产籍管理工作一条龙服务机制。

2001～2004年，投入10余万元，建立先进的计算机网络管理系统，更换《房屋所有权证》《房屋共有权证》《房屋他项权证》文本格式，实行发证、网上销售、档案、交易、物业管理的网络化微机化管理。2006年10月底，房屋产权产籍窗口工作进驻县行政服务中心，实行统一办公。2009年，房管处迁至县建设大厦，实行统一管理。是年，完成房屋确权发证6283件，面积约76.9万平方米（其中商品房3700户，面积45.25万平方米）；房屋抵押8120件（其中现房抵押3966户，按揭4154户）；房屋租赁1038户，面积约14.77万平方米；商品房预售备案5876件，面积约65.37万平方米；发放商品房预（销）售许可证48件，预售面积65.47万平方米；整理权属档案7880余卷，完成抵押户退档1350户。

第五节　住宅小区物业管理

2004年以前，全县住宅小区物业管理工作是由小区建设单位进行管理，尚未纳入正式的物业管理。2004年10月，赣榆县房产管理处成立物业管理机构，出台《赣榆县物业维修基金暂行办法》，维修资金管理实行"房管代管、财政监督、集中归集、专户储存、业主所有、审批使用"的原则，实行"收支两条线"，使用省财政部门统一印制的专用基金票据存入财政专户，同时定期接受业主委员会和财政部门的检查和督察。物业管理工作具体负责本行政区域内物业管理活动的监督管理，负责本行政区域内物业维修基金归集、管理与使用，负责物业管理企业资质的初审、物业管理招投标的监督指导、组建指导业主委员会的成立等。

2006年后，赣榆县物业维修资金收缴实现微机化管理。至2009年，全县共收缴物业维修资金6800万元，有物业服务企业22家。其中，本地注册企业20家，外埠企业2家。取得连云港市项目经理执业注册证23人，物业服务人员510人，拥有工程师、会计师、水电技师和各类物业管理专业人员238人。多家小区物业管理上规范，其中锦绣江南、青河丽景、飞尔世纪花园、东大假日风景住宅小区先后获得"江苏省优秀住宅小区""连云港市物业管理优秀住宅小区""平安赣榆建设先进集体"等荣誉称号。

第六节　经济适用房和廉租房开发

一、经济适用住房的开发

2004年12月，赣榆县人民政府根据相关规定，经县政府第23次常务会议研究决定，下发《关于同意建设经济适用房小区的批复》，在县城北部（三类用地）规划建设经济适用房小区。一期工程规划范围为东至东关北路，南至沙汪河，西至健康北路，北至丰收路，规划建筑面积15万平方米，建设周期为5年。

2005年4月，赣榆县人民政府出台《关于印发赣榆县经济适用住房管理暂行办法的通知》，要求经济适用住房的建设要以中小套型为主，中套住房面积控制在80平方米左右，小套住房面积控制在60平方米左右，价格销售实行明码标价，规范经济适用房的销售对象及上市交易情况等。县房改办对本县低收入家庭的住房情况进行摸底调查后，2008年3月，投资1728万元，在福阳新村开工建设一期、二期经济适用房共158套，总建筑面积14400平方米。是年3月，在盐场家园投资2884万元，建设经济适用房332套。2009年1月，投资1636.42万元，在福阳新村开工建设三期经济适用房，共83套，总建筑面积9626平方米；投资3257万元，在惠康新村、星星小区开工建设经济适用住房共270套，总建筑面积25716.64平方米。

二、廉租住房建设

2007年，为推动廉租住房建设，进一步建立健全城市廉租住房制度，保障城市低收入住房困难家庭的基本住房需要，赣榆县人民政府出台《赣榆县城市廉租住房保障办法》，该办法规定廉租住房的保障方式和保障标准。廉租住房的保障方式以发放租赁住房补贴和实物配租为主，以租金核减为辅，实物配租建筑面积标准为：1口人户28平方米，2口人户40平方米，3口人以上户50平方米。

廉租住房保障资金筹措按照财政预算安排为主，多种渠道筹措的原则，规定廉租住房的申请条件和办理程序。

2007～2009年，赣榆县人民政府共建设收购廉租住房212套，建筑面积15599.41平方米，总投资额12113万元，发放租赁补贴577户，发放补贴金77万元。

安全放心农工商
新鲜低价农工商
安全放心农工商
冷冻食品

第十三篇　商贸服务

第十三篇 商贸服务

1990年后，为适应社会主义市场经济体制，赣榆县委、县政府积极鼓励与支持个体私营商业发展，多种经济成分、多条流通渠道、多样经营方式的开放型商贸服务业格局开始初步形成；商业企业市场化进程加快，国有和集体商业整合资源、优化组合，推行经营承包责任制，调整经营结构，拓宽经营范围，增强了企业发展活力。1992年，赣榆县国有商业开始组建股份制经营体制，积极推行"国有民营"，私营商业迅速崛起。县百货公司率先实行所有权与经营权分离，为全省商业界树立了"国有民营改革创新模式"，其经营品种由8000个扩充至1.4万个，效益剧增。全县其他行业和全省商业企业纷纷效仿赣榆县商业改革，赣榆县商业改革被列为连云港市"五学"内容之一。其后，赣榆县商业企业在不断巩固、完善"切块承包、分灶吃饭、国有民营"改革形式的同时，进一步实施企业内部机制改革，充分调动职工生产积极性，推动商业经济发展。

2000年后，赣榆县商业流通领域全面推行企业产权制度改革，实行资产重组。2002年，商业局系统全面完成企业改制或破产。2006～2007年，全县供销、粮油、物资、农机、烟草、外贸等企业相继完成改制或破产，国有资本全部退出，实现商品流通市场化、市场主体多元化。在实行产权制度改革的同时，赣榆县商业企业进一步加强经营管理，提高决策水平，拓宽流通渠道，扩大经营规模和销售方式，加强网点建设，做活做强市场，推动了商品流通领域市场化的全面、健康发展。2009年，全县商贸服务业社会商品零售总额70.42亿元，比1990年的4.72亿元增加65.70亿元，是1990年的15倍。

第一章 机构与管理

第一节 机构设置

1990年，赣榆县商贸服务业行政管理机构主要有赣榆县商业局、赣榆县供销合作社、赣榆县物资局、赣榆县对外贸易局、赣榆县农业机械局、赣榆县水产局、赣榆县粮食局、江苏省赣榆县烟草专卖局等行政管理单位。

1992年，赣榆县商业总公司成立，与赣榆县商业局为“一套班子，两块牌子”。2001年，撤销赣榆县商业局，保留赣榆县商业总公司。赣榆县商业总公司负责行使对该系统企业的行政管理职能。

2001年12月，撤销赣榆县物资局，成立赣榆县物资总公司。赣榆县物资总公司负责行使对物资系统企业行政管理职能。

赣榆县对外贸易局与赣榆县对外贸易公司实行政企合一制度，一套班子挂两块牌子。2001年，赣榆县对外贸易公司宣告破产，赣榆县对外贸易局同时撤销，成立赣榆县对外贸易经济合作局，行使原对外贸易局的职能。

2009年，赣榆县商贸服务业行政管理机构主要有：赣榆县供销合作总社、赣榆县农业机械局、赣榆县海洋与渔业局、赣榆县对外贸易经济合作局、赣榆县粮食局、赣榆县烟草专卖局、赣榆县商业总公司、赣榆县物资总公司。

第二节 经营管理

1990～2000年，赣榆县商贸服务业经营管理工作坚持改革先行，以改革促管理，重点抓好经营机制改革，以机制创新提升企业经济效益。

1990年，全县商贸服务业有企业管理、经营机构8392个，从业人员19002人，全年社会商品零售总额3.5939亿元，其中国有商业管理、经营机构289个，从业人员3645人，全年社会商品零售总额9381万元，占全行业商品零售总额26.1%；集体商业管理、经营机构1396个，从业人员4835人，全年社会商品零售总额1.8934亿元，占全行业商品零售总额52.68%；个体、私营商贸业管理、经营机构6707个，从业人员10522人，全年社会商品零售总额7624万元，占全行业商品零售总额21.22%。

1991年，商贸服务系统第一轮承包到期，第二轮承包开始，重立承包合同，由原来企业法人代表承包经营，改为与党组织、工会共保经营，实行企业自审，财政、税务、审计和主管部门会审，查、找、整、改，为第二轮承包奠定基础。实行企业兼并，汰劣倡优，县蔬菜公司、能源公司先后被兼并，一批优秀企业得到进一步发展壮大，县商业综合公司、永康商场和县酿造厂分别被评为省、市先进集体。

1992年，县百货公司率先实行“国有民营”改革。在百货公司改革精神鼓舞下，1993年，全县商业企业普遍推行“国有民营”模式，实行职工个人承包或对外租赁承包，推动了商业改革快速发展。1993年，全县商业和物资供销业实现增加值0.67亿元，比上年增长31.4%；全年社会商品零售总额7.30亿元，增长32.2%，其中国有商业商品零售总额1.38亿元，比上年增长22.5%；集体商业商品零售额2.09亿元，比上年增长34.2%。

1995年，商业企业进一步加大资金投入，增加经营网点，扩大销售。以餐饮业为例，1995年全县共有餐饮经营机构和网点2861处，比1990年625处增加2236处，增长357.76%，餐饮全年销售收入总额9776万元，比1990年的1766万元增加8010万元，增长453.58%。是年，全县商业经营机构和网点14904处，比1990年的8394处增加6510处，增长77.56%；全年商品零售总额10.75亿元，比1990年的4.72亿元增加6.03亿元，增长127.78%，其中个体私营企业社会商品零售总额4.01亿元，比1990年的7624万元增加3.25亿元，增长426.56%。全年商品零售总额中，个体私营经济比重占到总量37.80%，超越了国有企业和集体企业。

2000年，重点抓私营经济发展。2001～2009年，加大商业流通体制改革，举办展销促销活动，发展现代营销方式和新型流通业，同时通过招商引资和开展外引内联活动，增加市场资金投入和支持力度，扩建市场，促进消费。2001年，商贸企业市场投入资金856万元，新建市场4处；2002年，市场投入资金7368万元，新建市场5处；2003年，市场投入资金1.28亿元，新建市场10处，苏果超市、华联超市、上海农工商超市先后落户赣榆，时代广场、万隆步行街、亿家园家居超市、青口建材市场、农贸批发市场等商场、市场先后建成并投入运营，全年实现社会消费品零售总额19.29亿元，餐饮业实现销售收入2.63亿元。年内新发展个体工商户1876户、私营企业382家，年末个体工商户达7679户，私营企业1136户，私营个体经济实现商品零售收入24.21亿元，占到商品交易市场成交额38.99亿元的64.65%。

2005年，消费结构日趋升级，商品消费市场更加活跃，全年社会消费品零售总额达34.88亿元，比上年增长14.5%，个体私营企业社会消费品零售总额20.09亿元，占全行业零售总额57.61%，总额比上年增长57.78%；餐饮业零售总额3.19亿元，比上年增长21.8%。年末，全县共有商品交易市场67个，商品交易市场成交额51.62亿元，比上年增长5.4%。年末个体工商户达14486户，私营企业1935户，分别比上年增长30.1%和24.6%，集市贸易成交额51.61亿元，比2004年的48.96亿元增加2.65亿元，增长5.43%。

2009年，商贸企业社会商品零售总额70.42亿元，比1990年的4.72亿元增加65.70亿元，是1990年的15倍；个体私营企业全年社会商品零售总额44.85亿元，占全行业零售总额63.69%，比1990年个体私营经济社会商品零售总额7624万元，增加44.09亿元，是1990年的58.83倍。全年餐饮业零售总额9.97亿元，是1990年1766万元的56.44倍，其中个体私营餐饮业零售总额9.58亿元，占到餐饮零售总额96.15%。

第二章　体制改革

第一节　商业系统体制改革

1990年，赣榆县商业系统有企业12家，商业网点126处，从业人员2563人，商品销售额14928万元。1992年，县百货公司率先实行“国有民营”改革。1993年，全县商业企业普遍推行“国有民营”模式，实行职工个人承包或对外租赁承包，商业体制改革快速发展，县五金交电化工公司推行以职工承包为主的“国有民营”模式，将公司沿街门面房改建为批发与零售商店，由职工承包经营；县酿造厂对所属6个生产经营单位实行职工承包，开辟多项新型生产项目。1994年，县饮食服务公司实行“国有民营”改革，创办全县第一家美容美发中心，第一家桑拿洗浴中心。1995年，县饮食服务公司以职工承包方式创建永泰商城、永泰家电中心；县百货公司将仓储区从公司分离出来，创建职工群体承包式的赣榆商城，同时将公司改名为百货大楼，实行全员职工承包。1996年后，县医药公司在县城创建徐福药店、在乡镇创建海州湾等三家国有民营药店；县饮食服务公司创办了国有民营永康酒楼和徐福洗浴中心，县蔬菜公司创办国有民营皮革厂。1997年，县饮食服务公司创建国有民营永泰商场。1998年，县黄海商厦创建国有民营

KTV歌舞厅和桑拿洗浴中心，肉联厂采取"建新租旧"形式创办了康发肉类食品有限公司。1999～2000年，县糖业烟酒公司创建国有民营佳慧超市。截至2001年，全县商业系统共有职工2491，固定资产约7000万元，年销售收入4.48亿元。

2002～2003年，县商业系统12家企业先后宣布破产或实行改制退出。

2009年，县商业总公司以招商引资和项目建设为改革重点，引进内资6220万元，外资50万元，完成新开工项目2个。

图 13-1 赣榆县五交化大楼（2003年摄）

第二节 粮油系统体制改革

一、粮油业行政改革

1992年6月，经县政府批准，成立赣榆县粮油总公司，与县粮食局一套班子、两块牌子，县粮食局实行"政企合一"体制，集行政管理与企业管理于一体，统一管理企业的人、财、物。1999年6月9日，经县人民政府批准（赣政发〔1999〕90号），成立赣榆县粮食购销公司。公司隶属于县粮食局领导，为国有独资公司，企业性质，独立核算，自收自支，自主经营，自负盈亏，负责全县29个粮管所和储备库、军粮供应站、粮油质检所的人、财、物管理，完成政策性业务等。2001年12月30日，县编制委员会批准（赣编发〔2001〕67号），县粮食局作为县政府工作部门予以保留，内设人秘股、综合业务股、财务审计股三个职能科室，行政编制12名，附属编制1名。2004年5月26日，国务院公布施行的《粮食流通管理条例》规定"县级以上人民政府粮食行政管理部门负责本地区粮食流通的行政管理、行业指导"。截至2009年，县粮食局内设人秘股、综合业务股、财务审计股三个职能股室保持不变，明确县级以上粮食行政管理部门的职能。

二、粮油业企业改革

1990年，赣榆县粮食商业企业共31家，主要从事粮食的政策性业务，根据国家政策和下达的计划收购、销售粮食。1996年6月1日，根据《国务院关于粮食部门深化改革实施两条线运行的通知》精神，全县粮食商业企业将政策性业务和商业性经营分开，实行两条线运行机制，分别核算，分别反映经营成果。2002年5月，全县国有粮食购销企业根据国发〔2001〕28号、苏政发〔2001〕123号和苏政办发〔2002〕5号等文件精神，对符合内退、病退政策规定和企业军转干部以外的1619名职工劳动关系进行了调整，占调整前企业职工总数的83%。2006年5月，全县国有粮食购销企业陆续实行承包经营，至2007年全部完成。其中，江苏赣榆国家粮食储备库、赣马粮管所承包期4年，其余企业承包期2年。2008年承包经营到期后，实行第二轮承包。2009年，县粮油企业改善措施，优化经营，主动参与市场竞争，全县18个所库全年粮食自营购销46.9万吨，整体连续五年实行盈利。

三、粮油业工业改革

1993年起，全县粮办工业企业结合实际，因企制宜地探索适合本企业的改革形式和发展之路。是年12月，县植物油厂成立宝发花生食品有限公司和榆泰油脂化工有限公司。1995年9月28日，以赣榆县植物油厂为核心，以榆泰油脂化工有限公司、连云港宝发花生食品有限公司、植物油厂劳动服务公司等为紧密型企业，组建江苏宝发集团。1996年4月，江苏宝发集团新建跨行业生产企业——宝发溶剂厂。1996年7月，经省体改委同意，以赣榆县配合饲料厂为核心成立江苏东蓬饲料责任有限公司。1998年8月，江苏东蓬集团与法国跨国集团公司——艾登娜·贝根赛股份有限公司荷兰分公司合资成立中荷普乐维美（赣榆）饲料发展有限公司，注册资金350万美元。其中，中方股份20%，外方股份为80%。

2000年起，全县粮办工业企业改革步伐加快。2000年，县宝发溶剂厂由浙江丽水市合力化工厂原料有限公司租赁经营。2001年9月，荷兰普乐维美有限公司出资72万美元买断江苏东蓬集团在中荷普乐维美（赣榆）饲料发展有限公司的全部股权，成为独资企业。2003年4月，赣榆县宝发溶剂厂整体转让给连云港嘉玺服装有限公司。2004年，县粮食局与江苏泰来进出口有限公司达成协议，将储备库银禾米厂整体转让给江苏泰来进出口有限公司，成立连云港市泰来米业有限公司。经县人民法院裁定，江苏宝发集团、赣榆县粮油食品厂、赣榆县粮食加工厂、江苏东蓬集团先后于2000年9月（〔2000〕赣经破字第635–1号民事裁定书）、2001年7月（〔2001〕赣经破字第733–1号民事裁定书）、2001年7月（〔2001〕赣经破字第706–1号民事裁定书）、2002年4月（〔2002〕赣经破字第1094–1号民事裁定书）进入法定破产程序，并分别于2003年9月、2002年11月、2005年12月、2004年8月破产终结。至2005年年底，国有资本从全县粮办工业全部退出。

四、粮食流通体制改革

根据《国务院关于进一步深化粮食流通体制改革的决定》（国发〔1998〕15号），赣榆县从1998年6月起，按照“四分开一完善”（即实行政企分开、中央与地方责任分开、储备与经营分开、新老财务账目分开，完善价格机制）的改革原则，和“三项政策，一项改革”（即敞开收购、顺价销售、收购资金封闭运行，加快国有粮食企业自身改革）的改革重点，积极深化粮食流通体制改革，并取得了显著成效。根据国务院《关于进一步深化粮食流通体制改革的意见》（国发〔2001〕28号）和省政府《关于全面推进粮食购销市场化改革的实施意见》（苏政发〔2001〕123号），赣榆县从2001年秋粮收购起，全面推进了粮食购销市场化改革。这项改革的基本内容是：（1）全面取消粮食定购任务。充分尊重农民生产经营自主权，引导和鼓励农民根据市场要求调整种养结构；（2）全面放开粮食市场，放开粮食收购。实现粮食经营主体多元化；（3）放开粮食购销价格。粮食收购价格由市场形成，随行就市。根据2004年5月31日全国粮食流通体制改革工作会议和《国务院关于进一步深化粮食流通体制改革的意见》，2004年起，全面放开粮食收购市场，实现粮食购销市场化和市场主体多元化。

五、解决粮食财务挂账

1995年11月29日，财政部、审计署、中国人民银行、国家粮食储备局印发了《粮食政策性财务挂账停息处理办法》和《1991年粮食年度末粮食财务挂账专户管理办法》。1998年2月12日，省粮食财务挂账审计组对全县国有粮食购销企业1996～1997年度财务及粮油库存情况进行审计，至3月25日审计工作结束。2004年9月14日，省审计组进点对全县国有粮食购销企业新增财务挂账进行现场清查审计，至11月15日审计工作结束。通过两次审计和之后的配套政策的落实，较好地解决了全县国有粮食购销企业“老账”问题，减轻了全县国有粮食购销企业历史包袱。

第三节　供销系统体制改革

1990～2000年，供销系统体制改革以转化经营机制、优化人员结构和网点建设为重点。

2001年后，体制改革以产权制度改革为重点，供销系统在全县率先实施以“置换企业资产、置换职工身份”为主要内容的产权制度改革，职工一次性领取改制补偿金，与原单位解除劳动关系。对29个基层社进行了重组改造，成立7个中心社，其他22个基层社，安排一名负责人协助中心社抓好为农服务和日常社务工作。对18家社属企业进行了破产重组，重点保留了石油、烟花爆竹等6家企业。县社机关精简为“四科一室”，机关人员21人，县编委核定在编人数18人，参照公务员管理。供销社体制改革后，主要承担全县农村商品流通体系、农民专业合作社和为农服务社建设的任务。2006年，县供销总社配合县委组织部在全县范围内开展了新农村服务中心建设，到2009年年底，全县新发展为农服务社67个，申报“三星级”服务社45个。

第四节　物资系统体制改革

1990年，县物资局机构设人秘股、财务股、业务股、工会、团委、职二学校、煤炭市场管理办公室等股室。下辖金属材料公司、机电设备公司、燃料公司、木材公司、建材公司、化工轻工公司、生产资料服务公司和海州转运站等企业单位。1990年后，物资系统企业实行体制改革。

1990年4月，县物资局决定将木材公司加工厂单立；同年6月，原能源开发服务公司被注销，人员并入生产资料服务公司，财产、债权、债务由物资局承担。

1992年，县物资局决定由下属企业组建赣榆县物资总公司，将生产资料服务公司分立，成立县第二燃料公司。

1993年，县物资局再次成立了县物资贸易中心，将燃料公司加油站和燃料公司煤球厂单立，成立物资石油供销公司、煤炭供销公司，后更名煤炭公司；木材加工厂被更名为第二木材公司。

1995年，县物资局将建材公司分立，成立了物华工艺品玩具总厂；将原物资贸易中心并入生产资料服务公司；成立汽车贸易中心。

1996年，物资行业生产和效益开始急剧下滑。1997年9月，在煤炭公司、木材公司和第二木材公司的地址上建成东方市场并投入运营，主要经营水产品，农副产品，干海产品，禽蛋类等与百姓生活息息相关的物品。近千户个体经营者入场经营，年销售近亿元，在很大程度上解决了下岗工人和农村剩余劳动力的就业问题。

2001年，根据县发改委意见，要求国有企业全部退出市场，物资系统企业进行了破产改制，对职工解除劳动关系，重新进行安置或自谋职业。是年12月，县物资局取消行政编制，人员分流，其行政管理职能由物资总公司履行。

2002年1月，成立赣榆县物资集团总公司。总公司下属企业16家，即金属材料公司、机电设备公司、化工轻工公司（民爆器材经营公司）、建筑材料公司、木材公司、第二木材公司、燃料公司、煤炭公司、物华石油液化气站、物华汽车修理厂、物资石油公司、生产资料公司（物资再生利用中心）、第二燃料公司、汽车贸易中心、东方市场、海州储运总站。

2005年5月，县物资集团总公司下属的燃料公司宣布依法破产。是年12月，县物资集团总公司对机电设备公司、建筑材料公司、木材公司、第二木材公司、燃料公司、煤炭公司、汽车贸易中心、东方市场等八家企业进行改制。

2007年9月，县物资集团总公司下属的海州储运总站依法宣布破产。

2008年11月，县物资集团总公司下属的物资石油公司依法宣布破产。是年12月，县物资集团总公司下属的生产资料服务公司依法宣布破产。

2009年，全县物资贸易商品销售总额2.1016亿元，完成年计划的105%。

第三章　商业企业

第一节　商贸流通企业

1990年，赣榆县商业局所属商贸流通企业7家，分别为县百货公司、县食品公司（肉联厂）、县糖烟酒公司、县医药公司、县五金交电化工公司、县蔬菜公司、县商业综合公司。2002年，县百货公司、县食品公司（肉联厂）、县糖烟酒公司、县蔬菜公司依法破产；县五金交电化工公司改制退出。2003年，县医药公司、县商业综合公司改制退出。

一、县百货公司

1990年，公司设人秘、财会、业务、仓储4个股室，设大百货、小百货、纺织、针织、服装、五金电器、副食品、文化、鞋帽等11个批发部和赣榆国营商场、加油站、经营部和城头批发部等经营机构。有职工452人，年销售额2106万元。1992年，公司在江苏省商贸流通企业中率先实行“国有民营”。1995年，县百货公司改称为县百货大楼。2002年，县百货大楼复名为县百货公司。全公司有职工585人，固定资产1544万元，年销售6372万元。是年12月，县百货公司依法破产。

二、县食品公司（肉联厂）

县食品公司与县肉联厂为两块牌子、一个营业执照、一套经营管理人员。公司是以从事生猪、禽、蛋收购、屠宰、加工、调拨、销售为主营业务，兼营肉类品、熟食品等生产销售的国有中型企业。1990年公司设人秘、财务、业务、企管、检疫、保卫6个股室，下设28个乡镇食品站及禽蛋厂、罐头厂、良种场、车队、熟食厂、开发经营部、劳动服务部、零售经营部等经营机构；有职工635人，固定资产520万元，年销售6038万元。1995年以后，全力配合县生猪办在全县境内强化生猪市场管理和定点屠宰管理，积极参与“放心肉”工程。1998年，实行企业改制，县肉联厂采用“建新租旧”形式创办赣榆县康发肉类食品有限公司，年纳税500多万元。2001年，县食品公司有职工874人，固定资产1200万元。2002年12月，县食品公司（肉联厂）及其所属食品站依法破产。

三、县医药公司

1990年，公司设人秘科、综合档案室、财务科、物价统计科、西药科、中药科、器械科、生产收购科、零售科、质检科10个科室，设公司批发部和健康、长寿、为民、利民4个药店以及沙河、城头、厉庄、石桥4个乡镇医药站；有职工152人，固定资产530万元，年销售额2290万元。1996年，在县城设立徐福药店，2000年，增设海州湾、群众2个乡镇药店。2002年年初，引进连云港市康缘药业有限公司，将健康、长寿、徐福等零售药店转让给连云港市康缘药业有限公司，成立赣榆康济大药房有限公司。2002年，有职工356人，固定资产990万元，年销售额6929万元。2003年，县医药公司实行企业改制退出。

四、县糖业烟酒公司

1990年，公司设人秘科、计财科、业务科3个科室，下属大批发部、第一、第二、第三、第四小额批发部和副食品商场（一门市）、后宫路商场（二门市）、黄海路三门市以及黄海路仓库区等经营机构，有职工163人，年销售额1863万元。1999年，引进江苏省糖酒总公司在商贸大厦创办佳惠超市。2000年引资将原黄海路仓库区内兴建海景花园小区。2001年，有职工228人，固定资产267万元，年销售额5635万元。2002年12月，县糖业烟酒公司依法破产。

五、县五金交电化工公司

1990年，设人秘股、财会股、业务股、储运股（化工仓库）四个股室，下辖五金、化工、交电、家电、小额五个批发部、修理部以及五交化商场、新声交电商店、三门市等零售商店；有职工191人，年销售额1537万元。1993年，开始推行以职工承包为主的“国有民营”改革。2001年，有职工220人，年销售额4648万元。2002年12月，县五金交电化工公司改制退出。

六、县蔬菜公司

又称副食品公司。1990年，公司并入县食品公司。1993年，从食品公司中分设出来，公司设人秘、财务、业务3个股室和副食品批发部、副食品商场、种子门市部、石油门市部、茶庄和商业汽修厂等经营机构；有职工69人，固定资产89万元，年销售额108万元。1993年后，实行“国有民营”改革。1995年，创办菜根香酒楼。1996年，组建皮革厂。2001年，有职工64人，固定资产57万元，年销售额322万元。2002年，县蔬菜公司依法破产。

七、县商业综合公司

系商业系统唯一一家集体经济性质的企业。1990年，公司设人秘、财会、业务3个股室，所属永康商场、永安五交化商店、新新百货商店、大祥棉百商店、新华商店、华兴商店、青桥食品厂、大暖建材商店、食品二店、中心饭店、市场饭店、光明理发店等12家独立核算单位；有职工298人，固定资产210万元，年销售307万元。1993年，公司实行改革，下属各店由集体经营改变为职工承包经营。1995、1996年，光明理发店、中心饭店先后划转至县饮食服务公司。20世纪90年代中后期，公司近10处商店、门市在县城改造中被拆除，公司经济效益下滑，职工下岗人数增多。2001年，公司有职工248人，固定资产405万元，年销售额922万元。2003年，县商业综合公司改制退出。

第二节　饮食服务企业

1990年，赣榆县商业局所属饮食服务企业2家，为县饮食服务公司、黄海宾馆。2002年，县饮食服务公司改制退出，黄海商厦（原黄海宾馆）依法破产。

一、县饮食服务公司

1990年，公司设人秘、财务、业务、保卫4个股室，下属赣榆饭庄、徐福饭庄、人民饭店、迎春酒家4家饭店以及艺美一部、二部2家照相馆，永泰、清风2家商场和清风浴池，实行集体承包经营形式；有职工185人，年销售额108万元。1993年，公司所属单位进行国有民营改革，实行职工个人承包或对外租赁承包制。1994年，先后创办赣榆县第一家美容美发中心、第一家桑拿洗浴中心。1995年，将赣榆饭庄一部分改建为永泰商城，同年成立永泰家电中心。1996年，创办永泰酒楼，并将徐福饭庄一部分改建为徐福洗浴中心。1997年，将老地方酒楼及清风浴池一部分改建为永泰商场。2000年，创办赣榆县首家儿童娱乐中心。2001年，将原永泰商城、赣榆饭庄重建为由地下室、1～2层商场组成的综合性超市；公司下属有永泰商城、永泰商场、清风浴池等单位，有职工305人，固定资产500万元，营业额321万元。2002年12月，县饮食服务公司改制退出。

二、黄海商厦

1990年，时称黄海宾馆，前身为县饮食服务公司黄海旅社，设人秘、财会、总务、保卫4个股室和膳食部、旅馆部、经营部、华联商场等经营机构，有职工133人，固定资产340万元，年销售额272万元，建成一座建筑面积3991平方米的综合营业楼。1993年，改称为黄海商厦。1993年后，借鉴其他企业改革形式，以各经营单位为主体开始实行职工承包经营。1998年，增设营业面积600平方米KTV歌舞厅和桑拿洗浴中心2处经营场所。2001年，有职工142人，固定资产573万元，年销售额815万元。2002年8月，黄海商厦依法破产。

第三节　商办工业企业

1990年，县商业局所属商办工业企业3家，分别为县酿造厂、县食品厂和县肉联厂，县肉联厂与县食品公司为一套班子两块牌子。2002年，县酿造厂、县食品厂和县肉联厂全部依法破产。

一、县酿造厂

1990年，设人秘科、财会科、生产科、供销科、动力设备科、质检科6个科室，下属酱油、酱菜、食醋、罐装等4个车间，并设批发部、零售门市部；有职工139人，年销售额185万元。1990年，生产的“海塔”牌原汁对虾油被江苏省先进适用科技成果产品交易会评为银质奖。1993年，厂属6个经营机构开展推行职工承包经营。1999年，引进内墙装饰材料、金属瓶盖镀模2个生产项目。2001年，有职工207人，固定资产108.81万元，年销售额551万元。2002年8月，县酿造厂依法破产。

二、县食品厂

1990年，设人秘、财务、生产、供销、质检等5个股室，并设糕点车间、炒货车间、糖果车间及销售部、门市部等经营机构；有职工146人，固定资产90万元，年销售额114万元。1991年，新上钙奶饼干生产线批量生产。1993年，被县商业物资公司租赁，成立连云港天宝食品厂，购置速冻面食生产线和配套冷饮生产设备，生产的冷冻水饺、豆沙包等产品销往上海等4个省市，当年度实现产值120万元，比上年度同比增长1.7倍，实现销售额99.82万元，同比上升160%，同比扭亏增盈9.2万元。1999年，投产生猪屠宰生产线。2000年，引资兴建食品厂沿街商业综合楼，2001年引进徐福桑拿洗浴中心。2001年，有职工136人，固定资产106万元，年销售额333万元。2002年10月，县食品厂依法破产。

第四章　供　销

第一节　农副产品购销

1990年，赣榆县供销社合作系统在农村的农副产品购销网点发展到67家，主要开展糯米、花生米、花生果、地瓜干、小杂粮及牛羊皮等畜产品和草包、草帘、草绳等农作物编织品购销业务，年销售额达3亿元。为了帮助农民增收致富，供销社还投入部分资金扶持农户发展西红柿、草莓、芦笋、青刀豆等种植基地6万余亩。1994年，成立县农副产品总公司，专门负责全县农副产品购销业务。1995年，依托县社蔬菜速冻厂，组织加工出口草莓、芦笋、山芋、大葱及各种保鲜脱水蔬菜3500吨，创产值3180万元，为国家创汇315.6万美元；其中草莓和山芋年加工出口量居全国县级第一。2009年，全县供销系统实现农副产品销售10亿元。

第二节　农业生产资料购销

1990年，国家实行农资流通体制改革，农资市场放开；供销社在农资经营中既要面对激烈的市场竞争，又要承担为农服务的义务。为保证全县农资供应，稳定农资价格，1996年，经县经济体制改革委员会批准，成立赣榆县金元农资有限公司。同年，经省体改委批准，以县金元农资有限公司为核心企业，注资3118万元，组建江苏金元农资集团。并在全县设立农资供应站13个，主营农药、化肥、农用地膜、植物保护机械、铁质小农具、农用竹木、农药器械零部件等；年销售尿素3.5万吨、硝铵0.5万吨、钾肥0.8万吨、碳铵0.3万吨、复合肥0.4万吨，供应农药60吨、农用地膜210吨，为全县农业生产发挥了积极作用。2004年江苏金元农资集团破产后，成立赣榆县润民农资有限公司。2006年被国家商务部授予“万村千乡市场工程”试点企业，在全县发展农资农家店190家。2007年，为配合全县新农村服务中心建设，县社与省苏农合作成立赣榆县苏农农资连锁有限公司，对全县新农村服务中心农资便民超市开展农资连锁配送，为农民提供质优价廉的农资商品。2005年后，供销系统农资销售额逐年增长，2005年销售额0.098亿元，2006年0.16亿元，2007年0.39亿元，2008年0.73亿元，2009年供销系统农资销售额高达6.1亿元，是2005年的60余倍。

第三节　土产日杂品购销

20世纪80年代末，土产日杂用品市场放开，原由土产公司和日杂公司经营的陶瓷制品、竹凉席、铁锅、铝制品、塑料制品、农具、童车、童床、桐油、棕榈油等商品实行多渠道经营；土产和日杂公司购销业务逐渐转向粮油、农副产品和烟花爆竹等商品经营。1993年，县土产公司开始发展棉花购销业务，率先在罗阳、宋庄、九里、城南、墩尚等乡镇引导农民开发滩涂267公顷，种植棉花，1998年 发展棉花种植基地2668公顷，年产籽棉2000千克。1996年，土产公司与台湾客商共同投资10万美元，合资兴办了全县首家柳编工艺品出口创汇龙头企业——连云港兴榆工艺品有限公司，扶持柳条种植基地66.7公顷；同年4月首次组团参加了广州春季交易会，直接与日本、德国、西班牙等十余个国家和中国香港地区的客户签订了1200种柳编工艺品出口供货协议，总交易额达46万美元；之后土产公司又五次组团参加广交会，累计出口创汇230万美元。2000年后，土产、日杂等公司相继破产改制。

第四节 烟花爆竹购销与管理

1990～2000年，由赣榆县供销合作总社所属日用杂品公司负责烟花爆竹销售及批发业务，同时在各乡镇供销社设立烟花爆竹经营网点。

2001年，为了加强全县烟花爆竹安全管理，烟花爆竹经营业务从日用杂品公司中分离出来，县社成立烟花爆竹专营公司，对烟花爆竹统一归口专营，强化经营网络建设和安全管理，实行辖区管理责任制，与零售户签订安全经营责任书，做到证照齐全、定点进货、定点销售、合法经营，在全县建立健全的经营网络，县有烟花爆竹专营公司，乡镇有代批点，村有1～2个零售店。2009年 全县共设零售网点760多个；由于市场规范，烟花爆竹专营公司成立后，所属经营网点未发生一起安全责任事故，连续多年被县政府评为安全生产先进单位。公司销售指标在2001年刚成立时不足100万元，到2009年增至500多万元，在全市供销社系统名列第一，在省供销社系统亦名列前茅。赣榆县烟花爆竹专营公司是江苏省烟花爆竹协会中最早的一家县级成员单位。

第五节 石油购销

1991年，赣榆县供销合作总社成立赣榆县供销石油公司。20世纪90年代早、中期，供销石油公司生产形势比较好，在全县建立加油站点20余处。后来，由于多系统竞相开办石油公司，竞争对手多，货源紧缺，供销石油公司经营出现滑坡。2000年，供销石油公司进行企业改制，全县20余处加油站点只保留4处，将保留下来的加油站点出租给中石化经营；县供销石油公司只实行产权管理。2009年，赣榆县供销石油公司在编人员4名，实现年利润30万元。

第五章 粮油购销

第一节 粮油收购

一、合同定购

1990年，赣榆县粮食收购实行合同定购，由乡（镇）政府组织农民与粮食部门协商签订定购合同，定购的品种为稻谷、小麦、玉米、大豆。定购价格：粳稻按“倒二八”比例（即二成按原统购价，八成按原超购价）计价，红小麦按“倒三七”比例计价，其他品种按“倒四六”比例计价。定购以外的粮食可以自由上市，如果市场粮价低于原统购价，粮食部门仍按原统购价收购，以保护农民利益。在定购任务完成前，不放开定购品种的粮油市场，定购任务完成后，稻谷（米）仍由粮食部门收购，其他品种允许多渠道经营。本年度，在粮食收购中继续实行粮食定购与供应平价化肥、柴油、发放预购定金挂钩（称"三挂钩"）政策。是年，全县粮食合同定购任务70390吨，实际入库89410吨。

二、国家定购

1991年1月，国务院决定将合同定购改为国家定购，交售国家定购粮作为农民应尽义务，必须保证完成，原来的定购任务、收购价格和"三挂钩"政策不变。并从当年开始，粮食定购全面实行"升斤扣量"方法，是年全县收购粮食68480吨。1992年，国家取消定购粮油"三挂钩"政策。1994年，根据省政府规定，在秋季粮油收购中，在执行国家统一定购价的基础上实行价外补贴。是年，全县收购粮食66500吨，在全省率先完成粮食定购任务。

三、市场收购

根据国务院《关于进一步深化粮食流通体制改革的意见》（国发〔2001〕28号）和省政府《关于全面推进粮食购销市场化改革的实施意见》（苏政发〔2001〕123号），赣榆县从2001年秋粮收购起，取消粮食定购任务，全面放开粮食收购市场和粮食购销价格，由此，赣榆县粮食收购走向市场化道路。

四、议价收购

是在农民完成国家规定的征购或定购任务后，再经协商或是通过市场随行就市收购的粮食，是计划经济时期国家掌握粮源的另一渠道。其经营任务是：调剂余缺，安排市场，稳定粮价，打击投机；在国家计划收支安排有困难时用以弥补不足。赣榆县粮食议价收购自1963年开始至1993年结束。

五、最低收购价收购

为保护种粮农民利益和积极性，稳定粮食价格，2006年，国务院决定在江苏省等6个小麦主产区实行小麦最低收购价政策。规定在小麦市场价格低于国家小麦最低收购价时，由中国储备粮管理总公司及有关分公司所委托的收储库点按小麦最低收购价收购，收购的小麦粮权属中央，收购和保管费用由中央财政负担。是年赣榆县各委托收储库点按规定挂牌收购，共收购最低收购价小麦134328吨。2007～2009年，国家继续实行小麦最低收购价政策并连续三年上调小麦最低收购价格，全县各委托收储库点最低收购价小麦收购量分年度为71630吨、76206吨和18221吨。

1990～2009年赣榆县粮油收购情况一览表

表13-1　　单位：吨

年　度	粮　食	油　脂	年　度	粮　食	油　脂
1990	69080	3585	2000	53782	1611
1991	68480	3429	2001	70082	578
1992	62750	1563	2002	145677	492
1993	100510	1222	2003	104072	313
1994	93846	2026	2004	158413	341
1995	65000	6150	2005	158672	
1996	100245	1857	2006	30988	
1997	94576	1698	2007	119716	
1998	65893	1722	2008	182881	
1999	76597	1378	2009	238241	

第二节　粮油销售

一、居民口粮供应

居民口粮供应分城镇居民定量供应和农村常年定销。城镇居民定量供应是对具有城镇户口人员实行的粮食供应，根据居民的劳动强度、年龄大小，分等核定每月供应标准，由居民持《居民粮油供应证》到指定粮管所按统销价购买。农村常年定销初期专指公社和大队办的企事业单位的从业人员的口粮供应，后期包括缺粮的菜农、渔民、盐民、国营场圃人员口粮供应，分统销价和比例价两种。定销人口供应标准参照同种定量人口标准执行，菜农、渔民、盐民、国营场圃人员口粮根据年景丰歉而定，一般为每年87.5～105千克原粮。由居民持《定销人口粮油供应证》到指定粮管所按规定价格购买。1993年4月，国家决定取消居民定量供应和农村定销，此后居民口粮可以到粮食部门购买，也可以到私营粮店、农贸市场等处购买。根据国家粮食局通知规定，从2001年5月1日起，在全国取消“市镇居民粮食供应转移证明”（俗称“粮油关系”），长期以来“跟着户口走”的粮油迁移关系被取消。

二、行业用粮供应

行业用粮包括工业、食品业、副食业、酿造业用粮等。1990年，全县对工业用粮、副食业用粮实行议价供应。食品业用粮由用粮单位凭出售商品时收回的粮票到粮食部门购买。酿造业用粮实行指标控制，按全县总人口每人1千克原粮的指标供应，用粮单位根据季节用粮需要，自编用粮计划，由县粮食局审批后予以供应。1994年4月后，行业用粮全部市场化。

三、军粮供应

1990年，全县共有青口、海头、九里、柘汪、城东、宋庄、罗阳7个粮管所有军粮供应任务。1993年，县粮食局成立军粮供应站，由青口粮管所代管，统一负责县内驻军军粮供应。2003年3月，按照《全国粮食系统军粮供应站资格审核认定暂行办法》《全国粮食系统军粮供应站规范化管理暂行办法》的要求，县军粮供应站从青口粮管所分离出来，经上级审核认定为具有独立法人资格的实体，主要负担县内驻军、边防大队、边防派出所、消防大队、武警中队和来赣榆县进行训练部队的军粮供应任务。

四、市场销售

根据国务院、省政府有关文件精神，自2001年秋粮收购起，赣榆县实行粮食购销市场化改革，赣榆县粮食销售全面放开，走向市场化。

第三节　粮油储备

一、国家储备

1990年，国家决定建立粮食专项储备制度，专门用于调节市场供求和平抑年际间粮食波动。储备的粮食称中央储备粮，动用权属国务院，承储企业可根据粮食品质变化情况适时轮换，以保证储粮质量。1991年，赣榆县粮食部门开始承储中央储备粮，当年圆满完成承储吨位。1997年6月，经国家粮食储备局批准，县粮食局直属库被命名为“江苏赣榆国家粮食储备库”，具体负责上级安排的中央储备粮的储存工作。2000年5月，国家成立中国储备粮管理总公司，对中央储备粮实行垂直管理。2003年5月18日，国务院发布《中央储备粮管理条例》，开始依法管理中央储备粮。2002～2009年，江苏赣榆国家粮食储备库每年均圆满完成中央储备粮承储吨位。

二、地方储备

为保证地方粮食安全，增强粮食在宏观调控中的作用，2001年以后，江苏省逐步建立省、市粮食储备体系。2004年，江苏赣榆国家粮食储备库开始承储省级储备粮，赣马粮管所承储市级储备粮。至2009年年底，赣榆县县级储备粮体系尚未建立。

第四节　粮油质量检验

1990年，全县各粮管所化验室负责本单位粮油收购、储存、调运时的质量检验，各工厂化验室负责本厂进厂原料和生产的产品质量检验，县粮食局中心化验室负责县内粮油质量的监督、仲裁。夏粮和秋粮收购期间的质量检验，因收购量大、要求检验快速，故主要以感官检验为主，辅以仪器检验校对。粮油储藏、加工、调运等期间的质量检验则通过仪器进行。2000年以后，检验的项目增加整精米率、小麦硬度等。自2002年开始，对承储的中央储备粮，于每年3月、9月进行2次储粮品质检验。

第五节　粮油安全管理

一、储粮安全技术

粮食储藏主要采用“三低”（低温、低氧、低剂量）技术，始于1978年并一直沿用至今，在此基础上，逐步应用一些新的储粮技术。1991年粮食熏蒸采用间歇熏蒸技术。1992年开始应用机械通风技术，此时主要是存气箱通风，2002年县粮食储备库改存气箱通风为地上笼通风。2005年县粮食储备库、赣马粮管所开始运用微机测温技术。2006年县粮食储备库对高大平房仓存粮采用环流熏蒸技术。

二、“一符四无”活动

“四无粮仓”（无害虫、无霉变、无鼠雀、无事故粮仓）活动是储粮安全管理的一项重要制度，赣榆县粮食系统自1955年开展此项活动，几十年不曾间断，其标准几经修订，活动内容不断创新和丰富。1994年3月8日，国家粮食储备局颁发《“四无粮仓”和“四无油罐”评定办法的补充规定》，决定在“四无”检查中增加“一符”（账实相符）内容，此后，“一符四无”活动在全县粮食系统逐步展开。1995年，县粮食局获全国粮食系统“一符四无”活动先进单位。县粮食储备库、官河粮管所、赣马粮管所分别获1997年度、2001年度、2003年度江苏省粮食系统“一符四无”活动先进单位。2009年，全县“一符四无”活动合格率百分之百。

三、储粮安全检查

全县各储粮单位坚持“以防为主，综合防治”保粮方针，严格执行粮情检查制度，对库存粮食三天一小查，五天一大查，风雨雪后及时查，有仓必查，查必彻底。县粮食局每季度对全县存粮进行一次普查。2008年10月，国务院决定于2009年在全国开展粮食清仓查库工作。2009年3月，全县完成粮食清仓查库自查阶段工作，4月7～15日市清仓查库领导普查组对赣榆县清仓查库工作进行普查，普查结果显示，赣榆县储粮数量真实、账实相符、质量良好，粮情稳定，“一符四无”落实到位。罗阳粮管所被评为全省粮食清仓查库工作先进单位。

第六章　物资贸易

1990年后，由于放开搞活，国家逐渐减少计划内物资供应，物资行业经济效益逐年下滑，计划内调拨物资锐减。1993年，大部分企业处于半停产状态，职工也大部分进入社会自谋职业，企业开始发不上工资。1996年，除了转型和股份制企业外，原物资企业逐渐停产、改制和破产。2001年11月，县物资局退出政府行政编制序列，新的职能机构赣榆县物资集团总公司于2001年12月正式挂牌成立。总公司成立后对其下属公司进行重新调整，共设立16个公司、厂、站分别是：金属材料公司、机电设备公司、建筑材料公司、化工轻工公司、木材公司、第二木材公司、燃料公司、第二燃料公司、生产资料服务公司、物华石油公司、煤炭公司、物华液化气站、物华汽车修理厂、汽车贸易中心、驻连储运总站、东方市场。

第一节 金属材料购销

县金属材料公司承担金属材料供应任务，并且掌控和管理钢材市场。20世纪90年代以后，计划钢材一年比一年减少，1990年170吨，1991年110吨，1992年60吨，到1993年已完全取消了计划钢材。1990～1996年，该公司从南京钢厂、合肥钢厂、乌兰浩特钢厂、济南钢厂、潍坊钢厂、青岛钢厂、临沂钢厂、上海宝钢、西安钢厂、首都钢厂、淮阴钢厂、天津钢厂、江油特钢厂、鞍山钢厂等地共调进小型钢材、板材、管材、生铁及有色金属等计划外物资6700吨，保证了全县工农业生产和居民建设的急需。除此之外，建筑材料公司、生产资料服务公司、物资公司、机电公司等，也积极进入钢材市场。建筑材料公司从水利部物资处、黄河委员会物资处、河南省水利厅物资处、铁道部第十五工程局物资处、江苏省水利厅物资处等物资管理单位，共调进钢材790吨、裸铝线27吨、铝锭17吨，还有其他的紧俏物资，及时弥补金属材料市场的不足。

物资总公司还利用协作关系，从北京、南京、天津、上海、徐州等协作单位调进钢材560吨。

第二节 建材木材购销

1990年后，建材木材取消计划内物资的供应。县建材公司调整经营结构，加大购销力度，抓大放小，稳扎稳打，在建材市场寻找商机，快进快销，以需定销，短、平、快抢占市场。1990～1995年，从济南铁路水泥厂调进水泥1.2万吨，从连云港碱厂调进纯碱790吨，从中国灌排设备器材总站调进灌排设备器材2300件套。其他共调进沥青120吨，油毡1600卷，木材700立方，毛竹1万根。木材公司从东北林区、江西、福建等地共调进木材近3万立方米，充实建材木材市场，保证了全县防洪抗旱物资供应，受到了县政府的嘉奖。

第三节 机电车辆购销

县机电设备公司是承担全县机电设备供应的专业公司，改革开放以来，市场搞活，私营企业林立，极大地冲击了专业公司的效益。1990年6月，省机电设备公司只给了计划车辆12台，以后就没有了。面对货源严重不足的局面，机电公司多方寻求货源，从哈瓦洛调进各种型号轴承，填补了市场供应。1994年，汽车经营市场开始复苏，县物资局调整经营结构，走联营、合营、挂靠的路子，把长春第一汽车制造厂业务引进了赣榆，成立县汽车贸易中心。该中心从小型车辆经营开始，逐步经营大型货车、自卸车、高档轿车，并在2002年成立股份制企业，挂靠长春第一汽车制造厂郎驰集团汽车销售有限公司，进入大型汽车销售企业的行列。至2009年，共销售各类汽车3600辆，销售额超亿元。

第四节 燃料石油购销

县燃料公司、县第二燃料公司、县生产资料服务公司、县物资公司、县煤炭公司及其下辖煤球厂，共同担负全县工业和生活用煤任务。煤炭市场由于计划供应日渐减少，货源缺乏，业务难做。各业务单位千方百计寻求货源，从河南、山西、东北、贵州、徐州等煤矿调进煤炭，利用各种关系，采用农副产品换、用高价买，保证计划内煤炭100%按时调拨。1990～1993年共完成计划调拨原煤7万多吨，民用煤6万多吨。1995年计划供应取消，燃料公司、第二燃料公司、生产资料服务公司、物资公司停止经营。由于煤炭公司的煤球厂担负着全县城乡生活用煤的任务，按照县政府的要求在完成民用煤任务的同时，进入煤炭市场进行调剂；但是，由于煤炭市场竞争激烈，劣质煤搅浑市场，私营煤炭方法灵活，煤矿直销等因素，煤炭的进销量每年都递减30%。

1993年5月，物资局决定将燃料公司加油站单立，成立物资石油供销公司。物资石油供销公司成立不久，即面临资金不足、货源紧缺的局面，仅靠加油站维持业务，虽然没有取得显著效益，但也或多或少地弥补了石油市场的不足。1995年，物资石油公司宣告破产。

第五节　废旧再生资料市场的管理与购销

1990年后，赣榆县废旧再生资源属县物资再生利用中心（生产资料服务公司）管理，受国家再生资源利用政策的影响，赣榆县废旧再生资源一直处在受政策优惠，却又经营不力的局面。1990～1994年，按照车辆报废政策共接收报废车辆130台，发放报废补贴58万元。1995年，报废车辆经营按照省政府文件规定完全由连云港市再生资源利用总公司独家办理，县内再生利用业务严重滑坡。由生产资料服务公司派生的姊妹公司—物资再生利用中心利用自身条件，积极配合公安、工商、质检等职能部门，参与废钢材市场的管理，共查扣非法生产地条钢企业7家，查扣地条钢189吨，并及时按程序送往正规钢厂熔毁。

2002年1月，赣榆县物资总公司成立，物资再生利用中心与生产资料服务公司仍为同一个实体单位。2008年12月，物资再生利用中心与生产资料服务公司同时宣告破产。

第六节　民爆化工购销与管理

赣榆县化工轻工公司是1988年2月从建材化轻公司剥离而成立的。因公司延续了原公司民爆器材销售业务，故赣榆县化工轻工公司注册的第二名称为“赣榆县民爆器材专营公司”。公司在赣榆县吴山乡（黑林镇）山前村建有炸药库。1990～1995年，炸药年平均销售量只有100吨左右。化肥、化工原料、橡胶制品也销售不畅。2004年，随着县内民爆器材用量增加，民爆器材的销量增加，公司开始专营民爆器材。2006年，《民用爆破器材安全管理条例》正式实行，专营公司积极配合公安部门不断加大安全管理力度，县内民爆市场逐步走上正轨，私买私卖现象基本杜绝，民爆器材销量不断增加。2008年10月，赣榆县政府〔2008〕64号文规定，民爆器材管理实行“四统一”，为县内民爆器材安全管理提供了保障。2009年10月，投资120万元改建的炸药库正式投入使用，炸药销量逐年递增。2009年，共销售900多吨炸药，取得了很好的效益。

第七章　烟草专卖

第一节　机构沿革

江苏省赣榆县烟草专卖局、连云港市烟草公司赣榆分公司的前身是江苏省烟草公司赣榆县经理部。

图 13-2 连云港市烟草公司赣榆分公司（2006年摄）

1983年9月14日，经赣榆县人民政府批准（赣政发〔1983〕87号），成立江苏省烟草公司赣榆县经理部，地点设在赣榆县糖酒公司仓库（原黄海路4号），9月底迁至原蔬菜公司三楼（菜市街17号），隶属赣榆县人民政府财贸办公室，主要业务骨干从县糖酒公司抽调。

1983年10月经中共赣榆县直属机关委员会批准成立临时党支部，1985年1月成立正式党支部。

1983年11月，为了便于行使烟草专卖管理权力，赣榆县人民政府根据连云港市人民政府（连政发〔1983〕137号）文件精神，在不增加人员编制的前提下，成立江苏省赣榆县烟草专卖局，与江苏省烟草公司赣榆县经理部“两块牌子，一套班子”。

1985年1月，根据中国烟草总公司（84）0009号文规定和连云港市分公司的通知，“江苏省烟草公司赣榆县经理部”更名为“中国烟草总公司江苏省公司赣榆县公司”，同时劳动人事关系全部上划至省公司管理。1986年12月又更名为“江苏省烟草公司赣榆县公司”，办公地点迁至青汾公路县公路站东侧。

2003年10月，办公地点迁至赣榆县青口镇环城南路烟草大楼暨卷烟物流中心。

2005年11月，根据苏连烟〔2005〕59号文决定，于2005年12月1日取消所属公司法人资格，同时成立江苏省烟草公司连云港分公司赣榆营销部，属于江苏省烟草公司连云港分公司下属分支机构，为非法人单位，实行统一管理，统一采购，统一核算，统一纳税。

2009年11月，根据苏连烟专〔2009〕56号文决定原“江苏省烟草公司连云港分公司赣榆营销部”更名为“连云港市烟草公司赣榆分公司”。

第二节 卷烟经营

1990年，地产烟销售1.11万箱，特淮海、徐福等卷烟新产品，较受消费者欢迎。1991年，在15个乡镇建立了烟草专卖管理所，配备烟草专卖管理员91名，销售地产烟1.02万箱。1992年，完成地产烟销售0.96万箱。1993年，换发烟草零售许可证1800个，其中，集体300个，个体1500个；省外烟品牌由原来的近百个减少到30多个，销售地产烟1.02万箱，订购的省外烟中红塔山、茶花、红梅等品牌卷烟深受消费者的欢迎。

1994年起，开始推进卷烟销售网络建设，全县建立代理商22个，直供店591个，初步形成了以烟草专卖局（公司）为龙头，下伸点、代理商为枢纽，直供店、经营户为触角的覆盖全县的、完整的、高功能的管理和销售网络。1995年，全县共建立卷烟下伸批发网点6个，卷烟代理批发商22个，直供店86个；全力以赴搞好江苏五大名烟宣传促销工作，共销售五大名烟1950件（1件=50条），打破了省外名烟、省内其他名烟在本县一统天下的局面。1996年，进一步加大江苏五大名烟以及三得利、连云、淮海、博爱等品牌卷烟的销售力度，共销售省内烟8891箱。1997年，卷烟销售网络覆盖全县29个乡镇，全县共建成并运转的卷烟连锁店14个，直供店151个，卷烟零售户及商店2378个，向连锁店送货量达到12350箱，占公司总销量的80%。1998年，对全县13个网点进行合理布局，新配备5辆机动三轮车，各网点在辖区送货面积达90%以上，全年入网销售卷烟11500箱，占本地市场销售总量的78%。

1999~2002年，卷烟销售网络建设进入发展阶段。中国烟草总公司对联产联销烟进行清理，对年产量2万箱以下的卷烟品牌一律取消，到2001年年底，联产联销品牌卷烟完全退出本县卷烟市场。2000年，按照国家烟草专卖局“一要规范、二要改革、三要创新”的总体要求，县烟草公司规范卷烟经营，严格控制大进大出，大力发展遍布城乡的卷烟销售网络；新建朱堵、门河、城头三个管理所，新增送货车辆10台，人员20人。全年网销售卷烟13851箱，占总销量的63.78%，送货面积达93%，送货率达91%。2001年，参照国内外先进的网建模式，按照现代网络化要求，对批发网点进行了合理布局，优化调整了送货线路，批发部由16个调整为14个，送货线路由原来的32条优化为25条，新增4辆微型面包车，淘汰了11辆机动三轮车，汽车送货率达90%以上，并在城网普遍推行POS机开票。2002年，大力推行“全面访销、全面配送、送访分离、专销结合”新模式，进一步优化卷烟批发网点布局；先后撤销了镇海、赣马、土城、门河、柘汪5个批发部，在原东关批发部的基础上，组建了一个以县城为中心、辐射周边乡镇的城区配送中心。

2003年始，以学网建学上海为标志，进入网建的深化阶段。主要特点是“电话订货、网上配货、电子结算、现代物流”。2004年，按照“四减一升”（“四减一升”即减少零售商户、减少卷烟品牌（规格）、减少人员、减少费用、努力提升网络运行质量和效率）和“扁平化”管理的要求，整合网络资源，优化访销配送线路，网络运营成本进一步降低。全县访送线路整合到10条，比2002年净减了13条；网络用工90人，精简12人；送货车辆11辆，减少12辆。加强与银行、邮政储蓄部门的协调，在农村各乡镇开通了邮储代理业务，并将无电话卷烟零售户全部纳入800免费服务热线，满足现代营销的要求；全县“电话订货、电子结算”率分别达到了100%和70.2%；积极开展卷烟零售明码标价工作，主动与物价局协调，联合出台《卷烟零售实行明码标价的暂行规定》。赣榆县烟草公司获得ISO9001：2000质量管理体系认证证书。2005年，在全市县级烟草公司率先实现大市范围内集中电话订货，“电话订货、电子结算”率分别达到了100%和84%。2006年，顺利实施分拣到户、“班车式送货服务”两种配送模式。2007年，组织开展配送服务“十比十看”、创建“明码实价示范一条街”“客户差异化服务”等系列活动。2008年，引入品牌培育考核机制，充分利用技能培训、岗位练兵、技能竞赛等活动，加强对重点品牌的培育和管理工作。2009年，持续推进卷烟零售明码实价工程，城镇明码实价率达到95%以上，村组达到75%以上；扎实推进网上订货工作，成功开通网上订货零售户1388户，订货率达到32.5%；广泛开展“百佳卷烟零售户”评创活动，为全县首批56户“百佳卷烟零售户”授牌。

1990～2009年赣榆烟草公司卷烟经营一览表

表13-2

年　份	税　利（万元）	利　润（万元）	销　量（万箱）	销售额（万元）
1990	83.57	68.92	1.55	2734.4
1991	96.02	78.68	1.54	4359
1992	155.96	129.39	1.63	4843
1993	165.62	110.77	2.21	7350
1994	279.17	206.57	2.08	8396
1995	497.80	357.68	1.88	7541

续表13-2

年　份	税　利（万元）	利　润（万元）	销　量（万箱）	销售额（万元）
1996	803.8	635.45	1.79	8521
1997	838.89	619.18	2.06	9909
1998	167.03	66.67	1.58	9013
1999	815.1	572.3	2.17	10049
2000	1649.24	1229.62	2.35	10398
2001	2382.86	1863.34	2.51	15187
2002	2750.76	2124.49	2.6	16552
2003	3003.26	2334.65	2.48	17367
2004	3391.11	2719.48	2.66	19953
2005	3623.66	2806.87	2.58	21505
2006	4621.6	3721.72	2.59	24493
2007	5718.4	4468.66	2.62	23780.98
2008	6495.45	5311.45	2.65	26385.45
2009	6484.92	4349.95	2.68	27502.65

说明：1箱卷烟=250条卷烟

第三节　专卖管理

一、专卖卷烟零售许可证

1990年，为103个集体和145个个体发放烟草专卖许可证。1991年，为23个集体和57个个体发放了烟草专卖许可证。1992年，根据江苏省烟草专卖局和连云港市烟草专卖局的安排，赣榆县进行全面换发烟草专卖零售许可证工作，建立分辖区的经营户立档，便于及时掌握零售户专业、歇业数量等情况。

1999～2005年，加强许可证管理，进一步提升许可证地位。2003年，连云港市政府颁发了《连云港市烟草专卖零售许可证管理办法》，文件的出台使零售点数量得到有效控制。2005年，进一步透明公正规范办证，主动接受社会监督。合理配置卷烟零售市场资源，修订《卷烟零售点布局管理补充规定》，增加农村经营能力较强的零售点，放宽困难群体申办条件，照顾下岗职工，适当增加临时卷烟销售点。进一步完善许可证申报、受理、勘察、审批的工作流程，规范操作。实行上门回访客户制度，出台《烟草专卖行政执法回访实施办法》，对新办证零售户定期上门征求意见，受到了零售户的欢迎。加强许可证的动态管理，对贩售假烟、走私烟的坚决取消经营资格。全县卷烟零售点布局进一步优化。到2009年年底，全县卷烟零售户达到4552户。

二、打假打私

1990年，明确公安派出所、工商所、税务、物价等部门为协查单位，形成全方位的检查网络，查处违章案件419起。

1991～1998年，深入宣传烟草专卖法规，通过组织培训班、专卖法规咨询、张贴标语、宣传车多种形式广泛宣传，增强了经营者和广大群众的专卖意识，调动了有关部门维护专卖管理，联合打假打私的积极性，打击香烟走私成绩突出。1991年查处万元以上走私案件5起。1992年，捣毁各类黑批发点5个。1993年，采取管销一体化机制，将专卖管理与卷烟经营一体化，改变了过去经理部只销不管、县烟草专卖局又难以直接管好的不协调状况。1994年，查获各类走私卷烟1027条，假冒伪劣烟7850条。1995年，查处假烟窝藏案4起，查获假冒商标卷烟1万余条。1997年，积极响应国家烟草专卖局提出的全国保卫红塔山的号召，对高档烟实行贴防伪标识，张贴到包，全县卷烟的防伪标识加贴率达到90%以上。1998年，根据江苏省烟草专卖局和连云港市烟草专卖局的部署，开展取缔非法卷烟市场、非法卷烟摊区行动。

1999～2001年，赣榆县烟草专卖局加强管理，整个管理层面迈入规范阶段。1999年，捣毁假冒卷烟窝点70个。2000年，加大专卖稽查网络建设力度，积极探索并全面推行"管销分设，统分结合，捆绑考核"模式，实现了专卖稽查网络形成规模，专卖稽查执法规范有序，管销两网考核互动互进的三个目标。2001年，加大稽查网络创"星"力度，以"规范年""素质年"为契机，开展"端窝打点"突击月和四次"十日查"活动为主要内容的市场净化"四无"工程（"四无"工程即：无经营假冒卷烟行为、无无证经营行为、无经营走私烟行为、无经营乱渠道进货卷烟行为）。

2002～2005年，进一步深化管理，开创了新形势下专卖管理工作的新局面。2002年，开展卷烟"打假年"。2004年，深入开展"文明执法年"活动，行政执法程序化、服务管理标准化、案件审理规范化水平得到进一步提高。积极探索管销结合新模式，调整专卖内部机构及职能设置，成立客户服务中心、稽查中心和案审中心，全面实施客户管理、稽查和审理职能三分开。2005年，先后组织开展了"三打"百日行动（"三打"即打击假冒卷烟、打击走私烟、打击非法经营）、"怒盾"行动、"秋风"行动、"先锋"行动、"打击销售假烟网络百日专项整治行动"和"冬季会战"。

2006年，开展"风暴"等专项行动，仅"1·07"销售假烟网络案，查清涉案假冒卷烟1101.6件，涉案金额1300余万元，最终锁定分销下线20个，查清23名涉案犯罪嫌疑人，刑事拘留18人，14名涉案嫌疑人被逮捕，9人被判刑，获得省市烟草专卖局的嘉奖。是年6月，赣榆县烟草专卖局被江苏省烟草专卖局确定为加强县级烟草专卖局专卖管理工作试点单位。

2007～2009年，开展"狩猎"行动、"春雷"行动和"闪电"一号、二号、三号、四号行动。

1990～2009年赣榆县烟草专卖局卷烟市场查罚情况一览表

表13-3

年　度	查获各类违法卷烟（万条）	罚没款（万元）	案件数（起）
1990	1.13	20.66	419
1991	1.81	33.63	361
1992	0.14	1.82	88
1993	0.65	4.84	212
1994	1.29	1.04	57
1995	9.75	106.27	358
1996	4.12	65.98	241
1997	3.76	132.48	96
1998	0.48	7.62	55
1999	103.63	24.6	2427

续表 13-3

年 度	查获各类违法卷烟（万条）	罚没款（万元）	案件数（起）
2000	6.8	164.88	935
2001	0.42	5.76	796
2002	0.25	4.62	171
2003	1.49	22	73
2004	1.04	0.33	69
2005	0.61	1.26	64
2006	5.69	44.42	103
2007	1.52	28.41	80
2008	1.48	80.42	67
2009	0.97	28.31	82

第四节 烟叶种植

1990年，由于暴风雨等自然灾害，以及烟农效益不高、烟用物资和资金紧缺、烟叶收购管理体制不顺等多种因素的影响，部分烟区干部和烟农积极性受到挫伤，烟叶种植面积2508公顷，实收1000.5公顷，收购烟叶153.1万千克。尽管烟叶生产受到自然灾害影响，但是在种植过程中，仍坚持统一选种、集体催芽消毒、防治病虫害；并在部分乡镇推广营养钵育苗，全县良种面积NC89和G140普及率仍达85%，比1989年提高25%。

1991～1993年，自然灾害严重，县烟草公司集中人力、物力，制定优惠政策，聘请南京土壤研究所、南京农业大学等科研院所、高等院校的专业人员对种烟户进行技术指导。1991年，全县种植烟叶1667.5公顷，实收烟叶667公顷，收购烟叶75.5万千克。1992年，烟叶种植面积2067.7公顷，实收烟叶1667.5公顷，烟叶收购量71.1万千克。1993年，是烟叶生产最难的一年，赣榆烟叶种植面积仅191.6公顷，收购烟叶4.62万千克。

1994年，根据国家烟草专卖局对烟叶种植布局的调整，赣榆县取消烟叶生产。

第八章 市场 商场

第一节 集贸市场

1990年前，赣榆县共有城乡集市59处，其中包括3处常日集和1处粮油集市。

1990年，对市场设施进行改善，在青口菜市街搭建了1050平方米玻璃钢瓦售货棚，拓宽了沙河集贸市场，改造了石桥马路市场，全县市场规范化管理得到了较好落实。是年，赣榆县农副产品价格稳中有降，全县集贸市场成交额7480万元。

1991年，兴办马站、陈巷、刘圩、东进等农贸市场。全县集贸市场成交额首次突破亿元。

1992年，新开办大赤涧、马站村2个农贸市场和兴庄港口市场。全年集贸市场新建水泥柜台2216延长米，修复市场顶棚651.8平方米，新增市场面积13.7万平方米，基本形成以批发市场为中心，以集贸市场为依托的市场流通体系。全年集贸市场成交额达2.07亿元，同比增长75.84%。

1993年，兴建班庄综合市场等4处农贸市场，对现有集市进行改造，完善设施，对门河、九里、欢墩等乡镇的马路集市进行搬迁；全年集贸市场成交额达3.3亿元，同比增长17.86%，占全县社会商品零售额25.6%，年成交额过500万元的集贸市场24个，过千万元的集贸市场4个。

1995年，新建欢墩苏鲁贸易市场、班庄综合市场、石桥大庄子集贸市场、殷庄坡里集贸市场、徐福镇前徐福集贸市场；投资170万元，兴建了占地8000平方米，室内面积5132平方米的赣榆商城；改造了门河、欢墩、四沟3个马路市场；扩建了石桥、城南、欢墩、墩尚、赣马、沙河、石门头、沙河子等市场；对17个规模较大的市场进行了路面硬化。全县市场达70个，其中消费品市场69个、生产要素市场1个；专业市场8个、综合市场62个；批发市场6个、零售市场64个，市场总面积达118万平方米，其中顶棚面积16121平方米、室内面积16340平方米。

1996年，先后改造了墩尚、罗阳、四沟、城头、朱堵、沙河、殷庄等7个马路市场。全年组织了19个春季物资交流大会，会期总成交额达760万元。

1997年，投入建设资金760万元，改扩建市场6个，新增市场面积2.6万平方米，全县共有各类市场72个，市场总面积124万平方米。

1998年，共投入市场建设资金1800万元，新建东方市场、罗阳市场、沙河旧货市场3个市场；改扩建县城菜市场、黑林市场、柘汪市场，全县各类市场达74个。是年，全县市场成交额达23亿元。

1999年，全县共投入市场建设资金2144万元，新建在建市场6个，全县市场总数达80个，总面积149万平方米，全年实现市场成交额26.2亿元。超亿元市场4个，其中沙河粮食交易市场年成交额达10亿元，赣榆贸易市场成交额达2亿元。

2001年，全县总投资856万元，新建市场3个，改扩建市场2个，新增市场面积6.7万平方米。全年市场成交额达37亿元，其中年成交额过亿元市场5个。

2003年，全县总投资1.28亿元，新建在建市场10个，面积20.83万平方米。其中，生产资料市场1个，消费品市场9个。全县市场成交额40亿元，其中超亿元市场5个。是年，年久失修和地理位置不佳的青口站北街市场搬迁到站东副食品市场，孙沙集贸市场搬迁至环东市场内经营。

2004年，全县共有各类市场69个。其中，消费品市场66个，生产资料市场1个，生产要素市场2个。总面积为15.66万平方米。是年，县城地区的建材经营户搬迁到亿家园家居市场，老东方市场的经营户搬迁到新东方市场。是年，全县市场成交额51.5亿元。其中，亿元市场5个，省级文明市场2个，市级文明市场5个。

图 13-3 金山集市（2002年摄）

至2009年，全县共有城乡集市80余处，这些集市主要有：

青口镇：二沟集、竹园集、

一沟集、孙沙集、四沟集、大庄集；

赣马镇：城里集、马厂集、官河集、黑坡集；

墩尚镇：墩尚集、金桥集；

沙河镇：殷庄集、刘曹埠集、大站集、陈巷集、刘圩集、邵庄集、坡里集、舍巳集、徐屯集、沙河集；

金山镇：朱汪集、西张夏集、石埠集、金山集、赵湖集、小河埃集；

海头镇：胡村集、龙河集、龙庙集、官庄集、三村集、垒堆集、兴庄集、海后舆；

石桥镇：大庄集、石桥集、东拱齐集、王集集、九里集、白石头集；

柘汪镇：马站集、草城集、下驾沟集、仲湖集、柘汪集；

班庄镇：汪于集、接驾庄集、新集集、窦洪集、侄马场集；

城西镇：城西集、望中集、寺后集、店子集、沙河子集；

欢墩镇：欢墩集、东进集、石门头集、太平集；

门河镇：曹瓦沟集、门河集；

塔山镇：土城集、驻驾庄集、官庄集、刘沟集、庄留集；

城头镇：东坨沟集、王青墩集、大黄墩集、城头集、朱村店集；

黑林镇：吴山集、富林集、黑林集；

厉庄镇：谢湖集、厉庄集、赤涧集；

宋庄镇：柳杭集、大庙集；

罗阳镇：河口集、大沙集、东关集、罗阳集。

第二节　批发市场

1991年，墩尚蔬菜批发市场、沙河粮食批发市场建成开业。

1992年，县工商局和青口镇河南村联合投资130万元兴建赣榆农副产品批发市场，一期工程占地3公顷。建成了赣榆县工业品批发市场。

1993年，兴建了海头水产品批发市场、城南商贸一条街，共投资1725万元，总占地7.73万平方米，是有史以来市场发展数量最多、投入最多、建设规模最大的一年。

1994年，新建城南商贸一条街、县房地产市场、县陶瓷批发市场，新增市场面积1620平方米。是年，赣榆县批发市场与上海、天津、山东及本省等地市场建立联系，全县市场年成交额达6.16亿元，同比增长83%。

1995年，完成赣榆批发市场二期工程，新增水泥柜台1056延长米，改建水泥柜台620延长米。

1996年，全县首家工业企业建材市场赣榆工贸市场建成投入使用，其中室内面积2100平方米。

1997年，全年实现市场成交额17.3亿元，赣榆贸易市场、赣榆批发市场、沙河粮油批发市场3个市场年成交额过亿元。

图 13-4　赣榆批发市场（1996年摄）

1998年，对赣榆商城、工贸市场、沙河粮食批发市场粮食三区进行了改扩建。是年，赣榆贸易市场、沙河粮食批发市场、赣榆批发市场年成交额过亿元。

2004年10月12日，赣榆县新东方市场有限公司注册成立，住所在赣榆县青口镇东关路新东方农贸市场一层。该市场雇用工人14人。

2004年11月2日，赣榆县环城水果批发市场注册成立，组织形式为集体所有制企业，住所在赣榆县青口镇河南村。市场经营面积29528平方米，主管部门为赣榆县青口镇河南社区居民委员会。

2005年6月13日，赣榆县振兴中心副食品批发市场注册成立，组织形式为集体所有制企业，住所在赣榆县青口镇环城北路52号。市场经营面积18776平方米，主管部门为赣榆县青口镇中心社区居民委员会。

2006年12月21日，连云港苏鲁海产品综合批发市场（普通合伙）注册成立，经营场所在赣榆县海头镇海后村。该市场雇用工人20人。

2008年7月21日，连云港市海头综合市场有限公司注册成立，住所在赣榆县海头镇海前村，核定经营范围为五金建材、建筑装饰装潢材料、农产品、水产品销售。该市场雇用工人6人。

2008年9月25日，连云港澳龙实业有限公司站东街市场注册成立，组织形式为分公司，营业场所为赣榆县青口镇河南村站东1路。该市场安置下岗职工3人，雇用2人。

2008年，振兴副食品批发市场、华南建材装饰批发市场、环城水果批发市场、新东方市场等四家市场全面推行标准化管理。

2009年1月12日，连云港海州湾市场有限公司注册成立，住所在赣榆县海头镇204国道（城管所院内），核定经营范围为市场设施租赁、市场管理服务。

2009年年底，全县共有大型（主要）批发市场4个，其中赣榆县振兴中心副食品批发市场位于青口镇环城北路52号，经营面积18776平方米；赣榆县华南建材装饰批发市场位于青口镇河南村，经营面积2万平方米；赣榆县环城水果批发市场，位于青口镇河南村，经营面积29528平方米；赣榆县新东方市场位于青口镇东关路，经营面积9600平方米。

第三节　商场　超市

图 13-5　赣榆县百货公司商场大楼（1990年摄）

1990年，赣榆县没有大型商场、超市，全县国营、集体各类商店1223个。其中，粮油商店9个，副食品商店111个，食品商店64个，纺织品商店78个，百货商店169个，医药商店16个，日用杂品商店83个，煤炭商店11个，石油商店5个，五交化商店85个，农资商店56个，综合商店507个，其他专业商店9个，工业及其他部门附设的零售门市部40个。规模较大的商场（门市部）有：赣榆县百货公司商场大楼；赣榆县五交化公司华中路门市部、黄海路门市部；赣榆县糖酒公司商贸大厦；赣榆县供销大厦；

赣榆县供销商场。全县有乡、镇供销社30个，及下设门市部、商场276个。1990年后，伴随个体、民营经济发展，大型综合商场、各类专业商场（大药房）、服装超市等迅速崛起。

1993年，兴建京华商场、大世界商城。

1995年，投资170万元、占地8000平方米、室内面积5132平方米的赣榆商城动工兴建并于10月开业。

1999年，在县城兴办赣榆县第一个超市——赣榆县金阳糖酒食品有限公司苏果超市，超市位于黄海路原县招待所西侧。

图 13-6　赣榆农工商超市（2009年摄）

2000年8月，赣榆县华联超市有限公司成立，超市位于黄海路75号。

2001年7月，连云港市客隆超市有限公司成立，超市位于黄海路33号。

2002年9月，赣榆农工商超市有限公司成立，超市位于黄海路37号。

2003年，建成时代购物广场，为当时全县规模最大的商城。

2005年，上海农工商超市赣榆店被评为省级“肉菜粮”放心工程先进单位。

2006年3月，连云港市客隆超市有限公司黄海购物广场成立，所处位置为黄海路56号。

2008年1月，连云港客隆超市有限公司二小区店成立，所处位置为县城红旗路8号。

2009年年底，全县共有大型商场、超市3个。其中，连云港市客隆超市有限公司位于青口镇黄海路33号，经营面积为996平方米；连云港市客隆超市有限公司黄海购物广场位于赣榆县青口镇黄海路56号，经营面积为1080平方米；赣榆农工商超市有限公司位于赣榆县青口镇黄海路37号，经营面积为1250平方米。

第九章　生活服务业

1990～2000年，赣榆县生活服务业主要开展旅馆、餐饮、理发、沐浴、洗染等传统服务。2001年后商贸服务业实行体制改革，服务内容开始向居民生产生活各方面拓展，文体娱乐、信息咨询、物流快递、租赁及其他新兴服务发展迅速。

第一节　餐饮业

1990年，全县共有饮食店540家。1991年，全县有饮食机构和网点698家。1993年，全县有饮食机构和网点1807家，从业人员5292人。1995年全县饮食机构和网点2861家，从业人员6897人。1996年，县内工商企业全面实行改制，下岗待业人员增多，其中一部分人员自谋职业，进入餐饮行业，全县个体私营餐饮网点新增267家，从业人员增加900余人。2000年，全县餐饮业发展更加迅猛。是年，全县饮食网点新增380家，其中大型酒楼、宾馆增加6家。年营业额突破1亿元，达到1.6亿元。2001～2002年，全县新增饮食网点219家，从业人员增加700余人。2003～2004年受“非典”疫情影响，全县饮食网点减

图 13-7 富强海鲜大厦（2006年摄）

少186家。2005年，全县个体私营餐饮网点新增411家，从业人员增加1300余人。2006年，全县饮食网点新增540家，其中大中型酒楼宾馆增加6家，年营业额突破2亿元。2007年，全县共有饮食网点2108家，其中新增装潢豪华、店面别致的酒楼饭店568家，年营业额达到2.4亿元。2008年，加强餐饮行业规范，全县共有办证饮食网点743家。2009年，全县共有办证饮食网点2397家，从业人员5985人，全年营业额突3亿元。

第二节 住宿业

图 13-8 赣榆宾馆（2008年摄）

1990年，全县共有旅社、招待所42家。其中国营5家，集体7家，个体30家。1990～1999年，全县没有新增住宿业。2000年，新增个体旅馆2家。2002年，新增个体旅馆1家。2003年，新增个体旅馆4家。2004年，新增个体旅馆15家。2005年，新增个体旅馆9家。2006年，新增个体旅馆21家，新增企业宾馆2家。2007年，新增个体旅馆26家。2008年，新增个体旅馆34家，新增企业宾馆1家。2009年，新增个体旅馆30家，新增企业宾馆2家。共计有宾馆和旅社179家。其中星级宾馆5家、中档旅社58家，普通旅社116家，年营业额6800万元。

第三节 洗浴业

1990年，全县只有洗浴业企业1家，系国营企业。1990～1999年，全县没有新增洗浴业。2000年，新增个体洗浴1家。2001年，新增企业洗浴1家。2002年，新增个体洗浴1家。2004年，新增个体洗浴1家。2005年，新增个体洗浴3家。2006年，随着经济的繁荣，新增个体洗浴6家，浴室的档次也越建越高。一些浴室新增桑拿浴、芬兰浴、脉冲浴等浴种。服务项目新增踩背、按摩等。2007年，新增个体洗浴2家。2008年，新增个体洗浴9家。2009年，新增个体洗浴35家。全县共有个体办证洗浴约60家，从业人数389人，年营业额700余万元。

第四节 理发业

1990年，赣榆县共有理发业443户，从业人员692人。县城有集体经营的理发馆2处，每处10余人，另有清风浴池、黄海旅社、中心饭店和县政府招待所设有理发室对外服务，其余均为个体理发户，有的在室内，有的在室外或搭一白布篷，或露天工作，条件简陋；除两处集体经营的理发馆可以提供染发服务，其余个体理发户一般只能理发不能染发。由于理发店少，满足不了居民需求，理发往往要排队等候，尤其在春节前，理发店总是人满为患。

2000年后，理发业从单纯理发业务发展为理发及美容保健服务；业务范围包括理发、染发、烫发服务，美容服务，减肥服务，皮肤保健护理服务，保健按摩服务，足底按摩及泡脚服务，以及街头流动理发服务等。同时，理发服务业经营场所扩大，工作环境大为改观。

2009年，全县有理发店500余户，其中规模较大的有北京神剪美容美发连锁店、星尚护肤造型美容美发店、名都美容美发形象店、索菲兰美容美体养生会所、好好爱你美发店等。

第五节　修理业

1990年，全县修理业共计553户，从业人员727人，修理服务内容多限于生活日用品修理，如修鞋、磨刀、钯碗、补锅、修伞、修锁、补衣服，补袜子等。修补匠人们或在路边设摊，或走街串巷，走村串户，流动服务，一般没有店面；县城青口镇仅有两家集体经营的修理店，一家是自行车修理店，另一家是钟表修理店，从业人员不到20人。

2000年后，电动车、摩托车、汽车、手机、电脑、热水器、空调等交通工具、日用电器逐渐普及，修理业随之由修理传统生活用品向修理机械产品、电器产品转变；不仅电动车、摩托车和汽车有专业修理店，手机、电脑、电视、空调、热水器等日用电器都有了专业修理店。同时，修理业服务内容由单纯修理向维护保养延伸，如出现了建筑物清洗服务，开展对建筑物为外墙、玻璃幕墙、地面、天花板及烟囱、抽油烟机的清洗服务；出现了对汽车维修保养服务，如为汽车、摩托车提供清洗、上油、充气、打蜡、抛光、喷漆等服务。

2009年，全县重点修理维护服务业机构有赣榆车美佳汽车美容保养中心、车美坊专业汽车养护中心、赣榆车护汽车维修保养站、小超电脑系统维修和芯伟电脑维修等。

第六节　娱乐业

1990年，赣榆文体娱乐业主要有电影、戏剧、曲艺、歌舞、录像放映等。全县有电影院37家，其中包括乡镇和县城的11座露天影场；录像放映厅38个。其中，广播电视系统所属21个，文化系统所属17个；电影院厅外厅歌舞厅、文化馆歌舞厅是全县设备条件最好的歌舞厅；“百花园”是全县规模最大的曲艺演出场所。随着社会经济和文化事业发展，人们对文化娱乐需求日益增长，各类游艺厅、歌舞厅、游泳池、溜冰场、健身房、茶座、棋牌室纷纷建立。2001年，全县个体娱乐业达60户，私营娱

图 13-9　2001年12月，连云港首届农民艺术节开幕式在赣榆县海头中学举行（2001年摄）

乐业达70户。2009年，全县娱乐服务业已发展到398户，注册资金953万元。

第七节 信息咨询业

20世纪90年代，赣榆县信息咨询服务业全部为国有单位，服务范围不广泛，仅限于气象、医疗、交通等。1993年，全县信息咨询服务业从业人员25人，1995年业人员27人。

2000年后，信息咨询服务业快速发展，信息咨询领域拓宽，服务队伍扩大，特别是个体与私营服务机构大量涌现。2001年，全县有个体、私营信息咨询服务机构25个，从业人员65人，全行业从业人员达到161人。2009年，信息咨询服务已扩展到房产、商务、旅游、劳务、财务、企业管理与营销、人力资源、人才信息、市场调查及咨询、职业发展、医药与医疗保健、法律、技术转让与投资信息等诸多领域，全行业从业人员达到406人。其中，国有经济部门158人，个体与私营经济248人。主要信息咨询公司有三兴房产中介、富瑞房地产中介和富元中介等。

第八节 租赁业

赣榆县租赁业起步较晚。1990～2001年，商贸服务业体制改革以前，只有黄海旅社（原人民旅社）、赣榆饭店和县政府招待所为方便旅客，向旅客提供自行车、雨伞、雨鞋、雨衣、被褥等租赁服务。

2002年后，商贸服务业进行体制改革，租赁服务内容日渐扩大，开始出现汽车租赁、房屋租赁、建筑工程机械租赁等大项目租赁；同时，个体、私营租赁业得到迅速发展。

2003年，全县国有集体租赁业在岗人员577人，离岗110人；是年，全行业在业人员687人，没有个体、私营租赁业人员。

2005年，全县租赁业从业人员794人。其中，国有经济单位458人，集体经济单位39人，个体、私营经济240人，其他性质经济57人。2006年，全县租赁业从业人员1692人。其中，国有集体经济636人，个体、私营经济962人，离岗创业92人。2009年，全县租赁业从业人员1351人。其中，国有、集体经济527人，个体、私营经济824人。重点租赁业有大成汽车租赁、鼎顺汽车租赁、万冬汽车租赁等。

第九节 婚庆业

婚庆服务业务主要由婚庆公司和酒店负责承接，婚庆公司负责结婚礼仪安排和主持、摄影摄像、VCD、DVD和沙画等制作、乐舞及迎嫁迎亲车队等业务，酒店主要负责置办宴宾酒宴。2005年前，婚庆服务仅限于由酒店提供喜宴服务。2005年后，出现专业婚庆公司。2009年，全县婚庆公司达10余家，其中规模较大的有明星、喜洋洋等婚庆公司。

第十节 殡葬业

殡葬服务主要包括三个方面服务，一由专业丧事服务人员为死者提供清洁遗容、遗体和穿送老衣服务；二由专业商店（农村叫白事商店）提供花圈、花篮和其他挽具服务；三由民政部门提供殡仪、安葬服务。

县民政局有殡仪馆1处，公墓1处。殡仪馆设有告别大厅、营业室、殡仪服务室、遗体冷冻室、整容室和火化车间。殡仪馆系差额拨款事业单位。2009年，有干部职工36人。其中，技师1人，高级工14人，中级工4人；火化炉4台套，其中捡灰炉1台套，工作用车1辆，殡仪运尸车26辆，实行个人出资购买，集体管理的社会化运作方式，达到每个乡镇一辆运尸车，遗体运输实现资格审核，统一管理，年火化遗体约6000具，火化率达100%。公墓占地面积6624平方米，实行墓穴统一规划、统一标准建设和节地、环保的安葬方式。

县城及各乡镇街面都有花圈店、寿衣店，县城有腾达花圈寿衣店、大众寿衣店等数十家，还有民间专业丧葬服务队，为丧家提供服务。

图 13-10　赣榆殡仪馆（2009年摄）

第十四篇 旅游

第十四篇 旅 游

赣榆县依山傍海，历史悠久，风景秀丽，旅游资源丰富。1990年，赣榆县成功举办首届徐福节。1991年7月，徐福节被国家旅游局列入“中国友好观光年”大型旅游文娱节庆活动，从此开启赣榆县旅游业发展新局面。

2000年，赣榆县旅游局成立后，旅游业开始步入发展快车道。赣榆县制定旅游业发展总体规划、景区规划、乡村旅游规划等一系列行业发展规划，全县旅游业，在旅游资源开发、景区建设、旅游管理与服务等方面取得了显著成效，至2009年，已建成抗日山风景区、海州湾旅游度假区、徐福泊船山景区、秦山岛旅游区、罗阳湿地休闲度假区、塔山湖水利风景区、大吴山生态公园、青口生态公园等20余处重点景区，创建国家级AAAA级景区1处、国家级AA级景区3处、国家农业旅游示范点4处，创建三星级涉外宾馆1家、三星级旅游饭店3家、二星级旅游饭店6家。旅游主要指标节节攀升，2009年接待游客246.12万人次，比2002年增长了4.9倍；实现旅游总收入16.65亿元。

第一章 旅游规划

第一节 总体规划

一、“十五”（2001～2005）规划

“十五”（2001～2005）规划的基本思路是：通过5年的努力，初步建设成为东有海州湾旅游度假区、南有罗阳垂钓休闲中心、西有抗日山爱国主义教育基地和夹谷山历史文化风景区、北有金山徐福祠、中有门河翠竹风情园的旅游发展格局；形成全县旅游“三带”“十二景”的发展框架，“三带”是指沿海旅游观光带、西部和北部的历史人文旅游观光带及生态农业旅游观光带。“十二景”包括海州湾旅游度假区、罗阳垂钓休闲中心、沙河子植物园、秦山岛风景区、子贡山端木书台、大吴山森林公园、夹谷山圣人遗迹、抗日山烈士陵园、门河翠竹风情园、徐福祠、刘少奇纪念室和宋口村。海州湾旅游度假区要大力开发能弥补季节性缺陷的大型娱乐设施，建好海水热浴中心和室内游泳馆、沙滩运动中心，建设集观赏、育苗于一体的水产养殖基地。加快建设抗日山烈士陵园，使之充分发挥爱国主义教育、国防教育、党员干部教育和旅游休闲的综合作用。逐步开发夹谷山圣人文化资源，形成与抗日山相呼应的山区旅游特色；进一步挖掘徐福文化资源，提高徐福祠的知名度。

二、“十一五”（2006～2010）规划

“十一五”（2006～2010）规划的基本思路是：依托徐福故里文化和山海旅游资源，利用优越的区位交通条件，培育大旅游发展格局和环境，推动由政府主导型向政策导向型的旅游发展机制转变，立足于打造“徐福故里”和“红色旅游”两大旅游品牌，重点突破“红、绿、蓝”（红色革命圣地，绿色生态农业、蓝色滨海风光）三大特色旅游板块，推进旅游产业结构和空间结构调整，创造旅游可持续发展的良好环境，实施旅游集约化、跨越式发展战略，将赣榆建成景点多、信誉好、收入高的旅游经济大县，使旅游业成为全县国民经济的支柱产业。主要目标有：到2010年，全县接待游客总量达到273万人次，年均增长20%以上；旅游总收入突破13亿元，年均增长23%；相对于2005年，确保五年实现翻一番。旅游业增加值占GDP的比重达到10%以上，占全县服务业增加值的比例达到15%以上。将旅游业培育成为赣榆县国民经济中最具活力的新兴产业和第三产业的龙头产业，全县基本形成较为完善的旅游产业体系。新增国家AAAA级风景区1处，国家AAA级风景区2处，国家AA级风景区4处；新增全国农业旅游示范点2～3处；有效整合旅游资源，推出3～5条有影响的、适应不同消费层次的旅游线路产品。着力扶持和新上一批旅行社、旅游客运、宾馆酒店、旅游商品生产与销售企业。重点抓好一批投资规模大、可开发性强、市场前景好的拳头项目，如徐福文化主题公园、抗日山、夹谷山、秦山岛、海州湾旅游度假区、大吴山森林公园、塔山湖水利风景区、金山世纪园、桃花岛海滨生态园、苏北民俗博物馆和小沙东海战纪念馆等项目；以文物博览、旅游购物、星级酒店、商务会展为重点的文化产业、流通业、宾馆餐饮业等城市综合旅游项目建设，如赣榆大酒店、徐福大厦、赣榆旅游大厦、旅游商城等。

三、远景总体规划

受赣榆县人民政府委托，从2007年3月开始，南京师范大学智博旅游设计有限公司负责编制赣榆县旅游远景总体规划（2007～2020）。规划内容共十一章，包括规划总则、旅游业发展条件、旅游发展目标与战略、旅游空间布局与旅游产品（项目）规划、旅游形象设计与市场营销、旅游产业要素规划、城乡旅游与和谐发展、旅游支持保障系统规划、近期旅游行动计划、规划实施和附则等。2008年3月27日，连云

港市旅游局主持召开《赣榆县旅游发展远景总体规划》评审会议，县委、县人大、县政府、县政协和各相关部门、镇及重点景区的领导参加了会议；由苏州大学、东南大学、江苏省社会科学院、市规划局、市旅游局、市博物馆和县建设局的9位专家学者组成了评审组，对该规划进行了评审；评审组认为，该规划内容丰富，体系完整，成果规范，符合国家标准《旅游规划通则》的要求，并建议在规划修改完善后，按规定程序报批实施。

第二节　旅游景区规划

一、抗日山风景区

2004年，东南大学建筑系对抗日山烈士陵园进行了规划设计。将原有烈士陵园进行整治、扩建，新建国防园和游乐休闲区，组成新的抗日山风景区。突出自身建设主题与地方特色，使该风景区成为寓爱国主义教育、革命传统教育、国防教育和游乐休闲等多功能于一体的大型综合性风景区，成为在苏北地区乃至在全国有较高知名度的新型国家级风景区。

2007年，南京智博旅游设计有限公司（南京师范大学旅游系）在为赣榆县编制全县旅游发展总体规划的同时，推出抗日山旅游区概念性规划。

二、海州湾旅游度假区

2007年，完成概念性规划；2008年，完成建设性规划；2009年，完成建设性规划的修订工作。

三、徐福泊船山景区

2007年，完成概念性规划；2008年，完成建设性规划。

四、罗阳湿地休闲度假区

2008年完成控制性规划；2009年启动建设规划。

五、夹谷圣境旅游区

2009年，完成《赣榆夹谷圣境旅游开发规划》，并通过市级评审。

六、秦山岛风景区

2009年，编制《秦山岛海上高端旅游规划》。

第三节　乡村旅游规划

2006年，宋口村、厉庄镇和门河镇联合邀请南京农业大学乡村旅游研发中心，对宋口村、谢湖有机茶果基地和门河镇万亩药用植物园分别进行总体规划。2007年，《宋口村生态农业旅游发展规划》《谢湖农业旅游示范园总体规划》和《门河镇万亩药用植物观光园规划》均通过了市旅游局的审核。2008年，《石桥生态旅游观光园概念规划》通过市级评审。塔山镇旅游概念规划、石梁河库区滨湖旅游规划、桃花岛生态旅游度假村概念规划、罗阳湿地旅游度假区控制规划等基本完成。2009年，《徐福泊船山景区建设规划》《连云港桃花岛生态旅游度假村总体规划》通过市级评审，启动罗阳湿地休闲度假区建设规划、欢墩镇滨湖旅游开发规划、厉庄镇乡村旅游发展规划和城西镇花卉基地规划。

第二章　旅游资源与景点

第一节　旅游资源

一、自然风光资源

赣榆县有山有海有平原，地理位置优越，自然风光优美，旅游资源十分丰富。赣榆县拥有62.5千米绵长的海岸线，有辽阔浅海域和潮间带，金沙银滩，被誉为“江苏的北戴河”。临海赣榆，一派“万里金滩连广漠，蓝天碧海画图新”的壮丽风光。赣榆地处沂蒙余脉，县西北部多山，有大小山峰37座，有以“吴峰望日”闻名遐迩的苏北第二高峰大吴山，有孕育北宋大将孟良传奇故事的葫芦山，有编织神仙方士传说的卢山、泊船山，有承载道教文化的龟山、小金山，有展示海洋文化的秦山。赣榆县有闻名全国的大型水库石梁河水库、塔山水库和毛泽东主席亲笔题词修建的红领巾水库，辽阔秀美的水库风光堪与青海湖媲美。赣榆特色农业发展迅速，樱桃园、黄桃园、银杏园、茶园、芍药园等大片涌现，观光农业已成为重要旅游资源。

二、历史人文资源

赣榆县是东夷文化发祥地之一，自秦代建县迄今已有2000余年历史，文化底蕴深厚，旅游资源丰富，有春秋时期孔子相鲁会齐侯处，子贡山与端木书台；有秦代徐福故里徐福村，大王坊徐福造船遗址，圩二村徐福造船工匠遗址，荻水口徐福东渡出海处、徐福庙遗址，秦始皇东巡下驾沟、饮马池，因秦始皇求仙而得名的秦山岛和秦始皇鞭石成路的神路，以及秦碑籀迹等；有汉代古城盐仓城、土城、古城；有以三国时期著名谋士徐庶命名的徐山和徐庶洞。历史上，赣榆县曾经留下许多文人名士的足迹和诗篇，诗仙李白曾有咏叹徐福东渡的诗篇，大文豪苏东坡、金元一代文宗元好问均曾到过赣榆，并留有占山亭赋、横波亭赋等诗篇；赣榆是抗金爱国名臣胡松年、单公选故里，今抗金城遗址犹存；明代文坛“前七子”之一的王廷相，曾因不满宦官和权奸贪腐而被贬赣榆县丞，并留下了诗集《望海集》；清代杰出小说家吴敬梓青少年时期曾随父宦居赣榆十年，并留下“浩荡天无极，潮声动地来。鹏溟流陇域，蜃市作楼台”的情辞激昂的观海诗篇；清代著名书画篆刻家陈鸿寿（曼生），曾任赣榆县令，自号“种榆仙吏”“种榆仙客”“夹谷亭长”，与赣榆结缘深厚，赣榆县博物馆至今仍藏有颂扬陈鸿寿在赣榆治水政绩的碑刻。赣榆是民国著名实业家许鼎霖和著名将领马继增故里；清末状元张謇也曾经在赣榆任选青书院山长，并亲笔为《赣榆县志》题签，在赣榆留下了许多为后人津津乐道的文苑佳话。

三、红色旅游资源

赣榆县不仅有悠久的历史，而且有光荣的革命斗争传统，红色旅游资源丰富。抗日战争时期，八路军115师师部和罗荣桓、朱瑞、陈光、黎玉、肖华、陈士榘、符竹庭等领导人曾长期驻赣榆一带，领导抗日武装斗争。刘少奇同志曾经住在赣榆县黑林镇大树村，指导山东工作，组织发动大树村的减租减息斗争。赣榆县抗日山是全国唯一以抗日而命名的山，抗日山烈士陵园是全国重点革命建筑物保护单位和全国爱国主义教育基地。赣榆是全国著名女担架英雄董力生的家乡，董力生的支前小车至今仍陈列在中国军事博物馆。为纪念中共山东滨海区党委书记、滨海军区政委符竹庭，赣榆县自1945年11月至1950年10月，曾改名“竹庭县”。

第二节　主要旅游景点

一、历史文化景点

（一）夹谷圣迹

景点位于赣榆县西北部夹谷山，列明代赣榆八景之首，1987年被列为县级重点文物保护单位，1993年被列为市级重点文物保护单位。

公元前500年，孔子相鲁会齐侯于夹谷。关于齐鲁夹谷之会，《春秋》等史籍有详实记载。会盟台为层台式建筑，至今仍依稀可见。后人为纪念孔子，在遗址处又建有圣人殿、圣化亭、奎星阁、圣庙等建筑，并勒“孔子相鲁会齐侯处”碑一座。系列景点有圣人泉、老母奶奶洞、孟良石、孟良扇、响石、尼山分秀等。

图 14-1　孔子相鲁会齐侯处（2002年摄）

图 14-2　尼山分秀（2003年摄）

（二）秦山岛

又名秦山、神山、奶奶山，因秦始皇东巡至赣榆，登临此山，勒石纪事，遂更名为秦山。该岛位于青口镇东15.3千米海中，面积0.198平方千米，有东、西两峰。

图 14-3　神路（2009年摄）

岛东南身有棋子湾，相传为秦始皇与徐福对奕处。东北角有两块高10余米的立石，百姓称为“大将军、二将军”。据《史记》载：秦始皇帝“立石东海上，朐界中，以为秦东门。”《汉书·地理志》云：“秦始皇立石海上，以为秦东门。”又据《博物记》：“（赣榆）县东北，海边植石，以为秦东门。”有学者认为，将军石就是秦始皇立石海上的秦东门。

岛西北端为峰顶，顶处有“授珠台”遗址，相传为海神为秦始皇授珠处。西南端有“神路”，呈“S”形，蜿蜒曲折，几可通岸，相传是为秦始皇鞭石成桥留下的遗迹。

岛上有一种植物叫“仆马藤”，可作茶饮，有清热解暑、消瘀化积的功效。春末夏初，秦山岛海域屡屡出现“海市蜃楼”，则是另一奇观。

（三）徐福祠

位于徐福故里徐福村北，1988年，在原徐福庙遗址上恢复重建，“古庙起新祠”。徐福祠主要建筑包括正殿、东西两偏殿及碑廊。正殿供奉徐福像，碑廊墙壁镶嵌汉画像石及各类石刻。同年5月1日对外开放，12月被公布为县级重点文物保护单位。周边系列景点有：徐福村、徐福宅基地遗址、徐福种药地遗址。徐福祠门前立有全国政协副主席、中日友协副会长、中国佛教协会会长赵朴初题写碑名的“徐福村”碑，和全国人大常委会副委员长彭冲题写碑名的“徐福故里”碑各一尊。

图 14-4 徐福村碑、徐福故里碑（1990年摄）

图 14-5 徐福祠（2005年摄）

（四）徐福泊船山景区

位于赣榆县北部金山镇境内，国家AA级景区。该景区由徐福庙、徐福纪念馆、徐福像、徐福生态园和徐福茶文化中心等部分组成。主体景观徐福庙。徐福东渡不归，乡民在其故里建徐福庙，以示纪念。宋熙宁三年，徐福庙易名为兴会寺。2007年，重建徐福庙，有广场、山门、钟鼓楼、陈列室、大殿、碑廊、回廊等建筑，占地面积26680平方米，建筑面积4000平方米，是当时国内最大的徐福纪念建筑物。

图 14-6 徐福生态园（2008年摄）

（五）文峰塔

位于赣马镇高级中学校园内，始建于1902年，砖木结构，四层六面，高14.2米。底层塔门上方镶一块塔铭。塔铭长1米，高0.33米，铭文为清代赣榆知县徐树镠撰：东方青龙，卓此文峰，镇海龙猽；白虎降伏，人民和服，奕世赖福；宦锡显爵，利名高擢，举世大乐；据城临渊，亘古巍然，我铭永传。1984年，江苏省政府拨专款进行保护性维修，在塔基周围石砌三层阶梯式护座，最下层护座边长9米，占地面积413平方米。

图 14-7　文峰塔（2008年摄）

二、自然风光景点

（一）海州湾旅游度假区

位于海头镇小口村，国家2A级景区，占地面积4.88平方千米，拥有海岸线沙滩11.6千米。1997年7月建成开放，以海岸绵长、浪平沙软、蓝天碧海、槐林浓荫闻名，是赣榆对外宣传、展示海滨风貌的重要窗口，被誉为“江苏北戴河”。

至2009年年底，已开发建成的项目为四区一街：岸上游乐区，由水上乐园、儿童戏水池、垂钓中心等组成，设有高台滑道、水上浮桥滚筒、机动碰碰船、脚踏休闲船、橡皮艇、竞技泳道、水球等游乐项目，并配置了更衣室、太阳伞、休闲椅、人造草坪等附属设施；沙滩浴场区，建有防鲨网、瞭望亭等设施，有快艇游海、马车赶海、秦山探秘、沙滩采贝、夜晚照虾等娱乐项目，岸上设有男女更衣室、沙滩排球、卡拉OK歌舞厅、旱冰场、太阳伞、小帐篷、沙滩椅等服务设施；槐林休闲区，于占地53公顷的槐林中开辟通幽小径，配备休闲石桌、石凳、小木屋、草亭等，有槐林秋月、情人树、相思泉、猴子捞月等景观；别墅区，建有十四栋别墅，供游客休闲度假；商业服务一条街，以经营沿海风味、特色风味小吃为主，并出售贝壳贝雕、工艺品及旅游纪念品等。

海州湾旅游度假区能够提供洗海澡、游沙滩、采海贝、吃海鲜、探神路、登秦山、听海涛、扬风帆等诸多服务。日接待能力达3万余人次，已成为集参与性、娱乐性、趣味性为一体的理想休闲游乐去处。

图 14-8　海州湾旅游度假区景区大门（2009年摄）

图 14-9　海州湾旅游度假区水上乐园（2004年摄）

（二）罗阳湿地休闲度假区

位于罗阳镇境内，国家AA级景区。主要景点有垂钓休闲中心、艾塘湖生态园、淡水养殖基地和苗圃示范基地，其中垂钓休闲中心和艾塘湖生态园是该度假区渔业观光休闲的主体景区。

罗阳垂钓休闲中心占地面积33.3万平方米，建筑面积1000平方米，垂钓中心分为垂钓区、休闲区、科技示范区，有10个占地6.7万公顷的标准垂钓塘，48处钓台，以及休闲建筑竹林屋、沁园阁、临水轩、观鱼亭、梨花驿、桃花岛和赛钓中心等，还有纪念历史名人的建筑物糜夫人长廊。中心植有梨、柿、枣等果树2000余株，果树成荫，风景怡人。

图 14-10　罗阳垂钓休闲中心（2002年摄）

艾塘湖生态园占地面积20万平方米，由艾塘湖、廊桥、小岛和糜夫人雕像等景点组成。艾塘湖，又名义塘湖，传说三国时期，刘备兵败逃往他乡，糜夫人思夫心切，每天在艾塘湖畔向西遥望，期待夫妻重逢。

图 14-11　罗阳湿地休闲度假区艾塘湖生态园（2008年摄）

（三）塔山湖水利风景区

位于赣榆县西北部，国家级水利风景区。景区由小塔山水库、端木书台、汉代古城遗址和徐仙洞等部分组成。

小塔山水库是江苏省第二大水库，水库工程包括正坝、副坝、泄洪闸和灌溉涵洞。水库库容量2.8亿立方米，流域面积400平方千米。水库南边是一道长2300米的拦洪大坝，坝身高37米，顶宽10米。泄洪闸上“小塔山水库”五个大字，系著名书法家、中共山东省委原书记舒同题书。

图 14-12　小塔山水库（2008年摄）

图 14-13　端木书台（2009年摄）

系列景点有：端木书台，系明代赣榆八景之一，位于水库大坝西端的子贡山上。春秋时期，诸侯相争，齐国欲攻打鲁国，孔子派弟子端木子贡去齐国和吴国游说齐王和吴王，完成“止吴霸越，乱齐存鲁”的重大使命，归途路过赣榆北部的万松山，便坐在一块巨石上，读起书来，突然天降暴雨，书简被淋湿，子贡命书童将书简摊在巨石上晾晒。后来，百姓遂将万松山改名为子贡山，这块巨石被称为端木书台。巨石旁有一座六角双层塔亭，在亭上可浏览山水风光。

（四）青口生态公园

位于青口镇西外环路东侧，2006年动工建设，是全县最大的休闲公园，占地面积33.3万平方米。公园沿青口河布局，河流、亭阁相依，花草、树木掩映，园内有高达60米的音乐喷泉，园中央建有仿古建筑玉皇阁，高27米，建筑面积1000多平方米。公园的东北角，建有占地面积6700平方米的大型游乐场，配有11套高档娱乐设施，如旋转木马、摇头飞椅等。公园的南侧是茶街，总建筑面积7000平方米。

（五）大吴山森林公园

海拔364.5米，江苏第二高峰。山上有十六景观，各具特色，尤以怪石、山泉、岩洞、古庙等闻名遐迩。吴山的水质清、正、纯、甜，山东侧终年流水不断，后人称神仙泉。

图 14-14　大吴山（2009年摄）

山上有神仙洞，相传徐福东渡时，有一位随从没有跟徐福东渡，却留下来在这里修炼，竟成仙人，故称“神仙洞”。

山上原本庙宇众多，以天齐庙和岱王庙最负盛名，均为唐代所建，相传吴山王为唐高宗所封，天齐庙原名显惠庙，即为吴山王所建，明万历三年重修，改名天齐庙。由于年代久远，原庙宇建筑均已湮没，然遗迹尚存。

三、红色旅游景点

（一）抗日山风景区

抗日山原名马鞍山，位于赣榆县西部夹谷山南端，主峰海拔173米。

抗日山风景区是国家AAAA级景区，有景点20多处，主要由烈士陵园、碑廊、烈士纪念馆和国防园等部分组成。抗日山风景区的主体景观是抗日烈士陵园。

图 14-15　抗日山风景区全景（2009年摄）

抗日山烈士陵园是在战火纷飞的年代里兴建的。1941～1944年，八路军一一五师教导二旅、山东军区和滨海地区广大军民，冒着敌人的炮火，四次兴工为死难烈士树碑建碣。新中国成立后，赣榆县委和赣榆县人民政府，多次整修扩建。1982年3月，江苏省政府批准抗日山烈士陵园为省级重点文物保护单位；1989年8月20日经国务院批准，被定为全国重点烈士纪念建筑物保护单位。现在陵园内亭塔耸峙，碑碣林立，松柏常青，花草争荣，为全国爱国主义教育示范基地、江苏省爱国主义教育基地、江苏省全民国防教育基地。

陵园总面积237600平方米（约23.73公顷），上下分9个坡段，由抗日烈士纪念塔、纪念堂、纪念碑等建筑物和东西两大墓群组成，气势磅礴，雄伟壮观。园内墓区，有752座坟墓，安葬着800余位烈士的忠骨，墓碑上铭刻着3576位烈士的英名。其中，有中共滨海区委书记、滨海军区政委符竹庭，有新四军三师参谋长彭雄，八旅旅长田守尧，有著名战斗英雄何万祥，有强渡金沙江的英雄，有焚烧阳明堡机场的好汉，有青口战役中的18勇士，还有国际友人希伯和金野博。

每年清明节，苏北、鲁南等地各界人民10万余人怀着无比崇敬的心情前往陵园为烈士们扫墓，青年学生成群结队到陵园植树栽花，凭吊忠魂。

（二）刘少奇纪念室

位于黑林镇大树村，建于1991年。1942年6月17日至7月初，时任华中局书记、新四军政委的刘少奇，受中央委托到山东分局检查指导工作，曾在黑林镇大树村居住25天，指导当地减租减息运动。纪念室为当年刘少奇同志住过的草房5间、院落1座。

（三）革命纪念地

1991年7月1日，由赣榆县委、县政府建立，全县计5处，分别为：青口镇火叉巷“十八勇士纪念地”、黑林镇马旦头村“符竹庭将军殉国纪念地”、柘汪镇韦家岭村“朱爱周牺牲纪念地”、赣马镇城里村“赣榆战役纪念地”、石桥镇小沙村“小沙东海战纪念地”。

图 14-16 抗日烈士纪念塔（2009年摄）

图 14-17 刘少奇纪念室（2008年摄）

图 14-18 赣榆战役纪念地（2008年摄）

第三章　旅游开发

第一节　项目建设

一、景区建设

（一）海州湾旅游度假区

1997年，完成第一期工程。2003年，完成第二期工程，两期工程总投资5000万元。2004年，完成海州湾旅游度假区改造及秦山宾馆扩建，投入资金300万元。2005年，完成度假区道路改造及别墅相关设施改造，投入资金500万元。2006年，创建国家AA级景区。2007年，完成第三期工程，投入资金1亿元。

（二）抗日山风景区

1992年，民政部拨款20万元对抗日山烈士陵园进行整修。2001～2002年，全县捐款2000万元对抗日山景区进行大规模扩建。2005年，建成全国爱国主义教育示范基地，全国红色旅游精品路线景区，全国红色旅游经典景区。2008年，成功创建国家AAAA景区。

（三）徐福祠

2004年，投入资金40万元对徐福祠及广场道路建设。

（四）塔山湖水利风景区

2004年，启动景区开发工程，总投入资金1300万元。2007年建成省级水利风景区。2009年建成国家级水利风景区。

（五）罗阳湿地休闲度假区

2002年，动工建设200公顷生态农业科技示范园和220公顷观光旅游一期工程。2006年，成功创建国家AA级景区。

（六）秦山岛

2005年，投入资金720万元用于宾馆改造、道路整修、购置游艇、景点及配套设施建设。

（七）大吴山风景区

2005年，投入1000万元进行环境整治，恢复重建三圣苑、玄阳寺、大雄宝殿、钟鼓楼。

图 14-19　石桥生态园（2009年摄）

（八）泊船山风景区

2007年，投入资金5000万元进行大规模扩建，成功创建国家AA级景区。

（九）夹谷圣境旅游区

1993年，列入市级重点文物保护单位。2009年，通过《夹谷圣境旅游开发规划》，规划投入资金8000万元，将该旅游区建设成为重点景区之一。

（十）新开辟景区

2009年，新开辟的景区建设项目有石桥生态园、青口生态园、厉庄新坝农家乐、赣马八十一湾、桃花岛生态旅游度假村、城西花卉农庄、欢墩滨湖旅游区、谢湖有机茶果基地、门河万亩药用植物园、宋口村等农村旅游示范点。

二、配套设施建设

旅游配套设施包括旅游开发及经营企业、旅游商品生产及销售、旅游宾馆、酒店等，配套设施建设是旅游事业发展和创建的有力保障。2004年，全县旅游总投入7878万元，其中景区建设投入3250万元；旅游饭店、超市等配套设施建设投入2320万元，包括赣榆大酒店新增投资1500万元，徐福大厦投资380万元，新建4家旅游饭店投资180万元，定点旅游商场、超市4家投资260万元；旅游经营企业投入125万元，其中包括同心圆旅行社75万元，连云港千年旅游开发公司50万元；旅游交通工具投入427万元，包括新上旅游客车5辆投入390万元，青口河水上游艇20万元，海州湾旅游度假区海上游艇17万元；旅游商品生产企业投入1240万元，其中包括旅游食品加工企业300万元，紫菜加工企业2家投入430万元，服装加工企业投入180万元，玩具生产企业2家投入210万元，工艺品生产企业3家投入120万元；其他配套设施投入38万元。

2005年，旅游开发总投入8680万元，其中配套设施投入6460万元，占旅游总投入74.4%。全年实施旅游发展项目15项，其中景区建设3项，配套设施建设12项，包括旅游商品生产企业7家、旅游开发及经营公司5家，配套设施项目占旅游建设总项目80%。

2006年，旅游宾馆、饭店投入8900万元，达成签约投资2.6亿元，引导社会投资820万元。

由于配套设施不断完善，为旅游事业快速发展提供了条件；至2009年，全县基本实现红色革命圣地游、绿色田园采摘游、蓝色海滨风光游、徐福文化体验游等一日游、二日游多条线路全面开通。

三、品牌创建

2004年，宋口村成功创建“全国农业旅游示范点”；抗日山风景区被国家旅游局列入“全国十二大特色旅游区”之一的“鲁苏皖红色旅游区”，并被纳入“全国30条红色旅游精品线路”；台发大酒店、金和大酒店被授予国家二星级旅游涉外饭店的称号。连云港神仙紫菜有限公司、连云港富康银杏茶厂、赣榆县夹谷春茶厂、连云港千年翠钻赣榆店、上海华联超市赣榆店、苏果超市赣榆店成为连云港市特别推荐旅游购物场所。

2005年，着力打造西部红色圣地、中部绿色生态、东部蓝色海湾的全景式旅游格局。是年，门河万亩药用植物园和厉庄谢湖有机茶果观光基地同时成功创建“全国农业旅游示范点”，赣榆县成为全省唯一一个拥有三家全国农业旅游示范点的县。抗日山风景区成功列入全国重点红色旅游景区，纳入了全国30条红色旅游精品线路，争创国家AAAA级风景区通过市级初检。推进金山世纪园和海州湾旅游度假区积极开展争创国家AA级旅游区工作。海霞星苑宾馆荣膺二星级涉外旅游宾馆，教育宾馆、华富招待所成为家庭三星级宾馆。全县星级宾馆累计达7家，有6家旅游定点单位成为市级特别推荐购物场所。

图 14-20 徐福生态园（2006年摄）

2006年，金山徐福生态园成功创建“全国农业旅游示范点”，从而使全县全国农业旅游示范点总数达到4家，列全省县级第一；徐福泊船山风景区和罗阳湿地休闲度假区创建国家AA级旅游区，抗日山风景区创建国家AAAA级旅游区通过省级验收，并列入2007年国家评定计划；星级酒店建设步伐加快，海霞星苑大酒店和新时代大酒店被评定为二星级旅游饭店，三星级杭州湾大酒店与普陀山大酒店分别正式投入运营，教育宾馆、华府招待所被评定为连云港市三星级家庭旅馆，龙风宾馆、站北招待所、天赐福招待所、碧海云天招待所等4家单位被评定为连云港市二星级家庭旅馆。旅游商品参展取得好成绩，神仙紫菜、康源芦笋茶等参加"2006江苏首届旅游商品博览会"被评为江苏省优秀旅游商品奖。

2009年年底，建成国家AA级景区3处，国家级AAAA级景区1处，全国农业旅游示范点4处；全县旅游业出现"桃、花、渔、果、茶"五朵金花齐放，众多品牌交相辉映的局面。

第二节　旅游宣传

1990年，《人民日报》以《徐福节去来》为题报道了赣榆首届徐福节的盛况。《新华日报》以《徐福故里今揭谜》为题进行了报道。1991年7月，赣榆徐福节被国家旅游局列入"1992中国友好观光年"大型旅游文娱节庆活动。7月14日，《中国文化报》对此进行了报道。1992年11月4日，《人民日报》海外版以《徐福故里与徐福节》为题报道了赣榆县即将举行第三届徐福节的有关信息。2004年，第四届徐福节闭幕不久，10月29日《华东旅游报》同时发表了两篇关于赣榆旅游的文章。2006年，中央电视台《乡村大世界》栏目对第六届徐福节文艺演出进行了现场直播，10月17日《华东旅游报》在头版头条对赣榆徐福节进行了详细报道。2007年，中央电视台《艺苑风景线》栏目对第七届徐福节作了报道。

2008年4～7月，《连云港日报》和《苍梧晚报》连续4个月多次以较长篇幅报道了赣榆县发展乡村旅游的经验和特色；7月29日，《华东旅游报》报道了赣榆海鲜节的盛况；10月23日，《华东旅游报》第一版刊登了巨幅照片——江苏赣榆：梭子蟹大丰收；11月17日，《中国旅游报》（32版）以"神奇浪漫之都——连云港欢迎您！"为题，推出连云港旅游专版，其中国家AAAA级景区抗日山被作为重点旅游资源，在"红色教育之旅"中予以介绍。2009年4月6日，《扬子晚报》A2（要闻）版以"20万游客'挤爆'连云港抗日山"为题，报道清明节期间抗日山风景区红色旅游盛况。2009年5月21日，《华东旅游报》以"江苏赣榆乡村旅游成为农民致富新途径"为题，报道赣榆农业生态旅游。2009年，厉庄镇谢湖村举办首届樱桃节，《中国旅游报》6月12日报道了这一消息。6～12月，《连云港日报》先后专题介绍黑林镇、罗阳镇、宋庄镇和赣马镇的旅游资源和发展经验。9月29日，《苍梧晚报》旅游周刊以整版篇幅推出"赣榆旅游四大看点"。《江苏旅游通讯》第10期报道"第25届江苏省钓鱼比赛在赣榆罗阳镇举行"的有关消息。

第三节　会展推介

2004～2009年，县政府、县旅游局、重点景区和旅游资源丰富的镇（村）参加了省级以上旅游交易会二十多次。

2004年全国首届河蟹苗种交易会和2005年全国水产苗种管理工作会议均在赣榆召开，县旅游局通过向会议放置旅游宣传展示牌、悬挂宣传标语、散发旅游画册等形式，积极进行旅游资源宣传推介。

2004年4月28日至5月4日，2004中国（连云港）新亚欧大陆桥国际旅游用品博览会在连云港国际展览中心举行。县旅游局受县政府委托，具体负责筹备和组织参展，共制作大型宣传图片145张，送展商品11个大类75个品种215个产品，推出旅游招商项目30个，发放各类宣传材料6000多份。神仙紫菜、海头虾米、夹山绿茶、土城柳编、徐福绿茶、金五粉丝、门河甜闷瓜及银杏茶、欢墩芦笋茶等展销两旺，倍受客商青睐。

2005年2月28日～3月6日，县政府领导和县旅游局负责同志参加了省、市赴韩国旅游推介会，先后到达仁川和首尔，介绍赣榆的山水和人文资源，效果明显。3月3日下午，在首尔广场酒店举办的连云港（韩国）旅游推介会得到了韩国旅游界的积极响应，韩国30多家旅行社总经理和10余家新闻媒体的记者参加了推介会。

2006年9月30日～10月3日在常州举办江苏省首届旅游商品博览会，县旅游局组织了神仙紫菜、塔山工艺柳编、欢墩芦笋茶、金五粉丝、干鲜海产品、可比味海苔、门河贡品甜闷瓜、好丽友食品、富康银杏茶等众多特色产品参加了本次旅游商品博览会，神仙紫菜和欢墩芦笋茶荣获优秀旅游商品荣誉称号。

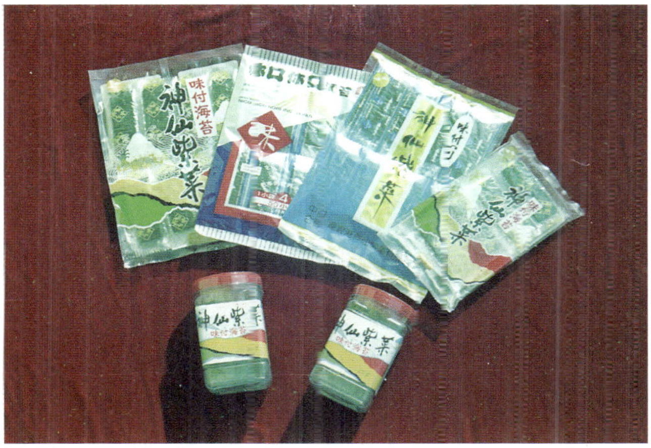

图 14-21 连云港国际展览中心展出的神仙紫菜系列品种（2004年摄）

2007中国（苏州）国内旅游交易会。在这次会展中，江苏省在全国推出首部服务自驾游客的乡村旅游资讯手册《‘魅力江苏”旅游护照》，徐福生态园入选该手册，成为连云港市唯一入册的乡村旅游景点。

2008北京奥运会“中国故事——人文江苏”文化展示活动。青口镇六里桥民营工业园的连云港金玉黑陶艺术有限公司推出五件黑陶旅游商品参展，成为连云港市唯一入选进京参展的旅游商品，在北京奥林匹克公司中心区展出。

2009首届江苏省乡村旅游节。此次旅游节举办了首届江苏乡村美食大赛，赣榆县选送的“烤鹌鹑”被评为江苏省铜牌菜，“田园烧泥鳅”和“田园小炒鸡”被评为江苏省推荐菜。

第四节 文化交流

从1990年中国·赣榆首届徐福节开始，通过《徐福研究》期刊、徐福研究论文集等载体，宣传徐福文化及旅游资源，在海内外产生了重大影响。通过《赣榆党史资料》《赣榆文史资料》与海内外进行广泛交流，介绍赣榆历史文化，发展传统旅游和红色旅游。2000～2009年，县旅游局与有关单位合作，编制了《赣榆县旅游交通图》《赣榆旅游指南》《赣榆旅游》《中国抗日第一山》（光盘）、《美丽秦山岛》（光盘）、《谢湖樱桃熟了》（光盘）、《赣榆乡村旅游》《秦山岛一日游》等旅游文化载体，宣传赣榆旅游资源。

第五节 区域旅游合作

2004～2009年，县旅游局通过“请进来、走出去”的办法，与省内外各地旅游部门建立合作关系，进行两地互访、签订合作协议、景区及旅行社合作和信息交流，扩大了赣榆旅游的影响力，拓展了县域旅游的发展空间。先后与赣榆县建立旅游合作关系的有南京、常州、镇江、徐州、宿迁、淮安和山东临沂、日照等地的24个市、县（区）。

第六节 节庆活动

一、徐福节

1990～2009年，赣榆县共举办7届徐福节。赣榆县徐福节始终坚持以弘扬民族精神为办节宗旨，推动徐福研究和旅游业发展。党和国家领导人彭冲、叶飞、杨成武、张爱萍、汪锋、赵朴初曾先后为赣榆徐福节题词。1991年7月，中国·赣榆徐福节被国家旅游局列为“92国际友好观光年节庆活动”之一。2008年，中国·赣榆徐福节成功入选“2008中国节庆活动百强”和“中国十大最具发展潜力旅游节庆”。

徐福节还迎来日本、韩国、俄罗斯、美国、法国、意大利、加拿大、南非及中国香港、澳门等20多个国家和地区的客商，经贸成交额从首届的6.7亿元到第六届的突破100亿元。经贸项目涵盖农业、工业、商业、旅游等多个行业。以紫菜为龙头的一批外资企业在连云港落户，使连云港成为江苏省最大的紫菜加工基地。许多日本、韩国及中国台湾、港澳等地的游客来赣榆寻根问祖，到泊船山风景区观光。

图 14-22　赣榆海鲜节“相约海州湾”（2008年摄）

图 14-23　芍药节（2008年摄）

二、海鲜节

2007～2009年，由县政府主办、县旅游局和海头镇政府联合承办，在海州湾旅游度假区连续举办了三届赣榆——海鲜节“相约海州湾”，内容丰富多彩，包括大型文艺演出、吃海鲜大赛、渔民运动会、槐林风情游等系列活动。连云港各县区、徐州市、淮安市、宿迁市和山东临沂市、日照市等市（县）旅游部门及旅行社应邀参加了该节庆活动。

三、芍药节

从2008年开始，县旅游局和门河镇于每年5月联合举办芍药节。活动地点在门河万亩药用植物园。活动主题是：人间瑶池门河，乡村旅游胜境。活动内容主要有：游览药用植物园和银杏翠竹风情园，参观“旅游走进新农村”摄影展，田园采摘等项目。

四、泥鳅节

赣榆县从2009年开始创办泥鳅节，主要内容是举行泥鳅宴，推介泥鳅招牌菜等。

2009年5月3日，由赣榆县人民政府和连云港日报社主办，赣榆县墩尚镇、港丽国际酒店暨玉兰会馆承办的首届泥鳅节，于连云港日报社广场开幕，市人大、市经贸委、市旅游局、连云港日报社、赣榆县墩尚镇等单位领导以及参与承办的酒店负责人参加了开幕式。泥鳅节主打项目泥鳅宴以泥鳅为主料，50多位名厨掌勺，推出“红袍泥鳅”“臭豆腐泥鳅”“水晶

图 14-24　泥鳅节（2009年摄）

泥鳅”“金鼎泥鳅”“酱椒煮泥鳅”“黑椒泥鳅”“泥鳅马鞍桥”“广式焗泥鳅”“葱烧泥鳅”等泥鳅招牌菜、创新菜20多品，市井轰动，反响强烈。

第四章　旅游管理与服务

第一节　旅游管理

2000年6月，赣榆县旅游局成立。县旅游局作为政府职能部门，行使对全县旅游事业的管理职能。

县旅游局成立后，即着手研究有关旅游管理政策措施与实施办法。县旅游局在实施旅游管理过程中，多次会同工商、公安、环保、安监和卫生等部门联合执法，对全县各景区（点）、宾馆、饭店、旅行社及旅游定点单位进行检查，集中查处违规违法经营的“黑社”“黑导”“黑车”，整治违规操作的旅游经营单位，优化旅游市场秩序，确保旅游安全无事故。县旅游局聘请县人大、县政协、县机关工委、县消费者协会、电视台、新闻中心和部分省、市人大代表为县旅游行业监督员。

2002年，成立赣榆华夏旅游信息服务有限公司及圆梦旅游服务中心；加强对旅游饭店的管理，召开餐饮业管理工作座谈会，制定了餐饮管理具体标准，对12家旅游定点饭店进行年审，指导新世纪大酒店接受并通过省旅游局三星级饭店验收；加强对旅游饭店从业人员的培训，举办全县首届旅游定点饭店服务员培训班；加强对旅游管理人员培训，组织各镇分管旅游工作领导参加市旅游景区（点）管理人员培训班；考察山东（龙口、蓬莱、日照）沿海旅游资源开发及市场情况。

2004年，印发《关于旅游行业实行就业准入制的通知》《关于旅游安全管理的有关规定》《关于加强对旅行社报批登记管理的通知》《关于旅游行业服务人员配证上岗的通知》《关于进一步加强旅游市场管理的公告》等文件，开展旅游、工商、公安、环保、安监、卫生等部门联合执法，对全县各景区（点）、宾馆、饭店、旅行社以及旅游定点单位进行检查，集中查处了一批违规违法经营的旅行社、导游和运营车辆，整治了一批违规操作的旅游经营单位，有效净化了全县旅游市场。

赣榆县旅游管理工作，坚持以品牌创建和行业培训为抓手，着力提升旅游行业业内素质。2005年始，坚持规范引导和综合治理相结合，全面管好旅游市场，规范旅游市场。积极发挥旅游协会作用，制定旅游行业规范公约，加强行业自律，通过聘请旅游行风监督员，加大监管力度，旅游管理实现了“五个明显”的目标，即部门作风明显转变、行业管理明显规范、市场环境明显改善、行业素质明显提高、游客和公众满意度明显提升。

第二节　旅游服务

一、赣榆县旅游协会

县旅游协会是群众性旅游服务组织，成立于2006年12月。在县旅游局的领导下，协会依照国家法律法规和有关政策，代表和维护旅游行业的共同利益和会员的合法权益，协助政府旅游管理部门，建立健康、有序的旅游市场秩序，为会员服务、行业服务和政府决策服务。

二、旅行社

连云港三兴同心圆旅行社有限公司，成立于2004年，独立法人，公司化经营，管理及安全管理制度完善，是经省旅游局批准注册的专业旅游公司，是连云港市唯一一家同时拥有旅游资质和旅游客运资质的企业。

公司辖有连云港同心圆旅行社和连云港同心圆旅游客运公司。经营业务有组团旅游、旅游包车、会议用车等。公司拥有牡丹、广通、金龙、宇通等大中型高级豪华旅游客车30辆，营运手续及各类保险齐全，拥有一流的管理队伍和经专业管理部门考核合格的旅游服务人员。

三、旅游生产企业

至2009年，赣榆县主要旅游生产企业有：连云港欢墩康源有限公司、赣榆徐福茶厂、赣榆县启迪禽业发展有限公司、赣榆县冷藏食品有限公司、赣榆县门河食品工业园、神仙紫菜有限公司、赣榆夹谷春茶厂、赣榆门河银杏茶厂。

四、星级旅游饭店

2009年年底，全县共有星级旅游饭店10家。其中，三星级4家，二星级6家。

2009年赣榆县星级旅游饭店一览表

表14-1

序　号	饭店名称	地　址	星　级	房间数	床位数
1	赣榆宾馆	青口镇黄海路	3	106	196
2	普陀山大酒店	青口镇华中南路	3	63	116
3	杭州湾大酒店	青口镇东关路	3	50	95
4	建伍宾馆	青口镇西外环	3	67	116
5	怡发大酒店	青口镇华中路	2	47	89
6	海霞星苑酒店	青口镇	2	92	176
7	新时代大酒店	青口镇黄海路	2	27	52
8	海头宾馆	海头镇	2	10	20
9	海纳川酒店	青口镇镇海路	2	22	40
10	惠园大酒店	金山镇	2	11	25

五、市级特别推荐购物场所和餐饮场所

2004～2009年，县旅游局共评定了62家旅游定点单位，主要包括旅游定点饭店13家、商店超市41家和旅游定点生产企业8家。其中，有10家单位被命名为市级特别推荐旅游购物场所，5家单位被命名为市级特别推荐旅游餐饮场所。15家市级特别推荐旅游购物场所和餐饮场所分别是：连云港欢墩康源有限公司、赣榆徐福茶厂、赣榆县启迪禽业发展有限公司、赣榆县冷藏食品有限公司、赣榆县门河食品工业园、千年翠钻赣榆店、华联超市赣榆店、神仙紫菜有限公司、赣榆夹谷春茶厂、赣榆门河银杏茶厂、赣榆清河人家、海头宾馆、泰润酒家、建伍宾馆、自在天商务大酒店等。

第十五篇 信息产业

第十五篇　信息产业

1991年10月1日，投资308万元的赣榆县邮电局邮电大楼落成投运，标志着赣榆邮电发展迈上新征程。1998年9月10日，县邮电局分营为赣榆县邮政局和赣榆县电信局，邮政电信设施、邮政网路建设、电信业务发展等呈现出新的发展态势。

进入21世纪后，赣榆县信息产业进一步扩大。2000年，完成电信业务收入5500万元，全年共发展电话18483部。2004年，业务收入完成9127万元，收入增幅居全省县级公司第三。2005年业务收入完成1.04亿元，在连云港市四县率先突破亿元大关。2007年，全县完成邮电业务总量1.79亿元。其中，邮政业务总量0.37亿元，电信业务总量1.42亿元。新增固定电话3800部，移动电话7万户，宽带用户8300户。海头镇获全省首批二星级信息化示范镇，海前村、海后村、海脐村、小口村、宋口村、任庄村获全省首批信息化示范村。2009年，赣榆县共完成邮电业务总量3.69亿元。其中，邮政业务总量0.48亿元，电信业务总量3.21亿元。是年，宽带用户累计净增1.32万户，用户总数达4.71万户，移动电话用户数4.17万户，固定电话用户数21.94万户，市内四县第一，苏北地区排名第三。新农村信息化建设初见成效，柘汪镇、罗阳镇等13个镇建成信息化示范镇。

第一章　邮　政

第一节　管理机构

1990年～1998年9月9日，赣榆县邮政业务由县邮电局管理。县邮电局设立邮政股，具体负责邮政业务。

1998年9月10日，赣榆县邮政局从县邮电局中分营出来，办公地点从县城华中路搬到环城北路。当时县邮政局的内部机构设置为一室三部，分别为综合办公室、人事教育部、计划财务部、经营服务部。综合办公室负责文秘工作（包括文书档案）、来信来访、后勤总务、印章管理、保卫工作等。人事教育部负责劳资工作、人事调配、纪检监察、职工教育、党群工作、工会工作等。计划财务部负责经济活动分析，年度投资计划及重大维修计划，督促所属营业支局执行资费政策，组织业务收入、清缴欠费、成本核算等工作。经营服务部负责市场开发、业务推销及全局性的经营工作、各项邮政业务的管理、通信生产的指挥调度、生产设备的运行与维护、工程建设和管理、局所管理、通信服务和通信质量工作等。

1998年，赣榆县邮政局下辖24个支局。农村支局分别为：海头、九里、柘汪、马站、石桥、金山、万庄、黑林、土城、赣马、朱堵、门河、城头、班庄、欢墩、殷庄、沙河、墩尚、罗阳、宋庄20个支局；县城支局分别为：华中路、黄海路、镇海路、东关路4个支局，直至2009年年底未有变化。2009年，局所属公司和班组分别为：广告公司、速递公司、储汇中心、发行班、封发班、投递班、驾驶班。

第二节　邮政设施

一、邮政用房

1990年，赣榆县邮政房产遍布全县，有26个城乡支局所、3个代办所。到1994年，全县有邮电局所27处，1995年增至30处，均有相应房产配备。1998年，邮政房产有厉庄、朱堵、欢墩、殷庄、黑林、城东、石桥、柘汪、龙河、城头、海头、墩尚、罗阳、沙河、马站15个乡镇支局及县城华中路、黄海路、镇海路、东关路4个支局，全县其他支局所房产归电信。2000年年底，县邮政局购买原县植物油厂的房屋1196平方米。2002年，全县邮政部门生产、办公用房总面积达15057平方米。2008年，新建面积为1798平方米的邮政综合楼。2009年，新增县城环城北路投递公司面积为544平方米。至此，全县邮政部门生产、办公用房总面积为17544平方米。

二、邮政设备

赣榆县邮政设备经历一个从少到多、从简单到复杂、从落后到比较先进的不断进步与完善的过程。1991年7月1日，投资308万元，主体6层、局部9层、总面积4375平方米的通信综合楼落成投运。1992年1月26日，投资101万元引进上海贝尔公司4096门S-1240数字程控交换机割接开通。1993年5月13日，赣榆县邮电局移动通信公司成立；是年年底，分别建成900兆赫移动通信系统和150兆赫无线寻呼系统。1994年4月，赣榆至新浦140兆赫光纤线路开通，6月26日正式启用，赣榆开始了光通信时代，其他传输方式逐步被光传输系统组成的数字传输网取代。1995年，全县邮政主要设备是10台汽车和75辆自行车，到2009年已发展成12台汽车、60辆自行车和18辆摩托车。另外，从1995～2009年，全县还添置2台邮资机、2台过戳机、19台自动取款机、3台自动取款一体机、24台电子秤、56台世达1200L终端、66台各类打印机、1台速印一体复印机、2台思科交换机等。

第三节　邮政网路

一、邮政网点

1990年，全县有邮电支局（所）32处。1994年，全县邮电支局（所）缩减为27处，1995年又增至30处。1998年，赣榆县邮政网点缩减为24个农村和城市支局，基本上延续邮、电分营前的网点设置，后因部分乡镇网点划归电信，邮政网点只保留15个农村网点，城区网点没有变动。2009年，邮政支局（所）总量仍恢复到24处。其中，农村20处，城区4处。

二、邮件运输

赣榆县邮政运输有汽车邮路和旱班邮路。其中汽车邮路南北共两条，北部长102千米，南部长93千米。1990年，全县邮路长度为30多千米，农村投递线路总长度为2496千米，全年共收寄函件78.8万件、包裹3.3万件，邮电业务计费总量196.9万元。1994年，全县邮路总长度为50千米，投递线路总长度为2273千米。1995年，全县邮路总长度为60千米，投递线路总长度为2283千米。1998年，全县投递员的人数为53人，段道59条，邮路长度为160多千米。2002年，全县拥有邮政支局26个，全县700余个自然村全部通邮，县城有4个城市支局，邮路总长163千米，农村投递线路长度为2197千米。到2009年，全县拥有邮政支局24个，投递员总数为60人，投递段道57条，全县邮路总长度为190千米，农村投递线路长度2363千米，全年共收寄函件117.6万件、包裹5.75万件、汇票11.72万张，邮政业务总量4751万元。

第四节　邮政业务

1990年，全县邮政业务为：函件78.8万件、包件3.3万件、汇票3.2万张、电报10.6万份；邮政业务总量196.9万元。2009年，全县共收寄函件117.6万件、包裹5.75万件、汇票11.72万张；邮政业务总量4751万元。

一、集邮业务

自1998年邮电分营，县邮政局开始办理集邮业务，成立县集邮协会，会员近千人。业务主要是邮品的销售、开发和新邮品的预定工作。2008年，全县实现集邮业务总量为17.24万枚。2009年，集邮业务主要是定向开发邮品、个性化邮票、企业年册的开发和制作，办理新邮品预订业务，销售中国人民银行和中国集邮总公司联合制作的各种金银制品。是年，全县共实现集邮业务总量为21.92万枚。

二、汇兑业务

1990年，赣榆县全年完成汇兑业务总量以汇票计为3.2万张。2005年，邮政汇兑业务改为电子汇款。汇兑业务由原来的普通汇款和电报汇款改为现在的普汇和入账汇款，实现了实时到账，并加办短信业务。2008年，全县完成汇兑业务总量以汇票计为9.25万张。2009年，全县汇票量达到11.72万张。

三、邮政储蓄业务

1990年，赣榆县尚未有邮政储蓄业务。1998年，海头和宋庄两个沿海支局开办邮政储蓄业务，只受理个人存款，办理单纯的储蓄业务。2002年，全县26个邮政网点均开办邮政储蓄业务，邮政储蓄余额达3.2亿元，市场占有率为14.36%。2008年4月，邮政储蓄从邮政局管辖中独立出去，成立赣榆县邮政储蓄银行。赣榆县邮政储蓄银行的分支行网点有两个，即：县城华中路邮政储蓄分行和赣马邮政储蓄分行。邮政所办理的邮政储蓄业务属代办，拥有除县城华中路邮政储蓄分行和赣马邮政储蓄分行以外的22个储蓄网点。邮政储蓄业务除办理存款以外，还办理小额信贷业务。是年，邮政储蓄期末余额120798万元。2009年，全县邮政储蓄期末余额达到126829万元。

四、特快专递业务

1990年11月，赣榆县邮政局开办特快专递业务，当时只有县邮政局开办，收寄少量的特快邮件。1998年后，全县24个邮政网点相继开办了特快专递业务。到1999年，特快专递的业务种类增多，主要有：鲜花礼仪、电子商务、国际业务（国际包裹、国际特快）、国内特快、经济快递、一体化物流、同城业务等，年收入200余万元。2008年12月，县邮政速递公司划归市局速递公司管理，人、财、物不再归县邮政局管理。是年，全县共完成特快专递14.22万件。2009年，完成特快专递总量达16.42万件。

第二章 电 信

第一节 运营机构

一、赣榆县邮电局

1990年2月，撤人保股、办公室，设人秘、政二、计财、总务、邮政、电信6个股；8月，成立劳动服务公司；11月6日，人秘、政工二股合成人秘股。1993年3月8日，成立实业公司；5月13日成立移动通信公司，开办移动业务。1994年8月，成立速递公司。1995年3月7日，设储汇股；10月17日，设立股级农话办公室；11月17日设工程规划办公室、集零公司；至年底，设13个中层管理股室，生产班组共有：邮营、封发、投递、机要、发行、储汇、邮运、电营、册报、报务、线路、电力、载波、微波、测量、PCM机房、程控和速递公司、集零公司等19个班组。

图 15-1 赣榆邮电大楼（1990年摄）

1995年，全局有13个股室，19个班组，26个城乡支局所，3个代办所，各类人员756人。其中设置在县城的邮电支局有镇海、双桥、文化路3处。农村邮电支局有海头、九里、柘汪、石桥、赣马、厉庄、黑林、朱堵、城头、班庄、沙河、墩尚、罗阳、宋庄、欢墩、土城、门河、徐福、官河、殷庄、大岭21处。农村邮电所有徐山、马站2处。县城邮政代办所有盐场1处。农村邮电代办所有城东和城南2处。1998年4月11日，移动公司与县邮电局剥离；6月1日，无线寻呼业务与邮电局剥离，赣榆国信寻呼公司成立。1998年9月10日，赣榆县邮电局实行邮政、电信分营，赣榆县邮政局和赣榆县电信局同时挂牌宣告成立，县邮电局撤销。

二、中国电信股份有限公司赣榆分公司

1998年，赣榆县电信局成立，内设综合办公室、经营维护部、人力资源部、计划财务部等管理股室4个，生产股室3个，实业公司1个，共有员工242人。

2000年9月，全省电信企业进行重组，实行政企分开，县电信局更名为“江苏省电信公司赣榆县电信局”。2001年，内设综合办公室、市场经营部、设备维护部、人力资源部、计划财务部5个职能部室。2002年11月，中国电信股份有限公司实现海外上市。2003年6月1日，县电信局更名为江苏省电信有限公司赣榆县分公司；是年，开展本地网流程重组（BPR），设综合管理部、市场营销部、维护安

图 15-2　赣榆县电信局（2008年摄）

装部3个管理职能部室；设立大客、商客、公客、10000四个营销渠道和25个农村电信营业所，完善企业营销体系。2008年2月25日，更名为中国电信股份有限公司赣榆分公司；原江苏省电信公司赣榆县电信局继续保留（为存续公司），但不得用于经营有关事项。2009年，中国电信股份有限公司赣榆分公司有正式员工168人，劳务人员115人，设综合管理部、市场营销部、维护安装3个部以及9个中心、27个营业所。

三、中国移动通信集团江苏有限公司赣榆分公司（简称中国移动江苏公司赣榆分公司）

1998年1月1日，赣榆移动公司从赣榆县邮电局剥离；5月，筹备成立江苏移动通信有限责任公司赣榆分公司，内设营业班、市场部、基站班等机构，共有员工15名，租赁营业厅1个；6月，中国移动（香港）有限公司（原中国电信（香港）有限公司）以29亿美元收购新组建的江苏移动通信有限责任公司，至此，江苏移动通信成为继广东、浙江之后的又一上市子公司。

1999年3月23日，江苏移动通信有限责任公司赣榆分公司完成工商注册，企业类型为外商独资经营（分支机构），从事移动通信网络的建设、投资，经营移动电话通信业务，移动通信设备的维修、安装、工程施工；出售、出租移动电话终端设备及零配件，并提供售后服务。

2004年12月，赣榆移动通信楼建成并投入使用。2006年8月，赣榆分公司改名为中国移动通信集团江苏有限公司赣榆分公司（简称中国移动江苏公司赣榆分公司），中国移动通信集团是国有大型骨干企业。

2009年，中国移动通信集团江苏有限公司赣榆分公司下设综合部、市场经营部、集团客户部、支撑中心及城乡营业厅；主要业务品牌有全球通、动感地带、神州行等，公司逐步推出了各种新业务，短信息、12580移动秘书服务台、信息点播、IP电话、GPRS、WAP、彩铃、彩信、短信呼、易查询、随E行、移动QQ、数据传真等，并推出了一系列集团信息化解决方案。

四、中国联通赣榆分公司

2000年1月1日，中国联合通信有限公司连云港分公司在赣榆县设立经营部，成为连云港联通在赣榆县设立的分支机构，负责连云港联通在赣榆县的电信建设和业务发展，员工编制5人；是年1月，赣榆县联通建成一座自有营业厅。2002年，成立中国联通有限公司赣榆分公司，员工编制17人；公司下设市场部、综合部，负责在赣榆县的经营、服务等工作。

2003年7月，赣榆县联通推出联通“宝视通”业务，向用户提供视讯及其增值服务的网络平台，传送语音、图像、图文信息；8月，实现与中行、交行、建行、农行、工行5大国有商业银行联网代收费，并与邮政合作，实现遍布城乡各地的邮政储蓄网点代收费；是年，中国联合通信赣榆分公司建成3家自建营业厅，100余家合作营业网点，300多家村级合作网点，形成了城区、乡镇二级服务体系，服务覆盖城区及乡镇。2004年8月1日，炫铃业务开通。此后，“手机报”业务、“宽带商务”、116114“电话导航”

业务、3G业务相继开通。其中，中国联通3G业务，能提供包括可视电话、无线上网、手机上网、手机电视、手机音乐等多种信息服务。2005年，赣榆县联通公司全面启动政府、企业、事业单位的上网工程，成功推广无线上网卡，市场份额不断扩大。2008年10月，根据上级公司安排，与中国网通赣榆县分公司合并组建新联通，人员编制达到50人。2009年，互联网接入涵盖整个县城区域和重点乡镇。

图 15-3 中国联通赣榆分公司（2008年摄）

第二节 电信设施

一、长途电话线路与设备

1990年，赣榆县有长话电路46条，电报电路4条。1993年，全县有长话电路192条，在全县4773部电话中，有长途直拨用户3775户。

1994年4月，连云港一市三县建成市内电话本地网，长途区号为0518，所有用户均可直拨世界各地电话；5月7日零时起，赣榆的人工长途台取消，长话由市局汇接；新开长途至本地公众电话交换机中继电路（赣榆—新浦）180路，其中光缆电路60路、数字微波电话120路，另有网话、移动和寻呼光缆电路分别为242路、120路和6路；6月，赣榆480路微波传输系统开放，实开数字微波电话210条，实装来去话自动电路各75路，基本实现长途传输数字化、自动化；年末，赣榆计有长话电路136条、电话3897部，其中，3019部可直拨国内长话，其余仍由人工接续，直拨用户中有70户还可直拨国际及港澳长途。1995年年底，全县计装电话23263部，均可拨打国内长途；其中直拨国际及港澳台地区长话之用户为22184户。

进入21世纪后，赣榆县长途电话线路与设备发展迅猛，其中2000年，全县实现电信业务总量5285.9万元，包括交换机总量12.83万门、移动电话用户1.88万户、无线寻呼机用户1.47万户。2008年，全县完成电信业务总量3.14万元、电话交换机容量27.6万门、宽带用户数3.3万户。2009年，全县完成电信业务总量3.69万元、电话交换机容量28.0万门、移动电话用户数4.17万户、固定电话用户数21.94万户。

二、市内电话线路与设备

1990年，赣榆县有市话电话机1723部、市话计费用户1342户。1994年6月，赣榆市话纳入连云港本地电话网，号码由6位升至7位；程控交换机扩容6000门。1995年，程控交换机容量1万门，实占8405门，出局用户线对数17000对，实占8432对。是年年底，全县计装电话23263部，平均每百人拥有电话2.3部；市区每百人拥有电话20.4部。1999年市话交换机扩容1024门，总容量达17776门。

2001年，赣榆在连云港市率先开通FTTX宽带网384个端口。2002年共投资工程建设资金2522万元，新扩程控交换设备容量2.7万线，开通ADSL宽带网设备768个端口，满足了广大宽带用户的需求。2003年完成F150、S1240、中兴接入网以及华为接入网的扩容工程；使交换机容量从2002年年底的16.9万门增长到20.6万门。

2004年，F150交换机、中兴接入网、华为接入网继续扩容，新增容量16596门；本地交换设备容量增长到22.11万门，实装容量达到19.99万线，实装率达90.41%。新增无线基站126个，总数达612个；完成ADSL七期扩容，共新建17个局点，扩容24个局点，新增端口3288个，累计端口达到6488个，实装率达69.27%。

2008～2009年，共开通C网基站22个，C网基站总数已达56个；新网络已具备总机服务、彩信、短信、WAP、C+W等新业务开放能力。

三、农村电话线路与设备

1990年，赣榆县有农话线路202条、农话电话机1389部、农话计费用户459户。1992年1月26日，赣榆邮电局开通程控电话，建成农话第一个自动交换点；9月28日，班庄支局开通384门HJ1ODⅡ型数字程控交换机（欢墩拆点并入），成为全县第一个农话程控化的乡镇和第二个自动化的交换点。

1994年4月，农村电话开通F-150程控交换机15360门，结束了传输靠明线，接续靠人工的历史，进入传输数字化、交换程控化的新纪元；是年6月26日，F-150型15360门农话程控数字交换机开通，赣榆农话至此全部程控化。1995年，全县农话自动交换机容量为19712门，实占14036门；共设19个农村电话交换点，其中安装程控交换机的4个，模块局的有15个，全县农村每百人拥有电话1.5部。1996年5月，引进日本富士通33280门F-150程控交换机及622Mb/sSDH传输设备；增设海头、城头、厉庄、沙河4个端局；另用贝尔公司J型S-1240程控交换机5120门设河南“628”市话分局。至此，全县形成1个汇接局、5个农话端局、1个市话端局、19个模块局、2个小型农话端局的格局。1997年，移动通信新建G网，扩建A网、B网，建成24个G网基站，信道数由“八五”期末的188个扩建至533个；有国家一级光缆干线一条，骨干网二级干线二条。1998年，全年新扩容交换设备22664门，农话交换机容量净增6448门、总容量达71984门；全县操控电话交换机总容量达到89760门，新上接入网设备8576线、共21个光纤接入点，累计10880线。

进入21世纪后，赣榆农村电话线路与设备发展迅猛。2000年，扩容28664门。2001年，扩容22664门，新开通多媒体宽带网384个端口。2002年，发展电话32727部，用户总数达13.68万户。2008年，全县固定电话年末用户数为21.8万户，2009年达21.94万户。

第三节　电信业务

一、固定电信服务

（一）固定电话

1990年，全县有固定电话机3112户，计费用户1801户。1992年，县内开通程控电话，号码由4位数升为6位。1993年7月，开办长途对端“114”查号业务，拨通对方区号和“114”后，即可查询所要电话号码。1994年5月7日，人工长途台拆除，“118”“173”“116”等业务停办；5月10日，县局电信营业厅率先开通磁卡电话；6月26日零时，赣榆市话纳入连云港市本地电话网，电话号码由6位升7位，在原号码首位前加“6”，区号0518；同时，S150型15360门农话程控数字交换机开通，全县电话彻底甩掉“摇把子”，实现程控化、数字化通信；城东乡宋口村建成全县第一个“电话村”。11月，开办“108”（IODC）国际直拨受话人付费业务。是年，邮电业务收入达1531.5万元、较上年增长77.4%，放装市话2500部、农话4300部移动电话238部，市话普及率达12%，全县电话普及率达1.25%。1995年，全县计装电话23263部，均可拨打国内长途；市话用户达8405户，其中住宅电话6871部。1996年，开办“110”报警电话服务业务；7月1日，柘汪乡建成全县第一个“电话小康乡镇”。1998年，完成电信业务收入约3900万元，比上年同期增长13%；全年共发展电话6580部。1999年，是邮电分营后赣榆县电信局成立的第一年，全年完成业务收入4650万元，净增固定电话用户9700户，用户总数达65600户，居全市四县首位，城区电话普及率达34.9%；同时，程控扩容18288门，总容量达100256门。是年，赣榆县电信局荣获市级“文明单位”，被县委、县政府评为“十佳文明单位”，被省精神文明建设委员会命名为“江苏省创建文明行业先进省行业”。

进入21世纪后，赣榆固定电话发展迅猛。2000年，完成电信业务收入5500万元，比上年同期增长13%，全年共发展电话18483部。2001年，完成电信业务收入5638万元。2002年，全年收入达6492.43万元，发展电话32727部，电话用户累计数达13.68万户。2003年，新增固定电话用户34712户，累计用户数达171545户。2004年，全年业务收入完成9127万元，收入增幅居全省县公司第三，固定电话净增29233部，程控交换机扩容16596门，本地交换设备容量达到22.11万门。年底，固定电话用户数在四县区率先突破20万户。2005年，全年业务收入完成1.04亿元，在四县率先实现业务收入突破亿元大关。是年，完成2.67万门程控交换机扩容工程，总容量达25.3万门，固定电话净增2.24万户，总数达22.3万户。2007年，全年业务收入完成10741.6万元，净增电话2.35万部，其中固定电话3237部，电话用户总数达到27.74万部。是年6月，海头镇荣获全省首批信息化示范镇，海头镇海后村、海前村、海脐村、小口村、青口镇宋口村、柘汪镇西柘汪村、宋庄镇任庄村分获全省首批信息化示范村；其中，海头镇为二星级信息化示范镇，其新农村信息化示范镇工程是全连云港市第一个信息化示范镇；柘汪、罗阳信息化工程先后启动。2008年，业务收入完成1.1321亿元，提前半年完成13个信息镇的建设。2009年，业务收入完成12119万元，位列连云港市四县第一；赣榆县电信局连续两年被省电信公司评为农村信息化建设先进县级分公司。

（二）电报与传真

1990年8月，海头、厉庄、赣马、土城、城头、班庄、朱堵、沙河、墩尚9个支局首开农村电报、传真业务。1991年始，全县各镇支局均能收发电报。1995年始，全县各镇支局均能收发传真。

（三）小灵通业务

2002年，赣榆县开始有小灵通业务。是年，小灵通一期、二期工程完成，实现赣榆电信无线市话零的突破。2003年，新增小灵通用户突破一万户，在连云港四县名列前茅。2004年，小灵通净增22848部，小灵通用户累计已达32979户。2007年，全年净增小灵通20274部。到2009年，由于移动用户的快速发展，小灵通业务逐渐萎缩。

（四）宽带与来电显示

1996年5月，随着多媒体宽带网端口的开通，县内开始有宽带业务，并出现BP机来电显示等业务。2000年，全县发展互联网用户2280户。2001年，发展来电显示用户16542户，新开通多媒体宽带网384个端口；全年共发展互联网用户3280户，发展宽带网用户36户。2002年，赣榆实施光纤宽带接入工程，其中，教育网工程，为全县66所中小学、县城教育局、教师公寓等实现了光纤宽带接入；是年，完成ADSL五期扩容工程，全县20个乡镇的用户可以通过普通的用户线进行宽带上网，全年发展宽带用户872户，总数达1213户；发展来电显示39585户，总数达53070户。2003年，新增宽带用户1500户，用户总数达2612户；发展来电显示用户19811户，用户总数达71488户；平均ARPU值为每户34.28元/月，超过市分公司下达每户34元/月的指标。2004年，宽带发展3183户，来电显示发展27826户。2005年，来电显示净增2.84万户，固话来显渗透率达57.5%；宽带净增4124户，总数达9919户。2007年，净增宽带9129户，用户总数突破2万户，达2.26万户。2009年，宽带用户累计净增1.32万户，用户总数达4.71万户，四县第一，苏北地区排名第三。

二、移动电信服务

（一）移动电话

1. 移动电话A网、B网建设　1993年1月，赣榆县邮电局引进美国摩托罗拉（MOTOROLA）公司

900M蜂窝式移动电话系统，利用县局微波塔敷设天线，设通信基站1个，总信道10个开办A网移动电话（“大哥大”）业务；5月13日成立移动通信公司，年末手机用户110户。1994年3月，移动电话月租费实行包月制；4月1日，增收移动电话建设费每分钟0.20元；7月28日，移动电话号码由6位升至7位。是年扩建青口基站，信道增加到25个，移动电话可在苏、浙、沪地区自动漫游，年末用户数372户。1995年3月22日，移动电话取消包月制计费方式，实行复式计次计费；是月，开办移动电话出租业务；8月18日，青口增设基站，开办B网移动电话；11月A网移动电话全国自动漫游及香港、新加坡漫游业务；是年，A网扩容，沙河、石桥、城头、厉庄新建基站4个，赣榆计有900M模拟蜂窝移动通信基站5个、信道总数53个，用户806户。2000年5月连云港移动电话模拟网B网关闭。2001年12月31日连云港移动电话模拟网A网关闭，第一代模拟电话退出历史舞台。

2. G网建设　1995年12月“全球通”数字移动电话网开通，实现与15个省、市自动漫游。1999年1月12日连云港建成开通江苏省第一个GSM900/1800兆双频数字移动电话网络，数字移动电话可以在900兆和1800兆之间自由切换；是年，赣榆分公司总投入2800万元，新建通信基站20个；数字模拟移动通信系统扩容到1200个信道，可容纳用户9200户。2000年3月31日至4月3日，赣榆地区数字移动通信GSM网四期扩容工程顺利割接开通。2002年5月中国移动GPRS开通，移动网络实现从第二代向2.5代的过渡。2008年，投资6000多万元新建基站，新增数量55个，实现网络全覆盖，线路迁移累计约50千米；本地接入网架空杆路201千米，管道18.1千米，并先后投资400多万元，在班庄新集、柘汪响石、欢墩东方红等贫困村建设扶贫基站。

1998～2009年，全县移动用户实现快速增长，移动客户数量从12000多户发展到40万户；全年运营收入从2300元提升到2.2亿元。

（二）无线寻呼

1993年1月，赣榆县电信局引进美国摩托罗拉公司的CT3J2D —1106A型无线寻呼发射机安装竣工，发射功率100W，工作功率152.65MHZ，建成150M无线寻呼系统；4月10日，青口设立寻呼基站，无线寻呼发射可覆盖全县，开通本地人工寻呼系统，实现“126”全区联网；8月16日，开通“127”人工与自动、数字与汉字兼容的全区自动寻呼系统，向社会提供常规寻呼、群组寻呼、定时寻呼、机主留言、设置密码和转移呼叫等服务。是年，发展无线寻呼用户890户；年末，用户升至2018户。1995年9月18日，青口增设寻呼基站一个，开通本地网寻呼系统第二频点“998”人工寻呼台和“999”自动寻呼台；12月8日，青口设第三个基站，开办全省联网“128”人工寻呼和“129”自动寻呼业务，年末用户数为4436户；数字寻呼机开户费50元、中文寻呼机开户费100元，月租费为数字机每月15元、省网20元，中文机30元、省网45元。到2009年，数字寻呼机全县停用。

（三）免费服务业务

1995年，服务项目有缩位拨号、热线服务、呼叫等待、三方通话、转移呼叫、闹钟服务、遇忙回叫、呼出限制、遇忙记存呼叫、免打扰服务、制度用户服务、追查恶意呼叫、会议电话14种；此外还有装机、移机、拆机、改名、过户等业务。至2009年，服务项目未变，继续坚持免费服务。

（四）特服业务

2000～2006年，陆续增设的收费特服业务有“117”报时台、“121”天气预报、“123”音乐台、“126”无线寻呼人工台、“127”无线寻呼自动台、“168”声讯信息服务台、“184”邮政编码查询台；免费的有“112”市话障碍申告台、“113”国内人工长途挂号台、“114”查号台、“119”火警。2007年，“我的e家”用户净增3619户，商务领航净增1185户，网络视讯净增296户。2009年，天翼用户累计净增2.48万户、用户总数达3.89万户；“我的e家”用户累计净增2.15万户、总用户数3.50万户；商务领航用户净增580户、总用户数2049户。

第十六篇　金融业

第十六篇 金融业

进入20世纪90年代，赣榆县金融业发展迅速。1990年，全县金融机构有5家银行，2家信用合作社，2家保险公司。1996年，成立中国农业发展银行赣榆县支行、太平洋保险赣榆办事处；2001年，成立南京证券赣榆服务部、太平洋寿险赣榆支公司；2002年2家信用社合并为赣榆县农村信用合作联社；2003年成立平安财产险赣榆支公司；2004年成立江苏天源投资担保有限公司；2005年成立连云港鼎力投资担保有限公司；2008年成立中国邮政储蓄银行赣榆县支行。2009年，赣榆主要金融机构已发展到8家银行、5家保险公司、1家证券公司和2家国有投资担保公司。

1990年，赣榆城乡储蓄金额合计24065万元，金融机构人民币贷款金额49039万元。20世纪90年代初，为应对经济过热现象，控制金融风险，赣榆县金融行业实行限额下资产负债比例管理和风险管理，严格控制信贷规模。1996年，推行以存贷比控制信贷规模办法，实行等级授权制。1998年开始，根据中国人民银行要求清理信贷资产，赣榆县金融行业取消信贷规模，银行逐渐实行商业化、市场化经营。进入21世纪以后，在加强信贷风险管理体系建设的同时，加大信贷投入，逐步形成以人民银行为领导，专业银行为主体、多种金融机构并存的金融组织体系，以满足县城经济发展需求。截至2009年年底，全县城乡储蓄金额达到686965万元，金融机构人民币贷款金额770707万元。

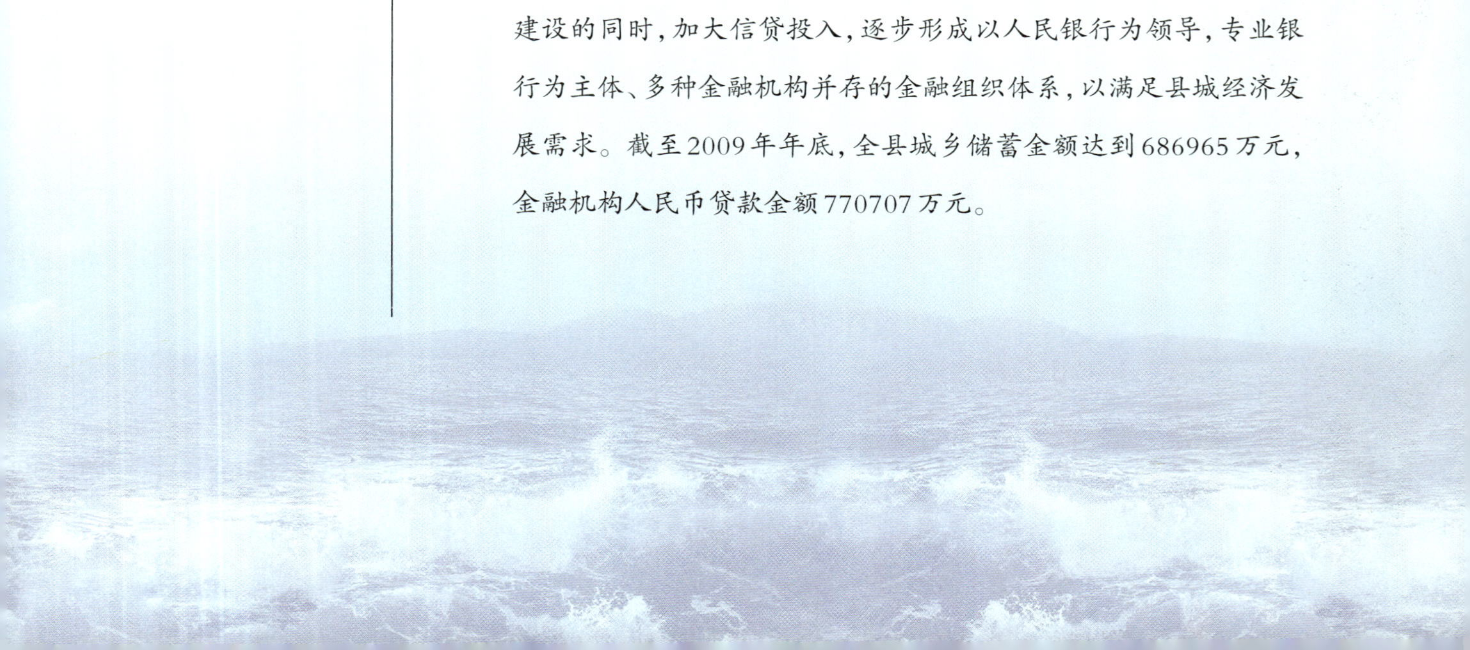

第一章　银行业

第一节　机　构

1990年，赣榆有5家银行，2家信用合作社，分别是中国人民银行赣榆县支行、中国工商银行赣榆支行、中国农业银行赣榆县支行、中国银行赣榆支行、中国建设银行股份有限公司赣榆支行和赣榆县农村信用合作社、赣榆县华中路城市信用社。1996年，中国农业发展银行赣榆县支行成立。2002年2家信用社合并为赣榆县农村信用合作联社。2008年，中国邮政储蓄银行赣榆县支行成立。2009年12月，赣榆县农村信用合作联社更名为江苏农村商业银行股份有限公司。至2009年年底，赣榆银行发展为8家。

一、中国人民银行赣榆县支行（简称县人行）

县人行自1983年3月划归中国人民银行连云港支行管辖以来，一直行使中央银行职能，负责对全县金融机构的管理、协调、监督、稽查和货币发行工作。原址位于青口镇黄海路23号。1988年，筹建成立城市信用社。1992年，县人行被人行江苏分行确定为大规模县级支行。1993年4月，在华中北路12-50号新建大楼。1994年4月28日，县人行迁入新址办公。按照《中华人民共和国中国人民银行法（修订案）》，县人行具备监管职能。2003年，履行货币信贷政策的贯彻执行（含信贷征信、金融稳定）、支付清算、国库清算、货币发行、反洗钱等职能；同时设立连云港银行监管分局赣榆办事处。

图 16-1　中国人民银行赣榆县支行（2009年摄）

二、中国工商银行赣榆支行（简称县工行）

县工行成立于1984年1月，在县人行加挂“中国工商银行赣榆县支行”的牌子，是中国工商银行股份有限公司的辖属一级支行。1986年7月从县人行分出。1990年设有9个股室、5个储蓄所、2个分理处，职工97人。2005年以后实现跨越式发展，多次被赣榆县委、县政府评为“文明单位”“建设赣榆有功单位”。2009年有职工62人，营业机构3个，分布在县城主城区。

图 16-2　中国工商银行（2009年摄）

图 16-3 中国农业银行赣榆县支行（2008年摄）

三、中国农业银行赣榆县支行（简称县农行）

县农行为中国农业银行股份有限公司所属的县级支行。地址位于青口镇黄海路23号。1993年12月，开始向国有商业银行转轨。1996年1月，根据国务院《关于农村金融体制改革的决定》，农村信用社与农行脱离行政隶属关系。1996年10月，从农行分离部分政策性业务，成立农业发展银行。1995～2003年，优化网点机构，相继撤并22个乡镇营业网点。2001年8月，辖内网点由营业所更名为分理处。2007年7月，辖内7个网点由分理处更名为二级支行。2008年8月，在沙河支行安装赣榆县农村乡镇第一台自动取款机。2009年1月，随着中国农业银行股份有限公司成立，赣榆县农行正式为股份制商业银行；下辖八个网点，其中城区网点4个，乡镇网点4个，业务范围从传统的存款、贷款、结算业务到代理中间业务，发行借记卡、贷记卡，开办国际业务，办理电子金融产品，开具国内信用证，发放委托贷款，代理销售保险、基金、第三方存管等等。截至2009年年底，全行各项存款余额为16.3亿元，各项贷款余额为7.3 亿元，实现利润719万元。

四、中国银行赣榆支行（简称县中行）

图 16-4 中国银行赣榆支行（2009年摄）

县中行为本、外币兼营的金融机构，成立于1988年9月。地址位于青口镇黄海路4号。1990年，各项存款余额1690万元，各类贷款余额1200万 元。1992年，开 办“长城卡” 业务。1994年，按照总行部署进行商业化改造。1996年，开办综合信用打包贷款、开征授信、进出口押汇业务。1998年，对改制企业的不良资产进行清理，剥离划转核销不良资产本息6137万元。2006年，进行股份制改造。2009年，县中行下辖一个营业部和三个经营性支行（文化路支行、东关路支行、徐福支行）；全行各项存款余额93730万元、各项贷款余额92343万元、发放各类银行卡19876张、国际结算量3776万美元。

五、中国建设银行股份有限公司赣榆支行（简称县建行）

县建行前身系中国人民建设银行徐州支行于1970年在赣榆县设立的建行拨款组，1975年5月1日升格为中国人民建设银行赣榆县办事处，一直由县财政局代管。1981年7月30日，根据徐地编〔1981〕30号文件批准，正式成立中国人民建设银行江苏省赣榆县支行；同时与财政局分离，负责县内基本建设拨款、投资信贷和固定资产投资的管理。1990年，设有7个股室、2个办事处、1个储蓄所，有职工51人。2009年，有职工58人，下设文化路分理处与华中路分理处两个营业网点；全县一般性存款余额为85868万元。其中，企业存款余额为40249万元，储蓄存款余额为45619万元。贷款余额达到131921万元，余额在本地同行业占比为36.73%，居全县同行业首位；实现账面利润3324万元。

图 16-5　中国建设银行股份有限公司赣榆支行（2008年摄）

六、中国农业发展银行赣榆县支行（简称县农发行）

县农发行成立于1996年10月19日，隶属于中国农业发展银行的县级支行，是全县唯一农业政策性银行。该行内设行长室、办公室、计划信贷部、会计出纳部；主要业务范围是粮棉油收购、储备资金贷款供应与管理等政策性业务，加工企业、产业化龙头企业、农业小企业、农业科技等商业性贷款，农业农村基础设施、农业综合开发等中长期贷款。同时，先后开办了中间业务、国际业务等其他业务。县农发行自成立以来至2009年共累计投放粮棉油收购、调销和储备贷款56亿元。2004～2009年，投放商业性贷款流动资金9亿元。2006～2009年，累计投放中长期贷款3.8亿元。

图 16-6　中国农业发展银行赣榆县支行（2008年摄）

七、江苏赣榆农村商业银行股份有限公司（简称县农商行）

赣榆县从1951年开始农村信用合作试点。1987年9月，成立赣榆县农村信用合作联社，独立核算，隶属县农行领导。1990年，信用联社吸收股金28.95万元，下辖30个信用社、23个信用分社、173个信用部，有职工301人。1996年1月31日，经中国人民银行南京分行批准，与农行脱离，独立运营。2000年10月25日，全县信用社合并，统一法人。2001年，省联社成立后，业务管理隶属江苏省农村信用社联合社，全县信用社储蓄业务通存通兑。2002年2月，合并原赣榆县城市信用社。2004年4月，与全省农村信

图 16-7　江苏赣榆农村商业银行股份有限公司（2009年摄）

用社联网，储蓄业务全省通存通兑。2005年，实时汇兑系统与农信清算中心及人民银行清算中心连接，先后开通大小额支付系统、支票影像系统、农信银系统等结算系统，实现全国农信银系统通存通兑和跨行业务清算；安装银行自助取款机2台，拓展特约商户28家。2009年9月29日，经银监会批准同意筹建江苏赣榆农村商业银行股份有限公司（即江苏赣榆农村商业银行）；12月25日，经江苏省银监局批准正式挂牌开业，成为连云港市首家农村商业银行，业务管理隶属江苏省农村信用社联合社，党务管理隶属中共赣榆县委；该行内设立信贷管理部、市场营销部、业务拓展部、科技信息部、财务会计部、审计稽核部、合规管理部、风险管理部、安全保卫部、办公室和人力资源部等11个职能部室，辖44个分支机构（其中：1个总行营业部，31个支行、13个分理处），拥有员工453名。截至2009年年底，各项存款余额为40.78亿元，各项贷款余额为32.91亿元。共吸收股本金总额为人民币1.7亿元，股东873户。其中：自然人股832户，股本金为8200万元；法人股41户，股本金为8800万元，共发行圆鼎借记卡21.89万张。有银行自助取款机14台。

八、中国邮政储蓄银行赣榆县支行

图 16-8　中国邮政储蓄银行赣榆县支行（2009年摄）

1986年，赣榆县邮电局根据国务院指示恢复开办邮政金融业务：主要代理人民银行吸收居民、群众团体储蓄存款，存款全部存入县人行，按照邮政储蓄存款的平均余额核给手续费。经银监部门批准，2008年4月26日成立中国邮政储蓄银行赣榆县支行。下设2个一类网点、12个二类网点、10个代理网点。2009年9月，中国邮政储蓄银行授权开办小额贷款、个人贷记卡等业务；新增开办商务贷款、二手房贷款、小企业贷款等资产业务。储蓄存款余额达到26542万元，其中：定期余额14697万元、活期余额11845万元；累计发放银联绿卡13176张，累计发放银联绿卡13176张，期末结存卡户44197万户、结存卡户存款5680万元；业务存款余额达12183万元，实现各项业务收入1828.61万元，实现利润919.79万元。

第二节　货　币

一、人民币

1987年4月，国务院颁布发行第四套人民币命令，计11种纸币。中国人民银行赣榆县支行（以下简称县人行）按"一次公布，分次发行"的方式，首先发行50元纸币和5角纸币。1988年5月，发行100元、2元、1元和2角纸币。1992年8月发行1990年版的50元、100元纸币；同年，国务院颁布命令，发行第四套人民币1元、5角、1角硬币。为便利市场流通，1995年3月和1997年4月分别发行1990年版和1996年版的1元纸币。1996年4月，发行1990年版2元纸币。1999年9月，为庆祝中华人民共和国成立五十周年，首次发行面值50元纸制流通纪念钞1套（1张）；同年10月，根据国务院命令，第五套100元纸币，与第三套、第四套人民币一起在赣榆流通。为便利低面额主币的找零，增加发行20元面额，取消2元面额。至此第五套人民币在赣榆县发行的八种面额分别是：100元、50元、20元、10元、5元、1元、5角、1角。2000年7月，依据中国人民银行发布的公告，县人行停止第三套人民币在市场上流通。2000年10月发行20元纸币、1元和1角硬币。2001年9月发行50元、10元纸币。2002年11月发行5元纸币、5角硬币。2004年7月发行1元纸币。至此，在市场流通的人民币券别（不含流通纪念币）为第四套人民币纸币、硬币和第五套人民币纸币、硬币，合计纸币币种25种、硬币币种7种。

第四套人民币纸币一览表

表 16-1

版别券别	图案		主　色	发行时间
	正　面	背　面		
1980 年版 100 元	毛泽东、周恩来、刘少奇、朱德浮雕侧面头像	井冈山	蓝黑	1988.05.10
1990 年版 100 元	毛泽东、周恩来、刘少奇、朱德浮雕侧面头像（票面右侧有金属安全线）	井冈山	蓝黑	1992.08.20
1980 年版 50 元	工、农、知识分子头像	黄河壶口	黑茶	1987.04.27
1990 年版 50 元	工、农、知识分子头像（票面右侧有金属安全线）	黄河壶口	黑茶	1992.08.20
1980 年版 10 元	汉族、蒙古族人物头像	珠穆朗玛峰	蓝黑	1988.09.22
1980 年版 5 元	藏族、回族人物头像	长江巫峡	棕	1988.09.22
1980 年版 2 元	维吾尔族、彝族人物头像	南海南天一柱	绿	1988.05.10
1990 年版 2 元	维吾尔族、彝族人物头像	南海南天一柱	绿	1996.04.10
1980 年版 1 元	侗族、瑶族人物头像	长城	深红	1988.05.10
1990 年版 1 元	侗族、瑶族人物头像	长城	深红	1995.03.01
1996 年版 1 元	侗族、瑶族人物头像	长城	深红	1997.04.01
1980 年版 5 角	苗族、壮族人物头像	国徽、民族图案	紫红	1987.04.27
1980 年版 2 角	布依族、朝鲜族人物头像	国徽、民族图案	蓝绿	1988.05.10
1980 年版 1 角	高山族、满族人物头像	国徽、民族图案	深棕	1988.09.22

第四套人民币硬币一览表

表 16-2

版别券别	图案		材　质	直　径	发行时间
	正　面	背　面			
1 元硬币	国徽、国名、汉语拼音、年号	牡丹花、面额	钢芯镀镍	25 毫米	1992.06.01
5 角硬币	国徽、国名、汉语拼音、年号	井冈山	铜锌合金	20.5 毫米	1992.06.01
1 角硬币	国徽、国名、汉语拼音、年号	黄河壶口	铝镁合金	22.5 毫米	1992.06.01

第五套人民币纸币一览表

表 16-3

版别券别	图案		主色	发行时间
	正面	背面		
1999 年版 100 元	毛泽东头像	人民大会堂	红色	1999.10.01
2005 年版 100 元	毛泽东头像	人民大会堂（增加全息磁性开窗安全线）	红色	2005.08.31
1999 年版 50 元	毛泽东头像	布达拉宫	绿色	2001.09.01
2005 年版 50 元	毛泽东头像	布达拉宫（增加全息磁性开窗安全线）	绿色	2005.08.31
1999 年版 20 元	毛泽东头像	桂林山水	棕色	2000.10.16
2005 年版 20 元	毛泽东头像	桂林山水	棕	2005.08.31
1999 年版 10 元	毛泽东头像	长江三峡	蓝黑色	2001.09.01
2005 年版 10 元	毛泽东头像	长江三峡	蓝黑色	2005.08.31
1999 年版 5 元	毛泽东头像	泰山	紫色	2002.11.18
2005 年版 5 元	毛泽东头像	泰山	紫色	2005.08.31
1999 年版 1 元	毛泽东头像	西湖	橄榄色	2004.07.30

第五套人民币硬币一览表

表 16-4

版别券别	图案		材质	直径	发行时间
	正面	背面			
1 元硬币	行名、面额、汉语拼音、年号	菊花	钢芯镀镍	25 毫米	2000.10.16
5 角硬币	行名、面额、汉语拼音、年号	荷花	钢锌镀铜合金	20.5 毫米	2002.11.18
1 角硬币	行名、面额、汉语拼音、年号	兰花	铝合金	19 毫米	2000.10.16
1 角硬币	行名、面额、汉语拼音、年号	兰花	不锈钢	19 毫米	2005.08.31

二、金银

管理　1988年后，县人行根据国务院《中华人民共和国金银管理条例》规定，对全县收兑实行统一管理。对个人持有的金银，不得计价使用、私自买卖和借贷抵押，只能向国家银行或银行委托机关出售；企业、个人生产的金银，应全部交售给当地人民银行，由人民银行统一管理。

收兑　县人行收兑的金银皆是群众积存的金银首饰和银元。1990～1998年，全县累计收购黄金1004.444克，碎银2865.273克，银元95枚。其中，1995年收兑黄金155.738克，碎银1656.52克，银元2枚，为收兑量最多的一年。1999年以后，县一级支行不再承办金银收兑业务，金银可以买卖，金店、银楼等交易场所开始出现。

三、反假人民币

1990年，全县收缴假币面额只有几百元。1990年以后，反假货币工作力度逐步加大，建立健全由县政府分管领导、县公安、工商、财政、新闻宣传、人行及各金融机构负责人参加的反假货币联席会；加强对反假币专项斗争的领导和协调。1990~2009年，全县每年收缴假币的面额均在10万元以上。其中，2009年人行南京分行与省公安厅联合开展“反假货币壁垒工程”活动；全县共收缴假币4344张，金额33.7万元。

第三节　存　款

1990～2009年，金融机构人民币存款种类分为企业存款、财政存款、机关团体存款、储蓄存款、农业存款、信托存款、委托存款和其他存款等。1990年年底，全县金融机构人民币存款余额为34765万元。2009年年底，全县金融机构人民币存款余额1089964万元；比1990年增加1055199万元，增长30.35倍。

企业存款　1990年年底，全县金融机构企业存款余额6078万元。从1992年起，全县金融机构企业存款余额逐年持续增长。1994年年底，企业存款余额19889万元。2008年年底，企业存款余额110421万元。2009年年底193167万元，比1990年年底增加187089万元，增长30.78倍。

储蓄存款　随着社会经济水平的提高，全县金融机构采取多种吸储措施；通过“扩储增存”，不断提高资金供应能力。1990年年底，全县金融机构储蓄存款余额为24065万元。1996年突破10亿元关口，为121439万元。2007年年底，余额则突破50亿元，为508096万元。2009年年底，余额为686965万元，比1990增加662900万元，增长27.55倍。

农业存款　1990年，赣榆县农业存款金额为1456万元，2004年以后呈逐年增高趋势。2009年年底，全县金融机构农业存款余额为94800万元，比1990年年底的1456万元增加93344万元，增长64.11倍。

1990～2009年赣榆县金融机构人民币存款情况一览表（一）

表16-5　　单位：万元

名称	1990年	1991年	1992年	1993年	1994年	1995年	1996年	1997年	1998年	1999年
年底存款余额	34765	42793	54857	65418	93585	125277	161892	178666	203755	236903
企业存款	6078	5866	8094	9613	19889	24752	33714	29261	37140	42807
财政存款	164	-89	526	591	440	396	310	189	370	856
机关团体存款	613	791	407	440	292	246	203	158	137	57
储蓄存款	24065	30478	38480	47208	71158	96377	121439	141086	153257	181322
农业存款	1456	2860	3047	2698	1746	2194	5283	7038	12290	11592
信托存款	610	101	144	559	60	1312	943	934	-227	-201
委托存款									788	460
其他存款	1779	2786	4159	4309						

1990～2009年赣榆县金融机构人民币存款情况一览表（二）

表16-6 单位：万元

名称	2000年	2001年	2002年	2003年	2004年	2005年	2006年	2007年	2008年	2009年
年底存款余额	263159	282974	327751	362834	432738	508107	592620	703692	877084	1089964
企业存款	47427	43833	47982	53865	60193	61964	73922	76849	110421	193167
财政存款	486	450	480	832	3128	2328	8686	19836	30563	51133
机关团体存款	192	1824	9350	8536	14749	19498	17138	26538	25871	29393
储蓄存款	196443	210418	240249	273042	324403	382372	439869	508096	618494	686965
农业存款	17646	23638	23674	21234	29443	35672	39868	50164	66536	94800
信托存款	−185									
其他存款	1150	2584	2369	1725	788	6273	13137	22182	25051	34427

第四节 贷 款

一、货币政策

1990年，执行1988年4季度推行的以紧缩为重点的货币政策。

1992年，实行紧缩的货币政策，实施“软着陆”的宏观调控。

1997年，亚洲金融危机之后，为应对当时的严峻经济形势，中国开始实行稳健的货币政策。

1998～2002年，中国面临通缩压力，其时稳健的货币政策取向为增加货币供应量。

2003年后，面对经济活动出现的贷款、投资、外汇储备快速增长等新情况，稳健的货币政策内涵开始发生变化；适当紧缩银根，多次上调存款准备金率和利率。

2007年6月13日，国务院召开常务会议，货币政策开始“稳中适度从紧”。

2007年12月5日，中央经济工作会议将2008年宏观调控的首要任务定为“两个防止”：防止经济增长由偏快转为过热、防止价格由结构性上涨演变为明显通货膨胀；会议要求实行从紧的货币政策。

2008年7月后，面对国际金融危机加剧、国内通胀压力减缓等情况；中国人民银行调整金融宏观调控措施，连续三次下调存贷款基准利率，两次下调存款准备金率，取消对商业银行信贷规划的约束，并引导商业银行扩大贷款总量。

2008年11月5日，国务院常务会议根据世界经济金融危机日趋严峻的形势，要求实行积极的财政政策和适度宽松的货币政策；确定了进一步扩大内需、促进经济增长的十项措施。

2009年7月23日，中共中央政治局召开会议，指出要继续把促进经济平稳较快发展作为经济工作的首要任务，保持宏观经济政策的连续性和稳定性，继续实施积极的财政政策和适度宽松的货币政策。8月5日，中国人民银行此间发布的《中国货币政策执行报告（2009年第二季度）》指出，下阶段中国人民银行将坚定不移地继续落实适度宽松的货币政策，根据国内外经济走势和价格变化，注重运用市场化手段进行动态微调。

2009年12月5～7日，中央经济工作会议提出，2010年要保持宏观经济政策的连续性和稳定性，继续实施积极的财政政策和适度宽松的货币政策。货币政策要保持连续性和稳定性，增强针对性和灵活性。要密切跟踪国内外经济形势变化，把握好货币信贷增长速度，加大信贷政策对经济社会薄弱环节、就业、战略性新兴产业、产业转移等方面的支持，有效缓解小企业融资难问题，保证重点建设项目贷款需要，严格控制对高耗能、高排放行业和产能过剩行业的贷款，着力提高信贷质量和效益。要积极扩大直接融资，引导和规范资本市场健康发展。

二、贷款规模

1990年年底，全县金融机构人民币贷款余额49039万元。1995年年底，全县金融机构人民币贷款余额突破10亿元，为116564万元。2009年年底，全县金融机构人民币贷款余额达到770707万元，是1990年年底人民币贷款余额的15.72倍。

1990～2009年赣榆县金融机构人民币贷款情况一览表（一）

表16-7　　单位：万元

名　称	1990年	1991年	1992年	1993年	1994年	1995年	1996年	1997年	1998年	1999年
年底贷款余额	49039	61803	73460	82088	97990	116564	139811	170396	182727	173600
1.短期贷款	45811	57105	66987	74569	89111	106030	128118	152799	159183	163026
（1）工业贷款	8816	10405	12913	14069	14687	15717	17231	23167	23372	26151
（2）商业贷款	24581	29227	33616	37492	46043	51683	57899	67585	61982	56916
（3）建设业贷款	200	270	320	400	60	1935	2290	2602	2530	1042
（4）农业贷款	3748	7659	10037	11628	12798	16022	23108	29372	32688	36065
（5）乡镇企业贷款	8378	9457	9965	10794	10289	14575	19742	20042	20971	21085
（6）三资企业贷款					2247	3714	2082	4830	5228	4008
（7）私营企业及个体贷款	88	87	136	186	204	83	109	109	1348	695
（8）其他短期贷款					2223	2301	5657	5092	11064	17064
2.中长期贷款	2741	4143	4715	4624	8247	8166	8352	11390	17935	6504
（1）基本建设贷款	700	1550	1945	1937	1987	2371	1959	2145	3534	3040
（2）技术改造贷款	1623	2175	2372	2289	2407	2524	2558	3071	2933	2472
（3）其他中长期贷款	418	418	398	398	3455	2873	3437	5796	11463	992
其中：个人消费贷款										
3.信托贷款	128	61	209	209	13	990	765	667	1	
4.融资租赁										
5.委托贷款										
6.票据融资										
其中：贴现										
7.各项垫款										
其他类	359	494	1549	2686	619	1378	2576	5540	4748	4070

1990～2009年赣榆县金融机构人民币贷款情况一览表（二）

表16-8 单位：万元

名称	2000年	2001年	2002年	2003年	2004年	2005年	2006年	2007年	2008年	2009年
年底贷款余额	158869	178196	193697	224452	248368	259352	330075	414557	466996	770707
1. 短期贷款	144940	161104	173487	192987	202861	206411	240039	259789	311395	466176
（1）工业贷款	22880	20844	19165	20755	14998	2969	11319	10668	26500	64202
（2）商业贷款	44442	49523	45474	46256	48474	47189	46475	28856	33173	37400
（3）建设业贷款	4033	798	3558	2746	2570	70	3607	1870	2270	2850
（4）农业贷款	36621	52984	62641	75877	88516	110073	138338	168033	204182	300431
（5）乡镇企业贷款	11738	12372	11370	10183	14272	13749	13012	14514	13752	23032
（6）三资企业贷款	1451	1589	1160	1078	1029	600	500	500	1120	700
（7）私营企业及个体贷款	284	287	226	2962	6699	169	70	2571	3160	10708
（8）其他短期贷款	23491	22707	29893	33130	26303	31592	26718	322778	27238	26853
2. 中长期贷款	9746	13435	16424	23624	31618	47375	65658	118283	152555	289861
（1）基本建设贷款	2859	3138	5883	2982	5062	14598	13200	25300	37400	67050
（2）技术改造贷款	1880	1879	730	90						6163
（3）其他中长期贷款	5007	8418	9811	20552	26456	32777	52458	92983	115155	216648
其中：个人消费贷款									78396	148533
3. 信托贷款										
4. 融资租赁										
5. 委托贷款										
6. 票据融资				5672	12321	5566	24379	36484	3047	14669
其中：贴现										
7. 各项垫款		2541	2420	2004	1503					
其他类	4183									

第五节 结 算

一、结算方式

1988年以前，各银行使用的结算方式有支票、汇票、托收承付、托收无承付、限额支票和付款委托书、异地委托收款、特种票汇结算等8种。1989年4月，实行中国人民银行颁布的新结算办法，其主体分为汇票、银行本票、支票、信用卡等4种结算方式，简称为“三票一卡”。主要结算方式有银行汇票、商业汇票、银行本票、支票、汇总、委托收款、异地托收承付等。

1989年8月异地托收承付取消，1990年4月恢复。1992年，县人行开办国际结算业务，办理信用证通知、出口信用证支付、出口托收，汇入汇款解付等出口贸易结算和进口开证、进口托收、汇出汇款等进口贸易结算。1993年，县建行开办电子“龙卡”信用业务。该卡具有消费、信用贷款、转账结算、存取现金的功能。同年，县工行、农行、中行相继开办“牡丹卡”“金穗卡”“长城卡”业务。2002年3月以后，国家设立中国银联股份有限公司，发行“银联卡”，全县各银行和信用社相应建立银联卡跨行信息交换网络。2009年，传统的电汇方式被电子联行所取代。

二、账户管理

1988年以前，各企事业单位、机关等根据财政资金与信贷资金，基建资金与流动资金分口管理，以及预算内资金与预算外资金分别核算的原则，经县人行批准后在专业银行和信用社开立账户。对账户的变更、合并、转移和撤销，须交验上级主管部门批准的正式信函（企业必须交验工商行政管理部门注册登记的新证件），经相关银行审查后办理。1989年以后，为促进多种经济成分发展，持有工商营业执照和一定的自有资金均可在银行开立账户，结算账户大幅增加，并出现多头开户现象。

1990年，中国人民银行颁布重新修订的《银行账户管理办法》，规定一个企业事业单位只能在银行开立一个基本结算账户，另外只能开设辅助账户或专用账户；县人行据此对多头账户进行清理，共清理出多头开户62个，撤销闲置账户16个。1991年3月，实施预算外资金收支两条线管理，清理行政事业单位的多头开户，共清出21户。1996年，继续清理企业多头开户，共计清出600多个。1999年，清理乡镇企事业单位的银行账户，经审核重新开设的账户3100户，乡镇会计账户管理混乱的问题得到遏制。至此，实现一个单位只在一家金融机构开设一个清理账户。2004年，县人行对国有商业银行、农村信用合作联社和邮政储蓄的银行账户管理进行检查，责令有关单位撤销违规开立和使用的账户，对两家违规金融机构分别处以罚款。是年，建立全县结算账户管理系统，并与全国联网。至2009年年底，全县结算账户管理系统全部联网。

三、联行清算

赣榆县1984年建立县内联行系统，实行跨行直接通汇、相互发报移卡、及时清算资金的“联行清算”。1987年4月，因为联行代发报移卡不及时、跨行差错多，对专业银行之间的代签发报予以停办；改进为自成联行系统，实行跨行相互转汇，及时移证发报，坚持钱账两清。1990年，进一步改善联行清算，对专业银行跨行汇划和系统内50万元以上大额汇划；均通过县人行转汇和结算，实现汇划与资金清算同步。是年，县人行建立资金清算中心，以电子联行代替传统的手工联行。1993年8月，建立电子联行卫星小站；同年，中央银行会计核算系统投入运行，对县（市）支行会计业务实行集中管理，县人行联行清算变为上级行（这里指盐城中心支行）的终端。2009年8月，县支行会计对公核算业务全部上收，县支行只负责支付清算管理和账户管理工作。

四、同城票据交换

1986年，县人行牵头建立“同城票据交换场”，6家金融单位参加交换。1997年以后，随着市场结算手段的多样化，同城交换的票据数量有所减少，但金额有所增加。2009年，参加交换的金融机构发展到8家，每个工作日上午清算1次。

第六节　利　率

1990～1992年，国内金融市场出现滑坡，国家先后三次调低存贷款基准利率。1993年以后，随着经济发展对信贷需求趋旺，贷款利率呈上调趋势，而存款利率一度呈下调趋势。1996～2001年，为应对亚洲金融危机，扩大内需，启动消费市场，国家8次下调存贷款基准利率。2004年10月～2007年9月，国家又连续7次上调存贷款利率。2007年12月～2008年12月，国家则持续下调金融机构人民币存贷款基准利率。

1990～2008年金融机构人民币存款基准利率调整一览表

表16-9　　单位：年利率%

调整时间	活期存款	定期存款					
		三个月	半年	一年	二年	三年	五年
1990.04.15	2.88	6.3	7.74	10.08	10.98	11.88	13.68
1990.08.21	2.16	4.32	6.48	8.64	9.36	10.08	11.52
1991.04.21	1.8	3.24	5.4	7.56	7.92	8.28	9
1993.05.15	2.16	4.86	7.2	9.18	9.9	10.8	12.06
1993.07.11	3.15	6.66	9	10.98	11.7	12.24	13.86
1996.05.01	2.97	4.86	7.2	9.18	9.9	10.8	12.06
1996.08.23	1.98	3.33	5.4	7.47	7.92	8.28	9
1997.10.23	1.71	2.88	4.14	5.67	5.94	6.21	6.66
1998.03.25	1.71	2.88	4.14	5.22	5.58	6.21	6.66
1998.07.01	1.44	2.79	3.96	4.77	4.86	4.95	5.22
1998.12.07	1.44	2.79	3.33	3.78	3.96	4.14	4.5
1999.06.10	0.99	1.98	2.16	2.25	2.43	2.7	2.88
2002.02.21	0.72	1.71	1.89	1.98	2.25	2.52	2.79
2004.10.29	0.72	1.71	2.07	2.25	2.7	3.24	3.6
2006.08.19	0.72	1.8	2.25	2.52	3.06	3.69	4.14
2007.03.18	0.72	1.98	2.43	2.79	3.33	3.96	4.41
2007.05.19	0.72	2.07	2.61	3.06	3.69	4.41	4.95
2007.07.21	0.81	2.34	2.88	3.33	3.96	4.68	5.22
2007.08.22	0.81	2.61	3.15	3.6	4.23	4.95	5.49
2007.09.15	0.81	2.88	3.42	3.87	4.5	5.22	5.76
2007.12.21	0.72	3.33	3.78	4.14	4.68	5.4	5.85
2008.10.09	0.72	3.15	3.51	3.87	4.41	5.13	5.58
2008.10.30	0.72	2.88	3.24	3.6	4.14	4.77	5.13
2008.11.27	0.36	1.98	2.25	2.52	3.06	3.6	3.87
2008.12.23	0.36	1.71	1.98	2.25	2.79	3.33	3.6

金融机构人民币贷款基准利率一览表

表16-10　　单位：年利率%

调整时间	六个月以内（含六个月）	六个月至一年（含一年）	一至三年（含三年）	三至五年（含五年）	五年以上
1991.04.21	8.1	8.64	9	9.54	9.72
1993.05.15	8.82	9.36	10.80	12.06	12.24

续表 16-10

调整时间	六个月以内（含六个月）	六个月至一年（含一年）	一至三年（含三年）	三至五年（含五年）	五年以上
1993.07.11	9	10.98	12.24	13.86	14.04
1995.01.01	9	10.98	12.96	14.58	14.76
1995.07.01	10.08	12.06	13.5	15.12	15.3
1996.05.01	9.72	10.98	13.14	14.94	15.12
1996.08.23	9.18	10.08	10.98	11.7	12.42
1997.10.23	7.65	8.64	9.36	9.9	10.53
1998.03.25	7.02	7.92	9	9.72	10.35
1998.07.01	6.57	6.93	7.11	7.65	8.01
1998.12.07	6.12	6.39	6.66	7.2	7.56
1999.06.10	5.58	5.85	5.94	6.03	6.21
2002.02.21	5.04	5.31	5.49	5.58	5.76
2004.10.29	5.22	5.58	5.76	5.85	6.12
2006.04.28	5.4	5.85	6.03	6.12	6.39
2006.08.19	5.58	6.12	6.30	6.48	6.84
2007.03.18	5.67	6.39	6.57	6.75	7.11
2007.05.19	5.85	6.57	6.75	6.93	7.2
2007.07.21	6.03	6.84	7.02	7.2	7.38
2007.08.22	6.21	7.02	7.2	7.38	7.56
2007.09.15	6.48	7.29	7.47	7.65	7.83
2007.12.21	6.57	7.47	7.56	7.74	7.83
2008.09.16	6.21	7.2	7.29	7.56	7.74
2008.10.09	6.12	6.93	7.02	7.29	7.47
2008.10.30	6.03	6.66	6.75	7.02	7.2
2008.11.27	5.04	5.58	5.67	5.94	6.12
2008.12.23	4.86	5.31	5.4	5.76	5.94

第二章 保险业

第一节 保险机构

1990年，赣榆县有中国人寿保险股份有限公司赣榆支公司和中国人民财产保险股份有限公司赣榆支公司2家保险公司。1996年7月成立太平洋保险赣榆办事处；2001年11月成立太平洋寿险赣榆支公司；2003年1月成立平安财产险赣榆支公司。到2009年，赣榆保险公司已发展为多家，险种业务也有原来的100多个发展为1000余个。

一、中国人寿保险股份有限公司赣榆支公司

图 16-9　中国人民财产保险股份有限公司赣榆支公司（2009年摄）

前身是“中国人民保险公司赣榆县代理处”，于1981年4月27日根据苏保〔81〕108号文批复设立的，隶属于中国人民银行赣榆支行。办公地址位于青口镇文化路59号。

1982年4月15日，根据县人民政府赣政发〔82〕47号文，恢复成立中国人民保险公司赣榆县支公司，为股级单位，借驻在青口内衣厂内。1985年6月24日，根据县人民政府赣政发〔1985〕92号文，由股级上升为科级单位。1986年，公司从青口镇内衣厂搬迁至青口镇文化路59号（原门牌号为7号）。1992年，根据市人民保险公司〔1992〕009号文，公司各股室职能撤股改科，同时增设人身保险科，专职办理人寿保险业务。1996年3月，中国人民保险公司赣榆县支公司机构改革，根据1996年3月16日连保发〔1996〕22号文件批复，中国人民保险公司赣榆县支公司分设为中保财产保险有限公司赣榆县支公司和中保人寿保险有限公司赣榆县支公司，公司专门从事人身保险业务，在编人员17人。

1999年5月，经中国保监委批准，中保人寿保险有限公司赣榆县支公司更名为中国人寿保险公司赣榆县支公司。2003年6月，中国人寿保险公司业务重组，中国人寿保险公司赣榆县支公司更名为中国人寿保险股份有限公司赣榆支公司，2004年后一直沿用此名称。

二、中国人民财产保险股份有限公司赣榆支公司

公司地址位于青口镇镇海路10号。成立于1972年，综合经营产寿险业务。1996年4月，中国人民保险公司赣榆支公司分设成两个独立核算的公司：中保财产保险股份有限公司赣榆县支公司、中保人寿保险股份有限公司赣榆县支公司。1999年1月，中保财产保险股份有限公司赣榆县支公司继承中国人民保险公司品牌，恢复为中国人民保险公司赣榆县支公司，2003年更名为中国人民财产保险股份有限公司赣榆支公司。公司设经理室，下设六个部门，员工50余人。

三、中国太平洋财产保险股份有限公司赣榆支公司

1996年7月18日成立时，名称为太平洋保险赣榆办事处，地址位于县城文化东路。1997年11月，经江苏省保监局批准由办事处升格为太平洋保险赣榆支公司，迁址到文化西路。2000年10月，太平洋保险集团开始分业经营，分为中国太平洋财产保险股份有限公司和中国太平洋人寿保险股份有限公司。赣榆太平洋保险公司同期更名为太平洋财产保险股份有限公司赣榆支公司。2003年7月，公司迁址到县城东关路29号。2009年，拥有67800多个客户群体，遍及全县各个行业。

四、中国太平洋人寿保险股份有限公司赣榆县支公司

太平洋寿险赣榆支公司于2001年11月开业设立。公司覆盖全县的销售服务网络，包括个人营销、团体直销和银行代理三大分销渠道的销售体系。截至2009年，公司在全县设立5个乡镇营销服务部，开办险种180余个，覆盖人寿保险、年金保险、健康保险、意外伤害保险等多个领域，现有业务人员近400人。

五、中国平安财产保险股份有限公司赣榆支公司（以下简称平安财产险赣榆支公司）

平安财产险赣榆支公司于2003年1月在赣榆成立，最初设有新渠道业务部、车行业务部、综合开拓业务部、代理业务部、直销业务部、银保业务部、客户理赔业务部等7个部门，员工30余人。

第二节　保险业务

一、中国人寿保险股份有限公司赣榆支公司

中国人寿保险股份有限公司赣榆支公司是专业经营人身险业务的寿险公司，经营寿险、健康险、意外险三大类，共300个险种。其中：寿险包括国寿团体年金保险、国寿养老年金保险、美满一生两全保险（分红型）等；健康险包括康宁终身保险、康宁定期保险、国寿团体重大疾病保险等；意外险包括国寿团寿人身意外伤害保险、幼儿平安保险、国寿旅游伤害保险等。

二、中国人民财产保险股份有限公司赣榆支公司

中国人民财产保险股份有限公司主要经营财产保险、机动车辆保险、货物运输保险、建筑和安装工程责任险、短期健康保险、家庭财产保险、船舶保险、能源保险、责任保险、信用保证保险等100余个险种。公司自成立以来，保费收入情况持续平稳发展。1990年，保费收入为301万元，其中机动车辆保险150万元，企业财产保险112万元，家庭财产保险24万元，其他保险5万元；1996年，保费收入948万元，其中机动车辆保险620万元。2009年，保费收入3683万元，是1990年的12.24倍。同年，共支付赔款2365.6万元，简单赔付率为64.2%。其中车险保费收入2097.3万元，赔付1919.3万元，赔付率为91.51%。

三、中国太平洋财产保险股份有限公司赣榆支公司

中国太平洋财产保险股份有限公司赣榆支公司开办的险种有：机动车交通事故责任强制保险、机动车商业保险、企业财产险、家庭财产险、工程险、货运险、船舶险、责任险、担保险、信用险、意外和健康险等10大类800多个保险品种。

四、中国太平洋人寿保险股份有限公司赣榆支公司

中国太平洋人寿保险股份有限公司赣榆支公司打造“人生四季，有保障，真幸福”的产品品牌，开办险种180余个，覆盖人寿保险、年金保险、健康保险、意外伤害保险等多个领域，建立和完善区域化集中出单、银保通（信保通）、柜面出单、GPRS移动出单、传真出单、VPN出单、嵌入式出单、在线出单等8大电子化出单系统。

2001～2009年中国太平洋人寿保险有限公司赣榆支公司险种保费收入一览表

表16-11　　　　单位：万元

年　份	2001	2002	2003	2004	2005	2006	2007	2008	2009
保费合计	729	801	901	975	916	2344	3105	3591	3033
期缴保费	286	321	349	384	238	254	421	723	718
意外险保费	12.8	13.9	15.4	17.2	15.1	89.4	68.9	173	304

五、中国平安财产保险股份有限公司赣榆支公司

平安财产险赣榆支公司成立初期，由于制度不够完善，业务数量较少，经过一段时间的调整，在接受客户咨询、代理保险业务以及理赔等方面不断完善。2008年，公司业务进入转型期，全年保费收入213万元；2009年，全年保费上升为393.75万元，占全年保险市场的4.67%。

第三章　其他金融业

第一节　证　券

图 16-10　南京证券赣榆营业部（2008年摄）

南京证券赣榆营业部，成立于2001年5月，隶属新浦南京证券通灌南路营业部，位于县黄海路25号中国工商银行赣榆县支行二楼，营业面积600余平方米，原名南京证券赣榆服务部。2008年9月，南京证券赣榆服务部获江苏证券局批准，升级为南京证券赣榆营业部。拥有一流的计算机服务系统，CISCO千兆主干网络，百兆到桌面；采用Windows+钱龙经典版，行情采用当时最新行情，委托采用钱龙闪电下单系统，行情、交易快速通畅；开通多家银行第三方存管业务，服务客户一万多人。

成立初期，效益较差，2001～2003年，曾经连续三年亏损。自2004年起扭亏为盈，2004～2005年，实现利润100万元～200万元。2006～2007年，实现利润300万元～500万元。2008～2009年，实现利润700万元～800万元。

第二节　担　保

2004年12月，江苏天源投资担保有限公司成立，成为赣榆县首家注册的国有投资担保公司。2005年8月，赣榆第二家国有投资担保公司——连云港鼎力投资担保有限公司成立。2008年前后，民营担保公司如雨后春笋般发展，赣榆县陆续涌现多家以各种理财、中介等为名目的担保公司，非法担保公司应运而生。2009年下半年，部分非法担保公司出现资金链断裂，发生多起放贷散户追债等现象，扰乱了赣榆金融市场，经政府强有力整顿，盛行一时的非法担保公司陆续退出赣榆市场。

连云港鼎力投资担保有限公司　国家工商行政管理部门批准登记，按照现代企业制度建立的县政府直属管理的国有专业投资担保机构，成立于2005年8月，有员工10人，注册资本为10000万元，A级融资性担保资质。担保业务从2005年的7户1530万元，发展到2009年的80户21943万元。担保合作金融机构从2005年2家发展到2009年10家，实现赣榆境内全覆盖，为全县中小企业搭建融资平台。

江苏天源投资担保有限责任公司　2004年12月9日，根据江苏省中小企业局、国家开发银行江苏省分行苏中小服（2004）24号文件通知精神成立，注册资金6800万元，隶属于赣榆县经济和信息化局兼管。驻地在赣榆县青口镇华中路66号。公司内设机构为企业考察部、风险控制部、担保会审部、财务部。主要业务是实业投资，为全县中小型企业提供贷款担保，兼营房地产中介，企业法人经县政府批准由历任县经贸局局长兼任。

第十七篇 财政 税务

第十七篇 财政 税务

1991～1995年，赣榆县着力推进财政体制创新，实行分税制财政体制，盘活存量资产，拓宽筹资渠道，支持工农业生产。其中，1995年，全县财政收入首次突破亿元大关，居全市县区之首。

1996～2000年，赣榆县重点加强财政管理，整顿财政秩序，发展财源经济，财政收入年均超过2亿元，并实现收支平衡；财政支出重点向农业、教育、科技领域倾斜，五年内，支农资金共计支出15840万元、文化教育卫生经费共计支出41921万元、科技经费共计支出1259万元，分别比“八五”时期增长42.92%、107.43%和312.52%。

2000年后，赣榆县全面实行农村税费改革，在县直行政事业单位推行会计委派制，健全完善各项政府采购制度，财政工作坚持“保工业就是保增长、保大局、保财政、保稳定”的发展理念，全力支持工业园区建设、重大项目实施和民营经济发展，民营经济成为县级财政的重要财源。2009年，全县财政收入117132万元，人均1057元，在江苏省各县市人均地方财政收入排名中居第38位；国税实现各税收入4.3亿元，地税收入突破6亿元，收入总量和一般预算收入总量均居四县第一。

第一章　财政税务体制改革

第一节　财政体制改革

1990～1993年，赣榆县实行“收入递增包干”的财政体制。其中，1990年，对乡镇实行“定收定支、收支挂钩、超收分成、减收减支、结余留用、一年一定”的财政体制；对工商企业实行“递增包干、超收自留、歉收自补”“包死基数、超收分成、歉收自补”和“亏损微利包干、超亏不补、减亏自留”的财政体制。1992年，全县积极改革预算分配办法，在全市率先建立乡镇金库，实行“零基预算法”，坚持适度从紧的财政政策，压缩非生产性开支，实行县、乡“财政包干、分灶吃饭”的收支包干体制。

1994年9月，赣榆县全面实行分税制财政管理体制，对乡镇实行总额收支包干、定额上缴、超收按税种分成的财政管理体制，使新旧体制平稳过渡，财政收入稳定增长。

1996～2000年，推行零基预算、清理预算外资金，并对乡镇全面推行分税制财政管理体制。

2001～2006年，省政府调整了赣榆县分税制财政管理体制，实行定额上交、财政转移支付等新的分税制财政管理体制改革。另外，从2002年起，中央与地方实行所得税分享改革，每年赣榆县有一定的基数返还。2003年起，全县农业特产税全部改征农业税。2005年，全县免征农业税。

2007年起，实行省直管县财政管理体制改革，包括财政体制关系调整、财政预决算制度改革、严格分配制度等。

2008年，省分税制财政管理体制进行调整，主要对营业税、增值税政策作较大调整，对乡财政体制进行微调。

2009年，县对镇分税制财政管理体制进行调整，即改变营业税和增值税分配办法。是年，赣榆经济开发区开始实行一级财政体制。

第二节　税务体制改革

一、税务管理体制改革

1990年～1994年8月，赣榆县税务局负责全县税收征收和管理工作。

1994年9月，因分税制的实施，赣榆县相应地分设赣榆县国家税务系统和地方税务系统。其中，赣榆县国家税务局主要负责征收和管理：增值税、消费税、中央企业所得税、地方和外资银行及非银行金融企业所得税、外商投资企业和外国企业所得税、出口产品退税的管理、集贸市场和个体户的各项税收等，并从1997年7月起，负责征收管理储蓄存款利息收入的个人所得税。赣榆县地方税务局主要负责征收和管理：营业税、个人所得税、土地增值税、城市维护建设税、车船使用税、房产税、屠宰税、资源税、城镇土地使用税、固定资产投资方向调节税、地方企业所得税、印花税、筵席税等，并从2000年7月起，负责征收全县基本养老保险、失业保险、生育保险、工伤保险等社会保险费。

二、税种改革

1990年始，赣榆县开征工商税。

1994～2000年，赣榆县扩大增值税征收范围，即由原来只对部分工业产品征收增值税，扩大到对整个工业生产、商业批发、零售、进出口商品及加工、修理修配，全面实行增值税，初步建立起新型的工商税制。

2001～2009年，赣榆县原来征收产品税的产品全部改为增值税以后，对少数需要进行特殊调节的产品和改革后税负降低较多的产品，在征收增值税的基础上再征收一次消费税。改革后，对外资企业废除工商统一税，统一实行增值税、消费税、营业税；统一内资企业所得税，取消按国营、集体、私营等经济性质分立税种的制度；实行统一的内资企业所得税后，对国有企业不再实行企业承包上缴所得税，把原来征收的个人所得税、个人收入调节税和城乡个体工商业户所得税合并为个人所得税。从2005年1月起，县国税局直接征收管理车辆购置税。从2003年11月开始，县地税局负责征收职工医疗保险费。

第二章　财政收支

第一节　财政收入

1990～2009年，全县财政收入总计927497.4万元，主要包括增值税、营业税、企业所得税、契税、农业税、基金收入及其他收入等。可分为三个阶段：

1990～1993年，全县财政总收入不断提高，合计总收入20506.4万元。其中，1990年，实现财政总收入4455.7万元；1993年，实现财政总收入6697万元。

1994～2006年，赣榆县财政总收入稳步增长。其间，全县实现财政总收入369635万元。其中，1994年，是中央对地方实行“分税制”财政体制的第一年，这极大调动了地方增收积极性，财政收入平稳增长，全年实现总收入8188万元，增长22.3%。2000年，实现财政总收入19730万元；2003年，实现财政总收入30187万元；2006年，实现财政总收入81941万元。

2007～2009年，是赣榆县财政总收入增长较快的时期。其间，全县财政总收入为586093万元。其中，2007年，实现财政总收入140219万元；2009年，实现财政总收入252020万元，是1990年的56.56倍。

一、工商税收入

1990～1993年，全县工商税总收入合计达19070.95万元，占全县财政总收入的93%。其中，1990年，赣榆县工商税收入主要包括产品税收入1378.1万元、增值税地方收入784.1万元，营业税收入1224.8万元、个人收入调节税11.5万元、城市维护建设税收入91.8万元、屠宰税收入0.1万元、房产税收入44.2万元、印花税收入32.4万元、车船使用和牌照税收入66.6万元、城镇土地使用税收入26.1万元、工商统一税收入18.6万元。

1994～2009年，由于工商企业不断增加，工商税收也随之增加且增幅较大。其中，1994年全年共征收消费税127万元、增值税地方收入1176万元、营业税收入1047万元、城市维护建设税收入198万元、屠宰税收入300万元、房产税收入120万元、印花税收入14万元、车船使用和牌照税收入161万元、城镇土地使用税收入82万元。是年，开征企业所得税收入319万元、资源税收入52万元。2009年，全县消费税收入5802万元。

二、农业税收入

1990～2004年，全县共征收农业税（正税）22685万元，征收农业税附加收入1668.5万元。其中，1990年，全县农业税正税征收279.8万元，征收农业税附加收入39万元、农林特产税103.9万元、耕地占用税38.7万元。1991年，赣榆县开始征收契税，全年入库2.1万元。2004年起，全县农业税税率由7%统一调减为5%，无固定收入土地的农业税税率由4%调减为2.8%，农业税附加仍按调整后的农业税20%计征。是年，全县共征收农业税（正税）3251万元。

2005年始，赣榆全面免征农业税，但依然征收耕地占用税和契税。是年，全县共征收耕地占用税340万元和契税1690万元。

2009年，共征收耕地占用税2526万元和契税15008万元。

三、盐税收入

1990～1993年，全县盐税收入759.7万元。其中，1990年，继续按照连云港市对赣榆的包干办法，盐税收入退出包干基数另行计算，实行单项承包。全县盐税任务为500万元，按销盐量每吨提成3元。完不成500万元任务，由县赔补50%。是年，全县盐税收入仅为232.8万元。

1994年，盐产品税收体制出现重大调整，由原先征收盐税改征盐资源税和增值税。盐业生产单位以销售数量为课税数量，依据课税数量和单位税额计征盐资源税，其中，淮盐属于固体盐，单位税率为10～60元/吨。是年，县地税局按每吨20元对全县盐业生产单位征收盐资源税。

1994年，盐税改为盐资源税后，70%交市，30%留县，超过基数部分30%交市，70%留用。

1996年起，盐税税率由每吨20元降至12元，并将盐资源税退出税收返还基数，统一改按实际入库数的30%缴省。

四、基金收入

1997年开始，县内预算科目始设“基金预算收入”，其政府性基金收入共涉及20个科目。是年，全县政府性基金收入232万元。

1997～2009年，全县政府性基金收入242020万元。其中，国有土地使用权出让金收入196273万元、其他部门基金收入完成2430万元。

五、其他收入

1990～2009年，全县共获得中央、省、市三级补助588978万元。其中，1990～1998年，追加的各项专款和财力补助25679万元；1999～2009年，获得财力性转移支付补助51178万元；2004～2009年，获得工资转移支付补助36194万元；2001～2009年，获得农村税费改革转移支付补助58604万元。

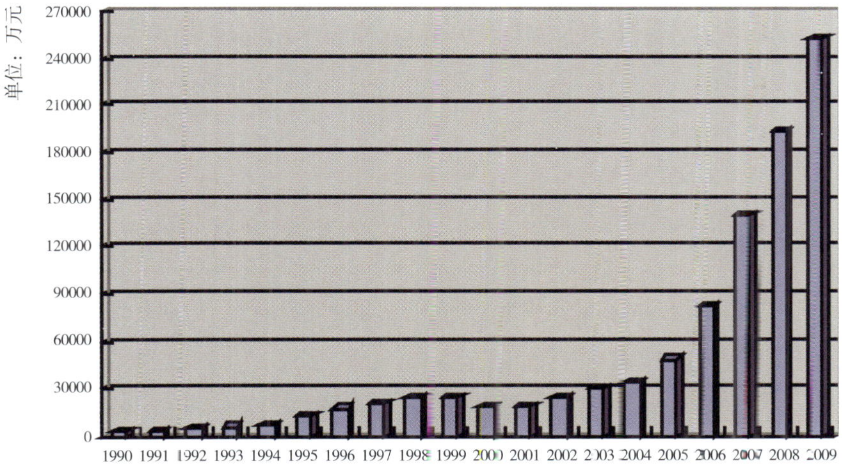

图17-1　1990～2009年赣榆县财政总收入柱形图

1990～2009年，全县共调入到预算内的各种资金57278万元，其中，1992～2001年，共计调入资金20809万元；2002～2009年，共计调入资金36469万元。

第二节　财政支出

1990～2009年，赣榆县财政支出总额为1260799.10万元。其中，1990年，赣榆县财政支出6419.5万元，包括：经济建设支出1248.9万元，社会文教支出2804.1万元，行政管理费支出513.8万元，其他支出1484.5万元。

1996年，财政支出中增加了地质勘探费、流通部门事业费、文体广播事业费、行政事业单位离退休经费、社会保障补助支出、国防支出以及外交外事支出等经费。是年，全县财政支出共计17101万元。

1997年，财政总支出中增加基金支出。是年，全县财政支出共计20590万元。

进入2000年后，随着经济建设的加快发展，财政支出逐步增加。其中，2003年，全县财政支出增至51022万元；2007年，达到192310万元；2009年，全县财政支出305645万元。

一、农业支出

1990～2002年，赣榆县农业支出分为支援农业生产类支出和农林水利气象部门事业费支出两部分。其中，1990年，全县支援农业生产类支出514万元，农林水利气象部门事业费支出359.8万元。2002年，全县支援农业生产类支出1080万元，农林水利气象部门事业费支出2982万元。

2003年，赣榆县开始将支援农村生产、农林水利气象等部门事业费支出、农业综合开发支出合并，分为农业支出、林业支出、水利和气象支出。是年，全县农业支出4299万元、林业支出50万元、水利和气象支出2683万元。

2005年，全县农业支出4587万元，林业支出95万元，水利和气象支出2473万元。

2006年，赣榆县所有涉农支出改为农林水事务支出，是年，全县共支出14862万元。

2009年，全县农林水事务支出51289万元。

二、科教文卫体事业支出

1990～2009年，全县财政支出中比重较大的是教育、医疗卫生、文体广播、科学以及社会保障和就业支出，总计426195.3万元，占总支出的33.80%。其中，全县教育事业费支出282108.2万元，占同期财政总支出的27.65%。

1990年，全县科教文卫支出2408.1万元。其中，教育事业费支出1664.7万元，占全县财政总支出的25.93%，文体广播事业费支出681万元，科学事业费支出13.1万元，医疗卫生支出539.7万元。

进入2000年，赣榆县科教文卫体发展迅猛，支出增长较快。是年，全县教育事业费支出6787万元、占全县财政总支出的23.55%，文体广播事业费支出802万元，科学事业费支出10万元，医疗卫生支出1297万元。

2001～2009年，县委、县政府大力实施"科教兴国"战略，积极扶持科学卫生事业发展。其间，全县科学事业费支出11018万元，占同期财政总支出的0.09%；全县医疗卫生支出55095万元，占同期财政总支出的5.47%，占同期文教科学卫生事业费支出的15.10%，年平均递增27.43%。其中，2005年，全县教育事业费支出17375万元，占全县财政总支出的20.98%，文体广播事业费支出2848万元，科学事业费支出24万元，医疗卫生支出4221万元。2009年，全县教育事业费支出46681万元、文化体育与传媒支出3051万元，科学技术费用支出4794万元，医疗卫生支出13451万元。

三、经济建设支出

1990～2009年，赣榆县财政支出中用于经济建设方面的支出，主要包括基本建设支出、企业挖潜改造资金、简易建筑费、科技三项费用和地质勘探费等，总计211538.10万元，占总支出的16.78%。

简易建筑费支出　1990～1997年，全县安排88万元，主要用于商业、农林等部门简易棚和仓库等设施建设。1998年始，此项支出并入其他支出。

基本建设支出　1990～2006年，全县安排8440.8万元。2007年始，此项支出并入交通运输、资源勘探电力信息等事务支出等。

企业挖潜改造资金支出　1990～2006年，全县安排4940.1万元，占同期财政总支出的0.81%。2007年后，此项支出取消。

科技三项费用支出　1990～2006年，全县安排3090.4万元。2007年后，此项支出并入科学技术支出。

地质勘探费支出 1997～2004年，全县安排143万元。2005年，无此项支出。2006年后，并入资源勘探电力信息等事务支出。

经济建设方面支出 2009年，赣榆县财政支出中用于交通运输支出3284万元、资源勘探电力信息等事务支出15388万元、环境保护方面支出9569万元。

四、行政管理费支出

1990年，赣榆县行政管理费支出613.8万元。

1991～1995年，全县行政管理费支出6390.3万元，占同期财政总支出的13.29%。其中，行政支出4540.7万元、党派团体补助支出1849.6万元。从1993年起，国家对公务员工资制度进行了改革，并加大对各级机关的行政经费投入，多次提高办公经费和工资津补贴标准。

1996～2000年，全县行政管理费支出12771万元，占同期财政总支出的11.01%。这个时期，行政管理费支出相对比较稳定。

2001～2005年，全县行政管理费支出24770万元，占同期财政总支出的9.41%。

2006年，全县行政管理费支出11211万元。此后，并入一般公共服务支出。

2007年，全县一般公共服务支出26300万元。

2009年，全县一般公共服务支出29897万元。

五、其他支出

1990年，赣榆县其他支出科目主要包括支前费、人民防空经费、地方外事费、财政贴息支出、新增粮食调拨经营费支出、地方财政对国营企业职工待业保险补贴支出、住房改革支出、棉花生产扶持费专项支出、交汇预留调资款等。是年，全县其他支出合计457.6万元。

1991年，新增“三西”农业建设专项补贴资金、边境事业补助费、少数民族地区补助费，取消棉花生产扶持费专项、交汇预留调资款支出。是年，全县其他支出合计458.4万元。

1992年，增设海域开发建设支出科目。是年，全县其他支出合计665万元。

1995年，增设国家赔偿费用支出、离退休人员待遇经费支出。是年，全县其他支出合计708万元。

2002年，其他支出只设兵役征集费、简易建筑费和其他杂项支出三款。是年，全县其他支出合计718万元。

2003年起，增设补助村民委员会支出、中小企业发展专项资金支出。是年，全县其他支出合计2185万元。

2005年，全县其他支出合计5623万元。

2006～2009年，全县其他支出类共支出19836万元。其中，汶川地震捐赠支出1099万元、住房改革支出401万元、预留调资款2800万元、其他杂项支出15536万元。

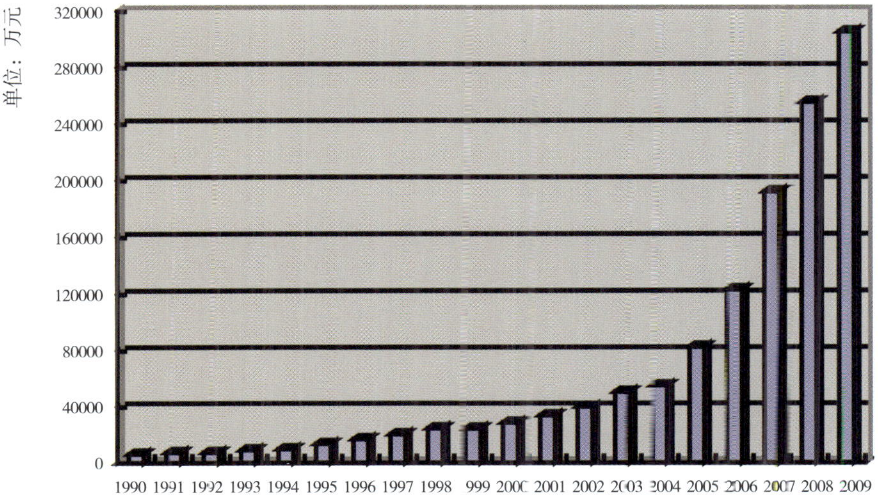

图 17-2 1990～2009年赣榆县财政支出情况柱形图

第三章　财政管理

第一节　国有企业及外商企业财务管理

一、国营企业财务管理

赣榆县国营企业财务管理，主要包括利润分配管理、流动资金管理、固定资产管理和成本管理等。

1990年，赣榆县实行第一轮企业承包责任制。16家国营工业企业共计完成产值5715.8万元，实现销售收入10611.1万元，实现利润496万元。7家物资企业共计完成物资销售额12619.9万元，实现利润155.9万元。

1991～1993年，赣榆县实行第二轮企业承包责任制。其中，1991年，县财政局与12个企业主管部门签订第二轮承包合同，协助企业主管部门与38家工业交通企业签订第二轮承包合同，并与商业局所属9家国营商业企业、粮食局所属7家国营粮食企业签订第二轮承包合同。承包内容为按照第二轮利改税规定上缴所得税、调节税、承包费和利润，承包形式是上缴利润、递增包干、超收分成，上缴利润、基数包干、超收分成，微利企业上缴利润、定额包干，亏损企业补贴包干、超亏不补、减亏自留，承包期限为3年。

1994～2009年，全县实行企业所得税制度。其中，从1994年起，所有实行独立核算的企业和组织都必须按规定缴纳所得税，企业原执行的承包所得税（利润）办法一律停止执行。同时，国有企业税后利润免交交通能源重点建设基金和预算调节基金。

二、国有粮食企业财务管理

1990年，市财政局将粮食商业企业下放指标下达到县，赣榆县平价商业经营亏损退库补贴950万元，粮食议价企业入库利润30万元，比例价粮油销售上交价差150万元，调整后净退库数770万元；粮食销售价差支出指标275万元。

1991年，县财政局加强对全县粮食平价商业企业的财务管理，获得省财政厅奖励200万元，用于解决企业亏损挂账。

1994年起，全县粮食商业企业实行所得税制度，实现利润按33%上缴所得税。是年3月，省财政厅对赣榆县原粮食平价企业1993年补贴后不发生新的亏损单位奖励兑现，获奖金300万元。

1999年起，粮食超储补贴实行包干办法。

2001年，粮食流通体制改革，县里安排国有粮食购销企业困难补助59万元，对国有粮食购销企业离退休人员236人，按每人每年2500元标准发放。

2006～2009年，粮食财务挂账利息补贴支出270万元，财政支出用于消化粮食亏损挂账81万元。

三、外商企业财务管理

1996年，赣榆县财政局设立外经股，负责外商投资企业的财务管理和财政监督工作。县财政局对外商投资企业的财务登记管理，主要是利用年检结果，完善企业分户档案资料；加强部门协调，实行源头控制；公布登记流程，指定专人负责；做好检查与考核。

2009年，县境外商投资企业共登记184家，参加年检的外商投资企业54家。

四、支持企业技改与创新

1990年，全县发放小额技改贷款73万元。

1991年，县财政帮助企业还贷35万元，安排预算外财政专户存储间隙资金238万元，发放小贷429万元。

1997年，为支持企业技术改造和技术创新，县财政局向省市财政部门争取技改专项资金、贴息资金、星火基金115万元，用于企业技术改造和新产品开发。

1999年，全县发放专项贷款2800万元，促进外商企业技术进步和科技进步。

2003年，安排企业技改资金180万元，支持12个重点技术改造项目。

2004年，共申报支持企业发展项目25个，争取项目资金600万元。

2009年，全县企业扶持项目获批45个，资金到位1694.51万元。其中，获省对中小企业担保机构补助565万元，获省重点技改专项资金225万元，获省财源建设资金180万元，获节能和循环经济专项引导资金233万元，获省重大科技与自主创新资金135万元，获省级重点产业调整和振兴专项引导资金153万元。

是年，县财政还注入资金500万元，向各镇筹集资金1510万元，争取省补助565万元，支持整合鼎力等担保公司资源，打造注册资金超1亿元的担保平台。鼎力担保公司为佳宇电子、易达酒业等79家企业担保贷款2.19亿元，有效缓解了企业发展的资金压力。

第二节　支农资金管理

一、预算内支农资金管理

赣榆县预算内支农资金管理，主要包括农林水气象等部门事业费、支援农村生产支出资金、农业综合开发资金、农业发展基金等方面的管理。

农林水气象等部门事业费　1990～1996年，赣榆县对农业主管部门所属农业事业单位实行包干，包干的范围有人员经费、公用经费和各项事业收入。1997～2009年，对农业事业单位实行“核定收支、定额或定项补助、超支不补、结余留用”的预算管理办法。

支援农村生产支出资金　主要包括粮食自给工程资金、小型农田水利和水土保持补助费、支援农村合作生产组织资金等。其中，1990～2001年，全县发展粮食生产专项资金支出1276.4万元。

农业综合开发资金　1990～1999年，县境农业综合开发共实施3期，投入资金4893.01万元。其中，1992年，争取黄淮海资金项目780万元。1997年，赣榆县制定农业综合开发有偿资金回收奖励办法。1999年起，全面推行县级财政报账制。2000～2002年，全县农业综合开发支出6113万元，其中中央立项2104万元、地方立项4009万元。2003～2005年，全县农业综合开发支出3057万元。2006～2009年，全县农业综合开发支出10458万元。在实施农业综合开发资金管理过程中，县财政部门逐步探索形成“三专五定”的管理模式，即专人管理、专户储存、专账核算、定开发任务、定投资规模、定还款时间、定奖罚措施、定规章制度，充分提高资金的使用效益。

农业发展基金　主要来自于农林特产税、耕地占用税、国家预算调节基金的地方分成收入，以及征收的各项附加、基金等。1990年，赣榆县筹措农业发展基金188万元。1991年，全县共筹措农业发展基金698万元，全部用于黄淮海项目资金配套，重点保证中低产田改造、吨粮田建设、扩大旱改水面积、开发复垦荒地等，提高农业综合生产能力。1994年，全县共筹措农业发展基金51万元。1995年后，取消该项基金。

二、其他支农资金管理

其他支农资金，主要是指防洪保安资金、移民资金、农业保险等三个方面。

防洪保安资金　1992年起，县境开始征收，全年共筹集防洪保安资金40万元。1992～2000年，全县共征收防洪保安资金1157.7万元，支出949.6万元。其中，1996年3月起，开始对境内有生产、经营收入的各类企业、城镇个体工商户和有固定工资性收入的在职职工，按规定征缴防洪保安资金。征收资金用于县内水库、河堤的维修和加固。2001年后，防洪保安资金不再单列。

移民资金　赣榆县境内有石梁河、塔山、八条路3座大中型水库，基本修建于20世纪五六十年代，涉及库区移民。2007年，国家出台的大中型水库移民后期扶持政策是每人每年补助600元，从2006年7月份起，连续扶持20年。省核定赣榆县移民补助人数是62099人，是年，省财政厅下达大中型水库移民后期扶持资金4657.43万元，并于8月通过“一折通”发放2006年下半年原迁移民补助787.92万元。2008年，省财政厅下达大中型水库移民后期扶持资金5015.32万元，并于2月通过“一折通”发放2007年原迁移民补助1681.44万元，年底通过“一折通”发放2008年原迁移民补助1622.04万元；拨付后代项目扶持资金2139.11万元。2009年，省财政厅下达大中型水库移民后期扶持资金5621.21万元，年底通过“一折通”发放原迁移民补助1601.82万元；拨付后代项目扶持资金2785.54万元。

农业保险　2007年，赣榆县开展农业保险试点工作，包括中央、省市县补贴及农户自交，全县保费收入分别为水稻171.19万元、能繁母猪72.6万元。是年，全县共获得农业保险理赔款分别为：水稻184.62万元、能繁母猪15.4万元。2009年，全县农业保费收入分别达到水稻868.55万元、小麦1026.46万元、玉米119.49万元、能繁母猪400.56万元、农机具16.37万元。是年，全县共获得农业保险理赔款分别为：水稻70.46万元、小麦4.82万元、玉米56.88万元、能繁母猪290.16万元。

三、支农资金管理体制创新

1999年起，赣榆县改革创新支农资金管理体制，实行财政农业专项资金报账制。

2006年，赣榆被列为省级财政支农资金整合优化新增的5个试点县之一，省对4大类22个支农项目进行整合，拨付赣榆县整合项目资金4200万元。

2007～2009年，省下达赣榆支农“打包”资金11570.07万元，支持墩尚镇高效规模化泥鳅出口基地建设、沙河镇高效设施生态蔬菜园区建设、金山镇日光温室高附加值鲜切花基地建设、海头镇高效设施渔业示范项目等县优势特色产业。其中，2009年，获省财政支农资金整合工作考核奖励资金600万元。

第三节　行政事业财务管理

行政事业单位分为全额预算管理、差额预算管理、自收自支和企业化管理4类。其中，全额预算管理单位的资金分为预算内和预算外两大类。

一、行政单位财务管理

1990年，继续对行政机关财务实行“预算包干”，经费在预算编制方面，个人支出部分按照各部门、单位编制内实有人数和开支标准，据实核定；公用部分参照各单位上年预算水平、当年实际和财力情况，分档核定。在支出安排上始终坚持“有保有压”的原则，在保证人员工资发放和政府机关正常运转的前提下，重点保证政法部门办案经费，严格控制和压缩非生产性开支。

1991年3月，县政府下发增加财政收入控制财政支出的实施意见，控制非生产性支出。

1993年，县内实施严格控制集团消费、压缩会议费支出等六条措施。

进入2000年后，更是从严控制财政支出、压缩机关行政单位的非生产线开支。其中，2009年，全县党政机关厉行节约，严格控制一般性和行政性经费支出，车辆购置及运行费在2006～2008年三年平均基数基础上下降了15.1%，机关公务接待费用在2008年基础上削减了17%。

二、事业单位财务管理

1990年，继续对文教、科学、卫生单位全面实行“预算包干”，即对全额预算管理的事业单位实行“总额包干、结余留用”或“定额包干、结余留用”和“专项拨款、核实结算”相结合的办法。对差额预算管理的事业单位，实行“定收入、定支出、定补助、结余留用”的办法。

1995年，赣榆县开始征收人民教育基金和教育地方附加费。

1995～2000年，全县上缴教育附加费和人民教育基金804万元，其余全部用于教育事业。

2001年，为保证各乡镇中小学国标工资能够按时发放，县财政局、人事局、教育局、编委联合制定文件，实行工资上划县级管理统一发放，并从10月起，全县农村1万多名中小学在职和离退休教职工国标工资全部实现县里统发。

2005年，争取资金1140万元，完成了农村中小学“六有工程”建设。

2006年，争取省补助1737万元、县配套434万元，实现了全县义务教育阶段学生免收学杂费，受益学生17.9万人；安排资金384万元补充中小学公用经费，达到小学生人均15元、初中生人均30元；发放黑林、欢墩等边远地区中小学教职工生活补贴近100万元，受益教师1390人；争取资金450万元，改善农村中小学和职业中学办学条件；筹措资金929万元，将全县农村教师医疗保险单位缴费率由3%提高到7%。

2007年，争取省补资金3611万元、县配套903万元，免除全县16.1万名义务教育阶段学生的学杂费，义务教育阶段学校公用经费标准达到小学生人均230元、初中生人均350元；按时、足额发放教师工资，并安排资金近80万元，继续发放边远地区教师生活补助；筹措资金376万元，落实“一免一补”政策，确保义务教育阶段学生不因家庭贫困而失学。

2008年，对全县义务教育阶段学生免费提供教科书。建立义务教育阶段中小学公用经费增长机制，公用经费由2007年的小学生人均230元、初中生人均350元，分别提高到300元、500元；提高农村义务教育阶段家庭经济困难寄宿生生活补助标准，小学达到500元、初中达到750元；着手建立农村中小学校舍维修长效管理机制，争取国家、省补助资金501万元，改善了义务教育阶段学校办学条件；建立普通高中政府助学金制度，安排资金3296万元，按人均1000元标准资助3296名家庭经济困难学生参加高中学习；发放中等职业学校国家助学金886万元，帮助5907名家庭经济困难学生接受中等职业教育。

2009年，争取省补助3500万元，县安排3000万元，支持义务教育阶段学校实施绩效工资。建立义务教育经费稳定增长机制，小学、初中生人均公用经费分别提高到350元、550元；争取省补助1398万元，县财政安排932万元，大力改善农村初中留守儿童食宿条件，8477名留守儿童受益；争取省补助473万元，县配套803万元，启动中小学校舍安全工程，维修和防震加固校舍1800平方米、新建12900平方米；投入资金60万元，在黑林镇启动边远地区教师住房保障工作试点。

第四节　社会保障资金管理

一、医疗机构财务管理

1990年，对乡镇卫生医疗机构管理体制实行县乡分级管理、以乡镇为主的改革，使乡镇政府重视农村卫生院建设，改变由县财政全包的做法。是年，县财政局配合有关部门对全县医疗单位收费情况进行了全面检查，纠正了乱收费的现象，规范收费行为。

1991年以后，赣榆县对乡镇卫生院建设采取省、市、县财政补助一点、乡镇集资一点、卫生院自筹一点的办法，改善办院条件，逐步走上了以医疗机构自筹为主、财政补助为辅、多渠道筹集资金的发展卫生事业道路。

2000年后，全县医疗机构药品收支实行两条线管理。

二、卫生事业费及专项资金管理

赣榆县卫生事业费及专项资金，主要包括公费医疗经费、农村卫生三项建设经费、农村改水专项资金等。

1. 公费医疗经费。1989～2000年，县财政拨付公费医疗经费2746万元。2001年，并入卫生经费类，是年，全县拨付卫生经费1357万元。2006年，转为医疗卫生费用，全年拨付5408万元。2009年，全县拨付医疗卫生费用13451万元。

2. 农村卫生三项建设经费。1991～2000年，全县投入2847万元，用于农村卫生三项建设。其中，1993年，预算内拨款98万元，加上乡镇配套和卫生部门自筹，完成了6所乡镇卫生院和县妇幼保健站大楼的新建、改造工程，改善了农村医疗卫生保健条件。2005年，申报省补助卫生设备建设单位15个，争取省补助资金290万元，用于改善乡镇医疗卫生条件；筹集资金82万元，支持高致病性禽流感的防控工作。2007年，争取省补资金356万元、县配套178万元，加强农村基本公共卫生项目建设；2008年，投入资金707万元，其中县配套267万元，用于农村公共卫生建设。2009年，争取省补助978万元、县配套293万元，用于城乡基本公共卫生服务建设。安排资金166万元，用于H1N1流感防控工作。

3. 农村改水专项资金。1996～2000年，省、市、县三级财政投入改水资金822万元。其中，省416万元、市141万元、县265万元，新增受益人口25万人。2004年，争取上级财政安排农村改水专项资金249万元，是年，农村改水新增受益人口10万人，并筹集资金107万元，用于“禽流感”疫情防治工作。2005年，争取省补助资金450万元，用于67个村改水项目，全年新增改水受益人口9.9万人。2006年后，改水资金由县镇自筹。

三、抚恤和社会福利救济费管理

抚恤和社会福利救济费发放，先由民政部门按照相关政策和标准进行审核，财政部门按照管理规定，直接拨付到在银行开设的账户，最后由银行进行社会化发放。

2004年，县人民政府通过盘活资产等方式筹资3394万元，向全县行政事业单位在职职工（不含离退休人员和农村中小学教师）借款684万元，共清偿安置企业破产职工6000余人，有力维护了社会稳定。

2005年，县财政安排最低生活保障资金1150万元，解决了全县12913户、26875人的基本生活问题。

2006年，全县农村低保对象的保障金标准每人每月60元；所需资金10%纳入县财政预算，县配套102万元、90%由省财政补助，共争取省补助1192万元；全县城乡已有1.32万户、2.69万人享受最低生活保障。

2007年7月1日起，全县农村低保对象的补助提高到80元/月，城市低保对象补助标准提高到180元/月，是年共发放低保对象一次性副食品补贴105万元、发放城乡低保金1638万元，发放优抚对象抚恤金及生活补助1.41万人次、1467万元。

2008年，全县城乡低保金标准分别提高到200元、110元，发放城乡低保金2468万元，实现了应保尽保；因物价上涨等因素，发放低保家庭物价补贴556万元；发放抚恤金和生活补助1.6万人次、1780万元；争取省级补助资金114万元、县镇配套108万元，加快敬老院建设，新增床位300张，集中供养率达70%；建立城乡困难群众临时生活救助制度和无固定收入重残疾人员生活救助制度，发放困难群众生活救助金162万元，救助社会弱势群体30087人。

2009年，完善城乡最低生活保障制度，从7月1日起，城乡低保金标准分别提高到210元、130元，全年共发放城乡低保金3438.8万元、发放困难群众生活补助611万元，发放民政重点优抚对象抚恤金和生活补助2151万元，城乡弱势群体的基本生活得到较好保障。筹措资金144万元，大力支持“关爱工程”，“五保户”集中供养率达到75%。全年“五保户”供养支出733万元，比2008年增加133万元，农村“五保户”集中供养、分散供养标准分别提高600元、200元，达到每人每年3000元、2000元，惠及人员2677人。

第五节　社会保障基金管理

一、基本养老保险基金管理

从1993年起，县内实行新的企业职工养老保险制度，即统一的企业职工养老保险制度。企业干部、固定工、合同制职工都必须参加企业职工养老保险，缴纳养老保险费，全县养老保险双轨制结束。

1996年，城镇企业职工养老保险覆盖范围进一步扩大到固定工、劳动合同制职工和企业使用的临时工。

1997年1月，城镇企业职工养老保险、工伤保险、生育保险启动。企业职工工伤保险、生育保险，由社会劳动保险管理处征缴管理。

1998年1月1日起，全县企业职工基本养老保险基金纳入财政专户，实行收支两条线管理。

1999年，全县继续推进下岗职工基本生活保障和再就业工程，多渠道筹集资金，对分流和下岗的人员提供基本生活保障，全县社会保障补助支出393万元，同比增长257.27%；同时开展养老保险金扩面工作，全年收缴保险2450.45万元，支出2348.6万元，结余1616.83万元；失业保险推进到事业单位，按个人1%、单位2%缴纳，收缴失业保险179.81万元，支出57.42万元，年终结余122.39万元。

2000年7月1日起，社会养老保险费改由县地税局征收。

2002年1月1日起，全县企业职工养老保险缴费比例调整到27%，其中个人缴纳部分调整到7%。7月1日起，企业职工养老保险缴费企业按缴费工资基数的21%缴纳，职工仍按缴费工资基数7%缴纳。是年开始，赣榆县被省劳动保障厅、财政厅列入省企业养老保险基金重点补助县。

2003年9月22日，工伤、生育保险由县社保处移交县医保处管理。

2004年起，全县企业职工养老保险缴费比例调整为职工收入的29%，其中单位缴费比例为21%，个人缴费比例为8%。2006年争取省市财政补助2000万元、县配套700万元，保证了企业养老保险金按时足额发放。

2007年，企业职工养老保险基金收入达到1.22亿元，其中省市补助2097万元、县级配套873万元，建立征缴的激励机制，确保社保基金的规范化、制度化监管。

2008年，4000余名企业下岗人员补缴欠费3400万元，新增参保人员4000人，全年征缴保费4300多万元。

2009年，全县企业职工养老保险基金收入16305万元、支出11292万元，当期结余7108万元。

二、失业保险基金管理

1998年起，县内提高企业失业保险基金征缴比例，实行个人缴纳失业保险费制度，由企业单方负担改为企业和职工个人共同承担。缴纳比例企业单位由1%调整到2%，职工个人按照本人上年度工资的1%缴纳当年的失业保险费。

2000年9月1日起，失业保险费由社会劳动保险管理处征缴改为县地方税务部门征缴，形成了失业保险费由地税部门征缴、劳动部门管理、财政部门资金专户管理的三方负责机制。

至2009年年底，全县国有、集体、私营、股份制企业及事业单位参加失业保险人数28498人，失业保险基金累计结余1760万元，为全县上万名失业人员发放失业救济金。是年，失业保险金发放标准提高到每人每月330元。

三、基本医疗保险基金管理

2000年12月，全县城镇职工基本医疗保险实施细则出台。

2001年，全县医保基金收入909万元、支出224万元、结余685万元。是年，全县社会保障补助支出482万元、增长12.88%，并出台全县离休干部医疗保障管理暂行规定。

2004年，开始建立新型农村合作医疗，全年收入2321万元，其中农民缴费774万元、财政安排1547万元，全县年末参加新型农村合作医疗人员77.36万人，参合率达90%。

2005年12月，全县退休人员医疗费用按照县里上年度在岗职工平均工资（842元／月）作为缴费基数，按9%逐年缴纳医疗保险费，参加基本医疗保险，全年社会保障补助支出1836万元、增长54.42%，省市扶持和县配套资金2252万元，积极推行农村合作医疗，全县应参加合作医疗85.54万人，实际参加77.36万人，参合率为90%。

2006年，对农村“五保”对象及农村低保对象个人部分由政府负担，并对“五保”和城乡低保中的大重病患者给予二次救助；全年参合率达到95%，争取省补助2346万元、县配套626万元；全县参合农民得到基金补偿149万人次、住院补偿1.7万人次，补偿总额2131万元。

2007年7月，出台城镇居民基本医疗保险暂行办法，全年参保居民46735人、基金支出48.03万元；全年争取省市新型农村合作医疗补助2502万元、县级配套625万元，全县参合农民达78.2万人，参合率达97%，参合农民得到医疗补偿159万人次，补偿总额4980万元；投入资金28万元，帮助全县农村低保户和“五保户”参加农村新型合作医疗。

2008年7月，对筹资模式、支付标准、参保时间、缴费时间和支付标准等作了调整，11月，又规定对具有县城区学籍、县城区户籍或虽非本县县城区户籍但未参加社会医疗保险的在校学生，均可自愿参加县城区城镇居民基本医疗保险，筹资标准为每人每年120元；12月，制定离休干部医疗保险实施方案，对部门职责、就医程序、结算办法、报销范围、医疗服务等各个方面作出规定，次年开始执行；全年争取省补助资金367万元、县财政配套183万元，城镇居民参保率达到90%以上。

2009年，争取省补助375万元、县配套218万元，全年报销医疗费用461万元；安排资金102万元，将城乡低保对象等困难群体纳入医保范围；全年争取省补助4683万元、县配套1415万元，用于推进新型农村合作医疗，全县参保农民80.6万人，参合率达98%，全年报销医疗费用8318万元。

四、城乡医疗救助基金管理

2007年起，县内开始开展城乡医疗救助。

2007～2009年，城乡医疗救助专户共入户766万元，救助资金支出逐年增加。其中，2009年，共救助农村困难群众346人、救助金额111.8万元，救助城镇困难群众119人、救助金额27.5万元。

五、工伤保险基金管理

1996年8月，对企业职工实行工伤社会保险，暂按企业全部职工收入的0.5%比例收缴。

2003年4月，县里完善体制扩大范围，全县共有24413名职工参加了工伤基本医疗保险，其中农民工参加工伤保险人员10517人。

2009年，全县工伤保险基金收入277万元、支出105万元，结余172万元。

六、生育保险基金管理

1996年8月，县里对企业职工实行生育保险，暂按企业全部职工收入的0.5%比例收缴。

2003年9月，全县共有16134名职工参加生育医疗保险。

2009年，全县生育保险基金收入150万元、支出50万元，结余100万元。

第六节　预算外资金管理

1996年，赣榆县制定了预算外资金管理办法，明确预算外资金所有权归国家，调控权归政府，管理权归财政。是年，对预算外资金进行清理整顿，共撤销多头开户的预算外账号515个，对拒不纳入财政专户的预算外资金，一律视同“小金库”处理，全部没收上缴财政。

1998～2000年，全县预算外资金收入1189万元，支出1008万元。利用间歇资金支持生产260万元，同时，对基本建设实行资金审验制度，乱拉预算外资金搞计划外建设项目的现象得到了有效的遏制。

2004年，财政专户预算外资金正式纳入预算管理，其中收入项目包括行政事业性收费收入和其他收入（其中包括主管部门集中收入、乡镇自筹或统筹资金、彩票资金收入等多项收入）。

2005年，进一步深化预算外资金管理，严格执行“收支两条线”和“罚缴分离、票款分离”制度，坚持“一清二算三检”原则，强化财政票据管理，进一步加大统筹力度，努力缓解预算内资金不足压力。首次将国土储备中心的财务纳入财政预算外资金“收支两条线”管理范围，对其进行建章立制，规范管理。

2006年，继续深化“收支两条线”改革，将部门所有收入全部纳入财政管理，所有支出都在预算中透明安排。

2007年起，预算外财政专户资金编入政府决算报表中，作为政府性收支的一个组成部分。

第七节　会计事务管理

一、会计学历与继续教育

1990年，江苏省中华会计函授学校连云港分校赣榆函授站，主要承担县内会计继续教育。

1991年后，赣榆函授站主要组织会计专业有关知识培训与考核。

1995年后，对会计人员进行会计电算化培训等。

2007年3月，县财政局针对会计人员继续教育的特点，在全省率先开展网上会计继续教育，共完成继续教育人数2350人次，通过会计从业资格考试220人。

2009年，参加会计证有关知识培训878人，参加会计电算化培训1052人。是年，中专累计招生1259人，毕业1140人；与苏州大学联办函授大专班累计招生53人，毕业41人；与江苏财经高等专科学校联办学历教育大专班招收60人，毕业52人。

二、会计从业资格管理

1990年，会计人员取得专业技术资格主要以评聘为主。是年，全县行政事业单位会计人员1113人，参与评聘的人员1010人，其中，会计师4人、助理会计师327人、会计员679人。

1991年，县财政局设立会计事务管理股，管理会计工作。是年，县里对会计人员实行持证上岗管理制度。

1992年起，对全县会计人员实行持证上岗，是年核发会计证1020人。

1993年，企业会计制度实行重大改革，县财政局主办“两则、两制”（企业会计准则、财务通则；企业会计制度、财务制度）培训班25期，培训1320人次。

1994年，在全县范围内开展会计证年检工作。

1995年，全县行政事业单位会计人员1666人，其中，参与考评的人员492人、会计师85人、助理会计师410人、会计员679人。

1997年，国家对行政事业单位会计制度进行重大改革，县财政局对全县会计人员换发全国统一的新会计证。是年，县财政局主办新会计制度培训班5期，共培训380人。

2000年，县财政局对全县独立核算单位实行建账监管。

2002～2009年，全县获会计职称人员分别为：初级92人、中级96人、高级会计师15人。其中，2002年，县财政局负责办理会计证件发放及年检工作。2007～2009年，全县实行会计职称评聘与考试管理。

第八节　国有资产管理

1991年4月，成立县国有资产管理办公室，对企业进行国有资产产权登记，共登记全民企业138家，核实国有资产3亿元。

1992年，继续对国营企业进行国有资产的产权登记和发证，参与县广播电视楼的公开拍卖和县盐化厂对香料厂的兼并，配合会计师事务所为行政事业单位兴办经济实体验资46户，为企业单位验资120户，注册资金达3.6亿元。

1993年，开展行政事业单位清产核资工作。在对全县153户国有企业的国有资产进行全面登记和产权界定后，对299个行政事业单位的资产进行了清理登记，首次查明全县行政事业单位国有资产存量3.59亿元。同时对18家中外合资和股份制企业的资产进行立项评估，验证确认11家，确认净值为2512万元，普遍升值率为191%。

1994年，为155户企业进行产权登记，资金总额达24183万元，对6户国有企业进行清产核资试点。

1995年，对全县128家企业及企业化管理的事业单位进行清产核资，查清国有资产总额10366万元，确认评估的中外合资、中外合作、对外投资、资产抵押、企业分立、合并、组建企业集团等项目36个，确认评估价值21668万元。

1996年，对145户企业和240户行政事业单位进行产权登记，国有资产总额分别为1.5亿元和4.6亿元，首次完成国有资产统计工作。全县41个项目，评估价值1.6亿元，顺利通过年检，被省确认并颁发证书。参与青口镇股份制试点工作，集体企业清产核资试点开始。

1997年，县国有资产管理局成立，对248家行政事业单位进行年检、登记，国资总额47430万元；对145户企业进行年检登记，国资总额21085万元；集体企业清产核资全面展开，共清查131户集体企业，清查资产总额91221万元，负债总额80593万元，所有者权益10628万元，申报损失1160万元，上级同意核销企业损失202万元。参与产权制度改革，组建3家省级集团公司，核资国家资本金6900万元。首开全国3个乡镇国资管理先例，在全国实现了三个“率先”，即率先在乡镇设立国资专职管理员，率先在乡镇实行实物责任人管理制度，账、表、档案统一集中管理，率先对不良资产回收管理。

1998年，参与国企业改制工作，清算破产企业6户，清算破产资产总额3.2亿元；参与拍卖活动成交额325万元，破产重组闲置资产2000余万元，收回国有净资产200余万元；对172户国有企业进行产权登记年检工作，国有资产总额39612万元；行政事业单位265家，国有资产总额44715万元。是年，成立连云港市产权交易所赣榆分部，共调剂闲置资产2000万元。

1999年起，进行产权登记年检。

2000年，产权年检登记58家国有企业、国有资产总额11760万元，259家行政事业单位、国有资产总额55251万元，全县行政事业单位320户、国有企业57户、金融企业31户、城镇集体企业70户，清算破产企业6户、清算破产资产总额3.2亿元，参与拍卖活动成交额325万元，破产重组闲置资产2000余万元。

2003年，组建国有资产经营管理公司，参股624万元组建广电网络公司，破产拍卖国营企业16家，资产1.6亿元，重组破产企业11家。

2004年，盘活国有资产，推进国有企业改革，重点加强对青源水务、广电网络公司的运营管理。

2005年，县财政与经贸局、经济开发区等单位配合组建天源和鼎力两个投资担保公司，注册资金2000万元，县财政为两个担保公司注入资金600余万元，争取省财政资金300万元。2个担保公司当年为广电网络、中大海藻、顺德生物等13家中小企业提供了3000万元流动资金贷款担保。

2006年，县资产经营（控股）有限责任公司变更登记为连云港市金玉投资发展有限责任公司（以下简称金玉公司），将隶属于县建设局的连云港市创联投资发展有限公司划归金玉公司管理，收购2700万元国有股份和六家子公司。财政注入资金4000万元，成立了连云港市金阳投资发展有限公司和连云港市金泉投资担保有限公司，作为金玉公司的子公司，搭建经济发展投融资平台；及时调度资金1200万元收购原东方水产养殖场66.7公顷水产养殖用地及资产。是年，争取省财政250万元，累计争取820万元无息借款充实天源、鼎力两家公司担保基金，推动建立银行、企业、担保公司联动机制，是年，共为全县15家中小企业提供担保贷款6000万元。

2007年，国有资产管理改革取得突破。江苏宏安集团首次与县政府签订了经营业绩目标责任书，理顺了出资人与经营者的权利义务关系；开展全县行政事业单位国有资产清查，核定383家单位资产总额22亿元；积极筹措资金1400万元，充实鼎力、金阳等投资担保公司担保资金，发挥金玉公司投融资平台作用，全年为嘉宝制管等企业担保贷款近2亿元。

2008年，将宏安集团、三兴集团、金玉公司、创联公司纳入目标管理体系，促进国有资产保值增值。

2009年，强化对宏安集团、三兴集团、金玉公司、创联公司、鼎力担保公司等国有企业的经营目标考核，深化了国有企业经营者薪酬与社会责任挂钩制度。加大国有资本投入，增强金玉等国有企业经营实力和运作能力，金玉公司资产规模达到50亿元，净资产达26亿元。大力支持组建利联、金盛、金东方等3家注册资金超千万元的国有投资公司。

第四章 税收管理

第一节 税务登记管理

1990～1993年，在县税务局统一办理税务登记，新办户数367户，正常登记户总户数1236户。

1994年起，分别在县国、地税部门办理税务登记，是年新办户数638户，正常登记户总户数3091户。

1996年7～9月，全县范围统一换发税务登记证件4285户。

1997年起，与工商部门联合对外商投资企业税务登记证、工商登记等实行联合年检，有4356户各类纳税人办理了税务登记年检手续。

1998年7～9月，开展漏征漏管户清理工作，成立了国税系统清查税收漏征漏管户工作领导小组，共补办税务登记320户。

1999年7月～11月，开展税务登记换发工作，换发后，税务登记户数4516户。

2000～2005年，县境国、地税系统重新单独办理各自所管辖的税务登记。期间，全县地税局共新办户数4380户、正常总户数7200户。县国税局共新办户数2680户。

2000 ～2002年，修订完善税务登记管理制度，制定下发《税务登记工作规程》，与工商、质检等部门联合制定联席办证制度，推行分类管理、户籍巡查和工商信息定期核对制度。

2003年，对持劳动保障部门核发的《再就业优惠证》的下岗失业人员从事个体经营新办税务登记证的，一律免收税务登记工本费，全年免收300多名下岗失业人员工本费7500元。

2004年，根据国家税务总局、工商总局关于登记信息交换与共享通知要求，对工商部门提供的登记信息进行清查核对。

2006年9～12月，县国税局和地税局联合对已经办理税务登记的工商户纳税人持有的国、地税两套税务登记证件进行统一更换，实行国、地税两家发放一套证书。12月底，国、地税全县完成换发税务登记工作，共换发新的税务登记证6389户，正常户换证率达到100%，并清理出漏征漏管户207户，清理税款88100元，为纳税人节约成本22.76万元。

2009年7月1日起，对纳税人全面免收税务登记工本费，是年有2000户设立、变更和补办税务登记的纳税人税务登记证工本费得到免收，全县纳税人从中受惠50000元。

第二节　税务申报管理

一、纳税申报

1993年以前，纳税人申报统一到赣榆县税务局办理。

1994~1996年，国地税分设以来，全县纳税人分别向国地税部门办理纳税申报，申报方式由原来的国、地税部门税收专管员"上门"收税，逐步过渡到纳税人上门申报和税务代理电子申报。

1997年，新征管改革方案实施后，县内建立纳税人自行申报制度，推行多元化的申报缴款方式。国、地税对建帐建制的企业，推行代理电子申报；对个体"双定户"，实行按年一次性核定、申报，委托信用社代收代缴税款的方式；对集贸市场和其他零散税收，委托当地乡镇政府（街道）代征。

2003年，依靠现代网络技术，改革申报征收方式，结合金税工程的实施，凡纳入增值税防伪税控系统的纳税人，逐步实行自行网上申报。其他按帐征收的纳税人，实行代理网上申报，全县有919户企业实现自行网上申报。积极推行增值税防伪税控系统的网上认证和抄报税，与申报缴款方式协调配套。

2009年，国地税对未达起征点的个体工商户实行简并征期的申报办法，对达到起征点的个体工商户实行定额与开票额制分离的申报征收办法。

二、户籍管理

1990年，县内纳税人在赣榆县税务局设有专门登记户，税务部门按户上门征收。

1994年，国、地税分离后，两家单位均把全县所有纳税人划分为增值税一般纳税人和小规模纳税人以及个体工商业户。

1996年，对个体集贸市场实施税收协助征管办法，健全村镇两级代征代扣网络。

1999年，对重点税源企业实行分级分类管理。对249户增值税一般纳税人进行跟踪管理并建立户籍档案。

图 17-3　赣榆县地方税务局（1997年摄）

2000年，对零申报、负申报、异常申报户实行稽核评税管理；与工商部门加强协作，建立资料交换制度；按户籍建立了征管档案，签订代征协议。

2001~2009年，与工商部门建立联席会议制度，信息共享；对辖区管户实行户籍巡查制；对非正常户、停歇业户实行失踪户公告制度；对未达起征点的个体工商户实行档案定额管理，对达到起征点的个体工商户实行定额加发票的管理办法，并推行个体户建账建制，做到一户一档。

三、管户制与管事制

1990年，赣榆县税务局实行专管员"管户制"，即"一员进厂、各税统管、上门征收"，专管员"征、管、查"多种权力合一身的保姆式征管模式。

1994～1996年，国、地税部门各设有税务专员，均实行专管员"管户制"征管模式。

1996年年底，国、地税部门各在其直属分局进行了征管改革的试点工作，改变专管员"管户制"。

1997～2009年，新的征管模式建立以后，国、地税部门全面实现专管员由管户制向管事制的彻底转变。

第三节　发票管理

1990～1993年，县内发票统一由赣榆县税务局管理。

1994～1997年，县内普通发票的印制和购售由县国税局统一管理，确定专人负责，各基层所设发票专管员。印刷或售出的统一发票只限在本县单位业务范围内使用，外出经营者到所在地税务机关开具《固定工商业外销商品税收管理证明单》。

1999年，推行商业零售销货开票制度，在超级市场和大型商场，推行卷式发票，实现以票控税；严格控制自印户。

2000年，坚持"验旧换新"制度。对未履行纳税义务和有税务违法行为的纳税人，实行以税控票，在个体工商户中全面推行逐笔开票制度。

2003年，对用票户实行"交旧购新"和"验旧领新"的办法，并采取限量限额发售和由税务机关代保管监开的办法。

2004年在全县范围内开展普通发票专项检查，重点检查出发票违章单位和个人102户，违章发票398份，补缴税款、罚款补税款10.21万元，维护了发票管理秩序。

2005年，开展新版普通发票换版和旧版发票清理工作，对721户次纳税人长期未缴销的发票进行集中清理，对旧版作废发票进行登记造册，集中销毁。

2007年7月～2009年，全县取消个体"定额加发票"管理方式，实行个体定期定额（以每户每月实际经营额为依据核定定额）的征收方式。

第四节　税务征收管理

赣榆县的税务征收管理工作，分为两个时期。其中1990～1994年8月，全县的税务征收统一由赣榆县税务局管理。1994年9月后，全县的税务征收管理机关分为赣榆县国家税务局和赣榆县地方税务局。

一、国税征收管理

1994年，国地税分离。是年，全县国税收入8013万元。

1995年，首先在青口镇进行试点，构建"镇、村、街"三级协税护税网络。是年6月，成立县税务事务所。

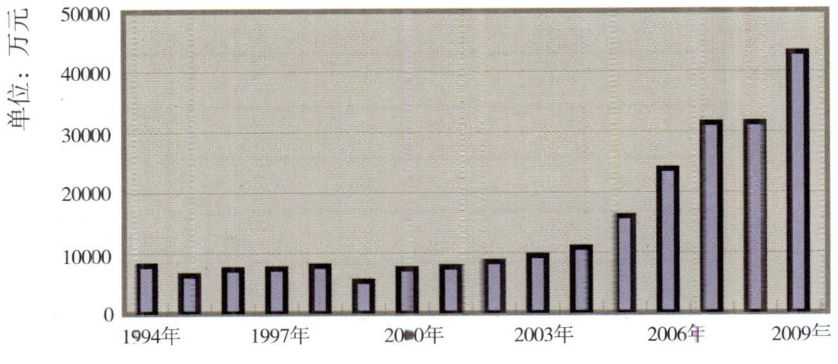

图 17-4　1994～2009年赣榆县国税收入柱形图

1996年，在全县各个乡镇全面推

广青口镇做法，使全县的“三级护税协税网络”全面建成。

1999年12月，赣榆县税务事务所改为连云港国瑞税务师事务所有限公司赣榆分所，同时与国税系统脱钩，主要业务代理电子纳税申报、代理审核纳税情况、代理建帐建制及账务、代理金税工程中一机多卡、代理涉税文书、受聘税务顾问等。到2003年共有注册税务师5名。

2000年起，县国税部门对税收任务与征管质量实行“双轨制”考核，考核结果按季通报，并列入“千分制”。是年8月，县国税局利用农村信用衬各地储蓄网点分布广的优势，要求纳税人在指定信用社开设税款预储账户，存储不少于一个月税款的存款，委托信用社代收代缴税款。

2001年5月1日，《中华人民共和国税收征收管理法》实施，国税局中层干部实行竞争上岗，并成立清欠小组，落实三级责任制，同奖同罚。是年起，县国脱局与28个乡镇政府签订了个体集贸零散税收委托代征协议书，全县所有集贸市场个体零散税收全部按委托代征方式组织征收。

2002年始，国税部门实现8年零欠税。

2003年，按照“巩固、完善、深化、提高”的征管改革总体要求，坚持“统一规范、积极稳妥”的原则，国税部门推广应用STAIS征管系统，重组征管业务，优化征管流程，开展新一轮征管改革工作，全面推进征管“五化”建设。

2004年初，县国税局自行研发的责任区电子台账正式开通运行，在全省国税系统属首家。是年，全县国税收入首次突破亿元大关，达到10798万元。

2006年10月起，国税部门在STAIS和CTAIS并轨运行的基础上，全面推广应用CTAIS2.0江苏优化版征管信息系统。

2009年，县国税局被确定为全省创新税收管理员制度试点单位，制定了《赣榆县国家税务局创新税收管理员制度实施方案》，将审批事项前移到办税服务厅，开展机关实体化和管理员制度创新工作。全县实现国税收人43085万元。

二、地税征收管理

1994年，全县共实现地方税收2642.6万元，是历年来地方税收增长最多的一年，增长率44.37%。

1995年，开始建立有现代化技术支持的、相互协调制约的申报、代理、稽查相结合的税收征管格局，取消专管员制度，推行纳税人“自核自缴”的纳税申报制度。是年，税务机关积极推广计算机在征管领域的运用，在税务系统内部实行网络化管理，并逐步与银行、工商等部门进行联网。

1998年，县地税局在每个基层分局都建立了办税服务厅，投入运行计算机218台，累计投入征管改革资金200万元，初步形成了以计算机网络为依托的集中征收体系。

2000年，完成地方税收7087.6万元，完成调整收入计划的100.26%。是年7月，全县社会保险费统一由县地税部门征收，真正实现“税费统一，税费并重”。在抓好组织地方税收收入的同时，还先后代收教育费附加、地方教育费附加、防洪保安资金、文化事业建设费等13种政府性基金、费。

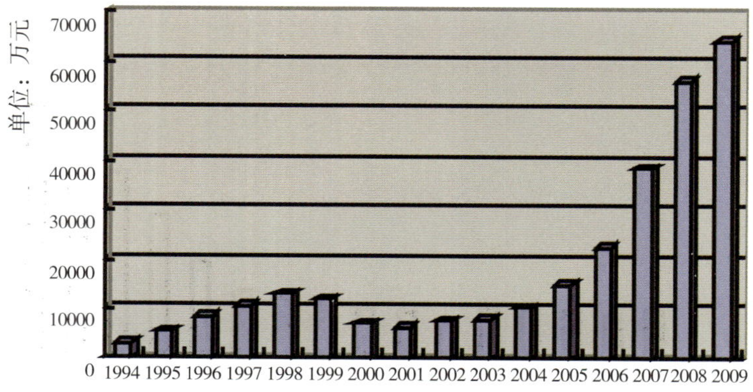

图 17-5　1994～2009年赣榆县地方税收入库柱形图

2002年，全县地税系统按照“集中登记、属地管理、一级稽查”的总体要求，在城区大力改善办税服务厅的软硬件设施，开展办税服务厅规范化建设达标活动，实行以职定岗、以岗定责的岗位责任制；在农村，按照经济区划2～3

个乡镇设立征管分局，征管分局驻地以外的乡镇设立征收点。4月县地税局成立3个检查分局，实现征管和稽查的两线运行。

2004年，县地税部门全面启动ISO9000质量管理体系的引入和认证工作。

2006年，县地税局与县建设局、房管处、财政局协调，在县房地产交易大厅设立地税征收服务窗口，全年征收二手房交易税近200万元。

2007年，赣榆地税部门创新个体税收管理方法，实施“六控法”管理，全年共计组织各项地税收入5.51亿元，增长69.5%。

2008年，全县个体税收征管实现“三减三提高”，即简化办税手续，减轻纳税人负担，税收服务水平有效提高；整合征管资源，减轻税务人员负担，征管效率有效提高；统一征管口径，减少征管差异，税务部门公信力明显提高。

2009年，县地税部门保障省级数据大集中成功上线、平稳运行。是年，全县地税收入突破6亿元，达6.4亿元，收入总量和一般预算收入总量均居四县第一。

第五节 税务稽查

1990～1994年8月，全县的税务稽查统一由赣榆县税务局负责。1994年9月后，全县的税务稽查按各自的管理职能，分为赣榆县国税稽查和赣榆县地税稽查。

一、国税稽查

1994～2004年，县国税局共检查各类纳税人2184户，查补总额3539万元，移送公安机关处理偷税案件26件，人民法院受理的偷税案件中被判处追究刑事责任的偷抗税犯罪分子4人，取保候审1人。

1994年，县国税局把原稽查队改为税务稽查分局，并成立税务检察室，由县人民检察院派人进驻。是年，共检查纳税户95户、查补工商各税93万元。

1996年，县国税局成立税务稽查审理委员会，对税务稽查案件按照程序依法进行审理。是年，共检查138户企业、查补税款575万元。

1997年9月，县国税局率先在全市试行税务稽查案件主、辅查制度，案件主辅查人，根据职责开展案件检查，主查人员对案件检查负全责。是年，共检查纳税户339户、查补税款508万元。

1998年1月6日，县国税局将“二级稽查模式”逐步过渡到“一级稽查模式”，稽查局内设机构实行四分离。分别设置稽查选案、检查、审理、执行岗位，四环节实行交叉管理，工作中相互制约，各司其职。1月24日，设立县国税局税务违法案件举报中心，税务检察室从税务机关撤出，县公安局驻国税公安办公室成立。是年，对全县重点税源户、加油站、卫生院的纳税情况开展专项检查，共检查纳税户285户，查补税款487万元。

2001年，县国税局全面推行并逐步规范以县为单位的“一级稽查”制。9月，稽查内设机构增设协查股，对全县范围内纳税人使用及接受增值税专用发票进行委托和受托检查。10月，成立县国税局重大案件审理委员会，对稽查局检查和初审的重大涉税案件进行集体审议，保证执法公正。是年，对23户商贸企业、县农业银行、工商银行等进行专项检查，共检查纳税户178户、查补税款217万元，检查调增应纳税所得额6.61万元，公开曝光偷税案件16起、移送公安机关偷税案件6起、批准逮捕3人、取保候审1人，全年共委托协查专用发票91份，查补税款、罚款、滞纳金合计94万元。

2003年，县国税局再造税收征管流程，稽查岗位和职能都进行重新调整，稽查全面实行选案、稽查、审理、执行四环节的外分离，稽查局只负责对各类税务违法案件的检查。是年，开展打击制售和购买假发票违法行为，开展对摩托车及其配件销售行业、汽车修理行业、铸造行业等8个行业的专项检查，共检查

53户，查补税款、罚款、加收滞纳金54万元，不予抵扣税款5.1万元、调减多缴增值税1.5万元、核减留抵16万元，全年共检查纳税户94户、查补税款192万元。

2004年，县国税局全面推行省局税务稽查八项工作制度，明确检查人员对所查处案件实行终身负责制。是年，开展房地产开发行业、医药行业及“两票”使用、酒类生产及销售行业等专项检查，共检查纳税户93户，查补税款、罚款、滞纳金468万元，核减留抵188.27万元，查处20万元以上大要案件2件、移送公安机关案件4件、法院判刑1件。

2009年，共受理重大税务案件7件，对风险等级较高的38户企业开展重点检查，经风险分析、纳税评估人入库税款787.6万元。

二、地税稽查

1994～2009年，县地税局共检查纳税户2396户，查补各项税费、滞纳金及罚款6097.76元。

1994～1998年，赣榆县各级地税部门先后开展了企业所得税征缴检查、金融保险业专项检查、个人所得税专项检查和民政福利企业、校办企业、房屋租赁等行业税收专项检查，在全系统深入开展税收执法大检查，纠正“以补代罚、以罚代刑、以罚代法”。1994年，全县共查补入库税款100多万元。1996年，共查补各项税款345万元。1998年，开展了企业所得税征缴检查、个人所得税专项检查等行业税收专项检查，立案查处了36起重点案件，补税罚款18.76万元、追缴入库12.7万元，深入开展清理漏征漏管户工作，全县清查漏征漏管户417户、查补税款12万元。

1999年，开展严厉打击偷抗税活动。是年，共查补地方各税204.47万元，入库税收176.62万元，滞纳金、罚款、教育费附加等25.2万多元。

2001年，围绕高收入行业、高收入个人所得税专项检查以及各类大要案的查处，采取集中检查与逐个过堂相结合。是年，共检查122户，查补入库地方各税317万元，罚款29.6万元。

2002年，先后开展了企业所得税汇算清缴、个人所得税专项检查、发票专项检查、建筑业、房地产业专项检查。是年，共查补入库税款238万元，罚款34万元。

2003年，重点开展建筑业及房地产业专项检查、医院、学校、律师事务所、行政机关单位个人所得税专项检查、普通发票专项治理。是年，共查补税款147.22万元、滞纳金3.25万元、罚款32.48万元，查补总计182.95万元，入库率100%。

2005年，开展以电力、烟草、银行业为对象的个人所得税专项检查，外商投资企业个人所得税专项检查，房地产行业、摩托车生产及销售企业专项检查。是年，共查补税款数114.73万元、滞纳金1.75万元、罚款52.08万元、查补各项基金费34.22万元，全部上缴入库。

2008年，重点对开发区企业如舜天工贸、中大海藻、凯隆实业等纳税大户进行涉税检查。是年，共查补入库税款总计517.79万元。

2009年，对建筑安装业、房地产业、中介服务业进行了专项检查。是年，共查处各类涉税案件52起，入库税款罚款滞纳金1784万元，查补收入同比增加3.4倍，占全县地税收入的2.8%。

第六节　涉外税收

1990年，连云港市税务局涉外税务稽征处，更名为连云港市税务局对外税务分局，负责全市涉外税收。是年，赣榆县首家（港澳台商）合资经营企业连云港海孚水产养殖有限公司在罗阳乡开办，但全县无涉外税收入库。

1991年4月9日，国家公布《中华人民共和国外商投资企业和外国企业所得税法》，6月30日，国务院发布《中华人民共和国外商投资企业和外国企业所得税法实施细则》。连云港市是全国首批对外开放的14个沿海城市之一，设在赣榆县的生产性外商投资企业，减按24%的税率征收企业所得税。对生产性外商投资企业，经营期10年以上的，从开始获利的年度起，第1年和第2年免征企业所得税，第3年至第5年减半征收企业所得税。

1994年起，外商投资企业和外国企业所得税由国税系统征收管理，收入由中央与地方政府共享。是年，税制改革，国、地税分设后，市国税局设立外税分局，赣榆县外税业务由县国税局税政1股分管。

1995～2009年，涉外税收征管纳入县国税部门征管。其中，1995年，县国税局设立国税分局，全县4户外资企业共入库485万元。2001年，全县32户外资企业共上缴税款为1242万元，其中增值税895万元、消费税188万元，外商投资企业和外国企业所得税159万元。2005年，全县外资企业有102户，其中港澳台投资企业28户、外商投资企业74户，有60户正常经营，包括港澳台投资企业18户、外商投资企业42户；外资企业涉外税收收入为1141万元，其中增值税969万元、外商投资企业和外国企业所得税172万元。2009年，全县外资企业有72户正常经营，涉外税收收入为4724万元，其中增值税3625万元、消费税782万元，外商投资企业和外国企业所得税317万元。

第七节　出口退税

1990～1997年，出口退（免）税政策，按"免税"及"先征后退"办法执行。其中，1990～1993年，县境免退税业务由赣榆县税务局负责。1994年，财税体制改革及国税与地税分家后，继续对出口产品实行退税，县境退税业务由赣榆县国家税务局负责。

1998～2009年，出口退（免）税政策，按"免抵退"办法执行。其中，2002年，全县出口企业5户，出口销售收入为4631万元，出口退税577万元。2003年，全县出口企业10户，出口销售收入为8573万元，出口退税713万元，其中免抵调减增值税713万元。2004～2008年，全县出口企业12户，出口销售收入为3.38亿元，出口退税1.08亿元。2009年，全县出口企业12户，出口销售收入为8436万元，出口退税3648万元，其中出口货物退增值税1996万元、免抵调减增值税1652万元。

第十八篇 综合经济管理

第十八篇　综合经济管理

随着改革开放深入进行，社会主义市场经济逐步确立，赣榆县综合经济管理在方向、方针、政策等诸多方面发生较大转变。1990～2009年，在计划管理方面实现五大转变，一是管理方针实现由计划经济为主、市场调节为辅向市场调节为主、计划调整为辅转变；二是指令性计划向指导性计划转变；三是由重视年度计划制定向重视中长期计划制定转变；四是由对工业产品实行计划安排、主要物资实行计划分配，向工业产品由市场选择、资源由市场配置转变；五是经济计划管理的重点由微观管理向宏观管理转变。在国土资源管理方面，1990年5月19日，《中华人民共和国城镇国有土地使用权出让暂行条例》颁布实施后，土地使用从过去单一的行政划拨使用向行政划拨使用与有偿使用双轨制发展，土地使用制度向有偿、有限期、有流动方向不断深化改革，逐步实行农村非农业建设用地有偿使用，对商业、工业、旅游、服务、娱乐、商品房经营性用地和三资企业用地一律实行有偿使用。同时，政府加强对土地市场调控力度，实行对土地一级市场高度垄断，严格执行土地开发整理、土地监察和土地价格制度，扎实做好土地管理工作。工商管理部门加大市场培育力度，积极扶持个体、私营经济，维护市场秩序，保护消费者权益，促进县域经济健康、快速发展。统计管理开始实行国民经济核算体制，提供统计信息和决策依据，努力为经济社会发展做贡献。审计业务不断拓宽，逐步建立以国家审计为主体，内部审计和社会审计为重要组成部分的审计体制，开辟领导干部经济审计等领域，为维护财经纪律、加强廉政建设发挥作用。质量技术监督工作扎实推进，加强工业品质量监督，实行食品安全市场准入制度，开展对计量和产品标准化管理监督。深化价格管理，依法制价，整顿、规范市场价格，努力为全县经济发展提供良好的价费环境。加强食品、药品管理，严格产品安全市场准入制度，保证人民群众饮食安全和身体健康，维护社会和谐稳定。

第一章　计划管理

第一节　机构沿革与体制改革

一、机构沿革

1985年，赣榆县成立计划经济委员会，负责全县计划管理，下设秘书科、人事科、生产科、企管科、投资科、计划科、科技科。1996年，赣榆县计划经济委员会分立成赣榆县经济委员会和赣榆县计划委员会，赣榆县计划委员会成为独立办公单位，下设人秘科、投资科（挂"重大项目办公室"牌子）、农经科（挂"以工代赈办公室"牌子）、综合科（挂"县目标管理办公室"牌子）、三产办、外经科。2001年，赣榆县计划委员会更名为赣榆县发展计划局，为县政府工作部门，下设人秘科、国民经济综合科（目标管理办公室）、投资科（外经科）、农经科（以工代赈办公室）、工交财贸科（三产办公室）、高新技术与信息产业发展科。2005年，赣榆县发展计划局更名为赣榆县发展和改革委员会，为县政府工作部门，挂"赣榆县信息产业局"牌子，下设办公室、投资科、农经科、目标办、综合科、工业及高新技术科、服务业及社会事业科。

二、行政审批体制改革

1992年，中共十四大确定国民经济体制改革取向为建立社会主义市场体制，计划体制改革步伐加快，农产品生产只保留粮、棉、油产量指导性计划，取消农产品播种面积指标；物资分配指标改为省级订货；工业生产实行指导性计划，每年下达产值、销售、利润指标，不具体到产品品种、数量，产品由企业自行销售，参与市场竞争；商业、供销、粮食、物资、财税、金融等体制相应改革。1994年开始，计划管理主要抓"五年计划"的制定和完善，及年度国民经济和社会发展计划的制定和调整，不再制定与经济大局关联度不大的月度和阶段性计划；在投资体制改革方面，按"谁投资，谁决策，谁承担风险"原则，合理划分事权，明确投资主体，建立投资风险约束体制；凡乡镇、部门300万元以下的项目，一律由乡、镇、部门审批，简化企业更名程序，直接由乡镇和部门出具批准手续到工商部门登记。1997年，按照国家计委《关于实行固定资产投资项目试行资本金制度的通知》，对投资体制进行调整，所有经营性投资项目必须组建项目法人，落实规定比例的资本金，县计委不再办理民营企业开办的审批手续，改由工商部门按规定审核登记；用汇额度、"农转非"指标、重要生产物资计划等均不再审批。2000年，仅保留固定资产投资项目、建立加油站和市场的审批。2001年，随着经济体制改革的深化，县计划工作的主要职能转变为研究提出全县国民经济战略目标，编制国民经济和社会发展中长期规划、年度计划以及少数由政府组织实施的城市基础设施建设、产业发展、社会事业发展等重点项目专项；加强对经济运行质态的监测与分析，为确定全县经济社会发展战略和重要决策提供依据；合理安排和控制固定资产投资规模，为调整产业结构、培植主导产业做好协调、服务。2004年7月以后，按照《国务院关于投资体制的决定》及其附发的《政府核准的投资项目目录》，对企业投资，区别两种情况对待。其一，不使用政府投资的，一律不再实行审批制。对《政府核准的投资项目目录》规定的重大项目和限制类项目实行核准，凡目录之外的其他项目无论规模大小，都改为备案制。其二，使用政府投资的仍须审批，但对项目的市场前景、经济效益、资金来源和产品技术方案均由企业自主决策、自担风险，并依法到相关部门办理环保、土地、资源利用、安全生产等许可手续。对于企业使用政府补助、转贷、贴息投资建设的项目，不再要求提供项目批准，仅需提交项目建设申请报告、规划选址意见书、用地预审意见和环评报告。对外商投资项目，从市场准入、资本项目管理（资本项目，又称资本和金融账户，指资本的输出与输入）等方面实行分级核准，赣榆县的核准权限为3000万美元以下的鼓励类和允许类项目，其余均需省以上核准。"十五"期间，县深化行政审批制度改革，建成县行政服务中心，取消、调整行政审批事项822件。

第二节　经济综合管理

20世纪90年代上半期，进入计划经济与市场调节相结合的“双轨制”时期，主要工业品的生产仍实行计划安排，主要物资仍实行计划分配，但指令性下达和平价物资的分配逐年减少。“八五”期间经济结构从以农业为主向以工业经济为主转变，以建立现代企业制度为主要内容的企业改革逐步展开，坚持以公有制为主体，多种经济成分共同发展，在综合实力增强的同时，经济结构得到优化。

1997年起，随着社会主义市场经济体制初步建立，计划管理开始进入市场调节为主、计划调控为辅时期，计划管理的职能由微观经济管理转向宏观经济管理，主要是加强对经济运行质态的监测、分析，编制全县国民经济和社会发展计划，为经济和社会发展做好参谋、协调、服务等工作。“九五”期间，赣榆县积极推进“两个根本性转变”，着力调整优化经济结构，粮经比例基本达到5：5，被确定为国家商品粮基地县和省科技兴海、秸秆养畜、农机化、生态农业示范县，海头镇、沙河镇被列为省重点建设中心镇、省新型示范小城镇。旅游业从无到有，兴建海州湾旅游度假区，全面深化各项改革，全方位扩大对外开放，实现由以传统农业为主向工业化初期的迈进，人民生活由温饱向小康的迈进。

“十五”期间，赣榆县积极实施财政省直管县、非税收管理、部门预算制度改革，推行政府采购和国库集中支付制度，完成183家国有、集体企业改制，稳步推进事业单位改革。赣榆县成功跻身“全国最具投资潜力中小城市百强”。

“十一五”期间，赣榆县紧紧围绕跨越发展，积极融入“一体两翼”“一心两极”发展格局，牢牢锁定“以港兴工，以工强县，融入港城，以城带农”发展方针，深度实施“工业化、城市化、国际化”三大战略，赣榆港区开工建设，临港工业成为支柱产业，石油化工、钢铁机械、生物化工等产业板块初具规模，“百亿园区、百亿产业、百亿企业”目标顺利实现；大力推进高效农业园区化，海州湾现代渔业园区、四季田园现代农业园区创成省级农业园区，成为全省唯一拥有2个省级农业园区的县份，获得全国科技进步先进县等15项国家级荣誉和全省财政上台阶奖等40项省级荣誉。

第三节　中长期计划编制

一、“八五”计划（1991～1995）

指导思想　全面贯彻党的基本路线，以经济建设为中心，在改革开放方针指引下，加大改革力度，大力发展工业，积极发展外向型经济和第三产业，稳步发展社会事业，努力改善人民生活，为全面完成十年规划奠定坚实基础。

发展目标　到1995年，国内生产总值达到18亿元，年均递增12.5%；国民收入达到16亿元，年均递增11.7%；工农业总产值达到35亿元，年均递增10.7%，其中，工业总产值达到20亿元，年均递增15.9%，农业总产值达15亿元，年均递增5.9%。大力发展第三产业，到1995年，第三产业产值占国民生产总值的比重由1990年的18%提高到23%；财政收入达到1亿元，年均递增13.9%；“八五”期间固定资产总投资实现6.23亿元，其中，生产性投资5.448亿元，非生产性投资0.742亿元；出口商品总值到1995年达2.2亿元，年均递增11.5%；职工人均年工资到1995年达到2300元，农民人均年纯收入达到1100元。全县粮食生产在现有基础上保持稳定，年均递增1%左右，到1995年总产达到55万吨，花生总产达到5.5万吨，年均递增1%或持平。同时，对气象、交通运输、邮电、通信、卫生、文化、广播、体育、旅游、计划生育、城乡规划、环境保护都提出新目标。

二、"九五"计划(1996～2000)

指导思想 以邓小平同志建设有中国特色的社会主义理论为指导,始终坚持党的基本路线,牢牢把握"抓住机遇,深化改革,扩大开放,促进发展,保持稳定"的大局,全面贯彻中共十四届五中全会提出的九条指导方针,继续坚持符合全县实际的正确发展思路,调动一切积极因素,以经济建设为中心,自力更生,艰苦创业,加快经济体制和经济增长方式的转变,为高标准、高质量全面实现小康,并不失时机地向初步实现现代化的更高目标迈进而奋斗。

发展目标 到2000年,国内生产总值达到225亿元,年均递增38.4%,一、二、三产增加值的比例由1995年的50.2∶29.7∶20.1,达到18.0∶48.7∶33.3;人均国内生产总值到2000年达21635元,年均递增37.3%;工农业总产值到2000年达580亿元,年均递增39.8%,其中农业总产值47亿元,年均递增17.4%,工业总产值533亿元,年均递增43.5%;财政总收入到2000年达7.2亿元,年均递增40.8%;外贸自营出口到2000年达到500万美元,年均递增19.1%;"九五"期间累计完成全社会固定资产投资80亿元,为"八五"期间总投资的3倍;累计实际利用外资5000万美元;第三产业增加值到2000年达75亿元,年均递增53.3%。到2000年,职工工资年达1.2万元,年均递增25.3%;农民人均纯收入6750元,年均递增25.4%;恩格尔系数到2000年达到45%以下;"九五"期间,前三年完成农村高氟地区改水工作,全县农村安全卫生饮用水普及率达95%以上;加快现代企业制度改革,按照建立产权清晰、责权明确、政企分开、管理科学的现代企业制度要求,对现有企业进行全面改制,"九五"末,全县工业企业改制面达到50%左右;开拓大市场,建成苏北鲁南地区大型海产品、粮油、蔬菜贸易集散中心,初步形成完备的消费品、生产资料和生产要素市场体系;完善水陆联运综合交通运输体系;高效畅通的邮电、通信、信息体系;以"两线一场"为骨干的旅游服务体系;多层次、现代化的金融体系;及适应社会需求的生活服务和社会保障体系。

三、"十五"计划(2001～2005)

"十五"期间,是全县为初步实现现代化打基础的关键时期。

指导思想 以邓小平理论和"三个代表"重要思想为指导,认真贯彻中共十五大和十五届五中全会精神,以经济结构的战略性调整为主线,以改革开放和科技进步为动力,以发展税源经济、增强综合实力、增加农民收入为出发点,加快体制转轨、产业升级和城镇化进程,大力发展工业经济、农业产业化经营和海洋经济,放手发展私营个体经济和建筑业,协调发展各项社会事业,切实加强社会主义精神文明和民主法制建设,努力使全县综合经济实力有较大提高,人民生活比较富裕,为基本实现现代化奠定坚实基础。

发展目标 国内生产总值年均递增11%～12%,到"十五"末,人均国内生产总值达9900元,三次产业结构比例调整为23.4∶44.8∶31.8;财政收入年均递增10%～11%;在岗职工人均工资和农民人均纯收入分别达9500元和4000元,分别递增6.6%和7%;固定资产投资五年累计完成100亿元;实际利用外资五年累计完成4000万美元。

四、"十一五"规划(2006～2010)

指导思想 以中共十六大、十六届五中全会精神为指引,全面贯彻省委十届九次和市委九届六次全会精神,紧紧围绕跨越发展这个主题,以建设全面小康和谐社会和构建社会主义新农村为总目标,始终坚持科学发展观,积极融入市"一体两翼"发展格局,牢牢锁定"以港兴工,以工强县,融入港城,以城带农"发展方针,深度实施"工业化、城市化、国际化"三大战略,做到"四个坚持",实现"四个突破",即坚持发展要务,实现临港工业大突破;坚持科学统筹,实现产业板块大突破;坚持全民创业,实现富民增收大突破;坚持全面进步,实现平安和谐大突破。

发展目标 GDP年均递增30%,2010年达到300亿元,比"十五"末翻两番,人均GDP超过3300美元；三次产业结构比例为12∶50∶38；财政总收入达到40亿元，年均递增50%以上；全社会固定资产投资五年累计完成500亿元，其中工业投入不少于350亿元；到2010年，农民人均纯收入达到7500元，在岗职工平均工资达2万元，年均递增12%以上；城市化水平达45%以上；城镇登记失业率控制在4.5%以内；人口自然增长率控制在5‰以内；建立起比较完善的社会主义市场经济体制，进出口总额年均增长65%，注册外资实际到账额年均增长70%，形成与国际经济接轨的开放型经济格局。

第四节　中长期计划执行情况

一、"八五"计划执行情况（1991～1995）

（一）综合经济实力

国民经济和社会发展各项计划指标全部完成。累计（下同）完成国内生产总值111.7亿元（均以1990年不变价计算），1995年，实现国内生产总值40.03亿元，年均递增31.97%；三次产业比重由"七五"末61.4∶20.3∶18.3演进为50.2∶29.7∶20.1，经济结构从以农业经济为主向以工业经济为主转变。人均国内生产总值由"七五"末的1067元提高至4024元，年均递增30.4%；1995年，实现工农业生产总值80.29亿元，年均递增30.7%；全县职工工资总额1.87亿元，职工平均年工资4073元；"八五"期间财政总收入累计完成3.74亿元，1995年，实现财政总收入1.32亿元，年均递增24.2%。

（二）农业经济

进一步完善农村经济政策，实施科技兴农和不断增加农业资金的投入，加快产业结构调整步伐，农业综合实力、油料、水产、生猪四项指标分别达到全国"百强县"标准，累计实现农林牧渔总产值78.7亿元（以1990年不变价计算），1995年，实现农林牧渔总产值（以1990年不变价计算）21.04亿元，年均递增12.6%；农民人均纯收入2178元。

（三）工业经济

镇办工业、乡办工业、村办工业保持较强发展势头，1995年，第二产业实现增加值11.88亿元；实现工业总产值80.76亿元，年均递增55.4%。其中县乡两级工业完成产值29.25亿元，村及村以下工业发展更快，完成产值51.51亿元。

（四）第三产业

第三产业在"八五"期间出现前所未有的良好态势，尤其是在交通、邮电、市场建设和个体私营经济的发展上迈出一大步。1995年，实现第三产业增加值8.04亿元，年均递增34%。

（五）固定资产投资

基础设施建设得到加强，县城华中路拓宽、环城路基础设施、204国道赣榆段路基拓宽等一批重点项目顺利实施，"八五"期间累计完成城镇固定资产投资总额8.8亿元，为"七五"期间的3.7倍。投资结构进一步优化，1995年，城镇集体以上固定资产投资实现3.91亿元，在城镇集体以上固定资产投资中，第三产业实现投资2.63亿元，所占比重较上年增加1.8个百分点。

（六）外向型经济

1990年，全县"三资"企业只有6家。"八五"期间，累计批准成立244家，共达250家。"八五"期间，累计实际利用外资2581万美元，1995年，实际利用外资846万美元，年均递增37%；"八五"期间累计完成外贸收购总额3.6亿元（计划价）。继1993年在美国首办境外企业之后，又在日本新办一家境外企业。

二、"九五"计划执行情况（1996～2000）

（一）综合经济实力

"九五"期间，国民经济和社会发展各项计划指标全部完成。累计完成国内生产总值277.5亿元（当年价)，是“八五”期间的2.48倍；2000年，实现国内地区生产总值61.99亿元，较“八五”末年均递增9.14%，三次产业的比重为33：41.3：25.7。人均地区生产总值达到5945元，较“八五”末年均递增8.21%。“九五”期间，累计实现地方财政收入10.8亿元，是“八五”期间2.89倍。2000年，实现财政收入1.97亿元，较“八五”末年均递增8.4%。

（二）农业经济

农业综合实力得到增强，粮经比例基本达到5：5。“九五”期间，累计实现农林牧渔总产值111.4亿元（均以1990年不变价计算），是“八五”期间1.4倍。2000年，实现第一产业增加值20.45亿元，实现农林牧渔业总产值22.4亿元。

（三）工业经济

全县工业进一步深化企业改革，紧紧依靠科技创新和技术改造，实现工业生产的稳定和生产效益的提高。“九五”期间，累计工业总产值634.3亿元，是“八五”期间的4.3倍；2000年，完成工业增加值22.81亿元，实现工业总产值153.94亿元，较“八五”末年均递增21%。三兴建工集团被建设部评为国家一级资质企业，2000年跻身全省建筑企业50强，名列第8位，被省政府授予先进建筑企业称号。

（四）第三产业

商品销售稳中趋活，“九五”期间累计实现社会消费品零售总额70.1亿元，是“八五”期间的1.89倍。2000年，第三产业增加值实现15.93亿元，较“八五”末年均递增14.65%，三产增加值占国内生产总值的比重为25.7%，较“八五”末提高5.6个百分点。

（五）固定资产投资

实施204、310、327国道和220省道改造等一批重点建设项目，县城建设步伐加快，规模扩大，“九五”期间，累计实现全社会固定资产投资总额59.16亿元，是“八五”期间的2.07倍。

（六）外向型经济

“九五”期间，累计实现实际利用外资4004万美元，是“八五”期间的1.55倍。2000年，实现实际利用外资553.4万美元，自营出口创汇729万美元，实现外经营业额890万美元。

三、“十五”计划执行情况（2001～2005）

（一）综合经济实力

“十五”期间，累计实现地区生产总值342.5亿元，是“九五”期间的1.23倍。2005年，实现国内地区生产总值74.8亿元，较“九五”末年均递增3.83%，三次产业的比重由“九五”末的33：41.3：25.7演进为30.8：36.1：33.1。2005年，实现财政总收入4.88亿元，年均增速19.9%，高于“十五”计划年均增速10–11%的目标。2005年，实现人均地区生产总值6965元，较“九五”末年均递增3%。

（二）农业经济

落实农业税减免、取消和水稻直补、良种补贴政策，粮食生产能力提高，设施蔬菜发展到5333公顷，畜牧业小区达265个。科技创新力度加大，农业产业化进程加快。全县年销售收入超5000万元龙头企业达到8家。“十五”期间，实现农林牧渔总产值173.65亿元，是“九五”期间的1.52倍。2005年，实现农林牧渔业总产值46.45亿元，年均递增15.7%。2005年，实现农村居民人均纯收入4173元，较“九五”末增加1385元，年均递增8.39%。

（三）工业经济

全县上下牢固树立“工业立县”战略思想，狠抓工业投入和工业运行，工业经济实力明显增强，特色化工、新型建材、生物制药、海洋食品、服装玩具等产业板块初具规模。“十五”期间累计实现工业总产值

784.8亿元，是“九五”期间的1.24倍。规模以上企业比“九五”末净增85家。全部工业用电量较“九五”末增长1.4倍。

（四）第三产业

新型流通业快速崛起，各类市场、商业中心交易活跃。“十五”期间，累计实现社会消费品零售总额110.9亿元，是“九五”期间的1.58倍。2005年，实现社会消费品零售额34.88亿元，为“九五”末的2.19倍，年均递增16.98%。交通运输、邮电通信、金融保险、房地产业、新型社会服务业等蓬勃发展。信息化设施建设步伐加快，基本建成光纤传输方式为主的骨干综合通信网和有线电视网。

（五）固定资产投资

同三高速公路赣榆段建成通车，欢林、石林等公路相继竣工，“十五”末全县农村各类等级公路比“九五”末净增1100千米。率先启动市“一体两翼”战略，开工建设柘汪临港产业区并完成基础设施投资8000万元，总投资57亿元的海头深水“十五”末启动前期工作。“十五”期间，实现全社会固定资产投资144亿元，超“十五”计划44亿元，是“九五”期间的2.43倍。2005年，实现全社会固定资产投资50.13亿元，年均递增24.86%。

（六）外向型经济

“十五”期间，实现实际利用外资12249万美元，提前两年完成“十五”计划，是“九五”期间的3.06倍。2005年，实现实际利用外资3530万美元，年均递增44.86%，出口总额2086万美元，实现外经营业额3329万美元。

四、“十一五”计划执行情况（2006～2009）

（一）综合经济实力

2006年，实现地区生产总值91.83亿元，按可比价格计算，较上年增加17.02亿元，2009年，完成地区生产总值182.44亿元，较上年增长15.1%；实现人均地区生产总值达到1.87万元，增长16.4%。

（二）农业经济

2009年，实现农林牧渔总产值75.95亿元，按可比价计算，较上年增长5.7%，是“十五”末1.8倍。其中，农业产值24.73亿元，增长3.3%；林业产值2.74亿元，增长10.8%；木业产值11.79亿元，增长8.9%；渔业产值35.79亿元，增长5.8%。

（三）工业经济

工业支柱地位进一步巩固，重大工业项目实现新突破。2009年，实现工业增加值81.98亿元，同比增长17.3%，工业增加值占GDP比重提高到33.8%，石油化工、钢铁机械、生物化工、新型建材、光伏、服装玩具等产业初具规模。规模以上工业增加值占全部工业增加值的比重为80%，规模以上工业企业总数达317家。2009年，实现工业投资130.07亿元，较上年增长40.6%。

（四）第三产业

2009年，完成社会消费品零售总额70.42亿元，同比增长18.3%。住宿、餐饮业发展迅速，全县住宿餐饮业实现零售额10.14亿元。旅游业“东西南北中，山海祠城园”的发展格局进一步强化，“观黄海风光、探秦山神路，访徐福故里，游红色胜地”的旅游品牌日益在省内外唱响。

（五）固定资产投资

基础设施超常建设，赣榆港区建设快速突破，昂首迈入海港新时代。204国道、242省道、连临高速赣榆段建成通车，临海高等级公路加快建设，连盐铁路完成前期工作，“四通八达”综合交通格局初步形成。2009年，实现全社会固定资产投资总额178.88亿元，同比增长29.1%。

（六）外向型经济

2009年，注册外资到账1.58亿美元。完成自营出口8011美元，外派劳务市场得到进一步规范。

第二章　国土资源管理

第一节　管理机构

图 18-1　赣榆县国土资源管理局（2009年摄）

1988年，赣榆县土地管理局成立，负责全县土地、城乡地政统一管理工作，下设综合股、地政地籍股、建设用地股、土地监察室。各乡镇土地管理站是土地管理系统最基础办事机构。1993年3月18日，县土地管理局增设计财股。1996年12月，根据省、市、县机构改革意见要求，撤销县土地管理局，组建县国土管理局，同时，建立土地利用规划股，编制1人。全县30个乡镇级土地管理站也重新组建为直属县局的国土管理所。

2002年3月16日，赣榆县国土管理局更名为赣榆县国土资源局。2009年，赣榆县国土资源局有行政编制14人，派驻纪检监察编制数1人，内设机构6个，分别是办公室、政策法规科、资源规划科、土地利用科、地政地籍科、地质矿产科。下设5个事业单位，分别是赣榆县国有土地储备中心、赣榆县土地整理中心、赣榆县土地勘测事务所、赣榆县地价所、江苏省土地市场赣榆交易所。参照公务员法管理的事业单位19个，其中，县土地执法监察大队1个，乡镇国土资源所（分局）18个。

第二节　土地使用

一、土地出让和储备

1990年5月19日，《中华人民共和国城镇国有土地使用权出让暂行条例》实施后，赣榆县土地使用从过去单一的行政划拨使用向行政划拨使用与有偿使用双轨制发展，并逐步扩大有偿用地范围，土地使用制度向有偿、有限期、有流动的方向不断深化改革。1991年，县人民政府发布实施《赣榆县农村非农业用地有偿使用费收缴暂行规定》，同年在大岭乡开展农村宅基地有偿使用试点工作，并在全县范围内逐步实行农村非农业建设用地有偿使用，全面推进土地制度改革。1994年，出台《赣榆县土地出让、转让实施办法》，对商业、工业、旅游、服务、娱乐、商品房等经营性用地和“三资”企业用地一律实行有偿出让供地，为全县有偿出让土地和有偿划拨土地，规范土地一级市场提供依据。截止到1996年，全县共出让地块10幅，出让土地面积246291.8平方米，共收取土地出让金459.4376万元。

2001年9月24日，赣榆县人民政府以赣政发〔2001〕124号文发布施行《赣榆县国有土地储备实施办法》，规定赣榆县行政区域内纳入国有土地储备的范围、方式及资金来源等，标志着土地收购储备交易机制的正式建立，赣榆县城镇规划区内所有土地交易活动全部纳入县国有土地储备中心管理，凡私下进行的土地交易一律无效，并根据有关法律、法规严肃查处。同年11月3日，赣榆县国有土地储备中心挂牌运行，通过“土地收购（收回）—土地储备—土地出让”运作方式，适时调节土地供求关系和价格，实行政府高度垄断土地一级市场，规范运作土地二级市场，做到“一个渠道进水，一个池子蓄水，一个龙头放水”，从而确保土地使用权交易公开、公平、公正，实现土地资产的保值增值。2001～2009年，赣榆县共储备土地819.68公顷。

二、土地拍卖

为规范国有土地使用权招标、拍卖、挂牌出让行为，建立公开、公平、公正的土地市场，根据国家及省市的法律法规和规章，结合赣榆县实际，2002年，正式实行以招标拍卖挂牌方式出让经营性国有土地使用权，是年6月6日，赣榆县首次挂牌出让国有土地使用权取得成功，出让地块位于县城环城北路北侧，土地面积0.484公顷，被赣榆县弘兴建筑安装工程公司摘牌成交，总价款92.928万元。2007年11月14日，根据国务院31号文件《关于加强土地调控有关问题的通知》，赣榆县发布第一期工业用途国有土地使用权挂牌出让公告，共挂牌出让工业用地8宗，面积49.3742公顷，成交价款6434万元。此后，赣榆县工业用地一律采用招标拍卖挂牌方式出让。截至2009年，全县共挂牌出让经营性国有土地使用权152宗，出让面积418.1185公顷，总成交价款17.74亿元，实现政府收益11.366亿元。累计为破产企业及企事业单位搬迁变现资金2.15亿元，安置下岗职工13000人，为全县旧城改造提供拆迁资金1.8亿元；挂牌出让工业用地56宗，出让面积277.975公顷，总成交价款3.71亿元。

第三节　土地开发整理

1990～1996年，全县共投资3330多万元（含劳动力投入），复垦开发各类土地0.66万公顷，其中，开发丘陵山地0.13万公顷，河滩荒地和沿海滩涂0.33万公顷，复垦砖瓦窑厂、废旧渠道、村落零星老宅基地0.13万公顷。用于种植农作物0.40万公顷，年平均公顷产粮食8250千克，总产32720吨，共增产值4164万元；水产养殖0.10万公顷；建盐田0.04万公顷，平均单产22.50吨，总产0.90万吨，产值576万元；营造速生丰产林、经济林0.12万公顷，共创产值1560万元。

2002年，全县复垦开发土地总面积1724公顷，新增耕地227公顷。其中，石桥荒山整治被列为国家投资土地开发整理项目。

2004年，纳入省补充耕地项目库21个，项目总面积2136.9公顷，新增耕地434.9公顷。其中，黑林镇、班庄镇土地整理项目为国家项目。

2008年，有7个土地整理项目经省专家组验收达标，项目总投资8068.4万元，土地整理面积3192.82公顷，新增耕地713.83公顷，惠及农户11万户，人均年增收350元以上；省级投资厉庄镇西陡岭村土地整理项目建设规模480公顷，整理后新增耕地面积123.32公顷，农民以种植小麦、花生、玉米为主，人均增加收入近400元。

2009年，全县土地开发整理项目18个，建设规模763.4733公顷，新增耕地141.69公顷，总投资2689.54万元。全县共实施18个补充耕地项目库项目，项目建设规模156.65公顷，新增耕地125.7公顷。

第四节　土地监察

1990年，县土地管理局在县局和乡镇土地管理站配备45名专兼职土地监察人员，领取市县人民政府颁发的中华人民共和国土地监察证。1996年12月，县土地管理局成立土地执法中队，有专兼职土地监察人员863人。

2009年，全县共有专职土地监察人员155人。

1990～2009年，县、镇两级土地监察人员共收到人民来信28326件（人）次，解决土地纠纷2019起，结案率达100%；共立案查处土地违法案件820起，拆除违法建筑面积3.2万平方米，其中，2007～2009年，结合国家土地例行督察土地执法卫片检查，共查处土地违法案件163起。

第五节　基准地价确定及地价管理

1993年8月，县土地管理局与省金陵土地资产评估高新技术公司合作，历时两个多月，首次对县城区青口镇建成区及近郊区进行土地定级、测算基准地价，于1994年1月编印《赣榆县青口镇土地定级估价报告》，该项成果为强化地价管理提供合理的地价体系。

1997年10月，县国土管理局组织开展全县建制镇、乡集镇土地分等估价工作，历时五个多月完成全县建制镇、乡集镇土地分等估价工作，将全县27个乡镇（青口镇除外）分成三个等别，分别测算每个乡镇驻地商业用地、工业用地、住宅用地的基准地价，编制宗地地价修正系数。这是全县首次对乡镇之间土地的地域差异和土地利用效益进行量化。该成果于1994年1月通过省国土管理局组织的省级验收组验收，成果认定合格。

2004年5月，县政府投入20万元，对县城区基准地价成果适时更新，将土地定级估价范围由原来10.92平方千米扩大到22.39平方千米，土地级别由三级扩展为四级，并首次对县经济开发区范围进行土地定级和基准地价确定。是年10月，县国土资源局与南京国图信息工程有限责任公司合编《赣榆县县城土地定级与基准地价成果更新报告》，该项成果对全县经营性用地的招标、拍卖、挂牌及工业用地出让，起到价格引导和度量作用。

2004年年底，赣榆县相继开展全县农用地定级估价工作，为实施耕地占补平衡、征地制度改革、土地整理，深化农用地使用制度改革提供重要的技术依据。

为贯彻落实国务院《关于加强土地调控有关问题的通知》精神，全县于2007年12月～2008年11月，完成全县城镇地价动态监测与基准地价更新，共获取县城区范围内95个地价监测点、17个建制镇和9个镇办事处驻地共215个地价动态监测点的更新资料，并调查相应的市场交易样点。编制《赣榆县城区地价动态监测与基准地价更新报告》《赣榆县建制镇及镇办事处驻地地价区段调整与基准地价更新报告》。

2008年12月～2009年10月，县国土资源局继续开展县城区2008年度的基准地价更新工作，将地价动态监测与基准地价更新工作制度化，保证地价成果的现实性。

第三章　统计管理

第一节　管理机构

1981年，赣榆县成立统计局。1989年，统计局内设三个股：人秘股、综合股、工业股。1997年，赣政办发〔1997〕26号批复，县统计局内设机构有人秘股、综合股、工业股、农业股、数据处理股，行政编制14人，附属编制1人，领导职数有局长1名，副局长3名。2001年12月，统计局内设机构有人秘科、综合科、工业科、农业科、数据处理科。行政编制13名，行政附属编制1名，局长1名，副局长3名。同年，县编委批复成立赣榆县统计抽样调查队，隶属于统计局领导，为全民副科级事业单位，财政拨款，事业编制6人，人员依照公务员管理。2009年，统计局内设人秘科、综合科、工业科、农业科、数据处理科。

第二节　经济与社会发展统计

一、国民经济核算

1992年，取消国民收入统计，国内生产总值成为国民经济核算的核心指标，加强第三产业统计，建立季度国内生产总值核算制度。自1999年起，建立国内生产总值数据质量评估控制制度。

二、农业和农村统计

1990～2009年，农业农村统计指标未作大调整，主要统计农村从业人员结构、农村社会总产值、耕地面积、农作物面积与产量、农村经济收益分配等。2000年，根据国家统一部署，实施农村畜牧业调查，对饲养生猪150头以上、家禽6000只以上的饲养大户实施全面调查，对其他饲养户实施抽样调查。

三、工业统计

从1992年年报开始，乡及乡以上工业企业进行增加值统计，建立以6项指标为基础的工业经济效益评价考核体系。从1993年年报开始，针对新会计制度的实施，工业报表的指标，特别是乡及乡以上企业的主要经济指标设置较以往有很大变化，同时设置工业中间投入指标。为体现“抓小放大”，1997年，首次进行国有及年产品销售收入500万元以上企业的统计，与乡及乡以上企业年报并行，新增以国有及年产品销售收入500万元以上工业企业为口径的主要原材料、能源消费与库存报表。1998年月报，全部实施国有及年产品销售收入500万元以上企业的统计。为更好保证工业统计数字准确，按照国家统计制度规定，从1999年月报开始，对国有及年产品销售收入500万元以上工业企业，进行计算机汇总。2003年，根据国家规定废除工业和三产两项普查制度，将其合并实施经济普查。

四、投资和建筑业统计

1994年，集体固定资产投资增加分组，分为城镇集体和农村集体，新增房地产开发指标。1995年，房地产开发统计从固定资产投资统计中分离出来，单独建立房地产开发的相关统计指标。1997年，固定资产投资范围扩大。1999年，建立全社会固定资产投资统计制度，将个体、私营的固定资产投资纳入统计范围。建筑业统计从1996年起，把统计范围由乡镇集体以上企业，改为建筑业资质等级四级以上的各种经济类型的建筑业企业。

五、贸易业统计

1993年，社会性商品零售总额统计口径发生变化，改为社会消费品零售总额，统计中剔除农业生产资料零售。1997年起，贸易业统计有较大改革，小型贸易业、餐饮业的抽样调查正式开展，按月报送资料，以点推面。1999年，亿元商品交易市场正式纳入贸易统计报表。

六、劳动统计

主要统计全民单位和城镇集体单位职工人数与职工劳动报酬情况、劳动生产率情况、职工保险福利情况和新增劳动者人数等。1996年后，县内国有、集体企业改制，出现多种经济形式并存和职工失业、下岗现象，劳动统计及时调整统计口径和统计指标，增加在岗职工人数和在岗职工工资、离岗职工和离岗职工生活费情况等指标。

七、科技统计

1991年起，收集科技统计资料。主要反映企事业单位兴办科研和技术开发机构、开展科研和技术开发活动以及科研和技术开发资金投入等方面情况。

八、民营经济统计

2005年起，建立民营经济统计报表制度。主要包括民营企业数、个体经营户数、民营经济注册资本金、民营经济从业人员、民营经济投资、民营经济税收，以及民营经济中工业、建筑业、房地产开发业、批发零售业和餐饮业等行业的主要经济指标。

九、统计年鉴

从20世纪80年代末起，县统计部门对各部门、单位报送的统计资料在分类汇总和审核的基础上，按年编辑《统计年鉴》。2006年以前的《统计年鉴》均反映当年情况，2007年起，反映前一年情况。为使年鉴资料更全面，统计部门在整理编辑本部门资料的同时，还向交通、邮电、财政、税务、金融、保险、建设、环保、教育、卫生、民政、劳动等部门收集资料，为地方经济社会发展提供咨询服务。

第三节　国情国力普查

一、第四次全国人口普查

1989年9月，县政府成立县人口普查领导小组及办公室，由县政府牵头，统计局、计生委、公安局、民政局、教育局、财政局、计生委、宣传部、人事局、劳动局、广播电视局、人武部等12个单位共同组成领导小组，办公室工作人员43名，分别来自机关、团体、工厂、学校等不同行业和单位。乡镇及村级普查机构相继成立。人口普查收集的各项数据均以1990年7月1日零时为标准时间。对全县辖区内的所有常住人口进行登记普查，准确查清全县的人口数量、分布和结构状况。1990年第四次人口普查结果显示，境内总户数为243845户，总人口947520人，其中男性484800人，女性462720人。经过省、市人口普查领导小组的检查验收，赣榆县人口普查各个项目的差错率低于国务院人口普查领导小组规定的质量标准。

二、第一次全国第三产业普查

1993年，进行第一次全国第三产业普查。普查内容为第三产业发展规模、生产经营活动成果、实物资产情况等。通过普查，摸清赣榆县第三产业底数，为制定三产发展计划提供依据。

三、第三次全国工业普查

1995年，开始第三次全国工业普查，普查于1995年开始准备，1996年1月1日起实施普查登记，普查对象为全部工业企业和工业生产单位。

四、第一次全国基本单位普查

1996年，进行第一次全国基本单位普查。普查标准时间为1996年12月31日。普查对象为所有从事社会经济活动的法人单位和产业活动单位。共有主要属性和经济指标20个项目。通过普查，查清全县基本单位的基本情况，建立基本单位名录库，为全县各项统计调查提供抽样框。

五、第一次全国农业普查

1997年，进行第一次全国农业普查。普查标准时间为1996年12月31日，普查内容涉及农村生产经营单位、从业人员等38个项目，共687个指标。1997年3月，通过国家质量检查验收。

六、第五次全国人口普查

1999年5月，县政府以赣政发〔1999〕69号文下发了《关于认真做好第五次全国人口普查工作的通知》，决定成立赣榆县第五次全国人口普查领导小组及办公室；7月，召开全县第五次全国人口普查领导小组第一次成员会议，下发《赣榆县第五次全国人口普查领导小组关于各成员单位职责分工的意见》；8月，县人口普查办公室下发《关于各乡镇成立人口普查办公室的通知》，要求各乡镇在8月份成立人口普查办公室，保证有10名工作人员上班，由乡镇政府领导任办公室主任。2000年5月8～22日，开展人口普查试点工作；11月，开展现场登记工作。2001年4月，完成全县的专项码编码及审查工作。2001年5月至6月，进行普查数据的汇总工作，并提前完成任务。2000年11月1日零时，普查登记的全县常住人口为1043940人，同第四次全国人口普查（1990年7月1日零时）时的947520人相比，十年零四个月共增加了96420人，增长10.17%。全县共有家庭户人口1030009人，占总人口的98.67%，平均家庭户规模为3.67人。比1990年的3.85人下降了0.18，在全市4县中规模最小。

七、第一次、第二次全国经济普查

2005年1月，开展首次全国经济普查，普查标准时间为2005年1月1日，时期资料为2004年度。2009年1月1日，开展第二次全国经济普查。普查对象为国境内从事第二产业和第三产业的全部法人单位、产业活动单位和个体经营户，普查标准时间是2008年12月31日，时期资料为2008年度。采用全面调查的方法，但对个体经营户的生产经营情况可采用抽样调查的方法。经济普查按照对象的不同类型，设置法人单位调查表、产业活动单位调查表和个体经营户调查表，普查的主要内容包括：单位基本属性、从业人员、财务状况、生产经营情况、生产能力、原材料和能源消耗、科技活动情况等。整个普查分组建普查机构、选调普查人员、进行业务培训、开展单位清查、实施普查登记、数据处理、普查结果资料发布等工作流程。

八、第二次全国农业普查

2006年，进行第二次全国农业普查。此次农业普查是一次以农业为重点、以农村为基础、以农户为依托的“三农”普查。普查标准时间为2006年12月31日24时，时期指标为2006年1月1日～12月31日。2007年1月1日，普查员正式开始入户普查。普查内容包括：农业生产条件、农业生产经营活动、农业土地利用、农村劳动力及就业、农村基础设施、农村社会服务、农民生活，以及乡镇、村民委员会和社区环境等方面的情况。

第四节　专项调查统计

县统计局承担的常规专项调查有1996年开始的城镇住户调查、2005年开始的规模以下工业抽样调查、人口调查、劳动力调查、安全感调查、妇女儿童发展规划监测调查、城镇单位工资调查、私营单位工资调查、交通运输能耗调查及各项订报任务。县统计局承担的一次性专项调查有2007年开展的工业企业创新调查及江苏省企业突发事件应急预案调查、2008年开展的体育服装鞋帽产值调查、2009年开展的第二次全国R&D资源清查。

第五节　统计监督

“四五”普法期间，全县共立案查处统计违法案件36起，申请法院强制执行5起，无一出现上诉、复议。2006年，利用“12·4”法制宣传日，加强对《中华人民共和国统计法》宣传，对县内18家企事业单位进行统计监审检查，全年共下发统计检查建议书15份，下发统计催报单7份，查处统计违法行为15起，对其中5起进行立案查处，警告2起，警告和罚款3起，严厉打击在统计上弄虚作假的违法行为，树立《中华人民共和国统计法》的权威。2007年，是统计“五五”普法第二年，为营造全民普法的氛围，县电视台播发滚动宣传口号30条、60次，全屏宣传15幅。2007年10月，举办两期统计法制知识讲座，对全县120多家规模以上工业企业负责人、统计人员、各镇政府分管统计工作的领导、统计助理、统计员、县直有关部门领导、统计人员共280多人，进行统计法、统计法实施细则、江苏省统计管理奖惩条例及统计从业资格认定办法专题辅导，统计局为此编印300册《统计法学习宣传资料汇编》。全年共对22家企事业单位进行统计监审检查，对其中7家出现明显违法行为的单位进行立案查处，处以经济处罚的6家，另外对12个单位下发《责令改正通知书》。2008年，统计局专门印制印有统计法内容和统计法制宣传口号的宣传品2000份，组织编印《统计法学习宣传材料汇编》，收录统计法、国家统计局10号令及工业统计和固定资产投资等统计专业的主要指标解释共300册，集中发放给各镇主要领导、分管领导、统计员和被检查企业的负责人、统计人员。宣传月期间，又印发给企业法人的一封信，分发到每一个监审单位，并在全县设置4块大型户外宣传牌，悬挂横幅27条、张贴标语58张，印制法制资料袋2000个、散发650册统计法制汇编。2008年6月，召开全县统计监审暨统计执法宣传动员会议。成立两个统计监审小组，集中对20家单位进行统计监审检查。下发统计监审责令改正书13份，立案查处6起，给予警告的2起，给予警告并处以罚款的4起。同时，在统计监审的过程中，组织召开专题法制座谈会、辅导会4起，发放法制资料汇编120余份。7月10日，在徐州宏安集团召开统计监审检查法制宣传通报会，集团公司主要领导高度重视，全部参加，收到较好的效果。2009年，下发统计监审责令改正书12份，立案查处5起，给予警告的5起。在对县重点企业新海石化的监审过程中，统计局在企业召开统计监审检查法制宣传会，新海石化的主要领导、业务人员参加会议，听取监审意见，监审人员现场就统计数据上报的有关问题进行业务指导，取得良好的效果。

第四章　价格管理

第一节　管理机构

1981年7月30日，经县政府赣编〔1981〕1号文批准，成立赣榆县物价局，内设人秘股、工价股、农价股、综合股。1990年，内设办公室、综合股、价格管理股、收费管理股、物价检查所五个科室。1996年11月8日，赣榆县价格事务所成立，为股级全民事业单位，经费自筹，与县物价局合署办公，实行一套班子两块牌子。1997年1月13日，县政府办印发《县物价局职能配置、内设机构和人员编制方案》（赣政发〔1997〕33号），县物价局内设人秘股、综合股、价格管理股和收费管理股。2000年，赣榆县价格事务所更名为价格认证中心。2001年，根据赣编〔2001〕68号文内设办公室、综合科、价格管理科、收费管理科。同年10月22日，收费管理股与价格管理股合署办公。2002年，物价检查所更名为赣榆县物价检查分局。2009年，物价局有工作人员39人，内设科室4个，分别为办公室、综合科、价格科、收费科，另有直属行政机构检查分局，事业单位价格认证中心。

第二节　收费管理

1990年，整顿全县行政事业型收费，完成236个收费单位和752名收费员的发证工作，完成26个系统236个行政事业性收费单位的年审工作，维护消费者利益；根据中央、省、市统一部署，相继出台棉纺织品、食盐、民用煤球、自来水、洗衣粉、肥皂等与人民生活密切相关的生活必需品价格。

1991～1992年，开展减轻企业负担和农民负担的收费调查，清费治乱；对企业成本上升的各项收费进行调查研究，制定管理办法，重点对水、电费、农机作业收费等进行整顿；完成236个单位的行政事业性收费年审工作。

1993年，取消16个项目、标准，停止执行10个项目、标准，变更64个项目、标准；先后完成电力、煤炭、农膜、农药、民用电、自来水、水泥、食盐、医疗卫生收费等近30个品类的价格出台宣传、组织实施和处理连锁反应工作。

1994年，根据国务院、省、市政府统一安排，组织实施原油、成品油价格并轨，煤炭、电力、食盐、粮食等价格调整；在全县大力推行明码标价制度，改革成品油、钢材价格管理办法。

1994～1995年，开展全县清费治乱工作，共取消32个项目、标准，停止执行15个项目、标准，变更

50个项目、标准，减轻企业和农民负担。

1996年，对省政府公布取消的98个收费项目逐项清理，认真落实。对省、市重新公布的103项收费项目和收费标准进行核查落实。1996年1月2日，制定汽配价格管理意见。

1997～1998年，针对教育、医疗、邮电等行业乱收费屡禁不止的情况，研究制定切实可行的检查办法，调研解决公安、交通、城建多头、重复收费问题。

1999年，对全县258家收费单位的收费许可证进行年审和换证，同时按照文件变更收费项目和标准；开展全县行政事业性收费统计工作。

2001年4月，批准自来水价格调整方案，生活用水价格为民用1.30元/立方米，工业用水1.50元/立方米，商业用水1.75元/立方米；5月，批准农村照明生活用电同网同价。

2002年，按照省、市局要求，加强涉农价格和收费公示的巩固复查工作，在复查的基础上，建立涉农价格和收费40个监控单位、20个收费示范单位、10个农户监控点。

2003年，在村、镇建立农村物价局网络和农村"物价三员"（价格信息员、收费监督员、物价管理员）；9月15日，与教育局发布赣教字〔2003〕120号文《关于做好2003年学校收费有关问题的通知》，明确学生公寓床上用品、生活用品以及代办费范围之外的收费。2003年，贯彻落实县委《关于涉农税费征收违规违纪处理规定》，扩大公示内容，把涉农税收列入公示范围。

2004年，下发《关于对化肥价格实行监管的紧急通知》；制定"农民交费明白卡"和市局印发的"负担卡"；安排在2004～2005年的自来水到户价平均提高1.29元/立方米。

2005年，鉴于运行线路延长，燃油价格上涨，运营成本增大等情况，上涨部分公交线路价格。

2006年，在第一步自来水价格出台后，认真开展调研论证工作，多次请示县政府，协调部门关系，组织公开论证，顺利出台自来水第二步价格；在全县范围内开展"三项许可证"工作；制定《赣榆县价格异动应急预案》和《赣榆县价格异动应急预案实施细则》；3月21日，与建设局联合发布赣价发〔2006〕12号文《关于调整县城区自来水价格和污水处理费标准的通知》；4月，会同城管局研究起草《赣榆县城市垃圾处理费管理办法》。

2008年，在全面调研论证的基础上，选择医疗临床路径清晰、便于操作、便于医患沟通的急性阑尾炎、单纯性卵巢囊肿等近20个病种，在全县26家农村卫生院和县医院、中医院全面推行单病种限价医疗，减轻农民就医看病负担，深受农民群众的欢迎；为进一步促进县房地产业发展，稳定房地产价格，减轻购房者负担，经县政府常务会议研究，印发《赣榆县商品房价格管理办法》，下发《关于进一步做好商品房明码标价工作的通知》，进一步完善商品房明码标价政策，形成价格报审—成本认证—价格核批—价格检查一整套的服务、管理、监督的流水作业程序；

2009年，江苏省物价局公布《江苏省价格听证目录》，规定制定价格组织听证的范围，赣榆县物价局根据目录制定价格调整听证计划，规范多个涉及民生的价格调价程序。

第三节　价格监督检查

1990年，查处各类价格违法行为3119起，其中重大违法案件8起，一般违法案件68起，违法总额72.6万元，收缴财政50.8万元。

1991～1992年，开展粮、油、肉、糖、火柴、食盐、洗衣粉、民用煤球、棉织品、奶制品等人民群众生活必需品的定期检查，对人民群众来信来访举报案件进行检查。

1993年，共出动1000余人次，完成对531个单位的检查任务，共查处违纪金额365万元，其中责成有关单位退款110万元，上缴国库1.4万元。

1994年，成立由分管副县长任组长的领导小组，组建大检查办公室，具体组织实施大检查，共排查近250家企业，150个收费单位，查出各类价格违法行为和案件97件，违纪金额近40万元。

1995年4月上旬，开展农资价格，农村电价大检查活动；8月，开展青口地区市场物价整顿工作。

1996年8月，对省政府公布取消的98个收费项目涉及的收费单位逐一检查，为企业和农民减轻负担160万元。

1997年2月，开展邮电价格大检查。

1997～1998年，以物价局物价检查所为主，组建大检查办公室，具体组织实施大检查，抽调工商、税务、计量、监察、银行等部门20名业务骨干参与物价大检查。

1999～2000年，重点检查粮食、棉花、蚕茧收购价格、农村电价、农业生产资料价格，乡镇邮电资费、金融保险等部分收费单位。对压级压价收购、擅自加收用户电费、不执行明码标价制度、小客车宰客等违法行为进行严肃处理。

2001年5月，组织化肥、农药、农膜、农用柴油等农资价格检查，共检查单位58家；参加交通运输、房地产、药材价格专项检查；7月，进行交通运输市场价格整顿。

2003年，对全县的行政审批项目进行全面清理整顿，对涉及50个部门的795个审批项目进行清理。

2004年，根据国家发改委等七部委《关于开展全国教育收费专项检查的通知》，与教育局抽调人员组成三个检查组，对全县18个镇及县及县属共70多所学校的收费情况进行全面检查。

2007年，为落实富民政策，减轻农民负担，在全县范围内开展清理涉房收费价格检查，检查对象主要是国土部门和建设部门。

2009年，会同县财政局、县监察局开展行政事业单位收费公示和涉农价格收费公示督查；9月，对全县民办中小学收费行为进行督查，全面清查学校收费情况。

第五章　审计管理

第一节　管理机构

赣榆县审计局成立于1983年12月，属国家行政机关，主管全县审计工作。成立时内设人秘股、财政金融审计股、商业贸易审计股、工业交通审计股、行政事业审计股和固定资产投资审计股等6个股，行政编制18人，行政附属编制2人。2002年，成立赣榆县经济责任审计局，隶属于赣榆县审计局，设2个科：经审一科和经审二科，编制5人。2007年，赣榆县审计局内设7个科室，分别为人秘科、法制科、财政金融审计科、经贸审计科、农业与资源环保审计科、行政事业与社会保障审计科和固定资产投资审计科。

第二节　行政事业审计

1990～2009年，赣榆县共审计行政事业项目183个，审计总金额150382万元，查处违规违纪金额65909万元，上缴财政2946万元，提出审计建议204条。

1999年，按照《连云港市政府部门定期审计办法》的规定，审计部门每3年为一周期，对县政府有关部门和办事机构进行定期审计。2003年起，根据服务环境大建设形势的需要和服务单位意见，审计局对有条件的审计项目实施送达审计，审计部门变“三年一审”为“一审三年”，大大缩短时间，提高工作效率。

1990～2009年赣榆县行政事业审计情况一览表

表18-1

年　份	审计项目（个）	审计总金额（万元）	违纪违规金额（万元）	上缴财政金额（万元）	已上缴财政金额（万元）	审计建议（条）
1990	20	2335	6			18
1991	10	6530	29	8	8	10
1992	14		7			14
1993	9	2460	30	30	19	7
1994	7	671	18	10	10	7
1995	7		260	6	6	8
1996	9		81	3	3	29
1997	7		36	10	10	18
1998	7		1189	3	3	15
1999	16		310	32	32	2
2000	10		254	18	18	7
2001	4		327	14	14	4
2002	20		1263	75	75	10
2003	13	2068	1324	230	230	
2004	27		163	137	137	30
2005	21		628	202	202	25
2006	41	25669	5721	191	191	
2007	65	42011	5682	302	302	
2008	39		507	507	305	
2009	48	68638	48074	1168	1168	
合　计	394	150382	65909	2946	2733	204

第三节　经济贸易审计

1990～2009年，赣榆县共审计经济贸易项目177个，审计总金额23518万元，查处违规违纪金额8258万元，上缴财政594万元，提出审计建议221条。

一、财务收支审计

1990～1993年，对县新华书店等单位进行财务收支审计，重点对县盐化厂等单位开展盈亏大户经济效益审计，同时对县商业局所属的8个国营商业企业，2个商办厂、1个集体商业公司及其所属独立核算的商店、门市部共70多个单位和金融系统的5个单位进行行业审计。

二、承包经营审计

1990年，全县企业第一轮承包经营到期，县审计局对44个全民预算内承包企业分层次进行预审，为终结审计做好准备。

1992年以后，随着政府职能转变，企业经营机制转换和财务会计制度改革，审计重点逐渐转移到以维护国有资产的保值增值为主要目的的资产、负债和损益审计上来。

三、资产负债和损益审计

1992年，县审计局对相关重点工业企业进行“搞活企业政策措施到位情况”的审计。审计反映县搞好企业政策措施到位情况差，企业普遍存在利润减少、亏损增多、资金占用增多问题。自1993年开始，审计工作的重点逐渐转移到对国有资产保值增值实施审计监督方面，县审计机关开始开展以资产、负债、损益为主要内容的审计，并就企业中普遍存在的亏损严重、资不抵债、包袱较大等问题做出报告。

1990～2009年赣榆县经济贸易审计情况一览表

表18-2

年　份	审计项目（个）	审计总金额（万元）	违纪违规金额（万元）	上缴财政金额（万元）	已上缴财政金额（万元）	审计建议（条）
1990	8	3140	6	4	4	8
1991	8	7890	11	19	19	10
1992	12		85	5	5	12
1993	9	10874	11	11	10	12
1994	13	1518	4	3		15
1995	9		195	20	20	12
1996	13		24	24	24	30
1997	17		7	7	7	37
1998	12		351	82	82	35
1999	23		832	113	100	17
2000	11		1732	50	50	15
2001	9		21	21	21	5
2002	2		62	59	59	2
2003	3	96	29	4	4	
2004	4		161	4	4	5
2005	4		272	9	9	6
2006	4		3320	65	65	
2007	8		265	14	14	
2008	6		64	64	64	
2009	2		806	16	16	
合　计	177	23518	8258	594	577	221

第四节　经济责任审计

1990～2009年，赣榆县共审计经济责任项目183个，审计总金额62405万元，查处违规违纪金额43212万元，上缴财政94万元，提出审计建议177条。

赣榆县经济责任审计的发展经历三个阶段：

第一阶段：20世纪80年代初～1999年4月，积极探索、开始起步阶段。伴随着国有企业改革、企业承包经营责任制的试行以及深化国有企业改革目标，赣榆县审计机关开展厂长离任经济责任审计。

第二阶段：1999年5月～2006年5月，全面推进、稳步发展阶段。全面实行党政领导干部离任审计制度，把经济责任审计作为考核领导干部政绩、兑现奖惩与选拔任用的必经程序，纳入干部监督管理轨道。1999年5月，中办、国办联合下发《县级以下党政领导干部任期经济责任审计暂行规定》和《国有企业及国有控股企业领导人员任期经济责任审计暂行规定》，初步形成经济责任审计的制度框架。赣榆县审计机关全面实施领导干部经济责任审计，设立专职经济责任审计机构，审计覆盖面逐步扩大，审计对象职级也逐步提升。经济责任审计不仅核实财政财务收支等经济指标，还注意领导干部重大经济决策的效益情况。

第三阶段：2006年6月～2009年，完善制度、成果运用阶段。根据修订后的《中华人民共和国审计法》，对国家机关和依法属于审计机关审计监督对象的其他单位的主要负责人，在任职期间对本地区、本部门或者本单位的财政收支、财务收支以及经济活动应负经济责任的履行情况，进行审计监督。

1990～2009年赣榆县若干年份经济责任审计情况一览表

表18-3

年　份	审计项目（个）	审计总金额（万元）	违纪违规金额（万元）	上缴财政金额（万元）	已上缴财政金额（万元）	审计建议（条）
1990	23	28225	40	40	40	25
1991	19	17180	71.7	25	25	23
1992	10		268	5	5	21
1993						
1994	22	17000	6	5	5	23
2004	5		161			60
2005	20		17	19	19	25
2006	17		3101			
2007	26		151			
2008	17		169			
2009	24		39228			
合　计	183	62405	43212.7	94	94	177

第五节　财政审计

一、财政决算审计

1990～2009年，共审计乡镇财政决算82个（次），延伸审计167个单位，查处违规违纪金额5115万元，上缴国库金额39万元。

1990～1994年，县审计机关依照《中华人民共和国审计监督暂行条例》的规定，独立行使财政审计监督权。通过审计，注重帮助乡镇建立健全内部控制制度，加强乡镇财政资金管理，整顿财政秩序，提高资金使用效益。对审计发现的虚收虚支、白条入库、招待费偏高、固定资产管理不规范等问题提出审计整改意见。1995～2009年，对乡镇政府财政决算进行审计，重点审计国家财税政策的执行、上级收入的征缴以及上级财政转移支付资金的使用管理和效益情况，财政收支的真实性情况，政府财政债务情况，揭露重大违法违规行为以及财政管理中的缺陷和问题。对审计发现的虚列收支、政府负债过大、历史挂账较多等问题，提出改进意见和建议。

二、财政预算执行情况审计

1990～2009年，共审计财政预算执行和财政决算173个（次），查处违规违纪金额29337万元，上缴财政1638万元，提出审计建议218条。

1995年，《中华人民共和国审计法》颁布实施，财政收支审计开始实行"同级审"与"上审下"相结合的审计监督制度，改变以往单一的"上审下"制度，赣榆县财政收支审计工作由此进入一个新的历史发展时期。县审计机关以"两个报告制度"为中心，即向本级政府提出预算执行情况审计结果报告和受政府委托向人大常委会提出预算执行和其他财政收支情况审计工作报告，积极开展对本级预算执行情况的审计监督工作，审计覆盖面基本达到100%。1995～2009年，对县本级财政预算执行情况共审计91个（次），延伸审计84个单位，查处违规违纪金额24222万元，上缴国库金额1599万元。

1990～2009年赣榆县财政审计情况一览表

表18-4

年 份	审计项目（个）	审计总金额（万元）	违纪违规金额（万元）	上缴财政金额（万元）	已上缴财政金额（万元）	审计建议（条）
1990	2	448	20			6
1991	3	920	4	2	2	6
1992	2	650	29			4
1993	6	2643	14			12
1994	6	1836	25			6
1995	7		125	125	125	10
1996	13		42	17	17	42
1997	11		121	79	79	17
1998	10		2359	180	180	58
1999	10		1631	9	9	25
2000	14		1690	17	17	10
2001	12		420			1
2002	9		37	5	5	1
2003	10		2086	433	433	
2004	9		15	15	15	10
2005	7		29	29	29	10
2006	9		18	18	18	
2007	11		1046	400	400	
2008	11		28	28	28	
2009	11		19598	281	281	
合 计	173	6497	29337	1638	1638	218

第六节　外资审计

1990～2002年，赣榆县审计局共审计外资项目14个，审计总金额34234万元，其中利用世行贷款4782万元，查处违规违纪金额59万元，上缴财政金额4万元，提出审计建议10条。

1990～2002年赣榆县外资审计情况一览表

表18-5

年　份	审计项目（个）	审计总金额（万元）	违纪违规金额（万元）	上缴财政金额（万元）	审计建议（条）
1990	1	2094	14.55	4	2
1991	1	5380			2
1992	1	4368	1		2
1993	1	3798			
1994	1	1888			
1995	1	1998			
1996	1	2346			
1997	1	2578			2
1998	2	3235	43		
1999	1	2123			
2000	1	1876			
2001	1	1654			2
2002	1	896			
合　计	14	34234	58.55	4	10

第七节　固定资产投资审计

1995～2009年，赣榆县审计机关共开展投资审计项目173项，送审工程造价106328万元，审定工程造价28122万元，审计核减工程造价1537万元。

1995～2009年赣榆县固定资产投资审计情况一览表

表18-6

年　份	审计项目（个）	送审金额（万元）	审定金额（万元）	核减造价（万元）	核减率（%）	违纪违规金额（万元）	上缴财政（万元）	已上缴财政（万元）	审计建议（条）
1995	2	204.35	165.14	39.21	23.7%				2
1996	32	711	555	155					
1997	28	2105	1823	282	14.66%	15	5	5	

续表 18-6

年　份	审计项目（个）	送审金额（万元）	审定金额（万元）	核减造价（万元）	核减率（%）	违纪违规金额（万元）	上缴财政（万元）	已上缴财政（万元）	审计建议（条）
1998	11	2989	2502	486	16.27%	127	11	11	
1999	7	1026	908	118	11.49%	12	8	8	
2000	3	735	697	37.39	14.16%	6	6	6	
2001	1	17740	17705	35		35	35	5	
2002	9	5997	3767	385		87	87	87	3
2003	4					210			
2004	8					198			8
2005	10					121			
2006	14					2258			
2007	27	19936				1017			
2008	17	54885				1194			
2009	173								
合　计	173	106328.35	28122.14	1537.6	0.8028	5280	152	122	13

第八节　金融审计

1990～2001年，赣榆县审计局共审计金融单位35个，查处违规违纪金额137万元，上缴财政金额58万元，提交审计建议34条。其间，分别对中国工商银行赣榆县支行、中国人民银行赣榆县支行、中国农业银行赣榆县支行、中国建设银行赣榆县支行、中国保险公司赣榆县分公司（财产保险、人寿保险公司）以及赣榆县农村信用合作社进行审计，注重对信贷计划、信贷规模、信贷资金周转、信贷资产质量和金融企业损益真实性、合法性以及财务管理中的合规性进行审计，为深化金融系统改革、强化内部管理提出审计改进意见和建议。

1990～2001年赣榆县金融审计情况一览表

表 18-7

年　份	审计项目（个）	审计总金额（万元）	违纪违规金额（万元）	上缴财政金额（万元）	已上缴财政金额（万元）	审计建议（条）
1990	1	1882	1			6
1991	2	245	6			2
1992	1	5465	3			2
1993	2	8427	9	6	3	3
1994	3		27	24	24	4
1995	2		1	1	1	4
1996	3		19	1	5	4

续表18-7

年　份	审计项目（个）	审计总金额（万元）	违纪违规金额（万元）	上缴财政金额（万元）	已上缴财政金额（万元）	审计建议（条）
1997	1		8	2	2	4
1998	9		16	16	16	3
1999						
2000	10		47	8	8	
2001	1					
合　计	35	16019	137	58	59	34

第九节　专项资金审计

一、专项资金审计

（一）涉农资金审计

2004～2006年，赣榆县审计局对农村改水工程、农村公路建设工程、农村新型合作医疗、农村税费转移支付补助、农村草危房改造五项涉农专项资金进行审计，共审计项目41个（次），审计总金额53874万元，违纪违规金额936万元，上缴财政金额316万元，提出审计建议76条。

2004～2009年，赣榆县审计局共审计省定涉农专项资金项目88个（次），审计总金额328894万元，违纪违规金额3626万元，上缴财政金额1596万元，提出审计建议258条。

2007～2009年，赣榆县审计局对农村道路通达工程建设资金、农村教育培训工程资金、农民健康工程资金、农村环境整治工程资金、农村文化建设工程资金进行审计，共审计项目47个（次），审计总金额275020万元，违纪违规金额2690万元，上缴财政金额1280万元，提出审计建议182条。

（二）粮食生产资金审计

1996年，赣榆县审计局根据省审计厅部署，对1994、1995年度扶持粮棉大县发展经济专项贷款进行审计，审计总金额5065万元，提出审计建议4条。

（三）农业综合开发资金审计

1997～2009年，赣榆县审计局共开展农业综合开发专项资金审计项目15个（次），审计总金额10267万元，查处违规违纪金额389万元，提出审计建议53条。

（四）救灾资金和捐赠款物审计

2003年，赣榆县审计局对赣榆县2003年度救灾建房和草（危）房改造资金进行三个阶段的跟踪审计，全县共接收上级财政补助资金763万元，均及时足额兑付到农户，惠及受灾农户949户；对赣榆县抗洪救灾专项资金和捐赠款物情况进行审计，审计总金额313万元，提出审计建议4条。

2008～2009年，审计局对赣榆县抗震救灾资金物资募集、使用、管理情况进行全面跟踪审计，并在《今日赣榆》及赣榆县电视台进行审计公告。

二、专项基金审计

自1993年起，赣榆县审计局对保障人民群众基本生活需要、社会稳定影响较大、由政府有关部门直接掌控的专项基金进行审计。1993～2009年度，对养老保险基金、医疗保险基金、失业保险基金、工伤保险基金等开展专项审计，共审计项目22个，审计总金额15321万元，查处违规违纪金额536万元，提出审计建议78条。

1993～2009年赣榆县专项资金审计情况统计表

表18-8

年　份	审计项目（个）	审计总金额（万元）	违纪违规金额（万元）	上缴财政金额（万元）	审计建议（条）
1993	2	339			4
1994	2	766			5
1995	2	885			6
1996	3	5065			9
1997	3	216			12
1998	3	358			12
1999	3	207			14
2000	2	486			8
2001	2	526			6
2002	3	302			7
2003	4	1231			15
2004	17	9499	212	90	32
2005	18	30666	325	107	24
2006	19	27055	638	119	23
2007	16	62972	439	179	22
2008	17	139493	543	202	25
2009	18	281207	1966	899	36
合　计	134	561273	4123	1596	260

第六章　质量技术监督

第一节　管理机构

1988年9月，经省批准，成立赣榆县标准计量局，局所合设（二级局建制）。1997年1月8日，更名为赣榆县技术监督局（一级局建制）。2000年3月，赣榆县技术监督局更名为赣榆县质量技术监督局（以下简称质监局），体制实行省以下垂直管理，原县经贸委质量管理职能和县劳动局特种设备安全监察、检验职能同时划转质监局。行政职能机构设办公室（含法制股）、质量管理股、监督股、标准化股、计量股、锅炉压力容器安全监察股（2004年7月更名为特种设备安全监察科），直属事业单位有赣榆质监局稽查大队（参照公务员行政管理）、赣榆县产品质量监督检验所、赣榆县计量测试所、赣榆县锅炉压力容器检验所（2005年12月19日更名为江苏省特种设备安全监察检验研究院连云港分院赣榆所，管理职能上划至连云港分院，属垂直条线管理）。

第二节　质量监督管理

一、工业产品生产许可证管理

1984年4月，国务院颁布实施《工业产品生产许可证试行条例》。截至2009年，计有危险化学品、水泥、化肥、板材、建筑外窗、电动车、眼镜7类55个产品获证。2004～2009年，全县共有86家企业获得ISO9000认证。

2004～2009年赣榆县获得ISO9000认证企业名单一览表

表18-9

序号	认证证书号	认证机构批准号	认证企业名称	认证范围	发证日期	有效截止日期
1	1200/200422251	CNCA-R-2002-001	连云港鸿美食品有限公司	米果的生产制造和服务	2004-01-14	2007-01-13
2	02504Q10080R0M	CNCA-R-2002-025	连云港班庄水泥有限责任公司	32.5普通硅酸盐水泥的生产、销售和服务	2004-04-06	2007-04-05
3	4004Q10950R0M	CNCA-R-2002-018	江苏金山肥业有限公司	复合用预焙、过磷酸钙的生产和售后服务	2004-04-20	2007-04-19
4	0204Q13893R0S	CNCA-R-2002-002	连云港步升机械有限公司	登船梯、快速脱缆钩、流体装卸臂的设计和生产	2004-08-12	2007-08-11
5	0104Q127162R0M/3200	CNCA-R-2002-001	赣榆县地方税务局	税务管理和服务	2004-12-02	2007-12-19
6	03105Q10184R1S	CNCA-R-2002-031	连云港东南标准件有限公司	热镀锌配套螺栓、螺母、平垫；热镀锌U型螺丝；扁铁抱箍；角丁等	2005-05-20	2008-05-19
7	02905Q10146R0S	CNCA-R-2002-029	连云港东洲化工有限公司	饲料级磷酸氢钙、磷酸二氢钙的生产和销售	2005-06-08	2008-06-07
8	03105Q10219R1S	CNCA-R-2002-031	赣榆县苏源票证印务有限公司	票证印刷，本册制造及商用记录纸的生产	2005-06-10	2008-06-09
9	03105Q10246R1S	CNCA-R-2002-031	赣榆县苏源电气实业有限公司	110KV及以下送变电工程施工	2005-06-21	2008-06-20
10	03105Q10267R1S	CNCA-R-2002-031	赣榆县苏源电线电缆有限公司	10KV及以下电线电缆、钢芯铝绞线、铝绞线的生产	2005-07-04	2008-07-03
11	0105Q12976-3R0M/3200	CNCA-R-2002-001	江苏省电力公司赣榆县供电公司	电力的供应	2005-09-05	2008-09-04

续表18-9

序号	认证证书号	认证机构批准号	认证企业名称	认证范围	发证日期	有效截止日期
12	2805Q11349R0M	CNCA-R-2002-028	连云港市华益建筑安装工程有限公司	房屋建筑工程施工、安装和服务（三级）	2005-10-26	2008-10-25
13	04405Q10848R0M	CNCA-R-2002-044	江苏苏港工程有限公司	房屋建筑工程施工总承包、建筑装修装饰工程专业承包、消防设施工程专业承包等	2005-11-02	2008-11-01
14	04405Q10848R0M-1	CNCA-R-2002-044	江苏苏港工程有限公司	房屋建筑工程施工总承包、建筑装修装饰工程专业承包、金属门窗工程专业承包和起重设备安装工程专业承包等	2005-11-02	2008-11-01
15	04405Q10848R0M-2	CNCA-R-2002-044	江苏苏港工程有限公司	房屋建筑工程施工总承包、建筑装修装饰工程专业承包等	2005-11-02	2008-11-01
16	01705Q11999R0S	CNCA-R-2002-017	连云港怡能电力仪表有限公司	一级和二级静止式交流有功电能表的生产和服务	2005-11-21	2008-11-20
17	01705Q11995R0S	CNCA-R-2002-017	赣榆县水利建筑安装工程公司	水利水电工程、房屋建筑工程等	2005-11-21	2008-11-20
18	0105Q14015R0M/3200	CNCA-R-2002-001	连云港东成酒业有限公司	蒸馏酒精的生产	2005-11-22	2008-11-21
19	03505Q11421R1S	CNCA-R-2002-035	江苏省赣榆县兴达铸造厂	灰铸铁件、球墨铸铁件的生产和服务	2005-12-21	2008-12-20
20	03005Q10203R0S	CNCA-R-2002-030	连云港市福利通信电缆有限公司	市内通信电缆的生产和服务过程	2005-12-22	2008-12-21
21	04606Q10096R0S	CNCA-R-2002-046	连云港市苏阳太阳能热水器有限公司	太阳能热水器的生产	2006-03-01	2009-02-28
22	J06Q10353R0S	CNCA-R-2002-038	连云港市东平饲料有限公司	畜禽、水产养殖配合饲料的生产和服务	2006-05-18	2009-05-17
23	05306Q11025R0S	CNCA-R-2002-053	赣榆县东森耐火材料有限公司	不定型耐火材料产品的生产和售后服务。	2006-06-13	2009-06-12

续表18-9

序号	认证证书号	认证机构批准号	认证企业名称	认证范围	发证日期	有效截止日期
24	04006Q13978R0M	CNCA-R-2002-018	连云港市蓝天化工有限公司	工业五硫化二磷的生产和服务	2006-08-25	2009-08-24
25	11406Q10345R0S	CNCA-R-2003-114	连云港市南消殷成木业有限公司	胶合板的生产和服务	2006-08-25	2009-08-24
26	04606Q10424R0M	CNCA-R-2002-046	连云港市易达酒业有限公司	食用酒精的生产及服务	2006-09-04	2009-09-03
27	03506Q11037R0S	CNCA-R-2002-035	连云港科田机械制造有限公司	中轻系列深沟球轴承内外圈加工和服务	2006-09-15	2009-09-14
28	J06Q11462R0S	CNCA-R-2002-038	赣榆县金泰公路工程有限公司	公路养护工程施工	2006-10-08	2009-10-07
29	04306Q12384R0S	CNCA-R-2002-043	赣榆县爱地肥料有限公司	复混肥料的生产和服务	2006-10-26	2009-10-25
30	11406Q10573R0M	CNCA-R-2003-114	连云港海顺玻璃制品有限公司	白酒瓶的生产和服务	2006-11-03	2009-11-02
31	01606Q11812R0S	CNCA-R-2002-016	连云港市九洲电控设备有限公司	磁粉探伤机、尺寸测量机系列自动化控制设备的设计、开发、生产、安装	2006-11-14	2009-11-13
32	J06Q11744R0S	CNCA-R-2002-038	连云港竹亭酿酒有限公司	白酒的生产和销售服务	2006-11-23	2009-11-22
33	04606Q10587R0S	CNCA-R-2002-046	连云港博利达食品有限公司	紫菜加工和服务	2006-12-4	2009-12-3
34	04006Q15963R0S	CNCA-R-2002-018	连云港东源食品有限公司	腌渍菜的加工和服务	2006-12-18	2009-12-17
35	02806Q11059R0S	CNCA-R-2002-028	赣榆县墩尚产业集聚区发展有限公司	招商项目的管理和服务	2006-12-21	2009-12-20
36	04006Q16277R0S	CNCA-R-2002-018	连云港市大地再生资源有限公司	丙烯腈-丁二烯-苯乙烯共聚物、聚乙烯聚合物的加工及服务	2006-12-29	2009-12-28
37	U06607Q0027R0S	CNCA-R-2002-021	连云港市泰卓新材料有限公司	双酚AF、六氟异丙醇的生产。	2007-01-04	2010-01-03
38	06907Q10016R0S	CNCA-R-2002-069	连云港快驰橡胶制品有限公司	翻新子午线轮胎的生产和服务	2007-01-16	2010-01-15
39	11407Q10067R0M	CNCA-R-2003-114	连云港市富友包装有限公司	塑料编织袋的生产和服务	2007-01-25	2010-01-24

续表18-9

序号	认证证书号	认证机构批准号	认证企业名称	认证范围	发证日期	有效截止日期
40	11407Q10173R0M	CNCA-R-2003-114	连云港市建达玻璃制品有限公司	玻璃瓶(白酒瓶、醋瓶)的生产和服务	2007-02-13	2010-02-12
41	00106Q10816R0M/3200	CNCA-R-2002-001	连云港鸿美食品有限公司	米果的生产制造	2007-02-13	2010-02-12
42	00107Q11107R0M/3200	CNCA-R-2002-001	赣榆县交通运输管理所	交通运输管理及服务	2007-02-14	2010-02-13
43	04307Q10604R0S	CNCA-R-2002-043	赣榆县恒源太阳能制造厂	太阳能热水器的生产和服务	2007-03-08	2010-03-07
44	11407Q10238R0S	CNCA-R-2003-114	赣榆县瑞杰针织厂	针织品(毛衫、浴袍)的生产和服务	2007-04-11	2010-04-10
45	03807Q10237R0M	CNCA-R-2002-038	赣榆县交通工程有限公司	公路工程的施工和服务	2007-05-17	2010-05-16
46	00207Q12736R1M	CNCA-R-2002-002	江苏三兴建工集团有限公司	房屋建筑工程施工	2007-06-08	2010-06-07
47	00107Q12191R0M/3200	CNCA-R-2002-001	舜天(赣榆)工贸有限公司	梭织服装(夹克、童装、裤子、休闲服系列等)的生产	2007-06-19	2010-06-18
48	04307Q11929R1M	CNCA-R-2002-043	赣榆县建筑安装工程公司	房屋建筑工程施工	2007-08-21	2010-08-20
49	02007Q12043R0S	CNCA-R-2002-020	赣榆县金鹰稀土实业有限公司	稀土单一氧化物、氟化物的生产及服务	2007-09-28	2010-09-27
50	02507Q10309R1M	CNCA-R-2002-025	连云港班庄水泥有限责任公司	P.O 32.5 P.O 42.5的水泥生产、销售和服务	2007-10-26	2010-10-25
51	01707Q11171R1S	CNCA-R-2002-017	赣榆县天马粮油有限公司	大米的生产和服务	2007-10-26	2010-10-25
52	11407Q10585R0M	CNCA-R-2003-114	赣榆县城东建筑安装工程有限公司	房屋建筑工程(总承包二级资质)施工和服务	2007-11-01	2010-10-31
53	04307Q12712R0S	CNCA-R-2002-043	连云港市东部阳光太阳能热水器厂	太阳能热水器的生产和服务	2007-11-09	2010-11-08
54	U06607Q0027R0S	CNCA-R-2002-021	连云港市泰卓新材料有限公司	双酚AF、六氟异丙醇的生产。	2007-11-04	2010-11-09
55	04006Q15963R0S	CNCA-R-2002-018	连云港东源食品有限公司	腌渍菜的加工和服务	2006-12-18	2009-12-17
56	J06Q11462R0S	CNCA-R-2002-038	赣榆县金泰公路工程有限公司	公路养护工程施工	2006-10-08	2009-10-07

续表18-9

序号	认证证书号	认证机构批准号	认证企业名称	认证范围	发证日期	有效截止日期
57	02806Q11059R0S	CNCA-R-2002-028	赣榆县墩尚产业集聚区发展有限公司	招商项目的管理和服务	2006-12-21	2009-12-20
58	06907Q10016R0S	CNCA-R-2002-069	连云港快驰橡胶制品有限公司	翻新子午线轮胎的生产和服务	2007-01-16	2010-01-15
59	04006Q16277R0S	CNCA-R-2002-018	连云港市大地再生资源有限公司	丙烯腈-丁二烯-苯乙烯共聚物的加工及服务	2006-12-29	2009-12-28
60	02908Q10307R1S	CNCA-R-2002-029	连云港东洲磷钙饲料有限公司	饲料级磷酸氢钙生产和销售过程。	2008-09-11	2011-09-10
61	01707Q11171R1S	CNCA-R-2002-017	赣榆县天马粮油有限公司	大米的生产和服务	2007-10-26	2010-10-25
62	04006Q13978R0M	CNCA-R-2002-018	连云港市蓝天化工有限公司	工业五硫化二磷的生产和服务	2006-08-25	2009-08-24
63	USA0700167Q0	CNCA-R-2003-114	连云港金康医药科技有限公司	依托泊甙、美司钠、吉西他滨的加工和服务	2007-12-06	2010-12-05
64	02008Q12052R0M	CNCA-R-2002-020	连云港佳宇电子材料科技有限公司	太阳能硅片切割液的生产和服务；太阳能硅片切割加工和服务	2008-10-09	2011-10-08
65	J08Q11781R0M	CNCA-R-2002-038	连云港协鑫生物质发电有限公司	发电、蒸汽产品的生产、销售服务	2008-12-08	2011-12-07
66	01606Q11812R0S	CNCA-R-2002-016	连云港市九洲电控设备有限公司	磁粉探伤机、尺寸测量机系列自动化控制设备的设计、开发、生产、安装与服务	2006-11-14	2009-11-13
67	30710	CNCA-RF-2003-19	连云港利丰医用氧产品有限公司	小型医用供氧器、便携式氧气呼吸器、医用中心供氧系统、医用中心吸引供氧系统制造和销售、服务	2008-04-23	2011-04-23
68	11407Q10173R0M	CNCA-R-2003-114	连云港市建达玻璃制品有限公司	玻璃瓶（白酒瓶、醋瓶）的生产和服务	2007-02-13	2010-02-12

续表18-9

序号	认证证书号	认证机构批准号	认证企业名称	认证范围	发证日期	有效截止日期
69	03807Q10237R0M	CNCA-R-2002-038	赣榆县交通工程有限公司	公路工程的施工和服务	2007-05-17	2010-05-16
70	11407Q10067R0M	CNCA-R-2003-114	连云港市富友包装有限公司	塑料编织袋(非食品用)的生产	2007-01-25	2010-01-24
71	J07Q11598R1M	CNCA-R-2002-038	江苏省连云港市赣榆烟草专卖局	烟草专卖管理、卷烟营销服务	2007-12-21	2010-12-20
72	J07Q11598R1M-1	CNCA-R-2002-038	江苏省赣榆县烟草专卖局	烟草专卖管理、卷烟营销服务	2007-12-21	2010-12-20
73	00207Q12736R1M	CNCA-R-2002-002	江苏三兴建工集团有限公司	房屋建筑工程施工	2007-06-08	2010-06-07
74	04307Q11929R1M	CNCA-R-2002-043	赣榆县建筑安装工程公司	房屋建筑工程施工	2007-08-21	2010-08-20
75	00908Q11264R0M	CNCA-R-2002-009	江苏嘉宝科技制管有限公司	钢管的生产及服务	2008-10-16	2011-10-15
76	03506Q11037R0S	CNCA-R-2002-035	连云港科田机械制造有限公司	中轻系列深沟球轴承内外圈加工和服务	2006-09-15	2009-09-14
77	J06Q11744R0S	CNCA-R-2002-038	连云港竹亭酿酒有限公司	白酒的生产和销售服务	2006-11-23	2009-11-22
78	11407Q10585R0M	CNCA-R-2003-114	赣榆县城东建筑安装工程有限公司	房屋建筑工程(总承包二级资质)施工和服务	2007-11-01	2010-10-31
79	04608Q10893R0M	CNCA-R-2002-046	江苏富娃家具有限公司	床垫的生产和服务	2008-12-10	2011-12-09
80	04308Q10183R0S	CNCA-R-2002-043	连云港石港高压电瓷有限公司	电瓷绝缘子的生产和服务	2008-01-21	2011-01-20
81	06708Q10379R0S	CNCA-R-2002-067	连云港市兴安机械制造有限公司	旋耕机、秸秆还田机、旋耕刀的生产和服务。	2008-08-05	2011-08-04
82	03108Q10180R2M	CNCA-R-2002-031	连云港东南标准件有限公司	热镀锌配套螺栓、螺母、平垫、双头丝、六角螺栓、六角螺母的制造	2008-05-26	2011-05-25
83	00107Q13752R0S/3200	CNCA-R-2002-001	连云港菲帝亚饲料有限公司	泥鳅、淡水鱼配合饲料的生产	2007-12-04	2010-12-03
84	00107Q12191R0M/3200	CNCA-R-2002-001	舜天(赣榆)工贸有限公司	梭织服装的生产	2007-06-19	2010-06-18
85	00107Q11107R0M/3200	CNCA-R-2002-001	赣榆县交通运输管理所	交通运输管理及服务	2007-02-14	2010-02-13
86	00108Q18774R0M/3200	CNCA-R-2002-001	连云港亲泰儿玩具有限公司	布绒玩具的生产	2008-12-30	2011-12-29

二、名牌产品推荐及质量兴县工作

1994年，名牌创建工作在全县启动，神仙紫菜成为当年全县首批获评的江苏名牌产品。2006年，修编制订《2006—2010年质量兴县长期规划》，确定长期发展目标。2008年，赣榆县“质量兴县”工作以922分的高分顺利通过省质量兴县验收组的考核验收。截至2009年，全县共创建江苏名牌产品4个，连云港名牌产品13个。

三、食品安全市场准入及产品质量和食品安全专项整治

自2002年起，国家质检总局先后启动大米等老5类、肉制品等新10类、糖果制品等后13类共计28类食品安全市场准入制度，实行“QS”认证。2005年，全县开展食品生产加工企业普查，共计普查18个镇、280家食品生产加工企业及小作坊，建立档案、拍摄图片、GPS定位。2007年，由赣榆质监局牵头，协调县工商局、卫生局、农业局、经贸局、药监局等部门对全县99家食品生产加工企业，305家食品生产加工小作坊，618家餐饮业，49家学校、集体食堂，33家生猪定点屠宰企业，350家药品批发销售企业，350家农产品生产企业进行集中整治检查。2009年9月4日，成功承办连云港质监系统食品安全突发事件Ⅳ级应急演练。

赣榆县食品生产许可证获证企业名单

表18-10

序号	企业名称	产品名称	证书编号	发证日期	有效截止日期	企业地址
1	连云港竹亭酿酒有限公司	白酒	QS3200 1501 1883	2009-09-29	2012-09-28	赣榆县青口镇经济开发区
2	连云港东堡酿酒厂	白酒	QS3200 1501 5410	2008-12-03	2011-10-21	赣榆县沙河镇双堆村
3	赣榆县龙潭酒厂	白酒	QS3200 1501 5409	2008-12-31	2011-12-31	赣榆县城头镇王青墩村
4	连云港市榆鹏曲酒厂	白酒	QS3200 1501 5323	2008-12-03	2011-10-21	赣榆县柘汪镇东棘荡村
5	连云港徐福酒厂	白酒	QS3200 1501 5326	2008-12-03	2011-10-21	赣榆县沙河镇
6	赣榆县朋圣酒厂	白酒（液态）	QS3200 1501 5402	2008-12-21	2011-12-30	赣榆县柘汪镇仲湖村
7	赣榆县世勤酒厂	白酒	QS3200 1501 6788	2009-01-14	2012-01-13	赣榆县黑林镇大赤涧村
8	连云港振兴酒厂	白酒	QS3200 1501 5404	2008-12-03	2011-10-21	赣榆县青口镇南街区
9	赣榆县黄墩酒厂	白酒（散装）	QS3200 1501 5324	2008-12-03	2011-10-21	赣榆县城头镇黄墩沟西村
10	赣榆县城西镇弘扬酒厂	白酒	QS320 01501 5928	2008-12-03	2011-10-21	赣榆县朱堵后滕村
11	赣榆县朱堵乡沙河子酒厂	白酒（散装）	XK16-0306268	2007-07-06	2009-06-30	赣榆朱堵乡沙河子村
12	赣榆县黄老邪酒厂	白酒（液态）	QS320015015403	2008-12-03	2011-10-21	赣榆县青口镇公园路16号
13	连云港市圣人泉酒厂	白酒（液态）	QS3200 15015322	2008-12-21	2011-12-30	赣榆县班庄镇

续表 18-10

序号	企业名称	产品名称	证书编号	发证日期	有效截止日期	企业地址
14	连云港市银河酒厂	白酒（液态）	QS3200 15015325	2008-12-15	2011-10-21	赣榆县沙河镇陈巷村
15	赣榆县旭日酒厂	白酒（液态）	QS3200 1501 6267	2008-12-26	2011-12-25	赣榆青口镇大朱汜村
16	赣榆县谢湖农工商有限公司茶果分公司	茶叶（绿茶）	QS3207 1401 0335	2007-10-30	2010-10-29	赣榆县厉庄镇谢湖村
17	连云港秋生堂医药科技有限公司（原连云港威欧食品厂）	茶叶（绿茶）	QS3207 1401 0425	2008-02-27	2011-02-26	赣榆县欢墩镇驻地
		含茶制品（代用茶）	QS3207 1402 0038	2008-02-27	2011-02-26	
18	赣榆县沙河镇广乾碾米厂	大米	QS3207 0102 0209	2008-05-15	2011-03-24	赣榆县沙河镇殷庄村
19	赣榆县墩尚镇本玉米厂	大米	QS3207 0102 0210	2008-04-17	2011-03-24	赣榆县墩尚镇卢元村
20	赣榆县赣马镇粮丰精米厂	大米	QS3207 0102 0265	2008-07-10	2011-06-15	赣榆县赣马镇仲庄村
21	赣榆县赣马镇丰收米厂	大米	QS3207 0102 0266	2008-07-10	2011-06-15	赣榆县赣马镇左庄村
22	赣榆县墩尚镇立江粮食加工厂	大米	QS3207 0102 0267	2008-07-10	2011-06-15	赣榆县墩尚镇墩一村
23	赣榆县赣马镇勇峰粮食加工厂	大米	QS3207 0102 0095	2008-09-26	2011-09-05	赣榆县赣马镇木头沟村
24	赣榆县赣马镇居庄碾米厂	大米	QS3207 0102 0063	2009-02-09	2011-12-19	赣榆县赣马镇居庄村
25	赣榆县兴文米厂	大米	QS3207 0102 0125	2009-05-16	2012-04-19	赣榆县墩尚镇胡桥村
26	赣榆县罗阳镇贵涛米厂	大米	QS3207 0102 0126	2006-04-20	2009-04-19	赣榆县罗阳镇郑庄村
27	赣榆县赣马镇富源米厂	大米	QS3207 0102 0183	2009-10-27	2012-08-19	赣榆县赣马镇仲庄村
28	赣榆县沙河镇武陵粮食加工厂	大米	QS3207 0102 0203	2009-09-07	2012-09-29	赣榆县沙河镇粮油交易市场三区
29	赣榆县罗阳镇罗东米厂	大米	QS3207 0102 0307	2007-07-10	2010-07-09	赣榆县罗阳镇罗阳路东面
30	赣榆县罗阳镇金穗米厂	大米	QS3207 0102 0007	2007-10-30	2010-10-17	赣榆县罗阳镇郑庄村
31	连云港市丰润米业有限责任公司	大米	QS3207 0102 0008	2007-10-30	2010-10-17	赣榆县罗阳镇河口村
32	赣榆县墩尚镇顺选精制米厂	大米	QS3207 0102 0010	2007-10-30	2010-10-17	赣榆县墩尚镇胡桥村
33	赣榆县罗阳镇旺达粮食加工厂	小麦粉（通用）	QS3207 0101 7734	2007-11-29	2010-10-17	赣榆县罗阳镇郑庄村
		大米	QS3207 0102 0005	2007-11-19	2010-10-17	赣榆县罗阳镇郑庄村

续表 18-10

序号	企业名称	产品名称	证书编号	发证日期	有效截止日期	企业地址
34	赣榆县沙河镇新联合粮食加工厂	大米	QS3207 0102 0013	2007-11-19	2010-10-17	赣榆县沙河镇联合村
35	赣榆县信达粮食加工厂	大米	QS3207 0102 0135	2007-11-19	2010-12-27	赣榆县沙河镇粮油交易市场（加工一区）165号
36	赣榆县沙河镇光庆米厂	大米	QS3207 0102 0140	2007-11-19	2010-12-27	赣榆县沙河镇北300米
37	赣榆县沙河镇大众粮食加工厂	大米	QS3207 0102 0148	2007-11-19	2010-12-27	赣榆县沙河镇谷丰路
38	赣榆县沙河镇尧顺粮食加工厂	大米	QS3207 0102 0149	2007-11-19	2010-12-27	赣榆县沙河镇粮油交易市场加工三区
39	赣榆县盛阳米厂	大米	QS3207 0102 0384	2007-11-29	2010-11-28	赣榆县沙河镇西北村
40	赣榆县赣马镇鑫龙精米厂	大米	QS320701020137	2007-11-29	2010-12-27	赣榆县赣马镇仲庄村
41	赣榆县墩尚镇继圣粮食加工厂	大米	QS320701020141	2007-11-29	2010-12-27	赣榆县墩尚镇卢园村
42	连云港市苏阳粮食加工厂	小麦粉（通用）	QS3207 0101 7738	2007-12-28	2010-10-17	赣榆县罗阳镇郑庄村
		大米	QS3207 0102 0006	2007-12-28	2010-10-17	赣榆县罗阳镇郑庄村
43	赣榆县墩尚镇尊全粮食加工厂	大米	QS3207 0102 0143	2007-12-12	2010-12-27	赣榆县墩尚镇驻地
44	赣榆县赣马镇米厂	大米	QS3207 0102 0136	2007-12-10	2010-12-27	赣榆县赣马镇城里村
45	赣榆县丰源米业有限公司	大米	QS3207 0102 2467	2009-09-24	2012-08-28	赣榆县罗阳镇河口村
46	赣榆县宏利粮油贸易有限公司	大米	QS3207 0102 4522	2008-11-18	2011-11-17	赣榆县墩尚镇驻地
47	赣榆县风光粮食加工厂	小麦粉（通用）	QS3207 0101 0044	2006-01-17	2009-01-16	赣榆县沙河镇东区西胜村
		大米	QS3207 0102 0858	2006-07-20	2009-05-29	赣榆县沙河镇东区西胜村
48	赣榆县交通粮油贸易中心	大米	QS320701020432	2008-04-17	2011-04-16	赣榆县墩尚镇南街村
49	连云港通顺粮油有限公司	大米	QS320701020119	2009-05-22	2012-03-17	赣榆县罗阳镇工业园区
50	赣榆县一品米业有限公司	大米	QS3207 0102 0503	2008-10-21	2011-10-20	赣榆县罗阳镇沙口村
51	赣榆县城头镇好运碾米厂	大米	QS3207 0102 0468	2008-07-17	2011-07-16	赣榆县城头镇驻地

续表 18-10

序号	企业名称	产品名称	证书编号	发证日期	有效截止日期	企业地址
52	连云港市榆阳面粉厂	大米	QS3207 0102 0092	2008-09-26	2011-09-07	赣榆县罗阳镇吴公村
		小麦粉（通用）	QS3207 0101 0857	2006-07-20	2009-05-29	赣榆县罗阳镇吴公村
53	赣榆县城南振远面粉厂	小麦粉	QS3207 0101 0151	2007-05-20	2010-05-19	赣榆县青口镇竹园村
54	连云港中宁面粉厂	小麦粉（通用）	QS3207 0101 9827	2008-07-10	2011-06-15	赣榆县墩尚镇驻地
55	赣榆县赣马镇永发面粉厂	小麦粉（通用）	QS3207 0101 9828	2008-07-10	2011-06-15	赣榆县赣马镇仲庄村
56	赣榆县赣马镇双丰粮食加工厂	小麦粉（通用）	QS3207 0101 9919	2008-07-10	2011-06-29	赣榆县赣马镇仲庄村
57	赣榆县罗阳镇修乐面粉加工厂	小麦粉（通用）	QS3207 0101 0042	2009-06-08	2012-01-16	赣榆县罗阳镇郑庄村
58	连云港市晟天粮业有限公司	挂面（普通挂面）	QS3207 0103 0034	2007-10-30	2010-10-29	赣榆县城头镇中青墩村
		小麦粉（通用）	QS3207 0101 0166	2007-10-19	2010-10-18	赣榆县城头镇中青墩村
59	连云港市松峰食品有限公司	小麦粉（通用）	QS3207 0101 0168	2007-10-30	2010-10-29	赣榆县沙河镇联合村
60	赣榆县福多面粉加工厂	小麦粉（通用）	QS320701010461	2009-05-22	2012-05-21	赣榆县青口镇二沟村
61	赣榆县金水湾食品冷冻厂	其他水产加工品（水产深加工品）	QS3207 2202 0006	2007-09-02	2010-09-01	赣榆县罗阳镇海州路28号
62	连云港市康康海苔有限公司	肉制品（酱卤肉制品）	QS3207 0401 6839	2008-12-02	2011-12-01	赣榆县柘汪镇秦沙村
		其他水产加工品（风味鱼制品）	QS3207 2202 0079	2008-11-18	2011-11-17	
63	连云港神仙紫菜有限公司	干制水产品（紫菜）	QS3207 2201 0007	2009-09-07	2012-07-19	赣榆县海头镇
64	连云港好丽友食品科技有限公司	方便食品（其他方便食品）	QS3207 0701 0099	2008-06-27	2011-06-26	赣榆县柘汪镇秦家沙工业小区
		水产加工品（干制水产品）	QS3207 2201 0036	2009-12-02	2013-01-19	
65	连云港海德益食品有限公司	水产加工品［干制水产品］	QS3207 2201 0209	2007-11-29	2010-11-28	赣榆县柘汪镇东林子村
66	连云港市方信食品有限公司	速冻食品［速冻其他食品（速冻肉制品）］	QS320011010201	2009-09-11	2012-09-10	赣榆县石桥镇九里村
		水产加工品［干制水产品］	QS3207 2201 0214	2007-12-12	2010-12-11	赣榆县石桥镇九里村
67	连云港市富海紫菜厂	水产加工品［干制水产品］	QS3207 2201 0215	2007-12-12	2010-12-11	赣榆县海头镇马庄村

续表 18-10

序号	企业名称	产品名称	证书编号	发证日期	有效截止日期	企业地址
68	连云港其志紫菜有限公司	水产加工品［干制水产品］	QS3207 2201 0224	2007-12-28	2010-12-27	赣榆县柘汪镇甘县村
69	赣榆县兴民紫菜加工厂	水产加工品［干制水产品］	QS3207 2201 0225	2007-12-28	2010-12-27	赣榆县柘汪镇甘县村
70	连云港丰林园紫菜有限公司	水产加工品［干制水产品］	QS3207 2201 0226	2007-12-28	2010-12-27	赣榆县柘汪镇东林子村
71	赣榆县润心紫菜有限公司	水产加工品［干制水产品］	QS3207 2201 0227	2007-12-28	2010-12-27	赣榆县海头镇南朱皋村
72	赣榆县东进紫菜加工厂	水产加工品［干制水产品］	QS3207 2201 0228	2007-12-28	2010-12-27	赣榆县海头镇海齐村
73	赣榆县津禾紫菜有限公司	水产加工品［干制水产品］	QS3207 2201 0229	2007-12-28	2010-12-27	赣榆县石桥镇上木套村
74	赣榆县富安紫菜有限公司	水产加工品［干制水产品］	QS3207 2201 0230	2007-12-28	2010-12-27	赣榆县石桥镇小沙村
75	连云港市殷氏食品有限公司	水产加工品（盐泽水产品	QS320722010431	2009-07-27	2012-04-28	赣榆经济开发区经三路2号
		水产加工品（干制水产品）	QS3207 2201 0431	2009-04-28	2012-04-27	
		肉制品（酱卤肉制品）	QS320704017446	2009-06-03	2012-06-02	
76	连云港沪港海产品有限公司	水产加工品［干制水产品］	QS320722010434	2009-05-22	2012-05-21	赣榆县柘汪镇东林子村
77	连云港益成海苔食品有限公司	水产加工品［干制水产品］	QS3207 2201 0235	2008-02-29	2011-02-28	赣榆县海洋经济开发区
78	连云港市润洋紫菜加工厂	水产加工品［干制水产品］	QS3207 2201 0236	2008-02-29	2011-02-28	赣榆县海头镇驻地
79	赣榆县奥意喜紫菜有限公司	水产加工品［干制水产品］	QS3207 2201 0237	2008-02-29	2011-02-28	赣榆县海头镇马庄村
80	连云港盛林紫菜有限公司	水产加工品［干制水产品］	QS3207 2201 0238	2008-02-29	2011-02-28	赣榆县柘汪镇西林子村
81	赣榆县润雨海藻培植场	水产加工品［干制水产品］	QS3207 2201 0239	2008-02-29	2011-02-28	赣榆县石桥镇韩口村
82	赣榆县富源紫菜加工厂	水产加工品［干制水产品］	QS3207 2201 0240	2008-02-29	2011-02-28	赣榆县海头镇马庄村
83	赣榆县浩鑫海产品加工厂	水产加工品［干制水产品］	QS3207 2201 0241	2008-02-29	2011-02-28	赣榆县柘汪镇秦家沙村
84	赣榆县富达水产食品有限公司	水产加工品［干制水产品］	QS3207 2201 0242	2008-02-29	2011-02-28	赣榆县柘汪镇甘县村
85	连云港海英紫菜有限公司	水产加工品［干制水产品］	QS3207 2201 0243	2008-02-29	2011-02-28	连云港市赣榆县海头镇开发区

续表 18-10

序号	企业名称	产品名称	证书编号	发证日期	有效截止日期	企业地址
86	赣榆县永兴紫菜有限公司	水产加工品［干制水产品］	QS3207 2201 0415	2009-02-27	2012-02-26	赣榆县青口镇里沙村
87	赣榆县海王花紫菜有限公司	水产加工品［干制水产品］	QS3207 2201 0244	2008-02-29	2011-02-28	赣榆县石桥镇九里村
88	赣榆县盛丰紫菜育苗加工厂	水产加工品［干制水产品］	QS3207 2201 0245	2008-02-29	2011-02-28	赣榆县柘汪镇秦家沙村
89	赣榆县海丰紫菜加工厂	水产加工品［干制水产品］	QS3207 2201 0246	2008-02-29	2011-02-28	赣榆县柘汪镇西林子村
90	赣榆县瑞丰水产品有限公司	水产加工品［干制水产品］	QS3207 2201 0247	2008-02-29	2011-02-28	赣榆县柘汪镇响石村
91	赣榆县食丰紫菜育苗加工厂	水产加工品［干制水产品］	QS3207 2201 0248	2008-02-29	2011-02-28	赣榆县柘汪镇响石村
92	赣榆县众富水产有限公司	水产加工品［干制水产品］	QS3207 2201 0249	2008-02-29	2011-02-28	赣榆县柘汪镇响石村
93	赣榆县永昌紫菜育苗加工厂	水产加工品［干制水产品］	QS3207 2201 0250	2008-02-29	2011-02-28	赣榆县柘汪镇东林子村
94	赣榆县城林紫菜有限公司	水产加工品［干制水产品］	QS3207 2201 0251	2008-02-29	2011-02-28	赣榆县柘汪镇西林子村
95	连云港市金浅龟海产品发展有限公司	水产加工品［干制水产品］	QS3207 2201 0252	2008-02-29	2011-02-28	赣榆县石桥镇白石头村
96	连云港海州湾水产有限公司	水产加工品（干制水产品）（分装）	QS3207 2201 0388	2008-09-03	2011-09-02	赣榆县石桥镇九里村
97	连云港陶上贸易有限公司	水产加工品（干制水产品）	QS3207 2201 0387	2009-05-31	2011-09-02	赣榆县青口镇站北四巷8号
98	连云港市康源海苔制品有限公司	水产品加工（干制水产品）（分装）	QS3207 2201 0378	2008-07-17	2011-07-16	赣榆县青口镇杨坨村
99	连云港苏榆食品科技有限公司	其它水产加工品（风味鱼制品）	QS3207 2202 0094	2009-06-08	2012-06-07	赣榆县青口镇青罗路
100	连云港富裕食品有限公司	其它水产加工品	QS3207 2202 0068	2008-09-17	2011-09-16	赣榆县青口镇青罗路
101	赣榆县赣马镇裕华调味品厂	其他水产加工品（水产调味品）	QS320722020109	2009-10-27	2012-10-26	赣榆县赣马镇卜都村一组
102	连云港东旭水产品有限公司	水产加工品（干制水产品）（分装）	QS3207 2201 0436	2009-07-02	2012-07-01	赣榆县柘汪镇中林子村

续表 18-10

序号	企业名称	产品名称	证书编号	发证日期	有效截止日期	企业地址
103	连云港市东阳果脯蜜饯厂	罐头（畜禽水产罐头）	QS3207 0901 2919	2008-07-02	2011-07-01	赣榆县石桥镇石东村
104	连云港市大喜庆食品有限公司	糖果制品（糖果）	QS3207 1301 0028	2009-07-27	2012-08-19	赣榆县城头镇工业园区
105	连云港市惠康食品有限公司	糖果制品（糖果）	QS3207 1301 0045	2009-08-17	2012-10-17	赣榆县城头镇工业园区
106	连云港市冠永食品有限公司	糖果制品（糖果）	QS3207 1301 0046	2009-08-17	2012-10-17	赣榆县城头镇工业园区
107	连云港市惠特食品有限公司	糖果制品（糖果）	QS3207 1301 0048	2009-08-17	2012-10-17	赣榆县门河镇驻地
108	赣榆县云海冠丰园食品厂	糖果制品（糖果）	QS3207 1301 0044	2009-08-17	2012-10-17	赣榆县沙河镇驻地
109	连云港柯德康食品有限公司	糕点（烘烤类糕点）	QS3207 2401 0770	2008-10-21	2011-10-20	赣榆县青口镇环城西路
110	赣榆县金苹果食品有限公司	糕点（烘烤类糕点）	QS3207 2401 0796	2008-11-18	2011-11-17	赣榆县青口镇青年路（职教中心东侧）
111	连云港市富瑶食品有限公司	糕点（烘烤类糕点、月饼）	QS3207 2401 0997	2009-12-02	2012-12-01	赣榆县青口镇金海路33号
112	赣榆县城西镇传州粉丝厂	淀粉及淀粉制品（淀粉制品）	QS320723010109	2009-10-30	2012-10-29	赣榆县朱堵乡沙河子村
113	赣榆县欢墩镇鑫源粉丝厂	淀粉制品（粉丝）	QS3207 2301 0104	2008-12-24	2011-12-23	赣榆县欢墩镇李小湾村
114	江苏金五综合食品有限公司	淀粉及淀粉制品（淀粉、淀粉制品）	QS3207 2301 0049	2007-11-19	2010-11-18	江苏省赣榆县金山镇
115	赣榆县莹亮挂面厂	挂面	QS3207 0103 0128	2008-08-27	2011-08-26	赣榆县班庄镇夹山街
116	赣榆县金山镇锐扬食品厂	蛋制品（再制蛋类）	QS3207 1901 0150	2009-12-02	2012-12-01	赣榆县金山镇驻地
117	赣榆县金山镇红岩食品厂	蛋制品（再制蛋类）	QS3207 1901 0135	2008-12-30	2011-12-29	赣榆县金山镇西河北村
118	连云港市绿品银杏实业有限公司	蔬菜制品［酱腌菜］	QS3207 1601 0160	2008-02-29	2011-02-28	赣榆县门河镇陈庄村
119	赣榆县柳美酱制品厂	酿造酱油	QS3207 0301 0009	2007-12-12	2010-12-11	赣榆县宋庄乡柳杭村
120	赣榆县柳美酱制品厂	酿造食醋	QS3207 0302 0004	2007-12-12	2010-12-11	赣榆县宋庄乡柳杭村

续表 18-10

序号	企业名称	产品名称	证书编号	发证日期	有效截止日期	企业地址
121	赣榆县青口镇维亮调味品厂	豆制品（发酵性豆制品）	QS3207 2501 0160	2009-01-14	2012-01-13	赣榆县青口镇六里桥村
122	赣榆县滴滴香油脂有限公司	食用植物油（半精炼）	QS3207 0201 0007	2005-11-28	2008-11-27	赣榆县宋庄镇西郑村
123	赣榆县连香花生油厂	食用植物油（半精炼）	QS3207 0201 0016	2009-09-24	2012-03-17	赣榆县赣马镇中上村
124	连云港苏花油脂工业有限公司	食用植物油	QS3207 0201 0138	2009-05-18	2012-05-17	赣榆县青口镇南街社区
125	连云港市青源水务有限公司饮用水分公司	饮料[瓶装饮用水(饮用纯净水)]	QS3207 0601 6447	2009-07-07	2011-11-16	赣榆县青口镇黄海东路118号
126	赣榆县青口镇小雨点净水社	饮料[瓶（桶）装饮用水类（饮用纯净水）]	QS3207 0601 0570	2007-12-22	2010-12-21	赣榆县经济开发区
127	赣榆县龙泉山矿泉水厂	饮料（饮用天然矿泉水）	QS320706010866	2009-05-12	2012-05-11	赣榆县厉庄镇驻地
128	连云港市金通饮用水厂	饮料［瓶（桶）装饮用水（饮用天然矿泉水、饮用纯净水）］	QS3207 0601 0024	2006-05-12	2009-05-11	赣榆县金山镇佃马场村
129	连云港润潭纯净水有限公司	饮料（饮用纯净水）	QS3207 0601 0871	2009-05-25	2012-05-24	赣榆县城头镇产业集聚区
130	连云港市文星贸易有限公司	速冻食品（速冻其他食品）	QS3207 1101 0123	2008-09-26	2011-09-25	赣榆县石桥镇九里村
131	连云港海明达水产品有限公司	速冻食品（速冻其他食品）	QS320711010191	2009-07-27	2012-07-26	赣榆县石桥镇九里村
132	赣榆县绿绿食品有限公司	速冻食品（速冻其他食品）	QS3207 1101 0132	2008-11-18	2011-11-17	赣榆县宋庄镇范口工业园
133	连云港百鲜屋食品有限公司	速冻食品（速冻其他食品）	QS320711010173	2009-05-31	2012-06-01	赣榆县青口镇环城北路6号
134	连云港野山草食品有限公司	葡萄酒及果酒(原酒、加工灌装)	QS320715021093	2009-10-27	2012-10-26	赣榆县厉庄镇东陡岭村
135	连云港鸿美食品有限公司	膨化食品	QS3207 1201 0006	2007-08-20	2010-08-19	赣榆县墩尚镇驻地

四、产品质量检验

1990年3月20日，县编委赣编发〔1990〕4号文批准成立赣榆县标准计量局产品质量监督检验所。同年，抽检水泥制品、黏土砖、水泵、阀门、蜂窝煤球等产品197个批次，合格率60.93%。1994年9月，质检实验室通过省级计量认证/审查认可验收，共批准检测项目8个，并授权为县级法定质量检测机构。1999年7月，检测项目扩展至5大类72种产品。2003年，国家、省、市三级产品质量监督抽查600个批次，合格率达95%。2005年，监督检验5类产品960个批次，合格率97%；受理40个企业委托检验890个批次，合格率92%。2008年4月，实验室复评扩项工作通过省质监局计量认证/审查认可验收，拥有食品、轻工、电器、化工、建材等464个检测项目，年承检能力达3000个批次。2009年，监督检验5类产品900批次，合格率94.5%。

第三节　计量监督管理

一、计量器具生产、修理许可证管理

2005年，连云港苏源电力仪表有限公司取得制造计量器具许可证。

二、计量确认

1997年，启动计量确认工作，当年有7家企业通过计量合格确认。截至2009年，全县共有324家企业通过计量合格确认。

三、定量包装商品计量管理

2002年起，国家质检总局在全国开展定量包装生产企业计量保证能力评价，推行计量“C”标志，经验收合格的企业享受商品净含量免检待遇。2004年11月，赣榆县金韩食品加工厂通过省质监局考核验收，取得“C”标志使用权。截至2009年，共有6家企业获得“C”标志，全县生产和流通企业定量包装商品净含量监督检查合格率分别达到97.4%和98.2%。

四、计量器具检定

2003年，县计量测试所通过省质监局考核验收，成为全县唯一法定计量检定机构。2007年，新增水表、常用玻璃量器、出租车计价器等检定项目。2009年，计量所共建立包括力学、电磁学、热工、时间频率、医用专业计量器具等在内的五大类19项社会公用计量标准，其中最高计量标准18项；强检计量器具2041台件，受检率达95%以上。同年，启动“两免费”（农村基层医疗卫生机构、集贸市场计量器具）检定工作，共对赣榆县东方市场、苏鲁海产品综合批发市场等9家集贸市场的695台件衡器进行检定，受检率100%；共对26家乡镇卫生院和19家计生站的57台B超、31台心电图机、356台件血压计，463家村卫生室的522台件血压计进行检定。

第四节　标准化管理

一、企业标准化

1998年，省技术监督局对县消灭无标生产进行验收。2009年，江苏东成生物科技集团有限公司被省质监局评为AAA级标准化良好行为企业，并成为省级循环经济标准化试点单位。是年，全县机械、化工、建材、食品等行业计31个产品采标，工业产品标准覆盖率达99.5%。

二、农业标准化

2001年，实施省级对虾、梭子蟹混养标准化示范区建设。2003年，制订省地方标准《对虾、梭子蟹混养技术规程》。2004年，实施国家级对虾、缢蛏混养标准化示范区建设。2005年，制订省地方标准《对虾、缢蛏混养技术规范》《缢蛏干加工技术规范》《三疣梭子蟹、菲律宾蛤仔混养技术规范》。2006年，实施出口芦笋标准化示范区建设，制订省地方标准《梭鱼、对虾池塘混养技术规范》《日本对虾池塘养殖技术规范》。2007年，实施泥鳅高效养殖标准化示范区建设，制订省地方标准《梭鱼人工繁殖及育苗技术规范》。2008年，制订省地方标准《南美白对虾人工育苗技术规程》《南美蓝对虾池塘养殖技术规程》《紫贻贝浅海筏式吊养技术规范》。2009年，实施猪——沼——菜种养殖标准化示

范区建设。

三、两码一卡

1992年，开始办理商品条码，赣榆果品加工总厂成为县第一家中国物品编码中心成员单位。1993年起，为企事业单位、机关团体及个体工商户等办理组织机构代码。2000年起，办理组织机构代码电子信息卡（IC卡）。截至2009年，共办理条码147家，组织机构代码7571家，IC卡2520张。

四、地理标志

2008年，县政府成立赣榆梭子蟹地理标志产品保护申报工作领导小组，启动赣榆梭子蟹地理标志申报工作。2009年11月，国家质检总局受理赣榆梭子蟹地理标志产品保护申请，形式审查合格，予以公告。

第五节　特种设备安全监察

一、特种设备使用登记与检验

2000年3月，原县劳动局劳动保护监察股、赣榆县劳动安全检测站的职能划转质监局，成立特种设备安全监察股和赣榆县锅炉压力容器检验所，负责全县特种设备质量监督、安全监察和设备检验。2001年10月～2009年，坚持开展特种设备普查，全县锅炉使用单位计168家，在用锅炉181台，压力容器160台，所有特种设备资料全部录入数据库，全面实行网络化动态监管。

2000～2009年，共检验锅炉1887台次，压力容器1320台次，其中，2009年，检验锅炉124台次，压力容器56台次。

二、专项整治

2001年6月，全县开展“土锅炉”专项整治，拆除“土锅炉”37台，更换合格锅炉34台。2003年9月，开展气瓶普查，启动产权转移工作。截至2005年，实现石油液化气瓶产权转移8万多只，氩气、氧气等工业气瓶产权转移、托管1311只。2009年，在赣榆柘汪临港产业区建设省级特种设备标准化管理园区，年底顺利通过验收；建立特种设备标准化管理体系，对园区10家大中型企业进行普查建档，新海石化176台压力容器录入国家局金质工程系统；发放使用登记证86张。

三、安全监察

1990～2009年，共组织特种设备安全专项检查62次，检查使用单位525家，出动检查人员1100余人次，发出安全监察指令书746份，消除各类安全隐患813条，立案查处208件。其中，2009年，安全专项检查10次，发出安全监察指令书65份，消除安全隐患81条，立案查处18件。

四、培训发证

1990～2009年，共举办特种设备安全管理、作业人员培训班62期，参培3570人次，考核合格率100%，其中锅炉操作工1584人次，压力容器作业人员1722人次，锅炉水处理人员112人次，特种设备安全管理人员152人次。

第六节　案件查处

县打假办设在质监局，负责牵头组织实施全县有关专项打假活动。自1990年起，坚持打治结合、点面结合、日常查处与专项治理结合的方针，突出抓大案、端窝点、把厂门、查市场、打假劣、保名牌。截至2009年，集中组织开展食品、农资、建材、纤维制品等12类产品的专项打假行动，计查处各类假冒伪劣产、商品案件8760件，捣毁制假售假窝点527个，涉案总值近亿元，其中质监局计查办案件586件，捣毁制假售假窝点48个。

一、跨省市执法打假

2005年5月，立案查处江苏好丽友公司销售湖北地区的不合格食品重大案件。2008年10月，查处连云港市顺德生物工程有限公司生产销售毛发水到河北等地食品企业用于生产酱油制品案件。在全省系统内部引起较大反响。

二、"地条钢""小化肥"专项整治

2003～2009年，先后与县经贸、工商、供电、公安等部门联合行动，查处国家明令禁止生产销售"地条钢""小化肥"案件，捣毁"地条钢"窝点13个，查获中频炉等生产设施7台（套）、生产模具37只，成品28吨，生产原料16吨；捣毁"小化肥"生产窝点26个，捣毁生产工具27台套，销毁成品及原材料36吨，彻底解决赣榆县"地条钢""小化肥"问题。

图 18-2　假冒伪劣产品销毁现场（2008年摄）

三、重大案例

2007年，查处连云港市丰润米业有限公司销售以不合格大米冒充合格大米案，案值20万元，帮助昆山一用户协调处理质量索赔案，追回损失7万元，并移交公安机关追究刑事责任；2008年，查处石桥农资销售部销售假冒伪劣肥料案件，涉案金额26万元，该案移交公安机关。2009年，联合五粮液、茅台、汤沟、洋河厂家打假办对赣榆县城名酒店进行突击检查，查获一批假冒"五粮液""汤沟窖藏""茅台""梦之蓝"等系列名酒，标值16万余元。

第七章　工商行政管理

第一节　管理机构

图 18-3　赣榆县工商行政管理局（2008年摄）

1975年12月，赣榆县工商局成立，设10个职能股（队），分别为人秘股、合同管理股、市场管理股、企业管理股、个体经济管理股、财会股、经济监督检查股、经济监督检查队、商标广告管理股和法制监察股。1999年7月，按照国务院要求，省以下工商行政管理机关实行垂直管理，县工商局更名为赣榆县工商行政管理局，增设纪检组、监察室、登记大厅、咨询服务中心、消费者权益保护股，管理体制上为连云港市工商局的直属机构，基层工商所为县工商局派出机构。2002年，工商行政管理机关实施机构改革，原由赣榆县质量技术监督局承担的流通领域商品质量监督管理职能划归县工商局，指导广告业发展职能划转到县经贸局。同时，县工商局内设机构调整为办公室、人事教育科、法制科、公平交易监督科（消费者权益保护科）、注册登记科、监督管理科、市场合同监督管理科和经济监督检查大队。另按有关规定保留设置纪检组和监察室，将下属原14个工商所撤并设立为青口、墩尚、沙河、城头、厉庄、赣马、海头和石桥8个分局。2009年，县工商局调整为8个科室，包括办公室、法规科、登记注册科（外商投资企业登记注册科）、监督管理科（含外资、个体私营经济和企业、商标、广告）、市场合同监督管理科、消费者权益保护科（食品流通监督管理科）、财务科、人事教育科；另按有关规定设置纪检监察机构；直属行政机构1个，即经济监督检查大队。此外，赣榆县商标广告协会、赣榆县企业信用管理协会、赣榆县经纪人协会、赣榆县消费者协会、赣榆县私营个体经济协会、连云港市工商行政管理学会赣榆分会等6个社团组织为县工商局挂靠团体。

第二节　市场监督管理

1990年，全县市场规范化管理得到较好落实，涌现出一批管理水平较高的集贸市场，县集贸市场被命名为国家级文明市场，厉庄市场被评为省级文明市场，县小商品市场、沙河、柘汪、海头等6个市场被评为市级文明市场，城头、朱堵、赣马、土城等10个市场被评为县级文明市场。

1991年，全年查处欺行霸市、掺杂使假、短斤少两等违法违章行为307起。是年5月，配合公安、城管、检察等部门，抽调人员对县城市场秩序进行重点整顿，清理沿街店外设摊121个，取缔无照经营户42个。

1992年，在集贸市场继续推行规范化管理，深入开展创建文明市场竞赛活动，坚决贯彻党的农产品放管结合的购销政策，取消一切关卡，鼓励长途贩运，保证货畅其流。

1993年，集中整治马路市场，对门河、九里、欢敦等乡镇马路集市进行搬迁。

1994年，先后改造门河、欢墩、四沟三个马路市场，改善以路为市、影响交通的状况。制定《文明市场考核办法》《管理人员守则》《集贸市场协管员管理暂行办法》。

1995年，重点改善市场设施，新增水泥柜台1056延长米，改建水泥柜台620延长米，对17个规模较大的市场进行路面硬化。

1996年，先后改造墩尚、罗阳、四沟、城头、朱堵、沙河、殷庄等7个马路市场。全县市场新增水泥柜台2610延长米，改建水泥柜台2142延长米，投入12万元对全县10个市场的顶棚和场地进行修复和铺垫。赣榆贸易市场被评为省级文明市场，另有5个市场被评为市级文明市场。

1997年，投入建设资金760万元，改扩建市场6个，新增市场面积2.6万平方米，全县共有各类市场72个，市场总面积124万平方米。全年实现市场成交额17.3亿元，赣榆贸易市场、赣榆批发市场、沙河粮油批发市场3个市场年成交额过亿元。

1997～1998年，出台市场管理费优惠政策，规定凡进入新建市场的经营者，第一年减半收取工商管理费和设施租赁费，免收其他一切税费，第二年给予减收的优惠。

2003年，县工商局制订《站北街市场搬迁方案》《孙沙集市搬迁方案》《城区建材经营户搬迁至亿家园市场搬迁方案》《城区主干道秩序专项整治实施方案》《东方市场经营户搬迁至新东方市场经营实施方案》，将年久失修和地理位置不佳的青口站北街市场搬迁到站东副食品市场，将孙沙集贸市场搬迁至环东市场内经营，年内组织实施四次城区主干道马路市场专项整治。在全县16个镇所在地各选1个农产品零售市场实施“肉菜粮放心工程”，青口地区选2个农产品零售市场、1个大型超市、1个农产品批发市场作为肉菜粮放心工程的实施基地。

2004年，县工商局协助县委、县政府搞好市场搬迁，县城地区的建材经营户搬迁到亿家园家居市场，老东方市场的经营户搬迁到新东方市场，孙沙集市搬迁到环东路贸易市场。

2005年，县工商局坚持“继续支持老市场、着力打造新市场”的工作思路，抓好市场培育管理。上海农工商超市赣榆店被评为省级“肉菜粮”放心工程先进单位，振兴中心副食品批发市场等3个市场被评为省级文明市场。

2007年，在“红盾护农”专项整治行动中，县工商局共出动检查人员387人次，检查各类农资经营主体410户，通过检查共取缔无照经营户18户，查办涉农案件4起，共没收不合格复合肥料66吨。

2008年，县工商局积极开展市场标准化建设工作，是年年底，全县已有振兴副食品批发市场、华南建材装饰批发市场、环城水果批发市场、新东方市场等四家市场全面推行标准化管理。“三鹿”奶粉事件发生后，全县工商系统行动迅速，第一时间开展拉网式清查，共出动执法人员1200多人次，检查食品经营户2166户，下架问题奶粉6000余千克，液态奶512千克，受理消费者咨询、申诉和举报32件，帮助消费者退、换问题奶粉、乳制品306千克。共办理动产抵押登记72件，抵押物价值52124.23万元，帮助实现主债权33252万元。加强对拍卖活动的备案审查和现场监拍，共现场监拍7次，实现12件标的成功交易，成交价格154.08万元。

2009年，组织开展红盾护农专项行动，集中开展专项检查活动4次，抽检种子、农机、化肥、喷雾器等农资商品164个批次，没收不合格复合肥近70吨，没收假冒伪劣种子0.45吨。共组织食品安全整治和执法检查6次，检查食品经营户3800户（次），立案查处各类食品违法违规案件15起，查扣“三无”“过期”等食品680余千克。

第三节　注册登记管理

1990年，工商局对全县2618个企业法人重新审核登记，占企业总数的68.9%，注销企业1154个，占总数的30%。新办理开业登记企业48户，依法对33户盐业企业予以登记注册，办理歇业注销登记14户。到1990年年底，全县共有工商企业2685个，其中企业法人登记1140户，营业企业登记1545户，同比减少1117户。全县共有个体工商户12454户，同比减少1802户；从业人员19400人，同比减少3158人；个体商业占比50.3%，同比下降12%，工业、手工业户同比增长9.1%，个体运输户同比增长35.6%。全县共有私营企业71户，同比增加10户；从业人员1338人，同比增加241人；注册资金总额652.9万元，同比增加203.3万元。

1991年，全县共有各类企业2945户，其中企业法人1117户，营业企业1774户。全县登记发照的个体工商户12130户，从业人员19481人。全县共有私营企业77户，从业人员1394人，其中雇工1299人。

1992年，共办理企业开业登记285户，变更登记308户，支持机关办实体36户，发展第三产业235户，兴办农业社会化服务实体67户，截至年底全县共有工商企业3244户，其中法人企业1365户，营业企业1879户，注册资金7.2亿元。全年共发展个体工商户4062户，总数达1.4万户。私营企业73户，占全省第8位。

1993年，办理企业登记899户，其中开业登记459户、变更登记396户。是年年底，全县共有内资企业3646户，注册资金8.67亿元，从业人员10万余人。全年办理外资企业登记50户，引进外资1645万美元，注册资金总额3232万美元，全县外资企业总数达92户。全县个体私营经济快速发展，个体户达到27342户，从业人员42276人，注册资金8730.3万元，同比分别增长112%、119%和228.6%；私营企业达147户，从业人员2762人，注册资金2415万元，其中，有6家私营企业办成“三资”企业，合同利用外资

194万美元。

1994年，办理企业登记963户，其中开业登记268户、变更登记652户。全县内资企业达3861户，注册资金总额92256万元，从业人员103071人。全年新办外资企业登记23家，注册资本总额866.1万美元，合同利用外资349.4万美元，全县注册登记的外资企业达129家，引进外资2019.64万美元，注册资本总额3667.46万美元。是年年底，全县共有个体工商户35475户，注册资金14007.5万元，从业人员54420人，同比分别增长30%、61%和29%；私营企业319家，注册资金5195万元，从业人员4426人。其中资产100万元以上的私营企业11户，50万元以上的8户，20万元以上的50户。

1995年，办理内资企业登记978户，办理有限责任公司开业登记6户，受理外资企业开业登记申请45户。是年底，全县个体工商户总数已达37489户，从业人员56775人，注册资金16119万元。全县私营企业总数达436户，从业人员5351人，注册资金10458万元。全县已成立11家私营外资企业，组建全市首家私营企业集团公司。

1996年，办理内资企业登记969户，其中开业登记123户，含有限责任公司16户、股份合作制企业2户、乡镇企业55户。是年年底，全县共有各类内资企业3563户，其中企业法人1670户，营业企业和非法人分支机构1893户。全年受理外资企业申请登记8户，全县外资企业数达172户，投资总额17443.97万美元，注册资本13108.66万美元，其中外放认缴7011.76万美元。全年新发展个体工商户10373户、私营企业99户，全县个体工商户总数达30778户，从业人员46306人，注册资金17665万元，私营企业总数达512户，从业人员6192人，注册资金13052万元。全县年产值、销售额超1000万元的个体私营大户20户，过500万元的达45家。全年发展私营中外合资企业9家，合同利用外资236万美元。私营企业实现出口商品创汇额1.3亿元。

1997年，全县共有各类内资企业3337户，其中国有企业919户，集体企业2296户，有限责任公司81户（含分公司36户），股份合作制企业6户，联营企业35户。受理外资企业登记初审55户，合计注册资本1010.57万美元，其中外资认缴553.48万美元，全县外资企业总数达161户。是年，新发展个体工商户3811户、私营企业75家，全县个体工商户总数达34589户，从业人员51574人，注册资金18996万元，私营企业总数达587家，从业人员7130人，注册资金17035万元。全年新发展私营与外商合资合作企业2家，总数达11家，从事出口创汇的私营企业发展到15家，全年实现出口商品贸易额过亿元。由私营企业投资控股的有限责任公司发展到120家。全年安置2000名下岗职工从事个体私营经营。

1998年，全县乡村企业改制，摘掉“假集体”帽子的332家，出售转让的172家。帮助县化肥厂、磷肥厂设立肥料销售网点161个。是年，县委、县政府将个体私营经济列入全县经济发展五大重点之一，县工商局参与调研、制定《1998年—2000年三年个私经济发展规划》，规划印发全县。全年新发展个体工商户3086户、私营企业594家。两次举办个体私营企业招收下岗职工洽谈会，安置下岗职工532人。涌现出海头个体一条街和宋口个体新农村等典型。全县500家私营企业通过收购、兼并、租赁、承包、参股、合作等形式参与国有集体企业的改制。是年年底，全县个体工商户达37317户，私营企业1181家，内资企业1997户，外商投资企业151户。

1999年，办理企业登记注册804户，全县各类企业总数达1878户，其中国有企业525户、集体企业1149户、有限公司83户、联营企业7户、股份合作制企业14户。全年新增个体工商户1946户、私营企业186户，全县个体工商户总数达39263户、私营企业总数1367户。

2001年，共办理各类内资企业登记218户，新发展个体工商户4319户、私营企业212户，全县个体工商户总数为12639、私营企业1703户。江苏榆城集团成为全县首家股份上市公司。引进外来资金451万元，兴办私营企业6家。

2003年，办理各类内资企业开业登记469户。全县共有登记注册的各类企业1914户，其中国有企业

243户，集体企业407户，私营企业1264户。

2004年，个体工商户登记权下放到基层工商分局，县局只保留企业登记权。年内共办理各类企业开业登记508户、变更登记394户、注销登记90户。全县新发展私营企业370户、个体工商户4764户。

2005年，县工商局落实市工商局《关于创新市场准入创优工作机制支持全民创业的实施意见》，放开投资主体限制，允许注册资本分期到位，允许公司对外投资超过净资产50%，放宽经营范围及核定方式限制，企业注册资本500万元以上的，经营范围可核定到大类。加大企业登记并联审批力度，为100余户企业开出联办审批单，涉及前置审批项目100余项，为企业召开协调会5次，有21个重大项目在县工商局协调下实现登记注册。全县新发展私营企业482户。

2006年，县工商局注册登记科整建制迁入县行政服务中心办公，在全市率先取得冠省企业名称核准受理资格。全年累计为40余户企业开出联办审批单。远程核准冠市级企业名称276个，冠省级企业名称的12个。全县共有私营企业2469户，注册资本302416万元，从业人员58741人；共有个体工商户15294户，注册资金38583万元，从业人员18705人。

2007年，全县共有私营企业2739户，注册资本527014万元，从业人员56867人；共有个体工商户18407户，注册资本89635万元，从业人员22983人。是年，共办理各类企业开业登记865户，办理农民专业合作社法人开业登记11户，县工商局登记注册科被推荐为省级“青年文明号”。

2008年，全县新发展私营企业951户，新增注册资本19.83亿元；新发展外商投资企业24户，新增注册资本1.55亿美元；新发展个体工商户7736户，新增注册资金5.26亿元；新发展农民专业合作社法人94户，累计出资额1.11亿元人民币。全县实有各类企业4410家，注册资本总额97.84亿元；实有个体工商户19703家，资金总额8.43亿元；实有农民专业合作社109家。

2009年，县工商局将个体工商户名称登记权和个人独资企业、合伙企业登记权下放基层分局，大大提高行政许可效能。是年，新登记各类市场主体7946户，其中私营企业739户，个体工商户6962户，外商投资有限公司19户，非公司制企业法人（含分支机构）13户，农民专业合作社213户。

第四节　商标广告管理

1990年，全县共有注册商标151件。制作民墙广告83块，帮助企业促销1400万元。

1991年，为35家企业和3家个体户核转商标注册申请40件，全县注册商标增加到182件。帮助县酿造厂、黄海罐头厂、有机化工厂制定商标战略，完善商标管理制度。对10家“指定印制商标单位”进行培训和回访检查；对全县12家茶叶包装装潢进行检查整顿，扭转县茶叶商标使用混乱状况。全年查处9起商标侵权、假冒案件，没收违法标识28.46万套、非法印版3套11块；全县共64家企业发布产品广告，制作路牌广告10块、民墙广告89块，为企业促销金额达5000余万元。

1992年，帮助30家企业制定商标战略，为17家企业办理商标核转手续，为48家企业办理商标续展手续。全年共做广播广告108次、路牌广告18块、民墙广告229块。

1993年，办理商标注册核转手续48件，其中为“三资”企业核转14件，全县注册商标总数达234件。新发展广告公司1家，帮助县电视台和报社完善广告经营条件。在沿交通要道的乡镇设立10处广告群，制作民墙广告137块。在县汽车站设立路牌广告群1处，绘制广告8块。

1994年，为企业办理商标申请注册41件，商标变更5件，续展注册1件，转让注册1件，许可使用1件。是年8、9月份，对全县162家企业238件注册商标进行验证，对14家商标指定印制单位进行检查，查处商标侵权案件4起，撤销1家企业指定印制商标资格。全年新发展广告经营单位3家，组织广告经营单位为企业制作发布路牌、民墙广告167块，没收虚假广告1240张，清理各类违法违章张贴广告4200多张。全县广告业发展形势较好，广告经营额达26万元。

1995年，为35家企业办理商标申请注册42件，办理商标使用许可4件，商标续展注册12件，全年经核准注册商标21件。为6家符合条件的印制企业办理商标定点印制审批手续。结合市场专项整治，全年共查处违反商标法规的侵权案件9件。对全县125家“三资”企业的商标使用情况进行专项调查。积极组织广告经营单位为企业制作发布路牌、民墙广告125块。全县广告业保持良好发展势头，全年实现经营额33.6万元。

1996年，为20家企业办理商标注册申请20件，变更4件，转让2件，使用许可3件，全年经核准注册商标23件，全县注册商标总数达293件。是年，组织开展“中华好风尚”广告月活动，弘扬企业广告文化，全县实现广告年经营额63万元。

1997年，办理商标注册申请23件，办理商标续展5件、注销2件、转让3件、使用许可备案2件，全县注册商标总数达342件，指导“东蓬”商标参加全省著名商标认定。对全县40家商标印制企业进行清理整顿，经市工商局重新认定17家为商标印制企业。加强对广告经营单位的监管，监测广告236条。对5家广告经营单位进行年度检验和资格检查。是年9月，在全县组织以“自强创辉煌”为主题的公益广告约活动，共制作发布各类公益广告63条。全年实现广告经营额85万元。

1998年，办理商标注册申请17件，续展6件，转让2件，变更2件，全县注册商标总数达360件。先后开展酒类商标、茶叶商标、夏季饮料商标专项检查。广告经营单位7家，年广告经营额达124万元。加强对户外广告、印刷品广告进行重点治理，对报纸、电视、广播等发布的广告进行监测，全年查处商标类案件45件，收缴违法商标标识65.5万张，清除户外广告2000余份，收缴非法印刷品广告2.4万份。

1999年，办理商标注册申请20件，续展2件、转让2件、使用许可2件，全年经核准注册商标12件，全县注册商标总数达372件。在县城华中路、东关路等处组织人寿保险、太平洋保险、汤沟酒厂等5家企业投入30余万元，设置100多个双面彩色广告灯箱。全县共有广告经营单位7户，从业人员42人，年内实现广告经营额139万元。

2001年，办理商标注册申请23件，指导推荐“神仙”牌紫菜、“夹谷山”牌复合肥等8件商标被认定为市知名商标，“东蓬”牌饲料、“神仙”牌紫菜被列入争创省级著名商标规划。全年共查处虚假违法广告案件533件，假冒、侵犯商标专用权案件9件。

2003年，办理商标注册申请51件，转让14件，变更6件，商标注册申请数量创历史新高。首次办理“沙河蔬菜”“欢墩芦笋”两件集体商标。全县共有注册商标376件，其中，年内先后指导帮助石桥镇的启迪牌鸡蛋、厉庄镇的珍果、欢墩镇的芦笋、沙河镇的蔬菜、宋庄镇的对虾、柘汪镇的贝类等48件特色农产品办理商标注册，全县农字号商标达87件，占总数的24%。

2004年，全县新申请注册商标70件，新认定市知名商标9件，推荐待认定省著名商标2件，实现省著名商标“零的突破”。全县共拥有注册商标总量387件，其中市知名商标23件，省著名商标1件。

2005年，新发展注册商标78件，其中“农”字号商标20件，全县共有注册商标415件。推荐“太阳升”牌复合肥、“龙子舒”牌床垫等4件商标参加市知名商标认定，推荐“夹谷山”牌复合肥、“苏阳”牌太阳能热水器、“紫金”牌碘3件商标参加省著名商标认定。是年，联合县委宣传部、县公安局、药监局等9个部门制定印发全县虚假违法广告专项整治工作方案，全年共查处虚假违法广告案件1□件。

2006年，新办理商标申请30件，全县注册商标总量达432件。推荐“太阳升”牌复合肥等3件商标参加市知名商标认定，重新认定市知名商标3件；推荐“苏阳”牌太阳能热水器、“紫金”牌碘2件商标参加省著名商标认定，重新认定省著名商标1件。“欢墩”芦笋等数十件商标使用的农副产品获无公害及有机食品称号，榆城、九里、金韩等30多个品牌年销售额近10亿元，全县形成“一镇一牌”、以著名、知名品牌为龙头、梯次培育发展的创牌格局。是年9月，省工商举办全省农副产品商标培育成果交流会，县工商局推荐的7个农副产品商标发展成果图片参加展示交流。是年，查处虚假广告案件6件。

2007年，办理商标注册申请49件，其中农副产品商标28件，农字号集体商标1件。办理商标转让2件、商标续展3件。推荐认定或重新认定市知名商标14件、省著名商标2件。

2008年，全县新发展注册商标45件，其中农副产品商标19件，新推荐省著名商标1家，新推荐及重新认定市知名商标4件。

2009年，全县新申请注册商标112件，同比增长149%，其中农副产品商标66件，服务类商标3件，集体商标1件。新推荐认定省著名商标4件、市知名商标7件。新培育广告经营单位11家，全县实现广告经营额1117万元。开展虚假违法广告、商标专用权保护等专项整治活动，共查处违法广告案件13件，查处商标违法案件12件。

第五节　经济监督检查

1990年，查处千元以上投机违法案件33起，罚没金额27.3万元。共管理各类合同18066份，其中鉴证合同10688份，金额9378.3万元；确认无效合同5份，纠正不规范合同43份；仲裁合同纠纷117件，争议金额31.5万元；评定“重合同、守信用”企业83户。

1991年，查处经济案件31起，其中投机倒把案件16起、违章违法案件15起，万元以上案件10起，罚没金额42.7万元。捣毁4个制售假冒名酒的黑窝、9个制售劣质磷肥窝点，查获劣质花生油8万千克，蚕茧534千克，假磷肥510吨、假复合肥120吨，冒牌自行车600辆，劣质稻种8569千克，假酒24800瓶。全年共管理各类合同15841份，金额12519万元，其中鉴证各类合同10972份。对全县12个乡镇175个村9000户烟农的1350公顷黄烟订购合同进行鉴证管理，履约率达95%；对66份建筑工程合同进行鉴证管理，工程合格率达100%，优良率达36%。对流通领域的各类公司、经营部、贸易货栈和掌握物资分配权企业合同进行检查和会审，共审查各类合同4864份，修订不完善合同376份，确认无效合同6份。共受理经济合同纠纷案件155件，争议金额52.6万元，累计为全县76个企业清理拖欠货款75.6万元。

1992年，查处假冒伪劣商品案件48起，罚没款25万元，端掉制假窝点32个，移交司法机关处理14人，先后2次公开销毁100余万元假冒伪劣商品，被省工商局评为“打假先进单位”。为企业鉴证各类经济合同14350份，履约率达98%以上，创历年最高水平。在全县设立16个合同法规咨询站、141个咨询点，累计提供咨询资信服务550余次，使企业避免经济损失870万元。共审理经济合同纠纷案件304起，为企业追回拖欠货款315.5万元。

1993年，查处各类经济案件55起，其中立案查处29起，捣毁制假窝点4个，移送司法机关处理8人，罚没款15.3万元。影响较大的有破获制售假冒“汪恕有”滴醋案件，一次查获假醋13740瓶，假冒商标标识8万余套。全年为企业鉴证经济合同2282份，受理经济合同纠纷案件320起，为企业追回货款16.8万元。为企业提供咨询服务487次、资信服务54次，解决有关合同问题10条，查实无效合同和无履约能力合同21件，使企业避免经济损失378万元。

1994年，查处各类经济违法违章案件190件，罚没金额58.2万元，捣毁制造假冒伪劣商品窝点9个，移送司法机关1人。查处非法倒卖玉米种子2吨、假冒伪劣糖果3吨、假冒伪劣化肥633吨、过期农药820千克，查获走私汽车2台、走私香烟3.7万条、旧录像机23台，查获非法倒卖收购蚕茧26291.2千克，棉花23702千克。县工商局对全县1544户企业法人、2102户营业企业和102家外资企业全部进行年检。年检中，对违反企业等级管理法规的438户企业进行教育和限期整改，对14户违法经营企业予以经济处罚。是年，对30户党政机关办企业办理“四脱钩”手续，并对全县粮食批发企业进行初步清理整顿。对全县建筑工程承包合同和房屋租赁合同实行鉴证管理，对蔬菜等农副产品购销合同进行监督检查，全年为企业鉴证经济合同2411份，合同金额2981.44万元。受理经济合同纠纷184件，解决争议金额54.44万元。为企业提供咨询服务335人次、资信服务54件，查实无效和无履约能力4件，为企业挽回损失81.8万元。组织145家企业申报“重合同、守信用”企业。

1995年，查处各类经济违法案件62起，查获非法经营钢材30吨、化肥3120.5吨（其中假冒伪劣化肥575吨）、农药4.61吨、棉花80.39吨，查获商标侵权及劣质酒7万多瓶、香烟1322.5条、走私烟36700条、假冒伪劣食品1621千克、饮料6.3万瓶（袋）、假冒洗涤化妆用品1.3万件、假冒名牌商标服装、皮鞋、皮带、领带1502件（双）以及糖果711千克、奶粉3577袋、冬令补品787盒、营养口服液5226盒、家用小电器2371件，收缴侵权商标标识40多万套、清理虚假广告2000余张，收缴非法印制的冥钞12.5万张。是年，共为企业鉴证各类经济合同2670份，合同金额达4185.8万元。受理经济合同纠纷案件51件，解决争议金额27万元。为企业提供咨询服务81人次，解决合同方面问题180余条，提供资信服务79件，资信金额956.7万元，共查实无效、无履约能力及不合格合同88份，为企业避免经济损失774.8万元。

1996年，立案查处各类经济违法案件62件，查处即时处罚案件1614件，捣毁制售假冒伪劣商品窝点26个。元旦、春节期间，举办假冒伪劣商品展，公开曝光并销毁价值7万余元的劣质商品。组成16个检查组对全县农资市场进行专项整治，查处无照经营农资企业21家，取缔个体工商户及个人经营点121个，查获倒卖挂钩肥150.5吨。开展清理无照经营专项治理，清理无照经营1226户，对具备经营条件的补办执照837户，对不具备经营条件的依法取缔389户。重点查处跨境非法运销棉花案件，查扣非法运销棉花49车，共计115.15吨。会同有关部门对药品购销中给予、收受回扣等违法行为进行整治，发现11家企业在1993年12月至1996年6月期间收受回扣607.6万元，给予回扣33.4万元，及时将情况上报市工商局。年初对全县3881户企业进行年检，年检合格3490户，合格率90%，对严重违法年检法规的233户企业依法吊销营业执照。对全县436户私营企业集中进行年检，对违反《私营企业登记管理暂行条例》的31户私营企业进行相应处罚。为全县18928户个体工商户办理缓召手续。共为企业鉴证各类经济合同2012份，合同金额5627万元。1995年10月，国家工商总局出台《企业动产抵押物登记管理办法》，县工商局认真做好企业动产抵押物登记，全年办理动产抵押物登记24件，抵押物价值1021.3万元，为企业解决贷款679万元。为企业提供咨询服务331人次，解决合同方面问题270余条，提供资信服务81件，资信金额1764万元，为企业避免经济损失220.8万元。

1997年，立案查处各类经济违法违章案件200件，即时处罚案件1400件，捣毁制售假冒伪劣商品窝点27个，先后在春节前、“3·15”纪念活动中和元旦前进行三次假冒伪劣商品公开展览和销毁。开展“户户讲道德，店店无假货”活动，创建以赣榆商场为重点的30多处无假冒伪劣商品示范区，130户个体工商户、25家私营企业被评为县级文明个体工商户和先进私营企业。企业年检中，对违法情节较轻的72户企业限期整改，对25户企业立案查处，注销1225户，吊销“三无”企业300户。配合县物资局对37户煤炭经营企业进行资格审查，对其中12户限期变更登记，取消煤炭经营权。对506户私营企业进行年检，年检率98.8%，责令停业整顿1户、变更登记14户。对18179户个体工商户进行验照，验照率95.6%，通过验照清理无照经营101户。是年，办理动产抵押登记37件，抵押物价值6492.9万元，主债权金额4324万元。办理合同鉴证976份，金额9958.9万元。为企业提供咨询资信服务45次，为企业避免经济损失76.6万元。全县新涌现105家“重合同、守信用”企业，其中江苏三兴集团、县磷肥厂被命名为省级“重合同、守信用”企业，另有市级83家、县级20家。

1998年，立案查处各类经济违法案件139件，简易处罚案件2000余件。对全县26家白酒生产厂家、37家宾馆、49家批发部及428个白酒销售门市进行地毯式检查整顿，即时清查县化肥厂20吨甲醇流水线，避免事故隐患。坚持以“管住收购、规范批发、搞活零售”的粮改精神，从把好粮食批发企业市场准入关和粮食收购关入手，清理整顿粮食批发企业131家，保留粮食收储企业29家，培育沙河粮食批发市场为县级粮食批发市场，查处非法收购粮食案件20件、倒卖粮食案件6件，查获小麦、玉米、稻谷、大米等粮食近400吨。是年，共办理企业动产抵押物登记45件，抵押金额9693万元，担保主债权6969万元。鉴证各类合同666件，金额17850万元。为企业提供咨询资信服务41次，涉及金额702万元。全年新命名“重合同、守信用”企业105家，撤销称号65家。

1999年，查办各类经济违法案件461件，简易程序案件2000案件。成立房屋租赁管理办公室，规范房屋租赁市场管理，全年办理房产租赁登记108份。强化粮食市场监管，县工商局和基层所均成立粮食市场管理领导小组及巡查队，对全县236户粮食经营户逐户检查登记造册。加强苏鲁两省交界地区的粮食市场管理。全年查办粮食违法案件235件，查扣粮食1146吨，其中没收846吨。是年，国务院、省粮改检查组三次暗访县粮食市场，对县贯彻粮改政策、加强粮食市场管理、打击私商粮贩等工作予以肯定。是年年底，沙河工商所被省工商局评为“粮食市场管理先进集体”。全年先后开展打假保春节、蚕茧市场整治等8次专项执法活动，出动检查人员3000人次，检查各类市场主体8000户、市场70个，有力保护生产者、经营者和消费者的合法权益。全年共鉴证各类合同328件，金额16545万元，为企业避免经济损失145万元。办理动产抵押物登记53件，抵押物金额9754万元，担保主债权金额6923万元。完成全县105户“重合同、守信用”企业年检工作，重点实施“合同解忧工程”，在全县建立7个合同帮扶联系点，年内，城南工商所被省工商局评为“合同解忧工程先进单位”。

2001年，办理各类经济违法案件1772件，捣毁制售假冒伪劣商品窝点18个，公开销毁各类假冒伪劣商品100余种，价值73万元。是年，依法年检各类企业2270户，验照个体工商户8320户，依法吊销“三无”和未按期年检等企业1190户。对全县13种行业的235家企业和近万户私营个体企业安全生产进行集中整顿，对无消防安全合格证或缺少前置审批条件的461户企业发给停业整顿或责令整改通知书，对社会公共安全形成隐患的企业予以强行核销经营范围92家。指导帮扶企业签订合同560份，鉴证合同385份，金额21578万元。办理动产抵押登记39件，为企业融资8150万元。调解合同纠纷14件，解决争议金额81.3万元。为企业提供咨询、资信服务49件，避免经济损失16件。金额143万元。

2003年，办理各类经济违法违章案件1689件。在公安、交通、海洋渔业局等部门的配合下，对全县河蟹育苗市场进行集中整治，累计查处贩运、经销以外地苗冒充本地苗等违法违规案件24起，查获以辽河系、黄河系冒充本地产扣蟹4265千克，豆蟹750千克，种蟹2000多只，价值达102.8万元。坚决打击制假售假行为，全年共查处假冒伪劣案件107件，案值400余万元。加强对公用企业、依法具有独占地位的经营者强制服务、限制竞争等违法行为的监督，共查处虚假宣传不正当竞争案件12件。是年，办理合同鉴证73份，鉴证金额20858万元。办理动产抵押登记19件，为企业融资2800万元。调解合同纠纷6份，解决争议金额28万元。指导企业签订合同289份，通过咨询、资信为企业避免或挽回经济损失500万元。上报确认73家企业为“重合同、守信用”企业。

2004年，禽流感在全国蔓延。县工商局从加强市场管理和规范市场主体经营行为入手，进行对高致病性禽流感的预防控制，有效地拒禽流感疫情于市场之外。4月底，安徽阜阳“毒奶粉”事件曝光，县工商局严控奶粉市场，查处不合格奶粉93.45千克。与公安、居委会联合开展打击传销执法，共捣毁传销窝点36个，清查驱散传销人员500余人次，抓获B级以上传销头目3人。是年，共办理合同鉴证38份，鉴证金额4560万元。调解合同争议12件，金额18万元。办理抵押登记11份，抵押金额2200万元。新认定“重合同、守信用”企业18家，其中市级6家、县级12家。办理合同违法案件30件，金额12.8万元。

2005年，县工商局深入开展包装食品、儿童食品、食品添加剂等专项执法检查，共查处无照经营1312户，捣毁制假售假窝点3个，查处制售假冒伪劣食品案件24件，查获假冒伪劣食品价值2.7万元。印发《关于加强基层工商分局食品安全监管工作的通知》，强化基层分局属地管理、维护辖区食品市场秩序的责任，以“六查六看”为主要内容的食品安全监管取得新的成效。建立健全食品安全重大事件快速反应机制，成立食品安全重大突发事件应急工作领导小组，制订《食品安全突发事件应急预案》，组织开展有关重点食品的市场清查工作。是年五月，及时清查含“苏丹红”（一号）的食品，在石桥镇一举查获浙江海宁市盐官方便蔬菜仪器厂生产的、含有“苏丹红”成分的“山峰”牌炒萝卜200袋。加强对流通领域食品质量的监测和监管，全县2000平方米以上室内农副产品市场全部配备检测设备和检测人员，定期开展食品检测，检测覆盖率达100%。联合县盐务局、公安局、卫生局制订印发整顿和规范盐业市场秩序工作方案，对县盐场、青口盐场、县盐业公司以及全县用盐的工业企业、餐饮企业、盐业代批单位、商场超市、食盐零售门市等2800余个盐业生产、使用、经销单位进行全面检查，依法规范其经营行为。共查处非法贩运私盐案件36件，查获私盐、劣质盐和假冒碘盐1500千克。联合公安干警共40余人捣毁位于青口镇的一传销窝点，查获传销人员55人、手机17部、现金1180元、银行卡16个、银行存折6本以及数本传销书籍、记录本，解救遣返40人，送交公安机关审查10人，其中被行政拘留7人。反不正当竞争执法力度进一步加大，全系统共查处不正当竞争案件5件。是年，共办理抵押登记10份，帮助企业融资2340万元。提供草莓订单2000份，指导签订合同160份。鉴证合同39份，金额1.2亿元。是年，县政府命名表彰全县第一批共39家县级“重合同、守信用”企业，翻开A级“重合同、守信用”企业由县政府命名的新篇章。

2006年，查办各类违法案件574件，其中，农资违法案件14件、制售假冒伪劣商品案件51件、商业贿赂案件6件、欺诈案件25件。检查食品经营户1432户，查处取缔无照经营食品286户。检查各类加油站（点）130多家，没收劣质柴油35吨。查处黑网吧3户，没收网吧电脑11台（套）。县工商局从重从快打击传销和变相传销违法活动，端掉传销窝点9个，遣散传销人员243人。会同文化部门取缔非法经营书籍的地摊小贩23个，收缴盗版出版物1200件，其中盗版教材758件、盗版的音像制品442件。是年5月，县工商局在青口分局进行市场主体网格化管理工作试点，下半年起在全县全面推行网格化监管，制订并印发《赣榆工商局推行市场主体网格化监管工作方案》，全局累计建立网格186个，确认重点、热点行业监管市场主体230户。县工商局基层网格化监管创新得到市工商局的高度肯定，并被推荐参加省工商局组织的经济户口管理工作经验交流。是年，共办理动产抵押登记14件，抵押物价值12822.8万元，为企业融资5203万元；鉴证合同32份，合同金额10613.52万元，避免损失368万元；指导签订农业订单1.2万份，合同金额2.6亿元，受益农户9000户；为企业办理法人委托书40份，保证企业及时进场经营，直接经济效益9980多万元；提供咨询、资信服务38次，避免损失568万元。全县新发展各类经纪人606名，撮合经纪成交额10.5亿元，全县累计发展各类经纪人4922名，培育撮合经纪成交额超百万元大户40户，超千万元大户8户；新培育29家县级“重合同、守信用”企业。

2007年，全年累计查处各类违法违章案件863件，其中，涉及制售假冒伪劣商品案件48起，商业贿赂案件5起，虚假宣传和违法广告案件25起。查处取缔无照经营食品291户，端掉传销窝点32个，遣散传销人员235人，查扣无证照电脑主机85台、非法包装物1.6万只，没收劣质假酒9千多瓶。开展产品质量和食品安全专项整治行动，全年共出动执法人员862人次，检查经营企业和个体工商户1940户，取缔无照经营111户，查处不合格食品1000千克、不合格儿童玩具4件、不合格建筑钢材1万千克、不合格人造板2000平方米、不合格电线电缆3000米。共推荐县级“重合同、守信用”企业94家、市级“重合同、守信用”企业8家、省级“重合同、守信用”企业4家。

2008年，县工商局先后开展创放心消费环境专项执法行动、打击传销专项整治行动，配合开展“扫黄打非”专项整治行动。全年共向环保、广电、供电、电信等部门实施联动监管文书移送8次，实施断水、断电措施2次，查处取缔无证照经营违法案件95件，罚没款121万元。是年，在石桥工商分局进行个私监管进村试点工作，先后建立《镇级重热点市场主体监管联防工作规则》《食品安全突发事件应急预案》《重热点主体联动监管程序规则》《重热点主体监管信息交流通报制度》等制度规范。

2009年，共查办各类经济违法案件近400件。组织开展打击传销专项工作，共查封传销培训场所3

图 18-4 赣榆县工商局组织开展打击传销专项工作（2009年摄）

个，端掉传销分子居住窝点21个，驱散传销人员246人，解救被骗参与传销人员5人，移交公安部门留置7人。加强无照经营监督检查，通过开展"清无"百日会战等行动，排查无照经营主体1530户，引导办照1370户，依法取缔160户，全县无照经营率下降11个百分点，亮照经营率增加14个百分点。是年，共办理企业动产抵押物登记142件，帮助企业盘活固定资产12.4亿元，实现融资4.98亿元；继续做好对拍卖行为的监管，现场监管拍卖14件（次），鉴定成交确认书32份，成交金额756万元。全年新发展"重合同、守信用"企业38家，其中A级企业28家，AA级企业10家，"重合同、守信用"企业总数达222家。

第六节　消费者权益保护

1990年，在全县14个基层工商所全部建立消费者协会指导站，全年接待群众来访336人次，为消费者提供咨询服务605人次，受理投诉案件131件，结案129件，为消费者挽回经济损失3.5万元。1998年，受理消费者投诉案件624件，为消费者挽回经济损失7.3万元。2001年，成立12315投诉举报中心，联合县委宣传部、质监局、物价局等单位，以黄海路为载体创建"打假维权，消费者满意一条街"。是年共受理消费者投诉522件，为消费者挽回经济损失86万元。

2003年，围绕"营造放心消费环境"年主题，组织集中销毁假劣商品、开展大型现场宣传咨询服务活动、编印16600份《赣榆3·15专刊》、开展3.15知识有奖竞答等一系列活动，营造维护消费者权益宣传氛围。年内共受理各类消费投诉509件，涉及金额136万元；发布消费警示3次；接待来访、接受咨询81人次；接受社会捐赠25万余元，收到消费者感谢信40余封。是年，共评选产生105家"消费者信得过单位"，10个"消费者信得过地方名优产品"和13个"消费者信得过名牌商品"。2004年，共受理消费者申诉165件，查处侵害消费者权益案件48件。

2005年，县工商局在较大规模市场、超市、商店等建立投诉举报站点36个，覆盖面达70%。12315申诉举报网络开通以来共受理食品案件33件，办结率100%。是年4月，12315申诉、举报受理中心设立。

2006年，全县新设立"12315"消费维权联络站（点）100个，其中，在中小学设立60个；在全县各大商场、超市新设立消协监督站10个，在赣马、石桥等8个镇新设立消协分会8个，累计调处消费纠纷747起，其中用人民调解方式调解消费投诉案件22件，涉及消费金额101万元。"3·15"期间，县消协被省工商局、省消协联合授予"组织建设优秀奖"。是年，县工商局与团县委、教育局联合开展"12315"青少年维权进校园活动，联合县卫生局、食安委等对全县中小学校食品安全员进行培训。下半年，先后在县城和柘汪镇举行消费维权监督站（联络站）进驻乡镇街道、社区商场、超市等服务活动及食品安全突发事件应急预案演习活动，收到较好的社会效果。

2007年，县工商局大力推进农村消费维权体系建设，在全县设立村级投诉站100个，企业监督站22个，聘请消费维权联络员300名，组织206家消费者信得过单位开展诚信倡议和服务承诺，先后编辑发放5000册《农资商品知识汇编》、4000册《服务新农村建设知识汇编》《农业订单知识手册》、1万张“12315”投诉维权宣传材料，累计受理和调处消费纠纷678起，为消费者挽回经济损失230万元。

2008年，县工商局组织开展“心系农民工，维权在行动”系列维权活动，在柘汪临港产业区设立县消协临港产业区分会，建立企业农民工消费维权联络站和111个村级消费维权投诉站，聘请农民工消费维权联络员134名，编印并免费发放《农民工消费维权指南》等宣传资料5万余份。引导村级消费维权投诉站进驻便民服务大厅，在全县选择青口镇西郑村等116个基础条件较好的村，开展村级投诉站进驻便民服务中心工作，聘请123名维权联络员，负责农民消费投诉和咨询服务的接待工作。是年，全县新成立市级12315申诉举报联络站点17家，共受（处）理12315案件182件，调解处理率达98%。

2009年，全县12315系统共受理消费争议案件132件，调解处理率达100%，消协系统受理各类消费投诉547件，已调解542件，办结率99%，为消费者挽回经济损失169万余元。是年，县工商局积极整合消保、消协消费维权职能，在全市率先成立首家县级城区12315申（投）诉举报中心，办公地点设在青口工商分局，配备专线举报电话、专用执法车辆和专职工作人员，直接接受消费者申（投）诉和举报，减少流转环节，解决县城区区域不断扩大造成消费者投诉不便的难题。

第八章　安全生产管理

第一节　管理机构

2001年7月，赣榆县成立安全生产监督管理局。同年12月，赣榆县将县乡镇企业管理局并入县经济贸易局，县经济贸易局内设县安全生产监督管理局，挂“赣榆县安全生产监督管理局”和“县煤矿安全监察局”牌子。2005年8月，县安全生产监督管理局调整为县政府工作部门，挂“县煤矿安全监察局”牌子，正科级建制，编制增加到24名，内设3个业务科室，组建监察大队。2009年，各镇安监所均有专兼职安全员2～3名，各村明确1名专职安全员。

第二节　安全生产目标管理

图 18-5　全县安全生产目标考核与乡镇安全达标工作会议（2005年摄）

赣榆县根据《江苏省劳动保护管理暂行规定》《江苏省劳动保护监察暂行规定》，推行安全生产目标管理。

2001年年初，县政府下达安全生产目标控制值，各部门、各企业层层分解落实，确保目标控制值的实现。2002年11月，《中华人民共和国安全生产法》颁布后，赣榆县结合自身实际，通过强有力的行政处罚措施，加大安全生产执法力度，促使生产企业自觉改进安全生产条件，规范安全生产行为。2005年起，根据省市统一部署，推行“一岗双责”（主要负责人是本地区安全生产工作第一责任人；分管安全工作的负责人承担具体责任），各镇、各有关部门、各单位全部建立领导干部安全生产责任制。县又重新修订了《赣榆县安全生产‘一票否决’实施办法》，并制订了《赣榆县安全生产目标管理考核办法》，在目标考核时引入风险抵押金制度；县长与各分管副县长、各乡镇长、县政府与县直部门（单位）签订了目标责任状，明确规定全年的安全生产工作目标任务，落实责任，年终对安全生产目标任务完成情况进行考核。

第三节　行政执法

自安委会成立后，全县持续开展安全生产教育活动，各单位建立安全生产责任制，配备专兼职安全员，制订安全生产规章制度。每年平均组织近百次安全生产检查，安全检查重点分四个阶段，分别是春节安全生产大检查、安全月（6月）安全生产大检查、夏季百日安全竞赛、冬季安全生产大检查。检查的重点是安全教育活动开展情况、安全生产责任制建立情况、安全生产设施的建设使用情况、安全管理人员配备情况以及作业场所存在的安全隐患，对查出的事故隐患及时整改。

2006年，共查处安全生产违法案件115起，罚款12.8万元。

2009年，县安监局对18家危化品生产企业、20家危化品使用企业、2家烟花爆竹批发企业、4家非煤矿山企业、11家冶金企业、3家水泥制造企业、3家船舶修造企业、2家机械制造企业、宏安集团和38家规模以上一般工业企业进行安全监管执法。对企业存在的安全生产隐患或者违法行为，依法采取处置措施。

第四节　专项整治

1991年起，根据国家、省、市统一部署，每年针对化工企业进行集中整治。2001年4月，开展以煤矿、危险化学品、民用爆破器材、道路和海洋渔业、公共聚集场所消防安全等为主要内容的安全生产专项整治。2006年，开展道路交通、消防、水上交通、危险化学品、矿山等10个方面的安全生产专项整治。在烟花爆竹专项中，共查处无证生产、私销烟花爆竹案件29起，取缔私产烟花爆竹个体户27户，查获成品2.5万千克、黑火药103千克、其他原料240千克；通过海洋渔业安全整治，查处“三无”船只57条；通过道路安全整治，排查农村道路干线安全标志、安全设施不全的隐患243处。整改到位212处，其他隐患得到有效监控。

第九章　食品药品监督管理

第一节　管理机构

一、食品监管机构

20世纪90年代，食品监管主要由卫生、工商、质监等部门负责。1992年，县卫生防疫站成立食品卫生科，负责全县食品卫生监督工作，县工商、质监等部门在各自的职责范围内负责食品管理工作。2005年6月，县食品安全委员会办公室成立，负责全县食品安全工作的组织协调，初步形成统一牵头、分段监管为主、品种监管为辅的监管模式。

二、药品机构

20世纪90年代，药品监管主要由县卫生局负责。2001年9月，整合县卫生局药政股和县药品检验所，在全省第一家组建县级药品监督管理局——连云港市赣榆县药品监督管理局（实行省以下垂直管理，以下简称县药监局），主管全县药品监督管理工作，形成药品统一归口管理的机制。县药监局实行“一套班子、两种编制、三块牌子”的模式，同时加挂连云港市赣榆药品检验所和连云港市赣榆县药品监督稽查大队牌子，内设机构3个：办公室、综合监管股、稽查股（稽查大队）。行政编制14个，行政附属编制2个，全额拨款事业编制7个。2005年6月，连云港市赣榆食品药品监督管理局正式挂牌，增加食品、保健品、化妆品安全管理的综合监督、组织协调和依法组织开展对重大事故查处的职责，内设办公室、食品综合监督股、药品综合监管股、药品稽查股（药品稽查大队）4个机构，行政编制19个，行政附属编制2个，全额拨款事业编制7个。

第二节　食品监管

一、监督责任体系

20世纪90年代后，赣榆县食品产业进入快速发展期，县卫生、工商、质监等部门按分工负责职责范围内食品安全监管工作。2004年6月8日，赣榆县食品安全监管领导小组成立，领导小组办公室设在县药监局。2005年6月12日，县食品药品监督管理局和县食品安全委员会办公室成立，开始履行食品安全的综合监督、组织协调和依法组织对重大事故查处的职能，全县食品安全“地方政府负总责，监管部门各尽其职”的体制开始形成。2006年，食品安全纳入全县年度经济建设和社会事业管理目标考核。县政府与各镇、各职能部门，18个镇与420个行政村及学校、食品企业层层签订食品安全责任书，出台《赣榆县镇级食品安全工作综合评价暂行办法》。7月23日，赣榆县食品药品安全委员会成立，委员会办公室设在县食品药品监管局。2007年，县、镇、村、企业层层签订食品安全责任书，实行一票否决。开展明察暗访和督查督办，落实食品安全各项任务。县政府出台《赣榆县重大食品安全事故行政责任追究暂行办法》，制订应急预案，重大节日和重要活动期间实行24小时值班。2008年，制订《赣榆县食品安全工作责任追究制》，分级落实创建工作任务，加大组织协调，成功创成省级食品安全示范县。2009年，制订全县食品安全工作督查计划和实施方案，每月开展专题督查。食品安全各职能部门逐步完善产地环境安全评价和监控、食品生产企业巡查、餐饮业食品卫生量化分级管理、食品生产经营主体准入、退出等食品安全长效监管机制。

二、群众监督体系

2005年，在乡镇卫生院聘请26名食品药品监督协管员。2006年，聘请工商分局、卫生院、安监所、经管站工作人员103人为镇级食品药品监督协管员，聘请村委会干部和村卫生所村医866人为村级食品药品监督信息员，建立食品安全群众监督网。2007年，重新聘任食品药品监督协管员20名，信息员424名，并依托134个“12315”消费维权联络站构建县镇村三级食品药品消费维权网络。2009年，调整后协管员18名、信息员424名，对协管员、信息员的工作职责、考核办法、业务培训、工作台账进行规范和明确。

三、现代流通体系

2006年，启动以“万村千乡市场工程”为核心的农村食品现代流通网建设，成立赣榆县天惠超市有限公司和赣榆县苏农连锁农资有限公司，在124在新农村服务中心建设食品放心店，鼓励食品连锁配送。2007年，成立食品连锁配送企业连云港中源酒业有限公司，镇级食品放心连锁超市36家，村级食品放心店546家，镇村覆盖率100%。2008年，村级食品放心店发展到551家，形成县有配送中心、镇有放心连锁超市、村有食品放心店的农村食品现代流通网络。2009年，村级食品放心店发展到635家，在经营环节推行进货检查验收及记录制度，实行食品销售“双备案”和“三联单”制度。

四、市场整治工作

2005年，开展劣质奶粉、肉类市场、陈化粮、预防织纹螺中毒、猪链球菌病以及重大节日期间食品安全专项整治，调研儿童食品、生猪屠宰现状。

2006年，开展食品安全“春雷行动”及奶制品、肉类食品、豆制品、水产品、保健食品农村食品、食品生产加工企业、生活饮用水、学校食品等专项整治，出动执法人员2410人次，检查各类食品生产加工经营企业4327户，查处各类违法案件252起，取缔无证无照经营53家，查处没收有害变质食品2649千克，查获无QS认证标志大米15.6吨。创建食盐安全村118个，参与户数6.5万户，人口25.18万人，查处盐业违法案件638起，捣毁私盐销售窝点60个，没收私盐139吨，罚款20万元，移交司法机关案件2起，追究逮捕判刑3人。全省食品安全村创建工作现场会在赣榆县召开。全面整顿生猪屠宰及生猪产品，实行“定点屠宰、集中检疫”，县城生猪定点屠宰率100%，农村镇区定点屠宰率99%，生猪管理工作走在全省前列。

2007年，开展食品安全第二个“春雷行动”及学校、农村、中高考、中共 十七大期间食品安全专项整治。大中型农副产品市场实施“肉菜粮放心工程”覆盖率达95%，检测设备配备率达95%，检测实施率达95%。10月9日，国务院产品质量和食品安全专项整治督查组表扬赣榆县食品安全工作，赣榆县代表江苏省参加在山东召开的全国产品质量和食品安全专项整治工作会议。10月23日，国务院产品质量和食品安全领导小组在专项整治简报上以《标准化生产，产业化经营——江苏赣榆强力打造农产品质量安全县》为题，推广介绍赣榆县食品安全工作经验，对全县食品安全特别是农产品质量安全给予高度肯定。

2008年，开展食品安全第三个“春雷行动”以及“五小”食品行业、节假日食品安全专项检查，巩固食盐安全村创建成果。

2009年，开展食品安全第四个“春雷行动”以及食品添加剂、亚硝酸盐、建筑工地食堂、餐饮业食品安全专项整治。

五、应急处置

赣榆县食品安全事故具有典型的地域特点，每年春夏和夏秋之交，海产品中毒事故时有发生。1991年7月12日下午6时，赣榆县马站乡小王坊村居民胡某一家6口人食用海边捕捞的荔枝螺（当地俗称腊乌螺）中毒，户主之母、户主小女儿中毒死亡，其余四人经抢救脱险。2005年，妥善处置织纹螺中毒和学校食堂食物中毒事件。2006年，出台《赣榆县重大食品安全事故应急预案》，聘请26名专家组成食品安全重大事故应急处理专家库。2007年，实行重大节日和重要活动期间24小时值班制度，制订中高考饮食保障方案和突发食物中毒事件应急工作预案。2008年，做好“问题奶粉”应急处置工作，全县累计下架奶粉4762.5千克，液态奶40千克。吸取“问题奶粉”教训，开展食品安全隐患排查。2009年，完善食品安全事故应急操作程序，用“食品安全事故交办单”“食品安全事故报告登记表”“食品安全事故调查处理登记表”、《食品安全事故分析评估会议纪要》规范食品安全事故应急响应处理程序和工作事项。

第三节　药品企业监管

一、药品企业监管

20世纪90年代，全县仅有赣榆县医药公司一家药品经营企业，下设沙河、城头、黑林、石桥等5个医药批发站，从事药品采购、批发、零售业务。2001年2月，国家药品监督管理局印发《零售药店设置暂行规定》，药品经营市场进入多元化快速发展时期。2002年1月起，根据《连云港市零售药店设置实施细则（暂行）》，县药监局开始受理辖区零售药店设置申请，连云港康济大药房连锁有限公司在县内拓展药品连锁零售、加盟零售经营模式。同年12月，连云港嘉榆药业有限公司（后更名为连云港康乐药业有限公司），在县经济开发区兴建，年产万吨扑热息痛的项目投资6000万元。2003年，投资500多万元的连云港利丰医用氧产品有限公司正式投产。2007年，赣榆县广源医药有限公司成立，从事药品批发业务。2002～2009年，全县共注册药品经营企业188家，其中，药品批发企业2家、零售企业186家；同期累计注销药品经营企业19家。2009年，全县实有药品经营企业169家，其中，药品批发企业2家，零售药店167家。连云港康济大药房连锁有限公司共发展连锁店1家、加盟店29家。赣榆县医药公司下设零售药店20家。全县共有2家企业2个剂型2个品种通过GMP认证。

2000年7月1日起施行的《药品经营质量管理规范》（简称GSP）是药品经营质量管理的基本准则，2002～2003年，县药监局组织零售药店开展质量管理规范药店创建活动。2003年2月，赣榆县零售药店GSP认证工作全面启动。2005年，认证工作全面推进。全县累计154家零售药店通过GSP认证。2007年，29家零售药店通过GSP认证，76家通过GSP跟踪检查。2008年，33家药品零售企业通过GSP认证，29家通过GSP跟踪检查。2009年，38家零售药店完成认证和跟踪的现场检查。

二、《中药材种植管理规范》（简称GAP）认证

2003年9月，连云港天源中药材种植发展有限公司在门河镇成立，主要种植桔梗、芍药等中药材。该公司于2004年组织实施GAP认证，2006年10月通过认证，是全省第二家通过GAP认证的企业。

第四节　药品医疗器械管理

一、药品抽验

赣榆县药品检验所负责辖区药品抽查检验工作。2001年，县药品检验所与局机关合署办公，不再履行检验职能，所抽检品全部送至连云港市药品检验所或其他具备资质单位检验。2002年，完成检品抽样164批次，送检后检出不合格药品39批次，不合格率为23.8%。2003年，面对“非典”疫情，合理安排药品抽检，对可疑、质量不稳定、投诉较多及急救药和常用药加大抽验力度，共完成抽样138批次，检出不合格15批次，不合格率为10.8%。2006年，完成抽样340批次，不合格75批次，不合格率约21.8%。2007年，改进抽样方法，加大针对性抽样力度，完成抽验356批次，不合格132批次，不合格率37.08%。2008年，完成抽样272批次，不合格73批次，不合格率26.84%。全年共完成抽样255批次，发现假药7个，其中抽检吲达帕胺片22个批次，经市药品检验所检验有20个批次不合格。2009年9月20日，省食品药品监管局“药品快检车”首次亮相赣榆，开展药品快速检验。

二、特殊药品监管

2002年4～5月，药品检验所对全县34家特殊药品经营、使用单位进行检查，规范特殊药品管理。2003年，召开全县特殊药品管理工作会议，下发《关于进一步加强麻醉、精神药品管理的通知》，要求麻醉药品、一类精神药品存放在保险柜；二类精神药品实行专柜加锁，专用处方、专册登记管理；对持卡使用麻醉药品患者建立回访制度；加固药房、药库门窗，实行24小时值班。2004年，对29家特殊药品使用单位的麻醉药品处分权人员和管理人员实行建档登记管理。

三、药品不良反应监测（简称ADR）

2004年，赣榆县召开全县药品不良反应监测工作会议，成立县药品不良反应监测站，设置22个直报点，当年上报药品不良反应报告74件，至2005年共上报省ADR监测中心150件。2006年，首次将药品零售企业纳入药品不良反应监测体系，全年上报不良反应报告202件。2007年，扩大报告单位覆盖面，建成ADR网上呈报点215个，上报药品不良反应报告、医疗器械不良事件报告657件，居全市第一。2008年，新增网上呈报点3个，上报不良反应报告603件。2009年，加大ADR知识和业务工作的宣传培训，提升药品不良反应的发现、报告水平，全年145家涉药单位实现在线直报，共上报不良反应报告593件，其中新的、严重的不良反应报告225件，比例为37.94%，较上年增加10.27%。

四、医疗器械管理

2001年，根据事权划分，县药监局负责医疗器械经营企业许可证的初审工作，省市药监局负责医疗器械生产企业许可工作。2003年，启动医疗器械零售经营许可，全县共受理申请27家，报市局审核20家，发证16家。2005年以后，监管体系不断完善，对医疗器械企业监管形成“分级、分类管理，严格检查程序，优化检查结果”的监管程序，按照“一企一档”要求，建立健全医疗器械生产经营企业文字信用信息档案和电子档案。2009年，受理医疗器械零售许可申请7家，批发企业5家。全县共有生产企业3家，其中二类3家；经营企业17家，其中批发企业4家，零售企业13家。

五、药品广告监管

2003年防治“非典”期间，县药监局配合工商部门对擅自刊播带有防治“非典”类药品而误导群众购药的7家零售药店，给予责令停业整顿、暂扣其药品经营许可证的处罚。2004年，对违规广告予以限期改正，并作为不良行为予以记录。2006年，加大对发布违法广告涉药单位的监督检查和抽检频次，县药监局提请工商部门查处违规广告7起。2007年，设立广告检查员，配备专用设施设备，提请工商部门查处违法广告26起。2009年，县药监、工商、广电等部门建立药品广告管理联席会议，监测查处违法广告913条次。

赣榆县医疗器械生产企业情况一览表

表18-11

编号	单位名称	注册地址	生产范围	许可证号	发证日期	有效截止日期	发证机关
1	连云港利丰医用氧气产品有限公司	连云港市赣榆县罗阳镇台湾工业园区	二类6854手术室、急救室、诊疗室设备及器具，6856病房护理设备及器具	苏食药监械生产许2006-0053号	2006.6.5	2011.6.5	江苏省食品药品监督管理局
2	连云港市华鑫清洗设备有限公司	连云港市赣榆县沙河镇郑巷村	二类6857消毒和灭菌设备及器具	苏食药监械生产许2007-0058号	2007.5.29	2012.5.29	江苏省食品药品监督管理局
3	连云港市雅尔美医疗器械有限公司	江苏省连云港市赣榆县赣马镇大高村三队12号门面楼	医疗器械二类6863口腔科材料	苏食药监械生产许2009-0085号	2009.11.30	2014.11.30	江苏省食品药品监督管理局

第五节　药品稽查打假

2001年，县药监局组建，开展打击制售假劣药品、医疗器械违法活动，成效明显。

2002年，全县共出动执法人员2100人次，执法车辆527台次，检查药品生产、经营、使用单位668家，占全县涉药单位的96.5%，查处各类案件298起，没收违法药品、医疗器械1230种次，标值近30万元，取缔无证经营38家，有四名制售假劣药品违法分子被依法刑拘，两名违法分子被依法留置，罚没款70万元。全年以全省统一部署的历时7个月的“正源行动”为主线，组织开展特殊药品专项检查、医疗机构药剂管理专项检查、毒性药品专项检查、一次性使用医疗器械和中药材中药饮片质量专项检查，4次专项集中整治活动。

2003年，开展春季药品质量大检查和“正源行动在农村”药品市场秩序整治，共出动执法人员1500

人次，立案200起，查处假劣药品57批次，取缔无证经营13个，罚没款50万元。“非典”防治期间，查处10家零售药店销售假双黄连12批次500多盒，查获无医疗器械产品生产注册证非法生产1家、销售防“非典”防护服500多套、口罩3000只。下发《全县药品零售企业立即停止销售治疗发热、咳嗽类药品的紧急通知》，严查违反规定销售治疗发热、咳嗽类药品。配合相关部门做好防“非典”药械储备、价格和广告监管，监督县疾控中心严格按标准配制84消毒液、过氧乙酸消毒液。

2004年，加强稽查规范化建设，发挥苏鲁边界县（市）联网联动作用，完善稽查执法快速反应机制，先后开展正源行动保健康、人用狂犬疫苗、医疗器械和医用诊断试剂等专项检查。全年共出动执法人员1930人次，出动执法车辆452台次，检查涉药单位1025家，立案486起，没收违法药械282批次，标值12.8万元，取缔无证经营6个，捣毁制假窝点1个。

2005年，制订完善稽查执法制度，规范稽查案件承办程序，实行案卷跟踪转办单制度，规范执法程序和执法行为。全面开展基层药品质量大检查，组织邮售假药、生物制品、专科门诊、假冒藏药、违法广告药品、终止妊娠药品等10多项检查，共出动执法人员1994人次，检查涉药单位480家，查处违法案件165件，案件标值43.26万元，罚没款131.09万元，没收假劣药械104种次，取缔无证经营35个，移送公安案件1个。

2006年，开展春季药品质量大检查、天麻胶囊、口腔义齿、“齐二药”等专项检查，整顿规范药品市场秩序，共出动执法人员2078人次，检查涉药单位612家，查处违法案件141件，取缔无证经营18个，案件标值25.7万元，没收假劣药械67种次，罚没款90.25万元。规范药品招标市场，从审核药品招标采购供应商资质入手，查处无证、违规经营案件十起，案值数十万元。

2007年，开展药械市场秩序“春季突破”和“百日会战”行动，对狂犬疫苗、骨接合医疗器械、卫生用品、终止妊娠药品进行专项检查，共出动执法人员1309人次，检查涉药单位137家，查处违法案件66件，取缔无证经营10个，没收假劣药械120种次，罚没款74.38万元。开展打假保名牌活动，查处假风湿痹康胶囊案、假久源活睾益肾兴阳胶囊案、假冒动静脉留置针案等一系列大要案。

2008年，开展兴奋剂、疫苗、生物制品、违法广告保健品、标注药品通用名的非药品专项整治，出动执法人员1437人次，检查单位440个次，立案101件，封存没收药械117种次；与周边药监部门联防联动，发现假药械10余种，立案查处7起。

2009年，出动执法人员2653人次，检查单位861个次，立案141件，没收违法药械57种次，涉案货值18.25万元，取缔无证经营9户。通过国家省市药品质量公告、网络等渠道收集假劣药品信息3600余条，建立假劣药品信息库。应对药品安全突发事件，紧急核查“双黄连注射液”“注射用泮托拉唑纳”等药品，开展防控、治疗甲型H1N1流感药械专项检查。

第六节　农村药品“两网”建设

2002年，赣榆县被确定为全市试点地区，启动县镇村三级药品监督网络建设。是年，柘汪、石桥、金山等七个镇率先建起药品监督网，并召开全县现场推进会。2005年5月9日，全市“两网”（药品供应网络、药品监督网络）建设流动现场会在赣榆召开。2007年12月，通过省级农村药品“两网”建设示范县检查验收，成为江苏省首批省级农村药品“两网”建设示范县。

一、药品监督网络建设

2004年6月，赣榆县召开全县“两网”建设工作会议，成立领导小组，小组办公室设在药监局，各镇成立药品监管办公室，食品药品监管工作纳入县政府目标考核；县药品监督管理协会正式成立。2006年，在18个镇聘请140名药品监督协管员，在435个行政村聘请407名药品监督信息员，“政府领导、药监为主、部门配合、群众参与”的县、镇、村三级药品监督管理网络基本建成。

二、药品供应网络建设

2001年，《赣榆县医疗卫生机构药品集中招标采购实施办法（试行）》开始实施，对全县乡镇及其以上非赢利性医疗机构使用药品实行政府集中招标采购，县药监局负责对供应商资质进行审定。2004年，县药监、卫生部门联合出台《赣榆县乡镇卫生院药品代购管理办法（试行）》《关于加强乡镇卫生院药品代购工作监督管理的通知》和《赣榆县乡镇卫生院为卫生室统一代购药品验收细则》，全县各镇卫生院投入近百万元加强药品代购软硬件建设，药房、药库储存条件得到很大改善，26家卫生院通过验收，村卫生室药品质量得到有效保证。2006年，启动赣榆县医疗机构规范化药房建设工作，是年，完成县城区12家医疗机构规范药房创建。全县零售药店发展到161家，镇村两级占80%。按照"市场主导、政府引导"的原则，支持零售药店走连锁经营之路，发展连云港康济大药房连锁有限公司、赣榆县医药有限公司2家连锁企业，连锁门店62家，占全县药品零售企业38.5%。2007年，全县投入200多万元改善仓储设施，乡镇以上37个医疗机构通过规范药房创建，通过率100%，274家村卫生室通过合格药房创建，完成率50.4%。全县共有药品生产企业4家，药品批发企业2家，零售药店175家（其中镇村145家），医疗机构遍布城乡的药品供应网络基本形成。2008年，合格药房达321家。

第七节　诚信体系建设

2005年9月，赣榆县召开药品经营企业诚信体系建设工作会议，启动药品诚信体系建设工作，建立涉药单位电子档案。根据《赣榆县药品经营企业不良行为计分登记管理规定》，对不良行为记录在案；根据《赣榆县药品零售企业诚信等级管理办法》，结合企业守法经营情况，将药品零售企业分为A（诚信）、B（一般诚信）、C（失信）三类，对A级信用企业按《赣榆县A类药品零售企业星级评定办法（暂行）》综合评出三星级、二星级、一星级三个等级。是年，共评出A类企业62家，B类企业48家，C类企业31家，62家A类药品零售企业中又评出三星级企业11家、二星级企业10家、一星级企业41家。2006年，检查B、C类企业60家，并建立企业诚信档案。2007年，对全县810家药品医疗器械生产、经营、使用单位建立"一企一档"信用档案，实行动态评定。

第八节　食品药品安全宣传教育

2001年12月1日，举办庆祝新修订《中华人民共和国药品管理法》实施宣传活动。2002年，举办新《中华人民共和国药品管理法》实施一周年集中宣传活动，展示销毁100余种标值3万余元的假劣药品；开展科普宣传周、法制宣传日、3·15消费者权益日等活动，发放宣传资料2万余份，展示假劣药品600余批次；举办3期药品法律法规培训班，培训零售药店从业人员296人。2003年，对新开办零售药店负责人和质量负责人进行法律法规培训。2005年，开展党员为您饮食用药安全保驾护航大型咨询服务活动，建立药品从业人员教育培训体系，培训人员120余人。2006年，开展"进社区、进农村、进企业、进机关、进学校"为内容的"五走进"主题宣传活动，县药监局负责人走进赣榆人民广播电台"行风热线"直播室，县食品药品安全委员会办公室组织相关部门开展10余次食品药品安全宣传活动。2007年，举办培训班5期，培训药品从业人员1000余人次。2008年，开通赣榆县食品安全网，编印《食品安全信息》简报12期，发布食品安全信息、预警和公告。2009年，召开3次专题会议，对全县183家零售药店企业负责人进行法律法规培训；制作《食品安全之窗》电视专题片；编印《食品安全信息》简报13期；开展"三走进、三服务"主题宣传活动；县药监局主要领导带队走进电视台参与"行风政风热线"；政务信息《江苏省赣榆县食品药品监督管理局推行"每日值班长制度"提升服务效能》被国家食品药品监督管理局网站采用。

第十九篇　中共赣榆县委员会

第十九篇 中共赣榆县委员会

1990～2009年，中共赣榆县委历经第七届至第十一届共五届县委更迭。在此期间，各届县委坚持党的基本路线，坚决贯彻执行党的方针、政策，不断加强社会主义物质文明和精神文明建设，努力实现经济体制由计划经济向市场经济转变，经济增长方式由粗放型向集约型转变，正确处理改革、发展和稳定的关系，切实加强党的建设，在全县各级党组织和党员干部中开展“双达标”、争创“四强村”“三带一奔”“三争一树”“实践三个代表”“争做发展之星”“百村万户农民增收工程”“四手干部”“百村百企共建”“百强村小康示范网络工程”和县直机关干部进村帮扶等活动，切实把党的各级组织打造成带领全县人民进行社会主义现代化建设的核心力量。全县党员数由1990年36869人增加到2009年51117人，增加14248人，平均增长率为1.73%。宣传工作和廉政建设取得显著成效，2001年后，在县委统一部署下，建立纪检、组织、宣传“大宣教”格局，围绕县委“作风兴县”战略，突出抓党员干部作风建设，开展勤政、廉政、优政“三政”教育，正党风、优政风、淳民风“三风”教育，清白心、责任心、进取心“三心”教育，和公信力、服务力、执行力“三力”教育，全县建立省级廉政示范点3个、市级12个、县级46个，实现廉政教育社会全覆盖。严肃党的纪律，坚决查处一批违纪违法党员干部，1991年后，共查处党员违纪违法案件4183件，受党纪处分的党员3142人，移送司法机关处理147人。统一战线、政法、农村工作、党史、老干部、保密、档案、信访等工作都取得显著成绩。柘汪镇、东温庄村、县国税局分别获得全国文明镇、全国文明村镇创建先进镇、全国文明单位创建工作先进单位等荣誉称号，并有3个镇、7个村、6个行业、9个单位进入省级文明单位行列。

第一章　组织机构

第一节　机构设置

1990年，中共赣榆县委设置办公室、组织部、宣传部、纪律检查委员会、统一战线工作部、农村工作部、政法委员会、直属机关党委、老干部局、党史工作委员会、台湾工作办公室、保密委员会办公室、机要室、政策研究室、党校、信访局等工作部门和机构。

2001年，县民族宗教事务局与县委统战部合署办公，县机构编制办公室列入县委工作机构序列，县信访局改为县委部门管理机构，县地方志办公室并入党史工作委员会，组建党史县志工作办公室，为县委县政府直属事业机构。

2009年，县委工作机构有县委办公室、组织部、宣传部、纪检委、统战部、农工部、政法委、史志办、老干部局、机要保密局、机关工委、信访局、台办、党校。其中，县纪委与县监察局机关合署办公，实行一套工作机构，两个机关名称；县委统战部挂县民族宗教事务管理局的牌子，县民族宗教局与县委统一战线工作部合署办公；县委机要保密局挂赣榆县保密工作局、赣榆县国家密码管理局牌子。

第二节　领导成员

1990～2009年，中共赣榆县委领导班子历经第七届至第十一届计5个届次的更迭。

中国共产党赣榆县第七届至第十一届委员会书记、副书记、常务委员一览表

表19-1

届　别	职　务	姓　名	任职时间	备　注
第七届（1988年8月至1991年11月）	书　记	徐洪松	1988.08～1991.10	
		李训章	1991.10～1991.11	
	副书记	朱选成	1988.08～1991.08	
		庞崇友	1990.09～1991.11	
	常务委员	徐洪松	1988.08～1991.10	
		朱选成	1988.08～1991.08	
		李子朋	1988.08～1991.10	
		李　洁	1988.08～1991.11	
		刘宜存	1988.08～1991.11	
		于京翠	1988.08～1991.11	
		袁　泉	1988.08～1991.11	
		张怡山	1990.06～1991.11	
		庞崇友	1990.09～1991.11	
		李训章	1991.10～1991.11	

续表 19-1

届　别	职　务	姓　名	任职时间	备　注
第八届（1991 年 11 月至 1996 年 8 月）	书　记	李训章	1991.11 ～ 1992.12	
		鹿崇友	1992.12 ～ 1996.08	
	副书记	鹿崇友	1991.11 ～ 1992.12	
		袁　泉	1991.11 ～ 1996.08	
		李　洁	1992.12 ～ 1996.02	
		杨少华	1992.12 ～ 1996.08	
	常务委员	李训章	1991.11 ～ 1992.12	
		鹿崇友	1991.11 ～ 1996.08	
		李　洁	1991.11 ～ 1996.02	
		袁　泉	1991.11 ～ 1996.08	
		刘洪伟	1991.11 ～ 1994.03	
		张怡山	1991.11 ～ 1996.08	
		刘宜存	1991.11 ～ 1996.08	
		于京翠	1991.11 ～ 1996.08	
		杨少华	1992.12 ～ 1996.08	
		顾绍平	1992.12 ～ 1996.03	
		卢西举	1994.07 ～ 1995.06	
			1996.02 ～ 1996.08	
		金建猛	1996.07 ～ 1996.08	
		李　浩	1996.07 ～ 1996.08	
第九届（1996 年 8 月至 2001 年 7 月）	书　记	鹿崇友	1996.08 ～ 1998.02	
		杨少华	1998.02 ～ 2001.07	
	副书记	杨少华	1996.08 ～ 1998.02	
		顾绍平	1996.08 ～ 1998.02	
		黄树根	1997.12 ～ 2000.02	
		单新中	1998.02 ～ 2001.07	
		吴立生	2000.02 ～ 2001.07	
	常务委员	鹿崇友	1996.08 ～ 1998.02	
		杨少华	1996.08 ～ 2001.07	
		顾绍平	1996.08 ～ 1998.02	
		张怡山	1996.08 ～ 1999.01	
		刘宜存	1996.08 ～ 1998.03	
		于京翠	1996.08 ～ 2001.07	

续表 19-1

届　别	职　务	姓　名	任职时间	备　注
第九届（1996 年 8 月至 2001 年 7 月）	常务委员	卢西举	1996.08 ～ 2001.07	
		全建猛	1996.08 ～ 1997.04	
		李　浩	1996.08 ～ 1998.08	
		王友胜	1996.08 ～ 1997.05	
		刘兴振	1997.01 ～ 2000.02	援疆
		杨淑之	1997.04 ～ 2001.07	
		黄树根	1997.12 ～ 2000.02	
		单新中	1998.02 ～ 2001.07	
		李立章	1998.03 ～ 2001.06	
		邱占山	1999.01 ～ 2000.02	
		吴立生	2000.02 ～ 2001.07	
		张林海	2000.05 ～ 2001.07	
		郭光辉	2001.06 ～ 2001.07	
第十届（2001 年 7 月至 2006 年 6 月）	书　记	孙荣章	2001.07 ～ 2006.07	
	副书记	吴立生	2001.07 ～ 2003.03	
		黄贵华	2001.07 ～ 2002.11	
		卢西举	2001.07 ～ 2002.11	
		杨淑之	2001.07 ～ 2004.01	
		林　玲	2002.02 ～ 2003.02	扶贫
		徐开信	2002.11 ～ 2005.05	
		耿婷芳	2002.11 ～ 2005.11	
		李亚强	2003.03 ～ 2004.02	扶贫
		陈良灵	2003.03 ～ 2006.06	
		王友胜	2004.01 ～ 2005.11	
		陆炳华	2004.02 ～ 2005.02	扶贫
		石炳华	2004.05 ～ 2006.05	挂职
		陈　勋	2005.02 ～ 2006.04	扶贫
		黄远征	2005.05 ～ 2006.04	
		王加培	2005.11 ～ 2006.07	
		李　翔	2005.11 ～ 2006.07	
		冯大生	2006.04 ～ 2006.07	扶贫
	常务委员	孙荣章	2001.07 ～ 2006.07	
		吴立生	2001.07 ～ 2003.03	
		黄贵华	2001.07 ～ 2002.11	
		卢西举	2001.07 ～ 2002.11	

续表19-1

届　别	职　务	姓　名	任职时间	备　注
第十届（2001年7月至2006年6月）	常务委员	杨淑之	2001.07～2004.01	
		徐开信	2001.07～2005.05	
		王友胜	2001.07～2005.11	
		张林海	2001.07～2002.11	
		高庆法	2001.07～2005.11	
		郭光辉	2001.07～2006.05	
		林　玲	2002.02～2003.02	扶贫
		耿婷芳	2002.11～2005.11	
		侍启顺	2002.11～2006.07	
		刘洪卫	2002.11～2006.07	
		李亚强	2003.03～2004.02	扶贫
		陈良灵	2003.03～2006.06	
		王建华	2004.01～2004.12	
		陆炳华	2004.02～2005.02	扶贫
		石炳华	2004.05～2006.05	挂职
		陈　勋	2005.02～2006.04	扶贫
		黄远征	2005.05～2006.04	
		孙　海	2005.05～2006.07	
		卢西村	2005.05～2006.07	
		王加培	2005.11～2006.07	
		李　翔	2005.11～2006.07	
		冯大生	2006.04～2006.07	扶贫
		胡英浦	2006.04～2006.07	
		王　芬	2006.04～2006.07	
		朱兴波	2006.05～2006.07	
		王之祥	2006.05～2006.07	
第十一届（2006年7月至2011年6月）	书　记	孙荣章	2006.07～2008.02	
		徐开信	2008.03～2009.08	
		王加培	2009.08～2011.06	
	副书记	冯大生	2006.07～2007.04	扶贫
		李　翔	2006.07～2007.11	
		王加培	2006.07～2009.08	
		侍启顺	2007.11～2009.01	
		高建新	2008.12～2010.01	挂职
		朱向阳	2009.01～2011.06	
		曹卫东	2009.08～2011.06	

续表 19-1

届　别	职　务	姓　名	任职时间	备　注
第十一届（2006 年 7 月至 2011 年 6 月）	常务委员	孙荣章	2006.07 ～ 2008.02	
		王加培	2006.07 ～ 2011.06	
		冯大生	2006.07 ～ 2007.04	扶贫
		李　翔	2006.07 ～ 2007.11	
		侍启顺	2006.07 ～ 2009.01	
		胡英浦	2006.07 ～ 2007.08	
		王之祥	2006.07 ～ 2009.04	
		刘洪卫	2006.07～	
		孙　海	2006.07～	
		王　芬	2006.07～	
		卢西村	2006.07～	
		朱兴波	2006.07～	
		涂丙超	2007.08 ～ 2009.01	
		毛太乐	2007.11～	
		徐开信	2008.03 ～ 2009.08	
		姜宏远	2008.03～	扶贫
		高建新	2008.12～	挂职
		朱向阳	2009.01～	
		戌云飞	2009.04～	
		李占超	2009.07～	
		曹卫东	2009.08～	

第二章　重大决策

第一节　第七届县委重大决策

任期为1988年8月至1991年11月。此届县委所定主要决策是：认真贯彻中共十三届四中、五中全会精神和省第八次党代会精神，坚决执行治理整顿和深化改革的方针，千方百计夺取农业丰收，扎扎实实抓好工业生产，积极开展多种经营，大力发展外向型经济，保证全县经济持续、稳定、协调发展；切实加强党的建设，强化思想政治工作，努力推进社会主义精神文明建设和民主政治建设，维护安定团结的政治局面；认真贯彻执行党的基本路线和中共十三届七中全会精神，以经济建设为中心，继续实施抓“三点”带全局的经济发展战略，立足提高效益，合理调整结构，不断深化改革，稳步发展农业，加快发展工业，积极发展多种经营，大力发展外向型经济，切实加强党的建设、精神文明建设和民主与法制建设，团结和带领全县人民振奋精神，开拓进取，为全面振兴赣榆而努力奋斗。

具体决策是，经济工作：1.开发蓝色国土，建设海上新赣榆。实行潮上带、潮间带、浅海域全方位开发，鱼虾贝藻综合养殖；与外商洽谈三洋港码头、海滨“宋城游乐中心”、秦山岛度假村等项目。2.调整农业结构，发展优质高产高效创汇农业。在发挥粮油高产优势，加速建设吨粮田，保证粮食自给、适当储备的前提下，建设蔬菜、果品、水产品、畜禽产品等生产基地。3.立足高速高效，全面突破工业。坚持县、乡、村、组、户五个轮子一起转，国营、集体、个体三个层次一起上，千方百计突破工业，实现速度、效益同比增长。4.积极培育市场，加快发展第三产业。规划10个专业（或综合）批发市场；为加速流通体制改革，开办全国首家“粮食银行”。5.扩大对外开放，大力开拓外向型经济。实行主动出击联外商、克服困难于外向的方针，积极实现经济与国际市场接轨。规划实施2平方千米经济开发区，同时规划两个小区，形成以204国道为轴心的经济技术开发带。精神文明建设：1.大力宣传党的路线、方针、政策，开展形势任务教育，把全县广大干群的思想认识统一到发展经济、振兴赣榆快奔小康这一大目标上来。2.开展“争先创优献厚礼 振兴赣榆奔小康”“创三优”“岗位学雷锋、行业树新风”等活动。3.高度重视科教文卫事业，积极推行“农科教一体化”和“三教统筹、协调发展”办学路子。4.积极兴办社会事业，努力改善投资环境。先后兴建广播电视中心、河滨公园二期工程、县第二水厂等工程。5.连续成功举办两届“徐福节”，提高赣榆知名度，推动并扩大对外对内经济技术交流。

第二节　第八届县委重大决策

任期为1991年11月至1996年8月，此届县委所定主要决策是：全面贯彻落实中央工作会议和中共十三届八中全会、十四届三中、四中全会精神以及省、市委扩大会议精神，按照“团结、稳定、改革、发展”的要求，狠抓经济建设这个中心，稳步提高农业，优化经济结构，加快发展高效农业和创汇农业；全面突破工业，按照国家产业政策，本着积极、稳妥原则，有计划发展一批以资源加工为主、产品适销对路、经济效益好的新项目和高新技术企业；加强行业管理，以争创“建筑之乡”加快发展建筑业；加快山区、沿海开发，搞活商品流通，以加快专业批发市场建设为重点，促使商品流通，组织集体和农民进入流通领域，大力发展第三产业。

具体决策：1.实施“三线牵动，四面展开”的战略战术，三线牵动战略，就是拓展沿海线、搞活交通线、开发边界线；四面展开技术，就是夯实基础，增大总量，建设工业金字塔；面向市场，优化结构，形成农业十条龙，外向开拓，借梯登高，演活三外重头戏；配套建设，改善环境，拓展三产新领域。2.深化社会主义思想教育，抓好经常性的思想政治工作，开展爱国主义、社会主义、集体主义的教育，深入开展创建活动，推动精神文明建设全面发展。3.加快发展科技、教育、文化、卫生、体育事业。加快“科技兴县”战略实施步伐，增强科技推广功能；稳步增加教育投资，逐步改善办学条件，发展各种形式的职业技术教育和成人教育；积极开展健康、丰富多彩的群众文化体育活动；发展农村合作医疗卫生网络，整顿医疗卫生秩序，提高医疗服务质量；坚决实行计划生育，控制人口增长；加强社会主义民主政治建设，调动各方面积极性，为经济建设服务。

第三节　第九届县委重大决策

任期为1996年8月至2001年7月，此届县委所定主要决策是：以邓小平建设有中国特色社会主义理论为指导，深入落实中共十五大、十五届三中、四中全会及中央、省市工作会议精神，围绕迅速扩大经济总量这一目标，始终坚持加快发展不动摇，切实转变经济增长方式，把较快的发展速度和较高的发展效益更好地统一起来，保持国民经济持续快速健康发展。

具体决策是：1.以加快县属工业和村办工业发展为重点，着力扩大经济总量；按照“能快先快，能活先活，重点突破，推动全局”的思路，以加快步伐奔小康总揽全局，正确处理改革、发展、稳定的关系，切实推进经济体制和经济增长方式两个根本性转变，继续实施“三线牵动，四面展开”的发展战略。2.继续深化以市场为取向的改革，扩大以招商引资为重点的开放，围绕“发挥优势，突出重点，多元投入，加快发展”的整体工作思路，发展特色经济，保持国民经济持续快速健康发展。3.千方百计增加农民收入，着力培育税源经济，大力发展私营经济，强化“一体两翼”，进一步扩大开放，积极调整经济结构，推动五大规划全面实施。4.实施大开发，在优势转化上寻找新突破，把省委提出的加快矿产资源开发和建设“海上苏东”作为重要机遇，念好“山海经”，绘好“山水画”；办好大交通，按照“拓宽国道、提高县道、打通乡道、串连村道”的要求，大办交通，办大交通，发展沿路经济。5.把精神文明建设放在更加突出的战略地位，继续坚持“党要管党”，聚精会神地抓好党的建设，不断增强党组织的凝聚力、号召力和战斗力，在领导干部中开展讲学习、讲政治、讲正气、讲大局、讲责任、讲政绩六讲活动。

第四节　第十届县委重大决策

任期为2001年7月至2006年6月，此届县委所定主要决策是：坚持以邓小平理论和中共十五大精神为指导，以经济结构的战略性调整为主线，以制度创新和技术创新为动力，加快体制转轨、产业升级和城市化进程，以发展税源经济、增强综合实力、增加农民收入为目标，积极推进改革开放，切实减轻农民负担，大力发展工业经济、农业产业化经营和海洋经济，放手发展个体私营经济和建筑业，协调发展各项社会事业。

具体决策是：1.以“富民强县、快速崛起”总揽全局，按照“六化”发展思路，着力构筑“6543”工作格局，即实施工业立县、民营富县、以海兴县、科教兴县、依法治县和城市化六大战略，主攻招商引资、深化改革、环境创优、项目推进和城市建设五大重点，努力培育主体经济、特色经济、百姓经济、税源经济四大经济。2.坚定不移高举工业立县大旗，以改革为动力，以项目为总纲，以富民为根本，全面构筑沿海、沿路、沿边和经济开发区、海洋开发区“三沿两区”工业新格局，全力建设工业强县、工业强镇、工业强村、工业强企、工业富户“四强一富”新赣榆。3.坚持科学发展观，坚持以人为本，牢牢锁定“六强县”奋斗目标，全面推进5个集中，即集中精力抓项目壮大工业，集中精力抓招商扩大开放，集中精力抓创业增收富民，集中精力抓特色做强海洋，集中精力抓城建拓展税源。4.依托沿海资源，大力发展海洋经济，建设工厂化养殖、南美白对虾养殖、浅海域紫菜养殖等8大基地；建设国家中心渔港青口港，推进海头港和韩口港等港口群开发；实施青口河疏浚、小塔山水库加固等工程；打造“游红色胜地，访徐福故里，观黄海风光，探秦山神路”旅游品牌。

第五节　第十一届县委重大决策

任期为2006年7月至2009年12月，此届县委所定主要决策是：锁定“苏北前5强、全省前20强、全国百强县”的奋斗目标，提出“六个强力推进”，即强力推进工业化进程，以工业化致富农民——建设大园区、主攻大产业、打造大企业；强力推进城镇化进程，以城镇化带动农村——融入港城打造新型海滨城市、经营城市广辟城建资金来源、繁荣三产拓展群众增收平台；强力推进国际化进程，以外向化提升竞争力——加大招商力度、提升内资体量、扩大外资规模、突破外经外贸；强力推进全民创业，以民营化富裕百姓——实施“三有”工程、放大“四凤”效应、发挥“三带”作用；强力推进社会主义新农村建设，打造“六化”“十有”新农村——抓产业、抓载体、抓典型、抓扶持、抓管理；强力推进和谐赣榆建设，以和谐环境支持创业——建设效率赣榆、人文赣榆、法治赣榆、和谐赣榆；以邓小平理论、“三个代表”重要思想和科学发展观为指导，始终突出跨越发展一个主题，把握和谐发展、富民优先两个导向，实施工业化、城市化、国际化三大战略，主攻工业投入、项目推进、城镇建设、全民创业四大重点，实现工业经济、城市经济、民营经济、新农村建设、党的建设五大突破，确保主要指标全省排名进两位，跻身苏北前十位，为实现“苏北前5强、全省20强、全国百强县”宏伟目标夯实基础；以十七大精神为指导，高举科学发展大旗，深度融入“一体两翼”“一心三级”发展大局，突出发展、富民、和谐三大任务，实施工业化、城市化、国际化三大战略，实现港口建设、城市建设、园区建设、新农村建设四大突破，三年跨入苏北五强，五年逼近全面小康；以科学发展观为指导，紧紧围绕“加快奔小康、建设新赣榆”的总体目标，坚决贯彻“以民为本、利民优先”的方针，转变经济发展方式，深入推进新型工业化、城乡一体化、农业产业化、环境生态化四大发展战略，保持经济平稳较快发展，繁荣社会事业，着力改善民生，积极构建和谐社会，努力开创全县改革发展新局面，为全面建设小康社会奠定坚实基础。

第三章　中国共产党赣榆县历次代表大会

第一节　中国共产党赣榆县第八次代表大会

中国共产党赣榆县第八次代表大会于1991年11月14～16日在青口镇召开，出席会议代表359人，列席82人。大会听取、审议并通过中共赣榆县委第七届委员会的工作报告和中共赣榆县纪律检查委员会的工作报告。大会的主要任务是：在党的十三届七中全会精神指引下，总结几年来的工作，部署今后三年的任务；选举产生中国共产党赣榆县第八届委员会和纪律检查委员会；动员全县各级党组织和全体共产党员认真贯彻执行党的基本路线，经受住三个考验，沿着建设有中国特色社会主义道路前进，为全面开创赣榆县社会主义现代化建设的新局面、为实现我国的第二步战略目标而奋斗。大会选出县委委员26人，候补委员4人，组成中共赣榆县第八届委员会；选出县纪委委员13人。16日召开县委八届一次全委会和县纪委全委会，分别选出县委常务委员8人和纪委常务委员7人。

第二节　中国共产党赣榆县第九次代表大会

中国共产党赣榆县第九次代表大会于1996年8月26～28日在青口镇召开，出席会议代表370人。大会听取、审议并通过中共赣榆县委第八届委员会的工作报告和中共赣榆县纪律检查委员会的工作报告。大会的主要任务是：深入贯彻党的十四届四中、五中全会精神，全面总结赣榆县第八次党代表大会以来的工作，进一步明确今后五年经济和社会发展的奋斗目标以及实现这些目标所应采取的方针、政策，讨论确定进一步深化改革和加强党的建设的任务及主要措施；选举产生中国共产党赣榆县第九届委员会和纪律检查委员会；动员全县共产党员和广大群众，坚持党的基本路线，振奋精神，坚定信心，真抓实干，奋力拼搏，为加快实现两个根本性转变，推动全县经济持续快速健康发展，为全面完成“九五”计划和实现2010年远景目标，为加强社会主义精神文明建设和民主法制建设，促进社会全面进步而努力奋斗。大会选出县委委员25人，候补委员5人，组成中共赣榆县第九届委员会；选出县纪委委员12人。28日召开县委九届一次全委会和县纪委全委会，分别选出县委常务委员10人和纪委常务委员6人。

第三节　中国共产党赣榆县第十次代表大会

图 19-1　中国共产党赣榆县第十次代表大会（2001年摄）

中国共产党赣榆县第十次代表大会于2001年7月27～29日在青口镇召开，出席会议代表373人。大会听取、审议并通过中共赣榆县委第九届委员会的工作报告和中共赣榆县纪律检查委员会的工作报告。大会的主要任务是：以邓小平理论、"三个代表"重要思想和党的十五大精神为指导，全面总结赣榆县第九次党代表大会以来的工作，进一步明确今后五年经济和社会发展的奋斗目标以及实现这些目标所应采取的方针、政策；选举产生中国共产党赣榆县第十届委员会和县纪律检查委员会以及出席市第九次党代会代表；动员全县各级党组织和广大共产党员认清自己所肩负的历史责任，坚持以经济建设为中心，正确处理改革、发展和稳定的关系，切实加强党的建设，带领全县人民，振奋精神，坚定信心，真抓实干，提位争先，为全面推进全县两个文明建设、开创改革开放和现代化建设的新局面而努力奋斗。大会选出县委委员25人，候补委员5人，组成中共赣榆县第十届委员会；选出县纪委委员13人。29日召开县委十届一次全委会和县纪委全委会，分别选出县委常务委员10人和纪委常务委员7人。

第四节　中国共产党赣榆县第十一次代表大会

中国共产党赣榆县第十一次代表大会于2006年6月30日～7月3日在青口镇召开，出席会议代表295人，列席126人。大会听取、审议并通过中共赣榆县委第十届委员会的工作报告和中共赣榆县纪律检查委员会的工作报告。大会选出县委委员31人，候补委员6人，组成中共赣榆县第十一届委员会，选出县纪委委员13人。7月3日召开县委十一届一次全委会和县纪委全委会，分别选出县委常务委员11人和纪委常务委员7人。

第四章　中共赣榆县委全体会议

第一节　第七届县委全体会议

第五次全委（扩大）会议于1990年1月18日举行。会议听取县委书记徐洪松作的工作报告，传达、贯彻省第八次党代表大会精神和市委七届二次全委会精神。

第六次全委（扩大）会议于1990年8月10日举行。会议听取县委书记徐洪松作的工作报告，学习、贯彻党的十三届六中全会《决定》和市委七届三次全委扩大会议精神，中顾委委员江渭清到会作了重要讲话。

第七次全委（扩大）会议于1991年1月20日举行。会议听取县委书记徐洪松作的《振奋精神　开拓进取　为全面振兴赣榆而努力奋斗》的工作报告，传达、学习市委七届四次全委（扩大）会议精神。

第八次全委会议于1991年11月14日举行。会议听取县委书记李训章讲话，通过《关于召开中国共产党赣榆县第八次代表大会的决定》，确定第八次党代表大会筹备工作领导小组和工作机构，确定第八届党的委员会委员、候补委员，纪律检查委员会委员的名额。

第二节　第八届县委全体会议

第一次全委会议于1991年11月16日举行。会议选举产生县委常委8人，其中县委书记1人、副书记2人；纪委常务委员7人。

第二次全委（扩大）会议于1992年5月15日举行。会议讨论并通过《关于加快改革开放振兴赣榆奔小康若干问题的决定》，听取县委书记李训章讲话，传达、学习市委七届八次全委（扩大）会议精神。

第三次全委（扩大）会议于1993年1月11日举行。会议听取并讨论县委主要领导作的《解放思想 乘胜前进 开足马力再上台阶 为振兴赣榆而努力奋斗》的工作报告。

第四次全委（扩大）会议于1993年7月23日举行。会议听取并讨论县委主要领导作的《振奋精神 迎难而上 为完成全年任务而努力奋斗》的工作报告。

第五次全委（扩大）会议于1994年1月6日举行。会议听取并讨论县委主要领导作的《振奋精神鼓实劲 抓住机遇快发展》的工作报告。

第六次全委（扩大）会议于1994年7月24日举行。会议听取并讨论县委主要领导作的《再鼓干劲，乘胜前进，为实现全年任务奋力拼搏》的工作报告。

第七次全委（扩大）会议于1995年2月12日举行。会议听取并讨论县委主要领导作的《整体推进 重点突破 为赣榆腾飞奋力拼搏》的工作报告，县政府领导作了计划生育工作的专题讲话。

第八次全委（扩大）会议于1995年7月18日举行。会议听取并讨论县委主要领导作的《咬定目标拼命闯 只争朝夕奔小康》的工作报告。

第九次全委（扩大）会议于1996年1月6日举行。会议审议通过《中共赣榆县委关于制定赣榆县国民经济和社会事业发展“九五”计划及2010年远景目标的建议》，学习、贯彻党的十四届五中全会精神。

第十次全委（扩大）会议于1996年7月26日举行。会议听取并讨论县委主要领导作的《坚定信心 振奋精神 继续前进》的工作报告。

第十一次全委会议于1996年8月3日举行。会议通过《关于召开中国共产党赣榆县第九次代表大会的决议》，确定第九次党代表大会筹备工作领导小组和工作机构，确定第九届党的委员会委员、候补委员，纪律检查委员会委员的名额。

第十二次全委会议于1996年8月23日举行。会议听取县委主要领导汇报中国共产党赣榆县第九次代表大会的筹备情况，讨论通过中国共产党赣榆县第八届委员会工作报告和中国共产党赣榆县纪律检查委员会工作报告。

第三节　第九届县委全体会议

第一次全委会议于1996年8月28日举行。会议选举产生县委常委10人，其中县委书记1人、副书记2人；纪委常务委员6人。

第二次全委（扩大）会议于1997年1月20日举行。会议听取并讨论县委主要领导作的《认清形势 抢抓机遇 奋力拼搏 乘势而上》的工作报告。

第三次全委（扩大）会议于1997年8月4日举行。会议听取并讨论县委主要领导作的《加快发展 加

速调整 为完成全年任务奋力拼搏》的工作报告。

第四次全委（扩大）会议于1997年12月19日举行。会议听取并讨论县委主要领导作的《加大改革力度 加快结构调整 全力推进赣榆经济再上新台阶》的工作报告。

第五次全委（扩大）会议于1998年8月8日举行。会议听取并讨论县委主要领导作的《实施五大规划 加快发展步伐 确保实现全年经济增长目标》的工作报告。

第六次全委（扩大）会议于1999年1月15日举行。会议听取并讨论县委主要领导作的《实施五大规划 发展特色经济 以新的优异成绩迎接建国五十周年》的工作报告。

第七次全委（扩大）会议于1999年8月8日举行。会议听取并讨论县委主要领导作的《振奋精神 迎难而上 确保完成全年各项任务》的工作报告。

第八次全委（扩大）会议于2000年1月4日举行。会议听取并讨论县委主要领导作的《振奋精神 抢抓机遇 全面开创赣榆两个文明建设新局面》的工作报告。

第九次全委（扩大）会议于2000年12月11日举行。会议审议通过《中共赣榆县委关于制定赣榆县国民经济和社会发展第十个五年计划的建议》，听取并讨论县委主要领导作的《面向新世纪 实现新跨越 开创新局面》的工作报告。

第十次全体会议于2001年6月15日举行。会议通过《关于召开中国共产党赣榆县第十次代表大会的决议》，确定第十次党代表大会筹备工作领导小组和工作机构，确定第十届党的委员会委员、候补委员，纪律检查委员会委员的名额。

第十一次全体会议于2001年7月27日举行。会议讨论确定出席市第九次党代表大会候选人预备人选。

第四节　第十届县委全体会议

第一次全委会议于2001年7月29日举行。会议选举产生县委常委10人，其中县委书记1人、副书记4人；纪委常务委员7人。

第二次全委（扩大）会议于2002年8月7日举行。会议听取并讨论县委主要领导作的《居危思进 攀高争先 奋力推进全县经济在全省提速进位》的工作报告。

第三次全委（扩大）会议于2003年1月3日举行。会议听取并讨论县委主要领导作的《实践“三个代表” 弘扬“赣榆精神” 再创赣榆经济新辉煌》的工作报告。

第四次全委（扩大）会议于2003年12月17日举行。会议听取并讨论县委主要领导作的《摆阵主战场 比拼加速度 全力决胜“四强一富”工业新赣榆》的工作报告。

第五次全委（扩大）会议于2004年7月18日举行。会议听取并讨论县委主要领导作的《思想再解放 创新再务实 把赣榆经济发展推向新高潮》的工作报告。

第六次全委（扩大）会议于2005年1月2日举行。会议听取并讨论县委主要领导作的《鼓劲加压发展再提速 强势进位夺取新胜利》的工作报告。

第五节　第十一届县委全体会议

第一次全委会议于2006年7月3日举行。会议选举产生县委常委11人，其中县委书记1人、副书记3人；纪委常务委员7人。

第二次全委（扩大）会议于2007年1月6日举行。会议听取并讨论县委主要领导作的《矢志领跑全市写第一 跨越进入苏北前十位 奋力构建全面和谐新赣榆》的工作报告。

第三次全委（扩大）会议于2007年7月18日举行。会议听取并讨论县委主要领导作的《鼓足实劲 开启新征程 勇出实招谱写新篇章》的工作报告。

第四次全委（扩大）会议于2008年8月12日举行。会议听取并讨论县委书记徐开信作的《转变作风 狠抓落实 努力实现经济社会又好又快发展》的工作报告。

第五次全委（扩大）会议于2009年7月19日举行。会议听取并讨论县委书记王加培作的《加快沿海开发 勇夺全市第一 奋力开启沿海强县建设新征程》的工作报告。

第五章　纪检监察

第一节　廉洁自律

1990～1995年，根据党中央关于党政干部廉洁自律要求，制定《关于搞好党风廉政教育工作的意见》，加强对全县各级党员领导干部的廉政教育，结合学习孔繁森、曹克明等先进人物，树立身边的学习榜样，全县涌现出一批勤政廉政典型；制定《关于搞好我县党政领导干部廉洁自律工作意见》，会同组织部门督促各基层党组织每年开好两次民主生活会；坚持两公开一监督制度，加强对权力的监督制约；下发《关于对乡镇局领导班子和党员干部勤政廉政考核意见》，进一步完善政务公开制度、谈话诫勉制度、审计评议制度。

1996～2000年，全县纪检机关先后采取集中教育、电化教育、知识竞赛等教育手段，在全县党员干部特别是领导干部中开展党性党风党纪教育，在领导干部配偶中开展"廉内助"教育，5年中，领导干部中共有310人次自觉报告个人重大事项。从加强制度建设、解决突出问题入手，清理党政机关、企事业单位干部职工在房改及建房、分房、购房等方面的违规问题，清理出违规多占住房6套，补交房款1.7万元。清理领导干部违反廉洁自律规定购买超标小汽车9辆。

2001～2009年，在县委的统一领导下，县纪委、县委组织部、县委宣传部等单位密切配合建立起"大宣教"工作格局，围绕县委"作风兴县"战略，突出抓好党员干部作风建设，连续五年开展以"三政"（勤政、廉政、优政）、"三风"（正党风、优政风、淳民风）和"三心"（清白心、责任心、进取心）、"三力"（公信力、服务力、执行力）和"优化勤廉作风，争当廉能表率"为主题的教育活动，做到一年一个主题，贴近党员干部思想和工作实际。扎实开展岗位廉政风险教育，积极查找岗位存在的廉政风险因素，通过公开承诺、情景模拟和案例讲座等方式，切实提高教育的针对性和实效性。深入开展廉政文化"六进"活动，把廉政文化与勤政、优良传统作风、为民服务思想建设有机结合起来，建立省级廉政文化示范点3个，市级12个，县级46个，努力实现廉政文化全方位渗透，全领域覆盖。

第二节　案件查处

1991～1995年，全县共立案查处各类违法违纪案件522件，给予党纪处分384人，其中，开除党籍105人，留党察看99人，撤销党内职务12人，警告、严重警告163人，移交司法机关被追究刑事责任的43人。涉及违规金额近3000万元，为国家和集体挽回经济损失359万元。

1996～2000年，全县共立案查处各类违法违纪案件1538件，给予党纪处分1156人，其中，开除党籍140人，留党察看183人，撤销党内职务43人，警告、严重警告790人，移交司法机关被追究刑事责任的78人。

2001～2009年，全县共立案查处各类违法违纪案件2113件，涉及科级领导干部84人，给予党纪处分1602人，政纪处分399人，移交司法机关追究刑事责任26人，为国家和集体挽回直接经济损失

4682.24万元。案件查处工作以经济案件、领导干部违纪违法案件和侵害群众利益的案件为重点，查处胥某、杨某、张某、成某等领导干部贪污受贿案和204名村支部书记违纪违法案件。

第三节　纠正行业不正之风

1990～1995年，按照县委《关于认真清理整顿机关经商办企业实施方案》，协助有关部门搞好调查摸底，对列入清理计划的51家企业全部进行清理，其中，停办8家，划转16家，脱钩6家，保留21家，在41家企业中兼职的党政机关干部全部与经济实体脱钩。下发《关于出国出境人员做好自查自纠的通知》和《关于禁止用公款出国（境）旅游的通知》，全县清理30名党政干部出国考察违纪案，12名已办理手续准备出国的干部被制止，为国家节约资金20万元。清理党员干部拖欠公款，清查欠款人员31874人，其中，科级干部58人，一般干部1439人，职工30377人，还清拖欠公款1400多万元。

1996～2000年，加强对建筑市场、药品经营及党政机关事业单位党员干部违规购置通信工具的清理整治。5年中，全县新开工工程共240项，报建率、招投标率均达到100%，公开招投标率98%。全县建筑市场逐步规范化，并向依法行政，长效管理方面迈进。共取缔无证或证照不全的药品经营单位15个、非法私人诊所125个，清理销售过期假劣药品价值25万余元。在党政机关、事业单位党员干部中，共清理出公费安装住宅电话331部，全部折价过户给个人，收缴过户费9.9万元，清理公费购置的手机358部，收回资金13万元。通过清理，每年可为国家和集体节约通讯经费150多万元。

2001～2005年，加强对教育乱收费及医疗购销、服务不正之风的治理。共查处教育乱收费案件56件，查纠乱收费违规款2400多万元。全面实行药品集中招标采购制度，集中招标采购药品达1.3亿元，减轻群众就医负担2200多万元；深入开展医德医风专项整治，查缴收受红包、开单提成、药品回扣等违规款110万元。严查涉农负担问题，切实减轻农民负担，共查处加重农民负担乱收费行为36起，追究14名科级领导干部的责任。从群众反映的热点、焦点问题入手，集中清理财拨人员“吃空饷”问题，收缴违规套取的财政资金50多万元；开展领导干部超标住房集中清理工作，清理超标户516户，涉及科级干部79人，补交各类款项362万元。

2006～2009年，共清退教育乱收费违规资金87.6万元，15人受到党纪政纪处分；切实纠正医药购销和医疗服务中的不正之风，对30家医疗单位的价格违法行为进行严肃处理；加强社保基金专项审计，督促有关单位补缴养老保险金56万元。加强对涉农专项资金的监督检查，“一卡通”发放14项惠农资金5.1亿元；认真解决拖欠农民工工资问题，共清欠农民工工资123.9万元。开展整治违法排污企业、保障人民群众健康专项行动，责令12家违法排污企业限期治理。开展农村宅基地清理、农民建房乱收费“百日行动”，22名基层干部被追究党纪政纪责任，清退300多户建房保证金200余万元。

第四节　制度建设

1991～1995年，赣榆县治理公路河道“三乱”领导小组制定管理办法，推行持证上岗，公开收费标准，组织明察暗访97次，走访调查有关人员500余人次，对发现的9起“三乱”行为进行纠正和处理，20余人受到批评教育，对个别乡镇有关人员上路拦车收费行为给予党纪处分，并通报全县。按照中纪委“两项补充规定”等要求，将制止公款吃喝玩乐作为杜绝腐败行为的一项重点工作来抓。推行“请柬回执单”和“执行公务情况报告单”制度，县纪委常委率先垂范，到基层检查工作一律实行工作餐。各乡镇、部门严格财务制度，控制招待标准，把关报销制度。

1996～2000年，坚持从取消预算外资金收入过渡账户入手，理顺关系，完善制度，实行“缴罚分离”，对预算外资金全部实行财政专户管理，规范政府采购程序。全县实行预算外资金专户管理达88个单位。从1997年开始，年纳入专户统管资金达1.7亿元，专户缴存率达100%。1999～2000年，采购预算累计3210万元，实际采购金额2692万元，节约资金518万元。

2001～2005年，推行行政审批制度改革，行政审批事项由795项审减为457项；完善工程建设招投标制度，实行建筑市场廉政准入，公开招投标工程建设项目351个，节约资金7100多万元；严格执行土地出让招拍牌制度，挂牌出让土地41宗95公顷，高出起始价4700多万元；深化政府采购制度，逐步规范采购行为，共节约资金4470万元。落实会计委派制度和预算外资金收支两条线管理制度，对县直18家行政事业单位实行会计委派，164家行政事业单位实行财务报账管理，促进政务、村务公开。落实党风廉政建设责任制，严肃追究22名违反责任制规定的科级领导干部的责任。积极贯彻落实《中国共产党党内监督条例（试行）》，认真执行干部诫勉谈话、述职述廉等制度，对党员干部进行诫勉谈话160多人次。严格机关事业单位购车审批制度，清查违规用车95辆，拍卖超标车10辆；查缴违规款85万元，"510"廉政账户收存拒礼拒贿款40余万元。

2006～2009年，规范建设工程招投标、国有经营性土地使用权招拍挂、产权交易和政府采购"四项制度"，重点建设工程公开招投标节约资金2.56亿元，政府采购节约资金4465.03万元，严肃查处26起工程招投标违规串标案件，对107家违反政府采购制度的单位予以通报批评。出台《赣榆县违反招投标法律法规行为责任追究暂行办法》等12项制度，开展对领导干部权力硬约束、集体重大事项报告等制度落实情况的专项检查，不断完善政务公开制度，深化公开内容，规范公开程序，创新公开形式。

第五节　软环境建设

自2000年，县纪委始终坚持软环境硬治理，提高服务质量，规范行政行为，推进效能提速，针对基层和群众反映强烈的突出问题，开展对软环境建设重点单位的"十佳、较差"一述双评活动，对基层站所"五佳、最差"和科室队所负责人"群众满意、不满意"测评活动，实现县直机关单位与中层科室、基层站所"三位一体"同步评议。2004年，在全省率先开办"政风行风热线"电视直播节目，强化热线电话负责制、主要领导上线制、办结反馈时限制等制度的落实，完善接听、受理、转办、反馈等工作流程，共举办各类测评120期，接听热线电话1686个，解答咨询问题1302个，听取意见建议68条，解决群众反映问题316件，受到社会各界的广泛好评，被《新华日报》等多家媒体宣传报道。大力整治文风会风和检查评比风，切实精简会议、文件、简报，坚决制止乱检查、乱评比、乱表彰行为，严格规范机关事业单位公务接待标准，深入治理党员干部及亲属吃空饷行为，集中整治非警务车辆安装使用警笛等。从领导干部抓起，从禁酒"无例外"做起，严格落实"五不准"禁令，推动干部作风转变。加大明察暗访力度，坚持即查即处、严查重处，对群众反映强烈的问题建立作风问责快速处理机制，严格问责"无边际"，对办事拖拉、敷衍塞责、推诿扯皮造成严重后果，弄虚作假，失职渎职，不作为、乱作为、慢作为等问题，按照"三

图 19-2 "政风行风热线"电视直播现场（2004年摄）

级倒查”原则，严肃追究有关工作人员及领导干部的责任。2006年后，先后对173名党员干部作风不良行为进行了查处，有30名科级领导干部因违反禁令受到组织处理和纪律处分，并通报全县。

第六节　纪检监察干部队伍建设

1990～1995年，全县纪检组织得到逐步完善和健全，纪检队伍得到不断充实和加强，全县共有纪检机构50个，专职纪检干部130人。不断加强干部队伍自身建设，制定《关于加强纪检机关自身建设意见》和《加强纪检干部管理和教育规定》，引导党员干部学习《中国共产党章程》及党的各项路线、方针、政策；定期举办专业知识培训班，有计划地选送纪检干部到省市参加岗位培训，全县纪检干部大专以上文化程度比例，5年提高30个百分点。

1996～2000年，县纪委向县直机关派驻纪检组14个，全县纪检机构增加至63个。对纪检干部的教育管理进一步强化，在全县纪检干部中开展“立德守纪树形象”教育活动。加强业务培训，每年举办1～2期业务知识培训班，并有计划地选送纪检干部到省、市参加岗位培训，鼓励纪检干部参加高等院校的刊授、函授和自学、进修，全县纪检干部大专以上文化比例，2000年较1995年提高35个百分点，先后有28个纪检组织和72名纪检干部受到省、市、县表彰，1999年县纪委、监察局被市委授予“市纪检监察先进集体”称号。

2001～2009年，县纪委始终把加强自身建设作为“固本强基”工程紧抓不放，纪检机构增加至66个，对基层纪检监察机构实行改革，在18个镇成立6个派驻纪工委、监察分局，在县直单位派驻（出）纪检组41个，内设纪检监察机构7个。在全县纪检监察干部中开展“做党的忠诚卫士、当群众的贴心人”主题实践活动，开展“百日学习大练兵”“模范履职、文明执纪”集中学习教育活动。制定《赣榆县纪检监察机构实行七项管理制度》《纪检监察干部工作作风问责办法（试行）》等多项内部管理制度，加强对纪检干部监督管理，制定《纪工委内部管理制度》，完善细化案件查办、信访举报、案件审理等工作流程。其中，2001年被中央纪委、人社部、监察部授予全国纪检监察先进集体称号。

第六章　组织工作

第一节　党员队伍建设

1990年，全县共有党员36869人。1998年，推行农村党员“四大员”活动，选拔一批政策宣传员、科技辅导员、法制督查员、流通促销员，帮助农民群众解决政策法制观念淡薄、致富能力不强问题，带领农民群众闯市场、奔小康。2002～2003年，推广下岗离职党员“设岗强责”、农村党员“双培双带双促”活动，利用农村电教网络远程培训党员干部2万多人次。2004年，开展“万名党员进社区，在职党员双重管理”活动，在职党员在接受单位党组织管理的同时，帮助和支持社区党组织开展工作。严格党员发展“三推两审一考”制度，编印《发展党员全程登记材料》，在全市率先实行上级党组织派员列席下级党组织发展党员会议制度，注重在生产一线、高知群体、优秀青年中发展党员。2005年，全县发展党员863名，其中35岁以下占64.4%，高中以上学历占75%，农村经济能人占农村发展党员的68.2%。2008年，开展农村党员争做“双带之星”活动。汶川地震后，全县党员交纳“特殊党费”277.15万元支援灾区。在入党积极分子中全面实行《入党培养日志》制度，全年发展党员963名，在援助抗震救灾一线“火线发展”党员3名。2009年，党员总数51117人，其中女性党员8374名，占总数的16.38%；35岁以下党员10186名，占总数的19.93%；高中以上文化程度党员23808名，占总数的46.58%。

1990～2009年赣榆县若干年份党员基本情况表

表19-2　　单位：人

类别		年份	1990	1991	1992	1994	1995	1996	1997	1998	1999	2002	2003	2004	2007	2008	2009
党员情况		党员总数	36869	37240	38168	38751	39649	40460	41437	42007	42766	45150	45934	46003	48561	49616	51117
		预备党员		706	940	957	1262	1268	1372	1234	1188	1239	1336	1169	1186	1374	1399
		少数民族党员		9	10	11	12	11	13	14	14	14	13	17	18	15	17
		女性党员		4490	4602	4685	4815	5015	5232	5364	5577	6270	6505	6551	7393	7791	8374
		农牧渔民		23220	23202	23302	23436	23614	23838	23890	24013	24649	26163	25882	27645	28206	29188
	入党时间	19370706及以前入党		3	2	2	2	2	1	1	1	0	0	0	0	0	0
		19370707-19450902		980	839	804	761	725	699	640	634	473	444	391	279	268	219
		19450903-19490930		4592	4249	4014	3823	3634	3445	3210	3073	2588	2453	2257	1767	1641	1499
		19491001-19660430		6644	6587	6385	6314	6269	6143	6061	5827	5460	5298	5125	4736	4591	4430
		19660501-19761030		12670	12264	12227	12176	12036	11900	11603	11970	11523	11370	11241	10427	10353	10220
	年龄结构	35岁以下	7011	6868	6848	6869	7088	7510	8008	7930	7586	7995	8373	8330	8947	9303	10186
		36～45岁	10692	10756	10367	10375	10361	10199	9810	9491	8931	9088	8880	8727	10184	10160	9683
		46～54岁	8356	8380	9120	9440	9915	10270	10654	10707	11702	10256	10122	9886	8330	8284	8865
		55～59岁	4207	4272	4242	4146	4091	4134	4160	4182	4163	5460	5516	5444	5777	5950	5853
		60岁以上	6603	6964	7591	7921	8194	8347	8805	9697	10384	12351	13043	13616	15323	15919	16530
	文化结构	大专及以上 研究生	1126	1228	1516	1688	1940	2277	2680	2985	3	9	23	28	69	82	115
		大专及以上 本科									3759	1168	1261	1377	2697	3305	3962
		大专及以上 专科										4153	4511	4624	5616	5988	6508
		中专	4951	1938	2459	2669	2959	3143	3383	3569	3795	4361	4481	4446	4366	4262	4370
		高中、中技		3384	3847	4036	4343	4727	5186	5560	5752	6746	7056	7169	8163	8508	8853
		初中及以下	30792	30690	30346	30358	30407	30313	30188	29893	29457	28713	28602	28359	27650	27471	27309

第二节　干部队伍建设

1990年，全县干部10349人，其中大中专以上文化程度7164人，占69%；女干部2029人，占19.6%；35岁以下干部5250人，占50.7%。1999年，全县干部18723人，其中女干部5970人，占31.9%；大中专以上文化程度15611人，占83.4%。2000年，全县干部19302人，其中通过竞争上岗91人；35岁以下干部10082人，占52.2%。此后，全县干部队伍在数量上渐趋稳定。2006年，全县干部18404人，其中女干部7116人，占38.7%；大中专以上文化程度17609人（含研究生80人），占95.7%；35岁以下干部9473人，占51.5%；乡镇干部12394人，占67.3%。

拓宽用人视野　1997年，县委成立知识分子工作领导小组。2001年，赣榆县委被表彰为全省知识分子工作先进县。2002年，提拔4名优秀村党组织书记进入镇领导班子，选拔23名事业身份干部到副科级领导岗位、10名企业干部到党政部门担任领导职务。2003年，提拔6名村支部书记、经济能人进入镇领导班子，提拔1名外来客商兼任经贸局局长助理。2002～2006年，先后有21名农村党支部书记和经济能人被提拔进入镇领导班子，2001、2003、2009年先后3次公开选拔科级领导干部30多人。2008年，县人才工作领导小组成立，同时撤销县委知识分子工作领导小组，其间编制印发赣榆县人才发展“九五”“十五”“十一五”发展规划，出台一系列相关政策文件。

加强管理监督　1997年，根据市统一安排，建立组织部门与纪委、监察局、法院、检察院、人事局等执纪执法部门联席通报制度，定期通报干部情况。1999年，实行领导干部回避制度。2004年，出台县委组织部列席基层党组织研究干部会议暂行规定，县委组织部根据情况派员列席基层党委（党组）研究干部拟任用人选会议，对干部任免程序等进行监督。2005年，出台科级领导干部诫勉暂行办法，加强对科级领导班子和领导干部管理监督。2006年，在全县18个镇和69个县直部门设立9个干部监督责任区，明确组织部和纪委18名人员担任责任区干部监督员。2007～2009年，健全领导干部勤政日志制度、“三位一体”重大事项督查体系，完善干部述职述廉、经济责任审计、平时谈话沟通、考察谈话反馈、问题干部谈话提醒等制度。制定不在状态干部处置办法。

1990～2006年赣榆县若干年份干部统计表

表19-3　　　　单位：人

年份	干部总数			年龄结构				文化程度					政治情况	
	合计	其中		35岁及以下	36～45岁	46～54岁	55岁及以上	研究生	大学	专科	中专	高中及以下	中共党员	民主党派
		女	少数民族											
1990	10349	2029	2	5250	2610	2100	389	3080			4084	3135	4127	
1999	18723	5970	3	9623	4252	3634	1214	3	1428	6082	8098	3112	5898	1
2000	19302	6248		10082	4311	3545	1364	1	1817	7079	7905	2500	6115	1
2001	20001	6676		10465	4591	3724	1221	2	2052	7204	8145	2598	6102	1
2002	18359	6604		9704	4551	3217	887	2	2427	7253	7120	1557	5998	
2003	18355	6703		9827	4360	3265	903	27	2963	7474	5531	2360	6146	

续表19-3

年份	干部总数			年龄结构				文化程度					政治情况	
	合计	其中		35岁及以下	36～45岁	46～54岁	55岁及以上	研究生	大学	专科	中专	高中及以下	中共党员	民主党派
		女	少数民族											
2004	18063	3681		9457	4391	3258	957	43	3663	7582	5606	1169	6371	
2005	18205	6853	8	9355	4695	3203	952	59	4196	7741	5275	934	6430	
2006	18404	7116	8	9473	4849	3145	937	80	5242	7909	4378	795	6493	

第三节　基层党组织建设

1990年，全县基层党委37个，党组47个，党支部1677个。1992年，在全市率先成立8个私营企业党支部。1998年，实施“高标准小康示范村创建工程”，全县选出15个示范村，通过加强班子建设、帮助盘大集体经济项目、推进村级民主管理等手段，促进示范村健康、稳定发展，村集体经济纯收入达100万元。青口镇后陈庄村党支部被中组部授予“农村基层组织建设先进党支部”称号。1999年，县委成立非公有制经济组织党建工作领导小组。2001年，县委被表彰为全省党建带团建工作先进县。

2002年，实施“四手干部”（发展经济的能手、群众致富的帮手、善于竞争的强手、维护稳定的高手）培育工程和“双强”型村干部培育工程，广泛采取“两推一选、公推直选”等公开民主的选任方式，把群众信得过的经济能人和创业致富能手吸纳到村干部队伍、选拔到村党组织书记岗位上。

2003年，实施“百村万户农民增收”工程，各部门、单位分别联系一个村，包括县领导在内的所有机关干部每人帮扶2～3个农户，全县90个单位对口联系90个村，1792名机关干部帮扶4049个农户，帮助农户理发展思路、寻发展资金、送致富信息、上增收项目；组织部带头实践“一线工作法”，建立“挂村联企”制度，每位组工干部联系一村一企，深入村企调研实情，走入基层解决问题，把基层组织建设各项工作植根于经济建设之中。

2004年，出台《赣榆县“三级联创”活动规范化管理办法》《“五好镇党委”考核细则》，明确县镇村三级党组织党建工作职责。下发《关于进一步加强村级组织规范化建设的意见》《关于进一步改进和完善村级党组织设置的实施意见》，对符合条件的村提格升级建立村党总支、村级党委，推行农村工作“六会法”，对涉及村级经济发展和村民切身利益的重大事项，通过民情恳谈会、党员干部会、群众知情会、民主议事会、村民表决会、落实情况见面会决策和落实，规范村级民主决策程序，促进村级工作制度化、规范化运行。建立党建工作联席会议制度，在全市率先成立“赣榆县非公有制经济组织党建工作委员会”，把非公有制经济组织党建工作持续纳入全县基层党建的总体部署。

2006年，制定《2006—2010年赣榆县党的基层组织建设规划》，全面加强农村、社区、非公有制经济组织、机关、学校等领域党的建设。下发《关于在全县农村基层党组织中开展“星级”创建的意见》，按照“分级管理、动态考核”的原则，构建以星级镇党委创建为龙头，星级村级党组织、星级村党组织书记、星级农村党员创建为主体，星级党组织活动阵地创建为基础的星级联创体系。先后启动“百强村小康示范网络工程”“党员电教科技致富工程”和“强化农村基层党组织建设，拓展为农服务平台”活动，开展“十百千万行动（十面旗帜率先行动、百名支部书记富民行动、千名干部创业行动、万名党员致富行动）”，激励全县党员干部群众创业、创新、创优，加快富民强县的推进步伐。按照市统一部署，全县共选聘99名高校毕业生到村（社区）任职；2007～2009年，按照省统一部署，共选聘172名高校毕业生到村（社区）任职，为社会主义新农村建设提供人才支持，为农村基层组织建设储备后备力量。全县420个行政村中，有68名党员私营业主和261名党员致富能手担任村党组织书记，有1938名各类经济能人担任村级其他干部。

2007年，结合贯彻落实省市委关于进一步加强“强基工程”的精神要求，下发《关于进一步深化实施“强基工程”，全面改进和加强基层组织建设的意见》，制定《村党组织书记规范化管理办法》《村级组织工作规范》等规定。加强非公企业党组织规范化建设，健全党组织班子、党组织工作制度，规范党组织生活、党员教育管理、党组织活动经费、党组织活动阵地，打造一批非公企业党建工作示范典型。结合“乡村学华西，农村干部学吴仁宝”“双学”活动，开展“百里十村”综合示范创建活动，打造党建工作综合示范群体。

2008年，开展城乡基层党组织“双百联创”活动，组织100个县直机关、事业单位和100个村结对联创。实施“一区四联”工程，充分利用社区和企业在人才、资金、技术等方面的资源优势，采取村、社区与企业三方联动，按照“一社区二村二企”的对接原则，为社区（村）搭建一个城乡统筹、共建社会主义新农村的服务平台。

2009年，全县共建立基层党委55个，党总支272个，支部1788个。落实村党组织书记“一定三有”政策，下发《赣榆县村党组织书记管理办法》《村党组织书记参加企业职工养老保险办法》，实行村党组织书记任前报告、任后备案制度，为全县所有符合条件的行政村党组织书记办理企业职工养老保险。下发《赣榆县新农村服务中心星级管理办法》《赣榆县新农村服务中心星级考核细则》，对新农村服务中心实行星级化管理。

1990～2009年赣榆县若干年份基层党组织情况表

表19-4　　　　单位：人

类别	年份	1990	1991	1992	1994	1995	1996	1997	1998	1999	2002	2003	2004	2007	2008	2009
党组织情况	基层党委	37	33	33	33	32	31	32	33	33	27	41	41	51	53	55
	总支部	22	23	30	34	38	40	42	39	35	38	38	54	224	269	272
	支部	1677	1725	1779	1817	1846	1855	1861	1871	1882	1432	1414	1415	1699	1777	1788
	党组	47	48	35	36	36	37	37	30	32	34	33	33	37	33	31

第四节　学习教育活动

1990～2009年，按照中央和省、市委统一部署，先后在全县党员领导干部、党组织和党员中深入开展“三讲”“三个代表”重要思想、保持共产党员先进性、学习实践科学发展观等学习教育活动，广大党员的党性、党风教育得到强化。2000年12月～2002年6月，全县76个部门、18个镇、435个村、464个站所、5316名基层干部分批参加了“三个代表”重要思想学习教育活动。2005～2006年，全县分三批次开展保持共产党员先进性教育活动，第一批涉及14个党（工）委、258个党（总）支部、4913名党员；第二批涉及31家党委、535个党（总）支部、12267名党员；第三批涉及农村党总支140个、党支部655个，机关支部4个，党员29590名。

第七章 宣传工作

第一节 理论学习

从20世纪90年代开始，县委规定各级党委学习中心组全年集中学习不得少于15天，学习计划、学习制度、考勤簿、记录簿、学习心得必须五件齐全。全县每年举办数十场专题学习辅导报告会，股级以上干部每年参会人数达4500余人，县领导亲自授课辅导300余场，各乡镇利用党校举办学习培训班近1000期，至1999年，全县有1068名党政干部拿到“干部正规化理论教育结业证书”。

2000年后，各党委学习中心组学习日趋正规，理论讲座县内外并举，理论宣传、研究多样化。2001年，在赣榆电视台、电台开设多个理论专题讲座；在哲学社会科学成果评比中，有1项获市一等奖、2项获市二等奖、1项获省三等奖，在申报省市“十五”哲学社科规划研究课题中，有1项被省政府立项。2002年，社会科学成果丰硕，共有10篇论文荣获市优秀论文奖，论文的数量、质量均居全市县区之首。组织市社科“十五”规划课题申报工作，共有8项课题被市立项，居各县区之首。2005年，相继在《连云港日报》《今日赣榆》开设“学习论坛”，在《赣榆新闻网》开设“学习园地”。2007年，县委中心组被省委组织部、省委宣传部表彰为全省理论学习先进集体。2008年，创意设计党委学习中心组学习资料《赣榆县党员干部口袋书》。2009年，分类制定有特色的党委学习中心组全年学习参考计划；开展学习型村组织示范点建设，各镇普遍建立起一个学习型村组织示范点，提高农村党员干部的思想理论水平；成立党委学习中心组学习旁听组，以纪委、组织部、宣传部、机关工委几家成员组成的联合旁听组，深入基层定期旁听，并适时通报。

第二节 新闻宣传

20世纪90年代，赣榆县新闻宣传事业开始蓬勃发展。1991年，省以上报刊采用稿680余篇，市报刊共用稿800余篇，县广播电台采播稿件5000余篇。1993年，《赣榆报》复刊，全县通讯员新闻采写热情高涨，发稿数量和质量快速提升。1994年，市以上报刊用稿2000多篇，其中国家级报刊130多篇，省级报刊700多篇。当年2月7日，人民日报头版头条刊发了《赣榆农民为土地备“年货”》的稿件，并配发评论员文章，产生较大反响。

2000年后，赣榆新闻事业全面发展，每年省级以上媒体用稿都在2000篇以上，在《连云港日报》发稿量居全市领先地位。2005年后，随着网络媒体的发展，每年省级以上媒体用稿都在4000篇以上。针对全县通讯报道员流失，新闻宣传队伍力量薄弱等问题，县委宣传部创新举措，整合资源，出台新闻策划会议制度、新闻宣传保证金制度等一系列制度，新闻宣传工作继续走在全市前列，年年获市外宣一等奖、《连云港日报》先进集体奖等荣誉。

2009年，新闻宣传工作突出县委、县政府重要工作部署，对新农村建设、重大项目追踪、新城区建设推进，柘汪、海头临港产业区、交通建设、城市化建设、海洋经济等进行宣传；在电台、电视台、《今日赣榆》等同时开辟“坚定信心，共克时艰，确保实现首季开门红”“推动科学发展，建设美好赣榆”等一系列专栏。

第三节 社会宣传

20世纪90年代，赣榆县着重做好社会主义思想教育，经济改革形势及经济发展战略宣传教育，促进干群思想解放。1999年率先在连云港市开展“赣榆风情”广场文化活动，到2009年已成功举办11届，年年获市优秀组织奖。

2001年5月，策划组织赣榆县“新世纪、新意识、新赣榆、新发展”大讨论；10月组织赣榆县“环保杯·发展是硬道理”摄影大赛，及连云港市首届农民艺术节开幕式。2002年2月，组织赣榆县大型沿街民舞表演；5月组织开展赣榆县“黄海路一条街插挂国旗活动”；7月组织开展“庆七一中国人寿杯《公民道德组歌》合唱比赛”；9月组织并主办“作家看江苏·走进赣榆”大型诗会。2003年组织“赣榆精神”宣传教育活动，组织县五套班子领导赴31个村参加“城乡同乐庆新春”活动，及江苏省赣榆高级中学80年校庆宣传活动。2003～2007年，组织实施“赣榆县富民增知工程”，经验材料刊登于新华社江苏分社主办的《基层决策》第47期，中共中央宣传部《宣传信息》专文向全国推介赣榆县现代农民教育的成功做法；组织全县“爱教影片进校园”放映活动，并荣获连云港市首届思想政治工作创新奖；组织全县“冲刺百强我当先，奔向和谐新赣榆”十里黄海路万人长跑活动；组织、参与1～7届中国·赣榆徐福节文化宣传活动。2009年，组织全县“铸赣榆辉煌，向祖国献礼”庆祝新中国成立60周年系列活动，开展“歌声飞扬60年，赣榆人民颂祖国”红色歌曲大家唱活动，组织大型音乐舞蹈节目《保卫黄河》，参加连云港市“放歌港城”大型文艺演出。

第四节　党员教育

一、党员冬训

1990～1994年，全县普遍进行党员冬训，冬训参训率在90%以上，全县各乡镇普遍建立党校，完善党员冬训制度、政治理论学习制度、农村党员干部冬训制度、党员联系户制度等。其中，规定支部每两个月必须上一次党课。

1995年，冬训采取四项新举措：一是在全县范围内开展“万名党员学理论、学党章、奔小康”知识竞赛；二是唱响唱热《农民小康歌》，把小康歌制成录音带，在冬训会场播放；三是利用典型进行现身说法教育，在全县小康示范村中选择山区、平原等有不同代表性的支部书记组成报告团，巡回报告26场次，听报告的党员干部达2.3万人；四是寓教于乐，形式多样，生动活泼，效果显著。是年，全县参训人员3.5万人，党员参训率达97%。

1996年，开始在党员冬训中加入农民冬学活动，在冬训中，相对集中一段时间，以农民学校为阵地，以《农民思想政治教育读本》《农民实用技术教育读本》《跨世纪农村书库》和六中全会《决议》为主要教材，对农民进行政治、科技、文化、法律知识培训。

2004～2009年，冬训对象向全员冬训延伸，学习内容向基层实际贴近，通过开办“冬训电视课堂”、组织报告团巡回报告、网上冬训和冬训专家超市等活动开展党员冬训。

二、支部党课

1990～1996年，赣榆县每年为支部党课编写地方培训教材，坚持每个季度上一次党课的年均达1000个支部，上二至三次党课的年均达180个支部。县机关党委每年办一期新党员学习班。1997年，县流动党校发挥流动性强的优势，开展党员教学工作；党政机关事业单位坚持每周半天的政治学习制度，工矿企业利用班前班后、班会等形式组织学习。支部党课的主要内容以学习邓小平理论为主，基层支部书记全年上党课不少于4期。1999年，赣榆县组织35篇党课教案参加全市优秀教案评比，被市表彰为先进单位，有2个党委和2个支部被评为市“党课教育先进单位”。2004年，在全省首届优秀教案评比中，赣榆县是全市唯一的省表彰单位。2005～2009年，每年“七一”期间在全县开展“千名书记上党课”活动，并在全市得到推广。

三、主题轮训

20世纪90年代，全县各级党委采取党校、政校、农村党员冬训、支部党课等形式，进行党员、干部和职工培训。县委党校发挥县级党校优势，不断创新培训方法，在全县起到示范和引导作用；基层党校、政校按照规范建设的要求，增加投入，完善教学设施与管理，强化教员队伍建设，开展争创省、市、县级先进党校（政校）活动。2000～2009年，年均办班达20期以上，副科级以上领导干部年轮训面达50%以上。各基层党校年均培训15期以上，党支部成员、村民小组长、车间主任以上骨干每年轮训一次；先后邀请十多批全国知名专家、教授到赣榆县举办讲座。

第八章　统战工作

第一节　经济领域统战工作

1992年，统战系统与各有关部门、单位配合协作，开展以外向型经济为重点的经济领域统战工作，形成台、侨、工商联、各主管部门多渠道，县、乡、村、联合体、个体多层次吸引外资新格局，取得显著成效，全年共兴办“三资”企业40家，总投资6557万美元，注册资本外资2021万美元。

1994年8月，县委统战部与县工商联在青口镇召开赣榆县青口镇工商业联合会成立大会，青口镇工商业联合会是全市第一家乡镇工商业联合会。2000年，全县有乡镇工商业联合会16个。2003年，全县第一个行业商会——餐饮业商会成立，并且全县18个乡镇全部建立工商业联合会。到2009年，全县共建立行业商会19家。

第二节　光彩事业

光彩事业是民营企业家响应《国家八七扶贫攻坚计划》所发起并实施的一项以扶贫开发为主题的事业。

1992年后，赣榆的光彩事业在各级党委领导和全县非公经济代表人士积极参与下，不断发展扩大。1992年，海头镇私人企业主王统美为市、县广播电视中心等社会事业捐款2万余元；殷庄乡、城南乡等私营业主开展为乡村办社会福利事业、捐资助学等活动。1994年4月23日，刘永好等10位非公有制经济代表人士发表《让我们投身到扶贫的光彩事业中来》的倡议书，进一步推动了光彩事业的快速发展。1998年，县委统战部协调有关部门、单位及28家个体私营业主接受群众技术、就业咨询2000多人次，提供安置岗位60多个，安置下岗职工500余人；同年，全县非公经济代表人士捐资100余万元用于抗洪救灾。1999年4月，省爱德基金会捐献2万元书籍给夹山、徐山、班庄、黑林、吴山等五个山区乡镇小学。2000～2009年，全县民营企业家通过民企帮村、捐资助学、捐资助困等各项光彩事业活动捐款达1000余万元。2009年9月，县委统战部成立县光彩事业促进会。

第三节　非中共党员代表人士工作

1990～2009年，全县非中共党员干部和非中共党员知识分子工作有了很大发展。2009年，先后在迎中秋、庆国庆非中共党员人士座谈会及学习实践科学发展观活动中，对全县经济社会发展、党风廉政建设、县委重要非中共党员人事安排及县委、县政府的重点工作，定期向非中共党员人士作通报，广泛听取他们的意见和建议。建立健全无党派人士队伍档案，建立县委统战领导班子与非中共党员代表人士联系制度；推荐市级无党派代表人士21人，建立非中共党员后备干部档案10人，县处级非中共党员后备干部档案10人，为县委安排非中共党员干部提供了后备人才库。全县共安排副科级以上非中共党员干部22人，其中副处级4人，正科级1人，副科级别17人。

第九章　政法工作

第一节　机构队伍

1989年7月，赣榆县社会治安综合治理领导小组成立，同时撤销中共赣榆县委社会治安综合治理领导小组。1992年3月，赣榆县社会治安综合治理委员会成立，办公室设在县委政法委。2001年12月，县机构编制委员会批准《中共赣榆县委政法委员会、县社会治安综合治理委员会办公室职能配置、内设机构和人员编制规定》，县委政法委员会与县社会治安综合治理委员会办公室合署办公，为县委工作机构。县委政法委、县综治办内设3个职能股室：办公室、执法督查股、综合治理协调指导股，核定行政编制10名，附属编制2名。2002年8月，县综治办内设办公室、执法督查科、综合治理协调指导科。2004年7月县综治办增设政工科。2006年3月，县综治办增设依法治县工作科，同时挂“依法治县领导小组办公室秘书科”的牌子，核定行政编制1名。

1991年11月，分期配备各镇专职政法副乡镇长。2002年2月，全县18个镇成立社会治安综合治理办公室，配备专职综治办副主任。2004年2月，赣委组字〔2004〕07号文件决定各镇党委设立政法委员会，并任命了18名同志为各镇政法委书记。2008年2月，赣编发〔2008〕1号文件决定在各镇党委增设政法委员。2009年3月，全县18个镇均配备党委政法委员。

第二节　“严打”斗争

1990年，开展扫黄除“六害”集中统一行动，查处案件148起，打击处理违法犯罪分子266人，遏止了各种社会丑恶现象的蔓延。1991年，相继组织反内盗专项斗争，打击盗窃自行车专项斗争，开展以打击抢劫、打击拐卖人口、反盗窃、查禁卖淫嫖娼活动为主要内容的“两打一反一查”专项斗争，并于年底开展为期三年的“反盗窃”专项斗争，均收到良好的社会效果。1992年3～5月，开展“打盗自行车”专项斗争；夏季开展打击流氓强奸和卖淫嫖娼犯罪活动专项斗争。“十四大”期间，开展打击流窜追逃犯专项斗争。第四季度，集中警力开展侦破攻势。1993年2月，开展为期二个月的打击盗窃自行车专项斗争，破获盗窃自行车案件156起，缴获赃车176辆，查处此类违法犯罪成员29人。4～6月，开展社会治安秩序大整顿，共破获各类刑事案件149起，抓获各类犯罪分子97人，摧毁犯罪团伙11个。8月，开展联手打击车匪路霸专项斗争，抓获车匪路霸犯罪分子16人，成功地堵截抓获了公安部通缉的盗窃全国人大常委会副委员长叶飞家的重大案犯孙伟。1994年，开展以“打黑扫恶”为主要内容的集中严打斗争，共破获各类刑事案件192起。1995年，在春季严打攻势中，共破获各类刑事案件110起，其中重大案件26起，摧毁犯罪团伙9个30人，缴获赃款赃物价值6万余元。1996年11月下旬，集中开展以“三禁一打”为主要内容的严打整治“冬季行动”，打击黄赌毒及刑事犯罪活动。1997年，开展“三禁一打”、严打整治“冬季行动”、春季严打整治行动、集中整治治安行动、侦破攻势等集中统一打击行动。1998年，开展春季严打整治行动，打盗抢机动车专项斗争和破案防范百日会战，共破获各类刑事案件117起，其中重大案件56起，抓获刑事作案成员71人，追回逃犯38人，缴获折款27万余元。1999年，开展打击流氓恶势力、打击车匪路霸、城区道路交通秩序整顿、机动车专项整治、“追逃”等专项工作。2000年，组织开展打流窜、打盗车、扫除黑恶势力“两打一扫”“百日破获会战”等专项行动，共破获各类刑事案件876起，抓获犯罪嫌疑人520名。2001年，组织开展“三打一整治”“治爆缉枪”、治安混乱地区排查整治等工作。2002年，针对社会治安存在的突出问题，组织开展“破案追逃”“打击两电一油”“春雷行动”“三打”“打击两抢”“打盗自行车”等专项行动，共破获各类刑事案件1750起，抓获各类在逃人员209人。2004年，组织开展“命案侦破”“蓝剑行动”“飓风行动”等专项斗争，全年共立刑事案件1393起，同比下降4.2%，立“八类”案件131起，同比下降9.7%。破获刑事案件794起，同比提高1.6%，抓获刑事作案成员854人，同比增加30.8%。2006年，开展命案侦破、打黑除恶、打击“两抢一盗”、打击经济犯罪、打击娼赌毒等一系列严打整治行动，解决影响群众安全感的突出问题，共破获刑事案件1415起，较2005年上升3.6%。2007年，相继组织开展了“命案侦破”、打击“两抢一盗”“春雷行动”、治理自行车被盗问题等一系列专项斗争。全年共破获各类刑事案件1096起，侦破了一系列影响大、性质恶劣的刑事案件。2008年，组织开展“雷霆行动”“打盗抢抓逃犯”等专项行动，共破获“八大类”刑事案件107起。2009年，组织开展治理“三车”被盗“断流”行动、“防盗抢、防诈骗”、社会治安整治等一系列以打击侵财性犯罪为主要内容的专项行动，全县共破获各类侵财性案件892起，维护了社会稳定。

第三节　重点整治

一、道路交通秩序整治

1996年8月，针对道路客运秩序混乱的现状，组织开展以整顿道路运营秩序为重点的综合整治活动。全县共组织了19个工作组，对1个机关内部单位、4处公共场所、2处省际结合部、6个重点乡镇和罗阳、墩尚路边店以及城区客运秩序、文化市场秩序实施全面治理。1997年，把青口地区的治安秩序、企业周边地区的治安秩序纳入整治范围，先后整治了4条国、省道、8个重点地区、3处省际结合部、3家重点企业，并对277处公共场所、210家特种行业、118家废品收购网点进行清理整顿。2002年，对204国道青口段、罗阳段、墩尚段道路交通秩序进行专项整治，达到治理一线、维护一方的实际效果。

二、车匪路霸和饮食服务行业整治

1998年，以打击车匪路霸、清理整顿饮食服务行业为重点，整治了5条重要路段，并对270户路边店、457家旅馆饭店、1140处私房出租户进行清理整治，共抓获车匪路霸24人，摧毁犯罪团伙3个，成员10人，依法取缔路边店16家、非法经营旅店35家，处理涉娼案件24起，处罚112人。

三、多行业整治

2001年，以治爆缉枪、道路交通、消防安全、自行车交易市场、娱乐服务场所、修理收旧行业作为整治重点，展开整顿清理工作。从5月开始，用2个月时间对全县的暂住人口、房屋出租户，进行清理、登记、整顿，清理整顿暂住人口12648人，租赁房屋户3220户。

四、育苗市场整治

2002年，针对沿海育苗市场强买强卖、盗窃投毒等破坏活动猖獗的问题，以县水产局为主、各有关部门参与，成立沿海地区工作指挥部，向沿海各镇派驻工作组，通过加强对育苗市场管理，加大巡逻守控密度，强化对沿海地区群众法制宣传教育等措施，有效遏制了育苗市场治安秩序混乱的局面。

五、校园及周边环境整治

20世纪90年代后，全县各级组织及各有关部门十分重视并不断加强对校园及周边地区的治安秩序整治。在校内，加大对师生的法制宣传教育、制订实施校规校纪，提高师生遵纪守法的自觉性；在校外，打击干扰破坏学校教学秩序的不法分子、清除影响学校教学秩序的不法摊点，维护校园教书育人环境。1999年5月，县校园及周边地区治安环境整顿领导小组成立，并展开整顿工作。2002年9～10月，抽调10个单位的人员开展对校园及周边治安秩序集中整治工作，共破获涉及校园及周边刑事案件34起，抓获刑事作案成员11人，查处治安案件3起，清查校园及周边各类经营网点194家，取缔22家，收缴非法音像制品及书刊近3万份。2003年5月，县综治委、县公安局、县教育局联合下发《关于进一步深化校园及周边地区社会治安综合治理工作的意见》，对12所重点学校的治安秩序进行整治，共收缴管制刀具27把，关闭校园周边地区洗发房、游戏厅35家。10月，县委、县政府召开全县校园及周边地区社会治安综合治理工作专题会议，将校园及周边地区治安秩序的整治工作纳入常规管理之中。

第四节　基层基础工作

一、组织领导

1991年2月19日，中共中央、国务院和全国人大常委会联合作出《关于加强社会治安综合治理的决定》。为全面贯彻落实文件精神，进一步强化社会治安综合治理工作，1991年3月，县委制订下发《赣榆县社会治安综合治理三年规划》。1992年，全县制订《关于加强乡镇社会治安综合治理组织建设的实施意见》《关于进一步加强社会治安综合治理基层基础工作的意见》等一系列规章制度，各镇由党委书记担任委员会主任，下设办公室，形成主要领导总负责，分管领导具体负责的组织领导体系，成立社会治安综合治理委员会，2002年10月，在县委党校举办三期社会治安综合治理业务培训班，全县481名农村和城镇社区党支部书记及镇综治专干参加了培训。2003年11月，县联防总队成立，下设19个大队，31个中队。2006年，制订并下发《2006～2008年基层科技防范工作总体规划》，大力推进技防村镇、技防街道和技防小区建设。县委、县政府通过以奖代补方式，筹资500多万元在全县18个镇全部设立视频监控中心，安装摄像头249个，建成柘汪西林村、罗阳小东关和青口中心社区等50个技防村（社区），村镇主要监控点与县110联网。技防乡镇建设提前2年完成省计划任务。投资170多万元对县110指挥中心进行改扩建，建成110、119、122“三台合一”、图像监控、区域报警系统、信息查询系统、GPS定位等多功能于一体的指挥中心。2009年，举办一期全县政法综治干部业务培训班，制定出台了《关于进一步加强基层政法综治工作规范化建设的意见》，在厉庄镇组织召开规范化建设现场推进会。

二、责任体系

1990年后，县委、县政府、县五部门（县综治委、县纪委、县委组织部、县人事局、县监察局）先后制订维护社会政治稳定领导责任制、部门责任制、社会治安综合治理领导责任制、对发生严重危害社会稳定重大问题的地方实行领导责任追究制、社会治安综合治理一票否决权制、社会治安综合治理末位警示制等制度，强化各级领导干部的责任意识。1992年以后，县委、县政府每年都与各乡镇党委、政府签订《社会治安综合治理目标管理责任书》，经过层层量化分解落实到每个基层单位。县综治委对目标落实情况组织半年初评，年终总评，兑现奖惩。1991～2005年共对61个单位（村）行使一票否决，2001～2005年共对2个镇和1个主管局行使末位警示。2006年后，县委、县政府将社会治安综合治理列入目标管理考核，并将综治和平安建设工作实绩纳入党政干部考核内容，定期组织督查，严格兑现奖惩，有效推进了责任制的落实。

三、队伍管理

1990年后，县委及县委政法委通过各种手段不断加强政法、综治队伍的教育管理，努力提高队伍的政治素质、业务能力和工作水平。1997年6月，全县政法系统开展为期三个月的集中教育整顿活动。

1998年4～7月，开展以“公正执法、文明执法”为主题的教育整顿活动。1999～2003年，在全县政法系统开展“双争”（争创人民满意政法单位、争当人民满意政法干警）活动，活动中，有1名干警被省委、省政府记一等功，7个集体、10名干警受市委、市政府表彰，17个集体26名干警受县委、县政府表彰，1个集体、1名干警受市委政法委表彰。2001年9月，结合开展“双争”活动，开展“以人民满意为标准、以公正执法为重点”的集中教育整顿活动。2004年，开展“公正执法树形象”集中教育活动。2005年，开展“规范执法行为、促进执法公正”专题整改活动，在整改活动中，县委政法委制订有关执法责任制、错案追究制、首问首办责任制、政法干警“四条禁令”和八项硬性规定、干警八小时以外行为规范等制度并严格监督执行，提高政法干警“公正执法、文明执法”水平。2008年，在全县政法系统组织开展“政法队伍建设年”活动，相继组织开展以“学习贯彻党的十七大精神和胡锦涛总书记在全国政法会议代表和全国大法官、大检察官座谈会上的重要讲话”“解放思想我当先、加快跨越争贡献”“如何为科学发展、跨越发展做贡献”为主题的解放思想大学习、大讨论等学习教育活动；在政法干警中开展“岗位大练兵”和创“无违纪”所队活动，进一步提升政法队伍形象。2009年，组织开展“树立公正执法形象、服务科学发展大局”和廉政风险点防控管理两项主题活动，进一步树立政法机关立警为公、执法为民的良好形象。

四、基础工作

按照全国统一部署，赣榆县从1997年开始在全县范围内开展创建“安全文明社区、安全文明村镇、安全文明单位”活动，截至1999年3月，全县安全文明镇、村、镇属单位和县属内部单位达标率分别达到82.6%、83%、89.3%和88.5%，超额完成省下达的80%的创建目标。

针对一段时期青少年违法犯罪突出的问题，2001年2月成立由县委、县人大、县政府、县政协及县委政法委、县教育局领导参加的青少年教育领导小组，结合宣传贯彻《中华人民共和国预防未成年人犯罪法》，调动全社会的力量加强对青少年的思想、道德、法律教育，至2009年，全县共建成青少年教育基地40处，其中抗日山烈士陵园被评为国家级青少年教育基地。全县高、初中学校、中心小学及职教中心全部配备了法制副校长、法制辅导员，建立45处“青少年法制学校”。

随着经济的发展、改革的深入，各类社会矛盾大量出现，在政治敏感时期和重大活动期间做到提前预测、超前谋划、防患于未然，进一步强化矛盾纠纷的排查调处工作。1997年，以香港回归和召开党的“十五大”为重点提前部署安全保卫和社会稳定工作。2002年8月，县成立矛盾纠纷排查调处工作领导小组，建立有关矛盾纠纷排查报告、分级调处、领导包案、联席会办等工作制度。2003年“非典”期间及时谋划维护社会稳定工作等。2004年5月，组建县、镇矛盾纠纷调处中心，办公地点设在信访局，12个相关部门在中心设办公室并派员参与矛盾纠纷的联调联处工作，把绝大多数矛盾纠纷处理在基层、解决在萌芽状态。

第五节　平安创建工作

2003年8月，省委、省政府做出在全省开展“建设平安江苏、创建最安全地区”活动的部署，县委、县政府成立以县委书记为组长的“建设平安赣榆、创建最安全地区”活动领导小组，下设办公室，制订并下发平安创建活动方案和实施计划，召开一万多人参加的平安创建动员部署大会，以各级党委、政府为领导，广大干部群众广泛参与的平安创建活动在赣榆县全面开展。2003年10月，赣榆县牵头召开赣榆县与山东省莒南县、临沭县、日照市岚山工委“共同维护边界地区社会稳定协作会议”，并签订协议书；12月，赣榆县保安联防总队成立，下辖19个大队31个中队，共有保安联防队员921名。2004年3月和8月两次开展“平安赣榆建设”集中宣传活动，组织千名干部参加“平安赣榆建设”知识竞赛；在《连云港日报》刊登“平安赣榆”专版；印刷“平安赣榆”资料汇编；制作“平安赣榆”专题片，在县电视台播出，组织“平安赣榆”大型文艺晚会，在县城及各镇巡回演出，印发《公开信》23万份，平安宣传卡10万余张，在重要路口制作42块永久性标语牌。2005年，在全县18个镇组建政法工作区，实施集中办公，统一管理，一条龙服务。为了推进平安创建工作向纵深发展，赣榆县在全市率先实施“三大”工程，即建设“大防控”，构筑城防、海防、边防三道治安防线；建立“大调解”构架，完善县、镇、村三级调解网络；健全“大教育”体系，强化对在校生、社会青少年、刑释解教人员三种特殊群体的教育。2007年，赣榆县被国家综治办表彰为争创和谐边界示范区先进单位。

第六节　法治建设

一、组织领导

2005年11月，江苏省委、省政府做出在全省创建“法制江苏合格县（区）”的决定。

2006年3月，赣榆县编委调整赣榆县依法治县领导小组办公室管理体制，将原由赣榆县司法局承担的赣榆县依法治县领导小组办公室的职能划出，交由赣榆县委政法委承担，县依法治县领导小组办公室设在县委政法委，在县委政法委内增设“依法治县工作科”（同时挂“依法治县领导小组办公室秘书科”的牌子），核定行政编制3名。2006年5月，赣榆县依法治县领导小组成立，组长由县委书记担任，副组长由县政府、县人大、县纪委等领导担任，县各部门主要负责人为成员，根据领导职位变动，领导小组成员每年调整一次。2006年9月，赣榆县依法治县领导小组成立公正司法协调指导办公室、法制宣传教育协调指导办公室、依法经营协调指导办公室、基层民主政治建设协调指导办公室、法治赣榆新闻宣传协调指导办公室和法治赣榆建设监督推进办公室等六个办公室，由各办公室具体协调推进各项工作。2007年，县依法治县领导小组成立依法执政工作组、依法行政工作组、公正司法工作组、依法管理工作组、依法经营工作组和法制宣传教育六个工作组，并根据人员变动每年调整一次。2008年8月，省委组织部、省编办规定在县区综治办增设副主任负责依法治理工作。

二、依法行政

2006年5月，赣榆县成立县全面推进依法行政工作领导小组，县政府办公室印发《关于全面推行新一轮行政执法责任制的实施意见》，依法界定和分解落实行政执法职责，建立和完善行政执法评议考核机制，严格落实行政执法责任。是年，县依法治县领导小组办公室印发《关于建设法治赣榆推进依法行政工作的实施意见》，重点规范行政执法行为、强化对行政行为的监督和深入开展对医疗卫生、产权交易、教育收费等重点领域的专项整治活动。2007年，为提高赣榆县执法工作的质量和水平，推进法治赣榆建设进程，县纪委、县依法治县领导小组办公室、县依法行政领导小组办公室、县监察局联合下发《全县开展执法质量年活动的实施方案》。

三、公正司法

2006年4月，县委政法委根据省委政法委《关于2006年执法规范化建设的实施意见》，制订《关于加强法治赣榆建设开展公正司法活动的实施方案》，推动政法各部门执法规范化和公正司法工作，进一步加强执法责任体系建设、执法质量和效率考评体系建设和执法工作信息化建设。是年8月，县委政法委印发《赣榆县政法系统社会主义法治理念教育活动实施方案》，在广大政法干警中广泛开展社会主义法治理念教育活动，要求准确理解和把握社会主义法治理念的本质和内涵，进一步规范执法行为，提高执法质量，政法各部门均制定了实施意见并付诸实行。2009年2月，连云港市委、市政府表彰全市政法系统“十佳政法单位”和“十佳政法干警”，县检察院民行科科长徐永明被授予“十佳政法干警”荣誉称号。

四、宣传教育

2006年5月，县政府转发县司法局《关于建设法治赣榆推进全民学法用法工作实施意见》，由司法局组织实施全民法制宣传教育。6月，县十四届人大常委会第23次会议通过《关于继续开展法制宣传教育的决议》，把“五五”普法教育规划上升到立法层面；县委、县政府转发《县委宣传部、县司法局关于在全县公民中开展法制宣传教育的第五个五年规划》，对党政领导干部、公务员、青少年和企业经营管理人员及农民和流动人口的法制教育，提出了具体的要求和学习内容。2007年3月，县依法治县领导小组办公室和县法制宣传教育领导小组办公室联合印发《建设法治赣榆学法用法示范单位考核实施暂行办法》，对考核标准和考核程序作了明确规定，实行百分考核制，考核得分达95分以上的单位，方可参评“建设法治赣榆学法用法示范单位”，考核工作每年组织一次，考核合格者由县依法治县领导小组报请县委命名表彰。2009年12月，省依法治省领导小组命名表彰赣榆县柘汪镇东林子村、西林子村、海头镇小口村、罗阳镇刘湾村、墩尚镇岳韩村、门河镇旺河村、金山镇前石堰村、宋庄镇邵庄村、石桥镇大庄子村为第五批省级“民主法治示范村”。

五、争创“法治江苏合格县”

2006年2月，县委下发《关于开展争创“法治江苏合格县”活动的决定》，决定从2006年起，在全县开展争创“法治江苏合格县”活动，力争到2010年，全县80%以上的村（社区）基本达到民主法治示范村标准，90%以上的镇基本达到“法治连云港合格乡镇（街道）”的标准和一批单位基本达到“法治连云港建设依法行政示范单位”“法治连云港建设公正司法示范单位”“法治连云港建设学法用法示范单位”的要求，确保赣榆县首批建成“法治江苏合格县”。是年3月，县委办公室、县政府办公室转发了县委政法委、县依法治县领导小组办公室《关于开展争创“法治江苏合格县”和“法治连云港合格镇”“法治连云港建设依法行政、公正司法、学法用法示范单位活动”的实施方案》，全县全面启动创建工作。县依法治县领导小组制定《法治赣榆建设总体规划》。县委、县政府与各镇、各成员单位签订“法治赣榆”建设工作责任书，对目标任务进行层层分解、落实。是年4月，召开全县建设“平安、法治、和谐赣榆”大会，会议对全县的法治建设工作作了全面部署。7月，建设“法治连云港工作推进会”在赣榆县召开，赣榆县政法各部门的审务、检务、警务公开工作得到市领导和各县区的充分肯定和好评。10月，县召开法治建设新闻发布会，县质监局、国土局、工商局等10家单位面向社会作公开服务承诺，县公安局等5家单位负责人进行答记者问。2007年1月，赣榆县被省委办公厅、省政府办公厅表彰为2006年度“法治江苏合格县（市、区）”创建工作先进单位。2007年3月，赣榆县柘汪镇、青口镇、环保局、质监局、检察院、法院、财政局、卫生局分别被市委办公室、市政府办公室表彰为2006年度法治连云港建设工作先进乡镇、法治连云港建设依法行政、公正司法、学法用法先进单位。

第十章　农村工作

第一节　农村土地承包管理

1990~1995年，赣榆县坚持巩固农业基础地位，深化农村改革，稳定和完善土地承包关系，加强农村土地承包管理工作，县委农工部组织县乡村三级农经人员到村入户，对全县25万份农田和专业承包合同进行全面审计，完善12884份不规范合同；调处13份有纠纷的合同；重新签订1663份原口头合同；收回211.79万元的合同尾欠款，全县30个乡镇都建立了合同档案和合同台账。

1996年，县委、县政府印制《关于进一步稳定和完善农村土地承包制，做好延长土地承包工作的通知》，对全县农村土地二轮承包作出具体规定，并开始农村土地承包延签试点工作，县委农工部在门河乡进行为期42天的试点，对试点工作中出现的人口变动、在承包地统一种植多年生植物、就地农转非、外流人口的承包地等问题，进行调查研究，并提出相应建议，为农村土地二轮承包的全面推开做好前期准备工作，进行业务骨干培训。各乡镇制定土地延签工作计划，做好承包土地的归户计算工作。是年，按照“格式规范化、内容合法化、指标合理化、管理制度化”的要求，全县共签订农田承包合同21.81万份，各类专业合同3.31万份，两项合同的签订率、鉴证率均达到100%。

1997年年初，农村土地二轮承包全面展开，在全县范围开展农村土地承包期延长三十年工作。全县核实后耕地面积5.18万公顷，其中多年生植物面积2500公顷，预留地350公顷，机动田面积230公顷，占核实后耕地面积的4.5%，延签面积4.66万公顷，实际到户面积4.5万公顷，占延签面积97.28%。参加延签户数215483户，发放土地承包经营权证198984户，占延签户数的92.34%。全县通过实施土地承包期延签三十年工作，取消多田制，实行一田制，共取消经济田4750公顷，减轻农民隐形负担1720万元，农民人均减负20元，稳定了农村土地承包关系。是年，共理顺农田承包合同22.05万份，新签订专业承包合同9925份，两项合同的签订率、鉴证率均达到98%以上。

1998年，全县29个乡镇应延包的748个村、21.55万户，4.66万公顷耕地全部延包到位，全县土地承包期延长30年不变工作基本完成，同时对全县7315份专业承包合同的签订作具体的指导和鉴证把关。

1999年，县委、县政府下发《关于进一步做好稳定农村土地承包工作的通知》，稳定农村土地承包关系，在公平负担的基础上，与21.55万农户签订1999年农田承包合同。对全县乡镇7135份专业承包合同的签订工作进行具体指导和鉴证。

2000年，坚决查处农村违反政策乱调土地现象，完善土地管理机制，确保土地承包关系的稳定。2001年4月，下发《关于做好农村承包合同管理工作的通知》，全县共签订农田承包合同（附件）22.3万份，共有15个乡镇0.36万户的740公顷耕地参与流转，流转补偿费达23.52万元，并对新签订的8600多份专业承包合同鉴证把关。2002年，组织各乡镇与农户签订农田承包合同（附件）22.12万份；制订《赣榆县农村土地使用权流转管理办法》，就土地流转的规范化管理作出具体规定。全县共流转土地6680公顷，其中镇村组织的无偿流转面积达5520公顷。

2003年3月，《中华人民共和国农村土地承包法》开始正式实施。全县开展土地延包30年不变《农田承包合同（附件）》的签订工作，共签订《农田承包合同（附件）》20.5万份。组织各镇开展农村承包合同管理完善月活动，对各类专业承包合同进行规范化管理，共组织签订各类专业承包合同3930份。

2004年，组织各镇签订土地承包合同，共组织签订《农田承包合同（附件）》22.3万份，签订各类专业承包合同6938份。2005年，县委办下发《关于对我县土地承包问题整改操作程序及有关问题的处理意见》，对农村土地承包中存在的偏差依法集中整改。

2007年，制定赣榆县农村土地承包纠纷仲裁工作的相关制度和工作方案，组织申报省财政扶持资金的农村土地承包纠纷仲裁示范项目1个。

2008年，开展土地承包经营权流转工作。深入贯彻《中华人民共和国物权法》《农村土地承包合同法》和《江苏省农村土地承包经营权流转办法》，严格土地征收征用、农村集体建设用地流转等审批手续，切实保护农民土地权益。纠正“两田制”和随意调整、收回农户承包地行为。健全农村土地承包纠纷调处机制，在坚持依法自愿有偿原则的前提下，建立健全土地承包经营权流转市场。加强土地流转中介组织建设，发挥镇农经中心一站式“窗口”服务优势，开展流转业务指导服务。2008年新增土地流转面积2135公顷（其中转包250公顷、出租1870公顷、入股15公顷），全县累计土地流转面积4073公顷，其中：转包1660公顷，出租2333公顷，其他方式（以互换为主）80公顷。

2009年，县委出台《赣榆县加快土地承包经营权流转促进规模经营的意见》，全县18个镇相继建立农村土地流转服务中心。创新土地流转形式，发展土地股份合作社。9月，在班庄镇召开全县农村土地流转现场推进会，继全县首家土地股份合作社——班庄镇黄班庄土地股份合作社后，相继成立了赣马镇黑坡、海头镇大官庄、厉庄镇赤涧、墩尚镇银河4家土地股份专业合作社。全年新增土地流转面积5350公顷；新增规模经营面积2350公顷。

第二节　农民负担监管

1990年，赣榆县加大农民负担监管工作力度，坚持"定量限额、总量控制"原则，努力减轻农民负担，按照乡统筹和村提留不超过上年农民人均纯收入5%的标准，控制一切要农民出钱、出粮、出工、出物的达标验收活动，严禁对农民乱收费、乱摊派、乱罚款，减免贫困户税费。从1991年开始，农民合同内负担得到有效控制。1993年，赣榆县成立由县长任组长的农民负担监控领导小组，使农民负担监控工作直接在县长领导下进行，并把农民负担纳入人大监督。

1996年，推行农民负担卡制度，全县发放监督卡23万多份。针对有的地方猪头税按人头收的错误做法，县委、县政府召开专题会议，贯彻国务院"定点屠宰、集中检疫、统一纳税、分散经营"的生猪市场管理规定，做到经营者依法纳税。

1997年，举办农民负担政策学习班，分五期对820多名乡村干部进行专题培训。县委、县政府提出减轻农民负担"十个严格、十个不准"，同时制订减轻农民负担十条规定，下发乡镇贯彻执行。严格实行预算制度，进一步规范负担内容。全县29个乡镇制订的农民承担村提留乡统筹费和劳务预算方案，一律由县把关审核后，再交乡镇人代会审议通过；在全县29个乡镇87个村设立261个农户农民负担监测点；全年对2897户减缓免税费81.69万元。

1998年，农民负担卡入户率达到98%以上，凡向农民收取的有关费用，一律使用由省农民负担监控部门监制的专用票据。3月，在石桥镇进行公平负担试点，经过20多天的工作，公平负担试点取得成功，全镇纯农户人均减负11元，总额达到39.08万元；并为282个贫困户、98个特困户免去负担6.5万元。依据有关政策，取消"农机站站办企业管理费""农村电影统筹费"两个收费项目；停收"农村宅基地临时用地租金"；调整《村镇规划选址意见书》、"村镇工程建设许可证""村镇房屋所有权证"工本费，对农民反映强烈的报刊征订、农村生产、生活用电电价、水利工程水费等问题进行专项治理，核减水费51.5万元。7月，在石桥镇进行依法治负试点，共收回村提留乡统筹尾欠款1527户、46.52万元，落实还款计划890户、33.5万元，减免特困户欠款计151户、4.52万元。

1999年，全面落实农民合同内负担一定三年不变政策，农民承担的村提留乡统筹，以村为单位，既不超过上一年农民人均纯收入的5%，也不超过1997年的预算额。全面推行公平负担，全县共评出高收入者31766人，多负担319.62万元；少负担2923户，减负51.01万元；减免困难户、特困户计1201户、40.43万元。开展农民负担专项整治工作，减少报刊征订费用320万元。建立健全县乡两级农村信访领导接待日制度，确定每月15日、30日为信访接待日。

2000年，重点治理税费错位、加码收费和乱收费问题。加大专项治理力度，严禁一切要农民出钱出物出工的达标升级活动，严禁组织小分队上门扒粮抬物，严肃查处一切涉及农民负担的违法违纪案件。

2001年，针对农村税费改革带来的新情况，采取新措施，强化农民负担监控管理。抓好"一事一议"的审批，审批"一事一议"资金1886.86万元，人均20元；通过税改，合同内外负担减少12088.68万元，减负率达60.2%，人均减负137.12元；严控"两工"标准，全县"两工"数量控制在682万个，劳均18.8个；规范税单、专用票据使用，农业税及附加、农业特产税及附加的收取统一使用税单，"一事一议""以资代劳"等统一使用专用票据；全面推行涉农收费公示制。

2002年，严格审核全年农民税费资金7994.2万元，其中：农业税及附加4673.51万元，农业特产税及附加1433.83万元，“一事一议”筹资1886.86万元，两工总量540.07万个，劳均14个，农民承担的劳务比上年下降20%，停止审批以资代劳；落实农民负担专项审计，实行涉农税费公示制，开展农民负担专项治理，建立农民负担监测点，分别在厉庄、塔山、门河、海头、宋庄5个镇，每镇选3个村，每村选3户，共设45个农户为全县负担监测点。

2003年，举办由各镇分管领导、农经中心主任、负担管理员参加的政策培训班。

2004年，严格执行省委、省政府关于农业税税率调减3个百分点的规定，审定全年农民负担总额5753.43万元，其中农业税及附加3494.37万元，“一事一议”筹资1664.58万元，“一事一议”筹劳275.36万个，劳均在8个工日内。其中，农民自愿以资代劳100.71万个，劳均在3个工日内，每工日8元，是年农民负担总量比去年下降30%，人均减负49元。将农村税费政策、农民负担预算方案和主要涉农税费项目及标准在赣榆电视台进行公示，并公布举报电话，各镇、村层层实行公示制。

2005年，实行县领导包镇制、全员责任制、专题述职监督制、“一票否决制”等涉农问责制，认真落实“一免三补”等支农惠农政策和深化农村税费改革措施。全县免征农业税及附加3494.37万元，人均减免42.5元。构建齐抓共管的大信访工作格局。县五套班子领导成员定期深入镇村，挂牌接访，坚持信访“接待日”制度，推行信访听证制度。

2006年，严格执行“一事一议”筹资筹劳制度；严格执行农民负担监督卡和专用票据制度；严格执行生产经营性服务收费政策；严格规范干部费用征缴行为；严格执行涉农负担查处制度。

2007～2008年，坚持预防与查处相结合，确保不发生涉农负担恶性案件。拓宽农民负担监管范围，加强对村民“一事一议”筹资筹劳、涉及农民负担的行政事业性收费、农业生产性费用等方面的乱收费乱摊派、农民补贴和村级财政性补助资金等监管，加大对农民反映比较强烈的问题督查督办力度，防止农民负担反弹，坚决制止加重农民负担的行为。

2009年，全县共实施“一事一议”奖补项目223个，落实奖补资金1595.81万元；向全县760个自然村发放“江苏省2009年强农惠农主要政策”宣传资料950份。

第三节　农村合作基金管理

1990～1992年，先后在4个乡镇成立农村合作基金会。1992年，全县经管站（含4个基金会）共代管和集聚闲散资金9864.21万元，总融资额达到6691.46万元，为9003个农户和734家乡镇企业缓解了生产资金的困难。殷庄乡闫庄村，在经管站融资的支持下，形成了有100多户参加的10个购销联合体，年创收100多万元，成为远近闻名的苹果运销专业村。

1996年，研究制定基金会具体管理制度，该项制度共设5章25条，主要包括借款终身制，即谁放谁收、包放包收制以及对违规、违纪、违制等处理办法和节约开支的措施。在宋庄乡试点的基础上，向全县推行会员制，会员占总户数的30%左右。组织13个较落后乡镇基金会领导和主任到山东莒南参观学习基金会的发展情况。是年，全县计提风险保证金、呆账准备金等各项基金达100多万元，实现股金信代管资金累计额3.22亿元，投放1.55亿元。

1997年，整顿农村合作基金会，促进基金会规范化发展，实现操作规范、管理规范、投放规范。是年，投放到农业的资金3308.4万元，投放到商业的537.58万元，投放到工业的2181.55万元，投放到其他行业的1532.2万元，创社会效益1500多万元。完成往年逾期款回收任务1186万元。

1998年，加强农村基金会内部管理工作，配备、配齐全县29个乡镇的农村合作基金会的审计稽核人员，把回收逾期款作为工作重点，实行任务到会，责任到人，奖惩挂钩等措施，全县共回收逾期款908万元。

1999年7月，赣榆县农村合作基金会清理整顿领导小组成立，对全县29个乡镇基金会进行全面清理，清理总资产为9573万元，总负债为9541万元，认定呆账861万元，净资产为-195万元。其中资产大于负债的单位15个，资产小于负债的14个。加大回收力度，向法院起诉418份，总标的972万元。是年共收回借款1993万元，收回利息200万元。在马站、金山两乡镇试点的基础上，对农户小额借款收购，全县共组织收购三批计740万元。

2001年，全县26个基金会共回收投放款400万元，通过争取专项贷款，加大清偿回收力度，保证了各乡镇兑付预案的落实，共兑付股金1440.94万元。

2006年，制定《赣榆县农村合作基金会个人股金兑付办法》，对全县4200户股民进行核实，共核实股金853.55万元。

2007年，做好原农村基金会遗留股金的核实兑付工作。对全县4200户股民股金兑现落实情况进行了全面检查。

第四节　扶贫开发

1990年，县委成立扶贫开发领导小组，将扶贫工作纳入“一把手”工程，采取“局包村”方式，对贫困村实行“一帮一”扶贫开发。1999年，改变“局包村”扶贫方式，将过去的扶村扶户改为扶持重点项目，组织全县56个县直机关、16个小康示范村参加扶贫工作，共投入扶贫资金109.01万元，有41个县直机关单位帮扶重点项目，其中黑林镇用扶贫资金65万元，在青口河上游建起了一座长104米、宽7米、引桥长68米的跨河大桥，解决了两岸农民多年未解决的交通问题。徐山乡用扶贫资金60万元在管葛埠和子贡山建起两座高灌站，扩大灌溉面积240公顷。

2000年，全县大多数乡镇已基本消除贫困村，扶贫工作坚持开发式扶贫和扶贫到户的方针。全县确定帮扶贫困户200户，对其采取提供实用技术信息服务等帮扶措施。是年，全县有草危房及受12号热带风暴影响倒塌房屋24171户、72554间，完成对2000户计5821间草危房的改造和3009户计6204间倒塌房屋的重建。

2001年，省、市委向赣榆县派驻扶贫工作队，县委农工部编制《赣榆县扶贫开发项目书》，并针对班庄、黑林等7个镇30个省定重点贫困村的实际情况，编制《赣榆县30个省定经济薄弱村扶贫开发项目书》；争取扶贫小额贷款两期计300万元，受益户达1466户，人均增收300余元；培训农村劳动力2502人，输出就业的有2257人。是年，共争取省无偿扶贫资金到位240万元；市扶贫资金到位1051万元，向贫困户捐赠被褥406件、衣服15858件、慰问金5万元，结对帮扶105户贫困户，资助贫困学生40名。

2003年，县委农工部建立5800户农村贫困户、400名贫困儿童结对帮扶工作台账；组织发放省扶贫办两次安排给赣榆县扶贫小额贷款750万元；制订上报13条路段50千米的交通扶贫公路建设项目计划；完成扶贫培训4776人。是年，省扶贫工作队共协调交通建设资金1932万元，争取后方单位帮扶资金290.4万元；市扶贫工作队争取各类帮扶资金1408万元。

2004年，大力推进农村“五件实事”的实施，完成3237户农村草危房改造、9万人农村卫生改水和297.7千米农村道路建设任务，90.5%的农民参加了农村新型合作医疗。扶贫小额贷款由原来的7个扶贫镇30个重点村，扩大到9个扶贫镇70个重点村，完成1200万元扶贫小额贷款的发放任务，受益农户达3038户。在全市率先使用扶贫培训券；完成培训4500人的扶贫培训计划。完成国务院扶贫办贫困村监测107个数据调查、全县3.1万户农村低收入人口调查和“百村调查”工作。是年，省、市、县三级挂钩单位直接投资帮建项目81个，项目资金2036.4万元，帮扶慰问贫困户898户，资助贫困学生634人。

2005年，加强对扶贫小额贷款规范运作，1500万元扶贫小额贷款全部发放到贫困农户手中，受益农户近4000户，户均增收1500元以上。积极开展扶贫技能培训和输出工作，培训人员2360人次，90%以上受训人员通过多渠道输送到大中城市的企业就业。开展对农村贫困家庭学生扶贫成才教育项目，向南京金陵成人教育培训学校输送贫困家庭初、高中毕业生58名。

2007年，实施“千村万户帮扶”工程。共落实各类帮扶资金2660.12万元（其中协调资金2153.6万元），实施道路交通、水利灌溉和农民增收等扶贫开发项目173个，帮扶贫困户2151户。实施贫困劳动力培训转移工种，累计培训农村贫困劳动力2200人，通过多种渠道和途径输出就业及本地转移就业2160人。发放扶贫小额贷款2617万元，受益农户3364户。

2008年，全县累计落实涉农、农村“新五件实事”及社会各类资金3.14亿元，实施道路交通、水利灌溉、卫生改水等基础设施类项目1200余个，全县建档立卡有劳动力的贫困户实现脱贫5966户，占全县年度脱贫计划任务8136户的85.6%。发放扶贫小额贷款2685万元，受益贫困农户近3000户；培训农村贫困劳动力3667人，转移就业3443人，就业率达94%。

2009年，全县共上报脱贫攻坚省财政奖励实施项目663个，全部为增收类项目，总投资8901.39万元，项目累计覆盖受益贫困人口24701人。累计发放扶贫小额贷款7023.6万元，受益贫困农户7675户。累计落实到位后方单位帮扶资金586.4万元，协调资金1341.2万元，实施帮扶项目57个。实施县四套班子领导带部门包镇制度，组织100名机关干部驻村开展帮扶工作，共筹措帮扶资金近1000万元，落实帮扶项目200余个。开展机关干部返乡参与新农村建设活动，累计投入财政专项资金4821.29万元，实施项目252个，支持111个村的新农村建设。全县114个村（包括57个经济薄弱村）与283个各级企业签订了结对挂钩帮扶协议。全县57个经济薄弱村实现科技特派员挂钩帮扶全覆盖。是年，建档立卡贫困人口实现增收脱贫9490户28543人，脱贫率达38.5%。

第十一章　对台工作

第一节　宣传工作

为切实做好对台宣传工作，县台湾工作办公室举办涉台教育培训班，聘请省市专家学者，宣讲两岸发展形势，宣传党中央“一国两制，和平统一”的对台方针、政策，宣传《中华人民共和国台湾同胞投资保护法》。2002～2009年，每年都在县委党校举办培训班，机关干部培训累计达1600人次；征订《海峡广角》累计达700份；此外，在每年的中秋、国庆期间都召开台商、台属代表座谈会；并在每年的春节前夕向台胞、台商寄赠贺卡及慰问信，累计1600余份，还组织撰写了《依托海洋资源推进对台招商》《关于对台经贸合作工作的几点思考》《关于台办工作创新的几点思考》等台情调研文章。

图 19-3　赣榆县港澳侨台眷属代表座谈会（2003年摄）

第二节　服务工作

2002~2009年，共接待到赣榆探亲、旅游、参观、洽谈投资项目的各类台胞、台商530余人，办理因私赴台探亲探病20余人，接待台胞、台商共计532人；办理遗产继承案件23起；处理台商、台胞投诉共计60起；办理因私赴台探亲、探病、奔丧22人次。对常住台胞坚持每季度上门探望1次，并建立定期联系制度，及时了解他们的反映和要求，尽量帮助解决问题。同时，定期对全县有关涉台纠纷事件进行排查，做到心中有数，认真依法、及时、妥善处理好涉台纠纷与台商投诉工作，保护台胞的合法权益。2009年，县台办处理台胞台属在投资征地、兴办项目、房屋拆迁、涉台婚姻、子女入学等各类来信来访的涉台事务60余件；为台属办理遗产继承出具调查证明1件。

第三节　招商引资

县台办充分发挥台办与台胞台商接触广泛的职能优势，积极宣传赣榆县土地、农业、交通、劳动力等资源优势和投资环境。县台办还对赣榆县的优势项目和产业进行认真筛选，挑选出一些与台湾相关企业对路的产业和项目并将其资料有针对性地寄给台湾的企业和厂商，宣传赣榆的区位优势和人力资源优势，邀请他们前来赣榆投资兴业。同时，对前来投资的台商投资坚持“同等优先、适当放宽”和个案处理的原则，切实做到“亲商、安商、富商”。2002~2009年，邀请500多名台商来赣榆县考察经济，组建15个团赴台考察交流招商，共签订合作意向75个，合同利用台资12.75亿美元，共引进台资项目23个，实际利用台资3.15亿美元。2009年，全县有台资企业23家，代表性企业有连云港冠林水产有限公司、连云港文峰木业有限公司、连云港好丽友食品科技有限公司、罗阳现代农业示范园等。

第十二章　党史工作

第一节　编纂出版

一、资料征集

1990~2009年，共查阅1949~1978年县档案馆历史档案与文献资料300余卷，制作党史大事记卡片3000余张，形成卷宗64卷（盒），文字资料600余万字。

二、编纂出版

1990~1994年，编纂出版的主要党史书籍有：《峥嵘岁月》（赣榆人民革命斗争史）；《赣榆县党史大事记》（1949~1966），7万字；《赣榆县党史大事记》（1966~1994），12万字；《中国共产党赣榆县组织史资料》（1987~1994），12万字；《赣榆县爱国主义教育基地简介》，6万字；《中国共产党赣榆县历史大事记》（1926~1994），26万字。

1995~1999年，编纂出版的党史书籍有：《赣榆抗战风云录》，12万字；《为了明天更美好》，12万字；《老六团回忆录》，20万字；《赣榆党史资料》（第9辑），10万字；《赣榆党史资料》（第10辑），12万字。

2000~2009年，编纂出版的党史书籍有《人民英烈》，25万字；《探索与辉煌》，44万字；《民族之光》（一套5本），120万字；《群英谱・赣榆卷》，12万字。

第二节　重要党史活动

一、为革命纪念地树碑立标

1990年，由县党史工委提议并主办，以县委、县政府名义为全县5处革命纪念地树碑立标；1991年7月1日，县委常委及有关领导分别为这5处纪念地揭牌。这5处纪念地是：青口十八勇士纪念地，赣榆战役纪念地，符竹庭政委殉国处，小沙东海战纪念地和朱爱周牺牲纪念地。

二、倡议建立全县爱国主义教育基地和缴纳特别党费活动

图 19-4　青口十八勇士纪念地（1991年摄）

图 19-5　小沙东海战纪念地（1994年摄）

1996年，由县党史工委提议，并会同县委宣传部、关心下一代工作委员会就爱国主义教育基地建设问题向县委、县政府提出报告，县委、县政府决定在全县建立39处爱国主义教育基地，为加强爱国主义教育基地建设，使教育基地做到“五有”，即有教员、有教材、有教学活动场地、有教育计划、有教学联系制度，党史工委编写近10万字《赣榆县爱国主义教育基地简介》，为爱国主义教育宣讲员编写宣讲材料，使基地成为广大干群，特别是青少年接受爱国主义和革命传统教育的场所。

此外，党史工委还积极牵头，发动共产党员缴纳一次特别党费，做好“刘少奇同志纪念室”维修建设工作。张爱萍为刘少奇纪念室题写了室名，王光美来信并题词：“祝赣榆人民生活更美好”。

图 19-6　抗日山爱国主义教育基地挂牌仪式（1997年摄）

图 19-7　朱爱周烈士墓（2008年摄）

2009年赣榆县爱国主义教育基地一览表

表19-5

序号	名称	地址	序号	名称	地址
1	赣榆县第一个党组织纪念地	县政府招待所东院	18	王西善烈士纪念地	厉庄镇
2	十八勇士纪念地	青口镇火叉巷	19	赣榆战役纪念地	赣马镇
3	周翔、李玉山烈士纪念地	青口镇大新庄	20	捻军作战纪念地	赣马镇紫阳桥
4	中共赣榆县总支部旧址	原青口镇小学玉皇阁	21	孙德南烈士纪念地	石桥镇
5	大树村抗日子弟小学旧址	黑林镇	22	二十八烈士墓	沙河镇
6	大吴山战斗纪念地	黑林镇	23	嵇保山烈士纪念地	沙河镇
7	刘少奇同志纪念室	黑林镇大树村	24	孙敏烈士纪念地	沙河镇
8	符竹庭政委殉国处	黑林镇马旦头村	25	刘琦、刘昌华烈士纪念地	沙河镇
9	抗日山烈士陵园	班庄镇王洪村	26	舍己救人好少年薛倩墓	欢墩镇东方红村
10	赣榆县抗日民主政府成立纪念地	班庄镇王接庄	27	抗战时期大生产运动纪念地	柘汪镇
11	红领巾水库	班庄镇	28	"民族英雄"纪念碑	石桥镇
12	朱克靖烈士纪念地	班庄镇	29	半边店战斗纪念地	城西镇
13	朱爱周烈士墓	罗阳镇朱家庄村	30	海头惨案纪念地	海头镇
14	李家凡烈士纪念地	罗阳镇	31	小塔山水库	塔山镇
15	侍建栋烈士纪念地	罗阳镇	32	战斗英雄王世兰纪念地	塔山镇
16	抗战时期中共赣榆县委驻地	厉庄镇杨家岭	33	大林头惨案纪念地	塔山镇
17	陡岭起义纪念地	厉庄镇			

三、党史宣传

20世纪90年代，配合县委提出在经济建设中要发扬"老六团精神"，党史工委编写《老六团回忆录》；为纪念改革开放20周年，撰写了《大潮奔涌—连云港市改革开放20周年纪实·赣榆篇》。2002年，为纪念抗日山烈士陵园建园60周年，编纂出版了《民族之光》丛书一套5卷；为纪念抗战胜利60周年，与宣传部、广电局、教育局联合录制《赣榆抗战风云录》专题片；为配合关工委做好青少年教育工作，编印了《为了明天更美好》《连云港市革命斗争故事·赣榆篇》《抗日山革命斗争故事》，为关心下一代宣讲团撰写10余万字宣讲材料，党史工委的同志们还亲自到学校和机关进行宣讲。

图 19-8　纪念抗日山烈士陵园建园60周年（2002年摄）

第十三章　老干部工作

第一节　离休干部管理

1990年，全县共有离休干部907人，其中党政机关351人，事业单位198人，企业单位358人。1994年，全县离休干部872人，其中党政机关324人，事业单位191人，企业单位357人。2009年，全县离休干部434人，其中党政机关182人，事业单位91人，企业单位161人。

1990年，赣榆县贯彻落实中央、省市、县委关于离休干部生活待遇的各项政策，及时调整离休费，办理和提高老干部护理费，交通补贴费等，老干部生病住院，做到及时走访慰问。1996年，全县实行企业改制，致使一部分老干部的离休费不能足额发放，县委、县政府决定从当年1月起，将全县286名企业离休干部的离休费纳入社会劳动保险机构，实行统一社会化发放，保证企业离休干部离休费按时足额发放。

2001年，在建党80周年和国庆期间，组织126名老干部分赴各乡镇中小学、机关单位作报告572场，开座谈会385次，放电影、录像432场，出版画廊982块，知识竞赛95次，写纪念文章5942篇，受教育者达36.8万次；对青少年进行两法教育，作报告626场，受教育者达到32.9万次；组织发动402名老干部、老党员、老职工、老村干部开展公民道德规范教育，对438名失足落后青年，实施帮教。

2001年3月29日，县委办、县政府办下发关于印发《赣榆县离休干部医疗保障管理暂行规定》的通知，全县离休干部的离休费实行统筹，机关、事业单位按上年度在职职工年工资总额的2%缴纳，企业及自收自支单位按在职职工上年度工资总额的1%缴纳，各单位按离休干部每人每年4000元标准缴纳专项资金，破产企业在破产清算时，按离休干部每人8000元×10年的标准提取医疗费。2005年起，离休干部的医疗费用由县财政按离休干部每人每年6000元统一划拨，不再实行社会统筹。

2008年起，全县离休干部医疗费用纳入县职工医疗保险处统一管理，其医疗费用按老干部人均1.1万元划拨，仍由县财政支出。

2009年，县政府召开全县离休干部住房补贴工作会议，在全市率先出台离休干部住房补贴政策，分三年时间将全县老干部的住房补贴费用发放到位。

至2009年年底，全县共建有离退休干部党支部52个，共有党员3000余名。县委按照离休干部基本政治待遇不变，生活待遇略为从优的精神，定期（一年两次）向离休干部宣传形势，通报工作，交换意见，并在老干部活动中心设立阅览室，使老干部能看到职级相当的在职干部所能看到的主要文件，对行动不便的老干部则定期上门送资料、文件，每年春节、中秋、重阳等重要节日，县委及各部门的主要领导都坚持走访慰问老干部，了解情况，听取意见。贯彻中组部《关于加强离退休干部党支部建设的意见》，做好老干部党支部书记选配和党支部换届选举工作，建立健全老干部党支部，确保每一位老干部都不脱离党的组织，都能正常接受党的教育和组织管理。

第二节　老年教育和老年体育工作

一、县老干部活动室

1989年，县委、县政府投资58万元，建设县老干部活动中心1处，建筑面积1200平方米，内设文艺、阅览、接待、麻将、台球、乒乓球、象棋、扑克、健身房等10余个活动室，老干部常年在此活动。1990年6

月29日，经县编制委员会批准，县老干部活动室成立，编制4人，其中主任1人。是年，土城乡老干部活动室被省委组织部、老干部局评为先进老干部活动室。1991年，班庄乡、城头镇、欢墩镇、朱堵乡、马站乡老干活动室被市委组织部、老干部局评为先进活动室。1997年，全县16个乡镇和机关单位活动室被市委老干部局评为合格老干部活动室。1998年，县老干部活动中心、海头镇、马站乡老干部活动室被市委老干部局评为模范活动室；2005年，全市“中心带动，社区联动”经验交流会在赣榆县召开，省委老干部局副局长王建明出席会议。

二、县老年大学

成立于1995年，校长由县政协主席担任，校委会成员15人，根据学员知识结构、兴趣爱好和对知识需求的不同，设置书法、家电、诗词、保健、历史、国画等13门课程，聘请教师20多人次，每逢重要纪念日，老年大学都举行社会公益和文体活动，为街道、社区，乡村、企业送健康理念，传播文化艺术。1999年，县老年大学被省教委、老龄委、老干部局评为“江苏省优秀老年大学”。2000年，县教师公寓、马站乡、石桥镇老干部党支部被省委老干部局评为老干部读书活动优秀集体。2009年，县老年大学在校人员80余人，自开办以来有10.5万人次参与学习。

三、县老年人体育协会

成立于2001年4月，该协会积极组织引导广大老年人参与体育活动，每年举办门球、台球、乒乓球、象棋等适合老年人参与的比赛；举办太极拳、剑、健美操舞、健身球、太极柔力球等表演赛。2002～2009年，县老年人体育协会先后获得市老龄工作先进集体、市老年体育工作先进单位、省老龄工作先进集体、省老年体育工作先进单位、全国全民健身与奥运同行、全国亿万老年人健步走向北京迎奥运活动先进地区等殊荣。

第十四章　保密工作

第一节　保密宣传

1990年，县保密委员会在县机关开展保密知识竞赛活动，全县二十三家单位参加竞赛活动；订购一千余份《中华人民共和国保守国家秘密法》（以下简称《保密法》）小册子分发到基层进行学习、宣传；组织党群、宣传、政法等系统和单位的干部职工观看《有朋自远方来》《警钟长鸣》等五部保密录像片，受教育者达四百余人次；在首届徐福节期间，县保密委员会印发《关于做好徐福节期间涉外保密工作的通知》。

1991～1992年，做好第二届、第三届徐福节期间的涉外保密工作；配合组织部门在搞好政审工作的同时，对出国人员进行保密教育，提供《出国人员一百问》等保密知识学习资料，帮助出国人员全面了解和掌握有关保密知识及出国常识，增强保密观念；翻印《中共江苏省委保密委员会关于县处级以上干部保守党和国家秘密的暂行规定》，发放给每位县处级领导；根据省保密委员会的文件精神，制订《赣榆县副局级以上干部保守党和国家秘密的暂行规定》；对涉外工作、无线电和电台管理等提出了明确要求；组织县委办公室、县政府办公室的秘书人员，对县直机关十多个保密重点单位的密件管理情况进行检查。

1993～1995年，为纪念《保密法》颁布五周年，把9月定为《保密法》宣传月；组织机关六大系统代表队参加保密知识竞赛和全县700多名副局（乡）级以上干部保密知识答题活动，并在《赣榆报》和县电视台进行宣传报道；转发《印发〈关于禁止邮寄或非法携运国家秘密文件、资料和其他物品出境的规定〉的通知》《对外宣传〈关于禁止邮寄或非法携运国家秘密文件、资料和其他物品出境的规定〉有关事项的通知》。

1996～1997年，结合业务部门实际，对金融系统的广大干部职工进行保密意识、保密纪律教育；制定《赣榆县县级机关保密工作八项基本要求》，对机关干部的保密工作作出具体规范；印发《赣榆县“三五”普法期间保密法制宣传教育规划》。

1998年，在《赣榆报》开办《保密法》知识讲座22期，广泛宣传《保密法》及其《实施办法》；组织1050名领导干部及涉密人员参加全县保密知识竞赛；开展《保密法》宣传月活动，纪念《保密法》颁布10周年；举办全县国家安全保密业务培训班，各乡镇党委秘书和县直机关单位人秘科（股）长110多人参加了培训；贯彻国家保密局印发的《计算机信息系统保密管理暂行规定》，配合公安、电信部门对加入国际互联网的计算机用户进行安全保密教育；配合公安、教育部门，做好高考期间的安全保密工作。是年，还制订了《赣榆县党政机关和保密要害部门、部位保密技术防范设备配置标准》，县政府办公室、纪委、银行等单位配备了文件粉碎机，保密重点单位及领导办公室配备了电话警示器，通信及办公自动化的保密工作得到了加强。

1999～2003年，通过召开座谈会、出黑板报等多种形式，纪念《保密法》实施10周年；县广播电视局开播《保密法》知识问答；组织县相关单位参加连云港市“小灵通”杯保密知识竞赛、市“新电杯保密知识竞赛”活动。

2008年，印发《保密知识问答》《保密知识宣传手册》等300余份，在全县范围内开展社会信息化保密常识普法宣传教育活动。

2009年，配合市保密局做好保密承诺书的签订，共发放保密宣传资料图书1560份，保密教育光盘200份，签订保密承诺书1670份，各乡镇各机关单位的涉密人员和领导干部普遍接受一次保密教育。

第二节　检查监督

1990年，赣榆县保密委员会重点开展对全县印刷、复制等行业的清理整顿工作，采取自报与审查相结合、自查与普查相结合，帮助与督促相结合的办法，对印刷、复印等行业全面进行审查登记，并上报确定赣榆县印刷厂为复制国家秘密载体定点单位。是年11月，日本客商来赣榆洽谈大理石项目的合作与出口问题，日本方面索要有关资料和地质图纸等第一手资料，县保密委员会从保密的要求出发，决定仅限于提供一般性的情况和资料，满足日方要求，也保守了秘密。

1992年，县保密局邀请县委办、政府办、人大法工委一起对全县三十个乡镇的保密工作进行全面检查。与此同时，县直机关按系统组成六个组，由系统人秘科股长牵头，对八十多个部委办局进行全面检查，评出保密工作的先进集体和先进个人。

1993年，积极参与县编史修志保密审查工作；对外经委及有关乡镇提供的对外经济合作资料进行涉密调查。

1994年，着重检查邮电、广播电视、报社、印刷厂等单位的通信保密及新闻出版保密工作，同时对纪检、检察、信访等部门的日常保密工作进行多次抽查，发现问题及时采取补救措施，堵塞失、泄密漏洞，进一步完善保密制度。

1995年，开展关于《对外经济合作提供资料保密暂行规定》执行情况抽查。

1996年，为贯彻省委保密委员会《关于严禁在“大哥大”等无线移动通信中谈论党和国家秘密问题的通知》，县保密局重点在党政机关、政法部门进行通信和办公室自动化保密检查。配合档案部门，做好机构改革期间撤、并单位档案的移交和管理工作，按照密件管理保密规定，对秘密文件、资料比较集中的单位，实行集中时间清理、统一定点销毁。协助县志办公室，对《赣榆县志》《赣榆县教育志》《职工教育志》进行保密审查。针对改革开放以来市场经济工作中的一些问题，对部分企业商业秘密保护情况进行调查，并结合本县实际，制订《商业秘密管理暂行规定》。

1997年，统计调查全县两家经济科技保密项目，统计汇总全县计算机互联网使用情况、计算机单机使用情况及计算机区域网使用情况。

1998年，县保密局贯彻落实《中共中央加强新形势下保密工作的决定》，县委下发了《关于认真做好新形势下保密工作的意见》，着重从增强全民保密意识、强化保密管理、促进保密工作现代化、落实保密工作责任制等方面，对全县各乡镇、各部门提出具体要求。是年年底，由县委办、政府办、纪检委、档案局、保密局等单位组成检查组，对部分乡镇、县直机关重点单位贯彻落实保密工作情况进行抽查。

1999年，县查缴泄密非法出版物工作领导小组成立，会同公安、工商、文化等部门，对县城所有书店、乡镇集市书摊进行检查。高考期间，配合公安部门，对高考试卷保密室及各项制度的落实情况进行检查。会同公安、电信、机要部门，对青口镇、县信息中心等单位的计算机信息保密工作及BO黑客程序的侵入情况进行检查。会同科委、经委，对县水产、粮食等部门的商业秘密保护工作进行检查，会同公安、工商、文化部门，对印刷、复印行业的保密情况进行检查，并对全县55家印刷厂、打印社进行注册登记，加强管理。组织县直机关各保密协作组，对所属单位贯彻执行保密法律法规、落实保密工作领导责任制、建立完善保密制度及加强保密防范措施、对外提供资料等情况进行检查。为推动政府上网工程，县保密委员会下发《关于做好“政府上网工程”保密防范工作的通知》，并会同电信、机要部门对各乡镇及县直机关单位的上网信息逐一进行保密审查，进一步加强对上网计算机及其操作人员的管理、教育。

2000年，开展“三五”保密法制宣传教育检查验收工作。

2003年，县委机要保密局会同公安、文化、电信等部门，对全县因特网用户进行一次安全保密大检查，督促有关单位进一步加强计算机网络安全保密管理工作；会同县委组织部、县公安局共同开展全县出国重点保密工作单位和涉密人员的确定工作；高考期间，对教育局的保密工作进行检查，并与之配合做好高考试卷等有关保密工作；会同科技局做好建立科技交流提醒制度单位涉密人员的确定工作；在全县开展使用涉密计算机上互联网情况检查活动，对重点单位进行了抽查，针对检查中发现的问题，及时给予指导并限期整改，确保无一例泄密事件发生。

2004～2008年，对全县机关单位计算机及其网络保密管理情况进行登记备案，并针对不同情况逐一下发整改通知书；加强对全县印刷业和废品收购站的管理；配合市保密局对全县机要通信开展专项保密检查，进一步明确机要通信部门在收寄、投递等环节的执行规范，确保党政机要信件的绝对安全。

2009年，梳理全县保密重点单位，并与市保密局联系，对重点单位重点部位逐一进行一次计算机保密检查，对存在的问题与隐患及时指出纠正，确保上网计算机不涉密、涉密计算机不上网和U盘的规范使用。

第十五章　精神文明建设

第一节　未成年人教育

2004年3月23日，《人民日报》刊发党中央、国务院《关于进一步加强和改进未成年人思想道德建设的若干意见》。是年，赣榆县成立加强未成年人思想道德建设领导小组，下设办公室，县委书记为第一责任人，并建立起覆盖全县的组织网络，制定《全县加强和改进未成年人思想道德建设的实施意见》，开展社会环境综合治理、思想道德教育、“三支”宣讲团、爱国主义教育影片巡回放映一系列活动，进行未成年人思想道德建设。

2005年，利用清明节、抗战胜利60周年纪念日，以及入队、入团等节点，对广大未成年人进行以爱国主义为核心的民族精神教育，广泛开展“走进七彩童话、亲近绿色童谣、诵读经典古诗”活动，积极建设绿色校园文化，广泛征集“社会妈妈”志愿者，与贫、病、孤、残儿童结成“一对一”帮扶对子，奉献爱心，救助失学儿童。全县共投入救助资金20多万元，500名面临辍学的贫困儿童得到资助，还开办了10余期“春蕾班”，促进弱势儿童群体的健康成长。

2006年，开展学雷锋等系列道德实践活动、新童谣创作、传唱和“七彩的夏日”创意方案征集活动。向全县小学、幼儿园赠送《新童谣》读本12000余册，在班庄镇新集小学建成了全县首个“爱心书库”。

2007年，开展“文明礼仪与我同行”活动。全县6所学校被中宣部等10部门授予“全国青少年文明礼仪教育示范基地”。塔山中心小学等3所学校、6名个人分别被授予全市“和谐港城·七彩生活”未成年人暑期活动先进集体、先进个人和特色活动等荣誉。开展新童谣歌曲传唱活动，青口小学、实验小学、实验幼儿园等六所小学、幼儿园参加全市新童谣歌曲赛演，均获得市文明办等7部门表彰。赣榆县获市优秀组织奖。

2008年，开展生态年系列活动。发起节约能源、保护环境倡议，举行“节约资源无小事，保护环境我争先”万人签名活动，组织开展“植一片新绿，献一份深情”、认绿护绿、节约能源从点滴做起等实践活动，倡导实践生态文明。组织广大青少年参加“全国百万青少年‘我承诺：做一个有道德的人’”网上签名与“抗震救灾英雄少年”网络评选、“学英雄少年、为奥运添彩、做有道德的人”网上签名留言等系列活动，开展主题班队会，学习英雄少年，加强道德教育。

2009年，开展传统节日教育活动、“连云港市美德少年”评选活动、“小手爱心书屋”活动，试点挂牌“小手互助成长驿站”。推动学校德育工作，实现从课堂到课外、从理论教育到具体实践的转变，促进学生德智体全面发展。加强全县各中小学校心理健康咨询室建设，全面推进城乡校外辅导站建设。是年，全县共建立校外辅导站180个。

第二节　文明创建

2004年，县文明办组织开展综合执法行动，对市容卫生、交通秩序、市场秩序、治安秩序等进行综合执法，解决无序管理问题。同时，开展争创文明行业示范窗口、城乡共建文化先进村、“诚信赣榆”等创建活动。组织开展县级文明行业、文明村镇、文明机关单位和十佳文明窗口单位、“十星级文明户”“文明诚信家庭”等评选活动。全县共评出文明行业9个，文明镇10个，文明机关20个，十佳文明窗口单位10个，文明村122个，文明单位288个。

2005年，组织柘汪镇、石桥镇东温庄村、县国税局分别申报并获得全国文明镇、全国文明村镇创建工作先进村镇、全国文明单位创建工作先进单位等荣誉称号，填补了赣榆县全国文明镇、全国文明单位两项历史空白，并有3个镇、7个村、6个行业、9个单位进入省级文明单位行列，有8个镇、6个行业、21个村、58个单位受到市委表彰。开展“十星级文明户”“信用户”“信用村”等文明先进创评活动，提升行业窗口精神文明创建水平，推进社区精神文明创建。

2006年，普及农村“三墙”建设，全县近400个行政村新建或刷新了“三墙”。深化城乡共建文化先进村活动，开展“倡导移风易俗、净化社会风气、树立文明新风”活动，开展文明小区创建活动，在全县各行业、单位的服务窗口，广泛开展“树诚信形象，铸诚信赣榆”优质服务百日竞赛活动，加强诚信建设，优化服务环境，强化服务监督，提高服务质量，打造诚信赣榆。

2007年，开展“邮政服务三农”系列活动。积极探索农村精神文明建设新途径、新方法，将文明行业创建与新农村建设相结合，将农村精神文明创建与“服务三农”相结合，围绕“邮政服务三农”这个主题，

图 19-9　赣榆县邮政服务"三农"系列活动启动仪式（2007年摄）

开展为农民送技术、送资金、送项目、送信息、送农资、送图书、送文艺、送卫生、送法制、送温暖"十送"活动及"十佳"服务"三农"邮政支局创建活动。是年，全县有7个镇、20个村、2个社区被评为市级文明镇、文明村、文明社区，有3个镇、6个村被评为省级文明镇、文明村，其中海头镇、宋口村是连云港市年度唯一的省级文明镇标兵、文明村标兵。创成市级五星级文化先进村2个、四星级文化先进村4个、三星级文化先进村13个。

2008年，推进农村关爱工程，开展志愿服务活动。开展迎奥运、文明礼仪进家庭、抗灾募捐等系列活动。

2009年，深化群众性文明创建，积极推进创建省级文明城市活动；开展净化社会文明环境整治工作，推进文明社区创建活动。组织开展短信寄语征集活动。

第三节　典型推介

2006年，推介海头镇海后村、柘汪镇西林子村等5个全市新农村创建典型。

2007年，配合市文明办等单位集中宣传闫伦亮、宋世敏等精神文明建设先进个人，如身患白血病仍念念不忘救助8名山区贫困生的赣榆籍大学生徐磊，上养残疾双亲下养残疾弃女，被评为全国"孝亲敬老"之星的厉庄镇农民仲济民等。这些典型，在社会上产生了强烈反响。

2009年，申报连云港市"十大杰出青年"。金山镇残疾人运动员成昌杰参加2008年残奥会男子个人反曲弓坐姿2级决赛获得金牌，被评为全市"十大杰出青年"之一。

图 19-10　市"十大杰出青年"成昌杰（2009年摄）

第十六章　机关党建

第一节　组织建设

1990～2009年，县机关工委以"围绕中心，服务大局"为工作重心，加强机关党的建设，先后成立8个党总支，26个党支部，发展党员1698名，开展党员民主评议4万人次。根据组织发展要求，按照1∶4的比例建立机关入党积极分子队伍，每年举办1～2期入党积极分子培训班，共培训入党积极分子2400多人次。赣榆县机关党建工作根据不同时期的特点，制定党委例会制度和议事规则，同时对党支部换届选举、发展新党员、民主评议党员等也建立了较为完善的规章制度。1998年，全年改选和换届党支部27

个，调整充实支部书记17名，发展新党员62名。1999年，按照“抓两头、带中间”的党建工作思路，配齐配强党务干部，新成立党支部5个，发展新党员57名。2001年，开始实行发展党员“双票”表决制和发展党员公示制，发展党员工作进一步公开透明，机关党建工作更加制度化、规范化。按照“抓班子、带队伍”的党建工作总体思路，重点做好强基工程，按照《中国共产党章程》规定，对任期届满的党支部（总支）进行换届选举。根据工作需要先后成立“中共赣榆县国家税务局机关党委”和“中共连云港市赣榆地方税务局机关党委”。2006年，开始在“两新”组织中尝试建立党组织，同年成立赣榆县酒饮料行业商会党支部，商会党支部开展“千家万户”惠民活动，促进了全县副食品行业的健康发展。

截至2009年，机关工委所属党总支4个，党支部114个，党小组225个，党员1780名。

第二节　作风建设

县级机关工委依托机关纪工委和县行政效能中心，狠抓机关作风建设，严厉查处损害人民群众利益和影响党的形象，违犯党的纪律的党员干部。1996年，发展党员75名，处理违法违纪党员11名。2004年，实行聘用机关党风廉政建设监督员，完善机关作风建设监督网络机制，加大对机关党员干部的监督力度。从2005年开始，将每年8月定为“党风廉政建设教育月”，通过观看廉政教育光盘，撰写心得体会等，对机关党员干部进行警示教育。2006年，在县直机关广泛开展“优质服务科室”创建活动，至2009年，共有289个科室参加创建活动，182个科室被评为“优质服务科室”。截至2009年，共查处违法违纪案件40多起，处置不合格党员86名。

第三节　专题活动

1992年，为提升机关党员服务基层水平，在机关党员干部中开展“引进一个项目、提供一项技术、推荐一名人才、筹措一笔资金”四个一专题活动。

1993年，为扎实推进机关作风建设，在机关党组织中开展“树典型、学先进、深化创新意识”专题活动，增强广大机关党员、干部争先创优意识。

1994年，以“自觉行动、自寻苦吃、自加压力、自我奉献”为主要内容，在机关党组织中广泛开展“树良好形象，创一流业绩”主题活动，改进机关作风，提高党员干部服务水平。

1995年，在机关单位广泛开展以“学理论、创业绩、奔小康”为内容的创先争优活动，充分发挥广大党员干部在改革开放中的先锋模范作用和党支部的战斗堡垒作用。

1996年，全面落实中共十四大和十四届三中、四中全会精神，开展学习“邓选三卷”和中央全会文件活动。

1997年，按照县纪委、县委组织部、宣传部的要求，在县级机关各级党组织和广大党员干部中，深入开展以“树形象、做表率、创新风”为内容的社会主义精神文明主题教育活动。

1998年4月，举办县级机关党支部书记培训班，县委领导参加会议并作重要讲话。为纪念中共十一届三中全会召开20周年，在县直机关开展以“看成就、话改革、争贡献”为主题的教育活动。

1999年，根据全县党建工作会议精神，充分发挥“机关工委对县级机关党的工作负有领导责任”这一新的工作职能，开展以“加强和改善机关党的建设，推进党的建设伟大工程”为主要内容的理论研讨活动，活动历时6个月，共收到包括县委领导撰写的机关党建论文60余篇；12月，对县直机关全体党员干部进行一次全面学习测试，共发放试卷2600份，应试人数占机关党员干部98%。

2000年，继续开展“三讲三为三满意”主题活动，10月组织全县机关党员干部进行学习测试，副科级以上党员干部的参试率达到了100%。是年，还成功举办了《祖国在我心中》演讲比赛和“太保”杯知识竞赛，收集整理了60余篇论文，编辑成书后印发各单位，进行研讨交流。通过这一系列活动的开展，进一步激发了广大干群的参与意识，为主题活动增添了新的内容。

2001年，在县级机关广泛开展“三讲”和“三个代表”重要思想的学习教育活动。11月，成功组织并举办了全市“群众满意的机关干部”先进事迹报告会。

2002年，在县级机关深入开展学习党的十六大精神活动。4月，联合组织部在全县机关开展“作风建设年”主题教育活动，成功举办了“庆七一”“中国人寿”杯《公民道德组歌》合唱比赛。

2003年，为响应党的十六大提出的“形成全民学习、终身学习的学习型社会，促进人的全面发展”的号召，7月，与县委组织部、县委宣传部联合下发《关于建设学习型机关的意见》，开展学习型机关创建活动。

2004年，围绕中共十六届四中全会关于加强党的执政能力建设的有关精神，从提高机关干部党性党纪观念、增强行政新知识方面入手，集中一百天时间、筹集一百部专题教育片、在一百个支部（总支）开展以党规法纪、市场经济、传统教育等内容为主题的教育活动，即“三百”教育工程。3月，在国税局召开“创建学习型机关”现场会，推动机关学习活动的开展。

2005年，机关工委按照县委要求，积极投身先进性教育活动，并举行“县级机关保持共产党员先进性教育活动”总结表彰会，对18家先进单位和44名先进个人进行表彰。

2006年，做好县第十一次党代会代表的选举工作，县级机关选举产生了13名出席县第十一次党代会的代表；在全县机关单位开展“廉政文化进机关”活动、“正党风、优政风、纯民风”主题教育活动、“优质服务科室”创建活动。

2007年，围绕“迎接十七大、学习十七大、宣传十七大、贯彻十七大”这一主题，继续在县级机关开展“创建学习型机关、争当学习型干部”和“优质服务科室”创建活动，同年7月，创建《赣榆机关家园》网站，作为党员干部学习交流的平台。认真做好县级人大代表的选举工作，县级机关共选举产生县十五届人大代表25名。

2008年，以迎接奥运为契机，加大城区环境整治力度，每周五开展周末卫生大扫除，同时加强对机关单位办公场所的环境卫生进行不定期检查；成立司法局党总支；为汶川地震灾区送去慰问款物近百万元。

2009年，按照县委的统一部署，积极开展学习实践科学发展观活动。

第十七章　党校教育

第一节　干部培训

1990年，党校实现从学历培训向干部培训为主的转变，开始在班次、课程、学制等方面进行新的设计与论证。1991年，举办赣榆县第一期中青年干部培训班，参训学员73人，其中女干部49人，非党干部30人；举办组织委员、党委秘书、乡镇团委书记、部分村团支部书记等短期培训班六期，参训人员达到598人。

1992～1993年，举办企业中青年干部培训班2期，主体班次培训19个班次，培训1664人。同时，不断扩大校外办学，派出教师去各个单位宣讲；接待机关党委、宣传部、司法局、公安局等9个单位到党校办班13个班次，培训1780人次，党校办学由封闭走向开放。

1994年，为适应社会主义市场经济体制需要大批懂经营、会管理、领导能力强、业务水平高、党性强、意志坚的党政企业干部，培训工作重点确定为干部岗位培训，并侧重于中青年干部培训，当年共培训各类干部950人。

1995～1996年，党校共举办各类主体培训班16个，培训人员2130人。

1997年，举办村支部书记培训班5期，举办组织干部培训班、老干部党支部书记培训班、纪检干部培训班、统战干部培训班、农村经管干部培训班、入党积极分子培训班等18期，培训2057人次。

1999年，全年共举办主体班次8期，培训770人次，其他各类培训班37期，培训5230人次，为校外培训班上课40次，听课人数达5000人。同年11月7日，赣榆县行政学校成立，第一期公务员培训班在行政学校举办，培训对象为1998年后新晋升副科级领导职务的公务员。

2000年，全年共举办组工干部培训班、新任村支部书记培训班、县直机关党支部书记培训班、入党积极分子培训班、赣榆县第7期中青年干部培训班等8期，培训770多人次。其他部门二部职工培训班37期，培训5300多人次。党校拓宽干部培训渠道，选派骨干教师，走向校外提供讲课服务，为校外党员干部培训班讲课40多次，听课人数达5000多人次。

2002年，赣榆县社会主义学校在党校挂牌成立。党校拓宽干部培训渠道，延伸党校培训功能，选派骨干教师，走向校外提供培训服务，深入乡镇、部门和企业，先后为校外党员干部培训班讲课1000余次，还配合形势宣传教育，宣讲党的理论、路线、方针、政策，听课人数达到20万人次。

2005年，党校对干部培训实行分类分段培训，全县村支部书记培训，按照先进、中间、后进分三类村进行，并按沿海、平原、山区三种类型，课程设置各有侧重，培训目标有的放矢，同时，精选外地优质教学资源，尝试在某些重点班次开展分段式教学。学员在本校学习一段时间后，有针对性地到苏州、杭州等经济发达地区、红色革命圣地等典型地区，开展异地培训，取得良好的培训效果。

2006年，首次组织青干班学员到革命圣地延安接受革命传统教育。在主体班次培训上，开始推行小班教学，特别是时间较长的青年干部培训班，每年的人数严格控制在30人。从2006年第十四期青干班开始，赣榆县委党校摈弃过去落后的笔试形式，采用情景模拟面试、结构化面试、无领导小组面试等形式，进行考核并把这种考核方式在青干班培训、初任公务员培训等重要班次上推广。

2008年，党校建立多层次、多类别的“师资库”，有针对性地聘请知名学者、资深专家、党政部门专家型领导干部和具有丰富实践经验的基层干部组成师资库，确保根据不同的培训对象和培训要求，配备最佳师资结构，拓宽了师资渠道。

2009年，共举办培训班30期，培训各级党员干部1343人次。其中，主体班次25期，培训共914人次，包括赣榆县第十六期青年干部培训班（30人）、赣榆县首期大学生村官创业培训1期（40人）、省选聘高校毕业生到村任职岗前培训班1期（78人）、2009年公务员初任培训班1期（65人）、赣榆县入党积极分子培训班20期（701人）。

第二节　学历教育

1990年，县委党校有9个函授长班：一年制中专班3个，二年制中专函授班6个，共有学员364人（暑假毕业四个班，132人，年底在校还有232人）；6个短班：副局长以上干部轮训班5期，共535人，中专复习班1个，166人。长短班共计1066人。

1991年，有学历班7个：一年制中专脱产班1个，二年制中专函授班6个，共有学员396人（暑假毕业脱产班1个，函授班2个，毕业共99人，年末在校班4个，学员297人）；短训班7个：分别是水利局、水产局、公安局等单位举办的各种培训班。

1992年，在校学历班有省函授学院中专班及90级、91级班（90级学员经考核125人毕业，91级158

名学员全部升入新的年级）。

1993年，新办中央党校函授大专班1个，36人，政治、经济2个专业本科班，95人（91级行政管理、经济管理中专函授班共159人暑期毕业），中青年干部培训班2期，97人，全部获结业证书，全市青年干部培训班30人，全部获江苏省经济管理干部岗位职位培训证书和党校学历证书。

1994年，有本科班46人，党政管理、经济管理2个大专班，52人，中专全科班100人。至1994年年底，共培训学员10400人次，其中，取得国民教育中专学历998人（在校学习本科学员130人，大专班88人，中专100人）。

1995年，新开办本科班1个，43人，新开办大专班4个，164人。另有在校的93级、94级大专班85人，94级本科班46人。

1996年，新开办大专函授班1个，连同以前的5个大专函授班，共有班级6个，在校学员401人。

1997年，新招省委党校大专函授班93人，新招农村干部中专班30人（在校94、95、96、97级共523人）。

1998年，招收大专班3个，160人，农干中专班1个，78人。继续做好各类学历班的组织管理工作。

1999年，招收中央党校函授本科生54人，省委党校函授大专生110人。

2000年，与南京大学联办研究生班70人，新招本科班1个，64人，新招大专生49人。

2001年，新招法律本科函授45人（春季），法律本科函授57人（秋季），经济管理本科函授39人，法律专科函授58人，计算机专科函授20人，经济管理专科函授22人；联合办学的学历班有：与市电大联合举办农村干部中专班，90人；与省委党校联合举办“专科转全科”大专班，40人。

2002年，新招省委党校法律本科函授班173人，法律专科函授班（农村支书班）148人，省函授经济管理大专班25人，省函授法律大专班64人（加上历届学员），本科生在校512人，在校专科生245人。是年，举办主体班次21期（纪检监察干训班、统战干训班、青干班、机关支部书记培训班等），培训3300多人次。

2003年，新招法律本科函授班113人（春季），法律本科函授班162人（秋季），法律专升本19人，法律大专函授班15人。

2004年，新招省函授法律本科165人，省函授法律大专班18人。

2005年，新招省委党校研究生班50人，新招法律本科函授班101人，经管本科函授23人，法律大专生函授22人。

2006年，新招本科函授学员180人，省青年干部管理学院大专函授班31人。

2007年，新招省委党校法律（宪法学方向）研究生班61人。

2008年，新招省委党校行政管理（行政领导方法艺术方向）研究生班53人。同年，党校函授教育停办，全校遵循严格管理、保证质量的办学方针，做好平稳过渡工作，加强在校生的管理，严格办学质量。

2009年起，党校函授教育结束其国民教育的学历教育职能。

第三节　科研工作

为调动党校人员参与科研工作的积极性，县委党校制定《赣榆县委党校科研考核办法》，成立赣榆县委党校学术委员会，并与江苏省委党校、连云港市委党校进行课题协作，积极争取参与省、市党校课题立项、社会调研等科研活动，开展各种形式的学术研讨活动。

1990年，县委党校12人次参加省委党校《江苏省乡镇企业管理经验千例选》和《领导学原理与案例》的编写工作。2篇论文在《连云港党校学刊》上发表；1篇在市总工会思想政治工作研究会获得二等奖；1篇选入《徐福研究论文集》。

1991年，县委党校9人撰写调研课题和论文15篇，均被选入刊登或在学术会议交流。

1992年，根据教员的不同情况，县委党校提出每人每年搞1～2个专题，参加1～2个次社会考察和调查研究，撰写1～2个篇有分量的论文或调查报告的要求。是年，共发表各类论文18篇，其中6篇发表在省级以上的报刊。

1993年，县委党校9人撰写论文12篇，其中1篇发表在《江苏党校》上；校刊《党校生活》办成双月刊。

1996年，县委党校论文《海头镇个体、私营经济崛起的启示》在《市场与管理》杂志上发表；4篇论文被省级刊物或论文汇编选用。

1999年，县委党校发表论文22篇；鼓励教师参加各类学会，加强研究交流，有6人参加全省党校工作研究会。

2000年，县委党校撰写论文26篇，公开发表12篇，参加各级研讨交流会论文6篇；承担《赣榆县思想解放及真理标准大讨论》的党史专题研究。

2002年，县委党校加大社会调研力度，全年共撰写论文及调查报告10余篇，多篇论文在省市级刊物上发表。

2004年，县委党校教学科研人员在省级以上刊物发表论文5篇，其中国家级4篇，省级1篇；在县以上刊物发表论文11篇，其中3篇论文参加市级论文研讨会交流；撰写调研报告3篇。

2005年，县委党校教学科研人员9篇论文参加市级论文研讨交流会，并分别获奖；撰写调研报告2篇。

2006年，县委党校先后开展建设社会主义新农村、保持党员先进性教育、弘扬长征精神、构建社会主义和谐社会等专题调研，撰写调研报告6篇。

2007年，县委党校承担省委党校调研课题“县域内农民收入差异的实证分析”。

2008～2009年，县委党校共申请江苏省委党校课题4项、连云港市社会科学基金课题2项、连云港市社会科学联合会项目1项，完成县级课题7项。在党校系统科研活动中发表论文20余篇，在国家级、省级以及市级期刊共发表论文70余篇。

第十八章　信访工作

第一节　信访网络

1990年3月，县委组织部成立由一名副部长任组长的信访工作领导小组，要求各乡、镇由党委组织委员（或一名副书记）兼任信访员，负责处理属地的信访工作；5月，中共赣榆县委下发通知，撤销县委、县政府信访办公室，成立赣榆县信访局，县信访局为正科级单位，受县委、县政府双重领导。2001年，县信访局设行政编制8名，内设人秘股、办信接访股、办案股等三个职能股室。

2002年，全县18个乡镇普遍建立信访办公室，配备专兼职信访工作人员，各村均配备信访民调员，县直各机关、各部门均建立信访工作领导小组及信访办公室，配备信访工作人员，初步形成县、乡、村三级信访工作机构。

2005年，县、镇分别建立信访接待中心，村（社区）建立信访信息小组，县级实现“一站式”联合接访，镇级全面推行联合接访。

第二节　制度建设

1990年3月5日，县委办公室转发县信访办公室《赣榆县信访工作目标管理和考核办法》（赣委办〔1990〕5号），将信访工作目标考核内容具体分解为领导对信访工作重视程度、信访工作网络建设、调查处理报结工作、信访工作制度建设、信访信息等五大项共15条，逐项逐条制定分值，分项分条量化考核，促进信访工作逐步走向制度化、规范化。

1990年5月，县信访局成立后，县委、县政府多次发文，对实行信访工作目标管理和考核制度、领导责任制度、部门管理制度、领导接待日制度、涉农及重大信访日报日结制度等方面，作出规定，建立健全信访制度，逐步实现对信访工作规范化、制度化管理。

1991年5月20日，县委办公室印发《关于建立县五套班子领导信访接待日值班制度的通知》，建立县五套班子领导信访接待日值班制度，广泛听取群众呼声、意见和建议。

1993年10月28日，中共赣榆县委办公室印发《关于认真做好信访工作的通知》，对切实加强信访工作领导，坚持分级处理原则，充分发挥归口部门处理作用、完善转办、交办、催办、查办制度，认真宣传落实《江苏省信访暂行条例》和加强信访队伍建设等六个方面作出规定，要求全县各级党政机关把信访工作作为一项经常性的政治任务来抓，坚持领导接待日制度，落实领导包案责任书。

1996年9月5日，中共赣榆县纪律检查委员会印发《1997～1999年全县纪检监察信访工作目标管理规定》的通知，要求全县纪检监察机关信访工作以实现“五化”为目标，即“领导重视责任化、办理信访法规化、报道信息制度化、业务建设规范化、工作网络系统化”。

1999年，县委、县政府与各乡镇签订《赣榆县1999年信访工作目标管理责任书》，确定目标责任：1.根据信访工作“分级负责、归口办理”，“谁主管，谁负责”的原则，实行党政一把手负责制，做到信访网络健全，责任分工明确，一般信访不出乡，重大信访不出县，疑难信访不推托。严格控制越级上访和集体上访。2.进一步做到“四无”：“无去京上访，无越级集体上访，无信访老户，无信访积案”。3.各乡镇各单位按时交纳信访保证金，信访结案率达95%以上，老户结案率达100%。4.按省、市要求做到“四降一不增”，即“去京上访人数下降，去省上访人次有所下降，去省集体上访有所下降，去市上访有所下降；不增加新的老户”。

2000年12月5日，县委印发《关于建立涉农信访和重大信访日报日结制度的通知》，在全县建立涉农信访和重大信访日报日结制度，对每天群众来信来电来访情况及时处理。

2002年，县委、县政府下发《关于成立县信访巡视督查小组的通知》，变上访为下访，将矛盾化解在基层，县领导深入工作第一线，亲自接待群众来访，阅批人民来信。县信访局下发《关于进一步加强信访组织网络建设的通知》，全县18个乡镇普遍建立信访办公室，配备专兼职信访工作人员，村级指定信访民调员，县、镇（部门）、村三级信访网络进一步完善。

2005年，建立县、镇信访接待中心，村（社区）成立信访信息小组，形成以县为龙头、镇为重点、村为基础的“纵向到底、横向到边”的三级信访互联网。

2006～2009年，全县信访工作呈现可控的态势，未发生去省集访案件，到市、县大规模集访案件明显减少。

第三节　信访处理

1990～2001年，县信访局受理来信来访16042件次，其中来信2647件，来访13395人次。来信来访中，申诉的1675件（次），占8.92%；属经济政策的37件（次），占0.2%；属工资劳动优抚的1283件（次），占6.83%；要求就业的1922件（次），占10.23%；要求复工复业的507件（次），占2.7%；要求解决户粮关系的1070件（次），占5.7%；民事纠纷的788件（次），占4.19%；控告揭发的1463件（次），占7.79%；批评建议的464件（次），占2.47%；其他方面的（要求调动、转干、升学、计划生育等）9577件（次），占50.97%。全部按程序及时进行了调查处理。

2002年，受理群众来信来访6608件次，其中中央、省市转来和自寄的人民来信381件，重复信约占57%。来县上访675批6227人次，其中集体上访146批5318人次，与上年同比批次下降5.8%，人次上升29%（主要是国有破产企业上访人较多）。是年，实行重点信访每月会办制度，坚持和完善重大信访和涉农信访"日报日结"制度和领导信访接待日制度。是年，县领导共接待群众来访124批1235人次，亲自阅批群众来信135件，50多起越级访、集体访的重点信访案件在县领导的亲自包案处理下得到及时妥善解决。

2003年，受理群众来信来访7429件次，其中中央、省、市转来和自寄的人民来信362件，重复信占36%，来县访933批7067人次（其中集访226批5835人次）。群众反映的问题主要集中在以下几个方面：1.企业改制、劳动及社会保障；2."三农"问题；3.涉法涉诉问题；4.城镇拆迁安置等。省市交办信访案件32件，全部报结，县自立案50件，查结率90%。县五套班子成员共参与信访接待40次，接待群众来访1244人次，亲自阅处信访件256件，24起重点案件在县领导的亲自包案下得到妥善处理。

2004年，发生进京访20批，去省访2批，到市访25批，来县访1018批（其中集访213批）；受理中央、省、市转来和自寄人民来信446件。县委、县政府将四月定为"信访稳定月"，五月定为"矛盾化解月"，加强县领导包镇包案分管条线力度，进一步摸排重大疑难信访积案、信访隐患，组成工作组，深入农村、企业，现场解答和解决问题，使矛盾化解在基层。

2005年，受理来信来访、电话举报共1537件，其中来县访718批3701人次；共接受中央、省、市批转来信件472件。在发生的信访事项中，反映"三农"问题607件，反映"两个确保"、生活保障问题479件，反映涉法涉诉问题24件，反映土地征用问题14件，反映房屋拆迁问题13件，反映企业改制问题5件，反映企业军转干部问题1件，其他问题394件。根据群众举报，立案查处各类案件127件，其中，严肃查处了县水利局顶风违纪建房案，违纪金额全部上缴入库；查纠教育违规收费、私设"小金库"8起600余万元。

2006年，发生各级来访991批3661人次，受理来信477件。为维护群众的合法权益，推动信访问题的解决与落实，有效减少越级信访量，进一步强化了信访办案工作。县信访局直接查办省、市交办件及县领导批示件45件，全部按期报结，受理信访复查案件12件。

2007年，全年发生来访1225批5587人次。4～7月，认真贯彻落实省市有关文件精神，强化领导，精心组织，上下联动，合力推进，积极开展"奋战八十天，化解百积案"活动，至活动结束，市县交办的61件信访突出问题，已结案61件，结案率为100%；息访49件，息访率为85%，全面完成专项活动的各项任务。

2008年，全县发生上访1222批4847人次，其中劳动保障类和"三农"问题的上访量为169批857人次，占上访总量的37.8%。在县委书记大接访活动中共接访135批268人次，并且全部办结。在北京奥运会期间，赣榆县取得"四个确保、一个成功"的喜人成绩，即：确保不发生进京集访，确保不发生进京非正常上访，确保不发生备案老户进京上访，确保不发生有影响信访事件；成功实现进京上访"零登记"，得到省市领导的表扬和充分肯定。

2009年，县联席办和信访局共受理信访总量1821件次，全部按《信访条例》要求及时转送有关部门和镇进行妥善处理，报结率100%，息访率98.2%；共办理上级交办件和批示件134件，其中县委、县政府交办72件，134件交办件全部按期办结，办结率100%，息访率97.1%，办案数同比增加300%。县信访局还代表县委、县政府受理复查案件24件（其中5件已被市政府复核终结），息访23件，息访率97%，复查案件数是2008年的3.2倍。8月22日、11月5日，县信访局两次组织召开韦庆河信访件听证会；11月25日，县信访局组织召开刘立兰涉法涉诉信访件答辩会，对信访人提出的过高要求和无理诉求进行逐一答辩。面对2009年重大庆祝活动多、敏感时间节点多、受关注热点问题多、信访工作任务艰巨繁重的现实，信访局共组织排查交办600件次重点信访件，各责任单位强化责任，完善措施，全力做好化解稳控工作。重大敏感期共收集2200余条信息，其中预警信息61条，有效防止在敏感时期越级上访事件的发生。

第十九章　档案工作

第一节　机构设置

1990年，赣榆县档案馆在青口镇黄海路原县政府大楼内办公。1993年迁入新馆办公，新馆位于原县政府大楼后，建筑面积2432平方米。1997年1月，县档案局与档案馆合并，保留档案局牌子，为县委、县政府直属正科级单位，由县委办公室管理。2003年6月，档案馆被批准为市级爱国主义教育基地。2004年4月，档案局增挂县现行文件服务中心牌子。2006年，县档案馆晋升为省二级国家综合档案馆。2008年，档案局增设信息技术科。2009年，县档案局设有人秘科、指导监督科、保管利用科、编研科、信息技术科5个科室。全县共有档案室589个，其中，县级档案室126个，镇档案室18个，村档案室445个。有专职档案员80人，兼职档案员509人。作为政府十大实事工程之一的县档案馆新馆大楼在新城市民广场动工兴建。

第二节　档案管理

档案接收　1990～2009年，赣榆县档案馆先后开展四次大范围的档案接收进馆工作，1994年，开展各镇、县直机关、企事业单位1985年（含1985）前到期的档案接收进馆工作；2001年，对党政机构改革和乡镇区划调整中机构被撤并单位的档案，开始进行有计划的接收进馆工作；2002年，开展对全县各单位1994年（含1994）前到期的档案接收进馆工作；2007年，开展对乡镇婚姻档案及破产企业档案的接收进馆工作。2009年，档案馆共接收文书档案34374卷（件），婚姻档案3378卷，会计档案6184卷，族谱档案88卷，印章227枚，资料1684册（本）。至2009年，档案馆共编写簿册式检索工具1463本，其中案卷目录384本，全引目录1008本，专题目录71本。

档案整理　1999～2000年，对馆藏15367册资料进行重新整理，剔除8543册，并编制档案馆资料分类方案。2003年，在全县范围内推进归档文件整理方法改革，全县2002年度的归档文件（文书）开始全部施行《归档文件整理规则》。2003年，开始加强馆藏档案目录数据库建设工作。2009年，馆藏档案99%建立文件级目录数据库，使档案检索由手工检索进入计算机检索时代。档案馆共配备密集架78立方米，档案柜240套，检索工具橱8套，电脑10台，复印机2台，照相机1台；保存档案178个全宗，70890卷，其中文书档案52708卷，专门档案15795卷，字画149幅，印章1722枚。保存古籍、现代图书、报纸、刊物共13648册（本），其中报纸22种、4324册（本），图书12类、3003册（本），古籍6321册。

第三节　档案利用

1990～2009年，赣榆县档案馆共提供档案资料67590卷（件），接待利用者22219人次，为利用者提供复印件48869页，出具证明3260份。

1990～2009年赣榆县档案局资料提供利月一览表

表19-6

年份	利用档案（卷、件、次）						利用资料（册份次）	复制（页）	利用人次
	总计	编史修志	工作查考	学术研究	经济建设	其他			总计
1990	8805	3210	3575	431	1080	509	2762	12539	3430
1991	2518	793	643	342	247	493	412	1858	322
1992	7800	1643	1627	1548	998	1984	860	2346	858
1993	3856	974	543	437	848	1054	3216	1430	3424
1994	3706	1356	754	517	279	800	446	1468	1208
1995	3687	1246	547	432	261	1201	389	1236	524
1996	1994	341	358	124	217	954	162	490	413
1997	1848	417	546	68	41	776	212	2479	548
1998	1766	623	134	94	23	892	259	2018	952
1999	355	96	61	15	16	167	328	604	185
2000	1005	926	51	12		16	134	1600	283
2001	404	170	179	8		47	291	1264	196
2002	597	49	411	30	103	4	106	1344	416
2003	1138	603	431	51	38	15	48	1684	324
2004	849	237	577			35	91	1843	646
2005	2041	188	1070	101	641	41	68	2200	761
2006	4124	1300	1829	118	830	47	312	1136	1496
2007	2562	801	1123	83	490	65	466	1260	1328
2008	4626	1820	2162	106	502	26	408	1500	1603
2009	4663	1579	1893	128	900	171	478	8570	2518

1990～2009年赣榆县档案局档案资料一览表

表19-7

年　份	档　案（卷）	资　料（册）	合　计（卷册）
1990	26639	24656	51295
1991	26639	24656	51295
1992	26639	24977	51616
1993	26639	25227	51866
1994	27879	25359	53238
1995	28067	25754	53821
1996	28333	25302	53635
1997	28333	25605	53938
1998	31036	25791	56827
1999	32804	25941	58745
2000	33096	13251	46347
2001	33335	13289	46624
2002	33820	13346	47166
2003	40573	13357	53930
2004	46071	13407	59478
2005	53298	13461	66759
2006	60054	13513	73567
2007	63059	13537	76596
2008	70607	13595	84202
2009	70890	13648	84538

赣榆县志

（下册）

连云港市赣榆区地方志编纂委员会 编

GANYU XIANZHI

1990~2009

方志出版社

总 目 录

上 册

下　　册

目　录

下　册

第二十篇　赣榆县人民代表大会

第二十一篇　赣榆县人民政府

第二十二篇　政协赣榆县委员会

第二十三篇　工商联与人民团体

第二十四篇　公安　司法

第二十五篇　军　事

第二十六篇　科学技术

第二十七篇　教　育

第二十八篇　文化　广电　体育

第二十九篇　徐福文化

第三十篇　卫　生

第三十一篇　人事　劳动

第三十二篇　民　政

第三十三篇　社会生活

第三十四篇　方　言

第三十五篇　人　物

第三十六篇　乡　镇

附　　录

第二十篇 赣榆县人民代表大会

第二十篇　赣榆县人民代表大会

1990～2009年，赣榆县人大常委会历经6个届别，走过了20年历程，机构进一步健全，制度建设进一步完善。从1993年开始，县人大常委会每届任期由原来三年改为五年；从2004年开始，镇人大每届任期也由原来三年改为五年。

历届县人大常委会依法履行职能，认真审议“一府两院”工作报告，办理代表建议、批评和意见，受理群众来信，接待群众来访，组织代表视察，依法任免政府和两院工作人员，加强乡镇人大办事机构建设，先后制定了《县人大常委会工作条例》《县人大常委会对行政、审判、检察机关行使监督权的规定（试行）》《关于人事任免办法（试行）》《关于县人大常委会与“一府两院”联席会议制度》《关于加强同人民群众联系的实施意见》《关于县人大代表的建议、批评和意见的办理办法》《关于开展先进县人大代表小组、优秀县人大代表评比活动的意见》等文件，不断加强法规和制度建设。截至2009年，县人大常委会共任免国家机关工作人员869人次，受理群众来信来访7121件次，组织县人大代表视察760余次，督办代表建议、批评和意见1620件，表彰优秀县人大代表854人次，依法完成县、乡（镇）两级多届政府换届选举工作。

第一章　机构设置与领导成员

第一节　机构设置

1990年，赣榆县人大常委会所属工作机构有县人大常委会办公室、内务工作委员会、法制工作委员会、教科文卫工作委员会、城乡建设工作委员会、财政经济工作委员会。1991年，县人大财政经济工作委员会更名为县人大财经工作委员会，县人大城乡建设工作委员会更名为县人大农业经济工作委员会。1997年，县人大内务工作委员会更名为县人大人事代表联络工作委员会。2007年，增设县人大研究室。2009年，县人大法制工作委员会更名为内务司法工作委员会。2009年，县人大常委会所属工作机构有县人大办公室、研究室、内务司法工作委员会、财经工作委员会、科教文卫工作委员会、农业经济工作委员会、人事代表联络工作委员会。

第二节　领导成员

1990～2009年，赣榆县人大常委会共有6个届别，其中担任县人大常委会主任有5人，副主任有19人。

1987～2009年赣榆县人民代表大会常务委员会主任、副主任任职情况一览表

表20-1

届　次	职　别	姓　名	籍　贯	任　期
第十届	主　任	吕衍平	江苏赣榆	1987年4月～1988年4月
		王锡甲	山东牟平	1988年4月～1990年3月
	副主任	王锡甲	山东牟平	1987年4月～1988年4月
		李忠全	江苏赣榆	1987年4月～1990年3月
		伏在和	江苏赣榆	1987年4月～1990年3月
		李传润	江苏赣榆	1987年4月～1990年3月
		何昆曙	山东金乡	1989年4月～1990年3月
第十一届	主　任	刘一亭	江苏邳县	1990年3月～1993年2月
	副主任	李传润	江苏赣榆	1990年3月～1993年2月
		何昆曙	山东金乡	1990年3月～1993年2月
		殷虎元	江苏常熟	1990年3月～1993年2月
		王明田	江苏赣榆	1991年3月～1991年10月
第十二届	主　任	袁　泉	江苏睢宁	1993年2月～1998年1月
	副主任	李传润	江苏赣榆	1993年2月～1993年12月
		殷虎元	江苏常熟	1993年2月～1998年1月
		何昆曙	山东金乡	1993年2月～1998年1月
		朱学余	江苏赣榆	1993年2月～1998年1月
		刘宜存	江苏沛县	1996年1月～1998年1月
		李方任	江苏赣榆	1997年3月～1998年1月

续表 20-1

届 次	职 别	姓 名	籍 贯	任 期
第十三届	主 任	袁 泉	江苏睢宁	1998年1月～2001年2月
		杨少华	江苏东海	2001年2月～2002年1月
		孙荣章	江苏建湖	2002年1月～2003年1月
	副主任	朱学余	江苏赣榆	1998年1月～2003年2月
		何昆曙	山东金乡	1998年1月～2003年2月
		刘宜存	江苏沛县	1998年1月～2001年2月
		张怡山	江苏赣榆	1999年1月～2001年2月
		陈学文	江苏赣榆	2001年2月～2003年2月
		李方任	江苏赣榆	1998年1月～2003年2月
		董淑玉	江苏赣榆	1998年1月～2003年2月
第十四届	主 任	孙荣章	江苏建湖	2003年1月～2007年12月
	副主任	卢西举	江苏赣榆	2003年1月～2007年12月
		王友胜	江苏赣榆	2006年1月～2007年12月
		何昆曙	山东金乡	2003年1月～2007年12月
		张庆爱	江苏赣榆	2003年1月～2007年12月
		苏 民	江苏赣榆	2003年1月～2007年12月
		宋世敏	江苏赣榆	2006年1月～2007年12月
第十五届	主 任	孙荣章	江苏建湖	2007年12月～
		徐开信	江苏灌云	2009年1月～
	副主任	王友胜	江苏赣榆	2007年12月～
		苏 民	江苏赣榆	2007年12月～
		李大河	江苏赣榆	2007年12月～
		王永波	江苏赣榆	2007年12月～

第二章 人民代表大会代表

1982年宪法规定，县、乡两级人大的任期为三年。1993年宪法修正案将县级人大的任期由三年改为五年，乡、镇的人民代表大会每届任期为三年。2004年3月，全国人大通过的宪法修正案把乡、镇人大的任期由三年改为五年。

1990～2009年，赣榆县先后进行4次县人民代表换届选举，县、乡（镇）人民代表采用无记名投票、差额、直接选举方式，任何选民经1人提议，10人附议，即可作为代表候选人。每次选举时间均在3个月左右，分四个阶段进行：第一阶段为设立机构，培训选举工作人员，划分选区，分配代表名额；第二阶段为宣传发动，选民登记，核对选民；第三阶段为推荐、协商、确定代表候选人；第四阶段为选举和工作总结。

第一节 赣榆县第十一届人民代表大会代表

1990年2月5～9日，全县分为212个选区，采用无记名投票，直接差额选出赣榆县第十一届人民代表大会代表349名。当选的349名代表中：男275名，占78.8%，女74名，占21.2%；汉族346名，占99.1%，少数民族3名，占0.9%；党员234名，占67.05%，非党115名，占32.95%；干部84名，占24%，工人41名，占11.8%，农民147名，占42.1%，知识分子66名，占18.9%，军人5名，占1.4%，其他代表6名，占1.8%；本科及以上12名，占3.4%，大专50名，占14.3%，高中44名，占12.7%，中专56名，占16.0%，初中122名，占35.0%，小学及以下65名，占18.6%；35岁及以下63名，占18.1%，36～55岁263名，占75.4%，56岁及以上23名，占6.5%。

第二节 赣榆县第十二届人民代表大会代表

1992年12月26～30日为赣榆县第十二届人民代表大会代表选举日。全县分为220个选区，采用无记名投票，直接差额选出赣榆县第十二届人民代表大会代表361名。应选代表364名，空缺3名。当选的361名代表中：男281名，占77.84%，女80名，占22.16%；汉族358名，占99.17%；少数民族3名，占0.83%；中共党员230名，占63.7%；非党131名，占36.3%；干部80名，占22.16%；知识分子74名，占20.5%；工人52名，占14.4%；农民150名，占41.56%；军人4名，占1.1%；港台侨属1名，占0.28%；大专以上94名，占26%；中专53名，占14.7%；初中170名，占47.1%；小学44名，占12.2%。全县220个选区，选举一次成功地为215个选区，当选代表353名，二次选举成功的5个选区，当选代表8名。空缺的三个名额是因有关干部没有及时到位留下来的。

第三节 赣榆县第十三届人民代表大会代表

1997年12月5～9日为赣榆县第十三届人民代表大会代表选举日。全县分为185个选区，采用无记名投票、差额、直接选举产生赣榆县第十三届人民代表大会代表325名。当选的325名代表中：男240名，占73.8%；女85名，占26.2%；中共党员214名，占65.9%；非党111名，占34.1%；干部83名，占25.4%；工人50名，占15.8%；农民116名，占35.6%；知识分子72名，占22.1%；军人3名，占0.82%；港台侨属1名，占0.28%；汉族323名，占99.4%；少数民族2名，占0.6%；本科以上学历的35名，占10.8%；大专96名，占29.5%；中专、高中98名，占30.2%；高中以下96名，占29.5%。全县185个选区，均为一次投票选举成功。

第四节 赣榆县第十四届人民代表大会代表

2002年12月15～19日为赣榆县第十四届人民代表大会代表选举日。全县分为188个选区，采用无记名投票、差额、直接选出赣榆县第十四届人民代表大会代表325名。当选的325名代表中：男232名，占71.3%；女93名，占28.61%；中共党员225名，占69.23%；非党100名，占30.77%；干部78名，占24%；工人39名，占12%；农民97名，占29.84%；知识分子80名，占24%；新经济成分24名，占7.3%；军人3名，占0.92%；汉族322名，占99.08%；少数民族3名，占0.92%；大专以上学历185名，占56.92%；中专、高中114名，占35.1%；初中以下26名，占8%。全县188个选区，一次选举成功的187个选区，二次选举成功的1个选区。

第五节　赣榆县第十五届人民代表大会代表

2007年12月3～7日为赣榆县第十五届人民代表大会代表选举日。全县分为177个选区，采用无记名投票、差额、直接选出赣榆县第十五届人民代表大会代表325名。当选325名代表中：男228名，占70.2%；女97名，占29.8%；汉族322名，占99.08%；少数民族3名，占0.92%；干部88名，占27.1%；工农144名，占44.3%；其他代表93名，占28.6%；35岁以下的56名，占17.2%，36～55岁263名，占80.9%，56岁以上6名，占1.8%。连任代表101名，占31.1%。

第三章　历届代表大会

赣榆县人民代表大会，是赣榆县国家权力机关。它依照宪法和法律规定在本县行政区域内代表人民行使国家权力。县人民代表大会每年至少举行一次会议。赣榆县1990～2009年共召开二十次县人民代表大会会议。

第一节　赣榆县第十一届人民代表大会

第十一届人民代表大会任期自1990年3月～1993年2月，代表348名，共举行3次会议。

一、赣榆县第十一届人民代表大会第一次会议

1990年3月25～28日在县影剧院举行，应到代表348人，实到342人，县政协全体委员和县各部、委、办、局主要负责人189人列席。大会听取并审议通过县人大常委会工作报告、县政府工作报告、国民经济社会发展计划报告、财政预决算报告、人民法院工作报告、人民检察院工作报告，选举赣榆县第十一届人民代表大会常务委员会主任、副主任和委员，选举赣榆县人民政府县长、副县长，县人民法院院长和人民检察院检察长。

二、赣榆县第十一届人民代表大会第二次会议

1991年3月25～28日在县影剧院举行，应到代表346人，实到代表339人，县政协全体委员和县各部、委、办、局主要负责人等67人列席。大会听取并审议通过县人大常委会工作报告、县政府工作报告、国民经济社会发展计划报告、财政预决算报告、人民法院工作报告、人民检察院工作报告，补选赣榆县第十一届人民代表大会常务委员会副主任。

三、赣榆县第十一届人民代表大会第三次会议

1992年3月25～28日在县影剧院举行，应到代表342人，实到代表335人，县政协全体委员和县各部、委、办、局主要负责人等89人列席。大会听取并审议通过县人大常委会工作报告、县政府工作报告、国民经济社会发展计划报告、财政预决算报告、人民法院工作报告、人民检察院工作报告，补选县人民政府县长。

第二节　赣榆县第十二届人民代表大会

第十二届人民代表大会任期自1993年2月～1998年1月，代表359名，共举行5次会议。

一、赣榆县第十二届人民代表大会第一次会议

1993年2月22～26日在县影剧院举行，应到代表359人，实到代表356人，县政协全体委员和县各部、委、办、局主要负责人等102人列席。大会听取并审议通过县人大常委会工作报告、县政府工作报告、国民经济社会发展计划报告、财政预决算报告、人民法院工作报告、人民检察院工作报告，选举赣榆县第十二届人民代表大会常务委员会主任、副主任和委员、选举赣榆县人民政府县长、副县长，选举县人民法院院长和县人民检察院检察长，选举出席连云港市第九届人民代表大会代表74名。

二、赣榆县第十二届人民代表大会第二次会议

1994年3月16～18日在县影剧院举行，应到代表359人，实到代表356人，县政协全体委员和县各部、委、办、局主要负责人等106人列席。大会听取并审议通过县人大常委会工作报告、县政府工作报告、国民经济社会发展计划报告、财政预决算报告、县人民法院工作报告、县人民检察院工作报告。

三、赣榆县第十二届人民代表大会第三次会议

1995年3月7～10日在县影剧院举行，应到代表361人，实到代表348人，县政协全体委员和县各部、委、办、局主要负责人等108人列席。大会听取并审议通过县人大常委会工作报告、县政府工作报告、国民经济社会发展计划报告、财政预决算报告、县人民法院工作报告、县人民检察院工作报告，补选赣榆县第十二届人民代表大会常务委员会委员。

四、赣榆县第十二届人民代表大会第四次会议

1996年3月6～9日在县影剧院举行，应到代表356人，实到代表355人，县政协全体委员和县各部、委、办、局主要负责人及乡镇人大主席等123人列席。大会听取并审议通过县人大常委会工作报告、县政府工作报告、国民经济社会发展计划报告、财政预决算报告、县人民法院工作报告、县人民检察院工作报告，补选赣榆县第十二届人民代表大会常务委员会副主任，补选赣榆县人民政府县长。

五、赣榆县第十二届人民代表大会第五次会议

1997年3月18～21日在县影剧院举行，应到代表356人，实到代表353人，县政协全体委员和县各部、委、办、局主要负责人及乡镇人大主席、副主席等135人列席。大会听取并审议通过县人大常委会工作报告、县政府工作报告、国民经济社会发展计划报告、财政预决算报告、县人民法院工作报告、县人民检察院工作报告，补选赣榆县第十二届人民代表大会常务委员会副主任。

第三节　赣榆县第十三届人民代表大会

第十三届人民代表大会任期自1998年1月～2003年1月，代表323名，共举行5次会议。

一、赣榆县第十三届人民代表大会第一次会议

1998年1月6～11日在县影剧院举行，应到代表323人，实到代表323人，县政协全体委员和县各部、委、办、局主要负责人及乡镇人大主席、副主席等117人列席。大会听取并审议通过县人大常委会工作报告、县政府工作报告、国民经济社会发展计划报告、财政预决算报告、人民法院工作报告、人民检察院工作报告，选举赣榆县第十三届人民代表大会常务委员会主任、副主任、委员，选举赣榆县人民政府县长、副县长、科技副县长，选举赣榆县人民法院院长和赣榆县人民检察院检察长，选举出席连云港市第十届人民代表大会代表61名。

二、赣榆县第十三届人民代表大会第二次会议

1999年1月20～23日在县影剧院举行，应到代表323人，实到代表321人，县政协全体委员和县各部、委、办、局主要负责人及乡镇人大主席、副主席等126人列席。大会听取并审议通过县人大常委会工作报告、县政府工作报告、国民经济社会发展计划报告、财政预决算报告、县人民法院工作报告、县人民检察院工作报告，补选赣榆县第十三届人民代表大会常务委员会副主任，补选县人民政府县长。

三、赣榆县第十三届人民代表大会第三次会议

2000年1月24～27日在县影剧院举行，应到代表319人，实到代表319人，县政协全体委员和县各部、委、办、局主要负责人及乡镇人大主席、副主席等116人列席。大会听取并审议通过县人大常委会工作报告、县政府工作报告、国民经济社会发展计划报告、财政预决算报告、县人民法院工作报告、县人民检察院工作报告。

图 20-1　赣榆县第十三届人民代表大会第五次会议（2002年摄）

四、赣榆县第十三届人民代表大会第四次会议

2001年2月19～23日在县影剧院举行，应到代表316人，实到代表316人，县政协全体委员和县各部、委、办、局主要负责人及乡镇人大主席、副主席等110人列席。大会听取并审议通过县人大常委会工作报告、县政府工作报告、国民经济社会发展计划报告、财政预决算报告、县人民法院工作报告、县人民检察院工作报告，补选赣榆县第十三届人民代表大会常务委员会主任、副主任。

五、赣榆县第十三届人民代表大会第五次会议

2002年1月11～13日在县影剧院举行，应到代表321人，实到代表319人，县政协全体委员和县各部、委、办、局主要负责人及乡镇人大主席、副主席等119人列席。大会听取并审议通过县人大常委会工作报告、县政府工作报告、国民经济社会发展计划报告、财政预决算报告、县人民法院工作报告、县人民检察院工作报告，补选赣榆县第十三届人民代表大会常务委员会主任、副主任，补选县人民政府县长。

第四节　赣榆县第十四届人民代表大会

图 20-2　赣榆县第十四届人民代表大会第一次会议（2003年摄）

第十四届人民代表大会任期自2003年1月～2007年12月，代表325名，共举行5次会议。

一、赣榆县第十四届人民代表大会第一次会议

2003年1月6～10日在县影剧院举行，应到代表325人，实到代表321人，县政协全体委员和县各部、委、办、局主要负责人及镇人大专职副主席等94人列席。大会听取并审议通过县人大常委会工作报告、县政府工作报告、国民经济社会发展计划报告、财政预决算报告、人民法院工作报告、人民检察院工作报告，选举赣榆县第十四届人民代表大会常务委员会主任、副主任和委员，选举县人民政府县长、副县长、科技副县长，选举县人民法院院长和县人民检察院检察长，选举出席连云港市第十一届人民代表大会代表。

二、赣榆县第十四届人民代表大会第二次会议

2004年1月6～9日在县影剧院举行，应到代表321人，实到代表321人。县政协全体委员和县各部、委、办、局主要负责人及镇人大专（兼）职正副主席等133人列席。大会听取并审议通过县人大常委会工作报告、县政府工作报告、国民经济社会发展计划报告、财政预决算报告、县人民法院工作报告、县人民检察院工作报告，补选县人民政府县长。

三、赣榆县第十四届人民代表大会第三次会议

2005年1月9～12日在县影剧院举行，应到代表319人，实到代表318人，县政协全体委员和县各部、委、办、局主要负责人及镇人大专（兼）职正副主席等133人列席。大会听取并审议通过县人大常委会工作报告、县政府工作报告、国民经济社会发展计划报告、财政预决算报告、县人民法院工作报告、县人民检察院工作报告。

四、赣榆县第十四届人民代表大会第四次会议

2006年1月5～8日在县影剧院举行，全县318名人大代表出席会议。列席会议的有不是县人大代表的县四套班子领导；县人民法院、县人民检察院负责人；不是县人大代表的县委、县人大、县政府各部门和有关单位负责人；县政协全体委员和担任过县人大、县政协正副职的离退休老干部；不是县人大代表的镇长和镇人大正、副主席；民营企业主代表、外来投资者代表。会议听取并审议通过县人大常委会工作报告、县政府工作报告、县国民经济社会发展计划工作报告、县财政预决算工作报告、县人民法院工作报告、县人民检察院工作报告。补选县人大常委会副主任和委员。

五、赣榆县第十四届人民代表大会第五次会议

2007年1月15～18日在县影剧院举行，全县318名人大代表出席会议。列席会议的有不是县人大代表的县四套班子领导；县人民法院、县人民检察院的负责人；不是县人大代表的县委、县人大、县政府各部门和有关单位负责人；不是县人大代表的镇长和镇人大正、副主席；县政协全体委员和担任过县人大、县政协正副职离退休老干部。会议听取并审议通过县人大常委会工作报告、县政府工作报告、县国民经济社会发展计划报告、县财政预决算报告、县人民法院工作报告、县人民检察院工作报告。

第五节　赣榆县第十五届人民代表大会

第十五届人民代表大会任期自2007年12月～2012年3月，代表325名，截至2009年，共举行2次会议。

一、赣榆县第十五届人民代表大会第一次会议

2007年12月27～30日在县影剧院举行，全县325名人大代表出席会议，列席会议的有：不是县人大代表的县四套班子领导；县人民法院、县人民检察院的负责人；不是县人大代表的县委、县人大、县政府各部门和有关单位负责人；不是县人大代表的镇长和镇人大正、副主席；县政协全体委员和担任过县人大、县政协正副职的离退休老干部。会议听取并审议通过《赣榆县人民政府工作报告》；听取并审议批准《赣榆县2007年国民经济、社会发展计划执行情况和2008年国民经济、社会发展计划的报告》；听取并审议批准《赣榆县2007年财政预算执行情况和2008年财政预算的报告》；听取和审议通过《赣榆县人大常委会工作报告》；听取和审议通过《赣榆县人民法院工作报告》；听取和审议通过

《赣榆县人民检察院工作报告》。会议选举县人大常委会主任、副主任和委员；选举县人民政府县长、副县长；选举县人民法院院长和县人民检察院检察长；选举62名出席连云港市第十二届人民代表大会代表。

二、赣榆县第十五届人民代表大会第二次会议

2009年1月5～8日在县影剧院举行，全县323名人大代表出席会议。列席会议的有不是县人大代表的县四套班子领导；县人民法院、县人民检察院的负责人；不是县人大代表的县委、县人大、县政府各部门和有关单位负责人，不是县人大代表的镇长和镇人大正、副主席；县政协全体委员和担任过县人大、县政协正副职的离退休老干部。会议听取并审议通过县人大常委会工作报告、县政府工作报告、国民经济社会发展计划报告、财政预决算报告、县人民法院工作报告、县人民检察院工作报告。补选县人大常委会主任。

第四章　赣榆县人大常委会

县人大常委会是县人民代表大会常设机构，在县人民代表大会闭会期间依法行使县人民代表大会权力。县人大常委会由县人民代表大会在每届的第一次会议上从代表中选举产生，由主任、副主任、委员组成，任期与县人民代表大会任期相同。常委会组成人员不得担任国家行政机关、审判机关、检察机关的职务。1990年3月～2009年12月，县人大常委会共历经5届，每届人大常委会均听取审议"一府两院"有关工作报告，审查批准年度财政预算决算，组织代表视察调研，进行干部评议，督办议案，指导乡镇人大工作，接待并妥善处理群众和代表来访、来信，依法进行人事任免，以及作出相应决议决定。

第一节　重大事项决议、决定

第十一届人大常委会（1990年3月～1993年2月）共召开23次常委会会议，审议"一府两院"工作报告44个，作出《关于认真贯彻执行〈行政诉讼法〉的决议》《关于加强县城环境卫生工作的决议》《关于加强同人民群众联系的实施意见》《关于县人大代表的建议、批评和意见的办理办法》《关于开展先进县人大代表小组、优秀县人大代表评比活动的意见》等项决定。

第十二届人大常委会（1993年2月～1998年1月）共召开38次常委会会议和63次主任会议，听取和审议法律法规及上级人大决议实施情况的汇报57件次，听取和审议"一府两院"工作报告34个，通过《关于依法治县的决议》《关于科技兴县的决议》《关于继续开展法制宣传教育的决议》、关于批准《赣榆县基本农田保护区规划》《赣榆县生态农业建设规划》等决定、决议21个。

第十三届人大常委会（1998年1月～2003年1月）共召开46次常委会会议，听取和审议法律、法规及上级人大决议实施情况的汇报78件次，听取和审议"一府两院"工作报告86个。先后作出决定、决议49个。

第十四届人大常委会（2003年1月～2007年12月）共召开34次常委会会议，听取和审议法律、法规实施情况的汇报36件次，听取和审议"一府两院"工作报告83个，作出决议、决定49个。

第十五届人大常委会（2007年12月～2009年12月）共召开18次常委会会议，审议"一府两院"工作报告19个，对《农村五保供养工作条例》《江苏省农业生态环境保护条例》《江苏省海洋环境保护条例》《中华人民共和国义务教育法》等法律法规的执行情况进行专项审议。

第二节　视察调研

第十一届人大常委会（1990年3月～1993年2月）组织视察36次，617人参加。

第十二届人大常委会（1993年2月～1998年1月）组织开展执法检查11次，开展专题调查65次，组织指导36个代表组进行720余次活动。

第十三届人大常委会（1998年1月～2003年1月）常委会根据部分代表反映，建议县政府对学校周边地段、县城文化路东段实行交通管制措施，禁止机动车辆通行，有效遏制该路段交通事故多发现象，还在县城临近校区路段设置警示牌，保护广大师生和行人交通安全。

第十四届人大常委会（2003年1月～2007年12月）对《中华人民共和国未成年人保护法》《中华人民共和国职业教育法》《江苏省个体私营经济条例》《中华人民共和国农村土地承包法》《中华人民共和国道路交通安全法》《中华人民共和国工会法》《江苏省农村初级卫生保健条例》《中华人民共和国治安管理处罚法》《中华人民共和国水法》《中华人民共和国政府采购法》《中华人民共和国环保法》《中华人民共和国水污染防治法》《中华人民共和国村民委员会组织法》《中华人民共和国教师法》《残疾人保障法》《招投标法》等36部法律法规的贯彻实施情况进行执法检查，解决一些执法中存在的问题，保证法律法规有效实施。对水资源保护、社会保障、安全生产、医疗卫生、再就业工作、道路建设等情况进行视察调研，提出针对性意见和建议。

第十五届人大常委会（2007年12月～2009年12月）组织代表开展视察活动40次，主要围绕城市建设、城区市场管理、防空训练、基地建设、水利工程建设、山区综合开发、土地开发、农业生态园建设、食品市场管理、煤矿安全生产、医疗卫生和职业教育、城管、国税、新农村等工作情况，开展视察调研，在进行社会治安调研时，随机发放社会治安问卷调查表150份，回收143份，收集到建议意见100余条。

第三节　意见督办

第十一届人大常委会（1990年3月～1993年2月）办理代表建议、批评和意见359件，受理群众来信463件，接待群众来访828人次。

第十二届人大常委会（1993年2月～1998年1月）督办代表建议、批评和意见363件，接待处理人民群众来信来访2500余件次。

第十三届人大常委会（1998年1月～2003年1月）收到代表议案2件，各类意见和建议491件，内容涉及全县政治、经济和社会生活各个方面。县人大常委会通过分类梳理，召开交办会，组织视察检查、重点议案督查，听取和审议议案、意见和建议办理情况报告等形式，不断加大督办力度，使代表提出的议案、意见和建议等得到及时办理，代表满意率达97%以上。在十三届人大五次会议上，代表提出“关于强化对慢性非传染性疾病防治工作的领导，保障群众身体健康”的议案，经县人大常委会第39次会议研究形成决议并交县政府办理。代表在十三届人大三次会议上提出的“关于加强海州湾旅游度假区建设与管理”的议案，经常委会第19次会议研究形成决议并提交县政府办理。县政府根据决议要求，设立旅游事业管理局，成立“海州湾旅游度假区有限责任公司”，改善软硬环境，使度假区步入正常发展的轨道。本届常委会共收到代表和人民群众来信780多件，接待群众来访1400人次。对一些重要的来信来访，常委会通过组织调查、转办督办、召开协调会等形式，帮助代表和群众解决实际困难，化解社会矛盾，维护社会稳定。

第十四届人大常委会（2003年1月～2007年12月）共督办建议和意见314件，内容涉及财政、城市建设、交通道路建设、环保、文教、卫生、社会保障、社会治安等各个方面。为使这些建议得到办理，常委会坚持突出重点，采取听汇报、组织视察、走访调研等多种形式，检查了解办理进展情况，有针对性地提出办理指导意见，督促政府不断改进办理方式，加大办理工作力度，使办理质量逐年提高，代表对办理工作的满意和基本满意率达98%。及时办理群众来信来访，努力维护社会稳定。本届常委会共受理人民来信894件，接待来访86批、196人次。人大信访接待室对来信及时阅转，督促有关部门抓紧办理。

第十五届人大常委会（2007年12月～2009年12月）督办代表建议、批评和意见134件，受理群众来信304件，接待群众410人次。

第四节　人事任免

第十一届人大常委会（1990年3月～1993年2月）接受2名县长、1名人大常委会副主任辞职请求；决定2名代理县长；决定任命10名副县长，免去5名副县长；决定任命政府其他组成人员54名，免职13名；任命“两院”工作人员41名，免去职务9名；任命人大机关工作人员5名，免职2名。

第十二届人大常委会（1993年2月～1998年1月）任免国家机关工作人员157名。

第十三届人大常委会（1998年1月～2003年1月）坚持党管干部与人大依法行使任免权相统一的原则，充分发扬民主，严格依法进行人事任免。任免前，常委会党组会议和主任会议对县委推荐干部及“一府两院”提请任免人员进行认真讨论，充分发表意见。任免时，常委会认真听取提请报告，严格审查提请机关陈述的任免理由和对任免对象的考察情况，依法进行表决。通过后，向被任命人员颁发任命书，要求被任命人员努力工作，廉洁自律，依法履行职责，当好人民公仆。任免政府组成人员100人次，撤销职务4人次，任免“两院”工作人员113人次，任免人大机关工作人员18人次。

第十四届人大常委会（2003年1月～2007年12月）不断完善人事任免办法，先后制订完善任前法律知识考试制度和拟任职发言制度，强化人事任免基础工作。在审议表决过程中，充分发扬民主，反复酝酿讨论，尊重常委会组成人员的意愿和表决结果。任免国家机关工作人员126人次。任命事项通过后，向任命干部颁发任命书，提出任职要求，增强任命干部接受人大监督的自觉性。

第十五届人大常委会（2007年12月～2009年12月）任免国家机关工作人员89人次，接受2名县人大主任、1名县长辞职请求；接受2名县人大常委会委员辞职请求；接受2名辞去连云港市第十二届人大代表职务的请求；接受2名辞去赣榆县第十五届人大代表职务的请求，免去1名副县长；决定1名代理县长；决定任命3名副县长。补选3名市十二届人大代表。

第五节　干部评议

第十一届人大常委会（1990年3月～1993年2月）通过关于评议工作两个“试行办法”，在徐福镇、柘汪乡进行试点并在全县乡镇推开。组织县内各级人大代表对县直11个部门和乡镇563个单位工作进行评议，有1258名县人大代表和40位市县政协委员参加评议乡镇部门工作。有130多名省市县三级人大代表和70多位市县政协委员参加评议县直部门工作，代表还分别对县直部门和乡镇单位提出意见和建议。

第十二届人大常委会（1993年2月～1998年1月）组织代表对全县536个乡镇单位和23个县直部门工作进行评议，对7名常委会任命干部进行述职评议；对249名优秀县人大代表予以表彰。

第十三届人大常委会（1998年1月～2003年1月）先后对县政府17个职能部门的主要负责人和县检察院检察长进行述职评议，指出存在的问题和不足，有针对性地提出整改意见和建议。评比表彰221名优秀人大代表。

第十四届人大常委会（2003年1月～2007年12月）加强对干部的任后监督，常委会先后对政府部门的6位局长和1名法院副院长、检察院的1名副检察长进行述职评议。评议采取逐个谈话、走访相关部门、召开座谈会、抽查等形式，掌握干部的各方面情况。在充分肯定述职人员的工作成绩的基础上，分析并指出存在的主要问题和不足，提出改进建议并督促整改，收到较好的效果。

第十五届人大常委会（2007年12月～2009年12月）开展代表向选民述职活动，县镇两级人大代表累计309人向选民述职，汇报履职情况，现场接受选民提问，并组织选民对代表进行民主测评。

第六节　乡镇人大工作指导

第十一届人大常委会（1990年3月～1993年2月）加强乡镇人大办事机构建设，在各乡镇设人民代表大会主席团常务主席，原代表联络办公室改为人民代表大会主席团办公室。办公室在主席团领导下开展乡镇人大日常工作。

第十二届人大常委会（1993年2月～1998年1月）设乡镇人大主席团及其常务主席，常务主席主持主席团日常工作。

第十三届人大常委会（1998年1月～2003年1月）在县人大常委会的指导下，各镇及县直各系统开始实行每月26日为“代表活动日”制度。活动日期间组织代表进行学习培训、专题调查、执法检查、座谈讨论等活动。定期或不定期的组织人大代表外出学习考察，开展业务培训。2002年起，全县各镇人大代表逐步开始向选民述职并接受选民评议。

第十四届人大常委会（2003年1月～2007年12月）积极督促协助18个镇人大主席团全部建立“代表之家”，并在部分村建立“代表工作室”。常委会加强对代表向选民述职活动的组织指导，要求代表深入选区和选民中间，听取他们的呼声，充分了解民意。通过召开优秀代表表彰会等形式，广为宣传代表先进事迹，激发代表履行职责的积极性。常委会办公室还定期向代表赠送《会报》等有关学习材料，组织代表学习相关法律法规，提高代表素质和议政能力。

第十五届人大常委会（2007年12月～2009年12月）组织镇人大干部参加省市人大培训；全县共建立“人大代表之家”123个；各镇全面开展代表接待选民活动。

第五章　乡镇人民代表大会

第一节　机构设置

1988年5月，赣榆县各乡镇设立人大代表联络办公室，作为联系乡镇人大代表、督促办理代表建议的日常办事机构。办公室设主任1名（一般由党委副书记担任），兼职秘书1名，联络员3～5名，是年，赣榆县第十届人民代表大会常务委员会第五次会议决定在全县29个乡镇配备专职人大代表联络主任。1989年，根据《江苏省乡镇人民代表大会主席团工作暂行条例》，乡镇召开人民代表大会时选举乡镇人大主席团成员，同时设立主席团主席、副主席。此后，乡镇人大主席团工作日臻完善。1990年3月在各乡镇人大换届时，根据省人大常委会关于在乡镇设立人大主席团常务主席的决定，全县29

个乡镇设立了由乡镇党委书记兼任的人大主席团主席，并将原来的人大代表联络办公室更名为主席团办公室。办公室在主席团领导下开展乡镇人大日常工作。1995年，根据有关法律规定，改设乡镇人大主席团及其常务主席主持主席团日常工作。1990～2004年，乡镇人民代表大会每届任期三年，2004年3月后，乡镇人大的任期由3年改为5年。1990～2009年，全县各乡镇人民代表大会均依法进行换届选举。

第二节　主要工作

全县各乡镇每年至少召开一次人民代表大会，听取《人大主席团工作报告》《政府工作报告》和《财政预决算报告》。从1998年开始，增加听取《乡统筹费预决算报告》，经过审议并作出决议。每届乡镇人民代表大会第一次会议，选举本届人民代表大会主席、副主席和乡镇长、副乡镇长，任期内出现缺额时，由主席团或代表大会进行个别补选。1989～1995年，由乡镇人民代表大会选举产生参与法庭审判工作的人民陪审员。人大主席团适时听取乡镇政府关于代表议案、建议、批评和意见办理情况的报告。1990～2009年，全县各乡镇人民代表大会依法进行换届选举工作。

1992～1998年，各乡镇组织人大代表对乡镇机关单位的工作情况进行评议达1099次。2001年，在县人大常委会的指导下，各镇及县直各系统开始实行"代表活动日"制度。2002年起，全县各镇人大组织开展人大代表向选民述职并接受选民评议。2005年开始，全县18个镇均建成"人大代表之家"活动室。并达到有阵地、有制度、有计划、有记录、有学习资料，保证人大代表活动的正常化、规范化和制度化。2008～2009年，各镇人大工作认真贯彻党的十七大精神，深入落实科学发展观，积极探索基层人大工作新路子，组织人大代表积极参加对镇级机关、部门和村级主要负责人"双述、双质、双评"（双述：述职、述廉；双质：调研组现场质询、群众现场质询；双评：现场测评、考评）和镇级"五佳""最差"（考评和测评实行百分制，按综合得分进行排序，综合得分前五名为五佳、最后一名为最差）基层站所软环境建设情况测评活动。

第二十一篇 赣榆县人民政府

第二十一篇　赣榆县人民政府

1990～2009年，赣榆县人民政府共历6届，1996年、2001年、2005年根据中央、省、市文件规定和形势变化需要，赣榆县政府机构、人员编制、部门职能分别进行重大改革。

1990～2009年，赣榆县人民政府始终坚持改革开放和依法行政，以经济建设为中心，根据不同阶段的发展任务，适时做出重大决策，完善发展战略，严格规范政府行为，积极推进政府机构和人事改革，推行国家公务员制度，实施人才战略工程，规范依法行政，精简行政审批事项，统筹城乡发展，民生事业持续改善，社会保障不断加强，全县各项事业得到更好更快的发展。

第一章　组织机构

第一节　机构设置

1990年，赣榆县政府机构设置有：县政府办公室、县经济技术协作委员会办公室、县财贸办公室、县经济体制改革委员会、县计划经济委员会、县科学技术委员会、县计划生育委员会、县对外经济贸易委员会、县档案局、县民政局、县公安局、县司法局、县人事局、县财政局、县税务局、县审计局、县粮食局、县商业局、县工商行政管理局、县乡镇企业局、县交通局、县物资局、县物价局、县统计局、县劳动局、县建设局、县环境保护局、县农业局、县水产局、县多种经营管理局、县水利局、县教育局、县文化局、县卫生局、县广播电视局、县监察局、县信访局、县土地管理局、县法制局、县编制委员会、县志编纂委员会、县爱国卫生委员会、县体育运动委员会、县侨务办公室、县农村能源办公室、县职工教育办公室、县打井办公室、县移民办公室、县地震办公室、县农业区划办公室、县供电局、县邮电局、县气象局、县标准计量局、县公安交通警察大队、县驻南京办事处、县驻上海办事处、县驻深圳办事处、县驻北京办事处、县供销社、县外贸局、县盐务局、县农机局、县烟草专卖局、县地质矿产局、中国人民银行赣榆县支行等66个单位。

1996年，赣榆县进行党政机构改革，县政府设工作机构31个，部门管理机构1个，即县政府办公室（县法制局与其合署）、县计划委员会、县经济委员会（县技术监督局与其合署）、县农业局（县多种经营管理局与其合署）、县教育局、县公安局、县民政局、县财政局、县人事局（县机构编制委员会办公室与其合署）、县卫生局、县计划生育委员会、县审计局、县工商行政管理局、县统计局、县劳动局、县科学技术委员会、县规划建设委员会、县交通局、县司法局、县乡镇企业管理局、县地方税务局、县国土管理局、县文化局（县体育运动委员会与其合署）、县环境保护局、县物价局、县水利局、县监察局（与县纪律检查委员会机关合署）、县对外经济贸易委员会、县粮食局、县水产局、县财贸办公室。部门管理机构：县信访局。

2001年，赣榆县对党政机构再次进行改革，县政府部门由32个调整为26个（县监察局与县纪律检查委员会机关合署办公，列入县政府工作机构序列，不计机构个数），即县政府办公室（县侨务办公室、县政府法制办公室与其合署办公，挂“县外事办公室”牌子）、县发展计划局、县经济贸易局（内设安全生产监督管理局，挂“县乡镇企业管理局”“县经济体制改革委员会办公室”“县煤矿安全监察局”牌子）、县教育局、县科学技术局、县公安局、县监察局、县民政局、县司法局、县财政局、县人事局（县机构编制委员会办公室与其合署办公）、县劳动和社会保障局、县国土资源局、县建设局、县交通局、县水利局、县农林局、县对外贸易经济合作局、县文化局（县体育局与其合署办公）、县卫生局、县计划生育局、县审计局、县统计局、县环境保护局、县粮食局、县物价局、县人民防空办公室（为县国防动员委员会的常设办事机构，不计机构个数）。此外，设置政府直属事业机构9个，即县广播电视局、县农业资源开发局、县农业机械管理局、县招商局、县旅游局、县地震局、县海洋与渔业局、县城市管理局、县机关事务管理局。

2005年，县政府机构改革，设置工作部门27个，即县政府办公室（县侨务办公室、县法制办公室与其合署办公，县政府办公室挂“县外事办公室”牌子）、县发展和改革委员会、县经济贸易局（挂“县国有资产监督管理办公室”牌子）、县教育局、县科学技术局、县公安局、县监察局、县民政局、县司法局、县财政局、县人事局（县机构编制委员会办公室与县人事局合署办公）、县劳动和社会保障局、县国土资源局、县建设局、县交通局、县水利局、县农业局（挂“县林业局”牌子）、县对外贸易经济合作局、县文化局（县体育局与县文化局合署办公，县文化局挂“县新闻出版局”牌子）、县卫生局、县人口和计划生育委员会、县审计局、县统计局、县安全生产监督管理局（挂“县煤矿安全监察局”牌子）、县环境保护局、县粮食局、县物价局、县民族宗教事务局（与县委统战部合署办公，不计机构个数）、县人民防空办公室（为国防动员委员会的常设办事机构，不计机构个数）。

图 21-1　赣榆县人民政府办公楼（1990年摄）

图 21-2　赣榆县人民政府办公楼（2002年摄）

第二节　领导成员

1987年4月，赣榆县第十届人民代表大会选举产生第十届赣榆县人民政府，至1990年3月届满，先后选举（补选）产生县长2名，副县长8名；1990～2009年，赣榆县人民政府共历经五届（第十一届～第十五届），先后选举（补选）产生县长10名，副县长73名。

1990～2009年赣榆县人民政府领导人一览表

表 21-1

届别＼职务	县长	副县长
第十届（1987.04～1990.03）	周克成　朱选成	朱选成　袁　泉　许恒道　黄承光　朱学余　张子菁　冯其湘　李丰文
第十一届（1990.03～1993.02）	朱选成　鹿崇友	袁　泉　朱学余　冯其湘　周诗泉　鹿崇友　李丰文　李　洁　汪善法　陈兆祥
第十二届（1993.02～1998.01）	李　洁　杨少华	刘洪伟　杨　莉　陈学文　汪善法　徐　征　王昭宪
第十三届（1998.01～2003.01）	杨少华　单新中	卢西举　陈学文　钟克柱　岑俊忠　王友胜　邱占山　张明丰　施　炎　董淑石　吴立生　葛百权　耿婷芳　胡明生　单新中　胡英浦　沈德刚　凌耀初　李国威　黄　东　徐丙超　施吉祥
第十四届（2003.01～2007.12）	吴立生　陈良灵	王友胜　孙　玉　孙　海　胡明生　胡英浦　徐丙超　李国威　宋世敏　凌耀初　陈良灵　高庆法　王世成　潘紫红　韩迎农　王海清　孙　甫　梁雨谷　刘洪卫　李彦军　王加培　侍启顺　毛太乐　张永波　胡小青　卢同领　李　武
第十五届（2007.12～）	王加培　曹卫东	刘洪卫　徐丙超　毛太乐　孙　玉　庄小涛　姜宏远　茅中余　卢西村　曹卫东　张志峰　陆效虎　彭天宇　周正亚　朱兴波　李　冰　李　武

第二章　会议决策与施政纪要

第一节　会议决策纪要

1990年2月，县政府召开常务会议，提出发展全县农业生产的总要求：新发展、新突破、新水平；并提出稳定联产承包责任制、坚持科技兴农、切实增加对农业投入、加强农业服务体系建设等4项主要措施，以推动全县农业生产的发展。4月，县政府召开常务会议，认为“吨粮田”是一项高产措施，要成为全县农业生产的突破口，提出建设20万亩“吨粮田”的规划，并成立以分管农业的副县长为组长的领导小组，负责推进“吨粮田”的建设。

1991年2月，县政府召开常务会议，提出在全县工交财贸战线开展“创优达标、建功立业”竞赛活动，并进行部署落实，在全县工交财贸战线开展劳动竞赛。

1993年2月，召开全县经济工作会议，分析经济形势，探讨经济工作思路和措施，县政府与各乡镇及各有关部门签订1993年目标管理责任状，部署全县的经济工作。

1995年10月，县政府常务会议提出以“积极试点，稳步推进”的原则，推进全县现代化企业制度改革，并进行具体的部署和落实，以推动全县工业经济健康、快速地发展。

1996年12月，县政府召开常务会议，提出“要积极培植新的经济增长点”的经济发展思路，认为外引内联，个体私营经济，第三产业，尤其是旅游业、劳务输出，是加快经济发展的新的增长点，要求全县上下，尤其是有关部门要加大力度，把增长点培育壮大，使增长点发展成增长线、增长面。

1997年3月，县政府召开全县国家公务员制度动员大会，机构改革全面展开，人员过渡工作正式开始。10月，县政府成立企业制度改革指挥部，并召开工作会议全面部署企业改制工作，会议指出，全县各行各业的企业都要改制，改制的方法、形式、措施要因地制宜，一厂一策，只要有利于国有、集体资产不流失，有利于企业效益和职工收入的提高，有利于增强企业活力，有利于社会稳定，无论采取哪种经济组织方式都可以。

1998年6月，县政府常务会议提出加快发展个体私营经济的要求：1.既要注重量的扩张，更要注重质的提高，要在抓好千家万户的同时，坚持抓大户、上规模；认真落实“四五双百”工程的各项任务，积极引导、扶持个体私营大户增加投入、扩大规模；2.坚持一手抓发展，一手抓管理，要求有关部门要认真治理“三乱”，努力为个体私营经济发展创造宽松的外部环境，促进全县个体私营经济快速发展。

2001年3月，召开全县农村税费改革工作会议，全县农村税费改革工作全面启动，有效减轻农民负担，推动农村稳定和发展。9月，召开全县行政审批制度改革工作会议，对不符合规定的事项坚决予以取消，并成立县行政审批中心，以规范运作、提高效率。

2002年4月，召开海洋经济开发区总体规划评审会议，开发区总体规划范围，东至秦山岛以东20米等深线海域，西至204国道、海城路，北至兴庄河南岸，南至朱稽河南岸，规划期限为2001～2020年，发挥海洋资源优势，大力发展海洋经济。

2003年8月，召开全县工业经济大会，研究部署工业立县工作任务，动员全县上下坚定不移地高举工业立县大旗，五湖四海引工业、全民创业上工业、多元投入办工业、优化服务兴工业，迅速在县、镇、村、户形成抢抓项目、快办工业的浓厚氛围。9月，县政府召开常务会议，会议决定，成立由代县长任总指挥、常务副县长和相关副县长任副总指挥、有关单位负责人为成员的新城区建设指挥部，全力推进新城区建设。

2004年6月，召开全县地条钢、小化肥专项整治工作会议，对地条钢、小化肥进行全面清理整治。

2005年3月，召开全县创建国家级生态示范县工作大会，对创建国家级生态县工作作出部署。4月，召开全县招商引资“三百项目会战”大会，动员全县上下抓住4、5、6三个月，全力开展招商引资活动。

2006年3月，召开全县工业经济大会，总结三年来工业立县战略实施情况，对全年招商引资和工业经济提出要求。5月，召开全县城市建设工作会议，提出坚持规划引领、城乡统筹、建管并重、重点突破、经营城市等原则，加快城市建设，提升城市形象，加快融入全市城市建设大盘子。

2007年1月，召开全县机关干部返乡回村参与社会主义新农村建设动员大会，号召全县机关干部深入农村，参与新农村建设。

2008年10月，召开全县小城镇建设现场观摩会，提出用三年左右时间，加快建设小城镇，争取全县小城镇一年一个样，三年大变样。12月，召开“加快奔小康、建设新赣榆”暨脱贫攻坚动员大会，动员全县上下进一步解放思想，凝心聚力，迎难而上，开拓创新，力争“加快奔小康、建设新赣榆”的奋斗目标在2009年实现开门红，2012年取得显著成效，为赣榆县尽早建成全面小康社会奠定坚实基础。

2009年3月，县政府召开常务会议，调整经济开发区行政区划，开发区实行独立的一级财政体制，调整开发区行政管理体制，将新组建的宋庄镇整体并入开发区，实行区镇合一、以区带镇的模式。12月，县政府召开常务会议，认为“三突破一提升”（突破赣榆港区、突破重大工业项目、突破高效设施农业、提升城市形象）是实现跨越发展、后发先至的重要举措，要求全县上下必须高度重视，强力推进。

第二节　施政纪要

1990年3月，县机关110名干部下到基层，“以局包村”形式开展帮助后进村工作；5月，县委、县政府作出《贯彻中央5号文件精神为群众办好八件实事的决定》，要求健全农村服务体系，减轻农民负担，帮助贫困户脱贫致富，搞好社会治安等；12月，举办“中国·赣榆首届徐福节”，推动和促进徐福研究的深入开展，进一步弘扬徐福文化。

1991年3月，县委、县政府下发《关于控制和减轻农民负担的通知》，要求切实抓好农民负担清理整顿工作，制止各种形式的“三乱”（乱收费、乱罚款、乱摊派）。

1992年5月，县委、县政府制定《关于加快改革开放、振兴赣榆奔小康若干问题的决定》；10月，赣榆县经济技术开发区成立，开发区管委会为县政府正科级职能部门，承担选址、规划、制定优惠政策、开发启动等基础工作。

1993年2月，县委、县政府制定《关于加快赣榆县沿海经济发展的意见》和《关于加快赣榆县山区经济发展的意见》。6月，县委、县政府制定《关于加快教育发展和改革若干问题的决定》；12月，江苏省人民政府批准赣榆县成立省级开发区，在赣榆县经济技术开发区的基础上创办江苏省赣榆经济开发区，管委会为县政府派出机构，副处级建制。

1994年3月，制定《关于“三线牵动、四面展开”战略战术分解实施意见》，内容为：三线牵动战略：拓展沿海线、搞好交通线、开发边界线。四面展开战术：夯实基础，增大总量，建设工业金字塔；面向市场，优化结构，形成农业十条龙；外向开拓，借梯登高，搞活三外重头戏；配套建设，改善环境，拓展三产新领域。全面推进赣榆经济快速发展；9月，县委、县政府下发《关于进一步稳定和完善家庭联产承包责任制的通知》。

1995年4月，县机关、事业单位实行社会养老保险制度，首定对象为全额预算的机关、事业单位和劳动合同工，聘用制干部及经人事、劳动部门批准使用的临时工，差额预算单位和自支自收单位的全体人员。

1996年7月，经省体改委、省工商局批准，江苏东蓬集团有限公司在赣榆成立，成为赣榆县组建的第二家省级企业；8月，在青口镇确定的10家企业单位开始进行赣榆县企业股份合作制试点工作；10月，全县党政机构改革全面展开，与原有机构相比，精简45.7%，内设机构精简20%。

图 21-3　江苏东蓬集团有限公司(1996年摄)

1997年4月，全县现有机关工作人员向公务员进行过渡。6月，正式启动赣榆经济开发区与青口镇实行区镇合一联合办公。7月，海州湾旅游度假区首期工程启动，10月正式开放，全国人大常委会副委员长王光英、副省长王荣炳等出席庆典仪式。10月，县政府成立企业制度改革指挥部，召开工作会议全面部署企业改制工作。

图 21-4　江苏三兴建工集团有限公司(1998年摄)

1998年1月，赣榆县第一家县属企业——惠农肥料有限责任公司改制完成；2月，江苏三兴建工集团挂牌成立。集团拥有资产总额1.85亿元，在册职工1.2万人；7月，赣榆县实施住房改革新举措，停止福利性分房，实行住房货币化分配，加快现有公房改革。

1999年3月，为加快科技引进和技术推广，促进农业结构调整、农业增效，县政府组成有科委、农业局、多管局等部门科技人员参加的科技寻方团，先后考察访问河南省农科院、西北农业大学等10余家科研院所和高等院校，就粮油果蔬、畜牧花卉的新品种、新技术进行征询了解；8月，对全县中小学布局进行调整，小学调整为265所，初中调整为42所，完中调整为9所，职中调整为3所。

2000年3月，赣榆县通达工程青班、青抗公路全线开工建设；赣榆县电力史上投入最多、规模最大、覆盖面最广的总投资1.52亿元的农村电网改造工程全面竣工。4月，总投入500万元的县城黄海路改造工程开工建设；8月，建成全国规模最大、产量最高的中华绒螯蟹人工繁育基地。

2001年9月，经省政府批准，江苏省第一家以海洋产业为主的省级海洋经济开发区——赣榆县海洋经济开发区正式挂牌成立，海洋经济开发区是国内首创的以海洋产业为主、生态型、具有海洋经济特色的专业化经济开发区，是江苏省海洋经济重心之一；12月，全县机构改革与乡镇行政区划调整全面启动，对全县相关部门进行调整精简，对乡镇区划进行调整，调整后，全县共设18个镇，平均面积77.9平方千米。

2002年3月，县电大、职中、农校、商校、卫校、建校和教师进修学校七校合并，易地组建文化教育中

图 21-5 “康缘”杯第六届全国拔河比赛在赣榆县举行（2003年摄）

心。4月，为纪念抗日山烈士陵园建园60周年，全县社会各界积极捐款进行抗日山烈士陵园改扩建工程，提升抗日山烈士陵园的形象，抗日山烈士陵园成为苏北鲁南地区瞻仰缅怀革命先烈的重点景点。

2003年4月，出台《关于进一步做好农村非典型肺炎防治工作的意见》，全力做好“非典”防治工作；10月，“康缘”杯第六届全国拔河锦标赛在赣榆县举行，开创赣榆县举办全国体育大赛的先河。

2004年2月，赣榆县新城开发协调工作领导小组成立，强力推进新城开发建设；6月，开展第一次全国经济普查，建立健全覆盖国民经济各个行业的经济普查数据库。

2005年1月，印发关于做好防控高致病性禽流感工作的通知，对防控高致病性禽流感工作提出明确要求。6月，赣榆县行政中心开工兴建；8月，连云港临港产业区（柘汪）开工建设。

2006年，新城建设指挥部成立，大力推进滨海新城建设，完成投资8000万元，建成“三横四纵”路基框架；同时，金海岸等4个居住小区全面开工建设。投入3500万元开展县城环境综合整治“百日会战”，大力营造优美舒适的城市环境；投入1.6亿元实施海堤达标工程，投入2.8亿元，完成厉大线、盘戴线、青殷线等230千米省道改造工程。

2007年4月，总投资13.21亿元的25个项目集中开工建设；5月，召开加快农业产业化发展暨推进新农村建设工作大会，研究部署农业产业化发展思路和具体措施；7月，征地拆迁指挥部成立，开始连—临高速公路赣榆段征地拆迁工作。

2008年1月，制定“个性化、精细化、科学化”的目标管理考核办法，充分发挥目标管理对经济建设和社会事业、精神文明与政治文明工作的推进作用，更加有效地服务全县发展大局；2月，连云港赣榆港区开发建设指挥部成立，全力加快赣榆港区建设；国庆期间，县委、县人大、县政府、县政协以及原政府大院内的部门和单位东迁新城区；10月，县城老城区第一个吸纳社会资金参与，在垃圾场上建成的赣榆县最大的现代生态型综合性公园——青口生态公园正式开园。

图 21-6 青口生态公园开园仪式（2008年摄）

2009年6月，随着江苏沿海开发上升为国家战略，赣榆县积极对接《江苏沿海地区发展规划》，细化梳理课题，分解落实牵头的县领导和各有关单位，部署迅速做好对上沟通和对接工作；8月，出台《赣榆县甲型H1N1流感防控应急预案》，以保障公众身体健康和生命安全，维护社会稳定；9月，全县隆重举行中华人民共和国成立60周年系列庆祝活动。

第三章　政府法制

第一节　机构设置

为加强赣榆县政府法制工作，根据市人民政府连政发〔1990〕126号文件要求，1990年8月18日，赣榆县人民政府印发《关于成立赣榆县人民政府法制局的通知》，撤销县政府办公室法制科，成立赣榆县人民政府法制局。县政府法制局是县人民政府的办事机构，列县政府部门序列，为正局级单位，归口县政府办公室。同时要求各乡镇、各部门切实加强政府的法制工作，建立健全相应的办事机构，并配备专兼职法制工作人员。1997年11月17日，根据《中共连云港市委、连云港市人民政府关于赣榆县党政机构改革方案的通知》和赣榆县委、县政府《关于印发〈赣榆县党政机构改革实施意见〉的通知》，经县机构编制委员会审核、县政府批准，赣榆县人民政府办公室印发《关于印发县人民政府法制局职能配置、内设机构和人员编制方案的通知》，规定：县人民政府法制局与县政府办公室合署办公，县政府法制局行政编制7名，另核行政附属编制1名，内设秘书股（挂“法规股”牌子）、法制监督股、行政复议股3个股室。2001年12月，政府机构改革，撤销县法制局，组建县政府法制办公室，与县政府办公室合署办公。

第二节　规范性文件管理

1990～1995年，县政府法制局每年编制全县行政规范性文件的制定计划，共起草和审查县政府规范性文件46件，审核省市征求法规、规章和行政措施草案73件，审查各乡镇和县政府各部门制定的规范性文件82件。

1996～2000年，制定下发《赣榆县重大行政处罚备案审查办法》，并与县检察院共同下发关于监督备案情况的通知，防止以罚代刑事件发生；制定下发《赣榆县规范性文件备案审查暂行规定》，要求所有以县政府名义下发的文件和各部门制定的规范性文件都必须经过法制办依法审核；制定下发《赣榆县规范性文件实施情况后评价办法》，为县政府及有关单位审核备案规范性文件140多件。

2001～2005年，审核县政府规范性文件18件、县政府部门规范性文件75件、乡镇政府规范性文件8件。会签省市法规、规章、规范性文件96件，提出意见、建议23条。

2006～2009年，开展“六个规范化”建设和创建依法行政达标乡镇活动，重点推进行政执法证据格式化、行政处罚和行政许可案卷规范化工作，强化审核规范性文件力度，审核县政府及有关部门规范性文件123件，审查乡镇政府规范性文件12件，会签省市法规、规章、规范性文件87件，提出意见、建议21条。

第三节　执法监督

1990～1995年，会同有关部门对乡镇和县政府部门的行政执法情况进行监督检查，监督指导县政府各部门及各乡镇的法制机构的工作，有计划地开展培训政府法制干部和行政执法人员的工作，以提高行政执法人员执法水平，五年共组织培训37场次，累计培训2300多人次。

1996～2000年，组织各行政执法部门开展行政执法证件的换证工作；组织学习贯彻《中华人民共和国行政处罚法》，规范行政处罚行为，提高各执法部门行政处罚规范化水平，保护群众合法权益。印发《赣榆县政府法制》简报，每月一期，及时公布全县政府法制工作和行政执法工作的最新动态，宣传好的执法经验和做法。制定下发《赣榆县行政执法评议考核细则》，组织监察、人事、财政、物价等部门对全县行政执法单位进行评议考核。

2001～2005年，组织全县各行政执法单位学习《中华人民共和国行政许可法》《全面推进依法行政实施纲要》等法律、法规及其他政策性文件，提高行政执法人员的业务素质和水平。先后组织40余家行政执法单位参与法律知识培训，培训行政执法人员2000多人次，并定期开展法律、法规知识考试，以检查执法人员的学习培训情况。另外，还组织行政执法人员参加共计五期的省行政复议应诉人员资格培训，向125名考试合格人员颁发行政复议应诉资格证书。新办理行政执法证件200多个，对全县1500多个执法证件采取有效的监督管理，对全县各行政执法单位重大行政处罚案件开展备案审查工作。

2006～2009年，组织各行政执法单位业务交流活动21次，推广行政指导、柔性执法的典型经验。在行政执法部门全面推行说理式行政处罚决定书，每年开展执法案卷评查2次，重点推进行政执法证据格式化、行政处罚和行政许可案卷规范化工作。以开展“六个规范化”建设和创建依法行政达标乡镇活动为契机，对依法行政示范乡镇进行确认，深入各乡镇进行有针对性的业务指导和重点培育，并逐步向全县推开。健全行政执法人员资格审查备案制度，对行政执法人员资格进行严格审核，规定：凡申领行政执法证的人员必须符合《江苏省行政执法证件管理办法》的要求，必须是本单位在编在岗人员，必须由所在单位、主管部门及上级业务指导部门共同审核盖章，由三级主要负责人签字同意后方可申领，并报县政府法制办公室审查备案。同时，还聘请人大、政协、纪检等部门15位领导为依法行政“监督员”，并在各行政执法部门指定43名“法制联络员”，在各乡镇设立18名“兼职法制员”，以切实加强对各乡镇执法部门和人员的监督。

第四节　行政复议、诉讼

1990～1995年，以《中华人民共和国行政诉讼法》的实施为契机，组织开展以《中华人民共和国行政诉讼法》为主要内容的政府法制宣传活动，组织开展县政府行政应诉工作，共办理和指导办理行政诉讼案件69件。

1996～2000年，深入宣传贯彻《中华人民共和国行政诉讼法》，1999年组织学习贯彻《中华人民共和国行政复议法》，指导各行政执法部门开展行政诉讼法和行政复议法的学习和培训活动。共组织办理县政府行政应诉67件，指导相关乡镇、部门行政诉讼应诉案件94件。

2001～2005年，办理行政复议案件86件，代理县政府行政应诉案件28起，指导行政应诉72件，参与调处房产、土地等涉及县政府的纠纷20余起。加强对全县行政复议、应诉工作的培训和指导，让处在行政复议、应诉一线的办案人员及时了解、掌握行政复议、应诉的规定。坚持“以人为本、复议为民”的宗旨，积极化解行政争议。要求他们做到书面审查与实地调查、组织听证相结合，既保障和监督行政机关依法行使职权，又保护群众合法权益。

2006～2009年，加强对《中华人民共和国物权法》《行政复议法实施条例》等新法律、法规的学习、宣传和贯彻，以县政府名义下发《关于建立行政机关负责人行政诉讼出庭制度的通知》，在全县推行行政机关负责人行政诉讼出庭应诉制度，并及时督促指导，使行政首长出庭应诉率达90%以上。强化运用和解、调解等手段解决行政诉讼和行政复议问题的方式，不断探索行政复议的新方式。为此，还专门设立行政复议听证室和调解室，主持双方当事人的沟通工作，并积极进行协调，充分发挥行政复议的调解功能，及时化解矛盾、平衡利益，促进社会和谐。5年中共办理行政复议案件117件，组织行政应诉238件，其中县政府应诉69件。

第五节　法律服务

1990～1995年，处理县政府法律事务，为行政机关和有关组织及重点企业提供法律咨询服务，审核县政府合同42件，办理部门和重要国有企业法律咨询96次。

1996～2000年，处理县政府交办的法律事务，为政府当好参谋、助手、顾问，自2000年起聘请司法局专职律师协助法制办做好政府法律顾问工作，审查县政府重要合同和法律文书31件，提供法律咨询145次。

2001～2005年，审查县政府重要合同和法律文书67件，提供法律咨询173次。参与处理依法行政中的难点、热点问题，组织政府法律顾问参与政府论证会、听证会、会商会34人次。

2006～2009年，审查县政府重要合同和法律文书72件，提供法律咨询180次。组织政府法律顾问参与政府论证会、听证会、会商会52人次，审核法律性文书46件。为招商引资、企业改制、县城拆迁改造、信访纠纷等政府中心工作提供法律帮助，维护政府权威和形象，保障政府各项中心工作的健康发展。

第四章　行政效能

第一节　机构设置

1993年，县纪委与县监察局机关合署办公，实行一套工作机构，两个机关名称，设立办公室、信访室（举报中心）、纪检监察室、案件审理室、教育研究室、监察综合室、党风廉政室和执法监察室等8个职能室。2003年3月21日，赣榆县行政效能监察工作领导小组成立，领导小组下设赣榆县行政效能监察中心，与县外来投资者投诉中心联合办公，履行监督规范权、明察暗访权、协调处理权、作风评议权、曝光通报权、表彰建议权六项职能。2006～2008年，赣榆县行政效能监察工作领导小组和赣榆县软环境建设工作领导小组先后多次调整领导成员，以增强领导力度，强化监察效能。2009年11月10日，出台《关于进一步加强督查工作的意见》，成立县督查工作领导小组，督查工作领导小组在县纪委（监察局）设立县委督查室。

第二节　制度建设

2001年，制定相应的评选标准和制度，对31家单位开展软环境建设“十佳”“三差”评选活动，对评选出的“十佳”单位授予流动红旗，予以表彰；对评选出的“三差”单位发放流动黄旗，予以警示，并责成该单位主要领导在大会上作检讨发言；规定连续两次被评为“三差”单位的，主要领导必须在县电视台向社会做出公开检讨和承诺，并向县委、县政府做出书面检讨；连续三次被评为“三差”单位的，县委、县政府将采取组织措施，对主要领导就地免职或调离原单位降职使用。

2002年3月，赣榆县人民政府印发《关于贯彻落实全市招商引资暨集中整治投资发展软环境动员大会精神，进一步解放思想、提高办事效率和服务质量的实施意见》，开展为期20天（3月4～23日）的集中整治投资发展软环境活动，重点检查政务公开制、办事承诺制、办事限时制、首问负责制等制度的落实情况。继续开展改善经济发展软环境“十佳”“三差”评选活动，考评77家单位。2002年9月，县委、县政府制定出台《关于开展投资发展软环境评比末位淘汰活动的实施意见》，在全县43家与经济发展关联度比较大的单位中开展软环境末位淘汰公开考评活动。

2003年，下发《赣榆县机关工作人员行政不作为、乱作为实行责任追究实施细则》，出台《关于对机关工作人员行政不作为、乱作为实行责任追究的暂行规定》，细化不作为、乱作为的具体标准，再次将与效能建设有关的制度落实情况作为责任追究的重要因素；规定行政不作为、乱作为过错责任由县各行政机关和县行政效能监察中心负责追究，同时规定责任追究的原则、方式及程序，并在全县行政机关实行行政过错警示卡制度。县行政效能监察中心同时向社会各界公开聘请百名行政效能监察信息员，并分“明线”（身份公开）和“暗线”（不公开身份）两个部分，共同对各行政机关的行政效能进行监察。县行政效能监察中心与县外来投资者投诉中心还联合编印《行政效能监察、软环境建设动态》，交流各部门（单位）效能建设经验做法；编印《社情民意信息》，反馈各部门（单位）对企业、群众投诉问题落实情况；与县非典防治工作督查组联合编印《督查专报》，通报各部门（单位）非典预防工作情况。开通“赣榆县纪检监察网”，开设“行政效能监察”及“网上举报”等栏目。

2004年，开展“效能提速百日特别行动”和“打造诚信赣榆，从兑现承诺做起”的专题活动，出台重点项目全程代办、疑难问题现场会办、中层梗阻即查即处等六大举措。成立赣榆县“重大项目代办服务中心”。出台《关于加强行政效能建设的若干规定》，规定加强行政效能建设，由县人民政府组织实施，各行政机关各负其责，并制定行政决策制度、机关办事制度、机关内部管理制度以及行政事业性收费管理制度等一系列制度规定；11月24日，举行《行风热线》开播仪式。

2005年，相继印发《中共赣榆县委、赣榆县人民政府关于进一步深化软环境建设工作的意见》《赣榆县机关工作人员行政（工作）过错等责任追究暂行办法》《赣榆县行政效能监察中心投诉处理暂行办法》；县委、县政府组织开展“优质服务百日竞赛”活动，要求坚决执行首问责任制、一次性告知制、全程代办制、疑难问题现场会办制、限时办结制等制度，尽可能提高行政效能。是年，县行政效能监察中心共接访239件次，查清办结237件。

2006年，出台《关于进一步加强软环境建设的意见》《赣榆县重点投资商和重点企业直通卡服务办法》，规定县审批中心为持卡人提供项目审批全程代办服务，印发《关于深入开展“六乱”专项治理活动的实施方案》，规定不准乱收费、不准乱处罚、不准乱摊派、不准乱检查、不准乱评比、不准乱培训。是年，全县18个镇和96家机关部门（单位），分为三大类进行测评，参评人数共计3992人。

2007年，出台《赣榆县星级机关（单位）评定办法（试行）》，在96家参评单位中评选出10家五星级机关（单位）和20家四星级机关（单位）；印发《赣榆县2007年度改善经济发展软环境测评方案》，在18个镇和100家机关部门（单位）开展“十佳”“最差”单位测评，本次参评人数共计4036人。是年4月20日～6月30日，开展对“慢作为”专项整治活动，重点整治损害行政效能的不良现象，要求强化制度建设，推进效能提速，规定必须严格落实首问责任制、严格落实限时办结制、全面推行一次性告知制、实行否定报备制、全面落实AB角工作制、实行主动靠前服务制、全面推行延时服务制、建立健全特事特办制、全面推行一窗办理制等一系列提高行政效能的规定和制度，要求改进办事方式，降低时间成本，注重常态管理，激励“快作为”。

2008年5月26日～6月26日，赣榆县人民政府在全县开展软环境服务制度落实自查活动。要求重点围绕首问负责制、服务承诺制、限时办结制、否定报备制、一次性告知制、AB角工作制、收费低限制等制度的落实情况进行自查自纠。6月17日，出台《赣榆县政风行风热线群众咨询问题投诉处理办法》，规定具体的办结反馈时限：资讯类问题三日内答复，一般投诉类问题5日内办结，难度较大的15日内办结，重大问题不超过一个月。6月30日，出台《赣榆县纪检监察机关工作作风问责办法（试行）》，规定对工作效能低下、执行不力、无正当理由拖延、推诿、逾期不办等行为进行问责。6月25日～7月10日，开展"五佳""最差"镇级基层站所及"十五佳""三差"科室队所的软环境测评活动，参加测评人数共计11971人。同时，还分别在50家部门（单位）中设立服务联系人50人，向50家企业派驻行政服务员50人，以强化服务和监察的力度，进一步提高县机关单位服务企业、服务基层、服务群众的意识，不断提升服务质量和行政效能，进一步改善投资发展软环境。

2009年，出台《关于加强"廉能赣榆"建设优化经济发展软环境的实施方案》，成立由县委书记任组长的赣榆县作风建设领导小组，以强化对各行政机关行政作为的监察。5月5日，印发《赣榆县机关作风及效能建设督查员工作办法（试行）》，规范督查员的督查范围和职责，以增强行政督查的力度。9月，县行政效能监察中心、县物价局、县财政局共同编印《赣榆县涉企行政事业性收费指南》，严格规范各行政部门的收费行为。11月10日，出台《关于进一步加强督查工作的意见》，成立县督查工作领导小组，督查工作领导小组在县纪委（监察局）设立县委督查室。

第三节　行政审批

一、机构

赣榆县行政服务中心位于县城华中路129号，总建筑面积3200平方米，办证大厅面积1000平方米，于2006年11月2日投入运行。县行政服务中心内设办公室、业务科、督查科、财务监管科4个科室，中心设有80个办事窗口，279个审批服务事项，有29家部门110名工作人员进驻。2008年1月，设立车辆管理分中心、海洋与渔业管理分中心、农机管理分中心、供电分中心、路政管理分中心等五家分中心。

二、审批

2006～2007年，赣榆县行政服务中心先后出台一系列文件，以规范县行政服务中心的工作内容、范围和行政服务行为，有：《赣榆县行政服务中心办理事项暂行办法》《赣榆县行政服务中心联办件申报认定办法》《赣榆县行政服务中心工作规范》《赣榆县行政服务中心工作人员守则》《赣榆县行政服务中心投诉管理办法》《赣榆县行政服务中心收费结算及票据管理暂行办法》等；并印制《赣榆县行政服务中心窗口承诺件通知书》《赣榆县行政服务中心窗口联办件通知书》《联办项目申报单》《联办项目审批联系单》《赣榆县行政服务中心窗口上报件通知书》《赣榆县行政服务中心窗口补办件通知书》《赣榆县行政服务中心窗口退回件通知书》等一系列配套的相关表格，以加强行政服务中心的工作管理。同时推行领导牵头会办制、首问负责制、服务承诺制、限时办结制、默认许可制、投诉督查制、责任追究制等服务管理制度；实行服务内容公开、办事程序公开、审批依据公开、申报材料公开、承诺时限公开、收费标准公开、收费依据公开、审批结果公开等服务公开制度。努力实行"一站式"服务，提高行政效能。

2007年，赣榆县行政服务中心累计接待群众咨询50多万人次，受理各类办件453814件，办结451595件，办结率达99.5%。

2008年，赣榆县行政服务中心强化服务承诺制、首问负责制、一次性告知制、限时办结制、AB岗工作制等服务制度，先后下发《关于进一步加强窗口工作纪律的通知》《赣榆县行政服务中心窗口工作人员考勤制度》《赣榆县行政服务中心卫生保洁制度》等文件，进一步细化和量化工作纪律、规范服务、项目办理、收费管理、业务技能、卫生保洁等各个方面的工作，并加强考核力度，每月都对根据在岗出勤、规范服务、卫生管理等量化考核形成的督查日志和值班记录进行汇总考核，并把考核结果作为各窗口争优创先和各项评比的主要考核依据。是年3月，着手建设全县各乡镇及各开发区行政审批代办网络体系，同时加强对镇村服务体系的指导。4月，编印完成赣榆县行政服务中心《服务指南》，以方便投资业主及时掌握相关办事流程，方便群众了解各类项目办理的申报材料、办理程序、承诺时限、收费标准及收费（办事）依据，方便社会各界对各窗口及服务中心的监督与支持。是年，累计接待群众咨询18万多人次，受理各类办件167074件，办结166739件，办结率达99.8%。

2009年，县行政服务中心推行重点项目代办和联审会办制度，在窗口普遍实行“专人陪同、全程跟踪、主动协调、加强督促”的服务方式和“优先受理、优先审查、优先踏勘、优先会办、优先上报”的快捷保障措施；实行联审会办，同步审批措施，进一步压缩重点项目的审批时间；行政服务中心还拓展网上服务，加强行政便民服务网站的建设工作，改版后的行政便民服务网包括办件受理情况查询等7个栏目，内容涉及项目审批、便民服务等各个方面，群众通过网站可以了解办件申报材料、办事程序、承诺时限、收费标准、收费及办事依据等方面的具体内容，还可下载审批表格等，极大地简化群众的办事程序，方便群众。是年，累计受理各类办件184529件，办结183790件，办结率达99.6%。

第五章　侨　务

第一节　侨务机构

1984年前，赣榆县侨务工作由中共赣榆县委统战部设专人管理，主要工作内容是落实侨务政策，接待回乡探亲的侨胞，安排侨汇物资供应等。1984年10月，赣榆县人民政府侨务办公室成立，为县政府工作序列副科级行政单位，主管全县侨务工作。1998年机构改革后，赣榆县人民政府侨务办公室升格为正科级单位，编制3人，与县政府办公室合署办公。

1981年1月，赣榆县归侨侨眷联合小组成立，1990年6月2日，更名为归国华侨侨眷联合会，由7人组成，同时成为赣榆县第一届归侨侨眷联合会。

至2009年年底，全县在国外（境外）的华桥共有132户580人，其中侨居国（境）外的有85户404人，新华侨华人47户176人。分布在美国、加拿大、阿根廷、日本、朝鲜、新加坡、法国、德国、韩国等国家。国内归侨10户11人，侨眷21户84人。

第二节　侨务政策

1978年，中共十一届三中全会后，侨务工作进一步贯彻“一视同仁，不得歧视，根据特点，适当照顾”的方针，各项侨务政策得到贯彻落实，赣榆县开始对在历次运动中造成的归侨、侨眷、港澳同胞眷属的冤假错案予以纠正，对涉及7户被占用的393平方米房屋，有原屋的予以退回，无原屋的折价9455元予以退还；对7起冤假错案受害者予以平反昭雪，清理不实档案76件，为3人恢复工作，被株连的家属恢复城镇户口。1991年1月，《中华人民共和国归侨侨眷权益保护法》颁布实施，侨务工作由依靠政策走上依法管理的轨道，赣榆县人民政府通过组织学习，印发宣传材料等多种形式，加大宣传工作力度，向全县归侨侨眷、党政负责同志和广大群众宣传相关法律知识，并依法维护海外华侨华人和国内归侨侨眷的合法权益。1996年8月，县侨办根据《关于开展新移民工作的意见》，开展对新移民的调查，调查结果为全县以投奔亲友、夫妻分居、继承遗产、打工留学等形式移民国（境）外的新移民为33人。1997～1998年，省、市下发有关维护提高归侨侨眷待遇等文件，赣榆县侨办每年春节都开展走访归侨侨眷活动，了解归侨侨眷的实际情况，为困难归侨侨眷提供救助，依法维护归侨侨眷的合法权益。同时，加强与海外侨胞的联系，每年的元旦、春节，都向海外侨胞和香港同胞寄送贺卡。1999年11月，全县申办归侨证的有14人。

2007年3月，青口镇青下社区被国务院侨办认定为“全国侨法宣传角”授牌单位，国务院侨办国内司司长赵昆专程到青下社区授牌。2008年7月，柘汪镇西棘荡村被国务院侨办认定为“五五普法侨法宣传角”授牌单位，该村是全省首家被国务院侨办授予“侨法宣传角”的村级示范单位。2009年，办理依法维护归侨、侨眷、侨属宅基地权益、人身和财产权益8起，联系安排16名侨眷大中专毕业生的工作，协助办理7户25人出国和赴香港定居。同时，县侨办还注重提高归侨、侨眷的政治地位，至2009年，在全县归侨、侨眷中有省、市、县人大代表4人，市县政协委员6人。

第三节　侨务工作

一、接待工作

自1992年起，县侨办先后接待到赣榆县拍摄《徐福》电视片的日本“南日本放送摄制组”；到赣榆县进行技术交流的海外华人农业专家团；到赣榆县拜谒抗日山烈士陵园、考察徐福造船遗址的日本高校友好团及日本古代研究专家组；到赣榆县考察相关合作项目国际合作研讨会外商考察团；到赣榆进行考察的西班牙巴塞罗那华人华侨社团联合会主席许建飞等侨界的团体及个人。2008年，接待加拿大华人慈善家李拒能来赣榆县宋庄镇卫生院考察，李先生捐资50万用于改善该院的医疗条件；接受中国侨联及连云港侨商会分别向赣榆县柘汪小学、沙河镇第二小学捐资20万元，用于改善这两所小学的办学条件。至2009年，共接待港、澳同胞、外籍华人回乡探亲旅游及华侨社团、外商考察团等2106人次。

二、招商工作

2001年，根据省政府颁布关于鼓励扶持归侨、侨眷集资办企业等文件精神，全县侨务工作贯彻“大侨务”思想，把侨务工作重点转到引进海外资金、智力和技术设备“三个引进”上来，同时，县侨办积极鼓励归侨、侨眷在海外亲友帮助下引进资金、技术和机械设备开办企业，并给予必要帮助，是年，省侨办批给归侨张建省小额扶贫贷款1万元，帮助建立山羊养殖场。2002年，全县建立4家侨属企业（盛侨建筑安装公司、宋庄东郑村侨属养殖场、波尔山羊养殖场、东南电脑公司）。从2005年起，连续5年参与省侨办与各市人民政府联合举办的“江苏海外之友”活动，向来赣榆考察的115名华商推介赣榆，促成赣榆30余家企业与华商进行洽谈，达成一批合作意向。2009年11月25日，赣榆县华商投资企业协会正式成立。至2009年年底，全县侨港资企业和个体种植、养殖户达50余家，80%的侨眷人均收入高于当地群众人均收入。

第六章　地方志工作

第一节　机构设置

1990年，赣榆县人民政府设立县志编纂委员会，下设县志编纂办公室，编制8人。2001年12月，根据《中共赣榆县委、县人民政府关于赣榆县机构改革实施意见》，县地方志办公室并入党史工作委员会，组建县党史县志工作办公室，为县委县政府直属事业机构，定编15人（含工勤人员2人）。办公室下设秘书、党史编研、县志编纂、徐福研究等4个科室。2009年，县志编纂科定岗在编人员3人。

第二节　地方志修编

第一轮修志工作　新编《赣榆县志》始修于1990年，1994年5月，拟定县志篇目，进入总纂阶段。1995年9月完成180万字的县志总纂稿，9月28日，通过江苏省地方志办公室组织的专家评审。10月，县志办公室对县志总纂稿广泛征集修改意见，整理成《县志修改意见汇编》，并调整篇目，补充材料。1996年8月完成县志验收稿。1997年2月通过江苏省地方志办公室的验收和中华书局的终审终校。新编《赣榆县志》1997年10月由中华书局出版，其上限力求追溯事物的发端，下限止于1990年，大事记、人物传和个别有延续性的重大事件、图片适当下延。主编杨少华、郑涛，执行主编孙继和，副主编盛志良、葛永明。

第二轮修志工作　赣榆县于2005年10月开始进行第二轮编修地方志工作，并被省地方志办公室确定为全省试点单位。2006年8月，召开全县修志工作会议，表彰修志先进集体和先进个人。2007～2009年，召开县志篇目设计座谈会，确定黑林镇、金山镇、罗阳镇和县教育局、供电局、国土局、交通局、水利局作为二轮修志试点单位，以点带面推动二轮修志的进程；完成二轮修志初稿40余万字。

至2009年，赣榆县已出版的部门志、行业志有：《赣榆县粮食志》，主编于建业，25万字，1994年11月中华工商联合出版社出版发行；《赣榆县教育志》，主编李家藻，副主编冯尊循，38万字，1997年3月方志出版社出版发行；《赣榆县水利志》，主编李传勇，副主编赵敬贤、李连寅，15.8万字，2000年2月方志出版社出版发行；《赣榆县邮电志》，编辑张仁博、王明起，35.4万字，2001年10月方志出版社出版发行；《赣榆县土地志》，主编孙兴平，副主编仲景维，47.6万字，2004年1月方志出版社出版发行。

内部印刷的部门志、行业志主要有：《赣榆县电力工业志》，总纂王其东，副总纂徐修锦，24万字，苏连出准印字（97）第075号，1997年印刷。《赣榆县沙河子园艺场志》，16万字，苏出准印JSE—003809号，书号为ISBN7-80192-134-8/F・24，2000年9月印刷。

第三节　年鉴编纂

《赣榆年鉴》创刊于2003年，至2009年，出版发行5期，共400余万字，收录图片200余幅，较为全面、客观地记述赣榆2003～2009年度经济社会发展的概况。分别为：《赣榆年鉴》（2003），主编尚衍壮，执行主编葛永明，方志出版社，2004年4月出版发行；《赣榆年鉴》（2004～2005），主编徐健，方志出版社，2006年7月出版发行；《赣榆年鉴》（2006），主编徐健、李军，执行主编张广金，方志出版社，2007年7月出版发行；《赣榆年鉴》（2007），主编李军，方志出版社，2008年10月出版发行。

第七章　机关事务管理

第一节　机构设置

1990～1997年，赣榆县人民政府机关事务由县政府办公室行政科负责管理。1997年，赣榆县行政事务管理局成立，为部门管理副科级事业单位。2001年，县行政事务管理局更名为赣榆县机关事务管理局改为县政府直属正科级事业机构，挂“赣榆县接待办公室”牌子。2009年，政府机构改革，撤销县机关事务管理局，并入县政府办公室。

第二节　机关后勤设施建设

县政府办公室行政科的主要职责是做好县委、县政府后勤保障工作。1994～1997年，投资40万元，对机关大院进行绿化。1998年，投资700万元对县政府办公楼进行改扩建，建筑面积由3600平方米扩建到9280平方米，并投资30万元安装霓虹灯等亮化设施，亮化县政府办公楼。2000年，投资100万元，建成赣榆宾馆三号楼，栽种名贵花木48棵。2003年，投入100万元购置锅炉，铺设管道，为县政府机关及常委宿舍、四排楼宿舍供暖，并建造西院食堂花园。2004年12月，常委宿舍楼建成。2005年10月，投资20万元建造乒乓球室、常委宿舍老干部活动室，投资10万元建造机关灯光球场。2006年4月，县政府办公区安装智能化监控系统。2007年，投资200万元安装安全监控系统。2008年10月国庆节期间，完成县政府机关搬迁任务，投资40万元更新办公大楼亮化设施。2009年3月，总投资1.5亿元、建筑面积5.6万平方米的县行政中心开始破土动工；10月，投入50万元的常委宿舍、人委宿舍改水工程完成，并对县委、县政府原机关大院内29家单位的办公用品进行统计登记，确保国有资产不流失。

第三节　公务用车管理

2004年，根据县委办公室、县政府办公室制定下发的《关于印发赣榆县党政机关事业单位公务用车编制配备管理暂行规定的通知》的要求，县机关事务管理局作为县公务用车管理领导小组办公室的设定单位，发挥牵头作用，组织专门人员，对全县党政机关事业单位公务用车进行登记造册，对新车审批实行扎口管理。是年，审批公务用车43辆。2005年，审批公务用车40辆。2006年，审批公务用车38辆。2007年，审批公务用车50辆。2008年，审批公务用车40辆。2009年，审批公务用车50辆，完善《车辆管理工作规范》《车辆维修、加油制度》等规章制度，对县委办、县政府办等单位33辆车实行定点维修、定点加油、定点保险和耗油公示。

第四节　财务管理

1997年，县行政事务管理局财务科成立，负责县委、县政府下属34家单位的财务管理。2001年机构改革，县机关事务管理局成立，内设财务科，负责县委、县政府下属28家单位的财务管理。2008年，县财政局牵头把各单位工资及“三金”的缴纳分归到各自单位自行负责，至2009年，县行政事务管理局只负责本部门的财务管理。

第二十二篇　政协赣榆县委员会

第二十二篇　政协赣榆县委员会

1990～2009年，政协赣榆县委员会历经6个届次，举行20次全体委员会议、96次常务委员会议、134次主席会议，共有各界委员1133人次，分布于中共界、农业和农村界、工商联界、教育界、医卫界、侨台界、文体界、群团界、民族宗教界、特邀界、无党派人士界、社会福利和社会保障界等13个界别。在中共赣榆县委领导下，历届政协赣榆县委员会积极参政议政，密切联系群众，广泛听取和反映社情民意，发挥民主监督职能，组织各类视察、考查和调研活动179次，提供调查报告54件，向县委、县政府报送各类报告和建议案35件，如《关于加强我县生猪产销管理的建议案》《关于提高盐田生产效益和滩涂利用效率的建议案》《关于农村剩余劳动力转移和劳动力市场情况的调查报告》《关于加强企业职工社会养老保险工作的建议案》等，为党和政府正确决策、施政发挥重要作用；广大政协委员热情关注社会热点、难点问题，积极建言献策，提交委员提案1715件，为党和政府当好参谋，起到联系社会，联系群众的桥梁作用；县政协还积极组织委员参与各种社会实践活动，如开展农村、社区医疗服务、扶贫济困、抗震救灾、招商引资和银企联谊等活动，为赣榆县政治、经济建设贡献力量。

第一章　机构设置与领导成员

第一节　机构设置

一、秘书处(办公室)

1990年8月,秘书处设置秘书科、联络科、调研科。1997年10月,秘书处机构调整,设秘书股、事务股,另设专门委员会办事机构两个,即综合办公室(股级)、文史办公室(股级),核定编制20人。2002年8月,秘书处再次改称办公室,核定行政编制5人,行政附属编制5人。

二、专门委员会

1990年4月18日,县政协四届一次常委会议,决定设置学习、提案、社会法制、经济科技、文教体卫、祖国统一联谊、文史等7个专门委员会,作为委员经常性活动的工作机构。主任、副主任为兼职。

1993年3月23日,县政协五届一次常委会议,参照全国政协机构设置情况及县政协实际,决定第五届委员会设立7个专门委员会,即学习委员会、提案委员会、文史资料委员会、社会法制委员会、经济科技委员会、文教体卫委员会、祖国统一联谊委员会。主任、副主任为兼职。

1997年10月,设5个专门委员会,即学习文史委员会、提案委员会、经济科技委员会、社会事业委员会、海外联络委员会。主任、副主任为兼职。

1998年3月5日,政协赣榆县第六届委员会第一次常委会议决定县政协第六届委员会下设5个专门委员会。即学习文史委员会、提案委员会、经济科技委员会、社会事业委员会、对外联络委员会。主任、副主任为兼职。

2002年8月,县机构编制委员会批准县政协设立提案委员会、学习文史委员会、经济科技委员会、社会事业委员会、对外联络委员会等5个专门委员会。分别配备专职主任、副主任各1名。

2009年,政协赣榆县第七届委员会仍设立提案、学习文史、经济科技、社会事业、对外联络等5个专门委员会。主任、副主任为专职。

三、界别和工作组

1990年4月,政协赣榆县第四届委员会设立13个界别,即中共界、教育界、医卫界、工商财贸界、妇联界、群团法制界、文体界、侨台属界、民族宗教界、农民界、工业科技界、农业科技界、特邀界。分为9个工作组,即党群法纪组、社会法制组、工业科技组、农业科技组、财贸组、教育组、医卫组、文体组、侨台组。

1993年3月,政协赣榆县第五届委员会设立12个界别,即中共界、科技界、教育界、医卫界、工商财贸界、群团法制界、文体界、侨台属界、民族宗教界、经济界、农林界、特邀界。分为10个工作组,即党群法纪组、社会法制组、经济组、科技组、农林组、工商联组、教育组、医卫组、文体组、侨台组。

1998年1月,政协赣榆县第六届委员会设立11个界别,即中共界、群团界、经济界、农业界、教育界、文体界、侨台界、医卫界、工商联界、民族宗教界、特邀界。分为14个工作组,即中共组、群团组、经济一组、经济二组、经济三组、农业一组、农业二组、教育一组、教育二组、文体组、侨台组、医卫组、工商联组、特邀组。

2003年1月,政协赣榆县第七届委员会设立11个界别,即中共界、经济界、农业界、工商联界、教育界、医卫界、侨台界、群团界、文体界、民族宗教界、特邀界。分为18个工作组,即中共组、经济一组、经济二组、农业一组、农业二组、农业三组、工商联一组、工商联二组、工商联三组、工商联四组、教育一组、教育二组、医卫组、侨台组、群团组、文体组、民族宗教组、特邀组。

2007年12月，政协赣榆县第八届委员会设立13个界别，即中共界、经济界、农业和农村界、工商联界、教育界、医卫界、侨台界、文体界、群团界、民族宗教界、特邀界、无党派人士界、社会福利和社会保障界。分为23个工作组，即中共组、经济一组、经济二组、经济三组、经济四组、农业和农村一组、农业和农村二组、农业和农村三组、工商联一组、工商联二组、工商联三组、工商联四组、工商联五组、教育一组、教育二组、医卫组、侨台组、文体组、群团组、民族宗教组、特邀组、无党派人士代表组、社会福利和社会保障组。

第四届至第八届政协赣榆县委员会界别设置及委员组成一览表

表22-1

届次 / 人数与比例 / 界别	第四届		第五届		第六届		第七届		第八届	
	人数	百分比	人数	百分比	人数	百分比	人数	百分比	人数	百分比
中共	10	6.8	12	7.1	15	8.7	19	8.4	19	6.78
科技			18	10.6						
教育	21	13.5	22	12.9	23	13.4	24	10.7	25	8.9
医卫	13	8.3	14	8.2	12	7.0	13	5.8	13	4.64
工商财贸	17	10.9	11	6.5						
农业和农村									36	12.85
妇联	5	3.2								
群团法制	7	4.4	11	6.5						
文体	7	4.4	7	4.1	6	3.5	9	4.0	12	4.28
侨台属	14	9.0	13	7.6	11	6.4	9	4.0	8	2.86
民族宗教	3	1.9	2	1.2	2	1.2	3	1.3	6	2.14
农民	18	11.5								
特邀	17	10.9	18	10.6	16	9.3	19	8.4	19	6.78
工业科技	16	10.0								
农业科技	8	5.1								
经济			23	13.5	39	22.7	31	13.8	48	17.14
农林			19	11.2						
农业					26	15.1	35	15.6		
工商联					14	8.1	52	23.1	60	21.4
群团					8	4.7	11	4.9	10	3.57
无党派人士									14	5.0
社会福利和保障									10	3.56
委员总数	156		170		172		225		280	
其中 党员	59	37.8	68	40.0	69	40.1	99	44.0	123	43.9
其中 非党员	97	62.2	102	60.0	102	59.3	126	56.0	157	56.1
其中 女性	24	15.4	22	13.0	27	15.7	32	14.2	63	22.5

四、镇政协联络组

2002年1月，根据县委批转县政协党组《关于做好县政协换届筹备工作的意见》的通知精神，为加强对镇基层委员的联系和指导，便于政协工作上下沟通，更好地发挥委员在本镇履行职能的作用，政协赣榆县第七届委员会，在全县18个镇均设立政协联络组。特邀各镇党委分管政工的副书记为政协赣榆县第七届委员会委员，并担任本镇政协联络组组长。

第二节　政协赣榆县委员会领导成员

1990～2009年，政协赣榆县委员会共有6个届次，其中担任第四届至第八届主席3人，副主席17人。

1990～2009年第四届至第八届政协赣榆县委员会主席、副主席任职一览表

表22-2

届　次	职　务	姓　名	籍　贯	任　期	备　注
第四届	主　席	宋世亮	江苏赣榆	3年	1990年3月任职
	副主席	司增艳	江苏丰县	3年	1990年3月任职，不驻会
		蒋祖安	江苏赣榆	3年	1990年3月任职，不驻会
		王胜德	江苏赣榆	2年	1991年3月任职
		胡　森	上海川沙	2年	1991年3月任职，不驻会
第五届	主　席	宋世亮	江苏赣榆	5年	1993年2月任职
	副主席	王胜德	江苏赣榆	5年	1993年2月任职
		蒋祖安	江苏赣榆	5年	1993年2月任职，不驻会
		胡　森	上海川沙	5年	1993年2月任职，不驻会
		涂兆才	江苏赣榆	3年	1995年3月任职
		朱孔岗	江苏赣榆	2年	1996年1月任职
		董淑玉	江苏赣榆	1年	1997年3月任职
第六届	主　席	宋世亮	江苏赣榆	5年	1998年1月任职
	副主席	王胜德	江苏赣榆	5年	1998年1月任职
		涂兆才	江苏赣榆	5年	1998年1月任职
		朱孔岗	江苏赣榆	5年	1998年1月任职
		蒋祖安	江苏赣榆	5年	1998年1月任职，不驻会
		胡　森	上海川沙	5年	1998年1月任职，不驻会
		吴生林	江苏常熟	5年	1998年1月任职，不驻会
		郭士祥	江苏海门	1年	2002年1月任职
		钟克柱	江苏赣榆	1年	2002年1月任职
第七届	主　席	黄贵华	江苏东海	1年	2003年1月任职
		杨淑之	江苏新沂	4年	2004年1月任职
	副主席	钟克柱	江苏赣榆	5年	2003年1月任职
		李大河	江苏赣榆	5年	2003年1月任职
		张文习	江苏赣榆	5年	2003年1月任职，不驻会
		王永波	江苏赣榆	5年	2003年1月任职，不驻会
		朱崇珍	江苏赣榆	5年	2003年1月任职，不驻会
		王建华	江苏赣榆	3年	2005年1月任职

续表22-2

届次	职务	姓名	籍贯	任期	备注
第八届	主席	杨淑之	江苏新沂	2年	2007年12月任职
	副主席	王建华	江苏赣榆	2年	2007年12月任职
		张文习	江苏赣榆	1年	2007年12月任职，不驻会
		朱崇珍	江苏赣榆	2年	2007年12月任职，不驻会
		宋世敏	江苏赣榆	2年	2007年12月任职，不驻会
		汪晓峰	江苏赣榆	2年	2007年12月任职，不驻会

第二章　政协全体委员会议

第一节　县政协第四届全体委员会议

第一次全体委员会议于1990年3月24～28日在青口镇举行。应到委员156人，实到144人。应邀参加会议的有县委、县人大、县政府、县纪委的领导和曾经担任过县政协领导职务的老同志。县委书记徐洪松到会代表中共赣榆县委作讲话；会议听取和审议政协赣榆县第三届委员会常务委员会工作报告和提案工作报告；选举产生政协赣榆县第四届委员会主席、副主席、秘书长和常务委员；全体委员列席县人大十一届一次会议，听取讨论政府工作报告和其他工作报告。

第二次全体委员会议于1991年3月24～27日在青口镇举行。应到委员160人，实到148人。应邀参加会议的有县委、县人大、县政府、县纪委的领导和曾经担任过县政协领导职务的老同志，以及在赣榆工作的省、市政协委员。县委书记徐洪松到会代表中共赣榆县委作讲话；会议听取和审议政协赣榆县第四届委员会常务委员会工作报告和四届一次会议以来提案工作报告；增选政协四届委员会副主席2名，常务委员4名；全体委员列席县人大十一届二次会议，听取讨论政府工作报告和其他工作报告。

第三次全体委员会议于1992年3月24～27日在青口镇举行。应到委员161人，实到144人。应邀参加会议的有县委、县人大、县政府、县纪委的领导和曾经担任过县政协领导职务的老同志，以及在赣榆工作的省、市政协委员。县委书记李训章到会代表中共赣榆县委作讲话；会议听取和审议政协赣榆县第四届委员会常务委员会工作报告和四届二次会议以来提案工作报告；全体委员列席县人大十一届三次会议，听取讨论政府工作报告和其他工作报告。

第二节　县政协第五届全体委员会议

第一次全体委员会议于1993年2月21～24日在青口镇举行。应到委员170人，实到166人。应邀参加会议的还有县委、县人大、县政府、县纪委的领导和曾经担任过县政协领导职务的老同志。县委主要领导到会代表中共赣榆县委作讲话；会议听取和审议政协赣榆县第四届委员会常务委员会工作报告和提案工作报告；选举产生政协赣榆县第五届委员会主席、副主席、秘书长和常务委员；全体委员列席县人大十二届一次会议，听取讨论政府工作报告和其他工作报告。

第二次全体委员会议于1994年3月15～17日在青口镇举行。应到委员170人，实到159人。应邀参加会议的还有县委、县人大、县政府、县纪委的领导和曾经担任过县政协领导职务的老同志，以及在赣榆工作的省、市政协委员。县委主要领导作讲话；会议听取和审议政协赣榆县第五届委员会常务委员会工作报告和五届一次会议以来提案工作报告；全体委员列席县人大十二届二次会议，听取讨论政府工作报告和其他工作报告。

第三次全体委员会议于1995年3月6～9日在青口镇举行。应到委员171人，实到153人。应邀参加会议的还有县委、县人大、县政府、县纪委的领导和曾经担任过县政协领导职务的老同志，以及在赣榆工作的省、市政协委员。县委主要领导作讲话；会议听取和审议政协赣榆县第五届委员会常务委员会工作报告和五届二次会议以来提案工作报告；增选政协五届委员会副主席1名，常务委员3名，补选秘书长1名；全体委员列席县人大十二届三次会议，听取讨论政府工作报告和其他工作报告。

第四次全体委员会议于1996年3月5～8日在青口镇举行。应到委员173人，实到159人。应邀参加会议的还有县委、县人大、县政府、县纪委的领导和曾经担任过县政协领导职务的老同志，以及在赣榆工作的省、市政协委员。县委主要领导作讲话；会议听取和审议政协赣榆县第五届委员会常务委员会工作报告和五届三次会议以来提案工作报告；增选政协五届委员会副主席1名，常务委员1名；全体委员列席县人大十二届四次会议，听取讨论政府工作报告和其他工作报告。

第五次全体委员会议于1997年3月17～20日在青口镇举行。应到委员174人，实到164人。应邀参加会议的有县委、县人大、县政府、县纪委的领导和曾经担任过县政协领导职务的老同志，以及在赣榆工作的省、市政协委员。县政府主要领导作讲话；会议听取和审议政协赣榆县第五届委员会常务委员会工作报告和五届四次会议以来提案工作报告；增选政协五届委员会副主席1名；表彰1996年度优秀政协委员；全体委员列席县人大十二届五次会议，听取讨论政府工作报告和其他工作报告。

第三节　县政协第六届全体委员会议

第一次全体委员会议于1998年1月5～9日在青口镇举行。应到委员172人，实到169人。应邀参加会议的还有县委、县人大、县政府、县纪委的领导和曾经担任过县政协领导职务的老同志。市委常委、县委主要领导到会代表中共赣榆县委作讲话；会议听取和审议政协赣榆县第五届委员会常务委员会工作报告和提案工作报告；选举产生政协赣榆县第六届委员会主席、副主席、秘书长和常务委员；全体委员列席县人大十三届一次会议，听取讨论政府工作报告和其他工作报告。

第二次全体委员会议于1999年1月19～22日在青口镇举行。应到委员172人，实到162人。应邀参加会议的还有县委、县人大、县政府、县纪委的领导和曾经担任过县政协领导职务的老同志，以及在赣榆工作的省、市政协委员。县委主要领导到会讲话；会议听取和审议政协赣榆县第六届委员会常务委员会工作报告和六届一次会议以来提案工作报告；补选政协六届委员会常务委员1名；全体委员列席县人大十三届二次会议，听取讨论政府工作报告和其他工作报告。

第三次全体委员会议于2000年1月23～26日在青口镇举行。应到委员171人，实到163人。应邀参加会议的有县委、县人大、县政府、县纪委的领导和曾经担任过县政协领导职务的老同志，以及在赣榆工作的省、市政协委员。县委主要领导作讲话；会议听取和审议政协赣榆县第六届委员会常务委员会工作报告和六届二次会议以来提案工作报告；全体委员列席县人大十三届三次会议，听取讨论政府工作报告和其他工作报告。

第四次全体委员会议于2001年2月18～21日在青口镇举行。应到委员169人，实到162人。应邀

图 22-1　政协赣榆县第六届委员会第三次会议（2000年摄）

参加会议的还有县委、县人大、县政府、县纪委的领导和曾经担任过县政协领导职务的老同志。县委主要领导到会讲话；会议听取和审议政协赣榆县第六届委员会常务委员会工作报告和六届三次会议以来提案工作报告；全体委员列席县人大十三届四次会议，听取讨论政府工作报告和其他工作报告。

第五次全体委员会议于2002年1月20～23日在青口镇举行。应到委员171人，实到166人。应邀参加会议的有县委、县人大、县政府、县纪委的领导和曾经担任过县政协领导职务的老同志，以及在赣榆工作的省、市政协委员和部分在赣榆投资办企业的企业家；县委主要领导作讲话；会议听取和审议政协赣榆县第六届委员会常务委员会工作报告和六届四次会议以来提案工作报告；增选政协六届委员会副主席2名，补选秘书长1名；全体委员列席县人大十三届五次会议，听取讨论政府工作报告和其他工作报告。

第四节　县政协第七届全体委员会议

第一次全体委员会议于2003年1月5～8日在青口镇举行。应到委员225人，实到219人。应邀参加会议的有县委、县人大、县政府、县纪委的领导和曾经担任过县政协领导职务的老同志，以及在赣榆工作的省、市政协委员和部分在赣榆投资办企业的企业家；县委主要领导到会讲话；会议听取和审议政协赣榆县第六届委员会常务委员会工作报告和提案工作报告；选举产生政协赣榆县第七届委员会主席、副主席、秘书长和常务委员；全体委员列席县人大十四届一次会议，听取讨论政府工作报告和其他工作报告。

第二次全体委员会议于2004年1月5～8日在青口镇举行。应到委员231人，实到221人。应邀参加会议的还有县委、县人大、县政府、县纪委的领导和曾经担任过县政协领导职务的老同志，以及在赣榆工作的市政协委员；县委主要领导到会讲话；会议听取和审议政协赣榆县第七届委员会常务委员会工作报告和七届一次会议以来提案工作报告；补选政协七届委员会主席1名，秘书长1名，常务委员1名；全体委员列席县人大十四届二次会议，听取讨论政府工作报告和其他工作报告。

第三次全体委员会议于2005年1月8～11日在青口镇举行。应到委员234人，实到228人。应邀参加会议的还有县委、县人大、县政府、县纪委的领导和曾经担任过县政协领导职务的老同志，以及在赣榆工作的市政协委员；县委主要领导到会讲话；会议听取和审议政协赣榆县第七届委员会常务委员会工作报告和七届二次会议以来提案工作报告；补选政协七届委员会副主席1名，常务委员3名；全体委员列席县人大十四届三次会议，听取讨论政府工作报告和其他工作报告。

第四次全体委员会议于2006年1月4～7日在青口镇举行。应到委员233人，实到225人。应邀参加会议的还有县委、县人大、县政府、县纪委的领导和曾经担任过县政协领导职务的老同志，以及在赣榆工作的市政协委员；县委主要领导到会讲话；会议听取并审议政协赣榆县第七届委员会常务委员会工作报告和三次会议以来提案工作报告；会议组织全体委员参观县经济开发区、柘汪临港工业园区等经济建设现场；全体委员列席县人大十四届四次会议，听取讨论政府工作报告和其他工作报告。

第五次全体委员会议于2007年1月14～17日在青口镇举行。应到委员230人，实到215人。应邀参加会议的还有县委、县人大、县政府、县纪委的领导和曾经担任过县政协领导职务的老同志，以及在赣榆工作的市政协委员；县委主要领导到会讲话；会议听取并审议政协赣榆县第七届委员会常务委员会工作报告和四次会议以来的提案工作报告；会议表彰10个先进政协联络组和35名优秀政协委员；全体委员列席县人大十四届五次会议，听取讨论政府工作报告和其他工作报告。

第五节　县政协第八届全体委员会议

第一次全体委员会议于2007年12月26～30日在青口镇举行。应到委员280人，实到275人。应邀参加会议的还有县委、县人大、县政府、县纪委的领导和曾经担任过县政协领导职务的老同志，以及在赣榆工作的市政协委员；县委主要领导到会讲话；会议听取并审议政协赣榆县第七届委员会常务委员会工作报告和提案工作报告；选举产生政协赣榆县第八届委员会主席、副主席，秘书长和常务委员；听取并审议通过政协赣榆县第八届委员会第一次会议提案审查情况的报告；通过政协赣榆县第八届委员会第一次会议决议；全体委员列席县人大十五届一次会议，听取讨论政府工作报告和其他工作报告。

第二次全体委员会议于2009年1月4～7日在青口镇举行。应到委员283人，实到279人。应邀参加会议的还有县委、县人大、县政府、县纪委的领导和曾经担任过县政协领导职务的老同志，以及在赣榆工作的市政协委员；副市长、县委书记徐开信到会代表中共赣榆县委作讲话；会议听取并审议政协赣榆县第八届委员会常务委员会工作报告和八届一次会议以来提案工作报告；会议表彰16件优秀提案的提案者；全体委员列席县人大十五届二次会议，听取讨论政府工作报告和其他工作报告。

第三章　政协常务委员会议

第一节　第三届常务委员会会议

1990年1月12日，第十五次会议在县政协会议室举行。会议传达和学习邓小平与中共中央常委等领导人的谈话要点；总结县政协1989年第四季度工作；讨论通过县政协1990年第一季度工作意见。

1990年3月20日，第十六次会议在县政协会议室举行。会议讨论《县政府工作报告（征求意见稿）》；审议《县政协第三届委员会常委会工作报告（讨论稿）》和《提案工作报告（讨论稿）》；审议通过县政协四届一次会议有关事项；听取县委常委、组织部部长李子朋《关于县政协第四届委员会委员提名情况介绍》和县政协四届一次会议主席团成员、大会秘书长建议名单及县政协四届委员会常务委员建议名单等情况说明。

第二节　第四届常务委员会会议

第一次会议于1990年4月18日在县政协会议室举行。会议讨论通过县政协副秘书长人选名单；研究设置七个专门委员会及人员调配和分组事项；讨论研究县政协1990年度调研视察活动计划和第二季度工作意见。

第二次会议于1990年7月18日举行。会议传达贯彻全国统战工作会议精神；听取县长朱选成关于上半年全县经济工作情况通报；回顾总结县政协第二季度工作，研究通过第三季度工作意见。

第三次会议于1990年9月28日举行。会议学习江泽民总书记在全国统战工作会议上的讲话；传达省委统战工作会议精神；研究讨论县政协第四季度工作意见。

第四次会议于1991年1月30日举行。会议传达学习中共十三届七中全会有关文件；听取县委办公室主任陈学文受县委委托通报全县1990年工作情况及1991年工作要点；研究县政协1991年第一季度工作意见和其他有关事宜。

第五次会议于1991年3月16日举行。会议通过县政协四届二次会议有关事项；听取县委统战部部长涂兆才关于增选县政协四届委员会委员的情况报告；讨论《县政府工作报告（征求意见稿）》；审议通过《县政协第四届委员会常务委员会工作报告（讨论稿）》和《关于一次会议以来提案工作报告（讨论稿）》。

第六次会议于1991年7月19日举行。会议学习江泽民《在庆祝中国共产党成立七十周年大会上的讲话》；听取副县长陈兆祥关于全县1991年上半年工业生产情况的通报；讨论通过县政协第三季度工作意见。

第七次会议于1991年10月21~22日举行。21日，与会人员赴山东临沂市罗庄镇，参观部分镇办企业和村办企业，听取罗庄镇领导关于发展商品经济的情况介绍。22日，举行会议。会议学习省委、省政府《关于恢复和发展农村经济的若干意见》和关于贯彻《中共中央、国务院关于加强计划生育工作严格控制人口增长的决定》的通知；讨论罗庄镇发展镇、村企业的经验和体会；讨论通过县政协第四季度工作意见。

第八次会议于1991年12月20日举行。会议学习中共十三届八中全会公报；任命县政协副秘书长；研究通过县政协1992年第一季度工作意见。

第九次会议于1992年3月10日在县政府二楼会议室举行。会议讨论通过《县政协四届委员会常委会工作报告（讨论稿）》和《关于二次会议以来提案工作报告（讨论稿）》；讨论通过县政协四届三次会议有关事项；增补李传贤、孙金科、李相爽为县政协四届委员会委员。

第十次会议于1992年3月17日在县招待所2号楼四楼会议室举行。会议审议通过县政协四届三次会议决议；审议通过县政协四届三次会议提案审查情况报告。

第十一次会议于1992年5月29日在县政府二楼会议室举行。会议传达5月16日在山东省威海市召开的十六城市政协第十一次横向联系座谈会精神；学习齐齐哈尔市政协主席黄德民的先进事迹材料、中共赣榆县委《关于加快改革开放、振兴赣榆奔小康的若干决定》和赣榆县人民政府《关于鼓励外商投资的优惠办法》《关于奖励引荐海外和港澳台资金的暂行办法》等文件。

第十二次会议于1992年9月29日在县政府二楼会议室举行。会议听取县委书记李训章关于市、县领导赴苏南参观学习情况介绍；县委统战部部长涂兆才传达《沈达人同志在全省人大换届选举工作会议上的讲话》；王胜德传达县委关于转发《中共赣榆县政协党组、县委组织部、县委统战部关于县政协第五届委员会委员、常委人事安排的意见》的通知。

第十三次会议于1993年1月11日在县政府二楼会议室举行。会议研究县政协五届委员会委员人事安排意见；讨论《县政协四届委员会常委会工作报告（讨论稿）》。

第十四次会议于1993年2月16日在县政府二楼会议室举行。会议研究县政协五届一次会议有关事宜。

第三节　第五届常务委员会会议

第一次会议于1993年3月23日在县政府二楼会议室举行。会议研究通过县政协五届委员会专门委员会机构设置有关事项；通过政协副秘书长，各专门委员会主任、副主任任免事项。

第二次会议于1993年8月3日在县政府二楼会议室举行。会议传达市政协八届三次常委会议精神；讨论通过《致全县侨眷属港澳台眷属的一封信》；县政协各专门委员会汇报交流1993年上半年工作情况和下半年各委（组）工作意见。县委主要领导讲话，县长李洁到会通报全县上半年经济工作情况。

第三次会议于1993年10月30日在县政府二楼会议室举行。会议听取县委主要领导关于中央及省市反腐倡廉文件精神通报；听取县委常委、纪委书记于京翠关于全县反腐败斗争情况通报；回顾总结县政协各专门委员会工作情况，研究部署县政协下一步工作意见。

第四次会议于1994年3月2日在县政府二楼会议室举行。会议讨论《县政府工作报告（征求意见稿）》；讨论通过《县政协五届委员会常委会工作报告》（讨论稿）；讨论通过县政协五届二次会议有关事项。

第五次会议于1994年3月17日在县政府招待所举行。会议审议通过县政协五届二次会议决议（草案）。

第六次会议于1994年5月11日在县政府二楼会议室举行。会议学习全国政协第八届二次会议修订的《政协章程》；讨论通过县政协1994年第二季度工作意见。

第七次会议于1994年10月14日在县政府二楼会议室举行。会议听取县委主要领导关于全县经济情况通报；学习中共十四届四中全会的《决定》和李瑞环《在纪念人民政协成立四十五周年座谈会上的讲话》；总结县政协前阶段工作，研究讨论县政协1994年第四季度工作意见。

第八次会议于1994年12月13日在县人大三楼会议室举行。会议协商通过崔永利为县政协代秘书长，增选其为县政协五届委员会委员；总结县政协1994年第四季度工作；研究安排县政协1995年第一季度工作。

第九次会议于1995年2月20日上午在县政协会议室举行。会议讨论通过县政协五届三次会议有关事项；协商通过增选县政协五届委员会委员事项；讨论通过《县政协第五届委员会常委会工作报告（讨论稿）》；讨论《县政府工作报告（征求意见稿）》。

第十次会议于1995年3月6日举行。同意王洪仁辞去县政协秘书长职务，取消高永泽常务委员资格。

第十一次会议于1995年4月18日在县政协会议室举行。会议讨论通过县政协五届常委会《关于加强我县生猪管理的建议案》；宋世亮传达赴张家港市参观学习的情况；会议研究讨论围绕县委、县政府中心工作，参政议政的相关问题。

第十二次会议于1995年8月31日在县政协会议室举行。会议学习李瑞环在全国政协第八届委员会第十三次常委会上作的《关于人民政协履行职能的若干问题》的讲话；听取县委主要领导关于全县经济工作情况的通报。

第十三次会议于1995年11月13日举行。会议分两个阶段进行，上午，常委和离休的县政协老领导视察全县部分乡镇企业。下午，在县政协会议室举行会议。会议传达姜永荣副省长在江苏省淮北乡镇企业座谈会上作的《实事求是确定发展思路，振奋精神加大工作力度》的讲话；听取宋世亮关于江苏省淮北乡镇企业工作座谈会、全县加快奔小康动员大会以及全县经济发展情况的通报；会议对反映社情民意工作提出要求。

第十四次会议于1996年2月5日在县政协会议室举行。会议听取县纪委副书记、县监察局局长顾介法关于全县党风廉政建设的情况通报；讨论通过《县政协第五届委员会常委会工作报告（讨论稿）》；讨论通过县政协五届四次全体会议有关事项。

第十五次会议于1996年3月4日在县政协会议室举行。会议听取县委副书记、组织部部长顾绍平关于市委对有关人事安排的情况说明；讨论通过有关人事安排事项；讨论通过县政协五届四次会议选举办法；协商讨论《县政府工作报告（征求意见稿）》。

第十六次会议于1996年4月25日在县政协会议室举行。会议讨论通过县政协1996年度视察调研活动计划。

第十七次会议于1996年7月11日在县政协会议室举行。会议讨论通过《政协赣榆县委员会常务委员会工作规则》；讨论通过政协赣榆县委员会常务委员会《关于提高盐田生产效益与滩涂利用效率的建议案》；听取县委政法委副书记、县公安局局长宋继波关于全县“严打”斗争情况的通报。

第十八次会议于1996年8月12日在县政协会议室举行。会议听取县委主要领导关于召开中共赣榆县第九次代表大会筹备情况的通报；与会常委们就县委主要领导通报的有关情况进行座谈讨论。

第十九次会议于1996年11月12日在县政协会议室举行。会议学习中共十四届六中全会《关于加强社会主义精神文明建设若干问题的决议》；听取宋世亮传达县委关于贯彻党的六中全会精神的意见；听取县纪委副书记李庆君关于1996年以来对县农行、果品加工厂、海头育苗场等几起有影响案件查处情况的通报和县纪委副书记、监察局局长顾介法关于全县廉政建设方面的情况通报；讨论通过农村政协委员分片活动计划。

第二十次会议于1997年3月5日在县政协会议室举行。会议协商讨论《政府工作报告（征求意见稿）》，讨论通过《县政协五届委员会常务委员会工作报告（讨论稿）》；协商通过增补五届政协委员事项；讨论通过县政协五届五次会议有关事宜；通过表彰1996年度优秀县政协委员的决定。

第二十一次会议于1997年3月20日在县政府招待所举行。会议听取杨淑之介绍县政协五届五次会议增选副主席人选董淑玉简历；通过县政协五届五次会议《选举办法（草案）》和选举工作人员名单。

第二十二次会议于1997年5月6日在县政协会议室举行。会议学习人民政协报发表的李瑞环关于《抓紧时间，埋头苦干》《开阔视野，建言献策，切实履行政协职能》两篇文章；讨论通过县政协1997年度委员考察、视察、调研活动计划；王胜德就开展调查研究，搞好视察活动，反映社情民意等方面提出要求。

第二十三次会议于1997年9月17日在县政协会议室举行。会议学习江泽民在中共第十五次代表大会上作的报告摘要；传达省委、省政府在连云港市召开的“全省农业产业化经营工作会议”和“徐连经济带建设会议”精神；学习陈焕友在“两会”上的讲话；回顾总结县政协五届一次会议以来的工作。

第二十四次会议于1997年12月30日在县政协会议室举行。会议讨论《县政府工作报告（征求意见稿）》；讨论修改《县政协第五届委员会常务委员会工作报告（讨论稿）》；协商通过县政协六届委员会委员名单和县政协六届一次会议有关事项。

第四节　第六届常务委员会会议

第一次会议于1998年3月5日在县政协会议室举行。会议讨论通过县政协六届委员专门委员会的组成及分组名单；研究讨论县政协1998年度工作的总体思路；听取县纪委副书记、县监察局局长顾介法关于1997年度全县廉政建设情况的通报。

第二次会议于1998年6月24日在县政协会议室举行。会议分别听取县工商局、县工商联负责人通报全县个体私营经济发展情况；听取部分私营企业主赴温州考察私营经济发展情况的汇报；回顾总结县政协常委会上半年工作。

第三次会议于1998年9月25日在县政协会议室举行。会议学习讨论全县个体私营经济发展三年规划及工业经济发展三年规划；听取县检察院负责人关于腐败案件查处情况的通报。

第四次会议于1999年1月13日在县政协会议室举行。会议讨论《县政协六届委员会常务委员会工作报告（讨论稿）》；讨论《县政府工作报告（征求意见稿）》；讨论通过县政协六届二次会议议程、日程（草案）；协商通过人事任免事项。

第五次会议于1999年3月18日在县政协会议室举行。会议学习全国政协主席李瑞环《在全国政协九届二次会议闭幕会上的讲话》和《中国人民政治协商全国委员会专门通则》；讨论通过1999年度县政协委员视察调研课题；协商通过人事任免事项。

1999年5月10日，县政协在政协会议室召开常委专题座谈会。会议强烈声讨和抗议以美国为首的北约在5月8日凌晨轰炸中国驻南斯拉夫联盟大使馆的野蛮行径，坚决支持中国政府的严正立场。

第六次会议于1999年7月7日在县政协会议室举行。会议听取县政府领导关于县属企业经济发展情况的通报；回顾总结县政协1999年上半年常委会工作计划与委员调研课题完成情况；研究部署县政协常委会下半年工作。

第七次会议于1999年9月16日在县政协会议室举行。会议学习人民政协报编辑部发表《回顾人民政协五十年》的文章；讨论通过《关于稳定、持续、健康、高效发展果林生产的建议案》。

第八次会议于2000年1月13日在县政协会议室举行。会议讨论《县政府工作报告（征求意见稿）》；讨论通过《县政协六届委员会常务委员会工作报告（讨论稿）》和《提案工作报告（讨论稿）》；通过县政协六届三次会议有关事项；协商通过人事任免事项。

第九次会议于2000年3月24日在县政协会议室举行。会议讨论通过县政协常委会2000年度工作要点、工作计划及调研视察课题；听取县检察院《关于反贪污贿赂工作情况》通报；学习李瑞环在全国政协九届三次会议闭幕式上的讲话。

第十次会议于2000年5月17日在县政协会议室举行。会议分别听取县国税局和地税局领导关于税收征管工作情况通报，讨论通过县政协学习文史委员会拟定的《2000年度政协委员学习计划》；协商通过人事任免事项。

第十一次会议于2000年9月22日在县政协会议室举行。会议听取县委常委、常务副县长卢西举关于全县1～8月份经济社会发展情况通报；听取纪委监察局领导关于反腐倡廉工作情况通报。

第十二次会议于2000年11月16日在县政协会议室举行。会议主要议题是学习贯彻全省政协工作会议精神。学习省委书记回良玉，省委副书记、省长季允石，省委副书记、省政协主席曹克明在全省政协工作会议上的讲话和《中共江苏省委关于进一步加强人民政协工作的决定》。与会人员结合县政协工作实际进行专题讨论。

第十三次会议于2000年12月26日在县政协会议室举行。会议分别听取县城建委领导关于全县城乡规划建设情况通报和县交通局领导关于全县交通工程建设情况的通报。

第十四次会议于2001年2月9日在县政协会议室举行。会议讨论《县政府工作报告（征求意见稿）》和《赣榆县国民经济与社会发展第十个五年计划及2010年规划纲要（征求意见稿）》；讨论通过《县政协六届委员会常务委员会工作报告（讨论稿）》和《提案工作报告（讨论稿）》；原则通过县政协六届四次会议有关事项。

第十五次会议于2001年2月21日在县政府招待所会议室举行。会议讨论通过《县政协第六届委员会第四次会议决议（草案）》；听取县委组织部部长杨淑之关于人事安排的说明。

第十六次会议于2001年3月9日在县政协会议室举行。会议讨论通过县政协常委会2001年度工作要点、主要工作计划、委员视察调研课题及委员学习计划；听取县纪委副书记、县改善软环境办公室主任李庆君关于全县改善软环境工作情况的通报。

第十七次会议于2001年6月29日在县政协会议室举行。会议听取县纪委副书记、县监察局局长顾介法关于上半年全县纪检监察工作情况通报；听取县公安局副政委丁明领关于开展“三项教育”活动情况的通报；听取县工商局副局长陈德华关于全县私营个体经济发展情况的通报。

第十八次会议于2001年9月19日在县政协会议室举行。会议听取县政府领导关于全县上半年经济、社会发展情况的通报；与会常委就相关问题展开讨论，并提出意见和建议。

第十九次会议于2001年12月14日在县政协会议室举行。会议听取县环保局局长徐文才关于全县环境保护工作情况的通报；协商通过有关人事任免事项。

第二十次会议于2002年1月11日在县政协会议室举行。会议协商通过人事任免事项；通过县政协六届五次会议有关事项；讨论修改《县政协六届委员会常务委员会工作报告（讨论稿）》和《提案工作报告（讨论稿）》；讨论《县政府工作报告（征求意见稿）》。

第二十一次会议于2002年1月20日在县政府大会议室举行。会议增补钟克柱为县政协六届委员会委员。

第二十二次会议于2002年1月23日在赣榆宾馆一号楼四楼会议室举行。会议讨论通过《县政协六届五次会议决议（草案）》；听取黄贵华宣读中共连云港市委关于提名增选郭士祥、钟克柱为县政协六届委员会副主席的决定；讨论通过《县政协六届五次会议选举办法（草案）》。

第二十三次会议于2002年3月8日在县政协会议室举行。会议讨论通过县政协2002年度工作要点、主要工作计划、委员学习计划及专门委员会工作计划；听取县纪委副书记、县监察局局长杜杰，县招商局党组副书记徐云昌，县公安局政委王祥志关于外来投资者投诉中心工作情况、县外来投资者服务中心工作情况及小城镇户籍制度改革情况的通报。

第二十四次会议于2002年6月26日在县政协会议室举行。会议听取县国土资源局局长孙兴平关于县国土资源局工作情况汇报和赣榆工商行政管理局局长盛快先关于工商行政管理工作情况汇报。

第二十五次会议于2002年9月27日在县政协会议室举行。会议听取县政府领导关于全县经济发展情况通报；听取县文明办主任韩宝东关于全县文明城市创建工作情况汇报；与会人员参观县供电局文明创建工作现场。

第二十六次会议于2002年12月12日在县政协会议室举行。会议听取县公安局局长王兴亚，县招商局局长王普随，县纪委副书记、县监察局局长杜杰关于2002年度赣榆县社会治安、招商引资、党风廉政建设等工作情况汇报。

第二十七次会议于2002年12月30日在县政协会议室举行。会议讨论《县政府工作报告（征求意见稿）》；讨论讨论通过《县政协六届委员会常务委员会工作报告（讨论稿）》和《提案工作报告（讨论稿）》；讨论通过县政协七届一次会议有关事项。

第五节　第七届常务委员会会议

第一次会议于2003年2月26日在县政协会议室举行。会议通报县政协七届委员会主席、副主席、秘书长分工情况；提名通过县政协七届委员会副秘书长和各专门委员会主任、副主任及委员名单；讨论通过县政协七届委员会常务委员会2003年工作要点、主要工作计划及专门委员会工作计划；听取县海洋与渔业局局长刘世学、县文化局局长郝海洋关于全县海洋经济发展情况和全县文化设施建设情况的通报。

第二次会议于2003年5月28日在县政协会议室举行。会议传达省政协九届三次主席会议精神；讨论通过县政协《关于进一步加强委员自身建设的意见》《关于了解和反映社情民意工作的意见》和《关于加强与委员联系的制度》；听取并讨论县经济开发区管委会主任徐在荣关于开发区建设情况和县建设局局长徐进传关于城市建设情况的汇报。

第三次会议于2003年8月22日在县政协会议室举行。会议听取并讨论县政府领导关于全县经济和社会发展情况的通报；听取县监察局局长管作耀、县财政局副局长刘胜同关于反腐倡廉工作和财政预算执行情况的汇报。

第四次会议于2003年11月19日在县政协会议室举行。会议听取并讨论县政府领导关于县政协七届一次会议提案办理情况的通报；听取并讨论县经贸局副局长董自源、县农业局局长刘仕富关于全县工业企业改革情况和全县农业产业化经营、农业增效、农民增收情况的汇报；协商通过增补县政协七届委员事项；协商通过人事任免事项。

第五次会议于2003年12月26日在县政协会议室举行。会议讨论通过县政协七届二次会议有关事项；讨论《县政府工作报告（征求意见稿）》；讨论通过《县政协七届委员会常务委员会工作报告（讨论稿）》和《提案工作报告（讨论稿）》；通过县政协七届二次会议表彰优秀政协委员的决定；讨论通过《关于政协委员参加会议和活动的规定（试行）》和《县政协七届五次常委会议关于政协委员参加会议和活动的规定的决议》；通过关于责令童良方辞去县政协七届委员会委员的决定。

第六次会议于2004年1月4日在赣榆宾馆一号楼五楼会议室举行。会议听取徐开言宣读连云港市委关于人事任免决定并作提名说明；增补杨淑之、姚建新为县政协七届委员会委员。

第七次会议于2004年2月27日在赣榆宾馆一号楼五楼会议室举行。会议通报县政协七届委员会主席、副主席，秘书长分工情况；讨论通过县政协常委会2004年工作要点和各专门委员会工作计划。

第八次会议于2004年5月14日在赣榆宾馆一号楼五楼会议室举行。会议视察县道路建设现场；听取县交通局局长孙华关于全县交通建设和提案办理工作情况汇报。

第九次会议于2004年9月2日在县政协会议室举行。会议听取并讨论县长陈良灵关于2004年以来全县经济社会发展通报；杨淑之回顾总结县政协2004年上半年工作情况，部署下一步工作安排。

第十次会议于2004年12月10日在赣榆宾馆一号楼五楼会议室举行。会议听取和讨论县委副书记、县纪委书记耿婷芳关于全县党风廉政建设和反腐败工作情况通报；协商通过增补县政协七届委员会委员事项；讨论通过县政协七届三次会议有关事宜；听取并讨论关于新城区规划建设情况的说明。

第十一次会议于2005年1月4日在县政协会议室举行。会议讨论《县政府工作报告（征求意见稿）》；讨论通过《县政协七届委员会常委会工作报告（讨论稿）》和《提案工作报告（讨论稿）》；审议通过县政协七届三次会议有关事宜；会议增补王建华、朱其松为县政协七届委员会委员。

第十二次会议于2005年3月31日在阜宁县政协常委会议室异地举行。会议组织常委们参观阜宁经济开发区的江苏中雅乐器有限公司、江苏天之杰制衣有限公司、江苏大亚装饰材料有限公司、阜宁协鑫环保热电有限公司、江苏荣威塑胶工业有限公司、阜宁生态化工园及阜宁展馆等招商引资项目；听取阜宁县经济社会发展情况和阜宁县政协基本情况介绍；会议审议通过《政协赣榆县第七届委员常务委员会2005年工作意见》；会议通过有关人事任免事项。

第十三次会议于2005年6月15日在赣榆宾馆一号楼五楼会议室举行。会议组织常委们视察墩尚镇泥鳅养殖基地、沙河镇设施蔬菜生产基地、赣榆县昌泰食品有限公司、五里墅村塑盘育秧和连云港市百味屋食品有限公司等农业产业化和农民增收工作现场；会议听取副县长胡英浦关于赣榆县农业产业化和农民增收情况的通报。

第十四次会议于2005年8月26日在赣榆宾馆一号楼五楼会议室举行。会议听取和讨论县长陈良灵关于2005年上半年全县经济社会发展情况及下半年工作打算的通报；县政协主席杨淑之回顾总结县政协2005年以来的工作情况，部署下一步工作安排。

第十五次会议于2005年12月23日在赣榆宾馆一号楼五楼会议室举行。会议听取并讨论县委主要领导关于“十一五”规划的基本思路通报；讨论《县政府工作报告（征求意见稿）》；听取并讨论赣榆县国民经济和社会发展第十一个五年总体规划纲要；审议通过县政协七届四次会议有关事项；讨论通过《县政协七届委员会常委会工作报告（讨论稿）》和《提案工作报告（讨论稿）》。

第十六次会议于2006年3月28日在县政府楼后大会议室举行。会议审议通过《县政协七届委员会常务委员会2006年工作意见》；通报主席、副主席、秘书长分工；通过有关人事任免事项；讨论通过《县政协关于优秀委员和先进委组评选办法》；传达省、市政协工作会议精神；研究部署下一步工作。

第十七次会议于2006年6月15日在县政协会议室举行。会议听取和讨论县建设社会主义新农村协办公室负责同志关于全县社会主义新农村建设情况汇报；听取并讨论县教育局负责同志关于全县教育工作情况汇报。

第十八次会议于2006年7月19日在赣榆宾馆一号楼五楼会议室举行。会议听取县委主要领导关于中共赣榆县第十一次党代会情况通报；杨淑之就贯彻落实县第十一次党代会精神进行动员部署。

第十九次会议于2007年1月9日在县政协会议室举行。会议协商讨论《县政府工作报告（征求意见稿）》；讨论通过《县政协七届委员会常委会工作报告（讨论稿）》和《提案工作报告（讨论稿）》；讨论通过《关于召开县政协七届五次会议的决定》；审议通过县政协七届五次会议有关事项，审议通过《关于表彰2006年度先进政协联络组和优秀政协委员的决定》；表决通过撤消县政协七届委员会委员资格事项；听取并讨论县委常委、纪委书记王芬关于2006年党风廉政建设和反腐败工作情况的通报。

第二十次会议于2007年3月8日在县政协会议室举行。会议审议通过《县政协2007年工作意见》；通报提案审查立案情况；协商通过人事任免事项。

第二十一次会议于2007年6月7日在县政协会议室举行。会议听取和讨论县经贸局关于全县工业经济发展情况汇报；视察业事板业、嘉宝制管、中大海藻、高华工艺品、旭康彩印、凯隆实业和富裕食品等企业。

第二十二次会议于2007年10月9日在县政协会议室举行。会议听取县质量技术监督局关于产品质量和食品专项整治工作情况的汇报；听取县交通局关于全县交通建设和提案办理的情况汇报；通过人事任免事项；与会人员视察青抗公路、沙河子大桥、厉大公路、海塔公路、代盘公路和海龙公路等交通建设现场。

第二十三次会议2007年12月21日在县政协会议室举行。会议协商讨论《县政府工作报告（征求意见稿）》；审议讨论《县政协七届委员会常委会工作报告（讨论稿）》和《提案工作报告（讨论稿）》；协商决定县政协八届委员会委员人选；审议通过县政协八届一次会议有关事宜；协商通过人事任免事项。

第六节　第八届常务委员会会议

第一次会议于2008年3月6日在县政协会议室举行。会议通报县政协八届委员会主席、副主席、秘书长分工情况；通过有关人事任免事项；审议通过《政协赣榆县委员会常务委员会关于加强自身建设的意见》《政协赣榆县委员会常务委员会工作规则》《关于加强政协委员管理工作的规定》《关于加强政协机关建设的意见》和《政协赣榆县委员会提案工作规则》；讨论通过《县政协八届委员会常委会2008年工作意见》。

第二次会议于2008年5月15日在柘汪镇党委会议室举行。会议视察柘汪临港产业区和东柘汪村、西林子村、西棘荡村新农村建设情况；听取副县长、柘汪临港产业区管委会主任、柘汪镇党委书记张永波同志关于临港产业区和社会主义新农村建设情况的汇报；各位常委就临港产业区和新农村建设提出意见和建议。

第三次会议于2008年9月19日在县政协会议室举行。会议听取并讨论县委常委、副县长徐丙超通报全县经济社会发展情况和下步工作打算；听取县农业局负责人关于全县绿化造林情况汇报；与会委员视察沙河镇、罗阳镇等现代林业建设现场。

第四次会议于2008年12月24日在赣榆宾馆一号楼五楼会议室举行。会议协商讨论《县政府工作报告（征求意见稿）》；审议《县政协八届委员会常委会工作报告（讨论稿）》和《提案工作报告（讨论稿）》；讨论通过表彰2008年度优秀政协提案的决定；审议通过县政协八届二次会议有关事项；协商通过增补县政协八届委员会委员事项。

第五次会议于2009年3月27日在县政府二号楼四楼会议室举行。会议分别听取县经贸局、县三兴公司、宏安集团三部门或单位负责人关于采取有效措施应对金融危机、确保工业企业高效运转情况的汇报；审议通过县政协常委会2009年度工作意见。

第六次会议于2009年9月4日在县政府二号楼四楼会议室举行。会议听取县委副书记、代县长曹卫东关于全县经济社会发展情况和下一步工作打算的情况通报；与会委员就全县经济社会发展有关工作提出意见和建议。

第四章 政协主席会议

第一节 第三届主席会议

1990年2月7日，县政协召开主席会议。会议讨论《县政协三届委员会常委会工作报告（讨论稿）》和《提案工作报告（讨论稿）》。

第二节 第四届主席会议

1990年6月～1992年12月，县四届政协期间共召开10次主席会议。主要内容有：学习江泽民在全国统战工作会议上的讲话；通报省植物协会考察组到赣榆考察农副产品加工事宜；研究为修缮刘少奇、肖华故居捐款事宜；研究编写《委员风采》一书事宜；研究文史资料审稿、提案答复工作；研究开办经济实体事宜等。

第三节 第五届主席会议

1993年3月～1997年12月，县五届政协期间共召开20次主席会议，主要内容有：通报全国政协副主席万国权来赣榆视察情况；审定各专门委员会上报的调研视察活动计划；讨论通过《政协赣榆县委员会常务委员会工作规则》《关于提高盐田生产与滩涂利用效率的建议案》；协商讨论增补县政协常委事宜；研究讨论调研课题；讨论通过《县政协五届委员会常务委员会工作报告（讨论稿）》；学习传达全国政协关于各级政协要做好本届工作总结的指示和要求；讨论通过县政协机关体制改革职能配置、内设机构及人员编制方案等。

第四节 第六届主席会议

1998年1月～2002年12月，县六届政协期间共召开39次主席会议。主要内容有：研究召开全县各界人士座谈会事宜；研究县政协志撰写工作；讨论修改《青口地区义务教育情况的视察报告》《关于农村合作医疗的视察报告》；研究讨论县政协主席、副主席加强与私营企业联系事宜；学习中共十五届三中全会《关于农业和农村工作若干重大问题的决定》；总结讲评农村委员分片座谈会情况；讨论通过《县政协六届委员会常务委员会工作报告（讨论稿）》；研究围绕农民增收、保持社会稳定的课题开展调研的相关事宜；研究做好四县四区政协联谊会在赣榆召开的相关事宜；研究召开县政协六届七次常委会有关事宜；研究举办庆祝人民政协五十周年报告会相关事宜；讨论《县政协六届委员会常务委员会工作报告（讨论稿）》；学习江泽民在视察上海、广东等地时的讲话；研究贯彻省政协工作会议意见；讨论研究关于加强县政协专门委员会建设和信息工作事宜；研究做好县政协领导班子成员“三讲”教育回头看工作；讨论通过《关于加强文物保护工作，筹建县博物馆的建议案》；讨论通过县域经济发展情况的调查报告；研究县政协机关机构改革事宜等。

第五节　第七届主席会议

2003年2月～2007年12月，县七届政协期间共召开47次主席会议。主要内容有：研究讨论召开苏鲁结合部十一县（市）政协协作会第十九次会议和镇联络组组长会议有关事宜；审议通过《关于在沿海镇设立渔业技术推广服务站的建议案》《关于我县农村文化站建设的建议案》；讨论通过《关于进一步加强县城城区税源征管的建议案》《关于加强企业职工社会养老保险工作的建议案》；专题讨论《县政协七届委员会常务委员会工作报告》和《提案工作报告》；研究落实推动民营企业发展的对策、措施；部署县政协机关保持共产党员先进性教育活动；研究安排县政协机关保持共产党员先进性教育活动转段工作；研究招商引资和支持开发区南扩有关工作；研究视察交通安全工作有关事项；视察、调研沙河镇社会主义新农村建设情况、国税局、残联、计划生育工作情况；听取县供电局、县交通局工作情况汇报；视察全县民营企业发展情况、厉庄镇谢湖村、新坝村生态农业旅游示范点建设情况，县职业教育工作情况，地税工作情况；视察金山镇工业园、生态园和徐福庙建设情况；参观考察山东省寿光市经济社会发展情况等。

第六节　第八届主席会议

图 22-2　政协赣榆县第八届第九次主席会议视察赣榆县工商行政管理工作（2009年摄）

2008年4月～2009年10月，县八届政协期间共召开12次主席会议。主要内容有：

视察全县供电、安全生产、地税、工商行政管理、审计、财政、食品药品监督管理工作；视察县城校园周边环境、车站、城乡结合部道路口及与县城相毗邻的青口、赣马、宋庄三镇的环境卫生整治工作；调研企业发展情况；征求开展学习实践科学发展观活动意见和建议；视察县城市建设管理工作和部分城建重点项目进展情况等。

第五章　主要工作

第一节　视察调研

图 22-3　政协赣榆县委员会委员调研"五五"普法工作（2008年摄）

1990～1995年，县政协共组织县内外视察、考察活动41次，专题调研活动4次，形成考察报告5份，专题调研报告4份。其中，先后调研社会治安综合治理、公路建设、农村剩余劳动力转移、三麦良种繁育利用、合作医疗、农民负担、淡水养殖发展、秦山岛开发利用、生猪市场管理等问题；对县化工厂加碘盐生产、卫生防疫、社会治安综合治理、公路交通建设、农村医疗卫生管理等工作进行视察。

1996～1999年，县政协共组织县内外视察、考察活动17次，专题调查研活动17次，形成考察报告3份，专题调研报告3份。其中，重点调研农村合作医疗、青口地区校舍布局不合理、学校流生、保险业规范发展、窗口单位行风建设等问题。

2000～2004年，县政协组织各项视察、考察活动45次，形成考察报告11份，组织对私营企业、普法工作、农业结构调整、农村劳动力转移、精神病防治、农业产业化经营、税收结构、县城建设与管理、城镇企业职工社会养老保险、残疾人事业、新型农村合作医疗、医药市场管理以及文物保护工作等进行专题调研，形成专题调研报告13份。

2005～2009年，县政协组织各项视察、考察27次，并形成考察报告或书面意见和建议，组织对职业教育、新农村建设、税收征管、便民工程建设、矿产资源开发、海洋经济发展等15项专题调研活动，形成调研报告或书面意见和建议。

此外，县政协积极开展赴外考察、交流活动，1990～2009年，先后组织赴山东、浙江、海南、福建、云南、贵州、安徽及江苏各地考察活动28次，就经济发展模式、山芋高产栽培技术、农村合作医疗、私营经济发展、职业教育、招商引资、市政建设等开展广泛交流和学习活动。

第二节　提案办理

1990～2009年，县政协从四届一次会议至八届二次会议，共收到委员提案1715件，其中，立案1614件；办结提案1475件；未立案提案101件；因条件限制暂时难以办理的提案114件；作委员来信处理的提案7件；需要向上级反映的提案25件。

1990～2009年赣榆县政协提案办理情况一览表

表22-3

年份	提案（件）	立案（件）	办复（件）	备注
1990	100	100	100	
1991	85	83	83	2件作委员来信处理
1992	53	50	50	3件作人民来信处理
1993	82	74	74	未立案8件
1994	74	72	72	2件作人民来信处理
1995	42	42	42	
1996	78	78	78	
1997	62	62	62	
1998	75	75	75	
1999	60	60	60	
2000	55	54	54	未立案1件
2001	81	81	81	
2002	58	58	58	
2003	96	94	94	未立案2件
2004	143	119	95	未立案24件，暂无法解决的24件
2005	115	100	66	未立案15件，需向上级反映的11件，暂时难解决的23件
2006	72	71	52	
2007	105	94	76	
2008	143	125	99	
2009	136	122	104	
合计	1715	1614	1475	

第三节　民主监督

一、重大事项和决策监督

1990～1993年，县政协结合讨论《县政府工作报告》，围绕全县经济工作、社会事业、党建和社会法制等方面开展民主监督，对全县工农业生产情况和奋斗目标、沿海经济、乡镇企业发展以及引进技术资金等问题提出意见和建议。1994～1996年，县政协对党风建设和惩治腐败、壮大集体经济、加强果林管理、渔业改革以及治安严打工作提出意见和建议。1997～1999年，县政协对党风廉政建设、反腐败工作以及个体私营经济发展等人民群众普遍关心的热点问题，实施民主监督，提出意见和建议。2000～2005年，县政协通过政协全委会议、常务会议、主席会议以及各种专题座谈会议，围绕全县重大事项和热点问题进行民主监督，先后就经济发展与软环境建设、外来投资者服务、小城镇户籍改革、土地管理、残疾人工作，以及国税、公安消防、新农合等工作提出意见和建议。2006～2009年，县政协围绕党风廉政建设、食品药品安全管理以及重点工业项目建设实行重点监督，并组织委员参与物价调整、城市规划论证、拆迁以及重大项目招投标活动，实行一线监督。

二、委员派驻监督

2000年，县政协在拓展民主监督有效形式上进行探索，在坚持政协全体会议、常委会议、主席会议、专门委员会会议、各种座谈会及视察调研、提案督办等监督形式的基础上，委派50名政协委员到公安、税务、工商等行政执法单位和窗口服务单位担任行风监督员，开展经常性的委员派驻活动，加强民主监督；11月，行风监督员参与对全县政府职能部门及26个乡镇财政所、公安派出所执行财经制度和执法进行监督检查；组织委员参与全县机关"三讲三为三满意"主题活动，实施"末位淘汰制"检查评议工作。

2003年，县政协派驻到公安、检察院、法院、财政、税务等行政执法部门担任行风监督员的政协委员，积极参与县级机关"十佳最差"单位、"五佳最差"科室、"服务标兵"等评议活动，促进机关作风改进。

2005年，积极发挥派驻委员监督作用，做到活动经常化，全年参与县级机关"十佳三差"评比活动近200人次。

2006年，县政协派驻到公安、法院、财政、工商、税务等部门的政协委员，参与机关软环境测评活动100多人次。

2008～2009年，进一步加强政协委员派驻监督工作，推荐40多名委员担任司法、公安、城建、城管、工商、税务、质量监督等县有关部门和单位的行风监督员、人民监督员以及法院人民陪审员，参与相关部门目标完成情况、廉政责任制执行情况以及软环境建设督查评议活动。

第四节　参政议政

县政协主要通过直接参与政治、经济活动，向县委、县政府报送调查报告和建议案，向县委、县政府及有关部门提出工作意见和建议，以及向县委、县政府反映社情民意等方式，实施人民政协参政议政。1990～2009年，县政协向县委、县政府报送各类调查报告和建议案15件，报送重要意见和建议9件，反映社情民意11件，直接参与全县重要政治、经济活动12项。

一、调查报告和建议

1990～1995年，完成《关于十户种粮大户生产经营情况的调查报告》《关于赴山东泗水县考察山芋高产栽培新技术情况的报告》《关于视察县酒厂生产经营情况的报告》《关于视察赣榆公路交通建设情况的报告》《关于落实全国政协通知精神组织"农村剩余劳动力转移和劳动力市场调查"活动的报告》；提出《关于加强我县生猪产销管理的建议案》《关于妥善解决青口地区初中招生工作中面临的矛盾和问题的意见》《关于三洋港码头管理及发展的建议》《关于山区经济林发展几点建议》《如何振兴赣榆经济等问题的意见和建议》《关于解决教育工作面临的矛盾和问题的建议》《对全县城乡道路交通安全及管理工作的意见和建议》。

1996～2000年，完成《青口地区义务教育情况的视察报告》；提出《关于提高盐田生产效益与滩涂利用效率的建议案》《关于稳定、持续、健康、高效发展果树生产的建议案》《关于加强我县文物保护工作、筹建县博物馆的建议案》《关于完善生猪产销市场管理的几点建议》《发展教育事业的意见和建议》。

2000年以后，县政协办公室向全国政协经济委员会办公室报送《关于农村剩余劳力转移和劳动力市场调查》《关于对我县精神病防治工作情况的视察报告》《县政协常委视察全县交通建设情况报告》；提出《关于我县农村文化站建设的建议案》《关于加强企业职工社会养老保险工作的建议案》和《关于进一步加强县城区税源征管的建议案》《关于我县农业产业化经济的思考与建议》。

二、社情民意

1996年，县政协办公室向县委、县政府、县政协领导报送关于《农民负担过重应引起重视》的社情民意。2001年，报送《个别执法部门执法作风粗暴及有关施工单位违规破坏文物》的社情民意。2003年，报送《县城公厕建设亟待加强》《农民盼望"致富能手宣传团"下乡讲演》《新建路美食街应加强治理》《文化路与东关路交叉路口应设红绿灯》《关于将县城交通信号灯、标志、标线划归公安部门统一使用管理的建议》《我县违规用地状况亟须清理》《盼望加大市场"打假"力度》《农村非法行医、售药需治理》《要依法对车辆管理》《农村参保职工就医问题亟待解决》等社情民意。

2004年，县政协办公室向县委、县政府、县政协领导报送《建议规范民办学校收费标准》《关于我县品牌经济发展的建议》《关于绘制交通旅游图的建议》等三则社情民意。

2005年，县政协办公室向县委、县政府、县政协领导报送《关于加强东关路、黄海东路等路段植树绿化的建议》《建议在影剧院广场设置阅报栏、宣传栏》《县城部分路段占道经营、占道建筑情况严重》《关于调整学校作息时间的建议》《应建立道路交通安全综合治理机制》《关于控制老城区开发建设的建议》《关于在新城区设立城市雕塑的建议》《建议在徐福节活动中增设"赣榆得名"研讨会》《关于规范我县地名使用的建议》等九则社情民意。

2006年，县政协办公室向县委、县政府有关部门报送《社情民意》5期。其中，冬季早晨城区开放路灯、妥善解决老干部活动场所、确保高温季节供水供电等热点问题得到有关方面的重视和办理。

2007年，县政协办公室向县委、县政府、县政协领导报送《关于加强城市配套基础设施建设的建议》和《关于促进我县红薯产业化经营的建议》两则社情民意。

2009年，县政协办公室向县委、县政府、县政协领导报送《建议青口生态公园和社区添加体育设施》《农村中小型吊车施工管理亟须加强》《关于在滨海新城入口设立标志石刻或城标的建议》等三则社情民意。

三、活动组织

20世纪90年代初，县政协开展活动较少。1990～1993年，县政协每年都组织文教体卫委员医务界委员和部分知名医生到乡镇开展巡回医疗活动，到福利院、敬老院开展免费体检活动等。1995年3月，县政协召开生猪市场管理工作座谈会，就生猪市场管理问题进行交流讨论。

20世纪90年代中后期，县政协开展活动逐步增多。1998～2004年，县政协组织有关人员赴上海、无锡、苏州等地招商引资；就县政协工会学校合作事宜，与江南影视学院达成初步协议；积极投身抗击"非典"斗争；推进"百村万户农民增收工程"；与厉庄镇赤涧二村和北林村48户帮扶对象对接，实施帮扶项目；积极参与"百千万"主题活动。县政协主要领导、机关干部深入一线，进村入户，做好帮扶工作，自发为黑林、厉庄等镇贫困户捐款捐物；引进黄海瓶盖制造有限公司。

2005～2009年，县政协召开由县各银行行长、政协委员中的民营企业家参加的银企座谈会，成立县政协银企联谊会，促成20多家企业与11家金融单位建立合作关系；发动向汶川地震灾区捐款救助活动，县政协机关工作人员共捐款6600元，共产党员共交纳特殊党费1.1万元。

第五节　文史资料工作

县政协充分发挥文史资料存史、资政、团结、育人的作用，挖掘传承赣榆优秀历史文化，坚持不懈地进行文史资料的搜集、整理、编辑和出版工作，提升赣榆文化软实力。

一、县政协第四届委员会文史工作

1990年3月～1993年2月，共征集文史资料88篇22万字，编辑出版《赣榆文史资料》第八辑和第九辑。协助县委、县政府做好徐福节有关文史资料工作。其中，1990年，县政协编辑出版《赣榆文史资料》第八辑；为《连云港名人选录》一书搜集整理赣榆名人资料21份；协助县委、县政府做好“中国·赣榆首届徐福节”筹备工作。1991年，县政协向县内外有关单位、部分老同志赠送《赣榆文史资料》第八辑1400册；完成文史资料第九辑《赣榆名胜》一书的编写工作；为抗日山建立抗日烈士金野博纪念碑提供大量历史资料。

二、县政协第五届委员会文史工作

1993年2月～1998年1月，县政协五届委员会编辑第十辑、第十一辑《赣榆现代人物专辑》，共向全国各地及海外发出信函1000余封，征集人物传略300余篇，近30万字。召开讨论会、审稿会10次；为省、市政协提供文史资料20余份，6万多字；到1997年年底，共出版文史资料11辑，计110万字。其中，1993年，县政协开始征集出版文史资料第十辑《赣榆名人专辑》一书，向外地发出信件300余封，征集名人传100余篇，约10万字。在收集名人传同时，收集赣榆历朝官员、各类人物资料以及名人咏赣榆的诗歌等史料。1994年，县政协编辑出版赣榆文史资料第十辑《赣榆现代人物专辑》；为市政协文史委员会提供13份建国初期赣榆县经济、文化方面的史料；派人参加在北京召开的徐福国际学术研讨会，在多家报刊撰文介绍赣榆的历史、文化。1995年，县政协重点做好文史资料第十辑《赣榆现代人物专辑》的出版发行工作，发行近500册。4月6日至11日，县政协向有关单位和个人赠送《赣榆现代人物专辑》第一辑，并为续编第二辑征集稿件。是年，文史委成员孙金科撰写的《日本人民反战斗争》一书，被列入纪念中国抗日战争胜利五十周年丛书，由北京出版社出版，同时被列入省、市“五个一”工程计划。1996年，县政协重点做好文史资料第十一辑《赣榆现代人物专辑（续辑）》资料征集工作，共向全国各地及海外发出600余件信函，收到110余份个人传略，完成专辑的定稿工作。

三、县政协第六届委员会文史工作

1998年1月～2003年1月，县政协六届委员会完成《赣榆县政协志》《赣榆现代人物专辑》第三辑的征集、出版工作。配合市政协相继完成文史资料《古今连云港》《清末民初工商业》《名师名校》《民间戏曲》赣榆部分的史料征集和整理工作。其中，1998年，县政协向全国各地及海外征集人物传略118篇；完成《赣榆县政协志》的编写；为市政协编写的《古今连云港》一书提供赣榆篇材料和照片；为省政协编写的《中国百年历史名碑》一书提供抗日烈士金野博的照片及烈士碑文。1999年，县政协完成《赣榆县政协志》出版工作，完成史料《赣榆县科技成果集萃》和《赣榆现代人物专辑》第三辑有关资料的征集和整理工作。2000年，完成连云港市政协文史资料“清末民初赣榆工商业”部分的史料编写工作。2001年，县政协完成史料《赣榆现代人物专辑》第三辑出版工作；配合市政协完成“赣榆名师名校”史料征集和整理工作。2002～2003年，县政协先后完成《百年芬芳——赣榆京剧史略》《少昊文化源流浅识》等书稿的编辑、出版工作；完成《今古名人与赣榆》《赣榆早期的民间说唱艺术》等资料的抢救、搜集、整理工作；会同县文化局、供电公司举办“迎新年暨赣榆书画院成立十周年书画展”。

四、县政协第七届委员会文史工作

2003年1月～2007年12月，县政协七届委员会编辑、出版《赣榆诗词集萃（现代部分）》《今古名人与赣榆》《绍麟吟稿》等5部书籍，抢救、整理和发表《吴敬梓与赣榆》《赣榆早期的民间说唱艺术》《刘少奇故居》《苏兴泰》《赣榆人文史料》等10余部重点篇目。《赣榆诗词集萃》被市委宣传部评为

“五个一”工程奖。其中，2004年，县政协出版《绍麟吟稿》和《赣榆诗词集萃》两本书；完成《今古名人与赣榆》编辑工作；完成《刘少奇故居》和百年老店《苏兴泰》的有关史料及100多张照片征集工作；协助县政协委员韩善强创办赣榆首家民间文物收藏馆。2005年，县政协文史资料工作围绕“加强人文赣榆建设”和“抗战胜利六十周年”宣传两大主题，先后3次召开由文史委成员、老同志和知情人参加的座谈会；整理出版《赣榆诗词集萃（现当代卷）》，此书连同古代卷被市委宣传部评为“五个一”工程奖；组织撰写40万字的《赣榆人文史料》，结集出版《今古名人与赣榆》；为市政协“纪念抗战胜利60周年”征文提供10篇稿件8万余字。2006年，县政协开展赣榆秦汉文化研究；参与编撰省政协文史委主编的《江苏老店》、市政协文史委主编的《抗日风云录》等书籍；筹备成立赣榆县政协诗书画研究会。

五、县政协第八届委员会文史工作

2008年，县政协参与《连云港市改革开放三十周年百件大事》的撰写工作；出版《万年遗宝——赣榆县物质文化简史》；完成《徐福与海洋文明》初稿；征集亲闻、亲见、亲历的“三亲”文史资料。

2009年，县政协编写出版《徐福与海洋文明》一书；编辑出版《纪念人民政协成立60周年赣榆县书画摄影集》；参与由市政协文史委组织编撰的《跨越》一书有关内容的编写工作；组织编写“建国以来赣榆县重点劳动模范事迹”史料。

第二十三篇　工商联与人民团体

第二十三篇　工商联与人民团体

1990～2009年，赣榆县工商联与人民团体围绕县委、县政府中心工作，加强自身建设，强化服务职能。赣榆县工商业联合会充分发挥与个体工商业者联系密切的优势，积极参政议政，开展民企帮扶、捐资助困等活动，推进新农村建设工作的开展；赣榆县总工会加强维权机制建设，通过12351职工维权热线等举措，推进全县企业工资集体协商机制，进一步和谐劳资关系和社会关系；共青团赣榆县委员会开展青少年维权进校园、网吧整治、"新赣榆、新青年、新奉献"团员主题教育等系列活动，以党建带团建为依托，进一步增强团组织的建设；赣榆县妇女联合会开展"教子有方"好家长典型、"致富工程"妇女干部培训班、"巾帼红丝带"艾滋病防治、"告别陋习，走进文明"等系列活动，进一步倡导文明科学；赣榆县科协完善科普教育、科普示范、科普服务、科普传播四大体系建设，科普工作深入人心，形成全社会关心、支持、参与科普的良好氛围；赣榆县文学艺术界联合会紧密团结广大文艺工作者，贯彻"和谐文化、开拓创新；从严求实，繁荣文艺"的工作方针，形成良好的文艺工作新局面；赣榆县残疾人联合会大力推进社区残疾人康复工作，创建残疾人扶贫基地，在全社会营造浓厚的助残氛围。赣榆县先后荣获全省"科普示范县""全省残疾人工作先进县""全国第一批残疾人基层组织规范化建设达标县"等荣誉称号。

第一章　赣榆县工商业联合会

第一节　组织机构

1988年6月，赣榆县工商业联合会恢复建立。1992年11月，增挂赣榆县商会的牌子，2005年3月，更名为赣榆县总商会，2009年赣榆县工商联内设办公室一个科室。

1994年8月，赣榆县第一个乡镇工商联分会——工商联青口镇分会成立。1999年，赣榆县工商联美容美发行业商会成立。2003年年底，全县18个镇的分商会全部建成，登记企业会员253家。至2009年，全县共建成餐饮、外来投资者、茶果、计算机、摄影、眼镜、芦笋、黑莓、黄沙、畜禽、淡水渔业、石材、板栗、酒饮、紫菜等19个行业商会。

第二节　会员代表大会

1993年3月，赣榆县工商联第八届会员代表大会召开，出席的会员共166人，选举产生工商联第八届执委会，选举谢川根为主任委员，选举张文习、郑锡伦为副主任委员，选举7人为常务委员。

1997年4月，赣榆县工商联第九届会员代表大会召开，出席的会员代表62人，大会选举产生第九届执行委员会。选举张文习为执委会会长，张新廷、陈德华（不驻会）、王召聪（不驻会）3人为副会长。这次会议首次选举私营企业者担任工商联领导职务。大会共选举19人为执委会执行委员。

2001年12月，赣榆县工商联第十届会员代表大会召开，出席的会员代表75人，选举产生工商联第十届执行委员会，选举张文习为执委会会长，方波、张新廷2人为副会长，选举陈德华、王召聪、王永敏、宋世宣4人为副会长（不驻会）。大会共选举37位同志为执委会执行委员。

2006年2月，赣榆县工商联第十一届会员代表大会召开，会员代表138人出席，大会选举产生工商联第十一届执行委员会，选举王永波为工商联十一届执委会会长，王普随、朱青、张经文、徐德庆、程益开5人为副会长，成永之等12人为不驻会副会长。大会选举产生执委会执行委员95名，常委38名。

第三节　主要工作和活动

一、参政议政

自1990年起，县工商联每年都深入基层，或开展三胞联络活动，或走访企业，或召开座谈会，或进行问卷调查，对全县非公有经济的产业结构、经济实力、人员素质、党员发展等方面的现状，以及个体经营者对现行政策、规定的意见和在经营中存在的问题和要求，进行调查了解，并分析现状，探求对策，形成切合实际的见解和建议，向县委、县政府及相关政府部门建言献策，为县委、县政府制定非公有制经济发展政策提供参考依据，发挥参政议政的桥梁和助手作用。

1996年，与县政协、县委统战部联合对全县非公有制经济现状进行调查了解，并及时提出建议，推动非公有制经济的发展。

2002年，根据中央统战部、全国工商联的要求，开展对私营企业问卷调查工作；配合县外经局对全县出口企业进行调查并撰写调研报告；对私营企业贷款难的问题进行调查，并提出建议；先后两次组织召开私营企业座谈会，了解私营企业发展中存在的问题和要求，并形成建设性意见，在参加县人大、县政协的相关活动时，向相关部门建言献策。

2003年，参与对农机管理条例的执行情况、海洋经济、城市规划及经济开发区、城市管理等方面现状的调研工作，同时，针对私营经济的发展状况及存在的问题、私营企业与农村产业化结构调整的问题，组织人员分赴18个镇进行调查，并深入研究，探求对策，撰写出提案13条，分别提交给县人大和政协会议；同年县工商联还针对私营个体经济发展中存在的"热点""难点"问题，私营企业中的党建及民营经济发展情况进行调研，撰写《赣榆县非公有制经济组织党建调查》《贯彻十六大精神做好非公有制经济企业党建工作》两文发表在《连云港日报》上，撰写《关于赣榆县民营经济发展情况的调查和思考》一文上报给县委和县政府。

2005年，县工商联针对非公经济发展状况及存在的普遍性现实问题，深入到7个乡镇进行调研，走访会员企业60多家，非会员企业20余家，形成调研报告4篇，上报加强农村水泥路管理等反映农村社情民意的提案6条和加强城市管理方面的提案9条。

2006年县工商联提出加强政府诚信建设的12条提案，以加强政府部门与私营企业的联系，促进全县非公有制经济的健康快速发展。

2009年，撰写调研报告26篇，提交县政协集体提案5件，向县政协报送社情民意9条。

二、服务经济

（一）招商引资

1994年，县工商联了解到外商有来赣榆投资开采大理石及合资生产脱水蔬菜的意向后，积极给予推动落实，成功促成合资经营企业的设立。

2002年，组织招商组赴浙江富阳、温州等地招商，邀请外地客商4批次11人来赣榆进行实地考察，引进启东一家服装厂落户赣榆。2003年，组织会员先后赴宿迁、无锡、南通、启东及浙江新昌等地招商引资，向当地相关企业及人员介绍赣榆的情况及优惠政策，邀请无锡、启东、南通崇川、浙江新昌、上海杨浦等地的工商联企业家来赣榆考查。

2005年，组织酒饮料商会一行20余人参加在山东济南举办的2005中国秋季糖酒会，推介赣榆酒饮料品牌。2006年8月，邀请省玩具业商会副会长等一行10人到赣榆考察，促成江苏国泰玩具公司、连云港兴塔玩具厂和赣榆县宜冬柳编厂合资设立计划总投资1500万元，用工1200人，年产值5000多万元的连云港兴泰工艺品公司。

至2009年，县工商联及会员单位累计引进"万家房地产发展有限公司"、"台湾源山木业集团"、"江苏国泰玩具有限公司"等10多家企业到赣榆投资，兴办项目10余个，到位资金8000多万元。

（二）服务民营企业

县工商联积极为有实力的企业提供贷款担保，支持其扩大生产规模；并加强组织学习培训活动，提高个体经营者遵纪守法、爱岗敬业的思想觉悟和经营管理水平，促进个体私营经济的健康、快速发展。

2002年，为会员王召聪争取贷款100余万元，使其新上3条生产流水线，生产能力大幅提升；协同县农开局为富裕食品有限公司争取到农业综合开发项目资金130万元。是年，与县委组织部、县委党校、县总工会联合举办一期非公经济人士培训班，激发私营企业者发展非公有经济的热情和干劲。

2003年，县工商联建立担保基金，为会员企业提供贷款担保，并利用市担保公司，通过市工商联积极协调，为企业贷款提供担保，解决企业贷款难的问题；与恒信达律师事务所合作，成立法律服务处，为会员提供法律咨询服务，维护合法权益。

2004年，县工商联先后举办四次非公有制经济代表人士培训班，聘请清华大学、上海国际信息研究中心、无锡轻工学院教授及相关专家学者前来授课，增强非公有制经济代表人士对国家有关民营经济发展政策的认识和理解，提高其企业管理水平。

2005年，在全县开展银企合作项目推荐活动，在调查部分会员企业的经营状况和信用度的基础上，向人民银行推荐20家企业，其中14家企业在当年就获得总金额1亿元的贷款。

2006年6月，县工商联黑莓业商会召开商务洽谈会，以拓宽黑莓产品的销售渠道，帮助黑莓种植户解决销售问题；组织协调南京农业大学黄保健教授在欢墩镇开办高效技术培训班，向农民和个体养殖户推广“猪—沼—笋”生态化养殖模式，推动当地个体养殖业的发展。

2009年，县工商联联系有关民营企业组建成立赣榆县荣丰农村小额贷款责任有限公司，为农村个体经营者的发展提供贷款支持；组织赣榆县中大海藻、镔鑫特钢、富安紫菜等企业主要负责人出席由市委统战部、市经信委、市科技局、市工商联共同举办的“2009江苏民营企业家高层论坛”，进一步提高企业家的经营能力和管理水平。

三、捐资帮扶、回馈社会

自1995年起，县工商联引导广大会员致富不忘根本，担当起扶贫助困、促进共同富裕的社会责任，组织私营业主投身社会公益活动，捐资帮扶，回馈社会。

1997年，赣马镇2位私营业主捐资为村镇修桥铺路、助学助教，并帮助一些贫困户办厂、开店。1998年，墩尚镇工商分会副会长捐款扶贫救灾、慰问军烈属和教师，并为村里铺路。2000年春节前夕，工商联组织机关干部和离退休人员捐款捐物，帮助农村贫困户。

2002年，非公有经济代表人士积极参加“光彩事业”活动，累计捐款数百万元；为支持抗日山烈士陵园改扩建工程，县工商联组织全县会员捐款近10万元。

2003年，举办抗击非典募捐活动；私营业主举行捐资助学活动，一次性为贫困学生发放现金和眼镜计两千余元，并免费为学生验光，发放优惠卡1万余张，共计20多万元。

2004年，县工商联为助学、助残、扶贫脱困捐款52万元；100多位私营企业主捐款500多万元，资助部分农村修建道路、路灯、水渠、自来水管道以及农村文化设施等，帮助改善村容村貌。

2005年，中大海藻、富裕食品、文峰木业等企业拿出慰问扶持资金近10万元，帮助150多户困难职工解决住房、生活、子女上学等问题；连云港凤舞玩具厂经理向黑林、金山、城头、厉庄四所小学的贫困学生捐赠玩具鞋448双，价值5000余元。

2006年，赣榆县工商联累计捐款110多万元，用以关爱职工、扶贫济困、助学支教、拥军优属、奉献社会。

2009年，向各类光彩事业、公益事业累计捐赠301.5万元；开展“民企帮村”活动，引导民营企业落实帮村项目23个；开展农民岗位技能培训4820人次。

第二章　赣榆县总工会

第一节　组织机构

1990年，赣榆县总工会编制9人，下设办公室、组织部、宣传部、生活女工部、财务部、生产保护部、退休职工管理委员会7个职能部门，另外配备专职法律顾问1名，实有工作人员12人。1997年，赣榆县总工会设人秘科、组织宣教科、生产保障部、法律维护部、财务部5个职能部门。2001年，设人秘股（退管办）、组织民管部、财务部、宣教部（法工部）、

图 23-1　赣榆县总工会大楼（200[illegible]年摄）

生活女工部（生产劳动部）5个职能部门。2009年，赣榆县总工会设有办公室、组织部、民管部、宣传教育部、保障工作部、女职工部、劳动保护部、经济技术部、法律工作部、财务部、经费审查委员会、困难职工帮扶中心十二个职能部门。

第二节 县工会代表大会

1994年4月，县总工会第八次代表大会召开，大会设代表199名，特邀代表25名，实到175人，会议选举产生赣榆县总工会第八届委员会委员21名，常务委员9名，经费审查委员会委员5名，选举彭发善为县总工会主席。

2002年1月，县总工会第九次代表大会召开，大会代表总数216人，实到182人，会议选举产生总工会第九届委员会委员21名，常务委员9名，经费审查委员会委员5名，选举伏在江为县总工会主席。

第三节 主要工作

一、基层组织建设

1990年，赣榆县基层工会组织有247个，会员26568人。

1994年，新建私营企业工会组织3个、外商投资企业工会组织34个、乡镇企业工会组织40个，县总工会被省总工会授予“外商投资企业组建工会先进单位”。

2000年，县总工会与县工商局、县劳动局联合下发《关于加强私营企业工会工作的意见》，规定凡25人以上的私营企业都应建立基层工会委员会，不足25人的建立工会小组或按区域同行业成立联合基层工会委员会。

2001年，县总工会在青口镇下口村组建成立全国首家村级船员工会组织，并指导其成立职工互助互济会。

2002年，针对私营企业和个体工商户日益增多，进城务工农民工也日益增多且散乱的特点，县总工会加强对新经济体组织中基层工会的组建工作，并重点推进农民工入会工作，将零散的个体工商户和人数较少的私营企业职工组织起来，组建个体联合会和船员工会20个。

2003年3月，县总工会在集商贸、娱乐、餐饮于一体的时代广场组建工会联合会，此举受到省总工会充分肯定，并要求在全省推广。

2004年，赣榆县总工会把进城农民工作为发展会员重点对象，此举得到市总工会的肯定并在全市推广。

2006年，新建工会100家，新增会员7400人，全县15家外资企业全部建立工会，新发展的农民工会员达6200人，被省总工会评为“农民工入会工作先进单位”。

到2009年，全县基层工会组织已发展到763个，拥有会员5.9万人。

二、职工民主管理

1991～1993年，县总工会在全县企业积极推行“共保合同”制度，先后与137家企业签订《共保合同协议书》。在企业中逐步建立全体职工共主经营、共负盈亏的职工民主管理机制。1995年，县总工会在全县部分公有制企业、外商投资企业、私营企业试行集体合同制度，规定凡25人以上的企业都必须建立集体合同制度；是年，全县146家企事业单位签订集体合同或共保协议，13家“三资”企业全部签订集体合同。1999年，县总工会在全县企业中推行“厂务公开、民主管理”制度，推进企业民主管理制度建设，促进企业的改革、发展和稳定。

2005年，为建立和谐的劳动关系，促进劳资共赢，县总工会举办工资集体协商培训班，邀请南大、省总工会干部学校的教授前来授课，并组织学员前往先进地区学习；是年，县总工会与24家企业签订工资专项集体合同。2006年，县总工会聘任129名企业工资协商工作指导员，深入企业指导工资集体协商工作的开展；年底，全县有228家企业签订集体合同；其中在东成酒业实行的以岗定资的工资合同方式，得到市总工会肯定；是年，县总工会被省总工会评为“江苏省推进工资集体协商工作先进集体”。2009年11月，赣榆县劳动关系创建工作指导分站成立，具体组织、指导、协调全县企业和工业园区和谐劳动关系的创建工作，推动赣榆县和谐劳动关系创建工作向纵深发展。

三、职工维权

1995年，县总工会会同县劳动局举办3期由县属企业厂长（经理）、工会主席和劳资人员参加的劳动法律法规培训班；并同时举办4期《中华人民共和国劳动法》知识竞赛，有近3000人参加比赛；此外还编印《劳动法》及有关资料近万份发放给职工学习。

2004年，县总工会在全省成立首家县级职工法律援助团，聘请2名律师担任常年法律顾问，开展职工法律援助活动，是年，接待来访职工100余人次，成功调处劳动争议40余起。同年，在青源水务、宏安集团试点实行女职工权益保护专项集体协议签订工作，以保护女职工的权益。

2005年，在全县887家基层工会（其中非公企业444家）组建工会劳动争议调解委员会，参与劳动争议仲裁72起，共查处侵权案件3起，参与5起工伤事故的调查。

2006年，县总工会开通“12351”职工维权热线，全年接听热线电话142人次，接待职工来信来访25件次，办结率达到95%以上，参与调解、仲裁劳动争议案件42起，并成功协助法院调解江苏三兴集团职工张英利工伤索赔案，为张英利追回工伤赔偿金7.5万元。

2008年4月，县总工会举办工会劳动保护监督检查员培训班，组织各镇及各系统工会和基层工会的干部，以及百人以上企业工会劳动保护干部参加学习，聘请省总工会劳动保护部部长和市总工会劳动保护部部长前来授课，学员经培训考试合格后，获颁工会劳动保护监督检查员证书。

2009年，在全县726家基层工会组建工会劳动争议调解委员会，共建立区域性、行业性劳调组织50家；县总工会、县法院、县劳动局仲裁委员会、县司法局法律援助中心四家单位实行联席会议制度，参与劳动争议仲裁案件50余起，年内办结法律援助案件41件，追讨拖欠农民工工资二百多万元；通过工会信访接待、职工困难帮扶中心、“12351”职工维权热线等多种途径，密切关注职工思想动态，全年共接待来信来访132人次，接听电话170余次，为职工解决问题30余件，办结率达到95%以上。

四、职工文化建设

赣榆县总工会重视职工的精神文化建设，每年都利用各种相关的节点，广泛开展形式多样、丰富多彩的文体活动。

1991年，县总工会开展“三热爱、四大讲”主题教育活动。1993～1997年，县总工会、县委宣传部、县计经委联合开展“创优先、树先锋”主题教育活动。1998年，县总工会、县委宣传部、县经委联合在全县企事业中开展“学习长途服务组、争当文明职工”活动。

2000年，县总工会、县体委联合举办赣榆首届职工游泳比赛。2002年，县总工会开展以大力宣传劳模先进事迹，唱响“实干奋进，以优异成绩向十六大献礼”为主题的“五一宣传月”活动，先后举办专题会议、座谈会、事迹报告会20余场次。2003年，县总工会成立职工心连心艺术团，并积极组织分赴煤矿、海洋开发区及厂矿企业为职工慰问演出。2005～2009年，每年的“五一”期间，县总工会都举办全县职工“激情广场大家乐”大型文艺演出活动。

五、职工保障工作

赣榆县总工会在抓好职工技能培训和扩大就业门路、保障广大职工充分就业的同时，开展“帮扶救助”活动，帮助部分有困难的职工解决实际问题。

1993年，县总工会及全县基层工会为职工办实事1250余件，走访慰问职工26700人次，并安排使用工会经费2万余元补助给近千名困难职工，为帮助一女工医治其独生子的顽疾，组织全县职工捐款近4万元。

1995年，县总工会成立“赣榆县职工互助互济会”，至年底发展会员近万人；协助保险公司为86名市级以上劳模、先进人物办理补充养老保险。

1997年，县总工会成立女职工人才培训中心，配合太平洋保险公司、人寿保险公司举办为期5天的保险业务员培训班，247名女职工参加学习；是年，县总工会被省总工会评为“下岗职工再就业工作先进集体”。

2000～2002年，县总工会下发《关于建立特困职工档案的通知》；在女职工中开展“热爱家庭，热爱生活，热爱今天”活动，对其中涌现出的再就业、再创业的优秀女职工进行表彰，授予班庄茶业公司总经理刘希香等10名下岗再就业、离岗再创业者“十佳女职工”荣誉称号。

2003年，县总工会开展“十佳再就业明星”评选活动，评选王永昌等10人为县十佳就业明星；是年，建立两家市级再就业基地和五个县级再就业示范点，共吸纳下岗职工和失业人员2400多人，县总工会再就业工作受到省总工会的表彰。是年11月，县总工会成立赣榆县困难职工援助中心。

2004年4月，县总工会成立县职工创业联谊会，为全县职工参与创业活动提供学习、交流的平台。

2008年，赣榆县困难职工援助中心更名为赣榆县困难职工帮扶中心，设生活救助、助医、助学、职工培训、职业介绍、法律援助六大帮扶项目，为职工、农民工提供帮扶。

2009年5月，县总工会在影剧院广场举行“保民生、促就业”大型现场招聘会，共有2546人参加此次招聘会，138人现场签订劳动合同，594人达成工作意向。6月，总工会举办困难职工自主创业资助仪式，为匡保良、陈颖等20名自主创业的困难职工发放2万余元的资助款。12月，县总工会在工友职工技能培训中心举办家政服务培训班，40多名困难职工参加培训，对在本次培训中拿到证书的困难职工，县总工会给予100～200元的补贴。截至2009年，县总工会在全县建立再就业示范基地22家，培训基地19家，全年共培训2300多人，职业介绍1400余人。输出劳务人员800多人。

2003～2009年，县总工会在持续开展的“金秋助学”活动中，累计筹措资金25.8万元，资助困难大学生258名。

六、职工劳动竞赛

县总工会组织广大职工广泛开展劳动竞赛活动，以提高广大职工的劳动技能，激发其劳动热情。

1991年，县总工会在全县企业中开展“八五奉献”杯竞赛和“双增双节”活动，全县企业职工24258人中有20828人参加竞赛活动，全年共提出合理化建议10167条，被采纳8941条，实施7863条，经济效益达24370万元。赣榆县香料厂的合理化建议获省优秀合理化建议成果奖，县七二化工厂、县化肥厂等五家单位的合理化建议获市优秀成果奖。同年，在全县企业开展“创三组”活动，全县1776个班组参加竞赛，县农电设备管理班在竞赛中被评为全国先进班组。

1994年，县总工会举办全县首届职工生产技术运动会，共有135个单位组织开展技术练兵比武活动，参加的职工达35600多人次，共评出“技术明星”10名，“技术能手”48名，“优秀技工”18名。在参加市第二届技运会中，赣榆县名列榜首，2人获市“技术明星”称号，4人获市“技术能手”称号，12人获市“优秀技工”称号。

1995年，县总工会组织全县女职工开展“巧手奉献迎四大、展风采”系列活动，全县有11个基层女工委和10名女工干部被市总工会评为先进集体和先进个人；在市女工委“巧手奉献出成果”展览会上，赣榆县荣获特等奖2项，一等奖4项，二等奖6项，其中2项还被推荐参加省女工委举办的“巧手奉献展示会”，县总工会女工委被市总工会评为“优秀组织奖”。

2005年，县总工会在全县范围内广泛开展“当好主力军，立功十一五，共建和谐新赣榆”竞赛活动，组织实施赣榆县金蓝领22615工程；在东成集团、宏安集团等20家企业推广20个先进操作法；组织全县12家规模以上企业近5000名职工参加“创新奉献”杯重点工程立功竞赛；举办酒精、供电、电信等行业14项职工技能大赛；组织舜天服饰有限公司等63家企业女职工开展“争创五一巾帼示兵岗”和争当“五一巾帼标兵”的“双争”活动，选树县烟草专卖局证件管理室等10个单位为“五一巾帼标兵岗”、张笑等12名女职工为“五一巾帼标兵”；并在全县劳模中广泛开展“创新业、立新功”系列活动，宣传10名劳模的先进事迹，组织10名劳模带徒学艺，组织10名劳模在岗位创新，在煤炭、电信等行业命名10个“劳模班组”。

2007年5月，在江苏东成生化集团启动赣榆县第四届职工职业技能竞赛，全县6大行业、18个工种的职工展开职业技能大比拼，通过竞赛选拔，推选出园艺插花等2个行业工种的20名职工参加市第五届职工职业技能竞赛。同年，县总工会开展“创新奉献”杯重点工程立功竞赛活动，组织全县100多家企业近2万名职工参加竞赛。是年，县总工会被连云港市政府授予“2004～2007年创新奉献杯立功竞赛先进集体”光荣称号。

2009年，在全县80%以上规模企业开展“保增长、促发展、争贡献”劳动竞赛；在新开工的新海石化等15个重点工程（项目）建设中开展重点工程竞赛活动；全县90%以上规模企业、215个班组和窗口服务行业、企事业单位1.5万多人参加创建“工人先锋号”活动；开展“我为企业发展献一计”“我为节能减排献一计”等合理化建议活动，职工技术攻关、技术创新87项，提合理化建议187条，创造价值近500万元。

第三章　共青团赣榆县委员会

第一节　组织机构

1990年，共青团赣榆县委员会设有办公室、青工部、宣传部、青农部、学少部五个职能部门。1997年，共青团赣榆县委员会设有办公室、组织部、宣传部、青农部、学少部五个职能部门。2009年，共青团赣榆县委员会设有书记室、青工部（办公室）、学少部（兼宣传部）、青农部（兼组织部）四个职能部门，行政编制6人，附属编制1人；全县共有基层团委53个，下辖团支部（总支）1723个，青年28万人，共青团员7万余人，全县小学普遍建立少先队组织。

第二节　共青团代表大会

1990～2009年，共青团赣榆县代表大会共召开过4次。

1992年4月，第十五届共青团赣榆县代表大会召开，会议代表230人，会议选举产生十五届团县委委员33人，候补委员5人，常委7人，选举金建猛为团县委书记。

1997年10月，第十六届共青团赣榆县代表大会召开，会议代表260人，选举产生第十六届团县委委员35人，候补委员4人，常委9人，选举张永波为团县委书记。

2002年4月，第十七届共青团赣榆县代表大会召开，会议代表300人，选举产生第十七届团县委委员33人，候补委员4人，常委9人，选举李占超为团县委书记。

2007年4月，第十八届共青团赣榆县代表大会召开，会议代表320人，选举产生第十八届团县委委员38人，候补委员6人，常委9人，选举曹明丽为团县委书记。

第三节 主要工作

一、青少年思想教育

图 23-2 团县委、县公安局等相关单位走进校园开展交通安全宣传活动（2006年摄）

1990～2009年，团县委通过召开报告会、座谈会、研讨会，举办知识竞赛、演讲比赛、征文比赛，开辟学习专栏，组织撰写理论文章及学习心得等多种形式，广泛开展青少年理想信念教育。每年清明节，团县委都组织有关团员青年和少先队员到全国青少年教育基地抗日山烈士陵园和刘少奇纪念室、红领巾水库两个省级青少年教育基地举行相关活动，广泛开展传统爱国主义和革命英雄主义教育。2002年，开展“永远跟党走”庆祝建团80周年主题教育活动。2005年，承办纪念抗日战争胜利60周年大型主题队会。2006年，开展“举团旗、学团章、交团费、唱团歌、戴团徽、过团日”的主题教育活动。2009年，团县委创办赣榆共青团网站，编印《团讯》30期，先后在国家、省、市各级新闻媒体发表稿件300余篇。

二、青年技术培训与创业

1990～2003年，团县委组织镇、村两级团组织利用业余团校举办植树、果树嫁接、花卉培养、养猪、淡水养殖等培训班，邀请县内外专家学者前来授课，并组织专家进行实地考察，为农户解决实际问题。

2004年，在全县实施农村青年创业工程，建立青年科技示范园区，着力提高青年创业竞争力，营造“人人创业、个个争先”的创业氛围。是年，全县共有5个青年示范园区被团市委评为市级青年科技示范园。

2005年，主持开办海水养殖技术培训班，聘请教授给养殖户们讲解海水养殖技术。2007年，开展电脑操作基本技能培训工作，为农村务工青年免费开展电脑操作基本技能的培训。2008年，第一期全县高校就业指导培训班在县城开班，100多名高校毕业生参加培训。

截至2009年，农村实用技术培训班已举办30期，培训青年1.3万多人，发放技术资料10万余份，创建县级青年创业就业见习基地18家，其中，有4家被命名为省级基地，9家被命名为市级基地。为支持青年创业，团县委还联合县农信社、邮政储蓄银行等金融机构共同扶持青年创业，先后发放贷款1300多万元，吸纳300多名农村剩余劳动力就业，辐射带动270多户农民增产增收。

三、青年志愿者服务活动

1990～2002年，团县委组织全县志愿者开展植绿护绿、尊老敬老等各类公益活动100余次，参与人次达到1万余人次，评选出优秀志愿者400余人。

2003年，开展青工“争创文明号，争当青年岗位能手”主题活动，活动中，欢墩收费站、县妇幼保健站等11个单位被团市委授予“青年文明号”称号；依托“保护母亲河”主题活动，组织团员青年在青口河畔营建“雏鸟待飞纪念林”，全县各级团组织共出动4000余人次，植树1万余株。

2004年，举办赣榆县“国土资源杯十佳（优秀）青年卫士”评选活动；组织近千名团员和青年志愿者及少先队员开展春季植树造林活动，植树4000株；组织近千名团员青年在红领巾水库种植杉树18.67公顷。

2005年，制定《赣榆县青年文明号创建工作试行办法》；以举办中国·赣榆第五届徐福节为契机，面向全县广大青年招募一批政治思想好、工作责任心强的志愿者；联系14名应届大学生志愿服务者到赣榆县的基层机关、教育和卫生等一线部门提供无偿服务。同时，在中学生中开展“争当绿色环保小卫士”活动，举办形式多样的生态环保宣传，组织县城中小学生到青口河两岸捡拾白色垃圾；组织5000余名城区团员青年到县经济开发区参加义务植树活动，营建“共青团生态示范林”，植树3000株。

至2009年年底，青年文明号创建活动从最初的几个窗口行业扩展到30多行业、系统，涉及1千多个青年集体和3万多名职业青年，全县建成国家级青年文明号1个，省级15个，市级60个，县级120个；推荐表彰省、市、县三级“青年岗位能手”200多人。

四、希望工程助学行动

赣榆团县委自开展希望工程助学行动以来，坚持多渠道筹集助学经费的方针，广泛募集希望工程助学金，援建学校，扶贫助学。1990～1995年，团县委积极发动社会各界力量，在全县开展结对帮扶活动，每年建立爱心对子近千对，争取各级助学款30余万元。1996年，向上级部门争取资金20万元，援建厉庄镇文曲星希望小学。2000年，争取资金8万元，援建塔山镇万润希望小学。

2002年，以结对救助为基本形式，结成救助贫困生对子1000多个；争取各种扶贫助学款8万余元，省希望办捐助款15万元，援建厉庄希望小学。2003年，团县委争取上级部门和社会各界捐赠助学款物折合人民币15万余元，资助学校15所，资助学生500余名。

2005年，争取团省委希望办明德奖学金2.075万元、省电力奖学金2.1万元、市福彩奖学金0.3万元，团市委及市大陆桥工程有限公司分别捐助15万和5万元，援建门河镇希望小学和陆桥希望小学。

至2009年，希望工程助学行动共累计筹集资金500多万元，资助1700多名贫困中小学生和700多名贫困大学生继续其学业，援建改建希望小学8所，募集社会各界捐赠图书10万余册，建立希望书屋10余个。

五、青少年维权

自1990年起，团县委积极组织各镇团委、综治办、司法所、派出所、文化站等部门，通过法制宣传、法律服务、维权咨询、社会救助等多种形式，展开维权活动。

2002年，团县委邀请公检法司等单位相关科室走进各中小学校开展法制讲座、安全交通知识竞赛等活动，同时印制青少年维权小贴士等宣传材料发放至青少年和家长手中。2003年，由团县委牵头，与县综治办、县教育局联合在全县教育系统中开展创建“优秀青少年维权岗”活动，并评选命名20家学校为年度“优秀青少年维权岗”，同时推荐县检察院申报“优秀青少年维权岗”获得成功。

2005年，开展“我和父母同学法”活动，同时在城西镇派出所和中心小学率先开展“省级青少年维权岗”活动，并会同文化、工商、电信、公安、教育等部门开展“各相关职能部门联合维权活动”，对违规网吧、游戏厅进行整治清理，经济处罚14家，停业2家，取缔2家，收缴非法读物5000多本，捣毁赌博器100余台。

2006年，联合县工商局、教育局开展“12315青少年维权进校园”活动，在县实验小学举行全县“12315青少年维权示范点”挂牌仪式，并聘请6名“维权特约监督员”；联合县未成年人权益保护办公室、县预防青少年犯罪办公室在全县集中开展以“为了明天，关爱未来”为主题，以“普法行动”“关爱行动”“优化环境行动”为主要内容的青少年维权行动月活动。

2007～2009年，团县委联合县综治办开展青少年维权岗创建活动，命名20家单位为“优秀青少年维权岗”，并组织青少年维权岗单位开展一系列法制宣传和法律服务活动。

至2009年，团县委共创建市级优秀青少年维权岗40家，县级青少年维权岗近100家。

六、组织建设

赣榆团县委以党建带团建，重视团干部的培训工作，并强化基层团组织的建设。1990～2009年，先后举办团委书记培训班28期，推荐优秀团员入党802名。整治薄弱村团支部138个，成立中心村团总支52个。村级团支部书记的选用大都按照“三位一体”（团支部书记、青年创业致富带头人、两委班子成员）的方式配备。

1990～2000年，全县共发展团员6500余人，成立团支部142个，推进“学习型、创新型、服务型”团组织的建设。努力提高共青团和青年工作者的能力与素质。2001年，开展非公有制企业的团组织建设工作，成立首批非公有制企业团支部25个。2003年，加强公有制团支部与团委的建设，同时新增中心村团总支8个。2004年，赣榆县青年联合会成立。

2008年，在全县建立7个大学生村官团支部，通过“公推直选”的民主方式产生团支部书记；创新团建新载体，开展景区、渔船等团建工作的探索与实践。

2009年，落实团省委“青春燎原计划”，对企业、社区、农村、学校等基层团组织进行一系列整改，提高团组织的战斗力。

第四章　赣榆县妇女联合会

第一节　组织机构

1990年，赣榆县妇联有在职干部8名，乡镇妇联主席30名，以及县直党政机关、科教文卫等18个单位成立各部门妇女委员会所设的妇女委员会主任18名。1993年，妇联主任改称妇联主席，副主任改称副主席，全县共有30名乡镇妇联主席，761名村妇代会主任。2002年，因乡镇合并，全县乡镇妇联主席减为18名，在县直党政机关、科教文卫等共32个单位成立妇女委员会，配备专（兼）职妇委会主任32人。2009年，县妇联内设办公室、权益部、宣传部、组织部、儿少部等职能部门。有妇联主席1名，专职副主席2名，专（兼）职常委9名，执委33名，县妇联共有干部职工9人，其中研究生1人，本科6人，大专2人。

1990年，在全县533名妇女主任中，兼任党支部委员有327人，其中，担任党支部书记、副书记的有18人。1993年后，县妇联在全县妇联系统制定实施《妇女工作百分考核》制度，推动妇联工作的整体化建设。1995年县委以赣委（1995）36号文转发县妇联《关于乡镇妇联换届和整建村级妇代会的报告》，全县29个乡镇妇联和761个村妇代会全部进行换届和整建。通过民主选举，761个村妇代会选出主任761名，副主任278名，29个乡镇配备专职妇联干部31名。2001年年底，赣榆县乡镇合并，县妇联起草《关于加强在机关和科教文卫等事业单位建立妇女委员会的意见》，借基层妇女组织换届之机，85%以上的行政村建立妇代会，部分机关事业单位相继建立妇委会。2008年2月，赣榆县妇联成立赣榆县女知识分子联谊会，有会员98人。2009年，配齐全县18个镇的专职妇联干部。

第二节　妇女代表大会

1990～2009年，赣榆县妇联共召开过四次妇女代表大会。

1992年12月14～16日，赣榆县妇女第十一次代表大会召开，出席代表371人，特邀代表43人，大会审议并通过题为《团结进取、奋力拼搏，在改革开放和振兴赣榆经济中发挥"半边天"作用》的工作报告，选举产生第十一届执行委员会委员33名，常务委员会委员8名。

图 23-3　赣榆县妇女第十四次代表大会（2009年摄）

1999年12月24～26日，赣榆县妇女第十二次代表大会召开，出席代表315人，特邀代表54人，大会审议并通过题为《高举邓小平理论伟大旗帜，团结动员全县妇女为实现跨世纪宏伟目标努力奋斗》的工作报告，选举产生第十二届执行委员会委员41名，常务委员会委员9名。

2004年12月16～17日，赣榆县妇女第十三次代表大会召开，出席代表255人，特邀代表60人，大会审议并通过题为《贯彻"三个代表"重要思想，团结动员全县妇女为建设全面小康新赣榆而努力奋斗》的工作报告，选举产生第十三届执行委员会委员33名，常务委员会委员9名。

2009年9月18～19日，赣榆县妇女第十四次代表大会召开，出席代表211人，特邀代表50人，大会审议并通过题为《团结各界妇女、共谋发展大业，为加快建设美好新赣榆而努力奋斗》的工作报告，选举产生第十四届执行委员会委员33名；常务委员会委员9名。

第三节　主要工作

一、推优工作

1990～2009年，赣榆县妇联积极开展"文化家庭"户、"五好文明家庭"户等创建活动。20余年来，全县共涌现出"三八"红旗集体116个、"三八"红旗手1690名，优秀妇女干部102名，文化中心户5992户、合格家长889户，"五好文明家庭"12000户，好婆婆、好媳妇3500名。截至2009年，全县759名科级干部中，有女干部77名；全县18个镇251名领导班子成员中，有女干部34名，各级领导班子中配有女干部的比例达100%。县级党代表、人大代表和政协委员中，女性分别占有22.78%、29.93%和21.78%。

二、维权工作

1990～2009年，赣榆县妇联充分利用"三八妇女节""六一儿童节"等节点，向广大妇女群众广泛宣传《中华人民共和国妇女权益保障法》《中华人民共和国母婴保健法》《中华人民共和国未成年人保护法》《中华人民共和国婚姻法》《女职工保护条例》《中国妇女发展纲要》等一系列维护妇女儿童权益的法律法规，同时以信访为窗口，切实维护广大妇女儿童的合法权益。

1997年，举办《中华人民共和国妇女权益保障法》培训班，来自各乡镇妇联干部和县直各系统女工干部50余人参加培训。2000年3月，县妇联、司法局联合举办"148妇女维权咨询"活动。2002年，全县15名妇女干部被法院聘任为特邀陪审员，主动参与婚姻家庭案件的调解和办案工作，切实维护妇女的合法权益。2009年3月，赣榆县妇联联合司法局在时代广场开展妇女法律服务咨询活动，宣传男女平等基本国策和《中华人民共和国妇女权益保障法》《中华人民共和国婚姻法》等法律法规文件；11月16日，县妇联与县民政局联合成立赣榆县妇女儿童庇护所。

至2009年，县、镇两级妇联共接待来信来访4210件，向广大妇女提供法律咨询3万人次，配合公安部门解救被拐妇女24名；先后举办各类法律培训68期，培训法律宣传骨干3680人，组织妇女进行妇科检查7200人次；与政法等部门先后筹建“家庭暴力投诉站”“110反家庭暴力报警中心”“妇女儿童庇护所”；设立“三八”热线和“148”维权热线，开展创建零家庭暴力社区（村）活动；通过举行万人签名仪式、大型的文艺演出、知识竞赛和表彰先进等形式，开展“不让毒品进我家”系列教育活动。县妇联先后荣获全国、省、市维护妇女儿童合法权益先进集体的光荣称号。

三、文明教育与关爱儿童活动

1990～2009年，每年“六一儿童节”，县妇联都组织人员参加慰问活动，走进学校、课堂、宿舍，了解学生的学习和生活状况，并举办少儿艺术节、书画体育比赛、摄影征文比赛等活动，丰富儿童业余文化生活。

1991年8月，县妇联向全县妇女发出“全县妇女行动起来节约一角钱为灾区妇女儿童献上一份爱”的号召。1992年6月，县妇联在县城举办“为儿童少年健康成长奉献服务”活动，组织200多名小学生身穿节日的盛装走上街头向群众进行“三优”知识的宣传。

2003年3月，县妇联在县影剧院举办“欢乐家庭”文艺表演；在抗“非典”期间，组织开展家庭环境卫生整治、美德在农家活动，创建6个“家庭美德示范点”，向全县家庭发出《倡议书》3000多份。2008年，县妇联在柘汪镇西棘荡村开展“迎奥运，树新风，文明礼仪进家庭”主题活动。

至2009年，赣榆县妇联共举办庆“三八”文艺演出、座谈会等活动39场次；举办家庭教育知识培训班15期，举办家教咨询服务活动10余场；开办10个“春蕾班”，资助500余名贫困儿童。

四、双学双比、巾帼建功活动

1990～2009年，全县共举办实用技术培训班3870期，受训妇女达15万余人，有95%青年妇女参加扫盲学习获得脱盲证书，有80%的妇女掌握1～2门实用技术，累计有500多人获得绿色证书。建有“三八”丰产方960块，面积达5800公顷。其中，有10块为省级丰产方15块为市级丰产方。共培育县级以上巾帼创业示范基地、“双学双比”先进集体、“三八”红旗手、“双学双比”先进个人391个。其中，国家级5个，省级32个，市级146个，县级208个。全县涌现出100多个以妇女为主的专业村，2500多个妇女科技示范户。

在城镇开展“巾帼建功”活动，鼓励城镇妇女岗位建功，岗位成才。全县各大系统以“巾帼示范岗”为龙头，带动各行各业女职工业务技能的提高和服务质量的改善，至2009年，共创建“巾帼文明岗”153个。其中，国家级2个，省级16个，市级35个，县级100个。

第五章　赣榆县科学技术协会

第一节　组织机构

1990年，赣榆县科学技术协会设有办公室、学会咨询部和科学普及部三个职能部门，是年8月，其学会咨询部分为学会部和咨询部两个部门。2009年，赣榆县科学技术协会设立办公室、科普部、学会部三个职能部门，下设科技咨询服务中心。

1990年，全县有县级学会21个，有学会会员1576名，建立乡镇级科普协会30个，拥有科普会员2459人，建立农村专业技术研究会65个。在组织设置方面，乡镇级科协主席由各乡镇党委副书记担任，乡镇科技助理任秘书长。1990～2002年，一些乡镇和部门的科协（学会）名存实亡，2002年10月，乡镇科协进行换届或组建，由各乡镇党委书记任名誉主席，党委副书记任主席，分管科技工作的副镇长、党委组织委员、宣传委员任副主席，科技助理任秘书长。同年，县级学会（协会）和企业科协也进行改选。2004年，成立门河中药材协会和县泥鳅养殖协会。2007年，成立金山茶叶种植协会、宏安集团科协等12个科学技术协会。

第二节　科技工作者代表大会

2002年5月，县科协第四次代表大会召开。大会的主要议程为：审议县科协第三届委员会工作报告；修改《赣榆县科学技术协会章程》；选举县科协第四届委员会。在人事安排上，邀请南京理工大学党委书记郑亚、上海航天局副局长朱芝松任名誉主席，选举县政协副主席和县财政、教育、卫生、农林、海洋、银行等16个单位的负责人为副主席，另选举产生委员119名，常委55名。

第三节　主要工作

一、科普活动

县科协充分发挥其科普主力军的作用，积极组织开展各种科学研究和普及活动。

1991年，成立赣榆县应用技术研究所，全年共举办广播讲座940余次，印发各种技术资料17万余份。

1992年，举办国家科委重点推广项目“ABT生根粉”和“喷施宝”的专题讲座，邀请省科委的专家前来进行实地讲解，并与农业局、多管局、蔬菜办公室等单位配合，在全县各乡镇进行试验、示范，取得良好效果，投入产出比为1：30。是年，编印《科技情报》12期，举办科技信息发布会、项目洽谈会2次，发布、交流科技项目信息近2千余条，印发科技项目资料4000余份。

1993年，宣传《中华人民共和国科技进步法》和《江苏省科技进步条例》组织科技人员参加“方正”杯高科技知识竞赛和“专利知识竞赛”；撰写农业科技广播稿16篇，编印各种材料4000余份，复制6套国家重点推广科技成果录像带，在全县巡回播放。全年咨询服务206次。

1994年，组织开展实用技术培训，参培人员达6.38万人次。

1995年，县科协通过各种渠道搜集筛选科技信息，为企业和乡镇提供各种科技信息100余条，上门或接待技术咨询30余次，向企业提供并推荐精选的技术项目20余项。是年，共培训专业技术人员3935人次；同时认真抓好专业技术人员的继续教育工作，教育、卫生、建筑等系统接受继续教育的专业技术人员达22871人次，其中在市以上单位学习的有20710人次。

1996年，通过对国家、省新技术、新产品博览会，专利、新成果、科技信息发布会，科技信息网，技术市场，高等院校及科研院所等各种渠道搜集到的科技信息进行筛选，筛选出70项科技新信息，编印出《科技信息》4期，印发3000余份，分发给各个乡镇科协及相关部门的科技人员。上门或接待科技咨询84人次。

1997年，先后开办两期知识产权培训班，举办一期科技信息发布会；在沙河镇举办全市科技下乡活动典礼，沙河、墩尚、殷庄、大岭、欢墩等五个乡镇有4万多农民参加这一活动；举办“用电知识”“化肥、农药使用”“蔬菜栽培技术”“乡镇工业企业管理”4个科技讲座，有250多名农民参加；是年，共组织科技下乡活动6次，举办绿色证书培训班6期，有6000余人参加培训；还邀请工程、农业等方面的150名专家和专业技术人员开展技术咨询活动，发放技术资料2970份；同年，组织6158名中小学生参加江苏省第九届“金钥匙科技知识竞赛。”

1998年，县科协编发《科技信息》两期，发送各类信息一百余条，接受来人来访技术咨询50余人次；以海洋年为契机，成立“98国际海洋年宣传组委会”，7月18日组织开展以“迎接海洋世纪，共铸蓝色国土”为主题的海洋宣传日活动，有27家单位参加，共展出展板7块，发放各种材料1.4万份。

1999年2月，组织农业科技服务团，配合市科委等部门在赣马镇举办“科技赶集”活动，通过科技讲座与咨询等形式，共发放各类科技资料2.9万份、赠送微机2台、图书500余册，举办有100余人参加的科技讲座，科技咨询服务人数达万余人。并向农民、下岗职工提供131项新品种、新技术方面的科技信息。

2000年，接待技术咨询和技术服务200多人次，提供有效实用的技术信息1500余条。

2001年，接待技术咨询和技术服务150余人次，提供有效实用技术信息200余条；并通过国家外事局，邀请日本板栗专家到赣榆县夹山、城头、石桥等板栗产地进行现场高产栽培技术指导和培训，并引进银寄、利平、苏波等4个板栗优良品种，加快赣榆县板栗品种的更新。

2002年，举办“科普宣传周”、参与全省“春来”杯农民知识竞赛、配合县青少年辅导员协会举办“全省青少年科技创新知识大赛”、配合县委组织部承办“省333工程”专家到赣榆开展“赣榆科技行”活动；邀请并组织省9名教授分赴县委党校和塔山、墩尚、黑林等镇授课，听课人数达1200人。围绕农业产业化结构调整，组织广大科技工作者500余人送科技下乡32次，举办各类技术培训班38期，发放技术资料4万份，举办科普展览9次，放映科普影视45场，出刊科普黑板报和画廊87期，举办科技竞赛13次。

2003年，防治“非典”期间，县科协筹集5万元购买宣传册、宣传画，无偿赠送全县18个镇和机关事业单位，以宣传抗击“非典”的科学知识；是年5月，与县电信局联合举办“计算机知识大奖赛”；10月，与县医院联合举办“卫生科普知识大赛”。

2004年5月，县科协在墩尚镇召开科普“三下乡”大会，组织县农林、海洋渔业、农机、卫生等23个单位现场为农服务，活动期间共发放各类宣传材料、专业书籍近万册（份）；6月，开展“全国科普日”和“江苏科普周”活动，全县各镇科协和县有关部门共举办科普讲座22场次，科普画展25场，编印发放科普资料3.8万份，举办科技竞赛9场；是年，参与禽流感的防治工作，配合农林、卫生等部门进行宣传，印发赠送防治宣传材料3.5万份，并组织有关专家教授到养殖户的养殖场具体指导防治工作；同年，还邀请南农大、省海洋研究所、淮海工学院的专家教授，按照赣榆“沿海、平原、山区”三大经济板块的不同特点分类施教，分别举办“海珍品工厂化养殖”“牧草种植”“优质杂果栽培”等专题讲座26场次，受训4800多人次；是年，组织赣榆县万名农民参加省政府举办的“农民科普知识竞赛”，其中1人获一等奖，16人获二、三等奖，参赛人数及获奖人数均居全市之首。

2005年，县科协围绕科普创新做文章，贯彻落实《中华人民共和国科学技术普及法》，不断加强科普领导和科普组织建设，增加科普投入，进一步完善科普教育、科普示范、科普服务、科普传播四大体系建设，先后组织开展科普宣传周、全国科普日、送科技下乡、全民科技素质培训、农村党员电教致富工程、富民增知工程、科教兴村等一系列各具特色的科普活动；并发放各类宣传材料、专业书籍2.5万册（份）。是年12月，赣榆县被省科协授予“科普示范县”荣誉称号。

2006年，组织专家教授培训镇村干部、农村经济能人、科技示范户1.5万人次，现场指导180次，举办专题讲座40期。

2007年，结合农业新成果、新技术的推广，组织各科协会员举办农业科技示范园区的蔬菜种植、丘陵山区的林果和畜禽种养、沿海地区的水产品育苗养殖等实用技术培训200多次，培训3万余人；是年，县科协接待技术咨询1300多人次，编发科技信息材料17600多份，向社会提供有效实用的技术信息8500余条，推广引进新品种85个；县科协农学会组织农民开展绿色证书培训，参培人数达2万多人次；县科协经贸协会举办工商财会培训50多期，培训人员达6000多人；同年，由县委宣传部牵头，县科协组织16个学会成员单位83名科普志愿者参加到黑林镇的“三下乡”活动，共发放各类宣传单一万余份、图书资料3000多本，义诊500余人次，法律、法规、科技咨询服务达2000余人次。

2008年，邀请专家教授来赣榆开展工作78人次，培训各类专业技术骨干、科技示范户、生产大户5750人次，辐射带动185个村，1.4万余户农户致富。

2009年，组织专家教授举办专题讲座26期，培训镇村干部、农村经济能人、科技示范户8850人次，现场指导260次。是年，赣榆县分别荣获省级和国家级“科普示范县”荣誉称号。

二、科技服务

1990年，服务全县专业技术职称的评审、聘任工作，配合有关单位主办或联办各种类型的技术培训共计62500人次。其中，培训达100学时以上的有2808人次，达30～100学时有10052人次，30学时以下有49640人次。赣榆县这种多形式、多层次的技术培训受到省科委的表彰奖励。

1991年，协助相关部门在全县30个乡镇配齐科技助理，在27个乡镇成立科协；会同相关部门组织党政机关中拥有高、中、初级专业技术职称的214名专业技术人员到基层从事农业技术承包，以促进农村经济的发展；在全县建立农业科学研究会及各类专业学会90个，农业科技示范户11231户，各级科技服务组织3166个。

1996年，组织化肥厂、农机厂和47家乡镇企业参加苏北四市科技成果巡回洽谈会，达成意向合同66项，签订技术服务合同1项，确定合作关系18项；组织工业企业参加北方技术市场和江苏技术市场举办的供需洽谈会，为殷庄农具厂、小李庄村等10个单位刊登广告及技术需求。

1998年，通过下乡调查和召开助理会等途径，对沿海和农业科技示范园等10个乡镇进行农村实用技术培训需求调查，并根据调查信息撰写调查报告，为掌握农村科技需求信息提供第一手资料；组织80余人分赴各地参加各类信息发布会、研讨会和讲座；

2000年，县科协派人参加全国专利展示会和江苏省科技成果洽谈会，带回全国最新研发的新专利、新成果、新技术2000余项。

2003年，县科协全面落实市委、市政府开展的“百名教授科教兴百村”小康工程，强化科普示范基地建设，采取“走出去、请进来”的办法，聘请南农大、中国农科院的22名专家教授担任赣榆县18个镇22个村的科技经济发展顾问；组织新上科普示范基地22个，其中投资千万元以上大项目4个，500万元～1000万元的项目6个；协助建立宋口村的大鲮鲆鱼工厂化育苗、门河的药材生产基地、欢墩的无公害芦笋生产基地、黑林的肉牛养殖示范基地、墩尚的泥鳅养殖基地等示范基地；是年，县科协帮助罗阳镇郑庄村协调解决15万元贷款，投资建立一家民营化企业，并于当年10月28正式投产，同时帮助该村开发淡水养殖场6.67公顷。

2004年，县科协持续开展科技兴村活动。协调组织南京农业大学等高等院校22名专家教授与全县18个镇22个村实行对接，并协助专家教授为基层提供技术指导和项目编报等无偿服务。

2005年，县科协投资10万元筹建贸易型企业，培养科技致富典型户510户，以促进墩尚镇泥鳅养殖、沙河镇大棚蔬菜栽培，以及欢墩黑莓、芦笋，门河中药材、榆城集团大鲮鲆鱼等特种养殖业的发展。是年，门河中药材基地被中科协、财政部评为“科普惠农兴利”先进单位。

2006年，组织南农大、淮海工学院等22名专家教授对赣榆县18个镇22个村的科技经济发展制定发展规划；策划、包装农产品品牌16个，规划、设计农产品深加工项目9个，引进新品种28个、新技术23

项、新成果15项，提供农民增收致富信息300条；并与南农大在柘汪镇共建“专家工作站”，兴建“赣榆县特种经济动物改良场”；同时坚持“科技先导、项目主导、专家指导”的工作思路，采取“专家+协会+基地+农户”的工作方式，培育一批科技与经济紧密结合的典型，并发挥典型引路、典型示范和典型带动的作用，推进全县区域性科普示范基地建设，协助建成门河534公顷中药材基地和欢墩267公顷无公害芦笋生产基地。

2007年，协助建成墩尚镇1334公顷泥鳅养殖基地和沙河镇340公顷大棚蔬菜示范基地。

2008年，联系中科院海洋研究所、青岛黄海研究所、国家海洋局一所、江苏农科院、扬州大学、南京农业大学等高校院所16名专家分别与金山、柘汪等9个镇17个特色专业村实行对接挂钩，产业涉及海水养殖、果树栽培等8个专业门类，推广农业新技术42项，新品种33个，应用新成果15项。是年，协助建立金山镇3850户茶叶种植协会及厉庄镇大樱桃种植基地。

2009年，县科协协助南农大、省海洋水产研究所、县农林局等200名专家教授与200个行政村进行对接、挂钩，产业涉及果树栽培、畜牧养殖等十大专业，策划、包装农产品品牌7个，规划、设计农产品深加工项目8个，引进新品种6个、新技术4项，带来农民增收致富信息53条。是年，金山茶叶种植协会被中科协、财政部评为“科普惠农兴利”先进单位。

第六章　赣榆县文学艺术界联合会

第一节　组织机构

赣榆县文学艺术界联合会经赣政发〔1991〕91号文件批准，于1991年6月21日成立，为正科级事业单位，编制4人，经费来源为财政拨款。1992年3月，正式挂牌办公。2009年，赣榆县文联有主席1人，副主席2人，副主任科员1人，事业编制秘书长1人，下辖10个文艺团体，即作家协会、书法家协会、美术家协会、戏剧曲艺家协会、音乐家协会、舞蹈家协会、民间文艺家协会、摄影家协会、影视家协会、诗词协会。

第二节　文学艺术界代表大会

1993年3月12日，赣榆县第一届文学艺术界代表大会在赣榆县影剧院召开，选举王铜起为主席，选举2位兼职副主席、1位秘书长。会议通过《赣榆县文学艺术界联合会章程》，明确10个专业协会组成人员。

2002年5月16日，赣榆县文学艺术界联合会第二次代表大会在县影剧院召开，选举韩守华为主席，选举1位副主席、5位兼职副主席、1位秘书长，明确各协会组成人员。

2007年5月25日，赣榆县文学艺术界联合会第三次代表大会在县影剧院召开，会议聘请董淑石为名誉主席，选举徐侠为主席，选举2位副主席、1位秘书长，明确各协会组成人员。

第三节　主要工作

一、文艺展览

1991年，举办庆元旦春节书画展、美术书法展。1993年12月，与县文化局在市博物馆联合举办刘太

图 23-4　赣榆首届文学艺术界代表大会（1993年摄）

义水彩画展，共展出作品80余幅。1994年，举办首届群文干部美术书法摄影展、庆祝赣榆书画院成立一周年书画展。1996年，举办丁元龙花鸟画展、新春书画脸谱展、庆祝建国47周年美术书法展。1997年2月，县文联、县文化局举办"迎香港回归"书美影印四项联展。1999年3月，举办赣榆县第五届艺术摄影新作品展。

2001年4月，与县文化局联合举办赣榆县首届书法大赛及获奖作品展，共征得作品近200件；举办迎新春书画展、春节盆景展、赣榆县书画邀请展、海州湾风情水彩画展、赣榆县第六届艺术摄影作品展、赣榆县书法美术摄影展等。

2002年，举办第二届赣榆水彩画展、全县首届民间综艺展、书法美术盆景展。

2003年，举办庆元旦暨赣榆书画院成立10周年书画作品展、《赣榆书画院作品集》首发式、赣榆县书画艺术创作座谈会及书画笔会、"党旗颂七一"书法美术摄影展、县公安局书画作品展。

2004年，举办"黄海潮"艺术作品展、全县书法美术作品展、全县"富民强县，快速崛起"辉煌成果大型图片展、首届"环保"杯儿童画大奖赛。

2005年，举办"迎新春"全县书法美术作品展、廖首博书法展暨艺术研讨会、赣榆县"首届廉政文化建设"书画作品展、首届徐福文化摄影图片展、赣榆县城乡建设摄影展、全县首届中小学教职工硬笔书法作品展。

2006年，举办全县书画展（销）活动，参展作品120件，销售89件；举办赣榆县少儿书画展赛活动。

2007年，举办"心连心·共建和谐新赣榆"书法摄影作品展、"黄海明珠·魅力赣榆"摄影图片展、全县廉政文化书法展、"计生"杯全县书法展、"泾宝堂"杯全县书法精品展；举办赣榆县农民书画展，展出中国画、油画、剪纸、书法等美术作品200余件，举办赣榆县第二届少儿书画大展赛，展出356幅优秀少儿书画作品。

2008年，举办首届扇面书画艺术展，展出200余幅作品。举办第一届"振大超市"杯全县儿童书画大赛、"全国农业旅游示范点——门河"摄影图片展、全县青少年书法比赛、"烟草"杯摄影比赛、"连云港风情"摄影作品展。

2009年，举办丁一中堂春联书法展、第二届"振大超市"杯全县儿童书画大赛、赣榆县第二届扇面书法展、振兴写字启动仪式暨千人竞写活动、辉煌巨变——赣榆县纪念改革开放30周年摄影图片展、庆祝县政协成立60周年美术书法摄影展、赣榆县"中国移动"杯庆祝中华人民共和国成立60周年书画展。

二、文化交流

1990～2009年，县文联先后20余次组织或接待国家、省市文艺团体或个人来赣榆调研、讲课或采风，先后组织50余次计4000余人次出县交流或采风活动，200余人次到市以上文艺机关参加培训和学习。多届徐福节期间承办中日文艺家交流活动。参与编演大型京剧《徐福》，赴日演出多场。2007年5

图 23-5　赣榆县首届文学艺术奖表彰大会（1998年摄）

月7日，组织“中日书画家看赣榆”活动，先后有刘太义、丁元龙、周灵、王行聪等文艺家作品赴国外交流。2008年，王行聪应中日友好文化协会邀请，随同赴日本进行为期一周的文化交流，并参加中日友好书画展览，作品被日中友好文化协会和日本墨彩会等组织和个人收藏。丁元龙国画《袖壶》获东南亚国际现代名家水墨画展金奖。周灵摄影作品《内外有别》入选中韩文化艺术交流摄影展。协助美籍华人、著名画家穆家善在江苏赣榆高级中学设立穆家善美术馆。

三、创建成才环境

1994年，县文联创办《赣榆文联报》，1997年，改名为《海风》文艺报，为全县广大文艺工作者提供较好展示平台。1998年，赣榆县人民政府设立政府文学艺术奖。

1990～2009年，县文联共举办各类文艺比赛38次，参加人数达5000余人次，通过比赛发展县级会员500余人。截至2009年，全县共拥有国家级行业会员或学会会员36名，省级会员68名，市级会员321名，县级会员1068名。全县在市以上传媒发表各类文学艺术作品3万余件次，获市以上奖项3000余件次，培训、培养和输送各类青少年文艺人才逾10万人，出版各类文艺专著50余部。

第七章　赣榆县残疾人联合会

第一节　组织机构

1991年11月21日，赣榆县残疾人联合会成立，启用“赣榆县残疾人联合会”印章，由县民政局代管。1992年3月，县政府下发通知，在各乡、镇建立残疾人联合会。1993年2月28日，县政府成立赣榆县残疾人事业领导小组，5月15日，县政府批准县残疾人联合会升格为正科级事业单位。1995年6月9日，赣榆县残疾人事业领导小组更名为赣榆县人民政府残疾人工作协调委员会。2001年12月30日，县机构编制委员会批准县残疾人联合会职能配置、内设机构和人员编制，县残联从县民政局分开，正式单立。2007年4月13日，赣榆县人民政府残疾人工作协调委员会更名为赣榆县人民政府残疾人工作委员会。

第二节　残疾人代表大会

1991年11月22日，县残疾人联合会第一次代表大会在青口镇召开，选举李洁为主席团主席。

1997年7月，县残疾人联合会第二次代表大会在青口镇召开，选举卢西举为主席团主席。

2003年4月19日，县残疾人联合会第三次代表大会在青口镇召开，选举王友胜为主席团主席。

2008年2月27日，县残疾人联合会第四次代表大会在青口镇召开，聘请杨淑之为主席团名誉主席，选举徐丙超为主席团主席。

第三节　主要工作

一、制度建设

1992年10月，县教育局下发《赣榆县“八五”期间发展特殊教育事业的规划》的通知，加快推进全县特殊教育事业的发展。

1993年5月9日，县政府办公室转发县残联《关于开展残联工作的意见的通知》。

1995年8月28日，县政府印发《赣榆县残疾人优惠待遇暂行办法》。

1997年3月31日，县人民政府转发市政府《关于按比例安置残疾人就业及建立残疾人就业保障金的意见的通知》。

1997年11月16日，县人民政府残疾人工作协调委员会印发《赣榆县残疾评定暂行办法》。

1998年4月23日，县政府办公室转发县残联《关于加强乡镇残联组织建设的意见》，全面加强乡镇残联组织建设。

1998年7月，县政府印发《赣榆县扶助残疾人暂行规定》。

1999年6月16日，县政府办公室印发《赣榆县按比例安排残疾人就业及残疾人就业保障金征收管理暂行办法》、转发县民政局《关于落实有关照顾民政对象政策的请示》，出台多项照顾残疾人生活的措施。

2002年3月26日，县政府批转《赣榆县残疾人事业“十五”计划纲要》。

2003年10月21日，县政府批转县残联等6部门《关于进一步加强残疾人康复工作的意见》。

2004年4月20日，县残联、卫生、民政、公安等部门印发《精神病防治康复“十五”实施方案》。

2005年3月14日，县政府办公室转发《市政府办公室关于转发市残疾人联合会等部门关于进一步加强残疾人帮扶工作的意见的通知》。

2007年6月，县政府常务会议研究残疾人工作，县政府批转《赣榆县残疾人事业“十一五”发展纲要》。

2008年9月30日，县政府办公室印发《赣榆县无固定收入重残人员生活救助实施办法》。

二、助残活动

县残联每年都于5月份开展全国助残日主题活动，开展确立无障碍与视觉第一、志愿者助残、情系我的兄弟姐妹帮扶贫困残疾人、平等共享促进残疾人就业、保障残疾人权益共建和谐社会等主题活动。

1998年，县残疾人康复工作办公室依托乡镇敬老院、卫生院，成立23个乡镇社区康复指导站。

2000年，邀请江苏省“视觉第一——中国行动”医疗队到赣榆县。2001年，赣榆县积极落实“视觉第一——中国行动”，实施复明手术348例，植入人工晶体304例。

2002年，县残联、县卫生局成立赣榆县残疾人定点康复医疗门诊部。

2005年5月，在全国助残日期间举办广场文艺专场，向残疾人捐赠轮椅169辆。7月，县残联开办的天昊服装印花厂投产，吸收残疾员工参与工作。

2006年，在塔山镇瞿沟村启动第二次全国残疾人抽样调查，对赣榆县8个调查小区966户、3343名调查对象进行详细的调查登记和医学鉴定。

2007年，县残联组织20余人深入到黑林镇富林村、塔山镇瞿沟村、沙河镇大高村和青口镇工农社区等4个调查小区98户残疾人家庭，开展残疾人生活状况调查监测；和县卫生局共同组织，抽调多名专家对全县0～6岁疑似残疾儿童进行调查摸底和核查鉴定，确定0～6岁残疾儿童860多名；在县教育宾馆举办农村残疾人实用技术及创业培训班，并组织参训人员到残疾人创业典型顾绍发等人的家中参观学习；组织16位医生利用1个月的时间，到各镇对上报的疑似重度残疾人按照残疾标准进行鉴定，确定重度残疾人5600多名；组织30名残疾人到南京参加美容美发、电脑、按摩培训，并与南京白象方便面厂、太仓皮革厂等企业联系，举办残疾人就业招聘会。

2008年，委托县特殊教育学校开展全县0～6岁智力残疾儿童康复训练，选派6名工作人员参加省、市专业培训；在县劳动就业管理中心举办残疾人创业（SYB）培训班，来自全县各镇的36名残疾人参加培训；实施健康快车免费白内障复明手术项目，全面排查患者，完成白内障复明手术335例。

2009年，举办阳光助残就业系列活动，协助南京白象方便面厂、太仓皮革厂、昆山晟力印务包装有限公司等企业在赣榆县举办残疾人就业招聘会；启动“益海爱心复明行动”，共完成白内障手术1150例，其中全免费手术576例；建成赣榆县残疾人基础信息库，3.1万余残疾人被录入基础信息库；为7名盲人开办的按摩店办理营业许可证和工商执照，并给予一定的资金支持，组织16名盲人参加为期2个月的免费按摩培训；与卫生局联合举办全县残疾人社区康复协调员培训班，聘请省人民医院康复科、南京市脑科医院和省残联康复处的4位专家进行培训，205人参加培训；成立赣榆县残疾人柳编职业技能培训基地；改造贫困残疾人草危房15户；帮助320名残疾人实现就业，220名残疾人实现脱贫；组织县特殊教育学校等机构对104名0～6岁残疾儿童进行抢救性康复训练。

三、赛事与荣誉

县残联自1991年成立后，积极组织残疾运动员参与各级文艺、体育、技能比赛，截至2009年，在省级以上赛事获得金牌20枚，银牌15枚，铜牌18枚。其中，获残奥会金牌1枚，银牌1枚，铜牌2枚。

1993年9月，县残联组织残疾人运动员备战远东南太平洋地区第六届残疾人运动会。

2002年12月，塔山镇肢残人邵爱泽在全省残疾人职业技能比赛中获得柳编项目第二名。

2003年9月3日，肢残运动员姜启花获得全国第六届残运会首枚金牌。9月30日，赣榆县11名肢残运动员在第六届全国残运会上共获得4金9银4铜。肢残运动员董静萍、李圆圆参加捷克举行的欧洲自行车锦标赛，获得2金1银3铜。

2005年，赣榆县肢残运动员李圆圆在欧洲自行车锦标赛上获得金牌。

2007年5月，在第七届全国残疾人运动会上，赣榆县有8名运动员参加比赛，共获2块金牌、1块银牌、5块铜牌。以邱斐斐、庄娟、张海燕为主力队员的江苏省女子坐式排球队获得金牌。中央电视台《体育人间》栏目播出的反映赣榆县残疾人运动员董静萍、李圆圆的事迹专题片《我的左脚》，引起社会的关注。11月，董静萍在哥伦比亚国际残疾人自行车公开赛上获得2枚金牌、2枚银牌。

2008年2月，成昌杰在泰国国际残疾人射箭比赛中获得1枚金牌、1枚银牌。8月11日，李双江在江苏省残疾青少年游泳锦标赛上获得3枚金牌，安露缘获得3枚金牌，贾洪浩获得2枚铜牌。9月8日，董静萍在北京残奥会场地自行车女子500米计时赛LC1-2/CP4级决赛中摘得铜牌，这枚奖牌是连云港市历史上第一枚残奥会奖牌。9月10日，董静萍在北京残奥会自行车女子个人追逐赛LC1-2/CP4级决赛中再次夺得铜牌。9月14日，成昌杰在北京残奥会男子个人反曲弓坐姿1级/坐姿2级射箭决赛中夺得冠军，为中国代表团赢得北京残奥会上首枚射箭金牌，是连云港市历史上第一块残奥会金牌。9月15日，以成昌杰为主力队员的中国射箭队在男子团体决赛中为中国队再添1枚银牌。10月，县残联、县特殊教育学校排练的哑剧《半夜鸡叫》获江苏省残疾人文艺汇演二等奖，第五届全国盲、聋、培智学校学生艺术汇演优秀奖。10月23日，组织7名残疾人参加全市残疾人职业技能大赛。10月24日，在塔山镇承办全市残疾人职业技能大赛柳编项目比赛。

2008年11月，赣榆县8名残疾人参加江苏省残疾人职业技能大赛，邵理光获柳编项目第四名，徐进霞获柳编项目第五名。

2009年10月，任二斌等7位残疾人参加江苏省第四届残疾人职业技能竞赛。其中，任二斌获得CAD机械制作第二名，被省人力资源和社会保障厅授予江苏省技术能手荣誉称号，马媛媛获化妆第三名，徐进霞获柳编第四名，邵理光获柳编第五名，刘佳、董玲玲获得新手奖。

第二十四篇 公安 司法

第二十四篇　公安　司法

1990～2009年，全县公检法司各部门相继开展扫黄除"六害"，打击抢劫、拐卖人口、查禁卖淫嫖娼、打击车匪路霸、"打黑除恶"、治爆缉枪、破案追逃、打击两抢一盗、打击娼赌毒、打击经济犯罪等一系列斗争和严打整治行动，有效地惩治犯罪，维护社会安全稳定。县公安局强化刑侦、治安、户政、监所、出入境、交通安全管理、内部执法、信息网络、安全监督、劳教、禁毒、"110"报警服务等工作，共侦破刑事案件14234起，经济案件284起（经济侦察大队成立后数据），挽回经济损失8410万元；县检察院全面推进刑事检察、民事检察、控告申诉检察、反渎职侵权检察、监所检察以及预防职务犯罪等工作，反贪污贿赂立案侦查516件527人，挽回经济损失5096万元；县法院着力抓好刑事、商事、民事、行政等各项审判及预防青少年犯罪、立案与信访等工作，刑事案件共收案7501件，审结7461件，结案率达99.47%，商事案件审结22019件，解决争议标的30874万元；县司法局扎实开展普法、基层司法、律师、公证、社区矫正、安置帮教、司法鉴定等工作，共举办普法宣传教育培训班和讲座2500余期，办理法律援助850件，受援人获准维权资金700余万元。

第一章 公 安

第一节 机构设置

图 24-1 赣榆县公安局“110”指挥中心大楼（2006年摄）

1990年，县公安局下设秘书股、政工室、政保股、内保股、治安股、通信股、刑警队、信访股、预审股、看守所、行拘所、交警大队、自行车管理所、边防股（武警）、消防股（武警）。是年2月，公安局增设户政股；11月，复设法制办公室。1991年3月，设局纪委（监察室）。1994年2月，县公安局秘书股改称办公室；10月，赣榆公安消防大队成立。1995年4月，刑警队改为刑警大队；5月，巡警大队成立。1997年5月，复设机动车驾驶员培训队（事业单位）；8月，设立赣榆县公路巡逻民警大队，公路巡逻民警大队与交警大队一个机构两块牌子；10月，增设指挥中心、档案股、后勤管理股、审计股、督察股；设赣榆县经济案件侦察大队。1998年12月，赣榆县公安局水上警察大队（副科级）成立。1999年8月，县交警、巡警大队实行两块牌子一支队伍；治安股改为公安治安警察大队（副科级），实行队建制，另设防暴中队，归治安警察大队管理。

2000年4月，县公安局政工办公室更名为政治处；设计算机安全监察股；8月，设赣榆县公安局水上派出所。2001年10月，将赣榆公安刑事警察大队、经济案件侦察大队、治安警察大队分别更名为赣榆县公安局刑事警察大队、经济案件侦察大队、治安警察大队。2002年1月，设国保大队、监管大队（挂看守所牌子）；10月，明确赣榆县汽车驾驶员训练队为公安局附属机构。2003年1月，青口盐场派出所由连云港市公安局盐场分局改属赣榆县公安局管辖；同年，局机关股改科。2004年，设审计科（股级建制），与监察室合署办公。2005年，设科技科。

2007年12月，实施编制调整，调整后的机构设置为：一、执法勤务机构：1.指挥中心（挂“办公室”牌子）；2.国内安全保卫大队；3.治安管理大队（挂“水上警察大队”和“网络安全监察大队”牌子）；4.交通巡逻警察大队；5.刑事侦查大队；6.经济犯罪侦查大队；7.巡防大队；以上机构为副科级，其内设机构为股级。8.出入境管理大队（股级）。二、综合管理机构：1.政工监督室（挂“纪委”“监察室”“督察大队”“审计室”牌子）；2.法制室；3.警务保障室。以上机构中，政工监督室为副科级，其余为股级。三、派出机构：共设置25个派出所：青口派出所、城南派出所、罗阳派出所、墩尚派出所、沙河派出所、大岭派出所、殷庄派出所、欢墩派出所、班庄派出所、夹山派出所、门河派出所、城头派出所、城西派出所、黑林派出所、吴山派出所、厉庄派出所、塔山派出所、徐山派出所、金山派出所、石桥派出所、赣马派出所、官河派出所、龙河派出所、马站派出所、青口盐场派出所。青口派出所、青口盐场派出所为副科级，其他派出所为股级。青口派出所内设社区警务中队、巡逻处警中队、案件查处中队，内设机构为副股级。四、监管场所：1.赣榆县看守所（挂“监所管理大队”牌子），为股级。2.拘留所，为股级。2009年12月，设经济开发区派出所。

第二节　队伍建设

1990～1996年，公安队伍建设主要围绕开展优良服务，创建优秀单位、文明单位，通过招飞、信访等工作和开展向济南交警学习活动，进行纪律作风整顿，树形象、做标兵，收到良好效果，集体受县以上表彰225次，个人受县以上表彰1041人次，县公安局被省公安厅授予“优秀公安局”称号，3人被公安部授予人民警察“一级金盾荣誉章”，9人被授予人民警察“二级金盾荣誉章”，3人被授予人民警察“蓝盾荣誉章”。

1997～1999年，继续深入推进向济南交警学习活动，开展“十佳民警”“优秀所（队）长”“十优指导员”和“贤内助”评选活动，组织岗位练兵，争创优质服务单位和“达标分局”，集体受县以上表彰142次，个人受表彰300人次，县公安局被评为“达标县分局”、市“追逃敦促规劝工作先进集体”和省“追捕逃犯斗争先进集体”。

2000～2002年，公安民警启用新式警服、警衔标志，全局以此为契机深入开展“三项教育活动”，实施交巡警大队所长、队长竞争上岗，并结合全县党员“三讲三为三满意”活动，扎实开展“人民满意警察”“人民满意警所”“人民满意交巡警队”“人民满意出入境窗口”和“人民满意110”等系列创建活动，坚决贯彻落实公安部“五条禁令”，开展“从严治警、执法为民”教育整顿活动，县刑警大队副大队长徐利生一心为公，积劳成疾，累死在自己的办公室内，被公安部追授“全国公安二级英雄模范”称号，县公安局集体受县以上表彰217次，个人受表彰636人次。

2005～2009年，深入开展“平安创建”活动，全体干警积极投身“百千万”工程，与广大农民群众结对帮扶，为群众办好事办实事，开展党员先进性教育活动，抓党建促工作，全局干警大练兵，提高综合执法和接处警能力，县公安局被评为法制赣榆建设先进集体，局政治处被评为全省政工信息调研工作先进集体和全省公安系统先进集体。全体干警积极投入全市集中追逃和反邪教行动，在学习实践科学发展观、信息宣传、打假、维稳和奥运安全保卫等工作中，自始至终贯彻“创先进集体、做人民满意警察”争先创优精神，以工作促创建，以创建促工作，干警政治素质、业务能力全面提高，工作绩效显著，集体受县以上表彰235次，个人受表彰628人次，1人被评为全国公安国保系统先进个人，1个单位被评为全省奥运安保先进集体，2人被评为全省奥运安保先进个人。

第三节　刑事案件侦破

1990～1993年，全县共破获各类刑事案件1454起，抓获刑事作案人员1342人，破获杀人案件30起，技术直接破案36起。1994～1998年，全县共破获刑事案件1774起，抓获刑事作案人员1872人，破获杀人案件34起，追回逃犯299人，技术直接破案127起，破获的大要案有1998年“9·10”绑架儿童案等。1999～2002年，刑事犯罪案件明显增多，全县共破获各类刑事案件4182起，抓获刑事作案人员2723人，破获杀人案件29起，追回逃犯1020人，技术破案能力有较大提高，全县技术直接破案387起，是1994～1998年技术直接破案数的3倍多，破获大要案和打击刑事犯罪专项活动有：1999年成功抓获省厅和公安部督捕逃犯5人、2000年组织开展“打击人贩子，解救被拐卖妇女儿童”专项行动、“两打一扫”专项斗争、“百日破案竞赛”等；2002年破获“6·16”强奸杀人案、“6·27”强奸杀人案等8起大要恶性杀人案件。2003～2009年，进一步加大打击刑事犯罪力度，技术破案能力显著提高，全县共破获刑事案件6824起，抓获刑事作案人员5497人，破获杀人案件67起，追回逃犯2572人，利用技术直接破案2671起，是1990～2002年技术破案总数量的3.7倍，破获的大要案和打击刑事犯罪专项行动有2003年破获“2·19”爆炸杀人案、“9·13”杀人抛尸案；2004年，组织开展“命案会战”“打黑除恶”“追逃”等专项行动，成功告破“3·14”劫车杀人案等一批有影响的现行恶性案件，侦破命案专项行动综合排名居全省前列；2007年成功侦破杀人案9起，2008年成功侦破杀人案10起，2009年成功侦破杀人案8起，2007～2009年连续三年命案侦破率达100%。

图 24-2　赣榆县公安局破获绑架案（2009年摄）

1990～2009年赣榆县公安局侦破刑事案件情况一览表

表 24-1

年　份	破　案（起/人）	命　案（起）	追　逃（人）	勘察现场（起）	采集痕迹物证（份）	技术破案（起）
1990	348/252	5		191	171	
1991	423/278	13		275	253	13
1992	290/338	7		183	172	12
1993	393/474	5		90	191	11
1994	405/602	6	63	94	107	9
1995	303/389	5	31	83	92	6
1996	337/325	5	68	158	142	62
1997	361/185	10	55	186	203	31
1998	368/371	8	82		254	19
1999	630/902	8	275	387	331	66
2000	971/629	3	207	559	662	55
2001	831/659	10		632	655	266
2002	1750/533	8	538			
2003	622/397	6	195			348
2004	794/854	12	219			439
2005	970/410	11	301	796	580	36
2006	1415/810	11	466	961	719	459
2007	1096/721	9	387	1453	1290	553
2008	791/1199	8	393	3027	1014	443
2009	1136/1106	10	611	2962		323
合　计	14234/11434	160	3891	12037	3836	3221

第四节　经济犯罪侦查

一、经济犯罪案件侦破

图 24-3　赣榆县公安局召开经侦工作会议（2002年摄）

1990年，立案侦查经济案件18件20人，其中贪污公款6万元的特点案件1件。1997年10月，赣榆县经济案件侦察大队成立，加强经济案件侦破工作。2000年后，经济案件呈多发态势。2001年10月，赣榆县经济案件侦察大队更名为赣榆县公安局经济案件侦察大队。2002年6月，受理各类经济犯罪案件45起，涉案总值58.65万元，立案侦查23起，破案17起，抓获犯罪嫌疑人23名，挽回经济损失58万元。协助外省市公安机关办理经济案件4起，追回经济损失32万元。2003年，受理各类经济案件79起，涉案总值703.87万元，立案侦查64起，破案49起，抓获犯罪嫌疑人29人，挽回经济损失631.1万元。2004年，受理各类经济犯罪案件56起，立案侦查32起，涉案总值301万元；破案30起，挽回经济损失299万元。抓获犯罪嫌疑人32人。2005年，受理各类经济案件81起，立案侦查52起，破案46起，抓获各类违法犯罪人员30人、网上逃犯3人，挽回经济损失409.2万元。2006年，受理各类经济案件65起，立案侦查45起，破案33起，抓获犯罪嫌疑人38人，挽回经济损失680万元。2007年，立案侦查各类经济犯罪案件45起，破案33起，抓获犯罪嫌疑人38人，挽回经济损失720万元。2008年，侦破各类经济案件40起，抓获犯罪嫌疑人59人，挽回经济损失2146.2万元。2009年，侦破各类经济案件36起，抓获犯罪嫌疑人52人，挽回经济损失3467万元。

二、打击经济犯罪专项斗争

赣榆县公安局经济案件侦察大队自2001年10月成立后，开展一系列打击经济犯罪专项斗争。2002年，县公安局经济案件侦察大队会同有关部门开展打击银行卡诈骗行动、打击涉烟闪电行动、打击涉税犯罪等专项行动。2003年，经济案件侦察大队与金融部门共同组织开展银行卡整治专项行动，联合开展打击假币犯罪专项斗争。2004年，经济案件侦察大队会同工商、劳动、外经贸等部门，成功侦破颜某非法外派劳务案，挽回经济损失210万元。2005年，开展打击制售假发票违法犯罪专项行动，与税务部门协作配合，开展涉税违法专项治理行动，与烟草行政管理部门配合，开展打击涉烟犯罪专项行动。2006年，经济案件侦察大队深入开展打击假币犯罪、打击商业贿赂犯罪、打击侵犯知识产权犯罪暨“山鹰二号”专项行动。2007年，经济案件侦察大队集中开展打击传销“雷霆”行动、“灭鼠”行动，摧毁严重扰乱社会经济秩序传销网络1个，抓获传销头目2人，捣毁传销窝点1处，教育和驱散传销人员20余人。2008年，经济案件侦察大队成功侦破安某某等人诈骗、职务侵占案；陈某某特大虚报注册资本案；陈某某、李某某等人特大合同诈骗案等一批大要案件。破获案值1000万元以上的重大经济案件2起。2009年，经济案件侦察大队与国税、地税部门联手，开展打击整治发票犯罪集中整治专项行动，抓获制售假发票犯罪嫌疑人3

人，捣毁制售假窝点3个，缴获印刷设备2套，假票模板69种，成品假票10余万份。

第五节　治安管理

1990年，县公安局下设治安股，负责全县治安管理工作，有治保会842个，成员1541人。1990～1994年，共查处治安案件430起，查处违法人员988名，调处民事纠纷836起，查处卖淫嫖娼案209起，查处涉案人员639人，取缔卖淫嫖娼窝点45个，对全县593家公共场所、特种行业核发“公共场所安全合格证”和“特种行业经营许可证”，对收旧业实行清理整顿，取缔非法经营站点146家，停业整顿21家，查缴枪支、手榴弹、子弹、管制刀具等319件，收缴非法出版物1430本，涉黄光盘28盘。1995～1999年，共查处治安案件1461起，查处违法人员2298人，查处卖淫嫖娼案件162起，查处涉案人员621人，取缔卖淫窝点13个，摧毁卖淫团伙8个，查处涉毒案2起，查处2人，涉枪案5起，治安处罚6人，收缴各类枪支1145支，手榴弹8枚，地雷3枚，子弹200发，炸药1500斤，雷管50支，导火线50米，管制刀具405件，停业整顿路边店46家，查获赌博电子游戏机116台，收缴电脑板71块，查收利用电子游戏机赌博人员21人，查处8家违法经营的电子游戏机场所，取缔1家；查收无证经营旅馆23家，停业整顿14家，取缔8家；取缔各类按摩服务场所74家，停业整顿16家。开展机动车经营行业清理整顿，共登记各类涉车经营单位369家，取缔非法经营单位16家。2000年，全县治安管理系统建立29支专职治安联防队，有专职治安联防队员336人。2000～2004年，共受理治安案件8753件，查结7642件，查处涉案违法人员7270人，查处刑事案件147件，查处涉案违法人员491人，查处黄赌娼案件466件，查处涉案人员2126人。其中，作治安处罚2041人，治安拘留20人，刑事拘留14人，逮捕3人。查处非法出版书籍1800本，盗版光盘2000余张，查扣涉黄涉非音像制品7841件，查处涉爆涉枪案73起，查处涉案违法人员152人，收缴枪支3809支，子弹100146发，侦破制造假文凭、假印章、假证件案5起，通过整治治安乱点破获各类案件312起，打击处理违法人员302人，通过治安防范破获各类案件572起，提供涉案违法人员441人。通过联防队员巡逻守候抓获犯罪嫌疑人213人，破获各类案件269起，审核娱乐服务场所116家。2005～2009年，共查处治安案件49907起，治安拘留4550人，查处刑事案件283起，逮捕、直诉607人，处置集访18起，群体事件39起737人，负责大型会议安全保卫31次，查处黄赌毒案件1142起，查处违法人员4390人。其中，查处赌博案479起，处罚2191人，查处嫖娼案415起，处罚1916人。清理登记废旧金属站点80家，从业人员174名，取缔不符合规定站点17家，通过清理登记工作查处刑事案件6起，治安案件29起，摧毁犯罪团伙1个，抓获犯罪嫌疑人6名；加强对旅馆业治安管控工作，查处无证经营小旅馆51家，停业整顿13家，通过对旅馆业管控破获各类案件422起，利用旅馆业信息报警系统抓获违法人员4人。创

图 24-4　赣榆县公安局收缴的非法枪支（1999年摄）

图 24-5 赣榆县公安局销毁赌博机（2009年摄）

建平安社区、平安单位，建成电视监控步行街2条、CK报警点1000个，县城主要路口安装电子警察14套，建立固定治安卡点11个、临时卡点87个。查破涉危案件61起，打击处理违法犯罪16人。其中，刑拘4人，治安拘留8人；收缴各类枪支49支，子弹2450发，炸药1091.9千克，手榴弹4枚，雷管89枚，导火索294.5米，废旧炮弹4枚，黑火药58.5千克，刀具109件，仿真枪398支，有毒化学物品27.1千克，捣毁烟花爆竹非法生产窝点2个，查缴烟花爆竹300余万头；查获违反淫秽物品管理规定案件87起，处罚97人，收缴淫秽光碟972张，盗版光碟2万余张，盗版书刊及辅导材料3万余册，盗版电脑软盘2.8万余张，赌博型电子游戏机54台，电脑版260块。查破制售假文凭、假印章、假证件“三假”案件5起。

第六节　户政管理

1990年5月，全县在土城派出所辖区进行第四次人口普查前户口整顿试点工作，由各派出所内勤、县颁发居民身份证办公室全体人员、土城乡政府相关部门和各村抽调的工作人员，配合公安机关进行户口整顿工作，历时15天，对该乡33个村逐村、逐户、逐人进行核对户口项目，纠正户口登记中姓名、性别、年龄、民族等项目差错和文化程度、婚姻状况、服务处所、职业等项目已发生变化但尚未更正的户口登记项目，同时发现一批违法犯罪线索，破获一批案件。10月，县公安局成立户政股，由原颁发居民身份证办公室组建而成，原治安股的户口审批划归户政股管理。年底，建成全县人口信息数据库，共采集录入常住人口信息972555人。其中，男505223人，女467332人；非农业人口68683人，占7.06%；农业人口903757人，占92.93%；自理口粮人口115人，占0.012%。

1992年，全县暂住人口2496人，发“暂住证”1375张。根据市政府规定，每人只要缴纳一定数额城市建设配套费，户口就可以在县城区落户。

1994年，全县暂住人口12817名，核发“暂住证”5413张。县公安局根据市局文件精神，在班庄派出所进行农村户口城市化管理工作试点，历时15天，对班庄乡26个村逐村逐户进行画图编制门牌号码，班庄乡每户居民都统一安装门牌，并实行一村一图，常住人口登记表上都标有门牌号码。试点结束后，全县迅速展开面上推广工作。

1995年，因门牌（含楼牌、巷牌）编制安装管理权限与县民政部门和地名办公室存在争议，市公安局向省公安厅上报《关于门牌编制管理问题请示》，省公安厅下发《关于门牌编制管理工作批复》，明确规定门牌由公安机关负责编制安装和管理。全县农村户口城市化工作完成，安装居民门牌2552674户。共清理登记暂住人口11144人，核发“暂住证”4986人。共有帮教对象902人，建立监管、帮教小组902个，落实管控力量1804人。

1996年，完成青口派出所常住人口计算机录入任务。6月，青口派出所户口办理实现计算机前台办公。全县共清理登记暂住人口12225人，核发“暂住证”5115人。共有帮教对象943人，建立监管、帮教小组943个，落实管控力量1886人。

1997年，完成石桥、沙河、土城、厉庄四个派出所常住人口计算机录入任务。9月，4个派出所户口实现计算机前台办公。年底，全县相关人口数据库建成。共清理登记暂住人口15254人，核发“暂住证”1068人。共有帮教对象964名，建立监管、帮教小组964个，落实管控力量1886人。登记常住人口273238户、1008863人。其中，男520968人，女487895人，非农业人口81835人。

1998年，根据市局年初下达的工作目标计划，完成全县剩余24个户籍派出所的常住人口计算机录入任务。12月，24个派出所的户口办理实现计算机前台办公，完成全县居民身份证重证号的修改任务，共清理登记暂住人口15983人，核发“暂住证”1020人。共有帮教对象1031人，建立监管、帮教小组1031个，落实管控力量2062人。

1999年，完成全县剩余29个户籍派出所常住人口信息数据转换，居民身份证号码升为18位。完成全县居民身份证重证号的修改任务，解决赣榆县内户口重证号问题；清理登记暂住人口18348人，核发“暂住证”473人。全县共有帮教对象917名，建立监管、帮教小组917个，落实管控力量1834人。

2000年，配合相关部门开展第五次人口普查的户口整顿工作。是年，局户政股改为户政科。共清理登记暂住人口17714人，核发“暂住证”2698人。共有帮教对象1568名，建立监管、帮教小组1568个，落实管控力量3136人。

2001年，以出租房屋为重点，开展对暂住人员的清理整治工作，共登记暂住人口17694名，核发“暂住证”2564人。重点整治暂住人口集中的场所，发函、电查证外来人口，清理遣返“三无”人员，依法取缔非法劳务市场、非法出租户，依法处罚出租房主，

2002年，以租赁房屋为重点，开展流动人口清理整治工作，共清理登记暂住人口25010人，核发“暂住证”2817人。共有帮教对象1798人，建立监管、帮教小组1798个，落实管控力量3596人。

2003年，共清理登记暂住人口30987人，核发“暂住证”1804人，全县共有监管对象1739人，帮教对象1572人，建立监管、帮教小组1572个，落实管控力量3144人。

2004年，全县29个户籍派出所实行联网办公，县内户口迁移实现网上一站式办理，无需打印迁移证；清理登记暂住人口31006人，核发“暂住证”1858人。帮教对象1680人，建立监管、帮教小组1680个，落实管控力量3360人。

2005年，全市人口信息数据库建成，市内所有户籍派出所实行联网办公，市内户口迁移实现网上一站式办理，市内不用打印迁移证。是年，共清理登记暂住人口32264人，核发“暂住证”2307人。共有帮教对象1938人，建立监管、帮教小组969个，落实管控力量2658人。全县启动集中换发第二代居民身份证工作，共换发“二代证”2256张。

2006年，继续开展集中换发“二代证”工作。由于公安部“二代证”原材料不足，根据省公安厅要求，减缓换证速度，共换发“二代证”163798张。共清理登记暂住人口32322人，核发“暂住证”3932人。全县共有帮教对象1653人，建立监管、帮教小组1251个，落实管控力量3506人。

2007年，继续开展集中换发“二代证”工作，共换发“二代证”525254张。共清理登记暂住人口34078人，核发“暂住证”7735人。全县共有帮教对象1686人，建立监管、帮教小组1156个，落实管控力量3086人。

2008年，开展集中换发“二代证”扫尾工作，共换发“二代证”90686张。开展流动人口及落脚点的清理整治，共清理登记暂住人口28968人，核发“暂住证”5805人。共有帮教对象1701人，建立监管、帮教小组1701个，落实管控力量3402人。

2009年，对16周岁以上人口换发“二代证”，突击开展集中换发“二代证”工作，共换发“二代证”46082张。开展人口管控春季会战，共清理登记暂住人口33504人，核发“暂住证”4680人。共有帮教对象1701人，建立监管、帮教小组1701个，落实管控力量3402人。登记常住340544户、1108016人。其中，男580906人，女527110人。

第七节　出入境管理

一、出境管理

20世纪90年代，赣榆县出境人数较少。1990～1996年，全县出境人员总计142人次，年均仅20人次。1999年全县出境人员首次突破百人次，达到103人次。进入2000年后，出境人员骤增。2002年，全县出境人员达1166人次，突破千人次大关。2001年，查处骗办护照案2起，对836名法定不准出境人员办理报备手续，续报264人次，撤销198人次。2003年，对1231名不准出境人员办理报备手续，对617名特殊身份人员进行登记备案。2004年，共新报、续报、撤销法定不准出境人员900余人次，查处骗取出入境证件8起；并开展清理整顿非法出入境中介的专项行动，清查劳务中介、信息服务部69家，取缔并立案侦查2家，判刑2人。2007年，登记上报法定不准出境人员679人，撤销49人，新增登记备案的国家工作人员303人，删除74人。2001～2009年，全县出境人员总计19872人次，年均2208人次。

二、入境管理

1990～2009年，全县共受理、接待港澳台同胞、侨胞及外籍入境人员2366人次，其中港澳台人员973人次；查处非法入境人员27人，非法居住人员15人，查处骗取办理出入境证件10人，处置其他涉外案件6起。1997年3月24日，在龙河乡宅基村发现并查处1名非法入境的朝鲜人。1999年，查获并遣送5名非法入境的朝鲜人，处置1起台胞居留涉外案。2000年，查获“三非”人员10人。其中非法入境9人，非法居留1人，全部遣送出境。2002年，开展在全县清查非法入境外国人集中行动，并对常住本县境外人员进行专项调查，查获金一龙非法入境，金正洙非法居留等2起“三非”案件。2003年，处置涉外事件2起，将非法入境的缅甸人莫桑娜、葛琴坝遣送出境，对美籍华人何靖未按规定办理临时住宿登记予以处罚。2004年，开展清理整顿非法出入境中介专项行动，清查劳务中介、信息服务部69家，依法取缔并立案侦查2家，判刑2人。2005年，查处并遣送非法入境的缅甸妇女1人，查处非法居留的韩国人1人。2006年，登记涉外单位46家，常住境外人员30人，临时入住本县的境外人员358人，查处非法入境朝鲜人崔贞淑、黄金姬，并遣送出境。

图 24-6　公安干警走访涉外教育机构（2008年摄）

是年，赣榆县公安局出入境管理科通过省公安厅检查验收，并被评为省级文明窗口单位。2007年，查处非法居留的境外人员2人。2008年，登记涉外单位43家。其中，独资企业31家，合资企业12家。常住境外人员57人，查处宾馆未及时申报境外人员入住案2起，查处境外人员非法居留案4起4人，遣返出境1人。2009年，查处非法入境案件3起4人，处罚未随身携带护照的喀麦隆人1人，处罚非法居留的韩国人1人。

第八节　执法监督

自1992年起，公安系统加强内部执法监督。

1992年，制定《行政案件办理规定》《行政案件审核程序》《法制办公室职责范围》《行政诉讼代理人岗位责任制》等规章制度。

1993年，开展3次执法检查，查阅各类案件卷宗400余件。

1994年，开展2次执法检查、4次季度执法检查。

1995年，撰写《案件汇报通案制度》，强化执法内部监督。开展1次执法检查，编写《当前派出所执法中存在的问题及改进建议》。

1996年，开展2次执法检查。

1997年，开展2次执法检查，针对执法问题下发执法检查情况通报和《关于正确行使行政强制措施的几点意见》。

1998年，开展2次执法检查和1次执法调研。通过阅卷、查台账、走访等方式，对派出所和执法重点部门2年来的刑事执法、行政执法进行全面检查。对批准设置留置室的派出所留置审查措施和留置室的使用情况进行调研，撰写《关于我县留置室和留置审查措施使用情况的调查报告》。

1999年，制定《当前我县公安执法质量上存在的主要问题及下一步工作要求》《当前执法中存在的主要问题及应采取的对策和相关法规》。10月，组织执法质量考评组，对派出所、刑侦、治安、交通、消防部门执法情况进行考评。

2000年，出台《2000年赣榆县公安局执法质量考评实施方案》《赣榆县公安局执法质量奖惩规定》，与各单位签订执法责任书48份，对各重点执法单位逐月进行检查。10月，对全县派出所执法基础台账、自处治安行政案件进行考评，查阅报警案件5664起，自裁治安行政案件2197件，发现执法问题368处，评出执法质量优秀单位10个，后进单位3个。对刑侦、治安、交巡警、消防执法情况进行检查，审查卷宗430余件。

2001年，开展执法台账、自裁治安卷宗检查，同时对刑侦、治安、交巡警、消防的刑事与行政处罚卷宗进行全面整理。

2002年，制定《赣榆县公安局全员执法责任制工作意见》《关于加强警务监督网络建设的意见》和《赣榆县公安局办案责任制》。组织开展3次执法质量考核。

2003年，制定《关于贯彻实施办案责任制工作意见》，强化内部执法监督机制。组织开展4次季度考评，建立各单位执法考评档案，将考评情况进行通报。开展“一案一考评”工作和案件质量评判工作，进行3次案件质量评判。

2004年，制定《赣榆县公安局执法办案积分办法》《赣榆县公安局案件审核协调中心工作办法》等执法办案制度，建立新的审核机制。组织开展4次季度考评，结合“一案一考评”制度和案件质量评判制度，每季度通报执法情况。

2005年，改革案件审核机制，成立案件审核中心，下设刑事、治安、交通案件审核室，审核人员集中办公。制定《赣榆县公安局案件审核操作规程》，对原《赣榆县公安局执法质量奖惩规定》进行修改，实行执法先进个人案件审核免检制度。完善公、检、法联席会议制度，组织召开4次内部执法联席会议，创办《聚集法制》月刊。开展4次季度考评，对问题突出单位予以通报批评。

2006年，制定《赣榆县公安局执法责任制》《赣榆县公安局执法质量奖惩规定》及《赣榆县公安局执法档案暂行规定》等制度。县公安局与各执法部门签订《赣榆县公安局执法质量责任书》，组织开展4次季度执法考评，下发执法考评情况通报，对执法情况进行排名。

2007年，制定《赣榆县公安局办理伤害案件若干规定》《赣榆县公安局规范刑事拘留执行工作的规定》，对《赣榆县公安局案件审核操作规程》进行修改和完善。审核刑事案件615卷，发现和纠正一般程序性问题520处，实体性问题17处；审核治安行政案件588卷，发现和纠正一般程序性问题102处、实体性问题61处。开展4次季度执法考评，并改革考评方式，从24个派出所各抽出一名业务骨干组成六个执法考评组，进行互评。

2008年，制定《赣榆县公安局关于规范行政拘留执行工作的规定》《赣榆县公安局局领导案卷评判制度》。开展4次季度执法考评，对伤害案件办理、取保候审案件、涉案财物管理等执法易出问题的环节进行专项检查。

2009年，制定《赣榆县公安局办理取保候审案件工作的具体规定》《赣榆县公安局案件审核委员会工作办法》《赣榆县公安局接处警工作规范》《赣榆县公安局处置非正常死亡事件工作规范》《公、检、法联席会议纪要》等一系列规章制度。开展4次季度执法考评工作，对执法质量考评、日常审核、信访接待工作中梳理排查出来的执法突出问题，实行立项挂牌整治。对伤害案件办理、取保候审案件、涉案财物管理等执法突出问题进行专项检查。

第九节　专项斗争

1990年，开展扫黄除“六害”集中统一行动，查处案件148起，处理违法犯罪分子266人。重点开展打内盗斗争，破获县人民医院价值1.2万余元被盗大案等16起刑事案件，逮捕犯罪分子7人。

1991年，开展打击盗窃自行车专项斗争及以打击抢劫、打击拐卖人口、反盗窃、查禁卖淫嫖娼活动为主要内容的“两打一反一查”专项斗争，破获内盗案件58起，抓获内盗犯罪分子25名。破获盗车案件292起，带破其他刑事案件119起，抓获盗车犯罪分子115名；摧毁盗车团伙12个，成员54人；缴获赃车726辆。在“打拐查禁”工作中，逮捕、收容审查拐卖人口犯罪分子19人，查处卖淫嫖娼人员137人。

图 24-7　赣榆县公安局发还被盗自行车（1991年摄）

1992年，开展“打盗自行车”专项斗争和打击流氓强奸、卖淫嫖娼犯罪活动专项斗争。

1993年，开展以打击车匪路霸、禁毒禁娼和整顿公共场所、整顿特种行业为主要内容的社会治安秩序大整顿，即“两打、两禁、两整顿”专项斗争和专项治理，破获各类刑事案件149起，抓获各类犯罪分子97人，摧毁犯罪团伙11个，查获卖淫嫖娼分子11人。铲除非法种植罂粟110余棵，破获车匪路霸案件31起，摧毁车匪路霸团伙9个，抓获成员25人，查处走私案件2起，查处卖淫嫖娼案件86起，成功堵截并抓获公安部通缉的潜入全国人大常委会副委员长叶飞家行窃的重大案犯孙伟。

图 24-8 赣榆县民警成功解救被拐卖男童（1991年摄）

1994年，开展以“打黑扫恶”为主要内容的集中严打斗争，共破获各类刑事案件192起，其中重特大案件76起，抓获各类违法犯罪分子106名，摧毁犯罪团伙11个56人。开展以“打黑扫恶”“治乱除霸”为突破口的“严打整治”专项行动，共破获各类现行刑事案件193起。其中，重特大案件73起，破获积案7起。破获隐案漏案以及外省市案件242起，抓获各类犯罪分子128人。其中，依法逮捕110人，劳教8人。追回“三逃”人员48人，摧毁各类犯罪团伙14个66人，摧毁卖淫窝点17处，查处卖淫嫖娼分子294人，收缴猎枪、土枪等枪支217支，管制刀具2000余把以及一批雷管、手榴弹等。

1995年，开展春季严打攻势，破获各类刑事案件110起，其中重大案件26起；摧毁犯罪团伙9个30人，缴获赃款赃物价值6万余元。开展打盗抢机动车专项斗争，查获盗窃机动车作案成员16人，摧毁盗车团伙3个9人，破获盗车案件14起，缴获被盗机动车14辆。开展打拐专项斗争，对1990年后被拐卖妇女儿童进行摸底排查，解救被拐卖妇女72人，儿童4人，抓获人贩子30人。开展冬季侦破战役，抓获刑事作案成员77人，摧毁团伙6个24人，破获刑事案件193起，其中大案167起。

1996年，围绕“破大案、打团伙、追逃犯”，开展严打斗争，破获各类刑事案件337起，其中重特大案件81起。查获各类犯罪分子318人，追回“三逃”人员61人。其中，批捕在逃32人，批教在逃9人，负案在逃20人，为外地抓获“三逃”人员3人。摧毁犯罪团伙22个88人，缴获各类枪支128支、管制刀具222把、赃款13.8万元、赃物折款87万余元。

图 24-9 赣榆县公安局召开破案防范百日会战警师大会（1998年摄）

1997年，先后组织开展“三禁一打”、严打整治等行动。破获各类刑事案件179起；抓获犯罪嫌疑人160人；摧毁犯罪团伙19个，成员87人；缴获赃款财物价值165万余元。

1998年，开展春季严打整治行动，打盗抢机动车专项斗争和破案防范百日会战。破获各类刑事案件117起，其中重大案件56起，抓获刑事作案成员71人，追回逃犯38人，缴获折款27万余元。开展打盗抢机动车和打击车匪路霸专项斗争，普查登记机动车32076辆，其中“三无”车辆2376辆，从中发现嫌疑车辆42辆，破获盗车案件33起，抓获盗车成员21人，缴获机动车18辆；破获车匪路霸案件18起，抓获犯罪嫌疑人24人，摧毁车匪路霸犯罪团伙3个，抓获犯罪嫌疑人10人。开展破案防范百日会战，破获各类刑事案件185起，其中重大案件64起，摧毁各类犯罪团伙12个50人，抓获各类犯罪分子128人，缴获价值人民币63.5万元；破获市局挂牌案件2起，追回市局督捕逃犯11人，县局在册逃犯51人。

1999年，开展打击流氓恶势力专项斗争，排查有劣迹人员210人，打击处理为首骨干分子107人。其中逮捕22人，劳动教养37人，治安拘留48人。开展打击涉爆犯罪专项斗争，收缴各类枪支258支，炸药1220公斤，查处违法犯罪案件5起8人。开展“追逃”专项斗争，追回各类逃犯275人。其中，公安部督捕逃犯对象1人（全部），省厅督捕对象7人（全部），市局督捕对象23人（80%），其他244人。破获案件270余起，追逃成效位居全省第一，县公安局被省厅授予“追逃先进集体”荣誉称号。开展以禁娼、禁赌、禁毒和打击黑恶势力、打击盗窃、抢劫犯罪为主要内容的“三禁三打”专项斗争，抓获涉娼、涉黄涉赌违法犯罪人员293人。其中，逮捕12人，劳动教养10人，收容教育37人，治安处罚165人。依法打击处理黑恶势力违法犯罪分子129人。其中，逮捕9人，劳动教养18人，治安处罚86人。抓获盗窃、抢劫犯罪分子162人，破获各类刑事案件453起。

2000年，开展打拐、打黑扫恶、百日会战等专项斗争，抓获人贩子33人，破获拐卖妇女儿童案件96起。开展打流窜、打盗车、扫除黑恶势力“两打一扫”专项斗争，破案118起。其中，盗窃机动车案24起，盗窃自行车案件46起，流窜作案22起，涉黑恶案件26起。破获各类刑事案件876起，抓获犯罪嫌疑人520人。

2001年，开展“打黑除恶”专项斗争，共破获涉恶案件118起，抓获涉恶人员141人，打掉恶势力团伙21个，涉及成员94人。开展打击抢劫、盗窃、盗割通信电力设施和整治租赁房屋的“三打一整治”专项斗争，破获盗窃案件106起，抢劫案件14起，抓获涉案成员131人，摧毁犯罪团伙8个，清理登记租赁房屋3220户，登记暂住人口17694人，通过租赁房屋整治，破获刑事案件36起，抓获违法犯罪嫌疑人38人。开展“治爆缉枪”专项行动，共收缴非法持有的枪支3809支，子弹10万余发，炸药4600公斤，雷管3011枚，导火索2586米以及价值20余万元的烟花爆竹和原材料；查破涉爆涉枪案件73起，打击处理违法犯罪嫌疑人96人。

2002年，组织开展“破案追逃”“打击两电一油”“春雷行动”“三打”“打击两抢”“打盗自行车”等专项行动，破获各类刑事案件1750起，抓获各类在逃人员209人。

2004年，开展“命案侦破”“蓝剑行动”“飓风行动”“海豹行动”“削刃行动”等专项斗争，共破获刑事案件794起，抓获刑事作案成员854人。

2006年，开展命案侦破、打黑除恶、打击“两抢一盗”、打击经济犯罪、打击娼赌毒等一系列严打整治行动。破获刑事案件1415起，八类大要案件破案率达91.3%；部、省挂牌督办的3起案件全部告破；破获各类经济案件30起；打击处理违法犯罪嫌疑人810人；打掉涉黑涉恶团伙18个，抓获涉黑涉恶犯罪嫌疑人90人，破获涉黑涉恶案件195起，成功破获省厅挂牌督办的杨德支黑社会性质犯罪团伙等一批有影响的案件。

2007年，开展“命案侦破”，打击“两抢一盗”“春雷行动”，治理自行车被盗等一系列有针对性的专项斗争。共破获各类刑事案件1096起，“八类”案件破案率为90.4%，破获盗抢案件863起，抓获各类刑事作案成员721人，追回各类逃犯278人，打掉犯罪团伙50个，抓获团伙成员213个。

2008年，开展“雷霆行动”“打盗抢抓逃犯”等专项行动，破获“八大类”刑事案件107起。

2009年，开展治理“三车”被盗“断流”、“防盗抢、防诈骗”、社会治安整治等一系列以打击侵财性犯罪为主要内容的专项行动，破获各类侵财性案件892起，其中“两抢一盗”案件825起，摧毁侵财性犯罪团伙31个，追回被盗抢汽车12辆、摩托车37辆、电动自行车97辆。

第十节　“110”报警服务

1998年，县公安局“110”报警服务台向社会开通，“110”报警服务台有主叫号码显示和自动录音录时功能，实行24小时工作制度，接受群众报警和求助。9月，为强化金融系统的安全保卫措施，确保重点要害部门的绝对安全，县公安局组织召开全县金融系统协调会，率先对县城的37户金融营业网点，进行CK技防安装，并全部与“110”报警台联网，增强防范能力。是年，县“110”报警台共接各类报警求助电话11388次，通过快速接处警，直接破获刑事案件65起，查处治安案件347起，抓获各类违法犯罪嫌疑人员689人，为群众提供各类求助服务1338人次，为国家、集体和群众挽回经济损失100余万元。指挥中心收到群众的锦旗、表扬信12面（件）。

1999年，县公安局指挥中心在金融部门的支持和配合下，在全市率先对全县29个乡镇的农业银行、48家信用社安装CK报警器安装，并会同上海CK公司对全县85家金融营业网点的CK自动报警系统进行一次全面检查和调试，对各营业网点的安全保卫人员进行培训。报警服务台共接各类报警求助电话21286起，其中有效接警2206起，通过接处警，直接破获刑事案件359起，查处治安案件316起，抓获各类违法犯罪嫌疑人员673人；共接水电气等方面求助532起，伤病危难求助265起，其它67起。为群众提供各类求助服务1658人次，为国家、集体和群众挽回经济损失120余万元，收到群众的表扬信、锦旗16件（面）。

2000年，指挥中心协调金融、烟草等财物高度集中的106家单位安装CK电脑区域自动报警设备，提高要害部门的技防水平。全县建立6个卡口，4个查报站，实行24小时昼夜值守。在国、省道每3千米处设置一部报警电话，依托单位传达室、加油站、商店、医院、收费站等，增加报警电话400余部，并设置有醒目标志的“110”报警点。县“110”共接各类报警求助电话18500余起。其中，有效接处警2680余起，通过快速接处警，直接破获各类刑事案件316起，查处治安案件232起，抓获各类违法犯罪嫌疑人员650余人。共受理群众电话投诉12起，全部办结。共接水电气等方面求助520余次，伤病危难求助28次，收养弃婴、收遣盲流乞讨等方面求助36次，消费纠纷24起，查找遗失钱物求助37次。为群众提供各类求助服务960人次，为国家、集体和群众挽回经济损失100余万元，收到群众的表扬信、锦旗36件（面）。

2001年，县“110”报警台共接各类报外求助电话26540余起。其中，有效接处警3260余起，通过快速接处警，直接破获各类刑事案件387起，查处治安案件273起，抓获各类违法犯罪嫌疑人员680余人，共接水电气等方面求助720余次，伤病危难求助36次，收养弃婴、收遣盲流乞讨等方面求助25次，消费纠纷34起，查找遗失钱物求助17次。

为群众提供各类求助服务1260人次，为国家、集体和群众挽回经济损失100余万元，收到群众的表扬信、锦旗26件（面）。

图 24-10　赣榆县公安局“110”报警服务台（1997年摄）

2002年，为指挥中心安装第三台接警台，提高快速反应能力。赣榆县“110”社会联动体系已从1998年成立时的9个部门扩大到18个部门。对财物高度集中的98家单位安装CK电脑区域自动报警设备。县“110”报警服务台共接警117600次，其中有效报警8190次。通过县“110”这一快速反应渠道共破获各类刑事案件480起，查处治安案件285起，抓获各类违法犯罪嫌疑人237人。共接水电气等方面求助1480余次，伤病危难求助130次，收养弃婴、收遣盲流乞讨等方面求助25次，消费纠纷134起，查找遗失钱物求助47次。为民排忧解难、做好事2900余件次，为国家、集体和人民群众挽回经济损失150余万元。

2003年，县“110”报警台共接警116670起，其中有效报警10600起。通过县“110”这一快速反应渠道共破获各类刑事案件460起，查处治安案件320起，抓获各类违法犯罪嫌疑人员387人。共接水电气等方面求助1600余次，伤病危难求助180次，收养弃婴、收遣盲流乞讨等方面求助30次，消费纠纷140起，查找遗失钱物求助68次。为民排忧解难、做好事3000余件次，为国家、集体和人民群众挽回经济损失180余万元。为财物高度集中的106家单位安装CK电脑区域自动报警设备。

2004年，公安局投资80余万元，实现全县的“110”“122”“119”三台合一。对财物高度集中的116家单位安装CK电脑区域自动报警设备，并与县“110”联网。县“110”共接警120979次，其中有效接处警11661起。通过“110”这一快速反应渠道共破获各类刑事案件660起，查处治安案件980起，抓获各类违法犯罪嫌疑人员460人。共接水电气等方面求助900余次，伤病危难求助120次，收养弃婴、收遣盲流乞讨等方面求助26次，消费纠纷1犯起，查找遗失钱物求助38次。为民排忧解难、做好事3600余件次、为国家、集体和人民群众挽回经济损失500余万元。

2005年，指挥中心搬入新大楼，使用新的接处警指挥系统和新的CK自动报警系统。9月，公安局投资40余万元使指挥中心大屏幕监控系统安装启用，对重点路段、卡口、重点单位场所进行24小时监控。对金融、烟草、邮政、国税、地税、加油站等财物高度集中的140家单位安装CK电脑区域自动报警设备。县“110”共接警203600次，其中有效接处警17330起。通过“110”这一快速反应渠道共破获各类刑事案件620起，查处治安案件2350起，抓获各类违法犯罪嫌疑人员357人。县“110”共接各类群众求助1320次。其中，水电气方面求助168次，伤病危难求助96次，查找遗失财物求助136次，城管、环境污染方面求助18次，其他902次。为民排忧解难、做好事2413余件次，为国家、集体和人民群众挽回经济损失200余万元。

2006年，县“110”报警台共接警321397起，其中有效接警32988起。共接伤病危难求助4528次，水电气等方面求助419余次，走失寻人等方面求助215次，噪音扰民206次，消费纠纷457起。通过“110”这一快速反应渠道共抓获各类违法犯罪嫌疑人员303人，破获各类刑事案件413起。

2007年，县“110”报警台共接警354167起，其中有效接警38368起。赣榆县“110”共接伤病危难求助7496次，水电气等方面求助26余次，走失寻人等方面求助207次，噪音扰民207次，其他求助347起。通过“110”这一快速反应渠道共抓获各类违法犯罪嫌疑人员96人，破获各类刑事案件167起。

2008年，县“110”报警台共接警375593起。其中，有效接警39011起，刑事案件2940起，治安案件1037起，交通事故8151起，受理群众报警求助756起，纠纷12113起，火灾301起，其他5854起，重复报警5157起，电话通知169次。通过“110”这一快速反应渠道共抓获各类违法犯罪嫌疑人员39人，破获各类刑事案件120余起。共接各类群众求助1699次。其中，自来水方面求助25次，供电方面求助8起，走失寻人190起，噪音污染183起，提供咨询14起，上门开锁6起，其他求助297起，伤病危难求助976次。

2009年，县“110”报警台共受理电话报警354912起，有效接警39641起。其中刑事警情2230起，治安警情1152起，交通事故7753起，受理群众报警求助671起，纠纷12371起，火警474起，其他7164起，举报反映1823起，重复报警5811起，布控190起，通知42次。无效警315195起。其中，骚扰233887起、反馈6969起、内务31880起、其他42459起。通过“110”这一快速反应渠道共抓获各类违法犯罪嫌疑人员36人，破获各类刑事案件130余起。共受理平安民生服务台投诉反映33件次（其中，投诉民警18件，举报线索15件），拨打“110”电话投诉27起，均已妥善处置。县“110”共接各类群众求助873次。其中，自来水方面求助11次，供电方面求助8起，走失寻人220起，噪音污染121起，提供咨询15起，上门开锁6起，其他求助92起，伤病危难求助198次。

第十一节　劳动教养工作

1992年，呈报劳动教养案件8起，报市劳动教养委员会批准劳教7起。1993年，呈报劳动教养案件6起11人，报市劳动教养委员会批准5起10人，执行5起9人。1994年，报市劳动教养委员会批准劳动教养案件15起20人。1995年，报市劳动教养委员会批准劳动教养案件28起41人。1996年，呈报劳动教养案件35起81人。其中，市劳动教养委员会批准劳动教养43人，建议报捕14人。1997年，呈报劳动教养案件25起30人，其中市劳动教养委员会批准劳动教养21人。1998年，呈报劳动教养案件12起15人，其中市劳动教养委员会批准劳动教养10人。1999年，呈报劳动教养案件72起115人，其中市劳动教养委员会批准劳动教养61人。

2000年，审核劳动教养案件62件94人，呈报劳动教养案件42件65人。其中，市劳动教养委员会批准劳动教养35人，转捕3件6人。2001年，呈报劳动教养案件56人，市劳动教养委员会批准劳动教养39人，其中打击“黑恶”势力违法人员5人。2002年，审核劳动教养案件30起40人，呈报劳动教养案件17起24人，市劳动教养委员会批准劳动教养16人。2003年，审核劳动教养案件22件24人，呈报劳动教养案件17件19人，市劳动教养委员会批准劳动教养15人。2004年，审核劳动教养案件1[illegible]件12人，呈报劳动教养案件11件12人，市劳动教养委员会批准劳动教养9人。2005年，呈报市劳动教养委员会批准劳动教养[illegible]1人。2006年，呈报审核劳动教养2人，市劳动教养委员会批准2人。2007年，呈报审核劳动教养12人。2008年，呈报市劳动教养委员会批准劳动教养33人。2009年，呈报市劳动教养委员会批准劳动教养65人。

第十二节　禁　毒

1990年，无涉毒案件。1991年，共查处非法种植罂粟案件1起，查处吸毒、贩毒人员[illegible]人，铲除非法种植罂粟103株。1992年，铲除非法种植罂粟281株，依法处理非法种植人员3人。1993～1994年，无涉毒案件。1995年，共查获吸毒、贩毒违法犯罪分子2人，铲除非法种植罂粟78株。1996年，无涉毒案件。1997年，共查获吸毒、贩毒违法犯罪分子5人，铲除非法种植罂粟479株。1998年，共查破贩毒案件7起，查获毒品违法犯罪分子7人，铲除非法种植罂粟342株。

图 24-11　民警铲除非法种植的罂粟（2002年摄）

2001年，共查破涉毒案件1起，缴获海洛因35克，鸦片34克，冰毒36克，铲除非法种植罂粟38株。2002年，共破获涉毒案件1起，种毒案件1起，铲除非法种植罂粟811株。2007年，共查破涉毒案件2起，查获毒品违法犯罪人员4人。2008年，共查破涉毒案件4起，查获毒品违法犯罪人员6人。2009年，共查破涉毒案件6起，查获毒品违法犯罪人员6人。

第十三节　监所工作

一、预审

1990年，受理案件192件268人，报捕147件208人，批捕145件206人。

1991年，收押收审人员232人。其中，转捕58人，解除138人，其余在押。收押刑拘人员114人。其中，转捕104人，释放7人，其余在押。收押逮捕犯223人。其中，有期徒刑187人，死刑8人，死缓1人，无期徒刑7人，拘役18人，管制32人，缓刑4人，释放50人，其余在押。

1992年，收押收审人员148人。其中，转捕63人，劳教9人，解除70人，其余在押。收押刑拘人员224人。其中，转捕215人，其他处理9人。收押逮捕犯272人，1991年转88人，合计360人。其中，死刑9人，投牢120人，缓刑143人，刑满释放62人，其余在押。

1993年，收押人员587人。其中逮捕302人，刑拘人员200人，收审146人，其中转捕215人，死刑7人，投牢142人，缓刑34人，刑满释放34人，单处罚金2人，劳教12人。

1996年，收押人员589人。其中逮捕392人，刑拘人员197人，有期徒刑191人，无期徒刑3人，收审146人，死缓4人，执行枪决5人，缓刑36人，刑满释放36人。

1997年，收押人员293人，处理出所203人。其中投牢131人，执行枪决3人，劳动教养28人。

2000年，刑拘人员768人，逮捕36人，合计804人。刑满释放126人，撤案释放183人，交付执行340人，其他处理129人。

2001年，刑拘人员684人，逮捕61人，本省其他所转来2人，已决犯收监8人，外省区、市其他所转来1人。刑满释放116人，撤案释放150人，投牢199人，转取保候审监视居住123人，外省区、市其他所转来14人，本省其他所转来10人.

2002年，刑拘人员563人，逮捕88人，本省其他所转来3人，已决犯收监10人，外省区、市其他所转来4人。刑满释放140人，撤案释放126人，投牢143人，转取保候审监视居住132人，外省区、市其他所转来25人，本省其他所转来2人，保外就医1人，其他处理87人。

2003年，收押人员590人。其中，刑事拘留514人，逮捕44人，其他32人。全年共处理出所710人。其中投送监狱171人，刑满释放145人，撤案释放64人，转取保候审监视居住219人，其他处理111人。

2004年，刑拘人员608人，逮捕72人，已决犯收监8人，回收取保候审10人。刑满释放83人，撤案释放154人，投牢148人，转取保候审监视居住142人，外省区、市其他所转来25人，本省其他所转来4人，其他处理124人。

2005年，在押人员758人，刑拘人员647人，逮捕63人，本省其他所转来3人，已决犯收监10人，外省区、市其他所转来4人。刑满释放92人，撤案释放63人，投牢143人，转取保候审监视居住93人，监外执行1人，其他处理207人。

2006年，收押772人。其中，刑事拘留622人，直捕116人，其他34人。投牢162人，刑满释放126人，撤案释放10人，取保候审311人，监外执行1人，其他32人。

2007年，共收押417人。其中，刑事拘留350人，直接逮捕39人，其他28人。共处理出所400人。其中，投送监狱69人，刑满释放62人，撤案释放9人，取保候审143人。其他处理25人，缓刑等出所92人。

2008年，收押人员1042人。其中，刑事拘留844人，逮捕132人，其他66人。全年共处理出所911人。其中，投送监狱182人，刑满释放122人，撤案释放8人，取保候审433人，缓刑释放39人，其他处理

127人。在关押的300人中，其中留所服刑罪犯66人。重点监管对象16人。其中，死刑犯1人，重要案犯2人，其他抢劫、故意杀人可能判三大刑12人。

2009年，收押人员1158人。其中刑事拘留886人，逮捕195人，其他77人。全年共处理出所1086人。其中，投送监狱250人，刑满释放135人，撤案释放5人，转取保候审监视居住478人，其他处理218人。

二、监管

1993年，县看守所为在押人员佩戴白、黄、红三色犯号证，分别给未决犯、不服管教犯、认罪伏法的积极肯干的留所服刑犯佩戴。

1995年，县看守所划区分号，分类施教，全所共划分四个管教区，并建立两个过渡号，两个严管号，两个收审号，监房实行三包，分工明确，责任到人。

1997年，全市监所规范化管理现场会在县看守所召开。

1998年，县公安局实行侦审改革，打破以前公安机关刑侦破案，预审结案的局面，6月，在看守所成立侦讯中队。10月，看守所发生一起短刑犯脱逃事故，为加强监控措施，看守所在监房四个走廊入口建四个防盗门，在监狱大门入口焊接一个安全门。

1999年10月21日，由于管教员提审不规范，造成犯罪嫌疑人自伤致死案件，县看守所开展"反逃跑、反自残、反牢头狱霸"专项教育活动。

2000年，刷新监房、办公室、管教室、接待室、会见室以及院内外墙壁26000平方米，油漆门、窗、铁栅栏、放风网2164平方米，栽植花草152株，购置盆景60盆，绿化荒地500平方米，清理死角80处，补充犯号服270件。是年，被省公安厅评为三级看守所。

2005年，县看守所多次进行警示教育活动，加强廉政教育，开展防腐倡廉。

2006年，县看守所为在押人员建立一整套严格的考核奖惩制度。每月对在押人员和监室进行考核，并把考核分数作为评选标兵监室的参考条件。对留所服刑犯采取"百分考核制度"，每季评选一次劳改积极分子，根据服刑的思想和改造表现分A、B、C三个等级进行管理，给予不同的奖惩。

2007年，县看守所坚持犯罪嫌疑人入所检查制度、民警24小时值班巡视制度、安全大检查制度，确保监区稳定。每月对在押人员进行"文明监室""文明个人"评比活动，提高在押人员改造积极性。认真做好看守所信息系统管理工作。是年，县看守所被市公安局授予全市公安机关"春雷行动"先进集体。

2008年，投入经费50万元，重建视频监控系统。是年，县看守所被评为"省级公安监管部门信息技术应用示范单位"。

2009年，县看守所率先在全市看守所中，对收押的犯罪嫌疑人、被告人一律由送押单位带到赣榆县中医院进行体表、血压、血常规、心电图、B超、胸片健康检查，检查结果由医生签名或者医院盖章后送所留存。是年，县看守所被县委县政府评为"社区矫正工作先进集体"。

图 24-12　赣榆县看守所（1997年摄）

1991～2009年赣榆县看守所收押情况一览表

表 24-2

年份	新收押（人）				变动出所（人）					年底在押（人）				狱政攻势（条/起/人）		
	合计	刑拘	逮捕	其他	合计	投监	释放	取保	其他	合计	待投	留所	未决	线索	破案	抓获
1991	658	79	369	210	573	165	254	0	154	85	23	0	62	140	26	5
1992	732	224	360	148	612	138	175	0	299	120	47	0	73	67	4	14
1993	587	200	302	85	231	142	34	0	55	183	50	0	133	不详	不详	不详
1994	605	259	359	不详	344	227	59	0	58	210	2	24	184	107	11	3
1995	296	4	39	253	281	不详	不详	不详	不详	116	41	0	75	75	21	5+3
1996	589	197	392	0	239	203	36	不详	不详	168	40	0	128	58	7	7
1997	293	不详	不详	不详	203	131	41	不详	不详	258	不详	不详	不详	不详	不详	不详
1998	408	361	47	0	不详	144	101	不详	不详	194	不详	不详	不详	274	274	306
1999	650	不详	不详	不详	552	212	123	0	217	292	不详	不详	不详	70	7	6
2000	804	不详	不详	不详	778	340	126	50	262	319	56	65	198	536	198	75
2001	720	648	61	11	768	199	116	123	330	271	48	60	163	504	521	103
2002	668	563	88	17	656	143	140	132	241	301	195	60	46	不详	52	不详
2003	590	514	44	32	710	171	145	219	175	181	110	15	56	476	112	16
2004	698	608	72	18	675	148	83	142	302	202	134	19	49	511	110	33
2005	776	654	64	57	669	144	108	193	224	292	197	74	21	231	92	5
2006	841	665	137	39	903	187	137	344	235	230	147	62	21	200	150	19
2007	791	646	85	60	845	163	145	331	206	176	126	42	8	380	170	10
2008	1056	858	132	66	956	199	128	459	170	276	187	60	29	336	126	35
2009	1158	886	195	77	1086	251	135	478	222	348	21	41	286	163	216	78

三、行政拘留所

1990年，共收拘留人员60人，处理出所60人。1991年，共收被拘留人员40人，处理出所40人。1992年，共收被拘留人员88人，处理出所88人。1993年，共收被拘留人员82人，处理出所82人。1994年，共收被拘留人员99人，处理出所99人。1995年，共收被拘留人员102人，处理出所102人。1996年，9月新拘留所建成并投入使用，建筑面积300平方米，拘室5个，设计关押量60人。全年共收被拘留人员152人。1997年，共收被拘留人员478人。其中，治安拘留293人，司法拘留185人。从治安拘留转劳教8人，转收容教育15人，转刑事拘留9人。1998年，共接收被拘留人员941人。其中，治安拘留277人，司法拘留664人，转收教19人。

2002年，共收押被拘留人员1039人。通过集中开展政治攻势，获取案件线索5人次6条。是年，拘留所被公安部授予达标拘留所。2003年，共接收被拘留人员1200人，月平均收押60人。2004年，共收押被拘留人员1002人。其中，治安拘留533人，司法拘留469人。2005年，拘留所启动微机化管理，启用数码摄像、指纹捺印，按照省厅新式台账标准，建立完善32种基础台账。共接收被拘留人员2358人。其中，治安拘留1540人，司法拘留818人。2006年，按照“金盾工程”要求，在全市率先全面使用拘留所信息系统。共收押被拘留人员1520人。其中，治安拘留860人，司法拘留660人。开展政治攻势，共获取案件线索10余条，追处违法犯罪分子1人。2007年，共收拘1090人。其中，治安拘留680人，司法拘留410人。被公安部评为三级拘留所。2008年，启用拘留所信息管理系统所有模块。全年共接收被拘留人员1253人其中，治安拘留855人，司法拘留398人。扩大深挖犯罪战果，共获取案件线索9条，增处违法犯罪嫌疑人6人，治安拘留4人，破获治安案件3起，刑事案件11起。2009年，共收拘人员1527人，其中，治安拘留1036人，司法拘留491人。处理出所1526人。其中，期满释放1172人，提前解除拘留313人，转劳动教养20人，转刑事拘留21人。获取各类违法犯罪线索56条，破案21起，追处违法犯罪嫌疑人9人。

第十四节　信息网络安全监察

2001年，成立信息网络安全监察科。

2002年，开展互联网有害信息清理整治工作，共检查、清理接入服务、信息服务单位4（家）次，联网单位22家（次），“网吧”52家（次），网站15个（次），网页86个（次），清除各类有害信息74条。协助侦破江苏省首例利用黑客攻击软件攻击国家主干网案件。

2003年，协助侦破各类案件6起，抓获违法犯罪嫌疑人4人，查处行政案件4起，检查联网单位34家，上网服务营业场所60家，网站21个，网页178个，检查联网计算机终端342台，清理各类有害信息88条。

2004年，协助侦办各类案件22起，抓获违法犯罪嫌疑人26人，查处行政案件13起，新审核“网吧”8家，培训计算机安全员68人，查处违规经营“网吧”7家。

2005年，协助抓获犯罪嫌疑人32人，协破刑事案件21起。开展计算机信息网络国际联网备案工作，办理50多家备案手续，建立全市重点网站和论坛维护人员、管理员和负责人资料库，建立基础数据库。

2006年，协助侦办各类案件26起，抓获违法犯罪嫌疑人29人，新审核“网吧”10家，培训计算机安全员105人，清理各类有害信息109条。

2007年，协助抓获犯罪嫌疑人42人，协破刑事案件25起。新审核“网吧”11家，培训计算机安全员155人，查处违规经营“网吧”9家，清理各类有害信息89条。

2008年，协助侦破各类案件28起，抓获违法犯罪嫌疑人34人，查处行政案件7起，检查联网单位44家，上网服务营业场所89家，网站25个，网页196个，检查联网计算机终端642台，清理各类有害信息108条。

2009年，协助侦破各类案件32起，抓获违法犯罪嫌疑人53人，检查联网单位64家，上网服务营业场所86家，网站35个，网页203个，检查联网计算机终端942台，清理各类有害信息132条。

第十五节　交通安全管理

一、交通安全宣传

1990～1991年，利用有线广播进行交通法规宣传，在公共场所放映幻灯宣传片30余场次，在县电视台播放《道路交通管理条例》宣传录像4场次，受教育达10万余人次；编写中小学生遵守交通法规教材，分发到中、小学校，组织民警到学校上交通安全课7次。

1992年，印发交通安全材料8种20500余份，报纸、电台、电视台录用稿件54篇，发表电视讲话1次，利用录音带、图片到乡镇集市巡回宣传32场次，受教育人数30余万人次。

1993年，在县广播电台开设“交通红绿灯”栏目，组织“祝您一路平安”大型文艺演出12场次，受教育达1500人次，发放宣传材料8000余份，利用宣传车播放录音、图片巡回展览100余场次，悬挂条幅35幅，办宣传栏6个。

1994年，召开安全宣传会议169场次，受教育26640人，印发宣传材料6种计4.1万份，举办宣传活动79次。

1995年，组织交通法规文艺演出12场次，悬挂宣传横幅70余幅，张贴标语400多条，刊出黑板报、画栏10余期，印发宣传材料5种2万余份，上交通安全课160余课次，受教育学生7.4万余人次。

1996年，制作悬挂宣传横幅75幅，张贴宣传标语320余条，刊出黑板报、画刊12期，散发宣传材料5500余份。

1997年，开展以“向不文明的交通行为告别”为主题的宣传活动，悬挂交通安全宣传横幅62幅，发放宣传材料3000余份，到村镇、学校上安全课66课次，受教育13700人次，建立交通安全村6个。

1998年，悬挂交通安全宣传横幅58幅，制作宣传栏28期，发放宣传材料1000余份，发放中小学生安全测试试卷1000余份，到学校、村庄上交通安全课68课次，受教育群众、学生达21500人次。

1999年，在《赣榆报》开辟“红绿灯下”专栏，悬挂宣传横幅24幅，印发各级政府通告共9000份，发放各类宣传材料1.1万份。

图 24-13　交通安全宣传（2006年摄）

2000年，向社会发放征求意见6000余份，征求意见和建议8项。

2001年，制作宣传横幅30余起，张贴宣传标语100余条，制作并发放宣传材料《给驾驶员的一封信》1万余张。

2003年，发放各类宣传品3万多份，印发《中华人民共和国道路交通安全法》1万本，出动宣传车300多台次，悬挂大幅标语102幅，张贴标语700多幅。

2004年4～11月，开展百

场电影下农村交通宣传活动，出动宣传车300多台次，悬挂大幅标语102幅，张贴标语700多幅，发放各类宣传品3万多份。

2005年8月，在县影剧院举行大型文艺演出，宣传交通安全法，印发《中华人民共和国道路交通安全法》《江苏省道路交通安全条例》近5万册，举办交通安全下乡活动120次，组织图片展览103场次，制作宣传图板600余块，上交通安全课137余场，悬挂交通安全宣传横幅标语2.1万余条，发放宣传品9万份，张贴交通宣传画12000余张。

2006年，全县中小学开展交通安全宣传知识竞赛及小学生小交警韵律操比赛活动，并参加市交警支队组织的比赛活动。发放交通安全宣传品9万余份，播放宣传光盘5000余场次，受教育群众超过3万人。举办交通安全下乡活动120次，组织图片展览103场次，制作宣传图板600余块次，集中上交通安全课137余场，悬挂交通安全宣传横幅标语21300余条，发放宣传品9万份，张贴交通安全宣传画1.2万余张，宣传车出动568车次。全县共建成交通安全村409个，交通安全学校89所。

2007年，组织交通事故现场模拟和实物展290次，交通安全基本知识考核20场次；制作宣传警示光碟500张，制作发放各种交通安全宣传物品和资料10万份（张），设置交通安全挂图、展板255块（张），宣传标牌410块。广泛开展交通安全宣传工作进基层活动，进客货运企业38次，进行政村576次，进社区475次，进单位760次，进学校269次。播放宣传光碟175场次，上交通安全宣传课80次，受教育70万人次。

2008年，编印《中小学交通安全记心中》《驾驶文明车，做文明市民》等系列宣传资料，组织大型宣传活动48场次，制作悬挂标语460条，制作宣传展板680套，上交通安全课56次，受教育人数286550人。

2009年，交警大队共出动宣传车150台次，设立宣传点122处，制作、发放各类宣传材料10万余份，深入农村、学校、企业等上安全教育课45次，展出宣传图板、挂图260块，悬挂宣传标语、条幅120条，受教育群众达20万余人。发放《安全文明驾驶平安幸福相伴活动知识读物》《告全县驾驶员一封信》等交通安全宣传册10万余册。

二、交通治安秩序管理

1990年，赣榆县公安局交警大队负责全县交通治安管理工作，县交警大队内设车辆管理所、墩尚交通检查站、欢墩警察管理所、黑林警察管理所、柘汪警察管理所及交通警察分队等交通治安管理机构。

1991年，吊扣驾驶证40本，吊销4本，逮捕2人，治安拘留18人。1992年，查纠各类违章122130余起，完成道路交通警卫任务20余次，出动警力1750余人/次，车辆480余台次。1993年，查纠各类交通违章111824起其中，处罚57984起，暂扣驾驶证1704本次，暂扣机动车461台，暂扣非机动车49辆次，治安拘留4人。1994年，查纠各类交通违章236832起，处罚83869起，暂扣驾驶证1402本，吊扣驾驶证10本。1995年，纠正违章26万余起，处罚12万余次，协破治安案件10余起，抓获犯罪分子8人。1996年，查纠违章110134人次，处罚87057人次，查扣无牌无证汽车87台次，“五小”车辆1350台次。1997年8月，县公安局增设赣榆县公路巡逻民警大队，与县交警大队一个机构两块牌子，负责公路交通治安管理工作，是年，共查处交通违章116423起，查扣无牌无证汽车85台次，“五小”车辆1672台次，查处刑事案件5起，治安案件12起，抓获违法犯罪嫌疑人11人。1998年，查处各类违章26736起，查扣无牌无证汽车93辆，“五小”车辆2125台，查处刑事治安案件17起，抓获违法犯罪嫌疑人12人。1999年，查处交通违章216323起，查扣无牌无证汽车82辆，县管“五小”车辆4210辆。

2000年，查纠违章130552起，罚款375.59万元，治安拘留55人，查扣无牌无证车辆990台，报废车72台。2001年，共出动警力4.5万余人次，出动巡逻车1.5万余辆次，查纠各类交通违章194361辆次，查扣无牌无证机动车4647辆，吊扣严重违章驾驶证593本，治安拘留无证驾驶106人。2002年，出动警力4.6万余人次，出动巡逻车1.8万余辆次，查纠各类交通违章214350辆次，罚款1050余万元，查扣无牌

图 24-14 交警查纠车辆违章（2008年摄）

无证机动车2625辆，吊扣严重违章驾驶证1925本，治安拘留因无证驾驶120人。2003年，建立青口地区查报站。2004年，开展交通秩序整治，大力查纠无牌无证、假牌假证、报废车、非客运车辆载客及三超一疲等重点违法行为。2005年，查纠各类违章9.8万余起，抓获犯罪嫌疑人600余人。其中，刑事拘留200余人，治安拘留400余人。2006年，查处各类交通违法124800余起，拘留（含刑事拘留、治安拘留）62人，暂扣驾驶证286本；依法追究刑事责任44人，逮捕30人，取保候审14人；治安处罚73人。其中，治安拘留15人，经济处罚58人。2007年，开展酒后驾车专项整治行动，查处酒后、醉酒驾车95起，拘留53人。2008年，开展酒后驾车专项整治行动，查处酒后、醉酒驾车110起，拘留60人。2009年，大队共查处各类涉牌涉证违法行为28562起，查获被盗抢嫌疑机动车160辆，查处饮酒驾驶168起，醉酒驾驶20起，依法拘留20人。

三、车辆管理

（一）机动车管理

1990年，赣榆县公安局成立机动车辆管理所，依法对全县机动车辆实行管理。

1995年，县车管所购买计算机，办理机动车行驶证和驾驶证由人工手写改为计算机打印。

1998年，筹资购买计算机6台，驾驶证科目考试由试卷填写改为计算机无纸化考试。共办理各类“五小”机动车注册登记6378辆，核发各类“五小”机动车驾驶证5453本。

1999年，在全县实行“五小”机动车上牌专项整治，办理各类“五小”机动车注册登记26274辆，核发各类“五小”机动车驾驶证10610本。

2000年，办理各类“五小”机动车注册登记7969辆，核发各类“五小”车辆驾驶证8718本。

2001年，办理各类“五小”机动车注册登记6421辆，核发各类“五小”机动车驾驶证9811本。

2002年，办理各类“五小”机动车注册登记4220辆，核发各类“五小”机动车驾驶证7333本。

2003年，办理各类“五小”机动车注册登记4676辆，核发各类“五小”机动车驾驶证9676本。对科目考试室进行改建，考试机由6台增加至20台。

2004年，办理各类“五小”机动车注册登记3873辆，核发各类“五小”机动车驾驶证6159本。自10月1日起，核发机动车号牌采用电脑“2选1”选号。

2005年，办理各类“五小”机动车注册登记2540辆，核发各类“五小”机动车驾驶证5609本。

2006年，办理各类“五小”机动车注册登记2218辆，核发各类“五小”机动车驾驶证2634本。

2007年，办理各类“五小”机动车注册登记17234辆，核发各类“五小”机动车驾驶证2320本。2007年11月至2008年1月，在全县开展无牌无证机动车专项整治，共办理机动车注册登记20654辆。5月1日，核发机动车号牌由“2选1”改为“5选1”，10月1日起，由“5选1”改为“10选1”。

2008年，办理各类“五小”机动车注册登记12782辆，核发各类“五小”机动车驾驶证3120本。

2009年，5月1日起汽车号牌下放到县级车管所办理。共办理各类“五小”机动车注册登记8373辆，办理汽车注册登记4567辆，核发“五小”机动车驾驶证3734本。

（二）非机动车管理

1991年3～4月，县公安局在全县开展打击盗窃自行车犯罪和自行车集中验证专项工作，共审验自行车96145辆，破获盗窃自行车案件190起，收缴赃车143辆，带破其他案件32起，抓获盗窃自行车违法犯罪人员59人。其中，收审20人，包括团伙10人，成员39人。

1992年3～5月，开展打击盗窃自行车专项斗争。

1998年，全县共有非机动车296789辆，审验272036辆。破获非机动车被盗案件92起，抓获盗车犯罪分子66人，破获盗车团伙6个，成员14人，抓获车贩子7人，逮捕17人，刑事拘留19人，劳动教养11人，治安处罚24人。通过自行车审验破案件18起，排查摸底破案件16起，群众扭送5起。梳理案件线索28条，发现嫌疑车辆186辆，追缴赃车98辆，带破其它案件57起，其中重大案件6起。

1999年，根据苏公厅〔1998〕122号文件精神，在全县启用和换发自行车分合式牌照。到各乡村集贸市场、乡村路查150多次，查获各类嫌疑自行车400多辆。

2001年，集中开展打击盗窃自行车专项行动，共破获盗窃自行车案件750起，查获被盗自行车450辆，抓获盗窃自行车违法犯罪嫌疑人101人。

2002年，开展打击盗窃自行车专项整治活动，共破获盗窃自行车案件450起，逮捕、劳教、治安拘留120人。通过整治，全县居民小区自行车入库、入院率达85%以上，宾馆、饭店、医院、学校、车站、商场等公众聚集场所自行车看管率达80%以上，落实公共场所门前看管治安责任，签订治安责任书达90%以上，盗窃自行车案件大幅度下降。

2007年3～7月，县公安、综治、建设、经贸、工商、质监等六部门联合开展对自行车被盗问题集中整治专项行动，教育群众不买赃车，不用赃车。向社会公布举报电话，市民可通过互联网直接举报。

2009年，在全县范围内治理“三车”被盗“断流”行动及车辆集中上牌发证工作。整治期间，启用电动车录入系统平台，所有已办牌车辆全部录入系统平台。

四、路面管理

1991年，清理违章摊点1360个，拆除违章建筑10间，迁移农贸市场2处，清理和拆除各种路障和标牌1420处，配合治安部门处置治安案件5起，抓获犯罪分子12人。

1992年，清除违章占道摊点4000余处，堆物400余处，打谷晒场1500余场次，搬迁农贸市场2处，拆除违章建房10间。

1993年，搬迁农贸市场7处，清除违章建筑80间，清除堆物400余处，清除摊点4200处。

1994年，清除打谷晒场1544处，清除违章建筑2041间，清除公路堆物575处，清理违章摊点6862个，清除非交通标志牌291块。处置治安突发案件44起，抓获犯罪分子16人。

1995年，加大对县城秩序整治力度，纠正违章5000余次，清理乱停乱放车辆600余次，摊点2200余次。

1996年，清理影响交通摊点、堆物1215处次。

1997年，查纠堵截被盗抢嫌疑车辆3辆，查获交通肇事逃逸车辆9辆。

1998年，清除违章占道摊点1132次，排查被盗抢嫌疑车辆34台次，抓获交通肇事逃逸车18台。

1999年，清理路面影响交通摊点、障碍1621处次。

2000年，处理客运车辆不按规定停车1053台次，处理客运车辆强行拉客宰客13起。

2001～2004年，排查险桥险段14处，消除路面安全隐患186处。

2005年，共出动公路巡逻警力1.5万人次，接“110”指令890余次，有效处警830余次。

2006年，组织开展“重点违法行为交通整治活动”“创建示范化路口路段交通整治”“公路治安秩序集中整治”“重点交通违法行为专项整治”“市容环境集中整治突击活动”“预防重特大交通事故专项行动”

等专项整治行动，全年共出动巡逻警力1.5万人次，接"110"指挥中心指令890余次，有效出警830余次。

2007年，开展酒后驾车专项整治行动，查处酒后、醉酒驾车95起，拘留53人。

2008年，对全县险桥、险弯、险坡和险段进行清理排查，确定县级督办公路危险路段104处，逐一下发整改通知书。

2009年，开展客运车辆安全大检查，排查和整治交通事故多发路段4处，增设警告标志牌3块，悬挂宣传标语12幅，散发宣传单1.5万余份，纠处各类交通违法行为2600余起，设立春运服务站，做到24小时执勤。

五、交通管理设施建设

1991年，共增设路标75块，更新路标20块，设置信息站牌14块。1992～1993年，设置隔离栏杆1600余米，城区三个交叉路口安装防护栏杆300米，设临时停车场8个，限行标志牌2块，漆化标线200余米。1994年，新增标志牌14块，漆画交通标线782米。1995年，整修防护栏杆500多米，标牌35块，漆画路面标线750米，隔离墩1200个。1996～2000年，在全县道路设置"110"报警警示牌72块。

2001年，实施城市道路畅通工程，协助有关部门在黄海路西路段设不锈钢护栏1200米，标牌6块，漆画道路标线1800米。2002年，设置安全村牌46块。2003年，更换交通信号灯2处，新设交通信号灯2处，新装警告标志28块，禁令标志24块，漆画交通标线3663.5米，安装减速板300米，黄闪灯20个。2004年，更换交通信号灯2处，新增交通信号灯2处，城区主干道新装警告标志28块，禁令标志24块，漆画交通标线3663.5米，安装减速板300米，黄闪信号灯20个。2005年至2006年，对省挂牌整治危险路段204国道439KM—444KM段进行加宽改造，并筹措200余万元资金设立隔离护栏1万余米，安装两处红绿灯。2007～2008年，排查危险路段104处，在柘汪、墩尚、欢墩、官河四个省、市际卡口设置固定测速。2009年，增设交通标志50余处，清理违法占道18处，改安装交通信号灯8处、安全提示闪光灯4处，在12个路口安装闯红灯自拍系统48套，漆画标线38千米。

第二章　检　察

第一节　机构设置

1990年，赣榆县人民检察院内设办公室、刑事检察科、经济检察科、法纪检察科、控告申诉检察科、监所检察科、税务检察室。

图 24-15　赣榆县检察院大楼（2004年摄）

1992年，增设工商检察室、供销社检察室。

1993年，撤销原刑事监察科，改设刑事检察一科、刑事检察二科。

1995年，增设反贪污贿赂局（内设侦查一科、侦查二科、综合科），增设政工科、民事行政检察科。

1996年，增设审查批捕科、审查起诉科、检税科。

2000年，增设犯罪预防科、行装科。

2001年，增设侦查监督科、公诉科、渎职侵权检察科、法警大队、监察室。

2005年，撤销原渎职侵权检察科，改设反渎职侵权局，增设人民监督员办公室。

2009年，设办公室、侦查监督科、公诉科、反贪污贿赂局（侦查一科、侦查二科、综合科）、反渎职侵权局、控告申诉检察科、监所检察科、政治处、民事行政检察科、犯罪预防科、法警大队、监察室、案件监督管理科、人民监督员办公室。

第二节　反贪污贿赂检察

1990～1995年，县检察院共依法查办贪污、贿赂案件67件71人。其中，1992年查办重大、特大案件10件15人；1993年查办重大、特大案件7件9人；1994年查办重大、特大案件17件17人，"一机关三部门"（党政机关和司法部门、行政执法部门、经济管理部门）贪污、贿赂案17件17人；1995年查办万元以上大案21件21人。社会影响力较大的案件有1995年查办的原青口镇党委书记受贿案。

1996～1999年，县检察院依法查办贪污、贿赂案件72件81人。其中，1996年查办万元以上大案27件30人，科级干部2人，股级干部8人；1997年查办万元以上贪污、贿赂案21件；1999年查办贪污、贿赂案件涉及党政机关5人，经济管理部门2人，科级干部5人。社会影响力较大的案件有：海州粮食局原局长特大受贿案、县教育局原局长受贿案、县商业局原局长贪污受贿、挪用公款案。

2000～2005年，县检察院依法查办贪污、贿赂案件124件139人。其中，2000年查办重特大贪污、贿赂案件11件11人；2002年查办贪污、贿赂案13件22人，科级干部7件7人；2003年查办贪污、贿赂大案13件13人，其中，"一机关三部门"人员7件7人，科级干部5件5人。社会影响力较大的案件有县水利局原局长受贿案。

2006～2009年，县检察院依法查办贪污、贿赂案件51件55人。其中，2006年查办正科级干部1件1人，副科级干部2件2人；2007年查办5万元以上贪污、贿赂大案14件14人，科级干部3人；2008年查办5万元以上贪污、贿赂大案15件15人，科级干部2件2人；2009年查办5万元以上贪污、贿赂大案13件18人，副科级干部3人。社会影响力较大的要案有经贸局原局长挪用公款、贪污、贿赂案，县广电局原局长和副局长受贿案。

1990～2009年赣榆县人民检察院办理贪污、贿赂案件一览表

表24-3

年　份	受　理 （件/人）	立　案 （件/人）	其中贪、贿案 （件/人）	结　案 （件/人）	挽回经济损失 （万元）
1990	51/51	18/20	18/20	14/16	18
1991	76/82	26/28	17/17	26/28	48
1992	45/57	30/40	12/15	29/38	77.8
1993	85/91	32/38	29/34	29/34	314
1994	107/107	31/31	17/17	31/31	75
1995	101/102	31/32	21/22	31/32	133
1996	166/169	32/35	24/26	33/36	64.7

续表24-3

年　份	受　理（件/人）	立　案（件/人）	其中贪、贿案（件/人）	结　案（件/人）	挽回经济损失（万元）
1997	115/115	30/30	21/21	30/30	247
1998	135/138	15/18	10/10	13/14	350
1999	147/154	21/28	17/24	21/28	422
2000	126/126	23/23	19/19	22/22	296.7
2001	147/147	25/25	19/19	24/24	296
2002	69/79	26/37	24/37	24/35	255
2003	62/62	27/27	26/26	25/25	313
2004	47/49	20/22	20/22	20/22	260
2005	46/48	19/19	16/16	15/15	530
2006	18/18	18/18	14/14	16/16	250
2007	15/15	14/14	12/12	9/9	435
2008	15/15	15/15	15/15	13/13	350
2009	13/18	13/18	10/14	13/18	300
合　计	1586/1643	466/518	361/400	438/486	5095.2

第三节　刑事检察

1990～1996年，刑事检察工作的重点打击对象为杀人、放火、拦路抢劫、强奸、流氓、惯窃等严重危害社会治安的犯罪分子，凡遇重特大现行案件，检察部门坚持提前介入，做到快捕快诉。1993年，刑检科改设刑一科、刑二科，分别负责起诉与批捕工作；1996年，撤销刑一科、刑二科，改设起诉科、审查批捕科。1997～2009年，开展立案监督工作，审查批捕工作结合全县"创三安"活动，积极参与"打击盗窃机动车辆""追逃"等专项斗争。侦察科青少年维权工作成绩显著，2002年被评为省级"优秀青少年维权岗"，2003年被市检察院授予"集体三等功"，2005、2006年两次被县委授予"平安创建集体三等功"。

1995～2009年赣榆县人民检察院刑事检察办案情况一览表

表24-4

年　份	受　案（件/人）	批　捕（件/人）	不　捕（件/人）	立案监督（件）	追　逃（人）
1995	162/252	138/226			
1996	244/374	196/331	4/8		
1997	147/198	134/207	11/15	3	
1998	226/341	217/311		2	
1999	363/513	328/456			
2000	447/599	400/535		3	19

续表 24-4

年　份	受　案（件/人）	批　捕（件/人）	不　捕（件/人）	立案监督（件）	追　逃（人）
2001	404/564	369/511		17	
2002	351/492	311/435	7/7	15	3
2003	329/496	291/414	17/17	28	1
2004	387/552	324/442		30	3
2005	337/475	294/404	24/39	27	14
2006	351/523	307/446	44/74	34	17
2007	362/474	292/387	66/84	19	15
2008	436/609	362/509	70/90	16	25
2009	445/662	261/379	180/278	16	13
合　计	4991/7124	4224/5993	423/612	210	110

第四节　监所检察

1990～2009年，共查办监所职务犯罪案件2件3人，批捕监外罪犯又犯罪案件18件38人，审查起诉22件42人，起诉到法院后均被作有罪判决。检察监督并纠正收押、释放、提讯、会见等执法活动中的违法违规808人次，均被采纳。深入开展对刑罚变更执行的监督，纠正不当提请减刑95人次，考察暂予监外执行、保外就医人员71人次，提出纠正意见3件3人，纠正未按规定收监29人次，均被有关部门采纳，促进刑罚执行和监管执法公正、文明、规范开展。切实维护在押人员合法权益，通过开展维权活动，共为在押人员30余人次挽回经济损失10余万元。2003年起开展社区矫正试点工作，并在社区矫正中心设立检察室。开展对在押人员的法制教育活动，邀请公、检、法三长给在押人员上法制课50余次。驻所检察室2003年、2007年被评为全国二级规范化检察室，监所检察科两度被授予集体三等功。

第五节　反渎职侵权检察

1979年，县检察院成立法纪检察科（以下简称法纪科），查办渎职、侵权等犯罪案件。

1990年，受理各类法纪案件线索17件，立案查处2件。其中有影响案件有：县肉联加工总厂会计穆某玩忽职守案。

1991年，受理各类法纪案件线索25件，立案查处4件，立案数超过历史最高水平。其中有影响案件有：罗阳乡联防队长王某、市公安局警察机动大队民警倪某非法拘禁案，柘汪镇供销社仓库保管员李某重大责任事故案。

1992年，受理法纪案件线索25件，查后决定立案5件。

1993年，受理各类法纪案件线索25件，查后决定立案4件5人。其中有影响的案件有临沂市岚山后十里堡塑料彩印厂厂长丁某非法拘禁案，解救出被非法拘禁的少女，并依法将犯罪嫌疑人丁某缉拿归案。

1994年，受理各类案件线索34件，立案侦查5件7人，结案率达到80%，移送审查起诉正确率达到100%。其中有影响的有：欢墩镇河北村村民胡某非法侵入他人住宅案。

1995年，受理各类案件线索28件36人，立案侦查6件14人，结案率达到100%。有影响的案件有：吴山派出所副所长李某刑讯逼供案，厉庄派出所民警李某、联防队员张某刑讯逼供致死人案。

1996年，受理各类案件线索22件，立案侦查5件6人。有影响的案件有县石油公司原经理杨某、原外采科科长朱某玩忽职守案。

1997年，受理各类案件线索22件，初查16件，立案侦查3件4人。有影响的案件有龙河派出所所长秦某、内勤杨某徇私舞弊案。

1998年，立案侦查徇私舞弊案件1件。

1999年，受理各类案件线索30件。

2000年，立案侦查渎职侵权案件2件2人，全部侦查终结并移送审查起诉，为国家挽回经济损失150万元。其中查办有影响的案件为县国税直属分局副局长王某徇私舞弊不征少征税款案。

2001年，"法纪检察科"（法纪科）更名为"渎职侵权检察科"（渎检科）。立案侦查渎职侵权案件2件2人，全部侦查终结并移送审查起诉。

2002年，渎检科立案侦查渎职侵权案件3件11人，协助县检察院反贪局查办贪污贿赂案件1件1人，全部侦查终结并移送审查起诉，为国家挽回经济损失5万元。

2003年，立案侦查渎职侵权案件4件4人，案件侦结率为100%，起诉率100%，判决率100%。其中，查办县公路站人员周某、仲某、史某玩忽职守致7人死亡案，查办县公安局监管大队看守所管教员张某帮助犯罪分子逃避处罚案。

2004年，渎检科在编人员从4人增加为5人，渎检科立案侦查渎职侵权案件4件4人，全部侦查终结并移送审查起诉。其中，查办赣榆县看守所医生庞某徇私舞弊案。

2005年，渎检科在编人员从5人增加为7人，11月"渎职侵权检察科"（渎检科）更名为"反渎职侵权局"（反渎局）。是年，立案侦查渎职侵权案件6件7人，全部侦查终结并移送审查起诉，法院做出有罪判决2件2人，协助反贪局查办贪污贿赂案件2件2人，为国家挽回经济损失110余万元。查办农业局农业执法大队副队长和赣榆县工商局经检大队大队长玩忽职守案，有效平息在全市有较大影响的假种子事件；查办赣马镇卫生院人员柏某滥用职权、县卫生局医政股股长崔某玩忽职守致佘某无证行医致死一人案。

2006年，反渎局立案侦查渎职侵权案件5件5人，立案数居全市反渎第一，全部侦查终结并移送审查起诉，法院做出有罪判决2件2人，协助本院反贪局查办贪污贿赂案件2件2人，为国家挽回经济损失90余万元。其中，影响较大的案件是查办青口中心交管所人员违规追车查缴养路费，造成被追车辆翻车致2名乘客死亡的重大事故滥用职权案件。12月，反渎局被省检察院授予"集中查办破坏社会主义市场经济秩序渎职犯罪专项活动"先进集体。

2007年，反渎局在编人员从7人减为6人。立案侦查渎职侵权案件2件2人，协助反贪局查办贪污贿赂案件2件2人，案件侦结率为100%，起诉率100%，判决率100%，为国家挽回经济损失90余万元。

2008年，立案侦查渎职侵权案件7件11人，协助反贪局查办贪污贿赂案件4件4人。案件侦结率为100%，起诉率100%，判决率100%，为国家挽回经济损失40余万元。其中，查办沙河镇财政所长万某玩忽职守案，反渎局向沙河镇党委、政府发出检察建议，促进地方财政活动规范化。是年，反渎局在全市反渎工作考评中荣获第一名。

2009年，反渎局被明确为副科级单位，在编人员从6人增为7人。立案侦查渎职侵权案件6件10人，案件侦结率为100%，起诉率100%，判决率100%，为国家挽回经济损失160余万元。其中，查办渔政执法领域重大案件3件4人，查办赣榆县教育系统王某、徐某某中考考务渎职侵权案。做好犯罪预防工作，为县看守所公安干警和县计生委、柘汪镇政府、国土资源局等部门共2000余人开办预防职务犯罪法制课。是年，反渎局在全市反渎考评中获第一名，被市检察院授予集体三等功。

第六节　控告申诉检察

1990年，受理群众来信来访201件次，其中重复信访47件次。在首次信访中，县院自行查处65件，查后立案13件，转其他部门查处102件。以打击经济犯罪为工作重点，把处理公民控告申诉与经济罪案举报工作相结合，控告科和举报站共提供经济案件线索55件，其中，自查11件，含自行立案侦查1件，交经济科查办44件，含立案侦查10件，逮捕案犯5人。

1991年，受理群众来信来访243件次。其中，重复信访17件次，受理申诉9件次。在首次受理的226件中，自行查处139件，查后立案25件。全年共提供贪污贿赂等案件线索74件，由业务科室查后立案21件。

1992年，受理群众举报线索93件，处理92件，其中立案3件3人；受理群众来信来访89件，重复信访7件，在首次信访中，自行查处2件，转处62件。

1993年，共受理举报案件线索77件。其中，检察机关自查73件，自查后立案4件，转有关部门查处4件。受理群众来信来访135件次。其中，信访111件次，来访24件次。由检察机关自行查处75件，转处60件。

1994年，受理群众来信来访228件次。其中，来信181件，来访46件，重复信访7件。由检察机关自行查处127件，转处68件。全年共受理举报案件线索166件。其中，检察机关自查98件，含立案查处10件，转有关部门查处68件。

1995年，设立信访接待室，受理来信来访239件。其中，信访196件，来访43件，比同期上升4.7%，首次信访占227件，重复2件，属于控告信访60件，群众举报信访187件，举报线索124件，转反贪97件，查后立案19件，转法纪科48件，举报中心初查线索20件，初查后立案1件，挽回经济损失13800元。

1996年，受理群众来信来访310件次。其中，信访260件，来访50人次，属控告信访93件，申诉信访6件，举报信访211件，经济类性质线索171件，法纪性质线索34件。转本院自侦部门查处线索176件，转有关部门80件，全年初查线索28件，查后转反贪局立案5件。

1997年，受理来信来访224件。其中，经济案件线索150件，转反贪局116件，查后立案25件，检举法纪线索23件，转法纪科21件，查后立案2件，转其他部门32件，初查举报线索33件，初查后立案3件4人。

1998年，受理来信来访307件次。其中，举报性质178件，控告性质126件，申诉性质3件，集体来访7件，告急访3件，转本院自侦部门查处127件，转其他部门111件，自行初查线索40件，查后立案2件，妥善处理打击报复举报人案件线索3件，受理刑事申诉案件3件，刑事赔偿1件，均妥善处理。

1999年，受理信访318件，属于控告举报性质的303件，属于申诉性质8件，转本院自侦部门117件，移送上级院3件，直接答复9件，转其他机关查处130件。举报中心自行初查35件，初查后移送反贪局立案2件，移送公安机关1件。积极办理刑事申诉案件，受理刑事申诉2件，审查后维持原判。受理立案监督案件4件。检察长接待日接访群众53件213人次，批办案件47件，办理交办案件26件。

2000年，受理来信来访305件，控告举报性质273件，申诉性质12件，召开线索协调会47次，分流案件线索110件，自行初查线索34件，为国家和集体挽回经济损失46万元，受理申诉案件9件，立案复查5件，复查后维持原决定4件，纠正1件。坚持检察长接待日制度，检察长接待日接待来访55件205人次，批办55件。

2001年，受理来访来信335件。来访266件，占来访总数的79.4%；首次来访69件，占信访总量20.6%。受理举报线索316件，占总量的94.3%。受理申诉类信访19件，其中来信6件，来访13件。在受理的申诉案件中，不服不立案的10件，不服刑拘的2件，申请刑事赔偿的2件，不服其他决定的5件。

2002年，受理各类首次来信来访215件。其中，来信184件，来访32件；受理各类控告举报211件，属于检察机关管辖的首次控告举报114件，属贪污性质12件，渎职16件，受理申诉10件。

2003年，受理各类来信来访311件。其中，首次信访167件，含来信109件，来访58件（集体访12件）。受理属于检察机关管辖的首次控告举报118件，属于贪污性质51件，贿赂性质23件，受理申诉18件，刑事赔偿6件。

2004年，受理来信来访总量287件。其中，来信194件，来访85件，网上举报2件，电话访6件。在受理的各类信访中，属检察机关管辖的118件。其中，举报70件，控告31件，申诉14件。

2005年，受理来信来访179件，其中，来信113件，来访66件，同比下降10.6%。网上举报2件，电话举报5件。受理申诉26件。其中，不服法院判决4件，不服检察机关决定3件，刑事申诉无罪4件，不服公安不立案15件。

2006年，受理首次来信来访169件。其中，来信116件，网上举报3件，电话举报2件，来访48件。在受理的各类信访中，属检察机关管辖100件，其中，举报79件；控告类73件；申诉案件14件，其中，不服法院判决2件，申诉无罪4件，不服公安不立案8件。办理刑事申诉1件，赔偿案件1件。

2007年，受理各类群众来信来访167件，妥善处理集体访、告点访7件次，属于检察机关管辖的62件信访案件全部妥善处理。

2008年，受理群众来信来访141件次，属于检察机关管辖的62件信访案件全部得到妥善处理。

2009年，受理群众来信来访144件，属检察机关管辖71件，举报50件，控告类70件，申诉6件，受理赔偿案件4件，全年初核案件线索11件，经初核移送立案2件4人，办理赔偿案件4件，支付赔偿金19万元。

第七节　民事行政检察

1995年4月，成立民事行政检察科，开展民事行政检察工作。是年，受理民事行政案件线索3件，审结3件。

1996年，受理不服法院已生效的民事经济判决10件，立案7件（待立案2件）。结案6件，提请抗诉1件。

1997年，受理不服法院已生效民事判决的申诉案件12件，立案3件，审查后提请抗诉1件，建议提请省检察院抗诉1件，省检察院抗诉后，省高级人民法院以裁定发回重审。

1998年，受理当事人不服法院已经生效的民事、经济、行政判决、裁定的申诉案件26件，立案审查4件，审查后建议提请抗诉2件。

1999年，受理案件19件，立案4件，审查后对认为法院判决裁定确有错误的赣榆县第一化学试剂厂47万元经济赔偿案等2件判决建议提请抗诉。

2000年，受理案件22件，立案审查9件，审查后提请抗诉、建议提请抗诉5件，均被上级检察院采纳。法院已改判1件，即墩尚镇国土所担保议案，经市检察院抗诉，法院再审后当庭改判。另外，息诉13件。

2001年，立案9件，审查后提请或建议提请抗诉5件，改判3件。

2002年，受理25件，立案12件，提请抗诉和建议提请抗诉10件，终止审查1件，息诉22件。法院改判5件。

2003年，受理案件26件，立案审查11件，息诉11件，提请抗诉和建议提请抗诉8件（含检察建议2件），终止审查3件，法院再审后改判6件。

2004年，受理申诉案32件，立案17件；提请抗诉或建议提请抗诉8件，被市院采纳8件（含上年1件）；息诉和终止审查20件；出庭支持抗诉4次，法院调解1件，改判2件。

2005年，受理申诉案23件，立案14件；提请抗诉或建议提请抗诉7件，检察建议2件，被市院采纳9件；息诉和终止审查13件，出庭支持抗诉2次，法院再审改判7件。5月，成立“民事权益保障中心”，制定《民事权益保障中心实施细则》，并组织从事民行检察工作和熟悉民事行政法律法规的干警成立民行专家组，聘请县人大、政协、司法部门及有关企业负责人10人组成民事权益保障中心顾问委员会，与县4家企业建立联系点，制定四项工作职责，公开四项服务承诺。

2006年，受理民行申诉案件19件，立案审查17件，提请抗诉5件，建议提请抗诉4件，发检察建议1件，息诉和终止审查9件。抗诉后经法院再审得以调解4件，再审得以改判2件。提请抗诉或建议提请抗诉数、市院采纳率、法院再审改判率均全市领先。

2007年，受理民行申诉案件19件，立案审查13件，提请抗诉4件，建议提请抗诉2件，发检察建议1件，息诉和终止审查12件。抗诉后经法院再审得以改判4件。

2008年，受理民行申诉案件20件，立案审查15件，提请抗诉或建议提请抗诉案件6件，息诉和终止审查7件，出席再审法庭6次。民行科在县信访局成立民行接待室，把每月10日、20日定为专门接待日。

2009年，受理民行申诉案件16件，立案审查14件，提请抗诉或建议提请抗诉案件8件，法院再审改判、调解6件，息诉和终止审查8件，再审检察建议2件，督促起诉16件，监督执行12件，支持起诉21件。5月11日，在青口镇法律服务所设立“民事行政案件申诉联络点”，制定服务承诺、工作职责、来访接待制度等实施细则。

第八节　职务犯罪预防

2000年，成立犯罪预防科，逐步在行政执法系统、金融系统、各乡镇建立预防职务犯罪网络，新聘32名联络员，召开各系统联络员会议，建立完备各项预防工作制度。

2001年5月，制作预防职务犯罪专题片《剑与盾》。6月，举办全县预防职务犯罪图片展，开展预防职务犯罪警示教育活动。全年举办法制讲座7次，案例分析会12次。

2002年6月，联合县纪委、县委组织部、县委宣传部举办“党纪政纪、预防职务犯罪知识竞赛”。9月，举办全县预防职务犯罪演讲比赛，普及预防知识。11月，与全县20家行政执法机关联合召开行政执法机关预防职务犯罪研讨会，推动预防工作在行政执法领域的深入开展。

图 24-16　赣榆县检察院参加法制宣传周活动（2007年摄）

2003年1月，在县委党校、县法院、县看守所设立法制教育基地，同时制作预防职务犯罪专题片《正本清源》，定期对国家工作人员开展法制教育和警示教育。同年4月，成立县预防职务犯罪工作领导小组，形成全县大预防的工作格局。

2004年2月，召开全县预防职务犯罪工作会议，研究和部署预防职务犯罪工作，加强重点行业和部门系统预防，建立完善社会预防职务犯罪领导体制和以行业为特色的社会化预防网络。全年举办法制讲座14次，警示教育7次，发放检察建议20份。对石林公路二期工程、青抗公路、青口河治理等重点工程进行专项预防，保障工程顺利进行。

2005年，先后为系统预防单位上法制讲座10次，进行警示教育8次，跟踪县人民医院综合楼、青班公路、青沙公路等14个重大工程项目，进行专项预防，制作“筑牢反腐防线、打造阳光工程”专题片在全县放映。

2006年，在县电信公司、江苏宏安集团、江苏三兴集团等单位建立国有企业预防职务犯罪工作网络，完善系统预防。全年举办法制讲座15次，进行警示教育7次，受教育人数达2000人，进行法律咨询4次，预防宣传10次，发出检察建议22件。

2007年，共组织各单位900多名党员干部开展警示教育，上法制课13场，受教育人数达1200人次，结合办案开展个案预防16件，发出检察建议27份，对黑林镇国家投资土地整理、创联大厦等5个重大工程开展专项预防。

2008年，提出预防对策建议10件，个案预防发出检察建议20份，对有关单位开展警示教育4次，法律咨询5次，举办各类法制讲座12次，召开各种形式座谈会6次，对重大工程进行专项预防6项，涉及资金1亿多元，年度考核被评为全市第一。

2009年5月，开展行贿档案查询工作，严把职务犯罪的准入关口。对县行政中心办公楼、教育大厦等重点工程进行专项预防，并开展“工程优质、干部优秀”的争创活动。全年共发检察建议31份，帮助案发单位落实预防措施109项，获市检察院嘉奖，年度考核被评为全市第一。

第三章　审　判

第一节　机构设置

图 24-17　赣榆县人民法院审判庭（1995年摄）

1990年，县人民法院内设办公室、政工科、刑事审判庭、第二刑事审判庭、民事审判庭、经济审判庭、行政审判庭、告诉申诉庭、执行庭。派出机构有青口人民法庭、龙河人民法庭、石桥人民法庭、厉庄人民法庭、城头人民法庭、欢墩人民法庭、墩尚人民法庭。2月，撤销第二刑事审判庭。

1992年10月，龙河人民法庭更名为海头人民法庭，驻地迁至海头镇。

1995年，设立法警队。

1997年5月，法警队更名为法警大队。设立纪检监察室。

1998年，撤销告诉申诉庭，分设立案庭和审判监督庭。

1999年12月，撤销青口人民法庭。

2002年1月，政工科更名为政治处；司法鉴定科、研究室从办公室分出单独设立；8月，撤销海头、厉庄、欢墩、墩尚人民法庭；12月，经济审判庭更名为民事审判第二庭。

图 24-18　赣榆县人民法院审判综合楼（2005年摄）

2003年，执行庭更名为执行局，下设执行实施科和执行裁决科。民事审判庭更名为民事审判第一庭。

2004年，设立民事审判第三庭、少年审判庭（与刑事审判庭合署办公），12月执行局升级为副科级。

2005年8月，设立审判管理办公室。

2008年7月，少年审判庭与刑事审判庭分立，独立建制。

2009年，县人民法院内设机构有：政治处、办公室、纪检监察室、刑事审判庭、少年审判庭、民事审判第一庭、民事审判第二庭、民事审判第三庭、行政审判庭、立案庭、审判监督庭、研究室、审判管理办公室、司法鉴定科、执行局、法警大队。派出机构有城头人民法庭、石桥人民法庭。城头人民法庭辖区为城头、塔山、沙河、班庄、门河、城西五镇；石桥人民法庭辖区为石桥、柘汪、海头、金山、厉庄、黑林六个镇。

第二节　刑事审判

一、普通刑事犯罪审判

1990年，赣榆县人民法院审结刑事案件204件，与1989年的170件相比，上升27.6%。在已判决的212名罪犯中，被判处10年以上15年以下有期徒刑的5人；5年以上10年以下有期徒刑的60人；5年以下有期徒刑的118人；拘役16人；被判处缓刑的7人；管制4人；免予刑事处罚2人。

1991年，全年受理各类刑事案件258件，其中公诉案件143件，结案率为100%；自诉案件115件，结案率为94.9%，与1990年相比，受理案件率上升18.9%，结案率上升20.1%。共判决各类罪犯205人，已发生法律效力的125件，189人。被判处15年以上20年以下有期徒刑5人；10年以上15年以下有期徒刑5人；5年以上10年以下有期徒刑48人；管制1人。其中并处剥夺政治权利48人；并处罚金1人。在已结案件中经济犯罪案9件。被判5年以上有期徒刑2人，不满5年有期徒刑及缓刑、拘役7人。追缴赃款赃物折合人民币7.4万元。

1992年，共受理各类刑事案件254件，审结244件共327人。判决发生法律效力的人犯为223人。其中5年以上20年以下有期徒刑72人，5年以下或拘役、管制、缓刑、罚金145人，免予刑事处罚和宣告无罪的各1人。对经济犯罪案件坚持“一要坚定、二要慎重、三要务必搞准”的原则依法审理。全年判处贪污受贿案10件10人。

1993年，县人民法院落实《关于加强社会治安综合治理工作的决定》，重点打击抢劫、盗窃、强奸、流氓、贪污、受贿、经济诈骗、偷税等刑事犯罪。全年受理各类刑事案件249件，结案243件，惩治罪犯275人，结案率97.6%。其中公诉案件受理178件，审结177件，结案率为99.4%。判处10年以上15年以下有期徒刑5人；判处5年以上10年以下有期徒刑45人；判处5年以下有期徒刑65人；判处拘役、管制、缓刑、罚金刑32人。

1994年，全年共受理各类刑事案件335件，审结316件，惩治罪犯448人，结案率94.3%，其中公诉案件226件，全部在审限内结案。结合4、5、6三个月"严打"斗争和7、8、9三个月重点打击经济犯罪的斗争，配合连云港市中级人民法院对10名死刑犯进行公开宣判，并执行枪决。选择30件典型案件，对37名罪犯先后在马站、城头、石桥等乡镇进行公开宣判。

1995年，将盗窃、抢劫、强奸、腐败作为打击重点，全年共审理刑事案件300件，全部结案。其中，公诉案件167件，自诉案件121件。判决发生效力的人犯253人。被判10年以上有期徒刑的22人，5年以上有期徒刑的52人，5年以下有期徒刑的102人，缓刑56人，罚金刑5人。贪污、受贿案件29件29人。

1996年，重点打击杀人、抢劫、强奸、重大盗窃、车匪路霸，以及"制黄贩黄"和引诱、容留、强迫妇女卖淫等犯罪活动。共审结治安刑事犯罪案件157件，惩处罪犯230人，比上年增加37件68人。严厉打击贪污、贿赂等经济犯罪，审结35件41人，比上年增加6件12人。是年，重点打击涉及生产、流通、财税等领域的经济犯罪活动，审结破坏集体生产、偷税、抗税、诈骗、虚开增值税发票等犯罪案件9件14人。

1997年，新《中华人民共和国刑事诉讼法》《中华人民共和国刑法》先后公布施行。全年审理案件259件，审结259件，其中经济犯罪案件15件15人。按新法规定对犯罪分子适用罚金刑的案件220件，判处罚金82万元。对被判决的178名犯罪分子，全部进行公开审判，旁听群众达1.5万人次之多，有力地震慑犯罪。少年犯罪合议庭共审结少年犯罪案件7件，坚持惩教结合原则，寓教于审，注重法庭教育使失足青少年认罪改造，重新做人。

1998年，全年受理刑事案件327件，比1997年同期增加68件，结案327件，公诉案件221件。其中，危害社会治安犯罪129件，惩处犯罪分子187人；贪污、受贿案件10件，惩处犯罪分子13人。判决发生法律效力人犯303人。其中，被判处10年以上徒刑18人，5～10年有期徒刑42人，5年以下有期徒刑或拘役164人，单处或并处罚金15人，判处缓刑62人。审结未成年人犯罪案件5件。积极送法进校园，宣传《中华人民共和国预防未成年人犯罪法》。

图 24-19　赣榆县人民法院刑事审判庭审现场（1997年摄）

1999年，深入开展"审判质量年"活动，全年受理案件421件，结案421件，其中公诉案件349件。在已判决的362名被告人中，10年以上有期徒刑24人，5年以上有期徒刑44人，5年以下有期徒刑、拘役、管制203人，单处罚金9人，判处缓刑81人，免予刑事处罚1人。审结利用职权进行贪污、受贿犯罪案件14件，惩处犯罪分子23人。

2000年，受理刑事案件423件。其中公诉案件324件。在已判决的606名人犯中，判处10年以上有期徒刑41人；5～10年有期徒刑100人；5年以下有期徒刑、拘役、管制254人，单处罚金8人，判处缓刑199人，免予刑事处罚4人。审结贪污、受贿案件16件，惩处犯罪分子16人。配合公安"打拐"专项斗争，审结该类案件33件，惩处犯罪分子47人。严厉打击涉及"黄、赌、毒"犯罪，审结该类案件29件，惩处犯罪分子33人。

2001年，受理刑事案件461件，审结457件，其中公诉案件441件。在已判决的569名人犯中，被判处10年以上有期徒刑31人，5～10年有期徒刑61人，5年以下有期徒刑、拘役、管制227人，单处罚金27人，判处缓刑205人，免予刑事处罚18人。全年审结9起逃避追缴欠税、合同诈骗、非法经营诈骗案件，惩处犯罪分子19人。审结贪污、受贿犯罪案件18件，惩处犯罪分子19人。对经济犯罪分子的赃物、赃款再追缴和财产刑再执行案件35件，执行现金1.5万余元，扣押土地、房产等价值人民币15万余元。

2003年，全年受理刑事案件372件，审结372件，其中公诉案件359件。在已判决的436名人犯中，被判处10年以上有期徒刑12人，5～10年有期徒刑45人，5年以下有期徒刑、拘役、管制183人，单处罚金26人，判处缓刑160人，免予刑事处罚10人。6月10日，公开审理全市首例"非典"疫情刑事案件。对未成年人犯和被判处缓、减、免刑的犯罪分子进行回访监管，深入中小学校进行普法教育。

2004年，严厉打击暴力性、滋扰性、侵财性犯罪。全年共受理案件445件，审结443件。在已判决的555名人犯中，被判处10年以上有期徒刑24人，5～10年有期徒刑52人，5年以下有期徒刑、拘役、管制185人，单处罚金46人，判处缓刑246人，免予刑事处罚2人。审理判决刘某、颜某非法向马来西亚、柬埔寨输出劳务案。

2005年，共收案473件，比2004年同比增加6.3个百分点，结案465件，比2004年同比增加5个百分点。

2006年，受理各类刑事案件486件，结案504件。在已判决的606名人犯中，判处10年以上有期徒刑15人，5～10年有期徒刑43人，5年以下有期徒刑、拘役143人，适用缓刑336人，管制23人，单处罚金34人，免予刑事处罚12人。

2007年，受理各类刑事案件497件，刑事执行案件5件，旧存案件2件。其中，故意伤害97件127人，盗窃157件220人，交通肇事59件，强奸19件，抢劫17件39人，聚众斗殴寻衅滋事类案件50件126人。判决人犯689人中，10年以上有期徒刑12人，5～10年23人，5年以下有期徒刑、拘役221人，适用缓刑310人，管制21人，单处罚金97人，免予刑事处罚5人。

图 24-20　赣榆县人民法院为赣榆高级中学学生作法制报告（2008年摄）

2008年，新收案件575件，结案575件，均为公诉案件。全年共判处生效罪犯859人。其中，判处10年以上有期徒刑23人，5～10年45人，5年以下有期徒刑、拘役302人，适用缓刑400人，管制9人，单处罚金56人，免予刑事处罚24人。

2009年新收案件总计409件，结案409件，均为公诉案件。判决发生法律效力的586人。其中，被判处15年以上有期徒刑的4人，10～15年的25人，5～10年的60人，5年以下有期徒刑、拘役260人，判处缓刑的186人，管制12人，单处罚金26人，免予刑事处罚的13人。

1990～2009年赣榆县人民法院刑事审判庭收、结案一览表

表24-5

年　份	收案数（件）	结案数（件）	结收案比（%）	已决人犯数
1990	207	204	98.55	212
1991	258	252	97.67	205
1992	254	244	96.06	327
1993	249	243	97.59	275
1994	335	316	94.33	448
1995	300	300	100	353
1996	398	398	100	344
1997	259	259	100	298
1998	327	327	100	367
1999	421	421	100	454
2000	423	423	100	606
2001	461	457	99.13	569
2002	433	433	100	539
2003	372	372	100	436
2004	445	443	99.55	555
2005	473	465	98.31	593
2006	486	504	103.7	606
2007	502	502	100	689
2008	575	575	100	859
2009	409	409	100	586
总　计	7501	7461	99.47	9338

二、少年犯罪审判

图 24-21　赣榆县人民法院法制宣传进校园（2009年摄）

1990年～2004年5月，少年犯罪案件的审判属于刑事审判庭的工作范围，在刑事审判庭内设有少年犯审判合议庭。2004年6月，县人民法院设立少年审判庭与刑事审判庭合署办公，11月，县人民法院少年审判庭被共青团江苏省委、省综治办、省高级人民法院评为优秀青少年维权岗。2007年与团县委、县社区矫正领导小组、青口二中共同建立“德与法”教育基地，开辟“新生林”。2008年7月，县人民法院少年审判庭独立建制。2009年，县人民法院少年审判庭受理案件范围增加故意伤害案件（含成人犯罪）。

少年审判庭坚持“以教育为主，以惩罚为辅”原则，坚持人性化审理和庭前调查制度，与相关社区联动，组织未成年罪犯参加公益劳动，使其在劳动中受到教育。2004～2009年，县人民法院共审理未成年人案件365件，结案率达100%。2006年未成年人犯罪案件急剧上升，同比增长310%。2007～2009年，未成年人犯罪案件一直居高不下，但从总的运行趋势看，稍有下降。

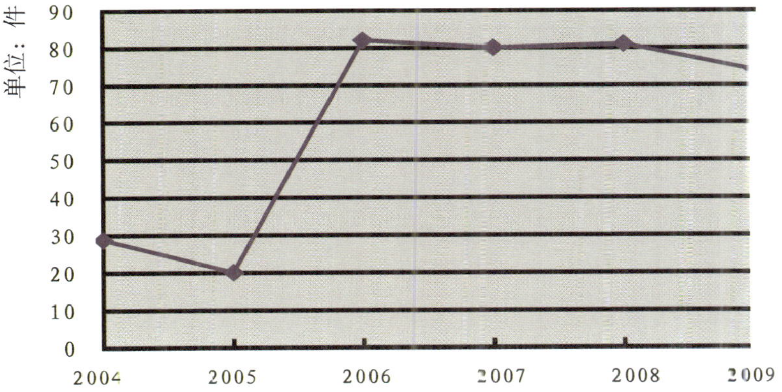

图 24-22　2004～2009年赣榆县人民法院审理未成年人案件数量曲线图

审结的案件中，侵犯公民人身权利、民主权利罪50件，占少年案件总数的13.7%，侵犯财产罪235件，占少年案件总数的64.4%。2004～2005年，未成年人犯罪案件主要集中在侵犯公民人身权利、民主权利及侵犯财产犯罪两类案件中。2006年以后，未成年人犯罪除侵犯公民人身权利、民主权利及侵犯财产犯罪两类案件仍然占较大比例外，妨害社会管理秩序犯罪领域出现未成年人犯罪，另外还出现其他一些新类型的犯罪。2009年审结涉及少年犯罪案件74件，与上年同比减少4件，但人数增加5人。其中盗窃、抢劫、抢夺等侵财类犯罪50件，危害社会公共秩序犯罪8件，该两类犯罪占犯罪总数的78.4%，强奸案件5件，且多以共同犯罪的形式出现，反映出青少年青春期的叛逆性，网络及媒介的不良导向也是诱发性犯罪的因素之一。县人民法院还审结故意伤害案件113件，86%以调解结案，更好地维护社会的稳定与和谐。

图 24-23　赣榆县人民法院启用新的少年法庭（2008年摄）

2004～2009年赣榆县人民法院受理少年犯罪案件一览表

表 24-6　　单位：件

年份	收案	结案	结案类型							
			侵犯公民人身权利、民主权利罪		侵犯财产罪		妨害社会管理秩序罪		其他犯罪	
			件	人	件	人	件	人	件	人
2004	28	28	4	4	24	25				
2005	20	20	6	6	14	22				
2006	82	82	7	9	50	66	16	42	9	9

续表24-6

年份	收案	结案	结案类型							
			侵犯公民人身权利、民主权利罪		侵犯财产罪		妨害社会管理秩序罪		其他犯罪	
			件	人	件	人	件	人	件	人
2007	80	80	10	13	51	74	17	29	2	3
2008	78	78	11	15	47	63	20	40	1	1
2009	74	74	12	18	49	71	8	22	5	5

县人民法院在少年犯罪审判中坚持审前调查、庭审教育和庭后回访的三站式维权工作方法。2007～2009年，共庭前调查354人次。为更好发挥庭审教育的作用，在离退休老教师中选任10名人民陪审员，参与到庭审教育中来。2004～2009年，进行庭后回访8次200余人，处理各类来信来访103件，开设法制讲堂41场次。

第三节　民事审判

1990年，共受理案件1950件，审结1884件。

1991～1994年，《中华人民共和国民事诉讼法》颁布实施，对民事审判工作方法进行大胆改革创新。共受理案件5676件，审结5247件，审结率92.44%。

1995年，民事审判推行直接开庭审理，以庭审为中心，改“询问式”为“诉辩式”。全年共受理各类民事案件3743件，审结3658件，审结率为97.6%。对涉农案件优先立案、优先审理，并做好调解工作，防止矛盾激化。全年受理案件987件，审结956件，结案率96.86%。

1996年，共受理各类民事案件2170件，审结2011件，审结率92.3%。

1997年，共受理各类民事案件2275件，审结2186件，审结率96.1%。

1998年，共受理案件3330件，审结3256件，审结率97.8%。

1999年，受理各类民事纠纷案件3623件，审结3426件，审结率94.6%。

2000年，民事审判工作面对大量婚姻家庭、土地承包经营、权属侵权纠纷案件，以能调则调、当判则判、调判结合为原则，把案结事了作为工作的最高目标，规范诉讼调解，加强聘请人民陪审员的协助调解和委托基层调解组织调解的力度，实现调多判少的格局。全年受理案件3871件，结案2738件，调解结案率67.2%。

2001年，受理各类民事案件2541件，审结2374件。

2002年，受理各类案件3203件，审结3097件，婚姻、债权、权属侵权类纠纷占重大比重。

2003年，县人民法院在全市基层法院系统率先成立专业合议庭。全年共审结各类民事案件2470件，审判管理中的二十五项指标在全市民事审判管理考核中领先。

2004年，受理案件3005件，审结2937件，审结率97.7%。

2005年，围绕“公正与效率”主题，开展“规范司法行为，促进司法公正”专项整改活动。受理各类民事案件3302件，审结3167件。民事审判第一庭人均结案230件，结案超360件的1人，超200件的7人。

2007年，开展巡回审批进乡村活动。受理各类案件2359件，结案2332件，其中婚姻家庭、合同纠纷类案件较2006年都有大幅上升。民事第一庭审判人员年人均结案233.2件，10名审判员中有6人结案超200件。

2008年，共新收各类民事案件2619件，审结2569件，其中调撤率比2007年提高11%，实现案结事了，民事审判第一庭被市中级人民法院评为全市大调解先进集体。

2009年，审结案件1163件，调撤率达99.6%。权属类案件增长过快，其中交通事故案件增长较猛，新收1288件，同比增长106.41%。3月11日在公安局交巡警大队成立道路交通巡回法庭，负责快速审理道路交通事故损害赔偿案件。

1990～2009年赣榆县人民法院民事审判第一庭收、结案一览表

表24-7　　　　单位：件

年　份	新　收	旧　存	结　案
1990	1214	51	1163
1991	1203	15	1176
1992	1284	42	1279
1993	1411	5	1376
1994	1696	35	1681
1995	1989	85	2025
1996	2030	140	2011
1997	2256	19	2186
1998	2261	69	2256
1999	2180	143	2198
2000	2217	54	2192
2001	2462	79	2374
2002	2471	88	2541
2003	2452	18	2386
2004	2408	66	2413
2005	2585	2	2413
2006	2025	205	2128
2007	2300	59	2332
2008	2592	27	2569
2009	3754	50	3672

1990～2009年赣榆县人民法院民事审判第一庭受理案件案由一览表（含旧存）

表24-8　　　　单位：件

年　份	婚姻家庭、继承类	侵权纠纷	合同纠纷	劳动争议	权属纠纷	其　他
1990	361	413	326	4	142	19
1991	350	386	359	6	110	7

续表24-8

年　份	婚姻家庭、继承类	侵权纠纷	合同纠纷	劳动争议	权属纠纷	其　他
1992	396	412	388	4	122	4
1993	412	406	468	9	149	2
1994	469	420	650	17	164	10
1995	505	569	774	30	200	10
1996	551	592	786	26	193	22
1997	571	586	1005	33	257	11
1998	601	574	899	18	189	49
1999	587	561	921	16	224	14
2000	567	598	897	22	178	9
2001	661	632	989	51	201	8
2002	696	601	1011	31	226	24
2003	651	589	984	20	219	7
2004	671	574	992	39	194	4
2005	689	594	1004	56	229	13
2006	529	419	887	19	167	4
2007	611	503	1010	28	198	9
2008	656	649	1071	31	212	0
2009	1019	1520	789	71	398	7

人民法庭工作　1990年，全县设青口、墩尚、欢墩、城头、厉庄、龙河、石桥7个人民法庭，人民法庭审判业务受民事审判第一庭指导，主要以审理民商事案件为主，自2001年开始，不再审理刑事自诉案

图 24-24　赣榆县人民法院民事审判庭开展巡回审判进乡村活动（2007年摄）

图 24-25　城头法庭办公场所（2009年摄）

图 24-26　石桥法庭办公场所（2008年摄）

图 24-27　农忙时节法官在田间地头办案（2008年摄）

件。2006年石桥、城头两个人民法庭共受理各类民事案件1060件，2007年共受理1215件，2008年共受理1827件，2009年共受理各类民事案件为1961件。2001年石桥人民法庭被评为江苏省最佳人民法庭。2004年城头人民法庭获"全省人民调解工作先进集体"称号，被省高级人民法院评为诉讼调解工作先进集体。

石桥人民法庭被市委、市政府评为人民满意政法单位，荣获集体二等功。2007年，石桥法庭被省高院确认为全省第二批规范司法行为示范点。2009年，通过在城头、石桥两个人民法庭开展"大排查、大调解、大调研"专项活动，服务于农村改革发展，维护社会稳定。

第四节　经济审判

1990年，经济审判工作主要围绕稳定经济秩序、深化改革而展开，组成办案组送法上门，就地办案。全年受理案件1244件，审结1287件，解决争议标的1215.28万元。

1991年，对涉及大中型企业、乡镇企业的案件优先立案，优先审理。全年共受理各类经济案件674件，审结587件，解决争议标的532.7万元。其中经济审判庭审结有关企业债权债务纠纷案件437件，涉及县外三百余个厂矿公司和金融单位，使390.60万元的企业债权债务关系得到理顺。

1992年，受理各类经济纠纷案件658件，审结613件，解决争议标的747.28万元。其中，购销合同纠纷案252件，借款合同纠纷案件96件，农业承包合同纠纷案件56件。

1993年，继续优先重点审理涉企案件。全年受理案件752件，审结739件，解决争议标的1728.5万元。

1994～1995年，县人民法院狠抓农村合作基金会中的"苗头"案件，突出重点，组织审判力量深入乡镇，就地办案，边审边执，加快资金回笼，缓解农村合作基金会、基层集体经济组织资金短缺状况。共受理各类经济纠纷案件2567件，审结2507件，解决争议标的2470.62万元。其中受理陈贷陈欠案件1435件，收回陈贷陈欠478.68万元。

1996～1999年，随着企业改制的深入进行，因改组、联合、兼并、破产、租赁、出售、股份合作制、承包等引起的纠纷日益增加，依法理顺各种法律关系，支持和保障各项改革措施的实施，成为法院经济审判的重心工作。这四年分别受理各类案件409件、409件、591件、754件，审结364件、364件、539件、685件。

1999年，县人民法院在经济审判庭中组成企业破产合议庭，会同物价、财政、工商、审计等部门组成破产清算组，受理企业破产案件，当年受理案件2件。

2000年，全年共受理案件850件，审结835件，解决争议标的700万元，挽回经济损失200余万元。

2001年，受理各类经济纠纷案件1148件，审结1146件，解决争议标的2530.61万元。

2002年，受理案件2430件，审结2505件，解决争议标的472.37万元。受理和结案与上年同比上升117%和185%。是年12月，经济审判庭更名为“民事审判庭二庭”后，原工作性质由经济审判转换为商事审判。

2003年，受理各类案件1052件，审结1078件，解决争议标的2544.88万元。

2004年，全年受理案件1492件，审结1470件，解决争议标的3225.25万元，其中审结涉及“三农”的案件135件，解决争议标的100余万元。

2005年，共受理各类商事案件953件，审结970件，解决争议标的1788.25万元。

2006年，共受理案件910件，结案903件，审结率99.23%。

2007年，共受理案件1071件，结案1064件，结案率99.35%，调撤率52.73%，平均审理天数为32.74天。2007年6月，江苏东成生化集团有限公司诉山东肥城金塔机械有限公司案，受理标的巨大，最终达成调解协议。

2008年，民事诉讼法修改实施后，民事审判第一、二庭受理案件范围有所调整，民间借贷纠纷案件调为民事审判第二庭审理，受理案件明显增多。共受理案件2316件，比去年同期增长117%；结案2300件，比上年同期增长116%；调撤率为63.22%，比上年同期增长近10%；平均审理天数为27.90天，比上年同期下降14.78%。全年共受理民间借贷纠纷案件761件，结案755件，比2007年上升71.4%和70.81%，案件总标的额达2420万元。

2009年，共受理案件2447件，结案2063件，审判人员人均结案数达343.8件。

破产案件审判工作　1999年赣榆县人民法院根据上级指示精神，在经济审判庭中组成企业破产合议庭，会同物价、财政、工商、审计等部门组成破产清算组，受理企业破产案件，当年受理案件2件。

2000年，新收8件破产案件，破产总标的达1815万元，需要安置职工1300人。通过大力宣传破产法，指导破产企业组成清算组，清产核资，追讨债权，公开拍卖，企业破产有序进行。当年审结5件，协助安置职工900人。

2001年，破产案件旧存5件，新收17件，结案9件，未结13件，破产标的额2400万元。

图 24-28　赣榆县人民法院深入企业调研（2009年摄）

2002年，破产案件旧存13件，新收35件，审结14件。

2003年8月，民事审判第三庭正式成立，专署审理企业改制和破产案件。受理破产案件43件，破产总标的1.26亿元，审结15件，协助安置破产企业职工3062人。加大对外债权的清收力度，最大限度地实现债权变现，共为破产企业清理债权债务200万元，同时加大破产的变现力度，力求破产实现值最大化。共举行拍卖会4次，拍卖标的款1060万元，成交额达770万元。稳妥做好职工的安置工作，接待来访千余人次，劝导、协调，妥善处理企业与职工之间的债务。本年度新收破产案件9件，涉及破产企业资产2324.4万元，涉及债务9921.70万元，共审结13件，为破产企业清理债权70多万元，实现破产企业财产变现700多万元，依法豁免债务17355.07万元，协助安置破产企业职工1179人。

2004～2009年赣榆县人民法院民事审判第三庭收、结案统计表

表 24-9　　　　单位：件；万元；人

年　份	新收案件数	旧　存	结　案		
			案件数	涉及企业资产	协助安置企业职工人数
2004	9	4	13	2324.4	3179
2005	2	6	8	5848.48	1792
2006	2	4	6	1614.98	719
2007	3	10	13	194.9	2821
2008	4	1	4	1268	843
2009	2	1	2	477.8	300

2004年，民事审判第三庭全年共受理破产案件9件，涉及企业资产2324.4万元，涉及企业债务9921.7万元，需安置职工2103人；共结案13件，涉及企业资产5038.16万元，为企业依法豁免债务17355.07万元。

2005年，全年共受理企业破产案件2件，涉及企业资产276.13万元；共结案8件，涉及企业资产5848.48万元，协助安置职工1792人。

2006年，审结破产案件6件，协助安置职工719人。全年新收2件破产案件，破产总标的达1614.98万元，需要安置职工126人。

2007年，共审结破产案件13件，为破产企业清理债权28792多万元，协调安置破产企业职工2821人。新收破产案件3件，涉及破产企业资产194.9万元，涉及债务1226.56万元，加大对外债权的清收力度，共为破产企业清理债权债务200万元，加大破产的变现力度，力求破产实现值最大化。共举行拍卖会4次，拍卖标的款1060万元，成交额达770万元。稳妥做好职工安置工作，接待来访千余人次，通过劝导、协调，妥善处理企业与职工之间的债务。

图 24-29　连云港市香料厂破产清算债权人会议（2007年摄）

2009年，全年审结破产案件2件，参与部分案件的执行工作，接待原审结的破产案件企业职工100多人次的来访。督促和协调破产企业主管机关和破产清算组清偿并安置职工300余人，破产企业职工养老保险金交纳率达到80%。协调解决粮食系统十余位业务员的清偿安置问题。

第五节　行政审判

1988年7月，县人民法院设立行政审判庭，处理行政诉讼案件。

1990年，通过对案件的审理，既支持行政机关依法行政，也保护公民的合法权益免受侵犯，为进一步开展行政审判工作积累初步经验。

1992年，为进一步促进行政执法机关依法行政，在相关执法部门中设立巡回法庭。2月，设立交通巡回法庭；3月，设立卫生防疫巡回法庭；6月，设立技术监督巡回法庭。1993年，卫生防疫巡回法庭就执结卫生行政处罚非诉执行案67件。

1994年，全年共受理行政案件15件，非诉执行案件69件，超过前6年的总和，结案率100%。15件诉讼案件中状告政府不依法行政的达5件，都得到公正判决。行政审判庭连续三年被省高级人民法院评为先进集体。

1995年，全年受理的10件行政诉讼案件，其中不服治安行政处罚类案件有4件，全部审结。

1996～1997年，规范诉讼秩序，对行政诉讼案件，做好宣传、疏导工作，消除对立情绪，5件案件在诉前得到协调解决。1996年，诉讼案件减少到7件。1997年，诉讼案件仅为1件。

1998年，全年执结行政机关申请执行的非诉类案件109件。

1999年，全年共受理各类行政案件14件，审结14件，执行非诉行政案件193件，执行标的额31万元。

2000年，共审理涉及政府赔偿、土地、水利、医政管理、治安行政处罚等类行政案件9件，审结9件。同时对非诉执行案件加大执行力度，全年共执结各类非诉执行案件49件。

2001年，共审理涉及土地、建设规划许可、不服行政强制措施、治安行政处罚等类案件18件。收案率虽较往年有所上升，但行政机关败诉率却仅占0.05%。全年还执行非诉执行案件100件，执行标的额19.8万元。

2002年，共受理各类行政案件21件，审结21件。

2003年，共受理各类行政诉讼案件40件，审结40件。执行行政机关申请执行案件114件。

2004年，共受理各类行政诉讼案22件，审结22件，受理非诉执行案件90件，执结90件。

图 24-30　行政首长出庭应诉座谈会（2009年摄）

2005年，全年共受理各类行政诉讼案件19件，审结19件，收结案率100%；受理非诉执行案件144件，执结144件，执结率100%。

2006年，共受理各类行政诉讼案34件，审结34件；受理非诉执行案件152件，执结152件。

2007年，共受理各类行政诉讼案24件，审结24件；受理非诉执行案件147件，执结147件。

2008年，针对2006、2007两年诉讼案件居高不下的态势，严把立案关，提倡诉前协调。全年共受理各类行政诉讼案19件，审结19件；受理非诉执行案件151件，执结151件。

2009年10月，召开行政首长出庭应诉座谈会，行政机关败诉率较上年大幅下降。全年共受理各类行政诉讼案51件，审结49件，中止审理2件；受理非诉执行案件160件，执结160件。

1990～2009年赣榆县人民法院受理行政案件一览表

表24-10　　　　单位：件

年份	收案	结案	案件类型							
			土地	房屋	劳动确认	工商	拆迁	城市规划	公安	其他
1990	1	1		1						
1991	2	2	2							
1992	1	1							1	
1993	3	3	1	1	1					
1994	15	15	2	3	3	1		4	2	
1995	10	10	1	2	2				4	1
1996	7	7	1	3	1				1	1
1997	1	1	1							
1998	5	5								4
1999	14	14	1			1				13
2000	7	7	2						1	4
2001	18	18	5					3	2	7
2002	21	21	1			1		1	4	14
2003	40	40	9	2		5	5	3	5	11
2004	22	22	5	3	1	4		3	1	5
2005	19	19	6	4	2	3		1	3	1
2006	34	34	9	6	8	5		1	3	2
2007	24	24	2	12	3	1		1	2	3
2008	19	19	3	3	4			2	3	4
2009	51	51	10	4	9	1	4	6	13	4
合计	314	314	61	44	34	22	9	25	45	74

第六节　立案与信访

1990～1993年，推行院长接待日制度，重视初信、初访，对符合立案标准的及时立案，非诉信访则及时转办。

1994年，初步施行立审分离制，统一由告诉申诉庭和人民法庭登记立案，机关业务庭不再立案，专职接收案件审判。

1998年，撤销告诉申诉庭，分设立案庭和审判监督庭，之后由审判监督庭审理申诉、再审案件，形成立案、审判、执行、监督等多个环节分工明确，各司其职，相互配合，相互制约的内部监督制约机制。

2000年年初，按照上级法院要求，改革内设机构，大立案格局初步形成。所有案件均由立案庭进行统一立案或登记，避免立案环节上的“暗箱操作”，实现“立审分立”。实行柜台式服务，方便群众诉讼。全年共审查立案5896件，立案登记1191件，接待来访128人次，处理来信42件次，配合院长接待群众75人次，另承办督促程序、公示催告等案件161件。

2001年，县人民法院进一步完善目标管理责任制，立案庭从改善服务态度，提高工作效率着手，认真做好立案审查、登记、信访接待工作，严把案件“进口”关，全年共审查立案5806件，立案登记968件，接待来访53人次，处理来信79件次，配合院长接待群众78人次，另承办督促程序、公示催告、诉前保全、申诉复查等案件82件。人性化地对待经济确有困难的当事人，依法实行减交、免交、缓交诉讼费用。

2002年，共审查立案3799件，登记立案2673件，接待来访145人次，处理来信102件次，另承办督促程序、公示催告、诉前保全、申请复查等案件69件。开展司法救助工作，全年为101件案件减交、免交、缓交各项诉讼费用。进一步完善院长接待日制度，共接待群众85人次。

2003年，立案注重服务态度，树立法院“窗口”形象，提高工作效率。共审查立案5721件，登记立案796件，接待来访613人次，处理来信148件次。

2004年，共立案受理各类案件7922件，与上年同比增案1499件，增幅达23.3%，受理执行案件2774件，同比增加22个百分点。在全市法院系统中，实现收案总量，结案总量和人均结案量三个第一。设立专职信访员，制定申诉及再审案件审查立卷工作操作方法，建立上访老户个人档案，与镇村、信访机关加强沟通联络，共同努力息诉止访。

2005年，共审查立案和登记立案8274件，接待当事人来访395人次，处理来信60件，完成上级法院交办信访案件13件，接受委托调卷96卷，委托送达11件。自办案件107件，含支付令84件，诉前保全71件，公示催告2件。在审判大楼中设立4间接待室和6部专线电话，设立8块诉讼导向牌和法庭分布图、诉讼流程图，使人员导诉与文字导诉、固定接待与流动接待相结合，保障接待工作有序、高效。将处突维稳关口前移，强化日常接处上访，及时化解群众诉讼中遇到的难题。实行院庭长“分案包干制”，对责任人员、信访制度、信访措施实行“三个落实”，加强与党委和地方政府的横向联络，共同做好涉诉信访处置工作。

图 24-31　赣榆县人民法院院长接待日院领导接待来访当事人（2005年摄）

2006年，共审查登记各类案件6534件，移送案件24件，上诉移交案件338件。复查再审案件登记23件。接待来访360人次，处理来信35件次。

2007年，共审查受理各类案件6765件，移送案件39件，上诉移交案件302件。申诉案件移送登记27件。接待来访269人次，处理来信11件次。

2008年，全年共审查登记各

类案件10210件，同期增加35%。审查立案9593件。其中民事3695件，民商事3032件，破产3件，行政19件，申诉复查12件，特别程序1件，支付令41件，诉前保全220件，执行2419件，非诉行执151件。登记立案617件，其中刑事59件，刑执3件，再审24件。接待当事人来访83人次，处理来信7件次，完成上级及本院交办的涉诉信访重点案件24件，三次派人去京接访4个月。报送上诉案件卷436件，办理退卷手续442件，为上级法院调卷51件次，接受委托送达22件次，办理诉讼费用缓、减、免手续116件，移送请示交办等案件61件。

图 24-32　赣榆县人民法院立案受理窗口（2008年摄）

2009年，全年共审查立案14303件，同期增加34.2%。审查立案11760件，其中民事3754件，商事2847件，民三1060件，行政51件，申诉复查4件，特别程序1件，支付令2件，诉前保全234件，执行3611件，非诉行执161件。登记立案590件，其中刑事578件，刑执2件，再审10件。全年接待当事人来访179件，处理来信23件次，完成上级及本院交办的涉诉信访重点案件共计13件，两次派人去京接访3个月。报送上诉案卷513件，办理退卷手续506件，为上级法院调卷56件，接受委托送达22件次，办理诉讼费用级、减、免手续275件，移送请求交办等案件46件。

1990～2009年赣榆县人民法院受理来信、来访与立案一览表

表24-11　　单位：件

年　份	立　案	处理来信	接待来访	申　诉	决定再审
1990	326	611	667		
1991	1976	701	1023		
1992	1797	482	1730		
1993	2140	186	351		
1994	5024	751	236		
1995	8676	738	1251		
1996	3526	74	75		
1997	4076	860	480		
1998	5268	497	463		
1999	5798	68	140		
2000	5896	42	128		
2001	5806	79	53		

续表 24-11

年　份	立　案	处理来信	接待来访	申　诉	决定再审
2002	3799	102	145	20	6
2003	5721	148	613	18	10
2004	7922	162	436	20	13
2005	8274	60	395	35	9
2006	6534	35	360	22	14
2007	6765	11	269	22	9
2008	10210	7	83	11	8
2009	14303	23	179	4	8

第七节　审判监督

1990～1997年，刑事、民事、经济审判的监督业务归口告诉申诉庭。

1998～2009年赣榆县人民法院受理申诉、再审案件一览表

表 24-12　　　　单位：件

年　份	受理申诉案件	决定再审案件
1998	15	15
1999	20	18
2000	11	5
2001	7	3
2002	20	6
2003	18	10
2004	20	13
2005	35	9
2006	22	14
2007	22	9
2008	11	8
2009	4	8
总　计	205	118

1998年，审判监督业务从告诉申诉庭分离出来，设立审判监督庭，专职审理申诉、再审案件。再审案件来源有三：本院院长或上级法院发现已经发生法律效力的判决、裁定确有错误依职权提起；当事人申诉或申请再审符合再审条件而由法院决定再审；人民检察院发现生效的裁判符合法定抗诉情形而依法提出抗诉。审判监督工作坚持依法纠错，充分保障当事人合法权益的原则，同时坚持依法维护生效裁判既判力，维护法律的权威性。

2000年，共复查各类案件11件，提起再审的5件，改判的5件。同时，由审判监督庭负责对全院已结案件的审查并监督归档。

2001年，审判监督力度得到加大。全年多次对案件质量实行评查，并及时将查出的问题反馈到有关业务庭，督促业务庭加以改进。全年复查案件7件，审结3件，再审3件。其中，改判2件，驳回1件。

2004年，案件评查、审判效率评估和法官业绩效评形成体制。全年复查各类申诉案件37件，审结33件。其中，改判5件，维持原判28件。

2005年，审判管理办公室设立，审判监督庭专职复查各类申诉案件35件，提起再审9件（其中检察院抗诉3件），审结9件，其中改判5件，维持原判4件。案件评查、审判效率评估、法官业绩效评交由审判管理办公室负责。

2006年，复查各类案件45件，审结复查案件22件，再审案件14件。

2007年，复查各类案件36件，审结复查案件22件，再审案件9件。

2008年，复查审查各类案件24件，审结复查案件11件，再审案件8件。4月1日民事诉讼法修改实施后，民事再审案件提级管辖，审判监督工作格局发生重大变化，审判监督案件明显减少，基层法院审判监督庭职能面临进一步转变和规范。下半年起对审判监督庭的职能工作进行调整，将审判管理办公室负责的案件评查工作转由审判监督庭负责。共评查上级法院发改或发回案件47件，同时对本院案件质量进行多次评查，保障全院案件审判质量的提高。

2009年，审判监督庭坚持依法纠错，充分保障当事人合法权益，又依法维护生效裁判的既判力，加强诉讼调解和做当事人息诉服判工作，采取多种手段化解矛盾，最大限度地案结事了。是年，共审查各类案件15件，审结案件4件，再审案件8件，撤诉3件，调解1件，调撤率50%。

第八节　执行工作

1990年，执行工作围绕治理、整顿、稳定社会秩序这一中心，积极稳妥开展工作。全年受理执行案件186件，结案153件，执结标的98.03万元。

1991年至1999年，为了打开“执行难”的被动局面，县人民法院开展执行会战，着重清理积案。对重大疑难案件，院领导亲自带队前往执行；对有条件而拒不执行的则采取集中执行集中教育的办法，使执行工作达到执行一件教育一片的效果；对无力清偿债务的企业和个人采取双方和解与放水养鱼的办法，使执行工作收到较好的效果。同时还采取自审自执和执行相配合的方式，解决“执行难”问题。最高人民法院把1999年定为“执行年”，中共中央11号文件要求全党全社会要大力支持法院解决“执行难”，县法院以此为契机，组织干警宣传11号文件，在执行重大、有影响的案件时，邀请报社、电台记者跟踪报道，初步形成生效法律文书必须执行、国家法律法规不可藐视的社会共识。当年受理执行案件1147件，结案1027件，结案率89.53%，执结标的1891.55万元。

2000年，继续深入贯彻中共中央11号文件精神，根据执行案件不断增多的情况，及时调配力量，设立10个执行小组。一年来受理各类执行案件1764件，结案1597件，结案率90.53%，执结标的1166.06万元。

2001年，在县委、县人大的支持下，积极开展执行工作.全年受理执行案件2073件，结案1950件，执结标的3560.65万元。

2002年，根据上级法院部署，对超期未结的案件进行认真排查，按年度、类别登记造册，并分工到人逐案清理，至12月，共清理积案1570件，较好地完成清积工作。同年实施执行案件流程管理，对无财产可供执行穷尽执行措施的案件，实行本次执行程序终结，使案件既注重实体结案，又注重程序结案，形成案件的收结良性循环。同年还受理各类执行案件2090件，结案1847件，结案率88.37%。

2003年，执行庭更名为执行局，下设两个实施科、一个裁决科，建立统一领导，统一管理，统一协调的执行工作新机制，实现执行裁决与执行实施相分离，提高执行工作效率。当年受理各类执行案件2153件，结案2063件，结案率95.8%，全局共有九名干警执结案件超百件。是年执行局被县政府评为社会治安综合治理先进集体，被市中级人民法院授予集体三等功。

2004年，继续加大执行力度，通过实行公开曝光、限制被执行人消费、有偿提供执行线索等相关措施，解决一些久拖不决、长期上访的“执行难”案。全年共爰理各类执行案件2774件，结案2515件，结案率90.7%，结案标的2761.05万元。

2005年，继续强化执行工作措施，进一步推行执行公开制度，制定一系列执行措施和执行规章制度，对执行案件的程序、收费、财产调查、卷宗整理等作了进一步规定。同时和公安、检察机关联手，对暴力抗拒执行，转移财产拒不履行的被执行人，依法追究刑事责任。同年有5名被执行人因转移财产被移送公安机关，其中3人被判处有期徒刑。是年共受理执行案件2616件，结案2328件，结案率89%，在全省名列前茅。

2006年，执行局深入开展“规范执行行为，促进执行公正”专项整改活动，共受理执行案件2527件（含旧存286件），比上年同期有所下降，结案2328件，结案率达91%，高于上年同期2个百分点，标的到位率达80.4%。全年共受理信访投诉案件12件，信访投诉率0.4%。在清理积案专项活动中，被省高院授予“清理执行积案先进集体”光荣称号。

2007年，全县初步建成协助执行网络，协助执行员分布全县各行政村，基层协助执行员共帮助法院提供执行线索876件次。县编委发文同意执行局设立执行实施第一科、执行实施第二科、执行实施第三科和执行裁决科。全年受理执行案件2291件（其中，新收2092件，旧存199件），同比上年（2527件）下降9.3%；结案2126件，同比上年（2328件）下降8.7%，结案率达94.18%；标的额到位率92.14%；案件平均执行天数74.52天,同比上年上升7.16天。全年共受理信访投拆案件14件，息诉率100%。

2008年，全年受理各类执行案件2904件，结案2585件，执结率88.47%，执行标的额到位率79.99%。裁决科全年共受理执行异议案件66件，已经听证结案56件，受理保全案件328件。是年5月，成立赣榆县执行工作联动机制领导小组，各职能部门共提供1603件次的协助事宜和执行线索。10月，县委召开涉村、涉府案件清理执行工作会议。11月始，开展对涉村、涉府执行积案的专项清理活动，清理涉村、涉府执行积案97件。12月，中央政法委决定在全国范围内集中开展清理积案的活动，县法院上报502件历年积案，其中包括全国重点案件59件；县综治委下发《关于将法院执行工作纳入社会综合治理目标实施意见》，对于执行联席会议制度、建立执行工作网络等都作了明确规定，对于政府部门不执行生效判决裁定，以及党政机关工作人员非法干预法院执行的，将会给予负面评价。

2009年，金融借贷案件增长迅速，民间借贷案件增长更为迅速。是年5月，县法院完成历年积案清理任务，执结标的额2308万元，提前一个月完成了任务，数量居各县区法院之首，占全市清积总数40.6%。全年执行收案3740件，增幅为23%，保全案件328件，审理执行异议案件66件。

图 24-33　赣榆县农民工喜领执行兑现款（2008年摄）

其中，立案执行金融借贷案件570件，占年度执行收案总数的15.2%，立案执行民间借贷案件547件，占已收案总数的14.6%。立案执行赔偿类案件412件，占已收案总数的11%；建设工程、商品房买卖合同类案件298件，占已收案总数的7.9%。余旺理财公司借贷案为该年度民间借贷大案，投资者纷纷向政府、公安、法院等部门投诉，执行局会同公安等部门追回了大量的欠款，有效地平息了事态。是年，县委、县政府设立救助基金专户，数额为50万元，本着有限性、一次性、必要性、追偿性的原则，从严掌握发放程序，共发放救助基金3.6万元，先后为2个案件7名困难执行人解决了无法执行的难题。法院执行工作纳入社会治理目标考核范围。

1990～2009年赣榆县人民法院收结案一览表

表24-13　　　　单位：件

年　份	刑事案件		民商事案件		执行案件		行政案件	
	收　案	结　案	收　案	结　案	收　案	结　案	收　案	结　案
1990	217	204	2458	2450	186	153	1	1
1991	258	258	1877	1963	170	168	2	2
1992	254	244	1909	1892	203	200	1	1
1993	249	243	2163	2115	256	243	3	3
1994	335	316	1860	1856	225	210	15	15
1995	300	300	2529	2578	291	273	10	10
1996	312	312	2326	2293	356	323	7	7
1997	259	259	3163	3145	469	450	1	1
1998	327	327	4613	4592	773	656	5	5
1999	421	421	4979	4819	1147	1027	14	14
2000	423	423	4077	3882	1764	1597	7	7
2001	461	457	3764	3454	2073	1950	18	18
2002	429	429	3718	3774	2090	1847	21	21
2003	269	252	2700	2478	2153	2063	40	40
2004	445	443	4632	4527	2774	2515	22	22
2005	471	465	4267	4223	2471	2442	19	19
2006	486	492	4080	4184	2394	2481	34	34
2007	502	504	4768	4778	2245	2281	24	24
2008	604	604	6724	6691	3033	3065	19	19
2009	593	591	9819	9599	3676	3602	51	51

第四章　司法行政

第一节　法制宣传

1990～1995年是赣榆县实施法制宣传教育的第二个五年规划阶段。1991年8月，县委、县政府批转县委宣传部、县司法局《关于在全县公民中开展法制宣传教育的第二个五年规划》，县人大常委会作出《关于深入开展法制宣传教育的决议》，全县“二五”普法正式启动。五年间，赣榆县先后组织全县党员群众学习《中华人民共和国宪法》《中华人民共和国市场经济条件专业法》等近50部法律法规，根据不同学法对象，重点组织学习《宪法讲话》《社会主义法制理论若干问题的讲话》《邓小平论民主法制建设》等社会主义法制理论知识。全县“二五”普法期间，累计发放各种普法资料6.5万册，举办各种类型培训班和讲座754期，培训普法骨干4.6万人次，展出宣传标语2500余幅，制作普法宣传栏1200期，上法制课1300场次，全县64.5万名应普对象有98%以上接受各种形式的普法学习；确定马站乡为依法治乡、九里乡下木套村为依法治村、县七二化工厂为依法治厂、县国土管理局为依法行政等依法治理的试点单位。先后出台《关于在县属企业开展依法治理工作意见》《赣榆县依法治村实施规划》等文件；举办《中华人民共和国妇女权益保障法》《中华人民共和国保守国家秘密法》《中华人民共和国农业技术推广法》等知识竞赛；组织并参加全国消费者协会权益保护知识竞赛、全省宪法知识竞赛、全省“二五”普法知识竞赛等；全县有15个乡镇、106个县属企业、580个行政村、10个街道居委会开展依法治理工作，依法治税、治地、治水、治林、治电、治校等不同行业的治理工作取得成绩。1990～1992年连续组织三期工商、税务法规学习；1992年举办五期普法培训班。1993年5月，赣榆县人大、县政协组织部分人大代表、政协委员视察马站乡、朱堵乡大高庄村、大岭镇后赤金村的普法和依法治理工作。1994年5月，组织开展《中华人民共和国未成年人保护法》宣传月活动。1995年，组织参与省“二五”普法知识竞赛，全县共有3.4万人参赛。

1996～2001年是实施法制宣传教育的第三个五年规划阶段。1996年7月，县委、县政府印发《县委宣传部、县司法局关于在全县开展法制宣传教育的第三个五年规划》；8月，赣榆县人大常委会作出《关于继续开展法制宣传教育的决议》，全县“三五”普法正式启动。1997年，县委、县政府制定出全县第一个依法治县规划《1996—2000年依法治县规划》。1998年9月，组织全县副科级以上领导干部进行法律知识考试，县五套班子以及800余名副科级以上领导干部参加考试。1999年9月，举办由72名县属企业厂长、经理参加的《中华人民共和国合同法》培训班。“三五”普法期间，先后三次调整依法治县领导小组。

2001～2005年是实施法制宣传教育的第四个五年规划阶段。“四五”普法期间，以坚持“两个转变、两个提高”为目标，以领导干部、公务员、司法行政执法人员、青少年、企业经营管理人员为重点对象，大力宣传与人民群众生产、生活密切相关的法律法规，为营造良好的社会环境和法治环境打好基础。“四五”普法期间，全县各级党委（组）中心组专题学法近1000次；举办各类培训班700余期；各类法律知识竞赛和考试200余次；开展“送法下乡（社区）”“送戏下乡（社区）”900余场次，制作各类宣传展牌1600余块；印发宣传资料30余万册（份）。2003年，县依法治县办公室被江苏省依法治省领导小组授予“基层依法治理先进单位”称号。2004年4月，县委组织部、宣传部、依法治县办公室、司法局联合组织首次全县领导干部学法千字文征集活动，并将征文汇编成册，分发至各单位学习。2005年，县委出台《建设法治赣榆实施纲要》。10月，县委办公室转发县司法局《关于非人大任命领导干部任前法律知识考试办法》。

2006～2010年是实施法制宣传教育的第五个五年规划阶段。至2009年年底，全县各级党委（组）中心组共组织专题学法1200多次；举办各类培训班400多期、各类法律知识竞赛和考试100多次；开展“送法下乡（社区）”“送戏下乡（社区）”近千场次；制作各类宣传展牌1500多块；张贴各类普法标语1600多条幅；出动宣传车近800台次；印发各类宣传资料20多万册（份），全县90%以上的公民受到法制宣传教育。

第二节　基层工作

1990～1995年，全县28个乡镇全部成立司法办公室及法律服务所，均配有司法助理员或司法干事，各村成立调解委员会。5年来，为各级政府、村、企事业单位担任法律顾问1040家，调解各类矛盾纠纷3450起，成功率98%以上，防止矛盾激化137起，民事代理741件，协办公证1230件，避免和挽回经济损失830万元。徐福镇大港村调委会主任吴龙荣1994年4月被评为全省优秀人民调解员。

1996～2001年，各法律服务所共为1517家政府机关及事业单位担任常年法律顾问，调解各类纠纷3790起，成功率98%以上，防止矛盾激化140起，民事代理881件，协办公证1315件，避免和挽回经济损失970万元，为基层政府提出司法建议13件。

2002～2003年，各法律服务所共为578家政府机关及事业单位担任常年法律顾问，调解各类矛盾纠纷1820起，调解成功率98%以上。民事代理829件，防止矛盾激化81起，避免和挽回经济损失430万元，为基层政府提出司法建议8件。根据国办发〔2000〕51号《关于经济鉴证类社会中介机构与政府部门实行脱钩改制的意见》等文件精神，2002年2月，经市司法局批准，全县法律服务所全部转制为合伙制法律服务所，实行自筹经费、自愿结合、自收自支、自我运营、自我发展、自我约束的运行机制，并接受县司法行政机关和基层法律服务行业协会的监督管理和指导。2003年10月，根据赣编发〔2002〕5号文件要求组建镇司法所。镇司法所为县司法局派出机构，股级建制，人员按国家公务员管理。全县镇司法所总计行政编制59名。12月，经县委组织部批准，将各镇司法助理任命为司法所所长、将司法干事任命为司法员。

2004～2005年，各法律服务所共为3564家政府及事业单位担任常年法律顾问，调解各类矛盾纠纷4320起，调解成功率98%以上，防止矛盾激化193起，代理诉讼、非诉讼案件4890件，避免和挽回经济损失518万元，为基层政府提出司法建议12件。

2005年7月，县委批准成立县社区矫正工作领导小组办公室，办公室设在县司法局。8月，县委办公室转发县司法局《关于进一步加强赣榆县基层司法所建设实施意见的通知》，明确基层司法所是县司法局的派出机构，是承担各镇司法行政工作的职能部门，执行县司法局和镇政府双重管理，以司法局管理为主的管理体制；统一规定镇司法所名称为“赣榆县司法局XX司法所”，组成人员为所长、副所长和司法员。10月，县委组织部、县委政法委员会、县人事局、县财政局、县司法局联合下发《关于明确全县司法所管理体制》的通知，进一步明确司法所的管理体制、人事、经费、办公装备、人员工资等管理工作。是年10月，县基层法律工作者协会成立。

2006年，县司法局被省综治委评为2005～2006年度人民调解防止民间纠纷激化工作先进集体。

2007年，为确保社区矫正试点工作深入推进，进一步提高矫正质量，增加社会安定和谐因素，县社区矫正工作领导小组办公室请求县政府解决社区矫正工作经费15万元。

2008年，在年检工作中严格按照省、市关于年检注册工作的要求，对受举报的执业者，凡经查举报属实的，一律暂缓或不予年检注册。全年共年检注册65人，注销3人。

2009年，继续发挥大调解中心的作用，实现“大调解”工作流程规范化，责任明确化、操作实效化，把大调解中心建成一线实战单位。

第三节　法律援助

1999年3月，县法律援助中心成立，行政编制2名，人员由司法局内部调配。主要职能是负责受理、审查法律援助申请，指派或安排法律援助人员办理法律援助事项，负责法律援助资金的使用和管理。2000年，设立法律援助专线。2001年，县司法局批准在总工会、妇联成立法律援助中心，并在18个镇依托基层司法所成立法律援助工作站，同时面向社会招募20名法律援助志愿者。2004年，县法律援助中心被省司法厅评为首届“规范化法律援助机构”。至2005年年底，县法律援助中心共办理各类法律援助案件500余件，其中2005年度由王秀昌办理的95名农民工“涉外居间劳务合同纠纷”援助案，被江苏省司法厅评为首届“江苏省十大法律援助案件”。2009年5月，经县政府批准，县法律援助中心为行政编制3人。其中，副科级领导职位1人，科员1人，办事员1人。王瑾工伤赔偿案等援助案件连续两年被评为“江苏省法律援助十大案件”。2009年，共办理法律援助案件850件，为受援人追偿劳务费、赔偿金700余万元，其中，为赴柬、赴俄两起涉外劳务纠纷提供的法律援助，共追索侵权赔偿款210多万元，涉及受援人达160余人，被评为“江苏省十大法律援助案件”。法律援助专线年均接待来电来访，解答法律咨询400余人次。县法律援助中心被评为省级规范化法律援助机构。

第四节　律　师

1980年10月，赣榆县法律顾问处成立。1983年，赣榆县法律顾问处归市司法局指导管理。1987年，法律顾问处统一改称律师事务所。1990年，各律师事务所根据市司法局要求，普遍制订律师工作十项制度，加强律师事务所内部的制度化、规范化建设。1992年11月，实行“一县二所”，成立赣榆县经济律师事务所，通过招聘、招干、统配、转干等渠道，广泛吸收律师人才，发展壮大律师队伍。1993年，各律师事务所全面推行岗位目标管理责任制，调动律师人员的工作积极性。1993年12月，贯彻司法部《关于深化律师工作改革的方案》，对各律师事务所进行用人制度改革，对所主任及律师实行聘任制；对内部分配制度进行改革，从财政拨款、差额补助逐步过渡到自收自支，至1995年年底，各律师事务所实行效益工资制；对律师事务所的管理进行改革，县司法局简政放权，对律师事务所从宏观上进行管理和指导，不干涉其内部事务，同时制定配套管理制度，使律师事务所的管理逐步规范化、制度化。

2000年10月，连云港衡信达律师事务所转为合伙律师事务所（苏司律〔2000〕第162号），该所实行自愿组合、自负盈亏、自我约束、自我发展，合伙人对债务承担无限连带责任制。10月，连云港四季青律师事务所转为合作律师事务所（苏司律〔2000〕第250号），合作所的财产为合作人所有，合作律师事务所以其全部资产对债务承担有限责任。10月，连云港瑞里特律师事务所成立（苏司律〔2000〕第356号），以律师事务所的全部资产对其债务承担责任。

律师事务所自成立以来，共担任政府及其部门、企事业单位、其他经济组织法律顾问689家，办理刑事诉讼辩护案件445件，民事代理3056件，经济诉讼代理2538件，行政诉讼代理84件，非诉讼事务代理726件，法律援助案件363件，提供法律咨询和代写法律文书16263人次，参加公益事业80次。业务收费613万元。参加调处涉法信访85次。截至2009年，全县有律师事务所4处，执业律师28人。

1990～2009年赣榆县律师事务所及执业律师一览表

表24-14　　　　单位：人

名　称	建所时间	性　质	律师数
江苏四季青律师事务所	2000.10	合伙所	11
江苏衡信达律师事务所	2000.10	合伙所	6
江苏瑞里特律师事务所	2000.10	合伙所	10
江苏邱斌律师事务所	2009.09	个人所	1

第五节　公　证

1981年，县公证处成立，受同级司法局领导，涉外公证业务由市公证处负责办理。1995年8月，按照市公证处所制定的试行事业化管理实施细则，县公证处试行事业化管理，实行自收自支的管理形式。公证处隶属关系不变，单位性质不变，全处人员应享受的工资、福利等待遇不变。1996年，按照“态度积极、步子稳妥”的总体要求，县司法局积极探索公证体制改革，把改革的重点放在内部管理上。一方面，县司法局由过去对公证处实行微观管理向宏观管理和监督方面过渡，具体管理由主任负责；另一方面，加大公证处内部改革的力度，从改革分配制度入手，强化激励机制和自律机制，着重建立岗位目标责任制和主任负责制。

县公证处坚持以质量求生存，以规范求发展，以发展促提高，修改和完善《公证处日常规范制度》《公证办证质量管理制度》《错假证责任追究暂行办法》《印章保管制度》《水印纸管理制度》《公证档案管理制度》《当事人事后意见反馈制度》等一系列规章制度，建立定期检查公证质量制度、疑难案件集中研究和重大情况报告制度，建立办证业务量化考核制和岗位目标考核制。积极开展公证宣传活动，为金融借贷、房屋拆迁、土地使用权出让承包、世界银行贷款、水利灌溉、企业改制、招商引资、民间融资等传统证源提供优质高效服务。1990年，办理各类证件342件。1991～2005年，共办理各类公证19064件，无“错证”“假证”和“人情证”现象发生，公证后的各类合同履约率为99%，总办证数超过前十年办证总数的2.49倍。1991年至2005年，县公证处连续十五年被县司法局评为先进集体，2004年被县委、县政府评为“四十佳”文明单位。

2006～2009年，全面开展“公证队伍教育规范树形象”活动，公证队伍、公证质量和公信力进一步提高。2006年，办理各类公证1926件。2007年，办理各类公证3221件。2008年，办理各类公证512[illegible]件。2009年，办理各类公证13143件。历年来从未发生错证、假证、人情证等现象。

第六节　社区矫正

县委、县政府高度重视社区矫正工作，成立分管领导挂帅，相关部门领导为成员的领导小组，加强各职能部门的协调配合，形成社区矫正工作整体合力，并将社区矫正工作列入社会治安综合治理和创安目标考核内容，层层落实责任措施，保证社区矫正工作全面有序开展。

2003年，赣榆县开始社区矫正试点工作。是年12月，青口镇被确定为全省首批6个社区矫正试点之一。在青口镇取得成功经验的基础上，全县18个镇全面推开试点工作。社区矫正机构坚持科学管理、规范操作、积极创新，形成有赣榆特色的工作格局。

2004年2月，县举行首批43名矫正对象集中宣告仪式，标志着社区矫正试点工作正式启动。4月，青口镇社区矫正办公室对张某正式宣告解除矫正，这是全市首次宣布解除矫正手续。4月，市社区矫正试点工作领导小组办公室在赣榆县召开全市社区矫正试点工作例会，县司法局和新浦区司法局在会上交流前段社区矫正试点工作情况，对工作中遇到的问题和困难进行研讨。5月，江苏电视台《法治社会》栏目组到县实地采访社区矫正试点工作。

2005年，县司法局在全省率先成立社区矫正工作管理科，并首创村（社区）矫正工作站等机制，将工作网络延伸到基层。全县建立健全三级社区矫正组织体系，采取市、县、镇（街道）和村（社区）四级管理模式；各乡镇成立社区矫正工作领导小组，建立社区矫正联络员、社区矫正工作者、社区矫正志愿者三支队伍；建设“三个基地”：一是以敬老院、社会福利院等场所为基础的公益劳动基地；二是在烈士陵园、纪念馆、“雷锋车组”、法院少年庭和各乡镇政法单位建立的教育基地；三是依托职业技术学校、职业培训中心和企业等建立的劳动技能培训基地。金山、石桥、宋庄、柘汪、门河5个镇相继对17名社区矫正对象举行宣告仪式，各镇派出所负责人宣读宣告和告知书，司法所对矫正对象进行接管并全面启动矫正程序。县十四届人大常委会第十六次会议，专题听取县司法局开展社区矫正工作情况的汇报。

2006年，收矫正对象482人，依法解矫309人，无脱管、漏管现象，形成具有赣榆特色的矫正工作经验，司法部、省市领导均给予充分肯定。南京、徐州、无锡、淮安、扬州等市县86批次2000多人前来参观考察。2007年，依法矫正501人。2008年，依法矫正825人。2009年，依法矫正812人。

第七节　安置帮教

1996年，县刑释解教人员安置帮教工作领导小组及其办公室成立，县司法局基层科承担安置帮教领导小组办公室的职能。1998年，全县18个镇全部设立安置帮教工作站，大部分村、居委会对安置帮教组织进行调整充实，全县安置帮教工作网络基本形成。实行“先报到，后落户”的办理程序，即刑释解教人员回归社会后，须先到县安置帮教办公室报到登记，然后到公安机关落户，从制度上保证刑释解教人员的报到登记率，强化管理手段。安置渠道逐渐拓宽，初步形成原单位接收、社会安置、自谋职业、从事个体私营经济的安置格局。1999年，重点加强全县安置帮教工作规范化管理，制定县、乡两级安置帮教机构工作职责和工作制度，并开展签订帮教协议书、落实帮教责任制、组织集体帮教、实行重点帮教、开展“三老”帮教、定期走访考评等工作。2000年，建立完善各乡镇（街道）安帮工作站各项工作制度，统一制作章牌，发放台账和文书格式，明确规章制度，切实达到“五有”“四上墙”的规范化要求。“五有”即有组织网络，有职责制度，有台账资料，有公章牌子，有领导保障；“四上墙”即领导小组成员名单上墙，帮教工作网络上墙，机构牌子上墙，职责制度上墙。

2000～2002年，遵循“立足基层、规范运作、发挥效能、维护稳定”的工作思路，以抓好衔接管理，加强帮教为基础，以落实安置为重点，以避免和减少重新犯罪为核心，不断提升安置帮教工作站的规范化建设水平。2003年，安置帮教工作被纳入社会治安综合治理和平安创建目标。2004～2009年，以“立足基层、规范运作、落实措施、发挥效能、维护稳定”为指导，贯彻落实中央八部委的《意见》精神，进一步拓宽刑释解教人员安置就业渠道，鼓励刑释解教人员通过灵活多样的形式实现就业，逐步实现安置就业市场化、社会化的要求，最大限度地降低重新犯罪率，注重与社区矫正工作的衔接管理，加大过渡性安置基地的建设力度，特殊群体管控得到加强。

第八节　司法鉴定

2005年，全县开始司法鉴定工作。是年10月，县成立首家非独立法人司法鉴定所——县人民医院司法鉴定所。鉴定业务范围为面向社会的法医临床类鉴定。县人民医院司法鉴定所接受市、县司法局的指导、管理和监督检查，办理各类鉴定4例。至2009年，共出具司法鉴定文书517件。

第二十五篇　军　事

第二十五篇 军事

1990～2009年，赣榆县军事组织有赣榆县人民武装委员会、赣榆县人民武装部，当地驻军有：南京军区守备第30团、坦克第2师小东关农场、武警赣榆县中队、赣榆县公安边防大队、武警赣榆县消防大队、第12集团军海训指挥部、赣榆县预备役57高炮营。

1990～2002年7月，赣榆县警民联防指挥部统一指挥县境内所有驻军武装警察和民兵、预备役部队战备及海防管理，至2009年，全县战备及海防管理由县边（海）防委员会统一指挥。

赣榆县人武部以军事训练为中心，加强民兵预备役组织建设，加强国防教育，普及国防知识，修订完善《应急支前动员预案》《应急作战方案》，抓好战备常态化工作，结合警备区训练考核内容，扎实开展岗位练兵活动和战备工作强化月活动，与地方有关部门保持密切联系，建立军地情报信息共享机制，组织民兵进行反恐维稳训练、抗洪抢险训练、设卡防火实战演练等60余次；大型抗洪抢险2次，捐款捐物100多万元，帮扶贫困户800余户；依托国家海洋安全网，以县人武部作战值班室为控制中心，以各类预编的动员船只为终端，通过卫星电话、单边带电台、超短波对讲机等通信手段，建成赣榆县民船动员岸台呼叫系统，实现信息互联通，船只动态管理即时化。

驻赣榆部队在军事训练的同时，积极开展抢险救灾、扶贫济困、优抚军烈属等活动，为发展赣榆经济和社会事业、维护社会稳定等方面做出了贡献。

第一章　军事组织

第一节　赣榆县人民武装委员会

1990～2009年，赣榆县人民武装委员会（人民武装委员会简称武委会）由中共赣榆县委书记或县长兼任主任委员，县委副书记、县人武部部长、政委兼任副主任委员，办公室设在赣榆县人民武装部（人民武装部简称人武部）。各乡、镇按县武委会组建方法组建乡、镇武委会。

第二节　赣榆县人民武装部

一、建制

1990年，赣榆县人武部为地方建制，称江苏省赣榆县人民武装部。1996年4月1日改回军队建制，复称中国人民解放军赣榆县人民武装部，县人武部的编制干部属军队建制，编制职工属赣榆县地方建制。此后至2009年年底，建制未变。

二、领导体制

人武部的组织系统属军队与地方双重领导体制，1990年至1991年5月属中国人民解放军连云港军分区，1991年6月至2009年底属中国人民解放军连云港警备区。

1990年至1996年3月31日，中共赣榆县委书记兼任县人武部党委第一书记、第一政委，1996年4月1日起只兼任县人武部第一书记，不再兼任第一政委。

第三节　驻　军

一、海防团

1990年，名为南京军区守备第30团驻防赣榆县。是年12月，守备第30团改为守备第1团。1993年3月，缩编为守备第1营，驻防青口镇。1997年4月整编为海防第2团第1营。到2009年年底，仍为海防第2团第1营。

二、军垦农场

位于罗阳镇小东关村。1990年，名为坦克第2师小东关农场，正团级单位。2001年，更名为坦克第2师副食品生产基地。2004年，改称装甲第2师农副业基地，正团级单位。2009年，仍为正团级单位。

三、武警赣榆县中队

1990年，隶于武警连云港支队，为连建制，有一个基层党支部，下设三个班。主要任务为武装看守、武装拘捕、武装押解、处置突发事件、反恐怖主义等。2001～2009年，武警赣榆县中队有一个基层党支部，下设四个班。2009年，武警赣榆县中队仍隶于武警连云港支队。

四、赣榆县公安边防大队

1990年，名为赣榆县边防武装大队（或称县公安局边防股），隶于武警连云港市支队。2002年8月，变条块结合以块为主为条块结合以条为主的管理机制，更名为赣榆县公安边防大队。2009年年底，赣榆县公安边防大队（副团级）仍隶于武警连云港支队和县公安局双重领导，下辖柘汪、九里、海头、下口、三洋港、刘口等6个正营级边防派出所。

五、武警赣榆县消防大队

1990年年底，全县有消防股、消防中队各1个，工作人员19人；乡镇有消防组织28个，工作人员316人；厂矿企业、机关团体等单位有消防组织211个，工作人员1460人。全县共有消防车3辆，消防泵89个，各种灭火机11506台，消防栓94个，防火水缸水桶45000只，防火沙2万立方米。1995年，合并县公安局消防股和消防中队为武警赣榆县消防大队。县消防大队下辖1个中队，负责全县的消防监督、火灾扑救和抢险救援任务。2009年11月9日，柘汪临港产业区专职消防站建成并正式进驻。

六、第12集团军海训指挥部

2003年7月组建，隶于第12集团军司令部，驻赣榆县青口镇。2009年12月，该指挥部仍驻青口镇。

七、赣榆县预备役57高炮营

1999年9月15日组建，初称中国人民解放军江苏陆军预备役步兵师57高炮团1营。2006年，改称中国人民解放军江苏陆军预备役高射炮兵第2师第5团57高炮1营。因其在赣榆县组建，主要驻防赣榆县，故称赣榆县预备役57高炮营。县预备役57高炮营成立党委，由赣榆县人民政府常务副县长兼任第一书记，设政治教导员，由中共赣榆县委组织部副部长兼任，营长为现役干部。2009年12月，全营设3个连，共有官兵464人，其中：中共党员与共青团员占95%，转业、复员军人占87%，具有高中以上学历者占69%，专业对口人员占37%。

第二章　战备与训练

第一节　战　备

1990年～2002年7月上旬，赣榆县军警民联防指挥部统一指挥县境内所有驻军、武装警察和民兵、预备役部队进行战备和海防管理工作，每年根据中央军委的战备思想和连云港警备区的作战方案，制订《赣榆县总体防卫方案》，绘制《总体防卫略图》，制作总体防卫沙盘。指挥部由中共赣榆县委书记任指挥，县人民政府常务副县长和县人武部部长任副指挥，各有关单位负责人为指挥部成员。

2002年7月12日，成立赣榆县边（海）防委员会、沿海各镇边（海）防委员会和沿海各村边防工作小组。县边（海）防委员会由县人民政府县长兼任主任，县政府常务副县长、县人武部部长、政委兼任副主任，中共赣榆县委宣传部部长和县政府有关局局长、有关办公室主任、江苏省青口盐场场长、军垦农场场长、海防部队部队长、县武警边防大队大队长、县武警中队中队长、沿海各镇镇长均兼任委员。县边（海）防委员会下设办公室，由县人武部军事科科长兼任办公室主任。至2009年，全县战备和海防管理由县边（海）防委员会统一指挥。

第二节　国防工程管理

1987年始，驻军把国防工程交给赣榆县人武部管理，县政府成立县国防工程管理机构，建立县、乡两级国防工程管理责任制。县人武部组织力量对全县国防工程进行普查登记，勘察测绘、拍照、卫星定位，建立档案库；制作、埋设水泥标桩，划定国防工程保护区，安排专人管理。县人武部、公安、国土等部门和所在乡镇联合执法，及时制止和查处破坏国防工程的行为。2002年，县政府与县人武部多方筹措资金对国防工程进行维修、整治，制定国防工程三年整治规划，多次召开国防工程军民共管整治改造工作会议和现场会，进行部署督查，县人武部军事科跟踪检查指导。至2009年年底，全县国防工程全部整修完毕。

赣榆县人武部先后被江苏省军区、省政府授予“国防工程维护保养先进单位”荣誉称号，被南京军区授予“军事设施保护先进单位”荣誉称号。

第三节 边（海）防管理

1990年，海头边防派出所辖区查获一起重大鳗鱼苗走私案，截获鳗鱼苗9千克，价值3800余元。1991年1月17日，赣榆县公安边防大队开始按照《江苏省沿海港口、船舶治安管理暂行规定》开展港船管理工作。海头边防派出所辖区查获走私案一起，追回赃款11000余元，香烟111.6条，人体模具6只。1996年10月9日，县公安边防大队组织海头、下口边防派出所警力破获一起偷渡日本案，抓获福建籍蛇头1人，偷渡嫌疑人员15人。1997年，开展以反偷渡、反走私为中心的“五反”运动。2001年，县公安边防大队先后破获“2000.5.27”偷渡日本案等3起偷渡案件，抓获涉案人员28人，刑拘7人，治安处罚21人，有效遏制赣榆县偷渡活动上升的势头。2002年7月12日，赣榆县边（海）防委员会成立，拟定《赣榆县海防管理工作意见》，由县政府、县人武部联合印发给各有关镇和有关单位贯彻执行。赣榆县公安边防大队下辖三洋港、下口、海头、九里、柘汪、刘口六个边防派出所，辖区共有5[illegible]个行政村，陆地辖区面积215平方千米，海岸线长62.5千米，常住人口47818户16.3万人。辖区共有港口9个，即三洋港、青口港、兴庄河港、海头港、韩口港、木套港、东柘汪港、西柘汪港、东林子港；码头22个，即水沿码头、工商河、扬水站、副河、老三洋港、范河闸、青口港、兴庄港、马庄、小口、海头桥、梁沙、新河、海头港、木套、韩口、东柘汪、西柘汪、东林子、石洋口、响石口、绣针河口。管辖渔船3442艘。其中，在册渔船2038艘（捕捞渔船1779艘，养殖渔船161艘，辅助渔船98艘，10人以上重点渔船307艘，异地作业渔船930艘，挂靠渔船7艘），“三无船舶”1404艘。管辖渔船民9413人。

2004年，县公安边防大队进一步将警力下沉到一线，在下口、海头、九里、柘汪、三洋港设立港口警务室，加强港船控制能力。2009年，县公安边防大队成立赣榆县海防监控中心，下设下口、海头、柘汪三个雷达站，实现全时段、无缝隙管理。

1990～2009年，赣榆县沿海边防辖区未发生一起偷渡、走私得逞案件。

第四节 军事训练

一、县人武部机关人员军训

1990～1996年，赣榆县人武部机关人员的军事训练，除利用早操时间训练外，还根据工作情况，安排时间集中训练。训练周期一般为一周至半个月。科目有队列、轻武器操作技能、教学法、默绘区域图等。

1997年始，投资35万余元购买电脑、数码照相机、数码摄像机等设备，建成局域网，学习电脑和高科技知识，进行科技练兵。组织机关全体人员到赣榆县商校计算机班学习，1999～2002年，14人领取计算机初级合格证书，29人取得计算机中级合格证书。

2003年，县人武部机关人员军事训练的内容，主要是单兵科目训练和“红星一号”通用参谋每周一练及竞赛。

2004～2005年，强化首长机关训练，除基础训练、海训必须参加外，对每个人进行一专多能复合素质训练。主要方法为：“动脑学理论，动手练技能，编组练战术”；“以考促训，以比促训”。2004年，县人武

图 25-1 赣榆县人武部机关正规化训练（2006年摄）

部机关人员参加连云港警备区四期军官连集训，考核、竞赛总评全市第一。2005年，江苏省军区在泰州军分区教导大队举办县人武部主官集训，介绍赣榆县人武部强化首长机关训练的经验。

2006～2009年，开展“优秀四会教练员”评比，课件制作竞赛和工作文书交流活动。2006年6月5～12日，赣榆县人武部10名职工在连云港警备区集训，获队列考核第一名。2007年7月5～15日，赣榆县人武部组织机关干部、职工和基层专武干部进行“四会教练员”集训。2008年5月～9月，赣榆县人武部机关人员先后参加连云港警备区“团以上干部三千米武装越野”考核竞赛、连云港警备区“四会教学”考核竞赛、连云港警备区4×50米团体接力赛及游泳比赛、江苏省军区参谋业务集训综合考核竞赛等多项比赛，比赛成绩都名列前茅。

二、民兵军训

1990年，建立领导干部岗位责任制，领导干部以身作则参加民兵训练，民兵军事训练以民兵干部、技术骨干和沿海反敌人小股偷袭三个方面训练为主要内容，重点训练民兵应急小分队、通信兵在各种情况下的应急能力。县直机关人武部筹资给110名民兵应急小分队队员着装，利用晚上和星期日训练30天，科目有擒拿格斗、防盗防火、轻武器射击等。青口镇人武部负责训练通信兵5个月，每天考勤，每周讲评。1991年，采取集中训练、分片设点训练和部队带训3种方式训练民兵790人。其中，训练通信兵23人7个月，有17人被批准参军。

1992～1999年，进行民兵规范化训练，县人武部统一制作发放民兵连旗、基干民兵臂章。训练对象为专职人武干部、民兵干部、专业技术骨干、新民兵等。训练方法主要有在民兵训练基地分期集中训练和部队带训两种。1992年6月，连云港警备区举行纪念毛主席民兵工作要“三落实”指示发表30周年比武，赣榆县人武部组织机关干部、基层专职人武干部、民兵参赛，有2人获个人单项奖。1993年2月，中共江苏省委、省政府、江苏省军区授予赣榆县人武部“92年度县人民武装达标先进单位”称号。1994年，赣榆县有3个乡镇人武部和3个基干民兵连被连云港市政府、连云港警备区评为“达标创先先进单位”。

图 25-2 赣榆县人武部专武干部队列训练（2006年摄）

图 25-3　民兵高炮训练（2007年摄）

1996年10月，江苏省军区在赣榆县举行“96·10”演习，赣榆县人武部组织400名民兵参加动员扩编、开进输送、组建补充和战术演练。11月，9名“四会”教练员的教学法训练通过连云港警备区考核。1997年4月，民兵应急分队4个科目训练经连云港警备区验收合格，其轻武器实弹射击获全市第一名。1998年2月，民兵应急分队训练经连云港警备区总评为优秀。

2000～2002年，赣榆县人武部进行基层人武部规范化建设，全县20个基层人武部全部达到规范化要求，有5个基层人武部被评为连云港市先进人武部。先后组织参加第12集团军兵船合练、海上军警民联合搜救演练、连云港警备区组织的“连云2002”演习等。

2003年，县人武部重点抓民兵教练员培训和专业兵集训工作，组织民兵比武，以比促训，组织各科认真编写培训教案，提高培训质量。在警备区组织的教案评比中，赣榆县人武部后勤科编写的教案获第一名，政工科获第三名。

2004年，县人武部重点抓民兵保障中队、民兵应急分队、民兵海上侦察分队、民兵后勤保障大队等4支骨干队伍训练。3月，赣榆县基层人武部干部参加连云港警备区集训，获考核、竞赛总评第一名。7月，县人武部组织民兵进行海训试点，受到省军区首长的表扬。8月，组织海上民兵与海防部队“联训、联演、联建”，组织民兵船运中队与某集团军某旅进行兵船合练和“回防前三岛”演练。

2005年，民兵军事训练的重点人员是民兵干部、专业技术分队和民兵应急分队。主要内容为战场救护、防化特种救援、道路工程抢修、重点目标防护。全年训练5期共1077人，合格率100%。赣榆县预备役57高炮营第3连参加江苏省军区实弹射击考核，获“命中拖靶奖”。

2006～2007年，赣榆县人武部着重抓基层人武部专职武装干部、民兵营连干部和新增专业分队的军事训练，按照应急作战的实战要求进行训练、演练。2006年5月12～22日，赣榆县民兵防空连携6门37高射炮到江苏省军区射阳县靶场集训，并进行实弹射击，获“命中拖靶奖”。5月24～29日，赣榆县民兵高射机枪排在连云港警备区集训，获优胜奖。7月，赣榆县民兵防空连参加连云港警备区组织的实弹考核，再次命中拖靶，达到警备区提出的“当年组建，当年训练，当年形成战斗力”的要求。连云港市政府、连云港警备区给该连记“集体三等功”1次。2007年4月9日～6月1日，赣榆县民兵防空连携双25高射炮赴江苏省军区射阳县靶场集训，获江苏省军区“后勤野炊比赛”第一名和“命中拖靶奖”。8月，连云港市政府、连云港警备区给该连记“集体三等功”1次。

2008年4月5日，县人武部组织60名民兵成立森林防火分队，到黑林镇大吴山进行清明节设卡防火实战演练。翌年清明节又进行森林防火演练。

2009年5月9～28日，县人武部组织3个抗洪抢险应急分队到石桥镇王集水库进行业务训练。9月，县人武部组织县直机关、青口镇、柘汪镇3个民兵应急连进行高炮、通信、防化等军事训练。10月，赣榆县8名民兵通信兵到江苏省军区集训，被评为优秀通讯分队。

三、学生军训

1990年，县人武部组织部分中学生进行收发报手训练。1994年8月，组织中学生收发报手参加连云港警备区报务比赛，获团体第二名。1994年10月～2007年，县人武部与教育局在赣榆县职业技术学校联合开办预备役职业高中班，统筹进行文化、军事、技术教育。

1996年始，全县所有中学每年都利用暑假开学前夕，组织刚入学的学生进行军训。训练内容按国家教育委员会、解放军总政治部、总参谋部、总后勤部联合颁发的《训练大纲》执行。县人武部在海头中学设立中学生报务训练点，5名中学生参训。当年参加江苏省军区中学生报务比赛，获团体第四名。

1996～2009年，每年训练学生约2.6万人次。

第三章　国防教育　人民防空

第一节　国防教育

赣榆县全民国防教育自1988年始。1988～1990年，赣榆县人民武装部根据青年、民兵思想活跃、参与意识强等特点，利用刊授、国防知识竞赛、新闻媒体宣传等形式，进行国防教育，以达到自觉履行公民义务，树立理解军人、尊重军人、尊重军属的良好社会风气。海头镇私营企业主王统美自筹资金设立“国防教育基金”“爱军习武功臣奖”。城南乡退休工人庄文连个人投资3万余元建房两间，设立国防教育图书室。1990年，赣榆县被中共江苏省委、江苏省军区评为全民国防教育先进单位。赣榆县人武部撰写的《发扬革命老区优势，拓宽国防教育渠道》被《江苏民兵》刊用，同时被总政治部群工部转发全军。

1991年9月10日，成立赣榆县全民国防教育委员会，中共赣榆县委副书记兼任主任委员，县委常委、县人民政府副县长、县人武部部长、政委、县委宣传部部长任副主任委员，县人武部政工科科长和县委、县政府有关部门负责人、县总工会、共青团、妇女组织负责人、县报社总编和重点学校校长任委员。委员会下设办公室，由县委宣传部副部长任办公室主任，县人武部政工科科长、县教育局局长任副主任。办公地点在县人武部政工科。县全民国防教育委员会制定国防教育三年规划，下发《国防教育意见》，按武装系统、党政系统、青年学生等3条线实施教育。1992年，成立由县人武部、县委宣传部、县委党校、教育局和有关中学负责人参加的赣榆县国防教育协调委员会，国防教育试点由赣榆县中学扩大到黑林中学和其他中小学。中共连云港市委宣传部与连云港警备区政治部联合举办国防知识竞赛，赣榆县队获团体第3名。是年，县人武部制作录像片《海边铁墙》，创办《赣榆民兵》。

图 25-4　国防教育日民兵上街散发国防常识材料（2004年摄）

1993年，先后召开县全民国防教育委员会全体委员会议、县人民武装委员会扩大会议、全县基层人武部部长工作会议、县党政军会议，研究全民国防教育问题。在学校的国防教育上，抓好赣榆县中学和海头中学开展国防科技活动的典型。在民兵的国防教育上，以国防意识教育提高民兵训练的积极性，县委、县人武部开展“十强”民兵活动、国防演讲活动和营造国防园地活动。是年，江苏省军区政治部、中共江苏省委宣传部、江苏省广播电台联合举办“长城在我心中”广播演讲比赛，赣榆县队1人获第3名，2人获鼓励奖，赣榆县人武部获组织奖；赣榆县中学被省全民国防教育委员会评为先进单位；中共海头镇委员会被中共连云港市委、连云港警备区评为国防教育先进单位。

图 25-5　赣榆县民兵预备役艺术团举办庆“八一”文艺演出（2008年摄）

1994年，县国防教育委员会把全民国防教育与学校德育教育相结合，重点在中学生中进行国防教育。10月，县人武部与县教育局在赣榆县职业技术学校联合开办预备役职业高中班，集文化、军事、技术教育为一体，规定凡符合征兵条件的预备役高中毕业生，优先报名，优先参军。为纪念《中华人民共和国兵役法》颁行40周年，县电视台、《赣榆报》开办国防教育专栏，刊稿20余篇。举办全民国防知识竞赛，全县有6000余人参加。

1995～1999年，赣榆县把全民国防教育与党政干部培训相结合，利用县委党校和各类干部培训班之机，穿插进行国防教育，增强党政干部的忧患意识和国防观念，先后举办“八一”杯国防知识竞赛、“长城在我心中”演讲比赛等活动，全县有8万余人参加。

2000～2009年，赣榆县健全党管武装制度下的党、政、军齐抓共管机制，定期召开县人民武装委员会全委会、党政议军会、全民国防教育委员会全委会，总结全民国防教育经验，研究、解决存在问题。组织党政领导干部过军事日，提高国防意识，强化责任意识。县政府颁布《赣榆县全民国防教育实施细则》，全县国防教育走上法制化轨道。县人民武装委员会每年组织青年、民兵、中小学生到抗日山烈士陵园祭扫烈士墓，进行革命传统教育。县人武部在每年9月的第3个星期六“全民国防教育日”，举办全民国防教育成果展览，开展《中华人民共和国全民国防教育法》宣传咨询，进行“爱中华，奔小康，强国防”万人签名活动；组织青年学生、党政干部参加国防知识竞赛，组织党政干部和预备役军官举行“迎八一”、过“国防日”等活动。并组建赣榆县民兵预备役官兵艺术团，举办国防文艺广场，进行庆“八一”、迎国庆军民联欢；在“八一”、国庆、国防日和征兵期间，到各乡镇巡回演出。

图 25-6　国防教育报道（2008年摄）

20年间，《赣榆报》《赣榆日报》《今日赣榆》的“国防天地”“国防园”栏目共刊稿近500篇，县电视台双拥专题节目共播电视片30余部、双拥专题讲座50余期。

第二节　人民防空

一、机构设置

赣榆县人防办成立于2001年，2003年县机构编制委员会下发《关于印发〈赣榆县人民防空办公室职能配置和人员编制规定〉通知》。根据县政府编委规定，人防办主要职责是负责全县人民防空工作，行政编制2名。其中，领导职数为主任1名，办事员1名。截至2009年，实际工作人员为5人。

二、主要工作

（一）人防知识宣传教育

2002～2009年，每年开展进社区、进街道、进学校、进乡镇、进单位等人防知识宣传活动，年均印发人防宣传手册上万份。同时，利用广播电视做人防法律、法规知识的宣传。尤其是2008年四川汶川大地震后，加大防空防灾一体化的宣传力度，使广大市民更加了解人防知识、灾后自救等知识和对重要目标自觉防护的知识。

（二）指挥通信及“准军事化”建设工作

自2003年始，每年都组织进行应急演练，确保战时拉得出用得上，根据人员变化适时地进行《赣榆县人民防空应急预案》的修编。到2009年，县应急通信报警设施基本建成，已安装电声警报器10台，分布在十个人口居住相对密集的报警点；组织人民防空专业队7个共260人，并且根据上级要求和全县实际情况，将人防机构延伸到各个乡镇。

（三）人防工程建设

在人防工程建设方面，严格执行《中华人民共和国人民防空法》和《江苏省实施〈中华人民共和国人民防空法〉办法》，按照《赣榆县人防建设总体规划》要求，求真务实，规范执法。2002～2009年，人防工程竣工总面积1.2万平方米。2009年，新开工的人防工程5500多平方米。当年年底人防地面指挥中心及人防地下指挥所工程主体完工。

第四章　拥政爱民

第一节　政治教育

赣榆县人武部始终坚持党管武装制度，对中共赣榆县委做到思想上尊重、组织上服从、行政上维护，做县委军事工作的参谋部。凡上级军事机关下达的有关文件和有关会议精神，都及时向县委汇报。每年制定武装工作开展计划，都报请县委审批。

1990年，赣榆县人武部组织机关和全县专职人民武装干部学习毛泽东的《论人民民主专政》和《人民日报》发表的《旗帜鲜明地反对资产阶级自由化》等文章，进行坚持四项基本原则（坚持社会主义道路，坚持人民民主专政，坚持中国共产党领导，坚持马克思列宁主义、毛泽东思想）教育，发动民兵开展“为什么要坚持走社会主义道路，资本主义的腐朽本质表现在哪里”等专题讨论。

1993年，县人武部探索和解决市场经济条件下民兵政治工作遇到的新问题，并在九里乡搞试点，进行中国共产党的基本路线教育、社会主义教育、人生观、价值观和反对拜金主义教育。

1994年，县人武部向全县民兵颁发《爱国主义教育实施纲要》，在沿海地区着重进行反腐蚀、反渗透教育，其经验总结《针对沿海民兵特点，确定民兵政治教育内容》被南京军区政治部转发全军学习。经过几年探索，赣榆县人武部摸索出城镇、农村、沿海三类地区民兵政治教育路子。

1999～2003年，赣榆县人武部党委集中时间，开展“三讲”（讲学习、讲政治、讲正气）教育，实践“三个代表”（始终代表中国先进生产力的发展要求、代表中国先进文化的前进方向、代表中国最广大人民的根本利益）重要思想专题教育和党员先进性教育，通过动员学习、对照检查、边学边改、巩固提高四个阶段，引导党员干部强化共产主义信念，做符合“三个代表”要求的共产党员。县人武部在青口镇进行政治教育改革试点，制定政策、法规、制度，建立、完善民兵政治工作预案和民兵政治教育约束激励机制，采取落实民兵政治生活待遇、兑现冬训民兵利益补偿、设立政治教育专项奖励经费、搞好典型激励示范等措施，增强民兵参加政治教育的责任感和内动力，并将试点经验向全县三类地区推开。

2004年，县人武部深入开展“保持共产党员先进性”专题教育，下达《民兵政治工作指示》，开展“十佳民兵政治教育好教员”活动，组织民兵预备役人员到抗日山烈士陵园凭吊先烈，重温入党誓词，树立“军魂”意识，增强履行人民军队在新形势下历史使命的责任感；开展战时政治工作和处置突发事件中民兵政治工作研究，探索民船动员中民兵政治工作的特点和方法，建立民兵参战支前政治工作教育数据库。

2005年，县人武部继续坚持部党委学习中心组带机关理论学习制度，一季度学习一个专题，用中共中央和中央军委的最新理论武装机关干部的头脑，把“正人品、树官德、强党性”作为政治教育的出发点和落脚点，加强机关和基层风气建设，创建学习型、和谐型人武部机关和规范化人武部。

2006～2008年，赣榆县人武部贯彻落实南京军区《部队心理战教育训练实施意见》，坚持利用红色资源激励参训者的战斗精神，把战斗精神融入军事斗争准备工作之中，在军事训练、演习和抢险救灾等活动中，锤炼民兵预备役人员过硬的战斗精神；开展“坚定中国特色社会主义信念，履行保卫祖国、建设祖国历史使命”等主题教育活动。

2009年，赣榆县人武部党委把理论学习当作第一责任抓，认真开展“三个带头”（带头保持政治思想坚定和思想道德纯洁；带头淡泊名利、正确对待个人进步；带头讲纪律、守规矩）教育，培育当代革命军人核心价值观教育和学习实践科学发展观活动。研究制定党委带机关理论学习措施，通过集中时间、集中人员、通读原著、重点领读、检查笔记等方式，确保人员、时间、内容、效果的落实。在第二批深入学习实践科学发展观活动中，县人武部按照上级党委的统一部署，部党委机关从3月到8月分四个阶段（筹划准备阶段、学习调研阶段、分析检查阶段、整改落实阶段）学习。坚持解放思想、突出实践特色、贯彻群众路线、正面教育为主的原则，以党委班子成员和机关干部队伍为重点，围绕“党员干部受教育、科学发展上水平、履行使命见成效”的要求，着力转变不适应、不符合科学发展观的思想观念，着力解决影响和制约单位建设科学发展的突出问题，解决党员干部在党风党纪方面群众反映强烈的突出问题。对学习调研中查找到的问题，制约单位科学发展的6个方面问题和需要完善的体制机制进行认真分析，研究制定整改落实方案。

第二节　爱民活动

1990～2009年，县、乡人武部每年都组织民兵成立学雷锋送温暖小组、帮护小组、便民小组等，帮助烈军属、残废军人、“五保”老人和其他困难户生产、生活。

1993年，马站乡西吴公村女民兵徐泉凤与5名持刀轮奸少女的歹徒搏斗，并协助公安机关破获这起暴力轮奸案。

1994年，全县出动基干民兵640人，协助公安机关破案4起。此后，赣榆县一直坚持军、警、民兵联防制度。在军、警、民联防中，民兵应急分队、基干民兵按照联防指挥部的要求，配合驻军、武警、公安机关巡逻，保卫海防，维护治安。

1997年8月18~19日，赣榆县受11号台风外围影响，大风、大雨、大潮，全县海堤岌岌可危。县人武部立即调集1800名民兵奔赴现场，驻军派出指战员1200人次，加固海堤1200米，堵决口9730米。

1998年3月，县人武部干部职工捐款购买1台彩色电视机，赠给青口镇敬老院；7、8两月，在赈灾捐助中，捐款2580元，捐衣85件。

1998年7月24日21时，赣马镇城里村8位村民，乘2辆农用三轮车通过青（口）石（桥）公路龙河漫水桥时，被洪水困在桥上。解放军某部海训部队领导立即率1个连和赣马镇民兵应急分队一起前往抢救。终于在次日4时30分把8位农民抢救上岸。

1999年2月，县人武部干部职工捐款救助黑林镇范良庄村2户贫困户，把闲置的桌、椅、文件橱等赠给黑林镇河西村村委会。3月，县人武部出资2000余元购买国防类、科技类图书赠给赣榆县高级中学。6月，县人武部开展“爱心献功臣”活动，指战员捐款2240元，购买棉被、食品等物，送给7名帮扶对象。又与县双拥领导小组协商，组织85个县直单位、29个乡镇和沙河子园艺场，共同扶持513户优抚对象，解决他们的住房、生活、治病等困难，每户平均千元，此举受江苏省“爱心献功臣”活动先进单位表彰大会的通报表彰。2000年1月，县人武部捐款3000元，慰问黑林镇范良庄村两户贫困户、厉庄镇两名孤儿和7名“三老”（老复员军人、老残疾军人、老烈属）。3月，县人武部买300棵水杉树苗到赣榆县高级中学校园和宋口村民兵营营部栽种。2004年，县人武部出资1.2万元购买1套眼科设备，送给厉庄镇眼科帮扶医院。

2003年，县人武部成立县直机关人武部退伍战士外出就业安置服务中心，利用县商业职业技术学校对外出务工人员进行就业前技术培训和军事训练，年输出劳务人员300人。是年始，县人武部在民兵预备役人员中开展“双带双扶”（带头创业致富、带动共同致富，扶助贫困村和贫困户、扶助贫困小学和特困生）活动。县人武部按照不同地域特点，进行分类指导和组织协调。在东部沿海乡镇，以海产品捕捞、养殖、加工为重点，建立“特困生态园”，用挂靠养殖大户、入股私营企业等方式帮扶。海头、宋庄两镇民兵科技保障中队，依托驻地养殖场，每年吸纳帮扶对象50余人，培训育苗技术人员30余人。中部平原乡镇，以种植业、农副产品加工业为重点，组织种植户、农副产品加工作坊主联合成立各行业协会，建立产、供、销网络，以规避风险，增加收益。县人武部全体干部、职工捐款4000余元，到敬老院走访慰问；成立民兵“防非”（防非典型性肺炎疫情）应急分队、民兵“防非”突击队、民兵“防非”信息员队伍、民兵帮扶队，参与全县的“防非”工作。

图 25-7　赣榆县人武部到黑林小学捐资助学（2004年摄）

2004年，县人武部始办“国防班”，在黑林镇黑林村小学办一个国防班，县人武部出资给该班配置新桌凳和教学用具，每学期奖励前10名品学兼优的学生每人200元。

2005年，开展“1+1”扶贫帮困活动，县人武部干部职工与赣榆县高级中学28名品学兼优的贫困生结成帮扶对象，资助他们完成学业。另外，资助城西镇中心小学4名特困学生，每人每学期300元。帮扶黑林镇大树村50户贫困户。捐款5200元资助大树村小学。争取江苏省军区筹资40余万元，资助黑林、大树两村50户特困烈军属“草(房)改瓦(房)”工程。在西部山区，组织民兵预备役人员承包山地、坡地，种植中药材、果树。班庄、门河两镇种植“民兵杨树林”80多公顷、“民兵青竹林”13公顷。厉庄镇种植“民兵生态樱桃园”和“民兵生态板栗林”共67公顷。县人武部请县职业技术学校和县委党校培训各类技术人员160人，带领2000余户脱贫致富。

图 25-8 赣榆县人武部到帮扶对象育苗场考察（2007年摄）

2004～2009年，赣榆县人武部和各乡镇人武部共帮扶贫困村21个，贫困户122户，资助贫困学生120名，被县委、县政府评为2004、2005年度“建设赣榆有功单位”。2007年1月，《东海民兵》《人民前线》发表长篇报道《富民强县：驻军有义不容辞的责任》，专题介绍赣榆县人武部开展“双带双扶”活动的情况。

图 25-9 赣榆县人武部到赣榆高级中学捐资助学（2005年摄）

驻赣榆部队在以军事训练为中心的同时，积极开展爱民固边等活动。1990～2005年，县武警中队积极参与协助处理重大治安事件、苏北灾区捐献活动，扬州兴化抗洪抢险、国家“希望工程”捐款、“春蕾计划”捐款、汶川大地震灾区捐款、连云港电视大楼建设、地方水利工程兴建、农村大忙和创建卫生城市等活动；赣榆县边防大队推进创建爱民固边模范村和关爱无助儿童活动；武警赣榆县消防大队进行火灾扑救、抢险救援、社会救助等活动。2006～2009年，驻军部队加强军民共建，积极参与帮扶贫困村经济建设，资助困难学生完成学业，共帮扶贫困村21个，贫困户222户，资助贫困生120名，协调劳务输出5000余人，走访军烈属270余户(次)，捐款、捐物11万余元。

第五章 后勤保障

第一节 财务管理

赣榆县人武部经费来源主要有两个渠道：一是现役军人薪金及本部的标准经费由军队财务部门拨付；二是县政府按人武部职工编制，民兵预备役训练任务及征兵任务，拨付职工工资、民兵训练费、国防教育费、征兵经费及专项经费。这部分经费列代管经费科目核算。20世纪90年代至2002年，民兵训练经费采取城乡统筹办法筹措，农村户口每人每年征收0.5元，城镇户口每人每年征收1元。2003～2009年民兵训练费列入县财政预算。

根据上级财务管理规定，赣榆县人武部对经费预算的编制、经费审批、经费决算、代管经费的管理、预算经费管理、会计核算、资金管理等一切财务收支都置于部党委监控之下，实行部党委负责制和党委领导下的首长分工负责制。1999年，根据部队不经商的要求，县人武部撤销以劳养武账户，只保留1个基本账户。2000年，县人武部根据上级关于人武部财经管理规定，进行细化量化，制定《赣榆县人武部财务管理办法》，进一步规范财经管理，提高经费使用效益。2001年，县人武部会计核算由手工记账改为电脑记账，提高核算水平，加快记账速度。

2005～2009年，依据江苏省军区《后勤保障社会化改革三年规划》，制定《赣榆县人民武装部预决算编制实施细则》，推行预算编制改革，合理调整财力投向和投量，在保证机关工作与生活必须资金的前提下，集中财力保战备和训练所需资金，保障率100%。

赣榆县人武部每年的预决算，都通过党委会集体研究。坚持财务归口管理，非后勤科不得涉财。凡大项开支，一律做到经费总量公开，开支项目公开，审批过程公开，使用结果公开。1996年，人武部收归军队编制后，连云港警备区每年都要对各县人武部进行一次财务审计，主管后勤的领导调动或转业后也要对其进行离任审计。经历次审计，赣榆县人武部经费开支合理，审批手续严格，没有发现违法违纪问题。

第二节　军需物资管理

一、物资集中采购

1996年4月，赣榆县人武部开始实行物资集中采购。大项目和大批量的物资由后勤科集中办理，统一结算。2003年，赣榆县人武部进一步做好后勤社会化改革工作，把物资、工程、服务采购工作列入后勤正规化建设的一项重要内容，遵循统一计划，集中采购、支付，归口管理，公开透明，安全保密的原则，成立物资集中采购领导办公室。制定物资集中采购办法，明确采购办公室主任、采购员、保管员的职责；年初根据年度预算，结合各科分项预算，制定全年物资采购计划；在每月初的办公会上，各科列出所需的物资采购计划交由采购办公室统一办理；对于1000元以上的大项物资采购，需有采购员两人以上一同办理；涉及其他科室需采购1000元以上的物资，采购时需由其他科室一名人员参加。

二、军需给养

1987年，赣榆县人武部改归地方建制，干部、职工粮油按地方人员标准供应。1996年县人武部收归军队建制，粮油已取消计划供应，由干部职工自己在市场购买。人武部开办食堂，为家庭不在驻地的干部提供用餐方便。伙食费采取个人出一部分，人武部补助一部分的办法解决。

县人武部的现役军人服装按军队的标准供给。自1992年始，按总参谋部动员部决定，县人武部职工和专武干部统一着专武干部服装，配戴专武干部符号标志。服装费由县、镇两级财政解决。

三、车辆与财产管理

赣榆县人武部运用江苏省军区编制的《后勤规范化管理作业系统》进行车辆、贵重物品和房地产管理。所有贵重物品都逐件（套）登记建账，定期核对。汽车的保养、维修和油料保管领用都有规章制度，用车有审批程序，并经常对驾驶员进行安全教育。至2009年年底，一直保持安全行驶无事故记录。

第三节　武器装备管理

一、武器库建设

1990年，全县各基层人武部建有武器库，安排专人管理民兵武器。1992年9月，全县保留宋庄、城东、海头、九里、柘汪5个乡镇武器库，其余乡镇武器库撤销，民兵的武器、弹药集中县库保管。1996年，撤销宋庄、城东、海头、柘汪4个乡镇武器库。1998年，撤销九里乡武器库。自此至2009年年底，全县民兵的武器、弹药全部由县人武部武器装备仓库集中保管。

二、制度建设

1990年，赣榆县人武部民兵武器库制订有仓库警卫制度，武器进出库制度，登记统计制度，维修保养制度和岗位责任制。1996年，贯彻执行《中国人民解放军武器装备管理工作条例》和《民兵武器管理条例》，建立健全昼夜值班制度、干部住库制度、交接班制度、双人双锁制度和奖惩制度，武器装备管理逐步规范化。做到“五个坚持”：坚持弹药室符合战备和安全要求，落实“三铁一器”和双人双锁联管制度，枪、弹分柜存放，光学器材装入密封箱。管理定人、定位，危险品单独存放，严禁教练弹与实弹混放。坚持由指定专人负责弹药室，任何人不得擅自进入库房。军械员每两天检查一次，主要检查武器装备的数量、质量，擦拭保养、保管配套、使用等情况。发现问题认真查明原因，及时上报。如有严重问题，要追究责任。确保“四无”（无丢失、无损坏、无锈蚀、无霉变）制度落实。坚持建账登记制度，做到账物相符，变动有据。严禁私存枪弹，杜绝帐外枪弹。坚持军械员变动交待制度，将武器装备和军械物资的数量、质量和管理情况认真交待清楚。坚持严格武器弹药的管理和调拨。仓库值班室和保管人员对仓库的一切日常活动和武器装备、其他物资出入库情况进行详细登记，做到严格手续，有据可查。严格控制武器弹药动用，民兵军训、学生军训和地方党政领导干部过军事日组织实弹射击需要动用枪支弹药，要提前两天书面报请连云港警备区司令部主管领导批准。承办单位按要求严密组织实施，结束后及时报告安全情况。军事科每周检查一次县库，部领导每月检查一次县库。主要检查安全设施完好情况，武器保管情况，武器账册记载情况，武器装备完好情况。县库和各基层库安全制度落实，安全设施完好。至2009年年底，连续29年安全无事故。轻武器完好率95%～98%，火炮和光学仪器完好率80%以上，通信装备完好率80%以上，车辆完好率75%以上。赣榆县人武部先后荣获连云港警备区评定的连云港市“民兵武器装备仓库管理先进单位”“装备管理先进单位”，省军区和南京军区联合评定的“民兵武器管理先进单位”，省军区评定的“民兵武器装备库管理先进单位”和“武器装备三化管理先进单位”等诸多荣誉称号。

第六章　兵　役

第一节　兵员征集

1990～2009年，赣榆县执行全国人民代表大会1984年5月31日通过的《中华人民共和国兵役法》，实行以义务兵为主体的义务兵与志愿兵相结合，民兵与预备役相结合的兵役制度。农村籍青年应具有初中以上文化程度，城镇籍青年应具有高中以上文化程度。

图 25-10　民兵老英雄给应征青年讲战斗故事（1999年摄）

全县征兵工作由县征兵工作领导小组和征兵纪律检查领导小组负责。征兵工作领导小组由赣榆县人民政府县长任组长，常务副县长与县人武部政委、部长任副组长。征兵

图 25-11　赣榆人民欢送新兵赴军营（2007年摄）

纪检领导小组由中共赣榆县纪律检查委员会副书记任组长，县人武部政工科长任副组长，组员在县人武部、纪检委、公安局3个单位抽调，进行全程跟踪检查。

为推进征兵工作进度，县征兵宣传工作领导小组利用广播电台、电视台、《赣榆日报》、宣传车、墙报、宣传橱窗、幻灯和文艺演出等形式进行征兵工作宣传。对所征兵源，由村（居委会）、乡镇逐级推荐，并张榜公布，接受群众监督。凡异地报名应征和未经逐级推荐的应征青年一律不进站体检。对于体检合格的应征青年，还要进行政治审查。

凡政审、体检双合格者，择优批准入伍。

由于程序规范，制度落实，严格把关，不送不合格兵，不送边缘兵。至2009年，赣榆县连续38年无责任退兵。1996～2009年，每年输送的新兵中，具有高中以上文化程度和党团员人数，都超过50%，多次被南京军区、省政府、市政府评为征兵工作先进单位。

1990～2009年，全县共征集新兵20次，累计10676名。其中：普通兵10358名，女兵67名，其他兵种251名。

第二节　退役军人安置

1990～2000年，赣榆县共接收退役军人3514人，其中城镇退役士兵1512人。县退役军人安置办公室按照国防义务社会均衡负担的原则，实行“按系统分配任务、包干安置”的指令性分配办法，为城镇退役士兵安置工作岗位。2001年，赣榆县出台《关于下达〈赣榆县2001年冬季城镇退役士兵接收安置计划〉的通知》文件，退役士兵安置工作在实行“按系统分配任务、包干安置”的同时，鼓励退役士兵自谋职业。自谋职业的城镇退役士兵按照国家税务总局的有关规定，享受税收优惠政策。工商行政管理部门对从事个体经营或创办经济实体的，视情免费核发营业执照。自谋职业和到非国有单位的城镇退役士兵档案，由县劳动和社会保障部门托管。全年接收退役士兵528人，其中城镇退役士兵176人。2002年，根据《关于下达赣榆县2002年冬季城镇退役士兵接收安置计划的通知》文件精神，为169名城镇退役士兵安置工作岗位。2003～2005年，接收退役士兵为1534人，其中城镇退役士兵为484人。在继续实行“按系统分配任务、包干安置”指令性安置办法的同时，提出对安置退役士兵确有困难的单位，在确保稳定的基础上，可与退役士兵协商，一次性发给自谋职业补助金。2003年与2004年的自谋职业补助金标准为：服役满2年（含因建制撤销、调整精简等原因提前退役满1年）的退役士兵，每人补助8000元（2005年提高到10000元）；服役2年以上的，在补助8000元（10000元）的基础上，每多服役1年，增加1500元。对接受安置任务，并经同退役士兵协商后办理自谋职业的单位，县财政将安排以奖代补费用，奖励金额为所需补助金的50%。县政府发布《关于认真做好2006年冬季退役士兵接收安置工作的通知》文件，继续按照《国务院办公厅转发民政部门关于扶持城镇退役士兵自谋职业优惠政策意见的通知》及《江苏省扶持城镇退役士兵自谋职业优惠政策意见》精神，认真抓好落实退役士兵自谋职业经济补助、就业服务和社会保障，享受高等教育优惠政策，从事个体经营的收费优惠政策，以及在税收、贷款、户籍等方面提供优惠、优先服务，切实维护退役士兵合法权益。自谋职业金的标准提高为：服役满2年（含因建制撤销、调整精简等原因提前退役满1年）的退役士兵，每人15000元；服役2年以上的，在15000元的基础上，每多服役1年，增加2000元。由县安置办公室负责办理自谋职业的手续，所需资金由县财政从专项资金中予以支付。2006年冬季，接收农村退役士兵287人，城镇退役士兵141人，其中79名城镇退役士兵选择自谋职业，自谋职业率达56%。从2007年起，县政府对退役士兵安置工作实行改革，具体办法为：（一）对重点安置对象实行岗位安置。重点安置对象包括：服役10年以上转业士官，荣立二等功以上者（含大军区以上单位授予荣誉称号者），烈士子女，因战因公致残且有劳动能力的城镇伤残退役士兵。（二）除重点安置对象外，其他城镇退役士兵实行货币安置（即自谋职业，自谋职业金的补助标准同2006年度相同）。对不愿意自谋职业的城镇退役士兵，安置部门可以帮助推荐介绍到企业。重点安置对象不愿意接受岗位安置的，也可以选择货币安置。2007年冬季，接收农村退役士兵391人，城镇退役士兵119人，其中选择自谋职业的有91人，自谋职业率达76%。2008年，重点安置对象实行“量化积分、择优选岗”，除重点安置对象外，其他安置对象继续实行货币安置。为积极推进城镇退役士兵自谋职业，冬季城镇退役士兵的自谋职业补助金的标准提高为：服役满2年（含因建制撤销、调整精简等原因提前退役满1年）的退役士兵，每人18000元；服役2年以上的，在18000元的基础上，每多服役1年，增加2000元；在西藏地区服役的退役士兵（含士官）可高于同年度其他城镇退役士兵50%标准发放一次性经济补助金。是年冬季，接收城镇退役士兵125人，选择自谋职业的为96人，自谋职业率为76%以上。2009年冬季，接收农村士兵385人，城镇退役士兵77人，自谋职业率为80%左右。

第七章　民兵　预备役

第一节　民兵组织

1990年，全县有民兵97320人，占总人口的10.2%。其中：基干民兵13000人，女基干民兵1529人。全县民兵编为32个基干民兵营、170个连、524个排。有民兵应急分队6个，共有指战员300人。

1992年，按《赣榆县总体防卫方案》进行民兵整组，重点防卫敌人在沿海小股偷袭。首先，县人武部在海头镇进行民兵整组试点，取得经验。8、9两月在全县推广。是年，赣榆县人武部被中共江苏省委、省政府、省军区评为1992年度县（市、区）人民武装达标先进单位。秦山岛民兵哨所哨长王开军被江苏省军区评为民兵海防哨所建设先进个人。

1994年，民兵整组，重点是按年轻化、知识化、专业化原则调整民兵干部。是年，全县有3个乡镇人武部和3个基干民兵连被连云港警备区评为民兵“达标创先”活动先进单位。1996年，从维护海防安全稳定的要求进行民兵整组，首先在宋庄镇试点，然后在全县展开。整组结束时，全县有基干民兵14800人，普通民兵99300人。

2000年，按照总参谋部动员部颁发的《民兵专业技术分队试行编制表》和科技动员要求进行民兵、预备役整组，组建通信抢修、医疗救护、水质快速检测等高技术含量分队。全县共有基干民兵8960人、普通民兵81210人。组建民兵专业技术分队16个、民兵专业对口分队27个，专业技术人员数占基干民兵总人数的39.23%，专业对口分队人数占技术分队总人数的60%。

2002年，在加强基层武装部规范化建设的同时，按照大海防观念，军队、武警、公安、边防、民兵、渔政联防的防卫体系进行民兵整组，重点建设民兵高技术含量分队和全县民兵信息网。县人武部编制《赣榆县民兵信息网管理系统》《民兵信息网建设实施细则》《民兵信息员手册》，县建民兵信息站，各镇和大单位、自然村建民兵信息组。全县共有基干民兵8475人，普通民兵81216人。

2003～2004年，重点抓专业技术分队的布局调整和编组落实，对民兵高技术含量分队、民兵应急分队、海上民兵分队进行合理编组，严格落实，确保民兵应急分队能够随时拉得出，用得上，起作用。2005～2009年，按上级做好军事斗争准备的要求，根据战时兵员需要调整民兵结构，重点抓“一所”（秦山岛民兵海防一类哨所）、“二队”（民兵科技保障中队、民兵船运中队）、“三连”（民兵应急连、民兵海上侦察连、民兵海上扫布雷连）和民兵防空连等新组建的专业技术分队建设。2009年年底，全县共有基干民兵7015人、普通民兵64328人。

第二节　预备役

1981年5月31日，第六届全国人民代表大会第二次会议通过《中华人民共和国兵役法》，实行以义务兵为主体的义务兵与志愿兵相结合，民兵与预备役相结合的兵役制度。基干民兵为第一类预备役（18～28岁），普通民兵为第二类预备役（29～35岁）。1985年，赣榆县人武部开始进行预备役登记、统计，全县有预备役人员4086人。其中，技术兵1613人，第一类预备役2671人，第二类预备役1415人。之后，每年都进行预备役登记。1990年，全县有预备役人员125620人。其中，第一类预备役11800人，第二类预备役113200人，技术兵620人。

1996年6月29日，中共赣榆县委与连云港警备区联合召开赣榆县评授预备役军官军衔动员大会，在赣榆县进行预备役军官评衔试点。

1997年5月6日，中共赣榆县委组织部与连云港警备区联合为109名预备役军官授衔。

1999年9月15日，成立赣榆县预备役部队57高炮营，隶于江苏陆军预备役高炮第2师第5团，全营有预备役军官39人，预备役士兵425人。是年，全县有基干民兵9066人，普通民兵86880人。

图 25-12　预备役军官授衔仪式（1997年摄）

2000年，县人武部进行预备役登记，全县有预备役士兵98620人，预备役军官98人。

2002年，县人武部在各乡镇设立兵役登记站，把兵役登记由以前的阶段性工作，改为常年性工作，将预备役与民兵合而为一。至年底，全县共登记预备役人员114933人。其中，第一类预备役11660人，第二类预备役103200人，预备役军官98人，技术军官35人。

2009年年底，全县共有预备役人员71343人。其中，第一类预备役7015人，第二类预备役64328人。

第二十六篇　科学技术

第二十六篇　科学技术

20世纪90年代，赣榆县基本形成全县科学技术网络。1990年，全县有专业技术人员7801人。1997年，省科委确认赣榆县海产养殖与加工为支柱产业。进入21世纪，赣榆县制定《赣榆县"十一五"科学技术发展规划》，出台《关于加强自主创新、建立科技支撑型经济强县的决定》，确立"两型引领、自主创新、支撑发展"科技工作新方针，按照"提高县级、强化乡级、带动村组、培育民间"的工作思路，建立以县城为中心、乡镇为骨架、村组为基础的科技服务体系，推动全民参与科技创新，把科技发展与经济工作同谋划、同部署，不断强化科技对经济发展的引领和支撑作用，先后在2001～2002年度和2007～2008年度获得科技进步先进县称号。截至2009年，全县共组建各类科技服务机构12个，组建各类科技协会10个，申请各种专利800多件，获省、市、县级政府科技奖励205项。

第一章　科研机构和队伍

第一节　科研与科技推广机构

一、科研机构

（一）赣榆县农业科学研究所

1984年，农科所隶属于农业科学技术推广中心，有科技人员4人。主要从事农作物的新品种选育和高产栽培试验。2009年，全所有员工10人，其中科技人员4人，包括高级农艺师1人，农艺师1人，助理农艺师2人。

（二）赣榆县水产科学研究所

1983年4月成立，主要从事水产科技的研究和推广。1990年，全所有科技人员19人。其中，工程师3人，助理工程师5人，技术人员5人，技术工人6人。1990～2009年，共承担省级科研项目2项。2009年5月，由青口镇金海路77号搬迁至新城区海洋渔业科技大厦10—12层办公，全所工作人员15人。其中，专业技术人员7人，中级职称1人，初级职称6人。

（三）赣榆县夹谷山水土保持试验站

始建于1956年，主要从事山丘区水土保持试验研究和水土保持综合治理规划、施工。试验基地坐落在夹谷山东麓，属于典型的花岗岩和片麻岩地区，对于开展水土保持和山丘区水土流失研究、丘陵山区水土保持生态修复试验研究具有典型的地域代表性。1990年，属于省水利厅直属单位，全站有工作人员25人，重点进行小流域综合治理和节水灌溉技术研究。2000年1月，夹谷山水土保持试验站成建制移交赣榆县水利局，经费由省水利厅专项拨给每年30万元，编制13人。2009年，全站有工作人员26人，开展山丘区小流域综合治理效益监测，节水灌溉试验，水土保持动态监测。

二、科技推广机构

（一）赣榆县农业科学技术推广服务中心

1984年成立，设作物栽培站、植保站、土肥站、农科所、农业干部学校、中心办公室。1990年，全中心有科技人员35人。其中，研究员1人，高级农艺师2人，农艺师16人，助理农艺师14人，技术员2人。2009年，农技中心有职工65人，专业技术人员58人。其中，研究员4人，高级农艺师19人，中级农艺师25人，助理农艺师6人，初级以下1人。

（二）赣榆县林业科学技术推广服务中心

1990年8月，县蚕、果技术指导站更名为赣榆县林业科技推广中心，隶属县多管局领导，事业编制20人，有站长1名，副站长3名。负责全县林果蚕桑新品种引进与新技术推广工作、林桑果茶发展规划及督查、绿化、森林病虫害的防治检疫等工作。1998年“新红星高品质果实生产技术的研究与应用”及2000年“日光温室养蚕技术的推广与应用”，获江苏省农林厅科技进步三等奖。1998年，全站有主任1名，技术员工32人。2001年，被省蚕种公司评为先进单位，实施2008年度、2009年度沿海防护林建设项目、绿化造林及村庄绿化工作。2009年，中心有33名工作人员，承担省级农业、林业三项工程3个。

（三）赣榆县农机技术推广服务站

1975年10月，县农机具研究所成立，1987年3月，更名为赣榆县农机技术推广服务站，同时成立赣榆县农机化培训学校。1990年，全站有职工16人，其中技术人员11人。2009年，全站专业技术人员11人，管理人员2人，工人4人。主要业务有先进农机技术推广，农机新机具新技术试验示范与培训、农机信息服务等。

（四）赣榆县海洋渔业技术指导站

1976年2月成立，主要从事水产技术推广与管理。1990年，全站有职工11人。其中，工程师1人，助理工程师4人，技术员4人。1990～2009年，共取得省、市两级科研成果9项，其中获奖6项。2009年，全站有人员21人，其中专业技术人员17人，高、中、初级职称分别为3人、10人、4人。承担两个“2009年度中央第三批扩大内需资金扶持项目”建设任务，投资500余万元启动建设“赣榆县水生动物疾病预防控制中心”和“赣榆县农产品质量检测中心”两个实验室项目。

第二节　科研队伍

1990年，全县专业技术人员7801人。其中，工程技术人员750人，农业技术人员308人，科学技术人员1人，卫生技术人员834人，教学人员4237人。

1992年，全县企事业单位专业技术人员8486人。其中，工程技术人员820人，农业技术人员229人，科学研究人员4人，卫生技术人员955人，教学人员5088人。

1993年，全县企事业单位专业技术人员9394人。其中，事业单位7405人，企业单位1989人；工程技术人员9394人，农业技术人员1013人，科学研究人员4人，卫生技术人员1031人，教学人员5284人。

1994年，全县企事业单位专业技术人员10639人。其中，事业单位8597人，企业单位2042人；工程技术人员1152人，农业技术人员309人，科学研究人员72人，卫生技术人员1642人，教学人员5513人。

1995年，全县企事业单位专业技术人员11584人。其中，事业单位9783人，企业单位1801人；工程技术人员1306人，农业技术人员382人，科学研究人员2人，卫生技术人员1718人，教学人员6519人。

1998年，全县国有单位专业技术人员15053人。其中，事业单位13073人，企业单位1980人；工程技术人员1493人，农业技术人员588人，科学研究人员1人，卫生技术人员1877人，教学人员8905人。集体单位、供销系统专业技术人员649人。其中，集体单位197人，供销系统452人，工程技术人员94人，农业技术人员6人，经济人员342人，会计人员108人。

1999年，全县国有单位专业技术人员16116人。其中，事业单位13865人，企业单位2251人，高级职称257人（正高级6人），中级职称3534人，初级职称9078人。其他单位专业技术人员2214人。其中，集体单位237人，供销系统494人，镇村私营单位1483人，高级职称1人，中级职称89人，初级职称800人。

2000年，全县国有单位专业技术人员16675人。其中，工程技术人员1546人，农业技术人员640人，科学研究人员5人，卫生技术人员1894人；高级职称381人，中级职称3962人，初级职称9103人；其他单位专业技术人员1903人，其中工程技术人员275人，农业技术人员17人，经济人员320人，会计人员155人，高级职称3人，中级职称83人，初级职称681人。

2001年，全县国有单位专业技术人员17204人。其中，工程技术人员1535人，农业技术人员633人，科学研究人员1人，卫生技术人员1906人，高级职称425人（正高级12人），中级职称4221人，初级职称8819人；其他单位专业技术人员3773人，其中工程技术人员249人，农业技术人员148人，经济人员346人，会计人员383人，高级职称104人，中级职称798人，初级职称1485人。

2002年，全县国有单位专业技术人员16513人。其中，工程技术人员1147人，农业技术人员440人，科学研究人员3人，卫生技术人员1854人；高级职称508人（正高级11人），中级职称4686人，初级职称8263人；其他单位专业技术人员1240人，其中工程技术人员234人，农业技术人员57人，经济人员151人，会计人员164人。中级职称48人，初级职称515人。

2003年，全县专业技术人员16706人。其中，工程技术人员1096人，农业技术人员512人，科学研究人员2人，卫生技术人员1873人；高级职称506人（正高级13人），中级职称5077人，初级职称8295人。

2005年，全县专业技术人员15807人。其中，工程技术人员972人，农业技术人员626人，科学研究人员6人，卫生技术人员1802人；高级职称708人（正高级29人），中级职称5972人，初级职称7337人。

2006年，全县专业技术人员15807人，其中，国有事业15248人，国有企业480人，集体单位91人。工程技术人员977人，农业技术人员619人，科学研究人员1人，卫生技术人员1708人；高级职称812人（正高级31人），中级职称6282人，初级职称7320人。

2009年，全县专业技术人员16062人。其中，国有事业15521人，国有企业541人。工程技术人员1136人，农业技术人员526人，科技研究人员8人，卫生技术人员1754人；高级职称1365人（正高级35人），中级职称7238人，初级职称7459人。

第二章　科技成果

第一节　科技奖励

1990～2009年，全县共组织各级各类成果鉴定近百项，申报各级科技进步奖70多项，获得省市级科技进步奖50多项，评出县级科技进步奖60多项，推广自有成果40多项，引进推广成果200多项。其中，1993年，海头镇海产公司的紫菜养殖和加工技术开发等9项获县级科技进步奖。1994年，县水利局的海州湾侵蚀性海岸护岸工程及综合治理龙王河口沙咀试验研究、县人民医院的椎间孔扩大术治疗腰神经卡压症、县土肥站的植物活力素在小麦上的推广应用等7项获市级科技进步奖；县配合饲料厂的"东蓬牌"猪超级料精、县人民医院的人体自体血回收装置研制及临床应用、县建筑机械厂的QTZ25型塔式起重机等4项获县级科技进步奖。1995年，县多种经营管理局的推广良种猪及配套技术的应用、县蔬菜办公室的日光温室高效节能蔬菜栽培技术等9项获县级科技进步奖。1996年，县植保站参与研发的氯化物对芦笋茎枯病的防治效果及增产作用的研究、县化肥总厂的合成工段工艺及设备技术改造、县磷肥厂的硫酸钾复合肥等9项获市级科技进步奖；县植保站的水稻病虫害综合防治技术研究与应用、县人民医院的赣榆县农村孤寡老人高血压易患因素的研究、县东方水产养殖场的鲍鱼人工育苗技术的研究等7项获县级科技进步奖。1997年，县农机局、县农业局参与研发的小麦节本增效机械化技术的研究与应用、县畜牧兽医站参与研发的三元杂交商品瘦肉型猪示范推广、县地质矿产局参与研发的江苏省赣榆县矿产资源调研及开发利用规划等6项获市级科技进步奖。1999年，县种子公司等单位的水稻中粳新品种引进鉴定及早丰9号示范推广、县人民政府参与研发的连云港市海水养殖与加工支柱产业发展研究、县农机推广站参与研发的2BJG-4小麦精量播种施肥机等8项获市级科技进步奖。

2003年，县中医院的心包积液穿刺改进法、罗阳渔工贸有限公司的美国条纹鲈鱼养殖开发、墩尚镇农业技术服务中心的日本甜葱周年生产技术开发等15项获县级科技进步奖。2004年，县人民医院的门脉高压症患者胃管插入法操作，大疱性表皮坏死性药疹的护理、县畜禽改良站养殖技术服务中心的波尔山羊胚胎移植技术的示范与推广等35项获县级科技进步奖。2005年，县海洋源水产苗种有限公司参与的无公害河蟹苗种生产技术产业化研究、县植保站与县气象局联合研发的花生疮痂病消长规律及可持续控制等5项获市级科技进步奖。2009年，江苏榆城集团有限公司与中国科学院海洋研究所联合研发的海水高效养殖工程及精准生产技术的产业化获省级科技进步奖；县蔬菜技术指导站与市园艺蔬菜技术指导站联合研发的茄果类蔬菜新品种引进及设施无公害栽培技术示范、县东顺水产苗种场与淮海工学院联合研发的毛蚶人工育苗生产技术、青口镇文化路小学的黑板擦去尘器等11项获市级科技进步奖。

第二节 科技成果选介

一、杂交中籼稻特优559的推广与应用

县种子公司于1995年引进，经过三年试验、示范，表现为高产抗病，特别是较抗白叶病，适应性广，适于县西北部山区杂交稻区种植，是籼优63替代品种。

二、大黄鱼工厂化人工育苗试验

县水产苗种场于1999年在本市率先开展大黄鱼人工育苗试验研究，完成从受精卵到育苗任务计划。该项目在经历两次失败后，引进受精卵2.25千克，孵出仔鱼159.6万尾，培育2.5厘米鱼苗43.5万尾，成活率为27.25%，基本完成计划指标。

三、三疣梭子蟹苗种繁育、养成综合技术开发项目

自2000年开始实施，由赣榆县佳信水产开发有限公司、赣榆县水产研究所、赣榆县海洋渔业技术指导站、柘汪镇水产技术推广服务站、九里乡水产技术推广服务站、海头镇水产技术推广服务站共同承担，项目通过人工育苗培育大规格幼蟹，以实现轮捕轮放、随时上市的目的，提高池塘养殖效益，建立一套集育苗、养成、销售于一体的高效养殖模式。2002年，通过连云港市科技成果鉴定，属省内首创。

1998～2009年赣榆县科技成果选编一览表

表26-1

序号	年份	成果名称	成果编号	鉴定部门	完成单位
1	1998	中药肛疗带治疗痔疮、肛裂的临床疗效研究	（1998）连科评（验）字第011号	市科学技术委员会	县肛肠病医院 县中医院
2	1998	B型超声在胃肠疾病诊断上的应用研究	（1998）连科评（验）字第117号	市科学技术委员会	县人民医院
3	1998	杂交中籼稻特优559的推广与应用	连科鉴字〔1998〕第01号	市农业局	县种子公司
4	1998	种衣剂的示范与推广	（1998）连科评（验）字第126号	市科技局	金山镇农业技术推广站
5	1998	双眼同时人工晶体植入术临床应用研究	（1998）连科评（验）字第026号	市科学技术委员会	县眼科医院
6	1998	焙烧颗粒磺制取硫酸技术	（1998）连科评（验）	市科学技术委员会	县磷肥厂
7	1999	日光温室养蚕配套技术研究与应用	（1999）连科评（验）字第109号	市科学技术委员会	龙河乡林业站 县林业科技推广中心
8	1999	大蒜“面包蒜”病的发生原因及其防治对策的研究	（1999）连科评（验）字第035号	市科学技术委员会	县墩尚镇农技推广站
9	1999	大黄鱼工厂化人工育苗试验	（1999）连科评（验）字第102号	市科学技术委员会	县水产苗种场
10	2000	健身银杏茶的开发研究	（2000）连科评（鉴）字第118号	市科学技术委员会	县富康银杏叶茶厂
11	2001	南美白对虾工厂化养殖试验	苏海科验字〔2001〕第02号	省海洋与渔业局	县水产局 县水产养殖场 县海洋渔业技术指导站

续表 26-1

序号	年份	成果名称	成果编号	鉴定部门	完成单位
12	2001	降低夏秋黄瓜结果部位、防止上部空档及优质高产栽培技术研究	(2001)连科评(鉴)第030号	市科技局	墩尚镇农业技术推广站
13	2002	海水优良品种高效养殖技术	(2002)连科评(鉴)第70号	市科技局	县海洋渔业技术指导站 县水产研究所新品种示范园 县宋庄乡水产技术推广服务站 县城东乡水产技术推广服务站 县海头镇水产技术推广服务站 青口盐场水产养殖公司
14	2002	条纹鲈鱼养殖开发	(2002)连科评(验)第182号	市科技局	县罗阳渔工贸有限公司
15	2002	三疣梭子蟹苗种繁育、养成综合技术开发	(2002)连科评(鉴)第69号	市科技局	县佳信水产开发有限公司 县水产研究所 县海洋渔业技术指导站 柘汪镇水产技术推广服务站 九里乡水产技术推广服务站 海头镇水产技术推广服务站
16	2002	缢蛏的苗种引进繁育及养殖	连科(鉴)字〔2002〕第68号	市科技局	县海洋渔业技术指导站 县水产研究所新品种示范园 城东乡水产技术推广服务站 宋庄乡水产技术推广服务站
17	2002	胃癌B超定位与手术对照研究	连科(鉴)字〔2002〕第60号	市科技局	赣榆县人民医院
18	2003	日本甜葱周年生产技术开发	(2002)连科评(鉴)第170号	市科技局	墩尚镇农业技术推广站
19	2006	波尔山羊胚胎移植技术的试验与示范	连科(鉴)字〔2006〕第28号	市科技局	县畜禽改良站
20	2006	鹌鹑无公害养殖技术开发与应用	连科(鉴)字〔2006〕第29号	市科技局	金山镇农业技术服务中心
21	2007	高产奶牛胚胎移植技术的试验与示范	连科(鉴)字〔2007〕第21号	市科技局	县畜禽改良站养殖技术服务中心
22	2008	低山丘陵优质林果大樱桃、板栗新品种及其无公害生产技术示范	连科(鉴)字〔2008〕第106号	市科技局	金山镇农业技术服务中心
23	2008	丘陵地区林果茶生态复合经营模式的研究与示范	连科(鉴)字〔2008〕第105号	市科技局	金山镇农业技术服务中心
24	2009	泥鳅标准化高密度养殖技术	连科(鉴)字〔2009〕第89号	市科技局	墩尚镇农业技术服务中心 县海洋渔业技术指导站 县泥鳅养殖行业协会
25	2009	太阳能硅片切割液废沙浆资源化回收与利用技术及其大规模产业化	鉴字〔教CW2009〕第020号	教育部	连云港佳宇电子材料科技有限公司 江南大学

第三章　科技产业

第一节　科技兴农产业

20世纪90年代初，赣榆县启动“高产、高效、优质”农业结构调整，围绕产业比例和产品质量调整，农田适度压缩粮食作物，发展海洋和淡水水产、设施蔬菜、鲜切花、经济林果、苗木花卉等多项农业特色产业及农产品深加工，培植出一批优势产业和明星产业集体。如“国家园艺先进县”“省设施蔬菜先进县”“鲜切花之乡”金山镇、“大樱桃之乡”厉庄镇、“芦笋之乡”欢墩镇等。截至2009年，全县通过产品质量认证，创建“有机食品”“绿色食品”“无公害农产品”的企业和产品有10余个。

一、鲜切花产业

起步于20世纪90年代，经过发展，形成以金山、城西等乡镇为核心的千亩鲜切花生产基地，种植品种主要有百合、郁金香、非洲菊、玫瑰、马蹄莲等，产品销往南京、上海、广州、武汉、济南等十几个国内大中城市。重点推广“猪—沼—花”高效生态农业模式。随着花卉产业自身的快速发展，出现专门的花卉经纪人队伍，截至2009年，全县拥有苗农、花农1000户，从业人员1万人，专业经纪人100多人，组织化程度逐渐加强，成立专门花卉协会3个，花卉苗木公司一家，年产鲜切花（叶）2000万枝。

二、经济林果产业

20世纪90年代，在政府发展“多种经营”号召下，全县干群大力发展以“山楂、黑莓、大樱桃、黄桃、茶叶”为主的经济林果近2000公顷。赣榆县组建农产品信息服务中心，成立营销协会，促进产品市场流通；组织种果专业大户考察南方批发市场；县政府扶持建设6家加工企业，完善经济林果产业链，推进经济林果产业化进程；注册“谢湖”牌大樱桃等知名商标6个，同时获无公害产品质量认证；在南京批发市场举办产品推介会，成功扩展产品销售市场。2003年，赣榆县与南京农业大学、江苏省农科院、山东烟台果树研究所、市（县）园艺学会延续开展技术协作，开展新品种新技术试验示范与推广，为果农提供优质服务。2009年，引进黑珍珠、美早大樱桃、晚秋黄梨、水栎、柳栎绿化苗木等林果新品种6个进行试验、示范栽培。

三、设施蔬菜产业

1991年，全县设施蔬菜栽培面积达1333公顷。2000年，全县设施蔬菜栽培面积达5267公顷。2009年，全县建成番茄、辣椒、芦笋、草莓、食用菌等特色设施蔬菜生产基地近8000公顷，主要有日光温室、大棚、中小棚等，产量53万吨，产值8亿元，农民增加收入近2.1亿元；产业特色明显，并形成蔬菜加工产业链，培育富裕、有利、西关、绿禾等市级以上农业龙头企业达11家。

四、养殖业

1990年，全县海产品总产量27488吨，其中养殖3155吨；淡水产品总产量5858吨，其中养殖5329吨。2009年，全县海水养殖面积达3万公顷，从潮上带养殖为主向潮间带和浅海域扩展。全县海产品总产量290431吨，其中养殖176442吨；淡水产品总产量84685吨，其中养殖83605吨；全县已建成省级标准化示范区1个，省级有机食品基地1个，省级无公害水产品生产基地9个，无公害覆盖面积1.47万公顷，创建省级无公害水产品品牌27个，被省海洋与渔业局批准为无公害水产品生产基地认定整体推进工作试点县；全县海产品加工企业93家，主要产品有冷冻产品、休闲调理食品、海洋化工产品等，年加工出口海产品3.4万吨，占全县水产品总量10%，部分产品出口日、韩、美、欧盟等20多个国家和地区。连云港富裕食品有限公司、赣榆县德兴海洋食品有限公司、连云港中大海藻工业有限公司等10余家企业，被授予省级农业科技型企业、省级农业产业化龙头企业等称号。

第二节　高新技术产业

进入20世纪90年代，赣榆县科技工作紧紧围绕科技创新与高新技术产业化目标，以大开放为主战略，积极引进国内外科技资源，全力实施重大高新技术项目，“园区当龙头、基地创特色、企业争开发、项目求突破、中介强服务”的高新技术产业发展格局基本形成。2003年，九洲电控设备有限公司的“GS-3型通过式钩舌除锈探伤机”及“DZC-QX型制动梁端轴全自动磁粉探伤机”被认定为省级高新技术产品，DZC-QX型制动梁端轴全自动磁粉探伤机的研究开发，填补国内空白，在国际同行业中处于领先地位。自2006年来，赣榆县以打造江苏新的高新技术产业集聚区为主线，实施新一轮高新技术产业“双倍增”计划。围绕《江苏沿海地区发展规划》确定的战略任务和发展布局，以加强产业技术创新和支撑重大工程建设为主攻方向，加快引进和建设重大创新载体与平台，大力发展高新技术产业及新兴战略性产业。截至2009年，全县有省级高新区和各类高新技术产业特色基地6个，认定的高新技术企业14家，高新技术产值占工业总产值11.5%，高新技术增加值占工业增加值19.8%，高新技术产业发展的速度与效益明显提高；春生超声电机有限公司经省科技厅认定成立江苏省企业院士工作站，全市仅一家。

2007～2009年赣榆县获省、市认定高新技术企业统计表

表26-2

单位名称	认定级别	认定单位	认定年份
连云港鑫润硅业有限公司	市级	市科技局	2007
连云港金康精细化工有限公司	市级	市科技局	2007
连云港瑞邦药业有限公司	市级	市科技局	2007
连云港榆嘉药业有限公司	市级	市科技局	2007
江苏嘉宝科技制管有限公司	市级	市科技局	2008
江苏金茂源生物化工有限责任公司	市级	市科技局	2008
江苏中能半导体材料有限公司	市级	市科技局	2008
连云港通元机械有限公司	市级	市科技局	2008
连云港佳宇电子材料科技有限公司	市级	市科技局	2008
连云港九洲电控设备有限公司	省级	省科技厅	2007
连云港步升机械有限公司	省级	省科技厅	2008
连云港富安紫菜机械有限公司	省级	省科技厅	2009
连云港泰卓新材料有限公司	省级	省科技厅	2009
连云港中大海藻工业有限公司	省级	省科技厅	2009

第四章　科技应用

第一节　农业科技

一、栽种技术

20世纪90年代初期，小麦种植推广精量、半精量播种技术，强筋小麦高产品质调优栽培，稻茬麦少免耕栽培技术。1993年，推广水稻旱育稀植技术，全县应用面积达90%以上，该技术具有省地（省秧田50%以上）、省水（育秧期省水90%以上）、省工（2～3个/亩）、省种（省20% ～30%）、省肥（省20%）、增产（增8% ～10%）、增收（增10%左右）等“五省二增”优点。20世纪90年代后期，推广水稻抛秧技术，改变几千年来水稻栽插弯腰曲背历史。20世纪90年代末期，推广花生地膜覆盖及种子包衣技术，地膜覆盖率达95%，种子包衣率达30%以上，每亩地可增产50余千克，增收100多元。21世纪初，推广水稻精确定量栽培技术。2005年，推广水稻机械插秧，手工栽插成为历史；推广玉米机械播种增密技术。

二、种子良化

图 26-1　门河镇万亩中药材基地（2003年摄）

20世纪90年代初，实施种子纯良化工程，良种覆盖率达95%以上，农作物良种由单一的高产优良性状向高产、优质、多抗、商品性等综合优良性状发展。2004年，实施稻麦良种补贴，优良品种覆盖率进一步提高。水稻：先后推广杂交籼稻特优559、优质杂交籼稻丰优香占、杂交粳稻3优18、常规中粳稻连9805、华粳2号、徐稻3号、盐稻8号、连粳6号、连粳7号等。小麦：推广济南17、烟农19、济麦22等优质专用小麦，产量水平400千克左右。玉米：主要推广农大108、鲁单50、郑单958、金海5号等，此类品种占玉米面积90%以上，产量水平600千克左右。山芋：主要推广脱毒徐薯18。花生：推广鲁8130、鲁花14、丰花1号等。

三、蔬菜品种、技术推广

1990～2009年，赣榆县引进、推广蔬菜新品种100个，推广新技术20项。苏椒5号辣椒、苏粉8号番茄、荷兰7号马铃薯等为赣榆县蔬菜生产做出突出贡献；在新技术推广上，主要有反季节保护地蔬菜栽培技术的推广；无公害蔬菜栽培技术的推广；“猪—沼—菜”高效种养低碳循环技术的开发与推广等。

四、示范基地与合作社

赣榆县坚持“科技先导、项目主导、专家指导”工作思路，采取“专家+协会+基地+农户”工作方式，培育一批科技与经济紧密结合的典型，推进全县区域性科普示范基地建设。2006年，建立门河540公顷中药材基地、欢墩270公顷无公害芦笋生产基地。2007年，建立墩尚镇1333公顷泥鳅养殖基地、沙河镇333公顷设施蔬菜示范基地。2008年，金山镇建立由3850户组成的茶叶种植协会，厉庄建立大樱桃基地等。门河中药材基地和金山茶叶种植协会分别在2006年、2009年被中科协、财政部评为"科普惠农兴村"先进单位。2009年8月，创建科技型农民专业合作社，依靠产学研合作，采用标准化生产经营，统一进行技术培训、购进苗种、饲料、生产销售，逐步形成产、供、销一条龙的产业化发展格局。

第二节　渔业科技

1990～2009年，全县共完成国家、省部、市级海洋与渔业方面科技项目10项，其中已成功转化并用于生产的重大项目3项。2003年，全县认真实施科技兴海战略，组织实施星火、攻关、推广等类科技计划58项，养殖品种有紫菜、缢蛏，对虾、中华绒螯蟹等上百个品种，开发出即食紫菜新产品及真空包装鱼、虾、贝、蟹、藻5大类18个品种。2009年，赣榆县实施省级科技、海洋、农开"海珍品鱼的工厂化养殖"项目，引进半滑舌鳎等海珍品鱼品种6个，建成养殖车间11万平方米，养成高规格商品鱼230吨，引进海带新品系种苗，建立海带苗种繁育体系，实施26.7公顷浅海域贝藻立体养殖项目。

一、水产三项工程

1999年，赣榆县海洋渔业技术指导站承担缢蛏的苗种引进繁育及养殖；2000年，赣榆县海洋渔业技术指导站承担海水优良品种高效养殖技术，赣榆县佳信水产开发有限公司承担三疣梭子蟹苗种繁育、养成综合技术开发；赣榆县水产研究所承担青蛤人工育苗、增养殖技术与产业化开发；2002年，赣榆县水产苗种场承担蓝对虾的引进繁育及养殖；2003年，赣榆县榆城集团有限公司承担赣榆县渔业科技示范园区建设；2004年，赣榆县海洋渔业技术指导站承担工厂化育苗设施综合利用技术推广；2006年，赣榆县海洋渔业技术指导站、连云港市迎春鳅业有限公司承担泥鳅规模化繁育及大规格苗种培育；2009年，赣榆县水产研究所承担梭鱼生态高效养殖示范基地建设。

二、科技推广与应用

青蛤人工育苗、增养殖技术与产业化开发：1995年，增养殖示范面积20公顷，生产平均规格4厘米以上商品蛤116.4吨，产值104.8万元，利税36.7万元。海水优良品种高效养殖技术：2000年，推广辐射2040公顷，创产值1.72亿元，利润7038万元。2001年，实施混养面积1040公顷，起捕缢蛏7628.4吨，对虾811.2吨，创产值10969.9万元，获利润4388.3万元。工厂化育苗设施综合利用技术推广：2003年，推广养殖面积79779平方米，产鱼801.4吨，产值4429.59万元，效益1451.9万元。海州湾地区优质紫菜生产综合技术：2008年，推广面积570公顷，94.5%产品达到无公害产品质量要求，亩产原藻822千克，年新增产值180.4万元，辐射栽培面积1400公顷。海水养殖对虾病毒病围栏封闭预防技术推广应用：2009年，推广养殖702公顷，新增产值6616.1万元，新增效益2885.4万元。

三、水产检测

2009年，赣榆县建立农产品质量检测中心、水生动物疫病防治中心，专职从事水产养殖、病害防治、水质监测、水产品加工技术人员21人。其中，高级职称2人，中级职称10人，初级职称9人。

第三节　气象科技

一、气象科研

1990年，赣榆气象站按照国家规定承担编发定时绘图天气报告、补充定时绘图报、航危报任务，还承担冻土、雪压、电线结冰及农业气象要素等观测任务；通过短波通信方式接收传真图。1992年，雷达数字

图 26-2 赣榆县新型现代化气象站（2009年摄）

化和气象信息网络化以后，气象站通过微机获得714雷达探测资料和短时天气预报。1996年，通过卫星接收站，接收日本GMS卫星云图。1997年5月，随着9210系统建成，卫星通信投入业务运行，县气象局建成PCVSAT单收站，数据量每日达数百兆；手工绘制天气图退出历史舞台，微机版micaps天气预报分析系统投入业务应用，各类电脑传真图、数值天气预报产品通过信息网络参与预报分析。1999年8月，成立县防雷中心，负责全县防雷装置和防雷工程中有关设计、施工、检测、监督、技术指导等工作。2002年1月1日，正式实施自动站单轨业务运行，取消云、能、天之外的大部分人工观测项目。2003年，启动无人大气自动监测站网建设。2004年，建立省、市、县光纤通信网，首次安装使用SONY视频会议系统终端，通过视频会商系统进行省、市、县联络会商。2005年，安装鼎视通MCU设备，收发气象信息，实现从市、县局域网络到国家、省、市、县完全网络化；建立VSAT站气象网络应用平台，制作发布突发灾害性天气预警信号，发布台风、暴雨、高温、寒潮、大雾、雷雨、大风、冰雹、雪灾、道路结冰等十类灾害性天气预警信号。2007年，建成占地2公顷新型现代化气象台站。2009年，完成地面测报、酸雨站的台站标准化改造，被评为全省气象系统优秀达标台站。全县共建成区域无人自动气象站14个（黑林、厉庄、金山、石桥、柘汪、秦山岛、青口盐场、罗阳、欢墩、沙河、殷庄、抗日山、塔山、青口）。

二、人工影响天气

赣榆县地处亚热带和暖温带过渡地带，境内有山地、岗岭、平原和沿海滩涂，地形地貌复杂，几乎每年都有不同程度旱情发生。1997年6月30日凌晨，赣榆县黑林镇打响江苏省火箭人工增雨第一炮，效果较好。2000年，厉庄镇实施人工增雨作业，效果明显。2001年，在城头镇、赣马镇实施人工增雨作业，效果一般；夹山乡实施人工增雨作业，效果明显。2002年，在城头镇实施人工增雨，效果较好；在塔山镇实施两次人工增雨，第一次效果一般，第二次效果较好。2003年，在塔山镇实施人工增雨，效果较好。2004年，在吴山实施人工增雨，效果较好；在班庄镇实施人工增雨，效果明显。2006年，在抗日山实施人工增雨作业，效果明显。2007～2009年，在塔山镇、厉庄镇实施7次人工增雨和1次消雹作业，均取得较好效果。

图 26-3 赣榆县气象局在吴山实施人工增雨（2004年摄）

第四节　水文科技

赣榆县的水文观测，历史较早，由赣榆县水文中心站具体负责。1990年，水文中心站有工作人员8人，下设水文站3处，雨量站13处，地下水站16处，形成较完整的水文观测网络。同年，县水文中心站更名为连云港赣榆县水文站，隶属于江苏省连云港水文水资源勘测处，下设小塔山水库水文站、黑林河道站、汪子头河道站和15个雨量站、17个地下水位站、5个水温站、6个水污染监测点。2000年，连云港赣榆县水文站改称江苏省连云港水文水资源勘测处赣榆中心站，主要经营水文勘测、分析计算、水情预报、水资源调查与评价等，先后圆满完成站区水文测验、报讯和资料整编任务等。2006年，县境的水文观测机构改名为赣榆水文水资源监测中心，隶属于连云港市水文局，专门从事县境水位、降雨量、地下水、蒸发量、土壤墒情、水土保持、水质检测等。2009年，下设塔山水库、黑林2个水文站，12个雨量站，14个浅层地下水位站，6个深层地下水位站，3个自动遥测雨量点，以及蒸发、土壤墒情、水土保持监测点各1处。积极配合地方政府工作，及时准确通报雨情、水情、旱情，收集关于国计民生的重要科学数据。

第五节　地震科技

一、台网建设

赣榆县地震台位于小塔山半腰（北纬34.9°，东经119.0°），海拔64米，混合岩台基，占地2164平方米，房屋建筑114平方米。2001年，围绕田湾核电站数字地震监测台网建设，由核电站出资20万元，县政府出资5万元，完成塔山地震台数字化改造工作。同时，塔山地震台改为无人值守台。从塔山自动采集的地动信号，通过DDN专线实时的传送到县地震局地震数据处理中心，同时把信号传送到市地震局数据处理中心和省地震局，实现地震数据采集、传送和分析的自动化，赣榆县地震监测工作一举迈入国内先进行列。整个台网建成后，连云港地区地震监测能力由原来的ML=2.0级提高到ML=1.0级，台网内地震定位可实现10分钟以内，台网外地震定位可实现15分钟以内。2005年12月，赣榆地震台顺利完成“十五”数字宽频改造项目，改造后的监测系统采用CMG–3ESP宽频带地震计、CMG–DM24数据采集器，分析软件采用单台数据处理系统。该系统具有实时波形显示、地震分析、台站观测报告产出等功能。赣榆数字强震动观测台是《中国数字强震动台网》——江苏省固定强震动观测台站之一，台站代码32LGY。2005年6月，赣榆强震台投资10万元，完成观测房土建和装修任务，强震台初建于县青口镇黄海路县政府大院，同年12月，安装强震仪正式试运行。2007年1月16日，通过江苏省强震台验收组验收，该台是全省建成的首家数字化强震台。2009年4月2日，实施强震台搬迁工作，将赣榆强震台搬迁到塔山地震台，改为国家级基岩台。

图 26–4　赣榆县地震台（2007年摄）

二、监测与防震

赣榆县地震台具备微震、强震、前兆电磁波、水井观测等多种监测手段。地震台和测报点坚持24小

图 26-5　赣榆县实验中学举办应急疏散暨紧急救护演练（2006年摄）

图 26-6　赣榆县地震局开展防震减灾知识宣传（2007年摄）

时值班制度，如遇地震事件或前兆异常，及时分析处理上报。全县调整设立固定宏观测报点24处，实行“五个一管理”，即每个点一块铜牌，一本宏观异常记录簿，一本知识手册，一张联系卡，一份工作职责单，切实开展观测和记录。2003年4月4～20日，共记录到发生在临沭附近的小地震50次。其中，最大地震ML：2.7级，最小地震ML：0.2级。全年共记录到近震247个，约为往年平均值2倍。2004年，参考上级政府应急预案，结合全县实际，拟定《赣榆县破坏性地震应急预案》，并由县政府转发。2006年，国务院国办发〔2006〕54号将连云港划入全国地震重点监视防御区，赣榆县制定震害预测项目研究规划，完成地震应急数据库的收集，建立《赣榆县地震应急数据库》；赣榆县地震局和县新农村办公室、县建设局联合编制乡镇居民建设图纸，并行文下发各镇，要求加强对农民自建房屋的技术指导；在县城和部分镇集日散发宣传材料，播放地震科普录像片，开展地震科普知识讲座。是年，在县实验中学建立市级防震减灾科普示范学校，建成80平方米地震科普展馆，每年参观受教育人数近2万人次。2009年，各镇建立群测群防领导小组，明确一名领导分管此项工作，由民政助理兼任防震减灾助理员，村治保主任做联络员，按照具体方案实施，建设完毕“三员一网”。赣榆县将建设工程抗震设防由颁发规划许可证必备条件提前到发改委立项预审必备条件，确保工程项目安全。

第六节　能源科技

1990年5月，中国与荷兰合作利用风力提水机进行对虾养殖和风力发电，该项目为国家“八五”科技攻关项目，在柘汪盐场建成运行，总投资155万元。1999年9月，县农村能源技术中心在班庄镇古城村投资45万元，建造一座利用花生壳、玉米秸秆，经过高温气化产生秸秆气供该村200户生活用气的秸秆气化工程，年产秸秆气1万立方米，1999年12月，通过省市验收合格，成为市第一处秸秆气化工程。2002年5月，沙河镇殷庄工作区养猪大户何自军自筹资金1.5万元，在其综合养殖场建成50立方米沼气工程，沼气煮饭、点灯（仔猪增温），沼液喂猪、喷施叶面肥，沼渣育蘑菇、养鱼，作肥料用于生产无公害蔬菜、绿色食品和有机产品，年获利5万余元。2002年10月，门河镇翠竹村徐孟昌等40户生态示范户，在其银杏园内建成集猪舍、厕所、沼气池、太阳能热水器、银杏园、浴室、管护房、鸽楼为一体的“八位一体”式综合利用沼气池，进行沼气、沼液、沼渣的综合利用，每户每年增加经济收入1.5万余元。2005年，全县建成门河镇翠竹村、仙墩村、厉庄镇新坝村、塔山镇枣行村等“一池三改”生态家园示范户340户，9月全部通过省级验收。

第五章　科技活动

第一节　科技宣传与特色服务

一、科技宣传

1990～1998年，科普工作主要以送科技下乡和开展技能培训为主，每年集中开展科技下乡活动，发放科普资料、现场接受咨询；以市场为导向，以农民和企业技术需求为内容，聘请专家开展技术培训工作。1999年，开通赣榆科技信息网，发布和收集先进、实用的技术等信息和市场信息数据；开展科技下乡活动，编印发放科技资料6000份。2001年，利用赣榆科技信息网、《赣榆科技》等宣传科技知识发布科技信息300多条，组织基层企业参加各种培训13次。2002年，举办科技培训班14期，培训农村科技工作人员2000人；组织科技下乡活动6次，发放各类科普材料7000份。2003年，在赣榆科技信息网的基础上，建成海洋科技信息电子阅览室，收集数据185万条，为用户提供海产品养殖技术、新品种介绍、病害防治等全方位科技服务，全年访问量达6129人次。2004年，举办科普讲座32场次、科普展览25次，放映科普影视103场，出刊科普黑板报和画廊235期，编印发放科普资料3.8万份。2005年，举办科普讲座24场次，参加科技下乡活动，编印发放科普资料3.8万份。2006年，建成并开通星火计划网和农技“110”服务中心；举办农业技术培训12次，培训农业技术人员2000余人次。2007年，组织61期支柱产业从业农民技能培训班，培训农民2万人次。2008年，发放水产品养殖技术和知识产权法律法规资料1.5万份。2009年，发放各种技术资料2万份，现场接受咨询600人次；举办各类培训8次，发放培训资料3000份。

二、特色科技服务活动

（一）百名教授科教兴百村

2003年，南农大、省海洋水产研究所、县农林局等200名专家教授与200个行政村对接开展科教兴村活动，产业涉及海淡水养殖、果树栽培、畜牧养殖、蔬菜种植、花卉苗木等十大专业，制定发展规划，为专业村科技经济发展进一步明确产业方向。截至2009年，专家教授现场技术指导1289次，举办专题讲座835期，策划、包装农产品品牌27个，规划、设计农产品深加工项目21个，引进新品种15个、新技术12项、新成果8项，为广大农民带来致富信息89条。

（二）科技入户服务队

2005年，全面实施农业科技入户工程，组织农技人员进村入户，按照“专家进大户，大户带小户，农户帮农户”技术推广思路，落实农技推广责任制，每名农技人员挂钩一个村，实现村村全覆盖。

（三）科技特派员

2006年，鼓励专业技术人员创新创业，增强农业农村民生领域科技创新。按双向选择原则组建科技特派员队伍，组织实施科技开发项目21项，年项目总投资3485万元，实现年利润326万元，创办企业4家，组建专业协会6个，推广新技术26项，引进新品种9项，培训农民1.34万人次。

（四）农村科技服务超市

2009年12月，借鉴现代商品超市理念，将品种、技术、成果信息等科技要素整合到科技超市平台，提供各种农业科技服务，提高农民对科技的认知度与接受度，加快科技成果转化与新品种新技术新产品的示范推广。超市分店、便利店利用科技特派员和产学研合作的人才优势，充实科技服务团队，建立科技示范基地，实施科技项目，推广技术成果，打造服务品牌。

第二节　科技交流与合作

一、国内交流与合作

1990～2009年，全县共举办或组织参加各类科技交流活动15次，100余家企业参加各类对接活动，与淮海工学院、苏州大学、中国水产科学院东海水产研究所三家高校院所合作，建立3个产业技术创新战略联盟，40余家企业与中国海洋大学、中国科学院海洋研究所等20多所高校院所签订各类科技合作协议90余项，引进新技术新成果90余个，共同实施科技合作项目90余项，引进各类高层次创新型科技人才26名。江苏春生超声电机有限公司被批准创建江苏省首批院士工作站，连云港金康医药科技有限公司、江苏中大生物科技有限公司等6家企业与高校院所联合建立研发机构或试验基地。

2009年7月，上海海洋大学7名专家教授在赣榆举办科技成果发布会，发布20项先进适用科技成果，7家企业与海洋大学签订科技合作协议，引进科技成果10个，共同申报5项省科技项目，引进1名高层次创新人才。同年9月，江苏省举办第二届产学研合作成果展示洽谈会，赣榆县组织海洋渔业、光伏产业等30多家企业100余人参会，其中，江苏榆城集团有限公司等3家企业携带最新科技成果参加展览。会上收集600余条科技成果信息，通过各种手段向全县发布。江苏榆城集团有限公司引进中科院海洋所刘鹰博士，开展工厂化养殖创新工作，获得省委组织部和科技厅100万元高层次创新创业人才引进专项资金资助。

二、国外交流与合作

1990～2009年，全县共组织25项国际合作与交流项目，引进新技术新成果22个，引进博士以上创新型科技人才6名。其中，2007年连云港中大海藻工业有限公司与南非合作的“巨藻新品种和巨藻深度开发技术引进”、2008年连云港天天海藻工业有限公司与韩国合作的“淀粉醚生产技术引进与开发”、2009年连云港百鲜屋食品有限公司与日本合作的“生冻即食江珧贝的研究与开发”三个合作项目，得到江苏省科技厅立项扶持，获得扶持资金30万元。2008年连云港倍特金属磨料有限公司，引进留日博士孟令光开展技术创新，获得省委组织部和科技厅100万元高层次创新创业人才引进专项资金资助。

第六章　科技管理

第一节　科技政策

1990年，县委、县政府制定《关于依靠科技进步、振兴赣榆经济的决定》及《赣榆县放宽放活科技管理政策、促进人才智力合理流动试行办法》等8个文件；县科委编制《赣榆县科技发展“八五”规划和“九五”设想》《海州湾区域综合开发“八五”规划》等，确立科技发展长远目标和措施。

1991年，县科委编制《赣榆县“八五”科技发展计划》和《赣榆县“八五”科技兴农实施意见》。

2002年，县科委编制《苏北星火产业开发带建设赣榆县“十五”发展规划》《赣榆县科技兴海试验示范基地“十五”建设规划》。

2005年，县科技局编制《赣榆县科技发展“十一五”规划》。

2008年，县政府出台《关于加快提高科技创新能力，大力推进科技进步的若干政策》。县科技局编制制定《赣榆海洋资源综合利用科技园总体规划（2008～2013）》《赣榆县海产品养殖及深加工科技特色产业发展规划（2008～2012）》《关于鼓励和促进科技创新创业若干政策》等科技进步政策规划。

2009年，县科技局编制《赣榆县沿海科技开发规划》，制定《赣榆县农业科技特派员工作实施办法》。

第二节　科技计划项目管理

1990年，组织上报各类科技计划项目75项，经省、市审定，列入省指令性科研攻关计划1项，“星火”计划2项，指导性计划项目3项，列入市级各类计划项目23项。“芦笋茎枯病防治研究”等4项攻关课题分别达到计划指标，顺利通过省、市验收鉴定。

1991年，组织实施省、市、县各类科技计划项目74项（包括结转项目）。其中，省级4项、市级48项、县级22项；组织“星火”技术培训19.8万人次。

1992年，新上国家、省、市、县各类科技计划项目17项。其中，国家级星火计划“出口蔬菜品种引进及基地建设”1项，省级5项，市级2项，县级9项。投入总经费332.7万元。其中，贷款150万元，拨款11.7万元。国家科委重点推广项目，“ABT生根粉”和“喷施宝”举办专题讲座，邀请省科委的专家前来实地讲解，与农业局、多管局、蔬菜办公室等单位配合，在全县各乡镇进行试验、示范，投入产出比为1∶30。

1993年，组织实施各类科技计划项目53项，其中省级以上项目15项，成功争取海头镇为省级社会发展综合实验区，海头镇与无锡县华庄镇（全国第一个国家级社会发展综合实验区）正式签署结为友好镇协议。

1994年，共组织各类科技计划项目43项。其中，新上国家级星火计划1项，省级4项，市级13项，县级7项。争取省、市科技项目拨款19.4万元，县财政科技三项经费拨款21万元。

1995年，组织实施国家、省、市、县四级科技发展项目52项，年内完成技术开发、技术推广项目26项；争取上级新项目拨款107.3万元，县财政三项经费102万元；组织鉴定科技成果19项，其中，7项科技成果荣获省、市人民政府科技进步奖，获专利证书的专利技术成果7项。

1996年，全年共组织省、市、县各类科技计划项目49项。其中，新上项目29项，省、市计划项目20项。省市计划项目中为省级星火计划的4项、科技攻关与试验示范项目的16项，总投资4172万元，科技贷款指标1370万元，科技拨款32.2万元。

1997年，共组织实施国家、省、市、县各类科技计划项目47项，新批项目19项。其中，国家级星火计划1项，省级星火计划1项，市级星火计划2项。共组织实施支柱产业科技计划项目13项，加快海洋开发，推动星火产业带动海产品养殖与加工业的发展。

1998年，全年共实施各类科技计划项目62项。其中，新上国家、省、市、县各类科技计划项目36项，星火计划项目国家级1项，省级7项。科技总投入1.24亿元，科技贷款指标4200万元，科技拨款112.4万元。

1999年，全县共组织实施各级计划、各类科技计划项目58项，新上各类计划项目44项（国家星火计划3项、省级19项，市级22项），总投资7136.7万元。其中，科技贷款2480万元，科技拨款94.7万元。

2000年，紧紧围绕“科教兴县”主体战略，狠抓全县的科技计划的实施与管理，全年共组织实施各类科技计划项目75项。其中，新上国家、省、市、县各类科技计划项目33项；星火计划项目国家级4项，省级3项；省、市级农业开发、新产品开发项目20项。科技总投入1.07亿元，科技贷款3100万元，科技拨款67万元。

2001年，全县共组织实施各级计划、各类科技计划项目44项。其中，新批省级科技计划6项，市级

15项，共计总投入6450万元。其中科技贷款900万元，科技拨款52万元。同时加强产学研联合，从南农大、中科院海洋研究所、青岛海洋大学引进新技术、新品种及科技成果转化45项。

2002年，组织实施星火、攻关、推广等各类科技计划58项。

2003年，全县共组织实施各级、各类科技计划项目64项，其中新批市以上科技计划项目42项，科技总投入1.3亿万。

2004年，全县共组织实施各级计划、各类科技计划项目76项，其中新批市以上科技计划项目49项，科技总投入2.1亿元。

2005年，全县共组织申报各级计划、各类科技计划项目38项；共组织实施各级计划、各类科技计划项目64项。

2006年，全县科技投入1.78亿元，新上科技计划项目34项。

2007年，组织申报省级以上各类科技计划项目33项。其中，国家级项目1个，省星火计划项目11个。

2008年，全县共组织实施各级计划、各类科技计划项目44项。

2009年，全县共组织实施各级、各类科技计划项目47项。

第三节　专利管理

1990～2009年，全县申请各种专利800多件，开展专利执法30多次，协助解决专利纠纷4件次。

1990年，“抗脓疡灵的配制方法”“高效饲料粉碎机”2项技术申请国家专利。

1991年，共申请专利9项。经国家专利局审批，县农机厂郑世杰的“高效粉碎机”被授予专利权；夹山乡农民王春穆在递交“花生点播机”专利申请的同时与县电机厂、夹山农具厂签订技术实施合同。

1992年，“长寿锅底”“带刻度汤匙”“反步连动周旋涵闸”“爆竹燃放安全器”“劃纸机”5个项目申请专利。

1993年，“带水套节能爆炉”“熊胆保肝药的配制”“便携式颈椎牵引器”3项专利申请获国家专利局批准。

1994年，申请专利3项，其中实用新型“一种新型三轮车”获国家专利权证书。

1995年，代理申请专利并获证书1项，为“多用冰棒木质杆制杆机”；获证书登记备案6项，分别为“一种磁性保健口罩”“一种井水水质磁化器”“角规尺”“快速阅卷打孔机”“水冲厕所垫子钟控节水箱”“拼音魔方”。

1996年，在中国专利技术与新产品博览会上，宝发集团的色拉油全连续工艺与设备和罗阳兆丰塑料制品有限公司的双降地膜获金奖，殷庄乡小李庄村的多用冰棒木质杆制杆机获科技创新奖，这是全县第一次由村办工业研制的新产品获国家科技创新奖。

1998年，代理磷肥厂等单位和个人申请3项专利；与商业局配合，组织3家商贸企业进行专利产品自查，对假冒专利行为进行清理。

1999年，国家批准6项专利。

2000年，组织申报专利13项。其中，发明专利1项，实用新型7项，外观设计5项，并实施专利申请资助，鼓励技术创新。

2001年，共申报专利15项。其中，发明专利3项，实用新型专利12项。

2004年，共申报专利23项，获专利授权8项，发放资助金额2万元。

2006年，专利申请89件，专利授权15件。

2009年，完成专利申请260件，授权66件，其中发明专利申请45件。

第二十七篇 教 育

第二十七篇 教育

20世纪90年代，赣榆县教育事业快速发展，各类教育教学成绩显著。1990年，全县有幼儿园695所，小学466所，普通中学85所。其中，初级中学74所，高级中学11所。1991年，赣榆县开始实施初等义务教育，有22个乡镇（管理处）完成《中华人民共和国义务教育法》实施任务，1个乡（班庄）实施八年义务教育，赣榆县被确定为江苏省农村教育综合改革试验县。1995年8月，赣榆县普及八年义务教育工作通过省政府验收。1996年，全县中小学布局调整，调整后有小学416所，中学74所。1997年，全县基本普及九年义务教育和基本扫除文盲。是年，兴建公办民助中学3所。21世纪初，赣榆县中小学全面推行教职工全员聘任制，县东方幼儿园采取个人风险入股方式开全县股份制幼儿园先河，县首所民办学校"赣榆县外国语学校"成立。2006年后，县政府制定鼓励教师到边远地区任教的优惠政策，建立政府主导、学校联动、社会参与的扶困助学机制，资助经济困难学生接受职业教育，免除孤儿在县内接受高中教育（含）前的一切费用，不再向特教校残疾学生收取生活费及其他费用，初中招生按就近入学原则，实现小升初"无缝对接"。全县学校开展"教学质量年"活动和实施"333工程"（即强化德育、体育、美育"三育"；抓好会学习、会劳动、会创造"三会"；落实课程计划的规定、学生在校时间和作业量的规定、考试评价的规定"三定"），建设新城区高中、特教校迁建、青口黄海路小学迁建等教育"十大重点工程"。至2009年，赣榆县有幼儿园61所，小学104所，普通中学44所。其中，初级中学30所，九年一贯制4所，高级中学7所，完全中学3所。高考本科上线人数在全市实现"十一连冠"。

赣榆县先后荣获江苏省教育工作先进县、规范教育收费示范县、师资队伍建设先进县、幼儿教育先进县、第四批城市语言文字评估达标县（优秀级）等多项殊荣。

第一章 管理机构与体制改革

第一节 管理机构

1990年，县教育局下设人秘股、初教股、中教股、计财股、招生办公室、教学研究室、成人教育办公室、仪器电教站、教育学会、基建组、勤工俭学办公室等科室。局机关编制88人，其中行政编制13人，事业编制75人。

1992年3月，县委批准成立"中国共产党赣榆县教育局委员会"。1997年，县纪委批准成立"中共赣榆县教育局纪律监察委员会"，并设监察室，翌年4月挂牌办公。

2005年，县教育局内设秘书科、计财科、人事科、中教科、初教科、成教科、勤俭办、监察室、电教站、督导室、招生办、教研室、教科室、教育工会、教育学会、审计所、教育事业改革办公室等科室。

2006年后，随着全县教育事业的不断改革和快速发展，县政府加大对教育的领导与管理力度，根据各项工作的需要，成立专门的领导小组，领导小组办公室均设在教育局。2005年9月，"赣榆县教育局督导室"更名为"赣榆县教育督导室"。2007年，县政府成立"赣榆县农村义务教育债务清理核实工作领导小组"，在教育局设办公室，教育局局长任办公室主任。是年，县教育局成立"教育系统农村关爱工程工作领导小组""赣榆县教育结算中心"。2008年，县政府成立"赣榆县教育现代化建设工作领导小组"，下设办公室，办公地点设在教育局，负责全县学校的现代化建设工作。是年，"赣榆县特殊教育学校建设工作领导小组""赣榆县城区学校工程建设领导小组"相继成立。同年，县教育局成立"赣榆县学生资助管理中心"，负责对困难学生资助等相关工作。

2009年，县政府成立"赣榆县中小学校舍安全工程领导小组"，领导小组办公室设在教育局，负责全县学校校舍安全工程建设。"赣榆县教育督导室"更名为"赣榆县人民政府教育督导室"。是年，县教育局先后成立"赣榆县教育局农村留守儿童食宿条件改善工程和合格幼儿园建设工程领导小组""赣榆县教育师资工作领导小组"，调整"赣榆县教育局法治工作领导小组"，筹建"赣榆县兴榆教学设备有限公司"，对全县教育系统的教学用品实行统一采购，统一管理。至2009年年底，教育局除原有科室外，增设"校舍安全办公室""校园安全办公室""现代化创建办公室""兴榆公司"等；计财科增设"结算中心""贷款中心"，教研室增设"语委办"，电教站增设"网管中心"等管理机构。

第二节 体制改革

一、人事管理体制改革

20世纪90年代，县教育局规定各初级中学、小学的人事调动，隶属于乡镇中心中学、中心小学管理，由中心中学、中心小学统筹安排，初级中学、小学的校长人选，由乡（镇）党委、中心中学、中心小学推荐，教育局考察任命，初级中学、小学的中层干部由乡（镇）党委任命，教育局备案。中心中学、中心小学对各自负责的教学工作负有领导、指导、帮助责任，对教学计划、教学要求、教学检测、教研活动、招生工作等统一安排，组织实施；学生学籍管理以乡（镇）为单位，由中心中学、中心小学统管。完全高中人事调动由县教育局负责。2003年，原属教育局管理的县职业中学和县教师进修学校撤并于县职业教育中心，人事隶属于县职业教育中心管理。全县中小学的布局、规划以及人事变动和教干任免，则由县统一管理，江苏省赣榆高级中学校长由县委组织部任免，其他中心中学的校长、副校长及中层教干、初级中学及乡镇中心小学正、副校长均由县教育局党委任免，报县委组织部备案。联中、完小、教学点校长（负责人）由乡（镇）中心中学、中心小学决定，报县教育局备案。民办私立学校实行学校董事会领导下的校长负责制，校长实行招聘制，报县教育局备案，副校长及其他教干则由校长选聘，经董事会同意并报县教育局备案。

2006年，赣榆县的各级各类学校为适应教育事业的发展需要，根据上级文件的要求，对学校的管理机构作适当的充实与调整，进一步明确各部门职责范围。2009年年底，全县中学设校长室、校务办公室、政教处、教务处、教科室、总务处、信息技术处（中心）、安全办公室、团委、工会等部门。民办学校另设校委会和学生处。中心小学设校长室、校务办公室、教导处、教科室、总务处、安全办公室、成教办公室、幼教办公室、少先队大队部等，负责对全镇小学教育、成人教育和幼儿教育的全面管理。

二、财政管理体制改革

1990年~2002年9月，全县教育系统实行分级办学、分级管理的财政管理体系。乡镇负责所辖学校的教职工工资、校舍维护等财政开支，承担起大部分义务教育经费。从2002年10月起，国家实行以县为主的教育管理体制，教职工工资由各乡（镇）财政代发逐步转为由县财政统一管理。到2005年1月，全县教职工工资全部实行由县财政集中发放。2007年12月，县教育局成立“赣榆县教育结算中心”，将全县公办中小学、实验幼儿园、聋哑学校、直属单位全部纳入结算中心管理，采取“集中管理，分校核算，主体不变”的模式，实行“校财局管”，2008年1月正式运行。

三、考试制度改革

（一）毕业会考

1. 小学毕业会考

1990~1993年，小学毕业考试科目及分值分别是数学100分、常识30分（自然20分，历史10分）、语文100分。考试范围为小学最后一学年所学内容，以第二学期为主。县教研室统一命题、制卷。各校自行组织监考、评卷。

1993年，凡小学毕业生升学比例低于95%的乡（镇），可根据中学意见，另行组织一次初中招生考试，考试的命题等组织工作均由中学负责。

1994年，小学毕业考试、初中招生考试一次进行。考试科目为语文（100分）、数学（100分）、自然（30分）。命题范围为：小学最后一学年所学内容。命题、制卷由县教研室负责，考试组织工作由各中学负责。

1990~2000年，小学毕业生毕业前必须参加毕业和升学考试。2001年起，小学只进行毕业考试，每年由县教育局统一命题，各乡镇、校统一组织毕业考试。

2. 初中毕业会考

1990年，初中毕业考试科目为：政治、语文、数学、英语、物理、化学。命题范围为初三年级全学年所学内容。政治还要考时政（根据市教研室编写的《初中学生时政学习手册》命题）、法律常识、社会发展史。考试由市教研室统一命题、制卷，县教研室组织和监督学校考试、评卷，并做好试卷分析。

1991年，初中毕业考试暨中考预选考试由县教研室统一命题制卷。各中心中学组织考试、评卷。

1992年，初中毕业考试由各乡（镇）中心中学统一命题、制卷、组织考试、评卷。赣中、青口一中、青口二中单独组织。

1993年，初中毕业考试由县教研室统一命题、制卷。各中心中学统一组织考试，统一阅卷（赣中、一中、二中单独组织）。

1994年，初中毕业、高中招生考试一次进行。考试科目为政治、语文、数学、英语、物理、化学。命题范围：语文、英语、物理、化学为初中阶段所学内容，以初三所学内容为主；数学毕业考试、升学考试均为初中阶段所学内容；政治包括时政、社会发展简史、义务教育初级中学初三年级思想政治实验教材（全一册）。由市教研室统一命题、制卷，县招生办公室负责考试的组织工作。

1998年，市教委制定《关于连云港市中考改革的决定》，取消初三年级结业会考，毕业考试与升学考试两者合一。中考科目为语文、数学、英语、物理、化学、政治、历史、体育，其中政治、历史两科合卷。

1999年，初中地理、生物实行结业会考，由市教委统一命题。

3. 高中毕业会考

1993年，江苏省全面实行普通高中会考制度。从1998年起，省内试行高中毕业会考制度，县专门设立会考办公室，负责会考工作。2002年5月，首次对高二在校学生举行中学生信息技术等级考试和高三年级学生语文、数学、外语三门毕业会考，规定普通高中学生取得理科实验、劳动技术、信息技术三个科目的合格证书才能毕业，并有资格参加高考。从2007年起，取消高中会考，高考综合考试在全省实行学业水平测试。

（二）中考和高考

1. 中考

1990～1992年，中考考试科目为政治、语文、数学、英语、物理、化学。命题范围：语文、英语、物理、化学为初中阶段所学内容，以初三年级为主。数学为初中阶段所学内容。政治考时政（根据市教研室编写的《初中学生时政学习手册》命题）、法律常识、社会发展史（1992年增加中国社会主义建设常识）。考试由市教研室统一命题、制卷，县招办负责考试、评卷、录取等组织工作。

1992年始，中考增设体育考试，满分60分（1994年改为45分），成绩计入升学考试总分。

1993年，中考考试科目同1992年考试科目。赣中招生考试提前单独进行，赣中组织，各中学配合。

1998年始，全市实行毕业考试与升学考试两者合一。

2000年，对全省全日制普通中学初中毕业生实行英语口语等级测试制度，满分为10分，计入中考总分。

2001年，文化考试科目为语文、数学、英语、物理、化学、政治、历史（政治、历史两科合卷）。体育考试设考察项目和考试项目。考察项目为冬季长跑，分值为5分；考试项目设规定项目和自选项目。升学考试成绩总分为735分，其中语文、数学、英语（含口试成绩10分）满分均为130分；物理、化学满分均为100分；政治、历史满分均为50分；体育考试满分为45分。体育考试成绩计入升学总分。

2004年，市下发《连云港市初中生学业考试、综合素质评价及高中招生制度改革方案》。2004年、2005年、2006年初三毕业生学业考试、学业考查实施逐渐过渡方案，2007年，初三毕业班学业考试、学业考查全部根据市下发方案执行。

2006年，中考体育平时成绩9分，由学校组织测试，现场考试三项，每项7分，共计30分，计入中考录取总分。

2007年，中考体育改为现场考查三项，每项10分，残疾学生可申请免试或缓试，每免一项计为7分，三项全免则增加《体育与健康》理论知识考查9分，均计入中考成绩。

2009年，根据《省教育厅关于组织2009年中考部分学科统一命题与考试的通知》和《连云港市初中学生学业考试、综合素质评价及高中招生制度改革方案》，结合全市基础教育课程改革的进展情况，2009年全市高中段学校招生考试采取“6门考试科目+4门考查科目+综合素质评价”的模式。中考体育35分。其中学习过程评价成绩5分，现场测试三项，每项10分，均计入中考总分。全县中考高分段人数仍位居全市前列，报考率达97.6%。初中英语听力实行自动化考试。

2. 高考

1993年，省教委制定普通高中会考《实施细则》和《劳动技术课考查办法》，县教育局随之制定《劳技考察细则》并成立“赣榆县普通高中会考工作领导小组”。5月，全县1727人参加普通高中会考，合格率达91%，其中250人六科全优。

1999年，高中语文、数学、政治3科实行会考制，全县2280名考生参加，语文及格率91.6%，数学及格率87.66%，政治及格率90.22%。高考实行“3+2”模式。

2000年，省教委制订《江苏省2000年高考“3+X”科目设置改革实施方案》，“3”为语文、数学、外语3科，“X”为文理综合，文科综合包括政治、历史、地理3科内容；理科综合包括物理、化学、生物3科内容。英语考试中实行听力测试，成绩计入卷面分，满分为30分。对全省全日制普通中学高中毕业生实行英语口语等级测试制度，分A、B、C等级，成绩计入考试档案，作为高校录取时参考。

2006年，全县高考平均成绩居全省第三名，第八次名列全市第一，5名考生分别被清华大学和北京大学录取。

2003～2007年，实行“3+1+1”模式。

2008年起，实行“3+学业水平测试+综合素质评价”模式。

2009年，全县高考本科上线数和双达率继续领跑全市，实现高考在全市的“十一连冠”。

四、课堂教学改革

按照连云港市教育局的安排，赣榆县课堂教学改革分以下三个阶段逐步有效进行。

第一阶段（1990～1996年）：试点推进素质教育

1990～1992年，各中小学继续贯彻《连云港市中小学教学基本要求》。全县小学教育改革本着“以点带面，分层指导，逐步实施，全部到位”的精神，确定县实验小学和海头镇中心小学为小学教育改革试点校。城头小学、柘汪小学、朱堵小学也相继启动小学素质教育试点工作。全县中小学教师要注意课堂教学方法的改革，提倡启发式、废止满堂灌的教学方法，遵循教师为主导、学生为主体的教学原则，充分调动学生学习的主动性和创造性。组织完全中学教干教师学习国家教委制定的《现行普通高中教学计划调整意见》和各科教学大纲，重点做好高一年级的执行工作。

1995年，赣榆县中学、马站中学、黑林中学、龙河中学被定为市级初中素质教育试点校。全县从深化课堂教学改革入手，围绕“向课堂教学要效益”这个中心，提出“校校有项目，人人有专题，积小改为大改，分层次分类推进”的口号。全县有26项语文教改成果在省青语会第三届年会交流并获奖。黑林中学推行的“会乐美”教学法取得初步成果，被定为全市该教法的中心试验学校。

第二阶段（1997～2002年）：全面推进素质教育

1997年，制订《赣榆县素质教育实施方案》，得到省教委的审定认可，被称赞为全省最佳设计方案。7月份，省教委确定赣榆县为江苏省素质教育实验区。自此，全县性的素质教育实施工作全面铺开。

1998年，小学加强小学生写字、说话、朗读、口算等基本能力培养；初中以推广“洋思经验”为切入点，实施优化学科课程、优化课堂教学“双优”工程。

1999年，注重素质教育在课堂教学中的渗透，进一步强化教学的中心地位。开展“校长走进课堂年”活动，明确要求校长深入教学第一线，亲自上课、听课、评课、参加教研活动。

2000～2002年，进一步推广“洋思经验”，大力实施课堂教学“五优化”工程。先后开展“教学质量年”“校长走进课堂年”“电化教育年”等一系列活动。其中，2002年，小学组织大型教学活动六次，殷庄小学积极推行课程改革，努力构建以学生发展为本的新型教学模式。青口小学注重加强英语教学力量，率先在全镇完小开设英语课程。高中教师分年级分学科举办教材教法培训；初高中共举行学科研讨活动71次。同时全县各学校开展“向南辰中学和高敏同志学习”的活动。

第三阶段（2003～2009年）：以《课程标准（实验稿）》推进素质教育

2003年，小学参照2002年市区小学实施的新课程方案，借鉴他们进行课程改革实践的有效做法，抓好全县小学起始年级课程改革、实验的推进、指导、管理工作。初中着力提升课堂教学效益，切实减轻初中学生学业负担，指导学校在教学管理、课堂教学、集体备课等方面提高质量。把握高中研究性学科和高考改革动态，强化学科和复习工作的研究，确保全县高考质量。2004年，坚持“纵向到底、横向到边”的原则，对所有参加课改实验的教师进行全面培训，以学校现场为载体，以交流研讨为主要形式，强化对教师进行参与式培训。2005年，立足课堂，引导教师树立强烈的课堂质量意识。努力促进学生在知识与能力，过程与方法，情感、态度与价值观等方面全面提升。完善并落实《赣榆县中小学课堂教学评价标准》。2006年，赣榆县教育以实施教学质量互动为契机，强化教学中心、课堂主阵地、质量主旋律，从“教学管理水平的提高、师资队伍的培育、良好学风的建设”三个方面寻求突破，进一步强化教学工作的“一把手负责制”，继续探索课堂教学素质化的有效途径，先后开展“教学质量大家谈”“校长论坛”“优秀教学案例展示及名师在线”“中小学课堂教学开放周”等10项特色活动。全市教学质量年活动现场会在江苏省赣榆高级中学召开。

2009年，在全县骨干教师精心编制“教学设计参考”的基础上，义务教育阶段小学高年级及初中编制“三案”合一的“综合学习案”，将“综合学习案”的有效性编制以及务实性使用引入到全县中小学的课堂教学改革中来。同时，根据市教育局教学管理要求，全面推进“三案、六环节”教学模式。

五、招生制度改革

改革招生制度，初中由全县统一考试改变为取消考试就近入学，高中由县内选拔改变为统一考试。其宗旨在于促进素质教育，有利学生健康发展。

（一）初中招生制度改革

1990～1992年，一般中学按就近入学原则，实行划片招生。青口地区的初中招生问题由青口镇政府负责。各乡（镇）成立初中招生领导小组，具体招生工作由中心中学负责，录取名单报中教股审批后方可公布。针对学生的特殊情况，可放宽5分录取。在本县借读的毕业生，可在原借读小学办理升学手续，由教育行政部门安排到有关初中继续借读。在外省（市）、外县（区）借读的本县户籍学生，要求回户口所在地升学。对引进人才、在赣投资者子女入学提供优惠政策。凡满16周岁且小学阶段已读满九年的学生，初中不予录取。

1992年，赣榆县中学对全县开放、各中心中学对本乡（镇）联中开放，并形成比例。

1993年，赣中招生采取名额分配办法。分配原则是，根据各小学全面贯彻教育方针、开展素质教育情况、九三年小学毕业班级数及两年赣中录取人数的平均值，将名额分配到实验小学和青口中心小学。赣中录取后，青口一中、二中实行划片录取。

1997年，育新中学依托赣榆县中学办学，招收初中3个班162人，兴华中学依托海头中学，砺志中学依托厉庄中学办学，各招收初中2个班。

1998年，育新中学、兴华中学、砺志中学继续招生，初中招8个班448人。

1999年，公办民助中学继续招生，除育新中学招收初一11个班600人外，其余砺志、兴华、智贤、启明、新星等中学均招收初一新生各2个班108人。

2001年，初中招生全面实行义务教育入学通知书制度，实施小学毕业生免试划片就近入学。农村初中招生，以乡镇为单位，由乡镇中心小学将《赣榆县2001年小学毕业生名册》和《赣榆县2001年小学毕业生登记表》交给乡镇初中，并填写交接表，安排“五跳六”的毕业生全部进入初中学习。县城初中招生，先由按民办机制运作的县实验中学按小学毕业生的志愿招收。凡满16周岁且小学阶段已读满九年的学生，初中不予录取。

2003年，县城招生分两种情况：已按民办机制运作的赣榆县实验中学、民办学校赣榆县外国语学校、华杰双语学校在满足青口镇毕业生就学前提下面对全县招生；青口一中、二中招生，按小学毕业生的户籍，家庭住址和初中学校施教区合理分配入学。

2004年，小学升初中实行就近免试入学制度，严格履行小学与初中的交接手续，防止学生流失。农村初中招生以乡（镇）为单位，由镇政府负责人负责监交；中心初中采取有效措施保证新生报到入学。县城地区初中招生分两种情况。民办学校招生由教育局统一组织给小学毕业生填报志愿，教育局统一命题、阅卷、统计成绩。民办学校招生计划60%用于招收县城学生，40%面向全县农村学生。县城地区未被民办学校录取的学生到青口二中、青口三中、青口四中报到入学。其他要求不变。

2006年，初中招生根据省、市文件要求，为每一个适龄少年接受义务教育提供一个学位，保证每个困难家庭的小学毕业生和"留守少年"接受义务教育，实现小升初的无缝对接。

2007年，农村公办初中严格实行划片招生，各校施教区以原乡（镇）区划为准。实验中学和民办学校可面向全县招生，先预报名，后录取。录取方式为：凡预报名数超过计划数的学校，实行电脑派位；凡报名数等于或小于招生计划数的学校，学校可自主录取。为确保青口地区（老城区）小学毕业生小升初的学位，实验中学、外国语学校的初一招生要向老城区倾斜。

2009年，实验中学招生计划的25%面向农村地区招生，招生计划的75%面向老城区招生。根据预报名先录取10%的艺体、科技特长生，然后实行电脑派位。民办学校可面向全县招生，先预报名，如果报名数超过计划数，可先录取10%的艺体、科技特长生，然后实行电脑派位。为确保青口二中的招生，县城地区电脑派位未录取的毕业生且无民办学校志愿的，一律到青口二中（赣榆县初级中学）就读。

（二）高中招生制度改革

1990～1991年，高中招生仍然实行预选。考生一次填报志愿，志愿包括重点中学、中师、中专、普通高中、职业中学和技工学校。各类学校录取顺序为：重点中学和中师；中专；普通中学，职业中学和技工学校。中师、重点中学和中专可以兼报。考生需要符合下列条件的才可以报考：拥护四项基本原则，热爱祖国、遵守纪律、决心为社会主义现代化建设勤奋学习；初中毕业或具有同等学力；身体健康；报考重点中学、中师和中专的考生年龄限制在18周岁以下（1972年9月1日以后出生），报考其他学校的考生年龄限制在19周岁以下（1971年9月1日以后出生）；具有赣榆县常驻户口。往届初中毕业生在校补习或插班复读的，不准报考重点中学、中师和中专，报考普通高中要提高30分录取；凡"中学生体育合格标准"不及格的学生，不予毕业，不得报考任何学校；社会青年报考重点中学、中师、中专和普通高中要提高30分录取；针对不同情况的学生，报考普高、职高的考生录取时可以照顾10分；考生需要通过政治思想品德考核。

1993年，按照省教委有关文件规定，高中阶段逐步建立有偿教育机制，学校经县教育行政部门批准，可以招收部分自费生。初中毕业生报考中师、中专和重点中学均需加试体育，满分60分，计入总分。赣中提前单独招生，面向农村招收4个班（不含厉庄中学、城头中学本校学生）。其他招生工作由县招办统一组织。

1997年，育新中学依托赣榆县中学办学，招收高中2个班108人，兴华中学依托海头中学，砺志中学依托厉庄中学办学，各招收高中2个班。

1998年，育新中学、兴华中学、砺志中学继续招生，高中招8个班360人。

2001年，高中阶段各类学校招生工作在市、县政府和市、县教育部门的领导下，做到统一组织、统一政策、统一考试、统一录取。考生一次填报志愿。志愿包括重点高中、师范（五年一贯制）、一般高中（含综合高中）、部省高职和普通中专、成人中专、职业高中。成人高中不能与技工学校兼报，其他可互相兼报，按志愿顺序录取。录取工作坚持"公平、公正、公开、按志愿"，德智体全面衡量，从高分到低分择优录取的原则。各级各类学校录取共分六个批次。第一批：赣榆高级中学在全县范围内录取；第二批：省重点中学——城头中学、厉庄中学、海头中学、赣马中学、青口一中、石桥中学；第三批：师范（五年一贯制）

录取；第四批：市重点中学——沙河中学、城南中学；第五批：部省属高职和普通中专录取；第六批：市属地方普通中专、职业高中、成人高中与技工学校录取。青口二中艺术班单独招生。

2002年，县教育局改革普通高中招生办法，省、市重点中学一律在县实验小学统一设立窗口，统一报到缴费，将高中招生纳入有序竞争机制。

2003年，赣榆高级中学面向全市招生，其他普通高中面向全县招生。职业高中先面向全县根据学生填报志愿招生，如招不满，再由招生部门调剂招生。

2004年，赣榆高级中学面向全市招生，其他普通高中、职业高中面向全县招生。考生一次性填报志愿。往届初中毕业生不得报考四星级高中。高中招生按"尊重志愿、分段录取、同期操作、规范有序"原则，组织学生填报志愿，划定录取批次分数线，根据学生成绩分出各校招生的生源名单，各录取学校严格按生源名单录取。

2005年，市教育局制定并实施《连云港市初中生学业考试、综合素质评价及高中招生制度改革方案》，在全市初中段学校实行学业水平评价。高中招生坚持综合评价择优录取的原则，即改变以升学考试科目简单相加为唯一录取标准的做法，高中招生录取既看学生学业成绩，又看综合素质；既看学生现有发展水平，又看其成长过程；既看学生全面发展，又看某一方面突出才能。这一方案的实施，对全市推进中小学实施素质教育和新课程改革、促进学生全面发展具有导向作用。

2006年，高中招生为历年来最高峰，净增4000人。县教育局按各类学校划定统招线、择校线和全县普高招生最低控制线。2007年，公办普通高中招生计划分统招生、择校生两种类别。2008年，海头高级中学面向全市招生。

第二章　幼儿教育

第一节　概　况

1990年，全县有幼儿园695所，823个班（含小学附设学前班349个）其中，教育部门办1所9个班，企事业单位办21所28个班，乡村集体办670所783个班，个体办3所3个班。入园幼儿35970人（含学前班15176人），入园率达75.2%。全县幼儿园占地总面积29.4万平方米，建筑总面积6.15万平方米，教职工1204人。

1991年，县教育局贯彻省教委颁发的《江苏省幼儿园（班）登记注册办法》和省政府办公厅转发省教委等部门《关于加强和改进幼儿教育工作的意见的通知》，按照举办幼儿园（班）基本条件，加强对全县幼儿园（班）的管理。全县30个乡镇建起的中心幼儿园，有15所达到市合格中心幼儿园标准，103处学前班达到连云港市合格学前班基本标准。

1993年，根据市《幼儿园评估定类细则》和《连云港市合格学前班基本标准及评估细则》，县教育局对全县幼儿园和学前班进行评估验收定类，评出一类园3所，二类园9所，三类园8所，不合格6所；83个学前班为符合标准的合格学前班。对于验收合格的幼儿园严格按市统一规定的标准收费。

1995年，全县有教育部门办幼儿园1所，其他部门办幼儿园11所，集体办幼儿园547所，民办幼儿园19所。经县教育局、县妇联、县卫生局、县工会等相关部门的评估验收，全县有8所幼儿园、93处学前班、41处混合班达到市颁合格标准；评出一类园3所，二类园15所，三类园4所。县教育局对青口地区52所幼儿园登记注册，取缔不符合条件的幼儿园5所，登记后自动停办的7所。赣榆县被评为江苏省幼儿教育先进县，海头镇被评为江苏省幼儿教育先进集体。

1996年3月，市教委制定《连云港市合格学前班验收标准细则》《连云港市合格中心幼儿园验收细则》，全县有1所中心幼儿园和47处学前班和混合班被认定合格并准予注册。全县幼儿园登记注册率为95%。

1998～1999年，由于幼儿教育发展过快，新招聘的幼儿教师学历参差不齐，全县幼儿教师学历达幼师（高中）毕业以上的只占53.3%，居全省末位（第77位），县教育局根据省教委制定的《江苏省幼儿教师职业素质基本要求（试行）》，对全县幼儿园聘用教师进行统一考核，按编制录用1583人，503人达不到基本要求而落聘，全县在编幼儿教师减少20%。

2000年，根据县政府《关于加强私立幼儿园管理的意见》，县教育局继续对全县幼儿教师进行考核整顿，1488名幼儿教师被聘用，216人被辞退，在编幼儿教师减少6%。

2001年，县教育局制定《2001—2002学年度幼儿教师聘用意见》，并开展幼儿园教师优秀教学活动评比。

2002年，县教育局根据教育部《幼儿园指导纲要（试行）》，全面推进幼儿教育体制改革，初步实现幼儿教育民营化、多元化的办园格局。全县262所幼儿园中，承包76所，公办民助90所，私人办园23所，租赁10所，股份制15所，联合办园6所。县教育局采取个人风险入股方式创办赣榆县东方幼儿园，同年9月正式招生。该园委托赣榆县实验幼儿园全权管理，设董事会，实行园长负责制。

2003年，县教育局继续深化幼儿园办学体制改革，全县社会力量投入幼儿园建设资金累计达1190万元，新验收合格的40所幼儿园中，75%为民办幼儿园。根据《江苏省幼儿园登记注册办法》，县教育局对32所擅自创办的不合格幼儿园责令其停办或整改。

2004年，全县幼儿教育体制改革进一步深化，全年新建民办幼儿园12所，筹设10所，沙河、赣马、厉庄、城头、城西、金山、欢墩、罗阳8个镇的中心幼儿园进行改制。根据县政府对幼儿园安全管理专项整治制定的具体实施方案，县教育局对全县64所未取得“幼儿园登记注册证”“社会力量办学许可证”和59所存在多种安全隐患的幼儿园下达整改和停办通知。

2005年，县教育局组织全县幼儿教师进行《幼儿教育指导纲要》培训，经考核合格后再持证上岗。庆港房地产公司创办赣榆县庆港幼儿园并通过市一类幼儿园验收。是年，筹设民办幼儿园4所，有14人取得幼儿教师资格。

2006年，县教育局确定是年为全县幼儿教育质量年，并根据省教育厅《关于将幼儿教育纳入国民教育体系的指导意见》和《关于进一步加强农村幼儿教育工作的意见》，对全县幼儿园的布局进行调整，对青口地区的民办幼儿园和未经审批私自开办的幼儿园，依照办园标准进行评估整顿，全县80所幼儿园达合格标准，对209所不合格的幼儿园下达整改通知。举办全县幼儿骨干教师培训班，开展优秀园教学现场会、优秀教师示范课和幼儿教师优质课评比等活动，邀请中央教科所专家和新疆幼师对全县幼儿教师和园长进行园务管理、教材教法、卫生保健、儿童心理、新疆舞蹈等全方位的系统教育培训。

2007年，县教育局按省教育厅《关于规范幼儿园评估工作的通知》的评估标准制定《关于清理整顿不合格幼儿园的实施意见》，对全县幼儿园进行评估整顿，全县有127所幼儿园达合格标准，66所幼儿园不合格。聘请27名幼教兼职教研员，具体指导乡镇的幼教工作。开展镇区幼儿园之间公开课的观摩与展示、优秀教师技能比赛和县实验幼儿园开放周活动。对全县幼儿园的课程设置、课程教学进行全面检查与指导，杜绝“小学化”的教学模式。启动对幼儿园的年审工作，为符合办园规定的45所幼儿园发放“办园许可证”，对未登记注册且不符合办园条件的42家私办园（班）做出停止举办的行政处罚。庆港幼儿园被评为省优质园，黑林、柘汪两所中心幼儿园被评为市优质幼儿园。是年，县实验幼儿园被省教育厅命名为江苏省文明学校。

2008年，县教育局按照县政府的统一部署，调整全县幼儿园的布局规划，成立民办幼儿园清理整顿小组，实施清理整顿非法办园专项行动，对23所幼儿园限期整改，停办10所民办幼儿园。制订《赣榆县2008年幼儿园创建工作实施方案》，加大幼儿园的硬件投入，完善各项配套设施，全县幼儿园共增加土地面积1.3万平方米，园舍面积1万平方米，软地面积1.8万平方米，教具价值达49.1万元，玩具价值达112.3万元。为提高全县幼教队伍的整体素质，县教育局采取“请进来”和“走出去”的方法，邀请苏州等外地幼教专家来赣榆为727名幼儿骨干教师举办专题培训；组织幼儿园园长和骨干教师赴南京、淮安等地参观学习；800名幼师经培训考核，获岗位培训证书。是年，全县有幼儿园186所。其中，公办幼儿园139所，民办幼儿园47所。创建省优质园6所，市优质园39所。

2009年年初，县教育局对59所符合条件的幼儿园准予注册，对22所达省优质园和市优质园标准的幼儿园颁发中华人民共和国民办学校办学许可证。按照县政府《赣榆县民办幼儿园清理整顿工作实施方案》，对全县民办幼儿园的办园秩序、收费标准、卫生保健等进行综合治理。是年，投入872万元对海头第二中心幼儿园、青口第三中心幼儿园实施易地重建；中国儿童少年基金会“安康计划”向赣榆县26所幼儿园捐赠价值169万元的软件设施；江苏省教育厅给予赣榆县22所幼儿园保教设备选配经费350.4万元。全县有11所幼儿园通过省优质园验收，6所通过市优质园验收，22所通过省农村合格幼儿园验收，赣榆县被评为江苏省幼儿教育先进县。至2009年年底，全县共有幼儿园61所。其中，教育部门办31所，集体办3所，民办27所；省示范园5所，省优质园18所，市优质园42所。全县共有1053个班，在园幼儿35519名，每万人口在园幼儿数为320.57人，每校服务人口数为1.82万人，教职工1590人，其中专任幼儿教师1125人，每师负担学生数为31.57人，每班教师1.07人。全县幼儿园占地面积334350平方米；校舍面积127634平方米；教学及辅助用房计73337平方米，其中活动室51692平方米，睡眠室13518平方米，保健室2728平方米，图书室4095平方米；行政办公用房计11853平方米，其中教师办公室7705平方米；生活用房8968万平方米；其他用房33476平方米。

1990～2009年赣榆县幼儿教育情况一览表

表27-1

年份	园数（所）	班数		在园幼儿数		学前一年幼儿入园（班）率%	学前三年幼儿入园（班）率%	平均每万人口中的在校学生数	每校服务人口（万人）
		计	其中小学附设学前班	计	其中小学附设学前班幼儿				
1990	695	823	349	35970	15176	98.44	75.2	401.32	0.13
1991	446	924	364	49789	16316	96.5	76.4	523.54	0.21
1992	449	934	365	59526	17238	96.5	76	515.13	0.22
1993	419	998	513	55718	30957	98.5	80	571.94	0.23
1994	605	898	364	56165	21685	97.5	80.1	571.71	0.16
1995	605	891	287	56749	19466	98	81	572.99	0.16
1996	54	977	447	52549	22979	98	81.1	526.02	1.85
1997	55	949	375	44785	22875	98	81.5	443.9	1.83
1998	266	1326	847	46096	28454	98	82	453.79	0.38
1999	347	1404	870	45291	28238	97.2	86	441.46	0.3
2000	309	1163	467	36954	15775	98.8	82.6	356.49	0.34
2001	219	920	364	28676	11647	99.8	84	273.42	0.48

续表27-1

年份	园数（所）	班数		在园幼儿数		学前一年幼儿入园（班）率%	学前三年幼儿入园（班）率%	平均每万人口中的在校学生数	每校服务人口（万人）
		计	其中小学附设学前班	计	其中小学附设学前班幼儿				
2002	262	931	288	26571	9962	99	85	251.07	0.4
2003	271	1083	172	24184	5200	99.8	85.9	226.38	0.39
2004	242	803	172	23193	5030	99	90	214.93	0.45
2005	248	906	41	26146	1161	99	91.3	244.15	0.43
2006	249	963	17	29111	810	99	95.7	269.12	0.43
2007	186	887	37	29666	1210	99.5	97	274.25	0.58
2008	61	1015	—	32776	—	100	97	300.84	1.79
2009	61	1053	—	35519	—	100	97	320.57	1.82

第二节　保育与教学

20世纪90年代，依据《幼儿园工作规程》《幼儿园管理条例》《幼儿园教育纲要（试行）》，全县幼儿园执行“三年制”学前教育，幼儿在园年龄为3～6岁，按年龄分班进行教育。小班为3～4岁，中班为4～5岁，大班为5～6岁，较小的村办混合班为4～6岁。幼儿园坚持保教结合的原则，保障幼儿的身体健康，培养幼儿良好的生活、卫生习惯，促进幼儿智力发展。培养幼儿热爱祖国的情感及良好的品德行为。以游戏为基本活动形式，对幼儿进行体、智、德、美等各方面的教育。教育教学内容为生活卫生习惯、体育活动、思想品德、语言、常识、计算、音乐、美术等。教学形式分为游戏、体育活动、上课（课堂仍以游戏为主要形式，小班上课每节10～15分钟，中班每节20～25分钟，大班每节25～30分钟）、观察、劳动、娱乐。

1997年秋季起，根据苏教基〔1997〕25号文件精神，赣榆县统一使用《幼儿园课程指导丛书》。

2001年9月起，全县幼儿园执行教育部颁发的《幼儿园教育指导纲要（试行）》。幼儿园的教育以游戏为基本活动，保教并重，关注个别差异，促进每个幼儿有个性的发展。教育内容主要分为健康、语言、社会、科学、艺术等五个领域，各领域的内容互相渗透，从不同的角度促进幼儿情感、态度、能力、知识、技能等方面的发展。全县幼儿园统一按照要求，开设语言、数学、健康、社会、科学、音乐、美术等学科。

2006年，县教育局确定为学习教育部《幼儿园教育指导纲要（试行）》、提升全县幼儿教育质量年。7月份举办为期半个月的全县幼儿骨干教师培训班，多次开展优秀园教学现场会，邀请中央教科所、新疆等地专家对全县幼儿教师和园长进行全方位的系统教育培训。

2009年，连云港市教育局下发《关于印发〈连云港市幼儿园一日活动常规实施细则〉的通知》，县教育局组织落实，进一步规范幼儿园的一日活动，以保障和促进全县幼儿教育规范化、和谐化。

第三节　省示范幼儿园简介

一、赣榆县实验幼儿园

始建于1958年，原名为赣榆县县直机关幼儿园。1968年，改名为东方红幼儿园。1983年，更名为县实验幼儿园。1984年，新购民房12间，占地面积扩大到1932平方米。1986年，建起1200平方米的

图 27-1 赣榆县实验幼儿园（2008年摄）

第一幢教学楼。1994年，建起第二幢教学楼。1999年，征地1.2公顷，易地新建4500平方米的现代化幼儿园，拥有图书室、作品展示室、游戏室、电化教育室、多功能活动大厅等，配备多媒体双向控制教学系统、空调和消毒设施等。

2009年年底，赣榆县实验幼儿园由1个总园和1个分园构成，占地面积1.4万平方米，建筑总面积7500平方米。有教学班20个，在园幼儿920人，教职工89人，其中专任教师54人。该园先后获得江苏省示范性实验幼儿园、省绿色幼儿园、省首批和谐校园、省巾帼示范岗、省文明学校、省语言规范化示范学校等荣誉称号。

二、赣榆县东方幼儿园

图 27-2 赣榆县东方幼儿园（2008年摄）

创建于2002年，总投资300余万元，是县首家股份制幼儿园。县东方幼儿园分为行政区、教学区、活动区、生活区。设幼儿图书室、科学发现室、电教资料室、多媒体教室、音乐室、美术室、多功能活动大厅等专用场所，满足幼儿活动的需要。先后投资近50万元，开辟校园广播网及闭路电视系统，添置卫生消毒设备、体育运动器材、电化教育设备，改造食堂内部设施，添置专用餐桌、电气蒸饭车、燃气油灶具，安装不锈钢全套厨房设备。

2009年年底，占地面积3800平方米，建筑面积3015平方米，绿化面积500平方米，户外活动面积2200平方米。有11个教学班，在园幼儿394人，教职工39人，其中专任教师20人，大专及以上学历19人，占教师总数的95%。该园先后获得“江苏省示范性实验幼儿园”、县“文明单位”、县“巾帼示范岗”、县“教科研先进集体”等荣誉称号。

三、赣马镇中心幼儿园

始建于1982年。1991年，达到连云港市合格中心幼儿园基本标准。1995年，被评为县二类幼儿园。2002年年底实行改制，由私人投资160万元，在原地新建2000多平方米的大楼1幢，增设软硬件设施，配齐各种功能用房，每个教室配备电视机、VCD、音响和其他教学设备。2003年，通过市一类园验收。2004年，被确认为省级示范性实验幼儿园。2009年，获江苏省首批“和谐校园”荣誉称号。是年年底，该园占地面积4600多平方米，建筑面积3600平方米，户外场地2800平方米，绿化面积900平方米，有12个教学班，在园幼儿390余人，教职工36人，其中专任教师24人。

四、沙河镇中心幼儿园

始建于1980年，占地面积1225平方米，建筑面积490平方米。2002年，进行改制，由私人投资140万元在沙河镇泰和路西首易地重建。2002年10月，通过市一类园验收，2003年12月，通过省示范性实验幼儿园验收，并获市“巾帼示范岗”荣誉称号。

2009年年底，沙河镇中心幼儿园占地面积6600平方米，建筑面积2160平方米，绿化面积480平方米，除配有8个幼儿活动室外，还设有科学发现室、游戏室、音体活动室、美术室、保健室、档案资料室等。幼儿活动室内配有标准桌椅、开放式玩具橱、休息床、图书架、钢琴、彩电、VCD等现代化设备；园内设有饲养角、种植园、玩沙池等。在园幼儿337人，教职工19人，其中专任教师16人。

五、海头镇中心幼儿园

始建于1980年。1989年，创建为市优质园。2000年，通过省示范性实验幼儿园的验收。2006年、2007年均被评为市幼儿教育先进集体。

图 27-3 海头镇中心幼儿园（2008年摄）

2009年年底，该园占地面积5400平方米，建筑面积3780平方米，户外活动场地1600平方米，绿化面积1100平方米。有幼儿活动室8个，有舞蹈、美术、图书、微机、多功能和保健等专用室。有600平方米的橡胶地垫，8件大型户外活动玩具和大量室内玩具。有10个教学班，在园幼儿405人。教职工23人，在编教师5人。其中，本科学历1人，专科学历4人。

第三章　小学教育

第一节　概　况

1990年，全县有小学466所，教学班2402个，在校学生79828人，专任教师3867人。全县30所中心小学全部通过市教育局的合格验收。全县12～15周岁少年初等教育普及率达99.4%。

1991年3月，市教育局、市卫生局批准青口小学为全县农村学校卫生工作试点校。全县有6位小学校长的学校管理经验被市编入《学校管理经验集》；城头小学音乐教学录像带以“艺术教育特色鲜明，效果突出”被国家教委档案馆收藏。全县30所中心小学全部达到市合格中心小学标准，10所中心小学的常规管理达省标准，71所完小为合格完小。是年，全县实施初等义务教育，22个乡镇完成初等义务教育实施任务。

1992年，全县255所完小达到市局规定的办学标准，占全县完小总数的94%。全县中心小学对各乡镇完小实行开放活动。小学劳技课开课率达100%。

1993年9月始，全县小学实行义务教育入学通知书制度，以切实保证符合条件的学龄儿童全部入学，保障残疾儿童受教育的权利。全县小学课程开设按国家教委颁布的小学五年、中学四年学制（简称“五四”学制，下同）的《课程计划》执行，实施九年义务教育全日制小学《课程方案》，全县小学统一采用人民教育出版社的教材。

1994年9月，全县小学教学计划课程安排“实行单、双周工时制”，即单周工作5天，双周工作6天，课表安排以两周为一个周期，11天的周课时总量不超过60节，其多余课时作自习安排，不得增加学科课程课时。

1995年秋，全县小学统一采用江苏版教科书。

1996年，根据省教委“在一些有条件的省、市实验小学试办公办民助班的办学体制改革”精神，公办民助的“新星小学”依托县实验小学于8月建校，同年招收两个班。

1998年，县教育局调整全县小学布局，将全县408所小学分3年调整为265所，并对全县小学实行“五改六”计划，即小学由五年制改为六年制，计划3年完成过渡。全县大部分乡（镇）小学取消单双轨。

1999年，市教委决定在市区和赣榆、东海、灌云三县使用苏教版六年制小学数学教材。县教育局制定《赣榆县中小学实行全员聘任制指导意见（试行）》并在城南小学、土城小学进行教师全员聘任制试点。

2000年，县政府批转《赣榆县中小学教师全员聘任制实施意见》。

2001年秋，县城小学和乡（镇）中心小学三年级开设英语课，使用牛津小学英语课本。

2002年，全县小学全面推行教职工全员聘任制。县教育局在金山小学进行中层教干竞聘上岗试点工作。是年秋，全县小学增设手工劳动课，三年级全部开设英语课。

2003年，全县实施新一轮布局调整，撤并小学128所，调整为小学104所，教学点132个，实现完小校均服务人口1万人的目标。是年秋，全县进入省课改实验区，全县小学（起始年级）进行基础教育课程改革实验，执行江苏省制定的新课程标准，使用苏教版新课标实验教材（国标本）。同年，新建的民办“赣榆县华杰双语学校”小学部招收14个班。

2004年9月，全县义务教育阶段学校推行“一费制”收费办法，并建立对家庭困难学生免费提供课本，减免杂费，补助经济困难住宿生生活费的“两免一补”制度。新建的民办赣榆县汇文双语学校和赣榆县中英文学校小学部同时招收一至六年级学生。10月，县教育局、财政局、物价局确认赣马文峰小学为公办民助学校。

图 27-4　青口镇第三中心小学（2006年摄）

2005年8月，县教育局、财政局、物价局确认新青小、兴海小学、兴塔小学、行知小学为公办民助学校。全县中心小学和61所村完小接入城域网。新建的民办学校赣榆县清华园双语学校和赣榆县金桥双语学校小学部于9月招收一至六年级学生。全县小学课程设置为语文、数学、英语、自然、品德与生活（一至二年级）、品德与社会（三至六年级）、科学、社会、劳动与技术、音乐、体育、美术、写字、信息技术、综合实践活动等学科。

2006年，班庄镇中心小学、青口

镇第三中心小学被市教育局确认为市实验小学；9所小学被市教育局确认为连云港市“十五”期间农村合格完小。县教育局实施14所省实验小学和2所市实验小学分别对18所一般小学的对口帮扶计划。聘任130名小学兼职教研员，组织小学校长分批赴广州等地学习和参加市“小学校长教改论坛”，开展“班主任艺术”征稿和评选“优秀班主任”“先进班集体”等活动，加大薄弱学校改造，全县镇区内保留的完小全部达到省合格小学标准。中央电视台录制沙河镇第二中心小学的校园建设和素质教育专题片，并在该台少儿频道播出。青口镇中心小学、城头镇中心小学获市“全面育人先进学校”称号，城头镇中心小学另被评为连云港市教育信息化示范校，黑林镇中心小学、班庄镇第二中心小学被命名为连云港市德育先进学校，青口镇第三中心小学、班庄镇中心小学创建为省实验小学，赣马镇第二中心小学创建为市实验小学。石桥、金山、海头二小、沙河二小等4所中心小学被评为市首批中小学管理与建设“百佳校园”。

2007年，县教育局加强对全县中小学的日常管理，推进德育教育，开足开齐教育部规定的各科教学课程，严格控制学生的在校时间和课外作业量。对全县一年级适龄儿童入学的不均衡作了重新调整，对流动人口及外来投资创业者适龄子女的入学问题，按有关政策安排就读学校。实行小学升初中无缝对接。做好“三残”儿童随班就读工作。同年，各小学在安排英语课程教学时，严格遵照省教育厅“开展英语课程不能削弱和干扰母语教学”的原则，在“汉语拼音教学完成后”进行“英语字母教学”。省体育局于5月到厉庄镇顾赤涧小学开展“体育帮扶”，捐赠价值11万元的体育器材。台塑集团金钜基金会捐资60万元人民币，在欢墩镇原东进小学新建一所符合双轨12个班的合格完小，并更名为明德小学。宋庄镇中心小学于秋季开学前搬迁至新址。是年，全县共有92438名小学生减免学杂费；105所农村小学“四项配套”工程建设通过市验收；12所小学被评为市管理规范示范学校，51所小学被评为市规范管理达标校，7所小学被评为市第二批中小学建设与管理“百佳校园”，13所小学分获省、市各级各类单项先进学校（集体）荣誉称号。

2008年，县教育局将全县中心小学调整为29所，教学点撤并为70个。实施市教育局的“333工程”，实行小学课改实验基地开放日和送教到校等活动，促进课堂教学的规范化、效益化。《中国体育报》、江苏电视台、连云港电视台等新闻媒体，就赣榆县小学开展体育大课间活动，实验小学、班庄中心小学和城西中心小学的特色教育等作专题报道。是年，市首所“爱民固边小学”在海头镇马庄村落成；江苏海鸥冷却塔有限公司捐资50万元人民币改建的“海鸥希望小学”于12月22日在厉庄顾赤涧村举行揭牌仪式并投入使用；教育城域网与县内完小以上学校实现光纤联通；青口中心小学、门河中心小学被评为市小学管理规范示范学校；县实验小学、青口中心小学、柘汪第二中心小学被市确定为连云港市第三批“体育传统项目学校”；海头第二中心小学获省“优美校园”称号；两所小学获省“冬季三项”锻炼活动先进学校称号。

2009年，县教育局在全县小学开展“立体评教”和送教到校活动。沙河镇第二中心小学的“农家故院”生产生活习俗（民俗）展示馆入选县政府《赣榆县第二批非物质文化遗产名录》；墩尚镇中心小学的剪纸艺术、宋庄镇中心小学的儿童布贴画入选《连云港市非物质文化遗产保护名录》。柘汪镇第二中心小学少先队获全国优秀红领巾社团称号（全市唯一）；31所小学获连云港市平安校园称号；罗阳、青口、金山和赣马二小等4所中心小学获省平安校园称号；柘汪、金山、班庄3所小学获省首批和谐校园称号；青口镇中心小学被命名为省绿色学校，柘汪第二中心小学、沙河第二中心小学同时被市政府命名为科普教育基地，海头中心小学被评为省科技教育先进学校，柘汪、班庄和城头三所中心小学被评为省级和谐校园，县实验小学被确定为省和谐教育实验教育基地，欢墩中心小学被确定为全国校园法制安全教育示范基地，沙河中心小学被全国青少年文明礼仪普及活动组织委员会批准为全国青少年文明礼仪教育基地。2009年秋，小学课程设置为语文、数学、英语、音乐、体育、美术、品德与社会、科学、信息与技术、劳动与技术、写字、淮海文化等12门。至2009年年底，全县有小学104所，60个教学点，1752个班，在校学生

73906人（其中女生28763人），其中民办小学部5个，51个班，在校学生1705人（其中女生437人）；小学教职工5570人，其中专任教师5296人。全县小学占地面积296.79万平方米，校舍建筑面积46.36万平方米；教学及辅助用房28.06万平方米。其中，普通教室23.26万平方米，实验室1.06万平方米，图书室1.31万平方米，微机室1.26万平方米，语音室0.14万平方米；行政办公用房5.65万平方米，其中教师办公室3.17万平方米；生活用房8.40万平方米，其他用房4.25万平方米；全县体育运动场（馆）105.44万平方米，计算机4224台，图书藏量1534887册，电子图书藏量38600余片。全县小学固定资产总值28172.53万元，其中仪器设备总值2620.61万元，包括专业实验设备1841.47万元和专业实习设备398.23万元。

1990～2009年赣榆县普通小学基本情况一览表

表27-2　　　　单位：所（学校）；个（班级）；人（招生数、学生数）

年份	学校数	班级数	招生数	7～11周岁儿童入学率（%）	巩固率（%）	毕业率（%）	升学率（%）	在校学生数	每万人口中学生数	每校服务人数（万人）
1990	466	2402	19064	99.51	99.55	99.4	74.1	79828	891	0.19
1991	461	2410	20440	99.55	99.51	99.45	80.84	85387	898	0.21
1992	461	2520	22374	98.74	99.6	96	92.2	94739	979.72	0.21
1993	458	2692	25335	99.73	99.52	99.59	93.56	107096	1099.32	0.21
1994	445	2907	31445	99.85	99.75	99.78	95.06	122669	1248.67	0.22
1995	440	3083	30528	99.79	99.76	99.67	96.41	134980	1362.88	0.23
1996	416	3296	30403	99.36	99.72	98.02	97.03	145803	1459.49	0.24
1997	408	3445	33080	99.96	99.84	99.93	96.39	155706	1543.32	0.25
1998	397	3458	25489	99.84	99.5	79.6	97.59	159141	1565.66	0.25
1999	355	3418	18892	99.61	98.47	67.62	95.03	152338	1485.35	0.29
2000	317	3413	21975	99.54	98.02	99.97	96.16	151756	1464.07	0.33
2001	264	3243	21639	99.93	97.44	118.39	95.29	150651	1435.41	0.4
2002	232	3097	19339	99.92	98.81	98.91	95.62	142610	1347.54	0.46
2003	104	2788	15304	99.98	99.28	99.58	97	125743	1177.04	1.03
2004	104	2504	14184	99.98	99.06	99.71	97.42	111644	1034.6	1.04
2005	104	2289	11958	99.98	99.5	99.9	99.98	102013	952.59	1.03
2006	104	2087	11486	99.99	99.99	100	100	92438	854.56	1.04
2007	104	1909	11605	99.99	99.99	100	100	83131	768.52	1.04
2008	104	1777	12110	100	100	100	100	75955	697.15	1.05
2009	104	1752	13090	100	100	100	100	73906	667.02	1.07

第二节 学制与课程设置

1990～1997年，全县一直执行小学五年、中学三年的学制模式。

1993年秋季开学始，全县小学课程开设按国家教委颁布的小学五年，中学四年学制（简称“五四”学制）的《课程计划》执行，实施九年义务教育全日制小学《课程方案》，全县小学统一采用人民教育出版社的教材。

1994年8月，省教委按国家教委《对中小学教学计划进行调整的意见》，规定秋季开学始，全省全日制小学教学计划课程安排“实行单、双周工时制”，即单周工作5天，双周工作6天，课表安排以两周为一个周期，11天的周课时总量不超过60节，其余课时作自习安排，不得增加学科课程课时。

1998年，赣榆县教育局对全县小学实行“五改六”计划，即小学由五年制改为六年制，计划3年完成过渡。

2001年秋，县城小学和乡镇中心小学三年级开设英语课。是年秋，全县小学增设手工劳动课，三年级全部开设英语课。

2005年，全县小学课程设置为语文、数学、英语、自然、品德与生活（一、二年级）、品德与社会（三至六年级）、科学、社会、劳动与技术、音乐、体育、美术、写字、信息技术、综合实践活动等学科。

2007年，《江苏省中小学管理规范》颁布实施，县教育局规定，开足开齐教育部规定的各科教学课程，严格控制学生的在校时间和课外作业量。同年，各小学在安排英语课程教学时，严格遵照省教育厅“开展英语课程不能削弱和干扰母语教学”的原则，在汉语拼音教学完成后进行英语字母教学。

2009年秋，小学课程设置为语文、数学、英语、音乐、体育、美术、品德与社会、科学、信息与技术、劳动与技术、写字、淮海文化等12门。

第三节　省实验小学简介

图 27-5　赣榆县实验小学（2009年摄）

一、赣榆县实验小学

前身为赣榆县城关区隆嘉巷小学，始建于1948年。1950年改名为西门里小学。1959年成为赣榆县师范学校附属小学。1962年更名为北门外小学。1982年经省教育厅批准为赣榆县实验小学。1990年，有教学班15个，学生1010人，教职工56人，其中专任教师44人；学校占地面积9000平方米。2004年8月，将原青口二中校址并入该校。2009年年底，学校占地面积2.74万平方米，建筑总面积1.04万平方米。有教学班54个，在校学生3668名，教职工149人，其中专任教师133人，达专科以上学历129人，占96.9%，其中本科以上学历56人；中学高级教师职称12人，小学高级教师职称98人。

“十一五”期间，学校有国家级课题1项、省级课题6项、市级18项、县级14项。教师在市级以上教育刊物发表教科研论文366篇，7位教师的教学光盘由中央电教馆和省电教馆出版在全国发行。学校先后被评为市小学示范性窗口学校、市德育教育先进学校、市版画特色学校、市德育现代化示范小学、市优秀教师群体、市关心下一代工作先进集体、市文明单位、市全面育人先进学校、市教科研先进单位、省实施素质教育先进单位、省体育卫生工作优秀学校；被命名为省少先队现代化教育示范基地、全国红领巾助残先进集体、全国红旗大队和省教育科学研究所实验基地、省和谐教育实验基地、省心理教育实验学校；荣获全国课题实验先进集体、全国教育科研先进单位等荣誉称号。

二、青口镇中心小学

始建于1899年，时称青口官立初等小学堂，校址在原选青书院。1913年，改称青口区立第一国民学校。1930年，改称县立青口完全小学。1939年，伪县政府改称青口小学。抗战胜利后改称青口实验小学，后数易校名。1990年，有教学班22个，学生1270人，教职工72人，其中专任教师62人，学校占地面积7633平方米。2002年迁新建校址。2003年通过市实验小学和教育现代化示范小学验收，2004年被确认为省实验小学。2009年年底，学校占地面积4.67万平方米，建筑面积1.2万平方米，有教职工132人（其中专任教师122人），教学班40个，学生2371人。

图 27-6　青口镇中心小学（2008年摄）

该校先后获得为"全国教育科学"十五"规划国家级重点课题实验学校、21世纪中国学校体育发展研究实验学校、省推进素质教育先进单位、市档案管理一级单位、市文明单位、省绿色学校、省平安校园等荣誉称号。

三、赣马镇中心小学

原名赣榆县官立高等小学堂，始建于1899年，校址在原怀仁书院。1913年，改称县立国民高等小学。1923年，迁入关帝庙，后因连年战争，多次停办和易址。新中国成立后，县政府于1950年重建城里小学，1954年，发展为完全小学。1960年，改为赣马公社中心小学。1986年，经市验收为合格中心小学。1990年，有教学班11个，学生476人，教职工40人，其中专任教师29人，学校占地面积6336平方米。2001年8月迁现址。2003年，被省教育厅定为江苏省实验小学。2009年年底，学校占地面积8.95万平方米，建筑面积0.75万平方米，藏书1.81万册。有教学班38个，学生1444人，教职工141人。该校先后被评为连云港市常规管理达标优秀学校、德育先进学校、体育传统项目学校、教育现代化示范学校、校园经济示范校、绿色学校、管理规范示范校、百佳校园等称号，被定为全国小学生作文教改实验学校、21世纪中国学校体育发展研究实验学校、全国中小学德育研究规划课题重点实验学校和全国青少年文明礼仪教育示范基地。

四、厉庄镇中心小学

始建于1914年，名为金山区立第一小学。翌年，称金山区立第一国民学校，校址设在厉庄村的一座古庙里。1929年，更名为厉庄初级小学，有4个教学班、156名学生。后陆续更名为抗日民主小学、厉庄小学、厉庄中心小学、厉庄乡中心小学、厉庄镇中心小学。1990年，有教学班8个，学生341人，教职工36人，其中专任教师24人；学校占地面积12325平方米。2004年成为江苏省实验小学。2009年年底，学校占地面积2.87万平方米，建筑面积0.77万平方米。全校有教职工87人，其中专任教师83名，教学班22个，学生1122人。

校园民间体育活动是该校素质教育特色之一。江苏教育电视台、市电视台多次对学校开展"民间体育进校园活动"进行专题报道。学校先后被评为市体育传统项目学校、市德育先进学校、市一级学校、市校园经济示范校、市爱国卫生先进单位、市绿色学校、市百佳校园、市管理规范示范校、市教育系统先进党组织、全国青少年健康教育示范基地。

五、塔山镇中心小学

始建于1929年，原为单班初小。1952年，定为乡中心小学，时称土城乡中心小学。后撤乡并镇，用现校名。1987年，经市教育局验收为合格中心小学。1990年，有教学班12个，学生486人，教职工40人，其中专任教师28人，学校占地面积8976平方米。2009年年底，学校占地面积4.47万平方米，建筑面积7750平方米，操场占地面积1.43万平方米，有图书2.5万册。全校有教学班21个，在校学生1166人，教职工98人，其中专任教师91人。该校先后被评为连云港市常规管理优秀级学校、市示范性窗口学校、江苏省素质教育先进学校、市德育工作先进学校、市一级学校、市实验小学、市绿色学校、省金钥匙科技竞赛先进学校、江苏省实验小学等，4次被市委、市政府评为市文明单位。

六、城头镇中心小学

始建于1914年。1915年，称三合区立第一国民小学。1954年，定为城头区中心小学。1990年，有教学班10个，学生485人，教职工40人，其中专任教师28人，学校占地面积27800平方米。1992年，评为连云港市窗口学校。1993年，被评为省模范小学。1997年，被评为市德育先进学校。1998年，成为江苏省电化教育实验学校。1999年，被命名为省实验小学和省模范学校。2000年，成为连云港市一级学校。2001年，被定为省现代教育技术示范学校和现代教育技术实验学校。2002年，被定为市体育传统项目学校、艺术窗口学校、教育现代化示范小学。2003年，被评为市德育先进学校和连云港市模范学校。1994～2004年，连续11年被评为市文明单位。2006年，被省教育学会评为和谐教育实验学校、省心理健康教育先进学校、市全面育人先进学校等。2007年，被评为省和谐教育先进实验学校、县常规管理示范校。2008年，被评为市百佳校园、全国中小学图书管理先进集体。2009年，被评为省和谐校园、市平安校园等。是年年底，学校有教学班31个，在校学生1387人，有教职工82人，其中专任教师76名，学校占地面积2.64万平方米，建筑面积9246平方米，操场占地面积9000平方米，专用教室配套齐全，教学仪器、体卫器材、音美设备均达到江苏省规定标准。

七、沙河镇中心小学

1905年，由溯沂书院改办为沙河初等小学堂。1915年，改为太合区立第一国民小学校。后陆续更名为县立沙河完全小学、沙河小学、沙河镇中心国民学校、镇南区中心小学等。1990年，有教学班12个，学生648人，教职工44人，其中专任教师33人，学校占地面积19980平方米。2002年通过市实验小学验收，2003年通过省实验小学验收。

2009年年底，学校占地面积3.26万平方米，建筑面积1.12万平方米，操场占地面积2.10万平方米。学校有教职工113人，其中专任教师105人，教学班30个，在校学生1340人。学校有图书室、阅览室、仪器室、实验室、电脑房、多媒体教室、音乐、美术教室、舞蹈房等配套设施。该校先后被评为省科技教育先进学校、市写字达标优秀级学校、市德育先进校、市现代化教育示范校、市校园经济达标校、市绿化美化先进单位、市依法治校示范校、县文明单位、县科研先进集体、全国青少年文明礼仪教育示范基地。

八、沙河镇第二中心小学

始建于1931年，为殷庄初级小学。1957年，称殷庄乡中心小学。1990年，有教学班10个，学生326人，教职工36人，其中专任教师25人，学校占地面积17608平方米。2001年，通过市实验小学验收，同年被评为连云港市一级学校、连云港市写字达标优秀级学校、江苏省家庭教育先进集体、连云港市德育先进学校。2002年，成为全国重点科研课题“21世纪中国学校体育发展研究”实验学校、连云港市常规管理优秀级学校。2003年，被确认为省实验小学。2004年，定为连云港市体育（举重）传统学校。2006年

11月15日，央视七套“少儿频道”“金螺号——风采校园”栏目播出在该校录制的专题片《徐福故里的孩子们》。

2009年年底，学校占地面积3.24万平方米，建筑面积6132平方米，绿化面积1.27万平方米。有教学班21个，学生955人，教职工80人，其中专任教师55人。

九、城西镇中心小学

始建于1932年，校址在前西朱堵村，为两个班的初小。1957年，扩建为完小，称为朱堵乡中心小学。1986年，被评为市首批办好的合格中心校。1990年，有教学班11个，学生510人，教职工33人，其中专任教师25人，学校占地面积22923平方米。2001年，被市教育局命名为市实验小学。2003年，被省教育厅确认为省实验小学。

2009年年底，学校占地面积2.29万平方米，建筑面积5351平方米，操场占地面积1.24万平方米，图书资料2.57万册。有教职工88名，其中专任教师81名，教学班22个，学生921名。该校的乒乓球活动为素质教育办学特色之一，先后被评为市常规管理优秀级学校、一级学校、写字达标学校、德育工作先进校、体育传统校、教育现代化示范小学、文明单位、绿色学校、百佳校园和县平安校园创建先进集体、省“冬季三项”百日锻炼先进学校。

十、罗阳镇中心小学

始建于1947年，学校设于罗阳村一座废弃的罗音寺庙里。1948年，赣榆县民主政府委派教师办单班小学。1957年，由单班发展成乡中心小学。1990年，经市教育局验收，定为合格中心小学；有教学班9个，学生311人，教职工36人，其中专任教师20人；学校占地面积14175平方米。1992年，被评为市级常规管理优秀学校。2003年，通过市实验小学验收，并评为市德育先进校。2004年，通过江苏省实验小学验收。2006年后，该校坚持以“和谐育人、和谐管理、和谐发展”为办学宗旨，形成“求真务实、开拓创新”的校风。剪纸艺术是学校的素质教育特色，先后有117名学生的刻纸艺术、美术书法等作品在全国比赛中获奖。2009年，被市民间艺术家协会授予“剪纸教育模范学校”称号。同年12月18日《新华日报》报道该校的《刻虎迎新年》主题刻纸活动情况。

图 27-7　罗阳镇中心小学剪纸展厅（2008年摄）

2009年年底，学校占地面积2.5万平方米，建筑面积7222平方米，藏书3万余册，有教学班23个，在校学生1103人，教职工82人，其中专任教师70人，大专及大专以上学历占教师总数的85%以上。

十一、金山镇中心小学

始建于1935年。1957年，为金山乡中心小学。1985年，经市教育局验收为首批合格农村中心小学，改称徐福镇中心小学。1990年，有教学班13个，学生540人，教职工37人，其中专任教师27人，学校占地面积11322平方米。1999年，被市教委命名为一级学校、市实验小学。2000年，被省教育厅命名为江苏省实验小学。2001年，学校被评为市德育先进学校。2002年，被评为江苏省绿色学校、省实施素质教育先进学校、省青少年科技教育先进学校，同年被市评为教育现代化示范学校。2005年，学校被评为全县绿化、美化"十佳校园"，被省教育厅授予科技创新大赛优秀组织奖，省"师陶"杯被评为教科研论文评比组织奖。曾6次获县科技教育组织奖和省科技创新大赛组织奖。2006年后，先后获江苏省和谐校园、省平安校园、省科技教育先进学校；市规范管理示范校、市百佳校园、县文明单位。

2009年年底，校园占地面积4.12万平方米，建筑面积6384平方米，绿化面积1.75万平方米，绿化率为42.4%。教学设备、设施按标准配备，有演播室、多媒体教室等19个专用室。全校教职工74人，其中专任教师71人，21个教学班，在校学生989人。

十二、海头镇中心小学

始建于1914年，称海头小学。1915年，改称六合区立第一国民学校。1951年，为兴海区中心小学。1990年，有教学班10个，学生429人，教职工45人，其中专任教师29人，学校占地面积23310平方米。1999年，创建为连云港市实验小学。2001年，被省教育厅命名为省实验小学。2009年年底，学校占地面积2.93万平方米，建筑面积8333平方米，活动场地面积2.05万平方米，绿化面积1506平方米。学校有专用室20个，教学班38个，在校学生2285人，教职工122人，其中专任教师118人。

图 27-8 海头镇中心小学（2009年摄）

该校注意培养学生的创新精神和实践能力，被县教育局确定为小学素质教育试点校，其试点经验在市、县推广。市电视台《赣榆日报》《江苏省科普报》《连云港日报》等新闻媒体对该校开展素质教育工作先后进行专题报道。学校先后被评为全国体育实验学校、江苏省实施素质教育先进学校、德育先进学校、示范性窗口学校、常规管理优秀学校等；被教育部确定为全国教育科学"十一五"规划课题"新学校、新经典"诵读实验学校。

十三、海头镇第二中心小学

始建于1948年，原为小站单班小学。1957年，改称龙河乡中心小学。1990年，有教学班10个，学生362人，教职工33人，其中专任教师21人，学校占地面积13320平方米。1994年，被评为连云港市常规管理优秀级学校。1995年，征地1.73公顷，建起全县最大的小学体育运动场，配备1500多件体育器材。1995～1998年，连续4年被连云港市委、市政府评为文明单位。1998年，被省教委评为实施素质教育先进集体、电化教育实验学校、江苏省心理教育实验学校，是年，通过江苏省实验小学验收。2001年，被省教委命名为现代化教育实验学校、现代化教育示范学校。同年被评为省绿色学校、省科技竞赛先进学校。2002年，被确定为二十一世纪中国学校体育发展研究实验学校，并承担全国重点科研课题《二十一世纪中国学校体育发展研究》的研究工作。2003～2009年，学校先后被评为江苏省科技竞赛先进学校市管理规范示范校、市百佳校园、江苏省青少年科技教育先进学校、全国素质教育示范基地。《江苏科技报》《江苏法制报》先后对学校科技教育、规范管理等方面进行专题报道。2002年，撤乡并镇，更名为海头镇第二中心小学。2009年年底，学校占地面积5.26万平方米，建筑面积5902平方米，有教学班31个，在校学生1185人，教职工93人，其中专任教师76人。

十四、石桥镇中心小学

始建于1930年。1953年，为第四区中心小学。1957年，撤区划乡，改称石桥乡中心小学。1990年，有教学班12个，学生492人，教职工48人，其中专任教师33人，学校占地面积15674平方米。1992～1995年，先后被评为市教学基本要求达标校、市校园经济达标校、全国雏鹰红旗大队。自1995年启动“创建教科研特色学校”工程以来，有省级研究课题12项、市级6项、县级19项。1998～2000年，连续3年被评为江苏省实施素质教育先进校。2000～2009年，先后获得市一级学校、市实验小学、市德育先进学校、市校园经济达标校、省实验小学、省青少年科技教育先进学校、市依法治校示范校、市平安校园、市常规管理达标校、市百佳校园、市管理规范示范校、市文明单位、市科普教育基地学校等荣誉称号。2009年年底，学校占地面积4.50万平方米，建筑面积5653万平方米，有教学班21个，在校生897名，教职工74名，其中专任教师72名，大专以上学历的教师占50%。

十五、柘汪镇中心小学

始建于1930年，原址在东柘汪大庙。1951年，发展为完全小学，时称芦阳区中心小学。1957年，改名为柘汪乡中心小学。1990年，成为连云港市合格中心小学，有教学班8个，学生336人，教职工35人，其中专任教师27人；学校占地面积12599平方米。1997年，更名为柘汪镇中心小学。2002年，通过市实验小学验收。2003年，通过省实验小学验收。2009年年底，学校占地面积2.11万平方米，校舍建筑面积4763平方米，有教职工62人，其中专任教师57人，教师学历达标率为100%。有教学班21个，在校学生918人。

该校先后被评为市现代技术教育先进学校、市文明单位、市全面育人先进学校、市百佳校园等；获江苏省青少年科技教育特色学校、省实施素质教育先进学校、省和谐校园、省书法教育特色学校和全国写字实验先进学校。

十六、柘汪镇第二中心小学

始建于1949年，原称仲湖初级小学。1957年，改称马站乡中心小学。1990年，为连云港市合格中心小学，有教学班10个，学生407人，教职工39人，其中专任教师24人，学校占地面积10739平方米。2001年，更名为柘汪镇第二中心小学。2002年，通过市实验小学验收。2003年，通过省实验小学验收。2009年底，学校占地面积3.34万平方米，校舍建筑面积5100平方米，操场占地面积1.33万平方米，有图书资料5万余册，安装闭路电视和校园广播。有教职工74人，专任教师68人，教学班21个，在校学生994人。

该校先后被评为市文明单位、市教育现代化示范学校、市一级学校、市德育先进校、市爱国卫生教育先进单位、全国“亿万青少年普法行”活动首批试点单位、市收费规范达标学校、市依法治校示范校、市绿色学校、全国中小学心理健康教育优秀单位、省绿色学校、市规范管理示范校、省文明学校、省绿色学校创建先进单位、市百佳校园、市青少年科技特色示范学校。

第四章　普通中学教育

第一节　概　况

1990年，全县有完全中学11所，初级中学74所，其中高中84个班，在校学生4714人；初中681个班，在校学生34884人。中学教职工2952人，其中专任教师2249人。

1991年秋季开学始，全县中学执行国家教委颁发的《中学生体育合格标准实施办法》，高一年级按照

《江苏省中学生思想品德考核方案》对学生进行思想品德考核，中学其他年级亦参照执行；是年，省政府确认赣榆县中学为“江苏省首批合格重点高中”，省委、省政府授予赣榆县中学“江苏省文明单位”称号；省教委命名赣榆县中学为首批“模范学校”，并确认为“江苏省高等院校首批实习基地”。

1992年，赣榆县启动实施中等义务教育。全县有4个乡（镇）实施八年义务教育。10月，省教委确定青口一中、青口二中为“江苏省高等师范院校教育实习基地”。赣榆县中学对全县开放、各中心中学对本乡（镇）联中开放并形成定例。是年始，中考增设体育考试，成绩计入升学考试总分。

1993年9月新学期开始，全县中学按省教委规定试用由苏州大学两位教授主编的九年制义务教育《初中地理》教材。全县初中起始年级按照国家教委制定的九年制义务教育全日制初级中学《课程计划》和《课程方案》，按小学六年、初中三年学制设置课程。外语课按外语水平开设；体育课周课时为3节，其中0.5课时进行健康与卫生教育；初三安排一课时地方课程，并开设职业指导课；除初一语文、初二物理、初三化学使用省编教材，其他年级及学科一律使用人教版教材。高三年级课程按省教委规定：至翌年3月会考前，必修课政治、语文、数学、体育和劳技5科，其他课程仍执行国家教委的调整意见安排课时。分科性选修周课时不得超过16节。毕业会考后，除每周2节体育课和按教学计划安排体育锻炼和社团文体科技活动外，再安排选修课程，但每周总授课时间不得超过30节。同年，厉庄中学通过国家教委、国家体委验收，被授予“贯彻《学校体育工作条例》优秀学校”，成为江苏省唯一受国家表彰的农村中学。

1994～1995年，全县中学开始执行国家教委颁布的《中学生日常行为规范》和国家教委颁发的《课程（教学）计划》，开设劳动技术课，控制学生在校活动总量（包括活动课、自习），每天不超过8小时。

1996～1997年，全县高中布局开始调整，撤并完中1所；殷庄中学、土城中学附设职业高中部。育新中学依托赣榆县中学办学，招收初中3个班162人，高中2个班108人；兴华中学依托海头中学，砺志中学依托厉庄中学办学，均招收初、高中各2个班。

1998年暑假后，全市义务教育阶段中小学生全面实行免试就近入学。赣马、城头2所完中初、高中分离工作启动。民办公助的育新中学、砺志中学、兴华中学继续招生，初中招8个班448人，高中招8个班360人。

1999年，全县完中高中部已全部达到6轨以上办学规模。初中一律免试就近入学。在宋庄中学、龙河中学实行全员聘任制试点工作。

2000年，赣榆县中学初中部与高中部分离，初中部名为赣榆县实验中学。高中部名为江苏省赣榆高级中学，并于9月1日迁入新校址。全县中学全部按规定配备微机和多媒体AV教室。省赣中、海头、城头、厉庄、赣马等中学先后被评为省重点中学，青口一中为市重点中学。

2001～2002年，江苏省赣榆高级中学通过国家级示范高中验收，被命名为国家级示范高中、省德育先进学校、市常规管理达标校，青口一中通过省重点高中验收。赣榆县实验中学实施新校搬迁工程，其旧址兴办赣榆县外国语学校，为全县首所民办学校。县教育局改革普通高中招生办法，省、市重点中学一律在县实验小学设立招生窗口，统一报到缴费，将高中招生纳入有序竞争机制。

2003年，全县所有中学通过光纤接入教育城域网。

2004年，县政府制定《赣榆县民办教育管理暂行办法》，对民办学校的各项工作均作出明确的规定。通过改制和新创办等形式，新增普通学历教育的民办学校6所。全县首次出现承担高中教育的民办学校。县教育局、物价局重新确认8所民办公助学校并规定收费标准。8所学校为育新中学、砺志中学、兴华中学、启明中学、新星中学、智贤中学、泰和中学和成材中学。是年，对厉庄、赣马、城头、青口四中4所完中实施初高中分离。省赣中被评为江苏省四星级普通高中，青口一中、海头、城头、厉庄、赣马5所高中被评为省三星级普通高中。

2005年，江苏省赣榆高级中学二期工程综合楼竣工，面积8881平方米，投资640万元。塔山中学为市示范初中，石桥中学被评为省德育先进学校，青口二中为市德育先进学校。

2006年，高考平均成绩居全省第三名，第八次名列全市第一，5名考生分别被清华大学和北京大学录取，中考高分段人数（600分以上）比2005年净增2600名，获市初中、高中教学质量奖6个奖项18个奖次。是年，全县中学的学籍管理全部实现电子化。华杰双语学校被评为省教育现代化示范学校，城头初中创建为市规范化示范初中，海头中学被评为省绿色学校，柘汪二中、塔山中学、实验中学被命名为市德育先进学校，实验中学、柘汪二中获市全面育人先进学校称号，30所农村初中“四配套工程”通过省验收。

2007年，石桥镇王集初中撤并到石桥初中。海头中学实行初、高中分离，高中名为赣榆县海头高级中学，初中名为赣榆县海头镇第一初级中学。赣榆县新型农村合作医疗经验编入省义务教育课程标准实验教科书九年级全一册《思想品德》（第四课“学会合作”）一书。同年，初中招生按“就近入学”原则，对县城热点学校首次实行电脑派位的方法招生。中考体育改为现场考查三项，残疾学生可申请免试或缓试，三项全免则增加《体育与健康》理论知识考查，均计入中考成绩。是年，全国青少年文明礼仪普及活动组织委员会批准赣榆县实验中学、宋庄中学、罗阳中学为“全国青少年文明礼仪教育示范基地”。省赣中被省教育厅命名为省“文明学校”。海头高中通过省四星级高中验收。7所中学被评为市规范管理示范校，20所中学通过市规范管理达标校验收，5所中学被评为市百佳校园，3所中学被评为市全面育人先进学校，4所中学被评为市依法治校示范校，13所中学被评为市合格实验室、图书馆（室）达标学校，3所高中获市高中教学管理质量奖。

2008年，金山镇西张夏初中撤并到金山初中，青口四中并入青口一中，成为青口一中开发区分校。县教育局实施初中送教到校活动和“333”工程，加快全县教学改革。高中招生按“依据成绩，尊重志愿，分批进行，择优录取”的原则，全县90.16%的初中毕业生升入三星级以上高中就读。是年，5所中学获初中教学管理综合奖，12所中学获教学质量奖，3所高中获高中教学质量奖。海头中学、石桥中学被评为市中学管理规范示范校，海头高中、罗阳中学被评为市体育教育先进校，罗阳中学（田径）、沙河中学（篮球）被定为市体育传统项目学校。实验中学、海头高中通过市三星级、外国语学校通过市二星级心理咨询室验收，华杰双语学校、柘汪二中、青口二中通过一级心理咨询室验收。实验中学、外国语学校通过市“教育技术装备实验学校”验收，省赣中获省“优美校园”称号，塔山中学被评为市首批“校本教研”合格校，实验中学被评为市“学校体卫艺教工作先进单位”。海头中学被评为江苏省四星级普通高中，并被国家留学基金管理委员会留学预科学院定为该学院人才选拔基地。

2009年，全县实施农村初中食宿条件改善工程计30个项目，其中学生宿舍建设项目19个，建筑面积21860.5平方米，食堂建设项目11个，建筑面积5600平方米，项目总投资2330万元。青口一中更名为赣榆县第一中学，于2月在新城区投资1.6亿元建新校区，同年12月31日搬迁。青口二中更名为赣榆县初级中学，停止高中招生。海头一中投资2500万元实施易地新建。全县中考高分段人数位居全市前列，

图 27-9　赣榆县初级中学（2008年摄）

初中英语听力实行自动化考试。全县高考本科上线数和双达率继续领跑全市，实现高考在全市的“十一连冠”。县教育局获连云港市教学管理先进奖、市素质教育先进集体。是年，城头高中、海头高中、厉庄高中、实验中学、黑林中学被评为市教学先进集体；赣马高中、塔山二中通过市规范管理示范校验收；海头高中被教育部认定为国家级“语言文字规范示范学校”，同时被评为省课程改革实验工作先进集体；省赣中、赣马高中、城头高中、厉庄高中、赣榆一中通过省星级高中复评，外国语学校（北校区）通过省二星级普通高中验收，赣榆一中通过省四星级普通高中验收；青口四中、班庄中学、石桥二中通过市“绿色学校”验收；厉庄高中、城头高中、青口四中通过市二星级心理咨询室验收；城头初中、外国语学校（北校区）、石桥中学通过市一级心理咨询室验收；县实验中学被命名为市青少年科技特色学校，同时通过市红十字示范校验收。全县有14所中学被授予连云港市“平安校园”称号，县外国语学校、华杰双语学校均被评为全国优秀民办中小学、江苏省首批模范民办学校。是年年底，赣榆县有普通中学44所，其中初级中学30所，九年一贯制4所，高级中学7所，完全中学3所。有教职工6186人，其中专任教师5375人。全县普通中学占地面积297.55万平方米，校舍建筑面积99.11万平方米。教学及辅助用房计36.36万平方米。其中，普通教室23.33万平方米，实验室5.46万平方米，图书室3.13万平方米，微机室1.31万平方米，语音室0.48万平方米；另有行政办公用房8.21万平方米，其中教师办公室4.50万平方米；生活用房49.77万平方米，其他用房4.78万平方米。全县普通中学体育运动场（馆）面积79.40万平方米；计算机7441台；图书藏量175.92万册；电子图书藏量3.40万片；固定资产总值96443.98万元，其中仪器设备总值6626.79万元，。仪器设备总值中，专业实验设备5246.91万元，专业实习设备994.88万元。

1990～2009年赣榆县普通中学基本情况一览表

表27-3　　　　单位：所（学校）；个（班级）；人（招生数、学生数）

年份	学校数			初中					高中				
	计	初中	高中	招生数	班级	学生数	每万人口在校学生数	升学率%	招生数	班级	学生数	每万人口在校学生数	高校录取本专科人数
1990	85	74	11	12380	681	34884	389.00	26.54	1518	84	4717	76.00	563
1991	85	73	12	11762	687	35216	370	25.58	1739	88	4943	74.00	617
1992	85	73	12	11691	677	34409	355.83	23.83	1787	92	5075	68.53	654
1993	80	68	12	11720	689	34374	352.84	31.23	1911	97	5329	69.34	1222
1994	77	65	12	14833	724	37237	379.04	32.13	1919	99	5446	70.28	1006
1995	74	62	12	17277	804	43243	436.62	39.12	2225	105	5930	76.57	1123
1996	74	61	13	18602	915	50049	500.99	36.89	2446	116	6620	78.20	1280
1997	74	59	15	21845	1043	56394	558.97	36.40	3253	135	7818	77.49	1277
1998	65	53	12	20764	1067	59692	587.64	36.00	3116	155	8703	85.68	1098
1999	55	46	9	22109	1137	53901	525.56	55.77	3898	181	9894	96.47	1974
2000	56	47	9	18453	1040	52694	508.33	59.15	5029	214	11769	113.53	2371

续表 27-3

年份	学校数			初中					高中				
	计	初中	高中	招生数	班级	学生数	每万人口在校学生数	升学率%	招生数	班级	学生数	每万人口在校学生数	高校录取本专科人数
2001	49	39	10	18167	1016	51848	494.36	70.95	6176	268	14847	141.56	2778
2002	45	35	10	24449	1050	56971	538.33	72.75	7139	316	18313	173.04	3569
2003	44	34	10	30212	1207	70826	662.98	86.65	7507	356	20543	192.30	4837
2004	46	36	10	26404	1245	79001	732.10	83.04	7654	374	21985	203.73	6403
2005	47	37	10	21032	1223	76700	716.22	88.11	10034	431	24713	230.77	5260
2006	47	37	10	21046	1141	68235	630.81	89.18	11790	494	29040	268.47	7040
2007	46	36	10	20905	1050	62960	582.05	91.71	11802	530	32956	304.67	6763
2008	44	34	10	19286	1024	61212	561.84	95.11	9679	533	32261	269.11	8239
2009	44	34	10	15139	980	55286	498.47	95.09	10033	540	30466	274.96	10662

说明：“学校数初中”一栏含“一贯制”学校，“高中”一栏含“完全中学”

第二节　学制与课程设置

1993年，全县初中起始年级按照国家教委制定的九年义务教育全日制初级中学《课程计划》和《课程方案》，按小学六年、初中三年学制设置课程。外语课按外语水平开设；体育课周课时为3节，其中0.5课时进行健康与卫生教育；初三安排一个课时的地方课程，并开设职业指导课；除初一语文、初二物理、初三化学使用省编教材，其他年级及学科一律使用人教社教材。高三年级课程按省教委规定：至翌年3月会考前，必修课政治、语文、数学、体育和劳技5科，其他课程仍执行国家教委的调整意见安排课时。分科性选修周课时不得超过16节。毕业会考后，除每周2节体育课和按教学计划安排体育锻炼和社团文体科技活动外，再安排选修课程，但每周总授课时间不得超过30节。

1995年，各中学执行国家教委颁发的课程（教学）计划，开设劳动技术课；控制学生在校活动量（包括活动课、自习），每天不超过8小时。

2004年，市教委制订《连云港市义务教育初中阶段课程改革方案》，初级中学的课程设置为：思想品德、语文、数学、外语、历史、地理、生物、物理、化学、体育与健康、音乐、美术、综合实践课程、地方与学校课程等学科。

2009年秋，初中课程设置为思想品德、语文、数学、物理、化学、生物、历史、地理、英语、音乐、美术、写字、信息技术、体育与健康、地方文化、劳动课程、研究性学习等17个科目。高中课程设置为语文、数学、英语、物理、化学、生物、政治、历史、地理、音乐、体育与健康、美术、信息技术、通用技术、研究性学习活动材料过程指导等15个科目。

第三节　省示范初中简介

一、赣榆县实验中学

图 27-10　赣榆县实验中学（2009年摄）

始建于1923年，时称赣榆县立初级中学，设于县城怀仁书院。几经战乱，数迁校址。新中国成立后先后更名为赣榆县初级中学、赣榆县中学。1990年，有初中12个班级，高中18个班级。2000年，实施初、高中分离，初中部留在原校址并易为现名，同年通过省示范初中验收。2002年，易地新建，占地面积13.67万平方米，建筑面积5.39万平方米，绿化面积6.17万平方米。2009年，有教学班80个，学生4603人，教职工284人，其中专任教师243人，本科以上学历168人；高级教师职称57人，中级教师职称186人。

该校先后被评为省现代教育技术实验学校、教育科研先进集体、绿色学校、科普示范校和市一级学校、先进集体、模范学校、全面育人先进学校、教育信息化示范校、管理规范示范校、百佳校园、文明单位、爱国卫生先进单位等；多次获市县教学管理质量综合奖。

二、罗阳中学

始建于1958年。1971年，设高中班。1988年，称罗阳中心初级中学。1990年，有初中12个班级。2003年4月，被省教育厅认定为“江苏省教育现代化示范初中”。2009年年底，全校共有教职工142人，其中专任教师125人；教学班34个，学生2210人。学校占地面积9.28万平方米，校舍面积1.84万平方米。学校建有高标准运动场、实验室、微机室、多媒体教室、电子视听阅览室、广播系统、校园宽带网和双向闭路电视系统等现代化教育设施。

该校先后被评为省校园经济示范校、市文明单位、市爱国卫生运动先进单位、市“三化”先进单位、市合格家长学校、市实施教育现代化示范初中、市德育先进学校、市全面育人先进学校、市管理规范示范校、市依法治校示范校等；多次获市县教学管理质量奖。被认定为全国青少年文明礼仪教育示范基地和全国中小学德育研究规划课题重点实验学校。

三、海头第二中学

前身为建于1958年的龙河农业中学。1972年，改为普通初中，接管乡小学的两个初中班。1975年，增办高中班，1981年暑后，高中班停办。1987年，经市教育局验收为合格初级中学。1990年，有初中班级15个。1992年更名为龙河中心初级中学，同年通过市常规管理达标校验收。2002年，撤乡并镇，更名为海头第二中学，同年通过省教育现代化工程验收。2004年，通过市“三新一亮”工程验收。2009年年底，校区占地面积9.53万平方米，建筑面积2.07万平方米，绿地面积3.6万平方米。有教职工150人，其中专任教师138人，教学班40个，学生2517人。

该校先后被评为省青少年航模比赛优秀组织奖、市“体育项目传统校”、省“绿色学校”“金钥匙”科技创新竞赛先进学校、市百佳校园、市管理规范示范校、市全面育人先进学校等，多次获市、县教学管理质量奖。

四、石桥中学

始建于1958年，初名为石桥初级中学。1971年，招收高中班，成为完全中学。1990年，有初中班级6个，高中班级6个。1998年，创建为市重点中学。2001年，创建为省级重点中学。2002年，建立数字化校园网，接通县教育局宽带城域网。2004年，暑假停止高中招生。2005年，被评为省实施教育现代化工程示范初中。2007年，被连云港高等师范学校确定为“教师实训基地”。2009年年底，兴建“赣榆县中小学素质教育基地”。学校占地面积9.00万平方米，建筑面积2.81万平方米，绿化面积2.80万平方米，图书馆藏书4.5万余册。有教职工117人，其中专任教师108人，均达专科以上学历；教师中有高级职称15人，中级职称83人。有28个教学班，在校学生1546人。

该校先后被评为省德育先进校、省“金钥匙”科技竞赛先进校，市一级学校、市文明单位、市党建先进集体、市教学基本要求达标校、市常规管理优秀校、市师训工作先进单位、市爱国卫生运动先进单位、市体育传统项目学校、市贯彻体育卫生两个条例优秀校、市百佳校园、市规范管理示范校，县平安校园创建先进集体、县文明单位等。

五、柘汪二中

始建于1971年，位于赣榆县最东北部，原名马站中学。1990年，经市验收为合格初级中学，有初中班级12个。2000年，评为市一级学校。2001年，验收为实施教育现代化工程示范初中。2002年，撤乡并镇，更名为柘汪第二中学。2005年，评为市“绿色学校”，同年通过省示范初中验收。2009年，学校占地面积5.25万平方米，建筑面积1.24万平方米，有教职工115人，其中专任教师97人，教学班28个，学生1826人。

该校先后获得省德育先进校和达标学校、市关心下一代工作先进单位、省科技特色学校、市优秀学校、全国第三届中小学心理健康杯优秀成果评选先进学校、市体育传统项目学校、市文明单位等荣誉称号。

第四节 省三星级以上普通高中简介

一、江苏省赣榆高级中学

始建于1923年，原名赣榆县立初级中学，校址在县城怀仁书院。1958年，招收高中生，改名为赣榆县中学。1980年，被定为江苏省重点中学，并获省人民政府嘉奖。1990年，通过省重点高中验收。2000年，学校初、高中分离，高中部易地新建，省教育厅批准为江苏省赣榆高级中学。2002年，被确认为国家级示范高中。2004年，被评为江苏省四星级普通高中。2009年，学校占地面积23.50万平方米，建筑面积8.71万平方米，绿化面积7.47万平方米，总资产2.1亿元。有教学班92个，学生4878人，教职工364人，其中专任教师315人。在专任教师中，有163人次获国家、省、市表彰，近4年间在省级以上刊物发表教育教学论文996篇。

图 27-11 江苏省赣榆高级中学（2002年摄）

图 27-12 江苏省赣榆高级中学建校80周年庆典大会（2003年摄）

1999年后，该校高考本科达线数、高分率均居连云港市之首，跻身全省前列，实现高考全市十一连冠。该校先后被命名为江苏省先进集体、省电化教育试点单位、省德育先进学校、省电化教育示范学校、省模范学校、省电教化先进单位、省体育传统项目学校、省文明单位、省教育工会先进集体、省优秀教师群体、省优秀考点、省现代教育技术示范学校、省贯彻体卫两个条例优秀学校、省教科研先进集体、省青少年法制宣传教育工作先进集体、省中小学党建工作先进集体、省五四红旗团委、省爱国卫生先进单位、省园林式单位、省标准化实验室，连云港市先进单位、市文明单位、市百佳校园、市中小学首批名校、市先进基层党组织、市平安校园、市全面育人先进学校、市县教学工作先进集体等，多次获市高中教学质量奖。被南京大学等多所高校定为优质生源基地。

二、赣榆县海头高级中学

始建于1956年，当时附设于海头小学内，1957年正式建校，名为赣榆县海头初级中学。1970年招收高中班，更名为赣榆县海头中学。1990年，有初中班级8个，高中班级6个。1998年，经省教委验收命名为省重点中学，2004年，转评为江苏省三星级普通高中。同年10月，县政府与海德公司签订《赣榆县海头中学转让协议书》，学校由公办改制为民办。2005年恢复为公办学校。同年，停止招收初中生，改称赣榆县海头高级中学。2008年被评为江苏省四星级普通高级中学。2009年，学校占地面积15.87万平方米，建筑面积5.49万平方米。有教职工318人。其中，专任教师276人，中高级教师职称150人，市学科带头人2人，省市县各学科专业技能比赛获奖186人。有85个教学班，在校学生4234人。

该校先后被评为全国体育发展研究实验学校、国家语言文字规范化示范校、江苏省和谐校园、省廉政文化示范点、省现代教育技术实验学校、省绿色学校、省优秀家长学校、省德育先进学校、省心理教育实验学校、省爱国卫生先进学校、省贯彻体育卫生两个条例优秀学校、连云港市文明单位、市一级学校、市模范学校、市“十佳”校园、市平安校园、市依法治校示范校、市爱国卫生先进单位、市教学工作先进集体等，多次获得连云港市高考先进集体、教学质量管理奖、教学目标管理奖，被国家留学基金管理委员会留学预科学院确定为出国留学人才选拔基地。

三、赣榆县第一中学

始建于1975年7月，原名河南初级中学，由青口公社中心小学代管。1977年，定名为赣榆县河南初级中学，设12个教学班，有33名教师。1980年3月，更名为赣榆县青口一中。1990年，有初中班级12个，高中班级6个。2000年，通过市重点中学验收。2002年，通过省重点高中验收。2003年9月，学校改制为民办学校。2004年，停止招收初中班，并转评为省三星级普通高中。2005年9月，由民办恢复为公办。2008年，县政府投资1.6亿元在新城区易地新建。2009年7月，更名为赣榆县第一中学。

新校区占地面积14.62万平方米，校舍建筑面积7.35万平方米，体育运动场面积2.90万平方米；有70个教学班，在校学生4254人，教职工271人，专任教师248人。专任教师中研究生学历10人，本科学历261人，中学高级教师98人，一级教师129人，市学科带头人5人，市骨干教师14人，123人次在县以

图 27-13　赣榆县第一中学（2009年摄）

上各类教学技能大赛中获奖。

该校先后获国家级重点课题实验学校、省德育先进学校、省平安校园、省现代技术应用先进单位、市教科研先进集体、市全面育人先进学校、市文明单位、市教学管理质量奖等荣誉称号。

四、赣榆县城头高级中学

始建于1956年，时称赣榆县城头初级中学。1963年，招收高中生，改名为赣榆县城头中学。1990年，有初中班级20个，高中班级12个。1998年，为市重点中学。1999年，为江苏省农村重点中学。2004年，初、高中分离，更名为城头高级中学，同年被评定为三星级高中。2009年，学校有教学班73个，在校学生3887人，教职工291人，专任教师253人，具有中、高级技术职务的教师155人。学校占地面积13.33万平方米，校舍建筑面积5.81万平方米。学校有实验室、图书室、语音室、微机室、多媒体教室、校园网、闭路电视系统等现代化教育设施。

该校先后获得省教育先进集体、市德育先进学校、国家级21世纪体育发展研究优秀实验学校、省青少年科技教育先进学校、市百佳校园、市绿色学校、市县教学工作先进集体等荣誉称号。

五、赣榆县厉庄高级中学

始建于1956年，初名"赣榆县厉庄初级中学"。1965年，增设高中部，更名为"赣榆县厉庄中学"。1990年，有初中班级10个，高中班级12个。1998年，被省教委确认为省重点中学。2004年年初，高中分离，更名为"赣榆县厉庄高级中学"，同年被确认为江苏省三星级普通高中。2009年，学校占地面积7.54万平方米，建筑面积6.39万平方米，有教学班62个，在校学生3514人，教职工263人，其中专任教师218人；具有中、高级职称的123人，有省、市、县骨干教师、优秀园丁、教坛新秀和基本功大赛获奖教师165人。

该校先后获得全国贯彻《学校体育工作条例》优秀学校、21世纪中国体育发展研究实验学校、国家体育实验学校、江苏省现代教育技术示范学校、省电化教育实验校、省现代教育示范学校、省体育传统项目学校、省贯彻体育卫生两个条例优秀学校、中国青少年读写大赛江苏省优秀组织奖、连云港市德育先进学校、市优秀教师群体、市文明单位、市百佳校园、市管理规范达标校、市教学工作先进集体等荣誉称号，获国家、省、市级表彰达70余次。

六、赣榆县赣马高级中学

始建于1958年，原名赣榆县城里初级中学。1970年，招收高中班，更名为赣榆县城里中学。1985年，改名为赣榆县赣马中学。1990年，有初中班级6个，高中班级6个。1998年，创建为市重点中学，是年12月，通过省重点中学验收。2001年初，高中分设。2004年，被省教育厅命名为三星级普通高中。2009年年底，学校占地面积15.87万平方米，建筑面积4.03万平方米，有教学班61个，在校学生3793人。教职工260人，其中专任教师225人。

2005～2009年，教师有268人次在县以上教学技能大赛、优质课评比中获奖，560篇论文在市级以上教育报刊上发表或在论文评比中获奖；1个“十一五”课题在中央电教馆立项，3个获省专项资助，6个在市级立项。学校先后被命名为21世纪中国学校体育发展研究实验学校、国家级德育与心理研究实验学校、省电化教育实验学校。先后被评为获省平安校园、市先进集体、市文明单位、市德育先进学校、市中小学管理规范示范学校、市百佳校园、市体育传统校，市爱国卫生先进单位、县文明单位。

第五章　特殊教育

第一节　概　况

1990年，全县有附设在小学的培智班3个，45名小学生随班就读。

1991年，赣榆县的残疾儿童教育纳入普及义务教育工作的轨道，全县小学附设培智班6个，全县普及初等义务教育“四率”达96%以上。同年6月，县政府筹建赣榆县聋哑学校，第一期工程投资40万元。其中，市拨款20万元，县筹款20万元。征用赣马镇大高巅村耕地0.67公顷，作为新建聋哑学校用地。

1992年，赣榆县教育局制订《赣榆县“八五”期间发展特殊教育事业的规划》，对弱智、聋哑儿童的教育做出具体部署，并制定招生计划。小学附设培智班增至7个。同年，赣榆县聋哑学校成立并招生。由国家、省、市、县各级共投资60余万元，兴建县聋哑学校第一期教学大楼工程。

1993年，县教育局制订出全县特殊教育实施方案，并开展盲童随班就读试验。是年，赣榆县聋哑学校建成，占地面积6660平方米，校舍建筑面积1000平方米。

1994年，赣榆县的特殊教育规模进一步扩大，全县“三残”（智残、体残、肢残）儿童入学率达91.2%。县教育局、县聋哑学校和欢墩小学被评为市残疾、特教康复工作先进单位，受到市残联、市民政局、市教委表彰。

1995年，县政府制定《赣榆县残疾人优惠待遇暂行办法》，对残疾儿童、少年接受义务教育免收学费，并根据实际情况减免杂费，残疾儿童、少年入学年龄可适当放宽。全县残疾儿童入学率达93.5%，分别在市、县特殊教育学校和乡镇弱智儿童辅读班以及普通小学班随班就读。是年，赣榆县荣获“全国特殊教育先进县”称号，受到国家教委、民政部和全国残联表彰。

1996年，县教育局对全县培智班和随班就读工作进行全面检查指导，对特教校进行督导评估，并在全县做好儿童智商测试和视力残疾儿童的验光配镜工作。全县“三残”儿童的入学率、巩固率等各项指标，均达到或超过省定标准。赣榆县被评为连云港市残疾人工作先进县，县聋哑学校被评为连云港市残疾人工作先进集体，受到市政府、市残疾人协调委员会表彰。是年年底，全县有特教校1所，内有4个聋哑班，1个培智班；小学附设培智班11个。残疾儿童入学率达94.8%，全县特殊教育在校生1000人，初步形成以特殊教育学校为骨干、以特殊教育班和随班就读为主体的残疾儿童、少年义务教育格局。

1997～2000年，全县附设特教班由16个增至31个，有925名残疾儿童在小学阶段就读。

2001年，全县有学习能力的“三残”儿童、少年1115人，已入学1104人，入学率为99%。县教育局对培智班和随班就读的教师的备课、学生作业及“三残”儿童档案进行抽查、督导，使“三残”儿童进得来、留得住、学得好。同年，赣榆县特殊教育学校投资75万元，建起1100平方米的宿舍楼1幢，改善特教校的办学条件。全县有小学随班就读毕业生44人，初中随班就读毕业生3人，首次有残疾人初中毕业生。

2002年，全县7～15岁“三残”儿童783人，已入学772人，入学率98%。小学随班就读招生7人，全县有63名毕业生。

2003年，省教育厅确定赣榆县为“残疾儿童少年随班就读工作支持保障体系”实验县，县教育局成立赣榆县随班就读中心教研组，开展特殊教育实验教学研究，探索弱智儿童随班就读经验。县特教校在实验过程中承担培训教师、开展科研等任务。

2005年，县教育局对“三残”儿童的教育，提出“残而不怠”的教学目标，要求各校对适龄残疾儿童进行摸底建立档案，保证有学习能力的残疾儿童100%入学，采取个别化教育方案，让学生身心发展不落后，更不能因身残而自暴自弃。县特教校对全县随班就读工作进行指导，组织开展特教研究工作。

2006年，赣榆县把发展特殊教育事业作为保障残疾人受教育权力、关爱弱势群体、改善民生的社会工程来抓，加大对特殊教育事业的投入。是年起，每年县财政向特殊教育学校拨款17万元，专项用于改善办学条件；拨款10万元，用于补助残疾学生生活费和免去其他一切费用；提高特教教师津贴，每人每月按120元标准执行。

2007年，县教育局实行残疾儿童随班就读巡回指导制度，健全“三残”儿童随班就读档案，提高教育的针对性和个别化教育方案的实效性，开展“随班就读”相关教研课题研究。

2008年，赣榆县投入1000多万元将聋哑学校移址新建，并将该项目列入县重大建设工程实施。全市首家“智力残疾儿童康复训练机构”在县聋哑学校成立。

2009年，县教育局对特教师资队伍和特殊教育资源进行整合，在聋哑学校建起感统室、语言认识室、个训室等，实现聋哑教育和智障教育的资源共享。是年，赣榆县聋哑学校更名为赣榆县特殊教育学校，并被评为市残疾儿童康复工作先进机构，被市残联确定为连云港市残疾人康复定点单位。全县残疾儿童入学率达98%，在校学生338人，其中特殊教育学生145人，小学随班就读160人，初中随班就读33人。

1990～2009年赣榆县特殊教育情况一览表

表27-4　　单位：所（学校）；个（班级）；人（招生数、学生数、教职工数）

年份	特殊教育学校							附设培智班（随班就读）							
	学校数	班级数	招生数	毕业生数	在校学生数	教职工数		班级	招生数		毕业生数		在校学生数		专任教师
						计	其中专任教师		小学	初中	小学	初中	小学	初中	
1990	—	—	—	—	—	—	—	3	—	—	—	—	45	—	5
1991	—	—	—	—	—	—	—	6	44	—	—	—	89	—	—
1992	1	1	15	—	15	7	2	7	35	—	—	—	124	—	10
1993	1	2	18	—	33	10	3	8	64	—	9	—	72	—	—
1994	1	3	15	—	45	14	5	9	161	—	—	—	617	—	18
1995	1	4	67	4	218	19	7	12	168	—	13	—	753	—	24
1996	1	4	11	11	237	17	8	14	94	—	45	—	801	—	27
1997	1	6	24	11	208	15	8	16	181	—	92	—	905	—	32
1998	1	6	9	30	193	15	9	16	81	—	115	—	815	—	—
1999	1	8	30	1	166	17	10	49	52	—	13	—	842	—	—

续表27-4

年份	特殊教育学校							附设培智班（随班就读）							
	学校数	班级数	招生数	毕业生数	在校学生数	教职工数		班级	招生数		毕业生数		在校学生数		专任教师
						计	其中专任教师		小学	初中	小学	初中	小学	初中	
2000	1	6	19	—	140	18	10	31	44	—	—	—	785	—	—
2001	1	6	19	—	99	22	10	—	19		44	3	862	3	—
2002	1	7	19	—	110	19	11	—	7		63	—	650	—	—
2003	1	7	11	—	118	24	13	—	5		70	—	553	—	—
2004	1	8	10	—	128	28	16	—	11	2	75	—	495	19	—
2005	1	7	—	17	111	30	16	—	14	—	53	3	438	10	—
2006	1	7	12	14	118	31	19	—	19	6	49	3	382	21	—
2007	1	7	15	19	114	34	24	—	19	16	58	3	302	30	—
2008	1	10	30	—	144	35	25	—	17	12	30	4	197	43	—
2009	1	11	18	19	145	32	25	—	17	7	10	9	160	33	—

第二节　学校简介

赣榆县特殊教育学校　始建于1992年，位于青口镇华中北路，原名赣榆县聋哑学校，主要以县内聋哑儿童为教育对象。2004年，新购置一套先进的语训设备，开设语训课。是年，建起微机室，开通教育城域网，开设微机课，为学生丰富课余生活创造良好的条件。2006年，学校筹资10万元，建起200平方米的多功能教室。2008年，迁址新建，列入赣榆县2008年教育重点工程。新校区占地面积2.04万平方米，建筑面积6050平方米。其中，综合教学楼面积3594平方米，宿舍楼面积1148平方米，食堂面积466平方米，其他设施842平方米。2009年，有11个班级，145名学生，教职工32人，其中专任教师25人。

学校坚持“以人为本、化弱为强、着眼发展、残而有为”的办学理念，紧抓职业教育不放，使学生在掌握知识的同时学到一技之长，成为残而不废的有用之才。学校开设多门劳技课程，全县少先队红领巾都出自该校的学生之手。建校以来，学校有6人在市特教校青年教师基本功比赛中获奖，41人次被评为市、县优秀教育园丁、优秀班主任和先进工作者等；90余篇特教论文在国家、省、市级报纸杂志上发表，180余篇论文在县以上评比中获奖。有6名学生考入南京、徐州特教高中，11人考入济南、

图 27-14　赣榆县特殊教育学校（2009年摄）

南通特教中专校，5人考入山东、南京、长春特教学院。该校先后获得市残疾儿童康复工作先进机构、中国教育学会授予的艺术教育特色单位等荣誉称号。

第六章　民办教育

第一节　概　况

1987年始，国家教委颁布实施《关于社会力量办学的若干暂行规定》，赣榆县的民办教育逐步走上规范化管理的轨道。对于社会力量办学的资格审批，均由教育主管部门办理，完善民办学校的申报、评估、审批等一系列程序。

1994年，赣榆县工商局、县物价局、县公安局、县职教办等部门联合制定《关于加强赣榆县社会力量办学管理工作的意见》，对社会力量办学作出详细规定，规范其健康发展。全县社会力量开办的各类职业技术培训学校开班培训的专业主要有缝纫裁剪、汽车驾驶与维修、摩托车修理、理发美容、家电修理、财务会计、少儿体育、武术、水产养殖、农学园艺、机械加工、工程建筑等。

1996年，省、市教委允许在一些有条件的省、市重点中学和实验小学内试办民办公助学校或一般学校联合办学体制改革，此类民办公助学校，名义上两块牌子两所学校，实际则为校中校。

1997年，全县有此类民办公助学校4所，其中，中学3所，小学1所。同年7月31日，国务院颁布《社会力量办学条例》，并于当年10月1日起施行。县教育部门根据《社会力量办学条例》，对全县民办学校进行审核，先发“中华人民共和国社会力量办学许可证”临时证书，待一年后经评估验收，合格者再核发“中华人民共和国社会力量办学许可证”。

1998年，市教委批准县爱华武术学校成人职业高中（武术）专业班招生试办。

1999年，全县社会力量办学，经审批办证的有21家，校园占地面积4.34万平方米，有教师和管理人员188人。

2001年，县教育局同意试办赣榆县文武育才学校，同时发放“社会力量办学许可证（临时）”。

2002年，经县政府批准，县万隆房地产开发有限公司通过资产置换的形式，在县实验中学旧址兴建赣榆县外国语学校，县实验中学则易地新建。县外国语学校承担初中学段学历教育，为民办非企业单位。民办股份制东方幼儿园建成并招生，挂靠县实验幼儿园，实行统一管理。同期全县共有私人办幼儿园23所。

2003年，赣榆县华杰双语学校招收初一12个班，小学1～4年级6个班，是县首家全寄宿、全日制、九年一贯制的民办学校。是年，全县社会力量投入幼儿园建设资金累计1190万元。县教育行政部门根据国家、省、市有关民办教育文件精神，对2002年12月31日以前批准办学的21个社会力量办学机构进行年度检查，其中合格的办学机构11个，停止办学或自行放弃年检而被注销的10个。全县共审批民办教育机构7个，其中学校2所，培训中心5所。至年底，全县有民办教育机构17个，教职工441人。

2004年，县教育局设立教育事业改革办公室，负责全县的民办教育工作。县实验中学启动股份制改革，纳入江苏鼎大集团管理。赣榆县中英文学校、原县文武育才学校更名的赣榆县汇文双语学校、赣榆县金桥双语学校、赣榆县清华园双语学校等陆续建成并开始招生。同年，县华杰双语学校董事会与县政府签订协议，一次性并购青口一中。宜兴海德电子有限公司与县政府签订协议，一次性买断海头中学。全县通过改制和新创办等形式，新增加普通类学历教育的民办学校6所，批准新设立民办教育培训教育机构4个，批准筹设和正式设立的民办幼儿园12所。是年年底，全县有民办学校10所，教育培训机构16

个，民办幼儿园30余所。民办教育投资2.8亿元，其中化解教育债务9171万元。民办学校在校生1.55万人，占公办学校在校生数的8%。

2005年，全县新审批筹设民办学校4所，批准筹设民办幼儿园4所，正式批准设立的民办幼儿园3所，批准设立的民办培训中心1所。民办庆港幼儿园建成并于暑后招生。同年，县教育局对全县民办幼儿园、培训中心和民办学校进行检查清理，为符合条件的或基本达到办学要求的办学单位核发“民办学校办学许可证”，启动对民办学校的综合督导评估工作，对教学过程监控和教学质量评估，规范民办学校的办学行为。同年，青口一中、实验中学、海头中学教师因学校改制问题罢课，后恢复为公办学校。县中英文学校教师因社会保险等待遇问题于同期罢课，得到妥善解决。

2006年，清华园双语学校经市教育局评估验收合格，发放《民办学校办学许可证》。新世纪双语学校在筹设过程中，原合作办学双方终止合作关系，经县教育局同意，终止该校联合办学。全县经批准正式设立民办学校8所，培训机构16个，已批准设立或筹建的幼儿园13所。

2007年，县教育局制订《赣榆县民办学校突发终止办学应急预案》，对6所民办学校进行综合督导评估，进一步规范民办学校的办学行为。10月30日，赣榆县中英文学校因办学困难，校董事会与江苏鼎大集团签订转让书。

2008年，县政府印发《赣榆县民办幼儿园清理整顿工作实施方案》，并组织有关人员对全县民办幼儿园清理整顿。县教育局取消原赣榆县中英文学校名称，由县外国语学校接管，作为该校的北校区，继续保持原有办学层次，并重新办理办学许可证。县外国语学校等5所民办学校被确认为市合格民办学校。

2009年，全县有普通学历民办教育学校5所，民办培训机构6个，民办幼儿园27所。2所学校为省教育现代化示范初中、江苏省首批模范学校、全国优秀民办中小学，4所学校获市教学目标管理综合奖和教学管理质量奖，3所民办幼儿园创建为省示范实验幼儿园，4所为省优质幼儿园，13所为市优质幼儿园。至年底，全县5所民办普通学历教育学校累计总投资约2.8亿元，固定资产1.57亿元；占地面积52.15万平方米，校舍建筑面积33.15万平方米；在校学生18406人，有319个班级。其中，小学51个班级，在校学生1705人，初中220个班级，在校学生13779人，高中48个班级，在校学生2922人。教职工1004人，专任教师877人。其中，小学部教职工143人，专任教师131人，中学教职工861人，专任教师746人。

第二节　学校简介

图 27-15　赣榆县外国语学校（2009年摄）

一、赣榆县外国语学校

始建于2002年5月，原为依托赣榆县实验中学成立的全县首家民办初级中学。2003年，通过江苏省教育现代化示范初中验收。2005年7月，与赣榆县实验中学分离，独立办学。2007年10月，将原赣榆县中英文学校以股权收购方式，作为该校的北校区。2008年3月，市教育局重新核发办学许可证。2009年年底，学校占地面积17.28万平方米，建筑面积17.42万平方米。122个班级，在校学生7459人。其中，小学2个班，学生76人，初中100个班，学生6223

人，高中20个班，学生1160人。有教职工356人，其中专任教师339人。

该校先后被评为市文明单位、全国中小学思想道德建设活动先进单位、全国优秀民办学校、江苏省和谐教育优秀实验学校、江苏省和谐校园、省精神文明建设先进单位、省模范民办学校等荣誉称号，连续四年获市教学质量综合奖、市县教学工作先进集体荣誉称号。

二、赣榆县华杰双语学校

始建于2003年，是全县首家寄宿制、全日制、九年一贯制民办学校。2005年，通过江苏省教育现代化示范初中验收。2009年，学校占地面积10万平方米，建筑面积8.33万平方米。有教学班78个，学生4344人，其中初中58个班，学生3578人；小学20个班，学生766人；教职工246人，专任教师226人。

图 27-16　赣榆县华杰双语学校（2003年摄）

该校先后被评为省教育现代化示范学校、全国青少年文明礼仪教育示范基地、市百佳校园、全国优秀民办中小学校、省模范民办学校、省平安校园和市全面育人先进学校。

三、赣榆县中英文学校

始建于2004年8月，是一所集小学、初中、高中于一体的民办寄宿学校。2005年，全校有教职工190人，教学班59个，在校学生3000人。学校占地面积12万平方米，建筑面积11.66万平方米，学校接通教育城域网，教室接通闭路电视和校园广播系统，有设备先进的各类教育设施，被南京大学外国语学院定为教学实验基地。2006年后，因多种因素影响，正常办学面临困难，于2007年10月与江苏鼎大集团签订转让书，出让其全部股份。2008年2月，县教育局取消原学校名称，并入赣榆县外国语学校，作为该校的一个校区，继续保持原有办学层次。2009年，通过省二星级普通高中验收。

四、赣榆县汇文双语学校

2004年5月，经县教育局审批，在原文武育才学校基础上扩建并更名的一所全封闭、寄宿式九年一贯制民办学校。2008年，被确定为市合格民办学校。2009年，学校占地面积6.84万平方米，建筑面积1.72万平方米。有教学班37个，在校学生2039人。其中，初中24个班，学生1699人，小学13个班，学生340人。教职工99人，其中专任教师90人。学校教学设备、图书、仪器按省定标准配备，建有校园网和广播系统，固定资产总值1300余万元。

2006年后，教师有30篇教学论文在市以上教育报刊上发表，50篇论文在市级以上获奖；学生在各学科竞赛中有26人次获国家级奖，50人次获省市级奖。学校被评为县教学工作先进集体、市县教学质量奖等。该校获第六届全国语文读写大赛江苏赛区优秀组织奖，被《中国教育》杂志社、全国中学生日常英语教学实验课题组确定为实验学校。

五、赣榆县金桥双语学校

位于墩尚镇胡桥村，始建于2004年，是一所农村民办学校。2008年，被确定为市合格民办学校。2009年年底，学校占地面积6.70万平方米，建筑面积1.78万平方米。有教学班36个，在校生2025名，其中初中26个班，学生1671人；小学10个班，学生354人。教职工159人，其中专任教师138人，学历达标率为100%。学校实验室、图书室、阅览室、多媒体微机室等专用教室均达省定标准，每个班级都配备现代化教学设施。建校6年来，教师中有4人获省级奖，12人获市级奖，48人获县级奖；学生在各级学科竞赛中有54人次获国家级奖，256人次获省级奖，547人次获市级奖。学校先后获市教学管理质量奖”“市民办教育先进集体、县平安校园等荣誉称号。

六、赣榆县清华园双语学校

图 27-17　赣榆县清华园双语学校（2009年摄）

始建于2005年，是一所集小学、初中、高中于一体的全日制、寄宿制的民办学校。占地面积11.33万平方米，建筑面积3.90万平方米，总投资近7000万元。各专用教室软硬件教学设施均按省定标准配备。2006年，市教育局颁发“民办学校办学许可证”。2008年，被确认为市合格民办学校。2009年，学校有46个教学班，学生2539人，其中高中28个班，学生1762人；初中12个班，学生608人；小学6个班，学生169人。教职工144人，其中专任教师134人；教师参加各级各类竞赛获县级以上奖400余人次，在市级以上教育报刊发表教育教学论文300多篇；学生参加各级学科竞赛获奖450余人次，学校多次获县教学目标管理奖。

第七章　职业技术教育

第一节　概　况

1990年，全县有职业学校8所和附设职业高中班的学校3所。除县商业职业学校和县供销职业学校由其主管部门办学外，另外6所职业学校和中学附设高中职业班皆为教育部门办学。全县职业高中在校生与普通高中在校生之比为1∶2.2。

1991年，为适应经济发展对各类人才的需求，县政府加强对职业教育的领导与管理，除在徐福镇筹建赣榆县农业职业中学外，对其他教育部门主管的职业学校或附设在中学的职业班进行调整。欢墩职业中学自1992年暑假后，按普高计划招生，土城职业高中撤并，学生转入徐福职业高中，教师则留在原土城初级中学，大岭中学职高班停止招生，学生分别到沙河中学、欢墩中学高三学习。

1993年2月，连云港市技工学校、职业中学（班）毕业生进行“双证”考核工作，全县有540名毕业生通过考核，其中100余人获高级工证书。同年，县教育局和县农机局决定将县农机修造厂作为县职业技术学校机电专业实习基地；县教育局确定徐福职业中学为县“示范型”农村职业中学。

1995年，县劳动局在县职业技术学校建立赣榆县职校国家职业技能鉴定站，鉴定工种包括计算机文字录入处理工、电工、钳工和服装裁剪工四类；对计算机文字录入处理工的鉴定范围包括全县从业人员和职校毕业生，对电工、钳工和服装裁剪工的鉴定范围为全县职校毕业生，其鉴定级别为初、中级工。是年，县职业技术学校新征土地0.87公顷，投资140万元兴建2000平方米学生宿舍楼，翌年8月竣工。徐福职中投资5万元兴建2公顷实习基地，投资15万元兴建师生宿舍1500平方米，添置教学设施和图书资料。在开办职高班的基础上，又开办中专班、短训班、函授班和校办实体，形成集中专、职高、短训就业于一体的特色办学模式。

1996年，全县有独立职业中学2所（县职业技术学校、徐福职中），附设在普高的职高班2处（殷庄、土城），非教育部门办职业学校4所（商校、粮校、卫校、建校），全县职业学校在校生和普通高中在校生之比基本达到1∶1。

1998～2000年，金山职业中学（即原徐福职业中学）与金山成人教育学校实施一体化教育；县教育局在班庄中学职业班的基础上，创建班庄职业中学，后与班庄成教校合并。赣榆县职中和班庄职中举办综合高中，实行“一门进，多门出”，并试行“二、一”分流，即一、二年级以文化课为主，三年级根据学生的成绩和志愿进行分流，成绩优秀者参加对口单招班学习，其他学生选学不同专业，强化技能训练和创业教育。全县职业高中开设财会、机电、计算机、电子、水产、服装、电工、水利、劳经、农学、多种经营、市场营销、园艺、特种养殖、文秘、办公自动化及军职保安等17门专业课程。

2001～2002年，全县职业教育推行学历层次多样化，学制年限弹性化，从二年制到五年制不等。为整合职业教育资源，加快职业教育的发展，适应经济发展和社会对人才的亟须，县政府将县职业技术学校、县教师进修学校、连云港电大赣榆分校、县卫生学校、县商业学校、县供销学校、县建筑学校、县会计学校、县工会职工学校、县少儿体校撤并，组建赣榆县职业教育中心。

2003年，全县职业学校采取联合办学、与地方企事业单位合作的办学方针，加快职业教育的发展。县职业技术学校与县服装厂、农机局、劳动局、水利局、水产局等联合办学，学校负责招生，有关单位负责安置就业；县商校与江苏省劳动厅上海办事处，班庄职业中学与青岛海尔集团、苏州工业园区合作，定期为他们举办培训班，搞好劳务输出；县职业技术学校与扬州农校联办五年一贯制大专班，与苏州虎丘中等专业学校联办中专班；县商校与西南师范大学联办远程教育大专班，与泰州职业技术学院联办大专班，充分解决毕业生就业难和生源不足的问题。同年，根据上级招生计划，全县的职业高中实行春季招生，当年录取新生1092人。8月，县编委批准成立赣榆县职业教育中心，不再保留县职业技术学校等10所职业技术学校。县职业教育中心设广播电视教育部、职工技术教育部、教师进修教育部、商贸职业教育部、建设工程教育部、医疗卫生教育部。是年，金山职业中学新征校区用地8公顷，新建的5600平方米的教学综合楼投入使用。班庄职业中学2528平方米的学生宿舍楼建成后投入使用，另筹资120万元建学生餐厅。年底，全县有职业技术学校11所，其中教育部门承办4所，其他部门办5所，个体办2所。

2004年，县职业教育中心加快二期工程建设。金山职业中学新校区基本建设投资近200万元，建语音、电子、电工、电力拖动、机械原理、机床、电动缝纫、计算机等8个实习实训室。县职业教育中心商贸部与北京保安公司、上海浦东开发区、苏州工业园区、南京雨润等多家单位签订用人合同，安排毕业生1000人就业。金山职业中学先后与北京、深圳、无锡、青岛、张家港等80多家企业签订对口专业培训和用工合同，与金五集团签订每年向韩国输送50～100名毕业生出国研修或劳务的合同。金山职业中学还承担江苏省农村劳动力转移培训“阳光工程”和市委农工办、扶贫办“扶贫就业培训”项目，举办电器维修等13个专业培训班50多期。民办爱华武校被首都保安公司确定为生源基地。全县职校就业网点有20多个，遍及全国各地，当年毕业生就业率达97%以上。是年，在高校与职高的对口高考中，赣榆县职教中心、金山职中本科上线率名列全市第一、第二名。其中金山职中251人参加对口高考，本、专科上线达249人，上线率位列全市农村职中第一名，实现对口高考五连冠。全年各职校共完成各类培训约1万人次，劳务输出近8000人。

2005年，县职业教育中心通过省重点职业中学和合格职教中心的验收，并被评为国家级农民科技培训星火学校，其电子专业被认定为省职业教育示范专业；金山职业高中通过省重点职业高中验收，其农艺专业通过省验收，被认定为省职业教育示范专业。县职教中心分别和东北财经大学、商丘警官学校、连云港财校、苏州职业技术学院等学校联合办学，与多家单位签订用人合同。县职教中心和金山职中还试行工读结合的方法，对家庭生活困难学生集中强化培训后，先送用人单位实习，边打工边学习，学校定期派教师指导授课，经一段时间再招回学校上课。全县职业中学已初步形成校企合作、南北合作、与高校合作、职成教合作的多元化办学的特色模式。

2006年，县职教中心通过国家级重点职业中学验收，被科技部命名为国家农民科技培训星火学校。金山职中根据地方经济发展需要，新增金属焊接、数控加工和学前教育三个专业，农艺专业被确定为省级实训基地建设项目。学校与台湾—中国嘉茂教育产业集团合作，投资450万元建成金山数控培训中心。

2007年，全县职业学校建设取得较大发展。班庄职中与苏州工业园区职业技术学院实行校企合作办学，采用“半工半读”与“订单培养”相结合的办学模式。县职教中心投入1000多万元，对基础设施进行改造和建设，申报4个国家级项目和2个省级项目，“汽车应用与维修”专业通过第二轮省示范专业验收，成功创建为国家级重点中等职业学校，并被确定为中央财政支持的技能型紧缺人才培养基地，被教育部和中国少年儿童基金会指定为丰田汽车合作项目学校。金山职中投入400余万元完成现代农业实训基地建设项目，并通过省专家组的验收，养殖专业被评为新一轮市级示范专业，农艺专业被评为新一轮省级示范专业。

2008年，赣榆县把职业教育的首要目标定位在农村，为农业、农民服务，积极做好农村富余劳动力就业培训，大力实施教育兴农、富民增知工程。全县农村实用技术培训10.3万人次，创业培训3457人；完成农村劳动力转移培训1.27万人，农民工培训1732人。县职教中心面向全县困难农民开展9个工种的“三免费”技能培训，培训转移农村劳动力7000多人，工业与民用建筑专业创建为省级示范专业，被教育部确定为上海通用汽车公司AYEC项目学校。金山职中举办各类技能培训近100期，培训劳动力3256人，养殖专业被评为省级示范专业，茶艺专业被评为市级示范专业，农艺专业被认定为省级课程改革实验点。11月24日，中央电视台新闻综合频道在整点新闻中以《农民工返乡不返土，回家深造再就业》为题，对学校的富民培训进行专题报道。

2009年，县职教中心投资1000万元，建成8268平方米的实训大楼，电子技术应用专业被认定为省级示范专业，汽车运用与维修专业被认定为省级课程改革实验点，同时被确认为江苏省课改实验学校和江苏省“四星级”中等职业学校，经省教育厅批准更名为江苏省赣榆中等专业学校，被东北师范大学评为“现代远程教育优秀校外学习中心”。金山职中新建5300平方米的实训大楼，工程主体通过验收，投入100多万元扩建校舍和添置实训设备，被确认为江苏省课改实验学校、江苏省“三星级”中等职业学校，并更名为连云港金山中等专业学校。9月12日，央视整点新闻以《掌握一门技能，工作不难找》为题，对该校农村劳动力培训的成功做法进行报道。该校的《服务“三农”靓品牌》入围2009年连云港教育十大新闻候选新闻。

至2009年年底，全县职业学校专业设置主要有机械制造、计算机应用、电子电工、工业与民用建筑、金属焊接、汽车应用与维修、养殖、茶艺等30多个专业。全县有职业学校4所，占地总面积47.90万平方米，建筑总面积11.73万平方米，固定资产总值17717.78万元，其中教学实习设备1387.78万元。普通中专在校学生8750人，成人中专在校学生2650人，职业高中在校学生1445人；教职工546人，其中专任教师427人。

1990～2009年赣榆县职业高中基本情况一览表

表27-5　　单位：所（学校数）；个（班级数）；人（毕业生数、教职工数）

年份	学校数	班级数	毕业生数	招生数	在校生数	教职工数总计	其中：专任教师				
							小计	本科毕业以上	专科毕业	中专毕业	高中毕业及以下
1990	8	44	750	768	2121	176	147	36	97	—	14
1991	11	45	577	550	2091	153	122	40	73	—	9
1992	10	39	655	405	1552	162	121	29	81	—	11
1993	6	35	414	475	1426	150	99	25	59	—	15
1994	6	38	431	656	1458	201	138	35	87	13	3
1995	6	33	445	700	1653	205	147	40	96	9	2
1996	5	23	396	400	1192	190	137	38	89	9	1
1997	3	18	535	431	829	133	86	31	46	8	1
1998	3	25	282	938	1415	153	114	42	60	10	2
1999	4	34	313	802	1790	170	131	45	70	13	3
2000	4	43	543	1169	2386	202	151	47	89	11	4
2001	4	69	685	2209	3866	229	171	66	92	—	13
2002	4	90	911	2658	5521	276	209	94	100	—	15
2003	4	—	1739	3127	7221	406	300	—	—	—	—
2004	3	—	4199	3308	7378	445	314	190	95	—	—
2005	3	—	2086	3944	9098	484	347	216	99	—	—
2006	4	—	2805	6316	12486	533	388	263	105	—	—
2007	4	—	2902	6037	14930	517	400	294	99	—	7
2008	4	—	3401	4660	10250	522	407	318	88	—	1
2009	4	—	7178	5996	12845	546	427	341	85	—	1

说明：2004年以后含中专数字

第二节　学校简介

一、江苏省赣榆中等专业学校

始建于2003年，位于赣榆县青口镇宁海东路，由县职业技术学校、县教师进修学交、连云港电大赣榆分校、县卫生学校、县商业学校、县供销学校、县建筑学校、县会计学校、县工会职工学校、县少儿体校

图 27-18 江苏省赣榆中等专业学校（2004年摄）

组建而成。设广播电视教育部、职工技术教育部、教师进修教育部、商贸职业教育部、建设工程教育部、医疗卫生教育部。学生2597人，教职工数285人，开设专业课程主要有机电技术应用、数控技术应用、汽车运用与维修、电子技术应用、通信技术、计算机及应用、电子商务等。2006年，县职教中心通过国家级重点职业中学验收，被科技部命名为“国家农民科技培训星火学校”、省“三级安全生产培训资质单位”、中国西部教育顾问单位、中国汽车维修行业协会会员单位、市驾培行业协会常任理事单位等；重组职业技术教育部，新建汽车机械工程部、电子技术与信息工程部。计算机技术应用、机电技术、工业与民用建筑三个专业通过市示范专业的评估，汽车运用与维修、电子技术应用两个专业通过省示范专业验收。2007年，县职教中心投入1000多万元，对基础设施进行改造和建设，申报4个国家级项目和2个省级项目，“汽车应用与维修”专业通过第二轮省示范专业验收，成功创建为国家级重点中等职业学校，并被确定为中央财政支持的技能型紧缺人才培养基地，被教育部和中国少年儿童基金会指定为丰田汽车合作项目学校。2009年，县职教中心被确认为江苏省课改实验学校和江苏省“四星级”中等职业学校，经省教育厅批准更名为江苏省赣榆中等专业学校。学生3209人，教职工372人。开设的专业课程近20门，主要有机电技术应用、数控技术应用、汽车运用与维修等。

二、连云港金山中等专业学校

坐落在徐福故里金山镇，原为金山初级中学附设的职业高中班，时称金山职业中学，1990年，有两个农学专业班。1991年，县教育局在徐福镇（原金山镇）筹建独立的赣榆县农业职业中学，为县教育局直属的独立办学单位。1993年，被县教育局确定为“示范型”农村职业中学。1998年7月，与金山镇成教中心校合并，成为连云港市第一所实施“职成教一体化”办学的新型学校。2001年，被市教育局命名为“农村示范职业中学”，被省教育厅确定为实施“5112”教育富民工程示范校。2003年，被省、市分别确定为“苏北地区农村劳动力转移培训项目学校”和“连云港市农民职业技能培训基地”。2009年，

图 27-19 江苏省金山中等专业学校（2009年摄）

被评为国家级重点职业中学，同年被确认为"江苏省三星级"中等专业学校，并更名为"连云港金山中等专业学校"。是年年底，学校占地面积20.68万平方米，建筑面积3.60万平方米，固定资产5320万元。在校学生4227人，教职工158人，其中专任教师148人。开设农艺、养殖、茶艺、机电技术应用、数控技术、焊接、汽车驾驶与维修、服装工艺、电子电工、计算机应用、电子商务、旅游管理与服务和化学工艺等13个专业，其中农艺、养殖为省示范专业，茶艺、种植为市示范专业。有校内实验、实习车间30个，可同时提供1000个技能实训工位。

学校先后被评为全国教育系统先进集体、全国农村成人教育先进学校、省职业教育先进单位、省职业学校管理规范达标学校、省"三为三新"先进单位、省"农科技结合示范基地"先进单位、连云港市全面育人先进学校、市职业教育先进集体、市模范学校、市园林式绿化学校和市文明单位。

三、班庄职业技术学校

原为班庄中学附设的职业高中班，于1986年9月招收职高（化工）、普高各1个班，学生100人，隶属于班庄中学统一管理。1998年，乡政府易地新建班庄初级中学，原址建成班庄职业高中，学校占地面积2.13万平方米，教学楼、实验楼建筑面积2500平方米。1999年，经省教委批准为赣榆县班庄职业中学，正式挂牌运作。2001年，学校贷款100万元，兴建2600平方米能容纳600名学生住宿的公寓式宿舍楼1幢。2003年，兴建2528平方米的学生宿舍楼，并筹资120万元建学生餐厅。2004年，对口高考本科上线40人，连续四年位居全市前列。2007年，学校与苏州工业园区职业技术学院联合办学，更名为班庄职业技术学校，苏州工业园区职业技术学院投资300多万元添置、更新教学设施。2009年，学校占地面积3.34万平方米，建筑面积7453平方米，固定资产总值500万元。有教职工21人，其中专任教师19人，在校学生902人。学校实行全封闭管理并加强校企合作，按照半工半读与订单培养相结合的办学模式，与学生签订就业协议，帮助学生顺利完成学业和优质就业。学校开设文秘、农学、化工、机械、电子、数控、机电、计算机等专业。

第八章　成人教育

第一节　农民教育

1990年，全县30所乡（镇）成人教育中心校经市教育局验收全部达标，全县青壮年非文盲率为96.6%。

1991年，县教育局规定乡（镇）成人教育中心校专职教师配备不得少于2名，由乡（镇）中心小学统一调配。全县15～44周岁青壮年人口中文盲率降到不足2.7%。是年，全县30个成人教育中心校都建立科研服务实体，开展农林栽培、加工等七大系列25个专业的实用技术培训，培训人员达63264人。全县共投入3.7万元，对6377名回乡初、高中毕业生进行培训，双证并发率达90%以上。

1992年，省教委确定赣榆县为省第二批"农村教育综合改革实验县"。全县共扫除青壮年文盲20187人，编印《农民识字课本》1.5万余册。全县围绕实施"燎原计划"，以七大系列25个重点培训项目为载体，大力开展新技术推广和实用技术培训。对回乡初、高中毕业生开展"三加一点"技术培训。其双证并发率达95.2%。同年，县成立乡（镇）一级农函大辅导站，招收业余高中，组织报考省成人中专，有258人达省录取分数线。是年，赣榆县被评为全国扫盲工作先进县。

1993年，县政府制订《赣榆县农村教育综合改革实验方案》，县教育局下发《关于组织中小学生开展扫盲辅导活动的通知》和《关于对乡镇扫盲工作督导的通知》，相继在徐福、欢墩、城南、土城、班庄等乡镇设立农科教一体化综改试点、三教结合试点、蔬菜制种试点、生物链养猪试点、建材、人才培养试点，坚持三教统筹，实行农科教一体化，对口培训，联合办班。全年扫除青壮年文盲10850人，组织2.5万农民进行不同层次不同形式的文化技术教育，为农村经济建设培养初、中级技术人才和各业管理人才3300余人，培训5800余名回乡初、高中毕业生，双证并发率达95%以上；600余名农广校学员领取农学、兽医、财会等专业中专文凭。

1994年，赣榆县通过省政府对“基本完成扫盲单位”的验收，成为全市首家基本完成扫盲任务的单位。

1995～1997年，赣榆县利用成教中心校进行扫除青壮年文盲和脱盲巩固，举办成人初等职业教育200多个班，完成人口教育培训达1.2万人次，青壮年中非文盲率达98.7%，培训村级技术员、科技示范户、专业户达13600人次。全县接受海水养殖、果林栽培、水稻旱育秧、水稻节水栽培、日光塑料蔬菜大棚、生物链养猪法、驯化健鲤等培训达8万多人次。赣榆县被评为全国扫盲工作先进县、全国“两基”工作先进县，徐福镇获“全国成人教育先进单位”称号。

1998年，赣榆县全面实施“燎原计划”，进行“两后”（初、高中毕业后）教育和创业教育，开展“双绿”（绿色证书、绿色科技）工程培训，1099人通过考试取得县政府颁发的绿色证书。与高校联合在青口、徐福设大专班2个，参学人数142人。全县农村劳动力人均受教育年限8.56年。受教育的人群中大专以上1261人，高中、中专46517人，初中264431人，与1996年年初相比，初中以上文化程度人员占总人口比例提高到38.1%。

1999年，赣榆县在全市率先通过省小康文化指数达标县验收，被评为省“农村教育综合改革先进县”和“两基”年审先进县，其经验在省农村教育综合改革实验县（市）第12次协作会和市成人教育工作会议上交流，省教委在全省推广。是年，全县成人高中招生942人，扫除青壮年文盲1919人，脱盲巩固提高2747人，组织农民实用技术培训16.2万人次。

2000年，全县农村成教工作逐步制度化、规范化。青壮年人口中非文盲率达到99.7%；有业余初中（初等职业教育）班549个，成人高中班165个。全县29个乡（镇）成人教育中心校举办各类实用技术培训班8782个，培训人数达53.55万人次。

2001年，全县农村劳动力人均受教育年限达8.96年，农村实用技术培训18.3万人次，取得“绿色证书”906人。全县26个乡（镇）建立就业培训基地，共转移富余劳动力6000余人。赣榆县再次被评为全国“两基”工作先进县。

2002～2004年，赣榆县实施富民增知工程，全县建农科教结合示范基地67个，3年间，共培训农村新增和剩余劳动力、致富骨干、科技带头人、农民经纪人计18.48万人次，转移富余劳动力10.13万人，完成农村实用技术培训43.6万人次。全县青壮年非文盲率达99.8%。

2005年，全县进行农村实用技术培训15万人次。其中，培训致富骨干8000人，转移培训24806人。做好扫盲后教育，完成初等职业技术教育6000人，成人高中段教育1400人，县教育局成教科和12个乡镇的信息网站被市教育局命名为市级信息网站，4个农科教结合示范基地被市教育局命名为市级农科教结合示范基地。至年底，全县有金山、海头、黑林、石桥、马站、龙河、班庄、厉庄8所成教校被省教育厅命名为省级教育中心校，金山、厉庄两镇被评为江苏省乡镇农科教结合示范基地。

2006年，赣榆县扫除青壮年文盲工作通过市检查验收，全县青壮年非文盲率达99.93%，劳动力人均受教育年限达10.2年，各类扫盲指标均达到省市要求。创建市级信息网站10个，其中4个为市“十佳”网站；创建市级农科教结合示范基地2个。金山镇社区教育中心通过省级验收，青口镇社区教育创建为省级社区教育实验区。

2007年，全县完成农村实用技术培训11.18万人次，农村劳动力转移培训1.32万人，职工教育1.6万人，农民工培训1300人。是年，青口镇第二成教校创建为省级农科教结合示范基地，石桥镇成教校创建为市级社区教育中心，宋庄镇成教校创建为省级社区教育中心，并被评为国家级成人教育先进单位。

2008年，赣榆县在实施“5112”教育富民工程中，不断创新农业服务新机制，通过各种培训，提高农民素质，扩大就业，增加收入。全年共举办各种培训班800多期，实用技术培训10.3万人次，农村劳动力转移培训1.27万人，企业职工教育1.56万人，农民工培训1732人。创建市级劳动力培训基地2个，市级社区教育中心1个。

2009年，赣榆县创新社区教育网络体系，即成教校和镇文化中心、党校合并，与镇劳保所、农技中心联合办学，社区资源得到有效整合，实行“政府统筹、中心牵头、部门参与”的办学模式，形成以成人教育中心、文化站、镇文体协会为基础的文化生活教育和以家长学校、人口学校、老年学校为基础的人口素质教育的两大教育体系。建成青口、金山、宋庄、罗阳、石桥等龙头示范的社区教育中心“示范点”。金山镇首批创建为省级社区教育示范乡镇，金山镇职业学校被中国成人教育协会评为“成人教育先进学校”。罗阳镇成教中心校创建为省级社区教育中心，并被评为省成人教育先进集体。宋庄镇成教校信息网站创建为省级“职教富民”网站。2009年年底，全县有农科教信息网站27个，农村成人文化技术培训学校28个，435个教学班，结业学生15万人，注册学生131550人；教职工182人。其中，专任教师155人，聘请校外教师793人。农民中学结业学生680人，注册学生550人。

第二节　职工教育

1990年，赣榆县有职工学校14所，职工培训中心1所，职工中专1所。全县工人技术等级平均达到4.5级。

1991年，县政府制定《关于贯彻〈连云港市职工教育若干规定〉的意见》及《赣榆县职教十年规划和“八五”计划纲要》，成立赣榆县职工政治学校指导委员会，县直企事业单位相继成立12所职工政治学校。是年，20205人参加“热爱社会主义祖国”系统教育轮训，15966名职工参加岗位培训，17324人参加学习，其中6348人毕（结）业，获得高一级学历。

1992年，赣榆县制定《关于加快职工教育改革步伐的意见》，确立50多个服务项目。与南京大学、化工部连云港化工高等专科学校联合举办“机电一体化”函授大专班，在赣榆县设立函授站，学制3年。是年，共举办各类培训班1000余期，培训职工25359人，全员培训率62.4%。全县新增职教机构5个，新增校舍6000平方米。全年职工教育（含基建投资）总投入318.7万元。赣榆县获江苏省岗位培训先进单位称号。

1993年，赣榆县调整“八五”后三年职工教育发展规划，确立到“八五”期末完成全员培训10万人、技术培训1万人和职工学历教育1万人的“111”培训工程，将乡镇企业职工教育纳入到整体工作规划。县政府与30个乡镇（处）和41个主管局签订1993～1995年职工教育目标责任书。在连云港市成立的职工教育研究会中，赣榆县有8家会员单位，8位理事、1位副会长、常务理事。

1994年，全县职工社会办学单位有57个，179个班级，学习人数达8797人。全年共举办系统政治轮训班493期，6万余人参加学习，35岁以下参加率达100%。其他各类文化业务技术培训班1351期，培训职工40231人。全县大部分单位成立职教科（股）或职教办。是年，赣榆县被评为江苏省社会办学先进单位。

1995年，设立县外语培训指导中心和县计算机培训中心。全县有经省、市批准的外语培训点9个。县政府颁发《关于加强职工教育工作的意见》，县委办制订《赣榆县外语和计算机培训考核五年规划（1995—1999）》。是年，全县职工开展“爱我中华、兴我企业、看我奉献”主题教育活动，共举办各类培训班185期，12538人参加学习。全县新成立10所职工学校，有9家“三资”企业同时成立职工学校。

1996年，县职工教育办公室撤并于县教育局成人教育办公室（成教办）。至年底，全县有基层职教机构206个，职教干部教师1500人（其中专职554人），职工学校176所，校舍面积4.2万平方米，年培训能力达10万人，职工学校中有18所为市级文明职工学校，全年完成职工教育46530人次。

1997年，赣榆县加强《江苏省职工教育条例》的贯彻落实，开展学历教育和继续教育，积极推进企业教育综合改革，抓好外语、计算机培训考核、职工的职业道德培训和再就业培训。全年完成职工全员培训41806人次，工人岗位培训13188人次，继续教育439人，学历教育2560人，其中高等教育697人，中等教育1755人。2730人参加全省外语、计算机统考，2180人取得合格证。全县职工学校发展到179所。

1998～1999年，全县职工全员培训达4万人次，“双培、双考”达5000人。

2000年，为适应经济发展需要，按照省政府《关于进一步加强职工教育工作的意见》和《关于加强人才资源开发工作若干意见》，县政府把职工教育和人才资源开发作为跨世纪奋斗目标的一项紧迫任务。全年职工教育全员培训完成23498人，培训率达67%，再就业培训1603人，外语、计算机培训1350人。“九五”期间，赣榆县先后制定《职工教育管理办法》《学历教育管理办法》《生产人员持证上岗管理办法》，实行职工培训考核成绩与晋级、奖金挂钩，以提高职工的整体素质，促进全县经济和社会的发展。

2001年始，围绕县委、县政府“科技兴县”发展战略，赣榆县进一步加强对职工教育的领导，建立职工学校和成立职工培训中心，加大教育经费的投入，整合成、职教校办学优势，聘请专家讲学，将技术员或管理人员送外地培训。全县有1276人被送外地培训，85人到生产厂家学习，20986人参加职工全员培训，下岗职工再就业培训1130人，参加外语、计算机等级考试1340人。

2002年，全县完成职工培训1.83万人次，岗位培训1.5万人次，“双证”并发率达95%以上，500人参加省外语、计算机等级培训与考核。

随着企业内部管理体制和运行机制改革的不断深入，企业享有自主经营、自主管理、自负盈亏和自我发展的权利，职工教育属于企业行为，培训内容、形式以及运行机制都由企业自主决定，赣榆县职工教育的工作方式也由管理型向协调服务型转变。

2003～2005年，完成职工培训达5.8万人次。

2006年后，全县职工教育培训学校有三类，即职工技术培训学校、农村文化技术培训学校和其他培训机构。培训形式有资格证书培训、岗位证书培训等，培训的科目有外语、会计、计算机、农业技术等。

2009年，全县有职工技术培训学校16个，教学班（点）138个，结业学生530人，注册学生5860人；教职工106人，其中专任教师63人，聘请校外教师51人。其他培训机构13个，教学班（点）66个，结业学生792人，注册学生893人；教职工92人。其中，专任教师50人，聘请校外教师42人。

第三节　干部教育

中共十一届三中全会后，赣榆县的干部教育得以恢复和发展。1980年8月，赣榆县农业学校成立，1981年，兼办中央农业广播学校赣榆分校，同年8月，改为赣榆县农业干部学校。至1990年，共办培训班68期，受训9615人次。赣榆县委党校开办的干部中专（含专修）班，至1990年，开办5期，培养干部254人。

1995年，赣榆县在青口、官河、柘汪、海头、大岭、朱堵7个乡（镇）办起中专班，258名乡、镇、村在职干部参加学习，有39人升入成人高校继续深造。同年11月，由县委组织部、县教育局联合下发《关于举办农村基层干部成人职业高中班的通知》，全县共招收具有初中文化程度的农村及乡镇部门干部1200余人，其中村支部书记、村委主任、企业厂长、经理600余人，村会计、企业职工300余人，村后备干部200余人。经3年学习后，有1099人毕业，毕业率91.6%。其中很多人成为农村致富带头人。

1996年，全县有200余人参加县委党校举办的中专班和大专班学习。

1997年，1300余名农村基层干部参加成人高中学习，提高农村干部的学历层次和政策、理论水平。

1998年，赣榆县认真落实“248”工程，采取函授、与高校联合办学、自学考试、脱产学习等形式，组织达高中（中专）文化程度的人员接受经管、企管、农经、财会等专业的成人高等教育。通过学习，专科以上毕业的达740人，为乡镇企业培养更多的实用科技人才。

1999年，全县有14个乡镇举办以农村基层干部、后备干部为主的成人高中班，共招生700余人。全县有1800名农村基层干部经专业培训领取县政府颁发的“绿色证书”。

2000年，全县共有18个乡镇办起以农村基层干部、后备干部为主的成人高中班，共招生730人。

2001年，赣榆县干部教育工作全面转轨，学历教育的高等教育由县委党校办班，中专教育由县职教中心办班，县教育局成教科负责继续教育和实用技术教育，“十五”期间共培训乡村干部11145人次，回乡初高中毕业生通过培训后有1157人被提拔为乡村技术员，有344人被提拔为乡村企业干部。

第四节　自学考试

1990年，全县有9781人次参加成人自学考试，实考科目31299门，及格科目7198门，及格率23%。毕业学员196名，其中大学本科10人，专科185人，中专1人。

1999年，全县29个乡镇均设立“高等教育自学考试服务站”。

2001年，金山镇自考服务站被评为省示范乡镇自考服务站，27个乡镇被省评为合格服务站。

2004年，除学历考试外，又增加非学历考试两门，即少儿剑桥英语等级考试和计算机等级考试。是年，197人报考计算机等级考试，11人报考英语等级考试。

2005年，又增考书法非学历考试。全年总报考人数6233人，其中学历考试4234人，非学历考试1999人。

2006年，全县有4000多名中小学教师参加《心理健康》教育课程的学习。是年，有1935人参加剑桥少儿英语考试，915人参加少儿书法等级考试，101人参加全国计算机等级考试。全县另有1360人参加成人高校招生考试。其中，专科升本科943人，高中升本科7人，高中升专科410人。全年有283人取得本、专科毕业证书。县高校招生办公室和自学考试办公室均获市教育局表彰和奖励。

2007年，赣榆县自学考试除以前开设的学历考试和剑桥少儿英语、少儿书法、计算机等级考试外，又开设全国公共英语等级考试、成人NIT（NIT即计算机应用考试）、少儿NIT和教师教育信息技术考试等项。全县有5975人参加学历考试，57人报考计算机等级考试，1467人报考剑桥少儿英语，2418人报考书法等级水平考试，有1470人参加成人高校招生考试，其中专升本960人，高中升本科5人，高中升专科505人。是年，开设《学前教育》专业课程。县自学考试办公室受市表彰。

2008年，连云港市建立招生机构全市联动的网上办公平台（简称“OA”），实现无纸化办公和与市县信息的快捷化。是年，全县有2721人参加学历考试，1470人报名参加成人高考。其中，专升本960人，高中升本科5人，高中升专科505人。1493人参加剑桥少儿英语考试，3973人参加少儿书法等级水平测试，88人参加计算机等级考试。全县中小学教师有304人报考教育心理学，1916人报考教育技术等科目。

2009年，自学考试首次采用网上报名的形式，县自考办公室和乡镇服务站深入学校、医院等地指导考生。是年，有4207人参加高等教育自学考试，其中有1825名职校在校生报名参加自学考试；124人参加剑桥少儿英语考试，4583人参加少儿书法等级水平考试，45人参加全国计算机等级考试，4100人参加教师教育技术考试。1347人报名参加成人高考，其中专升本868人，高中升本科7人，高中升专科462人。

1990年后，全县参加学历考试共81710人次，报考课次163356门，毕业生2479人。其中，本科854人，专科1625人；参加非学历考试28390人次。

1990～2009年赣榆县高等教育自学考试情况一览表

表27-6　　单位：人数（人），课次（次）

年份	报考人数	报考课次	毕业生人数	
			专科	本科
1990	2039	4009	34	1
1991	2315	4520	27	1
1992	2465	4982	17	5
1993	1871	3620	31	1
1994	1923	3822	31	4
1995	2306	4591	49	7
1996	2780	5587	44	6
1997	3061	6418	60	10
1998	4156	9021	58	5
1999	5383	11793	69	24
2000	6365	13933	65	27
2001	7516	12934	116	40
2002	5309	13259	177	105
2003	4801	11297	81	66
2004	5172	11066	121	119
2005	4392	8615	147	163
2006	6971	11188	180	103
2007	5957	11344	116	79
2008	2721	5356	116	46
2009	4207	6001	86	42
合计	81710	163356	1625	854

说明：此表数字由赣榆县自学考试办公室提供

第九章　教　师

第一节　教师队伍

1990年，全县有教职工8862人。其中，专任教师7444人，在专任教师中有幼儿专任教师1176人，小学专任教师3867人，初中专任教师1905人，高中专任教师344人，特殊教育专任教师5人，职业高中专任教师147人。

1991年，全县中小学及幼儿园教师首次参加全面考核，其中中学教师实考率占应考核人数的76%，小学、幼儿园教师占应考核人数的95%。有45名幼儿教师领取专业合格证。是年，为进一步提高全县教师队伍的整体素质，教育局采取函授、电大、脱产进修、参加自学考试等形式，促进全县中小学教师学历与业务的全面提高。新分配的173名新教师，经100个课时的培训后，见习期满全部转正。

1992年，全县中小学教师参加专业合格证考试455人，幼儿教师参加专业合格证考试598人。117名民办教师选招为公办教师；接收260名新分配大中专毕业生充实教师队伍。在市优质课评比中，6名教师获一等奖，7名教师获二等奖。

1993年3月，县教育局成立赣榆县中小学教师教学基本功训练领导小组，组织中小学教师参加市、县首次基本功大赛和优质课评比活动，其中36人获县级奖，12人获市级奖，2人获省级奖；25名小学教师和28名中学教师获优质课选手称号。12月，全县4000多名小学教师参加市、县基本功考试，306名幼儿教师取得专业合格证书，80名优秀民办教师选招为公办教师。

1994年，县教育局组织全县中学教师教学基本功乡镇级和县级考核，翌年1月参加市统一考核。153名小学、幼儿园教师领取专业合格证，960名班主任经考核领取合格证，584名民办教师被选招为公办教师。全县教师队伍的整体素质和人员构成都得到相应的提高。

1995年，赣榆县中学试行教师岗位聘任制。全县有552名民办教师选招为公办教师，46人考取中师，新分配453名师范院校毕业生，743人评定专业技术职务。1054名中学教师和3771名小学教师获市级教学基本功合格证书。

1996年，市教育局对全县7023名中小学教师和122名职业中学教师认定教师资格并颁发教师资格证书。全县有1483名中学教师和254名小学教师获市级教学基本功合格证书。668名教师评定专业技术职务，46名民办教师选招为公办教师，7000余名教师通过语言修养考核，3800余名小学教师（1949年后出生）通过县钢笔、毛笔字过关测试。

1997年，县教育局按编制标准核定全县教师人数，规定乡村代课教师必须经县教育局审批，各地方无权自行聘任。是年，全县有532名民办教师选招为公办教师；1240名幼儿教师领取专业合格证。

1998年，全县有1055名中学教师和697名小学教师获市教学基本功合格证，570名师范院校毕业生充实到教师队伍，8名民办教师选招为公办教师，870人评定教师专业技术职务。是年，试行兼职教研员聘任制度，在全县中小学聘任中、小学兼职教研员，任期1年。

1999年，县教育局在2所中学和2所小学试行全员聘任制，聘任512名，试聘、缓聘、转岗、落聘14人；对全县幼儿教师按编制聘用1583名，503名落聘；2151名教师评定专业技术职务，其中高级职务100人，中级职务720人，初级职务133人。全县有11名民办教师转为公办教师。根据教育事业发展的需要，从小学教师中抽调一部分优秀教师进行短期培训后直接分配到中学任教，其中大部分教师担任高中课程。同年7月，根据苏政人〔1998〕77号、赣政发〔1999〕83号文件精神，对各中小学所有临时代课教师、临时工勤人员进行清理（退）工作。市政府规定：教师队伍实行市、县（区）两级教育行政部门和学校分工负责的管理体制。是年，首次聘任高中学科研究员。

2000～2005年，教育局在38所中小学全面推行全员聘任制的经验基础上，全面实施全员聘任制，首次聘任幼儿教育和中小学音、体、美兼职教研员，实施“名师、名校长、教坛新秀”工程，开展认定教师资格和首次面向社会认定教师资格工作，大中专毕业生由教育局直接分配改为双向选择。由于部分乡镇拖欠教师工资，出现教师外流现象，影响教师队伍的稳定和学校正常的教学秩序，教学质量亦受很大影响，县政府逐一落实教师工资标准和福利待遇后，许多外流教师自动返回，全县教师队伍相对稳定。

2006年，县委、县政府制定“对边远地区中小学教职工发放生活补助，提高政治待遇，评优、提干倾斜20%，提供住房优惠，把边远地区的教师纳入到经济适用房居住人群范围，调整新生分配办法，原则上新教师安排到农村任教3年以上”等一系列新政策，相对稳定全县的教师队伍，对农村义务教育的均衡发展和教育教学质量的普遍提高起到促进作用。同年，县教育局建立全县中小学教干档案。根据全县教育的总体需求，对部分学科教师实行考试招聘的办法，共招聘420人，其中应届师范毕业生340人，审查认定教师资格263人。其中，幼儿园52人，小学50人、初中161人，高中教师资格由市教育局认定。有8名教师被聘为县政府督导室兼职督导员，412人被聘为中小学兼职教研员。赣榆县被省教育厅评为师资队伍建设先进县。

2007年，县教育局在全县教师中举行课改“三优化”评比、中小学骨干教师和教坛新秀评比、中小学校长课堂展示和小学校长优质课评比等一系列活动，促进全县教师队伍整体水平的提高。3月17日，江苏省“千校万师支援农村教育工程”启动仪式在赣榆县举行，来自扬中、句容、丹徒、连云及本县派出的76名骨干教师到赣榆县36所农村中小学任教，对受援学校教师队伍的整体素质的提升起到指导和借鉴作用。是年，全面推行新教师考试招聘制，择优录用新教师297人。全县有公办教职工10609人，民办教职工（含长期代课合同教师）397人。

2008年，县教育局和县人事局共同实施对新教师招聘工作，共选聘298人，其中研究生3人，用于职教调剂10人。新引进农村义务教育学校英语教师80人，音、体、美教师44人。50名城区中小学优秀教干教师到县边远地区农村学校支教。

2009年，县教育局成立县教育师资工作领导小组，加强农村基础教育师资建设。赣榆县农村学校挂职培训教师20人，引进优秀农村教师40人，优质学校支教教师40人，培养高层次农村教育人才80人。同年起，执行江苏省实施义务教育学校绩效工资制度。是年，新引进音、体、美专业教师58人，农村义务教育学校英语专业教师61人，选聘新教师271人。是年年底，全县教职工13924人，其中专任教师12248人，行政人员452人，教辅人员664人，工勤人员554人，其他人员6人。专任教师中，学历构成为：本科毕业及以上4996人，专科毕业4919人，中专（高中）毕业2269人，高中毕业以下64人。小学专任教师5296人（女2815人），30岁以下1783人，31～40岁1333人，41～50岁860人，51～60岁1318人，60岁以上2人；中学专任教师5375人（女2532人），30岁以下2028人，31～40岁2217人，41～50岁891人，51～60岁238人，60岁以上1人；职业中学专任教师427人（女197人），30岁以下161人，31～40岁202人，41～50岁50人，51～60岁14人。具有中学高级教师职称（含教授级）863人，中学一级（小学高级）教师5640人，中学二级（小学一级）教师3133人，中学三级（小学二级）113人，未评职称2499人。全县离休教师23人，退休教师2566人，其中女教师600人。

1990～2009年赣榆县小学、幼儿园暨特殊教育教职工基本情况一览表

表27-7　　　　单位：人

年份	小学					幼儿园				特殊教育	
	教职工数	专任教师				教职工数	专任教师			教职工数	专任教师数
		计	大学本、专科毕业及以上占%	中师高中毕业及以上占%	每师负担学生数		计	幼师中师高中毕业及以上占%	每师负担学生数		
1990	4525	3867	—	70.16	17.64	1204	1176	19.90	30.59	5	5
1991	4602	3567	—	76.68	23.94	1367	1332	100	37.38	—	—
1992	4661	3643	—	77.44	26.01	1391	1354	100	43.96	17	12
1993	4706	3569	—	86.97	30.01	1817	1769	33.24	31.50	10	3

续表 27-7

年份	小学					幼儿园				特殊教育	
	教职工数	专任教师				教职工数	专任教师			教职工数	专任教师数
		计	大学本、专科毕业及以上占%	中师高中毕业及以上占%	每师负担学生数		计	幼师中师高中毕业及以上占%	每师负担学生数		
1994	4938	3944	—	91.76	31.10	1708	1661	41.96	33.81	32	23
1995	4913	4025	—	91.78	33.54	1619	1572	49.68	36.10	43	31
1996	5156	4219	—	92.79	34.56	1751	1691	47.37	31.68	44	35
1997	5348	4354	10.34	94.74	35.76	1874	1818	53.30	24.63	47	40
1998	5419	4499	13.94	95.93	35.37	2044	1837	64.83	25.09	15	9
1999	4898	4678	17.49	96.41	32.56	2595	2405	87.03	18.83	17	10
2000	5634	4972	21.80	97.51	30.52	2087	1923	90.90	19.22	18	10
2001	5857	5375	24.38	98.38	28.03	1173	990	—	28.97	22	10
2002	5636	5174	28.95	98.67	27.56	1335	1100	—	24.16	19	11
2003	5516	5058	33.34	98.97	24.86	1405	1173	—	20.52	24	13
2004	5612	5159	40.26	99.61	21.64	1273	1047	—	22.15	28	16
2005	5254	4910	50.15	99.65	20.73	1364	1075	—	24.32	30	16
2006	5257	4952	59.73	99.80	20.77	1475	1165	—	24.99	31	19
2007	5269	4952	64.08	99.78	16.79	1710	1324	—	22.41	34	24
2008	5729	5392	70.05	99.76	14.09	1365	964	—	34.00	35	25
2009	5570	5296	70.47	99.17	13.96	1590	1125	—	31.57	32	25

1990～2009年赣榆县普通中学暨职业中学教职工基本情况一览表

表 27-8　　　　单位：人

年份	普通中学							职业中学（中专）			
	教职工总数	初中专任教师			高中专任教师			教职工总数	专任教师		
		计	大学本专科毕业及以上占%	每师负担学生数	计	大学本科毕业及以上占%	每师负担学生数		计	大学本科毕业及以上占%	每师负担学生数
1990	2952	1905	66.93	18.31	344	50.58	13.70	176	147	24.49	14.43
1991	3062	1950	70.62	18.06	367	54.77	13.47	153	122	22.79	17.14
1992	3188	1956	78.27	17.59	369	61.25	13.75	162	121	23.97	12.83
1993	3299	2011	75.04	17.09	406	61.1	13.13	150	99	25.25	14.40
1994	3315	2085	79.23	17.86	411	60.10	13.25	201	138	25.36	10.57
1995	3502	2282	84.93	18.95	428	61.21	13.86	205	147	27.21	11.24

续表27-8

年份	普通中学								职业中学（中专）			
	教职工总数	初中专任教师			高中专任教师				教职工总数	专任教师		
		计	大学本专科毕业及以上占%	每师负担学生数	计	大学本科毕业及以上占%	每师负担学生数			计	大学本科毕业及以上占%	每师负担学生数
1996	3770	2467	89.62	20.29	465	71.18	14.24		190	137	27.74	8.7
1997	4108	2686	92.33	21.00	505	69.50	15.48		133	86	36.05	9.64
1998	4312	2888	94.91	20.67	554	72.92	15.71		153	114	36.84	12.41
1999	4271	2998	95.66	17.98	647	78.21	15.29		170	131	34.35	13.66
2000	4480	2863	96.61	18.41	772	72.80	15.24		202	151	31.13	15.80
2001	4530	2770	97.65	18.72	908	66.08	16.35		229	171	38.6	22.61
2002	4554	2729	97.98	20.88	1110	67.12	16.50		276	209	44.98	26.42
2003	4686	2729	98.17	25.95	1215	72.43	16.91		253	213	66.61	22.21
2004	4824	2782	98.42	28.40	1246	78.25	17.64		397	285	66.67	19.68
2005	5562	3113	98.75	24.64	1452	86.43	17.02		431	315	68.57	19.24
2006	6204	3285	98.96	20.77	1719	87.03	16.89		533	388	71.47	17.67
2007	6234	3226	99.04	19.52	1780	92.81	18.51		517	400	73.50	14.81
2008	6369	3337	99.37	18.34	1847	95.07	17.47		522	407	78.13	9.70
2009	6186	3481	99.34	15.88	1894	96.36	16.09		546	427	79.86	3.71

第二节　教师经济待遇

1991年，市人事局规定全市各级教育技术装备事业单位工作人员和各级招、考办工作人员，其待遇与同级中小学教师等同。

1992年7月，发放奖励工资和职务津贴。年底，提高民办（代课）教师工资待遇。

1993年，事业单位工作人员工资分为职务工资（固定部分）和津贴（活的部分）两部分。

1994年，根据省人事厅、省教委转发的国务院《事业单位工作人员工资改革方案》和国务院办公厅《事业单位工作人员工资制度改革实施方案》的规定，教师工资总量构成为固定部分占70%，活的部分占30%；中等专业学校在此次工资套改中，职务工资标准提高10%；对1993年9月30日前在册在岗的民办教师提高工资待遇。

1995年7月，县政府批文提高民办教师待遇，为民办中小学教师职务等级工资标准提高10%。

1996年10月，全省再次调整机关、事业单位工作人员及离退休人员的职务津贴标准，人均增资约75元。对任用、试用民办教师、计划内长期顶编代课教师在现执行的职务工资标准上晋升一个档次，同时单位津贴总额也相应增加；合同民办教师在现执行的职务工资标准上晋升一个档次；月工资总额低于160元的调到160元。是年，为552名“民选公”教师提高待遇，为当年获新职称和新学历的628名教师兑现工资。

1998年2月，县人事局、财政局根据省、市有关文件精神，对符合苏人〔82〕151号文件规定享受生活补助条件的20世纪50年代（含1960年）部分退职人员生活补助标准作适当调整。

2001年起，设立年终考核奖，即在年度考核“合格”情况下，发放相当于当年12月份工资的基本工资与工龄津贴之和的奖金（民办教师从2004年起发放）。

2002年前，教师工资的国标部分由县财政发放，省标部分由乡镇筹发。

2004年工资调整，民办教师与公办教师同步进行，同比例增长。县政府成立“赣榆县解决农村任用民办教师、合同代课教师、合同民工生活保障问题工作”领导小组，解决工资待遇和其他福利待遇。对辞职的11人和2003年12月31日达到法定退休年龄的97人按每工作一年发给一个月的工资，一次性清算，在职的424人重新核定工资标准，从2004年7月起执行。

2005年年底，赣榆县教职工职务工资（70%部分）标准为：中学高级教师最高（中高9档）为1138元，最低（中高1档）为709元；中学一级（小学高级）教师最高（中一11档）为893元，最低（中一1档）为529元；中学二级（小学一级）教师最高（中二11档）为702元，最低（中二1档）为431元；中学三级（小学二级）教师最高（中三12档）为602元，最低（中三1档）为382元。

2006年，根据苏人通〔2006〕322号《江苏省事业单位工作人员收入分配制度改革实施意见》，全县公办教职工月平均增资约308元。民办教师按照同比例，平均月增资172元。根据苏人通〔2006〕331号通知精神，调整离退休费标准，根据其现执行离休费标准所对应的职务增加离退休费。离休人员：机关和事业单位管理人员，县处级正职670元、副职490元、乡科级350元。事业单位专业技术人员：教授及相当职务990元，副教授及相当职务540元，讲师及相当职务350元。退休人员：行政管理人员，厅局级750元，县处级450元，乡科级275元，科员及办事员180元。专业技术人员，教授及相当职务700元，副教授及相当职务400元，讲师及相当职务275元，助教（含相当职务）及以下职务180元。工人（含合同制工人），高级技师和技师275元，高级工以下（含高级工）及普通工180元。中华人民共和国成立前参加革命工作并按原劳动人事部《关于建国前参加革命工作的老工人退休待遇的通知》劳人险〔1983〕3号的规定享受原工资100%退休费的退休工人，增加330元退休费。按《国务院关于工人退休退职的暂行办法》国发〔1978〕104号办理退职手续的退职人员，增加150元退职费。

2007年，经县政府常务会议通过，任用民办教师、长期顶编代课教师、合同民办教师、合同民工待遇参照事业单位合同制工人标准执行，并按对应关系，参照苏人通〔2006〕322号文件关于工人岗位绩效工资实施办法执行。任用民办教师、长期顶编代课教师具有中级专业技术职务且被聘用的，对应高级工（技术工三级）；具有助理级专业技术职务且被聘用的，对应中级工（技术工四级）；具有员级专业技术职务及无专业技术职务且被聘用的，对应初级工（技术工五级）。合同民办教师、合同民工具有中级专业技术职务且被聘用的，对应中级工（技术工四级）；具有助理级专业技术职务且被聘用的，对应初级工（技术工五级）；具有员级专业技术及无专业技术职务且被聘用的，对应普通工。按照上述对应关系，民办教师较2006年7月每人每月增加338元。

根据苏人通〔2006〕322号文件规定，自2006年7月1日起，年度考核结果为合格及以上等次的工作人员，每年增加一级薪级工资，并从第二年的1月起执行，2007年1月、2008年1月、2009年1月，符合晋升条件的人员平均每人每月增资28元。2007年7月，在规范公务员津补贴的同时，对离休人员按照公务员离休标准调整生活补贴，平均每人每月增加580元。

2009年1月起，离休人员的生活补贴标准又做了调整，平均每人每月增加175元。根据赣政办发〔2009〕53号《县政府办公室转发县人事局等部门赣榆县义务教育学校绩效工资实施办法的通知》精神，自2009年1月1日起，对全县义务教育学校的在职教职工（含民办）实施绩效工资，每人每月较过去增资506元。同时，对义务教育学校退休人员发放生活补贴，月均增加230元。退职人员按照同等职务退休人员的70%增资。义务教育学校实施绩效工资后，班主任津贴标准为每人每月120元，全年发放10个月，所用经费年终从单位奖励性绩效工资总量中扣除。条件艰苦、地处偏远地区的教师在基础性绩效工资中增设农村教师补贴项目，补贴标准为镇驻地（或中心校）每人每月100元，村级学校每人每月140

元。2009年年底，赣榆县教师每月岗位工资标准为：教授级中学教师1562元，中学高级教师1023元，中学一级（小学高级）教师748元，中学二级（小学一级）教师649元，中学三级（小学二级）教师605元；薪级工资最高39级1127元，最低5级138元。

第三节　教师福利待遇

1991年2月，县教育局根据省、市通知精神，对中学特级教师每月补贴30元，小学特级教师每月补贴20元。10月，县政府制定《赣榆县公费医疗暂行管理办法》，全县教职工均享受公费医疗待遇。是年，全县新建城镇教职工住宅面积5951平方米，安排81户教职工迁住。

1992年8月，市教育局下发《关于普教化学实验室工作人员劳保津贴的通知》，规定凡在工作中接触有毒、有害物质时可享受保健津贴，每人每月9～12元。

1993年，县财政局下发赣财发〔1993〕5号文件，规定“对调整民用燃料、水、电价格后，采取物价补贴的形式对职工适当发放补贴”。全县教职工均享受此福利待遇。7月1日起，中小学特级教师每人每月享受80元津贴。9月1日起，调整全县机关、事业单位工作人员及离退休人员福利费提取标准，按每人每月4元标准提取。同年调整机关、事业单位工作人员死亡后遗属生活困难补助标准，即户口在农村的每人每月补助50～55元，户口在城镇的每人每月补助55～60元，死者遗属为孤独一人的，可在上述标准基础上再增发15～20元。是年投资157.5万元，新建2556平方米教职工住宅。

1994年4月，调整中小学体育教师（包括民办教师和中学每周担任8节、小学每周担任10节体育课的兼职体育教师）工作服装费，每人每年按80～120元发放，户外工作津贴按每人每年20元发放。是年新建教职工住宅2300平方米。

1995年，全县教职工住房居住总面积3.40万平方米，人均居住面积9.20平方米。县教育局成立职工互助互济会，制定章程，建立互助基金，以解决教职工生活困难之急。制定“对劳动模范实行补充养老优抚金保险”制度。调整机关、事业单位工作人员死亡遗属生活困难补助标准，即户口在农村的每人每月90～95元，户口在城镇的每人每月95～100元。为237户科技人员家属计496人办理“农转非”。

1996年，投资334万元，新建教职工住宅6617平方米。年底，全县教职工住房总建筑面积6.32万平方米，带眷教职工家庭总人口3288人，人均居住面积7.46平方米。是年，为219户科技人员家属计458人办理“农转非”。

1997年，启动教师住房建筑面积4.87万平方米，总投资2080万元，竣工2.47万平方米，安排301户教职工居住，人均居住面积8.6平方米。

1998年，县教育局为解决客籍教师和县城教师住房困难，兴建教师新村一期工程，占地面积1.26万平方米，建筑面积3.24万平方米，当年12月竣工。是年，新开工教师住宅面积4万平方米，竣工3.88万平方米。至年底，全县教职工住房总面积25.35万平方米，人均居住面积10.6平方米。

1999年元月，300户教职工迁入教师新村。全年又新建教职工住宅1.87万平方米，总投资624万元。

2000年，建立城镇职工基本医疗保险制度，全县教职工全部纳入该项保险。是年，教职工住房新开工面积4.20万平方米，总投资1338万元，竣工面积2.68万平方米；教师新村二期工程竣工，126户教职工迁入教师新村。

2001年，全县共投入教职工住房资金2762万元。其中，政府拨专款200万元，学校自筹518万元，个人出资1814万元，社会捐助230万元。开工面积4.94万平方米，竣工面积4.29万平方米，建成494户。住房成套率为100%，人均居住面积为16.75平方米。

2002年，对教师新村配套设施投入100万元资金。是年教职工住房总投资1043万元，开工面积2.76

万平方米，竣工面积2.43万平方米，建成住房285套，人均居住面积达18.8平方米。

2003年，投资365万元建教职工住房，当年竣工8000平方米，130户教职工迁入新居。

2004年，调整机关、事业单位工作人员死亡后遗属生活困难补助标准，即每人每月220元。7月，市教育局、市教育工会组织2004年度教职工暑期疗养活动，赣榆县有8位教师去敦煌、吐鲁番等地疗养。全年投资70万元，新建教职工住房1500平方米。是年7月起，政府为在职教职工（含民办）发放防暑降温费和冬季取暖费，每月发放20元的福利费，除医疗保险外，还办理养老保险和失业保险，部分学校还实行公积金制度；对退休人员，每月发放福利费、菜篮费和交通费计47元。

2005年，提高在职在岗特级教师津贴标准。全县共投入资金260万元建教职工住房。其中，政府拨专款55万元，学校自筹39.5万元，个人出资82.5万元，其他83万元。当年竣工面积5650平方米，计64套。是年年底，全县在编教职工总人数11034人，离退休教职工1832人，带眷户数8974户，带眷职工家庭总人口30011人；全县教职工住房总面积83.57万平方米，使用面积66.96万平方米，居住面积59.42万平方米，人均居住面积19.80平方米，住房成套率为96.93%。

2006年年初，县教育工会发挥互助互济会作用，为重病患者发放救济金6000余元，慰问新中国成立后教育系统省（部）级以上劳模7人，每人送慰问金500元。对教育系统单亲困难女职工助学捐助128人，计46255元，另有书籍和学习用品。暑假期间，13名优秀教职工参加市教育工委、市教育工会组织的疗、休养活动。教师节期间，市领导到省赣中慰问教师，县领导到基层慰问退休教师。为全县第二批民办教师办理养老保险，并为所有民办教职工办理医疗保险。赣榆县教师（含民办）全部纳入医疗保险范围，所需经费由县财政纳入预算。制定住房公积金制度实施方案，改善教师住房条件。

2007年，市总工会组织全市模范教师、先进工会干部“五一”期间进京观光，赣榆县有6位教师参加。6月，县委办印发《关于进一步做好离岗休养领导干部有关工作的通知》，要求各单位要送学习材料，组织到县外考察和每年进行三次走访慰问，对离休干部进行健康检查。

根据赣民发〔2007〕108号文件，国家机关、事业单位工作人员和人民警察因公牺牲、病故后一次性抚恤金发放标准，按照《军人抚恤优待条例》第十二条规定执行，即被追认为革命烈士按80个月工资、因公牺牲按40个月工资，病故按20个月工资发放，但不享受现役军人立功和获得荣誉称号者死亡增发抚恤金的待遇。2006年7月1日前去世的仍按原规定执行，7月1日以后去世的，公务员（含事业单位参照人员）以职务工资、级别工资为基数；机关技术工人以岗位工资为基数；事业单位工作人员以岗位工资和薪级工资为基数。在省规范地方津贴补贴政策正式出台前，职岗津贴、综合补贴仍然计入基数，待规范津贴补贴的政策出台再按新的规定执行（包括工资福利、养老保险、医疗保险、住房公积金以及今后离岗退养等方面的待遇）。此项规定自2004年10月1日起执行。同年7月1日起，机关、事业单位中的离休干部及符合劳人险〔1983〕3号文件规定新中国成立前参加革命工作的老工人，解放战争时期参加革命的，其遗属补助标准由原每人每月270元提高到470元；抗日战争时期参加革命的，其遗属补助标准由原每人每月310元提高到510元；红军时期参加革命的，其遗属补助标准由原每人每月350元提高到550元。机关、事业单位工作（含退休）人员死亡后，其遗属补助标准由原每人每月220元提高到420元。因公死亡者遗属或死者遗属为孤寡一人的，在一、二标准的基础上每人每月增发50元。9月，民办教师养老保险、医疗保险、住房公积金以及此后离岗退养等方面的待遇，参照事业单位合同制工人相关待遇标准处理。12月，全县教职工（含民办）都办理住房公积金，个人缴纳工资额的10%直接到账，财政缴纳工资额的10%待退休后一次性补清。

2008年，根据苏人通〔2008〕90号文件，自2008年1月1日起，特级教师津贴由每人每月80元调整为每人每月300元。

2009年，县教育局实施边远地区教师住房条件改善工程，黑林小学教师公寓当年建成并使用，黑林中学教师公寓也开工建设。根据上级文件精神，印发《赣榆县教育局关于离休干部住房补贴发放的通知》，对离休干部中无住房和住房未达到规定标准面积的，发放住房补贴，差额面积为每平方米212元，工龄津贴为每平方米4.5元。建立贫困职工档案，为25户困难职工发放扶贫款1.5万元，为重病患者发放救济金1.4万余元，走访中华人民共和国成立后省（部）级以上劳模9人，并每人送去300～500元慰问金。全县教育系统看望慰问离退休职工、困难职工、患重病教职工等慰问金达百余万元。

第四节　教师政治待遇

“百年大计，教育为本”。从政府到地方整个社会重视教育，教师的社会地位得到显著提高，尊师重教已形成一种良好的社会风尚。县政府每年召开全县教育工作会议和高三教学总结表彰会，表彰和奖励优秀教师、先进教育工作者和高三教学工作有功人员；省、市乃至国家每年都表彰一批优秀班主任、劳动模范、先进教育工作者和“三八”红旗手；党组织及时吸收教师中的先进分子加入中国共产党。县历次党代会、人代会、政协会议均有一定数量的教师代表参加。

1990年，县人代会有34名教师代表，占当选代表的9.7%。有1位教师当选为县人大常委会委员，22名教师推荐为县政协委员，有3人推荐为县政协常委。

2005年，全县教师中有县级人大代表28名，县政协委员24名，市政协委员2名。

2006年，11名教师被评为市优秀共产党员，8人被评为县优秀党员，县第十四届人代会有教育系统代表37名。在历届县党代会上，均有60余名教师代表参加会议。据不完全统计，全县受县级以上表彰的教师达364人次。

2007年，县第八届政协有25名教师为政协委员，其中朱崇珍担任政协副主席；另有市政协委员3名。每届政协会议期间均有30余件提案提交给政府。1人被选为县人大常委会委员，1人被评为县优秀党务工作者，10人被评为县优秀共产党员，全县教师获县级以上表彰达549人次。

2008年，全县有教职工11012人，其中有中共党员2218人，占20.14%。是年，全县教师受县级以上表彰达560余人次。

2009年，县委组织部、县老干部局下发《关于进一步落实离休干部政治生活待遇的通知》。1人被评为县优秀人大代表；3人被县政府嘉奖，记三等功。是年，全县获县级以上表彰的教师达630人次。教育系统有县政协委员25人，县镇两级均有数量不等的人大代表。全县教职工中，有中共党员2197人。

第五节　教师进修

1990年以后，由于教师队伍庞大，利用假期进行全县性的大型集训活动已很难开展，教师的业务培训和学历进修，采取形式多样的方式进行。其具体做法为：利用假期组织教师分学科进行教材培训，抽调转岗教师进行专业技能过关培训，集中新教师进行职业道德和具体业务的岗前培训，选送骨干教师到国外进修和参加省、市新课标培训；分片开设公开课、示范课，集中各学科教师听课、评课；成立乡镇教科室和中心教研组，研究新课程标准，学习新教材教法，把握教育新动向；鼓励教师参加自学考试、成人高考、函授、进修和民办教师报考中师等学历教育；组织教研员、教干外出参观考察，聘请外地知名教育专家、学者来赣榆讲学。县直中小学和各乡镇，每年还利用暑期进行全员培训，以提高教师的思想认识和业务素质；每周利用一个下午进行业务学习，请骨干教师指导集体备课，讲授新课改知识，提高教师的专业水平。

1991年4月，市教育局下发《关于开展新教师见习期培训的意见》，规定凡高等院校毕业分配的新教师一律参加新教师见习期培训，未取得培训合格证书者推迟转正。县教育局举办小学校长岗位培训班，对1985年9月1日后任职的27名完小校长进行为期3个月的脱产进修，并分3期对全县小学校长和中心小学教导主任进行教育改革培训。是年，培训中学教师140人，小学教师317人，中学教干23人，小学教干459人；组织中小学教研员深入基层举办讲座160次，推广教改成果5项。

1992～1994年，县教育局陆续举办幼儿教师脱产班、小学语文骨干教师函授班、中学骨干教研班、小学校长岗位培训班，中小学新教师接受上岗培训，5000名中小学教师接受培训，80名中学校长接受省、市教院培训。

1995年，全县有46名民办教师考取中师，453名新分配的大中专毕业生接受岗前培训，3000余名教师参加各类学历进修，341人获专科或本科学历。

1996～1997年，举办首轮教干培训班，700余人结业，中小学校长全部持证上岗；选派50余名教师两次赴南京参加省小学教研活动，1250名中小学教师接受新教材培训，275名新教师接受上岗培训。全县有1443名幼儿教师参加幼儿教育知识和技能培训。

1998年，根据省教委制定的《江苏省中小学教师培训工作管理规程》和对在职教师进行现代教育技术培训的具体实施意见，县教育局举办教干培训班和中小学教师现代教育技术培训班；4000余名教师参加外语和计算机"双培双考"。

1999年，有40名民办教师考取中师，286名幼儿教师参加业务培训，5600余名教师参加现代教育技术培训并通过考试，386名中小学骨干教师参加暑期新教材培训班，5000余人参加普通话推普员、中学语文教师、成教校长、联中校长等多种培训班学习。是年，开展校长"走进课堂年"活动，在全县中小学实施课堂"五优化"工程，县教育局教研室组织各年级、各学科、各层次的示范课、专题讲座、教材培训和参加省、市培训等各类教研活动186场次，参加人数达9649人次。

2000年，全县2000余名教师参加自学考试、成人考试、函授、脱产进修等学历教育，2180名教师参加现代教育技术培训及考核工作，350人次参加校长、主任培训班学习；举办外语、计算机、教育管理等11个函授班、培训班，从外地聘请知名专家、学者讲学、授课，全县受训教干、教师达5000多人次。县教育局举办专题讲座64场，开设示范观摩课175节，组织7100余人次参加新教材培训和各级各类教研活动。全县"九五"教育教研课题有21个项目结题。其中，省级1个，市级11个，县级9个，新课题立项121个。

2001年，县教育局对全县小学英语教师实行三级培训，全面开展各级各类教学研讨活动，仅下半年就组织小学县以上大型教学活动6次，中学学科研讨71科次，开设140多节示范研讨课和70余场专题讲座；组织计算机网络管理、摄像制作、信息技术等各种培训班，参加教师300余人次；县教育局与南师大、徐师大联合开办计算机、外语等本、专科函授班7个，开展教师第二学历和专业教育。全年有12个教育科研课题被确定为省"十五"立项课题，78个确定为市"十五"课题，100个确定为县级课题。

2002年，教师参加各形式的学历教育达2500余人；全年组织500余节示范研讨课，7800余人参加观摩；教研员开设各科讲座244场次，举办各学科培训班18个，共培训学员2903人次，推荐47人参加省骨干教师培训班；组织中小学校长培训班2期，160余人接受培训；举办网络培训班7期，培训教干教师500余人次；555名新教师接受岗前培训，3次聘请外地专家作教学专题报告；教育局还组织教研员、中小学教师去省里参加新课改培训班，听专家讲课，参加外地教学观摩等，总计2000余人次。"十五"教育科研课题立项710个，其中省级6个，市级208个，县级496个。

2003年，县教育局与徐师大联合举办英语专科学历函授班。全县教师参加各类学历教育的达3000余人，340名师范毕业生接受岗前培训，122名教师参加英语师资培训班，6800人次参加信息技术培训，两期90余名骨干教师参加实验教材培训班；对新教材实验教师分级分层次培训，组织中小学德育师资培训班和幼儿骨干教师培训班，采取"以研代训、以考代训、以赛代训"等途径加强师资培训，提高教师业务能力，强化教学管理，以取得最大课堂效益。

2004年，县教育局与南师大、徐师大开办英语、中文、数学本科函授培训班，286名新教师接受岗前培训，62名校长和70名教导主任参加市师专开办的校长研修班和小学教导主任培训班，113名教师参加省举办的新课标和骨干教师培训班。

2005年，市师专举办干部培训班，全县有28名校长参加任职资格班，14名校长参加提高班，12名校长参加研修班学习；县教育局与职教中心联合举办中小学教导主任培训班，45名教导主任参加培训；选派118人参加省新课程标准和骨干教师培训班，组织385名新教师参加岗前培训，暑期组织全县小学各学科新课程培训，开办两个小学英语教师师资培训班；组织部分中小学校长、幼儿园园长去北京参加中央教科所早教中心举办的幼教课程改革研讨交流活动，聘请全国劳模、特级教师、教育专家到赣榆作学术报告。教师参加自学考试，至2005年年底，共有532人专科毕业，435人本科毕业。

2006年，县教育局开办“教师暑期学堂”，200名中小学教干和3000余名教师参加学习。推荐6人出国进修，5人参加国家级各类培训，430人参加省骨干教师培训，105人参加省英语培训，23人参加省中小学音、体、美教师进修，3人参加省班主任培训，6人参加省幼儿园教师培训；1413人参加市骨干教师培训，1265人参加市新教材培训，100名教师参加市师专继续教育学院“中小学班主任网络”培训学习；420名新教师参加岗前培训。组织校长参加市“小学校长教改论坛”，组织小学校长赴广州等地学习课程开发、教改教研等方面先进经验。县职教中心120余人次于暑期参加省教育厅组织的“四新”培训和其他国内、国外的进修学习。

2007～2008年，推荐教干教师31人出国进修，61人参加省级校长培训班学习，128人参加省高中新课程骨干教师培训，9人参加省义务教育新课程骨干教师培训，8人参加省幼儿园新课程骨干教师培训；19人参加苏北农村中小学校长培训，31人参加苏北农村中小学音、体、美教师培训，169人参加省、市骨干班主任培训学习，140人参加市暑期英语教师培训，苏北农村中小学音、体、美教师培训16人，农村义务教育英语教师培训初中教师157人，小学教师74人；送培到县培训300人。

2009年，县教育局加大骨干教师培训力度，采取集中学习，外出培训、送教下乡、送培到校等多种形式开展教师培训进修。先后组织全县暑期骨干教师培训1450余人次，各学科教研组长和备课组长集中学习500余人次，新教师业务培训650人次，各学科教研员外出参加学习82人次，推荐教干教师出国进修14人，省级班主任培训2人，省小学数学骨干教师培训70人，37人参加省级校长培训，16人参加苏北农村中小学音、体、美教师培训，2人参加省级特教培训；农村义务阶段英语教师培训，初中157人、小学76人参加学习，8人参加普通高中网络管理人员省级培训，200人参加省级初中新课程网络培训，9人参加农村小学音乐、美术、科学市级骨干教师培训，500人参加农村小学班主任知行中国网络培训，173人参加中小学校长网络培训，2364人参加教师“教育技术能力”培训，534人参加市“333工程”高层次人才培训。61名教师参加国家级各类教研培训，121名教师参加省级教研培训，2000多名教师参加市级教研培训。县教育局被评为中国中小学班主任培训先进集体、市教师培训先进集体，并承办市小学骨干班主任培训活动、江苏省中小学诵读骨干教师培训活动。

第十章　教育经费及设施

第一节　财政拨款

全县教育经费主要由县财政预算内拨款，除2003年外，教育经费财政拨款逐年加大。

1990年，全县教育拨款1704.4万元，占县财政总支出的26.60%。

1991年，全县教育部门办学的学生人均占有教育事业费为：中学生（不含职中）182.97元，小学生106.12元。

2003年，全县人均教育经费总支出为255元，人均预算内教育经费支出152元。

2005年，预算内教育经费投入高于经常性财政收入18.10%。全县人均教育经费总支出413元，人均预算内教育经费支出200元。全县各类学校预算内学生人均教育经费为：职业教育756元，普通高中997元，普通初中738元，普通小学802元。

2009年，县财政教育拨款44580万元。是年，各级教育生均预算内教育事业费支出情况为：高中教育2981元，初中教育2683元，小学教育2685元，职业教育1637.31元。预算内教育经费占一般预算支出比例为21.45%。人均教育经费总支出676元，人均预算内教育经费支出470元。

第二节　其他投资

1990～1993年，全县共计征收教育费附加3705万元，主要用于解决民办教师工资待遇、义务教育经费和改善办学条件等方面。

1994年7月，市物价局、市财政局、市教委《关于调整普通中小学收费标准的通知》，规定义务教育阶段的杂费标准为：市区和3县县城小学每生每学期25元，初中每生每学期45元，3县县城以外小学每生每学期20元，初中每生每学期40元；非义务教育阶段普通中学杂费收费标准为一般高中，市区和3县县城学校每生每学期90元，3县县城以外学校每生每学期80元；省重点中学的高中每生每学期200元。初、高中学生凡学校住宿的收取住宿费30元（含水电费）。高中自费生的收费标准为：一般中学每生每学期500元，省重点中学每生每学期650元。对极少数跨学区择校的小学和初中学生收取一定的费用。为切实纠正各种乱收费行为，省教委下发《关于规范学校收费管理的紧急通知》。11月，省财政厅、省建委、省教委联合制定《关于向建房单位和个人开征教育地方附加费的暂行办法》，规定全省乡镇以上（含乡镇）的建房单位（或个人）新建、扩建、改建房屋，不分投资来源均需按建筑面积缴纳教育地方附加费。新建、扩建房屋建筑面积每平方米10元，其中楼、堂、馆、所及营业性场所按建筑面积每平方米20元标准征收，改建房屋减半（新增面积按标准全收）。

1995年，县财政局、国税局、地税局、工商局、教育局联合制定《关于建立赣榆县人民教育基金的暂行规定》，规定“凡在县境内的国家机关、社会团体、事业单位在职人员，全民、集体、乡（镇）村企业在职职工，‘三资’企业的中方在职职工，私营企业从业人员、个体工商户以及其他有工资收入的个人均应按规定交纳人民教育基金”，标准按个人月工资收入额计征，平均299元以下的每人每年10元，300～499元的每人每年20元，500元以上的每人每年40元；另又制定对县内各类企业和个体工商户按实际缴纳三税（增值税、营业税、消费税）税额1%的标准征收城市教育地方附加费；对县内乡（镇）村办企业、私营企业以及联营、联户、股份合作制等一切企业，按销售收入1‰的标准征收农村教育地方附加费。是年，县政府〔1995〕103号文对城头镇申请教育集资作出规定：农民人均不超过20元，镇直机关人均不超过30元；对赣马镇、海头镇申请教育集资作出规定：赣马镇范围人均10元，海头镇应扩班的7个行政村（19659人）每人15元。

1996年，教育体制改革，公办民助学校依托省、市重点中学和实验小学开办，市教委、市物价局于是年6月规定收费标准，即每生每学期小学为400元，依托市重点的初中为400元，高中1000元；依托省重点的初中1000元，高中1250元，并规定不再收学杂费。该项收费除高中部分由县财政调控20%用于全县教育事业外，其他初中、小学均用于各校改善办学条件。

1997年，县教师进修学校首次招收普通中师自费班（共招两期），培训费一次性收取，此项经费用于改善办学条件。

1998年4月，县教育局规定是年暑后，从全县中小学学杂费收入中提取一部分作为师训经费上解县财政。是年，小学上解14.01万元，初中上解7.57万元，高中上解1.22万元，共计22.8万元。其他学杂费仍留各中小学作为修建改建校舍、添置课桌凳、购置教学仪器和其他教学设施用。

2002年，农村教育费附加停收。县财政局、教育局制定《赣榆县农村中小学学杂费、书本代办费等资金管理条例细则》。

2003年，城市教育费附加停收。

2004年，全县对于择校生收取一定数额的择校费，此项费用的50%由县财政调控，其余部分用于各校改善办学条件。市教育局、市物价局、市财政局联合发文，规定从是年秋季起，对义务教育阶段学校推行"一费制"收费，并对家庭困难学生实行"两免一补"，即减免学杂费、免费提供课本和补助经济困难住宿生的生活费。

2006年，教育经费除来自财政预算内教育拨款外，各级政府征收用于教育的税费1173.5万元。其中，城市教育费附加1023.5万元，地方教育附加费150万元。事业收入11934.8万元，其中学杂费收入5861.7万元。社会捐款328.6万元，其他收入699万元。是年，县教育局按国家、省、市文件规定，从秋季学期起，实行对全县义务教育阶段学生全部免收学杂费、教科书费和补助寄宿生生活费的"两免一补"政策。

2007年，县教育局从春季起，全面免除城乡义务教育阶段学生的学杂费，实施"两免一补"政策，设立中等职业教育和高中教育助学金。市物价局、财政局、教育局规定，是年秋季高中择校生每生收费不超过2.5万元，招生比例最高不得超过实际招生总人数的30%；停止执行"公办民助""民办公助"等形式的收费；农村义务教育阶段除"课本费、作业本费、住宿费"外，不得收取其他任何费用。是年，各级政府征收用于教育的税费1640万元（为教育费附加）；事业收入16207.9万元，其中学杂费10163.2万元；社会捐款64.3万元；其他收入976.1万元。

2008年，义务教育免学杂费和公用经费合并，财政预算内按初中每生500元、小学每生300元的标准下拨。是年，各级政府征收用于教育的税费2319.2万元，其中城市教育费附加1854.9万元，地方教育附加费421.5万元，教育基金42.8万元；事业收入15247.7万元，其中学杂费收入10130.9万元，社会捐款13.9万元；其他收入1020.1万元。

2009年，市物价局、财政局、教育局下发《关于2009年春季中小学收费有关问题的通知》，规定"从2009年春季学期起，取消借读收费项目"。自此，中小学借读生不再收费。是年，省教育厅、省财政厅、省人社厅下拨337.44万元中等职业学校国家助学金用于县职业高中教育学生生活补助，补助特教专项经费37.8万元。全县免除义务教育阶段学杂费、教科书费和补助寄宿生生活费计5228.4万元，职教学生生活补助费515.7万元，普高助学金323万元。全年各级政府征收用于教育的税费2095.7万元。其中城市教育费附加1847.1万元，地方教育附加费107.3万元，教育基金141万元。事业收入16711.9万元，其中学杂费9586.3万元；社会捐款10万元，其他收入1171.1万元。

第三节　勤工俭学

1991年，全县新建校办工厂3家，新办商业4家。全县各校在搞好校办企业和校园经济的同时还开展多种形式的创收活动，仅收旧和养殖两项，年收入即达12万多元。九里、城东、柘汪等沿海地区中小学还组织学生开展拾海活动，马站中学和城南、龙河、班庄、夹山等小学也组织学生开展种植、采集中草药活动。是年，全县勤工俭学开展率达97%。

1992年3月，县教育局成立“勤工俭学办公室”和“校办工业公司”。全县各校创收活动形式多样，大岭乡利用校园空地种植太子参、红麻等经济作物；欢墩中心小学利用水资源丰富的优势，科学喂养“健鲤”获高产，并自编乡土教材；柘汪中学发挥海洋滩涂优势搞虾贝混养；朱堵中心小学自产木材基本满足所在学区的基本建设需要。是年，全县共新办校办企业20个。

1993年，全县新上校办产业项目34个。其中，工业13个，商业21个，中外合资1个。校办企业共投入资金602万元，其中合资企业336万元。赣榆县中学筹资百万破墙开店，扩建临街商业用房并投入使用，年收入20万元。10月，柘汪中学与台湾亮奇实业股份有限公司合作筹建的榆顺水产品有限公司奠基。是年，市教委认定全县有37所学校为校园经济达标校。

1994年，县教育局将教育局仓库划归县职业中学，作为县职中校办企业。全县中小学积极开展种植、养殖和收旧利废等创收活动，为改善办学条件提供一定的资金。徐福职中实施“绿色工程计划”，种植花卉、苗木、药材、草皮等经济作物；黑林中学种植茶园和银杏苗圃；宋庄小学、罗阳小学开展养兔、养鱼以及河蚌育珠；海头小学利用木工组、加工厂及收旧利废活动增加经济收入。

1995年，县教育局出资198.25万元，台方出资222.47万元，在柘汪镇建成教育局柘汪冷库，冷库占地面积0.87公顷（其中冷库建筑面积2060平方米，办公室用房330平方米）。是年，全县有105所农村学校创建为校园经济达标校。

1996年，全县中小学有种植基地123.46公顷，养殖水面86.38公顷。各校动员学生开展拾海、收旧、挖药材、小秋收等创收活动，收入额达189万元。

1998～1999年，赣中印刷厂企业改制，成立赣中印刷股份有限公司。赣榆县被评为江苏省校园经济先进县，罗阳中学被评为江苏省校园经济示范校。

2001年，县教育局引进资金200万元，建成县教育服装厂，主要生产学生校服及学生公寓床上用品，年产量达10万套以上。

2003年，赣中印刷股份有限公司投资1036万元，迁建新址，成为第一个进入县经济技术开发区的项目。

2005年，全县有校办工厂16个，校办商业、服务业网点99个，种养殖基地181个，计142.08公顷。其中种植117.33公顷，养殖24.75公顷。全年勤工俭学完成工农业总产值及营业额5719万元，利润1005万元，上缴税金131万元，补助教育经费635万元。

2006年，全县勤工俭学工作的职责范围由原来传统意义上的经济活动，转变为对学生进行素质教育和为教育服务。其职责扩展为：负责校方责任险理赔工作、合格劳动实践场所创建和素质教育基地建设等。市教育局制定《农村学校合格劳动实践场所建设标准》，规定村完小、中心校、初级中学、农村职业中学要有学校劳动实践场所，学生每学期参加劳动实践不少于一周。其收入的40%用于改善办学条件，30%用于师生福利，30%资助家庭困难学生。是年，全县有14所学校被确认为市合格劳动实践场所，有9所学校被评为市勤工俭学先进集体，23人被评为先进个人。全市建设农村学校合格劳动实践场所会议在赣榆县召开。

2007年，全县农村中小学按市劳动实践场所建设标准，积极加强劳动实践场所建设。金山职中通过股份合资建设起4公顷高科技农业示范基地，为农民提供新品种、新技术服务，带动当地农村经济发展。海头镇第二中心小学利用校内闲散土地，种植农作物和蔬菜，同时利用撤并村小闲置资源建起1.33公顷种植养殖基地，取得较好经济效益。是年，全县有劳动实践基地165个，面积153公顷，接纳学生参加劳动实践18.3万人次，种植养殖收入738.25万元。有18所学校被确认为市合格劳动实践场所，18人被评为先进个人，县勤工俭学办公室和教育服装厂被评为市勤工俭学先进集体。

2008年，根据市教育局关于做好学校经营性资产管理服务体系建设的要求，全县各学校切实加强经营性资产的管理工作，建立健全台账，确保资产增值保值。县教育局勤俭办与局监察室、工会先后参加海头中学、石桥中学等16所学校的食堂、商店的招投标工作，使学校的经营性资产和后勤管理工作逐步完善，提高为学生服务的质量。是年，全县中小学有第三产业87个，商业营业额1087万元，利润206万元。市教育局对赣榆县6个勤工俭学先进集体和10名先进个人给予表彰，罗阳中学等16所学校被确认为市合格劳动实践场所。

2009年，按照市教育局关于每个县区都要建立一个具有一定规模的素质教育实践基地的要求，县教育局投资200多万元在石桥中学筹建“赣榆县中小学素质教育实践基地”。12月，成立赣榆县兴榆教学设备有限公司，对全县教育系统的教学用品实行统一采购，统一管理。校方责任险理赔工作有序进行，对19所学校的28名学生校园伤害事故进行理赔，理赔医药费近10万元。有9所学校被确认为市合格劳动实践场所，9所学校被评为市勤工俭学先进集体，23人被评为先进个人。是年，全县勤工俭学收入及营业额2865万元，利润总额738万元，上缴税金89万元。全县共有勤工俭学基地152个，总面积122.86公顷，勤工俭学创收中的212.47万元用于改善办学条件。

1990～2009年赣榆县教育经费总收入情况一览表

表27-9　　　　单位：万元

年份	教育事业费拨款	其他经费拨款	城市教育费附加收入	农村教育费附加收入	地方教育费附加收入	事业收入	勤工俭学收益补助教育经费	捐集资收入	其他收入	基建拨款	上级补助教育专款	社会团体和个人办学
1990	1704.4	—	35	920	—	—	50.4	—	—	—	—	—
1991	1867.4	—	31.3	1027	—	—	151	—	—	—	—	—
1992	2107.2	—	31	737.8	—	—	144	—	—	—	—	—
1993	2632	—	38.8	902.1	—	—	173	—	—	—	—	—
1994	5092	—	54	1163	—	—	439	—	—	—	—	—
1995	4586	—	76	1732	—	—	599	—	—	—	—	—
1996	6258	—	44	2123	—	—	697	—	—	—	—	—
1997	7050	—	57	2528	—	—	732	—	—	—	—	—
1998	8614.8	—	58.6	2600	—	5745.4	976	883.8	176	—	—	—
1999	9551	—	62	2200	—	7285	838	390	78	15	96.0	—
2000	10312.9	242.7	105	2422	10.5	6947.2	836	46.8	194.5	179.5	105.0	—
2001	12303.2	241.5	16.1	915.3	91.2	8240	896	157.9	228.7	257	357.0	—
2002	16592	598.8	75	—	10	8973.7	454	443.5	885.1	—	1739.0	819.0
2003	14023.2	1609.5	—	—	100	7578.2	587	64.1	841.5	300	512.2	856.8
2004	17931	—	—	—	—	9424	662	115	2423	—	1698	966
2005	21520	—	—	—	—	13182	635	349	1758	—	1631	6077
2006	26863	—	1023.5	—	150	11935	530	329	699	—	4432	5767

续表 27-9

年份	教育事业费拨款	其他经费拨款	城市教育费附加收入	农村教育费附加收入	地方教育费附加收入	事业收入	勤工俭学收益补助教育经费	捐集资收入	其他收入	基建拨款	上级补助教育专款	社会团体和个人办学
2007	41716	—	1640	—	—	16208	467	64.3	976	—	9554	4936
2008	41774	28	1854.9	—	422	15248	177	13.9	1020	—	9818	4440
2009	44580	1147	1847.4	—	107	16712	212	10	1171	—	11803	5494

1990～2009 年赣榆县中小学勤工俭学情况一览表

表 27-10　　　　单位：万元

年 份	工 业		农 业		第三产业		其他勤工俭学纯收入	上缴税金	勤工俭学总收益
	总产值	利 润	总产值	纯收入	营业额	利 润			
1990	205.27	38.57	31250	5.76	174.97	19.85	68.39	6.8	132.57
1991	448	45	192	65	307	35	56	11	201
1992	702	68	326	76	340	29	132	12	305
1993	1080	87	1131	107	458	46	240	13	480
1994	1359	107	403	261	657	71	287	30	726
1995	1912	153	2061	273	985	95	364	41	885
1996	2067	191	2189	344	1015	102	488	49	1125
1997	2130	197	3080	442	763	108	492	68	1239
1998	2230	208	3800	457	785	110	505	68	1280
1999	2450	215	3965	472	870	118	515	89	1320
2000	2497	219	4127	482	881	121	548	104	1370
2001	2503	221	4135	487	886	123	545	94	1376
2002	2112	209	3897	457	1067	97	543	132	1306
2003	2048	205	2926	445	745	89	365	121	1104
2004	1300	132	2732	424	984	124	335	112	1015
2005	1321	143	3412	407	986	173	282	131	1005
2006	984	131	812	310	1010	209	189	93	839
2007	969	122	738	268	1015	194	207	117	791
2008	755	94	673	223	1087	206	158	80	681
2009	778	106	701	231	1089	235	166	89	738

说明：1990年农业“总产值”栏数字为粮食总产“公斤”数。2006～2009年工业、农业总产值为销售收入

第四节 教育设施

20世纪90年代始，赣榆县为适应教育事业信息化和现代化的需要，加大改善办学条件的投资力度，教育设施日趋完善。1990年，赣榆县学校占地总面积341.74万平方米，校舍建筑面积44.51万平方米，全县校产总值8100万元。其中，校舍建筑为6760万元，其他配套设备为1340万元。

1991年起，全县各乡（镇）都把卫星电视教育放像点的规范化建设纳入本乡（镇）农村成人教育目标管理。是年，全县办好合格放像点23个，县接收站录制视听资料800小时，中心小学分组实验开课率达30%。

1992年，全县新建乡级地面卫星接收站3座，建放像点16个，县接收站录制视听资料840小时。

1993年夏，全县10多个乡镇遭受冰雹灾害，经济损失严重，学校校舍不同程度受损。县乡两级政府充分挖掘潜力，对12个乡镇25所中学共投入343.52万元，用于修建校舍、院墙和路面。全县新建放像点20个，中学放像点覆盖面达100%；县级站录制卫星电视资料500小时，乡级站录制资料150小时。

1994年，县政府下发《关于努力筹措资金切实解决农村中小学危房改造问题的意见》，敦促各乡（镇）要加大乡镇财政投入，征足用好农村教育事业费附加。全县中心中学和中心小学基本配齐电视接收器、放像机和学生必看的影片。全县录制德育录像带近千盒，教学录像带240多小时，文艺带80多小时，为教学工作提供便利条件。

1995年，全县29个乡（镇）的64所中心中学和中心小学，有108个放像点，1个县级地面卫星接收站，3个乡镇级地面卫星接收站，58名专职电教教师，教育教学录像6500小时，达到校校有投影仪，班班有录音机。

1996年，全县扩征校园用地面积51公顷，修建地面卫星接收站38处。

1997年，全县对教育技术装备投入730.95万元。

1998年，赣榆县实验小学等7所小学的实验室和图书室通过市合格验收。教育局电教站被评为省首批合格县（市、区）电教中心，赣榆县教育局被省命名为装备供应工作先进集体。

1999年始，全县中小学实施电化教育工程，即“三机一幕”（电视机、收录机、投影仪、投影幕）进教室。

2000年，全县中小学配备78个微机室和36个多媒体AV教室，15所学校装备闭路电视系统，购置1700余台套投影仪。4所小学的图书室、实验室通过市“双室”合格验收，赣榆县实验中学、城头镇初级中学的实验室通过市验收。

2001年，全县中小学基本消除D级危房。是年，全县微机室数量增至151个，单机上网学校50所。全县建53个多媒体教室，27所中小学配置校园双向网络控制系统。柘汪、城南、墩尚3个乡镇的完小均配齐微机室，罗阳等9所中小学的图书室、实验室通过市合格验收。

2002年8月，县教育局教育城域网顺利开通，31所学校与中心网站连接。全县3年改造危房任务提前一年完成，被评为江苏省农村中学无危房先进县。

2003年，全县所有中心小学、中心中学均通过光纤接入教育城域网，实现高速宽带“校校通”及优质教育资源全县共享。是年，全县投入改善办学条件资金9672.5万元，全县中小学“三新一亮”（即“课桌新、板凳新、讲台新、电灯亮”）工程通过省验收。

2004年，全县中小学在全省率先实施“六有”工程（即有整洁的校园、有满足师生就餐需要的卫生食堂、有冷热饮用水、有水冲式厕所、有安全宿舍、寄宿生每人有1张床），年底基本完成“六有”工程任务。

全县用于改善办学条件总计投入资金3412余万元。全县中小学共有微机10480台，生机比达到18∶1，30多所学校拥有自己的教育教学网站，计算机网络教室普及率100%。

2005年，全县中小学总计投资6106.88万元，其中对校园的绿化、道路、排水和其他设施建设投入计2866.72万元；维修和购置床铺15682张；新建和改建食堂1.89万平方米、学生宿舍3.68万平方米、水冲式厕所2.87万平方米；投入116.8万元购置开水炉94个，保温桶675个，饮水机1415个。全县"六有"工程全部完成，同年5月通过省教育厅"六有"工程验收。是年，省教育厅免费向赣榆县提供微机2769台。全县新建多媒体教室27个，总投资1227万元，建高标准实验室4个，总投资100万元。全县11所中小学通过省现代化教育技术实验校验收，全县中心中学、中心小学和61所村完小接入教育城域网。

2006年，赣榆县加大对全县中小学改善办学条件的投入，共计2387万元。新扩征土地2.67公顷，改、扩建校舍2.21万平方米，修建校舍4.10万平方米，建院墙2870米、改建大门5合、建厕所27间、铺水泥路面2.7万平方米、建花坛、花园2.6万平方米，用于更新双人课桌凳、购图书、仪器、文体器材等内部配套资金320万元，当年产生的危房当年消除。全县30所农村中学的"四项配套"工程基础建设（指实施农村中学理、化、生、史、地实验设备、图书资料、体育、艺术教育器材等设施的建设），于9月26日通过省教育厅验收。同年，全县中小学（含农村完小）全部以宽带接入县教育城域网，全面实现"校校通"，并通过省教育厅的验收。教育城域网用户已突破105万人次，高峰时可容纳7000人在线使用。有71所中小学建成自己的教育教学门户网站，全县完小以上学校入网率达100%。县教育局投入40万元完成分布式资源库建设，实现与市教育局资源同步连接，达到资源共享。

2007年，全县共投入2002万元用于改善中小学办学条件，105所农村小学从基础设施的建设到仪器设备的安装全部完成，全县中小学"四项配套"工程建设任务圆满完成并通过省、市教育主管部门的验收。11月2～3日，江苏省农村中小学"四配套"工程检查验收工作现场研讨会在赣榆县召开，城头初级中学、城头中心小学和城头东大坊小学为会议提供参观现场。是年，省教育厅实施"送优质教学资源下乡工程"，配送给赣榆县课堂教学光盘268套（小学156套、初中73套、非帮扶初中39套）。省人民出版社捐赠1万册图书给海头中学。

2008年3月8日，县政府召开常务会议，就实施学校布局的新一轮调整等工作进行专题研究。赣榆县城区学校工程建设领导小组和赣榆县教育现代化工程建设领导小组相继成立，县委、县政府主要领导担任组长，办公室设在教育局，由教育局具体负责各项事务。总投资3100万元，启动新城高中、特教校、青口二小、黄海路小学搬迁等工程，修建校舍、建院墙、厕所、铺水泥路面、建花坛、花园及购置内部配套物资等基础建设工程。同年，按照省教育技术装备第三类标准建设城镇中小学（县实验中学、实验小学和5所民办学校）已由市教育局验收。县实验中学、外国语学校通过市教育局"教育技术装备实验学校"验收。是年，县教育大厦主楼和老青小危楼改造工程全面完工。

2009年7月20日，县政府成立赣榆县中小学校舍安全工作领导小组，办公室设在县教育局。是年，县教育局对全县中小学校舍完成抗震排查工作、建立校舍安全工程档案，完成校舍信息管理系统单机版数控采集工作和对全县中小学校舍的鉴定工作。为推进全县中小学的教育现代化工程，全县共添置笔记本电脑2588台，台式电脑1393台，投影机666台，实验设备20套，图书32.47万册，多媒体教室48个，软件制作室16个，防火墙54台，服务器109台，交换机93台，订购中小学电教教材140万元，总投入3100万元，另发行学生磁带共计172万元。赣榆县教育城域网改版，其新系统投入运行。是年，新建校舍27.15万平方米，其中21所初中实施农村留守儿童食宿条件改善工程，新建校舍3.16万平方米，投入资金2525万元；青口一中、海头一中、特教校、黄海路小学计投资11900万元，新建校舍16.35万平方米，其他中小学投资6116万元，改建校舍7.65万平方米。

1990～2009年赣榆县修建校舍、购置课桌凳等情况一览表

表27-11

年　份	全年实际修建校舍面积（平方米）	全年实际支出修建费用（万元）	至本年度止实有校舍面积（万平方米）	全年实际购置课桌凳数（张）		实际支出购置课桌凳、教具、仪器及图书资料等费用（万元）
				双人课桌	双人课凳	
1990	64732	1027.17	45.09	8186	8386	170.89
1991	51603	652.44	49.31	8431	8431	508.80
1992	38455	1138.65	53.40	11000	11000	301.08
1993	51140	902.22	59.10	15780	15830	576.00
1994	80731	1260.33	62.05	17745	17745	708.86
1995	64245	2853.85	66.75	20947	21661	1073.53
1996	67525	1264.13	74.70	23685	23774	2636.77
1997	50467	1979.03	82.05	22613	22613	730.95
1998	42629	2809.80	91.39	—	—	1066.85
1999	58837	2520.00	99.82	16864	16864	806.00
2000	59562	2996.82	104.61	19057	19057	1659.18
2001	82869	3722.00	110.60	15640	15640	994.00
2002	172323	6791.00	121.63	13513	13513	984.00
2003	27945	482.00	121.51	69998	69998	1650.00
2004	63400	1733.00	124.13	11572	11572	1053.00
2005	71365	1171.92	125.00	6050	6050	870.00
2006	41000	985.9	136.76	2200	2200	320
2007	39300	1550.00	139.10	1400	1400	173
2008	65000	1029.00	139.40	3600	3600	115
2009	41600	950.00	141.7	3000	3000	97

第二十八篇 文化 广电 体育

第二十八篇 文化 广电 体育

1990～2009年，赣榆县的文化、广电、新闻出版、体育等部门经过一系列内部体制改革，逐步建立健全内部管理机构，推动文、广、体各项事业全面发展。

群众文化蓬勃发展。文学、艺术创作繁荣兴盛，戏剧、曲艺、音乐、舞蹈、美术、书法、摄影创作、展览、会演活动达数百场次，出版200余部文艺、书画作品集，一大批文艺作品获得国家与省、市级表彰、奖励；加强地方文化资源发掘、利用与保护，编纂出版一大批地方历史文化类书籍，文化遗址和文物得到有效保护，成功申报了一批非物质文化遗产项目，徐福文化、赣榆锣鼓、赣榆拔河等逐渐成为地方特色文化品牌。

广播电视事业迅速发展。赣榆人民广播电台、赣榆电视台、赣榆调频广播电台等陆续开播，各镇相继成立乡镇广播站，形成运行有效的区域广播网。

体育事业展现全新发展局面。成立赣榆县体育局，建立健全各类体育协会，完善各类体育基础设施，开展全民健身体育运动，组织运动员参加各级各类体育赛事，获得100余个奖项。

赣榆县被评为江苏省群众文化先进县、全国万里边疆文化长廊建设先进县、江苏省“扫黄打非”工作先进县。

第一章　体制改革

第一节　文化体制改革

20世纪80年代后，赣榆县文化体制改革工作以贯彻中宣部、文化部等部门颁布的《关于活跃农村文化生活的几点意见》《关于艺术表演团体的改革意见》《关于加快和深化艺术表演团体体制改革的意见》为抓手，促进艺术表演团体经营方式转变，实行"双轨制"改革和"馆长、站长、经理负责制和聘任制""全员劳动合同制""经济责任承包制"等。

1988年，成立连云港市黄海歌舞艺术团；1992年，成立赣榆县社会文化管理委员会，办公室设在县文化局；1992年，县影剧院与电影公司、戏剧管理公司合并为赣榆县电影戏剧总公司；1993年，成立赣榆县文化市场管理站和文化稽查队。1994年起，实行演出团体演出场次补贴制，开展有偿服务和兴办"以文补文"项目，共兴办补文项目28个；1999年，开始征收文化事业建设费。

1996年，赣榆县党政机构改革，县文化局为政府工作机构之一，县体育运动委员会与之合署。2002年，乡镇事业单位机构改革，乡镇文化站划归乡镇主管，县文化局为协管单位，乡镇文化站人员工资等全部划归乡镇管理；成立五个文化市场行业协会、文华艺术交流中心和民兵预备役艺术团。2006年，连云港徐福文化经济发展有限公司成立。2007年，通过"文企联姻"，依托县京剧团，组建江苏省宏安艺术团。2009年，拟定文化事业单位改革方案，推进国有文化事业单位"转企改制"。

第二节　体育体制改革

1990年后，县体育部门以社会化为突破口，通过逐步健全县级群众体育组织、依靠社会力量办体育竞赛等举措，促使全县体育事业和体育产业不断向社会化、多样化、制度化发展。

1990年，成立赣榆县少年儿童业余体校。1997年，县体委实行内部机构改革，设立体委办公室，内设学校体育股、社会体育股、产业体育股。2000年，成立赣榆县体育总会，并组建秘书处。2003年，成立赣榆县国民体质监测站，配备专业人员和设备器材。2005年，成立赣榆县体育彩票管理办公室。

第三节　广电体制改革

1989年，成立赣榆县广播电视局，属行政管理单位，各镇广播电视站归其管理。1993年，乡镇广播电视站划归乡镇人民政府管理。1997年，通过广电机构改革，赣榆人民广播电台、赣榆电视台、赣榆有线电视台（筹）合并为赣榆广播电视台。2000年，注册成立赣榆县广播电视广告服务中心。2002年，成立赣榆县广电网络发展有限公司。2003年，实施乡镇站管理体制改革，乡镇广电站划归县广播电视局主管。2009年年底，县广电局实行"局台合一"体制，辖广播电台、电视台、网络公司和18个镇级广播电视站，从业人员达500多人。

2009年，县广播电视局与省广播电视信息网络股份有限公司签署有线电视网络整合及数字化业务合作框架协议。是年12月通过江苏省有线电视示范县验收。电台先后获上海经济区新闻协作网超标发稿先进单位及优秀成员台等荣誉。赣榆县先后被评为江苏省有线电视达标县、有线电视先进县、有线电视示范县、无"小耳朵"县。

第二章 文化机构

第一节 文化行政机关

图 28-1 赣榆县文化局办公楼——文华大厦（2004年摄）

1990年，赣榆县实行党政机构改革，确定赣榆县文化局为政府工作机构，属县内文化行政机关，内设人秘股、社会文化股、艺术股，管辖文化馆、图书馆、博物馆、京剧团、影剧院、电影公司、新华书店。1996年，县体育运动委员会与之合署。2001年，赣榆县实行机构改革，规定保留县文化局，县体育局与其合署办公。2003年，县文化局由县城华中路迁至环城南路70号文华大厦。2004年，增挂“赣榆县新闻出版（版权）局”牌子。2009年，县文化局、体育局合并为赣榆县文化体育局，内设办公室、文化科、体育科、文化市场管理科4个职能科室，10个直属单位，分别为：文化馆、图书馆、博物馆、体育总会秘书处、京剧团、体育场、电影公司、影剧院、文化稽查队、书画院。2009年年底，文体系统有职工370人，其中在职在岗180人。

第二节 文化事业单位与文化企业

一、文化事业单位

（一）赣榆县文化馆

1990年后，县文化馆组织开展群众性文化活动、少儿艺术培训活动；长期深入镇、村、社区、学校，开展业务辅导工作，扶持组建民间文艺团队；开展文艺创作活动，辅导、排演文艺节目，参加省、市文艺汇演和市、县广场文化活动。1996年，被省文化厅评为江苏省二级文化馆。1999年，被文化部评为国家二级文化馆。2003年，由县城华中路迁至环城南路70号文华大厦，内设音舞部和美术部，

图 28-2 赣榆县文化馆（1999年摄）

并配有相应的创作室、辅导室、训练厅、展览厅。2004年、2008年均通过"国家二级文化馆"复评。2009年年底，县文化馆有职工28人。其中，高级职称2人，中级职称10人。

（二）赣榆县图书馆

1990年，县图书馆进行扩建，面积由780平方米增至1800平方米。扩建后，实行每日8小时开馆服务制度，年均接待读者约5万人次；举办一系列展览、学术报告、"红领巾读书征文"等活动；设立"流动图书箱"，开展"送图书、送信息下乡、进军营"活动。1994年，被文化部评为国家二级图书馆。1999年，在全市率先实现计算机管理，并通过"国家二级图书馆"复评。2003年，迁入文华大厦A段，使用面积为800平方米；建成电子阅览室。2004年，被评为连云港市"青年文明号"。2005年，由于无房产权及购书经费不足等原因，由国家二级图书馆降格为国家三级图书馆。2006年，县图书馆少儿室被省文化厅评为先进集体。2008年，县图书馆获省文化厅颁发的服务成果三等奖。2009年，建成江苏省文化信息资源共享工程县级支中心，内设对外服务窗口，并增至6个，再次通过国家二级图书馆验收。

图 28-3 赣榆县图书馆（1990年摄）

（三）赣榆县博物馆

1990年后，县博物馆开展多种形式的文物陈列活动，不定期举办各类文字、图片展览活动；扶持社会力量办馆，组织民间收藏爱好者成立赣榆县收藏家协会，多次举办民间收藏展；面向社会与中、小学生，举办文物基础知识讲座；邀请省文物专家组到赣榆开展鉴宝活动。2003年，由县城菜市街王号迁至环城南路文华大厦三楼A段，建有库房、内展厅、外展厅。是年，被市人民政府评为全市文物工作先进集体。2009年年底，馆藏文物684件。其中，一级藏品1件，二级藏品48件，三级藏品183件，参考品444件。

（四）赣榆县文化稽查队

赣榆县文化稽查队原为赣榆县社会文化市场管理站。1994年，经县编制委员会批准成立，实行以站为主、站队合一管理，编制10人。自成立以来，县文化稽查队贯彻执行《电影管理条例》《音像制品管理条例》《互联网上网服务营业场所管理条例》《出版物管理条例》，组织文化市场稽查工作，会同有关部门开展"扫黄打非"行动，维护全县文化市场的健康、有序发展。2002年，被省"扫黄打非"领导小组评为先进集体。2003年，被团市委授予"青年文明号"，被连云港市文化局评为文化市场管理先进集体、新闻出版（版权）管理先进集体。2006年，被评为全省净化未成年人成长社会文化环境先进集体，被团市委授予"优秀青少年维权岗"称号。2009年年底，事业编制12人，职工总数达28人；中级职称2人，初级职称10人。

（五）赣榆书画院

赣榆书画院成立于1993年，编制7人。自成立以来，开展书画创作、学习、交流、展览等活动，组织作品参加国家及省、市举办的各类书画作品展（赛）活动；注重培养人才，成立少儿书画院。2006年，扶持成立全县首家农民书画院——莒都书画院。2009年年底，拥有在职人员5人，另聘省、市有关专家20

图 28-4 大型电视晚会《赣榆是个好地方》（2002年摄）

人为特约书画家，聘县内业余书画作者50人为画师。其中，中国美术家协会会员3人，中国书法家协会会员4人，省美术家协会和省书法家协会会员20人。

（六）江苏省赣榆县京剧团

江苏省赣榆县京剧团，系江苏省唯一保留的县级京剧团，为A类艺术表演团体。1990年后，县京剧团发展京剧与舞台艺术事业，创演戏剧、曲艺、歌舞类文艺作品，参加广场文化活动，开展“送戏下乡”工作，每年演出100场以上。1994年，创演古装京剧《梦中魁元》获连云港市专业剧团新剧目调演演出奖和创作三等奖。1995年，创演大型新编历史传奇京剧《徐福》，参加江苏省于1996年举办的首届青年戏剧节获剧目奖，参加1997年连云港市专业剧团新剧目调演获7项大奖。1999年，被聘为宋祖英演出班底，在山东省济宁市巡回演出。2001年，创演现代京剧《海州湾》，获连云港市专业剧团新剧目调演多个奖项。2001年，为培养京剧人才，招收15名小学员，送入徐州市艺术学校京剧班定向培训。2002年春，作为班底参与创演的大型电视文艺晚会《赣榆是个好地方》，在市电视台演播大厅面向全市电视观众现场直播。2003年8月，由华中路旧址迁入文华大厦。2004年，创排《建设平安赣榆，创建最安全地区》专题文艺节目在全县巡演；排演大型仿古乐舞《徐福祭仪》，参加中国·赣榆第四届徐福节演出；作为班底参与排演的大型文艺晚会《山情海韵》由县电视台现场直播。2005年，排演大型仿古乐舞《徐福祭典》，参加中国·赣榆第五届徐福节演出。2006年，复排京剧《徐福》选场《出海》，参加中国·赣榆第六届徐福节大型文艺演出。自是年起，承担赣榆县“三送工程”中的“送戏下乡”工作。在连云港市举办的历届“在海一方”广场文化活动汇演和全市文艺调演中，均有节目参演并获奖。2007年，与江苏宏安集团合作，成立江苏宏安艺术团。2009年年底，职工58人。其中，在编31人，编外27人。

（七）赣榆县影剧院

1990年后，县影剧院开展电影放映、文艺演出、文体活动策划运作等一系列工作，接演国内大中型歌舞艺术团体近400个，近百名影星、歌星在影剧院献艺，圆满完成县委、县政府各年度重要会议及活动的服务保障工作，先后多次被江苏省人民政府授予“文明单位”荣誉称号。1992年，与电影公司、戏剧管理公司“三家合一”，更名为赣榆县电影戏剧总公司。1995年，与电影公司分开。2009年，拥有职工42人，在职在岗12人。

图 28-5 赣榆县影剧院（1993年摄）

二、文化企业

（一）赣榆县电影总公司

1990年后，全县电影放映工作正常开展。1992年，与影剧院、戏剧管理公司“三家合一”，更名为“赣榆县电影戏剧总公司”。1993年，达到电影放映鼎盛时期，全年放映收入达140万元，发行收入近60万元。1994年，农村电影放映工作出现滑坡现象。1995年，与影剧院分开。1998～2001年，全县36个农村电影队中有32个停止放映。2002年，县文化局对电影队伍和电影资源进行整合，农村电影放映工作得以重新开展。2004年起，开展全县中小学爱国主义电影教育影片进校园活动，每年放映爱国主义教育影片600场。2005年获市首届思想政治工作创优奖。2006年5月，开展“2131工程”送影下乡放映活动，获江苏省文化建设优秀成果三等奖。2007年，送影下乡放映5000余场，被评为全国优秀放映队。2009年，完成从胶片放映到数字放映的过渡，全县共有数字放映机22台，实现全县数字放映全覆盖。18个镇有在职电影放映员35名。是年年底，有职工58人，在岗职工20人。

图 28-6　赣榆县开展爱国教育影片进校园活动（2004年摄）

（二）赣榆新华书店有限责任公司

1990年，称为赣榆县新华书店。1999年4月，江苏新华发行集团成立，赣榆县新华书店成为其下辖全资子公司，隶属关系由县文化局改为江苏新华书店发行集团。2001年9月，江苏凤凰传媒集团成立，赣榆县新华书店更名为赣榆新华书店有限责任公司，为江苏凤凰出版传媒股份有限公司新华发行分公司下辖子公司，是赣榆县最大的国有独资图书发行企业。2009年年底，赣榆新华书店有限责任公司下设经理室、办公室、财务科、业务科、仓储科及始终保持在2万种以上图书、音像等制品的华中路中心门市部。主要经营图书、音像、期刊、电子产品和文化用品，是赣榆县精神文明建设的重要窗口。多次被评为市、县文明单位，先后被评为江苏省劳动保障诚信示范企业及江苏凤凰新华书业股份有限公司先进单位、助学读物发行先进单位。

第三章　文学艺术创作

第一节　文学创作

一、诗歌

1990～2009年，赣榆县诗歌创作初步走向繁荣，一大批诗歌作品在省级以上刊物发表，入选各类年选或在全国性诗歌大赛中获奖，并出版多部诗集，在全市乃至全省产生一定的影响。莫延安、朱落心、王成章、吴德欣、周裕本、王家宝、王召江、王行聪、徐凝等在《知音》《诗刊》《青春》《绿风》《雨花》《峨眉》《星星》《飞天》《扬子江诗刊》《诗歌月刊》《青春潮》等期刊发表诗歌800余首。其中，吴德欣的组诗《野生的草本》《蟋蟀之歌》及创作感言发表于《诗刊·下半月刊》，这是《诗刊》首次推介赣榆诗人。部分作者诗作被收入《中国年度诗歌》《中国年度最佳诗歌》《中国诗歌（1998卷）》《中国诗典》《中国文学新生代》等诗歌年度选本。

2005年，随着网络文学的迅速发展，赣榆“墒”诗歌选稿论坛在网络崛起，《墒诗刊》秉持乡土文学气息，出版创刊号，开启网络“墒”派诗歌创作的先河。2006年，《佛山文艺》刊登《墒诗刊》介绍及吴德欣、莫延安诗作。祁宏玲、贾洪钟诗歌分别入选《2006年中国最佳网络诗歌》《2008中国最佳网络诗歌》《汶川地震诗歌漫谈》。2009年10月，《诗印象》延续《墒诗刊》，开始面向全国征稿。

这一时期，赣榆县诗歌活动、诗集出版和诗歌研究工作也取得可喜成绩。2002年2月14日，县文联、县老干部局、赣榆日报社举办赣榆首届新春诗会。2006年11月，县诗词协会举办“爱我家园”诗会。2009年3月，县诗词协会和县环保局联合举办首届“环保”杯诗词大赛；5月14日，市、县诗词协会在金山镇徐福生态园举办“歌咏赣榆”诗词笔会。郝海洋主编的《山情海韵——赣榆当代新诗选集》出版；胡森的《诗经的科学解读》荣获2007年度科学文化与科学普及优秀图书奖、第四届吴大猷科学普及著作创作类佳作奖；祁宏玲诗集《清荷玲子诗选》入选省作家协会“壹丛书”文学工程。

二、散文

1990年后，赣榆县散文创作数量和质量明显提升。王铜起、程汝明、朱落心、徐在荣、周裕本、王诵诗、李洁冰、莫延安、王行聪、王召江、吴德欣、孟平、王帆等在《雨花》《散文选刊》《峨眉》《乡土》《青年文学》《漓江》《青春》《文汇报》《新华日报》《扬子晚报》《中国文化报》等报刊发表作品。其中，吴德欣的《一棵葫芦爬过墙》入选全国百家名报副刊精选文集《百年无废纸》；周裕本的《乡间鼓手》获省报副刊好作品三等奖；王铜起的《读书三题》获市首届政府文学奖散文一等奖；王家宏获第四届全国乡土文学奖。

进入新世纪后，赣榆县的散文创作依旧保持良好趋势，一批文学新人崭露头角，谢娟、熊君洁、邵世新、徐凝等人的散文作品除在报刊发表外，还被编入各种正规文集。这期间，散文集在出版数量上有所增加。高玮昌的《初秋的落英》、王诵诗的《留住春光》《春天的信笺》、杨桂珍的《爱的情怀》、王行聪的《摇曳的故乡》、伏开宪的《又到木香花开时》、周裕本的《烟雨春秋》等先后由国内出版社出版。

三、小说

1990~2009年，赣榆县的小说保持良好创作势头，《连云港文学》分别于1992年、1994年推出《赣榆县作者小说专辑》，刊发杨泗敏、苏常强、刘国庆、张苏、董自强、杨佳明、周更彬、王成章、董加利、张宜春等作者的中短篇小说。杨泗敏的中篇小说《眉》、李洁冰的短篇小说《柏庄纪事》、苏常强的中篇小说《大潮》和短篇小说《循序泄气法》、张宜春的长篇小说《乡镇党委书记指南》、贾洪钟的小说《庆海的辣椒》和《茂密的盐蒿子》、李洁冰的短篇小说《乡里人》在《雨花》《钟山》《连云港文学》《青年文艺》《短小说》等刊物发表。

2002年，苏常强出版长篇小说《野荞麦》；李洁冰出版中短篇小说集《乡村戏子》，后被《新华文摘》等转载。2005年，于锦鸿出版长篇历史小说《徐福秘史》。王诵诗的小说《最好的生意》入选《2008中国年度小说》。2009年，贾洪钟出版短篇小说集《漂泊的候鸟》。

四、报告文学

20世纪90年代，赣榆县的报告文学创作状态良好。1993年，李绿涛、刘国庆合著的报告文学《追求卓越》在《钟山》发表，开启90年代赣榆县在省级以上刊物发表报告文学的先河。随后，张宜春《凤凰比冀竞风流》在《人民日报》发表，张宜春、吴茂才合著的《风满海州湾》、苏常强的《光明的使者》和《咬定“荒”山不放松》在《雨花》《连云港文学》《连云港日报》发表。1999年，苏常强的纪实文学《龙泉山畔的新愚公们》获《世纪风采》庆祝中华人民共和国成立五十周年“虞山”杯征文优秀奖。2000年以后，报告文学的创作遇冷。

五、民间文学

20世纪90年代，赣榆县的民间文学主要以文史委编印的内刊及文史资料为主。1991年，县政协文史委编印赣榆文史资料第九辑《赣榆名胜专辑》。1993年，王铜起主编出版《江苏县邑风物丛书——赣榆》刘传贤编著出版《赣榆方言志》《志海拾贝》。2005年，县政协文史委编印赣榆文史资料第十五辑《今古名人与赣榆》。张良群编著出版《东渡徐福》。2006年，徐健、葛永明主编的《赣榆民间故事》与葛永明主编的《塔山》相继出版。2007年，《中华遗产》杂志推出《中华遗产·赣榆特刊》。是年，葛永明主编的《抗日山革命斗争故事》、梁庆兰主编的《赣榆民间体育活动选粹》相继出版。2009年9月，王学济主编的《江苏省非物质文化遗产普查——赣榆县资料汇编》（共三卷）出版，其中第一卷为《民间文学卷》。是年，梁庆兰主编的《赣榆民间歌谣选编》出版。

六、影视文学

1992年8月，李冰、朱其光在《江苏戏剧》丛刊发表反映朱爱周事迹的四集电视文学剧本《在茫茫的黑夜里》。1994年，李绿涛、苏常强创作四集电视剧剧本《少将的最后一枪》。1997年5月，成东方、宋开智、唐宋元创作的长篇电视文学剧本《徐福》由中国广播电视出版社出版。2005年10月，杨桂珍情景剧《擎魂》获淮海经济区广播电视协作网作品评比二等奖。2007年5月，杨桂珍的广播剧剧本《女主播与毁容少女的缘与爱》获华东六省一市广播剧比赛优秀剧本奖。

七、民间文学社团

1990～2009年间，赣榆民间文学社团以校园文学社团为主，主要有赣榆县中学荠菜花文学社、赣马中学秦山岛文学社、城西镇小学金光少年文学社、厉庄高级中学白杨文学社、赣榆外国语学校紫藤文学社等。

荠菜花文学社　成立于1984年，拥有完善的组织机构和章程，文学社编辑出版《荠菜花习作园地》社刊和《荠菜花文摘报》。2008年，被省教育厅基建处评为“江苏省中学生优秀文学社”。2007～2009年，三次被共青团中央学校部等评为作文教学先进单位。

秦山岛文学社　成立于1995年，是一个既面对社会又面对教师和学生的文学组织，办有社刊《秦山岛》，该社以诗歌为主，兼及其他文学体裁，后因故停办。

金光少年文学社　成立于1999年10月，2006年更名为星河校园文学社，举办“博读园”杯作文比赛，编辑《晨露》《童歌》《金光少年报》等内刊。社员有13人被中国青少年记者团聘为小记者、1人被中国少年作家班录取，19人成为《成才之路·小学版》小记者，《语文世界》等多家杂志专版专栏介绍。2007年成为《成才之路·小学版》小记者站，被授予“全国百佳小学校园文学社团”“全国中小学文学社研究中心团体会员单位”荣誉称号。《金光少年报》荣获2008年“全国优秀校内报刊评比”最佳校报二等奖。

白杨文学社　成立于2001年，办有社刊《白杨》，2006年秋因故停刊。

紫藤文学社　成立于2002年，编辑出版社刊《紫藤苑》。

第二节　舞台艺术创作

一、戏剧创作与表演

赣榆的戏剧创作继承传统京剧创作模式，一批独具赣榆特色的剧目参加公演，获得成功，并在多项表演赛中获奖。

舒畅、苏常强、李海涛、张苏创作《风雨扶桑》《东渡风云录》《空谷一兰》《徐福》《海州湾》等古装历史剧和现代剧剧本，其中《空谷一兰》发表在《影剧月报》第11期，并获市剧本征集大戏组一等奖；《鱼塘夜趣》获市剧本征集小戏组二等奖。1994年，县京剧团创演单场京剧《梦中魁元》参加市第三届专业剧团新剧目调演获表演一等奖。1994年10月9日，京剧《徐福》在县影剧院首演成功，1996年参加江苏省首届青年戏剧节，荣获剧目奖，1997年获市“五个一工程”奖。

2001年，张苏创作的现代戏剧本《海州湾》在市创作剧本评比中获一等奖。2008年，朱落心创作的戏曲剧本《月圆之夜》获市第三届“和谐新港城”文艺作品征稿一等奖。

二、小品曲艺创作与表演

赣榆小品曲艺创作有雄厚的群众基础。创作成就突出的有苏常强、赵福中、张作松、张苏、杨桂珍、许家昌、孙书芳等，赵福中、张作松等人的表演艺术得到群众认可。许家昌、孙书芳夫妇创办的农民艺术说唱团，义务送戏下乡近百场。

苏常强的小品《侯科长杀鸡》、杨桂珍的小品《登记》在《江苏戏剧》发表；张作松的快板书《碗》《小店风波》《百里追车》、赵福中的山东快书《巧捉烟贩》《夜擒“闹海龙”》及许家昌、董自伦的琴书《闯关》、对口快板《亲情服务暖人心》等在《曲艺》发表；张苏的话剧剧本《家》、杨桂珍的小品《发言稿》在《剧本》发表。

赵福中参加全国烟草系统文艺会演获优秀演员奖。剧团选送的苏北琴书《买子》获市首届乡镇业余艺术团汇演演出优秀奖；杨泗敏的小品《除夕夜》获省戏剧小品征文二等奖。张作松和童振梅表演的对口快板《赞医保》参演省外贸突破200亿文艺汇演。2005年，小品《宅基地》《迟来的爱》获江苏省第三届小品大赛作品奖；许家昌、孙书芳创作表演的琴书《社保情深》获省退休人员文艺调演三等奖、市文艺汇演一等奖；小品《半夜鸡叫》获江苏省首届残疾人文艺汇演二等奖。

许家昌编演的苏北琴书《祸从赌起》在中央人民广播电台播放，被江苏省委宣传部授予“江苏文艺之星”称号。王起娥、彭仁善、吴隆可等肘鼓子艺人，赴上海录制“非常有戏·寻根之旅”节目。

三、音乐创作与表演

1990～2009年，赣榆音乐创作取得一定成绩，王修建、穆传方、李岩岩、胡金英等人创作的百余首歌曲在《儿童音乐》《江苏音乐》《青春之声》《校园歌声》《歌曲》等刊物发表。赣榆首本新歌专集《赣榆颂——热爱家乡歌唱赣榆创作歌曲专辑》、郑海燕的《浅谈小学音乐教育》、张众喜的《成功教学》《成功教学快乐唱》《成功教学快乐练》等书籍得以出版。

胡抗生作曲的《我们爱唱这样的歌》获全省校园歌曲征集二等奖；郭开剑的唢呐曲《欢腾的山庄》获市首届民歌、民乐、民舞比赛创作一等奖；郑海燕获市第二届戏曲歌曲大赛三等奖。锣鼓新经《渔鼓闹海》获中国民间鼓乐精英大赛二等奖、江苏省第二届农民艺术节优秀节目奖；穆传方的作品《亲亲洪泽湖》获淮安市“唱响洪泽湖”全国歌曲征集比赛铜奖，《童年时光》获全国第三届校园歌曲歌词论文大赛三等奖，《昆山向中国报告》获“唱响昆山”全国歌曲征集优秀作品奖。

图 28-7 殷庄锣鼓参加“喜迎澳门回归”鼓乐大赛（1999年摄）

1999年，赣榆殷庄锣鼓队迅速崛起。表演的《千禧锣鼓》获全省广场舞蹈、民间鼓乐大赛二等奖；2000年，殷庄锣鼓队参加中央电视台“中华鼓王”大会，表演的《黄海春潮》获最佳表演奖、最佳编排奖，并荣获“中华鼓王”称号。

四、舞蹈创作与表演

20世纪90年代，赣榆县的舞蹈创作数量极少，在表演上主要以仿古舞蹈为主。

2000年前后，舞蹈编演的意识有所加强，一批自编自演的舞蹈开始亮相省市舞台。李岩岩等作曲、于娜等编舞的《黄海滩》参演江苏省第四届音乐舞蹈节，获得铜奖；少儿舞蹈《苏北剪纸》获江苏省少儿艺术节三等奖；县聋哑学校排演手语舞蹈《爱的奉献》参加江苏省第五届残疾人艺术表演。

2002年，举办迎新春健美健身大展演、环城民舞大展演；创排舞蹈《赣榆大茶女儿香》《拼搏》《苏北剪纸》《黄海滩》《烙煎饼的小姑娘》及幼儿舞蹈《赶小海》等在县内文艺晚会中演出。县京剧团创排歌舞《冲天歌》在市“黄海潮”文艺晚会上演出；创排仿古乐舞《徐福祭典》，在第四届中国・赣榆徐福节开幕式上演出；创排舞蹈《海上月光》获连云港市广场文化活动优秀节目奖。2006年，组队参加华东地区少儿拉丁舞比赛获一等奖。2007年，组队参加全省健身秧歌比赛获三个一等奖，团体总分第一名。

第三节　美术书法摄影创作

一、美术创作

1990～2009年，赣榆县美术创作快速崛起，创作题材广泛，国画、油画、水彩（粉）画、工笔画等均有涉及。一大批作品入选省级以上展赛活动并获奖，有的作品还入选国际性展览活动。

图 28-8　刘太义水彩画册首发式在市博物馆举办（1999年摄）

20世纪90年代，刘世俊、丁元龙、刘太义、李家信、丁兆华、李庆祚、宋厚清创作的300余幅美术作品参加省级以上美术画展览，入选40部作品集，30多幅作品被周恩来纪念馆等收藏。其中，刘太义获江苏省首届德艺双馨艺术家提名奖，并率先加入中国美术家协会，出版有《刘太义水彩画集》《亚洲水彩画名家丛书——刘太义》等画集。

21世纪初期，美术创作持续保持良好势头，参展方向开始向国外偏转，一批作品应邀赴韩国、新加坡参展；新人崭露头角，宋运友、丁兆艳、陈茂德、徐宜超、樊纪武、王继有、樊家声、陈茜的美术作品开始在省级以上美展中获奖。《赣榆县书画作品集》《李家信水墨赣榆写生集》《中国美术家・徐宜超》《孩子眼里的世界——李墨文画集》《中国当代书画名家系列邮政明信片——李家信专辑》《刘世俊诗意油画选》等画集开始陆续出版。

二、书法创作

1990～2009年，赣榆一大批书法作品入选省级以上展览并获奖。20年来，书写的字体也由单一的楷书延伸到行书、草书、篆书、篆刻等多种形式。穆新安、王行聪、马传剑、施新宇、黄来宾、张方举、吕恒词、尚衍壮、丁一、李宏、李为少、董入起、戴双、伏恺君等人创作的200多幅书法作品入选全国书画大展、中国美术馆作品展、全国第三届书坛新人作品展等，孟庆珍、程万宽等20幅书法作品发表在《书法报》《中国钢笔书法》等报刊，成为这一时期书法创作的主力。

图 28-9 赣榆县庆祝政协成立60周年书画摄影展（2009年摄）

司增艳书写的篆书中堂获全国书画摄影展特等奖；施新宇的书法作品获北京“金秋全国书画展”一等奖；王行聪的草书入选《中国书画家艺术大典》；穆新安、伏恺君的书法作品分获第五届丁玲文艺作品奖；马传剑的书法作品入选全国第八届书法篆刻家作品展。2009年2月，《赣榆硬笔》创刊，标志着赣榆县书法创作迈上新台阶。

三、摄影创作

1990～2009年，赣榆县摄影创作异军突起，一大批摄影作品参加中外摄影展，在省级以上大赛中获奖，有的发表在省级以上报刊。

图 28-10 赣榆县少儿书画展（2006年摄）

王心一、周灵等人的30幅摄影作品发表在《中华英才》《人民画报》《中国画报》《上海星报》《中国摄影》《中国文化报》等报刊。

肖玉平、周灵、王心一的80多幅摄影作品入选新亚欧大陆桥摄影巡回展等展览，部分作品参加中韩文化艺术节交流摄影展。殷浩、宋浩学等十余幅作品获全国书画摄影比赛金奖、江苏省五星工程奖等多个奖项。

四、艺术展览活动

20世纪90年代，赣榆县倡导以多元存在和探索发展为基点，开展多种艺术活动与展览来呈现当下社会与艺术发展的多元性。

图 28-11 “迎新春”全县书法美术作品展（2005年摄）

20世纪90年代，县委宣传部、县文联、县文化局举办庆元旦春节书画展、美术书法展、群文干部美术书法摄影展、庆祝赣榆书画院成立一周年书画展、新春书画脸谱展、庆祝新中国成立47周年美术书法展、丁元龙花鸟画展、刘太义水彩画展、七人书法展等，展出作品近千幅。

21世纪初期，展出形式开始趋于多元化，除继续举办书画展、盆景展、水彩画展等艺术展外，还组建水彩画学习班，成立多个书画院，开始承办书法大赛、少儿书画大展赛，出版《赣榆书画院作品集》等。《书法报·硬笔书法》以《赣榆硬笔书法——靓丽的文化名片》为题，对赣榆硬笔书法发展情况作专题报道。

第四节　工艺美术和盆景

一、工艺美术

1990年，赣榆县民间手工艺品有花篮、笔囊、扇囊、布老虎、绣鞋、童花帽等，工艺美术品以张西月的贝雕作品为主打。《贝雕柳编》《镶嵌板画》等工艺美术品获省新产品"金牛奖"、第二届北京国际博览会银奖；《贝雕装饰画》获"七五"全国星火计划博览会金奖和江苏省新产品"金牛"奖。

2000年以后，赣榆县开始重视手工艺产品的开发，举办首届农民艺术综合展，贝雕、根雕、剪纸等多种工艺美术作品参展。2002年，连云港塔山湖草柳工艺品有限公司成立，并取得外贸进出口经营权，使赣榆县的柳编生产实现产业化、工贸一体化。2004年12月，在江苏省第二届农民艺术节上，王成修、王宜广、王宜冬的《柳编作品一组》获优秀奖。同年，李伟编撰《刻纸艺术》校本教材。2005年2月28日，由班庄镇石雕艺人制作、连云港市赠送日本的《徐福石雕像》，在连云港码头装箱运往日本。2006年，连云港金玉黑陶艺术有限公司成立，张玥书研发"高浮雕水洗"'陶上影雕'"漆雕"等生产工艺。2007年，黑陶制作技艺被授予市级非物质文化遗产。是年，罗阳中心小学注重特色校园打造，建设剪纸展厅，举办剪纸展。2008年8月，赣榆黑陶产品被奥运会博物馆永久珍藏，四件作品被省文化厅收藏，两件作品被市非物质文化遗产办公室收藏，其余十八件被国家当做珍贵礼物送给国内外领导。2009年，黑陶系列工艺品被评为"连云港十大旅游纪念品"之一；王维良的剪纸作品《青花人面鱼纹》获中国鱼文化剪纸大赛佳作奖。赣榆柳编远销英国、法国等30多个国家和地区。赣榆县选送的黑陶、柳编、石雕、剪纸、刻纸、面塑等工艺品，参展连云港文化博览会；罗阳刻纸参展第四届江苏南京文交会。

二、盆景

21世纪之前，盆景艺术在赣榆县没有得到开发。2000年，于宗山（半农）的盆景《跃涧苍龙·榔榆》荣获省首届园艺博览会盆景一等奖后，盆景艺术才被人们所熟知。随后，在中国盆景评比展览、江苏省园艺博览会中《欲乘东风上碧霄·真柏》《跃涧苍龙·榔榆》《龙之舞·黄杨》《古柯沐春风·朴》《绿荫情思·胡颓子》等盆景频频获奖，打开赣榆县盆景艺术的新天地；《欲乘东风上碧霄·真柏》《跃涧苍龙·榔榆》《龙之舞·黄杨》《深潭汇群蛟·金雀》等盆景照片入编《中国盆景欣赏》《中国盆景艺术》《当代盆景金奖汇编》《中国盆景金奖集》《中国花卉盆景》等书刊。

第五节　文学艺术奖

1998年5月，县政府首次设立政府文学艺术奖，并规定政府文学艺术奖每3年评选一次。1999年11月19日，赣榆县首届政府文学艺术奖颁奖大会在县政府招待所大会议室召开。本届文学艺术奖设一、二、三等奖和提名奖，30余人50余件作品获奖，长篇小说、电影、电视剧奖项空缺，短篇小说和报告文学一等奖空缺；同时，县政府下发文件（赣政发〔1999〕160号），提名表彰作品入选全国第九届美展和第七届书展的刘太义、施新宇。2007年5月25日，县文联在赣榆影剧院召开第三次代表大会，颁发第二届赣榆县文学艺术奖，36件作品分获一、二、三等奖；并授予刘太义、施新宇"艺术成就奖"。

第四章　群众文化

第一节　创建群众文化先进县

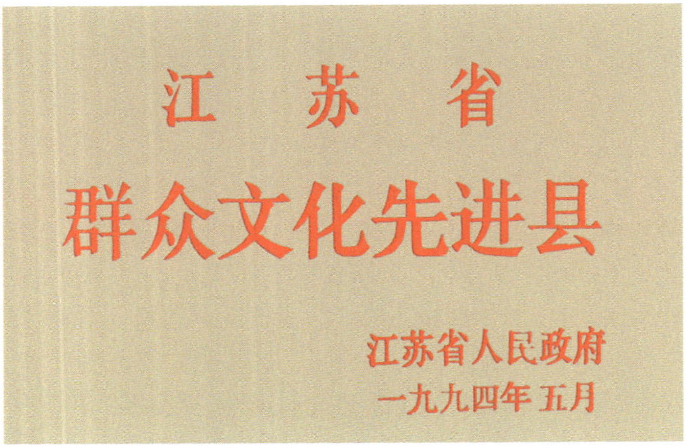

图 28-12　江苏省人民政府授予赣榆县“江苏省群众文化先进县”称号（1994年摄）

1990年，省人民政府开始在全省范围内开展群众文化先进县（市）、区评比活动。1992年，青口镇、城头镇、石桥镇、罗阳乡、土城乡、墩尚镇、赣马镇、大岭乡、九里乡、班庄乡等乡镇被省文化厅命名为群众文化先进乡（镇）。1993年，县委、县人民政府成立创建工作领导小组，在全县范围内开展创建“江苏省群众文化先进县”活动，全年下拨文化经费52万元，占财政总支出的1%，乡镇投入文化经费147万元；加强文化阵地建设，5个乡镇文化站（中心）重建面积近1700平方米，9个乡镇文化站（中心）扩展阵地近4500平方米，60%乡镇文化站设有科技致富展览馆；成立社会文化管理站，举办各类创作、展览、演出、培训、讲座等活动。

1994年，江苏省人民政府授予赣榆县“群众文化先进县”称号。海头镇、徐福镇、欢墩镇、官河乡、殷庄乡、徐山乡、夹山乡、厉庄乡、马站乡、城南乡等乡镇被省文化厅命名为群众文化先进乡（镇）。1997年，全县29个乡（镇）全部进入全省“群众文化先进乡（镇）”行列。

第二节　农村文化

一、乡镇文化站建设

1990年，全县共有乡镇文化站29个；是年，全面开展创建“乡镇万册图书馆”活动。1991年，开展创建“江苏省群众文化先进乡（镇）”活动。1992年，青口镇等10个乡镇文化中心（站）被评为市优秀文化中心（站）。1993年，9个乡镇通过市“万册图书馆”验收。1997年，全县29个乡（镇）全部进入全省“群众文化先进乡（镇）”行列。1998年，在市小康文化创建活动中，赣马、城头、罗阳、海头等乡镇文化中心（站）被评为优秀文化中心，九里、青口、海头等乡镇

图 28-13　海头镇文化站（2005年摄）

业余艺术团被评为优秀乡镇艺术团，班庄、沙河、赣马等乡镇图书馆被评为优秀乡镇万册图书馆。至2001年，经两次乡镇区划调整后，原有的29个乡镇文化站被合并为18个。受区划调整影响，2002年，全县有7个文化站属无房站，3个文化站未建在镇驻地，仅有青口镇文化站和石桥镇的文化站建筑面积在700平方米以上。2004年，青口镇文化站、海头镇文化站被评为市"十优"文化站，石桥、城头、班庄图书馆被评为市"十优"万册图书馆，柘汪、石桥展览馆被评为市"十优"科技致富展览馆。2005年，青口镇文化站被评为全省"服务农民、服务基层"先进单位。2006年，赣榆县实施新一轮基层文化站建设和"农家书屋"建设工程。至2008年，共争取省扶持资金325万元、市扶持资金60万元，县、镇两级财政投入510万元，新建6个达标文化站，改（扩）建12个文化站。是年，为提升文化站服务功能，县文化局、体育局通过政府采购、上级主管部门扶持、社会捐赠等方式，为全县各镇文化站配备音响、锣鼓、拔河绳、照相机、电脑等器材与设备，建起镇级文体活动中心和村级文体活动场地。是年，县文化局被评为全省乡镇文化站建设先进集体。2009年，重点实施"农家书屋"和村级文化室建设工程，全县420个行政村均建有村级文化室和"农家书屋"。县文化局被评为全省"农家书屋"建设先进集体；罗阳镇文化站被评为全省优秀文化站；海头镇文化站、城头镇文化站入选连云港市"十佳"文化站。

二、乡镇文化队伍建设

1990年，全县乡镇文化中心（站）有工作人员100人（县局管属33人），专业曲艺人员20人，业余文艺宣传队210个，农村俱乐部349个，乡镇图书馆30个，村图书馆258个。1992年，全县乡镇文化中心（站）有105人，有影剧场（院）7个、俱乐部624个；有业余性艺术团4个：文化馆业余艺术团、青口镇业余艺术团、青口盐场业余艺术团、财政局业余艺术团。1995年，9位文化站站长由民办人员性质转为国家事业干部。1996年，全县有文化站29个，工作人员82人，其中正、副站长42人；有俱乐部500余个。1999年，全县共有业余文化演出队伍72个。2001年，全县业余文化演出队伍共有演出人员近2400人。2002年，在乡镇事业单位机构改革中，乡镇文化站划归各镇党委、政府管理，在编人员32人。2003年，8名退伍（转业）军人分配到文化站工作，全县文化站共有在职人员40人。2005年1月，经县人事局、财政局、文化局等相关部门协商，乡镇文化站原属县财政拨款的24名工作人员，工资改由县财政局计划列支。2009年年底，全县18个镇级文化站人员编制数为53人，从业人员47人，专职人员45人，中级职称1人。

三、文化活动

1990年后，全县乡镇文化站发挥农村文化阵地作用，开展文艺演出、图书阅览、文艺培训等工作，组织镇村文艺团队，编创文艺节目，参加全县文艺汇（调）演、文化广场等各类文艺活动，以及省、市文化部门举办的文艺比赛和展演活动。1992年，举办"通榆"杯文艺会演。1995～1996年，在全县农村实施小康文化工程。1996年，开展文化下乡活动，组织评选全县首届藏书状元活动。1997年年初，举办赣榆县"省群众文化先进乡镇"文艺汇演，各乡

图 28-14　赣榆县《激情海州湾》大型文艺晚会（2005年摄）

图 28-15　赣榆县举办“乡音·乡韵·乡情”展演（2007年摄）

图 28-16　赣榆县文化局举办“新赣榆·新农村·新文化·新农民”文艺演出（2008年摄）

镇均排演一台节目，公演后又精选节目参加全县文艺调演。2000年，举办赣榆县首届读书节。2002年，举办“新华”杯第二届全民读书节。2004年，城西镇被评为连云港市优秀文化活动乡镇。2005年，海头镇组队参加省渔民文化节，在“潜海拾贝”“渔家姑娘织渔网”项目比赛中，获得第三名；举办《激情海州湾》大型文艺晚会。2006年，县宣传、文化部门采取县镇合作、镇局合作的模式，在全县各镇开展“赣榆风情”广场文化活动；各镇发挥文化站阵地作用，建设镇、村文化服务网络，培养农村文化人才，扶持民间文艺团队；柘汪镇各村均组建文艺团队，沙河镇多个村组建农民文艺演出队。2007年，县文化局组织戏剧、曲艺、音乐、舞蹈等艺术门类的专业人员，深入镇、村，开展民间文化团队培训月活动；县文化局于8月6～25日组织举办“乡音·乡韵·乡情”全县民间文艺团队集中展演活动，在县影剧院广场连续演出16场，25个民间文艺团队参加演出；《连云港日报》在头版头条以《赣榆“草根文化”烹出精美大餐》为题并加“编者按”作专题报道。2008年，县文化局组织举办“新赣榆·新农村·新文化·新农民”全县文艺演出，各镇均组织、演出一台文艺节目。2009年，县文化局组织举办“新赣榆·新农村·新文化·新农民”全县文艺演出暨“乡音·乡韵·乡情”全县民间文艺团队展演活动，在县影剧院广场集中演出16场，各镇分散演出10余场。

四、农村电影放映

1990年，赣榆县农村电影放映工作正常开展，全县拥有农村电影放映队54个。1993年，赣榆农村电影放映工作处于鼎盛时期，放映收入达140万元，发行收入近60万元。1994年后，农村电影放映出现滑坡现象。1998～2001年，农村电影放映工作处于瘫痪状态，全县36个农村电影队中有32个停止放映。2002年，县文化局对电影队伍和电影资源进行整合，农村电影放映工作得以重新开展。2006年5月，江苏省文化厅、江苏省财政厅对农村电影放映采取场次补助，县文化局以此为契机，开展“2131工程”送影下乡放映活动。2007～2009年，每年送影下乡放映5000余场。2009年，完成从胶片放映到数字放映的过渡，全县购置数字放映机22台，实现区域内数字放映全覆盖；年底，全县有农村电影放映队24个，从业人员26人。

1994年8月，开展“优秀法制影片”展映活动。1995年7月，为纪念抗日战争胜利50周年暨世界反法西斯战争胜利50周年，开展专题电影展映月活动。1997年7月，为庆祝香港恢复行使主权，开展历史巨片《鸦片战争》等近现代史题材优秀影片展映月活动。8月，为纪念建军70周年，开展“军旗红·八一颂”电影展映活动，放映《大进军》《长征》《征服死亡地带》《青年刘伯承》《军嫂》等影片，重点推出影片《大转折》。1998年2月，开展纪念周恩来100周年诞辰电影展映月活动。1999年，开展纪念“五四运动”80周年、庆祝中华人民共和国成立50周年等主题电影放映活动。2001年7月，开展庆祝建党80周年国产优秀影片展映活动，放映《毛泽东在1925》《我的1919》《日出西柏坡》《井冈山》等影片。2002年2月，开展“抗日山烈士陵园建园60周年影片展映月”活动。2004年，开展“全县中小学爱国主义电影教育影片进校园”活动。2005年3月，开展“百部电影进千村”活动；6月，配合“保持党员先进性教育”活动，组织放映反映新时期领导干部优秀代表郑培民先进事迹的教育影片《郑培民》。2006年5月，开展“2131工程”送影下乡放映活动。2007年9月，为迎接中共十七大召开，开展“优秀国产影片金秋展映月”活动。2008年，开展电影进社区广场放映活动。2009年，配合学习实践科学发展观活动，开展“百部红色电影镇村行”活动；10月，为庆祝新中国成立60周年，组织影片《建国大业》在各镇巡回放映。

第三节　社会文化

一、社区文化

1995年，县文化局举办京剧清唱大奖赛、独生子女家庭演唱大奖赛、计划生育专题节目大奖赛、卡拉OK歌手大奖赛、新人新歌演唱会等大型演唱会8场。自1997年起，青口镇新庄社区在每年正月举办运动会，开展文艺演出和体育比赛活动。2002年，青口镇开展社区广场文化活动，举办“夕阳红”京剧演唱会、纳凉演唱晚会、民俗健身舞表演。2004年，青口镇青下社区被评为连云港市优秀文化活动社区。2006年5月，新庄社区居民刘世和与几名文艺爱好者自发组织成立“三下乡”剧团，社区党委拿出近10万元，翻建面积达120余平方米的大房间，专门用于剧团排练。2006年后，青口镇各社区逐步加强社区文化建设，在不断完善社区文化设施建设的同时，高度重视社区文艺团队建设，中心社区扶持组建振兴京剧团，南街社区扶持组建普法说唱团，其他各社区相继扶持组建社区文艺团队，参与全县“新赣榆·新农村·新文化·新农民”文艺演出和“乡音·乡韵·乡情”民间文艺团队展演活动。2009年，青口镇党委、政府和县文化局组织实施社区文化中心建设工程。

二、校园文化

1990年后，赣榆县教育、文化等部门重视校园文化建设，多次在“六一”儿童节、教师节期间开展文艺演出、书画展览、广场文化、红领巾读书读报奖章等校园文化活动。

1993年3月，成立赣榆县少儿文化艺术委员会，指导实施“蒲公英计划”，开展创建农村儿童文化园活动。1998年，举办少儿艺术系列比赛，参赛人数多达600余人次；参加市少儿艺术比赛，获奖人数达133人次。是年12月，举办县城地区学校庆元旦文艺晚会。2000年12月，县教育局在青口二中召开全县艺术教育工作现场会。2001年10月，举办赣榆县第四届少儿艺术节，参赛选手1093名。2002年，举办赣榆县第五届少儿艺术节；参加市少儿艺术节系列比赛，获30个奖项，成绩居4县之首。2003年10月，赣榆高级中学举办建校80周年庆典活动，自编自演一台丰富多彩的文艺节目。2004年，举办庆“六一”幼儿文艺汇演；县委宣传部、县文化局、县教育局、县物价局联合发文，开展“爱国主义教育影片进校园”活动，在全县中小学放映600场；开展“红读”征文活动。2005年，举办校园文化节、“庆六一”文艺晚会、儿童书画大奖赛、庆祝第21个教师节文艺晚会。2006年11月，沙河镇第二中心小学师生一行7人应央视少儿频道的邀请参加教育部和中央电视台联合举办的“金螺号——风采校园”校园文化展播活动。2008年，举办“国旅”杯赣榆县中小学生田径运动会、庆祝第24个教师节广场文艺晚会和庆元旦全县教职工书画作品展；年底，县教育局表彰体育、艺术先进集体、先进个人。2009年，举办庆祝第25个教师节文艺汇演。

三、企业文化

20世纪90年代，赣榆县各企业仅注重自身发展，没有形成文化发展理念。1992年2月，县文化局、计生委举办赣榆县计划生育专题文艺节目大奖赛，拉开企业文化的序幕。

2001年起，县总工会成立首家职工心连心艺术团，多次赴徐州煤矿、全县各乡镇和基层单位，开展慰问演出活动；县烟草局和市曲协联合举办曲艺作品征文活动，共征得作品近百篇，经评选《闯关》（琴书）等15篇作品获奖；县经贸局、安监局举办安全生产“平安祝福”文艺晚会；县卫生局、县文化局、县人民医院举办纪念抗日山烈士陵园建园60周年广场文艺晚会；县委宣传部、县文化局、苏果超市举办“苏果金秋之夜”文艺晚会；县国税局举办“我心目中的共产党员”演讲比赛；县依法治县领导小组举办庆祝“四五”普法第五届送法下乡专题巡回演出活动；县供电公司开展“好书伴我行”流动书柜传递活动。

四、军营文化

1990年后，县武装部、驻赣榆部队、县文化局重视军营文化建设，开展军民文艺演出、文化进军营、流动书箱进军营等活动。2001年6月，县文化局、预备役部队创作的小品《爱的情怀》获江苏省陆军预备役部队文艺会演一等奖。2002年，县委、县政府举办庆祝建军75周年文艺晚会，临汾旅、边防大队、消防大队、武警中队、民兵预备役高炮营、文化艺术交流中心参加演出；“八一”期间，县消防大队与县京剧团联合编创一台以赞美社会主义新时期家庭美德为主题的文艺节目；9月12日，成立赣榆县民兵预备役艺术团，成为全市首个民兵预备役艺术团。2004年，县文化局指导驻赣部队组建“军营锣鼓队”。2003～2009年，在历届“赣榆风情”广场文化活动中，均举办“庆八一”军民联欢文艺晚会。

五、文艺培训

1991年，举办少儿电子琴学习班、常年美术培训班、暑假美术培训班。1992年1月5日，县文化馆举办表、导、演培训班，27个乡镇28人参加培训。是年9月1日，县文化馆举办戏剧创作培训班；另举办少儿电子琴学习班、国际摩登舞培训班。1993年，举办摄影培训班、暑假美术培训班。1994年7月25日，县文化馆举办第三期创作、表导演培训班，时间20天，培训60人；暑期举办美术、音乐、书法、摄影、交谊舞等培训班。1995年4月10日，县文化局成立赣榆县文化艺术学校；是年8月5日，县文化艺术学校举办文化站长培训班，时间为一个月，课程设表导演、群文、写作、舞蹈等，24名文化站长参加培训；全年举办各类艺术培训班18期。1996年3月26日，县文化艺术学校开办戏曲班，招收表演专业学员20名，导演专业15名，学习时间一个月。2001年，举办舞蹈、美术考前培训班，向各艺术院校输送学员35名；在全县选拔15名学员赴徐州艺校京剧班学习深造；举办双休日少儿舞蹈、书法、美术、习作、器乐班，学员35名；开设中小学生暑假美术、书法、舞蹈、器乐班，学员280名。2003年，举办舞蹈、美术考前培训班，向各艺术院校输送学员48名；举办双休日少儿舞蹈、书法、美术、习作、器乐班，学员230名；开设中小学生暑假美术、书法、舞蹈、器乐班，学员296名。2007年7～9月，县文化局组织专业人员，深入镇村开展民间文艺团队培训月活动。2008年、2009年，县文化局组织文化站站长参加省文化厅举办的文化站长培训活动，并组织专业人员，深入镇、村、社区为民间文艺团队提供辅导和培训服务。

图 28-17　赣榆县文化馆举办舞蹈培训班（2006年摄）

第四节　特色文化团队

1990年，全县有210个业余文艺宣传队，349个农村俱乐部。1993年，全县有民间艺人400余人。1999年，全县有业余文化队伍72个。2004年，城头镇被评为连云港市“特色文化之乡（书法）”，许家昌家庭被评为市“特色文化家庭”。2005年，在第二批连云港市特色文化之乡、特色文化团队、特色文化家庭和特色文化标兵创建活动中（以下简称“四特”），丁元龙家庭（美术）荣获“特色文化家庭”称号，林如海（收藏）荣获“特色文化标兵”称号。2007年6月，县文化局在青口镇召开民间文化团队建设座谈会；7月，县文化局组织开展首届“乡音·乡韵·乡情”全县民间文化团队集中展演活动，在县影剧院广场演出16场；8月，县文化局组织专业人员，深入镇村开展全县民间文艺团队培训月活动；在第三批连云港市“四特”创建活动中，柘汪镇荣获“秧歌之乡”称号，莒都书画院荣获“特色文化团队”称号，李家信（美术）荣获“特色文化标兵”称号；在全省开展的“四特”创建活动中，塔山镇莒都农民书画院荣获“特色文化团队”称号。县文化局建立247名民间游散艺人档案。2008年，县委宣传部、县文化局组织开展“新赣榆·新农村·新文化·新农民”文艺演出活动，各镇均组织民间文艺团队编演一台新节目；年底，县文化局首次对民间文艺团队进行表彰。2009年，第二届“乡音·乡韵·乡情”全县民间文化团队在县影剧院广场集中演出16场。在全市第四批“四特”创建活动中，海头镇被评为“渔民文化之乡”，南街普法说唱团、塔山镇庄留村剧团被评为“特色文化团队”，汪兴恒家庭（器乐）被评为“特色文化家庭”，三维良（剪纸）、张俭仕（绘画）被评为“特色文化标兵”。申报青口镇南街普法说唱团参加江苏省“特色文化团队”评选活动。是年年底，全县有民间文化团队50余个。

一、赣榆县民间艺人说唱团

赣榆县民间艺人说唱团，系由许家昌、孙书芳夫妇牵头于1995年6月组建，初建时全团108人，均为民间艺人；团长孙书芳，编导许家昌，剧务主任王西富，导演宋仪书，名誉团长庄佃森。2008年，迁入青口镇南街社区后，冠名“南街普法说唱团”。

自组建以来，配合思想道德教育和普法宣传工作，创作、演出300余篇曲艺节目，主要表演形式有琴书、大鼓、渔鼓、快板、相声、小品、花船、秧歌等；编印《法制文艺作品集》三册。在“三五”“四五”普法期间，演出均超过千场，被誉为“活跃在赣榆农村的思想政治工作的轻骑兵”（《连云港日报》）。《人民日报》《新华日报》等数十家媒体报道该团先进事迹；《检察日报》《法制日报》曾在头版头条以《普法鸳鸯誉满乡村》为题作专题报道。

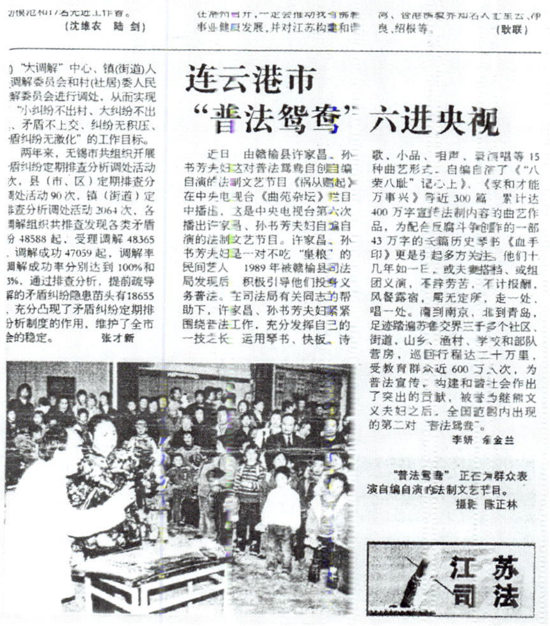

（沈维农　陆剑）

“大调解”中心、镇（街道）人民调解委员会和村（社居）委人民调解委员会进行调处，从而实现“小纠纷不出村、大纠纷不出镇、矛盾不上交、纠纷无积压、矛盾纠纷无激化”的工作目标。

两年来，无锡市共组织开展矛盾纠纷定期排查分析调处活动……次，县（市、区）定期排查分析调处活动90次，镇（街道）定期排查分析调处活动2064次，各调解组织共排查发现各类矛盾纠纷48588起，受理调解48365起，调解成功47059起，调解率和调解成功率分别达到100%和……%。通过排查分析，提前疏导化解的矛盾纠纷隐患苗头有18655起，充分凸现了矛盾纠纷定期排查分析制度的作用，维护了全市社会的稳定。　张才新

事业健康发展，并对江苏构建和谐……

良、绍根等。　（耿联）

连云港市“普法鸳鸯”六进央视

近日，由赣榆县许家昌、孙书芳夫妇这对普法鸳鸯自创自编自演的法制文艺节目《祸从赌起》在中央电视台《曲苑杂坛》栏目中播出，这是中央电视台第六次播出许家昌、孙书芳夫妇自编自演的法制文艺节目。许家昌、孙书芳夫妇是一对不吃“皇粮”的民间艺人，1989年被赣榆县司法局发现后，积极引导他们投身义务普法。在司法局有关同志的帮助下，许家昌、孙书芳夫妇紧紧围绕普法工作，充分发挥自己的一技之长，运用琴书、快板、诗歌、小品、相声、表演唱等15种曲艺形式，自编自演了《“八荣八耻”记心上》、《家和才能万事兴》等近300篇，累计达400万字宣传法制内容的曲艺作品，为配合反腐斗争创作的一部43万字的长篇历史琴书《血手印》更是引起多方关注。他们十几年如一日，或夫妻搭档、或组团义演，不辞劳苦，不计报酬，风餐露宿，居无定所，走一处、唱一处。南到南京、北到青岛，足迹踏遍苏鲁交界三千多个社区、街道、山乡、渔村、学校和部队营房，巡回行程达二十万里，受教育群众近600万人次，为普法宣传、构建和谐社会作出了突出的贡献，被誉为继熊文义夫妇之后，全国范围内出现的第二对“普法鸳鸯”。

李妍　余金兰

“普法鸳鸯”正在为群众表演自编自演的法制文艺节目。

摄影　陈正林

图 28-18 《新华日报》刊登许家昌夫妇的普法事迹（2007年摄）

2004年，许家昌家庭被评为连云港市“特色文化家庭”。2005年，许家昌荣获“江苏省文艺之星”称号。2006年，被评为全县“四五”普法先进集体。2007年，许家昌夫妇荣获省司法厅颁发的“法制文艺特殊贡献奖”。2009年，被评为连云港市“特色文化团队”。

二、沙河锣鼓队

1999年8月，县文化部门指导殷庄乡挖掘、整理民间锣鼓文化，组建拥有60人的殷庄锣鼓队，成为

图 28-19 沙河锣鼓队（2007年摄）

江苏省第一支大型农民锣鼓队。是年11月27日，殷庄锣鼓队参加江苏省文化厅在南京市举办的“喜迎澳门回归”全省广场舞蹈、民间鼓乐大赛，表演的《千禧锣鼓》获二等奖。2000年1月1日，殷庄锣鼓队应苏州市政府之邀，赴苏州寒山寺，参加千年交替世纪钟声庆典活动。是年4月15日，中央电视台与无锡市政府在中央电视台外景地、无锡水浒城内举办国内最大规模的锣鼓盛会——“中华鼓王大会”，殷庄锣鼓队代表连云港市参会，与安塞腰鼓、开封盘鼓、兰州太平鼓、广西铜鼓、山西关公锣鼓等国内13支著名的锣鼓队同台竞技，以一曲《黄海春潮》敲响鼓会序曲，获“最佳表演奖”“最佳编排奖”，并荣获“中华鼓王”称号。是年9月30日~10月1日，殷庄锣鼓队代表连云港市参加在南京市举办的中国第六届艺术节，作为“开场锣鼓”参加在汉中门广场举办的全国群众文艺汇演；30日晚8时，作为压阵锣鼓参加在玄武湖公园举办的国庆焰火晚会演出；10月1日，参加“六艺节”的游园表演。是年10月26日，中央电视台纪录片部《祖国》摄制组来到赣榆，在海州湾旅游度假区海滩拍摄专题片《赣榆锣鼓》。2001年，殷庄乡并入沙河镇，殷庄锣鼓队更名为沙河锣鼓队。2003年，沙河锣鼓队参加全国拔河比赛开幕式演出。该锣鼓队还参加连云港市第一、二届西游记文化节、江苏省农洽会、苏北投资贸易恳谈会、京杭运河淮安三线船闸通航开工典礼、南水北调开工庆典、淮河入海水道通航仪式、中国苏州国际旅游节开幕式、联合国新丝绸之路路演仪式、江苏省新沂河整治工程开工典礼、首届王子啤酒节等大型活动演出。该锣鼓队每年参加商业性演出近百场。

三、莒都书画院

莒都书画院组建于2006年，位于塔山镇大莒城村，由退休老教师樊家芳与书画爱好者樊继武自筹资金，将闲置的原工艺厂厂房改为书画活动室，并取名莒都书画院，成为苏北第一家农民书画院。莒都书画院成立后，吸引周边地区许多书画家和书画爱好者前来参观和交流。2006年9月6日，市书画院组织部分书画家来到莒都书画院，与农民书画家进行交流，并与农民书画家一道创作美术作品《盛世逢春》。2006年12月，莒都书画院参与、协办在苍梧绿园举办的连云

图 28-20 莒都书画院（2006年摄）

港市迎新年书画展。是年，3幅书画作品入围第三届江苏省农民书画展。2007年11月，市书画院组织专职裱画师，向莒都农民书画院的书画爱好者传授裱画技艺。在第三批连云港市"四特"创建和江苏省"四特"创建活动中，莒都书画院均获"特色文化团队"称号。

第五节 文化活动与文化品牌

一、徐福节文化活动

1990～2007年，县政府以追忆先贤和弘扬民族精神为办节宗旨，共举办七届徐福节，有力地推动徐福研究、全县经济和旅游业的发展。赣榆县通过徐福节传播和发展徐福文化，成立徐福研究，召开全国和国际徐福学术研讨会，建徐福像和相关的徐福纪念建筑物。中国歌剧舞剧院为第三届徐福节演出大型舞剧《徐福》。第六届徐福节，中央电视台"乡村大世界"栏目组对文艺演出进行现场直播。第七届徐福节，中央电视台"艺苑风景线"栏目组走进赣榆。来自全国各地、日本和韩国的专家学者在历届学术研讨会上发表论文累计达200多篇，并推出30余部徐福研究专著（专刊）。徐福节还迎来日本、韩国、俄罗斯、美国、法国、意大利、加拿大、南非等20多个国家和地区的客商，经贸成交额从第一届的6.7亿元到第七届的突破100亿元，经贸项目涵盖农业、工业、商业、旅游等多个行业。以紫菜为龙头的一批日资项目在连云港落户，使连云港成为江苏省最大的紫菜加工基地。许多中国港澳及日本、韩国等地的游客来赣榆寻根问祖，到泊船山风景区观光。徐福茶出口日本、韩国等多个国家和地区。徐福酒已成为地方名酒。

二、"赣榆风情"广场文化系列活动

1997年，赣榆县举办海州湾度假区广场文艺演出、庆香港回归广场文艺演出。1998年，举办海州湾度假区广场文艺演出、庆祝赣榆解放50周年广场文化系列活动。1999年，赣榆县在全市率先举办广场文化活动；6月18日，举办第一届"赣榆风情"广场文化系列活动开幕式；10月9日晚，在影剧院广场举办闭幕式文艺晚会。全年举办土地法规宣传广场、中保人寿宣传广场、国税广场、军民共建广场、烟草法规宣传广场、供电广场、农信广场、财保广场、卫生广场、太保广场、第十五个教师节广场、电信广场、计生条例宣传广场等系列文化广场活动20场。2000年6月，第二届"赣榆风情"广场文化系列活动开幕；全年举办广场文艺晚会15场。2001年6月，举办第三届"赣榆风情"广场文化系列活动暨第十届全县文艺会演；全年举办大型广场文化活动16场、中小型广场文化活动64场。2002年6月，第四届"赣榆风情"广场文化系列活动开幕；全年举办广场文艺演出活动32场。2003年7月26日，第五届"赣榆风情"广场文化系列活动开幕；全年举办广场文艺晚会30场。2004年4月30日，第六届"赣榆风情"广场文化系列活动举行开幕式；全年举办广场文艺演出活动30场。2005年4月至11月，组织开展"先进文化进万家"暨第七届"赣榆风情"系列广场文化活动25场

图 28-21 赣榆县首届广场文化活动开幕式（1999年摄）

图 28-22　海州湾女子锣鼓队参加上海国际艺术节邀请赛（2008年摄）

次，观众达20多万人次。2006年，举办第八届"赣榆风情"广场文化活动，首次实行文化广场活动总冠名，历时7个多月，演出达32场，其中在镇、村演出达21场，观众达30余万人次。2007年4月28日，在门河镇杨门河村举行"和谐赣榆万家乐"第九届"赣榆风情"广场文化活动启动仪式暨"门河情"文艺演出；12月28日晚，在县影剧院举行广场文化颁奖晚会；全年演出达到46场，观众逾30万人次。2008年5月3日，"阳光电网"杯第十届"赣榆风情"广场文化活动启动仪式暨"唱和谐·迎奥运""来宝"杯歌手大奖赛（决赛）颁奖晚会在县影剧院举行，全年演出26场；2009年4月28日，"宏安"杯第十一届"赣榆风情"广场文化系列活动启动仪式暨"走进夹谷山"大型文艺演出在班庄镇拉开帷幕；10月18日晚，在影剧院广场举行闭幕式暨"绿色电力共建和谐"文艺晚会；全年举办广场文化演出活动47场。广场文化活动的开展，极大地丰富城乡群众文化生活，被群众喻为"没有围墙的流动剧院"。

三、赣榆锣鼓

1999年，县文化部门和殷庄乡联合组建一支拥有60名队员的庞大锣鼓队，首次参加全国鼓乐大赛，夺得"中华鼓王"称号，并以专题节目的形式在央视播出。

2004年，县文化局组建赣榆第二支大型锣鼓队——文化锣鼓乐团，参加在海州区举办的全国民族鼓乐精英赛，荣获二等奖。此后，县内又先后成立国税锣鼓队、职教锣鼓队、军营锣鼓队。2008年4月，海头镇海脐村组建拥有70多名队员的海州湾女子锣鼓队，参加第十届上海国际艺术节长三角地区锣鼓邀请赛总决赛，以总分第四名的成绩获银奖。

四、节庆文化活动

1990年后，县文化局等部门在元旦、春节、"五一""六一""七一""八一""十一"等重大节庆和传统节日期间，开展形式多样、丰富多彩的群众文化活动，努力丰富群众文化生活。1990年，元旦、春节期间，在县人民剧场举办全县文艺调演。1991年，举办庆元旦、春节书画展、"七一"文艺晚会、在百花园举办迎国庆独生子女家庭演唱大奖赛。1992年，春节期间，举办计划生育专题节目大奖赛、盆景展。1993年，春节期间，举办全县文艺调演；举办纪念毛泽东同志100周年诞辰图片展、文艺晚会。

图 28-23　赣榆县庆"五一"广场演出（2005年摄）

图 28-24　赣榆县万人长跑活动（2007年摄）

1994年，举办新春文艺晚会、庆八一“四新”杯卡拉OK大奖赛。1995年，举办元旦七人书法展、刘宗堂卦签收藏展。1996年，举办新春广场音乐会、丁元龙花鸟画展、摄影作品艺术展、新春书画脸谱展；举办庆七一合唱比赛、庆八一军民联欢会、拥军慰问演出；举办纪念长征胜利60周年暨新中国成立47周年广场音乐会、美术书法展、文艺演出。1997年，举办新春文艺晚会、“八一”军民联欢晚会。1998年，举办新春广场歌舞演唱会、元旦文艺晚会。1999年12月，举办第九届全县文艺会演，并举办颁奖暨庆元旦晚会。2001年10月，举办全县第十届文艺会演。2002年2月27日，举办大型电视文艺晚会“赣榆是个好地方——2002新春文艺晚会”；举办庆祝建党八十一周年“公民道德组歌”合唱比赛、庆“八一”军民鱼水情文艺晚会、“敬老日”文艺晚会。2003年，元旦期间，举办“潮涌海州湾”文艺晚会；春节期间，举办“弘扬赣榆精神，共建美好家园”大型电视新春文艺晚会；“三八”妇女节期间，举办“新庄”杯欢乐家庭大奖赛；“助残日”期间，举办演讲比赛；“六一”期间，举办第三届“千家汇服饰”杯少儿百米长卷绘画比赛；“七一”期间，举办“党在我心中”文艺晚会；“八一”期间，举办“鱼水情深”文艺晚会。2004年，元旦期间，举办“黄海潮”文艺晚会；春节期间，开展干群联欢活动，县五套班子领导分别于大年初一深入镇村与村民联欢；开展“四百四展”集中活动，放映百场名著影片，展出百件艺术珍品，组织百名中小学生鼓号队员沿街展演；举办“知我中华，爱我赣榆”中华名胜微缩景观展、庆新春京剧票友演唱会、正月十五灯展。2005年，举办“庆新春·咏赣榆·奔小康”大型诗会、迎新春书画摄影作品展、迎新春少儿猜谜活动、“共度欢乐年”文化活动；“五一”期间，举办国正教育集团首届文化艺术节、“艺海春潮”大型文艺晚会、“庆五一”激情广场大家乐、“农信”杯卡拉OK大奖赛、赣榆县首届唢呐大赛等活动；“七一”期间，举办“红旗飘飘”大型广场文艺演出；国庆节期间，举办全民读书成果展、“宏安”杯大型歌舞晚会、“新世纪新赣榆”城镇建设风采摄影展、国庆大型综合游艺比赛、民间鼓乐展演。2006年，春节期间，组织举办经济能人电视大拜年活动、迎新春城镇建设风采摄影展、送春联下乡等活动。2007年，元旦期间，举行“中国人寿”杯“冲刺百强我当先，奔向和谐新赣榆”十里黄海万人长跑活动；春节期间，组织

图 28-25　“红歌歌曲大家唱”歌咏比赛（2009年摄）

开展“同唱富民歌，共度康乐年”春节系列文化活动、送戏下乡活动、传统戏曲巡回演唱会、“书香赣榆”活动、“百村万人”村党支部书记乒乓球赛和全民篮球赛、元宵节踩街等活动。“七一”期间，举办纪念中国共产党建党86周年“忠诚”文艺演出、迎“七一”“银晶”杯县级机关篮球比赛。2008年，元旦、春节期间，举办“十七大精神进社区”送戏下乡、“贺新春”电影专场放映、“庆新春”有奖猜谜等活动，各镇组织民间文艺团队在本镇内开展巡演活动。2009年，春节期间，组织开展“同唱富民歌，共度康乐年”春节系列文化活动；组织开展庆新春健身展演系列活动、电影大片贺新年、大戏进农家等活动，沙河镇组织本镇四支民间文艺团队，分四个片区开展“新沙河、新文化、新农民”文艺巡回演出活动。“五一”期间，举办“劳动者之歌”大型文艺演出；“七一”期间，举办“金叶卫士颂七一”大型文艺晚会；“十一”期间，举办庆祝人民政协成立60周年暨新中国成立60周年书画摄影作品展、“歌声飞扬60年，赣榆人民颂祖国”“金陵国际”杯红色歌曲大家唱歌咏比赛、“新中国60年大庆、赣榆县60件大事”图片展等。

第五章　文化市场管理

第一节　管理机构

1992年，县政府成立社会文化管理委员会，在县文化局设立社会文化管委会办公室。1993年，县文化局成立社会文化管理站，并组建赣榆县文化稽查队。1994年，县编制委员会批准成立赣榆县文化稽查队。至2009年年底，全县文化市场管理工作一直由县文化稽查队负责。

第二节　市场监管

1990年后，赣榆县文化部门强化文化市场日常管理，开展经常性的文化市场检查行动。1993年，查处非法出版物545本，查处非法印刷厂1家。1996年，开展“扫黄打非”行动，查处非法盗版书刊37650册，非法音像制品687盒；聘请县乡两级关工委离退休老干部和各乡镇管理员29名；对演出场所进行集中整治；对乡村民间艺人进行分批培训活动。1998年，对城区30家文化娱乐场所进行集中清理检查；对乡镇音像市场进行检查，取缔无证放映点6家，查处非法经营单位54家，收缴各类非法音像制品1390盘；对印刷业进行检查，共检查印刷行业96家、书刊摊点32个，取缔无证经营打字复印社、书刊摊点6个，查缴非法书刊460本、各类盗版教材和教辅读物等非法印刷品4600册（份）。1999年，对全县出版物市场进行4次清理查缴活动，共收缴非法书籍189本、录音带248盘、录像带18盒、各种有关宣传材料334份、照片25幅、徽章3枚、横幅标识13幅。2001年，开展“扫黄打非”统一行动和对气功类出版物的清理工作，压减歌舞娱乐场所、电子游戏经营场所规模；查缴各类非法出版物10211本，非法音像制品1520盘（盒）。2003年，开展打击非法经营盗版教辅读物行动，配合江苏教育出版社及市新闻出版局对县内文通书店非法经营盗版教辅的违规行为进行查处，查缴2.5万余册达15万元的盗版教辅读物；查处一起不法书贩经营盗版教辅读物案件。2004年，开展网吧专项整治行动，全年开展拉网式检查行动12次，配合公安、工商部门查处取缔“黑网吧”53家，收缴电脑493台；开展“扫黄打非”行动，收缴非法出版物118760册，取缔非法报刊5种。2005年，开展“春雷行动”“秋季零点行动”、严厉打击盗版音像制品专项行动、文化行政执法100天行动、“保护知识产权，振兴民族影视产业行动”，收缴非法音像制品23482张，查处违规网吧36家。2006年，在全市率先成立互联网上网服务营业场所管理协会、音像业管理协会、印刷业管理协会、出版物管理协会、娱乐场所管理协会，将文化、新闻出版市场全面纳入行业自律管理的轨道；结合未成年人思想道德建设，开展"扫黄打非"行动和文化市场"六大"专项集中整治行动，收缴非法电子游戏机13台，盗版教辅读物47773册，非法音像制品20415张。2007年，开展为期十三天的音像市场专项整治行动，收缴非法音像制品3.8万余张；针对部分中小学校使用盗版教辅的情况，对存在问题的五所学校所用的盗版教辅进行全面清理；开展整治假报刊、假记者、假记者站、假新闻等"打四假"活动，着力打击网络侵权盗版行为，收缴盗版光盘4000余张，盗版教辅读物3650册，查处私服、外挂网吧2家。2008年，成立"净网先锋"监察办公室，实行24小时轮休制，不间断地对全县网吧进行监控；举办"4·26世界知识产权日"大型宣传活动。2009年，调整县"扫黄打非"工作领导小组，形成"政府主管、行业自律、社会监督、科技防范"的有效机制；开展"3·15""4·26""12·4"大型宣传活动；对全县网吧、印刷业、出版物发行业、音像业等进行全面检查，查处违规违法经营单位60余家，取缔无照经营40余家，收缴各类非法音像制品2万余张，取缔"黑网吧"30余家；年底，赣榆县被评为江苏省"扫黄打非"先进县。

第六章　文物　博物

第一节　文保单位

2009年，全县共有文物保护单位15处。其中，省级文物保护单位3处：抗日山烈士陵园、青墩庙遗址（含苏青墩遗址）、盐仓城遗址（含庙台子遗址）；市级文物保护单位3处：齐鲁会盟遗址、徐福祠、文峰塔；县级文物保护单位9处：刘少奇纪念室、大河东商周遗址、大吴山古庙遗址、古城遗址、土城遗址、后大堂龙山文化遗址、墩尚大道口白果树、塔山城前白果树、黑林汪头白果树。

一、抗日山烈士陵园

内容见本章第三节《革命纪念建筑物》。

二、盐仓城遗址（含庙台子遗址）

位于海头镇盐仓城村，1962年发现。现存东西长500米、南北宽700米的台地，所剩西南、西北两段城墙残垣高34米。城墙为板筑夯成，层次分明，内含汉代陶片、瓦片，曾出土过箭镞、刀、剑、铜镜、汉五铢钱等遗物。据方志记载，盐仓城是春秋时莒国盐官驻地。汉代在此筑城，曾为赣榆县县治。庙台子遗址，东南距盐仓城遗址约100米，有汉、周、商三个文化层。盐仓城遗址对研究我市古代盐业开发史和历史地理等都有很重要的价值。2006年6月，被江苏省人民政府公布为省级重点文物保护单位。

图 28-26　盐仓城遗址（2007年摄）

三、青墩庙遗址（含苏青墩遗址）

位于城头镇青墩庙村。为一高约3米，面积约1000平方米的大土墩。1960年清理发掘，清理出土有矮裆鬲足、泥质灰陶片、沙质陶鬲足以及双翼式铜箭镞、骨铲、骨椎等遗物。在其下层发现岳石文化的灰坑打破龙山文化层的重要迹象，对研究岳石文化的源头、族属以及与商文化的关系提供重要的佐证。苏青墩遗址，位于城头镇苏青墩村北，现为一大河湾沙滩，面积约15万平方米。遗物上层有汉代陶片、筒瓦

图 28-27　青墩庙遗址（2006年摄）

片，西周夹沙红陶、鬲足罐口片，底层有新石器时期的三角形扁鼎足，锥形扁鼎足，镂空圈足，盘式红陶鼎足，柱础式陶纺轮，泥质黑陶器鼻、豆座、盘口杯等残片。2006年，青墩庙遗址（含苏青墩遗址），被江苏省人民政府公布为省级重点文物保护单位。

四、齐鲁会盟遗址

位于夹谷山西南麓，占地数十亩。现有圣人殿、圣化亭、魁星阁等纪念孔子的建筑物遗址。圣人殿建于明代，遗迹有石阶坡段残基10余段，最长约7米，最高约5米。山上尚留存碑碣数，其中一通“孔子相鲁会齐侯处”碑系明万历丙子岁仲春吉旦立（1576年），碑通高219厘米、宽80厘米、厚22.5厘米，为现存记载赣榆最古史事的石碑。1993年，被连云港市人民政府公布为市级重点文物保护单位。

五、徐福祠

位于金山镇徐福村，占地2400平方米，建筑面积132.67平方米。1982年，据有关专家考证，此为秦代方士徐福故里。相传，村内有徐福故居遗址台地一处。1985年，赣榆县人民政府于徐福村立村碑一通，碑通高324厘米、宽86厘米，碑阳镌有全国政协副主席赵朴初先生题写的“徐福村”三正楷大字，字径为28厘米。碑阴为赣榆县人民政府撰写的碑文。1988年在原徐福庙旧址上复建仿汉建筑徐福祠一座，同时落成大型徐福塑像一尊。1993年被连云港市人民政府公布为市级文物保护单位。

六、文峰塔

位于赣马镇城里村。1901年，清代赣榆知县徐树锷兴建。塔为楼阁式、砖结构、八角四层，原每层均为琉璃瓦檐，下挂铜铃，塔高14.2米，塔底边长2.1米，塔门窗均是砖拱券顶。1984年，江苏省人民政府拨款维修。1993年被连云港市人民政府公布为市级文物保护单位。

七、刘少奇纪念室

内容见本章第三节《革命纪念建筑物》。

八、大河东商周遗址

位于城头镇前河东村北，东部南北56米，西部南北42米，东西长77米，高近2米；遗址原有1万余平方米，现存4000余平方米，从商周至汉唐层次分明，地表仍能见到大量的陶片、鬲足等。2006年被赣榆县人民政府公布为重点文物保护单位。

九、古城遗址

位于班庄镇古城村，村西南处遗址已不存，作为耕地使用，仅存文物标志牌。东南处遗址位于村东一桥下，现存南北31米、东西4米、高3米。1987年被赣榆县人民政府公布为重点文物保护单位。

图 28-28　古城遗址（1991年摄）

十、土城遗址

位于塔山镇土城村，村东南处仅存一城角残垣，东西20米，南北16米，高6米。东北处现存南北160米、东西20米、高6米，南端已深挖为鱼塘。1987年被赣榆县人民政府公布为重点文物保护单位。

图 28-29　土城遗址（2003年摄）

十一、后大堂龙山文化遗址

位于赣马镇赣马中学院内和赣马中心小学北侧，遗址中心部位在赣马中学教学楼下。文化层厚6.5米，有一座城墙痕迹，其时代可分为两期，早期为汉代城墙，夯土筑成，夯层明显，夯窝清晰；晚期在汉代城墙的基础上又加修筑，一直沿用至新中国成立后。城墙下新石器时代龙山文化的堆积厚约2米。遗物的上层有汉代绳纹板瓦、筒瓦、泥质灰陶罐、盆等残片，中层有西周时期夹沙绳纹褐陶片、鬲足等。底层有夹沙陶鬼脸式鼎足、扁鼎足、盆式鼎足、鬶片、泥质黑陶竹节形豆柄、平底杯、罐把手以及个别挂红衣泥质红陶片等。2000年6月，发掘时，清理出明清时期房址1座、唐代灰坑1个、汉代灰坑1个，及龙山文化时期房址4座、灰坑9个，出土遗物有唐、宋、明、清时期的瓷器残片，有汉代砖、瓦、盆、罐等器物残片，以及龙山文化时期的陶器残片和刀、锛、箭镞等残石器。该遗址是一处文化堆积较厚、遗迹现象复杂、出土遗物丰富、文化序列较重的、不可多得的史前遗址。

图 28-30　后大堂龙山文化遗址（2008年摄）

十二、大吴山古庙遗址

系明清时期寺庙遗址，位于黑林镇境内的大吴山顶峰。2006年被赣榆县人民政府公布为重点文物保护单位。

十三、塔山城前银杏树

位于塔山镇城前村，树龄400年，两棵均系雌性银杏树。2006年被赣榆县人民政府公布为重点文物

图 28-31　吴山庙遗址上的玄阳寺（2008年摄）

图 28-32　塔山城前银杏树（2007年摄）

保护单位。

十四、墩尚大道口银杏树

位于墩尚镇大道口村，树龄450年，为雄性银杏树。2006年被赣榆县人民政府公布为重点文物保护单位。

十五、黑林汪头村银杏树

位于黑林镇汪头村，树龄500年，为雌性银杏树。2006年被赣榆县人民政府公布为重点文物保护单位。

第二节 考古发掘

1997年2月，在欢墩镇欢南村凤墩古墓出土汉代铜兽镇、铁剑、铜镜、陶印等文物，考证为东汉墓葬。是年12月，县文化局在赣马镇发现一处时限约公元前2500年～公元前2000年的龙山文化遗址。出土鬼脸式鼎足、竹节型豆柄、挂红衣陶片鬲足、绳纹板瓦和筒瓦等重要文物，并出土一完整的黑陶罐。这一遗址的发现，在江苏考古史尚属首次。2000年2月4日～6月5日，省、市考古专家组在赣榆境内对大河东遗址、青墩庙遗址以及后大堂遗址调查并首次试掘。2002年4月，南京博物院和河北省考古研究所在赣榆西部山区进行野外考古，在原夹山乡驻地汪圩村北1.5千米处葫芦山下孟良水库边，发掘出大量旧石器。经初步考证，为旧石器时代晚期遗存，证明早在1.2万年前就有人类在夹山一带活动。这一重大发现，填补赣榆考古史上一项空白。

图 28-33 黑陶罐（2000年摄）

图 28-34 铜剑（2001年摄）

图 28-35 铜镜（2001年摄）

图 28-36 铜镇兽（2001年摄）

第三节 革命纪念建筑物

图 28-37 抗日山烈士陵园（2002年摄）

一、抗日山烈士陵园

抗日山烈士陵园位于境内抗日山南坡。1991年，为纪念建园50周年，拨款新建日本友人金野博纪念碑、八路军跃马雕塑，翻建符竹庭将军陵寝，重修陵园大门等。2001年8月11日，中共赣榆县委、县人民政府成立抗日山烈士陵园建设工作委员会，启动抗日山烈士陵园改扩建工作；为实施烈士陵园改（扩）建工程，全县各界共捐款1200万元；9月8日，赣榆县举行“纪念抗日山烈士陵园建园60周年”活动。

二、刘少奇纪念室

刘少奇纪念室位于黑林镇大树村，有当年刘少奇同志住过的草房五间，院落一座。1995年，刘少奇纪念室被赣榆县确定为“爱国主义教育基地”。2003年，刘少奇纪念室重新布置，对刘少奇同志的住室、警卫室、机要室、炊房等进行原貌恢复，并从民间征集文物、用具133件，丰富其观瞻内容。在广场正中，塑刘少奇同志半身塑像，砌建10余米长的文化长廊。2004年，被连云港市确定为“党员教育基地”。2006年7月，被县人民政府公布为县级文保单位。

图 28-38　刘少奇纪念室（2002年摄）

第四节　非物质文化遗产普查与保护

一、非物质文化遗产普查

2006年，按照文化部的统一部署和省、市《关于深入开展非物质文化遗产普查的通知》要求，赣榆县全面开展非物质文化遗产普查工作；至2009年年初，通过普查、重点调查等举措，共收集非物质文化遗产线索3682条，调查项目1030个。通过普查和调查，掌握丰富的非物质文化遗产资源信息，建立非物质文化遗产资源档案，编纂普查汇编材料3册。本次普查内容覆盖非物质文化遗产的各个门类（种类），普查地域覆盖所有乡镇、街道及行政村，基本摸清本县范围内非物质文化遗产资源的种类、数量、分布状况、生存环境、保护传承现状，并顺利通过省、市检查验收。2009年年底，县文化局被省文化厅评为非物质文化遗产普查工作先进集体。

二、非物质文化遗产保护

2007年12月，县人民政府公布第一批县级非物质文化遗产名录（31项）；2009年6月，县人民政府公布第二批县级非物质文化遗产名录（37项），同时公布第一批非物质文化遗产代表性传承人（61人）。在连云港市第一批非物质文化遗产名录申报中，赣榆县有19个项目入选；在连云港市第二批非物质文化遗产名录申报中，赣榆县有8个项目入选公示名录；在连云港市第一批非物质文化遗产代表性传承人申报中，赣榆县有16人入选。在江苏省第二批非物质文化遗产名录申报中，赣榆县申报的《徐福传说》《苏北大鼓》《柳编技艺》入选；另有《鼓吹乐》并入《海州鼓吹乐》，《海祭》《渔民号子》并入《海州湾渔俗》。在第三批国家级非物质文化遗产名录申报中，赣榆县申报的《徐福传说》入选公示名录。

2009年赣榆县省、市级非物质文化遗产名录项目一览表

表 28-1

序　号	项目名称	级　别	列入时间与批次	申报单位
1	徐福传说（含祭祀）	省级	2009年6月省二批	赣榆县
2	苏北大鼓	省级	2009年6月省二批	赣榆县
3	柳编技艺	省级	2009年6月省二批	赣榆县
4	黑陶制作技艺	市级	2007年12月市一批	连云港金玉黑陶艺术有限公司

续表 28-1

序　号	项目名称	级　别	列入时间与批次	申报单位
5	京剧	市级	2007年12月市一批	赣榆县文化局
6	肘鼓子	市级	2007年12月市一批	赣榆县文化局
7	渔鼓	市级	2007年12月市一批	赣榆县文化局
8	苏北琴书	市级	2007年12月市一批	赣榆县文化局
9	锣鼓乐	市级	2007年12月市一批	赣榆县文化局
10	唢呐吹奏乐	市级	2007年12月市一批	赣榆县文化局
11	旱船	市级	2007年12月市一批	赣榆县文化局
12	打莲湘	市级	2007年12月市一批	赣榆县文化局
13	赣榆剪纸	市级	2007年12月市一批	赣榆县文化局
14	石雕	市级	2007年12月市一批	赣榆县文化局
15	海盐制作技艺	市级	2007年12月市一批	赣榆县文化局
16	赣榆甜闷瓜	市级	2007年12月市一批	赣榆县文化局
17	拔河	市级	2007年12月市一批	赣榆县体育局
18	渔民风俗	市级	2007年12月市一批	赣榆县文化局
19	海祭	市级	2007年12月市一批	赣榆县文化局

第七章　新闻出版

第一节　出版书目

据初步统计，1990～2009年，赣榆县正式出版各类图书达180余部，其中《赣榆年鉴》6部，《赣榆统计年鉴》20部。

1990～2009年赣榆部分图书出版一览表

表 28-2

出版年份	书目名称	编著（译）者	出版社
1990	《罗亭》	（俄）屠格涅夫著，许磊然译	人民文学出版社
	《解放军将领故事选》	王辅一等	解放军出版社
	《徐福故里揭秘》	张良群	新世界出版社
	《益智健脑菜谱》	董淑炎等	中国旅游出版社
	《健美与抗衰老菜谱》	董淑炎等	上海中医学院出版社
	《徐福东渡之谜新探》	于锦鸿	江苏人民出版社

续表28-2

出版年份	书目名称	编著（译）者	出版社
1990	《徐福东渡的遗迹与传说》	于锦鸿	海洋出版社
	《峥嵘岁月》	戚贵森等主编	江苏人民出版社
	《强身延年膏滋良方》	周克振	金盾出版社
	《迷舟》	徐明德	南京出版社
1991	《新时期思想政治工作实用方法》	相恒义	宁夏人民出版社
	《徐福研究论文集》	苏　波	中国科学技术出版社
	《九歌十辨》	张元勋	中国广播电视出版社
	《新闻杂拌》	樊永生	河北人民出版社
	《踪迹》	相恒义	内蒙古人民出版社
1992	《纪检办案文书教程》	房树德	四川科技大学出版社
	《解放军将领故事选续编》	王辅一等	解放军出版社
	《军事大辞典》	王辅一等	上海辞书出版社
	《罗炳辉的故事》	王辅一	河北少儿出版社
	《走向世界的连云港》	张良群等	今日中国出版社
	《中国教育精粹》	莫增荣	安徽少年儿童出版社
	《环境、生存、发展》	莫增荣	安徽人民出版社
	《常见病中医自疗便方》	周克振	金盾出版社
	《隆庆海州志》（标点本）	张卫怀、汤兆成标点	北京燕山出版社
	《连云港市粮食志》	张卫怀	中国地质大学出版社
	《神谜之雾的消散——徐福东渡之谜今与昔》	程天良	学林出版社
	《国情学》	杨东升	南京大学出版社
	《人才、干部、机制》	董作锦	宁夏人民出版社
1993	《武警军事业务工作探微》	韩守训	四川科学技术出版社
	《大岭绿水长流》	陈学文等	江苏人民出版社
	《露珠集》	吴龙迪	民族出版社
	《赣榆》	王铜起	江苏人民出版社
	《港城英杰录》	李同祥	南京出版社
	《徐福研究十年》	王建成	南京大学出版社
	《中国陇兰经济带市县概览》	孙荣章	红旗出版社
	《中学生课文作文题写作》	相恒义	宁夏出版社

续表28-2

出版年份	书目名称	编著（译）者	出版社
1993	《李进歌诗101首》	李　进	中小学音乐报社
	《中国野菜食谱大全》	董淑炎、魏宗荣等	中国旅游出版社
	《国际经济组织与国际经济法》	赵忠秀	成都科技大学出版社
	《赣榆——江苏县邑风物丛书》	王铜起、徐在荣、李传夫等	江苏人民出版社
1994	《中国浆果病虫害及其防治》	胡　森	中国农业科技出版社
	《父与子》	（俄）屠格涅夫著，许磊然译	河北教育出版社
	《中国古代廉政佳话》	魏宗荣、王统美	新疆少年出版社
	《教育之光　民族之魂》	莫增荣	黄山书社
	《康熙海州志》（标点本）	高金吉、张卫怀等	中国科学技术出版社
1995	《稻粒黑粉病发生防治》	胡　森	中国农业科技出版社
	《贵族之家》	（俄）屠格涅夫著，许磊然译	人民文学出版社
	《项英传》	王辅一	中共党史出版社
	《连云港市资本主义工商业的社会主义改造》	魏宗荣、谭学立等	天津古籍出版社
	《走向辉煌》	王涌、田野、伏开宪	中国矿业大学出版社
	《中国摄影文学论文集》	成东方	四川文艺出版社
	《江苏油作科学》	曹延松	江苏科技出版社
	《保税区发展的理论与实践》	施欣、徐大振著	兰州大学出版社
	《当代艺术家画库——穆家善画集》	穆家善	中国画报出版社
1996	《日本人民的反战斗争》	孙金科	北京出版社
	《百花治百病》	周克振	金盾出版社
	《全国青年教师中学语文论集》（第一集）	李　震	语文出版社
1997	《海外纪行》	张良群	中国矿业大学出版社
	《历代边塞诗词选析》	汪维懋等编著	北京军事谊文出版社
	《曾巩年谱》	李　震	苏州大学出版社
	《徐福》	成东方	中国广播电视出版社
	《走向辉煌》（二）	王　涌	中国矿业大学出版社
	《企业家学》	杨东升	新疆人民出版社

续表 28-2

出版年份	书目名称	编著(译)者	出版社
1998	《徐福故里揭秘》(续集)	张良群	新世界出版社
	《古今连云港》	张良群等	中国文史出版社
	《老子引得 老子参校》	柳兴隆	三秦出版社
	《中国种子市场学》	徐大勇	中国农业大学出版社
1999	《徐邈音切研究》	蒋希文	贵州教育出版社
	《全国中学生新作评析》	李 震	江苏教育出版社
	《亚洲水彩画名家丛书·刘太义》	刘太义	天津人民美术出版社
	《常用汉语重言词词典》	汪维懋	辽宁教育出版社
	《汉语重言词词典》	汪维懋	北京军事谊文出版社
	《建设之光》	刘畅征	江苏人民出版社
	《片羽集》	刘畅征	海天出版社
	《江苏人民革命斗争群英谱》(赣榆分卷)	张怡山	江苏人民出版社
	《全国青年教师中学语文论集》(第二集)	李 震	开明出版社
2000	《谢榛全集》	朱其铠校注	齐鲁书社
	《赣榆诗词集萃》	王铜起、汪维懋等	江苏文艺出版社
	《高教亮诗选》	高教亮	作家出版社
	《赣榆县水利志》	李传勇	方志出版社
	《中国名校特级教师随堂导教导学导练导考》	李 震	吉林教育出版社
	《连云港市水利志》	张卫怀	方志出版社
	《农村精神文明建设百题百答》	张良群、吕从亮等	沈阳出版社
2001	《云台山资源经济》	胡 森	海洋出版社
	《感受记者生涯》	李大容	吉林人民出版社
	《民族之光》	戚贵森主编	中共党史出版社
2002	《云台山资源大观》	胡 森	沈阳出版社
	《中国果树病虫原色图谱》(第二版)	胡 森	华夏出版社
	《野荞麦》	苏常强	开明出版社
	《我站了一千公里》	徐明德	人民日报出版社
	《全球化中的摄影文学》	成东方	吉林人民出版社

续表28-2

出版年份	书目名称	编著（译）者	出版社
2003	《西瓜甜瓜草莓病虫害原色图鉴》	胡森等	河南出版社
	《黄海之恋》	王行聪	中国文联出版社
	《世纪全球摄影文学论坛》	成东方	哈尔滨出版社
	《内燃机工作过程与电控技术》	刘胜吉	江苏大学出版社
	《交通运输管理概论》	徐大振	人民交通出版社
	《港口企业经营管理》	徐大振、朱秉秋	人民交通出版社
	《刑警马东》	李洁冰	江苏文艺出版社
	《乡村戏子》	李洁冰	江苏文艺出版社
2004	《中国果树病虫原色图鉴》	胡森等	河南科技出版社
	《内燃机质量检验与试验技术》	刘胜吉	江苏大学出版社
	《初秋的落英》	高玮昌	海南出版社
2005	《汉语音韵方言论文集》	蒋希文	贵州人民出版社
	《和昨天说BYEBYE》	京花水月	远方出版社
	《东渡徐福》	张良群	中国文史出版社
	《本体思维论——从意识到实践飞跃》	王涞善	中国矿业大学出版社
	《黄海恋歌响苍穹》	王行聪	新疆少儿出版社
	《抗日山诗词选》	朱礼炳主编	金城出版社
	《乡音》	徐进运	农村读物出版社
	《等待一场雪》	霍禹甬	吉林摄影出版社
2006	《新型农村合作医疗滚动筹资理论与实践》	王靖元	北京大学医学出版社
	《摇曳的故乡》	王行聪	内蒙古人民出版社
	《海水鱼虾蟹贝健康养殖技术》	阎斌伦等	海洋出版社出版
	《留住春光》	王诵诗	吉林摄影出版社
	《爱的情怀》	杨桂珍	吉林摄影出版社
2007	《诗经的科学解读》	胡　森	上海人民出版社
2008	《新型农村合作医疗知识问答》	王靖元	北京大学医学出版社
	《又到木香花开时》	伏开宪	中国戏剧出版社

续表 28-2

出版年份	书目名称	编著（译）者	出版社
2009	《寻梦园——话说新农村》	徐在荣	海洋出版社
	《就这样诵习——中华古典诗词读·品·悟》（中学版）	王昭甫	中国民主法制出版社
	《就这样诵习——中华古典诗词读·品·悟》（小学版）	王昭甫	中国民主法制出版社
	《春天的信笺》	王诵诗	大众文艺出版社
	《烟雨春秋》	周裕本	太白文艺出版社
	《漂泊的候鸟》	贾洪钟	大众文艺出版社
	《青花灿烂》	李洁冰	作家出版社
	《清荷铃子诗选》	清荷铃子	江苏文艺出版社

第二节　部分图书简介

《赣榆——江苏县邑风物丛书》 江苏人民出版社1993年版。主编王铜起，副主编徐在荣、李传夫。该书全面介绍赣榆县的历史掌故、名人轶事、山川风物、民生民俗。

《赣榆诗词集萃》 江苏文艺出版社2000年版。王铜起、汪维懋编著。全书收录自南北朝至清末文化名人计1300余人，1600余首诗词作品，并附有作者简介和注释。该书获连云港市出版物一等奖、“五个一工程”奖。

《亚洲水彩画名家丛书——刘太义》 该画集系亚洲水彩画名家丛书编委会编辑出版的丛书之一，辑入刘太义在20世纪80年代至90年代初创作的三十幅水彩画作品，天津人民美术出版社1999年1月出版。

《赣榆书画院作品集》 2003年10月印。为庆祝赣榆书画院建院十周年，县文化局组织举办书画展，并精选赣榆书画家创作的94幅书画作品结集出版。

《赣榆书画作品集》 2009年9月印。为庆祝中华人民共和国成立60周年，县委宣传部、县总工会、县文化局、中国移动赣榆分公司联合举办“中国移动”杯赣榆县书画展，并精选赣榆书画家创作的100余幅书画作品结集出版。

《百年芬芳——赣榆京剧史略》 2003年3月出版。为纪念赣榆京剧科班成立130周年，县政协学习文史委、县文化局联合编撰，书中以“赣榆六代京（昆）剧科班”“专业剧团与业余社团”“创演剧目”“主要演出场所”“主要演职员”等为章节，详实介绍赣榆京剧130年的发展历程。

《千年说唱——赣榆曲艺简志》 2005年7月出版。郝海洋、朱落心编撰。书中以《曲种概述》《门派》《班社和团体》《主要演出场所》《人物简介》《曲牌简析》《轶闻传说》《班规与习俗》《大事记》等为章节，以较为详实的资料，反映赣榆曲艺的传承历史与发展现状。

《山情海韵——赣榆当代诗歌选集》 2006年1月出版。辑入45名赣榆籍诗人创作的130首新诗，雷霆、赵恺作序。

《丢失的童趣——赣榆民间游艺集萃》 2007年6月出版。主编郝海洋、朱落心。书中汇集曾流传于赣榆民间的各种游艺，分竞技类、健身类、游戏类、表演类、益智类、制作类等，辑录县内作者撰写的100余篇文章。

《万年遗宝——赣榆物质文化简史》 2007年12月出版。郝海洋、朱落心编撰。书中对历史上每个发展时期的时代背景和赣榆历史进行概说与简述，并对各个历史时期的赣榆文化遗址遗迹、出土文物作简要介绍，较为全面地展示赣榆在历史长河中的人文概貌。

《江苏省非物质文化遗产普查——赣榆县资料汇编》 2009年9月出版。主编王学济。全套资料汇编为三卷，以全县非物质文化遗产普查资料为基础，以详实的史料，较为全面地反映赣榆非物质文化遗产的种类、数量与分布状况，以及各项目的历史渊源和传承情况。

《拔河》 徐永宁著。初版于2003年9月；经修订后，由中国拔河协会再版于2009年6月，中国拔河协会主席刘元福作序。书中结合运动力学、材料学、营养学、医学、生物学、历史学、社会学、教育学等学科，对拔河运动的原理、选材、技术技法、训练教学、指挥战术、组织竞赛、理论研究等，进行全面、深入的研究和探讨。该书的出版，填补中国拔河理论的空白。

《赣榆县大事记（1949.10.1—2009.10.1）》 王铜起、葛永明编著。2009年经江苏省新闻出版局核准出版，全面地记载赣榆县自中华人民共和国成立以来60年中政治、经济、社会事业诸方面的大事、要事。

《赣榆年鉴》 赣榆县人民政府主办，赣榆县党史县志工作办公室编撰，资料由各镇、各部门提供。《赣榆年鉴》全面、系统地记载全县政治、经济、科技、文化等方面的年度基本情况和发展态势，是了解赣榆、研究赣榆、发展赣榆的地情资料。

编纂出版的党史类图书主要有：《赣榆县党史大事记（1949～1966）》《赣榆县党史大事记（1966～1994）》《中国共产党赣榆县组织史资料（1987～1994）》《赣榆县爱国主义教育基地简介》《中国共产党赣榆县历史大事记（1926～1994）》《赣榆抗战风云录》《为明天更美好》《老六团回忆录》《赣榆党史资料（第9辑）》；《赣榆党史资料（第10辑）》《人民英烈》《探索与辉煌》《民族之光》（一套5本）、《群英谱·赣榆卷》等。

第三节　报　纸

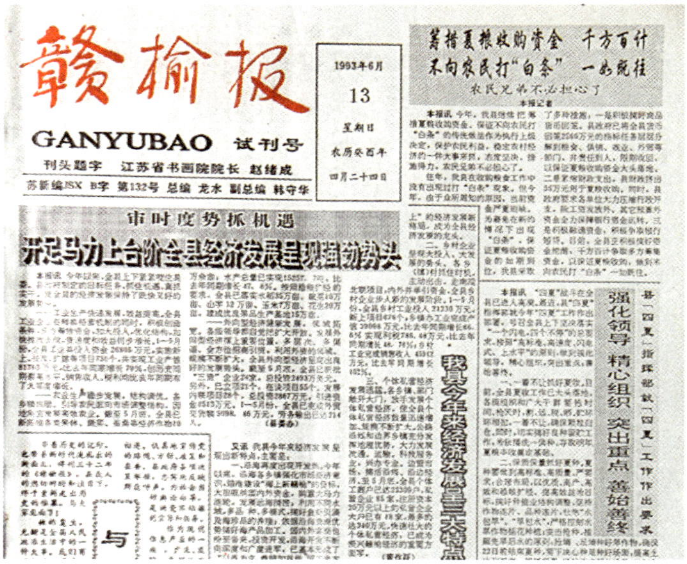
赣榆报
GANYUBAO 试刊号
刊头题字　江苏省书画院院长　赵绪成
苏新编JSX B字 第132号 总编 龙水 副总编 韩守华
1993年6月
13
星期日
农历癸酉年
四月二十四日
筹措夏粮收购资金　千方百计
不向农民打"白条"　一如既往
农民兄弟不必担心了
审时度势抓机遇
开足马力上台阶全县经济发展呈现强劲势头
强化领导　精心组织　突出重点　善始善终

图 28-39 《赣榆报》创刊于1956年6月1日，1961年1月19日停刊。《赣榆报》又于1993年6月13日试刊，是年7月1日再次复刊。刊头题字为江苏省书画院院长赵绪成手书。（2009年摄）

为繁荣地方新闻宣传工作，服务地方三个文明发展，1993年5月16日，中共赣榆县委决定《赣榆报》复刊，并成立赣榆报社，为正局（科）级事业单位。

复刊后的赣榆报社，于1993年7月1日正式出报。报社主要经营新闻业，注册资本73万元，在职员工由最初的9人发展到36人。2000年，报纸由最初的周三刊增加到周五刊，《赣榆报》更名为《赣榆日报》，报名由著名书法家武中奇题写。2001年，出周末版，是年共出报288期，编辑稿件1万余篇计600多万字，图片2000多幅。2003年，按照国家有关政策，《赣榆日报》再次停刊，赣榆报社解散，人员分流至县委党校、水利局、城管局、环保局等10多个单位。之后，县委宣传部牵头成立赣榆县新闻中心，为副科级事业单位，依托连云港日报发行每周一期的赣榆地方版。2005年，独立发行内部资料性质的《今日赣榆》报。2009年，《今日赣榆》报发行量达1万余份，向县直机关、各镇等免费赠阅。

第八章　广播　电视

第一节　管理机构

1989年3月30日，赣榆县人民政府（赣政发〔1989〕36号文）批准成立赣榆县广播电视局，内设人秘股、事业股、音像管理股。1990年11月5日，县广播电视局设立电视宣传股。1996年，县广播电视局共有在编职工148人，其中县局70人，乡镇广播电视站78人。1997年1月31日，经县人民政府批准，县广播电视局为县政府直属正科级事业单位，内设人秘股、总编室、事业技术股、音像管理股。1998年2月，县广播电视局成立有线电视网络管理部。2000年6月，官河广播电视站并入赣马广播电视站，吴山广播电视站并入黑林广播电视站，城东广播电视站收归县局直属，全县共有18个镇广播电视站。2001年12月，县机构编制委员会发文（赣编发〔2001〕79号），确定县广播电视局职能配置、内设机构和人员编制；局设办公室、宣传管理股、事业技术股、社会管理股、派驻纪检监察室。2002年12月23日，成立赣榆县广电网络发展有限公司。2003年年初，在乡镇事业单位机构改革中，乡镇广电站划归县广播电视局主管。2004年11月25日，县广播电视局党总支部委员会成立，分设局机关、老干部、电台、电视台、有线台等5个支部。2005年，县广播电视局在编人员共173人，其中行政编制7人；事业编制人员中，电视台96人，电台14人，乡镇广电站37人；网络公司企业编制19人；共有23人取得编辑记者、播音员、主持人资格。2007年，赣榆县广播电视网站全面开通。2008年，借助连云港广播电视报平台，创办、发行《赣榆广播电视报》。2009年12月14日，县广播电视局与江苏省网络公司就有线电视网络整合及数字化业务合作签署框架协议。

第二节　广　播

一、机构建设

1990年3月26日，经江苏省广播电视厅批准（苏广发技〔1990〕23号文），赣榆县人民广播站改建为赣榆人民广播电台，并颁发执照；经连云港市广播电视局批准，城头、大岭、沙河、官河、黑林、金山、门河、殷庄、朱堵、龙河、青口、厉庄、罗阳等13个乡镇广播放大站首批改建为广播电视站。是年，全县广播电视站共有职工71人。其中，工程师3人，助理工程师24人，技术人员18人，编辑2人，助理编辑1人。1991年12月，经连云港市广播电视局批准，夹山、宋庄、马站、九里、徐山、海头、柘汪、墩尚、土城等9个乡镇广播放大站改建为广播电视站。1993年，县人民政府将乡镇广播电视站划归乡镇人民政府管理。2003年，乡镇广电站划归县广播电视局主管。

二、设施建设

1990年，县委、县人民政府把“办好广播”列入全县8件实事之一。各乡镇更新设备，改建扩建机房，新购扩大机9台、控制桌8台、电源输出柜12台。新发展动圈喇叭1.1万只（包括乙级音箱1000只），建成广播“一条龙”7个，“半条龙”8个，是历史上最多的一年。年底，全县广播喇叭总数为17.35万只，县城架设信号线路29杆千米，乡、镇改架馈送线路300杆千米；共有广播扩大机61台，总功率30千瓦。县台机房设备全部达到部颁甲级标准，三分之二乡镇广播电视（放大）站机器设备达到部颁乙级标准。

赣榆县广播事业建设在全市广播事业建设检查评比中得分居全市之首，并获省一等奖。1991年，县委批转县广播电视局《关于加强农村有线广播建设的意见》。全年改架广播信号线路15.7杆千米，有线广播整网村达81个；新发展广播动圈喇叭1.4万只。全县有半数以上乡镇新建、扩建或搬迁机房，有27个乡镇的机器设备达到部颁乙级或乙级以上标准。新建“一条龙”4个，“半条龙”7个。1992年，全县改架广播信号线路10杆千米，有线广播整网村达48个，发展动圈喇叭1.2万只。建成“一条龙”2个、“半条龙”14个。1993年，全县广播整网22个村，补整16个村，新架和修复线路20杆千米，发展动圈喇叭6052只。乡镇广播电视站机器设备全部达到部颁乙级标准。1995年后，乡镇广电站业务出现滑坡。到1998年，全县仅存广播杆线345千米，只有4个站正常开通广播，通响村仅有196个。

第三节　电　台

一、机构建设

1990年5月28日起，正式启用“赣榆人民广播电台”呼号向全县人民广播。是年10月17日，经广播电影电视部、江苏省广播电视厅批准，赣榆县第一个乡镇调频广播站在欢墩镇建成开播。1993年4月12日，县人民政府发文（赣政发〔1993〕63号文）同意建立赣榆调频广播电台。1994年7月19日，广播电影电视部发文（广社建字〔1994〕20号文），同意建立赣榆人民广播电台调频台。1995年6月5日，经江苏省广播电视厅批准，同意赣榆调频广播电台开播。1997年11月24日，根据中办、国办《关于加强新闻出版广播电视业管理的通知》精神，按照省、市广播电视主管部门的统一部署，赣榆人民广播电台、赣榆电视台、赣榆有线电视台（筹）合并为一个实体，统称为赣榆广播电视台。播出呼号为：赣榆人民广播电台、赣榆电视台。

二、设施建设

1993年，开始筹建赣榆调频广播电台。1995年8月3日，经连云港市无线电管理委员会批复，赣榆调频广播电台开播使用，频率为100.5兆赫。2002年，县广播电视局筹资14.8万元，购进全套数字和模拟编播系统，于11月1日正式启用。2003年，购入第一台全固态数字音频采访机；为采编人员配备SONY采访机6台。在县城主要街道和闹市区安装10只高档调频音箱，扩大城区广播覆盖面。在塔山镇开展广播网试点工作，购置120只室内调频接收机，免费在塔山镇各个村委会安装，通过村广播室扩大机广播。2005年，购置1000瓦调频发射机并安装使用；购进35瓦无线调频接收机30台，分别安装在县城商业中心区人流量大的路口、广场，实现城区广播全面覆盖。2006年，实施“有线调频广播村村通”工程，新上配套设备2000件，信号覆盖全县18个镇765个自然村。2007年，县人民政府将“调频广播村村通”工程列为“新农村建设五件实事”之一。县广播电视局投资150余万元，对石桥镇、罗阳镇、柘汪镇、沙河镇的130个自然村的调频广播网进行全面升级改造，新安装560只智能广播。2008年，县广播电视局投入30万元，实施宋庄镇、赣马镇智能广播改造工程。年底，完成200个自然村的智能广播安装工作。2009年，全面建成信号覆盖全县18个镇、418个行政村、765个自然村的有线调频广播网。

图 28-40　赣榆县广电转播塔（1993年摄）

三、宣传报道

1990年，共收到稿件10442篇，连续10年超万篇。1991年，全年来稿13060篇。1992年，全年来稿13500篇，采用6100篇；向上级电台发稿40篇，被采用25篇。开办“学习邓小平同志南行讲话”“十四大文件学习问答”等专题；开设“乡镇节目展播”“企业天地”“经济之窗”“致富信息”“科技园地”等栏目；会同有关部门开展计划生育、税法、“二五”普法、创建卫生城镇、第三届徐福节、东线调水工程等宣传工作。

1993年，增设“市场好望角”“天南地北”“经济信息”等专栏，及时向全县人民介绍市场行情、经济信息，预测本地产品的经济趋势，提供有价值的营销思路。与县农业局、科委、水产局、多管局等单位联办“科技园地”节目，播出种植、养殖、水产、管理等科普知识。1994年，全年来稿13160篇，采用6512篇；向上级新闻单位发稿124篇，被采用107篇，其中：国家级12篇，省级47篇，市级58篇。1996年，设有“新闻节目”“农村节目”“今日赣榆”“科技天地”“空中娱乐场”“青少年之友”“报刊文摘”“广告文艺”等11个自办节目。是年，江苏省农村广播宣传网络第七次年会在赣榆召开。1997年，开辟“法制教育”专栏。赣榆人民广播电台被省无线电委员会评为无线电管理先进台。1998年，实现节目全面改版，自办节目达到24个，增加“曲艺”“新歌速递”等栏目，与7家单位联办“人口与计划生育”“农信之声”“国土与法制”“中保人寿之声”“国税天地”“赣榆地税”和“城头风采”等栏目，联办节目每周一档。录制本县民间艺人许家昌夫妇自编自演的73集长篇评书《血手印》，每集30分钟，在自办节目《空中书场》中连续播出。1999年，赣榆人民广播电台被上海经济区广播新闻协会吸收为正式成员台。2000年，自办节目14个，播出新闻节目320档；向上发稿突破1000条，被采用679条，其中：中央人民广播电台1条，省广播电台156条，市电台375条，国家级报刊35篇，省级报刊64篇，市级报刊48篇。“赣榆新闻”栏目被评为连云港市广播电视“十大优秀栏目”之一。赣榆人民广播电台被省台评为通讯报道先进单位，被上海经济区广播新闻协作会评为对农宣传先进单位。2001年，全年共播出新闻节目358档，社教类节目312档；被市以上新闻单位采用稿件325篇，其中：国家级7篇，省级76篇，市级242篇。在全市广播电视节目创优评选中，获一等奖4篇、二等奖5篇。2002年，开辟“创建文明城市，共建美好家园”专题、专栏；“农村节目”开设“共产党员风采”“党的光辉形象照万家”等专栏；新闻节目中设立“展示新成就，迎接十六大”“三个代表在基层”等专栏。是年，电台播出时间由每天7个小时延长至12个小时，增加“戏曲欣赏”“曲艺天地”“流行音乐现在时”“民族音乐风”“世界报道”“娱乐新干线”等栏目；“青少年之友”改版为“青青芳草地”。2003年，被市以上新闻单位采用稿件183篇。在宣传防“非典”工作中，新闻节目共播出86条关于防“非典”工作稿件，“科技天地”栏目播出9档计20小时防“非典”科学常识节目。是年，首次采用音频工作站录制合成短篇广播剧《父亲》、广播小说联播《乡村戏子》均获市二等奖，填补赣榆县广播史上此类节目创优的空白。2004年，开播“行风热线”，县建设局成为第一家上线单位。广播社教类专题片《鱼中珍品大菱鲆》获省三等奖。赣榆人民广播电台被中央人民广播电台评为“通联工作先进单位”。2005年，开设“贯彻县委十届六次全体扩大会议精神”“树立和落实科学发展观”“三年打造新赣榆，五年冲刺百强县”“三百项目在推进”“决战八九十，项目在推进”“保持共产党员先进性教育活动”等26个专栏。被市级以上新闻单位采用稿件325条，其中：中央人民广播电台用稿52条，省台用稿70条，市台用稿203条。2006年，被省级台采用稿件321篇。开办“巡游社会主义新农村”专栏，获连云港市广播电视优秀栏目奖。录制合成广播剧《忠诚》，被上海经济区广播新闻协会评为一等奖。2007年，被上级新闻单位采用稿件576条，其中：中央人民广播电台采用48条，省台采用342条，市台采用186条。省台用稿量连续两年居全省县级台第一。2008年，增设“报刊浏览”“周末论坛”等专栏。在“赣榆新闻”节目中开办“加快奔小康，建设新赣榆”“以民为本，利民优先”和“环境整治”等专栏，掀起全县大发展、大开发、大建设的宣传热潮。全年被上级新闻单位采用稿件612条，其中：中央人民广播电台用稿53条，省台用稿346条，市台用稿213条。是年，成功举办上海经济区广播电视新闻协作会第23次年会。2009年，开设“致富快车道”“海洋科技馆”“楼市风向标”“教育时空”“车来车往”“生活服务网”等专栏，设置“学习实践科学发展观，建设美好新赣榆”“应对挑战，科学发展”“扶贫帮困，富民强县”等专栏，跟踪报道“百名干部帮百村”“坚定信心夺第一，我向祖国献厚礼”等主题活动。全年被上级新闻单位用稿136条，其中中央人民广播电台用稿30条。

第四节　电　视

一、机构建设

1990年11月，县广播电视局设立电视宣传股。1993年4月，赣榆县人民政府同意建立赣榆电视台。1995年2月22日，江苏省广播电视厅发文（苏广发技〔1995〕17号），同意建立赣榆电视台，呼号“赣榆电视台”，可自办新闻、专题、知识性和服务性节目，频道为12频道。1999年1月8日，电视广告经营招标，成立电视广告文艺部。2000年1月17日，成立广播电视广告服务中心，承办电视、有线电视、广播广告业务，采取竞标方式承包，广告部、文艺部、点歌台由广播电视广告服务中心统一管理。2003年3月，县广播电视局重新组合电台、电视台人力及设备资源，成立广播电视新闻中心和制作播出中心；新闻中心下设新闻部、社教部和编辑部；制作播出中心下设制作技术部和节目播出部。

二、设施建设

1990年9月，购置索尼3/4 U-matic格式的3CCD DXC-3000APK电视摄像机1台，配套索尼RM-440编控器，是赣榆电视台第一套完整的摄录编设备。1992年8月14日，广播电视中心大楼主体工程开工建设，设计建筑面积2560平方米。年底，新广播电视中心播出机房启用，移装12频道主发射机北广GSZ-5 Ⅲ型50W电视差转机和安装北广GSZ-12型300W12频道电视差转机各一部，同时安装北广UHF TV 1千瓦21频道发射机1部。1993年1月13日，广播电视中心启用12频道和21频道发射和转播电视节目，其中1千瓦21频道电视发射机播出“赣榆新闻”。发射铁塔高120米，为正锥体塔状结构，采用四级平台，钢管构筑。电视信号覆盖半径30千米，基本覆盖全县。1994年11月，县广播电视局迁入新建的广播电视中心大楼。1995年，赣榆电视台成立后，台徽时钟发生器为TSQ-300型，台标是“赣榆电视台”五个宋体汉字，台标在屏幕下方显示，时间采用手工校正。是年，在南京海天广播电视设备厂技术人员帮助下，将北广GSZ-5 Ⅲ型50W电视差转机增加功率放大末级（FC-732电子管），改造为最大发射功率为1000W的发射机。1996年，第一次对电视发射天线进行全面改造，增添馈管，配备扫频仪。1997年8月，购置北广TVV312型发射机，最大发射功率为1000瓦。1998年，自筹资金50余万元，装修一楼电视演播室，使新闻专题等节

图 28-41　赣榆县电视台电视转播室（2008年摄）

目的录、配音条件大为改善。购置索尼公司Betacam格式摄录一体机PVV-3P型两台、索尼公司Betacam格式编辑线1套，新闻部分摄录设备和省、市台接轨，实现Betacam格式磁带的直接交换。是年12月，开始采用ZD-180型彩色台徽时钟发生器，时间采用中央电视台一套逆程信号校正。1999年，共拥有数字、Betacam、JVC等摄像机9台，编辑线7条。2001年，全面实现新闻摄录制播数字化。2003年，首次购入全固态发射机，发射功率1000瓦，用做12频道主机；北广TVV312型发射机作备机，减少技术维护人员的维修次数，12频道的停播率降为零。购买数字摄录一体机6台、专题用非编线和提词器各1套，升级改造新闻非编网络，实现新闻拍摄完全数字化。2004年，改建多功能演播室，用于新闻、专题、访谈、小型文艺演出录制。2006年，购入松下AJ-D615摄录一体机1部，是赣榆电视台第一部广播级的摄录一体机。购买设备，对播出系统升级改造，实现电视两个频道全自动硬盘播出。2007年，新增21频道全固态电视发射机一部及数字光端机、数字字幕机、硬盘播控制台、FC电子管等设备；中央一套节目信号采用卫星、有线网络双备份。2008年，实现“政风行风热线面对面”栏目的电视直播。2009年年底，拥有各型摄录一体机17部、录像机12部，非线性编辑系统5套，新闻、专题、广告、文艺等自办节目全部使用非线性编辑系统制作，节目实现硬盘化播出。

三、频道记述

1990年10月，赣榆县电视差转台开始制播赣榆新闻，首条新闻内容是全县三级干部大会；是年，摄制播放《全县农田水利建设》《徐福节专辑》等六部资料片；拍摄新闻50余条，有15条被省市电视台采用。

1991年10月1日，赣榆县电视差转台第一档“赣榆新闻”正式播出，播出的第一条新闻是《城南乡搞好机械化秋播》。至年底，共播出14档145条。

1992年，重点报道全县人民学习贯彻中央2号文件和中共十四大精神，采制“奔小康示范村”系列报道。播出“赣榆新闻”56档，计510条；向上级台发稿64条，被采用42条。

1993年，试办“经济信息”栏目，当年为群众提供经济信息1020条。全年播出“赣榆新闻”64档，计800余条；被上级电视台采用44篇，其中：省级4篇，市级40篇。制作反映村户经济工作的专题片《群星灿烂》、反映赣榆县抓党建促经济的专题片《黄海潮》、反映双拥工作的专题片《抗日山下双拥花》等。

1994年，开辟“亿元乡镇访谈录”“迎国庆、话改革”等专栏。“赣榆新闻”播出稿件800余条。

1995年，“赣榆新闻”由每周1档增至2档，全年共播出115档1026条，被上级台采用76条。制作专题片27部。年底，首次在晚间播放电视连续剧。专题片《群星灿烂》首次参加全市电视专题节目评比获二等奖；专题片《赣榆抗日风云录》《创造奇迹的人们》在连云港电视台播出。

1996年，开设首档社教专题栏目“赣榆风采”，每周1档。“赣榆新闻”栏目由每周2档增至3档，更换片头，采用男女对播的形式，新闻画面配上字幕。

1997年，开辟“迎接十五大，庆祝十五大”“精神文明建设风采录”“企业风采”等多个栏目。全年向上级台发稿295篇，被采用253篇，其中市台采用246篇。“赣榆风采”更名“今日赣榆”，当年播出专题53部，每档15分钟。是年，江苏省广播电视厅同意赣榆电视台试办文艺节目，电视连续剧等由省厅供片站统一供片。

1998年，开辟“党建之窗”“企业风采”“双文明建设风采”“文明之窗”等栏目。“赣榆新闻”由每周三档增播一档“一周要闻”，每档新闻增至15条左右，对热点问题采取连续报道和追踪报道；全年共播出171档，用稿2370条。全年向上级台发稿510条，被采用372条，其中：中央台用稿2条，省台用稿11条，市台用稿359条。“今日赣榆”全年播出53档，播出专题80部，其中自制63部。自办文艺节目设“电视剧场”（太保剧场）、“家庭影院”“新歌金曲”和“综艺百花园”等4个栏目，播出时间由晚上的5个小时增至每天两次播出9个小时。

1999年，开设“三讲三为三满意系列报道”“50年巨变话赣榆”“共和国同龄人”“喜迎澳门回归”“跨越新世纪”及“乡镇党委书记话发展”“企业风采”“赣榆人在青岛”等栏目。“赣榆新闻”播出201档，用稿2883条，被中央电视台采用1条，省台采用18条，市台采用263条。“今日赣榆”推出“人物通讯”“赣榆风土人情览胜”等栏目，播出专题节目112档。“天气预报”节目于1月1日开播。首档《经济博览》节目于1月25日播出。首次参加国家科委电视中心1000个县级电视台科技节目展播活动，于4月11日播出首档《星火科技30分》专题。拍摄电视散文《煎饼》，获全国百家电视台音乐文艺节目评比银奖、连云港市第四届精神文明建设“五个一工程”入选作品奖。与北京广播电视艺术服务中心签订购买《迈克的艳遇》《火拼》《同仇敌忾》等21部好莱坞电影电视播映权。

2000年，开辟“世贸知识讲座”“农时与农业”等专栏。“赣榆新闻”播出241档，播出稿件3374条。中央电视台用稿1条，省台用稿18条，市台用稿283条。“今日赣榆”播出65档。首档文艺性少儿节目《快乐小精灵》于7月播出。新闻作品获淮海经济区首届广播电视好新闻评选二等奖2个、连云港市电视新闻评比一等奖1个及二等奖2个。举办赣榆县首届青年歌手电视大奖赛。

2001年，新闻栏目改版，“赣榆新闻”改为每周一、三、五首播，二、四、六重播，周日播出“一周要闻”；新闻栏目之后播出“中国军事报道”，在专题节目中播出由中国电视艺术家协会农村电视委员会节目协作部提供的“中国农民致富报道”。“赣榆新闻”全年播出192档，播出稿件2880条；被中央电视台采用7条，省台采用4条，市台采用256条。“今日赣榆”播出112档。科教片《净化沼气池》获省电视社教类科教片二等奖。举办赣榆县第二届青年歌手大奖赛决赛，利用市电视台转播车，实现赣榆广场文化活动的首次现场直播。

2002年，“赣榆新闻”播出161档，用稿1932条；被中央电视台采用25条，省台用22条，市台用310条。“今日赣榆”播出97档。制作播出公益广告118条。两部专题片在中央电视台二套播出。《赣榆是个好地方——2002“情系赣榆”新春文艺晚会》在连云港电视台演播大厅成功现场直播，获第18届江苏电视“金凤凰奖”优秀电视文艺晚会三等奖。举办赣榆县首届“建设房开”杯电视主持人大奖赛、赣榆县第三届青年歌手大奖赛；直播“作家看江苏采风团走进赣榆”大型广场诗会实况。

2003年，开设“凝心聚力求发展，狠抓投入上项目，苦干三五年打造工业新赣榆”“摆阵主战场，比拼加速度，全力决胜‘四强一富’工业新赣榆”“弘扬赣榆精神，共建美好家园”“招商引资加快发展”“来自开发区的报道”“城市点击”“聚焦优政”“百村万户农民增收在行动”等20个栏目。“赣榆新闻”更名“赣榆新闻联播”，由每周四档改至每天一档，每档播出时间12分钟。被中央电视台采用稿件19条，省台用44条，市台用319条。制作播出“防非典答记者问”“专家谈非典如何防治”“众志成城防非典”等专题片。“赣榆二套”栏目于6月25日试播，播出内容为“赣榆新闻”“赣榆广角”；每周六、日“海山纵横”栏目中播放20分钟的《农民电视课堂》。是年，赣榆电视新闻并入江苏省广播电视局新闻中心网络平台，实现新闻发稿在多个频道的资源共享，这是赣榆县对外宣传融

图 28-42　赣榆县广播电视事业发展50周年庆典晚会（2006年摄）

进有线网络旧网改造和县乡光缆拓展工程，完成114个行政村及县城东南庄、前宫路、安乐新村、河南桥西、文化路等地域的线路整改，提高近7万户的信号传输质量。2009年，全县新增有线电视用户2.1万户，入户率达83.7%；完成新海石化、东城山庄、三兴花园等新建小区25万平方米的有线电视配套设施建设；完成93个村的网络改造；新建厉庄、大岭有线电视传输基站。

第六节　广电执法

1999年，县广播电视局成立影视音像稽查队。2003年，查处偷盗有线电视信号1100户。2004年，查处偷盗有线电视信号360余户。2005年，县广播电视局成立稽查大队，下设城区和农村两个稽查队。2006年，查处私自安装的地面卫星接收设备71座，高频头62只，卫星电视接收机50台，取缔非法销售经营户4家，查处2家。2007年，稽查偷盗有线电视信号346户，处理157户，协助清欠收视费户820户；查处私自安装的地面卫星接收设备173座，查处违规安装使用“小耳朵”户161户，全部予以现场拆除；受理损坏广电设备案件17起有线索赔案件9起。根据中央关于转星调整工作要求，组织两次联合整治卫星接收设施活动，取得较好成效。2008年，共出动近3000人次，查处有线电视非法户1400余户、非正常集体户233户，拆除非法安装“大锅盖”847座。联合公安、工商部门捣毁2家非法销售地面卫星接收设备的窝点，没收地面卫星接收设备5套，受理损坏广播电视设施事件5起，其中追回损失3起，依法刑事强制执行1起。2009年，共出动2000余人次，拆除私自安装的地面卫星接收设备442座，捣毁16家非法销售地面卫星接收设备的窝点，受理损坏广播电视设施事件4起，追回损失2起，挽回经济损失数十万元。

第九章　体　育

第一节　管理机构与体育协会

一、赣榆县体育运动委员会

成立于1956年6月9日。1990年，县体委辖县体育场、县少年儿童业余体校。1996年，赣榆县实行党政机构改革，规定县文化局为政府工作机构，县体育运动委员会与之合署。1997年，县体委实行内部机构改革，打散体委原有格局，设立体委办公室，下设学校体育股、社会体育股、产业体育股。2001年，赣榆县实行机构改革，县体委更名为县体育局，与文化局合署办公。

二、赣榆县体育局

2001年，县体委更名为县体育局，与文化局合署办公，内设办公室、体育科，辖县体育场、县少年儿童业余体校、县体育总会秘书处。2003年，成立赣榆县国民体质监测站。2005年，成立赣榆县体育彩票管理办公室。

三、赣榆县体育总会

根据赣榆县人民政府赣政发〔1999〕84号文件精神，赣榆县体育总会于2000年12月成立，其性质为社会团体组织，由县文化局、体育局局长兼任法人（理事长），常务理事由县各局、各镇正科级领导组成，下设驻会秘书处。2003年8月，县编委〔2003〕13号文件，批准县体育总会秘书处为全额拨款事业单位，编制5人。2009年年底，县体育总会秘书处有在职人员8人。

四、赣榆县体育场

成立于1986年9月10日，属全民事业单位，主要负责训练场地的提供与管理、体育训练后勤保障、训练比赛器材布置与安装工作。2001年，体育场整体搬迁。2009年年底，有职工10人。

五、赣榆县少年儿童业余体校

成立于1990年，属全民事业单位。2002年4月以前，设游泳队、田径队、举重队，有游泳馆、田径训练场。2002年4月，响应县政府“十校联动”号召，并入县职教中心，原机构与编制被取消。

六、赣榆县篮球协会

成立于2000年10月27日，设会长1名、副会长3名、秘书长1名、副秘书长3名，拥有会员近200人。有固定办公场所，拥有专业球馆、体育用品商店，先后举办“金鹰”杯、“百盛”杯、“公交”杯、“太保产险”杯、“消防”杯篮球比赛活动，承办赣榆县第一届农民运动会篮球比赛、四届县机关单位篮球赛、三届职工篮球赛，每年定期举办篮球培训班，并多次与外地篮球协会开展交流活动。

七、赣榆县乒乓球协会

成立于2001年11月15日，设会长1名、副会长3名、秘书长1名，拥有会员86人。协会成立以来，举办“赣榆县气象”杯、“时代广场”杯乒乓球比赛等活动。

八、赣榆县老年人体育协会

成立于2001年4月25日，由涉老单位18名成员组成理事会，设会长1名、副会长11名、秘书长1名，办公地点设在县老干部局；下设门球俱乐部、桌球俱乐部、老年人乒乓球俱乐部和老年人拳、操、舞交流中心。协会成立以来，多次参与举办中老年人广场健身活动。

九、赣榆县农民体育协会

成立于2007年9月5日，设会长1名，由县体育总会秘书处秘书长担任；设副会长35名，其中包括18个镇党委分管副书记；设秘书长1名、副秘书长3名。主要负责培养农村体育骨干，发掘、整理、研究和推广农村传统体育项目，组织开展农村体育活动及举办全县农民体育竞赛。协会自成立以来，指导各镇组建镇级农民体育协会。

十、赣榆县体育舞蹈协会

成立于2007年11月6日，设会长1名、副会长5名、秘书长1名、副秘书长1名。协会成立以来，多次参与县内体育舞蹈竞赛和培训活动。

十一、赣榆县太极拳运动协会

成立于2007年8月1日，设会长1名、副会长9名、秘书长1名、副秘书长2名，拥有会员60人。协会成立以来，多次开展培训和交流活动，多次参加全县体育健身展演活动。

十二、赣榆县武术协会

成立于2003年11月18日，设会长1名、副会长7名、秘书长1名、副秘书长2名。协会成立后，举办赣榆县首届武林大会。

十三、赣榆县电子竞技运动协会

成立于2009年9月21日，设会长1名、副会长2名、秘书长1名。协会成立后，举办赣榆县首届电子竞技比赛。

十四、赣榆县棋类艺术协会

成立于2008年1月18日，设会长1名、副会长3、秘书长1名，内设竞赛办公室。协会成立后，举办赣榆县首届“天翼”杯棋王赛、赣榆县首届中小学生棋艺比赛、赣榆县第二届中小学生棋艺比赛，承办赣榆县首届农民运动会象棋比赛。

十五、赣榆县跆拳道协会

成立于2009年6月27日，设会长1名、副会长3名、秘书长1名、副秘书长1名。协会成立以来，多次开展培训与交流活动，多次参加全县体育健身展演活动。

十六、赣榆县社会体育指导员协会

成立于2009年12月27日，设会长1名、副会长5名、秘书长1名、副秘书长1名，拥有会员69人。主要负责开展健身、培训与咨询活动，指导员资格评审，国内外学术及活动交流等。协会成立以来，多次开展社会体育指导员培训活动，多次参加全县体育健身展演活动。

第二节　体育设施

一、体育馆

2007年之前，赣榆县无公共体育馆。2007年，经县发改委批复，同意在县城新城区兴建占地12.2公顷的体育公园，主要建筑包括体育馆、游泳馆、体育场和全民健身中心。2009年12月，设计有3042个座位的赣榆体育馆主体建筑封顶并通过验收。是年，县内学校建有体育馆的有3所：江苏省赣榆高级中学体育馆、赣榆县实验中学体育馆、赣榆县华杰双语学校体育馆。

图 28-43　赣榆体育馆（2009年摄）

二、体育场

1986年，赣榆县人民体育场正式成立，承接县内各项体育比赛及大型文艺演出活动。其时，与赣榆县中学合用的体育场内有一块田径场，一个灯光篮球场，一座游泳馆，四片露天篮球场地。2002年，体育场因旧城改造拆除。2009年，作为新城体育公园主要建筑之一的赣榆体育场开工建设。

图 28-44　罗阳镇岭灶村篮球场地（2006年摄）

三、游泳馆

1986年10月，位于县城后宫路80号的赣榆县游泳馆落成并对外开放，由县体育场负责管理。游泳馆内设规格为25米×11米的泳池及更衣室、淋浴室；更衣室上建有简易二层为办公室。2002年，游泳馆因旧城改造拆除。2009年，作为新城体育公园主要建筑之一的赣榆游泳馆开工建设。

四、灯光看台球场

1984年，在县城后宫路80号建成灯光球场一处（与旱冰场共用），初无看台。1989年续建南、西两侧水泥看台，约有3000个座位。2002年，因旧城改造拆除。

五、镇村体育场地

2005年，江苏省启动体彩捐赠全民健身工程，捐赠赣榆县健身路径体育器材29套，安装于各镇、社区及健身点。2006年，实施“百村体育健身工程”，全县420个行政村，均建有一片篮球场、一间乒乓球室、两副乒乓球台。2009年年底，全县共有840片水泥硬化篮球场地、840副篮球架、840副乒乓球台。

第三节　社会体育

一、职工体育

图 28-45　环街民舞展演（2002年摄）

1990年，举办职工篮球、乒乓球赛。1995年5月，举办“诚信”杯男篮邀请赛，连云港市自来水公司、东海岗埠农场、赣榆县蔬菜冷冻厂及山东省日照市五金工业集团公司参加比赛。是年，县水产局被评为全市群众体育先进单位。1996年，举办“电话”杯职工乒乓球比赛、“水利”杯职工乒乓球赛。1999年，元旦、春节期间，举办“双电”杯乒乓球、围棋、象棋比赛；是年，县农行被评为全市群众体育先进单位。2002年，春节期间，举行全县环城民舞表演，18个镇和县直机关、单位组成26个方阵参加表演。2003年，举办“庆元旦”万人长跑活动、全县乒乓球比赛。2004年，举办“迎元旦”职工乒乓球比赛。2005年，举办“庆国庆”县级机关首届羽毛球比赛。2007年，举办“迎元旦”万人长跑活动，县级机关“庆元旦”篮球、乒乓球、羽毛球系列比赛，迎“七一”县级机关篮球赛，赣榆县首届“全球通”杯羽毛球比赛。2008年，举办全县运动会（分农民部、职工部、中小学生部、老年部）、赣榆县第二届“全球通”杯羽毛球比赛、赣榆县第五届“政务通”杯乒乓球比赛。2009年，举办首届“天翼”杯电子竞技大赛、赣榆县“中国电信天翼”杯首届棋王赛。

二、农民体育

1990年，承办连云港市农民篮球赛。1995年，欢墩镇被评为全市群众体育先进集体。1999年，柘汪镇获“1993～1997年全国群众体育先进奖”，龙河乡被评为全市群众体育先进集体。2001年秋，东方卫视《夕阳红》栏目组到柘汪镇录制全民健身秧歌活动。2003年，赣马镇被评为全国“亿万农民健身”活动先进乡镇。2004年，县体育、文化部门整合县内社区、农村健身组织，组建秧歌队、腰鼓队、太极拳队等健身队，开展“体育三下乡”

图 28-46　赣榆县首届农民运动会健身秧歌比赛（2009年摄）

图 28-47　赣榆县百村体育健身工程（2006年摄）

活动。柘汪镇、墙山镇、青口镇、城头镇、赣马镇、墩尚镇被评为全市全民健身服务体系"八个一工程"健身先进单位；城头镇、宋庄镇被评为全市全民健身服务体系"八个一工程"评估十强乡镇。2005年，春节期间，开展"体育三下乡"健身展演联谊活动；举办赣榆县首届农民文化体育节暨老年运动会。是年，班庄镇被评为江苏省全民健身体系"八个一工程"先进单位；柘汪镇、班庄镇被评为全市全民健身体系"八个一工程"先进单位；柘汪镇下驾沟村被评为全市全民健身周活动先进单位。2006年，实施"百村体育健身工程"，在乡镇发展40余个常年锻炼健身点。是年，罗阳镇、宋庄镇、班庄镇、海头镇被评为全市全民健身体系"八个一工程"先进单位，柘汪镇、黑林镇被评为全市全民健身月活动先进单位。2007年，建设村级中小型文体休闲广场50个，发展村级社会体育指导员420名；开展"送体育器材下乡"活动，送小篮板260副。是年，举办赣榆县首届农民体育节、"百村、万人"村党组织书记乒乓球赛和全民篮球赛；组织专业人员深入各镇开展秧歌培训活动；全县18个镇均组建拔河队；2008年，举办全县运动会（分农民部、职工部、中小学生部、老年部）；承办江苏省第六届农民运动会暨江苏省全民运动会农民体育部拔河比赛，并组织赣榆农民拔河队参加比赛。2009年，举办赣榆县第一届农民运动会，承办连云港市农民运动会拔河比赛、连云港市农民运动会健身秧歌比赛。

三、社区体育

1990～2001年，青口镇在县体育部门的指导下开展体育活动。2002年，县体育部门开展"体育进社区"活动，安排社会体育指导员对街道、社区及晨（晚）练点进行科学健身指导。是年，举办太极拳（剑）大展演、连云港市"锦绣江南"杯武术比赛。2003年，开展"体育进社区"活动4次；举办"迎新春"健美健身大展演，各社区及十余个健身点参加展演活动。2004年，组建社区健身康复指导站；争取省、市体育局扶持新健身点5个，全民健身点达到29个；县体育部门筹资为城区晨（晚）练点添置健身器材，城区50人以上晨（晚）练点由3处增至20处。是年，举办"庆新春"健身广场大展演、健美健身活动展演；举办健身扇子舞、秧歌舞培训班；组织6支健身展演小分队，开展"进社区"巡回展演活动，表演自编的科学健身快板书、说唱及高跷、秧歌、太极拳（剑）、木兰功夫扇等节目，共演出31场。

图 28-48　赣榆县举办传统武术表演赛（2009年摄）

2005年，举办大中型健身展演5次，开展“体育进社区”活动10次。青口镇中心社区被评为全市全民健身周活动先进单位；5个家庭被评为全市“快乐之家”；6人被评为全市“健康之星”。2006年，在县城地区发展15个常年锻炼健身点；16个家庭被省体育局、省妇联评为江苏省“健身家庭”。2007年，开展健身秧歌进社区展演活动14次；新建健身点63个；30个家庭入选全省“健身家庭”。2008年，举办赣榆县健身秧歌舞比赛。2009年，举办赣榆县健身秧歌比赛、武林大会传统武术表演赛。

四、老年人体育

图 28-49　赣榆县举办全民健身月启动仪式暨第二届老年体育节开幕式（2007年摄）

1990～1994年，老年人体育发展相对滞后。自1995年起，落实国务院颁布的《全民健身计划纲要》，城乡健身点不断增加，老年人体育逐渐活跃起来。2001年4月25日，赣榆县老年人体育协会成立。2002年，举办中老年民舞大展演活动。2003年，举办老年门球赛和老年台球赛。2004年，举办老年人沿街表演活动，近千名中、老年人表演健身舞、太极拳（剑）、木兰扇舞、交谊舞等健身项目；举办“庆祝第十八个敬老日”运动会；开展“健康老人”“健康家庭”评比活动。2005年，在柘汪镇下驾沟村召开全县老年体育工作现场交流会；举办赣榆县首届老年人运动会、十万老人走向“十运”健步行、重阳节“十里黄金海岸走”“人人健身家家乐”等活动。是年，全县18个镇及12个社区成立老年人体育协会（俱乐部）。2006年，县体育局被评为连云港市老年体育工作先进单位。2007年，举办全民健身月启动仪式暨第二届老年体育节。2009年，举办第三届门球比赛。

第四节　竞技体育

1990年，经县人民政府批准，成立赣榆县少年儿童业余体校，设游泳队、田径队、举重队。2007年，建成赣榆县实验中学篮球训练基地、赣榆县华杰双语学校乒乓球训练基地。2009年，建成沙河镇中心小学篮球训练基地、城西镇中心小学乒乓球训练基地。自1995年省体委组织开展县级田径比赛以来，赣榆县每年均组队参赛。

赣榆县参加江苏省县级田径比赛获奖一览表

表 28-3

姓　名	性　别	获奖时间（年）	项　目	名　次
王燕妮	女	2002	100米栏	冠　军
王燕妮	女	2002	100米	冠　军

续表 28-3

姓　名	性　别	获奖时间（年）	项　目	名　次
徐　静	女	2004	铅　球	冠　军
徐　静	女	2004	铁　饼	冠　军
王晨晨	女	2004	三级跳远	冠　军
徐　静	女	2005	铅　球	冠　军
徐　静	女	2006	铅　球	冠　军
徐　静	女	2006	铁　饼	冠　军
徐　静	女	2007	铅　球	冠　军
徐　静	女	2008	铅　球	冠　军
孙康平	女	2009	铅　球	冠　军

赣榆县参加省以上竞技比赛获奖一览表

表 28-4

姓　名	性　别	项　目	获奖时间（年）	获奖情况	名　次	备　注
张常燕	女	田径（铅球）	1999	全国青年锦标赛	冠　军	
邵玉青	女	田径（铅球）	2006	省十六届运动会	冠　军	破省纪录
王圆圆	女	田径（铁饼）	2006	省十六届运动会	冠　军	破省纪录
胡盼英	女	田径（铅球）	1997	全国田径大奖赛	季　军	
马　杰	男	举　重	2006	省十六届运动会	冠　军	破省纪录
王从磊	男	举　重	1997	全国青年锦标赛	冠　军	
王从磊	男	橄榄球	2000	全国橄榄球锦标赛	冠　军	
王　嵩	男	赛　艇	1995	全国三城会	冠　军	
李忠伟	男	赛　艇	2008、2009	全国锦标赛	冠　军	
李忠伟	男	赛　艇	2008、2009	全国冠军赛	冠　军	
许　晴	男	击　剑	1995	全国城市运动会	季　军	
苏仕刚	男	散　打	1998	中美对抗赛	冠　军	

赣榆县参加全国及以上残疾人竞技比赛获奖一览表

表 28-5

姓　名	性　别	项　目	获奖时间（年）	获奖情况	奖项或名次
董静萍	女	自行车	2003	第六届全国残疾人运动会	1金4银
董静萍	女	自行车	2003	捷克欧锦赛	1银2铜
成昌杰	男	击　剑	2006	第七届全国残运会	1金1铜 1项第四
董静萍	女	自行车	2007	哥伦比亚国际残疾人自行车公开赛	2金2银
成昌杰	男	击　剑	2008	奥运会	冠　军
董静萍	女	自行车	2008	奥运会	季　军
成昌杰	男	射　箭	2008	亚洲和大洋洲射箭锦标赛	1金1银1铜

赣榆县输送省体育队人员名单一览表

表 28-6

姓　名	性　别	项　目	输送单位	输送时间（年）
孙玉良	男	举　重	省举重队	1990
王　嵩	男	赛　艇	省赛艇队	1992
王从磊	男	举　重	省举重队	1992
许　晴	男	击　剑	省击剑队	1993
苏仕刚	男	散　打	省散打队	1996
赵中军	男	田　径	省八一队	2002
马会阳	男	赛　艇	省体工队	2004
成昌杰	男	击　剑	省击剑队	2005
孙运亮	男	拳　击	省拳击队	2006
秦振美	女	帆　板	省帆板队	2006
徐　丹	女	篮　球	省体校	2007
邵玉清	女	田　径	省体校	2007
董静萍	女	自行车	省自行车队	2008
马　杰	男	举　重	省举重队	2008
王　涛	男	帆　船	省帆船队	2008

续表28-6

姓　名	性　别	项　目	输送单位	输送时间（年）
李忠伟	男	赛　艇	省赛艇队	2008
姚　龙	男	赛　艇	省赛艇队	2009
宋　东	男	赛　艇	省赛艇队	2009

赣榆县输送市体育学校（队）人员名单一览表

表28-7

姓　名	性　别	项　目	输送单位	输送时间（年）
徐　静	女	田　径	市体工队	2001
王圆圆	女	田　径	市体校	2003
邵玉清	女	田　径	市体校	2003
李　娜	女	曲棍球	市体校	2004
杜建涛	男	帆　船	市体校	2004

赣榆县输送国家体育队人员名单一览表

表28-8

姓　名	性　别	项　目	输送单位	输送时间（年）
张常燕	女	田径（铅球）	国家队	1998

第五节　学校体育

1990年后，县教育局、体育局贯彻《学校体育工作条例》和《国家体育锻炼标准实施办法》，深化素质教育，培养和选拔合格体育人才，促进中小学生素质的全面发展，推动学校体育工作深入开展。徐福小学、龙河小学、马站中学被评为市1994～1995年度冬季体育锻炼先进学校；徐福中学、门河小学被评为省1994～1995年度冬季体育锻炼先进单位。门河中学、九里中心小学、宋庄中心小学、赣马中心小学被评为市1995～1996年度冬季体育锻炼先进学校。1996年，10所中小学校被评为市体育传统项目学校。1997年，龙河乡中心小学被国家体委和国家教委评为1996年度推行《国家体育锻炼标准施行办法》先进单位。厉庄中学被国家教委定为“21世纪中国学校体育发展研究实验学校”。1998年6月，在江苏省第十四届运动会上，赣马中学尚明礼、相营部、居世祥夺得青少部自行车比赛6枚金牌。1998年，在龙河小学举办全县小学生“适宜形式”男子篮球赛，共有16个队参赛；在海头中学恢复举办已中断三年的全县中小学生田径运动会。是年，赣马中学被中国体育科学学会、孙晋芳全民健身服务网络、21世纪中国学校体育发展研究中心定为“21世纪中国学校体育发展研究学校”。1999年，举办全县中小学生田径运动会。宋庄中心小学被省体委评为“群众体育运动先进学校”；赣马中心小学被评为全市群众体育先进单位。沙河中学、欢墩小学被评为市“贯彻学校体育卫生工作两个《条例》”合格学校，欢墩中学、沙河小学被评为市“贯彻学校体育卫生工作两个《条例》”优秀学校。是年，体育高考全县上线187人，占全省上线人数的1/7。2003年，海头中学被评为市体育传统项目学校。2004年，海头中学被评为“2002～2004年度全国重点科研课题21世纪中国学校体育发展研究”优秀实验学校。2005年，举办全县中小学生田径运动会。2006年11月，组队参加“太平洋寿险”杯连云港市中小学生田径运动会，5人7次打破市纪录，获县区代表团团体总分第二名及优秀组织奖。是年，219名考生参加体育高考，本科上线46人，录取率达21%。2007年12月，县教育局、体育局、团县委联合下发《赣榆县中小学生阳光体育运动实施方案》。是年，江苏教育电视台到厉庄中心小学录制民间体育特色活动专题片；县实验中学、城西镇中心小学被评为“2006～2007年度江苏省体育教育工作先进学校”。2008年，举办全县中小学生乒乓球比赛；《人民日报》以图片新闻的形式报道赣榆县实验小学大课间活动；县教育局获江苏省中小学健康教育知识竞赛优秀组织奖及连云港市体卫艺教先进单位、阳光体育大课间活动先进集体。2009年，举办赣榆县中小学生田径运动会、赣榆县“边达”杯中小学生棋艺比赛；厉庄中心小学举办第三届民间体育节。

1990年后，全县共有7所中、小学校被评为江苏省体育传统项目学校、江苏省体育教育先进学校、江苏省“冬季三项锻炼”先进学校；28所中小学校被命名为连云港市体育传统项目学校。

第六节　体育赛事

1990～2009年，县体育部门组织开展县级体育竞赛活动，并争取承办市级以上体育赛事，共承办国家级体育赛事1次、省级体育赛事5次、市级体育赛事17次。

1990年，举办职工篮球、乒乓球赛；秋季中小学生篮球运动会。承办连云港市农民篮球赛。1995年，举办“诚信”杯男篮邀请赛。1996年，举办“电话”杯职工乒乓球比赛、“水利”杯职工乒乓球赛。1998年，举办“城北石油”杯乒乓球比赛。1999年，举办“双电”杯乒乓球、围棋、象棋比赛。承办连云港市农民运动会拔河比赛。2001年，举办全县拔河比赛。2002年，举办“时代广场”杯乒乓球比赛、县直机关拔河比赛。承办“三兴”杯首届江苏省拔河锦标赛、连云港市“锦绣江南”杯武术比赛。2003年，举办“中国人寿”杯赣榆县拔河比赛、庆“三八”乒乓球比赛和扑克牌比赛。承办第六届全国拔河锦标赛。2004年，举办万人长跑、“迎元旦”职工乒乓球比赛；承办江苏省全民运动会拔河比赛。2005年，举办赣榆县首届农民文化体育节暨老年运动会、“庆国庆”县级机关首届羽毛球比赛；2007年，举办赣榆县县级机关“庆

图 28-50　县级机关乒乓球、羽毛球、篮球比赛（2007年摄）

图 28-51　赣榆承办全国拔河比赛（2003年摄）

元旦”篮球、乒乓球、羽毛球系列比赛；承办江苏省全民运动会社会体育部健身秧歌比赛。2008年，举办全县运动会及10次单项体育竞赛；承办江苏省第六届农民运动会暨全民健身运动会农民体育部拔河比赛及连云港市钓鱼比赛等7次市级比赛。2009年，举办赣榆县第二届运动会及11次单项体育竞赛；承办第二十五届江苏省钓鱼比赛及连云港市农民运动会拔河比赛等7次市级比赛。

第七节　体育品牌

一、赣榆拔河

1999年5月，组建第一支农民拔河队——大新庄拔河队，首次参加省级拔河比赛，夺得江苏省农民运动会拔河比赛冠军。2000年，赣榆县农民拔河队首次参加全国拔河大赛，获第四届全国农民运动会暨第三届全国拔河锦标赛亚军。至2009年年底，赣榆县农民拔河队共获得省级拔河比赛冠军10次，全国拔河比赛冠军4次、亚军13次、季军3次；获省级以上冠军的男、女运动员达68人。为打造“赣榆拔河”品牌，赣榆县争取并承办多项省级以上拔河赛事，在锻炼赣榆拔河队伍的同时，也增进对外交流，积累办赛经验，提升“赣榆拔河”的知名度，赣榆县由此被誉为“拔河之乡”。赣榆县农民拔河队队员大多来自柘汪、塔山、海头、罗阳、城头等镇。1999～2009年，李坤露、徐永宁、张军、王嵩先后担任农民拔河队教练。

1999～2009年赣榆县拔河队参加省以上比赛成绩一览表

表28-9

序　号	代表队名称	比赛名称	比赛项目	名　次	时　间	地　点
1	江苏省赣榆县大新庄	第四届江苏省农民运动会	男子720公斤	1	1999.09	江苏扬州
2	江苏省赣榆县大新庄	第四届全国农民运动会暨第三届全国拔河锦标赛	男子720公斤	2	2000.10	湖南长沙
3	江苏省赣榆县	第四届全国拔河锦标赛	男子720公斤	1	2001.10	山东济南
4	江苏省赣榆县塔山镇	第二届全国体育大会暨第五届全国拔河锦标赛	男子640公斤	2	2002.10	河北秦皇岛
5	江苏省赣榆县塔山镇	江苏省首届拔河锦标赛	男子720公斤	1	2002.11	江苏赣榆
6	江苏省赣榆县柘汪镇	江苏省首届拔河锦标赛	女子560公斤	1	2002.11	江苏赣榆
7	江苏省赣榆县金山镇	第六届全国拔河锦标赛	男子560公斤	2	2003.10	江苏赣榆
8	江苏省赣榆县宋庄镇	第六届全国拔河锦标赛	男子600公斤	2	2003.10	江苏赣榆
9	江苏省赣榆县厉庄镇	第六届全国拔河锦标赛	男子640公斤	2	2003.10	江苏赣榆
10	江苏省赣榆县塔山镇	第六届全国拔河锦标赛	男子680公斤	2	2003.10	江苏赣榆
11	江苏省赣榆县柘汪镇	第六届全国拔河锦标赛	女子480公斤	1	2003.10	江苏赣榆
12	江苏赣榆县华宏驾校	第六届全国拔河锦标赛	女子520公斤	1	2003.10	江苏赣榆

续表28-9

序　号	代表队名称	比赛名称	比赛项目	名　次	时　间	地　点
13	江苏连云港	江苏省第五届农民运动会	女子440公斤	5	2004.05	江苏淮安
14	江苏连云港	江苏省第五届农民运动会	男子560公斤	3	2004.05	江苏淮安
15	江苏省赣榆县塔山镇	江苏省首届全民健身运动会暨江苏省第二届拔河锦标赛	男子680公斤	1	2004.10	江苏赣榆
16	江苏省赣榆县柘汪镇	江苏省首届全民健身运会暨江苏省第二届拔河锦标赛	女子520公斤	1	2004.10	江苏赣榆
17	江苏省赣榆县柘汪镇	第七届全国拔河锦标赛	女子520公斤	2	2004.11	河南郑州
18	江苏省赣榆县柘汪镇	第七届全国拔河锦标赛	女子480公斤	2	2004.11	河南郑州
19	江苏省赣榆县柘汪镇	第八届全国拔河锦标赛	女子480公斤	2	2005.10	黑龙江哈尔滨
20	江苏省赣榆县班庄镇	第八届全国拔河锦标赛	女子520公斤	2	2005.10	黑龙江哈尔滨
21	江苏宏安集团	全国大企业职工拔河比赛暨第三届全国体育大会拔河比赛预赛	女子520公斤	4	2006.04	四川成都
22	江苏宏安集团	全国大企业职工拔河比赛暨第三届全国体育大会拔河比赛预赛	女子480公斤	3	2006.04	四川成都
23	江苏宏安集团	第三届全国体育大会拔河比赛	女子480公斤	2	2006.05	江苏苏州
24	江苏赣榆县柘汪镇	江苏省首届农民体育节	男子680公斤	1	2007.04	江苏连云港
25	江苏赣榆县柘汪镇	江苏省第二届全民健身运动会（农民部）拔河比赛	男子680公斤	1	2007.06	江苏张家港
26	江苏省赣榆县柘汪镇	江苏省第二届全民健身运动会（农民部）拔河比赛	女子520公斤	1	2007.06	江苏张家港
27	江苏宏安集团	江苏省第二届全民健身运动会（职工部）拔河比赛	男子640公斤	1	2007.11	江苏南京
28	江苏宏安集团	江苏省第二届全民健身运动会（职工部）拔河比赛	女子520公斤	1	2007.11	江苏南京
29	江苏宏安集团	全国拔河精英赛	女子480公斤	3	2007.11	江苏东海
30	江苏宏安集团	全国拔河精英赛	男子640公斤	5	2007.11	江苏东海
31	江苏省赣榆县	江苏省第六届农民运动会	男子680公斤	1	2008.05	江苏赣榆
32	江苏省赣榆县柘汪镇	全国第六届农民运动会	男子680公斤	2	2008.10	福建泉州
33	江苏省赣榆县柘汪镇	全国第六届农民运动会	女子520公斤	3	2008.10	福建泉州
34	江苏省赣榆县柘汪镇	全国农民拔河邀请赛	混合520公斤	2	2009.07	哈尔滨市
35	江苏省赣榆县柘汪镇	全国农民拔河邀请赛	混合680公斤	1	2009.07	哈尔滨市

二、全民健身

图 28-52　全民健身月启动仪式（2009年摄）

1995年，《中华人民共和国体育法》《全民健身计划纲要》颁布实施，农村群众体育工作进入有章可循、有法可依的新时期，全县全民健身运动进入快速发展阶段，体育健身活动深入开展，体育人口比例持续增长。自1999年起，县体育、文化部门每年均组织开展全民健身周活动。自2002年起，每年6月10日均举办“全民健身日”启动仪式和大型体育健身展演活动。2003年“非典”期间，县体育局大力推广健身运动，各项健身活动在全县范围内广泛开展。2007年起，县体育部门每年均组织开展全县社会体育指导员培训活动。

县体育部门组队参加省、市健身比赛，均获优异成绩。在2007年第二届江苏省全民健身运动会上，赣榆县健身秧歌队获3项第一。城区交通广场健身队多次夺得市健身秧歌比赛冠军。

第八节　体育产业与管理

1999年，体育彩票在赣榆上市，初期管理模式采取经销商制度，赣榆站点所属经销商为连云港康缘药业。2000年元旦、春节期间，县体委发行中国体育彩票。2005年年初，江苏省体彩中心决定取消经销商制度，由各市体彩中心收回体彩管理权，实行体彩销售工作地方管理制度。3月，县文化局、体育局成立临时机构体育彩票管理办公室，从局内部抽调两名工作人员负责体彩工作，办公地点设在县城环城南路70号文华园内。是年新增销售网点47家，全县网点数达到55家，共销售1594万元，同比增幅达370%。赣榆县被评为全省体育彩票发行先进单位。2006年3月，办公地点迁至县城新建路14号；全年销售1235万元。2007年，销售1779万元。2008年，新增网点50家，机器总数量达到106台，销售2749万元；赣榆县再次被评为全省体育彩票发行先进单位。2009年，新增网点10家，机器总数量117台，销售4010万元；11月底，赣榆县首家竞彩专营店开业。

图 28-53　即开型体彩销售现场（2000年摄）

徐福茶园

第二十九篇　徐福文化

第二十九篇 徐福文化

20世纪80年代初，赣榆县发现徐福故里的消息披诸报端。赣榆县适时成立徐福研究会，开展徐福研究。1985年7月更名为连云港徐福研究会。至2009年，连云港徐福研究会已成为拥有180余名专家、学者的大型学术研究团体，先后举办国际、国内大型学术讨论会9次，恢复、保护徐福文化遗址15处，建设徐福人文景观5处，成功举办7届徐福节，编辑出版徐福研究论文集6部，出版会刊《徐福研究》18期，刊载重要论文236篇，在徐福其人其事、徐福故里、徐福文化、徐福宗谱世系、东渡可行性、东渡始发港、东渡航线、东渡上陆地、东渡对日本文化的影响以及徐福与神武天皇等诸多课题研究方面取得突破性的成果，积极开展国内、国际徐福文化研究、协作和友好交往活动，把徐福文化推向国际，走向世界！

第一章 徐福村发现与考证

第一节 徐福村之发现

徐福村位于赣榆县金山镇南1千米。东临黄海之海州湾11千米，南离县城青口镇20千米，东到秦汉时的赣榆故城（盐仓城）只有6千米。在后徐阜村北部、大窑沟南、兴会寺和牛王庙北有过徐福庙，汉建唐修。多年来农民在这一带深翻土地、兴修水利，挖出不少春秋和秦汉文物。徐福村南2.5千米的大港头是传说中的徐福出海处，曾经挖出大片海淤和多件秦汉文物，还发现了春秋时的布币。

后徐阜村北有片高岗地，往昔有两座庙。西三间是兴会寺，东三间是牛王庙。村西有2.6公顷庙地，村东有骆车河，庙南有戏台。据当地的乡老介绍：先有兴会寺，后有骆车河，先有徐福村，后有兴会寺，庙的西南还有徐福的0.6公顷地。牛王庙前有一公一母两株白果树，直到1942年才被砍伐。当地的老人都见过此树，有六搂粗（直径3米之多），约有两千余年的历史。因为树高，沿海渔民出海归航以为航标。兴会寺前一株老松树，上挂一口大铁钟。1958年"大炼钢铁"砸开过秤541千克。原有一口铜钟被大水冲走了。至今这一带还流传着这样一首民谣："铁钟和铜钟，本是亲弟兄，你住兴会寺，我去东海东。"表达了徐福故乡父老对东渡不归亲人的深切怀念之情。

1982年，全县地名普查时，徐福村76岁的老道士徐永成和陈守成等老人反映，徐福村是秦代方士徐福的故里，并向调查人员讲述了徐福为秦始皇求长生不老药，带领童男童女东渡的故事。金山乡地名普查人员张慎良根据徐永成等人讲述，于1982年5月23日写成《金山公社徐阜村名调查报告》，报告主要内容为：后徐阜村是一个古老的村庄，经过村名调查，在大清朝乾隆年间不叫'徐阜村'，而叫'徐福村'。在本村姓王的、姓韦的家谱上，都有徐福的字样。后来改名为'徐阜村'的时间和为什么改，未查清。据陈守仁、徐永成等老前辈讲，古时有一个方士，名叫徐福，就住在本地。当时秦始皇想得到长生不老药，结果就把徐福召去，命徐福制出长生不老药来，炼不成，要斩首问罪。徐福想，要制出长生不老药是不可能的，因此用了一个脱身之计，就奏于皇上，要想炼长生不老药，此地不行，必须到东海。采药人还必须是不过12岁的童男童女。秦始皇为了能得到长生不老药，什么条件都可以答应。徐福得到了皇上的批准，就要了五百童男童女，带足船只、粮食和其他物资，直奔东海而去，就是现在的日本。

根据这份调查报告，县地名办公室汪承恭等对徐福村的演变进行了进一步的调查和初步考证，并于1982年10月写成《"后徐阜"很可能就是"徐福"的故乡》一文。1983年7月，徐州师范学院阎孝慈、罗其湘等，先后来徐福村考查，并初步认定今之徐阜（福）村就是秦代著名方士徐福的故里，同年10月，连云港市博物馆馆长李洪甫、赣榆县史志工作者前往徐福村考查，11月，李洪甫在《连云港报》上发表《寻觅在徐福的故乡》一文，将徐福村就是秦方士徐福故里的发现首次公之于世。

1984年4月18日《光明日报》发表罗其湘、汪承恭署名文章《秦代东渡日本的徐福故址之发现与考证》，引起国内外学术界强烈反响，日本《朝日新闻》于19日对罗、汪的文章予以报道评述。同时，徐州师范学院学报1984年第一期刊登阎孝慈的论文《秦代方士徐福东渡日本新探》。

第二节　徐福故里考证

一、罗其湘、汪承恭先生关于徐福故里考证

1984.4.18 光明日报 ·3·

秦代东渡日本的徐福故址之发现和考证

罗其湘　汪承恭

图 29-1 《光明日报》发表有关徐福考证论文（2005年摄）

罗其湘、汪承恭先生的论文——《秦代东渡日本的徐福故址之发现与考证》，对徐福故里与徐福东渡其人其事进行全面论证，初步阐明赣榆徐福村是秦代方士徐福的故里。该文关于徐福故里考证主要内容如下：

徐福出生于秦统一前的中国，经历了从战国到秦两个时代。按《史记》记载，徐福是齐琅琊人。根据郭沫若主编的《中国史稿地图集》和谭其骧主编的《中国历史地图集》，战国时赣榆属齐地，秦时属琅琊郡。这样徐福故乡是赣榆，和《史记》所载徐福是齐人，琅琊人，完全吻合。赣榆县的历史建制是秦置还是汉置？过去根据《汉书·地理志》所载认为：赣榆县建制，最早始于西汉而非始于秦。现按“汉承秦制”和在陕西秦始皇陵西侧出土的秦赣榆刑徒墓葬瓦文：“赣榆距”（板瓦内侧倒书）“赣揄得”（秦汉榆、揄并用），据此可证赣榆县最早的历史建制始于秦。根据在后徐阜村收集的板瓦碎片，初步鉴定为汉代布纹板瓦，徐福村有可能为汉代村落遗址。民间传说、历代方志和民间家谱都有相关的徐福传说。徐福村各姓居民保存的家谱计有：清乾隆十年续修的《张氏宗谱》；乾隆四十二年修的《王氏谱》；乾隆四十九年续修的《壹经堂·后徐福·韦氏支谱》和民国二十二年续修的《壹经堂·韦氏支谱》等。这些家谱中，留下“徐福村”“后徐福”“徐福河”等有关古地名达十余处，也是考证徐福村的一项极为重要的依据。

二、阎孝慈先生关于徐福故里考证

《徐州师范学院学报》1984年第一期刊载该院历史系教授阎孝慈先生论文《秦代方士徐福东渡日本新探》，对徐福故里、徐福东渡史实、航线及起航点，进行全面论述，该文关于徐福故里考证主要内容如下：

徐福亦名市（乃古黻字，同音相注），《史记》是市、福两字并用。关于徐福的籍贯，《史记》载为齐人，亦作琅琊人。齐，当是泛指，不是精确的地域概念；琅琊，即为琅琊郡。琅琊郡辖区大致包括如今的赣榆、临沭、费县、莒南、沂南、莒县、胶南、胶县，诸城、五莲、沂水、沂蒙、蒙阴诸县。在这一代，除赣榆县外，尚未发现其他地方有确认徐福为当地人的记载或传说。所以，说徐福为琅琊郡赣榆人并非杜撰。徐福到底是哪一县人，史书未详。秦代时有无赣榆县的设置？它是否即属琅琊郡？

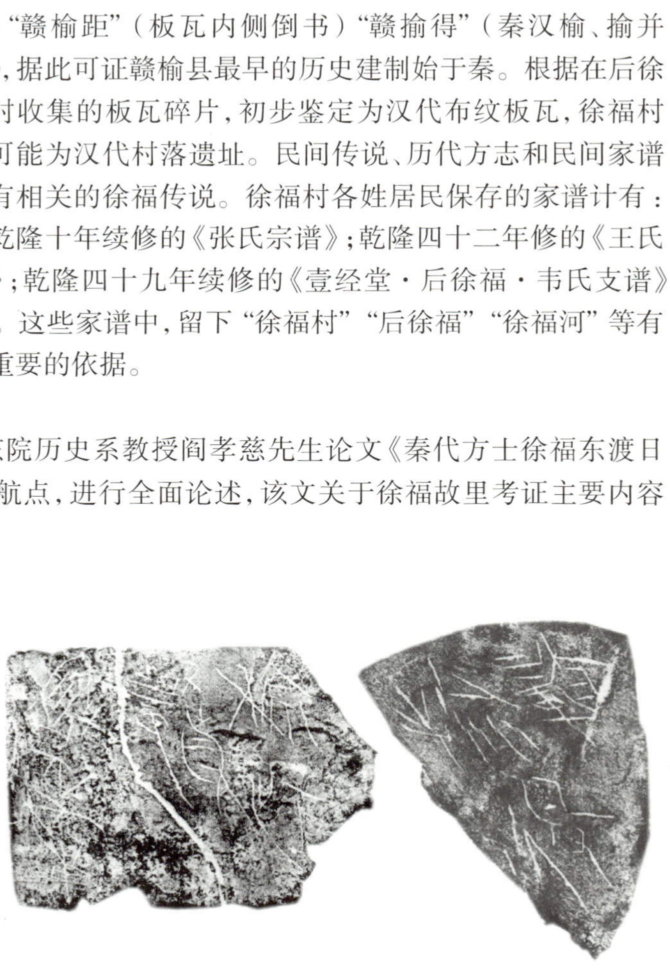

图 29-2 “赣榆距”“赣揄得”拓片（1991年摄）

检索史籍，可见到的最早记录当为《汉书·地理志》，载西汉时赣榆属琅琊郡。因汉初的一些重要制度都是"承秦制"，所以，其郡县设置当是从秦代继承而来，至少在秦代时已有"赣榆"命名。这可以从近年来在秦始皇陵西侧刑徒墓地出土的两件有"赣榆"字样的瓦文而得到证实。"赣榆"的"榆"字，一作"揄"，又作"揄"。已著录的汉代封泥有"赣揄丞印""赣揄马丞"皆为"揄"。汉鲜于璜碑亦作"赣揄"，也说明秦汉时"榆"与"揄"并用。这都证明秦代时已在"赣榆"设县。检阅《赣榆县志》《海州志》，徐阜村原来叫徐福村。福、市、阜、富同音，相讹沿变，故后来又称为徐阜、徐富。徐福村今存一古庙兴会寺遗址，寺东有龙王河，从西北流向东南入黄海。村中老年人回忆，兴会寺的后面，1977年曾出土汉代的小口深腹圆底铁釜和细绳纹陶罐，说明当时这里已经形成村庄聚落。在赣榆县境内已发现新石器时代和商周遗址多处。春秋时期诸侯国林立，仅赣榆境内即有莒、纪鄣、祝其等若干小国。在夹谷山有孔子相鲁会齐侯的遗址。此外尚有三座汉代古城的遗址。这些都说明，早在春秋、秦汉时代，这里已经开拓发展，经济文化都达到相当的水平。

三、徐福村古遗址调查和出土文物

1985年春，赣榆县徐福研究会组织有关人员对徐福村及周边古遗址、文物进行为期两个月勘踏、调查，对徐福村三处文化遗址进行试掘，出土一批重要文物，由戚贵森先生执笔写出考古调查报告——《赣榆县徐福村古遗址调查及徐福故里考》发表于《徐福研究》1985年第二期，该文主要内容如下：

在徐福村发现的古文化遗址，分别位于村北、村南和村东三处。村北遗址当地群众传说为徐福宅基地，村南遗址地名团树，村东遗址地名对厅。三处遗址可分别名之为宅基地遗址（遗址一）、团树遗址（遗址二）、对厅遗址（遗址三）。

1. 宅基地遗址

遗址位于村北500米，为一阜地隆起，东侧为龙王河冲积坡。遗址南北长约500米，东西宽300米。因群众耕地取土，遗址受到破坏，遗物见于地表，俯拾即是；从河流和沟渠断面可以看到，黄土层（耕土）和第二层黄褐色亚黏土为文化层堆积，厚度约70厘米。

2. 团树遗址

遗址位于村南500米，东西长约150米，南北宽约100米，原为一高台地，后因群众耕地取土而渐平。遗址已受到严重破坏，文化遗物亦可见于地表。从沟渠断面看，第一层耕土厚约30厘米，第二层黄褐色亚黏土厚约40厘米，这二层为扰乱层，底层为灰褐色黏土。

3. 对厅遗址

遗址位于村东1000米，龙王河东岸，东西宽约100米，南北长约500米，因河流冲刷，呈现东高西低的漫坡形。从沟渠断面看，耕土层为粗砂土，厚约20厘米，第二层为夹砂黄土，厚约40厘米，这二层为扰乱层。第三层为黄褐色亚黏土。

三处遗址发掘和采集得到的文化遗物就其器质可分为石器、陶器和铁器三大类。

出土文物：

1. 石器类

石器共16件，为石斧8件，石

图 29-3　石铲（1992年摄）

图 29-4 黑陶罐（1992年摄）

铲1件，磨棒2件，砺石2块，研磨器2件，石珠一枚。

2. 陶器类，分建筑器材和生活用具两类。

建筑器材主要为瓦当、板瓦和筒瓦。瓦当构图除一件为莲花图案外，其余皆为云纹。

徐福村三处遗址发现大量板瓦和筒瓦，遗址一、二所出板瓦、筒瓦的造型和纹饰基本相同，灰色，瓦面饰绳纹，背饰布纹；筒瓦瓦唇明显凹缩。

遗址三所出板瓦、筒瓦分灰、红二色，瓦面饰绳纹；板瓦背饰大菱格纹；筒瓦背有明显手捺制痕迹。筒瓦瓦唇部分低于瓦身，但凹缩不明显。有的板瓦一端很厚，厚度达3～4厘米。

遗址一、二发现大量灰、红两色花纹砖，纹饰为菱纹，穿壁纹，穿钱纹，乳突纹和索纹等。遗址二还发现灰色陶井圈。

所出生活器物多为残片，其中完整器物和可见之器形有钵、盆、罐、碗、鬲、甑、豆等。硬陶，泥质灰陶片，器形可辨为鼓腹罐肩部，薄胎，轮制两组粗线纹之间饰波浪纹，线条清晰流畅。遗址二所见陶片几乎全部灰色，饰纹以素面和简单的凹弦纹、绳纹为主，其他为人字带纹，弦纹间牙齿纹。

3. 铁器类：分手工工具和生活用具两类。

手工工具为铁斧、铁镢、铁锤各1件，铁凿2件；生活用具为铁釜1件。

结语和考证

1. 对厅和团树两处为新石器时代文化遗址，从器物种类和器形演化来看，对厅出土的红陶钵代表大汶口文化早期遗存，红陶盆和大量红、灰陶片，为大汶口文化的中期遗存。对厅有板瓦和筒瓦出土，其下限可延续到春秋。

2. 团树出土的带槽石斧，是东部沿海新石器时代的典型器物，为大汶口文化的中期遗存。石铲和穿孔石斧已到大汶口文化的晚期，特别是石铲，选料精良，磨制精细光洁，造型规整优美，厚仅1厘米，并且已使用管钻，亦可视为龙山文化。从团树出土的灰陶以素面和简单的凹纹弦为主，以及鬲足和豆的特点来看，表现出商周时代的总特征。从团树遗址的云纹瓦当、板瓦和筒瓦来看，它的下限到汉代。

此外，在团树遗址发现的一枚石珠，可能是当时人含于口中之物，这是夷人的一种风俗习惯。这类石珠，在兖州王因的新石器时代墓葬中已有发现，据考，《山海经》中说的“歧舌”和《淮南子》中的“反舌民”就是指的夷人。他们因为长期口含石珠，以致影响发声，造成“歧舌”“反舌”。

3. 宅基地遗址的内涵比较单纯，所见几乎全是秦汉遗物（仅见莲花纹瓦当一，它的下限据此虽可延续到唐代，但表现极单薄）为秦汉遗址。

宅基地遗址出土的遗物多数为生活器物和手工工具，说明该遗址为秦汉人生活居住区，而当地群众世代相传为徐福宅基地，看来这种传说并非虚妄，我们可以从出土文物中找到历史的凭借。

宅基地遗址发现铁制手工工具和大量冶铁块，说明秦汉时此地有冶炼活动和手工业作坊存在。1979年当地群众在遗址南段东侧一次发掘出七口铁锅，这么多的铁锅在同一地点一次出土，显然不可能是一般私人家庭的生活用具，它可佐证徐福为准备东渡，确曾在徐福村一带组织百工冶铁造船，铁锅和手工工具有可能是工匠们和准备东渡的童男童女留下的遗物。

1982年，在宅基地遗址西段30厘米深处的地层发现碾药用的石碾轮一件，扁圆形，中间穿孔，直径37厘米，厚7厘米。在徐福村南大港头村也发现类似的石药碾（包括碾轮和碾船）。在宅基地遗址发现的石药碾，从出土地层、遗址内涵和器形分析，为秦汉器物，这和徐福的医药、方士身份是符合的，宅基地遗址出土的石药碾极有可能是徐福遗物。

4.团树出土的云纹瓦当、板瓦和筒瓦表明，该遗址在秦汉时有祠庙或殿堂建筑。据当地群众传说，此地为古代徐福庙址，一九五九年群众打井在这里发现过神像（泥塑木胎），进一步证明群众这一传说的可信性，秦汉时这里确有祠庙建筑存在。经查《前汉纪》载："孝成皇帝建始二年秋（笔者注：公元前31年），丞相匡衡又奏郡国、侯、神、方士、使者所祠凡六百八十三所，其二百伢应祀，或疑无明文不可奉祀，其余四百七十五所不应祀，请罢之。又奏高帝、武帝、宣帝所立山川群祠凡百二十余所，非典皆罢之。侯、神、方士、使者、副使、待诏七十余人皆罢归"。（《前汉纪・卷二十四》）这段文字告诉我们，西汉时朝廷在全国各地兴建许多神、方士、使者之类的祠庙。徐福是著名方士，朝廷为他在故里立祠奉祀，是可信的。

5.徐福村东南2.5千米大港头村，在深2～3米的地层中曾发现石锚数件，现存二件，皆呈现三棱形，有一穿孔。一件长75厘米，高27厘米，重77.5千克，一件长40厘米，高30厘米，重85.3千克；伴随石锚出土的还有海贝壳、海蚌壳。锚是坠船之物，在宋之前一般用石锚，宋以后才出现铁制锚。据当地群众说，大港头原有古河道可以通海。石锚的发现说明起码在宋代之前，徐福村、大港头一带人们已善假舟楫之便，海上交通比较发达。

此外，在大港头村还发现战国初期的魏国圆肩方足布和新莽货币。魏国圆肩方足布面文铸"安邑二釿"四字。这是公元前四世纪末至公元前三世纪中叶流行于三晋一带的货币。魏国的安邑距此地数千里，由此可推测战国时徐福村一带交通便利，商贾活跃。

第二章　徐福研究活动

第一节　连云港徐福研究会

1984年9月14日，赣榆县徐福研究会成立。中国中日关系史研究会、江苏省哲学社会科学联合会发来贺电。首任会长为赣榆县常务副县长徐增俭。

1985年7月，赣榆县徐福研究会更名为连云港徐福研究会，会址仍设在赣榆县，会长、常务副会长、秘书长等职务仍由赣榆县领导人和有关人士担任，赣榆县县长周克成任连云港徐福研究会会长。1988年3月，赣榆县长周克成离职，会长职务改由中共赣榆县委书记徐洪松担任。

1990年11月26日，连云港徐福研究会举行第二届第一次会员代表大会，选举徐洪松为连云港徐福研究会会长，选举苏波为常务副会长兼秘书长。

1991年9月，会长徐洪松离职，李训章继任连云港徐福研究会会长。

2002年春，县党史县志办公室主任尚衍壮任连云港徐福研究会秘书长职务。

2004年10月，连云港徐福研究会召开第三次会员代表大会，会议推选中共赣榆县委书记、县人大常委会主任孙荣章为连云港徐福研究会会长，选举县党史县志办公室主任尚衍壮为秘书长。会议通过连云港徐福研究会章程修改草案，决定《徐福颂歌》（戚贵森词、胡抗生曲）为连云港徐福研究会会歌，决定"中国连云港徐福研究会"会章为连云港徐福研究会会徽。

2005年春，连云港徐福研究会秘书长尚衍壮离职，县党史县志办公室主任徐健任徐福研究会秘书长职务。

2007年，连云港徐福研究会秘书长徐健离职，县党史县志办公室主任李军任徐福研究会秘书长职务。

2008年2月，连云港徐福研究会会长孙荣章离职。

2009年8月，中共赣榆县委书记、县人大常委会主任王加培就任连云港徐福研究会会长职务。

第二节 《徐福研究》

为了给徐福研究者提供一个学术园地，沟通信息，加强交流，促进徐福研究广泛、深入开展，连云港徐福研究会于1985年创办会刊——《徐福研究》。《徐福研究》自创刊至2009年，已出版18期，发表论文236篇，论文内容广泛，涉及徐福故里研究、徐福其人其事、东渡出海口、航线、登陆地、徐福文化、中外文化交流，以及海洋、农耕、医药、宗教等方方面面。

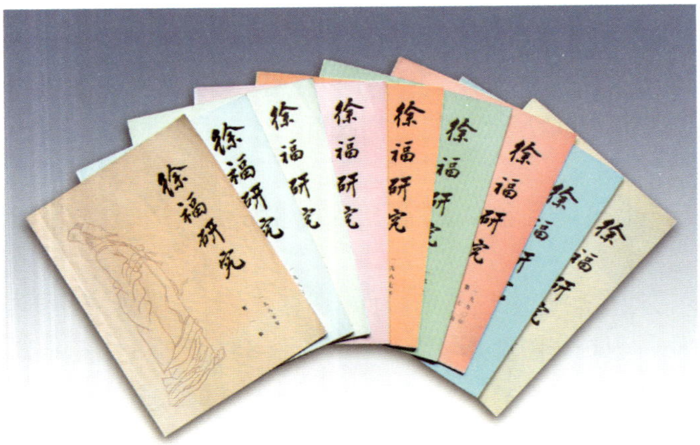

图 29-5 徐福研究刊物（2007年摄）

1985～2009年《徐福研究》论文目录一览表

表29-1

论文题目	作者
《寻觅在徐福的故乡》	李洪甫
《秦代东渡日本的徐福故址之发现和考证》	罗其湘、汪承恭
《秦代方士徐福东渡日本新探》	阎孝慈
《赣榆县徐福村古遗址调查及徐福故里考》	戚贵森
《徐福故里再考》	于锦鸿
《秦方士徐福东渡日本探寻延年益寿仙药的地理背景与科技文化影响初探》	何宗禹
《中国的徐福研究》	汪向荣
《徐福，日本的中国移民》	汪向荣
《徐福求仙入海处考——兼论其入海所止处》	时桂山
《浅谈“海上丝绸之路”与徐福东渡》	姜培玉
《从秦始皇对海外的向往来探索徐福东渡的原因》	仲跻荣
《徐福东渡日本浅探》	邵楚强
《济州岛是徐福东渡的第一站》	罗其湘
《秦代方士徐福东渡日本再探》	阎孝慈
《秦东门、秦山岛、徐福东渡》	张传藻
《徐福求仙史实的地望分析及考古学比勘》	李洪甫
《何处觅朐港，扬波喷云雷——徐福东渡始发港初探》	刘洪石

续表 29-1

论文题目	作者
《秦始皇巡游赣榆的遗迹初考》	姜志超
《徐福与楼船》	李克文
《历史时期海州湾海岸演变——兼谈徐福东渡之起航点》	高立保、阮修春
《秦代徐福东渡考析》	高立保
《秦始皇东游沿海与徐福东渡》	高立保
《“海州湾偏西说”质疑及其他》	汪承恭
《徐福东渡之行踪初探——兼论徐福东渡入海处》	于锦鸿
《苏北堆积平原历史时期自然地理环境的变迁》	黄志强
《神仙术和徐福东渡辨考》	张季平
《齐之琅琊与赣榆徐福村》	李克文
《秦代方士徐福东渡日本考略》	于锦鸿
《日本辞书中的徐福》	徐桐生
《秦代徐福的海外移民》	熊　杰
《弥生文化——徐福东渡的重礼》	程天良
《佐贺和徐福》	副岛清高（日）
《徐福船队东渡日本经由路线及登陆地》	副岛清高（日）
《寺井津和徐福传说》	园田良秀（日）
《所谓长生不老的仙药是什么》	牧山敏浩（日）
《三千炎黄子孙的去向和归宿兼论徐福东渡》	姜志超
《古代的中日交流》	陈舜臣
《从中国史书看徐福的东渡》	福永光司（日）
《从考古学的角度看日本文化的源流》	樋口隆康（日）
《徐福东渡意味着什么》	梅元猛（日）
《绳纹弥生两代日中海上交流与船只》	茂在寅男（日）
《瓮棺文化之谜》	金关恕（日）
《富士古文书》（节录）	山本纪纲著 徐桐生译
《中国的徐福学》	汪向荣
《徐福及其东渡之谜》	程天良
《赣榆“从来不是齐地”吗？》	邱孟琪
《对徐福的思念》	吉次敏孝（日）
《徐福入海求仙与弓月君渡海起赴日考》	穆景元
《徐福的日本后裔考略》	徐桐生
《在东京徐福会举行的学术报告会上的报告》	高见玄一郎（日）
《日本徐福研究资料摘编》	孙金科译
《论徐福形象及其东渡船舶》	丁正华

续表29-1

论文题目	作者
《吴越文化对日本文化的影响》	马湘泳
《再述日本朝鲜出土中国六朝文物》	罗宗真
《日本弥生文化与徐福》	徐桐生
《从徐福东渡看秦朝社会文明对日本的影响》	尹德树
《日本纪伊国徐福和华夏己其古族》	彭　海
《日本熊野地区的徐福遗迹和祭祀活动》	张良群
《秦始皇时期的官手工业与“百工”》	王传利
《方仙道的后世演变》	林仙庭
《试谈徐福的养生观》	单会府
《徐福学与改革开放》	范浩儒
《有关徐福研究的几个问题》	范浩儒
《中国探险家——徐福》	范浩儒
《发扬徐福海外开发的精神，建设具有特色的徐福村（论纲）》	刘洪石
《赣榆初县考》	张自修
《再论“秦帝桥”》	张传藻
《略论“岩画”的定义和名称》	李洪甫
《韩国的岩画及其研究》	李洪甫
《徐福研究的方法之我见》	席正林
《愿徐福之光照全球》	许恒道
《跨世纪秦文化工程构想（提纲）》	张自修
《关于秦代徐福东渡船舶的考释和模拟》	丁正华
《徐福入海求仙药与殖民海外》	马湘泳
《中国古代航海史上的杰出人物》	程天良
《超越世纪与国境之谜——秦始皇遣方士徐福率童男童女数千人东渡探求的“延年益寿”“奇药”究竟安在》	何宗禹
《徐福可能到过美洲——徐福率众出海小议之一》	亦　鸫
《徐福是否止王于日本？——徐福率众出海小议之二》	亦　鸫
《中国东南岩画中的天文图》	李洪甫
《古代华北地区稻作——兼谈日本稻作传入》	高立保
《解开徐福在宁波出海东渡之谜》	施存龙
《徐福求仙活动与岱山古名蓬莱的关系》	陶和平
《六年来对弥生文化使者——徐福的探讨》	内藤大典（日）
《徐福故里所见之佐贺》	肉藤大典（日）
《富士北麓徐福传说之考察》	羽田武荣（日）
《亲切可敬的徐福桑》	村冈央麻（日）
《散布在有明海沿岸诸富町上的徐福传说》	吉次敏孝（日）

续表 29-1

论文题目	作　者
《佐贺市的徐福传说》	西村正俊（日）
《方士徐福之谜在21世纪复苏》	池上正治（日）
《试谈徐福集团凭借黑潮暖流东渡日本》	周凤鸣
《徐福东渡普陀泊地探讨》	邬永昌
《驺衍与徐福东渡》	由玉维
《琅琊文化与徐福东渡略考》	巨焕学
《“和”——华夏外交的永恒主题——兼论徐福千童集团成功东渡的现实意义》	刘　辉、范洪胜
《徐福在韩国》	方毓强
《中国航海先驱——徐福》	徐鸿进
《古代华北经济与日本经济发展》	高立保
《徐福求仙药钓玄》	单会府
《研究徐福 发展旅游》	高立保
《关于建立徐福学的构想》	方印华
《徐福出海线路与黑潮流向的绑定》	王洪金
《打好徐福故里品牌 推动赣榆经济发展》	王贤华
《探讨徐福文化 建设主题公园》	释昌鉴
《传播日本的“稻之道”》	刘洪石
《保护和营造开发徐福千童文化所必需的良好文化生态》	盐山徐福千童会
《中国古代华北水利与稻作——兼谈日本稻作》	高立宝
《关于“走近徐福”系列活动的进展情况》	周乃复
《二十世纪的徐福研究》	张良群
《方士六议》	戚贵森
《秦东门再论》	邱孟琪
《佐贺人心中的徐福》	林冈央麻（日）
《关于大阪、京都、奈良地区的“秦氏”调查报告》	前田秀一（日）
《筑紫野的徐福传说》	赤崎敏男（日）
《九证赣榆县徐福故里》	侍述明
《徐福东渡起航地点探寻》	黄正明
《面向以徐福为缘而成的网络组织的构筑》	逵志保（日）
《徐福形象遍亚洲——从图像考察亚洲各地的徐福踪迹》	池上正治（日）
《徐福东渡的社会意义》	徐洪绕
《徐福研究散论》	方印华
《济州岛上说徐福》	程天良
《秦皇求仙的贡品——数千童男女》	盐山县徐福千童会
《关于对徐福与徐国关系的探究》	徐炳仁、王新文
《山东郯城豹公墩 中华徐氏始祖陵》	徐绍贵、李　华　刘卫昱

续表29-1

论文题目	作者
《徐福与扶桑之国》	王 贤
《连云港徐福人文景观及其影响》	张良群
《徐福东渡首航失败后踪迹探寻》	黄正名
《徐福研究与当代赣榆旅游》	刘洪石
《对徐福研究方面的一点思考——方士世界观与帝国最高决策者的心理感应》	张传藻
《徐姓起源与流播——赣榆、郯城、慈溪及江西四地徐姓家谱解读》	戚贵森
《徐福渡日 九女随从——揭开徐福东渡之谜》	高立保
《"方仙道"源于东夷说》	郝海洋
《关于徐福研究》	张云方
《徐氏文化资源利用价值分析》	韩明林、徐绍贵
《日本人是如何理解徐福东渡之说的》	柴田清继（日）
《在神奈川相传的徐福》	前田丰（日）
《徐福学在九州的成立过程——内藤徐福学发挥的作用》	森醇一郎（日）
《延伸向东海上的长城》	须田育邦（日）
《在神奈川县滕泽市妙善寺的徐福的子孙墓》	河野通广（日）
《徐福东渡与海上丝绸之路》	孙荣章
《中华和文化在徐福东渡中的成功实践》	张良群
《徐福研究的三个纬度》	方印华
《和平使者——徐福》	高立保
《石桥东望海连天 徐福空来不得仙——秦帝桥与徐福研究》	刘洪石、张传藻
《读〈鬼谷子〉衍论徐福》	戚贵森
《秦代方士考》	于锦鸿
《重测始皇碑 再论秦东门》	寇彬堂
《始皇陵与徐福》	邱孟琪
《徐福东渡与海洋文明浅说》	郝海洋
《推动徐福东渡作为中日共同历史研究课题的必要性》	徐广影
《从徐福东渡浅谈构建东亚地区和谐环境》	高 伟
《关于加大赣榆徐福宣传的几点建议》	王 贤
《徐福文化：徐文化与福文化的和谐统一》	徐炳仁、王新文
《徐福团东渡日本及正史〈日本书纪〉的批判》	壱岐一郎
《续〈徐福新考〉》	鸟居贞义著 崔 忠、李爱华译
《考察神奈川县跟徐福的关系》	前田丰著 早川真一译
《徐福后代·秦河胜及其家族（秦始皇后裔）》	中浜胜也著 崔忠、李爱华译
《到佐贺寻访徐福足迹》	村冈央麻著 赵 平、高红化译

续表 29-1

论文题目	作　者
"日中宥和徐福勲"八女市与中国的友好交流	赤崎敏男著 三玲玲、李洁译
我心目中的徐福	曰岛孝子
《延岡与徐福》	渡边昭春著 李亭译
《徐福东渡与和平友好》	石川幸子著 赵平、韩琦译
《徐福传说的东亚地区构建》	逵志保著 阎红燕、蒋庆荣译
《弘扬徐福文化楹联》	陈凤桐
《赣榆属齐地非楚疆土》	高立保
《从古代方士阶层的起源与社会基础看徐福其人其事》	张建民
《徐福东渡济州岛(时耽罗岛)初考》	张良群
《徐福东渡时与嬴政的心理博弈分析》	韩明林
《日本神武天皇千古之谜》	徐鸿进
《河北沧州发现日本室町时代铜制乐器》	王敏之、郭　颖
《吴地航海与徐福东渡》	黄粟嘉
《秦始皇东巡 秦皇岛与方士集团入海求仙》	孙志升、郭士刚
《黄河古道入海口处的徐福遗址概述》	范洪胜
《徐福东渡与吴地有关的几个问题》	管　正
《徐福东渡的历史环境》	寇彬堂
《徐福东渡与海洋文化》	高　伟
《秦始皇泗水捞鼎图的追索》	曲玉维
《破解越国徙都琅琊之谜》	寇彬堂
《略论徐福始祖陵之所在》	徐绍贵
《徐福东渡再认识》	李书和、刘镇琦
《西墅之谜》	张树庄
《诗经与凤鸟文化》	戚贵森
《再谈秦始皇求神山仙药与徐福》	高立保
《赣榆海祭溯源》	杨桂珍、葛　华
《象山徐福文化现象刍议》	盛鑫夫
《发扬徐福精神 推动徐福研究成果转化》	徐广影
《试论徐福文化在美洲的传播》	王新文
《中华徐福文化圈的基础——徐文化圈论》	王新文、徐炳仁
《试论徐福对日本生产力的影响》	王　浩、徐厚俊

续表29-1

论文题目	作者
《试论徐福对日本文化的影响》	王　浩、靳长明
《徐福——徐文化传播的伟大使者》	徐炳仁、王新文
《发掘弘扬龙凤伉俪文化构筑文明和谐美满世界》	王新文、唐伟
《关于对徐福故国徐国与徐福故都盱眙关系的探究》	姜发堂、王新文
《徐福精神论》	王新文、姜发堂
《徐福东渡2220周年之际三重县熊野市波田须得徐福之社》	逵志保
《日本和韩国对徐福的认识》	赤崎敏男（日）
《巨济岛葛岛磨崖刻的真实》	李性辅（日）
《徐福东渡和日本历史的变迁》	须田育邦（日）
《关于富士古书《神皇纪》之今译本》	津越由康（日）
《徐福子孙坂上田村麻吕和世界文化遗产京都清水寺》	中浜胜也（日）
《秋田男鹿的徐福塚——又一处徐福遗迹》	池上正治（日）
《徐福研究的环境变化和富士古文献》	河野通广（日）
《徐市的长生不老医疗旅游产业激活（活跃）使用方案——以济州道为中心》	高承益（韩）
《翻阅悠久的历史 联结草根的纽带》	冈本明久（日）
《高潮迭起的中日文化交流》	汤重南
《美国的战略转移已成为中日关系的一大障碍》	贾蕙萱
《论中日文化的互补性》	李兆忠
《中日文化的比较研究》	贾蕙萱
《日本：是日薄西山，还是东山再起》	李亚芬
《徐福文化与中韩交流》	慎丽华、焦桂英
《从徐福到神武天皇》	戚贵森、陈博林
《徐福思想意识及其实践》	朱亚非
《（韩国）南海菩提庵为中心的徐市的占術风俗和传说——名叫徐福选人法》	金基元（韩）
《徐福对熊野的神佛调和信仰的影响——从富士古文书记录中所想到的》	津越由康
《徐福——一个开拓东亚历史的伟大航海家》	徐晓望
《北海道的又一个徐福家谱》	池上正治（日）
《千年古书 真伪之辨——再论日本〈富士古文书〉》	高立保
《徐福东渡对先秦民俗的分布及影响》	张良群
《也谈徐福东渡和古代移民》	戚贵森
《从历代史料中看徐福东渡的可能及意义》	徐洪绕
《秦始皇第五次出巡行程分析》	曲玉维
《〈史记〉记载徐福事迹之我见》	周凤鸣

续表 29-1

论文题目	作者
《徐福东渡航线考述》	郝海洋
《浅说徐福东渡前后之古琅琊》	祝新华
《徐福第二次见嬴政原因推论》	韩明林
《赣榆徐福文化论坛的升级和战略定位问题思考》	陈博林
《徐福文化纵横谈》	戚贵森
《关于徐福文化当代传播与流布的特点研究》	张建民、张　谰
《弘扬徐福文化，建设蓝色家园》	陈国兴
《略谈如何使用跨文化研究方法研究徐福文化》	刘卫星、徐希冕
《提升徐福文化国际影响力的途径》	方印华
《试论我国徐福社团组织发展的途径抉择》	王新文
《与徐福结缘的友好交流》	田岛孝子（日）
《徐福の绿で友好交流》	田岛孝子（日）
《徐福文化论》	王新文
《从连云港的徐福研究看中日徐福文化的传承》	樊士进
《徐福节文化与赣榆经济发展关联互动的研究》	戴双
《从徐文化与徐福关系方面探寻徐福文化系列"申遗"的文化潜质与历史机遇》	王新文、王东君　王　龚
《日本朋友在徐福故里赣榆建立日本樱花文化园的设想和创意》	陈博林
《日本如何将祭祀（庙会）兴办为文化产业》	贾蕙萱
《关于建设徐福文化产业的思考》	葛均坡
《徐福方士医学传承人——德震堂》	七里河
《形意拳：或为徐福东渡后必然产生的文化瑰宝》	马士超、王庆友
《关于对帝舜与徐州关系的探究——兼帝舜生地考略》	晁念胜、王新文
《赣榆县名来源于山水》	寇彬堂
《日本人为何敬业》	贾蕙萱
《试说日本国家形象教育》	贾蕙萱
《独具特色的森田心理疗法》	贾蕙萱
《日本式以人为本》	贾蕙萱

第三节　学术研讨

1986～2009年，连云港徐福研究会先后举办9次规模较大的省级以上学术讨论会，邀请海内外知名专家、学者参会。

一、江苏省第一届徐福研究学术讨论会

由连云港徐福研究会发起，联合江苏省历史学会、连云港社科联、徐州师范学院徐福研究室共同举办，1986年5月28日在赣榆县召开。来自北京、山东、陕西和江苏各地的从事历史、地理、考古、民俗、中日关系史、海洋地质、航海等学科研究的专家、学者应邀与会，著名徐福研究专家汪向荣、罗其湘、阎孝慈，南京大学历史学教授邱树森、徐州师范学院历史学教授王云度出席研讨会。

这次徐福研究学术讨论会，对徐福在历史上“确有其人”、徐福的故里在赣榆县“确有其地”、徐福奉秦始皇命率众东渡“确有其事”取得基本一致的观点，对徐福东渡的目的、出发地、航线和到达地等问题，形成不同观点的争鸣。关于东渡的目的，有的认为秦始皇表面上是为求仙药长生不死，实质上是他统一中国后企图进一步向海外开拓；有的则认为徐福东渡寻仙是借口，目的是躲避秦代暴政，组织大规模的海外移民，寻找能够安居乐业的“世外桃源”。关于东渡的出发地，有的认为在东海郡朐山（孔望山）下的秦东门阙，即今夹山口岗嘴古港遗址；有的认为在古纪鄣城，即今赣榆柘汪口东北，这是古代游水口入海处。关于东渡航线，有南、北路两说，主张南路航线的，认为是从琅琊沿海向南，借助黄海海流漂送，东转再北上，达日本九州；主张北路航线的，认为从琅琊向东沿朝鲜半岛西海岸南下，过对马海峡，达日本九州。关于东渡的到达地，许多学者认为是到达日本，因为在日本也有不少关于徐福的文献记载和传说资料，在日本九州岛的佐贺县至今还立有“徐福上陆地”纪念碑、徐福之墓和徐福祠堂，金立山神社还把徐福奉为司农耕、蚕桑和医药的大神，举行热烈隆重的“徐福大祭”。特别在朝鲜的济州岛上，发现有摩崖石刻“西市过此”（西市与徐福同音）证明徐福东渡是经过济州岛往日本的。

二、全国首届徐福研究学术讨论会

1987年4月，由连云港徐福研究会和徐州师范学院徐福研究室等全国12个学术团体和单位联合举办。来自全国各地的专家、学者50余人参加会议，其中有复旦大学著名教授吴杰，中日关系史研究专家李连庆等，会议交流论文40余篇。

三、中国赣榆·日本佐贺徐福研究交流会

1988年10月16日，以副岛清高为团长的日本佐贺市友好访华团一行40人到徐福故里赣榆县参观访问，并进行徐福研究学术交流。在学术交流会上发言的有中国方面王铜起、于锦鸿、戚贵森、李克文和日本方面木下棋一郎、富永珍夫、原隆一、德岛秀子等先生和日本村冈朝子女士。

四、纪念徐福东渡2200周年学术讨论会

纪念徐福东渡2200周年学术讨论会，于1990年12月6～7日，在赣榆县政府一楼会议大厅举行。出席学术讨论会开幕式的有徐福研究的专家、学者、著名教授，国内外来宾和新闻界的朋友120多人，其中有原中国驻日本文化参赞、驻印度大使、时任中国电视艺术家协会党组书记李连庆，时任连云港对外文化交流协会会长、中国连云港徐福研究会顾问龚来宝，时任中国连云港徐福研究会会长徐洪松，出席开幕式的中国专家、学者有中国社会科学院学部委员、哲学家王玖兴，时任徐州师范学院教授、中国连云港徐福研究会顾问罗其湘，原中国科学院考古研究所副所长、著名考古学家安志敏，中国台湾省著名徐福研究专家彭双松等。日本新宫市的友好访华团也参加开幕式，新宫市代表团团长西耕作先生、佐贺市代表团团长今泉松次先生先后发表友好讲话。在开幕仪式上，日本西村正俊、田阪匡玄、木下棋一郎、奥野利雄、副岛清高、坂井力夫等先生被授予中国连云港徐福研究会荣誉理事称号；富永贞夫、西耕作、今泉松次、江里口俊雄、木村正、平川喜春、上野哲弘、西满、重松喜久雄等先生被授予中国连云港徐福研究会荣誉会员称号。

参加学术讨论会的中国专家学者共有47人，分别来自北京、江苏、上海、山东、河北、陕西、贵州、和中国台湾省8个省、市。会议共收到论文37篇。从论文内容划分大致归纳为四种类型：一是、徐福及其东渡的历史地位、作用；二是、徐福东渡行止路线考证；三是、中日文化对比研究；四、对徐福故里秦汉文化遗迹遗址的深入研究探讨。安志敏、罗宗真、彭双松、罗其湘、丁正华、徐桐生、张元勋、张季平、姜志超、李洪甫、张自修、刘兆元、高立保、戚贵森、李克文等19人在大会宣读论文。

五、1991年徐福国际学术讨论会

徐福国际学术讨论会，于1991年11月24～26日在徐福故里——江苏省赣榆县举行。

出席本次讨论会的专家、学者分别来自日本和中国北京、天津、辽宁、山东、江苏等省市。与会人员共94人，会议收到学术论文42篇。

出席本次国际学术讨论会开幕式的著名人士有：中国全国人大常委会委员、华侨事务委员会副主任委员高登榜，中国全国人大常委会委员、华侨事务委员会副主任委员、台湾民主自治同盟顾问林丽韫。日本佐贺县诸富町町长坂井力夫率领的访华团也出席大会开幕式。

出席本次国际学术讨论会的海内外专家、学者和知名人士有：中国徐福会（筹）会长李连庆、中国徐福会（筹）副会长徐平、叶志俊、罗其湘，中国徐福会（筹）顾问陈德鸿，中国中日关系史学会代表、研究员孙正达，中国科学院南京地理研究所研究员马湘泳，南京博物院主任研究员罗宗真，中国科学院南京紫金山天文台副台长戴新，辽宁大学日本研究所原所长、教授任鸿章先生，山东大学副教授张季平，《人民画报》社原副总编辑蔡尚雄，《人民画报》社译审李佩云女士等；日本专家川越敏孝、久米旺生、横山义一、横山早苗、大串达郎、池田俊夫、池田富美等。

在学术交流中，有20名学者发言介绍各自的论文，就徐福研究情况交换看法。这次徐福国际学术讨论会交流的论文，从内容上说，有探讨徐福历史地位的，有研究徐福对日本文化和社会发展贡献的，有探讨徐福与医药学关系的，有探讨方士学、方仙道家起源、流播与影响的，有对中日文化、风俗民情进行比较研究的，有论证徐福故里的，有综合探讨徐福研究方法及研究中具体问题的，等等。会议认为，无论在徐福研究的广度还是深度方面，本次学术讨论会都超过以往的历次学术讨论会，把徐福研究推进到一个新的阶段。会议指出，徐福研究是一个多领域、多学科的综合性课题，加强海内外学者之间的合作与交流极为重要。会议提倡中外徐福研究学术团体和学者们互相访问、互相交流。今后，既可在中国，也可在日本等国和地区继续举办国际学术讨论会，从而进一步推动国际间的徐福研究。

图 29-6 徐福国际学术讨论会在赣榆县召开（1991年摄）

六、2004年徐福与海洋文化学术研讨会

徐福与海洋文化学术研讨会，于2004年10月23日下午2时30分在赣榆宾馆三楼会议大厅举行。出席这次研讨会的有中国徐福会、苏州市徐福会、山东省龙口市徐福会、山东省胶南市徐福会、河北省盐山徐福会、浙江省慈溪市徐福会、浙江省舟山普陀区徐福会、上海《新民晚报》和连云港徐福研究会的专家、学者50余人。周凤鸣、曲玉维、匡焕学、邬永昌、高立保、于锦鸿、方毓强、刘辉、范洪胜、刘洪石、张传藻、方印华、张良群、王洪金、张建民、彭云、罗东生、高伟等先生在会议上宣读论文。

七、中国·赣榆第五届徐福节徐福国际学术研讨会

2005年10月1日，中国·赣榆第五届徐福节徐福国际学术研讨会在赣榆县隆重举行。中国徐福会原会长李连庆、中国徐福会会长刘智刚、连云港徐福会会长、副会长、秘书长等出席研讨会开幕式。来自中国徐福会、连云港徐福研究会、苏州徐福会、慈溪市徐福会、岱山徐福会、胶南县徐福会、青岛市徐福会、秦皇岛徐福会、盐山县徐福会、日本徐福会、日本佐贺市徐福会、日本新宫市徐福会、日本神奈川徐福会的专家、学者出席学术研讨会。本次研讨会共收到论文22篇，释昌鉴、刘洪石、高立保、周乃复、张良群、戚贵森、邱孟琪、村冈央麻、前田秀一、赤崎敏男、侍述明、黄正明以及盐山徐福千童会等徐福研究专家，进行论文交流发言和研讨。

八、中国·赣榆第六届徐福节徐福国际学术研讨会

2006年10月28日下午2时，中国·赣榆第六届徐福节徐福国际学术研讨会在赣榆宾馆一号楼五楼会议室隆重召开。国内外68位徐福研究专家、学者和有关方面负责人参加会议。日本徐福研究专家田岛孝子、逵志保、池上正治和中国徐福研究会、连云港徐福研究会、徐州市徐国历史研究会、盐山县徐福千童会、浙江慈溪徐福研究会、山东临沂市望族文化研究会、徐州市徐国文化研究专业委员会、安徽皖西南徐氏宗亲联谊筹委会的专家学者张良群、戚贵森、高立保、刘洪石、张传藻、徐洪绕、程天良、方印华、黄正名、王贤、徐炳仁、王新文、徐绍贵、李华、刘卫星等在研讨会上宣读论文。

图 29-7　中国·赣榆第六届徐福节徐福文化国际研讨会（2006年摄）

九、中国·赣榆第七届徐福节徐福国际学术研讨会

中国·赣榆第七届徐福节徐福国际学术研讨会，于2007年10月在赣榆县召开。会议共收到国内外论文24篇，其中国内论文14篇，来自日本的论文10篇。中日两国专家、学者在学术讨论会上进行论文交流和研讨。

图 29-8　中国·赣榆第七届徐福节徐福文化国际学术研讨会（2007年摄）

十、编辑出版徐福研究论文集

1988年后，连云港徐福研究会编辑和参与编辑出版徐福研究论文集6部，即《全国徐福研究学术讨论会论文集》（连云港徐福研究会参与编辑，中国矿业大学出版社出版1988年版），《纪念徐福东流2200周年徐福研究论文集》（连云港徐福研究会主编，中国科技出版社出版

1991年版),《徐福国际学术讨论会论文集》(连云港徐福研究会主编,海洋出版社1992年版),《中国·赣榆第七届徐福节徐福国际学术讨论会论文集》(2007年10月,连出准印),《东亚徐福国际论坛论文集》(连出准印),《徐福文化与赣榆发展论文集》(江苏人民出版社)。

第四节　重点课题研究

一、关于徐福其人其事

连云港徐福研究会自成立以来,一直将研究徐福其人其事作为首要课题。

尽管对徐福其人其事的记载最早出于中国的正史,可是在中国很早以来仍被视为传说,不作为学术问题研究。从黄遵宪,到李季、廖世功等,都把徐福作为传说中的人物或者文学典型。20世纪40年代后,汪向荣等开始把徐福其人其事作为学术问题提出探讨,但终欠系统成熟之论证,徐福其人其事仍然是一团"神秘的迷雾"。

从1986年连云港徐福研究会举办的江苏省首届徐福研究学术讨论会开始,逐步对徐福其人其事达成共识,即徐福史有其人,东渡史有其事。

二、关于徐福故里

徐福故里在何处?《史记》并无确切记载,仅大而略之曰"齐人",或琅琊人。赣榆县徐福村的发现,使徐福故里考证得到突破性进展。国内外研究者普遍认为:赣榆县徐福村是徐福故里。其主要理由是:①《史记》记载徐福为"齐人",或曰琅琊人。战国时期赣榆地属齐国,郡属琅琊,与正史记载不悖。②徐福村、徐福宅基地、徐福造船作坊等遗址、遗迹和出土文物的发现和考证,为徐福故里提供物证。③据徐氏宗谱记载,徐福为东海郡徐姓"受姓祖",与《后汉书》"东海郡,高帝置……赣榆本属琅琊,建初五年复。"的有关记载相吻合。赣榆徐氏家谱有"徐福一支"的记载,赣榆县志有"徐福社"的记载,也有徐福后嗣子孙和发祥地口碑佐证。④赣榆县与日本佐贺县诸富町一徐福上陆地,风俗民情相似,其文化传承之典型物证有二,一是单叶芦苇,日本佐贺有之,赣榆亦有之,而日本和中国的其他地方则没有。在日本一直传说此单叶芦苇是与徐福有关的;二是古老的捕鱼作业工具一踏板。日本佐贺一带渔民广泛使用,赣榆渔民亦广泛使用——而赣榆以北的山东沿海信无此物。据日本友人介绍,他们经过考察论证,该"踏板"来源于中国。

三、徐福东渡及所止处

多数研究者认为,据《史记》记载,徐福"得平原广泽,止王不来",徐福东渡其事可信,且为成功之举,其所得"平原广泽"者,即今日本也。有的研究者进一步指出,徐福集团去向和归宿有三,一曰古之夷洲(台湾)、澶洲(冲绳),二曰北美洲之墨西哥,三曰徐福及徐福集团的主体止王于日本列岛。

四、徐福东渡起航地

关于徐福东渡起航处,现在呈现多说争鸣的局面,如赣榆(游水口)说,朐山说,琅琊台说,徐山说,崂山说,成山头说和渤海湾说等。

学者认为,徐福东渡历十载寒暑,其起航出海当不止一次,地点当不止一处,应支持多说并存。至于徐福最后一次入海东渡,止王不来,其起航处在哪里,还有待于进一步深入探讨。

五、徐福东渡的航线问题

关于徐福东渡的航线问题,代表性观点有三种:一是从黄海琅琊湾附近向东,到达朝鲜半岛西岸和济州岛,抵日本九州;二是从黄海海州湾附近向东,直取对马海峡,借助日本海左旋回流到达九州岛;三是从黄海沿岸向北,渡过渤海海峡,沿辽东半岛南岸东行,至鸭绿江入海口,至朝鲜半岛东南岸,经对马岛达日本九州。

六、徐福东渡的目的性问题

对于徐福东渡的目的性问题，也引起广泛、深入地探讨，其中影响较大的观点有三种：求仙说、避秦说、移民说。求仙说和避秦说是传统观点，移民说是以本会顾问汪向荣先生为代表的一种较新的观点。研究者综合三说认为，这三种观点内含有机的统一性，因此在论证中往往表现出相互吸收、补充，而不是相互排斥。

七、徐福与神武天皇

香港卫挺生教授和台湾著名徐福研究专家彭双松首先提出"徐福就是神武天皇"的论点。2000年以后，连云港徐福研究会在徐福与神武天皇这个课题研究上取得进展。世界徐氏宗亲总会徐鸿进认为，"徐福与神武天皇极有可能直指同一人，同一历史事件"；连云港徐福研究会戚贵森、陈博林，通过对徐福与神武天皇对比研究后得出结论："神武天皇的神话传说是徐福事迹的翻版。其实，神武天皇就是徐福。"进一步深入开展徐福与神武天皇的课题研究，对于正确认识日本历史与评价徐福历史地位具有积极意义。

八、徐福文化的研究

研究者认为，徐福文化是以徐福东渡集团为代表，以周秦时代中国东部沿海文化为主要内容，融合日本弥生时代初期有明海沿岸文化、韩国济州岛和南海文化而形成的带有国际性的历史文化。人们对这种文化内涵及其孕育、形成、发展过程等研究，被称之为徐福文化研究。

1. 徐福文化是复合文化

从徐福文化形成的历史背景来看，它就不是一种单纯的地域文化。它不是齐文化或徐文化，也不是越文化、吴文化或者楚文化，徐福文化是集多种文化类型于一体的复合文化。

徐福文化早期主要以东夷文化为特征。东夷文化发祥较早，赣榆徐福故里发现的磨光石器和带槽石斧，表现出东夷文化的先进性和鲜明个性特征。

徐福文化中期主体文化特征发生嬗变，以接受客体文化、异质文化渗透影响为主要表现，逐渐植入吴文化、越文化、楚文化的因子。

徐福文化后期以接受齐文化影响为主要表现。

2. 徐福文化是综合文化

徐福东渡给日本带去了先进文化，实现由绳纹文化到弥生文化质的飞跃。徐福传播的文化不局限于某一种生产生活类型，是多方面的综合性文化。徐福在日本是"蚕桑神""司农耕神""医药神"，徐福文化包含农业、医药、蚕桑等诸多方面。

徐福还带去了造船技术，赣榆县圩工村遗址和大、小王坊造船遗址，都印证造船技术是徐福文化的重要内容。

3. 徐福文化是多元文化

徐福文化包括物质形态和观念形态两个范畴。作为观念形态的徐福文化，主要指徐福为代表的方士文化，是带有宗教色彩的多元文化。

徐福文化吸纳道家、墨家、儒家、阴阳五行家、纵横家多种文化思想精华，成为融合诸子百家的多元文化。在日本，对日本神道教的产生和民族性格形成则有很大关系。

徐福文化的几点历史性启示：徐福文化选择和平，不要战争；徐福文化选择吸纳，不要排斥；徐福文化选择自由，不要压迫。

九、徐福宗谱世系研究

为了考证徐福史有其人，其故里就是赣榆徐福村，连云港徐福研究会对赣榆县和外省、市徐氏家谱进行广泛调查研究，包括对《赣榆・徐福村徐氏宗谱》《赣榆・徐班庄徐氏宗谱》《赣榆・大港头村徐氏宗谱》《赣榆垤上东海堂徐氏宗谱》，以及山东郯城、浙江慈溪、江西临川、南丰、南城、九江等地徐氏宗谱调查研究，认为徐姓发源地就在今江苏赣榆、东海和山东费县、郯城一带，历史徐姓经历四次大迁徙，分布于中国南北各方，形成南北二系三支，北方一系分为徐谘和徐福二支。徐福为北系之一支。公元前21世纪，徐姓自若木开国受姓，到徐福为61世。

十、其他课题研究

关于徐福在中日关系史和日本社会发展中的地位和作用、日本稻作文化的传入、航海工具的探讨、中日出土文物和风俗民情比较等方面，也进行广泛探讨，许多研究者发表专论，取得一定成果。

第五节　徐福文化交流

连云港徐福研究会成立后，积极开展国际交往，努力促进中国和日本及东亚各国的文化交流，曾五次组团赴日本访问，并进行徐福研究学术交流活动；日本先后组团20余次，来徐福村访问，并进行学术交流。

1989年3月，应日本佐贺县诸富町政府邀请，连云港徐福研究会“徐福友好访问团”苏波先生（连云港徐福研究会常务副会长兼秘书长）、徐广发（徐福村民、徐福后裔）等一行3人访日，参加诸富町徐福像揭像仪式，参加徐福庙、徐福上陆地、御手井、千布、浮杯等徐福东渡遗迹和吉野格里古文化遗址，交流两地徐福研究情况，所到之处受到日本民众的热烈欢迎，访问获得圆满成功。

1989年4月，应日本佐贺县邀请，组团参加佐贺县“追寻徐福国际研讨会”，汪向荣作了“中国的徐福研究”学术报告，安志敏、于锦鸿、汪承恭也分别宣读徐福研究论文。

1989年5月，连云港徐福研究会会长徐洪松、副会长许恒道应日本徐福会邀请访问日本佐贺县与新宫市，进行徐福文化交流和经济考察。

1989年10月15日，日本NHK电视台摄制组到赣榆，拍摄电视片《徐福东渡传说》，连云港徐福研究会在县政府招待所举行招待会，进行徐福文化交流。

1992年8月，连云港徐福研究会副会长张良群、张怡山应日本新宫市整骨科医生西冈正浩邀请，赴和歌山县新宫市访问，参加徐福祭典系列活动。

1996年5月29日，应日本佐贺市政府邀请，连云港市人大常委会副主任、连云港徐福研究会顾问龚来宝赴佐贺参加徐福长寿馆开馆一周年和金立山药用植物园落成典礼系列活动。

2002年1月，徐福故里赣榆县金山镇镇长张永信，应邀赴日本福冈县八女市，出席“徐福传说与日中友好讲演会”。

图 29-9　连云港徐福研究会副会长张良群与金山镇镇长张永信出席日本福岗县八女市“徐福传说与日中友好讲演会”（2002年摄）

2008年5月23日，日本佐贺市樱花友谊林揭碑仪式在赣榆县徐福庙广场举行，连云港市副市长、赣榆县委书记徐开信、县长王加培和佐贺市长秀岛敏行、市议长福井久男参加揭碑仪式。

2009年5月27～28日，韩国韩中亲善协会会长李世基率领徐福遗迹地访中团访问赣榆县徐福故里，受到赣榆县政府和连云港徐福研究会热情接待。

第三章　徐福遗迹与人文景观

第一节　徐福遗迹

图 29-10　徐福种药地遗址（1993年摄）

图 29-11　徐福故居遗址（1996年摄）

赣榆县是徐福的故乡，在徐福村及周边地区分布大量徐福遗址、遗迹，连云港徐福研究会曾于1989年对徐福故居等12处重要遗址树立保护标志。主要15处遗址如下：

一、徐福种药地遗址

位于金山镇徐福村北，相传为徐福种药材之地。徐福东渡不归，其地成为徐福祠的庙田，不缴皇粮不纳赋税。现为桃园，兼种生姜等药材。

二、徐福故居遗址

位于金山镇徐福村北200米处。相传徐福故居为四厢房舍两进院子，占地面积为1500平方米。考古工作者在这块宅基地上发现很多秦汉瓦当、板瓦和筒瓦碎片，并发现铁制手工具、铁釜和冶炼块结核，还发现碾药用的石药碾一套。从石药碾出土地层，遗址内涵和器形分析，当为秦汉器物。它与徐福从事医药、方士身份相符，很可能是徐福从医用的遗物。

三、秦山岛

位于赣榆县东黄海中。秦山距西海岸约10千米，山形似琴，原名琴山。因这里常见海市蜃楼，又名神山。《赣榆县志》《海州志》等均谓“旧传秦始皇登此求仙勒石而去”，遂名秦山。

秦山于烟波浩渺中如沉如浮，风景绝佳。山上盛产郎君子、茵陈、金银花等药材。民间传说，当年徐福常来此山采集中草药。

四、神路

位于秦山岛西南，长约15千米，为鹅卵石子堆积而成。传说，秦始皇欲登山求仙，遂鞭石成路。潮涨时，神路没于水下，路面洪波浸激，浪花飞卷，宛如白龙戏海；潮落时，神路出于水面，绵延于碧海之中，犹似长虹卧波。

五、棋子湾

位于秦山岛南面，背风向阳，湾内透明清澈的海水中和银光闪烁的沙滩上，遍布大大小小的形态各异的五色石子。传说当年徐福陪同秦始皇登斯山，二人于此以五色石子作棋对弈，因名棋子湾。

六、授珠台

位于秦山岛东峰。相传秦始皇登琴山岛求仙时，戒斋沐浴，虔诚恳切，感动神灵，海神于台上授宝珠予始皇，遂有珠台遗址流传至今。

七、李斯碑

位于秦山岛东侧。北魏郦道元《水经注》载："赣榆北东侧巨海有秦始皇碑，去海一百五十步，碑高一丈，厚一尺二寸，镌刻十二字。"《地道记》中又云"行十三字"。据县志记载："字大如斗，世称斗篆，为李斯所写。"由于年代久远，碑石今无存，铭文亦无考。

李斯碑相传为秦始皇东巡登秦山岛时所立。旧时为"赣榆八景"之一，文人学士歌咏佳作传世甚多。

八、徐福造船作坊遗址

位于柘汪镇王坊村。相传王坊乃皇（王）家造船作坊，当年徐福泛海东渡之楼船，即由此作坊建造下水。该地有古河道，地下发现很多炭化木头，群众传说为徐福造船剩余的木料。

图 29-12　徐福造船作坊遗址（2000年摄）

九、秦代造船"圬工"村遗址

位于柘汪镇吴公村。相传为秦时替徐福造船圬工（捻船工）的住地，后同音演变而为"吴公村"。圬工俗称捻匠，即捻船的工匠。该庄现有30余家世代为捻匠，手艺精巧，远近知名。

十、秦始皇东巡下驾处

位于柘汪镇下驾沟村北。相传秦始皇东巡时，于此下驾驻跸，察看徐福造船及出海准备情况。此处村庄遂名"下驾沟"，一直沿传至今。

图 29-13　秦始皇东巡下驾处遗址（1999年摄）

十一、秦始皇饮马池

位于柘汪镇下驾沟村北。相传秦始皇东巡驻跸赣榆县"下驾沟"，曾在此饮马而得名。

十二、秦驰道遗迹

位于柘汪镇下驾沟村。下驾沟村北旧有大道，群众称为"马趟子"（车马大道），直通西京（秦都咸阳）。据考证，此即秦驰道遗迹。据村人讲，抗战前还分段残存驰道遗迹，现已成耕地，但平坦宽直大道的痕迹隐约可见。

十三、徐福东渡入海处

位于柘汪镇大王坊村东，为荻水河入海口。传说当年徐福船造好后，从荻水口入海东渡。

十四、秦东门

位于连云港市孔望山。《史记》载："三十五年（公元前212年）……于是立石东海上，朐界中，以为秦东门"。附近还建有植石庙。今门、庙俱圮。

图 29-14　徐福东渡入海口遗址（1996年摄）

十五、秦始皇洗头盆

位于连云港市孔望山。孔望山上有二石臼，名秦始皇洗头盆。民间传说秦始皇东巡时来到秦东门，于此洗头洁手，为徐福东渡举行盛大海祭。

第二节　徐福人文景观与徐福品牌建设

一、建设徐福人文景观

为了更好地开展群众性学术研究活动，弘扬民族文化，促进对外文化交流，连云港徐福研究会在地方政府的支持下，积极保护和利用有关徐福的文物古迹，恢复和建立一大批人文景观。

（一）在徐福村树立村碑。碑的正面镌刻全国政协副主席赵朴初先生亲笔题写的“徐福村”三个大字，碑阴镌刻“金山乡徐福村秦方士徐福之故里相传我国最早东渡日本者为中日通交建立伟绩特立斯碑以志纪念”的铭文。该碑统高3.24米，宽0.86米。1985年12月1日，举行揭碑仪式。中国中日关系史研究会副会长赵安博、常务理事汪向荣等参加揭碑仪式。

（二）在徐福村原徐福庙的遗址上，重建徐福祠，并塑徐福坐像一尊。1988年5月1日，举行徐福祠落成典礼和徐福坐像揭像仪式。以日本新宫市时任市长田阪匡玄为团长的友好访华团参加揭幕典礼。田阪匡玄市长和赣榆县时任县长朱选成共植樱花、龙柏二树，以“樱花结好，龙柏常青”，象征中日友谊源远流长。

（三）由全县各界人士自愿捐资，在县城南郊车站广场雕塑徐福像一尊。塑像由赣榆籍著名人物雕塑家潘学修先生设计，以优质花岗石雕成，身高8.5米，像座高3.5米，统高12米。1990年12月5日举行揭像仪式，参加揭像仪式的有：日本新宫市友好访华团、佐贺市友好访华团、中国台湾著名徐福研究专家彭双松和国内知名学者、教授、有关方面人士400余人。

（四）1990年，建立徐福故里出土文物陈列室，展出文物200余件；在徐福故居等12处徐福文化遗址树立保护标志。

（五）徐福泊船山景区

位于金山镇北龟山脚下，建成于2006年。徐福泊船山景区包括徐福庙、徐福纪念馆、徐福生态园、徐福像、徐福广场、民俗园、茶文化中心等，为国家级2A景区。

赣榆徐福像原建于县城南郊车站广场（华中路与镇海路交汇处），1990年12月建成，2006年10月迁至金山镇龟山西麓徐福庙前广场。为了进一步打造徐福人文景观，2007年于金山镇龟山西麓再建徐福庙。

徐福庙主体景观由大殿、钟鼓楼、陈列室、碑廊、迴廊、广场、山门等建筑组成，占地2.7公顷，建筑面积4000平方米，是目前国内规模最大的徐福纪念建筑物。

图 29-15　中国中日关系史研究会副会长赵安博、常务理事汪向荣等参加徐福村村碑揭碑仪式。（1985年摄）

二、打造徐福品牌

连云港徐福研究会坚持学术研究为发展赣榆经济服务，努力打造徐福品牌，吸引一些外来投资者，如日本客人在赣榆县兴办神仙紫菜养殖有限公司、榆福鲜活水产养殖有限公司、九福鲜活水产养殖有限公司、榆和水产养殖有限公司等等。通过各种形式宣传和推介以徐福命名的徐福宾馆、徐福商店、徐福酒厂、徐福浴池、徐福茶厂等企业和系列产品。据不完全统计，赣榆县以徐福命名的企业有：徐福茶厂、徐福酒厂、徐福水泥厂、徐福家具厂、徐福药店、徐福饭庄、徐福纸箱厂、徐福塑料厂、徐福粉丝厂、徐福石业有限公司、徐福罐头食品厂。其中，徐福茶厂、徐福酒厂、徐福石业有限公司、徐福粉丝厂已成为省内外知名企业，其产品成为名牌产品。徐福祠被确定为江苏省爱国主义教育基地。

图 29-16　徐福像落成典礼在县城青口镇举行（1990年摄）

第四章　中国·赣榆徐福节

第一节　中国·赣榆首届徐福节

中国·赣榆首届徐福节于1990年12月5日至7日在赣榆县举办，为期3天。其主要内容：1、举办环城文艺表演，表演由县文化局组织承办，节目内容为赣榆民间传统文艺，如秧歌、高跷、唢呐、旱船、龙舞、蚌舞等四十余种形式，丰富多彩，深受中外宾客赞许；2、举办纪念徐福东渡2200周年学术讨论会，会后编辑出版《纪念徐福东渡2200周年·徐福研究论文集》（中国科技出版社出版）；3、举行徐福家祭、客祭和徐福立像揭幕仪式，举办书画、盆景艺术展览，观看南京歌舞团和县京剧团文艺演出；4、举办经贸洽谈会，招商引资，实现了“文化搭台，经贸唱戏”。

图 29-17　赣榆县首届徐福节开幕式（1990年摄）

图 29-18　赣榆县首届徐福节中的民间传统文艺（1990年摄）

第二节　中国·赣榆第二届徐福节

图 29-19　中国·赣榆第二届徐福节开幕式（1991年摄）

中国·赣榆第二届徐福节于1991年11月24日至26日在赣榆县举办，为期3天。江苏省人大常委会副主任李执中、副省长季台石出席中国·赣榆第二届徐福节开幕式。在成功举办首届徐福节的基础上，第二届徐福节形式更为丰富多彩，规模超过首届。其主要内容：1.环城文艺表演。由县文化局组织承办，来自城乡的20多个文艺方队1500多人参加表演，计有彩车、鼓号、高跷、秧歌、旱船、狮舞、龙舞、蚌舞、花轿、花车、花棍、花挑、花鼓、跑驴、腰鼓、武术50余种形式，20万群众观看演出。日本佐贺县的来宾说："从这些表演不仅可以看出中国舞蹈、音乐、化妆、服饰的特点，而且还可以看到中国人民丰富多彩的生活、情怀和追求。"（见《中国文化报》1991.12.18第四版）。《人民日报》《中国文化报》《新华日报》《连云港日报》等主流媒体对此均作了详细报道；2.举办徐福国际学术讨论会。应邀参加学术讨论会的有国内外专家学者73人，会议共收到论文42篇；3.在徐福祠举行徐福祭仪，演出仿古乐舞；4.应徐福节组委会和县文化局邀请，著名京剧表演艺术家、荀派传人宋长荣率团参加第二届徐福节，表演荀派名剧《红娘》；5.举办地方工业、农业、商业、物资四种产品展销会，展示商品7000多个品种，谈成外引内联项目125个，贸易成交额达到7亿元。

第三节　中国·赣榆第三届徐福节

图 29-20　中国·赣榆第三届徐福节开幕式（1992年摄）

中国·赣榆第三届徐福节于1992年11月24日至26日在赣榆县举行，为期3天。其主要内容：1.应徐福节组委会和县文化局邀请，中国歌剧舞剧院于24日上午8时第三届徐福节开幕式上演出新创作剧目——大型舞剧《徐福》，获得成功。这是徐福形象第一次被搬上文艺舞台；2.举行徐福研究学术交流会。本次学术交流会共有中外徐福研究专家、学者74人与会，提交论文30篇；3.举行徐福祭和仿古乐舞表演；4.举办商品展销和经贸洽谈会，参加洽谈会的除国内商贸界人士，还有12个国家和地区的外商参加，经贸成交额达8亿元，洽谈项目186个。

第四节　中国·赣榆第四届徐福节

图 29-21　中国·赣榆第四届徐福节开幕式（2004年摄）

中国·赣榆第四届徐福节于2004年10月23日至24日在赣榆举行，为期2天，以徐福故里海洋文化为主旨，其活动内容：1.举办徐福与海洋文化学术研讨会，出席本次学术研讨会的有中国徐福会和全国各地徐福会的专家、学者50余人，会议共收到论文21篇；2.10月23日上午，在赣榆徐福祠前举行“中国·赣榆徐福故里海洋文化节”开幕式，表演徐福东渡仿古乐舞和徐福祭仪；23日晚在赣榆影剧院举办文艺晚会；3.举办经贸洽谈会；4.24日上午，一部分专家学者到赣榆县徐福故居遗址、秦始皇下驾处、秦始皇饮马池、徐福东渡造船作坊遗址、秦代造船工匠圬工村和东渡出海处——荻水口参观、考察。

第五节　中国·赣榆第五届徐福节

中国·赣榆第五届徐福节于2005年9月30日至10月1日在赣榆县举行，为期2天。中共连云港市委书记王建华、中国徐福会会长刘智刚等出席开幕式。其主要内容：1.举办“中国·赣榆第五届徐福节徐福国际学术研讨会”，参加研讨会的有国内外专家学者59人，共收到论文18篇；2.举办“徐福遗迹摄影展”；3.举办徐福祭仪活动；4.举行经贸洽谈和招商引资活动，市委主要领导出席签约仪式并表示祝贺。

央视著名主持人李修平、张宏民、文清和赣榆籍著名影星侯勇应邀主持中国·赣榆第五届徐福节开幕式文艺演出。中央电视台等主流媒体对第五届徐福节进行报道。

图 29-22　中国·赣榆第五届徐福节开幕式（2005年摄）

第六节　中国·赣榆第六届徐福节

2006年10月28日上午，中国·赣榆第六届徐福节在新城区隆重开幕。江苏省委常委、政法委书记林祥国，中国徐福会会长刘智刚，日本神奈川县徐福研究会会长田岛孝子，连云港市领导王建华、刘永忠、俞素娥、郑顺成和孙荣章、王加培等县四套班子领导出席开幕式；日本前首相羽田孜先生、华西村原党委书记吴仁宝及山东省日照市东港区等友好县区发来贺电、贺信。

此届徐福节由中国徐福会和赣榆县政府共同主办，着重展现节庆的文化性、经济性、开放性和参与性，并首次实现与央视联手。央视七套《乡村大世界》栏目组，对开幕式大型文艺演出《美丽海州湾·赣榆》进行现场录像，并在12月初播出。王璐瑶、朱晓琳、张燕、祖海等多位演艺明星先后登台演出。

庆典期间，来自日本、韩国、加拿大等国家和地区及全国各地300多名客商，参加经贸洽谈会，共签约56个项目，总投资50多亿元，其中内、外资签约项目投资额分别为12.48亿元和5.08亿美元，项目单体规模均在1000万元以上，涉及机械、化工、农产品加工等16个领域。

10月28日下午，在赣榆宾馆举行中国·赣榆第六届徐福节徐福国际学术研讨会，国内外68位徐福研究专家学者出席学术研讨会。

第七节　中国·赣榆第七届徐福节

图 29-23　中国·赣榆第七届徐福节开幕式（2007年摄）

2007年10月26日上午，中国·赣榆第七届徐福节在金山镇龟山脚下徐福纪念馆广场隆重开幕。日本前首相、国会议员羽田孜，中国外交部原副部长、中国驻日本前大使徐敦信、杨振亚，中国徐福会会长刘智刚，连云港市领导宋开智、俞素娥、仲琨、张同生、张光东、冯义等出席开幕式。开幕式结束后，国内外嘉宾参观徐福纪念馆，并举行徐福祭仪、栽植纪念树和为羽田孜手书的“日中友好始祖——徐福”石刻揭幕等多项活动。

下午，中国徐福会暨连云港徐福会共同主办的中国·赣榆第七届徐福节徐福国际学术研讨会在赣榆宾馆举行。晚上，在江苏省赣榆高级中学体育场举行《魅力赣榆·徐福故里》大型综艺晚会，晚会由著名主持人赵保乐、董艺主持，孙楠、江涛、李丹阳、胡杨林、谈芳兵、王菲菲、耿宁、陈宁、宋英智、曼伊组合、刘伟、韩兰成、德江、孙雨璇等众明星纷纷登台献艺，并与观众互动，激情演唱。

第七届徐福节还举行经贸洽谈会暨项目签约仪式，来自日本、韩国、美国、意大利、法国、南非等国家和地区以及全国十多个省、市的200多名企业家，进行合作项目交流。当场签约投资项目34个，总投资102.12亿元人民币、1600万美元。

此届徐福节由中国徐福会和赣榆县人民政府共同主办，综艺晚会由央视三套名牌栏目《艺苑风景线》独家承办。

第三十篇 卫生

第三十篇 卫生

1990年，全县有医疗卫生机构828个，卫生工作人员1820人。其中，卫生技术人员1472人，中医师61人，西医师366人，护师199人，药师47人，技师38人，乡村医生和卫生员1460人。

从1990年起，赣榆县实行医疗卫生改革，卫生体制、医疗体制、医药体制等方面改革均取得了显著成效。全县中医、西医、中西医结合、医疗医护、卫生防疫、妇幼保健、社会卫生和新农村合作医疗长足发展。县医院门诊楼、县中医院病房楼、25个乡镇卫生院门诊楼等项目相继投入使用。截至2009年，全县共有医疗卫生机构640个，全县卫生系统共有职工2797人（公立医疗卫生机构），其中在编在职职工1926人。各级各类卫生技术人员2185人（临床、公卫、口腔、中医、护理、药剂、医技人员等），拥有高级职称124人，中职832人，初职1229人；本科以上334人，占12%，大专433人，占21%，中专及中专以下1418人，占67%。乡村医生1857人，80%以上为中专学历。每千人拥有卫生技术人员3.7人。全县共有病床1912张，每千人拥有床位1.78张。全县规范化妇产科和儿保门诊达90%以上，县妇幼保健所通过省卫生厅等级所验收。食品量化分级管理率达98%以上。全县共新增卫生厕所5.84万座，农村居民卫生户厕普及率达到68.31%。率先在国内成立农村三级健康教育促进学校。全县农村居民参合率达到98%以上，住院实际补偿比达到42%，补偿封顶线达到8万元，有效地缓解了群众“因病致贫”和“因病返贫”等问题。

第一章　卫生改革

第一节　卫生体制改革

1990年以后，全县卫生体制改革步伐加大。1999年，在全县各医疗卫生单位实施以全程优质服务、全面质量管理、全员竞争上岗的“三全”工程，建立符合卫生工作特点的竞争上岗、双向选择、多劳多得、优劳优得和评聘分离的管理分配机制。2001年，在全县18家镇驻地卫生院实行以政府举办、合作经营制改革，非镇驻地卫生院以国有资产退出为主要模式的产权制度改革。2002年6月，全县卫生资源重新优化整合，撤销吴山、夹山、徐山、塔山水库管理处等四家规模较小的卫生院。2003年，实行医防分设，将26个卫生院院内防保所合并为18个镇卫生监督防保所；全面完成两个机构改革工作，撤销县皮防所和县防疫站，重新组建县疾病预防控制中心和县卫生监督所。

第二节　医疗制度改革

2000年后，为打破行业垄断，赣榆县先后创建帮扶医院、瑞慈医院、圣安医院、爱心医院、博爱医院、康泰医院等6家民营医疗机构，初步形成以政府主办为主、国有与民营共存、良性竞争、共同发展的医疗卫生服务格局，积极发展城区内民营医疗机构。

第三节　医药体制改革

2001年，将药政科从卫生局剥离，成立县药品食品监督局，同时，县药检所划归药监局管理。2003年，实行药品器械集中招投标采购制度。2009年年底，全面落实新出台的《国家医药体制改革实施意见》，做好实施国家基本药物制度的前期准备工作。

第二章　机构设置

第一节　行政机构

赣榆县卫生局是县政府组成部门之一，负责全县医疗卫生工作。

1990年，县卫生局设立人秘、财务、医政、药政4个股。1997年，县卫生局内设5个职能股：人秘股（编制2名），医政股（挂“医疗机构管理办公室”牌子、编制3名）、药政股（编制2名）、计财股（编制2名）、防保股（编制2名）。2001年12月，药政股从县卫生局剥离，改属县药监局。是年，县卫生局内设机构为办公室、医政股（医疗机构管理办公室）、基层卫生与防保股（初级保健办公室）、财务股4个职能股室，行政编制15名，行政附属编制2名，领导职数5名。2002年，县卫生局内设机构为办公室（人事科）、医政股（医疗服务监管科）、基层卫生与妇幼保健科、财务科、县爱国卫生运动委员会办公室等5个职能科室，行政编制15名，行政附属编制2名，领导职数5名。2009年，县卫生局内设机构为办公室（人事科）、医政股（医疗服务监管科）、基层卫生与妇幼保健科、财务科、县爱国卫生运动委员会办公室、监察室（与纪委合署办公）、疾病预防控制科（县卫生应急办公室）等7个职能科室，行政编制15名，行政附属编制2名，领导职数5名。

第二节　医疗机构

1990年，全县有医疗卫生机构828个。其中，医院67个，门诊部28个，专科防治所34个，卫生防疫站、妇幼保健所、药品检验所、卫生干部进修学校各1个，村级医疗点694个。2009年，全县有医疗卫生机构640个，其中县直医疗卫生机构6个；社区卫生服务中心（镇驻地卫生院）18个，非镇驻地卫生院8个；民营医院6个；街道及村级卫生机构602个。

一、赣榆县人民医院

图 30-1　赣榆县人民医院（2006年摄）

成立于1949年1月，始称竹庭县县立医院。至1990年，有床位283张，员工412名，其中卫技人员294人，全年完成门诊工作量226170人次，成为拥有内、外、妇、儿等多个专科的综合性医院。从1991年起，县人民医院连续三年被江苏省卫生厅评为文明医院。1992年，投资122万元，购进日产CT机；成立脑外科、泌尿外科、心内科等专科；同年9月，建筑面积1917平方米的新综合制剂楼正式投入使用。1995年1月，被省卫生厅批准为首批二级甲等医院。1997年，开通急诊“绿色通道”，在病房内安装中心供氧、中心吸引系统等。1998年，筹建影像、检验、康复、急救、特检中心，实行24小时院前救护一条龙服务；投资300余万元，购进高频800MA遥控X光机及数字显像系统、24小时动态心电图仪和远程医疗会诊系统等先进设备。1999年，成立医院社区医疗专家门诊部，组建重症监护病房（ICU）、人工肾病区，填补了赣榆县“人工肾”的专业空白。

2000年，县人民医院实施人事制度改革；外一科（骨科）被评为首批全市重点专科。2001年，组建肛肠病区。2003年，新门诊楼竣工，建筑面积1.9万平方米。同年4～8月，全院医护人员全力以赴、奋力抗击“非典”疫情。2004年11月，输液大楼启用。2006年，加大改造和扩建病房规模，开放床位数500余张，员工631人，其中卫技人员533人。2008年，全院业务收入达1.06亿元，首次突破亿元大关，连续两年被评为全市医院管理年活动先进集体。2009年，组织开展“百名专家进乡村”活动，进行技术帮扶和业务指导。医院占地面积53340平方米，建筑面积65526.17平方米，年门诊207297人次，住院病人22949人次，床位数600余张，员工714人，其中卫技人员619人，实现业务收入1.27亿元。

二、赣榆县中医医院

成立于1985年2月，位于县城青口镇东关路22号，占地面积1万平方米，职工17人，平房10间，观察床5张，开展项目有中医内科、注射室、药房、观察室、化验室等。1986年，建设门诊楼1幢（2170平方米）并投入使用。1990年7月，2112平方米的病房楼建成投入使用，病房设内科、外科两个病区。门诊科室及辅助科室逐步健全，新增外科、针灸理疗科、五官科、中医妇科、急诊科、中、西药房、放射科等科室。职工143人，其中卫技人员118人，年业务收入178万元，固定资产增至128万元。1992年，县中医医院调整科室布局，增开皮肤科、妇产科、泌尿外科、病理科、麻醉科、眼科。添置B超CS3030型、300mAX光机、脑电图、麻醉机等，提高了医院的诊疗水平。1993年4月，妇产科病区开诊；同年7月盐化厂职工医院挂牌。1994年，成立碎石中心，方便结石患者就诊。1997年，启动爱婴医院创建活动并通过验收。2001年利用中医专项资金130万元购置多功能麻醉机、高频电刀、全自动血球计数仪、胃肠镜等，增强医疗技术和综合实力，全年实现业务收入689万元，门急诊64804人次，出院962人次。2006年1月，通过二级甲等中医院评审，同时完成扩建征地2250平方米。2009年，率先实行农村合作医疗现场结报制度，增加门诊量和住院量。是年，购置德国西门子双排螺旋CT、彩超等一大批先进的医疗设备，业务收入大幅提高。到2009年年底，在编职工180人，业务收入1285万元，年门诊量25296人次，住院3060人次。县中医医院被江苏省卫生厅评定为“文明医院”。

图 30-2　赣榆县中医医院（2009年摄）

三、赣榆县妇幼保健所

成立于1953年，承担全县妇女、儿童的医疗及保健任务，是一个集医疗、保健为一体的医疗卫生单位。建站初期借用卫生局部分房屋开展业务，有医务人员17人。1993年，搬迁至青口镇文化路7号，占地面积0.2公顷。投资80万元建成建筑面积1200平方米的门诊综合楼，设立床位10张，有职工33人。2007年12月，省卫生厅批准为一级甲等保健所。2009年10月，按照县政府要求，划拨土地建设建筑面积4775平方米、局部六层妇幼保健所病房楼，绿化面积300平方米，拥有万元以上设备10余件，设有妇幼保健中心、儿童保健中心、临床医技科室6个，住院床位80张。

四、赣榆县精神病防治院

成立于1985年12月，是一所集精神病防治、心理咨询、心理危机干预、老年康复的专科医院。建院初期借用原城东乡卫生院部分房屋开展业务，有医务人员17人，住院床位30张。1990年，搬迁至青口镇黄海路东段，占地面积0.25公顷，门诊综合楼1530平方米，病床60张，职工33人。2008年10月，迁至县经济开发区香港路东段宋庄镇四新村，占地面积2.8公顷，建筑面积1万多平方米。其中，精神科病房楼2400平方米，传染病房楼2450平方米，门诊楼4950平方米，附属工程600平方米，绿化面积4800平方米。拥有万元以上设备10余件，设有精神科、心理科、康复科等四个病区，临床医技科室6个，住院床位120张。

五、赣榆帮扶医院

赣榆县首家民办非营利性综合医院，也是城镇职工及居民医保、新型农村合作医疗定点医院，成立于2004年5月24日，位于青口镇镇海西路8号，内设眼科、内科、外科、妇产科、儿科、口腔科、耳鼻喉科、肛肠科、微创外科、中医科等科室，以眼科为龙头，拥有德国西门子CT、核磁共振、德国蔡司准分子激光、玻

图 30-3 赣榆瑞慈医院（2008年摄）

璃体切割机、日本产拓普康800手术显微镜、美国产超声乳化仪、眼A/B超、德国蔡司散瞳眼底照相机、角膜地形图、裂隙灯显微镜、角膜曲率计、弱视治疗仪、心电图、DR、美国IU22四维彩超、电视腹腔镜、全自动生化分析仪、麻醉机、监护仪等先进医疗设备。2004～2009年，做白内障复明手术3000余例。

六、赣榆瑞慈医院

2004年12月7日开业，赣榆县民办非营利性医院，医院位于赣榆县金海路53号，是职工基本医疗保险、新型农村合作医疗、交通事故定点医疗机构，集医疗、预防、保健、康复、教学于一体，开设内、外、妇、儿、五官等相关科室及病区，编制床位120张。2008年7月1日，投资2500余万元，建筑面积1万平方米的门诊病房综合楼投入使用，2009年3月18日，通过国家二级综合性医院验收。主要以微创腔镜技术治疗普外科、泌尿外科、妇科、耳鼻咽喉科、骨科、消化内科等专业疾病为特色，是县内最早开展微创手术的医院之一，初期应用腔镜技术治疗胆、肾结石，在县内具有较高的声誉和知名度。在此基础上，不断进行业务拓展，不断引进新技术、新项目，努力提高诊治水平。开展各类腔镜微创手术2万多例，手术种类达50余种，有多项技术填补了县内的空白。

七、连云港圣安医院

系民办非营利性二级综合医院，成立于2005年5月，占地面积3万平方米，建筑面积2万多平方米，开放床位200张，年就诊量约16万人次，住院人数约7000人次，年营业额2600万元。是城镇职工及居民医保、新型农村合作医疗、交通事故救治、母婴保健定点医院。科室设置有内科、外科、妇产科、医学影像科、检验科、药剂科、急诊医学科、儿科、眼耳鼻喉科、麻醉科、口腔科、中医科、骨伤科、预防保健科、妇女保健科等。2006年，医院引进先进的腹腔镜、关节镜，具备微创外科手术的环境。2007年，又引进超细无痛胃镜。2008年，骨科成功开展椎间盘激光减压治疗术。2009年，新增赣榆第一台核磁共振、肿瘤

图 30-4 连云港圣安医院（2008年摄）

直线加速器、"X刀"，成立放疗中心，增设新生儿科病区。

八、乡镇卫生院

1990年，全县有乡镇卫生院25家，医护人员719人。2002年，在撤乡并镇基础上，吴山、夹山、涂山和塔山管理处等4家规模较小的卫生院，分别划归黑林镇卫生院、班庄镇卫生院和塔山镇卫生院。截至2009年，全县有18个乡镇驻地卫生院和8个非镇驻地卫生院，医护人员1044人。除城东卫生院外，各卫生院均建有门诊楼、病房楼，多数卫生院实现花园式医院、宾馆化病房。沙河、厉庄、青口、黑林、柘汪等卫生院拥有CT、电子胃镜、彩超和DR等大型先进医疗设备。各卫生院达到一级甲等或乙等。

第三章　卫生防疫

第一节　机构设置

1990年，县卫生防疫机构有县卫生防疫站、县皮肤病防治所，30家乡镇卫生院均设防疫组。是年，县卫生防疫站卫生检验楼建成并投入使用。1996年，县皮肤病防治所综合楼建成并投入使用，建筑面积810平方米。1997年，县卫生防疫站通过省质量技术监督局评审，首次获计量认证证书；是年，赣榆县被卫生部列为"结核病控制项目县"，通过卫生部"基本消灭麻风病县"验收，通过市级"消灭丝虫病"考核验收。1999年，县卫生防疫站被卫生部评为县级一等卫生防疫站。2000年，全县计划免疫工作实行计算机网络化管理。2002年，卫生机构改革，撤销县卫生防疫站、县皮肤病防治所2家机构，挂牌成立县疾病预防控制中心、县卫生监督所，前者负责全县疾病预防控制、卫生监测检验、健康教育等工作，后者负责全县食品、公共场所、职业、学校、放射、医疗等卫生监督执法工作。

一、赣榆县疾病预防控制中心

前身是成立于1956年的赣榆县卫生防疫站。1990年，赣榆县卫生防疫站设总务科、防疫科、寄生虫防治科、结核病防治所、宣传教育科、卫生科、食品卫生科、监测检验科等，有医务人员58人，办公地点在青口镇黄海路43号，建筑面积1893.6平方米，卫生检验用房达1000平方米。1993年，赣榆县卫生防疫站成立赣榆县疾病控制中心、赣榆县健康教育所、赣榆县放射防治防护所、赣榆县食品卫生监督检验所、赣榆县职业病防治所、赣榆县卫生巡回法庭等站内职能机构。2002年，实行卫生体制改革，撤消县卫生防疫站、县皮肤病防治所，成立县疾病预防控制中心和县卫生监督所。县疾病预防控制中心隶属赣榆县卫生局，全民事业单位，承担突发公共卫生事件应急处置、疾病预防控制、健康危害因素监测控制、疫情及健康相关信息管理、实验室检测分析与评价、健康教育与健康促进、技术指导与应用研究等职能。设有8个科室：办公室、急传科、卫生科、慢病科、健教科、检验科、业务科、综合门诊部。2009年，疾控中心搬迁至青口镇新城区黄海东路疾控大厦，占地面积1.3万平方米，办公及实验用房9440平方米，设办公室、卫生科、业务科、检验科、综合门诊部等。

二、赣榆县卫生监督所

前身是赣榆县卫生防疫站一个职能科室，负责全县食品、公共场所、职业（放射）及生活饮用水卫生等监督监测工作。1993年3月26日，成立赣榆县卫生防疫站巡回法庭。2002年8月，经县编办批准撤销赣榆县卫生防疫站，组建县疾病预防控制中心和县卫生监督所。赣榆县卫生监督所于2002年12月25日挂牌成立，为副科级全民事业单位编制，编制40人，在职人员39人。内设6个科室：办公室、稽查科、卫生许可受理科、监督一科、监督二科、监督三科。2004年，全县18个镇均设卫生监督防保所，聘用卫生监督协管员60人，承担卫生行政执法与监督工作。

第二节 计划免疫

1990年，是全县实行计划免疫定点接种、保偿制的第二年，全县设接种点75个，保偿率77.6%；开展脊灰糖丸查漏补种工作，服苗率99.2%；开展卡介苗、白喉、百日咳阳转测定，阳转率分别为85.4%、86.37%、36.7%。1991年，实行预防接种门诊规范化建设，6家单位达标；制定1993年7月1日消灭脊灰目标，开展AFP监测工作。1992年，消灭脊灰强化服苗率98.3%；开展麻疹、白喉免疫水平监测和卡介苗免疫成功率监测，结果分别为100%、87.4%。1993年，县卫生防疫站落实“一个强化、五个普种”，乙肝疫苗纳入计免管理，新生儿乙肝疫苗接种率71.94%；17家预防接种门诊规范化达标。1994年，建立疫苗进出账册管理、推行凭证入学入托制度；“四苗”覆盖率达93.56%。1998年，建立和使用流动儿童免疫专用卡簿，实行疫苗调拨单制度；24家卫生院预防接种门诊规范化达标，出现一起接种风疹疫苗诱发群体性癔病，共有56名学生发病。2000年，青口、金山卫生院率先施行常年接种门诊；实行计划免疫计算机网络化管理，新生儿持卡率达61.62%。2002年，推广使用一次性无菌注射器，执行预防接种副反应病例常规报告制度，全年报告监测病例20例。2003年，实行新生儿乙肝疫苗免费接种工作，并纳入常规免疫。2004年，卫生部对赣榆县计划免疫工作进行检查审评。2006年，青口、海头等8家单位预防门诊规范化达省级标准；开展麻疹疫苗追加免疫的活动，实种31757人，接种率96.55%。2007年，连云港市卫生局考评组对全县26家预防接种门诊进行考评；江苏省卫生厅对全县免疫规划工作进行检查，抽取青口、海头、黑林3个镇进行预防接种门诊督导；全县预防接种门诊规范化建设通过市级验收，达标率100%，其中青口、海头、石桥、金山、城头、沙河通过示范化验收；县儿童预防接种数据与全国对接，实行条形码管理。2008年，全面实行扩大儿童免疫规划工作，实行按旬或按周开展预防接种门诊，适龄儿童11种疫苗实行免费接种，实行票据化管理，加强AEFI病例监测工作；示范化预防接种门诊达标率57.69%（11/26）。2009年，对全县15岁以下适龄人群开展麻疹强化免疫活动，实种200793人，接种率达99.36%；在班庄、塔山、黑林、厉庄4个镇对16～60岁人群开展出血热疫苗接种工作，第一、二针分别接种7468、7239人，在班庄镇采集免疫前、后血清265、234份；对全县14～15周岁人群开展乙肝疫苗两轮查漏补种工作，第一轮实种4240人，接种率99.27%，第二轮实种3967人，接种率99.8%；海头、沙河中心卫生院积极开展现代化（数字化）预防接种门诊创建工作。

第三节 传染病防治

一、霍乱

1990年，赣榆县为省级霍乱监测点，无霍乱疫情。1994年，在青口、城东、海头、九里、柘汪、宋庄、城南7个乡镇共发生霍乱疫情26例，发病率为2.63/10万；所有病例就地隔离治疗，无死亡病例发生，共对密切接触者450人进行追踪观察、预防服用强力霉素，主动查治腹泻病人2272011人次，同时对疫点、疫区环境进行消杀灭。1995年，在青口、城东、海头、龙河、九里、城南和墩尚7个乡镇共发生11例霍乱疫情，发病率为1.11/10万；共追踪观察、预防服药385人，查治腹泻病人1622865人次。1996年，海头镇发生1例霍乱疫情，发病率为0.10/10万；追踪观察、预防服药25人，查治腹泻病人128564人次。1997年，在城东、海头、九里、柘汪、罗阳5个乡镇发生12例霍乱疫情，发病率为1.19/10万；追踪观察、预防服药564人，查治腹泻病人1778304人次。1998年，在城东、海头、九里3个乡镇发生3例霍乱疫情，发病率为0.30/10万；追踪观察、预防服药126人，查治腹泻病人2272011人次。1999年，在宋庄、海头、九里3个乡镇共发生3例霍乱疫情，发病率为0.30/10万；追踪观察、预防服药95人，查治腹泻病人444576人次。

2005年，确定赣榆县为国家级霍乱监测点，并开展监测工作。2009年，全县无霍乱疫情。

二、病毒性肝炎

1990年，起赣榆县为省级病毒性肝炎监测点，1990～2009年疫情概况见表30-1：

1990年，金山、赣马、官河、黑林、朱堵、龙河6个乡镇发生暴发疫情，共发病208例，波及人口2400人，采取隔离治疗病人、密切接触者应急注射丙种球蛋白及对饮用水和粪便消毒措施，迅速控制疫情。1991年，海头、龙河2个乡镇发生2起暴发疫情，共发病53例，波及人口2500人，密切接触者应急注射丙种球蛋白156支。1992年，龙河乡发生1起甲型肝炎暴发疫情，共发病53例，波及人口1300人，密切接触者应急注射丙种球蛋白106支。1993年，青口、黑林、赣马、石桥、金山5个乡镇发生6起暴发疫情，共发病37例，波及人口8600人，密切接触者应急注射丙种球蛋白145支；接种乙肝疫苗防治乙型肝炎。1994年，在中小学生中开展甲、乙肝疫苗接种。1995年，普种甲肝和乙肝疫苗，接种甲肝疫苗94000份，占总人口的9.5%，接种乙肝疫苗29000份，新生儿乙肝疫苗接种率达85.7%。1996年，海头、大岭2个乡镇发生2起甲型肝炎暴发疫情，波及人口3000人，共发病13例，密切接触者应急接种甲肝疫苗180支。1997年，赣马镇发生1起甲型病毒性肝炎暴发疫情，共发病5例，波及人口2400人，应急接种甲肝疫苗230支。2000年，罗阳乡发生1起甲型病毒性肝炎暴发疫情，共发病5例，波及人口1400人，应急接种甲肝疫苗980支。2009年，无肝炎暴发疫情。

1990～2009年赣榆县病毒性肝炎疫情一览表

表30-1

年 份	发病数	发病率（/10万）	年 份	发病数	发病率（/10万）
1990	811	85.59	2000	175	16.88
1991	589	66.91	2001	121	11.47
1992	1343	137.68	2002	138	13.08
1993	497	50.59	2003	101	9.41
1994	172	17.36	2004	210	19.46
1995	161	16.26	2005	182	16.84
1996	424	42.44	2006	199	18.63
1997	345	34.09	2007	271	25.04
1998	207	20.38	2008	185	16.86
1999	211	20.57	2009	194	19.47

三、艾滋病

1990年，无艾滋病疫情，未开展艾滋病监测防治工作。1998年，开展血液及其制品、献血员感染因子艾滋病监测工作，对出国船员、路边店服务员进行抗体检测。2001年，开展长途卡车司机艾滋病监测工作。2004年，赣榆县出国劳务人员中发生首例艾滋病病例。2005年，赣榆县被确定为省、市共建艾滋病综合防治示范区。2007年，检测报告出2例HIV感染者；开展长卡司机、外来媳妇、出国劳务及远洋船员HIV筛查，并首次在外来媳妇中检测出1例HIV感染者。2008年，全县报告3例HIV感染者。其中，1例为流动人口，外地报告本地HIV感染者4例。2009年，全县报告7例HIV感染者。其中，4例为流动人口，外地报告本地HIV感染者3例；完成首轮艾滋病综合防治示范区终期评估，同时启动第二轮示范区综合防治工作。

四、出血热

1990年起，赣榆县为省级出血热监测点。1994年，在厉庄乡接种肾综合征出血热Ⅱ型疫苗5000人，观察防病效果。2005年，赣榆县被确定为国家级出血热监测点。2009年，在厉庄、黑林、班庄、塔山4个镇接种出血热疫苗7468人，在班庄镇采样203人进行免疫效果观察。

1990～2009年赣榆县出血热疫情一览表

表30-2

年　份	发病数	发病率（/10万）	年　份	发病数	发病率（/10万）
1990	157	16.56	2000	93	8.87
1991	250	25.85	2001	66	6.26
1992	209	21.42	2002	47	4.42
1993	176	17.92	2003	27	2.52
1994	173	17.47	2004	62	5.75
1995	106	10.70	2005	32	2.96
1996	115	11.51	2006	30	2.62
1997	117	11.56	2007	21	1.96
1998	124	12.21	2008	24	2.19
1999	134	12.93	2009	27	2.43

五、痢疾

1990年，赣榆县痢疾发病数为198次，发病率为20.89/10万。2000年，推广口服痢疾菌苗。2009年，痢疾发病数为17次，发病率为1.53/10万。

1990～2009年赣榆县痢疾疫情一览表

表30-3

年　份	发病数	发病率（/10万）	年　份	发病数	发病率（/10万）
1990	198	20.89	2000	13	1.25
1991	184	19.12	2001	24	2.28
1992	206	21.11	2002	38	3.57
1993	53	5.39	2003	21	1.96
1994	73	7.37	2004	83	7.69
1995	44	4.44	2005	32	2.96
1996	139	13.91	2006	50	4.68
1997	57	5.63	2007	23	2.13
1998	18	1.77	2008	13	1.18
1999	13	1.26	2009	17	1.53

六、伤寒

1990～2009年，伤寒疫情平稳，20年间全县发现伤寒病例共计56次，年平均不足3例，发病率低于0.30/10万。其中，1990年，发病3例，发病率0.31/10万。1991年，发病3例，发病率0.31/10万。1992年，发病4例，发病率0.41/10万。1993年，发病4例，发病率0.41/10万。1994年，发病6例，发病率0.60/10万。1995年，发病1例，发病率0.09/10万。1996年，发病11例，发病率1.09/10万。1997年，发病4例，发病率0.40/10万。1998年，发病3例，发病率0.3/10万。1999年，零发病。2000年，零发病。2001年，发病1例，发病率0.09/10万。2002年，零发病。2003年，发病2例，发病率0.19/10万。2004年，发病1例，发病率0.09/10万。2005年，发病2例，发病率0.19/10万。2006年，零发病。2007年，零发病。2008年，发病1例，发病率0.09/10万。2007年，零发病。

七、麻疹

1990年，发病105例，发病率11.08/10万；厉庄、土城2个乡镇共发生4起暴发疫情，共发病63例，波及8500人，10岁以下儿童应急接种丙种球蛋白和麻疹疫苗。1991年，发病44例，发病率4.55/10万。1992年，发病53例，发病率5.43/10万。1997年，发病1例，发病率0.09/10万。2000年，发病3例，发病率0.29/10万。2002年，发病33例，发病率3.10/10万。2005年，发病5例，发病率0.46/10万。2006年，发病54例，发病率5.05/10万。2007年，发病2例，发病率0.18/10万。2008年，发病67例，发病率6.11/10万。2009年，发病190例，发病率17.12/10万；在14岁以下儿童普种麻疹疫苗200793人，接种率达99.36%。

八、狂犬病

1990年，无狂犬病疫情。2003年，发病1例，发病率0.09/10万；调查处理3起疑似狂犬咬人事件。2004年，发病7例，发病率0.65/10万；调查处理19起疑似狂犬咬伤事件；多形式向广大群众宣传狂犬病防治知识，发放狂犬病预防知识宣传画1000张，散发宣传单30万张；开展暴露前接种1087人。2005年，发病1例，发病率0.09/10万；调查处理17起疑似狂犬咬伤事件，并在伤人犬脑标本中检测出狂犬病病毒；狂犬疫苗免疫效果观察阳性率达100%。2006年，发病1例，发病率0.09/10万；调查处理17起疑似狂犬咬伤事件。2007年，发病1例，发病率0.09/10万；调查处理4起犬咬伤事件。2008年，发病1例，发病率0.09/10万；调查处理9起疑似狂犬咬伤事件。2009年，发病1例，发病率0.09/10万；调查处理1起疑似狂犬咬伤事件。

九、甲型H1N1流感

2009年，海头镇发生全县首例甲型H1N1流感疫情，启动甲型H1N1流感疫情应急防控预案，及时控制疫情。全年共发病10例，发病率0.90/10万；在重点人群中接种甲型H1N1流感疫苗69640剂次。

十、脊髓灰质炎

1990年，发病1例，发病率0.09/10万。1991年，发病2例，发病率0.18/10万。1993年，发病2例，发病率0.18/10万。1994～2009年，无疫情。

十一、结核病

1990年，全县新发现肺结核病人629例，患病率69/10万。1997年，赣榆县被卫生部列为"结核病控制项目县"。2002年，赣榆县被列为"加拿大—世界卫生组织结核病控制项目县"。2006年，县疾病预防控制中心获得卫生部"2001～2005年度结核病防治工作先进单位"荣誉称号。2001～2009年各级财政对结核病防治经费的投入为310.35万元，成功治疗涂阳患者2906例、涂阴患者1764例。2009年，新发现肺结核病病人613例，患病率55.75/10万。

十二、麻风病

1990年，全县发现3例麻风病人。1997年，经卫生部考核验收达到"基本消灭麻风病县"的指标。1990～2009年全县共收治麻风病人31例。其中，临床治愈28例，有3例现症病人。2009年，未发现麻风病例，截至2009年年底，全县历年累计发现麻风病人1063例。

第四节　卫生监督

1992年，县防疫站卫生科成立食品卫生科，负责全县食品卫生监督。1993年，县法院在县防疫站成立巡回法庭。自1990年至2002年11月份，对从业人员健康检查累计55126人次，平均年查体率89%，累计签发、审核“卫生许可证”28757个。2002年12月成立县卫生监督所，副科级事业单位，编制40人。2003年，清理整顿无证非法行医120家，监督检查食品和公共场所卫生监督执法7850户次，销毁不合格食品7100千克。2004年，开展以乳制品为重点的食品治理活动，检查181户奶粉585个品种，封存、销毁不合格奶粉1845袋。2005年，将卫生监督职能延伸到乡镇，成立乡镇卫生监督队伍，实行县镇一体化管理。2006年，开展各类专项整治12项，查处违法经营案件144起，无错案发生，结案率100%。2007年，监督覆盖率100%。完成540家餐饮店和49家中小学校、幼儿园食堂量化评定。2008年，全面实施村级医疗卫生机构量化分级管理，完成607家村级医疗机构的评定和颁证工作。黄海路作为食品卫生示范一条街创建验收。2009年4月，卫生监督所搬迁县新城区的疾控大厦。年初重新设置科室分为办公室、行政服务中心卫生窗口、稽查科、卫生监督一、二、三、四科。6月1日起，实行《中华人民共和国食品安全法》，把食品生产、流通环节分别划分给质量监督局和工商管理局，卫生监督只负责餐饮。10月15日，通过省卫生监督所对赣榆县的医疗服务监督示范县的验收。

1990～2009年，对县内156个工厂、企业建立劳动卫生职业病档案，建立职业健康监护档案904份，对职业病进行管理，专册登记，定期随访；举办培训班13次，接受培训的企业负责人1582人次。

第五节　地方病防治

一、碘缺乏病

1990年，未开展碘缺乏病调查及防治工作。1992年，赣榆县被省确定为碘缺乏重点地区。1995年全县落实全民食盐加碘缺乏病防治措施。2003年，县疾病预防控制中心调查碘盐覆盖率82.9%。2004年，赣榆县通过市级消除碘缺乏病考评。2006年，通过省级消除碘缺乏病考评。2009年，赣榆县通过市级持续消除碘缺乏病目标考核评估；收集资料、编印汇编，迎接上级《全国重点地方病防治规划（2004～2010年）》终期评估。

二、饮水型地方性氟中毒

1990年，开展饮水型地方性氟中毒调查及防治工作。1995年，赣榆县落实省政府《淮北地区农村改水攻坚方案》。1996～2005年，全县开展降氟改水工程31个。2005年，县疾病预防控制中心调查未改水病区村和疑似病区村79个，采集水样394份，水氟<1.0mg/L水样126份。2006年，赣榆县疾病预防控制中心抽样调查地氟病—全县氟斑牙流行强度轻微。2009年，收集资料、编印汇编，迎接上级《全国重点地方病防治规划（2004～2010年）》终期评估。

第六节　慢性非传染性疾病防治

1990年，赣榆县未开展慢性非传染性疾病防治工作。1991年，参与全国第三次高血压调查工作，抽取朱堵乡后西村、黄村、沙河子村、寺后村全体15岁以上居民，高血压患病率11.88%。1999年，开展全县1996～1998年居民全死因回顾性调查；被省确立为肿瘤防治低发对照县和慢性病综合防治示范县；成立县慢性病综合防治领导小组和技术指导小组，县卫生防疫站成立慢性病科，负责全县慢性非传染性疾病防治工作。2000年，开展1999年恶性肿瘤发病回顾性调查；启动全县居民死亡和肿瘤发病报告工作。2002年，开展居民慢性病基线和KAP调查，制定《2002～2012年赣榆县慢性非传染性疾病综合防治规划》；自是年始，承担《江苏省恶性肿瘤高低发地区病因分子流行病学研究》项目；与北京阜外心血管医院合作开展《高血压盐敏感基因》研究项目。2004年，启动脑卒中发病报告工作；自2004年承担省《多代谢异常与代谢综合症综合防治研究》项目。2005年起，开展高血压和糖尿病综合治管工作。2007年起，开展全县居民健康建档工作，为60岁以上老人以及高血压、糖尿病和肿瘤病人建立健康档案并进行随访管理。2009年，被全国肿瘤登记中心纳入中央财政转移支付的"全国肿瘤登记随访项目县"。

第七节　职业病防治

2008年，县疾病预防控制中心取得江苏省职业健康检查机构资质证书和职业卫生服务机构（职业病危害因素检测）资质证书。2009年，开展职业健康检查122人，职业病危害因素检测2家8种；是年，县疾病预防控制中心取得省职业卫生服务机构（建设项目职业病危害评价乙B级）资质证书。

第八节　重大疫情防治

1990年，龙河、厉庄、土城、黑林4个乡镇发生麻疹暴发疫情，共发病64例，波及人口5000人，采取隔离患者和适龄儿童应急接种麻疹疫苗等防制措施；黑林和朱堵2个乡镇发生病毒性肝炎暴发疫情，共发病32例，波及人口2400人。1991年，赣马、宋庄暴发2例脊髓灰质炎疫情，波及人口2000人，采取对0～4岁儿童补服糖丸及环境消毒的处理措施。1993年，海头镇暴发病毒性肝炎5例，波及人口1500人。1996年，海头、赣马2个乡镇暴发乙型病毒性肝炎10例，波及人口3100人。2000年，罗阳暴发甲型病毒性肝炎5例，波及人口1400人，及时采取隔离病人和应急接种肝炎疫苗及环境消毒等防制措施。2004年，本县出国劳务人员中发现首例艾滋病病毒感染者。2009年，海头镇发生首例甲型H1N1流感，疫情发生后，赣榆县立即启动甲型H1N1流感疫情应急防控预案，采取隔离治疗病人、隔离观察密切接触者、环境消毒及甲型H1N1流感防治知识宣传等综合防控措施，及时控制疫情；在军人、教师、卫生医务、学生等重点人群接种甲流感疫苗，共计69640剂次。

第九节　寄生虫病防治

一、疟疾

1990年起，班庄乡被确定为省级疟疾媒介监测点，每年进行中华按蚊密度调查，每年夏季在全县开展发热病人疟原虫血检及疫情监测。2005年，赣榆县发生首例恶性疟输入病例，病人有非洲劳务输出打工史。2009年，继续开展疟疾媒介监测、发热病人疟原虫血检及疫情监测工作。

二、肠道寄生虫病

1990年，人群肠道寄生虫调查总感染率92.22%。1994～1999年，开展口服驱虫康全民驱虫工作，共服驱虫药170余万份。1999年，县疾病预防控制中心参与江苏省第二次人体寄生虫分布调查，总感染率41.6%。2007～2009年，县疾病预防控制中心连续三年在海头镇北朱皋村进行肠道蠕虫感染率调查，总感染率分别为8.31%、6.09%、7.32%。

三、丝虫病

1990年，丝虫病防治已进行监测阶段。1991～2000年，全县共血检32769人，未检出微丝蚴阳性病人。1997年，赣榆县达到卫生部《消灭丝虫病标准》，并通过市级消灭丝虫病达标验收。

第四章　医疗护理

第一节　中　医

1990年，县中医院建成2112平方米的病房楼，编制床位100张。同年，对全县各医疗单位的中医、中药科室进行调整和充实，29家医疗单位均设中医科，强化中医特色服务建设，完善中医服务设施设备，加大中医药人才培养力度。1995年后，县级医院先后添置颈椎腰椎电脑床、高频热疗机、微波治疗机、电脑中频治疗机、超声波电疗机、紫外线电疗机等设备，开展电针、火针、定期埋线、颈腰椎牵引、自血疗法、放血疗法等项目，开展网球肘、少儿遗尿、三叉神经疼痛、膝关节损伤等治疗。

2000年起，开展创建中医先进县活动，县、乡、村三级中医药服务网络进一步健全。县中医院新增外科、五官科、中医妇科、急诊科和放射科，2006年1月，通过二级甲等中医院评审。县中医院男性科于2007年被列为市级重点特色专科，不育不孕症被列入为市级特色专科病。县中医院对不育不孕症、前列腺疾病、性功能障碍、男性更年期综合症的治疗，在本县及周边地区享有盛誉。肛肠科采用中医传统疗法，治疗内外痔、肛周脓肿、直肠息肉、慢性结肠炎、顽固性便秘，取得一定的成效，2009年，县中医院男性科被评为市级中医重点专科。针灸科、推拿科、烧烫伤科、中医妇科、骨伤科、中医皮肤科、疼痛科及高压氧疗室为县中医院特色科室，县中医院被江苏省人事厅、卫生厅等四单位联合授予“振兴中医药”先进单位称号。各乡镇卫生院均开设中医门诊及针灸科理疗，建立中药房，完善中草药、中成药配置。80%的村卫生室能提供一定的中医药服务，配备火罐、针灸、拔罐等设备。通过对中医药人员的业务培训，中医处方和病案书写达到规范化要求，中医诊疗技术普遍得到提高，先后在省、市级刊物上发表并交流论文572篇，接受市级科研课题1项。全县有1名中医师被授予省名中医，5名中医师被授予市名中医称号。至2009年，全县拥有中医药人才506人，基本建成专科特色明显、布局合理的中医药服务网络。

第二节　西　医

1990年，全县主要从事西医医疗服务的公立医疗机构28家。其中，县直西医医疗机构为3家，乡镇为25家，另外有34家社区、厂矿和企事业门诊，村卫生室708家。全县从事西医的卫技人员共1343人，其中中级职称以上314人。1999年后，全县加大区划调整力度，县镇村三级西医医疗机构得到进一步规划整合，至2009年，全县有县镇两级公立医疗机构32家，村级卫生服务站570家，一级以上民营医疗机构6家，各类私立诊所、门诊部38家。从事西医卫技人员达1984人，涵盖内、外、妇、儿、五官以及辅检等各个科室，其中副高以上职称109人，中级职称486人。

以县人民医院为代表的全县西医诊疗设备和技术不断提高。1992年，县人民医院通过集资方式购进一台日产CT；1996年，县人民医院购置钴60放疗机、模拟机、呼吸机、多功能麻醉机、彩超等一批先进的设备。2000年，县人民医院外一科（骨科），被评为全市重点专科。2005年，县人民医院深入开展“以病人为中心，以提高医疗服务质量为主题”的医院管理年活动，强化急救中心与传染病院两个体系建设。2006年，县人民医院新成立内四科和糖尿病治疗中心，开设骨二科并新建妇科产房，有8项科研课题通过市级鉴定，其中2项获市政府科技进步三等奖。2009年，县人民医院硬件设施进一步完善，先后引进超细电子胃肠镜和支气管镜、彩超、呼吸机、16排CT等十万元以上大中型先进医疗设备20余台件。是年，县人民医院住院病人达2.5万人次，荣获全国百佳百姓放心示范品牌医院称号。

第三节 中西医结合

1990年，实行中西医结合后，中医药学得到进一步发展，采用中西医结合疗法治疗流行性乙型脑膜炎、肾炎、流行性出血热等疾病，收到良好的效果。1995年以后，县级医院购置先进的颈腰椎电脑牵引床、针灸治疗仪及其他一些设备。利用中西医疗法，主要开展电针、火针、小针刀、穴位埋线、穴位注射、颈腰椎牵引、自血疗法、放血疗法等一系列治疗。治疗病种有：网球肘、颈腰椎间盘突出及错位、骨质增生、各类神经炎、肩周炎、癫痫、面肌痉挛、各型胃炎、小儿遗尿、脑血管意外后遗症、面肌痉挛、三叉神经痛、各类腱鞘炎、足跟骨刺及膝关节的各类损伤等等。特别在面神经炎初期的穴位注射疗法，穴位埋线配合小针刀治疗面肌痉挛，穴位埋线治疗癫痫及各型胃炎、肠炎等都有较好疗效。2000年以后，购置设备有高频热疗机、微波电疗机、超短波电疗机、红外线电疗机、紫外线电疗机、直流电疗机、超声波电疗机、电脑中频电疗机、腰椎牵引床、颈椎牵引椅等。开展业务有内、外、妇、儿、五官、皮肤等科室常见病的治疗。2001～2009年，总结中西医结合治疗宫颈糜烂、中西医结合治疗肝病、中西医结合治疗腰椎骨质增生等经验，提出一些新的中西医结合治疗思想和新方法，治愈率70%～85%。中西医结合治疗肺炎、青光眼等症，治疗效果均有提高。

第四节 护 理

1990年，全县护士总数为425人，床位数692张。1993年，全县卫生系统推行责任制护理，实行责任制护理一票否决，努力改善服务态度，满足病人需要。1994年，护理管理执行相应等级医院标准。为适应专科发展的需要，通过多种渠道派出护士外出学习、参加学术交流、脱产进修等，年培训率15%以上。1997年，执行《第三版病历书写规范》，进一步规范文件书写要求，严格执行各项规章制度，制定业务学习和训练计划，多次举办护理知识竞赛，护理水平不断提高。开展全程优质服务，提高病员对护理工作满意度。同时，在消毒隔离技术方面严格落实规章制度，减少院内感染率。2000年，医院实行全面信息化管理，护理人员开始使用微机管理技术。2002年9月，医院执行新的医疗事故管理办法，进一步防范医疗差错事故的发生。2003年5月，全县护理人员参与抗击“非典”斗争，涌现出许多先进人物和事迹。2009年，全县护士总数为723人，床位数1985张。全县护理人员坚持“三心级”服务理念，让病人就诊放心、检查和治疗舒心、离院后开心。各医院将卫生部颁发的“分级护理服务标准”制成公示牌在医院各病房进行公示，引入患者和社会参与评价护理服务机制，并将其与护士绩效工资相挂钩。

第五节 医疗急救

县人民医院120急救中心成立于2002年10月。为使急救工作规范有序开展，更好地服务于人民群众，120急救中心制定重大交通事故、公共卫生事件、突发应急事件等多个应急预案，并进行多次实练演习，进一步提高120急救医护人员的救治能力。2003年“非典”时期，120急救人员不顾个人安危，积极抢救病人。2009年，有工作人员32人，具有执业医师资格的医师11名，有护士执业资格的护士9名，专职司机8名，配有4辆救护车，每辆车均有GPS定位系统，配有急救药、心电图机、氧气管等。

第五章　妇幼保健

第一节　妇女保健

1995年，开始对全县孕产妇实行系统管理和建卡工作，严格执行产后访视程序，加强对高危孕产妇人群管理，使孕产妇死亡率逐年降低。同时积极开展婚前医学检查和妇女病普查工作。按照国家计划生育政策，积极开展育龄妇女的上环、取环、人工流产、引产和结扎工作。

1995～2009年赣榆县孕产妇系统管理情况一览表

表30-4

类别＼年份		1995～1999	2000	2001	2002	2003	2004	2005	2006	2007	2008	2009
产妇数		10446	7032	7193	7179	7131	11303	14090	14954	11744	13816	16295
新法接生数										11744		
新法接生率										99.11%		
剖宫产数											2042	2723
剖宫产率											14.70%	16.64%
听力筛查数										6524		14782
听力筛查率										55.05%		90.34%
新筛数												16241
新筛率												99.25%
住院分娩				7182	7174	7087	11296	14085	14949	11850	13894	
住院分娩率				99.46%	99.40%	98.51%	99.79%	99.28%	99.26%	99.98%	99.99%	
胎数	双胎							134	157		158	108
	三胎							2	3		2	
建卡数		7706	6881	6873	6874	6759	8166	12400	14385	11322	13314	15854
建卡率		73.95%	97.78%	95.58%	95.75%	93.95%	72.25%	88.01%	95.51%	96.41%	96.37%	97.30%
系管数			5913	6126	6042	5947	7997	11463	12366	10058	11814	14823

续表30-4

类别＼年份	1995～1999	2000	2001	2002	2003	2004	2005	2006	2007	2008	2009
系管率		84.03%	84.71%	83.66%	82.67%	70.64%	80.80%	82.11%	84.88%	85.02%	91%
高危管理数		1347	1248	1343	1027		2481	3084	2557	3976	3491
高危管理率		19.14%	17.26%	23.70%	16.78%		100%	20.62%	21.58%	21.54%	21.42%
高危筛查率							17.61%				
活产数	10421	7037	7232	7222	7194	11320	14187	15061	11850	13895	13895
育龄妇女死亡数							241		193		0
育龄妇女死亡率							17.10‰				0
孕产妇死亡数	5	1	3	2	1	3	2	1	1		
死亡率/10万人	47.98	14.21	41.48	27.69	13.9		14.09	6.63	8.43		
低体重	39	86		74	42			49	160		223
占有率	0.37%			1.02%	5.84%			0.35%	1.35%		
死胎死产数	54	51	39	30	24	113	44	130	95	112	40
孕早期产前检查数										12737	
孕早期产前检查率										91.67%	
产后访视1次	7330										
访视率	64.83%										
产后访视3次	6661										
访视率	63.92%										
产后访视4次	6369										
访视率	61.12%										
产后访视数										12545	
产后访视率										90.28%	
围产儿数						10839		16739	12089		

续表30-4

类别＼年份		1995～1999	2000	2001	2002	2003	2004	2005	2006	2007	2008	2009
采血数							9931	14162	15202	11609		
采血率							92.15%	93.49%	90.82%	97.97%		
围产儿死亡数							108	35	130	95		
围产儿死亡率			17.76%	16.87%			9.54‰	9.52‰	8.63‰	8.02‰		
婴儿死亡数							113					
婴儿死亡率							9.98‰					
出生缺陷			9	12	12	12	20	64	62	42		
缺陷率			1.28%	1.66‰	1.66‰	1.67‰	1.77‰	4.12‰	4.12‰	3.54‰		
婚前医学检查	应查		5160	4789	4885	4354	6753	6211	8009	17000	8349	10688
	实查		5030	4550	4885	5906	17935	18	41	60	14	50
查出病历数	男		212	180	217							
	女		307	248	286							
传染病数	男		23	55	124							
	女		15	35	66							
妇女病普查	应查		70038	66326	70103	76005		80114	80114	82576	77314	129438
	实查		49341	42627	40328	8962		32156	56992	59816	63937	114455
查出病历数				9521	12952	2009		13288				
发病率				22.34%	32.12%	22.42%		41.32%				
计划生育	上环		2233	2213	2291	2539	2448		1768	2307	2506	2082
	取环		468	450	359	386	363		278	298	351	455
	结扎		266	664	782	373	233		2487			
	人流		225	2351	3007	3287	3529	3082		2762		1362
	药流										837	2413
	引产		630	202	192	252	245	144		2		
保健保偿	人数					3744	3710			11490		
	保偿率					52.04%	32.77%			96.96%		

第二节　儿童保健

从2001年开始，将儿童保健工作纳入常规管理，实行对0到6岁婴幼儿疾病筛查、听力筛查、身高体重检查、缺陷疾病检查和新生儿采血样标、六一体检等一系列系统管理。

2001～2009年赣榆县儿童保健情况一览表

表30-5

类别 \ 年份		2001	2002	2003	2004	2005	2006	2007	2008	2009
系统管理数					49325	51981	63238	67902		
系统管理率					93.66%	88.70%	95.01%	95.20%		
围产儿数				10830						
0到2岁儿童总数					23697	30506	38242	40688		
0到2岁系统管理数					20991	24018	33172	38698		
系统管理率					88.58%	78.73%	86.74%	95.11%		
0到3岁儿童总数										39963
0到5岁儿童总数									87196	
0到6岁儿童总数					52662	58601	66559	71326		
0到7岁儿童总数									83359	
六一体检数	乡镇		47162		47162	45328	50090	60742	58973	42758
	县城							1987		
体检率			80.35%		89.56%	82.15%	75.26%	85.16%		95.20%
身长达标率					55.46%	55.14%	54.24%	53.90%		
体重达标率					64.94%	63.24%	61.93%			
疾病筛查率					17.16%	15.90%	16.00%			
新生儿采血数				7091	11149					

续表30-5

年份 类别	2001	2002	2003	2004	2005	2006	2007	2008	2009
采血率			98.56%	98.49%					
新生儿访视数							10682		

第六章　爱国卫生运动

第一节　清除病虫害运动

1990～2009年，赣榆县按市爱卫办的统一部署，开展常规性的“四害”（老鼠、苍蝇、蚊子、蟑螂）消杀工作。在除“四害”工作中，积极贯彻“以块为主、条块结合、部门协调、专家指导、群众参与、综合治理”的工作方针，坚持药物杀灭与环境治理相结合的原则，做到标本兼治，提高杀灭效果。

第二节　健康教育

1981年，成立县卫生防疫站，组建卫生宣教科。1982～2002年，宣教科与县广播电台联办《卫生与健康》专题广播栏目，每周一档，每档15分钟，重播1次。1990～1991年，创办朱堵乡农村卫生广播学校，《健康报》在头版头条予以报道，并加编者短评。1992年起，经常向县电视台提供卫生新闻报道，对强化卫生监督、提高卫生防病社会效益起到积极推动作用。1993年，编辑《初级卫生保健必读》一书，向全市广泛发行。1994～2009年，根据季节防病及各卫生节日宣传需要，每年编印16开宣传单4～6期，每期印刷1000份以上。1997年起，县卫生防疫站在《赣榆日报》开办《卫生与健康》专栏，每周刊登一期卫生科普文章，对普及卫生知识起到良好推动作用。2001年起，广泛宣传结核病防治知识，有效地推动结核病防治。2003年，在抗击“非典”斗争中，县卫生防疫站投入大量物力、人力开展宣教工作，编印套色8开《防治“非典”知识问答》10万份，编印彩色封面防治“非典”知识小册子20万册，深入机关、企事业单位和中小学校，举办防治讲座近百场。2004年，在全县各镇村创办农村健康促进学校。2006年4月，县卫生系统组建首批通讯报道员队伍，全县卫生系统共有通讯报道员36名。2007年，成立由民间说唱艺人组成的防治艾滋病专题文艺宣传队，深入全县各个乡镇，利用集日，开展防治艾滋病宣传和文艺演出活动。2007年12月，在厉庄中学开展控烟宣传、签名活动。2008年4月，开展“健康江苏社区行”有奖竞赛答卷活动，举办“全民健康生活方式行动”启动仪式。是年，在全县村级小学开展健康教育及卫生改厕知识讲座活动。2009年9月，与县爱卫会联合参加省组织的“农民健康素养知识与技能”电视竞赛活动，12月，参加省健康教育所组织的“艾滋病防治知识”竞赛活动。

第三节　农村改水工作

1995年，江苏省成立省淮北农村改水工作领导小组，全面组织实施淮北农村改水攻坚工程。同年，赣榆县成立农村改水工作领导小组，办公室设在爱卫办，办公室主任由爱卫办主任兼任。1996～1998年，通过三年的努力，全县新增改水受益人口184765人。至2005年年底，全县累计改水受益人口718501人，占全县农村人口（75万）95.8%。

第四节 创建卫生城镇

1997年，省政府下发《关于进一步加强农村初级卫生保健工作的通知》，要求开展创建卫生村镇活动。到2009年，共创市级卫生镇6个，市级卫生村12个，省级卫生村4个，并开展争创卫生县城活动。

第七章 社会卫生工作

第一节 红十字会工作

1990～2009年，县红十字会办公室在县卫生局管理下开展工作。2000年以后，红十字会工作得到大发展，特别是每年开展的捐助救困活动、无偿献血活动和造血干细胞捐献活动均取得很大成绩。2003年，面对突如其来的“非典”疫情，红十字会迅速投入抗击“非典”的斗争，不到十天募集款项60多万元，物资价值100多万元，全部用于抗击“非典”一线工作。2004年年底，为东南亚“海啸”赈灾募捐6万多元。2007年，针对社会弱势群体，县委、县政府下发文件，号召在全县开展“博爱在赣榆，人道万人捐”行动，县红十字会共募得善款13.2万元，全部用于扶危济困。2008年5月12日 四川汶川地震发生后，红十字会先后募集资金170多万元捐赠灾区。2009年，筹集备灾救助基金42万元，开展“博爱送万家”活动，受益人数5000余人。

第二节 无偿献血

《中华人民共和国献血法》自1998年10月1日起施行。1998年10月8日，县委、县政府召开专项工作会议，就贯彻落实《中华人民共和国献血法》工作做了部署，明确各级、各部门、各单位的法律职责和任务，设立县献血办公室，成立献血工作领导小组。10月10日，县电视台对《中华人民共和国献血法》进行专题解读和释义。县医院置办专用采血车，组成专业采血工作队，在街头设置固定采血点，进行献血者招募，方便全县人民献血。

图 30-5 赣榆县居民踊跃无偿献血（2008年摄）

第八章　医政管理

第一节　卫生事业经费管理

1990～2009年，全县医疗卫生机构属县财政全额拨款单位有县疾控中心、县卫生监督所、妇保所三家，县人民医院、中医院、康复医院及26家卫生院为差额拨款单位。各镇卫生院对辖区卫生室实行一体化管理。

第二节　医疗市场管理

1990年，全县医疗市场主要由县卫生局医政科负责管理，2003年以后，职能由医政科划归县卫生监督所医疗市场监管科。2004年，制订《赣榆县医疗机构长效管理方案》，建立健全三级预防保健网络，加大整顿清除非法行医力度，先后对30家镇以上医疗单位进行3次全面监督检测。2007年，将卫生监督职能延伸到乡镇，成立乡镇卫生监督队伍，实行县镇一体化管理。

第三节　医院管理

1990年，全县医院管理由县卫生局医政科承担，先后出台一系列推进医院质量管理的工作方案，制订相关规章制度。1995～2000年，多次对各医院主要负责人进行医院管理知识培训。2004～2006年，分批组织各基层卫生院院长参加省卫生厅开办的院长培训班。2007～2009年，坚持开展医院管理年活动，加强“三基本训练”，培训骨干医师，开展业务技术大练兵、大比武活动，全县各医疗机构整体服务能力明显提升。

第四节　血液管理

县中心血库成立于1985年11月，隶属于县人民医院，承担全县各级医疗机构的临床供血，并依法协助卫生行政部门对全县输血工作实行“三统一”管理和无偿献血工作。1996年，县中心血库通过省卫生厅组织评审验收。2004年，上级主管部门对输血管理进行业务细化，成立市中心血站赣榆分站和县医院输血科，分站负责无偿献血者招募、采血业务，输血科负责全县各医疗机构临床用血工作。2006～2009年，县中心血库实行血液集中化检测，全面质控，形成无偿献血、免费用血的现代化血液管理格局。

第九章　医学教育与科研

第一节　医学教育

自1990年起，赣榆县医学教育进入多元化、快速发展的良好格局，以连云港市赣榆卫生职工中等专业学校为主要教育基地，先后设置医士、护理、药剂、计划生育、卫生保健、预防医学等专业，主要为乡镇卫生院、县直医疗卫生单位培训医生、护士、药剂员、卫生防疫人员。同时，学校还为县周边地区如淮阴、盐城、宿迁等市及铁道部第十八局、连云港港务局、赣榆驻军部队培养中等卫生技术人员，自1990～2009年，培养各类学生1.2万余人，其中正式中专毕业生1600余人。该校利用自身的办学条件和优势，于1999年与扬州大学、徐州医学院联合举办医学类临床医学、护理学本、专科成人教育，为本县及周边地区培养在职卫生工作人员3000余人。该校还发挥医学培训基地的优势，在市、县卫生行政部门的大力支持下，承担全县乡村医生培训和医务人员继续教育的任务。2003年，赣榆县卫生进修学校并入县职教中心，更名为赣榆县职业教育中心医疗卫生部。自2006年起，按照省卫生厅统一部署，赣榆县职业教育中心医疗卫生部作为连云港市乡村医生全科医学转岗培训赣榆轮训点，先后完成全县1600余名乡村医生转岗培训任务。在进行学校教育的同时，赣榆县各医疗卫生机构大力开展继续教育，持续不断输送医务人员到上级医院学习进修，加强学历教育。截至2009年，全县卫生系统医学继续教育率达到100%。

第二节　医学科研

自1990年起，赣榆县医学科研队伍和整体实力不断壮大，1990～2009年共发表医疗科研论文1428篇，学术研讨活动1588起，获奖论文5篇，科研项目15项，科研成果57个。其中，县人民医院发表医疗科研论文644篇，举办学术研究活动820次，获奖论文5篇，开展科研项目13项，获科研成果57个；县中医院发表医疗科研论文572篇，举办学术研究活动768次；其他医院（乡镇卫生院）发表医疗科研论文212篇。

第十章　新型农村合作医疗

第一节　整合镇村卫生资源

1990年后，由于农村经济体制改革，农村办医形式发生变化，出现一村多室、一人一室、变相个体行医等现象。1995年，为尽快扭转这种状况，赣榆县首先在马站乡试点，将原有的28个卫生室合并为7个中心卫生室和21个村卫生防保点，卫生院对村医实行聘任制、工资制、养老保险金制，对卫生室实行行政统一管理、业务统一指导、财务统一建账、药品统一调拨，把卫生室视为卫生院的一个科室，实行院室一体化管理，选择吴山、欢墩、沙河、黑林、墩尚、土城、青口等乡镇作为扩大试点单位，收到很好的效果，然后向全县推行。1995年，全县有29所卫生院，708个卫生室。1996年，全县有卫生室604个。1998年，县政府制定《赣榆县乡村卫生组织一体化管理办法》，进一步规范镇村卫生机构一体化管理，按照“三制”“四统一”管理原则，将村卫生室作为一个院外科室纳入镇卫生院，实现镇村一个法人管理。1999年，全县实设卫生室592个。2000年，全县实设卫生室571个，其中实行“四统一”管理的卫生室550个，一体化管理率为96%。2001年，全县实设卫生室550个，全部实现一体化管理，整合镇、村卫生资源工作结束。

第二节　农村社区卫生服务

赣榆县农村社区卫生服务体系建设从2004年开始，本着布局合理、方便农民就医的原则，制定全县农村社区卫生服务机构设置规划，并认真组织实施，引导农村社区卫生服务科学有序发展。2005年，县政府办公室下发《关于转发〈赣榆县建设农村卫生服务新体系方案〉的通知》，对农村社区卫生服务建设工作作出具体规定，按照服务人口3000～5000人标准，将村卫生室改建为社区卫生服务站。2006年后，围绕构建农村卫生服务新体系这一中心，进行标准化、一体化和网络信息化的“三化”建设，促进社区卫

图 30-6　班庄镇窦洪爽村社区卫生服务站（2007年摄）

生服务中心和社区卫生服务站工作转型升级。2006年，14所乡镇卫生院转型为农村社区卫生服务中心。2007年，4所乡镇卫生院转型为农村社区卫生服务中心，27个社区卫生服务站通过省级标准化验收。2008年，120个社区卫生服务站通过省级标准化验收。2009年，县政府出台《关于加快推进全县农村社区卫生服务机构建设的实施意见》，确定在全县424个行政村规划建设社区卫生服务站411个，提前实现全县社区卫生服务全覆盖，其中144个达到省扶持社区卫生服务站建设标准，大病不出县、一般病在乡镇、小病不出村、看病能报销，农民步行15分钟可以到达社区卫生服务站。

第三节　新型农村合作医疗制度

赣榆县合作医疗制度从1996年开始实施，当年县政府批转县卫生局《关于在全县农村实行合作医疗保健制度的意见》的通知，1996年，全县总人口99.89万人，农业人口92.24万人，参合人口65.52万人，参合率71%。1998年下半年，全县22个乡镇实施合作医疗，筹资标准每人每年5～30元不等，有的是福利型合作医疗，有2/3实施的是福利风险型合作医疗，合药的和合医合药的药费报销比例在15%～40%之间不等。1999年，参合率为80.4%。2000年，参合率为71.19%。2003年，赣榆县被省政府确定为首批新型农村合作医疗试点县，8月，县政府出台《赣榆县新型农村合作医疗试点方案》，9月，全面实施新型农村合作医疗制度。2004年12月13日，成立县新型农村合作医疗管理委员会办公室，股级建制，隶属县卫生局管理，核定全额拨款事业编制7名。2005年，国家以及省市新型农村合作医疗经验交流会在赣榆召开。2006年，实现县镇两级微机联网管理和补偿。2007年，赣榆县被国务院八部委授予“全国新型农村合作医疗试点先进县”称号。2009年，修改完善《赣榆县新型农村合作医疗实施细则》，参合率达98.8%以上，实行滚动筹资加双定筹资模式，镇级就诊住院费用报销达75%，县级就诊住院报销率达55%。

图 30-7　赣榆县农民喜领合作医疗报销款（2009年摄）

第三十一篇 人事 劳动

第三十一篇 人事 劳动

20世纪90年代，赣榆县人事劳动管理由计划经济的人事劳动管理体制向与市场经济配套管理体制转变，全县先后进行5次较大规模的机构改革，控制人员编制入口关，机关机构编制管理逐步实现规范化、制度化、法制化。1992年，启动农村社会养老保险试点工作。1995年，建立最低工资保障制度。1997年起，实行公开考试，择优录用国家公务员及参照管理机关工作人员。2003年起，全面实行事业单位专业技术职务评聘分开、竞聘上岗制度，并建构城乡统筹的就业体系。2004年，成立赣榆县劳动监察大队。截至2009年，赣榆县党政机关、企事业单位人员管理工作进一步规范化、科学化，城乡劳动就业服务体系建设进一步完善，与市场经济相适应的劳动保障、社会保障等一系列配套机制进一步健全，企事业单位与劳动者的合法权益得到切实保障。

第一章　人事管理

第一节　编办机构沿革

赣榆县编制委员会成立于1986年。1997年1月，经县委、县政府批准，县编制委员会更名为县机构编制委员会，是县委、县政府的议事协调机构，负责全县机构编制管理，包括机构的设置、撤销、合并、更名及隶属关系的调整，由县长兼县机构编制委员会主任。县机构编制委员会办公室与县人事局合署办公，负责日常工作，具体管理全县机关、事业单位、行政管理机构的职能配置、机构编制、人员结构、领导职数等项工作。县机构编制委员会及其办事机构均实行主任负责制。

2001年，赣榆县党政机构改革，县机构编制委员会办公室列入县委工作机构序列，仍与县人事局合署办公，挂“县事业单位登记管理局”牌子。是年，县机构编制委员会办公室“三定”方案内设2个职能股，即行政机构编制管理股和事业机构编制管理股。2005年9月，经县机构编制委员会批准，单设赣榆县事业单位登记管理局，为副科级全民事业单位，人员参照公务员制度管理，隶属县编办管理。

第二节　机构　编制工作

一、机构、编制工作程序

县级党群机关、人大、政协、法院、检察院机关设立、变更副科级以上机构（不含法定程序选举产生的机构），有关部门应向县委专题报告，同时抄送县（机构）编制委员会办公室。由县（机构）编制委员会办公室组织调查论证，并听取分管领导的意见后，提请县（机构）编制委员会审议，并按规定程序报上级审批。

县级政府机关设立、变更副科级以上机构（含事业局），有关部门应向县政府专题报告，同时抄送县（机构）编制委员会办公室。由县（机构）编制委员会办公室组织调查论证，并听取分管领导的意见后，提请县（机构）编制委员会审议，并按规定程序报上级审批。

凡设立、变更股级事业机构的，有关部门应向县（机构）编委会出具报告，由县（机构）编制委员会办公室组织调查论证，提请县（机构）编制委员会或县（机构）编制委员会主任办公会议审批。

二、机构、编制管理

1990年，着力解决行政超编问题，县级机关空编6人，乡镇党政机关空编67人。1991年，为全县党政群机关、事业单位建立编制管理卡片1.4万多张，建立机构、编制、人员增减、临时机构等6本台账，机构编制管理逐步达到规范化、制度化、法制化。1992年，印制“赣榆县党政群机关机构编制人员情况表”，每季度统计一次，及时掌握全县编制情况。

1993～2009年，在编制管理工作中，县（机构）编制委员会严格控制增设机构、增加编制，实行由县（机构）编制委员会主任一支笔审批。

三、机关和事业单位机构改革

1990年，全县共有县委部门12个，政府部门40个，政法单位4个，群团工作部门5个，乡镇29个，全县各级党政群机构编制数2141人，在职2140人；共有事业单位320个，编制人数12410人，实有11796人。1992年，乡镇事业单位机构、体制改革。1996年，党政机构改革。2001年，县党政机构改革。2002年，镇事业单位机构改革。2005年，县政府机构改革。到2009年，全县共进行5次较大规模的机构改革工作。

截至2009年，全县共有县委部门17个，政府部门39个，政法单位4个，群团工作部门8个，镇18个，全县各级党政群机构编制数（包括参照管理事业编制）2947人，实有人数2698人，事业编制18700人，实有人数18798人。

（一）1992年乡镇事业单位机构、体制改革

为健全乡镇的行政职能，减轻农民负担，提高乡镇机关的办事效率，促进农村经济发展，在原城南乡进行体制改革试点工作，城南乡原有机构22个，按照“公开、平等、竞争、择优”的原则，采取考试与考核相结合的办法，将22个精简为18个，人数从158人精简到88人，前后历时3个月。在此基础上对全县乡镇事业单位机构编制情况进行详细的摸底调查，制订整改方案，精简机构50个，裁减人员939人，并核定机构、编制，制定管理措施。

（二）1996年党政机构改革

为进一步落实县（市）有关部门向乡镇下放的权力，理顺县与乡镇关系，走“小机构、大服务”的路子，县编办从1993年12月就开始进行县级机关职能机构编制沿革现状等基本情况统计调查，按照“精简、统一、效能”和“政企分开”的原则，初步拟订《关于县级行政管理体制和机构改革方案》。1995年，以海头镇机关、事业单位为改革试点，出台《海头镇机构改革方案》。又广泛征求各部门意见，形成较完整的党政机构改革初步方案，抽调县纪委、监察、宣传、审计、财政、人事、编制等部门的14名人员组成赣榆县党政机构改革办公室。是年5月，召开各部门分管政工领导及人秘科股长会议，布置机构改革有关任务。1996年10月召开全县党政机构改革动员大会，下发《赣榆县党政机构改革实施意见》和《赣榆县党政机构改革指导意见》等配套文件。同时派30名联络员组成10个联络组，对县、乡镇各部门进行督查、联系。通过改革，县级党政机构共设38个。其中，县委7个，县政府31个，另设部门管理机构4个。县政府机构为：县政府办公室（县法制局与其合署）、县计划委员会、县经济委员会（县技术监督局与其合署）、县农业局（县多种经营管理局与其合署）、县教育局、县公安局、县民政局、县财政局、县人事局（县机构编制委员会办公室与其合署）、县卫生局、县计划生育委员会、县审计局、县工商行政管理局、县统计局、县劳动局、县科学技术委员会、县规划建设委员会、县交通局、县司法局、县乡镇企业管理局、县地方税务局、县国土管理局、县文化局（县体育运动委员会与其合署）、县环境保护局、县物价局、县水利局、县监察局（与县纪律检查委员会机关合署）、县对外经济贸易委员会、县粮食局、县水产局、县财贸办公室。与原机构数相比，精简45.7%，核定行政编制835人，比原有979人减少144人，精简14.7%。核定部门领导职数224人，比原有267人减少43人，精简16.1%。成建制转入经济实体的机关人员32人，转入事业单位人员58人，改为行政附属编制从机关中分离的人员110名，办理到龄离退休人员116人，辞退不合格人员6人，县机关选派下乡、镇挂职人员53名，调往事业单位人员19人，充实到企业单位人员7人，清理机关借用人员208人，清退计划外临时工120人。截至1996年年底，全县共有行政编制1937人，实有人数1603人。事业编制数3385人，实有人数3644人。

（三）2001年县党政机构改革

2001年12月2日，召开全县机构改革动员大会。此次改革县委部门设县纪律检查委员会（县监察局与其合署办公）和工作机构6个，即县委办公室、县委组织部（县级机关工作委员会与其合署办公）、县委宣传部（挂“县精神文明建设指导委员会办公室”牌子）、县委统一战线工作部（县民族宗教事务局与其合署办公）、县委政法委员会（县社会治安综合治理委员会办公室与其合署办公）、县委农村工作办公室（挂“县农村集体资产管理办公室”牌子）、县机构编制委员会办公室（挂“县事业单位登记管理局”牌子，与县人事局合署办公，不计机构个数）。设部门管理机构4个，即县委老干部局、县信访局、县委台湾工作办公室（挂“县政府台湾事务办公室”牌子）、县委机要保密局（挂“县政府保密工作局”牌子）。另设

县委直属事业机构3个，即县委党校、县档案馆（局）、县党史县志工作办公室。县政府组成部门由28个调整为25个（县监察局与县纪律检查委员会机关合署办公，列入县政府工作机构序列，不计机构个数），即：县政府办公室（县侨务办公室、县政府法制办公室与其合署办公，挂“县外事办公室”牌子）、县发展计划局、县经济贸易局（内设安全生产监督管理局，挂“县乡镇企业管理局”“县经济体制改革委员会办公室”“县煤矿安全监察局”牌子）、县教育局、县科学技术局、县公安局、县监察局、县民政局、县司法局、县财政局、县人事局（县机构编制委员会办公室与其合署办公）、县劳动和社会保障局、县国土资源局、县建设局、县交通局、县水利局、县农林局、县对外贸易经济合作局、县文化局（县体育局与其合署办公）、县卫生局、县计划生育局、县审计局、县统计局、县环境保护局、县粮食局、县物价局、县人民防空办公室（为县国防动员委员会的常设办事机构，不计机构个数）。此外，设置政府直属事业机构9个，即县广播电视局、县农业资源开发局、县农业机械管理局、县招商局、县旅游局、县地震局、县海洋与渔业局、县城市管理局、县机关事务管理局。2001年，乡镇行政区划作了较大调整，由26个乡镇调整为18个镇。乡镇事业单位（不含中小学校、卫生院）由15个减少为8个。乡级机关行政编制由787人减为669人，减少118人，精简15%；乡镇机关行政编制由1200人减为900人，减少300人，精减25%；县公安、司法行政以及县法院、县检察院系统的中央专项编制由265人减为239人，减少26人，精简10%。省定政法编制以及基层、一线编制暂不精简。全县乡镇事业单位现有编制精简30%左右。截至2001年年底，全县共有行政编制1572人，实有人数1339人。事业编制18013人（因为2001年县镇事业单位机构改革尚未进行，编制数仍按改革前统计），实有人数16973人。

（四）2002年镇事业单位机构改革

2002年3月，在石桥镇进行事业单位改革试点工作。在石桥试点改革成功的基础上在全县范围内全面展开改革工作，时间从9月30日开始，至11月10日结束，历时40天。对镇事业单位人员“双清理”（清理违反计划生育情况、清理假文凭），实行全员聘任制。根据省规定的“综合社会乡镇事业机构，总数控制在8个以内”的要求，对机构设置松散、职能相近或交叉的事业单位进行调整，对职能基本消失的事业单位予以撤并，在原来各镇15个事业站所的基础上，调整为2个中心、6个站所，即农业技术服务中心、农村经济服务中心、国土资源管理所、建设管理所、水利站、广播站、文化站、计划生育服务站，机构精简46.7%。通过改革，各镇除国土资源管理所、水利站、广播电视站实行双重管理，以业务主管部门管理为主外，其余的事业单位一律由各镇党委政府直接管理，并对各站所的职责范围予以重新明确。全县镇事业单位原有编制总数为2058人，实有在编人员2662人（其中财政供养人员391人），超编604人。根据省委、省政府关于“乡镇事业单位人员总编制要精简，精简比例为30%，其中重点精简财政供养人员”的要求，县编办对各镇站所的编制结构、人员结构等情况进行全面的摸底调查和分析，重新核定各镇事业单位人员总编制为1441人，采取竞争上岗的方法，通过笔试、民主测评、组织考核后，有1386人（含直接上岗45人）被择优录取，聘用上岗，在编人员减少1276人（其中财政供养人员减少90人），人员精简比例48%，每年可减少财政支出约590余万元。

（五）2005年县政府机构改革

县政府设置县政府工作部门共26个：县政府办公室（县侨务办公室、县法制办公室与县政府办公室合署办公，县政府办公室挂“县外事办公室”牌子）、县发展和改革委员会、县经济贸易局（挂“县国有资产监督管理办公室”牌子）、县教育局、县科学技术局、县公安局、县监察局、县民政局、县司法局、县财政局、县人事局（县机构编制委员会办公室与县人事局合署办公）、县劳动和社会保障局、县国土资源局、县建设局、县交通局、县水利局、县农业局（挂“县林业局”牌子）、县对外贸易经济合作局、县文化局（县体育局与县文化局合署办公，县文化局挂“县新闻出版局”牌子）、县卫生局、县人口和计划生育委员会、县审计局、县统计局、县安全生产监督管理局（挂“县煤矿安全监察局”牌子）、县环境保护局、县粮食局、县物价局、县民族宗教事务局（与县委统战部合署办公，不计机构个数）、县人民防空办公室（为国防动员委员会的常设办事机构，不计机构个数）。此次县政府机构改革不新增人员编制，新设机构所需人员编制在现有编制总数内调剂解决，人员编制随职能走，职能划出的部门，其人员编制一并划转，行政附属编制随行政编制按比例一并划转，领导职数按规定配备。截至2005年年底，全县共有行政编制2137人，在职人数1785人。行政附属编制206人，实有人数150人。全县共有事业编制数19024人，实有人数18045人。

第二章　国家公务员管理

第一节　国家公务员制度改革

1993年10月，《国家公务员暂行条例》施行。1996年1月，省政府印发《江苏省国家公务员制度实施方案》，是年4月印发《江苏省国家行政机关现有工作人员向国家公务员过渡实施办法》。1997年3月，赣榆县印发《赣榆县国家公务员制度实施方案》，是年3月6日成立以县长为组长的“县推进国家公务员制度领导小组”，办公室设在人事局。1997年3月8日，召开全县推行国家公务员制度动员大会，3月10日，举办职位分类培训班，县乡机关150人参加培训。1997年4月20日，全县机关2500人参加公务员过渡考试，县纪委、组织、监察、人事等部门联合派员监考，县五套班子成员及考务人员于4月30日专门组织考试。过渡考试参考率98%，及格率99.9%，县人事部门对缺考和不及格人员进行补考。经资格审核，全县机关过渡公务员588人，乡镇政府机关过渡公务员640人。是年年底，完成乡镇机关职位分类工作。1998年1月13日，赣榆县委、县政府召开“全县实施公务员制度和参照管理工作会议”，部署人员过渡有关事宜。县人事局制定《全县行政机关工作人员向国家公务员过渡培训实施办法》，重点培训全县各部门骨干150多名，帮助80多个部门举办培训班。

第二节　公务员招考

1990～1996年，组织20多次干部录（聘）考试，录聘干部760人。1997年起，县内行政机关和参照管理事业单位补充担任主任科员以下非领导职务的国家公务员及工作人员，在编制和省下达的专项计划数额内，一律按《连云港市国家公务员录用实施办法》的规定，采用公开考试、严格考核的办法，按照德才兼备的标准择优录用。一般要求报考人员具有大专毕业以上学历，年龄在35周岁以下。1997年分两批招录国家公务员和机关工作人员33人，1998年，从优秀毕业生中招收国家公务员14名。1997～2009年，共录用595名公务员。新录用的公务员及参照管理机关工作人员，试用期1年。试用期满后，经考核合格，予以任职定级，不合格的，报批后取消录用资格。

第三节　公务员培训

1997年，开始公务员公开招考，对经考试录用进入国家行政机关担任主任科员以下非领导职务人员，在试用期间进行先培训、后上岗。培训考核成绩不合格的公务员不得定“称职”以上等次。

2007～2009年，根据中央及省、市文件精神，组织开展全县公务员公共管理基础课程网上订单式培训工作，培训内容为公共管理基础课程，即公共管理、公共政策、公共经济、政治学、行政法学、行政伦理学共六门课程，每人每年选择一门课程参加学习。

第四节　公务员考核

图 31-1　赣榆县公务员培训考核现场（2009年摄）

1994年4月14日，印发《赣榆县机关工作人员考核暂行办法》，对全县党政群机关工作人员德、能、勤、绩四个方面进行全面考核。1996年，赣榆县人事局报经县政府批准，修订考核办法。公务员考核分为平时考核和定期考核，定期考核以平时考核为基础。平时重点考核公务员完成日常工作任务、阶段工作目标的情况以及出勤情况，由主管领导予以审核评价。定期考核采取年度考核的方式。考核内容分德、能、勤、绩4个方面，重点考核工作实绩。考核结果分优秀、称职、不称职3个等次。乡镇党委书记的考核结果，先报县委组织部审核，再由县委书记确定考核等次，其他各单位的局长、镇长由县长确定考核等次。本人对考核结果有异议，可按规定申请复核。年度考核结果作为奖惩、培训、辞退以及调整职务、级别和工资的依据。机关工作人员年度考核结果实行审核备案制度，各乡镇、县直各单位每年年底按规定程序对工作人员进行考核，次年初将考核结果报县人事局审核备案。1996年，行政机关和参照公务员制度管理单位的工勤人员，按照人事部1995年12月印发的《事业单位工作人员考核暂行规定》进行考核，年度考核结果分优秀、合格、不合格3个等次，主要考核劳动实绩、劳动态度、服务质量。2000年，机关年度考核增加“基本称职”等次，即优秀、称职、基本称职、不称职4个等次。2004年起，考核内容增加“廉”，即考核德、能、勤、绩、廉5个方面。

第五节　公务员奖惩

1990～1994年，全县党政机关工作人员按岗位目标责任制考核兑现奖惩，对考核成绩突出的报县表彰奖励，副科级领导干部一般不超过表彰总数的20%。县委、县政府每年召开总结表彰大会。受县表彰人员一般授予先进工作者荣誉称号，对有特殊贡献的予以记功或记大功，成绩特别优异的报市批准工资晋级，晋级人数控制在1.5‰，其中领导干部不超过50%。

1994年，赣榆县实行公务员奖惩制度。年度考核结果为称职、优秀等次的，晋职、晋级优先。年度考核结果为优秀、称职的，年终奖按其本年度基本工资额100%发给；不称职、不合格的，不发给年终奖，并视具体情节予以降职或降级。对年度考核连续3年优秀或连续5年称职的，在本职务对应级别内晋升1级；连续2年称职以上的，在本职务工资标准内晋升1个工资档次，连续2年被确定为不称职的，按规定予以辞退。1996年12月，对行政奖励试行“一票否决制”，凡违反计划生育、环境保护、安全生产、社会治安综合治理等政策规定的，一律取消获奖资格。2006年6月工资改革后优秀的不再晋升工资级别。2008～2009年，根据中组部、人事部《公务员奖励规定（试行）》精神，对在本职工作中表现突出、有显著成绩和贡献的公务员给予奖励。公务员奖励分为嘉奖、记三等功、记二等功、记一等功、授予荣誉称号。年度考核被确定为优秀等次的，予以嘉奖；连续3年被确定为优秀等次的，记三等功；记二等功的，报市委、市政府批准表彰；记一等功、授予荣誉称号的，报省委、省政府以上批准表彰。参照公务员法管理的机关（单位）中除工勤人员以外的工作人员奖励，参照此规定执行。年度考核完成后，由单位进行申报奖励，由人事部门根据年度考核结果进行审核，报县政府审批。

第六节　公务员调配

1989年2月，县委明确，乡镇中层干部，政府部门股级干部，县人大、县政协、党群系统、政法系统的股级以下干部及事业单位班子成员，跨部门调配的，由县委组织部负责。乡镇和县政府各委、办、局一般干部，企业单位股级以下干部，跨部门调配的，由县人事局负责。县各级行政机关补充工作人员，基本上在行政机关内部调整。企业人员原则上不得调入事业单位，企、事业单位的人员原则上不得调入行政单位。1998年以后，国家公务员调配按《国家公务员暂行条例》规定执行。2006年始，国家公务员调配按《中华人民共和国公务员法》的相关规定执行。

第三章　人才管理

第一节　事业单位人员登记管理

全县事业单位登记管理工作始于1991年，由县编委办负责实施，根据国务院《事业单位登记管理暂行条例》和省市编办部署，1991年5月，在全县范围内进行编制卡片填写工作。1994年7月，配合工资制度改革，核对机关事业单位人员编制卡片1.4万人，清理出非在编人员12人。1993年，赣榆县实行事业单位代码标识制度，从2001年1月1日至3月31日，按照全国统一的登记范围、登记证书、时间要求和收费标准，对事业单位实施初始登记工作。至2002年年底，全县共登记事业法人单位595家。2005年9月，成立赣榆县事业单位登记管理局，隶属于县编办领导，为副科级事业单位，人员参照公务员制度管理。是年，根据国家和省市部署，全面启动并实施事业单位网上登记管理。2008年3月始，按照《江苏省事业单位登记档案管理办法》要求，对全县事业单位登记资料进行整理，形成包括设立、变更、年检和注销等完整有序的档案。至2009年年底，全县事业法人单位共有425家。

第二节　专业人才登记管理

1988年，国家实行专业技术职务聘任制度。1990年3～4月，本着“统筹兼顾、全面安全、保证重点、充实基层、加强生产第一线、注重专业对口”的原则，对全县60多个机关、企事业单位和20多个乡政府的专业技术人员结构、余缺情况进行调查、摸底。1990年年底，全县拥有各类专业技术人员7801人。其中，高级职务49人，中级职务1026人，县级单位7635人，乡镇单位166人；2000年，又对赣榆县“九五”期间人才队伍情况进行调查，统计出赣榆县共有专业技术人员15268人。其中，高级职称263人，中级职称3561人。至2009年年底，全县拥有专业技术人员16062人，其中高级1365人，占总数的8.5%；中级7238人，占总数45.1%；初级职称7459人，占总数的46.4%。

第三节　职称评定

1992年，赣榆县实施专业技术人员继续教育证书制度，全县统一编号。明确在继续教育活动中的学时量计算或折算方法。

1993年，赣榆县对县内各系统各专业的专业技术人员进行全面统计（首次普查），全县专业技术人员总数达到14858人。

1996年，县职称改革领导小组更名为县专业技术人员职称工作领导小组，下设办公室，办公地点设在县人事局，职称评定及管理工作由县科委移交至县人事局。

1997年，赣榆县职称评定重新组建工程、农业、卫生、中小学教师等十个评审委员会。

1998年，赣榆县全面推行聘约管理，办理聘任手续1万人次，实行《连云港市专业技术人员继续教育实施意见》，全县专业技术人员统一换发省人事厅印制的新的"专业技术人员继续教育证书"，成立县委党校、职业中学、农校、卫校、商校、财校、人才中心、教师进修学校、建校11个继续教育办学点。市职称办批准县电大分校为职称计算机应用能力培训点。

1999年，职称计算机应用能力考核试点扩大到工程、卫生、高校等系列，凡在县（含）以上单位工作申报晋升高中级职务人员必须参加由省职称办组织的计算机应用能力考核。

2000年，根据《连云港市农民技术职称评定工作实施意见（试行）》的要求，经市职称工作领导小组批准，建立赣榆县农民技术中、初级职务任职资格评审委员会委员库，并组织报评农民技术职称，评审通过7人。允许党政机关中从事农业技术承包的专业技术人员申报评审专业技术职务任职资格。

2001年，计算机应用能力考核全面推开到所有专业技术职务系列，但对乡镇（含）以下单位晋升高中级职务的仍不作要求。

2002年，卫生专业中初级专业技术资格不再评审，须通过相应的资格考试获得。

2003年，全面实行事业单位专业技术职务评聘分开，竞聘上岗制度。

2004年，省人事厅对职称外语和计算机的要求作调整：职称外语合格证和省专业技术人员信息化培训（职称计算机应用能力）考核合格证，在申报评审专业技术资格时长期有效，不再规定3年有效期。原由评审委员会评审的初级专业技术资格改为由考试确定资格，县初级专业技术资格评审委员会撤销。符合初定条件的仍采取考核的办法确定初级专业技术资格。对国家已实行专业技术资格统一考试的经济、会计、统计、审计、卫生等专业必须参加全国统一考试，方可取得资格，不再进行初定。是年起，思想政治工作人员专业技术资格评定工作纳入县专业技术人员职称工作领导小组统一管理。

2005年，机关工作人员可以申报自然科学研究、社会科学研究、农业科学研究、工艺美术、文学创作、艺术、会计、统计、审计等九个系列的专业技术资格，所取得的专业技术资格不与工资福利等待遇挂钩。连云港市职称办出台《连云港市地方职称评审工作意见（试行）》，乡镇企业职称和农民职称统一为连云港市地方职称，开展工程技术、农业技术、经济、会计等专业的职称评审。4月，组建连云港市地方职称（赣榆县）建设工程中级评审委员会委员库，并组织评审工作，共计132人获得连云港市地方高中初级职称。

2006年，江苏省职称工作领导小组出台《在业绩突出的企业经营管理人员中开展高级经济师资格认定工作的意见》，县"江苏三兴建工集团有限公司"等企业的17位经营管理人员经认定获得高级经济师资格；市职称办出台《在民营企业经营管理人员中开展地方高级经济师、经济师资格认定工作的实施意见（试行）》和《在农村经纪人中开展地方高级经济师、经济师资格认定工作的实施意见（试行）》，赣榆县11位同志经认定获得地方高级经济师资格。

2007年，机关从事农业科技推广工作的专业技术人员，可申报评审农业技术系列专业技术资格。职称外语政策调整，除高校教师、党校教师、中专校教师、技工学校教师、自然科学研究、社会科学研究、农业科学研究、实验技术、卫生、图书资料、文物博物、档案、公证、律师、新闻、出版、教练员、国际商务等系列（专业）外，其他系列不再要求职称外语。是年组织开展教授级中学高级教师评审工作，赣榆高级中学王修建被评为教授级中学高级教师。

2008年，机关从事建设工程工作的专业技术人员，可申报评审建设工程系列专业技术资格。经济专业技术资格考试及职称外语考试报名采用网上报名、网上支付的报名组织方式，县职称办不再承担考试报名工作。

2009年，中级专业技术资格实行量化评审。

第四节　军队转业干部安置

1992年10月8日，经县编委批准，成立“赣榆县军队转业干部服务中心”，为全民事业单位，股级。

1993年，县人事部门投资200万元建成1670平方米的江苏省第一家军转干部培训中心。

2000年，根据省市县文件精神要求，赣榆县成立有人事部门参加的赣榆县困难企业转业干部解困协调领导小组，由县政府常务副县长任组长。领导小组下设办公室，办公室设在县人事局，具体负责全县困难企业军转干部解困稳定的日常工作。县人事部门负责调查摸底工作并提供基本情况，县委、县政府进行专题研究，提出九条解决意见。

2001年，是全国军队转业干部安置政策改革的第一年，也是贯彻中央关于《军队转业干部安置暂行办法》的第一年，县人事局本着“积极稳妥、专业对口、用其所长、适当照顾”的原则，把妥善安置军转干部作为支持军队建设、维护大局稳定的大事来抓，采取指令性计划分配与供需见面、双向选择的方法进行安置，共接收10名转业干部，均安置在党政机关工作，安置率100%，确保安置政策落实到位，总体上做到部队、个人、用人单位三满意。

2004年，连云港市军队转业干部安置工作小组出台《市区营以下军队转业干部接收安置暂行办法》，从安置原则、安置范围、安置办法及其他要求等方面对军队转业干部接收安置工作作了详细规定。市区接收安置工作根据军队转业干部（含文职和技术干部）在军队的军龄、职务、奖励、学历、优待、伤残、惩戒等七个方面情况，实行量化积分、自主择岗办法进行安置，各县参照执行。赣榆县共安置11人。

1990～2009年，赣榆县军转安置工作采取指令性计划分配与供需见面、双向选择的方法，共接受安置293名军转干部。其中，团职干部17人，营职干部131人，连排职干部104人，技术干部41人。

第五节　人才服务

1984年12月6日，赣榆县政府成立赣榆县人才交流服务中心，隶属于县人事局，负责全县人才资源开发的总体规划、政策规定并组织实施。

1992年，根据中组部、人事部《关于加强流动人员人事档案管理工作的通知》及《关于进一步加强流动人员人事档案管理的补充通知》要求，流动人员人事档案统一移交县人才交流服务中心管理，实行人事代理。

1993年1月，成立赣榆县人才市场，制定《赣榆县引进人才若干政策规定》，是年引进、培育各类人才2082人。其中，培育1465人，引进科技人才617人。

1997年8月，县人事局首次举办高校毕业生和用人单位供需见面洽谈会。

1999年，根据省政府有关文件规定，取消人事代理和人事档案保管费，拓宽人事代理服务范围，在开展人事关系挂靠、档案管理等常规业务外，增加档案工资审核、聘用合同鉴证、养老保险、出境政审以及党团组织关系接转等服务项目。

2000年，对新进入教育、卫生等事业单位的毕业生实行人事代理。

图 31-2　赣榆县人才招聘会（2002年摄）

2001年9月，县人才交流服务中心依照公务员制度管理。

2002年，对全县各镇的站所实行全员人事代理。是年8月，经县编委批准，县人才交流服务中心增挂“赣榆县人才市场”牌子，县人才交流服务中心开始接受用人单位或个人委托，代理有关人事业务，为人事代理人员办理人员转正定级手续、调资手续、代报评定职称等。

2008年3月7日，在全县18个乡镇成立“农村人才服务站”，由镇农经中心主任兼任站长。

至2009年，县人才交流服务中心共托管档案23100多份，其中已办理就业手续人员共7500人。

第六节　人事争议仲裁

1997年1月，经县政府批准县人事局秘书股挂“县人事争议仲裁办公室”牌子。1999年11月，成立赣榆县人事争议仲裁委员会，同时成立办公室，地点设在县人事局，具体负责人事争议仲裁的日常工作。

截至2009年，仲裁各类案件10件。其中，受理4件，未受理6件。

第四章　人事工资管理

第一节　工资制度改革

1990年～1993年9月，赣榆县国家机关和事业单位实行职务工资为主的结构工资制，工资水平普遍较低，缺乏正常的增资机制。

1993年10月，赣榆县进行工资改革，主要内容为：机关工作人员（除工勤人员外）实行职务级别工资制度，简称职级工资制，基本工资分为：职务工资、级别工资、基础工资和工龄工资四个部分，其中职务工资与级别工资是标准工资的主体。职务工资按工作人员的职务高低、责任轻重和工作难易程度确定；基础工资按大体维持工作人员本人基本生活费确定，每人每月90元，各职务人员均执行相同的基础工资；工龄工资按工作年限确定，每工作1年每月1元工龄工资，至退休年龄为止。事业单位的工资构成分为固定部分和活的部分两块，全额拨款事业单位固定部分为70%，活的部分为30%；差额拨款事业单位固定部分为60%，活的部分为40%；自收自支单位，活的部分一般为40%以上，具体标准根据各自单位收益情况确定；事业单位的专业技术人员实行专业技术等级工资制，管理人员实行职员职务等级工资制。机关干部技术工人实行岗位技术等级工资制，其工资构成：岗位工资、技术等级工资和奖金三个部分组成；普通工人实行岗位工资制，其工资由岗位工资和奖金两部分组成。事业单位技术工人实行技术等级工资制，其工资由技术等级工资（固定部分）和津贴（活的部分）两部分组成；普通工人实行等级工资制，其工资由等级工资（固定部分）和津贴（活的部分）两部分组成。

1994年5月，根据国家、省文件规定，赣榆县部署对机关、事业单位工资制度进行继1956年、1985年两次工资制度改革后的第三次重大改革。确定72个单位列入机关工资制度改革，652个单位列入事业单位进行工资制度改革，明确执行国家统一工资制度和工资构成的全额拨款单位共129个；参照执行的差额单位180个；自收自支实行企业化管理的事业单位共343个。新工资制度从1993年10月1日起执行。全县参加机关、事业单位工资制度改革的共有13834人，月增资总额110.7万元，工资制度改革后人均月工资水平405.2元，增长24.7%。

2007年1月16日，根据国家、省文件规定，对机关、事业单位工资制度进行第四次重大改革，此次改革执行时间为2006年7月1日；工资改革的主要内容为：公务员实施职级工资制。其工资分为职务工资和级别工资两项；职务工资主要体现公务员的工作职责大小，一个职务对应一个职务工资标准，领导职务和相当层次的非领导职务对应不同的工资标准；级别工资主要体现公务员的工作实绩和资历，公务员级别分为二十七级，每一级分若干档次，每一职务层次对应若干个级别；公务员根据所任职务、德才表现、工作实绩和资历确定级别和级别工资档次，执行相应的级别工资标准；机关工人实行岗位技术等级工资制，其工资分为岗位工资和技术等级（职务）工资两项；岗位工资根据工作难易程度和工作质量确定，按初级工、中级工、高级工三个技术等级和技师、高级技师两个技术职务设置，分别设若干工资档次；技术等级（职务）工资根据技术水平高低确定，一个技术等级（职务）对应一个标准。事业单位实行岗位绩效工资制，由岗位工资、薪级工资、绩效工资和津贴补贴四部分组成；事业单位岗位分为专业技术岗位管理岗位和工勤技能岗位；专业技术岗位设置十三个等级，管理岗位设置十个等级，工勤技能岗位分为技术岗位和普通岗位，技术工人岗位设置五个等级，普通岗位不分等级；工作人员按聘岗位执行相应的岗位工资标准；专业技术人员和管理人员设置六十五个薪级，工人设置四十个薪级，每个薪级对应一个工资标准。

2008年12月，部署实施规范公务员津贴、补贴工作，从2009年4月起，公务员津贴、补贴规范为工资性津贴、生活性补贴两项，津贴补贴水平为年人均15157元；其中在职人员的工作性津贴按职级（技术等级）、任职年限和工作年限适当拉开档次，生活性补贴执行同一标准，每人每月750元。

2009年10月，出台赣榆县义务教育学校绩效工资实施办法，按照义务教育教师平均工资水平不低于机关公务员平均工资水平的原则确定相应的绩效工资标准，绩效工资分为基础性绩效工资和奖励性绩效工资两部分，基础性绩效工资一般设立岗位津贴、生活补贴两项，岗位津贴根据不同岗位、任职年限、工作年限适当拉开档次；生活补贴每人每月410元；对偏远艰苦地区农村义务教育学校设立农村学校教师补贴，标准为：镇驻地或中心校每人每月100元，村学校每人每月140元。奖励性绩效工资在设置项目上可由学校根据实际情况，设立班主任津贴、一线骨干教师津贴、超课时津贴、教育教学奖励等项目，也可以自主设立其他项目，并制订具体发放办法。除班主任津贴按月发放外，其他项目在年度考核后发放。

第二节　离退休人员审批

1990年后，国家多次调增离休、退休、退职人员待遇。2006年后，离休人员离休费按本人离休前职务工资、级别工资之和或岗位工资与薪级工资之和全额计发。公务员退休后的退休费按本人退休前基本工资（职务工资和级别工资之和）的一定比例计发，工作年限35年以上，按90%计发；工作年限满30年不满35年的，按85%计发；工作满20年不满30年的，按80%计发；工作年限满10年不满20年的，按70%计发；工作年限不满10年的，按50%计发。机关工人、普通工人退休后按本人退休前基本工资（岗位工资和技术等级工资之和）的一定比例计发，计发办法与公务员相同。事业单位工作人员退休按本人退休前基本工资（岗位工资和薪级工资之和）的一定比例计发，计发办法与机关单位相同。办理退职手续的机关工人、普通工人和事业单位工作人员，退职费按本人退职前基本工资的一定比例计发，工作年限满20年以上的，按70%计发；工作年限满10年不满20年的，按60%计发；工作年限不满10年的，按10%计发。

2006年7月，机关事业单位离退休人员调增离退休费。离休人员：厅局级正职每月1220元，厅局级副职940元，县处级正职670元，县处级副职490元，乡科级350元；教授及相当职务990元，副教授及相当职务540元，讲师及相当职务350元。退休人员：厅局级750元，县处级450元，乡科级275元，科员及办事员180元；教授及相当职务700元，副教授及相当职务400元，讲师及相当职务275元，助教（含相当职务）及以下职务180元；高级技师和技师275元，高级工以下（含高级工）及普通工180元。中华人民共和国成立前参加革命工作的，享受原工资100%退休费的退休老工人，按每月330元的标准增加退休费。

2007年7月1日，对机关退休、退职人员及所有离休人员的津贴补贴进行规范，离休人员按在职同条件人员标准不低于90%，退休人员不低于70%核定生活性补贴，同时按每个人的工作年限，职务高低适当拉开档次；2009年1月1日起，对全义务教育学校退休、退职人员津贴、补贴进行规范，总体水平不低于机关退休、退职人员总体水平。

对20世纪50年代（含1960年）的部分退职人员定期发给生活补助。2006年7月起每人每月生活补助费在原基础上增加150元，2009年9月起每人每月再增加200元。截至2009年，抗日时期参加工作的农村户口每人每月发给生活补助费800元，城镇户口每人每月810元；解放战争参加工作的农村户口每人每月发给生活补助费775元，城镇户口每人每月785元；中华人民共和国成立后参加工作的农村户口每人每月发给生活补助费752元，城镇户口每人每月760元。

第三节　工资福利管理

一、福利

1990年后，机关事业单位主要福利为福利费、丧葬费及一次性抚恤金、遗属生活困难补助，其标准多次调整。2007年7月起遗属生活困难补助调整为，抗日时期的每人每月510元，解放战争时期每人每月470元，中华人民共和国成立后参加工作的每人每月420元。2008年福利费调整为每人每月20元，丧葬费标准为600元，抚恤金标准：病故的按20个月，因公牺牲的按40个月，授予烈士称号的按80个月。计发标准，机关及义务教育学校为死者生前基本工资（基本离退休费）加600元，其他事业单位为基本工资加省规定的津贴、补贴。

二、假期

1990年后，机关事业单位正常执行产假、病假、婚丧假、探亲假制度。

1994年，根据国务院实行新工时制度规定，第一周的星期六和星期日为休息日（俗称“大星期”），第二周的星期日为休息日（俗称“小星期”），依此循环，不受月份、年份限制。

1995年，国家机关事业单位实行“双休日”制度，即星期六、星期日为周休息日。

1999年，根据国务院修订的《全国年节及纪念日放假办法》，国家机关、事业单位实行统一的年节及纪念日放假制度，即①新年，放假一天（1月1日）；②春节放假三天（农历正月初一、初二、初三）；③五一国际劳动节，放假三天（5月1、2、3日）；④国庆节放假三天（10月1、2、3日）。在具体实施上，一般将公休日（星期六、星期天）与工作日进行调整，因此新年连续放假三天（1月1～3日），春节、劳动节、国庆节连续放假7天，分别是农历正月初一至初七，5月1日至7日，10月1日至7日，又称“黄金周”。

2008年，国家对法定节假日时间安排进行调整，元旦放假一天，春节放假三天，放假起始时间由农历正月初一改为除夕；“五一”国际劳动节由三天调整为一天；“十一”国庆节放假三天；清明、端午、中秋增设为国家法定节假日，各放假一天（农历节如遇闰月，经第一个月为休假日），允许周末上移下错，与法定节假日连休。是年始，根据国家及省有关规定，出台赣榆县机关事业单位工作人员年休假政策：工作满一年以上十年以下每年可休假五天，工作满十年以上二十年以下每年休十天，工作满二十年以上每年休假十五天，当年因工作原因没有休假的，可在第二年三月份前予以补休。

第五章　劳动就业

第一节　劳动就业制度改革

1991年，在招工中实行“面向社会，公开招收，全面考核，择优录用”的原则，废除“内招、顶替”的做法。

2003年，赣榆县构建城乡统筹的就业体系，统筹实施“三个集中”和城乡一体化，不断创新体制机制，积极完善政策制度。

2007年，按照“政策制度城乡统一，公共服务城乡一体，就业机会城乡均等”的思路，统筹解决城乡新成长劳动力就业、农村富余劳动力转移就业、城乡失业人员再就业，把农民就业纳入整个社会的就业体系，实施积极的就业政策，全县基本实现城乡比较充分就业的新局面。

2008～2009年，贯彻实施《中华人民共和国就业促进法》，通过用人单位自主用人和劳动者自主择业，实现供求双方相互选择；充分发挥政府在促进就业中的重要职责，实施积极就业政策，完善公共就业服务和加强职业教育和培训，规范人力资源市场，扩大就业机会。

第二节　就业服务体系建设

从1980年成立赣榆县劳动服务公司至1991年2月，县劳动服务公司负责社会劳动力的登记、组织管理；开办培训班，组织就业训练和转业训练；组织指导待业人员就业；管理直接兴办的经济实体；为农村剩余劳动力的就地转移和劳务输出提供服务。

1991年3月，赣榆县劳动服务公司更名为赣榆县劳动就业管理处，按照“三结合”（劳动部门介绍就业、自愿组织起来就业和自谋职业），组织推动多渠道、多形式就业。

2003年8月，在18个镇成立劳动保障事务所，建立健全下岗失业人员基础台账，为下岗失业人员提供职业指导和职业培训，实施再就业援助行动，掌握和做好辖区内农村和外来劳动力的基本情况及管理服务工作。

2006年10月～2009年，创建23个社区（县城区）劳动保障事务站，创建标准符合“机构、人员、经费、场地、制度、工作”六个到位，推进失业人员再就业和信息化建设两项工作。

第三节　再就业工作

1998年8月，根据市委、市政府《关于切实做好国有企业下岗职工基本生活保障和再就业工作的通知》文件精神，严格控制下岗职工总量，规范职工下岗程序，建立职工下岗申报备案制度。同时，各国有企业都建立再就业服务中心，为本企业的下岗职工发放基本生活费和代缴社会保险，组织下岗职工参加职业指导和再就业培训，引导和帮助他们实现再就业。

2006～2009年，对就业困难人员实行优先扶持和重点帮助的就业援助。其中，2006年，补贴645人次；2007年，补贴1677人次；2008年，补贴1665人次；2009年，补贴2100人次。

2002～2009年赣榆县再就业工作情况一览表

表31-1　　单位：人

年　份	就业转失业人员登记人数	再就业人员	再就业率
2002	1478	1212	82%
2003	1553	1336	86%
2004	934	831	89%
2005	3375	2803	83%
2006	798	698	87%
2007	598	556	93%
2008	3201	2786	87%
2009	916	834	91%

第六章　劳动管理

第一节　用人制度改革

1990年，赣榆县劳动用工制度实行固定工制度和劳动合同制同时并行的“双轨制”，对各单位的职工人数、清退计划外用工指标下了指令性计划，对所属企事业单位按年度核定劳动定员，企业应生产发展需要增加人员，必须在劳动部门下达的计划内进行增人，任何单位和部门不得超计划增人。

1992年，进行企业全员劳动合同制试点。

1994年6月10日，企业与被录用的职工遵照平等、自愿和协商一致原则签订劳动合同。

1995年，根据《中华人民共和国劳动法》文件精神，实行固定工制向劳动合同制并轨，实行统一的劳动合同制度。是年在企业职工中全面实行劳动合同制。

1997年10月，乡镇企业施行劳动合同制。是年11月，要求企业改制后应接纳原企业全部在册职工和离退休人员，并负有安置和管理的责任。改制后一律实行劳动合同制，必须参加社会保险。

2003年，成立由县劳动和社会保障局、县总工会、县经贸委（企业家协会）共同组成的协调劳动关系工作机构。县劳动和社会保障局代表政府一方，县总工会代表工人一方，县经贸委（企业家协会）代表雇主（企业组织）一方。

2006～2009年，各类企业与劳动者普遍依法签订劳动合同，实现全县所有企业劳动合同充分覆盖。其中，2006年3月，各企业、用人单位女职工在25人以上的都必须签订女职工特殊保护专项集体合同；2008年9月5日，各企业、各用人单位统一使用省劳动和社会保障厅制发的《集体合同》（格式文本）。

第二节　劳动工时制度

1994年6月10日，实施企业职工每日工作时间为8小时，平均每周工作时间为44小时。

1995年5月1日，企业单位可根据职工每日工作8小时，每周工作40小时的标准工时制度，结合实际情况进行相应的调整。1995年5月15日，实行职工每日工作时间8小时，每周工作时间40小时工时制。

2008年2月14日，职工全年月平均制度工作天数和工资折算办法分别调整，月工作日20.83天；工作小时数为每日8小时。

第三节　劳动监察

2004年，成立赣榆县劳动监察大队，属全民事业单位，财政全额拨款，负责全县劳动监察工作，涉及用人单位和劳动者劳动关系调整，维护劳动者依法获得劳动报酬、社保待遇等权益。开展《劳动保障监察条例》的学习宣传和执法检查活动，追回拖欠农民工工资3万元，追缴养老金6万元，督促用人单位补签劳动合同600份，受理和处理举报投诉案件64件。

2005年，开展专项检查工作，追缴拖欠养老金、医疗金8万元，补签、新签劳动合同700份，追讨拖欠农民工工资9万元，受理和处理举报投诉案件24件。

2006～2008年，接受举报投诉案件317起，追讨拖欠农民工工资204万元，退回非法收取职工押金1万元，追缴社保三金103万元，督促用人单位签订劳动合同1.5万余份。

2009年，立案148件，结案148件，结案率100%，受理投诉40起，日常巡查418户，支付职工工资180人共计79万元，督促用人单位办理社保登记17家。

第四节　劳动争议处理

1988年4月，县劳动局内设仲裁股，是年8月成立赣榆县劳动争议仲裁委员会下设办公室，具体负责劳动争议仲裁的日常工作。

2007年8月7日，经赣榆县机构编制委员会批准，赣榆县劳动争议仲裁科增挂“劳动争议仲裁院”牌子。

1990～2009年，共处理案件1346件，其中调解612件。接待来信来访10.3万人次。

第五节　劳动法治建设

1995年《中华人民共和国劳动法》实施后，赣榆县组织企业劳资干部、工会干部及企业管理人员参加《中华人民共和国劳动法》学习培训班、《中华人民共和国劳动法》知识竞赛等多种活动，进行劳动法制的宣传与普及工作。

2001年5月，开展劳动保障法律法规政策宣传周活动。

2002年，开展以“集体合同劳动合同管理年”为重点的普法宣传。

2005～2009年，深入推进《全面推进依法行政实施纲要》的实施，对新颁布的《劳动保障监察条例》《江苏省劳动合同条例》《江苏省工资支付条例》《江苏省社会保险费征缴条例》和《江苏省集体合同条例》进行重点宣传。县劳动和社会保障局所有行政执法职权全部纳入法制化轨道，实行行政执法证、行政执法监督证制度。

图 31-3 赣榆县学习宣传《中华人民共和国劳动法》（1995年摄）

第七章 职业培训与技能鉴定

第一节 职业培训

1988年7月20日，县编委批准成立“赣榆县劳动就业培训指导站”。

1990～1998年，赣榆县劳动就业培训指导站主要职能是提高全县职工队伍素质和企业经济效益，隶属县劳动局领导，与县劳动服务公司一套班子两块牌子。根据国家“先培训后就业”的要求，凡适龄待业青年都必须参加就业前培训，培训工作由县劳动就业培训指导站具体实施，每期3天，培训结业发给“就业前培训合格证”，培训地点在劳动就业管理处综合楼。年培训1000～1600人。其中，1992年开展劳动就业指导培训，培训课程主要有“就业指导”“法律常识”“职业道德”三门课程，培训对象是城镇户口的待业青年。

图 31-4 赣榆县SYB（巾帼创业）培训班（2009年摄）

2000年，全县农村劳动力培训工作由县农办负责实施。

2002年，全县开展再就业培训工作，培训对象是企业下岗职工。

2005年，农村劳动力培训由农办移交到县劳动保障局，具体培训工作由劳动就业管理处实施。

2006年起，赣榆县开展创业培

训工作，培训内容有GYB（产生你的创业想法）、SYB（开办你的企业）。

2008年，赣榆县与中国职业教育和职业培训协会联合举办企业班组长岗位培训班，参加培训企业9家，共计80余人。参加人员全部通过班组长岗位培训班各项科目的学习，并领取合格证。

第二节　技能鉴定

1995年，赣榆县国家职业技能鉴定所成立。到2009年，共开展电焊工、维修电工等32个工种初、中级职业技能鉴定1.8万多人，核发初、中级职业资格证书共1.3万多本。

2009年，经连云港市同意，赣榆县可组织电焊工、维修电工、汽车修理工、工民建等十几种高级工、技师职业资格鉴定，是年，高级工、技师职业资格鉴定人数245人。

2004～2009年赣榆县核发职业资格证书人数一览表

表31-2

年份 等级	2004	2005	2006	2007	2008	2009
初级工	432	778	596	457	394	190
中级工	546	1341	1484	1984	2771	2346
高级工			142	180	213	203
技　师			38	40	35	42

第八章　劳动工资管理

第一节　工资制度改革

1995年，市劳动局会同市财政局、市计委、市纪委联合下发《关于深化企业工资制度改革适当解决企业职工工资问题的通知》，指导全市各企业将原有的工人8级制和企业17级制的等级工资制度改革为统一的技能工资制标准。企业在选用技能工资标准时必须依据产业类别、企业规模、经济效益、工资水平等因素，在江苏省企业职工技能工资标准参考表所列第6至12的7个起点工资标准中选用，不能突破。此次技能工资制套改是全国工资制度上的一次重大变革，是建立现代企业制度的重要内容，为全面实行岗位技能工资等制度创造条件。

第二节　工资总额管理

1990年2月，经批准工效挂钩的企业，可将当年平均一级浮动工资转为标准工资，推动工效挂钩工作。是年8月，有条件的企业实行工资总额与经济效益挂钩，暂不能实行总挂钩的实行工资总额包干办法，逐步建立起企业分级管理和调控体制。10月，将集体企业工资总额与经济效益挂钩工作纳入统一管理。

1993年，实行“总挂总提”办法。工资总额随企业经济效益增减而增减，企业职工的工资、奖金、补贴以及其他工资收入，应纳入工资总额。

1994年，将弹性劳动工资计划实施范围扩大到国有、集体和其他所有制企业。

1996年，将国有资产增值、保值作为工效挂钩企业提取新增效益工资的参照指标，实行新的企业工资调控办法。

1997年，对实行工效挂钩企业中经济效益增长过快时，在计提效益工资时以不超过核定工资总额基数的30%予以封顶，同时对经济效益大幅下降的企业，在扣减工资总额基数时以不超过核定工资总额基数的20%为最大额度。

2000～2009年，随着经济的发展，注重把企业工资指导线方案与工资总额的宏观调控有机结合起来，全县企业职工工资总额逐年增加，企业在岗职工工资水平逐年提高。其中，2006年在岗职工平均工资为11991元，2007年在岗职工平均工资为18308元，同比增长34.5%。

第三节 协商工资

1990年8月，市总工会、市劳动局、市财政局、市计经委、市体改委联合下发《关于企业工会参与企业内部分配工作的意见》，提出在企业内部分配中要充分发挥工会的参与作用，职代会的民主管理作用，提高企业工资、奖金分配工作的透明度。

2000年7月，选择部分生产经营正常、管理基础扎实、有开展工资集体协商要求的企业，积极稳妥地做好试点工作。

2005年9月，要求全县所有企业三年内逐步建立工资集体协商制度。2007年年底，推行50人以上生产经营正常的企业全部建立工资集体协商和集体合同制度，全县开展工资协商和签订工资专项集体合同的企业达90%以上。

2008年7月，要求职工人数50人以上的企业开展工资集体协商；职工人数50人以下正常生产经营的企业，工资协商覆盖率达到70%以上。

第四节 工资调整

一、调整工资标准

1991年7月，全县按调整后的“国家大中型企业工人工资标准表”调整新工资标准。

2006年5月，各企业、用人单位充分发挥收入分配的激励作用，进一步完善企业技术考核奖励晋级制度。

二、浮动工资转标准工资

1993年6月，对实行“工挂”企业职工调整基本工资，在当时起点工资标准上提高3元，然后再在各等级工资上加15元绝对额。

三、提高起点工资标准

1994年8月，对未实行工效挂钩及实行工效挂钩的商业流通行业、工、建、交行业、矿山井下、海洋捕捞业的大、中、小型企业调整起点工资标准。

1996年1月，企业工资增长的幅度按4%左右作为控制目标。仍执行技能工资制的企业，可以提高起点工资标准，已实行岗位技能工资制的企业，可根据企业的生产经营特点调整岗位和技能工资的结构比例，提高岗位工资的比重和对职工技能实绩的考核。

1997年10月，对新进企业人员，下岗富余人员以及取得技术等级证书的技术工人等工资支付的若干具体问题，提出相关处理意见。

1998年10月，所有企业提高工资起点标准，年内实现工资增长3%的目标。

第五节　工资指导价位和工资增长指导线

一、工资指导价位

1998年，建立劳动力市场工资指导价位制度。按照国家职工分类大典和劳动力市场职业分类与代码确定的职工（工种），对提供正常劳动的职工年工资水平进行调查、分析、汇总、整理、测算，得出当年的工资指导价位，经市政府批准，向社会发布。用人单位可根据工资指导价位合理确定本单位不同岗位职工工资标准。

二、工资增长指导线

1996年，试行企业工资指导线制度。企业工资指导线包括工资增长基准线、工资增长预警线、工资增长下线三个方面。

1996～2009年赣榆县企业工资增长指导线情况一览表

表31-3

年　份	工资增长基准线	工资增长预警线	工资增长下线
1996	16%以内	24%以内	零增长或负增长
1997	14%以内	18%以内	零增长或负增长
1998	8%	14%	5%
1999	8%	15%	4%
2000	9%	16%	4%
2001	9%	16%	4%
2002	9%	16%	4%
2003	6%～10%	12%～18%	3%～4%
2004	6%～10%	12%～18%	3%～4%
2005	6%～11%	13%～18%	3%～4%
2006	6%～11%	13%～18%	3%～4%
2007	6%～11%	13%～18%	3%～4%
2008	10%	18%以内	5%
2009	10%	18%	5%

第六节　津贴与补贴

津贴制度：2006年12月，调整煤矿井下艰苦岗位津贴标准，井下津贴：井下采掘工20～30元/工；井下辅助工15～20元/工。班中餐补贴6～10元/工。夜班津贴：前夜班8～10元/工；后夜班10～12元/工。

补贴制度：1990年2月，提高全民所有制单位在职职工、离退休职工取暖补贴标准，由每人每月5元调整为8元。集体企业参照执行。

1993年4月，给城镇职工及有关人员适当发放补贴：每人每月6元；列为补贴对象的大、中专在校生，每人每月补贴4元，全年按10个半月发放。是年6月，国家机关、企事业单位在职职工及离退休人员每人每月补贴8元。

1994年6月，建立纺织企业一线运转岗位津贴制度，建立建材行业艰苦岗位津贴制度。

1994年9～12月，调整医药行业有毒有害作业岗位津贴标准，调整物资系统从事废旧物资工作人员岗位津贴标准。

2007年，调整企业职工夏季防暑降温费标准，从事室外作业和高温作业人员每人每月160元；非高温作业人员每人每月130元。全年按四个月计发，列入企业成本费用，并准予税前扣除。

第七节　最低工资保障制度

1995年《劳动法》颁布实施后，全市建立最低工资保障制度，每年向社会发布最低工资标准。是年5月，省政府批准连云港市1995年度企业最低工资标准：市区企业执行最低工资二类标准（175元），赣榆等三县执行最低工资三类标准（140元），这是连云港市首次实行最低工资标准制度。2008～2009年，适逢国际性金融危机，连云港没有调整最低工资标准。

1995～2007年连云港市最低工资标准情况表

表31-4　　单位：元

年份	市区		四县（赣榆、东海、灌云、灌南）	
	月最低工资标准	小时最低工资标准	月最低工资标准	小时最低工资标准
1995	175		140	
1996	200		160	
1997	210		175	
1998	210		175	
1999	250		210	
2000	290		240	
2001	300	2.6	250	2.1
2002	320	2.7	260	2.2
2003	390	3.3	320	2.7
2004	440	3.7	360	3.1
2005	480	4.1	400	3.4
2006	620	5.2	520	4.4
2007	700	5.9	590	5

第九章 社会保障

第一节 社会保障制度改革

图 31-5 赣榆县开展社会保险宣传活动（2009年摄）

1986年，根据县政府赣政发〔1986〕161号文件精神，成立“赣榆县社会劳动保险管理处”，负责经办全县企业职工社会养老保险业务，全县企业养老保险工作正式启动。根据当时国家政策，只办理经县劳动部门批准全县企事业单位招用的劳动合同制工人参加养老保险业务。1988年12月全县企业养老保险统筹工作启动，参加养老保险统筹企业范围为县属全民、集体企业固定工。这种制度一直延续到1992年12月。

1992年，根据上级改革企业职工养老保险制度有关文件精神，县政府印发赣政发〔1992〕145号文件，从1993年1月1日起施行固定工和劳动合同制职工统一参保、统一缴费比例。是年，经赣榆县编制委员会赣编〔1992〕09号文件批复，成立赣榆县农村社会养老保险事业管理处，为全民事业单位，隶属赣榆县民政局管理，负责经办全县农村社会养老保险业务。

1994年，经县委、县政府同意，县编委以赣编发〔1994〕01号文件批准成立赣榆县机关事业社会保险管理处，为股级全民事业单位，隶属县人事局，负责经办全县机关事业单位职工的社会保险业务。

1996年，对企业离休人员养老金社会化发放。1998年9月，实行“全额结算、全额拨付”。2000年，对企业退休人员养老金实行社会化发放，到2001年年底全县企业离退休人员养老金基本实现社会化发放全覆盖。

2000年，省劳动、财政部门开始建立对困难市县养老保险基金重点补助机制。

2001年，赣榆县被省列入养老保险基金重点补助县（市）。是年，县机关事业保险处成建制由县人事局移交至县劳动和社会保障局；县农保处成建制划归为县劳动和社会保障局管理。

第二节 养老保险

一、企业职工养老保险

1990年，全县参保企业99家，参保劳动合同制职工0.66万人，参加养老统筹职工1.84万人，离退休人员0.24万人。养老保险费收入516万元，支出408万元。到2009年，赣榆县参保单位518家，参保职工3.52万人，离退休人员0.9万人，直接供养遗属0.08万人，养老保险年度基金总收入19154万元（其中：省补助及奖励2191万元、市补助105万元），基金年度总支出12045万元，基金收入和支出分别是

1990年的37.1倍和29.5倍。

二、机关事业保险

1995年1月，经县政府批准，赣榆县机关事业单位养老保险制度改革正式实施，明确养老保险制度改革的范围及对象、养老保险基金的筹集、收缴与拨付、养老保险基金的管理等。2007年，出台《赣榆县机关事业单位社会保险业务规程（暂行）》的通知，规定从2008年7月1日起，改变原来参保单位按在职档案工资与离退休费用之和为养老保险缴费基数，并规定个人最低缴费基数不低于本人档案工资。同时将参保单位缴费比例由19%调整为22%，个人缴费比例由2%调整为4%。将养老保险基金结算方式由原来的“差额缴拨”改为“全额缴拨”；2008年7月1日对全县机关事业单位2200余名离退休人员的养老金全部实行养老金社会化发放，解决部分机关事业单位不能及时发放退休费用等问题。

三、农村社会养老保险

1992年6月，启动农村社会养老保险试点工作。此阶段实施农村社会养老保险制度的主要形式是“坚持资金个人交纳为主，集体补助为辅，国家予以政策扶持；坚持自助为主，互济为辅”。截至2007年，全县18个镇所属400多个行政村14.2万人参保，有859人按季领取养老金，基金滚存总额2986.5万元。

2008年，出台并实施《赣榆县新型农村社会基本养老保险暂行办法》，实行“个人缴费、集体补助、政府补贴”的筹资方式，建立以个人账户为主，社会统筹为辅，逐步向统账结合过渡机制。截至2009年，新增农村居民参保人数为39976人，农保基金滚存总额达到15054.28万元。

1992～2009年赣榆县农村社会养老保险情况统计表

表31-5

年　份	参保人数（人）	保费收入（万元）	养老金发放人数（人）	支付养老金总额（万元）
1992	19200	368.8		
1993	17000	154.8		
1994	34600	354.8		
1995	41000	366.3	1	0.1
1996	25000	226.4	10	0.3
1997	14610	26.6	40	0.75
1998	115	48.8	97	1.5
1999	249	13.2	139	2.6
2000	145	1.9	197	3.9
2001	378	3.7	271	4.8
2002	97	10.2	351	5.6
2003	65	2.5	443	8
2004	28	4.8	506	9.9
2005	23	3.3	592	12.6
2006	396	120.4	767	16.2

续表31-5

年　份	参保人数（人）	保费收入（万元）	养老金发放人数（人）	支付养老金总额（万元）
2007	709	216.1	859	26.2
2008	14747	4695.15	935	51.1
2009	25229	7955.92	4925	753.64

第三节　医疗保险

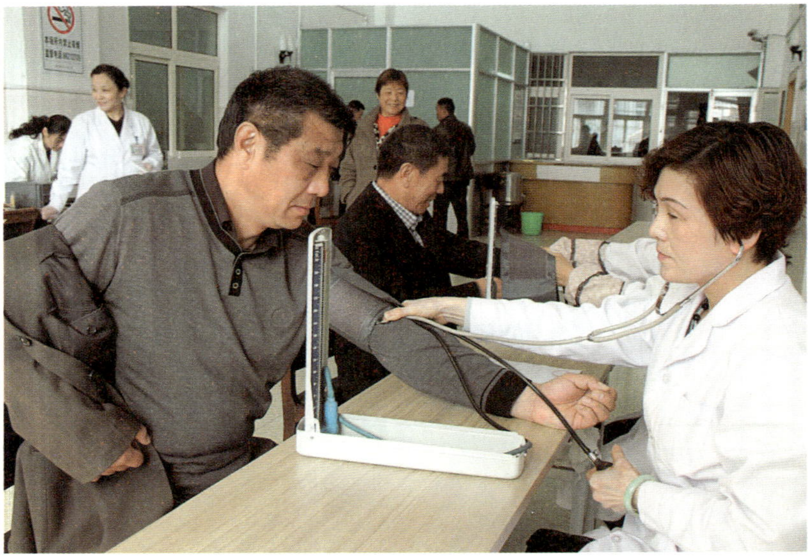

图 31-6　赣榆县为在职参保人员体检（2009年摄）

2000年6月1日，为适应全县城镇职工基本医疗保险制度改革工作的需要，成立赣榆县社会医疗保险管理处，隶属于县劳动和社会保障局，为全民股级事业单位，具体经办职工医疗保险业务。

2000年12月，出台城镇职工医疗保险制度。

2002年4月，县编委赣编发〔2002〕12号文件，将原卫生局管理的“赣榆县公费医疗管理委员会办公室”成建制划转县劳动和社会保障局管理，并更名为“赣榆县离休干部医疗保险处”，负责全县离休干部的医疗管理、医疗费用申领和审核报销。

2003年5月，对有关政策进行调整和完善。

2005年12月，对困难和破产关闭的县属国有集体企业退休人员，采取财政、企业及主管部门、个人三方筹资的办法，缴纳医疗保险费，参加基本医疗保险。

2007年7月，将县城区范围内未参加城镇职工基本医疗保险和新型农村合作医疗保险的城镇居民纳入城镇居民基本医疗保险。是年年底参保居民46735人，基金支出480270元。其中，统筹基金支付271289元，个人账户支出208981元。调整缴费基数和缴费比例。是年11月，凡具有县城区学籍、县城区户籍或虽非本县县城区户籍但未参加社会医疗保险的在校学生，均可自愿参加县城区城镇居民基本医疗保险。是年12月，出台《赣榆县离休干部医疗保险实施方案》，就部门职责、就医程序、结算办法、报销范围、医疗服务等各个方面加以规定。

第四节　工伤保险

1996年8月，对企业职工实行工伤社会保险，暂按企业全部职工收入的0.5%比例收缴。具体业务由县劳动和社会保险管理处经办。

2003年10月，原在县社会保险管理处经办的工伤保险业务移交到县医疗保险管理处办理。全县工伤保险制度进入法制化运作轨道。截至2009年，全县共有24413名职工参加工伤基本医疗保险，其中农民工参加工伤保险人员10517人。

第五节　生育保险

1996年8月，对企业职工实行生育社会保险，按企业全部职工收入的0.5%比例收缴。具体业务由县劳动和社会保险管理处经办。

2003年10月，原在县劳动和社会保险管理处经办的工伤、生育保险业务移交到县社会医疗保险管理处经办。执行《连云港市城镇职工生育保险办法》。截至2009年，全县共有16134名职工参加生育医疗保险。

第六节　失业保险

1986年10月，省政府颁发《江苏省关于贯彻〈国营企业待业保险暂行规定〉的实施细则》，市政府颁布《关于国营企业职工待业保险金发放实施办法》，规定待业保险的筹集、发放和管理等办法。赣榆县待业保险工作由县劳动服务公司（后更名为县劳动就业管理处）具体操作。

1997年，失业保险覆盖面由国有企业扩大到城镇集体企业、股份制企业和机关、事业单位和社会团体中的工人。

1998年，提高失业保险基金征缴比例，实行个人缴纳失业保险费制度，由企业单方负担改为企业和职工个人共同承担。

1999年1月，失业保险覆盖面进一步扩大，由国有、集体企业扩大到城镇各类企业、事业单位及其职工。

2000年9月1日，失业保险费改由县地方税务部门征缴，征缴主体发生重大改变，形成失业保险费由地税部门征缴、劳动部门管理、财政部门资金专户管理的三方负责机制。

2009年，全县国有、集体、私营、股份制企业及县事业单位参加失业保险人数28498人，失业保险基金累计结余1760万元，为全县上万名失业人员发放失业救济金。2008年后，失业保险金发放标准由维持多年的每人每月137元，提高到每人每月330元。

第七节　退休职工社会化管理

2003年12月，县社会劳动保险管理处加挂“赣榆县企业退休人员社会化管理服务中心”牌子，负责全县企业退休人员社会化管理服务工作。

2004年，在青口镇劳动保障所和青口镇中心、繁荣、文化三个社区及青口盐场建立首批退管服务平台，开展退管服务工作。

2006～2009年，各镇劳动保障所统一增挂“赣榆县ＸＸ镇企业退休人员社会化管理服务所”牌子，并履行管理服务职能。其中青口镇中心社区退管服务站、繁荣社区退管站分别被评为省级退管服务示范点、市级退管服务示范点。到2009年，全县有各类退休职工服务平台27个。

第三十二篇 民政

第一章 基层组织与建设
第二章 拥军优属
第三章 救济救灾
第四章 社会福利
第五章 社会事务管理

第三十二篇 民政

1990～2009年，赣榆县民政工作扎实推进，在基层组织建设、社会福利、救灾救济、优抚安置、婚姻登记和殡葬改革等方面做了大量工作。期间，全县进行一次规模较大的合村并组、两次乡镇合并和三次村委会换届选举工作，实施农村和城镇最低生活保障制度，推进农村“五保户”关爱工程，进行全县草危房改造，做好拥军优属工作，在全省率先实行集中婚姻登记。

赣榆县先后被民政部命名或表彰为“全国农村社区建设工作实验县”“全国婚姻登记规范化建设先进单位”，六次获省级“双拥模范县”殊荣，成功创建“全省村民自治模范县”。

第一章 基层组织与建设

第一节 基层组织

一、村民委员会

1990年，全县有29个乡镇，760个村民委员会。2000年5月，全县合并为26个乡镇，有764个村民委员会。2001年9月，按照“积极稳妥、因地制宜、保证稳定、促进发展”的原则进行乡镇合并、村组撤并工作，26个镇合并为18个镇，有435个村民委员会。2009年，全县有18个镇，430个村民委员会。

二、社区居委会

1990年，全县有10个居民委员会。2001年，县城地区村委会调整为居委会，全县居民委员会个数由15个增加到34个。2009年，全县有33个居民委员会。

第二节 基层组织建设

一、村民委员会选举

赣榆县村民委员会换届选举每三年一届，由民政部门牵头，县村委会换届选举办公室负责具体实施，县、乡两级选举工作指导小组具体指导，广大选民积极参与，按照“选举准备、选举实施、建章立制、督查验收”四个阶段要求，严守公平、公开、公正原则，以选民小组为单位，组织选民提名，酝酿协商，确定候选人、或由村党支部提名候选人，由村民代表大会选举。1990年，760个行政村改选710个，换届选举率为93.4%。1998年，为与连云港市村委会换届选举接轨，全县提前一年进行第五届换届选举。2002年1月～2002年2月，全县435个行政村有398个村换届选举，有37个村申请暂缓换届，参选率达到了91.5%，有379个村选举一次成功。2004年，418个行政村全部参加换届选举，394个村选举成功，成功率为94.26%。2007年，422个行政村有419个村参加换届选举，412个村选举成功，成功率为97.6%。

二、村民自治

1990年，县民政部门制定和完善村民委员会规章制度，探索村民自治经验。是年，扩大村民自治示范范围，每乡镇选择1～2个村作为示范点。县委、县政府制定《关于开展村民自治示范活动的意见》，活动由点到面全面展开。2002年，县民政局转发连云港市民政局《关于加强村务公开工作的意见》，推进村民自治和民主法制工作。县政务公开领导小组定期开展政务公开检查评比，全县422个村（居）政务公开率和合格率均达100%。2005年，中共赣榆县委办公室颁发文件《关于进一步健全和完善村务公开及民主管理的实施方案》，统一印制村务公开的内容要求和村务公开登记簿，实现村（居）务公开工作内容、形式和时间“三统一”。2008年，命名青口镇宋口村等406个村民委员会为县级村民自治模范村；海头镇马庄村、厉庄镇新坝村、宋庄镇郑庄村和柘汪镇西林子村被评为市级“民主法制示范村”，赣榆县村民自治工作多次受到省、市表彰。2009年，成功创建“全省村民自治模范县”。

三、社区居委会建设

2001年，全县社区居委会办公用房面积达到500平方米以上，设置电教室、图书室、警务室、健康医疗室、健身娱乐室、多功能活动室等场所。社区建设的做法与经验在省交流。2002年，中心社区、文化社区被评为市社区建设示范社区。文化社区投入140余万元，建设老年活动中心，成立志愿者服务组织，中央电视台对此进行报道。2007年，青下社区居委会自筹资金680万元兴建苏北首家社区老年公寓。5月，民政部命名赣榆县为“全国农村社区建设工作实验县”。2009年，重点建设农村社区基础设施，全年有72个农村社区建设工作基本完成，主要建设涉农服务、社会治安网络、卫生服务网络。

第二章　拥军优属

第一节　国家抚恤

一、优抚对象

1997年，全县有优抚对象4314人。其中，三属451人，革命伤残人员963人，老复员军人2507人，退伍军人391人，老红军2人。革命伤残人员中特等因战年抚恤标准达到4780元，一等因战年抚恤标准达3600元，烈属、因公牺牲军人家属月抚恤标准达到116元，病故军人家属达到111元，在乡复员军人抗日战争时期月补助标准达到96元，解放战争时期月补助标准达到86元，退伍红军老战士月补助标准达到563元，全年共发放抚恤补助金475.2万元。

2000年，全县有优抚对象3877人。其中，三属322人，革命伤残人员912人，老复员军人2046人，带病回乡退伍军人596人，老红军1人。革命伤残人员中特等因战年抚恤标准达6300元，一等因战年抚恤标准达5206元，烈属、因公牺牲军人家属月抚恤标准达到178元，病故军人家属达到153元，在乡复员军人抗日战争时期月补助标准达127元，解放战争时期达到116元，带病回乡退伍军人定期补助月标准达78元，退伍红军老战士月补助标准达到698元，全年发放抚恤补助金677.5万元。

2009年，全县有驻军单位8个，享受定期抚恤补助的各类优抚对象4742人。其中，三属184人，残疾军人708人（其中在乡一至六级残疾军人220人），老复员军人1127人，带病回乡退伍军人695人，“两参”人员468人，复员军人残疾军人遗属1560人。另外还有现役军人家属2000余户（含义务兵家属1200余户）。

二、抚恤金额

1990年，全县发放抚恤定补金166.91万元。2004年，发放1083万元。2005年，发放1125万元。2007年，发放抚恤定补金1242万元。2008年，发放1523万元。2009年，发放2158万元。

第二节　优待补助

一、优待金

1990～2005年，赣榆县的义务兵家属优待金实行乡、镇统筹发放。2004年，赣榆县义务兵家属优待金发放总额为128.7万元，人均1128元，宋庄、青口、沙河等镇兑现标准较高，人均在1500元以上。2008年，县统一义务兵家庭优待标准，即按城镇居民可支配收入的30%发放，标准为2772元。2009年，全县义务兵家庭优待标准为3353元。自2008年起，每年都开展春节、“八一”慰问活动，县政府每年安排40万元用于走访慰问，开展“爱心献功臣”活动。每年“两节”期间，单位和个人用于慰问优抚对象资金达100多万元。

二、医疗保障

1990年，依托乡镇卫生院设立优抚诊所，对老优抚对象实行免收挂号费和减收其他部分费用，减轻优抚对象的负担；1990～1993年，全县共补助5330名“三老”医疗费27万余元。2002年，出台《二等乙级以上的革命伤残军人公费医疗管理规定》，规定二等乙级以上伤残军人医疗费由县、镇两级财政负担，实报实销。2003年，全县有10个镇成立优抚所，其他8个镇均在卫生院设立优抚门诊，形成规模，全年为优抚对象诊疗3万多人次，优惠金额达50余万元。2004年，县政府出台《在乡重点优抚对象住院医疗保险的意见》，要求各镇各部门做好在乡重点优抚对象住院医疗保险工作。

2005年，启动医疗保障金10万元，对全县“三老”优抚对象的重病、大病给予补助，70多户优抚对象得到补助。

2008年10月，县政府出台《赣榆县一至六级残疾军人医疗保障暂行办法》《赣榆县重点优抚对象医疗保障实施意见》，把在农村一至六级残疾军人纳入城镇职工医疗保险范畴，一至六级残疾军人住院费在基本医疗保险范围内实行100%报销。在此基础上，根据上级文件规定，设立重点抚优对象大病救助基金，用于补助患大病、重病的重点优抚对象，解决重点优待对象医疗难问题。从2009年起，县里每年拿出50万元纳入财政预算作为大病救助基金，重点优抚对象产生的医疗费用，经过住院医疗保险和新农村合作医疗保险理赔后，如果所剩余药费数额仍然较大，经民政部门审核后，按《江苏省实施〈军人抚恤优待条例〉办法》规定的补助比例，从重点优抚对象的大病救助基金中进行补助。2009年，给重点优抚对象补助共计23.12万元。

三、积极推进优抚对象住房建设

自1990年起，积极推进重点优抚对象特别是“三老”的住房建设，扶持解决住房难。本着宗一户、建一户的方针，重点投放，解决重点的要求，1990～1993年，全县扶持271户“三老”建房1067间。2002年，县政府拨专款4万元给老红军修缮房屋、解决医药费用。2003年，通过“三个优先”措施（优先将在乡重点优抚对象住房建设纳入灾后建房、优先将在乡重点优抚对象住房建设纳入农村草危房改造工作、优先将在乡重点优抚对象住房建设纳入新农村建设规划），优抚对象住房难问题基本得到解决。截至2009年，全县中华人民共和国成立前老复员军人和残疾军人1300余人的住房条件得到明显改善。

第三节 烈士褒扬

一、抗日山烈士陵园建设与保护

赣榆县抗日山烈士陵园是全国重点烈士纪念建筑物保护单位，有烈士墓752座，安葬着800余位烈士的忠骨，墓碑上铭刻着3576位烈士的英名，其中有许多赣榆籍烈士。2001年2～8月，全县党员干部和社会各界人士广泛发动，民政部门积极组织实施，全县党员、干部和群众共捐款1000余万元，加之财政拨款共投资1600万元，全面开展抗日山烈士陵园修扩建工程，新修道路20余千米，建综合楼、碑廊、陵园大门、停车场、水上曲桥等，改建烈士墓、烈士纪念馆、纪念堂，完成水、电、通讯、音响等各项配套设施工程。2009年，投资200多万元对烈士纪念设施进行维护。

二、编纂出版烈士传记、烈士名录

为弘扬革命烈士精神，自1997年开始，县民政局与县党史工委合作，编纂革命烈士传记，历时三年，于2000年编纂出版《人民英烈》一书，该书辑录1928～1999年间牺牲的赣榆本籍与外籍57名革命烈士传记，1939～1987年间牺牲的赣榆本籍与外籍1651名革命烈士简介，及149名安葬在抗日山的无简介资料的革命烈士名单。《人民英烈》一书是时为赣榆县内容最完整的一部革命烈士资料。

三、调查散葬烈士墓

2009年，对全县散葬革命烈士墓进行全面调查，共查清散葬革命烈士墓1236座，其中无名烈士墓30座，按照“尊重习俗、亲属自愿”的原则，进行分类管理，对于同意迁葬的，按省统一部署将整体迁往抗日山烈士陵园。

第四节　拥军活动

1990年，爱国拥军模范祁德林捐款1000元为驻军边防哨所建电视差转台，九里乡白石头村为驻军修水泥路千余米，建篮球场1个。1991年2月，县政府发放拥军优属粮125吨、款7万元。1992年1月，连云港市政府、连云港警备区联合发布表彰决定，命名海头镇为双拥模范单位，大岭乡为拥军模范乡，罗阳乡为双拥先进集体，海头镇海前村农民王统美为爱国拥军模范。7月，王统美被评为全国拥军模范。1993年7月，城东乡下口村为驻军设“爱军习武奖”。是月，王统美夫妇携现款1万元赴国防科工委31号基地，看望海头籍军人。12月，江苏省政府、江苏省军区联合授予赣榆县“双拥模范县”称号。1994年2月12日，中共中央政治局常委李瑞环接见全国拥军模范祁德林；25日，中共中央总书记江泽民等党和国家领导人接见祁德林。1995年7月，全县个体私营业主组织八一拥军慰问团，慰问驻军和武警赣榆县边防大队、县消防大队。

1998～2007年，拥军优属工作逐步从自发式转为法制化、程序化。县政府发文《关于进一步支持部队建设和做好拥军优属工作的若干规定》，供应部队的各种物资必须保证优质优价；部队训练和营房建设需要征用土地，按规定优先解决；优先安排随军家属工作；优先安排军人子女入学入托；严禁任何单位以任何名义向部队摊派任何费用；对破坏军事设施，盗割军用通信电缆、偷用哄抢部队农场生产成果和到部队营区滋扰闹事者，依法严处；现役军人家属享受双职工福利待遇，每年安排一次探亲假，往返路费按规定报销，探亲期间工资、福利照发。其中，2001年，全国拥军模范王统美出资8万元，为连云港警备区“连云港舰”等单位购买科技用品。青口镇私营企业主胡英刚在自己的企业里安置优抚对象50人，把优抚对象伏在礼的3个女儿供养到大学毕业。王统美、胡英刚、沈庭华、李坤露、吕成业、张升国、魏本香、谢作柱等60余位拥军先进个人组建“拥军连”，每年春节、“八一”两大节日都组团慰问驻军。2005年，县拥军拥政办公室（简称“双拥办”）投资15万元建成科技拥军中心，供驻军学习电脑、检索资料。县教育局召开专题会议，研究部署智力拥军工作，制定驻军干部子女入学入托优惠办法。青口镇第一中学自1993年起为驻军承办文化补习辅导班，至2007年，补习班规模扩大到每期170人。县商校免费为县人武部、海防1营干部举办电脑培训班。县广播电视大学主动承担县人武部的“赣榆县国防潜力调查”数据录入微机工作，连续工作20余天，耗资3万余元。县图书馆设立流动图书箱，定期到军营送书。73081部队小东关农场僻处海隅，生产、生活多有不便。罗阳镇政府投资150万元用于改善农场的生产、生活条件。县供电局投资30万元，为农场更换供电线路。县青源水务公司给农场铺设自来水管路，接通自来水。县广播电视局投资12.5万元，给农场铺设有线电视光缆，并免征收视费。县科委（科技局）、水产局（海洋与渔业局）、农业技术推广中心等，派技术人员到农场，进行种植、

图 32-1　爱国拥军模范王统美到部队慰问（1991年摄）

养殖技术指导。县人武部营区、民兵训练基地、民兵武器装备仓库分散在3处，不便于工作、管理，县委、县政府筹资千万元，为人武部建设五位一体的花园式新营区。

部队每年都到赣榆县沿海地区打靶、演习，县委、县政府和有关乡镇、村及时帮助解决住房等困难，并组织慰问、联欢。2000～2009年全县慰问海训部队累计8万余人次，送慰问品折款230万元。为部队提供训练场地30平方千米，提供厂房1.4万间次，提供兵船合练用渔轮350艘次。

图 32-2　赣榆县领导慰问驻赣榆部队和海训官兵（2009年摄）

第五节　创建双拥模范县

按照省“双拥模范县”的创建标准，赣榆县以双拥工作为重点，为部队和优抚对象排忧解难办实事。同时，驻军积极参与地方经济社会建设，帮扶贫困村，资助贫困学生完成学业。1993年12月，赣榆县成功创建第四届省级“双拥模范县”，1995年7月、1998年7月、2002年1月、2006年5月和2009年10月相继六次获此殊荣。

第三章　救济救灾

第一节　农村居民最低生活保障

1997年下半年，赣榆县开始实施农村最低生活保障制度，有1185人被纳入农村最低生活保障对象，年底发放低保资金6.69万元。1999年，全县对农村最低生活保障对象进行调整，有农村低保对象1248人。2002年11月，在青口镇进行低保工作规范化试点。2003年，对保障范围、标准的确定与调整，申领程序和管理要求等都作出明确具体的规定，保证资金及时足额送到低保对象手中。从2004年12月起，全面推行农村居民最低生活保障制度，县民政局对全县贫困人口情况进行两次调查摸底，为全县41448名特困人口建立档案，并结合赣榆实际情况，起草《赣榆县农村低保实施细则》。2006年，对低保户先后组织2次拉网式排查，全年共调整农村低保1963户4651人。其中，新增1211户2283人，停发752户2368人；全县农村低保户共有12198户24523人，全年发放低保金1140万元。2007年，调整农村低保244户5155人。其中，新增1428户2605人，停发617户1750人；全县农村低保户有12795户24870人，全年发放低保金154.499万元；农村低保标准提高到每人每月80元，人均补助43.5元，基本实现动态管理下的应保尽保。2008年，全县有农村低保对象14173户26918人，全年发放保障金2179.06万元，人均补差83.5元，补助标准为每人每月110元。2009年，全县有农村低保户16140户30329人，占农业人口的3.47%，月人均补差为93.4元，7月1日起农村低保标准由每人每月110元提高到每人每月130元，农村低保保障资金全部按10%比例足额纳入县财政预算，全年发放低保金3040.47万元。

第二节　城市居民最低生活保障

1999年，赣榆县开展城镇低保工作，有198人被纳入城镇低保，补助标准为每人每月130元。2001年，全县有城镇低保对象612户1170人，其中，把低于赣榆县低保的企业军转干部贫困家庭4户11人纳入保障范围。2006年，调整城市低保对象134户308人。其中，新增86户208人，停发48户100人；全县城市低保户有975户2345人，全年发放低保金148万元，基本实现应保尽保。是年，举办低保培训班，全县有120多名民政助理、村会计参加培训。2007年，全县城市低保户有992户2359人，全年发放低保金206.64万元。从7月1日起，城市低保保障标准提高到每人每月180元，人均补差增加5元，达到每月68.23元。从2008年7月1日起，城镇居民最低生活保障标准由每人每月180元调整为每人每月200元。2009年，共有城市低保对象1755户3918人，占城市人口的1.89%，全年共发放低保补助金397.8531万元，发放“两节”补助29万元，发放“两节”中央一次性补贴42.51万元，共发放各类补助金508.5231万元，月人均补差98.97元，基本实现应保尽保。

第三节　赈灾救济

一、自然灾害救济

1990年夏季，赣榆县境内连降两次暴雨，灾害造成直接经济损失3913余万元。县政府拨小麦10万千克，乡、村筹集83万元，全县募捐款10万余元、石灰50吨、衣物750件救灾。1991～1999年，全县部分地区遭受干旱、龙卷风、洪涝、台风、冰雹等自然灾害，县政府积极投入抗灾救灾工作，共发放救灾款927.6万元，救济粮1250千克，救济棉衣4310套，棉被1450床，较好解决灾民的基本生活问题。2000～2007年，全县遭受不同程度的洪涝灾、冰雹灾、台风、干旱等自然灾害，造成较严重的经济损失。共安排救灾救济资金2063万元，发放救济粮1136千克、救济棉衣7000套、救济棉被4700床，救济生活困难群众38.36万人。2008年，全县多次遭受龙卷风和暴风雨袭击，县委、县政府通过多种方式妥善转移安置人员，安排电力、通信、供水等部门紧急抢修，无人员伤亡。共安排救济粮款110万元，发放救济粮34.53万千克，救济棉被1000床，救济生活困难群众6.02万人，安排灾民建房补助款30万元，资助128户灾民建房289间。2009年，全县普遭旱灾，加之数次寒潮带来极端低温冷冻天气，造成全县1.13万公顷在田粮油作物受灾，县镇各级党委政府，全力抗旱，共安排救济粮款106万元，发放救济粮45.17万千克、救济棉衣500套、救济棉被1200床。

二、扶贫帮困救济

1999年，按照县委脱贫工作安排，县民政局对帮扶单位加大扶贫力度，通过向上争取、单位自筹等形式，共筹集扶贫资金500余万元，扶持贫困户3000户计11400人，共有8500人脱贫，脱贫率达74%。通过县、乡共同投入资金，并采取社会资助、义务帮工等方式改造500户1250间草危房，发放补助金90万元。

三、农村草危房改造

为改善农民群众居住条件，2001～2005年，对全县草危房实行草改优惠政策，其中2000年改造2000户，发放草改补助资金200万元；2001年改造2000户，发放草改补助资金200万元；2002年改造1800户，发放草改补助资金180万元，是年11月，启动中华人民共和国成立前入党农村老党员的草危房改造工作，共改造老党员草危房户546户，投入改造补助款191.1万元；2003年，改造老党员草危房

2550户，发放草改补助资金588万元；2004年，改造老党员草危房3237户，发放草改补助资金973万元；2005年，改造老党员草危房2436户，发放草改补助资金633万元。

四、临时救助

赣榆县坚持按照“有求必应、雪中送炭、细水长流”的原则，广泛开展“送温暖献爱心”活动、节日期间走访慰问困难群众、重点优抚对象、敬老院和为困难群众发放节日补助等活动。对于困难群众，每年一般安排在春荒和冬令时节实施临时救助。2006年起，县民政部门共安排7次临时救助，为2347人次的困难群众发放临时救助资金56.58万元，组织走访慰问困难群众近4万人次，发放慰问金（物品）500多万元。2008年9月，出台《赣榆县城镇困难居民临时生活救助实施办法》，将城乡低保边缘户纳入救助范围，实现城乡一体化救助。

图　32-3　赣榆县民政部门发放救灾物品（2007年摄）

第四章　社会福利

第一节　养老福利

1990年，全县有社会福利院1所，床位20张，供养城镇“三无”（无家可归、无依无靠、无生活来源）对象20人。乡镇中心敬老院15所，供养农村“五保”对象1092人，供养标准每人每年550元，分散供养的农村“五保”对象2470人，供养标准每人每年500元。1999年，对乡镇敬老院进行改扩建，全县有乡镇中心敬老院26所，供养农村“五保”对象1186人。2001年，实施农村“五保户”关爱工程建设，全县投资130万元，新建塔山、柘汪、金山三所敬老院，改建欢墩、黑林敬老院。2002年，全县有镇办敬老院19所，有2644名“五保”对象，集中供养429人，集中供养率达16%，集中供养标准为每人每年1265元。2003年，对全县“五保户”进行全面排查，建立健全档案，实现衣、食、住、医等方面的规范化管理。2003年，全县乡镇缩减为18个镇，共有镇级中心敬老院18个，占地11.13万平方米，建筑面积13904平方米，固定资产339.1万元。由于建设时间较早，年久失修，内部设施大多比较落后。集中供养人数364人，集中供养率12.2%，人均年财政拨付供养费840元，分散供养2630人，占总数的87.8%，年供养费600元，粮食300千克（小麦或水稻），每人每月10元零用钱。

2009年，全县有敬老院18所，每镇1所，总床位2188张，农村“五保”供养对象2606人，集中供养1975人，分散供养631人，集中供养率达76%。在经费保障上，将农村“五保”供养对象纳入公共财政保障范围，将供养经费足额纳入县财政预算。全县集中供养和分散供养标准分别为每人每年3000元和2000元，全部实现供养资金社会化发放。赣榆县共实施“关爱工程”新建床位项目28个，附属设施项目3个，新增床位2117张，总投入2639.83万元，建筑面积30441平方米。各镇敬老院都参与实施“关爱工程”建设项目，所有敬老院都配备活动室、娱乐室及餐厅、食堂等设施，其中海头、柘汪、石桥、沙河四镇还建设公寓楼，提升敬老院的硬件档次。

第二节　儿童福利

赣榆县对儿童救助采取的做法是将符合救助条件的纳入低保和“五保”范围。从1997年实行低保政策以来，至2009年年底，共有5400多名儿童被纳入低保和“五保”进行救助。对患有疾病的儿童，进行慈善专项救助。

第三节　残疾人福利

一、残疾人康复

（一）全面实施0～6岁残疾儿童抢救性康复训练项目。

2007年，县残联和县卫生局共同组织，抽调多名专家对全县0～6岁疑似残疾儿童进行调查摸底和核查鉴定，共为350余名各类0～6岁残疾儿童建档登记。2008年年初，对76名0～6岁残疾儿童康复训练给予补助，对贫困家庭0～6岁智力、听力、肢体、孤独症及多重残疾儿童，县残联转介到市区及县内有关康复机构免费训练。从2008年起，全县每年有100余名残疾儿童得到免费康复训练。县残联依托县特殊教育学校，开设智力残疾儿童康复训练班，全面承担赣榆县0～6岁智力残疾儿童免费抢救性康复训练任务。

（二）开展白内障无障碍县创建活动。

县政府把创建全省白内障无障碍县工作列为2009年为民办实事的166项重点工程之一，印发《县政府办公室转发县残联关于开展创建全省白内障无障碍县活动意见的通知》，召开“创建全省白内障无障碍县动员会”。2007～2009年，县残联先后组织市眼科医院、县人民医院、县中医院、厉庄镇卫生院的眼科医生奔赴全县各镇组织筛查，对筛查符合手术条件者登记造册，优先安排低保户、残疾人家庭、双目失明及其他困难群体进行免费手术；赣榆县利用“健康快车”“三助一给”“益海粮油工业有限公司爱心复明”及“省政府贫困白内障复明”等项目工程，共完成贫困家庭白内障免费复明手术1110例。2009年，赣榆县成功创建全省白内障无障碍县。

（三）开展全省残疾人社区康复先进县创建活动。

2003年，县政府批转县残联等6部门《关于进一步加强残疾人康复工作的意见》。2006年，县卫生局和县残联联合发文将社区康复工作纳入基层卫生服务体系，免费为残疾人提供康复、医疗服务。县肢体残疾、精神残疾、视力残疾、智力残疾、听力语言残疾康复技术指导中心和残疾人辅助器具供应服务站全部成立，各村（社区）全部建立社区康复协调员队伍。2009年9月，县残联、卫生局在县计生指导站举办全县残疾人社区康复协调员培训班，205人参加培训，培训班邀请省人民医院康复科、南京市脑科医院和省残联康复处的4位专家为残疾人社区康复协调员进行具体的讲解培训；在全县各镇社区服务中心建立康复室，在有条件的村（社区）建立不少于30平方米的社区康复站，并配备康复器材，辅助用具和知识普及读物，就近就便为附近的残疾人提供训练辅导、日间照料、心理疏导、转介等康复服务。

二、残疾人就业

（一）就业政策

1997年，县政府转发市政府《关于按比例安置残疾人就业及建立残疾人就业保障金的意见的通知》，规定本县行政区域内的机关、团体、企业事业单位和其他城乡各类经济组织应当按不低于本单位上年末从业人员总数1.5%的比例安排残疾人就业，安排残疾人就业达不到规定比例的单位，每年度必须缴纳残疾人就业保障金。2005年，县政府办公室出台文件，残疾人就业保障金由地税部门代征。残疾人保障金的征收，促进赣榆县残疾人稳定就业和残疾人事业的发展。

（二）就业培训

县残联先后举办农村残疾人种植养殖实用技术培训班、残疾人创业（SYB）培训班等，每年培训各类残疾人200名以上，并组织残疾人到县内残疾人创业典型家中参观学习，完成组织残疾人到省、市参加美容美发、电脑、盲人按摩等项目高层次免费培训任务。组织残疾人参加省、市残疾人柳编、化妆、CAD机械制作等项目职业技能竞赛。

2009年9月，赣榆县依托塔山湖草柳编有限公司，成立赣榆县残疾人柳编职业技能培训基地。该基地被省残联、省劳动厅授予“江苏省第一批残疾人职业技能培训示范基地”，基地还承办全市残疾人职业技能大赛柳编项目比赛任务。

（三）就业援助

开展残疾人就业、失业调查登记，残疾人用工调查登记，开展职业介绍活动，先后与南京白象方便面厂、太仓皮革厂、昆山晟力印务包装有限公司等企业联系，在赣榆县举办残疾人就业专场招聘会，为赣榆县残疾人劳动力转移创造条件。利用就业援助月时机，举办大型残疾人用工招聘会，积极为残疾人就业牵线搭桥，每年有220名以上残疾人实现就业。2009年，为5名盲人开办的按摩店办理营业许可证、工商执照，并给予一定的资金支持。

三、残疾人社会保障

2006年，县政府出台《关于加强社会救助工作的暂行意见》，完善残疾人低保制度；落实残疾人住房保障制度，对农村残疾人草危房情况进行普查，对特困残疾人草危房查明情况，采取政府帮建等措施给予解决；以政策扶持和政府补助为措施的残疾人“新农合”体系规范运作，让每位特困残疾人都享受到合作医疗。县政府制定出台《农村医疗救助实施细则》，各级配套资金用于农村特困户免费享受合作医疗、特困人口（包括残疾人）的大病救助。

2007年8月，县政府办公室下发《关于做好重度残疾人核查鉴定工作的通知》，县残联、县卫生局组织16位医生利用1个月的时间，到各镇对上报的疑似重度残疾人按照残疾标准进行鉴定，确定重度残疾人5600多名，逐步实施无固定收入的重度残疾人享受生活补助政策。落实省慈善总会和省残联资助千户残疾人特困家庭项目，向32名特困残疾人给予每人1000元捐赠。

四、残疾人扶贫基地建设

2006年，赣榆县采取辐射带动、典型示范、吸纳就业等形式，因地制宜，形式多样，投入近20万元，创建总面积为93公顷的门河中药材、沙河蔬菜、厉庄果林、城西花卉、青口育苗和欢墩黑莓六大残疾人扶贫基地。县残联还采取挂牌确认、技术培训和提供优惠政策等方式，扶持基地发展。通过辐射带动1327名农村贫困残疾人从事农村种养业，其中1140名残疾人通过扶持实现脱贫，脱贫率达到86%。是年11月，全省残疾人扶贫基地建设现场交流会在赣榆县召开，赣榆县就扶贫基地建设情况进行典型发言，与会人员还参观赣榆县4个扶贫基地现场，对赣榆县的工作给予好评，残疾人扶贫基地建设成为赣榆县残疾人工作的一大亮点。

五、第二次全国残疾人抽样调查

赣榆县是第二次全国残疾人抽样调查样本县，从2005年年底至2006年5月中旬，县残联集中人力、财力、物力投入到第二次全国残疾人抽样调查中去，此次调查共对赣榆县4个镇的2个社区居委会和6个村民委员会，共8个调查小区966户、3343名调查对象进行详细的调查登记和医学鉴定，确定各类残疾人共201人，占调查总人数的6.01%。

根据国家及省统一安排，从2007年起，赣榆县承担对第二次全国残疾人抽样调查中的4个调查小区中的残疾人家庭中的残疾人状况监测任务。

第四节 慈善事业

图 32-4 赣榆县向汶川地震灾区捐款（2008年摄）

2006年12月，县慈善总会成立，慈善工作主动服务于全县中心工作，广泛开展社会救助活动，相继开展"心蕊工程""爱佑童心""慈济血透"及"慈爱助医"等慈善医疗救助活动，使全县患有心脏病、唇腭裂、尿毒症、白血病等重病的部分贫困人员得到资助。县慈善总会还积极联系市慈善总会、江苏太阳雨太阳能有限公司联合举办"学子阳光"慈善助学活动，帮助农村特困家庭学子完成学业；与省、市慈善总会共同资助学龄前以及就读于幼儿园直至高校不同年龄段的特困孤儿，促进他们健康成长。在2008年5月四川汶川地震和2010年4月青海玉树地震灾害发生后，县慈善总会积极呼吁全县广大党员干部和群众向灾区人民捐赠款物，分别接收到捐款789.13万元和77.58万元，全力支持灾区抗震救灾。2008年，县民政局被表彰为全省民政系统支援抗震救灾先进集体。截至2009年，共募集捐款934.79万元，其中866.72万元用于支持四川汶川、青海玉树地震灾区抗震救灾；41.8万元用于救助全县困难弱势群体，共计440人次。

第五节 社会福利有奖募捐

1989年，赣榆县开始发行社会福利彩票，至2000年7月全部发行即开型彩票。1993年7月，经县编委批复，赣榆县社会福利有奖募捐委员会为全民事业单位，编制3人，隶属于县民政局，人员来自内部调整，经费自筹。2000年7月，发行电脑福利彩票。2003年，完成电脑福利彩票销售169.4万元。全年新上电脑投注机6台，福彩电脑投注机总数达到22台，网点票销售站达到40家，彩票网络初步健全。2005年，赣榆县获"全省福利彩票十强县"称号。2007年8月，发行中福在线即开型彩票。2009年，通过举办站点培训班和讲座等形式，不断拓宽销售渠道，销售额大幅提升。全年共销售电脑彩票2120.53万元，即开票370万元，累计销售2490.53万元。

1990～2009年赣榆县社会福利彩票公益金支出等情况一览表

表 32-1　　　　单位：万元

年　份	发行数		筹集公益金	公益金支出数	资助项目
	即开型	电脑票			
1990	130		27.5	30.30	福利院建设
1991	44		9.24	456.13	福利院建设

续表32-1

年 份	发行数		筹集公益金	公益金支出数	资助项目
	即开型	电脑票			
1992	36		7.56	4.86	福利院建设
				0.15	乡镇敬老院
1993				0.75	福利院建设
				0.40	慰问敬老院
1994	60		12.6	1.07	福利企业
1995	10		2.1	4.3	乡镇敬老院
1996	55		11.7	3.35	乡镇敬老院
1997	7.5		1.56	0.2	乡镇敬老院
2000	100	133.86	20.26（电脑票）		
2001	300	227.91	49.5（即开票）	65	县政府统筹
2002		215.61	6.36（电脑票）	2.5	民政事业
				2.75	县政府统筹
2003		169.40		7.36	乡镇敬老院、社区
2004	200	410.41	41	41	殡管所工程建设
2005		2174	55	20	临时社会救助
				35	殡管所工程
2006		1565.17	215.7	108	殡管所二程建设
				20	关爱工程
				3	新农村建设
				5.3	贫困助学及敬老院
				8	还以前年度福彩公益金借款
				59.8	临时救助

续表32-1

年份	发行数		筹集公益金	公益金支出数	资助项目
	即开型	电脑票			
2007		1030.88	120	30	敬老院关爱工程
				50	殡管所工程
				10	福利院
				20	殡仪馆火化炉
				5	福利院工程
				1	罗阳新农村建设
				3.6	福彩献爱心捐款
				2	班庄敬老院
				3.2	残疾家庭救助
				6.82	临时救助
2008	225	1308.4	130	60	乡镇敬老院
				40	殡管所
				30	殡仪馆
2009	370	2120.53	206.28	28.68	敬老院
				5.6	中秋慰问及慰问“五保户”
				100	社会福利中心征地
				52	殡仪馆
				20	殡管所

第六节　流浪乞讨人员救助

1986年，赣榆县撤销救助站。对于乞讨人员，县民政局通过核实其身份，发放去市救助站的路费和必要的生活费用，对其实施救助。1990～2009年，共收容遣送600多人次，发放路费和生活费约1.8万元。

第七节　社会福利企业

1990年，全县有福利企业45家，安置“四残”（盲、聋、哑、肢体残疾）人员467人，占福利企业生产人员的59%。1999年，全县有福利企业22家，共安置“四残”人员316人。2000年，对全县22家福利企业进行年检，取缔9家不合格企业。2003年，全县有福利企业12家，共安置“四残”人员113人。2007年，对全县福利企业进行资格认定，对2家福利企业颁发福利企业证书，安置残疾职工22人。2008年，全县有福利企业3家，安置残疾职工32人。2009年，全县有福利企业4家，安置残疾职工48人。

第五章　社会事务管理

第一节　婚姻登记

1990年，全县办理结婚登记9401对，登记率达98%以上。对不够法定结婚年龄和不登记结婚者进行清理，全县各乡镇都建立婚姻档案。1991年，对9名新任民政助理进行婚姻登记培训；对非法婚姻进行清理，有效制止小龄结婚和非法同居等现象的发生。县民政局配合乡镇计划生育工作，与民政助理签订计划生育合同书，确保晚婚率达80%以上，全年办理结婚登记9500多对。

1998年5月，县民政局成立婚姻登记处，在全省率先实行集中婚姻登记。1999年3月，县民政局印发《关于进一步加强婚姻管理工作的通知》。各乡镇对村会计加强教育，使出具的婚姻状况证明基本有效。乡镇派出所对没有身份证、户口簿的申请结婚当事人出具的户籍证明也达到规范化要求。县婚姻登记中心的工作人员严格办事，杜绝搭车收费、刁难群众的不良现象。全年办理结婚登记4451对，离婚登记109对，登记合格率100%。1998年5月～2009年12月共登记结婚76413对，办理离婚登记2264对，2001～2009年补领结婚登记588对。2008年12月，县民政局婚姻登记处被民政部授予“全国婚姻登记规范化建设先进单位”称号。截至2009年，全年登记结婚11328对，登记离婚565对，登记合格率均达100%。

第二节　收养管理

从1999年始，赣榆县根据《中华人民共和国收养法》和《中国公民收养子女登记办法》，办理中国公民收养登记，截至2009年，共办理各类收养登记112件。

第三节　殡葬管理

1990年，针对火化率不高、封建迷信活动抬头的现象，县委、县政府把殡葬管理工作纳入目标管理，组织公安、司法、宣传等部门进行宣传教育，进一步严格殡葬管理制度。全年死亡人口4755人，火化尸体4726具，火化率达99.4%；拨款4万余元对火化炉及殡仪馆场地进行维修。1992年，县民政局制定《关于进一步做好殡葬改革工作的意见》，由县政府转发各乡镇，并与各乡镇民政助理签订目标管理责任书，全年火化尸体4447具；开展打击棺木土葬和封建迷信专项活动，不火化土葬和丧事大操大办现象得到遏止。1999年初，全县召开殡葬改革会议，下发《赣榆县人民政府关于加强殡葬改革的通告》，组织殡葬职工开展业务技能培训，提高殡葬管理人员及殡葬职工执法水平、业务能力、服务意识。全县基本实现可耕农田、宜林山地、名胜古迹、公路两侧、河流堤坝上无坟头的目标。全年共火化尸体4002具，火化率达99%，丧葬中的封建迷信活动和使用棺木土葬现象明显减少。2000年，县政府拨款60万元用于殡仪馆搬迁。全年共火化尸体4755具，火化率达100%。2002年清明节前，县政府下发《关于进一步开展清理墓葬用地工作的通知》，配合文明城市创建，平迁部分公路两侧宜耕土地上的坟墓。同时，为整顿殡仪用车市场，规定凡报废车一律禁止上路，全县共购买新殡仪车20辆，殡仪服务进一步规范化，全年共火化尸体4937具，火化率达100%。2009年，通过加大对土葬、尸体外流的查处力度和强化殡葬协会作用，全县殡葬管理工作有序开展。全年共火化尸体6287具，共制止尸体土葬13起，制止尸体外流23次，火化率100%。在不增加车辆数量的前提下，对全县25台运营殡葬车辆进行更新。

第四节　民间组织登记管理

1990年8月，赣榆县私营企业协会成立，之后县珠算协会、县会计协会、县财政学会等相继成立。截至2009年，县民政局共登记社会团体203家。2009年，赣榆县墩尚泥鳅养殖行业协会被民政部表彰为“全国社会组织深入学习实践科学发展观活动先进社会组织”。

根据国务院《民办非企业单位登记管理暂行条例》和民政部《民办非企业单位登记暂行办法》的规定，县民政局从2001年登记民办非企业单位第一家开始，至2009年12月，已经登记161家。截至2009年，全县民间组织共364家。

第五节　老龄工作管理

1990年，县民政局对全县60岁以上老人进行普查登记，并建立档案，为全县8万名60岁以上老人的赡养提供保障，同时签订赡养老人义务书，使老有所养、老有所乐，有条件的乡镇建立老人活动室。1992年，赣榆县创办苏北第一个老年经济实体，被省老龄部门称誉为“苏北第一模式”。

2003年，组织人员对全县的老年群体进行调查摸底，对百岁老人和“五保”老人的情况进行登记造册，为23140名60岁以上的老人办理老年优待证。百岁老人每年享受1200元的营养补贴。12月，联系市老龄委医疗队，开展为60岁以上老人义诊活动，免费为全县11.7万名老人做心脑血管健康检查。

2004年，对老龄工作机构进行调整，将老龄问题委员会更名为老龄工作委员会，办公室设在民政局，编制3人。

2005年2月，在市老龄委医疗队的支持下，对全县13万老人进行免费心脑血管健康检查。县老年大学内设音乐、舞蹈、英语、书法等科目，基本能够满足县城地区老年人学习的需要。10月，投入2万多元，开展庆祝第十七个敬老日大型广场文艺活动，全县300多名老人参与表演。

2007年，为纪念《中华人民共和国老年人权益保障法》颁布实施10周年，组织《中华人民共和国老年人权益保障法》知识竞赛，集中宣传老年法规和老龄工作中的先进人物和事迹；重阳节前夕举办“宏安”杯首届老年体育运动会，120多名老同志参加10个体育项目的比赛，春节、重阳节组织慰问百岁老人和特困老人，发放慰问金1万余元。截至2007年，全县共有60周岁以上老年人14.1万人，占总人口的12.98%；全年为228名老年人办理优待证；全县共有百岁老人11名，积极落实百岁老人待遇，按期发放百岁老人营养费。

2009年，全县广泛开展《中华人民共和国老年人权益保障法》宣传教育活动，印发宣传资料1000多份，开展广场宣传活动2次；节日期间组织老年秧歌队、腰鼓队、健身操队演出；踊跃参加全国“十大寿星”“孝亲敬老之星”及“港城十佳健康文明老人”的评选活动；积极开展老年优待工作，为200多名老年人办理老年优待证，按时为百岁老人发放营养补贴；利用“两节”，筹集专款30多万元，走访慰问全县百岁老人、“五保”老人和部分高龄特困老人。

图 32-5　赣榆县首届老年体育运动会颁奖晚会（2006年摄）

第六节　地名管理

一、地名普查

2009年，赣榆县被民政部确定为第二次全国地名普查试点县。5～12月，在全县范围内启动第二次地名普查工作，共普查行政区、群众自治组织、居民点、建筑物、单位、道路、河流、山峰、旅游景点等12类地名2029条，完成输入国家地名数据库工作。

二、地名编制

赣榆县地名规划肇始于2001年。2003年，初步形成《赣榆县县城地名规划》，2005年进一步修订。2006年5～6月，赣榆县先后两次对县城地名规划进行广泛的调查论证，形成《赣榆县县城地名规划补更方案》。在命名、更名老城区主干道时，纵向道路从历史文化着眼，将环城东路更名为怀仁路，将环城西路更名为祝其路，将镇西路更名为义塘路，将沿河路更名为归义路，以沙汪河、青口河为界，沙汪河以北称“某某（路）北路”，青口河以南称“某某（路）南路”。既体现悠久历史，又丰富文化内涵；横向道路从地理和人文背景着眼，将环城南路更名为宁海路，将环城北路更名为金海路，将北二环命名为徐福路，将公园路更名为时代路，以西关路、东关路为界，西关路以西称“某某（路）西路”，东关路以东称“某某（路）东路”。

对滨海新城区的道路命名、更名，原则是尽量体现国家盛世和发展经济的特点，同时兼顾开发商的积极因素。将新城区内五条纵向主干道分别命名为：金陵路（原名南京商业一条街）、盛世路（原名21世纪大道）、鸥翔路（原名欧商一条街，且“欧商”“鸥翔”谐音）、银滩路（生态园建在盐田上，取抢滩生财之意）、观潮路（海堤观潮听涛之路），新城区横向主干道，由老城区延伸而得名为黄海东路、金海东路、文化东路、时代东路，克服一路多名弊端，次干道的命名则依托秦山岛上的“授珠台”“秦碑”等遗址命名“授珠街”“秦碑街”，使滨海新城区地名命名既能保持相对独立、自成体系，又与老城区衔接。

2007年，《赣榆县城市地名总体规划》形成，并通过多种形式向社会各界广泛征求意见，共收集意见和建议11条，采纳3条，其他8条作相应的解释。是年8月，县地名委员会发布公告，将经县政府批准的，包括县城老城区、滨海新城区、经济开发区、海洋经济开发区内的92条道路及25个居民小区、6个广场、10个市场和7座桥梁的命名作为法定标准地名，纳入国家地名标准化数据库。

第三十三篇　社会生活

第三十三篇　社会生活

1990年后，赣榆县经济建设快速发展，经济增长方式由粗放型向集约型转变，社会生活保障机制逐步健全，企业离退休人员基本养老保险金转入社会化发放，职工医疗保险制度逐步建立，职工年平均工资和居民年收入逐步提高，人均可支配收入增幅较大，住房面积明显增加，居民存款逐年增多，收入的增加推动消费观念的变化和消费水平的提高，服饰穿着时尚舒适，饮食讲究质量营养，住房日趋宽敞明亮，购物追求高档耐用，社会生活发生较大的变化，人民群众思想和习俗也发生相应的改变，具有地方特色的节日、婚嫁、生育、丧葬、渔业等传统习俗得到有效传承。

第一章　居民生活

第一节　居民收入

一、城镇居民收入

20世纪90年代，城镇居民收入稳定增长，赣榆机关事业单位开始实行以职务工资为主的结构工资制，企业职工工资逐步实行工资总额与经济效益挂钩的制度，工资额由企业根据国家有关政策自主决定。1990年全县单位职工平均工资202元，城镇集体单位职工平均工资为127元；1993年全县职工人均工资2421元；1994年全县职工人均工资3634元；1999年全县在岗职工平均工资6510元。2000年后，全县机关事业单位职工工资持续增长，离退休人员、下岗职工和城镇低收入家庭收入得到保障。除工资收入外，城镇居民开始出现其他劳动收入和资产经营性收入，因所有制性质、行业不同，城镇居民收入开始出现差别。2009年全县城镇居民人均可支配收入12731元。

二、农村居民收入

20世纪90年代，全县乡镇企业和建筑业快速发展，吸收大量农村剩余劳动力转产务工，农民开始得到农业之外的收入，还有一部分农民外出务工（农民工），从事建筑、劳务、服务、物流、商贸等工作，收入渠道增加。2000年后，全县国有企业转换经营机制，建立现代企业用工制度，吸引大批农民工进入城市，带动农民收入大幅度增长。1990年农村居民人均纯收入733元；2009年农村居民人均纯收入6599元，是1990年的8.9倍。

1990～2006年，未进行城镇居民人均可支配收入调查，2007年开始调查，是年城镇居民人均可支配收入9240元，2009年城镇居民人均可支配收入12731元，平均增长17%。

1990～2009年赣榆县城镇居民人均可支配收入和农村居民人均纯收入一览表

表33-1　　　　单位：元

指标＼年份	1990	1991	1992	1993	1994	1995	1996	1997	1998	1999
城镇居民人均可支配收入										
农村居民人均纯收入	733	814	821	956	1386	2178	2512	2797	3065	3188
指标＼年份	2000	2001	2002	2003	2004	2005	2006	2007	2008	2009
城镇居民人均可支配收入								9240	11177	12731
农村居民人均纯收入	2793	2941	3191	3360	3765	4178	4602	5212	5894	6599

第二节　居民消费

一、城镇居民消费支出

20世纪90年代，随着收入的增加，城镇居民的消费观念逐渐转变，消费水平日渐提高，饮食结构开始以副食品为主，饮食消费逐年增大，着装开始注重时尚，购买品牌时装的费用猛增。卡拉OK、跳舞等文化娱乐消费占有一定比例，医疗保健、子女教育的消费大幅上升。1994年年底，赣榆居民开始使用BP传呼机。1997年年初，手机开始在赣榆流行，BP传呼机逐步被淘汰。1998年，部分富裕家庭开始购买电脑，甚至有了私人小轿车（普通桑塔纳多见）。2000年后，手机、电脑、轿车开始逐渐进入普通家庭。居民在饮食上更加注意营养搭配，讲究健康科学，衣着服饰开始追求品牌，消费持续上涨，住房、教育、保健养老等消费支出大幅上升，交通、旅游、通信、文化娱乐消费增速较快，家用电器更新换代，消费日益增长。1990～2006年间未进行城镇居民人均消费支出调查，2007年开始调查，是年城镇居民人均消费支出5711元，2008年城镇居民人均消费支出6767元，2009年城镇居民人均消费支出7753元。

二、农村居民消费支出

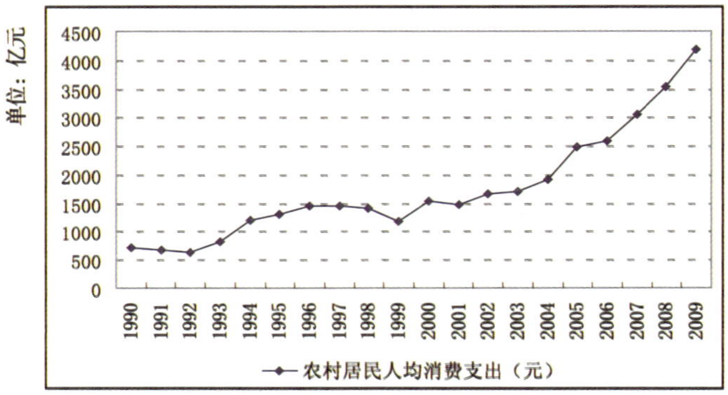

图 33-1　1990～2009年赣榆县农村居民人均消费支出统计图

20世纪90年代，全县农民生活较80年代有所改善，基本吃穿不愁，温饱无忧。90年代中期以后，赣榆农村居民在吃穿上有所讲究，蔬菜、肉蛋等副食品比例逐渐增大，毛呢、皮革、丝绸等高档服饰陆续进入农民家庭，台球、录像等文体娱乐活动开始进入农村。2000年后，冰箱、全自动洗衣机等家用电器在农村销量上升速度较快，摩托车、照相机、手机、电动车等使用量逐年增多，品牌日趋多样化。文化娱乐、旅游休闲、医疗保健等消费逐年增加，农民在建房、子女教育上投资加大，有的农民到县城购买商品房。少数富裕的农民家庭开始购买小轿车。农村居民人均消费支出和农村居民人均纯收入变化趋势同步，居民的消费水平和生活水平随着收入增长同步提高。1990年农村居民人均消费支出718元，2009农村居民人均消费支出4178元，20年间农村居民人均消费支出增加3460元。

第三节　居民生活

一、衣

20世纪90年代，全县城乡居民衣着讲究流行色、流行式、轻便式等样式，中山装、军便装不再流行，西服成主要穿着，女青年穿裙子越来越多，不光夏天穿，春秋亦穿，有时冬天也穿，样式种类多，有长有短，有布有绒有呢，时有更新。2000年后，服装多样化，不仅穿西装，还穿运动衫、香港衫、T恤衫、牛仔服、休闲装等，高、中、低档都有，衣料多是化纤、棉布、毛料、裘皮等，夏季流行真丝面料衣裙，品种多样。秋冬季时兴羊毛衫、呢制服、皮夹克、羽绒服等。解放鞋、胶皮鞋等已逐步退出，旅游鞋、皮凉鞋、北京布鞋、松糕鞋、皮棉鞋等各种各样时新鞋子开始成为主流。

二、食

赣榆盛产水稻、小麦、地瓜、玉米等粮食作物，食物以大米、面粉为主，兼食杂粮。20世纪90年代，普通家庭一日三餐，早、晚稀饭煎饼，咸菜萝卜干；中午有米饭，有煎饼，有荤有素也有汤，荤菜以鸡、鸭、鱼、肉、蛋为主，素菜多为瓜、豆、青菜、萝卜等。佐餐的，还有赣榆特色小菜甜闷瓜、梅干菜、小咸鱼、焙鱼、虾酱、蟹渣等。遇喜庆事杀猪宰羊，置办酒席。节假日菜肴更为丰盛，2000年后，有的富裕家庭逢年过节全家到饭馆吃团圆饭，家里来了亲友，也到饭馆招待。赣榆居民喜欢喝茶，茶水为主要的家庭饮料。夏日，冰棒、雪糕、冰激凌等为街头巷尾的消暑食品，而汽水、可乐、雪碧、纯净水、矿泉水等饮品也走进普通居民家庭，成为居民日常消费品。

三、住

20世纪90年代，赣榆县城市化进程缓慢，县城房地产开发属初始阶段，商品房很少，县城内有的住户将老房子改造成二层小楼房，带有一个小院子，但结构简单，装饰一般。农村多数单门独院居家，将排房改造成一层半的住房，带走廊，两头各拐一小间房子，俗称“两头拐”。进入21世纪，城乡居民收入渐丰，过半家庭翻盖老房子，建成各式各样的楼房，装饰精美。同时县城建筑大开发，商品房快速发展，城乡居民开始购买商品房，青年人结婚一般认购三室一厅的商品房。农村居民翻建平房，盖起两层或三层的楼房，装修讲究漂亮，并开始旱厕改成水冲厕所，讲究如厕卫生。2008年城镇居民人均住房建筑面积35平方米，农村居民人均住房建筑面积30.6平方米。2009年城镇居民人均住房建筑面积36.4平方米，比上年增加1.4平方米；农村居民人均住房建筑面积32.6平方米，比上年增加2平方米。

图 33-2 青口镇宋口村小别墅（2009年摄）

1990年后，住户家具时兴组合橱柜、衣橱、地柜、高低橱、书橱、高中档桌椅、席梦思床、沙发、茶几等。炊具多用不锈钢炊具、电饭煲、电火锅、电蒸锅、燃气灶、煤气灶、微波炉、电磁炉、抽油烟机等。餐具大多用细瓷碗碟和塑料、玻璃、不锈钢等制品。大多人家配有空调机、电取暖器、彩电、洗衣机、冰箱、消毒柜等。

四、行

20世纪90年代，城乡居民近路步行，县内出行则以自行车为主，出县乘坐客运专线班车。进入21世纪，全县陆续开通七条线路的公交车，六十岁至六十九岁的老人半票，七十岁以上老人免费。2002年起，电动车进入市场，逐步取代自行车，县内打工、上班、走亲戚，各种品牌的电动车成为主要的交通工具。年轻人出行则喜欢骑高档变速自行车，时尚风光。小轿车逐步进入部分富裕百姓家庭。

第二章 民 俗

第一节 节日习俗

一、腊八节

农历十二月初八，也叫腊月初八，简称“腊八”。有用杂粮做腊八粥和炒炒米的习俗。腊八粥是用大米、花生、绿豆、红豆等主料，配上莲子、扁豆、红枣、桂圆、山药、百合、枸杞子、薏米、小米等辅料熬制的浓粥，此粥因家庭口味不同可加糖或者加盐调制。吃腊八粥，用以庆祝来年五谷丰登，风调雨顺，这种习俗在赣榆流传较广。

赣榆部分地区，腊八节当天除了做腊八粥之外，还要在这一天炒炒米。据说在腊月初八、十八、二十八这三天炒出来的炒米不但味儿香，而且容易储藏存放。炒之前先用温水将糯米淘干净，叫“去晦气”，然后放在用秫秸做成的盖子上摊开晾晒，意为“去潮气”。最后将晾晒得半干不干的糯米放在铁锅里炒。炒时要用中小火将锅烧热，在铁锅内壁擦少许食用油，将适量糯米均匀倒入，并不时翻炒，以免炕糊。等听到糯米在铁锅里啪啪作响时用小火慢烧，糯米逐渐由白变黄，由黄变成微红，即停火，用锅底余温继续翻炒。等听不到啪啪响声时即可出锅，这样炒出来的炒米色香味俱全，象征来年的日子红火，生活香甜。吃时，可拌糖干吃或用水煮，抑或加糖冲泡。正月初一早晨在吃饺子之前，都要喝上一碗甜炒米水；初二女儿、女婿来拜年，也要来一碗炒米水，有祝福小两口生活甜甜蜜蜜，过日子红红火火之意。县城及西部地区还将大糖熬成糖稀，将掺有熟花生米或爆米花的炒米拌入其中，用重物压实冷却，分块切割，做成“炒米块”，用于春节期间招待亲朋好友。

二、春节

赣榆人称过春节为过年，时间以年前农历腊月二十三（过小年）到正月十五元宵节这一时段。这期间有祭灶、扫尘、辞年、接财神等传统习俗。

赣榆的辞灶习俗有“官辞三，民辞四”的说法。因此腊月二十三、二十四均为辞灶日。辞灶也称祭灶，一般在傍晚至深夜时分进行，辞灶前应将使用的锅刷干净，摆上供品。辞灶时，男主人把纸钱、旧灶王爷像、祭品等在灶前焚烧，然后将崭新的“灶码子”（灶王爷夫妇的画像及一年节气日历表）贴在灶台正上方墙上。

过新年时，对灰尘最忌讳，“灰”与“毁”“晦”谐音，“尘”与“陈”谐音。扫尘也就是“扫陈”，就是将家里里外外打扫一新。除扫尘外，还要换衣、理发和洗澡，一般在腊月二十八、二十九两天，最迟不超过年三十中午。

年三十是除夕，一大早，家家户户放完鞭炮，打扫院子，把鞭炮屑、草屑等垃圾扫在一起，堆成一堆，拿来一小捆准备好的豆秸，放在垃圾堆上点燃，豆秸和杂草燃烧时“噼噼啪啪”作响，这就是“煸狼烟”。

除夕晚上，在锅内放上豆腐、发糕和两棵大葱，叫做“压锅”。除夕在院子中间摆上供桌，放上供品，桌前“聚宝盆”内放满五谷，五双筷子插在盆内成梅花状。这一天，家家要竖一根青枝绿叶的竹子，叫“摇钱树”。晚饭前，敬天地，贴年画、春联，挂过门笺（五色挂笺），用麦麸撒在门口。晚饭后，全家人围坐一起，称“守岁”。入夜，备迎神供物，焚香烛纸锞，燃放鞭炮，叫做“辞年”。

大年初一凌晨，焚香烧纸，放鞭炮，迎喜神，称“发五更纸”，祈祷新年全家平安，五谷丰登。早晨，晚辈要给长辈磕头祝福，长辈给晚辈夹带桃枝的“压岁钱”。吃饭前要喝一碗炒米水，然后全家人吃饺子、汤圆，称“揣元宝”。早饭过后，亲友邻居之间相互登门拜年，出门遇人，互道“新年发财”“新年好”等。

初二这天，订婚男方到要女方家中接受宴请，称“看新人”，男方见到女方长辈，要按辈分“叫亲”，长辈则给“红包”以示接受男方的称呼；已婚的女儿女婿要回娘家拜年，给长辈磕头祝福，长辈要给晚辈磕头礼（又称红包），女儿女婿当天应返回家中。初二至初四，亲朋好友相互登门拜年，称转节。初三是“收供”日，收拾供品，祭祖敬神活动结束。

初五为“财神日”，家家户户早起，开门送财神，再燃放鞭炮接财神，吃财神面。过完初五，超市、店铺等陆续燃放鞭炮，开张营业，称“开门大吉”。

三、元宵节

农历正月十五是元宵节，也叫上灯节、上元节。清晨，太阳还没升起时，家家就开始打扫院子。早饭吃汤圆子，中饭吃水饺，晚饭吃油饼（用糯米面煎制而成的圆饼，有的在和面时加入白糖，也叫甜饼）。早上要上供，烧长香一天。夜晚家家户户燃放烟花爆竹。鞭炮声此起彼伏，小孩手持花灯，成群结队，唱童谣、赛灯火，点着灯笼玩耍。月亮升起时，有"赏花灯、煎油虫"风俗。

四、二月二

农历二月二，也称"龙抬头"。家家要吃面条，称土老爷面。这一天，无论成人还是儿童，都要剃头理发，称为"剃龙头"或"剃喜头"。当日主食要以龙命名，吃面饼称"吃龙鳞"，吃面条称"扶龙须"，吃饺子称"吃龙耳"，吃米饭称"吃龙子"，吃馄饨称"吃龙眼"。

五、情人节

公历2月14日为情人节。20世纪90年代，赣榆城乡很少有过情人节的。进入21世纪，情人节在赣榆逐渐盛行，这一天，夫妻、恋人之间互赠玫瑰花、巧克力等，发短信互相祝福。尤其是年轻的恋人，特别追捧这一节日，男方买玫瑰花赠予爱人，成双成对到舞厅、餐馆、电影院过情人节。在这一天，县城鲜花店、商场超市、娱乐场所等，举办以情人节主题的各种促销活动。

六、植树节

3月12日为植树节，按时间长短可分为植树日，植树周或植树月，总称为植树节。赣榆地区的植树节当日，政府、机关、学校、公司等企事业单位集中举行植树节仪式，从事植树活动。部分乡村每逢植树节前夕，家家户户都会到苗圃基地或集市上购买树苗。节日当天，在房前屋后及村庄周围田野种植，也有部分村民将树苗种植在田间地头。北部山区居民在节日当天多以山坡为主要种植地，进行绿化山区活动。

七、清明节

公历4月4日、5日或6日为清明节。前一天晚上或当日清晨，家家户户将柳条、松枝等插于屋檐下和门窗上。各家还要在节前或当天去墓地扫墓，又叫"圆坟"，很多外出打工的男性都要在节前赶回家，到祖先坟墓上添新土，安新坟头，然后在坟前摆上祭品，焚化纸箔银锞，将酒菜等祭品放些到火中，放鞭炮，磕头。机关学校有组织地祭扫烈士墓，接受革命传统教育。部分家庭大人带着孩子到野外踏青，采野菜，登山、看海景、赏春光、放风筝等，举行一些有益身心健康的户外活动。

八、端午节

农历五月初五为端午节，赣榆人称午端，也叫"过午端"。初四下午，门上插艾草、黄蒿，门楣中间挂"蒜孩"（一颗独头蒜用线当中穿过，再配上桃树头，饰以五彩布条）。家家包粽子，晚上煮好，同时煮一些鸡蛋、鸭蛋、鹅蛋。古时为消除疾病，端午前家家备红萝卜片拌红糖，经夜露日晒，在端午节食用。在太阳未出之前，人们用毛巾和盆、罐采集青草梢上的露水，称百草露，据说用其洗脸、擦眼，一年不生疮、不害眼。采集各种带有露水的杂草和树枝嫩头煮水，叫百草汤，用百草汤洗澡，可以防病强身。中午用艾草、黄蒿、百草汤给儿童沐浴。浴后，以雄黄抹儿童脐部、耳眼、肛门等处，然后穿黄衣服，戴上绣有老虎的肚兜，胸前挂香荷包，手足系五彩绒线，给不满周岁的儿童枕虎头枕，穿虎头鞋。青口地区在端午节当天有祭拜石狮子的习俗。

九、母亲节

公历5月第二个星期日为母亲节。20世纪90年代，赣榆很少有过母亲节的。进入21世纪，赣榆区域内开始盛行过母亲节，在节日前夕，未成年子女会通过购买小礼物、制作贺卡等方式表达对母亲的感谢；成家立业的儿女在家里置办丰盛的酒菜，送礼金红包和康乃馨等敬祝母亲健康长寿。有的儿女带着母亲，外出旅游看风景，让母亲愉悦开心。在外地的儿女，都要打电话，或发短信，问候母亲，祝福母亲健康长寿。

十、父亲节

公历6月的第三个星期日为父亲节。赣榆地区在90年代初期没有父亲节之说。进入21世纪以后，先在县城及周边地区流行，后在全县范围内盛行。庆祝父亲节的形式多种多样。在父亲节当日，未成年子女会通过购买小礼品、做卡片等方式表达感恩之情。成年子女通过做拿手菜、送礼物等不同的方式表达对父亲的感激之情。有的则是趁此之际，一家人外出郊游。有条件的家庭，子女通过拍摄照片、视频等记录下父亲生活的场景。

十一、过小年

赣榆素有“六月初一是小年”之说，就是将农历的六月初一定为“小年”，也称“过半年”。据说旧时，六月初一这一天，各商号店铺摆宴犒赏长工，并放假一日，还要准备馒头、瓜果之类为老天爷上供。中午要包饺子，称作“弯弯顺”。这种习俗一直沿袭。

十二、六月六

赣榆城乡有“六月六，晒龙衣”的习俗。农历六月初六，是赣榆城乡居民晾晒衣服的日子，也称晒衣节。这一天只要天气晴朗，家家户户都会把家里的衣服、鞋袜晾起来，让烈日暴晒一下，去掉霉气，便于夏季保管，称作“晒龙衣”。但这一天忌阴雨，赣榆有“湿龙衣，连阴雨”等说法。20世纪80年代末期到90年代初期，赣榆西部及北部部分地区除了“晒龙衣”，还有“六月六，吃炒面”习俗。这一天早晨，家家户户都要用白面放在锅里炒熟，拌上糖，搅匀了吃。

十三、中元节

农历七月十五为中元节，也称“鬼节”，全县有烧衣包、祭祀亡故亲人等活动。入夜，青口河无数荷花灯漂流东去，流向大海，敬供河鬼海神，名为“放河灯”，观者很多。家家要祭祀祖先，到祖先坟上烧些纸钱，鸣放鞭炮；有些还要举行家宴，供奉时行礼如仪。中元节20世纪90年代初期盛行，到21世纪之后，逐渐剔除迷信色彩，保留祭奠形式。但部分地区也有“鬼节不出门，以免鬼上身”的说法。

十四、中秋节

农历八月十五为中秋节。节日当天，赣榆城乡各家都要准备酒菜，全家团聚。亲友间互赠礼品，女婿备月饼、鸡鱼肉蛋和烟、酒等到岳父家，岳父家备酒宴招待。傍晚，家家要煮芋头、豆荚、山药、花生、地瓜等食物；晚上待明月升起，面朝东方设祭桌、摆供品、敬月亮，供品有月饼、枣、梨、柿、石榴、苹果及煮熟的农作物等，然后烧纸、燃放烟花鞭炮祭月，对月磕头。祭毕，家人围聚团坐吃月饼、品果物、赏圆月，尝新秋时鲜、喝桂花酒，至深夜方散。

十五、重阳节

农历九月九日为重阳节。在赣榆，重阳节也叫敬老节。这一天，晚辈尽孝心，给老人洗洗澡，捶捶背，梳梳头，掏掏耳朵，送一些礼品给老人，以表孝敬。各单位在这一天要到敬老院、孤寡老人家里开展敬老爱老活动。

十六、过冬

一般把公历12月21日、22日或23日称为过冬。赣榆有谚语“过冬长一葱，过年长一拳”之说。冬至日是大节，有“冬至大于年”的说法，这一天家家吃饺子，备酒菜祭祖上坟。

十七、圣诞节

公历12月25日为圣诞节，西方传统节日，由国外传入。进入21世纪，赣榆县流行圣诞节，圣诞节前夜是平安夜。当晚，全家人会团聚在一起，吃美食，唱歌曲，互相交换“平安果”等小礼物，表达内心的祝福及爱。朋友之间发短信问候。当天，年轻人喜欢聚在宾馆饭店、娱乐场所等处庆祝节日。为吸引顾客，有些商场用红色的圣诞花、圣诞蜡烛、圣诞树等装饰店门，上面悬挂着五颜六色的彩灯、礼物和纸花。门口还有装扮圣诞老人的表演者，向过往的孩子赠送礼品。

第二节　婚嫁习俗

赣榆县的婚嫁习俗，既受传统文化的影响，又有地方特色。婚嫁的礼仪程序有相亲、定亲、要年庚、定喜日、瞧亲、回九等。

一、相亲

相亲一般由媒人撮合。男女到了订婚年龄，媒人根据双方的门第、经济、家庭等各方面的情况以及男女双方的长相品性进行斟酌掂量，条件差不多的，则从中牵线搭桥。或是家长看中谁家孩子（一般为男方主动，俗谓一家有女百家求），聘请媒人先打听对方年龄等情况，按生肖属相和五行命相推算可否合婚，只要不犯大忌，即可做亲。此时，媒人可前往说合，俗叫说媒或提亲。1990年后，相亲这一习俗发生变化，男女青年不用媒人说和，在交往中产生感情，自己也可定婚姻，双方父母一般不予干预。

二、定亲

即在相亲之后，如果双方都满意，即可定下这门亲事，称为“定亲”，也叫“订婚”，其中包括上门、改口等程序。定亲所选择的日子应为吉日，如日期中带六、八双数的日子。女方先到男方家，然后男方再同女方一起回到女方家，这一过程称作“上门”。上门之后，由之前称呼对方父母为叔伯、阿姨，改称为大大、妈妈，这一过程叫做“改口”。但石桥、马站一带，则男方不能称呼女方的父母为大大、妈妈，只能称呼为大伯、大娘，或叔叔、婶子，女方的父母怕女婿称自己为大大、妈妈，会冲撞自己的孩子。

在定亲的过程中，赣榆有着同山东地区相近的送礼方式，男方到女方家，一般携带四色礼，即四样礼。1990年前后，四色礼一般包括粉条、肉、鸡、酒或者鱼。进入21世纪以后，品类上增加米面、高档烟等，礼品在数量也开始讲究，肉类一般是六斤或九斤，鸡四只，红鱼四条，酒四箱，其他的如米、面等也取双数，两袋、四袋等。男方回去的时候，这些礼物都要回一半，称为回礼。

定亲时男方还要给女方买“三金”（金项链、金耳坠、金戒指），有的还要买金手镯。

男女双方到对方的家里，长辈给见面礼，不拘数量多少，要取吉利数字。20世纪90年代初期，见面礼通常是八十八元或九十九元，以图诸事发达、婚姻长久。进入21世纪，家庭收入增多，见面礼的数量开始逐年增多，九千九、一万九、两万九等，多以数字“九”收尾，美其名曰：喜（十）不足；有的地方见面礼为一万一、二万一等以“一”作尾，有“万里挑一”之说。相比较而言，女方给男方的则比较少，一般都是象征性的，男方也不做计较。

此外，定亲后，凡不在当年结婚的，以后男方每年都要在端午、中秋、春节前送“四色礼”。

三、要年庚

定婚期之前，男方要请媒人携带四色礼（棉花、红袄、红裤或红色布料、礼金）到女方家，将女孩的生辰写在红纸上，由媒人传给男方，称为要年庚。男方也将生辰写在纸上，连同女方生辰一起，请人查算结婚吉日。为避免繁琐，征得双方家长同意，也可将定亲和要年庚放在一起，定亲时交给对方，双方父母协商结婚日期。

四、定喜日

定喜日也称择日。择日当天，男方备四色礼，请媒人将所定喜日通知女方，俗叫送日子。为方便女方筹办嫁妆，还要送礼金及四件衣料、包装双数的糖果礼包等，这叫过大礼。定亲时没买齐首饰的，过大礼的时候则要买齐。

五、装匾支床

喜日前几天，女方家里最忙，要请人缝新被子，将硬币、枣子、栗子等缝在被子四个角上。喜日头一天，女方家上午置办喜酒，宴请贺客，下午到晚上“装匾”（将长辈和亲朋好友赠送给女方的礼金、贵重物品放入箱子）。当晚宴请亲友，喝暖房酒；男方家晚上也开始忙活，将各类家具等摆放到位，整理喜房，当天凌晨开始支床、滚床。新郎家把床上用品摆放到新房，支床人在喜房内安排调停，一边支床一边唱歌，选两个生辰八字不与新郎新娘相克的健康活泼男孩滚床。喜床铺好后，“准新郎”要在新床上睡，留一个滚床的男孩伴睡，这叫压床。压床男童当夜“塌尿（suī）”，家主更喜，有新娘当年生子之意。

六、娶亲过轿

图 33-3　娶亲过轿（2006年摄）

喜日上午，新郎胸戴新郎花，手捧鲜花，乘坐婚车去接新娘，另带一辆卡车拉嫁妆。新郎的车即将到达新娘所在的村庄时，车速放慢，开始放鞭炮，新娘家人听到鞭炮声后，也开始放鞭炮。新郎的车到达新娘家门口，新郎手捧鲜花进入新娘的房间，献上手捧花，并为新娘戴上新娘花。西部部分地区为增加喜庆，事先把新娘的鞋子藏起来，让新郎给新娘找鞋子。新郎找到鞋子后，新娘的兄弟背新娘走出房间，新郎为新娘撑红伞。新娘上车后，新娘家一般要派一辆车跟亲。路上，新娘每过一座桥都要摇下车窗，朝河面上撒硬币。迎娶新娘到家后，新郎的亲属堵住新娘的车门要喜。新郎得用烟等打点，新娘下车后，新婆婆要捏锁，小兄弟搬嫁妆，搬嫁妆时新郎要给喜钱。有的地区，新娘的嫁妆头天晚上已搬到喜房。喜日这天，新娘只带箱匾及床上用品。这一夜，亲朋好友相聚在新房喝喜酒，闹洞房。

第二天清晨，新娘要早起，拿着扫帚围着院子扫一圈。早饭开桌前，新郎新娘给长辈磕头，给铺毡人喜钱。早晨喜桌开过，众人欢笑散去。

进入21世纪后，城乡婚嫁的宴请习俗有所改观。凡逢喜事，事先到宾馆饭店预订桌数，后发请帖，写好宴请时间及地点，并请婚庆公司主持婚礼，亲朋好友喝过喜酒，即可散席。第二天，新郎新娘给长辈磕头，长辈给磕头礼。喜宴，一般邀请家庭至亲参加。

七、闹洞房

闹洞房又称“逗媳妇”“吵房”，新郎新娘往往会被他人甚至晚辈们取笑捉弄。闹洞房在迎亲的当天晚上进行。先由小姑送

图 33-4　闹洞房（2006年摄）

灯，送罢灯，无论长辈、平辈或小辈，都可聚在新房中，戏弄新人，多是给新娘出各种搞笑的难题，让其回答，妙趣横生，多无禁忌，有“三日无大小”“闹喜闹喜，越闹越喜”之说。为控制戏弄或急于结束，新娘常以烟、糖果等抛撒闹房人。

八、瞧亲

从喜日算起的第六天，新娘的娘家人请一位德高望重的长辈，带着新娘侄子辈中的一个孩子，带四色礼品到新郎家瞧亲，瞧亲的长辈对新娘嘱咐一番，好好过日子、勤俭持家、孝敬公婆等客套话。吃过酒席，新郎新娘要给来访的孩童喜钱，图个吉利。

九、回三、回九

喜日后的第三天或第九天，新郎和新娘备一份厚礼，天亮之前回娘家探望，称为“回三”或“回九”。娘家办一桌酒菜，招待新郎。当日在太阳未落之前，一对新人返回新郎家，新房内不能空床。

第三节　生育习俗

一、怀孕

也称“有了”“有喜了”。旧时禁忌较多。1990年后禁忌逐渐减少。怀孕期间，提倡从事一些站立的劳动。在单位上班的孕妇，一般被安排从事轻体力的劳动。孕妇临产前，单位安排一定的假期。2000年以后，部分孕妇开始注重胎教，购买一部分保胎、育婴及饮食类书籍，特别注重饮食搭配和营养调节等生活细节，偶用轻音乐刺激胎儿。

二、新生

婴儿出生后从医院回家，先在医院门口放一串鞭炮，到家时，在产妇和婴儿未下车前再燃放鞭炮，婴儿爷爷奶奶或姑姑将婴儿放在事先准备好的窝篮或小床内，用古书给孩子枕，这叫“睡头型”。婴儿出生第三天，用甘草、艾叶等草药汤给婴儿洗澡去脐屎，称洗三，穿奶奶做的衣服。产妇在这一天要“吃百味”，防止以后岔奶。用青布蘸着矾酒擦牙床叫“探马牙”。新生婴儿，哺乳期间基本以喝母乳为主，偶有部分产妇为保持体型，一直以奶粉作为婴儿主食。

三、坐月子

产妇生完孩子后，回家躺在床上，由婆婆或娘妈服侍一个月左右，称坐月子。在坐月子期间，要喝热米汤暖身子，称定心汤；吃带壳的鸡蛋，防子宫收缩疼痛；吃清淡的老母鸡或猪蹄做的浓汤，补充营养。有的产妇在坐月子期间奶水不足，要专门买小白虾做汤“投奶”，催生乳汁。

四、报喜

婴儿出生后，男方家里会将煮熟的鸡蛋分给左邻右舍。第三天中午前，女婿带染红的熟鸡蛋到岳父母家报喜，红鸡蛋个数为带“九”的吉利数，岳父母家应回生鸡蛋。

五、送“祝母”

婴儿出生六七天后，娘家人和日常有往来的亲戚，带着大宗的礼品，其中有食品（鸡蛋、馓子、红糖、白糖等）、婴儿用品（玩具、小推车、婴儿床、包被等），还有一块花布（墩子布）来到产妇家，祝贺产妇做了母亲，这就叫送“祝母”。中午开桌招待，娘家人还要给新生婴儿喜钱做见面礼。

六、起名

孩子起名不准与长辈、亲戚重字同名，男孩起名多用易记、泼实的词汇，如团结、国庆、柱子、虎子等；女孩起名多用秀气的词汇，像彩霞、翠花、小玲等。有的头胎生的女孩，还想生男孩，则给女孩取名多趋向于会意、谐音词汇为主，如小改、招娣、来娣等。1990年后，孩子的名字也与时俱进，多起叠字，如明明、琳琳、玲玲、丽丽等。

七、周岁

亲戚、朋友送周岁礼，舅舅家必送一身黑色衣服。扶小孩挪步，在两腿间的地上划上几刀，称“剁绊脚丝”。吃面条，称“长生面”。有的娇气男孩后脑勺留独辫子，到12岁生日才能剃掉；还有的娇气男孩戴耳坠子、项圈，系长命锁，穿女孩子的衣服至12岁。耳坠子到结婚时由新娘取下。1990年后，家境殷实的都要买金银饰品，如金银锁、金银项链、金银手镯等，给孩子戴上。

八、穿马褂

小孩在3岁前的春社日，要穿舅奶奶做的马褂，第一年穿黄色，第二年穿蓝色，第三年穿青色，衣服前后襟各画一个圆圈，内写“长命富贵，天下太平”。1990年后，小孩不再穿马褂，舅奶奶大多到超市商场，给孩子买鲜艳漂亮衣服。

第四节　丧葬习俗

民间的丧葬习俗虽有封建迷信的一面，但深深寓含着生者对先逝者的亲情、友情、关爱和追念。

一、准备“后事”

当老人年迈以后，家属要为其准备身后用物，过去要准备棺材和寿衣。殡葬实行改革以后，死人要火化，家人一般只准备寿衣，寿衣为蓝色衣、裤（裙）、鞋、袜、帽。病危弥留之际的老人要移到正屋，儿女守护身边，除去墙上钉子、字画以及门上对联，告知至亲前来见最后一面。临终前要洗澡，男子剃头、刮脸，女子梳头戴发簪，子女给死者穿送老衣（寿衣）。气断，全家举哀，在死者的脸上蒙上白纸，曰“蒙脸纸”。火化后，骨灰盒前面点一黑瓷灯，曰“引魂灯”。放一瓦盆，供停灵期间焚纸用，曰“老盆”。灵房门口搭“灵棚”，棚内设供桌，摆祭品。儿子披麻戴孝，腰束苘绳拖地，谓之“拦腰绳”。赤足穿草鞋，手执丧棒，丧棒裹以指魂纸。儿媳披发，顶褡头，束腰绳，穿草鞋，裤角缝白布。女儿戴孝同儿媳。侄孙辈戴孝帽、穿孝袍。有四世同堂的晚辈，应着浅蓝布，打灯。

二、送汤

人亡故之后，葬前一般每日早、中、晚三次送汤，送汤的手拿丧棒。初次送汤之前，举行“报庙”“指路”仪式，到土地庙向土地爷报到，予以指引路线。送汤时，男在前女在后，由长子领头，如长子过世，由长孙领头，没有长孙，过继儿子领头。女孝眷由长媳领头，并由长媳提汤壶，如长媳过世，长孙媳领头，没有长孙媳，过继儿媳领头。孝眷女送汤时痛哭流涕，哭的越伤心越显孝道，不哭则显对死者无感情，不孝。每次送汤，除孝眷跪拜致哀外，吊客也要行磕头跪拜之礼，孝眷陪祭。

三、报丧

也叫对信，吊唁前一日，主事人把应前来参加吊丧亲戚的名单一一列好，由对信的分头通知各地亲戚，对信的人手持白布条，去各处亲戚说明死者姓名、吊唁时间、出殡日期。2000年后，电话普及，通讯便捷，报丧用电话通知，不再跑路报丧。

四、吹棚

人死后，丧主家要在大门旁边搭棚，请吹鼓手吹棚，乐器以竽、唢呐和大号为主。20世纪90年代初期，吹棚盛行单棚和对棚两种形式。单棚是指丧主家只请一帮鼓乐队吹棚；对棚是指丧主家为了要排场，请两帮不同的鼓乐队吹棚。不论是单棚还是对棚，都会请吹拉弹唱跳都会的民间艺人前来助阵。2000年前后，吹棚的乐器有所改变，增加铜号，配备组合音响。吹鼓手在对棚中，双方演出都很激烈，有的甚至将低俗的戏曲、动作呈现在观众面前，为争夺观众大打出手。丧主家为避免节外生枝，绝大多数以单棚为主。

五、磕头

一般先磕四个头，俗称“神三鬼四”，每次都站起来拱手再跪下磕头，磕完四个头，跪下向前点燃香烛，将香烛插到香炉不起身再磕一个头，然后起来再磕四个头，总共是磕九个头。跪下磕头后，不起身直接再磕的称为懒头。磕头时吹鼓手要吹奏哀乐丧曲。

六、送盘缠

生者为死者用物除了烧纸钱之外，还有纸扎的马、轿、车及金库、银库等。2000年后，用物为纸扎的小轿车、电视机、洗衣机、电冰箱等，送盘缠时烧之。

七、出殡

吊唁第二天是出殡日，长子将骨灰盒抱到院外门口或大路中间，举哭摔老盆的仪式，长子抱着骨灰盒到墓地掩埋。骨灰盒入土前，请地理先生主持，先暖坑，然后撒钱（此钱一般由帮忙挖坟的人收去买酒）。县城和部分乡镇，有公共灵堂的，丧主把亲人的骨灰盒放入灵堂寄存，省去很多仪式。

八、守灵

死者出殡安葬后，民间传说"五七"之内灵魂不离灵屋，死者的儿子、侄子和孙子，每天晚上就在灵屋内守灵，在灵屋睡草铺，与亡者灵魂共眠，以免亡者孤单寂寞，过去守灵一月零五天，1990年后，守灵时间缩短，一般只守三个晚上。

九、瞧坟

死者葬后头三日，每天晚上儿孙要结伴到新坟上看望，谓之瞧坟或踩坟，风雨无阻。骨灰盒安放在公共灵堂的，儿女三天后去看望，以后逢年过节去祭祀。

十、上坟

葬后三日上"三日坟"，七日上"头七坟"，逢第二个七日上"二七坟"，逢百日上"百日坟"，逢一年整上"周年坟"，逢三年上"三周年坟"，满十年前在第九个年头上"十周年坟"。五七坟最被看重。出殡之日，丧主要出"五七"祭日告示，说明"五七"祭日的具体日期，邀请至亲参加祭奠仪式。

第五节　渔业习俗

1990年后，木帆船逐渐被轮机船替代，在一些习俗上也有所变化。

一、暖墩

造船又叫排船，在一艘船建造完工之后，船主举行"暖墩"庆典仪式。在庆典仪式上，船主在船上摆着"三牲"，在船头上、地面上焚香烧纸敬酒等祭奠，燃放鞭炮礼花，主家在船头叩拜，亲朋好友将彩旗、摇钱树插在船上。礼毕，主家设宴招待前来祝贺的宾客。

二、贴对联

除夕下午，主家要在自己的船上贴对联，渔船不同的地方贴不同内容的对联。如驾驶舱前面正中通常贴"招财进宝"，两面则为"生意兴隆通四海平安，财源茂盛达三江吉祥"；船头中间部位贴组合体吉祥字"聚宝盆"，两边对联为"虎口长银牙，龙头生金角"；船甲板的吊架上贴"力吊万吨"；船两侧船帮外面分别贴"右利市，左招财"；厨房门前贴"饭菜飘飘香，鱼虾满满仓"；厨房的烟囱上贴"青云直上"；方向盘贴"一家之主"；船舱上贴"满载而归"；船舱内贴"招财进宝"，两面对联为"机器一响，黄金万两"。

三、敬龙王爷

沿海渔民对海龙王非常敬重，每年都要举行"敬龙老爷"的仪式。渔民认为农历二月二是龙抬头的日子，是敬龙王爷的最佳时机。这天，渔民抬着猪头、烧纸、水果、鞭炮、酒等供品摆放在沙滩上，面向大海跪拜祭奠，焚香烧纸，敬酒，磕头祷告，以期一年四季平平安安。

四、照船照网

每年春季第一次出海之前，把需要上船的网具、食物和其他用品整齐地排在靠近渔船的沙滩上，专人

图 33-5　渔民敬龙王爷仪式（2009 年摄）

看管，不让任何人靠近。船老大祭过龙王，与全体船工一起喝过开船酒，点燃“财神把子”（用树皮和芦苇捆成的火把），将自己浑身上下通通照了一遍，边照边说“花皮燎燎手，银线动笆斗”，然后再把所有上船的人逐个周身照了一遍，边照边说彩话“花皮照过，网网抱垛（很满）”。最后到船上，舱里舱外，处处要照到位，在照“太平仓”时，还要放鞭炮。一切照完后，将火把扔到海里。

经过火把照过，将工具上船，即可出海。出海捕捞时如遇雨天，视为吉祥。

五、招魂

过去由于捕鱼风险很大，渔民葬身大海的悲剧时有发生。丧家就用稻草人代尸，穿上死者生前的衣服，在家里摆设起灵堂。在沙滩栽一棵鲜竹子，在竹子上方的岸上设置醮台，摆上写有亡者姓名、生卒日期的神位和供品，点燃香烛。晚上涨潮时开始“招魂”，披麻戴孝的亲人围坐在竹子旁，摇动竹子，大呼亡魂回来，直至退潮时把稻草人放入棺材内，由儿子或侄子辈捧着神位，送往墓地。

六、禁忌

渔民在海上经常遭遇大风浪，险象环生，借相关忌讳避免可能发生的海难，祈求平安，渴望丰收。

（一）造船禁忌：渔谚“是船三千钉”，意思是说船身无处不着钉，但有的地方就忌钉，如在船底纵横两条中心线上绝对禁止钉钉子或有钉眼之类。渔民认为在两条中心线上有了铁钉，会使船鸟性（雄性）大，在海上会因雄性发作而失去控制，主动去追逐碰撞别人的船，危及双方安全。

（二）吃饭禁忌：盛饭说成装饭，因为“盛”与“沉”谐音。吃罢饭后，不能把筷子搁在桌上，意思为“船搁浅滩不活水”，也不准将其搭在碗上，渔民吃完饭后把筷子水平射出，取顺风顺水的意思。夹菜时，不准伸筷子搛别人面前的菜，这叫过河筷子。吃第一顿海鱼不准去鳞，不破肚子，整鱼下锅，整鱼端出。如果把鳞刮去，将鱼肚子抠出，那就意味着一贫如洗。每次吃鱼都不能全部吃光，这叫“鱼（余）剩”。吃饭时，开始蹲在什么位置就是什么位置，不准随便移动，挪动叫做离窝，意味着此处捕不到鱼，必须拔锚换地。吃鱼不能将鱼整条翻转，因为渔民最担心的就是翻船，由此忌“翻”。

（三）日期禁忌：从前渔民最忌讳四、七、八、十、十四、二十四这些数字，因为四谐音“死”，八是分开的“人”，七是鬼的日子，人死后七天为一个祭日，十谐音“失”，十四谐音“失事”，二十四谐音“儿失事”，凡遇到这些日子不得出海。在表述时必须改变形式，如初四说成大初三或小初五，十说成是大初九或小十一等，特别讲究“八不出七不归”，因为八与“八仙过海，一去不回头”“八虎下幽州，死的死丢的丢”等传说相关。逢七逢八的日子，渔船不出不归，每一条船上的人数亦不能逢八逢七。

（四）称呼禁忌：凡有船的人家叫船户，也叫船主。有的是自家船自家用，有的是雇工在船上劳动，船主坐在家中尽收渔利，也叫白手拿鱼。无论何种方式，作为船主最忌讳称“老板”，因为“老板”谐音“捞板”，过去的船是由木板钉成的，船在海上被风浪击得“散了板”，把一块块的木板捞起来叫“捞板”。

（五）祖孙不同船：渔民中形成“祖孙不同船”的风俗，进而演变为父子不同船和兄弟不同船等。即便是海上经验十分丰富的人，受这一风俗的影响，亦不与自己的儿子、孙子同船出海，儿子要出海只能登上别人的船。实际上这一风俗是因为海上风险太大。

忌讳在船上还有很多，譬如掀锅盖、挪动鱼篓、鱼筐等不准大翻个。不准在船帮上小便，渔民认为船两边各有一个无形的崇拜偶像，左青龙右白虎。即使在后梢，也不准两人同时小便。关于妇女上船的忌讳也不少，每年出海前，未满月的产妇及月潮妇女是不准上船的，否则被认为晦气。两船相接，不允许妇女从这艘船跨向另一艘船，妇女上船不准跨网跨钩。

第六节　新风尚

一、尊师重教

1990年后，每年9月10日这一天，全县各乡镇都举办教师节活动，召开庆祝大会，表彰教育先进集体和先进个人，企事业单位、社会各界人士捐资建校，捐资助学，还有的设立奖学金，奖励优秀教师和优秀学生。2000年后，许多民营企业家、机关干部职工、离退休人员进行捐资助学活动，改善家乡的办学条件。

二、尊老敬老

1990年后，全县人口老龄化问题越来越突出，各行政村普遍建立老年活动室，有的村给无退休金的老人发放基本生活费，定期慰问空巢老人、孤寡老人、残疾老人等弱势群体，定期或不定期开展“好媳妇”及其他以敬老为内容的评比活动，进行表彰奖励。2000年后，全县经济实力较强的村投资建设村养老服务中心，内设公寓、卫生室、小型超市、图书室、娱乐中心等。公寓内有卫生间、厨房，房间里桌椅、橱柜、床铺等生活用具一应俱全，水、电、煤气、电视、电话等配套到位。养老服务中心内辟有休闲广场，内有篮排球架、羽毛球网架、高低杠、单双杠、踏步机等体育设施。老年人活动室内放置乒乓球桌、麻将扑克桌、台球桌、围棋桌、按摩椅等健身器材。

三、扶贫济困

20世纪90年代中期以后，赣榆县居民虽然生活水平普遍提高，但仍有部分家庭因病、因残、因灾等原因生活较为贫困。对此，县乡（镇）两级政府及时给予帮助和扶持，机关、企事业单位和社会各界人士也纷纷伸出援助之手，捐款捐物，一些爱心人士和志愿服务者设立慈善基金会，开展扶贫济困活动。

四、关爱儿童

20世纪90年代后，每年的六一儿童节期间，各幼儿园和小学校都要举行庆祝活动，营造欢快活泼的氛围。平时通过举办校外辅导站和家长学校，培养孩子的学习兴趣，以利于孩子健康成长。进入21世纪，大多农村青壮年到城市打工，关爱教育留守儿童逐渐成为社会热点问题，各学校建立“留守儿童之家”，设立“亲情电话”，为“留守儿童”与父母沟通提供便利。社会热心人士参加关爱活动，一对一帮教留守儿童成长。

第三章　宗教信仰

赣榆县是江苏省宗教工作重点县，全县有佛教、道教、伊斯兰教、天主教、基督教等五种宗教。2009年，全县信教人数在1.5万人左右，其中基督教信徒最多，近万人。

第一节 佛 教

历史上，赣榆县有佛教寺庙玄阳寺、兴会寺两处，后因故被毁。2004年，大吴山玄阳寺重建。2009年，金山镇兴会寺重建。全县佛教教徒有800人左右。

第二节 道 教

全县没有专职道士、道姑，道观也没有重建，信徒约200人，主要集中在沿海各镇，每逢渔船出海作祭海等法事活动。

第三节 伊斯兰教

至2009年，全县有伊斯兰教教徒约230人。每年教徒多到清真寺参加大开斋、小开斋、圣人会3节法事。婚事、丧事请阿訇到家里主持。

第四节 天主教

1925年，法国神甫赖士洪到大沙河传教，建教堂一座，隶于海州天主教徒管辖，至此，天主教正式登陆赣榆，每逢星期日，教徒都到沙河教堂做礼拜。抗日战争时期，沙河教堂被炸毁。1990年后，县内天主教教徒较少，没有固定的聚会点，主要在塔山镇一带活动。至2009年，天主教教徒有100余人。

第五节 基督教

赣榆县政府部门批准的全县合法基督教聚会点24处，分布在青口、沙河、墩尚、宋庄、罗阳等镇和青口盐场，其中青口地区在青下社区、下口村设立两个聚会点。20世纪90年代，基督教徒约为5000余人。至2009年，全县有基督教徒近万人。

第三十四篇 方言

第三十四篇 方言

赣榆方言属汉语北方方言区，在音韵系统上和山东省的胶东话接近，和江苏省内相邻各县反而相去较远。赣榆方言的主要特点，在于声类系统较多地保存着中古音。赣榆方言内部除了共性之外，还存在着较大的差异性。赣榆方言大致可分为五个语区：一是青口语区，以青口镇为中心，包括青口、赣马、门河、城头、城西、宋庄等。该区方言在县境内使用范围较广。赣马镇为宋、金、元、明、清、民国时期的县城，政治、经济、文化一直比较发达。与赣马镇相邻的青口镇，自宋以来便是苏北、鲁中南著名的商业集散地。中华人民共和国成立后，县人民政府驻地设在青口，青口镇逐渐成为全县政治、经济、文化的中心。青口方言逐渐辐射到周围乡镇，形成了一个较大的方言区。二是海头语区，包括海头、厉庄等地。三是石桥语区，包括石桥、柘汪、金山等镇，位于县城北部，语音接近日照方言。四是黑林语区，包括黑林、塔山、班庄、欢墩镇等，语音接近临沂方言。五是沙河语区，包括沙河、墩尚、罗阳等镇。该区语音特点是：阴平调发音中间有一定的紧喉色彩。罗阳镇东南部的小东关、小河口、蛮湾等村有声母[ʐ]。日、衣区别清楚。尤其是青年人，该区读“[ʐ]”声母的较为普遍。

随着社会经济、政治、文化快速发展，交通条件的便利，通信方式的快捷，特别是国家普及九年制义务教育并大力推广普通话对方言形成巨大的影响与冲击，赣榆方言一些语音特征正在逐渐消亡，新的语音特征正在逐步形成，词汇、语法也都呈现向普通话不同程度地靠拢趋势。

第一章 语 音

第一节 声韵调系统

一、声母

赣榆方言声母(包括零声母)共有二十一个:

p 八步班	p‘ 拍潘平	m 门妙豪	f 飞浮扶
t 等德夺	t‘ 他太同	n 奴内农	l 来连路
ts 精在赞	ts‘ 清曹灿	s 思三丧	
tʂ 枝争祝	tʂ‘ 初撑差	ʂ 事生叔	
tʃ 朱征哲	tʃ‘ 出称车	ʃ 书声设	
k 古居歌	k‘ 开旗科	x 花虚霍	
Ø 我衣无云			

赣榆的p、p‘、m、f音值跟普通话的大致相同。其中p‘在i前略带舌面摩擦。t、t‘、n、l的部位比普通话的略后。其中t‘在i前略带舌面摩擦。ts、ts‘、s和tʂ、tʂ‘、ʂ,的部位都比普通话的略后。tʃ、tʃ‘、ʃ在y前略带噘嘴作用。在i前读近tʃ、tʃ‘、ʃ,但较普通话的tʃ、tʃ‘、ʃ稍后。k、k‘、x在i和y前,部位前移,音近c、c‘、ç。零声母用高元音i、u、y起头的字略带摩擦,不用高元音起头的字常带微弱的舌根浊擦音[ɣ]。

二、韵母

赣榆方言的韵母(不包括儿化韵和自成音节的鼻音)共有三十七个:

ɿ 资斯	ʅ 支师	i 必低齐	u 木古初	y 律居书
ɑ 八他沙	iɑ 甲卡鸦	uɑ 滑爪蛙		
ɤ 舌儿歌	ie 节结爷	uɤ 木锅火		yɤ 月
ai 爱开	iai 皆矮	uai 歪快		
ei 北腿	uei 威愧	ɑu 高好		
iɑu 遥交	əu 狗邹	iəu 尤丢		
an 安干	ian 烟天	uan 万冠		
yan 远短	ən 恩根	n 人尸		
uən 文坤	yn 云君	ɑŋ 刚昂		
iɑŋ 羊江	uɑŋ 枉光	əŋ 冷灯		
iŋ 英京	uŋ 空公	yŋ 容穷		
ər 儿二				

i、u、y在一个音节开头摩擦较重,作介音时读得较短,作韵尾时读得略开。轻音节i韵母后有时略带ə音。带舌根鼻音ŋ韵尾时,i、u、y和ŋ间略带鼻化的过度音ə。

其他ŋ尾韵,主要元音都一律略带鼻化。

三、声调

赣榆方言有阴平、阳平、上声、去声四个声调。列表如下:

调类	调值	例字
阴平	213	天生先八

阳平	55	田提独拔
上声	324	稿赏寡古
去声	42	路降后到

赣榆的阴平与普通话的上声、赣榆的阳平与普通话的阴平调值近似。赣榆的阴平和普通话上声调值十分相近。

赣榆的去声和普通话的去声同属降调，但普通话为全降，赣榆降幅稍短。

第二节　声韵配合关系

赣榆方言的声母和韵母搭配可用表34-1表示。表里在声韵能拼的地方举一个例子，不能拼的地方用“×”号表示。

赣榆方言声母、韵母搭配表

表34-1

声母＼韵母	开	齐	合	撮
p　p‘　m	八	迷	破	×
f	发	×	夫	×
t　t‘	德	滴	土	×
n　l	内	里	乱	女
ts　ts‘　ʂ	菜	节	速	徐
tʂ　tʂ‘　s	茶	×	所	×
tʃ　tʃ‘　ʃ	×	真	×	住
k　k‘　x	可	奇	胡	去
Ø	爱	衣	弯	鱼

从表34-1可以看出，开口呼、合口呼不能拼[tʃ]、[tʃ‘]、[ʃ]；齐齿呼不能拼[f]、[tʂ]、[tʂ‘]、[ʂ]；撮口呼不能拼[p]、[p ‘]、[m]、[f]、[t]、[t‘]和[tʂ]、[tʂ‘]、[ʂ]九个声母。

另外开口呼i韵只拼[ts]、[ts‘]、[s]和[tʂ]、[tʂ‘]、[ʂ]两组声母。合口呼拼[p]、[p‘]、[m]、[f]时只限于[u]、[uɤ]两韵，其中[m]不能拼[u]，[f]拼[uɤ]时仅限于不常用的一个“缚”字。撮口呼拼[n]、[l]只限于[y]一韵，而[n]拼[y]也只限于“女”字。

鼻音[m]、[n]、[ŋ]都可以自成音节。[m]自成音节的字较多：

阴平	木	沐	目	苜		
阳平	模	谋				
上声	某	亩	牡	母		
去声	暮	慕	墓	募	牧	穆

赣榆声母、韵母、声调的配合关系中u尾和鼻尾（n尾和ŋ尾）韵拼不送气清塞音、塞擦音声母，所以没有阳平字。

第三节　文白异读

赣榆方言的文白异读现象在声、韵、调上都有表现，下面分类列举。例字的前一个音是文读、后一个音是白读。“～”代表复用的例字。

（一）声母的变化

喊　[xan^{324}][ʃian^{324}]　～人

撞　[tʂuɑŋ^{42}][tʂ‘uɑŋ^{42}]　～倒了

殊　[ʂu^{55}][tʃ‘^{55}]　特～

随　[sei^{55}][ts‘ei^{55}]　～你怎么着吧

遢　[t‘ɑ^{42}][tʏ$^{°}$]　邋～

谁　[ʂei^{324}][xei^{324}]　～来了

我　[uʏ^{324}][ʏ^{324}]　～们

提　[t‘i^{55}][ti^{55}]　～娄

腾　[t‘əŋ^{55}][təŋ$^{°}$]　胡蔼～

伸　[ʃin^{213}][tʃ‘in^{213}]　～腿

缩　[su^{213}][tʂ‘u^{213}]　东～了

（二）韵母的变化

嗯　[en^{42}][əŋ^{42}]　表示应答语气

邋　[lɑ^{213}][lai^{213}]　～遢

摔　[ʂuai^{213}][ʂui^{213}]　～倒了

崖　[iɑ^{55}][iɑi^{55}]　悬～勒马

尾　[uei^{324}][i^{324}]　狗～巴

寻　[suən^{55}][sin^{55}]　胡～思

生　[ʂəŋ^{213}][ʂən^{213}]　～炉子

饿　[ʏ^{42}][uʏ^{42}]　挨～

特　[t‘ei^{55}][t‘uʏ^{55}]　～别

诉　[su^{42}][suŋ^{42}]　告～你

做　[tsuʏ^{42}][tsəu^{42}]　～干饭

刷　[ʂuɑ^{55}][ʂuɑŋ^{55}]　～～下小雨

（三）声调的变化

看　[k‘an^{42}][k‘an^{213}]　～瓜

望　[uɑŋ^{42}][uɑŋ^{55}]　～人

引　[in^{324}][in^{42}]　～火把

愿　[yan^{42}][yan^{213}]　～意不～意

吸　[xi^{213}][xi^{42}]　～点腥味儿

太　[t‘ai^{42}][t‘ai^{213}]　～多

（四）声、韵、调部分变化及全部变化

刃　[ren^{42}][iei^{42}]　刀～

更　[kəŋ^{213}][tʃiŋ^{213}]　五～天

缰　[tʃiɑŋ^{213}][kɑŋ^{213}]　～绳

颈　[tʃiŋ^{42}][kəŋ^{324}]　吃到脖～了

唾　[t‘u^{324}][t‘uʏ^{42}]　～沫

欲　[xə^{55}][kɑ^{213}]　～伙儿

第四节　同音字汇

本字汇采撷赣榆方言常用字四千九百多个，按韵母顺序分类，每韵内再按声母和声调顺序排列。阴平、阳平、上声、去声分别用代码Ⅰ、Ⅱ、Ⅲ、Ⅳ表示。需要解释或举例者随文用括号加注，加注时用“～”代替本字。有音无字的用“□”代替，并说明意义或用法。凡语音不同、意义有别的同形异读字，字汇作为两个词出现，用小注的形式区别。下文所说的“又读字”（即在字后加注小字“又”的）是指那些使用场合没有严格区别、任意性很大、词义又完全相同的同形异读字。

[ɿ]

[ts]　Ⅰ龇（～牙扭鬼）　Ⅱ吱（～声：作声）　Ⅲ撮（一～毛）　Ⅳ恣（舒服；痛快：透～）

[ts‘]　Ⅰ泚（～尿）呲　Ⅱ

[ʅ]

[tʂ‘]Ⅰ眵（眼～）差（参～不齐）舐（舔：火苗～着了眉毛）□（粘：□姐了）支（支撑：～个门户）

[ər]

[Ø]　Ⅱ儿　Ⅲ尔耳饵而　Ⅳ二贰

[i]

[p]　Ⅱ鼻（梁：茶壶～儿）臂（拉～儿）　Ⅳ箅（～列子）

[m]　Ⅰ墨（黑～嘴）泌　Ⅱ泥（～墙）□（抹：～墙）麋□（量，比划：～一～看够不够长数）倪咪　Ⅲ米　Ⅳ觅昧（～良心）泥（打～：猪牛在酷热的天气钻到泥水里打滚，以解痒、祛暑。）腻（油～）

[t‘]　Ⅰ剔（将堵塞物从缝隙中挑出来）　Ⅳ□（线～子）

[n]　Ⅳ泥（～子）

[l]　Ⅰ里（这～头）立（强迫：～逼他把钱拿出来）　Ⅱ狸（～猫）劙（刺；割：～破了）

[ts‘]　Ⅰ七（～狗子：蟋蟀）栖

[tʃ]　Ⅰ只（一～鞋）知织职汁蜘执质秩掷击炙（～手可热）　Ⅱ直值植殖侄置　Ⅳ滞制智雉致稚治给（把东西～人了）

[tʃ‘]　Ⅰ吃尺痴赤　Ⅱ池驰迟持　Ⅲ耻　Ⅳ侈（奢～）斥

[ʃ]　Ⅰ湿失室识式饰适释　Ⅱ十什拾实食蚀石　Ⅳ世誓势逝

[k]　Ⅰ几（茶～）肌饥机叽讥基箕鸡稽激吉级戟姬棘圾急（紧～）　Ⅱ及极给（老）急（着急：～猴了）Ⅲ己（自己）几（～个）　Ⅳ计继系（～鞋带子）技妓寄冀纪记忌既给（供～）季嫉寂

[k‘]　Ⅰ欺期泣讫乞　Ⅱ奇旗棋企岂祁歧骑鳍杞祈淇碁（磨～子）畦（古代五十亩地为畦）　Ⅲ起启　Ⅳ契器弃气汽

[x]　Ⅰ希稀熹熙牺吸兮　Ⅱ畦（又）溪奚　Ⅲ喜禧　Ⅳ系（～统）戏隙

[Ø]　Ⅰ日衣依医一益液译揖以（又）矣缢（又）抑亦腋　Ⅱ移谊夷姨胰遗宜怡贻疑仪乙伊拟役疫沂饴　Ⅲ已（～经）倚乙以（又）尾（～巴）椅咦　Ⅳ意义艺议易翼亿忆忔屹食壹 肄异毅缢（又）翳

[u]

[p]　Ⅰ不□（拨：死火里～拉出个火星子）　Ⅱ饽（面～）荸（～荠）醭（瓜果成熟时表皮上长的白粉：白～子）　Ⅲ补卜谱（续家～）勃　Ⅳ部薄布佈怖步埠阜

[p‘]　Ⅰ捕铺（～马路）噗扑　Ⅱ蒲匍葡 大□（～的：放心大胆）菩仆　Ⅲ脯（胸～子）朴（～实）浦甫圃普蹼曝瀑　Ⅳ铺（睡地～）

[m]　Ⅰ没（水～过头）木目穆　Ⅱ模（～子）谋　Ⅲ某亩牡母拇姆　Ⅳ牧墓暮慕募幕（仅限于班庄等乡镇）

[f]　Ⅰ夫伕肤麸敷幅福辐蝠复妇覆　Ⅱ扶俘拂佛沸（～腾）伏（埋～）孚符服驸　Ⅲ府否俯腑腐辅（～助）斧釜腹（肚～）抚（巡～）　Ⅳ付副咐附赴负赋富父傅讣妇孵（～小鸡）

[t]　Ⅰ都（首～）都（老）（～会；～走了）嘟督笃（～定）　Ⅱ独犊毒　Ⅲ读渎堵赌睹肚（胃：猪～子）牍　Ⅳ肚杜□（吐：～出来）踱妒渡镀

[t‘]　Ⅰ秃凸突扌秃（用开水烫：～小鸡）□（①形声词：～噜。极言快 ②用锥子锥玉米棒。③把事情草草了事地干完。）　Ⅱ图涂途徒屠塗　Ⅲ土吐 Ⅳ兔菟（～丝）

[n]　Ⅰ奴农努弩驽　Ⅳ怒

[l]　Ⅰ捋（～胳膊）绿禄碌氯录陆鹿戮六（老）（～指儿）辱（侮～）　Ⅱ卢颅芦庐炉　Ⅲ鲁橹虏卤　Ⅳ路赂露鹭

[ts]　Ⅰ足　Ⅱ卒□（阻：～面子）　Ⅲ组祖

[ts‘]　Ⅰ族粗促猝簇　Ⅳ醋

[s]　Ⅰ缩苏酥肃速粟□（害～乎的：害怕之极）　Ⅱ俗　Ⅳ素诉塑嗉（鸡～子）

[tʂ] Ⅰ竹租筑祝粥嘱 Ⅱ烛妯(～娌)轴 Ⅲ逐阻 Ⅳ助

[tʂ‘] Ⅰ初畜(牲～)触缩(①缩小:把裤腰～一～。②后退:吓得～回去了) Ⅱ勵楚雏(～子:没见过世面的年轻人) Ⅲ础触(新) Ⅳ怵憷(～场儿)

[ʂ] Ⅰ梳疏蔬叔淑束 Ⅱ述秫熟赎蜀塾 Ⅲ数(动词:～落) Ⅳ数(名词)漱恕

[k] Ⅰ国帼姑辜孤箍骨谷毂 Ⅱ鼓(～着)咕(鹁鸽子～～叫) Ⅲ估古鼓(锣～)股诂 Ⅳ固崮故雇顾蛄(蠕动:小猪刚生下来乱～蛹)

[k‘] Ⅰ枯哭窟 Ⅲ苦酷 Ⅳ库裤

[x] Ⅰ呼乎忽淴揔烀□(紧靠:衬衣太肥不～实) Ⅱ胡和(～牌)湖壶葫核(杏～)糊弧斛 Ⅱ狐虎唬浒摧(倒掉) Ⅳ护户互沪获糊(淀粉～)

[Ø] 蹊(脚～了)乌污坞巫诬物勿握沃侮蜗(～牛)颂(把动物按在水里闷死) Ⅰ吾捂梧吴无伍五武舞戊 Ⅳ误悟恶(可～)雾务熄忤

[y]

[n] Ⅲ女

[l] Ⅰ律(～师)率(效～)碌(～碡) Ⅱ驴 Ⅲ吕侣铝旅缕屡捋(～胡子)稆(～秫秫) Ⅳ虑滤

[ts] Ⅰ疽(起了个～) Ⅳ聚铸苧(～麻)

[ts‘] Ⅰ蛆黢(～黑)趋(①蹋:～脚后跟。②往前倾倒:打前～) Ⅲ取娶 Ⅳ趣

[s] Ⅰ须需宿戌恤□(寻找:你莫～拉我事)絮(厌烦:米饭吃～发了) Ⅱ徐俗(风～) Ⅳ序叙绪絮婿续(接着往里送:朝脱粒机里～麦子)

[tʃ] Ⅰ朱蛛珠株猪诸硃诛 Ⅱ轴(又) Ⅲ煮拄(～拐棍)主 Ⅳ住注柱蛀驻著箸炷术(金兀～)苧(又)

[tʃ‘] Ⅰ出曲蛐(～蟮:蚯蚓) Ⅱ除储褚(姓)厨殊 Ⅲ处(～人～事)杵(铁～)□(用锨铲起:～土) Ⅳ处去(新)

[ʃ] Ⅰ书舒纾抒枢输□(吸:～烟)虚(～乎)(新) Ⅱ秫 Ⅲ暑署薯曙鼠许(～亲)黍(～子:疣。皮肤上凸出的小肉疙瘩) Ⅳ庶恕竖树戍墅

[k] Ⅰ拘桔居□(粘住、紧靠)锔车(～马炮)驹掬焗 Ⅱ局菊 Ⅲ举矩 Ⅳ巨拒距据锯句具惧剧俱踞

[k‘] Ⅰ区驱躯屈曲(歌～) Ⅱ渠瞿 Ⅳ去

[x] Ⅰ虚嘘墟畜(又)(～牧)蓄 Ⅲ许

[Ø] Ⅰ入褥淤屿域浴欲狱郁裕悆(～可:舒服)揄(～直:拉直。～弯:折弯) Ⅱ如茹于盂余俞榆鱼娱儒汝宇禹迂虞与萸臾 Ⅲ语乳雨羽愚 Ⅳ愉誉预豫喻愈芋遇御育玉逾尉(～迟:姓)寓吁(呼～)

[ɑ]

[p] Ⅰ巴芭笆疤粑(面～～)扒(～垃圾)八 Ⅱ拔雹(～子:冰雹)湃 Ⅲ把(抱持小孩拉屎撒尿) Ⅳ霸欛坝爸耙罢

[p‘] Ⅰ趴乓(乒～球)□(规定限期内工作量:给工人～个定额) Ⅱ爬琶耙(钉～)筢(拾草的～子)杷(枇～)秅(扒手叫三只手) Ⅳ怕

[m] Ⅰ妈抹(～桌子)趺(超越:～过头皮)眽 Ⅱ吗麻抹(捆紧) Ⅲ马蚂码(堆叠)玛嬷(老～～:老年妇女) Ⅳ骂

[f] Ⅰ法发珐(～码) Ⅱ乏伐阀筏罚垡(砖坯子)

[t] Ⅰ答搭褡耷大(又)(大大:父亲) Ⅱ沓(一～纸)达鞑(～子) Ⅲ打 Ⅳ大

[t‘] Ⅰ他榻塔溻(～湿)褟(汗～子:汗衫)獭踏(新)(吞:～嘴,即"偷嘴",牲畜偷吃东西)她它

[n]　Ⅰ纳捺（撇~、~鞋底）钠　Ⅱ拿　Ⅲ哪　Ⅳ那

[l]　Ⅰ拉腊蜡辣啦（哗~）　Ⅱ旯（旮~）拉（~呱）拉（磨擦：~胡琴儿）剌（划破：腿~破了）落（遗漏：地瓜~了一个）　Ⅳ□（跑：~欢儿、~马戏）拉（两腿分开：~巴个腿）□（否定词：你吃个~！即你什么也吃不着）

[ts]　Ⅰ咂（~嘴）　Ⅱ杂砸

[ts']　Ⅰ擦□（说、谈：闲~呱儿）

[s]　Ⅰ撒（~手；饭~了）靸（~破鞋）趿　Ⅲ洒撒（~化肥）

[tʂ]　Ⅰ札扎吒挓（~挲）渣楂蹅（~菜畦）拃（一~长）劄乍咋（~呼）　Ⅱ闸炸（~油条）□（水极冷：这水冰~凉）铡喳（~~叫）煠　Ⅲ□（碎：地瓜刨~了）眨（~巴眼）　Ⅳ炸（~大米花儿）诈榨荏（麦~子）乍（又）

[tʂ']　Ⅰ叉衩（~口）杈（木~）差插察喳（~打：打听）嗏（多口：一齐~嘴）　Ⅱ查茶搽茬（~口）□（~发：手痉挛、乱抖动）　Ⅲ镲（比钹大的乐器）　Ⅳ杈岔叉（~腿）汊诧姹差（错：~帐了）

[ʂ]　Ⅰ纱沙砂杀煞刹霎□（~裆裤）鲨裟　Ⅱ啥蛇（老）　Ⅲ傻　Ⅳ厦刹（锯：~树）□（①滴漏：豆腐~水。②浸出：沙塘~出水）□（~草：把长草理齐，小草漏下去）

[k]　Ⅰ割疙胳（~肢窝）欲（~伙）旮　Ⅱ蛤（~蜊）□（~子：鱼腮）搿（①划：~洋火。②刮：把铁锨上的泥~去）嘎嗝（~气）生（~古）尕（小，表喜爱）　Ⅳ□（~~的：幼儿学步左右摇晃）□（乌鸦鸣叫声）

[k']　Ⅰ磕（~头）渴（~了）　Ⅱ□（将碗状物体反扣过来：~腕）壳（帽~）　Ⅲ卡（关~）咯（~鱼刺）　Ⅳ□（食物变质，味道不新鲜：豆腐有~味了）

[x]　Ⅰ喝（~酒）哈□（食物变质的味道：食油日子久了，有~么味了）喝（~乎：①喝斥　②叫喊）　Ⅱ□（眼睛似闭非闭貌：一眼睁一眼~）哈（点头~腰）蛤（癞~蟆）

[Ø]　Ⅰ阿（~尔巴尼亚）腌（~了一身土；眼里~了灰）□（~：麦场边掺有碎草的垃圾）　Ⅱ阿（~姨）　Ⅲ啊（惊奇、疑惑语气）　Ⅳ啊（领悟语气）

[iα]

[p]　Ⅳ□（拟枪声）

[p']　Ⅳ□（拟枪声、爆竹声）

[l]　Ⅲ俩（弟兄~、~五一十）

[s]　Ⅱ斜（又）（仅限于口语用）

[k]　Ⅰ家加嘉袈夹傢甲胛挟（~着文件包）角（牛~）佳稼颊钾　Ⅱ□（~~：一种类似麻雀的小鸟）　Ⅲ贾假　Ⅳ价架驾嫁稼

[k']　Ⅰ恰掐洽揢（两手持物。《集韵》去声祃韵："丘驾切，持也。"又平声麻韵丘加切）　Ⅱ□（强行抢夺：~强）煆（干不~~的）　Ⅲ卡（~子）Ⅳ髂（~腰）

[x]　Ⅰ虾瞎（物品被盗或丢失）　Ⅱ霞瑕遐狭峡匣辖　Ⅳ下夏吓（又）

[Ø]　Ⅰ鸦丫鸭押压（~麦场）呀　Ⅱ牙芽蚜崖涯衙伢玡（参差不齐；锅不盖严叫~着）　Ⅲ雅哑　Ⅳ亚轧砑压（~住）

[uɑ]

[tʂ]　Ⅰ抓髽　Ⅱ挝（①名词。~子：比较短小的扫帚、饭帚。②动词。扫、刷：~地板）（又）（抓：~面子）　Ⅲ爪（~子）

[tʂ']　Ⅰ□（猛地抓住：~住个蝴蝶。~把子：明目张胆在大庭广众之下抢劫的小贼）

[ʂ]　Ⅰ刷　Ⅲ耍

[k]　Ⅰ 瓜呱（～嗒板：①竹板 ②屐）刮（～风）　Ⅱ 呱（柴～～：居住在芦苇丛中的小鸟）閅（门～子）□（～鸪：布谷鸟）剐（钩：裤子～破了）　Ⅲ 剐寡呱（拉～）　Ⅳ 挂卦褂

[kʻ]　Ⅰ 夸誇姱垮 Ⅲ咵侉刮（～胡子）　Ⅳ 挎跨胯

[x]　Ⅰ 花剨（分割开：～开）　Ⅱ 华铧划（～船）桦滑猾哗搳　Ⅲ □（～sɿ：贬低、败坏他人名声）　Ⅳ 化画话划（计～）华（姓）

[Ø]　Ⅰ 挖娲（女～补天）袜　Ⅱ 蛙（青～）娃　Ⅲ 瓦抯（又）（抓：～脸）搲（舀取）搲（挖盛：～饭）　Ⅳ 瓦（～工）洼凹（～了）

[ɤ]

[k]　Ⅰ 歌哥戈鸽各（～处）胳葛阁虼（～～蚤）搁咯（象声词：～～笑）聒（老）（～了人：声音嘈杂）□（挠痒：～肢人）　Ⅱ 硌（～牙、～脚）□（①值：剃一个头还不～一个鸡蛋钱。②经：她～不住他一句好话就轻信了）跎（用一只脚蹦跳行走）　Ⅲ 舸各（～别：与众不同）　Ⅳ 个过（～道）

[kʻ]　Ⅰ 科瞌苛颏咳括（老）（包～）廓扩壳　Ⅲ 可坷（～拉）　Ⅳ 课骒嗑（～稻机）阔（老）（～气）

[x]　Ⅰ 豁（老）郝鹤霍藿赫□（地方：这～）　Ⅱ 河何荷合盒活（老）　Ⅳ 贺和（～面）货（～郎子）

[Ø]　Ⅰ 恶（作～）噩厄　Ⅱ 讹俄蛾鹅娥恶（～心）愕萼　Ⅲ 我（老）

[ie]

[p]　Ⅰ 憋鳖蝙（～蝠）　Ⅱ 别（①分离 ②用棍撬开 ③用棍或其它物品把门锁上 ④暗藏：他腰里～着枪；上街腰里～着钱）　Ⅲ 瘪（球～了）彪（又）（枪～了）秕（～稻子）

[pʻ]　Ⅰ 撇瞥□（故意炫耀、夸强：～个）　Ⅲ 撇（～嘴）□（～碗：口大而浅的碗）

[m]　Ⅰ 灭篾蔑 面蔑末（～了：末尾。老～：最后一个）　Ⅱ 咩（羊叫声）

[t]　Ⅰ 爹（老爹：祖父）跌　Ⅱ 叠碟牒蝶喋迭

[tʻ]　Ⅰ 帖贴铁

[n]　Ⅰ 捏聂镊摄（～影）那（又）（他怎么～个样儿）

[l]　Ⅰ 猎咧列裂劣烈　Ⅱ 趔（很、非常：他家的电视机～好了）　Ⅲ 裂（①撕开：到布店去～块布 ②撕打：他俩～起来了）　Ⅳ 踺（离开、回避：他俩不投脾气，见面～别的）

[ts]　Ⅰ 接节疖　Ⅱ 捷截　Ⅲ 姐□（～了：啤）　Ⅳ 借（～故）褯（～子：婴儿尿布）

[tsʻ]　Ⅰ 切且　Ⅳ 妾窃

[s]　Ⅰ 泄揳（～钉子）　Ⅱ 邪斜（又）　Ⅲ 些写　Ⅳ 泻卸谢亵

[tʃ]　Ⅰ 遮鳖折（～断）哲蔗褶浙　Ⅱ 柘（～树，桑柘。）蛰辙□（压紧物品使其平整：～衣服）　Ⅲ 者　Ⅳ 这

[tʃʻ]　Ⅰ 车撤（又）□（～个：志得意满而故意说不如意。有炫耀之义，又含不足之意）　Ⅲ 扯　Ⅳ 彻撤澈

[ʃ]　Ⅰ 奢赊设涉　Ⅱ 佘舌蛇（新）折（～本了）　Ⅲ 舍（～不得）　Ⅳ 射社舍（宿～）赦麝□（揉合：～面）□（胡侃、吹牛皮）

[k]　Ⅰ 揭结洁劫　Ⅱ 杰竭

[kʻ]　Ⅰ 怯笡（斜躺：～晌儿。《广韵》去声冯韵："笡，斜逆也，迁谢切。"①头部垫高，身体斜躺②睡下）　Ⅱ 茄趄

[x]　Ⅰ 歇蝎血（又）□（～夯：走路慢，一耷一耷的样子）　Ⅱ 协胁

[Ø]　Ⅰ 热页噎叶业掖孽额（～脑盖）拽　Ⅱ 爷耶　Ⅲ 惹椰也野冶頠（上半身往后倾斜：～仐。他坐在椅子上～着看书）邪（琅邪郡）　Ⅳ 夜

[uɤ]

[p]　Ⅰ波菠玻拨钵博泊剥驳播　Ⅱ薄钹勃渤脖　Ⅲ簸（～米）　Ⅳ簸（～箕）

[p‘]　Ⅰ坡泼朴（～实：小孩身体健壮）　Ⅱ婆抔笸（～篮）　Ⅲ颇剖　Ⅳ破

[m]　Ⅰ摸末沫莫没（稻子～水了）　Ⅱ磨（～刀）魔摩蘑模摹没（～了：没有了）膜　Ⅲ抹（涂～）　Ⅳ磨（推～）

[f]　Ⅰ缚　Ⅱ□（广义动词：吃、打、写、买：～一顿）

[t]　Ⅰ朵垛（把泥团摔成形）掇剟（刺：起疮了，用针～一～）　Ⅱ夺铎　Ⅲ哆朵躲垛（墙～子）　Ⅳ舵惰剁跺堕（学坏了：这小孩越来越～了）

[t‘]Ⅰ拖脱托拓他（其他）沱它（又）（其～）庹　Ⅱ驼驮椭柁砣坨佗　Ⅲ妥趓①～滑儿：偷懒②侥幸躲过　Ⅳ唾（～沫）

[n]　Ⅰ搦（用力握：～面团子）角桌　Ⅱ挪　Ⅳ糯诺懦

[l]　Ⅰ落烙酪洛乐络略掠□（～子：方形木框，四角系上绳子以载物）骆　Ⅱ罗萝锣箩骡螺裸逻　Ⅲ络（缠绕：～线、～衣服）　Ⅳ摞骆（～驼）

[ts]　Ⅰ作柞□（衣服弄脏了一点，不用全部洗，只把脏的那部分洗一洗，叫～一～）　Ⅱ昨凿绝爵嚼　Ⅲ左佐捽（～住）　Ⅳ坐座

[ts‘]　Ⅰ搓磋撮（双手托住，用力往上推：～上树）雀鹊挫（～折）　Ⅱ矬（～地丁：极言人矮小）□（稍微移动一下）　Ⅳ锉剉错措

[s]　Ⅰ蓑梭唆薛屑（木～）雪削　Ⅱ趖（～风：旋风）□（锁：～扣眼儿）□（瓜秧藤烤火甜不～～的）　Ⅲ锁琐索　Ⅳ缩（令牛退的信号）

[tʂ]　Ⅰ捉卓桌　Ⅱ琢浊镯啄诼（脾气生硬：这人说话～不辣辣的）

[tʂ‘]　Ⅱ戳（刺、捣：用长棍～）　Ⅳ辍

[ʂ]　Ⅰ朔　Ⅲ所

[k]　Ⅰ过（～期）郭锅聒掴（用巴掌打）　Ⅱ果裹馃　Ⅳ过

[k‘]　Ⅰ棵颗阔（宽～）（新）　Ⅳ阔（新）（～气）

[x]　Ⅰ豁劐戽（用笆斗等工具翻水。）　Ⅲ火夥伙　Ⅳ祸货

[Ø]　Ⅰ窝涡握幄倭挝（老～）沃　Ⅲ我（又）　Ⅳ饿卧

[yɤ]

[tʃ]　Ⅰ拙　Ⅱ着酌

[tʃ‘]　Ⅰ戳（～子：图章）绰焯搉（扫；抹：～桌子。）

[ʃ]　Ⅰ说□（脓疮恶化了）嗾（唆使：～狗咬人）　Ⅱ勺芍杓

[k]　Ⅰ撅决诀角（～色）觉獗攫鐝（～头）掘倔崛脚慢　Ⅱ橛（木～子）噘（～人：骂人。有作“譎”）　Ⅳ撅（翘起：猫尾巴～起来了）

[k‘]　Ⅰ缺却确　Ⅱ瘸　Ⅲ□（折弯；折断：～树枝子）

[x]　Ⅰ靴血　Ⅱ穴学

[Ø]　Ⅰ若弱药曰约悦阅越粤月钥乐（音～）岳虐疟　Ⅲ拐（折：～断了）

[ai]

[p]　Ⅲ摆□（稍微洗一下：把衣服～一～）甭　Ⅳ败拜

[p‘]　Ⅰ耀（猛地坐下：一腚～在地上。～子：下肢瘫痪的人）泡（一～尿）　Ⅱ排徘牌　Ⅲ排（跺；踢：～他一脚）　Ⅳ派□（～拉：极脏）

[m]　Ⅱ埋　Ⅲ买　Ⅳ卖迈

[t] Ⅰ呆 Ⅱ□(在:你爸~家吗?) Ⅲ逮歹扌带(猛拽:~牛缰绳。又:掠取。) Ⅳ待怠殆汑迨戴贷代袋大(~夫)黛岱带(~上:猪、牛、兔等受孕、怀孕)

[t'] Ⅰ胎苔(舌~)奤(松软;变质:猪蹄糕发~了) Ⅱ台抬薹(菜~子) Ⅲ□(如意;舒适:他现在透~)□(小锣声:象声词) Ⅳ态泰太汰

[n] Ⅲ乃奶(~粉子) Ⅳ耐奈蜼(~子:蚜。黑色的体形极小的虻虫,咬人奇痒难耐)

[l] Ⅰ邋(~遢:不整洁、懒散) Ⅱ来莱(~阳)徕 Ⅲ□(猛力扯拉:—把~倒了) Ⅳ赖癞籁

[ts] Ⅰ灾栽□(掷:~手榴弹) Ⅲ宰载崽 Ⅳ在再载(装~)

[ts'] Ⅱ才材财裁猜(~想) Ⅲ采彩睬 Ⅳ菜蔡

[s] Ⅰ腮鳃 Ⅳ赛塞(要~)

[tʂ] Ⅰ斋 Ⅳ债寨瘵(~子:鸡眼病)□(用水把器皿简单洗一洗:把脸盆~一~)摞

[tʂ'] Ⅰ差(出~)□(①嫁接:~葡萄 ②交配:~驴)钗 Ⅱ豺柴 Ⅲ踩

[ʂ] Ⅰ筛 Ⅳ晒

[k] Ⅰ该垓赅 Ⅲ改 Ⅳ概溉盖丐赣(~榆)

[k'] Ⅰ开 Ⅲ凯慨恺楷(大字~) Ⅳ忾□(互相推诿或拖延时间。也说"~肩")

[x] Ⅰ□(~呆手:小偷)走里(迟疑;延搁不去:~~呆呆) Ⅱ孩还(新)(~没来) Ⅲ海□(坏了:~了)核(~实;~心力量) Ⅳ害亥骇嗐

[Ø] Ⅰ哀唉(~哟:疼痛呻吟)哎(~呀:惊诧叫声) Ⅱ唉(应答声:~,来啦!) Ⅲ蔼嗳霭 Ⅳ碍艾爱隘

[iai]

[k] Ⅰ皆阶秸街 Ⅲ解(讲~) Ⅳ介界芥疥届戒械解(押~)□(把篱笆连在一起:~笆杖子)

[k'] Ⅲ遣谴楷(老)(大~)

[x] Ⅱ谐鞋携(~手) Ⅳ解(姓)解(晓也:识文~字)懈蟹

[Ø] Ⅰ挨(①拥挤:买戏票的人~窝挤窝的。②排队:一个一个~着来。③全都:一家人~来) Ⅱ埃(~头:小土岗)捱(~打了)崖涯(河~:河边)硙(磨、研:~墨子)研(老)(~究)癌(~症) Ⅲ矮唉(惊疑的叫声) Ⅳ口赉(①幼儿呜咽 ②象声词:呻吟声)

[uai]

[tʂ] Ⅰ□(~溜:陀螺) Ⅲ跩(一摇一摆貌:扁嘴~腚)□(丁儿:萝卜~子)□(食物咬在嘴里柔软而有弹性:面条筋~的) Ⅳ拽

[tʂ'] Ⅰ揣(又)搋(~面)膗 Ⅲ揣(又) Ⅳ踹(~窝:禽类用爪和嘴把窝草弄松软)𦥑最(磨;蹭:口袋~破了;~痒。~破脸皮:撕下脸面)

[ʂ] Ⅰ衰 Ⅲ甩(~子:无能的人) Ⅳ帅率(~领)

[k] Ⅰ乖掴(碰;动:莫乱~)蝈(叫~子,又名蝈蝈、聒聒,鸣虫。) Ⅲ拐 Ⅳ怪□(拐;背:~着大背包)

[k'] Ⅲ㧟(~痒)蒯 Ⅳ块会(~计)快筷侩

[x] Ⅱ怀槐淮 Ⅲ□(~拉:猛烈晃动) Ⅳ坏

[Ø] Ⅰ歪 Ⅱ蛙(~子:青蛙) Ⅲ崴(~脚了) Ⅳ外

[ei]

[p] Ⅰ杯碑卑悲北掰(~开)百柏伯笔檗(黄~) Ⅱ白帛 Ⅲ俾擘(分拨:这碗干饭~一半给你) Ⅳ贝辈背倍蓓被备臂(手~)狈焙(~药)

[p'] Ⅰ拍迫魄粕 Ⅱ培陪赔裴 Ⅳ沛配佩辔譬呸

[m]　Ⅰ麦脉谜（破～：猜谜语）默（～写）没（～来）　Ⅱ枚玫眉媚每（又）梅霉媒楣煤　Ⅲ每美镁　Ⅳ妹昧（新）寐魅没（又）谜（又）（打哑～：的手语）

[f]　Ⅰ非飞妃绯蜚菲扉□（～子：购物、取物的凭证物品）　Ⅱ肥淝　Ⅲ匪翡诽　Ⅳ肺废吠费痱□（惊叫声：哎哟～，我手烫着了）

[t]　Ⅰ得堆德　Ⅱ特（又）　Ⅲ傤（抵消：～了）□（哆嗦）　Ⅳ对碓（～臼子）队兑（～换）

[t']　Ⅰ推　Ⅱ特（新）颓　Ⅲ腿　Ⅳ退蜕煺褪（～色）

[n]　Ⅲ馁你（又）　Ⅳ内

[l]　Ⅰ勒肋　Ⅱ擂雷檑　Ⅲ垒累（～计）磊勒儡蕊　Ⅳ累类泪擂（打～）嘞

[ts]　Ⅰ则塞（瓶～子）搡（暗地送礼）　Ⅱ贼　Ⅲ嘴　Ⅳ罪最醉

[ts']　Ⅰ崔催摧　Ⅱ随（又）（～便）　Ⅳ脆翠粹瘁悴萃

[s]　Ⅰ塞（又）（堵：～住了）虽尿（又）（～～：撒尿）揌　Ⅱ随隋绥隧遂睢　Ⅲ髓縗（布～了）　Ⅳ岁碎穗祟

[tʂ]　Ⅰ摘责窄仄（平～）侧（～玉旁）　Ⅱ择泽宅翟摘（～小猪：阉割小猪）

[tʂ']　Ⅰ册策拆侧恻测

[ʂ]　Ⅰ涩色瑟虱（～子）啬　Ⅲ谁（又）

[k]　Ⅰ革格隔膈嗝　Ⅱ□（～儿～儿：鸡鸣声）

[k']　Ⅰ刻克客　Ⅱ剋（①打：我～了他一顿　②抓：他被公安局～起来了　③批评：老师～了他一顿　④吃：他～了顿饱饭）

[x]　Ⅰ吓（又）黑赫　Ⅱ嚇　Ⅲ谁（又）（～个）　Ⅳ嘿

[∅]　Ⅲ额扼（～要）轭

[uei]

[l]　Ⅲ蕊　Ⅳ锐瑞（海～罢官）（老）

[tʂ]　Ⅰ追锥椎　Ⅱ□（象声词：茶炉～～响）　Ⅳ赘缀坠缒

[tʂ']　Ⅰ吹炊　Ⅱ捶垂棰槌

[ʂ]　Ⅰ摔（～跌）　Ⅲ水　Ⅳ税睡瑞（海～）（新）

[k]　Ⅰ闺（老）归规龟圭　Ⅱ□（～儿呱儿：哭得很伤心）　Ⅲ鬼诡轨癸　Ⅳ桂跪柜贵瑰鳜（～鱼）

[k']　Ⅰ盔亏窥　Ⅱ傀魁奎逵葵馗　Ⅳ愧溃（～败）

[x]　Ⅰ灰恢麾挥辉晖徽　Ⅱ回茴蛔　Ⅲ毁或惑悔　Ⅳ贿汇晦会绘烩秽惠慧讳殨（～脓）诲卉

[∅]　Ⅰ煨威　Ⅱ桅为唯维违围伟苇纬　Ⅲ危萎诿委尾（仅限于读书音）乌刂（修剪；砍削：把果树～一～）　Ⅳ卫伪为位味魏畏喂慰胃谓猥尉

[ɑu]

[p]　Ⅰ包胞苞褒（～贬）雹（冰～）苞　Ⅲ宝保堡饱　Ⅳ抱鲍报豹暴爆刨菢（～小鸡）

[p']　Ⅰ抛脬（又）脬（①名词：尿～；②量词：撒～尿。）泡（灯～）　Ⅱ袍刨（～地瓜）狍　Ⅲ跑　Ⅳ炮泡（～在水里）

[m]　Ⅰ猫（夜～子）冇　Ⅱ茅毛猫锚矛哞（牛叫声）　Ⅲ卯铆毛（一～钱）踎（蹲：～牢里）　Ⅳ冒帽貌茂贸

[t]　Ⅰ刀叨魛扨（用筷子夹）　Ⅲ祷岛倒导捣蹈悼　Ⅳ道稻到倒（～垃圾）盗捯（～线：两手倒换着把线拉回绕好）

[t']　Ⅰ滔掏涛绦（～子：用丝或棉编织的圆或扁的带子）焘韬　Ⅱ逃桃淘（～米）陶

萄　Ⅲ讨　Ⅳ套

[n]　Ⅰ孬　Ⅱ铙蛲挠　Ⅲ恼脑　Ⅳ闹

[l]　Ⅰ捞(拿:乱～)捽(～不着来:因事没时间来)　Ⅱ劳牢唠痨捞(～一把:用不正当手段取得财物)　Ⅲ老　Ⅳ涝捞(因太高或太远而得不到:鱼挂高点,猫～不着)□(把衣物或食物放在水中淘洗:～一～)

[ts]　Ⅰ遭糟　Ⅲ早枣蚤澡　Ⅳ皂造躁灶噪

[ts']　Ⅰ操□(错:这西服真不～)　Ⅱ曹漕槽　Ⅲ草(～鸡)　Ⅳ糙肏(男女性行为)□(摩擦:在沙里～一～)

[s]　Ⅰ骚臊(腥～烂臭)　Ⅲ扫嫂　Ⅳ臊(害～)扫(～帚)愺(快:你～点来)燥

[tʂ]　Ⅰ招(～子:眼睛)爪(～勾)　Ⅳ罩笊(～篱)棹

[tʂ']　Ⅰ抄剿钞(～票)焯　Ⅱ巢晁　Ⅲ吵炒　Ⅳ趠(大步跨跳)

[ʂ]　Ⅰ稍捎梢　Ⅳ哨潲(～雨)

[k]　Ⅰ高羔糕　Ⅲ搞镐稿篙膏皋　Ⅳ告

[k']　Ⅰ敲(又)(诈骗:～竹杠)　Ⅲ考烤　Ⅳ靠犒(～赏)铐火靠(熬时间;暗中较劲:看谁～过谁)涍(～油:把锅里的油烧热)熇(～鱼子:小海鱼干)

[x]　Ⅰ蒿薅(～草)　Ⅱ豪壕毫号(呼～)耗(消～)嚎(狼～)　Ⅲ好(便于;应该)　Ⅳ浩好(爱～)号(挂～)耗(～子)皓昊灏蔽(麦子～了)

[Ø]　Ⅰ熝(～白菜)吽(狗争斗声)　Ⅱ熬(～年头)鳌嗷麈懊(～糟)　Ⅲ袄　Ⅳ傲鳌(～子)奥澳　口　夭(应答声)

[iɑu]

[p]　Ⅰ标膘镖彪镳飙　Ⅲ表婊裱　Ⅳ鳔(鲨鱼～)摽(～住干)

[p']　Ⅰ飘漂(～浮)缥(～纱)　Ⅱ瓢嫖　Ⅲ瞟　Ⅳ漂(～亮)票

[m]　Ⅱ苗描瞄喵(猫叫声)　Ⅲ藐渺缈秒杳淼眇(眯着眼睛看:～他一眼)　Ⅳ庙妙

[t]　Ⅰ刁貂雕叼凋　Ⅱ屌　Ⅳ吊钓调掉铫

[t']　Ⅰ挑(～水)　Ⅱ条调(～和)笤迢鲦(窜～子)窕　Ⅲ挑(～战)㸠　Ⅳ跳粜眺

[n]　Ⅲ鸟袅　Ⅳ尿(又)

[l]　Ⅰ撩(把裙子～起来)　Ⅱ燎疗聊辽寥廖缭镣獠瞭僚　Ⅲ燎(～药)了潦　Ⅳ料(～理)撂廖尥(驴～蹶子)

[ts]　Ⅰ焦蕉礁椒　Ⅲ剿(又)鉸(剪:～布)　Ⅳ醮躁(脾气太～了)

[ts']　Ⅰ锹劁(阉割:～猪)跷(踩高～)　Ⅱ樵瞧憔　Ⅳ俏(俊～)鞘(刀～)缲(～边,给衣服拷边)

[s]　Ⅰ霄消销硝箫萧削肖(～像)　Ⅲ小　Ⅳ笑

[tʃ]　Ⅰ朝(～霞)昭招(～手)沼(又)(～气)诏　Ⅳ兆召照沼(又)赵瞾

[tʃ']　Ⅰ超□(用手心窝快速勺水:～点水洗洗脸)　Ⅱ朝嘲潮俶(傻)桥(新)　Ⅲ麨(炒面)

[ʃ]　Ⅰ烧　Ⅱ韶绍　Ⅲ少(多～)　Ⅳ少(～年)邵

[k]　Ⅰ交胶教(～书)骄娇浇茭　Ⅲ绞狡铰饺缴侥搅矫　Ⅳ校(～对)教(家～)叫较窖觉轿酵

[k']　Ⅰ敲(又)跷(～腿凼)　Ⅱ乔侨桥荞　Ⅲ巧　Ⅳ窍撬(～开)橇(雪～)翘

[x]　Ⅰ嚣枵(薄:溜～)　Ⅱ晓淆　Ⅳ效校孝哮

[Ø]　Ⅰ坳妖遥腰要(～求)幺(～三四五六)吆(～喝)夭　Ⅱ　肴淆(又)饶摇遥窑姚尧　Ⅲ咬绕(围～)扰舀淆(又)　Ⅳ跃要耀鹞鞦(鞋～)绕(～线)

[əu]

[f]　Ⅰ否（～定）

[t]　Ⅰ兜都（新）（～到了）　Ⅲ抖斗陡蚪（蝌～）　Ⅳ逗豆斗痘窦

[t']　Ⅰ偷　Ⅱ头投　Ⅲ敨（打开包卷物）緰（布呈松散网状）　Ⅳ透

[l]　Ⅱ楼搂（～取）耧　Ⅲ篓搂（～抱）　Ⅳ漏陋露（出头～面）瘘

[ts]　Ⅲ走　Ⅳ奏做（又）（～衣服；～饭）揍

[ts']　Ⅳ凑

[s]　Ⅲ叟馊（食物变质变味）　Ⅳ嗽（咳～）

[tʂ]　Ⅰ邹（又）诌（胡～）　Ⅱ □（象声词：箭响声）　Ⅲ纣（缝：被套破了，好歹～一～）　Ⅳ皱绉骤莳（量词：捆。一～子碗）

[tʂ']　Ⅰ抽（拉紧；收缩：把被子～紧了）□（～裆裤：一种供襁褓婴儿穿的能填垫尿布的开裆裤）　Ⅱ愁　Ⅲ瞅（又）

[ʂ]　Ⅰ搜飕　馊（又）　Ⅱ嗖　Ⅳ瘦

[k]　Ⅰ勾钩沟　Ⅱ䁀（直～～：怒目直视）雊（～～喽：公鸡啼鸣）　Ⅲ狗苟拘　Ⅳ够构购彀（往上～）

[k']　Ⅰ抠眍扣（～子）　Ⅱ 䪷（①很：这衣服～好了　②厉害：她真～）　Ⅲ口（～粮）　Ⅳ叩扣（～押）寇彀

[x]　Ⅰ齁（～脖子）　Ⅱ侯喉猴瘊　Ⅲ吼　Ⅳ后厚候（等～）

[Ø]　Ⅰ欧瓯（又）怄欧沤（～肥）　Ⅱ呕（呼喊声）　Ⅲ藕偶呕炬（有烟无明火燃烧：～狼烟）　Ⅳ怄（～气）

[iəu]

[n]　Ⅱ牛妞　Ⅲ莥（瓜～子）纽扭钮　Ⅳ谬（～论）拗（脾气～）

[l]　Ⅰ溜（～冰）镏（金戒～子）貍（野～子：一种似猫而比猫大的野生动物，可食猫）　Ⅱ流刘留榴硫瘤　Ⅲ柳绺（一～线；汗～子）　Ⅳ六遛馏溜（随大～）（水～：小溪流）

[ts]　Ⅰ鬏（窝～）揪（又）　Ⅲ酒　Ⅳ就（～菜）

[ts']　Ⅰ秋楸鳅瞅（又）　Ⅱ梖（～樟子：枳树丛）囚（～犯）泅（新）揂（脾气暴躁：这人真～）

[s]　Ⅰ修羞　Ⅳ秀绣锈袖

[tʃ]　Ⅰ周舟州洲邹　Ⅲ搊（拧：～断了）肘□（～子：脾气十分执拗的人）　Ⅳ纣昼宙咒胄救轴（车轴干涩少油，推起来不灵活，显得沉重）

[tʃ']　Ⅰ抽　Ⅱ酬稠仇畴踌惆□（用清水冲洗衣服。又作“拧紧”：我跟你把被单～一下）　Ⅲ丑　Ⅳ臭

[ʃ]　Ⅰ收　Ⅲ手首守狩溲　Ⅳ受兽寿授售绶

[k]　Ⅰ纠赳鸠究周咎　Ⅲ九久韭灸　Ⅳ臼舅救旧疚

[k']　Ⅰ丘邱阄（抓～）　Ⅱ求球囚裘　Ⅲ朽（木头～了）　Ⅳ臭

[x]　Ⅰ休（～妻）　Ⅲ手朽Ⅳ寿（～器：棺材。～材：做棺材的木板）

[Ø]　Ⅰ优忧悠幽　Ⅱ柔揉尤邮由油游犹疣　Ⅲ友有酉莠（稻～子）　Ⅳ诱又右祐釉幼肉柚

[an]

[p]　Ⅰ班斑颁扳般搬癍螌　Ⅲ板版昄（～正）　Ⅳ扮办瓣伴拦绊扶（比：人不能跟他～）

[p']　Ⅰ潘攀　Ⅱ磐盘（～拉：折腾得乱糟糟貌）　Ⅲ盘（～腿而坐）　Ⅳ盼襻（衣～）判叛畔

[m]　Ⅱ瞒馒蛮（南～）埋（又）（～怨）　Ⅲ满　Ⅳ慢漫幔曼蔓镘迈（又）（～步）

[f]　Ⅰ帆翻番蕃幡　Ⅱ心藩烦矾樊繁璠　Ⅲ反返　Ⅳ泛范犯贩饭嬎(鸡～蛋)

[t']　Ⅰ耽担(～挑子)丹单　Ⅲ胆掸(鸡毛～子)扰(敲击)　Ⅳ淡担(一～、～子)诞旦但弹(～弓)蛋

[t]　Ⅰ贪滩摊瘫　Ⅱ谈坛痰弹(～琴)谭潭檀团(又)(蒲～)　Ⅲ毯坦袒　Ⅳ叹炭碳探

[n]　Ⅱ南男难楠　Ⅲ奶(～～:祖母　Ⅳ难(灾～)

[l]　Ⅱ蓝篮兰拦栏阑岚　Ⅲ褛(～菜)览揽缆懒揽　Ⅳ烂滥缆(又)(海带～)

[ts]　Ⅰ簪捞　Ⅲ咱攒　Ⅳ赞錾钻(又)(金钢～)

[ts']　Ⅰ参餐鸽　Ⅱ残蚕惭惨劗(～磨)　Ⅲ惨穇　(～子)　Ⅳ灿粲□(～么:讽刺挖苦)

[s]　Ⅰ三　Ⅲ散伞　Ⅳ散(～会)

[tʂ]　Ⅰ砧刮(～肉圆子)　Ⅲ斩崭盏　Ⅳ暂站蘸绽栈

[tʂ']　Ⅰ掺搀羼　Ⅱ谗馋潺铤　(犁头的铁铲)　Ⅲ铲(～土)　Ⅳ忏铲(锅～子)蒇(～工:竣工)桀(把锹类工具直插在地上)刬(全部)

[ʂ]　Ⅰ山杉衫删珊　Ⅱ产(～生)　Ⅳ疝□(把整齐的物品整理出来,剩下碎乱的)

[k]　Ⅰ甘干杆(～子)肝竿柑泔　Ⅲ感敢橄杆秆赶擀(～面杖)　Ⅳ干(～部)

[k']　Ⅰ刊看(～守)勘堪龛　Ⅲ坎砍槛侃(～子:歇后语)　Ⅳ看阚

[x]　Ⅰ憨酣鼾　Ⅱ含寒韩函衔(小燕～泥)　Ⅲ罕喊　Ⅳ旱憾汉汗焊翰撼

[Ø]　Ⅰ安氨鞍阉鹌　Ⅲ俺揞埯唵(以掌进食)　Ⅳ暗岸案按

[ian]

[p]　Ⅰ鞭编边蝙(～蝠)　Ⅲ贬扁匾　Ⅳ辨辩辫便变卞汴遍(一～又一～)

[p']　Ⅰ篇偏　Ⅱ便(～宜)　Ⅲ谝(炫耀)　Ⅳ片骗遍(～地开花)蹁

[m]　Ⅱ绵棉眠　Ⅲ免勉渑冕娩(新)鞔(折缝:～鞋口)腼(～腆)　Ⅳ缅(～甸)面(香瓜透～)

[t]　Ⅰ掂颠癫　Ⅲ点典碘　Ⅳ店电殿奠佃垫惦甸淀掂靛

[t']　Ⅰ天添　Ⅱ甜田填　Ⅲ舔恬　Ⅳ掭(～墨)(又)(～舌头:以手指伸入口内拨动令呕吐)舔(吃饭:～憨儿)

[n]　Ⅰ□(埋怨、阴损:～人,说～腔)蔫(动作慢、话语啰嗦)　Ⅱ年粘鲇　Ⅲ辗辇捻撵碾埝(地方:这～儿)　Ⅳ念捻(灯～子)碾(～庄:地名)

[l]　Ⅱ廉镰帘连联怜莲　Ⅲ脸　Ⅳ练殓链炼恋敛楝(～枣树)

[ts]　Ⅰ尖煎　Ⅲ剪践　Ⅳ箭渐溅贱荐饯间(又)(～苗)

[ts']　Ⅰ签千迁歼扦钎笺(信～)　Ⅱ前潜(～水员)钱　Ⅲ浅　Ⅳ堑(土坎)纤(～子:牵引犁耙的粗绳)倩(～影)

[s]　Ⅰ先仙鲜　Ⅳ羡线腺

[tʃ]　Ⅰ粘(又)(～姐了猴)沾毡瞻詹　Ⅲ展黵(～了:弄脏了)拈(挑三～四)　Ⅳ占战颤(打～)

[tʃ']　Ⅰ□(软:包饺子的面和～了)　Ⅱ婵禅蟾缠　Ⅳ掮(争斗:下象棋你～不过他)堑(新)阐(～明)

[ʃ]　Ⅰ扇(～风)膻苫(～子)煽搧　Ⅲ闪陕　Ⅳ扇善膳单(姓)缮赡疝(～气)

[k]　Ⅰ肩奸间坚艰兼监(～狱)犍(～牛:阉割过的公牛)　Ⅲ减碱检俭简柬拣茧趼(～子)展(老)　Ⅳ见舰件涧建健键剑鉴监(～察)谏锏腱

[k']　Ⅰ谦牵铅　Ⅱ乾(～坤)钳虔黔嵌　Ⅳ欠歉芡掮(撬:～磨盘)

[x]　Ⅰ掀锨煽膻　Ⅱ弦闲贤嫌咸衔　Ⅲ显险衔(军～)喊(老)(①小孩～了　②呼喊:把

他～来） Ⅳ现宪限县献陷馅苋善（老）（不～：不简单，有本领）

[Ø] Ⅰ淹阉腌蔫（花～了）烟燕（～京）咽（～喉）胭 Ⅱ炎岩盐阎檐严俨延然燃筵言研（新）焰冉颜沿缘（边～） Ⅲ掩眼演兖衍染沿（轮到：～着你唱了）缏（缉：～鞋） Ⅳ验厌艳雁晏酽（～茶）谚堰砚燕咽宴

[uan]

[t] Ⅰ端（托平：～饭） Ⅲ短断（又）（～路：拦路抢劫） Ⅳ断锻段缎断（追赶：～趟儿；他快～上你了）

[t'] Ⅱ团 抟（把东西揉成球状）童（又）（～儿媳妇） Ⅲ团疃（地名：王～、刁～）

[n] Ⅲ暖卵

[l] Ⅱ鸾栾滦峦銮孪岚（～山头：地名）拦（老）（～路）挛 Ⅳ乱

[ts] Ⅰ钻（～孔） Ⅲ啱（～人：欺骗人）

[ts'] Ⅰ氽（～肉圆子）蹿窜 Ⅱ全痊泉攒（堆子：秫秸～子）鬈（头发～了） Ⅳ篡窜（①超越：他～到头边了。②慢慢往上挪动：领子～出来了）

[s] Ⅰ酸宣喧 Ⅲ癣旋选 Ⅳ算蒜镟（～床）

[ʂ] Ⅰ拴栓闩 Ⅳ涮（～洗）□（整理：～草：把苫屋用的草抽理整齐

[k] Ⅰ官棺观冠鳏关 Ⅲ管馆 Ⅳ贯惯灌罐观（寺～）冠（～军）

[k'] Ⅰ宽 Ⅲ款

[x] Ⅰ欢獾（～子） Ⅱ桓还（～钱）还（老）（～有一本）环 Ⅲ缓 Ⅳ患宦唤焕换痪幻豢

[Ø] Ⅰ豌弯湾 Ⅱ完玩顽丸 Ⅲ娩（老）剜（～菜）皖碗宛惋挽晚 Ⅳ万畹（①古代十二亩为畹 ②一～地）

[yan]

[tʃ] Ⅰ专砖 Ⅲ转（运～）圈（～子：长方形的馒头） Ⅳ转传篆赚（～钱）撰

[tʃ'] Ⅰ穿川钏 Ⅱ传（～达）椽（～子）船 Ⅲ喘 Ⅳ串劝（新）

[k] Ⅰ娟捐鹃 Ⅲ卷（～起来）锩（刀剑～刃） Ⅳ圈（猪～）眷卷（第一～）倦券绢

[k'] Ⅰ圈（圆～） Ⅱ拳权颧（～骨）踡（～腿） Ⅲ犬 Ⅳ劝

[x] Ⅰ轩暄（软：馒头～烘） Ⅱ玄悬眩（又） Ⅲ踡（踢：一脚～半边儿去） Ⅳ楦绚眩（又）揎（硬塞：～枕头）馆（贬义说吃：～饱了吗？）

[Ø] Ⅰ冤渊鸳 Ⅱ圆员元原源袁辕猿园援媛 Ⅲ远软 Ⅳ怨愿院阮

[ən]

[p] Ⅰ奔锛拼（扒：墙头～倒了） Ⅲ本 Ⅳ奔笨

[p'] Ⅰ喷（～水） Ⅱ盆 Ⅳ喷（～香）□（正在：我～想找你）

[m] Ⅰ闷（～子：少言寡语的人）□（木头朽了：木棒～了） Ⅱ门 Ⅳ闷（气～）焖（～干饭）

[f] Ⅰ分（～家）芬纷汾 Ⅱ坟 Ⅲ焚粉 Ⅳ氛愤忿粪奋份分（本～）

[t'] Ⅲ踳（在泥水中踩；盲目地胡来：胡～） Ⅳ褪（把裤子～一～）吞（～子：嗓子）

[ts] Ⅲ撙（节俭，把衣服～一～）

[ts'] Ⅰ村（撒～：胡说八道；撒野） Ⅱ蹲（挫伤：腿～筋了） Ⅲ忖 Ⅳ寸

[s] Ⅰ孙 Ⅲ损笥榫

[tʂ] Ⅰ榛臻砧（～子：铁匠锻打铁器用的铁～） Ⅲ枕（名词：～头）□（投掷：～石头打狗） Ⅳ枕（动词：头～高点）

[tʂ'] Ⅰ参（～差） Ⅱ岑鸩（～子：小鸟） Ⅲ碜（牙～） Ⅳ衬

[ʂ] Ⅰ森参（人～）㓠（用刀轻浅切削：把肉皮～去）□（铁器热加工，使其锋利：～铁锹。～子：铁器热加工时用的生铁片） Ⅳ瘆（使人害怕；可怕：～人；～得慌）嘇（心寒）

[k] Ⅰ根跟 Ⅲ艮（生硬：脾气～；萝卜～）

[k'] Ⅰ□（用力切：～鞋底） Ⅲ恳垦啃肯 Ⅳ掯（双手紧抓：一把～住个兔子）裉（衣～）肯（污垢：茶～）

[x] Ⅱ痕（又） Ⅲ很狠 Ⅳ恨

[Ø] Ⅰ恩 Ⅳ摁

[iɔ]

[p] Ⅰ彬宾斌滨傧槟（又） Ⅲ禀（又） Ⅳ殡鬓

[p'] Ⅰ拼姘 Ⅱ贫频 Ⅲ品 Ⅳ聘

[m] Ⅲ民闽悯敏抿皿闵 Ⅳ觅（租赁：～房子）

[l] Ⅰ拎（～起来） Ⅱ淋林临邻鳞璘磷琳 Ⅲ凛领（又）（一～席） Ⅳ吝赁蔺

[ts] Ⅰ津□（～湿） Ⅲ尽（～前边；～他作腾） Ⅳ尽进晋浸

[ts'] Ⅰ侵亲浸（又） Ⅱ秦 Ⅲ寝 Ⅳ吣（猫～食）沁（低头）

[s] Ⅰ心辛新薪锌 Ⅱ寻（又）（～思；～死上吊） Ⅳ信讯（大～潮、小～潮）姓（～啥么）

[tʃ] Ⅰ针斟珍真诊侦贞（又）榛臻 Ⅲ疹甄 Ⅳ镇阵振震赈

[tʃ'] Ⅰ抻（～面；～被单；～懒腰）嗔（～人）□（①得意而自夸 ②炫耀自己，欺凌别人） Ⅱ陈尘辰晨沉臣 Ⅲ伸（打懒～） Ⅳ趁称（相～）

[ʃ] Ⅰ深身申伸呻 Ⅱ神 Ⅲ沈审婶绅 Ⅳ甚肾慎葚（桑～）

[k] Ⅰ金今襟巾斤筋禁（这布不～穿）□（用力拉紧） Ⅲ锦紧仅谨 Ⅳ妗禁（～止）近劲

[k'] Ⅰ钦 Ⅱ琴禽擒勤芹

[x] Ⅰ欣 Ⅳ衅

[Ø] Ⅰ音阴因姻殷茵洇（～纸） Ⅱ人仁银寅 Ⅲ饮忍引隐尹吟淫瘾蚓 Ⅳ壬任窨（地～子）饮（～牛）纫刃认韧印孕（老）

[uən]

[ts] Ⅳ俊浚竣骏峻

[ts'] Ⅰ皴亲（又）（～嘴）□（清：看～了吗？）

[s] Ⅱ寻（又）荀旬循巡殉询 Ⅳ讯逊迅

[k] Ⅰ闺（～女） Ⅱ滚磙衮 Ⅳ棍

[k'] Ⅰ坤昆琨鲲 Ⅲ捆 Ⅳ困

[x] Ⅰ昏婚荤 Ⅱ魂馄浑横 Ⅲ混（不讲理：这人真～） Ⅳ混

[Ø] Ⅰ温瘟 Ⅱ文纹蚊闻 Ⅲ稳吻刎紊 Ⅳ问璺（缸裂～了）瓮

[yn]

[tʃ] Ⅰ真 衠 Ⅲ准

[tʃ'] Ⅰ椿春 Ⅱ唇纯莼醇淳鹑 Ⅲ蠢□（笨重：桌子太～了）

[ʃ] Ⅰ伸（又）（～手拿过来） Ⅳ顺舜瞬

[k] Ⅰ均钧军君 Ⅲ菌炯 Ⅳ郡

[k'] Ⅱ群裙

[x] Ⅰ熏薰醺勋伸（展开；插入） Ⅳ训驯顺

[Ø] Ⅰ晕 Ⅱ匀云耘 Ⅲ允 Ⅳ润闰熨韵运

[ɑŋ]

[p]　Ⅰ帮邦浜（又）梆　Ⅲ榜绑膀（～子）　Ⅳ谤傍棒蚌磅乓（象声词：爆竹声）

[p']　Ⅰ胮　Ⅱ滂旁螃庞膀（～胱）磅（～薄）　Ⅲ耪（～地）嗙（胡～：瞎说、自夸、吹牛）　Ⅳ胖

[m]　Ⅰ牤（～牛：公牛）Ⅱ忙芒茫育　Ⅲ莽蟒虻氓

[f]　Ⅰ方芳坊妨（又）（迷信中命运相克：寡妇命不好，把她男人都～死了）　Ⅱ肪妨房防　Ⅲ仿纺访彷倣　Ⅳ放

[t]　Ⅰ当（应～）裆（裤～）　Ⅲ党挡　Ⅳ荡当（典～）宕砀□（磨擦：用～刀布把剃头刀～一～）盪婸（①游荡 ②淫荡）

[t']　Ⅰ汤　Ⅱ堂棠螳唐塘倘搪膛糖　Ⅲ躺淌倘　Ⅳ烫趟

[n]　Ⅰ□（脖脖～～：松软、臃肿貌）　Ⅱ囊　Ⅲ攮（～刀子）　Ⅳ齉（～鼻子）

[l]　Ⅰ狼（黄～子）　Ⅱ郎廊狼琊（～琊郡）螂　Ⅲ朗□（～当的）　Ⅳ浪（～女人）

[ts]　Ⅰ脏脏臧　Ⅳ葬脏（内～）藏（西～）

[ts']　Ⅰ苍仓沧舱　Ⅱ藏（～东西）　Ⅳ磢（摩擦；倾轧；攻讦：两人对着～）

[s]　Ⅰ桑丧　Ⅲ嗓搡　Ⅳ丧

[k]　Ⅰ冈　岗刚纲钢缸肛缰（～绳）　Ⅱ□（非常好：～好了）　Ⅲ港（～口）掆（直往前冲）　Ⅳ杠（①线：够～ ②划掉）□（呛：香烟太～）

[k']　Ⅰ康慷　Ⅲ□（撞：骑自行车～了人）　Ⅳ抗炕扛

[x]　Ⅰ夯　Ⅱ行航杭绗（用粗线简单缝一下）　Ⅳ巷（～道）项（～圈）吭（～嚷子）

[Ø]　Ⅰ肮　Ⅱ昂　Ⅲ火　昂（焚烧）　Ⅳ盎

[iɑŋ]

[n]　Ⅰ娘（～～：石桥、金山一带对母亲的称呼）　Ⅱ娘（老～）

[l]　Ⅰ良凉量（～长短）粮梁粱　Ⅲ两　Ⅳ亮谅辆量（～力而行）晾（搁置；冷落：把他～在一边）

[ts]　Ⅰ将（～来）浆（豆腐～）□（小鱼～）　Ⅲ蒋奖浆　Ⅳ酱将（大～）□（溅：桶里的水～出来了）匠

[ts']　Ⅰ枪呛（风～着了）□（逆着毛刺的指向划动，引申为“对着干”）　Ⅱ墙蔷樯　Ⅲ抢　Ⅳ呛（烟太～）戗（斜着支撑：墙要倒了，用棍～起来）

[s]　Ⅰ相（互～）箱厢湘镶襄　Ⅱ详祥翔　Ⅲ想　Ⅳ象像橡相（～貌）

[tʃ]　Ⅰ张章樟彰漳獐璋　Ⅱ长（～幼）涨掌趼（鞋～子）　Ⅳ丈仗杖帐账胀障瘴

[tʃ']　Ⅰ昌娼猖菖　Ⅱ长（～短）肠场（麦～）常尝偿　Ⅲ厂场敞氅（大～：大衣）昶□（老是：～口儿：你怎么～不来）　Ⅳ唱倡畅怅

[ʃ]　Ⅰ商伤墒（～沟）　Ⅲ晌赏饷　Ⅳ上尚

[k]　Ⅰ疆僵礓刚缰（老）姜江（老）豇　Ⅲ讲港（大～头：地名）　Ⅳ降（下～）犟（脾气执拗）糨（～糊）

[k']　Ⅰ腔羌　Ⅱ强（～大）□（～利：争强好胜）长（老）尝（老）镪（～水）强（勉～）

[x]　Ⅰ乡香商（老）　Ⅱ降（～伏）享（老）　Ⅲ响饷（老）　Ⅳ向巷项

[Ø]　Ⅰ央秧泱让（招呼：～人坐）嚷　Ⅱ瓤穰（麦～）羊洋杨扬阳疡（又）烊　Ⅲ壤嚷仰养痒疡攘　Ⅳ酿让样恙

[uɑŋ]

[tʂ]　Ⅰ庄桩装妆　Ⅱ奘（整齐：整～的）　Ⅲ奘（把条状物顿齐）　Ⅳ壮状撞（又）

[tʂ']　Ⅰ疮窗　Ⅱ床口　床（①贪吃 ②象声词）　Ⅲ闯　Ⅳ创撞（又）

[ʂ]　Ⅰ 霜孀双　Ⅲ 爽搡(把锨柄往地下撞,使锨头安装牢固)□(使湿物滴水晾干:菜洗好后～～水)　Ⅳ 双(一对～～:双胞胎)

[k]　Ⅰ 光胱　Ⅲ 广　Ⅳ 桄(～线)逛横(来回平抹)

[k‘]　Ⅰ 匡筐诓　Ⅱ 狂　Ⅲ 圹(墓穴)　Ⅳ 旷况矿框眶

[x]　Ⅰ 荒慌　Ⅱ 黄簧皇蝗　Ⅲ 谎幌晃(～眼)　Ⅳ 晃(摇～)

[Ø]　Ⅰ 汪枉　Ⅱ 王亡芒(麦～)　Ⅲ 往网　Ⅳ 旺忘妄望

[əŋ]

[t‘]　Ⅰ 熥(凉了的熟食再蒸烤:～煎饼)　Ⅱ 腾誊藤疼滕　Ⅲ　Ⅳ

[n]　Ⅱ 能脓　Ⅳ 弄恁

[l]　Ⅲ 冷　Ⅳ 楞棱(桌～)

[ts‘]　Ⅱ 曾(～经)层丛(花～)　Ⅳ 蹭(磨磨～～)蹭　噌(叱责)

[s]　Ⅰ 僧□(行走缓慢:他走路～个～个的)

[tʂ]　Ⅰ 争挡(又)筝睁狰　Ⅳ 挣(牛～了;饺子～了)净

[tʂ‘]　Ⅰ 撑揣(用两手把袋口张开。)馕　Ⅱ 振(触;碰撞:脚～得生疼)Ⅳ□(顶:～行了:同一种商品,价廉物美的挤垮了质次价高的)

[k]　Ⅰ 更(又)(五～天)耕庚粳絙(粗绳索:一～)　Ⅲ 羹哽埂耿梗颈(脖～子)　Ⅳ 更(～加)

[k‘]　Ⅰ 坑

[x]　Ⅰ 亨哼　Ⅱ 衡痕恒　Ⅳ 掏(扔:～了。)

[Ø]　Ⅰ 嗯(①应答声　②痛苦呻吟声　③蜜蜂鸣叫声)

[iŋ]

[t]　Ⅰ 丁钉疔盯叮　Ⅱ 玎(～～当当)　Ⅲ 顶鼎　Ⅳ 锭钉(～钉子)订定腚

[t‘]　Ⅰ 听(～见)厅汀桯　Ⅱ 亭停廷庭蜓莛　Ⅲ 挺艇梃(花～)铤　Ⅳ 梃(捣:～猪:农村杀猪去毛时先用铁棍～猪的皮下,使皮与肉分开,然后吹气,烫毛)

[ts‘]　Ⅰ 清青蜻(～蜓)　Ⅱ 情晴赠(承受:～产、～等)　Ⅲ 请　Ⅳ 亲(～家)

[s]　Ⅰ 星腥猩　Ⅱ 饧(使面剂变软:面和好了放那～～)□(磨蹭:都到点了,还～)　Ⅲ 醒省(反～)擤　Ⅳ 姓性

[tʃ]　Ⅰ 征蒸贞(又)侦(又)正(～月)　Ⅲ 拯整(～泥人:捏泥人)　Ⅳ 证症郑正政澄(水浑加点矾～清)

[ʃ]　Ⅰ 升声　Ⅱ 乘(又)绳　Ⅳ 胜剩圣盛兴

[k]　Ⅰ 京荆惊经鲸更(又)(深～半夜)　Ⅲ 景警　Ⅳ 茎境敬竞颈径镜

[Ø]　Ⅰ 扔应(～当)鹰莺鹦樱英婴缨□(极高:这座楼～～的)　Ⅱ 仍蝇迎盈赢营茔颖萤莹凝□(痕:鞋～个:脚印儿)　Ⅲ 影(惊动:刚看到一只野兔,被人～了)　Ⅳ 应(答～)硬映

[uŋ]

[s]　Ⅲ 扨(推;闪:他～了一跌)耸

[k]　Ⅲ 汞拱巩剅(猪～食)

[x]　Ⅰ 粠(烂:地～了)

[yŋ]

[x]　Ⅱ 雄熊(训斥:～了一顿)

[Ø]　Ⅰ 戎雍臃痈拥揖(推;捣:～一跌)　Ⅱ 荣萤(老)(～火虫)绒茸容蓉镕庸茔(老)(～地)　Ⅲ 永泳毹(～毛:细而软的毛)勇咏涌蛹踊　Ⅳ 用拥(～人:仆人)

第二章　词　汇

第一节　词汇概述

赣榆话与普通话相比较，有许多相同的词汇。例如：山、水、牛、马、狗、桌子、橙子、房子、斤、两等等。也有不少词汇是赣榆特有的。例如，稀来易[xi^{213}lai^{55} i^{42}]：①不当一回事，②很容易做；撙节[tsən^{324}tsie^{55}]：①节省，②不长不短，正合适；唓人[tʃ y ɤ ^{55}in^{55}]：骂人；舔憨儿[t‘ian^{42}xɑr^{213}]：吃饭；羊口[iɑŋ^{55}k‘əu^{324}]：阴沟；妄蛋[uɑŋ^{42}tan^{42}]：坏蛋；科谋[k‘ɤ ^{213}m$^{\circ}$]：商量，合计。等等。有的名称不同，而实指一物。有的名称相同，但意义不同或有差异。如“糊涂”，普通话指人头脑不清楚、不明事理，泛指模湖不清。赣榆话除了具备以上意义外，还指一种食物（用玉米或甘薯等面粉做成的稀饭）。如，“今早晨我喝了两碗糊涂”。赣榆方言的同义词相当丰富，其中包括大量的近义词。譬如，手绢的词汇有“手巾方”“手袱子”“手布子”“手掐子”“手方子”“手捏子”等多种。拖鞋的词汇有“鞋拖子”“鞋靸子”“呱达板儿”（木制拖鞋）。打的词汇有打、剋、擼、揍等。

赣榆的惯用语一般句式短小，多为三音节词语。例如：二混三[ər^{42} xuen^{42}san^{213}]（混世、无志气、无能为的人），肉头户[iəu^{42} t‘əu^{55} xu^{42}]（有钱而吝啬的人），顺毛驴[ʃyn^{42}mɑu^{55}ly^{55}]（只能顺着自己的脾气做事的人），露头青[ləu^{42} t‘əu^{55} ts‘ŋ^{213}]（专好出头闹事的人），半瓶醋[pan^{42}p‘iŋ^{55} ts‘u^{42}]（喻知识浅薄的人），小旺蛋[siɑu^{324} uɑŋ^{42} tan^{42}]（流里流气的青少年），胡闹台[xu^{55} nɑu^{42} t‘ai]（瞎胡闹），吹大气[tʂ‘uei^{213} tɑ ^{42} k‘i ^{42}]（吹牛撒谎），抬死杠[t‘ai^{55}sɿ^{324}kɑŋ ^{42}]（固执己见），摁头皮[ən^{42} t‘əu^{55} p ‘i^{55}]（以权势压人），热乎狼神[ie^{213}xu lɑŋ^{55}ʃin ^{55}]（天气闷热），屁里古生[p‘i^{42} l ɤ$^{\circ}$ ku^{55}ʂəŋ ^{55}]（瓜果、食物不熟），白手拿鱼[pei^{55} ʃiəu ^{324} nɑ ^{55} y^{55}]（坐享其成，窃取别人劳动成果），手拿把掐[ʃiəu ^{324} nɑ ^{55}pɑ ^{324} ki‘ ɑ ^{213}]（十拿九稳），活跳龙神[xɤ^{55}t‘iɑu^{42}luŋ^{55}ʃin^{55}]（身体强健），吃碟瞅碗[tʃ ‘i^{213} tie^{55}tʂ‘əu^{324}uɑn^{324}]（见异思迁），等等。

赣榆的讳饰语也富有地方特色。生育的词语有：拾小巴儿、坐月子、呆月子、小月子（小产）；对缺乏生育能力的人委婉地说“没开怀”，意思就是没生过孩子。十二生肖中的“鼠”和“蛇”，称“属水儿”“属小龙”。对居住在房屋上的赤蛇称作“屋龙”。在公开场合不说人“老”，而说“上年纪了”“上岁数了”。生病一般常说“有症”，不说“有病”。探望病人时忌说“病”字，问候时说“那哈儿不舒坦”“不吡适”“没好利落”。腹泻不说“拉薄屎”，而说“肚子不好”。棺材叫“喜材”[xi^{324}ts‘ai^{55}]，哭丧棒叫“哀器”[ai^{213}k‘i$^{\circ}$]，做官叫“戴纱帽翅儿”[tai^{42}ʂɑ ^{213}mɑu^{42}tʂ‘ər^{42}]；屋盖完了叫“起工了”[k‘i^{324}kuŋ^{213}lɤ$^{\circ}$]；酒盅里的酒喝光了叫“满上了”[mɑn^{324}ʃiɑŋ^{42}lɤ$^{\circ}$]。死历来是人们最避忌的字眼儿，对于不同年龄的人也有不同的说法：对老年人，说老了[lɑu^{324}l ɤ$^{\circ}$]；对婴儿，说跑了[pɑu^{324}l ɤ$^{\circ}$]、糟踏了、踢踏了；对少儿，说去了[k‘y^{42} l ɤ$^{\circ}$]；对中年人，说走了[tsəu ^{324} l ɤ$^{\circ}$]、没有了。

赣榆方言中保留着大量古词语，有些词语仍保留着先秦文言的涵义。例如：撙节[tsən^{324}tsie^{55}]（节省、合适），饐餲[i^{42}uai$^{\circ}$]（食物经久发臭，腐败变质），乍古[kɑ ^{55}ku$^{\circ}$]（性格乖僻、吝啬，脾气不好），褊窄[pian^{55}tʂei^{213}]（空间狭小），卯[mau^{324}]（宰、杀），恣[tsɿ^{42}]（舒服、自得），挖[xu^{213}]（击），跌歇[tie^{324}xie$^{\circ}$]（逢迎、巴结），枵[xiɑu^{213}]（薄），覂[kuŋ^{324}]（将头钻入），挓挲[tʂɑ ^{213}ʂɑ $^{\circ}$]（把手伸开），出脱[tʃ ‘y^{213} t‘u ɤ^{213}]（开脱、脱手），安下[an^{213}xi ɑ $^{\circ}$]（安歇，住下），觅[min^{42}]（雇用），囫囵[xu^{55}lən^{55}]（完整、浑然一体），村[ts’ən^{213}]（蠢，粗俗），服事[fu^{55}ʂʅ$^{\circ}$]（侍奉），着实[tʃyɤ^{55}ʃi^{55}]（实在），腌臜[ɑ ^{213} tsɿ$^{\circ}$]（肮脏），下晚[xiɑ ^{42}uɑn^{324}]（下午），吱声[tsɿ^{55}ʃiŋ^{213}]（说话），茶点心[tʂ‘ ɑ ^{55}tian^{324} sin$^{\circ}$]（包子、烧饼之类食品），矬[ts‘uɤ^{55}]（缩身），等等。

第二节　词汇类别

赣榆方言词汇丰富，按意义大致分为二十六类，涉及词语二千六百余条。

一、天文气象类

三星[san^{213}siŋ^{213}]　猎户座中央三颗明亮的星，冬季天将黑时从东方升起，天将明时在西方落下，常根据它的位置估计时间。

梭星[suɤ^{213}siŋ^{213}]　排列如菱形的星座。神话传说中，牛郎织女七月七日相会时，织女投掷给牛郎的织布梭子，落在天河中。

太阳地儿[t'ai^{213}iŋ^{213}tir^{42}]　太阳照到的地方。

月亮地儿[yɤ^{213}liɑŋ^{42}tir^{42}]　月亮照到的地方。

冷子[ləŋ^{324}tsɿ˚]　冰雹。又叫[pa^{55}tsɿ˚]。

青皮天[ts'iŋ^{213}p'i^{55} t'ian^{213}]　阴冷的天气。

响亮晴天[xiɑŋ^{324}liɑŋ^{42}ts'iŋ^{55} t'ian^{213}]　天空万里无云。

扫帚星[sɑu^{42}tʃiəu˚ siŋ^{213}]　彗星。

星子[siŋ^{213}tsɿ˚]　星星。

贼星[tsei^{55}siŋ^{213}]　流星。

云子[yn^{55}tsɿ˚]　云彩：西天一片火烧～。

打闪[tɑ^{324}ʃian^{324}]　闪电。

炸雷[tʂtɑ^{42}lei^{55}]　突如其来的响雷。

土老暴[t'u^{324}lɑu^{324}pɑu^{42}]　来势猛、时间短的暴风。

地丁[ti^{42}tiŋ^{213}]　雨淞。

天河倒了[t'ian^{213}xɤ^{55}tɑu^{324}lɤ˚]　倾盆大雨。

雾娄毛子[xu^{213}lɤ˚ mɑu^{55}tsɿ˚]　毛毛雨。

鬼风[kuei^{324}fəŋ^{213}]　旋风。

荫凉地[in^{213}liɑŋ^{55}tir^{42}]　①树荫。②阳光被遮住的地方。③荫庇。封建时代由于父祖有功而给予子孙入学或任官的权利。

雪床子[suɤ^{213}tʂ'uɑŋ^{42}tsɿ˚]　霰。

下大雪[xiɑ^{42}tɑ^{42}suɤ^{213}]　又说“下棉花套子”。

流簪[liəu^{55}tsan^{213}]　冰锥儿。

上冻[ʃiɑŋ^{42}tuŋ^{42}]　结冰。

化冻[xuɑ^{42}tuŋ^{42}]　冰雪消融。

上雾[ʃiɑŋ^{42}u^{42}]　起雾。

天干了[t'ian^{213}kan^{213}lɤ˚]　天旱。

西北鸟子[si^{213}pei^{213}niɑu^{324}tsɿ˚]　寒冷的西北风，声似鸟鸣。

勺星[xyɤ^{55}siŋ^{213}]　排列如勺状的星座（北斗星）。

锅星[kuɤ^{213}siŋ^{213}]　排列如圆形的星座。

冒失星[mɑu^{42}ʃi˚ siŋ^{213}]　天未黑就出现的大　行星（分大冒失、二冒失）。又：“冒失鬼”指盲目蛮干的人。

姜太公[kiaŋ^{213}t'ai^{42}kuŋ^{213}]　天河南部形状似人钓鱼的星座。又指周相姜子牙。此星座也叫“姜太公钓鱼。”

大小瓶儿[tɑ^{42}siɑu^{324}p‘iə ～ r^{55}]　银河南部并列的大小两星座。

月亮烤火[yɤ^{213}liɑ ŋ^{42} k‘ ɑu^{213}xuɤ^{213}]　月亮周围出现的晕圈。

早照[tsɑu^{324} tʃiɑu^{42}]　朝霞。

晚照[uan^{324} tʃiɑU^{42}]　晚霞。

雷公老爷[lei^{55}kuŋ^{213}lɑu^{324}ie$^{\circ}$]　掌管打雷的神。

雹子老爷[pɑ^{55}tsɿ$^{\circ}$ lau^{324}ie$^{\circ}$]　掌管下冰雹的神。

风刮的[fəŋ^{213}kuɑ^{55}tɤ$^{\circ}$]　风较大的天气。

二、地形地貌类

漫坡 [man^{42}p‘uɤ^{213}]　坡度小而路面长。

坷埌[k‘ɤ^{213}lɑŋ^{55}]　小坑：洼～。

就地[tsiəu^{42}ti^{42}]　泛指地面。

老海涯[lɑu^{55}xai^{324}iai^{55}]　海边。

泥[mi^{55}]　泥土。

老山沟儿[lɑu^{55}ʂɑn^{213} kəur^{213}]　大山深处。

堆[tei^{213}]　堤坝

沟[kəu^{213}]　①池塘。②小水渠。

坷垃头子[k‘ɤ^{324}lɤ$^{\circ}$ t‘əu^{55}tsɿ$^{\circ}$]　小土块儿。

一溜路[i^{213}liəu^{55}lu^{42}]　沿途。

风脉地儿[fəŋ^{213}mei^{213}tir^{42}]　风水好的地方。

鳌鱼翻身[ɑu^{55}y^{55}fɑn^{213}ʃin^{213}]　①地震。②人的命运突然间发生巨大变化。多往好的方面说，有一步登天，飞黄腾达的含义。

洼湖牢[uɑ^{42}xu^{55}lɑu^{55}]　低洼易涝之地。

王八地儿[uɑŋ^{55}pɑ$^{\circ}$ tir^{42}]　野地。引申为事情没有成功的希望了：等调配等到～去了。

野漫地儿[ie^{324}mɤ$^{\circ}$ tir^{42}]　旷野。

乱岗子[luan^{42}kɑŋ^{213}tsɿ$^{\circ}$]　乱葬岗：旧指丢弃死婴幼儿或杂葬之地，现指荒郊野外堆放脏臭物之地。

三、时间类

小年儿[siɑu^{324}niɑr^{55}]　①农历十二月二十四日。②农历除夕前一夜。

寒里[xan^{55}li^{324}]　数九寒天。

黑里[xei^{324}lɤ$^{\circ}$]　晚上。又说“晚黑。”

晌午[xiɑŋ^{324}u$^{\circ}$]　上午。

晌午头儿[xiɑŋ^{324}u$^{\circ}$ t‘əur^{55}]　中午十二点左右。

下晚儿[xiɑ^{42}uɑr^{324}]　下午。

下傍晚儿[xiɑ^{42}pɑŋ^{213}uɑr^{324}]　天黑之前。

月黑头[yɤ^{213}xei^{213}t‘əu^{55}]　漆黑的夜晚。

头年寒里[t‘əu^{55}nian^{55}xan^{55}lɤ$^{\circ}$]　去年冬天。

初头莫[tʂ‘u^{213}t‘əu$^{\circ}$ muɤ$^{\circ}$]　年初、月初。

十朝半月[ʃi^{55}tʃiɑu^{213}pan^{42}yɤ$^{\circ}$]十天至半个月。

夜来[ie^{42}lɤ$^{\circ}$]　昨天。流行于欢墩、黑林、柘汪等地；～晚上来的。

年根底[nian^{55}kən^{213}ti^{324}]　年底。

三十晚上[san^{213}ʃi^{55}uan^{324}ʃiɑŋ$^{\circ}$]　除夕之夜。

历书[li^{42}ʃy^{213}]　又说“皇历。”
今个[kin^{213}kɤ°]　今天
明个[miŋ^{55}kɤ°]　明天
后个[həu^{42}kɤ°]　今日之后第二天。
大后个[tɑ^{42}həu^{42}kɤ°]　今日之后第三天。
昨个[tsuɤ^{55}kɤ°]　昨天
前个[ts‘ian^{55}kɤ°]　昨日之前一日。
大前个[tɑ^{42}ts‘ian^{55}kɤ°]　今日之前第三天。
转年[tʃyan^{324}nian^{55}]　明年。
大清白日[tɑ^{42}ts‘iŋ^{213}pei^{55}i°]　白天。
黑夜[xəŋ^{213}ie°]　夜里。
半夜[pan^{42}ie°]　夜里十二点。
当口儿[tɑŋ^{213}k‘əur°]　时候。
饭时[fan^{42}ʂʅ^{55}]　该吃饭的时候。
屁之拉子[p‘i^{42}tʂʅ^{213}lɑ^{55}tsɿ°]　时间很短（贬义）。
五更头儿[u^{55}kəŋ^{213}t‘əur^{55}]　黎明之前。
睡倒觉儿[ʂuei^{42}tɑu^{324}kiɑur^{42}]　晚上十点左右、人们大都睡觉之时。
歉年[kian^{42}nian^{55}]　收成不好的年头。
东放亮儿[tuŋ^{213}fɑŋ^{42}liɑr^{42}]　黎明。
老巴早[lɑu^{55}pɤ° tsɑu^{324}]　很早。
早离儿[tsɑu^{324}lir^{55}]　还有很长时间。

四、农事类

搬杷[ʂɑ^{42}p‘ɑ^{55}]　打场用的木齿杷子。
望天收[uɑŋ^{42}t‘ian^{213}ʃiəu^{213}]　庄稼依赖老天收成。
泡种子[p‘ɑu^{42}tʂuŋ^{324}tsɿ°]　浸种。
下种[xiɑ^{42}tʂuŋ^{324}]　播种。
插稻子[tʂ‘a^{213}tau^{42}tsɿ°]　插秧。
锄地[tʂ‘u^{55}ti^{42}]　又说“榜地”：锄草、松土。
上粪[ʃiɑŋ^{42}fən^{42}]　给庄稼施农家肥。
薅草[xɑu^{213}ts‘ɑu^{324}]　拔草。
打稻子[tɑ^{324}tɑu^{42}tsɿ°]　水稻脱粒。
嗑稻子[k‘ɤ^{42}tɑu^{42}tsɿ°]　碾米。
葳工[tʂ‘an^{42}kuŋ^{213}]　工程完工。
扬场[iɑuŋ^{55}tʃ‘iɑuŋ^{55}]　用木锨扬起麦（谷类）粒，清除草屑。
起地瓜[k‘i^{55}ti^{42}kuɑ^{213}]　收红薯。
镰刀头子[lian^{55}tɑu^{213}t‘əu^{55}tsɿ°]　镰刀的铁刀头。
耖了[tʂ‘ɑu^{213}lɤ°]　原来的庄稼没长好，重新翻耕、播种。
扶瓜沟[fu^{55}kɑu^{213}kəu^{213}]　将地耕成长长的土堆，整理光滑，准备栽红薯苗。
耙地[pɑ^{42}ti^{42}]　将耕过的地用耙耙平。
漂种[p‘iau^{42}tʂuŋ^{324}]　用加农药的水选种子。

堰塍[ian42tʃ'iŋ55] 田埂。

迫了[p'ei213lɤ°] 种子播种不久就下了大雨，造成土表层成硬壳，出苗不齐。

浆种[tsiaŋ213tʂuŋ324] 种子被雨水浸泡过度而不能出苗。

打春牛[tɑ42tʃ'yn213niəu55] 立春日，农民云集春庙祭祀。

发棵[fɑ213k'ɤ42] 分蘖。

打芽[tɑ324iɑ55] 把无用的枝芽去掉。

折沟[tʃie213kəu213] 挖墒沟。

铺子[p'u213tsɿ°] 庄稼刚割倒有规律堆放的堆子。

草绕子[ts'ɑu324iɑu42tsɿ°] 用稻草等粗略拧成的单股草绳。

割青[kɑ213ts'iŋ213] 割青草，也说“弄青”。

抹稻把子[mɑ55tɑu42pɑ324tsɿ°] 将割倒的水稻捆成小捆，以便晒干、脱粒。

下稻畈子[xiɑ42tɑu42pan324tsɿ°] 育水稻苗。

晒瓜干子[ʂ'ai42kuɑ213kan213tsɿ°] 将地瓜切成薄片，洒在地里晒干。

秧地瓜[iaŋ213ti42kuɑ213] 栽插地瓜苗。

压麦子[iɑ42mei213tsɿ°] 寒冬季节前将麦地压实，使小麦保暖。

画囤咒鼠[xuɑ42t'ən55tʃiəu42ʃy324] 二月二日场上洒草灰为囤。

五、植物类

醭顶子[pu55tiŋ324tsɿ°] 蒲公英。

苍莨子[ts'ɑŋ213lɑŋ213tsɿ°] 苍耳。一年生草木，叶略呈三角形。果实名苍耳子，椭圆形，壳有细密勾刺。

车车菜[tʃ'ie213tʃ'ie° ts'ai42] 车前草。

桑椹[sɑŋ213ʃin42] 桑树的果实。熟时紫色或红色，可食。

小胡麻[siɑu324xu55mɑ55] 益母草。

柴根子[tʂ'ai55kən213tsɿ°] 芦根。

黄蒿[xuɑŋ55xɑu213] 青蒿。又名香蒿。一年生草本，叶互生，细裂如丝。有清凉芳香气味，清凉解暑。

婆婆蒿[p'uɤ55p'uɤ55xɑu213] 葶苈。一年生草本。

艾子[ai42tsɿ°] 艾蒿。

丝瓜瓤子[sɿ213kuɑ213iɑŋ55tsɿ°] 丝瓜络。

萋萋芽[ts'i213 ts'i° iɑ55] 小蓟。多年生草本，叶有刺，花紫红色。

扶秧[fu55iaŋ213] 打碗花。多年生草本，蔓生，根白而长，叶掌状分裂，花红白二种。果实小，有长绒毛，茎叶汁可做杀虫剂。

大节骨草[tɑ42tsie213ku213ts'ɑu324] 问荆。

小节骨草[siɑu324tsie213 ku213 ts'ɑu324] 节节草。又名木贼。多年生草本。

狗尾巴[kəu324i324pɤ°] 毛毛草。一年生草本。

水葫芦[ʂuei324xu55lu°] 凤眼莲。多年生草本。

金钗匙[tʃin213tʂ'ai213tʂ'ʅ°] 石韦。清肺经气分之热，利膀胱湿热而治淋。

金角拉子[tʃin213tʃyɤ213lɑ55tsɿ°] 牛尾菜。

钻天杨[tsuan213t'ian213iɑŋ55] 别名美杨、美国白杨，原产于意大利国。

牛舌棵子[niəu55ʃie55k'uɤ213tsɿ°] 酸模。

臭蒲[tʃ'iəu^{42}p'u^{55}]　菖蒲。多年生草本。

蒲[p'u^{55}]　香蒲。多年生草本。

虾须草[ʃiɑ^{213}sy^{213}ts'ɑu^{324}]　獐毛草。

扫帚苗[sau^{42}tʃiəu$^{\circ}$ miau^{55}]　地肤。一年生草本。

盐蒿子[iɑ^{55}xɑ^{213}tsɿ$^{\circ}$]　碱蓬。

野鸡冠花[ie^{324}tʃi^{213}kuan^{213}xuɑ^{213}]　青葙子。

拐磨花[kuai^{324}muɤ^{42}xuɑ^{213}]　紫茉莉。一年生或多年生草本。

小马菜[siau^{324}ma^{324} ts'ai^{42}]　山银柴胡。

老冠花[luɑ^{213}kuan^{213}xuɑ^{213}]　白头翁。多年生草本。

铁扫帚[t'ie^{213}sau^{42}tʃiəu$^{\circ}$]　小叶铁线莲。

黑狗筋[xie^{213}kəu^{324}tʃin^{213}]　铁脚威灵仙。

狗牙根[kəu^{324}iɑ^{55}kən^{213}]　垂盆草，又名蝎子草。

掐不齐[tʃ'iɑ^{213}pu^{213}tsi'^{55}]　鸡眼草。

铺地锦[p'u^{213}ti^{42}tʃin^{324}]　地锦草。一年生草本。

捆石龙[k'uən^{324}ʃi^{55}luŋ^{55}]　爬山虎。又名络石藤。落叶藤本。

鸡头菱[tʃi^{213}t'əu^{55}liŋ^{55}]　芡。又名鸡头。一年生草本，生在水池中，全株有刺，叶圆形，浮在水面。

狗端端[kəu^{324}tuan^{213}tuan$^{\circ}$]龙葵。一年生本。

小蒜[siɑu^{324}suan^{42}]　薤白。多生于坟茔之地。多年生草本，地下有鳞茎，叶细长，花紫色，伞形花序。鳞茎可食。能助胸阳，开心窍，散胸中与大肠气滞，兼能活血。

竹鞭菜[tʂu^{213}pian^{213}ts'ai^{42}]　萹蓄。又名猪圈草。

紫苏[tsɿ^{324}su^{213}]　水状元。一年生草本。

臭根[tʃ'iəu^{42}kən^{213}]　败酱草。多年生草本。

婆婆丁[p'uɤ^{55}p'uɤ$^{\circ}$ tiŋ^{213}]　多年生草本。

喇叭花[lɑ^{324}pɤ$^{\circ}$ xuɑ^{213}]　凌霄花。又名紫葳，落叶藤本。

玉簪花[y^{42}tsan^{213}xuɑ^{213}]　多年生草本，叶大，有长柄，叶片卵形或心脏形。

袍袱花[pɑu^{213}fu$^{\circ}$ xuɑ^{213}]　桔梗。

银铛花[lɑŋ^{55}tɑŋ$^{\circ}$ xuɑ^{213}]　玉竹。又名葳蕤。

小金雀[siɑu^{324}kin^{213}ts'uɤ^{213}]　小连翘。丛生，茎褐色，有柔刺。

小青麻[siɑu^{324} ts'iŋ^{213}mɑ^{213}]　冬葵子。

蓝花菜[lan^{55}xuɑ^{213}ts'ai^{42}]　野跖草。

灯盏窝[təŋ^{213}tsan^{324}uɣ^{213}]　王不留。一名王不留行。

灰菜[xuei^{213}ts'ai^{42}]　藜。一年生草本，茎直立，叶互生。

大黑狗筋[tɑ^{42}xei^{213}kəu^{324}tʃin^{213}]　大叶铁线莲。又名番莲。

蜈蚣草[u^{55}kuŋ$^{\circ}$ ts'ɑu^{324}]　透骨草。又名疥疮草。多年生草本，茎细长，叶条形。

老鸡腿[lɑu^{55}ki^{213}t'ei^{324}]　南沙参。

棒棒草[pɑŋ^{42}pɑŋ$^{\circ}$ ts'ɑu^{324}]　夏枯草。又名铁色草。

仁丹草[in^{55}tan^{213}ts'ɑu^{324}]　薄荷。

人仙草[in^{55}sian^{213}ts'ɑu^{324}]　茜草。

大力子[tɑ^{42}li^{213}tsɿ^{324}]　牛蒡。

牙刷草[iɑ^{55}ʂuɑ^{213}ts'ɑu^{324}]　半枝莲。

大萝藦子[tɑ^{55}luɣ˚ muɣ˚ tsɿ˚]　天浆壳。

柞树[tsuɣ˚ ʃy^{42}]　栎。

凤仙花[fəŋ^{42}sian^{213}xuɑ^{213}]　又名小桃红，旱珍珠。

野葡萄[ie^{324}p'u^{55}t'ɑu^{55}]　毛葡萄。

烂莲菜[lan^{42}lian^{55}ts'ai^{42}]　铁苋菜，又名紫迎菜。

鸡舌香[tʃi^{213}ʃie^{55}ʃiaŋ^{213}]　紫丁香。

钢桔子[kaŋ^{213}tʃy^{213}tsɿ˚]　枸橘

楝枣树[lan^{42}tsau^{324}ʃy^{42}]　苦楝

大蜈蚣[ta^{42}u^{55}kuŋ˚]　水红花子

玉豆胡子[y^{42}təu^{42}xu^{55}tsɿ˚]　玉米须。

毛毛树[mɑu^{55}mɑu˚ ʃy^{42}]　楮树。俗称癣树，落叶乔木。

狗舌头[kəu^{324}ʃie^{55}t'əu˚]　叶大而无纹理，花黄白，丛生沟渠堑湿地。

凤尾草[fəŋ^{42}uei^{324}ts'ɑu^{213}]　贯众。

凤尾松[fəŋ^{42}uei^{324}suŋ^{213}]　铁树。

鸭脚草[iɑ^{213}tʃyɣ^{213}ts'ɑu^{213}]　葵的一种。因叶似鸭掌，故名。

还阳草[xuan^{55}iɑŋ^{213}ts'ɑu^{213}]　卷柏。又名万年青，多年生草本。

玉秫秫[y^{42}ʃy^{55}ʃy˚]　薏苡。多年生草本。

旱地莲[xan^{42}ti^{42}lian^{55}]　金莲花。

龙须菜[luŋ^{213}sy^{213}ts'ai^{42}]　藻类，可供食用。丛生于海边石上，状如柳根，长至尺余。

酸枣[suan^{213}tsɑu^{324}]　茱萸。

鬼头[kuei^{324}t'əu^{55}]　魔芋。多年生草本，掌状复叶，小叶羽状分裂，花紫褐色。

鸡毛菜[tʃi^{213}mɑu^{55}ts'ai^{42}]　芜青的幼苗，俗称大头菜。

雪里蕻[suɤ^{213}lɤ˚ xuŋ^{55}]　又名春不老。

鬼见愁[kuei^{324}tʃian^{42}tʂ'əu^{55}]　鬼针草。一年生草本。

地菜[ti^{42}ts'ai^{42}]　荠菜。

槐米[xuai^{55}mi^{3245}]　槐树的花蕾。

莴苔子[uɤ^{213}t'ai^{55}tsɿ˚]　莴苣。

芫菜[ian^{55}ts'ai^{42}]　香菜。绿叶菜类，有特殊香味。

豆角子[təu^{42}tʃyɤ^{213}tsɿ˚]　豇豆。一年生草本。

酥瓜[su^{213}kuɑ^{213}]　长形菜瓜，皮绿、味甜。

梢瓜[ʂɑu^{213}kuɑ^{213}]　长形黄皮菜瓜。

麸子[fu^{213}tsɿ˚]　麸皮。

菟丝子[t'u^{42}sɿ^{213}tsɿ˚]　一年生草本，多寄生在豆科植物上。

串花[tʃ'yan^{42}xuɑ^{213}]　植物自然杂交授粉。

麦余子[mei^{213}y^{55}tsɿ˚]　未脱净的麦粒。

老来俏[lɑu^{324}lɑi^{55}ts'iɑu^{42}]　一品红。

老驴盾[lɑu^{324}ly^{55}tən^{42}]　一种贴住地面生长的野草，茎扁平粗壮。

棉槐树[mian^{55}xuai^{55}xy^{42}]　紫穗槐。

毛冬瓜[mɑu^{55}tuŋ^{213}kuɑ^{213}]　冬瓜。

方瓜[fɑŋ^{213}kuɑ^{213}]　一种长方形的南瓜。

地蛋[ti^{42}tan^{42}]　马铃薯。

秕子[pie^{324}tsɿ$^{\circ}$]　瘪的谷粒。

拉拉秧儿[lɑ^{55}lɑ$^{\circ}$iar^{213}]　葎草。一年或多年生草本，叶对生，花淡绿色，果穗球形。

花骨朵[xuɑ^{213}ku^{213}tuɤ$^{\circ}$]　花蕾。

圪当莛子[kɤ^{55}tɑŋ^{213}t‘iŋ^{55}tsɿ$^{\circ}$]　高粱杆最前端接穗的一节。

圪针树[kɤ^{55}tʃin^{213}xy^{42}]　荆棘类，指臭桔子树。

圪针[kɤ^{55}tʃin^{213}]　泛指树上的刺。

老鼠眼[lɑu^{324}tʃ‘y$^{\circ}$ian^{324}]　半夏。

秫秫[ʃy^{55}ʃy$^{\circ}$]　高粱。

穇子[ts‘an^{324}tsɿ$^{\circ}$]　一年生草本，茎有很多分枝，叶子狭长，果实可食用。

洋柿子[iaŋ^{55}ʂʅ^{42}tsɿ$^{\circ}$]　西红柿。

玉豆[y^{42}təu^{42}]　王米。果实棒状，是山区的主要农作物之一。

稻莠子[tɑu^{42}iəu^{324}tsɿ$^{\circ}$]　稗草。

芋头[y^{42}t‘əu$^{\circ}$]　又叫毛芋头。

大椒[tɑ^{42}tsiɑu^{213}]　辣椒。

北瓜[pei^{213}kuɑ^{213}]　形似南瓜，皮深绿色。

地梨[ti^{42}li^{55}]　荸荠。

蛇荒苗[ʃie^{55}tʂ‘uŋ^{213}miɑu^{55}]　白花蛇舌草。一年生草本，叶狭长，茎有褐色条纹。

瓜茄子[kuɑ^{213}niəu^{324}tsɿ$^{\circ}$]　嫩小瓜茄。

栗子[li^{213}tsɿ$^{\circ}$]　板栗。

小石竹[siɑu^{324}ʃi^{55}tʂu^{213}]　瞿麦。

白果树[pei^{55}kuɤ^{324}ʃy^{42}]　银杏树。

照日葵[tʃiɑu^{42}i$^{\circ}$kuei^{55}]　向日葵。

树栽子[xy^{42}tsai^{213}tsɿ$^{\circ}$]　树苗。

瓜鼻[kuɑ^{213}pi^{55}]　瓜蒂。

楝枣子[lian^{42}tsɑu^{324}tsɿ$^{\circ}$]　楝树的果实。

老鼠头[lɑu^{324}tʃ‘y$^{\circ}$t‘əu^{55}]　紫花地丁。多年生草本，叶长卵形，花深紫色，结蒴果。

腊条[lɑ^{213}t‘iɑu^{55}]　落叶灌木，叶有长柄，花小，蓝紫色。

藕[əu^{324}]　荷、芙蓉。地下茎也叫藕。

马菜[mɑ^{324}ts‘ai^{42}]　马齿苋。

柴[tʂ‘ai]　芦苇。

柴荡儿[tʂ‘ai^{55}tɑr^{42}]　芦苇丛。

马猴眼[mɑ^{55}xəu^{55}ian^{324}]　泽漆。一种开黄花的毒草。

鹅不食[ɤ^{55}pu^{213}ʃi^{55}]　又名地胡椒，球子草。

三角菜[san^{213}kiɑ^{213}ts‘ai^{42}]　幼苗呈三角形的野菜，嫩时可食。

狗奶子[kəu^{324}nai^{324}tsɿ$^{\circ}$]　枸杞。

巴狗皮[pɑ^{213}kəu^{324}p‘i^{55}]　一种根茎紧贴地皮而生，不易铲除的野草。

熟草[ʂu^{55}ts‘ɑu^{324}]　一种长叶的杆茎植物。

白蒿子[pei^{55}xɑu^{213}tsɿ$^{\circ}$]　茵陈蒿。

板地黄[pan^{324}ti^{42}xuŋ^{55}]　叶斜长，茎呈三棱形，花呈伞状。又说“板牛黄”。

草眼子[ts‘ ɑu^{55}ian^{324}tsɿ$^{°}$]　刚露出地面的草芽。

混子[xuən^{42}tsɿ$^{°}$]　甜瓜与菜瓜的杂交品种。

菱角[liŋ^{42}tʃyɤ$^{°}$]　一年生草本，生在池塘中，叶子浮于水面，果实呈三角形，去壳可食。

丰菱[fəŋ^{213}liŋ^{55}]　形似菱角而较大，可食。

生瓜李枣[ʂəŋ^{213}kuɑ^{213}li^{55}tsɑu^{324}]　泛指可以生食的瓜果。

六、动物类

蛐蟮[tʃ‘y^{213}ʃian^{324}]　蚯蚓，又名地龙。

海蛎[xai^{324}li^{42}]　牡蛎。

土鳖[t‘u^{324}pie^{213}]　地鳖虫。体扁，棕黑色。

叫乖子[tʃiɑu^{42}kuai^{213}tsɿ$^{°}$]　蝈蝈。

瞎虻[ʃiɑ^{213}mɑŋ^{55}]　虻虫。

斑蝥[pan^{213}mɑu^{55}]　触角鞭状，腿细长，鞘翅上有黄黑色斑纹。

山水牛[ʂan^{213}ʂuei^{324}niə^{55}]　天牛。身体较小，黑色而有光泽。

狗宝[kəu^{324}pɑu^{324}]　狗的胆囊、肾脏或膀胱内长的一种像石头的东西。

虾婆[ʃiɑ^{213}p‘uɤ^{55}]　虾蛄，琵琶虾。

蚕砂子[ts‘an^{55}ʂɑ^{213}tsɿ$^{°}$]　夜明砂（蚕屎）。

鸡屎皮[tʃi^{213}ʂʅ^{324}p‘i^{55}]　鸡内金。

大乌贼骨[tɑ^{42}u^{213}tsei^{55}ku^{213}]　海螵蛸。

红娘虫[xuŋ^{55}niɑŋ^{55}tʂ‘uŋ^{55}]　红娘子。头胸部黑色，有红斑，腹部红色，翅膀细长。

牛黄[niəu^{55}xuɑŋ^{55}]　病牛的胆汁凝结成的黄色粒状物或块状物。

獾子[xuan^{213}tsɿ$^{°}$]　狗獾。哺乳动物。

瞎碰儿[ʃiɑ^{213}p‘ər^{42}]　金龟子。

鹡鹂子[tsi^{213}li^{42}tsɿ$^{°}$]　鹡鸰。

出飞[tʃ‘y^{213}fei^{213}]　鸟儿长大离窝，独立生活。

差翎[tʂ‘ ɑ^{42}liŋ^{55}]　禽、鸟换毛。

贴树皮[t‘ie^{213}ʃy^{42}p’i^{55}]　啄木鸟。

野物[ie^{324}u$^{°}$]　野生动物。

抛子[p’ ɑu^{213}tsɿ^{324}]　鱼、虾、蟹产卵。

拉子[lɑ^{55}tsɿ^{324}]　昆虫产卵。

蚰子[iəu^{55}tsɿ$^{°}$]　嘴像根管子向前伸出，好似象鼻，称为麦象。生活在粮仓里，蛀食麦子、谷子和玉米等粮食，是贮藏谷物的主要害虫。

上宿[ʃiɑŋ^{42}sy^{213}]　家禽栖息。

蹬倒山[təŋ^{213}tɑu^{324}ʂan^{213}]　笨蝗。大腿粗壮有力，一跳数丈远。

鱼将子[y^{55}tsiɑŋ^{213}tsɿ$^{°}$]　鱼的幼苗。

鹁鸽子[pu^{42}kɤ^{213}tsɿ$^{°}$]　鸽子。

腻虫子[mi^{42}tʂ‘uŋ^{55}tsɿ$^{°}$]　蚜虫。

蚂蛇丁子[mɑ^{324}kɤ^{55}tiŋ^{213}tsɿ$^{°}$]　蚂蟥。

蚂蛇蚪子[mɑ^{324}kɤ^{55}təu^{42}tsɿ$^{°}$]　蝌蚪。

毛支拉子[mɑu^{55}tʂʅ^{213}lɑ^{55}tsɿ$^{°}$]　毒毛虫。

鸣鸭[miŋ^{55}iɑ^{213}]　公鸭。

绵溜[mian^{55}liəu^{42}]　河鳗。
泥龙狗子[mi^{55}luŋ^{55}kəu^{324}tsɿ$^{\circ}$]　泥鳅。
放屁虫[faŋ^{42}p‘i^{42}tʂ‘uŋ^{55}]　气步甲。
竹节蛏子[tʂ‘u^{213}tsie^{213}tʂ‘əŋ^{213}tsɿ$^{\circ}$]　生于近海，壳狭长，肉肥美。
大兔精[tɑ^{42}t‘u^{42}tsiŋ^{213}]　狐狸精。
蜂蚂蚁[fəŋ^{213}mɑ^{324}i$^{\circ}$]　蚂蚁。
刀娄龟[tɑu^{213}ləu$^{\circ}$kuei^{213}]　螳螂。
团鱼[t‘uan^{55}y^{55}]　鳖。
呱鸪儿[kuɑ^{55}kuɤr^{213}]　布谷鸟，即两声杜鹃，大杜鹃。
虼子[kɤ^{213}tsɿ$^{\circ}$]　跳蚤。
壳娄[k‘ɤ^{213}ləu$^{\circ}$]　劁过的老母猪。
黄老鼠[xuɑŋ^{55}lɑu^{324}tʃ‘y$^{\circ}$]　黄鼠狼。
花喜子[xuɑ^{213}ʃi^{324}tsɿ$^{\circ}$]　喜鹊。
花大姐儿[xuɑ^{213}tɑ^{42}tsier^{324}]　瓢虫。
叫驴[kiɑ^{42}ly^{55}]　雄驴。
家雀子[kiɑ^{213}ts‘uɤ^{213}tsɿ$^{\circ}$]　麻雀。又称老雀。
蛇冲子[ʃie^{55}tʂ’uŋ^{213}tsɿ$^{\circ}$]　蜥蜴。
蝎虎子[xie^{213}xu^{324}tsɿ$^{\circ}$]　壁虎。
吱乖子[tʂʅ^{42}kuai^{213}tsɿ$^{\circ}$]　蝈蝈。
扎了[tʂa^{213}lɤ$^{\circ}$]　阉割（母猪）。
摘了[tʂei^{55}lɤ$^{\circ}$]　阉割（公猪）。
登牛[təŋ^{213}niəu^{55}]　阉过的公水牛。
土虺蛇[t‘u^{324}xui^{213}xie^{55}]　蝮蛇。
磕头虫[k‘ɑ^{213}t‘əu^{55}tʂ‘uŋ^{55}]　蚱蜢。
七寸蛇[ts‘i^{213}ts‘ən^{42}ʃie^{55}]　一种短而细的毒蛇。
七狗子[ts‘i^{213}kəu^{324}tsɿ$^{\circ}$]　蟋蟀。
姐了[tsie^{314}lɤ$^{\circ}$]　蝉。幼虫称姐了猴。
牙狗[iɑ^{55}kəu^{324}]　公狗。
屋龙[u^{213}luŋ^{55}]　一种住在屋顶上的赤蛇。
公马[kuŋ^{213}mɑ^{324}]　种马。
草驴[ts‘ɑu^{324}ly^{55}]　母驴。
键牛[kian^{213}niəu^{55}]　阉割过的公黄牛。
马鲛鱼[mɑ^{324}kiɑu^{213}y^{55}]　别名鲅鱼。
鳘鱼[min^{324}y^{55}]　鮸鱼，也称米鱼。
海沙子[xɑi^{324}ʂɑ^{42}tsɿ$^{\circ}$]　兰蛤。
彤蟹[t‘uŋ^{55}xiai^{42}]　梭子蟹。
大乌贼[tɑ^{42}u^{213}tsɿ$^{\circ}$]　金乌贼。
犅牛[kɑŋ^{213}niəu^{55}]　公牛。
牛犊子[niəu^{55}tu^{55}tsɿ$^{\circ}$]　小牛。
男猫[nan^{55}mɑu^{55}]　雄猫。

女猫[ny^{324}mɑu^{55}]　雌猫。
壳娄猪[k‘ɤ^{213}lɤ° tʃy^{213}]　未长成的肉猪。
小猪儿[siau^{55}tʃyr^{213}]　猪崽。
夜猫子[ie^{42}mɑu^{213}tsɿ°]　猫头鹰。
长虫[tʃ‘iɑn^{55}tʂ‘uŋ°]　蛇。
晦气鸟[xuei^{42}k’i^{42}niɑu^{324}]　乌鸦。
豆猴[təu^{42}xəu^{55}]　豆象科昆虫。
草鞋底[tʂ‘ɑu^{55}xiai^{55}ti^{324}]　马陆。多足类，似蜈蚣。
马蜂子[mɑ^{55}fəŋ^{213}tsɿ°]　黄蜂。
梁山伯[liɑŋ^{55}ʂan^{213}pei^{213}]　雄性花蝴蝶。
祝英台[tʂu^{213}iŋ^{213}t‘ai^{55}]　雌性花蝴蝶。
鳝鱼[ʃian^{42}y^{55}]　别名长鱼、田鳗。
黄眼蟹子[xuɑŋ^{55}ian^{324}xiai^{42}tsɿ°]　体小，椭圆形，黄眼凸出，爬行极快。
分水[fen^{213}ʂuei^{324}]　鱼儿浮水游动。
蛙子[uai^{55}tsɿ°]　青蛙。
蚕宝[ts‘an^{55}pɑu^{324}]　蚕。
支鱼[tʂʅ^{213}y^{55}]　梭鱼。
狗腿鱼[kəu^{324}t‘ei^{324}y^{55}]　学名鲬鱼。
沙光鱼[ʂɑ^{213}kuɑŋ^{42}y^{55}]　又名推浪鱼、沙逛鱼、光鱼，是赣榆及海州湾特产。
泥溜子[mi^{55}liəu^{213}tsɿ°]　泥螺。
弯口鱼[uan^{213}k‘əu° y^{55}]　又称大踏板子。
黄鲚鱼[xuɑŋ^{55}tsi^{42}y^{55}]　黄鲫鱼。
鲮刀鱼[lin^{55}tɑu^{213}y^{55}]　带鱼。
西施舌[si^{213}ʂʅ^{213}xie^{55}]　大白蛤。
骚歪[sɑu^{213}uai^{213}]　大河蚌。
蚕蛹儿[ts‘an^{55}yuər^{324}]　又称蚕宝。
结茧子[kie^{213}kian^{324}tsɿ°]　结蚕茧。
扁嘴[pian^{55}tsei^{324}]　鸭子。
柴呱鸪[tʂ‘ai^{55}kuɑ^{55}ku°]　苇莺。
白绫线[pei^{55}liŋ^{55}sian^{42}]　一种细长的白蛇。
钢针[kɑŋ^{213}tʃin^{213}]　针鱼。
刀壳子[tɑu^{213}k‘ɤ^{213}tsɿ°]　鲫鱼。
黄蠊[xuɑŋ^{55}tʃian^{213}]　一种凶猛的淡水鱼。
老关[lɑu^{324}kuan^{213}]　蜻蜓。
牛虻子[niəu^{55}məŋ^{324}tsɿ°]　虻。
螚子[nai^{42}tsɿ°]　一种夏天出生的小昆虫。
打扑翅[tɑ^{55}p‘u^{213}tʂ‘ʅ°]　鸡、鸭在地上抖翅翻动。
上套[ʃiɑŋ^{42}t‘ɑu^{42}]　牲口经过一段时间实习，能够熟练耕作。
鷇[k‘əu^{42}]　初生的小鸟。多用作女孩儿乳名：小～儿。
须缕[sy^{213}ly°]　蛇类伸出舌头探索前进、觅食。

吆鸡[iɑu^{213}ki^{213}]　赶鸡。

杂子[tsa^{55}tsɿ°]　家畜的内脏。又称下水。

草鸡[ts‘ ɑu^{55}ki^{213}]　本地品种的鸡。

张口兽[tʃiɑŋ^{213}k‘əu^{324}ʃiəu^{42}]　泛指家畜。

打鱼郎[ta^{324}y^{55}laŋ^{55}]　鱼鹰。

肫[tʃyan^{213}]　禽类的胃、胗。

七、房屋用具类

马扎子[mɑ^{324}tʂɑ^{213}tsɿ°]　如折叠椅状的一种简陋坐具。

舢板[san^{213}pan^{324}]　小船。

碌碡[ly^{213}tʃy°]　以石为圆筒形，中贯以轴，外加木框，曳行而转压之，以平场圃，亦以碾禾麦。又谓之碌碡辊子。

三弦[san^{213}xian^{55}]　一种乐器。

铁了事[t‘ie^{213}liɑu^{324}ʂʅ^{42}]　耳挖子。

水筲[ʂuei^{324}ʂɑu^{213}]　水桶。流行于石桥镇一带。

柳笸箩[liəu^{324}p‘uɤ^{55}lɤ°]　柳条编成的浅圆筐。

麦秸团扇[mei^{213}tʃiai^{213}t‘uan^{55}ʃian^{42}]　麦秸编成的精美团扇，常饰以花纹图案。

皮卯个[p‘i^{55}mɑu^{324}kɤ°]　小皮球。

气门嘴儿[tʃ‘i^{42}mən^{55}tsər^{324}]　气门芯儿。

聚子[tsy^{42}tsɿ°]　漏斗。

耍物[ʂuɑ^{324}u°]　玩具。

铁猫[t‘ie^{213}mɑu^{55}]　捉老鼠的铁夹子。

剁刀[tuɤ^{42}tɑu^{213}]　小砍刀。

戥子[təŋ^{324}tsɿ°]　一种小型的杆秤。

药铫子[yɤ^{213}tiɑu^{42}tsɿ°]　熬中草药用的陶器。

子皮[tsɿ^{324}p‘i^{55}]　车轮的内胎。

大皮[tɑ^{42}p‘i^{55}]　车轮的外胎。

锛子[pən^{213}tsɿ°]　砍平木料的平斧头。

狗腿儿[kəu^{324}t‘ər^{324}]　枪机。

油子[iəu^{55}tsɿ°]　烙煎饼时给鏊子擦油的布块。

枕皮子[tʂən^{324}p‘i^{55}tsɿ°]　枕头套子。

枕瓤子[tʂən^{324}iɑŋ^{55}tsɿ°]　枕头芯儿。

铤子[tʂ‘an^{55}tsɿ°]　犁头。

耩子[tsiɑŋ^{324}tsɿ°]　耧车。

床面子[tʂ‘uɑŋ^{55}mian^{42}tsɿ°]　床的面板。

床片黄[tʂ‘uɑŋ^{55}kuɑŋ^{213}]　床前后两根横梁。

上梁[ʃiɑŋ^{42}liɑŋ^{55}]　新盖房屋架顶梁。多在正午，鸣鞭炮，撒喜糖。梁柱上书：太公在此，百无禁忌。

宅子[tʂei^{55}tsɿ°]　住所。

影壁墙[iŋ^{324}p’i^{55}ts’iɑŋ^{55}]　大门前矮墙，也称照壁，古称萧墙。

笆斗[pa^{213}təu^{324}]　用柳条编织的盛粮食的斗子。

巴棍子[pa^{213}kun^{42}tsɿ°]　短木棍。

门堑子[mən^{55}ts'ian^{42}tsɿ$^{\circ}$]　门槛。又叫门趋子。
饭帚[fan^{42}tʃiəu$^{\circ}$]　刷碗的工具，多以高粱穗去粒后制作。
垛子[tuɤ^{324}tsɿ$^{\circ}$]　砖、石砌的支撑物：墙有点斜了，砌个～支着。
斗蓬[təu^{324}p'əŋ$^{\circ}$]　苇笠。
碓臼子[tei^{324}tʃiəu^{42}tsɿ$^{\circ}$]　碾米的器具。
碳砟子[t'an^{42}tʂɑ^{324}tsɿ$^{\circ}$]　燃烧过的煤碴。
苕帚[t'iɑu^{55}tʃiəu$^{\circ}$]　小扫帚。
过火[kuɤ^{42}xuɤ^{324}]　草木燃烧过的灰。
石刀[ʃi^{55}tɑu^{213}]　菜刀。
吸铁石[ʃi^{55}t'ie^{213}ʃi^{55}]　磁铁。
苫子[ʃian^{213}tsɿ$^{\circ}$]　草垫子。
夜壶[ie^{42}xu^{55}]　便器，古称虎子。
手巾方[ʃiəu^{55}tʃin^{213}fɑŋ^{213}]　手帕。
抓钩[tʂɑu^{213}kəu^{213}]　用来抓草或刨地的二齿铁钩。
挠子[nɑu^{55}tsɿ$^{\circ}$]　小抓钩。
站把[tʂan^{42}pa^{324}]　长柄的小扫帚，可站着扫地。
鏊子[ɑu^{42}tsɿ$^{\circ}$]　烙煎饼用的炊具，铁制，平底三足。
洋火[iɑŋ^{55}xuɤ^{213}]　火柴。
洋火圪巴[iɑŋ^{55}xuɤ^{213}kɤ^{55}pɤ$^{\circ}$]　火柴杆。
洋灰[iɑŋ^{55}xuei^{213}]　水泥。
洋碱[iɑŋ^{55}kian^{324}]　洗衣肥皂。
洋盆子[iɑŋ^{55}p'ən^{55}tsɿ$^{\circ}$]　镀瓷洗脸盆。
筦子[yan^{324}tsɿ$^{\circ}$]　用柳条编制的带梁的圆筐。
箅列子[pi^{42}lie^{213}tsɿ$^{\circ}$]　蒸馒头的竹制炊具。
糨子[tʃiɑŋ^{42}tsɿ$^{\circ}$]　糨糊。
碗石臿子[uan^{324}tʂ'ɑ^{213}tsɿ$^{\circ}$]　①碗打碎后的残片。②碗（贬义）
瓦石臿子[uɑ^{324}tʂ'ɑ^{213}tsɿ$^{\circ}$]　碎瓦片。
土龙[t'u^{324}luŋ^{55}]　用于自卫的土炮。
牛屋[niəu^{55}u^{213}]　牛舍。
牛槽[niəu^{55}ts'ɑu^{55}]　牛食草用的石槽。
猪圈[tʃy^{213}kuan^{42}]　又称猪栏。
猪食槽子[tʃy^{213}ʃi^{55}ts'ɑu^{55}tsɿ$^{\circ}$]　猪槽。
门鼻子[mən^{55}pi^{55}tsɿ$^{\circ}$]　旧式门锁的挂勾处。
屋当门[u^{213}tɑŋ^{213}mən^{55}]　明间的地面。
柱顶石[tʃy^{42}tiŋ^{324}ʃi^{55}]　柱石。
榫子[sən^{324}tsɿ$^{\circ}$]　榫头。竹、木、石制器物利用凹凸方式相接处凸出的部分。
笆杖子[pɑ^{213}tʃiɑŋ^{42}tsɿ$^{\circ}$]　篱笆。
坛子网[t'an^{55}tsɿ$^{\circ}$uɑŋ^{324}]　大网。用于母子船作业。
滚钩[kuən^{324}kəu^{213}]　定置于海滩的捕鱼工具，退潮后取鱼。
土压五[t'u^{324}iɑ^{42}u^{324}]　土造步枪。

土驴子[t‘u^{324}ly^{55}tsɿ$^{\circ}$]　矮小的平板独轮车。常用于挖河。
稿箕[kau^{324}tʃ‘i$^{\circ}$]　挡风的厚草帘。
石砟子[ʃi^{55}tʂa^{324}tsɿ$^{\circ}$]　小石子。
茅房[mau^{55}faŋ^{55}]　厕所。
巴梁子[pa^{213}liaŋ^{42}tsɿ$^{\circ}$]　做豆腐、凉粉用的木架。
被子[pei^{42}tsɿ$^{\circ}$]　棉被。
阄[tʃ‘iəu^{213}]　供裁决用的小纸团。
被单子[pei^{42}tan^{213}tsɿ$^{\circ}$]　床单。
香胰子[xiaŋ^{213}i^{55}tsɿ$^{\circ}$]　香皂。
手巾[ʃiəu^{55}tʃin^{213}]　洗脸毛巾。
捎马子[ʂau^{213}ma^{324}tsɿ$^{\circ}$]　褡裢。
锅屋[kuɤ^{213}u^{213}]　厨房。又叫“过道”，因多由其外间进出门而名。
锅台[kuɤ^{213}t‘ai^{55}]　灶。
锅墨烟子[kuɤ^{213}muɤ$^{\circ}$ian^{213}tsɿ$^{\circ}$]　锅底上的黑灰，又称锅灰。
窝篮[uɤ^{213}lan^{55}]　婴儿躺卧的长篮子。
牛梭子[niəu^{55}suɤ^{213}tsɿ$^{\circ}$]　牛拉车时，放在肩头，穿入缰绳的弯弓形木制物件。
牛嚼子[niəu^{55}tsusɿ$^{\circ}$]　牛耕作时戴在嘴上的竹罩。
洋油[iaŋ^{55}iəu^{55}]　煤油。
拖把[t‘uɤ^{213}pa^{324}]　拖帚。
卯个[mau^{324}kɤ$^{\circ}$]　小石球。小女孩玩抓子用。
顶针子[tiŋ^{324}tʃin^{213}tsɿ$^{\circ}$]　又名顶箍子，妇女缝纫用具。
针鼻儿[tʃin^{213}pir^{55}]　针眼。
搓衣板[ts’uɤ^{213}i^{213}pan^{324}]　洗衣板。
洋车子[iaŋ^{55}tʃ‘ie^{213}tsɿ$^{\circ}$]　自行车。
磨[muɤ^{42}]　①石磨。②用力转动。
驴蒙眼子[ly^{55}məŋ^{55}ian^{324}tsɿ$^{\circ}$]　驴拉磨时戴的眼罩。
屋爪[u^{213}tʂau^{324}]　房檐角。
底石[ti^{324}ʃi^{55}]　基石。
两头沉儿[liaŋ^{324}t‘əu^{55}tʃ‘ir^{55}]　廊房，两端有耳房。又指两头带屉柜的长桌。
四不露毛[sɿ^{42}pu^{213}ləu^{42}mau^{55}]　屋顶四周用砖瓦、中部用草盖的房子。
里生外熟[li^{324}ʂəŋ^{213}uai^{42}ʂu^{55}]　外皮用砖，内皮用土坯砌的屋墙。
牛緪[niəu^{55}kəŋ^{213}]　牛拉犁的粗绳。
毛墙[mau^{55}ts‘iaŋ^{55}]　表面不光滑、未经粉刷的墙。
踏步[t‘a^{213}pu^{42}]　台阶。
风挡[fəŋ^{213}taŋ^{324}]　门窗上端横开的部分。
落地窗[luɤ^{213}ti^{42}tʂ‘uaŋ^{213}]　底部离地面很近的大窗户。
搭山[ta^{213}ʂan^{213}]　两栋房子房脊相连共用一山墙。
面子床[mian^{42}tsɿ$^{\circ}$tʂ‘uaŋ^{55}]　前面有封板装饰的床。
耙光床[pa^{42}kuaŋ$^{\circ}$tʂ‘uaŋ^{55}]　结构简易的小床。
架子床[kia^{42}tsɿ$^{\circ}$tʂ‘uaŋ^{55}]　有床架、装饰较好的床。

爬爬凳[p‘ɑ^{55}pɑ$^{\circ}$ təŋ^{42}]　两腿用木板做的小矮凳。

搁板儿[kɤ^{213}pɑr^{324}]　钉在墙上置放物品的木板。

黑老窑[xei^{213}lɑu^{324}iɑu^{55}]　粗瓷大黑碗。

木驴子[m^{213}ly^{55}tsɿ$^{\circ}$]　小型简易木轮车。

摊耙[t‘an^{42}p‘ɑ^{55}]　收晒粮食用的头部用长方形木板做成的耙子。

不见天儿[pu^{213}kian^{42}t‘iɑr^{324}]　手推车车把末端下凸出的木榫。

车襻[tʃ‘ie^{213}p‘an^{42}]　手推车两把之间的扁带绳。

泥抹子[mi^{55}muɤ^{324}tsɿ$^{\circ}$]　用铁皮或木板做的泥墙的工具。

拘绳[ky^{213}ʃiŋ^{55}]　一端有滑钩的绳子。

滑珠[xuɑ^{55}ky^{213}]　木制简易滑轮。

牛腿瓮[niəu^{55}t‘ei^{324}uŋ^{42}]　圆柱形瓷缸。口小肚大。

苫屋[ʃian^{42}u^{213}]　铺盖房顶。

缮屋[ʃian^{42}u^{213}]　修葺房屋。

托子[t‘uɤ^{213}tsɿ$^{\circ}$]　爬犁。多以牛拉滑行。

络子[luɤ^{213}tsɿ$^{\circ}$]　以木框作底盘，四角系细绳，用来挑物。

磨脐子[muɤ^{42}ts‘i^{55}tsɿ$^{\circ}$]　石磨底盘凸出的轴心。多以木柱外加铁圈制成。

磨碁子[muɤ^{42}k‘i^{55}tsɿ$^{\circ}$]　石磨的上下两盘。上面的可转盘叫上碁；下面的不转动盘叫下碁。

私章[sɿ^{213}tʃiɑŋ^{213}]　个人印章。

戳子[tʃ‘yɤ^{213}tsɿ$^{\circ}$]　图章。

大印[tɑ^{42}in^{42}]　官印。

浅子[ts‘ian^{324}tsɿ$^{\circ}$]　一种很浅的筐子，用竹皮或芦苇皮制成。

阳口[iɑŋ^{55}k‘əu^{324}]　墙根的出水口。

作坊[tsuɤ^{213}fɑŋ$^{\circ}$]　手工作业的工厂。

小鳖盖儿[pie^{213}kɑr^{42}]　一种脱粒机，又叫小翁牛。

攮子[nɑŋ^{324}tsɿ$^{\circ}$]　匕首。

八、人品职业类

小巧[siɑu^{324} tʃiɑu^{324}]　言行举止谦恭礼让。

把稳[pɑ^{55}uən^{324}]　处事审慎，务求稳妥。

吃飞草蛾的[tʃ‘i^{213}fei^{213}ts‘ ɑu^{324}ɤ^{55}tɤ$^{\circ}$]　吃活食、吃轻巧饭的。含投机取巧，不劳而获之义。

出大力的[tʃ‘y^{213}tɑ^{42}li^{213}tɤ$^{\circ}$]　重体力劳动者。又说出死力的，出憨力的，含贬义。

好手[xɑu^{324}ʃiəu^{324}]　技艺高超的人。

小器[siɑu^{324}k‘i^{42}]　度量狭隘。

小喽啰[siɑu^{324}ləu^{55}luɤ^{55}]　旧指强盗头目的部下，现比喻追随恶人的人。

大器[tɑ^{42}k‘i^{42}]　①大才。②大方。同“大气”。不吝啬，不拘束，不俗气。

婆嬷儿嬷儿[p‘uɤ^{55}mɑr^{324}mɑr^{324}]　妇女。

泥响儿[mi^{55}xiɑ r^{324}]　泥捏的哨子，比埙小。

光棍[kuɑŋ^{213}kuən$^{\circ}$]　单身汉。

醉酣子[tsei^{42}xan^{213}tsɿ$^{\circ}$]　经常醉酒的人。

酒鬼[tsiəu^{324}kuei^{324}]　勾兑酒用的长柄木器。又比喻好酒贪杯、嗜酒如命的人。

酒篓子[tsiəu^{324}ləu^{324}tsɿ$^{\circ}$]　盛酒的内壁糊以油布的竹篓。比喻好喝酒而酒量大的人。

酒魔[tsiəu^{324}muɤ^{55}] 酒席桌上好要赖、难缠的人。
有年纪的[iəu^{324}nian^{55}ki° tɤ°] 老年人。又说“有年人”。
有能为[iəu^{324}nəŋ^{55}uei^{55}] 有能力。
一老为实[i^{213}lɑu^{324}uei^{55}ʃi^{55}] 老实、本份的人。
酒醉鬼迷[tsiəu^{324}tsei^{42}kuei^{324}mi^{55}] 酒鬼。
见杆就爬[tʃian^{42}kan^{213}tsiəu^{42}p‘ ɑ^{55}] 见风使舵，谁有权势就攀附谁。
绝户头[tsuɤ^{55}xu° t‘əu^{55}] 断子绝孙的人。
识字班儿[ʃi^{55}tsɿ^{42}pɑr^{213}] 农村未婚女青年。
街滑子[kiai^{213}xuɑ^{55}tsɿ°] 小城镇的奸猾之人。
八根系儿[pɑ^{213}kən^{213}xir^{42}] 本义指一挑两筐八系，借指挑络筐做小生意的人。
蹦头古[pəŋ^{42}təu^{55}t‘iŋ^{213}] 脾气暴躁的人。
半瓶醋[[pan^{42}p‘iŋ^{55}ts‘u^{42}] 一知半解，学问不深的人。
半吊子[pan^{42}tiɑu^{42}tsɿ°] ①不守信用，中途反悔。②手艺没学成。
拣洋落的[tʃian^{324}iɑŋ^{55}lɑu^{55}tɤ°] 趁战乱抢掠财物的人。
昧良心[mi^{42}liɑŋ^{55}sin^{213}] 贪心不足，没有良心。
磨墩子[muɤ^{42}tən^{213}tsɿ°] 形容人矮胖、粗壮。
磨动天[muɤ^{42}tuŋ^{42}t‘ian^{213}] 人际关系广，活动能力强的人。
蛮子[man^{55}tsɿ°] 俗称江南人：南～。
吃昧心食[tʃi^{213}mi^{213}sin^{213}ʃi^{55}] 隐瞒自己得到的利益，收受不光彩的财物。
打庄户的[tɑ^{55}tʂuɑŋ^{213}xu^{42}tɤ°] 农民。
吊蛋猴儿[tiɑu^{42}tan^{42}xəur^{324}] 调皮捣蛋、工作极不负责的人。
马子[mɑ^{324}tsɿ°] 土匪。
断路的[tuɑn^{324}lu^{42}tɤ°] 拦路抢劫的强盗。
舔腚虫[t‘ian^{324}tiŋ^{42}tʂ‘uŋ^{55}] 惯会打小报告、逢迎拍马的人。
劳力[lɑu^{55}li^{213}] 农村成年男子。又说“棒劳力”。
鬼嚷[kuei^{324}iɑŋ^{213}] ①滑头。②有心计（贬义）。
杠眼子[kɑŋ^{42}ian^{324}tsɿ°] 好强辩的人。
侉子[k‘uɑ^{324}tsɿ°] 俗称北方人：山东老～。
小抠油儿[siɑu^{55}k‘əu^{213}iəur^{55}] 为人处事吝啬的人。
狂唠儿[k‘uɑŋ^{55}lɑur^{55}] ①多言多语，说话狂妄的人。②随便破坏东西的人。
讲痨儿[kiɑŋ^{324}lɑur^{55}] 絮絮叨叨，废话连篇，令人厌烦的人。
好佬[xɑu^{55}lɑu^{324}] 有权势、蛮不讲理的人。
杀把子[ʂɑ^{42}pɑ^{324}tsɿ°] 屠刀手：～一样凶狠。
送信的[suŋ^{42}sin^{42}tɤ°] 邮递员。
好佬茬子[xɑu^{55}lɑu^{324}tʂɑ^{42}tsɿ°] 蛮横无礼、欺压乡邻的强人。
猴娄巴唧[xəu^{55}ləu° pɑ^{213}tsi^{213}] 滑头滑脑，不稳重的人。
直肠子[tʃi^{55}tʃ‘iɑŋ^{55}tsɿ°] 性格直爽、耿介之士。
夹米嘴子[kiɑ^{213}mi° tsei^{324}tsɿ°] 没见过大世面，不善外交辞令，做事老实巴脚的人。
现眼鬼儿[xian^{42}ian^{324}kuər^{324}] 丢丑的人。
大白丁子[tɑ^{42}pei^{55}tiŋ^{213}tsɿ°] 文盲。

下三烂子[xiɑ^{42}san^{213}lan^{42}tsɿ$^{\circ}$] 被人瞧不起的人或事物。
沁头汉[ts‘in^{42}t‘əu^{55}xan^{42}] 习惯于低头走路的男子。
睁眼瞎子[tʂəŋ^{213}ian^{324}xiɑ^{213}tsɿ$^{\circ}$] 文盲。
乍五掌[tʂa^{213}u^{55}tʃiɑŋ^{324}] 目中无人，狂妄自大。
耍拉马戏的[ʂuɑ^{324}lɑ^{42}mɑ^{324}xiai^{42}tɤ$^{\circ}$] 马戏团演员。
左不拉子[tsuɤ^{324}pu$^{\circ}$lɑ^{213}tsɿ$^{\circ}$] 左撇子。
烧窑的[ʃiɑu^{213}iɑu^{55}tɤ$^{\circ}$] 窑匠。
哨[ʂɑu^{42}] 鸟叫。喻好说涮腔，狂傲的言行。
狂言诈语[k‘uɑŋ^{55}ian^{55}tʂɑ^{42}y^{324}] 说话狂妄。
二杆子[ər^{42}kan^{324}tsɿ$^{\circ}$] 说话做事不靠谱、不着调的人。
草驴荡子[ts‘ɑu^{324}ly^{55}tɑŋ^{42}tsɿ$^{\circ}$] 贬指一群只会说空话，不能干实事的人。
青皮[ts‘iŋ^{213}p‘i^{55}] 流氓无赖、不习正道之人。
细辫儿[si^{42}piɑr^{42}] 过于节省、人情往来小气。
二尾子[ər^{42}i$^{\circ}$tsɿ$^{\circ}$] 两性人。
草木之人[ts‘ɑu^{324}muŋ$^{\circ}$tʂʅin^{55}] 平凡的人。
二朝凤子[ər^{42}tʃ’iɑu^{55}fəŋ^{42}tsɿ$^{\circ}$] ①被用过的物品。②特指离过婚或被抛弃的女人。
要饭的[iɑu^{42}fan^{42}tɤ$^{\circ}$] 乞丐。
药先生[yɤ^{213}sian^{213}ʂəŋ$^{\circ}$] 医生。
说媒的[ʃyɤ^{213}mei^{55}t$^{\circ}$] 媒人。
妖孽蛋[iɑu^{213}ie^{213}tan^{42}] 好闹乱子、作恶的人。
阴损[iən^{213}sən^{324}] 说话尖刻、不怀好意的人。
冤大头[yan^{213}tɑ^{42}t‘əu^{55}] 代人受过，老实巴脚、逆来顺受、易受欺凌的人。
东诳西骗[tuŋ^{213}k‘uɑŋ^{213}si^{213}p‘ian^{42}] 招摇撞骗。
死老冤[sɿ^{55}lɑu^{55}yan^{213}] 老实巴脚、土里土气的乡下人。
眼子[ian^{324}tsɿ$^{\circ}$] ①不会见风使舵的人。②专好挑别人毛病的人。又说“眼子毛”。
不透气儿[pu^{55}t‘əu^{42}k‘ir^{42}] 指人太糊涂、呆板。
多嘴撩舌[tuɤ^{213}tsei^{324}liɑu^{55}ʃie^{55}] 随便插话或胡说乱道。
老头儿[lɑu^{324}t‘əur^{55}] ①老年男子 ②父亲 ③丈夫（老）。
老嬷儿嬷儿[lɑu^{324}mɑr^{324}mɑr$^{\circ}$] ①老太太。②妻子（老）。
伙头军[xuɤ^{324}t‘əu^{55}kyn^{213}] 伙夫。
牙长剐就地[iɑ^{55}tʃ‘iɑŋ^{55}kuɑ^{55}tsiəu^{42}ti^{42}] 无事生非，以言迫人。
女人[ny^{213}in$^{\circ}$] 已婚妇女。又特指“妻子”。
小小子[siɑu^{55}siɑu^{324}tsɿ$^{\circ}$] 小男孩儿。
五熊头[u^{324}xuŋ^{55}t‘əu^{55}] 凶狠好斗的人。又指男婴长得健壮。
小丫头[siɑu^{55}iɑ^{213}t’əu$^{\circ}$] 小女孩儿。
不成人[pu^{213}tʃ‘iŋ^{55}in^{55}] 行为恶劣的人。
半婚头儿[pɑn^{42}xuən$^{\circ}$t‘əur^{55}] 再嫁的妇女。
面耳朵[mian^{55}ər^{324}tɤ$^{\circ}$] 轻信人言。
年纪[nian^{55}ki$^{\circ}$] 年龄。多问老年人：您老人家多大～了？
拿架子[nɑ^{55}kiɑ^{42}tsɿ$^{\circ}$] 自我抬高身价。

仗义[tʃiɑŋ^{213}i°]　①敢做敢当。②守信用。
缝直缝儿[fəŋ^{55}tʃi^{55}fə r^{42}]　直爽、按原则办事。
直诚[tʃi^{55}tʃ‘iŋ°]　忠诚正直、厚道。
憨不得儿得儿[xan^{213}pu° tər^{55}tər^{55}]　憨厚的样子。
大誧的[tɑ^{42}p‘u^{55}tɤ°]　大胆的。
大么憨儿憨儿[tɑ^{42}muɤ° xɑr^{213}xɑr^{213}]　不拘小节、不计较得失。
大么样儿样儿[tɑ^{42}muɤ° iɑ r^{55}iɑ r^{55}]　大模大样。
少肺[ʃiɑu^{324}fei^{42}]　说话做事少心眼。又说大肝肺。
没窟窿眼儿[mei^{42}k‘u^{213}luŋ^{55}iɑr^{324}]　愚蠢、没有心计。
硌硌登[kɤ^{55}kɤ° təŋ^{42}]　出人头地有权势的人。
主意罐子[tʃy^{324}i° kuan^{42}tsɿ°]　有智谋、有办法、好坚持己见的人。
大料子[tɑ^{42}liɑu^{42}tsɿ°]　有能力、有前途的人。
黑心贼[xei^{213}sin^{213}tsei^{55}]　极贪婪之人。
弯弯肚子[uan^{213}uan° tu^{324}tsɿ°]　喻人有特殊的办法或本领。
奶奶官[nan^{324}nan° kuan^{213}]　缺乏原则的人，和事佬。
少年[ʃiɑu^{42}nian^{55}]　青年男子。
狗腚孩儿[kəu^{324}tiŋ^{42}xɑr5^{5}]　不懂事的玩童。
家下娘儿们[kiɑ^{213}xiɑ^{42}niɑŋ^{55}mɤ°]　农村家庭妇女。
大要友[tɑ^{42}ʂuɑ^{324}iəu^{324}]　好交际、华而不实的人。
长舌头[tʃ‘iɑŋ^{55}ʃie^{55}t‘əu°]　好说长道短、搬弄是非的人。
贴皮靠子[t‘ie^{213}p‘i^{55}k‘ ɑu^{42}tsɿ°]　靠吃靠喝的人。
改常[kai^{324}tʃ‘iɑŋ^{55}]　言行一反常态。
孬堆儿[nɑu^{213}tər^{213}]　老实巴脚，没勇气、受歧视的人。
能个豆儿[nəŋ^{55}kɤ° təur^{42}]　有能力的人。又说“人王尖子”。
漂星儿[p‘iɑu^{213}siə r^{213}]　过于讲究衣着穿戴，作风轻浮的人。
溜球[liəu^{213}k‘iəu^{55}]　小流氓：这小子是～货。
实巴心眼[ʃi^{55}pɤ° sin^{213}iɑr^{324}]　诚实无欺、思想作风实在的人。
酸客[suan^{213}k‘ei^{213}]　好挑剔的人。
挖窟心眼[uɑ^{213}k‘u^{213}sin^{213}iɑr^{324}]　喻人心计卑鄙。
邪么鬼祟[sie^{55}mɤ° kuei^{324}sei^{42}]　言行诡谲的人。
老外[lɑu^{55}uai^{42}]　①外行。②外国人。
死秧子[sɿ^{55}iɑŋ^{213}tsɿ°]　喻没有能力、魄力的人。
低头难[ti^{213}t‘əu^{55}nan^{55}]　遇事畏难，懒而无能的人。
埋头刁[mai^{55}t‘əu^{55}tiɑu^{213}]　阴险刁拐之人。
妖教[iɑu^{213}kiɑu^{42}]　不服管教、不走正道的孩子。
别里各样[pei^{55}lɤ° kɤ^{213}iɑŋ^{42}]　行为与常人不一样，好出风头。
二五不识[ər^{42}u^{324}pu^{213}ʃi^{213}]　不知好歹。
偏头犟[p‘ian^{213}t‘əu^{55}kiɑŋ^{42}]　固执己见，一意孤行的人。
摇头茧 [iɑu^{55}t‘əu^{55}tʃian^{324}]　蛹。喻爱挑剔，好丑怩的人。
软皮蛋[yan^{324}p‘i^{55}tan^{42}]　喻没有血性，忍气吞声的人。

晕种[yn^{324}tʂuŋ^{324}]　头脑不清醒，做事盲目、记性不好的人。

气包子[k‘i^{42}pɑu^{213}tsɿ$^{\circ}$]　①受气的人。②好生气的人。

心性[sin^{213}siŋ^{42}]　性格。

报丧腿[pɑu^{42}ʂɑŋ^{42}t‘ei^{324}]　（粗话）说东道西、传播流言的人。

憨瓜[xan^{213}kuɑ^{213}]　憨笨的人。

霹雳蹦子[p‘i^{213}li^{42}pəŋ^{42}tsɿ$^{\circ}$]　性情暴躁的人。

死猪精[sɿ^{324}tʃy^{213}tsiŋ^{213}]　智商低下，听到别人说某事可做，便争抢去做。争名夺利，不知羞耻。

摆地摊的[pai^{324}ti^{42}t‘ɑn^{213}tɤ$^{\circ}$]　卖杂货的小摊主。

大鼻老太太[tɑ^{42}pi^{55}lɑu^{324}t‘ai^{42}t‘ai$^{\circ}$]　傲慢、架子大的人。

硬茬[iŋ^{42}tʂ‘a^{324}]　作威作福的人。

碜种[tʂ‘ən^{55}tʂuŋ^{324}]　说话生硬、不近人情的人。

逞能亢胜[tʃ‘iŋ^{55}nəŋ^{55}kɑŋ^{42}ʃiŋ^{42}]　好胜心强。

窝囊膪[uɤ^{213}nɑŋ^{55}tʂ‘uai^{42}]　①体胖而无力的人。②软弱无能的人。

刁把[tiɑu^{213}pɑ^{324}]　狡猾、爱占便宜之人。

小鬼积[siɑu^{55}kuei^{324}tsi^{213}]　好耍小聪明、爱占小便宜的人。

刁拐心眼[tiɑu^{213}kuai^{324}sin^{213}ian^{324}]　狡猾的心计。

小末尕儿[siɑu^{324}mɑ^{324}kɑr^{55}]　①最小的孩子。②极小的物品。

听风就是雨[t‘iŋ^{213}fəŋ^{213}tsiəu^{42}ʂʅ$^{\circ}$y^{324}]　遇事不加分析，盲从、盲动。

改呆呆[kai^{324}tai^{213}tai^{213}]　言行自相矛盾，做事半途而废。

拐咕[kuai^{324}ku$^{\circ}$]　刚愎自用，不好讲话的人。

谎不溜[xuɑŋ^{324}pu$^{\circ}$liəu^{55}]　好说谎的人。又：撒谎掉皮儿。

大脚行[tɑ^{42}kyɤ^{213}xɑŋ^{55}]　丧事中给死者收殓和专业服务的人。

胡涂灰[xu^{55}tu$^{\circ}$xuei^{213}]　非常糊涂的人。

憨大胆儿[xan^{213}tɑ^{42}tɑr^{42}]　做事不考虑后果，盲目蛮干的人。

假马儿[kiɑ^{55}mɑr^{324}]　装腔作势，光说空话不办实事的人。

馋痨儿[tʂ‘an^{55}lɑur^{55}]　贪吃的人。

精思[tsiŋ^{213}sɿ$^{\circ}$]　精明的人。

挤眉露眼[tsi^{324}mei$^{\circ}$ləu^{42}ian^{324}]　耍心眼，玩小阴谋，占小便宜。

打赖毛[tɑ^{324}lai^{42}mɑu^{55}]　翻脸不认账、胡搅蛮缠。

赖糊眵[lai^{42}xu^{55}tʂ‘ʅ^{213}]　不仗义、好耍赖。

烂腚冬瓜[lan^{42}tiŋ^{42}tuŋ^{213}kuɑ^{213}]　不识相，作客时老是坐着不走的人。

三角六棱儿[san^{213}kyɤ^{213}liəu^{42}liə r^{42}]　难缠之人。

流蛋兴[liəu^{55}t ɑ n^{42}xiŋ^{213}]　①不严肃、不负责任、不顾后果的言行。②开玩笑。③不切实际的做法。

无料[u^{55}liɑu^{42}]　没出息、无能的人。

黄嘴角儿[xuɑŋ^{55}tsei^{324}tʃiɑr^{213}]　黄口。①雏鸟。②幼儿。《淮南子》："古之伐国，不杀黄口，不获二毛，于古为义，于今为笑。"

卖碾药的[mai^{42}iai^{55}yɤ^{213}tɤ$^{\circ}$]　摆地摊卖中草药的人。

吝[lin^{42}]　①好讥笑人、讽刺人。②心术不正：这人奸～刁拐。

没脚后跟儿[mei^{42}kyɤ^{213}xəu^{42}kə^{213}]　言行随便、做事靠不住的人。

没脑后眼儿[mei^{42}nɑu^{324}xəu^{42}iɑr^{324}]　看问题不长远。

假媒子[kiɑ^{324}mei^{55}tsɿ$^{\circ}$]　人品虚伪、做事不实。
水嘴子[ʂuei^{324}tsei^{324}tsɿ$^{\circ}$]　不成实的花生。喻言行水分大的人。
闷子[mən^{213}tsɿ$^{\circ}$]　沉默寡言的人。
闷坏[mən^{213}xuai^{42}]　暗地干坏事。
绵緾[mian^{55}tʃ ‘an^{55}]　不振作、说话做事不爽快的人。
软里绵[yan^{324}lɤ$^{\circ}$ mian^{55}]　有韧性、很少发脾气的人。
能虫[nəŋ^{55}tʂ‘uŋ^{55}]　,又叫能豆。有能力的人。戏谑语。
货郎子[xɤ^{42}ləŋ^{213}tsɿ$^{\circ}$]　手执摇鼓、走街串巷卖小百货的小货郎。
脓包[nuŋ^{55}pɑu^{213}]　软弱无能的人。
老皮条[lɑu^{324}p‘i^{55}t‘iɑu^{55}]　有一定社会阅历、稳重、老辣的人。
离水貂[li^{42}ʂuei^{324}tiɑu^{213}]　刁滑之人。
翻眼绿豆精[fan^{213}ian^{324}lu^{213}təu^{42}tsiŋ^{213}]　言行反复无常的人。
贫财拉厌[p‘in^{55}ts‘ai^{55}lɑ^{213}ian^{42}]　好贪小便宜令人生厌。
成大器[tʃ‘iŋ^{55}tɑ^{42}tʃ‘i^{42}]　有作为,成就一番大事业的人。
不成器[pu^{213}tʃ‘iŋ^{55}tʃ‘i^{42}]　①没出息。②不成才。
穷将就[k‘yŋ^{55}tsiɑŋ^{213}tsiəu^{42}]　条件很差,勉强凑合。
肉头户[iəu^{42}t‘əu^{55}xu^{42}]　有钱而吝啬的人。
肉头肉脑[iəu^{42}t‘əu^{55}iəu^{42}nɑu^{324}]　①老滑头。②做事拖泥带水。
吴二大爷[u^{55}ər^{42}tɑ^{42}ie$^{\circ}$]　没见过世面的人。
辱没[y^{213}muɤ$^{\circ}$]　①屈材。②受委屈。
生茬马子[ʂəŋ^{213}tʂ ‘ ɑ^{55}mɑ^{324}tsɿ$^{\circ}$]　①人生地不熟,举目无亲。②工作业务不熟。
生纂[ʂəŋ^{213}tsuan^{324}]　别出心才。
生坏[ʂəŋ^{213}xai^{42}]　出坏主意、搞破坏。
钱不剩[ts‘ian^{55}pu^{213}ʃiŋ^{42}]　大手大脚、花钱浪费的人。
人来疯[in^{55}ai^{55}fəŋ^{213}]　来的客人多了,兴奋异常,在人前表现自己。又说“有人见疯”。
石干妈[ʃi^{55}kan^{213}mɑ^{213}]　立在路旁似人形的石头。为使孩子好养活,拜石为干妈。
实心儿[ʃi^{55}sir^{213}]　①物体无空心。②喻人愚蠢不开窍。
不长耳眼儿[pu^{213}tʃiɑŋ^{324}ər^{324}iɑr^{324}]　①不听话。②没记性。
诌二大爷[tʂəu^{213}ər^{42}tɑ^{42}ie$^{\circ}$]　胡诌八扯的人。
不出血[pu^{213}k‘y^{213}xie^{213}]　喻吝啬。
积积夹夹[tsi^{213}tsi^{213}tʃiɑ^{213}tʃiɑ^{213}]　①言行小气、吝啬。②物体小器,不大方。
鬼魔搪嘲[kuei^{324}muɤ$^{\circ}$ t‘ ɑŋ^{55}tʃiɑu^{55}]　不说真话,暗地捣鬼。
差味儿[tʂ‘ ɑ^{213}uər^{42}]　差劲,不够意思。
文儿文儿[uər^{55}uər^{55}]　说话文绉绉,故意卖弄词藻。
蒙头盖捂[məŋ^{55}t‘əu^{55}kai^{42}u^{324}]　衣物蒙得很紧。喻做事神秘莫测,有难言之隐。
没武艺[mei^{42}u^{324}i$^{\circ}$]　没有办法。
忤嗤的[u^{42}tʂ‘ʅ^{55}tɤ$^{\circ}$]　不顺从,憨直。
瞎巴鬼子[xiɑ^{213}pɤ$^{\circ}$ kuei^{324}tsɿ$^{\circ}$]　不走正道,做事不认真,老是把事情搞糟的人。
邪古董[sie^{55}ku$^{\circ}$ tuŋ^{324}]　①行为乖僻。②精神病,神经不正常。
华美儿[xuɑ^{55}mər^{55}]　长相俊秀的青年人。

笪壳儿[tʃ'ie^{213}k'ɤr^{213}] 故意做作的人。

张嗒[tʃiaŋ^{213}tɤ°] 装腔作势的人。又：～板子。

主儿[tʃyr^{324}] ①人：你看这个～，不讲价就把货买走。②主雇：这货太孬，肯定没～。③责任者：你给我交出个～来。

二红相[ər^{42}xuŋ^{55}siaŋ^{42}] 好翻脸、发怒、撒野之人。

小气巴拉[siau^{324}tʃ'i° pa^{213}la^{213}] 非常小气。

败坏头[pai^{42}xuɤ° t'əu^{55}] ①败坏产业之人。②道德败坏之人。

马大哈[ma^{55}ta^{42}xa^{213}] 言行马虎，粗鲁莽撞。

砸坷头的[tsa^{55}k'ɤ^{324}t'əu^{55}tɤ°] 农民。

扯牛尾巴的[tʃ'ie^{324}niəu^{55}i^{324}pɤ° tɤ°] 农民。

正头香主[tʃiŋ^{42}t'əu^{55}ʃiaŋ^{213}tʃy^{324}] ①帮会、道会门中的头目。②家族中嫡系第一继承人。

吃公家饭儿的[tʃ'i^{213}kuŋ^{213}kia^{213}far^{42} tɤ°] 国家干部。

瞎打旗的[xia^{213}ta^{324}k'ir^{55}tɤ°] 不起重要作用的人。

九、亲属类

亲家俩儿[ts'iŋ^{42}kia° liar^{324}] 俩儿女亲家。

姊妹[tsɿ^{324}mei°] 兄弟加姐妹，有别于普通话的姐妹。常用于计数：他家～五个。

远房[yan^{324}faŋ^{55}] 血缘关系较远的家庭。

近门[kin^{42}mən^{55}] 血缘关系较近的家庭。

没出五服[mei^{42}tʃ'y^{213}u^{324}fu^{55}] 同一高祖父的人。

双生[ʂuaŋ^{42}ʂuaŋ°] 双胞胎。

大爷[ta^{213}ie°] 伯父。

大娘[ta^{213}niaŋ°] 伯母。

婶子[ʃin^{324}tsɿ°] 婶母。

儿媳子[ər^{55}si^{213}tsɿ°] 儿媳妇。

闺女[kuən^{213}ny°] 亲女儿。

兄弟[xyŋ^{213}ti°] 弟弟。

老表[lau^{55}pau^{324}] 表兄弟。

贵客[kuei^{42}k'ei^{213}] 女婿。

连襟[lian^{55}kin^{213}] 姐妹的丈夫互称连襟。

舅爷[kiəu^{42}ie^{55}] 内弟。

小姑子[siau^{324}ku° tsɿ°] 丈夫之妹。

小叔子[siau^{324}ʂu° tsɿ°] 丈夫之弟。

娘侄儿[niaŋ^{55}tʃir^{55}] 妇人娘家的侄儿。

老岳[lau^{55}yɤ^{213}] 岳父。又称老丈人。

家属[kia^{213}ʂu^{55}] 妻子。

对象的[tei^{42}siaŋ^{42}tɤ°] 青年夫妻的互称。

一个包袱来的[i^{324}kɤ° pau^{213}fu° lai^{55}tɤ°] 一母所生。

十、身体类

头茬子[t'əu^{55}tʂa^{42}tsɿ°] 碎头发。

额盖子[ie^{213}kai^{42}tsɿ°] 脑盖。

败顶[pai^{42}tiŋ^{324}]　头顶上的发脱光了。
肚眼子[tu^{42}ian^{324}tsɿ°]　肚脐。
腚盘子[tiŋ^{42}p‘an^{55}tsɿ°]　屁股瓣儿。又说“腚垂子”。
腚门子[tiŋ^{42}mən^{55}tsɿ°]　肛门。
腿弯子[t‘ei^{55}uan^{213}tsɿ°]　膝关节背后。
腿肚子[t‘ei^{55}tu^{42}tsɿ°]　小腿的肌肉。
瞳仁儿[tuŋ^{55}ir^{55}]　瞳孔。
臁骨[lian^{55}ku^{213}]　小腿骨。
胳拜子[ke^{213}pai^{42}tsɿ°]　膝盖。
胳肢[kɑ^{213}tʃi^{55}]　腋下
胳肢[kɤ^{213}tʃi°]　挠腋下等痒处。
脚脖子[kyɤ^{213}puɤ^{55}tsɿ°]　脚腕子。
手面子[ʃiəu^{324}mian^{42}tsɿ°]　手背。
手指盖子[ʃiəu^{324}tʂʅ^{213}kai^{42}tsɿ°]　指甲。
耳台子[ər^{324}t‘ai^{55}tsɿ°]　乳突。
牙花子[iɑ^{55}xuɑ^{213}tsɿ°]　牙龈。
牙巴颏子[iɑ^{55}pɤ° k‘ɤ^{213}tsɿ°]　下巴。
眼毛[ian^{324}mɑu^{55}]　眼睫毛。
呆月子 [tai^{55}yɤ^{213}tsɿ°]　坐月子。生孩子第一月。
后脑瓜子 [xəu^{42}nɑu^{324}kuɑ^{213}tsɿ°]　后脑勺儿。
气嗓头[ki^{42}sɑŋ^{324}t‘əu^{55}]　喉结。
脸[lian^{324}]　既指面部，又指人情面子。
腮瓜子[sai^{324}kuɑ^{324}tsɿ°]　腮帮子。
眼眵[ian^{55}tʂ‘ʅ^{213}]　眼屎。
鼻窟窿眼儿[pi^{55}ku^{213}luŋ^{55}iɑɤ^{324}]　鼻孔。
嘴唇子[tei^{324}tʃ‘yn^{55}tsɿ°]　唇。
耳芯子[ər^{324}sin^{42}tsɿ°]　耳屎。
耳垂子[ər^{324}tʂ‘uei^{55}tsɿ°]　耳朵的最下端。
吞子[t‘ən^{42}tsɿ°]　嗓子。
手指痕个[ʃiəu^{324}tʂʅ^{213}iŋ^{55}kɤ°]　手指印儿。
肩膀头子[tʃian^{213}pɑŋ° t‘əu^{55}tsɿ°]　肩膀。
膀子[pɑŋ^{213}tsɿ°]　肩膀。
手掌子[ʃiəu^{324}tʃiɑŋ^{324}tsɿ°]　手掌。
捶 [tʂ‘uei^{55}]　拳头。
胸脯子[xyŋ^{213}p‘u^{324}tsɿ°]　胸膛。
肋巴撑子[lei^{213}pɑ^{213}tʂ‘əŋ^{42}tsɿ°]　肋骨。
大腿根子[tɑ^{42}t‘ei^{324}kən^{213}tsɿ°]　胯部
重牙颏子[tʂ‘uŋ^{55}iɑ^{55}k‘ɤ^{213}tsɿ°]　下巴底部的肉团。
脚后跟儿[tʃyɤ^{213}xəu^{42}kɤr^{213}]　脚跟。
脚趾盖子[tʃyɤ^{213}tʂʅ^{213}kai^{42}tsɿ°]　脚趾甲。

头囟子[t‘əu^{55}sin^{42}tsɿ$^{\circ}$]　囟门。婴儿头顶骨未合缝处。

黏涎[nian^{55}xian^{55}]　口中之黏液。

花子[xuɑ^{213}tsɿ$^{\circ}$]　太阳穴。

手爪子[ʃiəu^{324}tʂuɑ^{324}tsɿ$^{\circ}$]　（粗话）手。

老雀[lɑu^{55}ts‘uɤ^{213}]　小男孩的生殖器。又说“小狗丫子”。

跑马[p‘ɑu^{55}mɑ^{324}]　遗精。

腰子[iɑu^{213}tsɿ$^{\circ}$]　肾。

衣包[i^{213}pɑu$^{\circ}$]　胎盘。

歪嘴吊腮[uai^{213}tsei^{324}tiɑu^{42}sai^{213}]　五官不正。

瞎奶子[xiɑ^{213}nai^{324}tsɿ$^{\circ}$]　男性的乳房。

护食堂[xu^{42}ʃi^{55}t‘ɑŋ^{55}]　后脑勺下的浅沟。

奶膀子[nai^{324}pɑŋ^{324}tsɿ$^{\circ}$]　乳房。

冷脸[ləŋ^{55}lian^{324}]　没有笑容的脸色。

精皮露肉[tsiŋ^{213}p‘i^{55}ləu^{42}liəu^{42}]　赤身裸体。

连毛僧[lian^{55}mɑu^{55}səŋ^{213}]　蓬头垢面。

皮毛[p‘i^{55}mɑu^{55}]　外表。

鬼拃个[kuei^{324}tʂɑ^{213}kɤ^{42}]　个子瘦小。贬义。

掐巴腰[tʃ‘iɑ^{213}pɤ$^{\circ}$iɑu^{213}]　细腰。又说“杨柳腰”。

条栓[t‘iɑn^{55}ʂuan$^{\circ}$]　苗条、匀称。多指妇女身材细长柔美。

细高挑子[si^{42}kɑu^{213}tiɑu^{324}tsɿ$^{\circ}$]　身材高而瘦的人。

十一、病痛医疗类

搬药[pan^{213}yɤ^{213}]　大剂量用药或下猛药。

胎带的[t‘ai^{213}tai^{42}tɤ$^{\circ}$]　先天性疾病。

鸡爪疯[tʃi^{213}tʂɑu^{324}fəŋ^{213}]　手指痉挛，伸不直。

胃寒[uei^{42}xan^{55}]　胃里有凉气。

燎泡[liɑu^{55}p‘ɑu^{42}]　皮肤磨、烫而形成的水泡。

挂吊针[kuɑu^{42}tiɑu^{42}tʃin^{213}]　静脉注射。

打小针[tɑ^{55}siɑu^{55}tʃin^{213}]　肌肉注射。

将死临危[tsiɑŋ^{213}sɿ^{324}lin^{55}uei^{55}]　濒临死亡。

死定亡凉[sɿ^{324}tiŋ^{42}uɑŋ^{55}liɑŋ^{55}]　①死心塌地。②彻底失去信心。多用于贬义。

厄实[ɤ^{324}ʃi$^{\circ}$]　病愈。

罷子[p‘ɑi^{213}tsɿ$^{\circ}$]　双腿完全失去功能的人。

病秧子[piŋ^{42}iɑŋ^{213}tsɿ$^{\circ}$]　久病不愈、好生病的人。

病歪歪的[[piŋ^{42}uai^{213}uai^{213}tɤ$^{\circ}$]　身体虚弱，长期生病的人。

发疟子[fɑ^{213}yɤ^{213}tsɿ$^{\circ}$]　害疟疾病。

罗锅子[luɤ^{55}kuɤ^{213}tsɿ$^{\circ}$]　驼背。又说“罗锅腰”。

罗筐腿儿[luɤ^{55}k‘uɑŋ^{213}t‘er^{324}]　罗圈腿。

龟腰子[kuei^{213}iɑu^{213}tsɿ$^{\circ}$]　驼背较重的人。

干哕[kan^{213}ie$^{\circ}$]　①欲呕而吐不出。②厌恶：我看见他就～。

绣球疯[siəu^{42}k‘iəu^{55}fəŋ^{213}]　阴囊炎。

豁子[xuɤ^{213}tsɿ$^{\circ}$]　①兔唇。②缺牙齿之人。

瘊[xəu^{324}]　赘疣疾。类似鸡眼。

结巴子[tʃie^{213}pɑ^{42}tsɿ$^{\circ}$]　口吃之人。

起疮[k'i^{324}tʂ'uŋ^{213}]　①生疮。②急性肠胃炎。

愁痞[tʂ'əu^{55}p'i^{324}]　①长期令人忧愁的心病：这小孩子生下来就患软骨病，成了～。②难以解决的事情。

吣[t'sin^{42}]　猫、狗呕吐。用于人则含贬义。

害耳目窒子[xai^{42}ər^{324}ti^{324}tsɿ$^{\circ}$]　中耳炎。

有症[iəu^{55}tʃiŋ^{42}]　有病。

肚子破[tu^{42}tsɿ$^{\circ}$p'uɤ^{42}]　泻肚。

发热[fa^{213}ie^{213}]　发烧。

大肚痞[tɑ^{42}tu^{42}p'i^{324}]　血吸虫病。

翻心[fan^{213}sin^{213}]　恶心。

种牛痘儿[tʂuŋ^{42}niəu^{55}təur^{42}]　预防天花的防疫针。

长疔[tʃiɑŋ^{55}tiŋ^{213}]　生疔疮。

大疮[tɑ^{42}tʂ'uɑŋ^{213}]　花柳病。

苍蝇屎[ts'ɑŋ^{213}iŋ$^{\circ}$ʂʅ^{324}]　雀斑。又说"移精壳子"。

耳背[ər^{324}pei^{42}]　聋子。

月季疮[yɤ^{213}ki^{42}tʂuŋ^{213}]　周期性哮喘病。

哑巴[iɑ^{324}pɤ$^{\circ}$]　聋哑人。

斗鸡眼儿[təu^{42}ki^{213}iar^{324}]　对眼。

看药先生[k'an^{42}yɤ^{213}sian^{213}ʂəŋ$^{\circ}$]　看病。

号脉[xɑu^{42}mei^{213}]　诊脉。

药方儿[yɤ^{213}fɑr]　处方。

针[tʃin^{213}]　针灸。

床身瘵[tʂ'uɑŋ^{55}ʃin^{55}tʂai^{42}]　因瘫痪长期卧床不起。

痨症[lɑu^{55}tʃiŋ^{42}]　肺结核病。

羊老疯[iaŋ^{55}lɑu^{55}fəŋ^{213}]　羊癫疯。

嗝症[kei^{213}tʃiŋ^{42}]　食道癌。

发昏[fɑ^{213}xuən^{213}]　休克。

吞嗓黄[t'ən^{42}sɑŋ^{324}xuɑŋ^{55}]　喉部生的毒疮。

按探食[an^{42}t'an^{42}ʃi^{55}]　民间用筷子、醋等治疗儿童食道上的小毛病。

瘵子[tʂai^{42}tsɿ$^{\circ}$]　鸡眼。

痄子[tʂa^{42}tsɿ$^{\circ}$]　腮腺炎。又说"痄腮"。

画痄子[xuɑ^{42}tʂa^{42}tsɿ$^{\circ}$]　民间用毛笔把陈年墨汁涂在腮上治疗痄腮。

拎肩儿[liŋ^{42}kiɑr^{213}]　肩膀头向前倾。

龅牙[pɑu^{42}iɑ^{55}]　牙齿突出唇外。又指"虎牙"。

齁脖子[xəu^{213}puɤ^{55}tsɿ$^{\circ}$]　哮喘病人

老鼋大憋气[lɑu^{324}yan^{55}tɑ^{42}pie^{213}tʃ'i^{42}]　因气极而晕厥、两腿挺直。

怜巴[lian^{55}pɤ$^{\circ}$]　瘦弱多病。

气归心[k‘i^{42}kuei^{213}sin^{213}]　①气极而不便说出。②因长期生闷气而得的重病。
憋的[pie^{213}tɤ$^{°}$]　便秘。
出瘀子[tʃ‘y^{213}ʂ‘ ɑ^{213}tsɿ$^{°}$]　麻疹。
坑邪[k‘əŋ^{213}sie^{55}]　因悲痛过度、精神打击太大而精神失常。

十二、衣服穿戴类

莲袜裤[lian^{55}uɑ^{213}k‘u^{42}]　藕覆。又名膝裤。
墩子[tən^{42}tsɿ$^{°}$]　婴儿上衣。
跟脚[kən^{213}kyɤ^{213}]　鞋合脚。
毛窝子[mɑu^{55}uɤ^{213}tsɿ$^{°}$]　用芦苇花和稻草编织的鞋。
包头巾[pɑu^{213}t‘əu^{55}tʃin^{213}]　妇人中年以后，每以黑布包头，炎族后裔的标志。
大褂子[tɑ^{42}kuɑ^{42}tsɿ$^{°}$]　长衫。
大氅[tɑ^{42}tʃ‘iɑŋ^{324}]　大衣。
领衣子[liŋ^{55}i^{213}tsɿ$^{°}$]　坎肩。
呱达板儿[kuɑ^{213}tɤ$^{°}$pɑr^{324}]　①木拖鞋。②说快书用的竹板。
裤茬子[k‘u^{42}tʂ‘ ɑ^{324}tsɿ$^{°}$]　西装短裤。
裤头儿[k‘u^{42}t‘ər^{55}]　三角内裤。
坎肩子[k‘an^{324}kian^{213}tsɿ$^{°}$]　无袖对襟双层上衣。
夹袄子[kiɑ^{213}ɑu^{324}tsɿ$^{°}$]　无棉双层上衣。
褯子[tsie^{42}tsɿ$^{°}$]　尿布。
火车头[xuɤ^{324}tʃ‘ie^{213}t‘əu^{55}]　栽绒棉帽。
围脖子[uei^{55}puɤ^{55}sɿ$^{°}$]　围巾。
老虎皮[lɑu^{55}xu^{324}p‘i^{55}]　旧称警服。
棉袍子[mian^{55}p‘ ɑu^{55}tsɿ$^{°}$]　棉长衫。
棉袄[mian^{55}ɑu^{324}]　短棉上衣。
小褂儿[siɑu^{324}kuɑr^{42}]　单上衣。
围嘴[uei^{55}tsei^{324}]　婴儿的围巾。
开裆裤[k‘ai^{213}tɑŋ^{213}k‘u^{42}]　前后开裆的婴、幼儿裤。
插口儿[tʂ’a^{213}k’əur$^{°}$]　衣兜。
白竹标[pei^{55}tʂu^{213}piɑu^{213}]　漂白的精织白布。
胶鞋[kiɑu^{213}xiai^{55}]　球鞋、解放鞋。
鞋楦子[xiai^{55}xyan^{42}tsɿ$^{°}$]　制鞋之模具。
红洋标[xuŋ^{55}iɑŋ^{55}piɑu^{213}]　精织红棉布。
袼子[ku^{213}tsɿ$^{°}$]　袼褙。用旧布裱成厚片，制布鞋。
三滴水儿[san^{213}ti^{213}ʂuər^{324}]　外衣遮不住内衣。
髦登蓝[mɑu^{55}təŋ^{213}lan^{55}]　二十世纪四十年代流行的浅蓝色薄棉布。
半肩膀[pan^{213}kian^{213}pɑŋ^{324}]　短袖上衣。
大头鞋[tɑ^{42}t‘əu^{55}xiai^{55}]　翻毛牛皮棉鞋。
抱肚[pɑu^{42}tu^{42}]　围护肚子的棉垫。
三条筋儿[san^{213}t‘iɑu^{55}kir^{213}]　背心。
春秋衫儿[tʃ‘yn^{213}ts‘iəu^{213}ʂɑr^{213}]　长袖针织内衣。

皮衩[p‘i^{55}tʂ‘ ɑ^{42}]　靴子和裤子连在一起的皮衣服。

黄马鞋[xuɑŋ^{55}mɑ^{324}xiai^{55}]　幼儿过生日或天赦日时穿的小鞋，根据年龄分黄、蓝、青等颜色。前后有圆形图案。上绣“天赦”“长命富贵”“和平”“太平”“平安”等字样。

草鞋桯[ts‘ ɑu^{324}xiai^{55}tiŋ^{213}]　草鞋底上的肋绳。

层底儿[ts‘əŋ^{55}tir^{324}]　做鞋底时分若干层，每层包上白布边，令结实美观。

吊三秋[tiɑu^{42}san^{213}ts‘iəu]　衣服短而瘦，不合身。

铺拆[p‘u^{213}tʂʅ˚]　从旧衣被上剪下的布块。用来做袼褙。

袷[tʃ‘iɑ^{42}]　上衣两侧下面的缺口。

十三、饮食类

福酒[fu^{213}tsiəu^{324}]　古祭余之酒。后指宴席上斟余之酒，由贵宾饮之。

雪花菜[suɤ^{213}xuɑ^{213}ts‘ai^{42}]　豆腐渣。

白马肉[pei^{55}mɑ^{324}iəu^{42}]　豆腐。

碗根儿[uan^{42}kər^{213}]　碗里吃剩下的饭菜。

素鸡[su^{42}tʃi^{213}]　特殊工艺制作的豆腐卷儿。

蜷黄蛋[tʃ‘yan^{324}xuɑŋ^{55}tan^{42}]　未出壳即死的雏禽。

酱瓜子[tsiɑŋ^{42}kuɑ^{213}tsʅ˚]　甜闷瓜。用梢瓜腌制而成，为赣榆名特产。

蟹籽豆腐[ʃiai^{42}tsʅ^{324}təu^{42}fu˚]　用彤蟹的籽做成的豆腐。

面饽[mian^{42}pu^{55}]　做面食时用的干面粉。

粉条子[fən^{324}t‘iɑu^{55}tsʅ˚]　粉丝。

粉饦[fən^{324}t‘uɤ^{55}]　淀粉蛋。

粉皮[fən^{324}p‘i^{55}]　淀粉做的圆形薄皮。

糖球[t‘ ɑŋ^{55}k‘iəu^{55}]　冰糖葫芦。

庄户饭[tʂuɑŋ^{213}xu˚fan^{42}]　农村普通家常便饭。

锅贴子[kuɤ^{213}t‘ie^{213}tsʅ˚]　薄锅饼。

糊子[xu^{55}tsʅ˚]　烙煎饼或饼子的面糊。

煎饼[tsian^{213}piŋ˚]　用麦子、高粱或玉米等做成的薄薄的面饼。

剂子[tsi^{42}tsʅ˚]　做面食的小面块儿。

馅子[xian^{42}tsʅ˚]　包饺子的菜。

就菜[tsiəu^{42}ts‘ai^{42}]　①吃菜。②边吃饭边吃菜。又说：～酒。～饭。

馓子[san^{324}tsʅ˚]　油炸的面食，细条相连扭成花样。

做饭[tsəu^{42}fan^{42}]　又说“弄饭”。

点心[tian^{324}sin˚]　①糕点。②吃早餐。

吃晌饭[tʃ‘i^{213}xiɑŋ^{324}fan^{42}]　吃午饭。

吃零食[tʃ‘i^{213}liŋ^{55}ʃi^{55}]　又说“吃零嘴”。

晌席[xiɑŋ^{324}si^{55}]　宴席场面气氛热烈。

倒茶[tɑu^{42}tʂ‘ ɑ^{55}]　斟茶。

揎酒[suan^{213}tsiəu^{324}]　斟酒。

吃烟[tʃ‘i^{213}ian^{213}]　抽烟。

洋烟[iɑŋ^{55}ian^{213}]　卷烟。

上火[ʃiɑŋ^{42}xuɤ^{324}]　点烟。

面条儿[mian^{42}t‘iɑur^{55}]　比挂面宽厚的手工切面。

干饭讫赭[kan^{213}fan^{42}kɤ^{213}tʂʅ°]　锅巴。

猫耳朵[mɑu^{55}ər^{324}tuɤ°]　馄饨。

粥饭[tʂu^{213}fan^{42}]　大米粥。或小米稀饭。

饼子[piŋ^{324}tsɿ°]　烧饼。

香油果子[xiɑŋ^{213}iəu° kuɤ^{324}tsɿ°]　油条。

菜[ts‘ai^{42}]　酒肴。又说“就食”。

鸡杂儿[ki^{213}tsɑr^{55}]　鸡内脏。

糊涂[xu^{55}t‘u°]　较稠的粥。

芝麻盐[tʂʅ^{213}muɤ° ian^{55}]　芝麻粒炒熟碾粉加盐。作调料。

料清[liɑn^{42}ts‘iŋ^{213}]　熟的猪血、牛血。

旺蛋[uɑŋ^{42}tan^{42}]　鸡蛋或鸟蛋经孵不出雏的叫～。

咸鸭蛋[xian^{55}iɑ ^{213}tan^{42}]　腌制鸭蛋。

变蛋[pian^{42}tan^{42}]　皮蛋。

酒官儿[tsiəu^{324}kuɑr^{213}]　宴席上负责斟酒的人。

酒分量吃[tsiəu^{324}fən^{213}liaŋ^{42}tʃ‘i^{213}]　量力喝酒。

香油[xiɑŋ^{213}iəu^{55}]　芝麻油。

黄粉[xuɑŋ^{55}fəu^{324}]　甘薯淀粉做的稀粉。

豌豆粉[uan^{324}təu^{42}fəu^{324}]　豌豆做的黄粉。

水粉[ʂuei^{324}fəu^{324}]　小豌豆做的白粉。

红面糖[xuŋ^{55}mian^{42}t‘aŋ^{55}]　红糖。

麨面[tʃ‘iɑu^{324}mian°]　米、麦等炒熟后磨成粉制成的干粮。

饭铺子[fan^{42}p‘u^{42}tsɿ°]　饭馆。

酱园[tsiaŋ^{42}yan^{55}]　酿造酱油、酱瓜的作坊。

肉案子[iəu^{42}an^{42}tsɿ°]　卖猪肉的桌子。

油炸滚儿[iəu^{55}tʂɑ ^{55}kuər^{324}]　油炸的绳状面食。

糖稀饼[t‘ ɑŋ^{55}ʃi^{213}piŋ^{324}]　油炸糖心面饼。

金钩挂玉牌[kin^{213}kəu^{213}kuɑ ^{42}y^{42}p‘ai^{55}]　豆芽烧豆腐。

朝牌[tʃ‘iɑu^{55}p‘ai^{55}]　用特制炉子烤制的表面有少许芝麻粒的矩形面饼。形似笏，故名。

豆沫子[təu^{42}muɤ^{213}tsɿ°]　黄豆面粉或花生米粉加面粉做成的咸稀饭，农村掺地瓜，风味独特。

满堂红[man^{324}t‘ ɑŋ^{55}xuŋ^{55}]　筵席上最后一杯酒，宾主皆干杯。又说“皆大欢喜”。

派酒[p‘ai^{42}tsiəu^{324}]　强迫别人喝酒。

咸饭[xian^{55}fan^{42}]　稀饭里加菜和盐熬成。

青浆子[ts‘iŋ^{213}tsiɑŋ^{213}tsɿ°]　用黄豆面粉加菜做成。又说“仙人脑子”。

鸡鲊[ki^{213}tʂɑ ^{324}]　鸡肉连骨头切碎加上豆类、花生米、酱瓜等烧制而成。农村多在春节期间做而食之。

蟹鲊[xiai^{42}tʂɑ ^{324}]　把蟹子捣碎做成的酱菜。

虾酱[xiɑ ^{213}tsiɑŋ^{42}]　碎虾米磨成的酱。

渣个[tʂɑ ^{213}kɤ°]　用豆渣和黄米面做成的馍。

宽心面[k‘uan^{213}sin^{213}mian^{42}]　面皮切成宽条加糖煮成。新娘子进门后食用。

荞面丁[kiɑu^{55}mian^{42}tiŋ^{213}] 用荞面做成的短而粗的面条。
面夹子[mian^{42}kiɑ^{213}tsɿ$^{\circ}$] 蒸熟的饺子，体略大。
腰花儿[iɑu^{213}xuɑr^{213}] 用动物肾脏切成花状烧制成。
拌口条[pan^{42}k‘əu^{324}t‘iɑu^{55}] 把猪舌头煮熟切碎，加作料拌而成。
烤龙尾[k‘ɑu^{324}luŋ^{55}uei^{324}] 烤猪尾巴。
鲊肉[tʂɑ^{55}iəu^{42}] 将猪肉切成长条加糖等作料装在碗里蒸熟，装盘时呈馒头状。又说“扣肉”。
猴子药[xəu^{55}tsɿ$^{\circ}$yɤ^{213}] 酒。贬义。又说“猫尿”“迷魂汤”。
暖房酒[nuan^{324}fɑŋ^{42}tsiəu^{324}] 婚期前夜，男方宴请本族长辈的酒宴。
槐荡水[xuai^{55}tɑŋ^{42}ʂuei^{324}] 将槐树的子实晒干、炒熟，夏日当作茶叶泡水喝，解暑。
大茶[tɑ^{42}tʂ’ɑ^{55}] 当地产的茶。
雄磺酒[xyŋ^{55}xuɑŋ^{55}tsiəu^{324}] 酒中加雄磺，端午节饮少许，或抹在儿童肚脐眼上，以求消灾祛病。
羹汤[kəŋ^{55}tɑŋ^{213}] 用肉、蛋、豆腐等烧成的汤。
杂烩儿[tsɑ^{55}xuər^{42}] 用肉丁等多种原料做成的菜。喻成份不纯的团体。
干巴枣儿[kan^{213}pɤ$^{\circ}$tsɑur^{324}] 熟地瓜切晒而成。
萝卜□子[luɤ^{55}pu$^{\circ}$tʂuai^{324}tsɿ$^{\circ}$] 大块萝卜。
啖嘴[tan^{42}tsei^{324}] 品尝。
透面[t‘əumian^{42}] 口感香甜松软：栗子～。
馊了[səu^{324}lɤ$^{\circ}$] 食物因变质而产生酸臭味。
沙隆的[ʂɑ^{213}luŋ^{55}tɤ$^{\circ}$] 口感酥甜：西瓜～。

十四、红白大事类

福食[fu^{42}ʃi$^{\circ}$] 放在灵柩前头祭祀的食品。
下礼[ʃiɑ^{42}li^{324}] 下聘礼。订婚的一种仪式。
看圹[k‘an^{213}k’uɑŋ^{324}] 入葬之前，女婿、孙女婿看守墓穴。
陪赐[p‘ei^{55}sɿ$^{\circ}$] 陪嫁。
倒站门子[tɑu^{42}tʂan^{42}mən^{55}tsɿ$^{\circ}$] 招女婿、入赘。
林地[lin^{55}ti^{42}] 坟地。一般多植松柏，久之成林，故称。
上头[ʃiɑu^{42}t‘əu^{55}] 为待嫁新娘着妆。
老盆[lɑu^{55}p‘əu^{55}] 出殡时摔碎的放在遗体头直的焚烧纸钱的瓦盆。
出门子[tʃ’y^{213}mən^{55}tsɿ$^{\circ}$] 女子出嫁。又作“出室了”。
搌眼[tʃian^{324}ian^{324}] 用棉花蘸酒把死者的眼轻擦一下。
摆祭[pai^{324}tsi^{42}] 丧事期间，祭者将钞票连接成“奠”字样作礼金。
起林[k‘i^{55}lin^{55}] 迁移坟墓。
上坟[ʃiɑŋ^{42}fən^{55}] 到祖坟地去扫墓。
圆房[yan^{55}fɑŋ^{55}] 童养媳正式结婚。
新郎官[sin^{213}lɑŋ^{55}kuan^{213}] 新郎。
新娘子[sin^{213}niɑŋ^{55}tsɿ$^{\circ}$] 新媳妇。
罩头红[tʂɑu^{42}t‘əu^{55}xuŋ^{55}] 新娘头上罩的红绸布。
过轿[kuɤ^{42}kiɑu^{42}] 结婚头一天，女方将嫁妆送到婆家。
传启[tʃ‘yan^{55}k‘i^{42}] 订婚的仪式。
要年命[iɑu^{42}nian^{55}miŋo] 订婚时男方向女方索要年庚（出生时间）。

瞧亲[ts‘iɑu^{55}ts‘in^{213}]　喜日起第六天，女方家长到男方省亲。

过对月[kuɤ^{42}tei^{42}yɤ^{213}]　结婚满一月，新娘回娘家省亲十八天。

躲伏[tuɤ^{324}fu^{55}]　婚后第一个夏天，新娘回娘家过伏天。

有喜[iəu^{324}xi^{324}]　怀孕。又称“嫌饭了”。

头生子[t‘əu^{55}ʂəŋ^{213}tsɿo]　第一胎生的孩子。

滚床[kuəu^{55}tʂ‘uɑŋ^{55}]　婚前选好日子支床，找有不忌讳属相的小男孩在新床上滚动，并致颂词。

开脸[k‘ai^{213}lian^{324}]　结婚第二天，由家族中威信较高的妇人用线绞去新娘额头的汗毛。

颂房[suŋ^{42}fɑŋ^{55}]　新婚之夜，请人颂新房词，举行仪式以示庆贺。

拜天地[pai^{42}t‘ian^{213}ti^{42}]　新婚夫妻共拜天地。

传口袋[tʃ‘yan^{55}k‘əu^{324}tai^{42}]　新娘下轿后走在口袋上，两个口袋轮流铺地。暗喻一袋（代）传一袋（代）。

咬针（真）心[iɑu^{55}tʃin^{213}sin^{213}]　把缝衣针插入鸡蛋内，新娘、新郎同时咬。

倒头[tɑu^{324}t‘əu^{55}]　人死了。

烧包袱[ʃiɑu^{213}pɑu^{213}fuo]　死人后，第一项仪式是焚烧纸做的钱包袱，供死者路上用。

牌位[p‘ai^{55}uei^{42}]　死者的灵位。

旌联[tsiŋ^{213}lian^{55}]　写着死者姓名、年龄等内容的长联。也叫“旌”。悬挂在灵堂正中，随棺材一同埋葬。

陪葬罐[p‘ei^{55}tsɑŋ^{42}kuan^{42}]　随同棺材同时埋葬的瓦罐。

喜丧[xi^{324}sɑŋ^{42}]　高寿且儿孙满堂的人去世。

奔丧[pəu^{42}sɑŋ^{42}]　从外地赶回家处理亲人丧事。

灵棚[liŋ^{55}p‘əŋ^{55}]　祭奠死者的席棚。

送汤[suŋ^{42}t‘ ɑŋ^{213}]　死者的子孙到土地庙送汤水。

送盘缠[suŋ^{42}p‘an^{55}tʂ‘ano]　出殡的头一天晚上，死者灵魂出走，举行烧纸钱、纸轿仪式。儿孙及亲友在村外十字路口拜祭。

辞灵[ts‘ɿ^{55}liŋ^{55}]　送盘缠后，死者儿女在灵棚拜祭。长子九叩头。

送寒衣[suŋ^{42}xan^{55}i^{213}]　十月初一，上坟祭祖、烧纸衣。

拉棺[lɑ ^{213}kuan^{213}]　出殡前拆除灵棚、抬走棺材。

孝眷[xiɑu^{42}kyan^{42}]　死者的子孙。殡事期间，孝眷披麻戴孝，只准穿草鞋，不准坐着吃喝，只许合衣就地而卧。

寿器[ʃ ‘iəu^{213}tʃ‘i$^{\circ}$]　棺材。

守灵[ʃiəu^{324}liŋ^{55}]　孝眷跪在灵棚两边看守灵位。

看林[k‘an^{213}linŋ^{55}]　孝眷看守新坟地。

天落[t‘ian^{213}luɤ^{213}]　棺材按既定方向位置放入墓穴。

转七[tʃyan^{42}ts‘i^{213}]　殡葬第三十五天，子女致祭于坟前。绕坟转七圈（男左转、女右转）。又叫“上五七坟”。

对信儿[tei^{42}sir^{42}]　通知死者亲友参加殡仪。

闯棺（关）[tʂ‘u ɑ ŋ^{55}kuan^{213}]　出殡时妇女抱小孩从棺材前横闯过去，以期孩子好养活。此为主家禁忌。

扫财[sɑu^{324}ts‘ai^{55}]　出棺停放后，撒米于棺材上，然后扫去，由大儿媳妇收起。

圆坟[yan^{55}fən^{55}]　清明节给祖坟添土、整新。

抱着[pɑu^{42}tʃyɤ$^{\circ}$]　孩子顺利生下了。

填房[t‘ian^{55}fɑŋ^{55}]　继室。

走路[tsəu^{324}lu^{42}]　改嫁了。
奔生[pən^{42}ʂəŋ^{213}]　婴儿即将出生。
入土[y^{213}t'u^{324}]　死者埋葬了。

十五、迷信类

破解[puɤ^{42}tʃiai^{324}]　化解。
鬼胎[kuei^{324}t'ai^{213}]　畸形儿。喻暧昧不明难言之事。
神婆[ʃin^{55}p'uɤ^{55}]　女巫。男巫叫“神汉”。皆称“明白人”。
地灵先生[ti^{42}liŋ^{55}sian^{213}ʂəŋ^{213}]　善测看风水的人，即地理先生。
仙师[sian^{213}ʂʅ^{213}]　指得道的动物（黄鼠狼之类）。
烧坛纸[ʃiɑu^{213}t'an^{55}tʂʅ^{324}]　规模较大的还愿仪式。
拘鬼[ky^{213}kuei^{324}]　对上吊、投河而死者，请道士把鬼魂从梁上、水中拘拖出来。
土地老爷面[t'u^{324}ti^{42}lɑu^{324}ie$^{\circ}$ mian^{42}]　二月初二送到土地庙的面食。
仙人楼[sian^{213}in^{55}ləu^{55}]　龛。
城隍老爷[tʃ'iŋ^{55}xuɑŋ^{55}lɑu^{324}ie$^{\circ}$]　比土地老爷大一级的神。供址城隍庙。
鬼附着[kuei^{324}fu^{42}tʃyɤ$^{\circ}$]　被鬼支配。
鬼火[kuei^{324}xuɤ^{324}]　野地出现的磷火。
来仙[lai^{55}sian^{213}]　仙人附在香主身上。
掉魂[tiɑu^{42}xuən^{55}]　灵魂出窍漫游。
叫魂儿[kiɑu^{324} xuər^{55}]　喊出走的灵魂入窍。
鬼拿着[kuei^{324}nɑ^{55}tʃyɤ$^{\circ}$]　被鬼抓住了。
拔清斋[pɑ^{55}ts'iŋ^{213}tʂai^{213}]　答复神仙的条件而斋戒。
凶鬼[xyŋ^{213}kuei^{324}]　民间传说人死后，尸体爬起来作恶。
鬼剃头[kuei^{324}t'i^{42}t'əu^{55}]　一夜之间头发脱光。
跳神[t'iɑu^{42}ʃin^{55}]　巫师作法，边唱边舞。
敬老天[kiŋ^{42}lɑu^{55}t'ian^{213}]　祭祀天帝。
送神[suŋ^{42}ʃin^{55}]　把请来的神灵送走。
缠着[tʃ'ian^{55}tʃyɤ$^{\circ}$]　被鬼精灵控制住。
算命[suan^{42}miŋ^{42}]　请算命先生测吉凶。
抽卦[tʃ'iəu^{213}kuɑ^{42}]　算命的一种方式。
簟箩[tian^{42}luɤ^{55}]　祭品。用芦蔑编成的小圆筐，随纸钱一起烧掉。
金银山[kin^{213}in^{55}ʂan^{213}]　祭品。用芦苇做架，彩色锡箔纸糊成，随纸钱烧掉。
散财神[sian^{42}ts'ai^{55}ʃin^{55}]　春节前挨家挨户散发财神画。

十六、日常生活类

脚力[kyɤ^{213}li^{213}]　担任传递文书或递运货物的人员，又指帮助出力促成某事的人。
争嘴[tʂəŋ^{213}tsei^{324}]　线、布不够一次性使用。
不忿[pu^{213}fən^{42}]　愤愤不平。
过活[kuɤ^{42}xuɤ$^{\circ}$]　私下积攒的财物，以备急用。
收煞[ʃiəu^{213}ʂɑ^{213}]　结果、收场。
得味[tei^{213}uei^{42}]　满足自己的口味。
值过[tʃi^{55}kuɤ^{42}]　合算：喝醉酒活受罪不～。

风流水便[fəŋ^{213}liəu^{55}ʂuei^{324}pian^{42}]　住宅位置好，通风，水、光线充足，生活方便。

老一局儿[lɑu^{324}i^{213}tʃyr^{55}]　不受外界干扰，按自己的意愿做事。

成手儿[tʃiŋ^{55}ʃiəur^{324}]　学成一技之长。

一头兴儿[i^{213}təu^{55}xiə r^{42}]　自个儿兴致很高。

缺早带晚[tʃ‘yɤ^{213}tsau^{324}tai^{42}uan^{324}]　充分利用空闲时间。

送祝母[suŋ^{42}tʂu^{213}m˚]　送给产妇礼品。

压村气[iɑ^{213}ts‘ən^{213}tʃ‘i˚]　资历深，能服众：他在庄上～。

上树捉佬[ʃiɑŋ^{42}ʃy^{42}tʂuɤ^{213}lɑu^{324}]　墨守成规。

格真[kɤ^{55}tʃin^{213}]　真的？疑问语气。

沰[tuɤ^{213}]　淋雨。

置产[tʃi^{42}ʂan^{324}]　添置产业。

多货[tuɤ^{213}xuɤ^{42}]　用在量词之后，表示还有零头儿：斤～。

耐心烦儿[nai^{42}sin^{213}fɑr^{55}]　耐心。

该败[kai^{213}pai^{42}]　常为妇女口头语，表示不满：这不～了吗?你怎这乎儿人。

有巴头[iəu^{55}pɑ^{213}t‘əu˚]　有希望。

见功见效[tʃian^{42}kuŋ^{213}tʃian^{42}ʃiɑu^{42}]　功效明显。

嘴壮[tsei^{324}tʂuɑŋ^{42}]　食欲好，不挑食。

头水[t‘əu^{55}ʂuei^{324}]　第一次上市的瓜果、蔬菜、鱼虾等。

头晌儿[t’əu^{55}ʃiɑ r^{324}]　上午：一～没歇歇。

叹性[t‘an^{42}siə r]　失望：他接连三年没考上大学，有点～了。

门风[mən^{55}fəŋ˚]　家风。

偡[tʂan^{324}]　整齐：石头砌得一～齐。

沉[tʃ‘in^{55}]　重：百十斤～。

混天了日[xuən^{42}t‘ian^{213}liɑu^{55}i^{213}]　消磨时光。

因由[in^{213}iəu^{55}]　①借口：没～找事儿。②消磨时光的依托：没事儿嗑瓜子儿当～。

无故拉嘎[u^{55}ku^{42}lɑ^{213}kɑ^{213}]　没有缘故。

肉多嫌肥[iəu^{42}tuɤ^{213}ʃian^{55}fei^{55}]　因物品多而挑剔。

听说[t‘iŋ^{213}ʃyɤ^{213}]　①听话：这小孩儿不～。②听从劝告：那人太任性，不～。

用项[yŋ^{42}xiɑŋ^{42}]　用途。

盘搅[p‘an^{55}tʃiɑu^{324}]　盘缠。

摊[t‘an^{213}]　轮到：～你唱了。

撂个耳朵[liɑu^{42}kɤ˚ər^{324}tuɤ˚]　把琐碎之言当作耳旁风，不计较。

正曲儿[tʃiŋ^{42}tʃ‘yr^{213}]　正经的事。

打麻儿[tɑ^{324}mɑr^{55}]　小憩片刻。

没头屌[mei^{42}t‘əu^{55}tu^{213}]　没完没了。

拉馋[lɑ^{213}tʂ‘an^{55}]　解馋：吃肥肉～。

传老婆舌头[tʃ‘yan^{55}lɑu^{324}p‘uɤ˚ʃie^{55}t‘əu˚]　传瞎话，挑拨离间。

三茶六饭[san^{213}tʂ‘ɑ^{55}liəu^{42}fan^{42}]　全天饮食。

二五心邪[ər^{42}u^{324}sin^{213}sie^{55}]　拿不定主意。

嚓呱[ts‘ɑ^{213}kuɑ^{324}]　闲谈、聊天。又说“拉呱”。

解大溲[tʃiai^{55}tɑ ^{55}ʃiəu^{324}]　大便。

解小溲[tʃiai^{55}siɑu^{55}ʃiəu^{324}]　小便。

焐被窝子[u^{42}pei^{42}uɤ^{213}tsɿ°]　①以火炉或暖水袋预热被窝。②睡懒觉。

大粪[tɑ ^{42}fən^{42}]　人粪。

漱嘴[ʂu^{42}tsei^{324}]　漱口。

上地[ʃiɑŋ^{42}ti^{42}]　到地里干活。

得地[tei^{213}ti^{42}]　命运好转。不～即时运不济。

一亩三分地儿[i^{213}m^{324}san^{213}fən^{213}tir^{42}]　旧指封地，现指辖区。

乘阴凉[tʃ'iŋ^{55}in^{213}liɑŋ^{55}]　乘凉。

缠手[tʃ'ian^{55}ʃiəu^{324}]　某项工作繁琐复杂，一时难以脱手。

歇歇儿[xie^{213}xiər^{213}]　休息一会儿。

残豁[ts'an^{55}xuɤ°]　①瑕疵。②生理缺陷。

笪晌儿[kie^{213}xi～ar^{324}]　睡午觉。

信花子[sin^{42}xuɑ ^{213}tsɿ°]　邮票。

流水腔[liəu^{55}ʂuei^{55}k'iɑŋ^{213}]　信口开河说俏皮话。

济事[tsi^{42}ʂʅ^{42}]　成事。

打呓咋[tɑ ^{55}i^{42}tʂʅ°]　梦中惊悸：小孩儿睡觉～。

粗活儿[tsu^{213}xɤr^{55}]　①粗笨的劳动。②容易办到的事。

搓趣儿[ts'uɤ^{213}ts'yr^{42}]　闹着玩儿。

花花哨儿[xuɑ ^{213}xuɤ° ʂɑur^{42}]　不严肃，不正经的话。

通腿儿[t'uŋ^{213}t'ər^{324}]　两人同一床被睡觉，各睡一头。

起诨名[tʃ'i^{324}xun^{42}miŋ^{55}]　取绰号。

窄捉[tʂei^{213}tʂuɤ°]　①地方不宽敞。②生活拮据。

不得安生[pu^{213}tei^{213}an^{213}ʂəŋ^{213}]　整天吵闹，生活难以平静。

替古人担忧[ti^{42}ku^{324}in^{55}tan^{213}iəu^{213}]　瞎操费心。

头磕四脸儿[t'əu^{55}k'ɑ ^{213}sɿ^{42}lɑr^{324}]　两人亲密交谈貌。

小皮笊篱[siɑu^{324}p'i^{55}tʂɑu^{42}lɤ°]　喻非常节俭，会过日子的人。

抬敬[t'ai^{55}liŋ°]　看得起、尊敬。

护短[xu^{42}tuan^{324}]　①明知自己错了，却不承认。②袒护自己的孩子及自己亲近的人。

拗性[niəu^{42}siŋ^{42}]　脾气固执，好使小性子。

浮堰儿[fu^{55}iar^{55}]　水满欲溢。

不管乎儿[pu^{213}kuan^{324}xur^{213}]　不管用。

估大摸[ku^{324}tɑ ^{42}mər^{213}]　估计，捉摸。

不稀罕[pu^{213}xi^{213}xan°]　不需要（含有看不起意味）。

够杠儿[kəu^{42}kɑ　r^{42}]　符合标准。

等不迭儿[təŋ^{324}pu° tier^{55}]　等不及：他～了，蟹子没熟就啃了。

现起意儿[ʃian^{42}tʃ'i^{55}ir^{42}]　临时作出的决定。

迭不的[tie^{55}pu^{213}ti^{55}]　①来不及：～吃饭就上班了。②等不得：你～就走啦?

离张老儿[li^{55}tʃiɑŋ^{213}lɑur^{324}]　①事情的真相或结果：他说不出个～。②成效：他搞不出个～。

画旮旯[xuɑ ^{42}kɑr^{213}lɤ°]　画圆圈。

发福[fɑ^{213}fu^{213}]　称人发胖的客气话。

鼓脓[ku^{324}nuŋ$^{\circ}$]　胀闷：再不说，我就～死子。

故事[ku^{42}ʂʅ$^{\circ}$]　①毛病：车子出了～，②花招：他好弄些～。

够鬏儿[kəu^{42}tsiəur^{213}]　够数：这块布不～。

胡闹台[xu^{55}nɑu^{42}t‘ai^{55}]　胡搞乱来。

坏醋[xuai^{42}ts‘u^{42}]　坏事了。

黑窟儿[xei^{213}k’ur^{213}]　黑暗处。

黄汤[xuɑŋ^{55}t‘ɑŋ^{213}]　事情办不成了。又说“黄了”。

没坐马稳[mei^{213}tsuɤ^{42}mɑ^{324}uən^{55}]　生性好动，坐不住。

没包弹[mei^{213}pɑu^{213}t‘an$^{\circ}$]　没有瑕疵，无可批评之处。

对把了[tei^{42}pɑ^{324}lɤ$^{\circ}$]　①配合默契：书记和乡长～，工作搞得红红火火。②旗鼓相当：这两人～，连杀六盘未分胜负。③臭味相投：那两口子～，整天赌钱，连饭都不做。

掉福囤[tiɑu^{42}fu^{213}tən^{42}]　生活十分幸福。

到好处[tɑu^{42}xɑu^{324}tʃ‘y$^{\circ}$]　过上了平安、富裕的生活。

混掉蛋[xun^{42}tiɑn^{42}tan^{42}]　因不走正道，被生活淘汰了。

混落水[xun^{42}luɤ^{213}ʂuei^{324}]　由于运气不佳，落后于同辈人。

走黑路[tsəu^{324}xei^{213}lu^{42}]　陷入逆境。多指官场受挫折。

碰茶壶盖儿[p‘əŋ^{42}tʂ‘ɑ^{55}xu^{55}kɑr^{42}]　在危险关口出事了。又说“撞枪口上了”。

走大路的[tsəu^{324}tɑ^{42}lu^{42}tɤ$^{\circ}$]　大路上的行人。

直来舟[tʃi^{55}lai^{55}tʃiəu^{213}]　顺水行舟。引申为顺理成章的事。

狗黄群[kəu^{324}xuɑŋ^{55}tʃ‘yn^{55}]　聚在一起做坏事的人。

臭丸儿[k‘iəu^{42}uɑr^{55}]　樟脑丸。

闪[ʃian^{324}]　剩下：家里就～一个老嬷嬷看门。

喜侍人[xi^{42}sʅ$^{\circ}$in^{55}]　指幼儿、少儿听从大人管教，讨大人欢喜。

时起来[tʂ‘ʅ^{55}k‘i$^{\circ}$lai^{55}]　兴旺发达。

闯好[tʂ‘uɑŋ^{42}xɑu^{324}]　升官、发财。

涮腔[ʂuan^{42}k‘iɑŋ^{213}]　冷嘲热讽的语言。

大褂子话[tɑ^{42}kuɑ^{42}tsʅ$^{\circ}$xuɑ^{42}]　大道理、官腔。

生成[ʂəŋ^{213}tʃ‘iŋ^{55}]　与生俱来。

打谢师锤[tɑ^{324}sie^{42}ʂʅ^{213}tʂ‘uei^{55}]　恩将仇报。

行人[xiŋ^{55}in^{55}]　出行或出征之人。

发毛[fɑ^{213}mɑu^{55}]　内心恐惧。

门道儿[mən^{55}tɑur^{42}]　事情的关键：会看的看～，不会看的看热闹。

没窍儿[mei^{42}kiɑur^{42}]　①希望不大。②价值不大。

没安生气[mei^{42}an^{213}ʂəŋ^{213}tʃ‘i^{42}]　喧闹、嘈杂，生活不平静。

斜撇子[sie^{55}p‘ie^{213}tsʅ$^{\circ}$]　不正经、非份内的事情：他净弄些～。

官[kuan^{213}]　①合乎情理的事情：老子教训儿子是～的。②比较起来是最大的：～牌。

绑得慌[pɑŋ^{324}tɤ$^{\circ}$xuɑŋ$^{\circ}$]　衣服贴身太紧、不舒服。

憋巴回子[pie^{213}pɤ$^{\circ}$xuei^{55}tsʅ$^{\circ}$]　忍气吞声，默默无言的人。

大茬儿[tɑ^{42}tʂ‘ɑr^{324}]　①实力雄厚、做事大方。②大宗的买卖。

抻嘎[tʃ'in^{213}kɤ°] 慢腾腾的样子。
犯不上[fan^{42}pu° ʃiɑŋ^{42}] 不必要，不值得。
拐怪调[kuai^{324}kuai° tiɑu^{42}] 邪恶念头。
劲生的[kin^{42}ʂəŋ^{55}tɤ°] 有力量的样子。
荤笑话[xuən^{213}siɑu^{42}xuɑ^{42}] 淫秽的笑话。
没绺儿[mei^{42}li əur^{324}] 没有根据，失去本来面目：他诌得～。
乌鸦大闪蛋[u^{213}iɑ^{213}tɑ^{42}xian^{213}tan^{42}] 全部落空。
难得[nan^{55}tei^{55}] 祈望得到。又作“连得”：～丫头他妈病好了，我什么罪都能去受。
志验[tʂʅ^{42}ian^{42}] 试验。
溜地拉儿[liəu^{213}ti^{42}lɑr^{213}] ①说话太随便，不分场合。②吃东西贪馋，不讲卫生。
属驴儿[ʂu^{55}lyr^{55}] 不属于人类（属相中无驴，骂人话）
值钱毛[tʃi^{55}ts'ian^{55}mɑu^{55}] 贵重的物品。
大老麦儿[tɑ^{42}lɑu^{55}mər^{213}] 最大的一个。
无奈何[u^{55}nai^{42}xɤ°] 没奈何；百无聊赖。
景儿[kiə r] ①算回事儿：花钱不当一。②景色：看～。引申为看笑话儿。
划水[xuɑ^{55}ʂuei^{324}] 尽是假话：这人说话～。
生芽子[ʂəŋ^{213}iɑ^{55}tsʅ°] 生蛆（讳饰语）。
无拉谓[u^{55}lɑ^{213}uei^{42}] 平白无故地：～地挨了一顿熊。
离戏腔[li^{55}xi° k'iɑŋ^{213}] ①不正经的话。②靠不住的事情。
下江南[xiɑ^{42}kiɑŋ^{213}nan^{55}] 到江南去谋生。

十七、交际类

犯克[fan^{324}k'ei^{213}] 相互抵触，水火不容：他俩～，见面就吵架。
犯恶[fan^{42}u^{42}] ①讨厌。②忌讳。
犯如[fan^{42}y^{55}] 值得，上算：跟他费这么多口舌，不～了。
不耳系[pu^{213}ər^{324}xi°] 不理会。
扒灰[pɑ^{213}xuei^{213}] 乱伦行为。
奔边儿[pən^{42}piɑr^{213}] 拈边、打交道：这人没人跟他～。
拿一把儿[nɑ^{55}i° pɑr^{324}] 因事要挟。
漏猴儿[ləu^{42}xəur^{55}] 漏门儿：拾～即捡了大便宜。
卡油儿[k'ɑ^{324}iəur^{55}] 借口勒索财物（义同“揩油”）。
开胃[k'ai^{213}uei^{42}] 开玩笑、取笑：你莫瞎～。
客情[k'ei^{213}ts'iŋ^{55}] ①帮助别人做事。②待客的情意。
笑霭的[siɑu^{42}ai^{55}tɤ°] 笑容可掬，和蔼可亲。
科谋[k'ɤ^{213}m°] 估计、谋划：这事你帮我～～。
沾光[tʃian^{213}kuɑŋ^{213}] 依靠别人得到好处。
赚相应[tʃyan^{42}siɑŋ^{213}iə r^{213}] 占便宜。
系路[xi^{42}lu^{42}] 善于拉关系找门路。
好露脸儿[xɑu^{42}ləu^{42}liɑr^{324}] 好出风头。
操操[ts'ɑu^{213}ts'ɑu°] 理会、打交道：你莫跟他～。
眼量人[ian^{324}liɑŋ^{42}in^{55}] 小看人。

圆场儿[yan^{55}tʃ‘iɑ r^{324}] 调合矛盾、从中撮合：你帮打个～。
套近乎儿[t‘ ɑu^{42}kin^{324}xur$^{\circ}$] 硬把关系拉近。
仗依[tʃiɑŋ^{213}i$^{\circ}$] 心里踏实，不惊慌：有你撑腰，我～多了。
一锤子买卖[i^{213}tʂuei^{55}tsʅ$^{\circ}$ mai^{324}mai^{42}] 多指因不满意对方而只打一次交道。
吵仗[tʂ‘ ɑu^{324}tʃiɑŋ^{42}] 吵架。
打仗[tɑ^{324}tʃiɑŋ^{42}] 打架。
天下熟[tian^{213}xiɑ^{42}ʂu^{55}] 善于交际，与任何人都能谈得来的人。
得锅上炕[tei^{213}kuɤ^{213}ʃiɑŋ^{42}k‘ ɑŋ^{42}] 得寸进尺。
伤眼[ʃiɑŋ^{213}iɑn^{324}] 看错人和事。
架相[tiɑ^{42}ʃiɑŋ^{42}] ①捧场。②人前装脸面。
热乎人儿[ie^{213}xu$^{\circ}$ ir^{55}] 对人热情，乐于助人。
有路子[iəu^{324}lu^{42}tsʅ$^{\circ}$] 有靠山、办事有门路。
根子硬[kən^{213}tsʅ$^{\circ}$ iŋ^{42}] 后台有权势。
在系子[tsai^{42}xi^{42}tsʅ$^{\circ}$] 属于某个关系网的人。
刁里拐[tiɑu^{213}lɤ$^{\circ}$ kuai^{324}] 与人交往好占便宜。
撩人嫌[liɑu^{55}in^{55}xian^{55}] 令人生厌的人。
相[siɑŋ^{213}] 结交：在外边要多～一些朋友。
养汉[iɑŋ^{213}xan^{42}] 妇女乱搞两性关系。
咬群[iɑu^{324}tʃ’yn^{55}] 攀比、挑剔、中伤同伴。即所谓“害群之马”。
不轧帮[pu^{213}kɑ^{213}pɑŋ^{213}] 不团结同事。
不上门[pu^{213}ʃiɑŋ^{42}mən^{55}] 绝交。
意思[i^{42}sʅ$^{\circ}$] ①趣味。②谢意。③爱情：他俩早就有～了。
疑疑思思[i^{55}i^{55}sʅ^{213}sʅ^{213}] 犹豫不决：该拍板就拍板，不能老～。
圆巴着[yan^{55}pɤ$^{\circ}$ tʃyɤ$^{\circ}$] 从中调解、令事成。
栽害[tsai^{213}xai$^{\circ}$] 把灾祸推到别人身上。
中仇[tʂuŋ^{42}tʃ’iəu^{55}] 产生仇恨。
阻人[tsu^{55}in^{55}] 用难听的话拒绝别人的请求。
钻龟[tsuan^{213}kuei^{213}] 钻门路。
钻门子[tsuan^{213}mən^{55}tsʅ$^{\circ}$] 男人到情妇那里私通。
讲心眼儿[tsuan^{324}sin^{213}iɑr^{324}] 斗心计。
恼薄[nɑu^{324}pɤ$^{\circ}$] 感情破裂。
抱荡子[pɑu^{42}tɑŋ^{42}tsʅ$^{\circ}$] 相互结成小帮派。
丢眵败疤[tiəu^{213}tʂ‘ʅ^{213}pai^{42}pɑ^{213}] 丢人现眼。
落单[luɤ^{213}tan^{213}] 离开群体，孤零一人。
火亮儿[xuɤ^{324}liɑr^{42}] 政治面貌。
里格愣[li^{55}kɤ^{55}ləŋ^{213}] 随意哼的小曲儿。引申为无关紧要的逗趣：你莫跟我弄些～。
不漏汤[pu^{213}ləu^{42}t‘ ɑŋ^{213}] 不放弃任何占便宜的机会。
小路子[siɑu^{324}lu^{42}tsʅ$^{\circ}$] 私下的门路。
闷亏[mən^{213}k‘uei^{213}] 吃了亏又不好说出来。
闷揌[mən^{213}tsei^{213}] 暗地送礼。

蒙人情[məŋ55in55ts‘iŋ55] 用财物酬谢，以还人情。

拉皮条[lɑ213p‘i55t‘iɑu55] 撮合不正当的男女关系。

打破儿[tɑ324p‘uɤr42] 从中破坏。多指破坏恋爱、婚姻关系。

调乎穷[t‘iɑu55xu° k‘yŋ55] 打穷人的主意，拿穷人开心。

一堆儿[i213tər213] 一起、一块儿：俺俩～做生意。

拿缺儿[nɑ55k‘yɤr324] 找茬子。寻机报复。

告帮[kɑu42pɑŋ213] 请求别人帮助。多指借贷。

割头不换[kɑ213t‘əu55pu213xuan42] 至交。义同“刎颈之交”。

加椒子[kiɑ213tsiɑu213tsɿ°] 暗中诬谄别人，破坏别人的人际关系，令事不成。

晒了[ʂai42lɤ°] 只剩下一人没得到好处。

吃瓜儿[tʃ‘i213kuar213] ①得到实惠。②嫖娼。

伤脸儿[ʃiɑŋ213liɑr324] 不给面子。反之曰“赏脸儿”。

生乎[ʂəŋ213xu°] 长时间不见面，有陌生感。

分生[fən42ʂəŋ213] 内部闹分裂，关系疏远。

生遥遥的[ʂəŋ213iɑu55iɑu55tɤ°] ①生疏。②关系紧张：婆媳之间～。

争多撩少[tʂəŋ213tuɤ213liɑu55ʃiɑu324] 有利争多，无利拣少。

水[ʂuei324] ①虚假的事情。②暂且放在一边的事。

抬子人[t‘ai55tsɿ° in55] 讨人喜欢。反之曰“不～”，即不识抬举。

不谈谈[pu213t‘an55t‘an55] 不理睬、不过问。

套数儿[t‘ ɑu42ʂur°] ①礼节。②办事程序。

挖屈[uɑ213k‘y°] 计恨：耽误了人家的前途，人家会～你一辈子。

不归工[pu213kuei213kuŋ213] 事情做得太冒险，留有后遗症，早晚要出事儿。

降人[xiɑŋ55in55] ①抓住借口使人为难。②食物过于油腻。

央咯[iɑŋ213kɤ°] 客套：你不用～。

架儿[kiɑr42] 样子。多用于贬义：孬种～。

捽把[tsuɤ324pɑ°] ①把柄。②凭证。

使坏[ʂʅ213xuai42] 出坏主意，暗地伤人。

噌人[ts‘əŋ42in55] 无缘无故地斥责人。

找寻[tʂɑu324suən°] 故意挑衅，找茬儿。

吭嚷子[xɑŋ42iɑŋ213tsɿ°] 在人前微词，想做某事而不直说。

一风抢[i213fəŋ213ts‘iɑŋ324] 很快便抢（买、卖）光了。

甜护[t‘ian55xu°] 给别人好处：我白～他了。

喝二醋[xɑ213ər42ts‘u42] 自找难看。

二五眼儿[ər42u324iɑr324] 靠不住的言行。

破费[p‘uɤ42fei42] 花钱。客气话：让你～了。

本家望本家倒[pən55kiɑ213uɑŋ42pən55kiɑ213tɑu324] 因嫉妒，不希望本家或周围的人在经济、地位上超过自己。背后使坏。

将高就低[tsiɑŋ213kɑu213tsiəu42ti213] 互相让步，差不多就成交。

十八、商业类

货投客主[xuɤ42t‘əu55k‘ei213tʃy324] 货物卖给识货的人。又指觅到知音。

拿独市[nɑ ⁵⁵tu⁵⁵ʂʅ⁴²] 集市上仅一家有售。
开[k'ai²¹³] 批发：西瓜两毛一斤～给人家。
飞子[fei²¹³tsɿ˚] 用作购物凭证的牌子：炭～。
对合利[tei⁴²xɤ⁵⁵li⁴²] 一倍的利润。
联单[lian⁵⁵tan²¹³] 单据。
缗钱[min⁴²ts'ian⁵⁵] 中间有方孔的铜钱。
毛戈儿[mɑu³²⁴kɤr²¹³] 硬币。又叫“小戈子”。
剃头铺子[t'i⁴²t'əu⁵⁵p'u⁴²tsɿ˚] 理发店。
拿头发换针的[nɑ ⁵⁵t'əu⁵⁵fɑ ˚ xuan⁴²tʃin²¹³tɤ˚] 回收废旧物品的小货郎。
站柜台的[tʂan⁴²kuei⁴²t'ai⁵⁵tɤ˚] 营业员。
望子[uɑŋ⁴²tsɿ˚] 幌子。理发店门口挂着的招揽顾客的招牌。
摸手指头[muɤ²¹³ʃiəu⁵⁵tʂʅ²¹³t'əu˚] 经纪人谈生意时用指码互相在袖筒中摸暗号，谈价钱。
打干棒[tɑ ³²⁴kan²¹³pɑŋ⁴²] 在集市上转手倒卖。
一样[i²¹³iɑŋ⁴²] 一种。
二道毛子[ər⁴²tɑu⁴²mɑu⁵⁵tsɿ˚] ①二道贩子。②指留短发的妇女。
门头票[mən⁵⁵t'ən⁵⁵p'iɑu⁴²] 商号自制的小票，作法币的辅币。
收市[ʃiəu²¹³ʂʅ⁴²] ①全部买下剩余的货物。②收货摊子回家。
撑行[tʂ'əŋ⁴²xəŋ⁵⁵] 因价廉物美把别人的生意顶了。
开市[k'ai²¹³ʂʅ⁴²] ①生意刚开张。②第一次交易。
倒爬尾[tɑu⁴²p' ɑ ⁵⁵uei³²⁴] 高价不卖，低价卖了。
利市[li⁴²ʂʅ⁴²] ①利润。②吉利、好运。③节日喜钱，俗谓“压腰钱”。
货俏[xuɤ⁴²ts'iɑu⁴²] 货物顺利卖出，价格理想。
没发市[mei⁴²fɑ ²¹³ʂʅ⁴²] 一份买卖也没做成。
撮秤砣[ts'uɤ²¹³tʃ 'iŋ⁴²t'uɤ⁵⁵] 短斤少两，欺骗顾客。
校秤[tʃiɑu⁴²ʃ 'iŋ⁴²] 把买来的东西重秤一下，验证数量。
割耳朵[kɑ ²¹³ər³²⁴tuɤ˚] 经纪人玩弄手腕儿，以谋利。
漂汤[p'iɑu²¹³t' ɑŋ²¹³] 做生意亏本了。血本全无。
摇会儿[iɑu⁵⁵xuər⁴²] 卖糖球的人用赌赙的手段售货。一支糖球几人合买，谁摇的点数多，糖球归谁。
现点现[xian⁴²tian³²⁴xian⁴²] 一手交钱，一手交货。
雇身子[ku⁴²ʃin²¹³tsɿ˚] 做雇工。
生意鬼子[ʂəŋ²¹³i˚ kuei³²⁴tsɿ˚] 精通生意经的人。
袁大头儿[yan⁵⁵tɑ ⁴²t'əur⁵⁵] 印有袁世凯头像的银币。
钢洋[kɑŋ²¹³iɑŋ⁵⁵] 银圆。又说“大洋”。
满把[man³²⁴pɑ ³²⁴] 五。
捏子尕[nie²¹³tsɿ˚ kɑ ⁵⁵] 七。
张口[tʃ'iɑŋ²¹³k'əu³²⁴] 八。
勾子[k'əu³²⁴tsɿ˚] 九。
一根棍[i²¹³kən²¹³kuən⁴²] 十、一百。
百把子[pei²¹³pɑ ³²⁴tsɿ˚] 一百多（表示数目不少）。又：千把子、万把子。
百把儿[pei²¹³pɑr³²⁴] 一百多（表示数目不算多）。又：千把儿、万把儿。

十九、文化教育类

瞎腔[ʃia^{213}tʃ‘iaŋ^{213}] 盲艺人唱的一种地方小调。

莲花落子[lian^{55}xua^{213}lau^{42}tsɿ˚] 民间的一种说唱文艺。

学屋[xyɤ^{55}u^{213}] 教室。

才下学[ts‘ai^{55}xia^{42}xyɤ^{55}] 刚毕业。

走之底儿[tsəu^{55}tʂʅ^{213}tir^{324}] 走之儿。

坐墩儿[tsuɤ^{213}tər^{213}] 皿字底。

捉刀儿[tʂuɤ^{42}taur^{213}] 立刀旁儿。

示补儿[ʂʅ^{42}pur^{324}] 示字旁。

平宝盖儿[p‘iŋ^{55}pau^{324}kar^{42}] 秃宝盖儿。

洇纸[in^{213}tʂʅ^{324}] 复写纸。

发墨[fa^{213}mi^{213}] 砚台磨墨易浓。

念书[nian^{42}ʃy^{213}] 读书。

耷耳[ta^{213}ər^{324}] 耳旁：单～，双～。

单站人儿[tan^{213}tʂan^{42}ir^{55}] 单立人旁。

双站人儿[ʂuaŋ^{213}tʂan^{42}ir^{55}] 双立人旁。

宝盖头儿[pau^{324}kai^{42}t‘əur^{55}]

窄玉儿[tʂei^{213}yr^{42}] 斜玉旁。

写大仿[sie^{55}ta^{42}faŋ^{324}] 临摹字贴。

戒尺[kiai^{42}tʃ‘i^{213}] 教书先生惩罚学生的竹杖。

挂黑板[kua^{42}xei^{213}pan^{324}] 学生在黑板演算时答不出题，呆站在黑板前。

亚元[ia^{42}yuan^{55}] 明清两代称乡试考取第一名的人为解元，第二名为亚元。清光绪八年（1882），青口许鼎霖中亚元。

耍旱船[ʂua^{324}xan^{42}tʃ‘yan^{55}] 以船模型为主要道具的民间艺术形式。

走花灯[tsəu^{55}xua^{213}təŋ^{213}] 以花灯为主要道具的民间艺术节目。又说“耍花灯”。

放花[faŋ^{42}xua^{213}] 燃放焰火。

唱扬琴[tʃ‘iaŋ^{42}iaŋ^{55}tʃ‘in^{55}] 弹着扬琴（三弦）在街上边行边唱。

大鼓书[ta^{42}ku^{314}ʃy^{213}] 敲着大鼓说唱古书。

抱杠子[pau^{42}kaŋ^{42}tsɿ˚] 抱着鱼鼓在街上边行边唱。

唱小戏儿[tʃ‘iaŋ^{42}siau^{324}xir^{42}] 小型民间演出团体。道具、化妆简单。又说“唱肘鼓”。

晃笔杆的[xuaŋ^{42}pei^{213}kar^{324}tɤ˚] 以写文章谋生的人。

喝墨水的[xa^{213}mi^{213}ʂuər^{324}tɤ˚] 有文化的人。

黑墨嘴儿[xei^{213}mi^{213}tsər^{324}] 刀笔吏。

半路眼儿[pan^{42}lu^{42}iar^{324}] 半文盲。

学业霸子[xyɤ^{55}ie^{213}pa^{42}tsɿ˚] 知识渊博的大学者。

老学究[lau^{324}xyɤ^{55}kiəu^{213}] 读书人的通称，现在多指年老迂腐、读死书的人。

硬笔杆儿[iəŋ^{42}pei^{213}kar^{213}] 文章写得很好的人。

学混子[xyɤ^{55}xuən^{42}tsɿ˚] 读书不用功的人。

大脑壳[ta^{42}nau^{324}k‘ɤ^{213}] 学问深、能力强的人。

坏才[xuai^{42}ts‘ai^{55}] 有才无德的人。

抠字眼儿[k‘əu^{213}tsɿ˚ iɑr^{324}]　对文章的字词吹毛求疵。

孩子王[xai^{55}tsɿ˚ uɑŋ^{55}]　教师。

蹲级[tən^{213}ki^{213}]　留级

大戏[tɑ^{42}xi^{42}]　京剧。

二十、游戏类

踢毽子[t‘i^{213}tʃyan^{42}tsɿ˚]　一种健身游戏。毽子常以缗线做底盘，公鸡尾毛做穗。

叼吆鸡儿[tiɑu^{213}iɑu^{42}kir^{213}]　玩丢手巾的游戏。

扳不倒儿[pan^{213}pu˚ tɑur^{324}]　不倒翁。

破谜[puɤ^{213}mei^{213}]　猜谜语。

藏蒙蒙儿[ts‘ ɑŋ^{55}məŋ^{55}m ～ ər^{55}]　捉迷藏。

来棋[lai^{55}k‘i^{55}]　下棋。

二鬼扒跌[ər^{42}kuei^{324}pɑ^{213}tie^{213}]　傀儡戏。

绕眼法儿[iɑu^{42}ian^{324}fɑr^{213}]　变戏法儿。

打牌[tɑ^{324}p ‘ai^{55}]　打扑克牌、麻将。

耍把戏[ʂuɑ^{324}pɑ^{324}i˚]　耍杂技。

耍雀驴[ʂuɑ^{324}ts‘uɤ^{213}lu^{55}]　木偶戏。

拿大顶[nɑ^{55}tɑ^{42}tiŋ^{324}]　双手着地倒立。

耍猴的[ʂuɑ^{324}xəu^{55}tɤ˚]　以猴子做游戏的艺人。

打梭[tɑ^{55}suɤ^{213}]　将木棒削成棱状，以长棍猛击其尖头令远飞。

五虎[u^{55}xu^{324}]　经、纬五线的趣棋。

六洲[liəu^{42}tʃiəu^{213}]　经、纬六线的趣棋。

憋死猫[pie^{213}sɿ^{324}mɑu^{55}]　类似围棋着法，将对方一棋子逼至线外一角，无路可走者判负。

打炮轰洋鬼[tɑ^{55}p‘ ɑu^{42}xuŋ^{213}iɑŋ^{55}kuei^{324}]　一方持两颗大棋子作“大炮”，另一方持十二颗小棋子为“洋鬼”。“大炮”越一空格击掉一“洋鬼”，“洋鬼”亦可包围“大炮”。

耍藏掖子[ʂuɑ^{324}ts‘ ɑŋ^{55}ie^{213}tsɿ˚]　玩魔术。

打拐[tɑ^{55}kuai^{324}]　一腿抱屈于怀，一腿跳行。以屈怀之膝盖击对方。对方以同样姿势对抗。抱屈之腿先落地者为负。

送钱喜儿[suŋ^{42}ts‘ ɑn^{55}ʃir^{324}]　打麻将常输的人。

二十一、动作类

掉一樯[tiɑu^{42}i˚ ts‘iɑŋ^{42}]　①掉过头来。②将物体翻过身。渔民忌说“翻”，“盛饭”说“装饭”。

拼命一敌[p‘in^{213}miŋ^{42}i^{213}ti^{324}]　倾尽全力一搏。

马后炮[mɑ^{324}xəu^{42}p‘ ɑu^{42}]　喻失时无效的动作。

解不透[xiai^{42}pu^{213}t ‘əu^{42}]　弄不明白。

换喷儿[xuan^{42}p‘ ɑr^{42}]　轮流干活儿。

垫饥[tian^{42}ki^{213}]　①因饿，在饭前吃零食。②耐饿：肉饺子～。

理会[li^{324}xuɤ˚]　处理：把碎事～。

垫脚[tian^{42}kuɤ^{213}]　①硌脚。②在鞋里垫垫子防脚汗。

垫嘴[tian^{42}tsei^{324}]　①吃零食。②受人数落。③被人当作笑料。

卯巧了[mɑu^{55}k‘iɑu^{324}lɤ˚]　侥幸，碰巧。

吃[tʃ‘i^{213}]　①挨：撩蜂～螫。②拿、接受、承受、享受、得到等广义动词：这番他～着了。

见圈就跳[tʃian^{42}tʃ‘yan^{213}tsiəu^{42}t‘iɑu^{42}] 投机取巧,见风使舵。

撇光光[pVie^{213}kuɑŋ^{213}kuɑŋ$^{\circ}$] 打水飘儿。

对眼儿[tei^{42}iɑr^{324}] 脾气相投,看法一致。又说“对光了”。

掏[t‘ ɑu^{213}] 捣:～皮锤。

干面子活儿[kan^{24}mian^{42}tsʅ$^{\circ}$xɤr^{55}] 领导在场时工作卖力;领导不在场时偷懒。

盘拉[pan^{55}lɤ$^{\circ}$] 折腾:莫呆床上～。

漫[man^{42}] 超过:～墙头撂过去。

磢[ts‘ ɑŋ^{42}] 磨擦:～痒儿。

上眯[ʃiɑŋ^{42}mi^{42}] 困乏欲睡。

上脸[ʃiɑŋ^{42}lian^{324}] 喝酒后脸色变红。

鹐[ts‘an^{213}] 啄食:鸡～米。

佯佯不睬[iɑŋ^{55}iɑŋ^{55}pu^{213}ts‘ai^{324}] 对人傲慢,不愿理睬。

奘[tʂuɑŋ^{324}] ①弄整齐:～筷子。②齐整:整～的。

放赖[fɑŋ^{42}lai^{42}] 硬说别人有错的刁蛮行为,有诬陷之义。

赖人[lai^{42}in^{55}] ①把责任硬往别人身上推。②小孩儿纠缠大人。

剒[tsuɤ^{42}] 斩断:我把你～了。

臼最[tʂ‘uai^{42}] 粗舂。

听门子[t‘iŋ^{213}mən^{55}tsʅ$^{\circ}$] 在门窗外偷听屋内人讲话。

劙[li^{55}] 划破;分割。

不反把[pu^{213}fan^{55}pa^{324}] 不还手。

钯[pɑ^{213}] ①动词:补。②名词:钯子。修锅时补上的金属薄片或皮肤上贴的膏药。

把屎[pɑ^{213}ʂʅ^{324}] 抱持幼儿解大便。

摽[piɑu^{42}] ①把铁丝、绳子之类绞紧。②紧追不舍。③长期抗衡、相持不下。

别[pie^{55}] ①绊:～马腿了。②撬:锁放不开了,用铁棍～开。

摆乎[pai^{324}xu$^{\circ}$] 摆弄:电视机刚买来,不要瞎～。

败坏[pai^{42}xu$^{\circ}$] ①挥霍:家产很快被他～光了。②恶意中伤:他老是在背后～人。

擗[p‘i^{324}] ①折断:～树枝子。②劈开:～木板。

扑娄[p‘u^{213}ləu$^{\circ}$] 打扑、扑动:鸡未杀死,直打～。

绷[pəŋ^{213}] 缝(用粗针线简单补):麻袋破了,～一～还能使一年。

崩[pəŋ^{213}] 枪毙:这次审判会～了三个犯人。

登登[təŋ^{42} təŋ^{42}] ①(筑墙、脚步)声。②攀比、紧跟:他攀我～的。③结实、紧密:门关～的。

刨[p‘ ɑu^{55}] 除去:～去本钱,净挣两千元。

抛撒[p‘ ɑu^{213}sʅ$^{\circ}$] 浪费,糟踏:今年麦子收成不错,但也～了不少。

抔[p‘uɤ^{55}] 手掬取:米撒了一地,快～起来。

排[p‘ai^{324}] 踢、踩:一脚把门～开。猛踏。

谝[p‘ian^{42}] 行不正貌,引申为跨跃:～屎克郎。

撇侈[p‘ie^{324}tʂʅ$^{\circ}$] 不说方言,强说官话。

迷娄[mi^{55}ləu$^{\circ}$] ①比较、测量:你～一下,看够不够长数。②比划:哑巴用手～。

眽[mɑ^{213}] ①偷看:她眼一～,他脸就红了。②顺便寻找:你到街上～一眼,看有鲜货没有。

卯[mɑu^{324}] 生肉在热水里略微煮一煮。

敞口[tʃ'aŋ^{213}k'əu^{324}]　老是，连续不断。

三花两绕[san^{213}xua^{213}liaŋ^{324}iau^{42}]　速度快令人眼花缭乱。

眇[miau^{324}]　眯起眼睛看：从门缝里～一眼。

磨牙儿[muɣ^{55}iar^{55}]　①闲聊。②故意找话说、斗嘴。

鞔[man^{55}]　蒙罩；用布、皮革蒙在鞋帮或鼓框上，～鞋，～鼓。

没捞着[mei^{42}lau^{213}tʃyɣ$^{\circ}$]　①没有时间：忙得连胡子都～刮。②没有机会。③没得到。

没鬼吊[mei^{42}kuei^{324}tiau^{42}]　没有坏点子想了。

包的[pau^{213}tɣ$^{\circ}$]　埋怨。

包圆儿[pau^{213}yar^{55}]　全部买了，全部要了，包了。

剜[uan^{324}]　浅铲、轻挖：～荠菜。

掇[tuɣ^{213}]　用双手端：～饭碗。

立逼[li^{213}pi^{55}]　强迫人立刻做某事。

搭腔[ta^{213}k'iaŋ^{213}]　①搭理：我不跟他～。②接话头：我俩说话，你莫～。

打野鸡[ta^{55}ie^{55}ki^{213}]　①嫖娼。②泛指婚外性行为。

打马虎眼儿[ta^{55}ma^{324}xu$^{\circ}$iar^{324}]　①遮掩。②装糊涂蒙混人。

钉嘴铁舌[tiŋ^{213}tsei^{324}t'ie^{213}ʃie^{55}]　极力抗辩。

打滴溜儿[ta^{55}ti^{213}liəur$^{\circ}$]　抓住器物，使身体悬空。

打野[ta^{55}ie^{324}]　①家禽在外觅食。②小孩在外久玩不归。

打谱[ta^{55}p'u^{324}]　打棋谱。引申为谋划、打算。

打加刀儿[ta^{55}kia^{213}taur^{213}]　本义指割肉，就势从中间割取一块，借用在商业行为中从中间环节扣除小部分归已有。

扨菜[tau^{213}ts'ai^{42}]　用筷子夹菜。

捣鼓[tau^{324}ku$^{\circ}$]　摆弄某件事、物。又作“鼓捣”。

叨咕[tau^{324}ku$^{\circ}$]　说人坏话：他老在背后～人。

捣蛋[tau^{324}tan^{42}]　破坏。

捣皮锤[tau^{324}pi^{55}tʂ'uei^{55}]　用拳头打架。

捣实锤[tau^{324}ʃi^{55}tʂ'uei^{55}]　直言不讳。

带犊子[tai^{42}tu^{55}tsɿ$^{\circ}$]　牛怀孕。

对我道[tei^{42}uɣ^{55}tau^{42}]　和我说。“对道”即告诉。

惊心[tʃiŋ^{213}sin^{213}]　心中有鬼，被人道破。

丢松[tiəu^{213}suŋ^{213}]　放松、麻痹大意。

没丢手[mei^{42}tiəu^{21}ʃiəu^{213}]　指对某件事从未放松，一直在做。

惦个 [tian^{42}kɣ$^{\circ}$]　惦记、挂念。

溻[t'a^{213}]　湿：汗衫～透了。

穷忙[k'yŋ^{55}maŋ^{55}]　终日为谋生而奔走不暇。

数落 [ʂu^{324}lɣ$^{\circ}$]　批评、指责。

抬杠[tai^{55}kaŋ^{42}]　两人斗嘴，各自强辩。

緰[t'əu^{324}]　布松散：小褂的布快～了。

皉[p'i^{213}]　器物等破而未离：竹竿～了。

舔憨儿[t'ian^{42}xar^{213}]　吃饭。

舔笔[t‘ian^{42}pei^{213}]　毛笔在砚台上来回轻抹。

熥嚷[t‘əŋ^{213}iaŋ^{213}]　故意在人面前念叨，以引起注意。

旱地拔葱[xan^{42}ti^{42}pa^{55}ts‘uŋ^{213}]　原义指腾地而起的一种武术动作，借指事物发生飞跃式发展变化。

攮[naŋ^{324}]　戳：脚踏车胎给钉子～破了。

剌巴[la^{42}pɤ˚]　两腿叉开：～开腿。

撩勾儿[liau^{55}kəur^{213}]　招惹、戏弄：这小孩好～。

燎[liau^{324}]　弱火慢慢地烧：～中药。

撂[liau^{42}]　①扔掉：把垃圾～了。②丢失：钱包～了。

尥蹶子[liau^{42}kyɤ^{55}tsɿ˚]　牛驴、马猛踢后蹄：毛驴正走着，突然～了个蹶子。

咕浓捣酱[ku^{213}nuŋ^{55}tau^{324}tsiaŋ^{42}]　口中念念有词，听不清楚。

打盹[ta^{55}tən^{324}]　打瞌睡：老虎还有～的时候。

刮[kua^{213}]　舀：把缸里的水～干净。

呱呱拉拉[kua^{213}kua^{213}la^{213}la^{213}]　大声喧哗：开会了，不要再～

骑马交战[tʃ‘i^{55}ma^{324}tʃiau^{213}tʃian^{42}]　事情繁琐，来回跑路。

剐[kua^{55}]　勾：裤子被树枝～住了。

搞破鞋[kau^{324}p‘uɤ^{42}xiai^{55}]　乱搞两性关系。又说“靸破鞋”。

佝支[kəu^{324}tʂʅ˚]　蜷缩、萎缩。引申为精神萎靡不振。

过电[kuɤ^{42}tian^{42}]　触电。

怪[kuai^{42}]　责备、埋怨。

一窝蜂[i^{213}a^{213}fən^{213}]　蜂拥而上。

桄[kuaŋ^{42}]　缠绕：～线。

饿虎扑食[u ɤ^{42}xu^{324}p‘u^{213}ʃi^{55}]　狼吞虎咽。形容男儿食姿，民间谓之富贵相。

⿰贡刂[kuŋ^{324}]　①钻、挤：从人堆里～出来。②活动，钻营：这事儿让他～成了。

亢[kaŋ^{213}]　激将、耸恿：人家一～，他就坐不住了。

㧏[kaŋ^{324}]　①直往前顶：瞎子赶马厂，直麻大路～。②撞：硬朝怀里～。

⿰扌汇[k‘uai^{324}]　①抓、挠：～痒。②承受、应付：这番够他～的。③吃：我一顿～了一斤肉。④打：我～他一顿。

侃空儿[k‘an^{42}k‘uə r^{213}]　撒谎。

掯[k‘ən^{42}]　①攥紧：他手里的钱～得铁结实。②扣住：单位领导～住他不放。

揈[xəŋ^{42}]　扔：这东西太脏，快～了。

攉[xu^{324}]　①泼出：水～了一地。②倒掉：把垃圾～了。

烀[xu^{213}]　把食物放在锅里长时间地煮：～猪头。

胡诌八扯[xu^{55}tʂən^{213}pa^{213}tʃ‘ie^{324}]　瞎说一通。

觳觫[x a^{55}sɿ˚]　①颤抖：冻得直～。②抖落：把书上的灰尘～掉。③宣扬、揭露：把他的老底都～出来。④挥霍：挣点钱很快就～光了。⑤调皮：这小孩太～了。⑥嬉闹：你莫跟她胡～。⑦卖弄：你～啥么？

劐[xuɤ^{213}]　用刀尖划开：肚子疼得象刀～一样。

吭腔儿[xaŋ^{42}k‘ia r^{213}]　捏着嗓子、拖着腔调说话。表达轻蔑、幸灾乐祸的情感。

步撵[pu^{42}nian^{324}]　步行。

摩挲[muɤ^{213}suɤ˚]　抚摸。引申为动作迟缓。

䁾了[tʃian^{324}lɤ$^{\circ}$]　叫弄脏了、污染了：白褂子～了。

不沾弦[pu^{213}tʃian^{213}xian^{55}]　不沾边：论喝酒你～了。

着[tʃyɤ^{55}]　传染：他～上了流感。

锔[ky^{213}]　修补：～锅钯碗。

觉着[tʃyɤ^{213}tʃie$^{\circ}$]　①感觉、感受到。②认为、估计。

起席[k'i^{324}si^{55}]　酒席散了。

起拐怪调子[k'i^{324}kuai^{324}kuai^{42}tiɑu^{42}tsɿ$^{\circ}$]　中途变卦。生出坏念头。

出故事[tʃ'y^{213}ku^{42}ʂʅ$^{\circ}$]　①生出事非。②生病。

忉蹬[tɑu^{213}təŋ$^{\circ}$]　折腾；拉扯。

捶[tʂ'uei^{55}]　打：我～你一顿。

舐[tʂ'ʅ^{213}]　火苗突然引燃物品：眉毛～了。

咋乎[tʂɑ^{213}xu$^{\circ}$]　①大声叫唤。②狂妄：这人太～了。

查发[tʂ'ɑ^{55}fɑ$^{\circ}$]　痉挛。

瞎了[xiɑ^{213}lɤ$^{\circ}$]　①丢了：钢笔～。②收成不好：麦子～。③学坏了：小孩学～。

揣[tʂ'uai^{42}]　挣扎：好歹～过来了。

闯东北[tʂ'uɑŋ^{42}tuŋ^{213}pei^{213}]　指到东三省去谋生。

侍护[ʂʅ^{213}xu$^{\circ}$]　①修理：自行车坏了，你～～。②整治：你再不老实，我就～～你。

瞅着[tʂ'əu^{324}tʃyɤ$^{\circ}$]　看见。瞅不着即看不见。

涮[ʂuan^{42}]　摇动器皿中的水以去污。

耍猴[ʂuɑ^{324}xəu^{55}]　被人捉弄了：他给人～了。

砸了[tsɑ^{55}lɤ$^{\circ}$]　把钱全部花光：这点钱尽他～。

砸死口[tsɑ^{55}sɿ^{324}k'əu^{324}]　说定了，不容反悔。

砸锅[tsɑ^{55}kuɤ^{213}]　①垮台了。②事情办糟了。

嚼舌头[tsuɤ^{55}ʃie^{55}t'əu$^{\circ}$]　撒谎、造谣。

嚼蛆[tsuɤ^{55}ts'y^{213}]　（粗话）胡扯。

猜想[ts'ai^{55}siŋ$^{\circ}$]　琢磨：你～～，他能做这乎儿的事儿吗？

呲眼[ts'ɿ^{55}ian^{324}]　直眼了：这阵子忙～了。

靸[sɑ^{213}]　把鞋后帮踩在脚跟下，拖着走：他～着鞋去接电话。

打锣鼓[tɑ^{324}luɤ^{55}ku^{324}]　忐忑不安：高考结束了，他心里一直～，恐怕考不上。

揞[an^{324}]　按：把药粉～在伤口上。

护头[xu^{42}t'əu^{55}]　怕剃头。

怄[əu^{42}]　①怄气。②故意使人不愉快：你莫～我。

央央[iɑŋ^{213}i ɑŋ$^{\circ}$]　①撩拨：这小孩好哭，你莫跟他～。②理会、打交道：我不跟你～。

硬掐石榴虎[iəŋ^{42}tʃ'iɑ^{213}ʃi^{55}liəu$^{\circ}$xu^{324}]　石榴虎是一种褐色多足虫子，专吃石榴树皮。捉时需用力掐才能掐下来。喻强硬做某事。

望天晌儿[uɑŋ^{55}t'ian^{213}xiɑ r^{324}]　一种习惯于向上望的动作。

引焦儿[in^{324}tsiɑur^{213}]　排遣焦躁情绪：做火车看小说～。

望人儿[uɑŋ^{55}ir^{55}]　站岗放哨。

揄[y^{213}]　把杆状物折弯或折直。

圆梦[yan^{55}məŋ^{42}]　分析梦中之事，判断吉凶祸福。

网荡[uaŋ^{324}taŋ$^{\circ}$]　绳、线松了。又指衣服旧了呈网状。

汪[uaŋ^{213}]　鸡蛋变质了，说“汪了”。

倒号[tau^{324}xau^{42}]　①破产、倒闭。②垮台、倒台。

发飘[fa^{213}p‘iau^{213}]　①飘飘然貌。②卖弄风情。

发忙巴[fa^{213}maŋ^{55}pa$^{\circ}$]　歇斯底里、暴跳如雷。

报屈[pau^{42}k‘y^{213}]　诉说委屈：他被错怪了，能不～。

扒撕[pa^{213}sɿ$^{\circ}$]　①反复研究：～半天才弄懂这道题。②品尝：吃完鱼～～味儿。

䍇[p‘ai^{213}]　猛然坐下：一腚～在椅子上。

作挞[tsuɤ^{213}t‘a$^{\circ}$]　作践、虚度、糟蹋。

嗙[p‘aŋ^{324}]　①胡说乱吹：胡～一气。②胡乱猜测：瞎胡～。

就乎[tsiəu^{42}xu$^{\circ}$]　将就一点儿：大家伙～～。又：谈生意时，价格相差太大，也说～～。

扽[təŋ^{42}]　拽、拉：把绳子～紧了。

拉觱儿[la^{213}pir^{55}]　鸣汽笛或拉响警报器：火车～了。

吃牢食[tʃ‘i^{213}lau^{55}ʃi^{55}]　吃现成饭。喻人懒极。

指山卖磨[tʂʅ^{324}ʂan^{213}mai^{42}muɤ^{42}]　用不现实的东西骗人。

拃[tʂa^{213}]　张开大拇指和中指（或小指）来量长度。

札箍[tʂa^{213}ku$^{\circ}$]　①修理：脚踏车海了，～～。②装饰打扮：过年了大姑娘要～～。

煠[tʂa^{55}]　食物放入油或汤中，一沸即出：～香油果子。

呲巴[ts‘ɿ^{213}pɤ$^{\circ}$]　申斥；斥责：他挨了一顿～。

哎[tʂ‘a^{324}]　①用嘴直接取食。②用嘴持物。多用于动物，用于人则贬义。（猪）大口吞食：～屎。

袶[ʂa^{213}]　缝合：～裤腰。

张[tʃiaŋ^{213}]　翘翻：他坐在折叠椅上～倒了。

搋[tʂ‘uai^{213}]　①用拳头击：照腚～两捶。②用拳头挤压：～面。

膗[tʂ‘uai^{213}]　掖：天冷了，手～袖筒子里。

踹[tʂ‘uai^{42}]　慢慢挪动：老母鸡～窝。

喘了[tʃ‘yan^{324}lɤ$^{\circ}$]　也说“淌汗了”。指事情难办或办糟了，无力挽回：这下子～。

剸[tʂ‘uŋ^{213}]　剪刀张开，用力向前推进；使布断开：把塑料布～开。

上紧[ʃiaŋ^{42}tʃin^{324}]　抓紧、加紧：快高考了，功课得～。

搡[ʂuaŋ^{324}]　用力往下掼：把面袋～一～。

扨[ʂuŋ^{324}]　用力太猛而闪伤：腿～了。

誩[tʃiaŋ^{42}]　回嘴、强辩：我说一句，他～一句。

顯[k‘i^{213}]　水缓慢浸透：衣服淋湿了，害～的慌。

贴缲子[t‘ie^{213}ts‘iau^{42}itsɿ$^{\circ}$]　加衣边儿。

搉[k‘yɤ^{213}]　打、扫：把桌子上的米粒～一～。

聒躁[kua^{324}tsau$^{\circ}$]　嘲笑。

揳[sie^{213}]　把钉子击打到物体中。

趷[kɤ^{55}]　一只脚跳行：他脚崴了，走路一～一～的。

熇[k‘ua^{42}]　文火熬干：～虾酱。干～鱼儿。

砍[k‘a^{213}]　击打：把筐子里的泥～一～。

擢拉[xɤ^{213}lɤ$^{\circ}$]　搅动：～汤锅。

放羊[fɑŋ^{42}iɑŋ^{55}]　男人有意让妻子找外遇。

垫马蹄子[tian^{42}mɑ^{324}t'i^{55}tsɿ$^{\circ}$]　喻被人踩在脚下。

诨[xuəu^{42}]　戏谑；欺骗：这是～人的话。

呵神震鬼[xɑ^{213}ʃin^{55}tʃin^{42}kuei^{324}]　声色俱厉的呵斥。

𦧲[uɑ^{324}]　大口吃：快～干饭。

讹[ɤ^{55}]　①强拿：打火机给他～走了。②纠缠：这小孩好～人。

向灯向火[ʃi ɑŋ^{42}təŋ^{213}ʃiɑŋ^{42}xuɤ^{324}]　有偏向这方的，有偏向那方的。

捼折[uɤ^{213}tʂʅ$^{\circ}$]　卷折：这本书～不象样子。

唵[an^{324}]　手抓食物往嘴里塞。

纫[in^{324}]　缝：～被子。

揖[yŋ^{213}]　推：把人～倒了。

纴针[in^{42}tʃin^{213}]　穿引针钱。

兑[tei^{42}]　掺和：油漆要～一～才好漆家具。

拾掇[ʃi^{55}tuɤ$^{\circ}$]　收拾。

拣[tʃian^{324}]　挑选。

㧓[uɑ^{324}]　用勺子、盆等舀取。

拾起来[ʃi^{55}ki$^{\circ}$ lai$^{\circ}$]　拣起来。

晓道[xiɑu^{324}tɤ$^{\circ}$]　知道。

带意[tai^{42}i^{42}]　留意。

跩文儿[tʂuai^{324}uər^{55}]　故意卖弄词藻。

巴不得[pɑ^{213}pu^{213}tei^{213}]　迫切希望。

烦人[fan^{55}in^{55}]　讨厌。

生火[ʂən^{213}xuɤ^{324}]　把柴、煤点燃起来。

害丢乎[xai^{42}tiəu^{213}xu$^{\circ}$]　害羞。

推当[t'ei^{213}tɑŋ^{213}]　假装：～没听见。

说笑话儿[ʃyɤ^{213}siɑu^{42}xuɑr^{42}]　开玩笑。

焯[tʂ' ɑu^{213}]　①从下往上来回翻动：把菜～一～。②捞取：～一碗面条：

撇腔[p'ie^{213}k'iɑŋ^{213}]　说话南腔北调，不伦不类。

鞭[pian^{213}]　击打：用裹缠着草绳的棍～新土墙。

拨拉[pu^{213}lɤ$^{\circ}$]　拨动。

铳[tʂ'uŋ^{42}]　①一种钢制工具：使～子打眼儿。②动词：打。在铁皮上～个眼儿。③枪毙：这次公判会～了两个凶犯。

得把[tei^{213}pɑ^{324}]　①得势。②得到机会。

杵[tʃ'y^{324}]　①锄去：园子里的野草多，使锨～一～。②浅挖：把鸡屎～到粪池里。

搓[ts'uɤ^{213}]　打：小孩不听话，他爹～他一顿。

撮[ts'uɤ^{213}]　往上推：～孋子上树。

哆嗦[tuɤ^{324}sɿ$^{\circ}$]　发抖。引申为轻举妄动：你莫～。

耳戏[ər^{324}ʃi$^{\circ}$]　理睬：你别～他。

分生[fən^{42}ʂəŋ$^{\circ}$]　繁殖。

括[xuɑ^{55}]　本义用两只手把东西聚拢在一起，借指互相邀约。他～我去北京。

关[kuan^{213}]　用针别上：出席证～在胸前。

光[kuaŋ^{42}]　刮：～脸。

鬼[kui^{324}]　①偷：这把老虎钳子给谁～去了。②狡猾：这人太～了。

吓乎[xei^{213}xu$^{\circ}$]　恐吓：你别～我，我见过的多了。

㴔鲁[xu^{213}lu$^{\circ}$]　在水里晃动洗刷。

齁思[xəu^{213}sɿ$^{\circ}$]　心里怨恨：为这事他～我半年多。

搰[xu^{213}]　打：～他两巴掌。

猫盖屎[mau^{55}kai^{42}ʂʅ^{324}]　工作马虎；工程质量粗劣。

胡弄[xu^{42}nuŋ$^{\circ}$]　将就、敷衍：这事先～着，以后再说。

贱[tsian^{42}]　①疼爱：抱小孩～～。②自娇：讨～。

涌[tʂa^{55}]　将食物放在热水中一沸即捞出：～蛤蜊。

精[tsiŋ^{213}]　光着身子：～腚客。

抻[tʃʻin^{213}]　将物拉长：～着她的小辫儿。

惊[kiŋ^{213}]　产妇乳汁涨满：奶～了，快把孩子抱过来吃几口。

浸[tsin^{213}]　把猪血之类加盐放在锅里烧开。

拘[ky^{213}]　紧紧攀住：他～在树上不下来。

疙疤[kʻɤ^{213}pa^{213}]　伤口好了，结痂脱落。

啃生驴蹄[kʻən^{324}ʂəŋ^{213}ly^{55}tʻi^{55}]　①说话难听、态度生硬。②条件不成熟就硬着头皮干。

空[kʻuŋ^{42}]　把液体倒干净：洗完菜把水～干。

剌[la^{42}]　①快跑：～欢儿。常用于幼儿、牛犊。②走路不稳：小孩走路～巴～巴的。③口语中用作否定词：你懂个～。

赖[lai^{42}]　孩子哭闹：这小孩好～人。

浪[laŋ^{42}]　女人生活作风不好：她整天在外头～。

落[luɤ^{213}]　赚：这趟生意净～两千五。

勒[lei^{213}]　逼价：这价钱够公道了，你还要～，存心叫我亏本。

黎[li^{213}]　①用力拉紧，使物变直：把铁丝～一～。②锻炼、磨炼：小青年还没～出来，过两年就行了。③剔掉竹篾内瓤：～竹篾。④抽：把筋～给出来。

连[lian^{55}]　粗略地缝补：新三年、旧三年，补补～～穿三年。

撂跌[liau^{42}tei^{213}]　摔跤。

遛门子[liəu^{42}mən^{55}tsɿ$^{\circ}$]　串门。

零[liŋ^{42}]　脱落。树上的叶子～了。

拢索[luŋ^{55}suɤ$^{\circ}$]　①抓不紧：他手～着，怎能抓住呢?②似闭非闭：他眼～着假装睡觉。

搂[ləu^{55}]　揍：小偷被人逮着～了一顿。

剔腾[tʻi^{213}tʻəŋ]　损坏、浪费：椅子都给你～海了。

驴驮担担[ly^{55}tʻuɤ^{55}tan^{213}tan^{42}]　形容运东西的人很多（贬义）：贩运私盐的人～。

抹[ma^{213}]　免去。他违法乱纪，职务给～了。

眂呆[mai^{55}tai$^{\circ}$]　精神不振，注意力不集中：你看他那～样，跟霜打似的。

招风惹草[tʃiau^{213}fəŋ^{213}ie^{324}tsʻau^{324}]　惹人注意而生出是非。

趖滑[tʻuɤ^{324}xua^{55}]　躲懒，逃避劳动。

卖路[mai^{42}lu^{42}]　作案人故意改变逃跑路线或制造假象。

冐[mɑu^{42}]　①漏掉：拿~了一个贼。②失误：打~锤子。
泥牛[mi^{42}niəu^{55}]　把水牛赶进水沟里避暑。
瞄倒[miɑu^{55}tɑu^{324}]　看准了：这事儿给我~了，一准能办成。
抿[min^{324}]　把颗粒压成粉状。
拿墙[nɑ^{55}ts'iɑŋ^{55}]　打土墙。
拿虫子[nɑ^{55}tʂ'uŋ^{55}tsɿ$^{\circ}$]　捉虫子。
拿神[nɑ^{55}ʃin^{55}]　集中注意力，抖擞精神。
拿捏[nɑ^{55}nie^{213}]　故意做作。
拿腕子[nɑ^{55}uan^{42}tsɿ$^{\circ}$]　肘关节脱臼，推拿复原。
三把勾挠[san^{213}pɑ^{324}kəu^{213}nɑu^{55}]　技能、本领：没有~不能吃这碗儿饭儿。
哈撒[xɑ^{213}sɑ^{213}]　①事情失败了。②糟蹋了，浪费了。
恼了[nɑu^{324}lɤ$^{\circ}$]　产生隔阂：他俩要~。
恼巴巴的[nɑu^{324}pɑ^{55}pɑ^{55}tɤ$^{\circ}$]　恼恨：出力不讨好，心里~。
恼塞[nɑu^{324}sai$^{\circ}$]　心里恼火。
馁嗉[nei^{324}suɤ$^{\circ}$]　身体抽搐。
念[nai^{213}]　叨念别人的过失。
捏尬[nie^{213}kɤ$^{\circ}$]　忸怩、做作：你~啥么，能喝就多喝点。
拧趵[niŋ^{55}kɤ$^{\circ}$]　小脚妇女走路的样子。
咆[p'ɑu^{55}]　斥责：他非~你一顿不可。
鸡刨狗掠[ki^{213}p'ɑu^{55}kəu^{55}uɑ^{324}]　家禽、家畜糟蹋庄稼。
配对儿[p'ei^{42}tər^{42}]　动物交配：青蛙~了。
撇清[p'ei^{213}ts'iŋ^{213}]　自我标榜清白：养汉老婆好~。
撇了[p'ei^{213}lɤ$^{\circ}$]　歪了：线划~，墙砌~。
朴[p'uɤ^{213}]　用刀贴地面挥动，割掉青草或庄稼：~青草，~刀。
缉[ts'i^{213}]　用细密的针线缝：~帽沿。
气不愤儿[tʃ'i^{42}pu$^{\circ}$fər^{42}]　好主持公道，对不合理的事好生气，好管闲事。
卡强[k'iɑ^{55}k'iɑŋ^{55}]　好欺负人（多用于小孩子）：这小孩子好~：
卡食[k'iɑ^{55}ʃi^{55}]　猪不爱吃食，食量太小。
抹絎儿[mɑ^{213}kə r^{213}]　因用力过猛而使絎脱落。喻白费力气。
迁就[ts'ian^{213}tsiəu^{42}]　将就：自行车旧了，~骑。
斨[ts'iɑŋ^{324}]　轻轻地铲除表皮：~煎饼。
胡吣[xu^{55}ts'in^{42}]　（粗话）胡说。
挦鸡毛[t'u^{213}ki^{213}mɑu^{55}]　烫鸡毛。
趋[ts'y^{213}]　本义为鹅或蛇伸头咬人，引申为猛击：他好~人脚后跟儿。喻专好背后找别人的缺点、拆台。
鹰[iŋ^{213}]　飞跑了：这小孩儿不知~那去了。
散板儿[san^{324}pɑr^{324}]　散伙了。
搡[sɑŋ^{324}]　硬塞：吃饱就别再~了。
刹[ʂɑ^{213}]　用绳子捆紧：把草捆~一~。
挲[ʂɑ^{42}]　①用手揽取草：打~子。②去粗取精：把闲杂人员~去。
剼[ʂən^{213}]　割除去受污的表皮：豆腐掉在地上，把皮~一~。

行往来[xiŋ^{55}uɑŋ^{324}lai^{55}]　朋友之间经济上的交往。
瘆[ʂən^{42}]　发狠叫骂：别～了，没人怕你。
婞脸[ʃiŋ^{213}sian^{324}]　厚脸皮、不知羞耻。
使不着[ʂʅ^{324}pu° tʃyɤ^{55}]　因生辰八字、属相等因素，男女不能婚配：这两人～。
使得慌[ʂʅ^{324}tɤ° xuɑŋ°]　累得慌。
试新[ʂʅ^{42}sin^{213}]　衣物等第一次使用。
顺瓦[ʃyn^{42}uɑ^{324}]　按顺序在房顶上排瓦片。
算计[suan^{42}ki°]　①挖空心思报复别人。②搜求：这点东西给人～到了。③计划；谋划。
踏[t'ɑ^{213}]　用锨把地面拍平。
不谈腔[pu^{213}t'an^{55}k'iɑŋ^{213}]　不答话。
钻窟窿[tsuan^{213}k'u^{213}luŋ^{213}]　无处不搜寻。形容为生活所迫而筹措钱物的艰辛。
掉毛[tiɑu^{42}mɑu^{55}]　害怕之极：他看见她就～。
替[t'i^{42}]　照原样剪下一个复制品：～鞋样。
添磨[t'ian^{213}muɤ^{42}]　往磨眼里添加粮食。
舔腚[t'ian^{213}tiŋ^{42}]　打小报告，拍马屁。
甜合[t'ian^{213}xɤ°]　顺人意：这头猪不挑食，真～人。
梃[t'iŋ42]　揍：不老实就～他两个耳光子。
趓[t'uɤ^{324}]　①躲避：这苦差事给他～了。②幸免：他～过这一劫。
赔话[p'ei^{55}xuɑ^{42}]　赔礼道歉。又说“赔不是”。
吞水[t'ən^{213}ʂuei^{324}]　浸水：场上的麦子～了；
褪瓜儿[t'ən^{42}kuɑr^{213}]　一种恶作剧。众妇女强行剥光男子衣服，将其手脚捆住，令出丑。
挖窟子[uɑ^{213}k'u^{213}tsɿ°]　旧时的盗贼，用挖地道的方法行窃。引申为绞尽脑汁找门路、拉关系。
瓦弓[uɑ^{324}kuŋ°]　弯曲变形：瓜干子晒～了。
㓻[uei^{324}]　砍削；修剪：把树枝～一～。
窝里反胞[uɤ^{213}lɤ° fan^{55}p'ɑu^{213}]　自家人互相攻讦。
穿绿裤子[tʃ'yan^{213}lu^{213}k'u^{42}tsɿ°]　男人跟已婚妇女搞不正当关系。
嗉[xyɤ^{213}]　①调唆、利用：受了人家～、砸了自己锅。②生长得很好：这小孩子～了，又白又胖。
压瓜[iɑ^{213}kuɑ^{213}]　将瓜类藤蔓用土压住，扩大吸收土壤肥力。
下死手[xiɑ^{42}sɿ^{324}xiəu^{324}]　作出最大努力完成某事。
沿[ian^{324}]　轮到：这番～到我了。
腰[iɑu^{213}]　从中间割开：韭菜太长，～一刀再切。
阴[in^{213}]　旁敲侧击，含幸灾乐祸之义。
影[iŋ^{324}]　惊动：把兔子～跑了。
冤[yan^{213}]　折：把纸边～过来。
抈[yɤ^{324}]　折断。
云魔[yn^{55}muɤ^{55}]　漫无边际地讲活。
折[tʃie^{213}]　堆：把场上的稻子～起来。
诤[tʂən^{42}]　辩论、争执。
脏牙了[tsɑŋ^{213}iɑ^{55}lɤ°]　难堪、被动。
搊[tʃiəu^{324}]　用力拧：把湿衣服～干。

柱[tʃy^{324}] 接近：树长高了，快～到屋脊了。

苦夏[k'u^{324}xiɑ^{42}] 每到夏天便消瘦的人，谓之～。

龇牙扭鬼[tsɿ^{213}iɑ^{55}niəu^{324}kuei^{324}] 做鬼脸、行为不庄重。

走手[tsəu^{213}ʃiəu^{324}] 失误：演孙悟空那个主儿要～了，金箍棒掏台下去了。

喳咕[tʂ'ɑ^{213}ku$^{°}$] 商量、讨论。

透心凉[t'əu^{42}sin^{213}liɑŋ^{55}] ①毫无保留地告知实情。②听到坏消息彻底失望了。

安心[an^{213}sin^{213}] 存心、故意：你～不让我睡觉。

白瞎[pei^{55}xiɑ^{213}] ①白白丢失。②没有出息：这个孩儿上学不认真，～。

绊腿[pan^{55}t'ei^{213}] 从中作梗或作对。

磨牙儿[muɤ^{55}iɑr^{55}] ①吵架。②说废话。

掰[pei^{324}] 用两手把东西分开。引申为分裂；较量：～着干。

瘪嘴[pie^{324}tsei^{324}] 无话可说了。

瘪嗉子[pie^{324}su^{42}tsɿ$^{°}$] ①饿了。②没神气了。

赌憋[tu^{55}pie^{213}] 生闷气。

擦儿抹儿的[tsɑr^{213}mɑr^{213}tɤ$^{°}$] 时间没抓紧，错过时机。

拆毁[tʂ'ei^{213}xuɤ$^{°}$] ①想办法筹钱：～点钱做生意。②算计；破坏：他想～我，没门儿。

掉场[tiɑu^{42}tʃ'iɑŋ^{213}] 言行离题，不合情理。

掺合[tʂ'an^{213}xɤ$^{°}$] 插手；多嘴。

难缠头[nan^{55}tʃ'ian^{55}t'əu^{55}] 很难应付的人和事。

掉板儿[tiɑu^{42}par^{324}] 言行上的小失误。

敞裆[tʃ'iɑŋ^{324}ɑŋ^{213}] 难看了；坏事了：场上的麦子淋雨了，～了。

允[yn^{324}] 许诺。

唱讴的[tʃ'iɑŋ^{42}əu^{55}tɤ$^{°}$] 心情愉快貌。

吵[tʂ'ɑu^{324}] 斥责：我～了他一顿。

趠[tʂ'ɑu^{42}] 远走；跳；腾跃。引申为迈步丈量：这块地你～一～，看有几亩。

扯草[tʃ'ie^{324}ts'ɑu^{324}] 把草垛上的草拽下一部分。

抧掏[tʂ'ʅ^{213}xəŋ$^{°}$] ①多指货物外表庞大，内里空虚。②狂妄、言语迫人：这人成天～的。

冲[tʂ'uŋ^{42}] 盲撞：～汉子。

慢抽筋[man^{42}tʃ'iəu^{213}tʃin^{213}] 言行慢条斯理、不爽快。

除皮[tʃ'y^{55}p'i^{55}] ①货卖完了。②彻底失败了。

憷头[tʂ'u^{42}t'əu^{55}] 遇事胆怯，不敢出头，觉得难办。

串路[tʃ'yan^{42}lu^{42}] 多走弯路。

粗壳[ts'u^{213}k'ɤ^{213}] 不好的事情碰到一起了。

错牙[ts'uɤ^{42}iɑ^{55}] 物体放置不整齐，不吻合：砖墙砌～了。

担不住[tan^{213}pu$^{°}$tʃy^{42}] 福小命薄，承受不了。

倒换[tɑu^{213}xuan$^{°}$] ①对换、变卖。②筹措。

递溜[ti^{42}liəu$^{°}$] 摇动：狗～尾巴。

颠哈[tian^{213}xɤ$^{°}$] 轻狂。

跌哈[tie^{324}xɤ$^{°}$] ①拿着东西走路不稳貌。②做作、不庄重的行为。③故意炫耀。

爬马嘎[p'ɑ^{55}mɑ^{324}kɑ^{55}] 幼儿在地上爬行。

逗邀［təu^{42}iɑu$^{\circ}$］ ①惹弄：～小孩。②把线圈绕开：把线穗子～开。③手脚乱舞（幼儿）：婴儿在窝篮里乱～。

抱垛子［pɑu^{42}tuɤ^{42}tsɿ$^{\circ}$］ 得到大头或全部，占大便宜。

反性［fan^{324}siŋ］ ①后悔。②恢复原来的性质：药草刚晒干，遇到连阴雨又～了。

反蛮［fan^{324}man^{55}］ 晚辈对长辈言行无礼。

犯防备［fan^{42}fɑŋ^{55}pei$^{\circ}$］ 有所防备。一般与否定词连用：他没～给狗咬了。

更更的［kəŋ^{42}kəŋ^{42}tɤ$^{\circ}$］ 走路有力、节奏较快的样子。

蛄蛹［ku^{42}yŋ$^{\circ}$］ 蠕动、活动。

掴［kuai^{213}］ 碰动：新电视机，莫乱～。

黄脸［xuɑŋ^{55}lian^{324}］ 事情被动难办了。

灰了［xuei^{213}lɤ$^{\circ}$］ 遭殃了。又说“灰堆了”。

海了［xai^{324}lɤ$^{\circ}$］ ①物品弄坏了。②事情办糟了。

得惠［tei^{213}xuei^{42}］ 得到好处。

在意［tsai^{42}i^{42}］ 放在心上，注意。

游魂［iəu^{55}xuən^{55}］ 无目的到处走动：足球场上，他跟～似的。

火了［xuɤ^{324}lɤ$^{\circ}$］ ①发财了：人家做生意都～。②发怒。

急乎儿［tʃi^{213}xur^{55}］ 急急忙忙。

假古［kiɑ^{324}ku$^{\circ}$］ 靠不住，要出事儿。

架不住［tʃiɑ^{42}pu^{213}tʃy^{42}］ 受不了，当不起。

架乎［tʃiɑ^{42}xu$^{\circ}$］ 支持：没大家伙儿～着，你当不好这个官儿。

死经［sɿ^{324}kiŋ^{213}］ 祸事临头。

禁着［tʃin^{42}tʂʅ$^{\circ}$］ 管束、约束：～孩子，莫叫下水。

咺［xian^{324}］ 哭喊。

来板儿［lai^{55}pɑr^{324}］ 来时运了。

根札皇陵［kən^{213}tʂɑ^{213}xuɑŋ^{55}lin^{55}］ 后台很有势力。

来神［lai^{55}ʃin^{55}］ 精神振奋、来劲了：说来也怪，伊朗队丢了球，反到～了。

撂冷崩子［liɑu^{42}ləŋ^{55}pəŋ^{213}tsɿ$^{\circ}$］ 冷不丁说出尖刻的话。

咧嘎［lie^{324}kɤ$^{\circ}$］ 言语不清，口齿笨拙的人。

捋着［ly^{324}tʃuɤ$^{\circ}$］ 顺着：～着线下锯。

拦［luan^{55}］ 把表面的东西取出：把麦子里的草～出来。

掠［luɤ^{324}］ 将庄稼或草的上端割下。

哭了忙［k‘u^{213}lɤ$^{\circ}$mɑŋ^{55}］ （小孩或女人）动辄就哭。

猫腰［mɑu^{55}iɑu^{213}］ 弯腰。

闷杠［mən^{213}kɑŋ^{42}］ 不言语。

闷头敲［mən^{213}t‘ən^{55}k‘iɑu^{213}］ 不声张，默默地做事。

拿猛子［nɑ^{55}məŋ^{324}tsɿ$^{\circ}$］ 游泳时扎进水下前进。

眯哈眼的［mi^{213}xɑ^{55}ian^{324}tɤ$^{\circ}$］ ①做事马马虎虎，有粗无细。②精神不振：他踢球～。

辟辟呱呱［p‘i^{55}p‘i^{55}kuɑ^{213}kuɑ^{213}］ 不顾情面地乱说一通。

屎嫌屁臭［ʂʅ^{324}xian^{55}p‘i^{42}k‘iəu^{42}］ 人人厌恶，他混得～。

拉偏儿［lɑ^{213}p‘iɑr^{213}］ 找借口，编造谎言。

漂了［p‘iau^{213}lɤ$^{\circ}$］ 丢失了：买了假货，钱白～。

发泼［fɑ^{213}p‘uɤ^{213}］ ①发脾气、使性子。②来精神了。

喊嘎喊嘎［ts‘i^{213}kɤ$^{\circ}$ts‘i^{213}kɤ$^{\circ}$］ ①小声说话的神态。②火苗欲灭未灭貌。

到败景儿［tɑu^{42}pai^{42}kiə r^{324}］ ①家世衰败。②世风日下。

对脐儿［tei^{42}ts‘ir^{55}］ 吻合：磨盘～了。引申为一拍即合。

起意［k‘i^{324}i^{42}］ 产生想法：你多会儿～开饭店的。

倒气儿［tɑu^{42}k‘ir^{42}］ 送气（快死了）。

掐巴掐巴［k‘iɑ^{213}pɤ$^{\circ}$k‘iɑ^{213}pɤ$^{\circ}$］ ①算命。②估量、琢磨。

煞气［ʂɑ^{213}tʃ‘i^{42}］ 泄愤。

掐准［k‘iɑ^{213}tʃyn^{324}］ 算准：这步棋你要～了，不然的话立马就输。

掐巴［k‘iɑ^{213}pɤ$^{\circ}$］ 克扣、欺负：～老百姓。

塑相［su^{42}siɑŋ^{42}］ 呆立。

手前［ʃiəu^{324}ts‘ian^{55}］ 好动手打人：这人～。

顶戗［tiŋ^{324}ts‘iɑŋ^{42}］ 顶用、胜任。

没躲闪［mei^{42}tuɤ^{55}ʃian^{324}］ 空间太小，转不过身。

够了［kəu^{42}lɤ$^{\circ}$］ ①腻了：新玩具小孩儿天就要～。②厌恶：我瞅他就～。

憋的［pie^{213}tɤ$^{\circ}$］ 没话说了。

闪得慌［ʃian^{324}tɤ$^{\circ}$xuɑŋ$^{\circ}$］ 亲近的人离开了，感到寂寞。

上心［ʃiɑŋ^{42}sin^{213}］ 用心、注意：没～车被马踩了。

不觉意儿［pu^{213}tʃyɤ^{213}ir^{42}］ 不知不觉。

歪嗉子［uai^{213}su^{42}tsɿ$^{\circ}$］ 吃饱了。

繸[sei^{324}] ①条状丝织物：帽子上缀着花～子。②松开、解开：把绳子～开；把包袱～开。

搪大势[t‘ ɑŋ^{55}tɑ^{42}ʃi^{42}] 面上过得去：这事不管怎说你得～。

一溜踉子[i^{213}liəu^{42}liɑŋ^{42}tsɿ$^{\circ}$] 踉跄。

冒跑[mɑu^{42}p‘ ɑu^{324}] 快跑：人牵不走；鬼领～。

躺仰[t‘ ɑŋ^{324}iɑŋ^{55}] 仰泳，引申为给大水冲走了。

淌汗[t‘ ɑŋ^{324}xan^{42}] 无能为力了，也说“淌黄汗了”。

嫌乎[xian^{55}xu$^{\circ}$] 不满；指责：你莫～她胖，富态点好。

消末[siɑu^{213}muɤ$^{\circ}$] 消散。

饧[siŋ^{55}] 眼睛半睁半闭。引申为行动迟缓：那人做事死～。

嘘乎[xy^{213}xuɤ$^{\circ}$] 吹嘘；夸张：你莫～，大不了赶我走。

压渴[iɑ^{213}k‘ ɑ^{213}] 解渴，引申为过瘾：看世界杯足球赛真～。

跑反[p‘ ɑu^{324}fan^{324}] 逃避战乱。

烊了[iɑŋ^{55}lɤ$^{\circ}$] 没劲了：跑了两圈就～。

烊腔[iɑŋ^{55}tʃ‘iɑŋ^{213}] 无理可讲了。

改饶儿[kai^{324}iɑur^{55}] ①治服了。②改邪归正了。

与心[y^{324}sin$^{\circ}$] 信任；放心：叫小孩儿自己爬泰山不～。

作恶[tsuɤ^{213}ɤ^{213}] 闹事，造反。

怎不着[tsəŋ^{324}pu$^{\circ}$tʃyɤ^{55}] 无法约束、处治。

两张望[liɑŋ^{55}tʃiɑŋ^{213}uɑŋ$^{\circ}$] 不一定兑现；两可之间。

张住[tʃiaŋ^{213} tʃy^{42}]　接住从高处掉下来的物体。

没着落[mei^{42}tʃyɤ^{55}luɤ^{213}]　没有落脚点、不落实。

指着[tsɿ˚ tʃyɤ^{55}]　依靠；指望：农民～二亩地吃饭。

懼乎[kyɤ^{55}xu˚]　惊惧，紧张貌：省纪委来人了，他才～。

放野[faŋ^{42}ie^{324}]　撒野；行凶：拿刀～。

走扯子[tsəu^{324}tʃʻie^{324}tsɿ˚]　走样：这事你莫弄～。

作势[tsəu^{213}ʃi˚]　故意做作，装腔作势。

尊到[tsəu^{324}tau˚]　①请示；嘱咐。②礼让。

二十二、方位类

当央儿[taŋ^{213}i ～ ar^{213}]　当中。

跟儿跟儿[kər^{55}kər^{55}]　跟前。

脸前儿[lian^{324}tsʻiar^{55}]　面前。

当门[taŋ^{213}mən^{55}]　正堂屋的地面。

当天井[taŋ^{213}tʻian^{213}tsiŋ˚]　院内的空间和地面。

东天井[tuŋ^{213} tʻian^{213}tsiŋ˚]　院东的邻居。又：西天井、南天井（前天井）、后天井。指方位不同的四邻。

地头儿[[ti^{42}tʻəur^{55}]　庄稼地顺垅的一头。

地底下[ti^{42}ti^{324}xia˚]　地下。

埝子[nian^{42}tsɿ˚]　范围较小的地方。

两下里[liaŋ^{324}xia^{42}lɤ˚]　两处。

四下里[sɿ^{42}xia^{42}lɤ˚]　周围：～全是水。

这埝儿[tʃie^{42}niar^{324}]　这边。

那埝儿[na^{42}niar^{324}]　那边。

这根儿[tʃie^{42}kər^{213}]　这里。

那根儿[na^{42}kər^{213}]　那里。

半边儿[pan^{42}piar^{213}]　旁边儿。

二十三、指代类

爷们儿[iɤ^{55}mər˚]　父子、叔侄、爷孙。

弟兄们[ti^{42}xyŋ˚ mɤ˚]　哥们。

哪哈儿[na^{324}xar^{42}]　哪里：你把笔搁～了？

那乎儿[na^{324}xur^{42}]　那样：这番不是～的。

这哈儿[tʃie^{42}xar^{213}]　这里：～没有这种风俗。

这乎儿[tʃie^{42}xur^{42}]　这样：～人不大好找。

那当口儿[na^{42}taŋ^{213}kʻəur˚]　那时候：～没电视机。

这当口儿[tʃie^{42}taŋ^{213}kʻəur˚]　这时候：～他快来了。

早晚[tsaŋ^{55}uɤ˚]　什么时候：他～来？

俺[an^{324}]　我、我们。

恁[n^{324}]　你、你们。

大家伙儿[ta^{42}kia˚ xuɤr^{324}]　大家。

这些子[tʃie^{42}sie^{213}tsɿ˚]　表示量多。"这些"则表示量少。

怎着[tsəŋ^{324}tʃyɤ$^{\circ}$] 奈何。

啥么[ʂɑ^{55}muɤ$^{\circ}$] 什么。

人个[iŋ^{55}kɤ$^{\circ}$] 人家。

二十四、描摹修饰类

龌囊[u ɤ^{213}nɑŋ$^{\circ}$] 脏：他家真～。

泰[t'ai^{324}] 自在，安逸：日子过得透～。

耀明[iɑu^{42}miŋ^{55}] 明亮耀眼。

急瓦脚[tʃi^{55}ua^{324}tʃyɤ^{213}] 十分焦急。

干煅[kan^{213}k'iɑ^{55}] 热，火气；干燥：嗓子～的。

把扯瘦[pɑ^{324}tʃ'ie^{324}ʂəu^{42}] 极言瘦得快。

勤利[tʃ'in^{55}li$^{\circ}$] 勤快。

梦瞪瞪[məŋ^{42}təŋ^{213}təŋ^{213}] 没睡醒，神志不清貌。

葱脆[ts'uŋ^{213}ts'ei^{42}] ①很脆：饼干～。②干脆利落：回答～。

矮甪的[iai^{324}p'u^{55}tɤ$^{\circ}$] 小矮个子。又叫“矬地炮儿”。

巴儿巴儿[pɑr^{213}pɑr^{55}] ①能说会道。②因不服气而连续回嘴。

倪头[xian^{42}t'əu^{55}] 畏难、厌倦：干～了。

板板正正[pan^{324}pan$^{\circ}$tʂəŋ^{55}tʂəŋ^{55}] ①平整：衣服叠得～的。②正派、规距：这人～的。

扑扑囊囊[p'u^{213}p'u$^{\circ}$nɑŋ^{213}nɑŋ^{213}] 物体过于松软。

邋遢[lai^{213}tɤ$^{\circ}$] 脏、不讲卫生：这个人真～。

喷香[p'ən^{42}xiɑŋ^{213}] 很香：芝麻盐真好，～。

胮不赖歪[p' ɑŋ^{213}pu$^{\circ}$lai^{42}uai^{55}] 喻人浮肿难看。

花里胡哨[xuɑ^{213}li$^{\circ}$xu^{55}ʂɑu^{42}] 色彩杂乱。引申为言行不端。

兀兀秃秃[u^{213}u^{213}t'u^{213}t'u^{213}] 半暖不热的。

迷膛[mi^{55}t' ɑŋ^{55}] ①迷失方向：他走～了。②神志不清：他～了，不醒人事。

毛糙[mɑu^{55}ts' ɑu$^{\circ}$] ①粗鲁。②马虎。③粗糙。

毛包子[mɑu^{55}pɑu^{213}tsɿ$^{\circ}$] 乱七八糟：屋里乱得～一样。

风快[fəŋ^{213}k'uai^{42}] ①速度快。②（刀剑）锐利。

方滚热[fɑŋ^{213}kuən^{55}ie^{213}] 很热。

打怵[tɑ^{55}tʂ'u^{42}] 恐惧、胆怯：晚上走黑路，有点～。

把搂[pɑ^{342}p'uɤ^{55}] 急切推卸责任。

剔亮[t'i^{213}liɑŋ^{42}] 极其明亮：天安门前的电灯～～。

剔陡[t'i^{213}təu^{324}] 极其陡峭：泰山十八盘～～，真难爬。

奤[t'ai^{213}] 软：这条鱼陈了，肉都发～了。

透恣儿[t'əu^{42}tsər^{42}] 十分自在，舒服。

甜不索索[tian^{55}pu$^{\circ}$suɤ^{55}suɤ^{55}] 厚脸献媚貌。

浉[nuŋ^{42}] ①物体含水太多②浑浊：米饭太～。

利亮的[li^{42}liɑŋ^{55}tɤ$^{\circ}$] ①整齐清洁。②清楚：这份帐弄得～。

吃符子[tʃ'i^{213}fu^{55}tsɿ$^{\circ}$] 形容精神极度亢奋的样子。

裂鼻[lie^{324}pi^{55}] （粗话）①发财了。②很多。

老本本[lɑu^{55}pən^{324}pən^{324}] 老实巴脚，过于死板：这个人死～。

老鼻子[lau^{55}pi^{55}tsɿ$^{\circ}$] 发大财：他今年～了，光蟹苗卖了三吨多。

了不得[liau^{324}pu$^{\circ}$ ti^{55}] 表示事态严重，无法收拾。或成就超绝，大连的新世纪广场～好看。

刮净[kua^{324}tsiŋ$^{\circ}$] 整洁、漂亮：这人真～。

艮[kən^{324}] ①食物生硬：这萝卜真～。②说话生硬、做事吝啬：这人真～。

杠杠的[kaŋ^{42}kaŋ^{55}tɤ$^{\circ}$] 棒棒的。

佶倬[tʃiai^{213}tʂuɤ$^{\circ}$] 身材苗条，风流潇洒。

坷埌疤带[k'ɤ^{213}laŋ^{55}pa^{213}tai^{42}] 坑坑洼洼。

苦情[k'u^{324}ts'iŋ^{55}] 受打击或损失惨重：这番他～了，虾苗全瘟了。

糠[k'aŋ^{213}] 萝卜空心：这萝卜太～，不好吃。

哈里八七[xa^{324}lɤ$^{\circ}$ pa^{213}ts'i^{213}] 夹七夹八、极乱。

猴[xəu^{55}] 顽皮：这小孩太～了。

张狂[tʃiaŋ^{213}k'uaŋ^{55}] 卖弄、炫耀：这人太～，怨不得人家说他。

猪[tʃy^{213}] 笨拙：这人真～，连自己的名字都写不好。

见少年[kian^{42}xiau^{42}nian$^{\circ}$] 显得年轻。

急猴[ki^{55}xəu^{55}] 着急了：检察院来人了，他才～。

稀烂贱[ʃi^{213}lan^{42}tsian^{42}] 很便宜。

行壮[xiŋ^{55}tʂuaŋ$^{\circ}$] 老年人身体健康：老头儿身体还很～，走路腿脚满利索。

喧粠[xyan^{213}xuŋ$^{\circ}$] 松软而富有弹性。

上乎[ʃiaŋ^{42}xu$^{\circ}$] 冲动：你莫～，谁不知道谁能吃几碗干饭。

刷滑[ʂua^{213}xua^{55}] 干净利索：他的文章写得～。

⿰豕农[nəŋ^{55}] ①多；盛。②这，这么：～么多。

耍洋牛[ʂua^{213}iaŋ^{55}niəu^{55}] 尬尴，出洋相：他正唱着戏，猛然台词忘了，～了。

在行[tsai^{42}xaŋ^{55}] 内行：跳舞他不～。

焦酸[tsiau^{213}suan^{213}] 非常酸。

钻晕[tsuan^{213}yn^{213}] ①糊涂到极点。②自讨苦吃。

瓷实[ts'ɿ^{55}ʃi$^{\circ}$] 人、事非常实在：这人很～、叫他办事放心。

疵毛[ts'ɿ^{213}mau^{55}] ①坏事儿了。②差劲儿。

闷词的[mən^{213}ts'ɿ^{55}tɤ$^{\circ}$] 偷偷摸摸做事。

细[si^{42}] 精打细算：她过日子真～。

西甜[si^{213}t'ian^{55}] 很甜：这个西瓜～的。

扫兴儿[sau^{55}xiə r^{42}] 煞风景。正当高兴时，遇不如意事而兴致低落。

懊糟[au^{55}tsau$^{\circ}$] 非常急躁，难以忍受：棋势不好，心里～。

瘟腥[uən^{213}siŋ^{213}] 非常腥。

瘟臊[uən^{213}sau^{213}] 非常臊。

霉透气[mei^{55}t'əu^{42}k'i^{42}] 异想天开：你～了，她不会跟你的。

冰渣凉[piŋ^{213}tʂa^{55}liaŋ^{55}] 冰冷刺骨～的。

大罗儿的[ta^{42}luɤ^{55}tɤ$^{\circ}$] 宽松肥大：褂子～。

剔溜圆[t'i^{213}liəu^{213}yan^{55}] 特别圆。

碜[tʂ'ən^{324}] ①吃了带沙食物时的感觉。②瞧不起、轻藐：害～乎的。③人不好交际：那个人怪～的。

丝丝绵绵[sɿ^{213}sɿ$^{\circ}$ mian^{55}mian^{55}]　①犹豫不决、办事拖拉：不行就拉倒，莫～的。②感情缠绵：他俩口整天～的。

周吴郑王[tʃiəu^{213}u^{324}tʃin^{42}uaŋ^{55}]　①一本正经：不管干啥，他都～的。②理直气壮、大模大样，能够胜任某项工作：这事儿他干得～的。

娇乖[kiau^{213}kuai^{42}]　①娇气：这小孩太～。②器物易坏：复印机太～了。

黢黑[ts‘y^{213}xei^{213}]　漆黑：他脸晒得～。

偿快[tʃ‘iaŋ^{55}k‘uai^{42}]　幸灾乐祸。

戆[kaŋ^{42}]　脾气憨直，不随和：这人脾气太～。

花瓜黧茄[xua ^{213}kua ^{213}li^{55}tʃ‘ie^{55}]　①浑身青一块、紫一块。②一塌糊涂。

无滋拉味儿[u^{55}tsɿ^{213}la ^{213}uər^{42}]　清淡寡味。

纥根儿[ka ^{213}kər^{42}]　①紧要之处。②症结所在。

壮实[tʂuəŋ^{42}ʃi$^{\circ}$]　结实。多用于中青年人。

风凉[fəŋ^{213}liaŋ$^{\circ}$]　凉快：天太热，到树底下～～。

不受看[pu^{213}ʃiəu^{42}k’an^{42}]　丑：这人长得～。

精淡[tsiŋ^{213}tan^{42}]　盐味不足：稀饭做得～了。

稠[tʃ‘iəu^{55}]　饭太干了。

肉头[iəu^{42}t‘əu$^{\circ}$]　肥胖（贬义）。

富态[fu^{42}t‘ai^{42}]　胖。多用于恭维人。

干巴[kan^{213}pɤ$^{\circ}$]　瘦。

宽展[k‘uan^{213}tʃian$^{\circ}$]　宽阔：还是住平房～。

精窄[tsiŋ^{213}tʂei^{213}]　很窄：他家屋里～。

歪三斜扭[uai^{213}san^{213}sie^{55}niəu^{324}]　歪斜很厉害：字写得～。

多老粗[tuɤ^{213}lau^{55}ts‘u^{213}]　极粗：这只毛笔～。

晚三春[uan^{324}san^{213}tʃ‘yn^{213}]　①错过好时机。②来迟了。

认真鼓点[in^{42}tʃin^{213}ku^{55}tian^{324}]　严肃认真地做事。

损[sən^{324}]　坏：这人太～。

上天摟地[ʃaŋ^{42}tian^{213}ləu^{55}ti^{42}]　形容孩子顽皮、无处不去。

哭不成溜[k’u^{213}pu^{213}tʃ’iŋ^{55}liəu^{42}]　悲哀之极。

恣殃心[tsɿ^{42}iaŋ^{213}sin^{213}]　福日子过腻了。

直脖问[tʃi^{55}puɤ^{55}uən^{42}]　恶狠狠地追问。

爽当地[ʂuaŋ^{324}taŋ^{55}tɤ$^{\circ}$]　痛快答应、马上行动：去还是不去，你～。

皱赖歪[tʂəu^{42}lai^{42}uai^{55}]　不平整、难看。

舔抹沿[t‘ian^{324}ma ^{213}ian^{42}]　①贪馋貌。②死皮赖脸地巴结、奉承。

老土[lau^{55}t‘u^{324}]　不时髦、太土气。义同“土包子”。

撒村[sa ^{213}ts‘ən^{213}]　不文雅、讲污秽语言：那个女人会～。

邪肚赖屎[sie^{55}tu^{42}lai^{42}ʂʅ^{324}]　①脏。②动作不紧凑，拖泥带水。

见老[tʃian^{42}lau^{324}]　显得老气。

油里咣当[iəu^{55}lɤ$^{\circ}$ kuaŋ^{213}taŋ^{213}]　①器物里外都是油腻。②散慢不羁的人。

瘦拉巴唧[ʂəu^{42}lɤ$^{\circ}$ pa ^{213}tsi^{213}]　瘦小。

强拉霸势[tʃ‘iaŋ^{55}lɤ$^{\circ}$ pa ^{42}ʃi^{42}]　不甘示弱，近乎蛮横。

扯拉巴带[tʃʻie^{324}lɤ˚ pɑ^{213}tai^{42}] 说话做作、语气轻佻。
笨拉巴唧[pən^{42}lɤ˚ pɑ^{213}tsi^{213}] 蠢笨。
傻拉巴唧[ʂɑ^{324}lɤ˚ pɑ^{213}tsi^{213}] 蠢，傻。
正儿巴经[tʃiŋ^{42}ər^{55}pɑ^{213}tʃiŋ^{213}] ①一本正经。②正宗。
凶拉巴嗤[xyŋ^{213}lɤ˚ pɑ^{213}tʂʻʅ^{213}] 凶头凶脑。
糊里八唧[xu^{55}lɤ˚ pɑ^{213}tsi^{213}] 烧糊了，黑乎乎的样子。
细拉巴糠[si^{42}lɤ˚ pɑ^{213}kʻ ɑŋ^{213}] 生活过于节俭。
碍拉绊脚[ai^{42}lɤ˚ pan^{42}tʃyɤ^{213}] 碍手碍脚。
滴溜搭挂[ti^{213}liəu^{55}tɑ^{213}kuɑ^{42}] 树上的果实压折树枝。
聒拉嚷嚷[kɤ^{213}lɤ˚ iɑŋ^{213}iɑŋ^{213}] 声音杂乱。
磕姑绊爹[kʻ ɑ^{213}ku^{55}pan^{42}tie^{213}] 路难行、磕磕绊绊。
粘拉糊眵[nian^{55}lɤ˚ xu^{55} tʻʂʅ^{213}] 粘粘糊糊。
红黢黢[xuŋ^{55}tʃʻy^{55}tʃʻy^{55}] 深红色。
花里胡茄[xuɑ^{213}lɤ˚ xu^{55}tʃʻie^{55}] 色彩杂乱。
奇里古怪[tʃʻi^{55}lɤ˚ ku^{55}kuai^{42}] 怪模怪样。
甩里瓜唧[ʂuai^{324}lɤ˚ kuɑ^{213}tsi^{213}] 愚蠢无能。
胡里摆带[xu^{55}lɤ˚ pai^{324}tai^{42}] 胡涂。
翻里胡缠[fan^{213}lɤ˚ xu^{55}tʃʻian^{55}] 不讲理、耍蛮缠。
血里歪歪[xie^{213}lɤ˚ uai^{55}uai^{324}] 血淋淋的样子。
叽里咕拽[tʃi^{55}lɤ˚ ku^{55}tʂuai^{42}] 胃里不舒服。又：背的东西多而乱。
憨里瓜脑[xan^{213}lɤ˚ kuɑ^{213}nɑu^{324}] 憨头憨脑。
狠里巴脑[xən^{324}lɤ˚ pɑ^{213}nɑu^{324}] 发狠、贪多。又说“狠吱吱”。
阴巴拉拉[in^{213}pɤ˚ lɑ^{55}lɑ^{55}] 天阴昏黑貌。
雾巴糟糟[u^{42}pɤ˚ tsɑu^{55}tsɑu^{55}] 大雾弥漫。
黑巴玖玖[xei^{213}pɤ˚ tʃiəu^{55}tʃiəu^{55}] 黑而发亮。
渣巴若若[tʂɑ^{213}pɤ˚ yɤ^{213}yɤ^{213}] 不爽口。
闷巴拉拉[mən^{42}pɤ˚ lɑ^{55}lɑ^{55}] 闷热。
酸巴拉唧[suan^{213}pɤ˚ lɑ^{213}tsi^{213}] 酸溜溜。
冷巴丢丢[ləŋ^{324}pɤ˚ tiəu^{55}tiəu^{55}] 脸色不高兴。
瞎马瞪眼[xiɑ^{213}mɤ˚ təŋ^{42}ian^{324}] 不细看，胡闯乱干。
齁巴拉唧[xəu^{213}pɤ˚ lɑ^{213}tsi^{213}] 哮喘病态。
豁巴溜沿[xuɤ^{213}pɤ˚ liəu^{55}ian^{42}] 器皿残缺破损。
灰巴拉拉[xuei^{213}pɤ˚ lɑ^{55}lɑ^{55}] ①色彩暗淡。②不清洁。
谎巴溜球[xuɑŋ^{324}pɤ˚ liəu^{55}kʻiəu^{55}] 好说谎话。
扁巴赖歪[pian^{213}pɤ˚ lai^{42}uai^{55}] 形状不规则，太扁。
猴头鸭爪[xəu^{55}tʻəu^{55}iɑ^{213}tʂuɑ^{324}] 人员素质参差不齐，滥竽充数者太多。
黑么糊眼[xei^{213}mɤ˚ xu^{55}ian^{324}] 黑而难看的色调。
甜么西西[tian^{55}mɤ˚ si^{55}si^{55}] 甜丝丝的。
疤么溜癞[pɑ^{213}mɤ˚ liəu^{55}lai^{55}] 很不光滑。
旧么拉拉[kiəu^{42}mɤ˚ lɑ^{55}lɑ^{55}] 陈旧。

臊么登登[sɑu213mɤ˚ təŋ55təŋ55]　臊味儿较强烈。

甜么哈哈[t‘ian55mɤ˚ xɑ 55xɑ 55]　献媚的样子。

鲜么争争[sian213mɤ˚ tʂəŋ55tʂəŋ55]　有鲜味儿。

坏么拉唧[xuai42mɤ˚ lɑ 213tsi213]　有损伤的货物。

黄么赖歪[xuɑŋ55mɤ˚ lai42uai55]　面黄肌瘦的样子。

馋么拉拉[tʂ‘an55mɤ˚ lɑ 55lɑ 55]　贪馋好吃。

矬么墩墩[ts‘uɤ55mɤ˚ tən55tən55]　矮而粗的样子。

臊么溜狗[sɑu213mɤ˚ liəu55kəu324]　乱搞两性关系的人。

胀么溜溜[tʃiɑŋ42mɤ˚ liəu55liəu55]　肚子发胀。引申为骄傲自满。

恣么洋洋[tsɿ42mɤ˚ iɑŋ55iɑŋ55]　心情舒畅的样子。

血乎淋淋[xie213xu˚ lin55lin55]　血流满地，恐怖的样子。

麻古瘤癞[mɑ 55ku˚ liəu55lai4ggw2]　外表疙疙瘩瘩，不光滑。

爱人子的[ai213in55tsɿ˚ tɤ˚]　惹人喜爱：庄稼长得～。

不碍[pu213ai42]　不碍事，不怕什么、不会坏事。

畈乎[pan324xu˚]　一本正经、按规矩办事。

星儿崩儿[siər213pər213]　稀少，了了无几。

诧意[tʂ‘ ɑ 42i˚]　糟糕、麻烦了：这事儿～了，不好收场了。

偿快[tʃ ‘iɑŋ55k‘uai42]　幸灾乐祸。

好歹的[xɑu55tai324tɤ˚]　马马虎虎、草草了事。

丁点儿[tiŋ324tiar324]　很小。也说“小马孬儿”。

顶拔尖[tiŋ324pɑ 55tsian213]　最出众的。

慢毒[man55tu55]　表面不露声色、阴险毒辣的人。

肥脊[fei55tsi213]　肥胖之极。喻发大财了。

绝盖儿[tusɤ55kɑr42]　特别好，没有比得上的。

酆鲍史唐[fəŋ213pɑu42ʂʅ324t‘ ɑŋ]　屁滚尿流。

屁呲狼嗥[p‘i42ts‘ɿ213lɑŋ55xɑu55]　①工作繁忙。②吓得四散逃走。

灰汁巴巴[xuei213tʃi˚ pɑ 213pɑ 213]　不净，满身灰水。

惊罗罗[kiŋ213luɤ55luɤ55]　①心有余悸。②皮肤被毒虫咬，又麻又痛的感觉。

旷[k‘uɑŋ42]　空隙太大：没穿衬衣，棉袄～着。

黎急[li213ki55]　①非常着急。②逼迫很紧。

卤来的[lu213lai55tɤ˚]　①淌汗太多，衬衣湿漉漉的。②食物太咸。

溜当[liəu42tɑŋ˚]　①快。②阻力小，顺当。

溜活[liəu42xuɤ˚]　轻捷：他腿脚透～。

溜勾地[liəu42kəu55tɤ˚]　顺从地、动作轻快地（贬义）。

马嚷嚷[mɑ 324iɑŋ213iɑŋ213]　很不严肃：你莫跟我～。

绵了[mian55lɤ˚]　潮湿、松软：连续阴天饼干都～。

泼拉[p‘uɤ213lɤ˚]　物品丰盛、不稀罕。

齐刷[ts‘i55ʂua˚]　整齐。

呓嘛睁[i42mɑ 324tʂəŋ213]　象呓语一样离奇，令人难以置信。

破屋禁塌[p‘uɤ42u213tʃin213t‘ ɑ 213]　老病号不会轻易死亡。

趔趄[lie^{55}k‘ie^{55}]　①非常好。②死了。
惬意[xiɑ^{55}i°]　满足，痛快。
毹[yŋ^{213}]　细弱：庄稼种厚了，长得太～了。
掀掀的[xian^{213}xian^{213}tɤ°]　河水欲溢貌：一连下了几场大雨，河里的水～。
不善[pu^{213}ʃian^{42}]　不简单、了不起：施老弟真～，全国书法比赛得了金奖。
善巴的[ʃian^{42}pɑ^{55}tɤ°]　简单、轻易。多与否定词连用。有不会善罢干休之意：他不会～。
歇达[xie^{213}tɤ°]　①走路慢而无力。②办事拖拉。
势嗷的[ʃi^{42} ɑu^{55}tɤ°]　①理所当然、无所顾忌。②气势凶凶貌。
无尽无休[u^{55}tsin^{42}u^{55}xiəu^{213}]　无止境。
积鬼势[tsi^{213}kuei^{55}ʃi^{42}]　①举止不大方。②怕人看见（不光彩的行为）。
甜静[t‘ian^{55}tsiŋ°]　长相甜美。
高塽的[kɑu^{213}ʂuaŋ^{55}tɤ°]　将物体放得高一点：把鱼挂～，猫够不着。
影绰绰[iŋ^{324}tʃ’yɤ^{213}tʃ’yɤ^{213}]　①看不真切。②心里老是惦记。
直马的[tʃi^{55}mɑ^{55}tɤ°]　一直往前走。
诼[tʂuɤ^{55}]　造谣诽谤。引申为态度生硬：这人说话～辣辣的。
点硬[tian^{324}iŋ^{42}]　①了不起：他技术～了。②极言好、高、多：这块麦子～了。
泼实[p‘uɤ^{213}ʃi°]　①小孩身体好，无疾病。②物品多，随意取用。
锉涩[ts‘uɤ^{42}ʂei^{213}]　①干涩。②外表粗糙：这桌面子～。
该灾[kai^{213}tsai^{213}]　①命中注定的损失。②意料之中的事儿。
一成[i^{213}tʃ‘iŋ°]　说定了。又含一定成功之意：这事说～了。
早先[tsɑu^{55}sian^{213}]　起先：他～是杀猪的。
该派[kai^{213}p‘ai^{42}]　应该：～你干你不干。
量倒[liɑŋ^{42}tɑu^{324}]　料定：～你不行。
定真[tiŋ^{42}tʃin^{213}]　认真：这小孩儿上学不～
不跟[pu^{213}kən^{213}]　不及：他～你能干。
哪跟[nɑ^{324}kən^{213}]　那里如：你～这乎儿的。
不撵[pu^{213}nian^{324}]　不如：二孩儿学习～大孩儿。
兴[xiŋ^{213}]　①准许：下棋不～耍赖。②时兴、流行：现如今大学里～穿超短裙。
一准[i^{213}tʃyn^{324}]　一定。又说“笃定”、”保准”“包准”：这事儿他～能干好!
亏娄[k‘uei^{213}lɤ°]　多亏：这事儿～你帮忙，不然就黄汤了。
回回[xuei^{55}xuei^{55}]　每次：他～喝酒都醉得东倒西歪。
兴许[xiŋ^{213}xy^{213}]　也许：他今天～能来。
横竖[xuən^{55}ʂʅ°]　要么，或者：他～来，～不来，总得回个信儿吧!
朝天[tʃ‘iɑu^{213}t‘ian^{213}]　往日：他～不是这乎儿的。
脚底下[kyɤ^{213}ti^{324}xiɑ°]　眼下、现在：～大闺女夏天都穿裙子。
差不离儿[tʂɑ^{213}pu°lir^{55}]　差不多：两人水平～。
不即不离头儿[pu^{213}tsi^{213}pu^{213}li^{55}t‘əur^{55}]　万不得已。
麻利[mɑ^{324}li^{55}]　马上，立即：要下雨了，你～走。
将忙[kiɑŋ^{213}mɑŋ^{55}]　刚才：他～才走，你快去追。
系乎着[xi^{42}xu°tʃyɤ°]　将就着：褂子旧了～穿。

好[xɑu^{324}]　应该；快要：他～来了。
煞煞[ʂɑ^{213}ʂɑ^{55}]　一直：我～等你一天。
相相[siɑŋ^{213}siɑŋ^{55}]　一干到底：这番我～把书稿修改好。
就窝儿[tsi əu^{42}uɤr^{213}]　顺便、趁此机会。
就手[tsiəu^{42}ʃiəu^{324}]　顺手：你～把门带（关）上。
𧹞[ts'iŋ]　①坐等。②子孙继承祖产。
保管[pɑu^{55}kuan^{324}]　一定：这番～能成。
反正[fɑn^{213}tʃiŋ^{42}]　总归、不论怎样说：这事～不是我干的。
欢喜[xuan^{213}xi$^{\circ}$]　喜欢：他～吹。
大约摸[tɑ^{42}yɤ^{213}mə^{214}]　大概。
在先[tsai^{42}sian^{213}]　先前，预先。
划[tʂ'an^{42}]　全部：吃地瓜～拣大的捏。
衠[tʃyn^{213}]　①标准、准确：这车子～上海货。②真是：那家伙～孬种。
耽不了[tan^{213}pu$^{\circ}$lɑu^{324}]　说不上，很可能。
泼离[p'uɤ^{213}li^{55}]　马上、赶紧：你～写，马上要收卷子了。
活眨[xɤ^{55}tʂɑ^{55}]　活巴巴；简真就要：～要气死了。
歇乎点儿[xie^{213}xu^{213}tiɑr^{324}]　差一点儿。
孬好[nɑu^{213}xɑu^{324}]　不管怎样：他～是科班出身。
直嘎[tʃi^{55}kɑ^{55}]　眼看着：这小孩～惯海（坏）了。
夠[k'əu^{55}]　①非常：～好了。②凶狠、厉害：这个女人怪～的。

二十五、数量关系类

畦[xi^{55}]　老年人读[k'i^{55}]。有土埂围着的排列整齐的田块，多为长方形：两～韭菜。
墩[tən^{213}]　丛；撮：一～花生。
喷儿[pər^{42}]　阵子：干了一～活儿。
棚[p'əŋ^{55}]　班：一～吹鼓手。
溜儿[liəur^{42}]　排、行：一～小树。
出子[tʃ'y^{213}tsɿ$^{\circ}$]　场，传奇中的一回，戏曲的一个独立剧目：闹了一～笑话。
骨节儿[ku^{213}tsier^{213}]　段：一～玉米杆。
绺[li'əu^{324}]　束：一～线。
幅[fu^{213}]　块：一～布。
嘟噜[tu^{213}lu$^{\circ}$]　串：一～葡萄。
趟[t'ɑŋ^{42}]　次：跑了两～上海挣了三千多。
檩[lun^{324}]　行：五～棒。
令[liŋ^{324}]　捆：三～纸。
筒[t'uŋ]　座：一～碑。
位[uei^{42}]　处：一～宅子。
爿[p'ian^{42}]　排：一～店。
抔[p'uɤ^{55}]　捧；把：一～黄豆。
抱[pɑu^{42}]　表示两臂合围的量：一～草。
搂[ləu^{324}]　两臂合围的周长：两～粗的大树。

捧[p‘əŋ^{324}]　双手捧的量：一～花生米儿。
拃[tʂa ^{213}]　张开的大拇指和中指（或小指）两端间的距离：土虺蛇一～多长。
刀[tau^{213}]　叠：两～火纸。
扎[tʂa ^{213}]　捆：两～啤酒。
郎个[laŋ^{55}kɤ^{42}]　多个（指数目不多）：总共来了三十～人。
葤[tʂəu^{42}]　捆：一～子碗。

二十六、詈词类

婊将子[piau^{324}tsiaŋ^{324}tsɿ$^{°}$]　婊子养的儿子。
婊子儿[piau^{324}tsər^{55}]　婊子的儿子。
霉种[mei^{55}tʂuŋ^{324}]　一厢情愿的妄想。
浪壳子[laŋ^{42}kɤ^{213}tsɿ$^{°}$]　骂坏女人的话。
俅种[tʃ‘iau^{55}tʂuŋ^{324}]　愣种。又说“～种羔子”。
下才[xia ^{42}ts‘ai^{55}]　下贱、没出息。
下三儿[xia ^{42}sar^{213}]　下贱。
臊货[sau^{213}xuɤ^{42}]　乱搞两性关系的人。又说“破货”。
灰种[xuei^{213}tʂuŋ^{324}]　倒霉种。
胡操蛋[xu^{55}ts‘ au^{42}tan^{42}]　胡乱捣蛋。
孬蛋[nau^{213}tan^{42}]　坏蛋。
臊毛[sau^{213}mau^{55}]　骂缺德的老年人。
小鳖将子[siau^{55}pie^{213}tsiaŋ^{213}tsɿ$^{°}$]　鳖的幼苗。骂小孩儿的话。
挺尸[t‘iŋ^{55}ʂʅ^{213}]　骂睡懒觉的人。
玩意儿[uan^{55}ir^{42}]　东西：你是什么～。
损巴儿[səu^{324}par^{55}]　损人的人。
俅会儿[tʃ‘iau^{55}xur^{42}]　傻蛋。
邪种[sie^{55}tʂuŋ^{324}]　行为怪异的人。
屌毛灰[tiau^{324}mau^{55}xuei^{324}]　轻蔑之极。
一屌憭子[i^{213}tiau^{324}liau^{324}tsə̃$^{°}$]　很少、小。义同“一点点”。
千人恨万人嫌[tsian^{213}in^{55}xən^{42}uan^{42}in^{55}xian^{55}]　千夫所指的坏蛋。

第三章　俗语　谚语　歇后语

第一节　俗语　谚语

清明前后刮鬼风。
墙打百板还透风。
河里无鱼市上看。
咸操萝卜淡操心。
越说你俊越向灯影凑。
吃地瓜单拣暄的捏。

黄老鼠没打着惹了一腚臊。
癞狗乍得一身毛，半夜五更学狼嗥。
老鼠不吃替猫攒。
不死也得去层皮。
背个牛头不认赃。
一泡鸡溏屎，坏了满缸酱。
懒牛上场，尿屎成行。
扒人家牙颏子晃。
今个攒，明个攒，攒到头买把伞；来了大风刮了去，光还抱个空伞杆。
求哥哥，拜姐姐。
头枕烧饼饿死了。
人家牵牛，你跟拔橛。
现喂的鸭子不下蛋。
临俺烧香佛掉腚。
冻死迎风站，饿死不倒尸。
睡不着觉怨床歪。
吃奶劲都使出来。
当地不养货郎子。
半腰插一杠子。
撮罐子上树。
猴腚存不下虮子。
一分钱磨断裤腰带。
打锣卖糖，各干各行。
一把攥两头不冒。
不认这壶酒钱。
三脚排不出个屁。
一个橛栓不住两个牛。
老虎还有打盹的时候。
坐门槛打盹，向里瞌不向外瞌。
一瓶不满，半瓶洸荡。
一嘴抹光光的。
贪多嚼不烂。
狠贼狠贼，逮着一回。
争，争，两头空。
胡吹二十四气。
掐鼻拧耳数落。
站着说话不害腰疼。
树不可无皮，人不可无品。
大鱼儿吃小鱼儿，小鱼儿吃虾子，虾子啃臊泥儿。
好喝撑不住三央央。

嘴上犟，心里望。
空口儿说白话儿。
一头撞在南墙上。
打人不打脸，骂人不揭短。
朋友千千万，知心有几人。
天上下雨地下流，小俩口儿打仗不记仇。
人交人，鬼交鬼，饭疙瘩招小猴儿。
大眼儿瞪小眼儿。
见风先治血，养血风自灭。
纱帽到谁头上谁歪。
狗皮帽子无反正。
乡里人不识货，单拣大的磨。
露多大脸，现多大眼。
吃灯草灰，放轻巧屁。
不怕不识货，就怕货比货。
不是一家人，不进一家门。
不听老人言，吃亏在眼前。
有麝自来香，不用大风扬。
当着矬人，莫说矮话。
一夜千条路，早起卖豆腐。
舍不得枪药打不着雁。
光棍不吃眼前亏。
腚堵锅门使本事。
顺杆儿往上爬。
三月茵陈四月蒿，五月拿来当柴烧。
勺头长树上了。
猪圈草，车前草，一喝肿就消。
锅火堆拨出个火星子。
要知朋友心，就看朋友待别人。
树帮树成行，人帮人成王。
指亲戚，靠朋友，不如自己两只手。
官上挣钱官上用。
人不求人一般高。
人到无求品自高。
元宝上秤称，兑换有相应。
荒地无人耕，耕起有人争。
虱多不咬，债多不愁。
养汉老婆洗了手，单怕遇见旧朋友。
埋头驴吃饱草。
关起门我怕谁，出了门谁怕我。

人多欺鬼，鬼多欺人。
唾沫星子淹死人。
拿当狗腚孩儿耍。
墙倒众人推，破鼓一齐擂。
害人的话只在一句，闹人的药只在一粒。
莫笑穷人穿破衣，十年河东转河西。
种不好庄稼一季子，找不好老婆一辈子。
指望别人都是假，自己磕倒自己爬。
黄老鼠单咬病鸭子。
仰脸老婆沁头汉。
瘸拐李，把眼挤；你哄我，我哄你。
隔桌不搭话。
四十五，出山虎。
苍天饿不死瞎鹰。
有扶竹竿的，没扶井绳的。
人行好事，莫问前程。
鱼生火，肉生痰，白菜豆腐保平安。
得势狸猫欢似虎，落时凤凰不如鸡。
饱汉不知饿汉饥，还说饿汉没力气。
褒贬是买主，喝好是闲人。
在家千日好，出外一时难。
没弯弯肚子，莫吃镰刀头子。
刀子嘴，豆腐心。
拉磨没本事，偷麸子吃有本事。
癞蛤蟆躲端午，躲了初一躲不了十五。
在家癞和尚，出外一棚僧。
钉头儿对着钻眼儿。
好汉怕赖汉，赖汉怕不要命的。
要得小儿安，三分饥和寒。
勤紧勤紧，吃饭把稳。
五月六月坐一坐，十冬腊月忍顿饿。
照屁股裁褯子。
六月房中无绣女，耀子瘸子闲不着。
气力外财，使了还来。
咬人的狗不叫，好哨的鸟不肥。
吃不穷，穿不穷，算计不到一世穷。
不怕一时贫，单怕懒滑神。
扶贫先扶志，治穷先治愚。
家有万贯，不如能干。
亲手干的吃着香，自己做的穿着暖。

玩龙玩虎，不如玩二亩土。
金山银山，不跟土滩。
钱财易散尽，薄地能养身。
要话千句有，要钱一个无。
农田不打粮，饿死七十二行。
鼠肚鸡肠，必定早亡。
生疔疮，莫害怕，上山采集野菊花。
仇伤身，气伤才，难得清静笑开怀。
相让相让，百事兴旺。
侯门深似海，最难是求人。
求人不如求自己。
人望人好自己好，人望人倒自己倒。
拿不净虱子逮不尽贼。
帮人帮到底，救人救上岸。
久推车子倒一遭，关公老爷走麦城。
睡地摩天溜滑。
官向官，民向民，关老爷向着莆州人。
心急喝不进热糊涂。
死了猪屠户，不能连毛吃猪。
鹰不拿死雀，官不差病人。
老虎单吃精死猴儿。
三个公章，不跟一个老乡。
遇光棍吃顿饭，遇眼子乱捣蛋。
好儿好孙子，不如好身子。
事后主意不值钱，过时黄历不必看。
理是理，法是法，不在其位莫当家。
知理不怪人，怪人不知理。
花有重谢重开，人有三胜三败。
一枝不动，百枝不摇。
身子恣，牙齿闲，买卖恣，不赚钱。
人找人，鬼找鬼，泥龙狗子找夹嘴。
十分本事儿使八分，留着二分给子孙。
但留方寸土，留于子孙耕。
能有一座山，不坐三品官。
龙多主旱，老婆多晚饭。
家贫思贤妻，国乱思良相。
牵着不走，打着倒退。
千滚豆腐万滚鱼。
穿山甲，王不留，妇女吃了乳长流。
赣榆三个贼，王二、李三、仲丹魁。

巧买哄不了拙卖的。
牢里坐死英雄汉，河里淹死会水人。
卖盐老婆喝淡汤，织席老汉睡床光。
瞒得了一时，瞒不了百时。
让人一尺有路走，逼人无路自灭亡。
秤砣虽小压千斤，胡椒虽小辣人心。
一鸟入林，百鸟安静。
根不正，苗不正，结个葫芦歪着腚。
斑鸠不下树，肚有瘪秫秫。
这山望着那山高，不知那山有柴烧。
吴山戴了帽，大雨眨眼要来到。
大雪不封地，不过两三日。
五月豆，半边露。
月亮戴帽，三天内必有风暴。
黄豆开花，墒沟捞虾。
春刮东南夏刮北，秋刮西南不到黑。（雨兆）
旱了东风不下雨，涝了西风不晴天。
哪把壶漏提哪把。
正月打雷，遍地是贼。（荒年）
二月打雷，遍地是水。（涝年）
春天旱，好吃面。
五月冷，一棵黄豆打一捧。
船拢夹山口，浪打吴山头。
五月天不怕阴，单怕东北西南对口风。
当热不热，五谷不结。
七月十五定旱涝，八月十五定太平。
麦怕胎里涝，到老没有窍儿。
稻黄麦黑，才是正色。
高地花生洼地麻，地瓜黄豆莫重茬。
早照不出门，晚照十八日。
西南雨，上不来，上来没锅台。
雨下五更头，行人不用愁。
星多烂地皮，天热两三日。
瓦石啚云晒死人。
家有长子，国有大臣。
立秋三天种白菜，根深苗旺少病害。
秋雾凉风夏雾雨，春天上雾虫子起。
三星未晚落，睡觉不盖脚。
三月打雷，狗叹白米堆。
春打六九头，七九、八九就使牛；春打五九尾，七九、八九抬不起腿。

寸麦吃丈水，丈麦怕寸水。

一年两个春，四蹄贵如金。

蛙子打哇哇，四十天吃粑粑。

春风不到地不开。

清明不明，谷雨不雨。

麦吃三月三场雨。

枣发牙，种棉花。

小满小麦满。

五月田，一宿高一拳。

蚕老一时，麦熟一晌。

伏伏有雨，九九有霜。

早黍稷，晚地瓜，十年种九年瞎。

间苗爱苗，到老抱瓢。

十月不上冻，有麦尽管种。

旱死不要西北雨。

彭祖活到八百八，没见麦糠向东刮。

天黄有雨，人黄有痞。

从小不成人，到大驴驹子。

旱死一条线，涝死一大片。

人哄地皮，地哄肚皮。

人误地一时，地误人一年。

桃三杏四梨五年，勤浇勤灌就换钱。

猫三狗四猪五羊六。（孕期）

正月栽树做场梦，二月栽树害场病，三月栽树难活命。

一九二九不出手，三九四九冰上走；五九六九沿河看柳；七九六十三，路上行人把衣担；八九七十二，犁牛遍地是；九九八十一，家里送饭地里吃。

十五不圆十六圆，十七、十八缺半边，十八九，坐着守，二十冷争，月出一更，二一四五，月满东室，二十八，一拃拏。

清明断雪，谷雨断霜。

七月枣，八月梨，九月柿子红了皮。

中秋云漫月，来岁雪打灯。

重阳无雨看十三，十三无雨顶冬干。

穷灶口，富水缸；金粪叉，银粪筐。

清明前后打杂鱼。

穇茬弯口麦茬鳖。

支鱼头，鳖鱼腮，马鲛骨头香满街。

鲫鱼头，鲢鱼嘴，鳞刀肚皮大蟹腿。

初三潮，十八水，二十四五鬼一鬼。

初八二十三，早晚两手干。

正月沙光赛羊汤。

冬鲫夏鲤麦黄鳖。
闺女儿子眼前戏儿，养老还靠二亩地儿。
锅不热，饼不靠；父不疼，子不孝。
宁给儿孙治眼，莫给儿孙治产。
病怕无名，疮怕有名。
疮怕三面：脸面、手面、脚面。
七天疯，八天痘，神仙也难救。
老怕伤寒少怕痨。
疹后痢，伤元气。
十个中医九当归。
过了九月九，大夫束了手。
少吃多滋味，多吃伤脾胃。
七十不留宿，八十不留坐。
能吃飞禽四两，不吃走兽半斤。
一饱无滋味，一饿十分馋。
鹰饱不拿，鱼饱沉底。
干榆湿柳，木匠见着就走。
铁匠冒冒烟，木匠敲三天。
立春后断霜，插柳正相当。
初一潮，十五水，二十四五小汛底儿。
十月二十五，大小船都归府。（季风到）
早晨无饭吃，下午买马骑。（渔民发财快）
早晨太阳色发白，出海捕鱼快快回。（风兆）
早西风，晚东风，渔民的老祖宗。
在地无闲田。

第二节　歇后语

屋后钓蛙子——甩到家了
脊梁背个茄子——心操外头了。
家雀嘈食——一场空喜。
脱裤子放屁——找事费。
土地老爷淌汗——神虚乎。
腿肚子养儿——外块。
癞哈蟆垫床腿——硬撑。
被窝里打拳——没有外手。
两口子赌钱——将就个局儿。
三十逮个兔子——有你也过年，没你也过年。
木 匠打老婆——有尺寸。
歪脖子公鸡——邪叫（教）。

老母猪顶一头烂臊泥——不知香和臭。
死了丈母娘哭妈妈——随大溜儿。
夜壶下饺子——拿不出来。
小老鼠钻竹筒子——不知死在哪一节。
漫山撂碓臼子——石(实)打石(实)。
腚门子夹玻璃——一肚子好明(名)瓷(词)。
独眼龙赶考——一眼(言)难进(尽)。
做梦带亲——想得美。
上吊带花——不觉死的鬼。
搽粉进棺材——死要面子。
大闺女出门子——头一回儿。
小老鼠拉木锨——大的呆后头。
大水冲了龙王庙——一家人不认一家人。
胸脯子长毛——荒膛(唐)了。
羊群里跑出个驴——数着你了。
嗑瓜子嗑出个臭虫——啥么仁(人)儿都有。
门后放地锦儿——等不到天黑儿。
西瓜掉油篓里——滑蛋。
老和尚帽子——平塌塌。
扒窑子扒出个驴——长脸了。
屎克郎爬夜壶里——找泚(呲)。
六个手指挠痒痒——比人多一能。
井底的蛤蟆——见过多大的天。
瘸子拜年——就地一歪。
麻子上讲台——群众观点儿。
鼻子插葱——装象(相)。
老母猪下象——有个样儿。
姐妹俩出门子——各人忙各人的。
脖后留胡子——随辫(便)儿。
丈母娘的嫂子——大岳(约)母(莫)。
老鼠尾巴害疖子——有脓也不多。
秋鹁鸽子——嘴硬。
屎克郎爬磨道里——自充小黑驴儿。
老母猪剋花生——挨着趟儿。
墙头晒孝帽子——白搭
石灰刷牙——白磨嘴皮
屋顶洒过火——上灰了。
沙窝里跑驴——炮不了几个蹶儿。
马猴扒地瓜——慌了前爪。
山顶上磕头——高跪(贵)。

锅火堆生芽——灰种。
碌碡洗澡——不浮（服）。
倒粪倒出个蝼蛄——鸡（急）等着。
土地老爷点灯——鬼透亮了。
泥龙狗子穿蓑衣——嘴尖毛长。
鸭子上树——没那个爪儿。
秃子跟着月亮走——沾光。
龟腰子上山——前（钱）沁（亲）。
地灵先生摔老盆——包圆了。
姜子牙卖豆腐——人不走时货也淌浆。
疤眼儿照镜子——自找难看。
孙大圣坐龙床——恣猴儿。
腊月生孩——冻（动）手冻（动）脚。
卖瓜捎小盆儿——甩种。
胸脯挂镜子——有明（名）膛（堂）。
碾砣上绣花——美得不轻。
螃蟹跟鳖磢痒儿——对壳儿了。
做梦逛西湖 ——好景不长。
黑碗打酱油 ——对色了。
鳖子没有腿——砖（专）支（指）着。
黄老鼠调兵——要鸡（急）命。
酱缸鳖——咸（闲）鼋（员）。
正月十五贴门神——晚三春了。
脖子底下挂笊篱——捞话说。
半夜锄地——胡榜（唠）。
砂锅里捣蒜——一锤子买卖。
雷公老爷拉薄屎——泻（谢）天泻（谢）地。
抱着孩子进当铺——自己当人，人家不当人。
旅馆里的臭虫——吃客。
草帽烂了边儿——顶好。

第三十五篇 人物

第三十五篇 人物

1990年后，赣榆县以经济建设为中心，坚持改革开放，全面推进社会主义物质文明、政治文明、精神文明和生态文明建设，全县各行各业涌现出了一大批先进典型人物，他们在经济、政治、军事、科教、文化等领域，用才智、汗水乃至宝贵的生命，谱写了一篇篇可歌可泣的华章。这些英雄模范、先进人物，都有着崇德向善、风清气正的精神面貌，无私奉献、勇于创新的优秀品质。他们当中有主持研制新兽药猪气喘病活疫苗的全国劳动模范何正礼；有长期工作在案件侦破一线，被公安部追授为全国二级英雄模范徐利生；有为抢救落水小伙伴献出了年轻生命、被赣榆县人民政府授予"舍己救人好少年"称号的优秀少先队员薛倩，等等。本篇共列传略14人，简介34人，列表525人。

第一章 人物传略

王正明

王正明（1905.10—1991.8） 男，陕西省勉县蔡马河区马家沟人。1935年2月参加红四方面军，曾参加长征，二次过草地，历任八路军115师68团战士，1946年6月复员退伍后，定居欢墩镇欢墩村。三等乙级伤残军人，1991年8月去世。

李景龙

李景龙（1916.5—1993.1） 男，原名岳玉春，四川省青川（原平武）县红光公社孔贲子村人。1934年5月参加红军，1936年1月入党，曾参加长征历任115师686团班长，参加平型关战役。1946年7月退伍。退伍后定居欢墩三角汪村，1959年因修建石梁河水库搬迁至欢新村。1993年1月去世。

薛 倩

薛倩（1981.11—1993.7） 女，赣榆县欢墩镇人。生前是赣榆县欢墩镇新村小学四年级学生，任校少先队大队长，班级学习委员。1993年7月15日下午1时左右，薛倩为了抢救落水的小伙伴献出了生命，年仅12岁。为了表彰她舍己救人的事迹，弘扬先进，树立新风，1993年9月7日，县人民政府授予薛倩"舍己救人好少年"称号，并在全县开展向薛倩学习活动。2002年5月，新村小学少先队第四中队被共青团江苏省委、江苏省少工委命名为"小英雄薛倩"中队，是江苏省首批命名的"英雄中队"之一。

郝国藩

郝国藩（1919.12—1999.2） 男，陕西省延川县人。1934年参加地下党工作，1935年4月参加红军，1937年入党，1948年退伍，退伍后定居青口镇，1999年2月去世。

李 川

李川（1922.8—2001.3） 男，原名李毓泾，赣榆县欢墩镇人。1940年参加革命工作，1941年加入中国共产党。1940～1945年，历任中共赣榆四区委合理负担队长、九区区委组织委员、滨海区党委武二队队员、新海办事处朝阳区委副书记。1946年，任中共三洋区委书记。1949年，任中共赣榆县委组织部副部长、部长。1950年，任赣榆县县长、县委副书记。1952年，任赣榆县委书记。1954年，调徐州专署工作，后历任沛县县委副书记、书记，丰县县委副书记，睢宁县委书记。1974～1978年，先后任邳县县委副书记、书记。1978～1984年，历任南通地委常委、南通行署副专员兼海门县委书记，淮阴行署副专员、淮阴市人大常委会副主任。1984～1989年，任连云港市政协副主席、党组副书记。1989年12月离休。

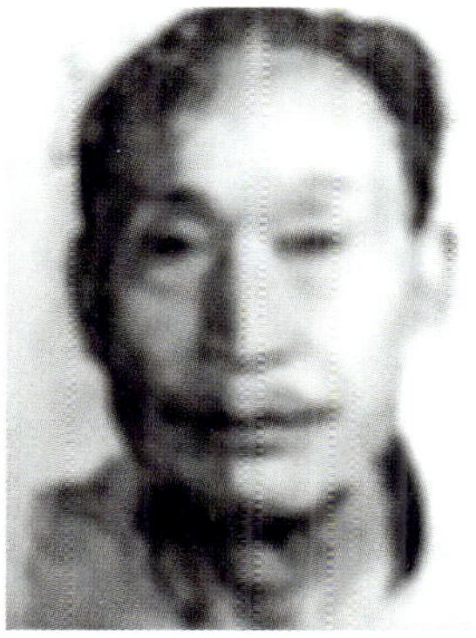
图 35-1 李川

王玖兴

王玖兴（1916.1—2003.1） 男，赣榆县海头镇人。早年就读于江苏省立东海师范学校，1936年考入国立中央大学心理学系，1937年转国立武汉大学哲学教育系，1944年考入国立西南联合大学清华研究院，攻读硕士学位，1946年任清华大学哲学系哲学史教员。1948年春，赴瑞士夫赖堡大学留学，进修哲学和心理学。1955年夏，取得博士学位，留校任讲师，讲授中国哲学。1957年6月回国，任中国科学院哲学研究所副研究员。1976年任哲学研究所研究员兼研究室副主任，加入中国共产党。1977年兼任中国社会科学院研究生院哲学系副主任。1978年当选为中华全国西方哲学史学会理事。1981年起担任国务院学位委员会哲学科评审组成员。1983年，兼任中国社会科学院学位委员会学科评审组成员、《中国大百科全书》编委会西方哲学史副主编。1986年，当选为中华全国西方哲学史学会顾问。1987年退休。1988年，当选为国际辩证哲学协会理事。1989年，担任《康德哲学选集》主编。主要著作有《特拉迈尔书目测验研究》（德文版）《关于赫拉克利特的辩证法》《雅斯贝尔斯的存在主义》《费希特及其哲学体系》《关于精神现象学》，译著有黑格尔《精神现象学》（上下卷），费希特《全部知识学的基础》，卢卡奇《青年黑格尔》《理性的毁灭》，雅斯贝尔斯《生存哲学》，康德《纯粹理论批评》等。

图 35-2　王玖兴

徐利生

徐利生（1964.11—2003.4） 男，赣榆县班庄镇人。1981年考入成都地质学院矿产系，1986年毕业后加入武警黄金部队。1988年7月，加入中国共产党。1993年10月，转业分配至赣榆县公安局，历任大岭派出所副指导员、指导员，公安局刑警大队副大队长，三级警督警衔。2003年3月15日，厉庄镇发生一起入室持刀抢劫案件。徐利生带领刑侦人员连续奋战半个多月，走访排查了厉庄镇等100多个村庄、2000多名群众，于4月1日凌晨，将两名主要犯罪嫌疑人抓获。在获悉另外两名犯罪嫌疑人潜逃到山东后，徐利生率追捕小组前往缉捕，4月2日晚返回赣榆，紧接着又留队值班、研究工作，4月3日凌晨因劳累过度牺牲在办公室。2003年12月，公安部追授其全国二级英雄模范。

图 35-3　徐利生

贺财德

贺财德（1913.9—2003.1） 男，山西省翼城郑毕村人。1935年参加地下党，1937参军，曾任八路军115师686团七连连长，1942年退伍，定居班庄镇班庄村。2003年1月去世。

何正礼

何正礼（1908.1—2003.12） 男，赣榆县人。1934年毕业于国立中央大学农学院畜牧兽医系，获农学学士学位。1934年7月～1935年2月任上海市兽医防治所技术员。1935年1月～1936年8月，任中央农业实验所畜牧兽医系助理。1936年秋到浙江筹办家畜保育所任所长，该所1938年并入浙江省农业改进所，任技正兼畜牧兽医股主任。1937年1～12月任浙江省家畜保育所所长兼技师。1938年1月～1941年7月，任浙江省农业改进所技正兼畜牧兽医股主任。1941年8月～1942年8月，任浙江英士大学农学院畜牧兽医系副教授。1942年9月～1944年3月任中央畜牧实验所技正。1944年4月～1946年12月，任中央大学农学院畜牧兽医系副教授。1947年1月～1949年10月，在美国加利福尼亚州立大学柏克莱研究院学习，获硕士学位。1949年回国。

图 35-4　何正礼

1949～1958年，任农业部华东农业科学研究所畜牧兽医系研究员，他研究成功猪瘟结晶紫疫苗，获农业部嘉奖，在华东区农业会议上被授予二等奖。他研制出巴氏杆菌氢氧化铝甲醛菌苗，获农业部"爱国丰产奖"。1959～1970年，任中国农业科学院江苏分院畜牧兽医系研究员，其间，发现猪传染性水疱病并在国际上首先定名。1971年起，任江苏省农业科学院畜牧兽医所研究员。1990年始，享受"国务院特殊津贴"。他领导组织全国协作网研究猪气喘病，经三代科研人员长期的研究试验，所研制的疫苗于2006年3月被批准为二类新兽药，成为世界上第一个在猪场广泛应用的猪气喘病活疫苗。他先后兼任中国农业科学院学术委员会委员、江苏省农业科学院学术委员会副主任、江苏省畜牧兽医高级职称评委会主任委员、江苏省畜牧兽医学会第三、第四届理事会副理事长，江苏省中西兽医结合研究会名誉理事长，农业部兽药典评委会委员，全国禽病研究会理事，《中国大百科全书》（农业卷·兽医部分）副主编，《农业大辞典》编委等职，主要论著有《猪瘟结晶紫疫苗研究》《多杀性巴氏变异和免疫研究》《猪传染性水疱病研究》等。

王世浩

王世浩（1920.12—2005.5） 男，赣榆县塔山镇蒋河村人。1943年先后加入赣榆县武工队、赣榆县独立营，1945年加入中国共产党。1943～1952年，先后任赣榆县独立营副班长、班长、副排长；滨海军区1团排长、副连长、连长；华东警备7团副营长、参谋长；295团副营长、营长。先后参加了赣榆战役、连云港保卫战、淮海战役、上海战役等，多次负伤，荣立一等功一次、二等功二次、三等功七次，荣获淮海战役纪念章、华东军区优胜奖章、战斗模范等荣誉称号。1952年8月任国营华东木材加工厂厂长；1953年任上海荣大水泥厂副厂长；1954年1月任洛阳水泥制品厂厂长、书记；1978年任河南省洛阳市市政工程管理处副处长。1980年经组织批准离职休养，享受县级待遇。2005年5月逝世。

鲍继柏

鲍继柏（1969.12—2006） 男，赣榆县黑林镇兴林村人。原中国人民解放军第二十集团军工兵防化处中校团参谋，2006年光荣牺牲。

朱月华

图 35-5　朱月华

朱月华（1922.2—2008.10） 男，赣榆县欢墩镇人。16岁任乡村小学教员。1940年参加八路军，历任班长、排长、连长、副营长、团参谋长等职。1941年2月加入中国共产党。1949年9月，任解放军第38军113师338团副团长，1950年7月，晋升为团长。10月，率部入朝参战，荣获朝鲜3级国旗勋章。1951年5月，随部队休整和机动防御，调任337团团长。第二年奉命率部重返前线。1953年年初，任113师副参谋长，5月任参谋长。1954年任副师长。1955年授中校军衔，1960年晋升为上校军衔。1965年3月，任113师师长。1968年7月任第38军参谋长。1969年7月任副军长。1973年5月任第38军军长。1973年6月任第55军军长。1979年2月，率部参加对越自卫还击战。1980年下半年参加中央党校学习，后升任广州军区副司令员。1987年1月，离职休养。曾荣获三级独立自由勋章、三级解放勋章和中国人民解放军独立功勋荣誉章，是中国共产党第十、第十一次全国代表大会代表。

祁德林

祁德林（1929.8—2009.5） 男，赣榆县青口镇下口村人。出生于渔民家庭，1948年入伍，1949年因在淮海战役中负伤致残复员。1979年进行家庭人工养虾，当年夺得亩产400公斤的高产，创造全国个体户养殖对虾亩产最高纪录。1983、1985年,先后被评选为省劳动模范。养虾致富后，始终不忘报国拥军，支持赞助社会公益事业，资助贫困户，带动全村渔民致富。每逢“八一”、中秋、元旦等重大节日，他都带上现金和礼品到部队、学校、敬老院慰问，平时主动扶持军烈属和困难户。1986年，从自家养殖的对虾中挑选一吨特级品送往老山前线，慰问官兵。1988年，被民政部、解放军总政治部评为全国拥军优抚先进个人。1992年，投资180多万元成立全省首家私营优抚企业——赣榆县优抚水产养殖有限公司，实现育苗、养殖、加工、销售一条龙，公司共安置28名烈军属子女、伤残军人、复员退伍军人。在祁德林的资助下，先后有500余个优抚家庭脱贫致富。1994年，全国拥军模范祁德林在人民大会堂受到江泽民等国家领导人接见。1995年，被评为全国劳动模范，获“五一劳动奖章”。

许磊然

许磊然（1918.8—2009.6） 女，原名许怡曾，赣榆县青口镇人，出生于上海。曾祖父是近代著名实业家许鼎霖，父亲许元方在20世纪20年代曾赴德国留学。1937年，许磊然毕业于上海中西女子中学，后入上海沪江大学学习。1944年任时代出版社编审。1953年任人民文学出版社外国文学编辑室编审，翻译大量俄文文学作品。1987年离休。系中国作家协会会员，中国翻译工作者协会理事，中国苏联文学研究会理事。曾出席第二、三、四次全国文代会。1997年获中国作家协会“鲁迅文学奖”翻译奖。翻译及编校的作品主要有《真正的人》《日日夜夜》《教育诗》《毁灭》《上尉的女儿》等。

图 35-6 许磊然

第二章 人物简介

张树仁

张树仁（1912.12— ） 男，赣榆县赣马镇人。1927年初中毕业，1928年考入新七军教导队，后改称警官学校，1930年毕业，先后任东台县安丰镇公安分局局长，溧阳县戴埠镇公安分局局长，曾以公开身份掩护中共南京特委在溧阳县开展革命活动。1932年加入中国共产党。1937年在赣榆县参加抗日青年救国团，担任武装部部长，1938年任中共赣榆县特支书记，1939年担任中共赣榆工委宣传部部长兼武装部部长，1940年担任八路军临（沂）郯（城）赣（榆）东（海）四县边区支队副司令员，年底任八路军山东纵队第二旅独立团副团长，1942年在山东抗大一分校学习，1943年任赣榆县抗日民主政府秘书科长、代理党团（组）书记，1945年任辽东宽甸县县长，1947年任丹东市民政局长，1950年任辽源市委第二书记兼市长，1954年任通化行署专员，1956年任吉林农业大学筹备处主任，1958年任吉林农业大学副校长。1982年12月离休。自1987年2月起，享受副省级住房、医疗待遇。

毛华山

毛华山（1919.11— ） 男，赣榆县欢墩镇人。1939年，参加共产党领导的抗日青年救国团；1942年，在滨海军分区政治部任科长；1945年2月，加入中国共产党；1949年，任山东军区司令部参谋；1951年，调军委总干部部工作；1956年，任总干部部办公室副主任。自1958年起，先后在国防部第五研究院、第七机械工业部第一研究院、航天部第一研究院、中国运载火箭技术研究院工作，任院办公室副主任、研究所副所长、院党委书记。1992年离休。曾荣获中华人民共和国“三级独立自由勋章”“三级解放勋章”、国防科工委“献身国防科技事业”荣誉证章、航天总公司“航天创业”荣誉奖章。

蒋希文

蒋希文（1922.10—　） 男，赣榆县青口镇人。1943～1945年，在上海无锡国学专修学校学习；1945～1951年，在上海市市西中学当教员；1951～1955年，在北京燕京大学学习，任北京科学院语言研究所实习员；1955～1959年，任中共中央马恩列斯著作编辑局语言修辞组副组长、北京科学语言研究所研究生；1959～1962年，任贵州省民族研究所工作员；1962～1988年，先后任贵州大学中文系讲师、副教授、教授、中文系主任，贵州省语言学会名誉理事长；1988年～1993年1月，任民进贵州省委员会主任委员、民进中央委员；1992年享受国务院特殊津贴；1993年1月～1998年1月，任贵州省政协副主席，民进贵州省委主任委员、民进中央委员；1999年6月退休。著有《中原雅音记略》《贵州方言内部区分》等语言学专著。

佘守宪

佘守宪（1924.7—　） 男，祖籍赣榆县青口镇。1956年加入中国民主同盟，民盟北京市第五、六、七届市委委员。1943年至1946年在西南联合大学物理系学习，获物理学学士学位。其间，参加共产党领导下的进步组织民主青年同盟和“一二・一”学生爱国运动。1948年赴美国密歇根大学留学，1949年获密歇根大学物理学硕士学位。1950年返回祖国，在北方交通大学从事物理教学与研究工作，先后任教授、研究生导师、物理系主任、校务委员会委员、校学术委员会委员等职，承担国家自然科学基金项目，参加制定全国工科物理课多种指导性文件及教材编审工作，受聘担任国家教委高等工业学校物理课程教学指导委员会委员。1987年，获北京市“首都‘五一’劳动奖章”。1991年离休。

王　辉

王辉（1924.12—　） 男，赣榆县塔山镇人。童年时随父从赣榆迁至涟水县。1938年参加革命，参加抗日同盟会，1939年8月加入中国共产党。抗日战争时期，历任宣传员、干事、代指导员、中队政治指导员、连长兼政治指导员、教导队队长兼政治指导员、连长、参谋、副营长、营长等职，参加了大兴镇、陈道口、大伊山、来龙庵、左圩、运河等战役战斗。解放战争时期，历任副大队长、团参谋长、科长兼办公室主任、浙江省江山县警备司令部副司令员兼剿匪司令员、兵团工兵总队司令部参谋长等职，参加了淮海、渡江等战役战斗。新中国成立后，历任大队长、团长、副处长、处长、师长、河南省军区副司令员兼郑州警备区副司令员、武汉军区工程兵主任、郑州市委第一书记、郑州铁路局第三书记、河南省委书记、武汉军区司令部副参谋长、国防工业办公室副主任等职，参加了抗美援朝。1985年离休。是中国共产党第九次、十次全国代表大会代表，曾荣获三级独立自由勋章、三级解放勋章和独立功勋荣誉章。

卢锡勤

卢锡勤（1925.11—　） 男，赣榆县柘汪镇人。1943年9月加入中国共产党。1944年1月参加八路军。历任战士、文化干事、副指导员、指导员、副教导员、组织干事、组织科副科长、科长、政治处主任、团副政委、政委、师政治部副主任等职。1955年，被授予少校军衔。抗日战争和解放战争中，参加主要战斗二十余次，3次立大功，获战斗英雄奖章、勇敢奖章和艰苦奋斗奖章各1枚。1950年9月，出席全国战斗英雄、劳动模范代表大会。2007年8月，再次出席全国战斗英雄代表大会。

朱其铠

朱其铠（1925.7— ） 男，赣榆县罗阳镇人，中共党员。1950年毕业于山东大学中文系。历任山东师范大学中文系讲师、副教授、教授，兼任中国古代文学教研室主任、中国古代文学研究室副主任等职，长期从事中国古代文学的教学和研究工作。著有《中国古代小说分析》，主编《中国文学史二百四十题》，选注《聊斋志异选》，主编并校注《全本新注聊斋志异》，主持山东省哲学社会科学“七五”重点研究项目，“明代前后七子山东三作家研究”。所著《聊斋志异选》获山东省哲学社会科学优秀成果二等奖，主编的《全本新注聊斋志异》获山东省教委哲学社会科学1990年优秀著作一等奖、1992年全国首届古籍整理图书奖等。中国作家协会山东省分会会员，山东省古典文学学会顾问，山东省《水浒》学会副会长，全国《水浒》学会理事。

王锦汉

王锦汉（1925.10— ） 男，赣榆县青口镇人。1942年参加革命工作，1943年8月加入中国共产党。1944年1月参加八路军，1945年随军调往东北，1946年负伤，痊愈后分配齐齐哈尔司令部任二连三排排长，1948年8月任四十九军炮兵团三营八连副连长，1949年2月任连长。抗日战争和解放战争时期曾参加大吴山战斗、安东卫战斗、四平战斗、辽沈战役、平津战役。1950年10月参加抗美援朝任副营长、营长。1954年8月入南京军事学院炮兵系学习。1959年2月后，历任炮兵第5师副团长、团长、副师长。

刘成和

刘成和（1927.9— ） 男，赣榆县石桥镇人，中共党员。1942年参加中共领导的青年救国会，1945年参加子弟兵团，1946年10月参军，1947年10月调苏中海防纵队任班长，1949年5月编入海军第五舰队任学员，1952年任海军炮艇大队艇长。1954年至1973年，先后任海军炮艇大队中队长、参谋长、副大队长、大队长。1973年赴非洲几内亚共和国担任军事专家组组长。自1978年，担任海军温州水警区副司令员。新中国成立前，参加了白塔埠战斗、三叉河战斗、淮海战役；新中国成立后，参加了浙江头门山海战，解放浙江炽谷山战斗，解放一江山岛战斗等。1984年离休，离休后任浙江省椒江市关心下一代工作委员会顾问。

韦有典

韦有典（1927.10— ） 男，赣榆县金山镇人。1944年8月参加革命工作，1947年3月加入中国共产党。1944年8月，入赣榆县师资训练班学习，学习结束后任小学教师、小学校长、区文教助理。1946年8月，到山东滨海军区教导大队学习，结业后任赣榆县独立团见习参谋。1947年，任第26军78师作战参谋，先后参加淮海战役、渡江战役、上海战役。1950年11月参加抗美援朝，参加第二、三、四、五次战役。1953年回国，任营职参谋，1955年被授予大尉军衔，1959年3月调济南军区科研处任参谋，1962年到南京军事学院学习，被授予少校军衔，1965年5月调解放军总参谋部作战部工作，历任参谋、副主任、副处长、正师级研究员。曾荣获中央军委独立功勋荣誉奖章、国防部解放奖章、志愿军政治部立功证书和朝鲜民主主义共和国奖章。

王家声

王家声（1928.10— ） 男，赣榆县人。1943年10月参加八路军，在115师任战士、卫生员。1946

年6月，在东北民主联军任卫生班长，调剂员、防疫员。1948年6月，在中国医科大学哈尔滨二分校学习，是年12月，在第38军112师任卫生所所长、卫生队队长、卫生主任。1956年2月在38军基干团任卫生队队长。1960年2月，在解放军后勤学院卫生勤务系进修。1964年10月，在38军卫生处任副处长、处长。解放战争期间荣立大功三次、小功四次，并荣获“战救工作模范”称号；抗美援朝期间荣立三等功一次。1983年离休。

王寿明

王寿明（1928—　）男，赣榆县人。1949年在盐业公司当盐工。曾任台北盐场海滨工区一组领滩手、生产组组长，被誉为盐滩上的“老黄牛”。他坚持科学产盐，曾连续13年超额完成国家计划，不断刷新优质高产纪录。1973年加入中国共产党。1978年被轻工部授予“劳动模范”称号，1979年被国务院授予“全国劳动模范”称号。1984年离休。

田裕厚

田裕厚（1928—　）男，赣榆县人，中共党员。1964年秋至1965年5月，带领本村社员百余人，土法上马，自力更生，在徐山公社孙岭村北开凿高2.1米、宽2.0米、长174米的隧洞，引水灌田40公顷，实现“水上山，粮翻番”的目标。1965年被评选为全国劳动模范，进京参加国庆观礼，受到毛泽东、周恩来接见，与毛泽东、聂荣臻分别合影。

徐道义

徐道义（1929.6—　）男，赣榆县人，中共党员。1943年3月入伍，任学员、卫生员，1944年9月调到山东滨海军区二十三团，1945年9月部队改编，随二师五团调往东北参加战斗，东北全境解放后，旋即随军赴华北参加平津战役，1949年4月随部队渡江南下，参加解放江南各地战斗，1950年参加抗美援朝，历任师卫生营所长、营长、师后勤部副部长、政委，在革命战争年代，曾立大功三次，荣获军功章一枚。

王辅一

王辅一（1929.7—）男，赣榆县城头镇人。1941年11月加入中国共产党。1944年8月入山东滨海中学学习。1945年1月被选调任八路军山东滨海军区政治部缮写员，抗日战争时期曾参加滨海反“扫荡”和大反攻作战。解放战争时期，参加了宿北、鲁南、莱芜、孟良崮、洛阳、开封、淮海、渡江、上海等战役。中华人民共和国成立后，任南京军区政治部秘书、科长。1969年起任南京军区司令部办公室副主任、研究室主任；1981年任百科编审室主任，组织编撰和编审《中国大百科全书》军事卷条目，所写[项英]条目得到中共中央、中央军委领导人和中央党史研究室的肯定。1987年12月任军事科学院军事百科全书编审室副主任、军事百科研究部副部长。1988年被授予少将军衔，参与组织编纂《中国军事百科全书》。1990年6月离休。1992年6月被评为研究员。

蒋绍行

蒋绍行（1931.11—　）男，赣榆县人，主任医师。1949年2月考入新海连特区卫生学校护士班学习，同年9月毕业分配到山东滨海医院，之后调沂水专区中心卫生院、卫生科工作。1954年赴山东医学院附设工农速成中学学习四年，高中毕业后被选派到北京医学院公共卫生系学习五年，1961年毕业后，历任临沂地区卫生防疫站医师、食品卫生科副科长、科主任、行署食品卫生领导小组办公室副主任。1990

年被卫生部选为全国优秀食品卫生监督员，1991年被授予山东省优秀食品卫生监督员、临沂地区知识分子先进工作者称号。撰写调查报告和综述论文50余篇，参与编写《食品卫生知识》《现代大众营养学》《实用营养与食品卫生问答》等书刊。

秦咏诚

秦咏诚（1933.7— ） 男，赣榆县石桥镇人。1948年参加大连市中共领导的关东社会教育工作团。1950年加入中国共产党。1956年毕业于东北音乐专科学校作曲系研究生班。历任辽宁歌剧院创作员，辽宁省乐团副团长，沈阳音乐学院副教授、院长，中国音协第三、四届理事和辽宁分会副主席。1993年离休。作品有管弦乐《欢乐的草原》，小提琴曲《海滨音诗》，歌曲《我为祖国献石油》《我和我的祖国》《毛主席走遍祖国大地》，电影音乐《创业》等。声乐协奏曲《海燕》，获1981年第二届全国音乐作品（交响音乐）铖良奖。2005年，出版发行《我和我的祖国——秦咏诚作品自选集》。

许恒道

许恒道（1934— ） 男，江苏省六合县人，中共党员。水稻育种栽培专家。1953年毕业于华东农林干部学校。曾任赣榆县农业局局长、副县长，江苏省利用外资开发滩涂项目办公室副主任、江苏省作物学会理事、江苏省农科院特约研究员。1980年、1983年，两次获江苏省科技进步一等奖，1985年获江苏省开发建设苏北有功人员二等奖。1988年获江苏省有突出贡献中青年专家称号。

龚国祥

龚国祥（1936.12— ） 男，上海市人，中共党员，主任医师。1959年8月毕业于哈尔滨医科大学医疗系。毕业后到赣榆县人民医院工作。曾任江苏省流行性出血热防治协作组专家组成员，连云港市第七、第八、第九届人大代表，连云港市医学会传染病专业委员会主任委员，赣榆县人民医院副院长、院长。20世纪60年代，合作研制出治疗“流行性乙型脑炎”的中药“乙脑宁”注射液。1973年，他率领科室医护人员，攻克“流行性出血热”的休克、肾功能衰竭、大出血三大死因，出血热的病死率下降到2%以下（全国病死率5%以上）。1985年获得江苏省人民政府“开发苏北优秀科技二等奖”。1991年晋升为主任医师。1994年享受国务院特殊津贴。

杨立艾

杨立艾（1936— ） 男，赣榆县人。1962年毕业于天津盐业专科学校，同年到江苏省盐务局工作。1973年5月加入中国共产党。1983年起先后担任省盐务局多种经营管理处副处长兼省盐业知青水产养殖公司经理，省盐业水产养殖公司副经理、副书记，省盐业水产集团副总经理、副书记，连云港生物工程研究所副所长、连云港水产生物化学厂厂长、中国盐业水产学会专业委员会副主任委员、《中国海洋报》顾问、省鱼虾贝藻病害防治网络专家组成员，江苏省盐业水产养殖的创始人。在中国盐务系统最早研究并提出“盐虾结合，一水多用，协调发展，相互促进”的观点。“中国对虾弧菌病生态调控防治法的研究”于1992年获江苏省科技进步二等奖、连云港市一等奖。

胡　淼

胡淼（1937.8— ） 男，原籍江苏省溧水县，出生于海门县，九三学社社员，国家农业技术推广研究员。1951～1957年，在上海市高桥中学学习；1957～1961年，在南京农学院植物保护系学习；1961年到赣榆县农业局工作；1984～1992年，任赣榆县农业局副局长；1992～2003年，任赣榆县农业技术推广中心副主任。1990年获得高级农艺师职称，1996年获得国家农业技术推广研究员职称。1983～2003年，江苏省第五、六、七、八届政协委员。1990年被评为江苏省有突出贡献中青年专家。1992年起享受国务院津贴。2000～2002年，被聘为南京农业大学（南农大研究生院）硕士研究生导师，2006～2008年，被聘为中科院江苏省植物研究所硕士研究生导师。发表论文百余篇，专著7部，获国家级省市科技成果奖32项。

林祥国

林祥国（1950.8—　） 男，赣榆县城头镇人。1971年2月加入中国共产党。1972年3月～1974年7月，在徐州师范学院理化系物理专业学习；1974年7月～1980年7月，先后任徐州师范学院（现江苏师范大学）物理系党支部书记，院团委副书记、书记；1980年7月～1982年8月，任共青团徐州市委书记、党组书记；1982年8月～1986年7月，任共青团江苏省委副书记、省青联主席；1986年7月～1988年6月，任南京体育学院党委书记，江苏省体委副主任、党组成员；1988年6月～1994年2月，任江苏省体委主任、党组书记兼南京体育学院院长；1994年2月，任江苏省政府副秘书长（正厅级）。1995年6月，任盐城市委书记。2000年1月，任盐城市委书记、市人大常委会主任。2001年8月，任江苏省委统战部部长。2002年2月，任第八届江苏省政协副主席、党组成员，省委统战部部长。2005年5月，任中共江苏省委常委、省委政法委书记。2008年12月，任中共江苏省委常委、省委政法委书记、省公安厅党委书记。2009年12月，任中共江苏省委常委、省委政法委书记。中共十五大代表；十届全国政协委员；十届省委委员；省九届人大代表；省八届、九届政协委员。

李素芝

李素芝（1954.4—　） 男，赣榆县石桥镇人。1970年12月入伍，1971年10月加入中国共产党。1976年7月毕业于解放军第二军医大学，留校从事医务工作。1977年，赴西藏军区总医院工作。1987年6月晋升主治医师；1994年11月～1996年3月，任西藏军区总医院副院长（1994年12月晋升主任医师）；1996年3月～2005年11月，任西藏军区总医院院长（1999年5月享受政府特殊津贴）。自2005年11月起，任西藏军区副司令员兼西藏军区总医院院长，其间，2000年7月晋升为专业技术1级，少将军衔。他做手术1万多例，其中重大手术600多例；为1300余例先天性心脏病、风心病患者免费治病。李素芝积极开展科研工作，开展新技术研究134项，获得科技成果奖30项，其中，获国家和军队科技进步奖20项。2004年6月，被评为全军优秀共产党员；2004年9月，被西藏自治区党委、自治区政府授予全区民族团结进步先进个人称号；2005年5月，被国务院授予全国民族团结进步模范个人称号；2006年5月，中央军委给李素芝记一等功；2009年，被评为100位新中国成立以来感动中国人物之一。

周健民

周健民（1956.7—　） 男，赣榆县青口镇人。1975年9月在赣榆县任教。1978年，在南京大学化学系学习。1982年，为中国科学院南京土壤所农业化学专业硕士研究生。1989年，为加拿大萨斯卡彻温大学土壤系博士研究生、博士后。1999年12月加入中国农工民主党，2000年1月加入中国共产党。中科院南京分院院长、研究员、博士生导师、国家973项目首席科学家。2008年1月任农工党中央常委、省委主委、省政协副主席，中国科学院南京分院院长。第十届、第十一届全国政协委员，第十一届全国政协常委，第十届江苏省人大代表、人大常委会委员，第十届、第十一届江苏省政协委员。长期从事土壤肥力和植物营养研究工作，在国内外学术期刊上发表中英文论文130余篇，其中SCI论文30余篇，主编中英文专著和国际会议论文集6部，协助完成中英—英中土壤、植物营养和环境词汇1部，申报国家专利5项，其中发明专利4项。

王宜林

王宜林（1956.9—　） 男，赣榆县塔山镇人。1974年7月城头中学高中毕业，1982年华东石油学院勘探系石油地质勘探专业毕业后，历任新疆石油管理局勘探开发研究院副院长、院长，新疆石油管理局副局长兼勘探总地质师、党委副书记，中国石油天然气集团公司新疆油田分公司总经理、党委书记，新疆石油管理局（克拉玛依市）党委书记兼市人大常委会主任、党组书记、军分区党委第一书记，中国石油天然气集团公司总经理助理，1995年晋升为教授级高级工程师。2002年石油大学（北京）地球科学系矿产普查与勘探专业在职博士研究生毕业2003年12月任中国石油天然气集团公司副总经理、党组成员，新疆石油管理局（克拉玛依市）党委书记，中国石油天然气股份公司新疆油田分公司总经理、党委书记，克拉玛依市人大常委会主任。2004年5月任中国石油天然气集团公司副总经理、党组成员。

杨亦鸣

杨亦鸣（1957.11—　） 男，赣榆县青口镇人。1982年毕业于徐州师范大学中文系，留校任教，1986年获徐州师范大学汉语史专业文学硕士学位。1990年破格晋升为副教授，1994年破格晋升为教授。江苏省语言科学与神经认知工程重点实验室主任，江苏省普通高校哲学社会科学重点研究基地江苏师范大学语言研究所所长。2005年，杨亦鸣建成“江苏省语言科学与神经认知工程重点实验室”；2006年，神经语言学研究团队成为江苏省第一批科技创新团队；2009年，其领导的语言研究所成为江苏高校哲学社会科学重点研究基地，是江苏省第一个语言学的文科基地。2000～2009年，获江苏省高等学校人文社会科学优秀成果一等奖、江苏省哲学社会科学优秀成果二等奖、第三届中国高校人文社会科学研究优秀成果三等奖、江苏省哲学社会科学优秀成果一等奖、第四届中国高校人文社会科学研究优秀成果一等奖（属中国人文社科最高奖）、中国高等学校科学研究优秀成果二等奖（人文社会科学）。获甲骨文拼音与部件拆分输入法等国家专利三项。是江苏省有突出贡献中青年专家、江苏省优秀青年教师、江苏省“青蓝工程”跨世纪学术带头人、江苏省“333工程”第二层次培养人选、江苏省“青蓝工程”科技创新团队神经语言学学术带头人、江苏省“333高层次人才培养工程”首批中青年科技领军人才、江苏省“六大人才高峰”高层次人才培养对象。连续入选中国校友会“中国杰出人文社会科学家”名录。

穆家善

穆家善（1961.7—　） 男，赣榆县人，研究生学历。1979年入伍，任南京军区炮兵司令部放映员。1988年毕业于南京艺术学院（五年制本科）。1990～1991年攻读南京艺术学院中国画硕士研究生课程班。曾任职南京高校艺术教研室，1995年赴美国讲学，定居华盛顿。任职美国亚太艺术研究院院长、蒙哥马丽学院中国画教授、上海大学艺术研究院兼职教授、上海戏剧学院客座教授、亚太艺术大展策展人，英国剑桥国际名人传记中心终身国际艺术顾问，美国国家传记研究院艺术顾问，美国美术考级评审委员会主席等，是联合国世界银行总部遴选推出的第一位华裔画家。《中国艺术收藏年鉴》《二十世纪名画》《走近当代大师》《中国艺术大家》《走近书画大家》《水墨名家经典》《大国崛起——中华文化复兴代表人物志》和《中国书画三十年史志》等编委。出版个人画集《东方欲晓——穆家善焦墨画集》《苍茫化境——穆家善焦墨画集》《海外中国传统的守望者——穆家善艺术世界》

《穆家善美术馆》等。

王久梗

王久梗（1963.8—　） 男，赣榆县城西镇人。兰州交通大学经济管理学院副院长、教授。1986年兰州铁道学院铁道运输专业本科毕业，1998年北京交通大学运输管理专业硕士毕业。主要研究领域：产业组织理论与产业政策，运输经济学，运输企业管理，物流供应链管理。科研研究及成果：2000年，主持“兰州铁路局装载加固方案制定”研究。2004年，参加“中国公路货运现代化与装备发展方向研究”，国家“综合交通网规划理论与方法”研究，主持“铁道部“十一五”规划“国民经济发展与铁路发展关系”研究，参加“北京交通大学《运输经济学》精品课程建设”研究制定，参加“中国综合交通网规划原则与思路”研究；2004～2005年，参加“依托国家级重点学科优势建设研究型运输经济学系列课程”，荣获国家级教学成果二等奖；2006～2007年，参加“运输资源时空配置与综合交通规划理论”国家自然科学基金项目研究。

张思山

张思山（1964.11—　） 男，赣榆县城头镇人，中共党员，研究生学历。1984年9月考入江苏省人民警察学校，1986年7月参加工作，历任连云港市交警支队队长、大队长等职，2007年任连云港监狱管理支队政委，2009年任连云港市公安局公共交通分局局长。率队查纠各类交通违法行为近30万起，抓获各类违法犯罪嫌疑人300余人，其中破获重大杀人、抢劫案件13起。他先后荣获全国优秀人民警察、全国公安机关学济南交警先进个人、全国五一劳动奖章、全国特级优秀人民警察、全国劳动模范等荣誉称号。

侯　勇

侯勇（1967.2—　） 男，赣榆县青口镇人，毕业于江苏省戏剧学校，国家一级演员，军人。主演电影、电视剧40余部。2002年，获最佳男主角奖、优秀男演员奖；2003年，获第9届中国电影表演艺术学会金凤凰奖—表演学会奖；2004年，获优秀男演员奖、最佳表演艺术男演员奖、观众喜爱的电视剧男演员奖；2008年，获最佳男演员奖、最受大学生欢迎男演员奖、军事题材电视剧突出贡献奖；2009年，获第27届中国电视剧飞天奖——突出贡献奖。

刘洪民

刘洪民（1971.7—　） 男，赣榆县赣马镇人。2001年，驾驶出租车遇两歹徒持枪抢车，与歹徒展开博斗，胸部中枪，最终将歹徒制服并将枪夺了下来。2002年5月江苏省第七次见义勇为大会授予"江苏省见义勇为英雄"称号，享受连云港市劳动模范待遇。

董静萍

董静萍（1987.8—　） 女，赣榆县海头镇人。2002年入选江苏省残疾人自行车队，2003年入选国家残疾人自行车队。2005年，中央电视台《体育人间》栏目播出董静萍事迹专题片《我的左脚》。2007年11月，在哥伦比亚国际残疾人自行车公开赛上获得2枚金牌，2枚银牌。2008年北京残奥会上，在场地自行车女子500米计时赛LC1–2/CP4级决赛中摘得铜牌，在自行车女子个人追逐赛LC1–2/CP4级决赛中再次夺得铜牌。江苏省政府给董静萍记一等功一次，获得“连云港市劳动模范”称号。

成昌杰

成昌杰（1989.2—　）男，赣榆县金山镇人。9岁时因车祸高位截肢，肢体二级残疾。2004年，成昌杰初中毕业入选江苏省残疾人射箭队。2006年，被选入中国残疾人射箭队，是年第七届全国残运会，获男子射箭70米团体金牌、70米个人双轮赛铜牌和个人70米单轮赛第四名；2008年2月，在泰国举行的亚洲、大洋洲残疾人射箭锦标赛中，获得1金1银的好成绩；2008年，在北京残奥会上，获男子射箭个人反曲弓坐姿1级/坐姿2级决赛冠军。成昌杰获得的金牌是中国队赢得射箭项目的首枚金牌；同时在此次残奥会上，以成昌杰为主力的中国射箭队在男子团体决赛中获得一枚银牌，这是连云港市在残奥会历史上收获的首金首银。

第三章　人物表

一、荣立二等功以上人员一览表

表35-1

姓　名	出生年月	家庭住址或单位	立功时期（立功级别）	级　别	备　注
吴　学	1915.08	海头镇吴村	解放	二等功	
姚公明	1920.02	罗阳镇大沙村	解放	二等功	
王家节	1921.01	海头镇马庄村	解放	二等功	
樊密远	1921.07	塔山镇小莒城村	解放	二等功	
吴守锡	1921.07	金山镇西河北	解放	二等功	
程得福	1921.09	柘汪镇韦岭村	因战四级	一等功	
王世佩	1922.02	塔山镇大林头	解放	二等功	
高仁邦	1923.06	班庄镇响石村	抗日	二等功	
冯琴声	1923.09	赣马镇冯顶村	因战五级	一等功	
徐立连	1923.11	城头镇西刘夫村	解放	二等功	
林相合	1924.03	柘汪镇马站村	因战六级	二等功	
王亭启	1924.08	城头镇城头村	解放	二等功	
闫吕仁	1924.09	青口镇河南社区	因战八级	二等功	
尹圣山	1924.10	黑林镇镇东村	解放	二等功	
成家贵	1924.10	金山镇东河北	解放	一等功	
柏永善	1925.02	海头镇垒堆村	抗日	一等功	
樊永远	1925.02	塔山镇大莒城村	解放	二等功	
文凤吉	1925.04	塔山镇大莒城村	解放	二等功	
徐立胜	1925.08	城头镇西刘夫村	抗日	一等功	
郭家茂	1925.10	罗阳镇东关村	解放	二等功	

续表 35-1

姓　名	出生年月	家庭住址或单位	立功时期（立功级别）	级　别	备　注
仲济亮	1925.10	海头镇垒堆村	解放	一等功	
柳太和	1925.12	城西镇寺后村	解放	一等功	
杨绪勤	1926.01	班庄镇小半路村	解放	二等功	
张从巧	1926.01	塔山镇墩前村	解放	二等功	
樊云声	1926.02	塔山镇姚葛埠村	解放	二等功	
姜克全	1926.03	罗阳镇双槐村	解放	二等功	
安保申	1926.05	青口镇跃进社区	解放	二等功	
张锡生	1926.06	塔山镇城前村	解放	二等功	
于信京	1926.08	班庄镇于闫庄村	解放	二等功	
颜振生	1926.09	墩尚镇王疃村	解放	二等功	
王入良	1926.09	黑林镇东康邑村	解放	二等功	
赵世云	1926.12	门河镇赵圩村	抗日	二等功	
孙茂真	1926.12	门河镇张河村	解放	二等功	
崔维谦	1926.12	赣马镇大伞庄	解放	二等功	
张　广	1926.12	罗阳镇东关村	解放	二等功	
张定忠	1926.12	班庄镇新东村	解放	二等功	
刘成忠	1926.12	海头镇海前村	解放	二等功	
张学常	1926.12	沙河子园艺场沙墩村	解放	二等功	
董作福	1926.12	柘汪镇董湖村	因战七级	二等功	
徐允灯	1927.01	班庄镇班西村	解放	二等功	
赵元洪	1927.01	城头镇赵顶村	抗日	二等功	
闫振甲	1927.03	海头镇海前村	解放	二等功	
张守高	1927.05	海头镇南朱皋村	因战六级	二等功	
李传玉	1927.05	宋庄镇黄沙村	解放	二等功	
王贤聚	1927.06	赣马镇张元村	解放	二等功	
张永和	1927.07	赣马镇大湾村	解放	二等功	
刘成祥	1927.07	青口镇跃进社区	解放	二等功	
李文桂	1927.08	赣马镇李宅村	因战八级	二等功	
王从法	1927.09	塔山镇小莒城村	解放	二等功	
韦家堂	1927.09	金山镇八条路村	因战八级	二等功	
柏英凡	1927.10	赣马镇仲庄村	解放	二等功	
熊守准	1927.12	黑林镇大树村	因战六级	二等功	抗日
韦廷方	1928.01	金山镇八条路村	因战七级	二等功	

续表35-1

姓　名	出生年月	家庭住址或单位	立功时期（立功级别）	级　别	备　注
张林生	1928.03	石桥镇大温庄	解放	二等功	
王承绪	1928.04	赣马镇克桥村	解放	二等功	
马传仕	1928.05	班庄镇马圩村	解放	二等功	
殷得胜	1928.07	金山镇韦湖村	解放	一等功	
韦有铎	1928.08	金山镇小河埃村	解放	二等功	
李柏杰	1928.09	石桥镇白石头村	因战7级	二等功	
李家军	1928.09	门河镇刘门河	抗日	二等功	
仲济之	1928.09	赣马镇仲庄村	解放	二等功	
王其祥	1928.09	青口镇跃进社区	解放	二等功	
赵康任	1928.10	赣马镇赵官河	解放	二等功	
李宗桥	1928.10	欢墩镇黄泥沟村	解放	二等功	
涂传华	1928.10	青口镇跃进社区	因战五级	一等功	抗日
马维平	1928.11	赣马镇仲马村	解放	二等功	
王发庭	1929.01	塔山镇三坡村	因战七级	二等功	
滕培学	1929.02	海头镇官庄村	解放	二等功	
王成双	1929.03	塔山镇桑行村	解放	二等功	
王兴让	1929.04	城头镇青墩岭	解放	二等功	
张荣桂	1929.05	赣马镇大湾村	解放	二等功	
张佩远	1929.08	宋庄镇郑园村	解放	二等功	
王统永	1929.09	海头镇海后村	因战八级	二等功	抗日
葛秀春	1929.10	黑林镇黑林村	解放	二等功	
孙传锦	1929.10	塔山镇大庄村	解放	二等功	
谷元录	1929.10	厉庄镇谷店村	建国	二等功	
柏叶芳	1929.10	城头镇柏坨沟	解放	二等功	
王儒龙	1929.11	城头镇城头村	解放	二等功	
王晨一	1929.12	城头镇东大坊村	解放	二等功	
李大福	1930.01	青口镇跃进社区	解放	二等功	
王孔杰	1930.01	城头镇青墩岭	解放	二等功	
李春善	1930.02	石桥镇白石头村	解放	二等功	
纪庆庭	1930.03	黑林镇富林村	抗日	二等功	
潘端聚	1930.04	城西镇后西村	解放	二等功	
刘希胜	1930.04	海头镇大朱尹	解放	二等功	
徐定吉	1930.04	城头镇西刘夫村	解放	二等功	
潘旺林	1930.05	赣马镇东关村	解放	二等功	

续表 35-1

姓 名	出生年月	家庭住址或单位	立功时期（立功级别）	级 别	备 注
庄舜利	1930.05	塔山镇庄留村	解放	二等功	
吴龙光	1930.05	金山镇仲家村	解放	二等功	
董作法	1930.06	欢墩镇董净村	解放	二等功	
仲兆淮	1930.06	海头镇南朱皋村	因战七级	二等功	
程佰祥	1930.09	城西镇小官湖村	解放	二等功	
周文建	1930.12	石桥镇官庄村	解放	二等功	
孙顺和	1930.12	欢墩镇东方红村	解放	二等功	
张以行	1930.12	青口镇跃进社区	解放	二等功	
徐世栋	1931.01	城头镇东大坊村	解放	二等功	
张敬平	1931.03	墩尚镇大潘村	解放	二等功	
吉玉仲	1931.04	欢墩镇坡石桥村	解放	二等功	
张香九	1931.08	墩尚镇王疃村	解放	二等功	
丁贵连	1931.08	宋庄镇黄沙村	解放	二等功	
穆超绪	1931.08	城头镇穆新庄村	解放	二等功	
王孝臣	1931.09	赣马镇木头沟	因战六级	二等功	
谭学锁	1931.10	赣马镇杨庄村	解放	二等功	
刘立权	1931.10	沙河镇刘曹埠	因战七级	二等功	
王经云	1931.10	城头镇朱村店	解放	二等功	
车坤声	1931.12	赣马镇小庄村	解放	二等功	
陶公锦	1931.12	黑林镇东康邑村	因战七级	二等功	
温世友	1931.12	黑林镇兴林村	解放	二等功	
吴龙选	1932.07	班庄镇东班庄	解放	二等功	
吕殿富	1933.02	青口镇跃进社区	解放	二等功	
王俊明	1933.04	班庄镇窦洪爽村	解放	二等功	
尹可义	1934.02	厉庄镇河东村	解放	二等功	
徐广田	1935.09	金山镇徐湖村	解放	二等功	
王其军	1938.05	金山镇石埠村	抗日	二等功	
钟昔春	1954.11	县公安局	2004 年	二等功	
徐大旺	1959.01	班庄镇徐接庄村	改革开放	二等功	
徐希恩	1959.10	县公安局	1999 年	二等功	
蒋 林	1960.03	县公安局	1999 年	二等功	
赵统波	1962.08	县公安局	2007 年	二等功	
孟庆璋	1985.06	罗阳镇孟岭村	2009 年	二等功	

二、省（部）级以上表彰人员一览表

表 35-2

受表彰时间	姓 名	荣誉称号	表彰单位
1990	徐立鸿	先进会计	财政部、人事部
	居乾培	农村形势教育一等奖	中共中央宣传部、农业部
	王普乾	农村形势教育二等奖	中共中央宣传部、农业部
	钟维香	农村形势教育三等奖	中共中央宣传部、农业部
	刘希昌	农村形势教育三等奖	中共中央宣传部、农业部
	王继祥	农村形势教育三等奖	中共中央宣传部、农业部
	王昭明	一等功	司法部
	樊继品	税法宣传先进工作者	共青团中央、税务总局
	徐德庄	先进工作者	农业部
	汤静波	先进工作者	农业部
	于京翠	先进工作者	土地管理总局
	杨公利	先进工作者	商业部
	刘德生	优秀供销员	农业部
	王明田	优秀转业军人	省政府、省军区
	董淑枫	优秀转业军人	省政府、省军区
	朱学方	人口普查先进工作者	省政府
	王明田	优秀转业军人	省政府、省军区
	王家从	科技进步三等奖	省政府
	王世远	农村青年星火计划带头人	共青团中央、国家科委
	盛江峰	农村青年星火计划带头人	共青团中央、国家科委
	王祥盛	农村青年星火计划带头人	共青团中央、国家科委
	徐允宪	乡镇企业家	省政府
	徐进传	先进工作者	省政府
	张仕芳	巾帼扫盲奖	国家教委、全国妇联
	周明辅	教育审计工作先进个人	国家教委
	孟德宪	劳动模范	人事部、农业部

续表35-2

受表彰时间	姓 名	荣誉称号	表彰单位
1991	张明成	劳动模范	省政府
	刘希高	劳动模范；全国青少年绿化祖国突击手	省政府；团中央、林业部、全国绿化委员会
	高树连	劳动模范	省政府
	邵性兴	劳动模范	省政府
	刘翠菊	劳动模范	省政府
	李祥春	劳动模范	省政府
	瞿世花	劳动模范	省政府
	苏继任	劳动模范	广电部
	张节怀	劳动模范	经贸部
	王德群	英语特级教师	省政府
	蒋百馨	语文特级教师	省政府
	宋 达	全国教育系统劳动模范	人事部、国家教委
	熊正达	先进教育工作者	国家教委
	赵庆喜	抗洪救灾先进个人	省委、省政府
	王从连	优秀教师	国家教委
1992	王统美	全国拥军模范	民政部、中央人民广播电台
	王志航	劳动模范	国家工商总局
	王其菊	国家扫盲巾帼奖	国家教委、全国妇联
	韦有产	全国优秀体育教师	国家教委、国家体委
	曹安昌	全国优秀工商行政管理人员	国家工商局
	赵庆喜	农村供水工作先进个人	水利部
	谢瑞璋	全国优秀教育工作者	国家教委
1993	曾其生	全国优秀教师	国家教委、人事部
	魏 恒	全国优秀教师	国家教委、人事部
	刘宜存	全民国防教育先进个人	省委、省军区
	邹永友	以劳养武优秀组织者	省政府、省军区
	王开军	哨所管理先进个人	省政府、省军区
1994	冯遵循	全国扫盲工作先进个人	国家教委
	郑 毅	江苏省数学特级教师	省政府

续表35-2

受表彰时间	姓　名	荣誉称号	表彰单位
1995	祁德林	劳动模范，五一劳动奖章	国务院，全国总工会
	李聚山	劳动模范	国务院，全国总工会
	郭耿良	全国优秀教师	国家教委、人事部
	宋　恒	全国优秀教师	国家教委、人事部
	居有福	全国优秀教育工作者	国家教委、人事部
	张月武	国防工程管理先进个人	省政府、省军区
	赵庆喜	农业科技推广先进工作者	农业部、国家科委、人事部、水利部、林业部、国家农发办
	刘延乐	水土保持监督执法先进个人	水利部
	闫利伦	全国青年星火带头人	团中央、国家科委
	李小丽	全国青年星火带头人	团中央、国家科委
	胡尊考	全国青年星火带头人	团中央、国家科委
	陈占雷	全国青年星火带头人	团中央、国家科委
	张思山	全国人民优秀警察	公安部
1996	胡以存	劳动模范	省政府
	李小丽	劳动模范	省政府
	祁德柳	劳动模范	省政府
	朱崇俊	劳动模范	省政府
	丁肇基	劳动模范	省政府
	孙曰军	劳动模范	省政府
	李　震	语文特级教师	省政府
	于宗祥	征兵工作先进个人	国防部
	王志航	全国工商系统先进工作者	人事部、国家工商局
	张思山	全国公安机关学济南交警先进个人	公安部
	张思山	全国五一劳动奖章	全国总工会
1997	王统美	拥军模范	民政部、解放军总政治部
	吴龙荣	全国优秀人民调解员	司法部
	张思山	江苏省十大杰出青年；江苏省新长征突击手标兵；江苏省五四青年奖章	省政府
1998	莫立刚	全国模范教师	教育部、人事部
	李太平	江苏优秀青年卫士	省政府
	邵元娟	军人好妻子	南京军区

续表35-2

受表彰时间	姓　名	荣誉称号	表彰单位
1999	马维顺	全国体育先进工作者	国家体育总局、教育部
	李　震	江苏省名教师	省政府
	李太平	人民满意公务员	省政府
	邹凤江	全国学校体育卫生工作先进个人	教育部、体育总局
	穆家莹	优秀党务工作者	中共江苏省委
2000	颜世坤	全国青少年体育工作先进工作者	教育部、国家体委
	徐永康	江苏省数学特级教师	省政府
	王靖元	全国卫生系统先进工作者	卫生部、人事部、国家中医药管理局
	张思山	全国特级优秀人民警察	公安部
2001	李大河	优秀党务工作者	省委
	刘洪杰	全国教育科学实验先进个人	中央教科所
	赵铁柱	劳动模范	省政府
	程思梅	劳动模范	省政府
	李至珍	劳动模范	省政府
	宋世敏	劳动模范	省政府
	范胜斌	劳动模范	省政府
	王永军	劳动模范	省政府
	杨国诗	全国教育科学实验先进个人	中央教科所
	陈学文	全国“两基”工作先进个人	教育部、财政部、国家计委
	赵敬贤	水土保持先进个人	水利部
	王其珊	全国优秀教育工作者	教育部
2002	何宜隆	语文特级教师	省政府
	刘洪民	见义勇为英雄	省政府
	王怀忠	苏北星火产业开发带建设先进工作者	省政府
	张鸿英	劳动模范	国家人事部、全国供销合作总社
	王靖元	全国农村初级保健工作先进个人	卫生部、国家计委、农业部、国家环保总局、全国爱卫会
2003	李家莪	全国教育督导先进工作者	教育部
	张鸿英	全国供销系统劳动模范	全国供销合作总社
	陈　清	中国青少年读写大赛全国先进工作者	中国关工委、中央教科所
	孙宜波	全国扶残助残先进个人	中国残疾人联合会
	王靖元	“抗非”先进个人	江苏省政府
2004	程益广	全国模范教师	教育部、人事部
	方家学	德育科研先进工作者	中央教科所
	李传勇	水土保持先进个人	水利部
	徐永宁	国家级社会体育指导员	国家体育总局

续表35-2

受表彰时间	姓　名	荣誉称号	表彰单位
2005	宋　恒	江苏省语文特级教师	省政府
	王修建	江苏省生物特级教师	省政府
	李家玉	全国职教先进个人	教育部、人事部、国家发改委、财政部、劳动和社会保障部、农业部
	王惠政	全国农村科普工作先进个人	中国科协
	胡训忠	全国农村科普工作先进个人	中国科协
	王怀忠	全国农业推广先进工作者	农业部
	王开军	全国模范人民调解员	司法部
	张思山	全国劳动模范	国务院
2006	姚焕用	劳动模范	省政府
	王怀忠	星火科技二传手	科技部
	胡　勇	纪检监察先进工作者	省委、省政府
	白文作	劳动模范	省政府
	钟佰钧	劳动模范	省政府
	王其珊	江苏省劳动模范	省政府
2007	李太平	全省防范处理邪教工作先进工作者	省委、省政府
	阎伦亮	全国模范教师	人事部、教育部
	朱　青	全国供销系统劳动模范	全国供销合作总社
	苏仕华	全国粮食生产先进个人	农业部
2008	王开军	人民满意公务员	省政府
	莫立刚	特级教师	省政府
	徐立刚	特级教师	省政府
	窦育国	特级教师	省政府
	李其进	特级教师	省政府
	伏祥进	第二次全国农业普查先进个人	国家统计局、国务院普查办
	刘夫俭	第二次全国农业普查先进个人	国家统计局、国务院普查办
	潘庆礼	全国商务系统先进工作者	人事部、商务部
	欧家刚	全国“十佳”小学校长	团中央、中国教育学会
2009	朱红甫	全国模范教师、全国优秀德育教师	人事部、教育部
	王惠政	全国百佳模范院长	卫生部
	胡训忠	全国优秀教师	教育部
	许祥平	平安江苏建设先进个人	省委、省政府
	吴军业	全国优秀乡村医生	卫生部
	仲召军	全国“五五”’普法中期先进工作者	中宣部、司法部、全国普法办
	张　军	最受欢迎的社会体育指导员	国家体育总局

三、教授级人员一览表

表 35-3

姓　名	性　别	籍　贯	出生年月	工作单位	职称职务	备　注
何正礼	男	赣　榆	1908.01	华东农业科学研究所	研究员	
张季平	男	罗阳镇	1914.09	山东大学	教授	
王玖兴	男	海头镇	1916.01	中国科学院哲学研究所	研究员	
蒋希文	男	青口镇	1922.10	贵州大学	教授	
佘守宪	男	青口镇	1924.07	北方交通大学	教授	
朱其铠	男	罗阳镇	1925.07	山东师范大学	教授	
韦有典	男	金山镇	1927.10	解放军总参谋部作战部	研究员	
丁元吉	男	黑林镇	1928	解放军第 94 医院	教授	
邵理述	男	青口镇	1929	东北大学	教授	
张翰勋	男	青口镇	1930.06	山东师范大学	教授	
谭学文	男	城头镇	1930.11	山东临沂沂水中心医院	主任医师	
崔自为	男	青口镇	1931.01	哈尔滨医科大附属医院	教授	
崔自介	男	青口镇	1931.03	山东大学医学院	主任医师、教授	
崔自介	男	青口镇	1931.03	山东大学医学院	教授	
张元勋	男	青口镇	1933.07	曲阜师范大学	教授	
胡　森	男	溧水县	1937.08	赣榆县农业技术推广中心	研究员	
张　涛	男	青口镇	1937.12	北京医科大学	教授	
王承义	男	黑林镇	1938.02	中国工程物理研究院	主任医师	
汪传宇	男	青口镇	1939.09	江苏省盐业公司总医院（连云港市二院）	主任医师	
陈绍华	男	青口镇	1940	扬州大学	教授	
王沐清	男	无锡市	1940.03	赣榆县农技推广中心	研究员	
朱汉余	男	靖江市	1940.09	赣榆县农技推广中心	研究员	
赵　华	女	黑林镇	1940.09	中国工程物理研究院	主任医师	
李维秀	男	石桥镇	1941.02	海军青岛疗养院	主任医师	
吴生林	男	常熟市	1941.07	赣榆县人民医院	主任医师	
杨洪臣	男	黑林镇	1941.08	江苏师范学院	教授	
单会府	男	沙河镇	1941.08	赣榆县中医院	主任中医师	
李大容	男	城西镇	1941.10	新华日报社	高级编辑	
李肇仁	男	莱州市	1942.12	赣榆县人民医院	主任医师	
徐宏武	男	赣马镇	1943	中国矿业大学	教授级高级工程师	

续表35-3

姓 名	性 别	籍 贯	出生年月	工作单位	职称职务	备 注
朱鹤声	男	黑林镇	1943.02	赣榆县人民医院	主任医师	
程长善	男	赣 榆	1944.04	北京第二外国语学院	教授	
王传维	男	赣 榆	1944.06	杭州商学院国际经贸学院	院长、教授	
张翠兰	女	沙河镇	1944.06	赣榆县人民医院	主任中医师	
刘建元	男	赣 榆	1944.07	国瑞药业有限公司	教授级高工	
邵性兴	男	青口镇	1944.12	赣榆县人民医院	主任医师	
孙自余	男	海头镇	1945.01	国家卫星气象中心	研究员级高级工程师	
刘畅征	男	门河镇	1945.01	连云港日报社	高级编辑	
刘玉才	男	赣马镇	1945.03	赣榆县中医院	主任中医师	
杨兰芳	女	盐城市	1945.06	赣榆县人民医院	主任医师	
吴新明	男	青口镇	1946.07	解放军蚌埠坦克学院	教授	
李永超	男	青口镇	1947.07	赣榆县疾控中心	主任医师	
范 浩	男	青口镇	1947.12	赣榆县人民医院	主任医师	
樊永生	男	赣 榆	1949.03	中国青年报	高级记者、副总编辑	
董入奈	男	石桥镇	1949.10	赣榆县人民医院	主任医师	
张华勋	女	青口镇	1949.12	赣榆县人民医院	主任中医师	
司彦文	男	赣 榆	1950	解放军报社	大校、高级记者	
王银起	男	赣马镇	1950.03	赣榆县疾控中心	主任技师	
王世松	男	柘汪镇	1950.07	赣榆县人民医院	主任医师	
佘江东	男	青口镇	1951	北方交通大学经济管理学院	教授	
杨世奎	男	柘汪镇	1951.09	南京理工大学	教授	
黄先河	男	塔山镇	1951.12	赣榆县人民医院	主任医师	
张作菊	女	青口镇	1952.01	赣榆县人民医院	主任医师	
张锡超	男	塔山镇	1952.03	赣榆县人民医院	主任医师	
李大学	男	城西镇	1952.03	上海复旦大学	教授	
王东起	男	赣马镇	1952.06	赣榆县人民医院	主任医师	
张晓平	女	青口镇	1952.09	赣榆县中医院	主任中医师	
张自禄	男	海头镇	1953.01	人民权利报	高级记者	
周庚凤	女	赣马镇	1953.03	赣榆县人民医院	主任医师	
王月兰	女	塔山镇	1953.10	赣榆县人民医院	主任医师	
刘平昌	男	赣 榆	1954.08	淮海工学院	教授	
齐运田	男	丰 县	1954.09	赣榆县农技推广中心	研究员	
汪洪波	男	罗阳镇	1954.12	赣榆县人民医院	主任医师	

续表35-3

姓　名	性　别	籍　贯	出生年月	工作单位	职称职务	备　注
李世新	男	塔山镇	1956.02	赣榆县中医院	主任医师	
徐国杰	男	墩尚镇	1956.04	赣榆县疾控中心	主任医师	
徐希平	男	青口镇	1956.08	美国伊利诺伊州列大学	教授	
王宜林	男	塔山镇	1956.09	中国石油天然气集团公司	教授级高级工程师	
朱　明	男	青口镇	1956.12	赣榆县人民医院	主任医师	
刘洪臣	男	青口镇	1957.01	解放军总医院	教授	
刘家传	男	塔山镇	1957.10	合肥105医院神经外科	主任医师	
郑世营	男	黑林镇	1957.10	苏州大学附属第一医院	教授	
杨亦鸣	男	青口镇	1957.11	徐州师范大学	教授	
周健明	男	青口镇	1957.11	南京艺术学院 尚美学院	常务副院长、硕士生导师	
刘胜吉	男	厉庄镇	1958.06	江苏理工大学	教授	
郭彦民	男	金山镇	1958.10	江苏省长荣京剧院	国家一级编剧	党务副院长
张永明	男	罗阳镇	1959.01	中国科学技术大学	教授	
梁启明	男	海头镇	1959.09	赣榆县人民医院	主任中医师	
董淑兴	男	班庄镇	1959.11	武警哈尔滨指挥学院	教授	训练部副部长
刘　峰	男	黑林镇	1959.12	赣榆县中医院	主任中医师	
朱　锡	男	青口镇	1961.06	海军工程大学	教授	
穆家善	男	青口镇	1961.07	美国亚太艺术研究院	教授	院长
李祥珍	男	青口镇	1961.08	国家电网电力科研院	教授级高工	
杨东升	男	赣　榆	1961.08	市人社局	研究员	
孙民乐	男	青口镇	1962	中国人民大学	教授	
宋继明	男	沙河镇	1962.01	美国依阿华州立大学	教授	
王康才	男	塔山镇	1962.02	南京农业大学	教授	
王道英	女	城头镇	1962.05	赣榆县人民医院	主任护师	
张先亮	男	青口镇	1962.08	赣榆县人民医院	主任医师	
王志荣	男	黑林镇	1962.10	徐州医学院附属医院	教授	
王志荣	男	黑林镇	1962.10	徐州医学院附属医院	教授	
管致锦	男	塔山镇	1962.10	南通大学	教授	
阎斌伦	男	赣　榆	1962.11	淮海工学院	教授	
徐恒泳	男	厉庄镇	1963	哈尔滨师范大学	教授	
王召晓	男	班庄镇	1963.01	赣榆县人民医院	主任医师	
董自敏	男	城西镇	1963.01	赣榆县中医院	主任中医师	
王　斌	男	青口镇	1963.02	赣榆县人民医院	主任中医师	

续表35-3

姓　名	性　别	籍　贯	出生年月	工作单位	职称职务	备　注
刘家成	男	黑林镇	1963.03	西北师范大学	副院长教授	
刘家成	男	黑林镇	1963.03	西北师范大学化学化工学院	教授	
吴德林	男	青口镇	1963.03	赣榆县疾控中心	主任医师	
滕乐法	男	青口镇	1963.03	加拿大奎尔夫大学	教授	
朱贵东	男	赣　榆	1963.04	美国雅培利药集团	研究员	
王修建	男	赣　榆	1963.05	无锡一中	教授级中学高级教师	
张朝晖	男	青口镇	1963.06	江苏省海洋水产研究所	教授	所长
嵇钧安	男	青口镇	1963.06	赣榆县人民医院	主任医师	
王久梗	男	城西镇	1963.08	兰州交通大学经济管理学院	教授	副院长
李勋光	男	宋庄镇	1963.08	赣榆县人民医院	主任医师	
李　明	男	黑林镇	1963.11	赣榆县粮食局	研究员级高级工程师	
徐大勇	男	塔山镇	1964.01	连云港市农科院	研究员	
薛惠萍	女	欢墩镇	1964.04	赣榆县人民医院	主任医师	
孙月轩	男	宋庄镇	1964.05	赣榆县农技推广中心	研究员	
朱锦平	女	青口镇	1964.07	赣榆县人民医院	主任医师	
张化民	男	城西镇	1964.08	赣榆县人民医院	主任医师	
刘东军	男	沙河镇	1964.09	赣榆县人民医院	主任医师	
李　卫	男	日照市	1964.09	赣榆县人民医院	主任医师	
顾松园	男	赣　榆	1964.10	上海石油化工研究院	教授级高工	院长、党委书记
李大勤	男	青口镇	1964.11	中国传播媒大学	教授	
王长年	男	青口镇	1965.01	赣榆县农技推广中心	研究员	
王宗山	男	青口镇	1965.10	赣榆县人民医院	主任医师	
赵忠秀	男	青口镇	1966.03	对外经贸大学	教授	
杜　彩	男	赣　榆	1967.01	北京师范大学	教授	
赵统利	男	海头镇	1967.01	市农科院	研究员	
周惠林	男	青口镇	1967.02	南京军区	国家一级演员	
吴青业	男	金山镇	1968	南方医科大学	研究员	
刘昊吉	男	厉庄镇	1970.07	南京铁道（职业技术）学院	教授	
宋蔚忠	女	青口镇	1972.03	美国密西根州州立大学医学院	研究员	
许德金	男	赣　榆	1972.07	对外经贸大学	教授	
徐玉德	男	赣　榆	1972.08	财政部科研所	研究员	
王从洋	男	石桥镇	1977.08	中国科学院	教授	

四、厅（师）级以上人员一览表

表 35-4

姓　名	性　别	籍　贯	出生年月	工作单位	职称职务	备　注
汤宗祥	男	黑林镇	1911	云南省煤炭工业厅	厅长	1999年去世
徐开第	男	青口镇	1922	连云港市政协	副主席	
刘英宸	男	柘汪镇	1923.09	潍坊市人大	主任、党组副书记	
朱孔宇	男	墩尚镇	1924	浙江省农垦局	局长、党组书记，浙江省支援甘肃贫困地区开发咨询组副组长	1991年离休
张奎楼	男	黑林镇	1924.10	山东省石横发电厂	厂长（厅级）	
李庆记	男	黑林镇	1925.03	四川省遂宁市人大常委会	主任	
王道权	男	城头镇	1926	云南省委	副书记	
孙曰户	男	黑林镇	1927	重庆市江北区	区长	
李　华	男	黑林镇	1928	江苏大学	党委书记	原名熊正举，研究员
郑　郊	男	黑林镇	1928	第三十八军	第三十八军113师副政委	原名熊正郊
董淑铎	男	海头镇	1929.01	浙江湖州市政协	主席	
王辅一	男	城头镇	1929.07	军事科学院、百科研究部	副部长、少将（副军）	
秦咏诚	男	石桥镇	1933.07	沈阳音乐学院	院长	
魏茂杰	男	石桥镇	1935.09	连云港警备区	副司令员、大校	
韩守训	男	赣　榆	1939	江苏武警总队	参谋长、副总队长	
李大伦	男	城西镇	1940.12	军事科学院科研指导部	部长、少将（副军）	
闫文瑜	男	赣　榆	1943	济南陆军学院	师级	教授
李大成	男	青口镇	1943.02	总参兵种部	副军级、编审	
刘国胜	男	赣　榆	1944.07	南京热电厂	党委书记兼厂长	2003年病故
孙宜祥	男	沙河镇	1945.02	济南大学	组织部部长	
郑顺成	男	黑林镇	1945.09	连云港市人大常委会	副主任、党组副书记（正厅级）	
贺步杰	男	青口镇	1946.12	空军后勤学院	正师	教授
董作锦	男	青口镇	1947.09	宁夏自治区政府	副巡视员、驻上海办事处主任	
张洪钧	男	城西镇	1947.11	湖南省建设厅	副厅级巡视员	
汤正学	男	城头镇	1949.03	149医院	师级文职	
张佩清	男	青口镇	1950.04	甘肃省庆阳军分区	司令员、大校	
仲崇高	男	赣　榆	1950.07	山东省农业科学院	党委书记	
李传进	男	赣马镇	1950.07	兰州军区房管局	局长、技3（正师）	
林祥国	男	城头镇	1950.08	中共江苏省委政法委	书记	
孙传松	男	赣　榆	1950.09	南京工业大学	副校长	教授
司彦文	男	赣马镇	1950.10	解放军报社海军记者站	站长、大校	

续表35-4

姓　名	性　别	籍　贯	出生年月	工作单位	职称职务	备　注
王旭善	男	赣　榆	1950.12	江苏建筑职业技术学院	党委书记	研究员
李传伟	男	青口镇	1951.07	兰州军区后勤部	正师、技5（厅）	
潘家平	男	城头镇	1951.08	甘肃省武威军分区	司令员、大校（正师）	
郑　亚	男	青口镇	1952.01	西安工业大学	常务副书记、副校长	教授
万福绪	男	青口镇	1952.08	南京林业大学	党委副书记、副校长	教授
徐毅英	女	塔山镇	1952.09	江苏省新闻出版局	局长	
谭道博	男	赣马镇	1952.10	解放军报社军事部	副主任、大校	
黄运成	男	青口镇	1953	上海证监会	副主任	
苏仕祥	男	海头镇	1953.03	宁夏军分区政治部	副主任、大校	
张著军	男	宋庄镇	1953.08	山东财经大学人民武装学院	副院长	教授
宋忠厚	男	青口镇	1953.10	日照军分区	副政委、大校	
王德善	男	黑林镇	1953.12	江苏省盐业集团有限责任公司、省盐务管理局	党委书记、局长（局长）	
李世恺	男	厉庄镇	1954	江苏省教育厅	副巡视员	
徐　立	男	赣　榆	1954.04	省政府办公厅	副秘书长	
于国华	男	青口镇	1954.10	国家海关总署机关务保障司	司长	
董淑旺	男	班庄镇	1954.10	连云港市政协	副主席	
刘乃珠	男	赣马镇	1954.11	浙江武警总队	师级上校　处长（厅级）	
樊彩声	男	塔山镇	1954.12	浙江武警总队	副总队长	
周健民	男	青口镇	1956.07	江苏省政协	副主席	中国科学院南京分院所长、教授
苏常安	男	石桥镇	1956.08	149医院	师级文职	
吴景业	男	赣马镇	1957.04	南京军区联勤部	副参谋长、大校	
孙咸泽	男	墩尚镇	1957.06	国家药监局监司	司长	
杨泗军	男	塔山镇	1958.04	省农科院	院长	
龙建成	男	青口镇	1958.10	西安电子科技大学	党委副书记、副校长	教授
张家连	男	宋庄镇	1959.01	92440部队	师级上校	
董淑兴	男	班庄镇	1959.11	哈尔滨武警指挥学院	正师、大校	
莫宗通	男	黑林镇	1960.01	宿迁市委党校	市委副书记、市委党校校长	
张青芝	男	赣马镇	1961.06	总后干训大队	师级、上校	
李　强	男	赣马镇	1962.01	河北科技大学	校长	
李启安	男	青口镇	1962.02	海军军需物资部	主任、上校（副师）	
王普杰	男	海头镇	1962.11	解放军520医院	院长、大校	
孙红旗	男	赣　榆	1962.11	徐州市政协	副主席	民进徐州市委主委、博士、教授
万延庄	男	沙河镇	1962.12	济南军区总医院政治部	副主任	
戴守达	男	宋庄镇	1962.12	解放军86医院	师级	
宋家红	男	班庄镇	1963.09	蚌埠汽车学院	师级、上校	

续表35-4

姓 名	性 别	籍 贯	出生年月	工作单位	职称职务	备 注
张 波	男	西柘汪村	1963.11	深圳市委	秘书长	
徐昌广	男	门河镇	1963.11	海军后勤部	师级、大校	
孙成杰	男	城头镇	1963.12	中国人民解放军海军政治部政研室	主任、上校（副师级干部）	
李道忠	男	赣马镇	1964.11	总参翻译室	上校	
臧明东	男	门河镇	1965.02	总政军乐团	师级、文职	
詹茂福	男	柘汪镇	1965.12	东海舰队	副参谋长	
仲伟合	男	赣马镇	1966.02	广东外语外贸大学	副校长	
张 强	男	海头镇	1966.02	中国中铁大桥勘测设计院集团有限公司	副总经理（副厅）	教授级高工
赵忠秀	男	黑林镇	1966.03	对外经济贸易大学	常委副校长（厅）	教授
郑 方	男	厉庄镇	1967.03	清华大学信息技术研究院	副院长	研究员
张 力	男	赣马镇	1967.05	东南大学	党委书记（厅级）	
李云峰	男	金山镇	1967.07	北京防化研究院第一所	副师级、文职	
盛宇夫	男	青口镇	1969.11	1994年被外交部任命为中国驻墨西哥大使馆	武官参赞	
熊絮媄	女	黑林镇	1970.02	徐州医学院	党委副书记	博士、副教授
周明勇	男	海头镇	1970.04	江苏省盐务管理局	副局长	
万延斌	男	青口镇	1970.12	91278部队	装备部长、上校	
朱时美	女	欢墩镇	1974.05	北京301医院	师级、文职	

五、副县级以上在赣榆离退休的干部名录

表35-5

姓 名	性 别	出生年月	籍 贯	参加工作时间	曾任职务	备 注
郑兴立	男	1915.12	江苏阜宁	1941.01	人大主任	
彭孝濂	男	1917.08	赣榆石桥	1944.12	县委副书记、副县长	1993年病故
郑础九	男	1918.06	赣榆黑林	1940.11	政协副主席	2000年病故
尤希增	男	1919.03	江苏涟水	1942.05	政协副主席	1991年病故
梁玉柏	男	1920.09	赣榆黑林	1942.02	人大副主任	1990年病故
丛桂滋	男	1920.12	山东文登	1952.08	政协副主席	退休、不驻会、病故
孙树宽	男	1921.08	山东郯城	1941.01	人大副主任	2002年病故
孟昭荣	男	1925.12	赣榆城头	1944.07	政协副主席	1998年病故

续表35-5

姓　名	性　别	出生年月	籍　贯	参加工作时间	曾任职务	备　注
邢万盛	男	1927.12	山东乳山	1944.05	政协副主席	2003年病故
凃传忠	男	1928.01	赣榆赣马	1946.08	政协副主席	
苏　波	男	1929.12	赣榆城头	1944	政协主席	
李忠全	男	1930.01	赣榆青口	1946.07	人大副主任	
伏在和	男	1930.05	赣榆	1971.04	人大副主任	病故
王锡甲	男	1931.01	山东牟平	1949.07	人大主任	
董入泽	男	1931.01	赣榆欢墩	1947.08	政协副主席	
宋志远	男	1931.02	赣榆青口	1945.12	政协副主席	
李传花	女	1932.06	赣榆黑林	1956.10	人大副主任	退休
司增艳	男	1932.12	江苏丰县	1955.08	政协副主席	退休、不驻会
李传润	男	1933.12	赣榆塔山	1948.01	人大副主任	1998年病故
胡　森	男	1937.08	上海高桥区	1961.09	政协副主席	退休、不驻会
殷虎元	男	1938.01	江苏常熟	1958.03	人大副主任	退休
刘宜存	男	1940.07	江苏徐州	1961.08	人大副主任	退休
袁　泉	男	1940.09	徐州睢宁	1965.08	人大主任	退休
王胜德	男	1940.11	赣榆	1958.12	政协副主席	退休
张怡山	男	1941.08	赣榆	1961.08	人大副主任	退休
吴生林	男	1941.10	江苏常熟	1964.09	政协副主席	退休、不驻会
凃兆才	男	1941.12	赣榆赣马	1966.09	政协副主席	退休
蒋祖安	男	1942.09	赣榆	1956.01	政协副主席	退休、不驻会
宋世亮	男	1943.01	赣榆青口	1968	政协主席	退休
朱学余	男	1944.03	赣榆	1969.08	人大副主任	退休
陈学文	男	1944.04	赣榆柘汪	1968.12	人大副主任	退休
郭士祥	男	1945.03	赣榆欢墩	1969.08	政协副主席	退休
董淑玉	男	1945.03	赣榆城头	1966.05	人大副主任	退休
李方任	男	1945.08	赣榆石桥	1964.08	人大副主任	退休
何昆曙	男	1945.09	山东济南	1970.08	人大副主任	退休
朱孔岗	男	1945.10	赣榆	1959.12	政协副主席	退休
钟克柱	男	1948.11	赣榆	1963.09	政协副主席	退休
卢西举	男	1949.03	赣榆柘汪	1971.04	人大副主任	退休
张庆爱	男	1949.11	赣榆石桥	1968.03	人大副主任	退休

第三十六篇　乡　镇

第三十六篇 乡镇

1990年，赣榆县有10个镇、19个乡，760个村民委员会，10个居民委员会。1992年，赣榆县29个乡镇全部被省政府批准为对外开放卫星镇。各乡镇充分挖掘自身资源优势，增强内生动力，发展特色经济，打造特色乡镇，农林牧渔业稳步发展，农业产业结构稳步调整，农村基础设施建设稳步推进，村镇面貌发生巨大变化，农民生活水平稳步提升。其中，青口、柘汪、金山、海头等镇着力打造工业强镇，宋庄、罗阳、墩尚等镇强抓水产养殖，沙河、黑林、石桥、赣马等镇发展特色种养殖，城西、门河等镇发展特色花卉苗木，基本形成了一镇一品的发展格局。2009年，全县有18个镇，429个村民委员会，33个居民委员会；全县农业总产值32.84亿元，粮食总产量50.4万吨；水产品总量37.6万吨，出口1300万美元，均位居全省县级第一。

第一章 青口镇

第一节 区域概况

青口镇是赣榆县政府所在地，位于县中东部，青口河下游、海州湾畔，东濒海，海岸线长7.5千米，南与墩尚镇、宋庄镇接壤，北与赣马镇、海头镇毗邻，西和城西镇相连，地处沿海平原地区，青口河自西向东流经镇区，于下口村东南入海，水陆交通发达。1990年，全镇土地总面积11平方千米，辖9个村委会8个街道，35个村民小组，4446户，人口13542人。2000年6月，城东乡撤销并入青口镇。2001年12月，城南乡并入青口镇。2009年，全镇行政区域面积95.9平方千米，其中耕地面积2949公顷，辖33个社区居委会和21个行政村，195个村民小组，总人口181822人。全镇有汉、蒙古、回、朝鲜、土家、佤、彝、布依、畲、维吾尔、满、侗、藏、黎、哈萨克、壮、苗等17个民族，港、澳、台胞、侨眷1000多人。青口镇先后荣获江苏省百家名镇、全国文明镇等荣誉称号。

第二节 经济发展

1990年，全镇农林牧副渔五业总产值1215.5万元。其中，农业293.01万元，林业1.76万元，牧业162.81万元，渔业12.37万元，副业745.80万元；全镇有耕地面积232公顷。2000年，因乡镇合并，耕地面积达1200公顷。2002年，全镇农业总产值50050万元，粮食总产量14138吨，油料总产量1238吨，棉花总产量3080吨，蔬菜总产量21420吨，年植树28.2万株，牲畜年出栏量3.82万头，家禽110万只，特种养殖4.21万只，水产品养殖940公顷，大型育苗厂92家，渔船1251艘，农业机械总动力115668千瓦。2009年，全镇农业总产值达5.1亿元，耕地面积2950公顷，建成蔬菜专业村12个，形成千亩无公害蔬菜生产基地。

青口镇有滩涂面积3300余公顷，渔业资源丰富。1990～1999年，渔业捕捞是以"大包干"为主要形式的生产责任制，渔船、网具由个人承包或联户购买，鱼塘、虾塘由个人或联户承包经营。2000年以后，多数渔民以户为单位经营渔船，渔民开始购置大马力渔船，产量逐年提高，并带动周边大量劳动力就业；兴办以榆城集团、三洋胡家育苗场为龙头的工厂化育苗、养殖企业，养殖品种主要是美国硬壳贝、青蛤、鲍鱼、梭子蟹、大菱鲆、牙鲆等科技含量高、经济效益好的新品种。2001年3月，经上级立项批准，兴建国家一级渔港青口港，港池全长6100米，东部为渔港码头，中部为货运码头，西部为旅游码头，设计过船闸吨级为500吨，可停泊250马力以上渔船2000艘。2003年，全镇对虾养殖面积800

图 36-1 青口港（2001年摄）

公顷，淡水养殖面积260余公顷，水产品总量1万余吨。其中，海产品捕捞总产量8350吨，海水养殖总产量1028吨，淡水养殖总产量722吨。2009年，全镇水产品养殖面积940公顷，有大型育苗厂92家，渔船1251艘，农业机械总动力115668千瓦；青口港港区有企业15家，集渔港、运输港、旅游港为一体，辐射和拉动水产品冷藏、加工、贸易，交易、油料给补、制冰、渔船修造、绳网加工、商业、宾馆餐饮服务业、旅游业的繁荣与发展。

1990年，全镇工业总产值8769.5万元，有乡镇企业84家，从业人数1764人，实现企业收入8769万元，创利润941万元。1991年，青口镇工业产值完成1.0065亿元，成为全市第一个亿元镇。20世纪90年代后，青口镇积极适应市场变化，大力发展乡镇工业，先后投资兴建轮窑厂、鞋厂、服装厂、铸造厂、水产品冷冻加工、紫菜加工等企业。1999年，全镇有乡镇企业206家，从业人数4326人，实现企业收入135960万元，创利润3399万元。2001年，青口镇被市委、市政府授予“十强工业乡镇”。2002年，兴建西关工业园区。2003年，民营工业企业达296家，固定资产原值0.92亿元，年实现产值7.99亿元，销售收入7.58亿元，利润6524万元。是年，全镇生产紫菜6000万张，服装350万件，铸铁件17180吨，紧固件4400吨，绳网500吨，酒精8680吨，砖3000万块，复合肥12804吨。2005年，兴建南街中小企业集聚区，工业企业达160余家，创汇企业28家，形成铸造、服装、化工、建材、建筑、皮革、电子、轻工、塑料、海产品加工等支柱产业。全镇完成工农业总产值27.98亿元，工业总产值38644万元。2007年，全镇形成服装、铸造、机械、化工、制药等15个行类为主的工业发展体系，实施500万元以上工业项目32个。其中，1000万元以上12个，5000万元以上8个，1亿元以上项目4个，完成工业总投入16亿元。2008年，兴建六里桥中小企业孵化基地。2009年，全镇工业总产值514984万元，实现全社会固定资产投资24.2亿元，内联客方到位资金7.56亿元，注册外资实际到账1920亿元。镇内有西关、六里桥、南街民营工业园，有工业企业160余家，创汇企业28家，1000多个规格品种的产品，远销58个国家和地区。全镇实现财政收入30011万元。

青口镇是赣榆县政治、经济、文化中心所在地。在历史上，是苏北、鲁中南有名商业集散地。1990年，随着社会主义市场经济迅速发展，个体工商业户稳中有升，达2384户。1996年，个体工商业户发展到2960户，注册资金达2400万元。1997年，兴建中心批发市场，主要经营农副产品、家具、五金等商品，可容纳摊位300多个；兴建县批发市场，总投资3800万元，占地面积17.3万平方米，主要经营水果批发、建材装饰材料等。1999年，随着市场经济进一步发展，社会主义国营、集体商业随之发展壮大，第三产业快速发展，兴建一批星级宾馆饭店。2000年，有三星级宾馆2家，新世纪大酒店和赣榆宾馆，其中新世纪大酒店是三星级旅游涉外宾馆；美容美发、休闲娱乐中心、浴池等服务性行业1446家。2001年，兴建环东市场，位于环城东路与黄海东路交汇处南侧，可容纳摊位1800多个。2002年，民营经济、个体工商户上缴税金2500余万元，占全镇财政收入60%以上。2003年5月，青口镇有个体工商户6267户，民营企业593家，其中商店、商场、超市2242家，餐饮业422家，美容美发、浴池、网吧、休闲娱乐中心等服务行业1446家。2009年，青口镇已形成具有特色的四条步行街、八大专业市场格局。四条步行街是：时

图 36-2 新世纪大酒店（2002年摄）

代广场步行街、万隆步行街、深港商业总汇、黄海美食街；八大专业市场是：中心批发市场、东方市场、站东市场、赣榆批发市场（建材装饰城）、新世纪市场、新大蔬菜批发市场、环东市场、四汽陶瓷批发市场。

第三节　镇村建设和社会事业

一、镇村建设

20世纪90年代，青口镇农业区全部是砖瓦房、楼房，其中宋口村被称为苏北第一村，全部是2层结构楼房。1990年，青口镇建成青口大桥复桥和环西路大桥，华中路建成4层以上楼房7幢。1991年，建食品包装厂、邮电大楼、汽车南站等。1993年，建光明制线厂，建筑面积4200平方米。1994年，建加维塑胶有限公司，建筑面积1200平方米。1995年，建渔发网具厂，建筑面积7000平方米；在华中路西扩建青口卫生院，主体为4层结构楼，建筑面积2480平方米。1996年，建春城溶剂厂，在东关路东建青口会堂。1997年，在东关路东建镇政府办公楼局部5层，建筑面积2600平方米；在河南社区建建材装饰城，建筑面积6万余平方米。1999年，扩建服装一厂，建筑面积5800平方米；建永旺玩具厂，建筑面积4000平方米。2000年，在华中路扩建服装二厂，建筑面积5518平方米；建新世纪大酒店，建筑面积1万平方米；农业区按农村的房屋发展规划，房屋成行，街道宽畅，用水、排水方便，农民全部通上电，90%农民用上电话。2001年，在梁庄村建环东市场。2009年，委托省城乡规划设计研究院等单位，编制青口镇镇区整体规划。开发泰润城、清新家园等住宅小区33万平方米；奥邦亿丰、振兴市场等一批重点地标性城建项目开工建设；先后投资200万元，完成青班路、青口四中门前路等3条主干道修建、拓宽、改造工程；投资500万元，对新老204国道实施亮化、美化、绿化和人行道彩砖硬化工程；投资600多万元对老城区20条背街小巷进行整治改造；设置标准垃圾箱160多个，新建垃圾池40个；完成10个村的村庄改造，村村达到有"一条出庄路，一处村头小品，一个健身广场"的标准。大盘、小盘、李城等3个村、社区先后通过市、县级康居示范村验收，宋口村被评为全国"文明村"、江苏省"生态村"、省首批"百家社会主义新农村建设示范村"。大盘、梁庄等村社区老年公寓建成使用；同年12月，镇政府由东关路63号搬迁至宁波路1号。

图 36-3　宋口村（2003年摄）

二、教育

1990年，全镇有幼儿园20所，小学6所，初中2所，高中1所。20世纪90年代后，青口镇普及九年制义务教育。2001年，青口一中被评为江苏省重点中学。2009年，全镇有幼儿园39所。其中，公办8所，民办31所；中心小学3所，初级中学2所；高级中学2所；另有华杰双语学校、汇文双语学校、清华园双语学校等私立学校3所。

三、文化

1990年，镇内有赣榆会堂、赣榆影剧院、青口镇会堂、青口镇露天影场、城东露天影场、城东会堂、百花园、城南影剧院、安庄露天影场，40多家民间文艺团队活跃在城乡，每年演出上百场次。2000年，新庄

图 36-4 青口会堂（2000年摄）

村农民拔河队相继夺得市、省冠军及全国拔河大赛亚军，并取得世界拔河赛参赛权。2001年7月，青口镇文化中心站迁至东关路，建筑面积858平方米，开设图书室、阅览室、棋艺室等，收藏图书11500余册。2005年，全镇大力开展农家书屋建设。2009年，全镇每个行政村、社区都拥有一个农家书屋，藏书达30多万册；同年6月，南街社区许家昌的苏北大鼓入选省级第二批非物质文化遗产名录。

1990年，经市广播电视局批准，青口镇成立有线广播电视站。1993年1月，有线电视开播。2000年6月，城东广播电视站并入青口镇广播电视站。2001年12月，城南广播电视站并入青口镇广播电视站。2009年，青口城区90%以上住户安装有线电视。

镇内文化遗址有金代横波亭遗址，前、后天妃宫遗址。青口战役十八勇士纪念地为赣榆县首批爱国主义教育基地。

四、卫生

1990年，全镇有卫生院1所，即青口卫生院。1996年1月，青口卫生院门诊大楼通过验收投入使用，医院成为一家集医疗、教学、防疫、保健、教育、康复等为一体的科室较为齐全、设备较为先进的综合性基层医院，担负着青口镇及周边地区医疗、防保等工作任务。2001年年底，因城南乡并入，青口镇有卫生院2所，医护人员216人，其中高级职称6人，中级职称38人，村（街道）级卫生室80余家，卫生员150多人，个体卫生室20余个，个体医护人员30余人。2009年，全镇有医护人员265人，病床60张。

五、特色村

下口村　位于县城东侧，东临黄海距秦山岛8海里，南依国家一级渔港青口港，是个专业渔村，2001年前隶属于城东乡。2009年，全村面积2.8平方千米，有1128户、4886人，拥有海岸线2580米，海水养殖面积100多公顷，浅域近200公顷。

1990年前，村渔民多数使用木质小渔船，其后，逐步发展钢质渔船，至2009年，全村大马力钢质渔轮达580艘，年捕捞产值5亿多元，收入2亿元。随着渔业产业结构的不断调整，该村的育苗业通过更新育苗品种，不断向新品种、高效益、集约化方向发展，发展育苗企业12家，育苗品种有对虾、河蟹、梭子蟹以及紫菜等苗种。1990年以后，该村充分利用潮上带、潮间带以及秦山岛周围2000公顷浅海域进行科学养殖，养殖品种有对虾、梭鱼以及紫菜、文蛤、牡蛎等，同时发展工厂化高效养殖，仅大鲮鲆养殖每年达30多万尾，产值1200万元，收入达400万元。海产品加工业逐步发展，各种水产品加工厂6家，主要加工紫菜、对虾、鱼片及各种贝类，产品远销国内外市场。2009年，实现社会总产值5.6亿元，村集体收入达200多万元，人均纯收入2万元。

该村按照“物质富裕、环境优美、自然和谐、海滨风光型”的发展思路，治理改造老区，高标准规划建设新区。从2005年起，针对渔民加工网具缺乏厂房的实际，村统一规划，按照居住楼房化、生产工厂化、绿化城市化的标准，建设“下口渔网加工示范区”，形成“一户一厂”，村民生产、生活水平不断提高。

1990～2009年，该村先后获得“全国先进基层党组织”“全国农村集体财务管理示范村”“全国民主法治示范村”“省先进基层党组织”“省民主法治示范村”“省廉政文化示范点”“市综合经济实力十强村”等荣誉。

第二章 柘汪镇

第一节 区域概况

柘汪镇位于赣榆县东北部，地处海州湾畔，有黄金海岸线11.8千米，西、北分别与山东日照、临沂两市接壤，境内主要河流有绣针河、柘汪河、柘响大沟、石羊河等河流，有小1型水库一座，小2型水库5座，属沿海平原丘陵地区。1990年，为柘汪乡，全乡土地总面积23.70平方千米，辖10个村委会，72个村民小组，4438户，人口16910人。1998年，撤乡设镇。2001年12月，马站镇并入柘汪镇。2009年，全镇面积73.25平方千米，辖24个行政村，31个自然村，5.1万人口。柘汪镇先后被命名为全国文明镇、省级社会治安安全镇、省级群众文化工作先进镇、省级体育强镇、连云港市十强镇和特色文化之乡等。

图 36-5 柘汪镇广场（2001年摄）

第二节 经济发展

图 36-6 西棘荡村（2009年摄）

柘汪镇是贝类养殖之乡，是传统渔业镇。全镇拥有滩涂面积2800公顷，浅海域面积7300余公顷，潮间带面积2000公顷，潮间带池塘养殖面积80公顷。1990年，全乡水产品总量3405吨，2009年，全镇水产品总量达71400吨，是1990年的20.97倍。1990年，全镇实现渔业产值2043.47万元，有渔船320余艘，总功率38400马力；2006年，上级对渔船实行发放燃油补贴；2009年，全镇有渔船650余艘，总功率7万马力，有响石、东林子、中林子、西林子、甘

图 36-7　海德益食品加工车间（2007年摄）

县、东柘汪、西柘汪、秦沙8个渔业村，从事海洋渔业人员约1万人。2009年，全镇实现渔业产值79108万元，镇投资80余万元，对各主要港口实行消防设施建设；投入20余万元建立柘汪镇渔业安全信息平台，配备海上渔业安全应急指挥系统，全镇所有120马力以上的渔船均配备双模系统；全镇4个万亩省级无公害贝类、梭子蟹、海参养殖基地已全部通过省基地管理中心复检，“柘发”牌青蛤被评为国家级无公害农产品，“柘发”牌梭子蟹被评为无公害梭子蟹。全镇高效渔业面积达850余公顷，主要以沿海八个村池塘养殖为主，全镇养殖户中有科技示范户900余户。全镇重点打造以海参养殖为主导的高效品种，“赣榆县柘汪镇千亩海参高效养殖基地建设”项目已建成，养殖海参总面积达30余公顷，年产值1000万元，成为高效渔业养殖新亮点。全镇有西柘汪港、秦家沙港、东林子港、石羊港、响石港5处渔港。

1990年，柘汪乡工业总产值1174万元，有乡镇企业8家，从业人员2012人，企业收入1174万元，利润100万元，其中有一个育苗场和一个紫菜加工厂，位于石羊桥西侧，属于乡办企业，1993年改制转为个人承包。育苗主要在当地销售，紫菜以出口日本韩国为主。1994年，有乡镇企业30家，从业人员2511人，乡镇企业收入0.26亿元，企业利润330万元。2000年，有乡镇企业90家，从业人员3875人，企业收入1.88亿元，利润1670万元，其中育苗场已发展到12家，工厂化育苗面积1.2万平方米；有15家紫菜加工企业，年产100吨干品紫菜，以出口为主，年可创汇400万美元；有水产品加工企业15家，规模以上加工企业3家。2004年，乡镇企业121家，从业人员4792人，企业收入4.3亿元，利润3501万元。2005年，规划面积42.1平方千米的柘汪临港产业区启动建设，新海石化、镔鑫特钢两个“旗舰式”重特大企业投产，带动镇工业经济迅速发展，并跨入连云港市“财政十强镇”“目标考核一类镇”行列。2006年，连云港海德益食品有限公司成立，注册资金3000万元，占地14.7公顷，是一家以海产品精深加工为主的外向型企业，是全省唯一一家通过卫生注册的鱿鱼丝加工出口外向型企业，公司已通过HACCP国际食品管理体系认证，产品主要有墨鱼丝、鱿鱼丝、碳烤鱿鱼条、碳烤鱿鱼片等多种系列产品，出口韩国、日本、俄罗斯、越南等国家。2009年，全镇工业总产值668176万元，有乡镇企业236家，其中规模企业32家，从业人员9685人，企业收入668176万元，利润27750万元。财政总收入1亿元、一般预算收入6637万元、工业投入21亿元、规模以上销售收入52亿元、工业用电量1.96亿千瓦时、工业入库税金4521万元。

第三节　镇村建设和社会事业

一、镇村建设

1990～1997年，东林子村、西林子村率先进行村庄规划建设，科学规划住宅小区和村庄道路，新建楼房近200幢。1998年，规划建设镇区新世纪广场，占地4000余平方米；建成两横两纵商业街。1999年，建星级轻骑宾馆1家。2001年，通过自筹和社会捐款形式修建5千米柘响大道，成为柘汪镇第一条乡间水泥大道。2002年，沿国道、海道和港口建设楼房619栋；新建宽60米的世纪大道；沿入海口新建1个河滨别墅小区，1个海滨别墅小区；境内204国道顺利通过部级文明样板路验收。2005年11月，工程总投资252.6万元敬老院改造竣工。2009年，全镇按照小城镇建设规划，加大建设力度，总投资3000多万元，实施城镇建设项目12个；完成农村改厕、改水1100多户；投资300多万元，新修农村公路17.5千米；疏浚镇村河道10条，清淤村庄河塘18个；敬老院入住"五保"对象35人，西林子村于11月份被评为省级康居示范村。

二、教育

1990年，柘汪乡共有幼儿园7所，完小6所，初级中学2所。1998年7月，响石联中并入柘汪初级中学，中学设在镇驻地东柘汪村。2002年，柘汪镇与马站镇合并后，柘汪初级中学改为柘汪中学，马站中学改为柘汪二中；柘汪中心小学改为柘汪第一中心小学，马站中心小学改为柘汪第二中心小学。2005年，幼儿园增至9所，其中，民办园3所，秦沙小学、友谊小学、东林子小学六年级撤并到中心小学，保留中心小学和响石小学2所完小，秦沙、友谊、东林子为教学点。2008年，秦沙小学撤并至中心小学，全镇有2所完小，2个教学点。2009年，全镇有幼儿园8所，中小学12所；初中教育普及率达98%，马站幼儿园、鸿福幼儿园通过省优质园验收。

三、文化

1990年，柘汪文化站在西柘汪村邮电局南侧，有12间房屋，3个工作人员，1个影剧院，3个放映员。1998年，文化站搬迁到东柘汪村，有办公用房7间，工作人员2名。1999年，因新建轻骑宾馆，文化站搬迁至乡政府院内，有房屋5间，工作人员2名，同年成立柘汪乡第一支秧歌队。2001年12月，柘汪文化站与马站文化站合并为柘汪镇文化站，有工作人员2名，建筑面积2000平方米，有图书室、排练室、办公室、多功能室、信息共享室、少儿活动室、老年活动室等，有图书7000册。2003年，文化站组建女子拔河队参加全国"康缘"杯拔河比赛获得第一名；举办柘汪镇首届农民书画展。2006年，发展西柘汪村、东林子村、仲家湖村、秦家沙村、霍官庄村、马站村、西棘荡村、西林子村、响石村、小王坊等村文艺团队，村村建有图书室、篮球场、乒乓球室。2008年，文化站新增图书1.36万册，组建柘汪镇文化乐队。2009年，组建男女混合拔河队参加全县农民运动会，荣获680公斤级和560公斤级两个冠军；7月份，拔河队代表江苏省出征在哈尔滨举办的全国农民拔河邀请赛，取得一金一银佳绩；承办"赣榆县首届农民健身秧歌舞大赛"并获得第一名。

镇东海域有古纪鄣城遗址；镇内有新庄村新石器文化遗址、小王坊秦代方士徐福造船遗址、大王坊村徐福出海口遗址、下驾沟村秦始皇下驾遗址；仲湖村西有望海寺遗址；韦家岭村南岭有爱国县长朱爱周烈士殉难处纪念地。

四、卫生

1990年，柘汪乡有1所卫生院和1所分院，分院位于响石村，10个自然村分别有1个卫生室。2001年12月，乡镇合并，全镇有柘汪卫生院和马站卫生院两所镇级卫生院，都是一级甲等医院和爱婴医院。2003年，柘汪卫生院成立眼病防治专科。2005年4月，马站卫生院由集体全资改为股份制私有医院。2006年，响石村分院撤销。2009年，柘汪卫生院占地面积5336平方米，建筑面积3928平方米，业务用房面积2940平方米，有病床20张，总资产698万元，固定资产339万元，流动资产359万元；马站卫生院占地面积6666平方米，建筑面积3606平方米，业务用房面积2771平方米，有床位20张，设立外科、妇产科、儿科、中医科、五官科、针灸推拿科等科室，服务半径15千米，服务人口3万余人。

第三章　海头镇

第一节　区域概况

海头镇因处人字形海湾头部而得名，拥有海岸线11.6千米。1990年，土地总面积41.56平方千米，辖18个行政村，111个村民小组，9251户，人口36537人。2001年，村组合并为11个行政村，是年年底，原海头、龙河两镇合并。2009年，全镇土地总面积87.1平方千米，辖29个行政村，246个村民小组，9251户，人口82242人，全镇实现地区生产总值118127万元，财政收入9840万元，一般预算收入6228万元。完成全社会固定资产投入233924万元，农民人均纯收入11258元。2001年2月，海头镇被市委、市政府授予全市特色农业乡镇海水养殖之乡。2009年1月，被中央文明办授予全国创建文明镇工作先进村镇。

第二节　经济发展

1990年，全镇耕地面积3469公顷，农作物总播种面积6414公顷，粮食总产量36761吨，其中小麦14822吨，水稻12217吨，玉米5516吨，农业总产值6433万元。1997年，全镇耕地面积4135公顷，农作物总播种面积5830公顷，粮食总产量30266吨，农业总产值21391万元。2003年，全镇耕地面积2980公顷，农作物总播种面积3866公顷，粮食总产量11041吨，农业总产值48333万元。2009年，全镇耕地面积2944公顷，农作物总播种面积4491公顷，粮食总产量24580吨，农业总产值83138万元。

海头镇有悠久的栽桑养蚕历史，20世纪70年代初原龙河乡埊上、大官庄等村已有桑园。1990年，全镇桑园面积达60公顷。1992年，建成苏北首家生丝加工企业连云港市赣榆缫丝厂，企业改制后，由浙江客商投资800万元扩建，年生产“海兴”牌白厂丝480吨，产品达到“3A”级标准，年创产值3200万元。到2009年，桑园面积发展到1067公顷，分布在大官庄、王场、龙河、王朱尹、白石头、王村、埊上、垒堆等村，从事蚕桑养殖的农民6500户，建有各类养蚕大棚200余座，蚕桑种养合作社5家。

图 36-8　神仙紫菜产品（2009年摄）

1990年，全镇海洋捕捞量7320吨，水产养殖面积1079公顷。其中，海水养殖面积1053公顷，淡水养殖面积26公顷。1994年，成立海洋与渔业技术推广服务组，从事科技项目、试验示范、技术培训、服务推广、渔船管理以及渔业生产的产前、产中、产后服务工作。1997年，全镇海洋捕捞量12485吨，水产养殖面积3277公顷。其中，海水养殖面积3240公顷，淡水养殖面积37公顷。2003年，海洋捕捞量19875吨，水产养殖面积4527公顷，其中海水养殖面积4143公顷，淡水养殖面积384公顷。2005年，兴建省级重点市场、省重点龙头企业连云港苏鲁海产品综合批发市场，建有海产品大型配货站2家，长途贩运经营户120余户，从业人员800余人。年长途贩运各类海产品6万吨以上，交易额6.5亿元。2009年，海洋捕捞量26200吨，水产养殖面积8469公顷，其中海水养殖面积8021公顷，淡水养殖面积448公顷；水产育苗场25家，其中虾蟹苗种场16家，育苗水体21160立方米，年育苗量15360千克，年实现销售收入1550万元；紫菜苗种场9家，育苗面积10400平方米，年创产值350万元；捕捞船1000余只，总吨位19600吨，年创产值3.15亿元；工厂化养殖场20家，面积20万平方米，年产各种海珍品2600余吨；冷冻加工厂23家，其中海产品冷冻加工厂14家，加工冷藏能力1.7万吨，加工海、淡水产品1.05万吨，创产值1.95亿元；紫菜加工厂9家，年加工干紫菜640吨，创产值6200万元，出口创汇300万美元。

海头镇从20世纪60年代就开始养殖毛皮动物，建有三个养殖场，一、二场在小口村，三场在兴庄村。1990年，年出栏60头以上毛皮动物养殖户为120户。随后全镇毛皮动物养殖规模不断扩大，到2009年，有年出栏60头以上毛皮动物养殖户300余户。全镇年存栏水貂6.5万头，貉子4.2万头，狐狸3.3万头，年出栏毛皮动物14.6万头，年创产值3800万元。先后建成小口、海脐、梁沙、兴庄等毛皮动物养殖小区10余个，毛皮主要销往河北、广州等地。

1990年，全镇有乡镇企业104家，从业人员2538人，企业产值5346万元，利润1017万元。1995年，全镇有乡镇企业195家，从业人员3591人，企业产值32890万元，利润5920万元。2002年，全镇企业554家，从业人员6837人，企业产值187537万元，利润30326万元。2006年7月，海州湾生物科技园区开工建设，是市临港产业区5大片区之一，市“一体两翼”重要组成部分。园区南距县城13千米，北隔官庄河与镇区相望。规划面积10.3平方千米，东起黄海海堤、西至204国道，南起兴庄河，北至官庄河。园区以生物产业为主导，以海洋化工为辅助，以机械加工为补充，建成经济循环型、资源节约型、环境友好型，国内领先、具有国际水平的生物科技创新基地，到2009年累计投入5.5亿元，完成园区内“七纵七横”路网建设，完善供电、给排水、通信、绿化、污水处理等配套设施，全长3270米的园区主干道金海大道全线贯通；投资30万元，长500米的兴庄大道投入使用；投资7000多万元、规划处理污水6万吨/日的通海污水处理厂，一期日处理2万吨的工程已投入使用。2006年，园区首家入园项目、计划投资20亿元的江苏金茂源生物有限公司一期工程开工。2008年，二期工程开工。随后，投资3.6亿元的连云港北港镁业有限公司、投资10亿元的江苏星辰新材料科技有限公司、计划投资10亿元的江苏东成生物科技集团等重点企业陆续入园，到2009年，入园企业15家，其中过亿元企业8家，全镇拥有企业918家，实现年产值186792万元，利润40838万元。

第三节　镇村建设和社会事业

一、镇村建设

20世纪90年代起，海头镇着手进行镇村规划。1990年，全镇自来水通水管道达到4000米，用户1000户。1991年，镇成立建设管理所。2002年海头、龙河两镇合并后，原龙河自来厂并入海头，全镇年供水能力达到4万立方米，通水管道6000米，用户1300户。2004年，成立镇城管所、环卫所。2006年，行政办公中心、镇中心敬老院建成投入使用。2007～2009年，通过外引客商、内启民资，先后启动海悦龙庭小区、海景丽园小区、学府花苑小区等多个农民居住区的建设；兴建扬帆广场、渔民休闲广场等居民休闲场所；投入1200万元对全长9.2千米的老204国道海头段进行全面改造，镇容镇貌明显改观；投资20万元打造海头镇步行街；投资280万元绿化文泰路、度假区、海滨大道、宁海路。2008年，完成北朱旱、小口等村级卫生服务中心的建设，义合、宅基村新农村服务中心的建设；实施“村村通”工程，对全镇农村公路进行改造。2009年，镇区道路达93千米，绿化面积35公顷；供水管网58.7千米；排水管网25千米；新建垃圾中转站一处，村庄污水处理点一处，镇级污水处理厂一处；边防派出所新办公楼全面启用；初级中学新校区开工建设；通过实施自来水厂改扩建工程，全镇年供水能力达到30万立方米，通水管道1.8万米，用户达到6000户。

图 36-9　海头商业区（2009年摄）

二、教育

1990年，有幼儿园10所，小学13所，中学1所。2001年年底，原龙河镇与海头镇合并，原龙河镇9所幼儿园、6所小学和龙河初级中学（含胡村联中）并入。2004年8月，海头中学初、高中分离，分别成立海头高中和北朱皋联中、兴庄联中两个初级中学。2008年1月，海头高级中学晋升为省四星级高级中学。2009年，全镇有幼儿园12所，小学13所，初级中学2所，分别为海头第一初级中学（由北朱皋联中和兴庄联中组成）、海头第二初级中学（由龙河中学和胡村联中组成），高级中学1所，为海头高级中学。

三、文化

1990年，海头文化站面积约300平方米，配有图书室，藏书达6000余册。2005年，文化站改建，建筑面积达1600平方米，配有8个多功能厅及老干部活动中心、会议培训室等，工作人员3人，10月成立邹建椿图书馆。2009年，有藏书室4间、阅览室1间，总面积80平方米，藏有各类图书1万余册，订有各种报刊杂志，有电脑、电子图书，专职图书管理员1人。文化站拥有北舞堂剧团及海州湾锣鼓、秧歌、民乐等10多支演出队伍。其中，海州湾锣鼓队2008年在上海第十届国际艺术节“浦东唐镇”杯长三角地区锣鼓邀请赛中获得银奖和优秀组织奖。

历史文化遗址有盐仓城古城遗址、盐仓城庙台子文化遗址、歇马台文化遗址。

图 36-10　“四新”文艺表演（2008年摄）

四、卫生

1990年，海头镇有卫生院1所，为海头中心卫生院，占地面积4468平方米，有医务人员37人，床位8张，负责原海头镇片区18个村的医疗卫生工作。2001年年底，因乡镇合并新增龙河卫生院。2003年，镇启动新型农村合作医疗。2009年，全镇有卫生院两所，为原海头中心卫生院和龙河卫生院，设置镇社区卫生服务中心1个，村社区卫生服务站14个，村卫生室4个。海头中心卫生院为省农村示范社区卫生服务中心、省示范乡镇卫生院。卫生院占地4980平方米，建筑面积4560平方米，总资产1116.8万元，万元以上设备共有18台，设床位50张，有职工95人，卫技人员70余人，有20多个职能科室，年门诊20万人次，年收治住院病人800余人次，有医生68人，其中助理执业医师1人，注册乡村医生64人。龙河卫生院是一级甲等医院，总建筑面积为2701平方米，下辖16个社区卫生服务站，有职工48人，乡村医生55人，医疗设备23台件，承担原龙河片区30个自然村、3.05万人的卫生防病治病、计划免疫、妇幼保健、基本医疗、健康教育等农村卫生服务工作和村级医疗机构的管理。农村合作医疗参合率达到100%。

五、特色村

海头镇海后村位于黄海之滨，海州湾畔，G15海头出入道口与204国道在该村相接。2009年，全村有15个村民小组、1286户、5125口人，区域面积4平方千米，耕地面积27公顷。

海后村是一个渔业村，村民们大多依托境内的海头渔港以海产品贩运和海洋捕捞为业。1990年，全村经济总收入715万元，农民人均纯收入1160元。为增加农民收入，海后村因地制宜，注重壮大海产品贩运和渔需生产加工，到2000年，全村建成振和网厂、兴达渔具等渔需加工企业26家，海产品贩运从业人员500人。2003年，通过招商投资6000万元建起苏鲁海产品综合批发市场，拥有摊位500多个，主要从事海产品的批发经营，日人流量达近万人；成立由100多辆专线海鲜直通车组建的海产品贩运联合体，先后在西安、上海、沈阳、天津开辟直销市场，每天有500吨海产品源源不断地发往全国各地，2009年，批发市场实现交易额20亿元，年增加收入6000万元，海产品贩运从业人员达到2000人，成为苏鲁地区最大的海产品集散地。被省委、省政府授予2008年度全省"百强农副产品市场"荣誉称号，被省文明委、省工商局评为"四星级文明诚信市场"。2009年，全村经济总收入14235万元，农民人均纯收入11890元。

2000～2009年，全村先后投资800万元，用于修铺道路、新建小区、建设广场等新农村建设。2009年，全村电话安装率90%，电脑普及率40%，新型农村合作医疗参合率98%以上，自来水安装率95%。成为省级文明村、市"村党组织发展之星"、县首批社会主义新农村建设示范村。

第四章　罗阳镇

第一节　区域概况

罗阳镇原为罗阳乡，地处赣榆县最南端，政府驻地前罗阳村，2009年5月搬迁至后罗阳村。境内水网纵横、湿地遍布，有"苏东水镇、城市花园"之美称。1990年，全乡总面积49.34平方千米，辖18个行政村，82个村民小组，7340户，人口29711人。1999年，撤乡设镇。2001年，村组合并，18个行政村合并为11个行政村。2009年，全镇总面积83.78平方千米，辖11个行政村，80个村民小组，人口37063人；全镇实现地区生产总值

图 36-11　罗阳文体广场（2008年摄）

62382万元，工农业总产值136343万元。其中，农业39906万元，工业96437万元；财政收入4403万元，一般预算收入2334万元，农民人均纯收入9013元。

第二节　经济发展

1990年，全乡耕地总面积2098.9公顷，农作物总播种面积4534公顷，粮食总产29047吨。其中，小麦10515吨，水稻16926吨，玉米388吨。1996年，农作物总播种面积4613公顷，粮食总产量31604吨。其中小麦10208吨，水稻19962吨，玉米708吨。2000年，实行农业产业结构调整，将传统的稻麦两熟调整为西瓜套棉花、稻田养蟹。2007年发展苗圃产业。2009年，全镇耕地总面积2360公顷，农作物总播种面积4789公顷，粮食总产量30736吨。其中，小麦9836吨，水稻19748吨，玉米87吨；共调整土地334公顷，将稻麦两熟作物产地调整为苗圃基地，初步形成苗圃产业链；发展耐盐碱苗圃400公顷；新发展食用菌、蔬菜大棚7公顷。

罗阳镇水资源丰富，水域面积占总面积50%，镇内范河、芦河、牛腿河、新沭河、三支渠与通榆运河交织成网。水产养殖以池塘养殖为主，方式由粗养转变为精养，品种混搭。1990年，养虾面积200公顷，总产量130吨，产值200余万元。1992年，引进罗氏沼虾、基围虾等新品种，养殖面积34公顷，产量33吨，创收50余万元；引进异育银鲫、甲鱼、革胡子鲶、美国大口胭脂鱼、美国条纹鲈、暗纹东方豚、斑点叉尾鮰、澎泽鲫、大弹深鱼等新品种。1994年，从无锡引进南美白对虾。1999年，对虾养殖面积1467公顷，产量8471吨；进行美国条纹鲈鱼的养殖开发项目试验，2000年经江苏省星火计划项目验收合格，并于2003年获美国条纹鲈鱼养殖开发项目三等奖。2009年，全镇对虾养殖面积2373公顷，年产29015吨；发展高效生态养殖2000公顷；泥鳅养殖267公顷；引进淡水养殖新品种15个。

1990年，全乡有企业42家，总资产9820万元，从业人数975人，企业收入2984万元，利润202万元。中共十四大以后，民营经济发展迅速，民资、外资比翼双飞，各类资本相互融合，混合所有制经济充分发展。1997年，全乡共有企业145家，从业人员2760人，企业收入8245万元，利润742万元。1998年9月～2000年3月，集体企业引入改革机制，完成集体向个体私营企业过渡。2005年，全镇共有企业163家，从业人员3820人，企业收入30930万元，企业利润1915万元。2009年，全镇共有个体私营企业227家，其中民营工业56家，职工2168人，实现销售收入96437万元，利润3988万元；完成400公顷园区基础设施和占地70公顷的韩国村工业园区；新上工业项目11个，其中投资1000万元以上项目6个，投资5000万元以上项目4个，过亿元项目1个，全镇整个工业产业带已初步形成产业集聚。

图 36-12　水产高产高效示范区（2004年摄）

1990年，全乡共有商品零售网点110多个，其中较大的国有商业企业为罗阳粮管所，集体商企为罗阳供销社和食品站，综合集市贸易4处，总面积

9.5万平方米。农村每5日一集。有小河口、大沙、小东关、罗阳集市。罗阳集位于镇驻地，为全镇最大集市，1996年，投资近4万元，建大棚1.5万平方米，设摊位1000个。2009年，全镇有各类商品销售网点896个，4个集市贸易年成交额2600多万元。

第三节　镇村建设和社会事业

一、镇村建设

图 36-13　罗阳生态园（2009年摄）

1990年，全乡绿化面积4.5公顷；居民饮用河水和井水；乡政府投资20余万元在乡驻地建占地面积0.3公顷中心敬老院。1998年，镇域绿化面积32公顷，园林绿地覆盖面积3.24公顷。1999～2001年，兴建东关水厂和河口水厂，日供水能力2400立方米。河口水厂后又扩建供水管道，增加供水能力，受益人口超2万人，日供水能力达到2300立方米。2003年，通过招商引资兴建罗阳水厂，投资100多万元，解决全镇3万人口吃水问题。2004年11月，成立环卫所。2005年，园林绿化面积达120公顷，园林绿地覆盖面积达98.6公顷，公园绿地面积达26.8公顷。2008年，镇政府投资80多万元，在岭灶村新建垃圾中转站，有职工8人，吸粪车1辆，垃圾清运车2辆，洒水车1辆，拥有现代化垃圾压缩设备。2008～2009年，镇融资1.4亿元，拉动3亿多元的城镇建设，大力推进商业步行街开发、三支渠大道开发、卫生院改扩建、警务楼建设、世代服务中心建设等10个小城镇建设工程；建设水镇田园、美庐小区、阳光小区、月亮湾小区等多个农民集中居住区；兴建苏北一流的文体中心和艾塘湖农民休闲公园；多元投入4000多万元，重点改善学校、卫生院、老年公寓、农民文体广场等一批民心工程基础条件。2009年，罗阳镇中心敬老院占地面积1.2公顷，有工作人员6人，入住“五保”老人50人。

二、教育

1990年，罗阳乡有幼儿园14所，完小13所，初级中学3所，分别为河口联中、大沙联中、罗阳乡中心初级中学。1995年，河口联中并到乡中心初级中学。2001年，大沙联中并入镇中心初级中学。2009年，全镇有镇中心幼儿园、罗阳艺术幼儿园、岭灶幼儿园、大沙幼儿园等12所；镇中心小学、大沙小学、河口小学等完小3所；镇初级中学1所。

三、文化

1990年，罗阳乡文化站有图书室一间、工作人员一人。2000年，建设艾塘湖公园为主体的文化中心，有房屋40多间，建筑面积1500平方米。2009年，罗阳镇文化站迁至新区，建有可容纳1100多人的多功能影剧院一座，配有图书室、老干部活动中心、会议培训室等，新增工作人员4人；全镇有1个大型文体中心、2个农民公园、1个渔业休闲旅游基地和1个露天体育广场，村村建立文化阵地。

境内有抗日爱国县长朱爱周烈士墓。

四、卫生

1990年，罗阳乡有卫生院1所，该卫生院有3个分院，16个村级卫生室。1996年，卫生院自筹资金建起一座面积2400平方米的综合业务办公大楼。2003年，在全县率先实行合作医疗试点。2009年，政府投入一部分资金，医院用地置换，新建一座面积1200平方米防保大楼，建有200平方米的规范化输液大厅和医院的相关附属设施，并对业务大楼进行改造性装修，卫生院自筹资金添置价值23万元的彩超，15万元的全自动生化仪，40万元的DR放射设备，病床由原来的10张增加到20张。

五、特色村

董湾村　有农户167户，738人，370名劳动力，35公顷耕地，2009年，全村经济总收入3127万元，工农业成产总值7296万元，人均纯收入8047元。

2002～2009年，全村共上大型织网机32台，每年销售产值8500万元，全村有60%以上农民依托绳网加工，人均增收5500元以上。其他行业也有较好发展，先后开挖虾塘、鱼塘、泥鳅塘14公顷，有养殖户20户；养鸡农户达到3000只以上的4户。

2009年，全村水泥路面1300米，下水道820米，自来水入户率95%，电话及有线电视入户率达到90%以上。

第五章　石桥镇

第一节　区域概况

石桥镇位于赣榆县北部，地处海州湾畔，苏鲁交界处，东临黄海，西与金山镇毗邻，南与海头镇接壤，北与柘汪镇、山东省莒南县壮岗镇衔接，镇内有芦山、怀仁山、龟山。1990年，为石桥乡，土地总面积55平方千米，辖23个村委会，98个村民小组，人口3.8万人。1998年，撤乡设镇。2001年，九里乡并入石桥镇。2009年，全镇总面积79.5平方千米，辖32个行政村，174个村民小组，人口63500人。耕地面积3873公顷，园地133公顷，林地800公顷，水域1475公顷，海域4000公顷，滩涂1333公顷，湿地2公顷。

第二节　经济发展

石桥镇拥有黄金海岸线10千米，拥有潮上带400公顷，潮间带200公顷。1990年，全镇拥有80马

图 36-14　赣榆县乐峰陶艺有限责任公司（1999年摄）

图 36-15　连云港石港高压电瓷有限公司（1999年摄）

图 36-16　梭子蟹大丰收（2007年摄）

图 36-17　苹果采摘园（2009年摄）

力以上渔船389艘；水产品养殖面积272公顷，其中海水养殖面积134公顷，淡水养殖面积138公顷；水产品总量3053吨，其中海洋捕捞2790吨，海水养殖157吨，淡水养殖106吨，初步形成鱼、虾、蟹、贝、藻综合养殖新格局，构建起捕捞、养殖、育苗、贮藏加工、网具加工、船舶修造6大渔业生产体系。2002年，水产品总量32155吨，其中海洋捕捞14153吨，海水养殖17776吨，淡水养殖226吨；全镇拥有捕捞渔船500余艘；水产品育苗形成多品种工厂发展态势，有18家育苗场，以河蟹、对虾育苗为主，年产河蟹苗1.8万千克，虾苗0.6亿尾；有200吨以上加工冷库6家，年加工能力达2000吨，培育一批如"富安紫菜""海王花紫菜""九里冷库"等知名海字号企业。2009年，全镇高效渔业面积达400公顷，主导品种梭子蟹400公顷，全镇工厂化养殖面积7.8万平方米，主导产品半滑舌鳎养殖面积6000平方米，工厂化育苗面积2.8万平方米；全镇浅海域养殖2333公顷，其中紫菜养殖400公顷，海带养殖460余公顷。

1990年，全乡有企业45家，从业人数约1000人，企业利税258万元。2003年，大力推进企业改革进程，富安紫菜有限公司、恒盛玛钢有限公司、永盛玩具有限公司等新老龙头企业产销两旺；大力推进园区建设，投资500万元在204国道和石林公路交汇处兴建东工业园区，建设标准化厂房8000平方米和总长2870米，道路面积25830平方米工业路，在赣榆县率先推进硅产业，是年，实现工业总产值7.19亿元。2009年，全镇实现工业总产值162354万元，工业投入81640万元，工业入库税收2802万元，全年引进1000万元以上项目18个，其中新开工1亿元以上项目4个，5000万元以上项目7个。全镇形成高压电瓷、硅工业、果蔬加工、海产品加工、玩具制造、机械铸造等八大工业系列格局。

第三节　镇村建设和社会事业

一、镇村建设

1990年4月，石桥乡拓宽取直镇驻地东西大街至204国道白石头处道路，总长4500米，主路宽15米，两边绿化带各2米，拆迁石东住户45户，拆迁面积10270平方米。2003年，投资110万元进行小城镇建设，新建高规格商住楼131幢，对主干道沿线6500平方米实施绿化；投资120万元对沿街门前进行硬化并铺设彩砖7500平方米，修砌下水道5000米，安装路灯325盏；投资60余万元对全镇46千米农村道路进行拓宽，完成270户草危房改造和44户灾民建房。2003年，兴建东温庄村水厂，占地0.68公顷，输水管网3600米，解决饮水人口2100人。2009年，投资500余万元，对大龙头、九里、韩口等主要街道进行亮化、绿化，硬化道路10余千米，修下水道1万余米，植树2万多株，安装高架路灯200多盏；投资300万元，重点打造石桥河建设改建1000米，进行两岸护坡硬化，新建新农村服务中心3个，改建新农村服务中心3个，完成石桥、石东、九里、小沙、大沙与韩口村6个村民小区开发规划，石桥、石东和韩口三个居民小区开工建设；投资1074万元修建沿海供水厂、王集水厂，安装主管道4749米，管理房400平方米，供水能力3000立方米/日，解决2.2万人饮水安全问题。

二、教育

1990年，全乡有幼儿园23所，小学18所，中学5所。1997年，石桥中学下辖的大温庄、石东、大庄、王集四所联中陆续撤并，至2007年全部撤并到石桥中学。1998年，石桥中学成为市重点中学。2001年，石桥中学创建为省重点中学，同年，因乡镇撤并，原九里中学改为石桥镇第二中学。2003年秋，石桥中学按县政府调整要求停止招收高一新生，2006年送走最后一批高三毕业生，石桥中学创建为一所农村初中。2009年，全镇有幼儿园10所，其中教育部门主办的6所，民办4所；小学10所；初级中学2所。

三、文化

1990年，石桥乡文化站面积800平方米，配有老干部活动室、培训室、图书室等，图书室藏书4000余册。1992年，图书室挂牌成为图书馆，藏书量达1.2万册。2002年，文化站改建，建筑面积增至1400平方米，配有8个多功能厅，成立各种民间艺术团队13个，传统节目有踩高跷、舞狮；文化站自编节目有吕剧《婆婆》、民乐《庆丰收》。2009年，全镇23个行政村建起村图书室，同时配备兼职图书管理员；石桥镇获得首批江苏省“群众文化先进镇”荣誉称号。

石桥镇有大温庄汉墓群、大沙村白果树、小沙东海战纪念碑、汪益茂村“民族英雄”纪念碑等文化遗址与革命纪念地。

图 36-18 “民族英雄”纪念碑
（2008年摄）

四、卫生

1990年，石桥镇有卫生院1所，为石桥中心卫生院，卫生院下设19个社区卫生服务站。1992年，卫生院改建1200平方米门诊大楼。2001年，因乡镇撤并，石桥镇有两家中心卫生院，分别是石桥卫生院和九里卫生院，九里卫生院下设8个社区服务站。2009年，全镇有卫生服务站27个，职工251人，其中，副主任医师1人，主治医师13人，医师19人，执业护士27人，村医生及其他医疗技术人员101人；门诊面积2200平方米。全镇农村参合人口数51287人，参合率达98.4%。29个卫生室经过改建、扩建，达到江苏省社区卫生服务站标准，80名乡村医生完成全科医学知识转型教育。

五、特色村

白石头村　位于赣榆区东北部，紧邻黄海，北与山东日照、临沂交界，距石桥镇政府3.3千米，204国道与省道石林线在村内交汇。2009年，全村人口1012户、3829人，下辖4个村民组，耕地面积122公顷，海洋滩涂养殖面积400公顷。

白石头村属丘陵地貌，土地贫瘠，种植业效益低下，曾出现大面积抛荒现象，针对村实际情况，1990年，村两委领导组织部分粮农通过老乡关系专程赴烟台苹果基地考察，邀请专家、果农来村实地落实论证，利用种粮效益低下的丘陵面积改种优质苹果——红富士，举全村之力，挖标准树坑，积造有机肥，改善灌溉条件，引进优质果树苗，当年发展苹果园53公顷，承包给种植业村民，村领导和果农示范户三下烟台拜师学艺，多次邀请对方专家、果农来村现场授课培训，经过多年发展，白石头村成为远近闻名的优质生态苹果种植基地，驰名品牌。种植业人口50%以上从事苹果种植，种植业效益大幅度提高。2009年，全村有苹果园80公顷，果品产量480万千克，收入1400万元，亩均纯收入8000多元，人均收入9364元，连续多年被市、县有关部门授予一村一品示范村、优质生态苹果基地、产业结构调整示范村，受到上级的表彰和奖励。

村两委先后投资近400万元，铺设水泥路2.8万平方米，排水沟渠8600米，路灯206盏、大功率变压器8台套、现代化村卫生室一处，农民健身广场两处，环卫机械、设备26台套，自来水、有线电视基本户户通，宽带入户率45%，连续多年被省、市、县（区）评为先进单位。

第六章　宋庄镇

第一节　区域概况

图 36-19　宋庄镇党政机关办公场所（1999年摄）

宋庄镇原为宋庄乡，位于青口镇东南。1990年，全乡辖19个行政村，75个村民小组，30843人，工农业总产值为10039万元。1996年，新康邑村划至青口镇，全乡有18个行政村。1999年撤乡设镇。2001年8月村组合并，全镇共12个行政村。2009年，青口镇小荒村、新康邑村、徐朱孟村、鲁王庄村、殷宅村、富园村6个村划至宋庄镇，全镇总面积51.46平方千米，辖18个行政村，64个村民小组，40463人，农民人均纯收入8740元。

第二节　经济发展

宋庄镇依托临海地域优势，海水养殖效益显著。1990～1993年，海水养殖主要品种为东方对虾，养殖面积400公顷，养殖模式为单养，单产、规模、效益三项指标连续三年为全国乡镇级之首。1994～1996年，海水养殖处于低谷期，由于受病害困扰，养殖产量急降，效益下滑，规模萎缩，养殖户和从业人员处于摸索探究期。1997～2006年，海水养殖业处在稳步回升期，养殖面积达800公顷，全镇水产工作者总结出“宋庄三法”，在养殖模式上有质的飞跃，双管蛏蛏引进并得到规模化推广养殖。2003年，成立鱼礁生物工程公司，大力实施人工鱼礁项目，共投放1000个礁体和30只报废渔船礁体，总投资达1250余万元。2004年，“宋庄”牌蛏蛏获江苏省海洋与渔业局“无公害产地”认证，规模700公顷。2005年，“宋庄”牌商标获国家商标总局注册。2006年，“裕都”牌贝、藻获省海洋与渔业局“无公害产地”认证，规模2000公顷。2006～2009年，水产养殖业处于一个快速发展期，养殖模式以立体综合混养为主，养殖品种丰富、技术先进，养殖产量得到大幅提升。2007年，“宋庄”牌中国对虾、蛏蛏、南美白对虾获省海洋与渔业局“无公害产地”认证，规模270公顷；宋庄镇无公害蛋鸡获省农林厅“无公害产地”认证，规模3.2万只；宋庄镇无公害水稻、小麦获省农林厅“无公害产地”认证，规模1300余公顷。2008年，宋庄镇“裕都”牌商

图 36-20 宋庄镇南美白对虾养殖示范基地（2002年摄）

标获国家商标总局注册。2009年，“宋庄”牌中国对虾获国家农业部农产品质量安全中心“无公害”产品认证，规模200吨。

1990年，全乡有镇村企业30家，从业人员700人，工业总产值2730万元，产品销售收入1045万元。1990年后，先后兴建一批具有规模的企业，主要有宋庄乡饵料场、赣榆县果蔬脆片厂、邵庄村罐头厂、四新食品厂、西郑村饵料厂、西郑村造船厂、三坨砖瓦厂、赣榆县柳美酱制品厂、连云港富裕食品有限公司、赣榆县金达线路器材厂等20多家企业。1998～2000年，全镇集体企业引入改革机制，先后完成集体向个体私营企业的过渡。2000～2004年，先后兴建三坨砖瓦厂（改制）、赣榆县柳美酱制品厂（改制）、连云港富裕食品有限公司、赣榆县金达线路器材厂等一些颇具规模的企业。2003年后，随着招商引资力度加大，40多家大中型企业落户宋庄镇。2009年，县委、县政府提出区镇合一、以区带镇的发展模式，工业经济快速发展，先后投产嘉宝制管、金信利不锈钢、中钢集团、健坤实业等一批投资过亿元以上的项目。全镇有规模以上企业9家，工业投入6.84亿元（其中规模以上工业投入6.16亿元），新增规模工业企业2个，新增工业税收过百万元企业2个，全年内联到位资金2.88亿元，实际利用外资700万美元。

第三节 镇村建设和社会事业

一、镇村建设

1990年，全乡民建房屋以砖木结构为主，人均居住面积15平方米，户均居住面积62平方米。全乡主干道青罗路为砂石路面，均宽6米。1999年，修葺青罗路镇区段1500米，改原有砂石路面为柏油路面，拓宽附属通道8米，形成路面14米，翻新镇区主干道通港路并延伸至三洋港码头经济区水泥砼路面5900米，总面积31626平方米。1999年后，民房建设由早期砖木结构向砖混结构转换，全镇增建改建民建楼房近3000户，人均居住面积增加到27.8平方米，户均居住面积增加到132平方米。2006年，镇政府指导各行政村选址，设立垃圾堆放场，对生活垃圾、建筑垃圾进行填埋或再利用。2007～2009年，规划建设规模化聚居小区4个，在镇区建成宋庄河滨小区、汪庄河滨小区2个，完成建筑面积6000平方米。2008年，镇成立环境卫生整治小组，配给村垃圾清理车共计36辆，每村落实长期卫生管理员1～2人，负责村庄环境卫生。2009年，完成镇、村主要干道路面硬化31303米，增设路灯1890盏，镇域范围内绿化建设面积达到124万平方米，园林绿地面积32万平方米，绿化覆盖率39%，绿地率35%。

二、教育

1990年，宋庄乡共有宋庄中学、大庙联中和西郑联中3所初级中学，11所完小。1997年和2001年，宋庄镇大庙联中和西郑联中分别撤并到宋庄中学。2003年，全镇有1所中学，6所完小，1个教学点。2006年，进行规模办学，全镇有中学1所，小学有中心校、邵庄、大庙3所完小，教学点1个。2009年，全镇有专任教师142人，中学高级教师2人，小学高级教师90人，小学一级教师52人，学校共计占地63547平方米，建筑面积10066平方米，体育场地1.8万平方米，图书达到31647册，电子图书340册。

图 36-21　三洋港（2002年摄）

三、文化

1992年，宋庄乡文化站因镇街拆迁，搬迁到镇政府办公。1997年，沙口村建成全镇首家文化大院。2001年，全镇开始安装有线电视。2005年，镇电影院作为危房被拆除，电影队解散。2006年，省“三送工程”启动，免费送电影下乡，每村每月一场。是年，省拨专项经费建文化大楼，建筑面积900平方米，配有图书室、体育健身室、老干部活动室、乒乓球室多功能厅、排练室等。2006年，文化站更名为文体站。2007年，全镇各村建文化室，活动面积不小于20平方米。是年12月，“宋庄布贴画”“柳美甜闷瓜”被市政府授予第一批连云港非物质文化遗产保护产品。2008年，各村建农家书屋，图书为上级配送。2009年，全镇有线电视安装率达80%以上；“老海边煎饼”被市政府授予第二批连云港非物质文化遗产保护产品。

四、卫生

1990年，宋庄乡有卫生院1所，20个自然村各有1个卫生室。1992年，卫生院在柳杭村设立一个分院，其余19个自然村各有1个卫生室。1996年，设立郑庄分院。1998年，郑庄分院、柳杭分院分别改为郑庄村卫生室、柳杭村卫生室。2001年12月，乡镇合并，全镇有宋庄镇卫生院一所镇级卫生院，为一级医院和爱婴医院。2003年，设立柳杭分院和邵庄分院，同时撤销任庄村、刘郭庄村、孟庄村、沟子村、范后村、孙店村、东郑村等村卫生室，全镇合并为10个卫生室。2006年，柳杭分院撤销，改为村卫生室。2008年5月，宋庄镇卫生院门诊大楼启用。2009年，宋庄卫生院占地面积5700平方米，建筑面积2400平方米，业务用房面积1800平方米，有病床20张，总资产385万元，固定资产299万元，流动资产86万元，设立内科、外科、妇产科、儿科、中医科、医院影像科、医学检验科、预防保健科等科室，服务半径5千米，服务人口2.8万余人。

五、特色村

沙口村　位于宋庄镇最北部，紧靠县城，1999年，区域调整后由原来的沙口自然村和头圪自然村合并而成。2009年，全村有6个村民小组、569户、1975人，面积0.24平方千米，耕地面积82.4公顷，海淡水养殖面积173公顷。

1990年前，村集体收入2515元，人均收入692元。1990年，村党支部、村委会通过外出参观考察，充分利用沿海滩涂的优势，将原有的虾塘进行改造，通过引进新技术，由过去的单一养殖向多品种的立体养殖迈进，进行高效养殖，利用集体资产和发挥村养殖专业合作社的作用，做到育苗、养殖、加工、销售一条龙。通过加大招商引资力度，多渠道引进项目。2009年，全村经济总收入3527万元，农民人均纯收入8803元。

第七章　赣马镇

第一节　区域概况

赣马镇位于赣榆县中部，紧邻县城。赣马以旧城“赣榆”及境内著名集市“马厂”二地首字得名，镇驻地城里村又称旧城，是宋、金、元、明、清、民国的县衙所在地，历史悠久，人文荟萃，有“千年古镇、苏北古城”之美称。1990年，赣马镇总户数12771人，总人口50638人，村委会43个，村民小组179个。2000年6月，原赣马镇、官河乡两个乡镇合并为赣马镇。2009年，全镇总面积87.93平方千米，其中耕地面积5216公顷，辖36个行政村、75个自然村，总人口81734人。全镇完成地区生产总值117871万元。工农业总产值265744万元，其中，农业30227万元，工业235517万元。财政收入5628万元，农民人均纯收入10470元。

第二节　经济发展

1990年，全镇耕地面积2564公顷，其中水田1967公顷，旱地597公顷；农作物总播种面积5018.5公顷。其中，粮食面积2658.6公顷，总产29107吨，油料作物播种面积2359.9公顷，总产209吨。2002年，正式实施农村税费改革，免除农业税。2003年，黑坡村与南京农业大学合作建立黄金梨基地，占地80公顷，该基地集育苗、栽培、管理、销售、冷藏于一体，形成“基地+农户+公司+市场”格局，基地试行黄金梨树间养鹅、鸡和种植中药材及西瓜等模式，发展黄金梨复合种养殖基地，黄金梨盛产期亩产4000千克，亩收入1.2万元。2005年8月，申报国家投资土地整理项目。2007年12月，经国土资源部、财政部批准实施，批复项目资金2302万元，项目涉及黑坡村、柳树村、李宅村、伞庄村、玉兰庙村、东官庄村6个行政村12个自然村，项目规模面积1318公顷。2009年，全镇耕地面积5216公顷，农作物播种面积8337.3公顷，其中，粮食播种面积7266.7公顷，总产56095吨；油料播种面积233.3公顷，总产1068吨。规划建设八十一湾现代化农业示范园区，占地100公顷，园区以无锡萨尔超市投资3000万元的萨尔生态农场为龙头，以黑坡村200公顷黄金梨基地为基础，由扬州大学农学院、南京农业大学、金陵科技大学园艺系提供技

图 36-22　连云港文峰木业有限公司（2004年摄）

图 36-23 古河套酒瓶盖加工（2008年摄）

图 36-24 黄金梨基地（2008年摄）

术支撑，建设一个集生态农业、高效农业、观光农业及新农村建设为一体的现代农业示范园区。

1990年，全镇有镇村企业64家，从业人员1614人，产品销售收入1045万元，塑料包装、电线电缆、粮食加工、板材加工、饲料加工、玻璃钢制品、肉类加工等优势产业已初具规模。1998年9月～2000年3月，集体企业引入改革机制，完成集体向个体私营企业的过渡。2009年，全镇有工业企业139家，其中规模以上企业20家，个体工商户2060户，全年工业总产值235517万元，其中规模以上企业产值140350万元，规模以下产值34409万元，个体工业产值60758万元。全镇形成精细化工、服装玩具、酒类包装、板材加工、粮油加工、肉类加工等六大优势产业，全年销售收入过亿的有连云港联化化学品有限公司和赣榆县文峰木业有限公司。其中文峰木业有限公司年加工多层板、细木工板等各类木制品近10万立方米，全部出口荷兰、法国、加拿大等国家，年创汇50万美元。古河套村是传统的塑料加工专业村，拥有塑料模具制造、塑料注塑、塑料膜、塑料喷涂、塑料丝网印刷等企业80多家，年产塑料瓶盖10亿只，占全国酒瓶盖市场的60%。

第三节 镇村建设与社会事业

一、镇村建设

2003年，投资460万元，规划修筑建新路、玉环东路4.2万平方米，硬化铺筑商贸大街西侧毛石12000平方米，美化怀仁中路彩块1500平方米，修筑下水道1800米，镇区新建楼房80余幢，更换、新装路灯120盏，栽植绿化风景树400棵。2008～2009年，镇投入资金500万元，规划建设文峰阁和文化休闲广场，提升小城镇建设档次。结合社会主义新农村建设，新开工建设城里农民康居小区、大高巅康居小区和柏南庄康居小区等惠民安居工程；筹措资金200万元，拓宽242省道镇驻地至五里墅段，建设沿线绿化带，种植香樟、女贞、垂柳等景观树8000多株；投入资金30万元，全面疏浚沙汪河赣马段的河道，完成沿岸绿化建设，美化环境。

二、教育

1990年，全镇有幼儿园16所，小学17所，初中3所，高中1所。2009年，全镇有幼儿园19所，小学13所，初中2所，分别为赣马第一中学和赣马第二中学，高中1所，为赣马高级中学。赣马小学先后获得全国文明礼仪教育示范基地，江苏省实验小学，江苏省健康教育促进学校等荣誉称号。

三、文化

2005年年底，镇买断原水利站办公楼，作为新的文化站站址。2009年，文化站占地面积1260平方米，建筑面积430平方米，硬件设施基本达到乡镇文化站要求。站内设藏书8000余册的图书室、老年少儿活动室、棋牌室、乒乓球室、资源共享工程网点等场所，配备电视及音响、大鼓、扬琴等各种演出用具。

历史文化遗址有后大堂新石器时代龙山文化遗址和文峰塔。革命遗址有赣榆战役纪念地，是赣榆县首批爱国主义教育基地。

四、卫生

1990年，赣马镇有卫生院1所，是集预防、保健、医疗、康复、健康教育、计划生育技术咨询为一体的综合服务单位。2003年，全镇实行新型农村合作医疗。2008～2009年，全镇新建8家社区卫生服务站，改扩建9家，均按照省卫生厅统一图纸，达到科室分开，同时按照要求统一配备诊断床、办公桌、药橱药柜、血压计、视力表，方便群众就医与预防保健。全镇26家社区卫生服务站均通过省级验收。2009年，赣马镇卫生院占地面积8620平方米，有职工76人，其中卫技人员62人，中级以上职称24人；设床位50张，拥有门诊楼、病房，其中业务用房4236平方米，有医疗机械30余件套，设内、外、妇、儿、中医、妇产、五官、放射、生化、理疗、胃镜、心电、B超等科室；村级共有卫生室30个，实现行政村全覆盖。全镇共有乡村保健医生78人，有乡村主治医师44人，医师19人，乡村执业医师72人；全镇共兑现医疗补偿费429.19万元，其中2657人住院补偿234.99万元，对53611人门诊补偿192.2万元，为3832人进行合作医疗免费体检。妇幼保健管理率96.6%，住院分娩率100%，无孕产妇死亡，新生儿疾病筛查率99%，七岁以下儿童保健管理率90%。

五、特色村

（一）古河套村是塑料加工专业村。该村自20世纪90年代开始从事塑料加工业，产品销往全国各地。2007年，全村779户人家，有700户从事塑料加工专业，人均纯收入8120元；2009年，全村808户，有500户从事塑料加工业，人均纯收入11717元。

（二）半路村是屠宰加工专业村。2007年，该村339户有210户从事屠宰及肉食品加工业，人均纯收入8674元。2009年，人均纯收入12513元。

（三）仲庄村是粮食加工专业村。该村自20世纪90年代开始从事粮食加工业，逐步发展为专业村。2009年，全村953户人家，3925口人，拥有米厂、面粉厂20家，年加工粮食8万吨，人均纯收入12164元。

第八章　墩尚镇

第一节　区域概况

墩尚镇因驻地墩尚村得名，北距县城15千米，东与罗阳镇衔接，西与沙河镇接壤，南隔新沭河与东海县相望。204国道、310国道和同三高速公路穿越境内。全镇属平原湖洼地区，境内有新沭河、新三支渠、芦河、南庄排水沟，水路运输、排灌条件极为优越。1990年9月，撤乡建镇，全镇总面积47.44平方千米，辖32个行政村，134个村民小组，7796户，人口28749人。2009年，全镇辖18个行政村，121个村民小组，人口3.7万人。地区生产总值62299万元，工农业总产值145496万元。其中，农业47354万元，工业98142万元。财政收入1442万元，一般预算收入760万元。农民人均纯收入9003元。墩尚镇素有“港城后花园、赣榆南大门”之称，先后荣获全国首批“对外开放卫星镇”和江苏省“重点中心镇”称号，享有“泥鳅之乡”的美誉。

第二节　经济发展

1990年，全镇农业总产值44928万元；粮食总产量13023吨，其中小麦5014吨，水稻7751吨；实行第一次产业结构调整，推广日光温室大棚167余公顷。1995年，推广水稻肥床旱育技术。1996年，小面积应用机抛秧。1997年，粮食总产13614吨，其中小麦5490吨，水稻8018吨；农业总产值4084.6万元。1999年，实行第二次产业结构调整，扩大草莓生产267余公顷。2000年，墩尚镇完成沭河河堆、三支渠由混交林向纯林转化，农田林网达到二级。2002年，第三次产业结构调整。2003年，农业总产值4386.2万元；粮食总产量12913吨，其中小麦5718吨，水稻7108吨。2005年，推广稻套麦技术，开展测土配方施肥。2009年，农业总产值47354万元，粮食总产量8593吨，其中小麦3655吨，水稻4845吨；森林覆盖率达18.2%，林业产值40.7万元，畜牧业650.7万元。

图 36-25　墩尚泥鳅产业园（2008年摄）

1990年，全镇水产养殖面积35公顷，渔业产值102.4万元。2002年，进行泥鳅标准化高密度养殖。2003年，水产养殖面积63公顷，渔业产值1194.6万元。2009年，水产养殖面积1035公顷，渔业产值43706万元，泥鳅养殖面积达1000公顷，为国内最大的泥鳅养殖示范区，出口韩国1万吨，内销20多个省市5000多吨，产值达4亿多元。泥鳅养殖业成为全镇农民快速致富的支柱产业。

图 36-26　泥鳅养殖基地（2008年摄）

1990年，全镇共有企业35家，从业人数715人，年收入2197万元，利润979万元。1998年9月～2000年3月，集体企业引入改革机制，完成集体向个体私营企业过渡。2005年，有乡镇企业157家，从业人员4080人，企业收入52961万元，利润

6843万元。2009年，全镇有个体私营企业237家，其中民营工业125家，外资企业有连云港鸿美食品有限公司、连云港菲莉亚饲料有限公司、连云港明均食品有限公司、连云港万佳食品有限公司4家。从业人数5610人，企业收入98142万元，利润14870万元，全镇已形成机械加工区域、泥鳅养殖区域、食品饲料加工区域三大支柱及一条龙的机械加工、泥鳅养殖两大重点产业链。

第三节 镇村建设和社会事业

一、镇村建设

1990年，镇依托交通优势，开发新区、改造老城，打造“省重点中心镇”品牌，进行交通道路、供水、排水、环境卫生、园林绿化、供电电信、污染整治等建设。20世纪90年代，建自来水厂一座，供水能力10万立方米/天，受益人口2万人。2002年3月，镇行政中心搬迁；加快草危房改造步伐，完成草危房改造40户，改造面积达4000平方米；加快对旧城墩南街、昌中街、盛华街改造，新铺新区新时代大道、振兴路两条主要道路，开发建设新区商住楼158幢；投入资金200多万元对镇区310国道、204国道沿路进行绿化、亮化、美化；新建110千伏变电所1座；建立60余人镇村两级专业环卫队伍，新建垃圾池150个，设流动环卫车20辆。2006年，投资30万元新建一自来水厂，投产后解决周边7个村5000人口安全饮水问题。2009年，镇区面积达4.6平方千米，人口达15000人；镇区道路黑（灰）化率达92%，修建水泥路38千米；村镇电话普及率达95%；镇区人均公共绿地0.6平方米；农村住房面积达26.8平方米/人。基本实现村村通水泥公路；医院、学校、文化中心、敬老院等公共建筑设施一应俱全，村镇的投资环境和生活条件极大改善，村镇的综合功能不断增强。

二、教育

1990年，墩尚镇有幼儿园1所，23个班；完小11所，3个教学点，50个班级；初级中学1所，33个班级。1994年，墩尚联中并入镇中心初级中学。2004年，胡桥联中并入镇中心初级中学。是年，引进民营资本成立全县唯一一所农村民办寄宿制学校——金桥双语学校。2006年，全镇有墩尚、大口、卢河、刁疃4所完小，教学点2个，66个班级。2009年，全镇有幼儿园2所，完小4所，初级中学2所。

三、文化

1990年，政府投资40万元在中心街口建文化综合楼。1991年8月，全省58名文化干部来墩尚文化中心站参观，并在“民乐园”观看文艺演出。是年，墩尚镇获省体委授予的“江苏省体育先进镇”。1992年，镇文化中心站被市文化局评为连云港优秀文化中心站；墩尚镇获省文化厅“江苏省群众文化先进镇”称号。2003年，墩尚镇文化中心站更名为墩尚镇文化站。2009年7月，文化站迁至原党委办公楼，配有图书室、老干部活动中心、会议培训室等，新建藏书1.2万册的图书室，有专职图书管理员2人。名胜古迹有大道口村古银杏树。

四、人口

人口发展处于持续平稳状态。“八五”期间自然增长率为5.25‰，“九五”期间为3.76‰，“十五”期间为3.08‰

五、特色企业

连云港华人钢结构工程有限公司　公司位于墩尚镇工业园区，由新浦客商于2005年投资800多万元兴建，公司占地面积1公顷，有彩钢压型机、五吨航车、埋弧焊机、夹心板生产机组，大型龙门焊机等国内先进加工设备。公司于2005年3月正式投产运行，2009年，有工人60人，其中工程技术人员8人，具有高级职称的2人，主要产品为彩钢压型板，冷弯型材，并可进行轻钢标准化厂房设计、制造，产品销至苏北鲁南、内陆多个省份。年产值可达1000余万元，利税100万元。

第九章　沙河镇

第一节　区域概况

沙河镇因地处大沙河中游而得名，位于赣榆县西南部新沭河畔，西依江苏省最大的水库石梁河水库，南邻亚欧大陆桥东桥头堡连云港，是两省三市交通枢纽，交通便捷，310、327国道在镇区交汇，青沙公路、厉大公路贯穿其境。东距连云港港40千米，南距连云港机场20千米，西距徐州160千米，北距山东临沂市80千米。1990年，沙河镇总户数13332户，总人口50679人，村委会36个，村民小组207个。2001年12月，殷庄乡、大岭镇并入。2009年，全镇面积130平方千米，辖52个行政村，人口13万，完成地区生产总值6.04亿元。其中，农业1.29亿元，工业2.72亿元，第三产业2.03亿元。实现财政收入2543万元，全社会固定资产投资2.65亿元，农民人均纯收入5767元。

沙河镇是苏北著名的商贸重镇，先后荣获省首批对外开放卫星镇、省重点中心镇、省文明示范镇、江苏省科技种植示范园、设施农业之乡、市远郊蔬菜基地等荣誉称号，著名经济学家、社会活动家费孝通先生来考察调研时，曾称赞沙河镇为“苏北最大集镇”。

镇内摩天岭云母矿石具有很好的开采价值，据勘测，露天开采的矿石储藏量为1600多万立方米。

第二节　经济发展

种植业以稻麦两熟为主，辅以玉米、花生、山芋及少量小杂粮。1990年，全镇耕地面积2633公顷。其中，水田1808公顷，旱地825公顷；粮食播种面积4340.6公顷，其中水稻播种面积1766公顷。1990～1997年，杂交籼稻面积占水稻种植面积80%以上，杂交籼稻的推广阶段性地解决老百姓吃饭问题。1996年以后，杂交籼稻逐步退出历史舞台，水稻品种以盐稻、镇稻、徐稻系列为主，水稻亩产稳定在500千克以上。2001年年底，撤乡并镇后，沙河镇耕地面积总计7500公顷，小麦种植面积稳定在年4000公顷；水稻种植面积稳定在年5000公顷。2003年，全镇大力推广测土配方施肥技术，小麦产量连续7年稳定增长。2009年，全镇耕地面积7910公顷，全年农作物播种面积16281公顷，其中粮食播种面积9889.7公顷，总产74711吨，油料播种面积884公顷，总产4375吨；连片种植已形成万亩设施蔬菜、

图 36-27　沙河镇农贸市场（2004年摄）

万亩新品草莓、万亩品种大蒜、万亩高产土豆、万亩花卉杂果、万亩商品粮、万亩用材林等七大基地；镇内优质意杨年蓄积量8万立方米。

1990年，颜庄村建蔬菜种植温室10个。1991年，镇政府从山东寿光请来蔬菜种植技术员，蔬菜种植效益稳步提高。1992年，颜庄村新建温室15个，六队农民种植黄瓜创收达7000元/棚。1993年，高元村三位农民利用外地调入的新疆食用马铃薯做种薯试种，产量翻一番，价格是当地马铃薯的2倍，农户又配套覆盖地膜，提高马铃薯产量，增加种植效益。1993~1994年，颜庄村新建温室48个。1997年，二轮土地承包期间，颜庄、旧庄、老庄、下河口、大口、邱庄等村，为大面积发展日光温室蔬菜生产，新分土地按温室朝向东西向分地，为以后扩建温室打下基础；赤金村建立花卉苗圃基地，建温室培育花卉苗木。1998年，全镇苗圃面积10公顷。1998~2002年，农户自发扩建温室，全镇的蔬菜种植效益日益显现。2001年，镇内开始种植黑莓。2003年，徐屯村建1.3公顷果园，主要种植桃树；在曹埠东327国道右侧发展7公顷经济林，主要栽植枣树和桃树；城子村沭河堤南34公顷栽植杨树。是年，成立赣榆县沙河蔬菜专业协会，注册颜河牌商标，镇被市委、市政府评为连云港市农业特色先进乡镇、设施蔬菜之乡。2004~2005年，黑莓迅速发展，面积达35公顷，以朱屯、徐屯、大岭、三个曹埠、殷庄、舍庄为主。2006年，在三斗西新建金农学校一座。2007年，安装网络蔬菜视频医院；新建1200平方米长青育苗中心一座；在三斗路与327国道交汇处新建占地1.7公顷龙盛蔬菜交易中心一处；是年3月，成立赣榆县沙河红艳花卉专业合作社；4月成立连云港沙河蓝园蔬菜发展有限公司；11月成立赣榆县沙河长青蔬菜专业合作社。2009年，在老庄村南扩建新蔬菜园区17公顷建温室，在彭口和颜庄扩建新园区13公顷建温室；新建草莓园5公顷，建钢棚86栋。沙河镇蔬菜园被认定为省无公害农产品标准化生产示范基地；番茄、草莓、洋葱、马铃薯和花生5个产品被农业部认证为无公害农产品；番茄、草莓、洋葱、马铃薯、花生和大蒜6个农产品基地被省农林厅认定为无公害农产品产地；颜河牌蔬菜被省农林厅、省海洋与渔业局评为江苏省名牌农产品。

1990~1992年，分别在城子村、竹园村、颜庄村、赤金村等建成混凝土结构沼气猪圈厕所三合一沼气池150座。2004年，颜庄村利用能量循环和生物综合利用原理，在温室内建设沼气池，沼气池上建猪圈，猪粪尿进沼气池发酵，产生沼液、沼渣的"猪—沼—菜"生态种植模式。2005年，沙河镇蔬菜项目区率先实施"猪—沼—菜"沼气池100座。2006年，"猪—沼—菜"种植模式走进中央党校课堂，成为全国推广种养生物链模式——"猪沼菜""猪沼花""猪沼果""猪沼鱼"的典范。2008年12月，中央扩大内需检查组组长、农业部财政司司长吴忠泽一行莅临调研，对沙河沼气建设给予肯定。2009年，沙河蔬菜园"猪—沼—菜"种植模式写入中央党校教材。

1990年，原沙河镇、殷庄乡、大岭镇工业主要有乡办农具厂、徐福酒厂、汽修厂、连云港无线电二厂、造纸厂、粮油加工厂等乡镇企业201家，从业人员1544人，企业收入2292万元，利润396万元。1998年，共有乡镇企业274家，从业人员2810人，企业收入17860万元，利润2013万元。1998年以后，开展招商引资，壮大工业经济，引进部分企业。2005年，全镇共有乡镇企业361家，从业人员3824人，企业收入32102万元，利润3840万元。2005年后，工业发展逐年增速，先后引进加拿大、中国香港地区、日本等客商投资兴业，同时引进浙江、上海、南京、山东、福建等客商来兴办服装、机械、粮油加工、塑料加工、蔬菜加工等企业。2009年，全镇有乡镇企业416家，从业人员5210人，企业收入170627万元，利润7684万元。

第三节　镇村建设和社会事业

一、镇村建设

1990年，沙河镇镇区面积1.8平方千米，人口1万人。1992年，政府投资500万元建设粮油批发市场，同时，中小学教室、敬老院、宿舍等公共设施建设完成。1993年，镇政府牵头，利用民间资金600万元开发建设当时乡镇一流的商住标准房。1994年，政府投资1000万元建设集贸市场，占地约7公顷，投资500万元的电信大楼竣工使用。1995年，镇成立建设管理所，有管理人员8人，城镇建设得以规范化、科学化。四横三纵的道路全部硬化，安装路灯，栽植广玉兰、紫叶李等树木，砌筑暗沟、下水道；建成中小学教师宿舍楼、敬老院宿舍、官庄水厂。2001年，殷庄乡、大岭镇并入沙河镇，镇区人口激增，镇政府投资3000万元开发建设镇北路、东兴路，完善绿化、亮化、硬化等配套工程。2006～2009年，镇政府通过招商引进外资3亿元建设和平花苑、永泰小区、兴泰步行街等多个农民集中居住区，改善居住环境；引进外资2.8亿元建设连云港东霞制衣有限公司、连云港新恒春弹簧特钢有限公司、连云港雨虹蓬布有限公司；政府投资2000万元在三支渠河道新建5000米长的景观大道供农民休闲；投资600万元建设郑巷自来水厂，日供水能力3000立方米；投资5000万元重点改善学校、医院、敬老院、粮管所仓库，农民健身广场等，提高群众的生活质量。2009年，镇区面积4.5平方千米，人口3.3万人。

图 36-28　生态蔬菜基地（2009年摄）

图 36-29　东霞制衣有限公司（2002年摄）

二、教育

1990年，沙河镇有幼儿园21所，小学22所，初中3所，高中1所。2001年，小学布局结构调整，全镇有9所完小，1个教学点。2004年，高中部停止招生，在校高中学生及教师分流到周边乡镇高中。2005年3月，彭口初级中学撤并到沙河中学，9月，陈巷初级中学撤并到沙河中学。2009年，因殷庄乡镇撤并到沙河镇，全镇有3所初级中学，分别为沙河中学、沙河第二中学、沙河第三中学，共47个班，在校生3102人，教职工293人，其中高级教师34人，民办教师20人，学历达标率99%。校舍面积37577平方米；有5所完小，1个教学点，83个教学班，在校生3140余人，教职工286人，小学高级教师142人，本科30人，专科131人，学历达标率100%，校舍建筑面积21933平方米，配备音乐室美术室、科学实验室、体育器材室，建立沙河小学运动场，面积44990平方米，计算机156台，图书8万余册。

三、文化

1990年，沙河镇文化站面积900平方米，配有篮球场、乒乓球室、健身室、老干部活动室、培训室、图书室等，图书室藏书9000余册。1992年，图书室挂牌成为图书馆，藏书量达1.2万册。2002年，文化站改建，建筑面积增至1300平方米，配有8个多功能厅，成立各种民间艺术团队15个，传统节目有舞龙、舞狮。2009年，全镇36个行政村建起村图书室，同时配备兼职图书管理员；沙河镇获得首批江苏省“群众文化先进镇”荣誉称号。

沙河京剧班是赣榆京剧的源头，镇内殷庄锣鼓荣膺“中华鼓王”称号。群众性文化体育设施齐全，郑巷腰鼓、联合秧歌、解放龙灯、横街旱船、何园戏班、殷庄锣鼓等群众文艺团体活动频繁。镇内每年农历4月8、9、10日举行为期三天的羊蹄山庙会，吸引15万余人参加。

历史文化遗址有城子村汉唐文化遗址、赤金村抗金城遗址、朱梓墓、无名烈士墓。

四、卫生

1990年，沙河镇有1所卫生院和1个分院，卫生院位于镇驻地，分院位于解放村，36个自然村共有9个卫生室。2001年12月，乡镇合并，全镇有沙河卫生院、大岭卫生院和殷庄卫生院3所镇级卫生院，均为一级甲等卫生院，有21个村级卫生室。2009年，沙河中心卫生院占地面积8000余平方米，拥有门诊、病房、防保楼各一座，建筑面积约7856平方米。有编制床位60张，设有内科、外科、儿科、妇产科、中医科、五官科、数字化接种门诊及辅助科室20多个。总资产1157万元，固定资产603万元，流动资产554万元；服务半径10千米，服务人口5万余人；大岭卫生院占地面积5000平方米，建筑面积2422平方米，业务用房面积1900平方米，有病床20张，总资产335万元，固定资产159万元，流动资产176万元；卫生院开设内科、外科、妇科、中医科、防保、化验室、心电图室、手术室、中药房、西药房等诊疗服务科室；殷庄卫生院占地面积6662平方米，建筑面积5100平方米，业务用房面积3200平方米，有病床20张，总资产125万元，固定资产70万元，流动资产55万元；卫生院开设内科、外科、妇科、中医科、防保、化验室、心电图室、手术室、中药房、西药房等诊疗服务科室。

五、特色村

颜庄村　位于沙河镇区东部，紧靠310国道。颜庄村土壤肥沃，水源充足，周边无工业污染源，适合种植蔬菜，20世纪80年代，颜庄村建起第一座温室蔬菜大棚，反季节种植蔬菜，但由于受生产条件的限制，当时该村蔬菜种植业发展缓慢。20世纪90年代初，随着温室蔬菜大棚的增多，农民人均纯收入达到3400元。1998年，村里有五十余个温室蔬菜种植专业户，开始形成一定的蔬菜种植规模。2000年，蔬菜种植专业户发展到近百户，蔬菜种植面积约30公顷。2004年开始，颜庄村充分发挥蔬菜种植的优势，在市县农技部门的指导下，利用能量循环和生物综合利用原理，积极推广“猪—沼—菜”生态种植模式，邀请专业技术人员为菜农提供沼气技术服务，对菜农进行种植技术培训，开始进行“猪—沼—菜”大棚改造，农民人均纯收入达到4500元。2005年开始，积极修建田间公路、电网，提高基础设施，改善运输条件，对家庭经济困难的农户，积极协调农信社提供小额贷款，2005年人均纯收入超过5000元。2007年后，该村种植大户、技术能手和经纪人自发成立蔬菜专业协会、长青蔬菜专业合作社、廷聪西红柿合作社，建起田头蔬菜批发市场，形成“协会+基地+农户+批发市场”新的运行模式，产品畅销上海、南京、河南、安徽、山东等省市的几十个地区。2008年，颜庄村被省农林厅定为高效生态农业——无公害设施蔬菜示范园区。2009年，全村有10个村民小组，650户，2390人，耕地面积95公顷。自来水、有线电视入户率达95%以上。

第十章　城头镇

第一节　区域概况

城头镇地处赣榆县西部，东接城西镇，南连门河镇，西邻班庄镇，北界塔山镇。1990年，全镇土地总面积66.7平方千米，辖45个村委会，169个村民小组，11629户，人口43878人。2002年，城头镇被市委、市政府授予“特色农业乡镇——种苗之乡”。2009年，全镇辖26个村委会，100个村民小组，人口49620人，耕地3513公顷。

第二节　经济发展

1990年，城头镇有村办工业企业24家，从业人员244人，工业总产值321万元。1995年，城头镇有村办工业企业38家，从业人员3000人，工业总产值11087万元。2009年，全镇共有工业企业136家，其中规模以上企业14家，从业人员6000人，基本形成以服装玩具、通用设备铸造、农副食品加工、非金属矿物制品等为主导的产业体系。其中，赣榆县兴达铸造厂、赣榆县小沟头铸造厂被省市五矿进出口贸易公司定为生产外贸铸件供应基地；城头镇糖果加工年产量4万吨，成为江苏省最大的糖果制造基地。

图 36-30　卤蛋生产车间（2009年摄）

1990年，全镇耕地面积3645公顷，农业总产值4353.4万元。其中，农业产值2499.8万元，林业产值17.2万元，牧业产值1152万元，渔业产值69.1万元，副业产值615.2万元。1997年，开展二轮土地延包，落实土地延签30年不变政策，规范土地承包方式与内容；用三年时间分三期，在青口河流域的杨村至王青墩段开发复垦废河滩地240公顷。1998年，镇投入水利项目工程资金55.6万元，开挖土石方5万立方米，新建农桥10座，节制涵闸3座，放水口36处，新建电灌站1处，防渗渠4400米，改造农村道路8800米；林业项目投入资金6万元，植树5万株，占地20公顷；农业项目投入9.1万元，完成土壤改良56公顷；新购推广优良品种2万公斤，建设良种田36公顷。1999年，水利项目投入236.2万元，新建桥9座，涵6座，放水口320处，泵站6座，购喷灌设备9套，改造道路7900米，开挖土方33.5万立方米；林业项目投入13.1万元，新植树木8.7万株，占地63公顷，引进三倍体毛白杨品种1万株；农业项目投资57.5万元，完成土壤改良426公顷，购进种子精选机1台、包衣机1台。2000年，水利项目投入290.86万元，完成土方工程353.5万方，桥14座、涵闸9座、电灌站3座、农村道路9.5千米，土壤改良771公顷。2001年，在全镇开展农村税费改革政策宣传，成立8个工作组进村入户，从根本上规范税费缴纳政策，有效减轻农民负担。2005年，彻底免除农业税。2007年，进行村庄河塘清淤工作，西坨沟、河东、小海等14个行政村共完成土方量43.28万立方米，清理河塘18条、乡级河道3000米，完成土方5万立方米。是年共开挖小塘坝3座，总土方12.5万立方米。自2003～2009年，共实施9个土地复垦与开发项目。西、北部的14个村属丘陵山区，人口、耕地面积占全镇一半以上，通过复垦改造，扩大适应果林、蚕桑种植面积，加大产业结构调整力度，到2009年，14个村已栽植经济林木140公顷，果树30余公顷，蚕桑300余公顷；发展肉牛近千头、羊近万只、家禽4万余只，此外，促使粮油就地转化增值，扶持兴办村级粮油加工企业，已兴办粮油加工龙头企业10余家，年加工能力2万多吨，年销售收入8000万元，创新利税300多万元。2009年，全年农作物总播种面积6808.2公顷，粮食面积4604.6公顷，总产量28540吨；油料1607.1公顷，总产8317吨；蔬菜426公顷，总产15656吨；瓜果类170.5公顷，总产5767吨。

第三节　镇村建设和社会事业

一、镇村建设

20世纪90年代初，城头镇着手进行镇村规划。1991年，成立建设管理所，2000年，启动东镇区建设。2001年，经管站、民政办、国土所、司法所、派出所等机关站所陆续搬迁至东镇区办公。2001～2005年，实施农村改水工程，共建设水厂4座，解决6000余户、2.8万人饮水问题。2006年7月，改扩建敬老院，占地1.5公顷，新建房屋24间，改建房屋55间，床位96个，硬化水泥路面600平方米，修建下水道800米，化便池15立方米，铺设自来水管道2000米。2006～2007年，建设大沟头水厂和朱村店水厂，满足1600户、6100人的安全饮水需求。2009年，投资30余万元改扩建敬老院，新建5间大餐厅，翻建6间伙房，扩建男女浴室，厕所改为水冲厕，扩大硬化水泥路面；建设管理所有职工10人，其中专职管理人员6人，配备垃圾车1辆、执法车1辆。

2009年，全镇共有城头、朱村店、大黄墩、王青墩、坨沟、大沟头等集市7个。主要贸易品种有粮食、蔬菜、果类、服装、鞋帽、农产品、农具、小五金、日用小百货、日杂用品、食品、洗化用品、床上用品、家畜、家禽、种子等。

二、教育

1990年，全镇有幼儿园18所，小学18所，初中4所，高中1所。2009年，城头镇有幼儿园10所（含民办园2所），小学6所，教学点3个，初级中学1所，高级中学1所。

城头镇成人教育中心校位于文化站西侧，占地面积350平方米，建筑面积180平方米，办公室4间，教室3间，有工作人员5人。1990～2008年，共扫盲2000余人。2008年，城头镇顺利通过青壮年无盲镇的验收。1994年，成人教育中心校开始办成人高中班，1998年，被评为县成高班先进单位。自2000年开始，城头镇成人教育中心校开展农村实用技术培训、农村劳动力培训、村镇职工培训等，其中农村实用技术培训36期，劳动力转移培训12期，村镇职工培训6期，创业培训3期，老年培训2期，在岗职工岗前、岗中培训6期。

三、文化

1990年，文化站位于镇政府前，民间体育活动盛行，主要有拔河、踢毽、跳绳等。1992年，城头镇被江苏省文化厅评为群众文化先进镇。2002年，文化站被江苏省体育总局授予“江苏省第十五届运动会群众体育先进单位”称号。2003年，镇文化站迁至人民东路，建筑面积640平方米。2006年后，全镇先后成立小沟头村秧歌队、后黄墩村腰鼓队、乡情文艺宣传队、乡音文艺表演队等民间文艺团体

4个，利用农闲演出，重大节日到全镇的大街小巷表演，活跃群众业余生活。2009年，文化站设有图书室、多功能室、老年幼儿活动室、体育活动室、培训教育室、水泥地坪篮球场、乒乓球桌。其中图书室面积130平方米，藏书6000册。镇内历史文化遗址有青墩庙遗址、苏青墩遗址、鸡宝山遗址、大沟头古墓遗址。

四、卫生

1990年，城头镇有卫生院1所。2002年，城头镇实施新型合作医疗制度，实行新型合作医疗村26个，达到100%，参保人数3.8万人，参保率95%，门诊报销比例达40%，住院报销比例达75%以上。镇连续多年被评为市爱国卫生先进单位。2003年，全镇26个行政村无甲类传染病发生；乙类传染病4种，发病总数23例，其中肺结核11例，肝炎5例，痢疾6例，麻疹1例，无死亡报告。镇积极利用世行贷款项目全面开展乙型肝炎疫苗免费接种，全镇出生0～36个月龄的儿童"六苗"免疫接种率达90%以上，单苗接种率达95%以上。2009年，城头镇有1所卫生院、5个社区卫生服务站、31个村卫生室。

五、特色村

后黄墩村　全村辖5个村民小组，607户，2395口人，15公顷耕地。该村是桑蚕专业村、酿酒专业村，有670余公顷桑蚕基地，包括山岭非耕地，有酒厂12家，所产黄墩酒盛销苏北鲁南，颇具名气。2009年，人均纯收入7378元，在全镇26个行政村中排名第四位。

该村为省级康居示范村、省级环境整治示范村和市级文明村、全县新农村建设典型。

第十一章　塔山镇

第一节　区域概况

塔山镇位于赣榆县西部丘陵地区与平原地区结合部，于2002年1月由土城镇和徐山乡合并而成。东与赣马镇接壤，南与城西镇、城头镇相连，西与班庄镇为邻，北与黑林镇、厉庄镇隔小塔山水库相望。境内地形大势西北部高，东南部低，山、湖、河、平原依次相连。因境内有小塔山和小塔山水库，且历史上曾称为塔山人民公社，故名塔山镇，2009年，全镇总面积79.18平方千米，辖30个行政村，53个自然村，总人口58863人，一般预算收入1380万元，人均纯收入6589.55元。

塔山镇历史悠久，境内大莒城、小莒城据考证是春秋初期莒子国都，子贡山和端木书台及西汉时期的计斤县城，距今均有两千多年历史。塔山镇草柳编制品，一百多年前就在国际巴拿马赛会和万国博览会上获奖。塔山镇是革命老区，在抗日战争、抗美援朝战争中，有150多位优秀儿女为革命献出宝贵生命。

图 36-31　塔山镇党政机关办公楼（2005年摄）

第二节　经济发展

图 36-32　塔山柳编（2009年摄）

塔山镇是一个农业大镇，拥有耕地面积3459公顷，其中丘陵山区面积1200公顷，占全镇面积的35%，主要分布在西部地区。境内平原地区以稻麦两熟为主，丘陵地区以两年三熟为主。中部地区大力发展柳编产业，在传统产品基础上研发都市家庭装饰用品，扩大杞柳种植达到连片200公顷以上。2002年，塔山镇被市政府授予“杞柳之乡”。2004年土地治理项目小莒城片区，治理面积333公顷，总投资202万元，完成新增粮食50万千克，油料5万千克，新建电灌站1座，闸1座，防渗渠10972米，涵洞69座。2009年，全面开展土地整理工作，进行农田水利基本建设，土壤条件得到改良，农作物种植面积达6240公顷，全年农作物播种总面积6382.8公顷，其中粮食播种面积5120公顷，总产36530吨，油料播种面积1071.3公顷，总产1068吨；丘陵山区农业综合开发优质苹果黄梨基地建设项目获得省级立项，计划总投资594万元。其中，省级财政投资180万元，地方配套18万元，自筹资金396万元，治理核心区面积200公顷，辐射区470公顷。栽植优质苹果100公顷，栽植晚秋黄梨100公顷；建立全市唯一一个国家农业科技示范场，示范推广“无公害富硒米标准化生产技术”，实施“无公害稻米产业链式开发”工程。

塔山镇淡水资源丰富。2008年，淡水养殖面积3870公顷，水产品总量为2840吨；紧靠塔山水库的陡沟村与太平村是两个淡水养殖大村，利用废旧河滩50余公顷作为淡水养殖基地；太平村组织55户村民成立淡水养殖专业合作社，从外地引进白斑狗鱼等营养价值高、市场销路好的水产新品种，全村水产养殖面积24公顷，年人均增收2300多元，有86户贫困户脱贫，被市政府授予“连云港市社会主义新农村康居示范村”荣誉称号。2009年，实现渔业总产值1409万元。

2002年，全镇有乡镇企业299家，从业人数3810人，企业收入27460万元，利润2380万元。2009年，乡镇企业有452家，从业人数4800人，企业收入90185万元，利润3655万元。重点规模工业企业有连云港亲泰儿玩具有限公司、连云港兴安机械制造有限公司、赣榆县凤城服装有限公司、连云港塔山湖草柳编工艺品有限公司等。

第三节　镇村建设和社会事业

一、镇村建设

2002年，在后岭村修建农民休闲公园，增设健身器材。2003年，规划扩宽莒子路北延工程，拆迁后岭村房屋100余间。2004年，启动建设塔青渠北侧集中建设商业区、民营工业园区项目，同时对园区道路进行硬化3.3千米、道路两侧修建下水道6.6千米、安装路灯130盏。2005年，聘请连云港市城市规划设计院对太平、王留等五个村首次进行村庄规划，2008年，南京图海城市规划设计有限公司全面完成镇村庄规划并通过专家论证县政府批准实施，为镇依法实施村庄建设提供法律依据。2009年，通过外引客商、内启民资，融资6000万元，拉动近2亿元的城镇建设，建设塔山新城商贸区、新塔农特产品加工区、农民公寓等；兴建塔山镇文体中心、文体广场、农民公园等，镇容镇貌明显改观。同时投入2000万元改善学校、卫生院、老年公寓、农民文体广场等一批民心工程；全镇村村通工程全面启动。

二、教育

2002年，土城初级中学更名为塔山初级中学；徐山初级中学更名为塔山第二初级中学；土城乡中心小学更名为塔山镇中心小学；徐山乡中心小学更名为塔山镇第二中心小学。2009年，全镇共有4所完小、4个教学点，2所初中、2个教学点。

三、文化

2006年，省文化厅拨款35万元新建设文化站，建筑面积800平方米，设置图书室、文艺培训室、多功能大厅、办公室、档案资料室、健身活动室、综合展示厅、信息网络室等8个功能室。放映工作恢复正常放映，每月每行政村一场，由省财政拨款扶持。2007年，由文化站牵头，50多名民间书画爱好者成立莒都书画院，被评为江苏省特色文化团队；塔山拔河队多次在省级，国家级拔河比赛摘金夺银。2008年1月，塔山镇评为江苏省首批体育强镇。2009年，塔山柳编成功入选江苏省非物质文化遗产名录。

名胜古迹有子贡山及端木书台遗址、土城村汉代古城遗址及塔山湖旅游风景区等。

四、卫生

2003年，徐山乡卫生院与土城镇卫生院合并，更名为塔山镇卫生院，下辖徐山分院及30个村卫生室，共同承担塔山及周边六万余人的预防、保健、健康教育、计划生育技术指导、医疗、康复等功能。医院占地面积6000余平方米，医疗用房面积2500多平方米。拥有职工84人，其中中级职称14人，开放床位40张。2009年，投入一百多万元购置ZK-DR数字化X射线摄影、彩超、电子胃镜、全自动生化分析仪等设备。截至2009年年底，全镇共有37家村卫生室，共有69名乡村医生。48名乡村医生参加中专学历补偿教育。

五、特色村

瞿沟村　地处青口河上游，塔山镇驻地西南方。2009年，全村有340户，1260口人，村庄面积1.6平方千米，耕地面积65公顷。

2003年，因青口河整治，村耕地面积由原来的82公顷减少到65公顷。1990年，村集体收入较低，农户人均收入不足200元。2001年，村党支部、村委会组织12户村民办起酱菜加工厂，每户年收入2万多元。2002年，村委会扶持个体户办起打火机厂，职工30多人，月工资1500元左右，产品畅销苏北、鲁南各地，每年可创收入20多万元。2004年，村干部投资20多万元，利用旧校舍开办玩具厂，让60多名家庭妇女每年可收入近2万元。2007年，大学生村官联合30多户村民成立瞿沟食用菌专业合作社，帮助村民用棉籽壳培育食用菌，搭建蘑菇大棚5000多平方米，每个农户当年获利三千多元，至2009年，合作社已带动本村及周边村庄的上百户村民脱贫致富。2009年，全村人均收入达4617元。

1998年，瞿沟村与王青墩村共同筹措资金六万元，在村前河滩筑起近500米的南北大道，建起载重量为5吨的大桥，硬化村庄道路2.6千米，解决两岸历代人的行路难。2001～2003年，村委会筹措资金26万元，先后为村内铺设下水道4000多米，安装路灯80多盏，添置垃圾箱50个，街道两旁的绿化达到全覆盖。自来水、有线电视入户率达98%以上。2004年，青口河瞿沟陡坡工程为旧河道增加20余公顷水面，村委会把这一自然资源作为淡水养殖基地，保护生态环境及人们的生产、生活用水。

2006年、2008年，瞿沟村先后被命名为县、市级文明村。

第十二章　门河镇

第一节　区域概况

门河镇位于赣榆县城西15千米处，东接城西镇，南连沙河镇，西邻班庄镇，北界城头镇。1990年，为门河乡，土地总面积51平方千米，辖29个村委会，100个村民小组，8265户，总人口32525人。2001年，撤乡建镇。2009年，辖17个村委会，98个村民小组，总人口36495人，耕地3273公顷。

门河的柳编有上千年历史，民国4年（1915年），柳笸箩在巴拿马国际赛会荣获四等奖。

第二节　经济发展

1990年，门河乡耕地总面积3388.1公顷，小麦总产量6397吨，水稻总产量3368吨，油料总产量618吨；养殖业发达，家禽饲养量99822只，特别是养牛相对较多，有耕牛2624头，全乡饲养母猪以老淮猪、梅山猪、二花脸及其与外来品种长白、大约克、汉普夏等杂交后代为主。1990年后，种植业、养殖业、林业快速发展。种植品种上，小麦先后以济南13、鲁麦15、陕农229、鲁麦21、济南17、95021、烟农19为当家品种；水稻先后以盐粳1、2号，镇稻88，连粳4、6号，徐稻3、4号为当家品种。小麦种植上大力推广测土配方施肥、生物制剂应用技术；水稻种植上推广旱地机械灭茬、开沟、整地，采用播种配套技术培育长秧龄多蘖大苗、肥床旱育技术等。1996年，进行二轮土地承包延签，门河属县试点乡。1997年，小麦总产量9222吨，水稻总产量5635吨，油料总产量227.6吨，家禽饲养量158485只。2003年，农村税费改革，取消农业特产税，农业税税率由7%降到4%。2008年，门河镇大力发展食用菌产业种植，建成食用菌产业示范园区。2009年，小麦总产量1220吨，水稻总产量9718吨，油料总产量238.2吨，家禽饲养量22.17万只；食用菌示范园区形成近140公顷种植规模，拥有香菇、茶树菇、金针菇、竹荪等8个品种，大棚1200多栋，高架菇棚100多座，食用菌种植产业成为当地农民的致富途径；陈庄村陈兆举在三墩村购置土地3.5公顷，建成连云港环奥生猪养殖有限公司，存栏5000头。

图 36-33　门河镇镇区（2008年摄）

1990年，门河乡有乡镇企业26家，从业人员1560人，企业收入663万元，利润202万元。1997年，全乡有乡镇企业86家，从业人员2810人，企业收入7211万元，利润635万元。20世纪90年代，一批老企业以多种形式完成企业产权制度改革，企业采用租让、转让、重组等形式，广泛筹措资金，加大项目投资力度，企业由小到大、由强到弱，稳步发展。全乡先后有连云港市通力机械厂、赣榆县丰源柳制品厂、赣榆县门河酿造厂、赣榆县富康银杏叶茶厂、赣榆县门河水泥制品厂、赣榆县门河砖瓦厂等18家集体企业通过产权制度改革，出现新的转机，朝着规范化、重技术、讲科学的轨道迈进。2002年，全镇有乡镇企业180家，从业人员3200人，企业年收入17680万元，利润1415万元。2009年，全镇有个体私营企业310家，其中规模以上工业企业23家，企业年销售收入68798万元，利润5570万元，形成机械铸造、服装玩具、农副产品深加工、塑料制品加工四大工业发展体系。

第三节　镇村建设和社会事业

一、镇村建设

1990年，门河乡区开始规模化建设，沿县道青班公路2千米实施精品建设，沿街新建各式楼房280余幢，建筑面积5.6万平方米。2002年，成立环卫专门组织，由建管所牵头管理，在建管所设立专兼职员工12人，专职环卫工人11人，环卫垃圾清扫车10辆，在镇区各主次干道设立垃圾筒120余个；镇水利站筹建自来水厂，部分居民使用自来水。2002～2005年，镇政府邀请相关专家编制《门河镇总体规划》。2003～2008年，相继编制完成17个行政村的村庄规划。2005年，镇区面积扩建为338公顷。2009年，镇园林绿化面积达160万平方米，园林绿地覆盖率达98%，公园绿地面积36.6万平方米，绿化覆盖率38.2%，绿地率达到36%，树种主要有香樟、女贞、银杏、红叶石楠、红叶小波、玉兰、垂柳、杨树、桂花、翠竹等；有96%的居民使用自来水，日供水2800立方米。

二、教育

1990年，门河乡有幼儿园10所，小学20所，初中2所。1991年，乡中心小学迁至陈庄村。1996年，撤销西荷湖、堰水房、河洼三所小学，在三村交界处新建联合小学；彭瓦沟小学并入大瓦沟小学。1998年，门河中心幼儿园在原中心小学旧址改建。1999年，张望河小学并入左湾；杨门河小学、相李小学并入刘门河小学；中心小学获市实验小学称号，是年，三里墩、刘门河两所联中并入镇中心初级中学。2003年，大瓦沟小学、季瓦沟小学、三里墩小学撤并到曹瓦沟小学；镇中心初级中学新建学生食堂5712平方米，新建、改建学生宿舍475平方米，新建水冲厕所300平方米。2005年，全镇有11所幼儿园，其中公办5所，民办6所。2007年，尚门河小学并入中心小学。2009年，全镇有幼儿园12所，其中公办7所，民办5所；有镇中心小学、刘门河小学、曹瓦沟小学3所完小；初级中学一所。是年12月，镇中心幼儿园通过江苏省合格幼儿园验收。

图 36-34　银杏园（2004年摄）

三、文化

1990年，乡文化中心包括文化站、电影队、广播站、无线电修理部等，图书室藏书5000册。2006年，新建图书室，藏书1万册，有专职图书管理员1人。2006年3月，由季瓦沟村村民彭仁善、王起娥夫妇表演的肘鼓子戏通过市级文化遗产评定；5月，成立门河镇锣鼓队；10月，由镇文化站编排的舞蹈说唱《八大嫂夸门河》获得连云港市旅游行业比赛一等奖。2008年3月，彭仁善、王起娥夫妇接受上海东方卫视的采访，在上海东方卫视演播大厅做现场表演。

境内遗址有三里墩古墓群。

四、卫生

1990年，门河乡卫生院，位于青班线门河乡小宋庄村，全乡每个自然村分别都有1个卫生室。2001年12月，乡镇合并，门河镇有1所卫生院和25个村卫生室。门河镇卫生院是一级甲等医院和爱婴医院。占地面积0.7公顷，2008年，卫生院内新建防保大楼。建筑面积由原来的2844平方米增加到4644平方米，业务用房使用面积由原来的1288平方米年增加到3088平方米。2009年，全院有病床30张，总资产551万元，固定资产344万元，流动资产207万元；设立外科、内科、妇产科、儿科、中医科、五官科、口腔科、医学检验科，影像科、预防保健科、针灸推拿科等科室，服务半径15千米，服务人口3万余人。

五、特色村

富河村　由三庙和旺河头两个自然村合并而成。2009年，全村共有572户，2095口人，面积350公顷，耕地面积215公顷，高效农业园区133公顷，人均收入7206元。富河村多次被镇党委评为“红旗党支部”“先进党支部”和“三重”工作先进集体。

20世纪90年代，富河村是远近闻名的柳编特色村，生产的柳编工艺品远销北京、上海等大城市，全村拥有规模柳编厂3家，柳编加工个体户120余家，几乎家家靠柳编加工走上致富道路。2009年，为统一产品标准，提高市场竞争力，该村将原有的3家柳编厂和个体加工户进行整合，成立连云港金佳工艺品有限公司，提供就业岗位50余个，带动农户200余户，年产值达2300余万元。

富河村村南的丘陵地带一直被村民称为种花生不开花、种黄豆不结荚的“望天收”地带。2007年村“两委”组织党员干部北上青岛，南下浙江、福建等地考察食用菌种植，并在本地成功种植香菇、平菇、木耳、竹荪等食用菌品种。2009年，全村共流转土地120公顷，以食用菌为龙头，先后发展千头奶牛养殖、肉鸡智能化养殖、肉鸭养殖、水貂养殖、肉羊规模化养殖和杏鲍菇、甜瓜种植、葡萄种植等高效种植项目。

第十三章　城西镇

第一节　区域概况

城西镇位于赣榆县中部平原地区，离县政府驻地青口镇西外环8千米，离新城区16千米，西部与门河镇、城头镇毗邻，北部与赣马镇隔河相望，南部与沙河镇接壤。镇驻地东朱堵村。1990年为朱堵乡，总面积49.34平方千米，辖43个行政村，148个村民小组，人口42038人，工农业生产总值5632万元，人均纯收入815元。2001年10月，村组合并成21个行政村，是年12月，朱堵乡更名为城西镇。2009年，全镇辖21个行政村，141个村民小组，人口45738人，生产总值92683万元，人均纯收入8470元。

镇内岗尚村地下有东西走向1000米、宽700米、储量7亿吨的蛇纹石矿，矿藏离地表8～12米，矿体厚度400米，含铁量38%。

第二节　经济发展

城西镇是农业大镇、米粮之乡。农作物以稻麦两熟为主。1990年，农作物种植面积4511公顷，其中，小麦种植面积1979公顷，水稻1114公顷，玉米373公顷，花生513公顷；全乡有花卉种植、淀粉加工、竹编、养鸡、养猪大村6个。1996年，全乡有养鸡、养貂、养猪、淀粉加工、竹编、拆旧、花卉种植、稻田养殖专业村、专业基地8个。其中，沙河子村92%的农户从事淀粉加工业，年产淀粉制品4000万千克；岗东村85%的农户从事竹编业；东曲坊村稻田养蟹40余公顷，占全村耕地面积的68%。城西镇自2001年开始进行土地复垦，当年仙二村土地复垦2.5公顷。2004年，前西村土地复垦8公顷。2005年，黄庄村土地复垦7公顷。2006年，前东等6个村土地复垦9公顷。2007年，三高等6个村土地复垦8公顷。2008年，大高村土地复垦3公顷。2009年，全镇农作物种植面积5156公顷。其中，小麦种植面积1489公顷，水稻1786公顷，玉米322公顷，花生505公顷；全镇有养鸡、养猪、淀粉加工、竹编、拆旧、花卉种植、草编、草莓种植、果树栽培专业村、专业基地13个，经营日光温室0.5公顷以上的有30多户，养猪万头以上的基地有2个。

图 36-35　苗木培育基地（2008年摄）

图 36-36　鲜切花日光温室种植区（2008年摄）

城西镇的特色产业是花卉苗木。1990年，全乡有300多户经营花卉苗木，店子果园和高庄村集体经营花卉苗木，但未形成规模经营。1993年，出现规模经营格局。1996年，乡政府把花卉苗木列为特色产业，形成“三线”（青班线、青抗线、厉大线）花卉苗木种植格局。以“三线”两侧200米为主向四周辐射，发展花卉苗木400多公顷，吸引1200多人从事花卉种植。全镇种植花卉苗木0.7公顷以上的有20多户，其中最大花卉种植户种植面积达8公顷。2007年，镇政府牵头在店子、滕庄两个村建鲜切花日光温室种植区，温室面积达40公顷。2008年，城西镇被省农林厅命名为“花木之乡”。2009年，全镇花卉苗木面积达800多公顷。

1990年，全乡有工业企业4家，年总产值1396万元，利润230万元。1990年后，城西镇逐步形成“镇有工业苑，片有工业区、村有工业项目”的工业发展新局面。以镇工业园和黄庄工业区为龙头，带动全镇工业发展，基本形成化工、铸造、纺织、建材、食品加工等工业体系。2009年，全镇有工业企业77家，分布在店子工业园区、黄庄工业园区及青班线沿线一带。其中，产值超500万元以上的企业有17家。连云港龙珠化工有限公司生产的USP31版西咪替丁、JP15版“西咪替丁”及BP、EP、CP、“西咪替丁”盐酸盐等产品，远销欧美及东南亚市场，年创产值3000多万元，实现利税近200万元。

1990年，全乡有前东朱堵、望仙河、寺后、沙河子4个农贸市场。1993年、1998年、2000年，分别在店子、大里庄、曲坊3处增设农贸市场。在7个农贸市场中，前东朱堵、沙河子、大里庄3处规模较大，2009年，前东朱堵等3个规模较大的农贸市场年成交额分别为9000万元、1100万元、360万元。

第三节　镇村建设和社会事业

一、镇村建设

1990年，乡政府驻地主街宽12米，街两边是村民住宅。1994年3月，小城镇建设发展迅速，修建乡集镇中心工商一条街，东西走向，总长2千米，街面由12米拓宽为42米、主街道宽为14米，两旁绿化带各2米，人行道各6米，居民门前活动场所各6米；拆迁27个乡直机关、乡办单位及前东、前西、马朱孟三个村61户村民，拆迁面积10750平方米；10月，投入资金20万元将乡集镇中心东西街道砂石路面铺设成柏油路面；11月，厉大公路经过乡集镇中心，涉及前东村22户村民、拆迁房屋194间，建筑面积4100平方米；12月，完成集镇中心街道规划供电、通讯线路的架设工程。1995年3月，集镇中心道路北侧石渠工程施工，长1千米，同时道路南侧石渠加盖板，共投入资金12万元。1996年4月，集镇中心工商一条街建绿化带，栽植苗木400棵。1999年4月，乡集镇中心工商一条街和厉大公路两侧花坛砌路沿石，总长3800米，栽植绿化苗木500棵，绿化面积7600平方米，投入资金30万元。2000年5月，征用前东村村前东西长900米、宽35米的土地建设农贸市场；11月，对镇区青班公路两侧人行道和厉大公路总长3000米的路段进行道路硬化，面积2万平方米，安装路灯、灯箱106盏。2002年5月，完成镇中、小学门前美化、亮化、硬化工程，铺设彩块2000平方米，水泥路面1800平方米，绿化5600平方米；7月，对镇区翠柏路、厉大路、河滨路拓宽，拆迁涉及单位5个，村民28户，拆除房屋198间，拓宽翠柏路18米，厉大路32米，河滨路15米；12月，镇区河滨路650米河道整修，投入资金43万元建设镇区休闲绿化广场，面积1300平方米，广场正中竖立15米高的荷花雕塑。2006年4月，完成镇区绿化带改造工程，铺设彩块3000平方米，栽植苗木1000余棵。2008年12月，聘请南京图海城市规划设计有限公司和连云港市城市规划设计研究院完成村庄规划。2009年，集镇区占地2.6平方千米，内有三横六纵九条主大街，集镇区环形路全长6.6千米，镇驻地东西中心大街宽42米，长2000米，南北大街宽25米，长1500米，全部实施路面硬化，雨水及生活用水暗渠排放；沿街、沿路安装现代化一流电控路灯和灯箱广告；建设河滨广场，占地1公顷。全镇共建成24.8千米乡村水泥路，五纵六横；镇区和43个村庄街道全部安装路灯，共1560盏；镇区和村庄街道两侧绿化，栽植雪松、法桐、女贞、垂柳等各种树木2.2万棵，绿化面积8.5公顷。

二、教育

1990年，全乡有完小12所，教学点1个；初中4所，分别为朱堵中心初级中学，小埠初中、店子联中和大高联中。2001年，完小撤并，形成中心小学、店子小学、沙河子小学和小埠子小学4所完小和望中、大高、寺后、大里4个教学点。店子联中、小埠初中分别于2003年、2005年合并到城西中学。2009年，全镇有4所完小和4个教学点。中心小学占地面积99567平方米，教学楼2栋，办公楼1栋，教师宿舍楼1栋，建筑总面积21640平方米；初中1所，学校占地面积53360平方米，建筑总面积12582平方米。

三、卫生

1990年，全乡有卫生院1所，为朱堵卫生院，有医师、医生12人，剂士、护士7人。村级卫生室42个，卫生员42人。1993年，卫生院改建病房楼1600平方米，成为一所集医疗预防、康复为主的综合性医院。2009年，卫生院改建输液大厅600平方米，有卫技人员62人。全镇设26个社区卫生服务站，实行一体化管理，网络齐全，设施完善，达到省社区卫生服务站标准。45名乡村医生完成全科医学知识转型教育，75名乡村医生完成执业注册工作。

四、文化

1990年，文化站有20间房屋，其中9间供放映队使用；占地总面积0.4公顷，其中0.2公顷为露天电影院；工作人员7人，其中放映队5人。1993年，因小城镇建设，房地调整，放映队剥离，文化站保留9间房和0.2公顷院子，两名工作人员。2006年，省文化厅拨款35万元新建文化站，占地面积654.93平方米，建筑面积329.8平方米，设置图书室、文艺培训室、多功能大厅、办公室、档案资料室、健身活动室、综合展示厅、信息网络室等8个功能室；放映员回归文化站，恢复正常放映，每月每行政村一场，由省财政拨款。是年，由文化站牵头，15名民间艺人成立城西镇民艺团。从2006～2009年，每年春节到各村演出20场左右。截至2009年，全镇共有有线电视用户4640户。

五、特色村

沙河子村　位于城西镇东北部，离镇政府驻地7千米，与赣马镇隔河相望。2009年，有3个村民小组、440户、1733人，总面积171.86公顷，耕地面积79.6公顷，生产总值4006万元，人均纯收入8460元。

沙河子村人多地少，但生产总值、人均收入在全镇处领先地位。95%以上农户掌握淀粉精加工工艺。这项工艺源于清末一位乡民从外地学来的。从红薯里提取淀粉，进行精加工，制成食品，可以单吃，也可与肉、菜炖煮、做汤，美味可口，曾作过宫廷贡品。沙河子村与老县城（赣马）只隔一条小河，交通便捷，销路宽广，淀粉加工业兴旺一时，民国时期战乱不止，缺少提取淀粉的原料，生意逐渐萧条。中华人民共和国成立后，淀粉加工工艺有所复兴，但由于条件制约，未能充分发挥经济效益。直至农业经济体制改革后，粮食产量大幅提升，这项工艺成了村民创收强项。2009年，95%以上的农户成了淀粉精加工大户，每户年产淀粉精制品7500千克左右。在镇村领导指导帮助下，村民联合成立淀粉制品批发市场，每年对外批发淀粉精制品300万千克左右，创收1800万元左右。淀粉精制品被客户誉为“月亮皮”“银粉丝”。产品销往黑龙江、新疆、广东、广西、新加坡等国内外市场。

第十四章　班庄镇

第一节　区域概况

班庄镇位于苏鲁两省的赣榆、东海、临沭三县结合部，地处赣榆县西部，因驻地班庄而得名，青班线、青抗线、327国道、欢林线穿境而过，连临高速公路在镇驻地设有出入口。境内山头共计13个，为太平山、椰头山、祝其山、夹谷山、葫芦山、金牛山、双山、马山、廖山、马鞍山（抗日山）、刘家山（留驾山）、葛家山、横山、朱雀山。境内较大的河流有祝其河和新沭河。境内有水库32座，主要有石梁河水库、红领巾水库、五一水库、

图 36-37　班庄镇党政机关办公楼（2008年摄）

五四水库、三八水库、抗日山水库、接庄水库、祝其山水库、马山水库等。1990年，全乡总户数8273户，全乡总人口29876人，村委会26个，村民小组116个。2000年12月，撤乡设镇。2001年12月，夹山乡、班庄镇合并，行政村由原49个调整为28个。2009年，全镇总人口56227人，村委会28个，村民小组116个，总面积91.67平方千米，地区生产总值45445万元，工农业生产总值134235万元，农民人均纯收入6449元。

第二节　经济发展

1990年，班庄乡工农业总产值6946万元。其中，农业总产值为2976万元，工业总产值为3970万元。自2001年12月夹山乡合并到班庄镇后，2002年，地区生产总值增加到26672万元。其中，第一产业生产总值为7060万元，第二产业生产总值为15302万元（工业总产值为14149万元），第三产业生产总值为4310万元。

1990年，全乡耕地面积2150.4公顷，其中水田839.7公顷，旱地1310.7公顷；粮食播种面积2928.4公顷，总产18378吨，经济作物播种面积628.4公顷，总产2418吨。1993年，实行土地承包，一包10～15年。1997年，为贯彻落实《中共中央、国务院关于进一步加强土地管理、切实保护耕地的通知》，对全乡进行二轮土地承包延签。2003年，进行农村税费改革，取消农业特产税，将农业税税率由7%降到4%。2005年，比全国提前一年取消农业税及附加、“三提”“五统”，统一实行一事一议筹资、筹劳。2008年，成立镇农村土地流转服务中心，引导山东客商在黄班村成立全县首家黄班村土地股份合作社；在夹山片区引导茶农联手组建全县首家连云港夹山宜朵茶叶种植专业合作社，带动流转土地200公顷，入股社员实现农户土地固定收入与劳务双倍收入。2009年，全镇耕地面积4500公顷，农作物总播种面积6092公顷，其中，粮食播种面积4265公顷，总产25961吨，油料播种面积1240公顷，总产5766吨；土地复垦、小流域治理耕地600公顷，新增耕地近70公顷；发展优质绿茶、生态林果600余公顷；种植草莓、黑莓、蓝莓、辣根、芦笋等高效农产品400公顷。

1990年，班庄乡有村办工业企业61家，上缴税金20万元。1998～2002年，班庄镇集体企业改制，班飞石材厂、石材工艺厂、白云石粉厂、光华服装厂、水泥厂等完成集体企业向个体私营企业过渡，个体民营经济迅猛发展。2002年，乡镇规模企业57家，从业人数2145人，规模企业收入85432万元，利润2940万元。2009年，全镇有石材、石雕、石子、石粉、塑料加工、生铁铸造等规模私营企业98家，从业人数2698人，企业收入18195万元，利润5700万元。新西村发展木质板皮加工私营企业60多家，大部分劳动力做工不出村；贺闫村多数农户长年从事粉条、粉皮生产销售，成

图 36-38　班庄石雕（2008年摄）

为粉条、粉皮加工专业村。

第三节　镇村建设和社会事业

一、镇村建设

2002年后，班庄镇以打造苏鲁省际中心镇为目标，不断加大对镇区道路、景观等公共基础设施的投入，拉大镇区框架，向西完成班古路建设，向东完成班闫路硬化工程，将镇区与西片区、古城工业区和东片区相连接，先后完成镇区内谷阳路、圣泉路、繁荣路的硬化、亮化、绿化、美化、净化。通过外引客商、内启民资，农民公寓芙蓉花园小区建成并投入使用，金马商城、万德福大型超市建成营业。2009年，班庄镇启动规划，建设以抗日山为中心的夹谷山休闲观光农业园区项目，打造集历史文化、革命教育、生态观光农业于一体的旅游风景区。

古城村是班庄镇农村村居建设领先村。1998年，古城村村委会对村、居民小区、学校、商贸网点、文体娱乐、工业园区统一进行整体规划设计和集中建设。由于坚持“资源集约利用，村域环保优先”的建设方针，实现全村“规划一张图、建设一盘棋、发展一体化”的新格局。2007年，古城村被评为江苏省康居示范村、生态示范村。截止2009年，全村累计投入600多万元对村庄道路进行硬化、绿化、亮化、美化、净化，完成八纵两横10万平方米的水泥路面硬化，铺设彩道板8000平方米，安装路灯196盏，栽植景观苗木10万余株。自来水、秸秆气化、有线电视等惠民工程入户率达100%，建有2000多平方米的大型文体广场，新建居民楼近600幢，楼房化率达60%。

二、教育

1990年，全乡有幼儿园15所，44个班，入园幼儿1396人，教职工64人；小学9所，66个教学班，在校学生2149人，教职工147人；初中2所，高中1所，共有20个班，在校生1024名，教职工64名。1998年，班庄小学共106个教学班，在校学生5157人。2003年，夹山乡中学改为班庄第二中学。2005年，班庄一小开展“中华经典诗文诵读活动”，组织编印《经典诗文诵读本》，人民教育、江苏省中小学文献网等多家媒体对这一办学特色进行专题报道。2009年，全镇共有幼儿园12所，47个班，入园幼儿1838人，教职工85人。有2所小学。其中，班庄一小有40个班，在校生1673人，教职工142人；班庄二小有30个班，学生1429人，教职工107人。有2所中学。其中，班庄中学有18个班，在校生1020人，教职工70人；班庄第二中学有18个班，在校生1084人，教职工72人。

三、文化

1990年，班庄群众文艺活动十分活跃，曹顶、泉子坡、班庄、古城等村有舞龙灯、划旱船、踩高跷、打花棍、扇蝴蝶、挑花挑、跑

图 36-39　班庄镇镇区（2009年摄）

驴、跑马灯、舞狮子等传统民舞和柳琴戏、京剧等地方戏曲，在农闲、节假日期间或自娱自乐，或到镇内外巡演。曹顶村白龙队先后参加赣榆县首届徐福节、连云港市元宵节的民舞表演，并应邀到门河、柘汪等乡镇演出，均获好评。1993年，班庄乡文化站被评为连云港市乡镇优秀文化站和江苏省三级文化站。1996年，班庄乡图书馆被市文化局评为优秀万册图书馆。1997年，班庄乡文艺代表队参加赣榆县“省级文化先进乡镇”文艺会演，群口快板《喜看班庄新气象》和小品《相亲记》双获一等奖。2006年后，班庄镇各村先后创建文化活动室、农家书屋、乒乓球室和水泥篮球场。古城、窦洪爽、圈洪爽、前闫村四个村新建文体广场，配备健身器材。古城村还配备室内健身器材。2008年，班庄镇区和部分村增设晚练健身点，为广大农村妇女学舞蹈、扭秧歌等自娱自乐活动提供电源、照明、音响、场地等。

历史文化遗址有孔子相鲁会齐侯处、三清阁遗址、茅子庵遗址、古城村汉代古城遗址；境内抗日山烈士陵园是全国革命建筑物重点保护单位、国家AAAA级景区和全国爱国主义教育示范基地。

四、卫生

1990年，班庄乡有卫生院1所，始建于1951年。2009年，卫生院占地面积6480平方米，建筑面积约2800平方米，绿化面积1200平方米，是一所集全科医疗、预防保健、康复、健康教育、计生为一体的综合性卫生院，为一级甲等卫生院，是赣榆卫校的实习医院，全院共有职工48人，其中卫技人员38人，大专以上学历16人，本科学历9人，中级以上职称3人。卫生院下辖26个卫生室，共设置16个科室，开放病床30张，拥有220毫安X光机、心电图机、B超机、血常规计数仪、生化分析仪、血红蛋白仪、胎心监护仪、母婴监护仪、心电监护仪、麻醉工作站等先进的医疗设备。对门诊楼进行扩建、装修，对妇产科、防疫组等科室进行全面的改造，为全镇妇女、儿童的医疗、保健、预防接种服务创造良好的条件。

五、特色企业

连云港榆班石材有限公司　2005年12月投资兴建，注册资金50万元，项目投资2000万元。年开采大理石荒料5万立方米，年产石粉、石末产品10万吨。2009年，实现年销售收入2000万元，实现利税100余万元。

第十五章　厉庄镇

第一节　区域概况

厉庄镇位于县西北部，以镇驻地厉庄村得名，是省级边界山区名镇。1990年为厉庄乡，总户数9246户，总人口33981人，下辖29个村委会，123个村民小组。1995年12月，撤乡建镇。2009年，全镇总面积6129.87公顷，辖16个行政村，68个村民小组，3.55万人口，农民人均收入6303元。

全镇地势西北高，东南低，丘陵起伏，有大小山头12座，岭头几十座，蕴藏丰富的花岗岩资源，以龙泉山、平顶山为主的花岗岩石矿面积近8.45平方千米，总储量58亿立方米，南部平原地势平整，海拔20米。水域资源丰富，有万赤涧、顾赤涧、车赤涧、小山、西斗岭等14座水库，水域面积20公顷，滩涂100公顷。镇内省道、县道、军事公路共五条路线贯穿，242省道东西贯穿厉庄南部，境内长6千米，县道海塔线东西贯穿南部，到达塔山水库，与青徐线连接，境内4千米，县道石林线东西贯穿厉庄北部，到达黑林镇，境内6千米，县道厉大路南北贯穿镇中部，境内12千米，军事公路东西贯穿镇北部通往黑林大吴山。

第二节　经济发展

厉庄镇是全县油料生产主产区，以种植花生为主。1990年，种植花生914公顷，占全镇总面积48%。1990～2000年，花生以徐系1号为当家品种。1995年，推广应用地膜覆盖新技术，花生产量稳步增长。2001～2005年，海花1号为当家品种，同时推广丰花1号、鲁花1号、鲁花2号。2009年，花生种植面积1038公顷，总产4515吨。

1990年，开展龙泉河小流域综合治理，治理面积26.27平方千米，修梯田613公顷、经济林梯田580公顷；全乡有杂果园、山楂园等700公顷。1993～1995年，赤涧小流域综合治理投资814.5万元，整修梯田387公顷，"三跑田"变为"三保田"。1998年，谢湖大樱桃荣获优质水果金杯奖。1999年，尖岭小流域综合治理完成坡改梯133公顷；谭湖、西斗岭、小山子三座水库消险工程增加养殖面积6.7公顷；北林土地治理项目完成坡改梯133公顷，平整土地200公顷。2000年，实行产业结构调整，将传统粮食种植调整为粮油、果林、蔬菜、养殖四大体系，逐步形成有厉庄山区特色的"南粮、北果、中间菜"大格局。2003年，在全镇道路两侧百米内种植速生杨270余公顷。2003～2006年，开发、整理丘陵地670余公顷，重点发展壮大经济效益好的西洋大樱桃和各种珍果。用材林主要种植意杨107、土耳其杨67。2004年，33公顷大樱桃基地通过国家环保总局有机产地认证。2005年，建设厉庄镇优质稻米生产基地，被国家环保总局认证为有机食品。2006年，有机大樱桃基地建设项目投资495万元，平整土地166.7公顷，深翻耕地133公顷，建农田林网2.13公顷，栽植有机大樱桃10.34万株。谢湖村超级水果现代农业园占地20平方千米，核心区1467公顷，农业区有赣榆县德胜花生食品有限公司、厉庄镇谢湖美国大樱桃基地等7家市级农业产业化龙头企业。该基地作为全国第三，江苏唯一的大樱桃产业基地，享誉省内外。2009年，全镇拥有用材林1070公顷，有板栗、西欧甜樱桃、大雪枣、中华寿桃、日本脆柿、美国布朗李、日本蓝浆果等为主的珍稀杂果670余公顷。厉庄镇被市政府命名为"杂果之乡"、省科技示范基地、国家小流域综合治理示范点。

1990年，全乡有大小工业企业54家，从业人员992人。厉庄镇山楂制品厂年加工山楂制品15万千克，开发出山楂糕、山楂条、果脯、饮料、山楂酒等系列产品，其中金秀河牌山楂酒，先后销往苏南、山东、浙江等地。1998～2000年，集体企业完成向个体私营企业过渡。2009年，全镇有工业企业69家，其中规模以上14家，从业人员700多人，工业总产值3.49亿元，基本形成石材加工、机械铸造、服装加工、茶果生产、农产品综合加工为主的工业发展格局。全镇有石子加工点46家，成为十里石材加工经济长廊，其中和善石子加工点为苏北鲁南最大石子加工基地。

图 36-40　谢湖大樱桃（2008年摄）

厉庄农贸市场是全县三大农贸市场之一，自古就有"南沙河，北厉庄，中赣马"之说，有"集聚千车、货交万件、日进万金"之称。1990年，厉庄乡个体工商户约50户。2002年，厉庄集市贸易在原来（厉庄、谷店、顾赤涧、谢湖、西斗岭）基础上，先后新增车赤涧、河西、谭湖、河南四个集市，集市规模达九个，平均1.8个村庄就有一个集市，集市密集度位于全县之首。2009年，全镇个体工商户达451户，私营企业75家，经营范围涵盖服务、建筑、商贸、制造等行业。

第三节　镇村建设和社会事业

一、镇村建设

1991年，镇建设管理所成立。1999～2000年，连续两年进行镇区改造，共拆迁房屋300余间，在银河路、厉大路、吉祥路投资55万元，兴建三座涵洞大桥，形成银河路东西一条街，南北以厉大路为发展主轴，镇区为核心，翔凤岭、东刘、西刘、后湖村为依托的城镇发展布局。镇区内沿银河路、厉大路，兴建临街商住楼房100余幢，形成两条厉庄商贸街。2001年，设密封式垃圾收集站，建管所配备洒水车，配有清洁工10余人，街道实行全日制保洁；投资30万元，新建镇区自来水厂，安装入户2800户，受益1.1万人。2002年，由恒瑞集团投资24万元建成岭南村自来水厂，受益2400人。2004年，镇政府先后投资160余万元，三次改建、扩建顾赤涧中心敬老院，创建残疾人抚养中心。2006年，先后开辟和整修吉祥、吉兴、兴文和龙泉路等四条街道，硬化街面4000余米。2009年，镇区共启动民资2000多万元，推进新农村绿化、亮化、美化工程，拆除旧房386间，在242省道及厉大路两旁建设三层商住楼83幢，新修排水管道2万米，修理下水道5000米，铺设路边彩砖1万多平方米，硬化道路22千米；投资349万元，新建吴林自来水厂，安装入户1918户，受益8036人；启动242省道两旁及外镇区内“三河治理”，达到“水质净化、河岸绿化、环境美化”要求；全镇改厕920户，新建沼气池580个，新修公路22千米，生产桥10座。

二、教育

1990年，厉庄乡有幼儿园15所，小学24所，初中3所，高中1所。1998年，厉庄高级中学通过省重点中学验收。2004年，厉庄高级中学转评为三星级普通高中，初、高中分离后，高中部更名为赣榆县厉庄高级中学，初中部为赣榆县厉庄初级中学。2009年，厉庄高级中学在校学生3054人，图书馆藏书1万册，每年订购报刊253种，馆内借书、阅览、参考咨询、教学研究、学术报告、影视欣赏、文化娱乐等功能齐全，达到二级图书馆的要求。

图 36-41　二龙山（2009年摄）

三、文化

20世纪90年代，厉庄镇民间文化体育活动较为简单，只是在每年春节期间，下下棋、唱唱歌，跳跳舞等，还停留在一般的传统体育活动中。2006年，镇文化站大楼兴建，占地面积1130平方米，建筑面积529.2平方米，设办公室、会议室、档案室、图书室、教育培训室、经营创造工作室、少儿活动室、老人活动室、多功能厅、综合展厅。2007年，配合县“三送”工程，文化站向农村送图书1687册、刊物192册。自创歌曲《我们都关爱》入编国家计生委歌曲征集；歌曲《忘不了》《情义》等入选国家级刊物；《公仆》获市纪委反腐倡廉三等奖。退休工人和农民文艺爱好者自发成立新时代艺术团，自筹资金、自带乐器，排演农民喜闻乐见的节目，多次参加县演出。2009年，全镇16个村农家书屋全覆盖，县里送戏下乡4场，镇里送电影下村198场；配合镇中心小学举办第二届民间体育节系列活动，内容有千人花棍表演、亲子运动会及文艺演出等。“赣榆地棋”“赣榆鱼鼓”“厉庄旱船”“厉庄花棍”等民间非物质文化遗产在厉庄小学成为特色教育项目。

革命纪念地有第一届中共赣榆县委驻地杨家岭，陡岭起义纪念地。风景名胜有二龙山风景区，及全国农业旅游示范点谢湖大樱桃基地。

四、卫生

厉庄镇中心卫生院成立于1953年，1990年，为厉庄乡中心卫生院，该院眼科是江苏省特色科室，该院由赣榆区眼科医院、区残联命名为赣榆区白内障康复医院，是连云港市“白内障定点扶贫医院”。2009年，卫生院占地面积12320平方米，建筑面积8874平方米，业务用房面积5750平方米，有病床60张，总资产2583.79万元，固定资产2131.38万元，流动资产452.41万元；卫生院设立内科、外科、妇产科、儿科、中医科、五官科、针灸推拿科等诊疗科室，卫生院影像科、检验科拥有CT、DR、彩超、全自动生化分析仪等大型检查设备，服务半径周边5个乡镇，服务人口约15万余人。

五、特色村

新坝村　位于赣榆区厉庄镇西北部，龙泉山南麓，属低山丘陵地带，由坝西、坝东、上小山三个自然村和并为新坝村。2009年，辖5个村民小组、475户、1886口人，耕地面积105公顷。

2008年，新坝村结合美丽乡村建设工作，坚持茶果业、旅游业两业并举、齐头并进的发展格局，推进现代农业项目建设，大力发展绿色、有机、无公害农产品，培植壮大特色经济大发展，把美丽乡村建设赋予新内涵。

新坝村坚持新产业、新能源、新业态、新农村统筹发展，倾力打造全市现代生态农业第一村。共投资51万元，对村内生活垃圾、乱堆乱放、乱搭乱建、河道沟塘等进行清理整治；2009年投入26万元新修村前东西街及村内南北4条街两旁下水道3000米；硬化小巷10500平方米；投入25万元绿化村庄面积6000平方米，栽植高杆树木2500棵；投资40万元对村内墙面美化，粉刷墙体4.3万平方米，制作300平方米《儒家文化24孝图》小康文化墙等，改善村庄的环境面貌。新坝村曾先后获得江苏省百佳生态村、多次获省市文明村等荣誉称号。

第十六章　欢墩镇

第一节　区域概况

欢墩镇地处赣榆县西部，位于苏鲁两省的赣榆、东海、临沭三县结合部，离县城30千米，西与山东省临沭县相接，南与沙河镇相连，东与门河镇接壤，北靠班庄镇。镇内有327国道、临连高速、青欢线。距白塔埠机场30千米，距陇海铁路40千米，距连云港港口80千米，距日照港口55千米，距同三高速公路20千米。1990年，全镇总户数9347户，总人口35378人，村委会30个，村民小组115个。2009年，全镇土地总面积79.28平方千米，耕地总资源2290公顷；总人口40191人，下辖村委会16个，村民小组95个；地区生产总值42575万元，工农业总产值112715万元，农民人均收入6750元。

镇内共有4条较大河流，其中东西向1条为孙家河，南北向分别为石门头河、朱范河与引河。镇域南面有江苏省最大的人工水库——石梁河水库，东有董净村群英水库、北有介沟水库，水源充足。因属滨湖地区，滩涂总面积600余公顷。境内矿产资源主要为黄沙，是全市最大黄沙生产基地；经省矿产厅探测，镇内库区河里片各村，石榴子石储量丰富，有很高的开采价值。

第二节　经济发展

图 36-42　网箱养鱼（2009年摄）

1990年，欢墩镇耕地面积1636公顷。其中，水田311公顷，旱地1325公顷。农业总产值3467.15万元。1993年，欢墩渔场亩产吨鱼的试验，获市科技二等奖。2003年，引进树莓新品种——黑莓；成功繁育南美白对虾。2004年，建起苏北最大淡水育苗厂。2005年，成功进行泥鳅人工育苗，填补国内空白；淡水育苗基地被命名为全省淡水育苗科技示范基地。2007年，全镇黑莓种植面积达600余公顷，形成以朱孟村为中心，辐射东方红、欢墩埠、董净、孙净、河洼等村万亩种植基地，从事黑莓生产的农户达3000多户，是新兴的主要致富增收产业。2009年，全镇耕地面积2290公顷，粮食播种面积1659.6公顷，总产10272吨，油料播种面积385.2公顷，总产3083吨；全镇从事淡水养殖农民达3000多户，开挖鱼塘530公顷，发展网箱8万只，年产淡水鱼8万吨，产值近6亿元。全镇20多个品种30多个系列淡水鱼，畅销全国各地，且出口日本、韩国。

欢墩镇从上20世纪70年代开始发展芦笋生产，自1990年规模逐渐扩大。2001年，全镇芦笋种植面积达600余公顷，黄泥沟成为全市著名芦笋生产专业村、全市第一个无粮村。2003年，芦笋基地及产品分别被省农林厅定为无公害基地和无公害产品。2005年，随着黄泥沟、介沟等农开项目的实施，芦笋扩种到全镇各个村，并形成黄泥沟、介沟两大核心区。2007年，芦笋基地通过国家环保局标准化基地验收。2009年，全镇芦笋种植总面积1000公顷，年产量近2万吨，年产值过亿元，从事芦笋生产的达3000多户，仅此一项，人均收入2000多元。有7个品牌注册商标，其中，欢墩牌芦

图 36-43　芦笋种植基地（2007年摄）

笋列入省名牌产品名录，康源芦笋茶获市名优特新产品、省旅游协会名牌；黄泥沟建成27公顷反季芦笋高效示范基地，建温室80个。欢墩镇连续6年被市委、市政府命名为“芦笋之乡”。

1990年，全镇乡镇企业58家，从业人数1800人，企业年收入1556万元，创利润226万元。2000年，全镇个体私营企业达59家，从业人数2530人，企业年收入16729万元，创利润776万元。2000年以后，利用“沿路、沿边、沿湖”的优势，实施“一线牵动，三区展开”战略，围绕327国道，先后建设朱范工业园、欢墩埠工业园和临湖民营创业园，共引进润豪黑莓酒业、绿禾食品、甜美园食品、美泰家居、羽翎珊家纺、腾马服饰、兴锋电子、倍特磨料等企业30多家，其中美泰家居、倍特磨料、羽翎珊家纺为外资项目，形成以建材、肥料、服装、玩具、加工等比较齐全的工业体系。2009年，全镇已经发展项目50多个，其中规模以上项目21个，实现销售收入91954万元，带动就业3000多人。

第三节　镇村建设和社会事业

一、镇村建设

1990年，镇区只有一条中心街道。1997年，成立建管所。2001年，成立环卫队。2003年，大力实施镇区“东移、北拓、南扩”战略，积极加强新镇区建设，在镇区东部、327国道西，建设欢墩埠康居新村，新开辟香樟大道和湖景大道两条街道，新建临街商住楼300多栋。2006年，把“打造精致新欢墩”城镇建设为主要抓手，不断加大资金投入力度，加强镇区硬化、绿化、亮化建设。2009年，累计投资3000多万元加强镇区基础设施建设，建设凤凰墩雕塑、过街牌坊等标志性建筑；建湖景大道、香樟大道、红枫大道及移民园4号楼前广场等一批特色街道和特色景点；建设移动和电信灯塔，各临街楼房安装霓虹灯；有镇水利站、东窝子等大小水厂4个，自来水供给率达100%。

二、教育

1990年，欢墩镇共有中心完小1所（中心小学），村级完小11所（孙净小学、坡石桥小学、介沟小学、石沟埃小学、新村小学、太平小学、东进小学、黄泥沟小学、朱范小学、石门头小学、东窝子小学），办学点2个（马朱孟、姚朱范），全镇在校小学生总数为5460人，班级总数110，教职工总数231人；有完中1所，联中2所，即东窝子联中、东进联中，共有教职工105人。2009年，欢墩镇共有中心完小1所（中心小学），村级完小11所，全镇在校小学生总数为5190人，班级总数为104个，教职工总数193人；中学1所。

三、文化

2002年，欢墩镇成立有线电视站。2005年，欢墩镇成立文化站，工作人员2名，经费自筹，配有图书室、篮球场、乒乓球室、健身室、老干部活动室、培训室等。2007年，投资50万元，在欢墩埠康居新村香樟大道兴建新的镇文化中心，其中，图书室藏书1万册。2009年，全镇有线电视入户率达80%。

四、卫生

1990年，有中心卫生院1所，是卫生部批准的一级甲等卫生院，是赣榆卫校实习医院，是一所集全科医疗、预防保健、康复、健康教育、计生为一体的综合性卫生院。全院共有职工32人，医生8人，护士5人，床位20张，下设村卫生室18个。2009年，卫生院共有职工51人，医生8人，护士7人，中级职称1人，床位20张，村卫生室20个。

五、特色企业

江苏东方红肥业有限公司　地处欢墩镇工业园区（介沟村），是由山东省临沭县石林建材公司投资兴建。该项目的一期工程总投资2000万元，占地3公顷，建成现代化标准厂房1500平方米，办公用房1200平方米，于2003年10月投入生产，年生产复混肥10万吨，年创产值1亿元，产品主要销往东北三省、河南省以及本地。

第十七章　金山镇

第一节　区域概况

金山镇是秦代东渡日本方士徐福的故里，江苏省百家名镇之一。地处苏鲁两省交界处，南距县城约20千米。北接山东省莒南县，东与石桥镇以龟山为界，西邻厉庄镇，南连赣马镇。1990年，金山乡更名为徐福镇，全镇总户数10899户，总人口44247人，下辖村委会33个，村民小组179个。1999年，更名为金山镇，镇驻地石堰村，境内有青壮公路、石林公路和海塔公路。北部是低山和丘陵，南部为平原，有山3座，水库5座，其中八条路水库为全县第三大水库，龙王河、塔山水库龙北灌溉总渠穿境而过。境内矿产资源主要有储量约20万立方米的花岗岩石、2万立方米的石英石、1500万立方米的黄沙。2009年，全镇土地总面积66.43平方千米，总人口46903人，下辖村委会21个，村民小组165个；地区生产总值77949万元，工农业总产值184117万元，农民人均收入7866元。

第二节　经济发展

金山镇依山傍水，种植业以稻、麦、薯类为主，林、桑、果、茶、鲜切花面积较大。1990年，有耕地3396.27公顷。其中，水田1762.27公顷，旱地1634公顷。农作物播种面积106760公顷，经济作物播种面积15206.7公顷，农业总产值4469万元。1995年，有耕地3393公顷。其中，水田1801公顷，旱地1592公顷。粮食作物播种面积80529公顷，总产543944吨；油料作物播种面积12250公顷，总产56445吨。2009年，有耕地3735公顷，农作物播种面积5164.6公顷，其中，粮食播种面积4000公顷，总产23681吨；油料播种面积847公顷，总产4129吨；蔬菜播种面积387公顷，总产19250吨。

金山镇以养殖生猪、鹌鹑为特色产业。1990年，生猪年末存栏1.79万头。1995年，农户以饲养种猪、繁殖仔猪为主，品种有约克夏大白猪、苏白猪、太湖猪、苏北长嘴黑种猪等。2000年，养猪户达2000户，年生猪最高饲养量5万头。2003年，年内出栏2.58万头，年末存栏1.98万头。2009年，全年饲养量3万头，出栏数2.7万头，年末存栏1.6万头。2001年，金山镇被市政府命名为“鹌鹑之乡”。2009年，全镇有鹌鹑养殖

图 36-44　江苏金五综合食品有限公司（2001年摄）

图 36-45　连云港金城食品有限公司　赣榆县三联冷藏加工厂（2002年摄）

图 36-46　鲜切花基地（2005年摄）

图 36-47　鹌鹑养殖场（2006年摄）

小区50个，全年鹌鹑饲养量3000余万羽，其中黄羽自别系饲养量占80%。有火炕孵点100余个，专用电孵化机40台套，年可提供6000万羽苗鹑，满足本地及鲁南等周边地区养殖需要。食用鹌鹑产业有鲜蛋、无铅皮蛋、白条鹌鹑肉等产品，有近50户无铅鹌鹑皮蛋加工作坊，年可加工鲜蛋600吨，加工肉鹑2000万羽。

1990年，全镇有镇办工业企业12家，总产值535万元。1994～1997年，镇工业公司改为镇企业管理站，对集体企业实行"厂长风险抵押承包制"和"国有民营租赁制"，推行利改税。2002年，委托省规划设计院规划占地10平方千米的产业集聚区。2006年，金山产业集聚区在全市率先通过整体环境评价；苏北地区首家乡镇污水处理厂——赣榆县金源水务有限公司建成并投入运营，日污水处理能力1.5万吨，园区内形成三横三纵道路网，高标准配套供电、供水、排水、排污、通讯管道、有线电视、绿化、亮化等基础设施。2009年，全镇有工业企业98家，其中规模以上企业25家，完成工业总产值221190万元，工业入库税收4195.7万元；完成工业固定资产投资6.93亿元；完成外贸出口1684万美元；实现注册外资实际到账700万美元；实现规模企业销售收入17.72亿元。园区内有生产企业80余家，其中规模以上企业25家、外资企业5家。省级龙头企业2家、市级龙头企业2家。园区内初步形成农副产品加工、玩具加工、建材制造、海藻加工、精细化工、光伏产业等六大支柱产业板块。

第三节　镇村建设和社会事业

一、镇村建设

1990年，镇区面积不足1平方千米，东西南北各一条主街，串联两个自然村，机关、学校、企业均沿东西街而建，与居民区相互交叉。1993年春，规划建设东西大街，动员居民沿街面建起商贸式楼房，大街由原来的18米拓宽为30米；规划建设南路东西大街，小学、供电站等一批企事业单位南迁。2002年，修建东西第三条南路，新上工业企业在园区路两侧落户。2007年，镇驻地后石堰村率先建设农民公寓；镇区路面硬化、美化、亮化与林立的楼房和现代化工业厂区融为一体，水、电、通讯等设施配套齐全。2008年，镇区以建设现代化新型小城镇为目标，高起点建成东西南北各四条主街（路），基本形成工业区、商贸区、文教卫生区、居民区、行政中心的"四区一中心"新格局。2009年，镇区总面积达2平方千米，常住人口2万人。

二、教育

1990年，全镇有幼儿园23所，26个班，教师36人；1所中心小学，15所完全小学，7个教学点，120个班；初中4所，占地面积8.3公顷，共26个教学班，教职工103人。2009年，全镇有幼儿园19所，班级

图 36-48　徐福茶园（2009年摄）

68个；中心小学1所，完全小学4所，班级87个，学生3428人，专任教师214人；中学1所，28个教学班，在校学生1448人，教职工134人。

三、文化

1990年，增建镇区文化广场，有房屋50多间，建筑面积1600多平方米，新增文化工作人员4人。2007年，以徐福生态园广场和镇区文化广场为中心，新建多处文化娱乐活动场所，配有图书室、老干部活动中心、会议培训室等。2009年，全镇有东张夏村高跷队、西张夏村业余京剧团、石埠村舞龙、舞狮及花船队、后赵湖村花棍队、前徐福村武术队等民间文艺团队。

镇内有秦代方士徐福故里徐福村、徐福祠、徐福庙、徐福像和国家4A级景区徐福泊船山景区；历史文化遗址有佃马场村北古怀仁县城遗址、徐福村古徐福庙遗址、夏庄村北的汉画像石墓群、小河埃村的清代圣旨碑。革命烈士墓有东河北村无名烈士公墓、西张夏村、石埠村和前石堰村烈士墓碑、朱汪村北小金山全真教祭坛遗址等。

四、卫生

1990年，全镇有卫生院1所，为一级甲等医院，占地8000平方米，建筑面积4300平方米，职工人数56人，卫生技术人员38人，开放床位30张，年门诊量6万余人次。2009年，卫生院有职工71人，卫生技术人员48人，开放床位30张，年门诊量7万余人次，收治住院病人1000余人次。全镇有卫生室30个，全部实行镇村一体化管理，强化卫生室公共卫生服务职能。

五、特色企业

连云港佳宇电子材料科技有限公司　位于金山产业集聚区光伏产业园，由无锡客商投资兴建，2007年9月开工建设，12月建成试产，2008年5月3日投产。项目一期投资8000万元，二期投资3.1亿元，占地12公顷，建筑面积2.53万平方米。公司主要产品为太阳能切割料（液）系列。2009年，实现年销售收入1.93亿元、税收1514万元。公司硅片切割液市场占有率居全国第二，硅片切割废沙浆回收利用加工产能居全国第一。

第十八章　黑林镇

第一节　区域概况

黑林镇位于苏鲁两省的莒南、临沭、赣榆三县交界处，东接厉庄镇，南连塔山镇、班庄镇，西邻山东省临沭县玉山镇，北界山东省莒南县洙边镇，距赣榆县城31千米，242省道、石林公路、欢林公路穿境而过。1990年，撤乡建镇，全镇总户数7441户，总人口29154人，村委会26个，村民小组113个。2000年6月，吴山乡并入黑林镇。2009年，全镇总人口43819人，村委会21个，村民小组149个，土地总面积88.73平方千米，地区生产总值30163万元，工农业总产值57810万元，农民人均收入5263元。

境内有江苏省第二高峰、赣榆县最高峰大吴山，海拔364.4米。江苏省第二大人工水库小塔山水库一部分也在境内。青口河、旦头河、汪子头河穿越境域流入小塔山水库。境内建有范良庄、陈巨头、马旦头等16座在册中小水库。境内拥有质地良好的花岗石、蛇纹石、黄沙、优质矿泉水等自然资源。青河村西蛇纹石矿，储量1亿多吨，氧化镁含量36%以上。黑林是革命老区，抗日战争时期，革命家刘少奇、罗荣桓、朱瑞、陈光、肖华曾住在大树村领导抗日斗争。

第二节　经济发展

全镇以低山丘陵为主，地面起伏较大，坡耕地多，约占土地总面积70%。1990年，农业种植以小麦、玉米为主，水稻、地瓜为辅，种植面积3840公顷，产量22343吨；油料以花生为主、大豆为辅，种植面积782公顷，产量达2733吨；镇塑料大棚面积约3.5公顷。1990～1991年，进行"花生综合高产栽培技术"推广应用，两年累计推广200公顷，每亩增产花生50千克，同时，引进地膜覆盖栽培技术。自2003年始，塑料大棚面积一直稳定在13公顷左右。2005年，小麦、玉米等种植面积2333公顷，产量10640吨；花生、大豆等种植面积933公顷，产量4300吨。2006年，棚膜由过去聚乙烯和聚氯乙烯更新到高压无毒无滴、抗老化聚乙烯醋酸膜；栽培模式由过去的一茬到底发展到春秋各一茬套种小叶菜的二茬半栽培技术；进棚的作物增加茄子、青椒、豆角、结球白菜、苦瓜等。2009年，全镇建成绿色水稻基地2个，种植面积320公顷；绿色花生基地2个，种植面积1200公顷；西瓜生产基地2个，种植面积667公顷；马铃薯基地2个，种植面积54公顷；无公害蔬菜基地1个，种植面积67公顷；花生种植发展到1200公顷，播种面积占农作物播种面积的50%以上，地膜覆盖率达100%；全镇塑料大棚发展达60余公顷，实现早春和晚秋黄瓜、番茄、甘兰、角瓜全部进棚，黄瓜平均每公顷产量达5333千克，最高达可6667千克。

黑林镇充分发挥农业资源优势和区域优势，兴隆、汪子头等村重点发展反季节蔬菜，建设成绿色种养产品区；富林、南康邑、兴林等村重点发展生猪、蛋鸡等畜产品养殖等产业开发；大赤涧、阚岭、芦山等村建设山区林果业区；大树村依托刘少奇旧居、旦头河风景、大吴山周围景点，建设休闲旅游区。1999年，黑林镇被市命名为"板栗之乡"。2003年，进行黑林村、新布地、秦布地、青河村、河西的节水农业示范区和板栗生产基地项目建设，投资114万元，整理土地200余公顷。2004年，投资80万元，在大树村、李良庄、镇东等村建设优质板栗生产基地200公顷。是年，河西村被省农林厅认定为省无公害畜禽产地；黑林镇被省农林厅认定为省无公

图 36-49　黑林镇万亩绿色黑莓生产基地（2007年摄）

图 36-50　栗园（2004年摄）

害板栗产地和无公害小麦产地。2005年，投资40.5万元，在兴林村建设优质板栗生产基地53公顷。是年7月，黑林镇被省农林厅认定为省无公害粮油产地。2006年，实施丘陵山区农业综合开发项目，进行万亩黑莓观光示范园建设，核心区400公顷，辐射区667公顷，总投资1056万元，全镇黑莓总产值达6400万元，户均纯收入达5000元，是年12月，黑莓获得江苏省农林厅无公害农产品产地认证。2009年，黑林镇黑莓种植协会成立，黑莓生产规程、技术服务、市场营销有章可循。

1990年，全镇有工业企业47家，从业人员823人。1998年9月～2000年3月，集体企业引入改革机制，完成集体向个体私营企业过渡。2009年，全镇有规模以上企业3家，个体私营企业73家，个体工商户671户，职工2188人，实现销售收入41469万元，利税1046.6万元，基本形成以服装玩具、通用设备铸造、农副食品加工、非金属矿物制品等为主的产业体系。全镇实现固定资产投入2.86亿元，工业投入2.55亿元，外资实际到账360万美元，财政一般预算收入88.1万元，农民人均纯收入5200元，工业年税收441.60万元。

第三节　镇村建设和社会事业

一、镇村建设

1999年，镇政府聘请市规划设计院初步完成新镇区控制性详规编制工作，按照“山水生态、特色小城镇”建设目标，结合村庄规划加大老房旧屋的改造和整理力度，重点抓好镇区村、中心村的建设改造。打通南北三条、东西二条主街道；对242公路黑林镇区段两侧统一规划，修建水泥路面8000米，铺设彩砖3000平方米，安装路灯289盏；新建居民休闲广场2座，形成以242

图 36-51　千年银杏树（2007年摄）

省道、石林线、欢林线为发展主轴、镇区为核心、“商贸名城”为特色，黑林、镇东、大树、河西等中心村为依托的小城镇发展布局，镇区扩展面积到115.28公顷。截至2005年，全镇共投入资金500万元，整理街道120余条，改建草危房6300余间。2007年，兴建自来水厂1座，日供水5000立方米；投资90万元修建公交车站。2008年，筹措资金8000万元，重点改善学校、卫生院、老年公寓、农民文体广场等一批民心工程基础设施。2009年，投资1000余万元改造黑林、镇东、河西等18个行政村办公场所；投资772万元，全面实施“村村通公路”硬化工程，改善农村道路状况，修通大张线、黑石线、尹良庄公路、镇大公路及17个村的行政村中心街水泥路面40千米，形成遍布镇村的道路硬化网络；投资222万元，修建下水道2.04千米；完成河塘整治55条；投资38.6万元栽植风景树4340棵，村庄绿化率达36.8%。

二、教育

1990年，全镇有幼儿园20所，38个班级，在园幼儿982人；完小12所，87个班级，在校学生4325人，教职工202人；初级中学2所，33个班级，1650名在校学生，教职工110人，学历达标教师占80%，校舍面积2.58万平方米。1992年，富林联中撤并至镇中心初级中学。2009年，全镇有幼儿园14所，皆为公办幼儿园，在园幼儿1344人；小学班级57个，学生2497人，专任教师176人，小学入学率、毕业率均达100%；有初级中学1所，有30个班级，学生1450人，教职工109人。

三、文化

1990年，镇广播电视站成立。2001年，全镇开始安装有线电视。2006年，镇投资38万元购买原供销社办公楼作为新的文化站，10月正式开放，站内设多功能厅、档案资料室、图书阅览室、老少活动室、体育健身房、教育培训室共8个功能室。2009年，全镇有线电视安装率达60%以上。

革命纪念地有大树村刘少奇纪念室、大吴山战斗纪念地、大树村抗日子弟小学旧址、大吴山战斗抗日烈士陵园、符竹庭将军殉国处。旅游景点主要有大吴山森林公园、环大吴山高效生态观光农业示范园等。

历史文化遗址、遗存有河西村西周文化遗址、汪子头村千年古银杏树、芦山村南宋单公选故里碑。

四、卫生

1990年，全镇有卫生院1所，卫生院有职工36人，其中在岗卫技人员31人，一座门诊楼，业务用房面积1160平方米，医院内设防保所、内外科、妇产科。1994年，卫生院有职工49人，业务用房面积达1818平方米，成为拥有门诊楼和住院楼为一体的正规医院，同时配置B超、X光机等医疗器械。2009年，卫生院设有防保所、门诊部、住院部、医技科、后勤部、办公室等科室，有床位30张，全院有职工63人，其中本科8人，大专14人，中级职称13人，初级职称33人；新建防保综合楼，业务用房面积达2600余平方米。

附：撤销的乡镇

城东乡

城东乡在青口镇东2.5千米，东滨黄海，海岸线长10千米。南以青口河为界，与宋庄乡为邻，西与青口镇、赣马镇相毗邻，北与海头镇接壤。乡政府驻地谷沙村。1990年，总面积23平方千米，辖20个村，67个村民小组，6368户，24424人，耕地6000余公顷，粮食、油料总产量6803吨，工农业总产值6718万元。

城东乡有下口、宋口、兴庄口3个海港。居民从事渔、盐、农三业，全乡有周转5次的万只以上养鸡场

12座，有30万只的大型种鸡场一座。1990年，全乡有机动渔船428艘，总吨位3231吨，总功率9115千瓦，围海养对虾600余公顷，淡水养鱼面积180公顷。境内有县办企业2家，乡、村办水产品加工、对虾饵料加工等企业40余家，乡、村工业总产值1589万元。1999年，城东乡国内生产总值为35930万元，其中工业总产值为5800万元。全乡总户数为8013户，总人口数为29588人。

2000年6月，城东乡并入青口镇。

马站镇

马站得名于明洪武元年（1368年）置赣榆县王坊驿，王坊之邻村因此称之马站，马站镇即以马站为名，镇政府驻地仲家湖，是江苏省最东北部的一个镇，东与柘汪乡交界，南与石桥乡接壤，西依芦山，北靠绣针河，与山东省日照市和莒南县隔河相望，204国道纵贯东部，大部分属丘岭地区，土壤以黄淤土和沙壤土为主。全镇有棘荡、吴公、下沟、官庄、宋岭、姜斗沟等6座小水库及一条东北西南走向6千米长、可容纳50万立方米水的蓄水大沟。

1990年，马站乡辖28个行政村，总面积50平方千米，人口29510人，耕地面积2400公顷，用材林、薪炭林面积133.3公顷，果林面积442公顷，水面220公顷。粮食总产量15173吨，油料总产量4886吨，工农业总产值4421万元。主要企业有赣榆县第二造纸厂、马站砖瓦厂、马站泡沫塑料厂、马站综合福利厂、丰华丝织厂、兴华丝织厂、马站水泥制品厂，其中赣榆县第二造纸厂为乡骨干企业，固定资产达430万元，拥有茶板纸、凸版纸、瓦楞纸3条生产流水线，6个生产车间，年可生产各种纸品1万吨，年可创产值1000万元，年创税利200万元。2000年，全乡总户数为8487户，人口为30705人，国内生产总值为13958万元，其中工业产值为5595万元。

2001年1月，撤乡建镇，是年12月，马站镇合并到柘汪镇。

龙河镇

龙河镇在海头镇西，距青口15千米。因龙河穿境而过得名，镇驻地小站。汉代赣榆县城——盐仓城遗址在其境内。镇内有大量黄沙资源，储存量约为3亿吨。1990年，辖32个行政村，总面积54平方千米，人口33203人，耕地面积2345公顷，粮食总产量22219吨，油料总产量2643吨，工农业总产值4309万元。龙河沙滩上有桑田面积24.2公顷，年产蚕茧27.1吨。龙河建筑公司和龙河乳酸厂一度为该镇支柱产业。1999年，国内生产总值14978万元，其中工业总产值6804万元，农作物总播种面积3555公顷，粮食作物播种面积2935公顷，粮食作物总产量18192吨。2000年，人口35055人，国内生产总值为15314万元，其中工业总产值为5465万元。

2001年1月，龙河乡撤乡建镇。是年12月，龙河镇合并到海头镇。

九里乡

九里乡在青口镇东北20千米，东临海州湾，西临石桥镇，204国道穿境而过。乡政府驻地九里七村，西南距盐仓城9.7华里，故名九里乡。1990年，辖12个行政村，总面积20.4平方千米，渔、盐、农三业总人口23092人，耕地面积946.4公顷，盐田面积4.4平方千米，工农业总产值4787万元，其中农业总产值2974万元，工业总产值为1813万元，粮食、油料总产量9333吨，人口23092人。有下套、韩口两处港口，可停泊百吨船只。2000年，全乡总户数为6938户，人口24583人，国内生产总值为19974万元，其中工业总产值为3860万元。

2001年12月，九里乡合并到石桥镇。

官河乡

官河乡在赣马镇西北5千米，驻地仲官河村。1990年，辖31个行政村，总面积38平方千米，人口28153人，耕地面积2112公顷，水域面积123公顷。1990年，粮食总产量21972吨，油料总产量1775吨，桑园面积69.2公顷，年产蚕茧23.4吨，工农业总产值4807万元。全乡有建材、化工、食品、木器家具等工厂47家，全乡工业总产值951万元。1999年，国内生产总值为13638万元，其中工业总产值为6042万元。

2000年6月，官河乡并入赣马镇。

土城镇

土城乡在赣马镇西，1990年，辖32个行政村，总面积40平方千米，人口33156人，耕地面积2233.2公顷，水域面积166.6公顷，粮食总产量20925吨，油料总产量1506吨，工农业总产值4095万元，工业总产值968万元。土城人擅长草柳编，1990年，有40余个品种出口。乡、村办工厂有柳编、刺绣、畜产品加工、农具制造、建材等行业15家。1999年，国内生产总值为15618万元，其中工业总产值为6473万元。2000年，国内生产总值为17442万元，其中工业总产值为6992万元。

2001年1月，撤销土城乡设立土城镇。2001年12月，土城镇与徐山乡合并为塔山镇。

吴山乡

吴山乡在大吴山前，塔山水库北岸，距青口镇25千米，驻地吴山村。1990年，辖11个行政村，总面积35.5平方千米，人口12294人，耕地面积659.8公顷，果、茶园面积156.3公顷，粮食总产量5422吨，油料总产量594吨。乡村企业有采石、石子加工、手套、地毯、制茶等25家，工农业总产值1456万元。1999年，国内生产总值为4050万元，其中工业总产值为595万元。1998年，吴山乡政府在242省道经济种植带发展黑莓种植。2003年，黑莓种植由最初几十公顷发展到1066.67公顷，种植区域由原来的产业带周边的7个行政村，辐射带动全镇21个行政村，种植农户由原来1200户发展到6000余户，种植面积超千亩的村达10个。

2000年6月，吴山乡并入黑林镇。

徐山乡

徐山乡在塔山水库南岸。1990年，辖17个行政村，总面积41平方千米，人口20333人，耕地面积1403公顷，水域面积84.87公顷，果林面积559公顷。1990年，粮食总产量11488吨，油料总产量1797吨，干鲜果品总产量1349吨，工农业总产值3355万元。主要矿产有石英石、花岗石、矿泉水等。乡、村工业有建材、工艺美术、玻璃纤维、制陶等行业28家。2000年，全乡总户数为6790户，人口22882人，国内生产总值为8078万元，其中工业总产值为2262万元。

2001年12月，徐山乡与土城镇合并为塔山镇。

夹山乡

夹山乡在县境最西部，与山东省临沭县为邻，距青口镇30千米，驻地汪于村。境内有山12座，其中著名的有夹谷山、抗日山。境内矿产资源有灰色花岗石、黑色花岗石、绿色花岗石、大理石、瓷土、金红石、石英、矿泉水等。1990年，辖23个行政村，总面积50平方千米，人口22092人，耕地面积1457.2公顷，水域面积187.6公顷，果园面积301.5公顷，茶园面积14.2公顷。1990年，粮食总产量8593吨，油料总产量1523吨，工农业总产值1925万元。乡、村企业有采石、石雕、石粉、石子、制茶、刺绣等10余家。2000年，全乡总户数为7274户，人口23676人，国内生产总值为9373万元，其中工业总产值为2000万元。

2001年12月，夹山乡合并到班庄镇。

大岭镇

大岭镇原为大岭乡，驻地徐屯村。1990年，辖19个行政村，总面积44平方千米，人口28757人，耕地面积2033.4公顷，粮食总产量21185吨，油料总产量2912吨，工农业总产值5825万元，工业总产值2237万元。镇村企业有酿酒、电子、汽车制造、汽车修理、粮食加工等行业35家。矿产资源有黄沙、石英等。1995年12月，撤乡建镇。2000年，全镇总户数为8335户，人口30787人，国内生产总值为12310万元，其中工业总产值为4976万元。

2001年12月，大岭镇合并到沙河镇。

殷庄乡

殷庄乡在青口镇西南12千米，土壤肥沃，水利条件好，以农业为主，乡、村企业有轻工机械、建材、食品加工、酿酒、食用菌等门类。1990年，辖27个行政村，总面积39平方千米，人口25478人，耕地面积2196.4公顷，粮食总产量20967吨，油料总产量1373吨，工农业总产值5226万元，其中工业总产值1129万元。1996年，大力发展大蒜生产，主要种植村有邓宅、李庄、三合、闫庄、殷庄等村，主要品种有殷庄白蒜、二水早、杂交蒜等。2000年，全乡总户数为6981户，人口27588人，国内生产总值为14850万元，其中工业总产值为5300万元。殷庄大蒜面积发展至666.7公顷，是年4月，成立赣榆县东奥食品有限公司。

2001年12月，殷庄乡合并到沙河镇。

城南乡

城南乡在青口镇南，驻地一沟村，距青口镇5千米，地处朱稽河下游，土地肥沃低洼。1990年，辖41个自然村，32个行政村，总面积43平方千米，人口33915人，耕地面积2615公顷，水域面积400公顷，粮食总产量22749吨，油料总产量812吨，工农业总产值4651万元，其中工业总产值952万元。乡、村办企业有建材、粮食加工、化工、磨具制造、农具制造、烟花爆竹、服装、饮食、服务等门类30余家。2000年，全乡总户数为9804户，人口35775人，国内生产总值为18569万元，其中工业总产值为4980万元。

2001年12月，城南乡合并到青口镇。

附录

附 录

一、重要文献目录辑存

表附录－1

序号	文件名称	发文时间
1	《中共赣榆县委一九九0年工作要点》（赣委发〔1990〕1号）	1990.02.12
2	《关于批转县委宣传部、团县委、县妇联、县总工会、县教育局〈关于开展学雷锋活动意见的报告〉的通知》（赣委发〔1990〕6号）	1990.02.24
3	《关于开展学习大高庄村、争创文明村镇活动的决定》（赣委发〔1990〕9号）	1990.04.28
4	《关于贯彻中央5号文件为群众办八件实事的决定》（赣委发〔1990〕12号）	1990.05.02
5	《关于精简会议、文件若干问题的规定》（赣委发〔1990〕18号）	1990.06.02
6	《中共赣榆县委关于加强全县各级领导班子建设的意见》（赣委发〔1991〕1号）	1991.01.04
7	《中共赣榆县委一九九一年工作要点》（赣委发〔1991〕7号）	1991.02.21
8	《关于控制和减轻农民负担的通知》（赣委发〔1991〕13号）	1991.07.10
9	《关于一九九一年下半年全县党风和廉政建设的工作意见》（赣委发〔1991〕33号）	1991.07.20
10	《关于加强建筑队伍建设壮大集体建筑企业的意见》（赣政发〔1992〕2号）	1992.02.16
11	《关于沿海滩涂权属、开发和管理暂行规定》（赣政发〔1992〕26号）	1992.02.18
12	《关于在全县党员中开展“创先争优献厚礼，振兴赣榆奔小康”主题活动的意见》（赣委发〔1992〕15号）	
13	《关于加快改革开放振兴赣榆奔小康若干问题的决定》（赣委发〔1992〕26号）	1992.05.20
14	《关于批转试行〈赣榆县城抗震防灾规划〉的通知》（赣政发〔1992〕80号）	1992.06.13
15	《关于加强沿海滩涂土地使用权管理的通知》（赣政发〔1992〕131号）	1992.10.12
16	《关于贯彻〈国务院严格制止乱占、滥用耕地的紧急通知〉的通知》（赣政发〔1992〕138号）	1992.11.18
17	《印发〈县土地利用总体规划实施办法（暂行）〉的通知》（赣政发〔1992〕141号）	1992.12.12
18	《关于进一步压缩非生产性支出的决定》（赣委发〔1993〕1号）	1993.01.03
19	《九三年林业生产意见》（赣政发〔1993〕24号）	1993.02.26
20	《关于开展农村地籍调查工作意见的通知》（赣政发〔1993〕43号）	1993.03.18
21	《关于加强各级领导班子思想作风建设的意见》（赣委发〔1993〕15号）	1993.06.03
22	《关于建立县属企业扭亏为盈工作联系点制度的通知》（赣政发〔1993〕148号）	1993.11.06
23	《关于近期开展反腐败斗争加强党风廉政建设工作的实施方案》赣委发〔1993〕40号	1993.11.08
24	《关于制止乱砍滥伐林木的紧急通知》（赣政发〔1994〕14号）	1994.01.05
25	《关于在实施新税制过程中保持新物价基本稳定的通知》（赣政发〔1994〕13号）	1994.01.24
26	《中共赣榆县委关于“三线牵动，四面展开”战略战术分解实施意见》（赣委发〔1994〕5号）	1994.03.02
27	《关于加强对市场畜禽和肉类检疫的若干规定》（赣政发〔1994〕25号）	1994.03.08
28	《关于印发〈赣榆县九四年经济建设和社会发展五十项目标〉的通知》（赣政发〔1994〕1号）	1994.03.20
29	《关于批准实施〈赣榆经济技术开发区起步区分区规划〉的通知》（赣政发〔1994〕52号）	1994.04.30
30	《关于做好小麦选留种和统一供种的意见》（赣政发〔1994〕65号）	1994.05.26
31	《关于加强对居民生活必需品和服务价格监审的通知》（赣政发〔1994〕77号）	1994.06.15

续表附录-1

序号	文件名称	发文时间
32	《关于印发〈赣榆县国有土地使用权出让和转让暂行办法〉的通知》（赣政发〔1994〕92号）	1994.08.06
33	《关于加强全县食盐市场管理开展联合执法行动的通知》（赣政发〔1994〕111号）	1994.09.27
34	《关于征收94年水利工程水费及筹集还贷资金的通知》（赣政发〔1994〕119号）	1994.10.17
35	《关于严格控制消费基金过快增长和切实加强现金管理的通知》（赣政发〔1994〕135号）	1994.11.24
36	《关于实施“3125”工程进一步加快经济发展的决定》赣委发〔1995〕1号	1995.01.01
37	《关于对乡镇实行分税制收支包干财政体制的通知》（赣政发〔1995〕41号）	1995.03.22
38	《关于做好一九九五年全民驱虫服药工作的通知》（赣政发〔1995〕13号）	1995.04.05
39	《关于〈中国教育改革和发展纲要〉的实施意见》（赣委发〔1995〕25号）	1995.05.12
40	《印发〈赣榆县工程建设施工招标投标管理规定〉的通知》（赣政发〔1995〕85号）	1995.05.16
41	《关于加强赣榆县小塔山水库资源管理的通知》（赣政发〔1995〕93号）	1995.05.22
42	《关于印发〈赣榆县土地登记暂行规定〉的通知》（赣政发〔1995〕119号）	1995.06.30
43	《关于进一步加强环境保护工作的决定》（赣委发〔1995〕35号）	1995.07.25
44	《印发〈关于加强职工教育工作的意见〉的通知》（赣政发〔1995〕143号）	1995.08.28
45	《关于实施〈总工程师负责制试行办法〉的通知》（赣政发〔1995〕56号）	1995.11.15
46	《批转县监察局、地方税务局〈关于进一步加强个人所得税征收管理工作的意见〉的通知》（赣政发〔1995〕188号）	1995.12.13
47	《印发〈赣榆县水利工程水费核订、计收和管理办法〉的通知》（赣政发〔1996〕6号）	1996.01.23
48	《关于加强农村合作基金会规范发展的意见》（赣委发〔1996〕11号）	1996.04.05
49	《关于贯彻省市加快发展散装水泥事业 实施专项资金征收办法的通知》（赣政发〔1996〕39号）	1996.04.23
50	《关于做好评授预备役军官军衔工作的意见》赣委发〔1996〕22号	1996.06.27
51	《关于切实加强环境保护工作的意见》（赣委发〔1996〕29号）	1996.08.22
52	《一九九六年秋播工作意见》（赣政发〔1996〕106号）	1996.09.18
53	《关于印发〈赣榆县农资市场管理暂行办法〉的通知》（赣政发〔1996〕136号）	1996.12.02
54	《关于认真开展1996年度农村党员、干部冬训和全县党员民主评议工作的意见》（赣委发〔1996〕43号）	1996.12.10
55	《县政府批转县教育局等部门〈关于提高民办教师工资待遇实施意见的报告〉的通知》（赣政发〔1997〕59号）	1997.04.08
56	《批转县教育局〈1997年中小学各类中专校招生工作意见〉的通知》（赣政发〔1997〕95号）	1997.06.17
57	《关于开征绿化保证金和继续收缴绿化费义务植树统筹费的通知》（赣政发〔1998〕8号）	1998.02.23
58	《赣榆县一九九八年绿化造林工作意见》（赣政发〔1998〕11号）	1998.03.02
59	《关于进一步加快文化建设的若干经济政策规定》（赣政发〔1998〕22号）	1998.03.20
60	《关于开展百万人民健康行动的通知》（赣政发〔1998〕45号）	1998.04.30
61	《关于有关部门密切配合共同做好统战工作的意见》（赣委发〔1998〕53号）	1998.05.11
62	《关于停业整顿沙河粮油批发市场的通知》（赣政发〔1998〕79号）	1998.07.22

续表附录－1

序号	文件名称	发文时间
63	《赣榆县人民政府决定书》(赣政发〔1998〕97号)	1998.09.05
64	《关于印发〈赣榆县公有资产产权转让管理暂行规定〉的通知》(赣政发〔1998〕100号)	1998.09.16
65	《赣榆县散装水泥管理办法通知》(赣政发〔1998〕111号)	1998.10.11
66	《关于印发〈赣榆县乡村卫生组织一体化管理办法〉的通知》(赣政发〔1998〕137号)	1998.11.16
67	《关于认真做好老年人社会优抚和服务工作的通知》(赣政发〔1999〕50号)	1999.04.07
68	《关于在深化改革中进一步全心全意依靠工人阶级和加强工会工作的意见》(赣委发〔1999〕30号)	1999.04.24
69	《县政府批转县教育局〈关于切实做好控制中小学生流失工作的意见〉的通知》(赣政发〔1999〕64号)	1999.04.28
70	《关于认真做好林权证发放工作的通知》(赣政发〔1999〕91号)	1999.05.26
71	《关于进一步发展和完善农村合作医疗制度的意见》(赣政发〔1999〕80号)	1999.06.01
72	《关于进一步加强招商引资工作的意见》(赣委发〔2000〕1号)	2000.01.01
73	《关于做好2000年减轻农民负担工作的意见》(赣委发〔2000〕11号)	2000.03.21
74	《赣榆县二000年三外工作考核办法》(赣政发〔2000〕38号)	2000.03.08
75	《关于切实加强出租汽车等城市公共客运交通管理工作的意见的通知》(赣政发〔2000〕52号)	2000.04.13
76	《关于加快教育改革和发展 全面推进素质教育的实施意见》(赣委发〔2000〕20号)	2000.04.30
77	《关于进一步加快国有企业改革和发展的意见》赣委发〔2000〕21号)	2000.04.30
78	《关于在全县开展“致富思源、富而思进”、“适应新形势、迎接新挑战、增创新优势、赢得新发展”教育活动意见》(赣委发〔2000〕23号)	2000.05.10
79	《关于切实做好乡镇行政区划调整工作的意见》(赣委发〔2000〕38号)	2000.06.14
80	《关于实施村会计委派和村账站记工作的实施意见》(赣委发〔2000〕32号)	2000.10.17
81	《关于在县级领导班子、领导干部中开展“三讲”集中教育的实施意见》(赣委发〔2000〕51号)	2000.07.16
82	《中共赣榆县委常委会关于党性党风方面存在问题的整改措施》(赣委发〔2000〕62号)	2000.09.18
83	《关于进一步改进工作作风的意见》(赣委发〔2000〕63号)	2000.09.18
84	《中共赣榆县委常委会关于坚持民主集中制原则的规定》(赣委发〔2000〕64号)	2000.09.18
85	《关于加强新经济组织党的建设工作的意见》(赣委发〔2000〕65号)	2000.10.15
86	《关于党政领导干部任前公示制的暂行规定》(赣委发〔2000〕68号)	2000.10.19
87	《关于县委常委带头廉洁自律的若干意见》(赣委发〔2000〕70号)	2000.11.10
88	《关于建立和实施党风廉政建设责任追究制的暂行规定》(赣委发〔2000〕71号)	2000.11.10
89	《关于加强和改进思想政治工作的意见》(赣委发〔2000〕72号)	2000.11.10
90	《关于建立领导干部进村驻户联系制度的决定》(赣委发〔2000〕73号)	2000.11.10

续表附录 -1

序号	文件名称	发文时间
91	《关于进一步加强和改善对共青团和青少年工作领导的意见》（赣委发〔2000〕76号）	2000.11.10
92	《关于开展县级“三讲”教育“回头看”活动的实施方案》（赣委发〔2000〕77号）	2000.11.28
93	《关于减轻农民负担工作的整改意见》（赣委发〔2000〕82号）	2000.12.23
94	《关于从源头遏制腐败现象发生的几项补充规定》（赣委发〔2000〕85号）	2000.12.27
95	《关于加快沿海百里经济观光带建设的实施意见》（赣委发〔2000〕86号）	2000.12.27
96	《关于在农村开展“三个代表”重要思想学习教育活动的实施意见》（赣委发〔2000〕87号）	2000.12.28
97	《印发〈赣榆县生猪产销市场管理办法〉的通知》（赣政发〔2001〕15号）	2001.02.28
98	《关于农村税费改革工作的实施意见》（赣委发〔2001〕12号）	2001.03.16
99	《关于进一步深化乡镇企业改革的实施意见》（赣委发〔2001〕17号）	2001.03.29
100	《二00一年全县经济社会发展精神文明和党的建设目标》（赣委发〔2001〕18号）	2001.03.28
101	《关于印发〈赣榆县海防管理工作规定〉的通知》（赣政发2001〕41号）	2001.04.19
102	《关于在县乡〔镇〕机关继续深入开展“三讲三为三满意”主题活动的意见》（赣委发〔2001〕26号）	2001.04.20
103	《县政府关于印发〈赣榆县水土保持实施细则〉的通知》（赣政发〔2001〕64号）	2001.04.27
104	《关于领导干部树好八小时以外自身形象的几点要求》（赣委发〔2001〕28号）	2001.04.28
105	《关于进一步加强信访工作责任制的意见》（赣委发〔2001〕33号）	2001.04.30
106	《关于实施“三心工程”、推进富民强县的意见》赣委发〔2001〕33号	2001.06.04
107	《关于进一步加强我县经济组织工会组织建设的意见》（赣委发〔2001〕37号）	2001.06.20
108	《关于印发〈赣榆县公众聚集场所消防安全专项治理方案〉的通知》（赣政发〔2001〕72号）	2001.06.25
109	《关于2001年扶贫促小康工作的意见》（赣委发〔2001〕42号）	2001.07.10
110	《关于深入开展农村“三个代表”重要思想学习教育活动的通知》（赣委发〔2001〕46号）	2001.07.16
111	《关于印发〈赣榆县二00一农村安居工程实施方案〉的通知》（赣政发〔2001〕89号）	2001.08.06
112	《印发县委县政府领导信访工作制度的通知》（赣委发〔2001〕65号）	2001.09.28
113	《关于在国有企业开展“三个代表”重要思想学习教育活动的实施意见》（赣委发〔2001〕67号）	2001.09.30
114	《关于进一步加强和改善党对妇联和妇女工作领导的意见》（赣委发〔2001〕74号）	2001.11.06
115	《关于印发〈2001年—2005年全县干部教育培训规划〉的通知》（赣委发〔2001〕80号）	2001.12.13
116	《关于在全县党员领导干部中开展廉洁自律集中教育活动的实施意见》（赣委发〔2002〕2号）	2002.01.07
117	《关于在全县各级党组织和广大党员干部中实施“十百千万行动”的意见》（赣委发〔2002〕8号）	2002.02.01
118	《关于贯彻落实全市招商引资暨集中整治投资发展软环境动员大会精神，进一步解放思想、提高办事效率和服务质量的实施意见》（赣委发〔2002〕15号）	2002.03.04
119	《中共赣榆县委关于进一步加强人大工作的决定》（赣委发〔2002〕49号）	2002.06.12
120	《关于开展领导干部谈心谈话活动的实施意见》（赣委发〔2002〕60号）	2002.08.09
121	《关于集中开展计划生育突击月活动的实施意见》（赣委发〔2002〕61号）	2002.09.29

续表附录 -1

序号	文件名称	发文时间
122	《关于县委常委带头执行党风廉政建设责任制和廉洁自律的若干规定》(赣委发〔2002〕56号)	2002.08.05
123	《关于开展投资发展软环境评比末位淘汰活动的实施意见》(赣委发〔2002〕65号)	2002.09.02
124	《关于成立赣榆县社会主义学校的通知》(赣委发〔2002〕66号)	2002.09.05
125	《关于印发〈赣榆县农村村级干部规范化管理规定〉的通知》(赣委发〔2003〕2号)	2003.01.09
126	《关于加强全县高层次人才队伍建设的意见》(赣委发〔2003〕12号)	2003.03.13
127	《关于加强基层治保、调解组织建设的意见》(赣委发〔2003〕5号)	2003.01.05
128	《中共赣榆县委赣榆县人民政府 关于治理基督教私设聚会点的意见》(赣委发〔2003〕7号)	2003.03.04
129	《关于对机关工作人员行政不作为、乱作为实行责任追究的暂行规定》(赣委发〔2003〕21号)	2003.04.14
130	《转发市纪委、市监察局〈关于严明纪律确保全市非典型肺炎防治工作顺利进行的紧急通知〉的通知》(赣委发〔2003〕30号)	2003.05.02
131	《关于实施"百村万户农民增收工程"的意见》(赣委发〔2003〕34号)	2003.05.23
132	《中共赣榆县委赣榆县人民政府关于"一手抓非典防治,一手抓农民增收"的工作意见》(赣委发〔2003〕35号)	2003.05.23
133	《关于涉农税费征收违规违纪处理规定》(赣委发〔2003〕39号)	2003.06.01
134	《关于严格执行厉行节约制止奢侈浪费有关规定的通知》(赣委发〔2003〕48号)	2003.06.25
135	《关于建设学习型赣榆的意见》(赣委发〔2003〕42号)	2003.06.18
136	《关于和加强改进县委中心组学习的意见》(赣委发〔2003〕43号)	2003.06.18
137	《赣榆县"富民增知工程"实施意见》(赣委发〔2003〕45号)	2003.06.24
138	《关于进一步改进会议和领导同志活动新闻报道的意见》(赣委发〔2003〕61号)	2003.07.14
139	《关于进一步深化富民增知工程的实施意见》(赣委发〔2004〕5号)	2004.02.26
140	《关于推动民营经济加快发展的实施意见》(赣委发〔2004〕6号)	2004.02.28
141	《关于推动全民创业的实施意见》(赣委发〔2004〕8号)	2004.02.28
142	《"严守两个'条例',强化'三政'建设"主题教育活动实施方案》(赣委发〔2004〕11号)	2004.02.28
143	《关于在全县机关开展"效能提速百日特别行动"的实施方案》(赣委发〔2004〕12号)	2004.02.28
144	《关于对2003年度赣榆经济开发区建设后进单位的处罚决定》(〔2004〕14号)	2004.02.28
145	《关于建立县委常委和党员副县长基层组织建设联系点制度的通知》(赣委发〔2004〕16号)	2004.03.16
146	《关于成立"中国共产党赣榆县非公有制经济组织工作委员会"的决定》(赣委发〔2004〕19号)	2004.04.19
147	《关于在全县开展"进百村、入千户、访万民"主题活动的工作意见》(赣委发〔2004〕28号)	2004.08
148	《关于深化实施"强基工程"全面改进和加强党的基层组织建设的意见》(赣委发〔2004〕41号)	2004.09.10
149	《中共赣榆县委关于开展以实践"三个代表"重要思想为主要内容的保持共产党员先进性教育活动的实施意见》(赣委发〔2005〕5号)	2005.01.24
150	《关于实行安全生产"一票否决"制度的通知》(赣政发〔2005〕29号)	2005.03.09
151	《转发省政府关于全面免征农业税的通知》(赣政发〔2005〕34号)	2005.03.14
152	《赣榆县关于巩固新型农村合作医疗有关制度的通知》(赣政发〔2005〕38号)	2005.03.21
153	《赣榆县2005年人口和计划生育目标考评意见》(赣委发〔2005〕12号)	2005.04.22

续表附录 -1

序号	文件名称	发文时间
154	《中共赣榆县委赣榆县人民政府关于规范人口和计划生育工作的若干规定》（赣委发〔2005〕23号）	2005.04.22
155	《中共赣榆县委赣榆县人民政府关于推进县、镇领导干部人口和计划生育工作联系责任制的意见》（赣委发〔2005〕24号）	2005.04.22
156	《中共赣榆县委赣榆县人民政府关于广泛开展创建省人口和计划生育工作先进县活动的意见》（赣委发〔2005〕25号）	2005.04.22
157	《关于加强和改进对外宣传工作的意见》（赣委发〔2005〕28号	2005.05.12
158	《中共赣榆县委赣榆县人民政府关于进一步加强和改进信访工作的意见》（赣委发〔2005〕29号）	2005.05.12
159	《中共赣榆县委赣榆县人民政府关于进一步做好农村土地承包工作的决定》（赣委发〔2005〕31号）	2005.05.26
160	《关于印发赣榆县重大行政处罚备案审查办法的通知》（赣政发〔2005〕67号）	2005.06.17
161	《中共赣榆县委赣榆县人民政府关于创建全国科普示范县的实施方案》（赣委发〔2005〕53号）	2005.08.17
162	《关于进一步推进全县企业工资集体协商工作的意见》（赣政发〔2005〕127号）	2005.11.11
163	《赣榆县人民政府关于认定赣榆县海陆分界线的意见》	2005.12.11
164	《中共赣榆县委关于进一步加强新时期工会工作的意见》〔2005〕68号）	2005.12.31
165	《关于加快发展现代服务业的实施纲要》（赣委发〔2006〕1号	2006.01.04
166	《关于县领导包镇的工作意见》（赣委发〔2006〕5号）	2006.03.01
167	《关于争创“法制江苏合格县”活动的决定》（赣委发〔2006〕10号）	2006.02.28
168	《关于对党员干部作风硬约束的规定》（赣委发〔2006〕35号）	2006.03.23
169	《关于开展“正党风、优政风、淳民风”主题活动推进作风兴县的实施意见》（赣委发〔2006〕36号）	2006.03.23
170	《关于城乡环境综合整治工作的奖惩决定》（赣委发〔2006〕43号）	2006.05.05
171	《关于2006年人才引进工作的实施意见》（赣委发〔2006〕46号）	2006.05.16
172	《关于深入开展“平安赣榆”建设活动的意见》（赣委发〔2006〕55号）	2006.07.16
173	《关于进一步加强软环境建设的意见》（赣委发〔2006〕59号）	2006.07.25
174	《关于加强农村党员干部勤廉监督体系建设的意见》（赣委发〔2006〕68号）	2006.08.07
175	《赣榆县建设社会主义新农村工作意见》（赣委发〔2006〕71号）	2006.08.10
176	《关于在全县农村基层党组织中开展“星级”创建的意见》（赣委发〔2006〕72号）	2006.08.16
177	《关于深化赣榆县事业单位改革的意见》（赣委发〔2006〕81号）	2006.11.02
178	《关于成立战时县国防动员指挥体系有关问题的实行意见》（赣委发〔2006〕86号）	2006.12.08
179	《关于进一步加强软环境建设的意见》（赣委发〔2007〕29号）	2007.04.12
180	《关于在全县党员干部中开展“清白人、责任性”作风建设主题教育活动的通知》（赣委发〔2007〕号）	2007.06.24
181	《中共赣榆县委赣榆县人民政府关于进一步加强新时期信访工作的意见》（赣委发〔2007〕号）	2007.08.22
182	《关于认真学习宣传贯彻党的十七大精神的通知》（赣委发〔2007〕59号）	2007.11.15
183	《关于成立江苏省丹徒经济开发区赣榆工业园管理委员会的通知》（赣政发〔2008〕3号）	2008.01.07
184	《关于进一步开展机关干部回乡参与新农村建设活动的实施意见》（赣委发〔2008〕9号）	2008.02.03
185	《县政府关于成立连云港港赣榆港县开发建设指挥部的通知》（赣政发〔2008〕16号）	2008.03.03
186	《“公信力、服务力、执行力”作风建设主题教育活动实施方案》（赣委发〔2008〕18号）	2008.03.19

续表附录 -1

序号	文件名称	发文时间
187	《中共赣榆县委赣榆县人民政府关于切实加强环境保护工作的意见》（赣委发〔2008〕21号）	2008.04.07
188	《关于开展赣榆县第二次经济普查的通知》（赣政发〔2008〕36号）	2008.05.04
189	《关于认真贯彻实施〈赣榆县矿产资源总体规划（2006—2015年）〉》的通知（赣政发〔2008〕37号）	2008.05.07
190	《关于印发〈赣榆县领导干部任期经济责任审计结果公开问责评议办法〉的通知》（赣委发〔2008〕36号）	2008.08.21
191	《县政府关于印发〈赣榆县水资源管理实施细则〉的通知》（赣政发〔2008〕67号）	2008.09.30
192	《关于统筹城乡发展构筑城乡党建一体化格局的意见》（赣委发〔2008〕40号）	2008.10.23
193	《中共赣榆县委赣榆县人民政府关于全面推进脱贫攻坚工程的意见》（赣委发〔2008〕56号）	2008.12.30
194	《中共赣榆县委赣榆县人民政府关于调整县镇分税制财政体制的通知》（赣委发〔2009〕5号）	2009.02.19
195	《中共赣榆县委关于深入学习实践科学发展观活动的实施意见》（赣委发〔2009〕14号）	2009.03.10
196	《县政府关于创建国家生态县的实施意见》（赣政发〔2009〕39号）	2009.04.30
197	《县政府关于积极开展创建环境优美镇生态村活动的意见》（赣政发〔2009〕40号）	2009.04.30
198	《关于加强机关作风及效能建设优化经济发展软环境的实施意见》（赣委发〔2009〕22号）	2009.05.05
199	《中共赣榆县委赣榆县人民政府关于在全县开展“铸赣榆辉煌，向祖国献礼”庆祝新中国成立60周年系列活动的实施意见》（赣委发〔2009〕26号）	2009.06.15
200	《县政府关于2008年度赣榆县科技进步奖励的决定》（赣政发〔2009〕74号）	2009.08.07
201	《县政府关于印发赣榆县重大行政决策事项公示暂行办法的通知》（赣政发〔2009〕85号）	2009.09.17
202	《中共赣榆县委工作规则（试行）》（赣委发〔2009〕37号）	2009.09.23
203	《关于进一步加强后备干部队伍建设的工作意见》（赣委发〔2009〕45号）	2009.10.22
204	《中共赣榆县委赣榆县人民政府关于贯彻落实〈江苏沿海地区发展规划〉的实施意见》（赣委发〔2009〕50号）	2009.11.17
205	《关于进一步提升市民素质加快文明城市建设的意见》（赣委发〔2009〕58号）	2009.12.31

二、新编《赣榆县志》（1997年版）勘误表

表附录 -2

页	行	误	正
彩P.31	上图	“赣榆距”、赣揄得”	“赣榆距”“赣揄得”
P.1	8–9	年平均气温13.2C。最高气温39.9C（1955年6月19日），最低气温零下19.5C	年平均气温13.2℃。最高气温39.9℃（1955年6月19日），最低气温零下19.5℃
P.48	倒4	许鼎馨令厂勇开抢打死9人	许鼎馨令厂勇开枪打死9人
P.88	倒4	10月25日下午3时，中共中央总书记胡耀邦来赣榆县视察	10月27日下午3时，中共中央总书记胡耀邦来赣榆县视察
P.103	下注①	据1979年临潼县赵背户村秦刑徒墓出土之“赣揄距”、“赣揄得”瓦文墓志考证	据1979年临潼县赵背户村秦刑徒墓出土之“赣榆距”“赣揄得”瓦文墓志考证

续表附录 -2

页	行	误	正
P.114	表（右）倒2	前河东、苏清墩、黄墩、柏坨沟、庄清墩、顾清墩、杨村、店子	前河东、苏青墩、黄墩、柏坨沟、庄青墩、顾青墩、杨村、店子
P.131	表倒9	前徐埠、后徐埠、平子埃、石埠	前徐阜、后徐阜、平子埃、石埠
P.203	7	赣榆县粘土主要有黑、灰黑亚粘土和灰黄色亚粘土两种。	赣榆县粘土主要有黑、灰黑亚粘土和灰黄色亚粘土三种。
P.206	14	全县47公里海岸线中	全县62.5公里海岸线中
P.229	倒数9–8	国家机关、党群组织和企事业单位办事人员和有关人员1938人，占0.47%，负责人3055人，占0.74%	国家机关、党群组织和企事业单位工作人员4993人，占1.21%
P.238	17	要求搞好调查研究，搞好基点村，然后全面铺开	要求搞好调查研究，搞好试点村，然后全面铺开
P.243	9	以稻麦两熟制为主并间有花生、玉米、蔬菜、芦笋等粮油经济作物	以稻麦两熟制为主并间作花生、玉米、蔬菜、芦笋等粮油经济作物
P.252	13	1960年从徐州地区农业科引入	1960年从徐州专区农科所引入
P.255	18	杂粮占6.2%，大豆占2.6%	杂粮占6.2%，大豆占2.7%
P.262	8	1979年呈毁灭性暴发	1979年呈毁灭性爆发
P.266	倒9	亩产300~400公斤的低产田为16.6亩，占耕地面积的16%	亩产300~400公斤的低产田为16.6万亩，占耕地面积的16%
P.267	倒13	经春季蒸发全盐又回到升0.6%~0.86%	经春季蒸发全盐含量又回升到0.6%~0.86%
P.271	倒6	建立国营单留苗圃，面积400亩。	建立国营单位苗圃，面积400亩。
P.275	15	1989年引进载植130亩	1989年引进栽植130亩
P.278	倒3	历年来羊都以春、夏、秋3季系溜放牧为主	历年来羊都以春、夏、秋3季系遛放牧为主
P.319	倒4	人员分布在江苏省东台、射阳、灌云、响水等县及广东、福建、山东、河南、天津等省、市	人员分布在江苏省东台、射阳、灌云、响水等县及广东、福建、山东、海南、天津等省、市
P.338	倒3	每天出动整半劳力20余万人	每天出动整、半劳力20余万人
P.345	倒1	1978年，石桥公社在钱町、大温庄两大队间	1978年，石桥公社在钱疃、大温庄两大队间
P.357	13	载重汽——8吨	载重量8吨
P.359	19	管理不善，部份梯田损毁	管理不善，部分梯田损毁
P.373	5	按照与所有权分离的原则	按照经营权与所有权分离的原则
P.373	倒4	紫金牌碘、紫金牌褐藻酸钠	紫金牌碘、紫金牌海藻酸钠
P.391	5	赣榆县七二化工厂是连云港市第一家产品全优工厂、文明单位	赣榆县七二化工厂是连云港市第一家产品省优工厂、省级文明单位
P.391	倒2	该产品目前属国内首创	该产品当时属国内首创
P.393	倒9	沙发、床垫、体育垫等缓冲材料	沙发、床垫、海绵垫等材料
P.394	倒5	主要产品有普通酒瓶、异形酒瓶	主要产品有普通酒瓶、异型酒瓶

续表附录 –2

页	行	误	正
P.396	7	手工纺织成各种规格的长方形、方形、园形地毯	手工纺织成各种规格的长方形、方形、圆形地毯
P.401	倒 6	有 150 多年的生产历史	有 200 多年的生产历史
P.404	倒 4	历史以来山区村民都采用石块砌房	历来山区村民都采用石块砌房
P.414	6	民国 37 年 10 月，鲁中南工商局滨海分局在柘汪设立滨海盐管理务局	民国 37 年 10 月，鲁中南工商局滨海分局在柘汪设立滨海盐务管理局
P.415	倒 9	违者没入器物、钛左趾	违者没入器物、釱左趾
P.428	8	经审验无讹，评等、过称入坨	经审验无讹，评等、过称入坨
P.475	倒 6	民国 20，县商会会长孙东文	民国 20 年，县商会会长孙东文
P.479	2	县内 30 个乡、镇全部都开通客运班车	县内 30 个乡、镇全部开通客运班车
P.486	2	50 年代前搬运使用扛捧、抬筐、独轮车等工具	50 年代前搬运使用杠棒、抬筐、独轮车等工具
P.509	倒 8	与镇海路交汇处建直径 40 米园形花坛 1 个	与镇海路交汇处建直径 40 米圆形花坛 1 个
P.513	倒 15	第一建筑工程公司下设 4 个工程处	第一建筑安装工程公司下设 4 个工程处
P.524	倒 12	自 1959 年开始，公私合营商业陆续转为国营商业	对私改造任务基本完成后，公私合营商业陆续转为国营商业
P.524	倒 4	建为竹庭县合作推进社	成立竹庭县合作推进社
P.576	表 13–18	国民 23 年赣榆县随粮带征田赋附加概况表	民国 23 年赣榆县随粮带征田赋附加概况表
P.604	倒 8	是年 1949 年 7.6 万元（折新民币）的 26.7 倍	是年 1949 年 7.6 万元（折新人民币）的 26.7 倍
P.605	10	择扰扶持，贷前查准	择优扶持，贷前查准
P.610	1	1953—1990 年赣榆县若干年分现金收支统计表	1953～1990 年赣榆县若干年份现金收支统计表
P.623	20	所属 80 多个单位 120 余位业务负责人开会	所属 80 多个单位 120 余位业务负责人会议
P.640	9	综合平均统购价格平均提高 19.3%	综合统购价格平均提高 19.3%
P.649	倒 11	进一步明确黄沙资源，由县黄沙公司负责经营管理	进一步明确黄沙资源由县黄沙公司负责经营管理
P.679	1	常务委员会负责召集、主持全体委员会议	负责召集、主持全体委员会议
P.686	19	1950—1990 赣榆县若干年分各条战线党员统计表	1950～1990 赣榆县若干年份各条战线党员统计表
P.687	5	1950—1990 赣榆县若干年分党员年龄统计表	1950～1990 赣榆县若干年份党员年龄统计表
P.688	1	1950—1990 赣榆县若干年分党员文化统计表	1950～1990 赣榆县若干年份党员文化程度统计表
P.682	22	加强公安、安全、外经、侨务等部门以及基层单位的联系	加强与公安、安全、外经、侨务等部门以及基层单位的联系
P.706	3	墩尚集地主乔文澜任会长	墩尚籍地主乔文澜任会长

续表附录 -2

页	行	误	正
P.709	4	多家全国性报刊对此事作了报导	多家全国性报刊对此事作了报道
P.716	10	道光（1821~1950）年间由赵维周、蒋九如接当为买	道光（1821～1850）年间由赵维周、蒋九如接当为买
P.723	表上	1986—1990年赣榆县若干年分发放优待金情况一览表	1986～1990年赣榆县若干年份发放优待金情况一览表
P.726	8-9	由抗日烈士纪念塔、纪念亭、纪念堂、纪念碑等	由抗日烈士纪念塔、纪念亭、纪念堂、纪念馆、纪念碑等
P.752	10	严禁制止使用童工	禁止使用童工
P.729	5	饿饽载途	饿殍载途
P.764	12	《城市旅店业暂行管理规则》	《城市旅栈业暂行管理规则》
P.768	倒12	在有条件的企业、仓库、合作社内组织义务消防组织	在有条件的企业、仓库、合作社内组建义务消防组织
P.769	倒7	棉被及衣6件、芦柴500公斤	棉被及衣服6件、芦柴500公斤
P.771	倒7	以维持社会秩序、肃请残敌	以维持社会秩序、肃清残敌
P.777-778	倒1-正1	至1990年底，全院共受理经济纠纷案5243件，审结5109件，审结率为97.4%，标的物总金额3119.08万元。	1981年9月至1990年年底，全院共受理经济纠纷案5289件，审结5016件，审结率为96.5%，标的物总金额3269.28万元。
P.782	4	有各级调解组织980个	全县有各级调解组织980个
P.796	6	发展中共党员，建立各中心村支部	发展中共党员，建立各中心村党支部
P.798	倒7	组织民兵骨干参加徐州军分区在赣榆县赣榆县的民兵侦察、地炮基干训练	组织民兵骨干参加徐州军分区在赣榆县的民兵侦察、地炮专业训练
P.902	11	被杂树复盖	被杂树覆盖
P.904	17	碑阳镌《徐福村》3个楷书大字	碑阳镌“徐福村”3个楷书大字
P.915	5	基本完成了对子宫脱垂、尿屡两病的普查治疗	基本完成了对子宫脱垂、尿瘘两病的普查治疗
P.918	12	病死率为15.45%	病死率为15.48%
P.912	31	1949—1990年赣榆县若干年分医技人员情况表	1949～1990年赣榆县若干年份医技人员情况表
P.930	5	1985~1990年，每日早晨在体育场锻炼的老年人有150~200人	1985～1990年，平日早晨在体育场锻炼的老年人有150～200人
P.931	倒6	各乡镇中心小学和部份完全小学都成立锻炼队	各乡镇中心小学和部分完全小学都成立锻炼队
P.948	倒12	在坐的都齐声叫好	在座的都齐声叫好
P.955	7	每年端午节，青口前官的石狮	每年端午节，青口前宫的石狮
P.1008	21	赣马镇小林头村人	土城乡小林头村人
P.1015	14	山东省沂州府兰山县王朱樊庄（今属江苏省东海县南宸乡）	山东省沂州府兰山县王朱樊庄（今属江苏省东海县南辰乡）
P.1015	16	以诚实、勤瑾、灵俐得秦氏夫妇欢心	以诚实、勤俭、伶俐得秦氏夫妇欢心

续表附录 -2

页	行	误	正
P.1017	倒6	当然也就不会有输盈	当然也就不会有输赢
P.1018	倒5	《许氏医学》	《许氏医案》
P.1019	25	使赵折报，唯许鼎霖马首是瞻	使赵折服，唯许鼎霖马首是瞻
P.1023	倒3	今为江苏省东海县南宸乡西朱樊村	今为江苏省东海县南辰乡西朱范村
P.1024	11	与胞侄王沂华统带民团	与胞侄王忻华统带民团
P.1025	27	清光绪三十四年（1908）乃父得胜病逝	清光绪三十四年（1908）其父得胜病逝
P.1045	27	大多数年轻妇女起而效尤	大多数年轻妇女起而效法
P.1049	18	中英语会话、缝纫、刺诱等科	中英语会话、缝纫、刺绣等科
P.1056	8	悔人不倦	诲人不倦
P.1057	8	其余3名还未反映过来，	其余3名还未反应过来，
P.1059	20	动员部份青年准备组建游击队	动员部分青年准备组建游击队
P.1065	14	崇祯八年（1634）	崇祯八年（1635）
P.1067	4	虽酷署必整衣冠见诸生	虽酷暑必整衣冠见诸生
P.1067	19	又不防碍排水	又不妨碍排水
P.1068	30	十二年（1874）因病去官	同治十二年（1873）因病去官
P.1043	倒6	遂与丁分道扬镖	遂与丁分道扬镳
P.1056	14	宋纪柳（1908~1991）	宋继柳（1908~1991）
P.1065	5	孝子士元、士宁之后	孝子士安、士宁之后
P.1070	倒17	清咸丰（1851~1961）间	清咸丰（1851~1861）间
P.1117	22	墩尚镇演马4村人	墩尚镇演马四村人
P.1117	28	墩尚镇墩尚1村人	墩尚镇墩尚一村人
P.1124	2	赣马镇西上埝村人	赣马镇西上堰村人
P.1124	29	1948年5月在山西启县太县交界处战斗中牺牲	1948年5月在山西祁县太县交界处战斗中牺牲
P.1126	13	徐福镇后石埝村人	徐福镇后石堰村人
P.1130	16	黑林镇邵布地村人	黑林镇邵埠地村人
P.1138	12	任华野7纵20师59团1营枪连战士	任华野7纵20师59团1营机枪连战士
P.1138	21	宋庄乡柳坑村人	宋庄乡柳杭村人
P.1148	20	马站乡东棘子荡村人	马站乡东棘荡村人
P.1148	34	徐福镇后石埝村人	徐福镇后石堰村人
P.1155	24	海头镇镇海前村人	海头镇海前村人

续表附录 -2

页	行	误	正
P.1158	8	黑林镇秦布地村人	黑林镇秦埠地村人
P.1160	19	董清墩农民	董青墩村人
P.1160	24	城头区董清墩人	城头区董青墩村人
P.1161	6	城头区董清墩人	城头区董青墩村人
P.1161	7	1949年1月被华东支前支司部命名为“支前模范”	1949年1月被华东支前司令部命名为“支前模范”
P.1161	9	城头区董清墩人	城头区董青墩村人
P.1162	3	“许永杰”名字有两个	删去一个
P.1168	5	官工部主事、直隶東鹿知县	官工部都水司主事、直隶東鹿知县
P.1168	21	嘉庆二十一年（癸卯，1543）中举	嘉靖二十一年（癸卯，1542）中举
P.1168	27	嘉精四十三年	嘉靖四十三年
P.1168	30	万历三十九年（壬子，1611）	万历三十九年（壬子，1612）
P.1170	16	光绪十九年（己丑，1889）武举	光绪十五年（己丑，1889）武举
P.1171	7	永乐六年（庚寅1410）岁贡	永乐八年（庚寅1410）岁贡
P.1171	13	永乐十六年（丙申，1416）岁贡	永乐十六年（戊戌，1418）岁贡
P.1171	21	张继贤	张维贤
P.1173	3	弘治十五年（壬戌），1502）	弘治十五年（壬戌，1502）
P.1173	11	尚思	尚恩
P.1173	13	嘉靖元年（壬午，1511）岁贡，	嘉靖元年（壬午，1522）岁贡，
P.1175	15	柏继佐	相继佐
P.1177	19	官福建美浔盐场大使	官福建浔美盐场大使
P.1177	13	雍正元年拔贡	雍正元年岁贡
P.1179	16	孙延宙	孙延宷
P.1180	6	官宿松训导	官宿迁训导
P.1180	25	周维诗	张维诗
P.1186	21	以祖澄清咸咸、同间殉难	以祖澄清咸、同间殉难
P.1187	5	以长孙泰元曾文林郎	以长孙泰元赠文林郎
P.1192	11	立石阙为秦东门[13]之举	立石阙为秦东门之举
P.1205	19	探求“肝榆之尸”的，“尸”的含义，即“尸”指古代……	探求“肝榆之尸”的“尸”的含义即“尸”指古代……

续表附录 -2

页	行	误	正
P.1220	1	碑原在赣榆县学官内，久失	碑原在赣榆县学宫内，久失
P.1120	5	东方青龙，卓此文峰。镇海龙耸，白虎降服。	东方青龙，卓此文峰；镇海龙耸。白虎降服；
P.1222	18	士民如失怙持，有望河流而流涕者	士民如失怙恃，有望河流而流涕者
P.1222	26	修坡塘以遗民之永利	修陂塘以遗民之永利
P.1224	13（左）	瑶光连云树，海色荡斜熏	瑶光连远树，海色荡斜曛
P.1224	14（左）	迎潮起波纹	迎潮起縠纹
P.1224	19（左）	历阶兵夷离	历阶兵夷裔
P.1224	20（左）	折衡樽俎间	折衝樽俎间
P.1224	23（左）	折骸易子食	析骸易子食
P.1224	29（右）	仙凫宜向水云间	仙凫宜向水云闲
P.1225	8（左）	无心酿雪强温和	天心酿雪强温和
P.1226	1（左）	故应窃此山中相	故应窃比山中相
P.1226	16（左）	短铁歌矣惭国土	短铁歌鱼惭国士
P.1226	17（左）	却许鳜借箸筹	却许鲰生借箸筹
P.1226	25（右）	罢享流风动发营	罢享流风动废营
P.1227	15（左）	已惹文公到鲁营	已惹文丞到鲁营
P.1227	19（左）	道迴亦犹钦	道迥亦犹钦
P.1227	20（左）	垒巖通云气	叠巖通云气
P.1228	15（左）	辄迹有诗书	辙迹有诗书
P.1228	17（左）	吾道意何如	吾道竟何如
P.1228	12（右）	直欲凌虚问九霄	直欲凌虚问九霄
P.1228	17（右）	午夜无边光皎洁	午夜天边光皎洁
P.1228	26（右）	明月沟疏桐	明月满疏桐
P.1229	27（左）	五月长天眼敌锡	五月长天眼欲锡
P.1230	25（左）	再上及岭	再上及巅
P.1231	16（右）	高阁坐衔怀	高阁坐衔杯
P.1232	19（左）	骎骎入骏驰	骎骎八骏驰
P.1232	7（右）	又咏石色石	又咏五色石
P.1237	14	意三代以上物震出之者	竟三代以上物震出之者

续表附录 -2

页	行	误	正
P.1237	30	汝不住睹	汝不往睹
P.1238	34	跌断桥	叠断桥
P.1239	1	枪了庄家坊	抢了庄家坊
P.1239	12	饮牛司	银纽丝
P.1239	19	浪头沙	浪淘沙
P.1239	倒 12	京套子	京垛子
P.1239	倒 12	自治区闲谈，云淡风轻	自治会闲谈，云淡风轻
P.1239	倒 3	剪子花	剪靛花
P.1240	9	（过门）太平年财主门无事把福享	（过门）太平年财主们无事把福享
P.1240	35	（过门象泥牛	（过门）象泥牛
P.1241	10	洋调	扬调
P.1241	22	落江怨	罗江怨
P.1241	27	司牛引	纽丝引
P.1241	33	京套子	京垛子
P.1242	13	倒扒奖	倒板桨
P.1242	18	京套子	京垛子

存疑三则

（一）《赣榆释》作者王文炳，署名存疑（1193 页倒 12 行）。

《光绪赣榆县志》收录该文未署名，而张謇所著录的《张季子九录》之《文录》中收录了该文。该文疑为张謇所著。

（二）“李群德”同名存疑（1129 页第 22–25 行）。

李群德，男，1924 年生，吴山乡山前村人，1947 年 8 月参军，任华东解放军 13 纵 37 师战士，1948 年 7 月在晋中战役中牺牲。

李群德，男，1926 年生，吴山乡山前村人，1947 年 9 月参军，任华东解放军 13 纵 37 师战士，1948 年 7 月在晋中战役中牺牲。

两人同姓名，同村，同年入伍，同部队，同年同月同战役牺牲。只是出生的年份、入伍月份略有差异。疑为同一人。

（三）进士张翼之其人存疑（1167 页第 13 行）。

《进士登科录·明》中，无张翼之其人。《康熙赣榆县志》《嘉庆赣榆县志》《光绪赣榆县志》中，亦无张翼之其人。

索引

索引

说明

一、本索引根据正文中的目和子目内容编制。

二、本索引按照音序排列，同音字按笔画由少到多的顺序排列；笔画数相同的字按起笔横、竖、撇、点、折的顺序排列。数字、外文开头的词或短语，纳入其他类。

三、词条后面的数字表示内容所在页码。

A

B

C

D

E

F

G

H

J

K

L

M

N

P

Q

R

S

T

W

X

Y

Z

其　他

后 记

根据国务院办公厅《关于进一步加强地方志编纂工作的通知》(国办发〔1996〕47号)和省政府办公厅《关于做好新一轮地方志编纂工作的通知》(苏政办发〔2005〕84号)文件精神,2006年10月,作为全省二轮修志试点单位的赣榆县政府召开全县地方志编纂工作动员会,全面启动二轮县志的编纂工作。十年间,赣榆区(县)政府适时成立和调整县志工作领导小组4次,赣榆区(县)委办、区(县)政府办先后下发《关于催报相关县志所需材料的通知》《关于报送二轮志书编纂工作所需材料的通知》等10多次。我办先后下发《关于续修〈赣榆县志〉资料长编的编写要求》《关于续修〈赣榆县志〉大事记资料的编写要求》《关于续修〈赣榆县志〉入志图片的要求》《关于续修〈赣榆县志〉人物资料的编写要求》等修志材料达20份,组织全区(县)性的动员、督促、培训会议7次。2015年2月志稿进入分纂阶段,2015年10月进入总纂阶段,2016年1月送审稿件通过连云港市地方志办公室的终审验收。2016年12月,《赣榆县志(1990~2009)》(验收稿)通过连云港市地方志办公室的验收,且志书通过方志出版社的审核,同意出版发行。2017年9月,江苏省地方志编纂委员会办公室下发关于《〈赣榆县志(1990~2009)〉审核并同意报同级人民政府批准出版的批复》。2018年1月,赣榆区人民政府批准《赣榆县志(1990~2009)》出版。

由于《赣榆县志(1990~2009)》记述时间跨度长,记述内容广,资料收集难度大,加之在首轮县志修编完成后相关修志人员的退休和转岗,志稿修编的难度较大。在10年的修志过程中,我办始终坚持质量第一的原则,以佳作良志为目标,全力彰显地方特色和文化特色。为提高修志质量,我办在县志修编过程中聘请了有首轮修志经验或者有编修县志专长的老同志参与修志工作,组建修志编辑部,出台县志质量考评制度和学习研讨制度,并组织县志编纂人员先后到江宁、海安、溧阳、浙江宁波等地考察、交流与学习。结合《赣榆县志(1990~2009)》续志编写的具体情况,我办对志稿的时限、体例、审稿等都作了严格的规定,统一各单位、各部门的编写口径,在编写时力求突出重点,避免重复。在总纂稿完成后,我办陆续开展三个层面的征求意见活动，分别向涉及的相关单位和部门征求意见、向区委、区政府现任和离退休老领导征求意见和向省内外的修志专家同仁征求意见。

《赣榆县志（1990～2009）》210余万字，共设36篇，图表200余幅，较为充分客观地反映了赣榆县1900～2009年间改革开放和现代化建设的历史进程。《赣榆县志（1990～2009）》的顺利出版，首先要感谢各级领导的重视和支持。区（县）委、区（县）政府把二轮修志工作列入政府重点工程，并纳入到全区（县）目标管理考核之中。省地方志办公室原主任方未艾、现任主任漆冠山，副主任蔡金良，市地方志办公室原主任李东、苏中保，现任主任徐勤飞多次到赣榆区（县）指导地方志工作，市地方志办公室副主任陆瑞萍、方志处处长姜龙才多次到赣榆讲授地方志编纂知识，为赣榆县志质量的提升出谋划策，出力流汗。其次要感谢相关单位的热情帮助。启东市史志办公室、宜兴市史志办公室、常州市地方志办公室、江宁区史志办公室、溧阳市地方志办公室以及东海县委党史工作办公室、灌云县史志办公室、灌南县史志办公室等为《赣榆县志（1990～2009）》的修编提供了大量的参考资料。全区（县）各承编单位积极提供《赣榆县志（1990～2009）》编纂所需的稿件，区（县）委办、区（县）政府办不厌其烦的协调，区（县）档案馆热情周到的服务，在此，我们怀着十分诚挚的心情，向所有关心、支持、帮助我们的各级领导、单位和热心人士表示衷心的谢意。

由于《赣榆县志（1990～2009）》跨度时间长，涉及内容多，资料收集难，加之编纂人员水平有限，经验相对不足，编写质量不尽如人意之处，敬请不吝赐教，以便我们今后的编纂工作不断完善和提升。

连云港市赣榆区党史地方志工作办公室

2018年1月8日